EDITO

motor presse france
MOTOR PRESSE FRANCE
12, rue Rouget-de-Lisle
92442 ISSY-LES-MOULINEAUX
Fax rédaction 01 41 33 47 67
Fax publicité 01 41 33 47 79

Direction
Président, directeur de publication :
Christophe VEYRIN-FORRER
Directeur général adjoint :
Bruno DUSSOURT
Directeur délégué :
Marc LACOSTE
Adjointe au directeur délégué :
Linda SALEM
assistante : Sylviane LECORCIER

Rédaction
Responsable des guides :
Martine DUPARC
Rédacteur en chef technique :
Michel BONNEMAYRE
Réalisation : Gérard DEVEILLE et R. JOUAULT

Ont collaboré à ce guide (base de données) :
Annie RHEINBOLD et Karima DERRADJI

Photos couverture :
Photo camping · Peter Allan-Kura Images
Photo personnages : Photo Nonstop

Crédit photos :
J.-G. de Tarlé, N. Moreau et J.-A. Somville

Publicité
Directrice déléguée : C. DAVID
Directeur de publicité : Gérard LEFRANÇOIS
Directeur de clientèle : Emmanuel TOMASI
Chefs de publicité : E. FARDIN et Eric MONNIER

Responsable trafic : Gwenola PAZEM
assistée de Emilie VERGUCHT

Studio : Arnaud Denauw, Sandra HERRY

Internet : Adeline SIMON

Directeur diffusion : Denis FOISY

Contact dépositaires : Khim LY-CHHUN

Coordination FFCC :
Fabienne PIONNEAU et Sandrine DENIS

Diffusion : NMPP et Interforum

Fabrication
Directeur : Hervé ROUHER
Fabrication : Dominique CHARTIER
Photogravure : Gérard DEVEILLE
assisté de O. AUJEAN et C. CHERFAN

Imprimé en Italie

Dépôt legal : 1er trimestre 2008

ISSN - 0765-7-005 / ISBN - 978-2-902417-81-0

Bienvenue sur le **Guide Officiel de la Fédération Française do Camping et de Caravaning**.

Ce guide est riche en contenu et services pour l'amélioration de vos séjours sur un terrain de camping, quel que soit votre mode d'hébergement.

Utilisateurs de locatifs de plein air, vous trouverez le lieu idéal pour réserver vos prochaines vacances et si vous disposez de la carte FFCC multi-avantages, votre réservation sera couverte automatiquement par une assurance annulation (demande de carte page xx).

Si vous utilisez votre propre matériel : tente, caravane, camping-car, ce guide sera pour vous une véritable bible qui vous permettra :

- soit de construire un itinéraire pour parcourir et visiter notre beau pays
- soit de choisir un lieu de séjour agréable pour vos vacances.

Le contenu de ce guide est très dense, chaque terrain est renseigné avec un grand nombre d'indications, consultez la légende pour connaître la signification de tous les symboles et faire un choix en connaissance de cause.

Nous attirons votre attention sur les terrains surlignés en jaune et vert qui sont les partenaires de la FFCC. Ils accordent des remises aux membres des Clubs Affiliés et adhérents directs de la F.F.C.C., un bon moyen pour vivre mieux en dépensant moins et contribuer ainsi à l'amélioration de votre pouvoir d'achat. (demande de carte page xx)

Un certain nombre de terrains sont répertoriés "Camping Qualité". En complément du classement préfectoral, ils respectent une charte qui comporte plus de 500 critères. Vous y serez assurés d'y trouver notamment un accueil chaleureux, une propreté irréprochable.

N'oubliez pas : "si on veut, on peut aller ailleurs, c'est ça le camping" dixit Claude Brasseur.

Consultez, détaillez et choisissez, grâce à la mine d'informations contenues dans ce Guide Officiel, les terrains de camping de vos prochaines vacances.

Le Président

Gérard COUTE

EN +, RECEVEZ VOTRE GUIDE DES AVANTAGES FFCC 2008 !

G

et

GAGNEZ JUSQU'À 50% SUR VOS SÉJOURS

DANS PLUS DE 1000 CAMPINGS AVEC LA CARTE FFCC MULTI-AVANTAGES !

POUR RECEVOIR VOTRE CARTE, RETOURNER LE COUPON CI-DESSOUS À LA FFCC

78 RUE DE RIVOLI - 75004 PARIS - TÉL 01 42 72 84 08 - EMAIL info@ffcc.fr

Nom : ....

Prénom : ....

Adresse : ....

Né le : __ __ ____ à : .... N° Téléphone : ....

Profession : .... Nombre d'enfants de - 18 ans dans mon installation : .... Nationalité : ....

Carte d'identité N° : .... Préfecture de : ....

Carte FFCC incluant les garanties d'assurances, la carte Camping International et le magazine "Liaison FFCC".
Validité 1er janvier au 31 décembre.

* couple avec ou sans enfants de moins de 18 ans. Plus de 18 ans, souscription individuelle.

Conformément à la loi "Informatique et libertés", vous disposez d'un droit d'accès et de rectification aux informations vous concernant. Vous pouvez vous opposer à la cession à des tiers de ces informations.

☐ **Carte FFCC Familiale* 20 €** (Au lieu de 28,00 €)

A :

Le :

Signature :

* Offre valable pour une adhésion 2008.

TOTAL A PAYER :

..............................€

Votre guide détaillé des avantages FFCC 2008 (80 pages), vous sera adressé en même temps.

SOMMAIRE

PAGE 3 — **EDITO**

Le guide de vos vacances de plein air.

PAGE 8 — MODE **D'EMPLOI**

PAGE 16 — CAMPINGS **EN FRANCE**

Tour d'horizon.

PAGE 22 — LA **FFCC**

Le rôle, les services proposés par la Fédération Française de Camping et de Caravaning.

PAGE 26 — **LES PARTENAIRES** DE LA FFCC

PAGE 28 — LES CHAINES DE **CAMPINGS**

PAGE 30 — DÉCOUPAGE **RÉGIONAL**

PAGE 32 — **INDEX**

Toutes les communes concernées repertoriées par ordre alphabétique, suvies du numéro du département. Les communes où au moins un camping est ouvert toute l'année sont identifiées par un point bleu.

PAGE 53 — **L'ATLAS ROUTIER**

Découpé en 15 cartes, il permet de situer toutes les communes ou sont localisés un ou plusieurs campings. Une tente bleue permet de visualiser les terrains aménagés, une tente rouge pour les campings en milieu rural.

PAGE 85 — DÉPARTEMENT PAR **DÉPARTEMENT**

Classement des campings par département et par commune.

Photos : J.-A. Somville

LE CAMPING PAR THÈME — PAGE 715

LES ASSOCIATIONS FFCC — PAGE 716
Liste des associations affiliées à la Fédération.

LA CHAÎNE DES **CAMPINGS ASSOCIATIFS** — PAGE 719
Liste de campings gérés soit par la Fédération soit par des clubs affiliés à la Fédération.

STOP ACCUEIL **CAMPING-CARS** — PAGE 720
Ces campings s'engagent à respecter des tarifs préférentiels.

LES ADHÉRENTS **CAMPING-QUALITÉ** — PAGE 725
Ces campings se soumettent à une charte d'engagement stricte et précise

FÉDÉRATION FRANÇAISE DE **NATURISME** — PAGE 732
Pour un naturisme respectueux.

ORGANISATION NATURISTE EUROPÉENNE — PAGE 733
Une organisation pour les intérêts et les droits des naturistes.

LE **CARAVANEIGE** — PAGE 734
Les campings situés à proximité des stations de ski.

CLEF VERTE — PAGE 737
La Clef verte et sa charte de respect de l'environnement.

TOURISME ET **HANDICAP** — PAGE 738
Un label national.

LE STATIONNEMENT DANS LES VILLES — PAGE 739
Les communes et le stationnement des caravanes et des camping-cars.

RÉGLEMENTATION — PAGE 746

LES TERRAINS **AMÉNAGÉS** — PAGE 746

LES TERRAINS **RURAUX** — PAGE 754

MODE D'EMPLOI

Comment lire ce guide...

1 Nom de la localité
Name of the place / Orstname / Plaatsnaam

2 Distance des principales villes
Distance from nearest town / Entfernung der Stadt / Afstand tot nabi gelegen plaats

2b Altitude *(en fonction des communes)*
Altitude / Höhe / Hoogte

3 Nombre d'habitants
Number of inhabitants / Einwohnerzahi / Aantal inwoners

4 Nom du terrain : **Terrains ruraux.** **Terrains aménagés.**
Name of site / Name des camps / Naam van het terrein

5 Classement
Classification / Klasse / Klasse

6 Nombre d'emplacements de camping
Number of camper / Campingfreunde Zahl der Campingplätze / Aantal plaatsen

Confort caravane (CC) - Grand confort caravane (GCC)
Standard of equipment / Standard Austattung pro Standplatz / Uitrusting per standplaats : klassering

Emplacement nu : *Emplacement pour une clientèle ayant son propre matériel (tente, caravane) / Campsite place for customer having their own material /*

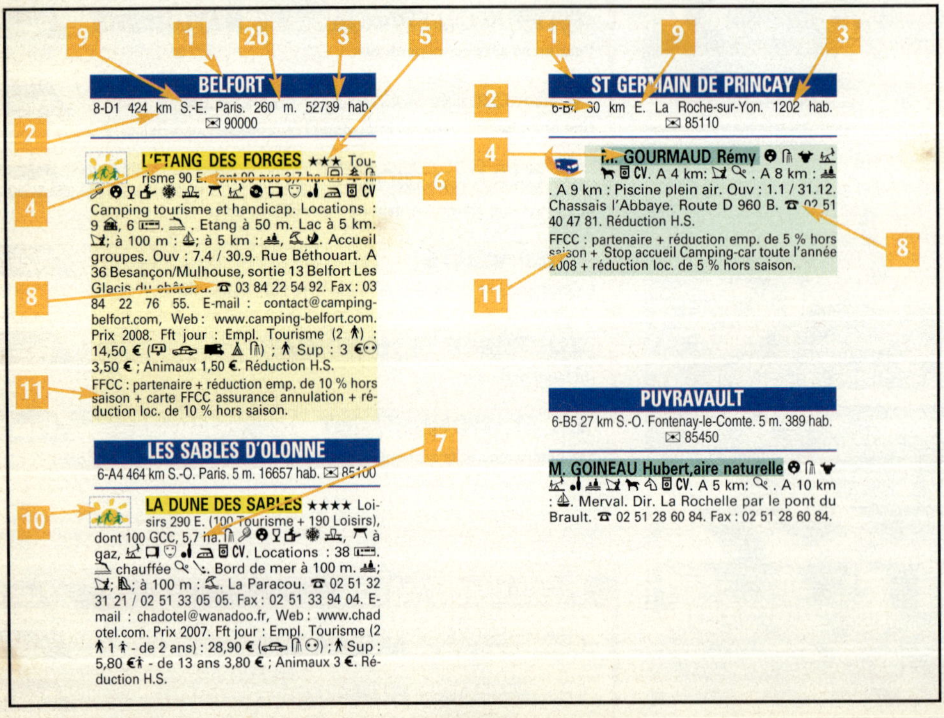

Le Moulin du Périé - Sauveterre (47)

Campingplätze für eine kundshaft, die ihr eigenes material hat / Plaats van camping voor een cliëntèle die zign eigen materiaal heeft.

7 Surface campable *Size of site / Oberfläche / Oppervlakte.*

8 Téléphone
Telephone number / Telefonnummer / Telefoon.

9 Situation (Nord, Sud, Est, Ouest)
North, South, East, West / Nord, Sud, Ost, West / Noord, Zuid, Oost, West

10 Terrain avec charte "Camping Qualité"
(reportez-vous aux pages 18, 23 et 725 à 731).

11 F.F.C.C. : Partenaire
Sont partenaires tous les terrains qui ont choisi une ou plusieurs des options suivantes. Ils sont présentés sur fond de couleur jaune ou vert.

Ouverts à tous, les terrains partenaires proposent des avantages aux adhérents de la F.F.C.C. :

– **Réductions**
sur le montant des redevances :
de 5 à 50% sur les emplacements et/ou les locations.

– **Terrain assuré par la FFCC :**
pour des garanties d'assurances complémentaires.

– **Carte FFCC assurance annulation :**
carte proposée par le terrain de camping pour vous garantir en cas d'annulation.

– **Stop Accueil camping-cars**
tarif préférentiel pour 24h *(voir page 720 à 724).*

Abréviations

Si l'on trouve
ou eau chaude entre ( ) cela signifie qu'ils sont compris dans les tarifs.

Si l'on trouve
ou eau chaude précédé de Sup et suivi d'un prix, ils viennent s'ajouter aux tarifs.

Abbreviations

Symbols
or eau chaude hot water between ( ) are already included in the price.

Symbols
or eau chaude hot water preceded by Sup and followed by a price extra.

Abkürzungen

Wenn
oder eau chaude warmes wasser zwischen ( ) sind,
bedeutet es, dass sie in den Preisen eingeschlossen sind.

Wenn
oder eau chaude warmes wasser Sup vorangeht,
mit Preisangabe, so ist un Aufpreis zum

Afkortingen

Indien u
of eau chaude tussen ( ) terugvindt, dan betekent dit dat deze inbegrepen zijn in de tarieven.

Indien u
of eau chaude voorafgegaan door Sup. en gevolgd door een prijs terugvindt, dan dienen deze toegevoegd te worden aan de tarieven.

11

Open to everybody, the "partner camp sites" offer particular advantages to the members of clubs affiliated to FFCC :
- 5 to 50% discount on the amount of the fee
- Additional guarantee cover
- F.F.C.C. card membership possible at the campsite

Die Partner Campingplätze sind für alle Leute geöffnet.
Für Inhaber ein FFCC Marke gewähren sie vorteile :
- 5 bis 50% Bezahlenermässigung
- F.F.C.C. karte an campingplatze anhaften möglich ist
- Extra Versicherung

Toegankelijk voor alle deelnemende terreinen die voordelen bieden voor leden van verenigingen die aangesloten zijn bij de FFCC :
- Kortingen op de verblijfskosten (van 5 tot 50%)
- Garantie voor aanvullende zekerheden
- Aansluiting bij kaart F.F.C.C. rechtstreeks op het terrein te regelen.

MODE D'EMPLOI COMMENT LIRE CE GUIDE

	SERVICES	SERVICES	SERVICE	DIENSTEN
	Aire pour camping-car	Motorhome service point	Entsorgungsstation für Vohnwagen	Servicepunt Kampeerauto
	Ombragé	Shaded	Schattenreich	Schaduwrijk
	Ombrage partiel	Partly shaded	Teilweise schattig	Gedeeltelijk in de schaduw
	Animaux interdits	No pets	Tiere verboten	Dieren geen toegang
	Douche chaude	Hot shower facilities	Warme Dusche	Warme douche
	Salle de bains bébés	Baby bathing-room	Säuglingsbadezimmer	Baby badkamer
	Prises électriques normes européennes	European electricity connection	Europastecker StromanschluB	Europastekker
	Ravitaillement	Shop	Lebensmittelversorgung	Levensmiddelen
	Glace	Ice available	Kühleis	Koelijs
	Plats cuisinés	Hot food available	Fertiggerichte	Meeneem maaltijden
	Restaurant	Restaurant	Restaurant	Restaurant
	Barbecue autorisé	Barbecue allowed	Barbecue gestattet	Barbecue toegestaan
	Bar	Bar	Bar	Bar
	Jeux pour enfants	Children's playground	Kinderspielplatz	Kinderspeelterrein
	Club d'enfants	Children's club	Kinderclubs	Kinder club
	Jeux pour adultes	Facilities for adult recreations	Unterhaltungsstätte für erwachsene	Amusement voor volwassenen
	Télévision	Television	Fernsehen	Televisie
	Animation organisée	Entertainment	Aktivitäten	Aktiviteitenprogramme
	Discothèque	Discotheque	Diskothek	Discoteek
	Machine à laver	Washing machine	Waschmaschine	Wasmachine
	Salle de repassage	Ironing	Bügelraum	Strijkkamer
	Parking obligatoire	Compulsory car park	Parkpflichtig	Verplicht parkeren
	Caravaneige	Winter campsites	Wintercamping	Winterkampeerterrein
CV	Chèques Vacances	–	–	–

	LOCATIONS	RENTALS	ANMIETUNG	VERHURING
	Bungalows	Bungalows	Bungalows	Bungalows
	Caravanes	Caravans	Wohnwagen	Caravans
	Tentes	Tents	Zelte	Tenten
	Mobile-homes	Leisure-homes	Mobil-heime	Sta-caravans
	Vélos	Bicycle	Fahrräder	Fietsen
	Canoë-kayak	Canoe-Kayak	Kanu-Kajak	Kano's / Kajac
	Chalets	Chalets	Hütte	Chalet
	Bungalows toile	Canvas bungalow	Tuchbungalow	Compleet ingerichte tent
	SPORTS-LOISIRS	**SPORTS-LEISURE**	**SPORT-FREIZEIT**	**ONTSPANNING SPORT**
	Piscine	Swimming pool	Schwimmbad	Zwembad
	Tennis	Tennis	Tennis	Tennis
	Minigolf	Miniature golf course	Minigolf	Midgetgolf
	Equitation	Horse Riding	Reiten	Paardrijden
	Tir à l'arc	Archery	Bogenschiessen	Boogschieten
	Golf	Golf	Golf	Golf
	Plage	Beach	Strand	Strand
	Baignade	Bathing	Bademöglichkeit	Baden
	Pêche	Fishing	Angeln	Vissen
	Canotage, voile ou yachting	Canoing, sailing or yachting	Wassersport, Paddelsport, Segeln	Watersport
	Planches à voile	Windsurfing	Surfbretter	Surf mogelijkheid
	Toboggan aquatique	Waterslide	Wassertoboggan	Toboggan
	TARIF	**PRICE RATES**	**PREISLISTE**	**PRIJZEN**
Fft	Forfait	Inclusive deal	Pauschalpreis	All-in-prijs
	Prix voiture	Price per car	Preis pro Wagen	Tarief auto
	Prix caravane	Price per caravan	Preis pro Wohnwagen	Tarief caravan
	Prix tente	Price per tent	Preis pro Zelt	Tarief tent
	Prix camping-car	Price per motor-home	Preis pro Wohnmobile	Tarief kampeerauto
	Prix adulte	Price per adult	Preis pro Erwachsene	Tarief volwassene
	Prix enfant	Price per child	Preis pro Kinder	Tarief kind
	Prix branchement électrique	Price per electric point	Preis pro stromanschluss	Tarief electriciteit

MODE D'EMPLOI — COMMENT LIRE CE GUIDE

	Ravitaillement à la ferme	Food obtainable from the farm	Versorgung direkt vorn Bauernhof möglich	Voedselverzorging direct van de boerderi mogelijk
	Plats cuisinés	Hot food available	Fertiggerichte	Meeneem maaltijden
	Branchement électrique pour caravanes	Electric points	Stromanschluss	Aansluiting electriciteit
	Jeux pour enfants	Children's playground	Kinderspielplatz	Kinderspeelterrein
	Jeux pour adultes	Facilities for adult recreations	Unterhaltungsstätte für erwachsene	Amusement voor volwassenen
	Equitation	Horse Riding	Reiten	Paardrijben
	Accueil des cavaliers	Horserideis welcomed	Empfang von Reitern	Accommodatie voor Ruiters
	Tennis	Tennis	Tennis	Tennis
	Canotage, voile ou yachting	Canoing, sailing or yachting	Wassersport Paddelsport, segeln	Wassersport
	Piscine	Swimming pool	Schwimmbad	Zwembad
	Plage	Beach	Strand	Strand
	Baignade	Bathing	Bademöglichkeit	Baden
	Pêche	Fishing	Angeln	Vissen
	Minigolf	Miniature golf course	Minigolf	Midgetgolf
	Table d'hôtes	Guest table	gastich	Warme maaltijd op afspraak
	Chambre d'hôtes	Bed and breakfast	gastzimmer	Bed and breakfast
	Machine à laver	Washing machine	Waschmaschine	Wasmachine
	Douche chaude	Hot shower facilities	Warme Dusche	Warme douche
	Camping naturiste	Nudism camp	Naturistenkamp	Naturistenkamp
CV	Chèques Vacances	–	–	–

AVERTISSEMENT

Les dates d'ouverture figurant sur le Guide sont celles que nous ont transmis les gestionnaires de terrain. Les terrains ouverts en permanence n'offrent pas nécessairement les mêmes services tout au long de l'année. Nous vous conseillons donc de vous renseigner auprès des terrains où vous souhaitez séjourner. Les tarifs mentionnés sont ceux qui seront pratiqués en 2008 ou à défaut ceux de 2007. Les gestionnaires nous ont également communiqués leur nombre d'emplacements nus, emplacements destinés aux vacanciers ayant leur matériel (tente, caravane...). De plus, nous indiquons uniquement la réservation obligatoire auprès du camping pour vos emplacements.

Avec les Camping Chèques, offrez-vous une "basse saison" haute en couleurs !
Camping Cheque©
un tarif unique
14€
la nuit
pour 2 personnes
Jusqu'à 60% d'économies sur les plus beaux campings
www.campingcheque.fr
N° Indigo 0 825 740 730
0,15€ TTC/min
576 campings haut de gamme
22 pays à découvrir
Commandez vite le Guide Europe
4€ seulement
+2€95 de frais de port
Camping Cheque
Economisez en Basse Saison...
Guide Europe 2008
CAMPING CARAVANING
576 campings
22 pays
4€
Camping Chèque est un bon plan du groupe Kawan
kawan

A vous les **vacances** en **plein air**

Le camping c'est tout cela à la fois : une formule de vacances qui associe liberté et vie au grand air avec confort et accès à une multitude de services et de loisirs. Que ce soit en tente, en caravane, en camping car ou dans un mobile home, réservez dans un camping !

Voici quelques pistes présentées sous forme de question-réponse afin de vous familiariser avec ce qu'on appelle aujourd'hui l'hôtellerie de plein air.
La documentation ou le contrat que le camping vous adressera après votre premier contact devraient aussi répondre à vos interrogations…

EXISTE-T-IL UN CLASSEMENT POUR LES TERRAINS DE CAMPING ?

Oui, les campings sont classés par étoiles. Un terrain peut se voir auréolé d'une, deux, trois ou quatre étoiles. La décision d'un classement en ★, ★★, ★★★ ou ★★★★ est prise par un arrêté préfectoral après avis de la CDAT (Commission départementale de l'action touristique). Cette commission est composée de représentants des administrations, mais aussi de membres des syndicats de l'hôtellerie de plein air (les propriétaires de camping) et de représentants des usagers (les campeurs) par le biais de la Fédération française de camping et de caravaning (FFCC).
Ainsi composée, cette commission visite les campings et établit leur classement en fonction de normes fixées par l'arrêté du 11 janvier 1993, relatif au classement des terrains de camping aménagés. Rappelons que ces normes portent sur l'aspect quantitatif des équipements. Les étoiles indiquent donc simplement la nature (et souvent le nombre) des équipements que vous trouverez sur le camping. Ainsi, pour obtenir
quatre étoiles, un camping doit offrir, entre autres, une salle de réunion, un éclairage nocturne des voiries intérieures et 16 lavabos en cabine avec eau chaude pour 80 emplacements. En revanche, rappelons qu'un camping ★★★★ n'est pas tenu d'avoir une piscine ou un restaurant.

QUE SIGNIFIE PRL ?

Un PRL est un parc résidentiel de loisirs, un terrain aménagé essentiellement destiné à la location longue durée. On y loue un emplacement (raccordé à tous les réseaux) à l'année sur lequel on peut installer son propre mobile-home.

QU'EST-CE QU'UN CAMPING RURAL ?

Outre les campings classés en étoiles, il existe environ 1 800 campings dits ruraux classés en deux catégories : les aires naturelles et les campings à la ferme.
Un camping à la ferme ne peut

L'Océan - La Courarde-sur-Mer (17)

proposer plus de six emplacements pour une capacité maximale de vingt personnes. La superficie des emplacements doit atteindre 300 m². De son côté, une aire naturelle peut proposer entre sept et vingt-cinq emplacements d'une surface de 400 m² chacun. Ces campings ruraux peuvent être ou non affiliés à un ou plusieurs réseaux, tels que les Gîtes de France, Bienvenue à la ferme ou Accueil-Paysan.
A noter : ces campings ont la particularité de faire découvrir le monde fermier et agricole. Les tarifs pratiqués sont très abordables.

FAUT-IL RÉSERVER SON EMPLACEMENT À L'AVANCE ?

Certains établissements ne travaillent que sur réservation, en particulier en haute saison (juillet-août), mais cette pratique n'est pas généralisée. En revanche, pour la location d'un mobile-home, d'un chalet ou d'un bungalow toile, il est nécessaire de réserver. Et il est vivement conseillé de s'y prendre longtemps à l'avance, surtout si vous souhaitez prendre vos vacances entre le 15 juillet et le 15 août...

QUEL COÛT POUR VOTRE SÉJOUR ?

Il est déterminé en toute liberté par le terrain de camping et ne dépend pas du niveau de qualité de l'établissement.
Les tarifs doivent être affichés à l'entrée du camping, tout comme le règlement intérieur.

LES SERVICES ET ACTIVITÉS PROPOSÉS SONT-ILS PAYANTS ?

L'accès aux services et aux activités ludiques (piscine, salle de remise en forme, discothèques, spectacles, tournois sportifs...) est gratuit, à quelques exceptions près. En revanche, certaines activités sont proposées moyennant parfois une contribution financière : minigolf (location des clubs), tennis, promenade à cheval, sorties organisées (kayak, visites, etc.), location de VTT... Il va de soi que les services dits de confort (bar, glacier, restaurant, plats à emporter, épicerie, boutiques, laverie) sont payants. Bien sûr, les sanitaires collectifs sont gratuits, mais l'utilisation des machines à laver reste payante.
A noter : si tous les services sont ouverts en juillet-août, rappelons qu'en début et fin de saison, ce n'est pas toujours le cas, en particulier en ce qui concerne les soirées. Là encore, n'oubliez

➔ Nous indiquons la réservation obligatoire en été et/ou en hiver.

POURQUOI CERTAINS CAMPINGS ONT-ILS LA MENTION "TOURISME" ET D'AUTRES "LOISIRS" ?

Près de 80 % des campings sont classés dans la catégorie Tourisme, ce qui signifie que plus de la moitié des emplacements est affectée au tourisme de passage ou aux courts séjours. Les terrains classés Loisirs sont ceux dont plus de la moitié des emplacements est vouée aux séjours longue durée (un mois et plus).

DANS UN CAMPING CLASSÉ "TOURISME", EST-ON CERTAIN DE TROUVER DES EMPLACEMENTS POUR ACCUEILLIR TENTE, CARAVANE OU CAMPING-CAR ?

Non. Pas obligatoirement. En effet, les hébergements locatifs étant installés sur ces emplacements " tourisme ", ils peuvent en occuper la quasi totalité. Alors attention, faites vous bien préciser les disponibilités avant votre arrivée.

pas de vous renseigner auprès du camping si rien n'est précisé dans sa documentation ou sur son site Internet.

LES CHIENS SONT-ILS ACCEPTÉS ?

Posez la question avant d'arriver au camping ou au moment de réserver. Pour votre information, nous signalons dans ce guide les campings qui refusent les animaux .
Rappelons tout de même que d'une manière générale, votre animal doit être vacciné et tatoué. En outre, votre animal doit être tenu en laisse sur le camping et ne jamais être laissé seul sur l'emplacement. Un carnet de vaccination (à jour) est demandé lors de votre arrivée. Ne l'oubliez pas.

LES ANIMAUX SONT-ILS PAYANTS ?

Il n'existe pas de généralité. Certains les acceptent gratuitement toute l'année ou en basse saison. D'autres pratiquent un tarif spécifique. Rappelons tout de même que de plus en plus d'établissements optent pour des tarifs "animaux" prohibitifs et donc dissuasifs...

A-T-ON LE DROIT DE FAIRE DES BARBECUES SUR L'EMPLACEMENT ?

Oui bien sûr, mais certains terrains situés dans les régions à fort risque d'incendie les interdisent. Parfois, seuls les barbecues à charbon sont prohibés contrairement aux appareils à gaz. Pour éviter de transporter une charge inutile, il est préférable d'interroger le responsable du camping.
Sachez tout de même que de nombreux établissements proposent gratuitement des barbecues collectifs, aménagés dans des endroits sécurisés.

COMMENT SONT AMÉNAGÉES LES LOCATIONS PROPOSÉES PAR LES CAMPINGS ?

Depuis quelques années, les campings proposent des hébergements à louer. Très fonctionnels, les mobile-homes et les chalets disposent d'un salon-séjour (avec table, canapé, rangements), d'un coin cuisine, d'une salle de bain avec wc, lesquels sont parfois séparés. Ces sanitaires intégrés évitent aux occupants d'une résidence mobile de fréquenter les installations communes du camping.
Selon la grandeur de la location, on y trouve par ailleurs une, deux voire trois chambres avec lit double ou simple. A noter : un mobile-home ou un chalet proposant six couchages ne signifie pas qu'il dispose de trois chambres pouvant accueillir deux

QUE SIGNIFIE LA MENTION CAMPING QUALITÉ ?

A l'initiative de la FNHPA et de la FFCC, l'association Camping Qualité a mis au point une charte de qualité reconnue et soutenue par le secrétariat d'Etat au Tourisme. Pour devenir Camping Qualité, un camping doit se soumettre à un contrôle indépendant portant sur 500 critères. Aujourd'hui, plus de 1 000 campings répondent à cette charte nationale et s'engagent à offrir un accueil chaleureux, une propreté irréprochable, une information précise et vraie, et un emplacement privatif au calme.

POURQUOI UNE TELLE DÉMARCHE ?

Tout simplement parce que le classement préfectoral en étoiles détermine l'aspect quantitatif des équipements (nombre de sanitaires, surface des emplacements…), mais il ne mesure pas la qualité (accueil, propreté…). C'est pourquoi un petit camping une étoile peut répondre à la charte et, a contrario, un ★★★★ peut être recalé. La charte Camping Qualité est un complément des fameuses étoiles.

Renseignements :
Camping Qualité,
105, rue La Fayette,75010 Paris.
Tél. **02.40.82.57.63.**
www.campingqualite.com

NOUVEAU
Bivouac™
LE RÉCHAUD TOUT TERRAIN DE VOS ESCAPADES
Stabilité
Easy Clic™ PLUS
Facile,
Connexion/
Deconnexion
INSTASTART
Allumage
automatique
Compact
BUTANE/PROPANE
CAMPINGAZ
INNOVATIONSPREIS
spoga+gafa
FIRE&FOOD
Das Barbecue Magazin
2007
GOLD
KATEGORIE GRILLZUBEHÖR
Médaille d'Or 2007 de l'Innovation
Salon Spoga Gafa - Allemagne
CAMPINGAZ
www.campingaz.fr
Service consommateurs 04 78 86 88 94

personnes... En effet, le séjour est souvent utilisé comme chambre d'appoint avec un canapé convertible en lit. Pour le confort des parents, il est recommandé d'opter pour des locations dont les chambres parents et enfants ne sont pas côte à côte. Certains établissements intègrent dans leurs dépliants publicitaires les photos et les plans détaillés de leurs locations.

QUE TROUVE-T-ON DANS UNE LOCATION ?

Selon le standing du mobile-home, le niveau d'équipement est plus ou moins important. Au minimum, vous trouverez une cuisine équipée avec (en principe) un réfrigérateur, des plaques chauffantes et de la vaisselle. Le four n'est pas toujours fourni. Idem en ce qui concerne le salon de jardin. Dans les locations haut de gamme, l'on trouve parfois une télévision, un téléphone, un congélateur, une climatisation, un lave-vaisselle, un lave-linge...

Attention : les draps ne sont pas toujours fournis. Mais il est possible de les louer sur place. A savoir : il est souvent possible de louer sur place un four, un réfrigérateur, un lit et une chaise pour bébé, ou encore une télévision. Renseignez-vous.

COMBIEN COÛTE UN SÉJOUR EN MOBILE-HOME ?

Le tarif d'une location de mobile-home varie entre 420 et 750 € la semaine pour un camping ★★ et de 720 à 1 500 € pour un ★★★★ sur le littoral. Tout dépend donc de la situation du camping (bord de mer, montagne…), des services qu'il propose (piscine, tennis, restauration…) et bien sûr de la surface du mobile-home, du nombre de couchages qu'il autorise et de son niveau d'équipement (réfrigérateur, congélateur…). Le prix de l'électricité, de l'eau et du gaz est compris. En revanche, dans certaines communes, une taxe de séjour est imposée. Selon les campings, le montant de cette taxe est soit intégrée dans le prix de la location, soit à payer en plus. Cette taxe ne peut dépasser 0,55 € par nuitée et par personne.

A noter : En basse saison (mai, juin, septembre et octobre), des tarifs dégressifs sont proposés selon la durée du séjour ou des forfaits week-end. Pour les séjours d'une semaine, sachez que les locations s'effectuent généralement du samedi au samedi.
Sachez aussi qu'un acompte ou des arrhes proportionnels à la durée du séjour prévue et des frais de réservation ou de dossier sont couramment demandés. Certains campings proposent aussi une assurance d'annulation (facultative).
Lors de votre arrivée, la réception du camping est en droit de vous demander le règlement du solde du séjour. Par ailleurs, une caution peut être exigée pour garantir les dégradations éventuelles occasionnées dans le mobile-home. Elle vous sera restituée après l'inventaire et après votre départ. Le contrat doit signifier la date butoir de la restitution de ce dépôt de garantie.

FAUT-IL FAIRE UN ÉTAT DES LIEUX ?

Oui, c'est préférable dès votre arrivée. Si le personnel du camping ne peut être présent, faites-le vous-même. Et signalez dans la foulée les dysfonctionnements et les objets manquants par rapport à la liste que l'on vous a remise. Quand vous quitterez votre location à la fin de votre séjour, n'oubliez pas de faire le ménage et de laisser le mobile-home dans le même état que lors de votre arrivée. Sans quoi, vous pourriez vous voir facturer le nettoyage (plusieurs dizaines d'euros…). D'ailleurs, certains établissements proposent une option "ménage" que nombre de clients n'hésitent pas à prendre.

Le camping **en milieu rural**

De nombreux terrains de camping, classés par les Préfectures et répertoriés dans la partie "Terrains aménagés" se situent en milieu rural.
Pourtant, lorsque l'on parle de "camping rural", il s'agit de l'accueil dans les Aires naturelles et dans les terrains ruraux ou à la ferme (dits terrains déclarés). Les principaux avantages de ces terrains sont d'offrir :
– des emplacements de camping de grande superficie,
– un contact direct avec la nature et le milieu rural.
Ce guide répertorie l'ensemble des possibilités d'accueil en camping offertes par les agriculteurs, certaines communes et, plus généralement, par le monde rural.

AGRICULTURE ET TOURISME

"Bienvenue à la Ferme"
Le service Agriculture et Tourisme a été mis en place à l'Assemblée permanente des Chambres d'Agriculture à l'initiative des Organisations professionnelles agricoles (OPA).
La FFCC s'est associée à cette démarche. Ce service a pour objectifs :
– de développer la marque "Bienvenue à la Ferme";
– d'animer le réseau "Bienvenue à la Ferme" constitué de relais régionaux et départementaux Agriculture et Tourisme.
Sous la marque "Bienvenue à la Ferme", les agriculteurs s'engagent à accueillir les campeurs sur leur exploitation dans le respect des critères de qualité que reprend la charte "Bienvenue à la Ferme - Camping en Ferme d'Accueil".
Les exploitations agricoles du réseau sont identifiées grâce au panonceau d'agrément "Bienvenue à la Ferme - Camping en Ferme d'Accueil".
Les campeurs pourront, éventuellement, découvrir un des autres produits du réseau parmi les fermes, auberges, fermes équestres, fermes de découvertes, fermes de séjour, goûters à la ferme et points de vente de produits.

Pour toute information complémentaire, contacter :
Agriculture et Tourisme, 9, avenue George-V, 75008 Paris, tél. **01.53.57.11.44; 01.53.57.10.10.**

QUI FAIT LE MÉNAGE ?

Vous. La location d'un mobile-home n'est pas – encore – comparable avec les prestations d'un séjour hôtelier traditionnel. Et si vous ne faites pas votre lit le matin, le personnel du camping ne viendra pas le faire pour vous!

PEUT-ON ACHETER UN MOBILE-HOME ET L'INSTALLER SUR UN CAMPING ?

Oui, il existe environ 500 campings et parcs résidentiels de loisirs en France qui disposent d'emplacements destinés à accueillir des mobile-homes appartenant à des particuliers. Mieux vaut choisir le terrain d'accueil avant de s'engager sur l'achat d'un mobile-home. ■

Etoiles	Nombre De terrains	Capacité d'accueil
★	1 422	78 412
★★	3 793	326 686
★★★	2 449	333 038
★★★★	763	179 663
divers	132	7 428
PRL	116	9 650
Aires naturelles	953	23 825
Terrains déclarés	802	4 812
total	10 430	963 514

4 552 terrains possèdent une piscine.

4 949 ont au moins un court de tennis.

FÉDÉRATION FRANÇAISE DE CAMPING CARAVANING

FFCC

Une fédération reconnue d'utilité publique **qui défend l'usager**

Porte-parole officiel de tous les campeurs, caravaniers, camping-caristes et utilisateurs d'hébergements locatifs, la FFCC a deux priorités...

■ Mener des actions de défense, visant notamment :

● Pour les camping-caristes :
- à la suppression des interdictions de stationnement abusives;
- au développement du réseau d'aires d'accueil et de services en dehors et sur les terrains de campings;
- à la création de parcs pour véhicules à moteur habitables...
- au développement de la formule "Stop Accueil Camping-car"

● Pour les caravaniers :
- au règlement des litiges avec un gestionnaire de terrain de camping, un constructeur...
- au suivi des lois en cours d'élaboration et qui peuvent porter préjudice au consommateur, au contrôle des terrains.

■ Mieux vous informer sur la qualité des campings :

En complément du classement préfectoral en étoiles déterminé par l'aspect quantitatif des équipements des terrains de camping, la FFCC, en collaboration avec la Fédération Nationale de l'Hôtellerie de Plein Air et le Ministère du Tourisme a mis au point une charte de qualité :

Une grille de contrôle de la qualité a été établie qui comprend quatre grands chapitres sur lesquels les gestionnaires doivent s'engager :
- une information précise et vraie;
- une propreté irréprochable;
- un emplacement privatif soigné;
- un accueil chaleureux.

Tous les terrains de camping qui le souhaitent peuvent postuler à cette charte et recevoir la visite d'experts indépendants qui contrôlent selon plus de 500 critères la qualité du terrain. Un camping "Camping Qualité", petit ou grand, à la mer comme à la montagne, sera pour vous une garantie, l'assurance d'une qualité conforme à votre attente, la même pour tous sur toute la France. Vous trouverez dans ce Guide 2008 plus de 1 000 terrains "Camping Qualité" reconnaissables par le logo qui figure en début de chaque pavé.

Les Ormes

Saint-Cado - Belz (56)

DEUX MANIÈRES DE REJOINDRE LA FFCC

■ EN DIRECT A LA FFCC

Vous bénéficierez alors de nombreux avantages :

- Remise importante sur les campings de la Chaîne des Terrains Associatifs et sur plus de 1 000 terrains.
- Protection et assistance juridique.
- Assurance Responsabilité civile adaptée.
- Assurance matériel à des prix très compétitifs.
- Assurance annulation de réservation ou interruption de séjour qui vous rembourse jusqu'à 1 600 € pour tout emplacement ou hébergement locatif réservé.
- Nombreux avantages grâce aux conventions de partenariat signées par la FFCC avec ses partenaires.
- Abonnements à tarif réduit sur les revues Camping et Caravaning-Le Caravanier, Camping-Car Magazine, Moto Journal, L'Automobile Magazine (-40%).
- Réductions sur les guides de camping (-15%).
- Service de la revue Liaison FFCC.
- Défense du consommateur et aide juridique.
- Carte Camping International.
- Possibilité de participer à des rassemblements et des voyages organisés par la FFCC et ses clubs.

■ EN REJOIGNANT L'UN DES 80 CLUBS AFFILIES

Vous bénéficierez de tous les avantages de l'adhésion directe

\+

Tous les avantages offerts par le club choisi :

- Voyages en France et à l'étranger, en groupe ou en individuel.
- Indépendance et apport de l'expérience des autres.
- Documentation précise et utile.
- Rencontre de futurs "compagnons" de voyages.
- Activités de plein air.
- Rassemblements de week-end ou de plusieurs jours.
- Terrains de Clubs réservés ou à tarifs préférentiels.
- Moments conviviaux.
- Conseils, astuces.
- Itinéraires de voyages...

Le Mont Libre - Gannat (03)

78, RUE DE RIVOLI, 75004 PARIS.
TÉL. 01 42 72 84 08.
E-MAIL : info@ffcc.fr

Reconnue d'Utilité publique et forte de ses 70 ans d'expérience, la FFCC réunit 80 clubs de campeurs, caravaniers, camping-caristes et utilisateurs d'hébergements locatifs. La rejoindre apporte de nombreux services et avantages.

Le Mas de Champel - Les Ollières (07)

COMMENT SE RENSEIGNER ? COMMENT ADHÉRER ?

Rien de plus simple :

- Vous contactez la Fédération qui, selon votre lieu de résidence et selon ce que vous recherchez, vous orientera vers tel ou tel Club.
- Vous faites vous-même vos recherches en contactant les Clubs dont la liste figure dans votre guide.
- Les délégués de la FFCC dont vous trouvez les coordonnées dans le guide au début de chaque département, sont aussi là pour vous renseigner. Issus de Clubs, ces bénévoles représentent localement la FFCC, assurent les visites techniques des terrains et les relations avec les Autorités administratives locales.
- Vous adhérez à la FFCC directement en nous retournant le bulletin d'adhésion situé en bas de la page "Votre carte multi-avantages 2008".

Pour profiter pleinement de vos loisirs et renforcer la représentativité d'une Fédération qui vous défend, rejoignez la FFCC et ses Clubs.

Fédération Française de Camping et de Caravaning
78, rue de Rivoli, 75004 PARIS
Tél. 01 42 72 84 08 Fax 01 42 72 70 21
info@ffcc.fr - www.ffcc.fr
Reconnue d'utilité publique. Au service du consommateur

Pour en savoir plus, retournez ce coupon à la FFCC, 78 rue de Rivoli, 75004 Paris

Nom ....

Prénom ....

Adresse ....

....

Je souhaite recevoir de la documentation concernant :

- ☐ l'adhésion à un club
- ☐ l'adhésion directe à la FFCC
- ☐ les terrains FFCC
- ☐ les voyages organisés
- ☐ la Carte Camping International
- ☐ l'assurance camping-car
- ☐ l'assurance caravane ou mobile-home
- ☐ les abonnements préférentiels aux revues spécialisées

Le Ranc Davaine - St-Alban (07)

PARTENAIRES

FFCC

La FFCC et ses partenaires privilégiés fournissent aux adhérents FFCC et des Clubs affiliés encore plus de services et d'avantages. Citons notamment :

- **La chaîne des terrains associatifs :** un accueil privilégié, une réduction ou des prestations supérieures à la catégorie annoncée.
- **Motor Presse France :** 40% de réduction sur le tarif au numéro des magazines Camping et Caravaning - Le Caravanier, Camping-Car Magazine, Moto Journal, L'Automobile Magazine.
- **Camping Chèque :** un Camping Chèque gratuit pour tout achat de vingt Camping Chèques au minimum (20 + 1 gratuit).
- **Holiday Cheque de Kawan :** -5% supplémentaires sur l'hébergement locatif Holiday Cheque.
- **Location de camping-car :** 7,5% de réduction chez **Avis Car Away**.
- 15% de réduction chez **Walibi Rhône-Alpes**.
- 5% de réduction sur les forfaits de remontées mécaniques à **La Plagne Paradiski**.
- 1 entrée gratuite pour 3 entrées achetées dans les 21 parcs **Aqualand** d'Europe.
- **Les terrains de camping :** de 5 à 50% de réduction sur votre séjour en emplacement nu ou en hébergement locatif.
- 5% de réduction dans les campings **Uttopia** et **Indigo**.
- 5% de réduction sur la location d'un mobile-home (hors-saison) chez **Vacansoleil**.
- 3,5% de réduction chez **Cap Latitude** et **Orcada Voyages**, spécialistes des voyages en camping-cars.

CONTACT :

Fédération Française de Camping et de Caravaning
78, rue de Rivoli, 75004 PARIS.
Tél 01 42 72 84 08.
Info@ffcc.fr
www.ffcc.fr

ET AUSSI

... des réductions sur les traversées maritimes en Europe avec Italtrag, Corsica Ferries, sur les campings FFCC, et aussi en Espagne, aux USA, en Croatie, des offres auprès de nos partenaires Narbonne Accessoires, Mistercamp, Condor-Ferries, le Musée du Chemin de Fer Miniature...

Les Tournels - Ramatuelle (83)

CHAINES DE CAMPINGS

La diversité des campings est telle que nombre d'entre eux ont eu l'idée un jour de se regrouper sous une même bannière.

TOUR D'HORIZON DES PRINCIPALES CHAÎNES DE CAMPING EN FRANCE :

FLOWERCAMPINGS

Une quarantaine de terrains regroupés pour 10 engagements envers la clientèle : l'accueil, la disponibilité, la convivialité, la connaissance de la région... Tél. 0826 300 717.

FRANCE LOC

17 domaines mer ou nature : de l'hébergement au centre aquatique, des services de qualité aux nombreuses activités proposées, vous profiterez pleinement de vos vacances en toute sérenité. Tél. 04 92 28 38 48.

VILLAGE CENTER

Ils sont 29 au total et 'engagent sur la qualité de l'accueil. Une large gamme d'activités pour tous. Une garantie du confort. Tél. 0825 00 20 30.

REVEA

11 campings "nature" pour des vacances familiales. Tél. 0825 801 440.

HUTTOPIA

A la campagne ou à la montagne, sous la tente ou dans les cabanes, roulottes , Huttopia vous propose 10 destinations. Tél. 04 37 64 22 33.

CAMPÉOLE

37 campings en France dont certains à proximité de grandes villes, aux niveaux de standing différents, de ★★ à ★★★★ à double vocation : accueil de vacanciers avec leur propre matériel et location de bungalows ou de mobile-homes. Tél. 08 26 30 02 12.

LES CASTELS

La plus ancienne et la plus prestigieuse. Elle est constituée d'établissements ★★★★ (une quarantaine) qui doivent répondre à une charte de qualité extrêmement sévère. Châteaux, manoirs, moulins ou autres vieilles pierres font tout le caractère de ces sites. Tél. 02 23 16 03 20.

CLUB AIROTEL

En majorité implantés sur le littoral atlantique, ces campings ★★★ et ★★★★ affectionnent l'animation et les espaces aquatiques. Tél. 3620 dîtes "Airotel".

KAWAN

90 campings dont 66 en France sélectionnés pour leur qualité et leur confort. Tél. 08 25 74 07 30.

SITES ET PAYSAGES DE FRANCE

Le sens de l'hospitalité, un accueil chaleureux et simple, les Sites et Paysages revendiquent haut et fort un esprit famille, le tout dans des sites privilégiés. Tél. 08 20 20 46 46.

SUNÊLIA

La qualité est de mise au sein de Sunêlia tant au niveau de l'accueil que des équipements et des animations. Tél. 05 57 14 33 60.

YELLOH ! VILLAGE

Sous la bannière Yelloh ! Village, 39 établissements haut de gamme se sont regroupés avec un engagement sur une charte de qualité dont les points forts sont l'accueil personnalisé, une architecture de qualité, un haut niveau de prestations et d'animations... Tél. 04 66 73 97 39.

SIBLU

Possibilité de réserver votre séjour en mobile-homes / cottages et également possibilité d'achat. Tél. 05 56 07 90 10.

CARTE

Lac de la Salagou - Clermont-l'Hérault (34)

CLASSEMENT PAR DÉPARTEMENTS

01 Ain p. 85
02 Aisne p. 89
03 Allier p. 91
04 Alpes-de-Haute-Provence p. 94
05 Hautes-Alpes p. 104
06 Alpes-Maritimes p. 112
07 Ardèche p. 120
08 Ardennes p. 136
09 Ariège p. 138
10 Aube p. 143
11 Aude p. 145
12 Aveyron p. 151
13 Bouches-du-Rhône p. 162
14 Calvados p. 168
15 Cantal p. 174
16 Charente p. 179
17 Charente-Maritime p. 181
18 Cher p. 213
19 Corrèze p. 215
2A Corse-du-Sud p. 222
2B Haute-Corse p. 226
21 Côte-d'Or p. 230
22 Côtes-d'Armor p. 233
23 Creuse p. 243
24 Dordogne p. 245
25 Doubs p. 263
26 Drôme p. 265
27 Eure p. 273
28 Eure-et-Loir p. 276
29 Finistère p. 278
30 Gard p. 298
31 Haute-Garonne p. 312
32 Gers p. 316
33 Gironde p. 320
34 Hérault p. 337
35 Ille-et-Vilaine p. 360
36 Indre p. 365
37 Indre-et-Loire p. 368
38 Isère p. 373
39 Jura p. 380
40 Landes p. 385
41 Loir-et-Cher p. 408
42 Loire p. 412
43 Haute-Loire p. 415
44 Loire-Atlantique p. 419
45 Loiret p. 431
46 Lot p. 434
47 Lot-et-Garonne p. 443
48 Lozère p. 446
49 Maine-et-Loire p. 451
50 Manche p. 456
51 Marne p. 465
52 Haute-Marne p. 466
53 Mayenne p. 468
54 Meurthe-et-Moselle p. 469
55 Meuse p. 470
56 Morbihan p. 472
57 Moselle p. 488
58 Nièvre p. 490
59 Nord p. 493
60 Oise p. 498
61 Orne p. 500
62 Pas-de-Calais p. 503
63 Puy-de-Dôme p. 511
64 Pyrénées-Atlantiques p. 520
65 Hautes-Pyrénées p. 531
66 Pyrénées-Orientales p. 538
67 Bas-Rhin p. 561
68 Haut-Rhin p. 565
69 Rhône p. 569
70 Haute-Saône p. 571
71 Saône-et-Loire p. 573
72 Sarthe p. 577
73 Savoie p. 581
74 Haute-Savoie p. 588
75 Paris p. 596
76 Seine-Maritime p. 596
77 Seine-et-Marne p. 601
78 Yvelines p. 605
79 Deux-Sèvres p. 607
80 Somme p. 610
81 Tarn p. 616
82 Tarn-et-Garonne p. 621
83 Var p. 624
84 Vaucluse p. 656
85 Vendée p. 663
86 Vienne p. 694
87 Haute-Vienne p. 698
88 Vosges p. 702
89 Yonne p. 707
90 Territoire-de-Belfort p. 710
91 Essonne p. 711
92 Hauts-de-Seine
93 Seine-St-Denis p. 713
94 Val-de-Marne p. 713
95 Val-d'Oise p. 714

CLASSEMENT PAR RÉGIONS :

ALSACE —
67. Bas-Rhin — 68. Haut-Rhin.

AQUITAINE —
24. Dordogne — 33. Gironde — 40. Landes — 47. Lot-et-Garonne — 64. Pyrénées-Atlantiques.

AUVERGNE —
03. Allier — 15. Cantal — 43. Haute-Loire — 63. Puy-de-Dôme.

BOURGOGNE —
21. Côte-d'Or — 58. Nièvre — 71. Saône-et-Loire — 89. Yonne.

BRETAGNE -
22. Côtes-d'Armor — 29. Finistère — 35. Ille-et-Vilaine — 56. Morbihan.

CENTRE —
18. Cher — 28. Eure-et-Loir — 36. Indre — 37. Indre-et-Loire — 41. Loir-et-Cher — 45. Loiret.

CHAMPAGNE-ARDENNE —
08. Ardennes — 10. Aube — 51. Marne — 52. Haute-Marne.

CORSE —
2A. Corse-du-Sud — 2B. Haute-Corse.

FRANCHE-COMTÉ —
25. Doubs — 39. Jura — 70. Haute-Saône — 90. Territoire-de-Belfort.

ILE-DE-FRANCE —
75. Paris — 77. Seine-et-Marne — 78. Yvelines — 91. Essonne — 92. Hauts-de-Seine — 93. Seine-Saint-Denis — 94. Val-de-Marne — 95. Val-d'Oise.

LANGUEDOC-ROUSSILLON —
11. Aude — 30. Gard — 34. Hérault — 48. Lozère — 66. Pyrénées-Orientales.

LIMOUSIN —
19. Corrèze — 23. Creuse — 87. Haute-Vienne.

LORRAINE —
54. Meurthe-et-Moselle — 55. Meuse — 57. Moselle — 88. Vosges.

MIDI-PYRÉNÉES —
09. Ariège — 12. Aveyron — 31. Haute-Garonne — 32. Gers — 46. Lot — 65. Hautes-Pyrénées — 81. Tarn — 82. Tarn-et-Garonne.

NORD-PAS-DE-CALAIS —
59. Nord — 62. Pas-de-Calais.

NORMANDIE —
14. Calvados — 50. Manche — 61. Orne 27. Eure — 76. Seine-Maritime.

PAYS DE LA LOIRE —
44. Loire-Atlantique — 49. Maine-et-Loire — 53. Mayenne — 72. Sarthe — 85. Vendée.

PICARDIE —
02. Aisne — 60. Oise — 80. Somme.

POITOU-CHARENTES —
16. Charente — 17. Charente-Maritime.- 79. Deux-Sèvres — 86. Vienne.

PROVENCE-ALPES-CÔTE D'AZUR -
04. Alpes-de-Haute-Provence.- 05. Hautes-Alpes — 06. Alpes-Maritimes — 13. Bouches-du-Rhône — 83. Var — 84. Vaucluse.

RHÔNE-ALPES —
01. Ain — 07. Ardèche — 26. Drôme — 38. Isère — 42. Loire — 69. Rhône — 73. Savoie — 74. Haute-Savoie.

... ET LES DÉPARTEMENTS D'OUTRE-MER.

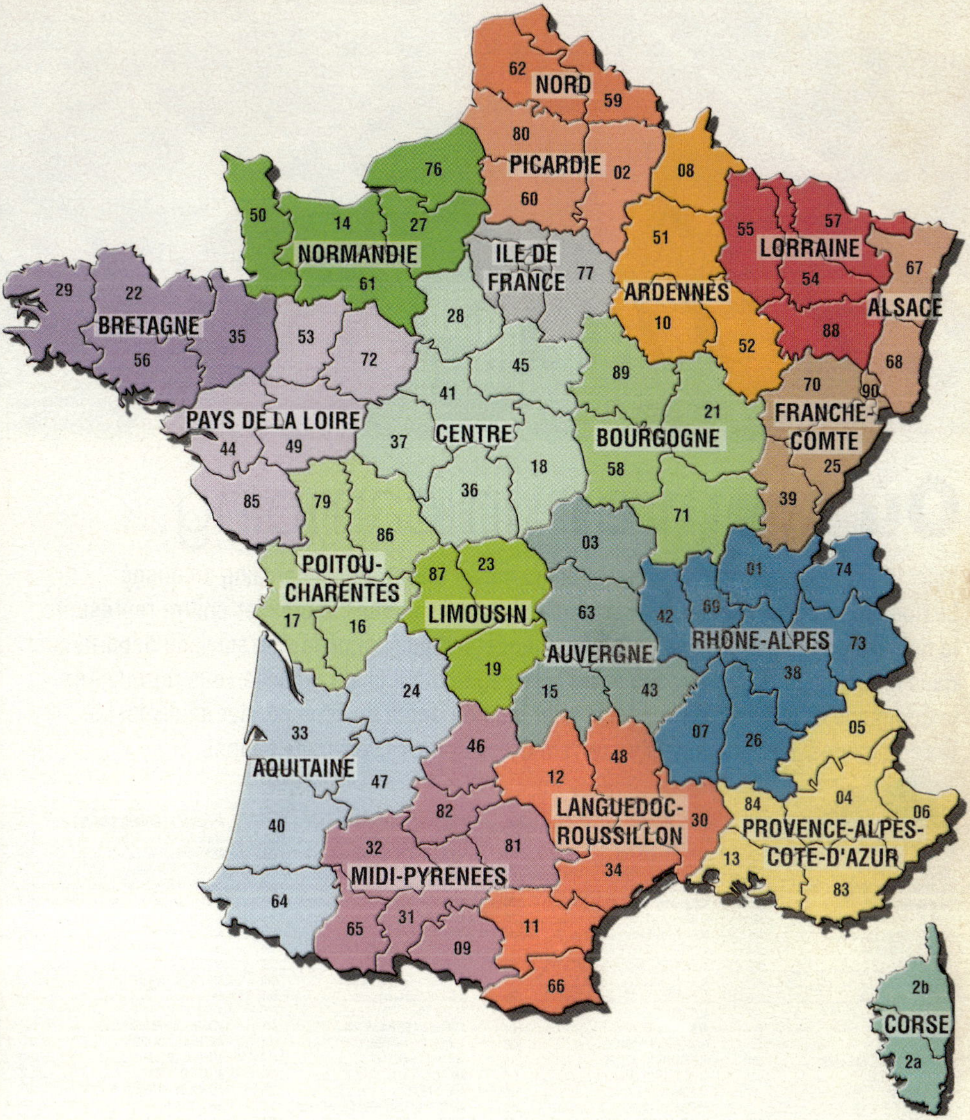
NORD
62
59
PICARDIE
80
60
02
NORMANDIE
76
50
14
27
61
ILE DE FRANCE
77
ARDENNES
08
51
10
52
LORRAINE
55
57
54
88
ALSACE
67
68
BRETAGNE
29
22
35
56
PAYS DE LA LOIRE
53
72
44
49
85
CENTRE
28
45
41
37
36
18
BOURGOGNE
89
21
58
71
FRANCHE-COMTE
70
90
25
39
POITOU-CHARENTES
79
86
17
16
LIMOUSIN
87
23
19
AUVERGNE
03
63
15
43
RHONE-ALPES
01
74
69
42
73
38
07
26
AQUITAINE
24
33
47
40
64
MIDI-PYRENEES
46
12
82
81
32
31
65
09
LANGUEDOC-ROUSSILLON
48
30
34
11
66
PROVENCE-ALPES-COTE-D'AZUR
05
04
06
84
13
83
CORSE
2b
2a

Où trouver un camping...

Voici la liste des communes où se situe au moins un terrain de camping aménagé. Le nom de la commune est suivi du repère cartographique : le premier chiffre représente le numéro de la carte puis le carré dans lequel est positionné la ville suivi, du département dans lequel la localité se trouve et enfin la page du guide sur laquelle vous retrouverez la commune et tous ses terrains. Le point bleu en début de ligne permet de distinguer les communes ayant au moins un terrain de camping ouvert toute l'année.

A

ABILLY 6-E3 (37) 368
ABJAT SUR BANDIAT 9-E2 (24) 245
ABONDANCE 8-D5 (74) 588
ABRESCHVILLER 4-E4 (57) 488
ABREST 10-D1 (03) 91
ABRIES 11-E4 (05) 104
ABZAC 9-D3 (33) 320
ACCOLAY 7-E2 (89) 707
ACCOUS 12-C3 (64) 520
ACY EN MULTIEN 3-C3 (60) 498
ADE 12-D3 (65) 531
ADERVIELLE POUCHERGUES 12-E4 (65) 531
ADILLY 6-D4 (79) 607
ADISSAN (34) 337
AGAY (83) ....
AGDE 13-E3 (34) 337
AGON COUTAINVILLE 2-B3 (50) 456
AGOS VIDALOS 12-D3 (65) 531
AGUESSAC 10-D5 (12) 151
AHUN 10-B1 (23) 243
AIGLEPIERRE 8-C3 (39) 380
AIGNAN 12-D2 (32) 316
AIGREFEUILLE D AUNIS 6-C5 (17) 193
AIGUEBELETTE LE LAC 11-C2 (73) 581
AIGUEBLANCHE (73) 581
AIGUES MORTES 13-F2 (30) 298
AIGUES VIVES 13-B4 (09) 138
AIGUEZE 10-F5 (30) 298
AIGUILLES 11-E4 (05) 104
AIGUILLON 9-E5 (47) 443
AIGUINES 14-D1 (83) 624
AILLEUX 10-E1 (42) 412
AILLON LE JEUNE 11-C2 (73) 581
AILLY SUR NOYE 1-C4 (80) 610
AIMARGUES 13-F2 (30) 298
AINHOA 12-A3 (64) 520
AIRE SUR L ADOUR (40) 385
AIRE SUR LA LYS 1-C2 (62) 503
AIRVAULT 6-D4 (79) 607
AIX 1-D3 (59) 493
AIX EN ERGNY 1-B2 (62) 503
AIX EN OTHE 3-E5 (10) 143
AIX EN PROVENCE (13) 162
AIX LES BAINS (73) 581
AIXE SUR VIENNE 9-F1 (87) 698
AIZAC 10-F4 (07) 120
AIZELLES 1-E5 (02) 89
AIZENAY 6-A4 (85) 665
AJACCIO (2A) 222
ALBA LA ROMAINE 10-F4 (07) 120
ALBAN 13-C1 (81) 616
ALBAS 10-A5 (46) 434
ALBENS 11-C1 (73) 581
ALBEPIERRE BREDONS 10-C3 (15) 174
ALBERT 1-C4 (80) 610
ALBERTVILLE (73) 582
ALBI (81) 616
ALBIAS 13-A1 (82) 621
ALBIES 13-A4 (09) 138
ALBIGNAC 10-A3 (19) 215
ALBINE 13-C2 (81) 616
ALBON 10-F4 (07) 120
ALBON 11-A3 (26) 265
ALBOUSSIERE 11-A3 (07) 120
ALBY SUR CHERAN 11-C1 (74) 588
ALCAY ALCABEHETY SUNHARETTE 12-B3 (64) 520
ALENCON 2-D4 (61) 500
ALENYA 13-D4 (66) 538
ALERIA 15-C3 (2B) 226
ALET LES BAINS 13-B3 (11) 145
ALEX 11-D1 (74) 588
ALGAJOLA 15-A2 (2B) 226
ALIGNAN DU VENT 13-D2 (34) 339
ALLANCHE 10-D3 (15) 174
ALLAS LES MINES 9-F4 (24) 245
ALLEGRE 10-E3 (43) 415
ALLEGRE LES FUMADES 10-F5 (30) 298
ALLEMOND 11-C3 (38) 373
ALLES SUR DORDOGNE 9-F4 (24) 245
ALLEVARD 11-C2 (38) 373
ALLEYRAS 10-E4 (43) 415
ALLIAT 13-A4 (09) 138
ALLINEUC 5-D2 (22) 233
ALLONNES 6-D2 (49) 451
ALLY 10-B3 (15) 174
ALOS SIBAS ABENSE 12-B3 (64) 520
ALRANCE 10-C5 (12) 151
ALTIER 10-E5 (48) 446
ALTILLAC 10-B3 (19) 215
ALTKIRCH 8-E1 (68) 565
AMBAZAC 10-A1 (87) 698
AMBERIEUX EN DOMBES 11-A1 (01) 85
AMBERT 10-E2 (63) 511
AMBEYRAC 10-B5 (12) 151
AMBIALET 13-C1 (81) 616
AMBLETEUSE 1-A2 (62) 503
AMBLIE 2-D2 (14) 168
AMBOISE 6-F2 (37) 368
AMBON 5-E4 (56) 472
AMBRIERES LES VALLEES 2-C4 (53) 468
AMELIE LES BAINS PALALDA (66) 538
AMIENS 1-B4 (80) 610
AMILLIS 3-D4 (77) 601
AMOU 12-C2 (40) 385
AMPHION LES BAINS (74) 588
ANCELLE 11-D4 (05) 104
ANCENIS 6-B2 (44) 419
ANCIZAN 12-D4 (65) 531
ANCONE (26) 265
ANCTOVILLE SUR BOSCQ 2-F1 (50) 456
ANCY 10-F1 (69) 569
ANCY LE FRANC 7-F1 (89) 707
ANDANCE 11-A3 (07) 120
ANDELOT BLANCHEVILLE 4-B5 (52) 466
ANDERNOS LES BAINS 9-B4 (33) 320
ANDILLY 6-B5 (17) 193
ANDONVILLE 3-B5 (45) 431
ANDOUILLE 2-C5 (53) 468
ANDRES 1-B2 (62) 503
ANDRYES 7-D2 (89) 707
ANDUZE 13-E1 (30) 298
ANET 3-A3 (28) 276
ANGERS (49) 451
ANGICOURT 1-C5 (60) 498
ANGLARDS DE SALERS 10-C3 (15) 174
ANGLARS JUILLAC 10-A5 (46) 434
ANGLES 13-C2 (81) 616
ANGLES 6-B4 (85) 666
ANGLET (64) 520
ANGOISSE 9-F2 (24) 246
ANGOULINS 6-B5 (17) 193
ANGOUSTRINE VILLENEUVE ESCALDES (66) 538
ANGRESSE 12-A2 (40) 385
ANIANE 13-E2 (34) 339
ANNECY (74) 588
ANNECY LE VIEUX 11-C1 (74) 588
ANNET SUR MARNE 3-C3 (77) 601
ANNEVILLE AMBOURVILLE 2-F2 (76) 596
ANNEVILLE SUR MER 2-B3 (50) 457
ANNEYRON 11-A3 (26) 265
ANNONAY 11-A3 (07) 120
ANNOT 14-E1 (04) 94
ANNOVILLE 2-B3 (50) 457
ANOST 7-E3 (71) 573
ANOULD 4-D5 (88) 702
ANSE 11-A1 (69) 569
ANTHY SUR LEMAN 8-D5 (74) 588
ANTIBES (06) 112
ANTIGNAC 12-E4 (31) 312
ANTONNE ET TRIGONANT 9-E3 (24) 246
ANTRAIGUES SUR VOLANE 10-F4 (07) 120
ANTRAIN 2-B4 (35) 360
ANVIN 1-B3 (62) 503
ANZEME 7-B5 (23) 243
AOUSTE SUR SYE 11-B4 (26) 265
APCHON 10-C3 (15) 174
APREMONT 6-A4 (85) 667
APT 14-B1 (84) 656
ARAGNOUET 12-D4 (65) 531
ARAMITS 12-C3 (64) 520
ARBOIS 8-C3 (39) 380
ARC EN BARROIS 8-A1 (52) 466
ARC ET SENANS 8-C3 (25) 263
ARCACHON (33) 320
ARCAIS 6-C5 (79) 607
ARCENS 10-F4 (07) 120
ARCES 9-C2 (17) 194
ARCHIAC 9-D2 (17) 194
ARCHIGNAT 7-C5 (03) 91
ARCIS SUR AUBE 3-E4 (10) 143
ARCIZANS AVANT 12-D3 (65) 531
ARCIZANS DESSUS 12-D3 (65) 531
ARCY SUR CURE 7-E2 (89) 707
ARDOIX 11-A3 (07) 120
ARDRES 1-B2 (62) 503
AREGNO 15-A2 (2B) 226
AREN 12-C3 (64) 521
ARES 9-B4 (33) 321
ARETTE 12-C3 (64) 521
ARFEUILLES (03) 91
ARFONS 13-B2 (81) 616
ARGAGNON 12-C2 (64) 521
ARGANCHY 2-C2 (14) 168
ARGELES GAZOST 12-D3 (65) 531
ARGELES SUR MER 13-D5 (66) 539

ARGENT SUR SAULDRE 7-C2 (18) ...213
ARGENTAN 2-D4 (61) ...500
ARGENTAT 10-B3 (19) ...215
ARGENTON L EGLISE 6-D3 (79) ...607
ARGENTON LES VALLEES 6-C3 (79) ...607
ARGENTON SUR CREUSE 7-A4 (36) ...365
ARGOL 5-B2 (29) ...278
ARIES ESPENAN 12-E3 (65) ...531
ARIGNAC 13-A4 (09) ...138
ARLANC 10-E2 (63) ...511
ARLEBOSC 11-A3 (07) ...120
ARLES (13) ...162
ARLES SUR TECH 13-C5 (66) ...545
ARLEUF 7-E3 (58) ...490
ARLEUX 1-D3 (59) ...493
ARMOUS ET CAU 12-D2 (32) ...316
ARNAY LE DUC 7-F3 (21) ...230
ARNAYON 11-B4 (26) ...265
ARPAILLARGUES ET AUREILLAC 13-F1 (30) ...299
ARPAJON SUR CERE 10-C4 (15) ...174
ARPAVON 11-B5 (26) ...265
ARPHEUILLES 6-F3 (36) ...365
ARQUES 13-C4 (11) ...145
ARQUES 1-B2 (62) ...503
ARRADON 5-D4 (56) ...473
ARRAS EN LAVEDAN 12-D3 (65) ...532
ARREAU 12-E4 (65) ...532
ARRENS MARSOUS 12-D4 (65) ...532
ARREST 1-A3 (80) ...610
ARRIGNY 3-F4 (51) ...465
ARROMANCHES LES BAINS 2-C2 (14) .168
ARROU 2-F5 (28) ...276
ARS EN RE 6-B5 (17) ...181
ARS SUR FORMANS 11-A1 (01) ...85
ART SUR MEURTHE 4-C4 (54) ...469
ARTAIX 7-E5 (71) ...573
ARTEMARE 11-C1 (01) ...85
ARTHENAC 9-D2 (17) ...194
ARTHEZ DE BEARN 12-C2 (64) ...521
ARTHON EN RETZ 5-F5 (44) ...419
ARTIGAT 13-A3 (09) ...138
ARTIGNOSC SUR VERDON 14-D2 (83) .624
ARTIGUELOUTAN 12-C3 (64) ...521
ARTIGUES CAMPAN 12-D4 (65) ...532
ARVERT 9-B1 (17) ...194
ARVIEU 10-C5 (12) ...151
ARVIEUX 11-E4 (05) ...104
ARZAL 5-E4 (56) ...474
ARZON 5-D4 (56) ...474
ASASP ARROS (64) ...521
ASCAIN 12-A3 (64) ...521
ASCARAT 12-B3 (64) ...521
ASCO 15-B2 (2B) ...226
ASCOU 13-B4 (09) ...138
ASNELLES 2-C2 (14) ...168
ASNIERES SUR OISE 3-B3 (95) ...714
ASPERJOC 10-F4 (07) ...120
ASPET 12-E3 (31) ...312
ASPRES LES CORPS 11-C4 (05) ...104
ASPRES SUR BUECH 11-C4 (05) ...104
ASQUINS 7-E2 (89) ...707
ASSERAC 5-E5 (44) ...419
ASSIER 10-B4 (46) ...434
ASTAFFORT 12-E1 (47) ...443
ASTE BEON 12-C3 (64) ...521
ASTON 13-A4 (09) ...138
ATHIS DE L ORNE 2-D3 (61) ...500
ATTICHY 1-D5 (60) ...498
ATTIGNAT ONCIN 11-C2 (73) ...582
ATTIGNY 1-F5 (08) ...136
ATTIN 1-B3 (62) ...503
ATUR 9-E3 (24) ...246
AUBAZINES 10-A3 (19) ...215
AUBENAS 10-F4 (07) ...120
AUBENCHEUL AU BAC 1-D3 (59) ...493
AUBERIVE 8-A1 (52) ...466
AUBERS 1-C2 (59) ...493
AUBETERRE SUR DRONNE 9-D3 (16) ..179
AUBIGNAN 14-B1 (84) ...656
AUBIGNY AU BAC 1-D3 (59) ...493
AUBIGNY SUR NERE 7-C2 (18) ...213
AUBIN ST VAAST 1-B3 (62) ...503
AUBRES 11-B5 (26) ...266
AUBURE 4-E5 (68) ...565
AUBUSSON 10-B1 (23) ...243
AUBUSSON D AUVERGNE 10-E1 (63) ..512
AUCH 12-E2 (32) ...316
AUCUN 12-D3 (65) ...532
AUDENGE 9-B4 (33) ...322
AUDIERNE 5-A3 (29) ...278
AUDINCTHUN 1-B2 (62) ...503
AUDINGHEN 1-A2 (62) ...503
AUDRESSELLES 1-A2 (62) ...503
AUDRIX 9-F4 (24) ...246
AUDRUICQ 1-B2 (62) ...503
AUGIGNAC 9-E2 (24) ...246
AUGIREIN 12-F4 (09) ...138
AUJAC 10-E5 (30) ...300
AULAS 13-E1 (30) ...300
AULT 1-A4 (80) ...610
AULUS LES BAINS 12-F4 (09) ...138
AUMALE 1-B4 (76) ...596
AUMONT AUBRAC 10-D4 (48) ...446
AUMONT EN HALATTE 3-C2 (60) ...498
AUNAC 9-E1 (16) ...179
AUNAY SUR ODON 2-C3 (14) ...168
AUPS 14-D2 (83) ...624
AUREC SUR LOIRE 10-F2 (43) ...415
AUREILHAN 9-B5 (40) ...385
AUREL 11-B4 (26) ...266
AURIAC 10-B3 (19) ...215
AURIAC L EGLISE 10-D3 (15) ...174
AURIBEAU SUR SIAGNE 14-E2 (06) ...113
AURICE 12-C1 (40) ...385
AURIGNAC 12-F3 (31) ...312
AURILLAC 10-C4 (15) ...174
AURON (06) ...113
AUROUX 10-E4 (48) ...446
AUSSOIS 11-D3 (73) ...582
AUTERIVE 13-A3 (31) ...312
AUTEVIELLE ST MARTIN BIDEREN 12-B2 (64) ...521
AUTHIEULE 1-C3 (80) ...610
AUTHON DU PERCHE 2-F5 (28) ...276
AUTHUILLE 1-C4 (80) ...610
AUTINGUES 1-B2 (62) ...503
AUTRANS 11-B3 (38) ...373
AUTRECHE 6-F2 (37) ...368
AUTREY LE VAY 8-D2 (70) ...571
AUTRUY SUR JUINE 3-B5 (45) ...431
AUTRY 4-A2 (08) ...136
AUTUN (71) ...573
AUVERS LE HAMON 6-D1 (72) ...577
AUVERS SUR OISE (95) ...714
AUXERRE (89) ...707
AUXI LE CHATEAU 1-B3 (62) ...503
AUXONNE 8-B3 (21) ...230
AUXY 3-C5 (45) ...431
AUZANCES 10-C1 (23) ...243
AUZAT 13-A4 (09) ...138
AUZON 10-D2 (43) ...415
AVAILLES LIMOUZINE 6-E5 (86) ...694
AVAJAN 12-E4 (65) ...532
AVALLON 7-E2 (89) ...707
AVANCON 11-D4 (05) ...104
AVANTON 6-E4 (86) ...694
AVESNES EN BRAY 1-A5 (76) ...596
AVESNES SUR HELPE 1-E3 (59) ...493
AVEZAN 12-E1 (32) ...316
AVEZE 13-E1 (30) ...300
AVIGNON 14-A1 (84) ...656
AVIGNONET 11-C3 (38) ...374
AVIGNONET LAURAGAIS 13-A3 (31) ...312
AVOISE 6-D1 (72) ...577
AVON LES ROCHES 6-E3 (37) ...368
AVRILLE 6-B4 (85) ...667
AX LES THERMES 13-B4 (09) ...138
AXAT 13-B4 (11) ...145
AYDAT 10-D2 (63) ...512
AYEN 9-F3 (19) ...216
AYENCOURT LE MONCHEL 1-C5 (80) ..610
AYN 11-C2 (73) ...582
AYRENS 10-B3 (15) ...174
AYRON 6-D4 (86) ...694
AYTRE (17) ...194
AYZAC OST 12-D3 (65) ...532
AZAY LE FERRON 6-F4 (36) ...365
AZAY LE RIDEAU 6-E3 (37) ...368
AZAY SUR THOUET 6-D4 (79) ...607
AZE 8-A5 (71) ...573
AZUR 12-B1 (40) ...385

B

BACCARAT 4-D4 (54) ...469
BADAROUX 10-E4 (48) ...446
BADEFOLS SUR DORDOGNE 9-F4 (24) ...246
BADEN 5-D4 (56) ...474
BADONVILLIERS GERAUVILLIERS 4-B4 (55) ...470
BAERENTHAL 4-E3 (57) ...488
BAGNAC SUR CELE 10-B4 (46) ...434
BAGNEAUX SUR LOING 3-C5 (77) ...601
BAGNERES DE BIGORRE (65) ...532
BAGNERES DE LUCHON 12-E4 (31) ...312
BAGNOLES DE L ORNE 2-D4 (61) ...500
BAGNOLS 10-C2 (63) ...512
BAGNOLS EN FORET 14-E2 (83) ...625
BAGNOLS LES BAINS 10-E5 (48) ...446
BAGNOLS SUR CEZE 11-A5 (30) ...300
BAGUER PICAN 2-B4 (35) ...360
BAIGNES STE RADEGONDE 9-D2 (16) .179
BAIGNEUX LES JUIFS 7-F2 (21) ...230
BAILLY ROMAINVILLIERS 3-C3 (77) ...601
BAIN DE BRETAGNE 5-F4 (35) ...360
BAINS LES BAINS 4-C5 (88) ...702
BAINS SUR OUST 5-E4 (35) ...360
BAINVILLE AUX MIROIRS 4-C4 (54) ...469
BAIS 2-D5 (53) ...468
BAIX 11-A4 (07) ...120
BAJAMONT 9-E5 (47) ...443
BALARUC LES BAINS 13-E2 (34) ...339
BALAZUC 10-F4 (07) ...120
BALBIGNY 10-F1 (42) ...412
BALINGHEM 1-B2 (62) ...503
BALLAN MIRE 6-E2 (37) ...368
BALLANCOURT SUR ESSONNE 3-C4 (91) ...711
BALLEROY 2-C2 (14) ...168
BALLON 6-B5 (17) ...194
BALLONS 11-C5 (26) ...266
BALSIEGES 10-D5 (48) ...446
BAN DE SAPT 4-D4 (88) ...702
BANASSAC 10-D5 (48) ...446
BANDOL 14-C3 (83) ...625
BANGOR 5-C5 (56) ...472
BANNALEC 5-C3 (29) ...279
BANNAY (18) ...213
BANNEGON 7-C4 (18) ...213
● BANNES 8-B1 (52) ...466
BANON 14-C1 (04) ...94
BANOS 12-C2 (40) ...386
BANTZENHEIM 8-E1 (68) ...565
BANVILLE 2-D2 (14) ...168
BANYULS SUR MER 13-D5 (66) ...545
BAR LE DUC 4-A3 (55) ...470
BAR SUR SEINE 3-F5 (10) ...143
BARAIZE 7-A4 (36) ...365
BARATIER 11-D4 (05) ...104
BARBASTE 9-D5 (47) ...443
BARBATRE 6-A5 (85) ...663
BARBEY SEROUX 4-D5 (88) ...702
BARBEZIEUX ST HILAIRE 9-D2 (16) ...179
BARBIERES 11-B3 (26) ...266
BARBOTAN LES THERMES 12-D1 (32) .316
BARCELONNETTE 11-D5 (04) ...95
BARD 10-E2 (42) ...412
BARDOS 12-B2 (64) ...521
BAREGES 12-D4 (65) ...533
BARFLEUR 2-B1 (50) ...457
BARINQUE 12-C2 (64) ...521
BARJAC 10-F5 (30) ...300
BARJAC 10-D5 (48) ...446
BARLES 11-D5 (04) ...95
BARNAS 10-F4 (07) ...121
BARNEVILLE CARTERET 2-B2 (50) ...457
BARR 4-E4 (67) ...561
BARRE DES CEVENNES 10-E5 (48) ...446
BARREME 14-D1 (04) ...95
BARRET SUR MEOUGE 11-C5 (05) ...104
BARROU 6-E3 (37) ...368
BARTRES 12-D3 (65) ...533
BARZAN 9-C2 (17) ...194
BAS EN BASSET 10-F3 (43) ...415
BASSEMBERG 4-E4 (67) ...561
BASSIGNAC 10-C3 (15) ...174
BASSIGNAC LE HAUT 10-B3 (19) ...216
BASTELICA 15-B3 (2A) ...222
BASTIA (2B) ...226
BATZ SUR MER 5-E5 (44) ...420
BAUBIGNY 2-A2 (50) ...457
BAUD 5-D4 (56) ...474
BAUDREIX 12-C3 (64) ...521
BAUDUEN 14-D2 (83) ...625
BAUGE 6-D2 (49) ...452
BAUGY 7-E5 (71) ...573
BAULAY 8-C1 (70) ...571
BAUME LES DAMES 8-D2 (25) ...263
BAUME LES MESSIEURS (39) ...380
BAVENT 2-D2 (14) ...168
BAYAS 9-D3 (33) ...322
BAYE 5-C3 (29) ...279
BAYEUX (14) ...169
BAYON 4-C4 (54) ...469
BAZAS 9-D5 (33) ...322
BAZINVAL 1-A4 (76) ...597
BAZOGES EN PAREDS 6-C4 (85) ...668
BAZOLLES 7-E3 (58) ...490
BAZOUGES SUR LE LOIR 6-D1 (72) ...577
BEAUCENS 12-D4 (65) ...533
BEAUCHAMPS 2-B3 (50) ...457
BEAUCHASTEL 11 A4 (07) ...121
BEAUCOURT SUR L ANCRE 1-C4 (80) ..610
BEAUDEAN 12-D3 (65) ...533
BEAUFORT (70) ...582
BEAUGENCY 7-A1 (45) ...431
BEAULIEU 10-C2 (15) ...174
BEAULIEU 2-F4 (61) ...500
BEAULIEU 10-F5 (07) ...121

BEAULIEU SUR
DORDOGNE 10-B3 (19) 216
BEAULIEU SUR LOIRE 7-C2 (45) 431
BEAUMES DE VENISE 11-B5 (84) 656
BEAUMONT 9-E4 (24) 246
BEAUMONT 10-F4 (07) 121
BEAUMONT DE LOMAGNE 12-F1 (82) ..621
BEAUMONT DE PERTUIS 14-C2 (84) 656
BEAUMONT DU LAC 10-B1 (87) 698
BEAUMONT DU VENTOUX 11-B5 (84) ..657
BEAUMONT EN DIOIS 11-B4 (26) 266
BEAUMONT LA RONCE 6-E2 (37) 369
BEAUMONT SUR DEME 6-E1 (72) 577
BEAUMONT SUR SARTHE (72) 577
BEAUNE 8-A3 (21) 230
BEAURAINVILLE 1-B3 (62) 504
BEAURECUEIL 14-C2 (13) 162
BEAUREGARD DE
TERRASSON 9-F3 (24) 246
BEAUREPAIRE 11-B2 (38) 374
BEAURIERES 11-B4 (26) 266
BEAURIEUX 1-E3 (59) 493
BEAURONNE 9-E3 (24) 246
BEAUVAIS 1-B5 (60) 498
BEAUVEZER 11-D5 (04) 95
BEAUVILLE 9-F5 (47) 443
BEAUVOIR 2-B4 (50) 457
BEAUVOIR EN ROYANS 11-B3 (38) 374
BEAUVOIR WAVANS 1-B3 (62) 504
BEAUZAC 10-E3 (43) 415
BEC DE MORTAGNE 2-E1 (76) 597
BEDEE 2-A5 (35) 360
BEDOIN 11-B5 (84) 657
BEDOUES 10-E5 (48) 447
BEDOUS 12-C3 (64) 521
BEDUER 10-B4 (46) 434
BEGADAN 9-B2 (33) 322
BEGARD 5-D2 (22) 233
BELABRE (36) 365
BELARGA 13-E2 (34) 340
BELAYE 9-F5 (46) 434
BELCAIRE 13-B4 (11) 145
BELCASTEL 10-B5 (12) 151
BELESTA 13-B4 (09) 138
BELFLOU 13-A3 (11) 145
BELFORT 8-D1 (90) 710
BELFORT DU QUERCY 10-A5 (46) 434
BELGENTIER 14-C3 (83) 625
BELGODERE 15-B2 (2B) 227
BELIN BELIET 9-C4 (33) 322
BELLAC 6-F5 (87) 698
BELLECOMBE EN BAUGES 11-C1 (73) .582
BELLEGARDE 7-C1 (45) 431
BELLEME 2-E5 (61) 500
BELLENAVES 7-D5 (03) 91
BELLENCOMBRE 1-A4 (76) 597
BELLENTRE 11-D2 (73) 582
BELLERIVE SUR ALLIER 10-D1 (03) 91
BELLESERRE 13-B2 (81) 616
BELLEVILLE SUR LOIRE 7-C2 (18) 213
BELLIGNIES 1-E3 (59) 493
BELLOC 13-B3 (09) 138
BELMONT 4-E4 (67) 561
BELMONT 8-B3 (39) 380
BELMONT DE LA LOIRE 7-F5 (42) 412
BELMONT SUR RANCE 13-C1 (12) 151
BELMONT TRAMONET 11-C2 (73) 582
BELUS 12-B2 (40) 386
BELVEDERE
CAMPOMORO 15-B4 (2A) 222
BELVES 9-F4 (24) 246
BELVEZE DU RAZES 13-B3 (11) 146
BELZ 5-D4 (56) 474
BENAIX 13-B4 (09) 138
BENDORF 8-E2 (68) 565
BENIVAY OLLON 11-B5 (26) 266
BENODET 5-B3 (29) 279
BENON 6-C5 (17) 194
BENOUVILLE 2-D2 (14) 169
BEOST 12-C3 (64) 522
BERAUT 12-E1 (32) 316
BERCK 1-A3 (62) 504
BERDOUES 12-E2 (32) 316
BERGERAC (24) 246
BERGHEIM 4-E5 (68) 565
BERGUES 1-C1 (59) 493
BERMERIES 1-E3 (59) 493
BERNAY (27) 273
BERNESQ 2-C2 (14) 169
BERNEVAL LE GRAND 1-A4 (76) 597
BERNIERES SUR MER 2-D2 (14) 169
BERNIERES SUR SEINE 3-A2 (27) 273
BERNY RIVIERE 1-D5 (02) 89
BERRIAS ET CASTELJAU 10-F5 (07) 121
BERSAC SUR RIVALIER 7-A5 (87) 698
BERT 7-E5 (03) 91
BERTANGLES 1-B4 (80) 610
BERTRICHAMPS 4-D4 (54) 469
BERZEME 10-F4 (07) 122
BESANCON 8-C2 (25) 263
BESSAIS LE FROMENTAL 7-C4 (18) 213
BESSAN 13-D3 (34) 340
BESSANS 11-E2 (73) 582
BESSAS 10-F5 (07) 122
BESSAY 6-B4 (85) 668
BESSE 11-D3 (38) 374
BESSE ET ST ANASTAISE 10-D2 (63) ...512
BESSE SUR BRAYE 6-F1 (72) 577
BESSE SUR ISSOLE 14-D2 (83) 626
BESSEGES 10-F5 (30) 301
BESSENAY 10-F1 (69) 569
BESSINES SUR
GARTEMPE 10-A1 (87) 698
BETHENCOURT SUR
SOMME 1-C4 (80) 610
BETHONVILLIERS 2-F5 (28) 276
BETON BAZOCHES 3-D4 (77) 601
BETTRECHIES 1-E3 (59) 493
BEUVRY (62) 504
BEUZEC CAP SIZUN 5-A3 (29) 280
BEYNAC ET CAZENAC 9-F4 (24) 246
BEYNAT 10-A3 (19) 216
BEYNES 14-D1 (04) 95
BEZAC 13-A3 (09) 138
BEZAUDUN SUR BINE 11-B4 (26) 266
BEZIERS 13-D3 (34) 340
BEZINGHEM 1-B2 (62) 504
BEZOUCE 13-F1 (30) 301
BIARRITZ 12-A2 (64) 522
BIARS SUR CERE 10-B3 (46) 434
BIAS 9-B5 (40) 386
BIDART 12-A2 (64) 522
BIDON 10-F5 (07) 122
BIELLE 12-C3 (64) 522
BIERT 12-F4 (09) 139
BIESHEIM 4-E5 (68) 565
BIEUZY LES EAUX 5-D3 (56) 474
BIGANOS 9-B4 (33) 322
BIGNAC 9-D1 (16) 179
BIGUGLIA 15-B2 (2B) 227
BILIEU 11-B2 (38) 374
BILLAC 10-A3 (19) 216
BILLIERS 5-E4 (56) 474
BILLOM 10-D2 (63) 512
BINIC 5-D2 (22) 233
BIOT 14-E2 (06) 113
BIRAC 9-D2 (16) 179
BIRON 9-F4 (24) 246
BISCARROSSE 9-B5 (40) 386
BISCARROSSE PLAGE 9-B5 (40) 388
BIVILLE SUR MER 1-A4 (76) 597
BIZANET 13-C3 (11) 146
BIZE MINERVOIS 13-C3 (11) 146
BLACE 10-F1 (69) 569
BLAESHEIM 4-E4 (67) 561
BLAIN 5-F5 (44) 420
BLAINVILLE SUR MER 2-B3 (50) 457
BLAJOUX 10-D5 (48) 447
BLAMONT 4-D4 (54) 469
BLANDAS 13-E1 (30) 301
BLANDY 3-C4 (77) 601
BLANGERVAL
BLANGERMONT 1-B3 (62) 504
BLANGY LE CHATEAU 2-E2 (14) 169
BLANGY SUR BRESLE 1-A4 (76) 597
BLANGY SUR TERNOISE 1-B3 (62) 504
BLARINGHEM 1-C2 (59) 493
BLASIMON 9-D4 (33) 322
BLAUVAC 14-B1 (84) 657
BLAVIGNAC 10-D4 (48) 447
BLAVOZY 10-E3 (43) 415
BLAYE 9-C3 (33) 322
BLENDECQUES 1-B2 (62) 504
BLENEAU 7-C1 (89) 708
BLERE 6-F2 (37) 369
BLESLE 10-D3 (43) 416
BLET 7-C3 (18) 213
BLIGNY SUR OUCHE 7-F3 (21) 230
BLONVILLE SUR MER 2-D2 (14) 169
BLOSSEVILLE 2-F1 (76) 597
BLOT L EGLISE 10-D1 (63) 512
BLYE 8-C4 (39) 381
BOE 12-E1 (47) 443
BOEN 10-E1 (42) 412
BOERSCH 4-E4 (67) 561
BOESCHEPE 1-C2 (59) 493
BOFFRES 11-A3 (07) 122
BOGEVE 8-D5 (74) 589
BOINVILLIERS 3-A3 (78) 605
BOIRY NOTRE DAME 1-C3 (62) 504
BOIS DE CENE 6-A3 (85) 668
BOISJEAN 1-B3 (62) 504
BOISSE PENCHOT 10-B4 (12) 151
BOISSERON 13-F2 (34) 340
BOISSET 10-B4 (15) 174
BOISSET ET GAUJAC 13-E1 (30) 301
BOISSEUILH 9-F3 (24) 246
BOISSIA 8-C4 (39) 381
BOISSY LE CUTTE 3-B4 (91) 711
BOISSY SOUS ST YON 3-B4 (91) 711
BOLLENE 11-A5 (84) 657
BOLLEZEELE 1-B2 (59) 494
BONDUES (59) 494
BONIFACIO 15-B5 (2A) 222
BONLIEU 8-C4 (39) 381
BONNAC LA COTE 10-A1 (87) 698
BONNAL 8-D2 (25) 263
BONNARD 7-D1 (89) 708
BONNES 9-D3 (16) 179
BONNES 6-E4 (86) 694
BONNETABLE 2-E5 (72) 577
BONNEUIL MATOURS 6-E4 (86) 694
BONNEVAL 3-A5 (28) 276
BONNEVILLE 8-D5 (74) 589
BONNIEUX 14-B1 (84) 657
BONNY SUR LOIRE 7-C2 (45) 431
BONZEE 4-B3 (55) 470
BOO SILHEN 12-D3 (65) 533
BOOFZHEIM 4-F4 (67) 561
BOR ET BAR 10-B5 (12) 151
BORDEAUX ST CLAIR 2-E1 (76) 597
BORMES LES MIMOSAS 14-D3 (83) 626
BORREZE 9-F3 (24) 247
BORT LES ORGUES 10-C2 (19) 216
BOSNORMAND 2-F2 (27) 273
BOTMEUR 5-B2 (29) 280
BOUAFLES 3-A2 (27) 273
BOUBERS SUR CANCHE 1-B3 (62) 504
BOUC BEL AIR 14-B2 (13) 162
BOUCHEMAINE 6-C2 (49) 452
BOUCHET 11-A5 (26) 266
BOUCIEU LE ROI 11-A3 (07) 122
BOUE 1-E4 (02) 89
BOUERE 6-C1 (53) 468
BOUGE CHAMBALUD 11-A2 (38) 374
BOUGUENAIS 5-F5 (44) 420
BOUIN 6-A3 (85) 668
BOUIN PLUMOISON 1-B3 (62) 504
BOULANCOURT 3-C5 (77) 601
BOULOC 12-F2 (31) 312
BOULOGNE LA GRASSE 1-C5 (60) 498
BOULOGNE SUR GESSE 12-E3 (31) 312
BOULOIRE 6-E1 (72) 577
BOULT 8-C2 (70) 571
BOURBON L ARCHAMBAULT 7-D4 (03) ..91
BOURBON LANCY 7-E4 (71) 573
BOURBONNE LES BAINS 4-B5 (52) 466
BOURCEFRANC LE
CHAPUS 9-B1 (17) 195
BOURDEAUX 11-B4 (26) 266
BOURESSE 6-E5 (86) 694
BOURET SUR CANCHE 1-B3 (62) 504
BOURG (33) 322
BOURG 8-B1 (52) 466
BOURG ACHARD 2-F2 (27) 273
BOURG ARGENTAL 10-F3 (42) 412
BOURG CHARENTE 9-D2 (16) 179
BOURG DE PEAGE 11-B3 (26) 266
BOURG DES COMPTES 2-A5 (35) 360
BOURG EN BRESSE (01) 85
BOURG ET COMIN 1-E5 (02) 89
BOURG FIDELE 1-F4 (08) 136
BOURG LASTIC 10-C2 (63) 512
BOURG MADAME 13-B5 (66) 548
BOURG ST ANDEOL 11-A5 (07) 122
BOURG ST MAURICE (73) 583
BOURG STE MARIE 4-B5 (52) 467
BOURGANEUF 10-A1 (23) 243
BOURGES 7-C3 (18) 213
BOURGNAC 9-E3 (24) 247
BOURGNEUF EN RETZ 6-A3 (44) 420
BOURGUEIL 6-D2 (37) 369
BOURGUENOLLES 2-B3 (50) 457
BOURISP 12-D4 (65) 533
BOURNAZEL 10-B5 (12) 152
BOURNEL 9-E4 (47) 443
BOURNEZEAU 6-B4 (85) 668
BOURRET 12-F1 (82) 621
BOURRIOT BERGONCE 9-D5 (40) 388
BOURSEUL 2-A4 (22) 233
BOUSSAC BOURG 7-B5 (23) 243
BOUSSAY 6-F4 (37) 369
BOUSSAY 6-B3 (44) 421
BOUSSENS 12-F3 (31) 312
BOUTTENCOURT 1-A4 (80) 610
BOUVAINCOURT SUR
BRESLE 1-A4 (80) 610
BOUVESSE QUIRIEU 11-B1 (38) 374
BOUVIERES 11-B4 (26) 266
BOUZIC 10-A4 (24) 247
BOUZIGUES 13-E2 (34) 340
BOUZILLE 6-B2 (49) 452
BOUZONVILLE AUX BOIS 3-B5 (45) 431
BOZEL 11-D2 (73) 583
BRACH 9-B3 (33) 322
BRACIEUX 7-A2 (41) 408
BRACQUEMONT 1-A4 (76) 597
BRAGNY SUR SAONE 8-A3 (71) 573
BRAIN SUR ALLONNES 6-D2 (49) 452
BRAIN SUR L AUTHION 6-C2 (49) 452
BRAIZE 7-C4 (03) 91
BRAMANS 11-E3 (73) 583
BRANCEILLES 10-A3 (19) 216
BRANDIVY 5-D4 (56) 475
BRANOUX LES TAILLADES 10-E5 (30) ..301
BRANTOME 9-E2 (24) 247
BRASC 13-C1 (12) 152
BRASPARTS 5-B2 (29) 280
BRASSAC 13-C2 (81) 616
BRASSAC LES MINES 10-D2 (63) 512
BRASSY 7-E2 (58) 490
BRAUD ET ST LOUIS 9-C3 (33) 322
BRAY DUNES 1-C1 (59) 494
BRAY EN VAL 7-C1 (45) 431
BRAY SUR SEINE 3-D4 (77) 602
BRAY SUR SOMME 1-C4 (80) 610
BRECEY 2-B4 (50) 457
BREGNIER CORDON 11-C2 (01) 85
BREHAL 2-B3 (50) 457
BREIL SUR ROYA 14-F1 (06) 113
BREITENBACH 4-E4 (67) 561
BREM SUR MER 6-A4 (85) 668
BREMES 1-B2 (62) 504
BRENGUES 10-B4 (46) 434
BRENNILIS 5-C2 (29) 280
BRENS 13-B1 (81) 616
BRESLES 1-B5 (60) 498
BRESSUIRE (79) 607
BREST (29) 280
BRETAGNE D ARMAGNAC 12-D1 (32) ..316
BRETENOUX 10-B4 (46) 434
BRETEUIL (27) 273
BRETIGNOLLES SUR MER 6-A4 (85) 668
BRETTEVILLE 2-B1 (50) 457
BREUILLET 9-B1 (17) 195
BREVES 7-E2 (58) 490
BREVILLE SUR MER 2-B3 (50) 457
BRIANCON 11-D3 (05) 105
BRIANCONNET 14-E1 (06) 113
BRIARE 7-C2 (45) 431
BRIATEXTE 13-B2 (81) 616
BRICQUEVILLE SUR MER 2-B3 (50) 457
BRIDES LES BAINS 11-D2 (73) 584
BRIDORE 6-F3 (37) 369
BRIE SOUS MORTAGNE 9-C2 (17) 196
BRIENNE 8-A4 (71) 573
BRIENON SUR ARMANCON 3-E5 (89) ..708
BRIEULLES SUR MEUSE 4-A2 (55) 470
BRIEY 4-C2 (54) 469
BRIGNOGAN PLAGE 5-B1 (29) 280
BRIGNOLES 14-D2 (83) 626
BRIIS SOUS FORGES 3-B4 (91) 711
BRIMEUX 1-B3 (62) 504
BRIONNE 2-F2 (27) 274
BRIOUX SUR BOUTONNE 6-D5 (79) 607
BRIOUZE 2-D4 (61) 500
BRISSAC 13-E1 (34) 340
BRISSAC QUINCE 6-C2 (49) 452
BRISSARTHE 6-C1 (49) 452
BRIVES CHARENSAC 10-E3 (43) 416
BRIVEZAC 10-B3 (19) 216
BROCAS 12-C1 (40) 388
BROMMAT 10-C4 (12) 152
BROMONT LAMOTHE 10-C1 (63) 512
BROONS 2-A5 (22) 234
BROQUIES 13-C1 (12) 152
BROU 2-F5 (28) 276
BROUSSES ET VILLARET 13-B3 (11) 146
BROXEELE 1-B2 (59) 494
BRUERE ALLICHAMPS 7-C4 (18) 213
BRUGHEAS 10-D1 (03) 91
BRULON 2-D5 (72) 577
BRUNELLES 2-F5 (28) 277
BRUNEMONT 1-D3 (59) 494
BRUNIQUEL 13-A1 (82) 621
BRUSQUE 13-D2 (12) 152
BRUYERES 4-D5 (88) 702
BRUYERES ET
MONTBERAULT 1-E5 (02) 89
BRUZ 2-A5 (35) 360
BUANES 12-C2 (40) 388
BUBRY 5-D3 (56) 475
BUCILLY 1-E4 (02) 89
BUGEAT 10-B2 (19) 216
BUGNICOURT 1-D3 (59) 494
BUIS LES BARONNIES 11-B5 (26) 266
BUJALEUF 10-A1 (87) 698
BULAT PESTIVIEN 5-C2 (22) 234
BULGNEVILLE 4-C5 (88) 702
BUN 12-D3 (65) 533
BUNO BONNEVAUX 3-C5 (91) 711
BUNUS 12-B3 (64) 522
BURDIGNES 10-F3 (42) 412
BURNHAUPT LE HAUT 8-E1 (68) 565
BURTONCOURT 4-C2 (57) 488
BURZET 10-F4 (07) 122

BUSSANG 8-D1 (88) 702
BUSSEROLLES 9-E2 (24) 248
BUSSIERE BOFFY 6-F5 (87) 698
BUSSIERE DUNOISE 7-A5 (23) 243
BUSSIERE GALANT 9-F2 (87) 698
BUSSIERE POITEVINE 6-F5 (87) 698
BUXIERES SOUS
MONTAIGUT 7-C5 (63) 512
BUYSSCHEURE 1-B2 (59) 494
BUZANCAIS 7-A3 (36) 365
BUZANCY 4-A2 (08) 136
BUZY 12-C3 (64) 522

C

CABANES 10-B5 (12) 152
CABASSE 14-D2 (83) 626
CABOURG 2-D2 (14) 169
CABRERETS 10-A5 (46) 435
CABRIERES D AIGUES 14-B1 (84) 657
CADEAC 12-E4 (65) 533
CADENET 14-B2 (84) 657
CADILLAC 9-C4 (33) 322
CADILLON 12-D2 (64) 523
CAGNES SUR MER 14-E2 (06) 113
CAHAGNES 2-C3 (14) 169
CAHAGNOLLES 2-C3 (14) 169
CAHORS 10-A5 (46) 435
CAHUZAC SUR VERE 13-B1 (81) 616
CAJARC 10-B5 (46) 435
CALACUCCIA 15-B2 (2B) 227
CALAIS (62) 504
CALCATOGGIO 15-A3 (2A) 222
CALENZANA 15-A2 (2B) 227
CALLAC (22) 234
CALLAS 14-D2 (83) 626
CALLIAN 14-E2 (83) 626
CALMONT 13-A3 (31) 312
CALVI 15-A2 (2B) 227
CALVIAC 10-B3 (46) 435
CALVIAC EN PERIGORD 10-A4 (24) 248
CALVINET 10-C4 (15) 175
CAMARES 13-C1 (12) 152
CAMARET SUR MER 5-A2 (29) 280
CAMBIAC 13-A2 (31) 312
CAMBO LES BAINS 12-A2 (64) 523
CAMBOULAZET 10-C5 (12) 152
CAMBOULIT 10-B4 (46) 435
CAMBRAI (59) 494
CAMELAS 13-C4 (66) 548
CAMIERS 1-A2 (62) 504
CAMOEL 5-E5 (56) 475
CAMON 13-B3 (09) 139
CAMORS 5-D4 (56) 475
CAMPAGNAC 10-D5 (12) 152
CAMPAGNE 9-F4 (24) 248
CAMPAGNE SUR AUDE 13-B4 (11) 146
CAMPAN 12-D3 (65) 533
CAMPOURIEZ (12) 152
CAMPS ST MATHURIN
LEOBAZEL 10-B3 (19) 216
CAMPSAS 12-F1 (82) 621
CAMPSEGRET 9-E3 (24) 248
CAMURAC 13-B4 (11) 146
CANCALE 2-A4 (35) 360
CANCON 9-E4 (47) 443
CANDE SUR BEUVRON 6-F2 (41) 408
CANDES ST MARTIN 6-D3 (37) 369
CANET 13-E2 (34) 340
CANET DE SALARS 10-C5 (12) 152
CANET EN ROUSSILLON 13-D4 (66) 548
CANILHAC 10-D5 (48) 447
CANNES LA BOCCA (06) 114
CANTOIN 10-C4 (12) 152
CANY BARVILLE 2-E1 (76) 597
CAPBRETON 12-A2 (40) 388
CAPDENAC GARE 10-B4 (12) 152
CAPESTANG 13-D3 (34) 340
CAPOULET ET JUNAC 13-A4 (09) 139
CAPPELLE BROUCK 1-B2 (59) 494
CAPPY 1-C4 (80) 610
CAPVERN (65) 533
CARAMAN 13-A2 (31) 312
CARAMANY 13-C4 (66) 550
CARANTEC 5-C1 (29) 280
CARBUCCIA 15-B3 (2A) 222
CARCANS 9-B3 (33) 322
CARCASSONNE 13-C3 (11) 146
CARCES 14-D2 (83) 628
CARDET 13-F1 (30) 302
CARENNAC 10-A4 (46) 435
CARENTAN 2-B2 (50) 457
CARENTOIR 5-E4 (56) 475
CARGESE 15-A3 (2A) 222
CARHAIX PLOUGUER (29) 280
CARLEPONT 1-D5 (60) 498
CARLING 4-D2 (57) 488
CARLUCET 10-A4 (46) 435
CARLUX 10-A4 (24) 248
CARNAC (56) 475
CAROLLES (50) ....
CAROMB 11-B5 (84) 657
CARPENTRAS 14-B1 (84) 658
CARQUEIRANNE 14-D3 (83) 628
CARROUGES 2-D4 (61) 500
CARRY LE ROUET 14-B3 (13) 162
CARSAC AILLAC 10-A4 (24) 248
CARSAC DE GURSON 9-D3 (24) 248
CASAGLIONE 15-A3 (2A) 222
CASALABRIVA 15-B4 (2A) 223
CASSAGNABERE
TOURNAS 12-E3 (31) 312
CASSAGNAS 10-E5 (48) 447
CASSAGNES 9-F4 (46) 435
CASSAGNES BEGONHES 10-C5 (12) 152
CASSANIOUZE 10-C4 (15) 175
CASSEN 12-B1 (40) 388
CASSIS 14-C3 (13) 162
CASTEIL 13-C5 (66) 550
CASTELJALOUX 9-D5 (47) 443
CASTELLANE 14-D1 (04) 95
CASTELLARE DI CASINCA 15-C2 (2B) 227
CASTELLET 14-B1 (84) 658
CASTELMORON SUR LOT 9-E5 (47) 443
CASTELNAU D AUZAN 12-D1 (32) 317
CASTELNAU DE GUERS 13-D2 (34) 340
CASTELNAU DE
MANDAILLES 10-C4 (12) 152
CASTELNAU DE
MONTMIRAL 13-B1 (81) 616
CASTELNAU MAGNOAC 12-E3 (65) 533
CASTELNAU MONTRATIER 9-F5 (46) 435
CASTELNAU PEGAYROLS 10-D5 (12) 152
CASTELNAUD LA
CHAPELLE 9-F4 (24) 248
CASTELNAUDARY 13-B3 (11) 146
CASTELS 9-F4 (24) 248
CASTELSARRASIN (82) 621
CASTERA VERDUZAN 12-E1 (32) 317
CASTET 12-C3 (64) 523
CASTETS 12-B1 (40) 388
CASTIES LABRANDE 12-F3 (31) 313
CASTILLON EN
COUSERANS 12-F4 (09) 139
CASTILLON LA BATAILLE 9-D4 (33) 323
CASTILLON MASSAS 12-E2 (32) 317
CASTILLONNES 9-E4 (47) 443
CASTRES 13-B2 (81) 616
CASTRIES 13-E2 (34) 340
CAUDAN 5-C4 (56) 476
CAUDEBEC EN CAUX (76) 597
CAUDEBRONDE 13-B3 (11) 146
CAUDIES DE
FENOUILLEDES 13-C4 (66) 550
CAUNES MINERVOIS 13-C3 (11) 146
CAUREL 5-D3 (22) 234
CAUSSADE 10-A5 (82) 621
CAUTERETS (65) 533
CAVAGNAC 10-A3 (46) 435
CAVAILLON 14-B1 (84) 658
CAVALAIRE SUR MER 14-D3 (83) 628
CAVRON ST MARTIN 1-B3 (62) 505
CAYEUX SUR MER 1-A3 (80) 610
CAYLUS 10-A5 (82) 622
CAYRES 10-E3 (43) 416
CAYRIECH 10-A5 (82) 622
CAZALS 9-F4 (46) 435
CAZAUBON 12-D1 (32) 317
CAZAUX (33) 323
CAZILHAC 13-C3 (11) 146
CAZILLAC 10-A3 (46) 435
CAZOULES 10-A4 (24) 248
CEAUCE 2-C4 (61) 500
CEAUX 2-B4 (50) 457
CEAUX D ALLEGRE 10-E3 (43) 416
CEILHES ET ROCOZELS 13-D2 (34) 340
CEILLAC 11-E4 (05) 105
CELLE LEVESCAULT 6-D5 (86) 694
CELLES 9-C2 (17) 196
CELLES SUR BELLE 6-D5 (79) 607
CELLES SUR PLAINE 4-D4 (88) 702
CELLETTES 7-A2 (41) 408
CENAC ET ST JULIEN 9-F4 (24) 248
CENDRAS 10-E5 (30) 302
CENEVIERES 10-A5 (46) 435
CENTRES 10-C5 (12) 153
CENTURI 15-B1 (2B) 227
CEPOY 3-C5 (45) 431
CERCY LA TOUR 7-E3 (58) 490
CERE LA RONDE 6-F3 (37) 369
CERESTE 14-C1 (04) 96
CERET 13-C5 (66) 550
CERILLY 7-C4 (03) 91
CERISY 1-C4 (80) 610
CERISY BELLE ETOILE 2-C3 (61) 500
CERNAY (68) 565
CERNOY EN BERRY 7-C2 (45) 431
CERVIONE 15-C2 (2B) 227
CESSENON SUR ORB 13-D2 (34) 340
CESSERAS 13-C3 (34) 340
CESTAYROLS 13-B1 (81) 617
CEYRAT 10-D2 (63) 512
CEYRESTE 14-C3 (13) 162
CEZAN 12-E1 (32) 317
CEZY 3-D5 (89) 708
CHABANAIS 9-E1 (16) 179
CHABEUIL 11-B3 (26) 266
CHABLIS 7-E1 (89) 708
CHABOTTES 11-D4 (05) 105
CHABRIS 7-A3 (36) 365
CHAGNY 8-A3 (71) 574
CHAILLAC 6-F5 (36) 365
CHAILLE LES MARAIS 6-B5 (85) 669
CHAILLE SOUS LES
ORMEAUX 6-B4 (85) 669
CHAILLES 6-F2 (41) 408
CHAINGY 7-B1 (45) 431
CHALABRE 13-B4 (11) 146
CHALANDRAY 6-D4 (86) 694
CHALEINS 11-A1 (01) 85
CHALEIX 9-F2 (24) 249
CHALEY 11-B1 (01) 85
CHALINARGUES 10-D3 (15) 175
CHALLAIN LA POTHERIE 6-B1 (49) 452
CHALLANS 6-A3 (85) 669
CHALLES LES EAUX 11-C2 (73) 584
CHALMOUX 7-E4 (71) 574
CHALONNES SUR LOIRE 6-C2 (49) 452
CHALONS EN CHAMPAGNE 3-F3 (51) 465
CHAMALIERES SUR LOIRE 10-E3 (43) 416
CHAMARET 11-A5 (26) 207
CHAMBERET 10-A2 (19) 216
CHAMBLES 10-F2 (42) 412
CHAMBOEUF 8-A3 (21) 230
CHAMBON 10-E5 (30) 302
CHAMBON LA FORET 3-B5 (45) 431
CHAMBON SUR LAC 10-C2 (63) 513
CHAMBON SUR VOUEIZE 7-C5 (23) 244
CHAMBONAS 10-F5 (07) 122
CHAMBORIGAUD 10-E5 (30) 302
CHAMBOULIVE 10-A2 (19) 216
CHAMBRETAUD 6-C3 (85) 670
CHAMONIX MONT BLANC (74) 589
CHAMPAGNAC 10-C2 (15) 175
CHAMPAGNAC DE BELAIR 9-E2 (24) 249
CHAMPAGNAC LA
NOAILLE 10-B3 (19) 216
CHAMPAGNAC LA RIVIERE 9-F2 (87) 699
CHAMPAGNAC LE VIEUX 10-E2 (43) 416
CHAMPAGNAT 8-B4 (71) 574
CHAMPAGNAT 10-B1 (23) 244
CHAMPAGNE EN
VALROMEY 11-C1 (01) 85
CHAMPAGNE LES MARAIS 6-B5 (85) 670
CHAMPAGNE SUR LOUE 8-C3 (39) 381
CHAMPAGNEY 8-D1 (70) 571
CHAMPAGNOLE 8-C4 (39) 381
CHAMPAGNY EN VANOISE 11-D2 (73) 584
CHAMPANGES 8-D5 (74) 589
CHAMPCLAUSE (43) 416
CHAMPDOR 11-B1 (01) 85
CHAMPFROMIER 8-C5 (01) 85
CHAMPIGNELLES 7-D1 (89) 708
CHAMPIGNY SUR MARNE (94) 713
CHAMPLITTE 8-B2 (70) 571
CHAMPNIERS 9-D1 (16) 179
CHAMPS ROMAIN 9-E2 (24) 249
CHAMPS SUR TARENTAINE
MARCHAL 10-C2 (15) 175
CHAMPTOCE SUR LOIRE 6-C2 (49) 452
CHAMROUSSE 11-C3 (38) 375
CHANAC 10-D5 (48) 447
CHANAS 11-A2 (38) 375
CHANAZ 11-C1 (73) 584
CHANCEAUX 7-F2 (21) 230
CHANCIA 8-B5 (39) 381
CHANDOLAS 10-F5 (07) 122
CHANGE 7-F3 (71) 574
CHANGIS SUR MARNE 3-D3 (77) 602
CHANIERS 9-C1 (17) 196
CHANTELLE 7-D5 (03) 91
CHANTEMERLE LES BLES 11-A3 (26) 267
CHANTENAY VILLEDIEU 6-D1 (72) 578
CHANTEUGES 10-E3 (43) 416
CHANTONNAY 6-B4 (85) 670
CHANZEAUX 6-C2 (49) 452
CHAPAREILLAN 11-C2 (38) 375
CHAPDEUIL 9-E2 (24) 249
CHAPEAUROUX (48) 447
CHAPELLE ROYALE 2-F5 (28) 277
CHAPELLE VIVIERS 6-E4 (86) 694
CHAPONNAY 11-A2 (69) 569
CHARAVINES 11-B2 (38) 375
CHARBONNIERES 2-F5 (28) 277
CHARCHIGNE 2-D4 (53) 468
CHARENSAT 10-C1 (63) 513
CHARETTE VARENNES 8-B3 (71) 574
CHARGE 6-F2 (37) 369
CHARLEVAL 14-B2 (13) 163
CHARLEVILLE MEZIERES 1-F4 (08) 136
CHARLIEU 7-F5 (42) 412
CHARLY 3-D3 (02) 89
CHARMENTRAY 3-C3 (77) 602
CHARMES (88) 702
CHARMES SUR L
HERBASSE 11-A3 (26) 267
CHARMES SUR RHONE 11-A4 (07) 122
CHARMOILLE 8-D2 (25) 263
CHARNAY LES CHALON 8-A3 (71) 574
CHARNY 7-D1 (89) 708
CHARNY SUR MEUSE 4-B2 (55) 470
CHAROLLES 7-F5 (71) 574
CHARRITTE DE BAS 12-B3 (64) 523
CHARROUX 6-E5 (86) 694
CHARTRES 3-A4 (28) 277
CHARTRIER FERRIERE 10-A3 (19) 216
CHASSAGNES 10-F5 (07) 122
CHASSENEUIL DU POITOU 6-E4 (86) 694
CHASSENEUIL SUR
BONNIEURE 9-E1 (16) 179
CHASSERADES 10-E4 (48) 447
CHASSIERS 10-F4 (07) 122
CHASSIGNY SOUS DUN 7-F5 (71) 574
CHASTANIER 10-E4 (48) 447
CHATEAU ARNOUX ST AUBAN (04) 96
CHATEAU CHINON VILLE (58) 490
CHATEAU D OLONNE 6-A4 (85) 670
CHATEAU GARNIER 6-E5 (86) 694
CHATEAU GONTIER (53) 468
CHATEAU LA VALLIERE 6 E2 (37) 369
CHATEAU LARCHER 6-E5 (86) 695
CHATEAU RENARD 7-C1 (45) 432
CHATEAU RENAULT 6-F2 (37) 369
CHATEAU SALINS 4-D3 (57) 488
CHATEAU THIERRY 3-D3 (02) 89
CHATEAU VILLE VIEILLE 11-E4 (05) 105
CHATEAUBRIANT (44) 421
CHATEAUDUN 2-F5 (28) 277
CHATEAUGIRON 2-B5 (35) 360
CHATEAULIN 5-B3 (29) 280
CHATEAUMEILLANT 7-B4 (18) 213
CHATEAUNEUF DE
GADAGNE 14-A1 (84) 658
CHATEAUNEUF DE
GALAURE 11-A3 (26) 267
CHATEAUNEUF DE
RANDON 10-E4 (48) 447
CHATEAUNEUF DU FAOU (29) 280
CHATEAUNEUF DU PAPE (84) 658
CHATEAUNEUF DU
RHONE 11-A5 (26) 267
CHATEAUNEUF LA FORET 10-A2 (87) 699
CHATEAUNEUF LES BAINS 10-C1 (63) 513
CHATEAUNEUF SUR
CHARENTE 9-D2 (16) 179
CHATEAUNEUF SUR CHER 7-B4 (18) 213
CHATEAUNEUF SUR
ISERE 11-A3 (26) 267
CHATEAUNEUF SUR LOIRE 7-B1 (45) 432
CHATEAUNEUF SUR
SARTHE 6-C1 (49) 452
CHATEAUPONSAC 10-A1 (87) 699
CHATEAURENARD (13) 163
CHATEAURENAUD 8 B4 (71) 574
CHATEAUROUX (36) 365
CHATEAUROUX LES
ALPES 11-D4 (05) 105
CHATEL 8-D5 (74) 589
CHATEL CENSOIR 7-E2 (89) 708
CHATEL CHEHERY 4-A2 (08) 136
CHATEL DE NEUVRE 7-D5 (03) 91
CHATEL MONTAGNE 10-E1 (03) 92
CHATEL SUR MOSELLE 4-C5 (88) 702
CHATELAILLON PLAGE 6-B5 (17) 196
CHATELAUDREN 5-D2 (22) 234
CHATELBLANC 8-C4 (25) 263
CHATELGUYON 10-D1 (63) 513
CHATELLERAULT 6-E4 (86) 695
CHATELUS LE MARCHEIX 10-A1 (23) 244
CHATELUS MALVALEIX 7-B5 (23) 244
CHATENOY 7-C1 (45) 432
CHATILLON 8-C4 (39) 381
CHATILLON COLIGNY 7-C1 (45) 432
CHATILLON EN BAZOIS 7-E3 (58) 490
CHATILLON EN DIOIS 11-B4 (26) 267
CHATILLON EN VENDELAIS 2-B5 (35) 360
CHATILLON SOUS LES
COTES 4-B2 (55) 471
CHATILLON SUR BROUE 3-F4 (51) 465
CHATILLON SUR
CHALARONNE 8-A5 (01) 85
CHATILLON SUR CHER 7-A2 (41) 408
CHATILLON SUR INDRE 6-F3 (36) 365
CHATILLON SUR LOIRE 7-C2 (45) 432

CHATILLON SUR SEINE (21) 230
CHATIN 7-E3 (58) 490
CHATONNAY 11-B2 (38) 375
CHATRES SUR CHER 7-B2 (41) 408
CHAUDEFONDS SUR LAYON 6-C2 (49) 452
CHAUDES AIGUES 10-D4 (15) 175
CHAUDEYRAC 10-E4 (48) 448
CHAUFFAILLES 7-F5 (71) 574
CHAUFFOUR SUR VELL 10-A3 (19) 217
CHAUMARD 7-E3 (58) 490
CHAUMONT 4-A5 (52) 467
CHAUMONT D ANJOU 6-D2 (49) 452
CHAUMONT SUR LOIRE 6-F2 (41) 408
CHAUMOT 7-E3 (58) 490
CHAUMOUSEY 4-C5 (88) 702
CHAUNY 1-D5 (02) 89
CHAUSSIN 8-B3 (39) 381
CHAUVIGNE 2-B4 (35) 361
CHAUVIGNY 6-E4 (86) 695
CHAUX DES CROTENAY 8-C4 (39) 381
CHAUZON 10-F5 (07) 122
CHAVAGNAC 9-F3 (24) 249
CHAVAIGNES 6-D2 (49) 452
CHAVANAC 10-B2 (19) 217
CHAVANAY 11-A2 (42) 412
CHAVANIAC LAFAYETTE 10-E3 (43) 416
CHAVANNES SUR REYSSOUZE 8-A4 (01) 85
CHAVANNES SUR SURAN 8-B5 (01) 85
CHAZELLES SUR LYON 10-F2 (42) 412
CHAZEMAIS 7-C4 (03) 92
CHECY 7-B1 (45) 432
CHEF BOUTONNE 6-D5 (79) 607
CHEFFES 6-C2 (49) 452
CHEISSOUX 10-A1 (87) 699
CHEMERY 7-A2 (41) 408
CHEMILLE 6-C3 (49) 452
CHEMILLE SUR INDROIS 6-F3 (37) 369
CHENAC ST SEURIN D UZET 9-C2 (17) 196
CHENE EN SEMINE 11-C1 (74) 589
CHENEHUTTE TREVES CUNAULT 6-D2 (49) 453
CHENERAILLES 10-B1 (23) 244
CHENEVREY ET MOROGNE 8-C2 (70) 571
CHENIERS 7-B5 (23) 244
CHENOISE 3-D4 (77) 602
CHENONCEAUX 6-F2 (37) 369
CHENS SUR LEMAN 8-D5 (74) 589
CHENY 7-D1 (89) 708
CHERANCE 2-E5 (72) 578
CHERENCE LE ROUSSEL 2-C4 (50) 457
CHERRUEIX 2-A4 (35) 361
CHERVEIX CUBAS 9-F3 (24) 249
CHERVEUX 6-D5 (79) 607
CHEVAL BLANC 14-B1 (84) 658
CHEVANCEAUX 9-D3 (17) 196
CHEVENON 7-D3 (58) 490
CHEVERNY 7-A2 (41) 409
CHEVROCHES 7-D2 (58) 490
CHEYLADE 10-C3 (15) 175
CHEYSSIEU 11-A2 (38) 375
CHEZERY FORENS (01) 85
CHILHAC 10-D3 (43) 416
CHILLY LE VIGNOBLE 8-B4 (39) 381
CHINDRIEUX 11-C1 (73) 584
CHINON 6-E3 (37) 369
CHIPILLY 1-C4 (80) 611
CHIRAC 10-D5 (48) 448
CHIRAT L EGLISE 7-D5 (03) 92
CHIRY OURSCAMP 1-C5 (60) 498
CHISSEAUX 6-F2 (37) 369
CHOLET (49) 453
CHORANCHE 11-B3 (38) 375
CHORGES 11-D4 (05) 105
CHOUE 2-F5 (41) 409
CHOUVIGNY 10-D1 (03) 92
CHOUZE SUR LOIRE 6-D2 (37) 369
CHOUZY SUR CISSE 6-F2 (41) 409
CHUELLES 3-D5 (45) 432
CHUSCLAN 11-A5 (30) 302
CHUYER 11-A2 (42) 412
CIER DE LUCHON 12-E4 (31) 313
CIERP GAUD 12-E4 (31) 313
CIEUX 9-F1 (87) 699
CINQ MARS LA PILE 6-E2 (37) 369
CINTRAY 2-F3 (27) 274
CIRES LES MELLO 3-B2 (60) 498
CIREY 8-C2 (70) 571
CIRY SALSOGNE 1-D5 (02) 89
CISTERNES LA FORET 10-C1 (63) 513
CIVAUX 6-E5 (86) 695
CIVENS 10-F1 (42) 412
CIVRAY 6-E5 (86) 695
CIVRAY DE TOURAINE 6-F2 (37) 369
CLAIRMARAIS 1-B2 (62) 505
CLAIRVAUX LES LACS 8-C4 (39) 381
CLAMECY 7-D2 (58) 490
CLAMENSANE 11-C5 (04) 97
CLAPIERS 13-E2 (34) 342
CLAVIERES 10-D3 (15) 175
CLECY 2-D3 (14) 169
CLEDEN CAP SIZUN 5-A3 (29) 280
CLEDEN POHER 5-C3 (29) 280
CLEDER 5-B1 (29) 280
CLEGUER 5-C3 (56) 476
CLEGUEREC 5-D3 (56) 476
CLEMENSAT 10-D2 (63) 513
CLEMONT 7-B2 (18) 213
CLEON D ANDRAN 11-A4 (26) 267
CLERE LES PINS 6-E2 (37) 369
CLEREY 3-F5 (10) 143
CLERGOUX 10-B3 (19) 217
CLERMONT 1-C5 (40) 388
CLERMONT L HERAULT 13-D2 (34) 342
CLERVAL 8-D2 (25) 263
CLERY SUR SOMME 1-C4 (80) 611
CLESSE 6-D4 (71) 574
CLION 9-C2 (17) 196
CLISSON (44) 421
CLOHARS CARNOET 5-C4 (29) 281
CLOHARS FOUESNANT 5-B3 (29) 282
CLONAS SUR VAREZE 11-A2 (38) 375
CLOYES SUR LE LOIR 2-F5 (28) 277
CLUNY 7-F5 (71) 574
CLUSES 8-D5 (74) 590
COCQUEREL 1-B4 (80) 611
COEX 6-A4 (85) 670
COGNAC (16) 179
COGNAC LA FORET 9-F1 (87) 699
COGNIN LES GORGES 11-B3 (38) 375
COGOLIN 14-D3 (83) 628
COLLEVILLE 2-E1 (76) 597
COLLEVILLE MONTGOMERY 2-D2 (14) 169
COLLEVILLE SUR MER 2-C2 (14) 169
COLLIAS 13-F1 (30) 302
COLLIOURE 13-D5 (66) 550
COLLOBRIERES 14-D3 (83) 629
COLLONGES LA ROUGE 10-A3 (19) 217
COLMAR (68) 565
COLMARS 11-D5 (04) 97
COLOMBIER LE VIEUX 11-A3 (07) 123
COLOMBIER SAUGNIEU 11-B1 (69) 569
COLOMBIERS 13-D3 (34) 342
COLPO 5-D4 (56) 477
COMBLES 1-C4 (80) 611
COMBLOUX 11-D1 (74) 590
COMBOURG 2-A4 (35) 361
COMBRIT SAINTE MARINE 5-B3 (29) 282
COMIAC 10-B3 (46) 435
COMMANA 5-B2 (29) 282
COMMENSACQ 9-C5 (40) 388
COMMEQUIERS 6-A4 (85) 670
COMPAINS 10-D2 (63) 513
COMPEYRE 10-D5 (12) 153
COMPOLIBAT 10-B5 (12) 153
COMPREGNAC 13-D1 (12) 153
COMPREIGNAC 10-A1 (87) 699
COMPS 14-A1 (30) 302
COMPS 11-B4 (26) 268
COMPS SUR ARTUBY 14-D2 (83) 629
CONCA 15-B4 (2A) 223
CONCARNEAU (29) 282
CONCHIL LE TEMPLE 1-A3 (62) 505
CONCORES 10-A4 (46) 435
CONCORET 2-A5 (56) 477
CONCOURSON SUR LAYON 6-D3 (49) 453
CONDAC 9-D1 (16) 179
CONDAT 10-C2 (15) 175
CONDAT 10-A3 (46) 435
CONDAT EN COMBRAILLE 10-C1 (63) 513
CONDAT SUR GANAVEIX 10-A2 (19) 217
CONDE SUR ITON 2-F3 (27) 274
CONDE SUR NOIREAU 2-C3 (14) 169
CONDE SUR VESGRE 3-A4 (78) 605
CONDES 8-B5 (39) 381
CONDETTE 1-A2 (62) 505
CONDOM 12-E1 (32) 317
CONDORCET 11-B5 (26) 268
CONDRIEU 11-A2 (69) 569
CONFLANDEY 8-C1 (70) 571
CONFLANS SUR SEINE 3-E4 (51) 465
CONFOLENS 9-E1 (16) 179
CONFOLENT PORT DIEU 10-C2 (19) 217
CONJUX 11-C1 (73) 584
CONLIE 2-D5 (72) 578
CONNANTRE 3-E4 (51) 465
CONNAUX 13-F1 (30) 302
CONNERRE 2-E5 (72) 578
CONQUES 10-C4 (12) 153
CONSENVOYE 4-B2 (55) 471
CONTAMINE SARZIN 11-C1 (74) 590
CONTES 1-B3 (62) 505
CONTES 14-F1 (06) 114
CONTEVILLE 2-E2 (27) 274
CONTRAZY 12-F3 (09) 139
CONTREXEVILLE 4-C5 (88) 703
CORANCY 7-E3 (58) 490
CORAY 5-C3 (29) 282
CORBARA 15-B2 (2B) 227
CORBERON 8-A3 (21) 230
CORBIE 1-C4 (80) 611
● CORCIEUX 4-D5 (88) 703
CORDELLE 10-E1 (42) 412
CORDEMAIS 5-F5 (44) 421
CORDES SUR CIEL 13-B1 (81) 617
CORDON 11-D1 (74) 590
CORLAY 5-D2 (22) 234
CORLIER 8-B5 (01) 85
CORMATIN 7-F4 (71) 574
CORMEILLES 2-E2 (27) 274
CORMERY 6-F2 (37) 369
CORMORANCHE SUR SAONE 8-A5 (01) 86
CORNEILLA DE CONFLENT 13-C5 (66) 550
CORNILLE 9-E3 (24) 249
CORNILLON 10-F5 (30) 302
CORNILLON CONFOUX 14-B2 (13) 163
CORNIMONT 4-D5 (88) 703
CORNY SUR MOSELLE 4-C3 (57) 488
CORPS 11-C4 (38) 375
CORRENS 14-D2 (83) 629
CORREZE 10-B2 (19) 217
CORSAVY 13-C5 (66) 550
CORSEUL 2-A4 (22) 234
CORTE 15-B3 (2B) 227
COS 13-A4 (09) 139
COSNE COURS SUR LOIRE (58) 490
COSNE D ALLIER 7-C4 (03) 92
COSQUEVILLE 2-B1 (50) 457
COTI CHIAVARI 15-A4 (2A) 223
COTIGNAC 14-D2 (83) 629
COUBON 10-E3 (43) 416
COUCHES 7-F3 (71) 574
COUCOURON 10-E4 (07) 123
COUDEKERQUE 1-B1 (59) 494
COUDEVILLE SUR MER 2-B3 (50) 458
COUDRAY RABUT 2-E2 (14) 169
COUFFOULENS 13-B3 (11) 146
COUHE 6-D5 (86) 695
COULADERE 12-F3 (31) 313
COULANGES SUR YONNE 7-D2 (89) 708
COULEUVRE 7-C4 (03) 92
COULLONS 7-C2 (45) 432
COULON 6-C5 (79) 608
COULONGES SUR L AUTIZE 6-C4 (79) 608
COUR CHEVERNY 7-A2 (41) 409
COURBIAC 9-E5 (47) 443
COURCON 6-C5 (17) 196
COURDEMANCHE 6-E1 (72) 578
COURDIMANCHE SUR ESSONNE 3-C4 (91) 711
COURGENAY 3-D5 (89) 708
COURNON D AUVERGNE 10-D2 (63) 513
COURPALAY 3-C4 (77) 602
COURPIERE 10-E1 (63) 513
COURRENSAN 12-D1 (32) 317
COURRIS 13-C1 (81) 617
COURRY 10-F5 (30) 302
COURSAN 13-D3 (11) 147
COURSEGOULES 14-E1 (06) 114
COURSET 1-B2 (62) 505
COURSEULLES SUR MER 2-D2 (14) 169
COURTAVON 8-E2 (68) 565
COURTHEZON 11-A5 (84) 658
COURTILS 2-B4 (50) 458
COURVILLE SUR EURE 2-F4 (28) 277
COUSSAC BONNEVAL 10-A2 (87) 699
COUTANCES 2-B3 (50) 458
COUTERNE 2-D4 (61) 501
COUTRAS 9-D3 (33) 323
COUTURES 6-D2 (49) 453
COUX 10-F4 (07) 123
COUX ET BIGAROQUE 9-F4 (24) 249
COUZE ET ST FRONT 9-E4 (24) 249
COUZON 7-D4 (03) 92
COZES 9-C2 (17) 196
CRACH 5-D4 (56) 477
CRAINTILLEUX 10-F2 (42) 412
CRAMANS 8-C3 (39) 381
CRAMPAGNA 13-A3 (09) 139
CRANSAC 10-B5 (12) 153
CRAON 6-C1 (53) 468
CRAPONNE SUR ARZON 10-E2 (43) 416
CRAYSSAC 9-F5 (46) 435
CRAZANNES 9-C1 (17) 196
CREANCES 2-B2 (50) 458
CRECHES SUR SAONE 8-A5 (71) 574
CRECY LA CHAPELLE 3-C3 (77) 602
CREDIN 5-D3 (56) 477
CREISSAN 13-D3 (34) 342
CREISSELS 13-D1 (12) 153
CREMEAUX 10-E1 (42) 412
CREON (33) 323
CREON D ARMAGNAC 12-D1 (40) 390
CRESPIAN 13-F1 (30) 302
CREST 11-B4 (26) 268
CRESTET 11-B5 (84) 658
CREULLY 2-C2 (14) 169
CREVECOEUR EN BRIE 3-C4 (77) 602
CREVECOEUR LE GRAND 1-B5 (60) 499
CREYSSE 10-A4 (46) 435
CREZANCY EN SANCERRE 7-C2 (18) 213
CRICQUEVILLE EN BESSIN 2-C2 (14) 169
CRIEL SUR MER 1-A4 (76) 597
CRILLON LE BRAVE 11-B5 (84) 658
CRIQUEBEUF SUR SEINE 2-F2 (27) 274
CRIQUETOT L ESNEVAL 2-E1 (76) 597
CROCHTE 1-C1 (59) 494
CROIX EN TERNOIS 1-B3 (62) 505
CROMAC 6-F5 (87) 699
CROMARY 8-C2 (70) 571
CROS DE GEORAND (07) 123
CROS DE RONESQUE 10-C4 (15) 175
CROTS 11-D4 (05) 106
CROUAY 2-C2 (14) 170
CROUY SUR COSSON 7-A2 (41) 409
CROUZILLES 6-E3 (37) 369
CROZANT 7-A5 (23) 244
CROZON 5-B2 (29) 282
CROZON SUR VAUVRE 7-B4 (36) 365
CRUAS 11-A4 (07) 123
CRUGUEL 5-E4 (56) 477
CRUIS 11-C5 (04) 97
CRUX LA VILLE J7-J7 (58) 491
CUBJAC 9-F3 (24) 249
CUBLAC 9-F3 (19) 217
CUBLIZE 10-F1 (69) 569
CUCQ 1-A3 (62) 505
CUCURON 14-B1 (84) 658
CUGUEN 2-B4 (35) 361
CUISERY 8-A4 (71) 574
CULAN 7-B4 (18) 213
CULOZ 11-C1 (01) 86
CUNLHAT 10-E2 (63) 513
CUQ TOULZA 13-B2 (81) 617
CURBANS 11-C5 (04) 97
CURLU 1-C4 (80) 611
CURNIER 11-B5 (26) 268
CURVALLE 13-C1 (81) 617
CUSY 11-C1 (74) 590

D

D HUISON LONGUEVILLE 3-B4 (91) 711
DABO 4-E4 (57) 488
DAGLAN 9-F4 (24) 249
DALLET 10-D1 (63) 513
DAMBACH 4-E3 (67) 561
DAMBACH LA VILLE 4-E4 (67) 561
DAMGAN 5-E4 (56) 477
DAMIATTE 13-B2 (81) 617
DAMPIERRE 2-C3 (14) 170
DAMPIERRE LES CONFLANS 8-C1 (70) 572
DAMPIERRE SUR BOUTONNE 6-C5 (17) 196
DAMVIX 6-C5 (85) 670
DANGE ST ROMAIN 6-E3 (86) 695
DANGEAU 2-F5 (28) 277
DANGEUL 2-E5 (72) 578
DANGU 3-A2 (27) 274
DANNES 1-A2 (62) 505
DAON 6-C1 (53) 468
DARBRES 10-F4 (07) 123
DARDILLY (69) 569
DARNEY 4-C5 (88) 703
DARVAULT 3-C5 (77) 602
DAUPHIN 14-C1 (04) 97
DAX (40) 390
DEAUVILLE (14) 170
DECIZE 7-D4 (58) 491
DEGAGNAC 9-F4 (46) 435
DEMI QUARTIER 11-D1 (74) 590
DENEZE SOUS LE LUDE 6-D2 (49) 453
DENNEVILLE 2-B2 (50) 458
DESAIGNES 10-F3 (07) 123
DESCARTES 6-E3 (37) 370
DETRIER 11-C2 (73) 584
DEUX CHAISES 7-D5 (03) 92
DEVESSET 10-F3 (07) 123
DEVILLAC 9-F4 (47) 443
DEVILLE LES ROUEN 2-F2 (76) 597
DEYME 13-A2 (31) 313
DIE 11-B4 (26) 268
DIEMOZ 11-B2 (38) 375
DIENVILLE 3-F5 (10) 144
DIEPPE (76) 597
DIEULEFIT 11-B4 (26) 268
DIGNE LES BAINS (04) 97
DIGOIN 7-E4 (71) 574
DIJON 8-A2 (21) 230
DINAN 2-A4 (22) 234

DINARD (35) 361
DINEAULT 5-B3 (29) 283
DIOU (03) 92
DIOU 7-E4 (36) 365
DISSAY 6-E4 (86) 695
DIVES SUR MER 2-D2 (14) 170
DIVION 1-C3 (62) 505
DIVONNE LES BAINS 8-C5 (01) 86
DOL DE BRETAGNE 2-A4 (35) 361
DOLE 8-B3 (39) 381
DOLLON 2-E5 (72) 578
DOLMAYRAC 9-E5 (47) 444
DOLUS D OLERON 9-B1 (17) 188
DOMANCY 11-D1 (74) 590
DOMAZAN 14-A1 (30) 302
DOMESSIN 11-C2 (73) 584
DOMFRONT 2-C4 (61) 501
DOMINOIS 1-B3 (80) 611
DOMJEAN 2-C3 (50) 458
DOMMARIEN 8-B1 (52) 467
DOMME 10-A4 (24) 249
DOMPIERRE LES EGLISES 6-F5 (87) 699
DOMPIERRE LES ORMES 7-F5 (71) 574
DOMPIERRE SUR AUTHIE 1-B3 (80) 611
DOMPIERRE SUR BESBRE 7-E4 (03) 92
DOMPIERRE SUR CHARENTE 9-C2 (17) 196
DOMPIERRE SUR VEYLE 11-B1 (01) 86
DOMREMY LA PUCELLE 4-B4 (88) 703
DONGES 5-E5 (44) 421
DONVILLE LES BAINS 2-B3 (50) 458
DONZENAC 10-A3 (19) 217
DONZY 7-D2 (58) 491
DORCEAU 2-F4 (61) 501
DORDIVES 3-C5 (45) 432
DORMANS (51) 465
DORNAS 10-F4 (07) 123
DORNES 7-D4 (58) 491
DORTAN 8-C5 (01) 86
DOSCHES 3-F5 (10) 144
DOSSENHEIM SUR ZINSEL 4-E3 (67) 561
DOUARNENEZ (29) 283
DOUCHY LES MINES 1-D3 (59) 494
DOUCIER 8-C4 (39) 381
DOUE LA FONTAINE 6-D3 (49) 453
DOUELLE 10-A5 (46) 435
DOULCON 4-A2 (55) 471
DOURBIES 13-D1 (30) 302
DOURDAN 3-B4 (91) 711
DOURGNE 13-B2 (81) 617
DOURIEZ 1-B3 (62) 505
DOUSSARD 11-D1 (74) 590
DOUVILLE 9-E3 (24) 250
DOUZY 4-A1 (08) 136
DRAGEY RONTHON 2-B4 (50) 458
DRAGUIGNAN 14-D2 (83) 630
DRAIN 6-B2 (49) 453
DRAVEIL 3-C4 (91) 711
DROITURIER 7-E5 (03) 92
DROUX 6-F5 (87) 699
DRUCOURT 2-E3 (27) 274
DRULHE 10-B5 (12) 153
DUCEY 2-B4 (50) 458
DUINGT 11-C1 (74) 590
DUN LE PALESTEL 7-A5 (23) 244
DUN LES PLACES 7-E2 (58) 491
DUN SUR AURON 7-C3 (18) 213
DUN SUR MEUSE 4-A2 (55) 471
DUNKERQUE (59) 494
DURAS 9-D4 (47) 444
DURAVEL 9-F5 (46) 436
DURBAN CORBIERES 13-C4 (11) 147
DURENQUE 13-C1 (12) 153
DURFORT 13-A3 (09) 139
DURTAL 6-D1 (49) 453

E

EAUX BONNES 12-C3 (64) 523
EAUX PUISEAUX 3-E5 (10) 144
EAUZE 12-D1 (32) 317
EBBLINGHEM 1-C2 (59) 494
EBERSHEIM 4-E4 (67) 561
EBREUIL (03) 92
ECHOURGNAC 9-D3 (24) 250
ECLARON BRAUCOURT STE LIVIERE (52) 467
ECLASSAN 11-A3 (07) 123
ECOMMOY 6-E1 (72) 578
ECOURT ST QUENTIN 1-D3 (62) 505
ECRILLE 8-B4 (39) 382
ECUEILLE 6-F3 (36) 366
EGAT 13-B5 (66) 550
EGLETONS 10-B2 (19) 217
EGLISENEUVE D ENTRAIGUES 10-C2 (63) 513
EGUISHEIM 4-E5 (68) 565
EGUZON CHANTOME 7-A5 (36) 366
ELLIANT 5-B3 (29) 283
ELNE 13-D4 (66) 550
EMAGNY 8-C2 (25) 263
EMBRUN 11-D4 (05) 106
ENCHASTRAYES 11-D5 (04) 97
ENCOURTIECH 12-F4 (09) 139
ENGAYRAC 9-F5 (47) 444
ENNORDRES 7-C2 (18) 213
ENTRAIGUES 11-C3 (38) 375
ENTRAINS SUR NOHAIN 7-D2 (58) 491
ENTRAUNES 11-E5 (06) 114
ENTRAYGUES SUR TRUYERE 10-C4 (12) 153
ENTRE DEUX GUIERS 11-C2 (38) 375
ENTRECHAUX 11-B5 (84) 658
ENTREMONT LE VIEUX 11-C2 (73) 584
ENTREPIERRES 11-C5 (04) 97
ENTREVAUX 14-E1 (04) 97
ENVAL 10-D1 (63) 513
ENVEITG 13-B5 (66) 550
EOURRES 11-C5 (05) 106
EPERLECQUES 1-B2 (62) 505
EPERNAY 3-E3 (51) 465
EPFIG 4-E4 (67) 561
EPINAC 7-F3 (71) 575
EPINAL (88) 703
EPINIAC 2-A4 (35) 361
EPIRY 7-E3 (58) 491
EPOISSES 7-F2 (21) 231
EPONE 3-B3 (78) 605
EPPE SAUVAGE 1-E3 (59) 494
EQUEMAUVILLE 2-E2 (14) 170
EQUEURDREVILLE HAINNEVILLE 2-B1 (50) 458
EQUIHEN PLAGE 1-A2 (62) 506
EQUIRRE 1-B3 (62) 506
ERDEVEN 5-D4 (56) 478
ERINGHEM 1-B2 (59) 494
ERNEE 2-C5 (53) 468
ERQUY 5-E2 (22) 234
ERR 13-B5 (66) 552
ERSTEIN 4-F4 (67) 562
ERVY LE CHATEL 3-E5 (10) 144
ESCALLES 1-B1 (62) 506
ESCARO 13-B5 (66) 552
ESCHWILLER 4-E3 (67) 562
ESCLAUZELS 10-A5 (46) 436
ESCOSSE 13-A3 (09) 139
ESCOT 12-C3 (64) 523
ESCRAGNOLLES 14-E1 (06) 114
ESLOURENTIES DABAN 12-D3 (64) 523
ESNANDES 6-B5 (17) 196
ESPAGNAC 10-B3 (19) 217
ESPALEM 10-D3 (43) 416
ESPALION 10-C4 (12) 153
ESPARRON DE VERDON 14-C2 (04) 97
ESPARROS 12-D3 (65) 534
ESPELETTE 12-A3 (64) 523
ESPENEL 11-B4 (26) 268
ESPERAZA 13-B4 (11) 147
ESPEZEL 13-B4 (11) 147
ESPINASSES (05) 106
ESPINS 2-D3 (14) 170
ESPIRA DE CONFLENT 13-C4 (66) 552
ESQUELBECQ 1-C2 (59) 494
ESQUIEZE SERE 12-D4 (65) 534
ESSAY 2-E4 (61) 501
ESSERT ROMAND 8-D5 (74) 590
ESTADENS 12-E3 (31) 313
ESTAING 10-C4 (12) 153
ESTAING 12-D4 (65) 534
ESTANG 12-D1 (32) 317
ESTAVAR 13-B5 (66) 552
ESTERRE 12-D4 (65) 534
ESTIVAREILLES 10-E2 (42) 412
ESTIVAUX (19) 217
ESTREBOEUF 1-A3 (80) 611
ETABLES SUR MER 5-D2 (22) 234
ETAMPES 3-B4 (91) 711
ETANG SUR ARROUX 7-F3 (71) 575
ETAPLES 1-A2 (62) 506
ETAULES 9-B1 (17) 196
ETAULIERS 9-C3 (33) 323
ETEL 5-D4 (56) 478
ETIVAL 8-C4 (39) 382
ETOILE SUR RHONE 11-A4 (26) 268
ETREAUPONT 1-E4 (02) 89
ETRECHY 3-B4 (91) 711
ETREHAM 2-C2 (14) 170
ETRETAT 2-E1 (76) 597
ETRIGNY 8-A4 (71) 575
EU 1-A4 (76) 597
EUGENIE LES BAINS 12-C2 (40) 390
EVAUX LES BAINS 7-C5 (23) 244
EVISA 15-A3 (2A) 223
EVRON 2-D5 (53) 468
EXCENEVEX 8-D5 (74) 590
EXCIDEUIL 9-F2 (24) 250
EXMES 2-E4 (61) 501
EYBURIE 10-A2 (19) 217
EYGALIERES 14-B2 (13) 163
EYGLIERS 11-D4 (05) 107
EYGUIANS 11-C5 (05) 107
EYGURANDE 10-C2 (19) 218
EYGURANDE ET GARDEDEUIL 9-D3 (24) 250
EYLIAC 9-F3 (24) 250
EYMET 9-E4 (24) 250
EYMOUTHIERS 9-E2 (16) 179
EYMOUTIERS 10-A2 (87) 699
EYNESSE 9-D4 (33) 323
EYZAHUT 11-B4 (26) 268
EZE 14-F1 (06) 114
EZY SUR EURE 3-A3 (27) 274

F

FABRAS 10-F4 (07) 123
FABREGUES 13-E2 (34) 342
FABREZAN 13-C3 (11) 147
FACHIN 7-E3 (58) 491
FAGET ABBATIAL 12-E2 (32) 317
FALAISE 2-D3 (14) 170
FANJEAUX 13-B3 (11) 147
FANLAC 9-F3 (24) 250
FARAMANS 11-B2 (38) 375
FARINOLE 15-B1 (2B) 227
FAUCH 13-B1 (81) 617
FAUCON 11-B5 (84) 658
FAUMONT 1-D3 (59) 494
FAURILLES 9-E4 (24) 250
FAUX 9-E4 (24) 250
FAUX LA MONTAGNE 10-B1 (23) 244
FAVEROLLES 10-D3 (15) 176
FAVEROLLES SUR CHER 6-F2 (41) 409
FAVIERES 1-A3 (80) 611
FAY EN MONTAGNE 8-C4 (39) 382
FAY SUR LIGNON 10-F3 (43) 416
FAYENCE 14-E2 (83) 631
FEAS 12-C3 (64) 523
FECAMP 2-E1 (76) 597
FECHAIN 1-D3 (59) 494
FEGREAC 5-E4 (44) 421
FEINGS 2-E4 (61) 501
FEINS 2-B4 (35) 361
FELINES 11-A2 (07) 123
FELLERIES 1-E3 (59) 494
FENIOUX 6-C4 (79) 608
FERE EN TARDENOIS 3-D2 (02) 89
FEREL 5-E5 (56) 479
FERMANVILLE 2-B1 (50) 458
FERNOEL 10-C1 (63) 513
FERRALS LES CORBIERES 13-C3 (11) 147
FERRIERES 3-C5 (45) 432
FERRIERES ST MARY 10-D3 (15) 176
FERRIERES SUR SICHON 10-E1 (03) 92
FEUGAROLLES 9-E5 (47) 444
FEUILLERES 1-C4 (80) 612
FEURS 10-F1 (42) 412
FIGARI (2A) 223
FIGEAC (46) 436
FILLIEVRES 1-B3 (62) 506
FILLOLS 13-C5 (66) 552
FIQUEFLEUR EQUAINVILLE 2-E2 (27) 274
FISMES 1-E5 (51) 465
FITOU 13-D4 (11) 147
FLAGNAC 10-B4 (12) 153
FLAMANVILLE 2-A2 (50) 459
FLASSAN 11-B5 (84) 658
FLAUJAGUES 9-D4 (33) 323
FLAVIAC 11-A4 (07) 124
FLAVIGNAC 9-F2 (87) 700
FLAVIGNY SUR MOSELLE 4-C4 (54) 469
FLAVIN 10-C5 (12) 154
FLAYAT 10-C1 (23) 244
FLAYOSC 14-D2 (83) 631
FLERE LA RIVIERE 6-F3 (36) 366
FLERS 2-C4 (61) 501
FLEURAC 9-F3 (24) 250
FLEURBAIX 1-C2 (62) 506
FLEURIE 7-F5 (69) 570
FLEURY (11) 147
FLINES LES MORTAGNE 1-D2 (59) 494
FLORAC 10-E5 (48) 448
FLORENSAC 13-E3 (34) 342
FLOYON 1-E4 (59) 494
FLUMET 11-D1 (73) 584
FOISCHES 1-F3 (08) 136
FOIX 13-A4 (09) 139
FONCINE LE HAUT 8-C4 (39) 382
FONDAMENTE 13-D1 (12) 154
FONDETTES 6-E2 (37) 370
FONROQUE 9-E4 (24) 250
FONT ROMEU ODEILLO VIA 13-B5 (66) 552
FONTAINE BONNELEAU 1-B5 (60) 499
FONTAINE DE VAUCLUSE 14-B1 (84) 658
FONTAINE GUERIN 6-D2 (49) 453
FONTAINE LES VERVINS 1-E4 (02) 89
FONTAINE SIMON 2-F4 (28) 277
FONTAN 11-F5 (06) 115
FONTANGES 10-C3 (15) 176
FONTCOUVERTE 13-C3 (11) 147
FONTCOUVERTE LA TOUSSUIRE (73) 584
FONTENAY LE COMTE 6-C4 (85) 672
FONTENAY TRESIGNY 3-C4 (77) 602
FONTENOY LE CHATEAU 4-C5 (88) 703
FONTENU (39) 382
FONTES 13-D2 (34) 342
FONTIERS CABARDES 13-B3 (11) 147
FONTPEDROUSE 13-B5 (66) 553
FONTVIEILLE 14-A2 (13) 163
FORCALQUIER 14-C1 (04) 98
FOREST MONTIERS 1-B3 (80) 612
FOREST ST JULIEN 11-D4 (05) 107
FORGES 10-B3 (19) 218
FORGES LES EAUX 1-A5 (76) 597
FORMIGNY 2-C2 (14) 170
FORMIGUERES 13-B4 (66) 553
FORT MAHON PLAGE 1-A3 (80) 612
FORT MOVILLE 2-E2 (27) 274
FOS 13-D2 (34) 342
FOS 12-E4 (31) 313
FOS SUR MER 14-B2 (13) 163
FOSSEMAGNE 9-F3 (24) 251
FOUESNANT 5-B3 (29) 284
FOUGAX ET BARRINEUF 13-B4 (09) 139
FOUGERES 2-B4 (35) 361
FOURAS 9-B1 (17) 197
FOURCES 12-D1 (32) 317
FOURCHAMBAULT 7-D3 (58) 491
FOURMIES 1-E4 (59) 495
FOURNEAUX 10-F1 (42) 412
FOURNELS 10-D4 (48) 448
FOURS 7-E4 (58) 491
FOURS EN VEXIN 3-A2 (27) 274
FOUSSAIS PAYRE 6-C4 (85) 672
FRAISANS 8-C3 (39) 382
FRAISSE SUR AGOUT 13-C2 (34) 342
FRAIZE 4-D5 (88) 703
FRANCALTROFF (57) 488
FRANCARDO (2B) 227
FRANCHEVILLE 2-F3 (27) 274
FRANCUEIL 6-F2 (37) 370
FRASNOY 1-E3 (59) 495
FRAYSSINET (46) 436
FRAYSSINET LE GELAT 9-F4 (46) 436
FREHEL 5-E2 (22) 234
FREISSINIERES 11-D4 (05) 107
FREJUS 14-E2 (83) 631
FRELAND 4-E5 (68) 565
FRENEUSE 3-A3 (78) 605
FRESNAY SUR SARTHE 2-D5 (72) 578
FRESNE ST MAMES 8-C2 (70) 572
FRESSE 8-D1 (70) 572
FRESSE SUR MOSELLE 4-D5 (88) 703
FRESSELINES 7-A5 (23) 244
FRETEVAL 6-F1 (41) 409
FRETHUN 1-B2 (62) 506
FRETIGNY 2-F5 (28) 277
FREVENT 1-B3 (62) 506
FRIAUCOURT 1-A4 (80) 612
FRIDEFONT 10-D4 (15) 176
FRISE 1-C4 (80) 612
FROLOIS 7-F2 (21) 231
FRONCLES 4-A5 (52) 467
FRONTENAC 9-D4 (33) 323
FRONTIGNAN 13-E2 (34) 342
FROSSAY 5-F5 (44) 421
FRUGES 1-B2 (62) 506
FUILLA 13-C5 (66) 553
FUMAY 1-F4 (08) 136
FUMEL 9-F5 (47) 444
FUTEAU 4-A3 (55) 471

G

GABARRET 12-D1 (40) 390
GABIAN (34) 342
GACE 2-E3 (61) 501
GAGNIERES 10-F5 (30) 302
GAILLAC 13-B1 (81) 617
GAILLAC TOULZA 13-A3 (31) 313
GALERIA 15-A2 (2B) 228
GALLARGUES LE MONTUEUX 13-F2 (30) 302
GAMACHES 1-A4 (80) 612
GAMBSHEIM 4-F3 (67) 562
GANGES 13-E1 (34) 342
GANNAT 10-D1 (03) 92
GANNAY SUR LOIRE 7-E4 (03) 92
GAP 11-C4 (05) 107

GARANCIERES 3-B3 (78) 605
GARDONNE 9-E4 (24) 251
GARENNES SUR EURE 3-A3 (27) 274
GARGANVILLAR 12-F1 (82) 622
GARGILESSE DAMPIERRE 7-A4 (36) 366
GARIN 12-E4 (31) 313
GARLAN 5-C2 (29) 285
GARROSSE 12-B1 (40) 390
GASSIN 14-E3 (83) 636
GASTES 9-B5 (40) 390
GATTEVILLE LE PHARE 2-B1 (50) 459
GAUDONVILLE 12-E1 (32) 317
GAUGEAC 9-F4 (24) 251
GAVARNIE 12-D4 (65) 535
GAVRES 5-C4 (56) 479
GAZAUPOUY 12-E1 (32) 317
GEAUNE 12-C2 (40) 390
GEDRE 12-D4 (65) 535
GEFFOSSES 2-B2 (50) 459
GEISHOUSE 8-E1 (68) 565
GEISWASSER 4-F5 (68) 566
GELLES 10-C1 (63) 514
GEMAINGOUTTE 4-E5 (88) 703
GEMENOS (13) 163
GEMOZAC 9-C2 (17) 197
GENERAC 13-F2 (30) 302
GENETS 2-B4 (50) 459
GENEUILLE 8-C2 (25) 263
GENEVREUILLE (70) 572
GENILLE 6-F3 (37) 370
GENNES 6-D2 (49) 453
GENOLHAC 10-E5 (30) 302
GENOS 12-E3 (31) 313
GENOUILLE 6-C5 (17) 107
GER 2-C4 (65) 535
GERARDMER 4-D5 (88) 704
GERAUDOT 3-F5 (10) 144
GERBEPAL 4-D5 (88) 704
GERDE 12-D3 (65) 535
GERE BELESTEN 12-C3 (64) 523
GERGY 8-A3 (71) 575
GERSTHEIM 4-F4 (67) 562
GERVILLE 2-E1 (76) 597
GESTE 6-B3 (49) 453
GEX 8-C5 (01) 86
GEZ 12-D3 (65) 535
GHISONACCIA (2B) 228
GHYVELDE 1-C1 (59) 495
GIAT 10-C1 (63) 514
GIBLES 7-F5 (71) 575
GIEN (45) 432
GIFFAUMONT
CHAMPAUBERT 3-F4 (51) 465
GIGNAC 13-E2 (34) 342
GIGNY SUR SAONE 8-A4 (71) 575
GIGORS 11-D5 (04) 98
GILHAC ET BRUZAC 11-A4 (07) 124
GILLEY 8-D3 (25) 263
GINASSERVIS 14-C2 (83) 636
GIRAC 10-B4 (46) 436
GIROMAGNY 8-D1 (90) 710
GIROUSSENS 13-A2 (81) 617
GIROUX 7-B3 (36) 366
GISSAC 13-D1 (12) 154
GIUNCAGGIO 15-B3 (2B) 228
GIVET 1-F3 (08) 136
GIVRAND 6-A4 (85) 672
GIVRY EN ARGONNE 4-A3 (51) 465
GLAMONDANS 8-C2 (25) 263
GLERE 8-E2 (25) 263
GLOMEL 5-C3 (22) 235
GLUIRAS 10-F4 (07) 124
GOLINHAC 10-C4 (12) 154
GOMMEGNIES 1-E3 (59) 495
GONDREXANGE 4-D4 (57) 488
GONDRIN 12-D1 (32) 317
GONNEVILLE EN AUGE 2-D2 (14) 170
GONNEVILLE SUR MER 2-D2 (14) 170
GORBIO 14-F1 (06) 115
GORDES 14-B1 (84) 658
GOUAIX 3-D4 (77) 602
GOUAREC 5-D3 (22) 235
GOUAUX 12-E4 (65) 535
GOUDARGUES 10-F5 (30) 303
GOUDELIN 5-D2 (22) 235
GOUDET 10-E4 (43) 416
GOUESNACH 5-B3 (29) 285
GOUEX 6-E5 (86) 695
GOUJOUNAC 9-F4 (46) 436
GOULIEN 5-A3 (29) 286
GOULVEN 5-B1 (29) 286
GOUMOIS 8-E2 (25) 263
GOURDON 9-F4 (46) 436
GOURGE 6-D4 (79) 608
GOURIN 5-C3 (56) 479
GOUTTIERES 10-C1 (63) 514
GOUVIEUX 3-C3 (60) 499
GOUVILLE SUR MER 2-B3 (50) 459
GOUZON 7-B5 (23) 244
GRACAY 7-B3 (18) 213
GRADIGNAN 9-C4 (33) 323
GRAISSESSAC 13-D2 (34) 343
GRAMAT 10-A4 (46) 436
GRANCEY LE CHATEAU
NEUVELLE 8-A1 (21) 231
GRAND BRASSAC 9-E3 (24) 251
GRAND CHAMP 5-D4 (56) 479
GRAND FAYT 1-E3 (59) 495
GRAND FORT PHILIPPE 1-B1 (59) 495
GRAND LANDES 6-A3 (85) 672
GRAND VABRE 10-C4 (12) 154
GRANDCAMP MAISY 2-C2 (14) 170
GRANDPRE 4-A2 (08) 136
GRANDPUITS BAILLY
CARROIS 3-C4 (77) 602
GRANDRIEU 10-E4 (48) 448
GRANDRUPT DE BAINS 4-C5 (88) 704
GRANE 11-A4 (26) 268
GRANGES SUR VOLOGNE 4-D5 (88) 704
GRANVILLE 2-B3 (50) 459
GRAS 10-F5 (07) 124
GRASSE (06) 115
GRATENTOUR 13-A2 (31) 313
GRAULHET 13-B2 (81) 617
GRAVELINES 1-B1 (59) 495
GRAVESON 14-A1 (13) 163
GRAVIERES 10-F5 (07) 124
GRAY 8-B2 (70) 572
GRAYAN ET L HOPITAL 9-B2 (33) 323
GRAYE SUR MER 2-D2 (14) 171
GRENADE SUR L ADOUR 12-C2 (40) 390
GRENDELBRUCH 4-E4 (67) 562
GREOUX LES BAINS 14-C1 (04) 98
GRESSE EN VERCORS 11-B3 (38) 376
GRESSWILLER 4-E4 (67) 562
GRESY SUR AIX 11-C1 (73) 585
GREZ NEUVILLE 6-C2 (49) 453
GREZ SUR LOING 3-C5 (77) 603
GREZAC 9-C2 (17) 197
GREZIEU LE MARCHE 10-F2 (69) 570
GREZILLE 6-D2 (49) 454
GRIGNAN 11-A5 (26) 268
GRIGNY 1-B3 (62) 506
GRIMAUD 14-D3 (83) 636
GRINCOURT LES PAS 1-C3 (62) 506
GRISOLLES 12-F1 (82) 622
GRISY LES PLATRES 3-B3 (95) 714
GROFFLIERS 1-A3 (62) 506
GROISY 8-C5 (74) 591
GROIX 5-C4 (56)
GROLEJAC 10-A4 (24) 251
GROSBREUIL 6-A4 (85) 672
GROSPIERRES 10-F5 (07) 124
GROSSETO PRUGNA (2A) 223
GRUES 6-B5 (85) 672
GRUISSAN 13-D3 (11) 147
GUAINVILLE 3-A3 (28) 277
GUCHAN 12-E4 (65) 535
GUCHEN 12-D4 (65) 535
GUDAS 13-A3 (09) 139
GUEBENHOUSE 4-D3 (57) 488
GUEGON 5-E3 (56) 479
GUEHENNO 5-D3 (56) 479
GUEMENE PENFAO 5-F4 (44) 421
GUEMENE SUR SCORFF 5-D3 (56) 479
GUEMPS 1-B1 (62) 506
GUENROUET 5 F4 (44) 421
GUERANDE (44) 421
GUERET (23) 244
GUESNES 6-D3 (86) 695
GUEUGNON 7-E4 (71) 575
GUEURES 2-F1 (76) 597
GUEWENHEIM 8-E1 (68) 566
GUICHE 12-B2 (64) 523
GUIDEL 5-C4 (56) 479
GUIGNICOURT 1-E5 (02) 89
GUILLAC 5-E3 (56) 479
GUILLAUMES 11-E5 (06) 115
GUILLESTRE 11-D4 (05) 107
GUILLIGOMARC H 5-C3 (29) 286
GUILVINEC 5-B4 (29) 286
GUINES 1-B2 (62) 506
GUIPRY 5-F4 (35) 361
GUISE 1-E4 (02) 89
GUISSENY 5-B1 (29) 286
GUITTE 2-A5 (22) 235
GUJAN MESTRAS 9-B4 (33) 323
GUNSBACH 4-E5 (68) 566
GURMENCON 12-C3 (64) 523
GY 8-C2 (70) 572

H

HABAS 12-B2 (40) 390
HACQUEVILLE 3-A2 (27) 274
HAGETMAU 12-C2 (40) 390
HAGUENAU 4-F3 (67) 562
HAMBACH 4-D3 (57) 488
HAMBYE 2-B3 (50) 459
HAMES BOUCRES 1-B2 (62) 506
HANNONVILLE SOUS LES
COTES 4-B3 (55) 471
HANVEC 5-B2 (29) 286
HARDINGHEN 1-B2 (62) 506
HARSKIRCHEN 4-D3 (67) 562
HASPARREN 12-B2 (64) 523
HASPELSCHIEDT 4-E3 (57) 488
HASTINGUES 12-B2 (40) 390
HAULME 1-F4 (08) 136
HAUTECOURT ROMANECHE 8-B5 (01) 86
HAUTEFAGE 10-B3 (19) 218
HAUTEFAYE 9-E2 (24) 251
HAUTEFONTAINE 1-D5 (60) 499
HAUTEFORT 9-F3 (24) 251
HAUTELUCE 11-D1 (73) 585
HAUTERIVES 11-A3 (26) 268
HAUTEVILLE LOMPNES 11-B1 (01) 86
HAUTEVILLE SUR MER 2-B3 (50) 459
HAUTOT SUR MER 2-F1 (76) 597
HAVRINCOURT 1-D4 (62) 506
HAYBES 1-F4 (08) 136
HECHES 12-E3 (65) 535
HEDE 2-A5 (35) 361
HEILIGENBERG 4-E4 (67) 562
HEIMERSDORF 8-E1 (68) 566
● HEIMSBRUNN 8-E1 (68) 566
HELETTE 12-B3 (64) 523
HELFAUT 1-B2 (62) 506
HEM HARDINVAL 1-B3 (80) 612
HEM MONACU 1-C4 (80) 612
HENDAYE 12-A2 (64) 523
HENGOAT 5-D1 (22) 235
HENNEBONT 5-C4 (56) 479
HENNEZEL 4-C5 (88) 704
HENONVILLE 3-B2 (60) 499
HENRICHEMONT 7-C2 (18) 214
HENRIDORFF 4-E3 (57) 488
HENVIC 5-B2 (29) 286
HERBIGNAC 5-E5 (44) 422
HERBINGHEN 1-B2 (62) 506
HERIC 5-F5 (44) 422
HERICOURT EN CAUX 2-F1 (76) 598
HERISSON 7-C4 (03) 92
HERLIES 1-C2 (59) 495
HERM 12-B1 (40) 390
HERMANVILLE SUR MER 2-D2 (14) 171
HERNICOURT 1-B3 (62) 506
HERPELMONT 4-D5 (88) 704
HERVELINGHEN 1-A2 (62) 506
HEUDICOURT SOUS LES
COTES 4-B3 (55) 471
HEUILLEY SUR SAONE 8-B2 (21) 231
HEYRIEUX 11-B2 (38) 376
HIERES SUR AMBY 11-B1 (38) 376
HILLION 5-E2 (22) 235
HINSBOURG 4-E3 (67) 562
HIREL 2-A4 (35) 361
HIRSON 1-E4 (02) 89
HOLVING 4-D3 (57) 488
HOMBLIERES 1-D4 (02) 89
HON HERGIES 1-E3 (59) 495
HONDAINVILLE 1-B5 (60) 499
HONDSCHOOTE 1-C1 (59) 495
HONFLEUR (14) 171
HONNECOURT SUR
ESCAUT 1-D4 (59) 495
HONTANX 12-C1 (40) 390
HOSSEGOR (40) 391
HOSTENS 9-C4 (33) 326
HOTONNES 11-C1 (01) 86
HOULGATE 2-D2 (14) 171
HOULLE 1-B2 (62) 506
HOUPLINES 1-C2 (59) 495
HOURTIN 9-B3 (33) 326
HOUSSAY 6-F1 (41) 409
HOUTKERQUE 1-C2 (59) 496
HUANNE MONTMARTIN 8-D2 (25) 263
HUELGOAT 5-C2 (29) 286
HUISSEAU SUR COSSON 7-A2 (41) 409
HUMEROEUILLE 1-B3 (62) 507
HUMES JORQUENAY 8-B1 (52) 467
HUNINGUE 8-F1 (68) 566
HURECOURT 8-C1 (70) 572
HURIEL 7-C5 (03) 92
HYERES 14-D3 (83) 638

I

IDS ST ROCH 7-B4 (18) 214
IFFENDIC 2-A5 (35) 361
IGOVILLE 1-A5 (27) 274
IHOLDY 12-B3 (64) 524
ILE AUX MOINES 5-D4 (56)
ILE D AIX 6-B5 (17)
ILE D ARZ 5-D4 (56)
ILE D OUESSANT 5-A2 (29)
ILE DE BREHAT 5-D1 (22)
ILE DE HOEDIC 5-D5 (56)
ILE TUDY 5-B3 (29) 286
ILLE SUR TET 13-C4 (66) 553
ILLIERS COMBRAY 2-F5 (28) 277
INCHEVILLE 1-A4 (76) 598
INGRANDES 6-C2 (49) 454
INGRANDES 6-E3 (86) 695
INOR 4-A2 (55) 471
IS SUR TILLE 8-A2 (21) 231
ISDES 7-B2 (45) 432
ISIGNY LE BUAT 2-B4 (50) 459
ISIGNY SUR MER 2-C2 (14) 171
ISLE ET BARDAIS 7-C4 (03) 92
ISLES LES MELDEUSES 3-D3 (77) 603
ISOLA 11-E5 (06) 115
ISPAGNAC 10-E5 (48) 448
ISQUES 1-A2 (62) 507
ISSAMBRES (83)
ISSARLES 10-E4 (07) 124
ISSENDOLUS 10-A4 (46) 436
ISSENHAUSEN 4-E3 (67) 562
ISSENHEIM 4-E5 (68) 566
ISSOIRE (63) 514
ISSOUDUN 7-B3 (36) 366
ISSY L EVEQUE 7-E4 (71) 575
ISTRES (13) 164
ITTEVILLE 3-B4 (91) 712
ITXASSOU 12-A3 (64) 524
IVRY LA BATAILLE 3-A3 (27) 275
IZESTE 12-C3 (64) 524

J

JABLINES 3-C3 (77) 603
JALEYRAC 10-C3 (15) 176
JALIGNY SUR BESBRE 7-E5 (03) 92
JANVILLE 2-D3 (14) 171
JARD SUR MER 6-A4 (85) 673
JARGEAU 7-B1 (45) 432
JARNAC 9-D2 (16) 179
JARNAC CHAMPAGNE 9-C2 (17) 197
JARS 7-C2 (18) 214
JAU DIGNAC ET LOIRAC 9-B2 (33) 327
JAUJAC 10-F4 (07) 124
JAULNY 4-C3 (54) 469
JAUNAY CLAN (86) 695
JAUSIERS 11-E5 (04) 98
JENZAT 7-D5 (03) 92
JESSAINS 3-F5 (10) 144
JOANNAS 10-F4 (07) 124
JOIGNY 3-D5 (89) 708
JONCHEREY 8-E2 (90) 710
JONQUIERES 11-A5 (84) 659
JONZAC (17) 197
JOSSELIN 5-E3 (56) 479
JOUE SUR ERDRE 5-F5 (44) 422
JOUILLAT 7-B5 (23) 244
JOURNANS 8-B5 (01) 86
JOYEUSE 10-F5 (07) 124
JUGON LES LACS 5-E2 (22) 235
JUILLAC 10-A3 (19) 218
JULLIANGES 10-E3 (43) 416
JULLOUVILLE 2-B3 (50) 459
JUMIEGES 2-F2 (76) 600
JUMILHAC LE GRAND 9-F2 (24) 251
JUNAS 13-F2 (30) 304
JUNIVILLE 1-F5 (08) 136
JURE 10-E1 (42) 412
JUSSAC 10-C3 (15) 176
JUVIGNY SOUS ANDAINE 2-C4 (61) 501

K

KAYSERSBERG 4-E5 (68) 566
KERFOT 5-D1 (22) 235
KERLOUAN 5-B1 (29) 286
KERMARIA SULARD 5-C1 (22) 235
KERPERT 5-D2 (22) 235
KESKASTEL 4-D3 (67) 562
KRUTH 4-D5 (68) 566

L

L ABSIE 6-C4 (79) 607
L AIGUILLON SUR MER 6-B5 (85) 665
L AIGUILLON SUR VIE 6-A4 (85) 665
L ARGENTIERE LA
BESSEE 11-D4 (05) 108
L EPINE 6-A5 (85) 664
L ETANG BERTRAND 2-B2 (50) 458

L HERM 13-A4 (09) ... 139
L HOSPITALET DU LARZAC 13-D1 (12) . 154
L HOSPITALET PRES L ANDORRE (09) . 139
L HOUMEAU 6-B5 (17) ... 197
L ILE BOUCHARD 6-E3 (37) ... 370
L ILE D ELLE 6-C5 (85) ... 673
L ILE D OLONNE 6-A4 (85) ... 673
L ILE D YEU 6-A5 (85) ...
L ISLE ADAM 3-B3 (95) ... 714
L ISLE DE NOE 12-E2 (32) ... 317
L ISLE JOURDAIN 12-F2 (32) ... 318
L ISLE JOURDAIN 6-E5 (86) ... 695
L ISLE SUR LA SORGUE 14-B1 (84) ... 659
L ISLE SUR LE DOUBS 8-D2 (25) ... 263
L ISLE SUR SEREIN 7-E2 (89) ... 708
LA BALME DE SILLINGY 11-C1 (74) ... 588
LA BALME LES GROTTES 11-B1 (38) ... 374
LA BARQUE 14-C2 (13) ... 162
LA BARRE DE MONTS 6-A3 (85) ... 667
LA BASTIDE DE SEROU 13-A3 (09) ... 138
LA BASTIDE L EVEQUE 10-B5 (12) ... 151
LA BASTIDE PUYLAURENT 10-E4 (48) .. 446
LA BATHIE 11-D2 (73) ... 582
LA BATIE MONTSALEON 11-C4 (05) ... 105
LA BATIE ROLLAND 11-A4 (26) ... 266
LA BAULE ESCOUBLAC 5-E5 (44) ... 420
LA BAUME 8-D5 (74) ... 588
LA BAZOCHE GOUET 2-F5 (28) ... 276
LA BEAUME 11-C4 (05) ... 105
LA BEGUDE DE MAZENC 11-A4 (26) ... 266
LA BERNERIE EN RETZ 6-A3 (44) ... 420
LA BIOLLE 11-C1 (73) ... 583
LA BOISSIERE DE
MONTAIGU 6-B3 (85) ... 668
LA BONNEVILLE SUR ITON 2-F3 (27) ... 273
LA BOURBOULE 10-C2 (63) ... 512
LA BREE LES BAINS 6-B5 (17) ... 187
LA BREILLE LES PINS 6-D2 (49) ... 452
LA BREOLE 11-D4 (04) ... 95
LA BRESSE 4-D5 (88) ... 702
LA BROQUE (67) ... 561
LA BROSSE MONTCEAUX 3-D5 (77) ... 602
LA BRUFFIERE 6-B3 (85) ... 669
LA CADIERE D AZUR 14-C3 (83) ... 626
LA CALOTTERIE 1-B3 (62) ... 504
LA CAMBE 2-C2 (14) ... 169
LA CANOURGUE 10-D5 (48) ... 447
LA CAPELLE LES
BOULOGNE 1-A2 (62) ... 505
LA CASSAGNE 10-A3 (24) ... 248
LA CELLE DUNOISE 7-B5 (23) ... 243
LA CELLE EN MORVAN 7-F3 (71) ... 573
LA CHAISE DIEU 10-E3 (43) ... 416
LA CHAIZE GIRAUD 6-A4 (85) ... 669
LA CHAPELLE ACHARD 6-A4 (85) ... 670
LA CHAPELLE AUBAREIL 9-F3 (24) ... 249
LA CHAPELLE AUX FILTZMEENS (35) ... 360
LA CHAPELLE D ANGILLON 7-C2 (18) .. 213
LA CHAPELLE DEVANT
BRUYERES (88) ... 702
LA CHAPELLE EN
VALGAUDEMAR 11-D4 (05) ... 105
LA CHAPELLE EN
VERCORS 11-B3 (26) ... 267
LA CHAPELLE HERMIER 6-A4 (85) ... 670
LA CHAPELLE LAURENT 10-D3 (15) ... 175
LA CHAPELLE
MONTLIGEON 2-E4 (61) ... 501
LA CHAPELLE ST LAURIAN 7-B3 (36) .. 365
LA CHAPELLE SUR COISE 10-F2 (69) .. 569
LA CHAPELLE SUR DUN 2-F1 (76) ... 597
LA CHAPELLE SUR LOIRE 6-E2 (37) ... 369
LA CHAPELLE TAILLEFERT 10-B1 (23) . 244
LA CHARITE SUR LOIRE 7-D3 (58) ... 490
LA CHARTRE SUR LE LOIR 6-E1 (72) ... 578
LA CHATRE 7-B4 (36) ... 365
LA CHEZE 5-E3 (22) ... 234
LA CIOTAT 14-C3 (13) ... 163
LA CLAYETTE 7-F5 (71) ... 574
LA CLUSAZ 11-D1 (74) ... 589
LA COLLANCELLE 7-E3 (58) ... 490
LA COLLE SUR LOUP 14-E2 (06) ... 114
LA CONDAMINE
CHATELARD 11-E4 (04) ... 97
LA COQUILLE 9-F2 (24) ... 249
LA COTE D AIME 11-D2 (73) ... 584
LA COUARDE SUR MER 6-B5 (17) ... 182
LA COUCOURDE 11-A4 (26) ... 268
LA COUDRE 6-C3 (79) ... 608
LA COURONNE CARRO (13) ... 163
LA COUVERTOIRADE 13-D1 (12) ... 153
LA CRAU 14-D3 (83) ... 629
LA CRESSE 10-D5 (12) ... 153
LA CROISILLE SUR
BRIANCE 10-A2 (87) ... 699
LA CROIX AVRANCHIN 2-B4 (50) ... 458
LA CROIX VALMER 14-D3 (83) ... 630
LA CROIXILLE 2-C5 (53) ... 468
LA DAGUENIERE 6-C2 (49) ... 453
LA DORNAC 9-F3 (24) ... 250
LA DOUZE 9-F3 (24) ... 250
LA FAURIE 11-C4 (05) ... 107
LA FAUTE SUR MER 6-B5 (85) ... 671
LA FERE 1-D5 (02) ... 89
LA FERRIERE 6-B4 (85) ... 672
LA FERRIERE 11-C2 (38) ... 376
LA FERRIERE AUX ETANGS 2-C4 (61) .. 501
LA FERTE ALAIS 3-B4 (91) ... 711
LA FERTE BERNARD 2-E5 (72) ... 578
LA FERTE GAUCHER 3-D4 (77) ... 602
LA FERTE IMBAULT 7-B2 (41) ... 409
LA FERTE MACE 2-D4 (61) ... 501
LA FERTE SOUS JOUARRE 3-D3 (77) .. 602
LA FERTE ST AUBIN 7-B1 (45) ... 432
LA FERTE VIDAME 2-F4 (28) ... 277
LA FEUILLADE 10-A3 (24) ... 250
LA FEUILLEE 5-C2 (29) ... 283
LA FLECHE (72) ... 578
LA FLOTTE 6-B5 (17) ... 183
LA FORET FOUESNANT 5-B3 (29) ... 283
LA FOUILLADE 10-B5 (12) ... 154
LA FREISSINOUSE 11-C4 (05) ... 107
LA GARDE 14-D1 (04) ... 98
LA GARDE 14-C3 (83) ... 636
LA GARDE 11-C3 (38) ... 376
LA GARDE FREINET 14-D3 (83) ... 636
LA GARNACHE 6-A3 (85) ... 672
LA GENEVRAYE 3-C5 (77) ... 602
LA GIETTAZ 11-D1 (73) ... 584
LA GOUTELLE 10-C1 (63) ... 514
LA GRANDE MOTTE 13-F2 (34) ... 343
LA GRANDE PAROISSE 3-C5 (77) ... 602
LA GRANDVILLE 1-F4 (08) ... 136
LA GRAVE 11-D3 (05) ... 107
LA GREVE SUR MIGNON 6-C5 (17) ... 197
LA GUERCHE SUR L
AUBOIS 7-D3 (18) ... 213
LA GUERINIERE 6-A5 (85) ... 664
LA GUIERCHE 2-E5 (72) ... 578
LA GUILLERMIE 10-E1 (03) ... 92
LA GUYONNIERE 6-B3 (85) ... 673
LA HARMOYE 5-D2 (22) ... 235
LA HAYE DU PUITS (50) ... 459
LA HAYE PESNEL 2-B3 (50) ... 459
LA HOUSSAYE EN BRIE 3-C4 (77) ... 603
LA JAILLE YVON 6-C1 (49) ... 454
LA JARNE 6-B5 (17) ... 197
LA JAVIE 11-D5 (04) ... 98
LA JEMAYE 9-E3 (24) ... 251
LA LLAGONNE 13-B5 (66) ... 554
LA LOGE 1-B3 (62) ... 507
LA LONDE LES MAURES 14-D3 (83) ... 642
LA MACHINE 7-D3 (58) ... 491
LA MAILLERAYE SUR SEINE 2-F2 (76) .. 598
LA MALENE 10-D5 (48) ... 448
LA MARTRE 14-D1 (83) ... 642
LA MEILLERAYE DE
BRETAGNE 5-F4 (44) ... 422
LA MEMBROLLE SUR
CHOISILLE 6-E2 (37) ... 370
LA MENITRE 6-D2 (49) ... 454
LA MOLE 14-D3 (83) ... 642
LA MOTHE ACHARD 6-A4 (85) ... 676
LA MOTHE ST HERAY 6-D5 (79) ... 608
LA MOTTE CHALANCON 11-B4 (26) ... 269
LA MOTTE DE GALAURE 11-A3 (26) ... 270
LA MOTTE DU CAIRE 11-C5 (04) ... 100
LA MOTTE EN
CHAMPSAUR 11-C4 (05) ... 108
LA MOTTE FEUILLY 7-B4 (36) ... 367
LA MOTTE TERNANT 7-F2 (21) ... 231
LA MURE ARGENS 14-D1 (04) ... 100
LA NEUVE LYRE 2-F3 (27) ... 275
LA NEUVEVILLE SOUS
CHATENOIS 4-C5 (88) ... 705
LA NOCLE MAULAIX 7-E4 (58) ... 492
LA PACAUDIERE 7-E5 (42) ... 413
LA PALME 13-D4 (11) ... 149
LA PALUD SUR VERDON 14-D1 (04) ... 100
LA PENNE SUR L OUVEZE 11-B5 (26) .. 270
LA PERRIERE 2-E4 (61) ... 501
LA PETITE PIERRE 4-E3 (67) ... 563
LA PLAINE SUR MER 5-E5 (44) ... 424
LA POMMERAIE SUR
SEVRE 6-C3 (85) ... 679
LA POMMERAYE 6-C2 (49) ... 454
LA POSSONNIERE 6-C2 (49) ... 454
LA PRENESSAYE 5-E3 (22) ... 240
LA REOLE 9-D4 (33) ... 330
LA REUNION (47) ... 445
LA RICHARDAIS 2-A4 (35) ... 362
LA ROCHE BERNARD 5-E4 (56) ... 484
LA ROCHE CANILLAC 10-B3 (19) ... 220
LA ROCHE CHALAIS 9-D3 (24) ... 254
LA ROCHE DE GLUN 11-A3 (26) ... 270
LA ROCHE DE RAME 11-D4 (05) ... 109
LA ROCHE DERRIEN 5-D1 (22) ... 240
LA ROCHE DES ARNAUDS 11-C4 (05) .. 109
LA ROCHE POSAY 6-F4 (86) ... 696
LA ROCHE SUR GRANE 11-A4 (26) ... 271
LA ROCHE SUR LE BUIS 11-B5 (26) ... 271
LA ROCHEFOUCAULD 9-E1 (16) ... 180
LA ROCHELLE 6-B5 (17) ... 205
LA ROCHETTE (73) ... 586
LA ROCHETTE 3-C4 (77) ... 603
LA ROMIEU 12-E1 (32) ... 319
LA RONDE 6-C5 (17) ... 205
LA ROQUE D ANTHERON 14-B2 (13) ... 165
LA ROQUE ESCLAPON 14-E1 (83) ... 646
LA ROQUE GAGEAC 9-F4 (24) ... 254
LA ROQUE SUR CEZE 10-F5 (30) ... 306
LA ROQUETTE SUR
SIAGNE 14-E2 (06) ... 116
LA ROQUETTE SUR VAR 14-F1 (06) ... 116
LA SALLE EN BEAUMONT 11-C4 (38) ... 379
LA SALLE LES ALPES 11-D3 (05) ... 110
LA SALVETAT PEYRALES 10-B5 (12) ... 160
LA SALVETAT SUR AGOUT 13-C2 (34) . 350
LA SEGALASSIERE 10-B4 (15) ... 178
LA SELLE CRAONNAISE 6-B1 (53) ... 469
LA SELLE GUERCHAISE 2-B5 (35) ... 364
LA SEYNE SUR MER (83) ... 654
LA SOUTERRAINE 7-A5 (23) ... 245
LA SUZE SUR SARTHE 6-D1 (72) ... 580
LA TAGNIERE 7-F4 (71) ... 576
LA TARDIERE 6-C4 (85) ... 692
LA TERRASSE 11-C2 (38) ... 379
LA TESSOUALLE 6-C3 (49) ... 456
LA TESTE DE BUCH (33) ... 334
LA TOUR 8-D5 (74) ... 595
LA TOUR D AIGUES 14-C2 (84) ... 662
LA TOUR D AUVERGNE 10-C2 (63) ... 519
LA TOUR DU MEIX 8-C4 (39) ... 384
LA TOUR SUR ORB 13-D2 (34) ... 352
LA TRANCHE SUR MER 6-B5 (85) ... 692
LA TREMBLADE 9-B1 (17) ... 211
LA TRETOIRE 3-D3 (77) ... 604
LA TRIMOUILLE 6-F4 (86) ... 697
LA TRINITE PORHOET 5-E3 (56) ... 487
LA TRINITE SUR MER 5-D4 (56) ... 487
LA TURBALLE 5-E5 (44) ... 430
LA VALETTE DU VAR 14-C3 (83) ... 655
LA VARENNE 6-B2 (49) ... 456
LA VERDIERE 14-C2 (83) ... 655
LA VERSANNE 10-F2 (42) ... 415
LA VILLE AUX DAMES 6-F2 (37) ... 373
LA VILLE ES NONAIS 2-A4 (35) ... 364
LAAS 12-B2 (64) ... 524
LABAROCHE 4-E5 (68) ... 566
LABARTHE RIVIERE 12-E3 (31) ... 313
LABASTIDE DE VIRAC 10-F5 (07) ... 124
LABASTIDE MURAT 10-A4 (46) ... 436
LABASTIDE ROUAIROUX 13-C2 (81) ... 617
LABASTIDE SUR
BESORGUES 10-F4 (07) ... 124
LABEAUME 10-F5 (07) ... 124
LABENNE 12-A2 (40) ... 391
LABERGEMENT STE MARIE 8-D4 (25) .. 264
LABESSETTE 10-C2 (63) ... 514
LABLACHERE 10-F5 (07) ... 125
LABOUHEYRE 9-B5 (40) ... 392
LABROYE 1-B3 (62) ... 507
LAC DES ROUGES TRUITES 8-C4 (39) . 382
LACALM 10-C4 (12) ... 154
LACAM D OURCET 10-B4 (46) ... 436
LACANAU 9-B3 (33) ... 327
LACAPELLE MARIVAL 10-B4 (46) ... 436
LACAPELLE VIESCAMP 10-B4 (15) ... 176
LACAUNE 13-C2 (81) ... 617
LACAVE 10-A4 (46) ... 436
LACAZE 13-C2 (81) ... 617
LACELLE 10-B2 (19) ... 218
LACHAPELLE AUZAC 10-A3 (46) ... 436
LACHAPELLE SOUS
ROUGEMONT 8-E1 (90) ... 710
LACHAU 11-C5 (26) ... 268
LACROUZETTE 13-B2 (81) ... 617
LADERN SUR LAUQUET 13-C3 (11) ... 148
LADIGNAC LE LONG 9-F2 (87) ... 700
LADINHAC 10-C4 (15) ... 176
LAFFREY 11-C3 (38) ... 376
LAFRANCAISE 10-A5 (82) ... 622
LAGARDE ENVAL 10-B3 (19) ... 218
LAGARDE FIMARCON 12-E1 (32) ... 318
LAGNES 14-B1 (84) ... 659
LAGORCE 10-F5 (07) ... 125
LAGORD 6-B5 (17) ... 197
LAGRAND 11-C5 (05) ... 108
LAGRASSE 13-C3 (11) ... 148
LAGRAULIERE 10-A2 (19) ... 218
LAGRUERE 9-D5 (47) ... 444
LAGUENNE 10-B3 (19) ... 218

LAGUEPIE 10-B5 (82) 622
LAGUIOLE 10-C4 (12) 154
LAIVES 8-A4 (71) 575
LALBENQUE 10-A5 (46) 436
LALEVADE D ARDECHE 10-F4 (07) 125
LALINDE 9-E4 (24) 252
LALIZOLLE 7-D5 (03) 93
LALLEY 11-C4 (38) 376
LALOUVESC 10-F3 (07) 125
LAMAGDELAINE 10-A5 (46) 436
LAMALOU LES BAINS 13-D2 (34) 343
LAMASTRE 10-F3 (07) 125
LAMBALLE 5-E2 (22) 235
LAMBESC 14-B2 (13) 164
LAMBRUISSE 14-D1 (04) 98
LAMONGERIE 10-A2 (19) 218
LAMONTELARIE 13-C2 (81) 617
LAMONZIE MONTASTRUC 9-E4 (24) 252
LAMOTHE FENELON 10-A4 (46) 437
LAMPAUL PLOUARZEL 5-A2 (29) 286
LAMPAUL
PLOUDALMEZEAU 5-A2 (29) 286
LAMURE SUR AZERGUES 10-F1 (69) 570
LANARCE 10-E4 (07) 125
LANAS 10-F4 (07) 125
LANCHERES 1-A3 (80) 612
LANCIEUX 2-A4 (22) 235
LANDAUL 5-D4 (56) 479
LANDEAN 2-B4 (35) 362
LANDEBIA 5-E2 (22) 235
LANDEDA 5-A2 (29) 286
LANDELEAU 5-C3 (29) 286
LANDERNEAU (29) 286
LANDEVANT 5-D4 (56) 479
LANDEVENNEC 5-B2 (29) 286
LANDEVIEILLE 6-A4 (85) 674
LANDOS 10-E4 (43) 416
LANDRAIS 6-C5 (17) 198
LANDRELLEC 5-C1 (22) 235
LANDRETHUN LES ARDRES 1-B2 (62) 507
LANDRY 11-D2 (73) 585
LANDUDEC 5-B3 (29) 286
LANDUNVEZ 5-A2 (29) 286
LANESTER 5-C4 (56) 479
LANGATTE 4-D3 (57) 489
LANGEAC 10-D3 (43) 416
LANGEAIS 6-E2 (37) 370
LANGOELAN 5-D3 (56) 479
LANGOGNE 10-E4 (48) 448
LANGONNET 5-C3 (56) 479
LANGRES 8-B1 (52) 467
LANGRUNE SUR MER 2-D2 (14) 171
LANILDUT 5-A2 (29) 287
LANISCAT 5-D3 (22) 235
LANLOUP 5-D1 (22) 236
LANNE 12-D3 (65) 535
LANNE EN BARETOUS 12-C3 (64) 524
LANNION 5-C1 (22) 236
LANOBRE 10-C2 (15) 176
LANS EN VERCORS 11-B3 (38) 376
LANSARGUES 13-F2 (34) 343
LANSLEBOURG MONT
CENIS 11-E2 (73) 585
LANSLEVILLARD 11-E2 (73) 585
LANTIC 5-D2 (22) 236
LANTON 9-B4 (33) 328
LANTOSQUE 14-F1 (06) 115
LANUEJOLS 10-D5 (30) 301
LANUEJOULS 10-B5 (12) 154
LANVEOC 5-B2 (29) 287
LANZAC 10-A4 (46) 437
LAON (02) 89
LAPALISSE (03) 93
LAPARADE 9-E5 (47) 444
LAPEYROUSE 7-C5 (63) 514
LAPLEAU 10-B3 (19) 218
LARAGNE MONTEGLIN 11-C5 (05) 108
LARCHE 11-E4 (04) 98
LAREE 12-D1 (32) 318
LARGENTIERE 10-F4 (07) 125
LARMOR BADEN 5-D4 (56) 479
LARMOR PLAGE 5-C4 (56) 480
LARNAGOL 10-A5 (46) 437
LARNAS 10-F5 (07) 125
LAROCHEMILLAY 7-E3 (58) 491
LAROQUE 13-E1 (34) 344
LAROQUE DES ALBERES 13-D5 (66) 553
LAROQUEBROU 10-B3 (15) 176
LARRAU 12-B3 (64) 524
LARROQUE 13-A1 (81) 617
LARUNS 12-C3 (64) 524
LARUSCADE 9-C3 (33) 328
LARZICOURT 3-F4 (51) 465
LASALLE 13-E1 (30) 304
LASSEUBE 12-C3 (64) 525
LASTOURS 13-C3 (11) 148
LATHUILE 11-C1 (74) 591
LATILLE 6-D4 (86) 696
LATOUILLE LENTILLAC 10-B4 (46) 437
LATOUR DE CAROL 13-B5 (66) 553
LATOUR DE FRANCE 13-C4 (66) 553
LATRONQUIERE 10-B4 (46) 437
LATTES 13-E2 (34) 344
LAU BALAGNAS 12-D3 (65) 535
LAUBERT 10-E4 (48) 448
LAUDUN 11-A5 (30) 304
LAURAC EN VIVARAIS 10-F5 (07) 125
● LAURENS 13-D2 (34) 344
LAURIE 10-D3 (15) 176
LAURIERE 10-A1 (87) 700
LAUTENBACH 4-E5 (68) 566
LAUTENBACHZELL 4-E5 (68) 566
LAUTERBOURG 4-F3 (67) 562
LAUZACH 5-E4 (56) 480
LAUZERTE 9-F5 (82) 622
LAUZUN 9-E4 (47) 444
LAVAL 2-C5 (53) 468
LAVAL DE CERE 10-B3 (46) 437
LAVAL SUR LUZEGE 10-B3 (19) 218
LAVARE 2-E5 (72) 578
LAVASTRIE 10-D3 (15) 176
LAVELANET 13-B4 (09) 139
LAVERGNE 10-A4 (46) 437
LAVERRIERE 1-B5 (60) 499
LAVILLATTE 10-E4 (07) 125
LAVILLEDIEU 10-F4 (07) 125
LAVIT 12-F1 (82) 622
LAVOUTE CHILHAC 10-D3 (43) 416
LAVOUTE SUR LOIRE 10-E3 (43) 416
LAYS SUR LE DOUBS 8-B3 (71) 575
LAZER 11-C5 (05) 108
LE BAR SUR LOUP 14-E2 (06) 113
LE BARCARES 13-D4 (66) 546
LE BASTIT 10-A4 (46) 434
LE BEC HELLOUIN 2-F2 (27) 273
LE BERNARD 6-B4 (85) 668
LE BEUGNON 6-C4 (79) 607
LE BEZ 13-C2 (81) 616
LE BLANC 6-F4 (36) 365
LE BLEYMARD 10-E5 (48) 447
LE BOIS PLAGE EN RE 6-B5 (17) 181
LE BONHOMME 4-E5 (68) 565
LE BONO 5-D4 (56) 475
LE BOSC 13-D2 (34) 340
LE BOULOU 13-C5 (66) 548
LE BOURG D HEM 7-B5 (23) 243
LE BOURG D OISANS 11-C3 (38) 374
LE BOURG DUN 2-F1 (76) 597
LE BOURGET DU LAC (73) 583
LE BOUSQUET D ORB 13-D2 (34) 340
LE BREVEDENT 2-E2 (14) 169
LE BUGUE 9-F4 (24) 247
LE BUISSON 10-D4 (48) 447
LE BUISSON DE CADOUIN 9-F4 (24) 247
LE CAMBOUT 5-E3 (22) 234
LE CANNET 14-E2 (06) 114
LE CANNET DES MAURES 14-D2 (83) 628
LE CAP D AGDE (34) 340
LE CASTELLET 14-C3 (83) 628
LE CHAFFAUT ST JURSON 14-D1 (04) 96
LE CHALARD 9-F2 (87) 698
LE CHAMBON SUR LIGNON 10-F3 (43) 416
LE CHAMP ST PERE 6-B4 (85) 670
LE CHANGE 9-F3 (24) 249
LE CHATEAU D OLERON 9-B1 (17) 187
LE CHATELARD 11-C1 (73) 584
LE CHATELET EN BRIE 3-C4 (77) 602
LE CHATENET EN
DOGNON 10-A1 (87) 699
LE CHESNE 1-F5 (08) 136
LE CHEYLARD 10-F4 (07) 123
LE CLAUX 10-C3 (15) 175
LE CLOITRE ST
THEGONNEC 5-C2 (29) 282
LE COLLET DE DEZE 10-E5 (48) 448
LE CONQUET 5-A2 (29) 282
LE COUDRAY ST GERMER 1-B5 (60) 499
LE COURS 5-E4 (56) 477
LE CRESTET 11-A3 (07) 123
LE CROISIC 5-E5 (44) 421
LE CROTOY 1-A3 (80) 611
LE DONJON 7-E5 (03) 92
LE DORAT 6-F5 (87) 699
LE DOUHET 9-C1 (17) 196
LE DOURN 13-C1 (81) 617
LE FALGOUX 10-C3 (15) 176
LE FAOUET 5-D2 (22) 234
LE FAOUET 5-C3 (56) 479
LE FAU 10-C3 (15) 176
LE FEL 10-C4 (12) 153
LE FENOUILLER 6-A4 (85) 672
LE FOSSAT 12-F3 (09) 139
LE FOUILLOUX 9-D3 (17) 197
LE FRASNOIS 8-C4 (39) 382
LE FRENEY D OISANS 11-C3 (38) 376
LE FRESNE SUR LOIRE 6-C2 (44) 421
LE GAULT SOIGNY 3-E3 (51) 465
LE GAVRE 5-F5 (44) 421
LE GIROUARD 6-A4 (85) 672
LE GIVRE 6-B4 (85) 672
LE GRAND BORNAND 11-D1 (74) 591
LE GRAND BOURG 7-A5 (23) 244
LE GRAND PRESSIGNY 6-F3 (37) 370
LE GRAND SERRE 11-B3 (26) 268
LE GRAND VILLAGE PLAGE 9-B1 (17) 189
LE GRAU DU ROI 13-F2 (30) 304
LE GREZ 2-D5 (72) 578
LE GROS THEIL 2-F2 (27) 274
LE GUERNO 5-E4 (56) 479
LE HAMEL 1-C4 (80) 612
LE HOHWALD 4-E4 (67) 562
LE LAC D ISSARLES 10-E4 (07) 125
LE LANGON 6-C4 (85) 674
LE LAUZET UBAYE 11-D5 (04) 98
LE LAVANDOU 14-D3 (83) 642
LE LINDOIS 9-E1 (16) 180
LE LION D ANGERS 6-C2 (49) 454
LE LONZAC 10-A2 (19) 218
LE LOUROUX 6-F3 (37) 370
LE LUC 14-D2 (83) 642
LE LUDE 6-E2 (72) 578
LE MALZIEU VILLE 10-D4 (48) 448
LE MARTINET 10-F5 (30) 304
LE MAS D AZIL 12-F3 (09) 140
LE MAYET DE MONTAGNE 10-E1 (03) 93
LE MAZEAU 6-C5 (85) 675
LE MEIX ST EPOING 3-E4 (51) 465
LE MELE SUR SARTHE 2-E4 (61) 501
LE MENIL 4-C5 (88) 704
LE MENOUX 7-A4 (36) 366
LE MESNIL REAUME 1-A4 (76) 598
LE MINIHIC SUR RANCE 2-A4 (35) 362
LE MIROIR 8-B1 (71) 575
LE MONASTIER PIN
MORIES 10-D5 (48) 449
LE MONASTIER SUR
GAZEILLE 10-E3 (43) 417
LE MONETIER LES BAINS 11-D3 (05) 108
LE MONT DORE 10-C2 (63) 514
LE MONT ST MICHEL (50) 460
LE MUNG 9-C1 (17) 205
LE MUY 14-D2 (83) 643
LE NAYRAC 10-C4 (12) 156
LE NIZAN 9-C5 (33) 330
LE NOUVION EN THIERACHE 1-E4 (02) 90
LE PALAIS 5-D5 (56) 472
LE PERRIER 6-A3 (85) 679
LE PERTRE 2-C5 (35) 362
LE PETIT BORNAND LES GLIERES (74) 592
LE PLA 13-B4 (09) 141
LE PLESSIS FEU AUSSOUX 3-D4 (77) 603
LE POET 11-C5 (05) 108
LE POET CELARD 11-B4 (26) 270
LE POET EN PERCIP 11-B5 (26) 270
LE POET LAVAL 11-B4 (26) 270
LE POIZAT 8-C5 (01) 87
LE POMPIDOU 10-E5 (48) 449
LE PONCHEL 1-B3 (62) 508
LE PONT CHRETIEN
CHABENET 7-A4 (36) 367
LE PONT DE CLAIX 11-C3 (38) 377
LE PONT DE MONTVERT 10-E5 (48) 449
LE PONTET 14-A1 (84) 660
LE PORGE 9-B3 (33) 330
LE PORTEL 1-A2 (62) 508
LE POUGET 13-E2 (34) 348
LE POULIGUEN 5-E5 (44) 427
LE PRADET 14-C3 (83) 644
LE PUY EN VELAY (43) 417
LE PUY STE REPARADE 14-B2 (13) 165
LE QUESNOY 1-E3 (59) 497
LE RECOUX 10-D5 (48) 449
LE RELECQ KERHUON 5-B2 (29) 295
LE RETAIL 6-C4 (79) 609
LE ROC 10-A4 (46) 440
LE ROC ST ANDRE 5-E4 (56) 484
LE ROUGET 10-B4 (15) 177
LE ROUSSET 7-F4 (71) 576
LE ROZEL 2-A2 (50) 461
LE ROZIER 10-D5 (48) 450
LE RUSSEY 8-D3 (25) 265
LE SAPPEY EN
CHARTREUSE 11-C3 (38) 379
LE SAUZE DU LAC 11-D4 (05) 110
LE SOULIE 13-C2 (34) 352
LE TEICH 9-B4 (33) 334
LE TEIL 11-A4 (07) 133
LE TEMPLE SUR LOT 9-E5 (47) 446
LE THILLOT 8-D1 (88) 706
LE THOLY 4-D5 (88) 706
LE THOR 14-B1 (84) 662
LE TILLEUL 2-E1 (76) 600
LE TOUQUET PARIS PLAGE 1-A2 (62) 510
LE TOUR DU PARC 5-D4 (56) 487
LE TREPORT 1-A4 (76) 600
LE TRUEL 13-C1 (12) 161
LE VAL D AJOL 4-D5 (88) 706
LE VAL ST ELOI 8-C1 (70) 572
LE VAL ST GERMAIN 3-B4 (91) 712
LE VERDON SUR MER 9-B2 (33) 336
LE VERNET 11-D5 (04) 103
LE VERT 6-C5 (79) 609
LE VEURDRE 7-D4 (03) 94
LE VIBAL 10-C5 (12) 161
LE VIGAN 13-E1 (30) 310
LE VIGAN 10-A4 (46) 442
LE VIVIER SUR MER 2-A4 (35) 364
LECCI 15-B4 (2A) 224
LECT 8-C5 (39) 382
LECTOURE 12-E1 (32) 318
LEES ATHAS 12-C3 (64) 525
LEFFRINCKOUCKE 1-C1 (59) 496
LEGE CAP FERRET 9-B4 (33) 328
LELIN LAPUJOLLE 12-D2 (32) 318
LEMBACH 4-F3 (67) 562
LEMBEYE 12-D2 (64) 525
LEMBRAS 9-E4 (24) 252
LEMPDES SUR ALLAGNON 10-D2 (43) 417
LEON 12-B1 (40) 392
LEPIN LE LAC 11-C2 (73) 585
LERAN 13-B4 (09) 139
LES ABRETS 11-B2 (38) 373
LES ADRETS 11-C2 (38) 373
LES ADRETS DE L
ESTEREL 14-E2 (83) 624
LES AIRES 13-D2 (34) 339
LES AIX D ANGILLON 7-C3 (18) 213
LES ALLUES 11-D2 (73) 582
LES ANCIZES COMPS 10-C1 (63) 511
LES ANDELYS (27) 273
LES ARCS 14-D2 (83) 624
LES AVENIERES 11-B2 (38) 374
LES AYNANS 8-D1 (70) 571
LES BORDES 8-A3 (71) 573
LES BORDES 7-C1 (45) 431
LES BREVIAIRES 3-B4 (78) 605
LES BRUNELS 13-B3 (11) 146
LES CABANNES 13-A4 (09) 139
LES CABANNES 13-B1 (81) 616
LES CAMMAZES 13-B2 (81) 616
LES CONTAMINES
MONTJOIE 11-D1 (74) 590
LES CRESNAYS 2-B4 (50) 458
LES EGLISOTTES ET
CHALAURES (33) 323
LES EPESSES 6-C3 (85) 670
LES ESSARTS 6-B4 (85) 671
LES EYZIES DE TAYAC
SIREUIL 9-F4 (24) 250
LES GETS 8-D5 (74) 591
LES GRANDES VENTES 1-A4 (76) 597
LES GRAULGES 9-E2 (24) 251
LES HAIES 11-A2 (69) 570
LES HALLES 10-F2 (69) 570
LES HOPITAUX NEUFS 8-D4 (25) 263
LES HOUCHES 11-E1 (74) 591
LES LOGES 2-E1 (76) 598
LES LUCS SUR BOULOGNE 6-B3 (85) 675
LES MAGES 10-F5 (30) 304
LES MARCHES 11-C2 (73) 585
LES MARS 10-C1 (23) 244
LES MARTRES DE VEYRE 10-D2 (63) 514
LES MATHES 9-B1 (17) 198
LES MAZURES 1-F4 (08) 136
LES MEES 14-C1 (04) 99
LES MOERES 1-C1 (59) 496
LES MOITIERS D ALLONNE 2-B2 (50) 460
LES MONTILS 6-F2 (41) 410
LES MOUTIERS EN RETZ 6-A3 (44) 423
LES NOES 7-E5 (42) 413
LES OLLIERES SUR
EYRIEUX 10-F4 (07) 126
LES ORMES 6-E3 (86) 696
LES PIEUX 2-A2 (50) 460
LES PLANCHES EN
MONTAGNE 8-C4 (39) 384
LES PLANS 13-D2 (34) 348
LES PLANTIERS 10-E5 (30) 306
LES PONTS DE CE (49) 454
LES PORTES EN RE 6-B5 (17) 184
LES PRADEAUX 10-D2 (63) 517
LES PRAZ DE CHAMONIX (74) 592
LES QUATRE ROUTES DU
LOT 10-A3 (46) 440
LES RICEYS 3-F5 (10) 144
LES ROSIERS SUR LOIRE 6-D2 (49) 455
LES SABLES D'OLONNE 6-A4 (85) 679
LES SALELLES 10-F5 (07) 132
LES SALLES SUR VERDON 14-D1 (83) 652
LES THUILES 11-D5 (04) 102
LES TROIS MOUTIERS 6-D3 (86) 697
LES VANS 10-F5 (07) 135
LES VENTES DE BOURSE 2-E4 (61) 502
LES VIGNEAUX 11-D4 (05) 111
LES VIGNES 10-D5 (48) 451
LESCAR 12-C3 (64) 525

LESCHERAINES 11-C1 (73) 585
LESCONIL 5-B4 (29) 287
LESCOUET GOUAREC 5-D3 (22) 236
LESCUN 12-C4 (64) 525
LESCURE JAOUL 10-B5 (12) 154
LESMONT 3-F4 (10) 144
LESNEVEN 5-B2 (29) 287
LESPERON 12-B1 (40) 392
LESPERON 10-E4 (07) 126
LESPIELLE 12-D2 (64) 525
LESPINOY 1-B3 (62) 507
LESSAY 2-B2 (50) 460
LESTELLE BETHARRAM 12-D3 (64) 525
LESTIOU 7-A1 (41) 409
LEUBRINGHEN 1-A2 (62) 507
LEUCATE 13-D4 (11) 148
LEVIER 8-C3 (25) 264
LEVIGNAC DE GUYENNE 9-D4 (47) 444
LEVROUX 7-A3 (36) 366
LEYME 10-B4 (46) 437
LEZAN 13-F1 (30) 304
LEZARDRIEUX 5-D1 (22) 236
LEZAY 6-D5 (79) 608
LEZIGNAN CORBIERES (11) 148
LEZINNES 7-E1 (89) 708
LHERM 12-F2 (46) 437
LHOSPITALET 9-F5 (46) 437
LICQ ATHEREY 12-B3 (64) 525
LICQUES 1-B2 (62) 507
LIENCOURT 1-C3 (62) 507
LIEPVRE 4-E5 (68) 566
LIESSIES 1-E3 (59) 496
LIEZEY 4-D5 (88) 704
LIFFRE 2-B5 (35) 362
LIGINIAC 10-B2 (19) 218
LIGNIERES 7-B4 (18) 214
LIGNY EN BARROIS 4-B4 (55) 471
LIGNY LE CHATEL 7-E1 (89) 708
LIGRE 6-E3 (37) 370
LIGUEIL 6-F3 (37) 370
LIGUGE 6-E4 (86) 696
LILLERS 1-C2 (62) 507
LIMANS 14-C1 (04) 98
LIMANTON 7-E3 (58) 491
LIMERAY 6-F2 (37) 370
LIMETZ VILLEZ 3-A3 (78) 605
LIMEUIL 9-F4 (24) 252
LIMOGES 9-F1 (87) 700
LIMOGNE EN QUERCY 10-A5 (46) 437
LIMOUX (11) 148
LINAC 10-B4 (46) 437
LINGE 6-F4 (36) 366
LINGUIZZETTA 15-C3 (2B) 228
LINXE 12-B1 (40) 393
LION EN SULLIAS 7-C1 (45) 432
LION SUR MER 2-D2 (14) 171
LIORAC SUR LOUYRE 9-E4 (24) 252
LISIEUX 2-E3 (14) 171
LISLE 9-E3 (24) 252
LISSAC ET MOURET 10-B4 (46) 437
LISSAC SUR COUZE 10-A3 (19) 218
LIT ET MIXE 12-B1 (40) 393
LITTEAU 2-C3 (14) 172
LIVAROT 2-E3 (14) 172
LIVERDUN 4-C3 (54) 469
LIVERNON 10-B4 (46) 437
LIVERS CAZELLES 13-B1 (81) 617
LIVINHAC LE HAUT 10-B4 (12) 154
LIVRY SUR SEINE 3-C4 (77) 603
LIZIO 5-E4 (56) 480
LLAURO 13-C5 (66) 554
LOCHES 6-F3 (37) 370
LOCMARIA 5-D5 (56) 472
LOCMARIA PLOUZANE 5-A2 (29) 287
LOCMARIAQUER 5-D4 (56) 480
LOCMIQUELIC 5-C4 (56) 480
LOCOAL MENDON 5-D4 (56) 480
LOCQUIGNOL 1-E3 (59) 496
LOCQUIREC 5-C1 (29) 287
LOCRONAN 5-B3 (29) 288
LOCTUDY 5-B3 (29) 288
LOCUNOLE 5-C3 (29) 288
LODEVE 13-D2 (34) 344
LODS 8-C3 (25) 264
LOEUILLY 1-B4 (80) 612
LOGELBACH 4-E5 (68) 566
LOGONNA DAOULAS 5-B2 (29) 288
LOISIA 8-B4 (39) 382
LOIX 6-B5 (17) 184
LOLME 9-E4 (24) 252
LONDINIERES 1-A4 (76) 598
LONG 1-B4 (80) 613
LONGCHAUMOIS 8-C4 (39) 382
LONGESSAIGNE 10-F1 (69) 570
LONGEVILLE SUR MER 6-B4 (85) 674
LONGNY AU PERCHE 2-F4 (61) 501
LONGPRE LES CORPS SAINTS 1-B4 (80) 613
LONGUEIL 2-F1 (76) 598
LONS LE SAUNIER (39) 382
LOOBERGHE 1-B1 (59) 496
LOPIGNA 15-B3 (2A) 224
LORCIERES 10-D3 (15) 176
LORDAT 13-A4 (09) 139
LORIOL DU COMTAT 14-B1 (84) 659
LORMES 7-E2 (58) 491
LORRIS 7-C1 (45) 432
LOSNE 8-B3 (21) 231
LOUAN VILLEGRUIS FONTAINE 3-D4 (77) 603
LOUANNEC 5-C1 (22) 236
LOUARGAT 5-C2 (22) 236
LOUBEYRAT 10-D1 (63) 514
LOUBRESSAC 10-A4 (46) 437
LOUDEAC (22) 236
LOUDENVIELLE 12-E4 (65) 536
LOUDUN 6-D3 (86) 696
LOUE 2-D5 (72) 578
LOUER 12-B2 (40) 394
LOUERRE 6-D2 (49) 454
LOUGRATTE 9-E4 (47) 444
LOUHANS (71) 575
LOUPIAC 9-C4 (33) 329
LOUPIAC 10-A4 (46) 437
LOUPIAN 13-E2 (34) 344
LOUPPY SUR LOISON 4-B2 (55) 471
LOURDES (65) 536
LOURES BAROUSSE 12-E3 (65) 536
LOURMARIN 14-B2 (84) 659
LOUROUX DE BOUBLE 7-D5 (03) 93
LOUVEMONT 4-A4 (52) 467
LOUVIE JUZON 12-C3 (64) 525
LOUVIE SOUBIRON 12-C3 (64) 525
LOUVIERS 2-F2 (27) 275
LOUVIGNE DU DESERT 2-B4 (35) 362
LOYAT 5-E3 (56) 480
LOZZI 15-B2 (2B) 228
LUBERSAC 10-A2 (19) 218
LUBRET ST LUC 12-D3 (65) 536
LUC 10-E4 (48) 448
LUC EN DIOIS 11-B4 (26) 268
LUC SUR MER 2-D2 (14) 172
LUCAY LE MALE 7-A3 (36) 366
LUCCIANA 15-C2 (2B) 228
LUCELLE 8-E2 (68) 566
LUCENAY L EVEQUE 7-F3 (71) 575
LUCHE PRINGE 6-D1 (72) 578
LUCHEUX 1-C3 (80) 613
LUCHON (31) ....
LUCON 6-B4 (85) 675
LUGAGNAC 10-A5 (46) 438
LUGARDE 10-C3 (15) 176
LUGLON 9-C5 (40) 394
LUGNY 8-A4 (71) 575
LUGOS 9-B4 (33) 329
LUGRIN 8-D4 (74) 591
LUMBRES 1-B2 (62) 507
LUMIO 15-A2 (2B) 228
LUNAX 12-E3 (31) 313
LUNEL 13-F2 (34) 344
LUNERY 7-B3 (18) 214
LUNEVILLE 4-D4 (54) 470
LURAIS 6-F4 (36) 366
LURE 8-D1 (70) 572
LURI 15-B1 (2B) 228
LURS 14-C1 (04) 99
LUS LA CROIX HAUTE 11-C4 (26) 269
LUSIGNAN 6-D5 (86) 696
LUSIGNY SUR BARSE 3-F5 (10) 144
LUSSAC 9-D3 (33) 329
LUSSAC LES CHATEAUX 6-E5 (86) 696
LUSSAC LES EGLISES 6-F5 (87) 700
LUSSAS 10-F4 (07) 126
LUTTENBACH 4-E5 (68) 566
LUXEMONT ET VILLOTTE 3-F4 (51) 465
LUXEUIL LES BAINS 8-D1 (70) 572
LUXEY 9-C5 (40) 394
LUYNES 6-E2 (37) 370
LUZ ST SAUVEUR 12-D4 (65) 536
LUZECH 10-A5 (46) 438
LUZENAC 13-A4 (09) 140
LUZERET 7-A4 (36) 366
LUZY 7-E4 (58) 491
LYNDE 1-C2 (59) 496
LYON 01 (69) 570
LYONS LA FORET 1-A5 (27) 275

M

MACEY 2-B4 (50) 460
MACHE 6-A4 (85) 675
MACHECOUL 6-A3 (44) 422
MACLAS 11-A2 (42) 413
MACON (71) 575
MADIERE 13-A3 (09) 140
MADIRAN 12-D2 (65) 536
MAEL CARHAIX 5-C2 (22) 236
MAGESCQ 12-B1 (40) 394
MAGNAC BOURG 10-A2 (87) 700
MAGNAC LAVAL 6-F5 (87) 700
MAGNE 6-C5 (79) 608
MAGNIERES 4-D4 (54) 470
MAHALON 5-A3 (29) 288
MAICHE 8-D2 (25) 264
MAILLE 6-C5 (85) 675
MAILLEZAIS 6-C5 (85) 675
MAILLY LE CHATEAU 7-E2 (89) 709
MAINTENAY 1-B3 (62) 507
MAISDON SUR SEVRE 6-B3 (44) 422
MAISNIL LES RUITZ 1-C3 (62) 507
MAISOD 8-C4 (39) 382
MAISONS LAFFITTE 3-B3 (78) 605
MALAFRETAZ 8-B5 (01) 86
MALARCE SUR LA THINES 10-F5 (07) 126
MALAUCENE 11-B5 (84) 659
MALBOSC 10-F5 (07) 126
MALBUISSON 8-D3 (25) 264
MALEMORT DU COMTAT 14-B1 (84) 659
MALESHERBES 3-C5 (45) 432
MALESTROIT 5-E4 (56) 480
MALETABLE 2-E4 (61) 501
MALICORNE SUR SARTHE 6-D1 (72) 578
MALLEFOUGASSE AUGES 11-C5 (04) 99
MALLEMORT 14-B2 (13) 164
MALLEVAL 11-B3 (38) 376
MALLING 4-C2 (57) 489
MALVEZIE 12-E3 (31) 313
MAMERS 2-E5 (72) 579
MAMETZ 1-B2 (62) 507
MANDAILLES ST JULIEN 10-C3 (15) 176
● MANDELIEU LA NAPOULE (06) 115
MANDEURE 8-D2 (25) 264
MANDRES AUX QUATRE TOURS 4-B3 (54) 470
MANE 12-F3 (31) 313
MANNEVILLE ES PLAINS 2-F1 (76) 598
MANOSQUE 14-C1 (04) 99
MANSAC 9-F3 (19) 218
MANSES 13-A3 (09) 140
MANSIGNE 6-D1 (72) 579
MANSLE 9-D1 (16) 180
MANTENAY MONTLIN 8-B4 (01) 86
MANTEYER 11-C4 (05) 108
MANTHES 11-A3 (26) 269
MARANS 6-B5 (17) 198
MARCELLAZ ALBANAIS 11-C1 (74) 591
MARCENAY 7-F1 (21) 231
MARCHAINVILLE 2-F4 (61) 501
MARCHIENNES 1-D3 (59) 496
MARCIAC 12-D2 (32) 318
MARCILHAC SUR CELE 10-A4 (46) 438
MARCILLAC LA CROISILLE 10-B3 (19) 218
MARCILLAC ST QUENTIN 9-F3 (24) 252
MARCILLAC VALLON 10-C5 (12) 154
MARCILLE ROBERT 2-B5 (35) 362
MARCILLY LE CHATEL 10-E2 (42) 413
MARCILLY LE HAYER 3-E5 (10) 144
MARCILLY LES VITTEAUX 7-F2 (21) 231
MARCILLY SUR EURE 2-F3 (27) 275
MARCILLY SUR VIENNE (37) 370
MARCK 1-B1 (62) 507
MARCKOLSHEIM 4-E5 (67) 563
MARCOLES 10-C4 (15) 176
MARCOLS LES EAUX 10-F4 (07) 126
MARCON 6-E1 (72) 579
MARCY SOUS MARLE 1-E4 (02) 89
MARENLA 1-B3 (62) 507
MARENNES 9-B1 (17) 198
MARESQUEL ECQUEMICOURT 1-B3 (62) 507
MAREUIL 9-E2 (24) 252
MAREUIL CAUBERT 1-B4 (80) 613
MAREUIL SUR ARNON 7-B3 (18) 214
MAREUIL SUR CHER 6-F2 (41) 409
MAREUIL SUR LAY DISSAIS 6-B4 (85) 675
MAREY SUR TILLE 8-A2 (21) 231
MARGENCEL 8-D5 (74) 591
MARIGNANE (13) 164
MARIGNE LAILLE 6-E1 (72) 579
MARIGNY 8-C4 (39) 382
MARIGNY 6-C5 (79) 608
MARIOL 10-D1 (03) 93
MARLENS 11-D1 (74) 591
MARLHES 10-F3 (42) 413
MARLY GOMONT 1-E4 (02) 89
MARMINIAC 9-F4 (46) 438
MARNAVES 13-B1 (81) 618
MARNAY 8-A4 (71) 575
MARNAY 8-C2 (70) 572
MAROILLES 1-E3 (59) 496
MAROLLES 3-F4 (51) 465
MARQUAY 9-F3 (24) 252
MARQUISE 1-B2 (62) 507
MARS 10-F3 (07) 126
MARSAC 10-A1 (23) 244
MARSAC 9-D1 (16) 180
MARSAC EN LIVRADOIS 10-E2 (63) 514
MARSAC SUR DON 5-F4 (44) 422
MARSALES 9-F4 (24) 252
MARSAN 12-E2 (32) 318
MARSANNE 11-A4 (26) 269
MARSEILLAN 13-E3 (34) 344
MARSEILLAN PLAGE 13-E3 (34) 346
MARTEL 10-A3 (46) 438
MARTHOD 11-D1 (73) 585
MARTIEL 10-B5 (12) 154
MARTIGNE FERCHAUD 6-B1 (35) 362
MARTIGNY 1-A4 (76) 598
MARTIGUES (13) 164
MARTIN EGLISE 1-A4 (76) 598
MARTINET (85) 675
MARTRAGNY 2-C2 (14) 172
MARTRES TOLOSANE 12-F3 (31) 313
MARTRIN 13-C1 (12) 154
MARVAL 9-E2 (87) 700
MARVEJOLS 10-D4 (48) 448
MARVILLE 4-B2 (55) 471
MARY SUR MARNE 3-D3 (77) 603
MARZENS 13-B2 (81) 618
MASEVAUX 8-E1 (68) 567
MASPARRAUTE 12-B2 (64) 526
MASSAIS 6-D3 (79) 608
MASSAT 12-F4 (09) 140
MASSERET (19) 218
MASSEUBE 12-E2 (32) 318
MASSIAC 10-D3 (15) 176
MASSIGNIEU DE RIVES 11-C1 (01) 86
MASSILLARGUES ATTUECH 13-E1 (30) 305
MASSONGY 8-D5 (74) 591
MATAFELON GRANGES 8-B5 (01) 86
MATEMALE 13-B5 (66) 554
MATIGNON 2-A4 (22) 236
MATOUR 7-F5 (71) 575
MATRINGHEM 1-B2 (62) 507
MATTON ET CLEMENCY 4-A1 (08) 136
MAUBEC 14-B1 (84) 659
MAUBEUGE 1-E3 (59) 496
MAUBOURGUET (65) 536
MAUGUIO 13-E2 (34) 346
MAULEON LICHARRE (64) 526
MAUPAS 12-D1 (32) 318
MAUPERTUS SUR MER 2-B1 (50) 460
MAUREILLAS LAS ILLAS 13-C5 (66) 554
MAURIAC 10-B3 (15) 176
MAUROUX 12-E1 (32) 318
MAURS 10-B4 (15) 176
MAURY 13-C4 (66) 554
MAUSSANE LES ALPILLES 14-A2 (13) 165
MAUVEZIN 12-F2 (32) 318
MAUVEZIN DE PRAT 12-F3 (09) 140
MAUZAC ET GRAND CASTANG 9-E4 (24) 252
MAUZE SUR LE MIGNON 6-C5 (79) 608
MAYENNE 2-C5 (53) 468
MAYET 6-E1 (72) 579
MAYRAC 10-A4 (46) 438
MAYRES 10-F4 (07) 126
MAYRES SAVEL 11-C4 (38) 376
MAYRINHAC LENTOUR 10-B4 (46) 438
MAZAMET (81) 618
MAZAN 14-B1 (84) 659
MAZE 6-D2 (49) 454
MAZERES 13-A3 (09) 140
MAZET ST VOY 10-F3 (43) 417
MAZIERES 9-E1 (16) 180
MAZION 9-C3 (33) 329
MAZIRAT 7-C5 (03) 93
MEAUDRE 11-B3 (38) 376
MEAULNE 7-C4 (03) 93
MEAUX 3-C3 (77) 603
MEAUX LA MONTAGNE 10-F1 (69) 570
MECQUIGNIES 1-E3 (59) 496
MEDIS 9-B2 (17) 203
MEDREAC 2-A5 (35) 362
MEGEVE 11-D1 (74) 591
MEHUN SUR YEVRE 7-B3 (18) 214
MEILHAN SUR GARONNE 9-D4 (47) 444
MEILLONNAS 8-B5 (01) 86
MEJANNES LE CLAP 10-F5 (30) 305
MELGVEN 5-C3 (29) 288
MELISEY 8-D1 (70) 572
MELLE 6-D5 (79) 608
MELRAND 5-D3 (56) 480
MELUN (77) 603
MENAT 10-C1 (63) 514
MENDE 10-E5 (48) 448
MENESPLET 9-D3 (24) 252
MENESTREAU EN VILLETTE 7-B1 (45) 432
MENET 10-C3 (15) 176
MENETREOL SUR SAULDRE 7-B2 (18) 214
MENETRUX EN JOUX 8-C4 (39) 382
MENGLON 11-B4 (26) 269
MENIGOUTE 6-D4 (79) 608

MENIL 6-C1 (53) 468
MENIL HUBERT SUR ORNE 2-D3 (61) 501
MENNETOU SUR CHER 7-B2 (41) 409
MENS 11-C4 (38) 376
MENTHON ST BERNARD 11-C1 (74) 591
MENTON (06) 115
MENVILLE 12-F2 (31) 314
MEOLANS 11-D5 (04) 99
MEOLANS REVEL 11-D5 (04) 99
MEOUNES LES MONTRIEUX 14-C3 (83) 642
MERCK ST LIEVIN 1-B2 (62) 507
MERCKEGHEM 1-B2 (59) 496
MERCUS GARRABET 13-A4 (09) 140
MERDRIGNAC 5-E3 (22) 236
MERENS LES VALS 13-B4 (09) 140
MERIA 15-B1 (2B) 228
MERICOURT SUR SOMME 1-C4 (80) 613
MERIGNIES 1-D3 (59) 496
MERIGNY 6-F4 (36) 366
MERINCHAL 10-C1 (23) 244
MERINDOL 14-B2 (84) 659
MERLE LEIGNEC 10-E2 (42) 413
MERLIMONT 1-A3 (62) 507
MERRY SUR YONNE 7-E2 (89) 709
MERS LES BAINS 1-A4 (80) 613
MERS SUR INDRE 7-B4 (36) 366
MERVANS 8-B4 (71) 575
MERVENT 6-C4 (85) 675
MERVILLE 12-F2 (31) 314
MERVILLE FRANCEVILLE PLAGE 2-D2 (14) 172
MERY SUR SEINE 3-E4 (10) 144
MESCHERS SUR GIRONDE 9-B2 (17) 204
MESLAND 6-F2 (41) 409
MESLAY DU MAINE 6-C1 (53) 469
MESNARD LA BAROTIERE 6-B3 (85) 675
MESNIL ST PERE 3-F5 (10) 144
MESNIL VAL (76) 598
MESNOIS 8-B4 (39) 383
MESQUER 5-E5 (44) 422
MESSANGES 12-A1 (40) 394
MESSE 6-D5 (79) 608
MESSEIX 10-C2 (63) 514
MESSERY 8-D5 (74) 591
MESSIMY SUR SAONE 11-A1 (01) 86
METZ (57) 489
METZERAL 4-E5 (68) 567
MEURSAULT 8-A3 (21) 231
MEUZAC 10-A2 (87) 700
MEYMAC 10-B2 (19) 218
MEYRALS 9-F4 (24) 252
MEYRAS 10-F4 (07) 126
MEYRIEU LES ETANGS 11-B2 (38) 377
MEYRIGNAC L EGLISE 10-B2 (19) 218
MEYRONNE 10-A4 (46) 438
MEYRUEIS 10-D5 (48) 448
MEYZIEU 11-A1 (69) 570
MEZE 13-E2 (34) 346
MEZEL 14-D1 (04) 100
MEZIERES EN BRENNE 6-F4 (36) 366
MEZIERES SOUS LAVARDIN 2-D5 (72) 579
MEZOS 12-B1 (40) 396
MIALET 9-F2 (24) 252
MIALET 10-E5 (30) 305
MIELAN 12-D2 (32) 318
MIELLIN 8-D1 (70) 572
MIERS 10-A4 (46) 438
MIEUSSY 8-D5 (74) 592
MIGENNES 7-D1 (89) 709
MIGNE 6-F4 (36) 367
MILHAC D AUBEROCHE 9-F3 (24) 252
MILHAC DE NONTRON 9-E2 (24) 252
MILHARS 10-B5 (81) 618
MILIZAC 5-A2 (29) 288
MILLAS 13-C4 (66) 554
MILLAU 13-D1 (12) 154
MILLY LA FORET 3-C4 (91) 712
MILLY SUR BRADON 4-A2 (55) 471
MIMIZAN 9-B5 (40) 396
MINAUCOURT LE MESNIL LES HURLUS (51) 466
MINERVE 13-C3 (34) 346
MINIHY TREGUIER 5-D1 (22) 236
MIOMO 15-B1 (2B) 228
MIOS 9-B4 (33) 329
MIRABEL AUX BARONNIES 11-B5 (26) 269
MIRABEL ET BLACONS 11-B4 (26) 269
MIRADOUX 12-E1 (32) 318
MIRAMBEAU 9-C2 (17) 204
MIRAMONT DE GUYENNE 9-E4 (47) 444
MIRAMONT SENSACQ 12-C2 (40) 398
MIRANDE 12-E2 (32) 318
MIRANDOL BOURGNOUNAC 10-B5 (81) 618
MIRAUMONT 1-C4 (80) 613
MIRE 6-C1 (49) 454
MIREBEAU 6-D4 (86) 696
MIREMONT 10-C1 (63) 514
MIREPEISSET 13-C3 (11) 148
MIREPOIX 13-B3 (09) 140
MIREPOIX 12-E2 (32) 318
MIRIBEL LES ECHELLES 11-C2 (38) 377
MIRMANDE 11-A4 (26) 269
MISCON 11-B4 (26) 269
MISSILLAC 5-E5 (44) 423
MITTERSHEIM 4-D3 (57) 489
MITTLACH 4-E5 (68) 567
MODANE 11-D3 (73) 585
MOELAN SUR MER 5-C4 (29) 288
MOIRANS EN MONTAGNE 8-C4 (39) 383
MOISSAC (82) 622
MOISSAC VALLEE FRANCAISE 10-E5 (48) 449
MOISSIEU SUR DOLON 11-A2 (38) 377
MOLIERES 9-E4 (24) 252
MOLIERES 10-B4 (46) 438
MOLIERES 10-A5 (82) 622
MOLIERES CAVAILLAC 13-E1 (30) 305
MOLIERES GLANDAZ 11-B4 (26) 269
MOLIETS ET MAA 12-B1 (40) 398
MOLINES EN QUEYRAS 11-E4 (05) 108
MOLINONS 3-D5 (89) 709
MOLITG LES BAINS 13-C4 (66) 554
MOLLKIRCH 4-E4 (67) 563
MOLOMPIZE 10-D3 (15) 176
MOLSHEIM 4-E4 (67) 563
MOLTIFAO 15-B2 (2B) 228
MOMERES 12-D3 (65) 536
MONACIA D AULLENE 15-B4 (2A) 224
MONAMPTEUIL 1-D5 (02) 90
MONCEAUX SUR DORDOGNE 10-B3 (19) 218
MONCEY 8-C2 (25) 264
MONCLAR DE QUERCY 13-A1 (82) 622
MONCONTOUR 6-D3 (86) 696
MONCOUTANT 6-C4 (79) 608
MONCRABEAU 12-E1 (47) 444
MONDEVILLE 3-C4 (91) 712
MONDOUBLEAU 2-F5 (41) 410
MONDRAGON 11-A5 (84) 660
MONEIN 12-C3 (64) 526
MONESTIER 7-D5 (03) 93
MONESTIER DE CLERMONT 11-C3 (38) 377
MONESTIES 13-B1 (81) 618
MONETIER ALLEMONT 11-C5 (05) 108
MONFAUCON 9-D3 (24) 253
MONFORT 12-E2 (32) 318
MONHEURT 9-E5 (47) 444
MONISTROL D ALLIER 10-E3 (43) 417
MONLEON MAGNOAC 12-E3 (65) 536
MONNERVILLE 3-B5 (91) 712
MONNET LA VILLE 8-C4 (39) 383
MONNETIER MORNEX 8-C5 (74) 592
MONOBLET 13-E1 (30) 306
MONPAZIER 9-F4 (24) 253
MONPLAISANT 9-F4 (24) 253
MONS 13-D2 (34) 346
MONSAGUEL 9-E4 (24) 253
MONSEGUR 9-D4 (33) 330
MONT DE MARSAN 12-C1 (40) 398
MONT DOL 2-A4 (35) 362
MONT LOUIS (66) 554
MONT PRES CHAMBORD 7-A2 (41) 410
MONTAGNAC 13-E2 (34) 346
MONTAGNAC MONTPEZAT 14-D1 (04) 100
MONTAGNEY SERVIGNEY 8-C2 (25) 264
MONTAGNIEU 11-B1 (01) 86
MONTAGNY LES LANCHES 11-C1 (74) 592
MONTAIGU DE QUERCY 9-F5 (82) 622
MONTAIGUT EN COMBRAILLE 7-C5 (63) 514
MONTAIGUT LE BLANC 10-D2 (63) 514
MONTALIEU VERCIEU 11-B1 (38) 377
MONTANER 12-D3 (64) 526
MONTAPAS 7-E3 (58) 491
MONTARGIS 3-C5 (45) 432
MONTAUBAN DE BRETAGNE 2-A5 (35) 362
MONTAUBAN DE LUCHON 12-E4 (31) 314
MONTAUBAN SUR L OUVEZE 11-B5 (26) 269
MONTAURIOL 9-E4 (47) 444
MONTAUROUX 14-E2 (83) 642
MONTAYRAL 9-F5 (47) 444
MONTBARD 7-F2 (21) 231
MONTBARREY 8-B3 (39) 383
MONTBAZENS 10-B5 (12) 155
MONTBAZON 6-E2 (37) 370
MONTBEL 13-B4 (09) 140
MONTBENOIT 8-D3 (25) 264
MONTBERT 6-B3 (44) 423
MONTBERTHAULT 7-F2 (21) 231
MONTBIZOT 2-E5 (72) 579
MONTBLANC 13-D3 (34) 346
MONTBOLO 13-C5 (66) 554
MONTBOUY 7-C1 (45) 433
MONTBOZON 8-C2 (70) 572
MONTBRISON 10-E2 (42) 413
MONTBRON 9-E2 (16) 180
MONTBRUN 10-E5 (48) 449
MONTBRUN 10-B5 (46) 438
MONTBRUN LES BAINS 11-B5 (26) 269
MONTCABRIER 9-F4 (46) 438
MONTCEAUX L ETOILE 7-E5 (71) 575
MONTCHAVIN (73) ....
MONTCHENU 11-A3 (26) 269
MONTCLAR 13-B3 (11) 148
MONTCLAR 11-D5 (04) 100
MONTCLAR SUR GERVANNE 11-B4 (26) 269
MONTCLUS 10-F5 (30) 306
MONTCUQ 9-F5 (46) 438
MONTDARDIER 13-E1 (30) 306
MONTDIDIER 1-C5 (80) 613
MONTDRAGON 13-B2 (81) 618
MONTECH 12-F1 (82) 622
MONTEGUT PLANTAUREL 13-A3 (09) 140
MONTEILS 10-B5 (12) 155
MONTELIMAR (26) 269
MONTELS 13-B1 (81) 618
MONTENDRE 9-C3 (17) 204
MONTENEUF 5-E4 (56) 480
MONTERBLANC 5-D4 (56) 480
MONTEREAU 7-C1 (45) 433
MONTEREAU FAULT YONNE 3-C5 (77) 603
MONTESCOT 13-D4 (66) 554
MONTESQUIEU DES ALBERES 13-C5 (66) 554
MONTESQUIOU 12-E2 (32) 318
MONTESTRUC SUR GERS 12-E1 (32) 318
MONTET ET BOUXAL 10-B4 (46) 438
MONTEUX 14-B1 (84) 660
MONTEVRAIN 3-C3 (77) 603
MONTFERRAND 13-B3 (11) 148
MONTFERRAT 11-B2 (38) 377
MONTFERRIER 13-A4 (09) 140
MONTFORT EN CHALOSSE (40) 398
MONTFORT LE GESNOIS 2-E5 (72) 579
MONTFORT SUR MEU 2-A5 (35) 362
MONTFORT SUR RISLE 2-E2 (27) 275
MONTFRIN 14-A1 (30) 306
MONTFURON 14-C1 (04) 100
MONTGAILLARD 13-A4 (09) 140
MONTGEARD 13-A3 (31) 314
MONTGENEVRE 11-D3 (05) 108
MONTGESOYE 8-C3 (25) 264
MONTGIROD 11-D2 (73) 585
MONTGIVRAY 7-B4 (36) 367
MONTHENAULT 1-E5 (02) 90
MONTHERME 1-F4 (08) 137
MONTHOU SUR CHER 6-F2 (41) 410
MONTHUREUX SUR SAONE 4-C5 (88) 704
MONTICELLO 15-B2 (2B) 228
MONTIER EN DER 3-F4 (52) 467
MONTIERS SUR SAULX 4-B4 (55) 471
MONTIGNAC 9-F3 (24) 253
MONTIGNAC CHARENTE 9-D1 (16) 180
MONTIGNY EN MORVAN 7-E3 (58) 491
MONTIGNY LE BRETONNEUX (78) 606
MONTIGNY LE ROI (52) 467
MONTIGNY MORNAY VILLENEUVE SUR V (21) 231
MONTIGNY SUR L AIN 8-C4 (39) 383
MONTIGNY SUR LOING (77) 603
MONTIRAT 10-B5 (81) 618
MONTIREAU 2-F4 (28) 277
MONTJAUX 13-C1 (12) 155
MONTJEAN SUR LOIRE 6-C2 (49) 454
MONTJOIE EN COUSERANS 12-F3 (09) 141
MONTLIEU LA GARDE 9-D3 (17) 204
MONTLOUIS SUR LOIRE 6-F2 (37) 370
MONTMACQ 1-C5 (60) 499
MONTMARTIN EN GRAIGNES 2-B2 (50) 460
MONTMARTIN SUR MER 2-B3 (50) 460
MONTMAUR 11-C4 (05) 108
MONTMAURIN 12-E3 (31) 314
MONTMEDY 4-B2 (55) 471
MONTMERLE SUR SAONE 11-A1 (01) 86
MONTMEYAN 14-C2 (83) 643
MONTMIRAIL 3-D3 (51) 466
MONTMOREAU ST CYBARD 9-D2 (16) 180
MONTMORILLON 6-F5 (86) 696
MONTOIRE SUR LE LOIR 6-F1 (41) 410
MONTORY 12-B3 (64) 526
MONTOULIEU 13-E1 (34) 346
MONTOURS 2-B4 (35) 362
MONTPEYROUX 10-C4 (12) 155
MONTPEZAT DE QUERCY 10-A5 (82) 622
MONTPEZAT SOUS BAUZON 10-F4 (07) 126
MONTPINCHON 2-B3 (50) 460

MONTPON MENESTEROL 9-D3 (24) 253
MONTREAL 13-B3 (11) 148
MONTREAL 12-D1 (32) 319
MONTREAL 10-F4 (07) 126
MONTREDON
LABESSONNIE 13-B2 (81) 618
MONTREJEAU 12-E3 (31) 314
MONTREM 9-E3 (24) 253
MONTREUIL 1-B3 (62) 508
MONTREUIL BELLAY 6-D3 (49) 454
MONTREUIL JUIGNE 6-C2 (49) 454
MONTREUIL SUR MAINE 6-C1 (49) 454
MONTREVEL EN BRESSE 8-B5 (01) 86
MONTRICHARD 6-F2 (41) 410
MONTRICOUX 13-A1 (82) 622
MONTRIGAUD 11-B3 (26) 269
MONTRIOND 8-D5 (74) 592
MONTS 6-E2 (37) 371
MONTSALVY 10-C4 (15) 177
MONTSAUCHE LES
SETTONS 7-E3 (58) 491
MONTSOREAU 6-D3 (49) 454
MONTSURS 2-C5 (53) 469
MONTUSCLAT 10-F3 (43) 417
MONTVALEZAN 11-E2 (73) 585
MONTVIRON 2-B4 (50) 460
MOOSCH 8-E1 (68) 567
MORANCEZ 3-A4 (28) 278
MORANNES 6-D1 (49) 454
MORBECQUE 1-C2 (59) 496
MORBIER 8-C4 (39) 383
MORCENX 12-B1 (40) 398
MORCOURT 1-C4 (80) 613
MOREE 6-F1 (41) 410
MORESTEL 11-B2 (38) 377
MOREUIL 1-C4 (80) 613
MORGANX 12-C2 (40) 398
MORHANGE 4-D3 (57) 489
MORIEZ 14-D1 (04) 100
MORLAAS 12-C3 (64) 526
MORMOIRON 14-B1 (84) 660
MORNAC SUR SEUDRE 9-B1 (17) 204
MORNANS 11-B4 (26) 269
MORNANT 11-A2 (69) 570
MORNAS 11-A5 (84) 660
MORNAY SUR ALLIER 7-D4 (18) 214
MORSANG SUR SEINE 3-C4 (91) 712
MORTAGNE SUR GIRONDE 9-C2 (17) ..204
MORTAIN 2-C4 (50) 460
MORTEAU 8-D3 (25) 264
MORTEROLLES SUR
SEMME 6-F5 (87) 700
MORZINE (74) 592
MOSNAC 9-C2 (17) 205
MOSNES 6-F2 (37) 371
MOSTUEJOULS 10-D5 (12) 155
MOUCHAMPS 6-B4 (85) 676
MOUCHARD 8-C3 (39) 383
MOUGINS (06) 115
MOUILLERON EN PAREDS 6-C4 (85) 676
MOUILLERON LE CAPTIF 6-B4 (85) 676
MOULEYDIER 9-E4 (24) 253
MOULINET 14-F1 (06) 116
MOULINS (03) 93
MOULINS ENGILBERT 7-E3 (58) 491
MOULIS 12-F4 (09) 141
MOULLE 1-B2 (62) 508
MOURIES 14-A2 (13) 165
MOUSSAC 6-E5 (86) 696
MOUSSAGES 10-C3 (15) 177
MOUSSEAUX SUR SEINE 3-A3 (78) 606
MOUSTAJON 12-E4 (31) 314
MOUSTIERS STE MARIE 14-D1 (04) 100
MOUTERHOUSE 4-E3 (57) 489
MOUTHE 8-C4 (25) 264
MOUTHIER HAUTE PIERRE 8-C3 (25) ...264
MOUTHIERS SUR BOEME 9-D2 (16) 180
MOUTIERS LES MAUXFAITS 6-B4 (85) .676
MOUTIERS SUR LE LAY 6-B4 (85) 676
MOUX 7-F3 (11) 148
MOUX EN MORVAN 7-F3 (58) 492
MOUZON 4-A1 (08) 137
MOYAUX 2-E3 (14) 172
MOYENMOUTIER 4-D4 (88) 705
MOYENNEVILLE 1-B4 (80) 613
MOYRAZES 10-C5 (12) 155
MUGRON 12-C2 (40) 398
MUIDES SUR LOIRE 7-A2 (41) 410
MULHOUSE 8-E1 (68) 567
MUNCHHAUSEN 4-F3 (67) 563
MUNSTER 4-E5 (68) 567
MUR DE BARREZ 10-C4 (12) 156
MUR DE BRETAGNE 5-D3 (22) 236
MURAT 10-C3 (15) 177
MURAT LE QUAIRE 10-C2 (63) 514
MURAT SUR VEBRE 13-C2 (81) 618
MUROL 10-D2 (63) 515
MURS 14-B1 (84) 660
MURS ERIGNE 6-C2 (49) 454
MURS ET GELIGNIEUX 11-C2 (01) 87
MURVIEL LES BEZIERS 13-D2 (34) 347
MUSIEGES 8-C5 (74) 592
MUSSIDAN 9-E3 (24) 253
MUZILLAC 5-E4 (56) 480

N

NABIRAT 10-A4 (24) 253
NAGES 13-C2 (81) 618
NAILHAC 9-F3 (24) 253
NAILLOUX 13-A3 (31) 314
NAIZIN 5-D3 (56) 480
NAJAC 10-B5 (12) 156
NALLIERS 6-B4 (85) 676
NAMPONT ST MARTIN 1-B3 (80) 613
NANCAY 7-B2 (18) 214
NANCES 11-C2 (73) 585
NANCY (54) 470
NANS LES PINS 14-C2 (83) 644
NANT 13-D1 (12) 156
NANTES (44) 423
NANTEUIL AURIAC DE
BOURZAC 9-E2 (24) 253
NANTEUIL EN VALLEE 9-E1 (16) 180
NANTIAT 9-F1 (87) 700
NANTUA (01) 87
NARBONNE 13-D3 (11) 148
NARBONNE PLAGE 13-D3 (11) 149
NARP 12-B2 (64) 526
NARROSSE 12-B2 (40) 398
NASBINALS 10-D4 (48) 449
NATZWILLER 4-E4 (67) 563
NAUCELLE 10-B5 (12) 156
NAUJAC SUR MER 9-B3 (33) 330
NAUSSAC 10-E4 (48) 449
NAUSSANNES 9-E4 (24) 253
NAVARRENX 12-C3 (64) 526
NAVES 10-A3 (19) 219
NAY 12-C3 (64) 526
NAZELLES NEGRON 6-F2 (37) 371
NEANT SUR YVEL 5-E3 (56) 481
NEBIAS 13-B4 (11) 149
NEBOUZAT 10-C2 (63) 516
NEDDE 10-B2 (87) 700
NEFFES 11-C4 (05) 108
NEFIACH 13-C4 (66) 554
NEGREPELISSE 13-A1 (82) 622
NERAC 9-E5 (47) 444
NERET 7-B4 (36) 367
NERIS LES BAINS 7-C5 (03) 93
NESLES LA VALLEE 3-B3 (95) 714
NESMY 6-B4 (85) 676
NESPOULS 10-A3 (19) 219
NEUF BRISACH 4-E5 (68) 567
NEUFCHATEAU 4-B4 (88) 705
NEUFCHATEL EN BRAY 1-A4 (76) 598
NEUFGRANGE 4-D3 (57) 489
NEUILLE LE LIERRE 6-F2 (37) 371
NEUILLY SUR MARNE 3-C3 (93) 713
NEUNG SUR BEUVRON 7-B2 (41) 410
NEUSSARGUES MOISSAC 10-D3 (15) ..177
NEUVEGLISE 10-D3 (15) 177
NEUVIC 9-E3 (24) 253
NEUVIC 10-B2 (19) 219
NEUVILLE DAY 1-F5 (08) 137
NEUVILLE DE POITOU 6-E4 (86) 696
NEUVILLE LES DAMES 8-A5 (01) 87
NEUVILLE SUR SARTHE 2-E5 (72) 579
NEUVILLY EN ARGONNE 4-A3 (55) 471
NEUVY 3-D4 (51) 466
NEUVY ST SEPULCHRE 7-B4 (36) 367
NEUVY SUR BARANGEON 7-B2 (18) 214
NEVACHE 11-D3 (05) 108
NEVERS 7-D3 (58) 492
NEVEZ 5-C4 (29) 288
NEXON 9-F2 (87) 700
NEYDENS 8-C5 (74) 592
NIBELLE 3-B5 (45) 433
NICE (06) 116
NIEDERBRONN LES BAINS 4-E3 (67) 563
NIELLES LES BLEQUIN 1-B2 (62) 508
NIEUL LE DOLENT 6-B4 (85) 676
NIEVROZ 11-B1 (01) 87
NIMES 13-F1 (30) 306
NIOZELLES 14-C1 (04) 100
NISSAN LEZ ENSERUNE 13-D3 (34) 347
NOAILHAC 10-A3 (19) 219
NOAILLES 10-A3 (19) 219
NOAILLY 7-E5 (42) 413
NOALHAT 10-D1 (63) 516
NOEUX LES AUXI 1-B3 (62) 508
NOGARO 12-D2 (32) 319
NOGENT L ARTAUD 3-D3 (02) 90
NOGENT LE ROTROU 2-F5 (28) 278
NOGENT SUR SEINE (10) 144
NOHAN (08) 137
NOIRETABLE 10-E1 (42) 413
NOIRMOUTIER EN L ILE 6-A5 (85) 664
NOIRON SUR BEZE 8-B2 (21) 231
NOLAY 7-F3 (21) 231
NOLLEVAL 1-A5 (76) 598
NONETTE 10-D2 (63) 516
NONSARD LAMARCHE 4-B3 (55) 471
NONTRON 9-E2 (24) 253
NORDAUSQUES 1-B2 (62) 508
NORON LA POTERIE 2-C2 (14) 172
NORT SUR ERDRE 5-F5 (44) 423
NORTKERQUE 1-B2 (62) 508
NOTH 7-A5 (23) 244
NOTRE DAME DE
GRAVENCHON 2-E2 (76) 598
NOTRE DAME DE LA
ROUVIERE 13-E1 (30) 306
NOTRE DAME DE MONTS 6-A3 (85) 676
NOTRE DAME DE RIEZ 6-A4 (85) 677
NOTRE DAME DE VAUX 11-C3 (38) 377
NOTRE DAME DU PRE 11-D2 (73) 585
NOTTONVILLE 3-A5 (28) 278
NOUAN LE FUZELIER 7-B2 (41) 410
NOUATRE 6-E3 (37) 371
NOUSSE 12-C2 (40) 398
NOVALAISE 11-C2 (73) 585
NOVES 14-A1 (13) 165
NOYAL MUZILLAC 5-E4 (56) 481
NOYALO 5-D4 (56) 481
NOYANT 6-D2 (49) 454
NOYANT LA GRAVOYERE 6-C1 (49) 454
NOYELLES SUR MER 1-A3 (80) 613
NOYELLES SUR SAMBRE 1-E3 (59) 496
NOYERS SUR CHER 7-A2 (41) 410
NUAILLE D AUNIS 6-C5 (17) 205
NUEIL SUR LAYON 6-D3 (49) 454
NUZEJOULS 10-A4 (46) 438
NYOISEAU 6-C1 (49) 454
NYONS (26) 270

O

OBERBRONN 4-E3 (67) 563
OBERHASLACH 4-E4 (67) 563
OBERMORSCHWIHR 4-E5 (68) 567
OBERNAI (67) 563
OBERSAASHEIM 4-E5 (68) 567
OCTON 13-D2 (34) 347
ODEREN 4-E5 (68) 567
OFFRANVILLE 2-F1 (76) 598
OHAIN 1-E4 (59) 496
OISLY 7-A2 (41) 410
OISY LE VERGER 1-D3 (62) 508
OLIVET 7-B1 (45) 433
OLLAINVILLE 3-B4 (91) 712
OLLIERGUES 10-E2 (63) 516
OLLOIX 10-D2 (63) 516
OLMETO 15-B4 (2A) 224
OLONNE SUR MER 6-A4 (85) 677
OLORON STE MARIE 12-C3 (64) 526
OMONVILLE 2-F1 (76) 598
OMONVILLE LA ROGUE 2-A1 (50) 460
ONDRES 12-A2 (40) 398
ONESSE ET LAHARIE 12-B1 (40) 399
ONZAIN 6-F2 (41) 410
OPIO 14-E2 (06) 116
OPPEDE 14-B1 (84) 660
ORAISON 14-C1 (04) 100
ORANGE 11-A5 (84) 660
ORBEC 2-E3 (14) 172
ORBEY 4-E5 (68) 567
ORCET 10-D2 (63) 516
ORCHAMPS 8-B3 (39) 383
ORCIERES 11-D4 (05) 108
ORCINES 10-D1 (63) 516
ORCIVAL 10-C2 (63) 516
ORDIARP 12-B3 (64) 526
ORELLE 11-D3 (73) 585
ORGNAC L AVEN 10-F5 (07) 126
ORGON 14-B2 (13) 165
ORINCLES 12-D3 (65) 536
ORIOLLES 9-D2 (16) 180
ORLEAT 10-D1 (63) 516
ORLIAGUET 9-F4 (24) 253
ORLU 13-B4 (09) 141
ORMOY LA RIVIERE 3-B4 (91) 712
ORNANS 8-C3 (25) 264
ORNOLAC USSAT LES
BAINS 13-A4 (09) 141
ORPIERRE 11-C5 (05) 108
ORSCHWILLER 4-E5 (67) 563
ORTHEVIELLE 12-B2 (40) 400
ORTHEZ 12-C2 (64) 526
ORVILLERS SOREL 1-C5 (60) 499
OSANI 15-A3 (2A) 224
OSENBACH 4-E5 (68) 567
OSSAS SUHARE 12-B3 (64) 526
OSSEJA 13-B5 (66) 554
OSSELLE 8-C3 (25) 264
OSSES 12-B3 (64) 526
OTA 15-A3 (2A) 224
OUAGNE 7-D2 (58) 492
OUDON 6-B2 (44) 423
OUILLY DU HOULEY 2-E3 (14) 172
OUISTREHAM 2-D2 (14) 172
OULINS 3-A3 (28) 278
OUNANS 8-B3 (39) 383
OURCEL MAISON 1-B5 (60) 499
OUROUX EN MORVAN 7-E3 (58) 492
OUSSE (64) 526
OUST 12-F4 (09) 141
OUZOUER SUR LOIRE 7-C1 (45) 433
OUZOUER SUR TREZEE 7-C1 (45) 433
OUZOUS 12-D3 (65) 536
OYE PLAGE 1-B1 (62) 508
OYEU 11-B2 (38) 377
OYONNAX 8-B5 (01) 87

P

PABU 5-D2 (22) 236
PADIRAC 10-A4 (46) 438
PAGNY LA VILLE 8-B3 (21) 231
PAILHAC 12-E4 (65) 536
PAILLENCOURT 1-D3 (59) 496
PAIMBOEUF 5-E5 (44) 424
PAIMPOL (22) 236
PAIMPONT 2-A5 (35) 362
PALADRU 11-B2 (38) 377
PALAMINY 12-F3 (31) 314
PALASCA 15-B2 (2B) 228
PALAU DE CERDAGNE 13-B5 (66) 554
PALAU DEL VIDRE 13-D5 (66) 554
PALAVAS LES FLOTS 13-E2 (34) 347
PALINGES 7-F4 (71) 575
PALISSE 10-B2 (19) 220
PALLUAU 6-A3 (85) 678
PALLUAU SUR INDRE 6-F3 (36) 367
PAMIERS 13-A3 (09) 141
PAMPELONNE 10-B5 (81) 618
PAMPROUX 6-D5 (79) 608
PANISSIERES 10-F1 (42) 413
PANJAS 12-D1 (32) 319
PANZOULT 6-E3 (37) 371
PARAY LE MONIAL 7-E5 (71) 576
PARCE SUR SARTHE 6-D1 (72) 579
PARCEY 8-B3 (39) 383
PARCIEUX 11-A1 (01) 87
PARCOUL 9-D3 (24) 253
PARDIES 12-C3 (64) 526
PAREAC 12-D3 (65) 536
PARENTIS EN BORN 9-B5 (40) 400
PARIS 16 (75) 596
PARISOT (81) 618
PARISOT 10-B5 (82) 623
PARNANS 11-B3 (26) 270
PARNES 3-A2 (60) 499
PARRANQUET 9-E4 (47) 444
PARROY 4-D4 (54) 470
PARTHENAY 6-D4 (79) 608
PASSY 11-D1 (74) 592
PATORNAY 8-C4 (39) 383
PATRIMONIO 15-B2 (2B) 228
PAU 12-C3 (64) 527
PAUILLAC 9-C3 (33) 330
PAULHAGUET 10-E3 (43) 417
PAULHIAC 9-E4 (47) 444
PAULINET 13-C1 (81) 618
PAUNAT 9-F4 (24) 254
PAYRAC 10-A4 (46) 439
PAYRIGNAC 9-F4 (46) 439
PAYZAC 10-A2 (24) 254
PAYZAC 10-F5 (07) 126
PEAULE 5-E4 (56) 481
PEGOMAS 14-E2 (06) 116
PEGUILHAN 12-E3 (31) 314
PEIGNEY 8-B1 (52) 467
PEILLAC 5-E4 (56) 481
PEILLON 14-F1 (06) 116
PEISEY NANCROIX 11-D2 (73) 586
PELUSSIN 11-A2 (42) 413
PELVOUX 11-D3 (05) 108
PENDE 1-A3 (80) 613
PENESTIN 5-E5 (56) 481
PENMARCH 5-B4 (29) 290
PENNAUTIER 13-B3 (11) 149
PENNE 13-A1 (81) 618
PENNE D AGENAIS 9-E5 (47) 444
PENTA DI CASINCA 15-C2 (2B) 228
PENVENAN 5-D1 (22) 237
PEONE 11-E5 (06) 116
PEPIEUX 13-C3 (11) 149
PEREILLE 13-B4 (09) 141
PERIGUEUX (24) 254

PERNES LES FONTAINES 14-B1 (84) ...660
PERONNE 1-C4 (80) ...614
PERPEZAT 10-C2 (63) ...516
PERPIGNAN 13-C4 (66) ...554
PERRIER 10-D2 (63) ...516
PERRIGNY SUR L OGNON 8-B2 (21) ...231
PERROS GUIREC 5-C1 (22) ...237
PERS 10-B4 (15) ...177
PERTUIS 14-B2 (84) ...660
PESMES 8-B2 (70) ...572
PETIT NOIR 8-B3 (39) ...383
PETIT PALAIS ET
CORNEMPS 9-D3 (33) ...330
PETIVILLE 2-E2 (76) ...598
PEUMERIT 5-B3 (29) ...290
PEUPLINGUES 1-B1 (62) ...508
PEUX ET COUFFOULEUX 13-C2 (12) ...156
PEYMEINADE 14-E2 (06) ...116
PEYNIER 14-C2 (13) ...165
PEYRAT LE CHATEAU 10-A1 (87) ...700
PEYREHORADE (40) ...400
PEYRELEAU 10-D5 (12) ...156
PEYRELEVADE 10-B2 (19) ...220
PEYREMALE 10-F5 (30) ...306
PEYRIGNAC 9-F3 (24) ...254
PEYRILLAC ET MILLAC 10-A4 (24) ...254
PEYRISSAC 10-A2 (19) ...220
PEYROLE 13-B1 (81) ...619
PEYROUSE 12-D3 (65) ...536
PEYRUIS 14-C1 (04) ...100
PEYRUSSE GRANDE 12-D2 (32) ...319
PEYSSIES 12-F3 (31) ...314
PEZENAS 13-D2 (34) ...347
PEZOU 6-F1 (41) ...410
PEZULS 9-E4 (24) ...254
PHILIPPSBOURG 4-E3 (57) ...489
PIANA 15-A3 (2A) ...224
PIANOTOLLI CALDARELLO 15-B5 (2A) .224
PICAUVILLE 2-B2 (50) ...460
PICHERANDE 10-C2 (63) ...516
PICQUIGNY 1-B4 (80) ...614
PIED DE BORNE 10-E5 (48) ...449
PIEDICORTE DI GAGGIO 15-B3 (2B) ...228
PIEGROS LA CLASTRE 11-B4 (26) ...270
PIEGUT PLUVIERS 9-E2 (24) ...254
PIERRE BUFFIERE 10-A2 (87) ...700
PIERRE CHATEL 11-C3 (38) ...377
PIERREFEU DU VAR 14-D3 (83) ...644
PIERREFICHE 10-E4 (48) ...449
PIERREFITTE NESTALAS 12-D4 (65) ...537
PIERREFITTE SUR LOIRE 7-E4 (03) ...93
PIERREFITTE SUR
SAULDRE 7-B2 (41) ...410
PIERREFONDS 1-D5 (60) ...499
PIERREFONTAINE LES
VARANS 8-D2 (25) ...264
PIERREFORT 10-C4 (15) ...177
PIERRELONGUE 11-B5 (26) ...270
PIETRACORBARA 15-B1 (2B) ...228
PIETROSELLA 15-B4 (2A) ...224
PIEVE 15-B2 (2B) ...229
PINET 13-E3 (34) ...347
PINOLS 10-D3 (43) ...417
PINSAC 10-A4 (46) ...439
PINSOT 11-C2 (38) ...377
PIRIAC SUR MER 5-E5 (44) ...424
PIROU 2-B2 (50) ...461
PISIEU 11-B2 (38) ...377
PISSOS 9-C5 (40) ...400
PITGAM 1-B1 (59) ...496
PITHIVIERS (45) ...433
PLAISANCE 13-C1 (12) ...156
PLAISANCE 12-D2 (32) ...319
PLANCHEZ 7-E3 (58) ...492
PLANCOET 2-A4 (22) ...237
PLANGUENOUAL 5-E2 (22) ...237
PLATS 11-A3 (07) ...126
PLAZAC 9-F3 (24) ...254
PLEAUX 10-B3 (15) ...177
PLEBOULLE 5-E2 (22) ...237
PLECHATEL 5-F4 (35) ...362
PLEDELIAC 5-E2 (22) ...237
PLEGUIEN 5-D2 (22) ...237
PLEHEDEL 5-D2 (22) ...237
PLELAN LE GRAND 2-A5 (35) ...362
PLELO 5-D2 (22) ...237
PLEMET 5-E3 (22) ...237
PLEMY 5-D2 (22) ...237
PLENEUF VAL ANDRE 5-E2 (22) ...237
PLERIN 5-D2 (22) ...238
PLESSALA 5-E3 (22) ...238
PLESSIX BALISSON 2-A4 (22) ...238
PLESTIN LES GREVES 5-C2 (22) ...238
PLEUBIAN 5-D1 (22) ...238
PLEUDANIEL 5-D1 (22) ...238
PLEUDIHEN SUR RANCE 2-A4 (22) ...238
PLEUMEUR BODOU 5-C1 (22) ...238
PLEURTUIT 2-A4 (35) ...362
PLEUVEZAIN 4-C4 (88) ...705
PLEUVILLE 6-E5 (16) ...180
PLEVEN 2-A4 (22) ...238
PLEYBEN 5-B3 (29) ...290
PLOBANNALEC 5-B3 (29) ...290
PLOEMEL 5-D4 (56) ...482
PLOEMEUR (56) ...482
PLOEUC SUR LIE 5-D2 (22) ...239
PLOEVEN 5-B3 (29) ...291
PLOGASTEL ST GERMAIN 5-B3 (29) ...291
PLOGOFF 5-A3 (29) ...291
PLOGONNEC 5-B3 (29) ...291
PLOMBIERES LES BAINS 4-D5 (88) ...705
PLOMEUR 5-B3 (29) ...291
PLOMION 1-E4 (02) ...90
PLOMODIERN 5-B3 (29) ...292
PLONEOUR LANVERN 5-B3 (29) ...292
PLONEVEZ PORZAY 5-B3 (29) ...292
PLOREC SUR ARGUENON 2-A4 (22) ...239
PLOUARZEL 5-A2 (29) ...293
PLOUAY 5-C3 (56) ...482
PLOUBALAY 2-A4 (22) ...239
PLOUBAZLANEC 5-D1 (22) ...239
PLOUBEZRE (22) ...239
PLOUDALMEZEAU 5-A2 (29) ...293
PLOUENAN 5-C2 (29) ...293
PLOUER SUR RANCE 2-A4 (22) ...239
PLOUESCAT 5-B1 (29) ...293
PLOUEZEC 5-D1 (22) ...239
PLOUEZOCH 5-C2 (29) ...293
PLOUGASNOU 5-C1 (29) ...293
PLOUGASTEL DAOULAS 5-B2 (29) ...293
PLOUGONVELIN 5-A2 (29) ...293
PLOUGONVER 5-C2 (22) ...239
PLOUGOULM 5-B1 (29) ...293
PLOUGOUMELEN 5-D4 (56) ...482
PLOUGRESCANT 5-D1 (22) ...239
PLOUGUENAST 5-D3 (22) ...239
PLOUGUERNEAU 5-B2 (29) ...294
PLOUGUERNEVEL 5-D3 (22) ...239
PLOUHA 5-D2 (22) ...239
PLOUHARNEL 5-D4 (56) ...483
PLOUHINEC 5-A3 (29) ...294
PLOUHINEC 5-C4 (56) ...483
PLOUIGNEAU 5-C2 (29) ...294
PLOUMOGUER 5-A2 (29) ...294
PLOUNEOUR TREZ 5-B1 (29) ...294
PLOUNEVEZ LOCHRIST 5-B2 (29) ...294
PLOUNEVEZ MOEDEC 5-C2 (22) ...239
PLOUVAIN 1-C3 (62) ...508
PLOUVORN 5-B2 (29) ...294
PLOZEVET 5-B3 (29) ...294
PLUDUNO 2-A4 (22) ...239
PLUFUR 5-C2 (22) ...240
PLUMELEC 5-D4 (56) ...483
PLUMERGAT 5-D4 (56) ...483
PLUNERET 5-D4 (56) ...483
PLURIEN 5-E2 (22) ...240
PLUVIGNER 5-D4 (56) ...483
POGGIO MEZZANA 15-C2 (2B) ...229
POILLY LEZ GIEN 7-C1 (45) ...433
POINTRE 8-B2 (39) ...384
POISEUL LA GRANGE 8-A2 (21) ...231
POISSONS 4-B4 (52) ...467
POITIERS 6-E4 (86) ...696
POIX DE PICARDIE 1-B4 (80) ...614
POLIGNY (39) ...384
POLINCOVE 1-B2 (62) ...508
POLLIONNAY 10-F1 (69) ...570
POLMINHAC 10-C3 (15) ...177
POMEYS 10-F2 (69) ...570
POMMEREVAL 1-A4 (76) ...599
POMMERIT JAUDY 5-D1 (22) ...240
POMMEROL 11-B5 (26) ...270
POMMEUSE 3-D3 (77) ...603
POMMIER DE
BEAUREPAIRE 11-B2 (38) ...377
POMMIERS 10-E1 (42) ...413
POMMIERS LA PLACETTE 11-C2 (38) ...377
PONCHES ESTRUVAL 1-B3 (80) ...614
PONCIN 11-B1 (01) ...87
PONS 9-C2 (17) ...205
PONT AUDEMER 2-E2 (27) ...275
PONT AUTHOU 2-E2 (27) ...275
PONT AVEN 5-C3 (29) ...294
PONT CROIX 5-A3 (29) ...294
PONT D AIN 11-B1 (01) ...87
PONT D HERAULT 13-E1 (30) ...306
PONT D OUILLY 2-D3 (14) ...172
PONT DE BARRET 11-B4 (26) ...270
PONT DE L ARCHE 1-A5 (27) ...275
PONT DE LABEAUME 10-F4 (07) ...127
PONT DE POITTE 8-C4 (39) ...384
PONT DE SALARS 10-C5 (12) ...157
PONT DE VAUX 8-A4 (01) ...87
PONT DU CHATEAU 10-D1 (63) ...516
PONT DU NAVOY 8-C4 (39) ...384
PONT EN ROYANS 11-B3 (38) ...377
PONT ET MASSENE 7-F2 (21) ...231
PONT FARCY 2-C3 (14) ...172
PONT L ABBE 5-B3 (29) ...294
PONT L ABBE D ARNOULT 9-C1 (17) ...205
PONT L EVEQUE 2-E2 (14) ...172
PONT LES MOULINS 8-D2 (25) ...264
PONT NOYELLES 1-C4 (80) ...614
PONT SCORFF 5-C4 (56) ...483
PONT ST ESPRIT 11-A5 (30) ...306
PONT STE MARIE (10) ...144
PONT STE MAXENCE 1-C5 (60) ...499
PONT SUR SEINE 3-E4 (10) ...144
PONT SUR YONNE 3-D5 (89) ...709
PONTACQ 12-D3 (64) ...527
PONTAILLER SUR SAONE 8-B2 (21) ...232
PONTAIX 11-B4 (26) ...270
PONTARLIER 8-D3 (25) ...264
PONTAUBAULT 2-B4 (50) ...461
PONTAUMUR 10-C1 (63) ...517
PONTCHATEAU 5-E5 (44) ...426
PONTE LECCIA 15-B2 (2B) ...229
PONTENX LES FORGES 9-B5 (40) ...400
PONTGIBAUD 10-C1 (63) ...517
PONTHOILE 1-A3 (80) ...614
PONTIS 11-D4 (04) ...100
PONTMAIN 2-C4 (53) ...469
PONTORSON 2-B4 (50) ...461
PONTRIEUX 5-D1 (22) ...240
PONTVALLAIN 6-E1 (72) ...579
PORCARO 2-A5 (56) ...484
PORCIEU AMBLAGNIEU 11-B1 (38) ...377
PORDIC 5-D2 (22) ...240
PORNIC 5-E5 (44) ...426
PORNICHET 5-E5 (44) ...426
PORSPODER 5-A2 (29) ...294
PORT 8-B5 (01) ...87
PORT BARCARES (66) ...554
PORT DE BOUC 14-B2 (13) ...165
PORT DES BARQUES 9-B1 (17) ...205
PORT EN BESSIN HUPPAIN 2-C2 (14) ..172
PORT LA NOUVELLE 13-D3 (11) ...149
PORT LE GRAND 1-B3 (80) ...614
PORT LESNEY (39) ...384
PORT LOUIS 5-C4 (56) ...484
PORT ST PERE 5-F5 (44) ...427
PORT SUR SAONE 8-C1 (70) ...572
PORTBAIL 2-B2 (50) ...461
PORTE PUYMORENS 13-B5 (66) ...554
PORTET D ASPET 12-E4 (31) ...314
PORTIRAGNES (34) ...348
PORTO (2A) ...224
PORTO VECCHIO 15-B4 (2A) ...224
POSES 1-A5 (27) ...275
POTELLE 1-E3 (59) ...496
POUANCE 6-B1 (49) ...454
POUEYFERRE (65) ...537
POUGUES LES EAUX 7-D3 (58) ...492
POUILLON 12-B2 (40) ...400
POUILLY EN AUXOIS 7-F2 (21) ...232
POUILLY SOUS CHARLIEU 7-F5 (42) ...413
POUILLY SUR LOIRE 7-C2 (58) ...492
POUILLY SUR SAONE 8-B3 (21) ...232
POULAINES 7-A3 (36) ...367
POULDERGAT 5-B3 (29) ...294
POULDREUZIC 5-B3 (29) ...295
POULE LES ECHARMEAUX 7-F5 (69) ...570
POULLAN SUR MER 5-B3 (29) ...295
POURCHARESSES 10-E5 (48) ...449
POURVILLE-SUR-MER (76)
POUSSAN 13-E2 (34) ...349
POUYLEBON 12-D2 (32) ...319
POUZAC 12-D3 (65) ...537
POUZAUGES 6-C4 (85) ...679
● POUZOLS MINERVOIS 13-C3 (11) ...150
PRADELLE 11-B4 (26) ...270
PRADELLES 10-E4 (43) ...417
PRADELLES 1-C2 (59) ...496
PRADELLES CABARDES 13-C2 (11) ...150
PRADES 10-E3 (43) ...417
PRADES 13-C4 (66) ...554
PRADONS 10-F5 (07) ...127
PRAILLES 6-D5 (79) ...608
PRALOGNAN LA VANOISE 11-D2 (73) ..586
PRATS DE CARLUX 10-A4 (24) ...254
PRATS DE MOLLO LA
PRESTE 13-C5 (66) ...554
PRAYSSAC 9-F5 (46) ...439
PRAYSSAS 9-E5 (47) ...444
PRAZ SUR ARLY 11-D1 (74) ...592
PRE EN PAIL 2-D4 (53) ...469
PREBOIS 11-C4 (38) ...377
PRECHAC 12-D3 (65) ...537
PRECHAC SUR ADOUR 12-D2 (32) ...319
PRECIGNE 6-D1 (72) ...579
PRECY SOUS THIL 7-F2 (21) ...232
PRECY SUR MARNE 3-C3 (77) ...603
PREFAILLES 5-E5 (44) ...427
PREIGNEY 8-C1 (70) ...572
PREIXAN (11) ...150
PREMANON (39) ...384
PREMEAUX PRISSEY 8-A3 (21) ...232
PREMERY 7-D3 (58) ...492
PREMIAN 13-C2 (34) ...349
PREMILHAT 7-C5 (03) ...93
PRESILLY 8-C5 (74) ...592
PRESLE 11-C2 (73) ...586
PRESLES ET BOVES 1-D5 (02) ...90
PRESSIGNAC 9-E1 (16) ...180
PREUILLY 7-B3 (18) ...214
PREUILLY SUR CLAISE 6-F4 (37) ...371
PREUX AU BOIS 1-E3 (59) ...497
PREVENCHERES 10-E4 (48) ...449
PREVERANGES 7-B5 (18) ...214
PREVINQUIERES 10-B5 (12) ...157
PRIAY 11-B1 (01) ...87
PRIMELIN 5-A3 (29) ...295
PRISCHES 1-E4 (59) ...497
PRIVAS 10-F4 (07) ...127
PRIVEZAC 10-B5 (12) ...157
PRIZIAC 5-C3 (56) ...484
PROISSANS 9-F3 (24) ...254
PROPIERES 7-F5 (69) ...570
PROPRIANO 15-B4 (2A) ...225
PROUILLY 1-E5 (51) ...466
PROVINS (77) ...603
PROYART 1-C4 (80) ...614
PRUDHOMAT 10-B4 (46) ...439
PRUILLE 6-C2 (49) ...455
PRUILLE L EGUILLE 6-E1 (72) ...579
PRUINES 10-C4 (12) ...157
PRUNAY CASSEREAU 6-F1 (41) ...410
PRUNIERES 11-D4 (05) ...109
PRUNIERS EN SOLOGNE 7-A2 (41) ...410
PRUNO 15-C2 (2B) ...229
PUBLIER 8-D4 (74) ...592
PUGET SUR ARGENS 14-E2 (83) ...644
PUGET THENIERS 14-E1 (06) ...116
PUIHARDY 6-C4 (79) ...608
PUILBOREAU 6-B5 (17) ...205
PUIMICHEL 14-C1 (04) ...100
PUIMOISSON 14-D1 (04) ...101
PUIVERT 13-B4 (11) ...150
PULVERSHEIM 8-E1 (68) ...567
PUSIGNIEU (38) ...377
PUTANGES PONT ECREPIN 2-D4 (61) ..501
PUTTELANGE AUX LACS 4-D3 (57) ...489
PUY GUILLAUME 10-D1 (63) ...517
PUY L EVEQUE 9-F5 (46) ...439
PUY MALSIGNAT 10-B1 (23) ...244
PUY SANIERES 11-D4 (05) ...109
PUY ST MARTIN 11-A4 (26) ...270
PUY ST VINCENT 11-D4 (05) ...109
PUYBRUN 10-A4 (46) ...440
PUYCELCI 13-A1 (81) ...619
PUYGAILLARD DE
QUERCY 13-A1 (82) ...623
PUYLOUBIER 14-C2 (13) ...165
PUYMIROL 12-E1 (47) ...445
PUYNORMAND 9-D3 (33) ...330
PUYRAVAULT 6-B5 (85) ...679
PUYSSEGUR 12-F2 (31) ...314

Q

QUEAUX 6-E5 (86) ...696
QUEIGE 11-D1 (73) ...586
QUEMPER GUEZENNEC 5-D1 (22) ...240
QUEND 1-A3 (80) ...614
QUERIGUT 13-B4 (09) ...111
QUERQUEVILLE 2-B1 (50) ...461
QUERRIEU 1-C4 (80) ...615
QUESTEMBERT (56) ...484
QUESTRECQUES 1-B2 (62) ...508
QUETTEHOU 2-B1 (50) ...461
QUETTREVILLE SUR
SIENNE 2-B3 (50) ...461
QUEYSSAC 9-E3 (24) ...254
QUEZAC 10-E5 (48) ...449
QUIBERON 5-D4 (56) ...484
QUIBERVILLE 2-F1 (76) ...599
QUILLAN 13-B4 (11) ...150
QUIMPER 5-B3 (29) ...295
QUIMPERLE (29) ...295
QUINEVILLE 2-B2 (50) ...461
QUINGEY 8-C3 (25) ...264
QUINSON 14-C2 (04) ...101
QUINTIN 5-D2 (22) ...240
QUISTINIC 5-D3 (56) ...484

R

RABASTENS 13-A1 (81) ...619
RABASTENS DE BIGORRE 12-D2 (65) ..537
RABLAY SUR LAYON 6-C2 (49) ...455
RABODANGES 2-D3 (61) ...501
RADONVILLIERS 3-F5 (10) ...144
RAMATUELLE 14-E3 (83) ...646

RAMBERVILLERS 4-D4 (88) 705
RAMBOUILLET 3-B4 (78) 606
RAMONCHAMP 8-D1 (88) 705
RANCENNES 1-F3 (08) 137
RANCHOT 8-B3 (39) 384
RANES 2-D4 (61) 501
RANG DU FLIERS 1-A3 (62) 508
RANSPACH 4-E5 (68) 567
RANVILLE 2-D2 (14) 173
RAON L ETAPE 4-D4 (88) 705
RAUZAN 9-D4 (33) 330
RAVENOVILLE 2-B2 (50) 461
RAZAC DE SAUSSIGNAC 9-E4 (24) 254
RAZAC SUR L ISLE 9-E3 (24) 254
RAZES 10-A1 (87) 700
REALLON 11-D4 (05) 109
REALMONT 13-B2 (81) 619
REAU 3-C4 (77) 603
REAUP LISSE 12-D1 (47) 445
REAUVILLE 11-A5 (26) 270
REBECQUES 1-B2 (62) 509
REBREUVE SUR CANCHE 1-B3 (62) 509
RECEY SUR OURCE 8-A1 (21) 232
RECLESNE 7-F3 (71) 576
RECOUBEAU JANSAC 11-B4 (26) 270
RECOULES
PREVINQUIERES 10-D5 (12) 157
RECQUES SUR HEM 1-B2 (62) 509
REDON (35) 362
REGNEVILLE SUR MER 2-B3 (50) 461
REGUINY 5-D3 (56) 484
REGUISHEIM 4-E5 (68) 567
REGUSSE 14-D2 (83) 646
REHAUPAL 4-D5 (88) 705
REIGNAC 9-C3 (33) 330
REILLANNE 14-C1 (04) 101
RELEVANT 8-A5 (01) 87
REMALARD 2-F4 (61) 501
REMERING LES
PUTTELANGE 4-D3 (57) 489
REMILLY WIRQUIN 1-B2 (62) 509
REMOULINS 13-F1 (30) 306
REMUZAT 11-B5 (26) 270
RENAGE 11-B2 (38) 377
RENAUCOURT 8-C1 (70) 572
RENAUVOID 4-C5 (88) 705
RENESCURE 1-C2 (59) 497
RENNES 2-A5 (35) 362
RENNES LES BAINS 13-B4 (11) 150
RENNES SUR LOUE 8-C3 (25) 265
RENTY 1-B2 (62) 509
REOTIER 11-D4 (05) 109
REQUISTA 13-C1 (12) 157
RESSONS LE LONG 1-D5 (02) 90
RETOURNAC 10-E3 (43) 417
RETTEL 4-C2 (57) 489
REUILLY 7-B3 (36) 367
REUX 2-E2 (14) 173
REVEL 13-B2 (31) 315
REVENS 13-D1 (30) 306
REVEST DU BION 11-C5 (04) 101
REVIGNY SUR ORNAIN 4-A3 (55) 471
REVILLE 2-B1 (50) 461
REVIN 1-F4 (08) 137
REYGADE 10-B3 (19) 220
REYNES 13-C5 (66) 555
REYREVIGNES 10-B4 (46) 440
RHINAU 4-F4 (67) 564
RHODES 4-D3 (57) 489
RIA SIRACH 13-C5 (66) 555
RIANS 14-C2 (83) 646
RIANTEC 5-C4 (56) 484
RIBEAUVILLE 4-E5 (68) 567
RIBEMONT 1-D4 (02) 90
RIBEMONT SUR ANCRE (80) 615
RIBENNES 10-D4 (48) 449
RIBERAC 9-E3 (24) 254
RIBES 10-F5 (07) 127
RIBIERS 11-C5 (05) 109
RICHELIEU 6-E3 (37) 371
RICQUEBOURG 1-C5 (60) 499
RIEC SUR BELON 5-C4 (29) 295
RIEL LES EAUX 3-F5 (21) 232
RIEUMES 12-F2 (31) 315
RIEUTORT DE RANDON 10-D4 (48) 449
RIEUX 5-E4 (56) 484
RIEUX 12-F3 (31) 315
● RIEUX DE PELLEPORT 13-A3 (09) 141
RIEZ 14-D1 (04) 101
RIGNAC 10-B5 (12) 157
RIGNAC 10-A4 (46) 440
RIGNY USSE 6-E3 (37) 371
RILLE 6-E2 (37) 371
RIMBACH PRES MASEVAUX 8-D1 (68) .568
RIMONDEIX 7-B5 (23) 244
RIOLS 13-C2 (34) 349
RIOM ES MONTAGNES 10-C3 (15) 177
RIOUX MARTIN 9-D3 (16) 180
RIOZ 8-C2 (70) 572
RIQUEWIHR 4-E5 (68) 568
RISCLE 12-D2 (32) 319
RIVEDOUX PLAGE 6-B5 (17) 184
RIVES 9-E4 (47) 445
RIVESALTES 13-C4 (66) 555
RIVIERE SAAS ET GOURBY 12-B2 (40) .400
RIVIERE SUR TARN 10-D5 (12) 157
RIVIERES 13-B1 (81) 619
ROANNE 10-E1 (42) 413
ROBIAC
ROCHESSADOULE 10-F5 (30) 306
ROBION 14-B1 (84) 660
ROCAMADOUR 10-A4 (46) 440
ROCBARON 14-D3 (83) 646
ROCHE LES CLERVAL 8-D2 (25) 265
ROCHEBRUNE 11-D5 (05) 109
ROCHECHOUART 9-F1 (87) 700
ROCHEFORT 9-C1 (17) 205
ROCHEFORT EN TERRE 5-E4 (56) 484
ROCHEFORT MONTAGNE 10-C2 (63) ...517
ROCHEFORT SAMSON 11-B3 (26) 271
ROCHEFORT SUR LOIRE 6-C2 (49) 455
ROCHEFORT SUR NENON (39) 384
ROCHEGUDE 10-F5 (30) 306
ROCHEMAURE 11-A4 (07) 127
ROCHES BETTAINCOURT 4-B5 (52) 467
ROCLES 10-E4 (48) 450
RODEZ (12) 157
ROESCHWOOG 4-F3 (67) 564
ROEZE SUR SARTHE 6-D1 (72) 579
ROGLIANO (2B) 229
ROGNY LES SEPT
ECLUSES 7-C1 (89) 709
ROHAN 5-D3 (56) 484
ROLLANCOURT 1-B3 (62) 509
ROMAGNE SOUS
MONTFAUCON 4-A2 (55) 471
ROMAGNY 2-C4 (50) 461
ROMANS SUR ISERE (26) 271
ROMANSWILLER 4-E4 (67) 564
ROMBACH LE FRANC 4-E4 (68) 568
ROMORANTIN LANTHENAY (41) 410
RONCE LES BAINS (17) 205
RONNET 7-C5 (03) 93
RONNO 10-F1 (69) 570
ROQUEBILLIERE 11-F5 (06) 116
ROQUEBRUN 13-D2 (34) 349
ROQUEBRUNE SUR
ARGENS 14-E2 (83) 646
ROQUECOURBE 13-B2 (81) 619
ROQUEFEUIL 13-B4 (11) 150
ROQUEFORT 12-C1 (40) 400
ROQUEFORT DE SAULT 13-B4 (11) 150
ROQUEFORT LES PINS 14-E2 (06) 116
ROQUELAURE 12-E2 (32) 319
ROQUES 12-F2 (31) 315
ROQUESTERON 14-E1 (06) 116
ROSANS 11-B5 (05) 109
ROSCANVEL 5-A2 (29) 295
ROSCOFF (29) 295
ROSHEIM 4-E4 (67) 564
ROSIERE (73) ....
ROSIERES 10-F5 (07) 127
ROSNAY 6-F4 (36) 367
ROSNAY 6-B4 (85) 679
ROSOY EN MULTIEN 3-D3 (60) 499
ROSPORDEN 5-C3 (29) 295
ROSTRENEN 5-C3 (22) 240
ROTHAU 4-E4 (67) 564
ROUANS 5-F5 (44) 428
ROUELLE 2-C4 (61) 501
ROUFFACH 4-E5 (68) 568
ROUFFIGNAC DE
SIGOULES 9-E4 (24) 255
ROUFFIGNAC ST CERNIN DE
REILHAC 9-F3 (24) 255
ROUGON 14-D1 (04) 101
ROUILLAC 9-D1 (16) 180
ROUMARE 2-F2 (76) 599
ROUSSENT 1-B3 (62) 509
ROUSSES 10-E5 (48) 450
ROUSSET 11-D4 (05) 110
ROUSSILLON 14-B1 (84) 660
ROUVRES SUR AUBE 8-A1 (52) 467
ROY BOISSY 1-B5 (60) 499
ROYAN 9-B2 (17) 205
ROYAT 10-D1 (63) 517
ROYBON 11-B3 (38) 377
ROYERE DE VASSIVIERE 10-B1 (23) 244
ROYNAC 11-A4 (26) 271
ROZ SUR COUESNON 2-B4 (35) 362
RUBROUCK 1-C2 (59) 497
RUCA 5-E2 (22) 240
RUE 1-A3 (80) 615
RUESNES 1-D3 (59) 497
RUFFEC 6-F4 (36) 367
RUFFIEUX 11-C1 (73) 586
RUILLE SUR LOIR 6-E1 (72) 579
RUMAUCOURT 1-D3 (62) 509
RUMEGIES 1-D3 (59) 497
RUMIGNY 1-F4 (08) 137
RUMILLY 11-C1 (74) 593
RUMINGHEM 1-B2 (62) 509
RUOMS 10-F5 (07) 128
RUPT DEVANT ST MIHIEL 4-B3 (55) 471
RUPT SUR MOSELLE 4-D5 (88) 705
RUSTREL 14-B1 (84) 660
RUYNES EN MARGERIDE 10-D3 (15) 177

S

SAACY SUR MARNE 3-D3 (77) 603
SAALES 4-E4 (67) 564
SABLE SUR SARTHE (72) 579
SABLIERES 10-F4 (07) 128
SABRES 9-C5 (40) 400
SACQUENAY 8-B2 (21) 232
SADIRAC 9-C4 (33) 330
SAGONE (2A) 225
SAHORRE 13-C5 (66) 555
SAHUNE 11-B5 (26) 271
SAIGNES 10-C2 (15) 177
SAIL SOUS COUZAN 10-E1 (42) 413
SAILLAGOUSE 13-B5 (66) 555
SAILLANS 11-B4 (26) 271
SAILLAT SUR VIENNE 9-F1 (87) 700
SAILLY LAURETTE 1-C4 (80) 615
SAILLY LE SEC 1-C4 (80) 615
SAINGHIN EN MELANTOIS (59) 497
SAINS LES PERNES 1-B3 (62) 509
SAINT-AYGULF (83) ....
SAINTES 9-C1 (17) 211
SAINTES MARIES DE LA MER (13) 166
SAINTRY SUR SEINE 3-C4 (91) 712
SAINTS 7-D2 (89) 709
SAISIES (73) ....
SAISSAC 13-B3 (11) 150
SALASC 13-D2 (34) 350
SALAVAS 10-F5 (07) 132
SALAZAC 10-F5 (30) 309
SALBRIS 7-B2 (41) 411
SALENCY 1-D5 (60) 499
SALERNES 14-D2 (83) 653
SALERS 10-C3 (15) 178
SALICE 15-B3 (2A) 225
SALIES DE BEARN 12-B2 (64) 529
SALIGNAC 11-C5 (04) 101
SALIGNAC EYVIGNES 10-A3 (24) 259
SALIGOS 12-D4 (65) 537
SALINS LES BAINS 8-C3 (39) 384
SALLANCHES (74) 594
SALLELES D AUDE 13-D3 (11) 150
SALLERTAINE 6-A3 (85) 691
● SALLES 9-B4 (33) 332
SALLES 9-F4 (47) 445
SALLES 13-B1 (81) 620
SALLES CURAN 10-C5 (12) 160
SALLES D AUDE 13-D3 (11) 150
SALLES ET PRATVIEL 12-E4 (31) 315
SALLES SUR L HERS 13-A3 (11) 150
SALLES SUR MER 6-B5 (17) 211
SALON DE PROVENCE (13) 167
SALORNAY SUR GUYE 7-F4 (71) 576
SALPERWICK 1-B2 (62) 509
SALSES LE CHATEAU 13-D4 (66) 556
SALVAGNAC 13-A1 (81) 620
SALVAGNAC CAJARC 10-B5 (12) 160
SALVIAC 10-A4 (46) 441
SAMATAN 12-F2 (32) 320
SAMEON 1-D3 (59) 497
SAMER 1-B2 (62) 509
SAMES 12-B2 (64) 529
SAMOENS 8-D5 (74) 594
SAMOIS SUR SEINE 3-C4 (77) 603
SAMOREAU 3-C4 (77) 604
SAMPZON 10-F5 (07) 132
SAN GAVINO DI CARBINI 15-B4 (2A) 225
SAN GIULIANO 15-C2 (2B) 229
SAN NICOLAO 15-C2 (2B) 229
SANARY SUR MER 14-C3 (83) 653
SANCHEY 4-C5 (88) 706
SANDRANS 11-A1 (01) 87
SANGATTE 1-B1 (62) 509
SANGUINET 9-B4 (40) 402
SANILHAC 10-F4 (07) 132
SANSAIS 6-C5 (79) 609
SANTA LUCIA DI MORIANI 15-C2 (2B) ...229
SANTA MARIA DI LOTA 15-B1 (2B) 229
SANTA MARIA POGGIO 15-C2 (2B) 229
SANTEC 5-B1 (29) 296
SANTENAY 7-F3 (21) 232
SANTO PIETRO DI TENDA (2B) 229

SANXAY 6-D4 (86) 697
SAOU 11-B4 (26) 272
SAPIGNIES 1-C3 (62) 509
SARBAZAN 12-C1 (40) 403
SARE 12-A3 (64) 529
SARGE SUR BRAYE 6-F1 (41) 411
SARI SOLENZARA 15-C4 (2A) 225
SARLABOUS 12-D3 (65) 537
SARLAT LA CANEDA 9-F4 (24) 260
SARLIAC SUR L ISLE 9-F3 (24) 260
SARRANCOLIN 12-E4 (65) 538
SARRECAVE 12-E3 (31) 315
SARRIANS 14-A1 (84) 662
SARROUX 10-C2 (19) 221
SARTENE 15-B4 (2A) 225
SARZAY 7-B4 (36) 367
SARZEAU 5-D4 (56) 486
SASSAY 7-A2 (41) 411
SASSETOT LE MAUCONDUIT 2-E1 (76) 600
SASSIS 12-D4 (65) 538
SATILLIEU 10-F3 (07) 132
SAUBION 12-B2 (40) 403
SAUBRIGUES 12-B2 (40) 403
SAUBUSSE 12-B2 (40) 403
SAUCHY LESTREE 1-D3 (62) 509
SAUDEMONT 1-D3 (62) 509
SAUGNACQ ET MURET 9-C5 (40) 403
SAUGUES 10-E3 (43) 418
SAUJON 9-B2 (17) 211
SAULCE SUR RHONE 11-A4 (26) 272
SAULCHOY 1-B3 (62) 509
SAULGES 2-D5 (53) 469
SAULIAC SUR CELE 10-A4 (46) 441
SAULIEU 7-F2 (21) 232
SAULNIERES 2-F4 (28) 278
SAULT 11-B5 (84) 662
SAULXURES SUR MOSELOTTE 4-D5 (88) 706
SAUMANE 10-E5 (30) 309
SAUMUR (49) 455
SAURAT 13-A4 (09) 141
SAURIER 10-D2 (63) 519
SAUSHEIM 8-E1 (68) 568
SAUVE 13-E1 (30) 309
SAUVESSANGES 10-E2 (63) 519
SAUVETERRE 13-C2 (81) 620
SAUVETERRE DE BEARN 12-B2 (64) 529
SAUVETERRE DE ROUERGUE 10-B5 (12) 160
SAUVETERRE LA LEMANCE 9-F4 (47) 445
SAUVIAN 13-D3 (34) 350
SAUXILLANGES 10-D2 (63) 519
SAUZE VAUSSAIS 6-D5 (79) 609
SAUZELLES 6-F4 (36) 367
SAUZON 5-C5 (56) 472
SAVENAY 5-F5 (44) 430
SAVENNIERES 6-C2 (49) 456
SAVERDUN 13-A3 (09) 141
SAVERNE 4-E3 (67) 564
SAVIGNAC LES ORMEAUX 13-A4 (09) 142
SAVIGNE SOUS LE LUDE 6-D2 (72) 580
SAVIGNY EN VERON 6-D3 (37) 372
SAVIGNY LES BEAUNE 8-A3 (21) 232
SAVIGNY SOUS FAYE 6-E3 (86) 697
SAVIGNY SUR BRAYE 6-F1 (41) 411
SAVIGNY SUR GROSNE 7-F4 (71) 576
SAVINES LE LAC 11-D4 (05) 110
SAVONNIERES 6-E2 (37) 372
SAVOURNON 11-C5 (05) 111
SAZERET 7-D5 (03) 94
SAZOS 12-D4 (65) 538
SCAER 5-C3 (29) 296
SCEAU ST ANGEL 9-E2 (24) 260
SCEAUX DU GATINAIS 3-C5 (45) 433
SCEY SUR SAONE ET ST ALBIN 8-C1 (70) 572
SCHERWILLER 4-E4 (67) 564
SCHOENAU 4-F5 (67) 564
SCIEZ 8-D5 (74) 594
SEBOURG 1-E3 (59) 497
SEBRAZAC 10-C4 (12) 160
SECONDIGNY 6-C4 (79) 609
SEDAN 4-A1 (08) 137
SEDERON 11-B5 (26) 272
SEES 2-E4 (61) 502
SEEZ 11-E2 (73) 587
SEIGNOSSE 12-A2 (40) 403
SEILHAC 10-A2 (19) 221
SEILLAC 6-F2 (41) 411
SEILLANS 14-E2 (83) 653
SEISSAN 12-E2 (32) 320
SEIX 12-F4 (09) 142
SELESTAT 4-E5 (67) 564
SELLES SUR CHER 7-A2 (41) 411
SELONGEY 8-B2 (21) 232
SELONNET 11-D5 (04) 101
SELTZ 4-F3 (67) 564
SEMBADEL 10-E3 (43) 418
SEMERIES 1-E3 (59) 497
SEMUSSAC 9-B2 (17) 211
SENAILLAC LATRONQUIERE 10-B4 (46) 441
SENE 5-D4 (56) 486
SENERGUES 10-C4 (12) 160
SENEZ 14-D1 (04) 102
SENIERGUES 10-A4 (46) 442
SENNELY 7-B1 (45) 434
SENONCHES 2-F4 (28) 278
SENONES 4-D4 (88) 706
SENOTS 3-B2 (60) 500
SENOVILLE 2-B2 (50) 463
SENS (89) 709
SENS DE BRETAGNE 2-B4 (35) 364
SENTEIN 12-F4 (09) 142
SEPMES 6-E3 (37) 372
SEPPOIS LE BAS 8-E2 (68) 568
SEPTEMES LES VALLONS 14-B2 (13) 168
SEPTFONDS 10-A5 (82) 623
SERANON 14-E1 (06) 118
SERAUCOURT LE GRAND 1-D4 (02) 90
SERDINYA 13-B5 (66) 556
SERENT 5-E4 (56) 486
SERGINES 3-D5 (89) 709
SERIGNAC 9-F5 (46) 442
SERIGNAC PEBOUDOU 9-E4 (47) 445
SERIGNAN 13-D3 (34) 350
SERQUES 1-B2 (62) 509
SERRA DI FERRO 15-B4 (2A) 226
SERRA DI SCOPAMENE 15-B4 (2A) 226
SERRALONGUE 13-C5 (66) 556
SERRES 11-C5 (05) 111
SERRES SUR ARGET 13-A4 (09) 142
SERRIERA 15-A3 (2A) 226
SERRIERES DE BRIORD 11-B1 (01) 88
SERRIERES EN CHAUTAGNE 11-C1 (73) 587
SERVANT 10-C1 (63) 519
SERVERETTE 10-D4 (48) 451
SERVIAN 13-D2 (34) 352
SERVIERES LE CHATEAU 10-B3 (19) 221
SERVIES 13-B2 (81) 620
SERVON 2-B4 (50) 463
SETE 13-E2 (34) 352
SEURRE 8-B3 (21) 232
SEVERAC L EGLISE 10-C5 (12) 160
SEVERAC LE CHATEAU 10-D5 (12) 160
SEVRIER 11-C1 (74) 594
SEXCLES 10-B3 (19) 221
SEYNE 11-D5 (04) 102
SEYNOD 11-C1 (74) 595
SEYRESSE 12-B2 (40) 404
SEYSSEL 11-C1 (01) 88
SEYSSEL 11-C1 (74) 595
SEYSSINS 11-C3 (38) 379
SEYTHENEX 11-D1 (74) 595
SEZANNE 3-E4 (51) 466
SIAUGUES STE MARIE 10-E3 (43) 418
SIBIRIL 5-B1 (29) 296
SICCIEU ST JULIEN ET CARISIEU 11-B1 (38) 379
SIDIAILLES 7-B4 (18) 215
SIERCK LES BAINS 4-C2 (57) 489
SIGEAN 13-D3 (11) 150
SIGNY L ABBAYE 1-F4 (08) 137
SIGNY LE PETIT 1-F4 (08) 137
SIGOULES 9-E4 (24) 260
SIGOYER 11-C4 (05) 111
SILHAC 10-F4 (07) 133
SILLANS LA CASCADE 14-D2 (83) 654
SILLE LE GUILLAUME 2-D5 (72) 580
SILLE LE PHILIPPE 2-E5 (72) 580
SIMANDRE SUR SURAN 8-B5 (01) 88
SIMEYROLS 9-F4 (24) 260
SIMIANE LA ROTONDE 14-C1 (04) 102
SIMORRE 12-E2 (32) 320
SINGLES 10-C2 (63) 519
SIORAC EN PERIGORD 9-F4 (24) 260
SIOUVILLE HAGUE 2-A1 (50) 463
SIRAN 10-B3 (15) 178
SIREUIL 9-D2 (16) 180
SISCO 15-B1 (2B) 229
SISTERON 11-C5 (04) 102
SIVRY SUR MEUSE 4-B2 (55) 471
SIX FOURS LES PLAGES 14-C3 (83) 654
SIXT SUR AFF 5-E4 (35) 364
SIZUN 5-B2 (29) 296
SOING CUBRY CHARENTENAY 8-C2 (70) 572
SOINGS EN SOLOGNE 7-A2 (41) 411
SOISSONS 1-D5 (02) 90
SOLARO 15-B3 (2B) 229
SOLESMES 1-D3 (59) 497
SOLFERINO 12-B1 (40) 404
SOLIGNAC SUR LOIRE 10-E3 (43) 418
SOLLIERES SARDIERES 11-E2 (73) 587
SOLLIES PONT 14-D3 (83) 654
SOLRE LE CHATEAU 1-E3 (59) 497
SOMMANT 7-F3 (71) 576
SOMMEDIEUE 4-B3 (55) 471
SOMMIERES 13-F2 (30) 309
SOMMIERES DU CLAIN (86) 697
SONDERNACH 4-E5 (68) 568
SONGEONS 1-B5 (60) 500
SONGIEU 11-C1 (01) 88
SONNAC 10-B4 (12) 160
SONZAY 6-E2 (37) 372
SOORTS HOSSEGOR 12-A2 (40) 404
SORBO OCAGNANO 15-C2 (2B) 229
SORDE L ABBAYE 12-B2 (40) 404
SORE 9-C5 (40) 404
SOREDE 13-D5 (66) 556
SOREZE 13-B2 (81) 620
SORGEAT 13-B4 (09) 142
SORGUES 14-A1 (84) 662
SORNAC 10-B2 (19) 221
SOSPEL 14-F1 (06) 118
SOTTEVILLE SUR MER 2-F1 (76) 600
SOTURAC 9-F5 (46) 442
SOUANCE AU PERCHE 2-F5 (28) 278
SOUBES 13-D2 (34) 352
SOUBREBOST 10-B1 (23) 245
SOUDAY 2-F5 (41) 411
SOUEIX ROGALLE 12-F4 (09) 142
SOUILLAC 10-A4 (46) 442
SOULAC SUR MER 9-B2 (33) 332
SOULAGES BONNEVAL 10-C4 (12) 160
SOULAINES DHUYS 3-F4 (10) 145
SOULLANS 6-A3 (85) 691
SOULTZEREN 4-E5 (68) 568
SOUMERAS 9-C2 (17) 211
SOUPPES SUR LOING (77) 604
SOUPROSSE 12-C1 (40) 404
SOURAIDE 12-A2 (64) 529
SOURCIEUX LES MINES 10-F1 (69) 571
SOURDEVAL 2-C4 (50) 463
SOURNIA 13-C4 (66) 556
SOURSAC 10-B3 (19) 221
SOURZAC 9-E3 (24) 260
SOUSCEYRAC 10-B4 (46) 442
SOUSTONS 12-B1 (40) 404
SOUVIGNARGUES 13-F1 (30) 309
SOYANS 11-B4 (26) 272
SPAY 6-D1 (72) 580
ST ADRIEN 5-D2 (22) 240
ST AFFRIQUE 13-C1 (12) 158
ST AGIL 2-F5 (41) 410
ST AGNAN 7-E2 (58) 492
ST AGNAN EN VERCORS 11-B3 (26) 271
ST AGREVE 10-F3 (07) 128
ST AIGNAN 5-D3 (56) 485
ST AIGNAN 7-A2 (41) 410
ST ALBAN 5-E2 (22) 240
ST ALBAN AURIOLLES 10-F5 (07) 128
ST ALBAN DE MONTBEL 11-C2 (73) 586
ST ALBAN SUR LIMAGNOLE 10-D4 (48) 450
ST AMAND DE BELVES 9-F4 (24) 255
ST AMAND DE COLY 10-A3 (24) 255
ST AMAND EN PUISAYE 7-D2 (58) 492
ST AMAND LES EAUX 1-D3 (59) 497
ST AMAND MAGNAZEIX 6-F5 (87) 701
ST AMAND MONTROND (18) 214
ST AMANDIN 10-C2 (15) 177
ST AMANS DES COTS 10-C4 (12) 158
ST AMANS SOULT 13-C2 (81) 619
ST AMANT ROCHE SAVINE 10-E2 (63) 517
ST AMBROIX 7-B3 (18) 214
ST AMBROIX 10-F5 (30) 307
ST AMOUR 8-B4 (39) 384
ST ANDIOL 14-A1 (13) 166
ST ANDRE 13-D5 (66) 555
ST ANDRE D ALLAS 9-F4 (24) 255
ST ANDRE D EMBRUN 11-D4 (05) 110
ST ANDRE D HEBERTOT 2-E2 (14) 173
ST ANDRE D OLERARGUES 10-F5 (30) 307
ST ANDRE DE CUBZAC 9-C3 (33) 330
ST ANDRE DE LIDON 9-C2 (17) 206
ST ANDRE DE MAJENCOULES 13-E1 (30) 307
ST ANDRE DE ROQUEPERTUIS 10-F5 (30) 307
ST ANDRE DE SANGONIS 13-E2 (34) 349
ST ANDRE DE SEIGNANX 12-B2 (40) 400
ST ANDRE DE VALBORGNE 10-E5 (30) 307
ST ANDRE DES EAUX 5-E5 (44) 428
ST ANDRE LES ALPES 14-D1 (04) 101
ST ANDRE SUR SEVRE 6-C4 (79) 609
ST ANGEAU 9-E1 (16) 180
ST ANTHEME 10-E2 (63) 517
ST ANTOINE 12-E1 (32) 319
ST ANTOINE D AUBEROCHE 9-F3 (24) 256
ST ANTOINE DE BREUILH 9-D4 (24) 256
ST ANTOINE LA FORET 2-E2 (76) 599
ST ANTOINE SUR L ISLE 9-D3 (33) 330
ST ANTONIN NOBLE VAL 10-A5 (82) 623
ST APOLLINAIRE 11-D4 (05) 110
ST APPOLINARD 10-F2 (42) 413
ST ARCONS DE BARGES 10-E4 (43) 417
ST ARNOULT 2-E2 (14) 173
ST ARNOULT EN YVELINES 3-B4 (78) 606
ST ASTIER 9-E3 (24) 256
ST AUBAN 14-E1 (06) 116
ST AUBIN 9-E5 (47) 445
ST AUBIN DE CADELECH 9-E4 (24) 256
ST AUBIN DE LUIGNE 6-C2 (49) 455
ST AUBIN DE NABIRAT 9-F4 (24) 256
ST AUBIN DE TERREGATTE 2-B4 (50) 461
ST AUBIN DU CORMIER 2-B5 (35) 362
ST AUBIN LE CLOUD 6-D4 (79) 609
ST AUBIN SUR MER 2-D2 (14) 173
ST AUBIN SUR MER 2-F1 (76) 599
ST AUBIN SUR SCIE 2-F1 (76) 599
ST AUGUSTIN 10-B2 (19) 220
ST AUGUSTIN 9-B1 (17) 206
ST AULAYE 9-D3 (24) 256
ST AUSTREMOINE 10-D3 (43) 417
ST AVAUGOURD DES LANDES 6-B4 (85) 679
ST AVERTIN (37) 371
ST AVIT 11-A3 (26) 271
ST AVIT DE VIALARD 9-F3 (24) 256
ST AVIT RIVIERE 9-E4 (24) 256
ST AVOLD (57) 489
ST AY 7-A1 (45) 433
ST BARTHELEMY GROZON 10-F3 (07) 129
ST BASILE 10-F3 (07) 129
ST BAUZILE 10-E5 (48) 450
ST BAUZILLE DE PUTOIS 13-E1 (34) 349
ST BEAT 12-E4 (31) 315
ST BEAUZELY 10-D5 (12) 158
ST BENOIST SUR MER 6-B4 (85) 679
ST BENOIT D HEBERTOT 2-E2 (14) 173
ST BENOIT DES ONDES 2-A4 (35) 362
ST BENOIT SUR LOIRE 7-B1 (45) 433
ST BERON 11-C2 (73) 586
ST BERTHEVIN 2-C5 (53) 469
ST BERTRAND DE COMMINGES 12-E3 (31) 315
ST BLIMONT 1-A3 (80) 615
ST BOIL 7-F4 (71) 576
ST BOMER LES FORGES 2-C4 (61) 502
ST BONNET DE CHAVAGNE 11-B3 (38) 377
ST BONNET DE CONDAT 10-C3 (15) 177
ST BONNET DE JOUX 7-F4 (71) 576
ST BONNET DE MONTAUROUX 10-E4 (48) 450
ST BONNET DE VIEILLE VIGNE 7-F4 (71) 576
ST BONNET EN CHAMPSAUR 11-C4 (05) 110
ST BONNET LE BOURG 10-E2 (63) 517
ST BONNET LE CHATEAU 10-E2 (42) 413
ST BONNET PRES ORCIVAL 10-C2 (63) 517
ST BONNET SUR GIRONDE 9-C2 (17) 206
ST BONNET TRONCAIS 7-C4 (03) 93
ST BREVIN LES PINS 5-E5 (44) 428
ST BRIAC SUR MER 2-A4 (35) 362
ST BRICE SUR VIENNE 9-F1 (87) 701
ST BRIEUC 5-D2 (22) 240
ST BRISSON 7-E2 (58) 492
ST CALAIS (72) 579
ST CAST LE GUILDO 2-A4 (22) 240
ST CERE 10-B4 (46) 440
ST CERNIN 10-C3 (15) 177
ST CESAIRE 9-C1 (17) 206
ST CEZAIRE SUR SIAGNE 14-E2 (06) 116
ST CHAMARAND 10-A4 (46) 440
ST CHAMAS 14-B2 (13) 166
ST CHARTIER 7-B4 (36) 367
ST CHELY D APCHER 10-D4 (48) 450
ST CHELY D AUBRAC 10-C4 (12) 158
ST CHERON 3-B4 (91) 712
ST CHINIAN 13-D2 (34) 350
ST CHRISTOL 14-B1 (84) 660
ST CHRISTOL LES ALES 13-F1 (30) 307
ST CHRISTOLY DE BLAYE 9-C3 (33) 332
ST CHRISTOPHE 10-B5 (81) 619
ST CHRISTOPHE 9-F1 (16) 180
ST CHRISTOPHE 6-C5 (17) 206
ST CHRISTOPHE DE DOUBLE 9-D3 (33) 332
ST CHRISTOPHE DU LIGNERON 6-A3 (85) 679
ST CHRISTOPHE EN OISANS 11-D3 (38) 377
ST CHRISTOPHE LE JAJOLET 2-D4 (61) 502
ST CHRISTOPHE LES GORGES (15) 177
ST CIRGUE (81) 619
ST CIRGUES EN MONTAGNE 10-F4 (07) 129

ST CIRGUES LA LOUTRE 10-B3 (19) 220
ST CIRQ 9-F3 (24) 256
ST CIRQ LAPOPIE 10-A5 (46) 441
ST CLAIR DU RHONE 11-A2 (38) 378
ST CLAUD 9-E1 (16) 180
ST CLAUDE (39) 384
ST CLEMENT DE VALORGUE 10-E2 (63) 517
ST CLEMENT DES BALEINES 6-A5 (17) 185
ST CLEMENT LES PLACES 10-F1 (69) ..570
ST CLEMENT SUR DURANCE 11-D4 (05) 110
ST COLOMBAN DES VILLARDS 11-D2 (73) 586
ST COME D OLT 10-C5 (12) 158
ST COME DE FRESNE 2-C2 (14) 173
ST CONGARD 5-E4 (56) 485
ST CONSTANT 10-B4 (15) 178
ST COULITZ 5-B3 (29) 295
ST COULOMB 2-F2 (35) 363
ST CREPIN 11-D4 (05) 110
ST CREPIN ET CARLUCET 10-A3 (24) ..256
ST CRICQ 12-F2 (32) 319
ST CYBRANET 9-F4 (24) 257
ST CYPRIEN 9-F4 (24) 257
ST CYPRIEN 13-D4 (66) 555
ST CYPRIEN SUR DOURDOU 10-C4 (12) 158
ST CYR 6-E4 (86) 697
ST CYR EN TALMONDAIS 6-B4 (85) 679
ST CYR EN VAL 7-B1 (45) 433
ST CYR SUR MER 14-C3 (83) 648
ST CYR SUR MORIN 3-D3 (77) 603
ST DENIS D OLERON 6-B5 (17) 189
ST DENIS D ORQUES 2-D5 (72) 579
ST DENIS DE MERE 2-C3 (14) 173
ST DENIS DU PAYRE 6-B4 (85) 679
ST DIDIER EN VELAY 10-F3 (43) 417
ST DIDIER SOUS AUBENAS 10-F4 (07) .129
ST DIDIER SUR CHALARONNE 8-A5 (01) 87
ST DIE DES VOSGES 4-D5 (88) 705
ST DIZANT DU GUA 9-C2 (17) 207
ST DIZIER LEYRENNE 10-A1 (23) 245
ST DONAT 10-C2 (63) 517
ST DONAT SUR L HERBASSE 11-A3 (26) 271
ST ELOY LES MINES 7-C5 (63) 518
ST EMILION (33) 332
ST EPAIN 6-E3 (37) 371
ST ESTEPHE 9-E2 (24) 257
ST ETIENNE AU MONT (62) 509
ST ETIENNE DE BAIGORRY 12-A3 (64) .527
ST ETIENNE DE CROSSEY 11-C2 (38) ..378
ST ETIENNE DE FONTBELLON 10-F4 (07) 129
ST ETIENNE DE LUGDARES 10-E4 (07) 129
ST ETIENNE DE MONTLUC 5-F5 (44) 428
ST ETIENNE DE SERRE 10-F4 (07) 129
ST ETIENNE DE TINEE 11-E5 (06) 116
ST ETIENNE DE VILLEREAL 9-E4 (47) 445
ST ETIENNE DU BOIS 6-A3 (85) 679
ST ETIENNE DU BOIS 8-B5 (01) 87
ST ETIENNE DU GRES 14-A2 (13) 166
ST ETIENNE EN DEVOLUY 11-C4 (05) ..110
ST ETIENNE LARDEYROL 10-E3 (43) 417
ST ETIENNE VALLEE FRANCAISE (48) ..450
ST EUSTACHE 11-C1 (74) 593
ST EVARZEC 5-B3 (29) 295
ST EVROULT DE MONTFORT 2-E3 (61) 502
ST EVROULT NOTRE DAME DU BOIS (61) 502
ST FARGEAU 7-D2 (89) 709
ST FELICIEN 10-F3 (07) 129
ST FELIX DE BOURDEILLES 9-E2 (24) ..257
ST FELIX DE L HERAS 13-D1 (34) 350
ST FELIX DE REILLAC ET MORTEMA (24) 257
ST FELIX DE VILLADEIX 9-E4 (24) 257
ST FERREOL 11-D1 (74) 593
ST FERREOL TRENTE PAS 11-B5 (26) ..271
ST FIRMIN (05) 110
ST FLORENT 15-B2 (2B) 229
ST FLORENT DES BOIS 6-B4 (85) 680
ST FLORENT LE VIEIL 6-C2 (49) 455
ST FLORENTIN 3-E5 (89) 709
ST FLOUR 10-D3 (15) 178
ST FORT SUR GIRONDE 9-C2 (17) 207
ST FORTUNAT SUR EYRIEUX 11-A4 (07) 129
ST FRAIMBAULT 2-C4 (61) 502
ST FRANC 11-C2 (73) 586
ST GAL SUR SIOULE 10-D1 (63) 518
ST GALMIER 10-F2 (42) 413
ST GAUDENS 12-E3 (31) 315
ST GAULTIER 7-A4 (36) 367
ST GENES CHAMPESPE 10-C2 (63) 518
ST GENEST LERPT 10-F2 (42) 413
ST GENEST MALIFAUX 10-F2 (42) 414
ST GENIES 9-F3 (24) 257
ST GENIEZ D OLT 10-D5 (12) 158
ST GENIS 11-C5 (05) 110
ST GENIS DES FONTAINES 13-D5 (66) .555
ST GENIS LAVAL (69) 570
ST GENIX SUR GUIERS 11-C2 (73) 586
ST GEOIRE EN VALDAINE 11-C2 (38) ..378
ST GEORGES 1-B3 (62) 509
ST GEORGES D AURAC 10-E3 (43) 417
ST GEORGES D OLERON 9-B1 (17) 190
ST GEORGES DE BAROILLE 10-F1 (42) 414
ST GEORGES DE DIDONNE 9-B2 (17) ..207
ST GEORGES DE LA RIVIERE 2-B2 (50) 462
ST GEORGES DE LEVEJAC 10-D5 (48) .450
ST GEORGES DE LUZENCON 13-D1 (12) 158
ST GEORGES DE MONS 10-C1 (63) 518
ST GEORGES DE REINTEMBAULT 2-B4 (35) 363
ST GEORGES DU VIEVRE 2-E2 (27) 275
ST GEORGES EN COUZAN 10-E2 (42) ..414
ST GEORGES LE GAULTIER 2-D5 (72) .579
ST GEORGES LES BAILLARGEAUX (86) 697
ST GEORGES SUR LAYON 6-D3 (49) 455
ST GEOURS DE MAREMNE 12-B2 (40) .400
ST GERAND DE VAUX 7-D5 (03) 93
ST GERAUD DE CORPS 9-D3 (24) 257
ST GERMAIN 10-F4 (07) 129
ST GERMAIN DE LUSIGNAN 9-C2 (17) .208
ST GERMAIN DE MARTIGNY 2-E4 (61) .502
ST GERMAIN DE PRINCAY 6-B4 (85) 680
ST GERMAIN DE SALLES 7-D5 (03) 93
ST GERMAIN DES GROIS 2-F4 (61) 502
ST GERMAIN DU BEL AIR 10-A4 (46) 441
ST GERMAIN DU BOIS 8-B4 (71) 576
ST GERMAIN DU CRIOULT 2-C3 (14) 173
ST GERMAIN L HERM 10-E2 (63) 518
ST GERMAIN LAVAL 10-E1 (42) 414
ST GERMAIN LE GAILLARD 2-B2 (50) ..462
ST GERMAIN LEMBRON 10-D2 (63) 518
ST GERMAIN LES BELLES 10-A2 (87) ...701
ST GERMAIN LES VERGNES 10-A3 (19) 220
ST GERMAIN SUR AY 2-B2 (50) 462
ST GERONS 10-B3 (15) 178
ST GERVAIS 6-A3 (85) 680
ST GERVAIS D AUVERGNE 10-C1 (63) .518
ST GERVAIS LES BAINS (74) 593
ST GERVAIS SUR MARE 13-D2 (34) 350
ST GERY 9-E3 (24) 258
ST GERY 10-A5 (46) 441
ST GILDAS DE RHUYS 5-D4 (56) 485
ST GILDAS DES BOIS 5-E4 (44) 428
ST GILLES 13-F2 (30) 307
ST GILLES CROIX DE VIE 6-A4 (85) 680
ST GIRONS 12-F4 (09) 141
ST GOAZEC 5-C3 (29) 295
ST GOIN 12-C3 (64) 527
ST GOUENO 5-E3 (22) 241
ST GUINOUX 2-A4 (35) 363
ST HILAIRE 7-D4 (03) 93
ST HILAIRE 11-C2 (38) 378
ST HILAIRE DE CHALEONS 6-A3 (44) ..428
ST HILAIRE DE LUSIGNAN 9-E5 (47) 445
ST HILAIRE DE RIEZ 6-A4 (85) 680
ST HILAIRE DU HARCOUET 2-C4 (50) ..462
ST HILAIRE LA FORET 6-B4 (85) 684
ST HILAIRE LA PALUD 6-C5 (79) 609
ST HILAIRE LE CHATEAU 10-B1 (23) 245
ST HILAIRE LES ANDRESIS 3-D5 (45) 433
ST HILAIRE LES PLACES 9-F2 (87) 701
ST HILAIRE PEYROUX 10-A3 (19) 220
ST HILAIRE SOUS ROMILLY 3-E4 (10) ..144
ST HILAIRE SUR ERRE 2-F5 (61) 502
ST HIPPOLYTE 8-D2 (25) 265
ST HIPPOLYTE 10-C4 (12) 158
ST HIPPOLYTE DU FORT 13-E1 (30) 307
ST HONORE LES BAINS 7-E3 (58) 492
ST IGNY DE ROCHE 7-F5 (71) 576
ST ILLIERS LA VILLE 3-A3 (78) 606
ST INGLEVERT 1-B2 (62) 509
ST IZAIRE 13-C1 (12) 158
ST JACQUES D AMBUR 10-C1 (63) 518
ST JACQUES D ATTICIEUX 11-A2 (07) ..129
ST JACQUES DES ARRETS 7-F5 (69) 570
ST JACQUES DES BLATS 10-C3 (15) 178
ST JACUT DE LA MER 2-A4 (22) 241
ST JACUT LES PINS 5-E4 (56) 485
ST JAL 10-A2 (19) 220
ST JAMES 2-B4 (50) 462
ST JANS CAPPEL 1-C2 (59) 497
ST JEAN CHAMBRE 10-F4 (07) 129
ST JEAN D ANGELY 9-C1 (17) 208
ST JEAN D AULPS 8-D5 (74) 593
ST JEAN DE CEYRARGUES 13-F1 (30) .307
ST JEAN DE CHEVELU 11-C1 (73) 586
ST JEAN DE COUZ 11-C2 (73) 586
ST JEAN DE LA RIVIERE 2-B2 (50) 462
ST JEAN DE LA RUELLE 7-B1 (45) 433
ST JEAN DE LOSNE 8-B3 (21) 232
ST JEAN DE LUZ (64) 527
ST JEAN DE MARUEJOLS ET AVEJAN 10-F5 (30) 307
ST JEAN DE MAURIENNE 11-D2 (73) 586
ST JEAN DE MONTS 6-A3 (85) 684
ST JEAN DE MUZOLS 11-A3 (07) 129
ST JEAN DE SAUVES 6-D4 (86) 697
ST JEAN DE SIXT 11-D1 (74) 593
ST JEAN DE VALERISCLE 10-F5 (30) 308
ST JEAN DE VAUX 7-F4 (71) 576
ST JEAN DE VERGES 13-A3 (09) 141
ST JEAN DELNOUS 13-C1 (12) 158
ST JEAN DU BRUEL 13-D1 (12) 158
ST JEAN DU DOIGT 5-C1 (29) 296
ST JEAN DU GARD 10-E5 (30) 308
ST JEAN EN ROYANS 11-B3 (26) 271
ST JEAN FROIDMENTEL 6-F1 (41) 411
ST JEAN LA BUSSIERE 10-F1 (69) 570
ST JEAN LE BLANC 2-C3 (14) 173
ST JEAN LE CENTENIER 10-F4 (07) 129
ST JEAN LE THOMAS 2-B4 (50) 462
ST JEAN LE VIEUX 12-B3 (64) 528
ST JEAN LE VIEUX 11-C3 (38) 378
ST JEAN LES DEUX JUMEAUX 3-D3 (77) 603
ST JEAN PIED DE PORT 12-B3 (64) 528
ST JEAN PLA DE CORTS 13-C5 (66) 555
ST JEAN ST NICOLAS 11-D4 (05) 110
ST JEANNET 14-E1 (06) 116
ST JEOIRE (74) 593
ST JEURES 10-F3 (43) 417
ST JODARD 10-F1 (42) 414
ST JORIOZ 11-C1 (74) 593
ST JORY DE CHALAIS 9-F2 (24) 258
ST JOUAN DES GUERETS 2-A4 (35) 363
ST JOUIN BRUNEVAL 2-E1 (76) 599
ST JOUIN DE MARNES 6-D3 (79) 609
ST JULIEN 8-B5 (39) 384
ST JULIEN 14-C2 (83) 650
ST JULIEN CHAPTEUIL 10-E3 (43) 417
ST JULIEN D ASSE 14-C1 (04) 101
ST JULIEN DE CONCELLES 5-F5 (44) ..429
ST JULIEN DE LA LIEGUE 2-F3 (27) 276
ST JULIEN DE LA NEF 13-E1 (30) 308
ST JULIEN DE LAMPON 10-A4 (24) 258
ST JULIEN DE PEYROLAS 10-F5 (30) 308
ST JULIEN DES LANDES 6-A4 (85) 689
ST JULIEN DU SAULT 3-D5 (89) 709
ST JULIEN DU VERDON 14-D1 (04) 101
ST JULIEN EN BORN 12-B1 (40) 400
ST JULIEN EN QUINT 11-B4 (26) 271
ST JULIEN EN ST ALBAN 11-A4 (07) 129
ST JULIEN LABROUSSE 10-F3 (07) 130
ST JULIEN MOLIN MOLETTE 10-F2 (42) 414
ST JULIEN PRES BORT 10-C2 (19) 220
ST JUNIEN 9-F1 (87) 701
ST JUNIEN LA BREGERE 10-A1 (23) 245
ST JURS 14-D1 (04) 101
ST JUST 10-D4 (15) 178
ST JUST 5-F4 (35) 363
ST JUST D ARDECHE 11-A5 (07) 130
ST JUST EN CHEVALET 10-E1 (42) 414
ST JUST LUZAC 9-B1 (17) 208
ST JUST SAUVAGE 3-E4 (51) 466
ST JUST ST RAMBERT 10-F2 (42) 414
ST JUSTIN 12-D1 (40) 401
ST LAGER BRESSAC 11-A4 (07) 130
ST LAMBERT DU LATTAY 6-C2 (49) 455
ST LARY SOULAN 12-D4 (65) 537
ST LAUNEUC 5-E3 (22) 241
ST LAURENT D AIGOUZE 13-F2 (30) 308
ST LAURENT D OLT 10-D5 (12) 158
ST LAURENT DE CERDANS 13-C5 (66) .556
ST LAURENT DE CERIS 9-E1 (16) 180
ST LAURENT DE LA PREE 9-B1 (17) 208
ST LAURENT DE NESTE 12-E3 (65) 537
ST LAURENT DE TERREGATTE 2-B4 (50) 462
ST LAURENT DU PAPE 11-A4 (07) 130
ST LAURENT DU PONT 11-C2 (38) 378
ST LAURENT DU VAR (06) 116
ST LAURENT DU VERDON 14-D1 (04) ...101
ST LAURENT EN BEAUMONT 11-C3 (38) 378
ST LAURENT EN GRANDVAUX 8-C4 (39) 384

ST LAURENT LA VALLEE 9-F4 (24) 258
ST LAURENT LES BAINS 10-E4 (07) 130
ST LAURENT LES EGLISES 10-A1 (87) .701
ST LAURENT MEDOC 9-C3 (33) 332
ST LAURENT NOUAN 7-A1 (41) 411
ST LAURENT SUR GORRE 9-F1 (87) 701
ST LAURENT SUR SEVRE 6-C3 (85) 689
ST LEGER DE FOUGERET 7-E3 (58) 492
ST LEGER DU BOURG
DENIS 1-A5 (76) 599
ST LEGER LES MELEZES 11-D4 (05) 110
ST LEGER SOUS BEUVRAY 7-E3 (71) ...576
ST LEON 7-E5 (03) 93
ST LEON SUR VEZERE 9-F3 (24) 258
ST LEONARD 2-E1 (76) 599
ST LEONARD DE NOBLAT 10-A1 (87) 701
ST LEONARD DES BOIS 2-D5 (72) 580
ST LEU D ESSERENT 3-C2 (60) 499
ST LIEUX LAFENASSE 13-B2 (81) 619
ST LO D OURVILLE 2-B2 (50) 462
ST LORMEL 2-A4 (22) 241
ST LUNAIRE 2-A4 (35) 364
ST LYPHARD 5-E5 (44) 429
ST LYS 12-F2 (31) 315
ST MAIME 14-C1 (04) 101
ST MAIXENT L ECOLE 6-D5 (79) 609
ST MALO (35) 364
ST MALO DE BEIGNON 2-A5 (56) 485
ST MALO DU BOIS 6-C3 (85) 690
ST MALON SUR MEL 2-A5 (35) 364
ST MAMET 12-E4 (31) 315
ST MAMET LA SALVETAT 10-B4 (15) 178
ST MANDE SUR BREDOIRE 9-D1 (17) ..209
ST MANDRIER SUR MER 14-C3 (83) 650
ST MARC A LOUBAUD 10-B1 (23) 245
ST MARCAN 2-B4 (35) 364
ST MARCEAU 2-D5 (72) 580
ST MARCEL 3-A3 (27) 276
ST MARCEL (71) 576
ST MARCEL D ARDECHE 10-F5 (07) 130
ST MARCOUF 2-B2 (50) 462
ST MARS D EGRENNE 2-C4 (61) 502
ST MARS LA JAILLE 6-B2 (44) 429
ST MARTIAL 10-F4 (07) 130
ST MARTIAL DE NABIRAT 9-F4 (24) 258
ST MARTIAL ENTRAYGUES 10-B3 (19) .220
ST MARTIN AUX BUNEAUX 2-E1 (76) 599
ST MARTIN CANTALES 10-B3 (15) 178
ST MARTIN D ARDECHE 10-F5 (07) 130
ST MARTIN D AUBIGNY 2-B2 (50) 462
ST MARTIN D AUXIGNY 7-C3 (18) 214
ST MARTIN D ENTRAUNES 11-E5 (06) ..117
ST MARTIN D URIAGE 11-C3 (38) 378
ST MARTIN DE
BELLEVILLE 11-D2 (73) 586
ST MARTIN DE BLAGNY 2-C2 (14) 173
ST MARTIN DE BROMES 14-C1 (04) 101
ST MARTIN DE CARALP 13-A4 (09) 141
ST MARTIN DE CASTILLON 14-B1 (84) .662
ST MARTIN DE CLELLES 11-C4 (38) 378
ST MARTIN DE CRAU 14-A2 (13) 166
ST MARTIN DE LA PLACE 6-D2 (49) 455
ST MARTIN DE LONDRES 13-E2 (34) 350
ST MARTIN DE
QUEYRIERES 11-D4 (05) 110
ST MARTIN DE RE 6-B5 (17) 186
ST MARTIN DE SEIGNANX 12-A2 (40) ...401
ST MARTIN DE
TALLEVENDE 2-C3 (14) 173
ST MARTIN DE VALAMAS 10-F3 (07) 130
ST MARTIN DES BESACES 2-C3 (14) 173
ST MARTIN DES CHAMPS 3-D4 (77) 603
ST MARTIN DU PUY 7-E2 (58) 492
ST MARTIN DU VIEUX
BELLEME 2-E5 (61) 502
ST MARTIN EN CAMPAGNE 1-A4 (76) ...599
ST MARTIN EN HAUT 10-F2 (69) 570
ST MARTIN EN VERCORS 11-B3 (26) 271
ST MARTIN LA MEANNE 10-B3 (19) 220
ST MARTIN LALANDE 13-B3 (11) 150
ST MARTIN LARS EN STE
HERMINE (85) 690
ST MARTIN LYS 13-B4 (11) 150
ST MARTIN SEPERT 10-A2 (19) 220
ST MARTIN SUR LA
CHAMBRE 11-D2 (73) 586
ST MARTIN SUR OUST 5-E4 (56) 485
ST MARTIN TERRESSUS 10-A1 (87) 701
ST MARTIN VALMEROUX 10-C3 (15) 178
ST MARTIN VESUBIE 11-F5 (06) 117
ST MARTORY 12-F3 (31) 315
ST MATHIEU 9-E2 (87) 701
ST MATHURIN 6-A4 (85) 690
ST MATHURIN SUR LOIRE 6-D2 (49) 455
ST MATRE 9-F5 (46) 441
ST MAUR 7-A4 (36) 367
ST MAUR 1-B5 (60) 499
ST MAURICE 10-D2 (63) 518
ST MAURICE D ARDECHE 10-F4 (07) 130
ST MAURICE D IBIE 10-F5 (07) 130
ST MAURICE DE
GOURDANS 11-B1 (01) 87
ST MAURICE DE LIGNON 10-F3 (43) 417
ST MAURICE DES LIONS 9-E1 (16) 180
ST MAURICE EN
VALGODEMARD 11-C4 (05) 110
ST MAURICE L EXIL 11-A2 (38) 378
ST MAURICE LA
FOUGEREUSE 6-C3 (79) 609
ST MAURICE LES
CHARENCEY 2-F4 (61) 502
ST MAURICE
MONTCOURONNE 3-B4 (91) 712
ST MAURICE PRES
PIONSAT 7-C5 (63) 518
ST MAURICE SOUS LES
COTES 4-B3 (55) 471
ST MAURICE SUR EYGUES 11-B5 (26) .271
ST MAURICE SUR FESSARD 7-C1 (45) .433
ST MAURICE SUR MOSELLE 8-D1 (88) .705
ST MAXIMIN 11-C2 (38) 378
ST MAXIMIN LA STE
BAUME 14-C2 (83) 650
ST MEDARD DE GUIZIERES 9-D3 (33) ..332
ST MEDARD LA
ROCHETTE 10-B1 (23) 245
ST MEDARD SUR ILLE 2-B5 (35) 364
ST MEEN LE GRAND 2-A5 (35) 364
ST MELOIR DES ONDES 2-A4 (35) 364
ST MEME LE TENU 6-A3 (44) 429
ST MERD DE LAPLEAU 10-B3 (19) 220
ST MICHEL 13-A3 (09) 141
ST MICHEL CHEF CHEF 5-E5 (44) 429
ST MICHEL DE BOULOGNE 10-F4 (07) .131
ST MICHEL DE
CHABRILLANOUX 10-F4 (07) 131
ST MICHEL DE DEZE 10-E5 (48) 450
ST MICHEL DE DOUBLE 9-E3 (24) 258
ST MICHEL DE
MAURIENNE 11-D3 (73) 586
ST MICHEL EN GREVE 5-C1 (22) 241
ST MICHEL EN L HERM 6-B5 (85) 690
ST MICHEL ESCALUS 12-B1 (40) 401
ST MICHEL LE CLOUCQ 6-C4 (85) 690
ST MIHIEL 4-B3 (55) 471
ST MITRE LES REMPARTS 14-B2 (13) ..166
ST MOLF 5-E5 (44) 429
ST MONTANT 11-A5 (07) 131
ST MORE 7-E2 (89) 709
ST NABORD 4-D5 (88) 706
ST NAZAIRE 11-A5 (30) 308
ST NAZAIRE 13-D4 (66) 556
ST NAZAIRE 5-E5 (44) 430
ST NAZAIRE EN ROYANS 11-B3 (26) 271
ST NAZAIRE LE DESERT 11-B4 (26) 271
ST NAZAIRE SUR
CHARENTE 9-B1 (17) 209
ST NECTAIRE 10-D2 (63) 518
ST NEXANS 9-E4 (24) 258
ST NIC 5-B3 (29) 296
ST NICODEME 5-C2 (22) 241
ST NICOLAS DE LA GRAVE 12-F1 (82) ..623
ST NICOLAS DES BIEFS 10-E1 (03) 93
ST NICOLAS DU PELEM 5-D2 (22) 241
ST NIZIER LE BOUCHOUX 8-B4 (01) 87
ST NIZIER LE DESERT 11-B1 (01) 87
ST NIZIER SUR ARROUX 7-F4 (71) 576
ST ORADOUX DE
CHIROUZE 10-B1 (23) 245
ST OURS 10-C1 (63) 518
ST PABU 5-A2 (29) 296
ST PAIR SUR MER 2-B3 (50) 462
ST PAL DE CHALENCON 10-E2 (43) 417
ST PALAIS 9-C2 (33) 332
ST PALAIS 12-B3 (64) 528
ST PALAIS SUR MER 9-B2 (17) 209
ST PANTALEON 10-A5 (46) 441
ST PANTALEON DE
LAPLEAU 10-B3 (19) 220
ST PARDOUX 10-A1 (87) 701
ST PARDOUX CORBIER 10-A2 (19) 220
ST PARDOUX L ORTIGIER 10-A3 (19) ...220
ST PARDOUX LA RIVIERE 9-E2 (24) 258
ST PARTHEM 10-B4 (12) 158
ST PAUL 14-E2 (06) 117
ST PAUL 11-C2 (73) 586
ST PAUL DE FENOUILLET 13-C4 (66) 556
ST PAUL DE SALERS 10-C3 (15) 178
ST PAUL DE TARTAS 10-E4 (43) 417
ST PAUL DE VARAX 11-B1 (01) 87
ST PAUL DE VEZELIN 10-E1 (42) 414
ST PAUL DU BOIS 6-C3 (49) 455
ST PAUL EN BORN 9-B5 (40) 401
ST PAUL EN CHABLAIS 8-D4 (74) 594
ST PAUL EN FORET 14-E2 (83) 650
ST PAUL LA ROCHE 9-F2 (24) 258
ST PAUL LE GAULTIER 2-D5 (72) 580
ST PAUL LES DAX 12-B2 (40) 401
ST PAUL MONT PENIT 6-A4 (85) 690
ST PAUL SUR UBAYE 11-E4 (04) 101
ST PAULET DE CAISSON 10-F5 (30) 308
ST PAULIEN 10-E3 (43) 417
ST PE DE BIGORRE 12-D3 (65) 537
ST PEE SUR NIVELLE 12-A2 (64) 528
ST PERE 7-E2 (89) 709
ST PERE 2-A4 (35) 364
ST PERE EN RETZ 5-E5 (44) 430
ST PERE SUR LOIRE 7-C1 (45) 433
ST PEREUSE 7-E3 (58) 492
ST PHILBERT DE GRAND
LIEU 6-A3 (44) 430
ST PHILIBERT 5-D4 (56) 485
ST PIERRE 4-E4 (67) 564
ST PIERRE BOIS 4-E4 (67) 564
ST PIERRE COLAMINE 10-D2 (63) 518
ST PIERRE D ALBIGNY 11-C2 (73) 587
ST PIERRE D AMILLY 6-C5 (17) 210
ST PIERRE D ARGENCON 11-C4 (05) ...110
ST PIERRE D ENTREMONT 11-C2 (73) .587
ST PIERRE D OLERON 9-B1 (17) 192
ST PIERRE DE BOEUF 11-A2 (42) 414
ST PIERRE DE BUZET 9-D5 (47) 445
ST PIERRE DE CERNIERES 2-E3 (27) ...276
ST PIERRE DE
CHARTREUSE 11-C2 (38) 378
ST PIERRE DE COLE 9-E2 (24) 258
ST PIERRE DE CURTILLE 11-C1 (73) 587
ST PIERRE DE FRUGIE 9-F2 (24) 258
ST PIERRE DE FURSAC 7-A5 (23) 245
ST PIERRE DE MAILLE 6-F4 (86) 697
ST PIERRE DE TRIVISY 13-C2 (81) 619
ST PIERRE DES TRIPIERS 10-D5 (48) ...450
ST PIERRE DU VAUVRAY 2-F2 (27) 276
ST PIERRE EN PORT 2-E1 (76) 599
ST PIERRE EYNAC 10-E3 (43) 417
ST PIERRE LA MER (11) 150
ST PIERRE LAFEUILLE 10-A4 (46) 441
ST PIERRE LAVAL 7-E5 (03) 93
ST PIERRE LE MOUTIER 7-D4 (58) 492
ST PIERRE QUIBERON 5-D4 (56) 485
ST PIERRE ROCHE 10-C2 (63) 518
ST PIERREVILLE 10-F4 (07) 131
ST PLANTAIRE 7-A5 (36) 367
ST POINT 7-F5 (71) 576
ST POINT LAC 8-D3 (25) 265
ST POL DE LEON 5-B1 (29) 296
ST POMPONT 9-F4 (24) 258
● ST PONS DE THOMIERES 13-C2 (34) 350
ST POURCAIN SUR SIOULE (03) 93
ST PREJET D ALLIER 10-E4 (43) 418
ST PRIEST DE GIMEL 10-B3 (19) 221
ST PRIEST DES CHAMPS 10-C1 (63) 518
ST PRIEST EN MURAT 7-C5 (03) 93
ST PRIEST LA ROCHE 10-F1 (42) 414
ST PRIM 11-A2 (38) 378
ST PRIVAT 10-B3 (19) 221
ST PRIVAT 10-F4 (07) 131
ST PRIVAT D ALLIER 10-E3 (43) 418
ST PRIVAT DE
CHAMPCLOS 10-F5 (30) 308
ST PRIX 7-E5 (03) 93
ST PRIX 7-E3 (71) 576
ST PROJET 10-A5 (82) 623
ST QUAY PORTRIEUX 5-D2 (22) 241
ST QUENTIN 1-D4 (02) 90
ST QUENTIN EN
TOURMONT 1-A3 (80) 615
ST QUENTIN EN YVELINES (78) 606
ST QUENTIN LA POTERIE 13-F1 (30) 308
ST QUIRIN 4-E4 (57) 489
ST RAMBERT D ALBON 11-A3 (26) 272
ST RAMBERT EN BUGEY 11-B1 (01) 87
ST RAPHAEL M13-M13 (83) 650
ST REMEZE 10-F5 (07) 131
ST REMY 9-D3 (24) 258
ST REMY DE BLOT 10-C1 (63) 518
ST REMY DE MAURIENNE 11-D2 (73) 587
ST REMY DE PROVENCE (13) 166
ST REMY LA VARENNE 6-D2 (49) 455
ST REMY SOUS BARBUISE 3-E4 (10) 144
ST REMY SUR AVRE 2-F4 (28) 278
ST REMY SUR DUROLLE 10-E1 (63) 518
ST RENAN 5-A2 (29) 296
ST REVEREND 6-A4 (85) 690
ST RIRAND 10-E1 (42) 414
ST ROBERT 9-F3 (19) 221
ST ROMAIN DE JALIONAS 11-B1 (38) ...378
ST ROMAIN DE POPEY 10-F1 (69) 571
ST ROMAIN DES ILES (71) 576
ST ROMAIN EN VIENNOIS 11-B5 (84) ...662
ST ROMAIN ET ST CLEMENT 9-F2 (24) .258
ST ROMAIN LE PUY 10-F2 (42) 414
ST ROMAIN SUR CHER 7-A2 (41) 411
ST ROMANS 11-B3 (38) 378
ST ROME DE DOLAN 10-D5 (48) 450
ST ROME DE TARN 13-C1 (12) 158
ST SALVADOU 10-B5 (12) 159
ST SALVADOUR 10-A2 (19) 221
ST SAMSON SUR RANCE 2-A4 (22) 241
ST SATUR 7-C2 (18) 214
ST SATURNIN 10-D2 (63) 519
ST SATURNIN DE LENNE 10-D5 (12) 159
ST SATURNIN LES APT 14-B1 (84) 662
ST SAUD LACOUSSIERE 9-E2 (24) 258
ST SAUVES D AUVERGNE 10-C2 (63) ...519
ST SAUVEUR 6-E4 (86) 697
ST SAUVEUR CAMPRIEU 13-D1 (30) 308
ST SAUVEUR DE
CRUZIERES 10-F5 (07) 131
ST SAUVEUR DE
MONTAGUT 10-F4 (07) 131
ST SAUVEUR EN DIOIS 11-B4 (26) 272
ST SAUVEUR EN PUISAYE 7-D2 (89) 709
ST SAUVEUR EN RUE 10-F3 (42) 414
ST SAUVEUR GOUVERNET 11-B5 (26) .272
ST SAUVEUR LE VICOMTE 2-B2 (50) [illegible]
ST SAUVEUR LENDELIN 2-B3 (50) 463
ST SAUVEUR SUR TINEE 11-E5 (06) 117
ST SAVIN 6-F4 (86) 697
ST SEBASTIEN 7-A5 (23) 245
ST SECONDIN 6-E5 (86) 697
ST SEINE L ABBAYE 8-A2 (21) 232
ST SETIERS 10-B2 (19) 221
ST SEURIN DE PRATS 9-D4 (24) 258
ST SEVER (40) 401
ST SEVER CALVADOS 2-C3 (14) 173
ST SEVERIN 9-E3 (16) 180
ST SIGISMOND DE
CLERMONT 9-C2 (17) 210
ST SIMEON DE
BRESSIEUX 11-B2 (38) 379
ST SIMON 10-C3 (15) 178
ST SIMON DE BORDES 9-C2 (17) 210
ST SIXTE 10-E1 (42) 414
ST SORLIN EN VALLOIRE 11-A3 (26) 272
ST SORNIN 9-B1 (17) 210
ST SORNIN LAVOLPS 10-A2 (19) 221
ST SOZY 10-A4 (46) 441
ST SULIAC 2-A4 (35) 364
ST SULPICE 10-B4 (46) 441
ST SULPICE D ARNOULT 9-C1 (17) 210
ST SULPICE DE MAREUIL 9-E2 (24) 258
ST SULPICE DE ROYAN 9-B2 (17) 210
ST SYLVESTRE 10-A1 (87) 701
ST SYLVESTRE DE
CORMEILLES 2-E2 (27) 276
ST SYLVESTRE SUR LOT 9-E5 (47) 445
ST SYMPHORIEN 9-C5 (33) 332
ST SYMPHORIEN 7-B4 (18) 215
ST SYMPHORIEN DE
THENIERES 10-C4 (12) 159
ST SYMPHORIEN LE VALOIS 2-B2 (50) .463
ST THEOFFREY 11-C3 (38) 379
ST THIBERY 13-D3 (34) 350
ST THOIS 5-B3 (29) 296
ST THOMAS DE CONAC 9-C2 (17) 210
ST THOMAS EN ROYANS 11-B3 (26) 272
ST THOME 11-A5 (07) 131
ST THURIN 10-E1 (42) 414
ST TROJAN LES BAINS 9-B1 (17) 193
ST URBAIN 6-A3 (85) 690
ST VAAST LA HOUGUE 2-B1 (50) 463
ST VALERIEN (85) 690
ST VALERY EN CAUX 2-F1 (76) 500
ST VALERY SUR SOMME 1-A3 (80) 615
ST VALLIER 11-A3 (26) 272
ST VALLIER DE THIEY 14-E2 (06) 117
ST VARENT 6-D3 (79) 609
ST VAURY 7-A5 (23) 245
ST VENERAND 10-E4 (43) 418
ST VICTOR 11-A3 (07) 131
ST VICTOR DE MALCAP 10-F5 (30) 308
ST VICTOR ET MELVIEU 13-C1 (12) 160
ST VICTOR SUR LOIRE 10-F2 (42) 414
ST VICTOUR 10-C2 (19) 221
ST VINCENT 10-E3 (43) 418
ST VINCENT DE BARRES 11-A4 (07) 131
ST VINCENT DE COSSE 9-F4 (24) 258
ST VINCENT DE DURFORT 11-A4 (07) ..132
ST VINCENT DE MERCUZE 11-C2 (38) .379
ST VINCENT DE PAUL 12-B2 (40) 401
ST VINCENT DE REINS 7-F5 (69) 571
ST VINCENT DU LOROUER 6-E1 (72) 580
ST VINCENT EN BRESSE 8-A4 (71) 576
ST VINCENT JALMOUTIERS 9-D3 (24) ..259
ST VINCENT LE PALUEL 9-F4 (24) 259
ST VINCENT LES FORTS 11-D5 (04) 101
ST VINCENT SUR GRAON 6-B4 (85) 690
ST VINCENT SUR JARD 6-A4 (85) 690
ST VINCENT SUR OUST 5-E4 (56) 486
ST VIVIEN 6-B5 (17) 210
ST VIVIEN DE MEDOC 9-B2 (33) 332
ST YORRE 10-D1 (03) 93
ST YRIEIX LA PERCHE 10-A2 (87) 701
ST YRIEIX LE DEJALAT 10-B2 (19) 221
ST YVY 5-B3 (29) 296

ST ZACHARIE 14-C2 (83) 652
STAPLE 1-C2 (59) 497
STE AGATHE LA BOUTERESSE 10-E1 (42) 414
STE ALVERE 9-E3 (24) 259
STE ANASTASIE SUR ISSOLE 14-D2 (83) 652
STE ANNE (97) 714
STE ANNE D AURAY 5-D4 (56) 486
STE BRIGITTE 5-D3 (56) 486
STE CATHERINE 10-F2 (69) 571
STE CATHERINE DE FIERBOIS 6-E3 (37) 371
STE CECILE 6-B4 (85) 690
STE CECILE D ANDORGE 10-E5 (30) 309
STE CHRISTINE 6-C5 (85) 690
STE COLOMBE 11-C5 (05) 110
STE COLOMBE SUR L HERS 13-B4 (11) 150
STE COLOME 12-C3 (64) 528
STE CROIX 8-B4 (71) 576
STE CROIX DE VERDON 14-D1 (04) 101
STE CROIX EN PLAINE 4-E5 (68) 568
STE CROIX VALLEE FRANCAISE 10-E5 (48) 450
STE CROIX VOLVESTRE 12-F3 (09) 141
STE ENGRACE 12-B3 (64) 528
STE ENIMIE 10-D5 (48) 450
STE EULALIE 10-F4 (07) 132
STE EULALIE D OLT 10-D5 (12) 160
STE EULALIE EN BORN 9-B5 (40) 401
STE FOY DE BELVES 9-F4 (24) 259
STE FOY LA GRANDE 9-D4 (33) 332
STE GEMME 6-C5 (81) 620
STE GEMME 6-C5 (17) 211
STE GEMMES SUR LOIRE 6-C2 (49) 455
STE GENEVIEVE SUR ARGENCE 10-C4 (12) 160
STE HELENE DU LAC 11-C2 (73) 587
STE HERMINE 6-B4 (85) 690
STE HONORINE DES PERTES 2-C2 (14) 173
STE JALLE 11-B5 (26) 272
STE LUCE SUR LOIRE (44) 430
STE LUCIE DE PORTO VECCHIO (2A) 225
STE MARGUERITE SUR MER 2-F1 (76) 600
STE MARIE 13-D4 (66) 556
STE MARIE AUX MINES 4-E5 (68) 568
STE MARIE DE CHIGNAC 9-F3 (24) 259
STE MARIE DE RE 6-B5 (17) 186
STE MARIE DU LAC NUISEMENT 3-F4 (51) 466
STE MARIE DU MONT 2-B2 (50) 463
STE MARIE KERQUE 1-B2 (62) 509
STE MARIE SUR OUCHE 8-A2 (21) 232
STE MAURE DE TOURAINE 6-E3 (37) 372
STE MAXIME 14-E3 (83) 652
STE MENEHOULD 4-A3 (51) 466
STE MERE EGLISE 2-B2 (50) 463
STE MONDANE 9-F4 (24) 259
STE MONTAINE 7-B2 (18) 215
STE NATHALENE 9-F4 (24) 259
STE OPPORTUNE LA MARE 2-E2 (27) 276
STE PEXINE 6-B4 (85) 690
STE RADEGONDE DES NOYERS 6-B5 (85) 691
STE REINE DE BRETAGNE 5-E5 (44) 430
STE SEVERE SUR INDRE 7-B4 (36) 367
STE SIGOLENE 10-F3 (43) 418
STE SUZANNE 2-D5 (53) 469
STE TERRE 9-D4 (33) 332
STEENBECQUE 1-C2 (59) 497
STEENVOORDE 1-C2 (59) 497
STENAY 4-A2 (55) 471
STILL 4-E4 (67) 564
STRASBOURG (67) 564
STURZELBRONN 4-E3 (57) 489
SUEVRES 7-A2 (41) 411
SUHESCUN 12-B3 (64) 529
SUMENE 13-E1 (30) 309
SUNDHOUSE 4-E5 (67) 564
SURBA 13-A4 (09) 142
SURGERES 6-C5 (17) 211
SURIS 9-E1 (16) 180
SURRAIN 2-C2 (14) 173
SURTAINVILLE 2-A2 (50) 464
SURZUR 5-D4 (56) 486
SUSSAC 10-A2 (87) 701
SUZE LA ROUSSE 11-A5 (26) 272
SUZY 1-D5 (02) 90

T

TADEN 2-A4 (22) 241
TAGLIO ISOLACCIO 15-C2 (2B) 230
TAILLEBOURG 9-C1 (17) 211
TAIN L HERMITAGE 11-A3 (26) 272
TAISNIERES SUR HON 1-E3 (59) 497
TALAIS 9-B2 (33) 334
TALASANI 15-C2 (2B) 230
TALIZAT 10-D3 (15) 178
TALLARD 11-C4 (05) 111
TALLER 12-B1 (40) 405
TALLOIRES 11-D1 (74) 595
TALMONT ST HILAIRE 6-A4 (85) 691
TAMNIES 9-F3 (24) 260
TANCROU 3-D3 (77) 604
TANINGES 8-D5 (74) 595
TANNERON 14-E2 (83) 654
TARADEAU 14-D2 (83) 654
TARASCON 14-A1 (13) 168
TARASCON SUR ARIEGE 13-A4 (09) 142
TARGASSONNE 13-B5 (66) 556
TARGET 7-D5 (03) 94
TARNAC 10-B2 (19) 221
TARNOS 12-A2 (40) 405
TARTAS 12-C1 (40) 405
TATTONE 15-B3 (2B) 230
TAUGON 6-C5 (17) 211
TAUPONT 5-E3 (56) 487
TAURIAC 10-A4 (46) 442
TAUTAVEL 13-C4 (66) 556
TAUVES 10-C2 (63) 519
TAUXIGNY 6-F3 (37) 372
TAYBOSC 12-E2 (32) 320
TAZILLY 7-E4 (58) 492
TEILLET 13-B1 (81) 620
TELGRUC SUR MER 5-B2 (29) 296
TENCE 10-F3 (43) 418
TENDE 11-F5 (06) 118
TENEUR 1-B3 (62) 509
TENNIE 2-D5 (72) 580
TERCIS LES BAINS 12-B2 (40) 405
TERMIGNON 11-E2 (73) 587
TERRASSON LAVILLEDIEU 10-A3 (24) 260
TESSY SUR VIRE 2-C3 (50) 464
TETEGHEM 1-C1 (59) 497
TEUILLAC 9-C3 (33) 334
THAIRE 6-B5 (17) 211
THAL MARMOUTIER 4-E3 (67) 564
THEGRA 10-A4 (46) 442
THEHILLAC 5-E4 (56) 487
THEIX 5-D4 (56) 487
THELIS LA COMBE 10-F2 (42) 414
THENIOUX 7-B2 (18) 215
THENON 9-F3 (24) 260
THERONDELS 10-C4 (12) 161
THEY SOUS MONTFORT 4-C5 (88) 706
THEYS 11-C2 (38) 379
THEZILLIEU 11-B1 (01) 88
THIAUCOURT REGNIEVILLE 4-C3 (54) 470
THIEBLEMONT FAREMONT 3-F4 (51) 466
THIEMBRONNE 1-B2 (62) 509
THIENNES 1-C2 (59) 497
THIERS (63) 519
THIEZAC 10-C3 (15) 178
THIL SUR ARROUX 7-E4 (71) 576
THILAY 1-F4 (08) 137
THIONVILLE 4-C2 (57) 489
THIRE 6-B4 (85) 692
THIVIERS 9-F2 (24) 261
THIZY 10-F1 (69) 571
THOARD 11-D5 (04) 102
THOIRAS 13-E1 (30) 309
THOIRETTE 8-B5 (39) 384
THOIRIA 8-C4 (39) 384
THOISSEY 8-A5 (01) 88
THONAC 9-F3 (24) 261
THONES 11-D1 (74) 595
THONNANCE LES MOULINS 4-B4 (52) 467
THONON LES BAINS (74) 595
THORAME BASSE 11-D5 (04) 102
THORAME HAUTE 11-D5 (04) 102
THORE LA ROCHETTE 6-F1 (41) 411
THOREE LES PINS 6-D1 (72) 580
THORENS GLIERES 11-D1 (74) 595
THORIGNY SUR MARNE 3-C3 (77) 604
THORS 9-D1 (17) 211
THOUARCE 6-C2 (49) 456
THOUARS 6-D3 (79) 609
THUEYTS 10-F4 (07) 133
THUIR 13-C4 (66) 560
THURINS 10-F2 (69) 571
THURY HARCOURT 2-D3 (14) 173
TIBIRAN JAUNAC 12-E3 (65) 538
TIFFAUGES 6-B3 (85) 692
TIGNES (73) 587
TIGY 7-B1 (45) 434
TIL CHATEL 8-B2 (21) 233
TILQUES 1-B2 (62) 509
TINTENIAC 2-A4 (35) 364
TOCANE ST APRE 9-E3 (24) 261
TOLLENT 1-B3 (62) 509
TOLLEVAST 2-B1 (50) 464
TONNAC 13-B1 (81) 620
TONNAY BOUTONNE 9-C1 (17) 211
TONNAY CHARENTE 9-C1 (17) 211
TONNEINS 9-E5 (47) 446
TONNERRE 7-E1 (89) 709
TONNOY 4-C4 (54) 470
TORCHAMP 2-C4 (61) 502
TORCY 7-F4 (71) 577
TORCY 3-C3 (77) 604
TORIGNI SUR VIRE 2-C3 (50) 464
TORREILLES 13-D4 (66) 560
TORTEFONTAINE 1-B3 (62) 510
TORTEQUESNE 1-D3 (62) 510
TOSSE 12-B2 (40) 406
TOUCY 7-D1 (89) 709
TOUET SUR VAR 14-E1 (06) 118
TOUFFAILLES 9-F5 (82) 623
TOUFFREVILLE SUR EU 1-A4 (76) 600
TOULON SUR ARROUX 7-F4 (71) 577
TOULOUSE (31) 315
TOULX STE CROIX 7-B5 (23) 245
TOUQUES 2-E2 (14) 173
TOUQUIN 3-D4 (77) 604
TOURBES 13-D2 (34) 352
TOURLAVILLE 2-B1 (50) 464
TOURNAN EN BRIE 3-C4 (77) 604
TOURNAVAUX 1-F4 (08) 137
TOURNEHEM SUR LA HEM 1-B2 (62) 510
TOURNIERES 2-C2 (14) 173
TOURNON ST MARTIN 6-F4 (36) 367
TOURNON SUR RHONE 11-A3 (07) 133
TOURNUS 8-A4 (71) 577
TOURRETTES 14-E2 (83) 655
TOURRETTES SUR LOUP 14-E1 (06) 118
TOURTOIRAC 9-F3 (24) 261
TOURY 3-B5 (28) 278
TOUSSAINT 2-E1 (76) 600
TOUTAINVILLE 2-E2 (27) 276
TOUTRY 7-E2 (21) 233
TOUZAC 9-F5 (46) 442
TRACY SUR MER 2-C2 (14) 173
TRADES 7-F5 (69) 571
TRAINEL 3-D4 (10) 145
TRAVES 8-C1 (70) 572
TREBAS 13-C1 (81) 620
TREBES 13-C3 (11) 150
TREBEURDEN 5-C1 (22) 241
TREBONS 12-D3 (65) 538
TREDION 5-E4 (56) 487
TREDREZ LOCQUEMEAU 5-C1 (22) 242
TREFFIAGAT 5-B4 (29) 296
TREFFIEUX 5-F4 (44) 430
TREFFORT 11-C3 (38) 379
TREFFORT CUISIAT 8-B5 (01) 88
TREFLEZ 5-B2 (29) 297
TREGARVAN 5-B2 (29) 297
TREGASTEL 5-C1 (22) 242
TREGOUREZ 5-C3 (29) 297
TREGUENNEC 5-B3 (29) 297
TREGUNC 5-B3 (29) 297
TREIGNAC 10-B2 (19) 221
TREIGNAT 7-B5 (03) 94
TRELEVERN 5-C1 (22) 242
TRELISSAC 9-E3 (24) 261
TRELOU SUR MARNE 3-E3 (02) 90
TREMARGAT 5-D2 (22) 242
TREMEOC 5-B3 (29) 297
TREMOLAT 9-E4 (24) 261
TREMOUILLE 10-C2 (15) 178
TRENTELS 9-F5 (47) 446
TREPT 11-B2 (38) 379
TREVENEUC 5-D2 (22) 242
TREVES 13-D1 (30) 309
TREVIERES 2-C2 (14) 173
TREVIGNIN 11-C1 (73) 587
TREVOU TREGUIGNEC 5-D1 (22) 242
TREVOUX (01) 88
TREVRON 2-A4 (22) 242
TREZELLES 7-E5 (03) 94
TRIAIZE 6-B5 (85) 693
TRIEL SUR SEINE 3-B3 (78) 606
TRIGUERES 7-D1 (45) 434
TRILPORT 3-C3 (77) 604
TRIZAC 10-C3 (15) 178
TROCHE 10-A2 (19) 221
TROGUES 6-E3 (37) 372
TRONGET 7-D5 (03) 94
TROUILLAS 13-C4 (66) 560
TROUVILLE 2-E2 (76) 600
TROUVILLE SUR MER 2-E2 (14) 174
TUCHAN 13-C4 (11) 150
TUFFE 2-E5 (72) 580
TULETTE 11-A5 (26) 272
TULLE 10-A3 (19) 221
TULLINS 11-B2 (38) 379
TUPIN ET SEMONS 11-A2 (69) 571
TURCKHEIM 4-E5 (68) 568
TURQUANT 6-D3 (49) 456
TURSAC 9-F3 (24) 261

U

UCCIANI (2A) 226
UCEL 10-F4 (07) 133
UCHIZY 8-A4 (71) 577
UR 13-B5 (66) 560
URBES 8-D1 (68) 568
URCAY 7-C4 (03) 94
URDENS 12-E1 (32) 320
URDOS 12-C4 (64) 529
UREPEL 12-A3 (64) 529
● URRUGNE 12-A2 (64) 529
URT 12-B2 (64) 530
URVILLE NACQUEVILLE 2-B1 (50) 464
USCLADES ET RIEUTORD 10-F4 (07) 133
USSEL 10-B2 (19) 221
USSON DU POITOU 6-E5 (86) 697
USSON EN FOREZ 10-E2 (42) 415
USSY SUR MARNE 3-D3 (77) 604
USTARITZ 12-A2 (64) 530
USTOU 12-F4 (09) 142
UXEM 1-C1 (59) 497
UZA 12-B1 (40) 406
UZER 10-F4 (07) 133
UZERCHE 10-A2 (19) 221
UZES 13-F1 (30) 309

V

VAAS 6-E1 (72) 581
VABRE 13-C2 (81) 620
VACQUEYRAS 11-B5 (84) 662
VACQUIERS 13-A2 (31) 315
VADENCOURT 1-D4 (02) 90
VAGNAS 10-F5 (07) 133
VAGNEY 4-D5 (88) 706
VAILLY SUR AISNE 1-D5 (02) 90
VAILLY SUR SAULDRE 7-C2 (18) 215
VAIRE 6-A4 (85) 693
VAISON LA ROMAINE 11-B5 (84) 662
VAISSAC 13-A1 (82) 623
VAL D ISERE 11-E2 (73) 587
VAL DE MEUSE 4-B5 (52) 467
VAL DE VESLE 3-F3 (51) 466
VAL DES PRES 11-D3 (05) 111
VALAURIE 11-A5 (26) 272
VALBELLE 11-C5 (04) 102
VALBONNAIS 11-C3 (38) 379
VALDEBLORE 11-E5 (06) 118
VALDIVIENNE 6-E4 (86) 697
VALDROME 11-C4 (26) 272
VALEILLES 9-F5 (82) 623
VALENCAY 7-A3 (36) 368
VALENCE (82) 623
VALENCE 11-A3 (26) 272
VALENCE D ALBIGEOIS 13-C1 (81) 620
VALENSOLE 14-C1 (04) 102
VALEUIL 9-E2 (24) 261
VALGORGE 10-F4 (07) 133
VALJOUFFREY 11-C3 (38) 379
VALLABREGUES 14-A1 (30) 310
VALLANGOUJARD 3-B3 (95) 714
VALLE DI CAMPOLORO 15-C2 (2B) 230
VALLERAUGUE 13-E1 (30) 310
VALLIERE 10-B1 (23) 245
VALLIERES 11-C1 (74) 595
VALLOIRE 11-D3 (73) 588
VALLON EN SULLY 7-C4 (03) 94
VALLON PONT D ARC 10-F5 (07) 134
VALLORCINE 11-E1 (74) 596
VALLOUISE 11-D4 (05) 111
VALOGNES 2-B2 (50) 464
VALOREILLE 8-D2 (25) 265
VALPRIVAS 10-E3 (43) 418
VALRAS PLAGE 13-D3 (34) 352
VALREAS 11-B5 (84) 662
VALS LES BAINS 10-F4 (07) 134
VALVIGNERES 10-F5 (07) 135
VANDELANS 8-C2 (70) 573
VANDENESSE 7-E3 (58) 493
VANDENESSE EN AUXOIS 7-F3 (21) 233
VANDIERES 3-E3 (51) 466
VANDRE 6-C5 (17) 212
VANLAY 3-E5 (10) 145
VANNES (56) 487
VARADES 6-B2 (44) 431
VARAVILLE 2-D2 (14) 174
VARCES ALLIERES ET RISSET 11-C3 (38) 379
VAREN 10-B5 (82) 623
VARENNES 13-A1 (82) 624
VARENNES EN ARGONNE 4-A2 (55) 471
VARENNES ST SAUVEUR 8-B4 (71) 577
VARENNES SUR ALLIER 7-D5 (03) 94
VARENNES SUR FOUZON 7-A3 (36) 368
VARENNES SUR LOIRE 6-D3 (49) 456

VARILHES 13-A3 (09) 143
VARINFROY 3-D3 (60) 500
VARREDDES 3-C3 (77) 604
VARZY 7-D2 (58) 493
VASLES 6-D4 (79) 609
VASSIEUX EN VERCORS 11-B3 (26) 272
VATAN 7-B3 (36) 368
VAUCHIGNON 7-F3 (21) 233
VAUDREUILLE 13-B2 (31) 315
VAUFREY 8-D2 (25) 265
VAULNAVEYS LE BAS 11-C3 (38) 379
VAUMAS 7-E4 (03) 94
VAUMEILH 11-C5 (04) 103
● VAUVERT 13-F2 (30) 310
VAUVILLE 2-D2 (14) 174
VAUVILLE 2-A1 (50) 464
VAUVILLERS 8-C1 (70) 573
VAUX LES ST CLAUDE 8-C5 (39) 384
VAUX SUR MER 9-B2 (17) 212
VAUX SUR SEINE 3-B3 (78) 606
VAYRAC 10-A3 (46) 442
VAZERAC 10-A5 (82) 624
VEBRET 10-C2 (15) 178
VEBRON 10-E5 (48) 451
VECOUX 4-D5 (88) 706
VEDENE 14-A1 (84) 662
VEIGNE 6-E2 (37) 372
VEIX 10-B2 (19) 221
VELLE SUR MOSELLE 4-C4 (54) 470
VELLES 7-A4 (36) 368
VELZIC 10-C3 (15) 178
VENACO 15-B3 (2B) 230
VENAREY LES LAUMES 7-F2 (21) 233
VENCE 14-E1 (06) 118
VENDAYS MONTALIVET 9-B2 (33) 334
VENDEUIL 1-D4 (02) 90
VENDOIRE 9-E2 (24) 261
VENDOME 6-F1 (41) 411
VENDRANGES 10-F1 (42) 415
VENDRENNES 6-B3 (85) 694
VENDRES 13-D3 (34) 354
VENEUX LES SABLONS 3-C5 (77) 604
VENOSC 11-C3 (38) 379
VENSAC 9-B2 (33) 336
VENTENAC 13-A4 (09) 143
VENTEROL 11-B5 (26) 272
VENTHON 11-D1 (73) 588
VERCHAIX 8-D5 (74) 596
VERCHENY 11-B4 (26) 272
VERCHIN 1-B3 (62) 510
VERCLAUSE 11-B5 (26) 273
VERCOIRAN 11-B5 (26) 273
VERDALLE 13-B2 (81) 620
VERDELOT 3-D3 (77) 604
VERDUN 4-B3 (55) 471
VERDUN 4-B3 (09) 143
VERDUN EN LAURAGAIS 13-B3 (11) 150
VERDUN SUR GARONNE 12-F1 (82) 624
VERDUN SUR LE DOUBS 8-A3 (71) 577
VERETZ 6-F2 (37) 372
VERGEROUX 9-B1 (17) 212
VERGIGNY (89) 709
VERGT 9-E3 (24) 261
VERGT DE BIRON 9-E4 (24) 261
VERIN 11-A2 (42) 415
VERLINCTHUN 1-A2 (62) 510
VERMENTON 7-E1 (89) 709
VERN D ANJOU 6-C2 (49) 456
VERNANTES 6-D2 (49) 456
VERNET 12-F2 (31) 315
VERNET LA VARENNE 10-D2 (63) 520
VERNET LES BAINS 13-C5 (66) 560
VERNEUIL EN HALATTE 3-C2 (60) 500
VERNEUIL SUR AVRE 2-F4 (27) 276
VERNEUIL SUR SEINE 3-B3 (78) 606
VERNIOZ 11-A2 (38) 380
VERNON 10-F4 (07) 135
VERNOU EN SOLOGNE 7-A2 (41) 411
VERNOUX EN VIVARAIS 11-A4 (07) 135
VERRIERES 3-E5 (10) 145
VERRIERES 10-D5 (12) 161
VERRIERES EN FOREZ 10-E2 (42) 415
VERRUYES 6-D4 (79) 609
VERS 10-A5 (46) 442
VERS PONT DU GARD 13-F1 (30) 310
VERSAILLES 3-B3 (78) 607
VERT EN DROUAIS 2-F4 (28) 278
VERTEILLAC 9-E2 (24) 261
VERTON 1-A3 (62) 510
VERTOU 5-F5 (44) 431
VESC 11-B4 (26) 273
VESDUN 7-C4 (18) 215
VESOUL (70) 573
VESSEAUX 10-F4 (07) 135
VEUIL 7-A3 (36) 368
VEULES LES ROSES 2-F1 (76) 600
VEULETTES SUR MER 2-E1 (76) 600
VEYNES 11-C4 (05) 111
VEYRIER DU LAC 11-C1 (74) 596
VEYRIGNAC (24) 261
VEYRINES DE DOMME 9-F4 (24) 262
VEYRINS THUELLIN 11-B2 (38) 380
VEZAC 9-F4 (24) 262
VEZELAY 7-E2 (89) 709
VEZIERES 6-D3 (86) 698
VIALA DU TARN 13-C1 (12) 161
VIALAS 10-E5 (48) 451
VIAM 10-B2 (19) 221
VIANE 13-C2 (81) 620
VIAS 13-D3 (34) 356
VIBRAYE 2-E5 (72) 581
VIC FEZENSAC 12-D2 (32) 320
VIC LA GARDIOLE 13-E2 (34) 359
VIC LE COMTE 10-D2 (63) 520
VIC SUR CERE 10-C3 (15) 178
VIC SUR SEILLE 4-D3 (57) 489
VICDESSOS 13-A4 (09) 143
VICHERES 2-F5 (28) 278
VICHY (03) 94
VICO 15-A3 (2A) 226
VIDAUBAN 14-D2 (83) 655
VIDECOSVILLE 2-B1 (50) 464
VIEILLE BRIOUDE 10-D3 (43) 418
VIELLE AURE 12-D4 (65) 538
VIELLE ST GIRONS 12-B1 (40) 406
VIELMUR SUR AGOUT 13-B2 (81) 620
VIELPRAT 10-E4 (43) 418
VIERVILLE SUR MER 2-C2 (14) 174
VIERZON (18) 215
VIEURE 7-C4 (03) 94
VIEUX 13-B1 (81) 621
VIEUX BOUCAU LES BAINS 12-A1 (40) 407
VIEUX MAREUIL 9-E2 (24) 262
VIEUX PONT 2-D4 (61) 502
VIGEOIS 10-A2 (19) 221
VIGNEC 12-D4 (65) 538
VIGNOLES 8-A3 (21) 233
VIHIERS 6-C3 (49) 456
VILLAINES LES ROCHERS 6-E3 (37) 373
VILLAMBLARD 9-E3 (24) 262
VILLANDRAUT 9-C5 (33) 336
VILLANIERE 13-C3 (11) 151
VILLAPOURCON 7-E3 (58) 493
VILLAR D ARENE 11-D3 (05) 111
VILLAR LOUBIERE 11-C4 (05) 111
VILLARD DE LANS 11-B3 (38) 380
VILLARDONNEL 13-B3 (11) 151
VILLAREMBERT 11-D3 (73) 588
VILLARS 9-E2 (24) 262
VILLARS 14-B1 (84) 663
VILLARS COLMARS 11-D5 (04) 103
VILLARS LES DOMBES 11 A1 (01) 88
VILLARS SANTENOGE 8-A1 (52) 467
VILLEBERNIER 6-D2 (49) 456
VILLEBOIS 11-D1 (01) 88
VILLECOMTAL 10-C4 (12) 161
VILLECROZE 14-D2 (83) 655
VILLEDIEU LES POELES 2-B3 (50) 464
VILLEDOMER 6-F2 (37) 373
VILLEFAGNAN 9-D1 (16) 180
VILLEFORT 10-E5 (48) 451
VILLEFRANCHE D ALBIGEOIS 13-B1 (81) 621
VILLEFRANCHE DE CONFLENT (66) 561
VILLEFRANCHE DE PANAT 13-C1 (12) 161
VILLEFRANCHE DE ROUERGUE 10-B5 (12) 161
VILLEFRANCHE DU PERIGORD 9-F4 (24) 262
VILLEFRANCHE DU QUEYRAN 9-D5 (47) 446
VILLEFRANCHE SUR CHER 7-B2 (41) 411
VILLEFRANCHE SUR SAONE 11-A1 (69) 571
VILLEGLY 13-C3 (11) 151
VILLEGOUGE 9-C3 (33) 336
VILLEGUSIEN LE LAC 8-B1 (52) 467
VILLELAURE 14-B2 (84) 663
VILLELONGUE DELS MONTS 13-C5 (66) 561
VILLEMER 3-C5 (77) 604
VILLEMOISAN 6-C2 (49) 456
VILLEMOUSTAUSSOU 13-C3 (11) 151
VILLEMURLIN 7-B1 (45) 434
VILLENEUVE 10-B5 (12) 161
VILLENEUVE D ALLIER 10-D3 (43) 418
VILLENEUVE DE BERG 10-F4 (07) 135
VILLENEUVE DE LA RAHO 13-D4 (66) 561
VILLENEUVE DE MARSAN 12-C1 (40) 408
VILLENEUVE LES AVIGNON 14-A1 (30) 310
VILLENEUVE LES BEZIERS (34) 359
VILLENEUVE LES GENETS 7-D1 (89) 710
VILLENEUVE LES MAGUELONE 13-E2 (34) 359
VILLENEUVE LOUBET 14-E2 (06) 118
VILLENEUVE SUR CHER 7-B3 (18) 215
VILLENEUVE SUR LOT 9-E5 (47) 446
VILLENEUVE SUR YONNE 3-D5 (89) 710
VILLENOUVELLE 13-A2 (31) 315
VILLEQUIER 2-E2 (76) 600
VILLEREAU 3-B5 (59) 497
VILLEREST 10-E1 (42) 415
VILLEROUGE LA CREMADE (11) ....
VILLERS BRULIN 1-C3 (62) 510
VILLERS HELON 3-D2 (02) 90
VILLERS LE LAC 8-D3 (25) 265
VILLERS LES NANCY (54) 470
VILLERS SIRE NICOLE 1-E3 (59) 497
VILLERS ST PAUL 1-C5 (60) 500
VILLERS SUR AUTHIE 1-A3 (80) 615
VILLERS SUR MER 2-D2 (14) 174
VILLERS SUR MEUSE 4-B3 (55) 472
VILLERSEXEL 8-D2 (70) 573
VILLERVILLE 2-E2 (14) 174
VILLES SUR AUZON 14-B1 (84) 663
VILLETOUREIX 9-E3 (24) 262
VILLETTE D ANTHON 11-B1 (38) 380
VILLEVAUDE 3-C3 (77) 604
VILLEY LE SEC 4-C4 (54) 470
VILLIERS CHARLEMAGNE 6-C1 (53) 469
VILLIERS FOSSARD 2-C2 (50) 464
● VILLIERS LE MORHIER 3-A4 (28) 278
VILLIERS ST DENIS 3-D3 (02) 90
VILLIERS SUR ORGE 3-B4 (91) 712
VILLIEU LOYES MOLLON 11-B1 (01) 88
VILLY LE MOUTIER 8-A3 (21) 233
VILOSNES HARAUMONT 4-B2 (55) 472
VILSBERG 4-E3 (57) 490
VIMOUTIERS 2-E3 (61) 502
VINAY 11-B3 (38) 380
VINCA 13-C4 (66) 561
VINCELLES 7-E1 (89) 710
VINEUIL 7-A2 (41) 411
VINEZAC 10-F4 (07) 135
VINON SUR VERDON 14-C2 (83) 655
VINSOBRES 11-B5 (26) 273
VINZIER 8-D5 (74) 596
VIOLAINES 1-C2 (62) 510
VIOLES 11-A5 (84) 663
VION 11-A3 (07) 135
VIRE (14) 174
VIREUX MOLHAIN 1-F3 (08) 137
VIRIAT 8-B5 (01) 88
VIRIEU LE GRAND 11-B1 (01) 88
VIRONCHAUX 1-B3 (80) 615
VISAN 11-A5 (84) 663
VISSAC AUTEYRAC 10-E3 (43) 418
VITRAC 9-F4 (24) 262
VITRAC 10-B4 (15) 178
VITRAC SUR MONTANE 10-B2 (19) 221
VITRE (35) 364
VITROLLES (13) 168
VITRY AUX LOGES 7-B1 (45) 434
VITRY LE FRANCOIS 3-F4 (51) 466
VITTEAUX 7-F2 (21) 233
VITTEFLEUR 2-E1 (76) 600
VITTEL 4-C5 (88) 706
VIVARIO 15-B3 (2B) 230
VIVEROLS 10-E2 (63) 520
VIVIERS 11-A5 (07) 135
VIVONNE 6-E5 (86) 698
VIX 6-C5 (85) 694
VIZILLE 11-C3 (38) 380
VOGUE 10-F4 (07) 135
VOISEY 8-C1 (52) 467
VOLCKERINCKHOVE 1-B2 (59) 497
VOLESVRES 7-F4 (71) 577
VOLLORE VILLE 10-E1 (63) 520
VOLONNE 11-C5 (04) 103
VOLSTROFF 4-C2 (57) 490
VOLVIC 10-D1 (63) 520
VOLX 14-C1 (04) 103
VONNAS 8-A5 (01) 88
VOREY 10-E3 (43) 418
VOUECOURT 4-A5 (52) 467
VOUGLANS (39) 384
VOUHE 6-D4 (79) 609
VOUILLE 6-D4 (86) 698
VOUILLE LES MARAIS 6-C5 (85) 694
VOUNEUIL SUR VIENNE 6-E4 (86) 698
VOUTEZAC 10-A3 (19) 221
VOUVRAY 6-F2 (37) 373
VOVES 3-A5 (28) 278
VOYENNES 1-C4 (80) 615
VRAIGNES EN VERMANDOIS 1-D4 (80) 615
VUILLAFANS 8-C3 (25) 265

W

WABEN 1-A3 (62) 510
WACQUINGHEN 1-A2 (62) 510
WANGENBOURG ENGENTHAL 4-E4 (67) 564
WARHEM 1-C1 (59) 497
WARLAING 1-D3 (59) 497
WARLINCOURT LES PAS 1-C3 (62) 510
WASSELONNE 4-E4 (67) 564
WASSY 4-A4 (52) 467
WATTEN 1-B2 (59) 498
WATTRELOS 1-D2 (59) 498
WATTWILLER 8-E1 (68) 568
WAVRECHAIN SOUS FAULX 1-D3 (59) 498
WIHR AU VAL 4-E5 (68) 568
WILLEMAN 1-B3 (62) 510
WILLER SUR THUR 8-E1 (68) 568
WIMEREUX 1-A2 (62) 510
WINGEN SUR MODER 4-E3 (67) 564
WINNEZEELE 1-C2 (59) 498
WISSANT 1-A2 (62) 510
WITTES 1-C2 (62) 510
WOIGNARUE 1-A3 (80) 615
WUENHEIM 8-E1 (68) 568
WULVERDINGHE 1-B2 (59) 498

X

XIROCOURT 4-C4 (54) 470
XONRUPT LONGEMER 4-D5 (88) 706

Y

YCHOUX 9-B5 (40) 408
YENNE 11-C1 (73) 588
YEVRES 2-F5 (28) 278
YPORT 2-E1 (76) 600
YSSINGEAUX 10-F3 (43) 418
YVES 6-B5 (17) 212
YVOIRE 8-D5 (74) 596
YVRE L EVEQUE 2-E5 (72) 581
YZERON 10-F2 (69) 571
YZEURES SUR CREUSE 6-F4 (37) 373
YZOSSE 12-B2 (40) 408

Z

ZEGERSCAPPEL 1-C2 (59) 498
ZONZA 15-B4 (2A) 226
ZUTKERQUE 1-B2 (62) 510
ZUYDCOOTE 1-C1 (59) 498
ZUYTPEENE 1-C2 (59) 498

Photo : F. Lutz

ATLAS ROUTIER

AVEC LA SITUATION GÉOGRAPHIQUE DE TOUS LES TERRAINS DE CAMPING

Vous trouverez dans les deux pages suivantes, le tracé du découpage de la carte de France en quinze zones, ainsi que la légende des cartes.

LÉGENDE DES CARTES

échelle : 1 / 1 000 000

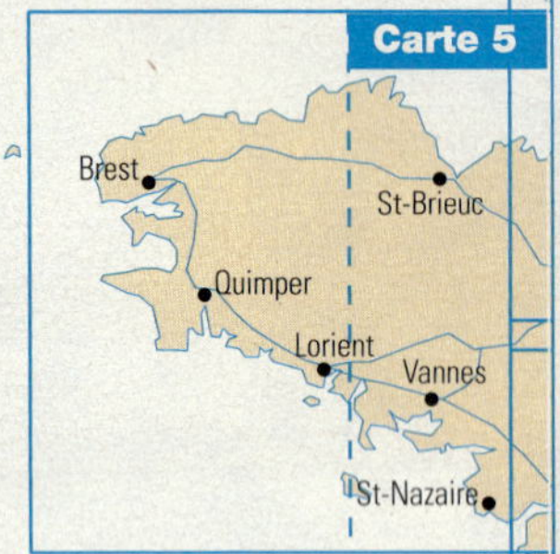

Les cartes de l'atlas routier sont numérotées suivant le découpage présenté sur cette double page

AUTOROUTES

En service — A9 - L'Océane

En construction ou en projet

ROUTES

Voie express

Route à chaussées séparées

Route à 4 voies

Grande route

Route secondaire

TRAFIC

National

Régional

Local

ÉCHANGEURS

Complet

Partiel

BALISES DE KILOMÉTRAGE

Sur autoroute — 10

Sur route — 10

LIMITES

D'État

De région

De département

Ville où se situe au moins un terrain de camping aménagé

Ville où se situe au moins un terrain rural ou à la ferme

Ville où se situe au moins un terrain ouvert à l'année — Tanneron

AGGLOMÉRATIONS

Masse bâtie

Métropole

Grande ville

Ville importante

Ville moyenne

Petite ville

FORÊTS

PARCS

Limite

Zone centrale de parc national

Zone périphérique de parc national et zone de parc régional

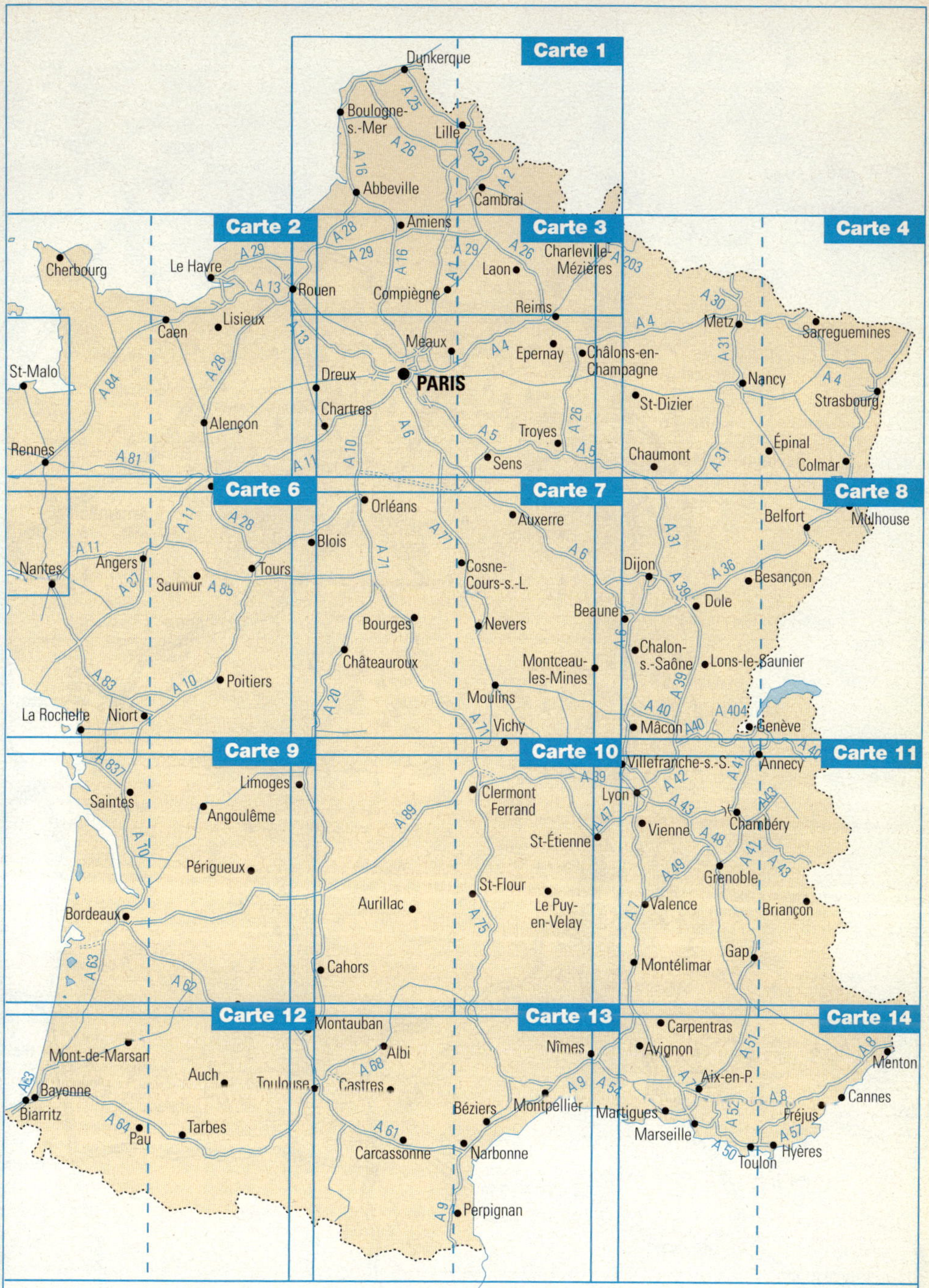

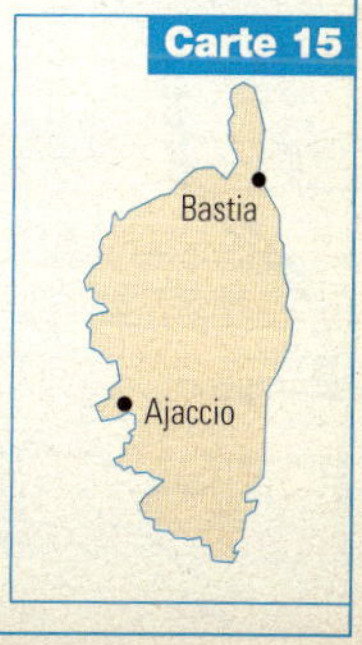

Cartographie

Sélection du Reader's Digest

Réalisée par

éditerra

90, rue Nationale
75013 Paris
Tél : +33 (0)1 45 84 30 84
Fax : +33 (0)1 45 86 67 79
www.editerra.fr

A
B
C
1
2
3
4
5
Sandwich
Deal
Dover
Folkestone
PAS DE CALAIS
Oostende
Nieuwpoort
Koksijde
De Panne
Veurne
Bray-Dunes
Diksmuide
Dunkerque
Calais
Gravelines
Grd-Fort-Philippe
Sangatte
Cap Blanc-Nez
Marck
Merkem
Beveren
Bergues
Rexpoede
Poperinge
Ieper
Wijtschate
Cap Gris-Nez
Wissant
Audinghen
Ambleteuse
Wimereux
Guînes
Ardres
Audruicq
Watten
Licques
Cassel
Steenvoorde
Bailleul
Boulogne-s.-Mer
Le Portel
Équihen-Plage
Desvres
Nielles-lès-Bléquin
Lumbres
St-Omer
Arques
Hazebrouck
Armentières
Merville
Samer
Dannes
Camiers
Hucqueliers
Aire
Lillers
Pas-de-Calais
62
Béthune
Le Touquet-Paris-Plage
Étaples
Cucq
Merlimont
Montreuil
Fruges
Heuchin
Carvin
Noeux-les-Mines
Lens
Liévin
Hénin-B
Berck
Beaurainville
Blangy
Houdain
Vimy
Fort-Mahon-Plage
St-Pol-s.-Ternoise
Aubigny
Quend
Douriez
Fillièvres
Arras
Rue
Labroye
Frévent
Avesnes
Baie de la Somme
Le Crotoy
Crécy-en-P.
Auxi-le-Ch.
Beaumetz-lès-Loges
St-Valéry-s.-Somme
Nouvion
Lucheux
Cayeux-s.-Mer
Doullens
Lanchères
Abbeville
Bernaville
Ault
Mers-les-Bains
Le Tréport
Criel-s.-Mer
Moyenneville
Ailly
Somme
80
Bapaume
Eu
Hallencourt
Villers-Bocage
Albert
Oisemont
Blangy-s.-Br.
Picquigny
Corbie
Péronne
Envermeu
Molliens-Dreuil
Amiens
Hornoy
Boves
Londinières
Chaulnes
Aumale
Poix
Moreuil
Neufchâtel-en-B.
Conty
Ailly
Nesle
St-Saëns
Roye
Forges-les-Eaux
Formerie
Grandvilliers
Montdidier
Breteuil
Buchy
Clères
Argueil
Songeons
Crèvecœur-le-Grand
Marseille-en-B.
Froissy
Maignelay-Montigny
Lassigny
Gournay-en-Bray
Oise
60
St-Just-en-Chaussée
Ressons
Ribécourt-Dreslincourt
Beauvais
Compiègne
Estrées-St-Denis
Boos
Clermont
Charleval
Liancourt
Étrepagny
Noailles
Pont-Ste-Maxence

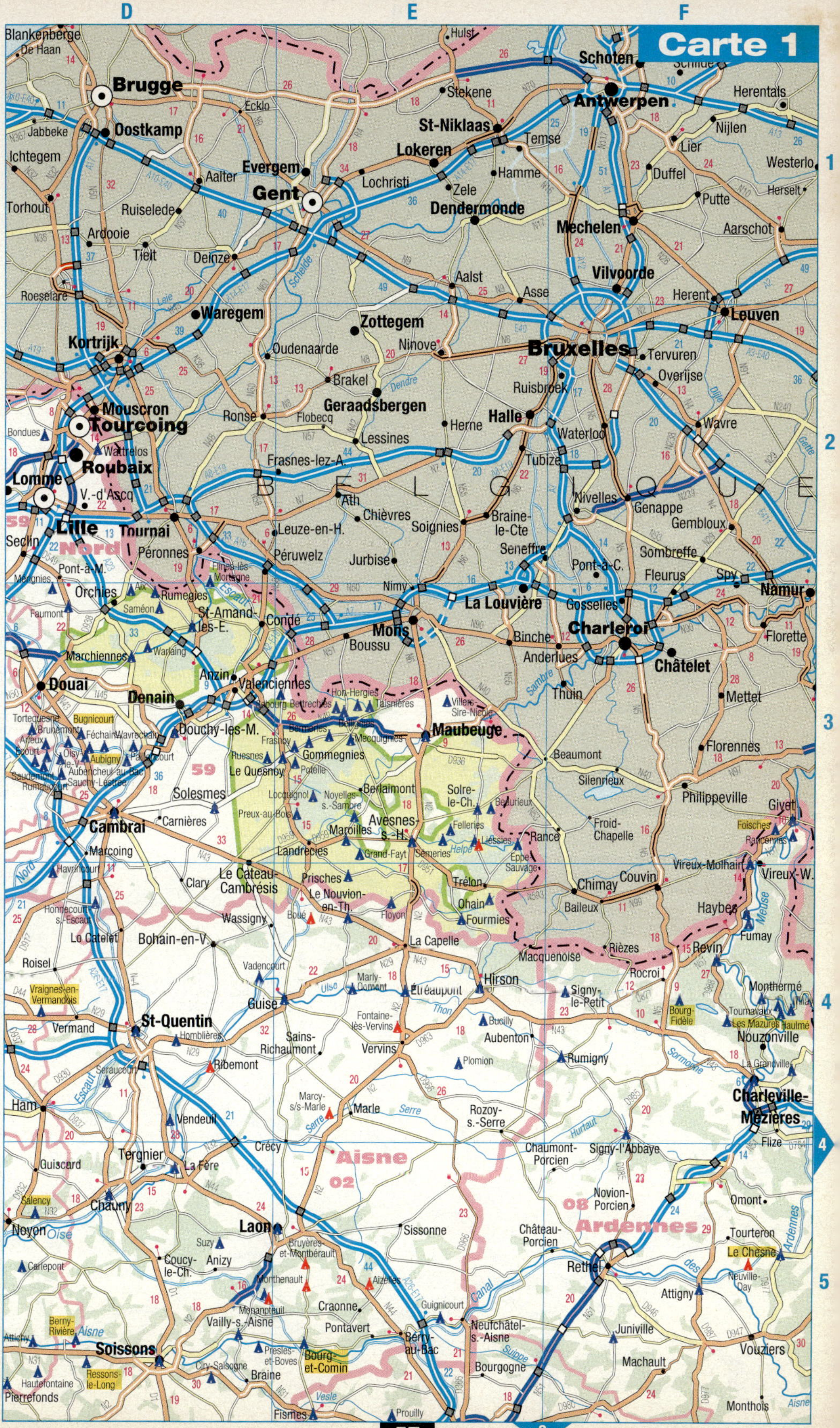
Carte 1
D
E
F
1
2
3
4
5
Blankenberge
De Haan
Brugge
Oostkamp
Jabbeke
Ichtegem
Torhout
Ruiselede
Ardooie
Tielt
Roeselare
Aalter
Eeklo
Evergem
Gent
Deinze
Waregem
Kortrijk
Zottegem
Oudenaarde
Ninove
Brakel
Geraardsbergen
Mouscron
Tourcoing
Roubaix
Wattrelos
Bondues
Lomme
Lille
V.-d'Ascq
Seclin
Tournai
Ronse
Flobecq
Lessines
Frasnes-lez-A.
Ath
Leuze-en-H.
Chièvres
Péruwelz
Péronnes
Pont-à-M.
Orchies
Rumegies
St-Amand-les-E.
Condé
Mons
Boussu
Jurbise
Nimy
Soignies
Hulst
Stekene
St-Niklaas
Lokeren
Lochristi
Temse
Hamme
Zele
Dendermonde
Aalst
Asse
Herne
Halle
Bruxelles
Ruisbroek
Tubize
Waterloo
Braine-le-Cte
Seneffe
Nivelles
La Louvière
Binche
Anderlues
Thuin
Charleroi
Gosselies
Châtelet
Pont-à-C.
Fleurus
Sombreffe
Genappe
Gembloux
Wavre
Overijse
Tervuren
Leuven
Herent
Vilvoorde
Mechelen
Putte
Aarschot
Duffel
Lier
Nijlen
Herentals
Westerlo
Herselt
Schoten
Antwerpen
Namur
Spy
Floreffe
Mettet
Florennes
Philippeville
Beaumont
Silenrieux
Froid-Chapelle
Chimay
Couvin
Baileux
Rièzes
Viroux-Molhain
Vireux-W.
Givet
Haybes
Fumay
Revin
Rocroi
Monthermé
Nouzonville
Charleville-Mézières
Flize
B E L G I Q U E
Nord
59
Douai
Marchiennes
Denain
Anzin
Valenciennes
Douchy-les-M.
Le Quesnoy
Solesmes
Cambrai
Carnières
Marcoing
Le Cateau-Cambrésis
Landrecies
Maroilles
Avesnes-s.-H.
Maubeuge
Berlaimont
Solre-le-Ch.
Trélon
Fourmies
Le Nouvion-en-Th.
Wassigny
Clary
Bohain-en-V.
Le Catelet
Roisel
Vraignes-en-Vermandois
Vermand
St-Quentin
Guise
La Capelle
Hirson
Signy-le-Petit
Aubenton
Rumigny
Vervins
Sains-Richaumont
Ribemont
Marle
Rozoy-s.-Serre
Ham
Vendeuil
Tergnier
La Fère
Crécy
Chauny
Noyon
Guiscard
Aisne
02
Laon
Sissonne
Coucy-le-Ch.
Anizy
Soissons
Vailly-s.-Aisne
Craonne
Pontavert
Berry-au-Bac
Neufchâtel-s.-Aisne
Bourgogne
Braine
Fismes
Pierrefonds
Chaumont-Porcien
Signy-l'Abbaye
Novion-Porcien
Château-Porcien
08
Ardennes
Rethel
Attigny
Juniville
Machault
Vouziers
Monthois
Tourteron
Le Chesne
Omont
4
3

A
B
C
1
2
3
4
5
6
Alderney (Aurigny)
Cap de la Hague
Omonville-la-Rogue
Urville-Nacqueville
Beaumont
Querqueville
Vauville
Cherbourg
Équeurdreville-H.
Tourlaville
Bretteville
Fermanville
Cosqueville
Gatteville-le-Phare
Pointe de Barfleur
Maupertus
Barfleur
Réville
Quettehou
St-Vaast-la-Hougue
Siouville-Hague
Tollevast
Flamanville
Videcosville
Les Pieux
St-Germain-le-Gaillard
Valognes
Quinéville
Le Rozel
L'Étang-Bertrand
Montebourg
St-Marcouf
Surtainville
Bricquebec
Ravenoville
Baie de la
Sark
Sénoville
Beaubigny
Les Moitiers-d'Allonne
St-Sauveur-le-Vicomte
Ste-Marie-du-Mont
Ste-Mère-Église
Douve
Barneville
St-Jean-de-la-R.
St-Georges-de-la-R.
Portbail
St-Lô-d'Ourville
Picauville
Grandcamp-Maisy
Isigny-s.-Mer
La Cambe
Vierville-s.-Mer
Ste-Honorine-des-P.
Port-en-Bessin
Colleville-s.-Mer
Formigny
Tracy-s.-Mer
St-Côme-de-Fresne
Manvieux
Asnelles
Arromanches
Jersey
Denneville
St-Symphorien-le-Valois
La Haye-du-Puits
Carentan
Trévières
Surrain
Etreham
Bayeux
Creully
Montmartin-en-Graignes
Bernesq
St-Martin-de-Blagny
Crouay
Martragny
St-Hélier
St-Germain-s.-Ay
Lessay
St-Jean-de-Daye
Tournières
Argouges
Noron-la-Poterie
Créances
Périers
Manche
Cerisy-la-F.
Tilly-s.-Seulles
Pirou
St-Martin-d'Aubigny
Villiers-Fossard
Balleroy
Géffosses
Anneville-s.-Mer
St-Sauveur-Lendelin
Litteau
Cahagnolles
Gouville-s.-Mer
Marigny
St-Lô
Tortonne
Aure
Blainville-s.-Mer
Canisy
Caumont-l'Éventé
Agon-Coutainville
Coutances
Cahagnes
Dampierre
Montpinchon
Cerisy-la-Salle
Regnéville-s.-Mer
Montmartin-s.-Mer
Torigni-s.-Vire
Aunay
Annoville
Tessy-s.-Vire
Hauteville-s.-Mer
Quettreville-s.-Sienne
Domjean
St-Martin-des-Besaces
Iles Chausey (Grande Ile)
Bricqueville-s.-Mer
Hambye
St-Jean-le-Blanc
Bréhal
Gavray
Percy
Pont-Farcy
Sienne
Vire
Bréville-s.-Mer
Coudeville
Donville-les-Bains
Beauchamps
St-Germain-du-Crioult
Granville
St-Sever
Anctonville-s.-Bosq
La Haye-Pesnel
Villedieu-les-Poêles
Vassy
Condé-s.-Noireau
St-Pair-s.-Mer
Bourguenolles
St-Martin-de-Tallevende
Cerisy-Belle-Étoile
Jullouville
Tinchebray
Cap Fréhel
Pointe du Grouin
St-Jean-le-Thomas
Montviron
Brécey
Chérencé-le-Roussel
Flers
St-Cast-le-Guildo
St-Coulomb
Baie du Mont St-Michel
Dragey
Sée
Les Cresnays
Sourdeval
St-Malo
Cancale
Genêts
Avranches
Ger
Messei
St-Lunaire
Dinard
St-Méloir-des-Ondes
Juvigny-le-T.
St-Jacut-de-la-Mer
St-Briac
La Richardais
St-Benoît-des-Ondes
Le Mont St-Michel
Courtils
Céaux
Pontaubault
Isigny-le-Buat
Romagny
Mortain
St-Bomer-les-Forges
Lancieux
Jouan-des-Guérets
Le Vivier-s.-Mer
Matignon
St-Pere
Hirel
Cherrueix
Roz-s.-Couesnon
Servon
La Ferrière-aux-Étangs
St-Lormel
Pleurtuit
St-Guinoux
Ducey
Ploubalay
Le Minihic
St-Marcan
Beauvoir
Ardevon
Barenton
Houlle
Champsecret
Plessix-Balisson
La Ville-es-N.
Mont-Dol
Dol-de-B.
La Croix-Avranchin
St-Laurent-de-Terregatte
St-Hilaire-du-H.
Sélune
Plancoët
Pleudihen-sur-R.
Baguer-Pican
Pontorson
Macey
St-James
St-Georges-de-Reintembault
St-Mars-d'Égrenne
Domfront
Bourseul
St-Samson-s.-Rance
Le Teilleul
Juvigny-s/s-A.
Taden
Épiniac
Torchamp
Plorec-sur-Arguenon
Corseul
Dinan
Passais
Cuguen
Louvigné-du-Désert
Landivy
St-Fraimbault
Ceaucé
Antrain
Trévron
Montours
St-Brice-en-C.
Pontmain
Lassay-les-Ch.
Évran
Combourg
Landéan
Gorron
St-Domineuc
Chauvigné
Sens-de-Bretagne
Fougères
Ambrières-les-Vallées
Guitté
Tinténiac
Feins
Caulnes
Broons
Bécherel
Hédé
St-Médard-s.-Ille
Médréac
Rance
Ille-et-Vilaine
35
St-Aubin-d'Aubigné
St-Aubin-du-Cormier
Couesnon
Châtillon-en-Vendelais
Ernée
Mayenne
Chailland
St-Christophe-des-Bois
St-Méen-le-Grand
Montauban-de-Bretagne
Bédée
Liffré
La Croixille
La Baconnière
Andouillé
Gaël
Meu
Iffendic
Montfort
Rennes
Vitré
Argentré
Montsûrs
Mordelles
St-Malon-s.-Mel
Concoret
Paimpont
Bruz
Châteaugiron
Argentré-du-Plessis
Le Pertre
Loiron
St-Berthevin
Laval
Plélan-le-G.
St-Malo-de-Beignon
Porcaro
Bourg-des-Comptes
Janzé
Marcillé-Robert
La Selle-Guerchaise
Cossé-le-Vivien

D
E
F
Carte 2
Seine-Maritime
76
Calvados
14
Eure
27
Orne
61
Sarthe
72
Mayenne
53
Seine
Cap d'Antifer
Cap de la Hève
Dieppe
Fécamp
Étretat
Le Havre
Montivilliers
Bolbec
Lillebonne
Yvetot
Pavilly
Rouen
Honfleur
Trouville
Deauville
Caen
Lisieux
Pont-Audemer
Elbeuf
Louviers
Évreux
Bernay
Falaise
Argentan
Vimoutiers
L'Aigle
Verneuil-s.-Avre
Alençon
Mortagne-au-Perche
Nogent-le-Rotrou
Mamers
La Ferté-Bernard
Le Mans
Châteaudun
Évron
Sées
Dreux
1
2
3
4
5
6

A
B
C
1
2
3
4
5
7
Amiens
Albert
Péronne
Abbeville
Gamaches
Blangy-s.-Br.
Oisemont
Hallencourt
Picquigny
Villers-Bocage
Corbie
Boves
Envermeu
Londinières
Aumale
Neufchâtel-en-B.
Poix
Hornoy
Molliens-Dreuil
Conty
Ailly
Moreuil
Chaulnes
Nesle
Roye
Montdidier
Breteuil
Grandvilliers
Formerie
Forges-les-Eaux
St-Saëns
Buchy
Clères
Argueil
Songeons
Marseille-en-B.
Crèvecœur-le-Grand
Froissy
Maignelay-Montigny
St-Just-en-Chaussée
Lassigny
Ressons
Ribécourt-Dreslincourt
Gournay-en-Bray
Oise
60
Beauvais
Clermont
Compiègne
Estrées-St-Denis
Liancourt
Pont-Ste-Maxence
Crépy-en-Valois
Creil
Montataire
Senlis
Chantilly
Méru
Noailles
Boos
Charleval
Lyons-la-Forêt
Étrepagny
Gisors
Les Andelys
Louviers
Gaillon
Vernon
Évreux
Écos
Magny
Val-d'Oise 95
Pontoise
Cergy
Beaumont-s.-Oise
L'Isle-A.
Luzarches
Ermenonville
Nanteuil
Dammartin-en-G.
Meaux
Mitry-Mory
Limay
Mantes
Meulan
Vigny
Épône
Poissy
Triel
St-Germain-en-Laye
Nanterre
St-Denis
Bobigny
Montmorency
Goussainville
Domont
Paris
75
93
Versailles
Créteil
94
Yvelines
78
Houdan
Dreux
Vernouillet
Nonancourt
Marcilly-s.-Eure
St-André-de-l'Eure
Breuilpont
Montfort-l'Amaury
Trappes
Orsay
Palaiseau
Évry
Corbeil
Brie-Comte-R.
Rozay
Melun
Rambouillet
Nogent-le-Roi
Maintenon
Châteauneuf-en-Th.
Chartres
Lucé
Auneau
Dourdan
St-Arnoult-en-Yvelines
Montlhéry
Arpajon
Étampes
Étréchy
La Ferté-Alais
Milly-la-Forêt
Fontainebleau
Montereau
Nemours
Malesherbes
Pithiviers
Puiseaux
Château-Landon
Souppes-s.-Loing
Dordives
Ferrières
Montargis
Beaune-la-Rolande
Chambon-la-F.
Artenay
Patay
Toury
Janville
Outarville
Andonville
Voves
Orgères-en-Beauce
Bonneval
Châteaudun
Cloyes-s.-le-Loir
Brou
Dangeau
Illiers-Combray
Courville-s.-Eure
Eure-et-Loir
28
91
77
Seine
Loing
Eure
Loir

Carte 3
D
E
F
1
2
3
4
5
7
Le Catelet
Bohain-en-V.
La Capelle
Macquenoise
Rièze
Rocroi
Roisel
Vadencourt
Guise
Marly-Gomont
Étréaupont
Hirson
Signy-le-Petit
Monthermé
Vraignes-en-Vermandois
Oise
Thon
Bucilly
Bourg-Fidèle
Tournavaux
Les Mazures
Haulmé
Vermand
St-Quentin
Homblières
Sains-Richaumont
Fontaine-lès-Vervins
Vervins
Aubenton
Nouzonville
Ribemont
Plomion
Rumigny
La Grandville
Ham
Seraucourt
Marcy-s/s-Marle
Marle
Serre
Rozoy-s.-Serre
Charleville-Mézières
Vendeuil
Crécy
Chaumont-Porcien
Signy-l'Abbaye
Flize
Guiscard
Tergnier
La Fère
Aisne
02
Hurtaut
Salency
Chauny
Novion-Porcien
Omont
Noyon
Laon
Sissonne
08
Ardennes
Château-Porcien
Tourteron
Le Chesne
Suzy
Bruyères-et-Montbérault
Carlepont
Coucy-le-Ch.
Anizy
Rethel
Neuville-Day
Attigny
Monthenault
Aizelles
Craonne
Guignicourt
Canal
Juniville
Berny-Rivière
Vailly-s.-Aisne
Pontavert
Neufchâtel-s.-Aisne
Vouziers
Attichy
Soissons
Presles-et-Boves
Bourg-et-Comin
Berry-au-Bac
Suippe
Bourgogne
Machault
Hautefontaine
Ressons-le-Long
Ciry-Salsogne
Braine
Pierrefonds
Vesle
Fismes
Prouilly
Reims
Monthois
Beine-Nauroy
Villers-Hélon
Villers-Cotterêts
Oulchy-le-Ch.
Fère
Ourcq
Neuilly-St-Front
Ville-s.-Tourbe
Val-de-Vesle
Minaucourt-le-Mesnil-lès-Hurlus
Verzy
Vandières
Varinfroy
Rosoy-en-Multien
Château-Thierry
Trélou-s.-Marne
Marne
Épernay
Isles-lès-M.
Mary-s.-Marne
Tancrou
Villiers-St-Denis
Charly
Condé-en-Brie
Igny-Comblizy
Avize
Châlons-en-Champagne
Changis-s.-Marne
Ussy-s.-M.
Saacy-s.-M.
Nogent-l'Artaud
St-Jean-les-Deux-Jumeaux
La Ferté-s/s-J.
Montmort-Lucy
Vertus
Marson
Écury
St-Cyr-s.-Morin
Petit Morin
La Trétoire
Verdelot
Montmirail
Étoges
Marne
51
Rebais
Le Gault-Soigny
Pommeuse
Coulommiers
St-Martin-des-Champs
Morsains
Fère-Champenoise
Neuvy
Esternay
Marolles
Luxémont-et-Villotte
Vitry-le-François
Touquin
Amillis
Aubetin
La Ferté-Gaucher
Le Plessis-Feu-Aussoux
Sézanne
Connantré
Sompuis
Thiéblemont-F.
Beton-Bazoches
Villiers-St-Georges
Le Meix-St-Époing
Larzicourt
Arrigny
Ste-Marie-du-Lac-Nuisement
Chenoise
Louan-Villegruis-Fontaine
Anglure
Aube
Châtillon-s.-Broué
Giffaumont
Nangis
Provins
Barbuise
St-Just-Sauvage
Arcis-s.-Aube
Chavanges
Donnemarie-Dontilly
Nogent-s.-Seine
Conflans-s.-S.
Romilly
Pont-s.-Seine
Méry-s.-Seine
St-Rémy-s/s-Barbuise
Montier-en-Der
Gouaix
St-Hilaire-s/s-Romilly
Seine
Bray-s.-Seine
Trainel
Aube
10
Lesmont
Soulaines-Dhuys
Brienne
Marcilly-le-Hayer
Piney
Radonvilliers
Sergines
Dosches
Dienville
La Bosse-Montceaux
Ste-Savine
Troyes
Jessains
Pont-s.-Yonne
Courgenay
Estissac
Bucey
Lusigny
Géraudot
Vendeuvre
Bar-s.-Aube
Fontaine-la-Gaillarde
Villeneuve-l'Arch.
Aix-en-Othe
Verrières
Mesnil-St-Père
Sens
Molinons
Vanne
Bouilly
Clérey
Eaux-Puiseaux
Villeneuve-s.-Yonne
Cerisiers
Bar-s.-S.
89
Yonne
Ervy
Vanlay
Essoyes
St-Hilaire-les-Andrésis
St-Julien-du-Sault
Cézy
St-Florentin
Riel-les-Eaux
Mussy-s.-Seine
Chuelles
Joigny
Brienon-s.-A.
Germigny
Les Riceys

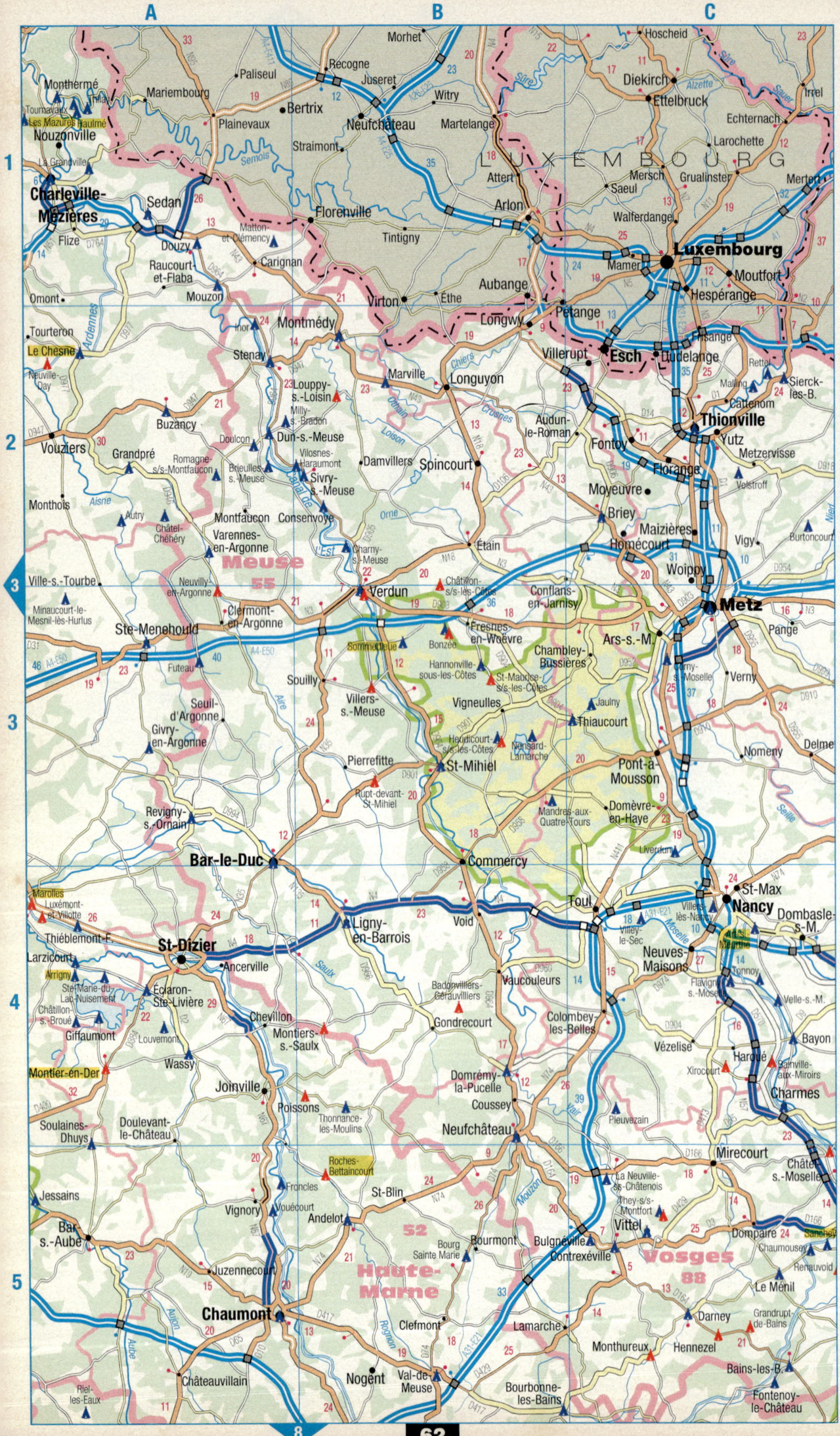
A
B
C
1
2
3
4
5
LUXEMBOURG
Luxembourg
Morhet
Hoscheid
Paliseul
Recogne
Juseret
Witry
Diekirch
Ettelbruck
Monthermé
Mariembourg
Bertrix
Neufchâteau
Martelange
Echternach
Plainevaux
Straimont
Larochette
Nouzonville
Semois
Attert
Mersch
Grualinster
Mertert
Charleville-Mézières
Sedan
Florenville
Arlon
Saeul
Walferdange
Tintigny
Mamer
Moutfort
Douzy
Carignan
Flize
Raucourt-et-Flaba
Mouzon
Aubange
Hespérange
Virton
Éthe
Pétange
Longwy
Omont
Tourteron
Le Chesne
Montmédy
Esch
Dudelange
Frisange
Villerupt
Stenay
Marville
Longuyon
Louppy-s.-Loisin
Sierck-les-B.
Cattenom
Thionville
Yutz
Buzancy
Vouziers
Grandpré
Dun-s.-Meuse
Audun-le-Roman
Fontoy
Florange
Metzervisse
Damvillers
Spincourt
Sivry-s.-Meuse
Moyeuvre
Briey
Maizières
Homécourt
Montfaucon
Consenvoye
Varennes-en-Argonne
Étain
Meuse 55
Ville-s.-Tourbe
Verdun
Conflans-en-Jarnisy
Woippy
Metz
Clermont-en-Argonne
Ste-Menehould
Fresnes-en-Woëvre
Chambley-Bussières
Ars-s.-M.
Pange
Verny
Souilly
Villers-s.-Meuse
Vigneulles
Thiaucourt
Seuil-d'Argonne
Givry-en-Argonne
Pierrefitte
St-Mihiel
Pont-à-Mousson
Nomeny
Revigny-s.-Ornain
Domèvre-en-Haye
Bar-le-Duc
Commercy
Liverdun
Toul
St-Max
Nancy
Dombasle-s.-M.
St-Dizier
Ligny-en-Barrois
Void
Neuves-Maisons
Ancerville
Vaucouleurs
Éclaron-Ste-Livière
Chevillon
Montiers-s.-Saulx
Gondrecourt
Colombey-les-Belles
Vézelise
Bayon
Charmes
Wassy
Joinville
Domrémy-la-Pucelle
Coussey
Poissons
Neufchâteau
Mirecourt
Doulevant-le-Château
Jessains
St-Blin
Vittel
Contrexéville
Bulgnéville
Bourmont
Andelot
Vignory
Dompaire
Bar-s.-Aube
52 Haute-Marne
Vosges 88
Juzennecourt
Chaumont
Clefmont
Lamarche
Darney
Châteauvillain
Nogent
Val-de-Meuse
Monthureux
Hennezel
Bains-les-B.
Bourbonne-les-Bains
Fontenoy-le-Château

Carte 4
D
E
F
1
2
3
4
5
Bernkastel-Kues
Hetzerath
Trittenheim
Morbach
Ehrang
Trier
Konz
Pellingen
Saarburg
Trassem
Zerf
Hermeskeil
Katzenloch
Birkenfeld
Idar-Oberstein
Kirn
Sobernheim
Gemünden
Winterbach
Bad-Kreuznach
Wöllstein
Guntersblum
Alzey
Westhofen
Alsenz
Kirchheimbolanden
Meisenheim
Sien
Lauterecken
Rockenhausen
Monsheim
Marnheim
Worms
Grünstadt
Frankenthal
Winnweiler
Enkenbach-Alsenborn
Bad-Dürkheim
Nohfelden
Baumholder
Altenglan
Kusel
Reichenbac-Steegen
Warden
Mettlach
Losheim
Schmelz
ST-Wendel
Ramstein
Landsthul
Kaiserslautern
Frankenstein
Merzig
Lebach
Ottweiler
Lambrecht
Neustadt
Hassloch
Dillingen
Neunkirchen
Heusweiler
Edenkoben
Lachen-Speyerdorf
Saarlouis
Sulzbach
St-Ingbert
Homburg
Waldfischbach-Burgalben
Landau
Bouzonville
Völklingen
Püttlingen
Blieskastel
Zweibrücken
Saarbrücken
Pirmasens
Annweiler-am-Trifels
Belheim
Forbach
Hornbach
Dahn
Rheinzabern
Boulay-Moselle
Volmunster
Bad-Bergzabern
Kandel
Freyming-Merlebach
Sarreguemines
Wörth-am-R.
Carling
St-Avold
Neufgrange
Bitche
Sturzelbronn
Wissembourg
Hambach
Rohrbach-lès-Bitche
Lembach
Lauterbourg
Faulquemont
Puttelange-aux-Lacs
Rémering-lès-P.
Holving
Sarralbe
Keskastel
Mouterhouse
Baerenthal
Niederbronn-les-Bains
Soultz-s/s-F.
Wingen-s.-Moder
Woerth
Munchhausen
Seltz
Grostenquin
Sarre-Union
Harskirchen
Drulingen
La Petite-Pierre
Rastatt
Moselle
57
Morhange
Eschwiller
Fénétrange
Bouxwiller
Issenhausen
Haguenau
Bischwiller
Château-Salins
Mittersheim
Dosseinheim-s.-Zinsel
Baden-Baden
Dieuze
Rhodes
Langatte
Phalsbourg
Hochfelden
Brumath
Vic-s.-Seille
Sarrebourg
Henridorff
Saverne
Bühl
Thal-Marmoutier
Marmoutier
Rheinau
Ottersweiler
Arracourt
Gondrexange
Lorquin
Dabo
Bas-Rhin
Parroy
Romanswiller
Schiltigheim
Achern
Meurthe-et-Moselle
54
Abreschviller
St-Quirin
Wangenbourg-Engenthal
Wasselonne
67
Kehl
Strasbourg
Oberkirch
Lunéville
Blâmont
Cirey-s.-Vezouze
Oberhaslach
Heiligenberg
Molsheim
Offenburg
Badonviller
Schirmeck
Grendelbruch
Mollkirch
Rosheim
Blaesheim
Gerbéviller
Baccarat
La Broque
Rothau
Boersch
Obernai
Erstein
Gengenbach
Magnières
Raon-l'Étape
Celles-s.-Plaine
Belmont
Natzwiller
Barr
Gerstheim
Bertrichamps
Le Hohwald
St-Pierre
Friesenheim
Benfeld
Senones
Moyenmoutier
Breitenbach
Dambach-la-Ville
Biberach
Rambervillers
Saales
Bassemberg
Villé
Epfig
Boofzheim
Lahr
Wolfach
Ban-de-Sapt
Rhinau
Ebersheim
Rombach-le-Franc
St-Dié
Lièpvre
Sélestat
Ettenheim
Haslach-im-Kinzigtal
Ste-Marie-aux-Mines
Herbolzheim
Brouvelieures
Gemaingoutte
Elzach
Bruyères
La Chapelle-dvt-B.
Anould
Aubure
Ribeauvillé
Bergheim
Kenzingen
Emmendingen
Fraize
Riquewihr
Marckolsheim
Épinal
Herpelmont
Corcieux
Gerbépal
La Bonhomme
Kaysersberg
Endigen
Granges-s.-V.
Barbey-Seroux
Orbey
Rehaupal
Xonrupt-Longemer
Turckheim
Colmar
Furtwangen
Liézey
Labaroche
Le Tholy
Gérardmer
Soultzeren
Logelbach
Biesheim
Breisach-am-Rhein
Freiburg-im-Breisgau
Munster
Gunsbach
Ste-Croix-en-Plaine
Neuf-Brisach
St-Nabord
La Bresse
Luttenbach-près-M.
Wihr-au-Val
Obermorschwihr
Remiremont
Vagney
Mittlach
Metzeral
Eguisheim
Oberaasheim
Geiswasser
Kirchzarten
Sondernach
Osenbach
Haut-Rhin
Plombières-les-Bains
Le Val-d'Ajol
Saulxures-s.-Moselotte
Cornimont
Kruth
Lautenbach
Rouffach
Bad-Krozingen
Titisee
Rupt-s.-M.
Oderen
Ranspach
Lautenbachzell
Guebwiller
Reguisheim
68
Staufen-im-Breisgau
Rhin
Canal
Leopolds

8

A
B
C
1
2
3
4
5
Perros-Guirec
Trégastel
Pleumeur-Bodou
Trébeurden
Lannion
Roscoff
St-Pol-de-Léon
Brignogan-Plage
Plouescat
Cléder
Guissény
Plouguerneau
Plougasnou
Carantec
Locquirec
Lanmeur
Plestin-les-G.
Lesneven
Lannilis
Ploudalmézeau
Ile d'Ouessant
Lampaul
Porspoder
Plourin
Taulé
Morlaix
Plouaret
Plabennec
Landivisiau
Plouigneau
Belle-Isle-en-Terre
Landerneau
Plougonven
St-Renan
Brest
Ile Molène
Le Conquet
Plougastel-Daoulas
Commana
Plougonver
Pointe St-Mathieu
Sizun
Huelgoat
Callac
Daoulas
Logonna-Daoulas
Lanvéoc
Camaret-s.-Mer
Landévennec
MER
Crozon
Morgat
Brasparts
Finistère 29
Carhaix-Plouguer
Maël-Carhaix
Pleyben
Rostrenen
Cap de la Chèvre
Baie de Douarnenez
Châteaulin
D'IROISE
Châteauneuf-du-F.
Pointe du Raz
Plonévez-Porzay
Gourin
Ile de Sein
Plogoff
Audierne
Douarnenez
Briec
Plogonnec
Quimper
Coray
Plouhinec
Pouldergat
Landudec
Le Faouët
Scaër
Baie d'Audierne
Rosporden
Pouldreuzic
Bannalec
Plonéour-Lanvern
Fouesnant
Pont-l'Abbé
Concarneau
Quimperlé
Plouay
Penmarch
Loctudy
Pont-Aven
Pointe de Penmarc'h
Guilvinec
Trégunc
Pont-Scorff
Moëlan-s.-Mer
Guidel
Hennebont
Clohars-Carnoët
Iles de Glénan
Lorient
Lanester
Ploemeur
Larmor-Plage
Port-Louis
Ile de Groix
OCÉAN
Sauzon
Belle-Ile
ATLANTIQUE

Carte 5

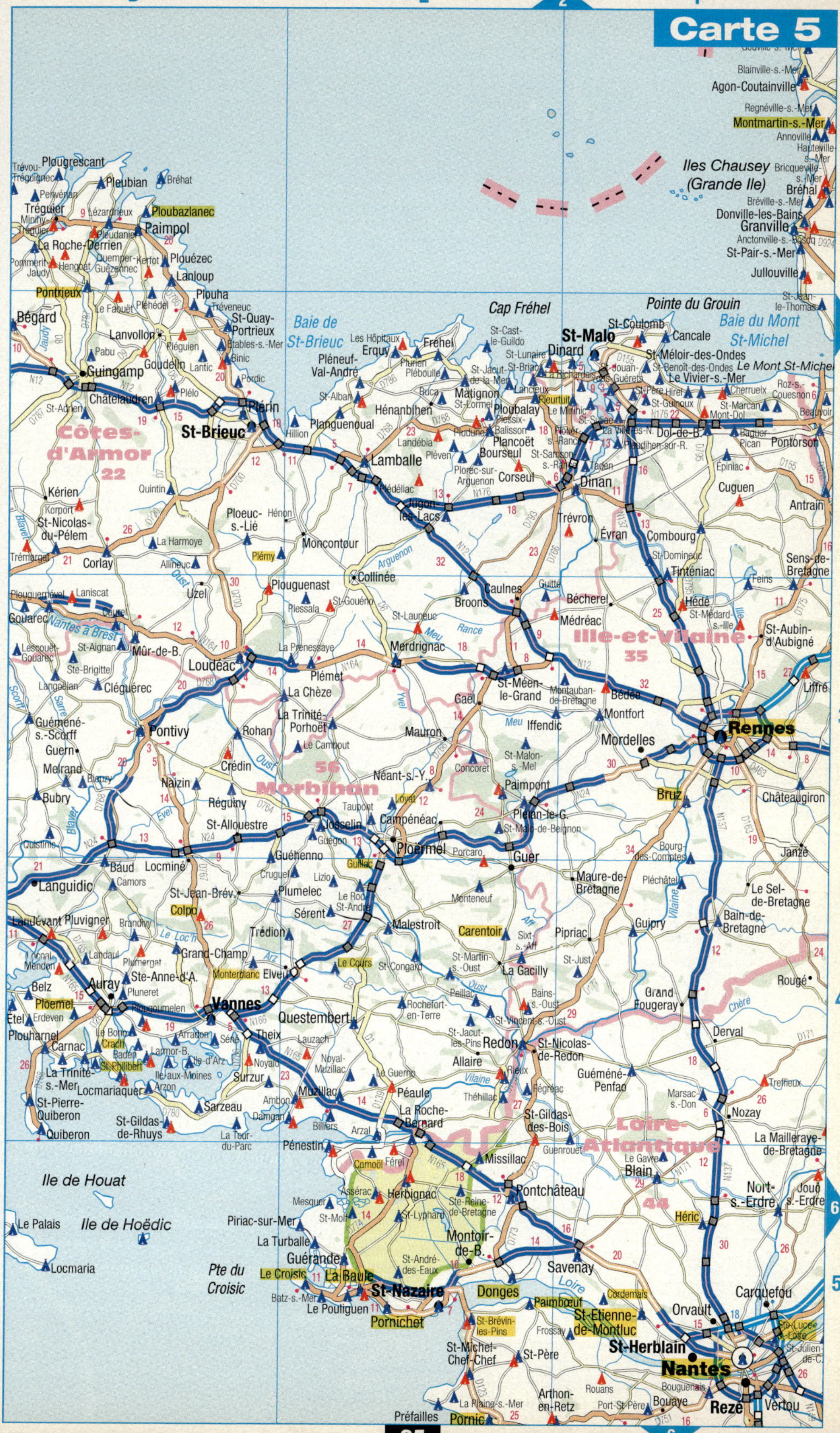
D
E
F
1
2
3
4
5
6
Iles Chausey (Grande Ile)
Agon-Coutainville
Montmartin-s.-Mer
Bréhal
Granville
Donville-les-Bains
St-Pair-s.-Mer
Jullouville
Plougrescant
Pleubian
Bréhat
Tréguier
Ploubazlanec
Paimpol
La Roche-Derrien
Plouézec
Lanloup
Pontrieux
Plouha
Bégard
St-Quay-Portrieux
Baie de St-Brieuc
Cap Fréhel
Pointe du Grouin
Baie du Mont St-Michel
Le Mont St-Michel
Guingamp
Châtelaudren
St-Brieuc
Plérin
Côtes-d'Armor 22
Erquy
Fréhel
Pléneuf-Val-André
St-Malo
Dinard
Cancale
Dol-de-B.
Pontorson
Lamballe
Matignon
Ploubalay
Plancoët
Dinan
Jugon-les-Lacs
Moncontour
Ploeuc-s.-Lié
Corlay
Uzel
Collinée
Broons
Caulnes
Combourg
Tinténiac
Hédé
Sens-de-Bretagne
St-Aubin-d'Aubigné
Liffré
Loudéac
Mûr-de-B.
Merdrignac
St-Méen-le-Grand
Montauban-de-Bretagne
Bédée
Montfort
Rennes
Ille-et-Vilaine 35
Pontivy
Rohan
La Trinité-Porhoët
Mauron
Iffendic
Mordelles
Châteaugiron
56 Morbihan
Josselin
Ploërmel
Paimpont
Plélan-le-G.
Guer
Bruz
Janzé
Languidic
Baud
Locminé
St-Jean-Brév.
Malestroit
Carentoir
Maure-de-Bretagne
Le Sel-de-Bretagne
Bain-de-Bretagne
Auray
Vannes
Elven
Questembert
La Gacilly
Pipriac
Grand Fougeray
Rougé
Redon
St-Nicolas-de-Redon
Derval
Carnac
Quiberon
Sarzeau
St-Gildas-de-Rhuys
Muzillac
Péaule
La Roche-Bernard
Allaire
Guémené-Penfao
Nozay
Loire-Atlantique 44
Ile de Houat
Ile de Hoëdic
Le Palais
Locmaria
Pénestin
Herbignac
Pontchâteau
Missillac
Blain
Héric
Nort-s.-Erdre
Piriac-sur-Mer
La Turballe
Guérande
Pte du Croisic
Le Croisic
La Baule
St-Nazaire
Pornichet
Montoir-de-B.
Savenay
Donges
Cordemais
St-Etienne-de-Montluc
Orvault
Carquefou
St-Herblain
Nantes
Rezé
Vertou
Bouaye
St-Brévin-les-Pins
St-Michel-Chef-Chef
St-Père
Arthon-en-Retz
Préfailles
Pornic

A
B
C
2
1
2
3
4
5
5
9
St-Malo-de-Beignon
Porcaro
Guer
Maure-de-Bretagne
Bourg-des-Comptes
Pléchâtel
Monteneuf
Carentoir
Sixt-s.-Aff
Pipriac
Guipry
Bain-de-Bretagne
St-Martin-s.-Oust
La Gacilly
St-Just
Grand-Fougeray
Peillac
Bains-s.-Oust
St-Vincent-s.-Oust
St-Jacut-les-Pins
Redon
St-Nicolas-de-Redon
Allaire
Rieux
Guémené-Penfao
Derval
Marsac-s.-Don
Nozay
Théhillac
Fégréac
St-Gildas-des-Bois
Loire-Atlantique
Guenrouet
Missillac
Le Gavre
Blain
Pontchâteau
Ste-Reine-de-Bretagne
Montoir-de-B.
Savenay
Héric
Donges
Paimbœuf
Cordemais
St-Etienne-de-Montluc
St-Brévin-les-Pins
Frossay
St-Herblain
Orvault
Nantes
St-Michel-Chef-Chef
St-Père
Rouans
Bouguenais
Bouaye
Rezé
Vertou
Arthon-en-Retz
Port-St-Père
La Plaine-s.-Mer
Pornic
La Bernerie-en-Retz
Les Moûtiers-en-Retz
St-Hilaire-de-Chaléons
St-Même-le-Tenu
St-Philbert-de-G.-L.
Bourgneuf-en-Retz
Machecoul
Bouin
Bois-de-Céné
Beauvoir-s.-Mer
St-Gervais
La Garnache
La Barre-de-M.
Sallertaine
St-Urbain
Challans
Le Perrier
N.-D.-de-Monts
Soullans
St-Christophe-du-Ligneron
Grand' Landes
St-Jean-de-Monts
Commequiers
N.-D.-de-Riez
St-Hilaire-de-Riez
St-Gilles-Croix-de-Vie
L'Aiguillon-la-Chaize
Brétignolles-s.-Mer
Landevieille
Brem-s.-Mer
Givrand
Coëx
Apremont
Le Fenouiller
St-Révérend
Aizenay
Palluau
St-Paul-Mont-Penit
Maché
Le Poiré
Legé
Touvois
Rocheservière
St-Etienne-du-Bois
Les Lucs
La Chaize-Giraud
St-Julien-des-Landes
La Chapelle-Hermier
Vairé
La Mothe-Achard
La Chapelle-Achard
Le Girouard
St-Mathurin
L'Ile-d'Olonne
Olonne-s.-Mer
Grosbreuil
Nieul-le-Dolent
Château-d'Olonne
Pointe de l'Aiguille
Les Sables-d'Olonne
Talmont St-Hilaire
Avrillé
Jard-s.-Mer
St-Vincent-s.-Jard
Longeville-s.-Mer
St-Hilaire-la-F.
Le Bernard
Angles
La Tranche-s.-Mer
Noirmoutier-en-l'Ile
L'Epine
La Guérinière
Barbâtre
Ile de Noirmoutier
N.-D.-de-Monts
Ile d'Yeu
Janzé
Marcillé-Robert
Le Sel-de-Bretagne
Retiers
La Selle-Guerchaise
La Guerche-de-B.
St-Aignan-s.-Roë
La Selle-Craonnaise
Martigné-Ferchaud
Rougé
Pouancé
Châteaubriant
St-Julien-de-Vouvantes
Treffieux
Moisdon-la-Rivière
Challain-la-Potherie
La Meilleraye-de-Bretagne
Riaillé
Candé
St-Mars-la-Jaille
Nort-s.-Erdre
Joué-s.-Erdre
Ligné
Ancenis
Varades
Oudon
Drain
Bouzillé
La Varenne
Carquefou
Ste-Luce-s.-Loire
St-Julien-de-C.
Montrevault
Vallet
Geste
Beaupréau
Aigrefeuille-s.-Maine
Maisdon-s.-Sèvre
Clisson
Montfaucon
Montbert
Boussay
Tiffauges
La Bruffière
Mortagne-s.-S.
Montaigu
La Guyonnière
La Boissière-de-Montaigu
Les Herbiers
Chambretaud
Les Epesses
St-Fulgent
Mesnard-la-Barotière
Vendrennes
Mouchamps
Les Essarts
St-Vincent-Sterlanges
Ste-Cécile
La Ferrière
Mouilleron-le-Captif
Vendée
La Roche-s.-Yon
Les Loges
St-Germain-de-Prinçay
Chantonnay
Bournezeau
Nesmy
St-Florent-des-Bois
Chaillé-s/s-les-Ormeaux
Rosnay
St-Vincent-s.-Graon
St-Avaugourg
Le Champ-St-Père
Mareuil-s.-Lay-Dissais
Moûtiers-les-M.
Le Givre
Ste-Pexine
Moutiers-s.-le-Lay
Thiré
Bessay
Ste-Hermine
L'Hermenault
Luçon
Nalliers
St-Cyr-en-Talmondais
St-Benoist
St-Denis-du-P.
Grues
Triaize
Chaillé-les-Marais
Puyravault
St-Radegonde-des-Noyers
La Faute-s.-Mer
L'Aiguillon-s.-Mer
St-Michel-en-l'Herm
Champagné-les-Marais
L'Ile-d'Elle
Marans
Pertuis Breton
Les Portes-en-Ré
Loix
St-Clément-des-Baleines
Ars-en-Ré
St-Martin-de-Ré
La Couarde-s.-Mer
La Flotte
Le Bois-Plage-en-Ré
Ste-Marie-de-Ré
Rivedoux-Plage
Esnandes
Nieul-s.-Mer
L'Houmeau
St-Xandre
Andilly
Lagord
Puilboreau
La Rochelle
Aytré
Angoulins
La Jarne
Salles-s.-Mer
St-Vivien
Châtelaillon-Pl.
Ile d'Aix
Pertuis d'Antioche
St-Denis-d'Oléron
La Brée-les-Bains
Ile-d'Aix
Yves
Thairé
Ballon
Cossé-le-Vivien
Villiers-Charlemagne
Meslay-du-Maine
Craon
Château-Gontier
Grez-en-Bouère
Bouère
Bierné
Ménil
Daon
Miré
Nyoiseau
Segré
La Jaille-Yvon
Noyant-la-Gravoyère
Châteauneuf-s.-Sarthe
Brissarthe
Vern-d'Anjou
Le Lion-d'Angers
Montreuil-s.-M.
Grez-Neuville
Cheffes
Tiercé
Feneu
Le Louroux-Béconnais
Montreuil-Juigné
Villemoisan
Angers
Ingrandes
Le Fresne-s.-Loire
Champtocé-s.-Loire
Montjean-s.-Loire
Ste-Gemmes-s.-L.
Bouchemaine
Les Ponts-de-Cé
Brain-s.-l'Authion
La Daguenière
La Pommeraye
La Possonnière
Savennières
Chalonnes
Mûrs-Erigné
Brissac-Quincé
Chaudefonds-s.-Layon
St-Aubin-de-Luigné
Rochefort-s.-Loire
Rablay-s.-Layon
Chanzeaux
St-Lambert-du-Lattay
Thouarcé
Maine-et-Loire
Chemillé
Martigné-Briand
Vihiers
Cholet
St-Paul-du-Bois
St-Maurice-la-Fougereuse
Argenton-Château
La Tessoualle
St-Laurent-s.-Sèvre
St-Malô-du-Bois
Mauléon
Argenton
La Coudre
Deux-Sèvres
La Pommeraie-s.-Sèvre
Cerizay
Bressuire
Pouzauges
St-André-s.-Sèvre
Moncoutant
Mouilleron-en-Pareds
Bazoges-en-Pareds
La Tardière
La Châtaigneraie
L'Absie
Secondigny
St-Martin-Lars-en-Ste-Hermine
Le Beugnon
Fenioux
Mervent
Foussais-Payré
Le Retail
Pulhardy
Fontenay-le-Comte
Coulonges-s.-l'Autize
Champdeniers-St-Denis
St-Michel-le-Cloucq
St-Hilaire-des-Loges
Le Langon
Nieul-s.-l'Autise
Vouillé-les-Marais
Le Poiré-sur-V.
Vix
Maillezais
Maillé
Ste-Christine
Damvix
Le Mazeau
Coulon
Sèvre Niortaise
Magné
Niort
Taugon
La Ronde
La Grève-s.-Mignon
Arçais
Sansais
Courçon
St-Hilaire-la-Palud
Nuaillé-d'Aunis
Benon
Ste-Gemme
Mauzé-s.-le-Mignon
St-Christophe
St-Pierre-d'Amilly
Marigny
Beauvoir-s.-Niort
Aigrefeuille-d'A.
Landrais
Surgères
Vandré
Cire-d'Aunis
Genouillé
Loulay
Le Vert
Dampierre-s.-Boutonne
Loire
Vilaine
Oust
Aff
Chère
Erdre
Don
Oudon
Mayenne
Evre
Sèvre Nantaise
Maine
Boulogne
Vie
Yon
Lay
Vendée
44
49
79
85
A11-E60-E501
N137
N171
D163
D463
D178
D171
D775
D863
D770
D963
D752
D753
D149
D960
D960B
D744
D748
D948
D746
D763
N160
N148
N248
N11
D939
D137
D949
D949B
D938T
D923
D2
D6
D28
D21
D32
D753
D178
N162
D751
D117
D948
D121
D723
D773
D177
D1
D5
D9
D12
D16
D18
D24
D25
D26
D27
D29
D30
D34
D39
N149
N11
D105

Carte 6
D
E
F
2
1
2
3
4
5
7
9
Le Mans
Allonnes
St-Denis-d'Orques
Brûlon
Loué
Auvers-le-Hamon
La Suze-s.-Sarthe
Connerré
Vibraye
Lavaré
Dollon
Bouloire
Mondoubleau
Épuisay
St-Calais
Le Grand-Lucé
Savigny-s.-Braye
Bessé-s.-Braye
Morée
Fréteval
Sablé-s.-S.
Solesmes
Malicorne-s.-Sarthe
Ecommoy
Vendôme
Oucques
Précigné
Pontvallain
Mayet
Château-du-Loir
Troo
Montoire-s.-le-Loir
Selommes
La Flèche
Durtal
La Chartre-s.-le-Loir
Chemillé-s.-Dême
St-Amand-Longpré
Le Lude
Villechauve
Seiches
Baugé
Château-Renault
Herbault
Blois
Château-la-Vallière
Neuillé-Pont-P.
Beaumont-la-Ronce
Noyant
Onzain
Chaumont-s.-L.
Beaufort-en-V.
Vernantes
Rillé
Cléré-les-Pins
La Membrolle-s.-C.
Fondettes
Tours
Longué-Jumelles
Les Rosiers
Gennes
St-Martin-de-la-Place
Joué-lès-T.
Montlouis
Amboise
Pontlevoy
Montrichard
Chenonceaux
Langeais
Saumur
Allonnes
Bourgueil
Restigné
Montbazon
Bléré
Cormery
Doué-la-F.
Avoine
Azay-le-R.
Indre-et-Loire
Céré
Fontevraud-l'Abbaye
Chinon
Genillé
Loches
Manthelan
Montreuil-Bellay
Roiffé
L'Ile-Bouchard
St-Épain
Ste-Maure-de-Touraine
37
Les Trois-Moûtiers
Liguell
Ecueillé
Thouars
Loudun
Richelieu
Châtillon-s.-Indre
Pas-de-Jeu
Les Ormes
Descartes
Dangé-St-Romain
St-Varent
St-Jouin-de-Marnes
Moncontour
Le Grand-Pressigny
Barrou
Airvault
Lencloître
Châtellerault
Preuilly-s.-Claise
Azay-le-Ferron
St-Loup-Lamairé
Mirebeau
La Roche-Posay
Yzeures-s.-Creuse
Mézières-en-Brenne
Clessé
Thénezay
Pleumartin
Jaunay-Clan
Vouneuil-s.-V.
Mingé
Parthenay
Neuville-de-P.
Bonneuil-Matours
Vouillé
Chasseneuil-du-Poitou
Ruffec
Vienne
86
Mazières-en-Gâtine
Vasles
Poitiers
Lavoux
Le Blanc
Benassay
St-Benoît
St-Julien-l'Ars
Chauvigny
St-Savin
Bélâbre
Ménigoute
Sanxay
Valdivienne
Jazeneuil
La Villedieu-du-Clain
La Trimouille
Chaillac
St-Maixent-l'École
Lusignan
Vivonne
Lussac-les-Ch.
Montmorillon
La Mothe-St-Héray
Gençay
Bouresse
Deux-Sèvres
Couhé
Usson-du-Poitou
Lussac-les-Églises
St-Sulpice-les-Feuilles
Melle
Lezay
79
L'Isle-Jourdain
Bussière-Poitevine
Le Dorat
Magnac-Laval
Brioux-s.-Boutonne
Civray
Chef-Boutonne
Sauzé-Vaussais
Availles-Limouzine
Mézières-s.-Issoire
Bellac
Châteauponsac
St-Pardoux
Haute

A
B
C
3
1
2
3
4
5
6
10
Châteaudun
Cloyes-s.-le-Loir
Patay
Villereau
Chambon-la-F.
Beaune-la-Rolande
Cepoy
Montargis
Amilly
Châteaurenard
St-Jean-Froidmentel
Ouzouer-le-Marché
Bellegarde
St-Maurice-s.-Fessard
Morée
La Chapelle-St-M.
St-Jean-de-la-Ruelle
Orléans
Fay-aux-Loges
Vitry-aux-Loges
Nibelle
Loiret
Châtenoy
Lorris
Fréteval
Chaingy
St-Ay
Olivet
Chécy
Jargeau
Châteauneuf-s.-Loire
Montbouy
Ouzouer-s.-L.
Montereau
45
Châtillon-Coligny
Ouçques
Marchenoir
Meung-s.-L.
St-Cyr-en-Val
St-Benoît-s.-L.
Tigy
Bray-en-Val
St-Père-sur-L.
Les Bordes
Sully-s.-Loire
Beaugency
Selommes
La Ferté-St-Aubin
Lion en Sullias
Rogny-les-Sept-Écluses
Ouzouer-s.-Trézée
Bléneau
Mer
St-Laurent-Nouan
Lestiou
Loire
Sennely
Ménestreau-en-Villette
Isdes
Villemurlin
Poilly-lez-Gien
Gien
Briare
Suèvres
Muides-s.-Loire
Crouy-s.-Cosson
Coullons
Châtillon-s.-L.
Blois
Huisseau-s.-Cosson
Vineuil
Mont-près-Chambord
Beuvron
Clémont
Cernoy-en-Berry
Bonny-s.-L.
Chouzy-s.-Cisse
Chailles
Celettes
Bracieux
Neung-s.-B.
Nouan-le-Fuzelier
Aubigny-s.-Nère
Argent-s.-Sauldre
Beaulieu-s.-L.
Pierrefitte-ès-Bois
Belleville-s.-Loire
Onzain
Candé-s.-B.
Les Montils
Cour-Cheverny
Cheverny
Vernou-en-Sologne
Pierrefitte-s.-Sauldre
Sauldre
Ste-Montaine
Léré
Loir-et-Cher
41
Chaumont-s.-L.
Contres
Mur-de-Sologne
Salbris
Ménétréol-s.-Sauldre
Ennordres
Vailly-s.-Sauldre
Cosne-Cours-s.-L.
Pontlevoy
Oisly
Sassay
Soings-en-S.
Romorantin-Lanthenay
Petite Sauldre
Jars
Montrichard
Monthou-s.-Cher
Chémery
Pruniers-en-Sologne
La Ferté-Imbault
Nançay
La Chapelle-d'Angillon
St-Satur
Sancerre
St-Romain-s.-Cher
Noyers-s.-Cher
Villefranche
Neuvy-s.-Barangeon
Faverolles-s.-Cher
Selles-s.-C.
Mennetou
Thénioux
Henrichemont
Crézancy-en-Sancerre
Pouilly-s.-Loire
Mareuil-s.-Cher
Châtillon
Châtres-s.-Cher
Vierzon
Cher
Céré
St-Aignan
Varennes-s.-Fouzon
Chabris
St-Martin-d'Auxigny
Les Aix-d'Angillon
18
Lucay-le-Mâle
Valençay
Veuil
Poulaines
Graçay
Lury-s.-Arnon
Mehun-s.-Y.
Sancergues
Reuilly
Preuilly
Bourges
Ecueillé
Vatan
Giroux
Baugy
La Chapelle-St-Laurian
Villeneuve-s.-Cher
Indre
36
Châtillon-s.-Indre
Levroux
Palluau-s.-Indre
Issoudun
Chârost
Nérondes
St-Ambroix
Lunery
Arpheuilles
Buzançais
Neuvy-Pailloux
Mareuil-s.-Arnon
Châteauneuf-s.-Cher
Levet
Dun-s.-Auron
Blet
St-Symphorien
Mézières-en-Brenne
St-Maur
Châteauroux
Canal du Berry
Bannegon
Sancoins
Bessais-le-Fromental
Rosnay
Migné
Méobecq
Ardentes
Lignières
Ids-St-Roch
Bruère-Allichamps
St-Amand-Montrond
Ainay-le-Ch.
St-Bonnet-Tronçais
Isle-et-Bardais
Braize
Velles
Le Pont-Chrétien-Chabenet
Mers-s.-Indre
St-Chartier
Le Châtelet
Tronçais
Couleuvre
Ruffec
Sarzay
Montgivray
Urçay
Cérilly
St-Gaultier
Bouesse
Neuvy-St-Sépulchre
La Châtre
Néret
Châteaumeillant
Saulzais-le-Potier
Argenton-s.-C.
Le Menoux
La Motte-Feuilly
Culan
Vesdun
Meaulne
Ygrande
Luzeret
Cluis
Crozon-s.-Vauvre
Vallon-en-Sully
Hérisson
Vieure
Anglin
Gargilesse-Dampierre
Sidiailles
Chazemais
Baraize
Ste-Sévère-s.-Indre
Cosne-d'Allier
Chaillac
St-Plantaire
Aigurande
Préveranges
Éguzon-Chantôme
Crozant
Fresselines
St-Sébastien
Boussac-Bourg
Archignat
Domérat
Cromac
Chéniers
Genouillac
Huriel
Montluçon
St-Priest-en-Murat
St-Sulpice-les-Feuilles
Dun-le-Palestel
La Celle-Dunoise
Bonnat
Boussac
Treignat
Commentry
Prémilhat
Bourg-d'Hem
Châtelus-Malvaleix
Toulx-Ste-Croix
Néris-les-Bains
Anzême
Bussière-Dunoise
Mazirat
Lapeyrouse
Dompierre-les-Églises
La Souterraine
Roth
Jouillat
Rimondeix
Buxières-s.-Montaigut
St-Vaury
Chambon-s.-Voueize
Ronnet
Montaigut
St-Eloy-les-Mines
St-Amand-M.
St-Pierre-de-Fursac
Jarnages
Gouzon
Marcillat-en-Comb.
Morterolles-s.-S.
Le Grd-Bourg
Guéret
Évaux-les-Bains
Bénévent-l'Abbaye
Chénérailles
Tardes
Servant
Châteauponsac
Bersac-s.-Rivalier
Marsac
Pionsat
Menat
Bessines-s.-Gartempe
La Chapelle-T.
St-Maurice-près-Pionsat
Gouttières
Pardoux
Laurière
23
Ahun
Puy-Malsignat
Creuse
Canal de Berry
Aumance
Arnon
Auron
Bouzanne
Nahon
Canal de Briare
Canal de Loing

Carte 7
D
E
F
Yonne
89
Nièvre
58
Saône-et-Loire
71
Allier
03
Joigny
Migennes
St-Florentin
Flogny-la-C.
Ligny-le-Châtel
Tonnerre
Les Riceys
Laignes
Châtillon-s.-Seine
Auxerre
Chablis
Lézinnes
Ancy-le-Franc
Seignelay
Aillant-s.-Tholon
Charny
Champignelles
Villeneuve-les-Genêts
Toucy
St-Fargeau
St-Sauveur-en-Puisaye
Courson-les-Carrières
Mailly-le-C.
Vermenton
Montbard
L'Isle-s.-Serein
Semur-en-Auxois
Venarey-les-Laumes
Baigneux-les-Juifs
Chanceaux
Lavau
St-Amand-en-Puisaye
Coulanges-s.-Yonne
Clamecy
Avallon
Guillon
Époisses
Vézelay
Entrains-s.-Nohain
Marcilly-lès-Vitteaux
Vitteaux
Précy-s/s-Thil
Quarré-les-Tombes
St-Martin-du-Puy
Varzy
Donzy
Lormes
Dun-les-Places
Saulieu
Sombernon
Corbigny
Brinon-s.-Beuvron
Montsauche
Liernais
La Charité-s.-Loire
Premery
Crux-la-Ville
Planchez
Arnay-le-Duc
Bligny-s.-Ouche
Guérigny
St-Saulge
Château-Chinon
Anost
Lucenay-l'Évêque
Pougues-les-Eaux
Fourchambault
Nevers
Châtillon-en-Bazois
Moulins-Engilbert
Épinac
Nolay
Autun
St-Bénin-d'Azy
Chevenon
Vandenesse
St-Honoré-les-Bains
St-Léger-s/s-Beuvray
Étang-s.-Arroux
Mesvres
La Machine
Cercy-la-Tour
Decize
Fours
Luzy
Le Creusot
Montcenis
Montchanin
St-Pierre-le-Moûtier
Le Veurdre
Dornes
Issy-l'Évêque
Toulon-s.-Arroux
Montceau-les-Mines
Mont-St-V.
Buxy
St-Gengoux-le-National
Bourbon-l'Archambault
Chevagnes
Bourbon-Lancy
Gueugnon
Moulins
Yzeure
Souvigny
La Guiche
Cormatin
Dompierre-s.-Besbre
Digoin
St-Bonnet-de-Joux
Salornay-s.-Guye
Châtel-de-Neuvre
Neuilly-le-Réal
Vaumas
Saligny-s.-Roudon
Paray-le-Monial
Charolles
Cluny
Le Montet
Jaligny-s.-B.
Varennes-s.-Allier
Le Donjon
La Clayette
Tramayes
Montmarault
St-Pourçain-s.-Sioule
Trézelles
Marcigny
Matour
Lapalisse
Chantelle
Bellenaves
La Pacaudière
Monsols
Pouilly-s/s-Charlieu
Charlieu
Belmont-de-la-L.
Vichy
Cusset
Ébreuil
Lalizolle
Gannat
Châtel-Montagne
St-Haon-le-Châtel
Noailly
St-Vincent-de-Reins
St-Yorre
Le Mayet-de-M.
Lamure-s.-Azergues

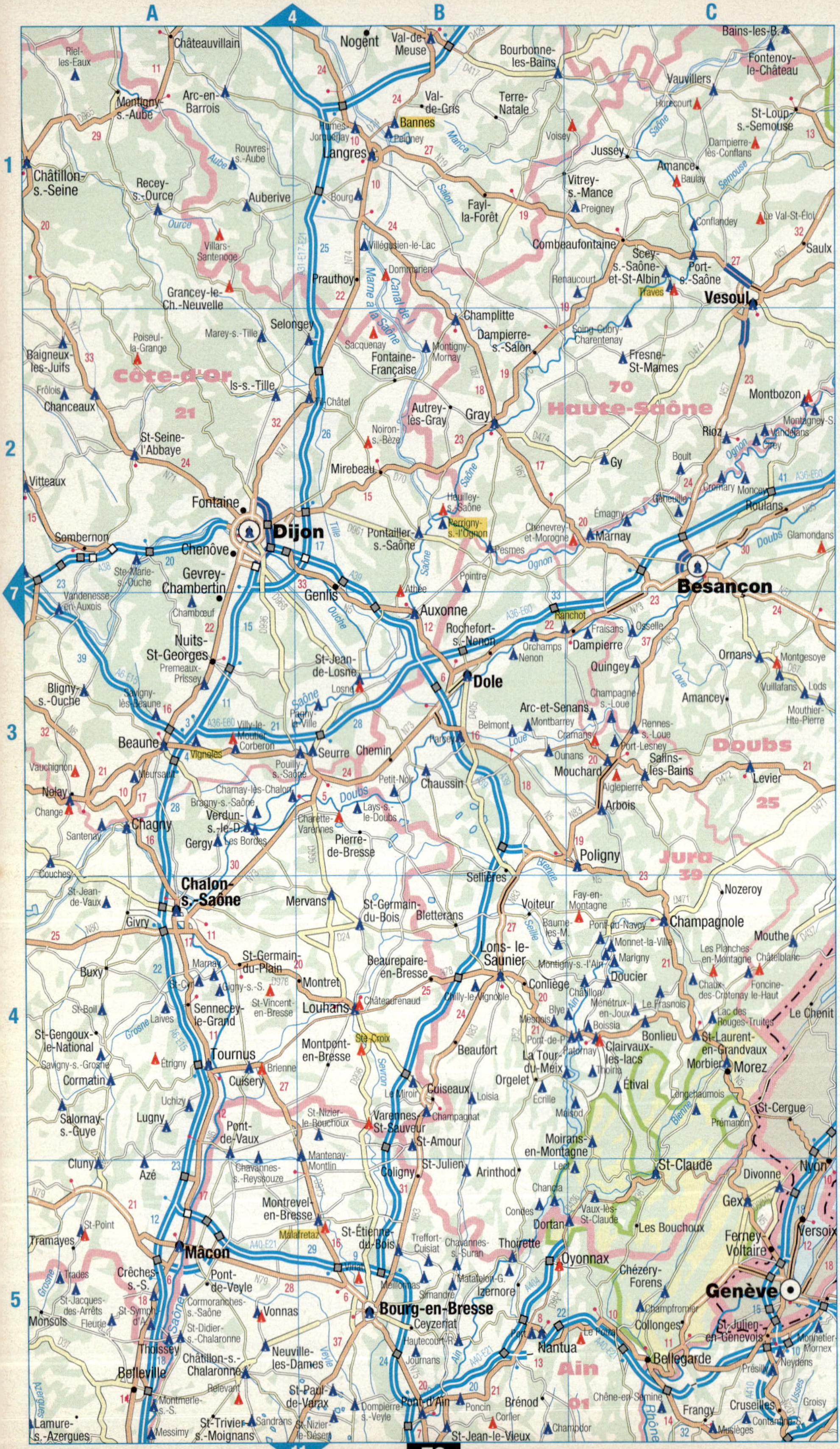
A
B
C
4
1
2
3
4
5
7
11
Châteauvillain
Nogent
Val-de-Meuse
Bains-les-B.
Riel-les-Eaux
Bourbonne-les-Bains
Fontenoy-le-Château
Montigny-s.-Aube
Arc-en-Barrois
Val-de-Gris
Terre-Natale
Vauvillers
St-Loup-s.-Semouse
Bannes
Langres
Jussey
Dampierre-lès-Conflans
Châtillon-s.-Seine
Recey-s.-Ource
Rouvres-s.-Aube
Auberive
Fayl-la-Forêt
Vitrey-s.-Mance
Amance
Baulay
Preigney
Conflandey
Le Val-St-Éloi
Villars-Santenoge
Villegusien-le-Lac
Combeaufontaine
Saulx
Scey-s.-Saône-et-St-Albin
Port-s.-Saône
Vesoul
Prauthoy
Dommarien
Grancey-le-Ch.-Neuvelle
Champlitte
Dampierre-s.-Salon
Fresne-St-Mamès
Marey-s.-Tille
Selongey
Sacquenay
Fontaine-Française
Montigny-Mornay
Poiseul-la-Grange
Baigneux-les-Juifs
Côte-d'Or
21
Is-s.-Tille
Frôlois
Chanceaux
70
Haute-Saône
Montbozon
Autrey-lès-Gray
Gray
Noiron-s.-Bèze
St-Seine-l'Abbaye
Rioz
Gy
Vitteaux
Mirebeau
Fontaine
Dijon
Heuilley-s.-Saône
Perrigny-s.-l'Ognon
Émagny
Marnay
Roulans
Sombernon
Chenôve
Pontailler-s.-Saône
Pesmes
Besançon
Gevrey-Chambertin
Genlis
Athée
Auxonne
Vandenesse-en-Auxois
Rochefort-s.-Nenon
Ranchot
Fraisans
Dampierre
Orchamps
Nuits-St-Georges
St-Jean-de-Losne
Dole
Quingey
Ornans
Montgesoye
Vuillafans
Lods
Mouthier-Hte-Pierre
Amancey
Bligny-s.-Ouche
Savigny-lès-Beaune
Losne
Arc-et-Senans
Champagne-s.-Loue
Beaune
Seurre
Chemin
Belmont
Montbarrey
Port-Lesney
Rennes-s.-Loue
Doubs
Vignoles
Corberon
Mouchard
Salins-les-Bains
Levier
Vauchignon
Nolay
Meursault
Pouilly-s.-Saône
Chaussin
Aiglepierre
Arbois
25
Change
Chagny
Santenay
Verdun-s.-le-D.
Lays-s.-le-Doubs
Pierre-de-Bresse
Poligny
Gergy
Jura
39
Couches
Chalon-s.-Saône
Sellières
Nozeroy
St-Jean-de-Vaux
Mervans
St-Germain-du-Bois
Bletterans
Voiteur
Fay-en-Montagne
Champagnole
Givry
Lons-le-Saunier
Mouthe
Baume-les-M.
Pont-du-Navoy
Monnet-la-Ville
Marigny
Les Planches-en-Montagne
Châtelblanc
Buxy
St-Germain-du-Plain
Beaurepaire-en-Bresse
Conliège
Doucier
Foncine-le-Haut
Montret
Sennecey-le-Grand
Louhans
Châteaurenaud
Le Frasnois
Le Chenit
St-Gengoux-le-National
Montpont-en-Bresse
Ste-Croix
Beaufort
Clairvaux-les-lacs
Bonlieu
St-Laurent-en-Grandvaux
Tournus
Étrigny
Brienne
La Tour-du-Meix
Morbier
Morez
Cormatin
Cuisery
Orgelet
Étival
Cuiseaux
Loisia
St-Cergue
Salornay-s.-Guye
Lugny
Pont-de-Vaux
Varennes-St-Sauveur
St-Amour
Moirans-en-Montagne
Cluny
Azé
Coligny
St-Julien
Arinthod
St-Claude
Divonne
Nyon
Montrevel-en-Bresse
Gex
St-Point
Dortan
Les Bouchoux
Ferney-Voltaire
Versoix
Tramayes
Mâcon
St-Étienne-du-Bois
Thoirette
Oyonnax
Crêches-s.-S.
Pont-de-Veyle
Chézery-Forens
Genève
Monsols
Vonnas
Bourg-en-Bresse
Izernore
Ceyzériat
Collonges
St-Julien-en-Genevois
Thoissey
Neuville-les-Dames
Nantua
Bellegarde
Belleville
Châtillon-s.-Chalaronne
Ain
01
St-Paul-de-Varax
Pont-d'Ain
Brénod
Frangy
Cruseilles
Lamure-s.-Azergues
St-Trivier-s.-Moignans
St-Jean-le-Vieux
Sandrans

Carte 8

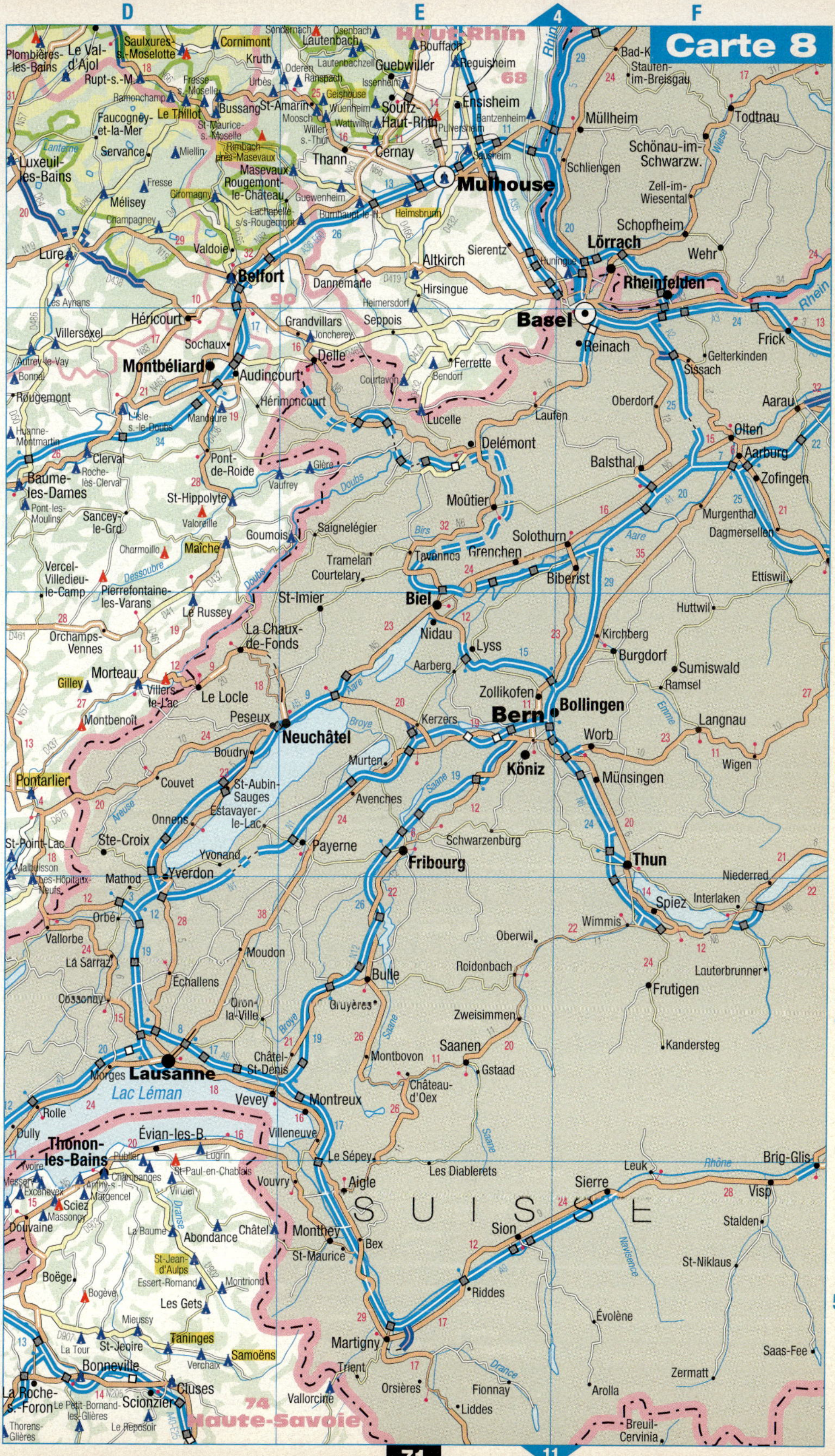
D
E
F
4
1
2
3
4
5
11
Haut-Rhin
68
90
74
Haute-Savoie
SUISSE
Plombières-les-Bains
Le Val-d'Ajol
Saulxures-s.-Moselotte
Cornimont
Lautenbach
Rouffach
Rupt-s.-M.
Kruth
Guebwiller
Reguisheim
Ramonchamp
Fresse-s.-Moselle
Urbès
Oderen
Ranspach
Issenheim
Bussang
St-Amarin
Soultz-Haut-Rhin
Ensisheim
Faucogney-et-la-Mer
Le Thillot
Moosch
Wuenheim
Bantzenheim
St-Maurice-s.-Moselle
Willer-s.-Thur
Wattwiller
Pulversheim
Servance
Miellin
Rimbach-près-Masevaux
Thann
Cernay
Sausheim
Luxeuil-les-Bains
Masevaux
Mulhouse
Fresse
Rougemont-le-Château
Mélisey
Giromagny
Guewenheim
Champagney
Lachapelle-s/s-Rougemont
Burnhaupt-le-H.
Heimsbrunn
Valdoie
Lure
Belfort
Dannemarie
Altkirch
Sierentz
Hirsingue
Heimersdorf
Les Aynans
Héricourt
Grandvillars
Seppois
Joncherey
Villersexel
Sochaux
Delle
Ferrette
Bendorf
Montbéliard
Audincourt
Courtavon
Autrey-le-Vay
Bonnal
Rougemont
Hérimoncourt
L'Isle-s.-le-Doubs
Mandeure
Lucelle
Huanne-Montmartin
Clerval
Roche-lès-Clerval
Pont-de-Roide
Glère
Vaufrey
Baume-les-Dames
St-Hippolyte
Pont-les-Moulins
Sancey-le-Grd
Valoreille
Goumois
Charmoillo
Maîche
Saignelégier
Vercel-Villedieu-le-Camp
Dessoubre
Pierrefontaine-les-Varans
Doubs
Le Russey
Orchamps-Vennes
La Chaux-de-Fonds
St-Imier
Tramelan
Courtelary
Tavannes
Morteau
Gilley
Villers-le-Lac
Le Locle
Montbenoît
Peseux
Neuchâtel
Boudry
Pontarlier
Couvet
St-Aubin-Sauges
Estavayer-le-Lac
Onnens
Ste-Croix
St-Point-Lac
Malbuisson
Les-Hôpitaux-Neufs
Mathod
Yvonand
Yverdon
Orbe
Vallorbe
La Sarraz
Cossonay
Échallens
Moudon
Oron-la-Ville
Lausanne
Morges
Lac Léman
Rolle
Dully
Thonon-les-Bains
Évian-les-B.
Publier
Lugrin
St-Paul-en-Chablais
Yvoire
Messery
Excenevex
Sciez
Margencel
Massongy
Douvaine
Vinzier
La Baume
Abondance
Dranse
Châtel
St-Jean-d'Aulps
Essert-Romand
Montriond
Les Gets
Boëge
Bogève
Mieussy
Taninges
Samoëns
Verchaix
St-Jeoire
La Tour
Bonneville
Cluses
La Roche-s.-Foron
Le Petit-Bornand-les-Glières
Scionzier
Le Reposoir
Thorens-Glières
Vallorcine
Müllheim
Todtnau
Bad-K
Staufen-im-Breisgau
Schönau-im-Schwarzw.
Wiese
Schliengen
Zell-im-Wiesental
Schopfheim
Lörrach
Wehr
Huningue
Rheinfelden
Rhein
Basel
Reinach
Frick
Gelterkinden
Sissach
Laufen
Oberdorf
Aarau
Olten
Delémont
Balsthal
Aarburg
Zofingen
Moûtier
Murgenthal
Dagmersellen
Birs
Solothurn
Grenchen
Aare
Biberist
Ettiswil
Biel
Nidau
Huttwil
Kirchberg
Burgdorf
Lyss
Aarberg
Sumiswald
Ramsel
Zollikofen
Bollingen
Bern
Emme
Langnau
Kerzers
Broye
Worb
Köniz
Wigen
Murten
Münsingen
Avenches
Saane
Schwarzenburg
Payerne
Fribourg
Thun
Niederried
Interlaken
Spiez
Wimmis
Oberwil
Reidenbach
Frutigen
Lauterbrunnen
Bulle
Gruyères
Zweisimmen
Kandersteg
Saanen
Gstaad
Montbovon
Château-d'Oex
Châtel-St-Denis
Vevey
Montreux
Villeneuve
Le Sépey
Les Diablerets
Aigle
Vouvry
Monthey
St-Maurice
Bex
Sion
Sierre
Leuk
Rhône
Brig-Glis
Visp
Stalden
Navisence
St-Niklaus
Riddes
Évolène
Martigny
Trient
Drance
Orsières
Fionnay
Liddes
Arolla
Zermatt
Saas-Fee
Breuil-Cervinia

A
B
C
6
12
1
2
3
4
5
Pertuis d'Antioche
Ile d'Aix
Ile d'Oléron
Châtelaillon-Pl.
St-Denis-d'Oléron
La Brée-les-Bains
St-Georges-d'Oléron
St-Pierre-d'Oléron
La Cotinière
Dolus-d'Oléron
Le Château-d'Oléron
Le Grand-Village-Plage
St-Trojan-les-Bains
Fouras
Port-des-Barques
St-Nazaire-s.-Ch.
Rochefort
Tonnay-Ch.
Tonnay-Boutonne
St-Jean-d'Angély
Charente-Maritime
17
Loulay
Dampierre-s.-Boutonne
Vandré
Landrais
Thairé
Ballon
Ciré-d'Aunis
Genouillé
Yves
St-Laurent-de-la-Prée
Vergeroux
St-Agnant
Bourcefranc
Marennes
St-Just-Luzac
St-Porchaire
Pont-l'Abbé-d'A.
St-Savinien
Le Mung
Crazannes
Taillebourg
Le Douhet
St-Hilaire-de-V.
La Tremblade
St-Sornin
St-Sulpice-d'Arnoult
Saintes
St-Césaire
Burie
Chaniers
Chérac
Dompierre-s.-Charente
Les Mathes
Arvert
Étaules
St-Augustin
Mornac-s.-Seudre
Breuillet
Vaux-s.-Mer
St-Sulpice-de-Royan
Saujon
Pisany
St-Palais-s.-Mer
Royan
Médis
St-Georges-de-Didonne
Semussac
Grézac
Cozes
St-André-de-Lidon
Pérignac
Celles
Pons
Pte de Grave
Le Verdon-s.-Mer
Soulac-s.-Mer
Meschers-s.-Gironde
Arces
Gémozac
Jarnac-Champagne
Barzan
Chenac-St-Seurin-d'Uzet
Brie-s/s-Mortagne
St-Genis-de-Saintonge
Mosnac
Clion
Talais
St-Vivien-de-Médoc
Grayan-et-l'Hôpital
Mortagne-s.-Gironde
St-Fort-s.-Gironde
St-Dizant-du-Gua
St-Sigismond-de-Clermont
St-Germain-de-Lusignan
Jonzac
St-Simon-de-Bordes
Vensac
Jau-Dignac-et-Loirac
Valeyrac
Bégadan
GIRONDE
St-Thomas-de-Conac
Mirambeau
Vendays-Montalivet
St-Bonnet-s.-Gironde
Lesparre-Médoc
St-Palais
Soumérans
St-Ciers-s.-Gironde
Montendre
Naujac-s.-Mer
Braud-et-St-Louis
Pauillac
Étauliers
Reignac
Hourtin
St-Laurent-Médoc
Blaye
St-Christoly-de-Blaye
St-Savin
Laruscade
Carcans
Teuillac
Brach
Bourg
Castelnau-de-Médoc
St-André-de-Cubzac
Lacanau
Villegouge
Blanquefort
Bassens
Carbon-Blanc
St-Médard-en-J.
Le Porge
Gironde
33
Martignas-s.-Jalle
Mérignac
Cenon
Bordeaux
Sadirac
Lège-Cap-Ferret
Lanton
Arès
Gradignan
Andernos-les-Bains
Bassin d'Arcachon
Audenge
Biganos
Arcachon
Cap Ferret
Gujan-Mestras
La Teste
Le Teich
La Brède
Cadillac
Podensac
Mios
Salles
Lugos
Belin-Béliet
Hostens
Sanguinet
Biscarrosse-Plage
Biscarrosse
Le Nizan
Villandraut
Saugnacq-et-Muret
St-Symphorien
Parentis-en-Born
Ychoux
Gastes
Ste-Eulalie-en-Born
Pissos
Sore
Pontenx-les-Forges
Aureilhan
St-Paul-en-Born
Mimizan
Luxey
Labouheyre
Commensacq
Bias
Sabres
Solférino
Luglon
Labrit
Mézos

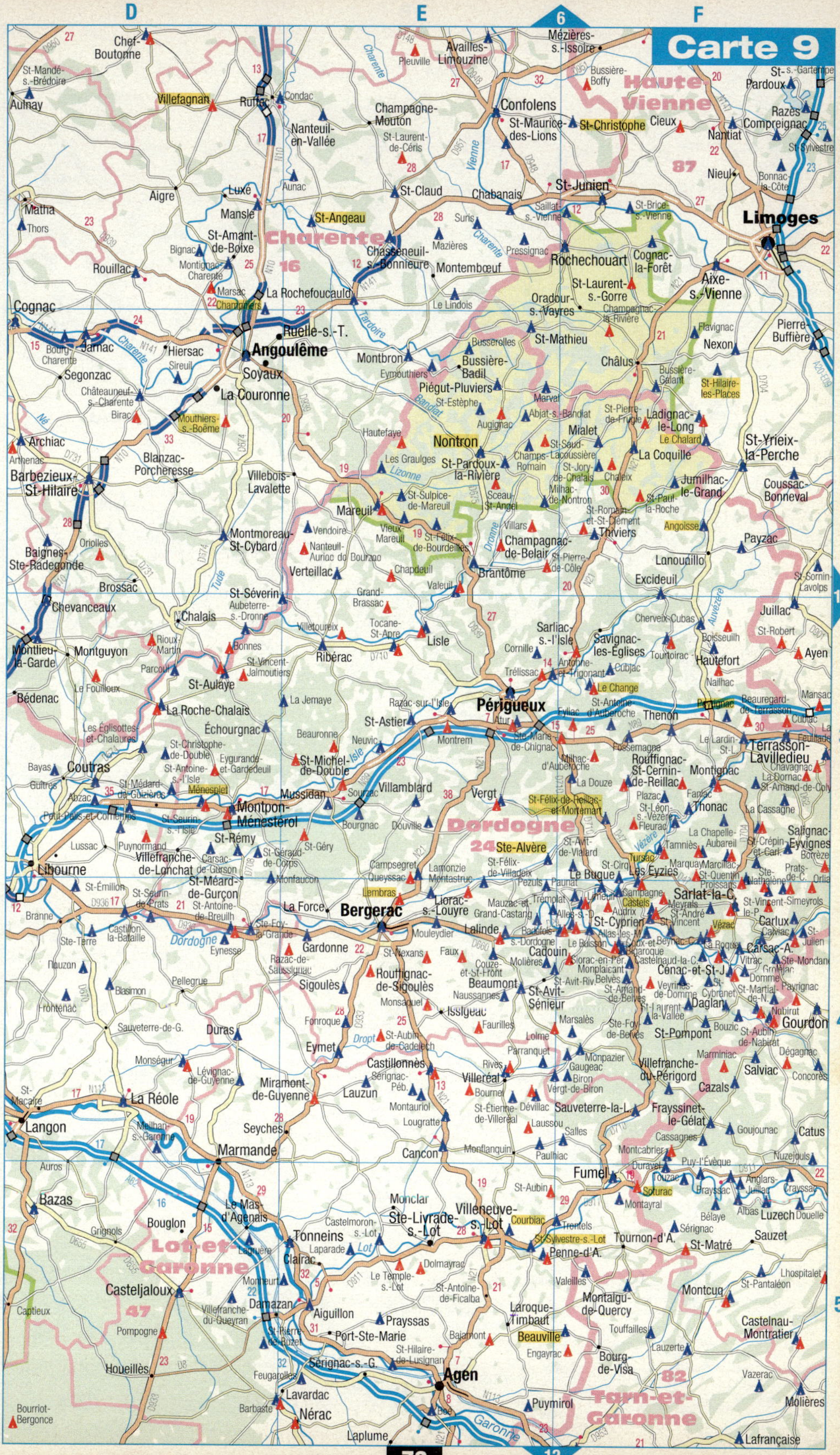
Carte 9
D
E
F
6
1
2
3
4
5
10
12
Charente
16
Haute-Vienne
87
Dordogne
24
Lot-et-Garonne
47
Tarn-et-Garonne
82
Chef-Boutonne
Villefagnan
Ruffec
Condac
Nanteuil-en-Vallée
Aulnay
St-Mandé-s.-Brédoire
Pleuville
Availles-Limouzine
Mézières-s.-Issoire
Bussière-Boffy
Confolens
St-Maurice-des-Lions
St-Christophe
Cieux
Nantiat
Compreignac
Razès
Pardoux
Champagne-Mouton
St-Laurent-de-Céris
St-Claud
Chabanais
St-Junien
Saillat-s.-Vienne
St-Brice-s.-Vienne
Nieul
Bonnac-la-Côte
Limoges
Aigre
Luxé
Mansle
Aunac
St-Angeau
Matha
Thors
St-Amant-de-Boixe
Chasseneuil-s.-Bonnieure
Suris
Mazières
Montembœuf
Pressignac
Rochechouart
Cognac-la-Forêt
Aixe-s.-Vienne
St-Laurent-s.-Gorre
Oradour-s.-Vayres
Rouillac
Bignac
Montignac-Charente
Marsac
Champniers
La Rochefoucauld
Le Lindois
Cognac
Jarnac
Bourg-Charente
Hiersac
Sireuil
Angoulême
Ruelle-s.-T.
Soyaux
La Couronne
Montbron
Eymouthiers
Busserolles
Bussière-Badil
Piégut-Pluviers
St-Estèphe
St-Mathieu
Châlus
Flavignac
Nexon
Pierre-Buffière
Bussière-Galant
St-Hilaire-les-Places
Segonzac
Châteauneuf-s.-Charente
Birac
Mouthiers-s.-Boëme
Hautefaye
Augignac
Marval
Abjat-s.-Bandiat
Mialet
St-Pierre-de-Frugie
Ladignac-le-Long
Le Chalard
St-Yrieix-la-Perche
Archiac
Arthenac
Barbezieux-St-Hilaire
Blanzac-Porcheresse
Les Graulges
Nontron
St-Pardoux-la-Rivière
Champs-Romain
St-Saud-Lacoussière
St-Jory-de-Chalais
Chalais
La Coquille
Jumilhac-le-Grand
Coussac-Bonneval
Villebois-Lavalette
Mareuil
St-Sulpice-de-Mareuil
Sceau-St-Angel
Milhac-de-Nontron
St-Romain-et-St-Clément
St-Paul-la-Roche
Thiviers
Angoisse
Payzac
Baignes-Ste-Radegonde
Montmoreau-St-Cybard
Vendoire
Nanteuil-Auriac-de-Bourzac
Vieux-Mareuil
St-Félix-de-Bourdeilles
Villars
Champagnac-de-Belair
St-Pierre-de-Côle
Lanouaille
Brossac
Verteillac
Chapdeuil
Brantôme
Valeuil
Excideuil
St-Sornin-Lavolps
Chevanceaux
St-Séverin
Aubeterre-s.-Dronne
Grand-Brassac
Juillac
Montlieu-la-Garde
Montguyon
Chalais
Rioux-Martin
Bonnes
Villetoureix
Tocane-St-Apre
Lisle
Sarliac-s.-l'Isle
Savignac-les-Églises
Cherveix-Cubas
Boisseuilh
St-Robert
Ayen
Parcoul
St-Vincent-Jalmoutiers
Ribérac
Cornille
Tourtoirac
Hautefort
Trélissac
Antonne-et-Trigonant
Cubjac
Nailhac
Bédenac
Le Fouilloux
St-Aulaye
La Jemaye
Razac-sur-l'Isle
Périgueux
Le Change
St-Antoine-d'Auberoche
Thenon
Beauregard-de-Terrasson
Mansac
La Roche-Chalais
Les Églisottes-et-Chalaures
Échourgnac
St-Astier
Atur
Eyliac
Terrasson-Lavilledieu
Beaulieu
Beauronne
Neuvic
Montrem
Ste-Marie-de-Chignac
Fossemagne
Le Lardin-St-L.
Coutras
Bayas
Guîtres
St-Christophe-de-Double
St-Antoine-s.-l'Isle
Eygurande-et-Gardedeuil
St-Michel-de-Double
Milhac-d'Auberoche
Rouffignac-St-Cernin-de-Reilhac
Montignac
Chavagnac
La Dornac
St-Amand-de-Coly
Abzac
St-Médard-de-Guizières
Ménesplet
Mussidan
Sourzac
Villamblard
Vergt
La Douze
St-Félix-de-Reilhac-et-Mortemart
Plazac
Fanlac
Thonac
La Cassagne
Petit-Palais-et-Cornemps
Montpon-Ménestérol
St-Seurin-s.-l'Isle
Bourgnac
Douville
St-Léon-s.-Vézère
Fleurac
La Chapelle-Aubareil
St-Crépin-et-Carl.
Salignac-Eyvignes
Lussac
Puynormand
St-Rémy
St-Géry
Campsegret
Queyssac
Lamonzie-Montastruc
Ste-Alvère
St-Avit-de-Vialard
Tamniès
Marquay
Marcillac
Borrèze
Libourne
Villefranche-de-Lonchat
Carsac-de-Gurson
St-Géraud-de-Corps
Monfaucon
St-Félix-de-Villadeix
Pezuls
Paunat
Le Bugue
St-Cirq
Tursac
Les Eyzies
St-Quentin
Proissans
Ste-Nathalène
Prats-de-C.
Orliac
St-Émilion
St-Seurin-de-Prats
St-Méard-de-Gurçon
St-Antoine-de-Breuilh
Lembras
Lalinde
Lioràc-s.-Louyre
Mauzac-et-Grand-Castang
Trémolat
Limeuil
Audrix
Sarlat-la-C.
Meyrals
St-André
St-Vincent-Simeyrols
Carlux
Calviac
Branne
Castillon-la-Bataille
La Force
Bergerac
Mouleydier
Alles-s.-D.
St-Cyprien
Allas-les-M.
Castels
Vézac
Ste-Terre
Ste-Foy-la-Grande
Eynesse
Gardonne
St-Nexans
Faux
Badefols-s.-Dordogne
Cadouin
Le Buisson
Siorac-en-Pér.
Beynac-et-C.
Castelnaud-la-C.
La Roque
Carsac-A.
Vitrac
Cénac-et-St-J.
Domme
Grolejac
St-Julien
Ste-Mondane
Flaujon
Razac-de-Saussignac
Pellegrue
Sigoulès
Rouffignac-de-Sigoulès
Couze-et-St-Front
Beaumont
Molières
St-Avit-Riv.
Monplaisant
Belvès
Veyrines-de-Domme
St-Cybranet
St-Martial-de-N.
Frontenac
Blasimon
Monsaguel
Naussannes
St-Avit-Sénieur
St-Amand-de-Belvès
Daglan
Payrignac
Sauveterre-de-G.
Duras
Fonroque
Issigeac
Faurilles
Marsalès
Ste-Foy-de-Belvès
St-Laurent-la-Vallée
Nabirat
Gourdon
Eymet
St-Aubin-de-Cadelech
Lolme
St-Pompont
Bouzic
St-Aubin-de-Nabirat
Monségur
Lévignac-de-Guyenne
Miramont-de-Guyenne
Castillonnès
Sérignac-Péb.
Parranquet
Rives
Monpazier
Gaugeac
Biron
Villefranche-du-Périgord
Marminiac
Dégagnac
Salviac
Concorès
St-Macaire
La Réole
Lauzun
Montauriol
Villeréal
Bournel
Vergt-de-Biron
Cazals
Langon
Meilhan-s.-Garonne
Seyches
Lougratte
St-Étienne-de-Villeréal
Dévillac
Laussou
Sauveterre-la-L.
Frayssinet-le-Gélat
Goujounac
Catus
Auros
Marmande
Cancon
Monflanquin
Salles
Paulhiac
Cassagnes
Montcabrier
Duravel
Puy-l'Évêque
Touzac
Nuzéjouls
Bazas
Le Mas-d'Agenais
Monclar
St-Aubin
Fumel
Soturac
Anglars-Juillac
Crayssac
Bouglon
Grignols
Castelmoron-s.-Lot
Ste-Livrade-s.-Lot
Villeneuve-s.-Lot
Courbiac
Trentels
Montayral
Brayssac
Bélaye
Albas
Luzech
Douelle
Tonneins
Laparade
Lagruère
Clairac
Dolmayrac
St-Sylvestre-s.-Lot
Penne-d'A.
Tournon-d'A.
Sérignac
St-Matré
Sauzet
Lhospitalet
St-Pantaléon
Casteljaloux
Monheurt
Le Temple-s.-Lot
St-Antoine-de-Ficalba
Valeilles
Montaigu-de-Quercy
Montcuq
Captieux
Villefranche-du-Queyran
Damazan
Aiguillon
Prayssas
Laroque-Timbaut
Touffailles
Castelnau-Montratier
Pompogne
St-Pierre-de-Buzet
Port-Ste-Marie
Bajamont
Beauville
Engayrac
Bourg-de-Visa
Lauzerte
Houeillès
Feugarolles
Sérignac-s.-G.
St-Hilaire-de-Lusignan
Agen
Vazerac
Molières
Bourriot-Bergonce
Lavardac
Barbaste
Nérac
Boé
Puymirol
Laplume
Lafrançaise
Charente
Vienne
Tardoire
Bandiat
Lizonne
Dronne
Isle
Auvézère
Vézère
Dordogne
Dropt
Lot
Garonne
Né
Tude

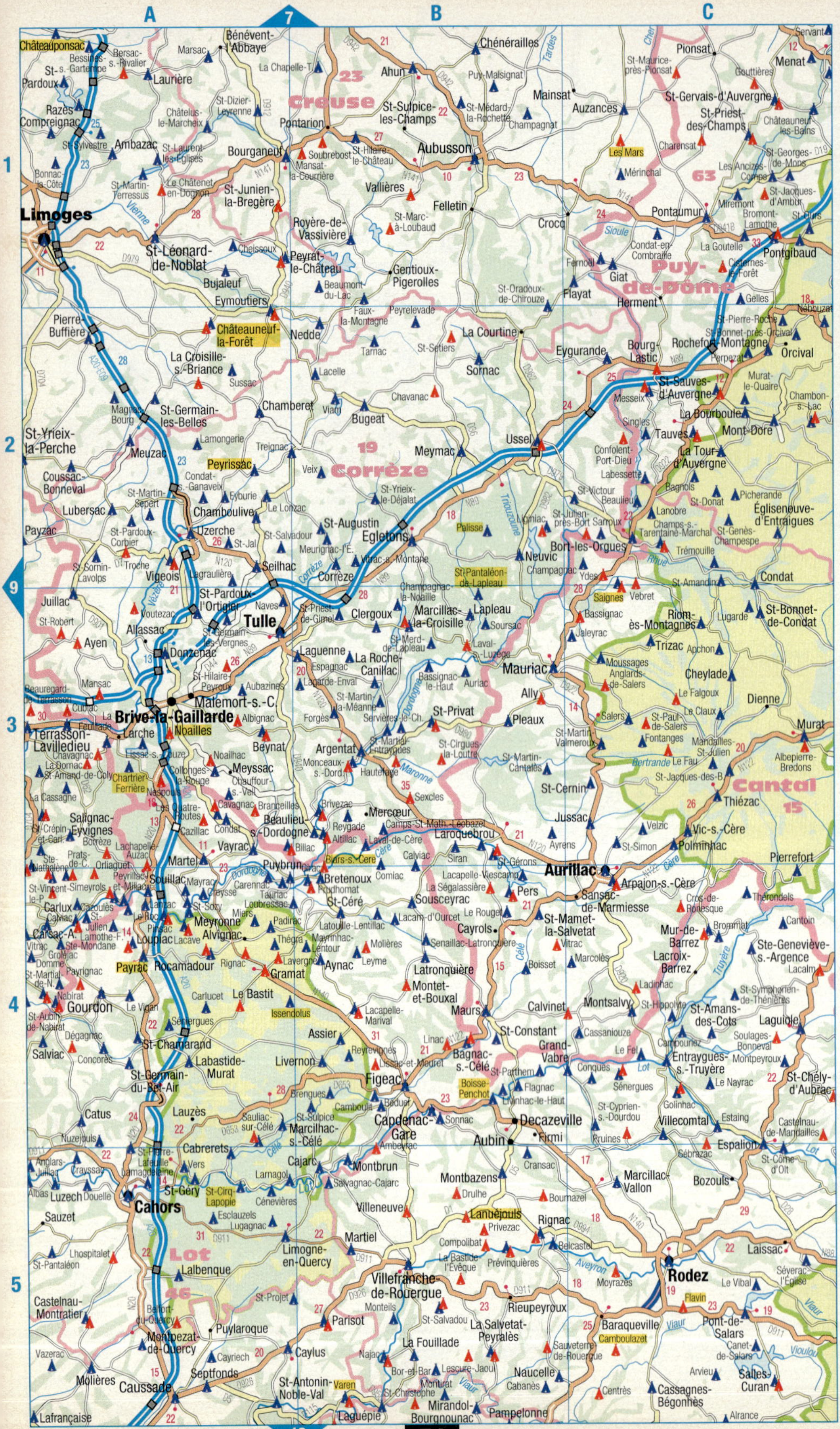
A
B
C
7
9
13
1
2
3
4
5
Creuse
23
Corrèze
19
Puy-de-Dôme
63
Cantal
15
Lot
46
Châteauponsac
Bénévent-l'Abbaye
Chénérailles
Pionsat
Menat
Laurière
Ahun
Mainsat
Auzances
St-Gervais-d'Auvergne
Razès
Compreignac
Ambazac
Pontarion
St-Sulpice-les-Champs
Aubusson
St-Priest-des-Champs
Bourganeuf
Vallières
Felletin
Les Mars
Limoges
St-Junien-la-Bregère
Royère-de-Vassivière
Crocq
Pontaumur
Pontgibaud
St-Léonard-de-Noblat
Peyrat-le-Château
Gentioux-Pigerolles
Giat
Bujaleuf
Eymoutiers
Flayat
Herment
Pierre-Buffière
Châteauneuf-la-Forêt
Nedde
La Courtine
Eygurande
Bourg-Lastic
Rochefort-Montagne
Orcival
La Croisille-s.-Briance
Sornac
St-Sauves-d'Auvergne
St-Germain-les-Belles
Chamberet
Bugeat
Ussel
La Bourboule
Mont-Dore
St-Yrieix-la-Perche
Meuzac
Meymac
Tauves
La Tour-d'Auvergne
Peyrissac
Coussac-Bonneval
Lubersac
Chamboulive
Uzerche
St-Augustin
Egletons
Palisse
Neuvic
Bort-les-Orgues
Églisenneuve-d'Entraigues
Payzac
Vigeois
Seilhac
Corrèze
Juillac
St-Pardoux-l'Ortigier
Tulle
Clergoux
Marcillac-la-Croisille
Lapleau
St-Pantaléon-de-Lapleau
Saignes
Riom-ès-Montagnes
Condat
St-Bonnet-de-Condat
Ayen
Allassac
Donzenac
Laguenne
La Roche-Canillac
Mauriac
Trizac
Cheylade
Brive-la-Gaillarde
Malemort-s.-C.
Ally
Dienne
Terrasson-Lavilledieu
Larche
Noailles
St-Privat
Pleaux
Murat
Beynat
Argentat
Meyssac
Chartrier-Ferrière
Thiézac
St-Cernin
Salignac-Eyvignes
Beaulieu-s.-Dordogne
Mercœur
Laroquebrou
Jussac
Vic-s.-Cère
Polminhac
Martel
Vayrac
Puybrun
Bretenoux
Biars-s.-Cère
Aurillac
Arpajon-s.-Cère
Pierrefort
Souillac
St-Céré
Sousceyrac
Pers
Sansac-de-Marmiesse
Carlux
Meyronne
Alvignac
Cayrols
St-Mamet-la-Salvetat
Mur-de-Barrez
Ste-Geneviève-s.-Argence
Loupiac
Lacroix-Barrez
Payrac
Rocamadour
Gramat
Aynac
Latronquière
Montet-et-Bouxal
Gourdon
Le Bastit
Issendolus
Maurs
Calvinet
Montsalvy
St-Amans-des-Cots
Laguiole
Salviac
St-Chamarand
Labastide-Murat
Assier
Livernon
St-Constant
Grand-Vabre
Entraygues-s.-Truyère
St-Germain-du-Bel-Air
Figeac
Bagnac-s.-Célé
Boisse-Penchot
St-Chély-d'Aubrac
Catus
Lauzès
Marcilhac-s.-Célé
Capdenac-Gare
Decazeville
Aubin
Villecomtal
Espalion
Cabrerets
Cajarc
Montbrun
Montbazens
Marcillac-Vallon
Bozouls
Luzech
Cahors
St-Géry
St-Cirq-Lapopie
Villeneuve
Lanuéjouls
Rignac
Sauzet
Martiel
Limogne-en-Quercy
Laissac
Rodez
Lalbenque
Villefranche-de-Rouergue
Castelnau-Montratier
Parisot
Rieupeyroux
Baraqueville
Pont-de-Salars
Montpezat-de-Quercy
Puylaroque
La Fouillade
La Salvetat-Peyralès
Camboulazet
Caylus
Septfonds
Naucelle
Salles-Curan
Molières
Caussade
St-Antonin-Noble-Val
Varen
Laguépie
Mirandol-Bourgnounac
Pampelonne
Cassagnes-Bégonhès
Lafrançaise

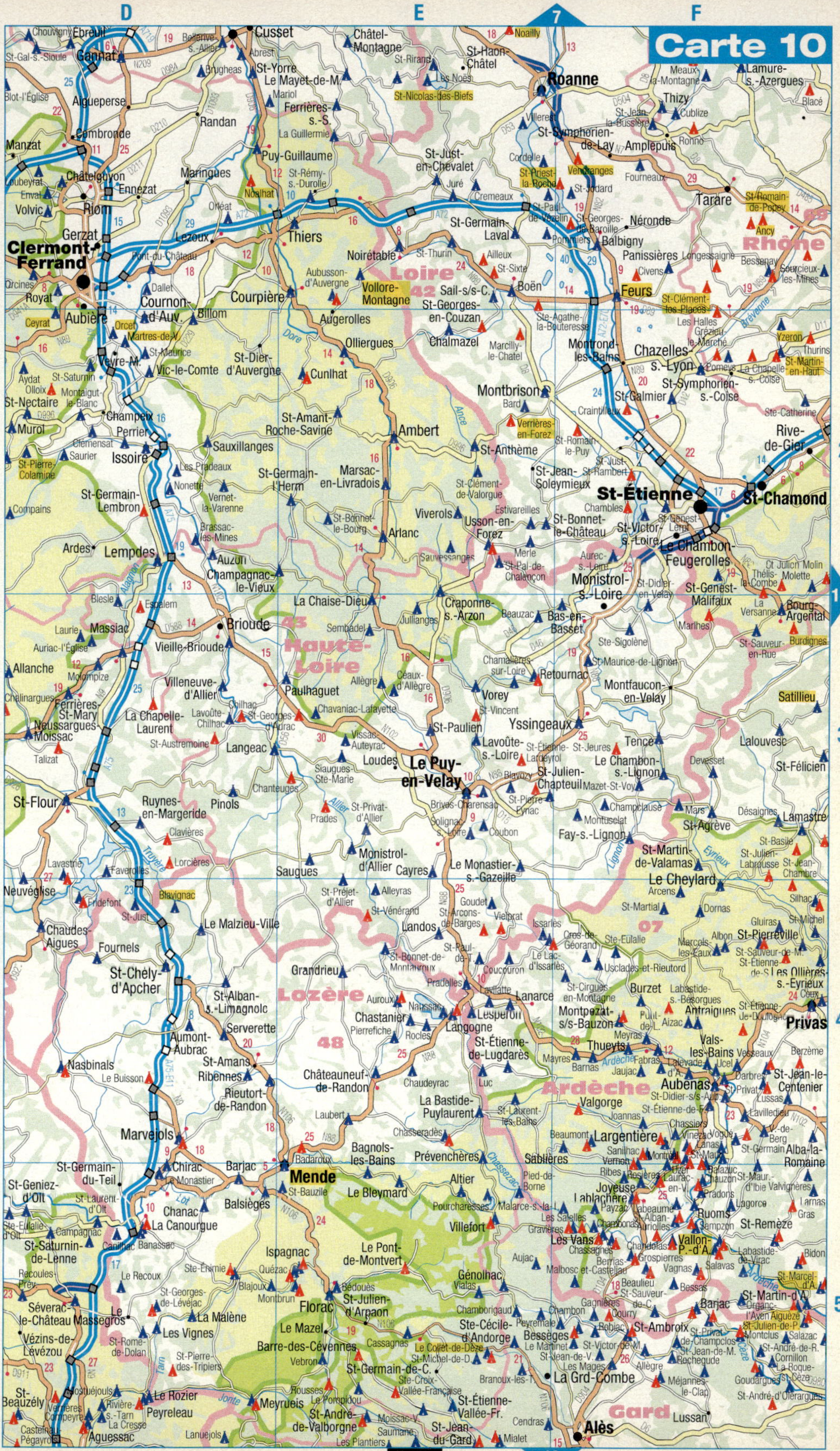
Carte 10
D
E
F
7
11
13
1
2
3
4
5
Cusset
Gannat
Aigueperse
Combronde
Manzat
Châtelguyon
Riom
Volvic
Ennezat
Gerzat
Maringues
Randan
Lezoux
Thiers
Clermont-Ferrand
Royat
Aubière
Cournon-d'Auv.
Billom
Courpière
Vic-le-Comte
Veyre-M.
St-Nectaire
Murol
Champeix
Issoire
Sauxillanges
St-Germain-Lembron
Ardes
Lempdes
Auzon
Massiac
Brioude
Allanche
Ferrières-St-Mary
Neussargues-Moissac
St-Flour
Pinols
Langeac
Paulhaguet
La Chaise-Dieu
Craponne-s.-Arzon
Le Puy-en-Velay
Loudes
Yssingeaux
Vorey
Retournac
Monistrol-s.-Loire
Bas-en-Basset
Tence
Le Chambon-s.-Lignon
Fay-s.-Lignon
St-Agrève
Lamastre
Le Cheylard
Saugues
Chaudes-Aigues
Fournels
St-Chély-d'Apcher
Le Malzieu-Ville
Nasbinals
Aumont-Aubrac
Serverette
Marvejols
Chirac
La Canourgue
St-Geniez-d'Olt
Sévérac-le-Château
Mende
Le Bleymard
Villefort
Langogne
Châteauneuf-de-Randon
Florac
Meyrueis
Ispagnac
Le Rozier
Peyreleau
Aguessac
Alès
La Grd-Combe
Les Vans
Joyeuse
Largentière
Aubenas
Privas
Vals-les-Bains
Montpezat-s/s-Bauzon
Burzet
Antraigues
St-Pierreville
Vallon-P.-d'A.
Ruoms
St-Ambroix
Barjac
Bessèges
Génolhac
Lussan
Roanne
St-Symphorien-de-Lay
Amplepuis
Thizy
Tarare
Balbigny
Feurs
Boën
Noirétable
Montbrison
St-Galmier
Chazelles-s.-Lyon
St-Symphorien-s.-Coise
St-Étienne
St-Chamond
Rive-de-Gier
Le Chambon-Feugerolles
Bourg-Argental
Ambert
Arlanc
Viverols
Usson-en-Forez
St-Bonnet-le-Château
Montfaucon-en-Velay
Satillieu
Lalouvesc
St-Félicien
Loire 42
Rhône
Haute-Loire 43
Lozère 48
Ardèche 07
Gard
75

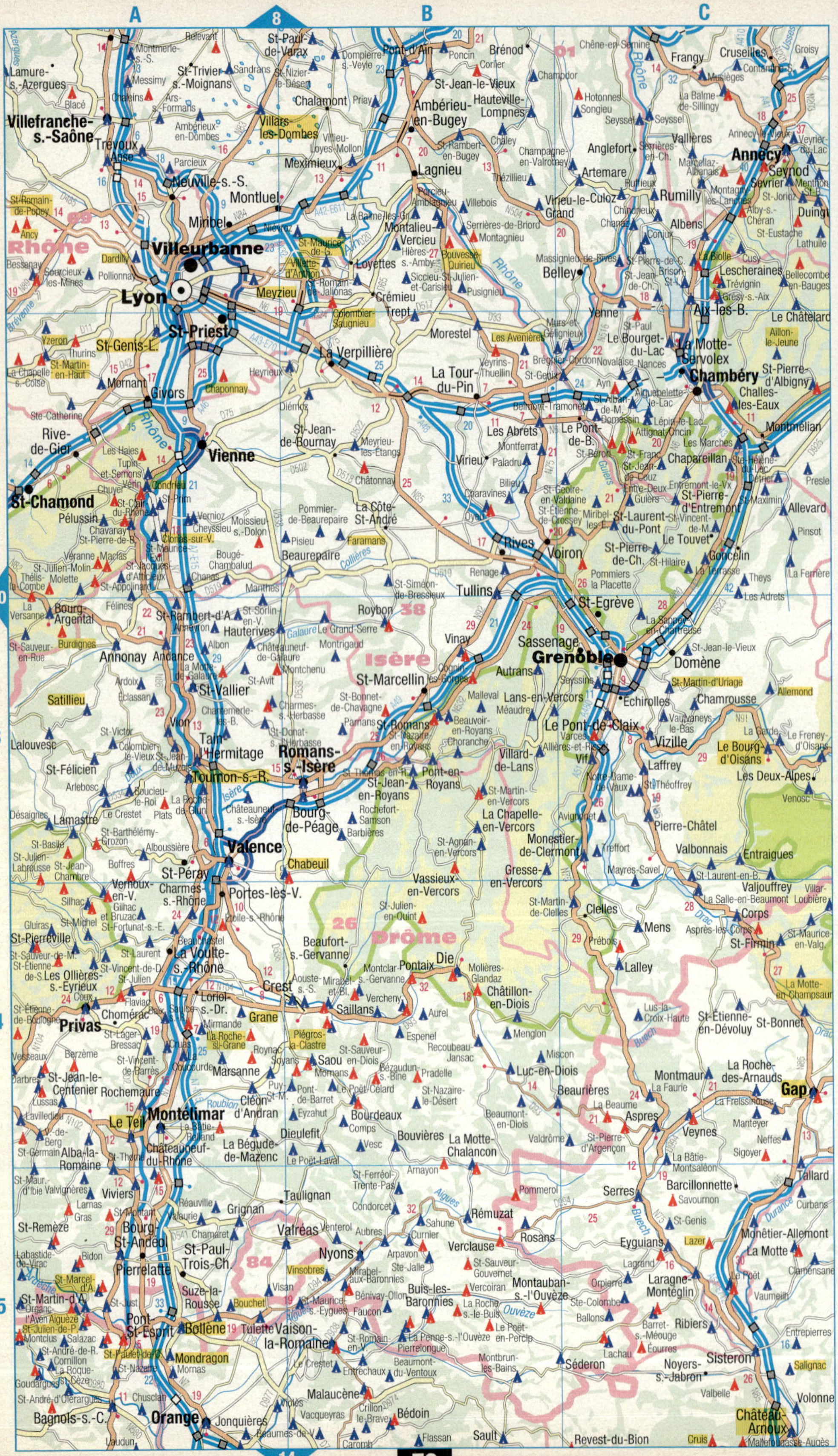
A
8
B
C
1
2
3
4
5
10
14
Villefranche-s.-Saône
Trévoux
Lamure-s.-Azergues
St-Trivier-s.-Moignans
St-Paul-de-Varax
Villars-les-Dombes
Pont-d'Ain
Ambérieu-en-Bugey
Brénod
Hauteville-Lompnes
Chalamont
Meximieux
Lagnieu
Montluel
Miribel
Neuville-s.-S.
Villeurbanne
Lyon
Rhône
St-Priest
Meyzieu
Crémieu
Trept
St-Genis-L.
Givors
Mornant
Vienne
Rive-de-Gier
St-Chamond
Pélussin
Condrieu
La Verpillière
La Tour-du-Pin
Morestel
Belley
Yenne
Virieu-le-Grand
Artemare
Anglefort
Frangy
Cruseilles
Annecy
Seynod
Rumilly
Albens
Aix-les-B.
Le Bourget-du-Lac
La Motte-Servolex
Chambéry
Challes-les-Eaux
Montmélian
St-Pierre-d'Albigny
Les Abrets
Le Pont-de-B.
St-Jean-de-Bournay
La Côte-St-André
Beaurepaire
Rives
Voiron
St-Laurent-du-Pont
St-Pierre-d'Entremont
Le Touvet
Allevard
Goncelin
Tullins
St-Egrève
Grenoble
Sassenage
Domène
Vinay
Roybon
Isère
38
St-Marcellin
Annonay
Bourg-Argental
Andance
St-Vallier
Hauterives
Tain-l'Hermitage
Tournon-s.-R.
Romans-s.-Isère
Bourg-de-Péage
St-Jean-en-Royans
Pont-en-Royans
Villard-de-Lans
Autrans
Lans-en-Vercors
Le Pont-de-Claix
Vizille
Échirolles
Chamrousse
Le Bourg-d'Oisans
Les Deux-Alpes
La Mure
Vif
Valence
Chabeuil
St-Péray
Portes-lès-V.
La Voulte-s.-Rhône
Privas
Lamastre
Le Cheylard
La Chapelle-en-Vercors
Monestier-de-Clermont
Clelles
Mens
Corps
Valbonnais
Entraigues
St-Firmin
Vassieux-en-Vercors
Beaufort-s.-Gervanne
Die
Drôme
26
Crest
Saillans
Loriol-s.-Dr.
Châtillon-en-Diois
Luc-en-Diois
Beaurières
Aspres
Veynes
Gap
St-Bonnet
St-Étienne-en-Dévoluy
La Roche-des-Arnauds
Montélimar
Le Teil
Dieulefit
Bourdeaux
La Motte-Chalancon
Serres
Tallard
Viviers
Bourg-St-Andéol
Pierrelatte
Grignan
Taulignan
Valréas
Nyons
Rémuzat
Rosans
St-Paul-Trois-Ch.
Buis-les-Baronnies
Séderon
Laragne-Montéglin
Sisteron
Château-Arnoux
Pont-St-Esprit
Bollène
Vaison-la-Romaine
Orange
Bagnols-s.-C.
Malaucène
Bédoin
Sault
Revest-du-Bion
Volonne
84

Carte 11

D
E
F
8
1
2
3
4
5
14
74 Haute-Savoie
73 Savoie
05 Hautes-Alpes
Alpes-de-Haute-Provence
04
Alpes-Maritimes
ITALIE
La Roche-s.-Foron
Le Petit-Bornand-les-Glières
Scionzier
Thorens-Glières
Le Reposoir
Vallorcine
Fionnay
Liddes
Arolla
Breuil-Cervinia
Le Grd-Bornand
Sallanches
Passy
Chamonix
Cordon
Domancy
St-Jean-de-Sixt
La Clusaz
Combloux
Demi-Quartier
St-Gervais-les-Bains
Les Houches
Bionaz
Valtournanche
Champoluc
Alex
Thônes
La Giettaz
Megève
Flumet
Praz-s.-Arly
Les Contamines-Montjoie
Talloires
Doussard
Serraval
Marlens
Courmayeur
Morgex
Aosta (Aoste)
Villefranche
Châtillon
Brusson
St-Ferréol
Marthod
Ugine
Hauteluce
La Thuile
Introd
Verrès
Faverges
Seythenex
Queige
Beaufort
Albertville
Venthon
Pont-St-Martin
Bourg-St-Maurice
Séez
Montvalezan
La Bâthie
La Côte-d'Aime
Bellentre
Aime
Landry
Peisey-Nancroix
Aiguebelle
Ivrea
Aigueblanche
Notre-Dame-du-Pré
Moutiers
Tignes
Noasca
Pont-Canavese
Bozel
Champagny-en-Vanoise
Val-d'Isère
Locana
Brides-les-Bains
Les Allues
St-Rémy-de-Maurienne
St-Martin-s.-la-Chambre
St-Martin-de-Belleville
Pralognan-la-Vanoise
Rivarolo-Canavese
Caluso
St-Giusto
Lanslebourg-Mt-Cenis
Bessans
Lanslevillard
Les Ménuires
Termignon
Balme
Lanzo-Torinese
St-Colomban-des-Villards
St-Jean-de-Maurienne
Sollières-Sardières
Aussois
Volpiano
La Toussuire
Villarembert
Orelle
Bramans
Caselle
Molaretto-Cerisio
Venaria
St-Michel-de-Maurienne
Modane
Tunnel du Fréjus
Bussoleno
Alpignano
Torino
Valloire
Susa
Rivoli
Salbertrand
Coazze
Besse
La Grave
Villar-d'Arène
Névache
Oulx
Fenestrelle
Moncalieri
Cumiana
Santena
Poirino
Le Monêtier-les-Bains
La Salle
Val-des-Prés
Cesana-Torinese
Perosa-Argentina
St-Christophe-en-Oisans
Sestrière
None
Carignano
Villar-Perosa
La Bérarde
St-Chaffrey
Briançon
Montgenèvre
Pinerolo
Crocetta
Pelvoux
Vallouise
Puy-St-Vincent
St-Martin-de-Queyrières
Abriès
Bobbio-Pellice
Cavour
Racconigi
La Chapelle-en-Valgaudémar
Les Vigneaux
L'Argentière-la-Bessée
La Roche-de-Rame
Arvieux
Aiguilles
Moretta
Freissinières
Château-Ville-Vieille
Molines-en-Queyras
Crissolo
Cavallermaggiore
St Crépin
Revello
Savigliano
St-Jean-St-Nicolas
Eygliers
Ceillac
Orcières
Réotier
Saluzzo
St-Clément-s.-Durance
Guillestre
Pontechianale
Chabottes
Forest-St-Julien
St-Léger-les-Mélèzes
Ancelle
Châteauroux-les-Alpes
Réallon
Genola
Costigliole Saluzzo
Risoul
Vars
St-André-d'Embrun
Fossano
La Bâtie-Neuve
Prunières
St-Apollinaire
Puy-Sanières
Embrun
Busca
Centallo
Chorges
Baratier
St-Paul
Avançon
Rousset
Pontis
Savines-le-Lac
Crots
Acceglio
Dronero
La Condamine-Châtelard
Larche
Caraglio
Le Sauze
St-Vincent-les-Forts
Mondovi
Rochebrune
La Bréole
Le Lauzet-Ubaye
Méolans-Revel
Jausiers
Argentera
Cuneo
Gigors
Turriers
Montclar
Les Thuiles
Borgo-s.-Dalmazzo
Beinette
Selonnet
Seyne
Barcelonnette
Enchastrayes
Vinadio
Chiusa-di-Pesio
Pianche
Demonte
Vernante
Le Vernet
Barles
Allos
St-Étienne-de-Tinée
Limone Piemonte
Isola
Entraunes
Colmars
Villars-Colmars
Thoard
La Javie
St-Martin-d'Entraunes
Péone
Valdeblore
Tende
Beauvezer
Digne-les-Bains
Thorame-Basse
Thorame-Haute
Guillaumes
St-Sauveur-s.-Tinée
St-Martin-Vésubie
La Colle-St-Michel
Roquebillière
Fontan
Buthier
Orco
Stura
Lanzo
Arc
Chisone
Pellice
Pô
Maira
Varaita
Guil
Ubaye
Grana
Gesso
Pesio
Bléone
Verdon
Tinée
Vésubie
Roya

A
9
B
C
1
2
3
4
5
Bias
Sabres
Solférino
Labrit
Mézos
Luglon
St-Julien-en-Born
Uza
Onesse-et-Laharie
Lit-et-Mixe
Brocas
Morcenx
Roquefort
Garrosse
Sarbazan
Lesperon
Landes
40
Vielle-St-Girons
Linxe
Castets
Léon
Taller
St-Michel-Escalus
Midouze
Moliets-et-Maa
Laluque
Mont-de-Marsan
Villeneuve-de-Marsan
Messanges
Tartas
Vieux-Boucau-les-Bains
Azur
Herm
Aurice
Hontanx
Soustons
Magescq
St-Vincent-de-Paul
Cassen
Souprosse
Grenade-s.-l'Adour
Adour
Louer
Mugron
St-Sever
Tosse
St-Paul-lès-Dax
Seignosse
Rivière-Saas-et-Gourby
Yzosse
Nousse
Banos
Buanes
Aire-s.-l'Adour
Soorts-Hossegor
Dax
Saubion
Narrosse
Eugénie-les-Bains
Angresse
St-Geours-de-Maremne
Seyresse
Hagetmau
Capbreton
Saubusse
Tercis-les-Bains
Luy de Béarn
Pomarez
Labenne
Saubrigues
Luy de France
Geaune
Ondres
Pouillon
St-André-de-Seignanx
Bélus
Amou
Miramont-Sensacq
Tarnos
Peyrehorade
Habas
Morganx
St-Martin-de-Seignanx
Orthevielle
Hastingues
Sorde-l'Abbaye
Arzacq-Arraziguet
Garlin
Anglet
Bayonne
Biarritz
Urt
Sames
Orthez
Bidart
Guiche
Bidache
Salies-de-Béarn
Bardos
Arthez-de-B.
Ustaritz
Argagnon
St-Jean-de-Luz
Cambo-les-B.
Hasparren
Sauveterre-de-B.
Laàs
Hendaye
St-Pée-s.-N.
Masparraute
Narp
Gave
Irun
Urrugne
Souraide
Espelette
Autevielle-St-Martin-Bideren
Pardies
Baringue
Ascain
Sare
Charritte-de-Bas
Morlaàs
Hélette
St-Palais
Lescar
Ainhoa
Itxassou
Navarrenx
Monein
Vera-de-Bidasoa
Iholdy
Pau
Gelos
Ousse
Artiguelouban
Ossès
Suhescun
Mauléon-Licharre
Aren
Lasseube
Goizueta
St-Jean-Pied-de-Port
Bunus
St-Goin
Oloron-Ste-Marie
Baudreix
Santesteban
Baztan
St-Étienne-de-Baïgorry
Ascarat
St-Jean-le-Vieux
Ordiarp
Nay-Bourdettes
Zubieta
Irurita
Féas
Gurmençon
Buzy
Rébénacq
Ezcurra
Ossas-Suhare
Tardets-Sorholus
Aramits
Asasp-Arros
Alos-Sibas-Abense
Arette
Ste-Colombe
Bruges-Capbis-Mifaget
Urepel
Alçay-Alçabéty-Sunharette
Montory
Lanne-en-Barétous
Izeste
Louvie-Juzon
Licq-Athérey
Escot
Bielle
Castet
Pyrénées-Atlantiques
64
Gère-Bélesten
Aste-Béon
Roncesvalles
Larrau
Louvie-Soubiron
Larasa
Burguete
Bedous
Laruns
Béost
Lées-Athas
Accous
Ste-Engrâce
Zubiri
Erro
Arrieta
Enderiz
Eaux-Bonnes
Lescun
Ochagavia
Anoz
Escaroz
Isaba
Olza
Villava
Urdos
Pamplona
Itoiz
Güesa
Astrain
Urroz
Agoitz
Ustés
Anso
Hecho
Tiebas
Monreal
Navascués
Burgui
Escarilla
Ripodas
Santa Lucia
Mendigorria
Villanua
Liedena
Yesa
Aibar
Berdun
Biescas
Eslava
Sangüesa
Tafalla
Puente la Rernz de Jacz
Jaca
Olite
Sos-del-Rey-Catolico
Navardun
Bailo
Sabiñanigo
Miranda-de-Arga
Aragon
Murillo-el-Fruto
Santacara
Anzanigo
Gallego
Falces
Castiliscar
Carcastillo
Uncastillo
Luesia
Biel
Sadaba
Asin
Ayerbe
Arguis
Milagro
Alfaro
Valtierra
Ardisa
Esqueda

Carte 12

D
E
9
F
1
2
13
3
4
5
Bourriot-Bergonce
Barbaste
Lavardac
Nérac
Laplume
Boé
Puymirol
Lafrançaise
Moissac
Valence-d'Agen
St-Nicolas-de-la-Grave
Castelsarrasin
Montauban
Garonne
Réaup-Lisse
Mézin
Francescas
Moncrabeau
Astaffort
St-Antoine
Créon-d'Armagnac
St-Justin
Gabarret
Fources
Gazaupouy
Miradoux
Castelnau-d'Auzan
La Romieu
Lagarde
Garganvillar
Barbotan-les-Thermes
Cazaubon
Larée
Condom
Montréal
Béraut
Lectoure
Lavit
Larrazet
Montech
Bourret
Estang
Bretagne-d'Armagnac
Gondrin
Valence-s.-Baïse
St-Puy
St-Clar
Mauroux
Avezan
Beaumont-de-Lomagne
Gaudonville
Maupas
Eauze
Courrensan
Fleurance
Urdens
Verdun-s.-Garonne
Grisolles
Fronton
Campsas
Panjas
Cézan
Vic-Fezensac
Castéra-Verduzan
Montestruc-s.-Gers
Tayboso
Monfort
Nogaro
Mirepoix
Grenade
Merville
Puysségur
Lelin-Lapujolle
Roquelaure
Castillon-Massas
Mauvezin
Cologne
St-Cricq
Aignan
Gers
32
Menville
Riscle
Préchac-s.-Adour
Peyrusse-Grande
Auch
Marsan
Gimont
L'Isle-J.
Léguevin
Castelnau-Riv. Basse
Plaisance
Montesquiou
L'Isle-de-Noé
Madiran
Armous-et-Cau
Pouylebon
Cadillon
Marciac
Mirande
Faget-Abbatial
Saramon
Samatan
St-Lys
Maubourguet
Lespielle
Berdoues
Seissan
Lombez
Roques
Muret
Lembeye
Vernet
Vic-en-Bigorre
Miélan
Cimorro
Lherm
Rieumes
St-Michel
Masseube
Rabastens-de-Bigorre
Panassac
L'Isle-en-Dodon
Eslourenties-Daban
Montaner
Lubret-St-Luc
Trie-s.-Baïse
Lunax
Castelnau-Magnoac
Casties-Labrande
Peyssies
Péguilhan
Aries-Espénan
Boulogne-s.-Gesse
Aureilhan
Tarbes
Pouyastruc
Le Fousseret
Carbonne
Rieux
Cassagnabère-Tournas
Galan
Monléon-Magnoac
Montmaurin
Sarrecave
Save
Martres-Tolosane
Montesquieu
Cazères
Pontacq
Tournay
Aurignac
Boussens
Couladère
Ossun
Lanne
Momères
Adé
Lestelle-Bétharram
Bartrès
Paréac
Orincles
Le Fossat
Peyrouse
Trébons
Capvern
Lannemezan
St-Martory
St-Pé-de-Bigorre
Lourdes
Bagnères-de-Bigorre
Montréjeau
St-Gaudens
Ste-Croix-Volvestre
Gave de Pau
Pouzac
Sarlabous
Labarthe-Rivière
Salies-du-Salat
Le Mas-d'Azil
Ouzous
Agos-Vidalos
Gerde
Mane
Argelès-G.
Boô-Silhen
Beaudéan
Esparros
St-Laurent-de-Neste
Tibiran-Jaunac
Arras-en-L.
Préchac
Campan
Hèches
St-Bertrand-de-Comminges
Malvezie
Aspet
Estadens
Mauvezin-de-Prat
Contrazy
Aucun
Arcizans
Lau-Balagnas
Beaucens
Hautes-Pyrénées
Génos
Loures-Barousse
Moulis
St-Girons
Encourtiech
Rimont
Bun
Pierrefitte-Nestalas
Artigues-Campan
Sarrancolin
Portet-d'Aspet
Saligos
Esquièze-Sère
Paillac
Estaing
Sazos
Arreau
Bordères-Louron
Cierp-Gaud
Signac
St-Béat
Aucun
Castillon-en-Couserans
Biert
Cauterets
Sassis
Esterre
Barèges
Luz St Sauveur
65
Cadéac
Ancizan
Gouaux
Avajan
Cier-de-Luchon
Fos
Augirein
Sentein
Soueix
Massat
Guchen
Vielle-Aure
Vignec
Guchan
Adervielle
Antignac
Moustajon
Salles-et-Pratviel
Seix
Oust
Ustou
Gèdre
St-Lary-Soulan
Bourisp
Loudenvielle
Garin
Montauban-de-L.
Bagnères-de-Luchon
St-Mamet
Bossost
Aulus-les-Bains
Aragnouet
Gavarnie
Vielha-e-Mijaran
Gessa
Ara
Parzan
Broto
Bielsa
Esera
Benasque
Esterri-de-Aneu
Noguera Pallaresa
Salinas
Ribera-de-Cardós
Caldes de Boi
Castejon-de-Sos
Fiscal
Vilaller
Llavorsi
Boltana
Ainsa-Sobrarbe
Rialp
Cinca
Pont-de-Suert
Sort
Campo
E S P A G N E
Gerri-de-la-Sal
Segre
Adrall
Santa Liestra y S. Quilez
La Pobla de Segur

A
B
C
10
12
Montauban
Caussade
Septfonds
Molières
Lafrançaise
Réalville
Montricoux
Villebrumier
Grisolles
Fronton
Grenade
Toulouse
Muret
Castanet-Tolosan
Montgiscard
Auterive
Verfeil
Lavaur
Montastruc-la-Conseillère
Rabastens
St-Sulpice
Lisle-s.-Tarn
Gaillac
Albi
Carmaux
Valderiès
Cordes
Vaour
St-Antonin-Noble-Val
Laguépie
Mirandol-Bourgnounac
Pampelonne
Naucelle
Monestiés
Cadalen
Graulhet
Briatexte
Montdragon
Réalmont
Castres
Puylaurens
Labruguière
Mazamet
Revel
Caraman
Villefranche-de-Lauragais
Castelnaudary
Carcassonne
Trèbes
Alzonne
Villepinte
Montréal
Fanjeaux
Belpech
Mazères
Saverdun
Pamiers
Mirepoix
Limoux
Foix
Lavelanet
Chalabre
Quillan
Couiza
Espéraza
Axat
Tarascon-s.-Ariège
Vicdessos
Ax-les-Thermes
Aulus-les-Bains
Massat
Quérigut
Mont-Louis
Font-Romeu-Odeillo-Via
Saillagouse-Llo
Bourg-Madame
Puigcerdà
Prades
Vernet-les-Bains
Prats-de-Mollo
Arles-s.-Tech
Amélie-les-Bains-Palalda
Céret
Le Boulou
La Jonquera
Thuir
Ille-s.-Têt
Perpignan
Rivesaltes
Millas
Tuchan
Mouthoumet
Durban-Corbières
Félines-Termenès
Lézignan-Corbières
Ferrals-les-Corb.
Capendu
Olonzac
Peyriac-Minervois
Caunes-Minervois
Mas-Cabardès
St-Amans-Soult
Labastide-Rouairoux
St-Pons-de-Thomières
Anglès
Lacaune
Murat-s.-Vèbre
Belmont-s.-Rance
Camarès
St-Affrique
Plaisance
St-Sernin-s.-Rance
Alban
Réquista
Villefranche-de-Panat
Cassagnes-Bégonhès
Salles-Curan
St-Rome-de-T.
Valence-d'Albigeois
St-Jean-Delnous
Ambialet
Villefranche-d'Albigeois
Montredon-Labessonnié
Lacaze
Vabre
Roquecourbe
Brassac
Lacrouzette
Le Bez
Dourgne
Sorèze
Saissac
Brousses-et-Villaret
Salles-s.-l'Hers
Nailloux
Cintegabelle
Le Fossat
Le Mas-d'Azil
La Bastide-de-Sérou
Rimont
Varilhès
Les Cabanes
Mérens-les-Vals
L'Hospitalet-Près-l'Andorre
Soldeu
Encamp
Andorra-la-Vella
ANDORRE
Arinsal
La Seu-de Urgell
Adrall
Montella-i-Martinet
Martinet
Baga
Gombren
Urtg
Nuria
Ribes de Freser
Camprodon
Sant Pau de Seguries
Belcaire
Puivert
Bélesta
Caudiès-de-F.
St-Paul-de-Fenouillet
Maury
Sournia
Molitg-les-Bains
St-Hilaire
Arques
Haute-Garonne 31
Tarn 81
Ariège 09
Aude 11
Pyrénées-Orientales 66

Carte 13

D
E
F
10
14
1
2
3
4
5
St-Beauzély
Montjéjouls
Verrières
Compeyre
Rivière-s.-Tarn
La Cresse
Le Rozier
Peyreleau
Castelnau-Pégayrols
Aguessac
Millau
Compregnac
Creissels
St-Georges-de-Luzençon
Aveyron
12
L'Hospitalet-du-Larzac
Cornus
Fondamente
Gissac
Sorgues
Meyrueis
Lanuejols
Revens
Trèves
Nant
St-Jean-du-Bruel
Alzon
La Couvertoirade
Dourbie
St-Sauveur
Dourbies
Valleraugue
Notre-Dame-de-la-Rouvière
Aulas
Pont-d'Hérault
Mollières-Cavaillac
Avèze
Le Vigan
Montdardier
Blandas
Ganges
Laroque
Brissac
Le Pompidou
St-André-de-Valborgne
Vallée-Française
Moissac-V.
Saumane
Les Plantiers
St-Étienne-Vallée-Fr.
St-Jean-du-Gard
Mialet
Gardon de St-Jean
Lasalle
Thoiras
St-André-de-Majencoules
Sumène
St-Julien-de-la-Nef
St-Hippolyte-du-Fort
Monoblet
Montoulieu
St-Bauzille-de-Putois
Anduze
Marsillargues-Attuech
Sauve
Quissac
Cendras
Alès
Boisset-et-Gaujac
St-Christol-lès-Alès
Cardet
Vézénobres
Lézan
Lédignan
Crespian
St-Jean-de-Ceyrargues
Arpaillargues-et-Aureillac
Uzès
Connaux
St-Quentin-la-Poterie
Vers-Pont-du-Gard
St-Chaptes
Collias
Gard
Remoulins
Bézouce
Marguerittes
Nîmes
30
Souvignargues
Le Caylar
St-Félix-de-l'Héras
Ceilhes-et-Rocozels
Brusque
Soubes
Les Plans
Le Bosc
Le Bousquet-d'Orb
Lunas
Lodève
Lergue
Graissessac
St-Gervais-s.-Mare
La Tour-s.-Orb
Octon
Salasc
Hérépian
Bédarieux
Mons
Lamalou
Les Aires
Fos
Clermont-l'Hérault
Hérault
34
Canet
Fontès
Bélarga
Roquebrun
Laurens
Roujan
Alignan-du-Vent
Murviel-lès-B.
Cessenon
Orb
Pézenas
Castelnau-de-Guers
Servian
Tourbes
St-Thibéry
St-Chinian
Montblanc
Béziers
Creissan
Capestang
Colombiers
Villeneuve-lès-Béziers
Nissan-lez-E.
Vendres
Sérignan
Sauvian
Coursan
Salles-d'Aude
Fleury
Aude
Valras-Plage
Bessan
Florensac
Vias
Portiragnes
Agde
Marseillan
Marseillan-Plage
Cap d'Agde
Pinet
Mèze
Montagnac
Loupian
Bouzigues
Poussan
Balaruc-les-Bains
Sète
Villeveyrac
Gigean
Frontignan
Vic-la-Gardiole
Villeneuve-lès-Maguelone
Fabrègues
Le Pouget
St-André-de-S.
Gignac
Aniane
Hérault
St-Martin-de-Londres
Les Matelles
Montpellier
Clapiers
Castries
Lattes
Pérols
Palavas-les-Flots
Mauguio
Lansargues
Lunel
Gallargues-le-Montueux
Sommières
Boisseron
Junas
La Grande-Motte
Le Grau-du-Roi
Aigues-Mortes
Pointe de l'Espiguette
Golfe d'Aigues-Mortes
St-Laurent-d'Aigouze
Aimargues
Vauvert
Générac
St-Gilles
Stes-Maries-de-la-Mer
Golfe des Stes-Maries ou de Beauduc
Pointe de Beauduc ou du Sablon
Narbonne
Narbonne-Plage
Gruissan
Sigean
Port-la-Nouvelle
La Palme
Cap Leucate
Fitou
Leucate
Port-Leucate
Salses
Le Barcarès
Torreilles
Ste-Marie
Canet-en-R.
Canet-Plage
St-Nazaire
Alénya
St-Cyprien
Montescot
Elne
Palau-del-Vidre
St-André
Argelès-s.-Mer
Collioure
Sorède
Laroque-des-A.
Port-Vendres
Banyuls-s.-Mer
Cap Cerbère
Cerbère
Port-Bou
Llançà
Cap de Creus
Cadaquès
Figueras
Roses

A
B
C
11
13
1
2
3
4
5
Orange
Avignon
Arles
Carpentras
Cavaillon
Salon-de-P.
Aix-en-Provence
Marseille
Aubagne
La Ciotat
Toulon
La Seyne
Six-Fours-les-Plages
Martigues
Marignane
Istres
Vitrolles
Gardanne
Pertuis
Manosque
Apt
Château-Arnoux
Bagnols-s.-C.
Uzès
Remoulins
Marguerittes
Beaucaire
Tarascon
St-Rémy-de-Prov.
St-Gilles
Sorgues
Villeneuve-lès-A.
Le Pontet
Le Thor
Monteux
L'Isle-s.-la-Sorgue
Pernes-les-Font.
Fontaine-de-Vaucluse
Gordes
Bédoin
Sault
Vaucluse
84
Forcalquier
Oraison
Valensole
Gréoux-les-Bains
Vinon-s.-Verdon
Rians
Barjols
St-Maximin-la-Ste-Baume
Trets
Roquevaire
Gémenos
Cassis
Bandol
Sanary-s.-Mer
Le Beausset
Port-de-Bouc
Fos
Port-St-Louis-du-Rhône
Stes-Maries-de-la-Mer
Golfe de Fos
Cap Couronne
Carry-le-Rouet
Ile Pomègues
Cap Croisette
Ile de Riou
Cap Canaille
Cap Sicié
St-Mandrier-s.-Mer
MER MÉDITERRANÉE

D
E
11
F
Carte 14
1
2
3
4
5
Digne-les-Bains
Thorame-Basse
Thorame-Haute
La Colle-St-Michel
Guillaumes
Alpes-Maritimes
06
St-Sauveur-s.-Tinée
St-Martin-Vés
Roquebillière
Fontan
Lambruisse
La Mure Argens
Le Chaffaut-St-Jurson
Mézel
Beynes
Barrême
Moriez
St-André-les-Alpes
Annot
Entrevaux
Puget-Théniers
Villars-s.-Var
Touët-s.-Var
Lantosque
Moulinet
Breil-s.-Roya
Pigna
Sospel
Trucco
Senez
St-Jurs
Puimoisson
St-Julien-du-Verdon
Brianconnet
Roquesteron
Levens
L'Escarène
Gorbio
Castellane
St-Auban
Moustiers-Ste-Marie
La Roquette-s.-Var
Contes
Peillon
Ventimiglia
Menton
Riez
Rougon
La Garde
Coursegoules
Séranon
Loup
St-Jeannet
Ste-Croix-de-Verdon
Aiguines
La Palud-s.-Verdon
Les Salles-s.-Verdon
La Martre
Tourrettes-s.-Loup
Vence
St-Laurent-du-Var
Nice
Villefranche
Cap Ferrat
St-Laurent-du-Verdon
Bauduen
Comps-s.-Artuby
La Roque-Esclapon
Escragnolles
St-Vallier-de-Thiey
Le Bar-s.-Loup
St-Paul-de-Vence
La Colle-s.-Loup
Roquefort-les-Pins
Opio
Cagnes
Villeneuve-Loubet
Baie des Anges
Artignosc-sur-V.
Régusse
St-Cézaire-sur-Siagne
Siagne
Peymeinade
Grasse
Biot
Aups
Seillans
Fayence
Tourrettes
Callian
Montauroux
La Roquette-s.-S.
Auribeau
Mougins
Antibes
Callas
Tanneron
Pégomas
Le Cannet
Cannes
Cap d'Antibes
Sillans-la-Cascade
Villecroze
St-Paul-en-Forêt
Bagnols-en-Forêt
Mandelieu-la-Napoule
La Bocca
Salernes
Flayosc
Draguignan
Les Adrets-de-l'Estérel
Îles de Lérins
Cotignac
Lorgues
Le Muy
Correns
Les Arcs
Pte du Cap Roux
Argens
Carcès
Taradeau
Puget-s.-Argens
Cabasse
Le Luc
Vidauban
Roquebrune-s.-Argens
Fréjus
St-Raphaël
Brignoles
St-Aygulf
Le Cannet-des-Maures
Les Issambres
Ste-Anastasie-s.-Issole
Besse-s.-I.
La Garde-Freinet
Ste-Maxime
Rocbaron
Cap de St-Tropez
Var
83
Grimaud
St-Tropez
Pierrefeu-du-Var
Cogolin
Gassin
Ramatuelle
Collobrières
La Môle
La Croix-Valmer
Bormes-les-Mimosas
Cap Camarat
Solliès-Pont
La Crau
Cavalaire-s.-Mer
Cap Lardier
Les Salins-d'Hyères
La Londe-les-Maures
Le Lavandou
Hyères
Carqueiranne
Cap Blanc
Rade d'Hyères
Ile du Levant
Porquerolles
Ile de Port-Cros
Iles d'Hyères

A B C

Carte 15
1
2
3
4
5
MER
MÉDITERRANÉE
Cap Corse
Ile Capraia
Ile Pianosa
Rogliano
Centuri
Meria
Luri
Pietracorbara
Sisco
Sta-Maria-di-Lota
Miomo
Farinole
Patrimonio
Bastia
Golfe de St-Florent
St-Florent
Oletta
Biguglia
Sorio
Pieve
Murato
Lucciana
Golfe de Calvi
L'Ile-Rousse
Corbara
Algajola
Monticello
Palasca
Belgodère
Lumio
Aregno
Calvi
Calenzana
Golo
Vescovato
Castellare-di-Casinca
Sorbo-Ocagnano
Penta-di-Casinca
Ponte-Leccia
Moltifao
Asco
Morosaglia
Taglio Isolaccio
Talasani
Poggio Mezzana
Pruno
San-Nicolao
Sta-Lucia-di-Moriani
Piedicroce
Sta-Maria-Poggio
Haute-Corse
2B
Galéria
Fango
Francardo
Lozzi
Calacuccia
Sermano
Cervione
Valle-di-Campoloro
San-Giuliano
Moïta
Osani
Corte
Restonica
Golfe de Porto
Serriera
Évisa
Ota
Piana
Capu Rossu
Piedicorte-di-Gaggio
Linguizzetta
Giuncaggio
Venaco
Tavignano
Vivario
Vezzani
Tattone
Vico
Aléria
Cargèse
Salice
Liamone
Lopigna
Vero
Bocognano
Ghisoni
Fium'Orbo
Golfe de Sagone
Casaglione
Sari-d'Orcino
Carbuccia
Poggio-di-Nazza
Ghisonaccia
Bastelica
Prunelli-di-Fiumorbo
Calcatoggio
Corse du Sud
2A
Capo di Feno
Gravona
Taravo
Solaro
Travo
Zicavo
Ajaccio
Solenzara
Porticcio
Iles Sanguinaires
Golfe d'Ajaccio
Pietrosella
Sari-Solenzara
Petreto-Bicchisano
Quenza
Zonza
Coti-Chiavari
Casalabriva
Serra-di-Scopamène
Conca
Ste-Lucie
Olmeto
San-Gavino-di-Carbini
Capu di Muru
Serra-di-Ferro
Levie
Lecci
Golfe de Porto-Vecchio
Propriano
Golfe de Valinco
Sartène
Campomoro
Porto-Vecchio
Sotta
Monacia-d'Aullène
Capu di Senetosa
Punta di u Capicciolu
Figari
Pianotolli-Caldarello
Bonifacio
Capo Pertusato
Bouches de Bonifacio
I. Maddalena
La Maddalena
I. Caprera
Santa Teresa Gallura
SARDAIGNE
Arzachena
Luogosanto
N197
N193
N198
N200
N196
D111
N199

Cartes 8-10-11

Délégué FFCC : Daniel DOTTON, 21, rue de Bouvent - 01000 BOURG EN BRESSE

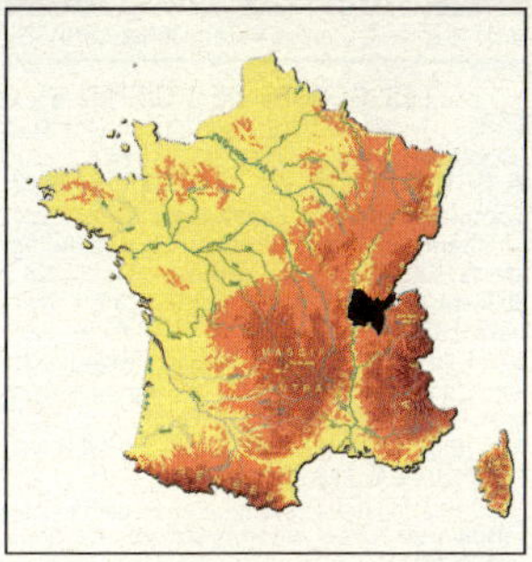

AMBERIEUX EN DOMBES

11-A1 38 km S.-O. Bourg-en-Bresse. 300 m. 848 hab. ✉ 01330

CAMP MUNICIPAL LE CERISIER ★★ Loisirs 72 E. (12 Tourisme + 60 Loisirs) 4 ha. CV. Accès direct à l'étang. Accueil groupes. Caravanes à double essieu interdites. ☎ 04 74 00 83 40 / 04 74 00 84 15 (Mairie). Fax : 04 74 00 84 04. Prix 2007. Fft jour : Empl. Tourisme (2) : 25 €

ARS SUR FORMANS

11-A1 42 km S.-O. Bourg-en-Bresse. 240 m. 719 hab. ✉ 01480

CAMP MUNICIPAL DU BOIS DE LA DAME ★★★ Tourisme 103 E. (70 Tourisme + 33 Loisirs) 1,05 ha. après 22 H, CV. Etang à 20 m. Rivière à 50 m. Accueil groupes. Ouv : 1.4 / 30.9. Interdit aux caravanes 2 essieux. ☎ 04 74 00 77 23 / 04 74 00 71 84 (Mairie) (H.S.). Fax : 04 74 08 10 62. E-mail : mairie-ars-sur-formans@wanadoo.fr. Prix 2007. Fft jour : Empl. Tourisme (2) : 10,50 € () ; Sup : 1,70 € - de 7 ans 1,30 € ; 2,50 € (10 A) ; Animaux 1,50 €.

ARTEMARE

11-C1 16 km N. Belley. 258 m. 914 hab. ✉ 01510

LE VAUGRAIS ★★ Tourisme 33 E. dont 48 nus (23 Tourisme + 10 Loisirs), dont 18 GCC, 1 ha. CV. Locations : 2, 6. couverte . Accès direct à la rivière. ; ; . Accueil groupes. Ouv : 1.1 / 31.12. Chemin du Vaugrais. Sur RD 69 et CD 31, à 200 m RD 904, sortie Ouest de la ville. ☎ 04 79 87 37 34. Fax : 04 79 87 37 34. E-mail : contact@camping-le-vaugrais.fr, Web : www.camping-le-vaugrais.fr. Prix 2007. Fft jour : Empl. Tourisme (2) : 12 € ()

FFCC : partenaire + réduction emp. de 5 % hors saison + carte FFCC assurance annulation + Stop accueil Camping-car du 01/01 au 31/05 et du 01/09 au 31/12/2008, accès jusqu'à 20h + réduction loc. de 5 % hors saison.

BOURG EN BRESSE

422 km S.-E. Paris. 240 m. 43675 hab. ✉ 01000

CAMP MUNICIPAL DE CHALLES ★★★★ Tourisme 120 E., dont 53 CC, 1,3 ha. CV Sanitaire chauffé. Lac à 3 km. ; à 2 km : . Accueil groupes. Ouv : 1.4 / 15.10. Avenue de Bad Kreuznach. A 40 sortie n° 6, 100 m RN 83 et RN 436. ☎ 04 74 45 37 21 / 04 74 22 92 25 (H.S.). Fax : 04 74 45 59 95. E-mail : camping-municipal-bourgenbresse@wanadoo.fr. Prix 2007. Empl. Tourisme : 6,37 € () : 5,38 € ; 3,38 € ; 1,54 € ; 2,15 €.

FFCC : partenaire + réduction emp. de 10 % en saison et 20 % hors saison + carte FFCC assurance annulation.

BREGNIER CORDON

11-C2 20 km S.-O. Belley. 225 m. 524 hab. ✉ 01300

CAMP MUNICIPAL DU LAC DE PLUVIS ★★ Loisirs 23 E., dont 19 CC - 4 GCC, 0,45 ha. . Etang à 1,5 km. ; ; ; ; . Sortie Autoroute Lyon-Chambéry. ☎ 04 79 87 21 15 (Mairie). Fax : 04 79 87 24 25.

CHALEINS

11-A1 40 km S.-O. Bourg-en-Bresse. 238 m. 594 hab. ✉ 01480

AIRE NATURELLE DU FOUR

Mme THETE Simone,aire naturelle CV. A 300 m : . A 4 km: . A 6 km : . A 8 km : Piscine plein air. Sapeins, D 88, à 4 km Nord du bourg. Pré, rivière à 5 km. ☎ 04 74 67 82 85 / 04 74 67 95 18.

CHALEY

11-B1 32 km N.-O. Belley. 425 m. 106 hab. ✉ 01230

CAMP MUNICIPAL DU PRE COMMUN ★ Loisirs 37 E. (7 Tourisme + 30 Loisirs) 0,65 ha. . Locations : H.L.L.. Accès direct à la rivière. . Dans Chaley, près RD 21, RD 53 et RN 504. ☎ 06 87 45 52 45 / 04 74 36 41 27. Fax : 04 74 36 41 78.

CHAMPAGNE EN VALROMEY

11-C1 20 km N. Belley. 480 m. 714 hab. ✉ 01260

CAMP MUNICIPAL DE CHAMPAGNE ★★ Tourisme 33 E. 0,45 ha. . . Rivière à 2 km. Sur CD 54, à 5 km de D 904. ☎ 04 79 87 61 70 / 04 79 87 61 40.

CHAMPDOR

11-B1 26 km S. Nantua. 830 m. 428 hab. ✉ 01110

CAMP MUNICIPAL LE VIEUX MOULIN ★★ Tourisme 70 E. (60 Tourisme + 10 Loisirs) 1,5 ha. . Etang et rivière à 100 m. ; ; . Sur CD 57 A. ☎ 04 74 36 01 72. Fax : 04 74 36 01 79.

CHAMPFROMIER

8-C5 21 km N.-E. Nantua. 645 m. 332 hab. ✉ 01410

CAMP MUNICIPAL LES GEORENNES ★★ Tourisme 30 E. dont 30 nus 0,67 ha. CV. . Accueil groupes. D 14. ☎ 04 50 56 92 40 (Mairie). Fax : 04 50 56 96 05.

CHATILLON SUR CHALARONNE

8-A5 23 km O.-S.-O. Bourg-en-Bresse. 225 m. 4317 hab. Station verte de vacances et village de neige ✉ 01400

CAMP MUNICIPAL DU VIEUX MOULIN ★★★★ Tourisme 140 E. (71 Tourisme + 69 Loisirs), dont 4 HLL, 2,5 ha. , baignoires, , contigü, contigü, contigü, CV. Locations : 4. chauffée . Accès direct à la rivière. ; à 100 m : , . Accueil groupes encadrés. Ouv : 1.5 / 30.9. 100 m RD 7, à 300 m CD 936. ☎ 04 74 55 04 79. Fax : 04 74 55 13 11. E-mail : campingvieuxmoulin@orange.fr, Web : www.tourismeendombes.com. Prix 2008. Empl. Tourisme : 4 € ; 2,50 € ; 2,50 € ; 4,60 € ; - de 2/7 ans 2,50 € ; 4 € ; Animaux 2,10 €.

CHAVANNES SUR REYSSOUZE

8-A4 36 km N.-O. Bourg-en-Bresse. 212 m. 543 hab. ✉ 01190

CAMP LES RIPETTES ★★ Tourisme 55 E. dont 53 nus, , dont 5 GCC, 2 ha. , 1 km, CV. Locations : , , . . à 4 km : 4 km, 4 km, . Accueil groupes. Ouv : 1.4 / 30.9. A 6 sortie Tournus ou Mâcon Nord puis RD 975 vers Pont-de-Vaux puis D 2 vers St-Trivier-de-Courtes. ☎ 03 85 30 66 58 (Bob ou Ang). E-mail : info@camping-les-ripettes.com, Web : www.camping-les-ripettes.com. Prix 2008. Fft jour : Empl. Tourisme : 6.5 € Sup : 3,60 € - de 10 ans ans 2,50 € ; 3 € (10 A A) ; Animaux 1,50 €. Réduction H.S.

CHAVANNES SUR SURAN

8-B5 20 km N.-E. Bourg-en-Bresse. 320 m. 335 hab. ✉ 01250

CAMP MUNICIPAL ★ Tourisme 25 E. . Accès direct à la rivière. . ☎ 04 74 51 70 52.

CHEZERY FORENS

14 km N. Bellegarde. 600 m. 337 hab. Village de neige ✉ 01200

CAMP MUNICIPAL DE LE VALSERINE ★ Tourisme 81 E. (71 Tourisme + 10 Loisirs) 1,45 ha. CV. Locations : 4. . Accès direct à la rivière. ; . Accueil enfants. Ouv : 1.4 / 31.10 & 1.12 / 15.3. RN 491ou RD 14. ☎ 04 50 56 20 88. Fax : 04 50 56 20 88. Prix 2008. Empl. Tourisme : 2,80 € ; 1,20 € ; 4 € ; - de 7 ans 1,80 € ; 3 à 3,50 € (5 à 10 A) ; Animaux 1 €.

CORLIER

8-B5 44 km N.-O. Belley. 750 m. 66 hab. ✉ 01110

Mme JACQUEMET Mireille . A 6 km: Piscine plein air . A 10 km : . Les Thuyas, par RD 11. ☎ 04 74 38 57 12.

CORMORANCHE SUR SAONE

8-A5 35 km O. Bourg-en-Bresse. 175 m. 750 hab. 01290

LE PLAN D'EAU DE LA PIERRE THORION ★★★★ Tourisme 117 E., dont 73 GCC - 34 HLL, 4 ha. CV Sanitaire chauffé. Locations : 12, 5, . Accès direct aux bords du lac. Rivière à 1 km. ; ; ; . Accueil groupes. 3 km RN 6. 1 km du bourg. Sortie A 40. Dir. Pont-de-Veyle-Grieges-Cormoranche. ☎ 03 85 23 97 10. Fax : 03 85 23 97 11. E-mail : contact@lac-cormoranche.com, Web : www.lac-cormoranche.com.

CULOZ

11-C1 16 km N.-E. Belley. 235 m. 2630 hab. 01350

LE COLOMBIER ★★★ Loisirs 85 E. dont 54 nus (23 Tourisme + 62 Loisirs), dont 62 CC, 1,25 ha. CV Sanitaire chauffé. Locations : 8, 2, . Accès direct aux bords du lac. Rivière à 200 m. ; ; . Accueil groupes. Ouv : 18.4 / 21.9. 100 m RD 992 et 200 m RD 904. ☎ 04 79 87 19 00. Fax : 04 79 87 19 00. E-mail : camping.colombier@free.fr, Web : camping.colombier.free.fr. Prix 2008. Fft jour : Empl. Tourisme (2) : 16,50 € ( ) ; Sup : 5,50 € - de 10 ans 2 € ; 3 € (10 A) ; Animaux 1 €. Réduction H.S.

FFCC : partenaire + réduction emp. de 10 % en saison et 20 % hors saison + carte FFCC assurance annulation + réduction loc. de 5 % en saison et 20 % hors saison.

DIVONNE LES BAINS

8-C5 8 km N.-N.-E. Gex. 519 m. 4783 hab. 01220

LE FLEUTRON ★★★ Tourisme 280 E. (188 Tourisme + 92 Loisirs), dont 102 GCC - 34 HLL, 7 ha. , saison, saison, saison, , saison, CV. Locations : 79, 8, 30 chauffée . Rivière à 2 km. Lac à 3 km. Ouv : 29.3 / 25.10. Quartier Villard. par A40 sortie Bellegarde puis D984 jusqu'à Divonne / Par A39 sortie Poligny puis RN5 jusqu'à Gesc, puis D984 jusqu'à Divonne ☎ 04 50 20 01 95 / 0 820 201 207 (H.S.). Fax : 04 50 20 00 35. E-mail : info@homair.com, Web : www.homair.com. Prix 2007. Empl. Tourisme : 14 € ; 7 € ; - de 10 ans 5,50 € ; 5 € ; Animaux 5 €.

DOMPIERRE SUR VEYLE

11-B1 17 km S. Bourg-en-Bresse. 270 m. 745 hab. 01240

CAMP MUNICIPAL ★★ Tourisme 50 E. 1,7 ha. . Accès direct à la rivière. . Chemin du Plan d'Eau. Club de tennis à 200 m. ☎ 04 74 30 31 81. Fax : 04 74 30 36 61.

DORTAN

8-C5 24 km N. Nantua. 330 m. 1609 hab. 01590

LE LAC DE COISELET ★ Loisirs 50 E. dont 10 nus (10 Tourisme + 40 Loisirs) 1 ha. CV. Locations : 3 . Accès direct aux bords du lac. Rivière à 600 m. ; ; ; à 2 km : . Accueil groupes. Ouv : 1.6 / 30.9. Rés. obligatoire en été. Hameau d'Uffel. ☎ 04 74 75 86 34 / 04 78 05 48 95 / 06 68 19 92 38 (H.S.). E-mail : rochet.josiane@neuf.fr, Web : http://rochet.josiane.neuf.fr. Prix 2007. Fft jour : Empl. Tourisme : 11 €

FFCC : partenaire - terrain assuré par la FFCC + réduction emp. de 5 % en saison et hors saison + Stop accueil Camping-car du 01/06 au 30/09/2008 + réduction loc. de 5 % en saison et hors saison.

CAMP MUNICIPAL LES CYCLAMENS Voir CHANCIA (39)

GEX

8-C5 69 km N.-E. Bourg-en-Bresse. 617 m. 4868 hab. 01170

CAMP MUNICIPAL LES GENETS ★★★ Tourisme 140 E., dont 100 CC, 3,2 ha. snack, CV Sanitaire chauffé. Locations : 2 . Etang, lac et rivière à 5 km. à 5 km : ; ; ; ; . Accueil groupes. Ouv : 27.5 / 30.9. 400, avenue des Alpes. A 40 et A 42. A 39, RN 5 et RN 84. Accès Suisse RN 1 Lausanne/Genève. ☎ 04 50 41 61 46 / 04 50 42 63 00 (Mairie) (H.S.). Fax : 04 50 41 68 77. E-mail : camp-gex@cc-pays-de-gex.fr, Web : www.pays-de-gex.org. Prix 2007. 5,30 € ; 4,30 € ; 3,60 € ; - de 10 ans 2,30 € ; 2,90 € (16 A) ; Animaux 1 €. Réduction H.S.

FFCC : partenaire - terrain assuré par la FFCC + réduction emp. de 5 % en saison et hors saison.

HAUTECOURT ROMANECHE

8-B5 18 km S.-E. Bourg-en-Bresse. 375 m. 549 hab. 01250

L'ILE CHAMBOD ★★★ Tourisme 100 E. (70 Tourisme + 30 Loisirs) 2,4 ha. CV. Locations : 6, 4, , . Lac et rivière à 200 m. ; ; ; . Accueil groupes. Lieu-dit Chambod. A 42 sortie 9 (Pont d'Ain), dir. Nantua/Genève par RN 84. Au village Poncin, au feu tourner à gauche dir. Base de Loisirs Ile Chambod. ☎ 04 74 37 25 41. Fax : 04 74 37 28 28. E-mail : camping.chambod@free.fr, Web : www.campingilechambod.com. Réduction H.S.

HAUTEVILLE LOMPNES

11-B1 30 km N.-N.-O. Belley. 900 m. 4905 hab. Station verte de vacances et village de neige 01110

CAMP MUNICIPAL LES ABERREAUX ★★ Loisirs 66 E. (22 Tourisme + 44 Loisirs) 1,5 ha. . Etang à 1,5 km. à 1 km : . 125, chemin des Lésines. ☎ 04 74 35 36 73. Fax : 04 74 35 36 73.

HOTONNES

11-C1 32 km S.-O. Nantua. 735 m. 268 hab. 01260

AIRE NATURELLE MUNICIPALE CV. A 100 m : . A 250 m : . Ouv : 15.4 / 15.11. Les plans d'Hotonnes. A 40 sortie St Martin du Fresne. ☎ 06 67 66 22 32. Web : www.hotonnes.com.

JOURNANS

8-B5 11 km S.-E. Bourg. 290 m. 277 hab. 01250

CAMP MUNICIPAL ★★ Tourisme 35 E. (20 Tourisme + 15 Loisirs) 0,8 ha. . Accueil groupes. 500 m RD 52. 4 km sortie A 40 Bourg Sud. ☎ 04 74 42 64 71 / 04 74 51 64 45. Fax : 04 74 42 64 83.

MALAFRETAZ

8-B5 15 km N.-O. Bourg-en-Bresse. 213 m. 530 hab. 01340

M. CRETIN Jean CV. A 2 km: Piscine chauffée Piscine plein air Piscine couverte . Ouv : 1.1 / 31.12. Sortie A 6 Tournus-A 40 bourg Nord Montrevel. Sortie A 39 St Trivier de Courtes. Par RN 975. ☎ 04 74 30 81 19. Fax : 04 74 30 81 19. E-mail : fermequestremalaf@wanadoo, Web : www.ferme-equestre-malafretaz.com. Prix 2008. Empl. Tourisme : 2,20 € ; 2,20 € ; 2,20 € ; 2,20 € ; 2,20 € ; - de 9 ans 1,10 € ; 2,20 €.

MANTENAY MONTLIN

8-B4 28 km N.-O. Bourg-en-Bresse. 190 m. 252 hab. 01560

CAMP MUNICIPAL ★★ Tourisme 30 E. 0,8 ha. CV. Locations : . . Accès direct à la rivière. . Accueil groupes. Accès par A 40 sortie n° 5 Bourg Nord ou A 39 sortie St-Trivier-de-Courtes. ☎ 04 74 52 66 91 / 04 74 52 61 72 (Mairie). Fax : 04 74 30 76 79. E-mail : cdec.sainttrivierdecourtes@wanadoo.fr.

MASSIGNIEU DE RIVES

11-C1 8 km E. Belley. 280 m. 305 hab. 01300

LAC DU LIT AU ROI ★★★★ Tourisme 120 E. (90 Tourisme + 30 Loisirs), dont 30 GCC, 3 ha. CV. Locations : 10, 3, , . . Accès direct aux bords du lac et à la rivière. ; ; ; ; . D 992. Aux Portes de la Savoie. ☎ 04 79 42 12 03. Fax : 04 79 42 19 94. E-mail : acamp@wanadoo.fr, Web : www.camping-savoie.com.

MATAFELON GRANGES

8-B5 15 km N.-O. Nantua. 448 m. 336 hab. 01580

LES GORGES DE L'OIGNIN ★★★ Tourisme 132 E. dont 120 nus (102 Tourisme + 30 Loisirs), dont 48 GCC - 10 HLL, 2,6 ha. Camping clef verte. Locations : 10, 2. chauffée . Accès direct aux bords du lac. ; ; ; . Accueil groupes. Ouv : 1.4 / 30.9. Rue du Lac. A 404 sortie n°9 dir. Izernore puis Matafelon. ☎ 04 74 76 80 97. Fax : 04 74 76 80 97. E-mail : camping.lesgorgesdeloignin@wanadoo.fr, Web : www.gorges-de-loignin.com. Prix 2008. Fft jour : Empl. Tourisme (2) : 18,60 € ( ) ; 3 € (10 A) ; Animaux 2 €. Réduction H.S.

FFCC : partenaire + réduction emp. de 10 % en saison et 20 % hors saison + réduction loc. de 10 % hors saison.

MEILLONNAS

8-B5 12 km N.-E. Bourg en Bresse. 245 m. 891 hab. 01370

CAMP MUNICIPAL DE LA RAZZA ★★ Tourisme 33 E., dont 19 GCC, 1 ha. Sanitaire chauffé. Locations : , , . Accès direct à l'étang. . 12 km du bourg. ☎ 04 74 42 32 42 / 04 74 42 38 11 (Mairie). Fax : 04 74 42 38 10.

MESSIMY SUR SAONE

11-A1 45 km S.-O. Bourg-en-Bresse. 210 m. 619 hab. 01480

CAMP MUNICIPAL ★ Loisirs 33 E. (3 Tourisme + 30 Loisirs) 1 ha. . Rivière à 1,5 km. Le Bourg. ☎ 04 74 67 80 77 (Mairie). Fax : 04 74 67 94 58. E-mail : mairie.messimysursaone@wanadoo.fr.

MONTAGNIEU

11-B1 32 km N.-O. Belley. 290 m. 377 hab. 01470

M. BARGEL Jean . A 1,5 km: ; . A 9 km : Piscine plein air. Ouv : 15.4 / 15.11. Les Pommiers, Les Granges de Montagnieu, par RD 19. Garage mort hivernal gratuit. Ecrire : M. BARGEL Jean, 7 impasse des Templiers 69720 St-Bonnet-de-Mure. ☎ 04 78 40 71 16. E-mail : bargel.jean@neuf.fr.

FFCC : partenaire - terrain assuré par la FFCC.

MONTMERLE SUR SAONE

11-A1 41 km S.-O. Bourg-en-Bresse. 170 m. 2023 hab. 01090

CAMP MUNICIPAL LES MURIERS ★★★ Loisirs 320 E. (100 Tourisme + 220 Loisirs), dont 80 CC, 3,5 ha. . Locations : . . Rivière à 50 m. ; ; . Ouv : 3.4 / 30.10. 322, rue de Lyon. CD 933. ☎ 04 74 69 34 40 / 06 86 16 60 80. Fax : 04 74 69 34 40. E-mail : contact@camping-montmerle.fr, Web : www.camping-montmerle.fr.

MONTREVEL EN BRESSE

8-B5 16 km N.-N.-E. Bourg-en-Bresse. 215 m. 2000 hab. Station verte de vacances et village de neige 01340

LA PLAINE TONIQUE ★★★★ Tourisme 580 E. dont 537 nus (400 Tourisme + 180 Loisirs), dont 30 CC - 20 GCC - 15 HLL, 17 ha. CV. Locations : 38, , 15, 12, , couverte chauffée . Accès direct aux bords du lac et à la rivière. ; ; ; ; ; . Accueil groupes. Ouv : 12.4 / 26.9. A 40 (Macon/Genève) sortie Bourg Nord, puis D 975 dir. Montrevel ou A 6 (Paris/Lyon) sortie Tournus et D 975 (40 km). ☎ 04 74 30 80 52. Fax : 04 74 30 80 77. E-mail : plaine.tonique@wanadoo.fr, Web : www.laplainetonique.com. Prix 2008. Empl. Tourisme : 12,10 € ( ) ; 5,40 € ; - de 7 ans 3,10 € ; Animaux 2 €. Réduction H.S.

MURS ET GELIGNIEUX

11-C2 16 km S. Belley. 233 m. 121 hab. ✉ 01300

L'ILE DE LA COMTESSE ★★★★ Tourisme 100 E., dont 50 CC - 50 GCC - 6 HLL, 3 ha. CV. Locations : 10, 14, 6, 1. Accès direct à la rivière. Lac à 500 m. Accueil groupes. Situé sur D 992 dir. Walliby-Les Avenières. ☎ 04 79 87 23 33. Fax : 04 79 87 23 33. E-mail : camping.comtesse@wanadoo.fr, Web : www.ile-de-la-comtesse.com.. Prix 2007. Fft jour : Empl. Tourisme (2) : 23,50 € () ; Sup : 7,50 € - de 7 ans 5,40 € ; 3,50 € (6 à 10 A) ; Animaux 3,50 €.

NANTUA

53 km S.-E. Bourg-en-Bresse. 480 m. 3639 hab. Station verte de vacances et village de neige ✉ 01130

LE SIGNAL ★★ Tourisme 55 E. 1,5 ha. Lac à 300 m. ; à 700 m : . 300 m RN 84. Stage sportif. ☎ 04 74 75 02 09.

NEUVILLE LES DAMES

8-A5 18 km S.-O. Bourg-en-Bresse. 230 m. 1066 hab. ✉ 01400

LE BLAISE ★★ Loisirs 25 E. (10 Tourisme + 15 Loisirs), dont 20 CC, 1,3 ha. Locations : . Rivière à 500 m. La Chassagne est sur la commune de Romans, limite Romans/Neuville-les-Dames. ☎ 04 74 55 61 79.

CAMP MUNICIPAL ★ Loisirs 16 E. (3 Tourisme + 13 Loisirs). Route de Vonnas. ☎ 04 74 55 60 97. Fax : 04 74 55 64 51. E-mail : neuvillelesdames@cc-chalaronne-centre.org, Web : www.cc-chalaronne-centre.org.

NIEVROZ

11-B1 47 km S.-O. Bourg-en-Bresse. 180 m. 786 hab. ✉ 01120

LE RHONE ★★★ Tourisme 144 E. 3,12 ha. CV. Locations : 12. Rivière à 100 m. Etang à 200 m. à 200 m : . A 42, sortie Beynost ou Balan, prendre dir. Montluel puis route du Pont de Jons, sur D 61. ☎ 04 72 25 04 99. Fax : 04 72 25 05 50.

OYONNAX

8-B5 16 km N.-N.-E. Nantua. 540 m. 22804 hab. ✉ 01100

M. SONTHONNAX Paul,aire naturelle

PARCIEUX

11-A1 48 km S.-O. Bourg-en-Bresse. 652 hab. ✉ 01600

L'ECLUSE ★★ Loisirs 202 E. (100 Tourisme + 102 Loisirs) 3,7 ha. CV. Locations : 4, 12. Accès direct à la rivière. A 46 sortie Neuville/Genay/Massieux/Trévoux (1 km), dir. Trévoux. ☎ 04 78 98 06 32 / 04 78 98 08 51 / 04 78 98 08 51 (H.S.). Fax : 04 78 98 08 51.

LE POIZAT

8-C5 10 km S.-O. Nantua. 950 m. 270 hab. ✉ 01130

AIRE NATURELLE DES CLOSETS ☎ 04 74 75 31 19.

PONCIN

11-B1 26 km S.-O. Nantua. 300 m. 1204 hab. Station verte de vacances et village de neige ✉ 01450

LA VALLEE DE L'AIN ★★★ Tourisme 89 E. dont 93 nus (49 Tourisme + 40 Loisirs), dont 3 HLL, 2,5 ha. CV. Locations : 3, 4, 2. chauffée . Accès direct à la rivière. Etang et lac à 4 km. ; à 50 m : . Ouv : avril / septembre. Allée Terres de l'Ain, sur CD 81, près du pont, 700 m RN 84 (Lyon-Genève). ☎ 04 74 37 20 78 / 04 74 75 79 74 (H.S.). Fax : 04 74 37 20 78. E-mail : campi ng.vallee-de-lain@laposte.net & valleedelain@wanadoo.fr, Web : www.chez.com/camping poncin. Prix 2008. Fft jour : Empl. Tourisme (2) : 12,80 € () ; Sup : 3,90 € - de 13 ans 2,90 € ; 2,80 à 4 € (5 à 16 A) ; E. CC 15,60 € (Fft 2 pers.) ; E. GCC 17,90 € (Fft 2 pers.) ; Animaux 1,20 €. Fft Ccar : 12,40 € (2). Réduction H.S.

FFCC : partenaire + réduction emp. de 5 % hors saison.

PONT D AIN

11-B1 20 km S.-S.-E. Bourg-en-Bresse. 245 m. 2224 hab. ✉ 01160

L'OISELON ★★★ Loisirs 180 E. (40 Tourisme + 140 Loisirs) 3,4 ha. snack, CV. Locations : 1, 3, 2. Accès direct à la rivière. Lac à 4 km. Accueil groupes. Ouv : 15.3 / 12.10. 500 m RN 75. 2 km A 40 (entrée/sortie). RD 1075, RN 84 ☎ 04 74 39 05 23. Fax : 04 74 39 05 23. E-mail : campingoiselon@libertysurf.fr. Prix 2008. 2,40 € ; 2 € ; 3,60 € ; 2,40 € ; 3,50 € ; - de 5/10 ans 2,40 € ; 2,40 à 3,10 € (6 à 10 A).

PONT DE VAUX

8-A4 35 km N.-O. Bourg-en-Bresse. 173 m. 2051 hab. Station verte de vacances et village de neige ✉ 01190

CHAMP D'ETE ★★★★ Tourisme 150 E., dont 32 CC - 40 GCC - 20 HLL, 2 ha. matériel, CV. Locations : 20. couverte chauffée . Etang et rivière à 100 m. A 6 sortie Mâcon Nord/Pont de Vaux. ☎ 03 85 23 96 10 / 0 825 801 440 (Réserv.) / 03 85 23 99 11 (H.S.). Fax : 03 85 23 99 12. Web : www.pontdevaux.com et www.revea-vacances.fr.

AUX RIVES DU SOLEIL ★★★ Tourisme 160 E. (120 Tourisme + 40 Loisirs) 7 ha. le soir, CV. Locations : 6, 10. Accès direct à la rivière. Accueil groupes. RN 933 A, par RN 6 à 400 m. ☎ 03 85 30 33 65. Fax : 03 85 30 33 65. E-mail : info@rivesdusoleil.com, Web : www.rivesdusoleil.com.

PORT

8-B5 4 km O. Nantua. 480 m. 509 hab. ✉ 01460

LE LAC ★★ Tourisme 80 E. 2 ha. Accès direct aux bords du lac. 6 route de Lyon. A 40 sortie St-Martin-du-Fresne puis RN 84. ☎ 04 74 76 01 63.

PRIAY

11-B1 27 km S.-E. Bourg-en-Bresse. 240 m. 787 hab. ✉ 01160

L'ESCAPADE ★★ Loisirs 125 E. (15 Tourisme + 110 Loisirs) 2 ha. ap. 22 h. Locations : . Accès direct à la rivière. Etang à 5 km. ; à 100 m : ; à 3 km : . Lieu-dit Les Brotteaux, 500 m D 984. ☎ 04 74 35 44 08 / 06 84 62 35 60.

FFCC : partenaire - terrain assuré par la FFCC.

RELEVANT

8-A5 30 km S.-O. Bourg-en-Bresse. 270 m. 327 hab. ✉ 01990

M. CURNILLON Gilbert,aire naturelle , CV. Ouv : 1.4 / 30.9. ☎ 04 74 55 25 44. Prix 2008. Empl. Tourisme : 2 € ; 2 € ; 2 € ; - de 7 ans 1 € ; 2 €.

FFCC : partenaire - terrain assuré par la FFCC .

ST DIDIER SUR CHALARONNE

8-A5 34 km O. Bourg-en-Bresse. 179 m. 2126 hab. ✉ 01140

CAMP MUNICIPAL ★★★ Tourisme 121 E. (71 Tourisme + 50 Loisirs), dont 95 CC - 26 GCC, 2,3 ha. Locations : . Accès direct à la rivière. Etang à 500 m. ; à 1 km : . Lieu-dit Les Illards, 100 m RD 7 et 600 m CD 933 N, place de la Mairie. ☎ 04 74 69 73 37 (Mairie) / 04 74 04 94 15.

ST ETIENNE DU BOIS

8-B5 10 km N.-E. Bourg-en-Bresse. 235 m. 1876 hab. ✉ 01370

CAMP MUNICIPAL DU SEVRON ★★★ Tourisme 33 E. 0,7 ha. Sanitaire chauffé. Accès direct à la rivière. Etang à 300 m. Accueil groupes. Chemin du Moulin, face à la maison du Pays de l'Ain. A 100 m RN 83, sortie Sud du bourg. ☎ 04 74 30 50 65 / 04 74 30 50 36 (Mairie). Fax : 04 74 25 85 72. Prix 2007. () : 1,85 € ; 1,85 € ; 3,10 € ; 1,85 € ; 3,10 € ; - de 7 ans 1,55 € ; 2,05 € ; Animaux 1,05 €.

ST MAURICE DE GOURDANS

11-B1 45 km S. Bourg-en-Bresse. 180 m. 1157 hab. ✉ 01800

CAMP MUNICIPAL LE PLAN ★★ Loisirs 100 E. 1 ha. Accès direct à la rivière. ☎ 04 74 61 80 02.

SOUS LE MOULIN ★★ Tourisme 83 E., dont 36 CC, 2,5 ha. Rivière à 300 m. ; à 300 m : . Accueil groupes. 8, chemin du Stade. D 84. ☎ 04 74 61 88 35.

FFCC : partenaire - terrain assuré par la FFCC.

ST NIZIER LE BOUCHOUX

8-B4 33 km N.-O. Bourg-en-Bresse. 208 m. 657 hab. ✉ 01560

CAMP MUNICIPAL DE MEPILLAT ★ Tourisme 65 E. (50 Tourisme + 15 Loisirs), dont 65 CC, 1,7 ha. CV. Accès direct à l'étang. Accueil groupes. A 39 sortie n° 10. A 40 sortie n° 5. A 6 sortie Tournus / Pont de Vaux. ☎ 04 74 52 97 24 / 04 74 30 77 41. Fax : 04 74 30 76 79. E-mail : cdec.sainttrivierdecourtes@wanadoo.fr.

ST NIZIER LE DESERT

11-B1 19 km S.-O. Bourg-en-Bresse. 290 m. 390 hab. ✉ 01320

BASE DE LOISIRS LA NIZIERE ★★★ Loisirs 78 E. (28 Tourisme + 50 Loisirs), dont 8 GCC - 8 HLL, 1 ha. CV. Locations : 8. Accès direct à l'étang. ; à 5 km : . Accueil groupes. 100 m RD 90. Base de St-Paul de Varax à moins de 5 km. ☎ 04 74 30 35 16 / 06 74 33 13 48 (H.S.). Fax : 04 74 30 32 78. E-mail : laniziere@cc-chalamont.com.

ST PAUL DE VARAX

11-B1 14 km S.-O. Bourg-en-Bresse. 1161 hab. ✉ 01240

CAMP INTERCOMMUNAL ETANG DU MOULIN ★★★★ Tourisme 200 E. dont 190 nus (170 Tourisme + 30 Loisirs), dont 5 HLL, 4 ha. snack, CV. Locations : 10, H.L.L.. Accès direct à l'étang. étang : . Ouv : 18.6 / 31.8. De Lyon N 83 dir. Bourg-en-Bresse. Environ 15 km après Villars-les-Dombes prendre à droite pour entrer dans le village de St-Paul-de-Varax. Accès fléché. ☎ 04 74 42 53 30 / 04 74 98 48 65 (H.S.). Fax : 04 74 42 51 57. E-mail : moulin@campingendombes.fr, Web : www.camping-etang-du-moulin.fr. Prix 2007. Empl. Tourisme : 7,50 € ; 2,20 € ; 3,70 € ; - de 3/12 ans 2,20 €.

FFCC : partenaire + réduction emp. de 10 % en saison et hors saison.

ST RAMBERT EN BUGEY

11-B1 36 km N.-O. Belley. 290 m. 2161 hab. ✉ 01230

L'ERMITAGE ★★ Tourisme 44 E. (28 Tourisme + 16 Loisirs). Rivière à 100 m. ☎ 04 74 36 32 97.

SANDRANS

11-A1 29 km S.-O. Bourg-en-Bresse. 290 m. 379 hab. ✉ 01400

CAMP MUNICIPAL ETANG COCAGNE ★★★ Tourisme 75 E. (60 Tourisme + 15 Loisirs), dont 2 GCC, 1,5 ha. Locations : Etang à 20 m. Sur CD 27. ☎ 04 74 24 52 68 / 04 74 24 52 20 (Mairie) / 04 74 24 52 20 (H.S.).

SERRIERES DE BRIORD

11-B1 35 km N.-O. Belley. 250 m. 850 hab. ✉ 01470

CAMP MUNICIPAL DU POINT VERT ★★★★ Tourisme 137 E. (77 Tourisme + 60 Loisirs), dont 36 GCC, 2,5 ha. CV. Locations : 1, 6. Accès direct aux bords du lac et à la rivière. Accueil groupes. A 42 sortie N 7 Pérouges, plaine de l'Ain. RN 75 dir. (Grenoble), Lagnieu, Briord. ☎ 04 74 36 13 45. Fax : 04 74 36 71 66. E-mail : nelly@camping-ain-bugey.com, Web : www.camping-ain-bugey.com. Prix 2007. Empl. Tourisme : 7 € ; 5,50 € ; - de 7 ans 3,50 € ; 3 € ; Animaux 2 €.

SEYSSEL

11-C1 29 km N.-N.-E. Belley. 325 m. 831 hab. ✉ 01420

CAMP INTERNATIONAL ★★★ Tourisme 45 E. dont 31 nus, dont 5 GCC, 1,2 ha. CV. Locations : 12, 15. chauffée . Rivière à 1 km. à 1 km : Ouv : 1.6 / 30.9. Chemin de la Barotte. A 40 sortie n° 11 Eloise/Seyssel. Le camping se trouve à la sortie de Seyssel dir. Culoz/Belley D 992. ☎ 04 50 59 28 47 / 06 89 63 34 35 (H.S.). Fax : 04 50 59 28 47. E-mail : camp.inter@wanadoo.fr. Prix 2008. Fft jour : Empl. Tourisme (2) : 18 € () ; Sup : 4,50 € - de 7 ans 2,50 € ; 2 à 3,50 € (4 à 10 A) ; Animaux 1,50 €. Réduction H.S.

FFCC : partenaire - terrain assuré par la FFCC.

LE NANT MATRAZ Voir aussi SEYSSEL (74)

SIMANDRE SUR SURAN

8-B5 17 km N.-E. Bourg-en-Bresse. 307 m. 502 hab. ✉ 01250

CAMP MUNICIPAL ★ Tourisme 15 E. (9 Tourisme + 6 Loisirs) 0,18 ha. CV. Accès direct à la rivière. ☎ 04 74 30 63 36. Fax : 04 74 25 81 90. E-mail : mairiedesimandre@wanadoo.fr.

SONGIEU

11-C1 29 km N. Belley. 715 m. 126 hab. ✉ 01260

CAMP MUNICIPAL DE SONGIEU ★★ Tourisme 33 E. 1 ha. Etang à 1 km. RD 9 A à 50 m. Sanitaires chauffés, ski de fond possible. ☎ 04 79 87 71 38. Fax : 04 79 87 72 62.

THEZILLIEU

11-B1 25 km N.-O. Belley. 861 m. 278 hab. ✉ 01110

CAMP MUNICIPAL DU GENEVRAY ★ Tourisme 15 E. 1 ha. CV. Locations : 5. Accès direct à l'étang. à 10 km : Accueil groupes. Ouv : 1.5 / 30.9. A 42 Ambérieu-en-Bugey. N 504 Tenay. D 21 Hauteville. D 8 Cormaranche. D 53 Thezillieu. ☎ 04 74 37 56 48 / 04 74 37 58 64 (Mairie) (H.S.). Prix 2008. 1,15 € ; 0,83 € ; 1,49 € ; 0,99 € ; 2,80 € ; - de 7 ans 1,39 € ; 1,93 € (2 A).

THOISSEY

8-A5 34 km O. Bourg-en-Bresse. 175 m. 1481 hab. ✉ 01140

CAMP PLAGE MUNICIPAL ★★★ Tourisme 408 E. (291 Tourisme + 117 Loisirs) 13 ha. CV. Locations : 15. chauffée . Accès direct à la rivière. Le Port par RN 6 à 3 km. Centre nautique. ☎ 04 74 04 02 97 / 04 74 04 04 25 (H.S.) / 04 74 04 04 25 (H.S.). Fax : 04 74 69 76 13. E-mail : thoissey@wanadoo.fr.

TREFFORT CUISIAT

8-B5 15 km N.-E. Bourg-en-Bresse. 250 m. 1603 hab. ✉ 01370

LA GRANGE DU PIN ★★★ Tourisme 86 E. (56 Tourisme + 30 Loisirs), dont 2 CC - 5 HLL, 2,5 ha. pétanque, CV. Locations : 10. Accès direct à l'étang et aux bords du lac. Accueil groupes encadrés. La Grange du Pin. Sortie A 40 Bourg Est/St-Etienne-du-Bois puis dir. Treffort puis Cuisiat. Volley, basket. ☎ 04 74 51 34 14 / 04 74 42 38 00 (H.S.) / 04 74 42 38 00 (H.S.). Fax : 04 74 42 38 01. E-mail : camping-grange-du-pin@wanadoo.fr, Web : www.treffort-cuisiat.com.

TREVOUX

55 km S.-O. Bourg-en-Bresse. 177 m. 5055 hab. Station verte de vacances et village de neige ✉ 01600

CAMP MUNICIPAL ★★★ Loisirs 290 E. (70 Tourisme + 220 Loisirs) 5 ha. Locations : . Accès direct à la rivière. A 300 m de Trévoux. ☎ 04 74 00 14 16. Fax : 04 74 00 14 16.

VILLARS LES DOMBES

11-A1 28 km S.-O. Bourg-en-Bresse. 279 m. 2832 hab. Station verte de vacances et village de neige ✉ 01330

CAMP INTERCOMMUNAL DES AUTIERES ★★★★ Loisirs 238 E. (100 Tourisme + 138 Loisirs), dont 42 CC, 4,5 ha. CV. Locations : 2. chauffée . Accès direct à la rivière. Ouv : 3.5 / 14.9. Avenue des Nations. ☎ 04 74 98 00 21 / 04 74 98 48 65 (H.S.). Fax : 04 74 98 05 82. E-mail : autieres@campingendombes.fr, Web : www.campingendombes.fr. Prix 2007. Fft jour : Empl. Tourisme (2) : 19,50 € () (6 A)) ; Sup : 4 € - de 12 ans 2,50 € ; Animaux 2,50 €.

FFCC : partenaire + réduction emp. de 10 % en saison et hors saison.

LE LARGE ★★ Loisirs 29 E. dont 20 nus, dont 2 CC - 4 GCC - 4 HLL, 2,77 ha. CV Sanitaire chauffé. Locations : 4. . Accès direct à l'étang. Accueil groupes. Ouv : 1.1 / 31.12. 2 km du centre en dir. de Montluel sur le D 2. ☎ 04 74 98 15 66 / 06 75 36 08 28 (H.S.). Fax : 04 74 98 15 66. E-mail : campinglelarge@orange.fr. Prix 2007. 4,50 € ; 4,50 € ; 3 € ; 2,50 € ; - de 12 ans 1,50 € ; 2,50 €. Réduction H.S.

FFCC : partenaire - terrain assuré par la FFCC + réduction emp. de 10 % hors saison + Stop accueil Camping-car du 01/01 au 30/06 et du 01/09 au 31/12/2008, accès jusqu'à 22h30.

VILLEBOIS

11-B1 44 km N.-O. Belley. 250 m. 851 hab. ✉ 01150

LES AMIS DE VILLEBOIS ★ Loisirs 20 E.

VILLIEU LOYES MOLLON

11-B1 38 km S. Bourg-en-Bresse. 1801 hab. ✉ 01800

CLAIRE RIVIERE ★★ Loisirs 140 E., dont 10 GCC. CV. Locations : 2. chauffée . Accès direct à l'étang. Rivière à 200 m. Lac à 800 m. Accueil groupes. encadrés. Ouv : 1.4 / 15.10. La Masse. RN 84. Pont de Chazey. ☎ 04 74 61 93 00 / 06 07 45 04 74 (H.S.). Fax : 08 73 09 27 56. E-mail : clairerivière@free.fr, Web : www.claire-riviere.com. Prix 2007. () : 3 € ; 3 € ; 3 € ; 3 € ; - de 7 ans 2,20 € ; 3 € (6 A) ; Animaux 1,50 €. Empl. Loisirs : 1275 €(fft année). Fft Ccar : 14,00 € (2).

VIRIAT

8-B5 6 km N. Bourg-en-Bresse. 230 m. 4044 hab. ✉ 01440

M. CHATARD Louis,aire naturelle A 5 km: Piscine plein air . A 10 km : Bon Repos, par RN 83, à 4 km de la commune, à proximité de la ferme. Verger, pré herbeux. ☎ 04 74 25 87 55.

VIRIEU LE GRAND

11-B1 12 km N.-N.-O. Belley. 267 m. 920 hab. ✉ 01510

CAMP DU LAC ★★★ Tourisme 81 E. dont 76 nus 1,1 ha. gaz/électrique, CV. Locations : . Accès direct aux bords du lac. Rivière à 2 km. Accueil groupes. N 504, D 904. ☎ 04 79 87 82 02 / 06 13 27 18 84. Fax : 04 79 87 82 02. E-mail : campingvirieu@aol.com, Web : www.campingvirieu.com. Réduction H.S.

VONNAS

8-A5 23 km O. Bourg-en-Bresse. 190 m. 2505 hab. Station verte de vacances et village de neige ✉ 01540

CAMP MUNICIPAL LE RENOM ★★★ Tourisme 80 E. dont 72 nus, dont 2 CC - 6 GCC, 2,02 ha. CV. Locations : 2. chauffée . Accès direct à la rivière. Ouv : 15.4 / 15.10. Avenue des Sports, par RD 96 et 80. ☎ 04 74 50 02 75 / 04 74 50 02 48 (H.S.). Fax : 04 74 50 02 75. E-mail : campingvonnas@wanadoo.fr, Web : www.vonnas.com. Prix 2007. () : 15 € ; 8 € ; - de 13 ans 1,70 € ; 3 € ; Animaux 1 €. Réduction H.S.

M. MARCHAND Henri A 500 m : . A 1 km: Piscine plein air. Marmont, Moulin de la Poule. ☎ 04 74 50 15 08.

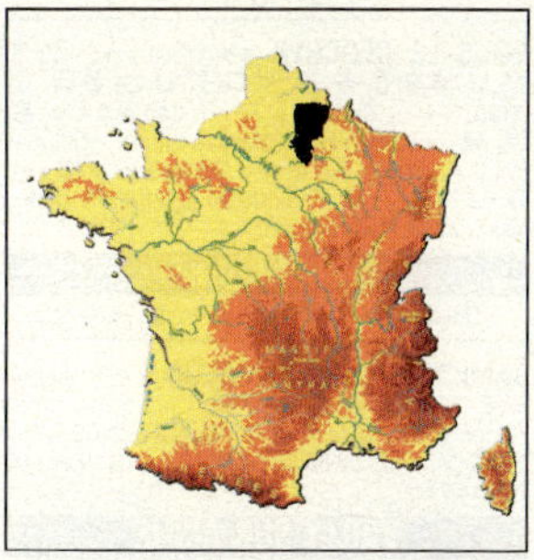

AIZELLES

1-E5 19 km S.-E. Laon. 85 hab. ✉ 02820

Mme MERLO Magali,aire naturelle Le Jardin de Rabus , étang. A 3 km: . A 15 km : . Ouv : 15.4 / 15.10. 16 rue du Moulin. Par RN 44 et RD 88. ☎ 03 23 22 41 18.

FFCC : partenaire - terrain assuré par la FFCC .

BERNY RIVIERE

1-D5 15 km O.-N.-O. Soissons. 50 m. 480 hab. ✉ 02290

LA CROIX DU VIEUX PONT ★★★★ Tourisme 521 E. (450 Tourisme + 71 Loisirs) 34 ha. , 5. Locations : , . couverte chauffée 2. Accès direct à l'étang et à la rivière. ; ; ; . 1,5 km de RN 31. ☎ 03 23 55 50 02. Fax : 03 23 55 05 13. E-mail : lacroixduvieuxpont@wanadoo.fr.

BOUE

1-E4 34 km N.-O. Vervins. 149 m. 1455 hab. ✉ 02450

AIRE NATURELLE MUNICIPALE , . Rue du Nouvion. ☎ 03 23 60 06 00.

BOURG ET COMIN

1-E5 25 km S.-E. Laon. 66 m. 565 hab. ✉ 02160

LA POINTE ★★ Tourisme 35 E. 0,5 ha. CV Sanitaire chauffé. Locations : 3 , 4 . couverte chauffée . Etang et rivière à 1 km.Lac à 5 km. ; à 1 km : . Accueil groupes encadrés. 5, rue de Moulins. ☎ 03 23 25 87 52. Fax : 03 23 25 06 02. E-mail : michel.pennec@9online.fr.

BRUYERES ET MONTBERAULT

1-E5 7 km S.-E. Laon. 86 m. 1288 hab. ✉ 02860

POINT D'ACCUEIL JEUNES,aire naturelle . Situé à 5 km du plan d'eau de l'Ailette à Chamouille. 80 personnes. Renseignements. Association Education et Jeunesse 31 rue Nanquette 02000 Laon. Tél: 23 79 44 19. ☎ 03 23 79 44 19. Fax : 03 23 79 05 62.

BUCILLY

1-E4 16 km N.-E. Vervins. 216 hab. ✉ 02500

CAMP MUNICIPAL ★★★ Tourisme 17 E. 1,5 ha. Sanitaire chauffé. . Rivière à 120 m. . 3,4 km de la RN 43. ☎ 03 23 58 27 46 (Mairie).

CHARLY

3-D3 15 km S.-O. Château-Thierry. 60 m. 2437 hab. ✉ 02310

CAMP MUNICIPAL LES ILETTES ★★★ Tourisme 42 E., dont 20 GCC. , + sèche-linge. . Route de Pavant. ☎ 03 23 82 12 11 / 03 23 82 00 32 (Mairie). Fax : 03 23 82 13 99.

CHATEAU THIERRY

3-D3 60 km S. Laon. 63 m. 14920 hab. ✉ 02400

CAMP MUNICIPAL ★★ Tourisme 33 E. Sortie A 4 direction Troyes. Proche de la piscine/Mac Donald. ☎ 03 23 83 48 23.

CHAUNY

1-D5 32 km O.-N.-O. Laon. 50 m. 14016 hab. ✉ 02300

CAMP MUNICIPAL Tourisme Saisonnier Tourisme 35 E. 1 ha. , , ap. 22 h.à 800 m : ; à 2 km : , . Boulevard de Bad Kostritz, 100 m N 32, 1 km D 1. ☎ 03 23 52 09 96. Fax : 03 23 38 70 46.

CIRY SALSOGNE

10 km S.-E. Soissons. 80 m. 535 hab. ✉ 02220

CAMP MUNICIPAL LES ETANGS ★★ Tourisme 55 E., dont 44 CC. ☎ 03 23 72 41 66 (Mairie).

ETREAUPONT

1-E4 8 km N. Vervins. 127 m. 955 hab. ✉ 02580

LE VAL D'OISE ★★ Loisirs 33 E. 1,7 ha. , CV. Locations : . . Accès direct à la rivière. . Accueil groupes sur réservation écrite. Ouv : Pâques / 30.10. Route du Mont d'Origny, 500 m RN 2 et RD 31. ☎ 03 23 97 48 04. Prix 2007. Empl. Tourisme : 1,85 € () : 1,80 € ; 3,50 € ; 2,60 € ; - de 4/7 ans 1,30 € ; 3,15 € ; Animaux 0,30 €.

FFCC : partenaire - terrain assuré par la FFCC.

LA FERE

1-D5 21 km N.-O. Laon. 54 m. 3925 hab. ✉ 02800

CAMP MUNICIPAL DU MARAIS DE LA FONTAINE ★★ Tourisme 26 E. . . Accès direct à l'étang et à la rivière. Ouv : 1.4 / 30.9. A 6 km de l'A 26. RN 44 et 32. ☎ 03 23 56 82 94 / 03 23 56 62 00 (H.S.). Fax : 03 23 56 40 04. Prix 2007. Empl. Tourisme : 2 € ; 1,50 € ; 2 € ; - de 4/7 ans 1 € ; 3 € ; Animaux 1,20 €.

FERE EN TARDENOIS

3-D2 24 km N.-E. Chateau-Thierry. 125 m. 3295 hab. ✉ 02130

CAMP MUNICIPAL DES BRUYERES ★ Loisirs 73 E., dont 15 HLL, 1,5 ha. . Etang à 200 m. à 200 m : , , . ☎ 03 23 82 71 22.

FONTAINE LES VERVINS

1-E4 2 km N.-O. Vervins. 184 m. 838 hab. ✉ 02140

POINT D'ACCUEIL JEUNES,aire naturelle Plan d'eau du Moulin Brûlé. RN 2. ☎ 03 23 98 10 02 (Mairie).

GUIGNICOURT

1-E5 35 km S.-E. Laon. 2021 hab. ✉ 02190

CAMP MUNICIPAL ★★ Tourisme 100 E. (50 Tourisme + 50 Loisirs) 1,5 ha. Sanitaire chauffé. . Accès direct à la rivière. . Rue des Godins, 100 m RN 925. Sortie autoroute A 26. ☎ 03 23 79 74 58 / 03 23 25 36 60. Fax : 03 23 79 74 55. Web : camping.guignicourt.free.fr.

GUISE

1-E4 23 km N.-O. Vervins. 97 m. 6296 hab. ✉ 02120

CAMP DE LA VALLEE DE L'OISE ★★★ Loisirs 110 E. (55 Tourisme + 55 Loisirs) 2,4 ha. CV. Locations : 1 , 10 , , . . Accès direct à la rivière. ; . Accueil groupes. Rue du Camping, 400 m RN 45 et 800 m RN 29. ☎ 03 23 61 14 86 (Tél & Fax). Fax : 03 23 61 21 07.

FFCC : partenaire + réduction emp. de 5 % en saison et hors saison + carte FFCC assurance annulation.

HIRSON

1-E4 18 km N.-E. Vervins. 192 m. 11788 hab. ✉ 02500

LA CASCADE DE BLANGY ★★ Tourisme 100 E. (80 Tourisme + 20 Loisirs) 1,5 ha. . Locations : , . . Accès direct à l'étang. . Site de Blangy. RN 43 dir. La Capelle. ☎ 03 23 58 18 97 / 03 23 58 03 91 (H.S.). Fax : 03 23 58 25 39. E-mail : tourisme.info.hirson@wanadoo.fr.

FFCC : partenaire - terrain assuré par la FFCC.

HOMBLIERES

1-D4 6 km E. Saint-Quentin. 110 m. 1223 hab. ✉ 02720

D'HOMBLIERES ★★ Loisirs 100 E. (25 Tourisme + 75 Loisirs), dont 2 HLL, 5 ha. , en saison, . Locations : 5 . Accès direct à l'étang. . Ouv : 1.4 / 30.9. RN 29. A St-Quentin dir. Guise-La-Capelle. ☎ 03 23 68 22 08 / 06 11 25 35 55 (H.S.). Prix 2007. Fft jour : Empl. Tourisme (2) : 15,50 € ( ) ; Sup : 5 € 2 € ; 1 €. Fft Ccar : 10 € (2).

LAON

130 km N.-E. Paris. 83 m. 29074 hab. ✉ 02000

CAMP LA CHENAIE ★★★ Tourisme 55 E. 2,7 ha. Sanitaire chauffé. Etang à 50 m. . Allée de la Chenaie. Autoroute A 26 Lille/Reims. RN 2 Paris/Bruxelles. RN 44 Lille/Saint-Quentin. ☎ 03 23 20 25 56 / 03 23 20 30 31 (H.S.). Fax : 03 23 20 25 56. E-mail : aaussel@ville-laon.fr, Web : www.ville-laon.fr.

MARCY SOUS MARLE

1-E4 20 km N. Laon. 77 m. 266 hab. ✉ 02250

BERGER DU VAL DE SERRE CV. A 3 km: Piscine plein air . 2, rue des Etangs. A 26. RN 2 entre Laon et Vervins. ☎ 03 23 20 00 04. Fax : 03 23 20 01 86. E-mail : Berger.vs@wanadoo.fr, Web : www.saveurs-et-terroir.com.

MARLY GOMONT

1-E4 14 km N.-O. Vervins. 434 hab. ✉ 02120

LES AUNES ★★ Tourisme 40 E. dont 36 nus 1,19 ha. , pain, CV. Locations : 1 , 2 , , . Rivière à 300 m. à 300 m : , . Accueil groupes. Ouv : 1.4 / 30.9. A 6 km RN 29 entre La Capelle et Guise. A Leschelles prendre dir. Chigny. A 12 km RN 2 à Etreaupont entre Laon et Vervin dir. Guise. ☎ 03 23 60 90 49 / 08 79 80 81 20 (H.S.). E-mail : lesaunes@wanadoo.fr, Web : lesaunes.camping.monsite.orange.fr. Prix 2007. Fft jour : Empl. Tourisme (2) : 8,40 € ( ) ; Sup : 2,20 € - de 12 ans 1,50 € ; 1,60 à 2,60 € (2 à 6 A). Réduction H.S.

FFCC : partenaire - terrain assuré par la FFCC + réduction emp. de 10 % en saison et 20 % hors saison + réduction loc. de 10 % en saison et 20 % hors saison.

MONAMPTEUIL

1-D5 13 km S. Laon. 155 m. 113 hab. Station verte de vacances et village de neige ✉ 02000

LE LAC ★★★ Loisirs 100 E. dont 34 nus (34 Tourisme + 66 Loisirs) 1,5 ha. rapide, + sèche-linge, CV. Locations : 3 4 . Accès direct aux bords du lac. ; ; . Accueil groupes. Ouv : 1.4 / 30.9. 200 m RD 15 par RN 2 à 2 km. ☎ 03 23 21 60 73 / 03 23 21 16 61 (H.S.). E-mail : camping.snl@wanadoo.fr. Prix 2007. Empl. Tourisme : 4 € ; 1 € ; 2 € ; 3,50 € ; - de 4/12 ans 2 € ; 3 € (6 A) ; Animaux 1 €. Réduction H.S.

FFCC : partenaire + réduction emp. de 5 % en saison et 30 % hors saison + réduction loc. de 5 % en saison et 30 % hors saison.

AIRE NATURELLE DU LAC CV. Ouv : 1.7 / 31.8. 5, hameau du Moulinet. Par la RN 2. De Laon sortir à Lac de Monampteuil et suivre Urcel. ☎ 03 23 21 60 73 / 03 23 21 16 61 (H.S.). E-mail : campi ng.snl@wanadoo.fr.

MONTHENAULT

1-E5 12 km S.-E. Laon. 181 m. 102 hab. ✉ 02860

AIRE NATURELLE DE MONTHENAULT

NOGENT L ARTAUD

3-D3 11 km S.-S.-O. Chateau-Thierry. 60 m. 1433 hab. ✉ 02310

CAMP MUNICIPAL ★★ Tourisme 50 E. 0,8 ha. Locations : . Rivière à 1 km. à 1 km : ; à 4 km : . Accueil groupes. Lieu-dit Les Monts, route de Rebais, sortie Sud de la commune. ☎ 03 23 70 01 18 (Mairie) / 03 23 70 10 21.

LE NOUVION EN THIERACHE

1-E4 30 km N.-O. Vervins. 185 m. 3146 hab. Station verte de vacances et village de neige ✉ 02170

CAMP DE MARLEMPERCHE ★★ Loisirs 60 E. (15 Tourisme + 45 Loisirs) 1 ha. CV. Locations : 1 , 1 , 3 . Accès direct à l'étang et à la rivière. . ☎ 03 23 97 22 02 / 06 07 02 02 58. Fax : 03 23 97 22 02.

CAMP MUNICIPAL DU LAC DE CONDE ★★ Tourisme 56 E. 1,5 ha. CV. Etang à 50 m. ; . Accueil groupes. Ouv : 15.4 / 15.10. Promenade d'Orléans, RN 43. Rue de Guise. Lieu-dit l'Astrée. ☎ 03 23 98 98 58 / 03 23 97 98 06 (H.S.). Fax : 03 23 98 94 90. E-mail : si.nouvion@wana doo.fr, Web : www.lenouvion.com. Prix 2008. Fft jour : Empl. Tourisme (2) : 8,4 € ( ) ; Sup : 3,15 € - de 5/12 ans 2,10 € ; 2,95 à 3,65 € ; Animaux 0,73 €.

PLOMION

1-E4 10 km S.-E. Vervins. 200 m. 528 hab. ✉ 02140

CAMP MUNICIPAL LA NIGAUDIERE ★★ Tourisme 100 E. 4 ha. . Accès direct à l'étang. . D 36. ☎ 03 23 98 85 56 / 03 23 98 80 02 (Mairie). Fax : 03 23 98 85 84.

PRESLES ET BOVES

1-D5 21 km E. Soissons. 16 m. 330 hab. ✉ 02370

LE DOMAINE DE LA NATURE ★★★ Loisirs 30 E. dont 7 nus (10 Tourisme + 20 Loisirs), dont 17 CC, 3 ha. rapide, , + sèche-linge, CV Sanitaire chauffé. Locations : 10 , 1 , . Rivière à 300 m. Etang à 800 m. Lac à 3 km. à 10 m : . Accueil groupes. Ouv. : 1.1 / 31.12. Chemin de Bourfaud, Pont de Vailly. ☎ 03 23 54 74 55. E-mail : didier.mathiron@tiscali.fr. Prix 2007. Fft jour : Empl. Tourisme (2) : 15,80 € ( ) ; Sup : 3 €

RESSONS LE LONG

1-D5 12 km S.-O. Soissons. 72 m. 700 hab. ✉ 02290

LA HALTE DE MAINVILLE ★★★ Tourisme 157 E. (113 Tourisme + 44 Loisirs), dont 15 CC - 12 GCC - 11 HLL. Sanitaire chauffé. Locations : 9 , 2 , chauffée . Accès direct à l'étang. Rivière à 1 km. . Accueil groupes. Chemin de Routy. ☎ 03 23 74 26 69. Fax : 03 23 74 03 60.

RIBEMONT

1-D4 15 km S.-E. Saint-Quentin. 67 m. 2105 hab. ✉ 02240

AIRE NATURELLE MUNICIPALE A 1 km : . ☎ 03 23 63 71 30. Fax : 03 23 63 76 68. E-mail : ribemont@wanadoo.fr, Web : www. ribemont.fr.

ST QUENTIN

1-D4 46 km N.-O. Laon. 75 m. 65067 hab. ✉ 02100

CAMP MUNICIPAL DE SAINT QUENTIN ★★ Tourisme 64 E., dont 19 CC, 1,3 ha. . Rivière à 30 m. Etang à 1 km. à 30 m : ; à 1 km : , . Boulevard Jean Bouin. ☎ 03 23 06 94 05.

SERAUCOURT LE GRAND

1-D4 10 km S.-O. Saint-Quentin 100 m. 600 hab. ✉ 02790

LE VIVIER AUX CARPES ★★★ Tourisme 59 E. dont 59 nus, , dont 7 GCC - 1 HLL, 2 ha. Sanitaire chauffé. Locations : 4 . Accès direct à l'étang. . Accueil groupes hors saison. hors saison. Ouv : 1.3 / 31.10. 10, rue Charles Voyeux. A 26 sortie 11 D 1 dir. Gauchy puis D 321 ou venant de St-Quentin D 930 dir. Ham, à Roupy D 32 gauche. ☎ 03 23 60 50 10. Fax : 03 23 60 51 69. E-mail : camping.du.vivi er@wanadoo.fr, Web : www.camping-picardie .com. Prix 2008. Fft jour : Empl. Tourisme (2) : 18 € ((10 A)) ; Sup : 3,50 € - de 10 ans 2,50 € ; Animaux 1 €.

SOISSONS

1-D5 33 km S.-O. Laon. 55 m. 32236 hab. ✉ 02200

CAMP MUNICIPAL ★★ Tourisme 117 E. 1,8 ha. , partiel, Sanitaire chauffé. Rivière à 300 m. ; à 200 m : . Avenue du Mail, 1 km RN 2. Piscine à 300 m. ☎ 03 23 74 52 69 / 03 23 53 17 37 (OT). Fax : 03 23 59 67 72. E-mail : officedetourism e@ville-soissons.fr, Web : www.ville-soissons.fr.

SUZY

1-D5 12 km O. Laon. 140 m. 100 hab. ✉ 02320

LES ETANGS DU MOULIN ★★ Tourisme 25 E., dont 1 HLL. . Locations : . . Accès direct à l'étang et aux bords du lac. . Accueil adultes. Ouv : 15.4 / 15.10. 7 bis, rue Arbre Rond. ☎ 03 23 80 92 86 / 06 26 02 40 79 (H.S.). E-mail : conta ct@etangsdumoulin.com, Web : www.etangsdu moulin.com. Prix 2007. Empl. Tourisme : 3,50 € ; 1 € ; 2 € ; 1,50 € ; 2 €.

FFCC : Stop accueil Camping-car du 15/04 au 15/10/2008, accès jusqu'à 18h.

TRELOU SUR MARNE

3-E3 22 km E. Château-Thierry. 62 m. 854 hab. ✉ 02850

SOUS LE CLOCHER ★★ Tourisme 140 E. 2,5 ha. CV. chauffée . Rivière à 75 m. Lac à 4 km. ; ; . Au Clocher de Dormans, sur RD 1 par RN 3 à 300 m. A4 sortie Dormans à 10 km. ☎ 03 26 58 21 79. Fax : 03 26 57 29 62. E-mail : dom.ribaille@wanadoo.fr.

VADENCOURT

1-D4 28 km N.-O. Vervins. 664 hab. ✉ 02120

CAMP MUNICIPAL BOVALON ★★ Tourisme 33 E. 1,2 ha. . Locations : . Accès direct à la rivière. ; . ☎ 03 23 61 07 03 (Mairie) / 06 84 88 81 86 (Gardien). Fax : 03 23 61 07 03.

VAILLY SUR AISNE

1-D5 16 km E.-N.-E. Soissons. 47 m. 1883 hab. ✉ 02370

LE DOMAINE DE LA NATURE 2 ★★ Tourisme 28 E. dont 12 nus (19 Tourisme + 9 Loisirs), dont 9 HLL, 2,30 ha. rapide, CV. Locations : 10 , , . Rivière à 200 m. Etang à 800 m. ; à 2 km : . Accueil groupes. Ouv : 1.1 / 31.12. Prolongement du terrain de Presles et Boves. ☎ 03 23 54 74 55. E-mail : didier.mat hiron@tiscali.fr. Prix 2007. Fft jour : Empl. Tourisme (2) : 15,80 € (E. CC E. GCC) ; Fft Tente : 12,80 € (2). Réduction H.S.

LE DOMAINE DE LA NATURE Voir PRESLES et BOVES.

VENDEUIL

1-D4 16 km S.-E. Saint-Quentin. 867 hab. ✉ 02800

LES ETANGS ★ Tourisme 35 E. (21 Tourisme + 14 Loisirs). . Accès direct à l'étang et à la rivière. ; . Rue du Stade. ☎ 03 23 07 15 78. Fax : 03 23 07 15 78. E-mail : le-bonaparte@wanadoo.fr, Web : www.lebo naparte.fr.

VILLERS HELON

3-D2 18 km S.-O. Soissons. 165 m. 148 hab. ✉ 02600

CASTEL DES BICHES / TRANS AFRICA CONSEIL ★ Loisirs 100 E. (20 Tourisme + 80 Loisirs), dont 90 CC - 10 GCC, 7 ha. . Locations : , , , , . . Etang à 2 km. . 7 km RN 2. Entre Soissons et Villers-Cotterêts ☎ 03 23 72 93 93. Fax : 03 23 72 93 33. E-mail : pascal.ginailhac@wan adoo.fr, Web : www.castel-des-biches.com.

VILLIERS ST DENIS

3-D3 17 km S.-O. Chateau-Thierry. 25 m. 768 hab. ✉ 02310

LES SAPINS ★ Loisirs 81 E. (6 Tourisme + 75 Loisirs), dont 3 CC - 78 GCC, 2,2 ha. ; . Rue des Grésillons. ☎ 03 23 82 17 79.

Carte 7-10

Délégué FFCC : Roger VALLET, 4, place des Cataplas - 03110 ST REMY EN ROLLAT

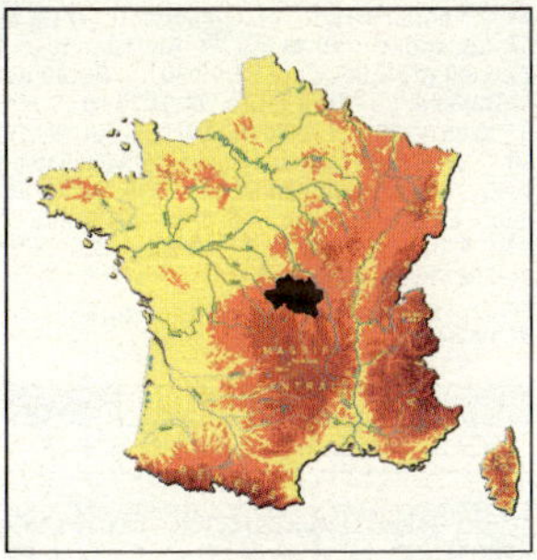

ABREST

10-D1 3,5 km S. Vichy. 260 m. 2309 hab. 03200

LA CROIX ST MARTIN ★★★ Tourisme 100 E. dont 82 nus (93 Tourisme + 7 Loisirs) 3 ha. CV. Locations : 7, . Rivière à 20 m. Ouv : 1.4 / 31.10. 99, avenue des Graviers. RD 906 dir. Saint-Yorre/Thiers. ☎ 04 70 32 67 74 / 06 10 94 70 90 (H.S.). Fax : 04 70 32 67 74. E-mail : campingabrest@aol.com, Web : www.camping-vichy.com. Prix 2007. Empl. Tourisme : 5 € () : 4,30 € ; - de 7 ans 2,50 € ; 2,80 € (10 A). Réduction H.S.

FFCC : partenaire + réduction emp. de 5 % en saison et hors saison + carte FFCC assurance annulation + Stop accueil Camping-car du 02/04 au 05/07 et du 23/08 au 31/10/2008, accès jusqu'à 22h + réduction loc. de 5 % hors saison.

ARCHIGNAT

7-C5 16 km N.-O. Montluçon 359 m. 275 hab. 03380

CAMPING A LA FERME Bourg. ☎ 04 70 06 30 16.

ARFEUILLES

35 km E.-N.-E. Vichy. 430 m. 881 hab. 03640

CAMP MUNICIPAL ★★ 66 E. 1,5 ha. à 200 m : . Laboulère, 100 m CD 207. ☎ 04 70 55 50 11 (Mairie). Fax : 04 70 55 53 28.

BELLENAVES

7-D5 52 km S.-E. Montluçon. 320 m. 1104 hab. 03330

CAMP MUNICIPAL LE PONTILLARD ★★ 18 E. . Accès direct à l'étang. . ☎ 04 70 58 39 75 (Point Info). Fax : 04 70 58 37 59.

BELLERIVE SUR ALLIER

10-D1 300 m S. Vichy. 280 m. 8535 hab. Station verte de vacances et village de neige 03700

LE BEAU RIVAGE ★★★★ Tourisme 80 E. dont 45 nus (45 Tourisme + 35 Loisirs) 1,5 ha. CV. Locations : , 30 , . Accès direct aux bords du lac et à la rivière. Accueil groupes. Ouv : 1.4 / 15.10. Rue Claude Decloitre, lieu-dit Les Plages, 1 km RN 9 A. Dans Bellerive, prendre dir.Hauterive suivre panneau vert "Les Berges de l'Allier" Beaurivage au bout des berges à gauche. ☎ 04 70 32 26 85 / 06 81 10 72 82 (H.S.). Fax : 04 70 32 03 94. E-mail : camping-beaurivage@wanadoo.fr, Web : www.camping-beaurivage.com. Prix 2007. Empl. Tourisme : 6 € ; 4,90 € ; - de 7 ans 3,80 € ; 3 € (10 A) ; Animaux 1 €. Réduction H.S.

FFCC : partenaire + réduction emp. de 5 % en saison et 10 % hors saison + carte FFCC assurance annulation + Stop accueil Camping-car du 23/03 au 19/10/2008, accès jusqu'à 22h + réduction loc. de 10 % hors saison.

LES ACACIAS ★★★★ Tourisme 87 E. (71 Tourisme + 16 Loisirs), dont 21 GCC, 2 ha. CV Sanitaire chauffé. Locations : 17 . Rivière à 20 m. Lac à 400 m. ; à 1 km : . Accueil groupes. Ouv : 1.4 / 15.10. Au Pont de Vichy. Stade contigü. ☎ 04 70 32 36 22. Fax : 04 70 59 88 52. E-mail : campingacacias@club-internet.fr, Web : www.camping-acacias.com. Prix 2008. Fft jour : Empl. Tourisme (2) : 14,70 € (E. CC E. GCC) ; Sup : 5 € - de 7 ans 3,50 € ; 3 à 3,50 € (10 à 15 A) ; Animaux 1 €. Réduction H.S.

FFCC : Stop accueil Camping-car du 01/04 au 25/06 et du 01/09 au 15/10/2008, accès jusqu'à 21h.

LES ACACIAS II ★★ Tourisme 40 E. 1 ha. CV. Locations : 10 , . Rivière à 20 m. Lac à 400 m. ; à 1 km : . Accueil groupes. Ouv : 15.5 / 20.9. Rés. obligatoire en été. Rue Claude Decloitre. Au pont de Vichy. Accès à la piscine du camping 4 étoiles qui trouve en mitoyenneté. ☎ 04 70 32 36 22. Fax : 04 70 59 88 52. E-mail : campingacacias@club-internet.fr, Web : www.campingacacias.com. Prix 2008. Fft jour : Empl. Tourisme (2) : 12,00 € (E. CC E. GCC) ; Sup : 4 € - de 7 ans 2,50 € ; 3 à 3,50 € (10 à 15 A) ; Animaux 1 €. Réduction H.S.

LES ISLES ★ Tourisme 25 E. 1,5 ha. CV. Locations : , . Accès direct aux bords du lac et à la rivière. Accueil groupes. Ouv : 1.5 / 15.9. Toutes les activités de Beau Rivage sont proposées gratuitement aux clients du camping Les Isles. ☎ 04 70 32 26 85 / 06 81 10 72 82 (H.S.). Fax : 04 70 32 03 94. E-mail : camping-beaurivage@wanadoo.fr, Web : www.camping-beaurivage.com. Prix 2007. Empl. Tourisme : 3,80 € ; 3,80 € ; - de 7 ans 3,20 € ; Animaux 1 €.

BERT

7-E5 34 km N.-E. Vichy. 314 m. 410 hab. 03130

CAMP DE BERT ★★ Tourisme 16 E. 0,5 ha. Locations : , , . chauffée . Accès direct à l'étang et à la rivière. Par l'A 71 Montmarault puis D 46 jusqu'à St Pourcain-Varennes/Allier puis D 23 et D 124. ☎ 04 70 99 60 90 / 04 70 99 76 29. Fax : 04 70 99 64 28. E-mail : contact@paysdelapalisse.fr, Web : www.cc-paysdelapalisse.fr.

BOURBON L ARCHAMBAULT

7-D4 22 km O. Moulins. 260 m. 2550 hab. Station verte de vacances et village de neige 03160

CAMP MUNICIPAL DE BIGNON ★★ 157 E. 3 ha. CV. à 300 m : . Accueil groupes. Ouv : 1.3 / 1.11. 300 m D 1. Sortie Ouest de Bourbon l'Archambault. ☎ 04 70 67 08 83 / 04 70 67 00 08 (H.S.) / 06 82 82 62 50 (H.S.). Fax : 04 70 67 35 35. Prix 2007. Empl. Tourisme : 1,20 € ; 0,80 € ; 2,20 € ; - de 12 ans 1,10 € ; 2 à 2,20 € (5 A). Réduction H.S.

BRAIZE

7-C4 40 km N. Montluçon. 225 m. 275 hab. 03360

CHAMP DE LA CHAPELLE ★★★ Tourisme 80 E. dont 72 nus 3,6 ha. CV. Locations : 2 , 4 . Etang à 3,5 km.Lac à 5 km.Rivière à 6 km. à 3,5 km : ; à 5 km : . Ouv : mi avril fin oct. Sortie A 71 St-Amand puis RN 144 avant, Urcay CD 978, Rond de Montaloyer, direction Tronçoic, à 1,6 km à gauche. ☎ 04 70 06 15 45. E-mail : champdelachapelle@wanadoo.fr, Web : www.champdelachapelle.com. Prix 2007. Fft jour : Empl. Tourisme (2) : 15,50 € ( ) ; Sup : 2,75 € - de 6/12 ans 2 € ; 2,50 € (16 A) ; Animaux 1 €.

FFCC : partenaire + réduction emp. de 5 % en saison et 10 % hors saison.

BRUGHEAS

10-D1 5 km S. Vichy. 1200 hab. 03700

LA ROSERAIE ★★★ Tourisme 63 E., dont 17 GCC, 1,5 ha. snack, CV Camping tourisme et handicap. Locations : 2 , 9 , . Rivière à 4 km. ; à 5 km : . Ouv : 1.4 / 30.10. 4, la Boucharde, sortie de Vichy, entre Bellerive sur Allier et Randan. Sur la D 1093. ☎ 04 70 32 43 33. Fax : 04 70 32 26 23. E-mail : campinglaroseraie@wanadoo.fr, Web : www.campinglaroseraie.com. Prix 2007. Empl. Tourisme : 5,60 € ; 4,60 € ; - de 7 ans 3 € ; 3 €. Réduction H.S.

CERILLY

7-C4 40 km N.-E. Montluçon. 330 m. 1834 hab. 03350

CAMP MUNICIPAL LA CHAPELLE ★★ 41 E. 0,4 ha. . Etang à 5 km. . ☎ 04 70 67 52 00 (Mairie). Fax : 04 70 67 94 01. E-mail : mairie-cerilly2@wanadoo.fr.

CHANTELLE

7-D5 44 km S. Moulins. 324 m. 1084 hab. 03140

LE PARADIS ★★ Tourisme 25 E. 1 ha. CV. Locations : 4 . Rivière à 500 m. Etang à 4 km. à 500 m : ; à 2 km : . Accueil groupes. Ouv : 1.4 / 15.10. Sur RN 987, lieu-dit Le Paradis. ☎ 04 70 56 61 05. Fax : 04 70 56 69 23. E-mail : mairie.chantelle@wanadoo.fr. Prix 2007. Empl. Tourisme : 1 € () : 1,70 € ; 2,20 € ; - de 4/14 ans 1,70 € ; 3 €.

CHATEL DE NEUVRE

7-D5 18 km S. Moulins. 237 m. 582 hab. 03500

DENEUVRE ★★★ Tourisme 95 E. 1,2 ha. CV. Locations : 5 , . Accès direct à la rivière. ; . Ouv : 1.4 / 1.10. Les Graves, A 600 m RN 9. Au Nord de Châtel-de-Neuvre. ☎ 04 70 42 04 51. Fax : 04 70 42 04 51. E-mail : campingdeneuvre@wanadoo.fr, Web : www.deneuvre.com. Prix 2007. Empl. Tourisme : 4,55 € ; 4,55 € ; - de 10 ans 3,55 € ; 2,70 € ; Animaux 1 €. Réduction H.S.

LA COURTINE ★★ Tourisme 60 E. dont 60 nus 0,82 ha. col-lectif, + sèche linge, CV Sanitaire chauffé. Camping clef verte. Locations : 5, 2. Rivière à 50 m. ; à 50 m : . Accueil groupes. Ouv : 1.1 / 31.12. Par D2009 à Châtel-de-Neuve centre, bourg à 400 m prenez D 32 dir. RN7 (4 km) La Ferté-Hauterive. Au pont sur Allier Accès internet. ☎ 04 70 42 06 21 / 06 24 93 01 35 (H.S.). Fax : 04 70 42 82 89. E-mail : camping-lacourtine@club.fr, Web : www.camping-lacourtine.fr. Prix 2007. Fft jour : Empl. Tourisme (1) : 5,80 € ; Sup : 2,90 € - de 2/10 ans 1,90 € ; 2,50 € (6 A) ; Animaux 1 €. Réduction H.S.

FFCC : partenaire + réduction emp. de 20 % en saison et hors saison + carte FFCC assurance annulation.

CHATEL MONTAGNE

10-E1 25 km E. Vichy. 530 m. 426 hab. 03250

LA CROIX COGNAT ★★ Tourisme 33 E. dont 26 nus (29 Tourisme + 4 Loisirs) 1 ha. snack, + sèche-linge, visiteur. Locations : 2, 1, 3, . Rivière à 300 m. Etang à 5 km. à 300 m : . Accueil groupes. Sur RD 25. Randonnées en 4x4, VTT, jeep, quad et pédestres organisées. ☎ 04 70 59 31 38 / 06 63 75 02 81. Fax : 04 70 59 31 38. E-mail : campinglacroixcognat@wanadoo.fr, Web : perso.wanadoo.fr/mairie-chatel-montagne/hebergementcamping.htm. Prix 2007. Fft jour : Empl. Tourisme (2) : 11 € ; Sup : 3,50 € - de 5 ans 2 € ; 3 € (6 A) ; Animaux 0,50 €.

FFCC : partenaire - terrain assuré par la FFCC.

CHAZEMAIS

7-C4 20 km N.-O. Montluçon. 300 m. 457 hab. 03370

DOMAINE M.A.E.V.A.G. P.R.L. 4 E., dont 4 HLL., . Locations : 4, 15. couverte. Etang à 500 m. à 500 m : . Accueil adultes. Ouv : 1.1 / 31.12. Rés. obligatoire en été et en hiver. La Croix Fayot ☎ 04 70 06 40 19 / 06 12 06 46 75 (H.S.). Fax : 04 70 05 04 70. E-mail : domaine.maevag@orange.fr, Web : www.domaine-maevag.new.fr.

CAMP MUNICIPAL , payante, . Au terrain de sports, Les Varnes, par RD 112. ☎ 04 70 06 46 24. Fax : 04 70 06 42 72. E-mail : mairie-chazemais@wanadoo.fr.

CHIRAT L EGLISE

450 m. 166 hab. 03330

LA SOUBRAUD ★ Tourisme 7 E. ☎ 04 70 90 91 76.

CHOUVIGNY

10-D1 36 km S.-E. Montluçon. 470 m. 255 hab. 03450

CAMP MUNICIPAL ★★ Tourisme 33 E. 1,2 ha. , pain, collectif, . Locations : . Accès direct à la rivière. non surveillée : ; ; . Lieu-dit Le Bel. A 71 Paris-Clermont sortie Ebreuil ou par RN 9 jusqu'à Gannat puis D 91. ☎ 04 70 90 90 48 / 04 70 90 49 68. Fax : 04 70 90 41 17. E-mail : Mairie.CHOUVIGNY@wanadoo.fr.

COSNE D ALLIER

7-C4 26 km N.-E. Montluçon. 230 m. 2464 hab. 03430

CAMP MUNICIPAL DE CLAIRVAL ★★ Tourisme 45 E. 1 ha. . Lieu-dit Les Varennes. Bord CD 16. ☎ 04 70 07 51 69. Fax : 04 70 07 55 25.

COULEUVRE

7-C4 40 km N.-O. Moulins. 240 m. 796 hab. 03320

LA FONT ST JULIEN ★★ 50 E. dont 50 nus 3,5 ha. CV. . Accès direct à l'étang. ; . Accueil groupes. Ouv : 1.4 / 30.9. A 71 sorties St Amand-Montrond ou Montmarault ou Vallon-en-Sully. ☎ 04 70 66 10 45. Fax : 04 70 66 10 09. E-mail : mairie-couleuvre@wanadoo.fr. Prix 2007. Empl. Tourisme : 1,10 € ; 0,95 € ; 1,85 € ; - de 7/14 ans 0,95 € ; 2,30 €.

COUZON

7-D4 22 km N.-O. Moulins. 224 m. 301 hab. 03160

DOMAINE NATURISTE LES FOURNEAUX ★ Tourisme 100 E. dont 35 nus, 15 ha. Rés. naturiste. Locations : . Les Fourneaux. D 13 Couzon/Limoise. ☎ 04 70 66 23 18. Fax : 04 70 66 23 18. E-mail : lesfourneaux@wanadoo.fr, Web : www.lesfourneaux.com.

DEUX CHAISES

7-D5 36 km S.-O. Moulins. 465 m. 501 hab. 03240

CAMP MUNICIPAL ★★ Tourisme 12 E. 0,4 ha. . Accès direct à l'étang. . A 71 (8 km) sortie 11. Accès RN 145 (route Centre Europe Atlantique). ☎ 04 70 47 12 33. Fax : 04 70 47 31 33. Prix 2007. Fft jour : Empl. Tourisme (1) : 5 € ; Sup : 1,50 € - de 12 ans 0,50 € ; 2 € (16 A).

DIOU

38 km E. Moulins. 219 m. 1706 hab. 03290

CAMP MUNICIPAL DU GUE DE LOIRE ★★ Tourisme 25 E. 0,5 ha. . Accès direct à la rivière. ; à 7 km : . Ouv : 15.6 / 15.9. ☎ 04 70 42 90 44 (Mairie). Prix 2007. Empl. Tourisme : 3,50 € ; 3 € ; 1,50 € ; 2,50 € ; Animaux 1 €.

FFCC : partenaire - terrain assuré par la FFCC.

CAMP C.C.A.S. ★ Tourisme 50 E. Réservé C.C.A.S.

DOMPIERRE SUR BESBRE

7-E4 32 km E.-N.-E. Moulins. 234 m. 4050 hab. 03290

CAMP MUNICIPAL ★★ Tourisme 70 E. 1,2 ha. , gaz/électrique, CV Sanitaire chauffé. Locations : . chauffée . Rivière à 300 m. Etang à 500 m. . Accueil groupes. Ouv : 15.5 / 15.9. Au stade, 500 m RN 79. ☎ 04 70 34 55 57 / 04 70 48 11 30 (Mairie) (H.S.). Prix 2007. Empl. Tourisme : 1,70 € ; 2 € ; 2,10 € ; - de 5/12 ans 1,20 € ; 2 €.

LE DONJON

7-E5 48 km N.-E. Vichy. 292 m. 1372 hab. 03130

CAMP MUNICIPAL ★★ 40 E. dont 40 nus, 1 ha. . Etang à 900 m. à 900 m : . Accueil groupes. Ouv : 1.5 / 31.10. RD 994. Lapalisse dir. Moulins. ☎ 04 70 99 56 35 / 04 70 99 50 25 (Mairie) (H.S.). Fax : 04 70 99 58 02. Prix 2007. Empl. Tourisme : 1,50 € ; 1 € ; 1,50 € ; - de 7/14 ans 1 € ; 2 €.

DROITURIER

7-E5 35 km N.-E. Vichy. 450 m. 433 hab. 03120

AIRE NATURELLE DU BARBERAN , pétanque, .

EBREUIL

42 km S.-E. Montluçon. 320 m. 1224 hab. Station verte de vacances et village de neige 03450

LA FILATURE DE LA SIOULE ★★★★ Tourisme 55 E. 3,6 ha. CV. Locations : 6 . Accès direct à la rivière. ; ; . Accueil groupes. Ouv : 31.3 / 1.10. 100 m RD 915. Bibliothèque. ☎ 04 70 90 72 01. E-mail : camping.filature@libertysurf.fr, Web : www.campingfilature.com. Prix 2008. Fft jour : Empl. Tourisme (2) : 17 € ; Sup : 5 € - de 15 ans 3 € ; 3,50 € (6 A). Réduction H.S.

CAMP MUNICIPAL ★★ Tourisme 45 E. 1,5 ha. CV. Accès direct à la rivière. ; ; à 200 m : . Accueil groupes. Lieu-dit Les Nières, 300 m RD 998 et 100 m RD 915. 7 km sortie A 71. Tennis en face du camping. ☎ 04 70 90 70 60 / 04 70 90 71 33 (Mairie) (H.S.). E-mail : mairie-ebreuil@wanadoo.fr. Prix 2007. Fft jour : Empl. Tourisme (2) : 8 € () ; Sup : 2,40 € - de 12 ans 1,25 € ; 1,90 à 4,45 € (4 à 12 A).

FERRIERES SUR SICHON

10-E1 25 km S.-E. Vichy. 554 m. 656 hab. 03250

CAMP MUNICIPAL ★★ 32 E. 0,7 ha. . Accès direct à l'étang et à la rivière. ; . Accueil groupes. Ouv : 1.6 / 30.9. 300 m RD 122 et 500 m RD 995. ☎ 04 70 41 10 10. Fax : 04 70 41 15 22. Prix 2007. Empl. Tourisme : 1,10 € ; 1,10 € ; 1,10 € ; 1,10 € ; 1,10 € ; 2,20 € ; 2,20 €.

GANNAT

10-D1 18 km O.-S.-O. Vichy. 347 m. 6512 hab. Station verte de vacances et village de neige 03800

CAMP MUNICIPAL ★★★ Tourisme 70 E. 2 ha. , collectif, , juillet/août, CV. Locations : 10 . Rivière à 5 km. Accueil groupes. Ouv : 1.4 / 30.10. Route de la Batisse, Le Mont Libre. ☎ 04 70 90 12 16 / 06 73 86 04 95 / 04 70 90 00 50 (H.S.). Fax : 04 70 90 12 16. E-mail : camping.gannat@wanadoo.fr, Web : www.bassin-gannat.com. Prix 2008. Fft jour : Empl. Tourisme (2 1 - de 5 ans) : 9,90 € ; Sup : 2,20 € 2,30 € (10 A). Réduction H.S.

FFCC : Stop accueil Camping-car du 01/04 au 31/10/2008.

GANNAY SUR LOIRE

7-E4 30 km N.-E. Moulins. 501 hab. 03230

M. DE LANGE Peter, aire naturelle de camping , 10 km, CV. A 1 km : . 4, chemin des Terriens. Domaine du Bourg. ☎ 04 70 43 49 01. Fax : 04 70 43 43 01. E-mail : info@domainedubourg.com, Web : www.domainedubourg.com. Réduction H.S.

LA GUILLERMIE

10-E1 35 km S.-E. Vichy. 730 m. 150 hab. 03250

CAMP MUNICIPAL ★★ 15 E. . ☎ 04 70 41 10 62.

HERISSON

7-C4 25 km N.-N.-E. Montluçon. 192 m. 872 hab. 03190

CAMP MUNICIPAL DE L'AUMANCE ★ Tourisme 52 E. 2,5 ha. . Rivière à 1 m. . Ouv : Pâques / 31.10. 100 m RD 157, lieu-dit Crochepot. ☎ 04 70 06 80 45 / 06 63 46 21 49 (H.S.). Prix 2007. Empl. Tourisme : 0,90 € ; 0,70 € ; 1,30 € ; 0,65 € ; 2,30 €.

HURIEL

7-C5 12 km N.-O. Montluçon. 330 m. 2347 hab. 03380

CAMP MUNICIPAL LE MOULIN DE LYON ★★ Tourisme 75 E. 2 ha. 2. Accès direct à la rivière. . 80 m. ☎ 04 70 28 60 08 (Mairie) / 06 11 75 05 63. Fax : 04 70 28 94 90. E-mail : mairie.huriel@wanadoo.fr, Web : www.huriel-mairie.planet-allier.com.

ISLE ET BARDAIS

7-C4 40 km N.-N.-E. Montluçon. 222 m. 381 hab. 03360

LES ECOSSAIS ★★★ 50 E. 1,5 ha. , CV. Locations : 8, 1. Accès direct à l'étang. ; ; ; . Ouv : 1.4 / 30.9. RN 478. ☎ 04 70 66 62 57 / 04 70 67 50 96 (H.S.). Fax : 04 70 66 63 99. E-mail : campingecossais@aol.com, Web : www.campingstroncais.com. Prix 2007. Empl. Tourisme : 1,25 € ; 1,25 € ; 1,90 € ; 2,64 € ; - de 10 ans 1,25 € ; 2,87 € ; Animaux 0,74 €. Réduction H.S.

JALIGNY SUR BESBRE

7-E5 40 km N.-E. Vichy. 245 m. 767 hab. 03220

CAMP MUNICIPAL ★ Tourisme 30 E. 0,8 ha. . Rivière à 10 m. . 80 m de RN 489. ☎ 04 70 34 71 50 / 04 70 34 70 34 (Mairie).

JENZAT

7-D5 8 km N. Gannat. 315 m. 431 hab. 03800

CAMP MUNICIPAL ★★ Tourisme 51 E. 1 ha. CV. Accès direct à la rivière. Accueil groupes. Sur RD 42, à 3 km RN 9. A 71 sortie 12. ☎ 04 70 56 86 35 / 04 70 56 81 77 (Mairie) (H.S.). Fax : 04 70 56 85 38. E-mail : mairie-jenzat@pays-allier.com. Prix 2007. 2,50 € ; 1,10 € ; 4,30 € ; 1,40 € ; 2,50 € ; - de 5/12 ans 1,10 € ; 1,90 à 2,95 € (6 à 10 A).

LALIZOLLE

7-D5 35 km S.-E. Montluçon. 425 m. 375 hab. ✉ 03450

PARC RESIDENTIEL DE LOISIRS MUNICIPAL P.R.L. 22 E. dont 10 nus 0,8 ha. CV Sanitaire chauffé. Locations : 12. Rivière à 4 km. ; à 10 km. Accueil groupes. Ouv : 1.1 / 31.12. 17, rue du Stade. Par A 71 sortie Ebreuil. ☎ 04 70 90 44 47 / 04 70 90 45 83 (H.S.). Fax : 04 70 90 90 47. E-mail : camping-gites.chalets@wanadoo.fr, Web : www.chalets-decouverte.com. Prix 2008. Empl. Tourisme : 2 € ; 2 € ; 2 € ; 2 € ; 2 € ; 3 € ; 1 € ; 2 €.

FFCC : partenaire + réduction emp. de 15 % en saison + Stop accueil Camping-car toute l'année, accès à toute heure.

LAPALISSE

25 km N.-E. Vichy. 299 m. 3673 hab. Station verte ✉ 03120

Voir SAINT-PRIX

LOUROUX DE BOUBLE

7-D5 39 km S.-E. Montluçon. 500 m. 303 hab. ✉ 03330

CAMP MUNICIPAL LA GRAVIERE ★★ 33 E. Locations : , 3. La Gravière. Forêt de Bois-Mal. ☎ 04 70 90 48 09 / 04 70 90 47 30 (H.S.).

MARIOL

10-D1 14 km S.-E. Vichy. 280 m. 629 hab. ✉ 03270

LES MARANTS ★★ 45 E. 1 ha. CV. Locations : 5. Accès direct à l'étang. ☎ 04 70 59 44 70 / 04 70 59 50 35 (H.S.). Fax : 04 70 59 47 74.

LE MAYET DE MONTAGNE

10-E1 26 km E. Vichy. 545 m. 1941 hab. Station verte de vacances et village de neige ✉ 03250

CAMP MUNICIPAL ★★ Tourisme 62 E. (43 Tourisme + 19 Loisirs), dont 5 HLL, 1 ha. Locations : 6, 3. chauffée. Accès direct à l'étang. ; à 4 km : . Accueil groupes 25 pers. maximum. Ouv : 15.3 / 31.10. Garage mort toute l'année. ☎ 04 70 59 70 52 (Mairie). Fax : 04 70 59 38 38. Prix 2007. 1,40 € ; 0,50 € ; 1,80 € ; 0,80 € ; 1,80 €.

MAZIRAT

7-C5 18 km S.-O. Montluçon. 400 m. 297 hab. ✉ 03420

CAMP MUNICIPAL ★ 40 E. à 3 km : ; à 10 km : . Ouv : 15.3 / 15.10. ☎ 04 70 51 71 53. Fax : 04 70 51 73 07. Prix 2007. 3 € ; 1,40 € ; 3 € ; 1,60 € ; 1,40 € ; - de 7/14 ans 1,10 € ; 2,80 €.

MEAULNE

7-C4 30 km N. Montluçon. 207 m. 823 hab. ✉ 03360

CAMP MUNICIPAL LE CHEVAL BLANC ★ Tourisme 33 E. dont 33 nus 1,2 ha. CV. Locations : . Accès direct à la rivière. Accueil groupes. Ouv : 1.5 / 30.9. A 200 m RN 144. ☎ 04 70 06 91 13 / 04 70 06 95 34 (H.S.). Fax : 04 70 06 91 29. E-mail : mairie.meaulne@wanadoo.fr. Prix 2008. Fft jour : Empl. Tourisme (1 1 - de 6 ans) : 4,50 € ( ) ; - de 6/13 ans 1 €.

MONESTIER

7-D5 50 km S. Moulins. 323 m. 282 hab. ✉ 03140

AIRE NATURELLE MUNICIPALE . A 500 m : . Ouv : 1.5 / 30.9. D 987 et D 282. ☎ 04 70 56 61 91. Fax : 04 70 56 61 91. Prix 2008. Fft jour : Empl. Tourisme (3) : 8 € ( ) ; Sup : 2 €

MOULINS

286 km S.-E. Paris. 220 m. 25548 hab. ✉ 03000

CAMP PLAGE MUNICIPAL ★★ Tourisme 165 E. 8 ha. Locations : , , , . Accès direct à la rivière. ; ; ; . Entre les deux ponts, 300 des RN 9, RN 7 et 145. ☎ 04 70 44 19 29.

NERIS LES BAINS

7-C5 7 km S.-S.-E. Montluçon. 360 m. 2996 hab. Station verte de vacances et village de neige ✉ 03310

CAMP MUNICIPAL DU LAC ★★★ Tourisme 135 E. , en saison, CV Sanitaire chauffé. Locations : 8, 19. Accès direct à l'étang. Rivière à 5 km. Accueil groupes. 500 m de la RN 144 et à 400 m RD 155, au rond-pint dans la ville, prendre dir. Villebret. ☎ 04 70 03 24 70. Fax : 04 70 03 79 99. Web : www.ville-neris-les-bains.fr.

M. ROBIN René,aire naturelle CV. A 1,5 km: Piscine plein air . A 1 km : . A 3 km : . Ouv : 1.4 / 31.10. Le Grenouillat. Route de Commentry. ☎ 04 70 03 17 44. Prix 2007. Fft jour : Empl. Tourisme (1) : 7,5 € ( ) ; Sup : 3,50 €Animaux 0,50 €. Fft Tente : 6 € (1).

PIERREFITTE SUR LOIRE

7-E4 44 km S.-E. Moulins 225 m. 649 hab. ✉ 03470

CAMP MUNICIPAL LE VERNAY ★★★ Tourisme 35 E. 2 ha. CV Sanitaire chauffé. Locations : . Etang à 200 m. surveillée : ; ; ; ; . Accueil groupes. RN 79 puis D 295. Route de Saligny/Roudon. ☎ 04 70 47 02 49 / 04 70 47 01 50 (H.S.). Fax : 04 70 47 03 72. E-mail : mairie-pierrefitte-sur-loire@wanadoo.fr. Prix 2007. ( ) : 3,20 € ; 3,20 € ; 3,20 € ; 2,40 € ; - de 12 ans 1,10 € ; 1,60 € (8 A).

PREMILHAT

7-C5 8 km S.-O. Montluçon. 300 m. 2162 hab. ✉ 03410

LE MAS ★★ 30 E. 1 ha. , ap. 22 h. Accès direct à l'étang. ; ; à 200 m : . RD 605, sortie Sud de Montluçon.

RONNET

7-C5 18 km S.-E. Montluçon. 500 m. 164 hab. ✉ 03420

LA CHASSAGNE Non classé E. 2,5 ha. , Locations : , , . Rivière à 50 m. Montluçon N 144 Néris les Bains, D 154 à droite Ronnet. ☎ 04 70 51 08 07. E-mail : info@lachassagne.net, Web : www.lachassagne.net.

ST BONNET TRONCAIS

7-C4 42 km N. Montluçon. 230 m. 853 hab. ✉ 03360

CAMP DU SYNDICAT MIXTE CHAMP FOSSE ★★★ Tourisme 120 E. 2,5 ha. CV. Locations : 5. Accès direct à l'étang. ; ; ; ; . Ouv : 1.4 / 31.10. A 71-E 11 sortie forêt Tronçais. ☎ 04 70 46 81 60 (Réserv.) / 04 70 67 50 96 (H.S.). Fax : 04 70 06 15 01. E-mail : champfosse@aol.com, Web : www.campingstroncais.com. Prix 2007. Empl. Tourisme : 4 € ; 1,13 € ; 2,97 € ; 4 € ; - de 10 ans 2,87 € ; 3 € ; Animaux 0,82 €. Réduction H.S.

FFCC : partenaire + réduction emp. de 5 % en saison + carte FFCC assurance annulation + Stop accueil Camping-car du 01/04 au 31/10/2008, accès jusqu'à 20h ou 22h + réduction loc. de 5 % en saison.

ST GERAND DE VAUX

7-D5 25 km S. Moulins. 272 m. 506 hab. ✉ 03340

CAMP MUNICIPAL ★★ 50 E. Etang à 30 m. . Le Moulin. ☎ 04 70 45 08 83 (Mairie).

ST GERMAIN DE SALLES

7-D5 50 km S. Moulins 300 m. 455 hab. ✉ 03140

M. GIELENS Bart,aire naturelle . 1, allée Grandins. ☎ 04 70 56 80 75.

ST HILAIRE

7-D4 28 km S.-O. Moulins. 688 m. 688 hab. ✉ 03440

CAMP MUNICIPAL ★ Tourisme 18 E. . Etang à 500 m. ☎ 04 70 66 51 01 / 04 70 66 50 78 (H.S.). Fax : 04 70 66 52 25. E-mail : COMMUNE-SAINT.HILAIRE@wanadoo.fr.

ST LEON

7-E5 50 km N.-E. Vichy-les-Bains. 460 m. 773 hab. ✉ 03220

AIRE NATURELLE MUNICIPALE . A 1 km: . Puy St Ambroise. ☎ 04 70 42 15 57 / 04 70 42 11 74.

ST NICOLAS DES BIEFS

10-E1 43 km S.-E. Vichy. 1000 m. 168 hab. ✉ 03250

AUBERGE LES MYRTILLES ★★★ Tourisme 33 E., dont 7 HLL, 2 ha. CV Sanitaire chauffé. Locations : 7, 9, 2. . Accueil groupes. Ouv : 1.1 / 31.12. 2 km RD 420. ☎ 04 70 56 40 03. Fax : 04 70 56 40 03. E-mail : myrtilles03@aol.com, Web : www.auxmyrtilles.com. Prix 2007. Fft jour : Empl. Tourisme (2) : 8,50 € ( ) ; Sup : 2,30 € 1,90 à 4,40 € (3 à 10 A). Fft Ccar : 10 € (2).

FFCC : partenaire + réduction emp. de 5 % hors saison + carte FFCC assurance annulation.

ST PIERRE LAVAL

7-E5 31 km N.-O. Roanne. 470 m. 468 hab. ✉ 42620

LE PARADIS En cours classt ★★ 30 E. 1,6 ha. . Locations : . Accès direct à l'étang. . Chez Pillot. ☎ 04 77 64 00 80 / 06 18 11 39 15. E-mail : paradis42620@aol.com, Web : membres.lycos.fr/camping42620.

ST POURCAIN SUR SIOULE

30 km S. Moulins. 250 m. 5433 hab. Station verte de vacances et village de neige ✉ 03500

CAMP MUNICIPAL DE L'ILE DE LA RONDE ★★ Tourisme 50 E. 1,5 ha. . Accès direct à la rivière. . Ouv : 2.6 / 1.10. ☎ 04 70 45 45 43 / 04 70 45 35 27 (H.S.). Fax : 04 70 45 55 27. Web : www.ville-saint-pourcain-sur-sioule.com. Prix 2007. Empl. Tourisme : 1,90 € ; 3,70 € ; 1,65 € ; 1,95 € ; 2,15 €.

CAMP MUNICIPAL DE LA MOUTTE ★ Tourisme 34 E. 0,4 ha. . Accès direct à la rivière. . 500 m RN 9 et 146, lieu-dit Stade de la Moutte. ☎ 04 70 45 91 94 / 04 70 45 35 27. Web : www.ville-saint-pourcain-sur-sioule.com.

ST PRIEST EN MURAT

7-C5 30 km E. Montluçon. 387 m. 268 hab. ✉ 03390

LA FERME LA CHARVIERE En cours de classement 16 E. 0,64 ha. , Locations : , . à 3 km : . Ouv : 1.1 / 31.12. A 71 sortie Montmarault, suivre fléchage La Charvière par D 68 nord de Montmarault dir. Sazeret et Chappes 5 km. ☎ 04 70 07 38 24. E-mail : robert.engels@wanadoo.fr, Web : www.lacharviere.nl. Prix 2007. Empl. Tourisme : 5 € ; 3,50 € ; - de 9 ans 1,70 € ; 2,50 € ; Animaux 1 €. Réduction H.S.

ST PRIX

7-E5 25 km N.-E. Vichy. 319 m. 840 hab. ✉ 03120

CAMP COMMUNAUTAIRE DE LA PALISSE ★★★ Tourisme 58 E. dont 58 nus (50 Tourisme + 8 Loisirs) 0,8 ha. , pain, CV Sanitaire chauffé. Locations : 6, 2. Accès direct à la rivière. Etang à 2 km. . Accueil groupes. Rue des Vignes. 100 m de RN 7, sortie Sud de la ville (dir. Lyon). Point phone à cartes. ☎ 04 70 99 26 31 / 04 70 99 76 29 / 04 70 99 08 39 (H.S.). Fax : 04 70 99 33 53. E-mail : contact@cc-paysdelapalisse.fr, Web : www.cc-paysdelapalisse.fr.

FFCC : Stop accueil Camping-car du 01/04 au 30/09/2008, accès jusqu'à 20h.

ST YORRE

10-D1 9 km S. Vichy. 266 m. 3103 hab. ✉ 03270

CAMP MUNICIPAL LA GRAVIERE ★★ Tourisme 82 E. dont 79 nus 1,5 ha. Sanitaire chauffé. Locations : 3. Rivière à 10 m. Accueil groupes. Ouv : 1.5 / 30.9. A 71 sortie Gannat ou A 72 sortie Thiers Ouest. 500 m CD 906, à 100 m de CD 121, lieu-dit La Gravière. ☎ 04 70 59 21 00 / 04 70 59 20 09 (Mairie) (H.S.). Fax : 04 70 59 21 00. E-mail : mairie@ville-saint-yorre.fr, Web : www.ville-saint-yorre.fr. Prix 2007. Fft jour : Empl. Tourisme (2) : 9 € ( ) ; Sup : 3 € - de 4/10 ans 1,50 € ; E. GCC 14 € (Fft 2 pers.).

SAZERET

7-D5 33 km E. Montluçon. 493 m. 188 hab. ✉ 03390

LA PETITE VALETTE En cours de classement 50 E. 4 ha. Locations : . Etang à 100 m. La Valette. ☎ 04 70 07 64 57 / 06 80 23 15 54. Fax : 04 70 07 25 48.

TARGET

270 hab. ✉ 03140

LE DOMAINE DES GRANDES COTES P.R.L. 10 E., dont 10 HLL. ☎ 04 70 42 32 05.

TREIGNAT

7-B5 24 km O. Montluçon. 433 m. 578 hab. ✉ 03380

CAMP MUNICIPAL ★★ 41 E. 1 ha. Locations : 6. Accès direct à l'étang. ☎ 04 70 07 00 14 / 04 70 07 03 89. Fax : 04 70 07 03 72. Web : www.chalets-decouverte.com.

TREZELLES

7-E5 26 km N.-E. Vichy. 256 m. 453 hab. ✉ 03220

CAMP MUNICIPAL ★★ 33 E. 1,5 ha. Accès direct à la rivière. Sortie Sud Ouest du bourg. ☎ 04 70 55 72 26 / 04 70 55 70 78 (Mairie).

TRONGET

7-D5 28 km S.-O. Moulins. 460 m. 1001 hab. ✉ 03240

CAMP INTERCOMMUNAL ★ 30 E. 2 ha. Etang à 500 m. à 800 m : . Ouv : 15.5 / 15.9. A 71 sortie Montmarault. ☎ 04 70 47 12 02 (Mairie). Fax : 04 70 47 10 79. E-mail : mairie.tronget@wanadoo.fr. Prix 2007. 2,50 € ; 2,20 € ; 3,40 € ; 1,90 € ; 3 € ; - de 7 ans 1,80 €.

URCAY

7-C4 35 km N. Montluçon. 169 m. 324 hab. ✉ 03360

CAMP MUNICIPAL DE LA PLAGE DU CHER ★ Tourisme 32 E. 0,7 ha. CV. Accès direct à la rivière. 200 m du bourg, route de la Gare (au pont du Cher). Gare SNCF à 200 mètres. ☎ 04 70 06 96 91 / 04 70 06 93 30 (Mairie) / 04 70 06 93 30 (H.S.). Fax : 04 70 06 93 30.

VALLON EN SULLY

7-C4 23 km N. Montluçon. 180 m. 1775 hab. Station verte de vacances et village de neige ✉ 03190

CAMP MUNICIPAL ★★ Tourisme 50 E. 3 ha. Accès direct à la rivière. Ouv : 16.6 / 16.9. Allée des Soupirs, 500 m RD 11 par A 71 (2 km) et RN 144 à 1 km. Musée des maquettes animées. ☎ 04 70 06 50 96 / 04 70 06 50 10 (H.S.). Fax : 04 70 06 51 18. E-mail : mairie.vallonensully@wanadoo.fr, Web : www.monclocher.com. Prix 2008. Empl. Tourisme : 1,50 € ; 1,50 € ; 1,50 € ; 1,50 € ; 1,50 € ; - de 8/14 ans 0,75 € ; 2 à 4 € (6 à 20 A).

VARENNES SUR ALLIER

7-D5 25 km N. Vichy. 248 m. 4917 hab. ✉ 03150

CHATEAU DE CHAZEUIL ★★ Tourisme 60 E., dont 50 CC, 1,5 ha. Rivière à 2 km. à 2 km : . 500 m RN 7 et RD 46. ☎ 04 70 45 00 10. Fax : 04 70 45 00 10. E-mail : info@camping-dechazeuil.com, Web : www.camping-dechazeuil.com.

VAUMAS

7-E4 29 km S.-E. Moulins. 627 hab. ✉ 03220

CAMP MUNICIPAL ★★ 33 E. Au bourg. ☎ 04 70 42 01 22 (Mairie). Fax : 04 70 43 24 82.

LE VEURDRE

7-D4 34 km N.-O. Moulins. 190 m. 651 hab. ✉ 03320

CAMP MUNICIPAL ★★ Tourisme 21 E. 0,5 ha. Accès direct à la rivière. 500 m RD 695 et 200 m RN 478, à Saint-Mayeul. ☎ 04 70 66 40 67 (Mairie). Fax : 04 70 66 42 88.

VICHY

57 km S. Moulins. 263 m. 30554 hab. ✉ 03200

Voir BELLERIVE-SUR-ALLIER

VIEURE

7-C4 38 km S.-O. Moulins. 270 m. 288 hab. ✉ 03430

BASE DE LOISIRS DE LA BORDE ★★ Tourisme 50 E. dont 44 nus (41 Tourisme + 9 Loisirs), dont 6 HLL, 1 ha. CV. Locations : 9. Accès direct à l'étang. Accueil groupes. Entre Moulins et Montluçon. ☎ 04 70 02 04 46. Fax : 04 70 02 04 46. E-mail : plandeau-vieure03@wanadoo.fr, Web : www.plandeau-vieure03.fr. Réduction H.S.

04 ALPES-DE-HAUTE-PROVENCE

Carte 11-14

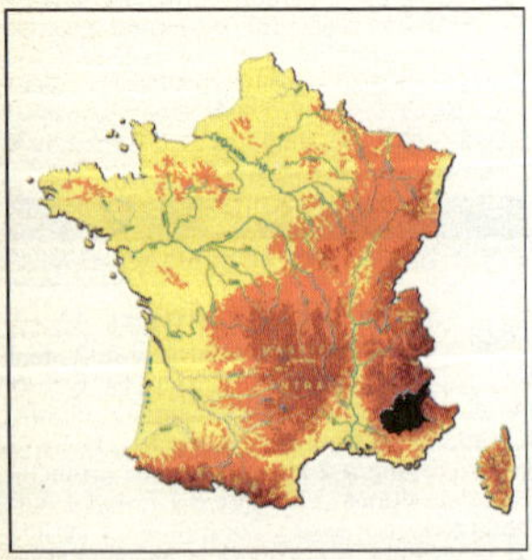

ANNOT

14-E1 32 km N.-E. Castellane. 680 m. 1062 hab. Station verte de vacances et village de neige ✉ 04240

LA RIBIERE ★★ Tourisme 66 E. dont 55 nus (48 Tourisme + 18 Loisirs) 0,9 ha. CV Sanitaire chauffé. Locations : , 5, 5. Accès direct à la rivière. Accueil groupes. Ouv : 1.3 / 31.10. Sur RN 208. ☎ 04 92 83 21 44. E-mail : cavaly.cy@cegetel.net, Web : www.la-ribiere.com. Prix 2007. 2,80 € ; 0,60 € ; 3,10 € ; 2 € ; 3,60 € ; - de 6 ans 2,20 € ; 2,90 à 3,10 € ; 0,60 €.

BANON

14-C1 25 km N.-O. Forcalquier. 760 m. 973 hab. ✉ 04150

L'EPI BLEU ★★★ Tourisme 100 E. (76 Tourisme + 24 Loisirs), dont 24 CC, 2 ha. collectifs, CV. Locations : 12, 15, 1, 15. Accueil groupes. Ouv : 1.4 / 30.10. Avignon-Sud par N 100, APT par D 22/D 51 Banon. ☎ 04 92 73 30 30 / 06 87 38 06 10 (H.S.). Fax : 04 92 73 31 10. E-mail : campingepibleu@aol.com, Web : www.campingepibleu.com. Prix 2007. Fft jour : Empl. Tourisme (2) : 16 € ( ) ; Sup : 4,50 € - de 7 ans 3 € ; 4 € (10 A) ; Animaux 2,50 €. Réduction H.S.

AIRE NATURELLE MUNICIPALE LES GRAVIERES ☎ 04 92 73 20 08.

BARCELONNETTE

11-D5 91 km N.-E. Digne 1140 m. 3314 hab. ✉ 04400

LE PLAN DE BARCELONETTE ★★★ Tourisme 45 E. 0,5 ha. Accès direct à la rivière. Sur RN 202. ☎ 04 92 81 08 11.

LE PEYRA ★★ Tourisme 61 E. 0,8 ha. CV. Rivière à 150 m. à 300 m : . Accueil groupes mini-groupe. mini-groupe. Ouv : 1.5 / 31.10 + vac. Pâques et Toussaint. 10, avenue du Peyra, 150 m de RD 900 à 400 m du centre ☎ 04 92 81 24 06. Prix 2008. Empl. Tourisme : 2,55 € () : 2,55 € ; 1,25 € ; 2,65 € (5 A) ; 1 € (jeton) ; Animaux 0,85 €.

TAMPICO ★★ Tourisme 100 E. (80 Tourisme + 20 Loisirs), dont 4 HLL, 2,5 ha. + salle de séchage, CV Sanitaire chauffé. Locations : 4 , 1 . Accès direct à la rivière. . Accueil groupes. Ouv : 1.1 / 31.12. 70 avenue de Nice, sur RN 202, à 900 m RN 100. Salle de séchage. ☎ 04 92 81 02 55. Fax : 04 92 81 02 55. E-mail : le-tampico@wanadoo.fr, Web : www.letampico.free.fr. Prix 2008. Empl. Tourisme : 3 € ; 1,50 € ; 3,10 € ; 1,60 € ; 3,50 € ; - de 7 ans 2 € ; 2,80 € ; Animaux 1,50 €.

BARLES

11-D5 23 km N. Digne. 985 m. 85 hab. ✉ 04140

LE PONT DU MARTINET ★ Tourisme 25 E. 1 ha. CV. Accès direct à la rivière. ; . Accueil groupes. Accès par D 900 A. ☎ 04 92 35 14 67. E-mail : loupassavous@wanadoo.fr, Web : www.loupassavous.com. Prix 2007. Empl. Tourisme : 4 € ; 3 € ; - de 7 ans 2,50 € ; 2,50 € (6 A) ; Animaux 1 €.

BARREME

14-D1 30 km S.-E. Digne. 722 m. 421 hab. ✉ 04330

NAPOLEON Non classé Tourisme 130 E. dont 114 nus, dont 20 CC, 2,5 ha. snack, CV. Locations : 11 , 6 , 5 , . Rivière à 10 m. ; ; . Accueil groupes. Le Bas Paraire. 300 m RN 85, par route de Castellane. Prendre le chemin après le pont. Sur la route Napoléon entre Digne et Castellane. ☎ 04 92 34 22 70 / 06 72 90 42 74 (H.S.). Fax : 04 92 32 51 16. E-mail : campingnapoleon@hotmail.com, Web : camping-napoleon.eu. Réduction H.S.

BEAUVEZER

11-D5 42 km N. Castellane. 1150 m. 237 hab. ✉ 04370

LES RELARGUIERS ★★ Tourisme 172 E. (102 Tourisme + 70 Loisirs), dont 43 GCC - 50 HLL, 3,5 ha. la nuit, CV Sanitaire chauffé. Locations : 18 . chauffée. Accès direct à la rivière. Etang à 5 km. . Accueil groupes. Prendre Digne-les-Bains puis St-André-les-Alpes dir. Colmars/les Alpes/Val d'Allos. ☎ 04 92 83 47 73. Fax : 04 92 83 58 67. E-mail : contact@relarguiers.com, Web : www.relarguiers.com.

BEYNES

14-D1 19 km S. Digne. 793 m. 75 hab. ✉ 04270

LA CELESTINE ★★★ Tourisme 100 E. (90 Tourisme + 10 Loisirs), dont 2 CC, 2,4 ha. CV. Locations : 8 , . Accès direct à la rivière. ; ; . Ouv : 1.5 / 30.9. Sur la D 907. Après Mézel, dir. Moustiers Ste Marie. Ne pas monter au village de Beynes. ☎ 04 92 35 52 54. Fax : 04 92 35 50 07. E-mail : lacelestin@wanadoo.fr, Web : www.camping-lacelestine.com. Prix 2008. Empl. Tourisme : 4,50 € () : 4,50 € ; - de 10 ans 2,90 € ; 2,50 à 3 € (4 à 6 A) ; Animaux 1,50 €.

LA BREOLE

11-D4 34 km O.-N.-O. Barcelonnette. 998 m. 252 hab. ✉ 04340

LA PIERRE DE L'AIGLE ★★ Loisirs 50 E. (8 Tourisme + 42 Loisirs), dont 18 GCC, 2,5 ha. CV. Locations : , , , , , . Lac à 2 km. ; ; ; ; . Accueil groupes. La Rouvière Basse. Entre Gap et Barcelonnette. ☎ 04 92 85 50 05 / 06 11 14 44 30. Fax : 04 92 85 53 31. Réduction H.S.

CAMP DE M. BARNEAUD ★ Tourisme 50 E. à 1 km : , , . Barrage de Serre-Ponçon. RN 900 B entre Gap et Barcelonnette. ☎ 04 92 85 51 37.

CASTELLANE

14-D1 54 km S.-E. Digne. 730 m. 1406 hab. Station verte de vacances et village de neige ✉ 04120

DOMAINE DU VERDON ★★★★ Tourisme 500 E., dont 170 CC - 55 GCC 55 HLL, 9 ha. , collectif, , saison, CV. Locations : 4 , 6 , 124 , , , chauffée saison, . Accès direct à l'étang et à la rivière. Lac à 4,5 km. ; ; ; à 4,5 km : , pour enfants . Accueil groupes. Ouv : 15.5 / 15.9. Route des Gorges du Verdon, 1,5 km de la commune, par D 952. ☎ 04 92 83 61 29. Fax : 04 92 83 69 37. E-mail : contact@camp-du-verdon.com, Web : www.camp-du-verdon.com. Prix 2007. Fft jour : Empl. Tourisme (3) : 36 € ( ) ; Sup : 12 €Animaux 2,50 € (chien). Réduction H.S.
FFCC : réduction loc. de 5 % hors saison + HC.

INTERNATIONAL ★★★★ Tourisme 274 E. (224 Tourisme + 50 Loisirs), dont 65 CC - 144 GCC - 18 HLL, 6 ha. CV. Camping clef verte. Locations : 8 , 30 . , . Rivière à 2 km.Lac à 4 km. à 1 km : ; à 4 km : . Ouv : 31.3 / 1.10. La Palud. Route Napoléon, RN 85. ☎ 04 92 83 66 67. Fax : 04 92 83 77 67. E-mail : info@campinginternational.fr, Web : www.campinginternational.fr. Prix 2008. Fft jour : Empl. Tourisme (2) : 19 € ( ) ; Sup : 4,50 € 4,50 € (6 A) ; Animaux 2 €. Réduction H.S.
FFCC : réduction loc. de 5 % hors saison + HC.

CAMP DES GORGES DU VERDON ★★★ Tourisme 235 E. (223 Tourisme + 12 Loisirs), dont 7 GCC - 18 HLL, 4 ha. CV. Locations : chauffée. Accès direct à la rivière. ; kayak : ; ; . Ouv : 29.4 / 15.9. Lieu-dit Chasteuil, à 9,5 km de Castellane sur RD 952. Bibliothèque. ☎ 04 92 83 63 64. Fax : 04 92 83 74 72. E-mail : aremus@camping-gorgesduverdon.com, Web : camping-gorgesdu verdon.com. Prix 2008. Fft jour : Empl. Tourisme (3) : 24 € ( ) ; Sup : 5,20 € - de 4 ans 2 € ; 4,40 € (6 A). Réduction H.S.

CHASTEUIL PROVENCE ★★★ Tourisme 210 E. dont 202 nus (190 Tourisme + 20 Loisirs), dont 3 GCC - 4 HLL, 6,5 ha. CV. Locations : 7 , . chauffée. Accès direct à la rivière. ; ; . Ouv : 15.5 / 10.9. Route des Gorges du Verdon. 8 km de Castellane, route de Moustiers D 952. Bibliothèque. ☎ 04 92 83 61 21. Fax : 04 92 83 75 62. E-mail : contact@chasteuil-provence.com, Web : www. chasteuil-provence.com. Réduction H.S.

FFCC : partenaire + réduction emp. de 10 % hors saison + carte FFCC assurance annulation + réduction loc. de 10 % hors saison.

LA COLLE ★★★ Tourisme 41 E., dont 13 GCC, 1 ha. snack, CV. Locations : 10 , 4 , . Rivière à 800 m. Lac à 5 km. à 1.6 km : ; à 2 km : ; à 5 km : 5 km, . A 1,8 km du centre de Castellane, quartier La Colle sur le chemin de randonnée GR 4. A 1.6 km du centre de Castellane, quartier La Colle sur le chemin de randonnée GR 4. ☎ 04 92 83 61 57. Fax : 04 92 83 61 57. E-mail : campinglacolle@tiscali.fr, Web : www.camping-lacolle.com. Prix 2008. Fft jour : Empl. Tourisme (2 1) : 16,30 € ( ) ; Sup : 4,10 € 3,90 € (6 A A) ; Animaux 2,30 €. Fft Tente : 15 € (2). Réduction H.S.

LE PROVENCAL ★★★ Tourisme 45 E., dont 2 HLL, 0,8 ha. CV. Locations : 2 , 1 . Rivière à 1,5 km.Lac à 3 km. à 1,5 km : ; à 3 km : . Sur RN 85. Au bas du col des Lecques à 1,5 km de Castellane dir. Digne. ☎ 04 92 83 65 50 / 04 93 98 25 75 (H.S.). Fax : 04 92 83 65 50. E-mail : accueil@camping-provencal.com, Web : www. camping-provencal.com. Réduction H.S.

FFCC : partenaire + réduction emp. de 5 % hors saison.

NOTRE DAME ★★★ Tourisme 44 E. dont 34 nus 0,6 ha. , à gaz, , + sèche-linge, CV. Locations : 2 , 9 . Rivière à 300 m. Lac à 3 km. ; à 300 m : ; à 800 m : ; à 4 km : ; à 5 km : . Ouv : 1.4 / 15.10. Route des Gorges du Verdon, RD 952. A 600 m du centre ville de Castellane. ☎ 04 92 83 63 02 / 04 92 83 65 95 (H.S.). Fax : 04 92 83 63 02. E-mail : camping-notredame@wanadoo.fr, Web : www.camping-notredame.com. Prix 2007. Fft jour : Empl. Tourisme (2) : 15 € ( ) ; Sup : 3,50 € - de 4 ans 2 € ; 3,50 € (6 A). Réduction H.S.

FFCC : partenaire + carte FFCC assurance annulation + Stop accueil Camping-car du 01/04 au 28/06 et du 23/08 au 15/10/2008, accès jusqu'à 19h.

CENTRE NATURISTE CASTILLON DE PROVENCE ★★ Tourisme 100 E. (80 Tourisme + 20 Loisirs) 25 ha. la nuit, CV Rés. naturiste. Locations : , 20 . . Accès direct aux bords du lac. ; ; ; ; . La Grande Terre, la Baume. N 955, D 402. ☎ 04 92 83 64 24 / 06 85 03 26 12 (H.S.). Fax : 04 92 83 68 79.

LE FREDERIC MISTRAL ★★ Tourisme 60 E. 0,85 ha. CV Sanitaire chauffé. Rivière à 200 m. Lac à 3 km. à 100 m : , ; à 200 m : , . Accueil groupes. Centre ville, dir. les Gorges du Verdon. ☎ 04 92 83 62 27. Réduction H.S.

FFCC : partenaire - terrain assuré par la FFCC.

LE PESQUIER ★★ Tourisme 50 E. 2 ha. CV Sanitaire chauffé. Locations : 14 . . Rivière à 1 km.Lac à 3 km. ; à 1 km : ; à 3 km : . Route de Digne / Route 85. ☎ 04 92 83 66 81 / 04 92 83 64 61 (Tél/Fax) (H.S.). Fax : 04 92 83 66 81.

LES LAVANDES ★★ Tourisme 57 E. dont 25 nus, dont 2 GCC, 0,7 ha. CV. Locations : 10 , 2 , 15 , 3 . . Rivière à 300 m. Etang et lac à 4 km. à 300 m : , ; à 400 m : ; à 4 km : . Accueil groupes. Ouv : 29.3 / 15.10. Route des Gorges du Verdon. D 952. ☎ 04 92 83 68 78 / 04 92 78 33 51 (H.S.). Fax : 04 92 83 69 92. E-mail : accueil@camping-les-lavandes.com, Web : www.camping-les-lavandes .com. Prix 2008. Fft jour : Empl. Tourisme (2) : 15 € ( ) ; Sup : 4,50 € - de 13 ans 2,10 € ; 2,90 à 3,90 € (3 à 16 A) ; E. CC 3,50 € (Suplt.) ; E. GCC 3,50 € (suplt.). Réduction H.S.

FFCC : partenaire + réduction emp. de 5 % hors saison + Stop accueil Camping-car du 01/04 au 30/06 et du 01/09 au 15/10/2008, accès jusqu'à 20h + réduction loc. de 5 % hors saison.

LA FERME DE CASTELLANE ★ Tourisme 48 E. dont 39 nus, , dont 7 GCC, 1 ha. CV. , à gaz, CV. Locations : 9 . Accès direct à la rivière. Lac à 2 km. à 3 km : . Accueil groupes hors saison. Ouv : Pâques. Quartier La Lagne. ☎ 04 92 83 67 77 / 06 82 82 02 91 (H.S.). Fax : 04 92 83 75 92. E-mail : accueil@camping-la-ferme.com, Web : www.camping-la-ferme.com. Prix 2008. Fft jour : Empl. Tourisme (2) : 14 € ( ) ; Sup : 5 € - de 9 ans 2 € ; 3 € (6 A) ; Animaux 1 €. Réduction H.S.

FFCC : partenaire + carte FFCC assurance annulation.

LES SIRENES ★ Tourisme 25 E. 2 ha. , gratuit, gaz/électrique, CV. Locations : 4 , 4 . chauffée. . Accueil groupes hors saison. Col des Lèques. N 85 route Napoléon. A 7 km de Castellane. ☎ 04 92 83 70 56 / 06 07 16 82 74 / 06 07 16 82 74 (H.S.). E-mail : accueil@les-sirenes.com, Web : www.les-sirenes.com. Réduction H.S.

AIRE NATURELLE,Le Plan de la Palud . ☎ 06 09 96 75 16. Fax : 04 92 83 63 94.

CERESTE

14-C1 25 km S.-O. Forcalquier. 370 m. 862 hab. ✉ 04280

Mme VIAL-MENARD Agnès,aire naturelle CV. A 3 km: . A 4 km : Piscine plein air . Ouv : 15.4 / 15.10. Le Bois de Sibourg, RN 100, 4 km Sud-Ouest de la commune. Bois. Parc Naturel Régional du Lubéron. ☎ 04 92 79 02 22 / 06 70 64 62 01 (H.S.). E-mail : camping.sibourg@caramail.com, Web : www. sibourg.com. Prix 2008. Empl. Tourisme : 3 € ( ) : 2,70 € ; - de 10 ans 2 € ; 2,60 €.

LE CHAFFAUT ST JURSON

14-D1 10 km S.-O. Digne. 584 m. 510 hab. ✉ 04510

Mme ASTOIN Roselyne,camping à la Ferme CV. Campagne la Marine. Route du lycée agricole du Chaffaut St Jurson. ☎ 04 92 34 65 14.

CHATEAU ARNOUX ST AUBAN

31 km N.-E. Forcalquier 440 m. 5662 hab. ✉ 04160

LES SALETTES ★★★★ Tourisme 300 E. (240 Tourisme + 60 Loisirs), dont 106 GCC - 12 HLL, 4 ha. , saison, saison, saison, CV. Locations : 12 , 10 , . . Accès direct à l'étang et aux bords du lac. . Ouv : 1.6 / 31.12. Sur la route Napoléon RN 85, entre Digne et Sisteron. A 51 sortie Peyruis ou Aubignac ☎ 04 92 64 02 40 / 04 92 22 50 49. Fax : 04 92 33 50 00. E-mail : infos@lessalettes.com, Web : www.lessalettes.com. Prix 2007. Fft jour : Empl. Tourisme (2) : 26 € ( ) ; Sup : 5 € Réduction H.S.

FFCC : partenaire - terrain assuré par la FFCC.

LA CASSE ★★ Tourisme 23 E., dont 23 GCC.

CLAMENSANE

11-C5 50 km N.-E. Forcalquier. 700 m. 115 hab. ✉ 04250

LE CLOT DU JAY ★★★ Tourisme 50 E. dont 31 nus, , dont 10 GCC, 5 ha. jeux familiaux, CV. Locations : 11, 1, 7. Accès direct à l'étang et à la rivière. Accueil groupes. Ouv : 22.3 / 2.11. Route de Bayons, D 951 dir. La Motte du Caire. ☎ 04 92 68 35 32. Fax : 04 92 68 35 32. E-mail : camping@clotdujay.com, Web : www.clotdujay.com. Prix 2007. Fft jour : Empl. Tourisme (2) : 19 € ((6 A)) ; Sup : 4,50 € - de 7 ans 3 € ; Animaux 2 €. Réduction H.S.

FFCC : partenaire + réduction emp. de 5 % hors saison + carte FFCC assurance annulation + réduction loc. de 5 % hors saison.

COLMARS

11-D5 48 km N.-N.-E. Castellane. 1250 m. 314 hab. Station verte de vacances et village de neige ✉ 04370

LE BOIS JOLY ★★ Tourisme 40 E., dont 6 CC, 1,2 ha. Accès direct à la rivière. ☎ 04 92 83 40 40. Fax : 04 92 83 50 60.

Mme PALMIERI Andrée,aire naturelle Les Pommiers village, CV. A 800 m : Piscine chauffée Piscine plein air. Ouv : 1.5 / 1.10. La Buissière. Le Talier à l'entrée du village. ☎ 04 92 83 41 56. Fax : 04 92 83 40 86. E-mail : contact@camping-pommier.com, Web : www.camping-pommier.com. Prix 2008. Empl. Tourisme : 3 € () : 3 € ; 4,50 € ; - de 8 ans 2 € ; Animaux 2 €.

FFCC : partenaire + Stop accueil Camping car du 15/04 au 01/10/2008, accès jusqu'à 20h.

LA CONDAMINE CHATELARD

11-E4 13 km N.-E. Barcelonnette. 1305 m. 198 hab. ✉ 04530

BASE DE LOISIRS CHAMP FELEZE ★★ Tourisme 79 E., dont 2 CC, 3 ha. buvette, à emporter, pétanque, CV. Locations : 1, 5, . Accès direct aux bords du lac et à la rivière. Accueil groupes. CD 900. Sortie du village à 500 m sur la droite. ☎ 04 92 84 39 39. Fax : 04 92 84 39 39. E-mail : syflor@wanadoo.fr. Réduction H.S.

CRUIS

11-C5 18 km N. Forcalquier. 711 m. 408 hab. ✉ 04230

M. PATRIER Philippe CV. A 3 km: . Grandchamp. De Forcalquier prendre la D 950 jusqu'à St-Etienne-les-Orgues, puis la D 951 jusqu'à Cruis. De Sisteron prendre la D 951 jusqu'à Cruis. ☎ 04 92 77 01 10 / 06 13 23 63 13 (H.S.). E-mail : ppatrier@aol.com, Web : www.grandchamp04.fr. Prix 2007. 6 € ; - de 10 ans 3 €.

CURBANS

11-C5 80 km N.-E. Forcalquier. 600 m. 164 hab. ✉ 05110

LE LAC ★★★ Tourisme 90 E., dont 13 GCC, 4 ha. CV. Locations : 2, 19, , . chauffée . Accès direct aux bords du lac. Rivière à 500 m. ; à 3 km : . Rte Napoléon sortie Curbans (18 km sud de Gap). ☎ 04 92 54 23 10. Fax : 04 92 54 23 11. E-mail : info@au-camping-du-lac.com, Web : www.au-camping-du-lac.com.

DAUPHIN

14-C1 8 km S.-E. Forcalquier. 445 m. 469 hab. ✉ 04300

L'EAU VIVE ★★★ Tourisme 120 E. 4 ha. collectifs, CV. Locations : 6, , 25, 7. Accès direct à la rivière. ; à 8 km : . Accueil groupes. Ouv : 23.3 / 31.10. Sur RD 13. ☎ 04 92 79 51 91. Fax : 04 92 79 51 91. E-mail : info@leauvive.fr, Web : www.leauvive.fr. Prix 2008. Fft jour : Empl. Tourisme (2) : 12 € ()

FFCC : partenaire + réduction emp. de 5 % hors saison + réduction loc. de 5 % hors saison.

DIGNE LES BAINS

736 km S.-E. Paris. 610 m. 16391 hab. ✉ 04000

LES EAUX CHAUDES ★★★ Tourisme 153 E. dont 111 nus, , dont 16 GCC, 3 ha. CV Sanitaire chauffé. Locations : 1, 4, 34, . Lac à 4 km. à 1 km : ; à 2 km : ; à 4 km : . Accueil groupes. Ouv : 1.4 / 31.10. Route des Thermes. Venant du Sud A 51 dir. Sisteron puis sortie Peyruis et Digne. ☎ 04 92 32 31 04 / 06 80 47 17 31 (H.S.). Fax : 04 92 34 59 80. E-mail : info@campingleseauxchaudes.com, Web : www.campingleseauxchaudes.com. Prix 2008. Fft jour : Empl. Tourisme (2) : 15 € () ; Sup : 6 € - de 3/10 ans 3,50 € ; 2 à 2,50 € ; Animaux 1 €.

LE BOURG ★★ Tourisme 119 E. dont 59 nus (89 Tourisme + 30 Loisirs), dont 25 GCC - 8 HLL, 3 ha. CV. Locations : 22, . 5 courts. Lac à 4 km. à 4 km : , . Accueil groupes. Ouv : 1.4 / 20.10. Route de Barcelonnette. ☎ 04 92 31 04 87. E-mail : campingdubourg@orange.fr, Web : www.campingdubourg-alpes-provence.com. Prix 2008. Fft jour : Empl. Tourisme (2) : 16,50 € () ; Sup : 4 € - de 2/10 ans 3 € ; Animaux 1,50 €. Réduction H.S.

ENCHASTRAYES

11-D5 2 km S.-E. Barcelonnette. 1150 m. 437 hab. Station verte de vacances et village de neige ✉ 04400

LA CHAUP ★★ Tourisme 66 E. 1 ha. CV. Rivière à 2 km. ; à 2 km : . Ouv : 1.6 / 15.9. Route du Sauze D 209, 500 m de RN 100. ☎ 04 92 81 02 82. Fax : 04 92 81 02 82. Prix 2007. Empl. Tourisme : 3,05 € ; 3,30 € ; 2,90 € ; - de 5 ans 1,55 € ; 3,30 à 3,90 € (3 à 6 A) ; 1,50 € (jeton) ; Animaux 1 €.

ENTREPIERRES

11-C5 50 km N.-E. Forcalquier. 600 m. 205 hab. ✉ 04200

LA CHARAGNE ★ Tourisme 25 E., dont 4 CC - 4 GCC, 2 ha. buvette, . Locations : , . Sisteron sud D 4 puis Volonne D 217 suivre les flèches vers sur 4 km. ☎ 04 92 61 33 68. Fax : 04 92 61 33 68.

ENTREVAUX

14-E1 43 km N.-E. Castellane. 472 m. 685 hab. ✉ 04320

CAMP DU BREC ★★ Tourisme 60 E. (40 Tourisme + 20 Loisirs), dont 4 GCC - 4 HLL, 3,7 ha. snack, CV. Locations : 1, 4, . Rivière à 200 m. Lac à 50 m. ; ; . Ouv : 15.3 / 31.10. Rés. obligatoire en été. ☎ 04 93 05 42 45. E-mail : camping.dubrec@wanadoo.fr, Web : www.camping-dubrec.com. Prix 2007. Empl. Tourisme : 7,50 € ; 4,75 € ; - de 13 ans 3,20 € ; 3 € (10 A) ; Animaux 1 €. Réduction H.S.

FFCC : partenaire + réduction emp. de 5 % en saison et 10 % hors saison.

ESPARRON DE VERDON

14-C2 58 km S.-O. Digne. 390 m. 206 hab. ✉ 04550

LE SOLEIL ★★★★ Tourisme 100 E., dont 2 CC, 1,5 ha. CV. Locations : , . Accès direct aux bords du lac. ; ; ; . Route de la Sisteron. Bibliothèque. ☎ 04 92 77 13 78. Fax : 04 92 77 10 45. E-mail : campinglesoleil@wanadoo.fr, Web : www.campinglesoleil.net. Réduction H.S.

LA GRANGEONNE ★★ Tourisme 57 E. 1,5 ha. buvette, , collectif, CV. Locations : 7, 3. Lac à 1,5 km. à 1,5 km : , , . Ouv : 1.4 / 30.10. Rés. obligatoire en été. Route de Quinson. ☎ 04 92 77 16 87. Fax : 04 92 77 16 87. E-mail : lagrangeonne@wanadoo.fr. Prix 2007. Empl. Tourisme : 6,50 € ; 5,50 € ; 4,50 € ; 2,50 € ; 3,50 € (6 A) ; Animaux 2,10 €.

LE LAC ★★ Loisirs 250 E., dont 80 GCC - 2 HLL, 5 ha. buvette, snack, . Locations : . Lac à 350 m. ; ; ; ; . De Aix autoroute Digne/Gap, sortie Vinon/Gréoux. A Gréoux dir. Esparron 7 km. ☎ 04 92 77 16 12. Fax : 04 92 77 15 40. E-mail : richard.raymond@wanadoo.fr.
FFCC : partenaire - terrain assuré par la FFCC.

VERDON PROVENCE ★★ Tourisme 66 E. 30 ha. Rés. naturiste. Locations : ; ; ; ; . ☎ 04 92 77 12 25 / 04 92 77 18 32 (H.S.).
FFCC : partenaire - terrain assuré par la FFCC.

LA BAUME ★ Tourisme 55 E. (36 Tourisme + 19 Loisirs), dont 5 CC - 14 GCC. . Locations : , , . ; à la traine : ; à 2 km : . ☎ 04 92 77 15 28. Fax : 04 92 77 11 41. E-mail : labeaume.kumps@free.fr, Web : www.labeaume.kumps.free.fr.

LE LAVANDIN ★ Tourisme 55 E. dont 35 nus, 5 ha. CV. Locations : 4 , 8 . Accès direct aux bords du lac. à 4 km : ; ; . Ouv : 1.6 / 30.9. Le Lavandin. ☎ 04 92 77 41 31 / 04 92 77 46 09 (H.S.). E-mail : infos.campinglavandin.com, Web : www.campinglavandin.com. Prix 2007. Empl. Tourisme : 3 € ; 3 € ; 3 € ; 3 € ; 2,95 € ; - de 10 ans 2,10 € ; 2,70 € (5 A).
FFCC : partenaire - terrain assuré par la FFCC.

M. ARENE Marcel,aire naturelle Le Grand Pré CV. A 2,5 km: . A 3 km : . Ouv : 10.5 / 15.9. RD. 82. ☎ 04 92 77 15 92. Fax : 04 92 77 15 92. Prix 2008. () : 3,35 € ; 3,35 € ; 3,35 € ; 3,45 € ; - de 10 ans 2,30 € ; 2,55 à 3,15 € (4 à 6 A) ; Animaux 1 €. Réduction H.S.
FFCC : partenaire + réduction emp. de 5 % en saison et hors saison.

FORCALQUIER

14-C1 48 km S.-O. Digne. 550 m. 3790 hab. Station verte de vacances et village de neige ✉ 04300

CAMPING INDIGO FORCALQUIER ★★★ Tourisme 115 E. dont 89 nus, , dont 10 CC, 3 ha. 29.06 / 2.09, 29.06 / 2.09, été, été, CV. Locations : 4 , 33 , 5 , . chauffée . Accueil groupes. Ouv : 28.3 / 19.10. Quartier St-Promasse, route de Sigonce. A 7 sortie Avignon Sud puis RN 100 ou A 51 Grenoble sortie la Brillanne puis RN 100. ☎ 04 92 75 27 94 / 0820 22 67 37 (Réserv.) / 04 37 64 22 34 (H.S.). Fax : 04 92 75 18 10. E-mail : forcalquier@camping-indigo.com, Web : www.camping-indigo.com. Prix 2007. Fft jour : Empl. Tourisme (2) : 19,50 € ( ) ; Sup : 5,50 € 3,70 € ; 4,20 à 6,20 € (6 à 10 A) ; Animaux 3,30 €. Réduction H.S.
FFCC : partenaire + réduction emp. de 5 % en saison et hors saison + réduction loc. de 5 % en saison et hors saison.

M. GOLETTO Henri,camping à la Ferme CV. Ouv : Pâques / 30.9. Bas Chalus. RN 100 entre La Brillanne et Forcalquier. ☎ 04 92 75 05 67. Fax : 04 92 75 39 20. E-mail : amis.@wanadoo.fr & baschalus@laposte.net, Web : bascholus-ifrance.net. Prix 2008. Empl. Tourisme : 3,80 € ; 3,80 € ; - de 10 ans 3,30 € ; 2,80 € ; Animaux 1 €.

LA GARDE

14-D1 5 km S.-E. Castellanne. 1000 m. 68 hab. ✉ 04120

LES COLLINES DE CASTELLANE ★★★★ Tourisme 200 E., dont 38 CC - 39 GCC - 5 HLL, 6 ha. CV. Locations : 11 , 28 . chauffée . Lac à 5 km. ; à 6 km : . Ouv : 26.4 / 27.9. Sur RN 85. Route Napoléon, dir. Grasse. ☎ 04 92 83 68 96. Fax : 04 92 83 75 40. E-mail : info@rcn-lescollinesdecastellane.fr, Web : www.rcn-campings.fr. Prix 2008. Fft jour : Empl. Tourisme (2) : 42,50 € (E. CC E. GCC) ; Animaux 5 €. Réduction H.S.

GIGORS

11-D5 80 km N.-E. Forcalquier. 875 m. 37 hab. ✉ 04250

L'AMANDIER ★★ Tourisme 30 E. dont 25 nus, dont 2 CC - 3 GCC, 1 ha. collectif, CV. Locations : 2 , 1 , 2 . . Accès direct à la rivière. Accueil groupes. Sortie autoroute Tallard dir. Barcelonette. ☎ 04 92 55 13 10. Fax : 04 92 55 10 64. E-mail : seredes@camping-amandier.com, Web : www.camping-amandier.com.

GREOUX LES BAINS

14-C1 60 km S.-O. Digne. 400 m. 1637 hab. Station verte de vacances et village de neige ✉ 04800

CHATEAU LAVAL ★★★ Tourisme 50 E. dont 36 nus, 1 ha. CV. Locations : 14 , , Chambres (prix par pers. en 1/2 pension). . ; . Accueil groupes. Ouv : 5.4 / 15.10. Rés. obligatoire en été. Route de Valensole. A 51 sortie Gréoux-les-Bains - Vinon/Verdon ou Manosque. ☎ 04 92 70 23 00 / 0825 39 49 59 (Réserv.) (H.S.). Fax : 04 92 78 19 36. E-mail : chateaulaval@vacancesbleues.com, Web : www.vacancesbleues.com. Prix 2008. Fft jour : Empl. Tourisme (1) : 17 € ( ) ; - de 3/12 ans 7 € ; 3,50 € (6 A) ; Animaux 3,50 €.
FFCC : Stop accueil Camping-car du 05/04 au 15/06 et du 15/09 au 15/10/2008, accès jusqu'à 17h.

LE VERSEAU ★★★ Tourisme 120 E. dont 76 nus, dont 47 CC - 68 GCC - 10 HLL, 2,5 ha. gaz/électrique, CV. Locations : 8 , 5 , 35 , . Rivière à 10 m. Lac à 10 km. ; . Ouv : 1.4 / 31.10. Route de Saint Pierre. ☎ 04 92 77 67 10. Fax : 04 92 77 67 10. Web : camping-le-verseau.com. Prix 2007. Fft jour : Empl. Tourisme (2) : 16 € ( ) ; Sup : 4 € - de 7 ans 3 € ; 3 € (10 A) ; Animaux 1,80 €. Réduction H.S.

VERDON PARC ★★★ Tourisme 280 E., dont 106 CC, 9 ha. sauf basse saison CV Sanitaire chauffé. Locations : 100 , 7 . . Accès direct à la rivière. ; . La Paludette. ☎ 04 92 78 08 08. Fax : 04 92 78 00 17. Web : www.yellohvillage-verdon-parc.com. Prix 2007. Fft jour : Empl. Tourisme (2) : 27 € () ; Sup : 5 € 4 € ; 4 €. Réduction H.S.

LA PINEDE ★★ Tourisme 160 E. (151 Tourisme + 9 Loisirs), dont 38 GCC, 3 ha. CV. Locations : 38 . . Rivière à 200 m. Lac à 4 km. . Route de Saint Pierre. ☎ 04 92 78 05 47. Fax : 04 92 77 69 05. E-mail : lapinede@wanadoo.fr, Web : www.camping-lapinede.com.

REGAIN ★★ Tourisme 83 E., dont 79 CC - 4 GCC, 3 ha. . Locations : . Accès direct à la rivière. Etang et lac à 4 km. ; ; ; . A 2 km RN 552 et à 300 m RD 8. ☎ 04 92 78 09 23. Fax : 04 92 74 26 64. E-mail : camping.regain@club-internet.fr, Web : www.camping-regain.com.

JAUSIERS

11-E5 z km N.-E. Barcelonnette. 1250 m. 1049 hab. Station verte de vacances et village de neige ✉ 04850

LE PLANET ★★ Tourisme 36 E. 0,6 ha. CV. Etang et rivière à 100 m. Lac à 200 m. ; ; ; à 100 m : . Accueil groupes. RN 100. Sur D 900. Carrefour col de la Bonnette. ☎ 04 92 81 06 57.

LA JAVIE

11-D5 15 km N.-E. Digne. 800 m. 251 hab. ✉ 04420

CAMP MUNICIPAL ★ Tourisme 26 E. . Accès direct à la rivière. . Sur D 107 dir. Prads. ☎ 04 92 34 91 76.

LAMBRUISSE

14-D1 23 km N. Castellane. 1100 m. 55 hab. ✉ 04170

M. CHAILLAN Claude,aire naturelle des Lavandes . A 12 km: . ☎ 04 92 89 12 46.

LARCHE

11-E4 26 km N.-E. Barcelonnette. 1695 m. 91 hab. ✉ 04540

DOMAINE DES MARMOTTES ★★ Tourisme 50 E., dont 1 GCC - 1 HLL, 1,5 ha. , + sèche linge, CV. Locations : 1 . Etang et rivière à 40 m. . Accueil groupes. Aux portes du Mercantour. ☎ 04 92 84 33 64 / 04 42 98 04 82 (H.S.). Fax : 04 92 84 33 64. E-mail : georges-durand25@wanadoo.fr. Prix 2007. () : 6,50 € ; - de 5 ans 3 € ; 3,50 € (10 A) ; Animaux 1,50 €.

LE LAUZET UBAYE

11-D5 21 km N.-O. Barcelonnette. 900 m. 230 hab. ✉ 04340

LE NOYER DU BARON ★★ Tourisme 50 E. 1,5 ha. CV. Etang et rivière à 100 m. Lac à 50 m. ; ; ; . Accueil groupes. Sortie du village dir. Barcelonnette à droite. Situé aux abords du lac du Lauzet et à 4 km de Serre-Ponçon. ☎ 04 92 85 53 25 / 06 15 20 69 61. Fax : 04 92 85 53 25. E-mail : lenoyerdubaron@free.fr, Web : lenoyerdubaron.free.fr.

M. FABRE Roland,aire naturelle . A 900 m : Piscine plein air . A 1 km: . A 7 km : . La Source. Le Moulin. Ne reçoit pas les camping-cars sauf contre indication ulterieur ☎ 04 92 85 52 55 / 06 86 04 00 79 (H.S.).

Mme PIGNATEL Monique,aire naturelle CV. Le Bois des Hoches. Sortie du village dir. Barcelonnette à gauche. ☎ 04 92 85 53 25 / 06 20 30 13 94. Fax : 04 92 85 53 25. E-mail : boisdeshoches@free.fr, Web : boisdeshoches.free.fr.

LIMANS

14-C1 9 km N.-O. Forcalquier. 520 m. 158 hab. ✉ 04300

LES LAUZONS ★★★ Tourisme 150 E. (120 Tourisme + 30 Loisirs), dont 10 CC - 12 GCC - 19 HLL, 20 ha. CV Sanitaire chauffé Rés. naturiste. Locations : 8 , , 11 , 15 , 5 , . chauffée Poneys. Accès direct à la rivière. Lac à 2 km. . ☎ 04 92 73 00 60. Fax : 04 92 73 04 31. E-mail : leslauzons@wanadoo.fr, Web : www.camping-lauzons.com.

LURS

14-C1 12 km N.-E. Forcalquier. 612 m. 320 hab. 04700

M. MASSE Frédéric,camping à la Ferme Les Coccinelles. A 10 km: . Ouv : 1.1 / 31.12. RN 100 dir. Forcalquier le long de la rivière Lauzon. Près de la chapelle Notre-Dame des Anges. 04 92 79 80 53 / 00 10 16 82 11 (H.S.). E-mail : camping04@hotmail.fr. Prix 2007. Empl. Tourisme : 4 € () : 2 € ; 2 € (4 A).

FFCC : partenaire + réduction emp. de 5 % en saison et 10 % hors saison + réduction loc. de 5 % en saison et 10 % hors saison.

MALLEFOUGASSE AUGES

11-C5 700 m. 78 hab. 04230

Mme TRON Chantal,aire naturelle Lou Pebre d'Ail CV. Ponsaraque. 04 92 77 04 15 / 04 92 77 04 17. Fax : 04 92 77 06 96.

MANOSQUE

14-C1 20 km S. Forcalquier. 330 m. 19123 hab. 04100

LES UBACS **En cours reclassement** Tourisme 110 E., dont 8 CC, 4 ha. CV. Locations : . . Lac à 5 km. Accueil groupes. Avenue de la Repasse, 500 m RD 907, suivre dir. Apt. 04 92 72 28 08 / 01 42 72 84 08 (H.S.). Fax : 04 92 87 75 29. E-mail : lesubacs.manosque@ffcc.fr, Web : www.camp-in-france.com. Réduction H.S.

FFCC : partenaire - terrain assuré par la FFCC + carte FFCC assurance annulation + Stop accueil Camping-car du 01/04 au 30/09/2008, accès jusqu'à 22h + 1 nuit gratuite pour 5 nuits payantes - Carte de fidélité disponible.

LES MEES

14-C1 25 km S.-O. Digne. 410 m. 2275 hab. 04190

CAMP MUNICIPAL LA PINEDE ★★ Tourisme 50 E. 0,35 ha. .à 1 km : . Route de Puimichel. 04 92 34 33 89.

M. MARCOZ Christophe,aire naturelle L'Olivette , pétanque, CV Camping clef verte. A 5 km: . A 8 km : . A 10 km : . Ouv : 15.6 / 31.8. Situé sur CD 4. Sortie autoroute Oraison ou Les Mées, carrefour Bléone Durance. 04 92 34 18 97 / 06 08 62 34 74 / 04 92 23 04 70 (H.S.). Fax : 04 92 34 18 97. E-mail : campingolivette@club-internet.fr, Web : campingolivette.free.fr. Prix 2008. Fft jour : Empl. Tourisme (2) : 15 € () ; Sup : 4 € 3,50 €.

MEOLANS

11-D5 12 km O. Barcelonnette. 1040 m. 227 hab. 04340

LE RIVER ★ Tourisme 50 E. 1 ha. , snack, CV. Locations : , , . Rivière à 10 m. ; . Accueil groupes. Ouv : mai / septembre. Le Four à Chaux. Le Martinet par RD 900 entre Barcelonnette et le lac de Serre-Ponçon. 04 92 85 57 13. E-mail : camping@river.fr, Web : www.river.fr. Prix 2007. () : 5,50 € ; - de 10 ans 4 € ; 3,20 €. Fft Ccar : 10 € (2). Fft Tente : 11,40 € (2).

MEOLANS REVEL

11-D5 8 km O. Barcelonnette. 1040 m. 227 hab. 04340

DOMAINE LOISIRS DE L'UBAYE ★★★ Tourisme 267 E. (260 Tourisme + 7 Loisirs), dont 180 CC - 87 GCC - 21 HLL, 8 ha. CV Sanitaire chauffé. Locations : 19 , 16 , . chauffée . Accès direct aux bords du lac et à la rivière. ; ; ; . Accueil groupes. Ouv : 2.2 / 14.11. Sur D 900, sur la route du Lauzet Ubaye à Barcelonnette. 2ème camping à Méolans à partir du Lauzet. 04 92 81 01 96. Fax : 04 92 81 92 53. E-mail : info@loisirsubaye.com, Web : www.loisirsubaye.com. Prix 2008. Fft jour : Empl. Tourisme (2) : 20 € Sup : 5 € - de 7 ans 3,50 € ; 3,50 € (6 A) ; Animaux 3,50 €. Réduction H.S.

LE RIOCLAR ★★★ Tourisme 200 E., dont 25 GCC - 19 HLL, 8 ha. CV. Locations : 3 , 24 , 6 , . chauffée . Accès direct à la rivière. ; ; ; .Accueil adultes. Ouv : 15.5 / 15.9. D 900. 04 92 81 10 32. Fax : 04 92 81 10 32. E-mail : rioclar@wanadoo.fr, Web : www.rioclar.com. Prix 2008. Fft jour : Empl. Tourisme (2) : 20,50 € () ; Sup : 5,30 € - de 7 ans 3,80 € ; 3,40 € (6/10 A) ; Animaux 3,50 €. Réduction H.S.

MEZEL

14-D1 15 km S.-S.-O. Digne. 595 m. 335 hab. ✉ 04270

CAMP MUNICIPAL ★ Tourisme 33 E. Le Claus. ☎ 04 92 35 53 87.

MONTAGNAC MONTPEZAT

14-D1 55 km S.-O. Digne. 600 m. 215 hab. ✉ 04500

COTEAU DE LA MARINE ★★★★ Tourisme 247 E. (228 Tourisme + 19 Loisirs), dont 146 GCC - 12 HLL, 10 ha. CV. Locations : 30. Accès direct à la rivière. Lac à 2 km. Gardiennage caravane. ☎ 0810 122 813. E-mail : coteaudelamarine@village-centre.com.

MONTCLAR

11-D5 49 km N. Digne. 1300 m. 258 hab. Station verte ✉ 04140

L'ETOILE DES NEIGES ★★★ Tourisme 126 E., dont 55 CC - 69 GCC - 9 HLL, 5 ha. gaz/électrique, CV Sanitaire chauffé. Camping clef verte. Locations : 27, 4, 39. couverte chauffée. Rivière à 1,5 km.Etang à 2 km. ; à 1,5 km : ; à 7 km : . Accueil groupes. Ouv : 22.12 / 25.3 & 1.5 / 15.9. Au col St-Jean, 500 m D 900 et 100 m D 207. A proximité du lac de Serre-Ponçon. Parc National du Mercantour. Les animaux sont admis dans les locations en hors saison. ☎ 04 92 35 07 08 / 04 92 35 01 29 (H.S.). Fax : 04 92 35 12 55. E-mail : contact@etoile-des-neiges.com, Web : www.etoile-des-neiges.com. Prix 2008. Fft jour : Empl. Tourisme (2) : 31 € () ; Sup : 5 € - de 1/7 ans 4 € ; Animaux 3 €. Fft Ccar : 13 € (4). Réduction H.S.

FFCC : partenaire + réduction emp. de 5 % hors saison + carte FFCC assurance annulation + réduction loc. de 5 % hors saison + HC.

MONTFURON

14-C1 20 km S.-O. Forcalquier. 650 m. 156 hab. ✉ 04110

M. GUILLOT Gérard,camping Les Granges CV. ☎ 04 92 76 46 85. Fax : 04 92 76 46 10. E-mail : gg214@libertysurf.fr, Web : fermelesgranges.com.

MORIEZ

14-D1 22 km N. Castellane. 900 m. 170 hab. ✉ 04170

M. BOEUF,aire naturelle le Pastaire Sur la route Grenoble-Nice. ☎ 04 92 89 16 48 / 04 92 89 02 46.

LA MOTTE DU CAIRE

11-C5 67 km N.-E. Forcalquier. 705 m. 483 hab. ✉ 04250

CAMP MUNICIPAL LE MOUSSERREIN ★★ Tourisme 32 E. 7 ha. ☎ 04 92 68 33 30 / 04 92 68 32 81.

AIRE NATURELLE MUNICIPALE

MOUSTIERS STE MARIE

14-D1 48 km S.-S.-E. Digne. 550 m. 575 hab. Station verte de vacances et village de neige ✉ 04360

LE SAINT JEAN ★★★ Tourisme 125 E. dont 110 nus, dont 20 CC, 1,6 ha. collectif, CV Sanitaire chauffé. Locations : 14, 1, 4. Accès direct à la rivière. Lac à 4 km. ; à 4 km : . Accueil groupes. Ouv : 1.4 / 29.10. Quartier St Jean. Sur RD 952. Route de Riez. A 1 km de Moustiers Ste Marie, face au garage Renault. ☎ 04 92 74 66 85 / 06 78 08 84 51 (H.S.). Fax : 04 92 74 66 85. E-mail : camping-saint-jean@wanadoo.fr, Web : perso.wanadoo.fr/camping-saint-jean/. Prix 2007. Empl. Tourisme : 4,40 € ; 4,10 € ; - de 7 ans 2,10 € ; 2,60 à 3,30 € ; Animaux 1,40 €. Fft Ccar : 10 € (2).

FFCC : Stop accueil Camping-car du 01/04 au 10/07 et du 20/08 au 28/10/2008, accès jusqu'à 22h.

LE VIEUX COLOMBIER ★★★ Tourisme 70 E. 2,73 ha. collectifs, CV. Locations : 12. Rivière à 1 km.Lac à 4 km. à 1 km : ; à 4 km : . Accueil adultes hors saison. Ouv : 1.4 / 30.9. Quartier St-Michel. Dir. lac de Ste-Croix. D 952. Prendre la déviation Castellane/Gorges du Verdon. (A 51). ☎ 04 92 74 61 89 / 04 92 74 61 82 (H.S.). Fax : 04 92 74 61 89. E-mail : camping.vieux.colombier@wanadoo.fr, Web : www.lvcm.fr. Prix 2008. Fft jour : Empl. Tourisme (2) : 13,40 € Sup : 4,40 € - de 7 ans 2,30 € ; 3,30 € (6 A) ; Animaux 2 €.

SAINT CLAIR ★★★ Tourisme 165 E. 3 ha. saison, , saison, collectifs, . Accès direct à la rivière. Lac à 2 km. ; à 1 km : . ☎ 04 92 74 67 15. Fax : 04 92 74 67 15. Web : www.camping-st-clair.com.

LE MOULIN ★★ Tourisme 150 E. dont 120 nus (135 Tourisme + 15 Loisirs) 3 ha. collect. ou gaz, CV. Locations : 1, 5. Accès direct à la rivière. Lac à 300 m. ; à 300 m : . Autoroute sortie St-Paul-les-Durances, dir. Vinon/Gréoux/Riez/Moustiers par la déviation dir. Draguignan, ou Manosque Valensole route Digne Puimoisson/Moustiers. ☎ 04 92 74 66 66.

LE PETIT LAC ★★ Tourisme 100 E. 1 ha. snack, CV. Locations : 34, 10. Rivière à 200 m. Lac à 300 m. aménagée : ; à 1,5 km : . Accueil groupes. Le Petit Lac. Par D 952. ☎ 04 92 74 67 11. Fax : 04 92 74 63 08. E-mail : info@lepetitlac.com, Web : www.lepetitlac.com. Réduction H.S.

MANAYSSE ★★ Tourisme 97 E. 1,5 ha. 800 m, 800 m, 800 m, CV. Locations : 10. Rivière à 500 m. Etang à 3 km.Lac à 5 km. à 1 km : ; à 4 km : 4 km, 4 km, . Accueil groupes. Ouv : 1.04 / 31.10. D 952 de Riez. ☎ 04 92 74 66 71. Fax : 04 92 74 62 28. E-mail : camping.manaysse@free.fr, Web : www.camping-manaysse.com. Prix 2007. Fft jour : Empl. Tourisme (2) : 9,30 € () ; Sup : 3,10 € - de 7 ans 1,60 € ; 2,50 à 3,30 € (5 A à 10 A) ; Animaux 0,50 €.

M. BONDIL Rémy,aire naturelle . A 1 km: Piscine plein air . A 2 km : . Ouv : 1.4 / 30.9. Quartier Paradis. Peyrengues, RD 952, à 2,5 km au Sud de Moustiers vers le lac de Ste-Croix. Bois. Départ des Gorges du Verdon à 800 m. Calme et ombragé. ☎ 04 92 74 67 40. Prix 2007. () : 1,80 € ; 1,80 € ; 3,60 € ; 1,80 € ; 3 € ; - de 6 ans 2 € ; 2 à 3 € (3 à 6 A) ; Animaux 1,20 € (chien).

M. LIONS Georges,aire naturelle CV. Ouv : Pâques / Toussaint. Ferme de Vincel. Accès par la route Moustiers-Riez dir. site de vol libre du Mont-Denier. congélateur gratuit ☎ 04 92 74 67 39. Fax : 04 92 74 67 39. E-mail : georgeslions@wanadoo.fr. Prix 2008. 3,50 € ; 3,50 € ; 3,50 € ; 3,50 € ; 2,50 € ; 2,50 €.

LA MURE ARGENS

14-D1 23,5 km N. Castellane. 918 m. 209 hab. ✉ 04170

L'ADRECH ★ Tourisme 25 E. dont 20 nus (20 Tourisme + 5 Loisirs), dont 4 CC - 2 GCC, 1 ha. CV. Locations : 1, 3, 1. Accès direct à la rivière. .Accueil enfants. Ouv : 1.1 / 31.12. Route du Pont d'Allons. ☎ 04 92 89 17 81. E-mail : contact@adrech.com, Web : www.adrech.com. Prix 2007. Fft jour : Empl. Tourisme (2) : 16 € () ; Sup : 3,50 € - de 10 ans 2,50 € ; 3,50 € (6 A) ; Animaux 1 €.

NIOZELLES

14-C1 7 km E. Forcalquier. 380 m. 111 hab. ✉ 04300

MOULIN DE VENTRE ★★★★ Tourisme 124 E., dont 19 GCC - 5 HLL, 3 ha. gaz/électrique, CV Sanitaire chauffé. Locations : 2, 3, 15. Accès direct aux bords du lac et à la rivière. ; à 8 km : . Accueil groupes. Ouv : 1.4 / 30.9. Rés. obligatoire en été. O ☎ 04 92 78 63 31 / 02 28 11 40 36 (Réserv.) (H.S.). Fax : 04 92 79 86 92. Web : www.moulin-de-ventre.com. Prix 2007. Fft jour : Empl. Tourisme (2) : 26,50 € () ; Sup : 5,50 € - de 4 ans 3 € ; Animaux 3 €.

FFCC : réduction loc. de 5 % hors saison + HC.

ORAISON

14-C1 40 km S.-O. Digne. 373 m. 2994 hab. ✉ 04700

CAMP LES OLIVIERS ★★★ Loisirs 66 E. dont 66 nus (23 Tourisme + 43 Loisirs), dont 23 GCC, 1,5 ha. hte saison, hte saison, hte saison, CV. Locations : 16, 2, 4. Rivière à 10 km.Etang et lac à 3 km. Accueil groupes. Ouv : 1.1 / 31.12. Chemin Saint-Sauveur. A 51 sortie La Brillanne/Oraison. ☎ 04 92 78 20 00 / 06 24 32 86 00 (H.S.). Fax : 04 92 71 18 67. E-mail : camping-oraison@wanadoo.fr, Web : www.camping-oraison.com. Prix 2008. Fft jour : Empl. Tourisme (2) : 16 € () ; Sup : 4,50 € - de 8 ans 3 € ; 3,50 € (10 A) ; Animaux 2,50 €. Réduction H.S.

LA PALUD SUR VERDON

14-D1 68 km S.-E. Digne. 915 m. 172 hab. ✉ 04120

CAMP MUNICIPAL LE GRAND CANYON ★★ Tourisme 140 E. 1,5 ha. Sur RD 952. ☎ 04 92 77 38 13 / 04 92 77 38 02 (Mairie). Fax : 04 92 77 38 13.

CAMP DE M. AUDIBERT LE BOURSON ★ Tourisme 35 E.

Mme CHEVIRON Marie-Hélène La Graou. D 952 au niveau du Belvédère de Mayreste. ☎ 04 92 77 38 22.

Mme VIAL Suzanne,camping à la Ferme de Boulogne Sortie autoroute prendre Gorges du Verdon - Moustiers Ste Marie RD 952 La Palud sur Verdon. ☎ 04 92 77 30 27.

PEYRUIS

14-C1 19 km N.-E. Forcalquier. 405 m. 1702 hab. ✉ 04310

LES CIGALES ★★★ Tourisme 33 E., dont 22 GCC, 1 ha. Locations : . Rivière à 700 m. ; . Chemin de la Digue du Bevon. A 51. ☎ 04 92 68 16 04. Fax : 04 92 68 16 04. E-mail : les.cigales@mageos.com, Web : www.lescigales.ifrance.com.

FFCC : partenaire - terrain assuré par la FFCC.

PONTIS

11-D4 40 km N.-O. Barcelonnette. 1000 m. 63 hab. ✉ 05160

LES GRANGES ★★ Tourisme 60 E. snack, CV. Locations : 12, 10, 10. Lac à 1 km. à 1 km : . Accueil enfants. Ouv : 1.6 / 15.9. ☎ 04 92 44 20 47. E-mail : joubert.georges@wanadoo.fr. Prix 2007. Fft jour : Empl. Tourisme (2) : 12,75 € () ; Sup : 2,50 € - de 7 ans 1,60 € ; 2,50 € ; Animaux 1 €.

LES CHAPPAS Non classé Tourisme 70 E. ☎ 04 92 44 22 09.

M. ROUX Robert,aire naturelle L'Eglise.

PUIMICHEL

14-C1 30 km S.-O. Digne. 700 m. 150 hab. ✉ 04700

LES MATHERONS ★★ Tourisme 25 E. 3,5 ha. au gaz, Locations : 2. Etang à 2,5 km. à 10 km : Ouv : 20.4 / 1.10. A 16 km RN 85 et à 800 m RD 12. 2 km au Sud du bourg. Route d'acces par Oraison ☎ 04 92 79 60 10. Fax : 04 92 79 60 10. E-mail : lesmatherons@wanadoo.fr, Web : www.campinglesmatherons.com. Prix 2007. Empl. Tourisme : 7,50 € ; 3,75 € ; - de 8 ans 2,75 € ; 2,50 € ; Animaux 1,10 €. Réduction H.S.

PUIMOISSON

14-D1 35 km S. Digne. 698 m. 511 hab. ✉ 04410

CAMP MUNICIPAL LES LAVANDES ★ Tourisme 70 E. ☎ 04 92 74 54 01 (Mairie). Fax : 04 92 74 71 51.

QUINSON

14-C2 63 km S. Digne. 380 m. 232 hab. Station verte de vacances et village de neige ✉ 04500

LES PRES DU VERDON ★★ Tourisme 200 E. (150 Tourisme + 50 Loisirs), électrique/gaz, CV. Locations : Accès direct aux bords du lac. Ouv : 12.5 / 15.9. ☎ 0810 122 813. Prix 2007. Fft jour : Empl. Tourisme (2) : 16 € ; Sup : 4 €Animaux 3 €. Réduction H.S.

REILLANNE

14-C1 19 km S.-O. Forcalquier. 600 m. 1197 hab. ✉ 04110

LE VALLON DES OISEAUX ★ Tourisme 91 E., dont 50 CC. Locations : chauffoo . O ☎ 04 92 76 47 33. Fax : 04 92 76 44 64.

REVEST DU BION

11-C5 36 km N.-O. Forcalquier. 960 m. 494 hab. ✉ 04150

CAMP MUNICIPAL ★ Tourisme 20 E. Le Village. ☎ 04 92 77 22 26 (Mairie). Fax : 04 92 73 28 30. E-mail : mairie.revestdubion@free.fr.

RIEZ

14-D1 40 km S.-O. Digne. 520 m. 1734 hab. ✉ 04500

ROSE DE PROVENCE ★★ Tourisme 81 E. 1 ha. collectif, CV. Locations : 2, 3, 2, à 10 km : Ouv : 5.4 / 29.9. De Gréoux dir. lac St Croix, au stop en face suivre pancarte tennis et camping. ☎ 04 92 77 75 45. Fax : 04 92 77 75 45. E-mail : rose-de-provence@wanadoo.fr, Web : www.rose-de-provence.com. Prix 2007. Fft jour : Empl. Tourisme (2) : 13,20 € ; Sup : 3,60 € - de 7 ans 2,40 € ; 2,95 € (6 A) ; Animaux 1,40 €. Réduction H.S.

ROUGON

14-D1 20 km S.-O. Castellane. 930 m. 50 hab. ✉ 04120

CAMP MUNICIPAL DE CARAJUAN ★★ Tourisme 100 E. 3 ha. CV. Locations : 4. Accès direct à la rivière. Accueil groupes. ☎ 04 92 83 70 94 / 04 92 83 66 32 (Mairie). Fax : 04 92 83 66 49. E-mail : camping.carajuan@wanadoo.fr, Web : www.rougon.fr.

ST ANDRE LES ALPES

14-D1 22 km N. Castellane. 805 m. 861 hab. Station verte de vacances et village de neige ✉ 04170

CAMP MUNICIPAL DES ISCLES ★★ Tourisme 200 E. 2 ha. CV. Rivière à 200 m. Lac à 800 m. ☎ 04 92 89 02 29. Fax : 04 92 89 02 56. E-mail : mairie.st-andre-les-alpes@wanadoo.fr, Web : www.saint-andre-les-alpes.fr.

AIRE NATURELLE DE L'ISSOLE village, CV. Quartier Les Tournias, route de Lambruisse. D 2, 800 m de la commune. Pré herbeux, bord de rivière l'Issole, lac à 2 km. Planche à voile, delta-plane, parapente. ☎ 04 92 89 02 22. E-mail : issol ecamping@yahoo.fr.

L'ALBATROS,aire naturelle ☎ 04 92 89 08 75.

ST JULIEN D ASSE

14-C1 28 km S.-O. Digne. 484 m. 76 hab. ✉ 04270

LE MAS ST PIERRE ★ Loisirs 250 E. (10 Tourisme + 240 Loisirs), dont 250 GCC - 23 HLL. ☎ 04 92 34 41 11. Fax : 04 92 34 40 57.

ST JULIEN DU VERDON

14-D1 14 km N. Castellane. 925 m. 67 hab. ✉ 04170

LE LAC ★★ Tourisme 70 E. 1 ha. CV. Locations : Lac à 500 m. à 500 m : Accueil groupes. En bordure de la RN 202 entre Castellane et St-André Les Alpes. ☎ 04 92 89 07 93 / 04 92 83 10 87 (H.S.) / 04 92 83 10 87 (H.S.). Fax : 04 92 83 10 87. E-mail : campdulac@wanadoo.fr, Web : campdulac.monsite.wanadoo.fr.

ST JURS

14-D1 45 km S. Digne. 925 m. 115 hab. ✉ 04410

M. SAUVAIRE,aire naturelle CV. Ouv : 1.4 / 1.10. D 108 entre Puimoisson et St Jurs. Gîtes toute l'année. ☎ 04 92 74 44 18. Fax : 04 92 74 44 18. E-mail : vauvenieres@aol.com, Web : www.ferme-de-vauvenieres.fr. Prix 2007. 3,20 € ; 3,20 € ; 3,20 € ; 3,20 € ; - de 10 ans 2,20 € ; 2,60 € (10 A) ; Animaux 0,65 €.

ST LAURENT DU VERDON

14-D1 57 km S. Digne. 468 m. 59 hab. ✉ 04500

LA FARIGOULETTE ★★★★ Tourisme 166 E. 14 ha. gaz/électrique, CV. Locations : 18. Accès direct aux bords du lac. Gréoux-les-Bains/Riez/route de Quinson à St Laurent du Verdon. ☎ 04 92 74 41 62. Fax : 04 92 74 00 86. E-mail : info@camping-la-farigoulette.com, Web : www.camping-la-farigoulette.com. Réduction H.S.

DOMAINE NATURISTE D'ENRIOU ★★ Tourisme 100 E. 40 ha. Rés. naturiste. Locations : 1, 7. Lac et rivière à 500 m. RD 11. ☎ 04 92 74 41 02. Fax : 04 92 74 01 20. E-mail : domaine.enriou@voila.fr, Web : www.domainedenriou.com.

ST MAIME

14-C1 7 km S. Forcalquier. 381 m. 417 hab. ✉ 04300

LA RIVIERE ★★ Tourisme 100 E. (60 Tourisme + 40 Loisirs) 3 ha. snack, aire spécifique ou à gaz, CV Sanitaire chauffé. Locations : 17, 10. Accès direct à l'étang et à la rivière. Accueil groupes. Les Côtes, sur D 13. ☎ 04 92 79 54 66. Fax : 04 92 79 51 03. E-mail : info@camping-lariviere.com, Web : www.camping-lariviere.com. Réduction H.S.

ST MARTIN DE BROMES

14-C1 54 km S.-O. Digne 358 m. 244 hab. ✉ 04800

LE BLEU LAVANDE ★ Tourisme 33 E. dont 20 nus, , dont 33 GCC, 4 ha. sauf en laisse buvette, snack, électriques, 5 km, CV. Locations : 9. Rivière à 500 m. à 500 m : à 6 km : Accueil groupes. Chemin de Pauron. Station thermale de Gréoux-les-Bains à 5 km. ☎ 04 92 77 64 89 / 04.92.77.64.89 (M.GAILLARD) (H.S.). Fax : 04 92 77 60 32. E-mail : info@camping-bleu-lavande.com, Web : www.camping-bleu-lavande.com. Prix 2007. Fft jour : Empl. Tourisme : 16 € (E. CC) ; Sup : 4 € 2,50 € ; 1,50 € (10 A) ; Animaux 1,50 €. Réduction H.S.

M. BURLE,aire naturelle volley, La Combe. Manosque dir. Gréoux Les Bains puis St-Martin de Brômes. ☎ 04 92 77 60 19. Fax : 04 92 77 60 19.

ST PAUL SUR UBAYE

11-E4 21 km N.-E. Barcelonnette. 1470 m. 220 hab. ✉ 04530

CAMP MUNICIPAL BEL ISCLE ★★ Tourisme 70 E. 0,7 ha. Locations : Rivière à 50 m. Accès par D 902 et D 25. ☎ 04 92 84 38 31 (Saison) / 04 92 84 31 09 (H.S.). Fax : 04 92 84 34 11.

ST VINCENT LES FORTS

11-D5 30 km N.-O. Barcelonnette. 800 m. 195 hab. ✉ 04340

CENTRE DE LOISIRS DU LAUTARET ★★★ Tourisme 25 E. 1,12 ha. CV. Locations : 9. Lac à 3 km. Accueil groupes. De Gap dir. Barcelonnette. 10 km après le tunnel prendre à droite. Rafting et parapente. ☎ 04 92 85 54 50. Fax : 04 92 85 59 62. E-mail : contact@loisirsmontagne.com, Web : www.loisirsmontagne.com.

LOU PIBOU ★★ Tourisme 50 E. Lac à 500 m. Route du Lac. ☎ 04 92 85 51 58.

CAMP FAMILIAL O.M.L. DE LA COMMUNE DE GENNEVILLIERS ★ Tourisme 50 E. 5 ha. Locations : Accès direct aux bords du lac. Réservé aux adhérents de l'association avec inscription obligatoire au siège social. ☎ 04 92 85 51 71 (Camping) / 01 41 47 90 20.

CAMP MUNICIPAL LE FEIN ★ Tourisme 300 E. 8 ha. snack, location possible, Locations : Accès direct aux bords du lac. A proximité : sports d'eau vive, VTT, piscine, vol libre, randonnées en montagne, jet ski. ☎ 04 92 85 51 57. Fax : 04 92 85 57 63. E-mail : campeoledulac@wanadoo.fr, Web : www.camping-montagne.com.

STE CROIX DE VERDON

14-D1 51 km S. Digne. 510 m. 77 hab. ✉ 04500

CAMP MUNICIPAL LES ROCHES ★★ Tourisme 233 E., dont 21 CC. CV. Locations : 13. Lac à 50 m. Accueil groupes. ☎ 04 92 77 78 99. Fax : 04 92 77 76 23. Réduction H.S.

M. JAUBERT Nicolas,aire naturelle Les Truffières 2 km, 2 km, CV. Sur la D 111, entre Ste-Croix-du-Verdon et Riez. ☎ 04 92 77 87 91. Fax : 04 92 77 87 91. E-mail : jaubertnico@aol.com, Web : campinglestruffieres.free.fr.

M. REGIBAUD, Les Roux CV. A 3 km: Ouv : 1.4 / 1.10. Le hameau des Roux. C4. ☎ 04 92 77 75 83. Fax : 04 92 77 75 83. E-mail : campinglesroux@wanadoo.fr, Web : www.sainte-croix-camping.com. Prix 2008. Fft jour : Empl. Tourisme (2) : 10 € ; Sup : 3 € 2 à 3 € (4 à 6 A) ; Animaux 1 €. Fft Ccar : 9,50 € (2). Fft Tente : 9 € (2).

FFCC : partenaire + Stop accueil Camping-car du 01/07 au 30/08/2008, accès jusqu'à 21h.

SALIGNAC

11-C5 40 km N.-E. Forcalquier. 435 m. 170 hab. ✉ 04290

LE JAS DU MOINE ★★ Tourisme 100 E. (95 Tourisme + 5 Loisirs), dont 19 GCC - 5 HLL, 4,3 ha. CV. Locations : 4, 6. Accueil groupes. Entre Volonne et Sisteron, prendre la D 4. Par l'autoroute A 51, sortie Sisteron Sud. ☎ 04 92 61 40 43 / 04 92 61 31 93. Fax : 04 92 61 10 24. Web : perso.wanadoo.fr/camping.jasdumoine.

FFCC : partenaire + réduction emp. de 5 % en saison et hors saison + réduction loc. de 5 % hors saison.

SELONNET

11-D5 47 km N. Digne. 1062 m. 274 hab. ✉ 04460

CAMP G.C.U. Réservé aux adhérents. Adhésion possible sur place pour les sociétaires MAIF et FILIA MAIF. 1 km du village.

SENEZ

14-D1 18 km N.-O. Digne. 780 m. 153 hab. 04330

ESPACE LOISIRS BOADE ★ Tourisme 25 E., dont 3 HLL. CV. . Accueil groupes. RN 85 à 15 km de Castellane. ☎ 04 92 34 22 94. Fax : 04 92 34 26 82. E-mail : boade@wanadoo.fr, Web : www.boade.com.

SEYNE

11-D5 42 km N.-N.-E. Digne. 1260 m. 1287 hab. Station verte de vacances et village de neige 04140

LES PRAIRIES ★★★ Tourisme 108 E. dont 92 nus, dont 16 CC - 18 GCC - 9 HLL, 3,9 ha. collectifs, CV Sanitaire chauffé. Locations : 8, 8. chauffée. Accès direct à la rivière. ; . Ouv : 15.4 / 13.9. Haute Gréyère. Chemin de Charcheries, sur RD 7. RD 900. ☎ 04 92 35 10 21. E-mail : info@campinglesprairies.com, Web : www.campinglesprairies.com. Prix 2008. Empl. Tourisme : 7 € () : 2 € ; 5 € ; - de 7 ans 3 € ; 3,50 € (10 A) ; Animaux 2 €. Réduction H.S.

FFCC : partenaire + réduction emp. de 5 % en saison et hors saison.

LA BLANCHE ★★ Loisirs 100 E. (40 Tourisme + 60 Loisirs), dont 3 CC - 42 GCC - 4 HLL, 1,6 ha. , à gaz, CV Sanitaire chauffé. Locations : 1, 2, 4. Accès direct à la rivière. . Accueil groupes. Ouv : 1.1 / 31.12. Route du Haut Chardavon, 1 km RD 900. Stations de ski à 5 km. ☎ 04 92 35 02 55 / 06 76 83 42 95 (H.S.). Fax : 04 92 35 02 55. E-mail : campingdelablanche@yahoo.fr, Web : www.campinglablanche.net. Prix 2008. Fft jour : Empl. Tourisme (2 1 - de 2 ans) : 14,30 € ( ) ; Sup : 4,90 € - de 7 ans 3,20 € ; 3,20 à 5 € (5 à 10 A) ; Animaux 1,50 €. Fft Ccar : 9 € (2). Réduction H.S.

FFCC : partenaire + réduction emp. de 5 % en saison et 10 % hors saison + carte FFCC assurance annulation + Stop accueil Camping-car toute l'année, accès jusqu'à 21h + réduction loc. de 5 % en saison et 10 % hors saison.

M. GIAIME,aire naturelle Les Auches.

SIMIANE LA ROTONDE

14-C1 35 km O. Forcalquier. 630 m. 434 hab. 04150

VALSAINTES LE CHATEAU ★★ Tourisme 25 E., dont 3 GCC - 3 HLL, 1 ha. , partiel, CV. Locations : 7, . . Entre Simiane la Rotonde et les Gorges d'Oppedette par la D 201 et D 451. Entre Lubéron et Pays de Forcalquier. ☎ 04 92 75 91 46 (Hres repas). Fax : 04 92 75 91 46. E-mail : agripaulo@aol.com, Web : www.valsaintes.com.

SISTERON

11-C5 30 km N.-E. Forcalquier. 480 m. 6572 hab. 04200

CAMP MUNICIPAL LES PRES-HAUTS ★★★★ Tourisme 141 E., dont 44 CC. . . Rivière à 100 m. Etang à 500 m. ; . ☎ 04 92 61 00 37 / 04 92 61 19 69. Fax : 04 92 61 19 69. E-mail : office-de-tourisme-sisteron@wanadoo.fr.

THOARD

11-D5 20 km N.-O. Digne. 765 m. 425 hab. 04380

LE VIEUX MOULIN ★★★ Tourisme 20 E. 0,5 ha. . Locations : , . Accès direct à la rivière. à 4 km : . ☎ 04 92 34 65 75.

THORAME BASSE

11-D5 60 km E. Castellane. 1145 m. 146 hab. 04170

LA FERME DU VILLARD ★ Tourisme 100 E. CV. Locations : chambres d'hôtes. Accès direct à l'étang. Rivière à 1 km.Lac à 5 km. Ecole de delta-plane et parapente. Point-phone, ☎ 04 92 83 92 53. Fax : 04 92 83 92 15. E-mail : camping@thorame-basse.com, Web : www.thorame-basse.com.

THORAME HAUTE

11-D5 36 km N. Castellane. 1130 m. 187 hab. 04170

FONTCHAUDE ★ Tourisme 35 E. (29 Tourisme + 6 Loisirs) .

LES THUILES

11-D5 7 km O. Barcelonnette. 1100 m. 230 hab. 04400

LE FONTARACHE ★★★ Tourisme 150 E., dont 18 CC - 26 GCC, 5,5 ha. , gaz/électrique, CV. Locations : 2, 12, 2, . chauffée 2. Rivière à 20 m. ; . Lieu-dit Le Fontarache, en bordure de la D 900. Gardiennage couvert de caravanes. ☎ 04 92 81 90 42 / 06 84 05 03 81 / 06 84 05 03 81 (H.S.). Fax : 04 92 81 90 42. E-mail : reception@camping-fontarache.fr, Web : www.camping-fontarache.fr. Prix 2007. Empl. Tourisme : 4 € () : 2,50 € ; 4,80 € ; - de 7 ans 3 € ; 3 € (6 A) ; Animaux 3 €.

VALBELLE

11-C5 35 km N. Forcalquier 580 m. 156 hab. 04200

M. CODOL,aire naturelle Les Chênes , truites, CV. A 10 km: . Aco de Coustan. ☎ 04 92 62 86 89.

VALENSOLE

14-C1 45 km O. Digne. 595 m. 1944 hab. 04210

OXYGENE ★★★ Tourisme 100 E., dont 30 GCC. , électrique ou gaz uniquement, CV. . Rivière à 500 m. ; à 600 m : , . Ouv : 15.4 / 15.9. Les Chabrands Villedieu, vers la D 4 dir. Oraison. ☎ 04 92 72 41 77. Fax : 04 92 72 41 77. E-mail : sarloxygene@libertysurf.fr, Web : www.camping-oxygene.com. Prix 2008. Fft jour : Empl. Tourisme (2) : 17 € ( ) ; Sup : 5 € - de 7 ans 4 € ; 3 à 4 € (6 à 10 A) ; Animaux 2,50 €.

DOMAINE NATURISTE DU PETIT ARLANE ★★ Tourisme 100 E. 20 ha. CV Rés. naturiste. . Accès direct à l'étang. . Ouv : Pâques / 30.9. Domaine du Petit Arlane, route de Riez. D 6. Il faut tourner à gauche au 1er feu rouge. ☎ 04 92 74 82 70. Fax : 04 92 74 99 35. E-mail : contact@domainepetitarlane.fr, Web : www.domainepetitarlane.fr.

LES LAVANDES ★★ Tourisme 72 E. dont 69 nus (40 Tourisme + 32 Loisirs) 1,5 ha. . Locations : 2 . Rivière à 5 km. Ouv : 15.4 / 15.10. Route Puimoisson. Piscine municipale à 150 m. ☎ 04 92 74 86 14. Fax : 04 92 74 86 14. E-mail : corine.berros@laposte.net, Web : www.camping-valensole.fr. Prix 2007. Fft jour : Empl. Tourisme : 12,50 € ( ) ; Sup : 3,80 € - de 12 ans 2,40 € ; 3 €. Fft Ccar : 10,50 € (2). Fft Tente : 9 € (2).

VAUMEILH

11-C5 40 km N.-E. Forcalquier. 600 m. 152 hab. ✉ 04200

LE PLAN ★ Tourisme 52 E., dont 52 CC. . Locations : . . Accès direct à la rivière. . ☎ 04 92 62 15 23 / 04 92 62 17 45.

LE VERNET

11-D5 30 km N.-E. Digne. 1200 m. 63 hab. ✉ 04140

LOU PASSAVOUS ★★★ Tourisme 60 E. (51 Tourisme + 9 Loisirs), dont 2 CC - 2 GCC - 2 HLL, 1,5 ha. CV Sanitaire chauffé. . Etang et rivière à 50 m. à 50 m : . D 900. ☎ 04 92 35 14 67. E-mail : loupassavous@wanadoo.fr, Web : www.loupassavous.com. Prix 2007. Fft jour : Empl. Tourisme (2) : 15 € Sup : 3,65 € - de 7 ans 2,60 € ; 3,50 € (6 A) ; Animaux 1 €. Réduction H.S.

VILLARS COLMARS

11-D5 47 km N. Castellane-70 km S. Digne les Bains 1225 m. 141 hab. ✉ 04640

LE HAUT VERDON ★★★★ Tourisme 109 E. (108 Tourisme + 1 Loisirs), dont 19 CC - 10 HLL, 3 ha. CV Sanitaire chauffé. Locations : 4 , 3 , 6 . chauffée . Accès direct à la rivière. ; . Ouv : 3.5 / 14.9. Rés. obligatoire en été. Sur RD 908. Col d'Allos fortement déconseillé en caravane. ☎ 04 92 83 40 09. Fax : 04 92 83 56 61. E-mail : campinglehautverdon@orange.fr, Web : www.lehautverdon.com. Prix 2008. Fft jour : Empl. Tourisme (2) : 25 € ( ) ; Sup : 5 € - de 7 ans 3 € ; 3 à 4 € (6 à 10 A) ; Animaux 2 €. Réduction H.S.

FFCC : partenaire + réduction emp. de 5 % en saison et 10 % hors saison + carte FFCC assurance annulation.

VOLONNE

11-C5 12 km S. Sisteron. 430 m. 1309 hab. ✉ 04290

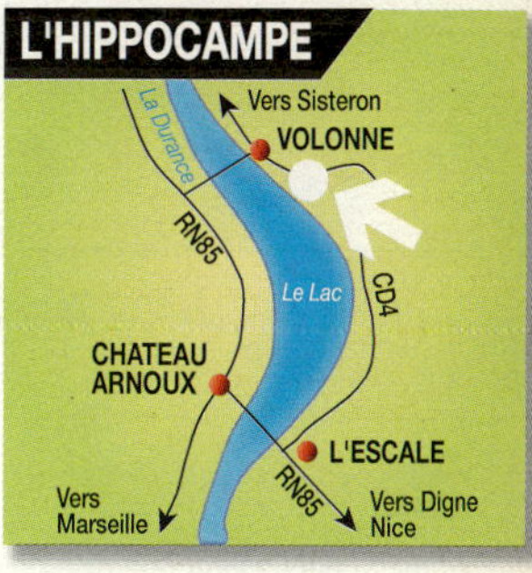

L'HIPPOCAMPE ★★★★ Tourisme 447 E. dont 220 nus (442 Tourisme + 5 Loisirs), dont 133 CC - 268 GCC - 37 HLL, 8 ha. , gaz/électrique, CV. Locations : 5 , 1 , 132 , 40 , , , Villa. chauffée . Accès direct aux bords du lac et à la rivière. ; ; ; à 10 km : . Accueil groupes. Ouv : 22.3 / 30.9. De Grenoble, RN 75 dir. Sisteron puis RN 85 sortie Volonne, à 12 km Sud de Sisteron. ☎ 04 92 33 50 00. Fax : 04 92 33 50 49. E-mail : camping@l-hippocampe.com, Web : www.l-hippocampe.com. Prix 2008. Fft jour : Empl. Tourisme (2 1 - de 4 ans) : 27 € ( ) ; Sup : 6,50 € 5 € (10 A) ; E. GCC 12 € (suplt.) ; Animaux 4 €. Réduction H.S.

VOLX

14-C1 15 km S.-E. Forcalquier. 335 m. 2185 hab. ✉ 04130

CAMP G.C.U. Réservé aux adhérents. Adhésion possible sur place pour les sociétaires MAIF et FILIA MAIF.

CAMP MUNICIPAL DE LA VANDELLE ★★ Tourisme 39 E. dont 39 nus 0,8 ha. CV Sanitaire chauffé. . Lac à 3 km. ; à 2 km : . Accueil groupes. N 96, à 1 km du centre ville. ☎ 04 92 79 35 85 / 04 92 70 18 00 (Mairie). Web : www.camping-volx.com.

FFCC : partenaire - terrain assuré par la FFCC.

Carte 11

Délégué FFCC : Claude MIQUEROL, Impasse de l'Observatoire - 05200 EMBRUN

ABRIES

11-E4 30 km S.-E. Briançon. 1547 m. 322 hab. 05460

QUEYRAS CARAVANEIGE ★★ Tourisme 67 E. (43 Tourisme + 24 Loisirs) 1,5 ha. CV Sanitaire chauffé. Locations : . Accès direct à la rivière. Etang à 200 m. Lac à 1 km. Accueil groupes. Ouv : 1.1 / 31.12. Sur RN 547. Sanitaires chauffés, salle de loisirs, salle de séchage. En bas des pistes. ☎ 04 92 46 71 22. Fax : 04 92 46 71 22. E-mail : reserqueyras-caravaneige@orange.fr, Web : www.queyras-caravaneige.com. Prix 2007. Fft jour : Empl. Tourisme (3) : 19,20 € () ; Sup : 4,30 € 2,20 € ; 2,50 à 4,80 € (3 à 6 A). Empl. Loisirs : 1300 €. Réduction H.S.

CAMP MUNICIPAL Tourisme Saisonnier 50 E. ☎ 04 92 46 71 03 (Mairie).

AIGUILLES

11-E4 60 km S.-E. Briançon. 1480 m. 310 hab. 05470

CAMP G.C.U. Réservé aux adhérents. Adhésion possible sur place pour les sociétaires MAIF et FILIA MAIF.

CAMP MUNICIPAL LE GOURET ★★ Tourisme 195 E. 5 ha. 2, . Locations : . Accès direct aux bords du lac et à la rivière. ☎ 04 92 46 74 61 / 04 92 46 70 34 (H.S.). Fax : 04 92 46 79 05.

ANCELLE

11-D4 17 km N.-E. Gap. 1350 m. 689 hab. 05260

LES AUCHES ★★★ Loisirs 114 E. (54 Tourisme + 60 Loisirs), dont 20 CC - 10 GCC, 1,8 ha. saison, 1 fois/sem., + salle de séchage, CV Sanitaire chauffé. Locations : 11, 8, chauffée . Rivière à 300 m. ; à 8 km : . Ouv : 1.1 / 15.11 & 15.12 / 31.12. Sur RD 13. Salle de loisirs, salle de séchage. ☎ 04 92 50 80 28. Fax : 04 92 50 84 58. E-mail : info@lesauches.com, Web : www.lesauches.com. Prix 2008. Fft jour : Empl. Tourisme (2) : 15,90 € () ; Sup : 4,50 € - de 8 ans 3 € ; 3 € (3 A) ; Animaux 2 €. Réduction H.S.

FFCC : partenaire + réduction emp. de 5 % en saison et hors saison.

LES TAILLAS ★★ Loisirs 89 E. 1,05 ha. CV Sanitaire chauffé. Rivière à 500 m. Lac à 5 km. Ouv : 1.1 / 31.12. Route de Moissière. ☎ 04 92 50 84 52 / 06 70 75 54 46 (H.S.). Fax : 04 92 50 84 52. E-mail : camping.lestaillas@laposte.net. Prix 2007. 2,70 € ; 1,70 € ; 3,30 € ; 1,70 € ; 3,20 € ; - de 7 ans 2,50 € ; 2,80 € ; Animaux 1,50 €.

ARVIEUX

11-E4 30 km S.-E. Briançon. 1545 m. 351 hab. 05350

CAMP MUNICIPAL DU PLANET ★★ Tourisme 100 E. 5,5 ha. CV. Locations : 1 . Accès direct à l'étang. ; . Accueil groupes. Par RD 902. Brunissard. ☎ 04 92 46 79 15 / 04 92 21 39 26 (H.S.). Fax : 04 92 46 79 15. E-mail : campingduplanet@wanadoo.fr.

ASPRES LES CORPS

11-C4 35 km N.-O. Gap. 900 m. 150 hab. 05800

M. BONTHOUX Elie CV. A 5 km: Piscine plein air . A 6 km : . ☎ 04 92 55 20 69.

ASPRES SUR BUECH

11-C4 33 km O. Gap. 765 m. 773 hab. 05140

LE CHEVALET ★★★ Tourisme 47 E. (40 Tourisme + 7 Loisirs) . .

L'ADRECH ★★ Loisirs 73 E. dont 25 nus, 7 ha. , rapide, CV. Locations : 8 . Accès direct à la rivière. Etang à 2 km.Lac à 5 km. ; à 5 km : . Accueil groupes. Ouv : 1.4 / 31.10. Sur RN 75 Grenoble/Marseille. Volley, hand-ball, football, trampoline pour enfants, boulodrome. ☎ 04 92 58 60 45. Fax : 04 92 58 78 63. E-mail : ladrech.camping@wanadoo.fr, Web : camping.ladrech.chez-alice.fr. Prix 2008. Empl. Tourisme : 4 € ; 3 € ; - de 12 ans 2 € ; 2,50 à 4 € ; 0,50 € ; Animaux 1 €.

AVANCON

11-D4 15 km S.-E. Gap. 900 m. 261 hab. 05230

M. QUEYREL Honoré,Les Boissets . Route Briançon au niveau Batie Neuve prendre route Batie Vieille et suivre panneaux camping à la ferme. ☎ 04 92 50 32 80.

BARATIER

11-D4 43 km E. Gap. 853 m. 243 hab. 05200

LE VERGER ★★★ Tourisme 100 E. 4 ha. + salle de séchage, CV Sanitaire chauffé. Locations : . chauffée . Lac à 2 km. à 2 km : . Ouv : 1.1 / 31.12. 80 m RD 821, à 2 km RN 94. Salle de loisirs. ☎ 04 92 43 15 87 / 06 81 93 06 15 (H.S.). Fax : 04 92 43 49 81. E-mail : campingleverger@wanadoo.fr, Web : www.campingleverger.fr. Prix 2007. Fft jour : Empl. Tourisme (2) : 14 € () ; Sup : 4,50 € 2,20 à 5,10 € (2 à 10 A).

LES DEUX BOIS ★★★ Tourisme 100 E. 2,5 ha. CV. Locations : 6 . . Rivière à 1,5 km.Etang et lac à 2 km. à 200 m : ; à 1,5 km : . Sur RD 14, à 1,5 km RN 94. ☎ 04 92 43 54 14. Fax : 04 92 43 54 14. Réduction H.S.

LE PETIT LIOU ★★ Tourisme 200 E. 3 ha. CV. Locations : 7, 8, 14 . . Accès direct à la mer et à l'étang et à la rivière. Lac à 1 km. ; à 1 km : . A 400 m du Pont de la Clapière. Sur RD 42, par RN 94 à 300 m. ☎ 04 92 43 19 10. Fax : 04 92 43 69 28. E-mail : info@camping-lepetitliou.com, Web : www.camping-lepetitliou.com. Prix 2007. () : 4,90 € ; 4,90 € ; 4,90 € ; 4,90 € ; - de 3/6 ans 2,40 € ; 3 à 3,50 € (3 à 10 A). Réduction H.S.

LES AIRELLES ★★ Tourisme 130 E. 4 ha. CV. Locations : 20 , . chauffée . Rivière à 100 m. Lac à 3 km. à 100 m : ; à 3 km : . Accueil groupes. De Grenoble, suivre dir. Gap/ Embrun et les Orres. ☎ 04 92 43 11 57. Fax : 04 92 43 69 07. Web : www.sites-tours.fr. Réduction H.S.

Mme GHIGONETTO,aire naturelle Les Pommiers CV. A 1 km: Piscine plein air . ☎ 04 42 30 59 30 / 06 87 92 56 03.

BARRET SUR MEOUGE

11-C5 53 km S.-O. Gap. 650 m. 244 hab. 05300

LES GORGES DE LA MEOUGE

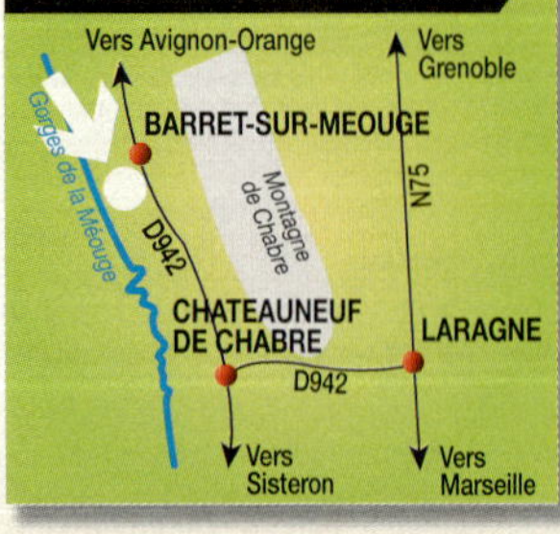

LES GORGES DE LA MEOUGE ★★★ Tourisme 95 E. 2,5 ha. 2 fois/semaine, CV. Locations : 13, 15, 25. Rivière à 100 m.; Ouv : 1.5 / 30.9. ☎ 04 92 65 08 47. Fax : 04 92 65 05 33. E-mail : campinggorgesdelameouge@wanadoo.fr, Web : www.camping-meouge.com. Prix 2008. Fft jour : Empl. Tourisme (2) : 15,60 € ; - de 5 ans 2,40 € ; 3,30 € ; Animaux 1,50 €.
FFCC : partenaire - terrain assuré par la FFCC.

M. SIEFFERT André,aire naturelle La Fontaine

LA BATIE MONTSALEON

11-C4 36 km S.-O. Gap. 760 m. 137 hab. Village de neige ✉ 05700

LA GARENNE ★★ Tourisme 24 E. (15 Tourisme + 9 Loisirs), dont 5 GCC.

LA BEAUME

882 m. 131 hab. ✉ 05140

LE MOULIN, aire naturelle ☎ 04 92 58 67 33.

BRIANCON

11-D3 92 km N.-E. Gap. 1210 m. 11851 hab. ✉ 05100

CHAMP DE BLANC ★★★ Tourisme 25 E. (21 Tourisme + 4 Loisirs), dont 2 GCC, 1 ha. CV. Locations : 9. Ouv : 15.6 / 15.9. 25, hameau de Pramorel. ☎ 04 92 21 07 71 / 04 92 20 55 56 (H.S.). Fax : 04 92 20 55 56. Web : www.champdeblanc.com.

LES CINQ VALLEES ★★★ Tourisme 116 E. (105 Tourisme + 11 Loisirs), dont 11 GCC, 6 ha. CV. Locations : 11, 6. Rivière à 50 m.; A Sainte Blaise, 150 m RN 94, à 2 km Sud de Briançon. ☎ 04 92 21 06 27. Fax : 04 92 21 06 27.

CEILLAC

11-E4 48 km S.-E. Briançon. 1640 m. 292 hab. ✉ 05600

LES MELEZES ★★★ Tourisme 100 E. 2 ha. CV Sanitaire chauffé. Accès direct à la rivière. Ouv : 1.6 / 4.9. Rue des Reynauds. ☎ 04 92 45 21 93. Fax : 04 92 45 01 83. E-mail : camping-les-melezes@wanadoo.fr. Prix 2007. Empl. Tourisme : 6 € () : 4,80 € ; - de 10 ans 3,10 € ; 2,80 € (10 A).
FFCC : partenaire + réduction emp. de 5 % en saison et hors saison.

CAMP MUNICIPAL LES MOUTETS ★ Tourisme 60 E. CV. Accès direct à la rivière. . Accueil groupes. Ouv : 1.7 / 30.9. ☎ 04 92 45 17 89. Prix 2007. 1,50 € ; 1,50 € ; 1,50 € ; 1,50 € ; 2 € ; - de 6 ans 0,80 € ; 0,70 à 2,50 €.

CHABOTTES

11-D4 18 km N.-E. Gap. 1080 m. 453 hab. ✉ 05260

L'R ET LA P. ★★★ Tourisme 48 E. (38 Tourisme + 10 Loisirs), dont 12 GCC, 1 ha. pizza, CV. Locations : 3, 6, 1. Rivière à 100 m. Lac à 5 km.; Route de Chabottes. ☎ 04 92 50 30 99 / 04 92 50 47 72. Fax : 04 92 50 30 99.

DU CHATEAU ★★ Tourisme 55 E. 3 ha. après 22 h, CV. Rivière à 500 m. Lac à 3 km.; à 2 km :; à 3 km : Basse Plaine. Route Napoléon 85. RD 944. ☎ 04 92 50 49 95 / 04 92 50 40 13 (H.S.).

LES AUBERTS ★ Tourisme 30 E. (20 Tourisme + 10 Loisirs) 1 ha. CV Sanitaire chauffé. Locations :. Rivière à 100 m. Lac à 3 km.; La Basse Plaine. ☎ 04 92 50 73 48. Fax : 04 92 50 73 48. E-mail : camping-lesauberts@wanadoo.fr.

LA CHAPELLE EN VALGAUDEMAR

11-D4 48 km N.-E. Gap. 1050 m. 181 hab. ✉ 05800

CAMP MUNICIPAL LES MELEZES ★★ Tourisme 46 E. 0,8 ha. Locations :. Par RN 85 depuis Grenoble ou Gap puis prendre à St-Firmin la D 985 A jusqu'à La Chapelle en Valgaudemar. ☎ 04 92 55 23 01 / 04 92 55 23 17 (Mairie) / 04 92 55 23 17 (H.S.). Fax : 04 92 55 27 68.

LES MARINES ★ Tourisme 46 E. 0,8 ha. Accès direct à la rivière. ☎ 04 92 55 28 89.

LES BOULEAUX Tourisme Saisonnier 60 E. 0,9 ha. Accès direct à la rivière. ☎ 04 92 55 24 93 / 04 92 55 24 11.

AIRE NATURELLE LES PRES RONDS CV. A 8 km:. ☎ 04 92 55 28 88.

AIRE NATURELLE MUNICIPALE LES MELEZES CV. Route Napoléon. Entre Grenoble et Gap, à la hauteur de St-Firmin, prendre la vallée du Valgaudemar jusqu'à La Chapelle-en-Valgaudemar. ☎ 04 92 55 23 66 / 04 92 55 23 01. Fax : 04 92 55 23 66. E-mail : gite-camping-les-melezes@wanadoo.fr, Web : www.perso.wanadoo.fr/gm-valgau.

CHATEAU VILLE VIEILLE

11-E4 55 km S.-E. Briançon. 1340 m. 268 hab. ✉ 05460

CAMP MUNICIPAL L'ISCLE ★ Tourisme 75 E. ☎ 04 92 46 76 21 / 04 92 46 70 70 (Mairie) (H.S.). Fax : 04 92 46 82 00.

CHATEAUROUX LES ALPES

11-D4 48 km E.-N.-E. Gap. 930 m. 760 hab. ✉ 05380

CAMP MUNICIPAL LE RABIOUX ★★ Tourisme 114 E. 2,5 ha. CV. Locations :. Accès direct à la rivière. N 94 à 2 km. ☎ 04 92 43 43 78 / 04 92 43 22 04.

LES CARIAMAS ★★ Tourisme 150 E. dont 120 nus, , dont 9 GCC, 6 ha. au village, CV. Locations : 11, 12, 11. Accès direct à l'étang. Rivière à 2,5 km.Lac à 5 km.; à 5 km :. Accueil groupes. Ouv : 1.4 / 31.10. Font Molines, à 1 km RN 94. Après Gap suivre Embrun puis Briançon. A 3 km de la sortie d'Embrun, suivre Châteauroux centre ville. ☎ 04 92 43 22 63 / 06 30 11 30 57 (H.S.). E-mail : p.tim@free.fr, Web : les.cariamas.free.fr. Prix 2007. Fft jour : Empl. Tourisme (2) : 15 € () ; Sup : 4,50 € - de 6 ans 2,10 € ; 3,25 € (6 à 10 A) ; Animaux 2,75 €. Fft Ccar : 10 € (2).
FFCC : partenaire + réduction emp. de 5 % en saison et 30 % hors saison + carte FFCC assurance annulation.

LES EYGAS ★★ Tourisme 33 E. 2,5 ha. Locations :, 2 km. Rivière à 2 km.; Fontmolines. De Grenoble RN 85 jusqu'à Gap puis RN 94 dir. Embrun et Châteauroux. A proximité du Parc National des Ecrins. ☎ 04 92 43 63 80. Fax : 04 92 43 18 73. E-mail : info@pbo-sportevents.nl, Web : www.campingalpen.nl.

LES PINS ★★ Tourisme 100 E. dont 45 nus, 2 ha. CV. Locations : 1, 5. Rivière à 2 km. à 1 km :; à 2 km :. Ouv : 1.5 / 31.10. 500 m RN 94, à 500 m du centre, par D 463. ☎ 04 92 43 22 64.

M. BERTRAND Abel,camping à la ferme Les Bérards CV. A 1 km:. A 7 km :. N 96. ☎ 04 92 43 23 25. Fax : 04 92 43 22 12.

Mme PEYRON Noëlle,camping à la Ferme CV. A 2 km:. A 3 km :. A 4 km :. A 5 km :. A 10 km :. St Etienne. ☎ 04 92 43 07 68. Fax : 04 92 43 66 13.

M. BARRAL Jean-Marie,aire naturelle Balcons de la Durance A 3 km:. A 10 km : Piscine plein air. Zone périphérique du parc national des Ecrins. ☎ 04 92 43 06 13. Fax : 04 92 43 42 99.

CHORGES

11-D4 17 km E. Gap. 865 m. 1240 hab. ✉ 05230

DOMAINE L'ECRIN DU LAC ★★★★ Tourisme 62 E., dont 34 CC, 5 ha. Locations : 1, 30, 25,,. Accès direct aux bords du lac.;; ☎ 04 92 50 61 91 / 32/87 33 62 14 / 32/87 33 62 14 (H.S.). Fax : 04 92 50 65 33. E-mail : lami.soleil@lamy.be.

CAMP MUNICIPAL LA BAIE SAINT MICHEL ★★★ Tourisme 112 E., dont 33 CC - 10 HLL. Locations :,. Accès direct aux bords du lac.;; à 100 m :. ☎ 04 92 50 67 72.

LE RIO CLARET ★★★ Tourisme 55 E. (50 Tourisme + 5 Loisirs) 2,5 ha. CV. Locations : . Lac à 2 km. à 2 km : . Ouv : 1.6 / 30.9. Lieu-dit Les Chabès. RN 94. ☎ 04 92 50 66 77. Fax : 04 92 50 66 30. E-mail : rio-claret@wanadoo.fr, Web : www.camping-lerioclaret.com. Prix 2007. () : Fft Tente : 18,5 € (2).

LA CLE DES CHAMPS ★★ Tourisme 40 E. (34 Tourisme + 6 Loisirs) 3 ha. buvette, CV. Locations : 2 , 3 . Lac à 700 m. à 700 m : . Accueil groupes. Aux portes du Parc des Ecrins. ☎ 04 92 50 69 62. Fax : 04 92 50 69 62. E-mail : camping.cle.des.champs@wanadoo.fr, Web : www.serre-poncon.org.

LE SERRE DU LAC ★★ Loisirs 81 E. dont 12 nus, dont 50 CC. partiel, CV Sanitaire chauffé. Locations : . Lac à 800 m. ; à 800 m : . Accueil groupes. Ouv : 1.1 / 31.12. Sur RN 94 dir. de Savines, prendre à droite dir. de la Baie St-Michel. ☎ 04 92 50 67 57. Fax : 04 92 50 64 56. E-mail : campserredulac@wanadoo.fr, Web : www.campingleserredulac.com. Prix 2007. Empl. Tourisme : 3,50 € () : 5,20 € ; - de 7 ans 2,60 € ; 3,50 € (15 A).

PREVALIERE ★★ Tourisme 37 E., dont 4 GCC, 2 ha. CV. Locations : 9 . Lac à 3 km. ; à 3 km : . Ouv : 1.4 / 30.9. 200 m du village, N 94 sortie Espinasse. ☎ 06 62 63 99 57. Fax : 04 92 50 38 52. E-mail : prevaliere@tele2.fr, Web : www.campingprevaliere.com. Prix 2007. Empl. Tourisme : 3,10 € ; 3,70 € ; - de 7 ans 2 € ; 3 € (6 A) ; Animaux 1 €.
FFCC : partenaire - terrain assuré par la FFCC + carte FFCC assurance annulation.

CAMPING BELLE VUE . Les Augiers par Chorges. ☎ 04 92 50 62 05. Prix 2007. Empl. Tourisme : 3 € ; 1 € ; 3 € ; 3 € ; 3 € ; 2 € ; 2,50 € (16 A) ; Animaux 1 €.
FFCC : partenaire + réduction emp. de 20 % hors saison.

M. & Mme ROBIN,camping La Terrasse CV. A 2,5 km : . A 2 km : . A 3 km : . A 5 km : . Les Prés Guérins. ☎ 04 92 50 66 16. Fax : 04 92 50 66 16.

M. COMBE Yves,Le Chabrière . Les Bernards. ☎ 04 92 50 65 44.

M. SAINT-LARY William . Lieu-dit Les Olliviers. ☎ 04 92 50 21 97 / 06 22 87 15 01. E-mail : annemie.st-lary@wanadoo.fr.

M. ESCALLIER Alain,aire naturelle Le Grand Pré CV. A 3 km: . A 8 km : . A 10 km : . Ouv : 1.4 / 30.10. Les Seymats. N 94. ☎ 04 92 50 62 06 / 06 81 46 43 06 (H.S.). Fax : 04 92 50 62 06. E-mail : campinglegrandpre@cegetel.net. Prix 2008. Empl. Tourisme : 2,55 € () : 2,85 € ; - de 7 ans 2,05 € ; 2,40 € (5 A) ; Animaux 1,20 €. Réduction H.S.

CROTS

11-D4 37 km E. Gap. 790 m. 761 hab. ✉ 05200

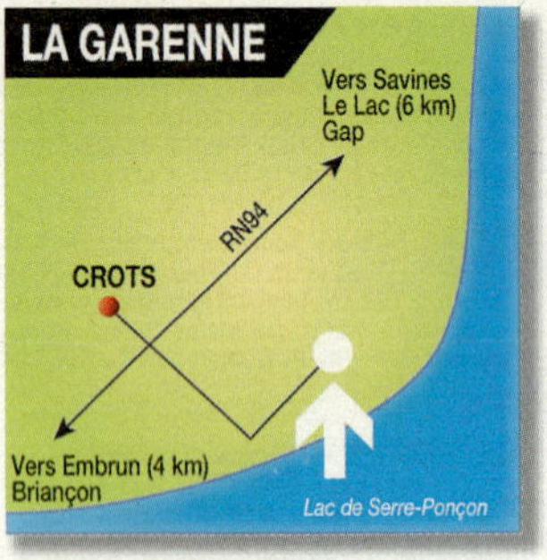

CAMP MUNICIPAL LA GARENNE ★★ Tourisme 199 E. 11 ha. CV. Accès direct aux bords du lac. surveillée : . Sur RN 94 entre Savines et Embrun. ☎ 04 92 43 11 93 / 04 92 43 13 05 (H.S.) / 04 92 43 13 05 (H.S.). Fax : 04 92 43 11 93. E-mail : mairie.crots@wanadoo.fr.

LA PINEDE ★ Tourisme 47 E. 1 ha. . Locations : 4 , 2 . Lac à 500 m. à 500 m : . Sur RN 94. ☎ 04 92 43 13 55 / 04 92 43 12 07.

MANU Tourisme Saisonnier 60 E. dont 60 nus, 4 ha. . Locations : 5 . Lac à 100 m. Rivière à 1,5 km. à 100 m : surveillée, ; à 2 km : . Au bord du lac de Serre-Ponçon, sur la RN 94. Face au village de Crots. ☎ 04 92 43 13 14 / 04 92 43 17 63 / 04 92 43 34 95 (H.S.). E-mail : campingmanucrots@wanadoo.fr, Web : perso.wanadoo.fr/campingmanucrots/.

EMBRUN

11-D4 40 km E. Gap. 810 m. 6700 hab. ✉ 05200

CAMP MUNICIPAL LA CLAPIERE ★★★★ Tourisme 367 E. dont 318 nus (337 Tourisme + 30 Loisirs) 6,5 ha. Sanitaire chauffé. Locations : 14 , 6 . Lac à 50 m. ; ; à 200 m : . Accueil groupes. Ouv : 1.5 / 30.9. Avenue du Lac, 500 m RN 94. Club nautique. ☎ 04 92 43 01 83 / 04 92 44 66 00 (H.S.). Fax : 04 92 43 50 22. Web : www.camping-embrun-clapiere.com. Prix 2007. Fft jour : Empl. Tourisme (2) : 15,10 € Sup : 4,90 € - de 2/12 ans 3,30 € ; 3,70 € (10 A) ; Animaux 2,30 €.
FFCC : partenaire + réduction emp. de 5 % en saison et hors saison.

LA VIEILLE FERME ★★★★ Tourisme 100 E. 2,2 ha. . Locations : . Rivière à 200 m. Lac à 400 m. à 200 m : ; à 400 m : . ☎ 04 92 43 04 08. Fax : 04 92 43 05 18. E-mail : info@campingembrun.com, Web : www.campingembrun.com.

LA TOUR ★★★ Tourisme 85 E. dont 70 nus, dont 10 GCC, 1,5 ha. CV. Locations : 4 , 4 . Accès direct à la rivière. Lac à 2,5 km. ; à 2,5 km : ; à 3 km : . Ouv : 10.6 / 10.9. Route la Madeleine. D 340. ☎ 04 92 43 17 66 / 06 81 97 85 02 (H.S.). Prix 2007. Empl. Tourisme : 4,30 € () : 3 € ; - de 7 ans 1,50 € ; 1,60 à 3 € (2 à 6 A) ; Animaux 1 €. Réduction H.S.

LE MOULIN ★★★ Tourisme 70 E. 1,5 ha. CV. Lac et rivière à 500 m. à 500 m : . Avant Embrun par N 94 en venant de Gap sur CD 240. ☎ 04 92 43 00 41.

LES ESPARONS ★★★ Tourisme 83 E. dont 77 nus 1,5 ha. partiel, CV. Locations : 6 . Accès direct à la rivière. Lac à 2 km. ; à 2 km : . Ouv : 15.6 / 31.8. Sur D 340 La Madeleine. ☎ 04 92 43 02 73. Fax : 04 92 43 02 73. E-mail : info@lesesparons.com, Web : www.lesesparons.com. Prix 2008. Empl. Tourisme : 4,30 € ; 4,20 € ; - de 7 ans 2,10 € ; 1,90 à 3,90 € (2 à 6 A) ; Animaux 1 €.
FFCC : partenaire - terrain assuré par la FFCC.

LES TOURELLES ★★★ Tourisme 100 E. 1,5 ha. . Locations : , . Lac à 900 m. à 900 m : . Quartier Sainte-Marthe, sur RD 9, à 300 RN 94. ☎ 04 92 43 15 31.

LA MADELEINE ★★ Tourisme 83 E. 1,7 ha. CV. Locations : . Accès direct à la rivière. Lac à 2 km. ; à 2 km : . Ouv : 1.6 / 30.9. Dir. Briançon, sortie d'Embrun, puis route de Saint-André. ☎ 04 92 43 01 16. Fax : 04 92 43 01 16. E-mail : campinglamadeleine@wanadoo.fr. Prix 2007. Empl. Tourisme : 4 € () : 3 € ; - de 7 ans 1,50 € ; 2,50 € (5 A) ; Animaux 1 € (chien).

LES GRILLONS ★★ Tourisme 95 E. 1,2 ha. pain, CV. Locations : 10 , 4 . 1. Rivière à 500 m. Lac à 1,5 km. ; à 100 m : ; à 1 km : ; à 2 km : . Ouv : 15.5 / 6.9. Route de la Madeleine par route des Orres. ☎ 04 92 43 32 75 (). Fax : 04 92 43 32 75. E-mail : campinglesgrillons@wanadoo.fr. Prix 2007. Fft jour : Empl. Tourisme (2) : 13,25 € ( ) ; Sup : 4 € - de 10 ans 2,30 € ; Animaux 2 €. Réduction H.S.

EOURRES

11-C5 68 km S.-O. Gap. 980 m. 73 hab. ✉ 26560

Mme YAFFEE Françoise CV. Hameau des Damias. ☎ 04 92 65 20 50. Fax : 04 92 65 20 50.

ESPINASSES

25 km S.-E. Gap. 652 m. 565 hab. ✉ 05190

LES GORGES DE LA BLANCHE Voir ROCHEBRUNE

EYGLIERS

11-D4 35 km S. Briançon. 900 m. 502 hab. 05600

CAMP MUNICIPAL LES ISCLES ★★★ Tourisme 166 E. 15 ha. CV. Locations : 10. Accès direct aux bords du lac et à la rivière. Ouv : 20.5 / 15.9. ☎ 04 92 45 14 18 / 04 92 45 28 31 (H.S.). Fax : 04 92 45 40 71. E-mail : iscles@wanadoo.fr, Web : www.iscles.com. Prix 2008. Fft jour : Empl. Tourisme (2) : 12 € ; Sup : 3,50 € - de 12 ans 2,90 € ; 2,50 € (5 A) ; Animaux 1,30 €. Réduction H.S.

EYGUIANS

11-C5 52 km S.-O. Gap. 605 m. 191 hab. 05300

CYBER-CAMPING LES BARONNIES ★★ Tourisme 50 E. 1,6 ha. Locations : . à 150 m : . Sur RN 75. ☎ 04 92 66 39 62. E-mail : cybercamping@wanadoo.fr.

LA FAURIE

11-C4 41 km O. Gap. 840 m. 215 hab. 05140

LA GARRIGUE ★★★ Tourisme 60 E. pizzeria, pain, CV Sanitaire chauffé. Locations : 4, 2, Yourte. Accès direct à la rivière. Accueil groupes. Ouv : 1.1 / 31.12. Le Village. RN 75 à 500 m. D128 à 150 m. A 500 m au sud de la commune. Gardiennage à l'année. Tables à langer. Point-phone. ☎ 04 92 46 55 42 / 06 76 90 61 73 (H.S.). E-mail : tld.camping@orange.fr, Web : www.campinglagarrigue.com. Prix 2008. Fft jour : Empl. Tourisme (2) : 13 € ; Sup : 4 € - de 4/11 ans 3 € ; 3 à 3,50 € (3 à 6 A) ; Animaux 2 €.

FFCC : partenaire + réduction emp. de 5 % en saison et hors saison + Stop accueil Camping-car toute l'année + réduction loc. de 5 % en saison et hors saison.

FOREST ST JULIEN

11-D4 12 km N. Gap. 1200 m. 177 hab. 05260

Mme DEHEEGER Anne-Sophie,aire naturelle Les Pommiers CV. A 3 km: . A 5 km : . A 8 km : Piscine plein air. Camping Les Pommiers. Hameau de Manse. Route du col de Manse. N 85, RN 944 et CD 14 puis 114 de Gap à proximité de la ferme. ☎ 04 92 50 74 71. Fax : 04 92 50 46 77.

FREISSINIERES

11-D4 35 km S.-O. Briançon. 1190 m. 200 hab. 05310

CAMP MUNICIPAL DES ALLOUVIERS ★ Tourisme 199 E. (175 Tourisme + 24 Loisirs) 3,5 ha. CV. Accès direct à la rivière. Kayak : ; à 3 km : . Accueil groupes. 400 m CD 238. ☎ 04 92 20 93 24 / 04 92 20 92 87. Fax : 04 92 20 91 09.

LA FREISSINOUSE

11-C4 9 km S.-O. Gap. 970 m. 334 hab. 05000

LA MOTTE FLOTTANTE ★★ Tourisme 33 E. (21 Tourisme + 12 Loisirs) 1 ha. CV. Locations : . Accès direct aux bords du lac. Quartier les Pons. ☎ 04 92 57 85 85. Fax : 04 92 57 85 85. E-mail : la-motte-flottante@wanadoo.fr, Web : www.la-motte-flottante.com.

GAP

11-C4 660 km S.-E. Paris. 745 m. 32097 hab. 05000

ALPES DAUPHINE ★★★ Tourisme 185 E. (121 Tourisme + 64 Loisirs), dont 82 GCC, 6 ha. CV Sanitaire chauffé. Locations : 10, 2, 14. chauffée. Accueil groupes. Ouv : 1.4 / 1.11. Sur RN 85. ☎ 04 92 51 29 95. Fax : 04 92 53 58 42. E-mail : alpes.dauph@wanadoo.fr, Web : www.alpesdauphine.com. Prix 2008. Empl. Tourisme : 6,90 € ; 5,90 € ; - de 7 ans 3,80 € ; 3 € (6 A) ; Animaux 2,10 €. Réduction H.S.

LE NAPOLEON ★★ Loisirs 150 E. 4 ha. CV Sanitaire chauffé. Locations : 4, 4. à 4 km : ; à 10 km : . Ouv : 1.1 / 31.12. Sur RN 85, route de Grenoble. ☎ 04 92 52 12 41. Fax : 04 92 52 12 41. E-mail : chabre.bernard@wanadoo.fr. Prix 2007. Empl. Tourisme : 3,40 € ; 3,40 € ; - de 6 ans 2,40 € ; 3,90 à 6 € (6 à 10 A) ; 0,80 € (le jeton).

M. ROUSSEL,aire naturelle Domaine aux Paons saison, CV. 1, route de la Descente. RN 85 route Napoléon. ☎ 04 92 51 29 95. Fax : 04 92 53 58 42. E-mail : alpes-dauph@wanadoo.fr.

LA GRAVE

11-D3 39 km N.-O. Briançon. 1330 m. 453 hab. 05320

LE GRAVELOTTE ★★ Tourisme 50 E. chauffée. Accès direct à la rivière. A 1 km de la RN 91. ☎ 04 76 79 93 14 / 04 76 79 93 14. Fax : 04 76 79 92 39. E-mail : roland.jacob@corio.fr, Web : www.camping-le-gravelotte.com.

Mlle ROMAGNE Nathalie,aire naturelle de la Meije CV. Ouv : 15.5 / 20.9. Arboretum. Accès par la RN 91. ☎ 04 76 79 93 34 / 06 08 54 30 84 (H.S.). Fax : 04 76 79 93 34. E-mail : nathalie-romagne@wanadoo.fr, Web : www.camping-delameije.com/. Prix 2007. Fft jour : Empl. Tourisme (2) : 11 € ; Sup : 3 € 3 € ; 1 € (jeton) ; Animaux 1 €.

GUILLESTRE

11-D4 34 km S. Briançon. 1000 m. 2009 hab. 05600

LE VILLARD ★★★★ Tourisme 120 E. 2,8 ha. CV Sanitaire chauffé. Locations : 5, 4, 2. chauffée gratuit, gratuit. Accès direct à la rivière. Lac à 2 km. A 100 m de RN 202 et RN 94. Vente de Sun chalet sur le camping avec location de la parcelle. ☎ 04 92 45 06 54 / 04 92 45 14 39 (H.S.). Fax : 04 92 45 00 52. E-mail : info@camping-levillard.com, Web : camping-levillard.com.

LA LONGEAGNE ★★★ Loisirs 25 E. (5 Tourisme + 20 Loisirs) 1,3 ha. CV. Locations : 11, 1, 3, 1. chauffée. Lac à 3 km.Rivière à 4 km. à 1 km : . Entre Gap et Briançon. Du centre ville dir. parking 200 places et suivre les panneaux. ☎ 04 92 45 07 62. Fax : 04 92 45 28 88. E-mail : catinat-fleuri@wanadoo.fr, Web : www.catinat-fleuri.com.

LA RIBIERE ★★★ Tourisme 50 E. dont 50 nus, 2 ha. 3 fois/semaine, collectif, CV. Locations : . Accès direct à la rivière. Lac à 4 km. ; à 300 m : ; à 4 km : . Ouv : 1.6 / 15.9. RN 94 ensuite D 202 dir. Guillestre. Sortie 2ème giratoire Pont de Chagne. ☎ 04 92 45 25 54 / 04 92 53 77 57 (H.S.). E-mail : camping.la.ribiere@wanadoo.fr, Web : www.laribiere.fr. Prix 2007. () : 2,80 € ; Animaux 0,80 € (chien). Fft Ccar : 13,50 € (2). Fft Tente : 12,90 € (2). Réduction H.S.

FFCC : partenaire + réduction emp. de 15 % hors saison.

LA ROCHETTE ★★★ Tourisme 223 E. 5 ha. juillet/août, juillet/août, gaz/électrique, juillet/août, boules, CV. Locations : 5. Accès direct à la rivière. Etang et lac à 3 km. ; à 100 m : . Accueil groupes. 1 km de RN 202 A. 2 km de RN 94 (Briançon-Embrun). ☎ 04 92 45 02 15 / 06 62 17 02 15. Fax : 04 92 45 02 15. E-mail : guillestre@aol.com, Web : www.welcome.to/larochette. Réduction H.S.

SAINT JAMES LES PINS ★★★ Tourisme 105 E., dont 5 HLL, 2,5 ha. CV Sanitaire chauffé. Locations : 10, 6, chambres. Accès direct à la rivière. Lac à 3 km. Ouv : 1.1 / 31.12. D 902 sur V.C 5. Connexion internet à l'accueil. ☎ 04 92 45 08 24. Fax : 04 92 45 18 65. E-mail : camping@lesaintjames.com, Web : www.lesaintjames.com. Prix 2007. Fft jour : Empl. Tourisme (2) : 12,75 € ; Sup : 2,90 € - de 7 ans 1,80 € ; 1,85 à 3 € (3 à 5 A) ; Animaux 1 € (chien). Réduction H.S.

LE SERRE ALTITUDE 1000 ★★ Tourisme 72 E. 1,6 ha. CV. Locations : . Rivière à 300 m. Lac à 5 km. à 1 km : . Accueil groupes. 50 m RN 202. ☎ 04 92 45 00 40 / 04 92 45 16 51 (H.S.).

LE VIVIER ★★ Tourisme 63 E. 1,59 ha. collectif, CV. Accès direct à la rivière. Accueil groupes. Ouv : 26.6 / 31.8. Route de la Gare. Accès par D 902. ☎ 04 92 45 01 47 / 04 92 45 40 67 (H.S.). Fax : 04 92 45 40 67. Prix 2007. Empl. Tourisme : 6 € () : 6 € ; 2,20 € ; 1,10 € ; 2 à 2,50 € (2 à 5 A).

L'ESTELE P.R.L. 8 E., dont 8 HLL. Quartier le Villard ☎ 04 92 45 08 24. Fax : 04 92 45 18 65.

M. AUDIER Simon,aire naturelle A 400 m : . A 1,5 km: Piscine plein air. A 1 km : . A 5 km : . Côté rte du Queyras tourner sur la gauche au rond-point porte du Queyras. ☎ 04 92 45 09 13.

LAGRAND

11-C5 54 km S.-O. Gap. 600 m. 212 hab. ✉ 05300

Mme HODOUL Sonia,aire naturelle La-grand'Nature A 800 m : . A 6 km: Piscine plein air. Quartier du Moulin. RN 75. ☎ 04 92 66 20 74.

LARAGNE MONTEGLIN

11-C5 38 km S.-O. Gap. 573 m. 3371 hab. ✉ 05300

LE MONTEGLIN ★★ Loisirs 61 E. (21 Tourisme + 40 Loisirs), dont 20 GCC, 3 ha. CV. Locations : 8, 6, Chambres d'hôtes (5 /pers. sup.). . Rivière à 500 m. Etang à 3 km.Lac à 5 km. . Accueil groupes. Ouv : 1.4 / 15.10. Avenue de Monteglin. RN 75. Dans Laragne, au rond-point suivre indications. Piste d'aterrissage delta/parapente. ☎ 04 92 48 56 91 / 06 84 11 42 13 (H.S.). Fax : 04 92 65 00 76. E-mail : j-paul.rozoy@wanadoo.fr, Web : www.camping-monteglin.com. Prix 2008. Empl. Tourisme : 4 € () : 3 € ; - de 10 ans 2 € ; 2,50 € ; Animaux 1 €.

L ARGENTIERE LA BESSEE

11-D4 15 km S.-O. Briançon 976 m. 2497 hab. Station verte de vacances et village de neige ✉ 05120

CAMP MUNICIPAL LES ECRINS ★★★ Tourisme 60 E. dont 60 nus 2,5 ha. CV. Rivière à 30 m. Lac à 50 m. ; ; ; à 300 m : . Accueil groupes. Ouv : 23.4 / 15.9. Avenue Pierre Sainte. RN 94 entre Briançon et Embrun. ☎ 04 92 23 03 38 / 06 20 97 09 73 (H.S.). Fax : 04 92 23 03 38. E-mail : contact@camping-les-ecrins.com, Web : www.camping-les-ecrins.com. Prix 2007. Fft jour : Empl. Tourisme (2) : 12,90 € ( ) ; Sup : 4,60 € - de 12 ans 1,90 € ; 2,40 € ; Animaux 1,20 €. Réduction H.S.

FFCC : partenaire + réduction emp. de 5 % en saison et hors saison + Stop accueil Camping-car du 25/06 au 31/08/2008, accès jusqu'à 20h30.

LAZER

11-C5 36 km S.-O. Gap. 600 m. 258 hab. ✉ 05300

M. IMBERT Jean-Marie payante, CV. A 2 km: Piscine plein air . A 4 km : . A 5 km : . A 6 km : . A 7 km : . Ouv : 1.4 / 31.10. Jusqu'à Laragne N 75 puis D 942 et D 51 suivre les flèches. ☎ 04 92 65 09 31. Prix 2008. Empl. Tourisme : 2,50 € ; 2,50 € ; - de 7 ans 2 € ; 3 €.

MANTEYER

11-C4 14 km S.-O. Gap. 1040 m. 211 hab. ✉ 05400

AU BLANC MANTEAU En cours reclassement Tourisme 40 E. 4 ha. , snack, Sanitaire chauffé. Locations : . chauffée . à 500 m : . Ouv : 1.1 / 31.12. Route de Céüse. D 994. ☎ 04 92 57 82 56. Prix 2008. Fft jour : Empl. Tourisme (2) : 17 € ( ).

MOLINES EN QUEYRAS

11-E4 61 km S.-E. Briançon. 1762 m. 375 hab. ✉ 05350

M. BRUNET Eric,aire naturelle Chanterane CV. A 500 m : . A 1 km: . A 2 km : . A 10 km : Piscine plein air. Ouv : 15.6 / 15.9. ☎ 04 92 45 83 70 / 04 92 45 89 70 (H.S.). Fax : 04 92 45 89 70. Prix 2007. 2 € ; 2,50 € ; 5 € ; 1,70 € ; 2,50 € ; - de 8 ans 1,60 € ; 2,20 € ; 1 € ; Animaux 0,70 €.

MONETIER ALLEMONT

11-C5 25 km S.-O. Gap. 558 m. 240 hab. ✉ 05110

LE CHATEAU ★★★ Tourisme 19 E., dont 19 GCC. . Locations : . Lac à 800 m. ; ; . Entre Sisteron et Gap sur la route Napoléon. ☎ 04 92 66 43 10.

LE MONETIER LES BAINS

11-D3 14 km N.-O. Briançon. 1495 m. 970 hab. ✉ 05220

LES DEUX GLACIERS ★★ Tourisme 70 E. 38 ha. CV Sanitaire chauffé. Accès direct à l'étang et à la rivière. . Accueil groupes. Le Casset. Dans la vallée de Serre-Chevalier à 1 km du Monêtier-les-Bains, à 14 km de Briançon sur la RN 91. ☎ 04 92 46 10 08 / 06 83 03 70 72. Fax : 04 92 24 52 18. E-mail : monetier@monetier.com, Web : monetier.com.

MONTGENEVRE

11-D3 11 km N.-E. Briançon. 1860 m. 459 hab. ✉ 05100

CAMP MUNICIPAL DU BOIS DES ALBERTS ★★ Tourisme 167 E. (117 Tourisme + 50 Loisirs) 8 ha. 2 courts. Accès direct aux bords du lac et à la rivière. ; ; . Mi-chemin Briançon-Montgenèvre. Lieu-dit Les Alberts, CD 1. Ecole de canoë-kayak. ☎ 04 92 21 16 11 / 04 92 21 92 88. Fax : 04 92 21 98 15.

MONTMAUR

11-C4 20 km O. Gap. 875 m. 282 hab. ✉ 05400

MON REPOS ★★ Tourisme 55 E. (40 Tourisme + 15 Loisirs) 10 ha. CV. Locations : 2, 1, 1, . Accès direct à l'étang et à la rivière. Lac à 5 km. ; . Accueil groupes. Ouv : 2.4 / 30.9. 400 m RD 937 A, à 1,2 km RD 994. ☎ 04 92 58 03 14. E-mail : campingmonrepos@gmail.com. Prix 2007. Fft jour : Empl. Tourisme (2) : 10 € ( ) ; - de 8 ans 1,50 € ; 3 € ; E. GCC 1 € (suplt). Réduction H.S.

LA MOTTE EN CHAMPSAUR

11-C4 22 km N. Gap. 1095 m. 167 hab. ✉ 05500

LE SERRE ★★ Loisirs 40 E. (15 Tourisme + 25 Loisirs) 1 ha. CV. Rivière à 200 m. . RN 85, 90 km de Grenoble et 20 km de Gap. ☎ 04 92 50 11 21.

NEFFES

11-C4 7 km S. Gap. 730 m. 432 hab. ✉ 05000

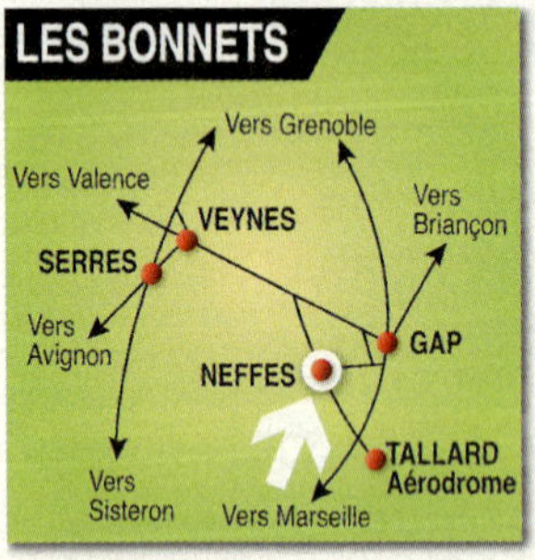

LES BONNETS ★★★ Tourisme 120 E. (85 Tourisme + 35 Loisirs) 5,6 ha. CV Sanitaire chauffé. Locations : 12, 17, 15, . Rivière à 500 m. Lac à 3 km. à 500 m : . Accueil groupes. Ouv : 1.4 / 30.9. A 1 km du village. 500 m RD 46. 4 km RN 85. ☎ 04 92 57 93 89 / 06 88 73 13 59 (H.S.) / 04 92 57 81 87 (H.S.). E-mail : camping.les.bonnets@wanadoo.fr, Web : www.camping.les.bonnets.perso.orange.fr. Prix 2007. Empl. Tourisme : 4,50 € ; 4,50 € ; - de 7/12 ans 4 € ; 3,50 € (6 A) ; Animaux 1,50 € (chien). Réduction H.S.

LES GRAVIERES ★ Loisirs 108 E. (13 Tourisme + 95 Loisirs) 14 ha. . Locations : . Accès direct à la rivière. ; ; . 600 m RD 46, à 4 km RN 85. ☎ 04 92 57 81 09 / 04 92 51 00 92.

NEVACHE

11-D3 20 km N. Briançon. 1596 m. 191 hab. ✉ 05100

LA LAME ★ Tourisme 70 E. 6 ha. . Accès direct à la rivière. . ☎ 04 92 20 51 91 / 04 92 20 51 23.

CAMP MUNICIPAL DE FONTCOUVERTE Tourisme Saisonnier 100 E. 1,4 ha. CV. Accès direct aux bords du lac. Rivière à 5 m. . Accueil groupes. 6 km après Névache dans la haute vallée de la Clarée, RD 301. ☎ 04 92 21 38 21 / 04 92 21 49 95. Réduction H.S.

ORCIERES

11-D4 33 km N.-E. Gap. 1439 m. 890 hab. ✉ 05170

BASE DE LOISIRS ★★ Tourisme 50 E. 1,5 ha. CV. Locations : . Lac et rivière à 200 m. ; . ☎ 04 92 55 76 67 / 04 92 55 89 97 (H.S.). Fax : 04 92 55 79 46. E-mail : palais.orcieres@remy-loisirs.com.

AIRE NATURELLE LA CASSE CV. Prapic. ☎ 04 92 55 62 58. Fax : 04 92 55 71 90.

ORPIERRE

11-C5 52 km S.-O. Gap. 700 m. 318 hab. Station verte de vacances et village de neige ✉ 05700

LES PRINCES D'ORANGE ★★★★ Tourisme 100 E. (77 Tourisme + 23 Loisirs) 3 ha. , à gaz, CV. Locations : 4, 15, 3, . chauffée . Rivière à 500 m. ; . Accueil groupes. Ouv : 1.4 / 28.10. 300 m RD 30, à 7 km RN 75. ☎ 04 92 66 22 53. Fax : 04 92 66 31 08. E-mail : campingorpierre@wanadoo.fr, Web : www.campingorpierre.com. Prix 2008. Fft jour : Empl. Tourisme (2) : 21 € ( ) ; Sup : 7 € - de 7 ans 3,50 € ; 4,30 € (10 A) ; Animaux 1,50 €. Réduction H.S.

LES NOYERS ★ Tourisme 40 E. 2 ha. , à gaz, CV. Locations : . chauffée . Rivière à 500 m. . Ouv : 1.4 / 28.10. Sur N 75 tourner à Eyguions dir. Orpierre. ☎ 04 92 66 22 53. Fax : 04 92 66 31 08. E-mail : campingorpierre@wanadoo.fr, Web : www.campingorpierre.com. Prix 2007. Fft jour : Empl. Tourisme (2) : 20 € ( ) ; Sup : 4,10 € - de 7 ans 3,10 € ; 3,10 € ; Animaux 1,50 € (chien).

PELVOUX

11-D3 22 km S.-O. Briançon. 1250 m. 348 hab. ✉ 05340

CAMP MUNICIPAL LE FREYSSINET ★★ 40 E. 1,5 ha. . Accès direct à la rivière. ; ; ; . Par RN 94 E et CD 994 E. ☎ 04 92 23 37 83 / 04 92 23 31 07 (Mairie). Fax : 04 92 23 46 43.

CAMP MUNICIPAL D'AILE FROIDE ★ 566 E. 12 ha. . Locations : . Accès direct à la rivière. Par RN 94 E et CD 994 E. ☎ 04 92 23 32 00 (Saison) / 06 08 22 82 09. Fax : 04 92 23 46 43.

LE POET

11-C5 36 km S.-O. Gap. 585 m. 515 hab. ✉ 05300

FONTPETITE ★★ Tourisme 36 E., dont 3 GCC. . Quartier de la Fontaine Petite. Salle de réunion.

M. BARDONNENCHE Roger CV. A 1 km: Piscine plein air . A 2 km : . Ouv : avril / octobre. Les Donnets, par RN 85. ☎ 04 92 65 71 85. Prix 2007. Empl. Tourisme : 2,50 € ; 2,50 € ; 1,50 € ; Animaux 1 €.

PRUNIERES

11-D4 23 km E. Gap. 1000 m. 138 hab. ✉ 05230

LE NAUTIC ★★★ Tourisme 95 E. 2,4 ha. CV. chauffée . Accès direct aux bords du lac. ; ; ; . Sur RN 94. ☎ 04 92 50 62 49. Fax : 04 92 53 58 42. E-mail : info@campinglenautic.com, Web : www.campinglenautic.com. Prix 2007. Fft jour : Empl. Tourisme (2) : 18,50 € ( ) ; Sup : 5,80 € - de 7 ans 3,20 € ; 3 € (6 A) ; Animaux 1,50 €.

LE ROUSTOU ★★★ Tourisme 180 E., dont 16 GCC, 9 ha. CV. Locations : 26 , 4 . . Accès direct aux bords du lac. ; ; ; . Ouv : 1.5 / 30.9. 300 m RN 94. ☎ 04 92 50 62 63. E-mail : info@campingleroustou.com, Web : www.campingleroustou.com. Prix 2008. 6,80 € ; 5,80 € ; 6,30 € ; 4,30 € ; 2,80 € ; Animaux 1,50 €.

PUY ST VINCENT

11-D4 24 km S.-O. Briançon. 1380 m. 190 hab. ✉ 05290

CAMP MUNICIPAL CROQUE LOISIRS ★★ Tourisme 60 E. 0,9 ha. CV. à 10 km : . Accueil groupes. Piscine à 2 km. Pour toute réservation, un aller/retour au télésiège de la Bergerie et une descente en luge d'été offert. ☎ 04 92 23 44 22 / 04 92 23 43 43. Fax : 04 92 23 45 23. E-mail : courrier@puysaintvincent.net, Web : www.paysdesecrins.com. Réduction H.S.

PUY SANIERES

11-D4 48 km E. Gap 1125 m. 106 hab. ✉ 05200

CLUB NAUTIQUE ALPIN ★★ Tourisme 95 E. 1,42 ha. Sanitaire chauffé. Locations : , , , . Lac à 50 m. ; ; non surveillée : ; ; . Entre Gap et Briançon. Situé au bord du lac de Serre-Ponçon et petit plan d'Embrun. Ecole française de voile. ☎ 04 92 43 00 02. Fax : 04 92 43 03 05. E-mail : cnasp@free.fr, Web : cnasp.free.fr.

REALLON

11-D4 33 km E. Gap. 1410 m. 240 hab. ✉ 05160

CAMP MUNICIPAL ★★ Tourisme 50 E. 0,8 ha. , buvette, CV Sanitaire chauffé. . Accès direct à l'étang et à la rivière. ; ; . Accueil groupes. A 11 km RN 94 et à 100 m RD 241. ☎ 04 92 44 27 08. Fax : 04 92 44 39 60. Web : www.camping.reallon-ski.fr.

REOTIER

11-D4 34 km S. Briançon. 1050 m. 128 hab. ✉ 05600

CAMP MUNICIPAL LA FONTAINE ★★ Tourisme 80 E. 2 ha. CV. Rivière à 200 m. Etang et lac à 1 km. ; à 1 km : . Accueil groupes. Ouv : 15.5 / 15.9. Rés. obligatoire en été. RN 94 à Montdauphin prendre la RD 37 dir. Réotier. ☎ 04 92 45 16 84 / 04 92 45 32 00 (H.S.). Fax : 04 92 45 16 84. E-mail : camping.reotier@orange.fr, Web : www.camping-reotier.com. Prix 2007. Empl. Tourisme : 4 € ; 3,80 € ; - de 7 ans 1,50 € ; 2,50 € (6 à 10 A) ; Animaux 0,60 €.

RIBIERS

11-C5 52 km S.-O. Gap. 519 m. 592 hab. ✉ 05300

LA FONTAINE ★★ Tourisme 45 E. dont 42 nus , pain, . Locations : 2 . ; ; ; . Accueil groupes. Situé sur la D 948 entre Ribiers et Sisteron. ☎ 04 92 63 20 95.

LA ROCHE DE RAME

11-D4 20 km S. Briançon. 950 m. 726 hab. ✉ 05310

LE VERGER ★★★ Tourisme 50 E. (40 Tourisme + 10 Loisirs) 1,7 ha. CV Sanitaire chauffé. Locations : 1 , 5 , 8 . Rivière à 400 m. Lac à 800 m. ; à 500 m : ; à 800 m : , . Accueil groupes. Ouv : 1.1 / 31.12. Lieu-dit les Gillys. RN 94. ☎ 04 92 20 92 23. Fax : 04 92 20 92 23. E-mail : info@campingleverger.com, Web : www.campingleverger.com. Prix 2008. Fft jour : Empl. Tourisme (2) : 15 € Sup : 4,80 € - de 10 ans 3,10 € ; 2,10 à 3,60 € (3 à 10 A). Réduction H.S.

FFCC : partenaire + réduction emp. de 5 % en saison et hors saison + carte FFCC assurance annulation + Stop accueil Camping-car du 01/05 au 31/10/2008, accès jusqu'à 21h + réduction loc. de 5 % en saison.

CAMP MUNICIPAL LE LAC ★★ Tourisme 85 E. 1 ha. CV. Locations : 8 , 5 , . Accès direct aux bords du lac. Rivière à 1 km. ; ; ; ; . Accueil groupes. 100 m RN 94 entre Guillestre et Briançon. ☎ 04 92 20 90 31 / 06 10 03 57 28 / 06 10 03 57 28 (H.S.). Fax : 04 92 20 98 51. E-mail : camping.lelac@laposte.net. Réduction H.S.

LA ROCHE DES ARNAUDS

11-C4 14 km O. Gap. 933 m. 794 hab. ✉ 05400

LE PARC DES SERIGONS ★★★ Tourisme 130 E., dont 10 HLL, 10 ha. CV Sanitaire chauffé. Locations : 15 , 1 . . à 10 km : , . Ouv : 1.4 / 31.10. La Grande Isle, sur RD 994. ☎ 04 92 57 81 77 / 06 15 99 50 89 (H.S.). Fax : 04 92 57 96 33. E-mail : contact@camping-serigons.com, Web : www.camping-serigons.com. Prix 2007. Fft jour : Empl. Tourisme (2) : 16 € ( ) ; 3,20 à 5,20 € (5 à 10 A) ; Animaux 2 €.

ROCHEBRUNE

11-D5 25 km S. Gap. 600 m. 106 hab. ✉ 05190

LES GORGES DE LA BLANCHE ★★★ Tourisme 63 E. dont 35 nus 1,1 ha. CV. Locations : 2 , 13 , 7 . . Lac et rivière à 300 m. à 300 m : ; à 5 km : , , , . Accueil groupes. 100 m D 900B, à 1 km d'Espinasses. Lieu-dit Gréolier. Route de Barcelonnette. ☎ 04 92 54 40 26 / 06 19 51 13 47 (H.S.). Fax : 04 92 54 40 26. E-mail : info@gorges-de-la-blanche.fr, Web : www.alpes-camping.com. Prix 2007. Empl. Tourisme : 5,40 € ( ) ; 5,60 € ; - de 10 ans 3,40 € ; 3,10 à 4,65 € (4 à 10 A) ; Animaux 2,10 €. Réduction H.S.

LES TROIS LACS ★★★ Tourisme 60 E. (50 Tourisme + 10 Loisirs), dont 25 GCC, 3,5 ha. CV. Locations : 3 , 10 , , . Accès direct aux bords du lac. Rivière à 100 m. ; ; ; ; . Dir. Tallard/Barcelonette (D900 b) après Remollon prendre Rochebrune. ☎ 04 92 54 41 52 / 04 92 54 16 14 / 04 92 54 16 14 (H.S.). Fax : 04 92 54 16 14. E-mail : direction@campingles3lacs.com, Web : www.campingles3lacs.com.

ROSANS

11-D5 64 km S. O. Gap. 704 m. 575 hab. ✉ 05150

LES ROSIERES ★★★ Tourisme 50 E., dont 12 GCC - 3 HLL, 2 ha. CV. Locations : 5 , 11 , . . Etang à 200 m. Rivière à 800 m. à 200 m : ; à 2 km : . Accueil groupes. Quartier des Coings. Sortie A 7 (Montélimar Sud) dir. Nyons. D 94 entre Nyons et Serres. ☎ 04 92 66 62 06 / 06 87 84 27 70. Fax : 04 92 66 68 90. E-mail : camping-des-rosieres@wanadoo.fr, Web : perso.wanadoo.fr/camping-des-rosieres. Prix 2007. Fft jour : Empl. Tourisme (2) : 16 € (E. CC E. GCC) ; Sup : 4 € - de 10 ans 3 € ; 2,90 € (10 A) ; Animaux 1,90 €. Réduction H.S.

TAMIER ★★★ Tourisme 50 E. (42 Tourisme + 8 Loisirs). Rés. naturiste. Locations : 1 , , 6 , , , . . Route du Col de Pomerol. N 75 à 24 km et D994 à 2 km. ☎ 04 92 66 61 55 / 04 92 87 47 24 (H.S.) / 04 92 87 47 24 (H.S.).

CAMP MUNICIPAL SAINTE CATHERINE ★★ Tourisme 25 E. (16 Tourisme + 9 Loisirs) 0,5 ha. . Lac à 2 km. Sur RD 994. ☎ 04 92 66 66 66. Fax : 04 92 66 64 33. E-mail : mairie-rosans@wanadoo.fr.

ROUSSET

11-D4 25 km S.-O. Gap. 1040 m. 127 hab. 05190

LA VISTE ★★★ Tourisme 197 E., dont 17 HLL, 5 ha. CV. Locations : 31. chauffée . Lac à 500 m. à 500 m : ; à 1 km : . Ouv : 15.5 / 15.9. Le Belvédère de Serre Ponçon. De Grenoble N 85 ou N 75. De Nice N 202 ou N 85. De Marseille A 51, N 96, puis N 75 suivre barage de Serre Ponçon. ☎ 04 92 54 43 39 / 04 92 53 82 70 (H.S.). Fax : 04 92 54 42 45. E-mail : camping@laviste.fr, Web : www.laviste.fr. Prix 2007. Empl. Tourisme : 5,90 € ; 5,95 € ; - de 10 ans 3,30 € ; 3 € ; Animaux 2,40 €. Réduction H.S.

C.C.A.S. BAIE DES LIONNETS ★ Tourisme 40 E. (33 Tourisme + 7 Loisirs) . Réservé C.C.A.S.

ST ANDRE D EMBRUN

11-D4 47 km E. Gap. 920 m. 462 hab. 05200

LA PLACE ★★ Tourisme 22 E. dont 22 nus, dont 8 GCC, 0,50 ha. CV. Locations : 2, 1 . ; à 7 km : , . Ouv : 1.6 / 1.10. La Place. ☎ 04 92 43 15 13 / 04 92 43 42 31 (H.S.). Prix 2008. Empl. Tourisme : 2,90 € ; 3,50 € ; 2,10 € ; - de 7 ans 1,20 € ; 1,50 à 2 € ; 0,60 € ; Animaux 1 €. Réduction H.S.

Mme GIRARDI Jeanne-Marie . A 7 km: Piscine plein air . A 8 km : . Les Audes. ☎ 04 92 43 15 92.

ST APOLLINAIRE

11-D4 27 km E. Gap. 1200 m. 63 hab. 05160

CAMP MUNICIPAL LE CLOS DU LAC ★★ Tourisme 73 E. 2 ha. snack, CV. Lac à 50 m. . Accueil groupes. ☎ 04 92 44 27 43. Fax : 04 92 44 27 43. E-mail : closdulac@wanadoo.fr, Web : perso.wanadoo.fr/closdulac.

ST BONNET EN CHAMPSAUR

11-C4 15 km N. Gap. 1025 m. 1376 hab. Station verte de vacances et village de neige 05500

LE ROURE (VVF) ★★★★ Tourisme 28 E. 0,6 ha. CV. chauffée . Rivière à 1 km.Lac à 4 km. à 2 km : ; à 3 km : ; à 4 km : . Accueil groupes. Ouv : 1.5 / 30.9. Lieu-dit Le Roure, 500 m RN 545. Route Napoléon N 85. ☎ 04 92 50 01 86. Fax : 04 92 50 11 85. E-mail : bonnet@valvvf.fr. Prix 2007. Fft jour : Empl. Tourisme (2) : 12,90 € ( ) ; Sup : 4 € - de 10 ans 3,50 € ; 3,10 € ; Animaux 2 €. Réduction H.S.

LES RIVES DU DRAC ★★ Tourisme 47 E. 0,8 ha. 1,5 km, 1,5 km, collectif, CV. Rivière à 100 m. Lac à 2,5 km. ; à 2,5 km : 2,5 km, 2,5 km, . Accueil groupes. Ouv : 15.4 / 1.10. En dir. de Grenoble sur RN 85. A St Bonnet suivre panneaux gites et camping en dir. du plan d'eau. ☎ 04 92 50 19 73 / 06 87 84 61 48. E-mail : lesrivesdudrac@wanadoo.fr, Web : www.chez.com/helenemotte. Prix 2007. Fft jour : Empl. Tourisme (2) : 8,80 € ( ) ; Sup : 3 € - de 7 ans 1,80 € ; 2,09 à 2,60 € (5 A à 10 A) ; Animaux 1 €.

ST CLEMENT SUR DURANCE

11-D4 32 km S. Briançon. 872 m. 205 hab. 05600

LES MILLES VENTS ★★ Tourisme 100 E. CV. Locations : 3 . . Accès direct à la rivière. ; . Accueil adultes. Ouv : 10.6 / 10.9. Route de St André. N 94. ☎ 04 92 45 13 83 / 04 92 45 10 90 (H.S.). Prix 2007. Fft jour : Empl. Tourisme (2) : 12 € ( ) ; - de 5 ans 1,70 € ; 2,60 € ; Animaux 1 €.

ST CREPIN

11-D4 25 km S. Briançon. 920 m. 507 hab. 05600

CAMP MUNICIPAL DE L'ILE ★★★ Tourisme 70 E. 5 ha. CV. Locations : 3 , , 7 , , , . Accès direct aux bords du lac et à la rivière. ; ; . Lieu-dit Ile Basse. Vol à voile. Possibilité de kayak et rafting dans le camp. ☎ 04 92 45 13 31. Fax : 04 92 45 10 81. E-mail : camp.ile05@wanadoo.fr, Web : www.alpes-campings.com.

LA CABANE ★★ Tourisme 80 E., dont 2 GCC, 1,5 ha. CV. Locations : , 1 , 4 , . Accès direct à la rivière. Lac à 4 km. ; ; . Accueil groupes. 600 m RD 138 et RN 94. Salle de séchage. ☎ 04 92 45 07 33 / 04 92 45 06 85 / 04 92 45 06 85 (H.S.).

ST ETIENNE EN DEVOLUY

11-C4 40 km N.-O. Gap. 1263 m. 527 hab. Station verte de vacances et village de neige 05250

CAMP MUNICIPAL ★★ Tourisme 70 E. (50 Tourisme + 20 Loisirs) 0,12 ha. CV. Locations : . Accès direct à la rivière. . ☎ 04 92 58 84 71. E-mail : vilet out@aol.com, Web : www.devoluy.com/auches.

ST FIRMIN

31 km N.-O. Gap. 900 m. 465 hab. 05800

LA PRA ★★ Tourisme 33 E. , épicerie, . Rivière à 1 km. ; à 1 km : ; à 2 km : , . Par la Route Napoléon. ☎ 04 92 55 48 76 / 04 98 05 13 78 (H.S.).

LA VILLETTE ★★ Tourisme 33 E. 0,4 ha. . Rivière à 1 km. à 1 km : , . Accueil groupes. Sur RD 58, à 1 km RN 85. Piscine chauffée et tennis à 300 m. ☎ 04 92 55 23 55.

ST GENIS

11-C5 50 km S.-O. Gap. 620 m. 36 hab. Village de neige 05300

LES CIGALES ★★ Loisirs 110 E. (30 Tourisme + 80 Loisirs), dont 12 CC, 2 ha. . . Sur RN 75. ☎ 04 92 66 20 63.

ST JEAN ST NICOLAS

11-D4 23 km N.-E. Gap. 1130 m. 1032 hab. Station verte de vacances et village de neige 05260

LE DIAMANT ★★★★ Tourisme 100 E., dont 32 CC - 5 GCC - 5 HLL, 4 ha. CV. + sèche-linge, CV. Locations : 12 , 12 . gratuit. Accès direct à la rivière. ; à 10 km : . Accueil groupes. Ouv : 1.5 / 30.9. Lieu-dit Pont du Fossé. Sur CD 944, 500 m du village. Aux portes du parc national des Ecrins. Sorties en montagne et VTT avec accompagnateur gratuit. ☎ 04 92 55 91 25 / () / 04 92 52 05 83 (H.S.). Fax : 04 92 55 95 97. E-mail : camping.diamant@libertysurf.fr, Web : www.campingdiamant.com. Prix 2008. Fft jour : Empl. Tourisme (2) : 16,80 € ( ) ; - de 7 ans 2,75 € ; 2,80 à 3,50 € (4 à 6/10 A) ; Animaux 1,80 €.

CAMP MUNICIPAL LE CHATELARD ★★ Tourisme 60 E. 4 ha. CV. Locations : . . Accès direct à la rivière. . RD 944. ☎ 04 92 55 94 31 / 04 92 55 92 80 (H.S.). Fax : 04 92 55 95 29. E-mail : comstjeans tnicolas@wanadoo.fr.

FFCC : partenaire + réduction emp. de 10 % en saison.

LES 6 STATIONS ★★ Tourisme 70 E. (48 Tourisme + 22 Loisirs) 2,5 ha. Sanitaire chauffé. Locations : . chauffée . Accès direct à la rivière. . Sur RD 944, à Pont du Fossé. Ping-pong. ☎ 04 92 55 91 95 / 06 67 21 74 90 (H.S.). Fax : 04 92 55 92 55. E-mail : les.6.stations@wanadoo.fr, Web : www.camping-ecrins.com. Prix 2007. Fft jour : Empl. Tourisme (2) : 14,50 € ( ) ; Sup : 4 € - de 2/10 ans 3 € ; 3 € (4 A) ; Animaux 1,50 € (chien).

CAMP G.C.U. Réservé aux adhérents. Adhésion possible sur place pour les sociétaires MAIF et FILIA MAIF. 1 km en aval du village de Pont du Fossé. Bord du Drac.

ST LEGER LES MELEZES

11-D4 20 km N.-E. Gap. 1260 m. 190 hab. Station verte de vacances et village de neige 05260

LA PAUSE ★★★ Loisirs 80 E. dont 60 nus (28 Tourisme + 52 Loisirs) 2,5 ha. saison, saison, saison, CV Sanitaire chauffé. Locations : 11 , 4 , . chauffée . Lac à 1 km.Rivière à 3 km. à 3 km : ; à 10 km : . Accueil groupes. 300 m RD 13 A et 13 bis, 2 km RN 544. Par A 51 et N 85. Salle de loisirs. ☎ 04 92 50 44 92. Fax : 04 92 50 77 59. E-mail : valerie.portier@wanadoo.fr, Web : www.camping-la-pause.com.

FFCC : partenaire + réduction emp. de 30 % en saison et 50 % hors saison + Stop accueil Camping-car toute l'année, accès jusqu'à 22h + réduction loc. de 5 % en saison et 50 % hors saison.

ST MARTIN DE QUEYRIERES

11-D4 10 km S.-S.-O. Briançon. 1200 m. 524 hab. 05120

L'ISCLE DE PRELLES ★★★ Tourisme 100 E. 3 ha. , saison, CV. Locations : 11 , 7 , . chauffée . Rivière à 50 m. ; à 5 km : . Accueil groupes. 300 m RN 94. Salle de musculation. ☎ 04 92 20 28 66. Fax : 04 92 20 28 66. E-mail : iscledepre@iscle-de-prelles.com, Web : www.iscle-de-prelles.com. Réduction H.S.

ST MAURICE EN VALGODEMARD

11-C4 40 km N. Gap. 950 m. 117 hab. 05800

LE BOCAGE ★★ Tourisme 50 E. Le Roux. RD 985 A. ☎ 04 92 21 86 48. E-mail : valgo@free.fr.

ST PIERRE D ARGENCON

11-C4 39 km S.-O. Gap. 778 m. 147 hab. 05140

Mme PARDOE Glenda,aire naturelle La Source . A 350 m : . A 3 km: . A 5 km : Piscine plein air . A 7 km : . Ouv : 16.4 / 15.10. Sur D 993 route de Valence. ☎ 04 92 58 67 81. Fax : 04 92 58 67 81. E-mail : info@lasource-hautesalpes, Web : www.lasource-hautesalpes.com. Prix 2008. Fft jour : Empl. Tourisme (2) : 9 € ( ) ; Sup : 2,50 € - de 7 ans 1,50 € ; 2,50 € ; Animaux 1 €.

FFCC : partenaire + réduction emp. de 5 % en saison et hors saison.

STE COLOMBE

11-C5 67 km S.-O. Gap. 920 m. 49 hab. 05700

LES CATOYES ★ Tourisme 30 E. dont 21 nus 1,250 ha. CV. Locations : . Rivière à 200 m. . Accueil groupes. Ouv : 15.3 / 15.11. A 4 km des falaises d'Orpierre, route des Princes d'Orange. ☎ 04 92 46 64 90. Fax : 04 92 46 64 90. E-mail : contact@campinglescatoyes.com, Web : camping-lescatoyes.com. Prix 2008. Fft jour : Empl. Tourisme (2) : 10,50 € ( ) ; Sup : 3 € - de 4/10 ans 2 € ; 2,50 € (16 A) ; Animaux 1 €.

LA SALLE LES ALPES

11-D3 8 km N.-O. Briançon. 1397 m. 1061 hab. Station verte de vacances et village de neige 05240

CAMP F.U.A.J. SERRE CHEVALIER LE BEZ CV. A 300 m : Piscine plein air . Village typique du Bez. Passeport multi-activités en juillet et août. Repas et soirées barbecue ou raclette. ☎ 04 92 24 74 54. Fax : 04 92 24 83 39. E-mail : serre-chevalier@fuaj.org.

LE SAUZE DU LAC

11-D4 31 km E. de Gap 1052 m. 72 hab. 05160

LA PALATRIERE ★★★ Tourisme 30 E. dont 40 nus, dont 10 GCC - 10 HLL. CV. Locations : 10 . . Accès direct aux bords du lac. à 5 km : , . Ouv : 1.5 / 30.9. ☎ 04 92 44 20 98. E-mail : lapalatriere@wanadoo.fr, Web : www.lapalatriere.com. Prix 2007. Empl. Tourisme : 5,50 € ( ) ; 5,50 € ; - de 10 ans 3 € ; 3 € ; Animaux 1 €. Réduction H.S.

SAVINES LE LAC

11-D4 30 km E. Gap. 750 m. 859 hab. Station verte de vacances et village de neige 05160

C.C.A.S. LES BERAUDS ★★ Tourisme 70 E. Savines-Montagne. Réservé C.C.A.S.

CAMP G.C.U. Réservé aux adhérents. Adhésion possible sur place pour les sociétaires MAIF et FILIA MAIF.

CAMP MUNICIPAL LES EYGOIRES ★★ Tourisme 331 E., dont 11 HLL, 3,5 ha. buvette, snack, CV. Locations : 11. Accès direct aux bords du lac. ; ; ; à 10 km : . Accueil groupes. A 1,5 km RN 94, sur D 954. Dir. Barcelonnette depuis Savines-le-lac. ☎ 04 92 44 20 48 / 04 92 44 20 03 (Mairie) / 04 92 44 20 03 (H.S.). Fax : 04 92 44 30 19. E-mail : campingmunicipal.savineslelac@wanadoo.fr, Web : monsite.wanadoo.fr/campingsavineslelac.

LES CHAUMETTES ★★ Tourisme 40 E. 1,8 ha. Lac à 500 m. à 500 m : , , . A l'Auberge de jeunesse, 150 m RN 854, 500 m de la commune. Camping déconseillé aux familles ayant des enfants en bas âge. Adhésion obligatoire soit carte Auberge de jeunesse soit FFCC ou FICC. ☎ 04 92 44 20 16. Fax : 04 92 44 24 54. E-mail : savines@fuaj.org, Web : www.fuaj.org.

LES SOURCES ★★ Tourisme 39 E. (33 Tourisme + 6 Loisirs), dont 6 GCC, 0,6 ha. CV. Locations : 5. Rivière à 100 m. Lac à 150 m. ; à 150 m : , ; à 350 m : . Accueil groupes. 100 m RD 854 par RN 94 à 300 m, à 150 m du lac de Serre Ponçon. ☎ 04 92 44 20 52. Fax : 04 92 44 20 52. Web : www.hotel-les-sources.com. Réduction H.S.

LE GRAND MORGON ★ Tourisme 80 E. 1,8 ha. partiel, . Lac à 400 m. ; à 400 m : , . Sur RN 854, lieu-dit Les Eygoires. ☎ 04 92 44 26 67.

M. IZARD André,aire naturelle la Treille

SAVOURNON

11-C5 43 km S.-O. Gap. 700 m. 146 hab. Village de neige ✉ 05700

M. et Mme LAON CV. Le Rat des Champs, au bourg, 3 km S. de Serres. Pré herbeux, Gîte d'étape. Location d'H.L.L. Ferme avec animaux. ☎ 04 92 67 03 24. Fax : 04 92 67 03 24.

SERRES

11-C5 41 km S.-O. Gap. 690 m. 1213 hab. Village de neige ✉ 05700

DOMAINE LES DEUX SOLEILS ★★★★ Tourisme 98 E. dont 65 nus (94 Tourisme + 4 Loisirs) 12 ha. CV. Locations : 16, 8, 5, . Lac et rivière à 1 km. ; à 1 km : , , . Accueil groupes. Ouv : 1.5 / 30.9. A Super Serres, 800 m RN 75 dir. Sisteron. Cabine téléphonique. ☎ 04 92 67 01 33. Fax : 04 92 67 08 02. E-mail : Dom.2.Soleils@wanadoo.fr, Web : www.domaine-2soleils.com. Prix 2007. Fft jour : Empl. Tourisme (2) : 17,90 € () ; Sup : 3,50 € - de 10 ans 2,50 € ; 3,35 € (6 A) ; Animaux 2 €. Réduction H.S.

LES BARILLONS ★★★ Tourisme 66 E. 2 ha. CV. Locations : 3, 1, . Rivière à 500 m. Lac à 2 km. ; à 500 m : . Accueil groupes. 300 m RN 75. ☎ 04 92 67 17 35 / 06 30 50 31 58. E-mail : camping.les.barillons@wanadoo.fr. Réduction H.S.

SIGOYER

11-C4 18 km S.-O. Gap. 1060 m. 306 hab. ✉ 05130

M. BONNARDEL Gérard,aire naturelle CV. A 10 km: Piscine plein air . A 20 km : . ☎ 04 92 57 90 04 / 04 92 57 83 91. Fax : 04 92 57 83 91. E-mail : camping.lesguerins@wanadoo.fr.

TALLARD

11-C4 14 km S.-O. Gap. 604 m. 1155 hab. ✉ 05130

CAMP MUNICIPAL LE CHENE ★★★ Tourisme 52 E. 0,85 ha. chauffée . Route de Marseille. ☎ 04 92 54 10 14 (Mairie).

VAL DES PRES

11-D3 7 km N. Briançon. 1370 m. 260 hab. ✉ 05100

LES GENTIANES ★★ Tourisme 90 E. 1,6 ha. CV Sanitaire chauffé. Locations : . chauffée. Accès direct à la rivière. ; . Ouv : 1.1 / 31.12. La Vachette. ☎ 04 92 21 21 41. Fax : 04 92 21 24 12. Prix 2007. Empl. Tourisme : 4,70 € ; 4,70 € ; - de 7 ans 3 € ; 3 à 6 € (6 à 10 A).

L'ISCLE DU ROSIER ★ Tourisme 200 E. 7,5 ha. buvette, snack, . Accès direct à la rivière. surveillée : ; . 100 m hameau du Rosier. Cabine téléphonique. ☎ 04 92 21 06 01 / 04 92 21 06 16 (Mairie). Fax : 04 92 21 46 46. Web : www.ifrance.com/campingdurosier.

VALLOUISE

11-D4 22 km S.-O. Briançon. 1150 m. 512 hab. ✉ 05290

CAMP G.C.U. Réservé aux adhérents. Adhésion possible sur place pour les sociétaires MAIF et FILIA MAIF.

LES CHAMBONNETTES ★★ Tourisme 228 E. (204 Tourisme + 24 Loisirs) 6,5 ha. CV. Locations : 6, . ; . A 150 m RN 94 E. A la porte du Parc national des Ecrins. Sanitaires chauffés. Ski de fond. ☎ 04 92 23 30 26 / 06 82 23 65 09 / 06 82 23 65 09 (H.S.). Fax : 04 92 23 30 26. E-mail : camping.vallouise@free.fr, Web : www.camping.vallouise.free.fr.

AIRE NATURELLE CV, Le Pont des Places. ☎ 04 92 23 30 26 / 06 80 65 05 33. Fax : 04 92 23 30 26. E-mail : camping.vallouise@wanadoo.fr, Web : www.ski-montagne-05.com/camping-vallouise.

VEYNES

11-C4 25 km O.-S.-O. Gap. 814 m. 3330 hab. ✉ 05400

CAMP SOLAIRE DU PETIT BUECH ★★★ Tourisme 160 E., dont 81 GCC, 6 ha. CV. Locations : 1, , 10, 2, . Rivière à 100 m. Lac à 300 m. à 100 m : ; à 300 m : , , . Les Iscles, sur le CD 994. ☎ 04 92 58 12 34. Fax : 04 92 58 12 34. E-mail : contact@camping-solaire.com, Web : www.camping-solaire.com.

LES RIVES DU LAC ★★★ Tourisme 133 E. (116 Tourisme + 17 Loisirs), dont 17 GCC - 8 HLL, 2,5 ha. CV. Locations : 8, , , . Accès direct aux bords du lac. Rivière à 150 m. ; ; ; . Accueil groupes. Plan d'eau des Iscles. RD 994 sortie de Veynes en dir. de Valence. ☎ 04 92 57 20 90 / 06 21 40 67 88. Fax : 04 92 58 16 82. E-mail : lesrivesdulac@wanadoo.fr, Web : www.camping-lac.com. Prix 2007. Fft jour : Empl. Tourisme (2) : 17,50 € Sup : 4,75 € - de 10 ans 2,75 € ; 3,25 € (10 A) ; Animaux 2,50 €. Réduction H.S.

LES PRES ★★ Tourisme 25 E. dont 18 nus 0,35 ha. CV. Locations : 2, . Accès direct à la rivière. ; à 7 km : . Accueil groupes. Ouv : 1.6 / 30.9. 3 km par la D 994 route de Gap puis 3,5 km par D 937 1ère route à gauche. Bibliothèque. ☎ 04 92 57 26 22. E-mail : campingles-pres05@orange.fr, Web : www.camping-les-pres.com. Prix 2007. Fft jour : Empl. Tourisme (2) : 12 € () ; Sup : 3 € 2,20 €. Fft Ccar : 8 € (2).

FFCC : partenaire + réduction emp. de 5 % en saison + réduction loc. de 5 % en saison.

M. MEYSENQ Raymond,aire naturelle Lou Landier CV. A 8 km: Piscine plein air . Ouv : 1.5 / 30.10. Le Petit Vaux. A la sortie de Veynes, prendre route de Gap. A 2 km suivre la route du camping Lou Landier à gauche. Continuer pendant 3,5 km tourner à gauche le long de la montagne dir. aire naturelle de camping. Laisser le pont de la Béoux qui va au Dévoluy. ☎ 04 92 58 04 94. Prix 2008. Fft jour : Empl. Tourisme (2) : 10 € () ; Sup : 2 € 2 €.

LES VIGNEAUX

11-D4 16 km S.-O. Briançon. 1120 m. 244 hab. Station verte de vacances et village de neige ✉ 05120

LE COUROUNBA ★★★ Tourisme 250 E. (248 Tourisme + 2 Loisirs) 12 ha. CV. Locations : 2, , 10, , chauffée . Accès direct à l'étang. Rivière à 50 m. ; ; . Accueil groupes. ☎ 04 92 23 02 09 / 04 92 20 03 00 (H.S.). Fax : 04 92 23 02 09. E-mail : lecourounba@aol.com, Web : www.courounba.fr.st.

CAMP MUNICIPAL LES VAUDOIS ★★ Tourisme 150 E. 10 ha. . Accès direct à la rivière. . Lieu-dit La Ruinette. Accès par route du Puy St Vincent. ☎ 04 92 23 00 55.

VILLAR D ARENE

11-D3 35 km N.-O. Briançon. 1650 m. 184 hab. ✉ 05480

CAMP G.C.U. Réservé aux adhérents. Adhésion possible sur place pour les soc étaires MAIF et FILIA MAIF.

CAMP MUNICIPAL D'ARSINE ★★ 40 E. CV. Accès direct à la rivière. . Accueil groupes. Ouv : 15.6 / 15.9. ☎ 04 76 79 93 07. Fax : 04 76 79 93 07. E-mail : campingarsine@aol.com. Prix 2007. Empl. Tourisme : 2,60 € ; 1,50 € ; - de 5/13 ans 0,80 € ; 1,70 € ; 1,10 € ; Animaux 0,50 €.

VILLAR LOUBIERE

11-C4 44 km N. Gap. 1030 m. 74 hab. ✉ 05800

LES GRAVIERES ★★ Tourisme 50 E. 2 ha. , snack, . Locations : , , , . Accès direct à la rivière. . ☎ 04 92 55 35 35. Fax : 04 92 55 35 35.

Cartes 11-14

Délégué FFCC : Pierre VALLESPIN, 168, avenue Bedoux - 06190 ROQUEBRUNE CAP MARTIN

ANTIBES

24 km S.-E. Grasse. 10 m. 63248 hab. 06600

ANTIPOLIS ★★★★ Tourisme 260 E. (205 Tourisme + 55 Loisirs), dont 185 CC - 55 GCC, 3 ha. soirées, CV. Locations : 220. chauffée 2 courts. Accès direct à la rivière. Bord de mer à 800 m. ; à 400 m : ; à 700 m : , ; à 800 m : . Accueil groupes. Ouv : avril / septembre. Avenue du pylone. La Brague. Autoroute sortie Antibes, dir. Marineland. ☎ 04 93 33 93 99. Fax : 04 92 91 02 00. E-mail : contact@camping-antipolis.com, Web : www.camping-antipolis.com. Prix 2008. Fft jour : Empl. Tourisme (2) : 29,60 € () ; Sup : 8,80 € - de 4/7 ans 7,30 €. Réduction H.S.

LE LOGIS DE LA BRAGUE ★★★ Tourisme 130 E. 1,6 ha. CV. Locations : 4, 10. Accès direct à la rivière. Bord de mer à 100 m. ; à 100 m : , , . 1221, route de Nice. Sur RN 7. Face à la gare SNCF de Biot. ☎ 04 93 33 54 72. Fax : 04 93 74 62 57. Web : www.camping-logisbrague.com. Réduction H.S.

LE PYLONE ★★★ Loisirs 800 E. (100 Tourisme + 700 Loisirs), dont 700 GCC, 10 ha. CV. Locations : . . Accès direct à la rivière. Bord de mer à 200 m. ; à 200 m : , , . Ouv : 1.1 / 31.12. RD 4 par RN 7 à 100 m, lieu-dit La Brague. Sortie autoroute Antibes prendre dir. Nice "Marineland" 200 m ☎ 04 93 33 52 86 / 04 93 74 94 70 (H.S.). Fax : 04 93 33 30 54. E-mail : camping.pylone@wanadoo.fr, Web : www.campingdupylone.com. Prix 2007. Fft jour : Empl. Tourisme (2) : 19,50 € () ; Sup : 5 € - de 8 ans 3 €. Réduction H.S.

LE ROSSIGNOL ★★★ Tourisme 111 E., dont 28 CC - 3 GCC, 1,8 ha. , gaz ou électrique, nuit, CV. Locations : 23, 4. chauffée . Bord de mer à 1,2 km. à 1,2 km : , , , ; à 1 km : . Ouv : 16.3 / 27.9. Avenue Jean Michard Pelissier. Accès par RN 7, avenue Jules Grec et avenue Pelissier et RN 7 chemin des 4 chemins. ☎ 04 93 33 56 98. Fax : 04 92 91 98 99. E-mail : campinglerossignol@wanadoo.fr, Web : www.campingrossignol.com. Prix 2008. Fft jour : Empl. Tourisme (2) : 22,40 € () ; Sup : 4,50 € 3,50 € ; 4,50 € (10 A) ; Animaux 3 €. Réduction H.S.

FFCC : partenaire + réduction emp. de 5 % en saison et hors saison.

LE SEQUOIA ★★★ Tourisme 50 E. dont 30 nus 0,9 ha. , gaz/électrique, CV. Locations : 3, 16. . Bord de mer et rivière à 600 m. à 500 m : ; à 600 m : , , . Ouv : début avril / mi-septembre. Rés. obligatoire en été. Avenue du Pylone. Centre ville à 1,5 km. Autoroute sortie n° 47 Villeneuve Loubet puis dir. Antibes par RN 7. ☎ 04 93 74 44 75 / / 06 80 63 71 97 (H.S.). E-mail : sequoia.antibes@wanadoo.fr, Web : www.sequoia-antibes.com. Prix 2008. Empl. Tourisme : 12,35 € () : 3,10 € ; 5,10 € ; - de 5 ans 3,90 € ; 3,50 à 5,20 € (6 à 10 A) ; Animaux 2,60 € (chien). Réduction H.S.

FFCC : partenaire + réduction emp. de 5 % en saison et hors saison + carte FFCC assurance annulation.

LES EMBRUNS ★★★ Tourisme 55 E. 0,55 ha. , H.S., CV. Locations : 4, 7, 4, . Bord de mer à 100 m. Rivière à 200 m. à 100 m : , , , , . Accueil groupes. Quartier de la Brague, route de Biot. Carrefour RN 7, RD 4 Biot. ☎ 04 93 33 33 35. Fax : 04 93 74 46 70. Web : www.campinglesembruns.com. Réduction H.S.

DOUCE FRANCE ★★ Tourisme 38 E. . Locations : , . . Bord de mer à 200 m. à 200 m : . 244, avenue du Pylône. ☎ 04 92 91 17 46. Fax : 04 93 65 83 32. E-mail : socomit@club-internet.fr, Web : www.o-m-i.net.

IDEAL CAMPING ★★ Tourisme 12 E. 0,17 ha. . Locations : 2, . Accès direct à la rivière. Bord de mer à 100 m. ; à 100 m : . Pont de la Brague, RN 7. Les caravanes ne sont pas admises. ☎ 04 93 74 27 07.

LES FRENES ★★ Tourisme 110 E. 2,5 ha. , à gaz, CV. Locations : 3, 11, 6. . Bord de mer à 600 m. ; à 600 m : , . 600 m RN 7. Sortie autoroute 44 Antibes/Juan-les-Pins dir. Nice et Biot par RN 7 ou par Sophia Antipolis dir. Biot/Antibes/Villeneuve-Loubet. ☎ 04 93 74 66 00 / 04 93 33 36 52. Fax : 04 93 74 66 00. E-mail : campinglesfrenes@aol.com, Web : www.camping-lesfrenes.com. Réduction H.S.

LES TREILLES ★★ Tourisme 40 E. 0,9 ha. Bord de mer, étang et rivière à 300 m. ; à 300 m : . 211, av Georges Bizet. Lotissement de la Brague, N 7 et CD 4. ☎ 04 93 74 14 31.

DEI DOUS PEIRE ★ Tourisme 60 E. (50 Tourisme + 10 Loisirs) 1,2 ha. sauf hors saison . 2. Locations : 4, 10, . Bord de mer et rivière à 500 m. ; à 500 m : . Quartier de la Brague. ☎ 04 93 33 55 94.

AURIBEAU SUR SIAGNE

14-E2 10 km S. Grasse. 85 m. 1154 hab. ✉ 06810

LE PARC DES MONGES ★★★ Tourisme 50 E. 1,4 ha. , gaz/électrique, CV. Locations : 8, 6, 1, . Accès direct à la rivière. Etang à 20 m. ; à 7 km : .Accueil adultes. Ouv : 5.4 / 27.9. Lieu-dit Le Gabre, RD 609 par RD 9. A 8 sortie n°40 Mandelieu centre dir. Grasse. ☎ 04 93 60 91 71. Fax : 04 93 60 91 71. E-mail : contact@parcdesmonges.fr, Web : www.parcdesmonges.com. Prix 2007. Fft jour : Empl. Tourisme (2) : 22,40 € ; Sup : 4,70 € - de 7 ans 4,20 € ; 3,50 à 4,50 € (4 à 6 A) ; Animaux 2,20 €. Réduction H.S.

FFCC : partenaire - terrain assuré par la FFCC + réduction emp. de 5 % hors saison.

LA RIVIERE ★★ Tourisme 75 E. 2 ha. . Locations : 10, . Accès direct à la rivière. Etang et lac à 200 m. Bord de mer à 5 km. . Lieu-dit Le Gabre. ☎ 04 93 42 82 26. Fax : 04 93 42 86 89. E-mail : princiland06@yahoo.fr.

AURON

90 km N.-O. Nice. 1142 m. 1783 hab. Station verte ✉ 06660

Voir SAINT-ETIENNE-DE-TINEE

LE BAR SUR LOUP

14-E2 9 km N.-E. Grasse. 280 m. 2043 hab. ✉ 06620

LES GORGES DU LOUP ★★★ Tourisme 70 E. 1,6 ha. , gaz/électrique, CV. Locations : 6, 9, 1, . Rivière à 500 m. ; à 500 m : . Ouv : 24.3 / 27.9. 965, chemin des Vergers, 900 m RN 2210. Accès pour attelage auto + caravane doit se faire dans le sens Pont de Loup/Grasse. Mise en place et sortie des caravanes à la demande. (Service gratuit) ☎ 04 93 42 45 06. Fax : 04 93 42 45 06. E-mail : info@lesgorgesduloup.com, Web : www.lesgorgesduloup.com. Prix 2007. Fft jour : Empl. Tourisme (2) : 22 € ; Sup : 4,20 € - de 5 ans 3,20 € ; 3,20 à 4,20 € (6 à 10 A) ; Animaux 2 €. Fft Ccar : 24,20 € (2). Fft Tente : 18 € (2). Réduction H.S.

FFCC : partenaire - terrain assuré par la FFCC.

BIOT

14-E2 19 km S.-E. Grasse. 65 m. 3680 hab. ✉ 06410

L'EDEN ★★★ Loisirs 165 E. dont 16 nus (60 Tourisme + 105 Loisirs) 2 ha. . Locations : 30. . Bord de mer à 1,5 km. à 1,5 km : ; à 1 km : . Ouv : 1.4 / 31.10. 243, chemin du Val de Pôme, sur RD 4 par RN 7 à 1 km. ☎ 04 93 65 63 70. Fax : 04 93 65 54 22. Prix 2007. Fft jour : Empl. Tourisme (2) : 22 € ; Sup : 6 € - de 8 ans 4 €. Réduction H.S.

LE MISTRAL ★ Tourisme 70 E. (50 Tourisme + 20 Loisirs) . . Locations : 10, 10. Bord de mer à 900 m. ; . 1780, route de la mer. RD 4, par RN 7. Autoroute sortie Antibes dir. Biot. ☎ 04 93 65 61 48. Fax : 04 93 65 75 64. Réduction H.S.

BREIL SUR ROYA

14-F1 60 km N.-E. Nice. 310 m. 2159 hab. Station verte de vacances et village de neige ✉ 06540

AZUR ET MERVEILLES ★★ Tourisme 70 E. (60 Tourisme + 10 Loisirs) 1,2 ha. , collectif, . Locations : 10. chauffée . Accès direct à la rivière. Lac à 500 m. ; . 650, promenade Georges Clemenceau. Autoroute Genova/Vintimille puis dir. Tende. ☎ 04 93 62 47 04 / 04 93 04 99 76 (H.S.). Fax : 04 93 04 99 80. E-mail : azuretmerveilles@wanadoo.fr.

BRIANCONNET

14-E1 68 km N.-O. Grasse. 1010 m. 184 hab. ✉ 06850

DOMAINE NATURISTE LE HAUT CHANDELALAR ★★★ Tourisme 75 E. 10 ha. CV Rés. naturiste. Locations : 10, 10 HLL. chauffée . ; . RN 85 Grenoble-Grasse jusqu'au carrefour du Logis du Pin puis D 2211 dir. St Auban-Puget Theniers. ☎ 04 93 60 40 09. Fax : 04 93 60 49 64. E-mail : lehaut.chandelalar@freesbee.fr, Web : www.le-haut-chandelalar.com. Réduction H.S.

FFCC : partenaire - terrain assuré par la FFCC.

CAGNES SUR MER

14-E2 24 km E. Grasse. 80 m. 35426 hab. ✉ 06800

GREEN PARK ★★★★ Tourisme 156 E. dont 78 nus (134 Tourisme + 22 Loisirs), dont 24 CC - 132 GCC - 12 HLL, 6 ha. , gaz/électrique, , saison, saison, CV Camping tourisme et handicap. Locations : 34, 30, 5 . chauffée . Bord de mer à 4,3 km. à 4,3 km : . Accueil groupes hors saison selon disponibilité. Ouv : 1.4 / 30.9. 159 bis, chemin Vallon des Vaux. D'Aix en Provence/Cannes par l'A 8 sortie 47 (Cagnes sur Mer), prendre la N 7 dir. Nice (ne pas prendre Cagnes centre). A l'hippodrome (à droite), continuer tout droit sur 1,9 km. Tourner à gauche dir. Val Fleuri puis tout droit sur 4 km. ☎ 04 93 07 09 96. Fax : 04 93 14 36 55. E-mail : info@greenpark.fr, Web : www.greenpark.fr. Prix 2007. Fft jour : Empl. Tourisme (2) : 26,50 € ; Sup : 6 € - de 7/18 ans 4,50 € ; 4,50 à 5,50 € (6 à 10 A) ; Animaux 3,80 € (chien). Réduction H.S.

LE COLOMBIER ★★★ Tourisme 33 E. 0,55 ha. CV Sanitaire chauffé. Locations : 2, 2, . Bord de mer et rivière à 2 km. à 2 km : ; à 5 km : . Ouv : 1.4 / 30.9. Rés. obligatoire en été. 35, chemin Ste-Colombe, 400 m de RD 36 et 1 km de RN 7. Suivre centre ville, collines de la route de Vence, jusqu'au rond-point Gustave Durante ☎ 04 93 73 12 77. Fax : 04 93 73 12 77. E-mail : campinglecolombier06@wanadoo.fr, Web : www.campinglecolombier.com. Prix 2008. Fft jour : Empl. Tourisme (2) : 20,80 € ; Sup : 4,10 € 3 à 3,50 € (4 à 6 A). Réduction H.S.

FFCC : partenaire + réduction emp. de 5 % en saison et 10 % hors saison.

LE TODOS ★★★ Tourisme 68 E. (58 Tourisme + 10 Loisirs), dont 6 HLL, 2 ha. , gaz/électrique, , juillet/août, CV Locations : 9, 10, 2, 5 . chauffée . Bord de mer à 4,5 km. à 4,4 km : ; à 4,5 km : . Accueil groupes hors saison selon disponibilité. Ouv : 1.4 / 30.9. 159, Vallon des Vaux. D'Aix en Provence/Cannes par l'A 8 sortie 47 (Cagnes sur Mer), prendre N 7 dir. Nice (ne pas prendre Cagnes centre). A l'hippodrome (à droite), continuer tout droit sur 1,9 km. Tourner à gauche dir. Val Fleuri puis tout droit sur 4 km. ☎ 04 93 31 20 05. E-mail : info@letodos.fr, Web : www.letodos.fr. Prix 2007. Fft jour : Empl. Tourisme (2) : 26,50 € ; Sup : 6 € - de 7/18 ans 4,50 € ; 4,50 à 5,50 € (6 à 10 A) ; Animaux 3,80 € (chien). Réduction H.S.

LA RIVIERE ★★ Tourisme 90 E. (85 Tourisme + 5 Loisirs) 1,2 ha. CV. Locations : . Accès direct à la rivière. Bord de mer à 4,5 km. ; à 4 km : , . Ouv : 1.2 / 30.10. Chemin des Salles. Accès par le centre ville, haut de Cagnes. Via Val de Cagnes. ☎ 04 93 20 62 27. Fax : 04 93 20 72 53. Web : www.campinglariviere06.fr. Prix 2008. Fft jour : Empl. Tourisme (2) : 17 € ( ) ; Sup : 3,80 € - de 7 ans 2,50 € ; 2,90 à 3,30 € (4 à 6 A) ; Animaux 1,70 €. Réduction H.S.
FFCC : partenaire - terrain assuré par la FFCC.

LE SAPHIR ★★ Tourisme 23 E. CV. Locations : 5 , 3 . ☎ 04 93 07 77 03.

LE VAL DE CAGNES ★★ Tourisme 34 E. dont 30 nus (29 Tourisme + 5 Loisirs) 0,85 ha. CV. Locations : 4 . . Rivière à 300 m. Bord de mer à 5 km. à 5 km : . Ouv : 10.2 / 30.10. 179, chemin des Salles ou route de la Gaude (CD 18) puis chemin du Val de Cagnes. ☎ 04 93 73 36 53. Fax : 04 93 73 36 53. E-mail : valdecagnes@wanadoo.fr, Web : www.camping-leval-cagnes.com. Prix 2007. Fft jour : Empl. Tourisme (2) : 21 € (E. CC) ; - de 5 ans 3 € ; 2,30 à 3,50 € ; Animaux 3 €. Réduction H.S.

TOUT REPOS ★★ Tourisme 32 E. (16 Tourisme + 16 Loisirs) 0,2 ha. . Locations : 18 , à 1,5 km : . Accueil groupes. Chemin des Tuilières, à Cros de Cagnes, à 1,5 km de RN 7. ☎ 04 93 31 02 61.

VAL FLEURI II ★★ Tourisme 93 E. (73 Tourisme + 20 Loisirs), dont 23 CC - 20 GCC, 2,3 ha. CV Sanitaire chauffé. Locations : 7 , . Bord de mer à 4 km. ; . Ouv : 15.2 / 30.10. A 3 km RN 7. ☎ 04 93 31 21 74. Fax : 04 93 31 21 74. E-mail : valfleuri2@wanadoo.fr, Web : www.campingvalfleuri.fr. Prix 2007. Fft jour : Empl. Tourisme (2) : 19,50 € ( ) ; Sup : 4 € - de 10 ans 2,50 € ; 3,60 € ; Animaux 1,50 €. Réduction H.S.

CANNES LA BOCCA

16 km S.-E. Grasse. 10 m. 70300 hab. ✉ 06150

CAMP PARC BELLEVUE ★★★ Tourisme 211 E. (200 Tourisme + 11 Loisirs), dont 8 CC - 29 GCC, 4 ha. CV. Locations : 60 . . Accès direct à la mer. à 1,5 km : ; à 1,8 km : ; à 1,5 km : . Ouv : 1.4 / 1.10. 67, avenue Maurice Chevalier. ☎ 04 93 47 28 97. Fax : 04 93 48 66 25. E-mail : contact@parcbellevue.com, Web : www.parcbellevue.com. Prix 2007. Empl. Tourisme : 11 € ( ) : 3 € ; 4 € ; - de 5 ans 3 € ; 3 € (6 A) ; Animaux 2 €.

LE CANNET

14-E2 15 km S.-E. Grasse. 100 m. 37430 hab. ✉ 06110

LE GRAND SAULE ★★★ Tourisme 55 E., dont 4 CC, 1 ha. . Locations : 20 , . . Bord de mer à 1,5 km. à 1,5 km : , , , . Boulevard Jean Moulin, quartier de Ranguin. D 9 rte de Pégomas/Grasse. Cannes la Bocca. Sortie A 8 Cannes ouest. Réservé aux agents EDF-GDF pour juillet/août. ☎ 04 93 90 55 10. Fax : 04 93 47 24 55. E-mail : info@legrandsaule.com, Web : www.legrandsaule.com.

RANCH CAMPING ★★★ Tourisme 130 E. dont 108 nus, , dont 63 CC, 2 ha. CV Sanitaire chauffé. Locations : 5 , 10 , 11 . couverte . Bord de mer à 2 km. à 2 km : , . Ouv : 15.4 / 15.10. Lieu-dit Aubarède, chemin de Saint Joseph, à 800 m RD 9. ☎ 04 93 46 00 11. Fax : 04 93 46 44 30. E-mail : dstallis@free.fr, Web : www.leranchcamping.fr. Prix 2007. Empl. Tourisme : 17 € ; 3 € ; 3 € ; 6 € ; - de 2/12 ans 3 € ; 3 € (6 A) ; Animaux 1 €.

G.C.U. LES PINS Réservé aux adhérents. Adhésion possible sur place pour les sociétaires MAIF et FILIA MAIF.

LA COLLE SUR LOUP

14-E2 20 km N.-E. Grasse. 110 m. 4749 hab. ✉ 06480

LES PINEDES ★★★ Tourisme 164 E. (155 Tourisme + 9 Loisirs), dont 40 CC - 9 GCC, 3,8 ha. , électrique ou gaz, , 2, CV Sanitaire chauffé. Locations : 8 , 21 . . Rivière à 50 m. ; à 7 km : . Accueil groupes hors saison. Ouv : 15.3 / 30.9. Quartier de Saint-Donat, route du Pont de Pierre. Sortie autoroute Cagnes-sur-Mer dir. La Colle-sur-Loup à 800 m sortie village sur la D 6. ☎ 04 93 32 98 94. Fax : 04 93 32 50 20. E-mail : camplespinedes06@aol.com, Web : www.lespinedes.com. Prix 2008. Fft jour : Empl. Tourisme (2) : 29 € ( ) ; Sup : 5,20 € - de 5 ans 3,30 € ; 3,90 à 4,60 € (6 à 10 A) ; Animaux 2,90 €. Fft Tente : 27 € (2). Réduction H.S.
FFCC : partenaire + réduction emp. de 5 % en saison et hors saison + carte FFCC assurance annulation + Stop accueil Camping-car du 15/03 au 30/04 et du 15/09 au 30/09/2008, accès jusqu'à 20h.

MONTMEUILLE ★ Tourisme 44 E. dont 44 nus 1,2 ha. . Rivière à 1 km.Bord de mer à 5 km. à 1 km : , ; à 7 km : , . Ouv : 1.5 / 14.9. 400, chemin de Montmeuille. A 400 m du village. D 6 route entre le stade et le gymnase. ☎ 04 93 32 84 29. E-mail : camping.montmeuille@gmail.com, Web : www.camping-montmeuille.blogspot.com. Prix 2007. Fft jour : Empl. Tourisme (3) : 19,80 € ( ) ; Sup : 4,90 € - de 5 ans 3,60 € ; 3,50 € (6 A) ; Animaux 3 €. Fft Tente : 15,90 € (2). Réduction H.S.
FFCC : partenaire - terrain assuré par la FFCC + réduction emp. de 5 % en saison et hors saison.

Voir aussi ROQUEFORT-LES-PINS

CONTES

14-F1 17 km N.-N.-E. Nice. 290 m. 4992 hab. ✉ 06390

LA FERME RIOLA,aire naturelle CV. A 5 km: . Ouv : 1.4. Sclos de Contes. Sortie 55 direction Contes. D2204 col de Nice D215 1 km D115 2 km ☎ 04 93 79 03 02. E-mail : la.riola@free.fr, Web : www.fermederiola.com. Prix 2008. ( ) : 8 € ; - de 10 ans 6 € ; 3 €.

M. KEGEL,aire naturelle CV. Ouv : 15.6 / 15.9. 1128, chemin de Baudaric. Par autoroute Nice Est n° 55 dir. Sospel. Caravanes, camping-car : accès difficile - Tél. pour réserver. ☎ 04 93 79 01 15. Fax : 04 93 79 16 90. E-mail : info@ararat.fr, Web : www.ararat.fr. Prix 2007. ( ) : 4 € ; 3 €. Fft Tente : 11 € (2).
FFCC : partenaire - terrain assuré par la FFCC .

COURSEGOULES

14-E1 32 km N.-N.-E. Grasse. 1020 m. 201 hab. ✉ 06140

M. TRABAUD Paul,aire naturelle le St Antoine . A 6 km: . RD 8. ☎ 04 93 59 12 36. Fax : 04 93 59 12 36.

ENTRAUNES

11-E5 115 km N.-O. Nice. 1260 m. 121 hab. ✉ 06470

CAMP LE TELIER ★★ Tourisme 21 E. 0,25 ha. CV. Accès direct à la rivière. ; .Accueil adultes. Depuis Nice N 202 dir. Digne puis à Pont de Gueydan D 2202 par Guillaumes. ☎ 04 93 05 51 83. E-mail : roche.grande@wanadoo.fr.

ESCRAGNOLLES

14-E1 29 km N.-O. Grasse 1000 m. 193 hab. ✉ 06460

LES AMPHONS ★ Tourisme 13 E. 0,8 ha. . Sur RN 85. ☎ 04 93 09 26 75.

EZE

14-F1 10 km N.-E. Nice. 350 m. 2064 hab. ✉ 06360

LES ROMARINS ★★ Tourisme 41 E. 0,7 ha. Locations : . Bord de mer à 5 km. à 5 km : . Ouv : 15.4 / 30.9. 250, avenue des Diables Bleus. Grande Corniche. Par RD 2564. Entre Monaco et Nice. Réservé uniquement aux tentes et camping-cars. ☎ 04 93 01 81 64. Fax : 04 93 76 70 43. E-mail : romarins06@aol.com, Web : www.campingromarins.com. Prix 2007. 11,30 € ; 6,30 € ; - de 5 ans 3,50 € ; 4,20 € ; Animaux 2,60 €.

FONTAN

11-F5 70 km N.-E. Nice. 430 m. 253 hab. ✉ 06540

CAMP MUNICIPAL ★★ Tourisme 38 E. . Accès direct à la rivière. . Quartier Barbanin. ☎ 04 93 04 55 86.

GORBIO

14-F1 35 km N.-E. Nice. 360 m. 658 hab. ✉ 06500

M. CAUVIN,aire naturelle . A 200 m : . A 2 km: . A 7 km : . Ouv : 1.4 / 31.10. CVO 3. Sortie Menton A 8 + D 23. Sortie La Turbie A 8 + N 7 et CD 50. ☎ 04 93 28 35 23. Prix 2007. Fft jour : Empl. Tourisme (2) : 13 € ( ) ; Sup : 3,50 € - de 10/14 ans 2 €.
FFCC : partenaire - terrain assuré par la FFCC .

M. MANGUINE,aire naturelle . Gorbio CD 23 puis ancien chemin de Menton. Place du village à gauche de la fontaine. ☎ 04 93 35 44 16. Fax : 04 92 10 08 85. E-mail : manguine.albert@wanadoo.fr.

GRASSE

36 km O. Nice. 355 m. 38360 hab. ✉ 06130

CAMP MUNICIPAL ★★ Tourisme 28 E.

LA PAOUTE ★★ Tourisme 77 E. 2,3 ha. CV. Locations : 2 , 4 . Ouv : 1.4 / 30.9. 5 km au Sud de Grasse, dir. Mouans-Sartoux derrière Auchan. ☎ 04 93 09 11 42 / 04 93 36 12 14 (H.S.). Fax : 04 93 40 06 40. E-mail : camppaoute@hotmail.com, Web : . Prix 2007. Fft jour : Empl. Tourisme (20) : 20 € ( ) ; Sup : 5 € - de 10 ans 3 € ; 4 € (10 A).

GUILLAUMES

11-E5 97 km N.-O. Nice. 792 m. 546 hab. Village de neige ✉ 06470

PONT DE LA MARIEE,aire naturelle , gril/piz, CV. Tire Boeuf. En provenance de Lyon et de la N 202, prendre la D 2202 en dir. de Guillaumes. ☎ 04 93 05 53 50 / 04 93 05 52 32. Fax : 04 93 05 53 50.
FFCC : partenaire - terrain assuré par la FFCC .

ISOLA

11-E5 76 km N.-O. Nice. 873 m. 539 hab. ✉ 06420

LE LAC DES NEIGES ★★★ Tourisme 98 E. (75 Tourisme + 23 Loisirs) 2 ha. , saison, CV Sanitaire chauffé. Locations : 3 , 13 , , 2 courts, . Accès direct aux bords du lac et à la rivière. kayak : ; à 1 km : . ☎ 04 93 02 18 16. Fax : 04 93 02 19 40.

LANTOSQUE

14-F1 50 km N. Nice. 450 m. 772 hab. ✉ 06450

LES MERVEILLES ★★ Tourisme 44 E. (34 Tourisme + 10 Loisirs) 0,7 ha. collectif, CV. Rivière à 300 m. à 300 m : . Ouv : 1.7 / 15.9. Le Suquet, par D 2565. ☎ 04 93 03 15 73. Prix 2007. Fft jour : Empl. Tourisme (2) : 13,70 € ( ) ; Sup : 5 € - de 6 ans 2 € ; 3 à 4,50 € (3 à 6 A) ; 1,40 € ; E. CC 1,60 € (Suplt.) ; Animaux 1 €.

MANDELIEU LA NAPOULE

15 km S. Grasse. 1 m. 14333 hab. ✉ 06210

LES CIGALES ★★★★ Tourisme 115 E. 2 ha. gaz ou électrique, CV Sanitaire chauffé. Locations : 39 , chauffée . Accès direct à la rivière. Bord de mer à 800 m. ; à 800 m : . Ouv : 1.1 / 31.12. Avenue de la Mer, par RN 7 ou RN 98 et A 8 sortie 40. Suivre l'indication Les Plages. ☎ 04 93 49 23 53. Fax : 04 93 49 30 45. E-mail : www.campingcigales@wanadoo.fr, Web : www.lescigales.fr. Prix 2007. Empl. Tourisme : 28,50 € ( ) : 6 € ; - de 5 ans 3 € ; 4,50 € (6 A) ; Animaux 1 €. Réduction H.S.
FFCC : partenaire - terrain assuré par la FFCC.

L'ARGENTIERE ★★★ Tourisme 66 E. 1,3 ha. CV. Locations : 15 . Accès direct à la rivière. Bord de mer à 800 m. ; à 800 m : 800 m, 800 m, . Bld du Bon Puits, par RN 98. ☎ 04 93 49 95 04. Fax : 04 92 97 19 85. Prix 2007. Fft jour : Empl. Tourisme (2) : 21 € ( ) ; Sup : 4,80 € - de 5 ans 2,50 € ; 3,20 € (A A) ; Animaux 3 €. Fft Tente : 18,50 € (2).

PLATEAU DES CHASSES ★★★ Tourisme 150 E. (98 Tourisme + 52 Loisirs), dont 24 GCC, 4 ha. CV Sanitaire chauffé. Locations : 20 . Bord de mer et rivière à 3 km. à 3 km : . Accueil groupes. Ouv : 1.4 / 1.10. Rue Jean Monnet, 800 m de l'hôtel de ville. ☎ 04 93 49 25 93. Fax : 04 93 49 25 93. E-mail : plateau3@wanadoo.fr, Web : www.campingduplateaudeschasses.fr. Prix 2007. 15 € ; 4,50 € ; 15 € ; 10 € ; 4,50 € ; - de 5 ans 3 € ; 5 € (6 A). Réduction H.S.
FFCC : partenaire - terrain assuré par la FFCC.

LA FERME ★★ Tourisme 88 E. 1,2 ha. CV. Locations : 3 , 2 , . Bord de mer à 600 m. ; à 650 m : . Ouv : 30.3 / 30.9. Rés. obligatoire en été. A La Napoule, RN 98. Autoroute A 8 sortie 40, à gauche dir. La Napoule/Théoule. ☎ 04 93 49 94 19. Fax : 04 93 49 18 52. E-mail : infos@campingdelaferme.com, Web : www.campingdelaferme.com. Réduction H.S.

LES PRUNIERS ★★ Tourisme 28 E. 0,8 ha. , snack, , électriques, , location, CV. Locations : 36 . . Accès direct à la rivière. Bord de mer à 300 m. ; à 300 m : . Ouv : 1.4 / 15.10. 118, rue de la Pinéa. A 8 sortie 40 (Mandelieu). 1ère à droite (bd des Ecureuils), au bout à gauche (av. de la mer), au rond-point à droite et 100 m après à droite. ☎ 04 93 49 99 23 / 04 92 97 00 44 (H.S.). Fax : 04 93 49 37 45. E-mail : contact@bungalow-camping.com, Web : www.bungalow-camping.com. Prix 2007. ( ) : 15 € ; 4 € ; 18 € ; 11 € ; 5 € ; - de 5/16 ans 4 € ; 4 € ; Animaux 1,50 €.

LE MINELLE ★ Tourisme 50 E. (48 Tourisme + 2 Loisirs) 0,75 ha. . Locations : . Bord de mer à 1,5 km. à 300 m : , ; à 800 m : , . Quartier de Minelle, sur RN 7. ☎ 04 93 49 79 90.

MENTON

31 km E. Nice. 20 m. 25449 hab. ✉ 06500

CAMP MUNICIPAL DU PLATEAU SAINT MICHEL ★★ Tourisme 131 E. 2,5 ha. , Proche, CV. Bord de mer à 1,2 km. à 1 km : . Accueil groupes. Ouv : 1.4 / 31.10. 1 km de RN 7. Accès très difficile aux caravanes. ☎ 04 93 35 81 23. Fax : 04 93 57 12 35. Prix 2007. Fft jour : Empl. Tourisme (2) : 20,5 € ( ) ; Sup : 3,75 € - de 10 ans 2,40 € ; 2,65 € (16 A) ; Animaux 2,65 €. Fft Ccar : 17,2 € (2).

MOUGINS

10 km S.-E. Grasse. 260 m. 10197 hab. ✉ 06250

L'EAU VIVE ★★ Tourisme 33 E., dont 10 CC - 9 GCC, 0,75 ha. . Locations : 10 . Bord de mer et rivière à 4 km. Etang à 5 km. à 5 km : . 713 chemin des Cabrières. A 8 sortie 42 Cannes centre, ou par RN 567 ou RN 85 Cannes/Grasse. ☎ 04 93 75 36 35.

LES LENTISQUES ★ Tourisme 23 E. (13 Tourisme + 10 Loisirs), dont 13 CC, 2 ha. Ancienne route de Valbonne. 1140, avenue du Général de Gaulle. ☎ 04 93 90 00 45.

MOULINET

786 m. 164 hab. ✉ 06380

CAMPING A LA FERME DU SEUILLET A 200 m : A 2 km: . Ouv : 1.1 / 31.12. Route de Turini. Sortie autoroute A8 Menton puis dir. Sospel. A Sospel suivre Moulinet-Col de Turini. A 2 km après le village de Moulinet sur la route du Col de Turini suivre le fléchage à partir du village. ☎ 04 93 76 08 24 / 06 13 40 84 51 (H.S.). Fax : 04 93 76 08 24. E-mail : fermeduseuillet@orange.fr. Prix 2007. Empl. Tourisme : 5 € : 4 € ; - de 5/12 ans 3 € ; 3 € ; Animaux 1 €.

FFCC : partenaire - terrain assuré par la FFCC + réduction emp. de 10 % en saison et hors saison.

NICE

960 km S.-E. Paris 16 m. 338486 hab. ✉ 06000

LE TERRY ★★ Tourisme 14 E. 0,14 ha. Rivière à 100 m. Ouv : 1.1 / 31.12. 768, route de Grenoble. A 8 sortie St Isidore. ☎ 04 93 08 11 58. Fax : 04 93 29 23 26. Prix 2007. Empl. Tourisme : 14 € ; 2,60 € ; 1,50 € ; 2 € ; 2,50 €.

OPIO

14-E2 9 km E. Grasse. 300 m. 1336 hab. ✉ 06650

L'OREE D'AZUR ★★★★ Loisirs 120 E. (39 Tourisme + 81 Loisirs), dont 30 CC - 81 GCC, 5 ha. Locations : 6 . Ouv : juin / 1.9. 18 route de Cannes. D 3. ☎ 04 93 77 32 00. Fax : 04 93 77 71 89.

PEGOMAS

14-E2 11 km S. Grasse. 25 m. 3492 hab. ✉ 06580

LE CABROL ★★★ Tourisme 105 E. 2 ha. Accès direct à la rivière. Bord de mer à 5 km. ; à 7 km : 200 m RD 109. ☎ 04 93 42 21 56. Fax: 04 92 97 52 63. E-mail : contact@campinglecabrol.com, Web : www.campinglecabrol.com. Réduction H.S.

CARAVANING LES MIMOSAS ★★ Tourisme 140 E., dont 140 GCC, 2 ha. à gaz, CV. Locations : 20 , 55 . Accès direct à la rivière. Bord de mer à 5 km. ; à 5 km : . Accueil groupes hors saison. Ouv : Pâques / octobre. 421 chemin de Cabrol. Sortie autoroute à Mandelieu, dir. Grasse. ☎ 04 93 42 80 39 / 04 93 42 36 11 / 04 93 60 65 24 (H.S.). Fax: 04 93 42 80 39. E-mail : cotedazur@holidaysuk.freeserve.co.uk. Prix 2007. Fft jour : Empl. Tourisme (2 1 - de 7 ans) : 20 € (E. GCC) Réduction H.S.

FFCC : partenaire + réduction emp. de 10 % en saison et 20 % hors saison.

PEILLON

14-F1 14 km N.-E. Nice. 372 m. 1038 hab. ✉ 06440

LA LAUNE ★★ Tourisme 33 E. Rivière à 200 m. Accueil groupes. Ouv : mai / septembre. 3724, Bd de la Vallée, Quartier du Moulin. ☎ 04 93 79 91 61 / 06 75 69 97 00 / 06 14 55 00 96 (H.S.). E-mail : campingdelalaune@yahoo.fr. Prix 2007. Fft jour : Empl. Tourisme (2) : 19 € ( ) ; Sup : 4 € - de 2/12 ans 3 € ; 2,50 à 3,50 € ; Animaux 1,50 €. Fft Ccar : 12 € (2). Réduction H.S.

PEONE

11-E5 103 km N.-O. Nice. 1176 m. 535 hab. Village de neige ✉ 06470

CAMP MUNICIPAL ★★ Tourisme 13 E. Ouv : 11.5 / 31.10. ☎ 04 93 02 59 89 (Mairie). Fax : 04 93 02 59 89. Prix 2007. 2,50 € ; 2 € ; 2,50 € ; 2 € ; 3 € ; - de 12 ans 1,50 € ; 2,50 € ; Animaux 1,50 €.

PEYMEINADE

14-E2 6 km O. Grasse. 220 m. 4479 hab. ✉ 06530

LA PINEDE ★★ Tourisme 66 E. 0,8 ha. Rivière à 3 km. Chemin Saint Marc, 100 m de RN 567. ☎ 04 93 66 14 35.

PUGET THENIERS

14-E1 65 km N.-O. Nice. 410 m. 1532 hab. ✉ 06260

DOMAINE NATURISTE L'ORIGAN ★★★ Tourisme 50 E. 10 ha. CV Sanitaire chauffé Rés. naturiste. Locations : 20 , 16 , 10 , Mini-villas. chauffée . Accès direct à la rivière. ; . Ouv : 7.4 / 7.10. Rés. obligatoire en été. RN 202. Accès WI-FI. ☎ 04 93 05 06 00. Fax : 04 93 05 09 34. E-mail : origan@wanadoo.fr, Web : www.origan-village.com. Prix 2007. Fft jour : Empl. Tourisme (2) : 31 € ( ) ; Sup : 7 € - de 8 ans 6 € ; Animaux 2 €. Réduction H.S.

CAMP MUNICIPAL ★★ Tourisme 52 E. (38 Tourisme + 14 Loisirs) .

ROQUEBILLIERE

11-F5 50 km N. Nice. 504 m. 1654 hab. ✉ 06450

LES TEMPLIERS ★★ Tourisme 70 E. dont 53 nus 0,95 ha. CV Sanitaire chauffé. Locations : 5 . Accès direct à la rivière. Accueil groupes. Quartier la Bourgade, par RD 2565 puis RD 69. Salle de loisirs. ☎ 04 93 03 40 28. Fax : 04 93 03 40 28. E-mail : camping.templiers@wanadoo.fr.

FFCC : partenaire - terrain assuré par la FFCC.

ROQUEFORT LES PINS

14-E2 12 km E. Grasse. 250 m. 3432 hab. ✉ 06330

LE CASTELLAS ★★★ Loisirs 60 E. dont 20 nus (20 Tourisme + 40 Loisirs) . uniquement juillet/août, à gaz, CV. Locations : 8 , 24 . Accès direct à la rivière. ; ; . Ouv : 1.1 / 31.12. Route de Roquefort, à la Colle sur Loup D 7. ☎ 04 93 32 97 05 (Eté) / 06 85 31 34 60 (H.S.). Fax : 04 93 32 97 05. E-mail : lecastellas.camping@wanadoo.fr, Web : www.camping-le-castellas.com. Prix 2007. 13 € ; 3 € ; 11 € ; 4 € ; - de 5 ans 2,50 € ; 2,50 à 5 € (4 à 10 A) ; Animaux 2 €. Réduction H.S.

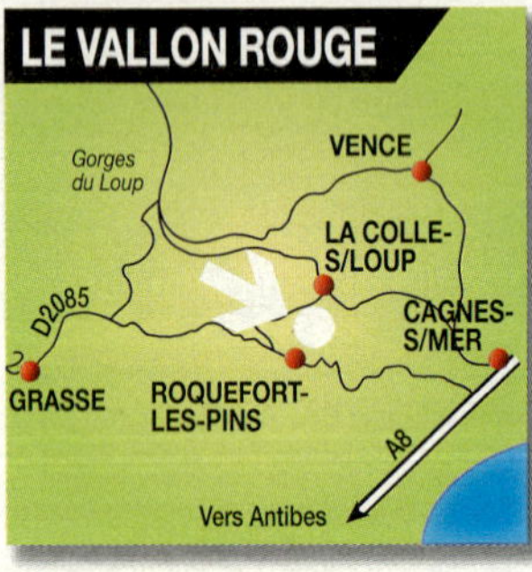

LE VALLON ROUGE ★★★ Tourisme 103 E. dont 52 nus électrique ou gaz, CV. Locations : 20 , 15 . Accès direct à la rivière. ; ; à 9 km : . Accueil groupes. Ouv : 5.4 / 29.9. Rés. obligatoire en été. Route de Gréolières. Sortie 47 autoroute Cagnes-sur-Mer, dir. la Colle sur Loup, D 6 Gorges du Loup. Pataugeoire. ☎ 04 93 32 86 12. Fax : 04 93 32 80 09. E-mail : info@auvallonrouge.com, Web : www.auvallonrouge.com. Prix 2008. Fft jour : Empl. Tourisme (2) : 19 € ( ) ; Sup : 4,30 € - de 18 ans 3,20 € ; 4,20 € ; Animaux 3 €.

FFCC : partenaire + réduction emp. de 5 % en saison et 20 % hors saison + réduction loc. de 5 % en saison et 10 % hors saison.

ROQUESTERON

14-E1 54 km N.-O. Nice. 340 m. 428 hab. ✉ 06910

LES FINES ROCHES ★★ Loisirs 32 E. (15 Tourisme + 17 Loisirs) 4 ha. Locations : 4 , 6 , 2 Chambres. Accès direct à la rivière. ; . Ouv : 1.1 / 31.12. Lou Speiras. ☎ 04 93 05 91 85.

FFCC : partenaire - terrain assuré par la FFCC.

LA ROQUETTE SUR SIAGNE

14-E2 10 km S. Grasse. 150 m. 2554 hab. ✉ 06550

CARAVANING SAINT LOUIS ★★★★ Tourisme 201 E., dont 114 CC - 87 GCC, 5 ha. saison, CV. Locations : 10 . Rivière à 1 km. Bord de mer à 5 km. ; ; à 5 km : . Domaine des Chênes, sur RD 9. ☎ 04 92 19 23 13. Fax : 04 92 19 23 14.

PANORAMIC ★★★ Tourisme 70 E. (65 Tourisme + 5 Loisirs), dont 30 GCC, 1 ha. CV. Locations : 26 , 6 , Chambres. . Etang à 1 km. Rivière à 2 km. Bord de mer à 5 km. à 2 km : ; à 5 km : . Accueil groupes. Ouv : 1.1 / 31.12. Avenue de la République, Quartier St Jean, sur RD 9. Sortie autoroute A 41. Solarium. ☎ 04 92 19 07 77. Fax : 04 92 19 07 77. E-mail : campingpanoramic@wanadoo.fr, Web : www.campingpanoramic.fr. Prix 2007. ( ) : 15 € ; 1,50 € ; 16 € ; 15 € ; 3,50 € ; - de 5 ans 2,50 € ; 2 à 3 € (2 à 6 A).

LA ROQUETTE SUR VAR

14-F1 565 hab. ✉ 06670

AL BOUCLE D'OR ★ Tourisme 25 E. Locations : 2 , . Rivière à 5 km. à 2 km : ; à 5 km : . Ouv : 1.1 / 31.12. 1 chemin des Traverses. RN 202 Pont Charles Albert. Chemin des Traverses. A8 sortie 52 St Isidore. Dir. Digne. ☎ 04 93 73 91 35 / 06 63 95 97 05 (H.S.). E-mail : alex3306@hotmail.fr.

ST AUBAN

14-E1 60 km N.-O. Grasse. 1160 m. 221 hab. ✉ 06850

LA PINATELLE ★★ Tourisme 40 E. 2 ha. Locations : 4 , 2 . Rivière à 200 m. Lac à 500 m. ; à 200 m : . Accueil enfants. ☎ 04 93 60 40 46. Fax : 04 93 60 42 45. E-mail : contact@camping-saintauban.com, Web : www.camping-saintauban.com.

ST CEZAIRE SUR SIAGNE

14-E2 16 km O. Grasse. 500 m. 1578 hab. ✉ 06780

EL PERDIDO ★★ Tourisme 16 E. (10 Tourisme + 6 Loisirs) 0,5 ha. Locations : . Rivière à 3 km. Le Plan. Chemin de la Stèle. ☎ 04 93 60 20 76 / 06 09 37 57 19. Fax : 04 93 60 20 76. E-mail : begarddjb@aol.com.

ST ETIENNE DE TINEE

11-E5 90 km N.-O. Nice. 1142 m. 2030 hab. Station verte de vacances et village de neige ✉ 06660

LES TRINITAIRES ★★ Tourisme 22 E. CV. Accès direct aux bords du lac et à la rivière. . Ouv : Juin / Septembre. Inaccessible pour les caravanes. ☎ 04 93 02 41 57 / 04 93 02 40 39 / 04 93 02 24 00 (H.S.). Fax : 04 93 02 46 93. Prix 2007. Fft jour : Empl. Tourisme (2) : 8,50 € Sup : 2,30 € - de 7 ans 1,60 € ; Animaux 0,80 €.

CARAVANING LE RIOU ★ Loisirs 15 E. ☎ 04 93 23 01 75.

LE CUBERSEL ★ Tourisme 100 E. 0,8 ha. CV. Lac à 2 km. ; . Route de Nabinas. Nice N 202. Dir. Auron. ☎ 04 93 23 00 40. Fax : 04 93 23 00 40.

ST JEANNET

14-E1 34 km N.-E. Grasse. 400 m. 2459 hab. ✉ 06640

LE BAHOU ★★★ Loisirs 66 E., dont 66 GCC, 2 ha. ☎ 04 93 24 44 26.

LA VIGNOBLE DES SAUSSES, aire naturelle CV. 800, chemin des Sausses. A 8 sortie St-Laurent du Var dir. St-Jeannet. ☎ 04 93 24 73 07 / 06 08 96 24 60. Fax : 04 93 24 96 01. E-mail : vignoble-stjeannet@club-internet.fr.

ST LAURENT DU VAR

30 km E. Grasse. 50 m. 20719 hab. ✉ 06700

MAGALI ★★★ Tourisme 79 E. (69 Tourisme + 10 Loisirs), dont 22 CC - 2 GCC, 1 ha. CV Sanitaire chauffé. Locations : 1, 10. à 6 km : . Ouv : 1.2 / 31.10. 1814, route de la Baronne. A 8 sortie 49, traverser ZI, tourner à gauche sur 100 m, puic à droite sur 2 km. Gardiennage de caravanes, camping-cars. ☎ 04 93 31 57 00. Fax : 04 92 12 01 33. E-mail : contact@camping-magali.com, Web : www.camping-magali.com. Prix 2007. Fft jour : Empl. Tourisme (2) : 22,30 € ; Sup : 4,20 € - de 5 ans 2,50 € ; 2,70 à 3,50 € (2 à 4 A) ; Animaux 2 €. Réduction H.S.

ST MARTIN D ENTRAUNES

11-E5 112 km N.-O. Nice. 1050 m. 113 hab. ✉ 06470

LE PRIEURE ★★★ Tourisme 35 E. 1,5 ha. CV Sanitaire chauffé. Locations : 2, 4, 6. chauffée. Rivière à 200 m. ; à 200 m : , . Ouv : 15.5 / 15.10. D 2202, route des Grandes Alpes Nice-Thonon. Centre de montagne. ☎ 04 93 05 54 99. Fax : 04 93 05 53 74. E-mail : infos@le-prieure.com, Web : www.le-prieure.com. Prix 2008. Empl. Tourisme : 8,60 € () : 4,20 € ; - de 5 ans 2,50 € ; 3 à 4 €.

FFCC : partenaire + réduction emp. de 5 % en saison et hors saison + carte FFCC assurance annulation + réduction loc. de 5 % en saison et hors saison.

Mme THAON Marguerite . Route 2202. ☎ 04 93 05 54 93 / 06 32 37 59 74.
FFCC : partenaire - terrain assuré par la FFCC .

ST MARTIN VESUBIE

11-F5 70 km N. Nice. 960 m. 1156 hab. Station verte de vacances et village de neige ✉ 06450

LES CHAMPOUNS ★★ Tourisme 50 E. 3 ha. CV. Locations : 1, 8. Etang, lac et rivière à 1,5 km. à 1,5 km : , . Accueil groupes encadrés. Route de Venanson, par RD 2565 jusqu'à Saint-Martin-Vésubie puis CD 31. ☎ 04 93 03 23 72 / 06 80 13 77 02. Fax : 04 93 03 28 96. E-mail : champouns@yahoo.fr, Web : www.champouns.com. Prix 2007. 4,90 € ; 2 € ; 7,50 € ; 4,50 € ; - de 12 ans 2,90 € ; 2,90 à 3,80 € (3 à 6 A) ; 1,50 € ; Animaux 1,50 €.

SAINT-JOSEPH ★★ Tourisme 50 E. dont 49 nus (35 Tourisme + 15 Loisirs) 0,9 ha. , collectif, CV. Locations : 1, 1. Rivière à 50 m. ; . Accueil groupes. Ouv : 15.4 / 15.10. Route du Stade. A8 sortie St-Isidore, RN 2002 dir. Digne. Après le plan du Var à droite, RD 2565. Avant le village sur le chemin du terrain de sports. ☎ 04 93 03 20 14 / 06 70 51 90 14 / 04 93 03 28 10 (H.S.). E-mail : contact@camping-alafermestjoseph.com, Web : www.camping-alafermestjoseph.com. Prix 2007. 5,50 € ; 2,60 € ; 7 € ; 5 € ; 3 € ; - de 4 ans 2 € ; 3 à 4 € ; 1,50 € ; Animaux 1,40 €. Réduction H.S.

LA MERIO ★ Tourisme 33 E. dont 38 nuc 0,6 ha. CV. Locations : 1. Accès direct à la rivière. Etang et lac à 5 km. ; a 1,5 km : . Accueil groupes. 1344, route de la Colmiane. 1,5 km en amont de St Martin Vésubie. ☎ 04 93 03 30 38 / 04 93 23 98 67 (H.S.). Web : www.univers-nature.com/la-merio/.

Mme DE CAQUERAY Géraldine CV. A 100 m : . A 300 m : . A 700 m : Piscine chauffée Piscine plein air. A 1 km: . A 3 km : . A 7 km : . A 8 km : . Ouv : 20.4 / 20.10. Route de Nice, par RD 565. ☎ 04 93 03 20 14 / 06 70 51 90 14 (H.S.). E-mail : camping.alaferme.stjoseph@wanadoo.fr, Web : www.camping.alafermestjoseph.com. Prix 2007. 5,50 € ; 2,60 € ; 7 € ; 5 € ; 3 € ; - de 4 ans 2 € ; 3 à 4 € (3 à 6 A) ; 1,50 € ; Animaux 1,40 €. Réduction H.S.

ST PAUL

14-E2 20 km N.-E. Grasse. 180 m. 2565 hab. ✉ 06570

CARAVANING SAINT-PAUL ★★★★ Tourisme 96 E. (80 Tourisme + 16 Loisirs) 1,75 ha. , aire spécifique, CV. Locations : 2, 10, 8. . Rivière à 4 km. ; à 6 km : . Ouv : 1.4 / 30.9. De l'A 8 accès par la pénétrante Cagnes/Vence CD 36. Camping à 2 km de Cagnes-sur-Mer. Les Belles Terres de St-Paul, 637 chemin du Malvan. ☎ 04 93 32 93 71 / 04 93 32 90 05 (H.S.). Fax : 04 93 32 01 97. E-mail : caravaningstpaul@aol.com, Web : caravaningstpaul.free.fr. Prix 2008. Fft jour : Empl. Tourisme (2) : 24 € () ; Sup : 4 € - de 5 ans 2,50 € ; 3 à 4 € (3 à 6 A) ; Animaux 1,50 €. Fft Tente : 17 € (2). Réduction H.S.

FFCC : partenaire + réduction emp. de 5 % en saison et 15 % hors saison + réduction loc. de 5 % en saison et 15 % hors saison.

ST SAUVEUR SUR TINEE

11-E5 62 km N.-O. Nice. 496 m. 496 hab. ✉ 06420

CAMP MUNICIPAL ★★ Tourisme 20 E. . Accès direct à la rivière. . Sur CD 30. ☎ 04 93 02 03 20.

ST VALLIER DE THIEY

14-E2 12 km N.-O. Grasse. 730 m. 931 hab. ✉ 06460

PARC DES ARBOINS ★★★ Loisirs 160 E. (78 Tourisme + 82 Loisirs), dont 12 CC - 101 GCC, 4 ha. snack, saison, CV. chauffée. Rivière à 5 km. à 5 km : ; à 6 km : . Sur RN 85, route Napoléon. A 8 sortie Grasse puis dir. Digne par RN 85. Bassin pour enfants. ☎ 04 93 42 63 89. Fax : 04 93 09 61 54. E-mail : reception@parc-des-arboins.com, Web : www.parc-des-arboins.com. Réduction H.S.

SERANON

14-E1 39 km N.-O. Grasse. 1050 m. 272 hab. ✉ 06750

CARAVANEIGE DE SERANON ★★★ Tourisme 90 E. dont 69 nus (75 Tourisme + 15 Loisirs) 1,4 ha. , à gaz, CV Sanitaire chauffé. Locations : 1, 5, 2, 4. Accueil groupes. Ouv : 1.4 / 31.10. Route Napoléon, RN 85. ☎ 04 93 42 15 57. Fax : 04 93 42 15 57.

SOSPEL

14-F1 42 km N.-E. Nice. 360 m. 2278 hab. Station verte de vacances et village de neige ✉ 06380

DOMAINE STE MADELEINE ★★★ Tourisme 90 E. (80 Tourisme + 10 Loisirs) 3,5 ha. CV. Locations : 10, 3, chambres. chauffée. Rivière à 700 m. à 3 km : . Accueil groupes. Ouv : 29.3 / 4.10. Route de Moulinet, à 4,2 km du centre ville. ☎ 04 93 04 10 48. Fax : 04 93 04 18 37. E-mail : camp@camping-sainte-madeleine.com, Web : www.camping-sainte-madeleine.com. Prix 2008. Fft jour : Empl. Tourisme (2) : 19 € ; Sup : 4,20 € - de 6 ans 2,40 € ; 2,90 € (15 A) ; 0,50 € ; Animaux 1,40 €. Réduction H.S.

FFCC : partenaire - terrain assuré par la FFCC.

CAMP MUNICIPAL ★★ Tourisme 32 E. 2 ha. . Accès direct à la rivière. Au stade E. Donato, lieu-dit Planchetta, par RD 204 et 566. ☎ 04 93 04 33 17 / 04 93 04 33 00. Fax : 04 93 04 12 66.

LE MAS FLEURI ★★ Tourisme 50 E. 2 ha. , collectifs, CV. Locations : 12, 14. Rivière à 1,5 km. ; . Accueil groupes. Ouv : 1.1 / 30.9. Quartier la Vasta. 2 km sur route de Sospel Moulinet. Autoroute sortie Menton dir. Sospel. Les chiens de cat. 1 et 2 ne sont pas acceptés dans les locations. ☎ 04 93 04 03 48 / 04 93 04 14 94 (H.S.). Fax : 04 93 04 14 86. E-mail : camping-le-mas-fleuri@wanadoo.fr, Web : www.camping-mas-fleuri.com. Prix 2007. Empl. Tourisme : 4,50 € ; 3,50 € ; 8 € ; 5,50 € ; - de 10 ans 3 € ; 2,50 € ; Animaux 2,80 €.

TENDE

11-F5 90 km N.-E. Nice. 815 m. 2045 hab. ✉ 06430

CAMP MUNICIPAL ★ Tourisme 35 E. Accès direct à la rivière.

TOUET SUR VAR

14-E1 55 km N.-O. Nice. 350 m. 342 hab. ✉ 06710

L'AMITIE ★★ Tourisme 30 E. dont 22 nus (20 Tourisme + 10 Loisirs), dont 10 CC, 1 ha. sauf Avec carnet de vaccination gratuit, CV. Locations : 4, Tepee. Accès direct à la rivière. ; . Accueil groupes hors saison. Ouv : 1.4 / 30.9. RN 6202 dir. Nice/Digne. Gardiennage. ☎ 04 93 05 74 32 / 06 74 81 06 56 (H.S.). Fax : 04 93 05 74 32. E-mail : l.amitie@orange.fr. Prix 2007. Fft jour : Empl. Tourisme (2) : 16,40 € ; - de 5 ans 3 € ; 1,30 € ; Animaux 2 €. Fft Ccar : 15,45 € (2). Fft Tente : 11,50 € (2).

TOURRETTES SUR LOUP

14-E1 44 km O. Nice. 400 m. 2727 hab. ✉ 06140

LA CAMASSADE ★★★ Tourisme 40 E. 2 ha. CV Sanitaire chauffé. Locations : 6, . Rivière à 3 km. à 5 km : . Ouv : 1.1 / 31.12. 523, route de Pie Lombard, à 2 km Ouest de la commune par D 2210. ☎ 04 93 59 31 54. Fax : 04 93 59 31 81. E-mail : courrier@camassade.com, Web : www.camassade.com. Prix 2007. Empl. Tourisme : 9,90 € ; 3,05 € ; 10,30 € ; 4,40 € ; - de 2/7 ans 2,15 € ; 2,30 à 3,40 € (2 à 4 A) ; Animaux 1,90 €. Réduction H.S.

FFCC : partenaire - terrain assuré par la FFCC + réduction emp. de 10 % hors saison + carte FFCC assurance annulation.

LES RIVES DU LOUP ★★★ Loisirs 116 E. dont 15 nus (49 Tourisme + 67 Loisirs) 1 ha. CV. Locations : 2, 40, Chambres climatisées. (Prix par jour). half-court, . Accès direct à la rivière. ; . Accueil groupes sur réservation. CD 6 entre le Pont du Loup et la Colle sur Loup. ☎ 04 93 24 15 65. Fax : 04 93 24 53 70. E-mail : info@rivesduloup.com, Web : www.rivesduloup.com. Réduction H.S.

VALDEBLORE

11-E5 65 km N.-O. Nice. 1500 m. 599 hab. Station verte de vacances et village de neige ✉ 06420

CARAVANING MUNICIPAL ★★ Loisirs 126 E. (40 Tourisme + 86 Loisirs). Lac à 3 km. Rivière à 5 km. Station de ski à 3 km. ☎ 04 93 23 25 86. Fax : 04 93 23 25 81.

VENCE

14-E1 28 km N.-E. Grasse. 325 m. 13428 hab. ✉ 06140

DOMAINE LA BERGERIE ★★★ Tourisme 450 E. dont 448 nus, 13 ha. 1.05 / 30.09, 1.05 / 30.09, 1.05 / 30.09, 1.05 / 30.09, 1.05 / 30.09, ap. 22h30, CV. Locations : 2. Rivière à 5 km. à 10 km : . Ouv : 25.3 / 15.10. 1330 chemin de la Sine. De Vence 3 km dir. Grasse, au rond-point à gauche dir. chemin de la Sine. Service bus sur place (Vence/Bergerie). ☎ 04 93 58 09 36. Fax : 04 93 59 80 44. E-mail : info@camping-domainedelabergerie.com, Web : www.camping-domainedelabergerie.com. Prix 2007. Fft jour : Empl. Tourisme (2) : 31 € (5 A) E. CC) ; Sup : 5 € - de 7 ans 3,30 €. Réduction H.S.

FFCC : partenaire + réduction emp. de 5 % en saison et hors saison + réduction loc. de 5 % en saison et hors saison.

VILLENEUVE LOUBET

14-E2 22 km E. Grasse. 20 m. 8210 hab. ✉ 06270

LA VIEILLE FERME ★★★★ Tourisme 153 E. (142 Tourisme + 11 Loisirs) 2 ha. saison, saison, à gaz, saison, CV Sanitaire chauffé. Locations : 30. couverte chauffée. Bord de mer à 900 m. à 1 km : . Ouv : 1.1 / 31.12. 300 m RN 7. ☎ 04 93 33 41 44. Fax : 04 93 33 37 28. E-mail : info@vieilleferme.com, Web : www.vieilleferme.com. Prix 2008. Fft jour : Empl. Tourisme (2) : 31 € ; Sup : 5 € - de 3 ans 3 € ; 4 à 6 € (6 à 10 A) ; Animaux 2 €. Fft Tente : 25 € (2). Réduction H.S.

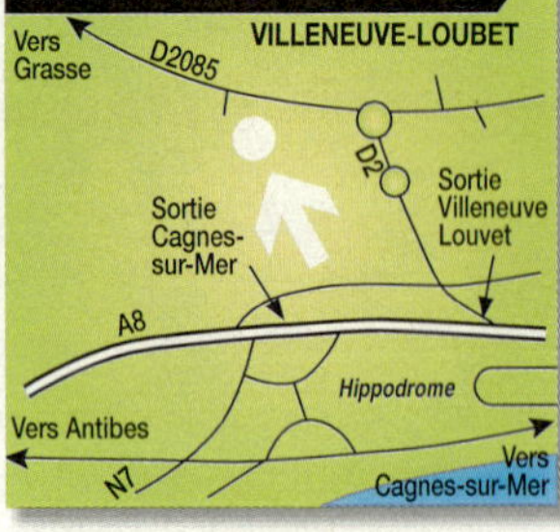

PARC SAINT JAMES LE SOURIRE ★★★★ Tourisme 411 E. (241 Tourisme + 170 Loisirs), dont 25 CC - 324 GCC. saison, 15.05 / 15.09, saison, tous les vendredis, en hte saison, en hte saison, CV. Locations : 50. contigü. Rivière à 2 km. Bord de mer à 4,5 km. à 4,5 km : , à 2 km : ; à 5 km : . Ouv : 31.3 / 29.9. Route de Grasse, RD 2085. 2 km de Villeneuve-Loubet village vers Grasse. Sortie autoroute 47 dir. Grasse. ☎ 04 93 20 96 11. Fax : 04 93 22 07 52. E-mail : info@camping-parcsaintjames.com, Web : www.camping-parcsaintjames.com. Prix 2008. Fft jour : Tourisme (2) : 29 € ; Sup : 4,50 € - de 4/10 ans 4 € ; Animaux 5 €.

CARAVANING L'OREE DE VAUGRENIER ★★★ Tourisme 51 E. 0,65 ha. Bord de mer à 1,5 km. à 1,5 km : . Ouv : Pâques / 15.10. 500, boulevard des Groules, 500 m de RN 7. ☎ 04 93 33 57 30. Fax : 04 93 33 57 30. Prix 2007. Fft jour : Empl. Tourisme (3) : 17,45 € Sup : 3,70 € - de 5 ans 2,90 € ; 3,30 à 3,40 € (6 à 10 A) ; Animaux 2,90 €. Réduction H.S.

L'HIPPODROME ★★★ Tourisme 53 E. 0,85 ha. saison, CV Sanitaire chauffé. couverte chauffée. Bord de mer à 250 m. à 250 m : . Autoroute de l'Estérel sortie 46, quartier Bouches du Loup, RD 41 et RN 7. Motel. ☎ 04 93 20 02 00. Fax : 04 92 13 20 07. E-mail : blsced@aol.com, Web : www.meublecamping-hippodrome.com. Réduction H.S.

PARC DES MAURETTES ★★★ Tourisme 140 E. dont 124 nus, dont 74 CC - 1 GCC, 1,6 ha., saison, collectifs, branch./empl., CV Sanitaire chauffé. Locations : 2, 14, Chambre. couverte chauffée . Bord de mer à 400 m. à 400 m : , , ; à 2 km : . Ouv : 10.1 / 15.11. Avenue du docteur Lefebvre, quartier des Maurettes. De Cannes sortie autoroute 46. De Nice sortie autoroute 47, puis dir. Antibes par la RN 7. internet / WIFI sur tous les emplacements + borne ☎ 04 93 20 91 91. Fax : 04 93 73 77 20. E-mail : info@parcdesmaurettes.com, Web : www.parcdesmaurettes.com. Prix 2007. Fft jour : Empl. Tourisme (2) : 29 € ; Sup : 4,85 € 3,20 € ; 3,15 à 5,20 € (3 à 10 A) ; Animaux 1,85 €. Fft Tente : 28 € (2). Réduction H.S.

FFCC : partenaire + carte FFCC assurance annulation.

CAMP DU PERE FRANCOIS ★★ Tourisme 32 E. 0,4 ha. CV. Locations : 4. Bord de mer à 500 m. Rivière à 2 km. ; à 400 m : , , . Quartier Logis de Bonneau. 200 m de RN 7. ☎ 04 93 20 06 44 / 04 93 73 15 13 (H.S.). Fax : 04 93 20 19 04. E-mail : PEREFRANC@aol.com, Web : www.chez.com/campingperefrancois.

CAMP ORION ★★ Tourisme 40 E. (21 Tourisme + 19 Loisirs), dont 24 CC - 14 GCC, 0,55 ha. , à gaz, . Locations : , . Bord de mer à 700 m. Rivière à 3 km. ; à 700 m : , . 948, avenue du Docteur Julien Lefèbvre, Quartier des Maurettes, 550 m RN 7. ☎ 04 93 73 93 73. Fax : 04 93 20 63 83.

LE PANORAMA ★★ Tourisme 62 E. 0,7 ha. , saison, CV. Locations : 6, 7. à 800 m : , , , . Ouv : 1.1 / 31.12. Quartier des Maurettes D 241 Villeneuve Loubet Plage. ☎ 04 93 20 91 53. Fax : 04 93 08 96 78. E-mail : panorama-villeneuveloubet@wanadoo.fr, Web : campingpanorama.monsite.wanadoo.fr. Prix 2008. Fft jour : Empl. Tourisme (2) : 15,50 € () ; Sup : 4 € - de 13 ans 2,50 € ; 3,80 € (6/10 A) ; Animaux 2 €. Fft Tente : 14,50 € (2). Réduction H.S.

NEPTUNE ★★ Tourisme 26 E. 0,4 ha. . Locations : 7, 1. Bord de mer à 400 m. Rivière à 600 m. à 400 m : . Avenue des Baumettes, par RN 7. ☎ 04 93 73 93 81.

CAMP DU PONT DU BOSQUET ★ Tourisme 7 E. 0,27 ha. . Accès direct à la rivière. ; à 2 km : . Centre village, par RN 85. (Route Napoléon). 1 bld de la Libération. ☎ 04 93 20 88 13.

LE CLOTEIROL ★ Loisirs 26 E., dont 26 GCC. . Locations : , . Rivière à 3 km. Bord de mer à 5 km. 2809, route de Grasse. 3 km après le village dir. Grasse dans le centre de loisirs de la Vanade. ☎ 04 93 20 99 52 / 06 16 31 89 82. Fax : 04 93 70 03 39.

RIVIERA VAUGRENIER ★ Tourisme 10 E. 0,3 ha. Quartier Vaugrenier. 380, allée du Parc. ☎ 04 93 20 92 50.

Cartes 10-11

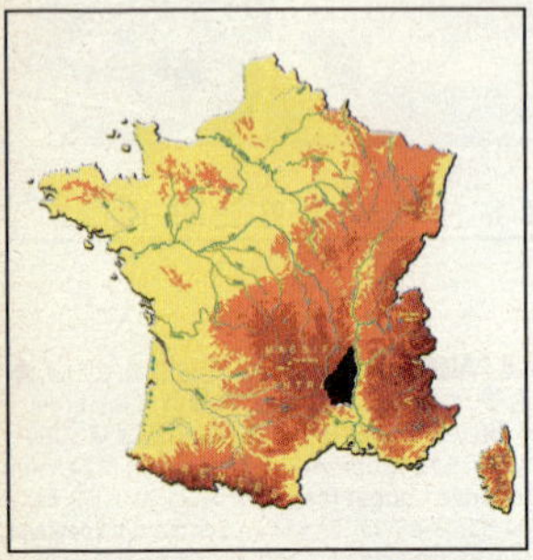

AIZAC

10-F4 35 km O. Privas. 600 m. 156 hab. ✉ 07530

LA BEZORGUES ★ Tourisme 20 E. 1,5 ha. CV. Locations : . Accès direct à la rivière. ; . Ouv : 15.6 / 1.10. Rés. obligatoire en été. Moulin Lacoste. Accès par la RD 243, 1 km sud-ouest d'Aizac ou par la RD 578 à Antraigues. ☎ 04 75 88 24 25. Fax : 04 75 88 24 25. E-mail : camping_la_besorgues@voila.fr, Web : www.camping-la-besorgues-ardeche.com. Prix 2007. 7 € ; - de 7 ans 5 € ; 3 à 4 € (2 à 5 A). Réduction H.S.

ALBA LA ROMAINE

10-F4 28 km S. Privas. 200 m. 824 hab. ✉ 07400

AU THEATRE ★ Tourisme 25 E. 0,9 ha. CV. Locations : 6 , , , . Rivière à 100 m. ; . Accueil groupes. 300 m de RN 102 et RD 263. ☎ 04 75 52 41 15 / 06 73 16 02 14 / 06 73 16 02 14 (H.S.). Fax : 04 75 52 41 15. E-mail : campingdutheatre@wanadoo.fr, Web : www.lecamping.com.

ALBON

10-F4 42 km N.-O. Privas. 630 m. 180 hab. ✉ 07190

CAMP MUNICIPAL BOIS CHABRIER ★★ Tourisme 22 E. 0,5 ha. . Accès direct à la rivière. ; . ☎ 04 75 65 65 81 (Mairie). Fax : 04 75 65 60 18. E-mail : mairie.albon7@wanadoo.fr, Web : www.chataigniers.fr.

ALBOUSSIERE

11-A3 23 km S.-O. Tournon. 548 m. 605 hab. ✉ 07440

CAMP G.C.U. Réservé aux adhérents. Adhésion possible sur place pour les sociétaires MAIF et FILIA MAIF.

CAMP MUNICIPAL LA DUZONNE ★★ Tourisme 55 E. 0,7 ha. CV. Locations : 10 , 2 , Mini-chalets (sans sanitaires). Accès direct à la rivière. Etang à 100 m. à 50 m : . Accueil groupes. Ouv : 1.4 / 10.9. A Valence (Drôme) direction Le Puy par la D 533 - St Péray - Alboussière (20 km de Valence) Prêt de jeux de société, de boules de pétanque, raquettes. ☎ 04 75 58 20 91. E-mail : alboussiere@camping-la-duzonne.com, Web : www.camping-la-duzonne.com. Prix 2007. Fft jour : Empl. Tourisme (2) : 9,50 € 3 € (10 A).

ANDANCE

11-A3 20 km N. Tournon. 128 m. 929 hab. ✉ 07340

LE CHATELET ★★★ Loisirs 60 E. dont 20 nus (20 Tourisme + 40 Loisirs), dont 60 GCC. CV Camping tourisme et handicap. Locations : 4 , 6 , . Etang et lac à 10 m. Rivière à 50 m. ; à 10 km : . Accueil groupes. Ouv : 1.4 / 30.10. Rés. obligatoire en été. Route du St-Joseph. Par autoroute, sortie Chanas puis Serriers dir. Tournon par RN 86. Par RN 7 sortie Creux de la Thine, Andancette puis Andance et dir. Serriers. ☎ 04 75 34 14 47 / 06 87 84 64 40 (H.S.). Web : camping.chatelet.free.fr. Prix 2007. Empl. Tourisme : 5,10 € ; 3,80 € ; - de 4/8 ans 2,30 € ; 3,10 € (6 A) ; Animaux 2 €.

FFCC : partenaire + réduction emp. de 5 % en saison et 10 % hors saison + carte FFCC assurance annulation + Stop accueil Camping-car du 01/04 au 31/10/2008 + réduction loc. de 10 % en saison et 15 % hors saison.

ANNONAY

11-A3 34 km N.-N.-O. Tournon. 360 m. 20085 hab. ✉ 07100

CAMP MUNICIPAL DE VAURE ★★ Tourisme 78 E., dont 44 CC, 2,5 ha. CV. couverte chauffée . ; . Accueil groupes. ☎ 04 75 33 73 73 / 04 75 33 46 54. Fax : 04 75 69 32 75. Web : www.mairie-annonay.fr.

ANTRAIGUES SUR VOLANE

10-F4 37 km O. Privas. 472 m. 523 hab. ✉ 07530

CAMP MUNICIPAL ★ Tourisme 25 E. . Rivière à 500 m. ; . Pont de l'Huile. Dir. Aizac. ☎ 04 75 88 26 93.

ARCENS

10-F4 68 km S.-O. Tournon-sur-Rhone. 600 m. 484 hab. ✉ 07310

CAMP MUNICIPAL ★★ Tourisme 16 E. dont 8 nus 0,19 ha. CV. Locations : 2 , . Accès direct aux bords du lac. Rivière à 10 m. ; ; . ☎ 04 75 30 40 72. Fax : 04 75 30 50 75. E-mail : mairie.arcens@inforoutes-ardeche.fr. Prix 2007. Fft jour : Empl. Tourisme (2) : 8 € ( ) ; Sup : 3 € - de 7 ans 1,50 € ; 3 €.

ARDOIX

11-A3 22 km N.-O. Tournon. 360 m. 638 hab. ✉ 07290

LE MOULIN DU COURS Non classé E. 2 ha. , snack, . Locations : 5 , , , . Rivière à 20 m. ; . Sortie A 7 Chanas, dir. St Vallier - Sarras puis Ardoix. Accès difficile aux grandes caravanes. ☎ 04 75 34 95 10. Fax : 04 75 34 95 10. Web : www.campingdumoulin.com.

ARLEBOSC

11-A3 26 km S.-O. Tournon. 420 m. 378 hab. ✉ 07410

LE VIADUC ★★ Tourisme 45 E., dont 1 CC - 1 GCC, 1 ha. CV. Locations : 1 , 2 , Yourte. Accès direct à la rivière. ; ; . Accueil groupes. D 578. En direction de Lamastre, après la sortie d'Arlebosc, à gauche (fléchage). ☎ 04 75 06 74 49 / 06 98 97 45 56 (H.S.). Fax : 04 75 06 74 49. E-mail : accueil@campingviaduc-ardeche.com, Web : www.campingviaduc-ardeche.com. Réduction H.S.

ASPERJOC

10-F4 41 km S.-O. Privas. 500 m. 364 hab. ✉ 07600

AUBENAS

10-F4 30 km S.-O. Privas. 300 m. 13134 hab. ✉ 07200

CAMP MUNICIPAL D'AUBENAS LES PINS ★★★ Tourisme 150 E., dont 8 CC - 5 GCC, 6 ha. CV. Locations : 10 , 20 , , , . Rivière à 5 km. . 78, route de Lazuel, sur CD 235 par centre ville obligatoirement. ☎ 04 75 35 18 15. Fax : 04 75 35 18 15. Web : www.lescledelles.com.

LA CHAREYRASSE ★★★ Tourisme 90 E. 3,5 ha. CV Sanitaire chauffé. Locations : 3 , , 30 , 3 , , , . Accès direct à la rivière. ; ; . Quartier Saint-Pierre. Direction Hôpital après 2ème rond-point à gauche. ☎ 04 75 35 14 59. Fax : 04 35 75 00 06. E-mail : camping-la-chareyrasse@wanadoo.fr, Web : www.camping-la-chareyrasse.fr. Réduction H.S.

DOMAINE DU ROCHER DE JASTRE ★★ Tourisme 33 E. 1,5 ha. CV. Locations : 2 , 3 , 1 , , 3 , . Rivière à 600 m. ; . Ouv : 1.6 / 30.9. Rés. obligatoire en été. A 7 sortie Montélimar-nord. RN 102 Montélimar/Le Puy-en-Velay. ☎ 04 75 35 04 39. E-mail : rocherdejastre@yahoo.fr, Web : www.rocherdejastres.com. Prix 2008. Fft jour : Empl. Tourisme (2) : 14,5 € ( ) ; Sup : 3,50 € - de 8 ans 2,50 € ; 3,50 € ; Animaux 1,50 €. Fft Ccar : 8 € (2).

FFCC : partenaire - terrain assuré par la FFCC + réduction emp. de 5 % en saison et 10 % hors saison + carte FFCC assurance annulation + Stop accueil Camping-car du 01/04 au 30/06 et du 01/09 au 31/10/2008, accès jusqu'à 22h + réduction loc. de 5 % en saison et 10 % hors saison.

BAIX

11-A4 19 km S.-E. Privas. 1017 hab. ✉ 07210

LE MERLE ROUX ★★★ Tourisme 190 E. (139 Tourisme + 51 Loisirs), dont 63 CC - 56 GCC, 16 ha. Sanitaire chauffé. Locations : , , . Rivière à 4 km. ; . O ☎ 04 75 85 84 14. Fax : 04 75 85 83 07. E-mail : info@lemerleroux.com, Web : www.lemerleroux.com.

BALAZUC

10-F4 9 km S.-E. Largentière. 159 m. 275 hab. ✉ 07120

LA FALAISE ★★★ Tourisme 40 E. snack, Locations : . Rivière à 20 m. ; ; ; . ☎ 04 75 37 72 33 / 04 75 37 74 27. Fax : 04 75 37 74 27. E-mail : berre-joel@wanadoo.fr.
FFCC : partenaire - terrain assuré par la FFCC.

LE CHAMADOU ★★★ Tourisme 86 E., dont 14 GCC, 2 ha. snack/pizzeria, partiel, CV Sanitaire chauffé. Locations : 17 . Lac à 400 m. Rivière à 1,5 km. ; privée gratuite : ; + pataugeoire : ; à 2 km : . Ouv : 22.3 / 31.10. Mas de Chaussy. Sortie autoroute Montélimar nord, puis N 102, D 103, D 579 à 1,5 km. ☎ 0 820 366 197 (Réserv.) / 06 86 91 54 47 (H.S.). Fax : 04 75 37 08 04. E-mail : infos@camping-le-chamadou.com, Web : www.camping-le-chamadou.com. Prix 2008. Fft jour : Empl. Tourisme (2) : 22,50 € ( ) ; Sup : 5,20 € - de 6 ans 3,60 € ; 4 € (10 A) ; Animaux 2,20 €. Réduction H.S.

LE RETOURTIER ★★ Tourisme 70 E. 1,2 ha. CV. Locations : 5 , 14 , 8 , . . Rivière à 700 m. ; à 700 m : , . Route d'Aubenas à Vallon Pont d'Arc. D 539. ☎ 04 75 37 77 67. Fax : 04 75 37 77 67.

M. BERRE Henri Les Salles. Accès par la RD 579. ☎ 04 75 37 72 33 / 04 75 37 74 27. Fax : 04 75 37 74 27.

M. BRAHIC MAURICE,aire naturelle La Croix du Bois Champgelly. ☎ 04 75 37 70 20.

M. RANCHIN Jules Barbine Servières. Par A 7, sortie Montélimard, dir. Aubenas-Vallon Pont d'Arc puis traverser le village de Balazuc, à droite après le pont. ☎ 04 75 37 70 16.

BARNAS

10-F4 40 km N.-O. Largentière. 470 m. 206 hab. ✉ 07330

CAMP MUNICIPAL ★ Loisirs 50 E. (25 Tourisme + 25 Loisirs) 0,54 ha. CV. Locations : 1 , . Accès direct à la rivière. ; . Lieu-dit Le Grand Pré, sur RN 102. ☎ 04 75 36 40 12. Fax : 04 75 36 40 12. E-mail : mairie.barnas@inforoutes-ardeche.fr. Réduction H.S.

BEAUCHASTEL

11-A4 24 km N.-E. Privas. 105 m. 1614 hab. ✉ 07800

CAMP MUNICIPAL LES VOILIERS ★★ Tourisme 114 E. (100 Tourisme + 14 Loisirs) 1,5 ha. snack, . Locations : , . . Accès direct à la rivière. ; ; . 1 km de RN 86. ☎ 04 75 62 24 04. Fax : 04 75 62 24 04.

BEAULIEU

10-F5 23 km S. Largentière. 130 m. 404 hab. ✉ 07460

PONT DE MAISONNEUVE ★★ Tourisme 100 E., dont 12 GCC, 2 ha. CV. Locations : 13 , Chambres d'hôtes. . Accès direct à la rivière. ; ; ; . Accueil groupes. Ouv : avril / octobre. Les Lèbres. Par CD 104 et CD 252. ☎ 04 75 39 39 25 / 06 75 09 20 54 (H.S.). Fax : 04 75 39 39 25.

M. DELEUZE Jacques,aire naturelle CV. A 1 km: . CD 104. Lieu-dit Les Lèbres. ☎ 04 75 39 03 51. Fax : 04 75 39 39 25.

BEAUMONT

10-F4 28 km O. Largentière. 620 m. 173 hab. ✉ 07110

LE RELAIS DES BRISON ★★ Tourisme 49 E. 1 ha. sauf 2 maxi , saison, collectif, , Jeux de boules, CV. Locations : 12 , 5 , 3 . privée : ; aménagée privée : ; . Accueil groupes. A Joyeuse dir. Valgorce (RD 203) sur 12 km. Au coeur des Gorges de la Beaume. Nombreux sentiers de randonnées. ☎ 04 75 39 43 52. E-mail : relaisdesbrison@wanadoo.fr, Web : www.r-brison.com. Prix 2007. Fft jour : Empl. Tourisme (2 1) : 14.0 € ( ) ; Sup : 3,30 € 3,30 € (10 A A). Réduction H.S.
FFCC : partenaire + réduction emp. de 5 % en saison et 10 % hors saison + carte FFCC assurance annulation + réduction loc. de 5 % en saison et 10 % hors saison.

M. MERCIER Pierre . La Roche. ☎ 04 75 39 54 22.

BERRIAS ET CASTELJAU

10-F5 32 km S.-O. Largentière. 120 m. 620 hab. ✉ 07460

LA ROUVEYROLLE ★★★★ Tourisme 100 E., dont 26 GCC, 2,3 ha. CV. Locations : 63 . . Accès direct à la rivière. ; ; . Accueil groupes hors saison. CD 104 à partir d'Aubenas dir. Alès. ☎ 04 75 39 00 67. E-mail : info@campingrouveyrolle.fr, Web : www.vivarais.com.

LA SOURCE ★★★ Tourisme 93 E. dont 63 nus, dont 8 CC. CV. Locations : 30 , . chauffée . Rivière à 3 km. à 3 km : , . Ouv : 27.4 / 15.9. Rés. obligatoire en été. Sur la D 104 à 30 km au Sud d'Aubenas, dir. Alès puis Berrias (pas dir. Casteljau). ☎ 04 75 39 39 13. E-mail : camping.la.source@wanadoo.fr, Web : www.camping-lasource.fr. Prix 2008. Fft jour : Empl. Tourisme (2) : 16,30 € ( ) ; Sup : 4,50 € - de 12 ans 2,40 € ; 3,50 € (6 A) ; Animaux 1,80 €. Réduction H.S.

LES CIGALES ★★★ Tourisme 110 E. dont 87 nus (101 Tourisme + 9 Loisirs), dont 9 GCC, 3 ha. CV. Locations : 7 , 13 , 4 . . Rivière à 2 km. à 2 km : , , permis oblig.. Accueil groupes. Ouv : avril / septembre. Rés. obligatoire en été. Autoroute sortie Loriol, dir. D 104 Aubenas-Alès. ☎ 04 75 39 30 33 / 06 80 25 82 02 (H.S.). Fax : 04 75 39 30 33. E-mail : contact@camping-cigales-ardeche.com, Web : www.camping-cigales-ardeche.com. Prix 2008. Fft jour : Empl. Tourisme (2) : 15 € ( ) ; Sup : 3 € - de 6 ans 1 € ; 3 à 5 € (5 à 10 A) ; Animaux 2 €. Réduction H.S.

LES TOURNAIRES ★★★ Tourisme 60 E., dont 10 GCC, 1,6 ha. CV. Locations : 8, 8, . Rivière à 150 m. ; ; . Accueil groupes. N 104 à 3 km et D 252 à 1 km. ☎ 04 75 39 36 39. Fax : 04 75 39 36 39. E-mail : camping-tournayres@bigfoot.com.

MAZET PLAGE ★★★ Tourisme 100 E. 2 ha. CV. Locations : 3, 6, , . Rivière à 10 m. ; ; ; . Accueil groupes. Accès par la D 104 puis RD 252 en dir. de Casteljau VVF. ☎ 04 75 39 32 56. Fax : 04 75 39 04 86. Réduction H.S.

CHAULET PLAGE ★★ Tourisme 50 E. 1 ha. CV. Locations : 6, , , , . Accès direct à la rivière. ; ; ; . Accueil groupes. Ouv : avril / fin octobre. RD 252. ☎ 04 75 39 01 36 / 04 75 39 30 27 (H.S.). Fax : 04 75 39 35 42. E-mail : nicolerobert@chaulet.plage.com, Web : www.chaulet-plage.com. Prix 2007. Fft jour : Empl. Tourisme (2) : 12 € ( ) ; Sup : 3 2,50 €. Réduction H.S.

LA VIGNASSE ★★ Tourisme 57 E. 1,5 ha. pizzeria, CV. Locations : 6, 7, 1, , . Rivière à 100 m. ; ; . Accueil groupes hors saison. 1 km RD 252. Escalade, randonnée, spéléologie, canyoning. ☎ 04 75 39 30 44 / 06 84 11 64 91 / 06 84 11 64 91 (H.S.). Fax : 04 75 39 30 44. E-mail : jean-luc.riviere2@wanadoo.fr, Web : www.camping-la-vignasse.com. Réduction H.S.

LE VIEUX MOULIN ★★ Tourisme 32 E., dont 8 GCC, 0,8 ha. CV. Locations : , , . Accès direct à la rivière. ; ; . Accueil groupes. Terres du Moulin Chaulet. ☎ 04 75 39 25 70. E-mail : info@camping-le-vieux-moulin.com, Web : www.camping-le-vieux-moulin.com.

LES ACTINIDIAS ★★ Tourisme 100 E. 0,9 ha. à gaz, CV. Locations : 3, 6. Accès direct à la rivière. Lac à 2 km. ; ; . Accueil groupes. Ouv : Pâques / 15.9. Par D 104 après Maisonneuve, dir. Casteljau, suivre fléchage : Actinidias, les Lauzaces. Escalade possible sur le terrain. ☎ 04 75 39 02 79 / 04 75 37 29 06. E-mail : actinidias@wanadoo.fr, Web : www.actinidias.com. Prix 2008. () : 3,30 € ; 3,30 € ; 2,85 € ; - de 7 ans 1,85 € ; 2,80 € ; Animaux 1,40 €. Fft Ccar : 12,50 € (2). Réduction H.S.

FFCC : partenaire + carte FFCC assurance annulation + Stop accueil Camping-car du 15/03 au 31/06 au 31/08 au 07/09/2008, accès jusqu'à 21h30.

LES BLACHES ★★ Tourisme 100 E., dont 1 CC - 10 GCC, 2 ha. CV. Locations : 10, 13. Accès direct à la rivière. ; ; ; . Accueil groupes. Ouv : 1.4 / 1.11. 1 km RD 252, carrefour CD 104 par route de Casteljau. ☎ 04 75 39 01 04 / 04 75 39 31 32 / 04 75 39 36 62 (H.S.). Fax : 04 75 39 36 62. E-mail : chantal.blaches@wanadoo.fr, Web : www.les-blaches.com. Prix 2007. Fft jour : Empl. Tourisme (2) : 12 € ( ) ; Sup : 2,90 € - de 7 ans 1,70 € ; 2,80 €.

CHAULET VILLAGE ★ Tourisme 35 E. 1 ha. CV. Locations : 3, , 2. Rivière à 100 m. ; ; . Sortie Nord Maisonneuve, desserte routière 104. ☎ 04 75 39 31 39. Fax : 04 75 39 03 78. Web : www.campingchauletvillage.com.

LE MANOIR (V.V.F.) ★ Tourisme 50 E. . Rivière à 300 m. ; . Club enfants (vacances scolaires été). ☎ 04 75 35 68 50. Fax : 04 75 39 38 87.

M. BISCARAT Alex,camping le Chansonaresse . Les Tournaires. Accès par la D 104. ☎ 04 75 39 02 45.

BERZEME

10-F4 18 km S. Privas. 730 m. 131 hab. ✉ 07580

M. RIOUX Joseph . A 8 km: . A 15 km : Piscine plein air. Le Chalayac, par RD 299. ☎ 04 75 64 21 52.

BESSAS

10-F5 36 km S. Largentière. 295 m. 169 hab. ✉ 07150

LA FONTINELLE ★★ Tourisme 12 E. 0,12 ha. CV. Locations : 1. chauffée. ; . Ouv : 15.6 / 15.9. Route de Saint-Sauveur. A 8 km de la RD 579. ☎ 04 75 38 65 69. Fax : 04 75 38 65 69. E-mail : la.fontinelle@wanadoo.fr, Web : www.camping-la-fontinelle.com. Prix 2007. Fft jour : Empl. Tourisme (2) : 15 € ( ) ; Sup : 2,50 € - de 7 ans 2 € ; 2,50 à 3 € ; Animaux 1 €.

FFCC : partenaire - terrain assuré par la FFCC + réduction emp. de 5 % en saison et hors saison + réduction loc. de 5 % en saison et hors saison.

BIDON

10-F5 78 km S.-O. Privas. 285 m. 59 hab. ✉ 07700

LES GROTTES ★ Tourisme 30 E. Locations : . Rivière à 20 m. ; canoë ; ; . Accès difficile chemin de 1500 m. Véhicules sport déconseillé (camping-cars ok). ☎ 04 75 04 14 65 / 04 66 90 73 82.

M. PAGES Michel,aire naturelle de camping du Mazet CV. Route des Gorges de l'Ardèche. Autoroute sortie Bollène/Pont St-Esprit/St-Just d'Ardèche. D 290 St-Martin d'Ardèche/Le Mazet. ☎ 04 75 04 36 19 / 06 89 34 28 87. Fax : 04 75 04 36 19. E-mail : mazet07@free.fr, Web : www.portail.ardeche.com. Prix 2007. 7,50 € ; - de 18 ans 4,50 € ; Animaux 1,50 €.

BOFFRES

11-A3 20 km S.-O. Valence-sur-Rhone. 580 m. 531 hab. ✉ 07440

M. FUSTIER Henri CV. A 200 m : . A 800 m : . A 4 km: . A 5 km : . A 8 km : Piscine plein air. Ferme Les Barriers, par RN 533 puis RD 219. ☎ 04 75 58 33 78.

BOUCIEU LE ROI

11-A3 19 km S.-O. Tournon. 276 m. 280 hab. ✉ 07270

LA VALLEE DU DOUX ★★ Loisirs 40 E. (10 Tourisme + 30 Loisirs) 0,9 ha. CV. Accès direct à la rivière. ; . Accueil groupes. Entre Tournon et Lamastre. ☎ 04 75 06 77 56. Fax : 04 75 06 77 56. E-mail : laquetj@wanadoo.fr.

BOURG ST ANDEOL

11-A5 50 km S.-S.-E. Privas. 70 m. 7665 hab. ✉ 07700

LE LION ★★★ Tourisme 140 E., dont 15 CC - 8 GCC, 5 ha. CV. Locations : 3, 5, , . Accès direct à la rivière. ; ; . 600 m RN 86, chemin du Chenevrier. Accès par centre ville dir. Viviers. ☎ 04 75 54 53 20 / 06 22 87 22 26 (H.S.). Fax : 04 75 54 53 20. E-mail : contact@campingdulion.com, Web : www.campingdulion.com.

BURZET

10-F4 44 km N.-N.-O. Largentière. 485 m. 619 hab. ✉ 07450

CAMP MUNICIPAL ★★ Tourisme 32 E. 0,35 ha. CV. Rivière à 50 m. ; . Lieu-dit Rieu Sépoux, sur RD 26. ☎ 04 75 94 43 91 (Mairie) / 06 63 14 70 49.

CHAMBONAS

10-F5 26 km S.-O. Largentière. 110 m. 520 hab. ✉ 07140

LES CHATAIGNIERS ★★ Tourisme 85 E. 2 ha. CV. Locations : 15, 8, . Rivière à 50 m. ; . Accueil groupes. Route de Lablachère, sur RD 104 A. ☎ 04 75 37 25 18 / 04 75 94 93 82. Fax : 04 75 94 95 50. E-mail : apac@ardeche-loisirs.com, Web : www.ardeche-loisirs.com. Prix 2007. Fft jour : Empl. Tourisme (2) : 13,10 € ( ) ; Sup : 6,50 € - de 7 ans 4,30 € ; 2,50 € (6 A) ; Animaux 1 €. Réduction H.S.

CHANDOLAS

10-F5 22 km S. Largentière. 130 m. 366 hab. ✉ 07230

M. THIBON Pierre CV. A 3 km: . A 4 km : ; . A 6 km : . A 10 km : . Le Boilassier - Les Martins. Accès par la D 104. ☎ 04 75 39 01 19.

CHARMES SUR RHONE

11-A4 28 km N.-E. Privas. 1550 hab. ✉ 07800

CAMP MUNICIPAL ★★ Tourisme 10 E. . Rivière à 50 m. ; ; . Route du Rhône. ☎ 04 75 60 96 62.

CHASSAGNES

10-F5 25 km S.-O. Largentière. 200 m. 105 hab. ✉ 07140

DOMAINE DES CHENES ★★★ Tourisme 122 E., dont 8 CC - 36 GCC, 2 ha. CV. Locations : 10, Maisonnettes. . Rivière à 500 m. à 200 m : ; ; . Accueil groupes basse saison. Ouv : 1.4 / 30.9. Par N 104 A et D 295. ☎ 04 75 37 34 35. Fax : 04 75 37 20 10. E-mail : reception@domaine-des-chenes.fr, Web : www.domaine-des-chenes.fr. Prix 2007. Fft jour : Empl. Tourisme (2) : 24 € ( ) ; Sup : 4 € - de 10 ans 3 € ; Animaux 2,50 €. Fft Ccar : 15 € (2).

LOU ROUCHETOU ★★ Tourisme 100 E., dont 3 CC - 4 GCC, 2 ha. CV. Locations : 20, 3, . Rivière à 200 m. ; ; ; . ☎ 04 75 37 33 13. Fax : 04 75 94 95 28. E-mail : rouchetou@libertysurf.fr. Réduction H.S.

M. FROMENT Désiré . A 2 km: . A 5 km : . A 6 km : . La Marquise, N 104. A 1,5 km de la ferme. Pré herbeux à flanc de colline. ☎ 04 75 37 31 74. Fax : 04 75 37 31 74.

FFCC : partenaire - terrain assuré par la FFCC .

CHASSIERS

10-F4 3 km E. Largentière. 245 m. 1065 hab. ✉ 07110

LES RANCHISSES ★★★★ Tourisme 165 E., dont 43 CC - 56 GCC - 6 HLL, 4 ha. gaz/électrique, , 2 fois/sem., CV. Camping clef verte. Locations : 8, 50, , , couverte chauffée . Accès direct à la rivière. ; ; . Accueil groupes. Ouv : 12.4 / 2.11. Rés. obligatoire en été. D'Aubenas dir. Largentière puis Rocher Valgorge par D 5. ☎ 04 75 88 31 97. Fax : 04 75 88 32 73. E-mail : reception@lesranchisses.fr, Web : www.lesranchisses.fr. Prix 2008. Fft jour : Empl. Tourisme (2) : 38,50 € ( ) ; Sup : 8 €Animaux 3 €. Réduction H.S.

FFCC : réduction loc. de 5 % hors saison.

CHAUZON

10-F5 12 km S.-E. Largentière. 180 m. 210 hab. ✉ 07120

LA DIGUE ★★★ Tourisme 106 E., dont 4 CC - 18 GCC, 2,5 ha. snack, CV Sanitaire chauffé. Locations : 19, 12, , , chauffée . Accès direct à la rivière. ; ; ; . Accueil groupes. 800 m RD 308. ☎ 04 75 39 63 57. Fax : 04 75 39 75 17. E-mail : info@camping-la-digue.fr, Web : www.camping-la-digue.fr. Réduction H.S.

LE BEAUSSEMENT ★★ Tourisme 83 E., dont 33 CC, 3 ha. CV. Locations : 11, 4, . Accès direct à la rivière. ; à 100 m : ; . Ouv : 10.3 / 30.9. D 579. ☎ 04 75 39 72 06. Fax : 04 75 39 71 97. E-mail : beaussement@wanadoo.fr, Web : www.beaussement.com. Prix 2007. Fft jour : Empl. Tourisme (2) : 14,30 € Sup : 3,90 € 3,60 €.

LES BASTIDES ★★ Tourisme 35 E. . Locations : . Accès direct à la rivière. ; ; . Réservé Action Sociale des Armées. ☎ 04 75 93 92 79. Fax : 04 75 93 92 79.

LE COIN CHARMANT ★ Tourisme 40 E. 0,8 ha. Locations : Accès direct à la rivière. Les Buirenses. Sortie autoroute Montélimar Nord. ☎ 04 75 39 78 73. Fax : 04 75 39 71 47. E-mail : josianecabrol@wanadoo.fr.

M. BOYER Jean village, CV. A 4 km: . A 5 km : . A 10 km : Piscine plein air. RD (BIS-Montpellier). Camping du Boudenas, les Acacias, 1 km Sud-Est du bourg. Pré ombragé, rivière. Téléphone privé au camping. Escalade au village. Location caravanes. ☎ 06 75 72 76 18 (Portable) / 04 75 39 66 15 (Domicile). Fax : 04 75 39 66 15. E-mail : jeanboyer1@wanadoo.fr, Web : perso.wanadoo.fr/gites.le.mas.

M. MAZEL Jean-Claude,aire naturelle CV. A 300 m : . A 5 km: . Ouv : 1.4 / 31.10. Les Chênes, par RN 579 et RN 104, 400 m de la commune, à proximité de la ferme. Clairière ombragée, rivière à 300 m. ☎ 04 75 93 99 83 / 06 72 71 52 69 / 04 75 93 99 83 (H.S.). Fax : 04 75 39 68 95. Web : www.leschenes07.com. Prix 2007. Fft jour : Empl. Tourisme (2) : 10 € Sup : 3,40 € - de 7 ans 1,70 € ; 3,40 €. Réduction H.S.

FFCC : partenaire + réduction emp. de 5 % en saison et 10 % hors saison.

LE CHEYLARD

10-F4 54 km S.-O. Tournon. 430 m. 4260 hab. ✉ 07160

CAMP MUNICIPAL DE CHAMBAUD ★★ Tourisme 61 E. dont 58 nus pain, CV. Locations : 2, 5. Accès direct à la rivière. Accueil groupes. Par CD 120 dite route de la Vallée de l'Eyrieux. ☎ 04 75 29 15 67 / 04 75 29 09 53 (H.S.). Fax : 04 75 29 09 53. E-mail : mosslercat@wanadoo.fr. Réduction H.S.

LA CHEZE ★★ Tourisme 96 E. dont 78 nus, 3 ha. petite, collectif, CV. Locations : 2, 3, 3. Rivière à 1 km. à 2 km : . Accueil groupes. 300 m RD 264. ☎ 04 75 29 09 53. Fax : 04 75 29 09 53. E-mail : mosslercat@wanadoo.fr, Web : www.camping-de-la-cheze.com. Prix 2007. Fft jour : Empl. Tourisme (2) : 10,50 € ; Sup : 3 € - de 10 ans 2 € ; 2 à 4 € (3 à 10 A) ; Animaux 0,50 €. Réduction H.S.

COLOMBIER LE VIEUX

11-A3 17 km O. Tournon-sur-Rhone. 420 m. 471 hab. ✉ 07410

L'AUBERGE DU DOUX ★★ Tourisme 42 E. dont 39 nus lessives effectuées par le gestionnaire, CV. Locations : 3. Accès direct à la rivière. Accueil groupes. Ouv : 1.4 / 30.9. Situé le long du Doux entre Tournon et Lamastre. ☎ 04 75 06 79 10. Fax : 04 75 06 79 10. E-mail : accueil@camping-aubergedudoux.com, Web : www.camping-aubergedudoux.com. Prix 2007. Fft jour : Empl. Tourisme (2) : 14 € ; Sup : 3,80 € - de 7 ans 2,80 € ; 2,80 € (6 A). Réduction H.S.

LE MARCHAND ★ Loisirs 26 E. (3 Tourisme + 23 Loisirs) 0,34 ha. Rivière à 100 m. ☎ 04 75 06 73 06.

COUCOURON

10-E4 67 km N.-O. Largentière. 1139 m. 671 hab. Station verte de vacances et village de neige ✉ 07470

CAMP MUNICIPAL ★★ Tourisme 104 E. 4 ha. CV. Locations : 3, 3. Lac à 400 m. ☎ 04 66 46 13 08 / 04 66 46 10 22 / 04 66 46 16 54 (H.S.). Fax : 04 66 46 14 56.

COUX

10-F4 2,5 km E. Privas. 200 m. 1418 hab. ✉ 07000

LE MOULIN D'ONCLAIRE ★★ Tourisme 40 E. dont 33 nus 0,45 ha. CV. Locations : 4, 3, Chambres d'hôtes. Accès direct à la rivière. Accueil groupes. Ouv : 1.4 / 6.10. RN 304. ☎ 04 75 64 51 98. E-mail : moulin@onclaire.com, Web : www.onclaire.com. Prix 2008. Fft jour : Empl. Tourisme (2) : 13 € ; Sup : 3,20 € - de 7 ans 2 € ; 3 € (6 A) ; Animaux 2 €. Réduction H.S.

FFCC : partenaire + réduction emp. de 5 % en saison et hors saison.

LE CRESTET

11-A3 24 km S.-O. Tournon. 470 m. 436 hab. ✉ 07270

LES ROCHES ★★★ Tourisme 58 E. dont 34 nus, dont 11 CC - 20 GCC, 0,25 ha. CV. Locations : 19, 1, 4, chauffée. Accès direct à la rivière. Accueil groupes. Ouv : 1.5 / 1.10. Sortie autoroute Tain-l'Hermitage. ☎ 04 75 06 20 20. Fax : 04 75 06 26 23. E-mail : camproches@club-internet.fr, Web : www.campinglesroches.com. Prix 2007. Fft jour : Empl. Tourisme (2 1 - de 2) : 14,80 € ; 3 à 3,20 € (4 à 6 A) ; Animaux 1,50 €. Réduction H.S.

FFCC : partenaire - terrain assuré par la FFCC + réduction emp. de 5 % hors saison + réduction loc. de 5 % hors saison.

CROS DE GEORAND

50 km N.-O. Largentière. 1028 m. 268 hab. ✉ 07510

CAMP MUNICIPAL ★★ Tourisme 22 E. Val de Tauron.

CRUAS

11-A4 25 km S.-E. Privas. 82 m. 2200 hab. ✉ 07350

LES ILONS ★★★ Tourisme 80 E. dont 92 nus, dont 13 CC - 67 GCC, 1,6 ha. juillet / août, CV Sanitaire chauffé. Locations : 7, 8. Lac à 10 m. Etang à 30 m. Rivière à 300 m. ; à 300 m : . Accueil groupes. Ouv : 12.1 / 21.12. Autoroute sortie Loriol ou Montélimar Sud. RN 86 à 1 km. ☎ 04 75 49 55 43 / 04 75 49 57 27 (H.S.). Fax : 04 75 49 55 43. E-mail : contactcamping@wanadoo.fr. Prix 2008. Fft jour : Empl. Tourisme (1 1 - de 2) : 15 € ; Sup : 4,50 € - de 7/12 ans 3,50 € ; 3,50 € (10 A) ; Animaux 2 €. Fft Ccar : 11,50 € (1). Réduction H.S.

FFCC : partenaire + réduction emp. de 5 % en saison et hors saison + carte FFCC assurance annulation + réduction loc. de 5 % en saison et 15 % hors saison.

DARBRES

10-F4 20 km S.-O. Privas. 500 m. 168 hab. ✉ 07170

LES CHARMILLES ★★★ Tourisme 90 E. dont 75 nus, dont 5 GCC, 3,5 ha. snack, à gaz, . Locations : 14, 8. Ouv : 21.3 / 30.9. Rés. obligatoire en été. Quartier les Clapas. 100 m D 258, à 2 km Sud du bourg, direction Mirabel. ☎ 04 75 88 56 27. Fax : 04 75 85 56 35. E-mail : info@campinglescharmilles.fr, Web : www.campinglescharmilles.fr. Prix 2008. Fft jour : Empl. Tourisme (2) : 26 € ; Sup : 5 € 3,50 à 6 € (5 à 10 A) ; Animaux 2 €.

LES LAVANDES ★★★ Tourisme 73 E. dont 58 nus 1,5 ha. CV. Locations : 12. Rivière à 500 m. Lac à 1 km. Accueil groupes sauf du 14.07 / 15.08. Autoroute Montélimar nord ou Montélimar sud. Prendre la route d'Aubenas. Centre de Lavilledieu tournez à droite. Lussas puis Darbres. Echiquier géant, billard. ☎ 04 75 94 20 65. Fax : 04 75 94 20 65. E-mail : sarl.leslavandes@online.fr, Web : www.les-lavandes-darbres.com. Réduction H.S.

Mme COSTET Annie CV. A 2 km : . A 5 km : . Camping Les Hirondelles. Accès par la RD 224. Ne permet pas l'accueil de caravanes (accès difficile). ☎ 04 75 94 26 28. E-mail : les.hirondelles@club-internet.fr.

DESAIGNES

10-F3 40 km S.-O. Tournon-sur-Rhone. 500 m. 1185 hab. Station verte de vacances et village de neige ✉ 07570

LE SOLEIL ROUGE ★★ Tourisme 29 E. dont 24 nus 0,3 ha. snack, CV. Locations : . Accès direct à la rivière. Accueil groupes. Les Salins. Entre Lamastre et St-Agrève sur la Route de Tournon puis dir. Le Puy. ☎ 04 75 06 63 81. E-mail : lesoleil.rouge@wanadoo.fr, Web : www.camping-lesoleilrouge.com.

DEVESSET

10-F3 60 km O. Tournon-sur-Rhone. 1100 m. 270 hab. ✉ 07320

CAMP DU SYNDICAT INTERCOMMUNAL DU LAC DE DEVESSET ★★ Tourisme 50 E. 2 ha. CV. Locations : 8, 3, HLL. Lac à 200 m. Accueil groupes. ☎ 04 75 30 00 37. Fax : 04 75 30 00 37. E-mail : base.de.loisirs@lac-de-devesset.fr, Web : www.lac-de-devesset.fr.

DORNAS

10-F4 60 km S.-O. Tournon. 630 m. 320 hab. ✉ 07160

CAMP MUNICIPAL LA GANDOLE ★★ Tourisme 11 E. 0,24 ha. Accès direct à la rivière. ☎ 04 75 29 23 45 / 04 75 29 34 11 (Mairie).

ECLASSAN

11-A3 22 km N.-O. Tournon. 400 m. 535 hab. ✉ 07370

L'OASIS ★★★ Tourisme 63 E. dont 41 nus (60 Tourisme + 3 Loisirs), dont 36 CC - 29 GCC, 6 ha. CV Sanitaire chauffé. Locations : 16, 2, 4, chauffée. Accès direct à la rivière. Lac à 4 km. Ouv : 15.4 / 30.9. Dir. Eclassan puis suivre les panneaux du camping. ☎ 04 75 34 56 23. Fax : 04 75 34 47 94. E-mail : oasis.camp@wanadoo.fr, Web : www.oasisardeche.com. Prix 2008. Fft jour : Empl. Tourisme (2) : 18,50 € ; Sup : 4,10 € - de 12 ans 3,90 € ; 3,20 à 3,70 € (3 à 6 A) ; Animaux 2,10 €. Réduction H.S.

FABRAS

10-F4 20 km N. Largentière. 450 m. 214 hab. ✉ 07380

BONNEVAL ★★ Tourisme 60 E., dont 3 GCC, 3 ha. CV. Locations : 4, 2, 1. Rivière à 150 m. Ouv : avril / septembre. Rés. obligatoire en été. Les Plots. A 7 sortie Montélimar nord/le Teil/Aubenas dir. Le Puy, à Lalevade prendre rte de Jaujac. RN 88 dir. Le Puy/Aubenas, au village de Pont de Labeaume prendre rte de Jaujac. Promenade pédestre. ☎ 04 75 93 27 09 / 06 83 52 81 75 / 04 75 93 23 83 (H.S.). Fax : 04 75 93 23 83. Web : www.guideweb.com/ardeche/camping/bonneval/. Prix 2007. Fft jour : Empl. Tourisme (2) : 18,50 € ; Sup : 4 € - de 7 ans 3,20 € ; 3 €. Réduction H.S.

FELINES

11-A2 35 km N.-O. Tournon. 400 m. 715 hab. ✉ 07340

LE BAS LARIN ★★★ Tourisme 67 E. dont 37 nus, dont 21 GCC, 1,5 ha. snack, CV. Locations : 4, 8. Rivière à 4 km. à 4 km. Ouv : 1.4 / 30.9. 88, route de Larin Le Bas. Sur RN 82 entre Serrières et Annonay. Suivre dir. Safari Peaugres. A 7 sortie Chanas. ☎ 04 75 34 87 93 / / 06 32 85 08 97 (H.S.). Fax : 04 75 34 87 93. E-mail : campi ng.baslarin@wanadoo.fr, Web : www.bas-lari n.com. Prix 2007. Fft jour : Empl. Tourisme (2) : 16 € ; Sup : 3,50 € - de 7 ans 2,50 € ; 2,50 à 3,50 € (4 à 10 A). Réduction H.S.

FFCC : partenaire + carte FFCC assurance annulation.

FLAVIAC

11-A4 7 km N. Privas. 160 m. 993 hab. ✉ 07000

M. MONTEIL Alain A 1,5 km: . A 2 km : . A 5 km : Piscine plein air . A 8 km : . Ouv : 1.5 / 30.9. Paraud. Accès par la N 304 (entre le Pouzin et Privas). ☎ 04 75 65 74 11 / 06 80 01 49 40 / 06 79 84 92 45 (H.S.). Prix 2008. Fft jour : Empl. Tourisme (2) : 9 € ; Sup : 2 € - de 6 ans 1 € ; 3 € (6 A) ; Animaux 1 €.

GILHAC ET BRUZAC

11-A4 40 km N.-E. Privas. 600 m. 113 hab. ✉ 07800

PLEIN SUD ★★★ Tourisme 50 E. dont 25 nus, dont 23 CC - 25 GCC. CV. Locations : 6, 4, 4, 3, 6. Lac et rivière à 5 km. à 5 km : . Accueil groupes. Boussenac. ☎ 04 75 40 46 61. Fax : 04 75 80 13 17. E-mail : jeannoel.papillat@wanadoo.fr, Web : www.campingpleinsud.fr. Réduction H.S.

GLUIRAS

10-F4 35 km N.-O. Privas. 800 m. 398 hab. ✉ 07190

L'ARDECHOIS ★★★★ Tourisme 106 E., dont 25 GCC, 5 ha. CV Sanitaire chauffé. Locations : 9, 19, 6. chauffée. Accès direct à la rivière. Accueil groupes. Ouv : 25.4 / 30.9. Rés. obligatoire en été. De Valence N 86 jusqu'à Beauchastel, D 120 jusqu'à St-Sauveur-de-Montagut. D 102 dir. Mezilhac. A 8 km du village. ☎ 04 75 66 61 87. Fax : 04 75 66 63 67. E-mail : ardechois.camping@wanadoo.fr, Web : www.ardechois-camping.fr. Prix 2008. Fft jour : Empl. Tourisme (2 1 - de 3 ans) : 27,50 € ; Sup : 6,25 €Animaux 4 €. Réduction H.S.

CAMP MUNICIPAL ★ Tourisme 20 E. 1 ha. A 500 m du village dir. Le Cheylard. ☎ 04 75 66 74 30. Fax : 04 75 66 74 31. E-mail : mairie-gluiras@wanadoo.fr, Web : www.gluiras.com.

GRAS

10-F5 50 km S.-O. Privas. 345 m. 250 hab. ✉ 07700

Mme FRANCHI Martine,aire naturelle Lieu-dit Gadis. Sortie autoroute Montélimar Sud. ☎ 04 75 04 39 90.

GRAVIERES

10-F5 30 km S.-O. Largentière. 220 m. 445 hab. ✉ 07140

LE MAS DU SERRE ★★ Tourisme 75 E. 3 ha. CV. Locations : 5. Rivière à 200 m. à 200 m : . Ouv : 1.4 / 30.9. Route de Villefort. A 3 km au Nord des Vans. Vallée du Chassezac, dans le parc des Monts d'Ardèche-Gravières. ☎ 04 75 37 33 84. E-mail : camping-le-mas-du-serre@wanadoo.fr, Web : www.campingl emasduserre.com. Prix 2008. Fft jour : Empl. Tourisme (2) : 17,50 € ; Sup : 5 € - de 10 ans 3 € ; 3 € (5 A) ; Animaux 1,50 €. Réduction H.S.

FFCC : partenaire + réduction emp. de 5 % en saison et hors saison + réduction loc. de 5 % en saison et hors saison.

LE ROCHEYROL ★★ Tourisme 48 E. 1,48 ha. snack, à gaz, . Locations : . Rivière à 50 m. ; ; . ☎ 04 75 94 94 61.

FFCC : partenaire - terrain assuré par la FFCC.

LES AMIS DU ROCHEYROL ★★ Tourisme 15 E.

Mme MARCHIAL Paul Chazelles. ☎ 04 75 94 94 27.

LE TOC,aire naturelle

GROSPIERRES

10-F5 22 km S. Largentière. 120 m. 551 hab. ✉ 07120

MINI-CAMPING ★★ Tourisme 16 E. 0,45 ha. CV. Locations : 13. Rivière à 1 km. à 700 m : ; à 3 km : . Par RD 111, dir. Aubenas-Alès-Vallon Pont d'Arc-Ruoms. ☎ 04 75 93 95 34 / 03 20 35 65 06 (H.S.) / 03 20 35 65 06 (H.S.).

LES TERRASSES DU ROURET ★ Tourisme 19 E. 1,5 ha. Locations : . Rivière à 1 km. Le Rouret. ☎ 04 75 39 31 48. Fax : 04 75 39 31 48.

M. JAUZION BRUNO,aire naturelle CV. A 200 m : . A 2 km: . Les Chadenèdes. ☎ 04 75 39 09 19. Fax : 04 75 39 09 19.

ISSARLES

10-E4 74 km N.-O. Largentière. 946 m. 245 hab. ✉ 07470

CAMP MUNICIPAL ★ Tourisme 25 E.

JAUJAC

10-F4 17 km N. Largentière. 404 m. 1085 hab. ✉ 07380

LE CHASSE LOUVE ★★ Tourisme 35 E. 7 ha. à gaz, CV Sanitaire chauffé. Locations : 12. Accès direct à la rivière. Accueil groupes. Ouv : 1.1 / 31.12. Le Chambon. A 3,5 km après la sortie du village dir. La Souche/La Croix de Bauzon. ☎ 04 75 93 22 62. Fax : 04 75 93 22 62. E-mail : camping-chassel ouve@orange.fr. Prix 2007. Empl. Tourisme : 2,45 € ; 1,65 € ; 4,35 € ; - de 10 ans 3,30 € ; 2,90 à 3,45 € (6 à 10 A).

FFCC : partenaire + réduction emp. de 10 % en saison et 15 % hors saison + Stop accueil Camping-car du 01/05 au 30/09/2008, accès jusqu'à 20h30 + réduction loc. de 10 % en saison et 15 % hors saison.

JOANNAS

10-F4 7 km N.-O. Largentière. 365 m. 250 hab. ✉ 07110

LA MARETTE ★★★ Tourisme 55 E. dont 21 nus 1,5 ha. collectif, CV. Locations : 10, 24. Rivière à 5 km. ; à 3 km : . Ouv : Pâques / 30.9. Les Marches du Tanargue, route de Valgorge. D 24. ☎ 04 75 88 38 88. Fax : 04 75 88 36 33. E-mail : reception@lamarette.com ou nina@lamarette.com, Web : www.lamarette.co m. Prix 2007. Fft jour : Empl. Tourisme (2) : 22 € ; Sup : 5 € - de 7 ans 3,20 € ; 3,70 € (10 A) ; Animaux 2 €. Réduction H.S.

FFCC : partenaire + carte FFCC assurance annulation.

LE ROUBREAU ★★★ Tourisme 100 E. dont 71 nus 2,5 ha. CV. Locations : 12, 10, . Accès direct à la rivière. ; .Accueil adultes hors saison. Ouv : 5.4 / 14.9. La Prade, 300 m RD 24. ☎ 04 75 88 32 07. Fax : 04 75 88 31 44. E-mail : CAMPINGROU BREAU@aol.com, Web : www.leroubreau.com. Prix 2008. Fft jour : Empl. Tourisme (2) : 20,50 € Sup : 7 € - de 10 ans 5 € ; 3 € (4 A) ; Animaux 1 €. Réduction H.S.

LA COMBE ★ Tourisme 25 E. 0,3 ha. Rivière à 5 km. Ouv : 1.6 / 30.9. Sortie Nord Largentière, suivre dir. Valgorge par la D 24. ☎ 04 75 88 32 50. Prix 2007. Fft jour : Empl. Tourisme (2) : 12 € ; Sup : 4,50 € - de 10 ans 2,80 € ; 2,80 €.

JOYEUSE

10-F5 12 km S.-O. Largentière. 180 m. 1350 hab. Station verte de vacances et village de neige ✉ 07260

BOIS SIMONET ★★★ Tourisme 70 E. dont 36 nus, dont 5 CC - 30 GCC, 2,5 ha. CV. Locations : 34, 10. chauffée. Rivière à 500 m. ; à 500 m : . Ouv : 1.4 / 31.10. Rés. obligatoire en été. Route de Valgorge. Gorges de la Beaume. Aubenas direction Alès. ☎ 04 75 39 58 60. Fax : 04 75 39 46 79. E-mail : boissimo@aol.com, Web : www.bois-simonet .com. Prix 2008. Fft jour : Empl. Tourisme (2) : 19,80 € ; - de 5 ans 3 € ; 3,70 € (5 A) ; Animaux 5 €. Réduction H.S.

FFCC : partenaire + carte FFCC assurance annulation.

LA CROIX DE VINCHANNES (V.T.F.) ★★★ Tourisme 145 E. 2,5 ha. CV. Locations : , 15, 34, . Rivière à 1,5 km. à 1,5 km : . ☎ 04 75 39 50 50 / 04 42 95 86 10 (H.S.) / 0 825 813 123 (Réserv.) (H.S.). Fax : 04 75 39 95 75. E-mail : reservations@vtf-vacances.com, Web : www. vtf-vacances.com.

LA NOUZAREDE ★★★ Tourisme 103 E., dont 43 GCC, 2 ha. CV. Locations : 1, 25. chauffée. Rivière à 100 m. . Accueil groupes. Ouv : 1.4 / 30.9. Sortie autoroute Loriol ou Montélimar dir. Aubenas puis Alès. ☎ 04 75 39 92 01 / 04 75 39 96 47 (H.S.). Fax : 04 75 39 43 27. E-mail : campingnou zarede@wanadoo.fr, Web : www.camping-nouz arede.fr. Prix 2008. Fft jour : Empl. Tourisme (2) : 22 € ; Sup : 5,20 € - de 5 ans 2,30 € ; 3,70 €.

LE SOUS PERRET ★★★ Tourisme 75 E. 3 ha. Locations : , . Accès direct à la rivière. ; ; ; . ☎ 04 75 39 50 54 / 04 75 39 51 58. Fax : 04 75 39 96 05.

LABASTIDE DE VIRAC

10-F5 31 km S.-E. Largentière. 260 m. 160 hab. ✉ 07150

LE MAS DE SERRET ★ Tourisme 33 E. Locations : grandes tentes Marabout. Accès direct à la rivière. Gorges de l'Ardèche sur le GR 4. ☎ 04 75 38 60 93. Fax : 04 75 38 64 73. E-mail : l.rochette @pgl.fr, Web : www.mas-de-serret.fr.

LABASTIDE SUR BESORGUES

10-F4 45 km S.-O. Privas. 650 m. 192 hab. ✉ 07600

MOULIN DE CHARRIER,aire naturelle

LABEAUME

10-F5 12 km S. Largentière. 140 m. 405 hab. ✉ 07120

CAMP DE PEYROCHE ★★ Tourisme 160 E. 8 ha. CV Sanitaire chauffé. Locations : 19, 27, . Accès direct à la rivière. Route de St-Alban-Auriolles. A 7 sortie Montélimar Nord puis dir. Montpellier Bis jusqu'à Ruoms. Gardiennage caravanes (hivernage). ☎ 04 75 39 79 39. Fax : 04 75 39 79 40. E-mail : reception@camping-peyroche.com, Web : www.camping-peyroche.com. Réduction H.S.

LA SAVANE ★★ Tourisme 65 E., dont 16 GCC - 12 HLL, 10 ha. CV. Locations : 15. Accès direct à la rivière. ; A 7 et N 102 puis D 103 et D 579. ☎ 04 75 39 63 54. Fax : 04 75 39 83 14.

LABLACHERE

10-F5 14 km S.-O. Largentière. 290 m. 1540 hab. ✉ 07230

LE CH'TI FRANOI ★★★ Tourisme 40 E. dont 11 nus, dont 10 GCC, 1,8 ha. snack, soirées, CV Sanitaire chauffé. Locations : 2. Rivière à 4 km. Accueil groupes. Aubenas dir. Ales N 104. Dans le village de Lablachère dir. route de Planzolles CD 4. ☎ 04 75 36 64 09. Fax : 04 75 35 91 19. E-mail : campinglechti@wanadoo.fr, Web : www.campinglechtifranoi.com. Réduction H.S.

M. BADAROUX Guy Le Château. ☎ 04 75 36 61 28.

M. BLANC Maurice en ville. A 2 km: Le Serre-Brujas. ☎ 04 75 36 62 08.

M. TROUILLAS Alain,camping du Vignal, payant, CV. A 3 km: A 10 km : Ouv : 1.5 / 1.10. Salymes. Sortie A 7 Loriol ou Montélimar Nord dir. Aubenas. RN 102, RD 104 dir. Alès jusqu'à Lablachère, de là, dir. Planzolles pendant 1,5 km ensuite à droite dir. Salymes. Au plan du four à gauche continuer jusqu'au Vignal. Suivre camping du Vignal. ☎ 04 75 36 66 66 / 06 78 03 01 01 (H.S.). Fax : 04 75 36 66 66. E-mail : trouillas.alain@wanadoo.fr, Web : www.campingduvignal.com. Prix 2008. Empl. Tourisme : 15 € () : 4 € ; - de 7 ans 3 € ; 2,50 € (6 A) ; Animaux 2 €.

FFCC : partenaire + réduction emp. de 5 % hors saison + carte FFCC assurance annulation + réduction loc. de 5 % hors saison.

M. MATHIEU Claude,aire naturelle CV. Ouv : 15.4. La Bastide. ☎ 04 75 36 66 83. Fax : 04 75 36 66 83. Web : www.camping-lesecureuils.com.

M. ROCHE Michel,aire naturelle A 2 km: Piscine plein air . A 4 km : Les Châtaigniers, Salymes, par RN 104, 3 km Nord de la commune, à proximité de la ferme. Bois à flanc de colline, en terrasse. ☎ 04 75 36 62 72. Fax : 04 75 36 69 37.

LE LAC D ISSARLES

10-E4 74 km N.-O. Largentière. 900 m. 290 hab. Station verte de vacances et village de neige ✉ 07470

CAMP MUNICIPAL ★★ Tourisme 178 E., dont 50 GCC, 2 ha. CV. Locations : 4. Accès direct aux bords du lac. Rivière à 1 km. ; ; à 100 m : Accueil groupes. Ouv : 1.5 / 15.9. 500 m CD 16 et 500 m du village. ☎ 04 66 46 20 70 / 04 66 46 20 06 (Mairie) (H.S.). Fax : 04 66 46 16 49 75. E-mail : mairielacissarles@orange.fr.

LA PLAINE DE LA LOIRE ★★ Tourisme 56 E. 1 ha. CV. Locations : 1, 1. Rivière à 20 m. Lac à 1 km. ; ; à 1 km : Accueil groupes. Ouv : 15.5 / 15.10. Pont de Laborie sur la Loire. ☎ 04 66 46 25 77 / 06 24 49 22 79 (H.S.). Fax : 04 66 46 21 55. E-mail : campingdelaplaine@wanadoo.fr, Web : campinglaplainedelaloire.ifrance.com.

M. ARSAC René,camping Ferme de Bonneau Bonneau. ☎ 04 66 46 23 89.

LAGORCE

10-F5 26 km S.-E. Largentière. 130 m. 602 hab. ✉ 07150

LE DOMAINE DE CHADEYRON ★★★ Tourisme 30 E., dont 16 GCC, 0,8 ha. snack, CV Sanitaire chauffé. Locations : . Accueil groupes. ☎ 04 75 88 04 81 / 06 11 70 76 02 (H.S.). Fax : 04 75 88 29 37. E-mail : isabelleja y26@aol.com, Web : www.campingdechadeyron.com. Prix 2007. Fft jour : Empl. Tourisme (2) : 16 € () ; Sup : 4 € - de 7/13 ans 3 € ; 3,60 €. Réduction H.S.

LES SILHOLS ★★ Tourisme 30 E. Locations : . Rivière à 4 km. ☎ 04 75 88 05 91 / 04 75 88 08 83 (H.S.). Fax : 04 75 88 05 91. E-mail : info@camping-les-silhols.com, Web : www.camping-les-silhols.com.

L'IBIE ★★ Tourisme 48 E. dont 39 nus, 3 ha. CV. Locations : 6, 5. Accès direct à la rivière. ; à 3 km : Accueil groupes. Ouv : 1.4 / 10.9. CD 558. Vallée de l'Ibie. ☎ 04 75 88 01 26 / 06 77 91 38 29 (H.S.). E-mail : infos@ibie-camping.com, Web : ibie-camping.com. Prix 2007. Fft jour : Empl. Tourisme (2) : 16 € () ; Sup : 5 € - de 7 ans 3 € ; 3,50 € (5 A) ; Animaux 3,50 €. Réduction H.S.

FFCC : partenaire + réduction emp. de 5 % en saison et hors saison + réduction loc. de 5 % en saison et hors saison.

LE COUCOUZAC ★ Tourisme 8 E. 0,23 ha. collectif, CV. Rivière à 4 km. ; à 4 km : Accueil groupes. Vallée de l'Ibie. A 4 km de Vallon-Pont-d'Arc sortie autoroute Nîmes ou Montélimar ou Bollène. ☎ 04 75 37 16 61 / 06 29 57 93 85 (H.S.). E-mail : dominiqueroume@wanadoo.fr, Web : site.voila.fr/campingruralardeche.

L'OMBRAGE ★ Tourisme 40 E. 1 ha. pizza, gaz, Locations : . Rivière à 2 km. ; à 2 km : Le Petit Chaussy. RN 102 puis D 579 Ruoms dir. Lagorce. ☎ 04 75 93 92 98 / 04 75 39 74 14. Fax : 04 75 93 92 98.

LOU CARRETOU ★ Tourisme 12 E. dont 4 nus 0,5 ha. CV. Locations : 4, 4. Rivière à 3 km. Les Riailles. ☎ 04 75 88 00 77 / 06 87 27 59 07 (H.S.). Fax : 04 75 88 00 77. E-mail : loucarretou@infonie.fr, Web : www.loucarretou.com. Prix 2007. Fft jour : Empl. Tourisme (2) : 13 € () ; Sup : 5 € - de 7 ans 3,50 €.

LALEVADE D ARDECHE

10-F4 22 km N. Largentière. 265 m. 1104 hab. ✉ 07380

CAMP MUNICIPAL DU PONT DES ISSOUX ★★ Tourisme 115 E. 2,1 ha. CV. Locations : 115. Accès direct à la rivière. ; 100 m RN 102. ☎ 04 75 94 14 09 (Mairie) / 04 75 94 14 09 / 04 75 94 01 92 (H.S.). Fax : 04 75 94 01 92.

LES SYCOMORES **En cours de réalisation** 35 E. ☎ 04 75 38 01 02. Fax : 04 75 94 15 13.

LALOUVESC

10-F3 40 km N.-O. Tournon. 1050 m. 487 hab. ✉ 07520

CAMP MUNICIPAL LE PRE DU MOULIN ★★ Loisirs 70 E. dont 53 nus (34 Tourisme + 36 Loisirs), dont 30 GCC, 1,25 ha. CV Sanitaire chauffé. Locations : 10, 3. Rivière à 5 km. à 5 km : ☎ 04 75 67 84 86 / 04 75 67 83 67 (Mairie). Fax : 04 75 67 84 83. Web : www.chalets-decouverte.com.

FFCC : partenaire - terrain assuré par la FFCC.

LAMASTRE

10-F3 32 km S.-O. Tournon. 375 m. 3068 hab. ✉ 07270

DE RETOURTOUR ★★★ Loisirs 130 E. dont 67 nus, dont 4 GCC - 4 HLL, 2,4 ha. à gaz, CV. Locations : 3, 11, 2. Rivière à 100 m. ; Accueil groupes hors saison. 1, rue de Retourtour. 700 m RD 238 et RN 533. Site d'escalade. ☎ 04 75 06 40 71 (Mme COLINE). Fax : 04 75 06 40 71. E-mail : campingderetourtour@wanadoo.fr, Web : www.campingderetourtour.com. Prix 2007. Fft jour : Empl. Tourisme : 14.90 € Sup : 3,60 € 2,90 € ; 2,90 € (4 A) ; Animaux 2 €. Réduction H.S.

FFCC : partenaire + carte FFCC assurance annulation + Stop accueil Camping-car du 12/04 au 05/07 et du 26/08 au 28/09/2008 ac, cès jusqu'à 22h rl + réduction loc. de 0% % en saison et hors saison.

LANARCE

10-E4 63 km N.-O. Largentière. 1185 m. 280 hab. ✉ 07660

CAMP MUNICIPAL ★★ Tourisme 35 E. 0,5 ha. pétanque, Locations : . Etang et rivière à 200 m. ; N 102. ☎ 04 66 69 47 87 (Mairie) / 04 66 69 12 88.

LANAS

10-F4 30 km S.-O. Privas. 211 hab. ✉ 07200

L'ARCHE ★★ Tourisme 35 E. dont 28 nus pain, CV. Locations : . Accès direct à la rivière. ; Accueil groupes. Ouv : Pâques / 20.09. ☎ 04 75 37 79 15. E-mail : arche.camping@wanadoo.fr, Web : http://camping-de-larche.fr. Prix 2007. Fft jour : Empl. Tourisme : 14.50 € Sup : 3,30 € - de 8 ans 3 € ; 3 €. Réduction H.S.

LARGENTIERE

10-F4 48 km S.-O. Privas. 210 m. 2625 hab. ✉ 07110

LA PRADE ★ Tourisme 25 E. 1 ha. snack, CV. Locations : 1, 8. Rivière à 100 m. ; La Prade. Le Ginestet. Par RD 5. ☎ 04 75 36 83 54 / 06 83 54 32 38.

AIRE NATURELLE MUNICIPALE A 100 m : La Prade, RD 5, à 2 km Sud de la commune. Pré. ☎ 04 75 39 17 88.

LES RANCHISSES Voir CHASSIERS

LARNAS

10-F5 56 km S. Privas. 190 m. 83 hab. ✉ 07220

DOMAINE D'IMBOURS ★★★★ Tourisme 370 E., dont 90 GCC, 10 ha. + pizzéria, CV. Locations : 51, 117, Chambres (prix par pers. en 1/2 pension). couverte chauffée ☎ 04 75 54 39 50. Fax : 04 75 54 39 20. E-mail : imbours@france-location.fr, Web : www.domaine-imbours.com et www.france-location.fr. Prix 2007. Fft jour : Empl. Tourisme (3) : 29 € () ; Sup : 7 € - de 7 ans 4,20 € ; 3,70 € (6 A) ; Animaux 4,30 €.

LAURAC EN VIVARAIS

10-F5 4 km S. Largentière. 182 m. 834 hab. ✉ 07110

LES CHATAIGNIERS ★★ Tourisme 71 E. dont 61 nus, , dont 1 CC, 1 ha. 1 fois/sem., gaz/électrique, CV. Locations : 10. Rivière à 4 km. à 4 km : Ouv : 1.4 / 30.9. Rés. obligatoire en été. Lieu-dit Le Mas de Peyrot. Accès par RN 104, 900 m Sud du village. ☎ 04 75 36 86 26. Fax : 04 75 36 86 26. E-mail : chataigniers@hotmail.com. Prix 2008. Fft jour : Empl. Tourisme (2) : 14,50 € () ; Sup : 3,50 € - de 7 ans 2 € ; 2,50 € (10 A) ; Animaux 2 €. Réduction H.S.

FFCC : partenaire - terrain assuré par la FFCC + carte FFCC assurance annulation.

SAINT-AMAND ★★ Tourisme 100 E. dont 69 nus 1,5 ha. pizzeria, CV. Locations : 20, 15. Rivière à 5 km. Accueil groupes. Ouv : 1.4 / 30.9. Rés. obligatoire en été. Route des Défilés de Ruoms. RN 104 prendre défilés de Ruoms, camping sur la droite. ☎ 04 75 36 84 45. Fax : 04 75 36 37 76. E-mail : st-amand@wanadoo.fr, Web : www.campingsaintamand.com. Prix 2008. Fft jour : Empl. Tourisme (2) : 16,30 € () ; Sup : 3,50 € - de 2/7 ans 2,90 € ; Animaux 1,30 €.

LAVILLATTE

10-E4 60 km N.-O. Largentière. 1140 m. 101 hab. ✉ 07660

LE MOULIN DU RAYOL ★★ Tourisme 50 E. 1,4 ha. partiel, Locations : 2, 2. Accès direct à la rivière. ; Entre le Puy et Aubenas. ☎ 04 66 69 47 56 / 06 03 34 67 61.

LAVILLEDIEU

10-F4 30 km S.-O. Privas. 220 m. 930 hab. ✉ 07170

LES RIVES D'AUZON ★★ Tourisme 58 E. dont 42 nus 1,08 ha. CV. Locations : 9, 4, 4. Accès direct à la rivière. ; à 4 km : . Ouv : 2.4 / 15.9. ☎ 04 75 94 70 64. Fax : 04 75 94 70 64. E-mail : contact@camping-rivesdauzon.fr. Prix 2008. Fft jour : Empl. Tourisme (2) : 15 € () ; Sup : 3,50 € - de 7 ans 2,50 € ; 3,50 € (6 A) ; Animaux 2 €. Fft Ccar : 20 € (2).

FFCC : partenaire + réduction emp. de 10 % hors saison + Stop accueil Camping-car du 01/04 au 01/07 et du 24/08 au 30/09/2008, accès jusqu'à 22h + réduction loc. de 10 % hors saison.

LESPERON

10-E4 65 km N.-O. Largentière. 1080 m. 251 hab. ✉ 07660

LES PINS ★★ Loisirs 98 E. (10 Tourisme + 88 Loisirs), dont 55 GCC, 1,5 ha. CV. Locations : . ; à 4 km : . ☎ 04 66 69 38 44 / 04 66 47 73 85. Fax : 04 66 69 38 44.

LUSSAS

10-F4 25 km S.-O. Privas. 270 m. 530 hab. ✉ 07170

LE LUDO ★★★★ Tourisme 160 E. Locations : . . Accès direct à la rivière. ; ; . Route de Lavilledieu. A 4 km de la RN 102 et à 100 m de la RD 224. ☎ 04 75 94 21 22. Fax : 04 75 88 60 60. E-mail : ludoresa@ludocamping.com, Web : www.ludocamping.com.

AIRE NATURELLE,Le Théatre du Moulinage CV. Autoroute Paris - Montélimar sortie Le Teil dir. Aubenas, à Lavilledieu sur la nationale tourner vers Lussas. ☎ 04 75 94 23 82.

MALARCE SUR LA THINES

10-F5 33 km S.-O. Largentière. 330 m. 204 hab. ✉ 07140

LES GORGES DU CHASSEZAC ★★ Tourisme 80 E. dont 60 nus, 2 ha. CV. Locations : 11, 3. Accès direct à la rivière. à 50 m : , ; à 300 m : . Ouv : 30.4 / 1.9. Champ d'Eynes. CD 113. ☎ 04 75 39 45 12. E-mail : campinggorgeschassezac@wanadoo.fr, Web : www.campinggorgeschassezac.com. Prix 2008. Fft jour : Empl. Tourisme (2) : 14 € () ; Sup : 3 € - de 7 ans 1 € ; 3 € ; Animaux 1 €. Réduction H.S.

FFCC : partenaire + réduction emp. de 5 % en saison et 10 % hors saison + réduction loc. de 5 % en saison et 10 % hors saison.

MALBOSC

10-F5 40 km S.-O. Largentière. 450 m. 160 hab. ✉ 07140

LE MOULIN DE GOURNIER ★★★ Tourisme 29 E. 1 ha. CV. Locations : 1, 1, 3. . Accès direct à la rivière. ; . Ouv : 21.6 / 31.8. A 7. ☎ 04 75 37 35 50 / 04 66 61 21 23 (H.S.) (H.S.). E-mail : moulindegournier@aol.com, Web : www.camping-moulin-de-gournier.com. Prix 2007. Fft jour : Empl. Tourisme (2) : 15 € Sup : 5 € - de 10 ans 3 € ; 3 € (10 A) ; Animaux 1 €.

MARCOLS LES EAUX

10-F4 42 km N.-O. Privas. 730 m. 325 hab. ✉ 07190

CAMP MUNICIPAL DE GOURJATOUX ★★ Tourisme 28 E. CV. Locations : . ☎ 04 75 65 63 36. Fax : 04 75 65 65 21. E-mail : mairie.marcols.les.eaux@inforoutes-ardeche.fr. Prix 2007. Fft jour : Empl. Tourisme (2 1 - de 5 ans) : 7,50 € () ; Sup : 2,70 € - de 5/12 ans 1,50 € ; 2,60 €.

MARS

10-F3 60 km O. Tournon. 1100 m. 244 hab. ✉ 07320

LA PRAIRIE ★★ Tourisme 30 E. Sanitaire chauffé. Locations : 2, 2, 6. Rivière à 1 km. à 1 km : , ; à 4 km : . Accueil groupes. Ouv : 15.5 / 15.9. Rés. obligatoire en été. Laillier. ☎ 04 75 30 24 47. Fax : 04 75 30 24 47. E-mail : camplaprairie@aol.com, Web : www.camping-laprairie.com. Prix 2007. 4 € ; 1,40 € ; 5,40 € ; 2,50 € ; 2,90 € ; - de 15 ans 1,40 € ; 2,90 € (6 A) ; Animaux 0,50 €.

MAYRES

10-F4 45 km N.-O. Largentière. 575 m. 445 hab. ✉ 07330

LA CHATAIGNERAIE ★★ Tourisme 25 E. 0,25 ha. CV. Locations : 1. Accès direct à la rivière. Etang à 200 m. ; à 400 m : , . Ouv : Pâques / Toussaint. RN 102. Hameau de Cautet. ☎ 04 75 87 20 40 / 04 75 87 20 97 / 04 75 87 20 97 (H.S.). Prix 2007. Fft jour : Empl. Tourisme (2) : 12 € () ; 2,50 €.

LES RIVES DE L'ARDECHE ★★ Tourisme 70 E. dont 51 nus 2,5 ha. gaz, CV. Locations : 4. Accès direct à la rivière. ; ; . Alleyrac. RN 102. ☎ 04 75 87 21 39. Fax : 04 75 87 21 39. E-mail : moulinsoph@aol.com, Web : www.lesrivesdelardeche.com.

MEYRAS

10-F4 25 km N. Largentière. 370 m. 713 hab. ✉ 07380

LA PLAGE ★★★★ Tourisme 45 E. dont 15 nus, dont 17 CC, 1,05 ha. CV Sanitaire chauffé. Locations : 12, 22, Maisons. chauffée . Accès direct à la rivière. ; ; . Accueil groupes. Ouv : 1.4 / 30.10. A Neyrac les Bains. Sur la N 102 entre Aubenas et Le Puy. Accès WIFI, bibliothèque ☎ 04 75 36 40 59. Fax : 04 75 36 43 70. E-mail : contact@lecampingdelaplage.com, Web : www.lecampingdelaplage.com. Prix 2007. Fft jour : Empl. Tourisme (2) : 22 € (E. CC E. GCC) ; Sup : 5 € - de 7 ans 3,50 € ; 3 à 4 € (4 à 10 A) ; Animaux 2 €.

FFCC : Stop accueil Camping-car du 01/04 au 13/05 et du 16/09 au 28/10, accès jusqu'à 19h30.

LE BARUTEL ★★★ Tourisme 50 E. dont 23 nus (47 Tourisme + 3 Loisirs), dont 3 GCC, 0,6 ha. CV Sanitaire chauffé. Locations : 2, 23. chauffée. Accès direct à la rivière. ; à 100 m : . Accueil groupes. Ouv : 14.4 / 7.10. Rés. obligatoire en été. 20 m RD 26 et 200 m RN 102. ☎ 04 75 38 03 78. Fax : 04 75 38 09 49. E-mail : info@camping-lebarutel.com, Web : www.camping-lebarutel.com. Prix 2007. Fft jour : Empl. Tourisme (2) : 15,50 € () ; Sup : 3,90 € - de 10 ans 3,40 € ; 2,50 à 3 € (2 à 6 A) ; E. GCC 16 € (Fft) ; Animaux 1,60 €. Réduction H.S.

LE VENTADOUR ★★★ Tourisme 142 E. dont 115 nus, , dont 4 CC - 6 GCC, 3 ha. snack, CV Sanitaire chauffé. Locations : 12, 4. Accès direct à la rivière. ; ; . Ouv : 29.3 / 5.10. D'Aubenas dir. Le Puy en bordure de la RN 102. ☎ 04 75 94 18 15 / 06 78 04 53 00 (H.S.). Fax : 04 75 94 18 15. E-mail : info@leventadour.com, Web : www.leventadour.com. Prix 2008. Fft jour : Empl. Tourisme (2) : 18 € () ; Sup : 4,50 € - de 7 ans 3,50 € ; 3 à 4 € (6 à 10 A) ; Animaux 1,60 €. Réduction H.S.

FFCC : partenaire + réduction emp. de 5 % hors saison + Stop accueil Camping-car du 31/03 au 14/06 et du 24/08 au 05/10/2008, accès jusqu'à 21h + réduction loc. de 5 % hors saison.

MONTPEZAT SOUS BAUZON

10-F4 33 km N.-N.-O. Largentière. 550 m. 681 hab. ✉ 07560

CAMP MUNICIPAL ★★ Tourisme 101 E. 1,6 ha. CV. Locations : 4, 3, . Accès direct à la rivière. . Pré Bonnefoy. ☎ 04 75 94 42 55 / 04 75 94 41 29 (Mairie) / 04 75 94 41 29 (Mairie) (H.S.). Fax : 04 75 94 55 09.

LA CHATAIGNERAIE ★★ Loisirs 30 E. (7 Tourisme + 23 Loisirs) 0,78 ha. CV. Locations : , . Rivière à 1,5 km. . Accueil groupes. En bordure de la RD 536. ☎ 04 75 94 42 65. Fax : 04 75 94 42 65.

Association La Famille du Cheminot,aire naturelle CV. Ouv : mi-juin / mi-septembre. Le Claux. Gardiennage. ☎ 04 75 94 42 10 / 01 40 38 12 38 (H.S.). Fax : 01 42 09 51 58. Prix 2007. Empl. Tourisme : 5,50 € ; 2,70 € ; - de 12 ans 1,50 € ; 3 € ; Animaux 2 €.

MONTREAL

10-F4 3 km S. Largentière. 300 m. 324 hab. ✉ 07110

LE MOULINAGE ★★ Tourisme 90 E., dont 21 GCC - 7 HLL, 3,5 ha. CV. Locations : 6, 10, 18, 5. . Accès direct à la rivière. ; . Accueil groupes. Route des Défilés de Ruoms. D 4 par la route d'Alès sortie Ruoms vers Largentière et 4 km après les défilés de Ruoms. ☎ 04 42 54 27 68. Fax : 04 42 53 43 19. E-mail : campingdumoulinage@wanadoo.fr, Web : www.ardeche-camping.com. Réduction H.S.

M. JAUZION Sébastien,aire naturelle CV. A 500 m : . A 3 km: . Les Marronniers, par RD 212, 2 km Sud de la commune, à proximité de la ferme. Bord de colline boisée, bord de rivière. Salle de réunion. Location de caravanes à la semaine. Gîte. ☎ 04 75 36 82 54. Fax : 04 75 36 82 54. E-mail : lesmarronniers@club-internet.fr, Web : www.sud-ardeche.com.

FFCC : partenaire - terrain assuré par la FFCC .

LES OLLIERES SUR EYRIEUX

10-F4 18 km N. Privas. 200 m. 793 hab. Station verte de vacances et village de neige ✉ 07360

EYRIEUX CAMPING ★★★ Tourisme 94 E. dont 33 nus, , dont 28 GCC, 3 ha. snack, CV. Locations : 29, 11, 21, . Accès direct à la rivière. ; ; . Accueil groupes. Ouv : 8.4 / 17.9. Rés. obligatoire en été. La Féreyre, D 120. ☎ 04 75 66 30 08 / 06 07 22 17 43 (H.S.). Fax: 04 75 66 63 76. E-mail : blotj.m@aol.com, Web : www.eyrieuxcamping.com. Prix 2008. Fft jour : Empl. Tourisme (2) : 23,50 € ((6 A)) ; Sup : 5 €Animaux 2,50 €. Réduction H.S.

MAS DE CHAMPEL ★★★ Tourisme 95 E., dont 7 GCC, 2,2 ha. CV. Locations : 27, 20, , . chauffée . Accès direct aux bords du lac et à la rivière. ; ; ; . N 86 à 17 km et D 120 à 500 m. ☎ 04 75 66 23 23. Fax : 04 75 66 23 16. E-mail : masdechampel@wanadoo.fr, Web : www.masdechampel.com.

Voir aussi SAINT-VINCENT-DE-DURFORT

ORGNAC L AVEN

10-F5 29 km S.-E. Largentière. 300 m. 323 hab. ✉ 07150

CAMP MUNICIPAL ★★★ Tourisme 140 E. dont 70 nus 1,5 ha. CV. Locations : . . Rivière à 6 km. Accueil groupes. ☎ 04 75 38 63 68. Web : www.orgnacvillage.com. Réduction H.S.

PAYZAC

10-F5 18 km S.-O. Largentière. 400 m. 424 hab. ✉ 07230

LOU CIGALOU ★★ Tourisme 25 E. 1 ha. . Locations : 1, 5, 6. Rivière à 4 km. RN 104 puis RD 207 à Lablachère. ☎ 04 75 39 48 68. Fax : 04 75 39 48 68.

PLATS

11-A3 11 km S.-E. Tournon. 460 m. 443 hab. ✉ 07300

M. CLAUS,camping à la ferme CV Camping tourisme et handicap. A 1,5 km: . A 5 km : . A 7 km : . Ouv : 1.4 / 30.9. Accès RN 86 Tournon/Mauves et après par D 219 jusqu'à Plats puis suivre les flèches. ☎ 04 75 07 65 75. E-mail : dirk.claus@wanadoo.fr, Web : site.voila.fr/simondon. Réduction H.S.

PONT DE LABEAUME

10-F4 13 km N.-O. Aubenas. 304 m. 529 hab. 07380

LA CHARDERIE ★★ Tourisme 70 E. dont 60 nus 0,8 ha. snack, partiel, gaz/électrique toléré, CV Sanitaire chauffé. Locations : 10, 3. Accès direct à la rivière. Accueil adultes. Ouv : 1.4 / 30.9. Rés. obligatoire en été. Lieu-dit la Charderie. Dir. Le Puy. De Mende par A 6 sortie Loriol ou Montélimar-nord par N 102 dir. Aubenas, ou de Nevers dir. Clermont-Ferrand sortie Brioude par N 102 dir. Aubenas. ☎ 04 75 38 00 52. E-mail : la.charderie@wanadoo.fr, Web : www.camping-lacharderie.com. Prix 2008. Fft jour : Empl. Tourisme (2) : 11 € ; Sup : 3,80 € - de 7 ans 2,60 € ; 2,80 à 3,30 € (6 à 10 A). Réduction H.S.

FFCC : partenaire + réduction emp. de 5 % en saison et 10 % hors saison + carte FFCC assurance annulation + réduction loc. de 5 % en saison.

PRADONS

10-F5 15 km S.-E. Largentière. 130 m. 180 hab. 07120

LE PONT DES CHAMPS DES SOULIERS ★★★ Tourisme 65 E. dont 56 nus 0,8 ha. partiel, Locations : 3, 2, 8. Accès direct à la rivière. Accueil groupes. D 579. ☎ 04 75 93 93 98. Fax : 04 75 36 84 13. Réduction H.S.

LES COUDOULETS ★★★ Tourisme 123 E., dont 6 GCC, 2,5 ha. snack (saison), CV. Camping clef verte. Locations : 10, 6, chauffée. Accès direct à la rivière. Ouv : Pâques / 15.9. ☎ 04 75 93 94 95. Fax : 04 75 39 65 89. E-mail : camping@coudoulets.com, Web : www.coudoulets.com. Prix 2008. Fft jour : Empl. Tourisme (2) : 23,50 € ; Sup : 5,70 € - de 7 ans 4,50 € ; 3,80 € ; Animaux 2,50 €. Réduction H.S.

FFCC : Stop accueil Camping-car du 26/04 au 28/06 et du 01/09 au 15/09/2008, accès jusqu'à 21h.

L'INTERNATIONAL ★★★ Tourisme 31 E., dont 14 HLL, 1,5 ha. dépot boisson, journée, CV. Locations : 4, 14, chauffée. Accès direct à la rivière. Accueil groupes. La Coustace. RN 579. ☎ 04 75 39 66 07. Fax : 04 75 39 79 08. E-mail : contact@cia-ardeche.com, Web : www.cia-ardeche.com. Prix 2007. Fft jour : Empl. Tourisme (2) : 21 € ; Sup : 5,50 € - de 10 ans 4 € ; 5 € (6 A) ; Animaux 2 €.

LABORIE ★★ Tourisme 100 E. 2,54 ha. pain, CV. Locations : 8, 1. Rivière à 100 m. Ouv : 1.4 / 30.9. Rés. obligatoire en été. D 579 ☎ 04 75 39 72 26. Fax : 04 75 39 72 26. E-mail : camping-de-laborie@wanadoo.fr, Web : www.campingdelaborie.com. Prix 2007. Fft jour : Empl. Tourisme (2) : 19 € Sup : 3,80 € - de 7 ans 3,20 € ; 3,70 € ; Animaux 1,80 €. Réduction H.S.

PRIVAS

10-F4 595 km S.-O. Paris. 700 m. 10638 hab. 07000

ARDECHE CAMPING ★★★ Tourisme 166 E. dont 130 nus 3,5 ha. CV. Locations : 10, 9, 3. chauffée. Accès direct à la rivière. ; à 3 km : Accueil groupes. Ouv : 1.4 / 15.9. Boulevard de Paste. A 7 sortie Loriol. A Privas dir. Montélimar, route de Chomérac, face Intermarché. ☎ 04 75 64 05 80. Fax : 04 75 64 59 68. E-mail : jcray@wanadoo.fr, Web : ardechecamping.fr. Prix 2007. Fft jour : Empl. Tourisme (2) : 19 € ; Sup : 5 € - de 6 ans 3,50 € ; 3,50 € (5 à 9 A) ; Animaux 2,50 €. Réduction H.S.

FFCC : réduction loc. de 5 % hors saison.

RIBES

10-F5 15 km S.-O. Largentière. 280 m. 250 hab. 07260

LES CRUSES ★★★ Tourisme 45 E., dont 4 GCC, 1,5 ha. buvette, CV. Camping clef verte. Locations : 16, 6, 1. Rivière à 200 m. Ouv : 5.4 / 20.9. Lieu-dit le Champcros. Route de Valgorge. Vallée de la Beaume. RD 203 et 450. A Aubenas dir. Alès jusqu'à Joyeuse. ☎ 04 75 39 54 69. Fax : 04 75 39 42 00. E-mail : les-cruses@wanadoo.fr, Web : www.campinglescruses.com et www.revea-vacances.fr. Prix 2008. Fft jour : Empl. Tourisme (2) : 20,40 € ; Sup : 4,50 € - de 7 ans 3,90 € ; 3,90 € (6 A) ; Animaux 2,10 €. Réduction H.S.

FFCC : partenaire + réduction emp. de 5 % hors saison + carte FFCC assurance annulation + Stop accueil Camping-car du 05/04 au 05/07 et du 24/08 au 21/09/2008, accès jusqu'à 19h + réduction loc. de 5 % hors saison.

LES CHATAIGNIERS ★ Tourisme 23 E. 0,26 ha. CV. Locations : 2, 3, 6. Rivière à 2 km. à 2 km : Accueil groupes. Ouv : 1.4 / 30.9. Accès par autoroute jusqu'à Montélimar, Aubenas, Joyeuse, Ribes. Gorges de La Beaume. ☎ 04 75 39 50 73. Fax : 04 75 39 50 73. E-mail : camping-les-chataigniers@wanadoo.fr, Web : www.camping-chataigniers.com. Prix 2007. Fft jour : Empl. Tourisme (2) : 11,50 € ; Sup : 2,70 € - de 5 ans 1,50 € ; 3,10 € ; Animaux 1,50 €.

FFCC : partenaire + réduction emp. de 5 % en saison et hors saison + carte FFCC assurance annulation + réduction loc. de 5 % en saison et hors saison.

ROCHEMAURE

11-A4 28 km S.-S.-E. Privas. 76 m. 1970 hab. 07400

GRIMOLLES ★ Loisirs 20 E. à 1 km : Croisement 86 Rochemaure-Montélimar-Le Teil. A 1 km centre nautique de Montélimar. ☎ 04 75 49 12 72.

ROSIERES

10-F5 10 km S.-O. Largentière. 200 m. 785 hab. 07260

ARLEBLANC CAMPING ★★★ Tourisme 167 E., dont 27 GCC, 7 ha. CV. Locations : 40. chauffée. Accès direct à la rivière. Accueil groupes. Ouv : 20.3 / 11.11. Rés. obligatoire en été. 3 km RN 104. Borne internet. ☎ 04 75 39 53 11. Fax : 04 75 39 93 98. E-mail : info@arleblanc.com, Web : www.arleblanc.com. Prix 2008. Fft jour : Empl. Tourisme (2) : 23 € ; Sup : 3,50 € - de 10 ans 2,30 € ; 3,75 €. Réduction H.S.

FFCC : partenaire + réduction emp. de 5 % hors saison.

LA PLAINE ★★★ Tourisme 128 E., dont 23 GCC, 4,5 ha. pain, CV Sanitaire chauffé. Locations : 2, 38. Accès direct à l'étang. Rivière à 900 m. ; à 1 km : Ouv : 1.4 / 20.9. Rés. obligatoire en été. Par RD 104. ☎ 04 75 39 51 35. Fax : 04 75 39 96 46. E-mail : campinglaplaine@aol.com, Web : www.campinglaplaine.com et www.campinglaplaine.fr. Prix 2008. Fft jour : Empl. Tourisme (2) : 26 € ; Sup : 4,50 € - de 4 ans 3,50 € ; Animaux 2,50 €. Réduction H.S.

LE GRILLOU ★★★ Tourisme 126 E., dont 14 GCC, 2,5 ha. CV. Locations : 35, 14. Rivière à 100 m. ; à 100 m : Accueil groupes. Bord RN 104. ☎ 04 75 39 51 50 / 06 88 24 91 01 / 06 88 24 91 01 (H.S.). Fax : 04 75 39 56 41. E-mail : reception@camping-legrillou.fr, Web : www.camping-legrillou.fr. Prix 2007. Fft jour : Empl. Tourisme (3 1 - de 3 ans) : 25,40 € ; Sup : 3,42 € Réduction H.S.

FFCC : partenaire - terrain assuré par la FFCC.

LES HORTENSIAS ★★★ Tourisme 43 E. dont 10 nus, dont 35 GCC, 1 ha. collectifs, CV. Locations : 19, 5. Rivière à 400 m. à 400 m : Ouv : 1.5 / 30.9. Ribeyre Bouchet, route de Vernon. RN 104 à 1 km. ☎ 04 75 39 91 38. E-mail : campingleshortensias@wanadoo.fr, Web : www.camping-leshortensias.com. Prix 2008. Fft jour : Empl. Tourisme (2) : 18 € Sup : 3,50 € - de 4 ans 2 € ; 3 à 3,50 € (6 à 10 A) ; Animaux 2,50 €. Réduction H.S.

LES PLATANES ★★★ Tourisme 90 E., dont 1 GCC, 2 ha. CV. Locations : 14. Rivière à 20 m. Rosières, 4 km après Intermarché. ☎ 04 75 39 52 31 (Saison) / 04 75 39 52 31 (H.S.). Fax : 04 75 39 90 86. E-mail : camping.lesplatanes@laposte.net, Web : www.campinglesplatanesardeche.com. Prix 2007. Fft jour : Empl. Tourisme (2) : 20 € ; Sup : 4 € - de 2/10 ans 2,40 € ; 2,70 € (5 à 10 A) ; Animaux 2,30 €.

LE SABLAS ★★ Tourisme 80 E. dont 66 nus CV. Locations : 4, 4, 6. Accès direct à la rivière. ☎ 04 75 39 50 37 / 04 75 36 59 62 (H.S.)

LES ACACIAS ★★ Tourisme 32 E. dont 27 nus 0,5 ha. collectif, juillet/août, CV. Locations : 5. Rivière à 50 m. Accueil adultes. Ouv : 15.3 / 15.10. Rés. obligatoire en été. Privas/Aubenas/Alès. ☎ 04 75 39 95 85 / 04 75 39 42 99 (H.S.). Fax : 04 75 39 95 85. E-mail : camping-les-acacias07@orange.fr, Web : www.camping-ardeche-les-acacias.com. Prix 2007. Fft jour : Empl. Tourisme (2) : 13 € ; Sup : 3 € - de 7 ans 2,50 € ; 4 € (6 A) ; Animaux 1,50 €. Réduction H.S.

LES OLIVIERS ★★ Tourisme 35 E. dont 30 nus, dont 5 GCC, 0,7 ha. CV. Rivière à 300 m. à 300 m : Accueil groupes. Ouv : 1.4 / 30.9. A Aubenas, direction Rosières et à l' Intermarché prendre au rond point (Camping les Oliviers)Quartier Les Vernades. ☎ 04 75 39 55 42 / 06 78 26 42 19 (H.S.). Prix 2008. Fft jour : Empl. Tourisme (2) : 11 € (E. GCC) ; Sup : 2,50 € - de 5 ans 1,50 € ; 2,50 à 3 € (6 à 10 A) ; Animaux 1,20 €. Réduction H.S.

FFCC : partenaire + réduction emp. de 5 % en saison et hors saison + Stop accueil Camping-car du 01/04 au 10/07 et du 25/08 au 30/09/2008, accès de 18h30 à 9h30.

LE MOULIN ★ Tourisme 50 E.; à 80 m : Le Moulin. ☎ 04 75 39 43 13.

LE SAUT DU LOUP ★ Tourisme 40 E. dont 30 nus CV. Locations : . Rivière à 3 km. ; . Accueil groupes. Ouv : 1.4. Rés. obligatoire en été. Quartier Le Saut du Loup ☎ 06 82 37 01 17. Fax : 04 75 36 31 53. E-mail : contact@campinglesautduloup.com, Web : www.campinglesautduloup.com. Prix 2007. Fft jour : Empl. Tourisme (2) : 8 € ( ) ; Sup : 5 € - de 10 ans 3 € ; 2,50 €.

FFCC : Stop accueil Camping-car du 01/04 au 30/09/2008, accès jusqu'à 11h.

M. GUILHAUMON CV. Le Bosc. Sur CD 104 Aubenas, prendre le CD 203 à Rosières route de Vernon. ☎ 04 75 39 40 86.

M. BEISSIER Christian,aire naturelle Les Vernades CV. Quartier Les Vernades. ☎ 04 75 39 40 09. Fax : 04 75 39 91 87.

M. GUILHAUMON David,aire naturelle , pétanque, proche, CV. A 1,5 km: . A 2,5 km : . A 5 km : Piscine plein air . A 25 km : . Domaine de Bosc, par RN 104, 2 km Nord-Ouest de la commune, à proximité de la ferme. Terrasses à flanc de colline, ombragées. Location de caravanes et meublé. Rivière La Beaume. ☎ 04 75 39 40 86 / 06 84 88 51 37.

M. RAPHANEL Michel,aire naturelle les galets , proche, , proche, CV. Ribeyre Bouchet. Bord rivière. 25 km Sud Aubenas direction Alés. Proximité sites classés : grottes, Gorges de l'Ardèche, villages médiévaux. Nombreux produits de terroir, marché, paysans. ☎ 04 75 39 53 83 (Domicile) / 04 75 39 49 30 (Camping). Fax : 04 75 39 53 83.

Mme FAURE Bernadette,aire naturelle l'Escourby CV. A 3 km: . Ouv : 1.6 / 30.9. RD 104. Accès recommandé par Rosières. ☎ 04 75 39 43 56. Fax : 04 75 39 92 15. E-mail : faure07@wanadoo.fr, Web : www.campingescourby.site.voila.fr. Prix 2008. Fft jour : Empl. Tourisme (2) : 13,50 € Sup : 6,75 € - de 17 ans 3,20 € ; 2,60 à 2,90 € (4 à 8 A). Réduction H.S.

RUOMS

10-F5 12 km S.-E. Largentière. 120 m. 1735 hab. ✉ 07120

LA PLAINE ★★★★ Tourisme 212 E., dont 66 GCC, 2,5 ha. CV Sanitaire chauffé. Locations : , 12 Cottages. chauffée . Accès direct à la rivière. ; ; ; . Ouv : 5.4 / 14.9. Rés. obligatoire en été et en hiver. Sortir Montélimar Nord, puis suivre itinéraire Bis. ☎ 04 75 39 65 83. Fax : 04 75 39 74 38. Web : www.yellowvillage-la-plaine.com. Prix 2008. Fft jour : Empl. Tourisme (2) : 40 € ( ) ; Sup : 7 €Animaux 5 €. Réduction H.S.

LES PAILLOTES ★★★★ Tourisme 45 E. dont 9 nus, , dont 5 CC - 40 GCC, 1 ha. CV. Locations : 28 , 1 , 5 , . chauffée . Rivière à 700 m. ; à 700 m : , ; à 800 m : . Accueil groupes. Ouv : 1.4 / 30.9. Rés. obligatoire en été. 7, chemin de l'Espedes. Route de Pradons. RN 579. ☎ 04 75 39 62 05 / / 06 73 18 72 50 (H.S.). Fax : 04 75 39 62 05. E-mail : contact@campinglespaillotes.com, Web : www.campinglespaillotes.com. Prix 2007. Fft jour : Empl. Tourisme (2) : 28 € ( ) ; 4 € (10 A).

FFCC : partenaire + réduction emp. de 5 % hors saison + Stop accueil Camping-car du 22/03 au 27/09/2008, accès jusqu'à 21h + réduction loc. de 5 % hors saison.

ALUNA VACANCES ★★★ Tourisme 170 E., dont 20 CC - 62 GCC, 7 ha. CV. Locations : . chauffée . Rivière à 2 km. ; ; à 2 km : , , . Ouv : 21.3 / 14.9. Rés. obligatoire en été. Route de Lagorce, D 559. ☎ 04 75 93 93 15. Fax : 04 75 93 90 90. E-mail : alunavacances@wanadoo.fr, Web : www.alunavacances.fr. Prix 2008. Fft jour : Empl. Tourisme.(2) : 41 € ( ) ; Sup : 9,80 €Animaux 4,10 €.

LA CHAPOULIERE ★★★ Tourisme 164 E. dont 146 nus, 3 ha. CV. Locations : 18 , . chauffée . Accès direct à la rivière. ; ; ; . Ouv : Rameaux / mi-octobre. Montélimar Nord itinéraire Bis Montpellier. D 111. ☎ 04 75 39 64 98 / 04 75 93 90 72 (H.S.). Fax : 04 75 39 64 98. E-mail : camping@lachapouliere.com, Web : www.lachapouliere.com. Prix 2008. Fft jour : Empl. Tourisme (2) : 27 € ( ) ; Sup : 7 € - de 5 ans 5 € ; 4 € (6 A) ; Animaux 2,50 €. Réduction H.S.

FFCC : Stop accueil Camping-car du 15/03 au 12/07 et du 16/08 au 15/10/2008, accès jusqu'à 21h.

LA GRAND'TERRE ★★★ Tourisme 300 E. dont 261 nus, 6 ha. CV. Locations : 28 , . chauffée . Accès direct à la rivière. ; ; ; . 300 m RD 111, route de Saint Ambroix. Itinéraire bis Montpellier. Terrain multisport. ☎ 04 75 39 64 94. Fax : 04 75 39 78 62. E-mail : info@campinglagrandterre.com, Web : www.campinglagrandterre.com. Réduction H.S.

LE MAS DU BARRY ★★★ Tourisme 80 E. (74 Tourisme + 6 Loisirs), dont 26 CC - 20 GCC, 1 ha. CV. Locations : 11 . . Rivière à 400 m. ; . Accueil groupes. Sur RD 579, quartier des Bévennes. Rte de Vallon Pont d'Arc, sortie Ruoms. ☎ 04 42 54 27 68. Fax : 04 42 53 43 19. E-mail : masdebarry@wanadoo.fr, Web : www.masdebarry.com. Réduction H.S.

LE PETIT BOIS ★★★ Tourisme 110 E. 3 ha. en saison, CV. Locations : 5 , 26 . couverte chauffée . Rivière à 600 m. ; ; ; ; à 600 m : . ☎ 04 75 39 60 72. Fax : 04 75 93 95 50. E-mail : vacances@campinglepetitbois.fr, Web : www.campinglepetitbois.fr. Prix 2007. Fft jour : Empl. Tourisme (2) : 21 € ( ) ; Sup : 5,80 € - de 7 ans 3,60 € ; 4 € (6 A) ; Animaux 3 €.

FFCC : réduction loc. de 5 % hors saison.

CAMP MUNICIPAL ★★ Tourisme 100 E. 1,5 ha. . Accès direct à la rivière. ; ; ; . 300 m CD 4 et CD 579. ☎ 04 75 93 99 16. E-mail : camping-muni-ruoms@wanadoo.fr.

LE CARPENTY ★★ Tourisme 45 E., dont 1 CC, 0,82 ha. , partiel, CV. Locations : , . Accès direct à la rivière. ; ; ; . D 111 dir. Grospierres. ☎ 04 75 39 74 29 / 06 87 88 69 50. E-mail : jean-luc.blachere@wanadoo.fr, Web : www.campinglecarpenty.com. Prix 2007. Fft jour : Empl. Tourisme : 13.50 €

SABLIERES

10-F4 37 km O. Largentière. 475 m. 130 hab. ✉ 07260

LA DROBIE ★★★ Tourisme 80 E. 1,5 ha. , pétanque, CV. Locations : 10 , 10 . . Accès direct à la rivière. ; . ☎ 04 75 36 95 22. Fax : 04 75 36 95 68. E-mail : ladrobie@tiscali.fr, Web : ladrobie.com.

ST AGREVE

10-F3 50 km O. Tournon-sur-Rhone. 1050 m. 2723 hab. Station verte de vacances et village de neige ✉ 07320

LE RIOU LA SELLE ★★★ Tourisme 29 E. dont 25 nus 1,5 ha. CV Sanitaire chauffé. Locations : 2 , 3 . chauffée . Accès direct à l'étang. Rivière à 300 m. Ouv : 1.5 / 30.9. Route du Cheylard puis route de Vernoux. ☎ 04 75 30 29 28. Fax : 04 75 30 29 28. E-mail : jmc-rolin@wanadoo.fr, Web : campinglerioulaselle.fr. Prix 2007. Fft jour : Empl. Tourisme (2) : 15 € ( ) ; Sup : 5 € - de 10 ans 3,50 € ; 3,90 € (10 A) ; Animaux 1,70 €. Réduction H.S.

CHATEAU LACOUR ★★ Tourisme 70 E. 3 ha. . Locations : 3 , 4 . Lac à 5 km. à 3 km : ; à 5 km : , . Ouv : 1.6 / 30.9. 300 m RD 21, RD 103 et RN 533. St-Agrève centre puis à 2 km sur la route de Chomette. ☎ 04 75 30 27 09 / 04 75 30 60 45 (H.S.). Fax : 04 75 30 27 09. E-mail : jacqueline.halatsis@wanadoo.fr. Prix 2007. Fft jour : Empl. Tourisme (2) : 13 € ( ) ; Sup : 3,50 € - de 7 ans 2 € ; 2,75 €.

ST ALBAN AURIOLLES

10-F5 17 km S. Largentière. 542 hab. ✉ 07120

LE RANC DAVAINE ★★★★ Tourisme 435 E., dont 356 GCC, 13 ha. collectif, CV. Camping clef verte. Locations : 14 , 188 , cottages. couverte chauffée . Accès direct à la rivière. ; ; ; . Ouv : 15.3 / 14.9. Rés. obligatoire en été. Sur RD 208. ☎ 04 75 39 60 55. Fax : 04 75 39 38 50. E-mail : camping.ranc.davaine@wanadoo.fr, Web : www.camping-ranc-davaine.fr. Prix 2007. Fft jour : Empl. Tourisme (2) : 40,20 € ( ) ; Sup : 9,60 €Animaux 4,80 €.

LE MAS DU SARTRE ★★★ Tourisme 49 E., dont 13 GCC, 1,7 ha. CV. Locations : 4 , 10 , . . Ouv : 1.5 / 15.9. Chemin de la Vignasse ☎ 04 75 39 71 74 / 04 75 89 19 95 (H.S.). Fax : 04 75 39 71 74. Web : www.masdusartre.com. Prix 2007. Fft jour : Empl. Tourisme (2) : 19 € ( ) ; Sup : 4 € 3,30 € ; Animaux 1,50 €. Fft Ccar : 10 € (2).

FFCC : Stop accueil Camping-car du 01/04 au 30/09/2008, accès jusqu'à 22h.

CAMP DE PIGIER ★★ Tourisme 20 E. 0,6 ha. , pétanque. . Rivière à 200 m. ; ; . Le Pont. Autoroute sortie Montélimar-Nord dir. Aubenas. A Villeneuve-de-Berg prendre Ruoms/Alès, à Grospierre à droite dir. St-Alban Auriolles. ☎ 04 75 39 71 11 / 06 88 95 99 70. Fax : 04 75 39 71 11.

CHAVETOURTE ★★ Tourisme 40 E., dont 10 CC, 1 ha. , . Locations : , , . Rivière à 300 m. ; ; . Suivre équitation Chavetourte. ☎ 04 75 93 95 83 / 06 07 59 79 50. Fax : 04 75 93 95 83.

LE CONFUENT ★★ Tourisme 33 E.

M. JAUZION-GRAVEROLLE Maurice CV. A 300 m : . A 500 m : ; . A 2 km: . Ouv : 15.4 / 15.9. chemin des Fontaines, RD 208, à proximité de la ferme et du village. Pré ombragé. Location gîtes ruraux. Tous commerces à 200 m. ☎ 04 75 39 65 16 / 04 75 93 99 21 (H.S.). Fax : 04 75 93 99 21. E-mail : gjauzion@gmail.com, Web : ferme-graverolle.com. Prix 2008. Fft jour : Empl. Tourisme (2) : 10,60 € ( ) ; Sup : 4 € - de 7 ans 2,50 € ; 2,50 à 3,50 € (4 à 6 A). Réduction H.S.

M. LEBRE Régis,camping à la Ferme de Cassagne . ☎ 04 75 93 91 09 / 06 81 10 49 10 (Portable). Fax : 04 75 93 91 09.

AIRE NATURELLE LE PONT

M. JAUZION-GRAVEROLLE Guy,aire naturelle CV. A 200 m : . A 2 km: . Ouv : 1.4 / 15.9. RD 208, 500 m Sud de la commune, 1 km de la ferme. Reception ferme Graverolle, chemin des fontaines Pré ombragé, bord de rivière. Location de gîtes ruraux. ☎ 04 75 93 99 21. Fax : 04 75 93 99 21. E-mail : gjauzion@gmail.com, Web : www.ferme-graverolle.com. Prix 2008. Fft jour : Empl. Tourisme (2) : 10,60 € ( ) ; Sup : 4 € - de 7 ans 2,50 € ; 2,50 à 3,50 € (4 à 6 A). Réduction H.S.

FFCC : partenaire + réduction emp. de 5 % en saison et 6 % hors saison.

ST BARTHELEMY GROZON

10-F3 32 km S.-O. Tournon 556 m. 509 hab. ✉ 07270

M. BROSSARD,camping à la ferme CV. La Bourgeatte. Route de Valence-Le Puy. ☎ 04 75 06 59 03.

ST BASILE

10-F3 39 km S.-O. Tournon-sur-Rhone. 450 m. 314 hab. ✉ 07270

M. VALAYER Roger , proche. A 5 km: Piscine plein air . Cendron, par RD 578, à 1,5 km de la commune, route de Lamastre vers le Cheylard jusqu'à Lapras à proximité de la ferme. Location 1 caravane. Bois, pré, bord de ruisseau. ☎ 04 75 06 50 61.

ST CIRGUES EN MONTAGNE

10-F4 40 km N. Aubenas. 1045 m. 458 hab. ✉ 07510

LES AIRELLES ★ Tourisme 50 E. (44 Tourisme + 6 Loisirs) 0,7 ha. . Locations : , Chambres. . Accès direct à la rivière ; . Ouv : 1.4 / 31.10. RD 110 et RN 102. ☎ 04 75 38 92 49. E-mail : camping.les.airelles@free.fr, Web : www.camping-les-airelles.fr. Prix 2007. Fft jour : Empl. Tourisme (2) : 13 € ( ) ; Sup : 3,50 € - de 2/10 ans 3 € ; 3 € ; Animaux 1,50 €.

FFCC : partenaire - terrain assuré par la FFCC + réduction emp. de 5 % en saison et hors saison + réduction loc. de 5 % en saison et hors saison.

ST DIDIER SOUS AUBENAS

10-F4 31 km S.-O. Privas. 190 m. 840 hab. ✉ 07200

LE CHANTALOU ★★★ Tourisme 109 E. (105 Tourisme + 4 Loisirs), dont 81 CC - 28 GCC, 1,9 ha. séchante, CV. Locations : 5 , 17 , 3 , 2 , . Accès direct à la rivière. ; ; . Accueil groupes. Ouv : 1.5 / 31.8. Rés. obligatoire en été. 44, rue de Montélimar. Sur RN 102, par D 102 à 3 km d'Aubenas, dir. Montélimar. ☎ 04 75 35 25 80. E-mail : bernotj@wanadoo.fr, Web : www.lechantalou.fr. Prix 2008. Fft jour : Empl. Tourisme (2) : 21 € ( ) ; Sup : 5,50 € - de 10 ans 3,50 € ; 4 € (10 A) ; Animaux 1,70 €. Réduction H.S.

ST ETIENNE DE FONTBELLON

10-F4 30 km S.-O. Privas. 215 m. 1959 hab. ✉ 07200

LES ACACIAS ★★ Tourisme 50 E., dont 30 CC, 1 ha. CV. Locations : 6 , 4 . . Rivière à 5 km. à 1 km : . Ouv : 1.4 / 14.10. 500 m RN 104. ☎ 04 75 93 67 87 / 04 75 93 71 77 (H.S.). Fax : 04 75 93 71 77. E-mail : camping-les-acacias@wanadoo.fr, Web : www.campinglesacacias.monsite.wanadoo.fr. Prix 2008. Fft jour : Empl. Tourisme (2 1 - de 1 ans) : 10,80 € ( ) ; Sup : 2,30 € 2,60 € ; Animaux 0,70 €. Réduction H.S.

FFCC : partenaire + réduction emp. de 5 % en saison et hors saison.

ST ETIENNE DE LUGDARES

10-E4 46 km N.-O. Largentière. 1033 m. 475 hab. ✉ 07590

LES AYGUES DOUCES ★★ Tourisme 25 E. 0,6 ha. CV. Locations : . Accès direct à la rivière. . Accueil groupes. ☎ 04 66 46 65 65 / 04 66 46 60 49 (Mairie). Fax : 04 66 46 65 95.

ST ETIENNE DE SERRE

10-F4 22 km N.-O. Privas. 550 m. 192 hab. ✉ 07190

AIRE NATURELLE DU SYNDICAT INTERCOMMUNAL CV. A 3 km: . A 10 km : . Stage artisanal de tissage. Le Moulinon, 07190 St Sauveur de Montagut. Mle DEJOURS Hélène. ☎ 04 75 65 40 64 (Mairie). Fax : 04 75 65 48 27.

ST FELICIEN

10-F3 28 km N.-O. Tournon. 542 m. 1238 hab. ✉ 07410

CAMP MUNICIPAL DE PIERRAGEAIS ★ Tourisme 50 E. 1,5 ha. CV. Locations : 6 . . Accès direct à la rivière. ; . Accueil groupes. ☎ 04 75 06 03 05 / 04 75 06 16 70 (Mairie). Fax : 04 75 06 10 71. E-mail : mairie.st-felicien@inforoutes.ardeche.fr, Web : www.chalets-decouverte.com

ST FORTUNAT SUR EYRIEUX

11-A4 48 km N.-E. Privas. 148 m. 543 hab. ✉ 07360

CAMP LA GARE DES AMIS ★★ Tourisme 40 E. 0,7 ha. CV. Locations : 2 , 3 , 5 . . Rivière à 100 m. ; . Accueil groupes. Ouv : 1.5 / 15.9. Rés. obligatoire en été. D 120. Situé dans l'ancienne gare pittoresque. ☎ 04 75 65 22 80. Fax : 04 75 65 22 80. E-mail : luxro@wanadoo.fr, Web : www.camping-st-fortunat.com. Prix 2007. Fft jour : Empl. Tourisme (2) : 17 € ( ) ; Sup : 4,50 € - de 10 ans 3,50 € ; 2,60 à 3,60 € (3 à 6 A) ; Animaux 1 €. Réduction H.S.

FFCC : partenaire + réduction emp. de 10 % en saison et hors saison + réduction loc. de 10 % en saison et hors saison.

ST GERMAIN

10-F4 32 km S.-O. Privas. 195 m. 340 hab. ✉ 07170

M. BOULE Denis . A 3 km: . A 10 km : . Ouv : 1.4 / 1.10. Le Bardou. RD 103. ☎ 04 75 37 71 91. Fax : 04 75 37 71 91. E-mail : info@lebardou.com, Web : www.le.bardou.com. Prix 2008. Fft jour : Empl. Tourisme (2) : 15 € ( ) ; Sup : 3 € - de 7 ans 2 € ; 3 € (6 A).

ST JACQUES D ATTICIEUX

11-A2 40 km N.-O. Tournon. 470 m. 97 hab. ✉ 07340

MISERIEUX ★ Tourisme 30 E. Misérieux le Miron. ☎ 04 75 67 11 10.

ST JEAN CHAMBRE

10-F4 47 km S.O. Tournon. 750 m. 235 hab. ✉ 07240

M. GADIFFERT Daniel,camping à la Ferme CV. A 8 km: Piscine chauffée Piscine plein air Piscine couverte . A 10 km : . Ouv : 5.4 / 30.9. Le Verger des Saponières. ☎ 04 75 58 08 78 / 06 31 90 70 99 (H.S.). Fax : 04 75 58 08 78. E-mail : saponiere@aliceadsl.fr.

FFCC : partenaire + réduction emp. de 5 % en saison et 10 % hors saison + réduction loc. de 5 % en saison et 10 % hors saison.

ST JEAN DE MUZOLS

11-A3 2,5 km N.-O. Tournon. 130 m. 1955 hab. ✉ 07300

LE CASTELET ★★ Tourisme 66 E. (40 Tourisme + 26 Loisirs) 1 ha. gaz, saison, CV. Locations : 2 , 4 . . Rivière à 100 m. ; ; à 200 m : . Ouv : 1.4 / 15.9. Autoroute A7 sortie Tain-L'Hermitage, Tournon, Saint-Jean-de-Muzols, prendre le CD 238, 2ème camping. ☎ 04 75 08 09 48. Fax : 04 75 08 49 60. E-mail : courrier@camping-lecastelet.com, Web : www.camping-lecastelet.com. Prix 2008. Fft jour : Empl. Tourisme (2) : 15 € ( ) ; Sup : 4 € - de 7 ans 3,20 € ; 3,30 € (5 A). Réduction H.S.

ST JEAN LE CENTENIER

10-F4 28 km S.-O. Privas. 307 m. 544 hab. ✉ 07580

LES ARCHES ★★★ Tourisme 97 E. dont 87 nus, dont 10 GCC, 2,8 ha. CV. Locations : 10 , 2 . Etang et rivière à 50 m. ; ; . Accueil groupes hors saison. Ouv : 1.5 / 15.9. RD 458 (rte de Mirabel). RN 102 qui relie Montélimar (26) et Aubenas (07). ☎ 04 75 36 75 19 / 04 75 36 75 45 (H.S.). Fax : 04 75 36 75 45. E-mail : info@camping-les-arches.com, Web : www.camping-les-arches.com. Prix 2008. Fft jour : Empl. Tourisme : 17 € ( ) ; Sup : 3,90 € - de 6 ans 2,80 € ; 3,60 € ; Animaux 1,50 €. Réduction H.S.

FFCC : partenaire + réduction emp. de 10 % hors saison + Stop accueil Camping-car du 01/05 au 30/06 et du 01/09 au 30/09/2008, accès jusqu'à 20h + réduction loc. de 5 % hors saison.

ST JULIEN EN ST ALBAN

11-A4 10 km N.-E. Privas. 130 m. 903 hab. ✉ 07000

L'ALBANOU ★★★ Tourisme 60 E. dont 59 nus, dont 1 GCC, 1,5 ha. snack, enfants, CV. Locations : . Rivière à 50 m. ; enfants : ; à 10 km : . Ouv : 28.4 / 22.9. A 7 sortie Loriol Le Pouzin, dir. Aubenas 8 km. Avant St-Julien en St-Alban, quartier Pampelonne : à gauche. ☎ 04 75 66 00 97 / 04 75 66 00 97 (H.S.). E-mail : camping.albanou@wanadoo.fr, Web : www.camping-albanou.com. Prix 2007. Fft jour : Empl. Tourisme (2) : 17 € () ; Sup : 4 € - de 7 ans 3 € ; 3,50 € (6 A) ; Animaux 2 €. Réduction H.S.

FFCC : partenaire + réduction emp. de 5 % en saison et 10 % hors saison.

ST JULIEN LABROUSSE

10-F3 47 km S.-O. Tournon-sur-Rhone. 700 m. 355 hab. 07160

M. BANCEL Robert . A 200 m : . A 1 km: . A 3 km : . A 5 km : . A 10 km : Piscine plein air. Cheyrion, à 1,5 km du bourg, à proximité de la ferme. Pré herbeux, rivière à 200 m. Semi ombragé. Sentiers balisés. Golf 9 trous à 1 km. ☎ 04 75 29 10 28.

M. SERILLON Jean . A 2,5 km: . A 2 km : . A 3 km : . A 10 km : Piscine plein air . Ouv : 1.5 / 30.10. La Chazallet, par D 241, 2 km Est de la commune, à proximité de la ferme. Terrain ombragé, pré herbeux, bord de ruisseau.Visite de la ferme animaux. ☎ 04 75 29 07 57. E-mail : la.chazalet@free.fr, Web : www.campingfrankrijk.F2S.com. Prix 2007. Fft jour : Empl. Tourisme (2) : 7 € - de 10 ans 2,75 €. Réduction H.S.

FFCC : partenaire + réduction emp. de 5 % en saison et 10 % hors saison + réduction loc. de 5 % en saison et hors saison.

ST JUST D ARDECHE

11-A5 60 km S. Privas. 63 m. 1010 hab. 07700

LA PLAGE ★★★ Tourisme 117 E. 4 ha. CV. Locations : 2 , 3 , . Rivière à 200 m. ; ; ; . Le Bordelet, N 86. ☎ 04 75 04 69 46. Fax : 04 75 04 69 46. E-mail : info@campingdelaplage.com, Web : www.campingdelaplage.com.

LES PONTS SUR L'ARDECHE ★★ Tourisme 100 E. 0,8 ha. . Accès direct à la rivière. ; ; . 100 m RN 86. ☎ 04 75 04 67 31 / 04 75 04 66 44.

ST LAGER BRESSAC

11-A4 12 km S.-E. Privas. 158 m. 507 hab. 07210

LES CIVELLES D'OZON ★★ Tourisme 40 E., dont 38 GCC, 1,3 ha. CV. Locations : 7 , 2 . . Accueil groupes. Ouv : 1.4 / 30.9. A 7 sortie Loriol puis R 86 et D 2 ou D 322. ☎ 04 75 65 01 86 / 04 75 65 20 96 (H.S.). Fax : 04 75 65 20 96. E-mail : tout-a@wanadoo.fr, Web : www.camping-ardeche-lescivelles.com. Prix 2008. Fft jour : Empl. Tourisme (2) : 17 € () ; Sup : 4 € - de 12 ans 2 € ; Animaux 3 €. Fft Tente : 15 € (2). Réduction H.S.

FFCC : Stop accueil Camping-car du 01/04 au 30/06 et du 01/09 au 30/10/2008, accès jusqu'à 20h.

ST LAURENT DU PAPE

11-A4 15 km N.-E. Privas. 250 m. 1174 hab. 07800

LA GARENNE ★★★ Tourisme 116 E. 4,5 ha. . Locations : 2 . . Rivière à 500 m. à 500 m : , . ☎ 04 75 62 24 62. Fax : 04 75 62 24 62. E-mail : info@lagarenne.org, Web : www.lagarenne.org. Réduction H.S.

ST LAURENT LES BAINS

10-E4 35 km N.-O. Largentière 840 m. 165 hab. 07590

CAMP MUNICIPAL LE CEYTROU ★★ Tourisme 60 E. 1,5 ha. , rapide, CV. Locations : 4 , . . Rivière à 50 m. ; petite : ; . ☎ 04 66 46 02 03. Fax : 04 66 46 02 03. E-mail : campingceytrou@wanadoo.fr, Web : www.leceytrou.fr.st.

ST MARCEL D ARDECHE

10-F5 50 km S. Privas. 133 m. 1519 hab. 07700

LES TRUFFIERES ★★ Loisirs 35 E., dont 8 CC, 1,5 ha. CV Sanitaire chauffé. . Rivière à 5 km. Route de St-Remèze. Venant du nord par la RN 86 dir. St-Just avant d'y arriver prendre le premier chemin dir. St-Marcel. Contourner le village par la gauche et suivre le fléchage. Accessibilité pour handicapés. ☎ 04 75 04 68 35 / 06 22 82 13 33. Fax : 04 75 98 75 86.

M. DE ZAYAS Jean,aire naturelle Le Pavillon CV. A 200 m : . A 5 km: . A 10 km : . Ouv : 15.4 / 15.10. Place du Portail du Rhône. RN 86. ☎ 04 75 98 71 90. Fax : 04 75 98 71 90. E-mail : campingdupavillon@hotmail.com. Prix 2007. Fft jour : Empl. Tourisme (2) : 9 € () ; Sup : 3,30 € - de 12 ans 2,90 € ; 2 €.

ST MARTIAL

10-F4 70 km S.-O. Tournon. 830 m. 339 hab. 07310

CAMP MUNICIPAL DU ROUVIER ★★ Tourisme 50 E. . Locations : . Accès direct aux bords du lac. ; ; ; . ☎ 04 75 29 12 16 / 04 75 29 20 32.

ST MARTIN D ARDECHE

10-F5 60 km S. Privas. 65 m. 380 hab. Station verte de vacances et village de neige 07700

CAMP MUNICIPAL LE MOULIN ★★★ Tourisme 200 E. dont 194 nus, 5 ha. CV. Locations : 6 . Accès direct à la rivière. ; ; ; . Ouv : Pâques / 30.9. ☎ 04 75 04 66 20. Fax : 04 75 04 60 12. Prix 2007. Fft jour : Empl. Tourisme (2) : 15,90 € () ; Sup : 2,95 € - de 12 ans 1,60 € ; 3 € ; Animaux 1,50 €.

LA REVIRE ★★★ Tourisme 40 E. . Locations : . Rivière à 50 m. ; ; . ☎ 04 75 98 71 14. Fax : 04 75 98 77 55.

LE PONTET ★★★ Tourisme 100 E. dont 86 nus 1,8 ha. CV. Locations : 4 , , 8 , , . . Rivière à 1,5 km. ; ; ; ; à 1,5 km : . Accueil groupes hors saison. Ouv : 2.4 / 30.9. Sortie autoroute Bollene/Pont-St-Esprit, RN 86 dir. St-Just d'Ardèche puis D 290. 1 km avant St Martin d'Ardèche, prendre à droite. ☎ 04 75 04 63 07. E-mail : contact@campinglepontet.com, Web : www.campinglepontet.com. Prix 2007. Fft jour : Empl. Tourisme (2) : 18,90 € () ; Sup : 5,20 € - de 10 ans 2,50 € ; 3,50 € ; Animaux 1 €. Réduction H.S.

FFCC : Stop accueil Camping-car du 02/04 au 30/09/2008, accès jusqu'à 21h.

LES GORGES ★★★ Tourisme 100 E., dont 4 GCC, 1,2 ha. . Locations : . . Accès direct à la rivière. ; ; ; . Hameau de Sauze, 150 m RD 290, 5 km RN 86. ☎ 04 75 04 61 09. Fax : 04 75 04 61 09. E-mail : info@camping-des-gorges.com, Web : www.camping-des-gorges.com.

CAMP MUNICIPAL VILLAGE ★★ Tourisme 70 E., dont 4 GCC, 1,5 ha. CV. Locations : 4 . . Rivière à 200 m. ; ; ; . Ouv : Pâques / 30.9. Accès depuis autoroute A 7, sortie Bollène ou Montélimar Sud. ☎ 04 75 04 65 25 / 04 75 04 66 33 (H.S.). Fax : 04 75 98 71 38. Prix 2007. Fft jour : Empl. Tourisme (2) : 12,10 € Sup : 2,30 € - de 13 ans 1,10 € ; 1,70 à 2,80 € (4 à 13 A).

LA CERISAIE ★★ Tourisme 45 E. 0,8 ha. . Rivière à 200 m. à 200 m : , , . 5 km RN 86. D 290.

LE CASTELAS ★★ Tourisme 65 E. 0,7 ha. . Accès direct à la rivière. ; ; . Chemin de Tabion. ☎ 04 75 04 66 55. Fax : 04 75 04 66 55. E-mail : camping-le-castelas@wanadoo.fr.

ST MARTIN DE VALAMAS

10-F3 61 km S.-O. Tournon. 550 m. 1516 hab. Station verte de vacances et village de neige 07310

CAMP MUNICIPAL ★★ Tourisme 40 E.

ST MAURICE D ARDECHE

10-F4 40 km S.-O. Privas. 168 m. 206 hab. 07200

DOMAINE DU CROS D'AUZON ★★★★ Tourisme 170 E. dont 50 nus , dont 100 CC - 13 GCC, 3 ha. , gaz/électrique, , en saison, en saison, CV Camping tourisme et handicap. Locations : 4 , , 126 , , Chambres doubles (prix par pers. en P.C.). couverte . Accès direct à la rivière. ; ; ; ; . Accueil groupes. Ouv : 1.4 / 15.9. Rés. obligatoire en été. Domaine totalement accessible aux personnes handicapées 12 chambres + 4 mobile-homes adaptés ☎ 04 75 37 75 86. Fax : 04 75 37 01 02. E-mail : cros.d.auzon@wanadoo.fr, Web : www.camping-cros-auzon.com. Prix 2008. Fft jour : Empl. Tourisme (2) : 27,90 € ((6 A) E. CC E. GCC) ; Sup : 6,90 € - de 7 ans 4,85 € ; Animaux 3 €. Réduction H.S.

FFCC : partenaire + réduction emp. de 5 % en saison et 20 % hors saison + carte FFCC assurance annulation + Stop accueil Camping-car du 05/04 au 15/09/2008, accès jusqu'à 19h30 + réduction loc. de 5 % en saison et 10 % hors saison.

LES PEUPLIERS ★★★ Tourisme 100 E. 2 ha. , à gaz, CV. Locations : 9 , 5 , 11 , . . Accès direct à la rivière. ; ; . Ouv : 5.4 / 30.9. Par RD 579 ou RD 103. Par Voguë. ☎ 04 75 37 71 47. Fax : 04 75 37 70 83. E-mail : girard.jean-jacques@club-internet.fr, Web : www.campingpeupliers.com. Prix 2007. Fft jour : Empl. Tourisme (2) : 20,15 € ()

CAMP G.C.U. Réservé aux adhérents. Adhésion possible sur place pour les sociétaires MAIF et FILIA MAIF.

ST MAURICE D IBIE

10-F5 30 km S.-O. Privas. 212 m. 183 hab. 07170

LE SOUS-BOIS ★★★ Tourisme 50 E. 2,3 ha. snack, CV. Locations : 7, 2, . Rivière à 2 km. ; à 2 km : Accueil adultes. D 258. ☎ 04 75 94 86 95 / 04 75 37 78 36 (H.S.). Fax : 04 75 94 86 95. E-mail : camping.lesousbois@wanadoo.fr, Web : www.le-sous-bois.com. Prix 2007. Fft jour : Empl. Tourisme (2) : 17 € (); Sup : 4,50 € - de 4 ans 3,60 € ; 3,80 € (6 à 10 A) ; Animaux 2 €.

ST MICHEL DE BOULOGNE

10-F4 20 km S.-O. Privas 451 m. 106 hab. ✉ 07200

M. CHAMPANHET Marc CV. Le Massiol. ☎ 04 75 87 10 04.

ST MICHEL DE CHABRILLANOUX

10-F4 27 km N.-E. Privas. 540 m. 250 hab. ✉ 07360

CAMP MUNICIPAL ★★ Tourisme 32 E. pain, CV. Locations : 2, 4, 2. A7 sortie Loriol, dir. Pouzin puis St-Laurent du Pape/Le Cheylard. Arrivé aux Ollières-sur-Eyrieux tourner à droite dir. St-Michel de Chabrillanoux. ☎ 04 75 66 25 13 / 04 75 66 24 84 (Mairie) / 04 75 66 24 84 (H.S.). Fax : 04 75 66 25 90. E-mail : virginiebessat@voila.fr, Web : www.st-michel-de-chabrillanoux.com.

ST MONTANT

11-A5 50 km S.-S.-E. Privas. 62 m. 1011 hab. ✉ 07220

M. SOUBEYRAND Pierre,aire naturelle les Chênes A 7 km: . A 15 km : . Par RN 86 puis RD 262, 300 m de la commune, à proximité de la ferme. Location caravanes sur place. ☎ 04 75 52 63 92.

ST PIERREVILLE

10-F4 38 km N.-O. Privas. 600 m. 478 hab. Station verte de vacances et village de neige ✉ 07190

CAMP DE PUAUSSON ★★★ Tourisme 30 E. 1,5 ha. CV. Accès direct à la rivière. non surveillée : . Accueil groupes. 200 m RD 8, à 11 km RN 103. ☎ 04 75 66 65 68 / 04 75 66 02 09. Fax : 04 75 66 02 09. E-mail : camping.puausson@free.fr.

Mme VIALLE Marie,camping à la ferme Ouv : 1.4 / 30.9. Pra-Long. RD 102. ☎ 04 75 66 63 72. Prix 2007. 4,80 € ; 2,40 € ; 1,80 à 1,80 €.

ST PRIVAT

10-F4 28 km S.-O. Privas. 205 m. 1157 hab. ✉ 07200

LE PLAN D EAU ★★★ Tourisme 100 E. dont 74 nus 1,1 ha. CV. Locations : 26, . Accès direct à la rivière. ; canoë-kayak : ; . Accueil groupes. Lieu-dit L'Echelette. Route de Lussas. A St-Privat, prendre la route de Lussas. ☎ 04 75 35 44 98 / 06 80 85 54 40. Fax : 04 75 35 44 98. E-mail : leplandeau@wanadoo.fr, Web : www.campingleplandeau.com. Prix 2007. Fft jour : Empl. Tourisme (2) : 24 € (); Sup : 5,50 € - de 10 ans 3,50 € ; 4,20 € (8 A) ; Animaux 2,50 €. Réduction H.S.

FFCC : partenaire + carte FFCC assurance annulation.

ST REMEZE

10-F5 70 km S.-O. Privas. 365 m. 474 hab. ✉ 07700

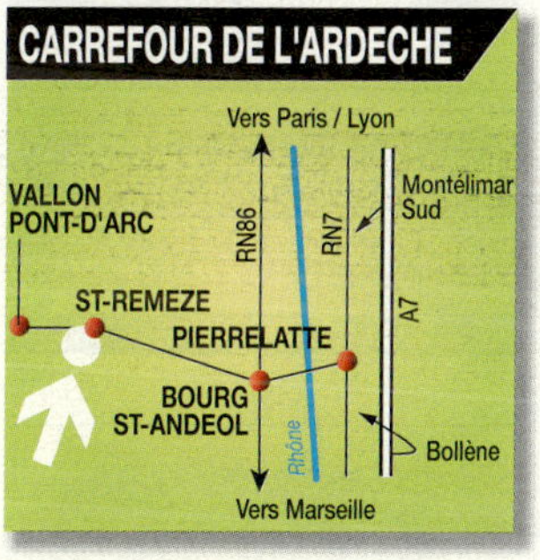

CARREFOUR DE L'ARDECHE ★★★ Tourisme 90 E. dont 65 nus, dont 9 CC, 1,7 ha. collectifs, CV. Locations : 9, 13, 3, . à 10 km : . Accueil groupes. Quartier Gourdaud. ☎ 04 75 04 15 75. Fax : 04 75 04 35 05. E-mail : carrefourardeche@yahoo.fr, Web : www.ardechecamping.net. Prix 2007. Fft jour : Empl. Tourisme (2) : 24 € (); Sup : 6 € - de 7 ans 4 € ; 5 € (6 A) ; Animaux 3,50 €. Réduction H.S.

DOMAINE NATURISTE LA PLAGE DES TEMPLIERS ★★★ Tourisme 100 E. dont 65 nus 2,5 ha. CV Rés. naturiste. Locations : 35. Accès direct à la rivière. ; ; ; . Accueil groupes. Le Baslavis, 8 km de la commune, par D 290. Inaccessible aux caravanes et aux camping-cars. ☎ 04 75 04 38 65 / 04 75 04 28 58 (Réserv.). Fax : 04 75 04 28 58. E-mail : laplagedestempliers@wanadoo.fr, Web : www.campings-ardeche.com. Réduction H.S.

LA RESIDENCE AU VILLAGE ★★★ Tourisme 60 E., dont 8 GCC, 1,7 ha. CV. Locations : 1, 20, , . Quartier de Loche, dans le centre du village. De Montélimar Sud, prendre Pierrelatte, Bourg St Andéol, St Remèze, au rond-point à gauche à 50 m. ☎ 04 75 04 26 87 / 04 75 04 39 51 (H.S.). Fax : 04 75 04 39 52. E-mail : mail@campinglaresidence.net, Web : www.campinglaresidence.net.

DOMAINE DE BRIANGE ★★ Tourisme 80 E. 3,5 ha. CV. Locations : 17, , 3, , . Route de Gras. ☎ 04 75 04 14 43. Fax : 04 75 04 14 43. E-mail : briange07@aol.com, Web : www.campingdebriange.com.

Mme BOULLE Mireille,aire naturelle CV. Ouv : 15.6 / 15.9. Le Bourboulet, D 4. ☎ 04 75 04 12 67 / 06 33 30 17 87 (H.S.). Fax : 04 75 04 12 67. Prix 2008, 5,11 € ; 2,36 € ; 2,80 €.

ST SAUVEUR DE CRUZIERES

10-F5 34 km S. Largentière. 409 hab. ✉ 07460

LA CLAYSSE ★★★ Tourisme 58 E. 1 ha. CV. Locations : 13, , . Accès direct à la rivière. ; . Accueil groupes. ☎ 04 75 35 40 65. Fax : 04 75 36 68 65. E-mail : camping.clayssee@wanadoo.fr, Web : www.campingdelaclaysse.com. Prix 2007. Fft jour : Empl. Tourisme (2) : 16 € Sup : 4,50 € - de 7 ans 2 € ; 4 € (6 A) ; Animaux 1,20 €.

ST SAUVEUR DE MONTAGUT

10-F4 21 km N.-O. Privas. 215 m. 1480 hab. ✉ 07190

CAMP MUNICIPAL LES CHATAIGNIERS ★★ Tourisme 30 E. 4 ha. Rivière à 3 km. ; à 3 km : . Le Moulinon. ☎ 04 75 65 40 64 (Mairie). Fax : 04 75 65 48 27.

ST THOME

11-A5 47 km S. Privas. 67 m. 257 hab. ✉ 07220

LE MEDIEVAL ★★★ Tourisme 119 E. dont 75 nus 3,28 ha. CV. Locations : 32, 8, . Accès direct à la rivière. ; . Accueil groupes. 1 km RD 102. ☎ 04 75 52 68 76 / 06 11 84 22 27 (H.S.) E-mail : contact@campinglemedieval.com, Web : www.campinglemedieval.com. Prix 2007. Fft jour : Empl. Tourisme (2) : 18,50 € (); Sup : 4,50 € 3,50 € (3 A) ; Animaux 1 €.

FFCC : partenaire + carte FFCC assurance annulation.

ST VICTOR

11-A3 22 km N.-O. Tournon-sur-Rhone. 620 m. 796 hab. ✉ 07410

CAMP MUNICIPAL DE CHANTELERMUZE ★★ Tourisme 33 E. 1 ha. CV. Locations : . . Sur D 532. ☎ 04 75 06 08 55 (Mairie) / 04 75 06 08 55 / 04 75 06 00 47 (H.S.). Fax : 04 75 06 00 47.

ST VINCENT DE BARRES

11-A4 17 km S.-E. Privas. 270 m. 330 hab. ✉ 07210

LE RIEUTORD ★★ Tourisme 62 E., dont 25 GCC, 2 ha. snack, pétanque, CV Sanitaire chauffé. Locations : 9. . ; . Accueil groupes. Ouv : 7.5 / 30.9. A 7 sortie 16 suivre Chomerac puis le Teil. Situé entre Privas et Montélimar. ☎ 04 75 65 07 73. Fax : 04 75 65 07 73. E-mail : moncamping@numeo.fr, Web : www.ardeche-sud-camping.com. Réduction H.S.

ST VINCENT DE DURFORT

11-A4 15 km N.-E. Privas. 320 m. 141 hab. ✉ 07360

DOMAINE DE PLANTAS ★★★★ Tourisme 157 E. dont 98 nus, , dont 33 GCC, 9 ha. CV Sanitaire chauffé. Locations : 21, 51, . couverte chauffée . Accès direct à la rivière. ; ; ; .Accueil adultes. Ouv : 5.4 / 4.10. Dir. Le Cheylard. Au village des Ollières sur Eyrieux, après avoir traversé le pont, tourner à gauche à la pharmacie dir. camping, puis suivre cette route 3 km, mais ne pas passer à Saint Vincent de Durfort. Bibliothèque. Borne internet / WIFI ☎ 04 75 66 21 53. Fax : 04 75 66 23 65. E-mail : plantas.ardeche@wanadoo.fr, Web : www.campings-franceloc.fr. Prix 2007. Fft jour : Empl. Tourisme (2) : 31 € ((6 A)) ; Sup : 7,50 € - de 2/4 ans 3 € ; Animaux 3 €.

LE CHAMBOURLAS ★★★ Tourisme 78 E. (75 Tourisme + 3 Loisirs), dont 3 GCC, 1,9 ha. CV. Locations : , . . Accès direct à l'étang et à la rivière. ; ; . Ouv : 1.5 / 1.10. Sur la D 2 entre Privas et les Ollières. ☎ 04 75 66 24 31. Fax : 04 75 66 21 22. E-mail : info@chambourlas.com, Web : www.chambourlas.com. Prix 2008. Fft jour : Empl. Tourisme (2) : 24,50 € ((10 A)) ; Sup : 6,50 € - de 12 ans 6 € ; Animaux 2,50 €. Réduction H.S.

STE EULALIE

10-F4 50 km N. Largentière. 1200 m. 350 hab. ✉ 07510

CAMP MUNICIPAL ★★ Tourisme 40 E. (35 Tourisme + 5 Loisirs) 1 ha. Locations : 5. Rivière à 500 m. ; . Accès par N 535 et CD 116. ☎ 04 75 38 80 44 / 04 75 38 82 08. Web : www.chalets-decouverte.com.

SALAVAS

10-F5 25 km S.-S.-E. Largentière. 100 m. 355 hab. ✉ 07150

ASPTT LES BLACHAS ★★★★ Tourisme 182 E., dont 4 GCC, 8 ha. Locations : , , , . Accès direct à la rivière. ; ; . Réservé aux sociétaires. ☎ 04 75 88 02 07. Fax : 04 75 37 17 57.

INTERNATIONAL ★★★ Tourisme 130 E., dont 6 GCC, 1,5 ha. gaz, ap. 23 h, CV. Locations : 3, 4, , , . . Accès direct à la rivière. ; ; ; à 20 m : . Salle de jeux. ☎ 04 75 88 00 99. Fax : 04 75 88 05 67. E-mail : inter.camp@wanadoo.fr, Web : www.sud-ardeche.com/tourism/intcamp.

LE CASQUE ROI ★★★ Tourisme 29 E., dont 29 GCC, 0,36 ha. en face, CV, Sanitaire chauffé hors saison. Locations : 20, , . chauffée . Rivière à 200 m. à 200 m : , , , . Accueil groupes. Lieu-dit La Plaine. D 579 dir. Bonjac. Escalade, canyon, raft, spéléo et randonnées pédestres. ☎ 04 75 88 04 23 / 06 73 85 55 99. E-mail : casqueroi@wanadoo.fr, Web : www.casqueroi.com. Prix 2007. Fft jour : Empl. Tourisme : 27 € Réduction H.S.

LE CHAUVIEUX ★★★ Tourisme 100 E. dont 87 nus, dont 90 CC, 1,8 ha. , snack, juillet/août, , juillet/août, juillet/août, CV. Locations : 10, 3, , . . Rivière à 100 m. ; ; à 100 m : , . Ouv : 28.4 / 15.9. Sur RD 579, dir. Barjac. Descente des gorges de l'Ardèche. ☎ 04 75 88 05 37. Fax : 04 75 88 05 37. E-mail : camping.chauvieux@wanadoo.fr, Web : www.camping-le-chauvieux.com. Prix 2008. Fft jour : Empl. Tourisme (2) : 20,40 € () ; Sup : 5,20 € - de 2 ans 2,50 € ; 4 € (6 A) ; Animaux 2 €. Réduction H.S.

LE CLAPAS ★★★ Tourisme 85 E. dont 75 nus 1,36 ha. , gaz/électrique, CV. Locations : 10. Accès direct à la rivière. ; ; ; . Accueil groupes hors saison. Ouv : 1.4 / 30.9. De Vallon Pont d'Arc en dir. de Barjac. ☎ 04 75 37 14 76. Fax : 04 75 88 23 95. E-mail : contact@camping-le-clapas.com, Web : www.camping-le-clapas.com. Prix 2008. Fft jour : Empl. Tourisme (2) : 17,50 € () ; Sup : 5,50 € - de 2/10 ans 4 € ; 4 € (10 A) ; Animaux 1,50 €. Réduction H.S.

LE PEQUELET ★★★ Tourisme 60 E., dont 34 CC - 4 GCC, 1,3 ha. CV. Locations : 9, 2. . Accès direct à la rivière. ; ; ; . Accueil groupes. Ouv : 1.4 / 20.9. 1,2 km RN 579. ☎ 04 75 88 04 49. Fax : 04 75 37 18 46. E-mail : info@lepequelet.com, Web : www.lepequelet.com. Prix 2008. Fft jour : Empl. Tourisme (2) : 20 € () ; Sup : 7 € - de 10 ans 6 € ; 5 € ; Animaux 2 €. Réduction H.S.

M. BERNARD,aire naturelle

M. CHAPELLE Michel,aire naturelle CV. Ouv : Juin / Septembre. La Vernède. En bordure de l'Ardèche. ☎ 04 75 37 15 17 / 04 75 88 03 20. Fax : 04 75 37 15 17.

M. TESTARD Christophe,aire naturelle . A 400 m : . A 800 m : . A 4 km: . A 12 km : Piscine plein air. Le Micocoulier, Mas des Graviers, 800 m Nord-Ouest de la commune, à proximité de la ferme. Bord de ruisseau, rivière à 400 m. ☎ 04 75 88 12 57.

LES SALELLES

10-F5 30 km S.-O. Largentière. 160 m. 181 hab. ✉ 07140

Mme DESCHANELS Lydie . A 200 m : . A 600 m : . A 4 km: . A 6 km : . Le Dujal, par RD 413, à 1,5 km de la commune, à proximité de la ferme. Herbeux, bord de rivière. ☎ 04 75 37 26 00.

SAMPZON

10-F5 17 km S.-E. Largentière. 110 m. 121 hab. ✉ 07120

LA BASTIDE EN ARDECHE ★★★★ Tourisme 300 E. (276 Tourisme + 24 Loisirs), dont 3 CC - 137 GCC, 6 ha. à gaz, CV Sanitaire chauffé. Locations : 27, . chauffée . Accès direct à la rivière. ; saison : ; . Accueil groupes. Sur RD 111, itinéraire Bis Montpellier. ☎ 04 75 39 64 72. Fax : 04 75 39 73 28. E-mail : info@rcm-labastideenardeche.fr, Web : www.rcm-campings.fr.

LE RIVIERA ★★★★ Tourisme 185 E. 5 ha. CV Sanitaire chauffé. Locations : 30, 9, . . Accès direct à la rivière. ; ; . Accueil groupes. Ouv : 1.4 / 30.9. A 5 km du Pont d'Arc. Entre Ruoms et Vallon Pont d'Arc. ☎ 04 75 39 67 57. Fax : 04 75 93 95 57. E-mail : leriviera@wanadoo.fr, Web : www.campingleriviera.com. Prix 2008. Fft jour : Empl. Tourisme (2) : 38 € () Réduction H.S.

SOLEIL VIVARAIS ★★★★ Tourisme 269 E. 9 ha. , 2, CV. Locations : 6, 224. chauffée . Accès direct à la rivière. ; ; . Ouv : 5.4 / 15.9. Rés. obligatoire en été. Entre Ruoms et Vallon-Pont-d'Arc. Sur RD 161, à 100 m RN 579. ☎ 04 75 39 67 56. Fax : 04 75 39 64 69. E-mail : info@soleil-vivarais.com, Web : www.soleil-vivarais.com. Prix 2007. Fft jour : Empl. Tourisme (2) : 42 € () ; Sup : 7,80 € Réduction H.S.

ALOHA-PLAGE ★★★ Tourisme 120 E. 2 ha. la nuit, CV. Locations : 27, 3, 5. chauffée . Accès direct à la rivière. ; ; ; . Accueil groupes. Ouv : 1.4 / 15.9. Entre Ruoms et Vallon-Pont-d'Arc. ☎ 04 75 39 67 62 / 06 08 98 85 03 (H.S.). Fax : 04 75 89 10 26. E-mail : reception@camping-aloha-plage.fr, Web : www.camping-aloha-plage.fr. Prix 2007. Fft jour : Empl. Tourisme (2) : 27 € () ; Sup : 6 € - de 10 ans 5 € ; 3,50 € ; Animaux 3 €. Réduction H.S.

LE MAS DE LA SOURCE ★★★ Tourisme 30 E. 1,15 ha. CV. Locations : . . Accès direct à la rivière. ; ; . Après Ruoms par D 579, dir. Vallon Pont d'Arc, prendre le pont dir. Sampzon ; après les feux tricolores. ☎ 04 75 39 67 98 / 04 75 39 38 40 (H.S.). Fax : 04 75 39 67 98. E-mail : camping.masdelasource@wanadoo.fr, Web : www.campingmasdelasource.com.

FFCC : partenaire - terrain assuré par la FFCC.

SUN CAMPING ★★★ Tourisme 70 E. 1,2 ha. CV. Locations : 8, 8. . Rivière à 100 m. ; ; ; à 150 m : . Ouv : 1.4 / 30.9. Quartier Gadonnes. ☎ 04 75 39 76 12 / () / 04 75 39 75 91 (H.S.). Fax : 04 75 39 76 12. E-mail : sun.camping@wanadoo.fr, Web : www.suncamping.com. Prix 2007. Fft jour : Empl. Tourisme (2) : 20,60 € Sup : 4,70 € - de 12 ans 3,25 € ; 4 € (6 A) ; Animaux 1,75 €. Réduction H.S.

FFCC : partenaire + réduction emp. de 5 % hors saison + carte FFCC assurance annulation + réduction loc. de 5 % hors saison.

LE CHASSEZAC ★★ Tourisme 140 E. dont 120 nus, dont 10 GCC, 4,3 ha. la nuit, CV. Locations : 12, 1, 4, . . Accès direct à la rivière. ; ; ; . Accueil groupes selon dates. Ouv : 1.4 / 30.9. Route d'Alès. RD 111 dir. Alès. ☎ 04 75 39 60 71 / 06 81 96 68 76 (H.S.). Fax : 04 75 39 76 35. E-mail : info@campinglechassezac.com, Web : www.campinglechassezac.com. Prix 2008. Fft jour : Empl. Tourisme (2) : 20,50 € () ; Sup : 4,80 € - de 7 ans 3,80 € ; 3,50 à 3,90 € (6 A) ; Animaux 2 €. Fft Ccar : 8 € (2). Réduction H.S.

FFCC : Stop accueil Camping-car du 01/04 au 05/07 et du 25/08 au 30/09/2008, accès jusqu'à 20h.

Mle OZIL Marielle,aire naturelle , privée, CV. A 50 m : . A 500 m : . A 1 km: . A 2 km : . A 4 km : . Les Trouillères. Situé entre Ruoms et Vallon Pont d'Arc. D 579, 1 km Sud-Ouest du pont. Pré plat, ombragé. ☎ 04 75 93 04 59. Fax : 04 75 39 68 48. Web : www.campinglestrouillere s.com.

SANILHAC

10-F4 8 km O. Largentière. 450 m. 291 hab. ✉ 07110

ROCHEPIERRE ★ Tourisme 25 E. . Par RN 104. ☎ 04 75 39 17 40.

M. DOURS Roger,aire naturelle CV. A 6 km: . Ouv : 1.5 / 31.8. Les Fredeyres. ☎ 04 75 39 14 49. Prix 2008. Fft jour : Empl. Tourisme (2) : 9,30 € () ; Sup : 4,30 € - de 7 ans 3,20 € ; 1,60 € ; Animaux 1,40 €.

SATILLIEU

10-F3 30 km N.-O. Tournon. 476 m. 1869 hab. Station verte de vacances et village de neige ✉ 07290

LE GRANGEON ★★★ Tourisme 52 E., dont 22 GCC, 1 ha. rapide, saison, CV. Locations : 5. Lac et rivière à 30 m. Accueil groupes. Route de la Louvesc. D 578 A. ☎ 04 75 34 96 41 / 04 75 34 98 70 (H.S.). Fax : 04 75 33 12 76.

SILHAC

10-F4 45 km S.-O. Tournon. 600 m. 337 hab. ✉ 07240

CAMP MUNICIPAL ★★ Tourisme 11 E. CV. à 4 km : Accueil groupes. ☎ 04 75 58 11 36. Fax : 04 75 58 14 64. E-mail : commune.silhac@wanadoo.fr. Prix 2007. 1 € ; 1,50 € ; 0,80 € ; 3,10 € ; 1,50 €.

Mme TERRAS Véronique,camping à la ferme Chante-Alouette pétanque, Uzanoux. ☎ 04 75 58 15 39. Fax : 04 75 58 02 79.

LE TEIL

11-A4 27 km S.-E. Privas. 75 m. 8352 hab. ✉ 07400

CAMP MUNICIPAL ★★ Tourisme 65 E., dont 54 GCC, 1,03 ha. Sanitaire chauffé. Locations : 7. à 500 m : Allée Paul Avon. 100 m RN 540 et 300 m RN 86. ☎ 04 75 52 13 27. Fax : 04 75 49 05 54.

THUEYTS

10-F4 35 km N.-N.-O. Largentière. 430 m. 1013 hab. ✉ 07330

LE BELOS ★★★ Tourisme 67 E. dont 54 nus (60 Tourisme + 7 Loisirs), dont 1 CC - 1 GCC, 1,9 ha. snack, CV. Locations : 3, 8, 1. Rivière à 100 m. Ouv : 15.4 / 1.10. Lieu-dit le Luzet. Sur la N 102 en dir. du Puy en Velay. ☎ 04 75 36 44 35 / 06 26 96 69 30 (H.S.). Fax : 04 75 36 44 35. E-mail : phbriss@wanadoo.fr, Web : www.camping-belos.com. Prix 2007. Fft jour : Empl. Tourisme (2) : 15,50 € ; - de 10 ans 2,60 € ; 3,40 € (6 A) ; Animaux 1,80 €. Réduction H.S.

FFCC : Stop accueil Camping-car du 12/04 au 04/07 et du 30/08 au 15/09/2008, accès jusqu'à 21h.

LE PONT DE MERCIER ★★ Tourisme 60 E. 3 ha. Locations : Rivière à 80 m. 800 m RN 102. Dir. Aubenas/le Puy. A 800 m du site historique du Pont du Diable. ☎ 04 75 36 46 08. Fax : 04 75 36 46 08.

TOURNON SUR RHONE

11-A3 54 km N.-E. Privas. 125 m. 9707 hab. ✉ 07300

CAMP DE TOURNON HPA ★★★ Tourisme 85 E. dont 75 nus, 1 ha. à gaz, juillet/août, juillet/août, CV Sanitaire chauffé Camping tourisme et handicap. Locations : 2, 8. Accès direct à la rivière. à 100 m ; à 3 km ; à 5 km. Accueil groupes. Ouv : 1.1 / 31.12. Quai Farconnet. Sur RN 86. A 7 sortie Tain l'Hermitage. ☎ 04 75 08 05 28 / 06 67 61 61 64 (H.S.). Fax : 04 75 08 05 28. E-mail : camping@camping-tournon.com, Web : www.camping-tournon.com. Prix 2008. Fft jour : Empl. Tourisme (2) : 12,50 € ; Sup : 3,50 € 1,90 € ; 2,90 à 4,80 € (6 à 10 A) ; Animaux 2 €. Réduction H.S.

FFCC : partenaire + réduction emp. de 5 % en saison et 10 % hors saison + carte FFCC assurance annulation + Stop accueil Camping-car du 01/11/07 au 01/03 et du 01/11/08 au 01/03/2009, accès jusqu'à 21h30.

LE MANOIR ★★★ Tourisme 80 E. 2 ha. CV. Locations : 8, 3, 3. Accès direct à la rivière. Ouv : 1.4 / 30.9. 222, route de Lamastre, 5 km de l'A 7. ☎ 04 75 08 02 50 / 06 70 00 06 13 (H.S.). Fax : 04 75 08 20 31. E-mail : info@lemanoir-ardeche.com, Web : www.lemanoir-ardeche.com. Prix 2008. Fft jour : Empl. Tourisme (2) : 16 € ; 3 € ; Animaux 2 €. Réduction H.S.

FFCC : partenaire + réduction emp. de 5 % en saison et 10 % hors saison + carte FFCC assurance annulation + Stop accueil Camping-car du 01/04 au 30/09/2008, accès jusqu'à 21h + réduction loc. de 5 % en saison et 10 % hors saison.

LES ACACIAS ★★★ Tourisme 80 E. (50 Tourisme + 30 Loisirs) 2,7 ha. à gaz, CV. Locations : 16, 1. Accès direct à la rivière. Accueil groupes. Ouv : 1.4 / 30.9. Route de Lamastre. N 86, à 2 km du centre ville. ☎ 04 75 08 83 90 / 06 75 01 07 90 (H.S.). E-mail : info@acacias-camping.com, Web : www.acacias-camping.com. Prix 2007. Fft jour : Empl. Tourisme (2) : 15,50 € ; Sup : 4 € - de 7 ans 2,20 € ; 3,20 € (6 A) ; Animaux 2,20 €. Réduction H.S.

FFCC : partenaire + réduction emp. de 5 % en saison et 10 % hors saison + Stop accueil Camping-car du 01/04 au 03/07 et du 27/08 au 30/09/2008, accès jusqu'à 21h + réduction loc. de 5 % hors saison.

LES FOULONS ★★ Tourisme 70 E. dont 59 nus (40 Tourisme + 30 Loisirs) 1,5 ha. snack, pain, à gaz, CV. Locations : 8, 3. Accès direct à la rivière. Ouv : 5.4 / 14.9. Route de Lamastre. RD 532, à 1 km RN 86, dir. vallée du Doux. Sortie autoroute Tain-L'Hermitage n° 13. ☎ 04 75 08 22 72. E-mail : camping.lesfoulons@wanadoo.fr, Web : camping-les-foulons.com. Prix 2008. Fft jour : Empl. Tourisme (2) : 15 € ; Sup : 4 € - de 7 ans 3 € ; 2,50 € ; Animaux 1,30 €.

FFCC : partenaire + réduction emp. de 5 % hors saison + réduction loc. de 5 % hors saison.

LES SABLES ★★ Tourisme 100 E. (57 Tourisme + 43 Loisirs), dont 26 CC, 2,2 ha. gaz, CV Sanitaire chauffé. Locations : 24, 1. Accès direct à la rivière. Ouv : 1.4 / 30.9. 218, route de Lamastre. Sortie autoroute à 6 km. ☎ 04 75 08 20 05 / 06 73 43 31 41 (H.S.). Fax : 04 75 07 06 21. E-mail : camping.les.sables@wanadoo.fr, Web : www.campinglessables.fr. Prix 2008. Fft jour : Empl. Tourisme (2) : 13 € ; Sup : 3,50 € - de 3/12 ans 2,50 € ; 2,60 € (4 A) ; Animaux 2,50 €. Fft Ccar : 18 € (2).

FFCC : partenaire + carte FFCC assurance annulation.

UCEL

10-F4 27 km S.-O. Privas. 200 m. 1758 hab. ✉ 07200

DOMAINE DE GIL ★★★★ Tourisme 80 E. dont 40 nus, , dont 49 CC - 10 GCC, 2 ha. sauf juillet/août et septembre, CV. Locations : 40. chauffée. Accès direct à la rivière. Accueil groupes. Ouv : 19.4 / 21.9. Quartier Chamboulas. Sortie autoroute Loriol. RN 104 dir. Aubenas sortie St-Privat/Ucel puis suivre Ucel et au rond-point à Pont d'Ucel suivre Vals-les-Bains/Ucel. ☎ 04 75 94 63 63. Fax : 04 75 94 01 95. E-mail : info@domaine-de-gil.com, Web : www.domaine-de-gil.com. Prix 2008. Fft jour : Empl. Tourisme (2) : 29 € ; Sup : 6 € 4,50 € ; 4 € ; Animaux 3 €. Réduction H.S.

FFCC : Stop accueil Camping-car du 15/04 au 30/06 et du 01/09 au 21/09/2008, accès jusqu'à 21h30.

LE PASTURAL ★★★ Tourisme 76 E., dont 30 GCC, 1 ha. CV. Locations : 14. Accès direct à la rivière. à 2 km. ☎ 04 75 37 60 28. Fax : 04 75 37 60 28. E-mail : mazonpat@hotmail.com, Web : www.guideweb.com. Réduction H.S.

LES PINS ★★ Tourisme 25 E. dont 7 nus 1,5 ha. buvette, pain, CV. Locations : 11, 9. Rivière à 500 m. à 500 m. Ouv : 1.6 / 15.9. Quartier de Bréchignac. Accès par la RD 578. ☎ 04 75 37 49 20. Fax : 04 75 37 49 20. E-mail : campinglespins-d-ucel@wanadoo.fr, Web : www.campinglespinsducel.com. Prix 2008. Fft jour : Empl. Tourisme (2) : 13,50 € ; Sup : 4,50 € - de 7 ans 3 € ; 3,50 € (6 A) ; Animaux 1 €. Réduction H.S.

USCLADES ET RIEUTORD

10-F4 56 km N.-O. Largentière. 1270 m. 115 hab. ✉ 07510

CAMP MUNICIPAL DE RIEUTORD ★ Tourisme 17 E. 0,2 ha. Rivière à 20 m. ☎ 04 75 38 84 17 / 04 75 38 83 33.

UZER

10-F4 4 km S.-E. Largentière. 146 m. 337 hab. ✉ 07110

LA TURELURE ★★ Tourisme 45 E. 1 ha. CV. Locations : 5. Accès direct à la rivière. Fontanne. ☎ 04 75 36 87 47 / 06 87 14 75 46. E-mail : jm.tourre@free.fr, Web : www.jm.tourre.free.fr/index.htm.

M. VANNIERE Michel,aire naturelle CV. Le Saut. Camping les Acacias. ☎ 04 75 36 86 91 / 04 75 36 88 75.

VAGNAS

10-F5 25 km S.-E. Largentière. 230 m. 412 hab. ✉ 07150

LA ROUVIERE LES PINS ★★★ Tourisme 100 E., dont 2 CC, 3 ha. CV. Locations : 2, 1, 1, 3. ☎ 04 75 38 61 41. E-mail : rouviere07@aol.com, Web : www.members.aol.com/rouviere07. Prix 2007. Fft jour : Empl. Tourisme : 17.60 € 4,20 € (6 A). Réduction H.S.

PARC DE ST-SAUVAYRE ★★ Tourisme 35 E., dont 2 GCC, 2 ha. Locations : RN 579 à 800 m, RD 217 à 500 m. ☎ 04 75 38 61 51 / 04 75 38 61 27. Fax : 04 75 38 61 51.

M. CHARRON Jean-Luc,aire naturelle A 500 m : A 3 km: A 4 km : A 5 km : Ferme de Rieussec, par RD 579, à 500 m de la ferme. Terrain boisé, bord de ruisseau. Promenades pédestres. Circuits VTT. Golf naturel avec practice ombragé et parcours d'initiation de 6 trous. ☎ 04 75 37 70 80 / 04 75 37 11 43.

M. PESHAIRE Robert,aire naturelle volley, village. A 1 km: A 5 km : A 8 km : Descente des Gorges de l'Ardèche en canoë. Location canoë et kayak sur place. Barbecue autorisé. Gardiennage des caravanes. Epicerie. Location de caravane et mobil-home. ☎ 04 75 38 61 24.

VALGORGE

10-F4 24 km N.-O. Largentière 561 m. 433 hab. ✉ 07110

LA MUZETTE,aire naturelle municipale , CV. A 12 km: Randonnées pédestres en agglomération. ☎ 04 75 88 95 31 (Camping) / 04 75 88 98 09 (Mairie). Fax : 04 75 88 95 80.

VALLON PONT D ARC

10-F5 22 km S.-E. Largentière. 120 m. 1823 hab. ✉ 07150

LA ROUBINE ★★★ Tourisme 135 E., dont 22 GCC, 4 ha. CV Sanitaire chauffé. Locations : 21, chauffée. Accès direct à la rivière. Ouv : 21.4 / 13.9. De Vallon Pont d'Arc dir. Ruoms DN 579, le camping est situé à 800 m du centre ville. ☎ 04 75 88 04 56. Fax : 04 75 88 04 56. E-mail : roubine-ardeche@wanadoo.fr, Web : www.camping-roubine.com. Prix 2008. Fft jour : Empl. Tourisme (2 - de 2) : 34 € ; Sup : 7,20 € 4,50 € (6 A) ; Animaux 3,50 €. Réduction H.S.

L'ARDECHOIS ★★★★ Tourisme 244 E., dont 58 CC - 50 GCC, 4,5 ha. Sanitaire chauffé. Locations : 24, chauffée. Accès direct à la rivière. Ouv : Pâques / 30.9. Route des Gorges, sur D 290. A 7 sortie Montélimar-Sud. ☎ 04 75 88 06 63. Fax : 04 75 37 14 97. E-mail : ardecamp@bigfoot.com, Web : www.ardechois-camping.com. Prix 2007. Fft jour : Empl. Tourisme (2) : 42 € ; Sup : 8,90 € - de 2/12 ans 6,90 € ; Animaux 6,80 €. Réduction H.S.

LE DOMAINE DE CHAUSSY ★★★★ Tourisme 197 E., dont 197 GCC, 2,5 ha. Locations : 17, 30, 18. Rivière à 2 km. D 579. Accès recommandé par Ruoms. ☎ 04 75 93 99 66. Fax : 04 75 93 90 56. Web : www.pageszoom.com/domaine-chaussy.

LE PROVENCAL ★★★★ Tourisme 200 E. dont 178 nus, 2 ha. CV Sanitaire chauffé. Locations : 22, chauffée. Accès direct à la rivière. Route des Gorges D 290, 800 m RN 579. ☎ 04 75 88 00 48. Fax : 04 75 88 02 00. E-mail : camping.le.provencal@wanadoo.fr, Web : www.camping-le-provencal.fr. Réduction H.S.

MONDIAL CAMPING ★★★★ Tourisme 240 E. (222 Tourisme + 18 Loisirs), dont 18 GCC, 4 ha. CV Sanitaire chauffé. Locations : 20, chauffée 1. Accès direct à la rivière. CD 290, route des Gorges. A 7 sortie Montélimar sud, N 7 Pierrelatte puis D 4 Bourg-St-Andéol/St-Reméze/Vallon, dir. Gorges de l'Ardèche. Accès internet. ☎ 04 75 88 00 44. Fax : 04 75 37 13 73. E-mail : reserv-info@mondial-camping.com, Web : www.mondial-camping.com.

ARC EN CIEL ★★★ Tourisme 218 E. dont 164 nus, dont 10 CC - 10 GCC, 3,5 ha. CV. Locations : 27, 5. Accès direct à la rivière. Ouv : 1.5 / 6.9. Route de Ruoms, quartier Les Mazes. 900 m RN 579. Cinéma en plein air films en sortie nationale. ☎ 04 75 88 04 65. E-mail : info@arcenciel-camping.com, Web : www.arcenciel-camping.com. Prix 2008. Fft jour : Empl. Tourisme (2) : 28,50 € ; Sup : 5,50 € - de 10 ans 4,20 € ; 4 € (10 A) ; Animaux 3,50 €. Réduction H.S.

CAMP BONHOMME ★★★ Tourisme 100 E., dont 24 GCC, 2,5 ha. CV. Locations : 24. Accès direct à la rivière. Accueil groupes. Quartier les Mazes. ☎ 04 75 88 04 62. Fax : 04 75 37 15 95. Réduction H.S.
FFCC : partenaire - terrain assuré par la FFCC.

CAMP DU PONT D'ARC ★★★ Tourisme 120 E. 2 ha. Locations : Accès direct à la rivière. Location canoës. ☎ 04 75 88 00 64.

LA PLAGE FLEURIE ★★★ Tourisme 300 E. 12 ha. CV. Locations : 68. Accès direct à la rivière. A 7 sortie Montélimar N. le Teil dir. Aubenas, Vogué, Ruoms. Au rond point du Lidl prendre à droite les Mazes. Au bowling prendre à gauche. ☎ 04 75 88 01 15. Fax : 04 75 88 11 31. E-mail : info@laplagefleurie.com, Web : www.laplagefleurie.com. Prix 2007. Fft jour : Empl. Tourisme (2) : 26 € Sup : 6,20 € - de 9 ans 4,60 € ; 3,90 € ; Animaux 4 €.

LA ROUVIERE ★★★ Tourisme 153 E. 3 ha. snack, CV. Locations : 23. Accès direct à la rivière. Accueil groupes. Chames. Route des Gorges. ☎ 04 75 37 10 07 / 04 75 37 10 07. Fax : 04 75 88 03 99. E-mail : ardbat@aol.com, Web : www.campinglarouviere.com.

LE BEAU RIVAGE ★★★ Tourisme 127 E., dont 27 GCC, 2 ha. CV. Locations : 14. Accès direct à la rivière. Ouv : 1.5 / 15.9. Rés. obligatoire en été et en hiver. Quartier les Mazes, 1 km RN 579. Spéléo, canyoning, escalade organisés depuis le camping. Descente des gorges de l'Ardèche en canoë, initiation gratuite canoë. ☎ 04 75 88 03 54. Fax : 04 75 88 03 54. E-mail : campingbeaurivage@wanadoo.fr, Web : www.beaurivage-camping.com. Prix 2007. Fft jour : Empl. Tourisme (2) : 23 € ; Sup : 5,30 € - de 10 ans 4,50 € ; 3,70 € (6 A) ; Animaux 1,60 €. Réduction H.S.

L'ESQUIRAS ★★★ Tourisme 34 E. dont 45 nus, dont 4 CC, 1,13 ha. Locations : 2, 12. Rivière à 1,5 km. à 1 km. Ouv : 1.4 / 31.9. Chemin du Fez. 1 km sortie Vallon Pont d'Arc sur la RN 579 dir. Ruoms Aubenas. Sortie autoroute Montélimar Nord dir. le Teil-Aubenas. ☎ 04 75 88 04 16. Fax : 04 75 88 04 16. E-mail : esquiras@wanadoo.fr, Web : www.camping-esquiras.com. Prix 2008. Fft jour : Empl. Tourisme (2) : 20 € ; Sup : 5 € - de 13 ans 3,50 € ; 3,50 € ; Animaux 1 €. Réduction H.S.
FFCC : Stop accueil Camping-car du 01/04 au 30/08/2008, accès jusqu'à 19h.

MIDI ★★★ Tourisme 52 E. CV. Locations : 5, 1. Accès direct à la rivière. Ouv : 1.4 / 30.9. Le Pont d' Arc: Sortie A 7, Montélimar Sud ou Bollène, dir. Gorges de l'Ardèche D 290. A 500 m en aval du Pont d'Arc. ☎ 04 75 88 06 78. Fax : 04 75 88 06 78. E-mail : info@camping-midi.com, Web : www.camping-midi.com. Prix 2007. Fft jour : Empl. Tourisme (2) : 20 €

CAMP DES GORGES ★★ Tourisme 100 E. 1,5 ha. CV. Locations : 9, 3, 1. Tentes collectives. Accès direct à la rivière. Accueil groupes. Ouv : 1.3 / 15.11. Au coeur des Gorges de l'Ardèche. A 1 km en aval du pont d'Arc. ☎ 04 75 88 00 05. Fax : 04 75 37 16 27. E-mail : campdgorge@aol.com, Web : www.camping-camp-des-gorges.com. Prix 2008. Fft jour : Empl. Tourisme (2) : 17,60 € ; Sup : 6 € - de 7 ans 3 € ; 3,50 € ; Animaux 3 €. Réduction H.S.

CAMP MUNICIPAL DE ZAMENHOF ★★ Tourisme 150 E. 2 ha. CV Sanitaire chauffé. Locations : 10. Rivière à 40 m. Route de Salavas (RN 579). ☎ 04 75 88 04 73 (le matin) / 04 75 88 02 06 (H.S.) / 04 75 37 13 54 (H.S.). Fax : 04 75 88 11 76. E-mail : municipalvallon@wanadoo.fr.

LE VIEUX VALLON ★★ Tourisme 40 E. 1,2 ha. gratuit, CV. Locations : 5, 6. Rivière à 600 m. à 500 m : Ouv : 1.5 / 15.9. Route des Gorges, à gauche à l'entrée des Gorges de l'Ardèche. ☎ 04 75 88 01 47 / 06 03 03 89 60 (H.S.). E-mail : contact@campingvieuxvallon.com, Web : www.campingvieuxvallon.com. Prix 2007. Fft jour : Empl. Tourisme (2) : 21,50 € (E. CC) ; Sup : 5,40 € - de 7 ans 3 € ; 3 à 4 € (6 à 10 A) ; Animaux 1,90 €. Réduction H.S.

LES TUNNELS ★★ Tourisme 100 E. 1,85 ha. Locations : Accès direct à la rivière. Sur RN 532, route des Gorges. ☎ 04 75 88 00 22. Fax : 04 75 37 16 04. E-mail : campingtunnels@ardeche-vacance.com, Web : www.camping-des-tunnels.com.

L'ILE SUR MEZELET ★★ Tourisme 70 E. ☎ 04 75 37 05 44.

Mme POUGET Nelly,camping Rural le Razal CV. 300, route de Bourg. ☎ 04 75 88 04 30 / 06 83 02 19 57. E-mail : lerazal.camping@wanadoo.fr.

Mme VINCENT Laurie,aire naturelle CV. A 200 m : A 300 m : A 500 m : A 1 km: A 200 m du parking/place du marché. Initiation canoë, à l'escalade et à la spéléologie. En visite, projection la sensationnelle grotte Chauvet Pont d'Arc, un sanctuaire préhistorique de l'art paléolithique des Gorges de l'Ardèche. ☎ 04 75 88 02 22 / 06 80 08 28 25. E-mail : t.vincent3@tiscali.fr. Prix 2007. Fft jour : Empl. Tourisme (2) : 11 € ; Sup : 4,70 € - de 10 ans 2,70 € ; 2,70 € ; Animaux 1,20 €.

VALS LES BAINS

10-F4 30 km S.-O. Privas. 330 m. 3976 hab. ✉ 07600

CAMP AU FIL DE LA VOLANE ★★ Tourisme 71 E. dont 67 nus 0,8 ha. CV. Locations : 4. Accès direct à la rivière. à 2 km : Accueil groupes. Ouv : 1.4 / 15.10. Rés. obligatoire en été. Chemin du Stade, 100 m RN 578. Sortie Montélimar dir. Aubenas puis Vals-les-Bains. ☎ 04 75 37 46 85. Fax : 04 75 87 55 29. E-mail : camping.aufildelavolane@wanadoo.fr, Web : www.campingaufildelavolane.com. Prix 2007. Fft jour : Empl. Tourisme (2) : 15,90 € ; Sup : 3,80 € - de 7 ans 2,40 € ; 2 € ; Animaux 1 €.

VALVIGNERES

10-F5 48 km S. Privas. 196 m. 315 hab. ✉ 07400

CAMP MUNICIPAL ★★ Tourisme 30 E.

LES VANS

10-F5 24 km S.-O. Largentière. 168 m. 2582 hab. ✉ 07140

LE PRADAL ★★ Tourisme 36 E. dont 32 nus, 1 ha. CV. Locations : . Rivière à 1,5 km. ; à 3 km : ; à 5 km : . Ouv : Pâques. ☎ 04 75 37 25 16 / 06 89 21 37 35 (H.S.). E-mail : camping.lepradal@free.fr, Web : www.camping-lepradal.com. Prix 2007. Fft jour : Empl. Tourisme (2) : 15 € ( ) ; Sup : 6 € - de 7 ans 3,50 € ; 3 € (6 A) ; Animaux 1,50 €. Réduction H.S.

M. BENOIT La Vernède.

Voir aussi CHAMBONAS et BERRIAS-ET-CASTELJAU

VERNON

10-F4 14 km S.-O. Largentière. 250 m. 170 hab. ✉ 07260

LE MAS D'AUBEZON ★ Tourisme 15 E.

VERNOUX EN VIVARAIS

11-A4 40 km S.-O. Tournon. 585 m. 2056 hab. Station verte de vacances et village de neige ✉ 07240

CAMP MUNICIPAL LE BOIS DE PRAT ★★ Tourisme 40 E. , sous réserve, . Lac à 600 m. Rivière à 2 km. à 50 m : ; à 600 m : , , . Allée de Pra. RD 14 à l'entrée de Vernoux. ☎ 04 75 58 11 90 (Mairie). Fax : 04 75 58 17 32. E-mail : ma-vernx@vernoux-en-vivarais.fr, Web : www.vernoux-en-vivarais.fr. Prix 2007. Fft jour : Empl. Tourisme (2 1 - de 6 ans) : 9 € ( ) ; Sup : 2,50 € 1,50 € ; 2,50 €.

LA CROIX BLEUE ★ Tourisme 35 E. Exclusivement réservé aux membres de notre association.

M. RIOU Marcel,aire naturelle . A 100 m : . A 3 km: Piscine plein air . A 5 km : . Les Iles, quartier Fromentières, 3 km Sud de la commune. Pré herbeux, bois, bord de rivière. ☎ 04 75 58 14 37 / 04 75 58 09 79.

VESSEAUX

10-F4 23 km S.-O. Privas. 450 m. 839 hab. ✉ 07200

LES CHENES ★★ Tourisme 33 E., dont 4 GCC, 0,73 ha. CV. Locations : 8 , 2 . . Rivière à 5 km. à 5 km : . Le Fez. A 7 sortie Loriol direction Privas/Aubenas/N 304. 10 km nord d'Aubenas. Installations sanitaires pour handicapés. Randonnées pédestres ☎ 04 75 93 89 86 / 04 75 93 89 86 / 04 75 93 40 58 (H.S.). Fax : 04 75 93 40 58. Réduction H.S.

VILLENEUVE DE BERG

10-F4 32 km S.-O. Privas. 320 m. 2083 hab. Station verte de vacances et village de neige ✉ 07170

LE POMMIER ★★★★ Tourisme 423 E. 9 ha. , saison, . Locations : 16 , 25 , 10 , , , . . Accès direct à la rivière. ; . 100 m RN 102. ☎ 04 75 94 82 81. Fax : 04 75 94 83 90.

VINEZAC

10-F4 8 km E. Largentière. 230 m. 689 hab. ✉ 07110

LES COTES ★★ Loisirs 35 E. (10 Tourisme + 25 Loisirs) 1 ha. . . Rivière à 5 km. à 5 km : , , . RD 104. ☎ 04 75 36 80 10.

M. VIDAL Laurent,aire naturelle CV. A 300 m : . A 3 km: . A 12 km : Piscine plein air . A 15 km : . Chaudebry, par RD 103, 3 km Nord de la commune, à proximité de la ferme. Pré ombragé, bord de ruisseau. ☎ 04 75 36 80 87. Web : www.largentiere.net/hotmail.

VION

11-A3 6 km N.-O. Tournon-sur-Rhone. 130 m. 596 hab. ✉ 07610

ISERAND ★★★ Tourisme 70 E. dont 46 nus (40 Tourisme + 30 Loisirs), dont 1 CC - 1 GCC - 8 HLL, 0,8 ha. , snack, , location - gaz/électrique, Sanitaire chauffé. Locations : 12 , 2 , , , . Accès direct à la rivière. ; à 300 m : . Ouv : 1.4 / 30.9. 100 m RN 86. Sortie A 7 nord Chanas-St-Vallier (N 7) Sarras-Vion (N 86). Sortie A 7 sud Tain/Tournon/St Jean/Vion (N 86). ☎ 04 75 08 01 73. Fax : 04 75 08 55 82. E-mail : iserand@tele2.fr, Web : www.iserandcampingardeche.com. Prix 2008. Empl. Tourisme : 5 € ( ) : 5 € ; - de 12 ans 3 € ; 3 € (10 A) ; Animaux 3 €.

FFCC : partenaire - terrain assuré par la FFCC.

VIVIERS

11-A5 40 km S.-E. Privas. 71 m. 3287 hab. ✉ 07220

ROCHECONDRIE ★★★★ Tourisme 80 E. 1,5 ha. CV. Locations : 10 . . Rivière à 100 m. Etang à 4 km. ; ; . Accueil groupes. Ouv : 1.4 / 15.10. Sortie autoroute Montélimar Sud. Malataverne/Châteauneuf du Rhône. Viviers dir. Le Teil RN 86. ☎ 04 75 52 74 66. Fax : 04 75 52 74 66. E-mail : campingrochecondrie@wanadoo.fr, Web : www.campingrochecondrie.com. Prix 2007. Fft jour : Empl. Tourisme (2) : 18,30 € Sup : 5 € - de 6 ans 3 € ; 3 € (6 A) ; Animaux 1 €.

CAMP MUNICIPAL ★★ Tourisme 30 E., dont 26 GCC. . Rivière à 1 km. ; . Piscine municipale gratuite pour les campeurs. ☎ 04 75 52 82 95.

VOGUE

10-F4 40 km S.-O. Privas. 150 m. 570 hab. ✉ 07200

LES CHENES VERTS ★★★ Tourisme 35 E. dont 3 nus, dont 24 GCC - 1 HLL, 1,4 ha. , collectifs, CV. Locations : 26 , , chauffée . Rivière à 800 m. à 800 m : , , . Accueil groupes. Ouv : 1.7 / 1.9. Sur RD 103. 500 m RD 579. ☎ 04 75 37 71 54 / 06 11 05 27 36 (H.S.). E-mail : chenesverts2@wanadoo.fr, Web : www.chenesverts.com. Prix 2007. ( ) : 4 € ; 4 à 6 € (6 à 10 A) ; Animaux 2 €. Fft Tente : 17 € (2).

LES ROCHES ★★★ Tourisme 120 E., dont 2 CC, 2,5 ha. CV. Locations : 8 , 4 . . Rivière à 100 m. ; . 100 m RN 103, 200 m RN 579, à la gare. ☎ 04 75 37 70 45. Fax : 04 75 37 70 45. E-mail : camping.les.roches@free.fr, Web : camping.les.roches.free.fr. Réduction H.S.

FFCC : partenaire - terrain assuré par la FFCC.

L'OASIS DES GARRIGUES ★★★ Tourisme 61 E., dont 16 CC - 45 GCC, 0,61 ha. . Locations : , , . Rivière à 150 m. ; , . Quartier Brugière. A 10 km au Sud-Est d'Aubenas dir. Vallon-Pont-d'Arc. ☎ 04 75 37 03 27 / 06 81 04 66 37 / 06 80 07 51 36 (H.S.). Fax : 04 75 37 16 32. E-mail : sebastien.chastagnier@libertysurf.fr, Web : www.oasisdesgarrigues.com.

LES PEUPLIERS Voir SAINT-MAURICE-D'ARDECHE

Toute l'année, les Clubs organisent des rassemblements, des rencontres ou des voyages. Consultez la liste des Clubs en fin de guide.

08 ARDENNES

Cartes 1-4

Délégué FFCC : Pierre MATTON, 20, rue de Charnois - 08600 RANCENNES - pierre.matton@cegetel.net

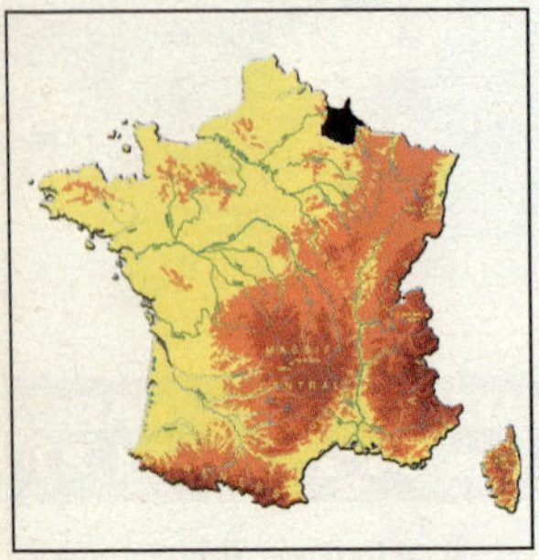

ATTIGNY

1-F5 15 km N. Vouziers. 85 m. 1265 hab. ✉ 08130

CAMP MUNICIPAL LE VALLAGE ★★ 100 E. 1,3 ha. Accès direct à l'étang et aux bords du lac. Rivière à 300 m. Accueil groupes. 38, Chemin de l'Assault, 350 m RN 387. Axe Charleville/Chalons en Champagne. ☎ 03 24 71 23 06 / 03 24 71 20 68. Fax : 03 24 71 94 00.

AUTRY

4-A2 20 km S.-E. Vouziers. 121 m. 141 hab. ✉ 08250

CAMP MUNICIPAL LE PAQUIS ★★ 30 E. dont 30 nus 0,5 ha. CV. Accès direct à la rivière. Accueil groupes. RD 21. ☎ 03 24 71 10 57 / () / 03 24 71 13 07 (Mairie) (H.S.). Fax : 03 24 71 34 54. Prix 2007. Empl. Tourisme : 1 € ; 1 € ; 0,70 € ; 0,60 € ; 1 € ; 0,50 € ; 1 à 3 € (5 à 16 A) ; 0,80 € (+).

BOURG FIDELE

1-F4 23 km N.-O. Charleville-Mézières. 375 m. 700 hab. ✉ 08230

LA MUREE ★★★★ 23 E. dont 9 nus, 1 ha. CV Sanitaire chauffé. Locations : 2, 4. Accès direct à l'étang. Lac à 5 km. ; à 5 km : Accueil groupes. Ouv : 1.1 / 31.12. 35, rue Catherine de Clèves, CD 22. ☎ 03 24 54 24 45 / 06 71 43 23 97 (H.S.). E-mail : campingdelamuree@wanadoo.fr, Web : www.campingdelamuree.com. Prix 2007. Empl. Tourisme : 4,80 € ; 1,80 € ; 1,80 € ; 3,50 € ; - de 7 ans 1,80 € ; 4 € ; Animaux 1,80 €.

BUZANCY

4-A2 22 km E.-N.-E. Vouziers. 470 hab. ✉ 08240

LA SAMARITAINE ★★★ Tourisme 111 E. dont 101 nus (96 Tourisme + 15 Loisirs), dont 46 GCC, 2,5 ha. 21.6 / 31.8, CV Sanitaire chauffé. Locations : 9, 10. Etang à 100 m. Accueil groupes. Ouv : 30.4 / 28.9. Sur l'axe Reims-Luxembourg. RD 947 à 22 km à l'Est de Vouziers. ☎ 03 24 30 08 88. Fax : 03 24 30 29 39. E-mail : info@campinglasamaritaine.com, Web : www.campinglasamaritaine.com. Prix 2008. Fft jour : Empl. Tourisme (2) : 18 € ( ) ; Sup : 4 € - de 10 ans 3 € ; 3,50 € (10 A) ; E. GCC 2 € (suplt) ; Animaux 2,50 €. Réduction H.S.

CHARLEVILLE MEZIERES

1-F4 240 km N.-E. Paris. 148 m. 61588 hab. ✉ 08000

CAMP MUNICIPAL DU MONT OLYMPE ★★★ Tourisme 72 E., dont 21 CC - 51 GCC, 1,6 ha. Locations : . Accès direct à la rivière. Rue des Paquis, 200 m RN 388. ☎ 03 24 33 23 60 / 03 24 55 69 90 / 03 24 32 44 80 (H.S.). Fax : 03 24 33 37 76. E-mail : camping-charlevillemezieres@wanadoo.fr.

CHATEL CHEHERY

4-A2 28 km S.-E. Vouziers. 175 m. 183 hab. ✉ 08250

LES NAIADES ★★ Tourisme 100 E. dont 75 nus 3,5 ha. CV. Locations : 1, 6, chauffée. Accès direct à l'étang et à la rivière. Accueil groupes. Ouv : 14.4. ☎ 03 24 30 53 44 / 06 82 85 47 73 (H.S.). Fax : 03 24 30 53 44. E-mail : les.naiades@wanadoo.fr, Web : www.camping-les-naiades.com. Prix 2007. Fft jour : Empl. Tourisme (1) : 10 € (E. CC) ; Animaux 1 €. Réduction H.S.

LE CHESNE

1-F5 16 km N.-N.-E. Vouziers. 165 m. 1063 hab. ✉ 08390

CAMP DEPARTEMENTAL DU LAC DE BAIRON ★★★ Tourisme 170 E. 6,8 ha. ambulant, CV Sanitaire chauffé. Locations : . Accès direct aux bords du lac. 500 m RD 8 et 2 km RN 391. ☎ 03 24 30 11 66. Fax : 03 24 30 11 66.

DOUZY

4-A1 8 km S.-E. Sedan. 160 m. 1583 hab. ✉ 08140

LE LAC ★★★ Tourisme 125 E., dont 5 HLL, 2,2 ha. Locations : . Accès direct aux bords du lac. 50 m RN 64. ☎ 03 24 26 31 19 / 03 24 27 20 24 (Hiver). Fax : 03 24 27 02 73. E-mail : aubergedulac@free.fr.

FOISCHES

1-F3 60 km N. Charleville-Mézières. 113 m. 190 hab. ✉ 08600

JAMONETTE ★ 40 E. dont 14 nus, 3 ha. CV Sanitaire chauffé. Locations : 7, 10. Rivière à 1 km. Ouv : 1.1 / 31.12. A 3 km de Givet près de la frontière belge. ☎ 03 24 42 72 37. Prix 2007. ( ) : 1,35 € ; 1,05 € ; 2,20 € ; 0,85 € ; 2,20 € ;

FUMAY

1-F4 25 km N. Mézières. 127 m. 5811 hab. ✉ 08170

CAMP MUNICIPAL BELLEVUE ★★ Tourisme 60 E., dont 20 CC - 40 GCC. Sanitaire chauffé. Rivière à 10 m. Lieu dit St Roch. ☎ 03 24 41 28 15 / 06 78 84 38 55. Fax : 03 24 41 26 90.

GIVET

1-F3 56 km N. Charleville-Mézières. 105 m. 7728 hab. ✉ 08600

CARAVANING MUNICIPAL ★★ 120 E. 3,8 ha. ☎ 03 24 42 30 20.

GRANDPRE

4-A2 17 km S.-E. Vouziers. 116 m. 530 hab. ✉ 08250

CAMP MUNICIPAL ★★ 66 E. 2 ha. CV. Accès direct à la rivière. Ouv : 1.4 / 30.9. Sur RD 6, à 200 m RN 46. ☎ 03 24 30 50 71 / 03 24 30 52 18 (Mairie) / 03 24 30 50 86 (H.S.). Prix 2007. Empl. Tourisme : 1,15 € ; 1,15 € ; 0,95 € ; 2 € ; 1,15 € ; 1,90 € ; - de 7 ans 0,75 € ; 2,40 à 3,30 € (6 à 10 A) ; 0,60 € ; Animaux 0,55 € (Chien).

FFCC : partenaire - terrain assuré par la FFCC.

LA GRANDVILLE

1-F4 6 km N.-E. Charleville-Mézières. 300 m. 700 hab. ✉ 08700

LE PAQUIS En cours classt ★★ Loisirs 66 E. dont 25 nus 1,15 ha. rapide, gratuit, CV. Locations : 4. Accès direct à l'étang. Rivière à 2 km. ; à 7 km : . Accueil groupes. Ouv : Pâques / Toussaint. Rés. obligatoire en été. Route de Neufmanil. ☎ 03 24 37 60 37 / 06 32 56 79 29 (H.S.). E-mail : campinglepaquis@orange.fr, Web : campinglepaquis.free.fr. Prix 2008. Fft jour : Empl. Tourisme (2) : 13,20 € (E. CC E. GCC) ; Sup : 3,70 € - de 7 ans 2,90 € ; 2,50 € (5 A) ; Animaux 1,30 € (chien).

HAULME

1-F4 16 km N.-E. Charleville-Mézières. 170 m. 93 hab. ✉ 08800

CAMP DEPARTEMENTAL D'HAULME ★★★ Tourisme 400 E. dont 400 nus, 15 ha. ambulant, CV Sanitaire chauffé. Locations : . Accès direct à la rivière. Accueil groupes encadrés. 2 km RD 31 et 5 km RN 389. ☎ 03 24 32 81 61. Fax : 03 24 32 37 66.

HAYBES

1-F4 27 km N. Charleville-Mézières. 117 m. 2145 hab. ✉ 08170

CAMP MUNICIPAL DE MORAYPRE ★★ 50 E. 1 ha. Accès direct à la rivière. ; à 2 km : . Accueil groupes. CD 7, à 2 km RN 51. ☎ 03 24 41 14 54 / 03 24 41 11 36 (H.S.). Fax : 03 24 41 86 36.

LE SAINT-LOUIS ★★ 34 E. dont 8 nus, 1 ha. CV. Locations : 16, 16. Rivière à 500 m. à 500 m : ; à 5 km : . Accueil groupes. Rue St-Louis. RD 7. ☎ 03 24 41 13 35 / 03 24 40 44 45 (H.S.). Fax : 03 24 40 44 45. E-mail : contact@aventure-evasion.com, Web : www.aventure-evasion.com. Réduction H.S.

JUNIVILLE

1-F5 14 km S.-E. Rethel. 100 m. 760 hab. ✉ 08310

LE MOULIN DE LA CHUT ★★ Tourisme 50 E. 1 ha. Sanitaire chauffé. Locations : . Accès direct à l'étang et à la rivière. Entre Rethel et Reims. A Pont Royal prendre le Chatelet Juniville 8 km. ☎ 03 24 72 72 22 / 03 26 82 35 31. Web : camping-juniville.chez.tiscali.fr.

MATTON ET CLEMENCY

4-A1 21 km S.-E. Sedan. 175 m. 605 hab. ✉ 08110

RESIDENCE DU BANEL ★ Tourisme 10 E. 2 ha. snack, . Locations : . Accès direct à l'étang. ☎ 03 24 27 15 89. E-mail : residence-du-banel-sarl@wanadoo.fr, Web : www.dubanel.com.

LES MAZURES

1-F4 17 km N.-O. Mézières. 376 m. 783 hab. ✉ 08500

CAMP DEPARTEMENTAL DU LAC DES VIEILLES FORGES ★★★ Tourisme 300 E. (250 Tourisme + 50 Loisirs) 3 ha. ambulant, CV Sanitaire chauffé. Locations : 1. Accès direct aux bords du lac. Accueil groupes. Accès par RD 988. Base de loisirs départementale ☎ 03 24 40 17 31. Fax : 03 24 40 17 31.

MONTHERME

1-F4 17 km N. Charleville-Mézières. 156 m. 3103 hab. Station verte de vacances et village de neige ✉ 08800

CAMP DE M. SGIAROVELLO ★★ Loisirs 58 E. (10 Tourisme + 48 Loisirs), dont 3 GCC. Locations : . Rivière à 50 m. ☎ 03 24 53 05 56.

CAMP MUNICIPAL AU PORT A DISEUR ★★ Loisirs 70 E. (10 Tourisme + 60 Loisirs) 2,5 ha. Locations : . Accès direct à la rivière. Rue A. Compain. ☎ 03 24 53 01 21 / 03 24 53 00 09. Fax : 03 24 53 01 15.

CAMP MUNICIPAL RAPIDES DE PHADES ★★ 100 E. 2 ha. Accès direct à la rivière. ☎ 03 24 53 06 73 / 03 24 53 00 09. Fax : 03 24 53 01 15.

MOUZON

4-A1 18 km S.-E. Sedan. 158 m. 2995 hab. ✉ 08210

CAMP MUNICIPAL LA TOUR ST JEROME ★★★ 32 E. 1,53 ha. Accès direct à la rivière. RN 43, D 964. ☎ 03 24 26 28 02 / 03 24 26 10 63.

NEUVILLE DAY

1 F5 16 km N. Vouziers. 160 m. 162 hab. ✉ 08130

Mme COUTEL Annick saison, CV. A 4 km: . A 6 km : Piscine plein air. A 7 km : . Ferme de la Croix-Villière. ☎ 03 24 71 44 19. Fax : 03 24 71 68 15. Web : www.coutel.com.

NOHAN

✉ 08800

LE FAUCON Voir THILAY

RANCENNES

1-F3 59 km N.-N.-E. Mézières. 156 m. 609 hab. ✉ 08600

LA CLE DES CHAMPS ★★ Loisirs 50 E. (15 Tourisme + 35 Loisirs) 1,45 ha. Rue Grands Jardins. ☎ 03 24 40 24 97.

LE SANGLIER ★ Tourisme 50 E. (30 Tourisme + 20 Loisirs) 1,5 ha. Locations : 1, 1, 1, 3. Rivière à 20 m. Ouv : 1.5 / 30.9. RN 51. A Givet La Meuse. ☎ 03 24 42 72 61 / 06 32 52 36 95 (H.S.).

REVIN

1-F4 22 km N. Charleville-Mézières. 139 m. 10603 hab. ✉ 08500

LES BATEAUX ★★★ Tourisme 70 E. dont 69 nus, 1 ha. CV Sanitaire chauffé. Locations : 1. Rivière à 30 m. Accueil groupes. Ouv : Pâques / 30.10. Quai Edgar Quinet, 500 m RN 388. ☎ 03 24 40 15 65. Fax : 03 24 40 15 65. E-mail : camping.les.bateaux-revin@wanadoo.fr, Web : www.ville-revin.fr. Prix 2007. Empl. Tourisme : 1,70 € : 1,40 € ; 1,40 € ; 2,80 € ; - de 12 ans 1,40 € ; 2,70 € (6 A) ; Animaux 0,90 €. Réduction H.S.

RUMIGNY

1-F4 38 km O. Mézières. 185 m. 440 hab. ✉ 08290

CAMP MUNICIPAL ★ Tourisme 33 E. 0,5 ha. Accès direct à la rivière. ☎ 03 24 35 51 05 (Mairie). Fax : 03 24 35 26 51.

SEDAN

4-A1 22 km S.-E. Charleville-Mézières. 157 m. 24535 hab. ✉ 08200

CAMP MUNICIPAL DE LA PRAIRIE ★★ 150 E. 1,5 ha. Accès direct à la rivière. Lac à 800 m. Accueil groupes. Ouv : 1.4 / 30.9. Boulevard Fabert, Prairie de Torcy, 300 m RN 64. ☎ 03 24 27 13 05 / 03 24 27 73 42 (H.S.). Fax : 03 24 27 13 05. Prix 2007. Empl. Tourisme : 2,90 € ; 2,60 € ; - de 7 ans 0,84 € ; Animaux 1 €.

SIGNY L ABBAYE

1-F4 28 km S.-O. Charleville-Mézières. 155 m. 1494 hab. ✉ 08460

CAMP MUNICIPAL L'ABBAYE ★★ 60 E. 1,5 ha. Accès direct à la rivière. Etang à 3 km. ☎ 03 24 52 87 73.

SIGNY LE PETIT

1-F4 35 km N.-O. Charleville-Mézières. 202 m. 1361 hab. Station verte de vacances et village de neige ✉ 08380

CAMP DOMAINE DE LA MOTTE ★★ Tourisme 51 E. dont 82 nus (41 Tourisme + 10 Loisirs) CV Sanitaire chauffé. Locations : 15. couverte chauffée. Etang à 300 m. à 300 m : . Accueil groupes. Ouv : 1.1 / 31.12. Pré Hugon. RN 43 Lille-Metz. ☎ 03 24 53 54 73 / 06 80 14 07 23 (H.S.). Fax : 03 24 53 54 73. E-mail : campingprehugon@wanadoo.fr, Web : www.domainedelamotte.eu. Prix 2007. Empl. Tourisme : 5 € : 2 € ; 2 € ; 15 € ; 3,50 € ; - de 12 ans 2 € ; 3,50 € (6 A) ; Animaux 1,50 €.

THILAY

1-F4 19 km N.-E. Charleville-Mézières. 175 m. 1151 hab. ✉ 08800

LE FAUCON ★ Tourisme 25 E. CV. Locations : . Accès direct à la rivière. Accueil groupes. A Nohan-sur-Semoy. ☎ 03 24 33 81 18. Fax : 03 24 33 81 16. E-mail : vptfol08@wanadoo.fr, Web : www.fol08.org. Prix 2007. Empl. Tourisme : 3 € : 2,50 € ;

TOURNAVAUX

1-F4 16 km N.-E. Charleville-Mézières. 165 m. 128 hab. ✉ 08800

CAMP DE TOURNAVAUX ★ Loisirs 77 E. (10 Tourisme + 67 Loisirs) 1,14 ha. CV. Locations : 6. Accès direct à la rivière. Accueil groupes. Ouv : 1.4 / 15.10. 1 km RD 31. ☎ 03 24 32 82 59. Fax : 03 24 32 82 59. Prix 2007. Fft jour : Empl. Tourisme (2) : 7,6 € ; Sup : 2,30 € - de 7 ans 1,20 € ; 2,10 € (3 A) ; 1,10 €.

VIREUX MOLHAIN

1-F3 40 km N. Charleville-Mézières. 115 m. 1936 hab. ✉ 08320

CAMP MUNICIPAL DES HAYETTES ★ 27 E. 0,4 ha. Accès direct à la rivière. Stade à 100 m, 500 m RN 51 et 389. ☎ 03 24 55 61 12 (Mairie).

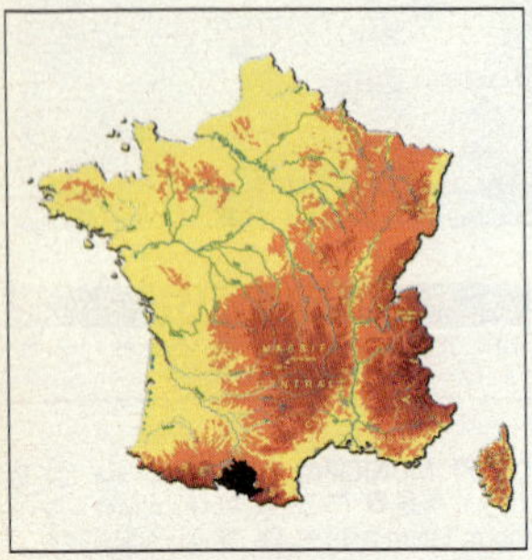

AIGUES VIVES

13-B4 34 km S.-E. Pamiers. 410 m. 310 hab. ✉ 09600

LA SERRE ★★★ Tourisme 40 E., dont 8 HLL, 5 ha. CV. Camping clef verte. Locations : 8, 6. Lac et rivière à 5 km. à 5 km : . Ouv : 15.3 / 15.10. Accès D 625 axe Mirepoix-Lavelanet. A 61. ☎ 05 61 03 06 16 / 06 81 96 04 23 (H.S.). E-mail : contact@camping-la-serre.com, Web : www.camping-la-serre.com. Prix 2008. Fft jour : Empl. Tourisme (2) : 19 € - de 5 ans 4 € ; 4 € (5 A) ; Animaux 1 €. Réduction H.S.

ALBIES

13-A4 26 km S.-E. Foix. 560 m. 165 hab. ✉ 09310

CAMP MUNICIPAL LA COUME ★★ Tourisme 53 E. Sanitaire chauffé. Rivière à 100 m. ; à 2 km : . Accès par RN 20. Sur VC 1. ☎ 05 61 64 98 99. Fax : 05 61 64 98 99.

ALLIAT

13-A4 21 km S. Foix. 560 m. 65 hab. ✉ 09400

LES GROTTES ★★★ Tourisme 180 E., dont 35 HLL, 5,3 ha. CV. Locations : 22, 7. chauffée . Accès direct à l'étang et à la rivière. . Accueil groupes. ☎ 05 61 05 88 21. Fax : 05 61 03 89 91. Web : www.campingdesgrottes.com. Réduction H.S.

ARIGNAC

13-A4 13 km S. Foix. 470 m. 683 hab. ✉ 09400

Mme DA COSTA Maria,aire naturelle . A 2 km: Piscine plein air . A 4 km : . La Bernière, RD 8, à 1,5 km Nord de la commune, à proximité de la ferme. Pré, rivière à 200 m. ☎ 05 61 05 78 01.

ARTIGAT

13-A3 25 km N.-O. Pamiers. 265 m. 367 hab. ✉ 09130

CAMP MUNICIPAL DES EYCHECADOUS ★★ Tourisme 39 E. dont 39 nus . Rivière à 10 m. ; . Accueil groupes. Ouv : 1.7 / 31.8. ☎ 05 61 68 98 24 / 05 61 68 53 24 (H.S.). Prix 2007. Empl. Tourisme : 2 € ; 2 € ; - de 7 ans 1,50 € ; 2 € (10 A).

ASCOU

13-B4 46 km S.-E. Foix. 1005 m. 81 hab. ✉ 09110

ASCOU LA FORGE ★★ Tourisme 60 E., dont 10 HLL. CV. Locations : 2, 2, 6. Accès direct à la rivière. Lac à 100 m. . Accueil groupes. Ouv : toute l'année. ☎ 05 61 64 60 03. Fax : 05 61 64 60 06. E-mail : mountain.sports@wanadoo.fr, Web : www.mountain-sports.net. Prix 2008. Fft jour : Empl. Tourisme (2) : 15,5 € () ; Sup : 4 € - de 6 ans 3 € ; 3 à 5 € (4 à 10 A) ; Animaux 1,50 €. Fft Ccar : 16 € (2). Fft Tente : 15 € (2). Réduction H.S.

FFCC : partenaire + réduction emp. de 5 % hors saison.

ASTON

13-A4 27 km S.-E. Foix. 562 m. 231 hab. ✉ 09310

LE PAS DE L'OURS ★★★ Tourisme 50 E. dont 30 nus, 2 ha. CV Sanitaire chauffé. Locations : 27, . chauffée . Accès direct à la rivière. ; à 50 m : , .Accueil adultes hors vac. scolaires. Ouv : 1.6 / 16.9. Les Gesquis. Foix N 20 dir. d'Ax-les-Thermes, puis sortie Les Calannes/Plateau de Beille dir. Aston/Le Pas de l'Ours. ☎ 05 61 64 90 33. Fax : 05 61 64 90 32. E-mail : contact@lepasdelours.fr, Web : www.lepasdelours.fr. Prix 2008. Empl. Tourisme : 8 € () : 4 € ; - de 4/10 ans 3 € ; 3 € ; Animaux 1 €. Réduction H.S.

AUGIREIN

12-F4 23 km S.-O. Saint-Girons. 635 m. 60 hab. ✉ 09800

LA VIE EN VERT ★★ Tourisme 15 E. 0,15 ha. collectif, CV. Locations : 2 chambres d'hôtes. Accès direct à la rivière. . A 100 m RD 618. Un seul animal accepté par empl. ☎ 05 61 96 82 66 / 06 22 95 95 88. E-mail : daffis@lavieenvert.com, Web : www.lavieenvert.com.

AULUS LES BAINS

12-F4 32 km S.-E. St-Girons. 750 m. 208 hab. Station verte de vacances et village de neige ✉ 09140

LE COULEDOUS ★★★ 60 E. dont 72 nus 1,6 ha. juillet/août - pain & viennoiserie, CV Sanitaire chauffé. Locations : 18. Accès direct à la rivière. .Accueil adultes. Sur D 32. Route de Saint-Girons. A l'entrée du village. ☎ 05 61 96 02 26. Fax : 05 61 96 06 74. E-mail : camping.couledous@orange.fr, Web : www.couledous.com. Prix 2007. Fft jour : Empl. Tourisme (2) : 18 € () ; Sup : 4,60 € - de 10 ans 3,30 € ; Animaux 4 € (chien). Fft Tente : 14,50 € (2). Réduction H.S.

AUZAT

13-A4 32 km S.-O. Foix. 737 m. 851 hab. Village de neige ✉ 09220

CAMP MUNICIPAL ★★ Tourisme 64 E. dont 32 nus CV. Locations : 5. chauffée . Rivière à 5 m. . Accueil groupes. Sur la RN 20 jusqu'à Tarascon/Ariège puis D 8. ☎ 05 61 64 84 46 / 05 61 64 87 53. Fax : 05 61 02 74 13. Réduction H.S.

AX LES THERMES

13-B4 42 km S.-E. Foix. 720 m. 1510 hab. Station verte de vacances et village de neige ✉ 09110

LE PAS DEL ROC ★★★ Tourisme 60 E.

EN RAMEIL ★★ 60 E. 2 ha. . Accès direct à la rivière. . Accueil groupes. Route de l'Aude. D 613 Ax-les-Thermes. ☎ 05 61 64 21 53.

Voir aussi SAVIGNAC

LA BASTIDE DE SEROU

13-A3 17 km N.-O. Foix. 410 m. 962 hab. Station verte de vacances et village de neige ✉ 09240

L'ARIZE ★★★★ Tourisme 94 E. dont 74 nus, dont 24 GCC - 18 HLL, 1,5 ha. , 300 m, payant, + sèche-linge, CV. Locations : 4, 11, 1, 3. . Accès direct à la rivière. Lac à 5 km. ; à 6 km : . 17 km Ouest de Foix. 1 km de la D 117. Route de Nescus. ☎ 05 61 65 81 51. Fax : 05 61 65 83 34. E-mail : camparize@aol.com, Web : www.camping-arize.com. Prix 2008. Fft jour : Empl. Tourisme (2) : 23,70 € (E. CC) ; Sup : 5,40 € (7 ans et plus) 3,60 € ; 2,50 € (10 A A) ; E. GCC 7,90 € ; Animaux 1,80 €. Fft Ccar : 16 € (2). Réduction H.S.

FFCC : partenaire + carte FFCC assurance annulation + Stop accueil Camping-car du 07/03 au 30/06 et du 17/08 au 12/11/2008, accès jusqu'à 20h.

BELESTA

13-B4 35 km E.-S.-E. Foix. 494 m. 1386 hab. ✉ 09300

CAMP MUNICIPAL DU VAL D'AMOUR ★ 35 E. 0,25 ha. . Chemin de Notre-Dame. ☎ 05 61 01 60 02. Fax : 05 61 03 50 48.

BELLOC

13-B3 35 km S.-E. Pamiers. 400 m. 44 hab. ✉ 09600

LE ROC DEL REY ★★ Tourisme 56 E. 1,5 ha. CV. Locations : 4, 6. Etang à 800 m. Rivière à 1 km.Lac à 3 km. à 1 km : ; à 5 km : . Accueil groupes. Ouv : 15.4 / 28.10. Situé à 13 km de Mirepoix et de Lavelanet. 4 km du lac de Montbel. ☎ 05 61 68 87 93. Fax : 05 61 68 87 93. E-mail : nespoli.serge@wanadoo.fr, Web : le-roc-del-rey.monsite.orange.fr. Prix 2007. Fft jour : Empl. Tourisme (3 1 - de - 7 ans) : 14 € () ; Sup : 4 € - de 7 ans 2 € ; 2,50 € (10 A). Réduction H.S.

BENAIX

13-B4 27 km S.-E. Foix. 600 m. 178 hab. ✉ 09300

M. VERHAMME-MATTHYS . A 4 km: . Ouv : 1.1 / 31.12. Le Mathibot. Foix N 20 dir. Andorre prendre D 117 dir. Lavelanet puis D 9 vers Villeneuve d'Olmes, du centre suivre Bénaix D 509, 2ème route à droite. GR 7 à 300 m. ☎ 05 61 01 86 36. Fax : 05 61 01 86 36. E-mail : jacques.verhamme@wanadoo.fr, Web : perso.wanadoo.fr/campingrural-lemathibot. Prix 2007. Fft jour : Empl. Tourisme (2) : 14 € Sup : 2 € - de 2/10 ans 1,25 € ; 2,50 € (4 A) ; Animaux 0,50 €.

BEZAC

13-A3 6 km N.-O. Pamiers. 287 m. 164 hab. ✉ 09100

M. DELAVAULT André . A 500 m : . A 1 km: . A 5 km : Piscine plein air . A 6 km : . A 7 km : . Mas Gaillac, 2 km de la commune, à proximité de la ferme. A 4 km à l'Ouest de Pamiers D 119, 200 m à droite. Prairie ombragée, rivière à 500 m. Plan d'eau aménagé. Abri. Promenades pédestres. Rivière l'Ariège, possibilité de plonger, nager. Parcours VTT. ☎ 05 61 67 14 54.

BIERT

12-F4 24 km S.-E. Saint-Girons. 590 m. 243 hab. ✉ 09320

CAMP MUNICIPAL ★ 20 E. 0,4 ha. . Rivière à 10 m. ; . Accueil groupes. 50 m RN 618. ☎ 05 61 96 93 85 / 05 61 96 98 92.

M. GOUAZE Philippe,aire naturelle CV. A 800 m : . L'azaigouat. Sur D 618 à Biert prendre la D 118 dir. Col de Saraillé (800 m). ☎ 05 61 96 95 03. Fax : 05 61 96 95 03. E-mail : camping.azaigouat@club-internet.fr, Web : www.azaigouat.com. Prix 2007. Fft jour : Empl. Tourisme (2) : 10 € () ; Sup : 5 € 3 € ; 2,50 à 3,50 € (6 à 10 A).

LES CABANNES

13-A4 25 km S.-S.-E. Foix. 535 m. 469 hab. ✉ 09310

CAMP MUNICIPAL ★★ Tourisme 82 E. dont 37 nus, dont 49 CC - 18 GCC, 1,5 ha. CV Sanitaire chauffé. Accès direct à la rivière. . Ouv : 1.1 / 31.12. Lieu-dit le Bois de Boulogne. ☎ 05 61 64 77 45. Fax : 05 61 64 90 84. E-mail : camping-les-cabannes@wanadoo.fr. Prix 2008. Empl. Tourisme : 3 € ; 2,90 € ; - de 7 ans 1,80 € ; 2,50 à 3 € (6 à 10 A).

CAMON

13-B3 36 km S.-O. Pamiers. 410 m. 110 hab. ✉ 09500

LA PIBOLA ★★★ Tourisme 70 E., dont 2 GCC - 34 HLL, 2 ha. CV. Locations : 8 , 5 , 5 , 1 , . . Rivière à 500 m. Lac à 5 km. à 1 km : ; à 4 km : . Accueil groupes. Sur RD 7, 10 km Sud-Est de Mirepoix. Par Carcassonne/Mirepoix/La Bastide de Bousignac/Camon. ☎ 05 61 68 12 14 / / 06 08 66 39 71 (H.S.). Fax : 05 61 68 10 59. E-mail : marceldesboeufs@camping-la-pibola.fr, Web : www.lapibola.com. Réduction H.S.

LA BESSE ★★ Tourisme 30 E., dont 6 HLL. ☎ 05 61 68 84 63.

CAPOULET ET JUNAC

13-A4 20 km S. Foix. 590 m. 175 hab. ✉ 09400

LA PRAIRIE ★★★ Tourisme 75 E. dont 54 nus, dont 3 GCC - 12 HLL, 1,5 ha. snack, CV. Locations : 11 . . Accès direct à la rivière. ; ; à 5 km : . Ouv : 15.3 / 31.10. Axe Toulouse/Barcelone. ☎ 05 61 05 81 81. Fax : 05 61 05 81 81. E-mail : info@campingdelaprairie.com, Web : www.campingdelaprairie.com. Prix 2007. Fft jour : Empl. Tourisme (2) : 18 € () ; Sup : 4 € - de 10 ans 3 € ; Animaux 1,50 €. Réduction H.S.

FFCC : partenaire + réduction emp. de 5 % en saison et hors saison.

CASTILLON EN COUSERANS

12-F4 13 km S.-O. Saint-Girons. 520 m. 373 hab. ✉ 09800

CAMP MUNICIPAL ★★★ 60 E. 1 ha. . Rivière à 100 m. . Lieu-dit Les Vignes, par RD 4 et RN 618 à 800 m. ☎ 05 61 96 72 72.

CONTRAZY

12-F3 14 km N.-E. Saint-Girons. 540 m. 82 hab. ✉ 09230

M. GREGOIRE Christian . A 4 km: . A 8 km : . A 14 km : . "Bartet", RN 627, au bourg. Pré herbeux, bois. ☎ 05 61 66 26 59.

COS

13-A4 4 km N.-O. Foix. 480 m. 150 hab. ✉ 09000

CAMP MUNICIPAL ★★ Tourisme 10 E. 0,6 ha. pain, CV. Locations : . . Accès direct à l'étang. Rivière à 1 km.Lac à 3 km. ; . Accueil groupes. CD 117 (ancienne RN 117 Bayonne/Perpignan), sortie de Foix direction St-Girons/Tarbes à 3 km de Foix. ☎ 05 61 65 39 79 / 06 80 85 07 75 (Portable). Fax : 05 61 65 39 79. Réduction H.S.

CRAMPAGNA

13-A3 12 km S. Pamiers. 350 m. 509 hab. ✉ 09120

M. GUTIERREZ Jean . A 150 m : . A 3 km: Piscine plein air. La Coumanine. Accès par la N 20. ☎ 05 61 05 30 84.

DURFORT

13-A3 27 km N.-O. Pamiers. 346 m. 120 hab. ✉ 09130

LE BOURDIEU ★★★ Tourisme 24 E., dont 1 CC, 4 ha. CV Sanitaire chauffé. Locations : 8 , 7 , 15 . . Lac à 3 km.Etang à 4 km. à 8 km : . Accueil groupes. Ouv : 1.1 / 31.12. Rés. obligatoire en été. Prendre D 9 puis D 14. ☎ 05 61 67 30 17. Fax : 05 61 67 29 00. E-mail : lebourdieu@wanadoo.fr, Web : www.location-chalet-camping-ariege.com. Prix 2007. Fft jour : Empl. Tourisme (2) : 19,90 € (E. CC) ; Sup : 4,20 € - de 7 ans 3,20 € ; Animaux 1 €. Réduction H.S.

FFCC : partenaire + carte FFCC assurance annulation.

ENCOURTIECH

12-F4 4 km S.-E. Saint-Girons. 700 m. 100 hab. ✉ 09200

LE PONT DU NERT ★★ Tourisme 40 E. 1,5 ha. . Rivière à 50 m. ; . Route de Lacourt. Croisement route de Riverenert. 2ème camping à gauche. ☎ 05 61 66 58 48. E-mail : marie-anne.dreyfuss@wanadoo.fr. Prix 2007. 2 € ; 2 € ; 2 € ; 3,50 € ; - de 7 ans 2 € ; 2 €.

ESCOSSE

13-A3 10 km O. Pamiers. 288 m. 338 hab. ✉ 09100

LE BON CHOIX ★★ Tourisme 20 E. 2 ha. . Locations : 2 , 1 . . N 20 Toulouse/Foix sortie Pamiers puis dir. centre/St-Girons. Prendre sortie St-Girons D 119. Continuez jusqu'à Escosse (ne prenez pas la sortie Lescousse). Avant l'école à l'Escosse tournez à droite dir. St-Michel. Le camping se situe à gauche après La Tambouret. ☎ 05 61 67 02 55. E-mail : camping.bonchoix@free.fr, Web : www.campingpyreneen.com. Prix 2007. () : 5,70 € ; 2,50 € ; 3,20 € (10 A A) ; Animaux 1,90 €. Réduction H.S.

AIRE NATURELLE LA BIDOUNE

FOIX

13-A4 763 km S.-S.-O. Paris. 380 m. 10064 hab. ✉ 09000

LE LAC ★★★ Tourisme 135 E. 2,7 ha. CV Sanitaire chauffé. Locations : 8 , 5 , 3 . . Accès direct à l'étang. Rivière à 200 m. ; . Accueil groupes. Ouv : 1.1 / 31.12. Sur RN 20 sortie 10. ☎ 05 61 65 11 58. Fax : 05 61 65 19 98. E-mail : camping-du-lac@wanadoo.fr, Web : www.campingdulac.com. Prix 2007. Fft jour : Empl. Tourisme (2) : 21 € () ;

LE FOSSAT

12-F3 17 km N.-O. Pamiers. 245 m. 662 hab. ✉ 09130

CAMP MUNICIPAL LAILLERES ★ 30 E. 1 ha. . Accès direct à la rivière. . Ouv : 1.4 / 31.10. 50 m RD 9. Sur la route de Toulouse à Foix par la vallée de la Lèze, à l'entrée du village. Panneau rouge "Fossat Motorhome Vallée", tourner à cdroite. ☎ 05 61 68 50 12 / 05 61 68 56 16 (H.S.). Prix 2007. Empl. Tourisme : 1,20 € ; 1,20 € ; 2,20 € ; 1,70 €.

FOUGAX ET BARRINEUF

13-B4 40 km S.-E. Foix. 546 m. 510 hab. ✉ 09300

LA TAILLADE DE MONTSEGUR ★★★ 26 E. 0,33 ha. CV. Locations : 20 , , . chauffée . Accès direct à la rivière. . ☎ 05 61 05 60 89. Fax : 05 61 01 05 84. Web : www.tailladedemontsegur.com.

GUDAS

13-A3 15 km S.-E. Pamiers. 460 m. 75 hab. ✉ 09120

MILLE FLEURS ★ Tourisme 40 E. 4 ha. Rés. naturiste. Ouv : 15.4 / 30.9. Le Tuilier. D 13 entre Gudas et Col de Py. ☎ 05 61 60 77 56. Fax : 05 61 60 77 56. E-mail : info@camping-millefleurs.com, Web : www.camping-millefleurs.com. Prix 2007. Fft jour : Empl. Tourisme (2) : 18,80 € () ; Sup : 5,40 €Animaux 1,80 €. Fft Tente : 16,20 € (2). Réduction H.S.

L HERM

13-A4 8 km E. Foix. 508 m. 170 hab. ✉ 09000

M. MERVOYER,aire naturelle La Clairière CV. A 100 m : . A 5 km: Piscine plein air . Monlaur. Accès par la D 1. ☎ 05 61 01 65 12. Fax : 05 61 02 84 57. E-mail : camping.la.clairiere@tiscali.fr.

L HOSPITALET PRES L ANDORRE

60 km S.-E. Foix. 1446 m. 171 hab. ✉ 09390

CAMP MUNICIPAL ★★ Tourisme 62 E. . Rivière à 50 m. Nombreuses randonnées de haute montagne. ☎ 05 61 05 20 04 / 05 61 05 20 04 (H.S.). Fax : 05 61 05 23 08.

LAVELANET

13-B4 27 km S.-E. Foix. 505 m. 8433 hab. ✉ 09300

LE PRE CATHARE ★★★ 100 E. 2,5 ha. snack, CV. Locations : 3 , 6 , , chauffée . Lac à 10 km.Rivière à 4 km. ; à 4 km : . Accueil groupes. Ouv : 1.6 / 1.10. Rue Jacquard. D 117. ☎ 05 61 01 55 54 / 06 89 10 82 13 (H.S.). Fax : 05 61 01 55 54. E-mail : camping.avelana@wanadoo.fr, Web : www.campinglavelanet.com. Prix 2008. Fft jour : Empl. Tourisme (2) : 18 € () ; Sup : 4 € - de 7 ans 2 €.

FFCC : partenaire + réduction emp. de 5 % en saison et hors saison + réduction loc. de 5 % hors saison.

LERAN

13-B4 38 km S.-E. Pamiers. 380 m. 595 hab. ✉ 09600

LA REGATE ★★★ Tourisme 60 E., dont 12 HLL. CV. Locations : 11 , , 5 , , . Accès direct aux bords du lac. ; ; à 200 m : . Route du Lac. ☎ 05 61 01 92 69. Fax : 05 61 01 92 69. Web : www.acsi-gids.com.

LORDAT

13-A4 40 km S.-E. Foix 900 m. 50 hab. ✉ 09250

M. BARBOSA José,camping à la ferme . Berbescou. RN 20 dir. Andorre puis Luzenac. Route des Corniches, sortie du village, route des carrières. ☎ 05 61 64 45 77. Fax : 05 61 02 72 35. E-mail : barbosa.jose@libertysurf.fr.

LUZENAC

13-A4 32 km S.-E. Foix. 608 m. 816 hab. ✉ 09250

LE CASTELLA ★★★ 130 E. 2,5 ha. CV Sanitaire chauffé. Locations : 9. Accès direct à la rivière. O ☎ 05 61 64 47 53. Fax : 05 61 64 40 59. E-mail : camping.lecastella@wanadoo.fr, Web : www.campingcastella.com. Prix 2007. Empl. Tourisme : 2,80 € ; 3 € ; 1,70 € ; 2 €. Réduction H.S.

MADIERE

13-A3 10 km O. Pamiers. 422 m. 158 hab. ✉ 09100

M. BLANDINIERES Marcel . A 5 km : . A 7 km : Piscine plein air . A 9 km : . Rhoudet, 3 km Sud-Est de la commune, à proximité de la ferme. Pré, rivière à 300 m. ☎ 05 61 67 21 03.

MANSES

13-A3 26 km O. Pamiers. 300 m. 127 hab. ✉ 09500

BEL REPAYRE ★★★ Tourisme 12 E., dont 12 GCC. Locations : . Rivière à 5 km. Accueil groupes. ☎ 05 61 68 11 99. E-mail : info@belrepayre.com, Web : www.belrepayre.com. Réduction H.S.

LE MAS D AZIL

12-F3 34 km O. Pamiers. 320 m. 1404 hab. ✉ 09290

LE PETIT PYRENEEN ★★ 60 E. 1,6 ha. CV. Locations : 3, 3. Accès direct à la rivière. Lac à 1 km. Castagnés. Par RN 119 axe Foix/Saint-Girons/Pamiers. ☎ 05 61 69 71 37 / 06 77 51 93 66 (H.S.). Web : www.petitpyreneen.com. Prix 2007. Fft jour : Empl. Tourisme (2) : 15 € ; 3 € (6 A) ; Animaux 1 €.

MASSAT

12-F4 27 km S.-E. Saint-Girons. 650 m. 598 hab. ✉ 09320

LE VIEUX MOULIN ★★★ 30 E. 1,45 ha. . Rivière à 100 m. ☎ 05 61 96 96 66 / 05 61 96 91 63. Fax : 05 61 04 91 63.

CAMP MUNICIPAL ★★ Tourisme 34 E. 0,3 ha. buvette, CV. Locations : . Rivière à 500 m. Accueil groupes. Lieu-dit Pouech, à 200 m RN 618 et RD 17. ☎ 05 61 04 95 22 / 06 85 90 38 41. Fax : 05 61 04 95 22. E-mail : campicampa@orange.fr, Web : www.ariege.com/camping-massat.

MAUVEZIN DE PRAT

12-F3 15 km N.-O. Saint-Girons. 362 m. 60 hab. ✉ 09160

L'ESTELAS ★★ Tourisme 35 E., dont 6 CC, 0,5 ha. CV. Locations : 1 . Rivière à 2 km. Accueil groupes. Ouv : 15.3 / 15.10. Rés. obligatoire en été. ☎ 05 61 96 65 80 / 06 74 09 02 26 (H.S.). Prix 2007. Empl. Tourisme : 3 € () : 3 € ; - de 7 ans 2 € ; 2 € (16 A).

MAZERES

13-A3 17 km N.-E. Pamiers. 243 m. 2398 hab. ✉ 09270

LA PLAGE ★★★ Tourisme 127 E. CV. Locations : 16, 2, 16, . Accès direct à la rivière. Accueil groupes. Ouv : 1.6 / 30.9. A 66 sortie Mazères. ☎ 05 61 69 38 82 (Mairie) / 05 61 69 42 04 (H.S.). Fax : 05 61 69 37 97. E-mail : danielle@camping-mazeres.com, Web : www.camping-mazeres.com. Prix 2007. Fft jour : Empl. Tourisme (2) : 14 € ((10 A)) ; Sup : 2 € - de 12 ans 1 €. Réduction H.S.

MERCUS GARRABET

13-A4 11 km S.-E. Foix. 480 m. 945 hab. ✉ 09400

LE LAC ★★★ Tourisme 70 E. (48 Tourisme + 22 Loisirs), dont 2 CC - 14 GCC - 34 HLL, 1 ha. CV. Locations : 16, 4, 1, 3, chauffée . Accès direct aux bords du lac et à la rivière. Ouv : 12.4 / 20.9. Entre Foix et Tarascon, prendre voie rapide et sortir à Mercus/base nautique. ☎ 05 61 05 90 61 / 05 61 02 67 40 (H.S.). Fax : 05 61 05 90 61. E-mail : info@campinglac.com, Web : www.campinglac.com. Prix 2008. Fft jour : Empl. Tourisme (2) : 21 € () ; Sup : 6 € - de 7 ans 5 € ; 3 à 4,50 € (6 à 10 A) ; Animaux 2 €. Réduction H.S.

FFCC : partenaire + réduction emp. de 5 % en saison et 10 % hors saison + réduction loc. de 5 % en saison et 10 % hors saison.

MERENS LES VALS

13-B4 50 km S.-E. Foix. 1050 m. 143 hab. ✉ 09110

CAMP MUNICIPAL VILLE DE BAU ★★★ Tourisme 72 E. 1 ha. , saison, collectifs, , saison, + sèche-linge, . Accès direct à la rivière. Ouv : 1.1 / 31.12. A 22 km de l'Andorre et 8 km d'Ax-les-Thermes. Nombreuses randonnées de tous niveaux. ☎ 05 61 02 85 40 / 05 61 64 33 77 (H.S.). Fax : 05 61 64 03 83. E-mail : camping.merens@wanadoo.fr, Web : www.ac-toulouse.fr/eco-merens. Prix 2008. Empl. Tourisme : 3 € ; 2 € ; 3 € ; - de 13 ans 2,20 € ; 3 à 5 € (6 à 10 A) ; Animaux 0,50 €.

MIREPOIX

13-B3 24 km E. Pamiers. 310 m. 3578 hab. ✉ 09500

CAMP MUNICIPAL ★★ 64 E. 0,9 ha. Rivière à 1 km. ☎ 05 61 68 10 47 (Mairie) / 05 61 68 83 76 (O.T.).

MONTBEL

13-B4 44 km S.-E. Pamiers. 410 m. 109 hab. ✉ 09600

M. TERPANT Pierre,aire naturelle Le Fort. Itinéraire : Carcassonne-Limoux-Chalabre-Montbel ou Toulouse-Pamiers-Mirepoix-Aigues-Vives-Leran-Montbel. ☎ 04 68 69 20 18 / 04 68 69 28 78.

MONTEGUT PLANTAUREL

13-A3 25 km S.-O. Pamiers. 325 m. 181 hab. ✉ 09120

M. DEDIEU Gaston,aire naturelle . A 2 km: . A 4 km : . A 5 km : . A 6 km : . A 15 km : Piscine plein air. Chateau de la Hille, par RN 628, 2 km de la commune, à proximité de la ferme. Pré plat, semi-ombragé, rivière à 300 m. Location caravanes. ☎ 05 61 67 34 94.

MONTFERRIER

13-A4 22 km S.-E. Foix. 680 m. 733 hab. ✉ 09300

LE FOUNT DE SICRE ★★ 36 E. 0,5 ha. Sanitaire chauffé. Sur RD 9. ☎ 05 61 01 20 97 / 05 61 01 10 08 / 05 61 01 10 08 (H.S.). Fax : 05 61 04 87 73.
FFCC : partenaire - terrain assuré par la FFCC.

MONTGAILLARD

13-A4 4 km S.-E. Foix. 442 m. 1378 hab. ✉ 09330

LA ROUCATEILLE ★★★ Tourisme 71 E. dont 57 nus, 2 ha. snack, CV. Locations : 1 . Rivière à 300 m. Lac à 5 km. à 300 m : ; à 4 km : ; à 5 km : . Accueil groupes. Ouv : 1.4 / 30.9. La Roucateille. 15, rue du Pradal. Par voie rapide de Toulouse à 300 m de la sortie du Tunnel. De Perpignan au rond-point suivre Montgaillard. Venant de St Girons traverser Foix et suivre Montgaillard. ☎ 05 61 64 05 92 / 06 78 96 09 35 (H.S.). E-mail : info@roucateille.com, Web : www.camping-roucateille.com. Prix 2008. Fft jour : Empl. Tourisme (2) : 15,40 € ((4 A)) ; Sup : 4 € - de 7 ans 2,50 €. Réduction H.S.
FFCC : partenaire + réduction emp. de 5 % en saison et 10 % hors saison.

MONTJOIE EN COUSERANS

12-F3 3 km N. Saint-Girons. 450 m. 775 hab. ✉ 09200

AUDINAC LES BAINS ★★★ Tourisme 115 E. dont 86 nus, , dont 20 HLL, 8 ha. CV Sanitaire chauffé. Locations : 18 , 1 , 10 , 10 , poney, . Accès direct à l'étang. Rivière à 4 km. ; . Accueil groupes. De St-Girons centre prendre route de Foix puis dir. camping d'Audinac sur la D 627. ☎ 05 61 66 44 50. Fax : 05 61 66 44 50. E-mail : accueil@audinac.com, Web : www.audinac.com. Prix 2007. Fft jour : Empl. Tourisme (2) : 14 € () ; Sup : 4 € - de 7 ans 3 € ; 3,50 € (10 A) ; Animaux 1 €. Réduction H.S.

MOULIS

12-F4 5 km S.-O. Saint-Girons. 425 m. 828 hab. ✉ 09200

LA FERMETTE ★★ 35 E. 2 ha. ; . Lieu-dit Luzenac, sur RN 618. ☎ 05 61 66 43 51.

LA FERMETTE II ★ 57 E.

ORLU

13-B4 41 km S.-E. Foix. 875 m. 147 hab. ✉ 09110

CAMP MUNICIPAL D'ORLU ★★★ Tourisme 100 E. (80 Tourisme + 20 Loisirs), dont 21 HLL, 0,9 ha. CV Sanitaire chauffé. Locations : 21 . chauffée payant. Accès direct à la rivière. . Accueil groupes hors saison. Ouv : 1.1 / 31.12. Randonnées en montagne. ☎ 05 61 64 21 70. Fax : 05 61 64 64 23. Réduction H.S.

ORNOLAC USSAT LES BAINS

13-A4 19 km S. Foix. 485 m. 240 hab. ✉ 09400

ARIEGE EVASION ★★★ Tourisme 97 E. dont 80 nus, , dont 7 HLL, 2 ha. CV. Locations : 2 , , . Accès direct aux bords du lac et à la rivière. ; . Ouv : 14.4 / 15.10. A 300 m de la RN 20, à 3 km après Tarascon sur Ariège, dir. Andorre-Espagne. ☎ 05 61 05 11 11. E-mail : contact@ariege-evasion.com, Web : www.ariege-evasion.com. Prix 2007. Empl. Tourisme : 5 € () : 5 € ; - de 10 ans 3 € ; 2 à 4 € (3 à 10 A). Réduction H.S.

OUST

12-F4 17 km S.-E. Saint-Girons. 501 m. 605 hab. ✉ 09140

LES 4 SAISONS ★★★ Tourisme 108 E. dont 83 nus (83 Tourisme + 25 Loisirs), dont 25 GCC - 25 HLL, 3 ha. snack, CV Sanitaire chauffé. Locations : 13 , 2 , Chambres (prix par nuit). . Accès direct à la rivière. ; . Accueil groupes. Ouv : 15.3 / 15.12. Toulouse/St-Girons dir. Aulus-les-Bains. ☎ 05 61 96 55 55. E-mail : camping.ariege@gmail.com, Web : www.camping4saisons.com. Prix 2007. Fft jour : Empl. Tourisme (2) : 17 € ( ) ; Sup : 5,20 € - de 7 ans 3,80 € ; 2,80 à 5,60 € (5 à 10 A) ; Animaux 1,50 €. Fft Ccar : 10 € (2). Réduction H.S.

CAMP MUNICIPAL LA COTE ★★ Tourisme 50 E. 2 ha. Locations : . Accès direct à la rivière. . ☎ 05 61 96 50 53 / 05 61 66 81 12. Fax : 05 61 66 86 95. E-mail : camping-oust@tiscali.fr, Web : www.ariege.com/oust/camping.

PAMIERS

13-A3 19 km N. Foix. 278 m. 15191 hab. ✉ 09100

L'APAMEE ★★★ Tourisme 100 E. (75 Tourisme + 25 Loisirs), dont 35 HLL, 4 ha. CV. Locations : 2 , 4 , Pagan (bungalows toilés + sanitaires). . Accès direct à la rivière. . Accueil groupes. Ouv : Pâques / 31.10. Pont du Jeu du Mail. Route d'Ecosse. De Toulouse dir. Pamiers par N 20 ou par A 61. De Montpellier par A 61 sortie Bram puis dir. Mirepoix et Pamiers. ☎ 05 61 60 06 89. E-mail : campingapamee@orange.fr, Web : www.lapamee.com. Prix 2008. Fft jour : Empl. Tourisme (2 1 - de 2 ans) : 22 € ((10 A)) ; Sup : 7 € - de 2/7 ans 5 € ; Animaux 2 €. Réduction H.S.

PEREILLE

13-B4 25 km S.-E. Foix. 540 m. 140 hab. ✉ 09300

DOMAINE DE TONY ★★ 22 E.

LE PLA

13-B4 103 km S.-E. Foix. 1075 m. 71 hab. ✉ 09460

CAMP MUNICIPAL LA PRADAILLE ★★★ Tourisme 58 E., dont 58 GCC, 2 ha. . Locations : . Rivière à 2 km.Etang et lac à 5 km. à 500 m : . Mitoyen avec le Centre de Vacances Les Soulades. ☎ 04 68 20 49 14. Fax : 04 68 20 49 14.

QUERIGUT

13-B4 100 km S.-E. Foix. 1250 m. 153 hab. ✉ 09460

LE BOSQUET ★★ 25 E. 0,6 ha. + sèche linge, CV. Locations : 4 . Accès direct à la rivière. Etang et lac à 5 km. . Accueil groupes. Ouv : 15.6 / 30.9. Rés. obligatoire en été. Lieu-dit Cabalragnières. Depuis Quillan, D 118 dir. Font-Romeu jusqu'à Usson-les-Bains puis D 16 qui traverse le Donezan. ☎ 04 68 20 41 62 / 02 38 34 81 23 (H.S.) / 06 07 53 93 78 (H.S.). Fax : 02 38 34 81 23. E-mail : j.m.tichadou@wanadoo.fr. Prix 2008. 3,50 € ; 3,50 € ; 3 € ; 3,50 € ; - de 7 ans 2,50 € ; 2,50 € ; Animaux 1 €.
FFCC : partenaire + réduction emp. de 5 % en saison et 20 % hors saison + réduction loc. de 5 % en saison et 20 % hors saison.

RIEUX DE PELLEPORT

13-A3 7 km S. Pamiers. 330 m. 643 hab. ✉ 09120

LES MIJEANNES ★★★ Tourisme 88 E. dont 68 nus, 5 ha. + sèche-linge, CV Sanitaire chauffé. Locations : 2 , 7 , 10 , . Accès direct à la rivière. ; . Route de Ferriès. RN 20 sortie Varilhes. Carte d'accès au circuit de pêche réservée. ☎ 05 61 60 82 23. Fax : 05 61 67 74 80. E-mail : lesmijeannes@wanadoo.fr, Web : www.campinglesmijeannes.com. Prix 2007. Empl. Tourisme : 8,10 € ; 4,20 € ; 2,90 € ; 4,10 € (10 A A) ; Animaux 1,10 € (de compagnie). Réduction H.S.

ST GIRONS

12-F4 44 km O. Foix. 391 m. 7716 hab. ✉ 09200

PARC DE PALETES ★★★ Loisirs 50 E. dont 30 nus 1,50 ha. saison, saison, saison, CV. Locations : 21, 3, 10, Chambres (prix par pers.). Rivière à 500 m. à 500 m : Accueil groupes. Ouv : 1.4 / 30.9. Route Lacourt. Prendre sortie sud de St Girons la D3. ☎ 05 61 66 06 79 / 05 61 66 10 31 / 06 07 02 40 24 (H.S.). Fax : 05 61 66 76 86. E-mail : contacts@parcdepaletes.com, Web : www.parcdepaletes.com. Prix 2008. Fft jour : Empl. Tourisme (2) : 15,50 € ( ) ; - de 7 ans 3 € ; 3 € (10 A) ; Animaux 1 €.

FFCC : partenaire + réduction emp. de 5 % en saison et 10 % hors saison + carte FFCC assurance annulation + Stop accueil Camping-car du 01/01 au 30/06 et du 01/09 au 31/12/2008, accès jusqu'à 21h + réduction loc. de 5 % en saison et 10 % hors saison.

M. DELATTRE CV. A 2 km: Piscine plein air. A 3 km : . A 15 km : . A partir du Parc des Expositions, chemin de Pégoumas. ☎ 05 61 66 11 17.

Voir aussi ENCOURTIECH et MONTJOIE-EN-COUSERANS

ST JEAN DE VERGES

13-A3 635 hab. ✉ 09000

M. BOURLIER Patrick,camping de Marseillas . A 3 km: . A 6 km : Piscine plein air. N 20 Toulouse-Foix, puis D 331 dir. Villeneuve du Bosc. ☎ 05 61 05 33 94 / 06 85 47 17 47. E-mail : marseillas@free.fr, Web : marseillas.fr.

ST MARTIN DE CARALP

13-A4 6 km N.-O. Foix. 509 m. 212 hab. ✉ 09000

M. PAGES Jean-Michel CV. A 2 km: . A 7 km : Piscine plein air. Cantegril, par RD 11, 1 km de la commune, à proximité de la ferme. Bois et pré sur colline, bord de ruisseau, rivière à 2 km. Centre équestre. ☎ 05 61 65 15 43. Fax : 05 61 02 92 73.

ST MICHEL

13-A3 15 km O. Pamiers. 400 m. 80 hab. ✉ 09100

M. GOENSCH . ☎ 05 61 67 00 28.

FFCC : partenaire - terrain assuré par la FFCC .

STE CROIX VOLVESTRE

12-F3 23 km N. Saint-Girons 300 m. 585 hab. ✉ 09230

M. LAJENDIJK Peter,aire naturelle de camping CV.

SAURAT

13-A4 21 km S.-O. Foix. 680 m. 693 hab. ✉ 09400

MONTORGUEIL ★★ Tourisme 30 E. dont 28 nus CV. Locations : . Accès direct à la rivière. ☎ 05 61 05 12 90.

SAVERDUN

13-A3 15 km N.-N.-O. Pamiers. 235 m. 3970 hab. ✉ 09700

DOMAINE DE PAULIAC ★★★ Tourisme 210 E., dont 14 GCC - 15 HLL, 70 ha. Rés. naturiste. Locations : 4, 4, 1, 30, . ☎ 05 61 60 43 95 / 0031 413331297 (H.S.). Fax : 05 61 60 48 50.

RIVIERE ★★★ Tourisme 90 E. 3 ha. Locations : , . Accès direct aux bords du lac et à la rivière. ; ; ; . ☎ 05 61 60 30 12 / 05 61 60 30 12. Fax : 05 61 67 81 88.

M. DIEZ Jacques . A 5 km: Piscine plein air . Ferme de l'ours. N 20, à 5 km Sud-Est du centre ville. Pré semi-ombragé. Salle de jeux. Promenades pédestres. Chasse. Location de caravanes et de vélos. ☎ 05 61 60 41 02.

SAVIGNAC LES ORMEAUX

13-A4 39 km S.-E. Foix. 680 m. 294 hab. ✉ 09110

LE MALAZEOU ★★★ Tourisme 300 E. dont 250 nus, 6 ha. , saison, saison, saison, saison, saison, CV Sanitaire chauffé. Locations : 21, 21, chauffée . Accès direct à la rivière. Accueil groupes. Ouv : 1.1 / 5.11 & 6.12 / 31.12. Sur RN 20, à l'entrée d'Ax-les-Thermes. Les chiens de catégories 1 et 2 sont interdits. Ski de fond et alpin possible. Navette gratuite pour accéder aux télécabines pour la station de ski. ☎ 05 61 64 69 14. Fax : 05 61 64 05 60. E-mail : camping.malazeou@wanadoo.fr, Web : www.campingmalazeou.com. Prix 2008. Fft jour : Empl. Tourisme (2) : 23 € ((6 A)) ; Sup : 5,60 € - de 7 ans 3 € ; Animaux 2,50 €. Réduction H.S.

FFCC : partenaire + réduction emp. de 5 % en saison et 15 % hors saison + réduction loc. de 10 % hors saison.

LE FOURNIL ★★ Tourisme 168 E. (128 Tourisme + 40 Loisirs), dont 33 HLL, 2,3 ha. CV Sanitaire chauffé. Locations : . Etang, lac et rivière à 300 m. : ; à 1,5 km : . Ouv : 1.1 / 31.12. Sur RN 20. Salle de loisirs. ☎ 05 61 64 24 40. Fax : 05 61 64 24 40. E-mail : camping.de-fournil@wanadoo.fr, Web : www.camping-de-fournil.com. Prix 2007. Empl. Tourisme : 2,30 € ; 2,30 € ; - de 7 ans 1,65 € ; 2,10 à 6,15 € (4 à 13 A) ; E. CC 2,65 € ; E. GCC 3,30 €.

FFCC : partenaire + réduction emp. de 5 % en saison et hors saison + Stop accueil Camping-car toute l'année, accès jusqu'à 20h.

CAMP C.C.A.S. ★ 100 E. Réservé C.C.A.S.

SEIX

12-F4 19 km S.-S.-E. Saint-Girons. 511 m. 953 hab. Station verte de vacances et village de neige ✉ 09140

LE HAUT SALAT ★★★ Tourisme 135 E. dont 71 nus, dont 5 CC, 1,2 ha. + sèche-linge, CV Sanitaire chauffé. Locations : 10, 3 . chauffée . Accès direct à la rivière. ; ; à 1 km : . Ouv : 7.1 / 20.12. Campagne d'En Bas, sur RD 3. ☎ 05 61 66 81 78 / 06 82 16 00 36 (H.S.). E-mail : camping.le-haut-salat@wanadoo.fr, Web : www.camping-haut-salat.com. Prix 2008. Fft jour : Empl. Tourisme (2) : 17,50 € ( ) ; Sup : 4,80 € (7) 3,50 €.

CAMPAGNE D'EN HAUT ★★ 21 E. CV. Locations : 6, , . Rivière à 500 m. Ouv : 15.6 / 15.9. Cos de Bergerac. ☎ 05 61 66 87 33. Fax : 05 61 66 80 99. Web : www.cos-de-bergerac.com. Prix 2007. Empl. Tourisme : 2,50 € ; 2,50 € ; 2,50 € ; 1,50 € ; 2,50 € ; 1,50 € ; 2,50 €. Réduction H.S.

M. RIGAUX Philippe,aire naturelle CV. A 15 km: . Les Bouries. Prendre Couflens puis suivre fléchage. ☎ 05 61 04 85 84.

SENTEIN

12-F4 23 km S.-O. Saint-Girons. 730 m. 204 hab. ✉ 09800

CAMP MUNICIPAL LA GRANGE ★★ 46 E. 0,88 ha. , ambulant, . Accès direct à la rivière. Par RD 4. ☎ 05 61 96 18 74 / 05 61 96 73 92 (Mairie).

SERRES SUR ARGET

13-A4 10 km O. Foix. 500 m. 460 hab. ✉ 09000

CAMP MUNICIPAL LA BARGUILLERE ★★ 40 E. 0,6 ha. . Accès direct à la rivière. . La Mouline. ☎ 05 61 65 23 80 / 05 61 65 16 21. Fax : 05 61 02 88 05.

SORGEAT

13-B4 45 km S.-E. Foix. 1048 m. 69 hab. ✉ 09110

CAMP MUNICIPAL ★★ Tourisme 40 E., dont 34 CC - 6 GCC, 2 ha. CV Sanitaire chauffé. Locations : 2 . Rivière à 300 m. Accueil groupes hors saison 12 pers. maximum. Ouv : 1.1 / 31.12. N 20 à (Ax-les-Thermes) 5 km et D 613 à 800 m. Traverser le village de Sorgeat. ☎ 05 61 64 36 34 / 05 61 64 21 93 (H.S.). Fax : 05 61 64 63 38. E-mail : mairie.sorgeat@wanadoo.fr, Web : www.sorgeat.com. Prix 2007. Empl. Tourisme : 1,70 € ( ) : 1,90 € ; 1,90 € ; 1,70 € ; 3 € ; 1,50 € ; 2,80 à 5,40 € ; Animaux 0,60 €.

SOUEIX ROGALLE

12-F4 15 km S.-E. Saint-Girons. 490 m. 312 hab. ✉ 09140

LA CLAIRE ★★ 35 E. dont 34 nus, 1 ha. CV Sanitaire chauffé. Locations : , , , 40 , . Accès direct à la rivière. ; . Accueil groupes. Ouv : 1.4 / 31.10. Rue la Palere. A St Girons (09) prendre la direction de Seix et avant Seix, entrer dans le village de Soueix ☎ 05 61 66 62 76 / 06 78 23 22 86 / 05 61 04 49 31 (H.S.). Fax : 05 61 66 92 62. E-mail : campinglaclaire@orange.fr. Prix 2008. Fft jour : Empl. Tourisme (2) : 10 € ( ) ; Sup : 2,50 € 1,50 € ; 3 € ; Animaux 1 €. Fft Tente : 9 € (2).

SURBA

13-A4 18 km S. Foix. 450 m. 320 hab. ✉ 09400

LE SEDOUR ★★★ Tourisme 100 E. 1,6 ha. , partiel, , + salle séchage, CV Sanitaire chauffé. Locations : 3, 1, 1 . Rivière à 200 m. Lac à 4 km. à 4 km : , . Accueil groupes. Ouv : 1.1 / 31.12. Plaine de Florac. RN 20 voie rapide Foix/Tarascon sortie 1er rond-point dir. Col de Port. ☎ 05 61 05 87 28. E-mail : info@campinglesedour.com, Web : www.campinglesedour.com.

FFCC : partenaire + réduction emp. de 10 % en saison et 15 % hors saison.

TARASCON SUR ARIEGE

13-A4 15 km S. Foix. 474 m. 3916 hab. Station verte de vacances et village de neige ✉ 09400

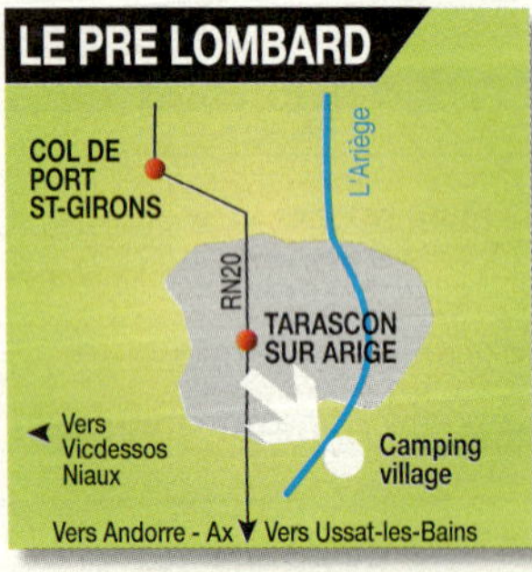

LE PRE LOMBARD ★★★★ Tourisme 180 E. dont 110 nus (91 Tourisme + 89 Loisirs), dont 2 CC - 61 GCC, 3,5 ha. saison, saison, CV Sanitaire chauffé. Locations : 21, 41, 8 . chauffée . Accès direct à la rivière. Etang à 1 km.Lac à 3 km. ; à 3 km : . Accueil groupes. Ouv : 22.3 / 11.11. Route d'Ussat. Par RN 20 suivre dir. centre ville. ☎ 05 61 05 61 94. Fax : 05 61 05 78 93. E-mail : leprelombard@wanadoo.fr, Web : www.prelombard.com. Prix 2008. Fft jour : Empl. Tourisme (2 1) : 29,50 € ((10 A)) ; Sup : 8,50 € - de 7 ans 6,50 € ; Animaux 2 €. Réduction H.S.

FFCC : partenaire + réduction emp. de 10 % en saison et 15 % hors saison + réduction loc. de 5 % hors saison.

USTOU

12-F4 30 km S.-E. Saint-Girons. 746 m. 520 hab. ✉ 09140

LE MONTAGNOU ★★★ Tourisme 60 E. dont 40 nus 0,5 ha. , + sèche linge, CV Sanitaire chauffé. Locations : 3 . Accès direct à la rivière. ; .Accueil adultes. Ouv : 1.1 / 31.12. Route de Guzet par Seix. ☎ 05 61 66 94 97. E-mail : campinglemontagnou@wanadoo.fr, Web : www.lemontagnou.com. Prix 2007. Fft jour : Empl. Tourisme (2) : 14,8 € ( ) ; Sup : 4,10 € - de 7 ans 2,50 € ; Animaux 1,50 €. Fft Ccar : 15,5 € (2). Fft Tente : 13,7 € (2).

CAMP MUNICIPAL ★★ 59 E. 2 ha. Sanitaire chauffé. . Rivière à 500 m. ; . A St Lizier d'Ustou. Accès routier facile pour caravanes. ☎ 05 61 66 92 21. Fax : 05 61 66 92 21. E-mail : mairie-ustou@wanadoo.fr, Web : www.ustou.info.

VARILHES

13-A3 9 km S. Pamiers. 330 m. 2007 hab. Station verte de vacances et village de neige ✉ 09120

DU CHATEAU ★★ 100 E. 0,75 ha. CV Sanitaire chauffé. Locations : . . . Accueil groupes. Ouv : 1.1 / 31.12. Avenue du 8 Mai 1945 par N20 sortie Varilhes ☎ 05 61 67 42 84 / 06 74 64 45 92 (H.S.). Fax : 05 61 67 42 84. E-mail : campingdevarilhes@orange.fr, Web : campingdevarilhes.com. Prix 2008. Fft jour : Empl. Tourisme (2) : 16,80 € ( ) ; Sup : 4,10 € - de 7 ans 2,05 € ; Animaux 1,10 €. Fft Ccar : 16,20 € (2). Fft Tente : 12,70 € (2). Réduction H.S.

FFCC : partenaire + réduction emp. de 5 % en saison et hors saison + Stop accueil Camping-car toute l'année, permanent.

VENTENAC

13-A4 15 km N.-E. Foix. 450 m. 175 hab. ✉ 09120

M. & Mme COMELONGUE, aire naturelle CV. A 8 km: . Ventenac, RD 10, Vallée du Crieu Pamiers-Lavelanet, centre de la commune. Prairie, verger semi-ombragé. Salle de réunion. Plats régionnaux. Terrasse couverte. ☎ 05 61 60 72 43. Prix 2007. Empl. Tourisme : 5 € ; - de 10 ans 3 €.

VERDUN

4-B3 26 km S.-E. Foix. 548 m. 190 hab. ✉ 09310

LE BARRY D'EN BAS, aire naturelle

VICDESSOS

13-A4 14 km S.-O. Tarascon. 705 m. 602 hab. Village de neige ✉ 09220

LA BEXANELLE ★★★ 85 E. dont 183 nus 5,5 ha. , partiel, CV Sanitaire chauffé. Locations : 9 , 1 , 4 , . . Accès direct à la rivière. . Ouv : 1.1 / 31.12. Rés. obligatoire en été. 800 m D 8. ☎ 05 61 64 82 22. Fax : 05 61 64 82 22. E-mail : info@labexanelle.com, Web : www.labexanelle.com. Prix 2008. Empl. Tourisme : 5 € ; 5 € ; 3 € ; 1,60 à 2,80 € (5 à 10 A).

AUBE 10

Cartes 3-7

Délégué FFCC : Michel BOUCLIER, 2, rue du Maréchal Foch - 10420 LES NOES PRES TROYES

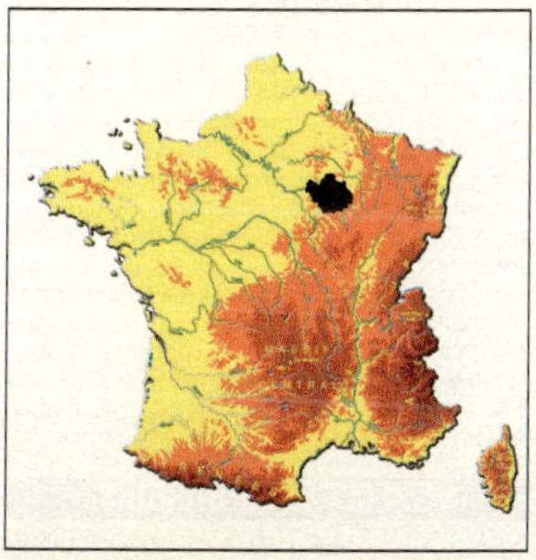

AIX EN OTHE

3-E5 28 km O.-S.-O. Troyes. 132 m. 2349 hab. ✉ 10160

CAMP MUNICIPAL DE LA NOSLE ★★ Tourisme 90 E. 1,8 ha. . Accès direct à la rivière. Lac à 3 km. Rue Anglade. ☎ 03 25 46 75 44 / 03 25 46 75 00 (Mairie).

ARCIS SUR AUBE

3-E4 28 km N.-N.-E. Troyes. 90 m. 3258 hab. ✉ 10700

L'ILE CHARLIEU ★★ Tourisme 53 E. 1,25 ha. , le midi, CV. Locations : 5 , . Rivière à 30 m. ; kayak : ; ; . Rue de Châlons. 50 m RN 77. A 4 km sortie A 26. ☎ 03 25 37 98 79. Fax : 03 25 82 94 18. E-mail : cha_99@club-internet.fr.

BAR SUR SEINE

3-F5 33 km S.-E. Troyes. 160 m. 3851 hab. Station verte de vacances et village de neige ✉ 10110

La Motte Noire, aire naturelle municipale La Motte Noire. ☎ 03 25 29 86 38.

CLEREY

3-F5 16 km S.-E. Troyes. 146 m. 790 hab. ✉ 10390

PLAN D'EAU DES TERRES ROUGES ★★ Tourisme 25 E. CV. Locations : 5. Accès direct aux bords du lac. Accueil groupes. RN 71 dir. Troyes-Dijon. ☎ 03 25 46 04 45. Fax : 03 25 46 05 86. E-mail : benjy.castex@libertysurf.fr, Web : www.terresrouges.fr.st.

FFCC : partenaire - terrain assuré par la FFCC.

DIENVILLE

3-F5 20 km N.-O. Bar-sur-Aube. 128 m. 815 hab. ✉ 10500

LE COLOMBIER ★★★ Tourisme 43 E. 0,8 ha. rapide, CV. + sèche-linge, Sanitaire chauffé. Locations : 4, 12 Chambres d'hôtes. Accès direct à la rivière. Lac à 200 m. ; à 400 m : . Ouv : 1.1 / 31.12. 8, avenue Jean Lanez. CD 443. ☎ 03 25 92 23 47 / 03 85 27 48 92 (H.S.). Fax : 03 25 92 23 47. E-mail : lecolombier10500@wanadoo.fr, Web : www.lacs-champagne.fr. Prix 2008. Fft jour : Empl. Tourisme (2) : 16 € ; Sup : 5 € - de 7 ans 3,50 € ; Animaux 2,50 €.

LE TERTRE ★★★ Tourisme 156 E. (113 Tourisme + 43 Loisirs), dont 68 CC - 13 GCC - 13 HLL, 3,5 ha. CV. Locations : 13. chauffée. Lac à 100 m. Rivière à 200 m. ; à 400 m : . Ouv : 14.3 / 15.10. Rés. obligatoire en été. Route de Radonvilliers. ☎ 03 25 92 26 50 / 08 75 35 84 62 (H.S.). Fax : 03 25 92 26 50. E-mail : campingdutertre@wanadoo.fr, Web : www.campingdutertre.fr. Prix 2007. Fft jour : Empl. Tourisme (2) : 18,40 € ; Sup : 3,80 € 2,60 € ; 2,80 € (10 A) ; Animaux 1,20 €. Réduction H.S.

FFCC : partenaire + réduction emp. de 5 % en saison et hors saison.

DOSCHES

3-F5 15 km N.-E. Troyes 125 m. 196 hab. ✉ 10220

LA FROMENTELLE ★★ Tourisme 50 E. 0,9 ha. Lac à 5 km. Accueil groupes. A 5 sortie Magnant (22 km). A 26 sortie Thennelières (10 km). ☎ 03 25 41 52 67 / 06 80 32 92 35. Fax : 03 25 41 52 67.

EAUX PUISEAUX

3-E5 31 km S.-O. Troyes. 220 m. 186 hab. ✉ 10130

FERME DES HAUTS FRENES ★★ Tourisme 30 E. dont 30 nus 1,5 ha. sur commande, CV Sanitaire chauffé. Locations : à 2 km : . Ouv : 1.1 / 31.12. Ferme des Hauts Frênes. RN 77 puis RD 111 et suivre fléchage camping à la ferme. ☎ 03 25 42 15 04. Fax : 03 25 42 02 95. E-mail : les.hauts.frenes@wanadoo.fr, Web : www.les-hauts-frenes.com. Prix 2008. Empl. Tourisme : 2,50 € ; 1,50 € ; 3,75 € ; - de 7 ans 2 € ; 2 € (6 A) ; Animaux 1,50 €.

FFCC : partenaire + réduction emp. de 10 % en saison et hors saison.

ERVY LE CHATEL

3-E5 37 km S.-O. Troyes. 158 m. 1200 hab. ✉ 10130

CAMP MUNICIPAL LES MOTTES ★★ Tourisme 53 E. 1 ha. Rivière à 300 m. Accueil groupes. Ouv : 15.5 / 15.9. Les Mottes. A 8 km RN 77 et à 1 km RD 374. ☎ 03 25 70 07 96 / 03 25 70 50 36 (Mairie) (H.S.). Fax : 03 25 70 02 52. E-mail : mairie-ervy-le-chatel@wanadoo.fr. Prix 2007. Empl. Tourisme : 2 € ; 2 € ; 2,50 € ; 1,50 € ; 2,50 € ; Animaux 1,50 €.

GERAUDOT

3-F5 22 kms E. Troyes. 146 m. 255 hab. ✉ 10220

CAMP DEPARTEMENTAL L'EPINE AUX MOINES ★★ Tourisme 186 E. 2,8 ha. CV Sanitaire chauffé. Locations : . Lac à 20 m. Accueil groupes. Par CD 43. ☎ 03 25 41 24 36. Fax : 03 25 41 24 36. Réduction H.S.

Mme BONNOTTE,aire naturelle l'Européen A 800 m : . A 1 km: . A 10 km : . A 25 km : Piscine plein air. 17, rue de Piney. Accès par la N 19. ☎ 03 25 41 26 82.

JESSAINS

3-F5 12 km N.-O. Bar-sur-Aube. 148 m. 250 hab. ✉ 10140

CAMP MUNICIPAL Tourisme Saisonnier 22 E. 1 ha. à 500 m : ; à 800 m : . Accueil groupes. RN 19. ☎ 03 25 92 72 06. Fax : 03 25 92 92 86. E-mail : commune.jessains@wanadoo.fr, Web : www.pnr-foret-orient.fr.

LESMONT

3-F4 34 km N.-O. Bar-sur-Aube. 112 m. 281 hab. ✉ 10500

M. BOULE André,camping les Gravières CV. A 9 km: . A 15 km : . Ouv : 1.4 / 30.9. RD 960 dir Troyes / Nancy Bordure de rivière. Promenades. Parc naturel régional de la forêt d'Orient. Commerces au village et 3 restaurants. Gîte et relais équestres. ☎ 06 78 87 76 30. Prix 2007. Fft jour : Empl. Tourisme (2) : 9,5 € Sup : 2,20 € - de 13 ans 1,10 €.

LUSIGNY SUR BARSE

3-F5 16 km S.-E. Troyes. 127 m. 1073 hab. ✉ 10270

CAMP MUNICIPAL ★ Tourisme 16 E., dont 2 CC - 14 GCC. Rivière à 500 m. Lac à 2 km. ☎ 03 25 41 20 01 (Mairie). Fax : 03 25 43 81 88.

MARCILLY LE HAYER

3-E5 20 km S. Nogent-sur-Seine. 123 m. 582 hab. ✉ 10290

CAMP MUNICIPAL ★★ Tourisme 49 E., dont 29 GCC. Sanitaire chauffé. Accès direct à la rivière. Accueil groupes. Ouv : 1.4 / 31.10. ☎ 03 25 21 74 34 / 03 25 21 70 36 (Mairie) (H.S.). Fax : 03 25 21 74 31. Prix 2008. Empl. Tourisme : 0,90 € ; 0,90 € ; 1,80 € ; - de 7 ans 0,90 € ; 1,80 à 2,70 € (5 à 10 A).

MERY SUR SEINE

3-E4 30 km E. Nogent-sur-Seine. 82 m. 1286 hab. ✉ 10170

CAMP MUNICIPAL ★★ Tourisme 68 E. 0,8 ha. Locations : 1. Accès direct à la rivière. Accueil groupes. Ouv : 1.4 / 30.9. 23, rue des Grèves. Lieu-dit Le Bout de la Ville. ☎ 03 25 21 23 72 / 03 25 21 20 42 (H.S.). Fax : 03 25 21 13 19. Prix 2007. Empl. Tourisme : 1,30 € ; 1,30 € ; 1,30 € ; 1,30 € ; 2,20 € ; - de 7 ans 1,10 € ; 1,40 à 2,70 € (3 à 10 A).

MESNIL ST PERE

3-F5 22 km S.-E. Troyes. 332 hab. ✉ 10140

CAMP G.C.U. Réservé aux adhérents. Adhésion possible sur place pour les sociétaires MAIF et FILIA MAIF.

KAWAN RESORT LE LAC D'ORIENT ★★ Tourisme 300 E. 4 ha. saison, saison, saison, CV. Locations : 5. Lac à 200 m. Accueil groupes. Ouv : 1.4 / 2.10. 1 km du village. Dir. Chaumont par RN 19. Sortie autoroute Thennelière n° 32. ☎ 03 25 41 27 15. Fax : 03 25 41 27 15. E-mail : contact@kawan-villages.com. Réduction H.S.

FFCC : partenaire - terrain assuré par la FFCC + réduction loc. de 5 % hors saison.

AIRE NATURELLE CV. ☎ 03 25 41 28 12. Fax : 03 25 41 54 10.

NOGENT SUR SEINE

56 km N.-O. Troyes. 65 m. 5103 hab. ✉ 10400

CAMP MUNICIPAL ★★ Tourisme 95 E. (55 Tourisme + 40 Loisirs), dont 23 CC - 72 GCC, 1,5 ha. chauffée. Rivière à 5 m. Pature de Villiers, 900 m RN 19. ☎ 03 25 39 76 67 / 03 25 39 42 00 (Mairie). Fax : 03 25 39 76 67.

PONT STE MARIE

3 km N.-E. Troyes. 105 m. 4856 hab. ✉ 10150

CAMP DE TROYES ★★★ Tourisme 110 E. 3,8 ha. snack, billard, CV Sanitaire chauffé. Locations : . Rivière à 50 m. à 50 m : . Accueil adultes. 7, rue Roger Salengro. Dir. Nancy Châlons-sur-Marne à Pont Sainte Marie. ☎ 03 25 81 02 64. Fax : 03 25 81 02 64. E-mail : info@troyescamping.net, Web : www.troyescamping.net.

PONT SUR SEINE

3-E4 8 km N.-E. Nogent sur Seine. 69 m. 1161 hab. ✉ 10400

M. CUNIN Michel,aire naturelle municipale Sur la RN 19 entre Nogent-sur-Seine et Romilly-sur-Seine. Route Paris/Trayes. ☎ 03 25 21 40 22 / 03 25 21 43 44. Fax : 03 25 21 45 66. E-mail : mairie.pontseine@wanadoo.fr.

RADONVILLIERS

3-F5 22 km N.-O. Bar-sur-Aube. 132 m. 370 hab. ✉ 10500

LE GARILLON ★★ Tourisme 55 E. dont 38 nus, 1 ha. CV. Locations : . Lac et rivière à 2 km. à 2 km : . Accueil groupes. De Piney ou Brienne-le-Château par D 11. ☎ 03 25 92 21 46. E-mail : camping-le-garillon@wanadoo.fr, Web : www.camping-le-garillon.com.

LES RICEYS

3-F5 48 km S.-E. Troyes. 180 m. 1558 hab. Station verte de vacances et village de neige ✉ 10340

CAMP MUNICIPAL ★ Tourisme 13 E. 1,3 ha. Accès direct à la rivière. ☎ 03 25 29 30 32. Fax : 03 25 29 72 09.

ST HILAIRE SOUS ROMILLY

3-E4 12 km E. Nogent-sur-Seine. 105 m. 318 hab. ✉ 10100

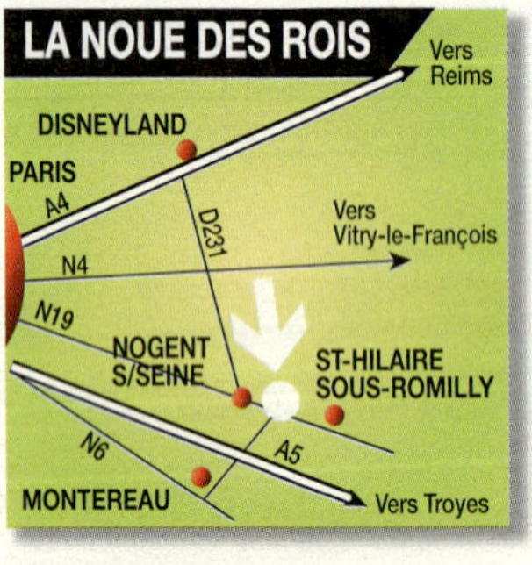

LA NOUE DES ROIS ★★★ Loisirs 200 E., dont 200 GCC, 8 ha. saison, CV Sanitaire chauffé. Locations : 15. chauffée gratuit. Accès direct à l'étang et à la rivière. RN 19. A mi-chemin entre Troyes et Provins par RN 19. A 5 venant de Paris sortie Marolles, dir. Nogent sur Seine puis Romilly (1ère rte à gauche après le garage Toyota). ☎ 03 25 24 41 60. Fax : 03 25 24 34 18. E-mail : michele.desmont@wanadoo.fr, Web : www.lanouedesrois.com. Prix 2007. Fft jour : Empl. Tourisme (1) : 12,50 € ; Sup : 6 € - de 7 ans 3 € ; 3,50 € (16 A) ; Animaux 2,50 €. Réduction H.S.

ST REMY SOUS BARBUISE

3-E4 22 km N. Troyes. 106 m. 146 hab. ✉ 10700

LA BARBUISE ★ Tourisme 50 E. dont 50 nus, , dont 39 GCC, 1 ha. Locations : 1. Rivière à 800 m. à 800 m : . Accueil groupes. Ouv : 1.1 / 31.12. Nord de Voué, sur RN 77. A 26 sortie n° 30 (Arcis-sur-Aube/Vallée de l'Aube/Torcy) ou sortie n° 31 (Troyes Nord/Charmont-sous-Barbuise). ☎ 03 25 37 50 95. Prix 2007. Empl. Tourisme : 2,50 € : 2 € ; - de 7 ans 1,50 € ; 1,50 € (4 A).
FFCC : partenaire + réduction emp. de 5 % en saison et hors saison + Stop accueil Camping-car toute l'année.

SOULAINES DHUYS

3-F4 18 km N. Bar-sur-Aube. 135 m. 270 hab. Village de neige ✉ 10200

LA CROIX BADEAU ★★ Tourisme 39 E., dont 39 GCC, 1,5 ha. CV Sanitaire chauffé. Locations : 3. Rivière à 300 m. Etang à 3 km. Accueil groupes. Ouv : 1.4 / 15.10. 6 rue Badeau. D 960 et 384. ☎ 03 25 27 05 43 / 03 26 82 35 31 (H.S.). E-mail : steveheusghem@hotmail.com, Web : www.croix-badeau.com. Prix 2008. Fft jour : Empl. Tourisme (2) : 13,50 € ; Sup : 2,70 € - de 7 ans 2,20 € ; Animaux 1 €.

TRAINEL

3-D4 13 km S.-O. Nogent-sur-Seine. 74 m. 853 hab. ✉ 10400

CAMP MUNICIPAL ★★ Tourisme 57 E., dont 57 GCC, 0,57 ha. Sanitaire chauffé. Locations : . Accès direct à la rivière. Sur CD 439. ☎ 03 25 39 13 36 / 03 25 39 10 23. Fax : 03 25 39 19 82.

VANLAY

3-E5 40 km S. Troyes 145 m. 293 hab. ✉ 10210

CAMP DE M. DIAZ Tourisme Saisonnier 11 E.

VERRIERES

3-E5 10 km S.-E. Troyes 124 m. 1414 hab. ✉ 10390

CLUB NATURISTE DU SOLEIL DE TROYES ★ Loisirs 62 E. (14 Tourisme + 48 Loisirs), dont 4 HLL. Rés. naturiste. Locations : . Accès direct à l'étang et à la rivière. Rue du Général de Gaulle. A 5 sortie St Thibault. ☎ 03 25 41 70 82 / 03 25 76 75 80. E-mail : estroyes@wanadoo.fr, Web : perso.wanadoo.fr/estroyes.

AUDE 11

Carte 13

Délégué FFCC : Henri COUSSOLE, La Hount - Le Village - 11500 ST JULIA DE BEC - coussolehenri870@orange.fr

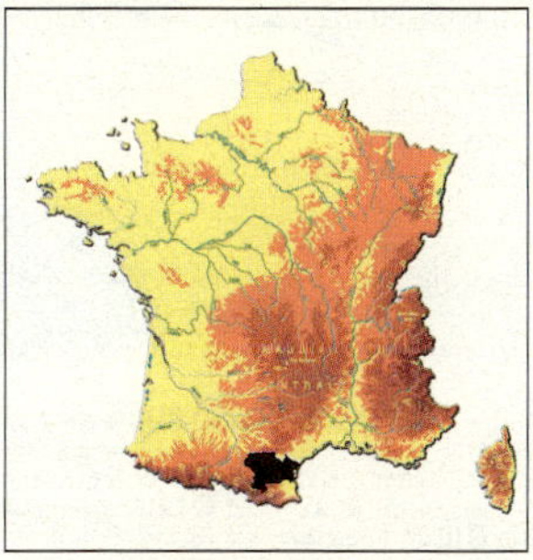

ALET LES BAINS

13-B3 9 km S. Limoux. 204 m. 543 hab. ✉ 11580

LE VAL D'ALETH ★★ Tourisme 37 E. dont 35 nus 0,35 ha. CV Sanitaire chauffé. Locations : 2, 8 chambres d'hôtes. Accès direct à la rivière. ; à 600 m : . Accueil groupes. Ouv : 1.1 / 31.12. Chemin de la Paoulette. A 61 et D 118, Limoux/Quillan, 8 km au sud de Limoux. ☎ 04 68 69 90 40. Fax : 04 68 69 94 60. E-mail : camping@valdaleth.com, Web : www.valdaleth.com. Prix 2007. Fft jour : Empl. Tourisme (2) : 13 € ; Sup : 3,50 € - de 10 ans 2,15 € ; 3 à 4 € (4 à 6 A) ; Animaux 1,35 €. Réduction H.S.

ARQUES

13-C4 28 km S.-E. Unieux. 375 m. 201 hab. ✉ 11190

VILLAGE DU LAC VTF ★★ Tourisme 30 E. 0,56 ha. juillet/août, CV. Locations : 14. Lac à 20 m. Accueil groupes. Ouv : 1.4 / 30.10. ☎ 04 68 69 88 30 / 05 65 58 46 01 (Réserv.) (H.S.). Fax : 04 68 69 85 49. E-mail : arques@relaisoleil.com, Web : www.relaisoleil.com. Prix 2007. Fft jour : Empl. Tourisme (2) : 21 € Sup : 5 € - de 10 ans 3 € ; 5 €.

AXAT

13-B4 40 km S. Limoux. 450 m. 1025 hab. ✉ 11140

LA CREMADE ★★ Tourisme 95 E. 3,3 ha. CV. Locations : 2, 7. Rivière à 1 km. à 800 m : . Ouv : Pâques / 30.9. A 1 km dir. Perpignan sur RD 117. ☎ 04 68 20 50 64. Web : www.lacremade.com. Prix 2008. Fft jour : Empl. Tourisme (2) : 11,40 € ; Sup : 3,80 € 2 € ; 2,30 € ; Animaux 1 €.

Voir aussi SAINT-MARTIN-LYS

BELCAIRE

13-B4 55 km S.-O. Unieux. 1002 m. 421 hab. ✉ 11340

CAMP MUNICIPAL ★★ Tourisme 37 E. Locations : . Accès direct aux bords du lac. La Mousquière. ☎ 04 68 20 31 23 (Mairie).

BELFLOU

13-A3 45 km N.-O. Carcassonne. 250 m. 84 hab. ✉ 11410

LE CATHARE ★ Tourisme 25 E. CV. Locations : 4, 2, 2. Etang et lac à 200 m. ; à 100 m : . Accueil groupes. Ouv : 15.4 / 31.11. Le Cathare. Château de la Barthe. RD 33. ☎ 04 68 60 32 49. Fax : 04 68 60 37 90. E-mail : cazanave.monique@wanadoo.fr, Web : www.auberge-lecathare.com. Prix 2008. Empl. Tourisme : 4,50 € () : 3,70 € ; - de 7 ans 3 € ; 3 à 7,50 € (3 à 6 A) ; Animaux 1,20 €.

FFCC : partenaire - terrain assuré par la FFCC + réduction emp. de 5 % hors saison + réduction loc. de 5 % hors saison.

BELVEZE DU RAZES

13-B3 15 km N.-O. Limoux. 236 m. 738 hab. ✉ 11240

AIRE NATURELLE MUNICIPALE ☎ 04 68 69 00 23.

BIZANET

13-C3 13 km O. Narbonne. 42 m. 1039 hab. ✉ 11200

FIGUROTTA ★ Tourisme 15 E. 1,3 ha. Sanitaire chauffé. . Route de Narbonne. D 224. A 5 km de la RN 113. 3 km de la D 613. ☎ 04 68 45 16 26 / 06 88 16 12 30 / 0033/688161230 (H.S.). Fax : 0033/468451626. E-mail : info@figurotta.eu, Web : www.figurotta.eu. Prix 2007. Fft jour : Empl. Tourisme (2) : 15 € () ; Sup : 4 € - de 10 ans 3 € ; 2,50 à 2,75 € (4 à 5 A) ; 0,50 €. Réduction H.S.

FFCC : partenaire + réduction emp. de 10 % en saison et hors saison + Stop accueil Camping-car toute l'année.

BIZE MINERVOIS

13-C3 21 km N.-O. Narbonne. 65 m. 785 hab. ✉ 11120

LA CESSE ★ Tourisme 35 E. 1,7 ha. CV. Locations : 4. Rivière à 200 m. à 200 m : , . Accueil groupes. Ouv : 1.5 / 30.9. ☎ 04 68 46 14 40. Fax : 04 68 46 14 40. Prix 2007. () : 4,50 € ; 5,50 € ; 3,80 € ; 3,50 € ; - de 10 ans 1,80 € ; 2,50 € ; Animaux 1,50 €. Réduction H.S.

BROUSSES ET VILLARET

13-B3 18 km N.-O. Carcassonne. 400 m. 222 hab. ✉ 11390

LE MARTINET ROUGE ★★★ Tourisme 63 E., dont 10 GCC - 2 HLL, 1 ha. CV. Locations : 2, , 1, 4, . . 100 m RD 103, 203 et 48. Terrain de jeux attenant. ☎ 04 68 26 51 98. Fax : 04 68 26 51 98. E-mail : martinet.bv.free.fr, Web : www.camping-lemartinetrouge.com. Réduction H.S.

LES BRUNELS

13-B3 39 km N.-O. Carcassonne. 580 m. 161 hab. ✉ 11400

CENTRE FAMILIAL DE VACANCES PEYREBAZAL ★ Tourisme 30 E. 2 ha. Locations : , , . Accès direct aux bords du lac. Lac et rivière à 5 km. ; ; ; . RN 629 / D 90. ☎ 04 68 60 42 23. Fax : 04 68 60 46 33. Web : www.peyrebazal.free.fr/.

CAMPAGNE SUR AUDE

13-B4 22 km S. Limoux 251 m. 617 hab. ✉ 11260

PETIT PARADIS ★ Tourisme 30 E., dont 2 HLL. . Locations : Chambres. . Rivière à 500 m. Etang à 4 km. ; . Accueil groupes. ☎ 04 68 74 35 39. Fax : 04 68 69 28 13. Prix 2007. Fft jour : Empl. Tourisme (2) : 14 € ( ) Fft Tente : 12 € (2).

CAMURAC

13-B4 65 km S.-O. Limoux. 1200 m. 134 hab. ✉ 11340

LES SAPINS ★★ Tourisme 69 E. dont 51 nus (59 Tourisme + 10 Loisirs), dont 6 GCC - 2 HLL, 3 ha. sauf en laisse, toujours inclus. pas de jetons, , 1 sèchoir, station de ski, CV Sanitaire chauffé. Locations : 2, 4, , . Lac à 300 m. ; à 10 km : . Accueil groupes. Lieu-dit Ternairols. D 613. ☎ 04 68 20 38 11. Fax : 04 68 31 41 23. E-mail : info@lessapins-camurac.com, Web : www.lessapins-camurac.com. Prix 2007. Fft jour : Empl. Tourisme : 21.50 € () ; 2,50 € ; 3,50 € (10 A).

FFCC : partenaire + réduction emp. de 5 % hors saison.

CARCASSONNE

13-C3 773 km S. Paris. 110 m. 42450 hab. ✉ 11000

CAMPEOLE LA CITE ★★★ Tourisme 200 E. 7 ha. CV. Locations : 24, 30. . Rivière à 100 m. Accès par A 61 ou par N 113. ☎ 04 68 25 11 77. Fax : 04 68 47 33 13. E-mail : cpllacite@atciat.com, Web : www.campeoles.fr. Réduction H.S.

CASTELNAUDARY

13-B3 36 km N.-O. Carcassonne. 165 m. 11381 hab. ✉ 11400

CAMP MUNICIPAL DE LA GIRAILLE ★ Tourisme 33 E. 1 ha. . Accès direct à la rivière. Chemin du Perie. 500 m RN 113. ☎ 04 68 23 11 23 / 04 68 94 11 28.

CAUDEBRONDE

13-B3 26 km N. Carcassonne. 550 m. 154 hab. ✉ 11390

AIRE NATURELLE MUNICIPALE . A 3 km: Piscine plein air . A 4 km : . ☎ 04 68 26 54 43 (Mairie).

CAUNES MINERVOIS

13-C3 20 km N.-E. Carcassonne. 176 m. 1556 hab. ✉ 11160

CAMP MUNICIPAL LES COURTALS ★★ Tourisme 18 E. , pétanque. Accès direct à la rivière. . Le Village. ☎ 04 68 78 00 28 (Mairie). Fax : 04 68 78 05 78.

CAZILHAC

13-C3 4 km S. Carcassonne. 140 m. 1384 hab. ✉ 11570

A L'OMBRE DES OLIVIERS ★★★ Tourisme 64 E., dont 13 GCC - 13 HLL, 2 ha. , sauf petits , snack, à emporter, CV. Locations : 13. . Lac à 4 km. Accueil groupes. Ouv : 1.1 / 31.12. Autoroute du Sud. RN 113, RD 56. ☎ 04 68 79 65 08 / 06 81 54 96 00. Fax : 04 68 79 65 08. E-mail : romo.florian@wanadoo.fr, Web : alombredesoliviers.com. Prix 2008. Fft jour : Empl. Tourisme (2) : 18 € ((10 A)) ; Sup : 4,50 € - de 2/7 ans 3 € ; Animaux 1,50 €.

CHALABRE

13-B4 25 km S.-O. Limoux. 380 m. 1441 hab. ✉ 11230

LE CAZAL ★★ Tourisme 45 E. 1 ha. , snack, . Accès direct à la rivière. ; ; . Sur RN 620,lieu-dit Le Cazal. ☎ 04 68 69 34 73 / 04 68 69 20 39 (Mairie) (H.S.). Fax : 04 68 69 34 73.

Mme BERTHAUT Danielle,L'Emeraude . Les Etangs du Bourdil. GR 7. ☎ 04 68 69 28 54.

COUFFOULENS

13-B3 9 km S. Carcassonne. 130 m. 478 hab. ✉ 11250

AIR HOTEL GRAND SUD ★★★ Tourisme 100 E. dont 50 nus, , dont 8 CC - 18 GCC - 20 HLL, 5 ha. , buvette, saison, , saison, CV. Locations : 30, 12. . Accès direct aux bords du lac et à la rivière. ; . Accueil groupes. Ouv : avril / septembre. Autoroute sortie n°23 Ouest D118, route de Limoux avant Preixan sur la gauche. ☎ 04 68 26 88 18. Fax : 04 68 26 85 07. E-mail : air.hotel.grand.sud@wanadoo.fr, Web : www.camping-grandsud.com. Prix 2007. Fft jour : Empl. Tourisme (2) : 26,50 € ( ) ; Sup : 5,80 € - de 6 ans 4,80 € ; Animaux 4 €.

COURSAN

13-D3 7 km N.-E. Narbonne. 10 m. 4023 hab. 11110

L'OASIS ★ Tourisme 25 E. Accès direct à la rivière. Ouv : 1.1 / 31.12. Chemin de la Peige, RN 113 et RN 9. ☎ 04 68 33 54 62. Fax : 04 68 33 54 62.

DURBAN CORBIERES

13-C4 32 km S.-O. Narbonne. 88 m. 525 hab. 11360

CAMP MUNICIPAL L'ESPAZO ★★ Tourisme 36 E., dont 16 CC - 6 HLL, 0,5 ha. aire spécifique. Locations : . Ouv : 16.6 / 15.9. Piscine municipale gratuite pour les enfants (- 12 ans). ☎ 04 68 45 06 81 / 04 68 45 90 12 (Mairie) (H.S.). Fax : 04 68 45 38 16. E-mail : mairiededurban@orange.fr. Prix 2007. 3,50 € ; 1 € ; 3,50 € ; 2,50 € ; 2,20 € ; - de 12 ans 1,50 € ; 2 €.

ESPERAZA

13-B4 19 km S. Limoux. 250 m. 2512 hab. 11260

CAMP MUNICIPAL DE LA SALLE ★ Tourisme 25 E. 0,5 ha. Rivière à 50 m. 200 m RD 46, à 1 km RN 118. Aude à 50 m. ☎ 04 68 74 08 60.

ESPEZEL

13-B4 50 km S.-O. Limoux. 900 m. 228 hab. 11340

CAMP MUNICIPAL LE CALCAT ★ Tourisme 19 E. 0,27 ha. CV. Accueil groupes. ☎ 04 68 20 30 34. Fax : 04 68 20 74 36. E-mail : mairie.espezel@wanadoo.fr.

FABREZAN

13-C3 33 km O. Narbonne. 65 m. 991 hab. 11200

LE PINADA ★★★ Tourisme 107 E., dont 3 CC - 9 GCC - 9 HLL, 4,8 ha. CV. Locations : 8, 2, 10. Rivière à 3 km. ; à 3 km : . Ouv : Mars / 30.10. Villerouge la Crémade, sur RD 106 entre Ferrals et Thézan-les-Corbières. ☎ 04 68 43 61 82 / 04 68 43 67 88 (H.S.). Fax : 04 68 43 68 61. E-mail : lepinada@libertysurf.fr, Web : www.camping-le-pinada.com. Prix 2008. 4 € ; - de 10 ans 3 € ; 5 € (6 A) ; Animaux 1,50 €.

AIRE NATURELLE MUNICIPALE . A 61 Lezignan-Corbières. ☎ 04 68 27 81 44 (Mairie). Fax : 04 68 27 81 48.

FANJEAUX

13-B3 28 km O. Carcassonne. 363 m. 917 hab. 11270

M. HUGHES Kévin . A 1,5 km: . Ouv : 1.4 / 30.9. Domaine la Chevaline. Accès par la D 119. ☎ 04 68 24 75 33. E-mail : info@lachevaline.com. Prix 2008. Fft jour : Empl. Tourisme (2) : 15 € () ; Sup : 5 € 3,50 €. Réduction H.S.

M. VIALARET Luc, aire naturelle de camping Les Brugues CV. A 2 km: . A 10 km : Piscine plein air . Ouv : 1.6 / 30.9. Les Brugues. 2 km S.E de la commune de Franjeaux. A la sortie de Fanjeaux prendre à gauche puis à droite vers la ferme de Brugues. Sortie autoroute à Bram n°22 (Foix / Mirepoix) Prés bord de lac. Sanitaires, bacs vaisselle. GR7 à proximité pour randonnées. Salle commune. ☎ 04 68 24 77 37 / 04 68 24 60 21 (H.S.). Fax : 04 68 24 60 21. E-mail : lesbrugues@free.fr, Web : www.lesbrugues.free.fr. Prix 2007. Empl. Tourisme : 3,36 € ; 3,95 € ; - de 7 ans 2,39 € ; 3,95 €. FFCC : partenaire - terrain assuré par la FFCC .

FERRALS LES CORBIERES

13-C3 27 km O. Narbonne. 972 hab. 11200

CAMP MUNICIPAL ★★ Tourisme 29 E. 1 ha. Rivière à 100 m. Terrain de sports. Cinéma 1 fois/semaine. Circuit randonnée VTT. ☎ 04 68 27 75 75. Fax : 04 68 43 56 45.

FITOU

13-D4 42 km S. Narbonne. 38 m. 579 hab. 11510

CAMP LE FUN ★★ Tourisme 100 E. dont 89 nus, , dont 6 CC, 2 ha. CV. Locations : 11, 3. Accès direct à l'étang. Bord de mer à 7 km. ; à 5 km : ; à 7 km : . Accueil groupes. A 9 sortie Leucate dir. Perpignan par la RN 9, 2 km avant Fitou. ☎ 04 68 45 71 97 / . Fax : 04 68 45 71 97. E-mail : brossierpla@wanadoo.fr, Web : www.lefun-camping.com. Prix 2007. Fft jour : Empl. Tourisme (2) : 18 € () ; Sup : 5 € - de 7 ans 4 € ; 4 € (6 à 10 A) ; Animaux 3 €. Fft Ccar : 20 € (2). Réduction H.S.

FLEURY

14 km N.-E. Narbonne. 35 m. 2029 hab. 11560

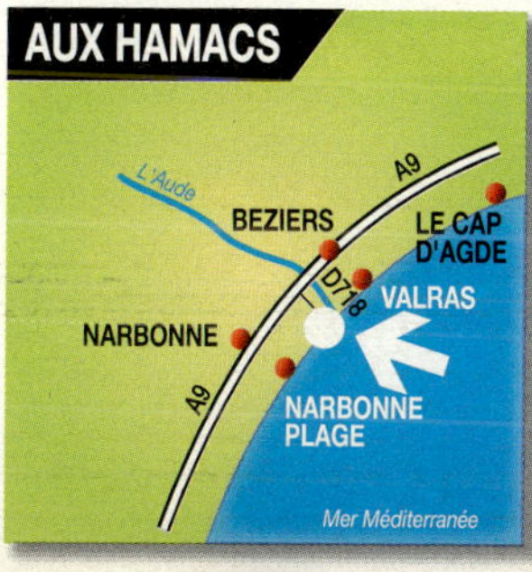

AUX HAMACS ★★★ Tourisme 253 E. dont 121 nus (166 Tourisme + 87 Loisirs), dont 133 GCC - 34 HLL, 6 ha. 27.6 / 7.9, à gaz, CV. Camping clef verte. Locations : 32, 27, 4, 10. Accès direct à la rivière. Bord de mer à 2 km. ; ; à 2 km : . Accueil groupes. Ouv : 25.4 / 15.9. Cabanes de Fleury, sur D 718. Par Béziers-Ouest jusqu'à Vendre, puis Vendres-plage. ☎ 04 68 33 22 22. Fax : 04 68 33 22 23. E-mail : info@campingauxhamacs.com, Web : www.campingauxhamacs.com. Prix 2008. Fft jour : Empl. Tourisme (2) : 28,60 € ((6 A) E. CC) ; Sup : 6,30 € - de 7 ans 3,70 € ; Animaux 5,70 €. Réduction H.S.

DOMAINE NATURISTE LA GRANDE COSSE ★★★ Tourisme 480 E., dont 98 GCC, 25 ha. CV Rés. naturiste. Locations : 4, 20, 10. Bord de mer à 300 m. ; ; ; ; . Ouv : 22.3 / 6.10. Sortie A 9 Béziers Ouest, vers Lespignan-Fleury. ☎ 04 68 33 61 87. Fax : 04 68 33 32 23. E-mail : contact@grandecosse.com, Web : www.grandecosse.com. Prix 2008. Fft jour : Empl. Tourisme (2) : 32 € () ; Sup : 6,90 € - de 13 ans 3,30 € ; 4 € ; Animaux 4 €. Réduction H.S.

CAMP MUNICIPAL RIVE-D'AUDE ★★ Tourisme 583 E. 8 ha. Accès direct à la mer et à la rivière. ; ; ; à 400 m : . ☎ 04 68 33 67 32.

CAMP MUNICIPAL PISSEVACHES ★ Tourisme 700 E., dont 200 CC - 200 GCC, 7 ha. CV. Locations : . Accès direct à l'étang. Bord de mer à 30 m. ; ; ; ; . Accueil adultes. Lieu-dit Saint-Pierre-la-Mer, 800 m RD 118. ☎ 04 68 49 80 79 / 04 68 46 61 31 (H.S.).

FONTCOUVERTE

13-C3 28 km O. Narbonne 65 m. 340 hab. 11700

AIRE NATURELLE MUNICIPALE . ☎ 04 68 43 90 66. Fax : 04 68 43 97 19. E-mail : mairie.fontcouverte@wanadoo.fr.

FONTIERS CABARDES

13-B3 25 km N.-O. Carcassonne. 620 m. 307 hab. 11310

DOMAINE DE BERNADOU ★ Tourisme 20 E. 0,5 ha. Lac et rivière à 3 km. à 3 km : . D 118 et 203. ☎ 04 68 26 52 30. Réduction H.S.

GRUISSAN

13-D3 14 km S.-E. Narbonne. 2 m. 1594 hab. 11430

LOISIRS VACANCES LANGUEDOC LES AYGUADES ★★★ Tourisme 313 E. dont 243 nus (260 Tourisme + 53 Loisirs), dont 95 GCC - 20 HLL, 6 ha. saison, saison, CV Camping tourisme et handicap. Locations : 50, 17. Accès direct à la mer. Etang à 100 m. ; ; à 1 km : . Accueil groupes. Ouv : 29.3 / 2.11. Avenue de la Jonque, 4 km RD 32. A 9 sortie Est "les plages" Gruissan. ☎ 04 68 49 81 59. Fax : 04 68 49 05 64. E-mail : loisirs-vacances-languedoc@wanadoo.fr, Web : www.loisirs-vacances-languedoc.com. Prix 2008. Fft jour : Empl. Tourisme (2) : 19,70 € () ; Sup : 5,70 € - de 10 ans 3,10 € ; 5,70 € (6 A) ; Animaux 2,40 €. Réduction H.S.

CAMP C.C.A.S. ★★ Tourisme 92 E. Lieu-dit Les Ayguades de Pech-Rouge.

CAMP G.C.U. Réservé aux adhérents. Adhésion possible sur place pour les sociétaires MAIF et FILIA MAIF. 4 km au nord de Gruissan. Centre d'initiation au funboard.

CAMP MUNICIPAL ★★ Tourisme 225 E. 2,45 ha. snack, . Bord de mer à 1 km. Sur CD 232. ☎ 04 68 49 07 22 / 04 68 75 21 21 (Mairie). Fax : 04 68 75 21 39. E-mail : camping@ville-gruissan.fr, Web : www.ville-gruissan.fr.

LADERN SUR LAUQUET

13-C3 17 km N.-E. Limoux. 190 m. 199 hab. ✉ 11250

M. DELRIEU Guy CV. A 6 km: . A 8 km : . Accès par la D 56. ☎ 04 68 69 44 63. Fax : 04 68 69 44 63. Web : campingdelabau.free.fr.

LAGRASSE

13-C3 38 km S.-E. Carcassonne. 110 m. 711 hab. ✉ 11220

CAMP MUNICIPAL ★ Tourisme 40 E. 1 ha. Sanitaire chauffé. Rivière à 500 m. à 500 m : , . Accueil groupes. Ouv : 15.3 / 15.10. n° 3 à 1,5 km du village de Lagrasse ☎ 04 68 43 10 05 / 04 68 43 15 18 (H.S.). Fax : 04 68 43 10 41. E-mail : mairielagrasse@wanadoo.fr, Web : www.lagrasse.fr. Prix 2008. 8 € ; 5,30 € ; - de 6 ans 2,60 € ; 2,60 € ; Animaux 1,50 €.
FFCC : Stop accueil Camping-car du 15/03 au 15/10/2008, accès jusqu'à 22h.

LASTOURS

13-C3 16 km N. Carcassonne. 180 m. 300 hab. ✉ 11600

CAMP MUNICIPAL LE BELVEDERE ★★ Tourisme 19 E., dont 3 CC.

LEUCATE

13-D4 46 km S. Narbonne. 1970 hab. ✉ 11370

RIVES DES CORBIERES (L.F.E.) ★★★ Tourisme 339 E., dont 10 GCC - 10 HLL. CV. Locations : , , 40, 10, , . Bord de mer à 200 m. Etang à 1 km.Rivière à 4 km. ; ; à 100 m : . A Port-Leucate, 100 m RD 627 et 10 km RN 9. ☎ 04 68 40 44 00 / 04 68 11 43 10 (Réserv.) (H.S.). Fax : 04 68 40 14 94. E-mail : vpt11@wanadoo.fr, Web : www.leucatevacances.com.

CAMP ASSOCIATION SPORTIVE CULTURELLE ET ENTRAIDE EQUIPEMENT ★★ Tourisme 91 E., dont 4 GCC. Locations : , . Etang à 100 m. Bord de mer à 300 m. A Leucate-Plage. ☎ 04 68 40 01 95.

CAMP G.C.U. Réservé aux adhérents. Adhésion possible sur place pour les sociétaires MAIF et FILIA MAIF. Nord de Port Leucate. Zone naturiste. Réservé naturistes.

CAMP MUNICIPAL DU CAP LEUCATE ★★ Tourisme 261 E. 6 ha. CV. Bord de mer et étang à 100 m. ; ; à 100 m : . Ouv : 1.2 / 30.11. Rés. obligatoire en été. RN 9, A 9 dir. Leucate plage. ☎ 04 68 40 01 37. Fax : 04 68 40 18 34. E-mail : cap.leucate@wanadoo.fr, Web : leucate-net/capleucate. Prix 2007. Fft jour : Empl. Tourisme : 15,5 € Sup : 5,20 € - de 10 ans 2 € ; Animaux 2 €. Réduction H.S.

LA SIRENE ★★ Tourisme 40 E. 0,45 ha. A Leucate-la-Franqui.

MER SABLE SOLEIL ★★ Tourisme 49 E. dont 1 nus, , dont 48 GCC, 1 ha. CV. Locations : 14, 34. Bord de mer à 50 m. Etang à 500 m. ; ; à 50 m : ; à 500 m : ; à 5 km : . Ouv : 18.3 / 12.11. A 9 sortie Leucate ou par D 627/RN 9 sortie Leucate-plage. Exclusivement location longue durée. ☎ 04 68 40 00 90 / / 06 11 20 25 30 (H.S.). Fax : 04 68 40 03 94. E-mail : info@mer-sable-soleil.com, Web : www.mer-sable-soleil.com.
FFCC : réduction loc. de 5 % hors saison.

CAMP MUNICIPAL LES COUSSOULES ★ Tourisme 272 E. 4,8 ha. . Accès direct à la mer et à l'étang. ; ; à 50 m : . La Franqui. RN 9, A 9 dir. La Franqui sortie Leucate. ☎ 04 68 45 74 93. Fax : 04 68 40 18 34.

LEZIGNAN CORBIERES

33 km O. Narbonne. 70 m. 7681 hab. ✉ 11200

LA PINEDE ★★★ Tourisme 90 E. dont 68 nus, dont 4 CC - 4 GCC, 2,5 ha. snack, saison, saison, saison, CV. Locations : 17, chauffée . Rivière à 4 km. à 4 km : . Accueil groupes. Ouv : 1.3 / 30.10. Rés. obligatoire en été. Avenue Gaston Bonheur. 100 m RN 113 et 500 m RN 611. Sur RN 113, tourner au complexe le Patio. ☎ 04 68 27 05 08. Fax : 04 68 27 05 08. Web : www.campinglapinede.fr. Prix 2007. Empl. Tourisme : 7,60 € () : 4,40 € ; - de 10 ans 3,30 € ; Animaux 1,50 €. Réduction H.S.

LIMOUX

23 km S.-S.-O. Carcassonne. 175 m. 10885 hab. ✉ 11300

CAMP MUNICIPAL DU BREIL ★★ Tourisme 50 E. 1 ha. CV. Locations : . Accès direct à la rivière. . Accueil groupes. Avenue Salvador Allende, 500 m RN 118. Piscine à 10 m. Tennis à 50 m et minigolf à 2 km. ☎ 04 68 31 13 63. Fax : 04 68 31 18 43.

MIREPEISSET

13-C3 16 km N.-O. Narbonne. 39 m. 324 hab. ✉ 11120

LE VAL DE CESSE ★★★ Tourisme 114 E., dont 58 CC - 17 GCC - 7 HLL, 1,2 ha. CV. Locations : , , . Accès direct à la rivière. à 50 m : , . ☎ 04 68 46 14 94. Fax : 04 68 46 14 94. E-mail : valdecesse@wanadoo.fr, Web : valdecesse.monsite.wanadoo.fr.

MONTCLAR

13-B3 17 km S.-O. Carcassonne. 190 m. 155 hab. ✉ 11250

DOMAINE D'ARNAUTEILLE ★★★★ Tourisme 100 E., dont 7 CC - 16 GCC - 7 HLL, 7 ha. CV Sanitaire chauffé. Locations : 10, 39, , chauffée . Rivière à 2 km. à 2 km : , , . Ouv : 20.3 / 3.10. D 118, puis après Rouffiac D 43. ☎ 04 68 26 84 53. Fax : 04 68 26 91 10. E-mail : arnauteille@mnet.fr, Web : www.arnauteille.com. Prix 2008. Fft jour : Empl. Tourisme (2) : 34 € ((6 A)) ; Sup : 7,70 € - de 7 ans 5,90 € ; E. CC 4 € (suplt) ; Animaux 3,50 €. Réduction H.S.

DOMAINE D'ARNAUTEILLE

MONTFERRAND

13-B3 50 km N.-O. Carcassonne. 193 m. 400 hab. ✉ 11320

DOMAINE ST LAURENT ★★ Tourisme 33 E. dont 26 nus, 1 ha. CV Rés. naturiste. Locations : 4, 3, . Lac à 500 m. Etang à 5 km. ; à 6 km : .Accueil adultes. Les Touzets. A 61 sortie Villefranche Lauragais. ☎ 04 68 60 15 80 / 06 73 91 66 14. Fax : 04 68 60 15 80. E-mail : naturisme-st-laurent@wanadoo.fr, Web : www.naturisme-st-laurent.com. Prix 2007. Fft jour : Empl. Tourisme (2) : 23 € ( ) ; Sup : 7 € - de 15 ans 5 € ; 4 à 5 € (3 à 6 A) ; Animaux 2,50 €. Réduction H.S.
FFCC : partenaire - terrain assuré par la FFCC.

MONTREAL

13-B3 18 km O. Carcassonne. 260 m. 1618 hab. Station verte de vacances et village de neige ✉ 11290

CAMP MUNICIPAL LA GRANDE FONTAINE ★ Tourisme 21 E., dont 10 CC - 10 GCC, 0,19 ha. Lac à 300 m. . Accueil groupes soumis à une demande préalable auprès de la mairie. RD 119. Echangeur autoroute à 7 km. ☎ 04 68 76 20 05. Fax : 04 68 76 31 30. E-mail : mairie-montreal11@wanadoo.fr, Web : www.montreal-aude.fr.

MOUX

7-F3 25 km E. Carcassonne 519 m. 563 hab. ✉ 11700

M. KLEEBERG,aire naturelle . Las Clauzes. ☎ 04 68 43 92 37. Fax : 04 68 43 92 37. E-mail : rosi-rolf@las-clauzes.de, Web : www.las-clauzes.de.

NARBONNE

13-D3 56 km E. Carcassonne. 42657 hab. ✉ 11100

LA NAUTIQUE ★★★ Tourisme 390 E., dont 164 CC - 226 GCC, 15 ha. CV Camping tourisme et handicap. Locations : 105, chauffée. Accès direct à l'étang. à 500 m : . Accueil groupes. Ouv : 15.2 / 15.11. La Nautique. A 9 sortie Narbonne Sud, dir. la Nautique. ☎ 04 68 90 48 19. Fax : 04 68 90 73 39. E-mail : info@campinglanautique.com, Web : www.campinglanautique.com. Prix 2008. Fft jour : Empl. Tourisme : 22 € ; Sup : 7,50 € - de 7 ans 5,50 € ; Animaux 3,50 €. Réduction H.S.

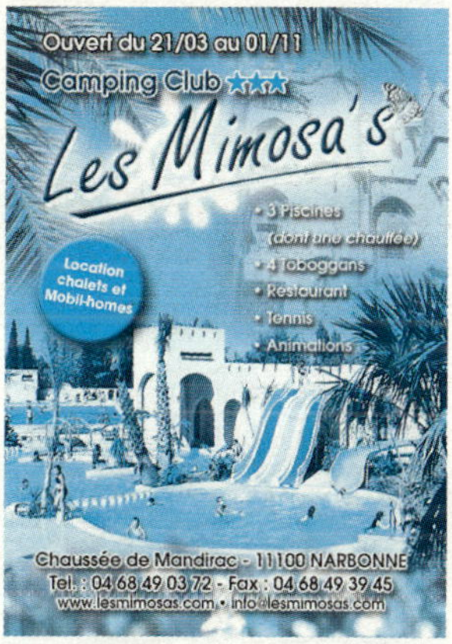

LES MIMOSAS ★★★ Tourisme 250 E. (236 Tourisme + 14 Loisirs), dont 47 GCC - 4 HLL, 9 ha. saison, saison, CV. Locations : 33, 4, 31, chauffée 3. Etang à 300 m. à 50 m : ; à 3 km : ; à 7 km : . Ouv : 21.3 / 1.11. Mandirac, 6 km Sud de Narbonne. Sortie autoroute Narbonne Sud dir. La Nautique, puis Mandirac. ☎ 04 68 49 03 72. Fax : 04 68 49 39 45. E-mail : info@lesmimosas.com, Web : www.lesmimosas.com. Prix 2008. Fft jour : Empl. Tourisme (2) : 30 € (6 A)) ; Sup : 6,50 € - de 7 ans 4,80 € ; Animaux 3,50 €. Réduction H.S.

FFCC : réduction loc. de 5 % hors saison.

LES FLORALYS ★★ Tourisme 30 E. dont 33 nus, dont 10 CC, 1,5 ha. CV. Locations : 5. Accès direct à la rivière. Accueil groupes - 10 pers. en été. Chemin Maritime, route de Gruissan. CD 32. ☎ 04 68 32 65 65. Fax : 04 68 32 65 65. E-mail : lesfloralys@wanadoo.fr, Web : www.lesfloralys.com. Réduction H.S.

NARBONNE PLAGE

13-D3 56 km E. Carcassonne. 39245 hab. ✉ 11100

CAMP LA FALAISE ★★★ Tourisme 380 E. dont 382 nus, 6 ha. gaz, électrique, collectif, bar, station, CV. Bord de mer à 300 m. à 300 m : ; à 1,5 km : ; à 3 km : . Accueil adultes hors saison. Ouv : 1.4 / 28.9. Rés. obligatoire en été. Près RD 168. Autoroute la Languedocienne (A9) sortie Narbonne Est-les plages, puis CD 168 jusqu'à Narbonne-plage. ☎ 04 68 49 80 77. Fax : 04 68 49 40 44. E-mail : resacamp@wanadoo.fr, Web : www.campingnarbonne.com. Prix 2008. Fft jour : Empl. Tourisme (2) : 22 € ; Sup : 5 € - de 2/6 ans 4 € ; Animaux 2 €. Fft Ccar : 9,40 € (2). Réduction H.S.

SOLEIL D'OC ★★★ Tourisme 208 E., dont 73 GCC, 2,6 ha. snack, CV. Locations : 33, 15. Bord de mer à 700 m. à 400 m : ; à 700 m : 700 m, 700 m, . Accueil groupes hors saison. Route de Gruissan. Sortie autoroute N°37 Narbonne-Est dir. les plages. ☎ 04 68 49 86 21. Fax : 04 68 49 30 55. E-mail : soleil-doc@wanadoo.fr, Web : www.soleildoc.fr. Réduction H.S.

CAMP LA COTE DES ROSES ★★ Tourisme 808 E. 16 ha. gaz, électrique, collectif, station, CV. Accès direct à la mer et à l'étang. ; à 1 km : . Accueil groupes si dossier accepté. si dossier accepté. Ouv : 10.5 / 31.8. Rés. obligatoire en été. Accès A 9, sortie Narbonne Est les Plages, puis CD 168 jusqu'a Narbonne Plage. Les chiens de cat. 1 et 2 sont interdits ☎ 04 68 49 83 65. Fax : 04 68 49 40 44. E-mail : resacamp@wanadoo.fr, Web : www.campingnarbonne.com. Prix 2008. Fft jour : Empl. Tourisme (2) : 19 € (6 A)) ; Sup : 4 € - de 2/6 ans 3 € ; Animaux 2 €. Fft Ccar : 8,40 € (2 (6 A)). Réduction H.S.

NEBIAS

13-B4 37 km S. Limoux. 580 m. 284 hab. ✉ 11500

FONTAULIE-SUD ★★★ Tourisme 69 E. dont 53 nus, dont 9 GCC, 2,5 ha. Buvette, aire spécifique, CV. Locations : 4, 12. Lac à 6 km. à 5 km : . Ouv : 1.5 / 15.9. ☎ 04 68 20 17 62. Fax : 04 68 20 17 62. E-mail : lefontauliesud@free.fr, Web : www.fontauliesud.com. Prix 2007. Fft jour : Empl. Tourisme (2) : 16 € ; Sup : 5 € - de 7 ans 2 € ; 2 € (4 A) ; Animaux 1 €.

LA PALME

13-D4 32 km S. Narbonne. 935 hab. ✉ 11480

LE CLAPOTIS ★★ Tourisme 230 E. 6 ha. saison, CV Rés. naturiste. Locations : 1, 3, 10, halfcourt. Accès direct à l'étang. Bord de mer à 4 km. . Accueil groupes. 600 m RN 9. Terrain de sports. ☎ 04 68 48 15 40 / 06 81 07 84 09 (H.S.). Fax : 04 68 48 54 54. Web : www.leclapotis.com. Réduction H.S.

CAMP MUNICIPAL LE STADE ★ Tourisme 69 E. Accès direct à l'étang. ☎ 04 68 48 15 23.

PENNAUTIER

13-B3 5 km N. Carcassonne. 105 m. 1375 hab. ✉ 11610

CAMP DU CHATEAU DE PENNAUTIER ★★ Tourisme 36 E. 1 ha. CV. Locations : 4. Rivière à 50 m. Lac à 4 km. Par RN 113, par A 61 sortie Ouest Carcassonne, dir. Toulouse. ☎ 04 68 25 41 66. Fax : 04 68 47 11 23. E-mail : camping@chateaudepennautier.com, Web : www.chateaudepennautier.com.

PEPIEUX

13-C3 32 km N.-E. Carcassonne. 85 m. 949 hab. ✉ 11700

CAMP MUNICIPAL ★ Tourisme 18 E. 0,2 ha. pétanque. Lac à 2 km. à 2 km : . Accueil groupes. Ouv : 1.1 / 30.11. Rue Pasteur. ☎ 04 68 91 84 88 / 04 68 91 41 12 (Mairie) (H.S.). Fax : 04 68 91 58 06. E-mail : mairie.pepieux@wanadoo.fr, Web : www.mairie-pepieux.fr. Prix 2007. Fft jour : Empl. Tourisme (2) : 5,90 € ; Sup : 1,70 € - de 13 ans 1 € ; 3 € (6 A) ; 1 €. Réduction H.S.

PORT LA NOUVELLE

13-D3 26 km S. Narbonne. 5 m. 4472 hab. ✉ 11210

CAP DU ROC ★★★ Tourisme 107 E., dont 33 GCC, 1,5 ha. snack, CV. Locations : 32. Bord de mer à 1,6 km. ; à 1,6 km : . Dir. de Lapalme. ☎ 04 68 48 00 98. Fax : 04 68 48 64 55. E-mail : capduroc@aol.com, Web : www.camping-cap-du-roc.com. Réduction H.S.

CAMP MUNICIPAL DU GOLFE ★★ Tourisme 243 E. 4 ha. CV. Bord de mer à 800 m. à 500 m : ; à 1 km : , . Accueil groupes. ☎ 04 68 48 08 42. Fax : 04 68 40 37 90. Réduction H.S.

COTE VERMEILLE ★★ Tourisme 300 E. dont 210 nus, dont 24 CC - 21 GCC. 2, CV. Locations : 15 . Bord de mer à 200 m. ; ; . Ouv : 1.4 / 30.9. Chemin des Vignes, 2 km RD 709. Espace de 30 empl. naturistes. ☎ 04 68 48 05 80. Fax : 04 68 48 05 80. E-mail : infos@camping-cote-vermeille.com, Web : www.camping-cote-vermeille.com. Prix 2007. Fft jour : Empl. Tourisme (2) : 21,60 € (E. CC) ; Sup : 5 € - de 2/14 ans 2,60 € ; Animaux 1,60 €. Fft Tente : 18,50 € (2). Réduction H.S.

POUZOLS MINERVOIS

13-C3 21 km N.-O. Narbonne. 80 m. 338 hab. ✉ 11120

LES AUBERGES ★ Tourisme 19 E. 1,5 ha. petit dépannage, . Etang, lac et rivière à 5 km. à 1 km : ; à 3 km : 3 km, 3 km. Les Auberges. Accès par la D 5 Carcassonne-Béziers. ☎ 04 68 46 26 50. Fax : 04 68 46 26 50. E-mail : vero.pradal@neuf.fr. Prix 2008. Empl. Tourisme : 3,50 € ; 4 € ; - de 6 ans 3 € ; 3,50 € (5 A).

FFCC : partenaire - terrain assuré par la FFCC.

PRADELLES CABARDES

13-C2 35 km N. Carcassonne. 850 m. 183 hab. ✉ 11380

CAMP MUNICIPAL BIROTOS ★★ Tourisme 30 E. 0,5 ha. CV. Locations : . Accès direct aux bords du lac. ; ; ; ; . Ouv : 15.6 / 15.9. ☎ 04 68 26 14 47 / 04 68 26 15 48 (Mairie) (H.S.). Fax : 04 68 26 60 59. E-mail : mairiepradelles@wanadoo.fr. Prix 2007. Empl. Tourisme : 3,50 € ; 3,50 € ; 2,50 € ; - de 7 ans 1,50 € ; 3,50 €.

PREIXAN

10 km S. Carcassonne. 165 m. 145 hab. ✉ 11250

AIR HOTEL GRAND SUD Voir COUFFOULENS

PUIVERT

13-B4 24 km S.-O. Limoux. 440 m. 552 hab. ✉ 11230

CAMP DE PUIVERT ★★ Tourisme 62 E., dont 8 GCC, 0,8 ha. CV. Locations : . Lac à 50 m. ; ; . Accueil groupes. Ouv : 13.5 / 24.9. Par A 61 sortie Carcassonne ZI dir. Limoux par D 118, puis Chalabre et Puivert par D 12 et D 16. ☎ 04 68 20 00 58 / 04 68 20 08 04 (H.S.). Fax : 04 68 20 82 29. E-mail : mairie.puivert@libertysurf.fr, Web : www.puivert.net.

FFCC : Stop accueil Camping-car du 05/04 au 30/06 et du 01/09 au 30/09/2008, accès jusqu'à 20h.

QUILLAN

13-B4 28 km S. Limoux. 290 m. 4564 hab. Station verte de vacances et village de neige ✉ 11500

CAMP MUNICIPAL LA SAPINETTE ★★★ Tourisme 82 E. dont 40 nus, dont 32 CC, 1,8 ha. CV. Locations : 18 . . Rivière à 2 km. à 500 m : ; à 2 km : . Accueil groupes. Ouv : 1.4 / 30.11. Par RD 117 ou 118. ☎ 04 68 20 13 52. Fax : 04 68 20 27 80. E-mail : campingsapinette@wanadoo.fr, Web : www.villedequillan.fr. Prix 2008. Fft jour : Empl. Tourisme : 7,50 € ( ) ; 5,50 € ; - de 4/10 ans 3 € ; 3,20 € (16 A) ; Animaux 1,50 €. Réduction H.S.

FFCC : partenaire + réduction emp. de 10 % en saison et hors saison + Stop accueil Camping-car du 01/04 au 30/06 et du 01/09 au 31/10/2008, accès jusqu'à 19h.

RENNES LES BAINS

13-B4 25 km S. Limoux. 300 m. 194 hab. Station verte de vacances et village de neige ✉ 11190

LA BERNEDE ★★ Tourisme 32 E. 2,8 ha. . Locations : . . Accès direct à la rivière. ; . Autoroute sortie Carcassonne Ouest dir. Limoux. Gare SNCF de Couiza à 9 km. ☎ 04 68 69 86 49 / 04 68 74 09 32. Fax : 04 68 74 09 31. E-mail : camping.rennesleslbains@wanadoo.fr.

ROQUEFEUIL

13-B4 55 km S.-O. Limoux. 900 m. 278 hab. ✉ 11340

DOMAINE DE LA MARE AUX FEES ★★★ Tourisme 23 E., dont 18 GCC - 6 HLL. . Accès direct aux bords du lac. Fédération Nationale Police Municipale. Rue Eglise. ☎ 04 68 20 55 45.

ROQUEFORT DE SAULT

13-B4 52 km S. Limoux. 1000 m. 122 hab. ✉ 11140

MADRES PYRENEES ★ Tourisme 13 E. CV. . Accès direct à la rivière. . Madres-Pyrénées. A Axat suivre la D 118, prendre la D 17 pour Roquefort-de-Sault. ☎ 04 68 20 63 14 / 04 68 20 69 03. Fax : 04 68 20 69 03.

ST MARTIN LALANDE

13-B3 30 km N.-O. Carcassonne 145 m. 959 hab. ✉ 11400

M. SABATTE Jacques,camping rural La Capelle , pétanque, CV. A 500 m : . A 5 km : . RN 113. RD 103 ou 116. ☎ 04 68 94 91 90 / 06 65 41 82 57. Fax : 04 68 94 91 90. E-mail : lacapelle1@aol.com, Web : la-capelle.site.voila.fr.

ST MARTIN LYS

13-B4 36 km S. Limoux. 362 m. 40 hab. ✉ 11500

LE MOULIN DU PONT D'ALIES ★★★ Tourisme 100 E. dont 78 nus, dont 8 GCC - 11 HLL, 1,8 ha. , snack, . Locations : 4 , 17 , , . . Accès direct à la rivière. rivière : ; kayak : ; ; . Ouv : 1.4 / 31.10. A Axat, au Pont d'Alies, carrefour RN 117 et RN 118. 900 m Nord de la commune. ☎ 04 68 20 53 27. Fax : 04 68 20 53 27. E-mail : contact@alies.fr, Web : www.alies.fr. Prix 2007. Empl. Tourisme : 10 € ( ) ; 6 € ; - de 10 ans 3 €.

ST PIERRE LA MER

14 km N.-E. Narbonne. 35 m. 2264 hab. ✉ 11560

Voir FLEURY

STE COLOMBE SUR L HERS

13-B4 32 km S.-O. Limoux. 410 m. 537 hab. ✉ 11230

CAMP DU S.I.V.O.M. DU CHALABRAIS ★★ Tourisme 25 E., dont 3 HLL, 0,67 ha. . Locations : 2 , 2 , . Lac à 3 km. à 2 km : ; à 5 km : . La Prade. ☎ 04 68 69 22 20 / 04 68 69 28 05. Fax : 04 68 69 33 06.

SAISSAC

13-B3 25 km N.-O. Carcassonne. 470 m. 709 hab. ✉ 11310

CAMP LE MOULIN DE ST-JEAN ★★★ Tourisme 90 E. dont 90 nus 1,9 ha. CV. . Lac et rivière à 3 km. à 3 km : . Accueil groupes. Sortie Saissac, route de Revel. ☎ 04 68 24 44 89 / 04 68 24 42 98 (H.S.). Fax : 04 68 24 44 95. E-mail : lemoulin-camping@wanadoo.fr, Web : . Réduction H.S.

M. CONIL Robert . A 3 km : Piscine plein air . A 4 km : . A 5 km : . A 7 km : . Cap de Port. Sortie autoroute Bram, prendre D4 dir. Saissac. Pré herbeux, mi-ombragé. Rivière à 1 km. ☎ 04 68 24 42 55.

SALLELES D AUDE

13-D3 12 km N.-O. Narbonne. 18 m. 1848 hab. Station verte de vacances et village de neige ✉ 11590

CAMP MUNICIPAL ★ Tourisme 16 E. . Rivière à 1,5 km. . Rue de la Cave Coopérative après le domaine de la Roque. ☎ 04 68 46 68 46 (Mairie). Fax : 04 68 46 91 00.

SALLES D AUDE

13-D3 13 km N.-E. Narbonne. 12 m. 1510 hab. ✉ 11110

CAMP MUNICIPAL LES SABLOUS ★★ Tourisme 81 E. 0,45 ha. . Sur RD 31, à 5 km RD 118 et 5 km RN 113. ☎ 04 68 33 61 73 (Mairie). Fax : 04 68 33 20 90. E-mail : mairie-salles-daude@wanadoo.fr.

SALLES SUR L HERS

13-A3 54 km N.-O. Carcassonne. 231 m. 528 hab. ✉ 11410

AIRE NATURELLE MUNICIPALE , proche, , , , , proche, , proche. Lac de Régambert, par RD 625 puis RD 15,à 1 km Nord de la commune. Bord de lac. ☎ 04 68 60 30 22. Fax : 04 68 60 30 87.

SIGEAN

13-D3 21 km S. Narbonne. 20 m. 3140 hab. ✉ 11130

LA GRANGE NEUVE ★★★ Tourisme 78 E. (55 Tourisme + 23 Loisirs), dont 15 CC - 14 GCC - 23 HLL. CV. Locations : 13 , 7 , 7 . . Rivière à 4 km.Etang à 5 km. ; à 2 km : ; à 10 km : . Ouv : 1.1 / 31.12. Chemin de la Réserve Africaine. Du Nord, sortie Narbonne-Sud, du Sud sortie Sigean, puis RN 9 dir. réserve africaine de Sigean. ☎ 04 68 48 58 70. Fax : 04 68 40 11 07. E-mail : info@camping-sigean.com, Web : www.camping-sigean.com. Prix 2007. Fft jour : Empl. Tourisme (2) : 15 € - de 10 ans 2,50 € ; 4 € ; Animaux 2,50 €. Réduction H.S.

FFCC : partenaire + réduction emp. de 10 % hors saison.

CAMP MUNICIPAL ETANG BOYER ★ Tourisme 249 E. 1,4 ha. . Etang à 4 km. Route de Perpignan, 500 m RN 9 A. ☎ 04 68 48 43 68 / 04 68 48 20 04 (H.S.).

LE PAVILLON P.R.L. 165 E.

TREBES

13-C3 8 km E. Carcassonne. 95 m. 5607 hab. ✉ 11800

A L'OMBRE DES MICOCOULIERS ★★★ Tourisme 70 E. dont 68 nus 1,5 ha. CV. Locations : 5 . couverte chauffée . Accès direct à la rivière. Lac à 300 m. . Accueil groupes. Ouv : 1.4 / 30.9. Rés. obligatoire en été. L'Aiguille. A 2,5 km sortie autoroute puis N 113 et D 610. Bibliothèque. ☎ 04 68 78 61 75 / 04 68 78 88 77 (H.S.) (H.S.). Fax : 04 68 78 88 77. E-mail : infos@campingmicocouliers.com, Web : www.campingmicocouliers.com. Prix 2007. Fft jour : Empl. Tourisme (2) : 16 € ( ) ; Sup : 4,20 € - de 2/6 ans 3,20 € ; 3 € ; Animaux 1,50 €.

FFCC : partenaire + réduction emp. de 5 % en saison et hors saison + carte FFCC assurance annulation + réduction loc. de 5 % en saison et hors saison.

TUCHAN

13-C4 49 km S.-O. Narbonne. 119 m. 794 hab. ✉ 11350

LA PEIRIERE ★★ Tourisme 69 E. dont 63 nus (55 Tourisme + 14 Loisirs) 2 ha. aire spécifique, CV. Locations : 5 . . Accès direct aux bords du lac. Rivière à 5 km. ; à 5 km : . Accueil groupes. De Narbonne dir. Perpignan par la Nationale, puis CD 611 en face de la réserve africaine puis Durban, Villeneuve et Tuchan. ☎ 04 68 45 46 50 / 06 86 99 34 12 (H.S.). Fax : 04 68 45 03 39. E-mail : lapeiriere@lycos.fr. Prix 2007. Fft jour : Empl. Tourisme (3) : 16,30 € - de 4/7 ans 3,50 € ; 2,60 € ; Animaux 2 €. Réduction H.S.

LE RELAIS D'AGUILAR ★★ Tourisme 17 E. 0,22 ha. CV. Locations : 22 . . Accueil groupes. Ouv : 1.5 / 15.9. Rue du Camping. ☎ 04 68 45 47 84. Fax : 04 68 45 03 55. E-mail : relaisaguilar@wanadoo.fr, Web : www.relaisaguilar.com. Prix 2007. Fft jour : Empl. Tourisme (2) : 15 € ( ) ; Sup : 3 € - de 7/12 ans 2,50 € ; 3 €. Réduction H.S.

VERDUN EN LAURAGAIS

13-B3 30 km N.-O. Carcassonne. 600 m. 216 hab. ✉ 11400

LE BOUT DU MONDE ★ Tourisme 25 E. dont 7 nus, 7 ha. CV. Locations : 1, 8. Etang et rivière à 300 m. Lac à 7 km.; à 7 km : ☎ 04 68 94 95 96. Fax : 04 68 94 96 02. E-mail : info.leboutdumonde@orange.fr, Web : www.leboutdumonde.fr. Prix 2007. Fft jour : Empl. Tourisme (2) : 20 € Sup : 3,50 € - de 4/10 ans 3 €. Fft Tente : 15 € (2).

VILLANIERE

13-C3 20 km N. Carcassonne. 360 m. 145 hab. ✉ 11600

M. BRONDY Thierry,aire naturelle de la Vitarelle Rés. naturiste CV. A 1 km:. Ouv : 15.4 / 31.10. ☎ 04 68 26 61 98 / 06 16 04 83 85 (H.S.). Fax : 04 68 26 61 98. E-mail : vitarell@club-internet.fr, Web : perso.club-internet.fr/vitarell. Prix 2007. Empl. Tourisme : 7,50 € () : 7 € ; 4 € ; 3 € ; Animaux 3 €.

VILLARDONNEL

13-B3 18 km N. Carcassonne. 331 hab. ✉ 11600

M. RICHES Nicholas John A 2 km: Piscine chauffée Piscine couverte. A 5 km : Piscine plein air. Ouv : 1.5 / 31.8. Domaine La Royale, D 73 ou D 111. ☎ 04 68 77 51 13. E-mail : info@laroyale.net, Web : www.laroyale.net. Prix 2008. 8 € ; 3 € (10 A) ; Animaux 2 €.

VILLEGLY

13-C3 12 km N. Carcassonne 175 m. 532 hab. ✉ 11600

LE MOULIN DE SAINTE ANNE ★★★ Tourisme 60 E. dont 45 nus, dont 28 CC - 20 GCC - 12 HLL, 1,6 ha. snack - 15.06/27.08, collectif, CV Sanitaire chauffé. Camping clef verte. Locations : 15, chalet adapté aux handicapés. Rivière à 50 m.. Accueil groupes. Ouv : 1.3 / 15.11. Chemin de Sainte Anne. Suivre dir. de Mazamet jusqu'à la D 620. ☎ 04 68 72 20 80 / 0 825 801 440 (Réserv.) (H.S.). Fax : 04 68 72 27 15. Web : www.revea-vacances.fr. Prix 2007. Empl. Tourisme : 7,60 € () : 8,20 € ; 4,20 € ; - de 12 ans 3,10 € ; Animaux 2 €. Réduction H.S.

VILLEMOUSTAUSSOU

13-C3 4,5 km N. Carcassonne. 108 m. 2254 hab. ✉ 11620

DAS PINHIERS/DES PINS ★★★ Tourisme 72 E., dont 13 GCC, 1 ha. collectifs, CV. Locations : 7, 1, 3. à 8 km :. Accueil groupes. Ouv : 1.3 / 15.11. Chemin du Pont Neuf. A 61, sortie Ouest rocade Nord. Dir. Mazamet. ☎ 04 68 47 81 90. Fax : 04 68 71 43 49. E-mail : campindaspinhiers@wanadoo.fr, Web : www.camping-carcassonne.net. Prix 2008. Empl. Tourisme : 4,30 € ; 4,20 € ; - de 7 ans 2,60 € ; 3,50 € (10 A) ; Animaux 2,60 €. Réduction H.S.

FFCC : partenaire + réduction emp. de 5 % en saison et 10 % hors saison + réduction loc. de 5 % en saison et 10 % hors saison.

VILLEROUGE LA CREMADE

✉ 11000

LE PINADA Voir FABREZAN

AVEYRON 12

Cartes 10-13

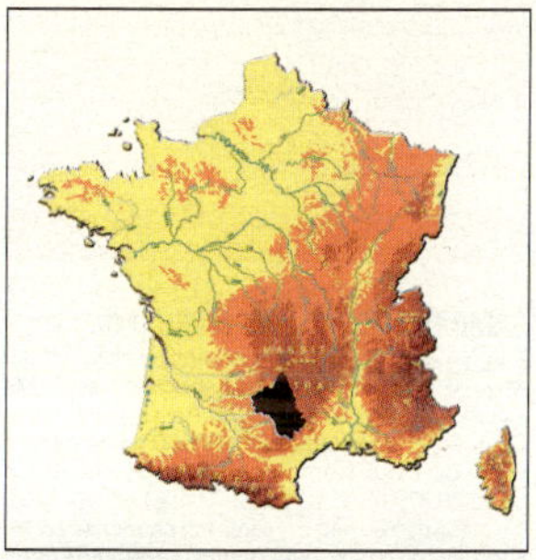

AGUESSAC

10-D5 7 km N. Millau. 375 m. 615 hab. ✉ 12520

CAMP MUNICIPAL ★★ Tourisme 75 E. 3 ha. CV. Locations :. Accès direct à la rivière.. Accueil groupes. Accès par A 75 puis RN 9. Entrée des Gorges du Tarn, A 75 sortie n° 44 bis, Nord du viaduc. ☎ 05 65 59 84 67 / 05 65 59 80 15 (Mairie). Fax : 05 65 59 08 72. E-mail : camping.aguessac@wanadoo.fr, Web : www.camping-aguessac.com. Réduction H.S.

AIRE NATURELLE La Barque. ☎ 05 65 59 72 03. Fax : 05 65 59 08 70. Web : www.escapade-espritnature.com.

ALRANCE

10-C5 50 km O. Millau. 735 m. 528 hab. ✉ 12430

LES CANTARELLES ★★★ Tourisme 165 E. dont 156 nus (150 Tourisme + 15 Loisirs), dont 6 GCC, 3,5 ha. 1, la nuit, CV. Locations : 6, 2, 5. Accès direct aux bords du lac.. Accueil groupes. Ouv : 1.5 / 30.9. Sur la D 25 entre Villefranche de Panat et Rodez. ☎ 05 65 46 40 35. Fax : 05 65 46 40 35. E-mail : cantarelles@wanadoo.fr, Web : www.lescantarelles.com. Prix 2007. Fft jour : Empl. Tourisme (2) : 17 € () ; Sup : 4,40 € - de 5 ans 2,20 € ; 2,90 € (6 A).

AMBEYRAC

10-B5 24 km N. Villefranche-de-Rouergue. 163 m. 167 hab. ✉ 12260

Mme PRADAYROL Nadine,aire naturelle du Causse CV. Ouv : 1.6 / 30.9. Méjos. D 127. ☎ 05 65 81 74 48. E-mail : nadine.maurice.pradayrol@wanadoo.fr, Web : perso.wanadoo.fr/camping-du-causse. Prix 2007. Fft jour : Empl. Tourisme : 2,50 € Sup : 3 € - de 10 ans 1,50 € ; 2,50 €.

ARVIEU

10-C5 28 km S.-E. Rodez. 740 m. 1082 hab. ✉ 12120

LE BELLEVUE ★★★ Loisirs 30 E., dont 30 CC. CV. Locations : 5. Lac à 100 m.. De la N 88 prendre D 911 puis D 95 et D 577. ☎ 05 65 46 35 04.

LE DOUMERGAL ★★★ Tourisme 27 E. dont 10 nus, , dont 23 CC - 4 GCC, 1 ha. CV. Locations : 1, 2, 6. Accès direct à la rivière. Etang à 200 m. Lac à 5 km.; à 5 km :. Ouv : 1.5 / 30.9. Accès par D 56 Arvieu village. ☎ 05 65 74 24 92. Fax : 05 65 74 24 92. Prix 2008. Fft jour : Empl. Tourisme (5 1 - de 7 ans) : 11 € () ; 2 €. Réduction H.S.

C.C.A.S. LE BOURGNOU ★★ Loisirs 65 E. (27 Tourisme + 38 Loisirs) . Réservé C.C.A.S.

PARC RESIDENTIEL DE LOISIRS LE REVE DU PECHEUR P.R.L. 29 E., dont 9 HLL, 1,5 ha. pain, CV. Locations : 1, 1, 1. Accès direct aux bords du lac.. Ouv : juillet / août. Notre Dame d'Aurès ☎ 05 65 46 36 11 / 05 65 69 50 90 / 06 84 01 13 68 (H.S.).

FFCC : Stop accueil Camping-car du 01/07 au 31/08/2008, accès jusqu'à 20h.

LA BASTIDE L EVEQUE

10-B5 12 km E. Villefranche-de-Rouergue. 600 m. 982 hab. ✉ 12200

Mme STRAMARE Maïthé CV. A 2 km:. A 8 km : Piscine plein air. Le Pontet, D 911, D 69. ☎ 06 72 81 08 54 / 05 65 29 95 60. Fax : 05 65 29 95 60. E-mail : jp.stramare@wanadoo.fr.

M. ALBESPY Jean-Claude,aire naturelle CV. A 2 km:. La Rivière. ☎ 05 65 81 85 22 / 05 65 81 48 56. Web : www.camping-la-riviere.gites-de-france-aveyron.com.

BELCASTEL

10-B5 35 km O. Rodez. 405 m. 249 hab. ✉ 12390

CAMP MUNICIPAL ★★ Tourisme 30 E. 0,4 ha. saison, saison, Locations :. Accès direct à la rivière.; 50 m RD 285, par RN 594 et 4 km RN 597. ☎ 05 65 64 56 08 (Gardien) / 05 65 64 52 25. Fax : 05 65 64 52 25.

BELMONT SUR RANCE

13-C1 60 km S.-O. Millau. 460 m. 938 hab. Station verte de vacances et village de neige ✉ 12370

VAL FLEURI DU RANCE ★★★ Tourisme 43 E. 1 ha. CV. Accès direct à la rivière.. Sur D 32. ☎ 05 65 99 04 76. E-mail : marjandejong@wanadoo.fr.

BOISSE PENCHOT

10-B4 35 km N.-E. Villefranche-de-Rouergue. 646 hab. ✉ 12300

LE ROQUELONGUE ★★ Tourisme 66 E., dont 40 GCC, 3,5 ha. CV. Locations : 7, 5, 4. Accès direct à la rivière.; Accueil groupes. Ouv : 1.1 / 31.12. RN 140 (Figeac-Rodez). ☎ 05 65 63 39 67. Fax : 05 65 63 39 67. E-mail : info@camping-roquelongue.com, Web : www.camping-roquelongue.com. Prix 2008. Fft jour : Empl. Tourisme (2) : 15,30 € () ; Sup : 3,90 € - de 7 ans 3,30 € ; 3,50 à 4,20 € (6 à 10 A). Réduction H.S.

FFCC : partenaire + réduction emp. de 5 % en saison et 10 % hors saison + carte FFCC assurance annulation.

BOR ET BAR

10-B5 23 km S.-E. Villefranche-de-Rouergue. 290 m. 241 hab. ✉ 12270

LE GOURPASSOU ★★ Tourisme 33 E. dont 28 nus 1,5 ha. La Fouillade, CV. Locations : 2, 3, 3. Rivière à 10 m. ; ; . Ouv : 1.4 / 30.9. Cessetières. ☎ 05 65 65 76 98 (H.R.) / 05 65 29 78 27 (H.S.). E-mail : jacques.dezille@laposte.net, Web : www.camping-legourpassou.com. Prix 2007. () : 2,10 € ; 1,50 € ; 3,20 € ; 1,70 € ; 2,10 € ; - de 7 ans 1,50 € ; 2,70 à 3,10 € (6 à 10 A).

BOURNAZEL

10-B5 35 km N.-O. Rodez. 520 m. 401 hab. ✉ 12390

M. MATHAT Roland,aire naturelle CV. A 7 km: Piscine plein air . A 15 km : . A 30 km : . La Borde. ☎ 05 65 64 41 09.

BRASC

13-C1 244 hab. ✉ 12550

M. et Mme BODT, aire naturelle . A 5 km: . A 8 km : . L'Albugue. ☎ 05 65 99 73 22.

BROMMAT

10-C4 80 km N. Rodez. 648 m. 932 hab. Village de neige ✉ 12600

CAMP MUNICIPAL ★ Tourisme 30 E. 1 ha. chauffée . Accès direct à la rivière. ; . ☎ 05 65 66 00 96 (Mairie). Fax : 05 65 66 22 84. E-mail : mairie-de.brommat@wanadoo.fr.

BROQUIES

13-C1 52 km S.-O. Millau. 387 m. 755 hab. ✉ 12480

M. SLUIMAN Jean . A 2 km: . A 13 km : . La Combe Salvanie. ☎ 05 65 99 44 84.

BRUSQUE

13-D2 68 km S. Millau. 450 m. 527 hab. ✉ 12360

LES PIBOULS (V.A.L.) ★★★ Tourisme 40 E. 1 ha. CV. Locations : . Accès direct aux bords du lac. ; . Domaine de Céras. D 12. ☎ 05 65 49 50 66 / 04 73 43 00 43 (H.S.) / 04 73 43 00 43 (H.S.). Fax : 05 65 49 57 17. Web : .

CAMP MUNICIPAL LE REC DU CROS En cours de classement E. 1 ha. Route de Murat-sur-Vebre. ☎ 05 65 99 53 12.

CABANES

10-B5 37 km S.-O. Rodez. 500 m. 237 hab. ✉ 12800

LA BORIE BASSE ★ Tourisme 10 E. 0,5 ha. CV. Locations : 1, 2, . Rivière à 900 m. Lac à 10 km.Etang à 4 km. ; à 1 km : , . Entre Rodez et Albi RN 88 puis à Naucelle suivre la D 83. ☎ 05 65 47 03 49. E-mail : berna rd.malgouyres@libertysurf.fr, Web : laborieb asse.free.fr. Prix 2007. Empl. Tourisme : 4 € ; 3 € ; 2 € ; 2,50 €.

CAMARES

13-C1 54 km S. Millau. 385 m. 1258 hab. ✉ 12360

CAMP DU ROUGIER ★★★ Tourisme 20 E. 0,5 ha. CV. Locations : . Rivière à 500 m. Etang à 1 km. à 500 m : ; à 1 km : .Accueil adultes. Ouv : 1.4 / 5.11. 19, avenue de St-Affrique. ☎ 05 65 99 59 36. Fax : 05 65 49 57 12. E-mail : paul@chateaudurougier.com, Web : www.chateaudurougier.com. Prix 2008. Fft jour : Empl. Tourisme (2) : 20 € () ; Sup : 3,50 € - de 10 ans 2,50 €. Fft Tente : 18 € (2).

CAMBOULAZET

10-C5 25 km S.-O. Rodez. 617 m. 295 hab. ✉ 12160

M. MAZENQ Lucien , pétanque, . A 300 m : . A 2 km: . A 3 km : . A 6 km : Piscine plein air . A 7 km : . La Fabrie. RN 88 par Baraqueville. ☎ 05 65 72 26 03.

CAMPAGNAC

10-D5 48 km N. Millau. 729 m. 399 hab. ✉ 12560

CAMP MUNICIPAL LA SAGNE ★ Tourisme 50 E. 0,5 ha. . Locations : . Rivière à 5 km. à 50 m : ; à 2 km : . Sur RD 37. A 5 km A 75. ☎ 05 65 70 41 27 / 05 65 47 58 57. Fax : 05 65 47 54 99.

CAMPOURIEZ

60 km N. Rodez. 230 m. 500 hab. ✉ 12140

CAMP MUNICIPAL DU LAURADIOL ★★★ Tourisme 34 E. 1 ha. CV. Locations : 2 . chauffée . Accès direct à la rivière. ; . Accueil groupes. ☎ 05 65 44 53 95 / 05 65 44 85 31 (H.S.). Fax : 05 65 44 81 37. E-mail : campouriez@wanadoo.fr & mairie.campouriez@wanadoo.fr, Web : www.campouriez.com. Réduction H.S.

CANET DE SALARS

10-C5 27 km S.-E. Rodez. 850 m. 441 hab. ✉ 12290

LA RETENUE DE PARELOUP ★★★ Tourisme 80 E. (40 Tourisme + 40 Loisirs) 1 ha. CV. Locations : 8, , . Accès direct aux bords du lac. Rivière à 500 m. Etang à 1 km. ; ; ; ; . A 75 sortie 44.1, puis D 911/D 933/D 538/D 176. ☎ 05 65 46 33 26 / 06 80 07 80 65 / 06 80 07 80 65 (H.S.). Fax : 05 65 46 03 93. E-mail : campingdelaretenue@fr.st. Réduction H.S.

LE CAUSSANEL ★★★ Tourisme 235 E. (170 Tourisme + 65 Loisirs), dont 202 CC - 33 GCC - 10 HLL, 10 ha. CV. Camping clef verte. Locations : 46, 33, , . chauffée . Accès direct aux bords du lac. ; ; ; . Ouv : 26.45 / 13.9. A 75 sortie 44.1, prendre D 911 dir. Pont-de-Salars puis D 993 dir. Salles-Curan puis D 538 dir. Canet-de-Salars. ☎ 05 65 46 85 19. Fax : 05 65 46 89 85. E-mail : info@lecaussanel.com, Web : www.lecaussanel.com. Prix 2008. Fft jour : Empl. Tourisme (2) : 26,90 € () ; Sup : 6,90 € - de 7 ans 4,80 € ; 4,20 € (6 A) ; Animaux 3,60 €. Fft Ccar : 13,20 € (2). Réduction H.S.

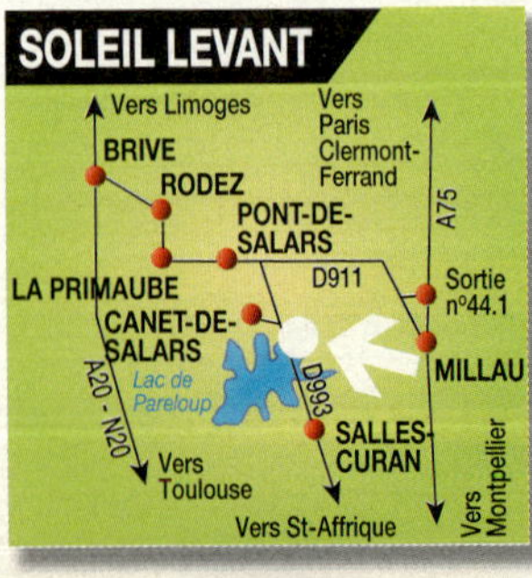

LE SOLEIL LEVANT ★★★ Tourisme 206 E. (192 Tourisme + 14 Loisirs) 9 ha. CV. Locations : 11, . Accès direct aux bords du lac. ; ; ; ; . Accueil groupes. Ouv : 1.4 / 30.9. A 75 sortie 44.1 prendre D 911 dir. Pont-de-Salars (28 km) puis à gauche par D 993 dir. Salles-Curan (8 km). Camping à gauche avant le pont. ☎ 05 65 46 03 65. Fax : 05 65 46 03 62. E-mail : contact@camping-soleil-levant.com, Web : www.camping-soleil-levant.com. Prix 2008. Fft jour : Empl. Tourisme (2) : 20,50 € ((5 A)) ; Sup : 6 € - de 7 ans 4 € ; Animaux 2 €. Réduction H.S. FFCC : partenaire + réduction emp. de 15 % hors saison.

CAMP MUNICIPAL LES FONTANELLES ★ Tourisme 33 E. 0,9 ha. . Lac à 2 km. à 2 km : , , , . ☎ 05 65 46 84 04. Fax : 05 65 46 84 04.

LA ROQUE ★ Loisirs 15 E. ☎ 05 65 46 02 03.

CANTOIN

10-C4 86 km N.-N.-E. Rodez. 950 m. 402 hab. ✉ 12420

CAMP MUNICIPAL Tourisme Saisonnier Tourisme 20 E. 0,4 ha. CV. Etang à 200 m. . Accueil groupes. Ouv : 1.7 / 31.8. ☎ 05 65 66 43 15 (Mairie). Fax : 05 65 66 29 40. E-mail : mairie.cantoin@wanadoo.fr. Prix 2007. Empl. Tourisme : 10 € ; 5 € ;

CAPDENAC GARE

10-B4 30 km N. Villefranche-de-Rouergue. 175 m. 4801 hab. ✉ 12700

CAMP MUNICIPAL LES RIVES D'OLT ★★★ Tourisme 59 E. dont 51 nus, dont 9 HLL, 1,5 ha. CV. Locations : 9 . Accès direct à la rivière. . Accueil groupes. Ouv : Vac. Printemps / 30.9. 500 m du centre ville, bd Paul Ramadier. Pataugeoire ☎ 05 65 80 88 87 / 05 65 80 22 22 (Mairie) / 05 65 64 70 13 (H.S.). E-mail : camping.capdenac@wanadoo.fr, Web : www.chalets-decouverte.com. Prix 2007. 3 € ; 1,80 € ; 4 € ; 2,10 € ; 2,80 € ; - de 10 ans 1,40 € ; 2,70 € (9 A).

CASSAGNES BEGONHES

10-C5 25 km S.-S.-O. Rodez. 580 m. 1059 hab. ✉ 12120

CAMP MUNICIPAL LE GLANDOU ★ Tourisme 23 E. 2,5 ha. . Accès direct à l'étang. . RD 902. ☎ 05 65 46 70 09. Fax : 05 65 46 72 10.

CASTELNAU DE MANDAILLES

10-C4 46 km N.-E. Rodez. 550 m. 527 hab. ✉ 12500

M. ANDRIEU Augustin , pétanque. A 3 km: . A 10 km : Piscine plein air . A 12 km : . A 15 km : . Sortie A 75 Aumont d'Aubrac. Par D 987-D 219-D 19. ☎ 05 65 48 90 59.

M. BURGHOORN Steve , . A 4 km: . A 8 km : . A 12 km : Piscine plein air . Alauzet Mandailles. ☎ 05 65 48 74 64. E-mail : info@visseninfrankrijk.com, Web : www.visseninfrankrijk.com.

CASTELNAU PEGAYROLS

10-D5 19 km O. Millau. 750 m. 295 hab. ✉ 12620

M. SOULIE CV. Le Sahut. A partir de l'A 75 sortie 45 suivre Castelnau-Pegayrols, à l'entrée du village suivre le fléchage. ☎ 05 65 62 02 26 / 06 72 77 11 14 (H.S.). E-mail : getgsoulie@wanadoo.fr, Web : www.millau-gite.com.

CENTRES

10-C5 36 km S.-O. Rodez. 541 m. 826 hab. ✉ 12120

M. BESSIERE Yves A 2 km: . A 3 km : . A 10 km : Piscine plein air. ☎ 05 65 72 26 86.

COMPEYRE

10-D5 9 km N. Millau. 460 m. 348 hab. ✉ 12520

G.C.U. LES ARTYS Réservé aux adhérents. Adhésion possible sur place pour les sociétaires MAIF et FILIA MAIF.

LES CERISIERS ★★ Tourisme 80 E. 2 ha. CV. Locations : 6. Accès direct à la rivière. ; ; ; ; à 3 km : . Ouv : 1.5 / 15.9. RD 907. A 3 km N 9 puis à Aguessac D 907. ☎ 05 65 59 87 96. E-mail : contact@campinglescerisiers.com, Web : www.campinglescerisiers.com. Prix 2007. Fft jour : Empl. Tourisme (2) : 12,50 € () ; Sup : 3,50 € - de 7 ans 2 € ; 3 € (5 A). Réduction H.S.

COMPOLIBAT

10-B5 15 km E. Villefranche-de-Rouergue. 370 m. 472 hab. ✉ 12350

AIRE NATURELLE MUNICIPALE Cambon. ☎ 05 65 81 98 54 / 05 65 81 95 50 (Mairie).

COMPREGNAC

13-D1 12 km O. Millau. 335 m. 178 hab. ✉ 12100

M. BUSSE Christophe,aire naturelle Le Katalpa A 10 km: Piscine chauffée Piscine plein air . Ouv : 15.6 / 30.9. Le Katapla. N 9, autoroute Montpellier à Millau (Aveyron) suivre la rive droite de la rivière. D 41, dir. ZI ☎ 05 65 62 30 05 / 05 65 62 31 72. Prix 2007. 7 € ; 1,60 € ; 7 € ; 6 € ; 3 € ; - de 12 ans 2,50 € ; 3 €. Réduction H.S.

FFCC : partenaire - terrain assuré par la FFCC .

CONQUES

10-C4 39 km N.-N.-O. Rodez. 250 m. 404 hab. ✉ 12320

BEAU RIVAGE ★★★ Tourisme 60 E. 1 ha. CV. Locations : 12. Accès direct à la rivière. ; ; . Ouv : 1.4 / 30.9. Faubourg de Conques. Par D 901. Le camping se trouve à 400 m de la cité Médiévale. ☎ 05 65 69 82 23 / 05 65 72 89 29 (H.S.). E-mail : camping.conques@wanadoo.fr, Web : www.campingconques.com. Prix 2007. Empl. Tourisme : 5,50 € () ; 3 € ; 4 € ; - de 7 ans 3 € ; 3,50 €. Réduction H.S.

LA COUVERTOIRADE

13-D1 44 km S.-E. Millau. 765 m. 148 hab. ✉ 12230

M. DANET,Ferme Accueil de la Salvetat CV. Ouv : 1.1 / 31.12. La Salvetat. Causse du Larzac entre Lodève et Millau sur A 75. ☎ 05 65 62 22 65. E-mail : odanet@wanadoo.fr. Prix 2007. 5,25 € ; - de 12 ans 2,50 € ; 2,50 €.

M. POMAREDE Les Mourguettes. A 75 sortie n° 48. Lacouvertoirade. Route de la Pezade. ☎ 05 65 62 28 25. Fax : 05 65 62 13 80.

CRANSAC

10-B5 30 km N.-E. Villefranche-de-Rouergue. 2538 hab. ✉ 12110

CAMP MUNICIPAL ★★ Tourisme 50 E., dont 20 CC - 15 GCC, 0,7 ha. CV Sanitaire chauffé. Locations : . Etang à 800 m. Lac à 1 km. à 1,5 km : . Ouv : 9.3 / 16.11. ☎ 05 65 63 05 95 (Camping). Prix 2007. Fft jour : Empl. Tourisme (2) : 13,50 € () ; Sup : 3 € - de 7 ans 1,50 €.

CREISSELS

13-D1 4 km S.-O. Millau. 400 m. 1329 hab. ✉ 12100

SAINT-MARTIN ★★ Tourisme 90 E. (80 Tourisme + 10 Loisirs), dont 2 CC - 10 HLL, 1,5 ha. pain, , saison, CV. Locations : 7, 3. Rivière à 1 km. . Accueil groupes. Ouv : Pâques / 30.9. Rés. obligatoire en été. 800 m RN 592. Millau à St-Afrique et Albi. ☎ 05 65 60 31 83 / / 06 07 09 57 00 (H.S.). Fax : 05 65 60 31 83. E-mail : campingsaintmartin@wanadoo.fr, Web : www.campingsaintmartin.fr. Prix 2007. Fft jour : Empl. Tourisme (2) : 11 € () ; Sup : 3,20 € - de 7 ans 2 € ; 3,20 € ; Animaux 1 €.

LA CRESSE

10-D5 10 km N. Millau. 410 m. 231 hab. ✉ 12640

LE PAPILLON ★★★ Tourisme 48 E. 1,4 ha. gaz/électrique, . Locations : , . Rivière à 150 m. à 150 m : , , . Ouv : 25.4 / 3.10. Les Canals. Autoroute Clermont-Ferrand/Millau (dir. Montpellier). A Aguessac au feu à gauche dir. Rivière sur Tarn (D907). Au panneau La Cresse, prendre le pont à droite, à l'église direction Peyreleau (D187). Camping à droite. ☎ 05 65 59 08 42. E-mail : lepapilloncamping@orange.fr, Web : monsite.orange.fr/campinglepapillon. Prix 2007. Fft jour : Empl. Tourisme (2) : 17,5 € () ; Sup : 4 € - de 6 ans 3 € ; 3 € (10 A) ; Animaux 1,50 €.

FFCC : partenaire + réduction emp. de 5 % en saison et 10 % hors saison + Stop accueil Camping-car du 01/05 au 23/06 et du 25/08 au 28/09/2008, accès jusqu'à 21h + réduction loc. de 5 % en saison et 10 % hors saison.

DRULHE

10-B5 17 km N.-E. Villefranche de Rouergue. 490 m. 432 hab. ✉ 12350

AIRE NATURELLE MUNICIPALE LE SOL ☎ 05 65 80 63 03. Fax : 05 65 80 61 55.

DURENQUE

13-C1 38 km S. Rodez. 722 m. 805 hab. ✉ 12170

AIRE NATURELLE MUNICIPALE MOULIN DE ROUPEYRAC ☎ 05 65 46 58 03. Fax : 05 65 46 50 01.

ENTRAYGUES SUR TRUYERE

10-C4 48 km N. Rodez. 220 m. 1586 hab. ✉ 12140

VAL DE SAURES ★★★ Tourisme 127 E. 4 ha. CV. Locations : chauffée . Accès direct à la rivière. ; .Accueil enfants. Ouv : 1.5 / 28.9. 100 m D 920 et D 34. ☎ 05 65 44 56 92 / 05 65 44 56 92 (H.S.). E-mail : info@camping-valdesaures.com, Web : www.camping-valdesaures.com. Prix 2008. Fft jour : Empl. Tourisme (2) : 16 € () ; Sup : 4 € - de 12 ans 3 € ; 3 € (6 A) ; Animaux 1,50 €. Réduction H.S.

PARC RESIDENTIEL DE LOISIRS LE BASTIE P.R.L. 11 E., dont 11 HLL. CV. Locations : 11, . chauffée . ; . Rés. obligatoire en été. D 920 et D 34. ☎ 05 65 44 56 92. Fax : 05 65 44 27 21. E-mail : info@camping-valdesaures.com, Web : www.camping-valdesaures.com.

ROQUEPAILHOL Non classé E. 1 ha. . Locations : . Accès direct à la rivière. ; ; ; . 1 km D 920. ☎ 05 65 48 60 98. Fax : 04 71 49 95 81. E-mail : asvolt.canoe@wanadoo.fr, Web : www.asvolt.com.

ESPALION

10-C4 32 km N.-E. Rodez. 345 m. 4883 hab. Station verte de vacances et village de neige ✉ 12500

LE ROC DE L'ARCHE ★★ Tourisme 95 E., dont 90 CC, 2,5 ha. CV. Locations : 6 . chauffée . Accès direct à la rivière. ; ; . Le Foirail. 300 m RN 120, 587 et 121. 30 km A 75 (sortie Aumont Aubrac au Séverac). Sentier de randonnée GR 65. ☎ 05 65 44 06 79. Fax : 05 65 44 06 79. E-mail : campingrocdelarche@wanadoo.fr, Web : perso.wanadoo.fr/camping-rocdelarche/.

ESTAING

10-C4 30 km N.-N.-E. Rodez. 310 m. 666 hab. ✉ 12190

CAMP MUNICIPAL LA CHANTELLERIE ★ Tourisme 60 E. 1,5 ha. CV. . Accès direct à la rivière. ; . Accueil groupes. Par CD 167. Terrain de sports. ☎ 05 65 44 70 32 / 05 65 44 72 77. Fax : 05 65 44 03 20. E-mail : mairie-estaing@wanadoo.fr.

LA CAVALERIE ★ Tourisme 20 E. CV. Locations : 1 . Etang et lac à 10 m. . A 3 km d'Estaing sur la D 920 en dir. d'Entraygues/Aurillac. ☎ 05 65 44 71 94. Prix 2007. Empl. Tourisme : 3,70 € ; 2,30 € ; - de 10 ans 1,40 € ; 2,20 €.

LE FEL

10-C4 55 km N. Rodez. 500 m. 295 hab. ✉ 12140

CAMP MUNICIPAL LE FEL ★★ Tourisme 23 E. . Rivière à 3 km. à 3 km : , , . ☎ 05 65 48 61 12 / 05 65 44 51 86. Fax : 05 65 48 63 30.

FLAGNAC

10-B4 40 km N.-E. Villefranche-de-Rouergue. 230 m. 990 hab. ✉ 12300

LE PORT DE LACOMBE ★★★★ Tourisme 97 E. dont 87 nus, 4 ha. CV. Locations : 6, 4, . Accès direct à l'étang et à la rivière. Accueil groupes. Ouv : 1.4 / 30.9. A 75 dir. Rodez puis Decazeville. ☎ 05 65 64 10 08. Fax : 05 65 64 10 08. E-mail : accueil@campingportdelacombe.com, Web : www.campingportdelacombe.com. Prix 2008. Fft jour : Empl. Tourisme (2) : 22,90 € ; Sup : 4,50 € - de 7 ans 3,50 € ; Animaux 2 €. Réduction H.S.

FFCC : partenaire + carte FFCC assurance annulation.

FLAVIN

10-C5 10 km S. Rodez. 614 m. 1827 hab. ✉ 12450

M. MAUREL Gaston CV. A 4 km: . A 5 km : . A 6 km : . Ouv : 1.1 / 31.12. Buscansolles. Sur la RN 911 axe La Primaube-Millau. ☎ 05 65 71 98 40. Prix 2008. Empl. Tourisme : 5 € ; 4 € ; 2,50 € ; 2,50 €.

FONDAMENTE

13-D1 30 km S. Millau. 480 m. 305 hab. ✉ 12540

CAMP MUNICIPAL ★ Tourisme 10 E. ☎ 05 65 99 37 05 (Mairie).

LE PAS DE CEILHES ★ Tourisme 100 E. 7 ha. Rés. naturiste. Accès direct à la rivière. ☎ 05 65 99 35 12 / 04 67 64 54 96.

LA FOUILLADE

10-B5 17 km S. Villefranche-sur-Rouergue. 395 m. 1193 hab. ✉ 12270

LE BOSQUET ★★ Tourisme 33 E. 1,5 ha. 2 courts. RD 922. ☎ 05 65 65 71 13 / 05 65 65 84 87 / 05 65 65 76 90 (H.S.). Fax : 05 65 65 72 41.

GISSAC

610 m. 152 hab. ✉ 12360

Mme TOULZA Jocelyne, aire naturelle d'Andabre Andabre ☎ 05 65 99 46 16.

GOLINHAC

10-C4 40 km N. Rodez. 630 m. 472 hab. ✉ 12140

CAMP MUNICIPAL BELLE VUE ★★★ Tourisme 58 E. (43 Tourisme + 15 Loisirs) 0,5 ha. CV. Locations : 15. Etang à 1 km. D 20 / Bozouls. ☎ 05 65 44 50 73 / 05 65 44 58 44. Fax : 05 65 48 65 36. E-mail : leschaletsdesaintjacques@wanadoo.fr, Web : www.valleedulot-aveyron.com.

CAMPING PAYSAN LE BATTEDOU CV. Ouv : 1.5 / 30.9. Pas d'accès pour les caravanes. ☎ 05 65 48 61 62. E-mail : lebattedou@wanadoo.fr, Web : www.lebattedou.free.fr. Prix 2007. Fft jour : Empl. Tourisme (2) : 12 € ; - de 12 ans 2,50 € ; 2 €.

GRAND VABRE

10-C4 44 km N.-O. Rodez. 220 m. 528 hab. ✉ 12320

LE MOULIN ★★★ Tourisme 36 E. 0,8 ha. snack, CV. Locations : . chauffée. Accès direct à la rivière. Ouv : 1.5 / 30.9. Lieu-dit Les Passes, 200 m D 601. ☎ 05 65 72 87 28. Web : camping.du.moulin.free.fr. Prix 2007. Empl. Tourisme : 5,50 € ; 3,30 € ; - de 7 ans 2,70 € ; 2,50 €. Réduction H.S.

L HOSPITALET DU LARZAC

13-D1 25 km S.-E. Millau. 730 m. 247 hab. ✉ 12230

HALTE-REPOS ★ Tourisme 75 E. (70 Tourisme + 5 Loisirs), dont 5 GCC - 5 HLL, 2 ha. CV. Locations : 5. Accueil groupes. Ouv : 1.5 / 30.9. RN 9, A 75 sortie 48. Sur RD 809. Piscine à 100 m. ☎ 05 65 62 70 53 / 06 17 35 22 40 (H.S.). E-mail : camping.larzac@wanadoo.fr, Web : www.camping-larzac.com. Prix 2007. Fft jour : Empl. Tourisme (2) : 10 € ; Sup : 4,50 € - de 15 ans 3 € ; 3 € (4 A) ; Animaux 1 €.

LACALM

10-C4 70 km N.-N.-E. Rodez. 1128 m. 274 hab. ✉ 12210

AIRE NATURELLE LE MOULIN

LAGUIOLE

10-C4 56 km N.-E. Rodez. 1000 m. 1235 hab. ✉ 12210

CAMP MUNICIPAL LES MONTS D'AUBRAC Tourisme Saisonnier 57 E. 2 ha. CV Sanitaire chauffé. Accueil groupes. Ouv : 15.5 / 15.9. 100 m CD 921 et 100 m CD 15. ☎ 05 65 44 39 72 / 05 65 51 26 30 (H.S.) (H.S.). Fax : 05 65 51 26 31. E-mail : mairie-laguiole@wanadoo.fr. Prix 2007. Fft jour : Empl. Tourisme (2 1 - de 6) : 9,30 € Sup : 2,45 €

LANUEJOULS

10-B5 17 km N.-E. Villefranche-de-Rouergue. 500 m. 780 hab. ✉ 12350

M. LORTAL Robert pétanque, gratuite, gratuit, CV. A 3 km: . A 10 km : . Ouv : 1.1 / 31.12. 3, chemin du Bouyssou. D 1 entre Rodez et Villefranche de Rouergue. ☎ 05 65 81 92 27 / 06 70 22 54 04 (H.S.). Fax : 05 65 81 92 27. E-mail : jr.lortal@wanadoo.fr, Web : www.plateau-de-montbazens.com. Prix 2008. Fft jour : Empl. Tourisme (2) : 12 € () ; Sup : 3 € - de 10 ans 1,50 € ; 2 à 3 €.

LESCURE JAOUL

10-B5 55 km S.-O. Rodez. 515 m. 378 hab. ✉ 12440

M. MARRE Jacques A 1 km: . A 2 km : . A 5 km : . A 15 km : Piscine plein air. Tout Repos, Blazals, 1 km Sud-Ouest de la commune, 500 m de la ferme. Pré, bord de ruisseau entouré de bois, rivière à 1,5 km. ☎ 05 65 81 80 63.

LIVINHAC LE HAUT

10-B4 46 km N.-E. Villefranche-de-Rouergue. 200 m. 1320 hab. Station verte de vacances et village de neige ✉ 12300

BEAU RIVAGE ★★ Tourisme 65 E. 1 ha. snack, CV. Locations : 6. Accès direct à la rivière. ☎ 05 65 63 37 59 / 05 65 43 33 21 (H.S.). Fax : 05 65 63 37 59. Prix 2007. Fft jour : Empl. Tourisme (2) : 15 € () ; Sup : 4 € - de 11 ans 2 €. Empl. Loisirs : 12 €.

MARCILLAC VALLON

10-C5 18 km N.-O. Rodez. 275 m. 1652 hab. ✉ 12330

CAMP MUNICIPAL Tourisme Saisonnier 39 E. 0,5 ha. Accès direct à la rivière. ☎ 05 65 71 74 96.

MARTIEL

10-B5 10 km O. Villefranche-de-Rouergue 400 m. 798 hab. ✉ 12200

MOULIN DE BANNAC ★★ Tourisme 56 E., dont 26 GCC, 0,5 ha. CV. Locations : 3, 7. Accès direct à l'étang. Lac à 50 m. A 15 km de Villefranche-de-Rouergue dir. Cahors (D 911). ☎ 05 65 29 44 52. Fax : 05 65 29 59 41. E-mail : bannacamping@wanadoo.fr.

MARTRIN

13-C1 272 hab. ✉ 12550

Mme BASTIDE CV. A 3 km: . A 10 km : Piscine plein air . Jouvayrac. Martrin. ☎ 05 65 99 71 20.

MILLAU

13-D1 71 km S.-E. Rodez. 380 m. 22256 hab. ✉ 12100

CAMP DU VIADUC ★★★★ Tourisme 237 E. dont 196 nus, 5 ha. CV Sanitaire chauffé. Locations : 35, 6. chauffée. Accès direct à la rivière. à 800 m : . Accueil groupes. Ouv : 25.4 / 29.9. A Millau dir. Montpellier-le-Vieux. Après le pont de Cureplat (sur le Tarn) suivre la D 187 dir. Paulhe. 1er camping à gauche à 25 m. ☎ 05 65 60 15 75. Fax : 05 65 61 36 51. E-mail : info@camping-du-viaduc.com, Web : www.camping-du-viaduc.com. Prix 2007. Fft jour : Empl. Tourisme (2) : 23 € () ; Sup : 5,50 € - de 5 ans 3,50 € ; 3 € (6 A) ; E. GCC 1,50 € (suplt) ; Animaux 2 €. Réduction H.S.

FFCC : partenaire + réduction emp. de 5 % en saison et 10 % hors saison.

LE MILLAU PLAGE ★★★★ Tourisme 251 E. dont 139 nus, , dont 240 CC, 5 ha. CV Sanitaire chauffé. Locations : 54, 20, 28, . Accès direct à la rivière. à 1,5 km : . Accueil groupes. Ouv : 1.4 / 30.9. Sur VO 6, par RN 591 à 1,8 km. ☎ 05 65 60 10 97 / 06 80 63 38 74 (H.S.) (H.S.). Fax : 05 65 60 16 88. E-mail : info@campingmillauplage.com, Web : www.campingmillauplage.com. Prix 2008. Fft jour : Empl. Tourisme (2) : 26 € ((5 A)) ; Sup : 5 € - de 5 ans 3,50 € ; Animaux 4 €. Réduction H.S.

FFCC : Stop accueil Camping-car du 01/04 au 28/06 et du 30/08 au 30/09, accès jusqu'à 18h.

LES RIVAGES ★★★★ Tourisme 314 E., dont 89 GCC, 7 ha. CV Sanitaire chauffé. Locations : 22, 4, . Accès direct à la rivière. Accueil groupes. Ouv : 1.4 / 15.10. Route de Nant. Après le pont de Cureplat (sur le Tarn) suivre RD 991 en dir. de Nant, le camping est à 800 m à droite. ☎ 05 65 61 01 07 / 06 16 66 41 34 (H.S.). Fax : 05 65 59 03 56. E-mail : campinglesrivages@wanadoo.fr, Web : www.campinglesrivages.com. Prix 2008. Fft jour : Empl. Tourisme (2 1 - de 3) : 26 € ((6 A) E. CC) ; Sup : 4,50 €E. GCC 28 € (Fft) ; Animaux 3 €.

FFCC : partenaire + réduction emp. de 5 % hors saison + carte FFCC assurance annulation + Stop accueil Camping-car du 01/04 au 30/06 et du 01/09 au 15/10/2008, accès jusqu'à 21h.

COTE SUD ★★★ Tourisme 160 E. dont 146 nus 3,40 ha. CV. Locations : . chauffée . Accès direct à la rivière. Ouv : 1.4 / 30.9. Avenue de l'Aigoual. A 75 sortie 45 ou 47. ☎ 05 65 61 18 83. Fax : 05 65 61 18 83. E-mail : camping-cotesud@orange.fr, Web : www.camping-cotesud.fr. Prix 2007. Fft jour : Empl. Tourisme (2) : 22 € ( ) ; Sup : 3,50 € - de 12 ans 2,50 € ; Animaux 1,50 €. Réduction H.S.

LES DEUX RIVIERES ★★★ Tourisme 60 E., dont 4 CC, 1,3 ha. CV Sanitaire chauffé. Accès direct à la rivière. Accueil groupes. 61 Avenue de l'Aigoual. ☎ 05 65 60 00 27 / 06 07 08 41 41 (H.S.). Fax : 05 65 61 67 72. Réduction H.S.

LES ERABLES ★★★ Tourisme 78 E. 0,8 ha. Buvette, CV. Locations : 4 , 2 . Accès direct à la rivière. A 75. ☎ 05 65 59 15 13. Fax : 05 65 59 06 59. E-mail : camping-les-erables@wanadoo.fr, Web : www.campingleserables.fr.

LARRIBAL ★★ Tourisme 77 E. CV. Locations : . Accès direct à la rivière. Accueil groupes. Viaduc Millau. ☎ 05 65 59 08 04. Fax : 05 65 59 08 04. E-mail : camping.larribal@wanadoo.fr, Web : www.campinglarribal.com. Réduction H.S.

SAINT-LAMBERT ★★ Tourisme 133 E. snack, CV. Locations : 15 , 6 , 7 . Accès direct à la rivière. Accueil groupes. Avenue de l'Aigoual. ☎ 05 65 60 00 48. Fax : 05 65 61 21 12. E-mail : camping.saintlambert@free.fr, Web : www.campingsaintlambert.fr. Réduction H.S.

AIRE NATURELLE CUN DU LARZAC CV. ☎ 05 65 61 14 38. Fax : 05 65 61 33 26. E-mail : eolienne.asso@voila.fr, Web : eolienne.asso.free.fr.

MONTBAZENS

10-B5 20 km N.-E. Villefranche-de-Rouergue. 480 m. 1424 hab. Station verte de vacances et village de neige ✉ 12220

PARC DE JAUNAC ★★ Tourisme 20 E. 1 ha. CV. ☎ 05 65 63 75 89 / 05 65 80 60 06. Fax : 05 65 80 66 73. Réduction H.S.

MONTEILS

10-B5 10 km S. Villefranche-de-Rouergue. 235 m. 533 hab. ✉ 12200

CAMP MUNICIPAL ★★ Tourisme 22 E. 0,8 ha. CV. Locations : 1 . Accès direct à la rivière. Lieu-dit La Capelle. D 47 dir. Monteils ☎ 05 65 29 63 97 / 05 65 29 62 47. Fax : 05 65 29 60 20. E-mail : mariemoreau@cegetel.net.

MONTJAUX

13-C1 25 km O. Millau 600 m. 382 hab. ✉ 12490

M. MASSOL , village, . ☎ 05 65 62 50 83.

MONTPEYROUX

10-C4 50 km N.-E. Rodez. 967 m. 610 hab. ✉ 12210

LA ROMIGUIERE ★★★ Tourisme 62 E. dont 40 nus, dont 23 CC - 25 GCC - 6 HLL, 2 ha. sur pied, CV. Locations : 13 . chauffée . Accès direct aux bords du lac et à la rivière. Ouv : 5.4 / 4.10. Rés. obligatoire en été. Lac de la Selve par Saint-Amans des Cots en suivant D 599. ☎ 05 65 44 44 64. Fax : 05 65 44 86 37. E-mail : campinglaromiguiere@wanadoo.fr, Web : www.laromiguiere.com. Prix 2007. Fft jour : Empl. Tourisme : 18.90 € ( ) ; Sup : 5,30 € 4,20 € ; 3,20 € (10 A) ; Animaux 2 €.
FFCC : partenaire + réduction emp. de 5 % en saison et hors saison.

MOSTUEJOULS

10-D5 19 km N.-E. Millau. 420 m. 260 hab. ✉ 12720

CAMP LES BORDS DU TARN ★★★ Tourisme 110 E. 3 ha. CV. Locations : 5 , 1 , 7 , . chauffée . Accès direct à la rivière. Accueil groupes. Ouv : 1.5 / 30.9. Les Barriasses. Sur RD 907. ☎ 05 65 62 62 94 / 06 24 50 85 28 (H.S.). Fax : 05 65 61 83 50. E-mail : lesbordsdutarn@wanadoo.fr, Web : www.campinglesbordsdutarn.com. Prix 2007. Fft jour : Empl. Tourisme (2) : 14,60 € ( ) ; Sup : 4,40 € - de 5 ans 2,70 € ; 3 € ; Animaux 2 €. Réduction H.S.
FFCC : partenaire - terrain assuré par la FFCC + réduction emp. de 5 % en saison et 20 % hors saison + carte FFCC assurance annulation + réduction loc. de 5 % hors saison.

LA RESCLAUZE ★★★ Tourisme 50 E. 1,5 ha. CV. Locations : 7 , . Rivière à 10 m. Ouv : 1.7 / 31.8. A 75 dir. Gorges-du-Tarn/le Rozier RD 907. ☎ 05 65 62 65 56 / 05 65 62 67 57 (H.S.). Fax : 05 65 62 65 56. E-mail : contact@camping-resclauze.com, Web : www.camping-resclauze.com. Prix 2007. Fft jour : Empl. Tourisme (2) : 15,10 € ( ) ; Sup : 3,60 € - de 5 ans 2,20 € ; 2,50 € (6 A) ; Animaux 1,40 €. Réduction H.S.

L'AUBIGUE ★★★ Tourisme 50 E. 2 ha. CV. Locations : 2 , 6 , , . Accès direct à la rivière. La Resclause. ☎ 05 65 62 63 67 / 05 65 62 68 01.

LES PRADES ★★★ Tourisme 150 E. 3 ha. CV. Locations : 28 , 5 , 50 , 10 . Accès direct à la rivière. Ouv : 1.5 / 30.9. Rés. obligatoire en été. Accès direct par le village La Cresse D 187 ou par le village du Rozier/Peyreleau. ☎ 05 65 62 62 09 / 05 65 58 78 75 (H.S.). Fax : 05 65 62 62 09. E-mail : lesprades@wanadoo.fr, Web : www.campinglesprades.com. Prix 2008. Fft jour : Empl. Tourisme (2) : 23 € ( ) ; Sup : 4,50 € - de 5 ans 3,30 € ; Animaux 1,50 €.

SAINT-PAL ★★★ Tourisme 74 E. 1,2 ha. CV. Locations : 10 , . Accès direct à la rivière. 50 m RN 107 bis, à Peyreleau, 500 m du Pont du Rozier. A 75 sortie 44.1 puis suivre Gorges-du-Tarn. ☎ 05 65 62 64 46. Fax : 05 65 58 79 82. E-mail : saintpal@wanadoo.fr, Web : www.campingsaintpal.com. Prix 2007. Fft jour : Empl. Tourisme (2) : 25 € ( ) ; 3,20 € ; 3 €. Réduction H.S.

LA MUSE ★★ Tourisme 50 E., dont 12 GCC, 0,6 ha. snack, CV. Locations : 4 . Accès direct à la rivière. Ouv : 1.7 / 10.9. Sur D 907 au Pont du Rozier. ☎ 05 65 62 60 20 / 05 65 62 61 61 / 04 94 27 65 55 (H.S.). Prix 2008. Fft jour : Empl. Tourisme (2) : 12 € ( ) ; Sup : 3,50 € - de 7 ans 1,90 € ; 2 à 2,50 € (3 à 6 A) ; E. CC 15 € (Fft) ; E. GCC 15,50 € (Fft) ; Animaux 1 €.

LE RANDONNEUR ★★ Tourisme 28 E. CV. Locations : 4 , , . Accès direct à la rivière. Ouv : juin / septembre. A75, sortie 44.1 dir. Aguessac. D29 sur 6 km et dir. Gorges du Tarn par la D907 ☎ 05 65 62 60 62 / 05 65 62 65 10 (H.S.). Fax : 05 65 62 60 62. E-mail : lerandonneur@wanadoo.fr, Web : campinglerandonneur.fr. Prix 2007. Fft jour : Empl. Tourisme (2) : 14 € ( ) ; Sup : 3,40 € - de 5 ans 2,10 € ; 2,70 € (5 A). Réduction H.S.

LONGUE-LEGUE ★★ Tourisme 30 E. 0,7 ha. CV. Locations : 3 . Accès direct à la rivière. Ouv : 1.7 / 31.8. Route Millau/Gorges-du-Tarn. ☎ 05 65 62 62 62. Fax : 05 65 62 62 62. E-mail : contact@camping-lonleg.com, Web : www.camping-longleg.com. Prix 2007. Fft jour : Empl. Tourisme (2) : 12 € ( ) ; Sup : 2,90 € - de 7 ans 1,90 € ; 2,50 € (5 A) ; Animaux 1,20 €. Réduction H.S.

LA GRAVE ★ Tourisme 17 E. 0,76 ha. Accès direct à la rivière. Sur RN 107 bis. ☎ 05 65 62 62 69.

LA NOGAREDE ★ Tourisme 30 E. 0,85 ha. Accès direct à la rivière. Route des Gorges du Tarn. ☎ 05 65 62 62 69.

MAS DE LAFONT ★ Tourisme 66 E. 1,86 ha. Accès direct à la rivière. Sur D 907, à 3 km du Rozier et à 7 km des Vignes 48. Lieu dit Le Mas de Lafont. ☎ 05 65 62 60 40.

MOYRAZES

10-C5 17 km O. Rodez. 730 m. 1087 hab. ✉ 12160

M. REDOULES CV. A 100 m : . A 4 km: . Bellevue. RN 88 jusqu'à Baraqueville, puis prendre dir. Moyrazès panneau sur la gauche à environ 4 km. ☎ 05 65 69 03 95 / 05 65 68 39 59.

MUR DE BARREZ

10-C4 80 km N. Rodez. 780 m. 1374 hab. Village de neige ✉ 12600

CAMP MUNICIPAL ★ Tourisme 16 E. Le Puech de la Tourelle. ☎ 05 65 66 00 47 (Mairie). Fax : 05 65 66 49 00.

M. AMILHAU pain. A 5 km: . A 14 km : . A 15 km : . Trionac. ☎ 05 65 66 06 91.

NAJAC

10-B5 24 km S.-O. Villefranche-de-Rouergue. 258 m. 818 hab. ✉ 12270

LE PAISSEROU ★★★★ Tourisme 100 E., dont 22 HLL, 2 ha. CV. Locations : chauffée . Accès direct à la rivière. ; . Accueil groupes. Lieu-dit Le Paisserou, 100 m RD 39. ☎ 05 65 29 73 90 / 02 40 82 41 18. Fax : 05 65 29 37 10. E-mail : paisserou@free.fr, Web : www.lescledelles.com. Réduction H.S.

M. & Mme VERDIER CV. A 3 km: Piscine plein air . A 5 km : . A 7 km : . La Prade-Basse. Accès par CD 239, dir. St-André-de-Najac, ensuite route communale, environ 3 km de Najac. ☎ 05 65 29 71 51. Fax : 05 65 29 71 51. E-mail : jp_et_m_verdier@hotmail.com, Web : www.lapradebasse.com.

NANT

13-D1 32 km S.-E. Millau. 500 m. 972 hab. Station verte de vacances et village de neige ✉ 12230

VAL DE CANTOBRE ★★★★ Tourisme 210 E. dont 99 nus, dont 160 CC - 15 GCC - 11 HLL, 6,5 ha. CV. Locations : 15 , 20 . chauffée . Accès direct à la rivière. ; ; à 1 km : . Ouv : 12.4 / 11.10. Domaine de Vellas, 400 m RN 991, 4 km du centre de Nant. A 75 (viaduc de Millau) sortie n° 47 et suivre La Cavalerie et Nant, puis au stop tournez à gauche. ☎ 05 65 58 43 00. Fax : 05 65 62 10 36. E-mail : info@vdc12.com, Web : www.valdecantobre.com. Prix 2008. Fft jour : Empl. Tourisme (2) : 45,50 € ( ) Réduction H.S.

Toute l'année, les Clubs organisent des rassemblements, des rencontres ou des voyages. Consultez la liste des Clubs en fin de guide.

LE ROC QUI PARLE ★★★ Tourisme 88 E., dont 56 CC - 12 GCC, 4,5 ha. CV. Locations : 9 . Accès direct à la rivière. ; ; à 10 km : . Accueil adultes. Ouv : 1.4 / 30.9. A 75 sortie 47, La Cavalerie puis suivre D 999 dir. Nant puis D 991 sur 2 km. ☎ 05 65 62 22 05. Fax : 05 65 62 22 05. E-mail : contact@camping-roc-qui-parle-aveyron.com, Web : www.camping-roc-qui-parle-aveyron.com. Prix 2007. Fft jour : Empl. Tourisme (2) : 15,90 € ( ) ; Sup : 4 € - de 7 ans 2,40 € ; 2,90 €. Fft Tente : 13 € (2).

LE VIALARET ★★★ Tourisme 50 E. dont 40 nus, 2 ha. CV. Locations : 5 , 2 . Accès direct à la rivière. ; ; . Ouv : 1.4 / 30.9. Les Vialarets. Accès par RN 9 (Millau - La Cavalerie) puis N 999 dir. Nant. ☎ 05 65 62 25 66 / 06 88 62 81 75 (H.S.). Prix 2007. 8 € ; 6 € ; 3 € ; - de 7 ans 2 € ; 2 €.

FFCC : Stop accueil Camping-car du 01/04 au 30/09/2008, accès jusqu'à 21h.

LES DEUX VALLEES ★★★ Tourisme 80 E. dont 70 nus (62 Tourisme + 18 Loisirs), dont 18 GCC, 2 ha. CV. Locations : 6 . . Rivière à 1,5 km. à 100 m : ; à 3 km : . Accueil groupes. Ouv : 1.4 / 31.10. Rés. obligatoire en été. Route de la Mouline. 300 m RD 999, à 800 m du bourg. Près de l'A 75 par La Cavalerie. ☎ 05 65 62 26 89 / 05 65 62 10 40 (H.S.). Fax : 05 65 62 17 23. E-mail : contact@lesdeuxvallees.com, Web : www.lesdeuxvallees.com. Prix 2008. Fft jour : Empl. Tourisme (2) : 18 € ((6 A)) ; Sup : 4 € - de 7 ans 2 € ; Animaux 1 €. Fft Ccar : 17 € (2 (6 A)).

FFCC : partenaire + réduction emp. de 5 % en saison et hors saison + Stop accueil Camping-car du 01/04 au 30/06 et du 01/09 au 31/10/2008, accès jusqu'à 21h.

G.C.U. LA MOULINE Réservé aux adhérents. Adhésion possible sur place pour les sociétaires MAIF et FILIA MAIF. Réservé aux adhérents. Adhésion possible sur place pour les sociétaires MAIF et FILIA MAIF.

LES VERNEDES ★ Tourisme 45 E. dont 45 nus 1,6 ha. CV Sanitaire chauffé. Accès direct à la rivière. . Accueil groupes. Ouv : 1.3 / 31.10. Millau RN 9. A 75 sortie La Cavalerie, arrivée à Nant, prendre la 1ère route à droite. ☎ 05 65 62 15 19 / 06 74 23 98 67 (H.S.). Prix 2008. Empl. Tourisme : 3,50 € ( ) : 2,25 € ; 1,50 € ; 2,50 à 2,50 €.

M. GELY Joseph, aire naturelle . A 3 km: Piscine plein air . Castelnau. Accès par la D 999. ☎ 05 65 62 25 15.

NAUCELLE

10-B5 32 km S.-O. Rodez. 415 m. 2357 hab. Station verte de vacances et village de neige ✉ 12800

CAMP DU LAC ★★★ Tourisme 96 E. (73 Tourisme + 23 Loisirs), dont 23 GCC, 4,5 ha. pizzéria, CV Sanitaire chauffé. Locations : 12 , 5 , 15 , Chalets résidentiels. . Accès direct à l'étang et aux bords du lac. ; à 1 km : . Accueil groupes. Ouv : 1.4 / 31.10. Bonnefon. Entre Albi et Rodez sur la RN 88. A Naucelle gare prendre dir. Naucelle centre par la D 997 et suivre la signalisation. ☎ 05 65 69 33 20. Fax : 05 65 69 33 20. E-mail : campingdulacdebonnefon@wanadoo.fr, Web : www.camping-du-lac-de-bonnefon.com. Prix 2008. Fft jour : Empl. Tourisme (2) : 22,90 € ( ) ; Sup : 5 € 3 € ; Animaux 2,50 €.

FFCC : partenaire + réduction emp. de 5 % en saison et hors saison + Stop accueil Camping-car du 01/04 au 27/06 et du 01/09 au 24/10/2008, accès jusqu'à 21h + réduction loc. de 5 % en saison et hors saison.

LE NAYRAC

10-C4 45 km N. Rodez. 707 m. 660 hab. ✉ 12190

CAMP MUNICIPAL LA PLANQUE Tourisme Saisonnier 45 E. 4,6 ha. CV. . Accès direct à l'étang et aux bords du lac. ; ; . Accueil groupes. A 5 km d'Estaing et 20 km d'Espation, le camping se situe à l'entrée du village. ☎ 05 65 44 44 50 / 05 65 44 40 05 (H.S.). Fax : 05 65 44 44 50. E-mail : vert-tea-jeu@wanadoo.fr. Prix 2007. Empl. Tourisme : 2,50 € ; 2,50 € ; 2,50 à 3 € (3 à 6 A).

PEUX ET COUFFOULEUX

13-C2 65 km S.-O. Millau 700 m. 138 hab. ✉ 12360

AIRE NATURELLE, centre de loisirs . A 6 km: . Ouv : mai / septembre. La Bouyssière de Blanc. D 119 Brusque-Murat. ☎ 05 65 49 55 17 / 06 89 55 09 90 (H.S.). Fax : 05 65 49 55 17. E-mail : vacances@labouyssiere.com, Web : www.labouyssiere.com. Prix 2008. Fft jour : Empl. Tourisme : 5 € ( ) ; Sup : 4 € (12) - de 3/12 ans 3 € ; 3 € (16 A). Réduction H.S.

FFCC : partenaire + réduction emp. de 10 % en saison et 20 % hors saison.

PEYRELEAU

10-D5 22 km N.-E. Millau. 400 m. 100 hab. ✉ 12720

LES BUSSEROLLES ★★★ Tourisme 20 E., dont 5 GCC. CV. ; ; à 4 km : , . Alayrac. ☎ 05 65 62 67 23 / 06 82 49 24 24 (H.S.). Fax : 05 65 62 67 23. E-mail : fran.busserolles@laposte.net, Web : www.visual-web.com.fr/les-busserolles.

LES PEUPLIERS ★★ Tourisme 33 E. 0,8 ha. CV. Locations : . Accès direct à la rivière. ; ; . Accueil groupes. Par entrée du village du Rozier. ☎ 05 65 62 60 85 / 06 83 94 62 72. E-mail : camplespeupliers@aol.com, Web : www.camping-lespeupliers.fr.

PLAISANCE

13-C1 75 km S.-O. Millau. 360 m. 282 hab. ✉ 12550

CAMP MUNICIPAL LE MOULIN DE L'HORTE ★★ Tourisme 25 E. CV. Locations. Accès direct à la rivière. ☎ 05 65 99 75 07 (Mairie) / 05 65 99 72 07 (H.S.). Fax : 05 65 99 71 80. E-mail : mairie.plaisance12@laposte.net, Web : www.plaisance12.com. Prix 2007. Fft jour : Empl. Tourisme (2) : 8 € ; Sup : 3 € - de 14 ans 1,50 € ; 2,50 €.

PONT DE SALARS

10-C5 21 km S.-E. Rodez. 700 m. 1542 hab. Station verte de vacances et village de neige ✉ 12290

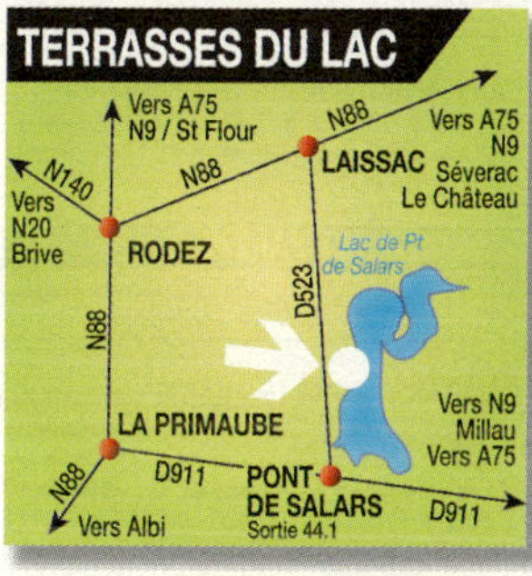

LES TERRASSES DU LAC ★★★★ Tourisme 180 E. (148 Tourisme + 32 Loisirs), dont 32 GCC, 6 ha. CV. Locations : 4, 36, 9, 2. chauffée . Accès direct aux bords du lac. Ouv : 1.4 / 30.9. Route du Vibal. A 75 sortie 44.1 dir. Pont-de-Salars. RN 9 à Millau dir. Cahors. A Rodez suivre la Rocade sud, dir. Albi/RN 88, ensuite sortie La Primaube/Pont-de-Salars, à La Primaube (centre), tourner à gauche de Millau/Pont-de-Salars D 911. WIFI ☎ 05 65 46 88 18 / 06 72 89 84 34 (H.S.). Fax : 05 65 46 85 38. E-mail : campinglesterrasses@wanadoo.fr, Web : www.campinglesterrasses.com. Prix 2008. Fft jour : Empl. Tourisme (2) : 21,50 € ; Sup : 4,95 € - de 7 ans 3,95 € ; 4 € (6 A) ; E. CC 6 € (suplt.) ; E. GCC 6 € (suplt.) ; Animaux 1,65 €. Réduction H.S.

FFCC : partenaire + réduction emp. de 5 % en saison et hors saison + Stop accueil Camping-car du 01/04 au 30/09/2008, accès jusqu'à 22h.

PARC CAMPING DU LAC ★★★ Tourisme 200 E., dont 40 CC, 4,8 ha. snack, CV. Locations : 3, 10. Accès direct aux bords du lac. RD 523. Pont de Salars entre Millau et Rodez sur la D 911. A 18 km de la N 88. ☎ 05 65 46 84 86 / 06 81 04 05 14 (H.S.). Fax : 05 65 46 60 39. E-mail : camping.du.lac@wanadoo.fr, Web : www.camping-du-lac.fr.st.

PREVINQUIERES

10-B5 20 km E. Villefranche-de-Rouergue 376 m. 329 hab. ✉ 12350

CAMP MUNICIPAL LA MOULINE ★ Tourisme 6 E. 1 ha. Le Prat-Bouyssou. Par D 911 Rodez-Villefranche, à Rieupeyroux D 61 (10 km). ☎ 05 65 81 94 98.

PRIVEZAC

10-B5 322 hab. ✉ 12350

LES MALENIES,aire naturelle CV. ☎ 05 65 81 92 80 / 05 65 81 96 77 (Mairie). Fax : 05 65 81 96 77.

PRUINES

10-C4 32 km N. Rodez. 440 m. 330 hab. ✉ 12320

AIRE NATURELLE MUNICIPALE ☎ 05 65 69 82 85. Fax : 05 65 72 89 45.

RECOULES PREVINQUIERES

10-D5 38 km N.-O. Millau. 650 m. 418 hab. ✉ 12150

CAMP MUNICIPAL LE PLO ★★★ Tourisme 50 E. 1 ha. CV. Locations : 6, Mini-chalets. Rivière à 300 m. A 75 sortie Sévérac-le-Château. Sur la RN 88 Rodez/Millau. ☎ 05 65 47 64 02 (Mairie). Fax : 05 65 47 80 16. Web : www.chalets-decouverte.com.

REQUISTA

13-C1 48 km S. Rodez. 580 m. 2690 hab. ✉ 12170

LES CHALETS DU TARN ★★ Tourisme 29 E., dont 8 CC, 0,33 ha. snack, collectif, CV. Locations : 14, 1, 4, 6. payant. Rivière à 20 m. Le Pont de Lincou. A 68 dir. Albi/Requista/Vallée-du-Tarn/Lincou ou par A 75 dir. Severac-le-Château/Rodez/Requista/Vallée-du-Tarn/Lincou. ☎ 05 65 72 34 84. Fax : 05 65 72 34 84. E-mail : leschaletsdutarn@tiscali.fr, Web : www.leschaletsdutarn.com. Prix 2007. Fft jour : Empl. Tourisme (2 1) : 16 € ; Sup : 4 € - de 13 ans 3 € ; Animaux 1 €.

RIGNAC

10-B5 29 km N.-O. Rodez. 520 m. 1739 hab. Station verte de vacances et village de neige ✉ 12390

CAMP MUNICIPAL LA PEYRADE ★★★ Tourisme 35 E., dont 24 GCC, 0,7 ha. Locations. Lac à 100 m. Sèche-linge. ☎ 05 65 64 44 64 / 05 65 80 26 00 (H.S.). Fax : 05 65 80 26 09. E-mail : mairie.rignac@wanadoo.fr.

M. DAUSSE La Carreyrie. ☎ 05 65 64 56 21.

M. MALGOUYRES A 500 m : Piscine plein air. La Granière. ☎ 05 65 64 57 91.

M. PRADEL André CV. A 4 km. A 5 km : Piscine plein air. D 994 Rodez/Villefranche-de-Rouergue. ☎ 05 65 64 53 25 / 06 73 86 45 40. Fax : 05 65 64 53 25. E-mail : monique.pradel@wanadoo.fr.

RIVIERE SUR TARN

10-D5 12 km N. Millau. 370 m. 660 hab. Station verte de vacances et village de neige ✉ 12640

LES PEUPLIERS ★★★★ Tourisme 112 E. dont 100 nus, dont 102 CC - 10 GCC, 1,5 ha. snack, CV. Camping clef verte. Locations : 12. Accès direct à la rivière. Accueil groupes. 200 m RN 107 bis. ☎ 05 65 59 85 17. Fax : 05 65 61 09 03. E-mail : lespeupliers12640@wanadoo.fr, Web : www.campinglespeupliers.fr. Réduction H.S.

FFCC ; partenaire - terrain assuré par la FFCC + réduction loc. de 5 % hors saison.

PEYRELADE ★★★★ Tourisme 190 E. dont 145 nus, , dont 14 CC - 27 GCC, 4 ha. CV. Locations : 37, 8, 40. chauffée . Accès direct à la rivière. à 100 m. Ouv : 15.5 / 6.9. Route des Gorges du Tarn. A 75 sortie 44-1. Joindre Aguessac et prendre le CD 907. ☎ 05 65 62 62 54. Fax : 05 65 62 65 61. E-mail : campingpeyrelade@wanadoo.fr, Web : www.campingpeyrelade.com. Prix 2008. Fft jour : Empl. Tourisme (2) : 25 € ; Sup : 6 € - de 7 ans 4 € ; 4 € (6 A) ; Animaux 2 €. Réduction H.S.

LE PONT CV. A 100 m. A 2 km. A 4 km. A 5 km. Ouv : 15.3 / 30.9. Sur RN 907 bis. 4 km de Rivière-sur-Tarn. ☎ 05 65 61 04 27. E-mail : nicolas.garden@orange.fr, Web : www.chambre-millau.com. Prix 2008. Fft jour : Empl. Tourisme (2) : 11 € ; Sup : 3 € - de 7 ans 1,50 € ; 2,50 € (8 A) ; Animaux 1 €. Réduction H.S.

MOULIN DE LA GALINIERE ★★ Tourisme 57 E. 1,5 ha. CV. Accès direct à la rivière. à 2 km. Ouv : 1.7 / 31.8. Boyne. A 75 sortie 44.1. ☎ 05 65 62 65 60. E-mail : moulindelagaliniere@wanadoo.fr, Web : www.moulindelagaliniere.com. Prix 2007. Fft jour : Empl. Tourisme : 13 € 3 €.

RODEZ

611 km S.-S.-E. Paris. 630 m. 26346 hab. ✉ 12000

CAMP MUNICIPAL DE LAYOULE ★★★★ Tourisme 88 E., dont 79 GCC, 2 ha. CV. Rivière à 150 m. Accueil groupes. Dir. zone industrielle. ☎ 05 65 67 09 52. Fax : 05 65 67 11 43.

ST AFFRIQUE

13-C1 32 km S.-O. Millau. 330 m. 9188 hab. 12400

CAMP MUNICIPAL ★★ Tourisme 47 E. dont 47 nus 2,5 ha. Accès direct à la rivière. Parc des Sports, la Capelle Basse, 400 m RN 99. ☎ 05 65 99 05 54 / 05 65 98 29 00 (Mairie) / 05 65 98 12 40 (H.S.). Fax : 05 65 49 02 29.

ST AMANS DES COTS

10-C4 60 km N. Rodez. 750 m. 992 hab. 12460

LES TOURS ★★★★ Tourisme 275 E. (250 Tourisme + 25 Loisirs), dont 32 CC - 102 GCC, 15 ha. CV. Locations : 42, chauffée. Accès direct aux bords du lac. Après St-Amans prendre la D 97 pendant 2 km, ensuite la D 599. ☎ 05 65 44 88 10 / 0810 122 813 (H.S.). Fax : 05 65 44 83 07. E-mail : lestours@village-center.com, Web : www.village-center.com/lestours. Réduction H.S.

CAMP MUNICIPAL LA VERGNE ★★★ Tourisme 47 E. (35 Tourisme + 12 Loisirs), dont 12 GCC - 1 HLL, 1,2 ha. Rivière à 3 km. Lac à 4 km. Sur CD 34. ☎ 05 65 44 86 19 (Mairie). Fax : 05 65 44 83 77.

LA ROMIGUIERE Voir aussi MONTPEYROUX

ST BEAUZELY

10-D5 17 km N.-O. Millau. 620 m. 422 hab. 12620

LA TACHERIE ★★ Tourisme 40 E. CV. Ouv : 1.5. De Millau dir. Cahors-Rodez par le CD 911. ☎ 05 65 62 00 38. Fax : 05 65 62 04 83.

CAMP MUNICIPAL LA MUSE ★ Tourisme 28 E. 0,3 ha. Locations : Accès direct à l'étang et à la rivière. Accueil groupes. Ouv : 1.7 / 30.8. Rés. obligatoire en été. Le Bourg. Par D 30. A 75 sortie n°45 dir. St-Beauzely. D 911 à 7 km. ☎ 05 65 62 02 69. Fax : 05 65 62 04 37. E-mail : mairie@saint-beauzely.fr, Web : www.saint-beauzely.fr. Prix 2008. Fft jour : Empl. Tourisme (2) : 7 € ; Sup : 2,50 € - de 10 ans 1,50 € ; 3 €. Réduction H.S.

ST CHELY D AUBRAC

10-C4 55 km N.-E. Rodez. 800 m. 556 hab. 12470

CAMP MUNICIPAL CV. Ouv : 20.5 / 31.8. ☎ 05 65 44 27 08 / 05 65 48 78 89 (H.S.). Fax : 05 65 44 20 01. E-mail : mairie-st-chely-daubrac@wanadoo.fr. Prix 2007. 1,50 € ; 1 € ; 1,50 € ; 1,50 € ; 2,80 € ; - de 7 ans 1 € ; 1,50 €.

ST COME D OLT

10-C5 36 km N.-E. Rodez. 340 m. 1207 hab. 12500

BELLE RIVE ★★ Tourisme 65 E. (55 Tourisme + 10 Loisirs) 1,7 ha. Locations : 3. Accès direct à la rivière. Lac à 5 km. Accueil groupes lieu d'accueil spécial groupe. Ouv : 1.5 / 30.9. Rue du Terral. 4 km d'Espalion D 8, sortie Est du village. ☎ 05 65 44 05 85. E-mail : bellerive12@voila.fr, Web : www.bellerive.site.voila.fr. Prix 2008. Fft jour : Empl. Tourisme (2) : 10,18 € ; Sup : 2,98 € - de 7 ans 1,49 € ; 2,03 € (5 à 10 A) ; Animaux 0,60 €.

ST CYPRIEN SUR DOURDOU

10-C4 30 km N.-O. Rodez. 250 m. 849 hab. 12320

CAMP MUNICIPAL Tourisme Saisonnier 21 E. Locations : Accès direct à la rivière. Accueil groupes. RN 140. ☎ 05 65 72 80 52 / 05 65 69 83 16. Fax : 05 65 69 89 31. E-mail : mairie-stcyprien12@wanadoo.fr.

ST GENIEZ D OLT

10-D5 48 km N.-E. Rodez. 420 m. 2201 hab. Station verte de vacances et village de neige 12130

MARMOTEL ★★★★ Tourisme 173 E., dont 39 CC - 100 GCC - 15 HLL, 5 ha. hte saison, CV. Locations : 30, 22, chauffée. Accès direct à la rivière. Lac à 3 km. Accueil groupes. Ouv : 10.5 / 14.9. A 75 sortie 41. Par Rodez sortie Laissac. ☎ 05 65 70 46 51. Fax : 05 65 47 41 38. Web : www.marmotel.com. Prix 2008. Fft jour : Empl. Tourisme (2) : 30 € ; Sup : 5,80 € - de 4 ans 3 € ; Animaux 1,50 €. Réduction H.S.

FFCC : Stop accueil Camping-car du 10/05 au 30/06 et du 01/09 au 14/09/2008, accès jusqu'à 17h + réduction loc. de 5 % hors saison.

CAMPEOLE LA BOISSIERE ★★★ Tourisme 190 E. dont 115 nus (175 Tourisme + 15 Loisirs), dont 18 HLL, 4,5 ha. CV. Locations : 30, 60, 8, chauffée. Accès direct à la rivière. Lac à 2 km. à 2 km. Ouv : 20.4 / 21.9. Route de la Cascade, A 75 sortie 41. ☎ 05 65 70 40 43. Fax : 05 65 47 56 39. E-mail : cplboissiere@atciat.com, Web : www.campeole.s.fr. Prix 2008. Fft jour : Empl. Tourisme (2) : 20,30 € ; Sup : 6,50 € - de 13 ans 4,20 € ; 4 € ; Animaux 2,80 €. Réduction H.S.

ST GEORGES DE LUZENCON

13-D1 10 km S.-O. Millau. 400 m. 1027 hab. 12100

CAUSSES ET VALLEES VACANCES P.R.L. 25 E., dont 10 GCC - 15 HLL, 1 ha. CV. Locations : à 5 km : Accueil adultes. Saint-Geniez-de-Bertrand. Près du Viaduc de Millau. ☎ 05 65 58 11 06. Fax : 05 65 58 11 16. E-mail : contact@causse-vacances.com, Web : www.causse-vacances.com. Prix 2007. Fft jour : Empl. Tourisme (2) : 16 € (E. CC) ; Sup : 3 € - de 12 ans 2 €.

ST HIPPOLYTE

10-C4 60 km N. Rodez. 675 m. 686 hab. 12140

CAMP MUNICIPAL LA RIVIERE ★★★ Tourisme 47 E., dont 11 GCC, 0,66 ha. CV. Locations : 11. Accès direct à la rivière. ☎ 05 65 66 18 16 / 05 65 66 14 50 (Mairie) / 05 65 66 14 50 (mairie) (H.S.). Fax : 05 65 66 22 71.

ST IZAIRE

13-C1 47 km S.-O. Millau. 240 m. 337 hab. 12480

LE BATUT ★★ Tourisme 60 E. dont 52 nus, 1 ha. buvette, CV. Locations : 1. Accès direct à la rivière. Ouv : 1.6 / 31.8. Sur RD 902. Location de gîtes ruraux à 1,5 km. ☎ 05 65 99 42 97 / 05 65 97 57 11. Prix 2007. Fft jour : Empl. Tourisme (2) : 9,6 € ; Sup : 1,90 € - de 8 ans 1,20 € ; 2,10 à 2,40 € ; 0,65 €. Réduction H.S.

AIRE NATURELLE MUNICIPALE LA PLANQUE au village, A 1 km : Ouv : 1.7 / 31.8. RD 25 ☎ 05 65 99 40 31 (Mairie). Fax : 05 65 99 47 49. E-mail : mairie.saint-izaire@wanadoo.fr, Web : www.monclocher.com. Prix 2007. : 2 € ; 2 € ; 2 € ; 2 € ; 2 € ; 2,50 €.

ST JEAN DELNOUS

13-C1 48 km S. Rodez. 515 m. 377 hab. 12170

M. CLUZEL A 1 km : Piscine plein air. Pantelle. ☎ 05 65 46 23 95.

M. SALVAGNAC Jean, camping en ferme d'accueil Le Pouget. ☎ 05 65 74 00 68.

ST JEAN DU BRUEL

13-D1 40 km S.-E. Millau. 530 m. 843 hab. 12230

LA CLAPAREDE ★★★ Loisirs 54 E. dont 10 nus (25 Tourisme + 29 Loisirs), dont 30 CC - 4 GCC - 4 HLL, 1,2 ha. CV. Accès direct à la rivière. Accueil groupes. Ouv : 7.3 / 31.10. Rés. obligatoire en été. Sur D 999, lieu-dit Claparède. Près de l'A 75 par La Cavalerie. ☎ 05 65 62 23 41 / 05 65 62 10 40 (H.S.). Fax : 05 65 62 17 23. Web : www.Laclaparede.com. Prix 2008. Fft jour : Empl. Tourisme (2) : 14 € ((6 A)) ; Sup : 4 € - de 7 ans 2 € ; Animaux 1 €. Fft Ccar : 13 € (2 (6 A)).

ST LAURENT D OLT

10-D5 54 km N. Millau. 545 m. 743 hab. 12560

CAMP MUNICIPAL LA GALINIERE ★★ Tourisme 40 E. 1 ha. Accès direct à la rivière. ☎ 05 65 47 45 26 (Mairie). Fax : 05 65 47 59 10.

ST PARTHEM

10-B4 45 km N.-E. Villefranche-de-Rouergue. 205 m. 515 hab. 12300

CAMP MUNICIPAL LA PLAINE ★★ Tourisme 65 E. 2,3 ha. ambulant, CV. Locations : 4, 3. Rivière à 50 m. Accueil groupes. Par CD 42. ☎ 05 65 64 05 24 / 05 65 64 16 84 (H.S.). Fax : 05 65 64 05 24. E-mail : camp.laplaine@freesbee.fr, Web : www.camping-laplaine-fr. Réduction H.S.

ST ROME DE TARN

13-C1 23 km S.-O. Millau. 330 m. 629 hab. 12490

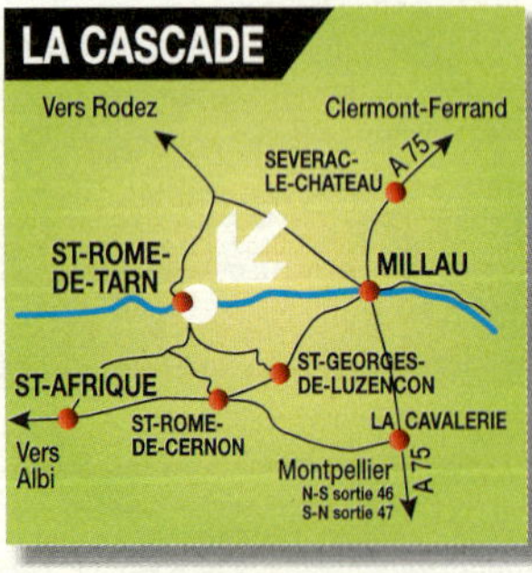

LA CASCADE DES NAISSES ★★★★ Tourisme 99 E., dont 12 HLL, 4 ha. CV Sanitaire chauffé. Locations : 15, 10, 10. Accès direct aux bords du lac et à la rivière. Accueil groupes. ☎ 05 65 62 56 59. Fax : 05 65 62 58 62. E-mail : campingdelacascade@wanadoo.fr, Web : campingdelacascade.com. Prix 2007. Fft jour : Empl. Tourisme (2) : 25 € ; Sup : 6,50 € - de 10 ans 4 € ; Animaux 6 € (chien). Fft Tente : 20 € (2). Réduction H.S.

CAMP MUNICIPAL DE REBOUISSES ★ Tourisme 33 E. 1,7 ha. CV. Locations : , 13 . . Accès direct à la rivière. ; ; ; . Ouv : 1.4 / 31.10. Rés. obligatoire en été. Dir. St-Victor. Base nautique. ☎ 05 65 58 14 69. E-mail : annieverparet@free.fr, Web : www.camping-base-nautique.fr. Prix 2007. Fft jour : Empl. Tourisme (2) : 13 € ( ) ; Sup : 4 € - de 12 ans 2 € ; 3 € (6 A).

ST SALVADOU

10 B6 13 km S.-E. Villefranche-de-Rouergue. 460 m. 520 hab. ✉ 12200

LE MURET ★★★ Tourisme 40 E. 2 ha. CV. Locations : , . Accès direct aux bords du lac. ; ; . Accueil groupes. Ouv : 1.4 / 29.10. 800 m RD 71. ☎ 05 65 81 80 69 / 05 65 65 69 74 (H.S.). Fax : 05 65 81 80 69. E-mail : info@lemuret.com, Web : www.lemuret.com. Réduction H.S.

M. DELERIS Jean-Paul,camping à la Belle Etoile . A 2 km: . A 7 km : . A 8 km : . A 12 km : Piscine plein air. Cabries. ☎ 05 65 29 82 54.

ST SATURNIN DE LENNE

10-D5 47 km N. Millau. 630 m. 406 hab. ✉ 12560

CAMP MUNICIPAL ★★ Tourisme 10 E. 0,3 ha. . . Ouv : 1.7. A 75 sortie 41. ☎ 05 65 70 41 69 (Mairie). Fax : 05 65 47 54 80. Prix 2008. Empl. Tourisme : 1 € ( ) : 1 € ; 1 € ; 2 € ; - de 10 ans 1 € ; 1 €.

ST SYMPHORIEN DE THENIERES

10-C4 70 km N. Rodez. 750 m. 311 hab. ✉ 12460

SAINT-GERVAIS ★★★ Tourisme 33 E. dont 22 nus, , dont 10 GCC - 1 HLL, 1 ha. CV. Locations : 10, 1. Lac à 50 m. Accueil groupes. Accès par A 75. ☎ 05 65 44 82 43 / 05 65 44 30 20. E-mail : info@camping-saintgervais.com, Web : www.camping-saintgervais.com. Prix 2007. Fft jour : Empl. Tourisme (2) : 15 € ; Sup : 4 € - de 13 ans 3 € ; Animaux 1,50 €. Réduction H.S.

ST VICTOR ET MELVIEU

13-C1 30 km O. Millau. 635 m. 305 hab. ✉ 12400

LA TIOULE ★ Tourisme 35 E. 1 ha. CV. Locations : . Accueil groupes. ☎ 05 65 62 51 93. Fax : 05 65 62 51 93. E-mail : carriere.nic@wanadoo.fr, Web : perso.wanadoo.fr/campinglatioule.fr.

FFCC : partenaire - terrain assuré par la FFCC.

STE EULALIE D OLT

10-D5 42 km N.-E. Rodez. 425 m. 359 hab. Station verte de vacances et village de neige ✉ 12130

BRISE DU LAC ★★ Tourisme 25 E. Accès direct à la rivière.

CAMP MUNICIPAL LA GRAVE ★★ Tourisme 40 E. à gaz ou élec., CV. Accès direct à la rivière. Lac à 5 km. Ouv : 15.5 / 30.9. De St-Geniez-d'Olt suivre Ste-Eulalie d'Olt. ☎ 05 65 47 44 59. Fax : 05 65 47 57 41. E-mail : ste.eulalie@wanadoo.fr, Web : www.mairie-ste-eulalie-olt.fr. Prix 2007. Fft jour : Empl. Tourisme (2 1 - de 2) : 8 € ; Sup : 3 € - de 7 ans 2 € ; 2,60 €.

LA CASCADE P.R.L. 15 E., dont 15 HLL. Sanitaire chauffé. Locations : 15. Lac et rivière à 300 m. à 100 m : Accueil adultes. Ouv : 1.4 / 15.10. La Montberte. A75 sortie 41 ☎ 05 65 78 65 97 / 06 88 84 52 65 (H.S.). Fax : 05 65 78 65 97. E-mail : contact@ste-eulalie.com, Web : www.ste-eulalie.com.

STE GENEVIEVE SUR ARGENCE

10-C4 75 km N. Rodez. 800 m. 1174 hab. ✉ 12420

CAMP MUNICIPAL ★★ Tourisme 33 E. 1 ha. Locations : . Rivière à 800 m. Lac à 1,2 km. ; à 1,2 km : ; à 2 km : . 100 m RD 600. Salle de jeux. ☎ 05 65 66 19 75 / 05 65 66 49 63. Fax : 05 65 66 29 28. E-mail : stegenevieve@wanadoo.fr, Web : www.chez.com/stegenevieve12.

SALLES CURAN

10-C5 39 km N.-O. Millau. 820 m. 1580 hab. Station verte de vacances et village de neige ✉ 12410

BEAU RIVAGE ★★★★ Tourisme 80 E. 1,8 ha. snack, CV. Locations : 6, 16, 3, 2. chauffée. Accès direct aux bords du lac. Accueil groupes. Ouv : 1.5 / 30.9. A 75 sortie 44.1. Entre Millau et Rodez RN 911 suivre lacs du Levezou, de Pareloup et Salles Curan. A 2 km de Salles Curan dir. plage des Vernhes. Soirées disco. ☎ 05 65 46 33 32. E-mail : camping-beau-rivage@wanadoo.fr, Web : www.beau-rivage.fr. Prix 2007. Fft jour : Empl. Tourisme (2) : 26 € ; Sup : 6 € - de 7 ans 4 € ; 3 € (6 A) ; Animaux 3,50 €.

FFCC : partenaire + réduction emp. de 5 % hors saison + Stop accueil Camping-car du 01/05 au 30/09/2008.

CAMP DU CHARROUZECH ★★★★ Tourisme 104 E. dont 42 nus, dont 104 GCC, 1,9 ha. snack, CV. Locations : , 10, 52. Accès direct aux bords du lac. Accueil groupes. A 75 Millau ou N 88 Rodez puis D 911 (Millau-Rodez), D 993 Salles Curan et D 577 à partir de Salles Curan. ☎ 05 65 46 01 11 / 05 65 77 36 01 (H.S.) / 05 65 77 36 00 (H.S.). Fax : 05 65 46 02 80. E-mail : patrick-vpt12@wanadoo.fr, Web : www.vacancespourtous-aveyron.com.

LES GENETS ★★★★ Tourisme 163 E. (149 Tourisme + 14 Loisirs), dont 97 CC - 11 GCC - 1 HLL, 3 ha. à gaz, CV. Locations : 11, 40, 7, 10. chauffée. Accès direct aux bords du lac. Ouv : 30.5 / 8.9. A 75 sortie 44,1. ☎ 05 65 46 35 34. Fax : 05 65 78 00 72. E-mail : contact@camping-les-genets.fr, Web : www.camping-les-genets.fr. Prix 2008. Fft jour : Empl. Tourisme (2) : 33 € (6 A)) Réduction H.S.

FFCC : réduction loc. de 5 % hors saison.

CAMP MUNICIPAL LES VERNHES ★★★ Tourisme 73 E. snack, CV. Locations : 5, , Yourte (animaux interdits). Accès direct aux bords du lac. Accueil groupes. Ouv : 1.4 / 30.9. Route des Vernhes. Par D 993. Accueil en espagnol, vue imprenable sur le lac, réduction longue durée, location des yourtes (meubles mongoles, 4 places possibilité lit suplt.) ☎ 05 65 75 55 40. Fax : 05 65 75 55 41. E-mail : info@lesvernhesnature.com, Web : www.lesvernhesnatures.com. Prix 2008. Fft jour : Empl. Tourisme (2) : 18 € ; Sup : 5 € - de 7 ans 3 € ; 2 € ; Animaux 3 €. Réduction H.S.

LA DEVEZE ★★ Tourisme 90 E. 2 ha. Locations : 3, 5. Accès direct aux bords du lac. ☎ 05 65 46 34 58. E-mail : la.deveze@wanadoo.fr, Web : www.pro.wanadoo.fr/campingdeladeveze/.

LA PRESQU'ILE DU MAS ATCHE ★★ Loisirs 34 E. (15 Tourisme + 19 Loisirs) 1 ha. CV. Locations : , . Accès direct aux bords du lac. Ouv : 1.6 / 30.9. A 75 sortie 44.1. ☎ 05 65 46 05 26 / 06 81 98 47 41 (H.S.). Fax : 05 65 46 05 26. E-mail : contact@camping-lapresquile.com, Web : www.camping-lapresquile.com. Prix 2007. Empl. Tourisme : 11,50 € ; 10 € ; 2,50 € ; - de 12 ans 1,50 € ; 3 € (6 A) ; Animaux 1 €.

LE TOURING ★★ Tourisme 70 E. Locations : . Accès direct aux bords du lac. Route des Faux. Ecole de voile, dériveurs, catamaran. ☎ 05 65 46 36 74 / 05 65 63 33 06. Fax : 05 65 46 36 74.

LA VERNHIERE ★ Tourisme 19 E., dont 19 GCC. ☎ 05 65 46 33 38.

M. BELET Joël, aire naturelle de camping l'Azur CV. Ouv : 1.5 / 31.10. Le Charouzech. ☎ 05 65 46 39 13 / 06 13 03 32 91 (H.S.). Prix 2008. Fft jour : Empl. Tourisme (2) : 15 € (E. CC) ; Sup : 3 € - de 10 ans 2,50 € ; 2,50 € (10 A).

M. VEYRAC Didier, aire naturelle La Sarrade A 4 km: . Les Vernhes. ☎ 05 65 46 33 64.

SALVAGNAC CAJARC

10-B5 27 km N.-O. Villefranche-de-Rouergue. 300 m. 317 hab. ✉ 12260

LE PLAN D'EAU ★★ Tourisme 35 E. 0,8 ha. Locations : . Accès direct à la rivière. Sur RD 24, à 500 m de Cajarc vers Villefranche de Rouergue. ☎ 05 65 40 64 45.

LA SALVETAT PEYRALES

10-B5 49 km S.-O. Rodez. 612 m. 1311 hab. ✉ 12440

MOULIN DE LIORT ★★ Tourisme 16 E. 0,25 ha. hte saison, hte saison, hta saison, . Accès direct à la rivière. Ouv : 1.5 / 1.10. A La Salvetat Peyralès dir. Carmaux. Après 200 m à gauche dir. Tayrac. Après 2 km le camping est à droite. Accueil : poursuivre la route et prendre le chemin à gauche. ☎ 05 65 81 89 67. Web : www.campingliort.com. Prix 2008. Fft jour : Empl. Tourisme (2) : 14,50 €

M. DELERIS Fabien 2, . A 6 km: . A 7 km : . A 8 km : . A 9 km : Piscine plein air. Ouv : mai / octobre. La Pendarie. Itinéraire de Rodez vers Villefranche N 88 et N 111. A Rieupeyroux à gauche jusqu'à La Salvetat Peyrales D 605 vers Pradials sur 3 km puis à gauche vers Leseure Jaoul. ☎ 05 65 81 81 73. Prix 2008. Empl. Tourisme : 4 € ; 3 € ; 2 € ; 2,50 €.

SAUVETERRE DE ROUERGUE

10-B5 32 km S.-O. Rodez. 460 m. 793 hab. ✉ 12800

AIRE NATURELLE MUNICIPALE ☎ 05 65 47 05 32 / 05 65 72 02 52. Fax : 05 65 72 02 52.

SEBRAZAC

10-C4 32 km N. Rodez. 380 m. 466 hab. ✉ 12190

M. GUIRAL Didier A 1 km: . A 6 km : Piscine plein air . A 10 km : . A 12 km : . Les Crouzets. ☎ 05 65 44 73 69.

SENERGUES

10-C4 43 km N.-O. Rodez. 550 m. 815 hab. ✉ 12320

L'ETANG DU CAMP ★★★★ Tourisme 60 E., dont 60 CC, 3 ha. Locations : 1, 5, . Accès direct à l'étang. ; à 6 km : . Ouv : 1.4 / 30.9. Le Camp à St Cyprien 50 m Dourdou 6 km D 242 dir. Sénergues. ☎ 05 65 46 01 95. E-mail : stuart-robinson@orange.fr, Web : www.etangducamp.fr. Prix 2008. () : 6 € ; 2 € ; 8 € ; 6 € ; 3 € ; - de 7 ans 2,50 € ; 3 € (6 A) ; Animaux 1,50 €.

M. CABROLIER Georges CV. A 2 km: . A 10 km : . A 12 km : . A 14 km : Piscine plein air. Le Fraysse. ☎ 05 65 72 87 79. Fax : 05 65 72 87 79.

SEVERAC L EGLISE

10-C5 28 km E. Rodez. 635 m. 490 hab. ✉ 12310

LA GRANGE DE MONTEILLAC ★★★★ Tourisme 95 E. dont 70 nus, dont 24 CC - 12 GCC, 0,9 ha. CV. Camping clef verte. Locations : 22, 4, 9, 12. chauffée. Etang à 500 m. Rivière à 3 km. à 500 m : ; à 3 km : . Accueil groupes. Ouv : 1.5 / 15.9. A 75 sortie Séverac le Château suivre la RN 88 jusqu'à Séverac l'Eglise. ☎ 05 65 70 21 00. Fax : 05 65 70 21 01. E-mail : info@la-grange-de-monteillac.com, Web : www.la-grange-de-monteillac.com. Prix 2008. Fft jour : Empl. Tourisme (2) : 25,50 € (6 A)) ; Sup : 4,90 € - de 2/7 ans 3,70 € ; Animaux 1,50 €. Réduction H.S.

SEVERAC LE CHATEAU

10-D5 30 km N. Millau. 750 m. 2838 hab. Station verte de vacances et village de neige ✉ 12150

LES CALQUIERES ★★★ Tourisme 97 E. (64 Tourisme + 33 Loisirs), dont 33 GCC, 1,5 ha. CV. Locations : 1. Rivière à 600 m. Lac à 1,5 km. ; à 1,5 km : . Accueil groupes. Ouv : 1.4 / 30.9. 17 avenue Jean Moulin. Les Calquières. 3 km A 75 et 1 km RN 88. Piscine et tennis à 50 m. ☎ 05 65 47 64 82. Fax : 05 65 47 64 82. E-mail : contact@camping-calquieres.com, Web : camping-calquieres.com. Prix 2008. Fft jour : Empl. Tourisme (2) : 14,60 € Réduction H.S.

FFCC : partenaire + réduction emp. de 5 % hors saison + Stop accueil Camping-car du 01/04 au 30/06 et du 01/09 au 15/10/2008, accès jusqu'à 22h.

SONNAC

10-B4 25 km N. Villefranche-de-Rouergue. 210 m. 349 hab. ✉ 12700

LA DIEGE ★ Tourisme 50 E. 3 ha. CV. Locations : 5. Accès direct à la rivière. Moulin de l'Aymerie. 6 km Sud de Capdenac-gare sur RD 558 dir. Peyrusse-Le-Roc. ☎ 05 65 64 61 25. Fax : 05 65 64 61 25.

SOULAGES BONNEVAL

10-C4 52 km N.-E. Rodez. 900 m. 259 hab. ✉ 12210

M. CAPOULADE CV. A 100 m : . A 400 m : . A 1 km : . A 5 km : Piscine plein air . A 6 km : . A 15 km : . La Crestilie. ☎ 05 65 44 31 63.

THERONDELS

10-C4 95 km N. Rodez. 950 m. 606 hab. Village de neige ✉ 12600

LA SOURCE ★★★★ Tourisme 108 E. dont 64 nus, , dont 21 CC - 87 GCC - 21 HLL, 1 ha. snack / pizzeria, CV. Locations : 11 , 16 , 10 , 3 . chauffée . Accès direct aux bords du lac. ; ; . Accueil groupes. Ouv : 17.5 / 7.9. A 47 jusqu'à Clermont-Ferrand - A 75 jusqu'à St Four - D 921 dir. Pierrefort, D 990 / D 34 Paulhenc/La Devèze/Laussac. ☎ 05 65 66 05 62 / 05 65 66 27 10 (H.S.). Fax : 05 65 66 21 00. E-mail : info@camping-la-source.com, Web : www.camping-la-source.com. Prix 2008. Fft jour : Empl. Tourisme (2) : 25,90 € ((6 A) E. GCC) ; Sup : 4,70 € - de 7 ans 3,70 € ; Animaux 1,60 €. Réduction H.S.

LE TRUEL

13-C1 43 km O. Millau. 260 m. 445 hab. ✉ 12430

CAMP MUNICIPAL ★ Tourisme 28 E. . Locations : . Accès direct aux bords du lac et à la rivière. . La Prade. ☎ 05 65 46 41 46 / 05 65 46 57 66 (Mairie). Fax : 05 65 46 43 94.

VERRIERES

10-D5 15 km O. Millau. 480 m. 351 hab. ✉ 12520

M. CASTANIER Jean-Baptiste,aire naturelle ☎ 05 65 47 69 66 / 05 65 47 69 93 (Fromagerie). Fax : 05 65 47 69 93.

VIALA DU TARN

13-C1 33 km O. Millau. 569 m. 533 hab. ✉ 12490

LA PLAINE ★ Tourisme 25 E. 0,5 ha. . chauffée . Rivière à 5 km. . Millau puis St-Rome-de-Tarn et le Viala-du-Tarn. ☎ 05 65 62 54 50. Fax : 05 65 62 54 50. E-mail : famillegross12@aol.com, Web : www.bienvenue-a-la-ferme.com/aveyron.

LE VIBAL

10-C5 22 km O. Rodez 750 m. 489 hab. ✉ 12290

LES MOULINOCHES ★ Tourisme 19 E. CV. Locations : . Accès direct aux bords du lac. ; ; ; . ☎ 05 65 46 85 80. Fax : 05 65 46 85 80.

VILLECOMTAL

10-C4 26 km N. Rodez. 320 m. 458 hab. ✉ 12580

CAMP MUNICIPAL AU VERT DOURDOU ★ Tourisme 53 E. 0,8 ha. CV. Locations : 2 . Accès direct à la rivière. . Accueil groupes. 100 m RD 13 et de la RD 22. 20 m D 904. Tous commerces à 100 m. ☎ 05 65 44 60 21 / 05 65 44 61 70. Fax : 05 65 44 60 21.

VILLEFRANCHE DE PANAT

13-C1 45 km O. Millau. 695 m. 908 hab. Station verte de vacances et village de neige ✉ 12430

LE SAINT ETIENNE ★★★ Tourisme 110 E., dont 5 CC, 1,5 ha. CV. Locations : 5 , 6 , 1 , 7 , , . Accès direct aux bords du lac. ; ; ; ; . Accueil groupes. Ouv : 1.4 / 30.9. A 75, puis N 9 et D 44. Sur RD 25. ☎ 05 65 46 45 18. Fax : 05 65 74 17 32. E-mail : philetjoce@wanadoo.fr, Web : www.camping-st-etienne.com. Prix 2007. Fft jour : Empl. Tourisme (2) : 15,40 € ( ) ; Sup : 3,80 € - de 6 ans 1,80 € ; Animaux 1 €. Réduction H.S.

CAMP MUNICIPAL LES CHALETS DE L'ORPHYS REVE EN LEVEZOU ★ Tourisme 25 E., dont 22 HLL. Avenue Rodez. ☎ 05 65 67 41 82.

LES CANTARELLES Voir ALRANCE

VILLEFRANCHE DE ROUERGUE

10-B5 62 km O. Rodez. 225 m. 13869 hab. ✉ 12200

LE ROUERGUE ★★★ Tourisme 98 E. dont 85 nus, 2 ha. pétanque, CV. Locations : 5 , 2 , 6 . . Rivière à 100 m. Lac à 4 km. à 50 m : 50 m; à 100 m : ; à 1 km : 1 km. Accueil groupes. Avenue de Fondiès. Piscine à 50 m. ☎ 05 65 45 16 24. Fax : 05 65 45 16 24. E-mail : campingrouergue@wanadoo.fr, Web : www.villefranche.com/camping. Prix 2008. Fft jour : Empl. Tourisme (2 1) : 14 € (E. GCC) ; Sup : 2,50 € - de 10 ans 1,50 € ; 3 € (16 A A) ; Animaux 1 €. Réduction H.S.

FFCC : partenaire + réduction emp. de 5 % en saison et 10 % hors saison + carte FFCC assurance annulation + Stop accueil Camping-car du 01/04 au 30/06 et du 01/09 au 30/09/2008, accès jusqu'à 23h + réduction loc. de 5 % hors saison.

VILLENEUVE

10-B5 10 km N. Villefranche-de-Rouergue. 411 m. 1649 hab. ✉ 12260

AIRE NATURELLE MUNICIPALE . D 40 dir. Salles Courbatiés sortie Boug. ☎ 05 65 81 60 38. Fax : 05 65 81 50 44.

13 BOUCHES-DU-RHONE

Cartes 13-14

Délégué FFCC : André EYCHENNE, 37, rue Lucien Rolmer - 13003 MARSEILLE 03

AIX EN PROVENCE

29 km N.-N.-E. Marseille 177 m. 124550 hab. ✉ 13090

ARC-EN-CIEL ★★★★ Loisirs 65 E., dont 22 CC, 2 ha. Sanitaire chauffé. Accès direct à la rivière. Ouv : 1.4 / 30.9. Sortie A 31 Fréjus/Aubagne par RN 7. 1er et 2ème rond-point à droite et 600 m à droite. Parking hivernage. ☎ 04 42 26 14 28. Web : www.campingarcenciel.fr. Prix 2007. Empl. Tourisme : 5,60 € : 6,10 € ; - de 7 ans 3,30 € ; 3,10 € (6 A).

CHANTECLER ★★★★ Tourisme 271 E. (198 Tourisme + 73 Loisirs) 6 ha. gaz/électrique, CV Sanitaire chauffé. Locations : 24 . à 1 km : . Au Val Saint-André, 400 m RN 7, autoroute Aix-Saint André Cuques sortie 31. ☎ 04 42 26 12 98. Fax : 04 42 27 33 53. Web : www.airotel-chanteclerc.com.

ARLES

89 km N.-O. Marseille. 50772 hab. ✉ 13200

DOMAINE CRIN BLANC ★★★ Tourisme 152 E., dont 40 CC - 112 GCC - 43 HLL, 4,5 ha. CV. Locations : 5, 7, 46 . chauffée. Rivière à 2 km.Etang à 3 km. ; à 1 km : . Accueil groupes. Hameau de Saliers. Lieu-dit l'Albaron. CD 37, N 570 à 500 m. A 3 km de St-Gilles dir. Arles. ☎ 04 66 87 48 78. Fax : 04 66 87 18 66. E-mail : camping-crin.blanc@wanadoo.fr, Web : www.camping-crin-blanc.com. Réduction H.S.

LA BIENHEUREUSE ★★★ Tourisme 81 E. 2 ha. Locations : 7 . à 1 km : . Ouv : 1.1 / 31.12. Raphèle-les-Arles, RN 453. ☎ 04 90 98 48 06. Fax : 04 90 98 37 62. E-mail : contact@labienheureuse.com, Web : labienheureuse.com. Prix 2007. Empl. Tourisme : 6,50 € ; 4 € ; - de 10 ans 3 € ; 3,50 € (10 A) ; Animaux 2,50 €. Réduction H.S.

CAMP CITY ★★ Tourisme 100 E. dont 75 nus 1,5 ha. CV. Locations : 24 . Accueil groupes. Ouv : 1.3 / 30.10. 67, route de Crau. ☎ 04 90 93 08 86 / 06 13 46 28 22 (H.S.). Fax : 04 90 93 91 07. Web : www.camping-city.com. Prix 2007. Fft jour : Empl. Tourisme (2) : 17 € ( )

LE GARDIAN ★★ Tourisme 70 E. (60 Tourisme + 10 Loisirs), dont 16 CC, 0,9 ha. CV. Locations : 11 , 10 . chauffée . Rivière à 2 km. à 2 km : . Ouv : 1.4 / 31.12. A 100 m N 453. Route de Crau. Raphèle-les-Arles. ☎ 04 90 98 46 51. Fax : 04 90 98 02 99. E-mail : contact@campinglegardian.com, Web : www.campinglegardian.com. Prix 2007. Fft jour : Empl. Tourisme (2 1 - de 2 ANS) : 14 € (E. CC) ; Sup : 4 € - de 7 ans 2,20 € ; 4 € (10 A) ; Animaux 2 €.

LES ROSIERS ★★ Tourisme 120 E. 3 ha. à gaz, CV Sanitaire chauffé. Locations : 10 , 7 , 6 . Etang et rivière à 2 km. ; à 2 km : . Accueil groupes sous certaines conditions. A Arles, Pont de Crau. Autoroute sortie n°7 ou centre ville dir. Salon, au rond-point dir. Raphèle puis au second rond-point à droite 2 fois. ☎ 04 90 96 02 12. Fax : 04 90 93 36 72. E-mail : lesrosiers.arles@wanadoo.fr, Web : www.arles-camping-club.com. Réduction H.S.

LA BARQUE

14-C2 14 km S.-E. Aix-en-Provence 220 m. 3350 hab. ✉ 13710

M. VERAN Gérard CV. A 3 km: . A 4 km : . A 5 km : . CD 6, à 4 km de la commune. Pré, bord de ruisseau. Location caravanes équipées. ☎ 04 42 58 60 71.
FFCC : partenaire - terrain assuré par la FFCC .

BEAURECUEIL

14-C2 9 km E. Aix-en-Provence. 317 m. 577 hab. ✉ 13100

SAINTE VICTOIRE ★★ Tourisme 85 E. (67 Tourisme + 18 Loisirs) 2 ha. CV Sanitaire chauffé. Locations : 4 , 1 . Rivière à 1 km. Accueil groupes 10 pers. maximum. Quartier Le Paradou, 100 m RD 58. Quitter la RN 7 et prendre RD 58. ☎ 04 42 66 91 31. Fax : 04 42 66 96 43. E-mail : campingvictoire@aol.com, Web : campingsaintevictoire.com.
FFCC : partenaire + carte FFCC assurance annulation.

BOUC BEL AIR

14-B2 10 km S. Aix-en-Provence. 259 m. 8964 hab. ✉ 13320

CARAVANING LA MALLE ★★ Loisirs 135 E. 4 ha. Locations : . Sortie Plan de campagne sur autoroute Aix-Marseille. ☎ 04 42 22 05 48 / 04 42 22 13 13. Fax : 04 42 22 98 28. E-mail : caravaning-de-la-malle@wanadoo.fr, Web : www.caravaning-malle.com.

CARAVANING LES COLLINES ★★ Loisirs 60 E. Quartier de la Malle. ☎ 04 42 22 44 00. Fax : 04 42 22 13 13.

CARRY LE ROUET

14-B3 34 km S.-O. Aix-en-Provence. 5 m. 4570 hab. ✉ 13620

CARAVANING LOU SOULEI ★★★★ Loisirs 713 E. (263 Tourisme + 450 Loisirs), dont 633 CC - 80 GCC, 17 ha. saison, rapide, saison, saison, CV Sanitaire chauffé. Locations : 169 . chauffée . Bord de mer à 50 m. ; ; . Accueil groupes. Sur CD 5. Garderie d'enfants juillet et août. Animaux interdits dans les locations de mobile-homes. ☎ 04 42 44 75 75. Fax : 04 42 44 57 24. E-mail : lousoulei@wanadoo.fr, Web : www.lousoulei.com. Réduction H.S.
FFCC : partenaire - terrain assuré par la FFCC.

CASSIS

14-C3 21 km S.-E. Marseille. 6318 hab. ✉ 13260

LES CIGALES ★★ Tourisme 250 E. (181 Tourisme + 69 Loisirs) 2,5 ha. Bord de mer à 1 km. à 1 km : , . Route de Marseille. ☎ 04 42 01 07 34. Fax : 04 42 01 34 18.

CEYRESTE

14-C3 37 km S.-E. Marseille. 150 m. 2544 hab. ✉ 13600

LE CEYRESTE ★★★ Loisirs 150 E. (74 Tourisme + 76 Loisirs), dont 136 CC - 14 GCC, 3 ha. 2, CV Sanitaire chauffé. Locations : 65 , 10 , . Bord de mer à 3 km. à 3 km : , , ; à 5 km : ; à 7 km : . Avenue Eugène Julien, 700 m RD 3 par RN 559 à 3 km. ☎ 04 42 83 07 68. Fax : 04 42 83 19 92. E-mail : campingceyreste@yahoo.fr, Web : www.campingceyreste.com. Réduction H.S.

CHARLEVAL

14-B2 35 km N.-O. Aix-en-Provence. 140 m. 1684 hab. ✉ 13350

L'OREE DU BOIS ★★★ Tourisme 159 E. dont 17 nus, 5 ha. snack, CV Sanitaire chauffé. Locations : 8, 9, . Rivière à 4 km.Etang et lac à 5 km. à 5 km : , , . Accueil groupes. A7 sortie Sénas, RN 7 dir. Aix. A Pont Royal D 561 vers Charleval. Dans la commune dir. Lambesc. Location de micro-ondes.Toute personne séjournant à L'Orée du Bois bénéficie du Domaine des Iscles et du Silvacane en Provence. Se munir d'une photo d'identité pour l'accès gratuit à la piscine. ☎ 04 42 28 41 75 / 0 810 122 813 (H.S.). Fax : 04 42 28 47 48. E-mail : oreedesbois@village-center.com, Web : www.village-center.com/oreedesbois. Réduction H.S.

CHATEAURENARD

32 km N.-E. Arles. 45 m. 11072 hab. ✉ 13160

LA ROQUETTE ★★★ Tourisme 74 E., dont 12 GCC, 1,5 ha. snack, CV. Locations : 6, 3. . Rivière à 1 km.Etang à 5 km. ; à 50 m : ; à 1 km : . Accueil groupes. Avenue Jean Mermoz. A 800 m de la commune. A 9 sortie Nîmes/Beaucaire/Tarascon puis DP 28. ☎ 04 90 94 46 81 / 06 82 74 92 56 (H.S.). Fax : 04 90 94 46 81. E-mail : contact@camping-la-roquette.com, Web : www.camping-la-roquette.com.

LA CIOTAT

14-C3 35 km S.-E. Marseille. 61 m. 31727 hab. ✉ 13600

LE SAINT-JEAN ★★★ Tourisme 80 E. 0,9 ha. CV. Locations : Chambres (prix par jour). . Accès direct à la mer. ; ; ; . 30 avenue de Saint-Jean. Motel. ☎ 04 42 83 13 01. Fax : 04 42 71 46 41. E-mail : stjean@easyconnect.fr, Web : www.asther.com/stjean. Prix 2007. Fft jour : Empl. Tourisme (3) : 23 € Sup : 6 € 4,50 € (2 à 6 A) ; Animaux 4,50 €.

BELLE PLAGE ★★ Tourisme 25 E. . 14 avenue de Fontsainte. ☎ 04 42 83 14 72.

LA SAUGE ★★ Tourisme 110 E. (60 Tourisme + 50 Loisirs) 1,4 ha. CV. Locations : , . Bord de mer à 600 m. ; ; ; . Route de Marseille, RN 559. ☎ 04 42 83 47 65.

LE GRILLON ★★ Loisirs 110 E. (30 Tourisme + 80 Loisirs), dont 70 CC - 40 GCC, 2,2 ha. visiteur. . Bord de mer à 1 km. à 1 km : , , , , . Avenue Pierre Rovach, 50 m RD 40, à 600 m RN 559. ☎ 04 42 83 17 61 / 04 42 71 80 83. Fax : 04 42 71 80 83.

LE SOLEIL ★★ Tourisme 33 E. dont 13 nus (28 Tourisme + 5 Loisirs), dont 11 CC - 2 GCC - 10 HLL, 0,4 ha. , CV. Locations : 5, 15. Bord de mer à 1,5 km. à 1,5 km : , ; à 2 km : , ; à 8 km : . Avenue Emile Bodin. Route de Marseille/Cassis. ☎ 04 42 71 55 32. Fax : 04 42 83 95 81. E-mail : campingdusoleil@voila.fr, Web : www.camping-dusoleil.com. Réduction H.S.

LES OLIVIERS ★★ Tourisme 533 E. (408 Tourisme + 125 Loisirs), dont 50 GCC, 10 ha. , à gaz, CV. Locations : 1, 26, 100, 12. . 2 courts. Bord de mer à 800 m. à 400 m : , ; à 700 m : ; à 800 m : ; à 2 km : . Accueil groupes. Ouv : 1.4 / 30.9. Route du bord de Mer. Sur la RN 559, à 4,5 km de la Ciotat dir. Toulon. ☎ 04 42 83 15 04. Fax : 04 42 83 94 43. Web : www.camping-lesoliviers.com. Prix 2007. Empl. Tourisme : 6 € ; 5,80 € ; - de 3 ans 2,90 € ; 2,80 € ; Animaux 1 €.

SANTA GUSTA ★★ Loisirs 158 E. (18 Tourisme + 140 Loisirs), dont 158 CC - 9 HLL, 2,01 ha. , saison, snack saison, saison, saison, CV. Locations : 6. Accès direct à la mer. ; ; ; à 4 km : . Accueil groupes sur réserv.. sur réserv.. Ouv : 1.1 / 31.12. RD 559. Domaine de Fontsainte. Sortie de La Ciotat, sur la route de St-Cyr sur Mer/Bandol/Toulon. ☎ 04 42 83 14 17 / 04 42 83 02 19 / 04 42 08 39 33 (H.S.). Fax : 04 42 08 90 93. E-mail : santagusta@wanadoo.fr, Web : www.santagusta.com. Prix 2007. Fft jour : Empl. Tourisme (2) : 18,50 € () ; Sup : 2 € - de 3 ans 1 € ; 2,50 à 3,50 € (2 à 5 A) ; Animaux 4 €. Empl. Loisirs : 1875 €(fft à l'année).

CORNILLON CONFOUX

14-B2 36 km O. Aix-en-Provence. 112 m. 980 hab. ✉ 13250

LA PINEDE ★★★ Tourisme 50 E. (42 Tourisme + 8 Loisirs), dont 39 CC - 11 HLL, 1 ha. CV. Locations : 11, 2. . Etang à 4,5 km. ; à 4 km : , . 800 m de la commune, RD 70 par RN 113 à 4 km. ☎ 04 90 50 44 64. Fax : 04 90 50 44 64. E-mail : chbourget@aol.com.

LA COURONNE CARRO

15 km S.-E. Istres. 12 m. 42678 hab. ✉ 13500

Voir MARTIGUES

EYGALIERES

14-B2 32 km N.-E. Arles. 134 m. 1427 hab. ✉ 13810

LES OLIVIERS ★ Tourisme 33 E. dont 30 nus 0,5 ha. CV. Locations : 3. Accès direct à la rivière. Accueil groupes. Ouv : 1.4 / 2.11. Avenue Jean-Jaurès, 4 km D 99, 8 km RN 7. 3 sites escalade GR6. ☎ 04 90 95 91 86. Fax : 04 90 95 91 86. E-mail : reservation@camping-les-oliviers.com, Web : camping-les-oliviers.com. Prix 2007. Fft jour : Empl. Tourisme (2) : 12 € () ; Sup : 3 € - de 8 ans 2 €, 2 € (6 A) ; Animaux 1 €.

FFCC : partenaire - terrain assuré par la FFCC + réduction emp. de 5 % hors saison + carte FFCC assurance annulation + réduction loc. de 5 % hors saison.

Mme PERRET Yvelise CV. A 2 km: . A 7 km : Piscine plein air . A 8 km : . Ouv : 1.3 / 31.10. Le Pesquié. RN 99 puis RD 24. ☎ 04 90 95 99 50. Fax : 04 90 95 96 63. E-mail : lepesquie@libertysurf.fr, Web : www.camping-pesquie.com. Prix 2007. 5,30 € ; - de 12 ans 3,50 € ; 2,90 €.

FONTVIEILLE

14-A2 9 km N.-E. Arles. 25 m. 3432 hab. ✉ 13990

CAMP MUNICIPAL DES PINS ★★★ Tourisme 170 E. dont 150 nus, , dont 57 GCC, 3 ha. CV. Locations : Chambres. Rivière à 5 km. à 10 km : . Accueil groupes H.S.. H.S.. Ouv : 1.4 / 30.9. Rue Michelet. Par la D 17. ☎ 04 90 54 78 69 / 04 90 54 79 02 (Mairie) (H.S.). Fax : 04 90 54 81 25. E-mail : campingmunicipal.lespins@wanadoo.fr. Prix 2007. Fft jour : Empl. Tourisme (2) : 12 € () ; - de 12 ans 2 € ; 3 € (6 A).

FOS SUR MER

14-B2 60 km S.-O. Aix-en-Provence. 32 m. 9446 hab. ✉ 13270

CARAVANING LES CIGALES ★★ Loisirs 18 E., dont 18 CC, 0,37 ha. Sanitaire chauffé. Etang à 300 m. Bord de mer à 2 km. à 2 km : , , , . 190 chemin de la Plaine-Ronde. Les Carabins-Sud, dir. route d'Arles. 150 m après le carrefour des Vallins. ☎ 04 42 05 34 84. Fax : 04 42 05 69 14.

GEMENOS

23 km E. Marseille. 148 m. 4548 hab. ✉ 13420

LA BERGERIE ★★ Tourisme 32 E. (22 Tourisme + 10 Loisirs), dont 24 CC - 8 GCC, 0,9 ha. . Locations : . Rivière à 1 km. 44 chemin du Gravier. Interdits aux gros animaux. ☎ 04 42 32 22 38.

GRAVESON

14-A1 27 km N.-E. Arles. 2276 hab. ✉ 13690

LES MICOCOULIERS ★★★ Tourisme 65 E. (59 Tourisme + 6 Loisirs), dont 41 CC - 24 GCC, 2 ha. CV. Locations : 3, 1. Rivière à 2 km.Lac à 3 km. à 1 km. Accueil groupes encadré. Ouv : 15.3 / 15.10. 445, rte de Cassoulen. A 7 sortie Avignon Sud dir. Châteaurenard par D 28 puis Graveson D 5. ☎ 04 90 95 81 49 / 06 21 51 36 60 (H.S.). Fax : 04 90 95 81 49. E-mail : micocou@free.fr, Web : www.micocou.free.fr. Prix 2007. Fft jour : Empl. Tourisme (2) : 17,30 € ; Sup : 5,70 € - de 12 ans 4,50 € ; 3,50 à 4 € (4 à 8 A) ; Animaux 1,70 €. Réduction H.S.

FFCC : partenaire + réduction emp. de 5 % en saison et 10 % hors saison + carte FFCC assurance annulation + Stop accueil Camping-car du 15/03 au 30/04 et du 01/09 au 15/10/2008, accès jusqu'à 22h30.

ISTRES

53 km N.-O. Marseille. 20 m. 30360 hab. ✉ 13800

LE VALLON DES CIGALES En cours reclassement Tourisme 93 E., dont 93 GCC, 3 ha. grill, ap.22h, CV. Locations : 20, 3. Etang à 200 m. ; à 400 m : Ouv : 1.1 / 31.12. 31 route de St Chamas D 16. ☎ 04 42 56 51 57 / 06 12 10 64 98 (H.S.). Fax : 04 42 56 51 57.

LAMBESC

14-B2 21 km N.-O. Aix-en-Provence. 204 m. 5353 hab. ✉ 13410

PROVENCE CAMPING ★★ Tourisme 100 E., dont 82 GCC, 2,5 ha. CV. Locations : 1, 1, 17, 2. Quartier Les Ponnes, D 917. Ouvert toute l'année pour les locations. ☎ 04 42 57 05 78. Fax : 04 42 92 98 02. E-mail : provence.camping@wanadoo.fr, Web : www.provencecamping.com. Prix 2007. Fft jour : Empl. Tourisme (2) : 15 € Sup : 6,50 € - de 18 ans 5 € ; 2,50 à 3,50 € (5 à 10 A) ; Animaux 2 €. Réduction H.S.

FFCC : partenaire + réduction emp. de 5 % en saison et hors saison.

MALLEMORT

14-B2 55 km E. Arles. 150 m. 3957 hab. Station verte de vacances et village de neige ✉ 13370

LE DURANCE ET LUBERON ★★★★ Tourisme 100 E., dont 100 GCC, 4 ha. collectif, CV Sanitaire chauffé. Locations : 6. Rivière à 1 km. à 1 km. Accueil groupes. Ouv : 1.4 / 15.10. Domaine du Vergon. A 7 sortie Senas, N 7 dir. Aix et D 561 dir. Charleval. ☎ 04 90 59 13 36 / 06 63 53 13 36 (H.S.). Fax : 04 90 57 46 62. E-mail : duranceluberon@orange.fr, Web : www.campingduranceluberon.com. Prix 2007. 4,80 € ; - de 10 ans 2,80 € ; 3 à 3,60 € (6 à 10 A) ; Animaux 1,70 €. Fft Ccar : 18 € (2).

FFCC : partenaire + réduction emp. de 5 % en saison et 10 % hors saison + Stop accueil Camping-car du 01/04 au 01/07 et du 01/09 au 15/10/2008, accès jusqu'à 22h.

FONTENELLE ★★ Tourisme 50 E. (46 Tourisme + 4 Loisirs) 2,5 ha. CV. Locations : 4, 6. Etang et rivière à 2 km.Lac à 4 km. à 2 km : Ouv : 1.4 / 30.9. Quartier Fontenelle, RN 7. Accès Senas autoroute A7. ☎ 04 90 59 11 54. Fax : 04 90 59 48 34. E-mail : camping.fontenelle@free.fr, Web : camping.fontenelle.free.fr/accueil.html. Prix 2007. 3,60 € ; 3,60 € ; 2,60 € ; 3,60 € ; - de 7 ans 2,60 € ; 3,60 € (6 A) ; Animaux 2 €.

FFCC : partenaire - terrain assuré par la FFCC.

MARIGNANE

30 km S.-O. Aix-en-Provence. 20 m. 31213 hab. ✉ 13700

LE JAI ★★ Loisirs 109 E. dont 34 nus (50 Tourisme + 59 Loisirs) 1,5 ha. à gaz, Sanitaire chauffé. Locations : 6, 6, 2. Accès direct à l'étang et à la rivière. Accueil groupes. Ouv : 1.1 / 31.12. Avenue Henri Fabre. Accès par Marignane, 8 km RN 113 et A 7. ☎ 04 42 09 13 07 / 06 08 99 37 61 (H.S.). Fax : 04 42 09 13 07. Prix 2007. Fft jour : Empl. Tourisme (2) : 16,50 € ; Sup : 4,50 € - de 8 ans 3 € ; 2,50 € (4 A).

MARTIGUES

40 km S.-O. Aix-en-Provence. 42039 hab. ✉ 13500

LA SOURCE ★★★ Loisirs 76 E., dont 30 CC - 26 GCC, 1 ha. CV. Locations : 20, 5. Bord de mer à 50 m. ☎ 04 42 49 62 57. Fax : 04 42 42 89 44.

L'ARQUET ★★★ Tourisme 400 E. 5,5 ha. saison, CV. Locations : 18. Bord de mer à 300 m. à 300 m : Chemin de la Batterie. ☎ 04 42 42 81 00 / 04 42 41 39 39 (H.S.). Fax : 04 42 41 39 30. E-mail : h.teulle@semovim-martigues.com, Web : www.semovim-martigues.com.

LE CAP ★★★ Tourisme 150 E. (135 Tourisme + 15 Loisirs), dont 70 CC - 80 GCC, 2,7 ha. CV. Locations : 10, 5. Bord de mer à 150 m. ; à 150 m : A La Couronne. Voie rapide D 55, sortie Carry, dir. de la côte bleue. ☎ 04 42 80 73 02. Fax : 04 42 49 67 40. E-mail : adidas@club-internet.fr.

LE MAS ★★★ Tourisme 300 E. (180 Tourisme + 120 Loisirs), dont 15 CC - 42 GCC, 4 ha. CV. Locations : 50, 150. Accès direct à la mer. ; à 150 m : Ouv : 3.3 / 13.10. Plage à Sainte-Croix, à La Couronne, à 1,2 km RD 49. ☎ 04 42 80 70 34. Fax : 04 42 80 72 82. E-mail : camping.le-mas@wanadoo.fr, Web : www.camping-le-mas.com. Prix 2008. Fft jour : Empl. Tourisme (2) : 22,90 € ; Sup : 6,30 € - de 3 ans 3,30 € ; 5 € ; Animaux 3,30 €. Réduction H.S.

CHEZ PASCALOUNET ★★ Loisirs 160 E. 2 ha. Locations : 22. Bord de mer à 50 m. Plage de la Saulce. ☎ 04 42 80 71 56. Fax : 04 42 80 75 63.

LES MOUETTES ★★ Loisirs 128 E. dont 26 nus, , dont 128 CC, 2 ha. CV. Locations : 17, 12. Accès direct à la mer. ; à 300 m : ; à 5 km : Ouv : 1.4 / 30.9. Rés. obligatoire en été. Plage de Sainte-Croix. par A55 : sortie Carry Le Rouet / Châteauneuf les Martigues (voie rapide) sortie La Couronne dir. Sainte-Croix ☎ 04 42 80 70 01. Fax : 04 42 80 70 01. E-mail : campinglesmouettes@wanadoo.fr, Web : www.campinglesmouettes.fr. Prix 2008. Fft jour : Empl. Tourisme (2) : 17,40 € (E. CC) ; Sup : 5,20 € - de 7 ans 2,70 € ; 3,50 à 4,30 € (3 à 6 A) ; Animaux 2,50 €. Réduction H.S.

FFCC : partenaire - terrain assuré par la FFCC.

LES PINS ★★ Loisirs 110 E. A La Couronne.

LES TAMARIS ★★ Loisirs 178 E. 2 ha. CV. Locations : 28. Bord de mer à 10 m. ☎ 04 42 80 72 11. Fax : 04 42 80 72 11. E-mail : contact@camping-lestamaris.com, Web : www.camping-lestamaris.com.

LOU CIGALON ★★ Loisirs 162 E. (40 Tourisme + 122 Loisirs), dont 147 CC - 15 GCC, 3 ha. CV. Locations : 14, 8. Bord de mer à 20 m. Accueil groupes hors juillet & août. Ouv : 1.4 / 30.9. Corniche des Tamaris. A 55 sortie Martigues/Fos, sortie Carry-le-Rouet la côte bleue. D 9 sortie Sausset-les-Pins dir. La Couronne-Carro par D 49 puis à gauche au rond-point Les Tamaris les plages. ☎ 04 42 49 61 71. Fax : 04 42 49 63 02. E-mail : resa@loucigalon.com, Web : www.loucigalon.com. Réduction H.S.

MARIUS ★★ Loisirs 122 E. dont 25 nus (30 Tourisme + 92 Loisirs), dont 66 CC - 56 GCC, 2 ha. CV. Camping clef verte. Locations : 25, 10, Bord de mer à 200 m. ; à 200 m : . Accueil groupes. Ouv : 29.3 / 11.11. Plage de la Saulce. La Baumaderie. Au village de la Couronne dir. Sausset Les Pins par bord de mer. ☎ 04 42 80 70 29. Fax : 04 42 80 76 73. E-mail : contact@camping-marius.com, Web : www.camping-marius.com. Prix 2008. Fft jour : Empl. Tourisme (2) : 21 € ; Sup : 6 € - de 7 ans 3 € ; 4 €.

FFCC : partenaire + réduction emp. de 10 % hors saison.

L'HIPPOCAMPE / LES CHALETS DE LA MER P.R.L. 68 E., dont 68 HLL, 3,5 ha. Bord de mer à 500 m. ☎ 04 42 80 73 46 / 04 42 41 39 39 (H.S.). Fax : 04 42 40 56 09. E-mail : hippocampe@semovim-martigues.com.

MAUSSANE LES ALPILLES

14-A2 17 km N.-E. Arles. 36 m. 1514 hab. ✉ 13520

CAMP MUNICIPAL LES ROMARINS ★★★★ Tourisme 145 E. 3,5 ha. ; à 50 m : . Route de Saint-Rémy-de-Provence, sur CD 5. ☎ 04 90 54 33 60. Fax : 04 90 54 41 22. Web : www.maussane.com.

MOURIES

14-A2 24 km E. Arles. 2298 hab. ✉ 13890

LE DEVENSON ★★★★ Tourisme 60 E. 3,5 ha. CV. Locations : 2. . à 5 km : . Ouv : 23.3 / 15.9. 500 m RD 5, à 7 km RN 113. Bibliothèque. Réfrigérateurs individuels. ☎ 04 90 47 52 01. Fax : 04 90 47 63 09. E-mail : devenson@libertysurf.fr, Web : www.camping-devenson.com. Prix 2008. Fft jour : Empl. Tourisme (2) : 14,90 € ; Sup : 4,50 € - de 10 ans 3 € ; 3,50 € (5 A) ; Animaux 1,80 €.

M. CROUAU Francis,camping Les Amandaies , payante, CV. A 3 km: . A 8 km : Piscine plein air . A 10 km : . Mas Bou Malek. D 17. ☎ 04 90 47 50 59. Fax : 04 90 47 61 79.

NOVES

14-A1 33 km N.-E. Arles. 43 m. 4021 hab. ✉ 13550

LE PILON D'AGEL ★★★ Tourisme 50 E. (35 Tourisme + 15 Loisirs), dont 12 CC, 2,2 ha. CV. Locations : 4, 10. . Rivière à 5 km. à 5 km : . Accueil groupes. Sortie autoroute Avignon Sud, dir. Aix/Marseille sur 5 km puis chemin à droite camping indiqué accueil à 500 m. ☎ 04 90 95 16 23 / 04 90 95 42 71 / 06 16 09 02 63 (H.S.). Fax : 04 90 95 42 71. Web : pilondagel.com. Réduction H.S.

MARIE ROSE ★★★ Tourisme 38 E. CV. Locations : 5, 2, 3, . Rivière à 500 m. Etang et lac à 3 km. à 500 m : . Accueil groupes. Chemin des Mules. Paluds des Noves. ☎ 04 90 95 41 64. Fax : 04 32 61 17 85. E-mail : camping.marie-rose@tiscali.fr, Web : www.alpilles.com. Réduction H.S.

ORGON

14-B2 42 km N.-E. Arles. 85 m. 2341 hab. ✉ 13660

LA VALLEE HEUREUSE ★★★ Tourisme 200 E. ☎ 04 66 87 23 72.

PEYNIER

14-C2 22 km S.-E. Aix-en-Provence. 220 m. 1779 hab. ✉ 13790

LE DEVANCON ★★ Tourisme 53 E., dont 14 CC, 1,5 ha. collectifs, CV Sanitaire chauffé. Locations : 2, 20. . Rivière à 2 km. ; à 10 km : . Ouv : 1.1 / 31.12. Rés. obligatoire en été. Autoroute de Nice sortie Le Canet ou de Toulon sortie Pas de Trets. Face à la montagne Ste-Victoire. ☎ 04 42 53 10 06. Fax : 04 42 53 04 79. E-mail : ledevancon@orange.fr, Web : www.ledevancon.com. Prix 2008. Fft jour : Empl. Tourisme (2) : 19 € ; Sup : 5 € 4 € ; 3 à 4 € (3 à 6/10 A) ; Animaux 1 €.

FFCC : partenaire + réduction emp. de 5 % en saison et hors saison.

PORT DE BOUC

14-B2 48 km S.-O. Aix-en-Provence. 20106 hab. ✉ 13110

CAMP MUNICIPAL DE BOTTAI ★★ Tourisme 80 E. 1 ha. Bord de mer à 30 m. ; . Accueil groupes. Plage de Bottai. ☎ 04 42 06 26 64 / 04 42 40 04 04 (Mairie).

CAMP MUNICIPAL DE LA MERINDOLE ★★ Tourisme 192 E. 3,2 ha. . Bord de mer à 3 km. à 1 km : ; à 3 km : . Accueil groupes. Ouv : 1.7 / 31.8. Avenue des Pins. ☎ 04 42 06 26 89. Prix 2007. Empl. Tourisme : 1,70 € ; 1,70 € ; 1,80 € ; 3,60 € ; 1,70 € ; 2,75 € ; - de 7 ans 1,20 € ; 2,40 à 3 € ; Animaux 0,80 €.

LE PUY STE REPARADE

14-B2 20 km N. Aix-en-Provence. 210 m. 3156 hab. ✉ 13610

CAMP MUNICIPAL ★★★ Tourisme 82 E. 3 ha. . Locations : . Quartier du Logis. ☎ 04 42 61 82 62.

MESSIDOR ★★ Tourisme 85 E. dont 78 nus (45 Tourisme + 40 Loisirs) 5 ha. CV Rés. naturiste. Locations : 2, 3, 2, . Etang et rivière à 3 km. à 3 km : . Ouv : 1.4 / 30.9. Route de St Canadet. RD 13. ☎ 04 42 61 90 28. E-mail : messidor@online.fr, Web : www.messidor.fr. Prix 2008. Fft jour : Empl. Tourisme (1) : 11 € ; Sup : 11 € - de 12 ans 7,70 € ; 3 € (4 A). Réduction H.S.

FFCC : partenaire - terrain assuré par la FFCC + carte FFCC assurance annulation.

PUYLOUBIER

14-C2 24 km E. Aix-en-Provence. 412 m. 1220 hab. ✉ 13114

CAMP MUNICIPAL LE CEZANNE ★★ Tourisme 50 E. 1 ha. pizza, CV. Locations : 2, 2. . Accueil groupes. Ouv : 1.4 / 15.11. Quartier du Stade. Par la N 7 à gauche dir. Puyloubier, en venant d'Aix. ☎ 04 42 66 36 33 / 06 80 32 11 10 (H.S.). Fax : 04 42 66 36 33. E-mail : contact@le-cezanne.com, Web : www.le-cezanne.com. Prix 2007. 6 € ; 6 € ; 3 € ; 5 € ; - de 10 ans 2 € ; 2 € ; Animaux 2 €.

FFCC : partenaire - terrain assuré par la FFCC + Stop accueil Camping-car du 01/04 au 06/11/2008, accès jusqu'à 20h.

LA ROQUE D ANTHERON

14-B2 29 km N.-O. Aix-en-Provence. 178 m. 3759 hab. Station verte de vacances et village de neige ✉ 13640

SYLVACANE EN PROVENCE ★★★★ Tourisme 131 E. 4 ha. snack, , collectif, CV. Locations : 6, 6, 4, . . Etang, lac et rivière à 2 km. à 2 km : , aménagée, , . Accueil groupes. Avenue de la Libération. A 7 sortie Senas dir. Pont Royal par RN 7 puis D 561 La Roque. Accès gratuit aux installations et animation du Domaine des Iscles. Mur d'escalade. ☎ 04 42 50 40 54 / 0 810 122 813 (H.S.). Fax : 04 42 50 43 75. E-mail : silvacane@village-center.com, Web : www.village-center.com/silvacane. Réduction H.S.

CARAVANING DU PLAN D'EAU DOMAINE DES ISCLES ★★★ Tourisme 267 E. 6 ha. collectifs, CV Sanitaire chauffé. Camping clef verte. Locations : 110, 24, 26, practice. Accès direct aux bords du lac. Rivière à 100 m.; à 100 m : Accueil groupes. A 7 sortie Sémas dir. Aix. A Pont-Royal suivre Charleval puis La Roque par D 561. A La Roque au rond-point suivre le fléchage Iscles. Accès face au village par D 67 C et chemin à droite après le tunnel. ☎ 04 42 50 44 25 / 0 810 122 813 (H.S.). Fax : 04 42 50 56 29. E-mail : iscles@village-center.com, Web : www.village-center.com/iscles. Réduction H.S.

ST ANDIOL

14-A1 48 km N.-E. Arles. 53 m. 2372 hab. ✉ 13670

LE SAINT-ANDIOL ★★★ Tourisme 36 E., dont 24 CC, 1 ha. saison, CV. Ouv : 1.1 / 31.12. Sur RN 7. ☎ 04 90 95 01 13. Fax : 04 90 95 01 13. Prix 2008. Fft jour : Empl. Tourisme (2) : 15 € (); - de 7 ans 2 €.

ST CHAMAS

14-B2 36 km O. Aix-en-Provence. 5045 hab. ✉ 13250

LE CANET PLAGE ★★★ Tourisme 185 E. (135 Tourisme + 50 Loisirs), dont 91 CC - 45 GCC, 3 ha. gaz/électrique, Sanitaire chauffé. Locations : 4, 21, 5, chauffée. Accès direct à l'étang. Accueil groupes avec projet et dossier préalable. Ouv : 1.1 / 31.12. Rés. obligatoire en été. Sortie A 7 Salon Sud, direction La Fare/Les Oliviers puis D 10 vers Saint-Chamas. Camping à 6 km. ☎ 04 90 50 96 89 / 04 90 50 87 51 (H.S.). Fax : 04 90 50 87 51. E-mail : canet-plage@wanadoo.fr, Web : www.camping-lecanet.com. Prix 2007. Fft jour : Empl. Tourisme (2) : 16 € (); Sup : 6 € - de 7 ans 3 €; 4 à 5,50 €; Animaux 2 €. Réduction H.S.

FFCC : partenaire + réduction emp. de 5 % hors saison + carte FFCC assurance annulation + Stop accueil Camping-car du 01/01 au 31/06 et du 01/09 au 01/12/2008, accès jusqu'à 21h + réduction loc. de 5 % hors saison.

M. DUVERGNE Claude A 2,5 km: . A 3 km : . A 4 km : Piscine plein air . A 6 km : . L'Escapade, quartier de la Dent, par RD 10, à 2,5 km Nord de la commune, à proximité de la ferme. Pré herbeux, rivière à 100 m. ☎ 04 90 50 90 57.

ST ETIENNE DU GRES

14-A2 14 km N.-E. Arles. 60 m. 1601 hab. ✉ 13103

CAMP MUNICIPAL ★★ Tourisme 48 E., dont 20 GCC, 0,5 ha. Locations : 6, à 1 km : ; à 8 km : . Ouv : 1.1 / 31.12. Avenue du Docteur Barberin. ☎ 04 90 49 00 03 / 06 14 62 04 34 (H.S.). E-mail : campingmunicipaldugres@wanadoo.fr, Web : www.mairie-saintetiennedugres.fr. Prix 2007. Empl. Tourisme : 3 €; 2 €; 3 €; - de 12 ans 1,50 €; 2,80 € (10 A) ; Animaux 1 €. Fft Ccar : 15 € (2).

FFCC : Stop accueil Camping-car toute l'année, accès jusqu'à 20h.

ST MARTIN DE CRAU

14-A2 16 km E. Arles. 10155 hab. ✉ 13310

LA CHAPELETTE ★★★ Tourisme 100 E. 2 ha. à gaz, pétanque, CV. Locations : 13, 1. Etang à 5 km. ; Accueil groupes. Ouv : 1.4 / 15.10. Rés. obligatoire en été. Route de Fos-sur-Mer, 1 km RN 113. RN 568 Arles/Fos. Venant d'Arles sortie 9 dir. Fos, camping à 700 m à gauche. ☎ 04 90 98 44 81. Fax : 04 90 98 49 77. E-mail : contact@camping-la-chapelette.com, Web : www.camping-la-chapelette.com. Prix 2007. Fft jour : Empl. Tourisme (2) : 19 € (); Sup : 4,50 € - de 7 ans 2,50 €; 4 € (10 A) ; Animaux 2,50 €. Réduction H.S.

LA CRAU ★★★ Tourisme 150 E. 3 ha. Locations : 14. 50 m RD 113 sur RD 24. ☎ 04 90 47 17 09. Fax : 04 90 47 09 92. E-mail : contact@hotel-camping-provence.com, Web : www.hotel-camping-provence.com.

ST MITRE LES REMPARTS

14-B2 48 km S.-O. Aix-en-Provence. 85 m. 4299 hab. ✉ 13920

CLAIR SEJOUR ★★ Loisirs 70 E. 2 ha. Etang à 600 m. ; à 600 m : . 10 km RN 568 et 200 m RD 5. ☎ 04 42 80 98 82. Fax : 04 42 80 98 82.

FELIX DE LA BASTIDE ★★ Tourisme 100 E. 3,8 ha. CV. Etang à 20 m. ; à 50 m : . Massane-Plage, 200 m RD 52, entre Istres et Martigues. ☎ 04 42 80 99 35. E-mail : info@campingfelix.com, Web : www.campingfelix.com. Réduction H.S.

NEPTUNE ★★ Loisirs 100 E. dont 59 nus 1,5 ha. gaz/électrique, CV. Locations : 28. Etang à 10 m. Accueil groupes. Situé sous le village de St-Mitre-les-Remparts au bord de l'étang à Massane plage. ☎ 04 42 44 06 60. Fax : 04 42 44 06 60. E-mail : campingneptune@wanadoo.fr, Web : perso.wanadoo.fr/campingneptune. Réduction H.S.

ST REMY DE PROVENCE

23 km N.-E. Arles. 60 m. 8439 hab. ✉ 13210

LE MAS DE NICOLAS ★★★★ Tourisme 138 E. dont 104 nus, , dont 120 CC, 4 ha. à gaz, CV. Locations : 13, 8. Lac à 3 km. à 3 km : . Avenue Plaisance du Touch. A 9 sortie Nîmes ou Arles ou A 7 sortie Avigon-Sud. ☎ 04 90 92 27 05. Fax : 04 90 92 36 83. E-mail : camping-masdenicolas@nerim.fr, Web : www.camping-masdenicolas.com. Prix 2007. Fft jour : Empl. Tourisme (2) : 18 € (); Sup : 6 € - de 10 ans 3,50 €; 3,50 € (6 A) ; Animaux 1,50 €. Réduction H.S.

FFCC : partenaire - terrain assuré par la FFCC.

LE MONPLAISIR ★★★ Tourisme 130 E., dont 122 CC - 8 GCC - 8 HLL, 2,8 ha. snack, gaz/électrique, CV Sanitaire chauffé. Camping clef verte. Locations : 2, 6. Lac à 3 km. à 3 km : . A 7 sortie Avignon Sud, A 9 sortie Arles ou Nîmes. RN 7 sortie Cavaillon. ☎ 04 90 92 22 70. Fax : 04 90 92 18 57. E-mail : reception@camping-monplaisir.fr, Web : www.camping-monplaisir.fr. Prix 2007. Fft jour : Empl. Tourisme (2) : 18,20 € - de 7 ans 4,20 €; 3,40 € (6 A). Réduction H.S.

PEGOMAS ★★★ Tourisme 105 E. dont 105 nus, 2 ha. snack, gaz/électrique, + sèche-linge, CV Sanitaire chauffé. Locations : 6. Lac à 2 km. ; à 2 km : . Accueil groupes. Ouv : 1.3 / 31.10. Depuis la A7, sortie Cavaillon, Avenue Jean Moulin. Sortie Est de Saint Rémy, à 100 m du centre ville. ☎ 04 90 92 01 21. Fax : 04 90 92 01 21. E-mail : contact@campingpegomas.com, Web : www.campingpegomas.com. Prix 2008. Fft jour : Empl. Tourisme (2) : 18 € (); Sup : 6 € - de 2 ans 6 €; 3,30 € (6 A) ; Animaux 1,70 €. Réduction H.S.

FFCC : partenaire + carte FFCC assurance annulation.

CAMP GCU Réservé aux adhérents. Adhésion possible sur place pour les sociRéservé aux adhérents. Adhésion possible sur place pour les soci

SAINTES MARIES DE LA MER

38 km O. Arles. 2045 hab. ✉ 13460

LE CLOS DU RHONE ★★★★ Tourisme 448 E. 7 ha. , saison, CV. Locations : 6 , 46 , 10 . chauffée . Accès direct à la mer et à la rivière. ; à 50 m : , ; à 150 m : . Route d'Aigues Mortes. D 570. ☎ 04 90 97 85 99. Fax : 04 90 97 78 85. E-mail : leclos@laposte.com, Web : www.saintesmariesdelamer.com. Prix 2007. Fft jour : Empl. Tourisme (2) : 23 € () ; Sup : 8,40 € - de 2/7 ans 4,50 € ; 4,70 € (10 A) ; Animaux 4,60 €. Réduction H.S.

LA BRISE ★★★ Tourisme 1190 E. 22 ha. , saison, CV Sanitaire chauffé. Locations : 39 , 20 . . Bord de mer à 50 m. Etang à 1 km.Rivière à 3 km. ; à 50 m : , ; à 150 m : . Accueil groupes. Ouv : 15.12 / 15.11. A 35 km d'Arles par la D 570. Gymtonic et aquagym. ☎ 04 90 97 84 67. Fax : 04 90 97 72 01. E-mail : labrise@saintesmaries.com, Web : www.saintesmariesdelamer.com. Prix 2007. Fft jour : Empl. Tourisme (2) : 20,20 € () ; Sup : 7,30 € - de 2/7 ans 4,20 € ; 4,70 € (10 A) ; Animaux 4,60 €. Réduction H.S.

SALON DE PROVENCE

32 km N.-O. Aix-en-Provence. 90 m. 35845 hab. ✉ 13300

LE NOSTRADAMUS ★★★ Tourisme 83 E. (50 Tourisme + 33 Loisirs), dont 20 CC - 13 GCC, 2,2 ha. , buvette, snack, CV Camping tourisme et handicap. Locations : 13 . . Accès direct à la rivière. ; . Accueil groupes. Ouv : 1.3 / 31.10. Rés. obligatoire en été. Sur route d'Eyguières par D 17. ☎ 04 90 56 08 36. Fax : 04 90 56 65 05. E-mail : gilles.nostra@wanadoo.fr, Web : www.camping-nostradamus.com. Prix 2007. Fft jour : Empl. Tourisme (2) : 17,10 € () ; Sup : 5,60 € - de 10 ans 2,70 € ; 2,95 à 5,95 € ; Animaux 2,80 €. Réduction H.S.

FFCC : partenaire + réduction emp. de 5 % en saison et hors saison + carte FFCC assurance annulation.

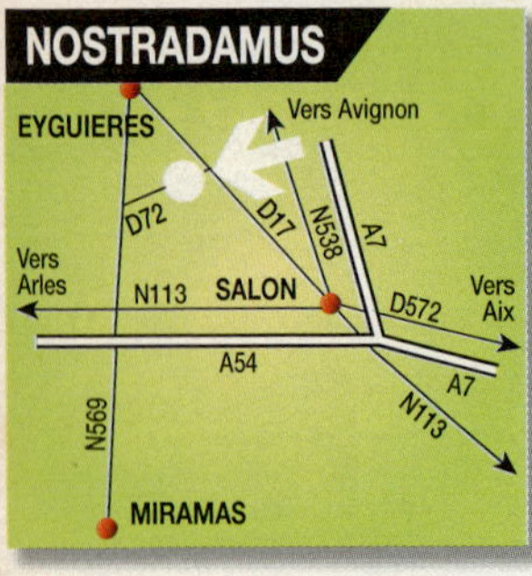

SEPTEMES LES VALLONS

14-B2 16 km S.-O. Aix-en-Provence. 215 m. 10689 hab. ✉ 13240

LA VERDIERE ★★★ Loisirs 66 E. 1,8 ha. CV. Locations : 3, 13. à 500 m : ; à 10 km : , . 4 chemin de la H. Bedoule. ☎ 04 91 65 59 98. Fax : 04 91 65 59 98. E-mail : camping.laverdiere@wanadoo.fr, Web : www.camping-la-verdiere.com.

TARASCON

14-A1 17 km N. Arles. 11024 hab. ✉ 13150

CAMP TARTARIN ★★ Tourisme 65 E. 0,8 ha. , saison, CV. Locations : 4, 4. Accès direct à la rivière. à 800 m : , . Route de Vallabrègues. Au pied du château de Tarascon sur les berges du Rhône. ☎ 04 90 91 01 46. Fax : 04 90 47 64 54. E-mail : tartarincamping@ad.com.

SAINT-GABRIEL ★★ Tourisme 75 E. dont 60 nus , snack, CV. Locations : 10, 3. Accès direct à la rivière. Etang à 300 m. , . Accueil groupes. Ouv : 1.3 / 30.11. Rés. obligatoire en été. Axe principal Avignon/Arles, ne pas traverser Tarascon, se trouve en face la chapelle. St Gabriel ☎ 04 90 91 19 83. E-mail : contact@campingsaintgabriel.com, Web : www.campingsaintgabriel.com. Prix 2008. Fft jour : Empl. Tourisme (2) : 15 € ; Sup : 4,50 € - de 7 ans 2,50 € ; 3 € (6 A) ; Animaux 1 €. Réduction H.S.

VITROLLES

26 km S.-O. Aix-en-Provence. 135 m. 22739 hab. ✉ 13127

MARINA PLAGE ★★★ Tourisme 380 E. (340 Tourisme + 40 Loisirs), dont 340 GCC. , gaz/électrique, CV Sanitaire chauffé. Locations : 300, 35. Accès direct à l'étang. ; ; ; à 500 m : , gratuit. Ouv : 1.1 / 31.12. Par A 7 sortie Vitrolles puis RN 113 vers Rognac. 2ème rond-point à gauche. ☎ 04 42 89 31 46. Fax : 04 42 79 59 90. E-mail : informatio n@marina-plage.com, Web : www.marina-plage.com. Prix 2007. Fft jour : Empl. Tourisme (1) : 17 € ; Sup : 4 € - de 5 ans 2 € ; 4 €.

LE CASTOR ★★ Loisirs 55 E. (15 Tourisme + 40 Loisirs), dont 20 CC - 35 GCC, 1 ha. CV Sanitaire chauffé. Locations : 10, 10, , . Etang à 20 m. ; ; ; ; . Plage de l'Agneau, RN 113. Quartier les Vignettes. ☎ 04 42 89 30 74. Fax : 04 42 89 30 74.
FFCC : partenaire - terrain assuré par la FFCC.

14 CALVADOS

Carte 2

Déléguée FFCC : Josiane DELERUE, 3, avenue Mme de Ségur - 14000 CAEN - 02 31 74 17 25

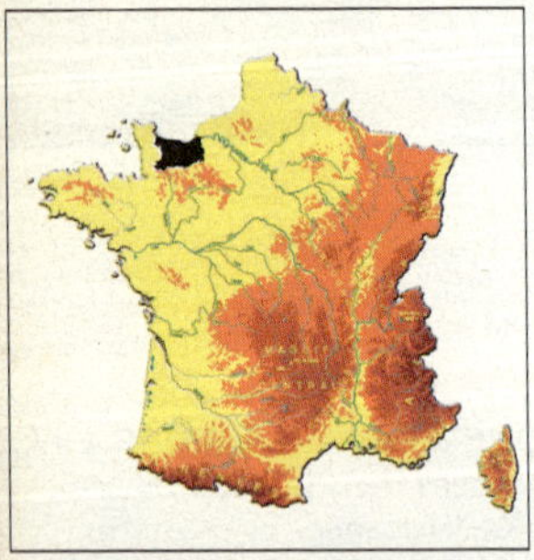

AMBLIE

2-D2 17 km N.-O. Caen. 25 m. 276 hab. ✉ 14480

Mme RINGOOT Eliane,aire naturelle CV. A 4 km : . A 8 km : Piscine chauffée Piscine plein air . Ouv : mai / septembre. Ferme de Pierrepont, 2 km de la commune, à proximité de la ferme. Terrain vallonné, bord de rivière. ☎ 02 31 80 10 04. E-mail : elianefiquet@hotmail.com, Web : www.fermedepierrepont.free.fr. Prix 2008. Empl. Tourisme : 2,80 € ; 1,90 € ; 4,70 € ; 3,30 € ; - de 7 ans 2,60 € ; 2,70 €. Réduction H.S.

ARGANCHY

2-C2 6 km S.-O. Bayeux. 170 hab. ✉ 14400

Mme LETOUZE Suzanne,aire naturelle . A 4 km : . A 7 km : Piscine plein air . A 15 km : . La Grande Abbaye, D 572 et D 192, à proximité de la ferme. Pré herbeux et semi-ombragé. Auberge à 2 km. Stage artisanal. ☎ 02 31 92 57 22.

ARROMANCHES LES BAINS

2-C2 11 km N.-E. Bayeux. 15 m. 395 hab. ✉ 14117

CAMP MUNICIPAL ★★★ Tourisme 97 E. 2 ha. CV. Locations : 7. . Bord de mer à 200 m. ; ; . Accueil groupes. Ouv : 1.4 / 3.11. 45, avenue de Verdun. 10 km de Bayeux. ☎ 02 31 22 36 78 / 02 31 22 36 70 (H.S.). Fax : 02 31 21 80 22. E-mail : campingarromanches@wanadoo.fr. Prix 2007. 3,50 € ; 2,50 € ; 5 € ; 3,50 € ; 3,50 € ; 2,35 € ; 3 €. Réduction H.S.

ASNELLES

2-C2 13 km N.-E. Bayeux. 6 m. 336 hab. ✉ 14960

CAMP MUNICIPAL QUINTEFEUILLE ★★ Tourisme 118 E. 1,5 ha. ap. 22 h, CV. Bord de mer à 100 m. ; à 100 m : , , . Accueil enfants. Sur RN 814. ☎ 02 31 22 35 50. E-mail : campingkuintefeuille@wanadoo.fr.

AUNAY SUR ODON

2-C3 32 km N.-E. Vire. 123 m. 3039 hab. ✉ 14260

CAMP MUNICIPAL LA CLOSERIE ★★ Tourisme 59 E. 0,7 ha. , boulodrome. Etang à 2 km. A 84 dir. Rennes sortie Aunay sur Odon. ☎ 02 31 77 32 46. Fax : 02 31 77 70 07. E-mail : mairie.aunay.sur.odon@wanadoo.fr.

BALLEROY

2-C2 16 km S.-O. Bayeux. 100 m. 780 hab. ✉ 14490

LE CLOS DE BALLEROY ★★ Tourisme 66 E. dont 30 nus 0,7 ha. , snack, juillet/août, CV. Locations : 1, 5, 1. chauffée. Etang à 3 km. Accueil groupes. Ouv : 15.3 / 15.11. Route de Castillon. ☎ 02 31 21 41 48 / 06 09 88 55 05 (H.S.). Fax : 02 31 22 92 04. E-mail : leclosdeballeroy@wanadoo.fr, Web : camping-leclosdeballeroy.fr. Prix 2007. Fft jour : Empl. Tourisme (2) : 17,60 € ; Sup : 4,60 € - de 7 ans 2,55 € ; 3,40 € (10 A) ; Animaux 1 €.

BANVILLE

2-D2 17 km N.-E. Bayeux. 25 m. 514 hab. ✉ 14480

LA GENTILHOMMIERE ★ Tourisme 12 E. 0,3 ha. . Locations : . Rivière à 2 km. Bord de mer à 3 km. . 7, rue du Camp Romain. Dir. Bayeux puis Bainville. Location longue durée. ☎ 02 31 37 51 87.

BAVENT

2-D2 16 km N.-E. Caen 30 m. 1606 hab. ✉ 14860

LE PRIEURE ★★ Tourisme 94 E., dont 64 GCC. CV. Locations : 5. Etang et rivière à 3 km. à 3 km ; à 7 km : . Accueil groupes. Ouv : 1.4 / 15.10. Rue du Prieuré. Accès par D 513 Cabourg-Caen. ☎ 02 31 78 20 51. Fax : 02 31 78 20 51. E-mail : d.poupinel@libertysurf.fr. Prix 2007. Empl. Tourisme : 4 € () : 1,50 € ; 11,90 € ; 3 € ; - de 7 ans 2 € ; 1,50 à 3 €.

BAYEUX

27 km N.-O. Caen. 50 m. 15237 hab. ✉ 14400

CAMP MUNICIPAL ★★★ Tourisme 140 E. 1,5 ha. CV. . Accueil groupes. Ouv : 29.4 / 30.9. Boulevard d'Eindhoven, RD 6, RN 13. ☎ 02 31 92 08 43 / 02 31 51 60 78 (H.S.). Fax : 02 31 92 08 43. Web : www.mairie-bayeux.fr. Prix 2007. Empl. Tourisme : 3,98 € () ; 3,22 € ; - de 7 ans 1,71 € ; 3,27 € (5 A).

BENOUVILLE

2-D2 10 km N.-E. Caen. 10 m. 931 hab. ✉ 14970

LES HAUTES COUTURES ★★★★ Loisirs 272 E., dont 152 GCC, 6,3 ha. self, CV. Locations : 15. chauffée 2 courts. Accès direct à la rivière. Bord de mer à 2,5 km. ; à 50 m : ; à 2,5 km : . Accueil groupes. Ouv : 1.4 / 31.10. Route de Ouistreham. Accès direct D 514. ☎ 02 31 44 73 08. Fax : 02 31 95 30 80. E-mail : info@campinghautescoutures.com, Web : www.campinghautescoutures.com. Prix 2007. Empl. Tourisme : 8,20 € ; 8,20 € ; - de 7 ans 5,50 € ; 6,40 à 6,90 €.

BERNESQ

2-C2 20 km O. Bayeux. 45 m. 167 hab. ✉ 14710

M. MARIE Jean-Claude,aire naturelle 3. A 6 km : . A 10 km : . A 15 km : . A 20 km : Piscine plein air. Ruppalley. Accès par la RD 5. ☎ 02 31 22 54 44.

BERNIERES SUR MER

2-D2 20 km N.-O. Caen. 4 m. 1549 hab. ✉ 14990

LE HAVRE DE BERNIERES ★★★★ Tourisme 240 E. (160 Tourisme + 80 Loisirs), dont 73 GCC, 6 ha. CV. Locations : , 20. Bord de mer à 150 m. ; à 200 m : ; à 400 m : . Accueil groupes hors saison. Ouv : 1.4 / 31.10. Chemin de Quintefeuille. ☎ 02 31 96 67 09. Fax : 02 31 97 31 06. E-mail : campingnormandie@aol.com, Web : www.camping-normandie.com. Prix 2007. Fft jour : Empl. Tourisme (2) : 29,10 € () ; Sup : 7 € - de 10 ans 4,50 € ; Animaux 3,80 €. Réduction H.S.

FFCC : partenaire + réduction emp. de 5 % hors saison + carte FFCC assurance annulation + Stop accueil Camping-car du 01/04 au 10/07 et du 18/08 au 31/10/2008, accès jusqu'à 19h30.

BLANGY LE CHATEAU

2-E2 12 km N. Lisieux. 78 m. 678 hab. ✉ 14130

PARC RESIDENTIEL DE LOISIRS DU DOMAINE DU LAC P.R.L. 44 E. 3 ha. Locations : , . Accès direct aux bords du lac. ☎ 02 31 64 62 00. Fax : 02 31 64 15 91.

BLONVILLE SUR MER

2-D2 32 km N.-O. Lisieux. 101 m. 889 hab. ✉ 14910

VILLAGE CLUB ★★★★ Loisirs 137 E., dont 121 GCC, 7 ha. pain, , pétanque, + sèche-linge, CV. Locations : 9, 10. Etang à 1,5 km. Bord de mer à 2 km. ; à 2 km : . A 13 sortie et dir. Deauville/Trouville. RN 13/D 579/RN 177/D 27 et CD 118. Pont de Normandie. ☎ 02 31 87 97 27. Fax : 02 31 81 47 15. E-mail : info@villageclub.fr, Web : www.villageclub.fr.

BLONVILLE CAMPING ★★ Loisirs 376 E. (42 Tourisme + 334 Loisirs) 3,76 ha. CV. Locations : 4, 10. Bord de mer à 50 m. . RN 813. ☎ 02 31 87 92 46. Fax : 02 31 88 07 12.

M. ORLEAC ROLAND,aire naturelle Lieu Pieuger. ☎ 02 31 87 41 37.

LE BREVEDENT

2-E2 11 km N.-E. Lisieux. 94 hab. ✉ 14130

CARAVANING DU BREVEDENT ★★★★ Loisirs 90 E., dont 90 GCC. chauffée . Etang et rivière à 100 m. Sur la D 284. ☎ 02 31 64 09 29. Fax : 02 31 64 09 29.

CASTEL CAMPING DU BREVEDENT ★★★★ Tourisme 120 E., dont 16 GCC, 5 ha. parc boisé, . Locations : 8, , . chauffée . Accès direct à l'étang et aux bords du lac. . A 2 km de Blangy-le-Chateau, sur RD 51. Bibliothèque. ☎ 02 31 64 72 88. Fax : 02 31 64 33 41. E-mail : contact@campinglebrevedent.com, Web : www.campinglebrevedent.com. Prix 2007. Fft jour : Empl. Tourisme : 26.5 € () ; Sup : 6,70 € 4,50 €.

CABOURG

2-D2 24 km N.-E. Caen. 5 m. 3249 hab. ✉ 14390

LA POMMERAIE ★★★ Loisirs 145 E. (25 Tourisme + 120 Loisirs), dont 100 GCC. , sur demande, CV. Locations : 2. Bord de mer à 600 m. Rivière à 1 km. ; à 800 m : ; à 1 km : . Accueil groupes. Ouv : 1.4 / 30.9. Paris/Caen sortie Cabourg. ☎ 02 31 91 54 58 / 06 07 15 84 67 (H.S.). Fax : 02 31 91 66 57. Prix 2007. Empl. Tourisme : 6 € ; 2 € ; 6 € ; - de 7 ans 3 € ; 4 € (5 A) ; 1 €.

OASIS CAMPING ★★★ Loisirs 58 E., dont 58 GCC, 1 ha. CV. Locations : 60, . Bord de mer à 300 m. à 200 m : . RN 813. Avenue du Général de Gaulle. ☎ 02 31 91 10 62.

LE VERT PRE P.R.L. 240 E. 5,5 ha. CV. Locations : 10. chauffée . Rivière à 300 m. Bord de mer à 1,2 km.Etang à 3 km. ; à 500 m : ; à 1,2 km : . Route de Caen. Avenue Guillaume Le Conquérant. D 513. ☎ 02 31 24 21 19. Fax : 02 31 91 62 34. E-mail : levertpre@free.fr.

CAHAGNES

2-C3 26 km N.-E. Vire. 190 m. 947 hab. ✉ 14240

VALLEE DE GRAHAM ★★ Tourisme 82 E. 1 ha. . Accès direct à l'étang et aux bords du lac et à la rivière. . A 84 sortie 42. Dir. Cahagnes D 54. ☎ 02 31 77 88 18.

CAHAGNOLLES

2-C3 15 km S. Bayeux. 148 hab. ✉ 14490

L'ESCAPADE ★★ Loisirs 82 E., dont 40 CC, 6,5 ha. , buvette, CV. Locations : 1, 9, , Cottages. chauffée 2. Accès direct à l'étang. . Accueil groupes encadrés. Ouv : 1.4 / 31.10. Rue de l'Eglise, au centre de la commune. ☎ 02 31 21 63 59. Fax : 02 31 92 06 48. E-mail : lescapade.cahagnolles@wanadoo.fr, Web : www.campinglescapade.net. Prix 2008. Fft jour : Empl. Tourisme (2) : 12,50 € () ; Sup : 3,60 € - de 7 ans 2,80 € ; 3,10 € (6 A) ; 1 € ; Animaux 1,20 €. Réduction H.S.

FFCC : partenaire + réduction emp. de 5 % en saison et hors saison + carte FFCC assurance annulation + réduction loc. de 5 % en saison et hors saison.

LA CAMBE

2-C2 24 km N.-O. Bayeux. 30 m. 588 hab. ✉ 14230

Mme LAPERRUQUE Joëlle,aire naturelle des Pommiers 3, CV. A 2 km : . A 5 km : . Ouv : 1.04 / 1.10. Les Vignets. Accès par la RN 13 puis route de Grandcamp et 1ère à droite. Les Vignets. Accès par la RN 13 puis route de Grandcamp et 1ère à droite. ☎ 02 31 22 74 92. E-mail : joelle.laperruque@wanadoo.fr, Web : monsite.wanadoo.fr/campingdespommiers. Prix 2008. Empl. Tourisme : 3,70 € () : 3,15 € ; - de 7 ans 1,95 € ; 2,70 € (6 A) ; Animaux 0,50 €.

CLECY

2-D3 f5 km S. Caen. 80 m. 1197 hab. Station verte de vacances et village de neige ✉ 14570

CAMP LES ROCHERS DES PARCS ★★★ Tourisme 90 E. dont 80 nus CV. Locations : 2, 6, 2, 100, 6. Accès direct à la rivière. Etang à 5 km. ; à 10 km : . Accueil groupes. Ouv : 1.4 / 30.9. Sur CD 562, 568 et RN 62. ☎ 02 31 69 70 36. E-mail : campingclecy@ocampings.com, Web : www.ocampings.com/campingclecy. Prix 2008. Empl. Tourisme : 3 € () ; 2 € ; 3,30 € ; - de 7 ans 2,25 € ; 3,15 € (6 A) ; Animaux 1 € (chien). Réduction H.S.

FFCC : partenaire + réduction emp. de 5 % en saison et hors saison + Stop accueil Camping-car du 01/04 au 30/09/2008, accès jusqu'à 21h.

COLLEVILLE MONTGOMERY

2-D2 12 km N.-E. Caen. 1430 hab. ✉ 14880

LES SALINES ★★★ Loisirs 300 E. (70 Tourisme + 230 Loisirs) 6,5 ha. CV. Bord de mer à 200 m. à 200 m : . Gardiennage toute l'année. ☎ 02 31 96 36 85. Fax : 02 31 96 02 28. E-mail : camping.les.salines@wanadoo.fr, Web : monsite.wanadoo.fr/camping.les.salines/.

NORMANDIE TENNIS ★★ Tourisme 28 E., dont 28 GCC.

COLLEVILLE SUR MER

2-C2 16 km N.-O. Bayeux. 70 m. 169 hab. ✉ 14710

LE ROBINSON ★★★ Tourisme 67 E., dont 16 GCC, 1,5 ha. , friterie, , sèche-linge, CV. Locations : 13, 2, 1. chauffée . Bord de mer à 1,5 km. ; ; à 1,5 km : . Ouv : 1.4 / 30.10. Rés. obligatoire en été. Caen-Bayeux-Port en Bessin. CD 514. ☎ 02 31 22 45 19. Fax : 02 31 22 45 19. E-mail : dourthe.le.robinson@wanadoo.fr, Web : www.campingrobinson.com.

FFCC : partenaire + carte FFCC assurance annulation.

CONDE SUR NOIREAU

2-C3 25 km E. Vire. 7257 hab. ✉ 14110

CAMP MUNICIPAL DU STADE ★★ Tourisme 35 E. 0,4 ha. . Accès direct à l'étang et à la rivière. . Rue de Vire. Espace aquatique. Piste de skate. ☎ 02 31 69 45 24.

COUDRAY RABUT

2-E2 18 km N. Lisieux. 18 m. 254 hab. ✉ 14130

Mme BREAVOINE,aire naturelle , pétanque, . Route de Deauville. ☎ 02 31 64 12 91.

COURSEULLES SUR MER

2-D2 18 km N.-O. Caen. 2992 hab. ✉ 14470

CAMP MUNICIPAL LE CHAMP DE COURSE ★★★★ Tourisme 414 E. 3,4 ha. CV. Locations : 34. Bord de mer à 50 m. ; ; ; . Ouv : 1.4 / 30.9. Avenue de la Libération. ☎ 02 31 37 99 26. Fax : 02 31 37 96 37. E-mail : camping.courseulles@wanadoo.fr, Web : www.courseulles-sur-mer.com. Prix 2007. Fft jour : Empl. Tourisme (2) : 13,30 € () ; Sup : 4,20 € - de 7 ans 2,30 € ; 4,30 € (9 A) ; Animaux 1,75 €.

CREULLY

2-C2 18 km N.-O. Caen. 1003 hab. ✉ 14480

CAMP INTERCOMMUNAL DES 3 RIVIERES ★★★ Tourisme 82 E. dont 82 nus 2,5 ha. CV. Locations : . Accès direct à la rivière. ; à 8 km : . Accueil groupes. Ouv : 1.4 / 30.9. Route de Tierceville. RD 93. A Caen périphérique sortie n°7. Sanitaire pour handicapés. ☎ 02 31 80 90 17. Fax : 02 31 80 12 00. Prix 2007. Fft jour : Empl. Tourisme (2) : 10,10 € () ; Sup : 3,30 € - de 7 ans 1,65 € ; 3,40 à 3,80 € (6 à 10 A) ; Animaux 1,05 €.

CRICQUEVILLE EN BESSIN

2-C2 27 km N.-O. Bayeux 50 m. 171 hab. ✉ 14450

LE PONT DU HABLE,aire naturelle , payante, CV. A 1,5 km: . A 1 km : . Ouv : Pâques / fin septembre. Pont du Hable. D 514. Entre Grandcamp-Maisy bourg et Pointe du Hoc. 2 réfrigérateurs, 1 congélateur, 1 micro-onde à disposition. ☎ 02 31 22 62 31 / 06 87 85 39 62 (H.S.). Fax : 02 31 22 62 31. E-mail : bernard.pinchon@wanadoo.fr. Prix 2007. Empl. Tourisme : 3,75 € : 3,75 € ; - de 7 ans 2,25 € ; 3,75 € (10 A) ; Animaux 1 €.

CROUAY

2-C2 8 km O. Bayeux 44 m. 444 hab. ✉ 14400

Mme ANNE Marie-France,camping à la ferme CV. A 3 km: . A 9 km : Piscine chauffée Piscine plein air Piscine couverte . A 10 km : . Ouv : 1.1 / 31.12. Le Creullet. RN 13 Paris-Cherbourg. Bayeux par D 5 Le Molay-Littry. ☎ 02 31 92 45 27 / 06 79 16 17 46. E-mail : camping-du-creullet@wanadoo.fr. Prix 2007. : 1,50 € ; 1,50 € ; 1,50 € ; 2,50 € ; 1,50 €.

DAMPIERRE

2-C3 30 km N. Vire 182 m. 173 hab. ✉ 14350

M. LAIR Gilbert,camping à la ferme . Pressoir Dajon. Par la N 175 ou A 84 sortie 41, suivre fléchage Route des Traditions. ☎ 02 31 68 72 30. Fax : 02 31 68 72 30.

DEAUVILLE

28 km N. Lisieux. 5665 hab. ✉ 14800

LA VALLEE Voir SAINT-ARNOULT.

LES HARAS Voir TOUQUES

DIVES SUR MER

2-D2 27 km N.-O. Lisieux. 4 m. 5732 hab. ✉ 14160

CAMP MUNICIPAL LES TILLEULS ★★ Tourisme 250 E. 5 ha. CV. Rivière à 2 km.Bord de mer à 3 km. ; ; ; ; . Route de Lisieux, CD 513. ☎ 02 31 91 25 21. Fax : 02 31 91 72 13. Réduction H.S.

LE GOLF ★★ Tourisme 155 E. dont 10 nus 2,8 ha. CV. Locations : 5 . Bord de mer à 2,5 km.Etang à 3 km. à 2 km : . Ouv : 15.4 / 30.9. Rés. obligatoire en été. Sortie A 13 péage Dozulé ou La-Haie-Tondue. ☎ 02 31 24 73 09. Fax : 02 31 24 73 09. E-mail : campingdugolf@wanadoo.fr, Web : www.monsite.wanadoo.fr/campingdugolf. Prix 2007. Empl. Tourisme : 3 € ; 3 € ; 4,50 € ; 3,90 € ; 2 € ; 2,90 à 3,90 € (10 A) ; 1 € (6).
FFCC : partenaire + réduction emp. de 5 % en saison + carte FFCC assurance annulation + réduction loc. de 5 % en saison.

EQUEMAUVILLE

2-E2 30 km N. Lisieux. 103 m. 914 hab. ✉ 14600

LA BRIQUERIE ★★★★ Loisirs 430 E. (190 Tourisme + 240 Loisirs), dont 60 CC - 370 GCC, 9,5 ha. juillet/août, CV Sanitaire chauffé. Locations : 10 chauffée . Bord de mer à 2,5 km. ; à 2,5 km : ; à 3 km : ; à 7 km : , . Accueil groupes hors juillet/août. hors juillet/août. Ouv : 1.4 / 30.9. Sur RD 62, à 300 m RN 179. ☎ 02 31 89 28 32 / 02 31 89 06 08 (H.S.). Fax : 02 31 89 08 52. E-mail : info@campinglabriquerie.com, Web : www.campinglabriquerie.com. Prix 2007. Empl. Tourisme : 8 € : 6 € ; 7 € ; - de 7 ans 4 € ; 4 à 5 € (5 à 10 A) ; Animaux 3 €. Réduction H.S.
FFCC : Stop accueil Camping-car du 01/04 au 30/06 et du 01/09 au 30/09/2008, accès jusqu'à 20h.

ESPINS

2-D3 22 km S. Caen. 175 m. 199 hab. ✉ 14220

M. ROUILLER,aire naturelle

ETREHAM

2-C2 10 km N.-O. Bayeux. 30 m. 225 hab. ✉ 14400

REINE MATHILDE ★★★ Tourisme 115 E. (80 Tourisme + 35 Loisirs), dont 25 GCC, 6,5 ha. CV. Locations : 6 , 6 , 2 . chauffée . Bord de mer à 4 km. à 2,5 km : ; à 1 km : ; à 6 km : , . Accueil groupes. Ouv : 1.4 / 30.9. Rés. obligatoire en été. N 13 sortie n° 38, D 6. ☎ 02 31 21 76 55. Fax : 02 31 22 18 33. E-mail : camping.reine-mathilde@wanadoo.fr, Web : www.campingreinemathilde.com. Prix 2008. Empl. Tourisme : 5,90 € ; 6,30 € ; - de 7 ans 2,60 € ; 4,70 € (6 A) ; Animaux 3 €.

FALAISE

2-D3 34 km S.-S.-E. Caen. 132 m. 8820 hab. ✉ 14700

CAMP MUNICIPAL DU CHATEAU ★★★ Tourisme 66 E. 1,1 ha. CV Sanitaire chauffé. . Etang à 200 m. . Accueil groupes. Ouv : 1.5 / 30.9. Le Val d'Ante. ☎ 02 31 90 16 55. Fax : 02 31 90 53 38. E-mail : camping@falaise.fr, Web : www.otsifalaise.com. Prix 2007. Empl. Tourisme : 4 € ; 3,30 € ; - de 12 ans 2,20 € ; 2,50 € (10 A) ; Animaux 1,20 €. Réduction H.S.
FFCC : partenaire + réduction emp. de 10 % hors saison.

FORMIGNY

2-C2 16 km N.-O. Bayeux. 30 m. 244 hab. ✉ 14710

M. GAILLOT Jean-Louis , 2, CV. A 3 km: . A 10 km : . Ouv : 1.1 / 31.12. La Ferme du Lavoir. Sur la N 13 entre Bayeux et Irigny-sur-Mer sortie Formigny puis dir. Omaha Beach, panneaux indicatifs 100 m après l'église. ☎ 02 31 22 56 89. Fax : 02 31 92 74 93. E-mail : jlgaillot@wanadoo.fr, Web : fermedulavoir.free.fr. Prix 2008. Fft jour : Empl. Tourisme (2) : 10 € ( ) ; Sup : 2 €

GONNEVILLE EN AUGE

2-D2 17 km N.-E. Caen. 254 hab. ✉ 14810

LE CLOS TRANQUILLE ★★★ Tourisme 78 E. dont 56 nus (64 Tourisme + 14 Loisirs), dont 17 GCC - 3 HLL, 0,8 ha. , saison, saison, , saison, + sèche-linge, CV. Locations : 4 , 4 maisonnettes, 3 chambres. Bord de mer à 5 km. à 5 km : , , . Accueil groupes. Ouv : 25.3 / 18.9. Sur RD 95 A, à 1 km RD 513 Cabourg-Caen. ☎ 02 31 24 21 36. Fax : 02 31 24 28 80. E-mail : leclostranquille@wanadoo.fr, Web : www.leclostranquille.com. Prix 2008. Empl. Tourisme : 5 € ; 5 € ; - de 7 ans 2,50 € ; 3 à 3,40 € (4 à 6 A) ; Animaux 2 €.

M. CHAUVEL Gérard, aire naturelle Rue de Troarn. ☎ 02 31 24 21 33.

GONNEVILLE SUR MER

2-D2 30 km N.-O. Lisieux. 120 m. 399 hab. ✉ 14510

LES FALAISES ★★★★ Tourisme 450 E. (249 Tourisme + 201 Loisirs), dont 201 GCC, 6 ha. la nuit, CV. Locations : 5 . chauffée . Bord de mer à 3 km. ; en mer : ; à 3 km : . Accueil groupes. Sur CD 163, par RN 513. A 2 km d'Houlgate. Route de la corniche. ☎ 02 31 24 81 09. Fax : 02 31 28 04 11.

LIEU CASTEL ★★ Tourisme 155 E. dont 35 nus, dont 58 GCC, 2 ha. CV. Locations : 4 . Bord de mer à 3 km. ; à 3 km : , , . Accueil groupes petits groupes. Ouv : 1.4 / 30.9. D 513 entre Villers sur Mer et Houlgate. 3 km de la plage, face au golf de Beuzeval. ☎ 02 31 91 17 64. Fax : 02 31 91 17 64. Prix 2007. Empl. Tourisme : 5 € ; 2,20 € ; 3,50 € ; - de 10 ans 2,20 € ; 3,20 € ; Animaux 1,60 €.

GRANDCAMP MAISY

2-C2 32 km N.-O. Bayeux. 50 m. 1845 hab. ✉ 14450

LE COLOMBIER ★★★ Loisirs 81 E., dont 81 GCC.

CAMP GCU Réservé aux adhérents. Adhésion possible sur place pour les sociétaires MAIF et FILIA MAIF. Proximité du village.

LE JONCAL ★★ Loisirs 300 E. 4 ha. CV. . Accès direct à la mer. ; ; ; .Accueil enfants. 100 m RN 814, près du port. RN 13. ☎ 02 31 22 61 44 / 06 08 06 66 98. Fax : 02 31 22 73 99. Web : www.campingdujoncal.com. Prix 2007. Empl. Tourisme : 4,50 € ( ) : 4,50 € ; - de 7 ans 2,50 € ; 2,50 à 4 € (3 à 6 A) ; Animaux 1 €. Fft Ccar : 10 € (2).

M. INDERBITZIN Michel,aire naturelle Fort Samson Ouv : 1.5 / 15.10. Rue du Fort Samson. ☎ 06 80 63 01 11 / 02 31 22 37 13 (H.S.). Fax : 02 31 22 37 13. E-mail : aire.nat.camping.fort.sam@cegetel.net. Prix 2008. 2,15 € ; 2,15 € ; 4,40 € ; 2,15 € ; 2,35 € ; - de 6 ans 1,65 € ; 3,60 à 7,10 € (5 à 10 A) ; 1,10 € (jeton). Réduction H.S.

FFCC : partenaire + réduction emp. de 5 % en saison et 10 % hors saison + carte FFCC assurance annulation + réduction loc. de 5 % en saison et 10 % hors saison.

M. LEGRAND Michel,aire naturelle Ferme du Colombier. ☎ 02 31 22 68 46. Fax : 02 31 22 14 33.

Voir aussi CRICQUEVILLE EN BESSIN

GRAYE SUR MER

2-D2 20 km N.-E. Bayeux. 6 m. 587 hab. ✉ 14470

CAMP MUNICIPAL CANADIAN SCOTTISH ★★ Tourisme 234 E. 3 ha. CV. Accès direct à la mer. ; ; . Accueil groupes. Route d'Arromanches, lieu-dit La Valette. ☎ 02 31 37 45 23 / 02 31 37 90 59 (H.S.). Fax : 02 31 37 70 99.

LE CLOS DU MOULIN En cours classt ★★ 59 E. Rue Banville ☎ 02 31 37 93 35.

HERMANVILLE SUR MER

2-D2 12 km N. Caen. 1755 hab. ✉ 14880

LES HAUTES SENTES ★★★ Tourisme 80 E. + sèche-linge, CV. Locations : 9, 2. Bord de mer à 800 m. ; à 800 m : . ☎ 02 31 96 39 12. Fax : 02 31 96 92 98. E-mail : leshautessentes@yahoo.fr, Web : www.campingdeshautessentes.fr.

LES VATTAUX ★★★ Loisirs 377 E., dont 343 GCC, 5,75 ha. , saison, , saison, , saison. Locations : 5. Bord de mer à 800 m. ; ; à 800 m : . ☎ 02 31 97 09 62.

NORMANDIE PLAGE ★★ Tourisme 84 E. (64 Tourisme + 20 Loisirs) . .à 500 m : . Boulevard de la 3ème D.I.B. prolongé, 300 m RN 814 ☎ 02 31 97 48 86.

HONFLEUR

34 km N. Lisieux. 5 m. 8529 hab. ✉ 14600

LE PHARE ★★ Tourisme 110 E. (100 Tourisme + 10 Loisirs) 1,4 ha. , la nuit. Bord de mer et rivière à 200 m. ; ; ; . Boulevard Charles V. Route du bord de mer vers Trouville-Deauville. ☎ 02 31 89 10 26 / 02 31 91 05 75 (H.S.) / 02 31 91 05 75 (H.S.). Fax : 02 31 24 71 47.

HOULGATE

2-D2 35 km N.-O. Lisieux. 1784 hab. ✉ 14510

LA VALLEE ★★★★ Tourisme 353 E., dont 90 CC - 165 GCC, 11 ha. , la nuit, CV. Locations : 25. poneys, . Bord de mer à 900 m. Rivière à 2 km.Etang à 3 km. ; ; à 900 m : . Accès A 13 sortie n° 29 Dozule, D 45 sortie Houlgate. ☎ 02 31 24 40 69. Fax : 02 31 24 42 42. E-mail : camping.lavallee@wanadoo.fr, Web : www.campinglavallee.com. Prix 2007. Fft jour : Empl. Tourisme (2) : 29 € ( )

FFCC : réduction loc. de 5 % hors saison.

CAMP MUNICIPAL DES CHEVALIERS ★★ Tourisme 195 E. 3 ha. , pétanque, CV. à 800 m : . Ouv : 1.4 / 30.9. Chemin des Chevaliers. ☎ 02 31 24 37 93. Prix 2007. Empl. Tourisme : 1,60 € ; 1,20 € ; 1,20 € ; 2,70 € ; - de 10 ans 1,30 € ; 2,70 à 4,20 € (6 à 10 A) ; Animaux 0,75 €.

LA PLAGE ★★ Tourisme 82 E. dont 41 nus, 3 ha. , buvette, CV. Locations : 6, 2, 3. Accès direct à la mer. ; ; ; . Rue Henri Dobert, à 100 m RN 814. ☎ 02 31 28 73 07. Fax : 02 31 28 73 07. E-mail : campingplagehoulgate@orange.fr, Web : www camping houlgate.

ISIGNY SUR MER

2-C2 32 km O. Bayeux. 3159 hab. ✉ 14230

LE FANAL ★★★★ Tourisme 94 E. dont 93 nus 3,5 ha. CV Sanitaire chauffé. Locations : 10, 46. couverte chauffée. Accès direct aux bords du lac. Rivière à 50 m. ; . Rue du Fanal. Dir. Rennes/St-Lo. Dir. Bayeux prendre la D 197 A. ☎ 02 31 21 33 20. Fax : 02 31 22 12 00. E-mail : info@camping-lefanal.com, Web : www.camping-lefanal.com. Prix 2007. Fft jour : Empl. Tourisme (2) : 22,60 € (E. CC) ; Sup : 4,60 € - de 12 ans 3,85 € ; 3,20 € ; Animaux 4 €. Réduction H.S.

JANVILLE

2-D3 340 hab. ✉ 14670

M. PORCHER Henri,camping à la Ferme , A 10 km: Piscine plein air . A 12 km : . ☎ 02 31 23 30 03.

LANGRUNE SUR MER

2-D2 16 km N. Caen 12 m. 1539 hab. ✉ 14830

MER ET VACANCES ★★★★ Loisirs 160 E. 5 ha. Sanitaire chauffé. couverte chauffée . Bord de mer à 150 m. ; à 150 m : , ; à 300 m : . Ouv : 1.2 / 15.11. Avenue de la Libération : De Caen dir. Mathieu/Douvres la Délivrande puis dir. Langrune sur Mer. ☎ 02 31 85 60 00. E-mail : mer-et-vacances@wanadoo.fr, Web : meretvacances.fr.

Mme METIVIER-LAURENT,aire naturelle

LION SUR MER

2-D2 14 km N.-E. Caen. 20 m. 1824 hab. ✉ 14780

LES ROCHES ★★ Loisirs 55 E., dont 55 GCC, 1 ha. . Locations : . Accès direct à la mer. ; ; ; . Avenue de Blagny. Ecole de voile face au camping. ☎ 02 31 97 21 15 / 06 83 07 17 22. Fax : 02 31 97 61 65.

OASIS CAMPING ★★ Tourisme 173 E. 2,9 ha. , la nuit. Accès direct à la mer. Rivière à 4 km. ; ; ; . Sur D 514 à la sortie Ouest de Lion-sur-Mer. ☎ 02 31 97 21 36 / 02 31 91 05 75. Fax : 02 31 24 71 47.

CAMP DE M. LECHEVALIER ★ Tourisme 50 E. , , pain, CV. Bord de mer à 300 m. ; ; ; . Ouv : 1.5 / 30.9. A 13.Rue Galante ☎ 02 31 96 74 37. Fax : 02 31 96 74 37. Prix 2007. Fft jour : Empl. Tourisme (2) : 13,9 € (E. GCC) ; Sup : 4,80 € - de 10 ans 3,60 €.

LISIEUX

2-E3 50 km E. Caen. 50 m. 25823 hab. ✉ 14100

CAMP DE LA VALLEE ★★ Tourisme 100 E. (50 Tourisme + 50 Loisirs) 0,9 ha. Laverie, CV. Locations : 5. Rivière à 500 m. Etang à 4 km. à 1,5 km ; à 4 km. Accueil groupes. 9, rue de la Vallée. Du centre ville, suivre Deauville par dir. Coquainvilliers. ☎ 02 31 62 00 40 / 02 31 48 18 10 (O.T.) (H.S.). Fax : 02 31 48 18 11. E-mail : tourisme@cclisieuxpaysdauge.fr, Web : www.lisieux-tourisme.com. Prix 2007. Empl. Tourisme : 1,30 € : 2,50 € ; - de 7 ans 1,10 € ; 2 €.

LITTEAU

2-C3 22 km S.-O. Bayeux 150 m. 227 hab. ✉ 14490

L'OREE DU BOIS ★★ Tourisme 50 E. 2 ha. saison, CV. Locations : 4, 5, 3, chauffée. Accès direct à l'étang. Le Perron. D 572 Bayeux/Saint-Lô, prendre Litteau au carrefour la Malbrêche, camping à 500 m. ☎ 02 31 22 22 08 / 06 62 54 47 22. Fax : 02 31 21 85 65. E-mail : camping.loreedubois@wanadoo.fr, Web : www.camping-loree-du-bois.com. Réduction H.S.

LIVAROT

2-E3 18 km S.-S.-O. Lisieux. 64 m. 2759 hab. ✉ 14140

CAMP MUNICIPAL ★ Tourisme 25 E. Ouv : 15.5 / 15.9. Place ancienne Gendarmerie, sur RD 579. ☎ 02 31 32 01 18 (Com. de commune). Fax : 02 31 62 43 75. E-mail : www.paysdelivarot.fr, Web : comm une.paysdelivarot@wanadoo.fr. Prix 2007. Empl. Tourisme : 1,50 € ; 1,50 € ; - de 12 ans 1 € ; 1,80 € ; 1 €.

LUC SUR MER

2-D2 16 km N. Caen. 7 m. 2609 hab. ✉ 14530

CAMP MUNICIPAL LA CAPRICIEUSE ★★★★ Tourisme 232 E. dont 204 nus, dont 71 GCC, 2,5 ha. partiel, CV. Locations : 10, 10. Bord de mer à 50 m. à 50 m : ; à 500 m. Ouv : 1.4 / 30.9. Rés. obligatoire en été. Caen périphérique, sortie Côte de Nacre, Douvres La Délivrande. Tout droit dir. Luc-sur-Mer. ☎ 02 31 97 34 43. Fax : 02 31 97 43 64. E-mail : camping.lacapricieuse@libertysurf.fr, Web : www.campinglacapricieuse.com. Prix 2007. 5,20 € ; 2,20 € ; 5,20 € ; 5,20 € ; 4,36 € ; - de 7 ans 2,30 € ; 4,20 à 5,70 € (6 à 10 A) ; Animaux 2,30 €. Réduction H.S.

MARTRAGNY

2-C2 20 km N.-O. Caen. 72 m. 249 hab. ✉ 14740

CAMP DU CHATEAU DE MARTRAGNY ★★★★ Tourisme 160 E. 5 ha. saison, CV. Locations : , 5 Chambres d'hôtes. chauffée. Accueil groupes. Ouv : 1.5 / 15.9. RN 13 dir. Cherbourg-Bayeux, sortie Martragny puis suivre les panneaux Château de Martragny. ☎ 02 31 80 21 40. Fax : 02 31 08 14 91. E-mail : chateau.martragny@wanadoo.fr, Web : www.chateau-martragny.com. Prix 2008. Empl. Tourisme : 12,10 € ; 12,10 € ; 6 € ; - de 7 ans 3,50 € ; 3,50 € (6 A). Réduction H.S.

M. GODFROY Maurice, Le Manoir de l'Abbaye CV. A 7 km: Piscine chauffée Piscine plein air. Ouv : 1.1 / 31.12. Au Manoir de l'Abbaye, 15, rue de Creully. RN 13 et D82 entre Caen et Bayeux. ☎ 02 31 80 25 95. Fax : 02 31 80 25 95. E-mail : yvette-godfroy@libertysurf.fr, Web : perso.wanadoo.fr/godfroy. Prix 2007. Fft jour : Empl. Tourisme (2) : 16,10 € () ; Sup : 3 € - de 10 ans 2,30 € ; 3 € (15 A) ; Animaux 2,30 €. Réduction H.S.

MERVILLE FRANCEVILLE PLAGE

2-D2 20 km N.-E. Caen. 11 m. 1309 hab. ✉ 14810

CAMP MUNICIPAL LE POINT DU JOUR ★★★★ Tourisme 142 E. (130 Tourisme + 12 Loisirs), dont 12 GCC, 2,7 ha. Sanitaire chauffé. Accès direct à la mer. CD 514, route de Cabourg. ☎ 02 31 24 23 34 / 02 31 24 21 83 (Mairie). Fax : 02 31 24 15 54. E-mail : camp.lepointdujour@wanadoo.fr.

LE RELAIS ★★★★ Loisirs 89 E. (14 Tourisme + 75 Loisirs) 1,2 ha. CV. Accès direct à la mer. Ouv : 1.4 / 30.10. Route de Cabourg. ☎ 02 31 24 22 82. Prix 2007. Empl. Tourisme : 7,40 € ; 5,90 € ; - de 7 ans 3,30 € ; 5,50 à 6,50 € (6 à 10 A) ; Animaux 1,90 €.

ARIANE ★★★ Loisirs 160 E., dont 10 HLL, 4,5 ha. CV Sanitaire chauffé. Locations : 10, 8. Accès direct à la rivière. Bord de mer à 300 m. à 300 m : . Accueil groupes. Ouv : Pâques / Toussaint. 100, route de Cabourg. A 13 dir. Caen sortie Dozulé/Cabourg rejoindre D 514, puis dir. Ouistreham. ☎ 02 31 24 52 52 / 06 73 55 87 22 (H.S.). Fax : 02 31 24 52 41. E-mail : info@loisirs-ariane.com, Web : loisirs-ariane.com. Prix 2007. Empl. Tourisme : 7 € () : 6,10 € ; - de 10 ans 3,50 € ; Animaux 3 €. Réduction H.S.

FFCC : partenaire + réduction emp. de 5 % en saison et 10 % hors saison + carte FFCC assurance annulation + réduction loc. de 10 % hors saison.

LES PEUPLIERS ★★★ Tourisme 164 E. dont 116 nus, dont 76 GCC, 2,4 ha. pain, Sanitaire chauffé. Locations : 10, 5, 1. chauffée. Bord de mer à 300 m. Etang à 800 m. à 300 m : ; à 2 km : . Accueil groupes. Ouv : 1.4 / 31.10. Allée des Pins. D 514. ☎ 02 31 24 05 07. Fax : 02 31 24 05 07. E-mail : asl-mondeville@wanadoo.fr, Web : www.aslmondeville.com. Prix 2008. Empl. Tourisme : 7,30 € () : 6,60 € ; - de 7 ans 3,85 € ; 5,20 € (10/16 à 16 A) ; Animaux 3 €. Réduction H.S.

L'OASIS ★★★ Tourisme 148 E. (116 Tourisme + 32 Loisirs), dont 32 GCC, 2,7 ha. la nuit. Accès direct à la mer. Rivière à 3 km. . RD 514. A 13 sortie Dozulé dir. Ouistreham. ☎ 02 31 24 22 12 / 02 31 91 05 75 (H.S.) / 02 31 91 05 75 (H.S.). Fax : 02 31 24 71 47.

CAMPING DE L'A.S. IVECO UNIC ★★ Tourisme 40 E. Réservé excl. A.S. Iveco-Unic. ☎ 01 30 66 82 24.

FFCC : partenaire - terrain assuré par la FFCC.

LA MER ★★ Loisirs 99 E. (49 Tourisme + 50 Loisirs) 2 ha. CV. Bord de mer à 200 m. Accueil groupes. A 13 sortie Cabourg. ☎ 02 31 24 16 03 / 01 47 93 23 16. Fax : 02 31 24 16 03.

Mme GASNERAY, aire naturelle le rivage Route de Cabourg. ☎ 02 31 24 08 92 / 02 31 28 94 81.

MOYAUX

2-E3 13 km N.-E. Lisieux. 931 hab. ✉ 14590

LE COLOMBIER ★★★★ Tourisme 180 E. 4 ha. Locations : chauffée. Le Val Sery, sur RD 143. ☎ 02 31 63 63 08. Fax : 02 31 63 15 97. E-mail : chateau@camping-lecolombier.com.

NORON LA POTERIE

2-C2 8 km S.-O. Bayeux. 266 hab. ✉ 14490

LE MOULIN FOULON, camping à la ferme pétanque. Situé sur D 572 axe Bayeux/St-Lo sur RN 13 sortie n° 37. ☎ 02 31 80 21 28 / 06 07 35 21 97 (H.S.). Prix 2007. () : 2 € ; 2 € ; 6 € ; 2 € ; 3 € ; 2 € ; 3 €.

FFCC : partenaire + réduction emp. de 5 % en saison.

ORBEC

2-E3 20 km S. Lisieux. 110 m. 2832 hab. ✉ 14290

LES CAPUCINS ★★ Tourisme 43 E., dont 24 CC, 0,5 ha. Bois des Capucins, suivre dir. La Vespière/Bernay/Collège. ☎ 02 31 32 76 22.

OUILLY DU HOULEY

2-E3 10 km N.-E. Lisieux. 172 hab. ✉ 14590

M. BERNARD, aire naturelle CV. A 10 km: Piscine couverte. Le Mont-Criquet, RD 613, D 137 à 1,5 km du bourg. Nord-Est de Lisieux. Terrain ombragé et calme. Sentiers de randonnée pédestre. ☎ 02 31 62 98 98 / 06 08 93 19 63 (H.S.). Fax : 02 31 62 98 98. E-mail : bernard.ocjh@wanadoo.fr, Web : perso.wanadoo.fr/rmc14/. Prix 2007. Fft jour : Empl. Tourisme (1) : 4,30 € () ; Sup : 2,70 € - de 7 ans 1,50 € ; 2,30 € (4 A).

OUISTREHAM

2-D2 14 km N.-E. Caen. 35 m. 8679 hab. ✉ 14150

DOMAINE LES PRAIRIES DE LA MER ★★★★ Loisirs 252 E., dont 252 GCC, 4,78 ha. Locations : 10. Bord de mer à 400 m. Accès route D 514. ☎ 02 31 97 61 61. Fax : 02 31 97 61 65.

CAMP MUNICIPAL LES POMMIERS ★★★ Tourisme 428 E. Rivière à 200 m. Rue de la Haie Breton. ☎ 02 31 97 12 66.

PONT D OUILLY

2-D3 40 km S. Caen. 200 m. 1049 hab. Station verte de vacances et village de neige ✉ 14690

CAMP MUNICIPAL ★★ Tourisme 58 E. 1 ha. Locations : . Rivière à 50 m. Route de Flers. ☎ 02 31 69 80 20 / 02 31 69 46 12.

PONT FARCY

2-C3 18 km N.-O. Vire. 534 hab. ✉ 14380

CAMP MUNICIPAL ★★★ Tourisme 60 E. (40 Tourisme + 20 Loisirs) 1,2 ha. Locations : . Accès direct à la rivière. Quai de la Vire, sur RD 21, à 1,5 km de la RN 175. ☎ 02 31 68 32 06. Fax : 02 31 67 94 01. E-mail : pontfarcy@free.fr, Web : pontfarcy.free.fr.

PONT L EVEQUE

2-E2 15 km N. Lisieux. 3802 hab. Station verte ✉ 14130

CAMP DU LAC PARC DE LOISIRS ★★★★ Loisirs 288 E., dont 168 GCC, 6 ha. partiel, Locations : . Accès direct aux bords du lac et à la rivière. Accueil groupes. Ouv : 18.3 / 2.11. Lac de Pont-l'Evêque. CD 48. Parc de loisirs. ☎ 02 31 65 29 21. Fax : 02 31 65 03 46. E-mail : info@normandie-challenge.com, Web : www.normandie-challenge.com. Prix 2007. Empl. Tourisme : 6 € ; 4,80 € ; 2,20 € ; 6 € ; - de 7 ans 2,60 € ; 5 € (6 A) ; Animaux 2,20 €. Fft Ccar : 17,9 € (2).

CAMP MUNICIPAL LE STADE ★★ Tourisme 60 E. 1,6 ha. Rivière à 30 m. Rue de Beaumont, 300 m RN 815. ☎ 02 31 64 15 03.

PORT EN BESSIN HUPPAIN

2-C2 10 km N.-O. Bayeux. 2332 hab. ✉ 14520

PORT'LAND ★★★★ Tourisme 256 E. dont 207 nus, dont 133 GCC, 8,6 ha. hte saison, CV. Camping clef verte. Locations : 70. couverte chauffée. Accès direct à l'étang. Bord de mer à 600 m. à 5 km : . Accueil groupes. Chemin de Castel. De Bayeux prendre Port-en-Bessin/Huppain, dir. cimetière Américain par D 514, sortie de Port-en-Bessin, au feu rouge à droite. ☎ 02 31 51 07 06. Fax : 02 31 51 76 49. E-mail : campingportland@wanadoo.fr, Web : www.camping-portland.com. Prix 2007. Fft jour : Empl. Tourisme (2 1 - de 2 ans) : 33 € (E. GCC) ; Sup : 7,30 € Animaux 5 €. Réduction H.S.

LA PRAIRIE ★★ Tourisme 200 E., dont 8 GCC, 2,5 ha. CV. Locations : 2, 2, 5. Bord de mer à 300 m. à 300 m : ; à 5 km : . Accueil groupes. Ouv : 1.4 / 30.9. Route de Huppain. ☎ 02 31 21 70 06. Fax : 02 31 21 76 44. Prix 2007. Empl. Tourisme : 3,70 € ; 3,70 € ; - de 7 ans 2,70 € ; 2,50 à 3,50 € ; 0,70 € (7 min 30) ; Animaux 1,50 €.

RANVILLE

2-D2 12 km N.-E. Caen. 1690 hab. ✉ 14860

LES CAPUCINES ★★ Tourisme 160 E. dont 120 nus (100 Tourisme + 60 Loisirs), dont 30 CC - 30 GCC, 4 ha. sauf petits, frites en saison, saison, + sèche-linge, CV Sanitaire chauffé. Locations : 1, 15, 2. Rivière à 1 km.Bord de mer à 5 km. à 1 km : ; à 3 km : ; à 5 km : . Accueil groupes. Ouv : 1.1 / 31.12. Route de la côte entre Ouistreham et Merville-Franceville. Chiens acceptés sauf Berger Allemand et races réputées dangereuses. ☎ 02 31 78 69 82 / 06 73 62 32 90 (H.S.). Fax : 02 31 78 16 94. Prix 2007. () : 5,50 € ; 5,50 € ; 4,85 € ; 4,85 € ; - de 7 ans 2,55 € ; 2,35 à 3 € (6 à 10 A) ; Animaux 1,80 € (petit).

FFCC : partenaire + réduction emp. de 5 % en saison et hors saison + carte FFCC assurance annulation.

REUX

2-E2 18 km N. Lisieux. 115 m. 211 hab. ✉ 14130

Mme LEGRIX Pierre,aire naturelle . A 5 km: . A 6 km : Piscine plein air . A 10 km : . Ouv : 1.5 / 30.9. La Couture Train. Quartier de la Queue Devée, par RN 175 entre Pont l'Evèque et Dozulé puis D 280, 1 km Sud-Ouest de la commune. A proximité de la ferme. Pré, pommiers, rivière à 5 km. Stage artisanal. ☎ 02 31 64 83 76.

ST ANDRE D HEBERTOT

2-E2 26 km N. Lisieux. 92 m. 292 hab. ✉ 14130

PARC RESIDENTIEL DE LOISIRS LA COUR VAUQUELIN P.R.L. 33 E. CV. Locations : Fermettes. couverte chauffée . Lac à 5 km. De Pont l'Evêque par N 175 direction Beuzeville. Sur D 534 dir. Cormeilles (à 100 m après avoir tourné). ☎ 02 31 65 43 66. Fax : 02 31 65 48 06. E-mail : sarlstandre@wanadoo.fr, Web : www.courvauquelin.com.

ST ARNOULT

2-E2 35 km N.-O. Lisieux. 518 hab. ✉ 14800

LA VALLEE ★★★★ Tourisme 267 E. (222 Tourisme + 45 Loisirs), dont 18 CC - 59 GCC - 13 HLL, 4,49 ha. saison, CV Sanitaire chauffé. Locations : 40. chauffée . Accès direct à l'étang. Bord de mer à 2,5 km. ; à 3 km : . Accueil groupes. Ouv : 1.4 / 31.10. Route de Beaumont. ☎ 02 31 88 58 17. Fax : 02 31 88 11 57. E-mail : campinglavallee dedeauville@wanadoo.fr, Web : www.camping-deauville.com. Prix 2007. Empl. Tourisme : 12 € ; 9 € ; - de 7 ans 5 € ; 4 € (10 A) ; Animaux 4 €. Réduction H.S.

ST AUBIN SUR MER

2-D2 17 km N. Caen. 10 m. 1446 hab. ✉ 14750

COTE DE NACRE ★★★★ Loisirs 447 E., dont 318 GCC, 8 ha. CV. Locations : 44. couverte chauffée . Bord de mer à 600 m. ; à 500 m : . Rue du Général Moulton. BP 18. Sur RD 7, à 100 m du bourg. Sortie C.H.U dir. Douvres la Délivrande-Côte de Nacre puis Langrune s/Mer et St-Aubin s/Mer. ☎ 02 31 97 14 45. Fax : 02 31 97 22 11. E-mail : camping-cote-de-nacre@wanadoo.fr, Web : www.camping.cote.de.nacre. Prix 2007. Fft jour : Empl. Tourisme (2) : 41 € / () ; Sup : 8 € - de 7 ans 5 € ; Animaux 4 €. Fft Ccar : 41,70 € (2). Réduction H.S.

ST BENOIT D HEBERTOT

2-E2 243 hab. ✉ 14130

M. LECESNE,aire naturelle Le Barquet. ☎ 02 31 64 24 32.

ST COME DE FRESNE

2-C2 11 km N.-E. Bayeux. 155 hab. ✉ 14960

M. MARTRAGNY Claude,aire naturelle . Sur la côte normande, 1,5 km d'Arromanche et d'Asnelle. ☎ 02 31 22 35 01.

ST DENIS DE MERE

2-C3 45 km S. Caen. 200 m. 925 hab. ✉ 14110

CAMP LES LILAS DE MORIEUX CV. A 5 km: Piscine plein air Piscine couverte . A 10 km : . Ouv : 1.3 / 30.10. Village de Morieux, Condé-sur-Noireau. D 562 puis D 256. ☎ 02 35 41 15 97 / 06 81 69 91 21 (H.S.). Fax : 02 35 41 15 97. E-mail : secretariat@campingclub.asso.fr, Web : www.campingclub.asso.fr. Prix 2007. Fft jour : Empl. Tourisme (2) : 7,50 € ()

FFCC : partenaire - terrain assuré par la FFCC + réduction emp. de 5 % en saison et hors saison.

ST GERMAIN DU CRIOULT

2-C3 21 km E. Vire. 718 hab. ✉ 14110

Mme GASCOUIN Jacqueline,aire naturelle pétanque, CV. A 2 km: . A 4 km : Piscine plein air . A 6 km : . Ferme de Vieuville, par RD 512, 1 km de la commune, à proximité de la ferme. Verger, rivière à 400 m. ☎ 02 31 69 08 25. Fax : 02 31 69 08 25. Prix 2007. Empl. Tourisme : 1,50 € ; 1,50 € ; 1,60 € ; 1,50 € ; 1,50 € ; 2,20 € ; 2,20 € ; 2,60 € (6 A).

ST JEAN LE BLANC

2-C3 24 km N.-E. Vire. 223 m. 334 hab. ✉ 14770

M. VALLEE Yves-Marie,la Ferme d'Escures enfants, CV. au bourg St Jean Le Blanc prendre la D 298 vers Montchauvet faire 2 km, 1ère ferme à droite. ☎ 02 31 69 62 95 / 02 31 69 92 49. Fax : 02 31 69 92 49. Web : www.ferme-pédagogiqque-escures.com.

ST MARTIN DE BLAGNY

2-C2 20 km S.-O. Bayeux. 27 m. 139 hab. ✉ 14710

M. VALLEE Jacques CV. A 4 km: . A 12 km : . ☎ 02 31 22 50 15. E-mail : vfumichon@aol.com.

ST MARTIN DE TALLEVENDE

2-C3 59 km S.-O. Caen 710 hab. ✉ 14500

M. ROGER Florent,camping La Belletière CV. St-Martin-de-Tallevende. A l'Ouest de Vire D 524. ☎ 02 31 68 17 72. Web : www.regionnormande.com.

ST MARTIN DES BESACES

2-C3 24 km N. Vire. 220 m. 981 hab. ✉ 14350

LE PUITS ★★ Tourisme 30 E. 3 ha. CV. Camping clef verte. Locations : Chambres. . Accès direct à l'étang. . Ouv : 1.3 / 31.10. La Groudière. A 84 Caen/Rennes, sortie 41 dir. St-Martin des Besaces. D 53 vers la D 675 et St-Martin des Besaces. Au feu tournez à droite sur D 675 (dir. Villedieu les Poëles). Camping indiqué à 500 m à gauche. ☎ 02 31 67 80 02. E-mail : enquiries@lepuits.com, Web : www.lepuits.com. Prix 2007. Empl. Tourisme : 9 € () ; 3,50 € ; 3,50 € ; - de 3/9 ans 1,50 € ; 4 € (6 A) ; Animaux 1 €.

ST SEVER CALVADOS

2-C3 13 km O. Vire. 210 m. 1507 hab. Station verte de vacances et village de neige ✉ 14380

CAMP MUNICIPAL ★ Tourisme 20 E. 0,2 ha. . Etang à 100 m. Rivière à 200 m. . Du centre de St-Sever du PMU dir. Champ du Boult le Gast puis tourner à gauche après un grand virage à 300 m environ. ☎ 02 31 68 82 63. Fax : 02 31 67 95 15.

STE HONORINE DES PERTES

2-C2 13 km N.-O. Bayeux. 70 m. 371 hab. ✉ 14520

LA HAGUE ★★ Tourisme 66 E. dont 59 nus 0,8 ha. CV. Locations : . Bord de mer à 800 m. à 1 km : . Ouv : 15.5 / 15.9. Le Grand Hameau, près RD 514 et RD 97. ☎ 02 31 21 77 24. Fax : 02 31 21 77 24. E-mail : campingdelahague@wanadoo.fr, Web : perso.wanadoo.fr/camping.de.la.hague/. Prix 2008. Fft jour : Empl. Tourisme (2) : 14,20 € () ; Sup : 4,60 € - de 7 ans 2,70 € ; 4,60 à 4,60 € (5 à 10 A) ; Animaux 1 €. Fft Ccar : 18,10 € (2).

SURRAIN

2-C2 12 km N.-O. Bayeux. 30 m. 108 hab. ✉ 14710

LA ROSERAIE ★★★★ Tourisme 66 E., dont 56 GCC, 2 ha. snack, non électrique, CV. Locations : 15, 2, Meublé. couverte chauffée . Rivière à 500 m. Bord de mer à 4 km. . Accueil groupes. Ouv : Pâques / 30.9. Rue de l'église. 10 km de Bayeux par la N 13 dir. Cherbourg. ☎ 02 31 21 17 71. Fax : 02 31 21 17 71. E-mail : camping.laroseraie@neuf.fr, Web : www.camping-laroseraie.com. Prix 2008. Fft jour : Empl. Tourisme (2) : 17,30 € Sup : 5,90 € - de 7 ans 4,40 € ; 4,60 € ; Animaux 2,50 €.

THURY HARCOURT

2-D3 28 km S.-O. Caen. 45 m. 1615 hab. Station verte de vacances et village de neige ✉ 14220

LE TRASPY ★★★★ Tourisme 92 E. dont 50 nus, dont 92 GCC, 1,7 ha. CV. Locations : 2, 6, 2. Etang à 50 m. Rivière à 900 m. . Accueil groupes. Ouv : 1.4 / 30.9. De Caen suivre dir. de Flers/Alençon/Falaise. ☎ 02 31 79 61 80 / 06 82 03 43 66 (H.S.). Fax : 02 31 79 61 80. Web : campingtraspy.com. Prix 2007. Fft jour : Empl. Tourisme (2) : 13,50 € () ; Sup : 4,60 € - de 12 ans 2,80 € ; 3,80 à 4,30 € (6 à 10 A) ; Animaux 2,80 €. Fft Ccar : 10 € (2).

FFCC : Stop accueil Camping-car toute l'année, accès jusqu'à 22h.

TOUQUES

2-E2 28 km N. Lisieux. 2237 hab. ✉ 14800

LES HARAS ★★★★ Loisirs 250 E. (106 Tourisme + 144 Loisirs), dont 44 CC - 100 GCC - 75 HLL, 4 ha. CV. Locations : 6. Bord de mer et rivière à 2 km. à 2 km : . Chemin du Calvaire, 1 km RN 834. ☎ 02 31 88 44 84. Fax : 02 31 88 97 08. E-mail : les.haras@wanadoo.fr.

TOURNIERES

2-C2 17 km S.-O. Bayeux. 188 hab. ✉ 14330

LE PICARD ★ Tourisme 29 E. 1,5 ha. Sanitaire chauffé. Locations : , , . chauffée . Accès direct à l'étang. . Le Ricard. ☎ 02 31 22 82 44. Fax : 02 31 51 70 28. E-mail : paul.palmer@wanadoo.fr, Web : www.camp-france.com.

TRACY SUR MER

2-C2 8 km N.-E. Bayeux. 66 m. 252 hab. ✉ 14117

LES BAS CARREAUX ★ Tourisme 21 E. 0,5 ha. pain, . Bord de mer à 500 m. . Ouv : Pâques. Bas Carreaux. Accès par la D 516 (Bayeux/Arromanches). Cabine téléphonique. ☎ 02 31 92 54 33 / 06 81 61 44 06 (H.S.). Prix 2008. () : 3 € ; 3 € ; 3 € ; 3 € ; - de 5 ans 2 € ; 2 €. Fft Ccar : 10 € (2).

TREVIERES

2-C2 16 km N.-O. Bayeux. 844 hab. ✉ 14710

CAMP MUNICIPAL ★★ Tourisme 73 E. 1,2 ha. CV. Accès direct à la rivière. Accueil groupes. Rue du Pont de la Barre. ☎ 02 31 92 89 24. Fax : 02 31 22 19 49. E-mail : mairie@ville-trevieres.fr.

TROUVILLE SUR MER

2-E2 26 km N.-O. Lisieux. 6012 hab. ✉ 14360

CHANT DES OISEAUX ★ Loisirs 150 E. 6 ha. Accès direct à la mer. ; ; . 11, route d'Honfleur. Bowling. ☎ 02 31 88 06 42. Fax : 02 31 98 16 09. Web : www.easysite.oda.fr/03/06331910-0001.

VARAVILLE

2-D2 18 km N.-E. Caen. 20 m. 729 hab. ✉ 14390

LE JOLI ★★★ Tourisme 91 E., dont 31 GCC, 1,5 ha. Bord de mer à 600 m. Rivière à 1 km.Etang à 2 km. à 600 m : ; à 1 km : . ☎ 02 31 91 68 43.

LA MER ★ Loisirs 36 E. 0,3 ha. . Bord de mer à 100 m. Etang à 1 km. ; . Le Home-sur-Mer, 42 rue René Coty. ☎ 02 31 91 74 73.

PARC RESIDENTIEL DU HOME PASTEUR P.R.L. 288 E., dont 157 CC - 105 HLL, 6 ha. ap. 22 h. Bord de mer à 200 m. à 200 m : . Avenue du Général Leclerc, 100 m CD 514. ☎ 02 31 91 23 08.

VAUVILLE

2-D2 28 km N. Lisieux. 17 m. 184 hab. ✉ 14800

LE LIEU ROTI ★★★ Tourisme 126 E. 3 ha., chauffée . Bord de mer à 3,5 km.Etang à 5 km. à 3 km : , , , . Sur la D 27 dir. Tourgeville-Caen. ☎ 02 31 87 96 22. Fax : 02 31 87 96 22. E-mail : info@deauville-camping.com, Web : www.deauville-camping.com.

VIERVILLE SUR MER

2-C2 28 km N.-O. Bayeux. 46 m. 292 hab. ✉ 14710

OMAHA-BEACH ★★ Tourisme 293 E. 6 ha. saison, saison, saison, saison, . Locations : . Accès direct à la mer. ; ; ; ; . RN 13 D 514. ☎ 02 31 22 41 73.

VILLERS SUR MER

2-D2 28 km N.-O. Lisieux. 38 m. 1853 hab. ✉ 14640

LE BELLEVUE ★★★ Loisirs 257 E. (76 Tourisme + 181 Loisirs), dont 40 CC - 129 GCC - 6 HLL, 5,5 ha. CV. Locations : 20 . . Bord de mer à 1,5 km.Etang à 2,5 km. à 1,5 km : , , , . Ouv : 1.4 / 31.10. Route de Dives. ☎ 02 31 87 05 21. Fax : 02 31 87 09 67. E-mail : camping-bellevue@wanadoo.fr, Web : www.campingbellevue.com. Prix 2008. Empl. Tourisme : 7 € : 6 € ; - de 10 ans 3,50 € ; 4 € (6 A) ; Animaux 2,50 €. Réduction H.S.

VILLERVILLE

2-E2 30 km N. Lisieux. 60 m. 733 hab. ✉ 14113

LA BRUYERE ★★★ Loisirs 190 E. (40 Tourisme + 150 Loisirs) 4 ha. CV. Locations : 8 , , 10 . . Bord de mer à 1 km. à 1 km : . ☎ 02 31 98 24 39 / 02 31 98 44 38. Fax : 02 31 98 42 85.

VIRE

60 km S.-O. Caen. 135 m. 14537 hab. ✉ 14500

LA PISCINE ★ Tourisme 15 E. 0,5 ha. . Accès direct à la rivière. . A 800 m de Vire. ☎ 02 31 67 20 34.

15 CANTAL

Carte 10

Délégué FFCC : Paul BOBY, Bezac, 11, route du Carlades - 15130 VEZAC

ALBEPIERRE BREDONS

10-C3 27 km N.-O. Saint-Flour. 1050 m. 281 hab. ✉ 15300

AIRE NATURELLE MUNICIPALE . ☎ 04 71 20 20 49.

ALLANCHE

10-D3 33 km N.-O. Saint-Flour. 1000 m. 1383 hab. Station verte de vacances et village de neige ✉ 15160

CAMP MUNICIPAL VALLAT ★★ Tourisme 90 E. 1,5 ha. la nuit, CV Sanitaire chauffé. Locations : 3 . . Rivière à 50 m. ; à 5 km : . Accueil groupes. Ouv : 15.6 / 15.9. A 75 sortie Massiac en venant de Clermont-Ferrand. Sur D 679. Bibliothèque, vélorail. ☎ 04 71 20 45 87. Fax : 04 71 20 41 81. E-mail : mairie.allanche@wanadoo.fr. Prix 2007. Empl. Tourisme : 1,20 € : 1 € ; 2 € ; 2 € ; - de 12/18 ans 1 € ; 2 €.

ALLY

10-B3 11 km S. Mauriac 720 m. 876 hab. Village de neige ✉ 15700

AIRE NATURELLE MUNICIPALE . ☎ 04 71 69 00 69.

ANGLARDS DE SALERS

10-C3 7 km E. Mauriac. 830 m. 843 hab. ✉ 15380

AIRE NATURELLE MUNICIPALE Les Fraux. ☎ 04 71 40 00 02. Fax : 04 71 40 01 05.

APCHON

10-C3 43 km N.-E. Mauriac. 1060 m. 313 hab. ✉ 15400

CAMP MUNICIPAL ★★ Tourisme 22 E. 0,7 ha. . ☎ 04 71 78 03 98.

ARPAJON SUR CERE

10-C4 4 km S.-E. Aurillac. 613 m. 5411 hab. Station verte de vacances et village de neige ✉ 15130

CAMP DE LA CERE ★★★ Tourisme 106 E. dont 96 nus 2,5 ha. CV. Locations : 10 . . Accès direct à la rivière. ; ; à 1 km : . Accueil groupes. Ouv : 1.6 / 30.9. Rue Félix Ramond, RN 120, Nord de la Cère. ☎ 04 71 64 55 07. Fax : 04 71 64 55 07. E-mail : s.pradel@caba.fr, Web : www.caba.fr/camping. Prix 2008. Fft jour : Empl. Tourisme (2) : 11 € ; Sup : 2 € - de 10 ans 1 € ; 2 €. Fft Tente : 8,50 € (2).
FFCC : partenaire + réduction emp. de 10 % en saison et hors saison.

M. LACOSTE Jean-Marc . A 10 km: . A 14 km : Piscine plein air. Les 4 Routes de Senilhes, par RD 920, 10 km Sud-Est de la commune, à proximité de la ferme. Pré herbeux, semi-ombragé, ruisseaux à 500 m. animaux acceptés. Randonnées pédestres. ☎ 04 71 62 60 01.

AURIAC L EGLISE

10-D3 40 km N.-O. Saint-Flour. 650 m. 251 hab. ✉ 15500

CAMP MUNICIPAL ★ 30 E. 0,76 ha. . Accès direct à la rivière. . ☎ 04 71 73 91 28 (Mairie). Fax : 04 71 73 91 28.

AURILLAC

10-C4 548 km S. Paris. 650 m. 33197 hab. ✉ 15000

CAMP MUNICIPAL DE L'OMBRADE ★★★ 200 E. 4,5 ha. CV. . Ouv : 1.6 / 15.9. Rue du Gué Bouliaga, par RN 120 et 122 à 1 km, dir. Mandailles. ☎ 04 71 48 28 87 / 06 08 70 74 48 (H.S.). Fax : 04 71 48 28 87. E-mail : tourisme@caba.fr. Prix 2007. Fft jour : Empl. Tourisme (2) : 9,5 € ( ) ; Sup : 3 € - de 4/10 ans 1,50 € ; 2 €. Fft Tente : 7,5 € (2).

AYRENS

10-B3 15 km N.-O. Aurillac. 620 m. 544 hab. ✉ 15250

CAMP MUNICIPAL ★ 13 E. 0,12 ha.

BASSIGNAC

10-C3 17 km N. Mauriac. 412 m. 209 hab. ✉ 15240

AIRE NATURELLE LES 3 RIVIERES CV. A mi-chemin sur l'axe routier Clermont-Ferrand/Aurillac (CD 922). ☎ 04 71 40 82 33. Fax : 04 71 40 89 62. Web : bassigna c.free.fr.

BEAULIEU

10-C2 40 km N.-E. Mauriac 620 m. 150 hab. ✉ 15270

L'AIR DU TEMPS ★★★ Tourisme 20 E. dont 13 nus 1,2 ha. CV. Locations : , . Lac à 700 m. ; ; ; . Route de la Plage. ☎ 04 71 40 31 58. Fax : 04 71 40 34 16. Réduction H.S.

BOISSET

10-B4 30 km S.-O. Aurillac. 426 m. 756 hab. ✉ 15600

CAMP MUNICIPAL ★ 20 E. CV. Locations : 4 . chauffée . Accès direct à la rivière. ; . Ouv : 1.7 / 31.8. Accès conseillé pour caravane : suivre la RN 122 jusqu'à Cayrols. ☎ 04 71 62 22 69 / 04 71 62 20 97 (Mairie) (H.S.). Fax : 04 71 62 22 11. E-mail : communeboisset@wanadoo.fr. Prix 2008. 1,50 € ; 0,60 € ; 1,50 € ; 1,30 € ; 1,30 € ; - de 7 ans 0,60 € ; 2 €.

CALVINET

10-C4 38 km S.-O. Aurillac. 600 m. 408 hab. Village de neige ✉ 15340

AIRE NATURELLE MUNICIPALE A 1 km: . Ouv : 15.6 / 15.9. Lieu-dit Le Puech. ☎ 04 71 49 94 32 (Mairie). Fax : 04 71 49 98 06. E-mail : mairie.calvinet@wanadoo.fr. Prix 2007. () : 1 € ; 0,50 € ; 1 € ; 0,60 € ; 1 € ; - de 4/7 ans 0,50 € ; 1 €.

CASSANIOUZE

10-C4 40 km S.-O. Aurillac. 550 m. 684 hab. Village de neige ✉ 15340

CAMP MUNICIPAL PRES DES ETANGS ★★ Tourisme 40 E., dont 9 HLL, 1 ha. CV. Locations : 6, , , , 6 huttes. Etang à 50 m. ; ; . ☎ 04 71 49 90 03 / 04 71 49 97 16 / 04 71 49 97 16 (H.S.). Fax : 04 71 49 98 02. Web : www.chalets-decouverte.com.

LE COURSAVY ★★ Tourisme 50 E., dont 4 HLL, 1,5 ha. CV. Locations : , . Accès direct à la rivière. ; ; . ☎ 04 71 49 97 70. Fax : 04 71 49 97 70. E-mail : camping.coursavy@wanadoo.fr, Web : campingcoursavy.com. Prix 2007. Empl. Tourisme : 11 € ; 3,30 € ; 2,80 € ; 2,50 € (6 A) ; Animaux 1,50 €. Réduction H.S.

CHALINARGUES

10-D3 30 km N.-O. Saint-Flour. 1060 m. 442 hab. ✉ 15170

LE COUDERC,aire naturelle municipale . A 10 km: Piscine plein air. Ouv : mai / octobre. Prendre la D 23 à l'entrée de Neussargues en venant de Massiac. Prendre la D 40 en venant de Murat. ☎ 01 71 20 03 52. Fax : 04 71 20 20 82. E-mail : contact@lamaisondelapinatelle.fr. Prix 2007. Empl. Tourisme : 1,50 € ; 1,50 € ; 1,60 €.

CHAMPAGNAC

10-C2 25 km N. Mauriac. 620 m. 1411 hab. ✉ 15350

CAMP MUNICIPAL DE LA CHAMP ★ 45 E. dont 40 nus CV. Locations : 3. Rivière à 3 km. à 3 km : . Accueil adultes 15 pers. maximum. Beringer. ☎ 04 71 69 61 55 (Mairie). Fax : 04 71 69 62 21. E-mail : mairie.champagnac@wanadoo.fr, Web : www.champagnac.org.

CHAMPS SUR TARENTAINE MARCHAL

10-C2 36 km N.-E. Mauriac. 500 m. 1141 hab. Station verte de vacances et village de neige ✉ 15270

CAMP MUNICIPAL ★★★ Tourisme 140 E. dont 110 nus, , dont 120 CC, 3 ha. CV. Locations : 3, 5, 12 . Accès direct à la rivière. ; à 200 m : . Accueil groupes. Ouv : 15.6 / 15.9. A 300 m du bourg. Bord de la Tarentaine. ☎ 04 71 78 71 25 / 04 71 78 72 75 (H.S.). Fax : 04 71 78 75 09. E-mail : contact@champs-marchal.org, Web : www.champs-marchal.org. Prix 2007. () : 1,70 € ; 1,45 € ; 3,35 € ; 1,70 € ; 2,30 € ; - de 4/7 ans 1,20 € ; 2,10 € (10 A).

M. GERARD Jean pétanque, CV. A 4 km: . A 5 km : Piscine chauffée . A 7 km : . Ouv : 15.4 / 30.9. Mérigot, camping de l'Etang. Par CD 22, dir. Marchal-Besse, 5 km commune, à proximité de la ferme. Bois, pré à flanc de colline, bord d'étang. Randonnées pédestres. Plan d'eau proche. Au coeur du parc des volcans d'Auvergne. ☎ 04 71 78 71 36. Fax : 04 71 78 71 36. E-mail : merigot@auvergne-vacances.com, Web : www.auvergne-vacances.com. Prix 2008. 4,50 € ; - de 7 ans 2,80 € ; 2,50 € ; Animaux 1 €. Réduction H.S.

FFCC : partenaire + réduction emp. de 5 % hors saison + réduction loc. de 10 % hors saison.

M. & Mme COUARD,aire naturelle L'Ecureuil , hors saison, CV. A 50 m : . A 4 km: Piscine chauffée . A 10 km : . Ouv : 20.4 / 30.9. RD 679 km 8 de Bort-les-Orgues à Condat. ☎ 04 71 78 71 85. Fax : 04 71 78 71 85. E-mail : alain.couard@wanadoo.fr, Web : jardin.ecureuil.monsite.wanadoo.fr. Prix 2008. Fft jour : Empl. Tourisme (2) : 11,50 € ( ) ; Sup : 4 € 1,50 € ; 1,50 à 3 € (3 à 10 A).

LA CHAPELLE LAURENT

10-D3 24 km N.-E. Saint-Flour 960 m. 455 hab. ✉ 15500

M. PRADAL Christophe,camping du Suc CV. A 7 km: . A 14 km : Piscine plein air . A 24 km : . A 35 km : . Loubarcet. A 75 sortie n° 23 puis D 21 et D 10 sortie n° 25. ☎ 04 71 73 12 77 / 04 71 73 14 52.

CHAUDES AIGUES

10-D4 31 km S.-S.-O. Saint-Flour. 750 m. 1267 hab. Station verte de vacances et village de neige ✉ 15110

CAMP MUNICIPAL LE CHATEAU DU COUFFOUR ★★ Tourisme 170 E. 2,5 ha. , saison, CV Sanitaire chauffé. Locations : 1 . . Rivière à 1 km.Lac à 5 km. à 1 km : ; à 5 km : . Accueil groupes. Ouv : 1.5 / 20.10. 300 m RN 921. Dir. Laguiole. Piscine à 2 km. ☎ 04 71 23 57 08 / 04 71 23 52 47 (Mairie) (H.S.). Fax : 04 71 23 57 08. Web : www.chaudesaigues.com. Prix 2007. Empl. Tourisme : 1,50 € ; 1,20 € ; 2,50 € ; - de 7/14 ans 1 € ; 2,50 €.

CHEYLADE

10-C3 23 km N.-O. Murat. 1000 m. 424 hab. Village de neige ✉ 15400

CAMP MUNICIPAL DE LA BIAUGUE ★ Tourisme 70 E. 1 ha. CV. . Rivière à 500 m. Lac à 2,5 km. . Point-phone. ☎ 04 71 78 90 67. Fax : 04 71 78 91 69. E-mail : mairie.cheylade@wanadoo.fr.

LE CLAUX

10-C3 49 km N.-O. Saint-Flour. 1030 m. 341 hab. Village de neige ✉ 15400

CAMP MUNICIPAL ★ Tourisme 100 E., dont 6 HLL, 3 ha. , vac. scolaires, CV Sanitaire chauffé. Locations : 6 . . Accès direct à la rivière. Etang à 800 m. Lac à 2 km. . Accueil groupes. Sanitaires chauffés du 1.10 au 30.04. Parapente, escalade. Sentiers randonnées et GR. Ski de fond, raquettes à neige. Terrain multisport. ☎ 04 71 78 93 88. Fax : 04 71 78 93 88. Web : www.chalets-decouverte.com.

CLAVIERES

10-D3 22 km S.-E. Saint-Flour. 1060 m. 337 hab. ✉ 15320

M. BERGOGNON Louis CV. A 6 km: Piscine plein air . Masset. ☎ 04 71 23 42 93.

M. CHANSON Albert , 2, , 3, CV. A 300 m : . A 6 km: Piscine plein air . Le Floréal Masset. Par A 75 sortie n°30 puis RD 4 et C 13, 500 m après Ruynes en Margéride à 5 km Nord-Ouest de la commune, à proximité de la ferme. Pré à flanc de colline, ombragé. Terrasse pour camping-cars. ☎ 04 71 23 41 28.

M. DELORME Etienne . A 7 km: Piscine plein air . A 10 km : . Le Drillet, 4 km de la commune, à proximité de la ferme. En lisière de bois et sous-bois herbeux, ruisseau à 200 m. ☎ 04 71 23 43 95.

M. ROLLAND Eric . A 5 km: . A 10 km : Piscine plein air . A 15 km : . Chirols, 3 km Sud de la commune, à proximité de la ferme. Pré herbeux. ☎ 04 71 23 45 50.

Mme RAMPON Elie . A 250 m : . A 7 km: Piscine plein air . A 8 km : . Machot, par RN 9, A 75 puis RD 4, à 3,5 km Nord-Est de la commune, à proximité de la ferme. Pré herbeux. ☎ 04 71 23 43 30.

Mmes BRIOUDE & BOURRIER CV. A 6 km: Piscine plein air . Ouv : 1.5 / 30.10. A 75 sortie n°30 dir. Ruynes-en-Margeride. La Pinède, Masset, 5 km de la commune, à proximité de la ferme. En lisière de bois et sous-bois, herbeux. 2 caravanes à louer. ☎ 04 71 23 41 80 / 04 71 23 41 08 (H.S.). Prix 2007. Empl. Tourisme : 3,50 € ; 2,80 € ; - de 7 ans 2,20 €.

CONDAT

10-C2 46 km N.-O. Saint-Flour. 700 m. 1568 hab. Station verte de vacances et village de neige ✉ 15190

CAMP MUNICIPAL DE LA BORIE BASSE ★★ Tourisme 170 E., dont 8 HLL, 4 ha. CV. Locations : 8 , 8 mini-chalets. . Accès direct à la rivière. ; à 10 km : , . Sur RN 678. ☎ 04 71 78 52 85 / 04 71 78 52 06 (H.S.). E-mail : condat.mairie@wanadoo.fr, Web : www.chalets-decouverte.com.

CROS DE RONESQUE

10-C4 28 km S.-E. Aurillac. 650 m. 200 hab. ✉ 15130

LA SAPINIERE,aire naturelle A 3 km: . A 8 km : . A 18 km : Piscine plein air . D 990, D 459 ou D 59. ☎ 04 71 62 48 25.

LE FALGOUX

10-C3 30 km S.-E. Mauriac. 930 m. 292 hab. ✉ 15380

AIRE NATURELLE DU CHAMBON

LE FAU

10-C3 38 km S.-E. Mauriac. 950 m. 80 hab. ✉ 15140

M. Bert LIPPENS, domaine Lissart de Miège CV. La Bastide du Fau. Au Col de St-Georges prendre par Aurillac aéroport-gare dir. Le Fau ou par Mauriac gare village La Bastide. ☎ 04 71 40 77 58. E-mail : bert_lippens@hotmail.com.

FAVEROLLES

10-D3 19 km S.-E. Saint-Flour. 945 m. 378 hab. ✉ 15390

CAMP MUNICIPAL ★★★ Tourisme 33 E. 0,5 ha. CV Sanitaire chauffé. . Lac et rivière à 5 km. à 5 km : . Ouv : 15.5 / 30.9. A 5 km du viaduc de Garabit. ☎ 04 71 23 49 91 / 04 71 23 40 48 (Mairie) (H.S.). Fax : 04 71 23 49 65.

FERRIERES ST MARY

10-D3 24 km N.-O. Saint-Flour. 660 m. 436 hab. ✉ 15170

CAMP MUNICIPAL LES VIGEAIRES Non classé 65 E. 0,65 ha. CV. Locations : . . Accès direct à la rivière. ; . Accueil groupes. Ouv : 15.6 / 31.8. RN 122, section Massiac - Murat. ☎ 04 71 20 61 47 / 04 71 20 61 88 (Mairie) (H.S.). Fax : 04 71 20 61 08. Prix 2007. 1,20 € ; 1,10 € ; 2,30 € ; 1,20 € ; 1,55 € ; 1,55 €.

FONTANGES

10-C3 28 km S.-E. Mauriac. 680 m. 307 hab. ✉ 15140

CAMP MUNICIPAL LA PIERRE PLATE ★★ 40 E. 0,36 ha. . ☎ 04 71 40 71 49 (Mairie) / 04 71 40 71 05. Fax : 04 71 40 76 46.
FFCC : partenaire - terrain assuré par la FFCC.

FRIDEFONT

10-D4 30 km S. Saint-Flour. 950 m. 130 hab. ✉ 15110

CAMP MUNICIPAL LES PRES VERTS ★★ Tourisme 16 E. . Lac à 3 km. ; ; ; . Ouv : 1.6 / 30.9. A 15 km de la RN 9. A l'entrée de la commune. ☎ 04 71 23 59 01. Fax : 04 71 23 59 01. E-mail : mainiefridefont@wanadoo.fr. Prix 2007. Empl. Tourisme : 1,50 € ; 1 € ; 1,50 € ; 2 €.

Mme CHASSANY Josette,camping à la ferme CV. A 4 km: . Le bourg. ☎ 04 71 23 56 10 / 06 07 88 19 04 (H.S.). Fax : 04 71 23 59 89. Web : www.deuxvallees.com.

JALEYRAC

10-C3 6 km N. Mauriac. 600 m. 261 hab. ✉ 15200

CAMP MUNICIPAL ★ Tourisme 27 E., dont 9 HLL, 2 ha. . Locations : 9 . Les Plaines. ☎ 04 73 19 11 11. Web : www.chalets-decouverte.com.

JUSSAC

10-C3 10 km N. Aurillac. 630 m. 1825 hab. ✉ 15250

CAMP DU MOULIN ★★★ Tourisme 52 E., dont 52 CC, 1 ha. CV. Locations : 5 . Accès direct à la rivière. Etang à 5 km. . Accueil groupes. Ouv : 15.6 / 1.9. Rue du Moulin, CD 922. ☎ 04 71 46 69 85 / 06 08 70 74 48 (H.S.). Fax : 04 71 46 69 85. E-mail : s.pradel@laba.fr. Prix 2007. Fft jour : Empl. Tourisme (2) : 8,50 € ( ) ; Sup : 3 € 1,50 € ; 2 €. Fft Tente : 7,20 € (2). Réduction H.S.

LACAPELLE VIESCAMP

10-B4 20 km O. Aurillac. 550 m. 388 hab. ✉ 15150

LA PRESQU'ILE DU PUECH ★★★ Tourisme 90 E, dont 82 nus, dont 6 HLL, 1,5 ha. , juillet/août, juillet/août, juillet/août, CV. Locations : 9 , 6 , . chauffée . Accès direct aux bords du lac. à 100 m : , , , . Ouv : 15.5 / 15.9. D 18. ☎ 04 71 46 42 38 (Saison) / 06 80 37 15 61 (H.S.). Fax : 04 71 46 42 38. E-mail : truyere@aol.com, Web : www.cantal-camping.fr. Prix 2007. Fft jour : Empl. Tourisme (2) : 16 € ( ) ; Sup : 4 € - de 8 ans 3 € ; 3 € ; Animaux 2 €.

CAMP MUNICIPAL ★ Tourisme 35 E. 1 ha. CV. Lac et rivière à 1,5 km. à 1,5 km : , , , . Accueil groupes. Ouv : 1.7 / 31.8. ☎ 04 71 46 31 73 / 04 71 46 33 04 / 04 71 46 31 71 (H.S.). Fax : 04 71 46 43 54. Prix 2007. Empl. Tourisme : 1 € ; 1 € ; 1 € ; 1 € ; 1,50 € ; - de 7 ans 1 € ; 2 € ; Animaux 1 €.

LADINHAC

10-C4 28 km S.-E. Aurillac. 630 m. 523 hab. ✉ 15120

Mme ESCARPIT Gilberte CV. A 2 km: . A 5 km : . A 8 km : Piscine plein air. Ouv : 1.6 / 30.9. Valette, par RD 920 puis CD 128, 2 km de la commune, à proximité de la ferme. Pré, verger, herbeux, ruisseau à 500 m, rivière à 5 km. 3 gîtes. Plan d'eau. Ferme auberge sur place. ☎ 04 71 47 80 33. Fax : 04 71 47 80 16. E-mail : info@ferme-la-valette.com, Web : www.ferme-la-valette.com. Prix 2008. Empl. Tourisme : 3,80 € ; 2,50 €.

LANOBRE

10-C2 36 km N.-E. Mauriac. 650 m. 1435 hab. Station verte de vacances et village de neige ✉ 15270

LA SIAUVE ★★★★ Tourisme 220 E. dont 206 nus, , dont 125 CC - 40 GCC - 15 HLL, 8 ha. , pizzéria, CV. Locations : 19 , 14 , 2 , , Huttes. Accès direct aux bords du lac. ; ; . Accueil groupes. Rue du Camping. 600 m D 922. ☎ 04 71 40 31 85 / 0 810 122 813 (H.S.). Fax : 04 99 57 21 22. E-mail : siauve@village-center.com, Web : www.village-center.com/siauve. Prix 2007. Fft jour : Empl. Tourisme (2) : 14 € ( ) ; Sup : 3,50 €Animaux 3 €. Réduction H.S.

LAROQUEBROU

10-B3 25 km N.-O. Aurillac. 440 m. 1070 hab. ✉ 15150

CAMP MUNICIPAL LES BAINS ★★★ Tourisme 42 E., dont 28 CC - 7 HLL, 0,3 ha. CV. Locations : 7 , , , . Accès direct à la rivière. Lac à 4 km. . Ouv : 1.6 / 30.9. Rue du 11 Juin 1944 ☎ 04 71 48 64 20 / 04 71 46 00 48 / 04 71 46 02 84 (H.S.). Fax : 04 71 46 09 28.

LAURIE

10-D3 50 km N. Saint-Flour. 840 m. 160 hab. ✉ 15500

CAMP MUNICIPAL LA PRADE ★ 33 E. 0,5 ha. . ☎ 04 71 73 91 24 (Mairie).

LAVASTRIE

10-D3 20 km S. Saint-Flour. 950 m. 276 hab. ✉ 15260

CAMP C.C.A.S. ★★ Tourisme 40 E., dont 20 HLL.

M. BONNET René CV. A 5 km: . A 6 km : . A 7 km : Piscine plein air . A 10 km : . Ouv : 1.6 / 15.9. Par CD 10. Pré herbeux, ombragé. Forêts, promenade sous-bois, sentiers pédestres. ☎ 04 71 23 82 82.

LORCIERES

10-D3 20 km S.-E. Saint-Flour. 835 m. 259 hab. ✉ 15320

M. MOUILLIER Raymond . A 3 km: . A 5 km : . A 10 km : Piscine plein air . La Pastourelle. Par CD 50 ou A 75 sortie n°30 vers Ruynes en Margeride. Au bourg, 3 km de la ferme. Route fléchée La Pastourelle Lorcières. Prairie ombragée, bord de ruisseau. ☎ 04 71 23 40 68.

LUGARDE

10-C3 44 km N.-O. Saint-Flour. 1012 m. 333 hab. ✉ 15190

CAMP MUNICIPAL LE TRONCOU ★★ 67 E. 0,66 ha. . à 3 km : . ☎ 04 71 78 40 47 / 04 71 78 40 15 (Mairie).

MANDAILLES ST JULIEN

10-C3 25 km N.-E. Aurillac. 940 m. 363 hab. ✉ 15590

LA CASCADE DU LUC ★ Tourisme 50 E. 2 ha. . Accès direct à la rivière. ; . Route du Puy Mary. ☎ 04 71 47 90 39 / 04 71 47 94 71. Fax : 04 71 47 91 64.

MARCOLES

10-C4 25 km S.-O. Aurillac. 710 m. 689 hab. ✉ 15220

CAMP MUNICIPAL ★ 17 E. dont 12 nus 0,9 ha. CV. Locations : . . Rivière à 2 km. . Accueil groupes. ☎ 04 71 46 98 98 / 04 71 63 09 98. Fax : 04 71 46 98 99. E-mail : mairie-marcoles@wanadoo.fr, Web : www.marcoles.fr.

MASSIAC

10-D3 31 km N. Saint-Flour. 530 m. 2212 hab. ✉ 15500

CAMP MUNICIPAL DE L'ALLAGNON ★★★ Tourisme 90 E. 2,5 ha. CV. . Accès direct à la rivière. . Lieu-dit Courcelles, sur RN 122, 500 m A 75. ☎ 04 71 23 03 93 / 04 71 23 02 61 (Mairie) (H.S.). Fax : 04 71 23 03 93.

MAURIAC

10-B3 58 km N.-N.-O. Aurillac. 725 m. 4776 hab. Station verte de vacances et village de neige ✉ 15200

LE VAL SAINT JEAN ★★★★ Tourisme 110 E., dont 10 HLL, 3 ha. CV. Locations : , , Huttes. chauffée . Accès direct aux bords du lac. ; ; ; . RN 89 depuis Clermont-Ferrand dir. Bordeaux puis D 922 dir. Bort-les-Orgues/Mauriac. ☎ 04 71 67 31 13 / 0 825 801 440 (Réserv.) (H.S.). Fax : 04 71 68 17 34. Web : www.revea-vacances.fr/campings/destination.php?id=. Prix 2007. Fft jour : Empl. Tourisme : 19.50 € ( ) ; Sup : 5,40 € 3,30 € ; 3,60 € ; Animaux 1,50 €.

CAMP MUNICIPAL LA ROUSSILHE ★ Tourisme 70 E. 1,8 ha. .à 1 km : , . Accueil groupes. Ouv : 15.6 / 15.9. Lieu-dit La Roussilhe, 600 m RN 681. ☎ 04 71 68 06 99. Prix 2007. Empl. Tourisme : 0,90 € ; 0,90 € ; 2 € ; 1,75 € ; - de 12 ans 0,90 € ; 1,80 €.

MAURS

10-B4 45 km S.-O. Aurillac. 300 m. 2582 hab. Station verte de vacances et village de neige ✉ 15600

CAMP MUNICIPAL DU VERT ★★★ Tourisme 58 E., dont 12 GCC, 1 ha. . . Accès direct à l'étang et à la rivière. ; . Route de Decazeville. Accès par RN 122 et RD 663. ☎ 04 71 49 04 15. Fax : 04 71 49 00 81.

MENET

10-C3 34 km N.-E. Mauriac. 715 m. 253 hab. ✉ 15400

LE LAC CV. De Clermont-Ferrand par N 89, D 522, D 3. De Paris A 71 puis N 89, D977, D 3. ☎ 04 73 34 75 53 / 04 73 93 60 00 (H.S.). Fax: 04 73 34 70 94. E-mail : info@camping-massifcentral.com, Web : www.camping-massifcentral.com. Prix 2007. Fft jour : Empl. Tourisme (2) : 9 € ; Sup : 2,80 € - de 2/7 ans 1,30 € ; 3 € ; Animaux 1,50 €.

MOLOMPIZE

10-D3 29 km N. Saint-Flour. 588 m. 407 hab. ✉ 15500

CAMP MUNICIPAL ★★ Tourisme 60 E. dont 30 nus 0,9 ha. CV. Locations : 2 , 3 , . Accès direct à la rivière. ; . Accueil groupes. Par A 75 et par N 122. ☎ 04 71 73 62 90 / 04 71 73 60 06 (H.S.). Fax : 04 71 73 60 24. E-mail : mairie.molompize@wanadoo.fr.

MONTSALVY

10-C4 36 km S.-S.-E. Aurillac. 800 m. 1035 hab. ✉ 15120

CAMP MUNICIPAL DE LA GRANGEOTTE ★★ 50 E. 1 ha. CV. chauffée. Lac à 2 km. Accueil groupes. 800 m Sud de la commune dir. Entraygues. ☎ 04 71 49 26 00 / 04 71 49 20 10 (Mairie) (H.S.). Fax : 04 71 49 26 93. E-mail : mairie-montsalvy@wanadoo.fr, Web : www.montsalvy.fr.

MOUSSAGES

10-C3 16 km E.-N.-E. Mauriac. 810 m. 378 hab. ✉ 15380

CAMP MUNICIPAL ★ 33 E. 0,55 ha. 500 m RN 678. ☎ 04 71 40 07 68. Fax : 04 71 40 07 83.

MURAT

10-C3 22 km N.-O. Saint-Flour. 914 m. 2813 hab. Station verte de vacances et village de neige ✉ 15300

CAMP MUNICIPAL DE STALAPOS ★★ Tourisme 213 E. 3,8 ha. Sanitaire chauffé. Accès direct à la rivière. 8 rue du Stade. Salle de loisirs, salle de séchage. ☎ 04 71 20 01 83 / 04 71 20 03 80. Fax : 04 71 20 20 63. E-mail : ville.murat@wanadoo.fr, Web : www.murat.fr.

NEUSSARGUES MOISSAC

10-D3 19 km N.-O. St-Flour. 834 m. 1223 hab. ✉ 15170

CAMP MUNICIPAL LA PRADE ★★★ Tourisme 34 E. dont 28 nus, dont 6 HLL. CV. Locations : 4. Accès direct à la rivière. Route de Murat. A 75. ☎ 04 71 20 50 21. Prix 2008. Fft jour : Empl. Tourisme (2) : 9,25 € ; Sup : 1,70 € - de 4/7 ans 1,10 € ; Animaux 0,60 €.

NEUVEGLISE

10-D3 25 km S. Saint-Flour. 890 m. 2605 hab. Station verte de vacances et village de neige ✉ 15260

LE BELVEDERE DU PONT DE LANAU ★★★★ Tourisme 120 E. dont 94 nus, dont 57 GCC - 6 HLL, 3,5 ha. snack, saison, CV. Locations : 7, 20, 1, 4. chauffée. Lac et rivière à 800 m. Accueil groupes. Ouv : 15.4 / 15.10. Rés. obligatoire en été. A 75 (Clermont-Montpellier) sortie 28 Saint-Flour dir. Rodez sur la D 921. ☎ 04 71 23 50 50. Fax : 04 71 23 58 93. E-mail : belvedere.cantal@wanadoo.fr, Web : www.campingbelvedere.com. Prix 2008. Fft jour : Empl. Tourisme (2) : 24 € ; Sup : 6 € - de 9 ans 3 € ; E. GCC 27 € (Fft). Réduction H.S.

CAMP MUNICIPAL FONTBIELLE ★★ Tourisme 50 E., dont 28 GCC - 9 HLL, 1 ha. CV. Locations : 9, huttes. Rivière à 500 m. Lac à 5 km. à 5 km : ☎ 04 71 23 84 08 / 04 71 23 81 68 (H.S.). Fax : 04 71 23 83 95. Web : www.chalets-decouverte.com.

DOMAINE DE LA TAILLADE ★★ Tourisme 100 E., dont 10 HLL, 7 ha. Rés. naturiste. Locations : . Accès direct à la rivière. ☎ 04 71 23 80 13. Fax : 04 71 23 86 94. Web : www.taillade-naturisme.com.

PERS

10-B4 21 km S.-O. Aurillac. 520 m. 244 hab. ✉ 15290

LE VIADUC ★★★ Tourisme 65 E. dont 55 nus (61 Tourisme + 4 Loisirs) 1,65 ha. partiel, CV. Locations : 1, 8, 2. Accès direct aux bords du lac. Etang et rivière à 3 km. ; à 8 km : à 8 km ; à 10 km : Le Ribeyres. Dir. Aurillac par N 122. dir. Pers par D 64 et D 561 ou par D 1120 Laroquebrou par D 653 dir. Le Rouget par D 7 puis Pers par D 32. ☎ 04 71 64 70 08. E-mail : campingduviaduc@wanadoo.fr, Web : www.camping-cantal.com. Prix 2008. Fft jour : Empl. Tourisme (2) : 12.80 € ; Sup : 3,80 € 2,60 € ; 2,90 € (10 A A) ; Animaux 2,50 €. Réduction H.S.

FERME ACCUEIL DE VIESCAMP CV. A 4 km : . A 5 km : Piscine couverte. Par RN 122 puis RD 32, 200 m de la commune, à proximité de la ferme. Verger ombragé, lac à 500 m, étang. Gîte. Location de studios et chalets. ☎ 04 71 62 25 14. Fax : 04 71 62 28 66. E-mail : lacaze@viescampers.com, Web : www.viescampers.com. Prix 2007. Empl. Tourisme : 5 € () : 4,50 € ; - de 10 ans 3,50 € ; 2 €.

PIERREFORT

10-C4 30 km S.-O. Saint-Flour. 950 m. 1243 hab. Station verte de vacances et village de neige ✉ 15230

CAMP MUNICIPAL ★★ 60 E. 0,7 ha. CV Sanitaire chauffé. à 10 km : . Accueil groupes. Ouv : 1.7 / 31.8. 200 m RD 48 et 500 m RD 990. Gardiennage en juillet/août. ☎ 04 71 23 93 68 / 04 71 23 31 10 (Mairie) / 04 71 23 38 04 (H.S.). Fax : 04 71 23 39 87. Prix 2008. Fft jour : Empl. Tourisme (2 1 - de 4) : 5 € () ; Sup : 5 € 1,50 €.

FFCC : partenaire + réduction emp. de 10 % en saison.

PLEAUX

10-B3 20 km S. Mauriac. 642 m. 2443 hab. Village de neige ✉ 15700

ENTASSIT ★★★ Tourisme 105 E. dont 86 nus, dont 15 HLL, 1,7 ha. CV. Locations : 19, . chauffée. Rivière à 2 km. à 2 km : . Accueil groupes. Ouv : 12.4 / 12.10. De Clermont-Ferrand : D 681, D 680, D 2. ☎ 04 71 40 40 05 / 04 71 40 41 18 (Mairie) (H.S.). Fax : 04 71 40 49 03. E-mail : pleaux@wanadoo.fr, Web : www.chalets-decouverte.com. Prix 2007. Fft jour : Empl. Tourisme (2) : 11 € () ; Sup : 3,20 € - de 10 ans 1,60 € ; 2,70 € (5 A) ; Animaux 1,10 €. Réduction H.S.

LE LONGAYROUX ★★★ Tourisme 48 E., dont 9 HLL, 1 ha. CV. Locations : 9. Accès direct aux bords du lac. non surveillée : ; ; . Ouv : 1.4 / 31.10. ☎ 04 71 40 48 30 / 04 71 40 41 18 (H.S.). Fax : 04 71 40 49 03. E-mail : pleaux@wanadoo.fr. Prix 2007. Fft jour : Empl. Tourisme (2) : 11 € Sup : 3,20 € 1,60 € ; 2,70 € ; Animaux 1,10 €.

POLMINHAC

10-C3 15 km N.-E. Aurillac. 650 m. 1221 hab. Village de neige ✉ 15800

CAMP MUNICIPAL DU VAL DE CERE ★ Tourisme 150 E. 4,5 ha. CV Camping tourisme et handicap. Locations : , . Accès direct à la rivière. Etang et lac à 300 m. ; . Accueil groupes. Sur CD 57, à 800 m RN 122. ☎ 04 71 47 41 03 / 04 71 47 40 07 (Mairie). Fax : 04 71 47 41 03. E-mail : camping-polminhac@fr.st, Web : camping-polminhac.fr.st.

RIOM ES MONTAGNES

10-C3 35 km E.-N.-E. Mauriac. 840 m. 3659 hab. Station verte de vacances et village de neige ✉ 15400

CAMP MUNICIPAL LE SEDOUR ★★★ 180 E. 1,5 ha. Accès direct à la rivière. Etang et lac à 2 km. Sur la D 678 face à la clinique. ☎ 04 71 78 05 71.

LE ROUGET

10-B4 25 km N. Aurillac. 590 m. 910 hab. Station verte de vacances et village de neige ✉ 15290

CAMP MUNICIPAL LES BOULEAUX ★★ Tourisme 60 E. 1 ha. CV. Locations : 20, . chauffée. Lac à 500 m. ; . Accueil groupes. D'Aurillac, RN 122, dir. Figeac. ☎ 04 71 46 92 72 / 0 825 801 440 (H.S.). Fax : 04 71 46 92 72. E-mail : contat@revea-vacances.com, Web : www.revea-vacances.fr. Prix 2007. Fft jour : Empl. Tourisme : 9 € () ; Sup : 2,80 € 1,30 € ; 3 € (5 A) ; Animaux 1,50 €. Réduction H.S.

RUYNES EN MARGERIDE

10-D3 14 km S.-E. Saint-Flour. 900 m. 591 hab. Station verte de vacances et village de neige ✉ 15320

LE PETIT BOIS ★★★ Tourisme 110 E. dont 90 nus, , dont 19 GCC - 12 HLL, 6 ha. CV. Locations : 20, 20, Huttes. Rivière à 6 km. Par A 75 sortie 30. De Bordeaux A 89 puis Brive la Gaillarde/Aurillac/St-Flour/Ruynes en Margeride. Piscine à 20 m. ☎ 04 71 23 42 26 / 0825 801 440 (H.S.). Fax : 04 71 23 42 26. E-mail : contact@revea-vacances.com, Web : www.revea-vacances.fr/campings/destination.php?id=. Prix 2008. Fft jour : Empl. Tourisme (2) : 14.70 € () ; Sup : 3,90 € - de 7 ans 2,60 € ; 3,50 € (10 A A) ; Animaux 1,50 € (par animal).

SAIGNES

10-C2 26 km N.-E. Mauriac. 480 m. 957 hab. Station verte de vacances et village de neige ✉ 15240

CAMP MUNICIPAL DE BELLEVUE ★★ Tourisme 42 E. 0,7 ha. buvette, CV. Rivière à 2 km. Accueil groupes. Dans le bourg, dir. piscine. ☎ 04 71 40 68 40 / 04 71 40 62 80 (Mairie). Fax : 04 71 40 61 65. E-mail : saignes-mairie@wanadoo.fr.

CAMP MUNICIPAL DE VIALLE En cours reclassement 33 E. 0,9 ha. CV. Locations : 6, 6 huttes. Rivière à 2 km. Accueil groupes. RD 22, à 500 m RN 122, lieu-dit Vialle. ☎ 04 71 40 62 80 (Mairie) / 04 71 40 69 08 (Pointphone). Fax : 04 71 40 61 65. Web : www.chalets-decouverte.com.

Mme CHANET Colette CV. A 50 m : . A 500 m : . A 2 km : . A 8 km : . A 10 km : . A 13 km : . A 15 km : . Domaine de la Vigne, RD 30, 300 m de la commune de Saignes, à proximité de la ferme. Pré herbeux, mi-ombragé. Location de caravane, gîtes. Location de VTT. Animations organisées. ☎ 04 71 40 61 02. Fax : 04 71 40 61 02.

ST AMANDIN

10-C2 51 km N.-O. Saint-Flour. 840 m. 337 hab. ✉ 15190

CAMP MUNICIPAL ★★★ Tourisme 40 E. dont 40 nus 0,8 ha. juillet/août, CV. Locations : 33. couverte. Rivière à 3 km. CD 678. ☎ 04 71 78 18 28 / 04 71 78 53 51 (Mairie) / 04 71 78 53 51 (Mairie) (H.S.)

ST BONNET DE CONDAT

10-C3 40 km N.-O. Saint-Flour. 900 m. 363 hab. ✉ 15190

LA SANTOIRE ★★ Tourisme 36 E. 0,56 ha. CV. Locations : 4, 6, 2. Accès direct à la rivière. Etang à 3 km. ; . Ouv : 1.5 / 15.10. Par RD 16 à 50 m. ☎ 04 71 78 40 33. Fax : 04 71 78 40 33. Prix 2007. Fft jour : Empl. Tourisme (2) : 10 € Sup : 3 € - de 10 ans 1,50 € ; 3 € (6 A) ; Animaux 1 €. Réduction H.S.

FFCC : partenaire + réduction emp. de 5 % en saison et hors saison + réduction loc. de 5 % en saison et hors saison.

ST CERNIN

10-C3 22 km N.-O. Aurillac. 760 m. 1271 hab. ✉ 15310

CAMP MUNICIPAL ★★ Tourisme 50 E. 0,8 ha. Locations : . Rivière à 2 km. ☎ 04 71 47 65 03 / 04 71 47 60 09 (H.S.). Fax : 04 71 47 62 85.

ST CHRISTOPHE LES GORGES

22 km S.-S.-O. Mauriac. 630 m. 292 hab. ✉ 15700

LES ALIZEES ★★ Tourisme 98 E., dont 50 GCC - 9 HLL, 1,8 ha. CV. Locations : 7, 30. Accès direct aux bords du lac. Accueil enfants encadré. Aurillac N 120 en dir. de Tulle/Brive puis à Pont d'Orgon D 2 en dir. de Pléaux et enfin suivre Longueyroux/les Alizées. ☎ 04 71 40 92 56 / 03 26 02 17 75 (H.S.) (H.S.). Fax : 04 71 40 92 57. Web : camping-les-alizes.free.fr.

ST CONSTANT

10-B4 45 km S.-O. Aurillac. 260 m. 689 hab. Station verte de vacances et village de neige ✉ 15600

LE MOULIN DE CHAULES ★★★ Loisirs 56 E., dont 1 HLL, 1,7 ha. Locations : 4, 4. Route de Calvinet, D 28. ☎ 04 71 49 11 02. Fax : 04 71 49 13 63.

FFCC : partenaire - terrain assuré par la FFCC.

ST FLOUR

10-D3 73 km N.-E. Aurillac. 780 m. 9148 hab. ✉ 15100

CAMP MUNICIPAL DES ORGUES ★★ Tourisme 85 E. 0,84 ha. CV. Rivière à 4 km. Accueil groupes. Ouv : 1.6 / 1.9. Avenue du Docteur Maillet, RN 121 par RN 9 à 3 km. ☎ 04 71 60 44 01. Prix 2007. Fft jour : Empl. Tourisme (2) : 11,85 € ; Sup : 2,70 € - de 5/10 ans 1,40 €. Fft Tente : 9,30 € (2).

INTERNATIONAL LA ROCHE MURAT ★★ Tourisme 125 E. dont 109 nus, , dont 46 GCC, 3 ha. CV Sanitaire chauffé. Locations : 11. Rivière à 2 km. Ouv : 1.4 / 1.11. Rés. obligatoire en été. Sortie n° 28 sur A 75, accès direct. 2 km du centre ville. ☎ 04 71 60 43 63. Fax : 04 71 60 02 10. E-mail : courrier@camping-saint-flour.com, Web : www.camping-saint-flour.com. Prix 2007. Fft jour : Empl. Tourisme (2) : 13,20 € (10 A)) ; Sup : 2,75 € - de 11 ans 1,45 €. Fft Tente : 10,65 € (2).

ST GERONS

10-B3 27 km N.-O. Aurillac. 560 m. 190 hab. ✉ 15150

LA PRESQU'ILE D'ESPINET ★★★ Tourisme 105 E. dont 85 nus, 3 ha. CV. Locations : 26, 2. Accès direct aux bords du lac. Ouv : 15.6 / 31.8. Par N 120 ou N 122 puis D 7. ☎ 04 71 62 28 90. Fax : 04 71 62 28 90. E-mail : camping.despinet@wanadoo.fr, Web : www.camping-espinet.com. Prix 2008. Fft jour : Empl. Tourisme (2) : 15 € ; - de 13 ans 2,50 € ; 2,70 € (10 A).

DEL MOULES ★★ 40 E. 0,6 ha. Locations : Accès direct aux bords du lac. ☎ 04 71 46 04 65 / 05 65 64 86 97 (H.S.). Fax : 05 65 64 86 97.

M. BOUYSSE Gabriel A 500 m : A 1 km: . A 5 km : . A 6 km : Piscine plein air. Espinet. ☎ 04 71 62 25 24.

ST JACQUES DES BLATS

10-C3 32 km N.-E. Aurillac. 990 m. 395 hab. ✉ 15580

CAMP MUNICIPAL LES BLATS ★★★ Tourisme 50 E. 0,5 ha. CV Sanitaire chauffé. Accès direct à la rivière. Route de la Gare. ☎ 04 71 47 06 00 / 04 71 47 05 90 (Mairie) (H.S.). Fax : 04 71 47 07 09. E-mail : i-tourisme-st-jacques@wanadoo.fr.

ST JUST

10-D4 28 km S.-E. Saint-Flour. 1002 m. 271 hab. Village de neige ✉ 15390

CAMP MUNICIPAL ★★★ Tourisme 60 E., dont 3 HLL, 2 ha. CV. Locations : 5, 6. chauffée. Accueil groupes. Ouv : Pâques / 30.9. A 75 sorties 31 (Loubaresse) ou 32 (aire de la Lozère) dir. La Garde. ☎ 04 71 73 72 57 / 04 71 73 70 48 (H.S.). Fax : 04 71 73 71 44. E-mail : commune.stjust@wanadoo.fr, Web : www.saintjust.com. Prix 2008. Fft jour : Empl. Tourisme (2 1 - de 6 ans) : 9,50 € ; Sup : 2,10 € 2,10 € (10 A). Réduction H.S.

FFCC : partenaire + réduction emp. de 5 % hors saison + Stop accueil Camping-car du 22/03 au 30/09/2008, accès jusqu'à 22h.

ST MAMET LA SALVETAT

10-B4 18 km S.-O. Aurillac. 742 m. 1327 hab. ✉ 15220

CAMP MUNICIPAL ★★★ Tourisme 37 E. dont 27 nus, dont 2 HLL, 0,8 ha. CV Sanitaire chauffé. Locations : 7, 3. chauffée. Accueil groupes. 800 m de la RN 122. A 18 km d'Aurillac, dir. Montauban. ☎ 04 71 64 75 21 / 04 71 64 71 07 (Mairie). Fax : 04 71 64 79 80. Réduction H.S.

ST MARTIN CANTALES

10-B3 28 km S. Mauriac. 630 m. 246 hab. ✉ 15140

CAMP MUNICIPAL PONT DU ROUFFET ★★ Tourisme 45 E. 0,9 ha. Accès direct aux bords du lac et à la rivière. à 500 m : Par D 42. ☎ 04 71 69 42 76 / 04 71 69 40 75. Fax : 04 71 69 40 77.

ST MARTIN VALMEROUX

10-C3 20 km S.-E. Mauriac. 630 m. 1012 hab. Station verte de vacances et village de neige ✉ 15140

CAMP MUNICIPAL ★★★★ Tourisme 105 E. dont 95 nus, dont 95 CC - 10 HLL, 2,08 ha. + sèche-linge, CV. Locations : 10. Rivière à 100 m. Accueil groupes. Ouv : 15.6 / 15.9. CD 922. Sèche-linge. ☎ 04 71 69 43 12 / 0 825 801 440 (Réserv.) / 04 71 69 20 32 (Mairie) (H.S.). Fax : 04 71 69 24 52. E-mail : mairie.saint-martin-valmeroux@wanadoo.fr, Web : www.revea-vacances.fr. Prix 2007. Fft jour : Empl. Tourisme (1) : 7,50 € ; Sup : 2,70 € - de 12 ans 1,50 € ; 2,70 €. Réduction H.S.

ST PAUL DE SALERS

10-C3 24 km S.-E. Mauriac. 800 m. 195 hab. ✉ 15140

AIRE NATURELLE Apcher.

ST SIMON

10-C3 5 km N. Aurillac. 670 m. 959 hab. ✉ 15130

CAMP MUNICIPAL ★ 30 E. 1 ha. Le Pontail. RD 17. ☎ 04 71 47 10 10 (Mairie).

SALERS

10-C3 20 km S.-E. Mauriac. 950 m. 470 hab. ✉ 15140

CAMP MUNICIPAL LE MOURIOL ★★★ Tourisme 80 E., dont 10 HLL, 1 ha. Locations : Route du Puy-Mary. ☎ 04 71 40 73 09 / 04 71 40 72 33 (Mairie).

LA SEGALASSIERE

10-B4 30 km S.-O. Aurillac 600 m. 105 hab. ✉ 15290

GAEC LESCURE FRERES,aire naturelle Rés. naturiste CV. A 3 km: . A 6 km : . A 7 km : Piscine plein air . A 15 km : . Le Feyt. ☎ 04 71 62 25 56. Fax : 04 71 62 25 56.

SIRAN

10-B3 32 km O. Aurillac. 630 m. 650 hab. ✉ 15150

CAMP MUNICIPAL ★ 58 E. 0,53 ha. Locations : ☎ 04 71 46 01 64 (Mairie) / 04 71 46 08 43.

TALIZAT

10-D3 12 km N. Saint-Flour. 945 m. 635 hab. ✉ 15170

AIRE NATURELLE CV. La Grange Agape. Route St-Flour/Neussargues. D 679. A 75 St-Flour. ☎ 04 71 23 73 17. Fax : 04 71 23 73 17.

THIEZAC

10-C3 26 km N.-E. Aurillac. 800 m. 742 hab. Village de neige ✉ 15450

CAMP MUNICIPAL ★★★ Tourisme 116 E. 1,5 ha. Locations : Accès direct à la rivière. 300 m RD 59 et 500 m RN 122. ☎ 04 71 47 00 41 (Camping) / 04 71 47 01 21 (Mairie). Fax : 04 71 47 02 23.

TREMOUILLE

10-C2 54 km N.-E. Mauriac. 710 m. 291 hab. ✉ 15270

CAMP MUNICIPAL LES BRUYERES ★★ Tourisme 31 E., dont 6 HLL, 0,25 ha. CV. Lac à 200 m. à 500 m : ☎ 04 71 78 50 76 (Mairie) / 04 71 78 70 48 / 04 71 78 50 76 (H.S.). Fax : 04 71 78 57 66. E-mail : tourisme@tremouille.fr, Web : www.tremouille.fr.

TRIZAC

10-C3 24 km N.-E. Mauriac. 960 m. 921 hab. ✉ 15400

CAMP MUNICIPAL LE PIOULAT ★★ 45 E. 3,71 ha. CV Sanitaire chauffé. Locations : 9. Accès direct à l'étang et à la rivière. 100 m RN 678 sortie sud de Trizac dir. Mauriac. ☎ 04 71 78 64 20 / 04 71 78 60 37 (H.S.). Fax : 04 71 78 65 40. Web : www.chalets-decouverte.com.

VEBRET

10-C2 30 km N.-E. Mauriac. 480 m. 559 hab. ✉ 15240

M. & Mme GALVAING,camping à la ferme CV. A 3 km: . A 5 km : . Ouv : 1.5 / 1.10. Verchalles. RN 89 puis D 922 et D 3 dir. Champs-sur-Tarantaine ou A 75 puis sortie St-Flour prendre D 926 puis D 3 Murat-Riom dir. Champs/Bort-les-Orgues. ☎ 04 71 40 21 58. E-mail : guy-galvaing@wanadoo.fr, Web : http://perso.orange.fr/guy.galvaing/. Prix 2008. Empl. Tourisme : 3 € ; 4 € ; - de 12 ans 3 € ; 3 €.

AIRE NATURELLE MUNICIPALE DU VILON Le bourg. ☎ 04 71 40 20 86.

VELZIC

10-C3 12 km N.-E. Aurillac. 700 m. 359 hab. ✉ 15590

CAMP MUNICIPAL ★ Tourisme 20 E. 0,3 ha. Accès direct à la rivière. 200 m RD 17. ☎ 04 71 47 93 04.

VIC SUR CERE

10-C3 20 km N.-E. Aurillac. 670 m. 2113 hab. Village de neige ✉ 15800

LA POMMERAIE ★★★★ Tourisme 100 E. dont 40 nus, , dont 35 GCC, 3 ha. + salle séchage, CV Sanitaire chauffé. Locations : 30, 6. chauffée. Rivière à 2 km. à 1,5 km : . Accueil groupes. Ouv : Vac. scol. et 1.5 / 15.9. Daisses-Haut, 150 m RD 154. Salle de loisirs. ☎ 04 71 47 54 18. Fax : 04 71 49 63 30. E-mail : pommeraie@wanadoo.fr, Web : www.camping-la-pommeraie.com. Prix 2007. Fft jour : Empl. Tourisme (2 1 - de 3) : 25 € ; Sup : 6 € 4 € (6 A) ; Animaux 2 €. Réduction H.S.

CAMP MUNICIPAL ★★★ 250 E. 2,5 ha. Accès direct à la rivière. Avenue des Tilleuls. ☎ 04 71 47 51 04 / 04 71 47 51 75. Fax : 04 71 47 50 59.

CAMP G.C.U. Réservé aux adhérents. Adhésion possible sur place pour les sociétaires MAIF et FILIA MAIF.

VITRAC

10-B4 24 km S.-O. Aurillac. 490 m. 347 hab. ✉ 15220

AIRE NATURELLE MUNICIPALE ☎ 04 71 64 70 10 (Mairie).

Carte 9

Délégué FFCC : Jean-Pierre VAN DE WALLE, 17, rue Philippe Cousteau - 16000 ANGOULEME

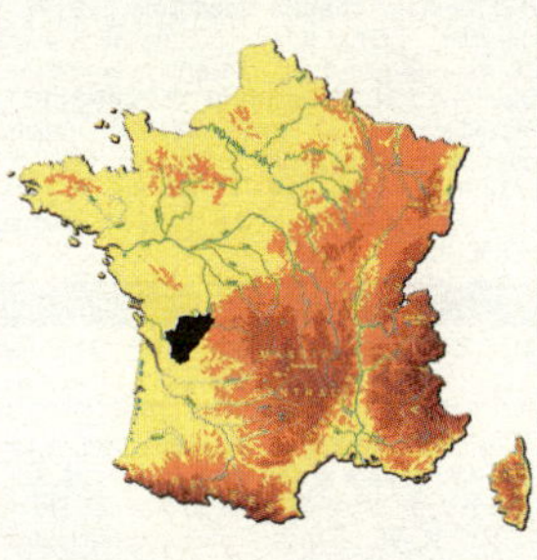

AUBETERRE SUR DRONNE

9-D3 50 km S. Angouleme. 70 m. 404 hab. Station verte de vacances et village de neige ✉ 16390

CAMP MUNICIPAL ★★★ Tourisme 90 E. 3 ha. CV. Locations : . Accès direct à la rivière. ; .Accueil enfants. Sur RD 2. ☎ 05 45 98 60 17 / 05 45 98 57 18 (O.T.) (H.S.). Fax : 05 45 98 54 13. E-mail : aubeterre-tourisme@wanadoo.fr, Web : www.aubeterresurdronne.free.fr.

AUNAC

9-E1 34 km N. Angouleme. 351 hab. ✉ 16460

LE MAGNERIT ★ Tourisme 25 E. 0,8 ha. . Accès direct à la rivière. ; . La Prairie de Magnerit. RN 10 Les Maisons Rouges. ☎ 05 45 22 24 38. Fax : 05 45 22 23 17. Prix 2007. 2,20 € ; 1,50 € ; 3 € ; 1,50 € ; 1,80 € ; - de 10 ans 1,10 € ; 2 €.

BAIGNES STE RADEGONDE

9-D2 46 km S. Cognac. 66 m. 1427 hab. Station verte de vacances et village de neige ✉ 16360

CAMP MUNICIPAL LE PLEIN ★★ Tourisme 30 E. dont 38 nus, 70 ha. CV. Accès direct à la rivière. Ouv : 29.4 / 31.8. Rue des Tanneurs, 5 km RN 10. ☎ 05 45 78 79 95 / 05 45 78 40 04 (Mairie) (H.S.). Fax : 05 45 78 47 41. E-mail : point.i.baignes@orange.fr, Web : www.baignes.sainte.radegonde.fr. Prix 2007. Empl. Tourisme : 2,60 € ; 1,80 € ; - de 7 ans 1 € ; 1,80 €.

FFCC : partenaire + réduction emp. de 10 % en saison.

BARBEZIEUX ST HILAIRE

9-D2 33 km S.-E. Cognac. 80 m. 5404 hab. ✉ 16300

LE SAINT SEREIN ★ Tourisme 16 E. dont 16 nus Saint Seurin ☎ 05 45 78 95 03.

BIGNAC

9-D1 22 km N.-O. Angouleme. 178 hab. ✉ 16170

MARCO DE BIGNAC ★★★ Tourisme 89 E. 4 ha. CV. Locations : . Accès direct à l'étang. Rivière à 100 m. ; ; . Accueil groupes. Lieu-dit Les Sablons par RN 10 indiqué Via Vars et Basse de Bignac. ☎ 05 45 21 78 41. Fax : 05 45 21 52 37. E-mail : camping.marcodebignac@wanadoo.fr, Web : www.camping-marco-bignac.com. Réduction H.S.

BIRAC

9-D2 30 km S.-O. Cognac. 126 m. 221 hab. ✉ 16120

Mme BOUSSIQUAULT Yolande , , CV. A 3 km: Piscine plein air . A 4 km : . Domaine des Gilleberts, D 14, à 3 km RN 10, 600 m de la commune. Parc ombragé de cèdres et de pins. Visite de châteaux, chais, distillerie, mise en bouteille du cognac, templiers. Peinture sur soie. Escalade. ☎ 05 45 97 02 96.

BONNES

9-D3 51 km S. Angoulême 30 m. 362 hab. ✉ 16390

M. BOURRUT LACOUTURE Jean-Paul,camping à la ferme CV. A 400 m : Piscine plein air . A 1 km: . A 5 km : . Ouv : 1.4 / 30.10. La Petite Grange. Entre Aubeterre et St-Aulaye D 17. Venant d'Angoulême prendre D 674 jusqu'à Chalais puis dir. St-Aulaye. ☎ 05 45 98 54 28. Fax : 05 53 90 63 74. Prix 2008. Empl. Tourisme : 2,50 € () : 2,50 € ; - de 7 ans 2 € ; 2 €.

BOURG CHARENTE

9-D2 10 km E. Cognac. 40 m. 739 hab. ✉ 16200

CAMP MUNICIPAL ★ Tourisme 32 E. . Locations : . Accès direct à la rivière. . Sur RD 158. ☎ 06 03 98 60 19. Fax : 05 45 81 64 20.

CHABANAIS

9-E1 18 km S.-E. Confolens. 2254 hab. ✉ 16150

CAMP MUNICIPAL ★ Tourisme 40 E. 0,6 ha. . Accès direct à la rivière. Etang à 5 km. ; à 6 km : , . Rue du Collège. ☎ 05 45 89 03 99 (Mairie). Fax : 05 45 89 13 83.

CHAMPNIERS

9-D1 10 km N. Angoulême 112 m. 4358 hab. ✉ 16430

CAMP EOLE ★ Tourisme 16 E. dont 16 nus CV Sanitaire chauffé. Rivière à 5 km. à 5 km : ; à 10 km : , . Aéroport de Brie-Champniers. ☎ 05 45 69 89 78. Fax : 05 45 69 86 91. E-mail : hebergement@cc-braconne-charente.fr, Web : www.cc-braconne-charente.fr. Réduction H.S.

CHASSENEUIL SUR BONNIEURE

9-E1 30 km S.-O. Confolens 120 m. 3185 hab. ✉ 16260

CAMP MUNICIPAL LES CHARMILLES ★ Tourisme 50 E. 1,9 ha. pétanque, + sèche-linge, CV. couverte chauffée . Accès direct à la rivière. ; . Accueil groupes. Ouv : 15.4 / 31.9. Rue des Ecoles. ☎ 05 45 39 55 36. Fax : 05 45 22 52 45. Prix 2007. Empl. Tourisme : 0,99 € ; 0,89 € ; 0,89 € ; 1,71 € ; - de 10 ans 0,89 € ; 2,08 €.

CHATEAUNEUF SUR CHARENTE

9-D2 25 km S.-E. Cognac. 20 m. 3562 hab. Station verte de vacances et village de neige ✉ 16120

CAMP MUNICIPAL ★★ Tourisme 50 E. 1 ha. . Accès direct à la rivière. ; . Lieu-dit Bains des Dames, 100 m RN 699. ☎ 05 45 62 54 24 / 05 45 97 12 42. Fax : 05 45 97 86 90.

COGNAC

42 km N.-O. Angouleme. 27 m. 20995 hab. ✉ 16100

CAMP DE COGNAC ★★★ Tourisme 120 E. 3 ha. , snack, CV. Locations : 7 . Accès direct à la rivière. ; . Ouv : 1.5 / 15.10. Sur CD 24, lieu-dit Pont de Chatenay. ☎ 05 45 32 13 32 / 05 45 36 64 30 (H.S.). Fax : 05 45 32 15 82. E-mail : infos@campingdecognac.com, Web : www.campingdecognac.com. Prix 2007. Fft jour : Empl. Tourisme (4) : 22,50 € () Réduction H.S.

CONDAC

9-D1 46 km N.-E. Angoulême. 90 m. 401 hab. ✉ 16700

LE REJALLANT ★★ Tourisme 60 E. 1 ha. , pain, . Locations : . Rivière à 100 m. à 100 m : , , . Les Grands Champs. RN 10. ☎ 05 45 31 29 06 / 05 45 31 07 14. Fax : 05 45 31 34 76. E-mail : cdc-ruffec-charente@wanadoo.fr.

CONFOLENS

9-E1 63 km N.-N.-E. Angouleme. 155 m. 3320 hab. Station verte de vacances et village de neige ✉ 16500

CAMP MUNICIPAL ★ Tourisme 150 E. 2 ha. . Locations : . Accès direct à la rivière. ; ; . Accueil groupes. Ouv : Pâques / 30.9. Rés. obligatoire en été. Lieu-dit Les Ribières, avenue de Saint-Germain. ☎ 05 45 85 35 27 / 05 45 84 01 97 (Mairie) / 06 07 01 26 86 (H.S.). Fax : 05 45 85 34 10. E-mail : mairie.confolens@free.fr.

EYMOUTHIERS

9-E2 35 km E. Angouleme 253 m. 235 hab. ✉ 16220

LES GORGES DU CHAMBON ★★★★ Tourisme 120 E. dont 80 nus, , dont 8 GCC, 7 ha. gratuit, CV Sanitaire chauffé. Camping clef verte. Locations : 4 , 4 , 4 , 2 , . Rivière à 100 m. Etang à 5 km. ; ; . Accueil groupes. Ouv : 19.4 / 20.9. Le Chambon. ☎ 05 45 70 71 70. Fax : 05 45 70 80 02. E-mail : gorges.chambon@wanadoo.fr, Web : www.gorgesduchambon.fr. Prix 2008. Fft jour : Empl. Tourisme (2) : 23,70 € () ; Sup : 7,10 € - de 7 ans 3,55 € ; 3,50 € (6 à 10 A). Réduction H.S.

JARNAC

9-D2 16 km E. Cognac. 4917 hab. Station verte de vacances et village de neige ✉ 16200

L'ILE MADAME ★★★ Tourisme 150 E. 4 ha. CV. Locations : 15. Accès direct à la rivière. ; à 100 m : . Accueil groupes. Ouv : 1.4 / 30.9. 100 m RD 154 et 150 m RN 141. ☎ 05 45 81 18 54 / 05 45 81 68 02 (H.S.). Fax : 05 45 81 24 98. Web : www.camping-jarnac.com. Prix 2007. Empl. Tourisme : 2,50 € () : 4,80 € ; - de 15 ans 3,60 € ; 2,50 € ; Animaux 0,50 €. Réduction H.S.

LE LINDOIS

9-E1 36 km S.-O. Confolens 300 m. 390 hab. ✉ 16310

L'ETANG ★★ Tourisme 25 E. 6 ha. Sanitaire chauffé. Locations : 4. Accès direct à l'étang. ; ; . Accueil groupes. Ouv : 1.4 / 1.11. A 600 m du village. De Poitiers, RN 10 dir. sud, D 6 dir. la Roche-Foucauld, D 13 dir. Montemboeuf. Bibliothèque. ☎ 05 45 65 02 67. Fax : 05 45 65 08 96. Web : www.campingdeletang.com. Prix 2007. Empl. Tourisme : 7,50 € () : 4,50 € ; - de 6 ans 2,50 € ; 3,50 € (16 A) ; Animaux 1,50 €. Réduction H.S.

MANSLE

9-D1 25 km N. Angouleme. 60 m. 1532 hab. Station verte de vacances et village de neige ✉ 16230

CAMP MUNICIPAL LE CHAMPION ★★★ Tourisme 120 E. 2 ha. été, CV Camping tourisme et handicap. Locations : . Accès direct à la rivière. ; ; à 500 m : . 50 m RN 10. RD 739. ☎ 05 45 20 31 41 / 05 45 22 20 43. Fax : 05 45 22 86 30. E-mail : mairie.mansle@wanadoo.fr.

MARSAC

9-D1 15 km N.-O. Angouleme. 600 hab. ✉ 16570

AIRE NATURELLE LA GRANDE ILE ☎ 05 45 21 42 46.

MAZIERES

9-E1 24 km S. Confolens. 126 hab. ✉ 16270

LE PARADIS ★★★ Tourisme 25 E. Locations : 3, 22. Rivière à 20 m. . Ouv : 1.1 / 31.12. Mareuil. ☎ 05 45 84 92 06.

MONTBRON

9-E2 29 km E. Angouleme. 150 m. 2604 hab. Station verte de vacances et village de neige ✉ 16220

CAMP MUNICIPAL LES MOULINS DE TARDOIRE ★★ Tourisme 50 E. 1,3 ha. Rivière à 500 m. à 500 m : ; à 1,5 km : Canotage uniquement. Accueil groupes. Ouv : 15.6 / 15.9. Route de Limoges, sur CD 699. ☎ 05 45 70 74 67 / 05 45 23 60 09 (O.T.) (H.S.). Fax : 05 45 23 64 40. E-mail : info@ot-montbron.com, Web : www.ot-montbron.com. Prix 2007. Empl. Tourisme : 2,60 € ; 2 € ; - de 7 ans 1,35 € ; 3 € (16 A).

MONTIGNAC CHARENTE

9-D1 17 km N. Angouleme. 772 hab. Station verte de vacances et village de neige ✉ 16330

CAMP MUNICIPAL LES PLATANES ★★ 100 E. 2 ha. Locations : . Accès direct à la rivière. ; . Accueil groupes encadrés. 150 m du bourg. ☎ 05 45 39 70 09 (Mairie) / 05 45 39 89 16. Fax : 05 45 22 26 71.

FFCC : partenaire + réduction emp. de 5 % en saison et hors saison.

MONTMOREAU ST CYBARD

9-D2 30 kms S. Angouleme. 1323 hab. ✉ 16190

CAMP MUNICIPAL ★ Tourisme 27 E. dont 3 nus 0,66 ha. Rivière à 60 m. Etang à 5 km. . Accueil groupes. Ouv : 1.5 / 30.9. RD 674 Angoulême/Libourne/Bordeaux. ☎ 05 45 60 33 19 (Mairie). Fax : 05 45 60 28 71. E-mail : mairie.montmoreaustcybard@wanadoo.fr. Prix 2008. Empl. Tourisme : 3,50 € ; 1,70 € ; 1,80 € ; - de 16 ans 1 €.

MOUTHIERS SUR BOEME

9-D2 13 km S. Angoulême 81 m. 2260 hab. ✉ 16440

M. PLOQUIN Gérard CV. Grandchamps. RN 10 ou RN 674 puis D 42. ☎ 05 45 67 87 01.

NANTEUIL EN VALLEE

9-E1 41 km N.-E. Angouleme. 108 m. 1454 hab. ✉ 16700

CAMP MUNICIPAL DU VAL DE L'ARGENTOR ★★ Tourisme 30 E. 0,17 ha. CV. Accès direct à la rivière. ; . Accueil groupes. RD 740 puis dans le village prendre la RD 187. Ping-pong. ☎ 05 45 31 82 67 (Mairie). Fax : 05 45 30 08 52. E-mail : nanteuil-en-vallee-mairie@wanadoo.fr.

ORIOLLES

9-D2 39 km S.-E. Cognac 106 m. 223 hab. ✉ 16480

M. PORCHERON André,camping à la ferme CV. A 2 km : . Ouv : 15.6 / 15.9. Chez Baron à mi-chemin entre Angoulême et Bordeaux par RN 10 prendre 10 km après Barbezieux par D 131 dir. Oriolles, tout droit 5 km, itinéraire fléché panneaux jaunes. ☎ 05 45 98 72 18 / 05 45 98 72 18 (H.S.). Prix 2008. 3 € ; 3 € ; 3 € ; 3 € ; - de 10 ans 2 € ; 2 €.

FFCC : partenaire + réduction emp. de 5 % hors saison + Stop accueil Camping-car de pâques à la toussaint 2008 + réduction loc. de 5 % hors saison.

PLEUVILLE

6-E5 18 km E. Confolens. 175 m. 514 hab. ✉ 16490

CAMP MUNICIPAL A 1,5 km : . A 10 km : . A 12 km : . A 15 km : Piscine plein air. Accès par le CD 948 jusqu'à Pressac puis par le CD 36. ☎ 05 45 89 61 16. Fax : 05 45 89 61 16.

PRESSIGNAC

9-E1 25 km S. Confolens. 265 m. 580 hab. ✉ 16150

CAMP DES LACS ★★★★ Tourisme 160 E. dont 152 nus juillet/août, juillet/août, saison, + salle de séchage, CV Camping tourisme et handicap. Locations : 8. couverte chauffée. Accès direct aux bords du lac. Rivière à 1 km. ; ; ; . Accueil groupes. Ouv : 28.4 / 15.9. Lieu-dit Laguerie. A 46 km d'Angoulême. A 59 km de Limoges. ☎ 05 45 31 17 80 / 05 56 70 15 00 (Réserv.) (H.S.). Fax : 05 56 70 15 01. E-mail : aquitaine@relaisoleil.com, Web : www.relaisoleil.com/pressignac. Prix 2007. Empl. Tourisme : 6,60 € () : 2,70 € ; 5,10 € ; - de 12 ans 3 € ; 3,70 € (15 A) ; Animaux 3,15 €. Réduction H.S.

FFCC : Stop accueil Camping-car du 28/06 au 30/08/2008, accès jusqu'à 20h.

RIOUX MARTIN

9-D3 50 km S.-O. Angouleme. 44 m. 260 hab. ✉ 16210

M. RIGOU Michel A 100 m : . A 4 km : . Ferme de Testaud, 700 m du bourg, à proximité de la ferme. Petit bois en bordure de prairie, étangs et pédalos à 100 m. ☎ 05 45 98 28 71.

LA ROCHEFOUCAULD

9-E1 22 km N.-N.-E. Angouleme. 82 m. 3328 hab. ✉ 16110

LES FLOTS ★★ Tourisme 45 E., dont 10 GCC, 0,85 ha. CV. Accès direct à la rivière. . Ouv : 15.5 / 15.9. Rue des Flots. 400 m RD 6 et RN 141. ☎ 05 45 63 07 54. Fax : 05 45 63 08 54. E-mail : camping.larochefoucauld@wanadoo.fr.

ROUILLAC

9-D1 24 km N.-O. Angouleme. 1799 hab. Station verte de vacances et village de neige ✉ 16170

CAMP MUNICIPAL ★★ Tourisme 37 E. 0,8 ha. Accès direct aux bords du lac. Etang à 20 m. Rivière à 2 km. ; ; . La Cimejattie, route d'Aigre. ☎ 05 45 96 53 31 / 05 45 96 51 41. Fax : 05 45 96 52 29.

ST ANGEAU

9-E1 25 km N.-E. Angoulême 104 m. 613 hab. ✉ 16230

CHEZ DEVEZEAU ★★ Tourisme 39 E. Locations : 2. . à 2 km : . Accueil groupes. Sortie Mansle dir. La Rochefoucauld par D 6, puis Puyreau et St-Ciers, 10 km arrivé à St-Angeau, à droite dir. Tourriers D 15 et 1ère à gauche. ☎ 05 45 39 21 29. Fax : 05 45 39 21 29. E-mail : bookings@campingdevezeau.com, Web : www.campingdevezeau.com.

ST CHRISTOPHE

387 hab. ✉ 16420

EN CAMPAGNE ★★★ Tourisme 29 E. dont 25 nus 0,7 ha. Sanitaire chauffé. Locations : 10. chauffée. Etang et lac à 500 m. ; à 4 km : . Accueil groupes. - 14 ans avec parents. Ouv : 1.1 / 31.12. Essubras ☎ 05 45 31 67 57. Fax : 05 45 31 67 57. E-mail : info@encampagne.com, Web : www.encampagne.com. Prix 2007. Empl. Tourisme : 6,50 € () : 8 € ; 3,50 € ; - de 7 ans 2,50 € ; 3 € (10/16 A) ; Animaux 1,50 €. Réduction H.S.

ST CLAUD

9-E1 22 km S.-O. Confolens. 144 m. 1132 hab. ✉ 16450

CAMP MUNICIPAL ★ Tourisme 34 E. 0,4 ha. CV. Rivière à 300 m. à 50 m : ; à 300 m : . ☎ 05 45 71 36 30 (Mairie). Fax : 05 45 71 31 65. E-mail : mairie.saint-claud@wanadoo.fr.

ST LAURENT DE CERIS

806 hab. ✉ 16450

Mme DYSON ANNETTE, camping rural Le Fournet Le Fournet ☎ 05 45 31 78 28.

ST MAURICE DES LIONS

9-E1 6 km S.-E. Confolens. 160 m. 939 hab. ✉ 16500

CAMP MUNICIPAL MOULIN DE LA COUR ★ Tourisme 25 E. 0,35 ha. . Accès direct à la rivière. Etang à 4 km. . CD 948. ☎ 05 45 85 55 99. Fax : 05 45 85 52 89.

ST SEVERIN

9-E3 43 km S. Angoulême. 108 m. 741 hab. ✉ 16390

CAMP MUNICIPAL ★ Tourisme 26 E. Accès direct à la rivière. . ☎ 05 45 98 52 41 (Mairie). Fax : 05 45 98 92 50.

SIREUIL

9-D2 16 km S.-O. Angoulême. 990 hab. ✉ 16440

LE NIZOUR ★★★ Tourisme 40 E. 1,5 ha. snack, , partiel, collectifs, occasionnelle, CV. Locations : 4, 4, Huttes (sans sanitaire). . Accès direct à la rivière. Etang à 3 km. ; ; . Accueil groupes encadrés. encadrés. Ouv : 15.4 / septembre. A 4 km de la RN 10. A 6 km de la RN 141, à 500 m de la RD 699. Sur D 7. ☎ 05 45 90 56 27 / 05 45 90 66 09 (H.S.). Fax : 05 45 90 92 67. E-mail : campingdunizour@aol.com, Web : www.campingdunizour.com. Prix 2007. Empl. Tourisme : 5,95 € ; 3,80 € ; - de 12 ans 2,40 € ; 3,20 € ; Animaux 1,20 €.

SURIS

9-E1 20 km S.-E. Confolens 220 m. 316 hab. ✉ 16270

LA BLANCHIE ★★ Tourisme 50 E. 1 ha. . Rivière à 1 km. A 3 km de la RN 141, sur la D 52 par la Péruse. ☎ 05 45 89 33 19. Fax : 05 45 89 33 19. E-mail : lablanchie@wanadoo.fr, Web : www.lablanchie.com.

VILLEFAGNAN

9-D1 40 km N. Angouleme. 110 m. 990 hab. ✉ 16240

M. & Mme PELOQUIN,aire naturelle de camping CV. A 1 km : . A 2 km : . A 10 km : . Ouv : 1.1 / 31.12. Chassagne. Sur RN 10 sortie à Ruffec, prendre dir. Villefagnan 10 km puis Chassagne à 1 km de Villefagnan. Parc et verger de la ferme, herbeux, ombragé. ☎ 05 45 31 61 47. Fax : 05 45 29 55 87. Prix 2007. Empl. Tourisme : 3,50 € ; 3,50 € ; - de 5 ans 2,50 € ; 2 € ; Animaux 1 €. Réduction H.S.

Cartes 6-9

Délégué FFCC : Gérard BOUCLE, 44, rue du Perthuis d'Antioche - 17137 L HOUMEAU

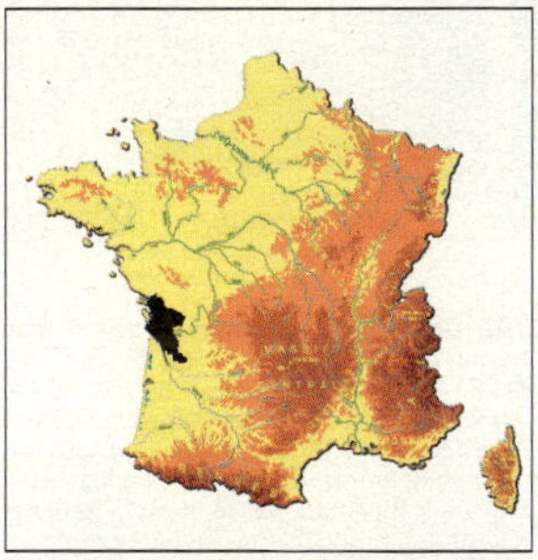

ILE D'AIX

LE FORT DE LA RADE ★★★ Tourisme 76 E. Locations : Bord de mer à 200 m. Accès bateau depuis Fouras, Ile d'Oléron et La Rochelle. ☎ 05 46 84 28 28. Fax : 05 46 84 00 44.

ILE DE RE

ARS EN RE

6-B5 24 km N.-O. La Rochelle. 1083 hab. ✉ 17590

LE CORMORAN ★★★★ Tourisme 142 E. (122 Tourisme + 20 Loisirs), dont 100 GCC, 2,25 ha. CV. Camping clef verte Camping tourisme et handicap. Locations : 90, 60. chauffée. Bord de mer à 500 m.; 500 m :; 500 m :. Accueil groupes. Ouv : 5.4 / 27.9. ☎ 05 46 29 46 04. Fax : 05 46 29 29 36. E-mail : info@cormoran.com, Web : www.cormoran.com. Prix 2008. Fft jour : Empl. Tourisme (3) : 42 € (); Sup : 12 € 5 € ; Animaux 5,70 €. Réduction H.S.

FFCC : Stop accueil Camping-car du 05/04 au 28/06 et du 30/08 au 27/09/2008, accès jusqu'à 19h.

CAMP ESSI ★★★ Tourisme 140 E. 2 ha. gaz/électrique, pleine saison, CV Sanitaire chauffé. Locations : 2, 8. chauffée. Accès direct à la mer.; à 3 km :. Accueil groupes. Ouv : 1.4 / 31.10. Pointe de Grignon. En arrivant à Ars-en-Ré au niveau de la supérette prendre à gauche puis au bout de la rue. ☎ 05 46 29 44 73 / 06 76 84 89 59 (H.S.). Fax : 05 46 37 57 78. E-mail : camping.essi@wanadoo.fr, Web : campingessi.com. Prix 2008. Fft jour : Empl. Tourisme (3) : 23,70 € (); Sup : 7,05 € 3,95 à 5,60 € (5 à 10 A) ; Animaux 2,10 €. Réduction H.S.

FFCC : Stop accueil Camping-car du 01/04 au 28/06 et du 23/08 au 31/10/2008, accès jusqu'à 20h.

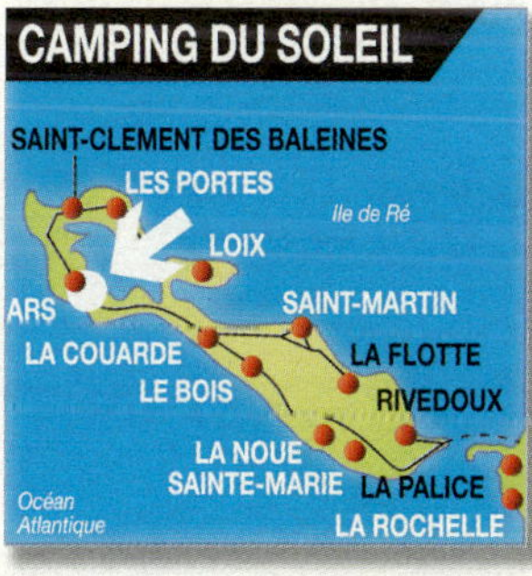

LE SOLEIL ★★★ Tourisme 140 E., dont 8 GCC, 1,4 ha. CV. Locations : 18, 26. chauffée. Bord de mer à 400 m.; à 400 m :. Ouv : 15.3 / 15.11. 150 m RN 735, lieu-dit La Grange. ☎ 05 46 29 40 62. Fax : 05 46 29 41 74. E-mail : contact@campdusoleil.com, Web : www.campdusoleil.com. Prix 2007. Fft jour : Empl. Tourisme (3) : 31,92 € Sup : 7,05 € 3,50 à 4,61 € (4 à 10 A) ; Animaux 3,03 €.

FFCC : partenaire + réduction emp. de 5 % en saison et 10 % hors saison + Stop accueil Camping-car du 15/03 au 21/06 et du 23/08 au 15/11/2008.

LES DUNES ★★★ Tourisme 133 E., dont 23 GCC, 2 ha. CV. Locations : 15, 40. Bord de mer à 800 m. à 800 m :. Lieu-dit La Batterie, route des Baleines. ☎ 05 46 29 41 41. Fax : 05 46 29 68 06. E-mail : camp.des.dunes@wanadoo.fr, Web : www.locanet.com/camp-des-dunes.

CAMP MUNICIPAL LA COMBE A L'EAU ★★ Tourisme 400 E. 5 ha., snack, CV. Accès direct à la mer.; à 50 m :. 1 km de RN 735. ☎ 05 46 29 46 42. Fax : 05 46 41 50 11.

LE BOIS PLAGE EN RE

6-B5 22 km N.-O. Rochefort-sur-Mer. 1561 hab. ✉ 17580

ANTIOCHE ★★★★ Tourisme 135 E., dont 9 GCC, 2,1 ha. snack, CV. Locations : 12, 5. Bord de mer à 300 m.; à 300 m :. Lieu-dit La Pierre qui Vire. Route de Sainte Marie. Prendre, au 1er rond-point après le pont, l'itinéraire sud et continuer sur environ 10 km. ☎ 05 46 09 23 86. Fax : 05 46 09 43 34. E-mail : camping.antioche@wanadoo.fr, Web : www.antioche.com.

INTERLUDE ★★★★ Tourisme 387 E., dont 362 GCC, 7,5 ha. collectifs, en salle, CV Sanitaire chauffé. Camping clef verte. Locations : 150, 130. couverte chauffée . Bord de mer à 50 m. à 60 m : Accueil groupes. Ouv : 5.4 / 28.9. Rés. obligatoire en été. Plage de Gros Jonc. 1er rond point après pont à gauche, 2ème et 3ème rond point tout droit, 4ème rond point à gauche (15 km). ☎ 05 46 09 18 22. Fax : 05 46 09 23 38. E-mail : infos@interlude.fr, Web : www.interlude.fr. Prix 2008. Fft jour : Empl. Tourisme (2 1 - de 2 ans) : 40 € ( ) ; Sup : 10 €Animaux 8 €. Réduction H.S.

FFCC : partenaire + réduction emp. de 10 % hors saison + Stop accueil Camping-car du 05/04 au 28/06 au 23/08 au 28/09/2008, accès jusqu'à 19h.

LA BONNE ETOILE ★★★ Tourisme 200 E. saison, saison, été, été, CV. Locations : 4, 100, 10. chauffée . Bord de mer à 1 km. à 1 km : Accueil groupes. Ouv : 30.1 / 24.12. Rés. obligatoire en été et en hiver. Pont de l'Ile-de-Ré, après itinéraire Sud 10 km. ☎ 05 46 09 10 16. Fax : 05 46 09 43 13. E-mail : camping-bonne-etoile@wanadoo.fr, Web : www.camping-bonne-etoile.com. Prix 2007. Fft jour : Empl. Tourisme (2) : 35 € () ; Sup : 7 € - de 7 ans 5 € ; Animaux 4,30 €.

LES VARENNES ★★★ Tourisme 148 E. dont 63 nus 2,5 ha. CV Sanitaire chauffé. Locations : 85, . couverte chauffée . Bord de mer à 300 m. Ouv : 1.4 / 30.9. Après le pont prendre l'itinéraire Sud jusqu'à l'entrée de la commune du bois plage puis tourner 2 fois sur la gauche. ☎ 05 46 09 15 43. Fax : 05 46 09 47 27. E-mail : les-varennes@wanadoo.fr, Web : www.les-varennes.com. Prix 2007. Fft jour : Empl. Tourisme (3) : 37 € ( ) ; Sup : 10 € 5,30 € (10 A) ; Animaux 6 €. Réduction H.S.

CAMP MUNICIPAL DES AMIS DE LA PLAGE ★★ Tourisme 243 E., dont 10 GCC, 4 ha. Locations : . Bord de mer à 50 m. ; à 50 m : Avenue du Pas des Boeufs. ☎ 05 46 09 24 01. Fax : 05 46 09 09 46. Réduction H.S.

G.C.U. LA PIERRE QUI VIRE Réservé aux adhérents. Adhésion possible sur place pour les sociétaires MAIF et FILIA MAIF.

LE VILLAGE DU SUROIT ★★ Tourisme 240 E., dont 56 GCC, 4,7 ha. CV. Locations : 4, 10, 10, . Bord de mer à 600 m. ; à 600 m : Avenue du Pas des Boeufs. 300 m RD 201. Animaux non admis dans les locations. ☎ 05 46 09 23 60 / 02 51 23 48 52 (H.S.). Fax : 05 46 09 29 02. E-mail : reception@le-village-du-suroit.fr, Web : www.le-village-du-suroit.fr.

LE VILLAGE OCEANIQUE ★★ Tourisme 121 E., dont 111 GCC. Locations : , , 111. Chemin Peux Blancs. ☎ 05 46 09 23 22. Fax : 05 46 09 19 63. E-mail : iledere@touristravacances.com, Web : www.touristravacances.com.

LES BARJOTTES ★★ Tourisme 100 E. dont 50 nus, dont 75 GCC, 1,25 ha. CV. Locations : 2, 2. Bord de mer à 300 m. mer : ; à 300 m : ☎ 05 46 09 22 57. Fax : 05 46 09 22 57. E-mail : camping.lesbarjottes@orange.fr.

LES DUNES ★★ Tourisme 80 E. 0,9 ha. Bord de mer à 400 m. ; Les Burons, 2 km RN 735. ☎ 05 46 09 00 66 (Hiver).

LES GENETS ★★ Tourisme 25 E. dont 21 nus 0,4 ha. CV. Locations : 4, 1. Bord de mer à 900 m. ; à 900 m : Ouv : 1.6 / 15.9. Route de la Couarde et chemin des Jaunelles ☎ 05 46 09 24 31. Fax : 05 46 09 24 31. E-mail : accueil@lesgenets.com/, Web : www.lesgenets.com et camping- cle-de-re.eu. Prix 2007. Fft jour : Empl. Tourisme (3) : 18,5 € ( ) ; Sup : 5 € 5 € ; 4 € ; Animaux 1,80 €. Réduction H.S.

FFCC : partenaire + réduction emp. de 5 % en saison et 10 % hors saison + réduction loc. de 5 % en saison et 10 % hors saison.

LES PINS ★★ Tourisme 20 E. dont 10 nus 0,25 ha. CV. Locations : 5. Bord de mer à 700 m. ; à 700 m : 12 bis, rue Charles de Gaulle. ☎ 05 46 09 35 45 / 06 81 64 93 44 (H.S.). Fax : 05 46 09 35 45.

TAMARINS PLAGE ★★ Tourisme 135 E., dont 2 GCC, 2 ha. CV. Locations : . chauffée . Bord de mer à 100 m. ; à 100 m : Ouv : 1.4 / 1.11. Route de la Couarde, à 100 m sortie du village. ☎ 05 46 35 38 83 / 0825 562 562 (Réserv.) (H.S.). Fax : 02 51 90 94 33.

VAL DE LOIRE ★★ Tourisme 200 E. dont 148 nus snack, CV. Locations : 36, 35, 30. Bord de mer à 900 m. à 900 m : ; à 1,5 km : Accueil groupes. Au rond-point (après le pont) prendre à gauche. Traverser Rivedoux par le littoral. Toujours tout droit dir. Bois Plage. Au 3ème rd-pt dir. Val de Loire. Chemin sur la droite environ 2 km après les Grenettes. Union Dle des Sapeurs Pompiers du Loir-et-Cher. ☎ 05 46 09 17 26 / 04 79 75 75 75 (H.S.). Fax : 04 79 75 75 10. E-mail : info@renouveau-vacances.fr, Web : www.renouveau-vacances.fr.

LA COUARDE SUR MER

6-B5 25 km N.-O. La Rochelle. 25 m. 856 hab. ✉ 17670

CAMP MUNICIPAL LE REMONDEAU ★★★ Tourisme 180 E. dont 174 nus, 3 ha. CV. Camping clef verte. Locations : 6, . Bord de mer à 50 m. ; ; à 50 m : Accueil adultes hors saison. Ouv : 15.3 / 7.11. Rue du Petit-Noue. wifi ☎ 05 46 29 84 27. Fax : 05 46 29 67 35. E-mail : campinglemondeau@wanadoo.fr. Prix 2008. 3,50 € ; 3,50 € ; 3,50 € ; 3,50 € ; 5 € ; - de 7 ans 2,50 € ; 3,80 € ; Animaux 2,30 €. Réduction H.S.

FFCC : partenaire + réduction emp. de 5 % hors saison + Stop accueil Camping-car du 15/03 au 30/06 et du 01/09 au 07/11/2008, accès jusqu'à 18h.

LA DAVIERE ★★★ Tourisme 101 E. 2,9 ha. CV. Locations : 48, 52, , . Bord de mer à 100 m. Réservé C. E. Alsthom. ☎ 05 46 29 80 87. Fax : 05 46 29 29 87. Web : www.vtf-vacances.com.

LA TOUR DES PRISES ★★★ Tourisme 140 E. dont 88 nus (100 Tourisme + 40 Loisirs), dont 60 GCC, 1,5 ha. snack, gaz/électrique, CV. Locations : 45. couverte chauffée . Bord de mer à 600 m. ; ; à 600 m : Accueil groupes. Ouv : 1.4 / 30.9. Chemin de la Grifforine. Sortie de La Couarde en dir. d'Ars. 2ème à droite. ☎ 05 46 29 84 82 / 06 82 86 25 30 / 06 10 14 76 65 (H.S.). Fax : 05 46 29 88 99. E-mail : camping@lesprises.com, Web : www.lesprises.com. Prix 2008. Fft jour : Empl. Tourisme (3) : 32 € (E. CC E. GCC) ; Sup : 8,20 € - de 7 ans 4,50 € ; 5 € (16 A) ; Animaux 3 €. Réduction H.S.

FFCC : partenaire + réduction emp. de 10 % hors saison + Stop accueil Camping-car du 01/04 au 07/07 et du 26/08 au 30/09/2008 + réduction loc. de 10 % hors saison.

LE BOIS HENRI IV ★★★ Tourisme 117 E. (98 Tourisme + 19 Loisirs), dont 24 GCC, 1,3 ha. CV. Locations : 5, 3, . Bord de mer à 300 m. ; ; à 250 m : . Lieu-dit La Grande Bosse, 30 m RD 735 dir. Ars en Ré. ☎ 05 46 29 87 01 / 05 46 29 87 01. Fax : 05 46 29 87 01.

L'OCEAN ★★★ Tourisme 338 E., dont 40 GCC, 8 ha. , électrique, , 1 fois/semaine, CV Sanitaire chauffé. Locations : 160, . chauffée 2, . Accès direct à l'étang. Bord de mer à 50 m. ; ; ; à 50 m : .Accueil adultes. Ouv : 5.4 / 28.9. Lieu-dit Fief de la Passe, RN 735. A 2,5 km de La Couarde. Dir. Ars-en-Ré. ☎ 05 46 29 87 70 / 06 64 17 20 04 (H.S.). Fax : 05 46 29 92 13. E-mail : campingdelocean@wanadoo.fr, Web : www.campingocean.com. Prix 2008. Fft jour : Empl. Tourisme (3) : 26 € () ; Sup : 9,84 € 5,20 € ; Animaux 4,64 €. FFCC : réduction loc. de 5 % hors saison.

LE PUMA **En cours classt** ★★ Tourisme 25 E. 1,5 ha. , pain, , la nuit, CV. Locations : , 19, 6, . . à 200 m : , ; à 2 km : . Sur RD 735. A 2 km de La Couarde. ☎ 05 46 29 85 68. Fax : 05 46 29 85 68. E-mail : campinglepuma@wanadoo.fr, Web : www.lepuma.com.

LA FLOTTE

6-B5 20 km N.-O. Rochefort-sur-Mer. 10 m. 1879 hab. ✉ 17630

L'ILE BLANCHE ★★★★ Tourisme 207 E., dont 4 CC - 102 GCC, 4 ha. CV. Locations : 45. couverte chauffée. Bord de mer à 1 km. ; à 1 km : , , . Ouv : 1.4 / 30.9. Raise Flottaise accès par la déviation de La Flotte. ☎ 05 46 09 52 43. E-mail : ileblanche@wanadoo.fr, Web : ileblanche.com.

CAMP MUNICIPAL DE BEL AIR ★★★ Tourisme 300 E. 7 ha. . Bord de mer à 800 m. Route de la Noué. ☎ 05 46 09 63 10.

LA GRAINETIERE ★★★ Tourisme 150 E. dont 60 nus (90 Tourisme + 60 Loisirs), dont 88 GCC, 2,6 ha. , ap. 22 h 30, CV. Locations : 50, . chauffée . Bord de mer à 1,5 km. à 800 m : , ; à 1,5 km : ; à 1,5 km : . D 735. Gardiennage à l'année. ☎ 05 46 09 68 86. Fax : 05 46 09 53 13. E-mail : lagrainetiere@free.fr, Web : www.la-grainetiere.com. Prix 2007. Fft jour : Empl. Tourisme (2) : 23 € () ; Sup : 6,50 € - de 7 ans 3,50 € ; 3,50 € (10 A) ; Animaux 3 €. Réduction H.S.

LOIX

6-B5 30 km N.-O. La Rochelle. 433 hab. 17111

LES ILATES ★★★★ Tourisme 241 E., dont 241 GCC - 34 HLL, 2,5 ha. CV. Locations : 34, 80, . chauffée. Bord de mer à 500 m. ; ; ; . Accueil groupes. ☎ 05 46 29 05 43. Fax : 05 46 29 06 79. E-mail : ilates@wanadoo.fr, Web : camping.loix.com.

LES PORTES EN RE

6-B5 28 km N.-O. La Rochelle. 513 hab. 17880

CAMP MUNICIPAL LA PREE ★★ Tourisme 130 E. dont 130 nus, 2 ha. CV. Bord de mer à 300 m. à 300 m : . Ouv : 1.4 / 30.9. Rés. obligatoire en été. La Prée. ☎ 05 46 29 51 04. Prix 2008. Fft jour : Empl. Tourisme (3) : 19,5 € () ; Sup : 3,20 € - de 7 ans 1,60 € ; Animaux 2,10 €. Réduction H.S.

LA PROVIDENCE ★★ Tourisme 300 E., dont 4 GCC, 6 ha. CV Sanitaire chauffé. Locations : 43, 20, . Bord de mer à 50 m. ; ; ; à 50 m : . Accueil groupes. Ouv : 1.4 / 15.10. Route de Trousse-Chemise. ☎ 05 46 29 56 82. Fax : 05 46 29 61 80. E-mail : campingprovidence@wanadoo.fr, Web : www.campingprovidence.com. Prix 2007. Fft jour : Empl. Tourisme (3) : 27 € () ; Sup : 7,50 € 5 € (10 A) ; Animaux 4 €.

LES PEUPLIERS ★★★ Tourisme 200 E. (180 Tourisme + 20 Loisirs) 4 ha. , ap. 23 h, CV. Locations : 90. chauffée. Bord de mer à 800 m. ; ; à 800 m : , . Accueil groupes. Ouv : 5.4 / 27.9. 200 m RD 735. ☎ 05 46 09 62 35 / / 02 51 33 50 75 (H.S.). Fax : 05 46 09 59 76. E-mail : camping@les-peupliers.com, Web : www.camp-atlantique.com. Prix 2007. Fft jour : Empl. Tourisme (2) : 33 € () ; Sup : 8 € - de 5 ans 5 € ; Animaux 4 €. Réduction H.S.

FFCC : partenaire + réduction emp. de 5 % en saison et hors saison + réduction loc. de 5 % hors saison.

BELLEVUE BON ACCUEIL ★★ Tourisme 55 E. 0,6 ha. CV. Locations : 1. Bord de mer à 100 m. ; ; ; ; . ☎ 05 46 09 50 87. Réduction H.S.

G.C.U. LA PREE Réservé aux adhérents. Adhésion possible sur place pour les sociétaires MAIF et FILIA MAIF.

RIVEDOUX PLAGE

6-B5 10 km O. La Rochelle. 900 hab. 17940

CAMP MUNICIPAL LA REDOUTE ★★ Tourisme 142 E. dont 142 nus 1,4 ha. , snack, , à gaz ou éléctriques, , village, CV. Bord de mer à 20 m. ; ; ; ; . Accueil groupes sauf du 12.07 / 20.08. Ouv : 25.4 / 20.9. Rés. obligatoire en été. RD 735. 504 Avenue Gustave Perreau : ☎ 05 46 09 83 80 / 06 60 53 00 89 / 05 46 09 39 39 (Mairie) (H.S.). Fax : 05 46 09 39 30. E-mail : laredouteinfo@aol.com, Web : www.revedoux-plage.fr. Prix 2007. Fft jour : Empl. Tourisme (3) : 14,65 € (E. CC) ; Sup : 4,25 € - de 9 ans 2,70 € ; 3,20 € ; Animaux 2 €.

LES FOUGERES ★★ Tourisme 100 E. 1 ha. CV. Locations : 15. . Bord de mer à 2 km. ; à 1 km : , , . ☎ 05 46 09 86 37. Fax : 05 46 09 94 90. E-mail : cap.detente@wanadoo.fr.

LES TAMARIS ★★ Tourisme 80 E. 1,36 ha. . Locations : . à 500 m : , , , . Sur RD 201. ☎ 05 46 09 81 28 / 05 46 09 80 13.

FFCC : partenaire - terrain assuré par la FFCC.

CAMP DE L'A.S.P.T.T. DE NIORT ★ Tourisme 85 E. 1 ha. CV. Locations : , 63, , . Bord de mer à 800 m. ; ; ; à 800 m : . 26, rue du Comte d'Hastrel. ☎ 05 46 09 80 22 / 05 49 73 23 23 (H.S.) / 05 49 73 23 23 (H.S.). Fax : 05 49 79 59 54. E-mail : asptt.niort@wanadoo.fr.

FFCC : partenaire - terrain assuré par la FFCC.

ST CLEMENT DES BALEINES

6-A5 30 km N.-O. La Rochelle. 518 hab. ✉ 17590

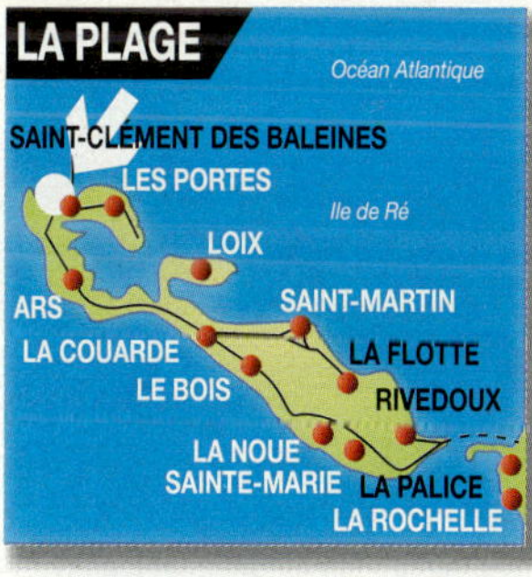

LA PLAGE ★★★★ Tourisme 148 E., dont 64 GCC, 2,5 ha. , gaz ou électrique, CV Sanitaire chauffé. Locations : 83, . chauffée . Bord de mer à 100 m. à 100 m : , , , . Accueil groupes. Ouv : 5.4 / 27.9. Rés. obligatoire en été. O ☎ 05 46 29 42 62. Fax : 05 46 29 03 39. E-mail : info@la-plage.com, Web : www.la-plage.com. Prix 2008. Fft jour : Empl. Tourisme (3 personnes) : 42 € ; Sup : 12 € 5 € ; Animaux 5,70 €. Fft Ccar : 13 € (2 personnes). Réduction H.S.

FFCC : Stop accueil Camping-car du 05/04 au 28/06 at du 30/08 au 01/11/2008, accès jusqu'à 19h.

LES PEROUSES ★★★★ Loisirs 40 E. (20 Tourisme + 20 Loisirs), dont 14 CC - 26 GCC, 1 ha. CV. Locations : 15, 11, 10. Bord de mer à 400 m. à 400 m : , , , . Ouv : 1.4 / 22.9. Le Gillieux, par RN 135. ☎ 05 46 29 25 18. Fax : 05 46 29 25 18. E-mail : campinglesperouses@wanadoo.fr, Web : www.campinglesperouses.com. Prix 2007. Fft jour : Empl. Tourisme (3 personnes) : 36 € Sup : 4 €Animaux 3 €.

CAMP DES BALEINES ★★★ Tourisme 251 E., dont 2 CC - 18 GCC, 4,6 ha. CV. Locations : 1, 30, . . Accès direct à la mer. ; ; ; ; . Le Gillieux. Dir. le Phare des Baleines et derrière l'Arche de Noë. ☎ 05 46 29 40 76. Fax : 05 46 29 67 12. E-mail : camping.lesbaleines@wanadoo.fr, Web : www.camping-lesbaleines.com. Prix 2007. Fft jour : Empl. Tourisme (2 personnes) : 21 € ; Sup : 5 € 4 € (10 A) ; Animaux 3,50 €.

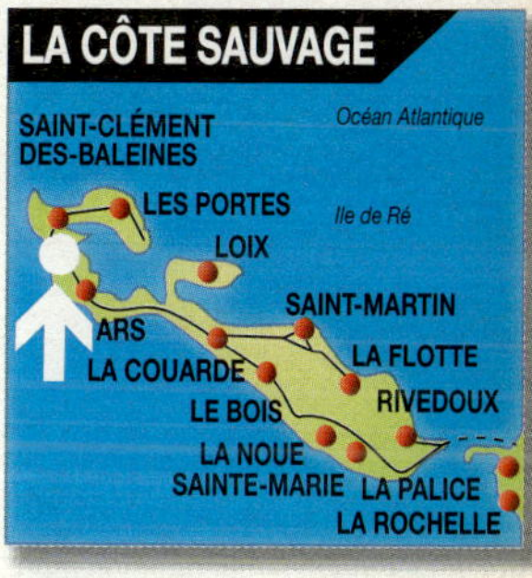

LA COTE SAUVAGE ★★ Tourisme 387 E. dont 351 nus, 6 ha. CV. Locations : 1, Yourtes mongoles. Accès direct à la mer. ; à 100 m : , . Accueil groupes. 336, rue de la Forêt. 200 m RN 735. ☎ 04 73 77 05 05 / 0 820 320 751 (Réserv.) (H.S.). Fax : 04 73 77 05 06. E-mail : contact@lesbalconsverts.com, Web : www.lesbalconsverts.com. Prix 2007. Fft jour : Empl. Tourisme (2) : 16 € () ; Sup : 4,50 € - de 7 ans 3 € ; 3,80 € (10 A) ; E. CC 23 € (Fft 3 pers.) ; Animaux 3 €. Réduction H.S.

ST MARTIN DE RE

6-B5 20 km N.-O. La Rochelle. 40 m. 2402 hab. ✉ 17410

CAMP MUNICIPAL LES REMPARTS ★★ Tourisme 200 E. 2 ha. , collectifs, CV Sanitaire chauffé. Locations : 21. Bord de mer à 1,3 km. à 800 m : , , , . Accueil groupes. Ouv : mi-février / mi-novembre. Rés. obligatoire en été. Rue du Rempart, 300 m RN 735. A l'intérieur de la ville. ☎ 05 46 09 21 96 / 05 46 09 38 90 (Mairie) (H.S.). Fax : 05 46 09 94 18. E-mail : camping-stmartindere@wanadoo.fr. Prix 2007. Fft jour : Empl. Tourisme (3) : 19,50 € () ; Sup : 4,40 € - de 7 ans 2 € ; Animaux 1,70 €. Fft Tente : 17,50 € (3).

LES MARAISES ★★ Tourisme 200 E. Locations : , . 7, chemin des Salières. ☎ 0 825 825 432 (Réserv.). Fax : 05 46 09 58 75. Web : www.azureva-vacances.com.

LES SALIERES ★★ Tourisme 250 E., dont 61 CC - 131 GCC, 10 ha. . Locations : , , , , . . Bord de mer à 1 km. ; ; ; . Réservé Pr. Sécurité Sociale et extérieurs selon disponibilités ☎ 05 46 09 20 71 / 05 46 67 91 90. Fax : 05 46 09 04 44.

PARC RESIDENTIEL DE LOISIRS LE BOIS ST MARTIN P.R.L. 15 E. Les Maraises.

PARC RESIDENTIEL DE LOISIRS SAINT MART P.R.L. 111 E. Les Maraises.

STE MARIE DE RE

6-B5 12 km O. La Rochelle. 10 m. 1317 hab. Station verte de vacances et village de neige ✉ 17740

LES CHARDONS BLEUS ★★★ Tourisme 266 E. (210 Tourisme + 56 Loisirs), dont 44 CC - 12 GCC, 3,5 ha. , snack saison, saison, saison, saison, CV. Locations : 6. Bord de mer à 1,5 km. à 1 km : , , , . Accueil groupes. Sur RD 103, La Noue. ☎ 05 46 30 23 75. Fax : 05 46 30 18 73. E-mail : chardons.bleus@orange.fr, Web : assoc.wanadoo.fr/chardons.bleus. Prix 2007. Fft jour : Empl. Tourisme (3) : 25 € () ; Sup : 5 € - de 7 ans 1,75 € ; Animaux 1 €. Réduction H.S.
FFCC : partenaire + réduction emp. de 10 % en saison et hors saison.

CAMP MUNICIPAL LA COTE SAUVAGE ★★ Tourisme 156 E. 2 ha. . Accès direct à la mer. ; ; ; . La Côte Sauvage,lieu-dit La Basse Benée, 1 km RD 201. ☎ 05 46 30 21 74. Fax : 05 46 30 15 64. E-mail : info@mairie-sainte-marie-de-re.fr, Web : www.mairie-sainte-marie-de-re.fr.

LE CLOS DE MONTAMER ★★ Tourisme 128 E. 1,67 ha. . Locations : . Bord de mer à 50 m. ; ; ; à 100 m : . La Noue. ☎ 05 46 30 23 74 / 06 81 03 14 31. Fax : 05 46 30 03 23. E-mail : clos.demontamer@wanadoo.fr, Web : www.closdemontamer.com.

LES GRENETTES ★★ Loisirs 142 E., dont 95 GCC, 4 ha. CV. Locations : 20, 60, 1. chauffée. Bord de mer à 200 m.; à 200 m : . Accueil groupes. Ouv : 1.1 / 31.12. Dir. bois plage. Ne pas rentrer dans le village de Ste Marie de Ré. ☎ 05 46 30 22 47. Fax : 05 46 30 24 64. E-mail : contact@hotel-les-grenettes.com, Web : www.campinglesgrenettes.com. Prix 2007. Fft jour : Empl. Tourisme (3) : 30 € () ; Sup : 4,50 € 4,50 € (6 A) ; Animaux 4 €. Réduction H.S.

LES TREMIERES DE PIERRE EN RE ★★ Tourisme 31 E., dont 8 GCC. Accès direct à la mer. ; ; . Ouv : 1.1 / 31.12. Réservé exclusivement Crédit Agricole Mutuel Charente.

ILE D'OLERON

LA BREE LES BAINS

6-B5 50 km N.-O. Rochefort-sur-mer. 578 hab. ✉ 17840

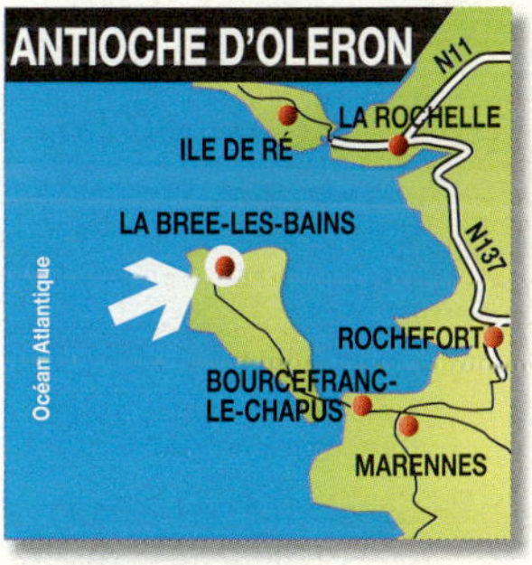

ANTIOCHE D'OLERON ★★★ Tourisme 130 E. (125 Tourisme + 5 Loisirs), dont 29 GCC, 1,5 ha. CV. Locations : 25. Bord de mer à 150 m. ; à 150 m : . Ouv : 1.4 / 30.9. Rés. obligatoire en été. Route des Proires, N 734, D 273. ☎ 05 46 47 92 00. Fax : 05 46 47 82 22. Prix 2008. Fft jour : Empl. Tourisme (2) : 29,60 € () ; Sup : 7 € - de 14 ans 3,60 € ; 5 € ; Animaux 3 €.

CAMP MUNICIPAL LE PLANGINOT ★★ Tourisme 250 E., dont 1 GCC, 2 ha. CV Sanitaire chauffé. Locations : 4, 1. Bord de mer à 150 m. ; ; ; . Accueil groupes occasionnellement. Lieu-dit Le Planginot, 18, allée du Gai Séjour. 150 m RD 273. ☎ 05 46 47 82 18 / (H.S.). Fax : 05 46 75 90 74. E-mail : camping.planginot@orange.fr, Web : www.leplanginot.com. Prix 2007. 2,10 € ; 4 € ; - de 7 ans 2 € ; 2 à 3,25 € (5 à 10 A) ; Animaux 2 €.

LE BREUIL ★★ Tourisme 75 E. dont 50 nus 0,9 ha. snack, CV. Locations : 5, 5. Bord de mer à 600 m. à 600 m : , , . Ouv : 15.4 / 30.9. Rés. obligatoire en été. Rue des Ardillières. ☎ 05 46 47 85 46 / 05 46 47 83 72 (H.S.). Fax : 05 46 47 83 72. E-mail : camping.lebreuil@wanadoo.fr, Web : monsite.wanadoo.fr/campinglebreuil. Prix 2007. Fft jour : Empl. Tourisme (2) : 11,60 € () ; Sup : 3 € - de 7 ans 1,70 € ; 3,30 € (10 A) ; 0,90 € ; Animaux 1,90 €. Réduction H.S.

FFCC : partenaire + réduction emp. de 5 % hors saison + Stop accueil Camping-car du 01/04 au 07/07 et du 20/08 au 15/10/2008, accès jusqu'à 19h30 + réduction loc. de 5 % hors saison.

LE CHATEAU D OLERON

9-B1 35 km O.-S.-O. Rochefort sur mer. 3411 hab. ✉ 17480

LA BRANDE ★★★★ Tourisme 199 E. dont 145 nus (149 Tourisme + 50 Loisirs), dont 50 GCC, 4 ha. collectifs, la nuit, CV. Camping clef verte. Locations : 30, 10, 3, . couverte chauffée. Bord de mer à 300 m. ; ; ; à 300 m : , . Ouv : 15.3 / 15.11. 500 m RD 240, 2 km RN 734. Sur la route des huîtres. ☎ 05 46 47 62 37. Fax : 05 46 47 71 70. E-mail : info@camping-labrande.com, Web : www.camping-labrande.com. Prix 2008. Fft jour : Empl. Tourisme (2 1 - de 1) : 30 € () ; Sup : 8,50 € 3,20 à 4 € (6 à 10 A) ; E. GCC 41,70 € (Fft). Fft Ccar : 16 € (2). Réduction H.S.

AU PIGEONNIER ★★★ Tourisme 76 E. (50 Tourisme + 26 Loisirs), dont 48 GCC, 1,5 ha. CV. Locations : 6, 15, . chauffée. Bord de mer et lac à 1 km. à 1 km : , , , . 73, avenue d'Antioche, 734, route de St-Pierre. 1 km du centre ville en dir. de Dolus St Pierre. ☎ 05 46 47 62 20. Fax : 05 46 47 48 49. E-mail : fmigne@aol.com, Web : camping-lepigeonnier.fr.

FFCC : partenaire + carte FFCC assurance annulation + Stop accueil Camping-car du 23/03 au 20/11/2008, accès jusqu'à 21h.

FIEF-MELIN ★★★ Tourisme 100 E. (85 Tourisme + 15 Loisirs), dont 15 GCC, 3 ha. ap. 22 h 30, CV. Camping clef verte. Locations : 2, 39, 15. chauffée. Bord de mer à 900 m. ; à 1,8 km : ; à 4 km : . Ouv : 1.5 / 30.9. La Gaconnière, D 734, D 240. ☎ 05 46 47 60 85. Fax : 05 46 47 60 85. E-mail : lefiefmelin@wanadoo.fr, Web : www.campingfiefmelin.com. Prix 2008. Fft jour : Empl. Tourisme (2) : 20,70 € () ; Sup : 4,50 € - de 7 ans 3,50 € ; 4,50 € (10 A) ; Animaux 3,20 €. Réduction H.S.

FFCC : partenaire + réduction emp. de 5 % en saison et 10 % hors saison + réduction loc. de 5 % en saison et 10 % hors saison.

L'OLERON ★★★ Tourisme 133 E. 4 ha. CV. Locations : 5, 4, 20. chauffée. Lac à 300 m. Bord de mer à 1 km. ; ; à 1 km : . Accueil groupes. Ouv : 1.4 / 15.10. Au Domaine de Montravail, 800 m RN 734. Les chiens de cat. 1 et 2 sont interdits ☎ 05 46 47 61 82. Fax : 05 46 47 79 67. E-mail : info@camping-airotel-oleron.com, Web : www.camping-airotel-oleron.com. Prix 2008. Fft jour : Empl. Tourisme (2 1 - de 2) : 22,50 € ( ) ; Sup : 6,50 € 3,90 € (8 A) ; Animaux 2,50 €.

LES REMPARTS ★★ Tourisme 200 E. dont 181 nus 3,5 ha. CV. Locations : , . Etang à 10 m. Bord de mer à 50 m. ; ; à 50 m : ; à 600 m : . Accueil groupes. Ouv : 1.3 / 31.10. Rés. obligatoire en été. Boulevard Philippe Daste. D 8 à 35 km de Rochefort-sur-mer. ☎ 05 46 47 61 93 / 05 46 47 60 51 (H.S.). Fax : 05 46 47 73 65. E-mail : camping@les-remparts.com, Web : www.les-remparts.com. Prix 2008. Fft jour : Empl. Tourisme (3) : 17,50 € ( ) ; Sup : 4,60 € 3,90 € (5 A) ; Animaux 2 €. Réduction H.S.

FFCC : partenaire + réduction emp. de 5 % hors saison + Stop accueil Camping-car du 01/03 au 15/06 et du 15/09 au 31/10/2008, accès juqu'à 18h30 + réduction loc. de 5 % hors saison.

CAMP C.C.A.S. ★ Tourisme 125 E. Réservé C.C.A.S.

DOLUS D OLERON

0 B1 24 km O. Rochefort-sur-Mer. 2152 hab. ✉ 17550

L'OCEAN ★★★ Tourisme 129 E. 1,5 ha. , ambulant, . Locations : . Bord de mer à 50 m. ; ; ; à 50 m : . RN 734, lieu-dit La Perroche. 2ème feu à gauche à Dolus, dir. la Remigeasse et la Perroche. ☎ 05 46 75 31 70. Fax : 05 46 75 60 72. E-mail : camping.locean@wanadoo.fr.

OSTREA VACANCES LOCATION ★★★ Loisirs 92 E. (41 Tourisme + 51 Loisirs), dont 3 CC - 50 GCC. Route des Huitres ☎ 05 46 47 71 44. Fax : 05 46 47 71 44.

CAMP LES FLORALIES ★★ Tourisme 200 E. dont 44 nus, , dont 5 GCC, 4 ha. , la nuit, CV. Locations : 30 , 4 , . Bord de mer à 2 km. ; à 2 km : , , . Ouv : Pâques / 30.9. Rés. obligatoire en été. Dir. St-Pierre sortie Dolus prendre Bussac à gauche, après magasin de surf "Tomarindo" et le centre équestre. ☎ 05 46 75 30 75. Fax : 05 46 47 69 13. E-mail : camping-les-floralies@wanadoo.fr, Web : www.campinglesfloralies.venez.fr. Prix 2007. Empl. Tourisme : 4,60 € ; 4,60 € ; - de 7 ans 3,60 € ; 4 € (5 A) ; Animaux 1,50 € (chien).

FFCC : partenaire - terrain assuré par la FFCC.

LE HERON ★★ Loisirs 46 E. dont 46 nus, dont 46 GCC. . Bord de mer à 2 km. Renclos de Bussac. Location longue durée. ☎ 05 46 75 49 61.

LES CHENES VERTS ★★ Tourisme 200 E. dont 192 nus 4,42 ha. , collectifs, CV. Locations : 5 . Bord de mer à 150 m. ; ; à 100 m : . Accueil groupes. Ouv : 1.4 / 30.9. Passe de l'Ecuissière. Sur RD 734. ☎ 05 46 75 32 88 / 05 46 47 60 51 (H.S.). Fax : 05 46 47 73 65. E-mail : camping@les-chenes-verts.com, Web : www.les-chenes-verts.com. Prix 2008. Fft jour : Empl. Tourisme (3) : 17,50 € ( ) ; 3,90 € (5 A) ; Animaux 2 €. Réduction H.S.

FFCC : partenaire + réduction emp. de 5 % hors saison + Stop accueil Camping-car du 01/04 au 15/06 et du 01/09 au 30/09/2008, accès jusqu'à 18h30 + réduction loc. de 5 % hors saison.

OSTREA ★★ Tourisme 112 E. dont 62 nus (94 Tourisme + 18 Loisirs), dont 23 GCC, 2 ha. CV. Locations : 14 , 5 , . couverte chauffée . Bord de mer à 20 m. ; ; ; ; . Ouv : 15.3 / 30.9. Route des Huîtres. Route côtière S.-E. de l'île d'Oléron. A droite à la sortie du pont dir. Château d'Oléron, traverser le village et à droite à la sortie (rond-point) et suivre la côte 3 km. Dans les locations les animaux sont acceptés hors juillet/août ☎ 05 46 47 62 36 / 02 37 47 01 69 (H.S.). Fax : 05 46 75 20 01. E-mail : camping-ostrea@wanadoo.fr, Web : www.camping-ostrea.com. Prix 2008. Fft jour : Empl. Tourisme (2) : 21,65 € ( ) ; Sup : 5,75 € 3,50 € ; Animaux 2,35 €. Réduction H.S.

FFCC : partenaire + carte FFCC assurance annulation.

CAMP LE MONTET ★ Tourisme 83 E. dont 76 nus, , dont 7 GCC, 3 ha. , crêperie, CV. Locations : 6 , . Bord de mer à 2 km. ; à 2 km : , . Route du Treuil. A 500 m du centre ville de Dolus d'Oléron. ☎ 05 46 75 61 54. E-mail : campinglemontet@free.fr, Web : www.campinglemontet.fr. Prix 2007. Fft jour : Empl. Tourisme (1) : 7,50 € ( ) ; Sup : 3,65 € 2,10 à 4,10 € (2 à 10 A) ; Animaux 1,50 €. Fft Ccar : 10 € (2). Réduction H.S.

CAMP OLERON ★ Tourisme 35 E. Rés. Comité Entreprise Sté Surgérienne Constructions Mécaniques.

LA CAILLETIERE ★ Tourisme 56 E. 2 ha. CV. Locations : 20, 3, 6. Bord de mer à 1,8 km. Accueil groupes. ☎ 05 46 75 36 33. Fax : 05 46 85 59 85. E-mail : camping.la.cailletiere@wanadoo.fr. Réduction H.S.
FFCC : partenaire - terrain assuré par la FFCC.

LES GRISSOTIERES ★ Loisirs 18 E. ☎ 05 46 75 30 03.

LES LUISETTES ★ Tourisme 8 E. Comité d'Entreprise SAFER.

LE GRAND VILLAGE PLAGE

9-B1 25 km O. Rochefort-sur-Mer. 10 m. 711 hab. ✉ 17370

LE MAINE ★★★ Tourisme 96 E., dont 30 GCC, 1,5 ha., 2 fois/sem. juillet/août, CV Sanitaire chauffé. Locations : 4. Bord de mer à 1,5 km. à 1,5 km : , , , . Ouv : février / novembre. ☎ 05 46 75 42 76. Fax : 05 46 75 85 15. E-mail : camping.lemaine@wanadoo.fr, Web : www.campinglemaine.com. Prix 2007. Fft jour : Empl. Tourisme (2) : 17,20 € ; Sup : 5,86 € - de 7 ans 2,85 € ; 3,65 € (10 A) ; Animaux 1,05 €. Réduction H.S.

AZUREVA ILE D'OLERON ★★ Tourisme 35 E., dont 35 CC, 0,5 ha. CV. Locations : , . couverte chauffée . à 3 km : , . Accueil groupes. La Giraudière. Pension complète ou demi-pension obligatoire. ☎ 05 46 47 53 02. Fax : 05 46 47 43 62. E-mail : oleron@azureva-vacances.com.

CAMP MUNICIPAL DE LA VILLE D'ORLY (94) ★★ Tourisme 77 E. 1 ha. , collectifs, CV. Locations : , 3, 3, . Bord de mer à 1,8 km. ; ; ; à 1,5 km : . La Giraudière. Rés. en priorité à l'O.M.V.F. ☎ 05 46 47 52 25 / 01 48 90 25 06. Fax : 05 46 47 52 25.

CAMP MUNICIPAL LES PINS ★★ Tourisme 338 E. (231 Tourisme + 107 Loisirs), dont 75 GCC, 4,5 ha. CV. Locations : , 40, 20. Bord de mer à 900 m. à 1 km : , , . Ouv : 1.4 / 30.9. Dunes de l'Epinette. Allée des Pins ☎ 05 46 47 50 13. Fax : 05 46 75 17 71. E-mail : contact@lespinsdoleron.com, Web : www.lespinsdoleron.com. Prix 2008. Fft jour : Empl. Tourisme (2) : 17,50 € () ; Sup : 5 € 3,80 € ; 3,65 € ; Animaux 2,20 €.
FFCC : Stop accueil Camping-car du 01/04 au 15/11/2008, accès jusqu'à 20h.

ST DENIS D OLERON

6-B5 54 km N.-O. Rochefort-sur-Mer. 10 m. 1020 hab. ✉ 17650

BARATAUD ★★★ Tourisme 88 E. CV. Locations : 5, 40, 5, . Bord de mer à 150 m. ; ; à 100 m : . Route des Huttes. ☎ 05 46 45 85 73. Fax : 05 46 75 94 41.

LES BEAUPINS ★★★ Tourisme 150 E., dont 100 GCC. CV. Locations : , , 30, . . Bord de mer à 1 km. ; ; ; . ☎ 05 46 47 85 74 / 04 77 56 66 09 (Réserv.). Fax : 04 77 61 62 48.

LES OLIVIERS ★★★ 150 E. 4 ha. , ap. 22 h. Locations : , , . . Accès direct à l'étang. Bord de mer à 100 m. ; ; ; ; . ☎ 05 46 47 93 42. Fax : 05 46 75 90 66.

CAMP MUNICIPAL ★★ Tourisme 405 E., dont 45 CC, 5 ha. , CV. Accès direct à la mer. ; ; ; . Accueil groupes. Ouv : 15.3 / 15.10. 10, boulevard d'Antioche. 500 m RN 734. ☎ 05 46 47 85 62. Fax : 05 46 47 81 51. E-mail : camping-municipal-st-denis-doleron@wanadoo.fr. Prix 2007. Fft jour : Empl. Tourisme (3) : 13 € () ; Sup : 3,70 € - de 2/7 ans 2 € ; 3,80 € ; E. CC 7,60 € ; Animaux 2 €. Réduction H.S.

CAP SOLEIL ★★ Tourisme 300 E. 5 ha. , 4, CV. Locations : , 80, , . Bord de mer à 60 m. ; ; . Boulevard de l'Océan. Entre St-Denis et La Brée (route côtière). Séchoir. ☎ 05 46 47 83 03. Fax : 05 46 47 99 09. E-mail : soleillev@aol.com, Web : www.soleil-levant-oleron.com.

LE PHARE OUEST ★★ Tourisme 300 E., dont 92 GCC, 3 ha. , la nuit, CV. Locations : 18, 15. Accès direct à la mer. ; ; ; à 500 m : . ☎ 05 46 75 96 84 (Mobil-home) / 05 46 47 90 00 (Caravanes) (H.S.).

LE SABIA ★★ Tourisme 37 E. 0,4 ha. CV. Locations : 20, 20. Bord de mer à 100 m. ; ; . D 734. ☎ 05 46 47 97 84 / 05 46 75 01 76 (H.S.) / 02 41 58 56 03 (H.S.). Fax : 05 46 75 16 49.

LES HUTTES ★★ Tourisme 278 E., dont 13 GCC., snack, CV. Locations : 13, 16, 4, chauffée . Bord de mer à 300 m. à 300 m : ; à 600 m : . RD 734 St-Pierre/ St-Denis. A l'entrée de St-Denis, 1ère à gauche dir. Domino Les Huttes. 1er camping à gauche à l'entrée des Huttes. ☎ 05 46 47 86 93 / 05 46 75 21 69. Fax : 05 46 75 90 40. E-mail : info@camping-les-huttes.com, Web : www.camping-les-huttes.com.

LES LAURIERS ★★ Tourisme 71 E. dont 42 nus (51 Tourisme + 20 Loisirs), dont 20 GCC, 0,9 ha. CV. Locations : 4 . Bord de mer à 100 m. ; à 200 m : , ; à 300 m : . Rue Emile Glaudon. A 800 m RN 734. ☎ 05 46 47 91 53 / 06 33 34 84 24 (H.S.). E-mail : campingleslaurierserleron@aliceadsl.fr, Web : campingleslaurie rs.chez-alice.fr. Réduction H.S.

LES SEULIERES ★★ Tourisme 100 E. CV. Locations : 8, 4 . Bord de mer à 300 m. ; à 300 m : . Accueil adultes. Les Huttes. ☎ 05 46 47 90 51. Fax : 05 46 36 02 60. E-mail : campinglesseulieres@wanadoo.fr, Web : www.campinglesseulieres.com.

LE CHASSIRON ★ Tourisme 40 E. 1 ha. CV. Bord de mer à 300 m. à 300 m : ; à 2 km : , , . Ouv : 1.5 / 30.9. 17, rue des Perots. ☎ 05 46 76 80 56 / 05 46 47 28 50 (H.S.). Prix 2007. Fft jour : Empl. Tourisme (2) : 11 € Sup : 2,50 € - de 7 ans 1,60 € ; 3 € ; 1 € ; Animaux 0,90 €.

LES TAMARINS ★ Loisirs 81 E., dont 81 GCC.

PARC RESIDENTIEL DE LOISIRS LES MARINES P.R.L. 48 E. Prises des Moreaux.

ST GEORGES D OLERON

9-B1 30 km N.-O. Rochefort-sur-Mer. 2720 hab. ✉ 17190

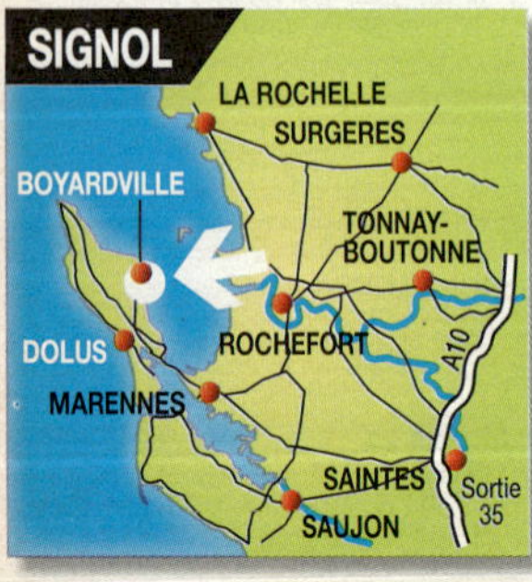

CAMP SIGNOL ★★★★ Tourisme 300 E., dont 15 CC - 63 GCC, 8 ha. CV. Locations : 39, 53, 15 . chauffée. Bord de mer à 800 m. ; à 800 m : , . Ouv : 26.4 / 13.9. A Boyardville. ☎ 05 46 47 01 22. Fax : 05 46 47 23 46. E-mail : contact@signol.com, Web : www.signol.com. Prix 2008. Fft jour : Empl. Tourisme (2) : 29,80 € ( ) ; Sup : 8,30 € 4,60 €.

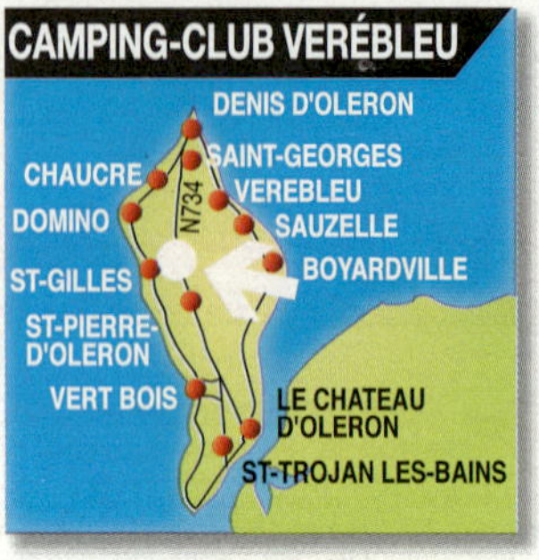

CAMPING CLUB VEREBLEU ★★★★ Tourisme 363 E. dont 176 nus, dont 221 GCC - 41 HLL, 7,5 ha. CV. Locations : 70, 87, chauffée . Bord de mer à 2,8 km. ; à 2,8 km : , , . Ouv : 31.5 / 14.9. Rés. obligatoire en été. La Jousselinière, RN 734 à partir de Saint-Gilles. ☎ 05 46 76 57 70. Web : www.verebleu.tm.fr. Prix 2008. Fft jour : Empl. Tourisme (2) : 33 € Sup : 8,50 € - de 7 ans 6,50 € ; 3,50 à 6 € (4 à 8 A) ; E. GCC 43 € (Fft). Fft Ccar : 16,50 € (2). Réduction H.S.
FFCC : partenaire + réduction emp. de 5 % en saison et 10 % hors saison.

LA BOULINIERE ★★★★ Loisirs 198 E., dont 198 GCC. , gaz/électrique, CV. Locations : 4, 90, chauffée . Bord de mer à 1,8 km. ; ; ; . A St-Gilles, 1ère route à gauche. ☎ 05 46 76 69 07 / 06 12 99 26 62 (H.S.). Fax : 05 46 36 56 51. E-mail : campinglabouliniere@wanadoo.fr, Web : www.campinglabouliniere.com.

LA CAMPIERE ★★★★ Tourisme 63 E. dont 50 nus, dont 28 GCC, 1,7 ha. CV Sanitaire chauffé. Locations : 12, 6, 15 . Bord de mer à 350 m. ; à 350 m : ; à 1 km : . Ouv : 29.3 / 15.11. Route de Chassiron à Chaucre. En dir. de Saint-Denis sortie Cheray 2ème route à gauche. ☎ 05 46 76 72 25 / 02 51 69 70 34 (H.S.). Fax : 05 46 76 54 18. E-mail : la-campiere@wanadoo.fr, Web : www.la-campiere.com. Prix 2007. Fft jour : Empl. Tourisme (2) : 29 € ( ) ; Sup : 7 € - de 7 ans 6 € ; 4 € ; Animaux 2,50 €. Réduction H.S.

L'ANSE DES PINS ★★★★ Tourisme 377 E. dont 161 nus (357 Tourisme + 20 Loisirs), dont 10 CC - 10 GCC, 7,5 ha. , juillet/août, juillet/août, juillet/août, collectifs, , juillet/août, CV. Locations : 30, 107, 30, 5 . Bord de mer à 50 m. ; à 50 m : , . Ouv : 5.4 / 1.11. 2 km RD 734. ☎ 05 46 76 55 97 / 02 51 56 08 78 (H.S.). Fax : 02 46 76 67 88. E-mail : www.camping-apu@wanadoo.fr, Web : www.camping-apu.com. Prix 2008. Fft jour : Empl. Tourisme (2) : 26,80 € ( ) ; Sup : 7,70 € - de 4 ans 4,10 € ; 2,60 à 4,10 € (3 à 10 A) ; Animaux 2,60 €. Réduction H.S.

LE DOMAINE D'OLERON ★★★★ Loisirs 70 E., dont 4 CC - 66 GCC, 4 ha. CV. Locations : , chauffée . Bord de mer à 3 km. ; à 3 km : , . La Jousselinière. ☎ 05 46 76 54 97 / / 02 51 33 05 05 (H.S.). Fax : 02 51 33 94 04. E-mail : chadotel@wanadoo.fr, Web : www.chadotel.com. Prix 2007. Fft jour : Empl. Tourisme (2 1 - de 2 ans) : 27,90 € ( ) ; Sup : 5,80 € - de 13 ans 3,80 € ; Animaux 3 €. Réduction H.S.

LES GROS JONCS ★★★★ Tourisme 253 E. dont 49 nus, dont 170 GCC - 15 HLL, 5,15 ha. , juillet/août, CV. Camping clef verte. Locations : 82, 21, couverte chauffée . Bord de mer à 200 m. ; ; à 600 m : . Accueil groupes. Route de la Cotinière. Aux Sables Vigniers Domino. Bibliothèque. ☎ 05 46 76 52 29. Fax : 05 46 76 67 74. E-mail : camping.gros.joncs@wanadoo.fr, Web : www.camping-les-gros-joncs.com. Prix 2007. Fft jour : Empl. Tourisme (3) : 40,10 € Sup : 11,60 € - de 7 ans 6,90 € ; 3 € (10 A) ; Animaux 2,90 €.

MER ET SOLEIL ★★★★ Loisirs 493 E., dont 493 GCC, 14 ha. , gaz/électrique, , le soir, CV. Locations : 100, 240 . couverte chauffée . Bord de mer à 1,5 km. 1,5 km : ; 1,5 km : ; 1,5 km : ; 1,5 km : ; . Ouv : 1.1 / 31.12. Route des Sables Vigniers, 1 km RN 734. ☎ 05 46 76 52 22. Fax : 05 46 76 79 69. E-mail : contact@mersoleil-oleron.fr, Web : www.mersoleil-oleron.fr. Réduction H.S.

OLERON LOISIRS ★★★★ Tourisme 319 E., dont 180 GCC, 6 ha. CV. Locations : , , , 15 , , . . Bord de mer à 2,5 km. ; à 2,5 km : , ; à 3 km : , . La Jousselinière. ☎ 05 46 76 50 20 / 02 51 33 63 42 (H.S.). Fax : 05 46 76 80 71. E-mail : info@palmiers-ocean.fr, Web : www.palmiers.ocean.fr.

LA MAURIE ★★★ Tourisme 70 E., dont 2 CC - 17 GCC, 1,5 ha. , snack, CV. Camping clef verte. Locations : 11 , . chauffée . Bord de mer et rivière à 2,4 km. à 2,4 km : , , , . Ouv : mai / septembre. Chemin du Moulin-Marchand à la Jousselinière. ☎ 05 46 76 61 69. Fax : 05 46 76 61 69. E-mail : camping.lamaurie@wanadoo.fr, Web : www.lamaurie.com. Prix 2007. Fft jour : Empl. Tourisme (2) : 18,50 € () ; Sup : 5,50 € - de 7 ans 4,30 € ; 3,80 € (6 A) ; Animaux 2,50 €. Réduction H.S.

LE SUROIT ★★★ Tourisme 260 E. dont 260 nus, , dont 1 GCC, 5 ha. , collectifs, CV Sanitaire chauffé. Locations : 40 , . couverte chauffée . Bord de mer à 60 m. ; ; ; ; . Accueil groupes. Ouv : 25.3 / 30.9. 3 km RN 734. Côte Ouest. ☎ 05 46 47 07 25 / 06 80 10 93 18 (H.S.). Fax : 05 46 75 04 24. E-mail : info@camping-lesuroit.com, Web : www.camping-lesuroit.com. Prix 2008. Fft jour : Empl. Tourisme (2) : 23 € () ; Sup : 9 € 6 € ; 4 € (10 A) ; Animaux 3 €. Réduction H.S.

LES GROSSES PIERRES ★★★ Tourisme 265 E. (235 Tourisme + 30 Loisirs), dont 90 CC - 90 GCC, 4 ha. CV. Locations : 50 , 100 . couverte chauffée . Bord de mer à 900 m. ; à 1 km : , , , . Accueil groupes. Par RN 734, près des Sables Vigniers et Domino. ☎ 05 46 76 52 19 / 02 51 27 37 80 (H.S.). Fax : 02 51 28 84 09. E-mail : vagues.oceanes@wanadoo.fr. Réduction H.S.

LES SABLES VIGNIERS PLAGE ★★★ Tourisme 333 E. dont 80 nus, , dont 20 CC - 28 GCC, 5 ha. CV. Locations : , , , chauffée . Bord de mer à 250 m. ; ; à 200 m : . Ouv : 1.5 / 30.9. 2 km RN 734. ☎ 05 46 76 52 31 / 05 40 70 73 06 (H.S.). Fax : 05 46 76 80 21. E-mail : sables_v_plage@yahoo.fr, Web : www.campingsablesvigniersplage.com. Prix 2007. Fft jour : Empl. Tourisme (2) : 23,32 € 3,58 à 6,86 € (5 à 10 A). Réduction H.S.

ST HUBERT ★★★ Tourisme 134 E. 3 ha. , le soir, CV. Locations : , . . Bord de mer à 1 km. à 1 km : , , , . Route des Sables Vignier. Sables-Vignier-Domino. A 1 km RN 734. ☎ 05 46 76 79 65 / 05 46 76 52 22 (H.S.). Fax ; 05 46 76 54 85. E-mail : info@vagues-oceanes.com, Web : www.vagues-oceanes.com. Réduction H.S.

C.C.D.F. LA GAUTRELLE ★★ Tourisme 266 E. 5 ha. CV. Locations : 3 , 8 . Accès direct à la mer. ; ; ; ; . Ouv : 28.3 / 30.9. Plage des Saumonards. Ile d'Oléron/St Georges d'Oléron/plage des Saumonards. ☎ 05 46 47 21 57. Fax : 05 46 75 10 74. E-mail : ccdf.lagautrelle@wanadoo.fr, Web : www.campingclub.asso.fr. Prix 2007. Fft jour : Empl. Tourisme (2) : 18,54 € () ; Sup : 3,71 € - de 7 ans 1,86 € ; Animaux 2,16 €. Fft Tente : 16,58 € (2). Réduction H.S.

FFCC : partenaire - terrain assuré par la FFCC + réduction emp. de 5 % en saison et hors saison.

CAMP PLAGE DE PLAISANCE ★★ Tourisme 100 E. 1,5 ha. Locations : . Accès direct à la mer. ; ; à 50 m : ; à 500 m : . A Plaisance. ☎ 05 46 76 54 11.

DOMAINE DES 4 VENTS ★★ Loisirs 217 E. dont 47 nus, dont 217 GCC, 7,2 ha. , saison, saison, saison, saison, saison, gaz/électrique, saison, saison, saison, saison, CV. Locations : 100 , . chauffée . Bord de mer à 2 km. ; ; ; ; à 2 km : . Accueil groupes. Ouv : 1.6 / 1.10. Rés. obligatoire en été. La Jousselinière. RD 273, sortir de St-Pierre puis dir. St-George (env. 3,5 km) vers aérodrome Bois Fleury. ☎ 05 46 76 65 47. Fax : 05 46 36 15 66. E-mail : camping4vents.oleron@wanadoo.fr, Web : www.domaines-pleinair.com. Prix 2007. Fft jour : Empl. Tourisme (2) : 24 € ((10 A)) ; Sup : 3,50 € - de 8 ans 2,50 € ; Animaux 3,50 €. Fft Ccar : 20 € (2 (10 A)). Réduction H.S.

G.C.U. PLAISANCE Réservé aux adhérents. Adhésion possible sur place pour les sociétaires MAIF et FILIA MAIF. A proximité de Foulerot.

LES COQUETTES ★★ Tourisme 45 E. 1 ha. CV. Locations : 7 , 3 , chauffée . Bord de mer à 500 m. ; ; . Ouv : 1.3 / 30.11. Rés. obligatoire en été. Aux Sables Vigniers. ☎ 05 46 76 52 85. Fax : 05 46 76 71 17. E-mail : campcoquettes@orange.fr, Web : www.camping-lescoquettes.com. Prix 2007. Fft jour : Empl. Tourisme (1) : 11,50 € ( ) ; Sup : 3,50 € - de 5/15 ans 3 € ; 3,50 à 4,20 € (6 à 10 A) ; Animaux 1 €.

FFCC : partenaire + réduction emp. de 5 % en saison et 20 % hors saison + carte FFCC assurance annulation + Stop accueil Camping-car du 01/03 au 30/11/2008, accès jusqu'à 19h.

LES PAYOLLES A CHAUCRE ★★ Tourisme 45 E. dont 35 nus 0,7 ha. CV. Locations : 10 . Bord de mer à 900 m. à 1 km : , , . Ouv : 15.6 / 15.9. ☎ 05 46 76 63 33. Fax : 05 46 76 63 33. E-mail : lespayolles@laposte.net, Web : lespayolles.site.voila.fr/. Prix 2007. Fft jour : Empl. Tourisme (3) : 12,30 € ( ) ; Sup : 3,50 € - de 7 ans 2,10 € ; 3,10 à 3,60 €.

L'OCEAN ★★ Tourisme 83 E. 1,1 ha. CV. Locations : 2 , 3 , 2 . Bord de mer à 200 m. ; ; ; . Plage de Chaucre. ☎ 05 46 76 52 54. Fax : 05 46 76 88 36. E-mail : campingl ocean@wanadoo.fr.

PARC RESIDENTIEL DE LOISIRS PLAISANCE P.R.L. 123 E. La Malempirise.

CAMP MUNICIPAL En cours classt ★★ Tourisme 267 E. 6 ha. Bord de mer à 100 m. ; ; ; ; . A Boyardville, lieu-dit Saumonards. ☎ 05 46 47 23 20 / 05 46 76 51 02 (H.S.).

M. BRANGER Jean, camping La Prise de l'Ileau , pétanque. A 900 m : . A 1 km : . A 3 km : . A 7 km : . Arrivant sur l'île prendre la RD 734 jusqu'à St-Gilles. Tournez à gauche aussitôt le panneau et suivre L'Ileau. Après La Giboire 1ère maison à droite. ☎ 05 46 47 30 28.

FFCC : partenaire - terrain assuré par la FFCC .

ST PIERRE D OLERON

9-B1 36 km N.-O. Rochefort-sur-Mer. 4782 hab. ✉ 17310

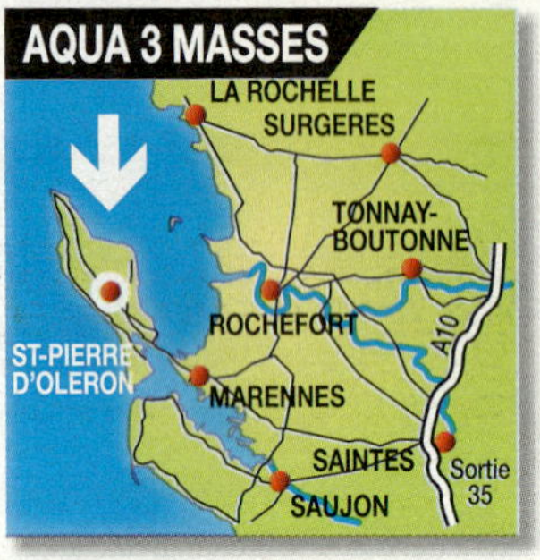

AQUA 3 MASSES ★★★ Tourisme 130 E. 3 ha. snack, , collectifs, CV. Locations : 11 , 24 . chauffée . Bord de mer à 1,8 km. ; à 2 km : , , , . Ouv : Pâques / 30.9. Rés. obligatoire en été. Le Marais Doux, 2ème route à gauche après Dolus. Les chiens de cat. 1 & 2 sont interdits. ☎ 05 46 47 23 96. Fax : 05 46 75 15 54. E-mail : accueil@campingaqua3masses.com, Web : www.campingaqua3masses.com. Prix 2007. Fft jour : Empl. Tourisme (2) : 23,60 € ( ) ; Sup : 5,50 € - de 1/14 ans 3,20 € ; 4,70 € ; Animaux 3,20 €. Réduction H.S.

LA DOUCELIERE ★★★ Loisirs 30 E. (10 Tourisme + 20 Loisirs), dont 30 GCC. CV. Locations : . . Bord de mer à 2,5 km. ; ; à 2 km : . Le Marais Doux. 2ème route à gauche après Dolus. ☎ 05 46 47 19 24. Fax : 05 46 75 04 96. Réduction H.S.

LA PERROCHE LEITNER ★★★ Tourisme 100 E. dont 100 nus 1,5 ha. , la nuit, CV. Locations : . Accès direct à la mer. ; à 300 m : , , . Ouv : 1.4 / 15.9. Lieu-dit La Perroche. A 3 km de la commune. Route côtière grand village La Cotinière. ☎ 05 46 75 37 33. Fax : 05 46 75 37 33. E-mail : camping-la-perroche-leitner@wanadoo.fr. Prix 2007. Fft jour : Empl. Tourisme (2) : 21,80 € ( ) ; Sup : 7,20 € 5,30 à 6,30 € (5 à 10 A) ; Animaux 2,70 € (chien). Réduction H.S.

LA PIERRIERE ★★★ Tourisme 140 E., dont 4 CC, 4,5 ha. CV. Locations : 40 . chauffée . Bord de mer à 3 km. à 3 km : , , , . 18, route de St Georges, à 400 m du centre ville. A l'entrée de St Pierre, tourner à droite au 2ème feu et à gauche au feu suivant. ☎ 05 46 47 08 29. Fax : 05 46 75 12 82. E-mail : camping-la-pierriere@wanadoo.fr, Web : www.camping-la-pierriere.fr. Réduction H.S.

LES CERCELLES ★★★ Tourisme 87 E. dont 27 nus, dont 4 CC - 46 GCC, 1,2 ha. CV. Locations : 12 , . . Bord de mer à 2 km. ; ; à 2 km : . Accueil groupes. Ouv : 1.1 / 31.12. Rés. obligatoire en été. Le Marais Doux. 2ème rte à gauche, après Dolus. ☎ 05 46 47 19 24. Fax : 05 46 75 04 96. E-mail : les.cercelles@free.fr, Web : www.camping-les-cercelles.com. Prix 2007. Fft jour : Empl. Tourisme (2) : 21,60 € ( ) ; Sup : 5,50 € - de 3/13 ans 5 € ; 4 € (15 A) ; Animaux 2,70 €. Réduction H.S.

LES FLOTS N° 4 ★★★ Tourisme 115 E. (77 Tourisme + 38 Loisirs), dont 38 GCC, 2,5 ha. , buvette, , collectifs, CV. Locations : 20 , . . Bord de mer à 400 m. ; ; à 400 m : , . Accueil groupes. Ouv : 1.4 / 20.9. 175, route de la Perroche. Route touristique entre Vertbois et La Cotinière. ☎ 05 46 75 35 77. Fax : 05 46 75 67 30. E-mail : sourbier-emmanuelle@wanadoo.fr. Prix 2007. Fft jour : Empl. Tourisme (2) : 21,50 € ( ) ; 5,30 € ; Animaux 1,70 €.

CAMP MUNICIPAL LA FAUCHE PRERE ★★ 167 E. dont 80 nus CV. Bord de mer à 50 m. ; ; . Accueil groupes. Ouv : 1.4 / 3.10. Rés. obligatoire en été. 115, avenue des Pins, lieu-dit La Cotinière. ☎ 05 46 47 10 53. Fax : 05 46 75 23 44. E-mail : camping.faucheprere@wanadoo.fr, Web : www.oleron.org/saint-pierre. Prix 2007. Fft jour : Empl. Tourisme (3) : 12,40 € ( ) ; Sup : 2,30 € 0,60 € ; 3,10 € ; 0,80 € ; Animaux 1,55 €. Réduction H.S.

FFCC : partenaire + réduction emp. de 5 % en saison et 10 % hors saison + carte FFCC assurance annulation + Stop accueil Camping-car du 21/03 au 06/10/2008, accès jusqu'à 22h.

FORT ROYER ★★ Loisirs 115 E. Comité Entreprise SOGERMA-SOCEA.

LA VIEILLE PERROTINE ★★ Tourisme 128 E., dont 2 GCC - 6 HLL. CV. Locations : , 6 , , , , . Accès direct à l'étang et aux bords du lac. Bord de mer à 100 m. ; ; ; ; . Village C.A.E.S. du C.N.R.S. Au rond-point de Dolus d'Oléron dir. Boyardville 4 km sur la droite 500 m après le Golf d'Oléron. ☎ 05 46 47 01 49. Fax : 05 46 47 45 98. E-mail : ctre.oleron@caes.cnrs.

L'ATLANTIQUE ★★ Tourisme 66 E., dont 36 GCC, 1,5 ha. CV. Locations : 2, 30. Bord de mer à 50 m.; ; à 50 m : . La Perroche. Par route côtière le Grand Village et La Cotinière. ☎ 05 46 75 36 44. Fax : 05 46 75 32 89. E-mail : camping-atlantique-oleron@wanadoo.fr, Web : www.camping-latlantique.com.

L'ATLANTIQUE ★★ Tourisme 37 E., dont 10 GCC. Locations : . Bord de mer à 50 m. ; ; ; . La Perroche. Par route côtière le Grand Village et la Cotinière. ☎ 05 46 75 36 44. Fax : 05 46 75 32 89. E-mail : camping-atlantique-oleron@wanadoo.fr, Web : www.camping-latlantique.com.

LE PRE LONG ★★ Tourisme 66 E. CV. Locations : . Bord de mer à 700 m. à 600 m : . Ouv : 1.4 / 30.9. A 10 jusqu'a Saintes puis D 728 jusqu'a Marennes dir. Oléron, St-Pierre et à St-Gilles dir. L'ileau. ☎ 05 46 75 05 30. E-mail : camping-leprelong@orange.fr, Web : www.camping-leprelong.monsite.fr. Prix 2008. Fft jour : Empl. Tourisme (2) : 16,50 € ; - de 2/7 ans 2 € ; Animaux 0,50 €. Réduction H.S.

LE SOUS BOIS ★★ Tourisme 169 E. 2 ha. électrique/gaz, CV. Locations : 5, 5. Bord de mer à 150 m. ; ; . Dir. Dolus, St-Pierre-d'Oléron et la Cotinière. ☎ 05 46 47 22 46. Fax : 05 46 47 22 46. E-mail : sylvieorca@aol.com.
FFCC : partenaire + réduction emp. de 5 % en saison et hors saison + réduction loc. de 5 % en saison et hors saison.

LE TREUIL FOUCAUD ★★ Tourisme 103 E. 1,8 ha. CV. Locations : 3, 5. Bord de mer à 1 km. à 1,5 km : ; à 1 km : . 3 km RN 734, au sud de la commune. Route de St Pierre la Perroche. ☎ 05 46 47 08 92. Fax : 05 46 47 08 92.

LES FLOTS N°1 ★★ Tourisme 29 E., dont 29 GCC. Locations : . Bord de mer à 100 m. ; ; ; . ☎ 05 46 85 26 31 / 06 07 87 47 34. Fax : 05 46 47 02 38.

LES FLOTS N°2 ★★ Tourisme 14 E. Locations : . Bord de mer à 100 m. ; ; ; . ☎ 05 46 85 26 31 / 06 07 87 47 34. Fax : 05 46 47 02 38.

LES FLOTS N°3 ★★ Tourisme 16 E. 11 rue Renclos de la Perroche ☎ 05 46 85 26 31. Fax : 05 46 47 02 38.

LES PINS ★★ Tourisme 50 E. dont 32 nus 0,55 ha. CV Sanitaire chauffé. Locations : 18. Accès direct à la mer. ; ; ; . Ouv : 1.3 / 7.11. Rés. obligatoire en été. La Cotinière, sur CV 28, à 3,7 km RN 734. ☎ 05 46 47 11 32. Fax : 05 46 75 03 32. E-mail : camping-LES-PINSM-C@wanadoo.fr, Web : www.camping-lespins-oleron.com. Prix 2007. Fft jour : Empl. Tourisme (2) : 17 € ; Sup : 5 € 5 € (6 A) ; Animaux 3 €.
FFCC : partenaire - terrain assuré par la FFCC.

LA BELLE PERROCHOISE ★ Tourisme 12 E., dont 4 GCC.

L'AUBIER ★ Tourisme 26 E.

LES CUPRESSUS ★ Tourisme 25 E. 0,85 ha. grill, CV. Locations : 30. Bord de mer à 100 m. ; ; . Accueil groupes. Ouv : 1.5 / 15.9. Après le pont dir. Vertbois, route touristique, 1 km après la Cotinière 1er carrefour "Les Cupressus". ☎ 06 84 52 81 49 / 06 11 95 47 00 / 05 46 92 20 81 (H.S.). Fax : 05 46 47 70 28. E-mail : gerard.desrente@wanadoo.fr, Web : www.camping-les-cupressus.fr.
FFCC : réduction loc. de 5 % en saison et 10 % hors saison.

LES OYATS ★ Tourisme 21 E. Bord de mer à 400 m. ☎ 05 46 76 44 38.

L'OREE DES BOIS ★ Tourisme 55 E. Bord de mer à 1,5 km. Le Marais Doux. ☎ 05 46 47 20 16 / 05 46 75 42 88. Fax : 05 46 75 42 88.

PARC RESIDENTIEL DE LOISIRS LES GOELANDS P.R.L. 26 E. Le Marais Doux.

LES TAMARIS En cours classt ★★★ Tourisme 247 E., dont 96 GCC. CV. Locations : 74. Bord de mer à 150 m. ; ; ; à 150 m : . 70-72, avenue des Pins. Lieu-dit La Cotinière, 3 km RN 734. ☎ 05 53 60 59 24. Fax : 05 53 60 59 24.

M. ROUSSELOT Claude CV. A 300 m : . A 3,5 km: . A 4 km : Piscine plein air. La Chenau, l'Ileau, 1 rue du Centre, 4 km Sud-Ouest de la commune. Bois de pins. Ecrire : M. ROUSSELOT Claude, l'Ileau, 1 rue du centre, 17310 ST PIERRE D'OLERON. ☎ 05 46 47 09 58. Fax : 05 46 47 09 58.
FFCC : partenaire - terrain assuré par la FFCC .

ST TROJAN LES BAINS

9-B1 30 km S.-O. Rochefort-sur-Mer. 10 m. 1470 hab. ✉ 17370

AREPOS LES BRIS ★★★★ Tourisme 160 E. (150 Tourisme + 10 Loisirs), dont 36 CC - 16 GCC, 3 ha. Locations : . Bord de mer à 500 m. à 200 m : ; à 800 m : ; à 1 km : . ☎ 05 46 76 00 39. Fax : 05 46 76 13 81. E-mail : jd.astoux@free.fr, Web : www.arepos-vacances.com.

CAMP MUNICIPAL LES MARTINETS ★★ Tourisme 300 E. 5 ha. hte saison, juillet/août, + sèche-linge, ap. 23 h, CV Sanitaire chauffé. Locations : 3. Bord de mer à 1 km. ; à 1 km : . Accueil groupes. Ouv : 15.2 / 15.11. 11, avenue des Bris, à 1,5 km RD 136. ☎ 05 46 76 02 39 / 06 87 36 38 85 (H.S.). Fax : 05 46 76 42 95. E-mail : lesmartinets@wanadoo.fr, Web : monsite.wanadoo.fr/lesmartinets. Prix 2008. Fft jour : Empl. Tourisme (2) : 12,52 € ; Sup : 3,76 € - de 7 ans 2,33 € ; 3,44 € (6 A) ; 1 € ; Animaux 1,41 €. Fft Ccar : 9,35 € (2). Fft Tente : 12,52 € (2). Réduction H.S.

CAMP MUNICIPAL MONPLAISIR ★★ Tourisme 208 E. 4 ha. snack, empl. réservé, ap. 23 h. Bord de mer à 1,5 km. ; ; ; . 8, avenue des Bris. 1,5 km RD 136. St-Trojan-les-Bains dir. plage de Gatseau. ☎ 05 46 76 01 03 / 05 46 76 02 39. Fax : 05 46 76 42 95. E-mail : monplaisir@netcourrier.com, Web : monsite.wanadoo.fr/lesmartinets.

LA COMBINETTE ★★ Tourisme 225 E. dont 123 nus, dont 69 GCC, 2,5 ha. électriques, CV Sanitaire chauffé. Locations : 14, chalets avec un autre confort. Bord de mer à 1,5 km. à 1,5 km : ; à 2 km : . Ouv : 1.4 / 31.10. 36, avenue des Bris. Autoroute Paris-Saintes ou Bordeaux-Saintes. ☎ 05 46 76 00 47. Fax : 05 46 76 16 96. E-mail : la-combinette@wanadoo.fr, Web : www.combinette-oleron.com. Prix 2007. Fft jour : Empl. Tourisme (2) : 15,90 € ; Sup : 5,30 € - de 1/3 ans 2,40 € ; 3 à 3,90 € ; Animaux 2,20 €. Réduction H.S.

CONTINENT

AIGREFEUILLE D AUNIS

6-C5 22 km N.-E. Rochefort-sur-Mer. 20 m. 2945 hab. ✉ 17290

LA TAILLEE ★★★ Tourisme 82 E. 2,5 ha. CV. Lac à 900 m. Etang à 1,5 km. Accueil adultes. Ouv : 15.6 / 30.9. 3 rue du Bois-Gaillard. 2 km D 939. ☎ 05 46 35 50 88 / 05 46 23 65 28 (H.S.). Fax : 05 46 35 50 88. E-mail : lataillee@hotmail.fr, Web : www.lataillee.com. Prix 2007. Fft jour : Empl. Tourisme (2) : 13,50 € ; Sup : 3,85 € - de 2/7 ans 2,70 € ; 3,10 € (6 A) ; Animaux 2,10 €.

ANDILLY

6-B5 16 km N.-E. La Rochelle. 1075 hab. ✉ 17230

AIRE NATURELLE MUNICIPALE ☎ 05 46 01 40 17. Fax : 05 46 68 13 28.

ANGOULINS

6-B5 8 km S. La Rochelle. 4 m. 2476 hab. ✉ 17690

LA PLATERE ★★★ Tourisme 70 E. Locations : , chauffée. Bord de mer à 100 m. ; ; ; ; ; .

LES CHIRATS ★★★ Tourisme 159 E., dont 79 GCC - 34 HLL, 2,25 ha. CV. Locations : 35, 5. chauffée. Bord de mer à 100 m. Ouv : Pâques / 30.9. RN 137 (La Rochelle/Rochefort) sortir à Angoulins. ☎ 05 46 56 94 16. Fax : 05 46 56 65 95. Web : www.campingleschirats.fr. Prix 2008. Fft jour : Empl. Tourisme (2) : 24,20 € ; Sup : 4,45 € - de 10 ans 3,40 € ; Animaux 2,40 €.

PARC RESIDENTIEL DE LOISIRS SAINT JEAN DES SABLES P.R.L. 50 E., dont 50 HLL. 18, avenue de Châtelaillon.

ARCES

9-C2 30 km S.-O. Saintes. 430 hab. ✉ 17120

FERME DE CHEZ FILLEUX ★★ Tourisme 97 E. 3 ha. ap.22h30, CV. Locations : 20. Etang à 50 m. Bord de mer à 5 km. ; à 5 km : . Accueil groupes. Ouv : 1.6 / 31.8. A 10 sortie 26 puis dir. Royan. Sortie Cozes et dir. Arces, puis RD 244. ☎ 05 46 90 84 33 / 06 85 93 00 60 (H.S.). Fax : 05 46 90 84 33. E-mail : laferme.chezfilleux@wanadoo.fr, Web : www.camping-chezfilleux.com. Prix 2007. Fft jour : Empl. Tourisme (3) : 13 €

FLEURS DES CHAMPS ★★ Loisirs 50 E. dont 7 nus (22 Tourisme + 28 Loisirs), dont 36 GCC, 1,4 ha. CV. Locations : 7, 4, 10. Accès direct à l'étang. Ouv : 1.6 / 15.9. Le Coudinier. D 114 E. Route de Talmont. ☎ 05 46 90 40 11. Fax : 05 46 97 64 45. E-mail : contact@campingfdc.com, Web : www.campingfdc.com. Prix 2007. Fft jour : Empl. Tourisme (2) : 9 € ; Sup : 2,50 € - de 7 ans 1,80 € ; 3,20 € ; Animaux 1,50 €. Réduction H.S.

FFCC : partenaire + réduction emp. de 5 % hors saison + carte FFCC assurance annulation.

LA CLE DES CHAMPS En cours de réalisation 50 E. 1 ha. CV. Locations : . Bord de mer à 5 km. à 6 km : ; à 10 km : . Accueil groupes. Ouv : 15.4 / 15.10. Rés. obligatoire en été. 3, Bas Prezelles. ☎ 05 46 90 82 46 / 06 21 55 87 70 / 05 46 90 70 31 (H.S.). Fax : 05 46 90 70 31. Prix 2008. Fft jour : Empl. Tourisme (2) : 13,60 € Sup : 3,80 € - de 7 ans 3,20 € ; 3,20 à 3,80 € ; Animaux 1,70 €.

ARCHIAC

9-D2 13 km N.-E. Jonzac. 873 hab. ✉ 17520

CAMP MUNICIPAL ★★ Tourisme 44 E. 1,4 ha. CV. Rivière à 3 km. Accueil groupes. Ouv : 15.6 / 15.9. ☎ 05 46 49 10 46 / 05 46 49 10 82 (Mairie) (H.S.). Fax : 05 46 49 84 09. E-mail : archiacmairie@free.fr. Prix 2007. Empl. Tourisme : 1,25 € ; 1,25 € ; 1,85 € ; - de 10 ans 0,95 € ; 2,45 € ; Animaux 0,70 €.

ARTHENAC

9-D2 14 km N.-E. Jonzac. 305 hab. ✉ 17520

M. CHAINIER Dominique A 3 km: Piscine plein air. La Barde, par RN 699 et D 731. A 2 km Sud de la commune, à proximité de la ferme. Pré herbeux, ombragé, bord de ruisseau. Visite des chais, distillerie et dégustation. ☎ 05 46 49 12 85. Fax : 05 46 49 18 91. E-mail : vignoblechainier@free.fr.

ARVERT

9-B1 35 km S.-O. Rochefort-sur-Mer. 2543 hab. ✉ 17530

LE PETIT PONT ★★ Tourisme 33 E. dont 22 nus 0,6 ha. CV. Locations : 11. Rivière à 800 m. Bord de mer à 3 km. à 1 km : ; à 3 km : ; à 5 km : . Ouv : 15.4 / 15.9. 111, avenue de l'Etrade dir. la Tremblade. Sur RD 14. ☎ 05 46 36 07 20. Fax : 05 46 36 07 20. E-mail : contact@camping-dupetitpont.com, Web : www.camping-dupetitpont.com. Prix 2007. Fft jour : Empl. Tourisme (2) : 12,80 € ; Sup : 4,40 € - de 5 ans 2,60 € ; 3,60 à 4,45 € (6 à 10 A) ; Animaux 2,10 €. Fft Ccar : 19,40 € (2). Réduction H.S.

LE PRESQU'ILE ★★ Tourisme 66 E. 0,8 ha. Locations : . Etang, lac et rivière à 2 km. 7, rue Aigrettes. Accès par RD 14. ☎ 05 46 36 81 76 (Camping). Fax : 05 46 36 81 76.

OMBRE ET SOLEIL ★★ Tourisme 20 E. dont 3 nus, dont 16 GCC. CV. Locations : 17. Rivière à 800 m. Bord de mer à 3 km. à 1 km : ; à 3 km : ; à 5 km : . Ouv : 15.4 / 15.9. Rés. obligatoire en été. 109 bis, avenue de l'Etrade. Dir. la Tremblade sur RD 14. Les chats ne sont pas acceptés dans les locations. ☎ 05 46 36 07 20. Fax : 05 46 36 07 20. E-mail : contact@camping-dupetitpont.com, Web : www.camping-dupetitpont.com. Prix 2007. Fft jour : Empl. Tourisme (2) : 12,80 € ; Sup : 4,40 € - de 5 ans 2,60 € ; 3,60 à 4,45 € (6 à 10 A) ; Animaux 2,10 €. Fft Ccar : 19,40 € (2). Réduction H.S.

AYTRE

4 km S.-E. La Rochelle. 7381 hab. ✉ 17440

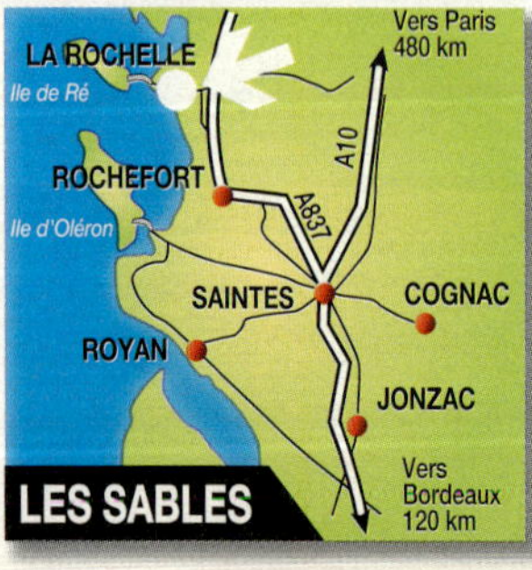

LES SABLES ★★★★ Loisirs 274 E. (137 Tourisme + 137 Loisirs), dont 63 CC - 211 GCC - 60 HLL, 5 ha. snack, partiel, CV. Locations : 28, 30. couverte chauffée half. Bord de mer à 200 m. ; à 200 m : . Chemin rural du Pontreau. ☎ 05 46 45 40 30 / 05 46 27 89 02 (H.S.). Fax : 05 46 45 40 30.

FFCC : partenaire - terrain assuré par la FFCC + carte FFCC assurance annulation.

CAMP DE LA PLAGE ★★★ Tourisme 85 E., dont 15 CC - 28 GCC, 2,5 ha. CV. Locations : . couverte chauffée. Bord de mer à 20 m. Ouv : Pâques / Toussaint. 66, route de la Plage. ☎ 05 46 44 19 33. E-mail : contact@campingdelaplage17.com, Web : www.campingdelaplage17.com.

LE CLOS RICHELIEU ★★ Tourisme 97 E. 1 ha. électrique, CV. Locations : 1, 35. chauffée. Bord de mer à 50 m. à 50 m : . Accueil groupes. Ouv : 1.1 / 31.12. 73, route de la Plage, à la sortie de La Rochelle, 2 km RN 137, dir. d'Aytré plage. ☎ 05 46 44 19 24 / 06 89 85 91 51 (H.S.). E-mail : info@leclosrichelieu.com, Web : www.leclosrichelieu.com. Prix 2008. Fft jour : Empl. Tourisme (2) : 18 € ; Sup : 4,50 € - de 5 ans 2,60 € ; 3,80 € (10 A) ; Animaux 1,65 €.

LES CHALETS DE LA PLAGE ★★ Tourisme 18 E., dont 18 GCC. CV. Locations : 17. Bord de mer à 50 m. ; à 30 m : . Accueil groupes. Ouv : 1.4 / 15.9. 53, route de la plage. La Rochelle-centre à 5 km. ☎ 05 46 44 57 97 / 06 81 51 95 44 (H.S.). Fax : 05 46 45 25 51. E-mail : leschaletsdelaplage@wanadoo.fr, Web : www.leschaletsdelaplage.com. Réduction H.S.

BALLON

6-B5 14 km N. Rochefort. 12 m. 482 hab. ✉ 17290

LES GARENNES, aire naturelle CV. A 1 km: . A 2 km : . A 5 km : . A 8 km : Piscine plein air. Ouv : 15.6 / 15.9. 8, rue des Hautes Garennes. Par D 5. ☎ 05 46 55 30 83 / 06 83 17 54 86 (H.S.). Prix 2007. Fft jour : Empl. Tourisme (2) : 9 € ; Sup : 5 € - de 10 ans 2 € ; 2 à 3 € (2 à 6 A).

FFCC : partenaire + Stop accueil Camping-car du 15/06 au 05/07 et du 22/08 au 15/09/2008, accès jusqu'à 22h.

BARZAN

9-C2 35 km S.-O. Saintes. 371 hab. ✉ 17120

BELLEVUE ★★ Tourisme 40 E. 220, route Verte. ☎ 05 46 90 45 91. Fax : 05 46 74 19 38.

LA BAIE DE CHANDORAT ★★ Tourisme 55 E., dont 6 GCC, 0,9 ha. rapide, CV. Locations : 5, 2, 5, 5. Accès direct à l'étang. Bord de mer à 5 km. Sur RD 145. Sortie autoroute Saintes ou Pons. ☎ 05 46 90 43 95. Fax : 05 46 90 43 95.

BENON

6-C5 28 km E. La Rochelle. 21 m. 400 hab. ✉ 17170

CAMP MUNICIPAL DU CHATEAU ★★ Tourisme 70 E., dont 70 CC, 1,5 ha. CV. Accueil groupes. RN 11 La Rochelle-Niort D 116. ☎ 05 46 01 61 48 (Mairie) / 06 26 99 16 13 (H.S.). Fax : 05 46 01 01 19. E-mail : benon@mairie17.com, Web : www.smic17.fr/mairie-benon. Prix 2007. 1,60 € ; 1,60 € ; 3,20 € ; 1,60 € ; 2,70 € ; - de 11 ans 1,60 € ; 2,20 € (10 A) ; Animaux 1 €.

BOURCEFRANC LE CHAPUS

9-B1 25 km S.-O. Rochefort-sur-Mer. 10 m. 2794 hab. ✉ 17560

CAMP MUNICIPAL LA GIROFLEE ★★ Tourisme 100 E. dont 133 nus (85 Tourisme + 15 Loisirs), dont 15 GCC, 2 ha. CV. Locations : 8. Bord de mer à 50 m. Rivière à 5 km. Accueil groupes 20 pers. maxi. Ouv : 1.5 / 30.9. Lieu-dit Bonnemmort, à 1,5 km RN 728, du viaduc d'Oléron et du Pont de la Sendre. ☎ 05 46 85 06 43 / 05 46 85 02 02 (Mairie) (H.S.). Fax : 05 46 85 48 58. E-mail : camping.lagiroflee.bourcefranc@mairie17.com. Prix 2007. Empl. Tourisme : 2,20 € ; 2,45 € ; - de 10 ans 1,30 € ; 0,80 €. Fft Ccar : 8,7 € (2).

ETOILE DU REPOSE ★ Loisirs 52 E. (18 Tourisme + 34 Loisirs), dont 17 GCC, 1,18 ha. Bord de mer à 300 m. à 150 m : ; à 700 m : . Route du Fief de la Touche. Prise du Portail Rouge. A 1 km RN 728. ☎ 05 46 85 50 28. Fax : 05 46 85 42 61.

M. COTTON Jacques,camping à la ferme . A 800 m : Piscine plein air. A 1,5 km: . A 1 km : . A 2 km : . A 5 km : . Ouv : 1.3 / 30.11. Rue du Fief de la Touche. ☎ 05 46 85 01 80. Prix 2007. 1,20 € ; 1,20 € ; 7 € ; 1,20 € ; 1,75 € ; - de 10 ans 1,20 € ; 2,30 € ; 0,80 €.

BREUILLET

9-B1 30 km S.-O. Rochefort-sur-Mer. 30 m. 1346 hab. ✉ 17920

LE RELAX ★★★ Tourisme 100 E., dont 2 CC - 10 GCC, 1,9 ha. CV. Locations : 15, 10, 8. Rivière à 2 km.Bord de mer et étang à 3 km.Lac à 4 km. à 3 km : . Ouv : 1.6 / 10.9 Rés. obligatoire en été. 18, route de Taupignac, lieu-dit Taupignac ☎ 05 46 22 75 11. Fax : 05 46 22 75 96. E-mail : campinglerelax@aol.com & info@le-relax.com, Web : www.le-relax.com. Prix 2008. Fft jour : Empl. Tourisme (2) : 16,90 € () ; Sup : 4,40 € - de 7 ans 2,90 € ; 2,30 à 4 € (3 à 10 A) ; Animaux 1,80 €. Réduction H.S.

A LA BELLE ETOILE ★★ Tourisme 76 E. dont 36 nus, dont 35 GCC, 2,2 ha. 1, juillet-août, juillet-août, CV. Locations : 19, 6. Etang à 2 km. à 10 km : . Ouv : 4.4 / 28.9. Rés. obligatoire en été. Venant de Saintes ou Royan, dir. La Tremblade. ☎ 05 46 02 14 07. Fax : 05 46 02 14 08. E-mail : camping.a.la.belle.etoile@wanadoo.fr, Web : www.alabelle-etoile.com. Prix 2008. Fft jour : Empl. Tourisme (2) : 17,20 € () ; Sup : 4,70 € - de 7 ans 3,70 € ; 4,30 € (10 A). Fft Ccar : 7 € (2). Réduction H.S.

FFCC : partenaire + réduction emp. de 5 % en saison et 10 % hors saison + carte FFCC assurance annulation + Stop accueil Camping-car du 04/04 au 05/07 et du 18/08 au 28/09/2008, accès jusqu'à 19h + réduction loc. de 5 % en saison et 10 % hors saison.

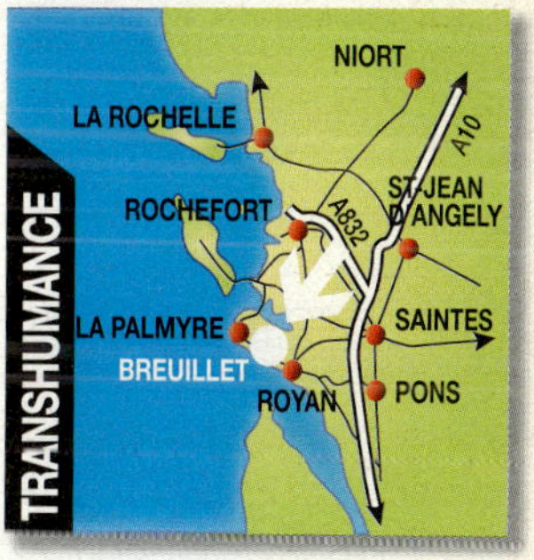

TRANSHUMANCE ★★ Tourisme 287 E. dont 130 nus, 5 ha. gaz ou électrique, hte saison, CV. Locations : 28. Etang à 3 km.Bord de mer à 4 km. ; à 5 km : Ouv : 24.5 / 7.9. Rés. obligatoire en été. Route de Royan, La Métairie de la Roche. Saintes/Saujon/Les Mathes/La Tremblade/ Breuillet dir. Saint-Palais/Royan. ☎ 05 46 22 72 15. Fax : 05 46 22 66 47. E-mail : contact@transhumance.com, Web : www.transhumance.com. Prix 2008. Fft jour : Empl. Tourisme (2) : 17 € ; Sup : 4,50 € - de 1/10 ans 3,50 € ; 4,50 € (10 A) ; Animaux 3 €. Réduction H.S.

BRIE SOUS MORTAGNE

9-C2 30 km S.-O. Saintes. 54 m. 242 hab. ✉ 17120

M. BAURREAU Michel,aire naturelle A 1 km: Piscine chauffée . A 2 km : . A 7 km : . Ouv : 1.6 / 15.9. Chez Buord. D 730. Mirambeau/Royan. ☎ 05 46 94 12 36 / 06 84 28 30 86 (H.S.). Prix 2007. Empl. Tourisme : 1,90 € ; 1,20 € ; 5,50 € ; 1,80 € ; - de 7 ans 1,40 € ; 1,50 € ; Animaux 0,70 € (Chien).

FFCC : partenaire - terrain assuré par la FFCC .

CELLES

9-C2 22 km N.-E. Jonzac. 15 m. 280 hab. ✉ 17520

DU PAS DES BICHES ★ Tourisme 25 E. (16 Tourisme + 9 Loisirs) 0,8 ha. Sanitaire chauffé. Locations : . Rivière à 500 m. . 75, rue du Pas des Biches. Sortie autoroute Pons, dir. Barbézieux. D 700 dir. Lonzac/Celles. ☎ 05 46 49 52 03. Fax : 05 46 49 52 03.

CHANIERS

9-C1 7 km S.-E. Saintes. 2961 hab. ✉ 17610

CAMP BELLE RIVIERE ★★ Tourisme 80 E. électrique/gaz, CV. Locations : 2 , 2 , , , Cabanes sur piloti. Accès direct à la rivière. ; ; . Accueil groupes. Ouv : 15.6 / 15.9. Le Communal. A 10 sortie 35 Saintes, prendre RD 24 dir. Cognac. Adresse postale : 86, route de Varzay 17100 SAINTES. ☎ 05 46 91 02 20 / 05 46 92 64 99 (H.S.). Fax : 05 46 92 64 99. E-mail : info@campingbelleriviere.fr, Web : www.campingbelleriviere.fr. Prix 2007. Fft jour : Empl. Tourisme (2) : 11,50 € () ; Sup : 2,60 € - de 5 ans 2,10 € ; 3,50 € ; Animaux 2,50 € (chien). Fft Ccar : 9,50 € ().

CHATELAILLON PLAGE

6-B5 14 km S. La Rochelle. 5 m. 5469 hab. ✉ 17340

VILLAGE CORSAIRE DES DEUX PLAGES ★★★★ Tourisme 265 E. 4 ha. CV. Locations : 101 . chauffée . Bord de mer à 200 m. ; à 200 m : ; à 300 m : ; à 1 km : . Ouv : 1.5 / 15.9. A 10 sortie Angoulins dir. Chatelaillon. ☎ 05 46 56 27 53. Fax : 05 46 43 51 18. E-mail : reception@2plages.com, Web : www.2plages.com. Prix 2007. Fft jour : Empl. Tourisme (2) : 27 € () ; Sup : 4,80 € - de 7 ans 3,50 € ; Animaux 4 €.

CAMP PORT PUNAY ★★★ Tourisme 166 E. dont 143 nus, , dont 35 GCC - 1 HLL, 2 ha. , sur emplacements nus, CV. Camping clef verte. Locations : 1 , 22 , . chauffée . Bord de mer à 150 m. ; à 150 m : ; à 200 m : , ; à 1 km : . Accueil adultes. Ouv : 1.4 / 30.9. Rés. obligatoire en été. Les Boucholeurs. Allée Bernard Moreau. N 137 sortie D 109 châtelaillon-Plage. 1er rond-point tout droit, 2ème rond-point à gauche, puis suivre Les Boucholeurs Accès WIFI ☎ 05 46 56 01 53 / 06 80 75 24 47 (H.S.). Fax : 05 46 56 86 44. E-mail : contact@camping-port-punay.com, Web : www.camping-port-punay.com. Prix 2007. Fft jour : Empl. Tourisme (2) : 21 € () ; Sup : 5,50 € - de 3 ans 4,20 € ; 4 à 5 € (6 à 10 A) ; Animaux 2 €.

FFCC : partenaire + carte FFCC assurance annulation + réduction loc. de 5 % hors saison.

L'OCEAN ★★★ Tourisme 94 E. 0,94 ha. CV. Locations : 3 . Bord de mer à 500 m. ; ; ; ; . Ouv : 9.6 / 20.9. Avenue d'Angoulins. Entre la Rochelle et Rochefort. RN 137. ☎ 05 46 56 87 97. Prix 2008. Fft jour : Empl. Tourisme (2) : 18,20 € () ; Sup : 4,50 € - de 7 ans 3,50 € ; 4 € (10 A) ; Animaux 1,80 €.

L'ABBAYE ★★ Tourisme 100 E. 1,3 ha. buvette, CV. Locations : 15 . Bord de mer à 400 m. Accueil groupes. 79, avenue d'Angoulins, 1 km RN 137. Sur D 202. ☎ 05 46 56 42 19 / 06 11 71 92 67 (H.S.). Fax : 05 46 56 36 26. E-mail : camping-de-labbaye@wanadoo.fr. Prix 2007. Fft jour : Empl. Tourisme (3) : 17,40 € () ; Sup : 5,60 € - de 7 ans 2,80 € ; 3,75 à 5,50 € (3 à 10 A) ; Animaux 2 € (chien). Réduction H.S.

LES PINS ★★ Tourisme 60 E., dont 6 GCC, 0,45 ha. Locations : . Bord de mer à 700 m. à 700 m : , . 49 Boulevard Georges Clemenceau. ☎ 05 46 56 22 33.

LES SABLES ★★ Tourisme 50 E. 26, avenue des Nonnes. ☎ 05 46 02 75 77.

PARC RESIDENTIEL DE LOISIRS LES CYPRES P.R.L. 47 E. Boulevard Georges Clémenceau.

CHENAC ST SEURIN D UZET

9-C2 30 km S.-O. Saintes. 667 hab. ✉ 17120

CAMP MUNICIPAL ★★ Tourisme 55 E. 2,4 ha. CV. Locations : 6 . Accès direct à la mer. ; ; . Accueil groupes. Ouv : 1.5 / 30.9. ☎ 05 46 90 44 03 (H.B.) / 05 46 90 67 23 (H.S.). Fax : 05 46 90 40 02. E-mail : chenac.saint.seurin.duzet@mairie17.com. Prix 2007. () : 2,45 € ; - de 7 ans 1,60 € ; 2,45 € ; Animaux 0,75 €.

Mme COCHAIN Mauricette CV. A 1 km: . A 6 km : . A 10 km : . 110, route du Pineau. Chez Couraud par RD 39 à 1 km Est de la commune. A proximité de la ferme. A Saintes prendre la D 6. A Touvent Boutenac prendre la D 730 en dir. de Cozes, à 2,5 km dir. Chenac à gauche. Pré semi-ombragé. Location de vélos. ☎ 05 46 90 46 20 / 05 46 90 68 52. Fax : 05 46 90 40 80.

CHEVANCEAUX

9-D3 24 km S.-O. Jonzac. 127 m. 1209 hab. ✉ 17210

CAMP MUNICIPAL BELLE VUE ★★ Tourisme 20 E. 0,4 ha. chauffée . Rivière à 1 km. à 1 km : . Sur RN 10 et 10 bis. Terrain de jeux. ☎ 05 46 04 60 09 (Mairie).

FFCC : Stop accueil Camping-car du 01/04 au 31/10/2008, accès jusqu'à 20h.

CLION

9-C2 8 km N.-O. Jonzac. 34 m. 717 hab. ✉ 17240

M. MAUROY Christian CV. A 2 km: . A 5 km : . A 6 km : . A 40 km : . Bourdenne. ☎ 05 46 48 11 52.

Mme DUBREUIL Marcelle A 100 m : . A 500 m : . A 2 km: Piscine plein air . A 4 km : . A 9 km : . A 20 km : . Chez Travers, par RN 137 puis RD 2, à 2 km de la commune. Pré herbeux, semi-ombragé. Pédalos et barques à 2 km. ☎ 05 46 70 43 22.

COURCON

6-C5 30 km N.-E. La Rochelle. 25 m. 993 hab. ✉ 17170

CAMP MUNICIPAL ★★ Tourisme 37 E. 0,6 ha. CV. contigü. Rivière à 5 km. à 5 km : . Accueil groupes. Ouv : 1.7 / 31.8. Sur RD 114, La Garenne. Piscine municipale à proximité. ☎ 05 46 01 60 19 (Saison) / 05 46 01 60 50 (Mairie) (H.S.). Fax : 05 46 01 63 59. E-mail : mairie.courcon@mairie17.com. Prix 2007. Empl. Tourisme : 2 € () : 1,60 € ; 2 € ; 2,50 € ; - de 7 ans 1,50 € ; 4 € ; Animaux 1,50 €.

COZES

9-C2 25 km S.-O. Saintes. 45 m. 1756 hab. ✉ 17120

CAMP MUNICIPAL LE SORLUT ★★ Tourisme 120 E. 1,4 ha. CV. Locations : 8 , 1 . . Ouv : 15.4 / 15.10. Rue du Stade. 150 m RN 730. ☎ 05 46 90 75 99 / 05 46 90 90 97 (Mairie) (H.S.). Fax : 05 46 90 75 12. Prix 2007. Empl. Tourisme : 2,45 € () : 2,29 € ; - de 7 ans 1,32 € ; 2,46 € ; Animaux 0,76 €. Réduction H.S.

CRAZANNES

9-C1 14 km N. Saintes. 361 hab. ✉ 17350

DU PETIT BONHEUR ★ Tourisme 33 E. dont 80 nus, dont 1 GCC, 2,15 ha. pain, gaz/électrique, Pétanque, CV. Locations : 5 . Rivière à 300 m. Lac à 4 km. ; ; à 3 km : , , . Accueil groupes. Ouv : Pâques / 15.9. Rés. obligatoire en été. 14, rue du Port. A 10 sortie Saintes ou RN 137 puis D 119 suivre les Pierres de Crazannes. wifi ☎ 05 46 74 44 25 / 06 64 74 71 10 (H.S.). E-mail : carlinethierry@dupetitbonheur.com. Prix 2008. Fft jour : Empl. Tourisme (2) : 13,50 € () ; - de 7 ans 4 € ; 4 € ; Animaux 1 €.

DAMPIERRE SUR BOUTONNE

6-C5 17 km N.-E. Saint-Jean-d'Angely. 348 hab. ✉ 17470

CAMP MUNICIPAL ★★ Tourisme 16 E., dont 6 CC, 0,45 ha. Accès direct à la rivière. . Accueil groupes. Sur RD 121, 115 et 127. A 10 sortie Niort ou Saint-Jean d'Angély. ☎ 05 46 24 02 36 (Mairie). Fax : 05 46 33 95 49. E-mail : dampierre-sur-boutonne@mairie17.com. Prix 2007. Empl. Tourisme : 3,50 € ; 2,50 € ; 2,20 € ; - de 13 ans 1 € ; 2 € ; Animaux 0,80 €.

DOMPIERRE SUR CHARENTE

9-C2 13 km S.-E. Saintes. 25 m. 375 hab. ✉ 17610

CAMP MUNICIPAL LA FONTAINE DU PRE ST JEAN ★★ Tourisme 100 E. 1 ha. . Locations : 2 , . Rivière à 20 m. ; . Ouv : 15.6 / 15.9. RN 141. RD 24 de Saintes à Cognac. ☎ 05 46 91 01 05 (Mairie) / 06 15 55 78 57 (H.S.). Fax : 05 46 91 18 98. E-mail : mairie.dompierresurcharente@wanadoo.fr. Prix 2007. Empl. Tourisme : 5,50 € ; 2,30 € ; 2,50 €.

LE DOUHET

9-C1 11 km N.-E. Saintes. 64 m. 518 hab. ✉ 17100

M. GOURGUES JEAN MICHEL . A 2 km: . A 4 km : . A 5 km : Piscine plein air . A 8 km : . La Roulerie par RN 150, à 10 km de Saintes dir. Niort. Camping à gauche au centre village. ☎ 05 46 97 74 83. Fax : 05 46 59 01 06. E-mail : guysiddons@aol.com.

ESNANDES

6-B5 11 km N.-E. La Rochelle. 1370 hab. ✉ 17137

CAMP MUNICIPAL ★★ Tourisme 65 E. (58 Tourisme + 7 Loisirs), dont 7 GCC, 2,5 ha. pain, CV. Locations : 5 , 12 . . Accès direct à la rivière. Bord de mer à 800 m. . Lieu-dit Les Misottes, rue de l'Océan. ☎ 05 46 35 04 07. Fax : 05 46 35 04 07. E-mail : lesmisottes@aol.com, Web : www.campinglesmisottes.blogspot.com.

ETAULES

9-B1 27 km S.-O. Rochefort-sur-Mer. 25 m. 1316 hab. ✉ 17750

CAMP DU PARC ★★ Tourisme 52 E. dont 47 nus, 1 ha. CV. Locations : Rivière à 2 km. Allée William Jonka. RD 14, centre ville. ☎ 05 46 36 96 51 (Camping) / 05 46 36 41 23 (Mairie). Fax : 05 46 36 92 42. E-mail : etaules@mairie17.com.

M. et Mme BARRE Gilles,aire naturelle , 5. A 1 km: . A 2 km : . A 6 km : . A 7 km : . RD 14 et CD 145 venant de Rochefort et Saintes. ☎ 04 46 36 44 09.

LE FOUILLOUX

9-D3 42 km S.-E. Jonzac. 667 hab. ✉ 17270

LA MOTTE , . A 500 m : . A 1 km: Piscine plein air . A 2 km : . A 5 km : . Ouv : 1.3 / 30.10. Lieu-dit La Motte. N 10 sortie Montlieu-la-Garde dir. Montguyon N 730. ☎ 05 46 04 08 39. Fax : 05 46 04 08 39. E-mail : chris.mg3000@gmail.com, Web : www.lamottecamping.com. Prix 2008. Empl. Tourisme : 23 € ; Réduction H.S.

FFCC : partenaire + réduction emp. de 5 % en saison et hors saison + carte FFCC assurance annulation + Stop accueil Camping-car du 01/03 au 30/10/2008, accès jusqu'à 22h + réduction loc. de 5 % en saison et hors saison.

FOURAS

9-B1 14 km N.-O. Rochefort-sur-Mer. 20 m. 3297 hab. ✉ 17450

DOMAINE DES CHARMILLES ★★★★ Tourisme 270 E., dont 128 GCC, 7 ha. snack, , à gaz, au bar, hte saison, CV Camping tourisme et handicap. Locations : 10 , 40 , 10 . couverte chauffée . Rivière à 2 km.Bord de mer à 3 km. ; 3 : ; à 3 km : . Accueil groupes. Ouv : 5.4 / 27.9. Route de l'Océan. Sur RN 137 C. ☎ 0 820 20 23 27 / 05 46 84 00 05. Fax : 05 46 84 02 84. E-mail : charmilles17@wanadoo.fr, Web : www.domainedescharmilles.com. Prix 2007. Fft jour : Empl. Tourisme (2) : 30 € ( ) ; Sup : 6 € - de 5 ans 4 € ; 4 € (6 A). Réduction H.S.

CAMP MUNICIPAL DU CADORET ★★★ Tourisme 450 E. dont 310 nus, dont 50 GCC, 7,65 ha. , collectif, saison, CV. Locations : 10 . chauffée . Accès direct à la mer. ; ; ; à 50 m : ; à 1 km : . Accueil groupes hors saison. hors saison. Ouv : 1.1 / 31.12. Rés. obligatoire en été. Avenue de Chaterny, 4 km RN 137. ☎ 05 46 82 19 19. Fax : 05 46 84 51 59. E-mail : campinglecadoret@mairie17.com, Web : www.campings-fouras.com. Prix 2007. Fft jour : Empl. Tourisme (2) : 19,10 € ( ) ; Sup : 4,80 € - de 5 ans 2,50 € ; 2,90 à 4,70 € (6 à 10 A) ; Animaux 2,30 €. Réduction H.S.

AZUREVA ★★ Tourisme 80 E. . Locations : , . Bord de mer à 300 m. ; ; ; ; . ☎ 05 46 84 01 61 / 0825 825 432.

CAMP MUNICIPAL DE LA FUMEE ★ Tourisme 85 E. dont 80 nus, 1 ha. CV Sanitaire chauffé. Accès direct à la mer. ; ; ; à 1 km : . Accueil groupes hors saison. hors saison. Ouv : 1.3 / 31.10. Sur RD 214. ☎ 05 46 84 26 77 / 05 46 84 60 11 (Mairie) (H.S.). Fax : 05 46 84 51 59. Web : www.camping-fouras.com. Prix 2007. Empl. Tourisme : 3,10 € ( ) : 2,65 € ; - de 7 ans 1,75 € ; 1,50 à 2,90 € (3 à 6 A) ; Animaux 1,50 €.

CAMP MUNICIPAL DE L'ESPERANCE ★ Tourisme 123 E. dont 130 nus 1,8 ha. CV. Accès direct à la mer. ; ; ; ; . Accueil groupes hors saison. hors saison. Route de l'Espérance, 4 km RN 137. ☎ 05 46 84 24 18 / 05 46 84 60 11 (Mairie) (H.S.). Fax : 05 46 84 51 59.

MM. BLANCHARD Pierre et Gilles camping à la ferme de Soumard . D 937 Rochefort en la Rochelle, dir. Fouras jusqu'à panneau Soumard. ☎ 05 46 84 01 58 / 05 46 84 21 73.

GEMOZAC

9-C2 20 km S.-S.-O. Saintes. 40 m. 2391 hab. ✉ 17260

CAMP MUNICIPAL ★★ Tourisme 42 E. 1,15 ha. , pain, , + sèche-linge, CV. Locations : 20 . chauffée . Etang à 100 m. ; . Accueil groupes. 300 m RD 6 et 100 m RD 732. Sèche-linge. ☎ 05 46 94 50 16 (Camping) / 05 46 94 20 35 (Mairie) (H.S.). Fax : 05 46 94 16 25. Web : www.chalets-decouverte.com.

GENOUILLE

6-C5 20 km N.-E. Rochefort. 534 hab. ✉ 17430

CAMP MUNICIPAL L'ETANG DES ROSEES ★★ Tourisme 33 E. 1 ha. . Accès direct à l'étang. . ☎ 05 46 27 70 01 / 05 46 27 72 13 (Mairie) (H.S.). Fax : 05 46 27 89 03.

LA GREVE SUR MIGNON

6-C5 32 km E. La Rochelle. 298 hab. ✉ 17170

CAMP MUNICIPAL DU MIGNON ★★ Tourisme 120 E. 2,5 ha. CV. Locations : 6 , , . Accès direct à la rivière. . Sur RD 114 et 116, 5 km RN 11. ☎ 05 46 01 17 16. Fax : 05 46 01 03 33. E-mail : bjrtourisme@a2i-micro.fr.

GREZAC

9-C2 25 km S.-O. Saintes. 30 m. 614 hab. ✉ 17120

M. BRIFAUD Pierre,aire naturelle de camping 9, route Haute des Brunets. ☎ 05 46 90 94 00.

M. NICOLLE Guy,aire naturelle . ☎ 05 46 90 83 45.

L HOUMEAU

6 B6 5 km N. La Rochelle. 1725 hab. ✉ 17137

AU PETIT PORT DE L'HOUMEAU ★★★ Tourisme 132 E., dont 12 GCC, 2 ha. , ap. 22 h 30, CV Camping tourisme et handicap. Locations : 15 , 2 , 6 , . Bord de mer à 800 m. à 800 m : ; à 1 km : . Accueil groupes. Ouv : 1.4 / 30.9. Dir. Ile de Ré, sortie Lagord. ☎ 05 46 50 90 82. Fax : 05 46 50 01 33. E-mail : info@aupetitport.com, Web : www.aupetitport.com. Prix 2008. Fft jour : Empl. Tourisme (2) : 16 € ( ) ; Sup : 4,50 € - de 13 ans 2,50 € ; 3,50 à 4,20 € (5 à 10 A) ; Animaux 2 €. Réduction H.S.

JARNAC CHAMPAGNE

9-C2 14 km N. Jonzac. 730 hab. ✉ 17520

CAMP MUNICIPAL ★★ Tourisme 18 E. 0,21 ha. . Locations : . . Etang à 100 m. Rivière à 3 km. Accueil groupes. Parc Barabeau. ☎ 05 46 49 50 71. Fax : 05 46 86 11 20.

LA JARNE

6-B5 7 km S.-E. La Rochelle. 10 m. 1633 hab. ✉ 17220

PARC RESIDENTIEL DE LOISIRS LES ROCHELINES P.R.L. 105 E. Pique Fesses.

JONZAC

110 km S.-E. La Rochelle. 40 m. 4873 hab. ✉ 17500

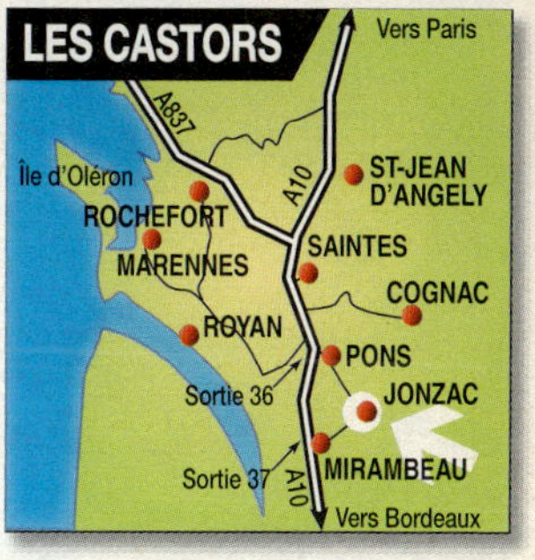

CAMP MUNICIPAL ★★ Tourisme 28 E. 0,33 ha. . Accès direct à la rivière. Lac à 1 km. ; . Parc des Expositions. Centre aquatique Les Antilles de Jonzac lagon avec toboggan aquatique et espace de remise en forme à 700 m. ☎ 05 46 48 49 29 / 05 46 48 51 20. Fax : 05 46 48 51 07. E-mail : Tourisme.Jonzac@wanadoo.fr.

LES CASTORS Voir SAINT-SIMON-DE-BORDES

LAGORD

6-B5 3 km N. La Rochelle. 5315 hab. ✉ 17140

CAMP MUNICIPAL LE PARC ★★★ Tourisme 130 E. 1,27 ha. CV. Locations : 6. Bord de mer à 3 km. à 2 km. Ouv : 1.6 / 29.9. Rue du Parc. ☎ 05 46 67 61 54 / 05 46 00 62 12 (Mairie) / 05 46 00 62 00 (H.S.). Fax : 05 46 00 62 01. E-mail : campi ng@mairie-lagord.fr. Prix 2007. Empl. Tourisme : 8,40 € ; 3,55 € ; 2 € ; 2,30 à 4,50 € ; Animaux 1,10 €.

LES TROIS LYS ★★ Tourisme 117 E. (107 Tourisme + 10 Loisirs) 3,5 ha. Bord de mer à 4 km. à 2 km ; à 3 km ; à 4 km. Rue du Clavier. Rocade vers Ile de Ré, sortie Lagord puis dir. l'Houmeau. ☎ 05 46 67 60 57. Fax : 05 46 67 22 44.

LANDRAIS

6-C5 22 km N.-E. Rochefort 30 m. 474 hab. ✉ 17290

LE PRE MARECHAT ★★ Tourisme 37 E. Pré Maréchat. ☎ 05 46 27 87 29.

MARANS

6-B5 22 km N.-E. La Rochelle. 4307 hab. Station verte de vacances et village de neige ✉ 17230

CAMP MUNICIPAL LE BOIS DINOT ★★★ Tourisme 170 E. dont 163 nus, 6 ha. CV. Locations : 8. chauffée. Rivière à 50 m. Accueil groupes réservation obligatoire. Au Bois Dinot, route de Nantes. Sortie Nord de Marans. ☎ 05 46 01 10 51. Fax : 05 46 01 01 72. E-mail : campingboisdinot@wanadoo.fr, Web : www.chalets-decouverte.com. Réduction H.S.

MARENNES

9-B1 17 km S.-O. Rochefort-sur-Mer. 10 m. 4549 hab. ✉ 17320

AU BON AIR ★★ Tourisme 140 E. (137 Tourisme + 3 Loisirs), dont 40 GCC, 2,5 ha. snack, CV. Camping clef verte. Locations : 6, 27. chauffée. Rivière à 300 m. Bord de mer à 80 m. à 50 m ; à 80 m. Accueil groupes. Rue Pierre Voyer. 1 km RN 728. Route de Royan par la côte. Dir. la Tremblade. ☎ 05 46 85 02 40. Fax : 05 46 36 22 54. E-mail : contact@aubonair.com, Web : www.aubonair.com. Réduction H.S.

FFCC : partenaire + réduction emp. de 5 % hors saison + carte FFCC assurance annulation + Stop accueil Camping-car du 01/04 au 30/06 et du 01/09 au 30/09/2008, accès jusqu'à 22h + réduction loc. de 5 % hors saison.

FERME DE LA PREE ★ 33 E. 1 ha. Bord de mer à 300 m. à 200 m ; à 1,5 km ; à 2 km. ☎ 05 46 85 03 61.

PARC RESIDENTIEL DE LOISIRS DOMAINE LES PINS P.R.L. 199 E. Locations : 13. chauffée. Bord de mer à 100 m. Ouv : 1.1 / 31.12. Boulevard de la Plage. Location longue durée. ☎ 05 46 36 60 43. Fax : 05 46 85 47 88. E-mail : serviceclients@domaine-des-pins.com, Web : www.domaine-des-pins.com.

ETOILE DU REPOSE Voir BOURCEFRANC

LES MATHES

9-B1 30 km S.-O. Rochefort. 840 hab. ✉ 17570

BONNE ANSE PLAGE CAMPING ★★★★ Tourisme 850 E., dont 112 GCC. Locations : 200. Accès direct à la mer. A La Palmyre. ☎ 05 46 22 40 90. Fax : 05 46 22 42 30. E-mail : bonne.anse@wanadoo.fr, Web : www.campingbonneanseplage.com. Prix 2007. Fft jour : Empl. Tourisme (2) : 32,50 € Sup : 9 € 6,50 € (6 A). Réduction H.S.

LA COTE SAUVAGE ★★★★ Loisirs 400 E. (190 Tourisme + 210 Loisirs), dont 192 GCC, 12 ha. collectifs, CV. Locations : 80. couverte chauffée. Accès direct à la mer. Accueil groupes. Ouv : 1.5 / 15.9. 300 m RD 25 et RD 141. Les animaux ne sont pas acceptés du 1.07 au 31.08. ☎ 05 46 22 40 18. Fax : 05 46 22 43 05. E-mail : contact@parc-cote-sauvage.com, Web : www.parc-cote-sauvage.com. Prix 2008. Fft jour : Empl. Tourisme (2) : 31,50 € ( ) ; Sup : 8,80 € - de 3/10 ans 5,70 € ; 5,20 à 6,20 € (6 à 10 A). Réduction H.S.

LA PINEDE ★★★★ Loisirs 372 E. (60 Tourisme + 312 Loisirs), dont 283 GCC, 4 ha. sauf petits CV. Locations : 10, 112, . couverte chauffée 2, . Accès direct à l'étang. Bord de mer à 5 km. ; ; à 4 km : . Ouv : 1.4 / 30.9. La Fouasse. D 141. ☎ 05 46 22 45 13. Fax : 05 46 22 50 21. E-mail : contact@campinglapinede.com, Web : www.campinglapinede.com. Prix 2007. Fft jour : Empl. Tourisme (2) : 36,80 € () ; Sup : 9,95 € - de 10 ans 7,10 € ; 6,60 € (5 A) ; Animaux 4,80 €. Réduction H.S.

LES CHARMETTES ★★★★ Loisirs 996 E. (346 Tourisme + 650 Loisirs), dont 996 GCC, 37 ha. , à gaz, CV. Locations : 200 . couverte chauffée . Bord de mer à 3 km. ; ; ; à 5 km : . D 141 (Les Mathes/La Palmyre). ☎ 05 46 22 53 25 / 05 46 22 50 96 (H.S.). Fax : 05 46 23 69 70. E-mail : reservations@lescharmettes.fr, Web : www.lescharmettes.fr.

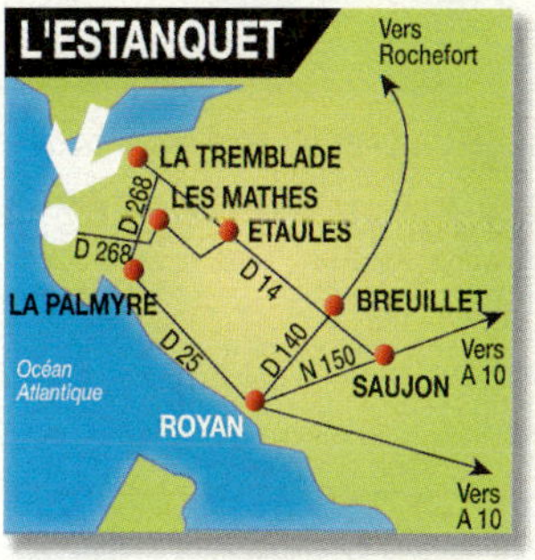

L'ESTANQUET ★★★★ Tourisme 320 E., dont 233 GCC, 5 ha., à gaz, CV. Locations : 10, 40. Bord de mer à 4,5 km. ; ; ; à 4,5 km : . Ouv : 1.4 / 30.9. ☎ 05 46 22 47 32. Fax : 05 46 22 51 46. E-mail : contact@campinglestanquet.com, Web : www.campinglestanquet.com. Prix 2008. Fft jour : Empl. Tourisme (2) : 25,50 € () ; Sup : 5 € - de 4 ans 3 € ; 5 € (10 A) ; Animaux 4 €.

L'OREE DU BOIS ★★★★ Tourisme 341 E. dont 81 nus (224 Tourisme + 117 Loisirs), dont 259 GCC, 6 ha., collectifs, , saison, CV. Locations : 30, 77, 4, Cottages. chauffée. Bord de mer à 4 km. ; ; à 4 km : , , . Ouv : 26.4 / 13.9. Rés. obligatoire en été. A 10 jusqu'à Saintes puis dir. Royan. A Saujon dir. Les Mathes. ☎ 05 46 22 42 43. Fax : 05 46 22 54 76. E-mail : info@camping-oree-du-bois.fr, Web : www.camping-oree-du-bois.fr. Prix 2008. Fft jour : Empl. Tourisme (2 1 - de 2 ans) : 37 € ((6 A)) ; Sup : 7,50 € - de 10 ans 5,50 € ; Animaux 4,50 €. Réduction H.S.

PALMYRE LOISIRS ★★★★ Tourisme 300 E. (250 Tourisme + 50 Loisirs), dont 50 GCC, 7 ha., gaz/électrique, CV. Locations : 100, . chauffée. Bord de mer à 2,5 km. ; ; ; ; ; . Ouv : 8.4 / 30.9. 28, avenue des Mathes. A côté de l'hippodrome. ☎ 05 46 23 67 66. Fax : 05 46 22 48 81. E-mail : info@palmyreloisirs.com, Web : www.palmyreloisirs.com. Prix 2007. Fft jour : Empl. Tourisme (2) : 41 € () ; Sup : 8 € Fft Tente : 36 € (2).

PALMYRE-LOISIRS II ★★★★ Tourisme 300 E. (290 Tourisme + 10 Loisirs), dont 300 GCC., à gaz, . Locations : 100. chauffée. Bord de mer à 2,5 km. ; ; à 3 km : , .Accueil adultes. Ouv : 28.4 / 29.9. 28, avenue des Mathes. ☎ 05 46 23 67 66. Fax : 05 46 22 48 81. E-mail : info@palmyreloisirs.com, Web : www.palmyreloisirs.com.

BEAU RIVAGE ★★★ Tourisme 200 E. . Locations : . Bord de mer à 300 m. ; ; ; ; . ☎ 05 46 22 30 96. Fax : 05 46 22 30 96. E-mail : r.sibard@wanadoo.fr.

PALMYR OCEANA
CAMPING CARAVANING ***
LES MATHES LA PALMYRE
Ouvert en camping du 21 juin au 30 Août
Ouvert en location du 1er avril au 04 octobre
A 1,6 km de la mer et des plages, baignade, planche à voile, surf, pêche.
Plats cuisinés
Sur place :
piscines, jeux enfants,
disco., bar,
plats cuisinés, alimentation,
salon TV, salle de jeux,
4 blocs sanitaires,
location de vélos,
ping-pong, terrains de volley et pétanque,
animations sportives
et autres...
LOCATIONS CARAVANES, MOBIL-HOMES, CHALETS
Réservations conseillées
26, avenue des Mathes - 17570 Les Mathes - La Palmyre
Tél. : 05 46 22 40 35 - Fax : 05 46 23 64 76
www.palmyr-oceana.fr - contact@palmyr-oceana.fr

BEAU SOLEIL ★★★ Tourisme 244 E. 4 ha. rapide, collectifs, CV. Locations : 20. Bord de mer à 400 m. à 400 m : Ouv : 15.4 / 15.9. A 200 m du centre de La Palmyre et 400 m des plages. ☎ 05 46 22 30 03 / 05 46 22 59 58 (H.S.). E-mail : camping.beausoleil@wanadoo.fr, Web : www.campingbeausoleil.com. Prix 2008. Fft jour : Empl. Tourisme (3) : 26 € ()

FFCC : partenaire + réduction emp. de 5 % en saison et hors saison + réduction loc. de 5 % en saison et hors saison.

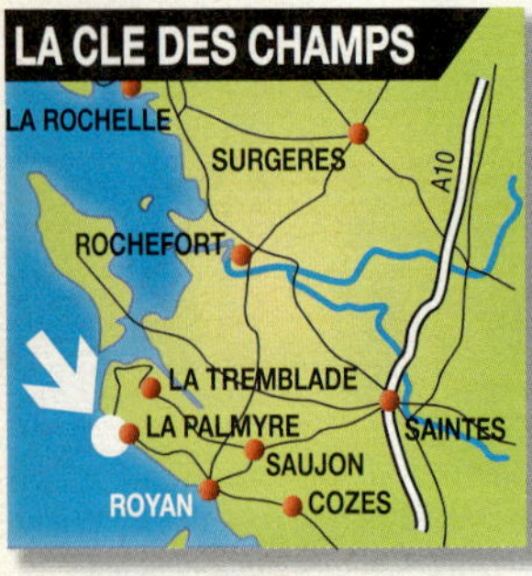

LA CLE DES CHAMPS ★★★ Tourisme 300 E. dont 157 nus, , dont 20 GCC, 8 ha. snack, CV. Locations : 33, 5. couverte chauffée. Bord de mer à 4 km. à 500 m : ; à 3 km : Ouv : 1.4 / 30.9. Rés. obligatoire en été. 1188, route de la Fouasse. D 141 et 4. A 10 sortie Sainte, dir. Saujon, Breuillet, Les Mathes. ☎ 05 46 22 40 53. Fax : 05 46 22 56 96. E-mail : contact@la-cledeschamps.com, Web : www.la-cledeschamps.com. Prix 2007. Fft jour : Empl. Tourisme (2) : 18,50 € () ; Sup : 4,40 € - de 2/6 ans 3,40 € ; 4,10 à 4,90 € (6 à 10 A) ; Animaux 2,50 €. Réduction H.S.

FFCC : partenaire + carte FFCC assurance annulation.

MONPLAISIR ★★★ Tourisme 114 E. 1,3 ha. CV. Locations : 5. Etang à 500 m. Bord de mer et rivière à 3 km. ; à 3 km : Route de la Palmyre. ☎ 05 46 22 50 31. Fax : 05 46 22 50 31.

PALMYR-OCEANA ★★★ Tourisme 398 E., dont 259 GCC, 17 ha. électriques, location possible, CV. Locations : 4, 68, 15. Bord de mer à 1,8 km.Rivière à 2 km. ; à 2 km : Accueil groupes. Ouv : 21.6 / 30.8. Avenue des Mathes Bourg à la Palmyre. ☎ 05 46 22 40 35. Fax : 05 46 23 64 76. E-mail : palmyr-oceana@wanadoo.fr, Web : www.palmyr-oceana.fr. Prix 2008. Fft jour : Empl. Tourisme (2) : 26,50 € () ; Sup : 5,50 € 5,50 € ; 5 € ; Animaux 4 €. Réduction H.S.

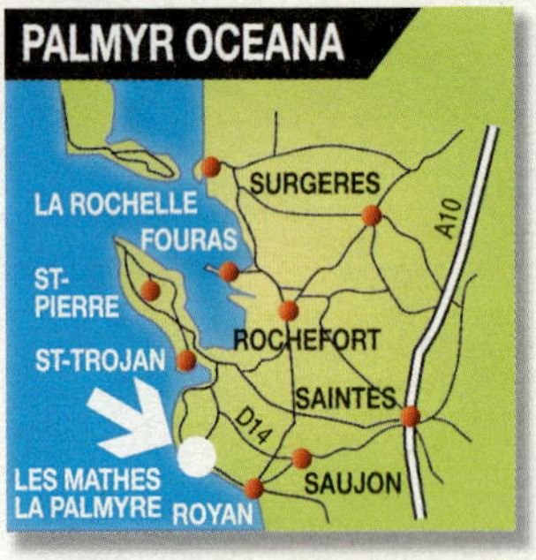

AMI-AMI ★★ Tourisme 88 E. 6 ha. nuit, CV. Locations : 2. Bord de mer à 5 km. à 4 km : Ouv : 1.5 / 15.9. Sur D 141 E-4, à 4,5 km D 25, lieu-dit La Fouasse. ☎ 05 46 22 42 38. Fax : 05 46 22 42 38. E-mail : bettina-gonzalez@wanadoo.fr. Prix 2008. Empl. Tourisme : 4 € ; 1 € ; 1 € ; 4 € ; - de 7 ans 2 € ; 3 € (6 A) ; Animaux 1 €.

FFCC : partenaire - terrain assuré par la FFCC.

ATLANTIQUE-FORET/MOULIN ROUGE ★★ Tourisme 180 E. 5 ha. partiel, CV. Locations : Bord de mer à 4 km. ; à 500 m : ; à 4 km : La Palmyre. Lieu-dit La Fouasse. RD 268. ☎ 05 46 22 40 46 / 05 46 36 82 77 (H.S). Fax : 05 46 36 82 77. E-mail : camping-atlantique-foret@wanadoo.fr, Web : www.camping-atlantique-foret.com. Réduction H.S.

Préférez les terrains partenaires de la FFCC,
ils offrent au moins un des avantages suivants aux membres de la FFCC :
- des garanties supplémentaires d'assurance (matériel et individuelle accident),
- une réduction sur votre emplacement ou hébergement locatif (de 5 à 50%),
- la formule "Stop Accueil Camping-car",
- des nuitées gratuites sur nos terrains Camp'in France.

C.C.A.S. RESIDENCE MONTCALM ★★ Tourisme 300 E., dont 5 GCC, 12 ha. Réservé C.C.A.S.

CAMP NATURISTE LE PETIT DAUPHIN ★★ Loisirs 94 E. aire spécifique, CV Sanitaire chauffé Rés. naturiste. Locations : Bord de mer à 5 km. à 5 km : Ouv : 1.1 / 31.12. 1696, route Fouasse ☎ 05 46 06 38 23 / 06 76 37 57 65 (H.S.). E-mail : lepetitdauphin2@wanadoo.fr, Web : le-petit-dauphin.com. Prix 2007. Fft jour : Empl. Tourisme (2) : 19 € () ; - de 7 ans 2,50 € ; 3 € (10 A) ; Animaux 1,50 €. Réduction H.S.

LA PALOMBIERE ★★ Tourisme 150 E. (123 Tourisme + 27 Loisirs), dont 5 GCC, 9,5 ha. pain, aire spécifique, + trampoline, + sèche-linge, CV Sanitaire chauffé. Locations : 7. Bord de mer à 3 km. à 500 m : ; à 3 km : Accueil groupes. Ouv : 1.4 / 31.10. 1551, route de Fouasse. Sortie Saintes dir. Saujon-les-Mathes/La Fouasse puis dir. Luna Park. salles de bains individuelles. ☎ 05 46 22 69 25 / 06 80 34 31 91 (H.S.). Fax : 05 46 22 44 58. E-mail : camping.lapalombiere@wanadoo.fr, Web : www.camping-lapalombiere.com. Prix 2007. Fft jour : Empl. Tourisme (2) : 21 € () ; Sup : 5 € - de 7 ans 3 € ; 4 € ; Animaux 3 €. Réduction H.S.

FFCC : partenaire + réduction emp. de 5 % hors saison + Stop accueil Camping-car du 01/04 au 30/06 au 01/09 au 31/10/2008, accès jusqu'à 20h + réduction loc. de 5 % hors saison.

LES PINS DE LA COUBRE ★★ Loisirs 88 E. (24 Tourisme + 64 Loisirs), dont 10 GCC, 18 ha. CV. Locations : 10, 70, 4. Bord de mer à 3 km. à 3 km : Accueil groupes. Ouv : 15.5 / 15.9. Rés. obligatoire en été. A 10 sortie Saintes/Saujon/La Tremblade. D 141 Les Mathes dir. Luna Park ☎ 05 46 22 42 10. Fax : 05 46 23 65 90. E-mail : contact@lespinsdelacoubre.com, Web : lespinsdelacoubre.com. Prix 2008. Fft jour : Empl. Tourisme (3) : 16,80 € () ; Sup : 3,99 € 3,95 € ; Animaux 1,40 €.

LES SABLES DE CORDOUAN ★★ Loisirs 150 E., dont 32 CC - 48 GCC. sauf petits CV. Bord de mer à 5 km. à 100 m : ; à 4,5 km : . 2344, route de la Fouasse. Réception sur le camping la Pinède à 100 m. ☎ 05 46 22 45 13. Fax : 05 46 22 50 21. E-mail : contact@campinglapinede.com, Web : www.campingsablesdecorduan.com.

AU JOYEUX FAUNE ★ Tourisme 234 E. 4 ha. , snack, , la nuit, CV. Locations : 5 , 30 . . Bord de mer à 3 km. ; à 3 km : , , , . Ouv : 1.1 / 31.12. Avenue de la Palmyre. ☎ 05 46 22 42 29 / 05 46 85 06 17 / 05 46 85 06 75 (H.S.). Fax : 05 46 85 65 80. E-mail : courrier@mobil-park17.com, Web : www.mobil-park17.com.

FERME LES TROIS COUPS ★ Tourisme 137 E. (75 Tourisme + 62 Loisirs), dont 62 GCC, 4 ha. CV. Locations : 10 , 4 . Bord de mer à 4 km. ☎ 05 46 22 48 97.

LA CHENAIE ★ Tourisme 67 E. 0,85 ha. CV. Locations : 17 , 4 . . Bord de mer à 5 km. ; à 4 km : ; à 5 km : , , . Accueil groupes. 33, rue Notre Dame de Buze. Lieu-dit Cravan, 150 m RD 141. ☎ 05 46 22 42 25. Fax : 05 46 22 13 74. E-mail : camping-la-chenaie@voila.fr, Web : www.camping-la-chenaie.fr. Prix 2007. Fft jour : Empl. Tourisme (2 1 - de 5 ans) : 20,40 € ( ) ; Sup : 5 € - de 5/13 ans 3 € ; 4 € (5 A) ; Animaux 3 €. Réduction H.S.

LE GRAND LOGIS ★ Loisirs 77 E. (11 Tourisme + 66 Loisirs) . ☎ 05 46 22 47 22. Fax : 05 46 22 59 25.

MEDIS

9-B2 5 km N.-E. Royan. 15 m. 1663 hab. ✉ 17600

LE CLOS FLEURI ★★★★ Tourisme 140 E. dont 123 nus 3,5 ha. CV. Locations : 10 , 3 , 4 . . Bord de mer à 4 km. Rivière à 5 km. ; à 4 km : ; à 5 km : , . Ouv : 1.6 / 15.9. 8, impasse du Clos Fleuri, Le Petit Toussaugé. Route de Semussac. Sauna. Gardiennage caravanes. ☎ 05 46 05 62 17. Fax : 05 46 06 75 61. E-mail : clos-fleuri@wanadoo.fr, Web : www.le-clos-fleuri.com. Prix 2008. Fft jour : Empl. Tourisme (2 1 - de 2 ans) : 26,50 € ( ) ; Sup : 8 € - de 7 ans 5,50 € ; 4,50 à 5,80 € (5 à 10 A) ; Animaux 3,30 € (chien). Réduction H.S.

LE BOIS ROLAND ★★★ Tourisme 131 E., dont 14 GCC, 2,35 ha. CV. Locations : 12 , 14 , 2 . . Bord de mer, étang, lac et rivière à 4 km. ; à 4 km : , , . Ouv : 1.5 / 30.9. 82, route de Royan. ☎ 05 46 05 47 58. Fax : 05 46 05 47 58. E-mail : bois.roland@wanadoo.fr, Web : www.le-bois-roland.com. Prix 2007. Fft jour : Empl. Tourisme (2) . 17,50 € ( ) ; Sup : 4,80 € - de 5 ans 3,50 € ; 4,20 à 4,90 € (5 à 10 A) ; Animaux 2,50 €.

LES CHENES ★★ Tourisme 400 E. (282 Tourisme + 118 Loisirs), dont 66 GCC, 4 ha. CV. Locations : 8, 50, 70, . Etang et lac à 4 km.Bord de mer à 5 km. ; à 5 km : . Lieu-dit La Verdronnerie, accès par RN 150. ☎ 05 46 06 71 38 / 05 46 06 71 38 (H.S.). Fax : 05 46 06 74 32. E-mail : camping.chenes@wanadoo.fr, Web : perso.wanadoo.fr/camping.chenes.

CENTRE ECOLE REGIONAL DE PARACHUTISME DE ROYAN **En cours reclassement** Tourisme 75 E.

M. FAVRE Patrick,aire naturelle du Grand Pré CV. A 2 km: . A 4 km : Piscine plein air . A 5 km : Piscine couverte. Ouv : 1.6 / 31.8. 373, route de Pousseau. Venant de Saintes : 2ème route à droite (route de Pousseau) après les feux tricolores de Médis, camping à 2,5 km. Gardiennage. ☎ 05 46 06 74 43. E-mail : legrandpre@basidium.com, Web : www.legrandpre.euro.st. Prix 2008. Fft jour : Empl. Tourisme (2) : 14,50 € ( ) ; Sup : 4 € - de 7 ans 2 € ; 3,50 € ; Animaux 2 €.

M. GEMON Claude,aire naturelle CV. A 2 km: . A 3 km : . A 4 km : Piscine plein air . Moulin de Pousseau. Entre Saujon et Royan à droite de la RN 150. A 1,5 km de la commune, à proximité de la ferme. Pré herbeux demi-ombragé. ☎ 05 46 05 63 05.
FFCC : partenaire - terrain assuré par la FFCC .

MESCHERS SUR GIRONDE

9-B2 38 km S.-O. Saintes. 1649 hab. ✉ 17132

SOLEIL LEVANT ★★★ Tourisme 238 E., dont 63 GCC, 2 ha. CV. Locations : 8, . Bord de mer à 1 km. ; à 800 m : . ☎ 05 46 02 76 62. Fax : 05 46 02 50 56.

G.C.U. LES VERGNES Réservé aux adhérents. Adhésion possible sur place pour les sociétaires MAIF et FILIA MAIF.

LA GARENNE ★★ Tourisme 15 E. 0,2 ha. Réservé Comité d'établissement de la société Alsacienne de construction mécanique diesel de Surgères.

LA PLAGE ★★ Tourisme 50 E. dont 46 nus 0,55 ha. CV. Locations : 2, 2 . Bord de mer à 100 m. Etang à 2 km. à 100 m : ; à 5 km : . Accueil groupes. Ouv : 15.6 / 15.9. 12 Fief des Sables. ☎ 05 46 02 76 54 / 05 45 91 88 62 (H.S.). Fax : 05 45 91 88 62. Prix 2007. Fft jour : Empl. Tourisme (3) : 14 € ((3,8 A)) ; Animaux 2 €.
FFCC : partenaire - terrain assuré par la FFCC.

L'ARNECHE VACANCES POUR TOUS ★★ Tourisme 38 E. 4 ha. CV. Locations : . Bord de mer à 200 m. ; ; ; ; . ☎ 05 46 02 66 66 / 04 79 75 75 75 (H.S.) / 01 43 58 95 66 (H.S.). Fax : 05 46 02 66 67. E-mail : vacances@laligue.org.

LE RIBES ★★ Tourisme 79 E., dont 13 GCC, 1 ha. . Bord de mer à 1 km. ; à 800 m : . ☎ 05 46 02 71 41 / 05 46 02 76 62. Fax : 05 46 02 50 52.

LES CHENES VERTS ★★ Tourisme 125 E. dont 40 nus, 2 ha. sauf chien CV. Locations : 40. . Bord de mer à 800 m. ; à 800 m : . Ouv : 1.7 / 1.9. 15, boulevard du Marais. A 10 sortie 35. Sur le CD 25. ☎ 05 46 02 58 00 / 05 46 74 14 45 (H.S.). Fax : 05 46 02 70 34. E-mail : camping.chenes.verts.meschers@wanadoo.fr, Web : www.camping-leschenesverts.com. Prix 2007. Fft jour : Empl. Tourisme (3) : 20,50 € ( ) ; Sup : 5,20 € - de 5 ans 3,75 € ; 4,50 € ; Animaux 2 €.

LES LOGES ★★ Tourisme 116 E. 2 ha. CV. Locations : 10. . Bord de mer à 300 m. ; ; . Boulevard de Suzac. ☎ 05 46 02 74 35 / 05 46 90 44 26 / 05 46 90 44 26 (H.S.). Fax : 05 46 91 11 28. Web : www.camping-les-loges.com.

LES NONNES ★★ 50 E. dont 29 nus 0,6 ha. + sèche-linge, CV. Locations : 4, 2 . Bord de mer à 200 m. ; à 200 m : ; à 800 m : . Accueil groupes. Avenue des Nonnes. Accès par autoroute jusqu'à Pons puis dir. Gémozac/Cozes/Meschers jusqu'à Saintes puis dir. Royan/Meschers. ☎ 05 46 02 72 81 / 05 45 91 02 74 (H.S.). Fax : 05 45 91 02 74. Réduction H.S.

LES OMBRAGES ★★ Tourisme 40 E. 0,55 ha. CV. Locations : 20, , . Bord de mer à 200 m. à 200 m : , , . Accueil groupes. Rue des Perdrix. Boulevard de Suzac. Prendre la route des plages entre St-Georges-de-Didonne et Meschers. ☎ 05 46 02 52 04. Fax : 05 46 02 52 04. E-mail : campinglesombrages@wanadoo.fr, Web : www.campinglesombrages.fr.

LES SABLES ★★ Tourisme 50 E. dont 50 nus, 1 ha. CV. Locations : , 5 . Bord de mer à 100 m. Accueil groupes. 26, avenue des Nonnes. 150 m RD 145. ☎ 05 46 02 75 77. Fax : 05 46 02 75 77. E-mail : contact@camping-des-sables.com, Web : www.camping-des-sables.com. Prix 2007. Empl. Tourisme : 14 € ; Réduction H.S.

L'ESCALE ★★ Tourisme 300 E. (240 Tourisme + 60 Loisirs), dont 140 CC - 160 GCC, 6 ha. CV. Locations : 5, 19, 5 . . Bord de mer à 1,2 km. ; ; à 1,2 km : . Ouv : 1.4 / 15.10. 100 route de Sémussac. Bibliothèque. ☎ 05 46 02 71 53. Fax : 05 46 02 58 30. E-mail : contact@camping-escale.fr, Web : www.camping-escale.fr. Prix 2008. Fft jour : Empl. Tourisme (3) : 18 € ( ) ; Sup : 5 € 3,20 € ; Animaux 2,20 €. Réduction H.S.

ENTRE MER ET FORET ★ Loisirs 199 E. (71 Tourisme + 128 Loisirs), dont 21 GCC. 8, boulevard Suzac. ☎ 05 46 02 76 79. Fax : 05 46 02 79 16.

LE BIRAT ★ Tourisme 50 E., dont 50 GCC, 0,6 ha. CV. Locations : 2, 10 . couverte . Bord de mer à 800 m. Etang et rivière à 2 km. à 800 m : . 136 route de Royan. ☎ 05 46 02 70 26. Fax : 05 46 02 24 74. E-mail : lebirat1@aol.com, Web : www.ifrance.fr/lebirat.

LE PIN FRANC ★ Tourisme 42 E. 0,6 ha. CV. Locations : 15. Bord de mer à 100 m. ; à 100 m : , ; à 300 m : . Ouv : 1.4 / 31.10. Rés. obligatoire en été. Boulevard de Suzac. Prendre la route des plages entre St-Georges-de-Didonne et Meschers. ☎ 05 46 05 31 96. Fax : 05 46 05 31 96. E-mail : info@campinglepinfranc.com, Web : www.campinglepinfranc.com. Prix 2007. Fft jour : Empl. Tourisme (3) : 15 € ( ) ; Sup : 4 € 4 € ; Animaux 2 €.

M. GUILLON Maurice,aire naturelle CV. ☎ 05 46 02 75 08.

M. YVON Jean-Pierre,aire naturelle La Plénitude CV. A 200 m : . A 1,5 km: . A 2 km : . A 5 km : . A 9 km : Piscine plein air. Ouv : 15.4 / 31.10. 3, chemin Jean Mermoz. ☎ 05 46 02 79 67 / 06 81 61 04 86 (H.S.). Prix 2007. Empl. Tourisme : 1,80 € ; 1,80 € ; 1 € ; 2,20 € ; 1,10 € ; 2,90 € ; - de 12 ans 2,30 € ; 2 à 2,80 € (2 à 6 A).

MIRAMBEAU

9-C2 15 km S.-O. Jonzac. 59 m. 1382 hab. ✉ 17150

LA ROSE BLANCHE ★★★ Tourisme 100 E., dont 5 GCC. ☎ 05 46 04 09 94. Fax : 05 46 04 09 16.

LE CARRELET ★★ Tourisme 35 E. dont 20 nus 0,5 ha. CV. Locations : 11. Rivière à 5 km. Accueil groupes. A 10 (échangeur n° 37). RN 137. ☎ 05 46 70 26 99.

MONTENDRE

9-C3 20 km S. Jonzac. 80 m. 3383 hab. ✉ 17130

LA FORET ★★ Tourisme 75 E., dont 60 HLL, 3 ha. rapide, à l'entrée, CV. Locations : , . . Lac à 500 m. ; à 500 m : , . Accueil groupes. route de Onda. ☎ 0 820 821 125 / 0 820 821 120. Fax : 04 75 28 13 20. E-mail : info@escapade-vacances.com, Web : www.escapade-vacances.com. Réduction H.S.

MONTLIEU LA GARDE

9-D3 28 km S.-E. Jonzac. 150 m. 1293 hab. ✉ 17210

CAMP MUNICIPAL DES LILAS ★ Tourisme 24 E. 0,5 ha. . Etang et rivière à 5 km. Lieu-dit Roch, 200 m RN 10. ☎ 05 46 04 44 12 (Mairie). Fax : 05 46 04 50 91. E-mail : montlieulagarde@mairie17.com.

MORNAC SUR SEUDRE

9-B1 35 km S.-O. Rochefort 5 m. 640 hab. ✉ 17113

M. & Mme VINAY CV. A 7 km: . A 8 km : Piscine plein air . A 8 km : . A 8 km : . A 9 km : . Ouv : mai / septembre. L'Etang. Sur la D 14 entre Saujon et La Tremblade. ☎ 05 46 22 72 25. Fax : 05 46 22 66 48. E-mail : michelangie@aol.com, Web : www.kolumbus.fi/letang/. Prix 2007. Fft jour : Empl. Tourisme (4) : 12 € ( ) ; Sup : 3 € 2 €.

MORTAGNE SUR GIRONDE

9-C2 33 km S.-O. Saintes. 50 m. 1039 hab. ✉ 17120

CAMP MUNICIPAL **En cours classt** ★★ Tourisme 22 E. 1 ha. . Ouv : 1.6 / 30.9. ☎ 05 46 90 60 01 (Mairie) / 05 46 91 48 84 (H.S.). Fax : 05 46 90 61 25. E-mail : mairie-mortagne@smic17.fr, Web : www.mortagne-sur-gironde.fr. Prix 2007. 11,60 € ; 1 € ; 7,38 € ; 1 € ; Animaux 1 €.

MOSNAC

9-C2 10 km N.-O. Jonzac. 441 hab. 17240

CAMP MUNICIPAL LES BORDS DE LA SEUGNE ★★ Tourisme 33 E. 0,9 ha. CV Sanitaire chauffé. Accès direct à la rivière. ; à 8 km : . 05 46 70 48 45. Fax : 05 46 70 49 13. Prix 2007. 2,10 € ; 2,10 € ; 2,10 €, 2,10 € ; - de 7 ans 1,50 € ; 2,10 € (30 A).

LE MUNG

9-C1 20 km S.-O. St-Jean-d'Angély 9 m. 275 hab. 17350

L'ILE AUX LOISIRS ★★ Tourisme 67 E., dont 6 HLL, 1 ha. aire spécifique, CV. Locations : 12, 4, 5, 2. chauffée. Etang et rivière à 10 m. Lac à 150 m. ; . Accueil groupes. Ouv : 1.4 / 28.9. 102, route de Saint-Savinien. Sur la route d'Oléron sortie St Jean d'Angely. A 10. 05 46 90 35 11. Fax : 05 46 91 65 06. Web : www.ileauxloisirs.com. Prix 2008. Fft jour : Empl. Tourisme (2) : 15,50 € () ; Sup : 5 € - de 6 ans 4,50 € ; 4,50 à 6 € (6 à 10 A) ; Animaux 2 €.

NUAILLE D AUNIS

6-C5 18 km E. La Rochelle 7 m. 550 hab. 17540

M. GABORIT Jean-Marc CV. A 5 km: . A 6 km : Piscine plein air. Ferme d'Accueil de Parçay. Dans le marais Poitevin, entre l'île de Ré et la Venise Verte. Par la RN 11. 05 46 01 82 08. Fax : 05 46 01 82 99. E-mail : contact@fermedeparcay.com, Web : fermedeparcay.com.

PONS

9-C2 20 km S. Saintes. 20 m. 5364 hab. 17800

CHARDON,aire naturelle . Lieu-dit Chardon. Par A 10 sortie n° 36. 05 46 95 01 25 / 06 62 34 39 44. E-mail : jacques.bier@cegetel.net.

PONT L ABBE D ARNOULT

9-C1 22 km N.-O. Saintes. 16 m. 1746 hab. 17250

PARC LA GARENNE ★★★ Tourisme 111 E. dont 92 nus, dont 15 GCC, 2,7 ha. CV. Locations : 30, . chauffée. Rivière à 300 m. à 300 m : . Accueil groupes. Ouv : 15.5 / 25.9. Sur RD 125. A 34 sortie Saint-Jean-d'Y puis CD 18, A 35 sortie Saintes puis RN 137 et CD 18. A 10 sortie Saint-Jean-d'Angély n° 34 ou Saintes n° 35. 05 46 97 01 46 / 06 09 43 20 11 / 06 21 86 53 44 (H.S.). E-mail : info@lagarenne.net, Web : www.lagarenne.net. Prix 2008. Fft jour : Empl. Tourisme (2) : 16 € () ; Sup : 4,10 € - de 7 ans 2,80 € ; 4,20 € (6 A) ; Animaux 3 €. Réduction H.S.

PORT DES BARQUES

9-B1 15 km O. Rochefort-sur-Mer. 1334 hab. 17730

CAMP MUNICIPAL DE LA GARENNE ★★★ Tourisme 377 E. (312 Tourisme + 65 Loisirs), dont 65 GCC, 5 ha. CV. Locations : 18. chauffée. Bord de mer à 100 m. Etang à 200 m. ; ; ; ; . Accueil groupes. Ouv : 15.3 / 15.10. Avenue de l'Ile-Madame. 05 46 84 80 66 / 05 46 84 80 01 / 05 46 84 80 01 (H.S.). Fax : 05 46 84 98 33.

ILE MADAME ★★ Tourisme 50 E. 1 ha. . Locations : . ; . 05 46 84 12 67. Fax : 05 46 84 12 67.

PUILBOREAU

6-B5 3 km N.-E. La Rochelle. 2634 hab. 17138

BEAULIEU ★★★★ Tourisme 130 E. dont 26 nus, dont 15 CC - 105 GCC. collectifs, + sèche-linge, CV Sanitaire chauffé. Locations : 105, . . Bord de mer à 3 km. ; à 5 km : hte saison, hte saison, , hte saison. Accueil groupes. Ouv : 1.1 / 31.12. Se situe à l'embranchement de la rocade Niort-Nantes/Ile de Ré. 05 46 68 04 38. Fax : 05 46 35 85 95. Prix 2007. Fft jour : Empl. Tourisme (2) : 24 € () ; Sup : 6,50 € 4,50 € ; 3,50 € (10 A) ; Animaux 1,50 €.

FFCC : partenaire + carte FFCC assurance annulation + Stop accueil Camping-car du 01/01 au 20/06 et du 07/07 au 18/08/2008, accès jusqu'à 20h.

ROCHEFORT

9-C1 30 km S.-S.-E. La Rochelle. 5 m. 27716 hab. 17300

LE BATEAU ★★★ Tourisme 86 E., dont 70 GCC, 1 ha. CV. Locations : 2, 27, 2, . . Accès direct à l'étang et à la rivière. ; ; ; Port Neuf. Rue des Pêcheurs d'Islande. Accès par rocade Ouest, possible également par fleuve en bateau de toute taille. Port privé. 05 46 99 41 00. Fax : 05 46 99 91 65. E-mail : lebateau@wanadoo.fr.

CAMP MUNICIPAL LE RAYONNEMENT ★★ Tourisme 122 E. (113 Tourisme + 9 Loisirs), dont 13 GCC, 1,8 ha. , saison, saison, saison, saison, , saison, , ap. 22 h saison, CV Sanitaire chauffé. Camping clef verte. Locations : 11, . Rivière à 800 m. Etang à 1 km. Ouv : 1.3 / 30.11. Rés. obligatoire en été et en hiver. Avenue de la Fosse aux Mâts, 100 m RN 733. Dir. Royan-Ile d'Oléron. 05 46 82 67 70. Fax : 05 46 82 67 72.

LA ROCHELLE

6-B5 477 km S.-O. Paris. 78231 hab. 17000

CAMP MUNICIPAL DE PORT NEUF ★★ Tourisme 185 E. dont 119 nus, dont 64 GCC, 2,5 ha. aire spécifique, CV. Etang à 400 m. Bord de mer à 500 m. ; ; à 500 m : ; à 2 km : . Boulevard Aristide Rondeau. 05 46 43 81 20 / 05 46 51 14 19 (Mairie) (H.S.). Fax : 05 46 00 25 23.

CAMP MUNICIPAL DU SOLEIL ★★ Tourisme 157 E. 2,5 ha. . Bord de mer à 500 m. ; ; ; ; . Avenue Marillac. Prendre le Port des Minimes. 05 46 44 42 53 / 05 46 51 51 25 (Mairie).

LES TAMARIS ★★ Tourisme 33 E. Réservé uniquement aux employés de la D.D.E.

Voir aussi LAGORD

RONCE LES BAINS

24 km S.-O. Rochefort. 4 m. 4623 hab. 17390

Voir LA TREMBLADE

LA RONDE

6-C5 33 km N.-E. La Rochelle. 720 hab. 17170

LE PORT ★★★ Tourisme 25 E. 1,2 ha. , à gaz, , ping-pong, CV. Locations : , 5, , . . Etang et rivière à 2 km. . Accueil groupes. Ouv : 1.4 / 30.9. 4, rue du Port. A 8 km de la RN 11 et à 100 m de la RD 116. A 200 m du centre. Coffres-forts. 05 46 47 65 58.

ROYAN

9-B2 38 km S.-O. Rochefort-sur-Mer. 18125 hab. 17200

CLAIREFONTAINE ★★★★ Tourisme 300 E. dont 295 nus, , dont 3 GCC, 3 ha. , rapide, CV. . Bord de mer à 300 m. à 300 m : , , , . Accueil groupes. Ouv : 15.5 / 30.9. Rue du Colonel Lachaud. Avenue Louise. 05 46 39 08 11. Fax : 05 46 38 13 79. E-mail : info@camping-clairefontaine.com, Web : www.camping-clairefontaine.com. Prix 2008. Fft jour : Empl. Tourisme (3) : 34 € Sup : 9,50 € - de 10 ans 5,50 € ; 5 € ; Animaux 3 € (chien).

CHANT DES OISEAUX ★★★ Tourisme 150 E., dont 6 GCC, 2 ha. CV. Locations : 4, 5. . Bord de mer à 2,5 km. 19, rue des Sansonnets. A 300 m Nord, D 733. 05 46 39 47 47 / 05 46 38 68 15 (H.S.) / 05 46 38 68 15 (H.S.).

LE ROYAN ★★★ Tourisme 186 E., dont 35 GCC, 3,5 ha. snack, collectifs, aire saison, CV. Locations : 13, 30, 6. chauffée . Etang à 2 km.Bord de mer à 2,5 km.Lac à 3 km. Accueil groupes. Ouv : 1.4 / 10.10. Rés. obligatoire en été. 10, rue des Bleuets. A l'entrée de Royan, dir. la Palmyre à droite. ☎ 05 46 39 09 06. Fax : 05 46 38 12 05. E-mail : camping.le.royan@wanadoo.fr, Web : www.le-royan.com. Prix 2007. Fft jour : Empl. Tourisme (3) : 33 € ; Sup : 7,50 € - de 3/9 ans 6,50 € ; Animaux 3 €. Réduction H.S.

LA TRILOTERIE ★★ Tourisme 100 E. dont 100 nus, dont 12 CC, 0,96 ha. aire spécifique, Sanitaire chauffé. Bord de mer à 930 m. ; à 930 m : Ouv : 1.1 / 31.12. 44 ter, avenue A d'Aquitaine. D 730 Les chiens de cat. 1 et 2 ne sont pac acceptés. ☎ 05 46 05 26 91. Fax : 05 46 06 20 74. E-mail : info@campingroyan.com, Web : www.campingroyan.com. Prix 2007. Fft jour : Empl. Tourisme (2) : 19 € ; Sup : 6 € 3,50 à 4,50 € (4 à 8 A).

LES COQUELICOTS ★★ Tourisme 300 E. dont 41 nus, 3 ha. CV. Locations : 2, 10, 8. Etang, lac et rivière à 1 km.Bord de mer à 2,5 km. à 2,5 km : ; à 1 km : Ouv : 1.4 / 30.9. Situé à Maine Geoffroy, 7, rue des Coquelicots. Entre D 733 et la D 145. ☎ 05 46 38 23 21 / 06 15 53 25 32 (H.S.). Fax : 05 46 39 41 25. E-mail : camping-les-coquelicots@wanadoo.fr, Web : www.campingcoquelicots.com. Prix 2008. Fft jour : Empl. Tourisme (3) : 15,30 € ; Sup : 4,90 € - de 10 ans 2,90 € ; 3,30 € ; Animaux 1,80 €.

FFCC : partenaire - terrain assuré par la FFCC.

L'OREE DES BOIS ★★ Tourisme 90 E. 1 ha. Locations : , . à 2 km : 44 rue des Pinsons, près de la N 733. ☎ 05 46 39 07 92.

PARC RESIDENTIEL DE LOISIRS LE TEEPEE
P.R.L. 53 E. CV. Locations : 4, 40. Bord de mer à 3 km. Location longue durée. ☎ 05 46 23 06 85. Fax : 05 46 02 14 40.

ST ANDRE DE LIDON

9-C2 20 km S.-O. Saintes. 25 m. 805 hab. ✉ 17260

Mle VALLEE Emmanuelle CV. A 3 km : . A 4 km : . A 5 km : Piscine plein air . A 10 km : . A 15 km : . Les Vielles, par RD 732, 4 km Ouest de la commune, à proximité de la ferme. Sous bois, pré herbeux, semi-ombragé. ☎ 05 46 94 20 03.

CHEZ MENARD,aire naturelle . A 3 km : . A 4 km : . A 5 km : Piscine plein air . Ouv : 15.4 / 15.10. De Pons Royan D 732 à la Merletterie entre Gemozac-Cozes prendre D 129 et 1ère à gauche sur la route de St-André-de-Lidon. Terrain plat et ombragé. Location de caravanes. Chez Ménard. ☎ 05 46 90 09 40. E-mail : daniellemarceau@aol.com. Prix 2008. 1,70 € ; 0,74 € ; 1,70 € ; 1,65 € ; - de 7 ans 0,92 € ; 1,75 € (15 A) ; 1 € ; Animaux 0,72 €.

FFCC : partenaire + réduction emp. de 5 % en saison et hors saison.

M. GRAND Pierre,aire naturelle . A 2 km : . A 3 km : . A 5 km : Piscine plein air . Ouv : 15.6 / 15.9. Chez Viaud par RN 732 puis chemin communal, 3 km Sud-Ouest de la commune à proximité de la ferme. Pré herbeux, semi-ombragé. Location de caravanes équipées et de mobil-home. Gardiennage. ☎ 05 46 90 08 37. Prix 2008. 2 € ; 2 € ; 3 € ; 2 € ; 2 € ; - de 10 ans 1 € ; 2 € ; 2 €.

FFCC : partenaire + réduction emp. de 5 % en saison et hors saison.

ST AUGUSTIN

9-B1 40 km S.-O. Rochefort-sur-Mer. 495 hab. ✉ 17570

COTES DE SAINTONGE ★★★ Loisirs 143 E., dont 105 GCC, 2 ha. CV. Locations : 1, 18, 4. Bord de mer à 5 km. ; à 4 km : Lieu-dit Charosson, sur D 145. ☎ 05 46 23 23 48 / 05 46 93 39 98 / 05 46 39 48 37 (H.S.). Fax : 05 46 39 48 37. E-mail : lescotesdesaintonge@libertysurf.fr, Web : www.lescotesdesaintonge.fr.

LA FERME ST AUGUSTIN N° 1 ★★★ Tourisme 186 E. (119 Tourisme + 67 Loisirs), dont 53 GCC, 3 ha. 5, la nuit, CV. Locations : 30, 20, 42, 20. Bord de mer à 5 km. ; à 5 km : Par RD 145, dir. Etaules. N 150 et la D 14. ☎ 05 46 39 14 46. Fax : 05 46 23 43 59. E-mail : contact@fermestaugustin.com, Web : www.campinglaferme.fr.

LA FERME ST-AUGUSTIN N° 2 ★★★ Tourisme 155 E. (140 Tourisme + 15 Loisirs), dont 65 GCC, 3 ha. 5, nuit, CV. Locations : 30, 20, 42, 20. Bord de mer et étang à 5 km. ; à 5 km : 15, rue du Bourg. N 150 et D 14 Saujon la Tremblade. A Etaules prendre à gauche dir. St-Augustin. ☎ 05 46 39 14 46. Fax : 05 46 23 43 59. E-mail : contact@fermestaugustin.com, Web : www.campinglaferme.fr.

LE LOGIS DU BREUIL ★★★ Tourisme 355 E. 9 ha. à gaz, CV Camping tourisme et handicap. Locations : 1, 10, 2. Etang à 2 km.Bord de mer à 4,5 km. à 500 m : ; à 4,5 km : Ouv : 15.5 / 30.9. Par RD 145. ☎ 05 46 23 23 45 / 02 28 11 40 36 (Réserv.) (H.S.). Fax : 05 46 23 43 33. E-mail : camping.logis-du-breuil@wanadoo.fr, Web : www.logis-du-breuil.com. Prix 2007. Fft jour : Empl. Tourisme (2) : 24,30 € (6 A)) ; - de 7 ans 4,70 € ; E. CC 5,70 € (Suplt) ; Animaux 2,30 €.

L'ECUREUIL ★★★ Tourisme 140 E. dont 80 nus, , dont 12 GCC, 3 ha. CV. Locations : 7, 30, . Rivière à 500 m. Bord de mer et lac à 5 km. ; à 5 km : 41, route de l'Ilot. ☎ 05 46 39 13 39 / 06 80 87 95 57 / 06 80 87 95 57 (H.S.). Fax : 05 46 23 71 96. E-mail : camping@ecureuil17.com, Web : www.ecureuil17.com. Réduction H.S.

LES VIGNES 1 & 2 ★★ Tourisme 100 E., dont 2 GCC, 3,5 ha. CV. Locations : 20, 20. chauffée . Accès direct à l'étang. Bord de mer à 5 km. ; à 5 km : Ouv : mai / septembre. 3, rue des Ardillers. ☎ 05 46 23 23 51 / 05 46 23 19 34 (H.S.). Fax : 05 46 23 19 34. E-mail : campinglesvignes17@alicepro.fr, Web : www.campinglesvignes17.com. Prix 2007. Fft jour : Empl. Tourisme (2) : 13 € ; Sup : 4 € 3,50 à 4,20 € (4 à 10 A) ; Animaux 1,20 € (chien). Réduction H.S.

LES VIGNES II ★★ Tourisme 44 E. (27 Tourisme + 17 Loisirs), dont 17 GCC, 1 ha. Locations : 20, 20. Accès direct à l'étang. Bord de mer à 5 km. ; à 5 km : 3, Rue des Ardillers. ☎ 05 46 23 23 51 / 05 46 23 19 34 (H.S.). Fax : 05 46 23 23 51. E-mail : campinglesvignes17@dicepro.fr, Web : campinglesvignes17.com. Prix 2007. Fft jour : Empl. Tourisme (2) : 13 € ; Sup : 4 € 3,50 à 4,20 € (4 à 10 A) ; Animaux 1,20 € (chien).

ST BONNET SUR GIRONDE

9-C2 22 km S.-O. Jonzac. 9 m. 899 hab. ✉ 17150

CAMP MUNICIPAL ★ Tourisme 14 E. dont 14 nus . Accueil groupes. Par N 137 à Mirambeau dir. RD 145 dans le bourg de St-Bonnet dir. Vitrezay RD 149. ☎ 05 46 86 01 59 (Mairie). Fax : 05 46 04 01 12. E-mail : saint-bonnet-sur-gironde@mairie17.com.

M. & Mme VAN REYSEN,camping à la ferme Au Chêne Vert. ☎ 05 46 49 94 41. E-mail : karinvdsterre@wanadoo.fr.

ST CESAIRE

9-C1 10 km E. Saintes. 830 hab. ✉ 17770

CAMP MUNICIPAL ★★ Tourisme 33 E. dont 33 nus . Lac à 300 m. Etang à 500 m. Rivière à 1 km. ☎ 05 46 91 55 45 (Mairie).

ST CHRISTOPHE

6-C5 18 km E. La Rochelle 26 m. 827 hab. ✉ 17220

CAMP MUNICIPAL LA GARENNE ★★ Tourisme 30 E. CV. Locations : . Accès direct à l'étang. Lac à 3 km. . Accueil groupes. Route de la Mazurie. ☎ 05 46 35 51 79 / 05 46 35 16 15 (H.S.). Fax : 05 46 35 64 29. E-mail : saintchristophe@mairie17.com.

ST DIZANT DU GUA

9-C2 25 km O. Jonzac 16 m. 606 hab. ✉ 17240

Mme GUERIN Patricia,camping à la ferme . 7, impasse du Sabotier. Sortie autoroute Mirambeau, à gauche prendre Royan et à Lorignac centre-bourg avant église à gauche, prendre St-Dizant du Gua suivre les flèches. ☎ 05 46 49 91 65.

ST FORT SUR GIRONDE

9-C2 24 km O. Jonzac. 1009 hab. ✉ 17240

LE PORT MAUBERT ★★ Tourisme 50 E. dont 39 nus , pain, CV. Locations : 6, 5, 7. . Accès direct à la rivière. à 500 m : ; à 1 km : . Accueil groupes. Ouv : 15.4 / 30.9. Rés. obligatoire en été. 8, rue de Chasseillac. Par A 10 sortie n° 36 ou 37. 15 km à l'Ouest près de l'estuaire. ☎ 05 46 04 78 86 / 06 07 87 49 40 (H.S.). Fax : 05 46 04 16 79. E-mail : bourdieu.jean-luc@wanadoo.fr, Web : www.campingportmaubert.com. Prix 2008. Fft jour : Empl. Tourisme (2) : 12,20 € () ; Sup : 3,10 € - de 12 ans 2,20 € ; 3,50 € (10 A) ; Animaux 2 €.

FFCC : partenaire + réduction emp. de 5 % en saison et hors saison + Stop accueil Camping-car du 01/04 au 31/10/2008, accès jusqu'à 22h30 + réduction loc. de 5 % en saison et hors saison.

ST GEORGES DE DIDONNE

9-B2 36 km S.-O. Saintes. 10 m. 4287 hab. ✉ 17110

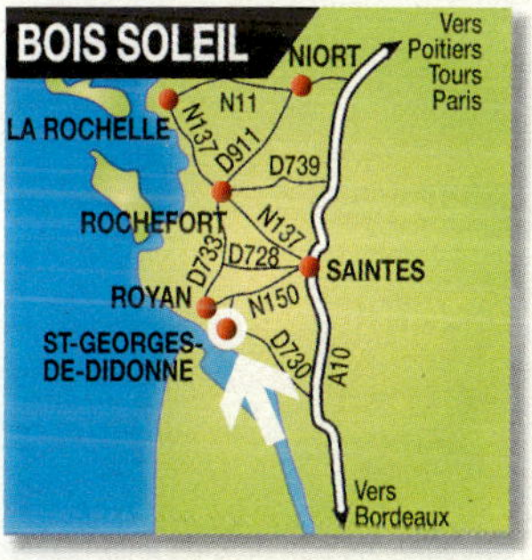

BOIS SOLEIL ★★★★ Tourisme 462 E. (275 Tourisme + 187 Loisirs), dont 125 CC - 229 GCC, 7 ha. , mini, CV Sanitaire chauffé. Locations : 8, 66, , Cottages. chauffée . Accès direct à la mer. Etang à 2 km. ; ; ; ; . Accueil groupes. Ouv : 4.4 / 2.11. Rés. obligatoire en été. 2 avenue de Suzac. Au bout de la plage en dir. de Meschers. ☎ 05 46 05 05 94. Fax : 05 46 06 27 43. E-mail : camping.bois.soleil@wanadoo.fr, Web : www.bois-soleil.com. Prix 2008. Fft jour : Empl. Tourisme (3 1 - de 3 ans) : 37 € ((6 A)) ; Sup : 7,50 € - de 7 ans 5,50 € Fft Tente : 33 € (3 (6 A)). Réduction H.S.

FFCC : réduction loc. de 5 % hors saison.

CAMP LA MUTUELLE GENERALE DES P.& T. ★★★★ Tourisme 45 E. . Locations : . . Bord de mer à 800 m. ; ; . Réservé aux mutualistes. ☎ 05 46 39 75 75. Fax : 05 46 06 20 57.

ALICAT ★★★ Tourisme 40 E. 0,6 ha. . Locations : . Bord de mer à 300 m. ; ; à 300 m : . Avenue Béteille, 400 m RD 140 et RN 730. ☎ 05 46 05 31 92 / 05 46 93 15 04 (H.S.).

IDEAL CAMPING ★★★ Tourisme 400 E. 8 ha. , gaz/électrique, CV. Locations : 20, 15. chauffée . Bord de mer à 200 m. ; ; à 200 m : ; à 2 km : , . Ouv : 7.5 / 7.9. Avenue de Suzac. Par la D 25. ☎ 05 46 05 29 04. Fax : 05 46 06 32 36. E-mail : info@ideal-camping.com, Web : www.ideal-camping.com. Prix 2007. Fft jour : Empl. Tourisme (3) : 24,50 € () ; Sup : 4,90 € - de 5 ans 3,40 € ; 4 à 4,80 € (6 à 10 A). Réduction H.S.

LE BLAYAIS ★★★ Tourisme 142 E. 1,82 ha. CV. Locations : 20, . chauffée . Bord de mer à 300 m. ; ; ; à 300 m : . Avenue de Béteille, 400 m RD 140 et RN 730. ☎ 05 46 05 31 92. Fax : 05 46 06 26 56. Web : www.camping-blayais-alicat.com.

LE DAUPHIN ★★★ Tourisme 233 E. (138 Tourisme + 95 Loisirs), dont 128 GCC, 4,3 ha. CV. Locations : 30. chauffée . Bord de mer à 400 m. Etang et rivière à 2 km. ; ; ; à 400 m : ; à 1 km : . Ouv : 15.5 / 15.9. 35, allée des Bruyères. Par D 25 Suzac-Meschers. ☎ 05 46 05 33 31 / 06 81 07 59 02 (H.S.). Fax : 05 46 38 03 51. E-mail : contact@camping-ledauphin.com, Web : www.camping-ledauphin.com. Prix 2008. Fft jour : Empl. Tourisme (3) : 27,60 € () ; 4,30 €. Réduction H.S.

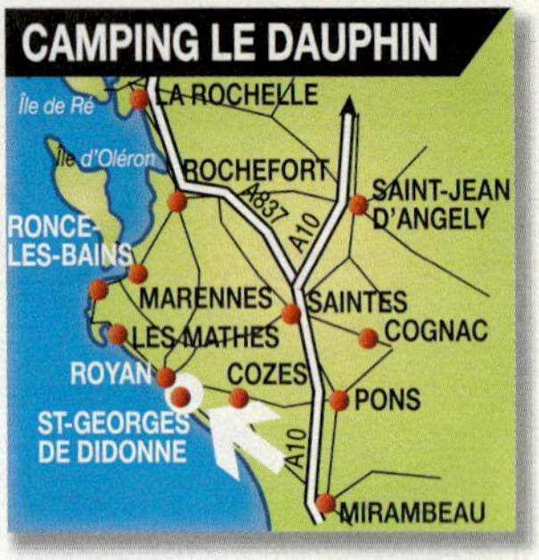

PLEIN AIR ★★★ Tourisme 57 E. dont 3 nus, dont 3 CC - 2 GCC, 1,4 ha. CV. Locations : 3, 20, . . Bord de mer à 1,5 km. ; à 1,5 km : , ; à 1 km : . Accueil groupes. Ouv : 1.6 / 15.9. Chemin de Margite, 500 m est RN 730. ☎ 05 46 05 31 60 / 06 80 60 47 44 (H.S.). Fax : 05 46 05 31 60. Prix 2007. Fft jour : Empl. Tourisme (2) : 17,40 € () ; Sup : 5,35 € 3,85 € ; 4,70 € (6 A) ; Animaux 3,40 €.

ANNEXE DU PLEIN AIR ★★ Tourisme 53 E. dont 23 nus 1,4 ha. CV. Locations : 5, 18, 1, . . Bord de mer, étang et rivière à 1,5 km. ; à 1,5 km : , ; à 1 km : . Accueil groupes. Ouv : 1.6 / 15.9. Chemin de Margite. 500 m Est de la RN 730. ☎ 05 46 05 31 60 / 06 80 60 47 44 (H.S.). Fax : 05 46 05 31 60. E-mail : camping.plein.air@wanadoo.fr, Web : www.camping-plein-air.fr. Prix 2007. Fft jour : Empl. Tourisme (2) : 17,40 € () ; Sup : 5,35 € 3,85 € ; 4,70 € (6 A) ; Animaux 3,40 €. Réduction H.S.

AZPITARTE ★★ Tourisme 60 E., dont 10 CC, 0,8 ha. CV. Locations : 5. Etang à 200 m. Bord de mer à 400 m. à 500 m : , , , . Ouv : 1.1 / 31.12. Centre ville à 400 m. ☎ 05 46 05 26 24 / 06 77 36 38 65 (H.S.). Fax : 05 46 05 26 24. E-mail : linette.besson@camping-azpitarte.com, Web : www.camping-azpitarte.com. Prix 2008. Fft jour : Empl. Tourisme (3) : 20 € () ; Sup : 5,32 € 4 € (10 A) ; Animaux 2,25 €. Réduction H.S.

G.C.U. DE SUZAC Réservé aux adhérents. Adhésion possible sur place pour les sociétaires MAIF et FILIA MAIF. Sud de Saint-Georges-de-Didonne.

LES BRANDES ★★ Tourisme 133 E. 1,5 ha. CV. Locations : . . Bord de mer à 2 km. à 2 km : , . Accueil groupes. 137, route de Bordeaux, RN 730. ☎ 05 46 05 28 64. Fax : 05 46 06 00 74. Web : camping-les-brandes.fr.

FFCC : partenaire - terrain assuré par la FFCC.

LES CATALPAS ★★ Tourisme 136 E., dont 5 GCC, 2,4 ha. , la nuit, CV. Locations : . chauffée . Etang à 200 m. Bord de mer à 1,2 km. en mer : ; à 1,2 km : , ; à 2 km : . Chemin d'Enlias. ☎ 05 46 05 84 97 / 0 810 122 813 (H.S.). Fax : 05 45 64 45 74. E-mail : catalpas@village-center.com, Web : www.village-center.com/catalpas. Prix 2007. Fft jour : Empl. Tourisme (2) : 22,50 € () ; Sup : 4,50 €Animaux 3 €.

CAMP C.C.A.S. LE BAS DES COTEAUX ★ Tourisme 58 E. Réservé C.C.A.S.

ST GERMAIN DE LUSIGNAN

9-C2 2 km O. Jonzac. 39 m. 1403 hab. ✉ 17500

Mme SABOURAUX Marie-Agnès CV. A 2 km: . A 4 km : . A 5 km : Piscine chauffée Piscine plein air. Ouv : 1.1 / 31.12. 38, rue du Trier, par RD 252 ou 699, à 2 km Sud-Ouest de la commune à proximité de la ferme. Bois, pré herbeux, rivière à 2 km. Bois, pré herbeux, cure thermale rhumatologie, phlébologie et O.R.L. à 5 km. ☎ 05 46 49 37 65 / 05 46 49 37 05 (H.S.). Prix 2008. Empl. Tourisme : 1,50 € () : 1,50 € ; 2,50 € ; - de 10 ans 1,50 € ; 3 € ; Animaux 0,50 €.

FFCC : partenaire + Stop accueil Camping-car toute l'année, accès jusqu'à 20h.

ST JEAN D ANGELY

9-C1 61 km S.-E. La Rochelle. 30 m. 9530 hab. ✉ 17400

CAMPING VAL DE BOUTONNE ★★★ Tourisme 99 E. 1,85 ha. CV. Locations : , , , . Accès direct à la rivière. à 50 m : ; à 200 m : , , . Accueil groupes. Ouv : 1.4 / 30.9. Quai de Bernouët, A 10, sortie 34 à 2 km suivre dir. de l'hôpital wifi ☎ 05 46 32 26 16. E-mail : info@valba.net, Web : www.valba.net. Prix 2007. Fft jour : Empl. Tourisme (2) : 12 € Sup : 3,20 € - de 7 ans 2,40 € ; 3 € (6 A) ; Animaux 1,20 €.

ST JUST LUZAC

9-B1 20 km S.-O. Rochefort 20 m. 1314 hab. ✉ 17320

SEQUOIA PARC ★★★★ Tourisme 426 E. dont 118 nus, , dont 240 GCC, 28 ha. , + sèche-linge, CV Sanitaire chauffé. Locations : 44, , Cottages. chauffée poneys + chevaux, . Rivière à 3 km.Bord de mer à 5 km. ; à 3 km : ; à 5 km : , , . Ouv : 8.5 / 14.9. Rés. obligatoire en été. A 10 sortie Saintes, dir. Royan/Ile d'Oléron (D 728). Suivre cette route jusqu'à la 2e sortie St-Just, puis 1ère à droite après le silo Océane. Entrée camping à 100 m. ☎ 05 46 85 55 55. Fax : 05 46 85 55 56. E-mail : info@sequoiaparc.com, Web : www.sequoiaparc.com. Prix 2008. Fft jour : Empl. Tourisme (2) : 43 € (E. CC E. GCC) ; Sup : 9 € - de 11 ans 5 € ; Animaux 5 €. Réduction H.S.

ST LAURENT DE LA PREE

9-B1 8 km N.-O. Rochefort-sur-Mer. 5 m. 1075 hab. ✉ 17450

LE PRE VERT ★★★ Tourisme 67 E., dont 13 GCC, 2 ha. CV. Locations : 1, 12, . Rivière à 1 km.Bord de mer et étang à 5 km. à 1 km : ; à 5 km : ; à 7 km : . Rue du Petit Loir. ☎ 05 46 84 89 40. Fax : 05 46 84 89 40.

LA GARENNE ★ Tourisme 15 E.

ST MANDE SUR BREDOIRE

9-D1 22 km N.-E. Saint-Jean-d'Angély. 100 m. 354 hab. ✉ 17470

LE LIZOT EN SAINTONGE ★★ Tourisme 100 E., dont 9 HLL. CV. Locations : 3, 4, . Accueil groupes. Ouv : 1.1 / 31.12. Rés. obligatoire en été. Lieu-dit le Lizot, RD 950 Poitiers-Saintes : sortie Aulnay-de-Saintonge. ☎ 05 46 58 69 95. Fax : 05 46 58 69 96. E-mail : lelizot@wanadoo.fr, Web : le-lizot.com. Prix 2007. Fft jour : Empl. Tourisme (3) : 17 € ( ) ; Sup : 3,50 € - de 2/7 ans 2 € ; 3 à 3,50 € ; Animaux 1,50 €. Réduction H.S.

FFCC : partenaire - terrain assuré par la FFCC.

ST NAZAIRE SUR CHARENTE

9-B1 8 km O. Rochefort-sur-Mer. 6 m. 862 hab. ✉ 17780

L'ABRI COTIER ★★★ Tourisme 100 E. dont 59 nus, dont 10 GCC, 1,8 ha. CV. Locations : 5, 30, . Bord de mer à 1,5 km.Etang et rivière à 2 km. ; ; à 2 km : . Accueil groupes. Ouv : 29.3 / 4.10. Rés. obligatoire en été. 300 m RD 238 et 125. Connexion WIFI - 2 h / 5 € - 4 h / 8 € - 8 h / 15 € ☎ 05 46 84 81 65. Fax : 05 46 84 81 65. E-mail : labricotier@wanadoo.fr, Web : www.labricotier.com. Prix 2008. Fft jour : Empl. Tourisme (2) : 16,20 € ( ) ; Sup : 4,30 € - de 6 ans 2,90 € ; 4,10 € (6 A) ; Animaux 2,50 €.

ST PALAIS SUR MER

9-B2 35 km S.-O. Rochefort-sur-Mer. 15 m. 2447 hab. ✉ 17420

LE PUITS DE L'AUTURE ★★★★ 400 E., dont 200 GCC, 6 ha. CV. Locations : , ; chauffée . Bord de mer à 50 m. ; ; . Ouv : 1.5 / 30.9. 151, avenue de la Grande Côte. Sur D 25. ☎ 05 46 23 20 31. Fax : 05 46 23 26 38. E-mail : camping-lauture@wanadoo.fr, Web : www.camping-puitsdelauture.com. Prix 2008. Fft jour : Empl. Tourisme (2) : 37 € ((10 A)) ; Sup : 7 €

FFCC : Stop accueil Camping-car du 01/04 au 30/09/2008, accès jusqu'à 22h30.

CAMP COTE DE BEAUTE ★★★ Tourisme 115 E. 2 ha. , à gaz, Sanitaire chauffé. Locations : 4, . Bord de mer à 150 m. Etang à 1,5 km. ; à 150 m : . RD 25. 1,8 km du centre ville et 250 m de la plage la Grande Côte par la façade de mer. ☎ 05 46 23 20 59. Fax : 05 46 23 37 32. E-mail : campingcotedebeaute@wanadoo.fr, Web : www.camping-cote-de-beaute.com. Prix 2007. Fft jour : Empl. Tourisme : 21,50 € ( ) ; Sup : 3,50 € - de 10 ans 2,20 € ; 4 € (6 A) ; Animaux 2,50 € (chien).

DOMAINE DE BERNEZAC ★★★ Tourisme 120 E. (83 Tourisme + 37 Loisirs), dont 37 GCC, 3 ha. CV. Bord de mer à 50 m. Lac à 1 km. à 50 m : , , ; à 1 km : . Ouv : 15.3 / 15.10. Rés. obligatoire en été. 2, avenue de Bernezac, Domaine de Bernezac, 500 m RD 42. ☎ 05 46 39 00 71. Fax : 05 46 38 14 46. E-mail : acccf-ber@wanadoo.fr, Web : www.acccf.com. Prix 2007. Fft jour : Empl. Tourisme (2) ; 19,60 € ( ) ; Sup : 7,20 € - de 7 ans 2,60 € ; 3,50 € (6 A) ; Animaux 1 €. Fft Ccar : 9,30 € (2). Réduction H.S.

FFCC : partenaire + réduction emp. de 5 % hors saison + Stop accueil Camping-car du 15/03 au 15/10/2008, accès jusqu'à 21h.

LES DEUX PLAGES ★★★ Tourisme 170 E., dont 7 CC - 113 GCC, 3 ha. , saison, , saison, CV. Locations : 14, 10, . Bord de mer à 600 m. Etang à 800 m. à 600 m : , , ; à 800 m : . Rue des Acacias. ☎ 05 46 23 11 42. Fax : 05 46 23 77 66. E-mail : camping.deux-plages@wanadoo.fr, Web : www.camping-deux-plages.com. Réduction H.S.

LES ORMEAUX ★★★ Tourisme 189 E. dont 80 nus, 4 ha. , snack, CV. Locations : 2, 28, 6. chauffée . Bord de mer à 800 m. Etang et lac à 1 km. à 800 m : , . Ouv : 1.4 / 31.10. Rés. obligatoire en été. 44, avenue de Bernezac, RD 25. A 10 sortie Saintes/Royan. ☎ 05 46 39 02 07 / 05 46 90 44 26 (H.S.). Fax : 05 46 38 56 66. E-mail : campingormeaux@tiscali.fr, Web : www.camping-ormeaux.com. Prix 2008. Fft jour : Empl. Tourisme (3 1 - de 4 ans) : 26,50 € ( ) ; Sup : 7,50 €Animaux 3,50 €.

YUKADI VILLAGE LE LOGIS ★★★ Tourisme 644 E. 20 ha. snack, CV. Locations : 184. chauffée. Bord de mer à 1,2 km. à 600 m : ; à 1,2 km : . Ouv : 16.5 / 9.9. 22, rue des Palombes. 200 m CD 25 sortir à La Grande Côte. Accès facile par la voie expresse face au Golf. ☎ 05 46 23 20 23 / 05 46 22 38 22 (Réserv.) (H.S.). Fax : 05 46 23 10 61. E-mail : reservations@yukadivillages.com, Web : www.yukadivillages.com. Prix 2008. Fft jour : Empl. Tourisme (2) : 31 € () ; Sup : 7,60 € - de 7 ans 5,60 € ; 5,20 € ; Animaux 4,80 €.

CAMP ELIM ★★ Tourisme 33 E. Réservé membres Assemblées de Dieu de France.Le Pin,rue des Iris. ☎ 05 46 05 03 92 / 05 46 39 28 44.

LA BORDERIE ★★ Tourisme 191 E. (120 Tourisme + 71 Loisirs), dont 71 GCC, 2,5 ha. CV. Locations : 2. Lac à 600 m. Bord de mer à 1 km. à 1 km : . RD 282. ☎ 05 46 23 30 58. Fax : 05 46 23 30 58. E-mail : camping.la.borderie@wanadoo.fr, Web : www.laborderie.com. Prix 2007. Fft jour : Empl. Tourisme (3 1) : 18 € (E. GCC) ; Sup : 4,80 € - de 10 ans 2,90 € ; 3,60 € (4 A) ; Animaux 2,60 €. Réduction H.S.

LA GRANDE COTE ★★ Tourisme 70 E. 1 ha. gaz/électrique, CV. Locations : 8. Bord de mer à 25 m. ; ; à 25 m : . Ouv : 1.4 / 30.9. Rés. obligatoire en été. A 10 sortie 35 Saintes. RN 150 Royan. St-Palais. ☎ 05 46 23 20 18. E-mail : info@campinglagrandecôte.com, Web : www.campinglagrandecôte.com. Prix 2007. Fft jour : Empl. Tourisme (2) : 21 € () ; Sup : 4,50 € 4 € (6 A) ; Animaux 2,50 €. Réduction H.S.

LE REPOS ★★ Tourisme 17 E. 0,15 ha. CV. Locations : , 10, 7. Bord de mer à 300 m. Etang à 3 km. ; à 300 m : , ; à 2 km : . A la Grande Côte. ☎ 05 46 23 20 72.

LE TAHITI ★★ Tourisme 18 E. dont 4 nus 0,2 ha. , pain, + sèche-linge, CV. Locations : 12, 5. Bord de mer à 300 m. Etang et lac à 2 km. ; ; ; ; à 5 km : . Accueil groupes. Ouv : 1.4 / septembre. 27, rue des Palombes. Lieu-dit La Grande Côte. D 25 ou la D 141. ☎ 05 46 23 18 41 / 06 84 58 77 08. Fax : 05 46 23 18 41. E-mail : camping.tahiti@aliceadsl.fr, Web : camping.tahiti.chez-alice.fr. Prix 2007. Fft jour : Empl. Tourisme (2) : 14,50 € () ; Sup : 4,50 € - de 7 ans 3,80 € ; 3,50 à 4,10 € ; Animaux 1,50 €. Réduction H.S.

LES PINS ★★ Tourisme 230 E. (130 Tourisme + 100 Loisirs), dont 8 CC - 108 GCC, 3,7 ha. CV. Locations : , , . Lac à 2 km.Bord de mer à 2,5 km. à 2,5 km : , , ; à 2 km : . Ouv : 8.3 / 5.11. RD 25. Accès direct par la voie express (RD 25) Royan-La Palmyre. ☎ 05 46 23 30 83. Fax : 05 46 23 75 01. E-mail : christine@camping-lespins.com, Web : www.camping-lespins.com. Prix 2008. Fft jour : Empl. Tourisme (2) : 18,50 € () ; Sup : 5,20 € 3,50 € ; 4 € (6 A) ; Animaux 2,80 €.

ST PIERRE D AMILLY

6-C5 36 km N.-E. Rochefort. 65 m. 390 hab. 17700

M. BOURET André . A 4 km : Piscine plein air . A 5 km : . A 10 km : . Bois Joly, RN 11 à 800 m, à 4 km de la commune. Pré semi-ombragé. ☎ 05 46 51 80 75.

ST SIGISMOND DE CLERMONT

9-C2 9 km O. Jonzac 16 m. 114 hab. 17240

Mme GUILLEMET Laurence . Route de la Tenaille. RN 137 St-Genis-de-Saintonge/Mirambeau. Autoroute A 10 sortie Mirambeau. ☎ 05 46 49 88 16. Fax : 05 46 49 88 16.

ST SIMON DE BORDES

9-C2 6 km S.-O. Jonzac. 65 m. 560 hab. 17500

LES CASTORS ★★★★ Tourisme 73 E. (60 Tourisme + 13 Loisirs), dont 4 CC - 13 GCC, 2 ha. , location, CV Sanitaire chauffé. Locations : 6, 22, couverte chauffée . Etang, lac et rivière à 2 km. Accueil groupes. Ouv : 23.3 / 25.10. Route de Montendre. Les Brandes. ☎ 05 46 48 25 65. Fax : 05 46 06 26 76. E-mail : camping-les-castors@wanadoo.fr, Web : www.campingcastors.com. Prix 2008. Empl. Tourisme : 4,90 € ; 5,60 € ; 4,20 € ; - de 8 ans 3,20 € ; 4,20 à 4,90 € (6 à 10 A) ; E. GCC 6 € ; Animaux 1,70 €.

FFCC : partenaire + réduction emp. de 5 % hors saison + carte FFCC assurance annulation + Stop accueil Camping-car du 20/03 au 10/11/2008, accès jusqu'à 22h.

M. & Mme CELLOU CV. A 3 km : Piscine couverte . A 4 km : . A 5 km : Piscine chauffée . La Bujhollerie. A 1 km de Jonzac, bordure de la D 19, dir. Montendre. Prairie ombragée au milieu des vignes. ☎ 05 46 48 05 21. Fax : 05 46 48 05 21.

ST SORNIN

9-B1 22 km S. Rochefort-sur-Mer. 310 hab. 17600

LE VALERICK ★★ Tourisme 50 E. dont 40 nus 1,5 ha. CV. Locations : 2. Etang à 200 m. Lac à 4 km. à 200 m : . Ouv : 1.4 / 30.9. La Mauvinière. D 118 dir. Pont l'Abbé d'Arnoult. ☎ 05 46 85 15 95. Fax : 05 46 85 15 95. E-mail : camplevalerick@aol.com. Prix 2008. Fft jour : Empl. Tourisme (2) : 12,50 € () ; Sup : 3 € - de 12 ans 2 € ; 3 à 3,50 € (4 à 6 A) ; Animaux 1,40 €.

LES ETANGS MINA ★★ Tourisme 87 E., dont 11 GCC, 1,5 ha. , snack, CV. Locations : 2, 25. Accès direct à l'étang. Lac à 100 m. . Accueil groupes. Ouv : 1.4 / 31.10. Rés. obligatoire en été. A Cadeuil entre Rochefort et Royan. RD 733. ☎ 05 46 22 82 61. Fax : 05 46 06 95 73. E-mail : contact@campingmina.com, Web : www.campingmina.com. Prix 2007. Fft jour : Empl. Tourisme (2) : 12,50 € () ; Sup : 4 € - de 7 ans 2,60 € ; 3 € (6 A) ; Animaux 1,50 €. Réduction H.S.

FFCC : partenaire + réduction emp. de 5 % en saison et hors saison + carte FFCC assurance annulation + réduction loc. de 5 % en saison et hors saison.

ST SULPICE D ARNOULT

9-C1 20 km N.-O. Saintes. 100 m. 465 hab. 17250

M. OCTEAU Christian,aire naturelle Le Buchit . A 5 km: Piscine plein air . Ouv : Pâques / Toussaint. Le Plat d'Etain. A St-Jean-d'Angely prendre la D 18 jusqu'à St-Savinien dir. Pont-L'Abbé d'Arnoult, prendre la D 125 jusqu'au village. ☎ 05 46 95 64 66 / 06 76 51 10 35 (H.S.). Prix 2008. Empl. Tourisme : 2,40 € () ; 3,30 € ; 2,50 € ; - de 10 ans 1,40 € ; Animaux 0,50 €.

ST SULPICE DE ROYAN

9-B2 32 km S.-O. Rochefort-sur-Mer. 22 m. 1745 hab. 17200

LE WALMONE ★★ Tourisme 116 E., dont 5 CC, 1,5 ha. , collectifs, CV. Locations : 6, 15, 15. chauffée. Bord de mer à 3,5 km. ; à 3,5 km : , ; à 5 km : . Ouv : 1.4 / 30.9. Lieu-dit Jaffe, 41 rte de Royan. ☎ 05 46 39 15 81. Fax : 05 46 39 15 81. E-mail : resa@camping-walmone.com, Web : www.camping-walmone.com. Prix 2007. Fft jour : Empl. Tourisme (3) : 19,50 € Sup : 4,60 € - de 7 ans 3,70 € ; 3,80 à 4,40 € (4 à 6 A) ; Animaux 2,50 €. Réduction H.S.

FFCC : partenaire + carte FFCC assurance annulation.

Mme JOSSAND GOBIN,aire naturelle . A 7 km: Piscine plein air . Les Métairies. ☎ 05 46 39 14 12. Fax : 05 46 39 14 12.

FFCC : partenaire - terrain assuré par la FFCC .

ST THOMAS DE CONAC

9-C2 25 km O. Jonzac. 70 m. 657 hab. 17150

L'ESTUAIRE ★★★★ Tourisme 99 E. dont 65 nus, , dont 4 CC - 80 GCC - 10 HLL, 9 ha. , 2 fois/semaine, , + sèche-linge, CV Sanitaire chauffé. Locations : 10, 42, 10. Bord de mer à 500 m. ; à 3 km : . Accueil groupes. Ouv : 1.4 / 30.9. La Grange Godinet. D 145. Sortie autoroute Mirambeau/St Bonnet - D 149. ☎ 05 46 86 08 20. Fax : 05 46 86 09 18. E-mail : lestuaire@wanadoo.fr, Web : www.lestuaire.com. Prix 2008. Fft jour : Empl. Tourisme (2) : 19 € (E. CC E. GCC) ; Sup : 4 € - de 10 ans 3 € ; Animaux 4 €. Fft Ccar : 17 € (2). Réduction H.S.

FFCC : partenaire + carte FFCC assurance annulation.

ST VIVIEN

6-B5 12 km S.E. La Rochelle 4 m. 702 hab. 17220

LE MOULIN DE LA PIERRE ★★ Tourisme 9 E. 0,20 ha. CV. Locations : , , . Bord de mer à 5 km. à 5 km : , , , ; à 6 km : . Ouv : 1.3 / 31.11. Route de Thoiré. 21, avenue de l'Abbé Guichard. Par RN 17 sortie Chatelaillon plage dir. St-Vivien. E-mail : laurent.guillaume@yahoo.fr.

STE GEMME

6-C5 24 km O. Saintes. 779 hab. ✉ 17250

LE GRAND BLEU ★★★ Loisirs 100 E. (48 Tourisme + 52 Loisirs), dont 30 GCC. CV. Locations : 15, 25, . Accès direct à l'étang et aux bords du lac. ; ; ; . Route de Rochefort à Cadeuil. ☎ 05 46 22 90 99 / 06 81 04 41 68 / 06 81 04 41 68 (H.S.). Fax : 05 46 22 14 95. E-mail : campinglegrandbleu@hautmail.com.

LAC DE CADEUIL ★★ Tourisme 80 E. (60 Tourisme + 20 Loisirs) 2 ha. , snack, CV. Locations : 4. Accès direct aux bords du lac. Bord de mer à 3 km. ; ; ; à 200 m : . Lieu-dit Cadeuil. Dir. Rochefort D 733. ☎ 05 46 22 81 42 / 05 46 85 06 75 (H.S.). Fax : 05 46 85 65 80. E-mail : courrier@mobil-park17.com, Web : www.mobil-park17.com.

SAINTES

9-C1 67 km S.-E. La Rochelle. 10 m. 27486 hab. ✉ 17100

AU FIL DE L'EAU ★★★ Tourisme 214 E. dont 208 nus 4,7 ha. CV. Locations : 5. chauffée. Accès direct à la rivière. ; ; . Accueil groupes. Ouv : 1.5 / 30.10. Sortie Saintes sur A 10. Dir. centre ville. Quai de l'Yser et rue de Courbiac. ☎ 05 46 93 08 00. E-mail : contact@camping-saintes-17.com, Web : www.camping-saintes-17.com. Prix 2007. Empl. Tourisme : 4,40 € () : 4,40 € ; - de 7 ans 2,20 € ; 3,50 € (10 A) ; Animaux 0,85 €. Réduction H.S.

SALLES SUR MER

6-B5 10 km S.-E. La Rochelle. 1430 hab. ✉ 17220

CAMP MUNICIPAL ★★ Tourisme 50 E. 0,6 ha. . Bord de mer à 3 km. Le Moulin de Plaisance. D 203, N 939. ☎ 05 46 56 03 79. Fax : 05 46 56 31 99. E-mail : mairie-salles@smic17.fr.

SAUJON

9-B2 25 km S.-O. Saintes. 7 m. 5392 hab. ✉ 17600

DU LAC DE SAUJON ★★★ Tourisme 150 E., dont 66 CC - 20 GCC, 3,5 ha. CV. Locations : 33, 4, . couverte chauffée . Accès direct aux bords du lac. Rivière à 100 m. ; ; ; ; . Aire de La Lande, voie des tourterelles. ☎ 05 46 06 82 99. Fax : 05 46 06 83 66. E-mail : info@campingdulac.net, Web : www.campingdulac.net. Réduction H.S.

SEMUSSAC

9-B2 30 km S.-O. Saintes. 1006 hab. ✉ 17120

BOIS DE LA CHASSE ★★ Tourisme 150 E. 2,5 ha. CV. Locations : 5, 4, . Bord de mer à 5 km. 400 m RD 244. ☎ 05 46 05 18 01. Fax : 05 46 05 92 06.

CAMPING 2 B - LES BARDONNERIES ★★ Tourisme 93 E., dont 16 GCC, 1,6 ha. CV. Locations : 20, 14. . Bord de mer à 3 km. Rivière à 5 km. ; à 3 km : ; à 4 km : , . Ouv : 1.4 / 30.9. Accès par Royan puis D 730 dir. Bordeaux. A 1 km après sortie de St-George de Didonne 1ère à droite et aussitôt à gauche. ☎ 05 46 05 95 16. Fax : 05 46 02 70 99. E-mail : info@camping-2b.com, Web : www.camping-2b.com. Prix 2007. Fft jour : Empl. Tourisme (2) : 13,50 € () ; Sup : 4 € - de 7 ans 3 € ; 3,80 à 4,20 € (6 à 10 A) ; Animaux 2,20 €. Réduction H.S.

M. VIGUIAUD Loïc,camping à la ferme CV. A 5 km: . A 8 km : Piscine plein air Piscine couverte. Ouv : 15.06 / 15.09. La Valade, 44, rue du Silo. ☎ 05 46 06 91 14. Fax : 05 46 06 91 14. E-mail : patricia.viguiaud@wanadoo.fr, Web : www.la-valade.com. Prix 2008. Empl. Tourisme : 1,70 € ; 0,70 € ; 2,60 € ; - de 7 ans 1,70 € ; 2,10 € (6 A A) ; 0,90 €.

LE LYS BLANC,aire naturelle , 4, CV. A 3 km: . A 4 km : . A 5 km : Piscine plein air . A 7 km : . A 10 km : Piscine chauffée. Ouv : 1.04 / 30.09. D 730. Entre Semussac et St Georges de Didonne à chez Mouchet Point de vente de légumes, fruits et pineau. ☎ 05 46 05 65 90 / 06 82 72 81 18 / 06 82 72 81 18 (H.S.). E-mail : lysblancsemussac@aol.com, Web : www.le-lysblanc.com.

Mme ROBION Léa,aire naturelle CV. A 2,5 km: . A 1,5 km : . A 3 km : . Ouv : 1.6 / 30.9. La Rivière. Semi-ombragé. Location de caravanes et de mobil-homes. ☎ 05 46 05 39 68. Fax : 05 46 05 39 68. Web : www.larivierecamping.com. Prix 2007. Empl. Tourisme : 2,50 € ; 2,50 € ; - de 7 ans 1,80 € ; 2,50 € ; 0,80 €.

FFCC : partenaire + réduction emp. de 5 % en saison et 10 % hors saison + réduction loc. de 5 % en saison et 10 % hors saison.

SOUMERAS

9-C2 20 km S. Jonzac. 241 hab. ✉ 17130

TWINLAKES ★★ Tourisme 25 E. , snack, CV. Locations : 1, 5, 1, . . Etang à 20 m. Rivière à 500 m. Lac à 3 km. ; ; ; . ☎ 05 46 49 77 12. Fax : 05 46 49 77 12. E-mail : twinlakesinfo@hotmail.co.uk.

SURGERES

6-C5 27 km N.-E. Rochefort-sur-Mer. 6491 hab. ✉ 17700

LA GERES ★★ Tourisme 59 E. 1,06 ha. CV Sanitaire chauffé. Locations : 2, 4, 2. Accès direct à l'étang. ; à 1 km : . Accueil groupes. Ouv : 1.4 / 30.9. 10 Rue de la Gères. ☎ 05 46 07 79 97 (Camping) / 06 64 03 89 32 / 06 64 03 89 32 (H.S.). Fax : 05 46 27 16 78. Web : www.campingdelageres. Prix 2007. Fft jour : Empl. Tourisme (2) : 15 € () ; Sup : 3,50 € 3 € ; 3,50 € ; Animaux 1,50 €.

TAILLEBOURG

9-C1 16 km S.-O. Saint-Jean-d'Angély. 20 m. 626 hab. ✉ 17350

CAMP MUNICIPAL ★★ Tourisme 27 E. 0,6 ha. . Rivière à 200 m. . RD 114. ☎ 05 46 91 71 20.

TAUGON

6-C5 32 km N.-E. La Rochelle. 674 hab. ✉ 17170

CAMP MUNICIPAL ★★ Tourisme 57 E. dont 51 nus, 1 ha. , au village, , au village, CV. Locations : 1. 2. Etang à 150 m. Rivière à 2 km. . Accueil groupes. 10, rue des Hérons. ☎ 05 46 09 76 15 (Mairie). Fax : 05 46 09 76 19. E-mail : taugon@mairie17.com, Web : aunisverte.com.

THAIRE

6-B5 22 km N. Rochefort-sur-Mer. 10 m. 886 hab. ✉ 17290

CAMP MUNICIPAL ★★ Tourisme 76 E. 0,5 ha. . Rue de l'Aunis. ☎ 05 46 56 48 73.

M. FONTENAY Serge,aire naturelle CV. A 1 km: . A 5 km : . A 6 km : Piscine plein air . A 8 km : . Le Pontreau, par CD 203, à 1,5 km Ouest de la commune. A proximité de la ferme. Terrain ombragé au bord d'un petit ruisseau. ☎ 05 46 56 10 64. E-mail : serge.fontenay@orange.fr. Prix 2007. Empl. Tourisme : 5 € ; 1,50 € ; 3,50 € ; - de 7 ans 2 € ; 3 € ; Animaux 1,50 €.

THORS

9-D1 22 km S.-E. St-Jean-d'Angély 23 m. 460 hab. ✉ 17160

LE RELAIS DE L'ETANG ★★ Tourisme 25 E. . Accès direct à l'étang. ; . Route de Matha. ☎ 05 46 58 26 81 / 05 46 58 75 36. Fax : 05 46 58 62 21.

TONNAY BOUTONNE

9-C1 17 km N.-O. Saint-Jean-d'Angély. 1059 hab. Station verte ✉ 17380

CAMP MUNICIPAL LA GARENNE **En cours reclassement** Tourisme 50 E. 0,5 ha. . Accès direct à la rivière. . Route de Rochefort, à 250 m du centre ville. ☎ 05 46 33 22 48 / 05 46 33 20 11 (Mairie). Fax : 05 46 33 27 92.

TONNAY CHARENTE

9-C1 3 km E. Rochefort. 6474 hab. ✉ 17430

CAMP DES CAPUCINS ★★ Tourisme 71 E. 0,96 ha. Sanitaire chauffé. Locations : , , . Accès direct à la rivière. Etang et lac à 5 km. ; . O ☎ 05 46 88 72 16. Fax : 05 46 88 72 16. E-mail : vivractif@wanadoo.fr.

LA TREMBLADE

9-B1 24 km S.-O. Rochefort-sur-Mer. 4687 hab. ✉ 17390

LA PIGNADE ★★★★ Loisirs 524 E. (230 Tourisme + 294 Loisirs), dont 305 GCC. CV. Locations : 150. couverte chauffée. Bord de mer à 1,5 km. à 1,5 km : . Ouv : 6.4 / 14.10. Rés. obligatoire en été et en hiver. 45, avenue du Monard. A 10 Bordeaux sortie Saintes puis dir. Ile d'Oléron et suivre La Tremblade puis Ronce-les-Bains. ☎ 05 46 36 75 81 / 05 46 36 15 35 (H.S.). Fax : 05 46 85 52 92. E-mail : reservations@lapignade.fr, Web : www.camping-lapignade.com. Réduction H.S.

LA CLAIRIERE ★★★ Tourisme 147 E., dont 30 GCC. gaz ou électricité, CV. Locations : 30. chauffée. Bord de mer à 2,5 km. ; à 2,5 km : . Ouv : 1.5 / 14.9. Rue des Roseaux. A 10 sortie Saintes en venant de Paris. ☎ 05 46 36 36 63. Fax : 05 46 36 06 74. E-mail : info@camping-la-clairiere.com, Web : www.camping-la-clairiere.com. Prix 2008. Fft jour : Empl. Tourisme (2) : 25 € () ; Sup : 8 € - de 2/6 ans 6 € ; 4,90 à 7,90 € (6 à 10 A) ; Animaux 3 €. Réduction H.S.

LA COULUMIERE ★★★ Tourisme 369 E., dont 35 GCC, 7 ha. CV. Locations : 40. Bord de mer à 3,5 km. 78, rue Bouffard. ☎ 05 46 36 02 24. Fax : 05 46 36 12 46. E-mail : la-coulumiere@wanadoo.fr, Web : www.lacoulumiere.fr.

LE MUS DE LOUP ★★ Loisirs 100 E. (49 Tourisme + 51 Loisirs), dont 40 GCC, 3 ha. CV. Bord de mer à 50 m. ; ; . Accueil groupes. A Ronce les Bains. Allée de la Ferme. 2ème à droite en arrivant à Ronce les Bains. ☎ 05 46 36 31 17 / 06 19 38 70 46 / 05 46 36 33 29 (H.S.). Fax : 05 46 36 31 17. E-mail : lemusdeloup@wanadoo.fr. Prix 2007. Fft jour : Empl. Tourisme (3) : 14,80 € Sup : 4,10 € 4,20 à 5,20 € (6 à 10 A) ; Animaux 1,30 €. Réduction H.S.

LE PACHA ★★ Tourisme 70 E., dont 5 GCC, 1,3 ha. snack, pain, CV. Locations : 6. Bord de mer à 5 km. RD 25. ☎ 05 46 36 14 44 / 06 16 38 45 46.

LES GENETS ★★ Tourisme 365 E. 4 ha. CV. Locations : 20, 10. Bord de mer à 900 m. ; à 900 m : . Allée des Fauvettes à Ronce-les-Bains. ☎ 05 46 36 08 45. Fax : 05 46 36 08 45.

LES OMBRAGES ★★ Tourisme 200 E. dont 29 nus, 3 ha. CV. Bord de mer à 2 km. à 2 km : . Ouv : 1.6 / 15.9. Sur RD 25. ☎ 05 46 36 08 41. Fax : 05 46 36 08 41. Prix 2007. Fft jour : Empl. Tourisme (3) : 17 € () ; Sup : 4,80 € 3,80 € (6 A) ; Animaux 1,80 €. Réduction H.S.

LES PINS ★★ Tourisme 100 E. dont 11 nus, dont 32 GCC - 6 HLL, 1,5 ha. snack, aire spécifique, CV. Locations : 23, 32, 24, 100. couverte chauffée. Bord de mer à 1 km. à 1 km : . Ouv : 1.4 / 5.10. 16, avenue de la Côte de Beauté à Ronce les Bains sur CD 25. ☎ 05 46 36 07 75. Fax : 05 46 36 50 77. E-mail : contact@lespins.com, Web : www.ffcc.lespins.com. Prix 2008. Fft jour : Empl. Tourisme (3) : 27,70 € () ; 5,90 €. Réduction H.S.

MON DESIR ★★ Tourisme 73 E. 1,6 ha. CV. Locations : 19, 2. Bord de mer à 900 m. à 900 m : . Ouv : Pâques / 30.9. RN 25. ☎ 05 46 36 06 45. Fax : 05 46 36 31 62. E-mail : mon-desir@wanadoo.fr, Web : www.mon-desir.com. Prix 2008. Fft jour : Empl. Tourisme (3) : 17,50 € () ; Sup : 5 € - de 5 ans 3 € ; 4,50 € (10 A) ; Animaux 2 €. Réduction H.S.

SOUS LES PINS ★ Tourisme 78 E. 0,72 ha. . Réservé aux fonctionnaires de police non adhérents en fonction des places disponibles avec supplément. ☎ 05 46 36 06 53.

Les représentants départementaux de la FFCC sont bénévolement à votre disposition pour tous renseignements sur le camping. Retrouvez leurs coordonnées au début de chaque département.

VANDRE

6-C5 24 km N.-E. Rochefort-sur-Mer. 35 m. 678 hab. Station verte de vacances et village de neige ✉ 17700

CAMP MUNICIPAL En cours de classement E. ☎ 05 46 68 86 01.

VAUX SUR MER

9-B2 40 km S.-O. Rochefort-sur-Mer. 12 m. 2160 hab. ✉ 17640

LE NAUZAN-PLAGE ★★★★ Tourisme 235 E., dont 4 GCC, 3,84 ha. Locations : . Etang à 200 m. Bord de mer à 450 m. ; ; ; ; . 39, avenue de Nauzan. ☎ 05 46 38 29 13. Fax : 05 46 38 18 43.

LE VAL VERT ★★★ Tourisme 166 E., dont 20 GCC, 3 ha. gaz/électrique, CV. Locations : 36, 35, . chauffée. Lac à 200 m. Etang à 300 m. Bord de mer à 800 m. à 800 m : ; à 900 m : . Accueil groupes. Ouv : 5.4 / 28.9. 108, avenue Frédéric Garnier. D 733. ☎ 05 46 38 25 51. Fax : 05 46 38 06 15. E-mail : camping-val-vert@wanadoo.fr, Web : www.camping-val-vert.com. Prix 2007. Fft jour : Empl. Tourisme (3) : 27 € Sup : 5,80 € - de 7 ans 4,50 € ; 4,40 à 4,80 € (6 à 10 A) ; Animaux 2,70 €. Réduction H.S.

FERME DE CHAUCHAMP ★★ Tourisme 240 E. dont 158 nus, dont 82 GCC, 4,05 ha. CV. Locations : . Etang et lac à 400 m. Bord de mer à 1 km. ; à 400 m : ; à 1 km : ; à 5 km : . Accueil groupes. Ouv : Pâques / 30.9. 15 chemin de Chauchamp. ☎ 05 46 38 27 62 / 05 46 38 57 99 / 05 46 90 70 90 (H.S.). Fax : 05 46 38 04 64. E-mail : camping-chauchamps@wanadoo.fr, Web : www.camping-chauchamps.com. Prix 2008. Fft jour : Empl. Tourisme (3) : 14,70 € () ; Sup : 4 € - de 8 ans 3 € ; 4,30 € (6 à 12 A).
FFCC : partenaire + réduction emp. de 5 % en saison et 10 % hors saison.

PARC DE LA ROCHE ★★ Tourisme 144 E. 2,5 ha. Locations : . à 3 km : . 182, rue de la Roche. Le Bois de Millard. RD 145, RN 733. ☎ 05 46 08 30 09.

VERGEROUX

9-B1 4 km N.-O. Rochefort. 529 hab. ✉ 17300

LES SABLONS ★★ Tourisme 133 E. snack, CV. Locations : . Accès direct à l'étang. Rivière à 200 m. . 3, chemin Aire de Loisirs, Caravanes + de 6 m interdits. ☎ 05 46 99 72 58 / 05 46 99 29 02 (Mairie) (H.S.). E-mail : campingles-sablons-17@orange.fr.

YVES

6-B5 12 km N.-O. Rochefort 5 m. 893 hab. ✉ 17340

M. NADEAU Dominique CV. A 3 km : . A 7 km : . A 9 km : Piscine chauffée . Ouv : 1.4 / 30.9. La Cabane des Fresnes. Entre La Rochelle et Rochefort. ☎ 05 46 56 41 31. Fax : 05 46 56 41 31. E-mail : dominique-nadeau@wanadoo.fr, Web : www.la-cabane-des-fresnes.com. Prix 2007. Fft jour : Empl. Tourisme (2) : 16 € () ; Sup : 5 € - de 7 ans 1 € ; 2,50 €. Fft Tente : 14 € (2). Réduction H.S.
FFCC : partenaire + réduction emp. de 20 % hors saison + Stop accueil Camping-car du 01/04 au 10/07 et du 25/08 au 30/09/2008, accès jusqu'à 22h.

Carte 7

Délégué FFCC : Gérard THENAULT, 46 avenue du Gl de Gaulle - 18390 ST GERMAIN DU PUY

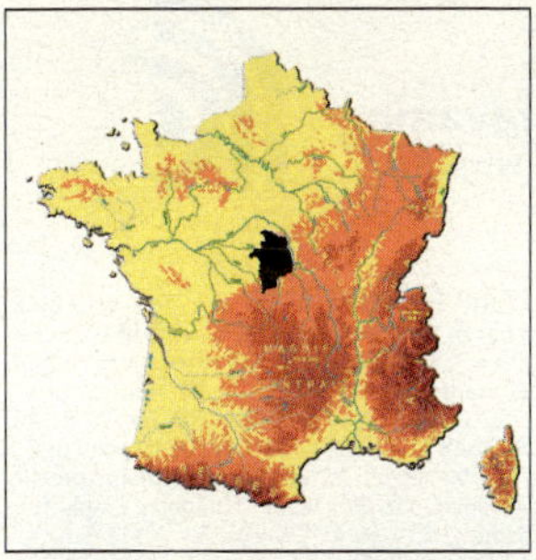

LES AIX D ANGILLON

7-C3 19 km N.-E. Bourges. 82 m. 2165 hab. ✉ 18220

CAMP MUNICIPAL ★ Tourisme 10 E. 0,22 ha. chauffée . Etang à 1 km. à 1 km : . Rue des Sports. ☎ 02 48 64 41 55 (Mairie). Fax : 02 48 64 47 62.

ARGENT SUR SAULDRE

7-C2 50 km N. Bourges. 175 m. 2687 hab. ✉ 18410

LES PETITS PRES ★ Tourisme 49 E. 0,8 ha. Accès direct à la rivière. . RD 940. A 100 m Nord du centre ville. ☎ 02 48 73 61 02 / 02 48 73 33 17 (H.S.).

L'ETANG DU PUITS Non classé Tourisme 100 E. 1,5 ha. Accès direct à l'étang. ; ; ; . RD 940. ☎ 02 48 73 63 61 / 02 48 73 33 17 (H.S.).

M. HUET Jack (1er terrain) CV. A 3 km: . A 10 km : Piscine plein air . La Petite Huchette, D 176. Pré herbeux, lac à 3 km, bord de rivière. Forêt, sentiers pédestres. Location de caravanes. ☎ 02 48 73 32 61 / 06 82 45 28 33.

M. HUET Jack (2ème terrain) CV. A 3 km: . A 10 km : Piscine plein air . La Petite Huchette, D 176. Pré herbeux, lac à 3 km, bord de rivière. Forêt, sentiers pédestres. Location de caravanes. ☎ 02 48 73 32 61 / 06 82 45 28 33.

AUBIGNY SUR NERE

7-C2 46 km N. Bourges. 190 m. 5693 hab. Village de neige ✉ 18700

LES ETANGS ★★★ Tourisme 100 E. 2 ha. CV. Locations : . Etang à 20 m. ; à 50 m : . Accueil groupes. Sur RN 723 et RD 7. ☎ 02 48 58 02 37 / () / 02 48 81 50 07 (H.S.). Fax : 02 48 81 50 98. E-mail : seta@aubigny-sur-nere.fr, Web : aubigny-sur-nere.fr.

BANNAY

785 hab. ✉ 18300

CAMP DE L'ILE Voir COSNE-COURS-SUR-LOIRE (58)

BANNEGON

7-C4 24 km N.-E. Saint-Amand-Montrond 200 m. 297 hab. ✉ 18210

Mme PICQ Madeleine,camping à la ferme CV. A 8 km: . A 12 km : . A 13 km : . Le Pont de Sargy. Sortie A 71 Bourges ou St-Amand. ☎ 02 48 61 83 17. Fax : 02 48 61 82 10.

BELLEVILLE SUR LOIRE

7-C2 55 km N.-E. Bourges 188 m. 1009 hab. ✉ 18240

CAMP MUNICIPAL LES GERMAINS ★★ Loisirs 52 E. (11 Tourisme + 41 Loisirs) . Sanitaire chauffé Camping tourisme et handicap. Lac à 2 km.Etang et rivière à 3 km. ; à 1 km : 1 km; à 5 km : 5 km. Route des Coutures. A 77 ou N 7 puis D 751. ☎ 02 48 72 39 49 / 02 48 78 20 50 (Mairie). Fax : 02 48 78 20 55. E-mail : belleville.mairie@wanadoo.fr, Web : www.bellevillesurloire.fr.

BESSAIS LE FROMENTAL

7-C4 20 km E. Saint-Amand-Montrond. 200 m. 405 hab. ✉ 18210

BASE DE LOISIRS DE GOULE ★★★ Tourisme 61 E. (56 Tourisme + 5 Loisirs), dont 5 CC, 1 ha. CV. Locations : 15 , , . Accès direct à l'étang. ; ; ; ; . Etang de Goule. CD 110 E. ☎ 02 48 60 82 66 / 02 48 27 80 00 / 0 825 801 440 (Réserv.) (H.S.). Fax : 02 48 60 71 37. Web : www.revea-vacances.fr.

BLET

7-C3 34 km N.-E. Saint-Amand-Montrond. 170 m. 748 hab. ✉ 18350

CAMP MUNICIPAL ★★ Tourisme 23 E. 1 ha. Accès direct à l'étang. . Ouv : 1.4 / 1.11. Sur RD 6, RN 76. ☎ 02 48 74 71 04 (Mairie) / 02 48 74 78 24 (H.S.). Fax : 02 48 74 78 24. Prix 2008. Empl. Tourisme : 2,50 € ; 2,10 € ; - de 16 ans 1,40 € ; 3,20 €.

BOURGES

7-C3 220 km S. Paris. 155 m. 79408 hab. ✉ 18000

CAMP MUNICIPAL ★★★ Tourisme 116 E. 2 ha. Camping tourisme et handicap. Rivière à 400 m. Lac à 800 m. à 300 m : ; à 1 km : . Accueil groupes. 26, boulevard de l'Industrie, RN 140 et 144. ☎ 02 48 20 16 85. Fax : 02 48 50 32 39. Web : www.villebourges.fr. Prix 2007. 4,80 € ; 4,80 € ; 3,70 € ; 3,70 € ; - de 2/10 ans 2 € ; 3 à 7,50 € (6 à 16 A).

BRUERE ALLICHAMPS

7-C4 8 km N.-O. Saint-Amand-Montrond. 200 m. 638 hab. ✉ 18200

CAMP MUNICIPAL LES PLATANES ★ Tourisme 35 E. 1,5 ha. Locations : . Accès direct à la rivière. . RN 144, RD 92 et 35. ☎ 02 48 61 06 69 / 02 48 61 02 68 (Mairie).

FFCC : partenaire - terrain assuré par la FFCC.

LA CHAPELLE D ANGILLON

7-C2 30 km N. Bourges. 192 m. 756 hab. ✉ 18380

CAMP MUNICIPAL LES MURAILLES ★★ Tourisme 49 E. 2,5 ha. CV. Etang à 100 m. à 100 m : , . Ouv : 1.6 / 15.9. ☎ 02 48 73 40 12 (Mairie). Fax : 02 48 73 48 67. Prix 2007. Empl. Tourisme : 3,20 € ; 2,10 € ; - de 7 ans 1,20 € ; 3,30 €.

CHATEAUMEILLANT

7-B4 36 km S.-O. Saint-Amand-Montrond. 253 m. 2187 hab. ✉ 18370

CAMP MUNICIPAL L'ETANG MERLIN ★★★★ Tourisme 30 E., dont 30 GCC, 1,5 ha. , après 22 h, CV. Locations : 6 , 2 . . Accès direct à l'étang. Rivière à 500 m. . Ouv : 1.5 / 30.9. Route de Vicq Exemplet, près CD 80, RD 943. ☎ 02 48 61 31 38. Fax : 02 48 61 33 73. E-mail : camping.chateaumeillant.chalets@wanadoo.fr, Web : monsite.wanadoo.fr/chalets.etang.merlin/. Prix 2007. () : 3 € ; 4 € ; 3 € ; 2,50 € ; - de 7 ans 1,50 € ; 2 € (5 A).

CHATEAUNEUF SUR CHER

7-B4 23 km N.-O. Saint-Amand-Montrond. 150 m. 1663 hab. ✉ 18190

L'ILE ★★ Tourisme 40 E. 2 ha. Locations : . Accès direct à la rivière. . Accueil groupes. A l'Ile près RN 140. ☎ 02 48 60 46 81 / 02 48 60 63 84 (H.S.).

CLEMONT

7-B2 59 km N.-O. Bourges. 130 m. 600 hab. ✉ 18410

CAMP MUNICIPAL Non classé 35 E. 2 ha. . Accès direct à la rivière. . Sur RD 7, D 923. ☎ 02 48 58 80 55 (Mairie). Fax : 02 48 58 80 55.

CREZANCY EN SANCERRE

7-C2 42 km N.-E. Bourges. 285 m. 511 hab. ✉ 18300

CAMP MUNICIPAL ★ Tourisme 12 E. 0,5 ha. Locations : , . D 955 / D 86. ☎ 02 48 79 03 94 (Mairie). Fax : 02 48 79 08 50.

CULAN

7-B4 28 km S.-O. Saint-Amand-Montrond. 270 m. 1055 hab. ✉ 18270

CAMP MUNICIPAL ★★ Tourisme 31 E. 0,5 ha. . Etang à 250 m. . La Guinguette, par CD 65. ☎ 02 48 56 64 41. Fax : 02 48 56 67 08.

DUN SUR AURON

7-C3 22 km N.-N.-E. Saint-Amand-Montrond. 175 m. 4240 hab. Station verte de vacances et village de neige ✉ 18130

CAMP MUNICIPAL ★★ Tourisme 25 E. 1 ha. CV. Rivière à 50 m. . CD 10. ☎ 02 48 66 64 20 (Mairie). Fax : 02 48 59 84 22.

ENNORDRES

7-C2 41 km N. Bourges. 185 m. 589 hab. ✉ 18380

CAMP MUNICIPAL DE L'ARRACHIS ★★ Tourisme 20 E. 0,4 ha. . Accès direct à l'étang et à la rivière. ; ; . Route de Vierzon. ☎ 02 48 58 06 82 (Mairie). Fax : 02 48 58 16 92.

GRACAY

7-B3 45 km O.-N.-O. Bourges. 111 m. 1844 hab. ✉ 18310

CAMP MUNICIPAL ★★ Tourisme 49 E. 2,6 ha. Accès direct à la rivière. . RD 83 et CD 922. A 20 sortie 9. ☎ 02 48 51 24 14 / 02 48 51 42 07 (Mairie). Fax : 02 48 51 25 92.

LA GUERCHE SUR L AUBOIS

7-D3 58 km N.-E. Saint-Amand. 180 m. 3660 hab. Station verte de vacances et village de neige ✉ 18150

CAMP MUNICIPAL ROBINSON ★★★ Tourisme 33 E., dont 6 HLL. , crêperie, CV Camping tourisme et handicap. Locations : 2 , 4 , . Accès direct à l'étang. ; ; . Ouv : 1.5 / 30.9. D 976 entre Nevers et Nerondes. N 76 à Sancoins prendre D 920. ☎ 02 48 74 18 86 / 02 48 77 53 53 / 02 48 77 53 53 (H.S.). Fax : 02 48 77 53 59.

HENRICHEMONT

7-C2 28 km N. Bourges. 285 m. 1826 hab. ✉ 18250

CAMP MUNICIPAL DU PETIT BOIS ★★ Tourisme 38 E. 1,6 ha. CV. Accès direct à l'étang. ; ; . Ouv : 1.5 / 30.10. CD 12. ☎ 02 48 26 94 71 / 02 48 26 70 04 (Mairie) (H.S.). Fax : 02 48 26 96 12. E-mail : mairie.henrichemont@wanadoo.fr. Prix 2007. Empl. Tourisme : 5,45 € ; - de 12 ans 1,60 € ; 1,60 €.

IDS ST ROCH

7-B4 22 km O. Saint-Amand-Montrond. 200 m. 400 hab. ✉ 18170

CAMPING FAMILIAL ★ Tourisme 25 E. (19 Tourisme + 6 Loisirs), dont 1 GCC, 1,4 ha. , Pétanque, . Locations : 2 , 1 , 4 . . Rivière à 1,2 km.Etang à 2 km. Ouv : 1.4 / 1.10 (octobre sur réserv.). La Vieille Morte. A 71 sortie 8, au rond-point à gauche dir. Lignières (D 925), puis dir. Morlac (D 3) après Ids St-Roch (D 90). Dans le village dir. St-Pierre, passer le pont puis suivre Maisonnais, camping à gauche. ☎ 02 48 60 08 49. Prix 2007. () : 4 € ; 5,50 € ; 4 € ; 4 € ; - de 10 ans 3 € ; 2,50 € (6 A).

JARS

7-C2 46 km N.-E. Bourges. 360 m. 554 hab. ✉ 18260

LE NOYER ★★ Tourisme 25 E. (20 Tourisme + 5 Loisirs) 0,9 ha. . Locations : 1 . . . Accès direct à l'étang. ; ; ; . Accueil groupes. Ouv : 1.5 / 30.9. ☎ 02 48 58 70 15 / 02 48 81 15 47 (H.S.). Fax : 02 48 58 70 19. Prix 2007. 1,75 € ; 1,15 € ; 2,15 € ; 1,40 € ; 1,75 € ; 1,15 € ; 1,75 €.

LIGNIERES

7-B4 26 km O. Saint-Amand-Montrond. 160 m. 1867 hab. ✉ 18160

CAMP MUNICIPAL DE L'ANGE BLANC ★ Tourisme 30 E. 0,5 ha. . Rivière à 200 m. . Rue de l'Ange Blanc. ☎ 02 48 60 00 18 (Mairie).

LUNERY

7-B3 24 km S.-O. Bourges. 135 m. 2440 hab. ✉ 18400

CAMP INTERCOMMUNAL ★★★ Tourisme 37 E. dont 37 nus 3,7 ha. CV Sanitaire chauffé. Accès direct à la rivière. . Accueil groupes. Ouv : 16.4 / 15.9. A 71 sortie Bourges dir. St-Florent-sur-Cher par la RN 151 puis la D 27 dir. Châteauneuf-sur-Cher. ☎ 02 48 68 07 38 / 02 48 23 22 08 (H.S.). Fax : 02 48 55 26 78. E-mail : fercher@fr.oleane.com. Prix 2007. () : 6 € ; 6 € ; 4 € ; 4 € ; - de 12 ans 2,50 € ; 1 €.

MAREUIL SUR ARNON

7-B3 32 km S.-O. Bourges. 659 hab. ✉ 18290

CAMP MUNICIPAL ★ Tourisme 35 E. 0,5 ha. . Accès direct à l'étang. ; ; . ☎ 02 48 69 91 06 (Mairie). Fax : 02 48 69 94 95.

MEHUN SUR YEVRE

7-B3 16 km N.-O. Bourges. 120 m. 7178 hab. ✉ 18500

CAMP MUNICIPAL ★★ Tourisme 35 E. 0,8 ha. CV. chauffée . Rivière à 400 m. Etang à 2 km. Accueil groupes. Avenue Châtelet. (RN 76). ☎ 02 48 57 13 32 / 02 48 57 30 25 (Mairie) (H.S.). Fax : 02 48 57 34 16.

MENETREOL SUR SAULDRE

7-B2 46 km N.-O. Bourges. 223 hab. Village de neige ✉ 18700

CAMP MUNICIPAL LE BOUT DU PONT ★ Tourisme 49 E. 2 ha. , pain, . Rivière à 30 m. Etang à 50 m. . Accueil groupes. Ouv : Pâques / 30.9. Par RD 79, 12 et 924. ☎ 02 48 58 04 30 (Mairie). Fax : 02 48 81 07 25. E-mail : mairie.menetreol-sur-sauldre@wanadoo.fr. Prix 2007. Empl. Tourisme : 0,80 € ; 0,80 € ; 0,65 € ; 0,80 € ; 0,80 € ; - de 7 ans 0,60 € ; 2,50 €.

MORNAY SUR ALLIER

7-D4 45 km N.-E. St-Amand-Montrond. 200 m. 394 hab. ✉ 18600

CAMP MUNICIPAL LA BRUYERE ★ Tourisme 30 E. dont 30 nus 0,8 ha. , pain, Sanitaire chauffé, . Rivière à 1 km.Etang à 3 km. à 1 km : , . Ouv : 1.5 / 30.9. La Bruyère, N 76. ☎ 06 32 34 97 15 / 02 48 74 57 01. Prix 2007. Fft jour : Empl. Tourisme (1) : 6 € () ; Sup : 2 € - de 10 ans 1 € ; 1,50 € (12 A).

NANCAY

7-B2 30 km N.-O. Bourges. 125 m. 790 hab. ✉ 18330

CAMP MUNICIPAL DES PINS ★★ Loisirs 100 E. (50 Tourisme + 50 Loisirs) 4,25 ha. . Locations : . . Etang à 500 m. à 500 m : . Sur RD 944, route de Salbris. ☎ 02 48 51 81 80. Fax : 02 48 51 80 60.

NEUVY SUR BARANGEON

7-B2 18 km N.-E. Vierzon. 145 m. 1250 hab. ✉ 18330

CAMP MUNICIPAL ★ Tourisme 50 E. 0,6 ha. . Etang à 20 m. . ☎ 02 48 51 68 92 / 02 48 52 95 20 (Mairie).

PREUILLY

7-B3 18 km O. Bourges. 112 m. 342 hab. ✉ 18120

CAMP PIERRE SICARD ★★ Tourisme 80 E. 3 ha. CV. Locations : 3 . . Accès direct à la rivière. ; baignade interdite : ; . Accueil groupes. Ouv : 1.5 / 30.9. Par RD 35, 27 et 23. ☎ 02 48 57 12 04 / 02 48 51 30 08 (Mairie) (H.S.). Fax : 02 48 51 06 28. E-mail : mairie.preuilly@wanadoo.fr. Prix 2007. Fft jour : Empl. Tourisme (2) : 10 € ( ) ; 2 € (5 A) ; Animaux 0,70 €.

PREVERANGES

7-B5 45 km S.-O. Saint-Amand. 470 m. 861 hab. ✉ 18370

CAMP MUNICIPAL LE CHAMP DE FOIRE ★ Tourisme 10 E. . Accès direct aux bords du lac. ; ; ; ; . Sur CD 997. ☎ 02 48 56 46 77 (Mairie).

ST AMAND MONTROND

44 km S.-S.-E. Bourges. 162 m. 12801 hab. Station verte de vacances et village de neige ✉ 18200

CAMP MUNICIPAL DE LA ROCHE ★★★ Tourisme 120 E. 4 ha. , + sèche-linge, de nuit, CV Sanitaire chauffé. . Accès direct à la rivière. . Accueil groupes. Ouv : 1.4 / 30.9. Chemin de la Roche, A 71. RN 144 et 151 bis. ☎ 02 48 96 09 36 / 02 48 96 16 86 (H.S.). Fax : 02 48 96 09 36. E-mail : camping-la-roche@wanadoo.fr, Web : www.ville-saint-amand-montrond.fr. Prix 2007. Empl. Tourisme : 3,80 € ; 2,70 € ; - de 10 ans 1,40 € ; 2,50 € (5 A).

ST AMBROIX

7-B3 20 km S.-O. Bourges. 155 m. 406 hab. ✉ 18290

CAMP MUNICIPAL ★ Tourisme 25 E. . Accès direct à la rivière. ; . ☎ 02 48 69 93 87 (Mairie).

ST MARTIN D AUXIGNY

7-C3 14 km N. Bourges. 249 m. 1705 hab. ✉ 18110

CAMP MUNICIPAL ★★ Tourisme 35 E. 2 ha. CV Camping tourisme et handicap. Locations : . Accès direct à l'étang. en étang : . Accueil groupes. RD 940 Paris/Montargis/Bourges. ☎ 02 48 64 50 58 / 02 48 66 61 61 (Mairie). Fax : 02 48 64 52 57.

ST SATUR

7-C2 48 km N.-E. Bourges. 180 m. 1961 hab. Station verte ✉ 18300

LE RENE FOLTZER ★★★ Tourisme 85 E. 1,6 ha. sauf petits, + sèche-linge, CV. Locations : 8. chauffée, 18 trous,. Accès direct à la rivière. ; à 50 m : ; à 400 m : . Accueil groupes. Ouv : 1.5 / 30.9. A St-Thibault, RD 955 et RN 7. A 77. ☎ 02 48 54 04 67 / 02 48 54 01 30 (H.S.). Fax : 02 48 54 01 30. E-mail : otsisaintsatur@wanadoo.fr, Web : www.sancerre.net. Prix 2007. Empl. Tourisme : 4 € () : 2,24 € ; - de 8 ans 1,73 € ; 2,65 € (10 A).

ST SYMPHORIEN

7-B4 21 km N.-O. Saint-Amand-Montrond. 143 m. 111 hab. ✉ 18190

CAMP MUNICIPAL ★ Tourisme 50 E. 1 ha. . Accès direct à l'étang. ; ; . CD 35. ☎ 02 48 60 53 69.

STE MONTAINE

7-B2 50 km N. Bourges. 170 m. 233 hab. ✉ 18700

CAMP MUNICIPAL ★ Tourisme 33 E. 0,6 ha. . Etang à 1 km. CD 79. ☎ 02 48 58 05 16. Fax : 02 48 58 05 16.

SIDIAILLES

7-B4 31 km S.-O. Saint-Amand-Montrond. 350 m. 467 hab. ✉ 18270

CAMP MUNICIPAL ★★ Tourisme 35 E. 0,8 ha.

THENIOUX

7-B2 45 km N.-O. Bourges. 100 m. 584 hab. ✉ 18100

LES BELLES RIVES ★★ Tourisme 35 E. 2 ha. . Accès direct à la rivière. ; ; . Accueil groupes. Ouv : 30.6 / 2.3. Pont du Cher par RD 19. RN 76 Bourges/ Tours, puis RD 19 vers Genouilly. ☎ 02 48 53 06 14 / 02 48 52 00 98 (H.S.). Fax : 02 48 53 09 30. E-mail : ot-vierzon@wanadoo.fr, Web : www.campingbellesrives.site.voila.fr. Prix 2007. Empl. Tourisme : 3 € () : 2 € ; - de 10 ans 1 € ; 3 € ; Animaux 0,50 €. Réduction H.S.

FFCC : partenaire + réduction emp. de 5 % en saison.

VAILLY SUR SAULDRE

7-C2 50 km N.-E. Bourges 198 m. 875 hab. ✉ 18260

AIRE DE LA SAULDRE, aire naturelle municipale , au stade, au stade, 5/10 km. A 4 km: . Champ de Foire. Accès par la D 926 ou D 923. ☎ 02 48 73 83 79. Fax : 02 48 81 12 61.

VESDUN

7-C4 25 km S. Saint-Amand-Montrond. 325 m. 721 hab. ✉ 18360

CAMP MUNICIPAL LES BERGEROLLES ★ Tourisme 31 E. 0,5 ha., . Locations : . Etang à 2 km. à 3 km : . ☎ 02 48 63 03 07 (Mairie). Fax : 02 48 63 12 62. E-mail : mairie.vesdun.cher@wanadoo.fr.

VIERZON

32 km N.-E. Bourges. 120 m. 34886 hab. ✉ 18100

CAMP MUNICIPAL DE BELLON ★★★ Tourisme 95 E. 1,5 ha. . Accès direct à la rivière. ; ; . Route de Bellon. RN 20. ☎ 02 48 75 49 10 / 02 48 53 06 11. Fax : 02 48 71 40 94. E-mail : campingmunicipal-vierzon@wanadoo.fr, Web : www.ville-vierzon.fr.

VILLENEUVE SUR CHER

7-B3 15 km S.-O. Bourges. 120 m. 371 hab. ✉ 18400

CAMP INTERCOMMUNAL LA NOUE DE L'ANSE ★★ Tourisme 48 E. dont 48 nus, dont 11 CC - 11 GCC, 2,4 ha. CV Sanitaire chauffé Camping tourisme et handicap. Locations : 1. Accès direct à la rivière. . Accueil groupes. Ouv : 14.5 / 15.9. A 71 sortie Bourges dir. St-Florent sur Cher par la RN 71 puis D 27 dir. Villeneuve sur Cher. ☎ 02 48 55 66 60 / 02 48 23 22 08 (H.S.). Fax : 02 48 55 26 78. E-mail : fercher@fr.oleane.com. Prix 2008. () : 6 € ; 6 € ; 4 € ; 4 € ; 2,50 € ; 1 €.

CORREZE 19

Cartes 9-10

Délégué FFCC : Michel PERRIER, Les Cars - 19270 DONZENAC - francois-michel.perrier@wanadoo.fr

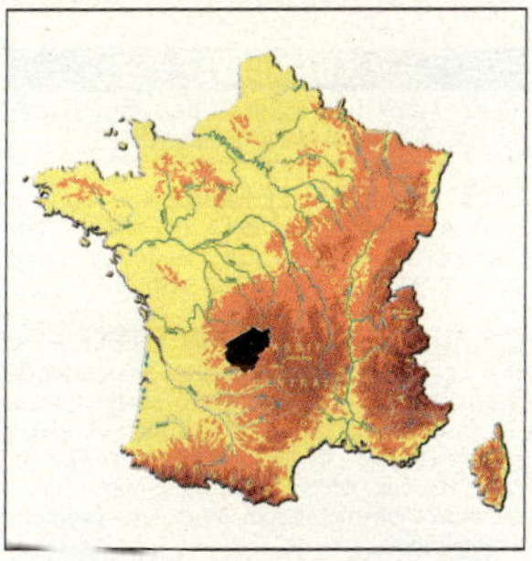

ALBIGNAC

10-A3 15 km S.-E. Brive-La-Gaillard. 340 m. 255 hab. ✉ 19190

M. & Mme SAULLE . A 4 km: . Pierrefiche. Par Brive où Tulle route 89 dir. Aubazine et suivre camping à la ferme. ☎ 05 55 25 73 95.

ALTILLAC

10-B3 41 km S.-E. Tulle. 150 m. 791 hab. ✉ 19120

CAMP MUNICIPAL ★★ Tourisme 30 E. 1,5 ha. . Accès direct à la rivière. ; ; ; à 1 km : . Panama, D 940. ☎ 05 55 91 08 16 / 05 55 91 11 16 (Mairie) (H.S.). Fax : 05 55 91 10 75. E-mail : mairiedaltillac@wanadoo.fr.

M. BOUFFARD André, aire naturelle CV. Vaurs. De Beaulieu sur Dordogne prendre route de la piscine municipale. ☎ 05 55 91 11 24.

ARGENTAT

10-B3 30 km S.-E. Tulle. 190 m. 3424 hab. Station verte de vacances et village de neige ✉ 19400

CAMP MUNICIPAL ★★★ Tourisme 101 E. 0,9 ha. CV. chauffée . Accès direct à la rivière. ; ; ; à 100 m : . Accueil groupes. Ouv : 15.6 / 14.9. Le Longour, route d'Egletons. ☎ 05 55 28 13 84 / 05 55 28 10 91 (H.S.). Fax : 05 55 28 13 84. E-mail : mairie.argentat@wanadoo.fr, Web : www.correze.com/argentat. Prix 2007. Empl. Tourisme : 3,80 € ; 3,15 € ; - de 10 ans 1,60 € ; 2,85 € ; Animaux 1 €.

LE VAURETTE Voir Monceaux-sur-Dordogne.

CHATEAU DE GIBANEL Voir aussi Saint-Martial-Entraygues

AUBAZINES

10-A3 14 km E. Brive-la-Gaillarde. 345 m. 788 hab. ✉ 19190

LE COIROUX ★★★ Tourisme 143 E. dont 62 nus, 7 ha. , 2, CV. Locations : 10, 35, 27. chauffée . 2 courts, . Etang et lac à 300 m. ; ; . Accueil groupes. Ouv : 29.3 / 28.9. Sur RN 89 entre Brive et Tulle, à gare d'Aubazine 6 km dir. Aubazine puis suivre fléchage Le Coiroux. Centre touristique 4 km ☎ 05 55 27 21 96. Fax : 05 55 27 19 16. E-mail : arepos.coiroux@wanadoo.fr, Web : www.camping-coiroux.com. Prix 2008. Fft jour : Empl. Tourisme (2) : 20,30 € () Réduction H.S.

AURIAC

10-B3 58 km S.-E. Tulle. 600 m. 287 hab. ✉ 19220

CAMP MUNICIPAL ★★★ Tourisme 70 E. 2 ha. rapide, CV. Locations : . Accès direct à l'étang. ; ; . Accueil groupes. ☎ 05 55 28 25 97 / 05 55 28 23 02 (Mairie) (H.S.). Fax : 05 55 28 29 82. E-mail : mairie.auriac@wanadoo.fr, Web : auriac-nature.com.

AYEN

9-F3 24 km N.-O. Brive-la-Gaillarde. 320 m. 704 hab. 19310

AIRE NATURELLE MUNICIPALE LES CONDAMINES ☎ 05 55 25 10 22.

BASSIGNAC LE HAUT

10-B3 58 km E. Tulle. 540 m. 395 hab. 19220

CAMP MUNICIPAL ★★ Tourisme 44 E. Lac à 5 km. à 5 km : ☎ 05 55 28 24 72.

BEAULIEU SUR DORDOGNE

10-B3 42 km S.-E. Brive-la-Gaillarde. 140 m. 1603 hab. Station verte de vacances et village de neige 19120

CAMP MUNICIPAL DU PONT ★★★ Tourisme 65 E., dont 10 GCC, 3 ha. CV. Locations : 4, . Accès direct à la rivière. ; ; à 1 km : . Accueil groupes. Par CD 940. ☎ 05 55 91 00 57 / (). Fax : 05 55 85 57 96. E-mail : info@camping-beaulieu.com, Web : www.camping-beaulieu.com. Prix 2007. Fft jour : Empl. Tourisme (2) : 14,80 € ( ) ; Sup : 5,40 € - de 7 ans 2,30 € ; 2,90 € (6 A) ; Animaux 1,25 €. Réduction H.S.

LES ILES ★★★ Tourisme 120 E. dont 90 nus 4,5 ha. snack, CV Sanitaire chauffé. Locations : 18, 12, chauffée. Accès direct à la rivière. ; ; . Accueil groupes. Ouv : 15.4 / 15.10. Boulevard St-Rodolphe. A 20 sortie 52 après Brive ou A 89 sortie Tulle Est puis suivre Beaulieu. ☎ 05 55 91 02 65 / 06 74 90 09 60 (H.S.). Fax : 05 55 91 05 19. E-mail : jeanyves.castanet@camping-des-iles.com, Web : www.camping-des-iles.net. Prix 2008. Fft jour : Empl. Tourisme (2) : 23,90 € ( ) ; Sup : 6,50 € - de 2/7 ans 3,20 € ; Animaux 1,50 €. Réduction H.S.

FFCC : partenaire + réduction emp. de 5 % hors saison + carte FFCC assurance annulation + Stop accueil Camping-car du 05/04 au 05/07 et du 18/08 au 15/10/2008, accès jusqu'à 21h.

CAMP V.V.F. ★ Tourisme 48 E. 0,3 ha. Accès direct à la rivière. ☎ 05 55 91 10 62.

BEYNAT

10-A3 20 km S.-E. Brive-la-Gaillarde. 480 m. 1117 hab. 19190

CAMP DU LAC DE MIEL ★★★ Tourisme 180 E. 9 ha. snack, CV. Locations : 2, 15, 3, couverte . Accès direct à l'étang et aux bords du lac. ; ; ; . Accueil groupes. Centre Touristique. D 921 entre Brive et Argentat. ☎ 05 55 85 50 66 (Accueil). Fax : 05 55 85 57 96. E-mail : info@camping-miel.com, Web : www.camping-miel.com. Prix 2007. Fft jour : Empl. Tourisme (2) : 17,50 € ( ) ; Sup : 5,30 € - de 7 ans 2,50 € ; 2,90 € (6 A) ; Animaux 2 €. Réduction H.S.

M. VERGNE Louis CV. A 1,5 km: Piscine plein air . A 6 km : . Puydenoix, par D 940 de Tulle à Beaulieu, 5 km Nord de la commune, à proximité de la ferme. D 921 Brive/Beynat/Argentat près du site de Roche-de-Vic. Pré herbeux, lacs à 1 et 4 km. Proximité lac de Miel. ☎ 05 55 85 50 31.

BILLAC

10-A3 38 km S.-E. Brive-la-Gaillarde. 210 m. 211 hab. 19120

CAMP MUNICIPAL BEAUSOLEIL ★★ Tourisme 200 E.

LES ESCURES ★★ Tourisme 30 E. 0,3 ha. CV. Locations : , 1, 10, . Rivière à 3 km. ; ; ; . Accueil groupes encadrés. Sortie n° 52 autoroute dir. St-Céré/Turenne/Rocamadour/Beaulieu/Colonge. ☎ 05 55 91 17 92 / 06 18 67 72 93. Fax : 05 55 91 17 92.

Mme SIMBILLE Marielle,aire naturelle de camping CV. A 500 m : . A 2 km: . A 3 km : Piscine plein air . A 8 km : . A 9 km : Piscine chauffée. Le Mas Vidal. Accès plus facile par RN 803. Lot (46) entre Vayrac et Bretenoux suivre panneaux camping à la ferme. ATTENTION : BILHAC (sur les panneaux) et BILLAC (sur les cartes) est le même village. Ferme prairie semi-ombragée. Hivernage caravanes. ☎ 05 55 91 53 14 / / 06 70 24 91 53 (H.S.). Fax : 05 55 91 08 74. E-mail : lafermedum asvidal@laposte.net, Web : www.masvidal.fr. Prix 2007. Empl. Tourisme : 2,50 € ( ) : 4 € ; 2 € ; - de 7 ans 1,50 € ; 2,50 €.

BORT LES ORGUES

10-C2 30 km S.-E. Ussel. 437 m. 4950 hab. 19110

LES AUBAZINES ★★★ Tourisme 151 E. dont 113 nus, dont 16 HLL, 4,5 ha. CV Sanitaire chauffé. Locations : 16, , 15, Mini-chalets. Accès direct aux bords du lac. ; ; ; . Accueil groupes. Route Bort-Ussel N 979. D 922. ☎ 05 55 96 08 38 / 06 81 01 93 53 (M. DELPRAT) (H.S.). E-mail : lesaubaz@aol.com, Web : www.chalets-decouverte.com. Réduction H.S.

CAMP MUNICIPAL BEAUSOLEIL ★★ Tourisme 200 E. 4 ha. pain, CV. Locations : . Rivière à 600 m. Lac à 4 km. Accueil groupes. Route de Ribeyrolles, CD 979. ☎ 05 55 96 00 31 / 05 55 46 17 60. E-mail : mairie-bort-les-orgues@wanadoo.fr, Web : www.bort-les-orgues.com.

BRANCEILLES

10-A3 29 km S.-E. Brive-la-Gaillarde. 120 m. 272 hab. 19500

M. SOULIE Philippe Crauffon.

BRIVEZAC

10-B3 40 km S.-E. Brive-la-Gaillarde. 160 m. 224 hab. 19120

LE VIEUX MOULIN ★★ Tourisme 40 E. 1 ha. . Accès direct à la rivière. ; ; . Sur RD 12, RN 140. ☎ 05 55 91 14 72 / 05 55 91 24 24 (H.S.).

M. LISSAJOUX Luc,camping La Berge Ombragée CV. A 5 km: Piscine plein air . A 10 km : . Valeyran. Accès par la D 12. ☎ 05 55 91 21 48 / 05 55 91 01 17. Fax : 05 55 91 23 31. E-mail : berge.ombragee@freesbee.fr.

AIRE NATURELLE LA CHAMPAGNE CV. Par A 20 dir. Toulouse suivre Vallée de la Dordogne, Beaulieu puis Brivezac. ☎ 05 55 91 27 76. Fax : 05 55 91 05 19. E-mail : jycastanet@aol.com.

BUGEAT

10-B2 43 km O. Ussel. 684 m. 1055 hab. Station verte de vacances et village de neige 19170

LES TROIS PONTS ★★★ Tourisme 150 E., dont 25 HLL, 4 ha. CV. Locations : , 15 huttes. . Accès direct à la rivière. Lac à 4 km. ; à 4 km : . Sur RD 160, CD 679. ☎ 05 55 95 50 03. Fax : 05 55 95 50 03.

CAMPS ST MATHURIN LEOBAZEL

10-B3 46 km S.-E. Tulle. 505 m. 341 hab. 19430

LA CHATAIGNERAIE ★★ Tourisme 18 E. dont 10 nus, dont 8 HLL, 0,8 ha. CV. Locations : 5, 3, Mini-chalets. . Accès direct à l'étang. ; ; . ☎ 05 55 28 53 15 / 05 55 28 50 32 (Mairie). Fax : 05 55 28 08 59. Web : www.chalets-decouverte.com.

CHAMBERET

10-A2 47 km N. Tulle. 565 m. 1470 hab. Station verte de vacances et village de neige 19370

CAMP MUNICIPAL LE MERLE ★★ Tourisme 30 E. CV. Locations : . Etang à 100 m. ; ; . Accueil groupes. ☎ 05 55 98 30 12. Fax : 05 55 98 79 34.

LES ROULOTTES DES MONEDIERES P.R.L. 35 E. Locations : , 8 Roulottes. couverte chauffée . à 1 km : . A 20 sortie 43 dir. Chamberet sur 27 km, puis suivre "La Maison de l'Arbre". ☎ 05 55 98 03 03 / 03 86 21 09 21 (H.S.). Fax : 05 55 98 49 68. E-mail : info@roulottes-monedieres.com, Web : www.roulottes-monedieres.com.

CHAMBOULIVE

10-A2 22 km N.-O. Tulle. 430 m. 1218 hab. 19450

CHANTELOISEAU ★★ Tourisme 67 E., dont 6 GCC, 1,5 ha. snack, CV. Accès direct à l'étang. ; ; . Accueil groupes. Ouv : 15.6 / 15.9. A 20 sortie 45 ou A 89 sortie 20 puis N 120 dir. Seilhac par D 940 pour Chamboulive. ☎ 05 55 21 69 09 / 05 55 20 47 60 / 06 25 52 61 64 (H.S.). Fax : 05 55 20 47 61. E-mail : campingchanteloiseau@wanadoo.fr, Web : www.campingchanteloiseau.eu. Prix 2007. Fft jour : Empl. Tourisme : 2,10 € ( ) ; Sup : 2,20 € - de 3/10 ans 1,20 € ; 2,70 € (10 A).

FFCC : partenaire + réduction emp. de 5 % en saison et 10 % hors saison.

CHAMPAGNAC LA NOAILLE

10-B3 27 km E. Tulle 560 m. 258 hab. 19320

LALLE ★ Tourisme 45 E. 1 ha. . Locations : . Etang à 2 km.Rivière à 5 km. ; ; ; . ☎ 05 55 27 84 18. Fax : 05 55 27 74 41. E-mail : josvanhoeijen@aol.com, Web : www.campinglalle.com.

CHARTRIER FERRIERE

10-A3 10 km S.-O. Brive-la-Gaillarde. 318 m. 265 hab. 19600

LA MAGAUDIE ★ Tourisme 30 E. 1,5 ha. Sanitaire chauffé. Locations : 4. Lac à 3 km. à 3 km : Accueil groupes. A 20 Limoges-Toulouse sortie 53. RN 20 dir. Cahors, au rond-point D 19 dir. Chasteaux suivre les panneaux. ☎ 05 55 85 26 06. E-mail : camping@lamagaudie.com, Web : www.lamagaudie.com. Réduction H.S.

CHAUFFOUR SUR VELL

10-A3 25 km S.-E. Brive-la-Gaillarde. 127 m. 289 hab. ✉ 19500

FENEYROLLES ★★★ Tourisme 90 E., dont 6 HLL, 3,5 ha. collectif, CV. Locations : 6, 12, 4. Etang à 4 km. Accueil groupes. Ouv : 15.5 / 15.9. RN 20 jusqu'à Brives puis CD 38. A 20 par Brive dir. Toulouse sortie 52 (Noailles) puis dir. Collonges-la-Rouge/Meyssac/Chauffour. Les animaux sont interdits dans les chalets. ☎ 05 55 84 09 58 / 05 55 25 31 43 (H.S.). Fax : 05 55 25 31 43. E-mail : contact@camping-feneyrolles.com, Web : www.camping-feneyrolles.com. Prix 2008. Empl. Tourisme : 4,50 € : 4 € ; - de 12 ans 3 € ; 3 € ; Animaux 1,50 €. Réduction H.S.

FFCC : partenaire - terrain assuré par la FFCC.

CHAVANAC

10-B2 30 km N.-O. Ussel. 890 m. 48 hab. ✉ 19290

AIRE NATURELLE MUNICIPALE A 12 km: Piscine plein air. La Belle Etoile, au bourg, par RD 36 et RD 49, à 300 m Nord-Ouest de la commune. Terrain plat, rivière à 100 m. ☎ 05 55 95 62 90 / 05 55 95 31 80. Fax : 05 55 95 31 66.

CLERGOUX

10-B3 21 km E. Tulle. 540 m. 400 hab. ✉ 19320

LA PETITE RIVIERE ★ Tourisme 30 E. dont 24 nus, dont 2 GCC, 1,25 ha. Locations : 2, 1, 2. Accès direct à la rivière. Etang à 1,5 km.Lac à 5 km. Ouv : 1.4 / 30.9. De Tulle dir. Aurillac et 300 m après magasin Atac tournez à gauche (Mauriac, D 978) 20 km après le camping se trouve à droite. ☎ 05 55 27 68 50 / 0031 251674065 (H.S.). E-mail : jcbakker@xs4all.nl, Web : www.compumess.nl/lapetiteriviere/. Prix 2007. Empl. Tourisme : 4,25 € ; 2,75 € ; - de 11 ans 1,75 € ; 2,20 € (6 A) ; Animaux 1,25 €. Réduction H.S.

FFCC : partenaire + réduction emp. de 5 % en saison et 10 % hors saison.

COLLONGES LA ROUGE

10-A3 20 km S.-E. Brive-la-Gaillarde. 230 m. 379 hab. ✉ 19500

CAMP INTERCOMMUNAL MOULIN DE VALANE ★★★ Tourisme 120 E., dont 16 HLL, 3 ha. CV. Locations : 11. chauffée 2. RD 38. ☎ 05 55 25 41 59 / 05 55 25 40 20 / 05 55 25 40 20 (H.S.). Web : www.chalets-decouverte.com.

LE PUY BOUSQUET ★★ Tourisme 50 E. 4 ha. CV Rés. naturiste. Locations : ☎ 05 55 25 48 43. E-mail : natcollonges@voila.fr, Web : site.voila.fr/natco.

FFCC : partenaire - terrain assuré par la FFCC + réduction emp. de 5 % hors saison.

CONDAT SUR GANAVEIX

10-A2 34 km N. O. Tulle. 350 m. 726 hab. ✉ 19140

MOULIN DE LA GENESTE ★ Tourisme 25 E. dont 20 nus 0,25 ha. CV. Locations : Accès direct à l'étang et à la rivière. à 6 km : Accueil groupes. Ouv : 1.5 / 15.9. Moulin de la Geneste. ☎ 05 55 98 90 08. E-mail : la.geneste@lineone.net, Web : www.lageneste.net. Prix 2007. Fft jour : Empl. Tourisme (2) : 9,10 € ; Sup : 3,20 € - de 15 ans 2 € ; 2,70 € (10 A) ; Animaux 1,40 €.

FFCC : partenaire + réduction emp. de 5 % en saison et hors saison + carte FFCC assurance annulation + Stop accueil Camping-car du 01/05 au 15/09/2008, accès jusqu'à 20h + réduction loc. de 5 % en saison et hors saison.

CONFOLENT PORT DIEU

10-C2 23 km S.-E. Ussel. 766 m. 30 hab. ✉ 19200

M. LOURADOUR Jean-Louis,aire naturelle CV. A 2 km: . A 3 km : . A 5 km : . A 10 km : . Ouv : 1.5 / 1.11. Arsac, 800 m de la commune, à proximité de la ferme. A 89 sortie Ussel Est près de la vallée de la Dordogne et le barrage de Bort-les-Orgues. Bois, pré herbeux. Salle de réunion. Location de caravanes. Sentiers pédestres. Site et ruines du prieuré de Port-Dieu. ☎ 05 55 94 50 52. Prix 2007. : 2 € ; 2 € ; 2 € ; 2 € ; - de 7 ans 1 € ; 2 €.

FFCC : partenaire + réduction emp. de 5 % en saison + réduction loc. de 5 % en saison.

CORREZE

10-B2 20 km N. Tulle. 450 m. 1414 hab. ✉ 19800

AU BOIS DE CALAIS ★★★ Tourisme 42 E. dont 30 nus, , dont 12 HLL, 1 ha. saison, saison, saison, saison, saison, saison, saison, saison, saison CV Sanitaire chauffé. Locations : 18, 11. chauffée. Accès direct à l'étang et à la rivière. Lac à 3 km. Accueil groupes. Ouv : 1.3 / 1.11. Rue René Cassin. A89 sortie 21. ☎ 05 55 26 26 27. Fax : 05 55 21 33 62. E-mail : auboisdecalais@wanadoo.fr, Web : www.auboisdecalais.com. Prix 2008. Empl. Tourisme : 4,20 € : 3,90 € ; - de 5/15 ans 2,30 € ; 2,50 € ; Animaux 1,20 €. Fft Ccar : 10 € (2).

FFCC : partenaire + réduction emp. de 5 % en saison et hors saison + Stop accueil Camping-car toute l'année, accès jusqu'à 20h + réduction loc. de 5 % en saison et hors saison.

CAMP MUNICIPAL ★★★ Tourisme 54 E. 1 ha. Accès direct à la rivière. Lieu-dit La Chapelle, 400 m du centre ville. ☎ 05 55 21 29 30 / 05 55 21 25 21 (Mairie).

CUBLAC

9-F3 20 km O. Brive-la-Gaillarde. 300 m. 1377 hab. ✉ 19520

Mme PRAUDEL,aire naturelle CV. A 1 km: . A 5 km : . La Farandole. ☎ 05 55 85 19 79. Fax : 05 55 85 19 79. E-mail : moretic.domaine@wanadoo.fr, Web : perso.wanadoo.fr/fermeaubergelafarandole/.

DONZENAC

10-A3 10 km N. Brive. 208 m. 1947 hab. Station verte de vacances et village de neige ✉ 19270

VILLAGE DE VACANCES LA RIVIERE ★★★ Tourisme 78 E. dont 68 nus, dont 10 HLL, 1,5 ha. juillet/août, juillet/août, juillet/août, CV. Locations : 14, 1. chauffée. Accès direct à la rivière. ; à 5 km : . Accueil groupes. Ouv : 1.4 / 31.10. Route du Camping, Louis Madrias. 1 km du centre ville. A 20 sortie n°47 ou 48. ☎ 05 55 85 63 95 / 06 03 11 98 69 (H.S.). Fax : 05 55 85 63 95. E-mail : , Web : www.campingdonzenac.com. Prix 2008. Fft jour : Empl. Tourisme (2) : 14,30 € ; Sup : 4,70 € - de 4/12 ans 2,70 € ; 2,80 € (8 A) ; Animaux 1 €.

EGLETONS

10-B2 32 km N.-E. Tulle. 630 m. 5912 hab. ✉ 19300

EGLETONS - LAC ★★★ Tourisme 75 E. 8 ha. Locations : . Accès direct à la rivière. Etang et lac à 300 m. RN 89. Egletons direction Ussel. ☎ 05 55 93 14 75. Fax : 05 55 93 14 75.

ESPAGNAC

10-B3 20 km E. Tulle. 500 m. 343 hab. ✉ 19150

ETANG DE TAYSSE ★★★ Tourisme 140 E. (115 Tourisme + 25 Loisirs), dont 25 GCC. CV. Locations : 25, . Accès direct à l'étang. Terrain privé du Comité d'Action Sociale de la Communauté UrbainTerrain privé ☎ 05 55 20 79 00. Fax : 05 55 26 07 20. E-mail : domaine-taysse@cudl-lille.fr.

ESTIVAUX

22 km N. Brive-la-Gaillarde. 330 m. 371 hab. ✉ 19410

M. VEYSSEIX Guy,aire naturelle du Bois Coutal CV. A 4 km: . A 10 km : . A 15 km : . A 25 km au Nord de Brive. Quitter A 20 pour se rendre à Perpezac-le-Noir puis D 156 dir. Vigeois, suivre flèches. Animation. Location de caravanes et mobil-homes. Garages caravanes à l'année. ☎ 05 55 73 71 93 / 05 55 73 27 66. Fax : 05 55 73 71 93. E-mail : boiscoutal@wanadoo.fr, Web : campingduboiscoutal.site.voila.fr.

EYBURIE

10-A2 22 km N.-O. Tulle 430 m. 539 hab. ✉ 19140

AIMEE PORCHER ★★ Tourisme 30 E. 1 ha. Rés. naturiste. Accès direct à l'étang et à la rivière. Pingrieux. ☎ 05 55 73 20 97 / 0031 264 436285 (Pays-Bas). Fax : 0031 264 436285. E-mail : aimee.porcher@worldonline.nl, Web : www.aimee-porcher.com.

EYGURANDE

10-C2 20 km N.-E. Ussel. 750 m. 832 hab. Village de neige ✉ 19340

CAMPING CLUB VAL ★★★ Tourisme 75 E., dont 10 HLL, 3 ha. Locations. Accès direct aux bords du lac. RN 89. ☎ 05 55 94 31 39 / () / 04 73 43 00 43 (H.S.). Fax : 05 55 94 41 98. E-mail : abeille@valvvf.fr, Web : www.val.fr.

FORGES

10-B3 19 km S.-E. Tulle. 230 m. 356 hab. ✉ 19380

CAMP MUNICIPAL LA SOUVIGNE ★ Tourisme 33 E. 1 ha. Accès direct à la rivière. ; à 10 km : Ouv : 15.6 / 15.9. RN 1120. ☎ 05 55 28 61 64 (Mairie) / 05 55 28 64 14 (H.S.). Fax : 05 55 28 42 50. Prix 2007. Empl. Tourisme : 1,60 € ; 1,60 € ; - de 12 ans 1,30 € ; 2,30 €.

HAUTEFAGE

10-B3 40 km S.-E. Tulle. 480 m. 330 hab. ✉ 19400

M. EYRIGNOUX Pierre CV. A 4 km: . A 6 km : . A 7 km : . Ouv : 1.7 / 30.8. La Bouriote. RD 980, 1 km de la commune, à proximité de la ferme. Argentat prendre dir. St Privat. Pré herbeux. ☎ 05 55 28 06 77. Prix 2007. Empl. Tourisme : 2,70 € ; 4 € ; 2,60 € ; - de 7 ans 2 € ; 2,60 €.

JUILLAC

10-A3 30 km N.-O. Brive-la-Gaillarde. 300 m. 1215 hab. ✉ 19350

CAMP MUNICIPAL ★ Tourisme 30 E. 1,6 ha. chauffée. ☎ 05 55 25 60 46.

LACELLE

10-B2 58 km N. Tulle. 672 m. 233 hab. ✉ 19170

CAMP MUNICIPAL ★★ Tourisme 34 E. 0,9 ha. Accès direct à l'étang. ☎ 05 55 46 03 84. Fax : 05 55 46 03 86.

LAGARDE ENVAL

10-B3 14 km S. Tulle. 500 m. 619 hab. ✉ 19150

CAMP MUNICIPAL LA MECHAUSSIE ★ Tourisme 20 E. 0,6 ha. Lac à 1,5 km. A mi-chemin entre Tulle et la Vallée de la Dordogne, RN 120. ☎ 05 55 27 13 68 (Mairie).

LAGRAULIERE

10-A2 18 km N. Tulle 400 m. 1010 hab. ✉ 19700

CAMP MUNICIPAL LA BARTHE ★★ Tourisme 32 E. CV. Accueil groupes. A 20 et N 20 et 120. ☎ 05 55 73 71 04. Fax : 05 55 73 25 28. E-mail : mairie.lagrauliere@wanadoo.fr, Web : www.lagrauliere.correze.net.

LAGUENNE

10-B3 3 km S. Tulle. 220 m. 1551 hab. ✉ 19150

LE PRE DU MOULIN ★★★ Tourisme 24 E. 0,8 ha. sauf hors saison, à gaz, CV. Locations : 2 . Accès direct à la rivière. Ouv : 15.4 / 30.9. RN 120. ☎ 05 55 26 21 96. Fax : 05 55 26 21 96. E-mail : lepredumoulin@wanadoo.fr, Web : www.lepredumoulin.com. Prix 2008. Empl. Tourisme : 4,50 € () : 5,50 € ; 2,50 € ; Animaux 1,50 €.

LAMONGERIE

10-A2 40 km N.-O. Tulle. 400 m. 134 hab. ✉ 19510

CAMP DU SYNDICAT INTERCOMMUNAL ★★★ Tourisme 80 E., dont 6 HLL, 2 ha. CV. Locations : 6 , 4 . Accès direct à l'étang. Accès par A 20, sorties 42 et 43 ou RN 20. ☎ 05 55 73 44 57 / 05 55 73 40 42. Fax : 05 55 73 49 69. Web : www.chalets-decouverte.com.

LAPLEAU

10-B3 42 km E. Tulle. 520 m. 516 hab. ✉ 19550

CAMP MUNICIPAL ★★ Tourisme 60 E. 1,3 ha. Locations : . Rivière à 500 m. ; à 500 m : . Lieu-dit Couly, RD 16. ☎ 05 55 27 53 17 (Mairie).

LAVAL SUR LUZEGE

10-B3 43 km E. Tulle. 532 m. 126 hab. ✉ 19550

AIRE NATURELLE MUNICIPALE Le Poteau du Gay. ☎ 05 55 27 51 37 (Mairie) / 05 55 27 54 07 (Régie).

LIGINIAC

10-B2 18 km S.-E. Ussel. 676 hab. ✉ 19160

CAMP MUNICIPAL LE MAURY ★★★ Tourisme 56 E. dont 42 nus, , dont 14 HLL, 2 ha. CV. Locations : 12 , Mini-chalets. Accès direct aux bords du lac. Accueil groupes. A partir d'Ussel, par la D 982 et la D 968. ☎ 05 55 95 85 61 / 05 55 95 92 28. Fax : 05 55 95 91 28. Web : www.chalets-decouverte.com.

M. VALADE Marc A 3 km: . A 8 km : . Le Puy Barlot, route de Neuvic, 600 m du bourg. Pré, lac à 3 km. Gîtes ruraux sur réservation de 4 à 10 pers. ☎ 02 38 92 73 20 / 06 88 56 77 38. Fax : 02 38 92 76 67.

M. de ROY Johan, aire naturelle chantegril A 400 m : . A 3,5 km: . A 1 km : . A 10 km : . Chantegril. Au Sud-Est d'Ussel sur la D 20 entre Bort-les-Orgues et Neuvic d'Ussel. Location de caravanes. Salle de jeux. ☎ 05 55 95 91 62. Fax : 05 55 95 02 97. E-mail : camping-chantegril@wanadoo.fr, Web : www.campingchantegril.com.

LISSAC SUR COUZE

10-A3 9 km S.-O. Brive-la-Gaillarde. 170 m. 402 hab. ✉ 19600

LA PRAIRIE ★★★ Tourisme 136 E., dont 16 HLL, 3 ha. snack, CV Sanitaire chauffé. Locations : 20 , Mini-chalets. Lac à 400 m. Accueil groupes. Suivre le Lac du Causse. ☎ 05 55 85 37 97. Fax : 05 55 85 37 11. Web : www.chalets-decouverte.com.

LE LONZAC

10-A2 30 km N. Tulle. 459 m. 929 hab. ✉ 19470

CAMP MUNICIPAL ★ Tourisme 33 E. 1,5 ha. Pré de la Gane, CD 940. ☎ 05 55 98 27 17 (Mairie). Fax : 05 55 98 25 09.

LUBERSAC

10-A2 42 km N.-N.-O. Brive-la-Gaillarde. 380 m. 2441 hab. Station verte de vacances et village de neige ✉ 19210

CAMP MUNICIPAL ★★ Tourisme 72 E. dont 60 nus, dont 6 GCC, 0,8 ha. Sanitaire chauffé. Locations : 18 , Mini-chalets. chauffée . Accès direct à l'étang. Centre aqua privatif : ; à 200 m : . Ouv : 1.6 / 15.9. La Vézénie, RD 901 et 902. A 20. ☎ 05 55 73 50 14 (Mairie). Fax : 05 55 73 67 99. E-mail : mairie@ville-lubersac.fr, Web : www.chalets-decouverte.com. Prix 2008.Prix 2007. Empl. Tourisme : 2,50 € () : 1,50 € ; 2,30 € ; - de 10 ans 1 € ; 2,30 € (5 A).

MANSAC

9-F3 17 km O. Brive-la-Gaillarde 200 m. 1341 hab. ✉ 19520

M. FRAYSSE Noël, camping Masloup CV. Le Seuil-Bas. A 20 sortie n° 50 dir. Mansac. ☎ 05 55 85 27 14 / 05 55 85 11 69. E-mail : masloup@wanadoo.fr.

MARCILLAC LA CROISILLE

10-B3 25 km E. Tulle. 530 m. 780 hab. Station verte ✉ 19320

CAMP MUNICIPAL DU LAC ★★★ Tourisme 190 E. dont 160 nus, dont 6 GCC - 6 HLL, 3,5 ha. CV. Locations : 9 , Mini-chalets. 2. Lac à 100 m. Ouv : 1.6 / 1.10. 28, route du Viaduc. Intersection D 18 Egletons-Argentat et D 978 Tulle-Mauriac. ☎ 05 55 27 81 38. E-mail : campingdulac19@wanadoo.fr, Web : www.campingdulac19.com. Prix 2007. Empl. Tourisme : 3,80 € () : 3,20 € ; - de 7 ans 2 € ; 2,40 € (6 A) ; Animaux 0,80 €. Réduction H.S.

AIRE NATURELLE MUNICIPALE Puy Machet. ☎ 05 55 27 82 05. Fax : 05 55 27 65 17. E-mail : mairie.marcillaclacroisille@orange.fr.

MASSERET

45 km N.-O. Tulle 500 m. 669 hab. ✉ 19510

CAMP DU SYNDICAT INTERCOMMUNAL
Voir LAMONGERIE

MEYMAC

10-B2 16 km O. Ussel. 700 m. 2783 hab. Station verte de vacances et village de neige ✉ 19250

LA GARENNE ★★★ Tourisme 120 E., dont 6 HLL, 5 ha. CV Sanitaire chauffé. Locations : 6 . Lac à 4 km. ; à 4 km : . ☎ 05 55 95 22 80 / 05 55 46 19 90. Fax : 05 55 46 19 99. Web : www.chalets-decouverte.com.

MEYRIGNAC L EGLISE

10-B2 22 km N.-E. Tulle. 500 m. 59 hab. ✉ 19800

L'ETANG ★★ Tourisme 34 E. dont 28 nus, 1 ha. buvette, collectifs, CV. Locations : 6 , 2 , 20 . Etang à 100 m. Accueil groupes. Ouv : camping : 1.7 / 31.8. CD 26 à 100 m, 800 m du bourg. ☎ 05 55 21 24 36 / 05 55 34 28 00 (H.S.). E-mail : dominique.dorme@tiscali.fr, Web : perso.wanadoo.fr/camping.de.letang/. Prix 2007. () : 1,70 € ; 1,70 € ; 3,15 € ; 1,70 € ; 2,55 € ; - de 7 ans 1,55 € ; 2,95 €.

FFCC : partenaire + réduction emp. de 5 % en saison et 10 % hors saison + réduction loc. de 5 % en saison et 10 % hors saison.

MONCEAUX SUR DORDOGNE

10-B3 28 km S.-E. Tulle. 185 m. 722 hab. ✉ 19400

LE SAULOU ★★★★ Tourisme 150 E. 6,5 ha. CV. Locations : 5, 14. Accès direct à la rivière. Accueil groupes. Ouv : 1.4 / 30.9. Lieu-dit Vergnolles, sur RD 116. ☎ 05 55 28 12 33. Fax : 05 55 28 80 67. E-mail : le.saulou@wanadoo.fr, Web : www.saulou.net. Prix 2008. Fft jour : Empl. Tourisme (2) : 17,60 € () ; Sup : 5,10 € - de 2/6 ans 3,35 € ; 2,85 à 3,35 € (5 à 10 A) ; Animaux 2,10 €. Réduction H.S.

LE VAURETTE ★★★★ Tourisme 120 E. 3,5 ha. , sportives, fitness, , et séchoir, CV. Camping clef verte. Locations : 2. 1 court. Accès direct à la rivière. Ouv : 1.05 / 21.09. Sur RD 12. Radios interdites. ☎ 05 55 28 09 67. Fax : 05 55 28 81 14. E-mail : info@vaurette.com, Web : www.vaurette.com. Prix 2007. Fft jour : Empl. Tourisme : 21.20 € Sup : 5 € (à part. de 2 ans) 3,20 € (6 A) ; Animaux 3,50 €. Réduction H.S.

AU SOLEIL D'OC ★★★ Tourisme 70 E. 3,6 ha. CV. Camping clef verte. Locations : 6, 6, 6, 6, 3, 80, 30. Accès direct à la rivière. ; aménagée : . Accueil groupes. Ouv : 1.4 / 18.11. A 20 sortie n° 45 puis N 120 dir. Tulle ou A 89 sortie 21 puis N 120 dir. Argentat par D 12 (4 km) dir. Beaulieu puis traverser le pont à gauche. 2ème aire de service camping-car à l'extérieur ; 5 € pour les services ☎ 05 55 28 84 84 / 06 64 69 79 89 / 05 55 28 05 97 (H.S.). Fax : 05 55 28 12 12. E-mail : info@dordogne-soleil.com, Web : www.dordogne-soleil.com. Prix 2008. Fft jour : Empl. Tourisme (2) : 20,70 € () ; Sup : 5,80 € 3,50 € (6 A) ; Animaux 2,20 €. Fft Ccar : 10 € (2). Réduction H.S.

FFCC : partenaire + réduction emp. de 5 % en saison et 20 % hors saison + carte FFCC assurance annulation + Stop accueil Camping-car du 29/03 au 11/07 et du 16/08 au 16/11/2008, accès jusqu'à 21h30 + réduction loc. de 5 % en saison et 10 % hors saison.

L'ECHO DU MALPAS ★★★ Tourisme 100 E. 5 ha. , saison, CV. Locations : 15, , 14, , , . Accès direct à la rivière. Lac à 3 km. Près Argentat sur RD 12, RN 120. ☎ 05 55 28 10 92. Fax : 05 55 28 05 89. E-mail : echodumalpas@medianet.fr.

Pour être bien informé sur tous les problèmes du camping-caravaning, contactez la FFCC et ses clubs.

L'EUROPE ★★★ Tourisme 100 E. 2 ha. CV. Locations : 4, , . Accès direct à la rivière. Accueil groupes. Ouv : 2.4 / 31.10. Rés. obligatoire en été. Chambon, N 120 dir. Tulle/Aurillac puis dir. Argentat par D12 dir. Beaulieu sur 1,5 km, rive droite de la Dordogne. ☎ 05 55 28 07 70. Fax : 05 55 28 19 60. E-mail : camping-europe@wanadoo.fr, Web : www.camping-europe.fr. Prix 2007. Empl. Tourisme ; 6 € ; 5 € ; 3,10 € ; 3 € ; Animaux 1,50 €. Réduction H.S.

FFCC : Stop accueil Camping-car du 01/04 au 15/06 et du 01/09 au 31/10/2008, accè jusqu'à 22h.

M. GUBERT David,aire naturelle CV. Escourbaniers. En bordure de la rivière. Vallée de la Dordogne. ☎ 05 55 28 72 27 / 05 55 28 19 55 (H.S.).

FFCC : partenaire - terrain assuré par la FFCC .

NAVES

10-A3 7 km N. Tulle. 400 m. 2176 hab. ✉ 19460

CAMP MUNICIPAL Non classé E. 2 ha. Bois Bara, RD 58. ☎ 05 55 26 60 16 (Mairie).

NESPOULS

10-A3 15 km S. Brive-la-Gaillarde. 300 m. 358 hab. ✉ 19600

M. GILLET Raymond . A 4 km: . Belveyre, par RN 20 puis RD 19, à 1,5 km Nord-Ouest de la commune, à proximité de la ferme. Terrain boisé, herbeux, plan d'eau avec pédalos à 4 km. Salle de réunion. Location à la semaine. Possibilité de réception de groupes sur réservation et en hors saison. ☎ 05 55 85 81 09

NEUVIC

10-B2 21 km S.-S.-O. Ussel. 630 m. 1845 hab. Station verte de vacances et village de neige ✉ 19160

LE MIALARET ★★★★ Tourisme 100 E. 7 ha. CV Sanitaire chauffé. Locations : 32, 24, 14. Etang à 200 m. Lac et rivière à 4 km. ; à 4 km : , . Accueil groupes. Ouv : 26.4 / 4.10. ☎ 05 55 46 02 50. Fax : 05 55 46 02 65. E-mail : info@lemialaret.com, Web : www.lemialaret.com. Prix 2008. Empl. Tourisme : 10 € ; 7,50 € ; - de 2/8 ans 5 € ; 3,50 €. Réduction H.S.

FFCC : partenaire + réduction emp. de 5 % en saison et 10 % hors saison + carte FFCC assurance annulation + réduction loc. de 5 % en saison et 10 % hors saison.

CAMP DU PRESIDENT QUEUILLE ★★★ Tourisme 60 E., dont 12 GCC - 10 HLL, 1,2 ha. CV. Locations : 10, 8, 2. Accès direct aux bords du lac. Accueil groupes. Lieu-dit des Antiges, D 982. A 89. ☎ 05 55 95 81 18 / 06 08 55 78 52 (H.S.). Fax : 05 55 95 97 48. E-mail : camping.antiges@wanadoo.fr, Web : www.campingantiges.fr. Prix 2007. Fft jour : Empl. Tourisme (2) : 11,50 € () ; Sup : 2,65 € - de 7 ans 1,80 € ; 1,80 € (10 A). Fft Ccar : 9,70 € (2).

FFCC : partenaire - terrain assuré par la FFCC.

CAMP MUNICIPAL DU LAC ★★★ Tourisme 92 E., dont 8 GCC - 22 HLL, 3 ha. , aire spécifique, CV. Locations : 13, 5. Accès direct aux bords du lac. Accueil groupes. Ouv : 1.3 / 15.11. Rés. obligatoire en été. Plage de Neuvic ☎ 05 55 95 85 48 / 05 55 95 80 16 (H.S.). Fax : 05 55 95 85 48. E-mail : camping.municipal523@orange.fr, Web : www.neuvic.correze.net. Prix 2007. 2,50 € ; 1,10 € ; 2,95 € ; 2,50 € ; 2,20 € ; - de 3 ans 1,10 € ; 1,40 €.

FFCC : partenaire + réduction emp. de 5 % en saison et hors saison + Stop accueil Camping-car du 01/03 au 30/06 et du 01/09 au 30/11/2008, accès jusqu'à 20h30.

CAMP G.C.U. Réservé aux adhérents. Adhésion possible sur place pour les sociétaires MAIF et FILIA MAIF.

LE SOUSTRAN ★★ Tourisme 67 E. 2 ha. . Locations : 3. Lac à 50 m. à 3 km : . Ouv : 1.5 / 15.9. Rés. obligatoire en été. Pellachal. ☎ 05 55 95 03 71. Fax : 05 55 95 03 71. E-mail : lesoustran@hotmail.com, Web : www.lesoustran.com. Prix 2007. Fft jour : Empl. Tourisme : 14 € () ; Sup : 3,50 € - de 8 ans 2,80 € ; 2,50 €.

CAMP MUNICIPAL CHAMP PIGEONNIER ★ Tourisme 40 E. CV. Accueil groupes. Champ Pigeonnier; ☎ 05 55 95 85 48 / 05 55 95 97 80 / 05 55 95 80 16 (Mairie) (H.S.). E-mail : camping.municipal523@orange.fr, Web : www.neuvic.correze.net. Prix 2007. () : 1,80 € ; 0,80 € ; 2,50 € ; 1,80 € ; 1,60 € ; - de 3 ans 0,80 €.

PELLACHAL ★ Loisirs 20 E. 2 ha. . Locations : . Lac à 50 m. ☎ 05 55 95 03 71. E-mail : p.wehman@freeler.nl, Web : www.lesoustran.com.

NOAILHAC

10-A3 16 km S.E. Brive-la-Gaillarde. 510 m. 266 hab. ✉ 19500

M. AUZANNEAU,aire naturelle La Croix du Buis. ☎ 05 55 25 36 04.

NOAILLES

10-A3 8 km S. Brive-la-Gaillarde. 300 m. 515 hab. ✉ 19600

M. DELMAS Gabriel CV. A 200 m : . A 5 km : . A 8 km : Piscine plein air . A 10 km : . Ouv : 1.1 / 31.12. 8 km au Sud de Brive. Accès par l'A 20 à 600 m de la sortie n° 52, échangeur de Noailles. Malfarge, à proximité des RD 920 et RD 158. 500 m Sud de la commune, à proximité de la ferme. Camping aménagé en 3 terrasses à flanc de colline, prairie mi-ombragée, plan d'eau à 5 km. Sentiers pédestres. ☎ 05 55 85 81 33. Fax : 05 55 85 81 33. Prix 2008. Empl. Tourisme : 2,80 € ; 2,70 € ; - de 7 ans 1,80 € ; 2,50 à 5 € (5 A) ; Animaux 2,50 €.
FFCC : partenaire + Stop accueil Camping-car toute l'année, accès jusqu'à 20h.

PALISSE

10-B2 21 km S.-O. Ussel. 650 m. 260 hab. ✉ 19160

LE VIANON ★★★★ Tourisme 53 E., dont 24 HLL, 5 ha. saison, CV Sanitaire chauffé. Locations : 16 . Accès direct à l'étang. ; à 9 km : . Accueil groupes. RN 89 (Egletons-Ussel). Prendre à droite D 47 dir. Neuvic. ☎ 05 55 95 87 22. Fax : 05 55 95 98 45. E-mail : camping.vianon@wanadoo.fr, Web : www.levianon.com.

PEYRELEVADE

10-B2 40 km N.-O. Ussel. 804 m. 1119 hab. ✉ 19290

CAMP MUNICIPAL (L.V.T.) ★★ 100 E. 1,86 ha. CV. Locations : 5 , , . 3 courts. Accès direct aux bords du lac. ; ; ; . Route de Chamboux, RD 21 et 78. ☎ 05 55 94 71 56 (Tél & Fax). Fax : 05 55 94 75 37. Web : www.peyrelevade.correze.net.

PEYRISSAC

10-A2 35 km N. Tulle. 400 m. 110 hab. ✉ 19260

NATURE ET VEZERE ★★ Tourisme 22 E. dont 19 nus, 1 ha. CV Sanitaire chauffé. Locations : 2 . Accès direct à la rivière. ; ; ; . Accueil groupes. A 20 sortie 45 (Uzerche) puis D 3/D 3E. ☎ 05 55 98 17 04 / 06 79 03 20 02 (H.S.). Prix 2007. Fft jour : Empl. Tourisme (2) : 12 € ( ) ; Sup : 6 € - de 18 ans 2 € ; 2 à 3 € (6 à 10 A). Réduction H.S.

REYGADE

10-B3 43 km S.-E. Tulle 450 m. 202 hab. ✉ 19430

LA BELLE ETOILE ★★★ Tourisme 27 E. dont 25 nus, dont 3 HLL, 1,5 ha. CV. Locations : 3 , 6 , 2 . Rivière à 3,5 km. ; . Vallée de la Dordogne. Entre Argentat et Beaulieu. ☎ 05 55 28 50 08. Fax : 05 55 28 36 40.

LA ROCHE CANILLAC

10-B3 25 km S.-E. Tulle. 430 m. 185 hab. ✉ 19320

CAMP MUNICIPAL ★★ Tourisme 50 E. 2 ha. Sanitaire chauffé. Locations : , . Etang à 500 m. Rivière à 3 km. . Lieu-dit Les Bouyges, RD 29. ☎ 05 55 29 13 75 / 05 55 29 12 46 (Mairie). Fax : 05 55 29 28 16.

ST AUGUSTIN

10-B2 24 km N. Tulle. 350 m. 535 hab. ✉ 19390

CAMP MUNICIPAL ★ Tourisme 20 E. . Rivière à 1 km.Etang à 4 km. ☎ 05 55 21 32 77 (Mairie). Fax : 05 55 21 32 77.

ST CIRGUES LA LOUTRE

10-B3 50 km S.-E. Tulle. 450 m. 267 hab. ✉ 19220

M. COUTAL Marcel , étang. A 1,5 km : . A 10 km : Piscine plein air. Luc, 4 km Nord de la commune, à proximité de la ferme. Pré ombragé. Etang à 200 m. Abri. Frigidaire. ☎ 05 65 38 74 38 / 05 55 28 22 48.

M. MANAUX Jules,camping la Loutre CV. La Borde. ☎ 05 55 28 27 41.

M. PERS Emile . A 500 m : . A 1 km : . A 3 km : . A 4 km : . A 5 km : . A 9 km : Piscine plein air. Lalo-Haut, par RD 111, à 1,5 km du bourg Nord-Est, à proximité de la ferme. Clairière herbeuse, ombragé. Glace. Congélation. Sentiers pédestre et VTT à proximité. ☎ 05 55 28 24 66.

ST GERMAIN LES VERGNES

10-A3 13 km O. Tulle. 195 m. 854 hab. ✉ 19330

CHADEBEC ★★ Tourisme 6 E., dont 6 HLL. . Locations : 6 . . Accès direct à l'étang. ; ; . ☎ 05 55 29 32 33. Web : www.chalets-decouverte.com.

DOMAINE DE LASCAUX ★★ Tourisme 50 E. dont 25 nus, 1 ha. , snack, . Locations : , , . Accès direct à l'étang. ; . Ouv : 15.6 / 15.9. RD 9. A 20 sortie Perpezac Le Noir dir. St-Pardoux, St-Germain les Vergnes. A 89 sortie gare de péage St-Germain-les-Vergnes. ☎ 05 55 29 30 90 / 05 55 29 40 78 (H.S.). Fax : 05 55 29 30 90. Prix 2007. Empl. Tourisme : 3,80 € ; 1,70 € ; - de 8 ans 1,40 € ; 1,70 € ; 0,90 € ; Animaux 1 €.

ST HILAIRE PEYROUX

10-A3 13 km S.-O. Tulle. 360 m. 807 hab. ✉ 19560

M. RIETDIJK,aire naturelle le Chazal CV. A 4 km : . A 10 km : Piscine plein air . Ouv : Pâques / 31.10. Le Chazal. Brive-Malemort RN 89, D 141-D 141E Venarsal-St Hilaire Peyroux. C 13 Le Chazal. ☎ 05 55 25 52 48 / 06 13 63 17 57 (H.S.). E-mail : lechazal@neuf.fr, Web : www.lechazal.neuf.fr. Prix 2008. Empl. Tourisme : 4,50 € ( ) ; 3,50 € ; - de 14 ans 2,50 € ; 2,50 € (5 A).

ST JAL

10-A2 22 km N.-O. Tulle. 430 m. 617 hab. ✉ 19700

CAMP MUNICIPAL ★ Tourisme 20 E. . Accès direct à l'étang. .

ST JULIEN PRES BORT

10-C2 26 km S.-E. Ussel. 615 m. 350 hab. ✉ 19110

AIRE NATURELLE MUNICIPALE . ☎ 05 55 96 71 60.

ST MARTIAL ENTRAYGUES

10-B3 37 km S.-E. Tulle. 425 m. 103 hab. ✉ 19400

CHATEAU DE GIBANEL ★★★★ Tourisme 250 E. dont 250 nus, , dont 10 GCC, 7 ha. 1.07 / 26.08, 1.07 / 26.08, saison, , 1.07 / 31.07, , saison, CV. Locations : 2 , 6 . . Accès direct aux bords du lac. ; ; ; . Route d'Egletons. ☎ 05 55 28 10 11. Fax : 05 55 28 81 62. E-mail : contact@camping-gibanel.com, Web : www.camping-gibanel.com. Réduction H.S.

ST MARTIN LA MEANNE

10-B3 33 km S.-E. Tulle. 500 m. 393 hab. ✉ 19320

CAMP MUNICIPAL ★★ Tourisme 44 E., dont 6 HLL, 0,7 ha. . Locations : 5 , . . Lac et rivière à 5 km. ; à 800 m : . RD 18 et 29. Lieu-dit Croix de Brunal. ☎ 05 55 29 11 91 / 05 55 29 12 75 (Mairie). Fax : 05 55 29 28 48. Web : www.chalets-decouverte.com.

ST MARTIN SEPERT

300 hab. ✉ 19210

LE MOULIN DE GANY ★★ Tourisme 60 E. Gany ☎ 05 55 98 53 49.

ST MERD DE LAPLEAU

10-B3 36 km E. Tulle. 570 m. 198 hab. ✉ 19320

LE PETIT BOIS ★★ Tourisme 33 E. dont 30 nus 0,8 ha. CV. Locations : 3 . Rivière à 1 km.Etang à 5 km. à 8 km : , , , . Ouv : 1.4 / 30.9. Rés. obligatoire en été. ☎ 05 55 27 89 44. E-mail : camping19lepetitbois@wanadoo.fr, Web : www.lepetitbois.monsite.wanadoo.fr. Prix 2008. Fft jour : Empl. Tourisme (2) : 8,40 € ( ) ; Sup : 2,70 € - de 10 ans 2,55 € ; 2,70 à 3,15 € (6 à 10 A) ; Animaux 1,20 €.
FFCC : partenaire + réduction emp. de 5 % en saison + réduction loc. de 5 % en saison.

ST PANTALEON DE LAPLEAU

10-B3 57 km E. Tulle. 612 m. 55 hab. ✉ 19160

CAMP MUNICIPAL LES COMBES ★★ Tourisme 30 E. 0,45 ha. . Locations : , , . Rivière à 2 km.Lac à 4 km. à 3 km : , , , . Ouv : 1.4 / 31.10. A 89 sortie Ussel Ouest / Neuvic vers Egletons ou A 89 sortie Egletons Lapleau / St-Pantaléon-de-Lapleau. ☎ 05 55 27 51 58 (Mairie) / 05 55 95 83 46 (H.S.). Fax : 05 55 27 51 58. E-mail : mairiestpantaleondelapleau@orange.fr. Prix 2008. Empl. Tourisme : 2 € ; 2 € ; 5 € ; 2 € ; - de 7 ans 1,50 € ; 2 € ; 2 €.

ST PARDOUX CORBIER

10-A2 40 km N. Brive-la-Gaillarde. 400 m. 470 hab. ✉ 19210

LE DOMAINE BLEU ★★ Tourisme 40 E. 1 ha. Sanitaire chauffé. . Accès direct à l'étang. ; à 10 km : . Ouv : 15.6 / 1.9. Bourg. A 5 km de la RN 20. ☎ 05 55 73 59 89. Fax : 05 55 73 59 89. Web : www.ledomainebleu.eu. Prix 2008. 4,50 € ; 3,50 € ; 3,50 € ; - de 10 ans 2,50 € ; 2,50 € ; Animaux 1 €.

ST PARDOUX L ORTIGIER

10-A3 20 km N. Brive-la-Gaillarde. 320 m. 395 hab. ✉ 19270

CAMP MUNICIPAL LES ESCURES ★★ Tourisme 40 E. 1 ha. . Locations : . . Accès direct à l'étang et aux bords du lac. ; . CD 9 direction Tulle. ☎ 05 55 84 51 06 (Mairie). Fax : 05 55 84 99 79.

ST PRIEST DE GIMEL

10-B3 15 km N.-E. Tulle. 430 m. 365 hab. ✉ 19800

L'ETANG DE RUFFAUD ★★★ Tourisme 100 E., dont 8 HLL, 5 ha. Locations : 8. Accès direct à la rivière. Etang à 20 m. ; à 100 m : . Sur RD 53. A 89. ☎ 05 55 21 26 65 / 05 55 21 26 43 / 05 55 26 42 12 (H.S.). Web : www.chalets-decouverte.com.

ST PRIVAT

10-B3 48 km S.-E. Tulle. 580 m. 1167 hab. ✉ 19220

CAMP MUNICIPAL ★★ Tourisme 30 E. Les Chanaux. ☎ 05 55 28 28 77.

AIRE NATURELLE Hautebrousse. ☎ 05 55 82 65 32.

ST ROBERT

9-F3 28 km N.-O. Brive-la-Gaillarde. 325 m. 371 hab. ✉ 19310

AIRE NATURELLE MUNICIPALE Bellevue. ☎ 05 55 25 11 12. Fax : 05 55 25 19 20.

ST SALVADOUR

10-A2 25 km N. Tulle. 425 m. 344 hab. ✉ 19700

CAMP MUNICIPAL LE PRE CHATON ★ Tourisme 25 E. ☎ 05 55 95 61 51 (Mairie).

ST SETIERS

10-B2 27 km N.-O. Ussel 800 m. 325 hab. ✉ 19290

AIRE NATURELLE MUNICIPALE

ST SORNIN LAVOLPS

10-A2 33 km N.-O. Brive-la-Gaillarde. 400 m. 940 hab. ✉ 19230

CAMP MUNICIPAL ★★ Tourisme 45 E. 1 ha. CV. Locations : 9. Etang à 20 m. Rivière à 30 m. à 30 m : . ☎ 05 55 73 38 95 / 05 55 73 32 61 (Mairie) / 05 55 73 32 61 (Mairie) (H.S.). Fax : 05 55 73 37 02. Web : www.chalets-decouverte.com.

ST VICTOUR

10-C2 17 km S.-E. Ussel 550 m. 183 hab. ✉ 19200

LE VERDIER ★★ Tourisme 33 E.

ST YRIEIX LE DEJALAT

10-B2 32 km N.-E. Tulle. 750 m. 448 hab. ✉ 19300

CAMP MUNICIPAL DES MONEDIERES ★★ Tourisme 20 E. 0,5 ha. Locations : . Rivière à 2 km. Croix de la Mission, CD 16 et 135. ☎ 05 55 93 09 94 (Mairie).

SARROUX

10-C2 24 km S.-E. Ussel. 630 m. 361 hab. ✉ 19110

OUTRE VAL ★★★★ Tourisme 43 E. dont 33 nus, dont 30 GCC, 1 ha. pain, CV. Locations : 3. Accès direct aux bords du lac. Accueil groupes. Ouv : Pâques / 15.10. RD 82, RN 679. ☎ 05 55 96 05 82 / 05 55 96 03 37 (H.S.). Fax : 05 55 96 05 82.

LE BOIS D'ENVAL ★★ Tourisme 43 E., dont 10 GCC, 1,5 ha. Locations : . Lac à 500 m. Rivière à 800 m. à 500 m : . ☎ 05 55 96 06 62.

SEILHAC

10-A2 14 km N.-O. Tulle. 500 m. 1440 hab. ✉ 19700

LAC DE BOURNAZEL ★★★★ Tourisme 155 E. dont 101 nus, dont 9 HLL, 4,5 ha. snack, juillet/août, + sèche-linge, CV. Locations : 10, 37, 2. Etang et lac à 100 m. Accueil groupes. ☎ 05 55 27 05 65 / 0 825 801 440 (Réserv.) (H.S.). Fax : 04 73 93 71 00. Web : www.revea-vacances.fr.

SERVIERES LE CHATEAU

10-B3 43 km S.-E. Tulle. 480 m. 718 hab. ✉ 19220

CAMP MUNICIPAL DU LAC DE FEYT ★★★ Tourisme 84 E. 2,8 ha. CV. Locations : 4, 20, 6. Accès direct aux bords du lac. Accueil groupes. Ouv : 29.3 / 27.9. RD 75. ☎ 05 55 28 25 42. Fax : 05 55 28 29 08. Prix 2007. Empl. Tourisme : 2,35 € ; 3,55 € ; - de 10 ans 1,70 € ; 2,35 €.

SEXCLES

10-B3 40 km S.-E. Tulle. 450 m. 305 hab. ✉ 19430

M. CLARE,aire naturelle

SORNAC

10-B2 20 km N.-O. Ussel. 735 m. 1125 hab. ✉ 19290

CAMP MUNICIPAL ★★ Tourisme 54 E. 4 ha. CV. Locations : 3. Accès direct aux bords du lac. Ouv : 1.7 / 31.8. ☎ 05 55 94 63 49 / 05 55 94 61 27 (H.S.). Fax : 05 55 94 81 39. E-mail : communedesornac@wanadoo.fr. Prix 2007. Empl. Tourisme : 1,80 € () : 2,30 € ; - de 7 ans 1,15 € ; 2,30 €.

SOURSAC

10-B3 53 km E. Tulle. 600 m. 696 hab. Station verte de vacances et village de neige ✉ 19550

CAMP MUNICIPAL DE LA PLAGE ★★★ Tourisme 90 E. (80 Tourisme + 10 Loisirs), dont 4 HLL, 2 ha. Locations : . Accès direct aux bords du lac. RD 16. ☎ 05 55 27 55 43 (Saison).

CAMP MUNICIPAL DES LACS ★ Tourisme 60 E. 1,5 ha. Accès direct aux bords du lac et à la rivière. Sur RN 678 et RD 978 à Spontour. ☎ 05 55 27 52 61 (Mairie).

TARNAC

10-B2 51 km N.-O. Ussel. 695 m. 472 hab. ✉ 19170

CAMP MUNICIPAL DE L'ENCLOSE ★★ Tourisme 45 E. 1,5 ha. CV. Accès direct aux bords du lac. Rivière à 1 km. Accueil groupes. Ouv : 15.5 / 15.10. Sortie du bourg par route de Bugeat. ☎ 05 55 95 53 01 (Mairie). Fax : 05 55 95 18 37. E-mail : , Web : . Prix 2007. Empl. Tourisme : 0,50 € ; 2 € ; - de 7 ans 1,20 € ; 1,80 €.

TREIGNAC

10-B2 40 km N. Tulle. 482 m. 1800 hab. Station verte de vacances et village de neige ✉ 19260

LA PLAGE ★★★ Tourisme 130 E. 4 ha. CV Sanitaire chauffé. Locations : 8, 5. Accès direct aux bords du lac. Rivière à 600 m. Accueil groupes. Lac des Barriousses, sur CD 940. ☎ 05 55 98 08 54. Fax : 05 55 98 16 47. E-mail : camping.la.plage@wanadoo.fr, Web : www.laplagecamping.com. Réduction H.S.

TROCHE

10-A2 42 km N. Brive-la-Gaillarde. 558 hab. ✉ 19230

Mme BROEKS Anne-Marie,camping à la Ferme Domaine Vert A 3 km: . A 4 km : . A 8 km : Piscine plein air. A 10 km : . Ouv : 1.4 / 1.10. Les Magnes. Entre Limoges et Brive par A 20 sortie n° 45, passer Vigeois dir. Troche et 2 km en dehors de Vigeois tourner à droite D 50 Lubersac. Après 5 km (ignorer le panneau Troche) au panneau tourner à droite. ☎ 05 55 73 59 89. Fax : 05 55 73 59 89. Web : www.ledomainevert.nl. Prix 2008. Fft jour : Empl. Tourisme (2) : 16 € () ; Sup : 4,50 € 2,50 € (6 A) ; Animaux 1,50 €.

TULLE

10-A3 464 km S.-S.-O. Paris. 212 m. 20642 hab. ✉ 19000

CAMP MUNICIPAL BOURBAÇOUP ★★ Tourisme 50 E. dont 50 nus 0,7 ha. Rivière à 20 m. ; à 500 m : ; à 1 km : . Accueil groupes. Route de Vimbelle. ☎ 05 55 26 75 97 / 06 87 84 90 60 (H.S.).

USSEL

10-B2 61 km N.-E. Tulle. 633 m. 12252 hab. ✉ 19200

CAMP MUNICIPAL DU CENTRE TOURISTIQUE DE PONTY ★★★ Tourisme 140 E. dont 40 nus, dont 18 HLL, 3,5 ha. CV Sanitaire chauffé. Locations : . Lac à 100 m. Rivière à 200 m. Accueil groupes. O ☎ 05 55 72 30 05 / 05 55 72 16 69 / 05 55 72 16 69 (H.S.). Fax : 05 55 72 95 19. E-mail : sports.dir@ussel19.fr.

M. MALPELAS Sébastien,aire naturelle CV. A 800 m : . A 1 km: . A 4 km : Piscine plein air . A 20 km : . La Grange du Bos, 3 km Sud-Ouest de la commune, à proximité de la ferme. Bois semi-ombragé, sous bois, plan d'eau à 800 m. ☎ 05 55 72 15 68. Fax : 05 55 72 47 65. Web : www.ot-ussel.fr.

UZERCHE

10-A2 26 km N.-O. Tulle. 334 m. 3185 hab. ✉ 19140

CAMP MUNICIPAL LA MINOTERIE ★★★ Tourisme 65 E. dont 48 nus, dont 10 HLL, 2 ha. buvette, CV Sanitaire chauffé. Locations : 9. Accès direct à la rivière. Lac à 4 km. Accueil groupes. Ouv : 26.4 / 28.9. Route de la Minoterie. Sortie A 20 puis D 920, dans Uzerche prendre D 142 et route de la Minoterie puis descendre au bâtiment central. ☎ 05 55 73 12 75 / 05 55 73 17 00 (Mairie) (H.S.). Fax : 05 55 73 12 75. Web : www.chalets-decouverte.com. Prix 2007. Empl. Tourisme : 4 € () : 3 € ; - de 12 ans 1,80 € ; 2,90 € (10 A).

VEIX

10-B2 37 km N. Tulle. 110 hab. ✉ 19260

LE FAYARD ★★ Tourisme 27 E. 2,5 ha. volley, CV. chauffée . Ouv : 11.5 / 21.9. Cors. A Limoges sortie 35 puis D 979 direction Meymac, après Lacelle D 940 dir. Treignac, D 16 dir. Egleton, après Lestard D 32 dir. Cors. ☎ 05 55 94 00 20 / 0031 113301245 (NL) (H.S.). E-mail : veen514@zonnet.nl, Web : www.LE-FAYARD.com. Prix 2007. Fft jour : Empl. Tourisme (2) : 17,95 € () ; Sup : 3,75 € - de 9 ans 2,50 € ; 2,95 € (6 A) ; Animaux 1,60 €. Réduction H.S.

FFCC : partenaire + réduction emp. de 10 % en saison et hors saison.

VIAM

10-B2 45 km O. Ussel. 696 m. 141 hab. ✉ 19170

CAMP MUNICIPAL PUY DE VEIX ★★ Tourisme 50 E. 1,5 ha. + sèche-linge, CV. Locations : . Accès direct aux bords du lac. Accueil groupes. Ouv : 15.6 / 30.9. ☎ 05 55 95 52 05 (Mairie). Fax : 05 55 95 21 86. E-mail : viam.mairie@wanadoo.fr, Web : www.viam.correze.net. Prix 2007. Empl. Tourisme : 1,40 € ; 1,10 € ; 1,10 € ; 2,10 € ; - de 7 ans 1,10 € ; 1,90 € (10 A).

VIGEOIS

10-A2 32 km N. Brive-la-Gaillarde. 335 m. 1340 hab. Station verte de vacances et village de neige ✉ 19410

CAMP MUNICIPAL DU LAC DE PONTCHARAL ★★★ Tourisme 88 E. dont 85 nus 1,7 ha. Accès direct aux bords du lac. A 20 sortie 45 puis D 3, D 7. ☎ 05 55 98 90 86 / 05 55 98 91 93 (Mairie) (H.S.). E-mail : mairievigeois@wanadoo.fr, Web : www.vigeois.com.

VITRAC SUR MONTANE

10-B2 22 km N.-E. Tulle. 595 m. 239 hab. ✉ 19800

CAMP MUNICIPAL DU PONT DE LA RIVIERE ★★ Tourisme 51 E. 1,2 ha. Accès direct à la rivière. Sur RD 143. ☎ 05 55 21 39 68 (Camping) / 05 55 21 33 51 (Mairie).

VOUTEZAC

10-A3 25 km N.-O. Brive-la-Gaillarde. 115 m. 1329 hab. ✉ 19130

M. ROUHAUD Pierre CV. A 1 km: . A 3 km : Piscine plein air . A 10 km : . Ouv : 1.5 / 30.9. Camping de la Bontat, Le Saillant de Voutezac, par A 20 sortie n° 48 Allassac à 3 km Sud de la commune, à proximité de la ferme. Ecrire : M. ROUHAUD Pierre, le pont du Saillant, 19240 Allassac. ☎ 05 55 84 73 94 / 05 55 84 76 98 (H.S.). Web : www.gitesdefrance-limousin.com. Prix 2008. () ; 3,50 € ; 2,50 € ; 2,30 € ; 3 € ; - de 7 ans 2 € ; 2,50 € (5 A) ; 1 € ; Animaux 1 €.

Carte 15

Délégué FFCC : Jean MAIBORODA, Salario, Chemin de Toretta - 20000 AJACCIO

AJACCIO

1327 km S.-E. Paris 55279 hab. 20000

CHATEAU DE BARBICAGGIA ★★ Tourisme 100 E. Bord de mer à 200 m. ; à 300 m : . Route des Sanguinaires. ☎ 04 95 52 01 17.

LES MIMOSAS ★★ Tourisme 70 E. CV. Locations : 8 , 5 , . ☎ 04 95 20 99 85. Fax : 04 95 10 01 77.

BASTELICA

15-B3 40 km N.-E. Ajaccio. 808 m. 1780 hab. 20119

M. BERNARDINI Antoine,camping à la ferme . A 100 m : . A 4 km: . A 8 km : . RD 27. Route de Bocognano. ☎ 04 95 28 70 79 / 04 95 28 70 27.
FFCC : partenaire - terrain assuré par la FFCC .

BELVEDERE CAMPOMORO

15-B4 23 km O. Sartène. 250 m. 120 hab. 20110

LECCI E MURTA ★★★ Tourisme 100 E., dont 10 GCC - 10 HLL. ☎ 04 95 76 02 67.

LA VALLEE ★★ Tourisme 187 E., dont 12 HLL, 3 ha. CV. Locations : 12 . Bord de mer à 50 m. ; ; ; ; . ☎ 04 95 74 21 20. Fax : 04 95 74 21 20. Web : www.lavalleecampomoro.com.

PERETTO LES ROSEAUX ★ Tourisme 50 E. 1,5 ha. CV. Locations : . Bord de mer à 300 m. ; ; ; . ☎ 04 95 74 20 52. Fax : 04 95 74 20 52.
FFCC : partenaire - terrain assuré par la FFCC.

BONIFACIO

15-B5 54 km S.-E. Sartène. 70 m. 2435 hab. 20169

U FARNIENTE ★★★★ Tourisme 150 E. 3 ha. CV Sanitaire chauffé. Locations : 46 , 12 , 15 , 12 , Villas (tous ces prix s'entendent pour une nuit en hte saison). chauffée . Bord de mer à 4 km. ; à 4 km : , , , . Accueil groupes. encadrés. Ouv : fin mars / mi-octobre. Rés. obligatoire en été. RN 198. Les chiens de cat. 1 sont interdits. ☎ 04 95 73 05 47. Fax : 04 95 73 11 42. E-mail : pertamina@wanadoo.fr, Web : www.camping-pertamina.com. Prix 2008. Fft jour : Empl. Tourisme (2) : 31,50 € ( ) ; Sup : 9,50 € - de 8 ans 5,80 €. Réduction H.S.
FFCC : réduction loc. de 5 % hors saison + HC.

CAMPO DI LICCIA ★★★ Tourisme 161 E., dont 15 HLL, 4 ha. , juillet/août, CV. Locations : 1 , 11 , 38 . . Bord de mer à 4 km. . Accueil adultes. Ouv : 5.4 / 11.10. Sur RN 198. Les chats sont interdits dans les locations. ☎ 04 95 73 03 09. Fax : 04 95 73 19 94. E-mail : info@campingdiliccia.com, Web : www.campingdiliccia.com. Prix 2007. 3,60 € ; 2,50 € ; 4,95 € ; 2,60 € ; 6 € ; 2,70 € ; 2,90 à 3,60 € (4 à 10 A) ; Animaux 0,80 €. Réduction H.S.

LA RONDINARA ★★★ Tourisme 120 E., dont 9 HLL, 5 ha. CV. Locations : 31 . . Bord de mer à 300 m. à 300 m : , , , . Ouv : 15.5 / 30.9. Sur RN 198. A l'embranchement dir. baie de la Rondinara. ☎ 04 95 70 43 15. Fax : 04 95 70 56 79. E-mail : reception@rondinara.fr, Web : www.rondinara.fr. Prix 2007. 4,20 € ; 3,30 € ; 7,20 € ; 3,60 € ; 7 € ; - de 7 ans 3,40 € ; 3,50 € (6 A) ; Animaux 2,60 €. Réduction H.S.

LES ILES ★★★ Tourisme 100 E., dont 28 HLL, 8 ha. CV. Locations : 6 , 20 , 15 , 3 , 7 mini mobile-homes. . Bord de mer à 850 m. ; ; ; . Accueil groupes. Route de Piantarella. ☎ 04 95 73 11 89 / 04 95 73 02 68 (H.S.). Fax : 04 95 73 18 77.
FFCC : partenaire - terrain assuré par la FFCC.

PIAN DEL FOSSE ★★★ Tourisme 52 E., dont 6 HLL, 5 ha. , snack, CV. Locations : 4 , 12 , Mini-Villas. Bord de mer à 1,5 km. à 1,5 km : , , ; à 4 km : . Accueil groupes. Ouv : Pâques / 15.10. De Bonifacio, CD 58 dir. Golfe de St-Amanza. ☎ 04 95 73 16 34. Fax : 04 95 73 16 34. E-mail : camping@piandelfosse.com, Web : www.piandelfosse.com. 8,50 € ; 3 € ; 6,50 € ; 7,50 € ; - de 9 ans 3,50 € ; 3,80 € ; Animaux 2,50 €.

CAMP ARAGUINA ★★ 50 E. ☎ 04 95 73 02 96.

CAVALLO-MORTO ★★ Tourisme 130 E., dont 2 GCC - 2 HLL, 2 ha. CV. Locations : 11 , 11 , , . . Bord de mer à 3 km. à 3 km : . Sur route de Bastia. ☎ 04 95 73 04 66 / 04 95 73 14 72. Fax : 04 95 73 10 82. Web : www.camping-cavallo-morto.com.

LA TRINITE ★★ Tourisme 100 E. Route Sartène. ☎ 04 95 73 10 91.

LA POMPOSA

CALCATOGGIO

15-A3 25 km N. Ajaccio. 300 m. 332 hab. 20111

A MARINA ★★★ Tourisme 33 E. 1,5 ha. CV. Locations : 7 , 13 , , . Bord de mer et rivière à 50 m. à 50 m : , , , . Ouv : 1.4. Golfe de la Liscia. Sortie Ajaccio rte de Cargèse. ☎ 04 95 52 21 84 / 04 95 22 72 90 (H.S.). Fax : 04 95 52 30 76. E-mail : fabiani-famille@wanadoo.fr, Web : www.camping-amarina.com. Prix 2008. 5,50 € ; 5,50 € ; 11 € ; 5,50 € ; 8 € ; - de 7 ans 5,50 € ; 4 € ; Animaux 2 €. Réduction H.S.

LA LISCIA ★★★ Tourisme 100 E. 3 ha. , snack/pizzeria, , le soir, , + sèche-linge, CV. Locations : 5 , 11 , 10 . Rivière à 100 m. Bord de mer à 600 m. Etang à 3 km. à 600 m : , , , . Accueil groupes. Ouv : 1.4 / 5.10. Rés. obligatoire en été. Sur la D 81 dir. Porto - Cargèse par la côte. ☎ 04 95 52 20 65. Fax : 04 95 52 30 24. E-mail : francois.ferraro@wanadoo.fr, Web : www.la-liscia.com. Prix 2008. ( ) : 5,70 € ; 4 € ; 10 € ; 4,50 € ; 6,80 € ; - de 7 ans 4,80 € ; 3,50 à 4 € (5 à 10 A) ; Animaux 1,80 €. Réduction H.S.

LE CALCATOGGIO ★★ Tourisme 65 E., dont 35 GCC - 35 HLL, 3,7 ha. . Bord de mer à 700 m. ☎ 04 95 52 28 31.

CARBUCCIA

15-B3 28 km N.-E. Ajaccio. 510 m. 182 hab. 20133

ADUMBRATU ★★ Tourisme 20 E. 1,75 ha. CV. Locations : , 10 , 7 , 4 , , . Rivière à 3 km. ; . Sortie d'Ajaccio dir. Bastia sur 20 km puis route à droite direction Carbuccia sur 3 km. ☎ 04 95 52 88 39 / 06 11 24 21 28 / 06 11 24 21 28 (H.S.). Fax : 04 95 52 88 39. E-mail : corinne@adumbratu.com, Web : www.adumbratu.com.

CARGESE

15-A3 52 km N.-O. Ajaccio. 60 m. 898 hab. 20130

LE TORRACCIA ★★★ Tourisme 67 E., dont 10 HLL, 2,8 ha. sportive, CV. Locations : 20 . . Bord de mer à 2 km. à 2 km : , . Ouv : 1.5 / 30.9. Baghiuccia. Sur D 81. 4 km au Nord de Cargèse. ☎ 04 95 26 42 39. Fax : 04 95 26 42 39. E-mail : contact@camping-torraccia.com/, Web : www.camping-torraccia.com/. Prix 2007. 3,50 € ; 3,10 € ; 6,80 € ; 3,10 € ; 7,50 € ; - de 7 ans 3,90 € ; 3,10 €. Réduction H.S.
FFCC : partenaire + réduction emp. de 5 % en saison et 15 % hors saison + carte FFCC assurance annulation.

CASAGLIONE

15-A3 32 km N. Ajaccio. 250 m. 275 hab. 20111

LES COUCHANTS ★★★ Tourisme 120 E., dont 24 CC - 4 GCC - 8 HLL, 5 ha. . Locations : 8 , 3 . . Bord de mer à 3 km. à 3 km : , , , . Ouv : 1.1 / 31.10. CD 25. Route de Casaglione. A Tiuccia 700 m D 81, sur D 25 à 5,5 km du centre Tiuccia. ☎ 04 95 52 26 60 / 04 95 52 27 73 (H.S.). Fax : 04 95 52 31 77. Web : www.camping-lescouchants.free.fr. Prix 2007. 5 € ; 3,50 € ; 8,50 € ; 3,50 € ; 6,50 € ; 3,50 € ; 4,50 € ; Animaux 3,50 €.

U SOMMALU ★★★ Tourisme 128 E., dont 2 HLL, 4,5 ha. CV. Locations : 12, 13, 15, 3. Bord de mer à 500 m. Rivière à 800 m.; à 500 m :; à 800 m :,. Ouv : 1.4 / 1.10. Route de Casaglione. D 81, sur D 25, à 3,5 km du centre de Tiuccia. ☎ 04 95 52 24 21. Fax : 04 95 52 24 21. E-mail : usommalu.camping@orange.fr, Web : www.usommalu-camping.fr. Prix 2008. () : 4,50 € ; 3,30 € ; 4,80 € ; 3,30 € ; 7,20 € ; 3,90 € ; 4,30 €. Réduction H.S.

LIAMONE ★ Tourisme 90 E. 2,5 ha. Locations : 1, 4, 8 chambres. Bord de mer et rivière à 2 km. à 2 km :,,; à 3 km :. Prendre Calvi par la côte, passer Tiuccia et prendre D 25 à 2 km. ☎ 04 95 52 29 05 / 04 95 52 29 63 / 04 95 52 29 63 (H.S.). Fax : 04 95 52 30 23.

CASALABRIVA

15-B4 27 km N.-O. Sartène. 600 m. 136 hab. ✉ 20140

Mme ABBATUCCI Marie-Jeanne, camping à la ferme A Mirenda CV. A 10 km:. A 13 km :. Pont de Calzola. ☎ 04 95 74 63 73.

CONCA

15-B4 99 km N.-E. Sartène. 250 m. 546 hab. ✉ 20135

ACQUA E SOLE ★★★ Tourisme 100 E., dont 15 HLL., snack,. Accès direct à la rivière.;. Pianu di Conca. RN 198, route Bastia Bonifacio à 200 m sortie nord de Sainte-Lucie de Porto-Vecchio. ☎ 04 95 71 57 07.

CAMP MUNICIPAL A TARCO Non classé E. 4 ha. Accès direct à la rivière. Bord de mer à 400 m.; à 400 m :,; à 500 m :. ☎ 04 95 73 20 50 (Camping).

COTI CHIAVARI

15-A4 28 km S. ajaccio 614 m. 340 hab. ✉ 20138

LA VALLEE ★★ Tourisme 100 E., dont 9 HLL, 1 ha. CV. Locations : 10. Bord de mer à 100 m.;;; à 100 m :. CD 55, à Verghia. A 100 m du carrefour Coti Chiavari. ☎ 04 95 25 44 66. Fax : 04 95 25 52 91. E-mail : peretti.antoine-j@wanadoo.fr, Web : www.camping-la-vallee.com.

EVISA

15-A3 69 km N. Ajjaccio. 850 m. 248 hab. ✉ 20126

L'ACCIOLA ★★ Tourisme 70 E. Rivière à 1,5 km. Ajaccio, Evisa via Sagone. Porto, Evisa. ☎ 04 95 26 23 01 (Saison) / 04 95 26 20 29 (H.S.). Fax : 04 95 26 23 01.

FIGARI

42 km S.-E. Sartène. 125 m. 914 hab. ✉ 20114

U MORU ★★★ Tourisme 100 E. 4 ha. CV. Locations : 7, 2, (M.-H. climatisé, accès handicapé). Ouv : 15.6 / 15.9. RD 859 entre Figari et Sotta. Borne Wifi. ☎ 04 95 71 23 40 / 06 13 61 64 14 (H.S.). Fax : 04 95 71 26 19. E-mail : u-moru@wanadoo.fr, Web : www.u-moru.com. Prix 2008. () : 4,10 € ; 2,50 € ; 6,30 € ; 3 € ; 7 € ; - de 7 ans 3,50 € ; 3,20 € (5 A).
FFCC : partenaire - terrain assuré par la FFCC.

U MORU Voir SOTTA

GROSSETO PRUGNA

12 km E. Ajaccio. 40 m. 610 hab. ✉ 20128

BENISTA ★★★★ Tourisme 200 E. dont 170 nus, 5 ha., collectifs, CV. Locations : 3, 26, 2,. Accès direct à la rivière. Bord de mer à 1,8 km.; à 500 m :; à 1,8 km :,,. Ouv : 1.4 / 30.10. Rés. obligatoire en été. Porticcio CD 55. ☎ 04 95 25 19 30. Fax : 04 95 25 93 70. E-mail : camping-benista@orange.fr, Web : www.benista.fr. Prix 2008. Fft jour : Empl. Tourisme (2) : 26,50 € () ; Sup : 8,90 € - de 7 ans 4,50 € ; 3 € ; Animaux 2,10 €.
FFCC : partenaire - terrain assuré par la FFCC + réduction emp. de 5 % en saison et hors saison.

MARE E MACCHIA ★★★ Tourisme 110 E. 4 ha. CV. Locations :,. Bord de mer à 900 m. à 900 m :,; à 2 km :. RD 55 et RD 555 nouvelle rocade. ☎ 04 95 25 10 58. Fax : 04 95 25 13 89. E-mail : maremachje@infonie.fr, Web : www.ifrance.com/maremachja. Réduction H.S.

U PRUNELLI ★★★ 333 E. 3,5 ha. CV. Locations : 40. Accès direct à la rivière. Bord de mer à 1,8 km. à 2 km : . Au pont du Prunelli, sur CD 55 et RN 196. ☎ 04 95 25 19 23. Fax : 04 95 25 16 87.

LECCI

15-B4 60 km N.-E. Sartène. 678 hab. ✉ 20137

MORA DELL'ONDA ★★ Tourisme 32 E.

MULINACCIU ★★ Tourisme 148 E., dont 20 GCC - 8 HLL. CV. Locations : 40. Accès direct à la rivière. Accès par RN 198. ☎ 04 95 71 47 48. Fax : 04 95 71 54 82. E-mail : info@camping-mulinacciu.com, Web : www.camping-mulinacciu.com.

LOPIGNA

15-B3 52 km N. Ajaccio. 400 m. 101 hab. ✉ 20139

TRUGGIA Non classé E. 12 ha. Accès direct à la rivière. Pont de Truggia, sur RD 1. ☎ 04 95 52 90 21.

MONACIA D AULLENE

15-B4 421 hab. ✉ 20171

M. POLI Bernard,camping à la ferme Route 196. Entre Bonifacio-Sartène et Porto-Vecchio sortie Pianottoli à 2 km en dir. de Sartène (entre les 2 embranchements de Monacia d'Aullène). ☎ 04 95 71 86 28 / 04 95 71 86 40.

OLMETO

15-B4 23 km N.-O. Sartène. 360 m. 1015 hab. ✉ 20113

COLOMBA ★★★ Loisirs 149 E., dont 149 CC - 24 HLL, 2,5 ha. CV. Locations : . Bord de mer à 300 m. à 500 m : . Accueil groupes. Route de Baracci. ☎ 04 95 76 06 42 / 04 95 76 03 77 (H.S.) / 04 95 76 03 77 (H.S.). Fax : 04 95 76 27 52. E-mail : info@camping-colomba.com, Web : www.camping-colomba.com. Réduction H.S.

L'ESPLANADE ★★★ Tourisme 100 E., dont 29 HLL, 4,6 ha. CV. Locations : , 5. Bord de mer à 100 m. Rivière à 3 km. à 100 m : . à 250 m : . Sur RD 157. ☎ 04 95 76 05 03 / 06 12 58 39 18 (H.S.). Fax : 04 95 76 16 22. E-mail : campinglesplanade@club-internet.com, Web : www.camping-esplanade.com.

RAS L'BOL ★★★ Tourisme 150 E., dont 24 GCC - 24 HLL. CV. Locations : 24. Bord de mer à 100 m. Rivière à 1 km. Sur CD 157. ☎ 04 95 74 04 25. Fax : 04 95 74 01 30. E-mail : fpaoletti@raslbol.com, Web : www.raslbol.com.

VIGNA MAIORE ★★★ Tourisme 180 E., dont 13 HLL, 6 ha. 2, CV. Locations : 45, 4. Bord de mer à 1 km. à 1 km : . Sur N 196 et D 157. ☎ 04 95 76 02 07 / 06 20 55 51 78 (H.S.) / 04 95 74 62 02 (H.S.). Fax : 04 95 74 62 02. Web : www.vignamaggiore.com.

ANTOINE ★★ Tourisme 50 E. CV. ☎ 04 95 76 06 99. Fax : 04 95 74 08 76. Réduction H.S.

U.LIBECCIU ★★ Tourisme 100 E., dont 20 HLL, 5 ha. CV. Locations : 25. Bord de mer à 150 m. à 150 m : . Route de Porto Polo. ☎ 04 95 74 01 28. Fax : 04 95 74 28 44. E-mail : camping-ulibecciu@worldonline.fr, Web : campingulibecciu.com.

ABARTELLO ★ Tourisme 35 E. CV. Bord de mer à 50 m. à 50 m : . à 10 km : . ☎ 04 95 74 05 12.

AGLIO ★ Tourisme 100 E. Accès direct à la mer. ☎ 04 95 76 07 15.

LE TIKITI Non classé E. 10 ha. CV. Locations : , 5, 2. Bord de mer à 300 m. à 300 m : . à 1 km : . ☎ 04 95 76 08 32. Fax : 04 95 76 18 25.

Mme LEONETTI Marie,aire naturelle Marinca. ☎ 04 95 76 00 24.

OSANI

15-A3 107 km N.-O. Ajaccio. 100 m. 121 hab. ✉ 20147

E GRADELLE ★★ Tourisme 90 E. 2,2 ha. snack. Locations : . Bord de mer à 350 m. à 350 m : . D 293. ☎ 04 95 27 32 01 / 04 95 27 31 13 (H.S.). Fax : 04 95 27 32 01.

OTA

15-A3 85 km N. Ajaccio. 335 m. 408 hab. ✉ 20150

FUNTANA ALORA ★★★ Tourisme 45 E., dont 3 GCC - 3 HLL, 2 ha. Locations : . Accès direct à la rivière. Route d'Evisa. RN 84 et RD 84. A 1 km de Porto. ☎ 04 95 26 15 48 / 04 95 26 11 65. Fax : 04 95 26 01 83.

LES OLIVIERS ★★★ Tourisme 216 E., dont 36 GCC - 36 HLL, 5 ha. CV. Locations : 46 chauffée. Accès direct à la rivière. Bord de mer à 1 km. à 1 km : . Accueil groupes hors saison. Ouv : 20.3 / 6.11. Près embranchement, rive droite de Porto, pont de Porto. ☎ 04 95 26 14 49. Fax : 04 95 26 12 49. E-mail : lesoliviersporto@wanadoo.fr, Web : www.camping-oliviers-porto.com. Prix 2007. 6,50 € ; 3,50 € ; 6,50 € ; 6,50 € ; 8,80 € ; - de 7 ans 4,50 € ; 4 € ; Animaux 2 €.

SOLE E VISTA ★★★ Tourisme 170 E. 3,5 ha. CV. Locations : . Accès direct aux bords du lac. Rivière à 100 m. Bord de mer à 1,5 km. à 200 m : . à 1,5 km : . Accueil groupes. Ouv : 1.4 / 31.10. Entrée RD 81 Ajaccio-Calvi, parking supermarché SPAR. Entrée RD 129 Ota. ☎ 04 95 26 15 71. Fax : 04 95 26 10 79. Web : www.camping-sole-e-vista.com. Prix 2007. : 4 € ; 3 € ; 6 € ; 3 € ; 7 € ; - de 7 ans 4 € ; 3,50 €. Réduction H.S.

LE PORTO-MONTEBELLO ★★ Tourisme 60 E. 2 ha. partiel. CV. Locations : . Rivière à 50 m. Bord de mer à 800 m. Accueil groupes. Porto Village. A l'entrée de Porto sur la route d'Ajaccio en direction de la plage. ☎ 04 95 26 13 67 / 06 85 41 50 74. Fax : 04 95 26 10 79. E-mail : fceccaldi@freesurf.fr, Web : www.camping-le-porto.com ou www.campingsporto.com. Réduction H.S.

CAMP MUNICIPAL ★ Tourisme 300 E. Accès direct à la rivière. Bord de mer à 300 m. à 300 m : . ☎ 04 95 26 17 76.

PIANA

15-A3 72 km N.-N.-O. Ajaccio. 450 m. 511 hab. ✉ 20115

PLAGE D'ARONE ★★ Tourisme 50 E. 3,5 ha. Bord de mer à 200 m. à 200 m : . Arone Plage, N 199. ☎ 04 95 20 64 54 (Saison) / 04 95 27 82 04 (H.S.).

PIANOTOLLI CALDARELLO

15-B5 33 km S.-E Sartène. 80 m. 889 hab. ✉ 20131

KEVANO ★★★ Tourisme 90 E., dont 3 GCC - 3 HLL, 4 ha. Locations : . Bord de mer à 400 m. Ouv : 1.5 / 30.9. ☎ 04 95 71 83 22. Fax : 04 95 71 83 83.

LE DAMIER ★★★ Tourisme 100 E., dont 15 HLL, 3,5 ha. Locations : . Bord de mer à 600 m. ☎ 04 95 71 48 85 / 06 22 40 11 05. Fax : 04 95 74 20 56. E-mail : camping-ledamier@wanadoo.fr, Web : www.camping-le-damier.com.

PIETROSELLA

15-B4 25 km S.-E. Ajaccio. 550 m. 738 hab. ✉ 20166

LE SUD ★★★ Tourisme 200 E., dont 14 HLL, 3 ha. CV. Locations : 14. Bord de mer à 100 m. Sur RD 55, à Isolela, lieu-dit Rupione-Plage. ☎ 04 95 25 40 51. Fax : 04 95 25 47 39. Web : www.camping-lesud.com. Prix 2007. : 2,90 € ; 2,40 € ; 4,60 € ; 2,40 € ; 6,10 € ; - de 7 ans 3 € ; 2,80 € (6 A). Réduction H.S.

L'EUROPE ★★ Tourisme 150 E., dont 15 HLL, 2 ha. CV. Locations : 20. Bord de mer à 400 m. à 400 m : . à 500 m : . à 5 km : . A Agnarello, CD 55. ☎ 04 95 25 42 94. Fax : 04 95 25 59 66.

PORTO

✉ 20150

Voir OTA

PORTO VECCHIO

15-B4 62 km E. Sartène. 70 m. 8103 hab. ✉ 20137

GOLFO DI SOGNO ★★★★ Tourisme 650 E., dont 60 HLL, 17 ha. CV. Locations : 80, 150, 10, mini-villas + duplex. Accès direct à la mer et à l'étang. RN 198. ☎ 04 95 70 08 98. Fax : 04 95 70 41 43. Web : www.golfo-di-sogno.fr.

LA BAIE DES VOILES ★★★ Tourisme 180 E. 3 ha. Locations : . Accès direct à la mer. RN 198. ☎ 04 95 70 01 23. E-mail : labaie-des-voiles@aol.com, Web : www.labaiedsvoils.free.fr.

LA CHIAPPA ★★★ Tourisme 250 E. 30 ha. CV Rés. naturiste. Locations : 240. Accès direct à la mer. Ouv : 10.5 / 11.10. ☎ 04 95 70 00 31. Fax : 04 95 70 07 70. E-mail : chiappa@wanadoo.fr, Web : www.chiappa.com. Prix 2008. Empl. Tourisme : 14 € : 9 € ; 10 € ; - de 14 ans 5 € ; Animaux 5 €. Réduction H.S.

LA VETTA ★★★ Tourisme 100 E. 6 ha. CV. Locations : 22. Bord de mer à 2 km. Rivière à 3 km. Ouv : 1.6 / 30.9. La Trinité. Entrée sur RN 198 Nord de Porto-Vecchio dir. Bastia. ☎ 04 95 70 09 86. Fax : 04 95 70 43 21. E-mail : info@campinglavetta.com, Web : www.campinglavetta.com. Prix 2007. Empl. Tourisme : 4 € : 2,50 € ; 7 € ; 7,50 € ; - de 7 ans 4 € ; 3 €. Réduction H.S.
FFCC : partenaire + réduction emp. de 5 % hors saison + carte FFCC assurance annulation.

L'ARUTOLI ★★★ Loisirs 150 E. 4 ha. collectif, ap. 22h30, CV. Locations : 26. Bord de mer à 2 km. à 2 km : . Accueil adultes. Ouv : 1.4 / 30.9. Route de Porto Vecchio, Ospedale. ☎ 04 95 70 12 73. Fax : 04 95 70 63 95. E-mail : info@arutoli.com, Web : www.arutoli.com. Prix 2007. 4 € ; 3,25 € ; 6,45 € ; 3,35 € ; 6,45 € ; - de 4/11 ans 3,45 € ; 3,15 €. Réduction H.S.

LES ILOTS D'OR ★★★ Tourisme 180 E., dont 3 GCC - 3 HLL, 3 ha. CV. Locations : 17, 2, 9. Accès direct à la mer. Ouv : 15.4 / 15.10. A Trinité, RN 198, ou sortie Nord Porto-Vecchio. Route de Marina di Fiori. ☎ 04 95 70 01 30 / 04 95 36 91 75 (H.S.). Fax : 04 95 70 01 30. Web : www.campinglesilotsdor.com. Prix 2007. 3,50 € ; 2,50 € ; 6 € ; 3 € ; 6,50 € ; - de 7 ans 3 €. Réduction H.S.

L'OSO ★★★ Tourisme 78 E., dont 6 HLL, 3,5 ha. Locations : . Accès direct à la rivière. Bord de mer à 1,5 km. Route de Cala Rossa. Trinité de Porto-Vecchio. ☎ 04 95 71 60 99. Fax : 04 95 71 60 99.

PEZZA CARDO ★★★ Tourisme 70 E. dont 13 nus 2,5 ha. Sanitaire chauffé. Locations : . Bord de mer à 400 m. ; à 400 m : . Accueil groupes. ☎ 04 95 72 27 59 / / 06 20 79 38 12 (H.S.). Fax : 04 95 75 27 59. E-mail : ettori.jean@wanadoo.fr, Web : www.pezzacardo.com.

U PIRELLU ★★★ Tourisme 150 E., dont 10 HLL, 5 ha. CV. Locations : 10. Bord de mer à 3 km. ☎ 04 95 70 23 44. Fax : 04 95 70 60 22. E-mail : u.pirellu@wanadoo.fr, Web : www.u-pirellu.com. Réduction H.S.

U STABIACCIU ★★★ Tourisme 160 E., dont 10 HLL, 4 ha. CV. Locations : 12. Bord de mer à 4 km. à 4 km : . Route de Palombaggia. ☎ 04 95 70 37 17. Fax : 04 95 70 02 59. E-mail : stabiacciu@wanadoo.fr, Web : www.ustabiacciu.com. Réduction H.S.

ASCIAJU ★★ Tourisme 140 E.

BELLA VISTA ★★ Tourisme 100 E. 2 ha. collectif, CV. Locations : 7, 2. Bord de mer à 2,5 km. à 2,5 km : . Ouv : 1.6 / 15.9. A 35 km de l'aéroport de Figani. Pont le plus proche de Porto-Vecchio à 8 km. ☎ 04 95 70 58 01 / 04 95 70 04 11 (H.S.). Fax : 04 95 70 61 44. E-mail : camping.bellavista@wanadoo.fr, Web : www.campingbellavista.com.fr. Prix 2008. 3,80 € ; 3,20 € ; 6,50 € ; 3,20 € ; 6,50 € ; - de 7 ans 3,50 € ; 3,50 €.

LA MATONARA ★★ Tourisme 70 E., dont 3 GCC - 3 HLL. la nuit. Locations : 3, 1, 2. Les 4 chemins. ☎ 04 95 70 37 05 / 06 12 21 30 77 (H.S.). Fax : 04 95 70 37 05. Web : www.ifrance.com/lamatonara.

PITRERA ★★ Tourisme 75 E., dont 17 HLL, 3 ha. CV. Locations : 17. Half. Rivière à 2 km. Bord de mer à 5 km. ; à 5 km : . Accueil groupes. ☎ 04 95 70 20 10. Fax : 04 95 70 54 43. E-mail : michel.branca@wanadoo.fr, Web : www.pitrera.fr.

U FURU ★★ Tourisme 50 E. 3 ha. CV Rés. naturiste. Locations : 7. Accès direct à la rivière. ☎ 04 95 70 10 83. Fax : 04 95 70 63 47. E-mail : contact@u.furu.com, Web : www.ufuru.com.

LA MONELIERE ★ Tourisme 50 E. 3,5 ha. Locations : . Bord de mer à 5 km. ☎ 04 95 70 20 68.

LES CHENES ★ Tourisme 73 E. 2,8 ha. saison. Bord de mer à 50 m. ; à 50 m : . A Trinité, RN 198. ☎ 04 95 70 09 85 / 04 95 70 31 45 (H.S.).

LES JARDINS DU GOLFE Non classé E. 3 ha. Locations : . Rivière à 1 km. Bord de mer et étang à 2 km. Route de Palombaggia. ☎ 04 95 70 46 92. Fax : 04 95 72 10 28.

M. HERVET Daniel, la ferme d'Alzetta CV. A 5 km: . Route de Mela. Muratello. Sur la déviation de Porto-Vecchio dir. Muratello (panneau vert) à la fin du village rond-point et panneau camping. ☎ 04 95 70 02 32. Fax : 04 95 70 43 84. E-mail : d.hervet@free.fr.

PROPRIANO

15-B4 13 km N.-O. Sartène. 12 m. 3098 hab. ✉ 20110

LE CORSICA ★★★ 40 E. 1,5 ha. CV. Locations : 1. Bord de mer à 200 m. à 1 km : . Route de Baracci. ☎ 04 95 76 08 32 / 04 95 76 18 25. Fax : 04 95 76 18 25.

LE TIKITI Voir OLMETO

SAGONE

52 km N.-E. Ajaccio ✉ 20118

LE SAGONE Voir VICO

STE LUCIE DE PORTO VECCHIO

37 km N. Sartène. 762 m. 1600 hab. ✉ 20144

BON'ANNO ★★★ Tourisme 150 E. 3 ha. Bord de mer à 200 m. ; à 300 m : . Favone, N 198. Entre Solenzara et Porto Vecchio. ☎ 04 95 73 21 35. Fax : 04 95 73 21 35.

FAOUTEA ★★★ Tourisme 100 E.

LE CALIFORNIA ★★★ Tourisme 100 E. 5 ha. sauf juin & sept. CV. Accès direct à l'étang. Bord de mer à 50 m. Accueil groupes accompagnés. ☎ 04 95 71 49 24. Fax : 04 95 71 49 24. Web : www.campingcalifornia.net/visite.htm.

PINARELLO ★★★ Tourisme 67 E. dont 125 nus, , dont 10 HLL, 5 ha. sauf petits CV. Locations : 9, 1, 8. Etang à 50 m. Bord de mer à 500 m. Rivière à 4 km. à 500 m : . Ouv : 1.5 / 30.9. Hameau de Pinarello. ☎ 04 95 71 43 98. Fax : 04 95 71 52 32. Prix 2007. 3,80 € ; 2,40 € ; 6 € ; 2,40 € ; 5,50 € ; - de 7 ans 2,70 € ; 2,40 € (2 A). FFCC : partenaire - terrain assuré par la FFCC.

SANTA LUCIA ★★★ Tourisme 160 E., dont 8 GCC - 8 HLL. CV. Locations : 15, 21. Rivière à 2 km. Bord de mer à 4 km. Mulindinu, RN 198. ☎ 04 95 71 45 28. Fax : 04 95 71 45 28. Web : www.campingsantalucia.com.

DOMAINE DU PUNTONU ★ Tourisme 100 E. 8 ha. Locations : . à 4 km : . N 198, 500 m sortie Sud de Ste Lucie de Porto Vecchio. ☎ 04 95 71 42 75.

VILLATA ★ Tourisme 300 E. 6 ha. Rés. naturiste. Locations : 8, 32, 1, 1. RN 198. ☎ 04 95 71 62 90 / 04 95 71 60 19 (H.S.). Fax : 04 95 71 61 33.

SALICE

15-B3 54 km N.-E. Ajaccio 610 m. 113 hab. ✉ 20121

M. ORSONI François, camping Ombriccia . Route de Tartavello. RN 193 dir. Corte puis Vero le col de Tartavello et 4 km à droite. ☎ 04 95 28 93 48.

SAN GAVINO DI CARBINI

15-B4 30 km N.-E. Sartène. 697 m. 381 hab. ✉ 20170

CAMP MUNICIPAL ★★ Tourisme 35 E. Campo Guardato. ☎ 04 95 78 48 17 (Mairie).

CUPPULATA ★ Tourisme 180 E., dont 18 HLL. La Trinité, Porto Vecchio. ☎ 04 95 71 67 00.

LES AMIS DE LA NATURE ★ Tourisme 64 E.

SARI SOLENZARA

15-C4 43 km N.-E. Sartène. 300 m. 1399 hab. ✉ 20145

LA COTE DES NACRES ★★ Tourisme 50 E. 6 ha. Locations : 10. Accès direct à la mer et à la rivière. RN 196, 800 m du village Solenzara. ☎ 04 95 57 40 65. Fax : 04 95 57 45 12. E-mail : laurent.decomble@free.fr, Web : www.campingdesnacres.com.

AIRE NATURELLE

SARTENE

15-B4 85 km S.-E. Ajaccio. 330 m. 3184 hab. ✉ 20100

CAMP MUNICIPAL ★ 150 E. CV. Locations : 34. Bord de mer à 600 m. ☎ 04 95 77 19 30. Fax : 04 95 77 10 60.

L'AVENA ★ Tourisme 280 E. 5 ha. CV. Locations : , , 15 . ; à 300 m : . Dir. Bonifacio, RN 196, prendre CD 48. ☎ 04 95 77 02 18. Fax : 04 95 77 24 47.

OLVA LES EUCALYPTUS Non classé E. 7 ha. CV. Locations : , 30 , . Rivière à 1 km. à 1 km : . Route de la Castagna, RN 196. ☎ 04 95 77 11 58 / 04 95 77 14 09 (Domicile) / 04 95 77 14 09 (H.S.). Fax : 04 95 77 05 68.

M. LEANDRI Antoine-Jean CV. A 2 km: . A 4 km : . A 10 km : . U Farrandu. RN 196. Accès difficile, ne peut recevoir les caravanes et les grands camping-cars. ☎ 04 95 73 41 69 / 06 22 70 41 49 (H.S.).
FFCC : partenaire - terrain assuré par la FFCC .

PERO LONGO,aire naturelle CV. A 3 km: . A 8 km : . Sur l'axe Sartène Bonifaccio par N 196. ☎ 04 95 77 10 74.

SERRA DI FERRO

15-B4 60 km S.-E. Ajaccio. 100 m. 342 hab. ✉ 20140

ALFONSI-U CASSELO ★★★ Tourisme 100 E. 2,4 ha. CV. Accès direct à la mer. Rivière à 1,6 km.Etang à 2 km. ; ; . Porto Pollo, RD 5. ☎ 04 95 74 01 80. Fax : 04 95 74 07 67.

CYRNOS ★★ Tourisme 100 E. partiel, . Accès direct à la mer. Rivière à 400 m. ; ; ; ; . Route de Porto Polo. ☎ 04 95 74 00 55 / 04 91 91 76 02 (H.S.).

FUNTANELLA ★ Tourisme 150 E.

U TURRACCONU ★ Tourisme 33 E. dont 33 nus 1,8 ha. boulangerie, CV. Bord de mer et étang à 1,5 km.Rivière à 3 km. à 5 km : , , , . Accueil groupes. Ouv : 1.4 / 30.10. Entre Ajaccio et Propriano, Golfe du Valinco, baie de Cupabia. ☎ 04 95 74 00 57 / 06 10 24 24 05 (H.S.). Fax : 04 95 74 06 76. Web : www.proprian o.net/turracconu. Prix 2007. 9 € ; 9 € ; 8 € ; - de 7 ans 4 € ; 4 € ; Animaux 1,50 €.

VALINCO ★ Tourisme 33 E.

SERRA DI SCOPAMENE

15-B4 36 km N.-E. Sartène. 865 m. 237 hab. ✉ 20127

CAMP MUNICIPAL ★ Tourisme 50 E. ☎ 04 95 78 72 20.

SERRIERA

15-A3 89 km N. Ajaccio. 80 m. 111 hab. ✉ 20147

LE BUSSAGLIA Non classé E. 4 ha. à 200 m : . Sur RN 199. ☎ 04 95 26 11 18.

UCCIANI

31 km N.-E. Ajaccio. 450 m. 285 hab. ✉ 20133

LES EAUX VIVES ★★ Tourisme 33 E. 2 ha. CV. Locations : 1 , 2 , , , . Accès direct à la rivière. ; ; ; . Accueil groupes. A Suaricchio sur RN 193 km 21. ☎ 04 95 52 81 09 / 04 95 25 85 39 (H.S.) / 04 95 25 85 39 (H.S.). Fax : 04 95 52 82 03.
FFCC : partenaire - terrain assuré par la FFCC.

VICO

15-A3 52 km N. Ajaccio. 400 m. 1312 hab. ✉ 20160

LE SAGONE ★★★ Tourisme 300 E., dont 19 HLL, 6,5 ha. juillet/août, juillet/août, , la nuit, CV. Locations : , 53 , 15 , 18 . Bord de mer à 1,5 km. à 2 km : , . Ouv : 1.5 / 30.9. Sortie Ajaccio par RD 81 jusqu'à Sagone, RD 70. ☎ 04 95 28 04 15 / 04 95 28 03 44 (H.S.). Fax : 04 95 28 08 28. E-mail : sagon e.camping@wanadoo.fr, Web : www.camping-sagone.com. Prix 2008. Fft jour : Empl. Tourisme (2) : 24,15 € ( ) ; Sup : 8,10 € - de 12 ans 4,10 € ; 3,15 € (6 A) ; Animaux 2,10 €.
FFCC : partenaire + carte FFCC assurance annulation + Stop accueil Camping-car du 01/05 au 07/07 et du 25/08 au 30/09/2008, accès jusqu'à 19h.

LA SPOSATA ★ Tourisme 56 E. 2,5 ha. Locations : . Rivière à 3 km. ; ; . Col de Saint-Antoine. ☎ 04 95 26 61 55.

ZONZA

15-B4 37 km N. Sartène. 762 m. 1765 hab. ✉ 20124

CAMP MUNICIPAL ★ Tourisme 120 E. Accès direct à la rivière. A 3 km du village. ☎ 04 95 78 62 74 / 04 95 78 68 17.

M. PIETRI Félicien,aire naturelle la rivière . A 7 km: . ☎ 04 95 70 03 67.

2B HAUTE-CORSE

Carte 15

ALERIA

15-C3 48 km S.-E. Corte. 2410 hab. ✉ 20270

MARINA D'ALERIA ★★★★ Tourisme 252 E. dont 150 nus, , dont 52 HLL, 10 ha. CV. Locations : 31 , 115 , , . Accès direct à la mer. ; ; .Accueil adultes. Ouv : 26.4 / 11.10. Plage de Padulone, par N 200, N 198. ☎ 04 95 57 01 42. Fax : 04 95 57 04 29. E-mail : info@marina-aleria.com, Web : www.marina-aleria.com. Prix 2008. Fft jour : Empl. Tourisme (2) : 31,50 € (E. CC) ; Sup : 6,40 € - de 7 ans 2,70 € ; 3,70 € (7 A) ; Animaux 3 €.
FFCC : partenaire + réduction emp. de 10 % hors saison.

VILLAGE RIVA-BELLA ★★★ Tourisme 133 E. 10 ha. CV Rés. naturiste. Locations : 40 , 31 , 8 , , , Mini-villas (prix pour 2 pers.). couverte chauffée . Accès direct à la mer et à l'étang et aux bords du lac. Rivière à 3 km. ; ; ; ; . Accueil groupes. RN 198. Entre Bastia et Bonifacio. ☎ 04 95 38 81 10 / 04 95 38 85 97. Fax : 04 95 38 91 29. E-mail : riva-bella @wanadoo.fr, Web : www.rivabella-corsica.com. Prix 2007. Fft jour : Empl. Tourisme (2) : 32,50 € ( ) ; Sup : 8,50 € - de 8 ans 5 € ; 4 € (10 A) ; Animaux 3 €. Réduction H.S.

ALGAJOLA

15-A2 15 km N.-E. Calvi. 14 m. 228 hab. ✉ 20220

CALA DI SOLE ★ Tourisme 60 E. 3,7 ha. CV. Bord de mer à 300 m. ; ; ; à 150 m : . RN 199. ☎ 04 95 60 73 98. Fax : 04 95 60 75 10. E-mail : caladisole @wanadoo.fr, Web : www.caladisole.com.

CAMP DE LA PLAGE ★ Tourisme 107 E. 0,9 ha. . Sur RN 193. ☎ 04 95 60 71 76.

AREGNO

15-A2 19 km O. Calvi. 210 m. 547 hab. ✉ 20220

A MARINA ★★ Tourisme 187 E. 5,5 ha. Locations : , , . Bord de mer à 100 m. ; ; à 100 m : . N 197. Golfe d'Algajola entre Ile Rousse et Calvi. ☎ 04 95 60 75 41 / 04 95 60 75 88. Fax : 04 95 60 63 88.

CANTARETTU-CITY ★★ Tourisme 150 E. 3,5 ha. Locations : 4 , 1 , 10 , 10 , , , . Bord de mer à 700 m. à 700 m : , , , . Route d'Algajola. RN 197. ☎ 04 95 60 70 89 / 04 95 60 78 80 (H.S.).

ASCO

15-B2 20 km N.-E. Corte. 620 m. 116 hab. ✉ 20276

MONTE CINTO ★ Tourisme 50 E., dont 20 GCC, 2,5 ha. Locations : . Rivière à 6 m. ; . Sur D 147. ☎ 04 95 47 86 08 / 04 95 47 82 07. Fax : 04 95 47 85 26. E-mail : mairie.asco@worldonline.fr.

BASTIA

1170 km S.-E. Paris. 30 m. 45081 hab. ✉ 20200

LES SABLES ROUGES ★ Tourisme 35 E., dont 10 HLL. Chemin Arinella. ☎ 04 95 33 36 08.

BELGODERE

15-B2 30 km E. Calvi. 310 m. 453 hab. 20226

CAMPEOLE LE BELGODERE ★★★★ Tourisme 150 E., dont 29 HLL, 1,4 ha. CV. Locations : 10, 81. Bord de mer et rivière à 400 m. ; à 500 m. Lozari. N 197. 04 95 60 20 20. Fax : 04 95 60 22 58. Web : www.campeoles.fr.

CLOS DES CHENES ★★ Tourisme 235 E. dont 190 nus, dont 17 GCC, 4,5 ha. aire spécifique, CV. Locations : 19, 18, 12, Chambres. Bord de mer à 1,5 km. ; à 1,5 km. Ouv : 1.5 / 30.9. Lozari, RN 197. 04 95 60 15 13 / 04 95 60 41 27 (H.S.). Fax : 04 95 60 21 16. E-mail : cdc-lozari@wanadoo.fr, Web : www.closdeschenes.fr. Prix 2007. Empl. Tourisme : 9,40 € : 8,40 € ; 8,20 € ; - de 7 ans 4,20 € ; 3,70 à 4,50 € ; Animaux 3 €.

BIGUGLIA

15-B2 12 km S. Bastia. 270 m. 2610 hab. 20620

SAN DAMIANO ★★★ Tourisme 280 E., dont 17 HLL, 12 ha. CV. Locations : 20, 8, 2. Accès direct à la mer. Accueil groupes. Ouv : 1.4 / 30.10. Lido de la Marana. A 4 km de la RN 193. A 8 km du port de Bastia. 04 95 33 68 02 / 06 10 84 16 82 (H.S.). Fax : 04 95 30 84 10. E-mail : san.damiano@wanadoo.fr, Web : www.campingsandamiano.com. Prix 2007. Empl. Tourisme : 7 € ; 7 € ; - de 8 ans 5 € ; 3,20 € ; Animaux 0,70 €.

CALACUCCIA

15-B2 26 km N.-O. Corte. 847 m. 340 hab. 20224

M. ACQUAVIVA Mathieu, aire naturelle CV. Ouv : mi-avril / mi-octobre. Lieu-dit Scardacciole. 04 95 47 00 39 / 04 95 48 00 08 (H.S.). Fax : 04 95 48 08 82. E-mail : stella.acquaviva@wanadoo.fr. Prix 2007. 5 € ; 2,50 € ; 5 € ; 5 € ; - de 8 ans 2,50 €.

CALENZANA

15-A2 13 km S.-E. Calvi. 250 m. 1623 hab. 20214

MORSETTA ★★ Tourisme 170 E. 5 ha. Locations : . Accès direct à la mer. Lieu-dit l'Argentella. 04 95 65 25 24 / 04 95 65 25 28. Fax : 04 95 65 25 29. Web : www.la.morsetta. Réduction H.S.

PARADELLA ★★ Tourisme 150 E., dont 16 GCC - 6 HLL, 5 ha. buvette, snack, pain, CV. Locations : 18, 1, 2. Rivière à 1 km. 1 km : ; à 7 km : . Accueil groupes. Ouv : 15.5 / 30.9. Route de Bonifato. Hameau de Suare. D 81 dir. Galéria/Porto par l'intérieur, après l'aéroport de Calvi Ste-Catherine en venant du Littoral 04 95 65 00 97 / 06 08 86 72 07 (H.S.). Fax : 04 95 65 11 11. E-mail : info@camping-paradella.com, Web : www.camping-paradella.com. Prix 2007. : 3,10 € ; 2,30 € ; 5,80 € ; 2,80 € ; 6,40 € ; - de 7 ans 3,40 €.

CALVI

15-A2 92 km S.-O. Bastia. 80 m. 3636 hab. 20260

BELLA VISTA ★★★ Tourisme 160 E. (100 Tourisme + 60 Loisirs) 7 ha. CV Sanitaire chauffé. Locations : 10, . Bord de mer à 500 m. Rivière à 2 km. Route de Pietramagiore. 04 95 65 11 76 / 04 95 60 72 52 (H.S.) / 04 95 60 72 52 (H.S.). Fax : 04 95 65 03 03. Réduction H.S.

LA DOLCE VITA ★★★ Tourisme 200 E. 4,5 ha. collectif, CV. Accès direct à la rivière. Bord de mer à 150 m. ; à 150 m : . Accueil groupes. Lieu-dit Ponte Bambino, RN 197. Amarrage de bateaux. 04 95 65 05 99 / 04 95 65 47 84 (H.S.). Fax : 04 95 65 31 25. Web : www.dolce-vita.org/. Réduction H.S.

LA PINEDE ★★★ Tourisme 239 E. Locations : 10, 40, 14. RN 197. Chemin La Pinède. 04 95 65 17 80. Fax : 04 95 65 19 60. E-mail : france-vacances@wanadoo.fr, Web : www.vacances-animations.com.

LES CASTORS ★★★ Tourisme 80 E., dont 34 HLL, 2 ha. CV. Locations : , 26. Bord de mer à 150 m. ; à 100 m : . Accueil groupes. Ouv : 1.5 / 1.10. Route de Pietramaggiore. 04 95 65 13 30 / 04 95 65 13 30 (H.S.). Fax : 04 95 65 31 95. E-mail : lescastors2@wanadoo.fr, Web : www.castors.fr. Prix 2008. : 9,50 € ; 3,50 € ; 9,50 € ; 4,30 € ; 9,60 € ; - de 7 ans 6,50 € ; 4,20 € (15 A).

CAMPO DI FIORI ★★ Tourisme 24 E. dont 17 nus 0,3 ha. buvette, CV. Locations : 8, 15. Bord de mer à 300 m. ; à 300 m : . Route de Pietra-Maggiore, RN 197. 04 95 65 02 43 / 06 80 60 44 37. Fax : 04 95 65 02 43. E-mail : info@viacalvi.fr, Web : www.viacalvi.fr. Prix 2007. Fft jour : Empl. Tourisme (2) : 15,30 € ( ) ; Sup : 6,30 € - de 7 ans 3,30 € ; 3 €.

LE CLOS DU MOUFLON ★★ Tourisme 60 E. 2,5 ha. Bord de mer à 800 m. Sur route de Porto, Sud de Calvi. Caravanes non acceptées. 04 95 65 03 53.

LE LIBECCIO ★★ Tourisme 63 E., dont 30 HLL, 1,4 ha. CV. Locations : 30, . Bord de mer à 400 m. ; à 800 m : . Route de Pietra Major. 04 95 65 10 12 / 04 77 56 66 09 (H.S.) / 04 72 24 12 29 (H.S.). Fax : 04 95 65 32 36. E-mail : contact@vacances-ulvf.com, Web : www.vacances-ulvf.com.

FFCC : partenaire - terrain assuré par la FFCC.

PADUELLA ★★ Tourisme 127 E. 2 ha. CV Sanitaire chauffé. Locations : 15. Bord de mer à 300 m. à 300 m : . Sur RN 197. 04 95 65 06 16 / 04 95 65 06 16 (H.S.) / 04 95 65 13 20 (H.S.). Fax : 04 95 31 43 99. Web : www.campingpaduella.com. Réduction H.S.

INTERNATIONAL CAMPING ★ Tourisme 84 E. 1,3 ha. à 200 m : . RN 197.

LA CLE DES CHAMPS ★ Tourisme 35 E., dont 16 HLL, 0,5 ha. CV. Locations : 20, 3. Bord de mer à 250 m. à 250 m : . Accueil groupes. RN 197, Lieu-dit Staggone. 04 95 65 00 86 / 06 07 11 19 95 (H.S.). Fax : 04 95 65 00 86. E-mail : camagni2@wanadoo.fr, Web : www.calvi-cledeschamps.fr. Réduction H.S.

LES TAMARIS ★ Tourisme 160 E., dont 4 HLL. San Ciprianu. Lecci. 04 95 71 63 13.

CASTELLARE DI CASINCA

15-C2 20 km S. Bastia. 150 m. 389 hab. 20213

DOMAINE D'ANCHIONE ★★ Tourisme 100 E. CV. Locations : . Bord de mer à 100 m. Accueil groupes. 04 95 36 50 22 / 04 95 36 50 96. Fax : 04 95 36 40 85. E-mail : domaine.danghione@wanadoo.fr, Web : www.anghione.com. Prix 2007. 6 € ; 3,50 € ; 7,20 € ; 4 € ; 5 € ; - de 12 ans 3 € ; 6 €. Réduction H.S.

CENTURI

15-B1 54 km N. Bastia. 150 m. 195 hab. 20238

L'ISULOTTU ★★ Tourisme 150 E. 3 ha. Locations : . Bord de mer à 200 m. ; à 200 m : . Cipajolo, sur RD 35. 04 95 35 62 81. Fax : 04 95 35 63 63. E-mail : isulottu@wanadoo.fr, Web : www.paradisu.com.

CERVIONE

15-C2 52 km S. Bastia. 380 m. 1250 hab. 20221

CERVIONE VACANCES ★★★ Tourisme 100 E. 3 ha. Locations : , . Accès direct à la mer. Le Campoloro A Prunete. Sur la RN 198. 300 m après le carrefour de Prunete (commune de Cervione). 04 95 38 00 20. Fax : 04 95 38 00 22.

CALAMAR ★ Tourisme 27 E., dont 4 HLL, 1,5 ha. CV. Locations : 3. Accès direct à la mer. Ouv : 1.4 / 31.10. Accès direct à la nationale Bastia/Bonifaccio (à 500 m). Situé à Prunete. 04 95 38 03 54 / 04 95 38 00 94 (H.S.). Fax : 04 95 31 17 09. E-mail : camille.zucca@wanadoo.fr, Web : www.campingcalamar.com. Prix 2007. : 2,40 € ; 1,60 € ; 3 € ; 4,50 € ; - de 12 ans 3,30 € ; 2,50 €. Réduction H.S.

FFCC : partenaire - terrain assuré par la FFCC.

CORBARA

15-B2 20 km N.-E. Calvi. 170 m. 510 hab. 20220

BODRI ★ Tourisme 333 E. 6 ha. CV. Locations : 20, . Bord de mer à 200 m. 04 95 60 10 86 / 04 95 60 06 47 (H.S.). Fax : 04 95 60 39 02.

M. SAVELLI DE GUIDO Jean-Pierre, aire naturelle Balanéa CV. A 500 m : . A 800 m : . Balanéa, route d'Algajola, RN 197, plaine maritime de Corbara. Terrain ombragé. Location de bungalows. 04 95 60 06 84 / 04 95 60 11 77 (Saison). Fax : 04 95 60 06 84. E-mail : contact@balanea.net, Web : www.balanea.net. Réduction H.S.

CORTE

15-B3 93 km N.-E. Ajaccio. 485 m. 5446 hab. 20250

CHEZ BARTO ★★ Tourisme 25 E. Chemin Bariri. Vallée du Tavignano. 04 95 46 02 30.

LE RESTONICA ★★ Tourisme 60 E. 2 ha. snack, CV. Accès direct à la rivière. Ouv : 15.4 / 30.9. Quartier Porette. Faubourg St Antoine. Face à la Chapelle St Antoine. 04 95 46 11 59. Fax : 04 95 46 11 59. E-mail : vero.camp@worldonline.fr.

FFCC : partenaire + réduction emp. de 5 % hors saison.

L'ALIVETU ★ Tourisme 100 E. 2 ha. gratuit + sèche-linge, . Locations : 13, . Accès direct à la rivière. Accueil groupes. Ouv : 1.4 / 15.10. RN 193. A 900 m de la gare. 04 95 46 11 09. Fax : 04 95 46 12 34. E-mail : camping-alivetu@laposte.net, Web : www.camping-alivetu.com. Prix 2008. 4 € ; 3,50 € ; 9 € ; 3,50 € ; 7,50 € ; 3,60 € ; 4 €.

TUANI ★ Tourisme 90 E. 1,5 ha. CV. Accès direct à la rivière. Accueil groupes. Ouv : Pâques / 30.9. D643 Route - Vallée de la Restonica 04 95 46 11 65 / 04 95 46 26 71 (H.S.). Fax : 04 95 46 11 65. Prix 2007. Empl. Tourisme : 3,50 € ; 5 € ; 3 € ; 7 € ; 3,50 € ; 7 € ; - de 7 ans 3,50 € ; 3 €. Réduction H.S.

M. AMBROSI François, aire naturelle Santa Barbara CV. Sur RN 200. 04 95 46 20 22. Fax : 04 95 61 09 44. E-mail : kecco@wanadoo.fr.

Mme GAMBINI CHARLOTTE, aire naturelle Saint Pancrace . A 1 km : . A 2 km : . Ouv : avril / octobre. 04 95 46 09 22. E-mail : saintpancrace@club-internet.fr, Web : www.campingsaintpancrace.fr. Prix 2007. 3 € ; 3 € ; 6 € ; 2,50 € ; 5 € ; - de 10 ans 3 €.

U SOGNU, aire naturelle pizza. Route de la Restonica. 04 95 46 09 07 / 04 95 46 06 59 (H.S.).

FFCC : partenaire - terrain assuré par la FFCC .

FARINOLE

15-B1 30 km N.-O. Bastia. 200 m. 148 hab. 20253

A STELLA ★★ Tourisme 100 E. 5 ha. , CV. Locations : 4, 1. Accès direct à la mer. Accueil groupes. Ouv : 1.5 / 15.10. Marine de Farinole, sur D 80. 04 95 37 14 37 / 04 95 37 05 76 (H.S.). Fax : 04 95 37 13 84. Prix 2007. 6 € ; 3 € ; 6,50 € ; 5 € ; 6 € ; - de 7 ans 3 € ; 3,50 €.

FRANCARDO

14 km N.-N.-E. Corte 450 m. 20236

M. LUCIANI Battista,aire naturelle Campita CV. Route de Calacuccia. Accès par D 84. Parc boisé de 11 ha. ☎ 04 95 47 44 15. Fax : 04 95 47 43 76. E-mail : battista.campita@wanadoo.fr.

GALERIA

15-A2 36 km S.-O. Calvi. 30 m. 520 hab. ✉ 20245

IDEAL ★ Tourisme 133 E. 1,5 ha. 2, CV. Locations : . Bord de mer à 300 m. ; à 300 m : . Accueil groupes. ☎ 04 95 62 01 46 / 04 95 62 00 84 / 04 95 62 01 79 (H.S.). Fax : 04 95 62 01 79.

LES DEUX TORRENTS ★ Tourisme 150 E. 6,43 ha. CV. Locations : 6 , 2 . Rivière à 2 km.Bord de mer à 4 km. ; à 2 km : ; à 4 km : . Accueil groupes. ☎ 04 95 62 00 67 / 04 95 62 01 91 (H.S.). Fax : 04 95 62 03 32. E-mail : 2torrents@corsica-net.com.

GHISONACCIA

65 km S.-E. Corte. 3297 hab. ✉ 20240

ARINELLA BIANCA

L'ARINELLA BIANCA ★★★★ Tourisme 429 E. dont 212 nus, dont 22 HLL. à gaz + aire spécifique, CV. Locations : 64 , 141 . Accès direct à la mer et à l'étang et à la rivière. ; ; ; .Accueil adultes. Ouv : 12.4 / 30.9. Rés. obligatoire en été. Bruschetto. ☎ 04 95 56 04 78. Fax : 04 95 56 12 54. E-mail : arinella@arinellabianca.com, Web : www.arinellabianca.com. Prix 2008. Fft jour : Empl. Tourisme (2) : 37 € ( ) ; Sup : 10 € - de 2/7 ans 6 € ; 5 € ; Animaux 5 €. Réduction H.S.

MARINA D'ERBA ROSSA ★★★★ Tourisme 575 E. 11 ha. CV. Locations : 111 , 158 , . Accès direct à la mer. ; ; ; ; . RN 198, D 144. ☎ 04 95 56 25 14 / 04 95 56 21 18. Fax : 04 95 56 27 23. E-mail : erbarossa@wanadoo.fr, Web : www.marina-erbarossa.com.

VOIE ROMAINE ★★ Tourisme 30 E. 1,5 ha. , snack, CV. Locations : 4 , 7 , . Rivière à 1 km. à 4 km : . Casamozza di Fium'Orbu. Sur axe Bastia, Bonifacio. ☎ 04 95 56 14 73 / 04 95 57 07 02.

FFCC : partenaire - terrain assuré par la FFCC.

GIUNCAGGIO

15-B3 40 km S.-E. Corte. 600 m. 131 hab. ✉ 20251

M. MARIANI,aire naturelle . Canoé-kayak. ☎ 04 91 48 82 06.

LINGUIZZETTA

15-C3 60 km E. Corte. 170 m. 755 hab. ✉ 20230

M. GERONIMI Victor,aire naturelle Bravone Plage . Accès par la N 198. ☎ 04 95 38 84 08.

LOZZI

15-B2 1044 m. 230 hab. ✉ 20224

AIRE NATURELLE ACQUAVIVA CV. Ouv : mai / octobre. D 84. Sur l'axe Bastia Porto. Accès facile pour les camping-cars et les caravanes. ☎ 04 95 48 00 08 / 04 95 47 00 39. Fax : 04 95 48 08 82. E-mail : stella.acquaviva@wanadoo.fr.

FFCC : partenaire + réduction emp. de 5 % hors saison + Stop accueil Camping-car d'avril au 30/06 et du 01/09 au 20/10/2008, accès jusqu'à 20h.

L'Arimone, aire naturelle de camping 13, lieu-dit Village. ☎ 04 95 48 05 51.

LUCCIANA

15-C2 19 km S. Bastia. 250 m. 2692 hab. ✉ 20290

L'ESPERANZA ★★ Tourisme 75 E. 3 ha. buvette, . Locations : , . Bord de mer à 300 m. Etang à 1 km. ; . Route de la Marana Le Lido.. ☎ 04 95 36 15 09 / 06 80 94 99 99 (H.S.). Fax : 04 95 36 15 09. E-mail : edouard@camping-bastia.com, Web : www.camping-bastia.com. Prix 2007. 4,15 € ; 1,85 € ; 5,50 € ; 2,90 € ; 4,50 € ; - de 7 ans 1,85 € ; 2,60 € ; 1,40 €.

LUMIO

15-A2 10 km N.-E. Calvi. 200 m. 747 hab. ✉ 20260

LE PANORAMIC ★★ Tourisme 50 E. 4 ha. CV. Locations : 7 , 20 . . Bord de mer à 3 km. à 5 km : . Ouv : 1.6 / 15.9. Route de Lavatoggio D 71. Réservation obligatoire pour les locations de caravanes et mobile-homes. ☎ 04 95 60 73 13 / 06 60 48 44 60 (H.S.). Fax : 04 95 60 73 13. Web : www.le-panoramic.com. Prix 2007. 4,40 € ; 2 € ; 5,30 € ; 2,40 € ; 6,20 € ; - de 7 ans 3,10 € ; 3,40 € ; Animaux 1 €.

FFCC : partenaire - terrain assuré par la FFCC.

MONTE-ORTO ★★ Tourisme 89 E. 3 ha. CV. Locations : 5 , , 2 , 10 . . Bord de mer à 1,5 km. à 1,5 km : . RN 199. ☎ 04 95 60 73 93 / 04 95 60 78 14 (H.S.) / 04 95 60 78 14 (H.S.). Fax : 04 95 60 78 14.

FFCC : partenaire + réduction emp. de 5 % en saison et 10 % hors saison + Stop accueil Camping-car du 01/05 au 30/09/2008, accès jusqu'à 21h.

LURI

15-B1 25 km N.-N.-E. Bastia. 115 m. 564 hab. ✉ 20228

SANTA MARINA ★ Tourisme 50 E. 1,8 ha. CV. Accès direct à la rivière. Bord de mer à 100 m. ; ; ; . Accueil groupes. Ouv : 1.5 / 30.9. Santa Sévéra. Route du Cap Corse. ☎ 04 95 35 02 86. Fax : 04 95 35 01 06. E-mail : info@camping-santamarina.com, Web : www.camping-santamarina.com. Prix 2008. ( ) : 3 € ; 3 € ; 6 € ; 3 € ; 5,50 € ; - de 11 ans 3 € ; 3 € (16 A). Réduction H.S.

FFCC : partenaire - terrain assuré par la FFCC + réduction emp. de 10 % en saison et hors saison.

MERIA

15-B1 34 km N. Bastia. 200 m. 79 hab. ✉ 20287

AIRE NATURELLE

MIOMO

15-B1 5 km N. Bastia. 300 m. 1826 hab. ✉ 20200

LES ORANGERS ★ Tourisme 18 E. 0,3 ha. CV. Locations : , . Rivière à 1 m. Bord de mer à 50 m. ; ; à 50 m : .Accueil adultes. Licciola. ☎ 04 95 33 24 09 / 04 95 33 23 65 / 06 14 55 05 99 (H.S.).

MOLTIFAO

15-B2 17 km N. Corte. 400 m. 434 hab. ✉ 20218

TIZARELLA ★ Tourisme 32 E. 2,2 ha. CV Sanitaire chauffé. Rivière à 2 m. ; . Accueil groupes. Ouv : 1.3 / 31.10. ☎ 04 95 47 83 92 / 06 22 37 21 25 (H.S.). Fax : 04 95 33 44 54. E-mail : franceschietti.pierre-marie@wanadoo.fr, Web : www.camping-tizarella.com. Prix 2008. Fft jour : Empl. Tourisme (2) : 14 € ( ) ; Sup : 4,50 € - de 7 ans 2 € ; 3,50 €.

E CANICCE,aire naturelle CV. A 500 m : . A 4 km : . A 5 km : . A 7 km : . A 10 km : . Ouv : 1.1 / 31.12. E Canicce. Sur la D 147. Route d'Asco. ☎ 04 95 35 16 75 / 04 95 35 16 75 (H.S.). E-mail : contact@campingecannicce.com, Web : www.campingecanicce.com. Prix 2008. Fft jour : Empl. Tourisme (2) : 15 € (E. CC) ; Sup : 4 € - de 8 ans 3 €. Réduction H.S.

FFCC : partenaire - terrain assuré par la FFCC + réduction emp. de 5 % en saison et 10 % hors saison + carte FFCC assurance annulation + Stop accueil Camping-car toute l'année, accès jusqu'à 22h + réduction loc. de 5 % en saison et 10 % hors saison.

Mme FILIPPI Maryline,aire naturelle Cabanella . Route d'Asco. Bord de rivière. Ecrire : Mle FILIPPI Maryline, A Pieve Ostriconi 20226 PALASCA. ☎ 04 95 47 65 26 / 06 80 72 93 43 / 04 95 65 03 36 (H.S.). Fax : 04 95 47 65 26. Web : campingcabanella.com.

FFCC : partenaire - terrain assuré par la FFCC .

MONTICELLO

15-B2 23 km N.-O. Calvi. 130 m. 500 hab. ✉ 20220

LES OLIVIERS ★★ Tourisme 223 E. 3 ha. CV. Locations : 11 , , . Accès direct à la mer. ; ; ; . Route de Bastia. 500 m Nord d'Ile Rousse. ☎ 04 95 60 19 92 (Eté) / 04 95 60 25 64 / 04 95 60 25 64 (après 17 h) (H.S.). Fax : 04 95 60 30 91. E-mail : lesolivierskalliste@wanadoo.fr.

L'ORNICCIO ★★ Tourisme 50 E. 1,6 ha. CV. Locations : 10 , . Bord de mer à 2 km. à 2 km : , , . Camping de la ville de Neuilly sur Marne (93). ☎ 04 95 60 17 32. Fax : 04 95 60 37 33.

PALASCA

15-B2 47 km E. Calvi. 215 m. 85 hab. ✉ 20226

L'OSTRICONI ★★★ Tourisme 134 E. 6 ha. . Locations : 15 , 6 , Chambres. . Accès direct à la rivière. Etang à 400 m. Bord de mer à 700 m. ; ; ; ; . Accueil groupes. Ouv : 1.4 / 15.10. Ostriconi, sur D 81, Ile Rousse, dir. Saint-Florent. ☎ 04 95 60 10 05. Fax : 04 95 60 01 47. E-mail : info@village-ostriconi.com, Web : www.village-ostriconi.com. Prix 2007. 3 € ; 3 € ; 6 € ; 3 € ; 7,30 € ; - de 7 ans 3,65 € ; 3,80 €.

PATRIMONIO

15-B2 17 km O. Bastia. 100 m. 455 hab. ✉ 20253

M. STRAFORELLI,aire naturelle U Sole Marinu , crêperie, CV. ☎ 04 95 37 12 20 / 04 95 37 12 89.

PENTA DI CASINCA

15-C2 35 km S. Bastia. 400 m. 2438 hab. ✉ 20213

MARINA DI CASINCA ★ Tourisme 199 E., dont 39 HLL. Lieu-dit Marines de Folleli. ☎ 04 95 36 53 87.

PIEDICORTE DI GAGGIO

15-B3 33 km S.-E. Corté. 740 m. 135 hab. ✉ 20251

M. CORAZZINI Xavier-Simon,aire naturelle Usortipiani CV. RN 200. Route Corte-Aleria. ☎ 04 95 48 81 67. Fax : 04 95 48 81 67. E-mail : xaviercorsica@wanadoo.fr, Web : perso.wanadoo.fr/xavier.corazzini/.

PIETRACORBARA

15-B1 25 km N. Bastia. 350 m. 229 hab. ✉ 20233

LA PIETRA ★★★ Tourisme 33 E., dont 16 GCC, 3 ha. . Bord de mer à 600 m. Rivière à 3 km. ; ; . Dir. Cap Corse à 20 km de Bastia. ☎ 04 95 35 27 49. Fax : 04 95 35 28 57.

PIEVE

15-B2 27 km O. Bastia. 450 m. 75 hab. ✉ 20258

M. SIGNANINI,aire naturelle les Menhirs . ☎ 04 95 37 63 12. Fax : 04 95 37 63 12.

POGGIO MEZZANA

15-C2 45 km S. Bastia. 287 hab. ✉ 20230

LE MIAMI ★★ Tourisme 60 E., dont 7 HLL, 4 ha. snack, CV Sanitaire chauffé. Locations : 4, 6, 3. Bord de mer à 50 m. Rivière à 3 km. RN 198 Bastia-Aleria-Porto Vecchio. Entre Moriani et Folelli en bord de mer. ☎ 04 95 36 95 85. Fax : 04 95 59 08 97. E-mail : info@camping-miami-plage.com, Web : www.camping-miami-plage.com.

AIRE NATURELLE LA CARAVELLE

PONTE LECCIA

15-B2 37 km N. Corte. 860 m. 883 hab. ✉ 20218

DOMAINE DE GRIGGIONE En cours de classement E. 2,5 ha. pizzeria, CV. Locations : , . Accès direct à la rivière. RN 193. Centre Corse. ☎ 04 95 47 13 61. Fax : 04 95 47 62 92. E-mail : domainedegriggione@wanadoo.fr.

PRUNO

15-C2 42 km S. Bastia. 429 m. 145 hab. ✉ 20264

LES CASCADES ★★ Tourisme 30 E. 1 ha. Locations : , . Accès direct à la rivière. ☎ 04 95 36 91 91.

ROGLIANO

45 km N.-N.-E. Bastia. 10 m. 508 hab. ✉ 20247

LA PLAGE ★ Tourisme 150 E. 3,7 ha. Locations : , . Bord de mer à 200 m. ; à 200 m : . ☎ 04 95 35 43 76.

ST FLORENT

15-B2 23 km O. Bastia. 1217 hab. ✉ 20217

CAMP D'OLZO ★★★ Tourisme 60 E. 1,5 ha. CV. Locations : . Bord de mer à 300 m. Accueil groupes. D 81, Lieu-dit la Strutta. ☎ 04 95 37 03 34 / 04 95 37 03 34 (H.S.). Fax : 04 95 37 09 55. E-mail : info@campingolzo.com, Web : www.campingolzo.com. Réduction H.S.

KALLISTE ★★★ Tourisme 162 E. 3,5 ha. CV. Locations : 4. Accès direct à la mer et à la rivière. ; à 100 m : . Cippitone, D 81 et RD 7. ☎ 04 95 37 03 08. Fax : 04 95 37 19 77. Prix 2007. 4,70 € ; 3,60 € ; 8 € ; 3,50 € ; 6,40 € ; - de 7 ans 3,20 € ; 3,60 € (10 A).

ACQUA DOLCE ★★ Tourisme 72 E. 1,5 ha. Bord de mer à 5 m. Ouv : 1.5 / 30.9. RN 199. ☎ 04 95 37 08 63. Fax : 04 95 37 08 63. E-mail : info@campingacquadolce.fr, Web : www.campingacquadolce.fr. Prix 2007. Empl. Tourisme : 2,50 € () : 3 € ; 2,50 € ; 5,50 € ; 2,50 € ; 4 € ; - de 10 ans 2 € ; 3,50 €.

FFCC : partenaire - terrain assuré par la FFCC.

LA PINEDE ★★ Tourisme 80 E. 2,5 ha. tolérés en fonction du temps, CV. Locations : 21. Accès direct à la rivière. Bord de mer à 1 km. ; à 1 km : . RD 81. Route de Calvi. ☎ 04 95 37 07 26. Fax : 04 95 37 17 73. E-mail : camping.la.pinede@wanadoo.fr, Web : www.camping-la-pinede.com. Prix 2007. Fft jour : Empl. Tourisme : 33 € () ; Sup : 5 € 3 € ; 2 à 3 €.

FFCC : partenaire - terrain assuré par la FFCC.

U PEZZO ★★ Tourisme 145 E. 2 ha. Pizzéria, CV. Locations : 6. Bord de mer à 10 m. Etang, lac et rivière à 3 km. Accueil groupes. Ouv : 15.4 / 15.10. Route de la Plage, RN 199. Mini-ferme pour les enfants. ☎ 04 95 37 01 65. Fax : 04 95 37 01 65. E-mail : contact@upezzo.com, Web : www.u-pezzo.com. Prix 2008. 4 € ; 3 € ; 7 € ; 4 € ; 5 € ; - de 7 ans 3 € ; 3,50 € (10 A). Réduction H.S.

FFCC : partenaire - terrain assuré par la FFCC + réduction emp. de 10 % hors saison.

SAN GIULIANO

15-C2 56 km S. Bastia. 150 m. 542 hab. ✉ 20230

M. MAURIZI,aire naturelle Amurucciu Ouv : Avril. Alistro, côte orientale RN 198. A hauteur du phare d'Alistro et du supermarché Super U. ☎ 04 95 38 87 82 / 04 93 72 34 52 (H.S.). Fax : 04 95 38 87 82. E-mail : camping.amuricciu@wanadoo.fr, Web : www.amurucciu.com. Prix 2007. Fft jour : Empl. Tourisme (3) : 2 € () ; Sup : 5,50 € - de 7 ans 4,30 € ; 2,80 € ; Animaux 1,30 €.

FFCC : partenaire - terrain assuré par la FFCC .

SAN NICOLAO

15-C2 44 km S.-S.-E. Bastia. 250 m. 867 hab. ✉ 20230

MERENDELLA ★★★★ Tourisme 133 E. 9 ha. la nuit, CV. Locations : 8, 2. Accès direct à la mer. Ouv : 30.5 / 30.9. A Moriani-Plage. ☎ 04 95 38 53 47. Fax : 04 95 38 44 01. E-mail : merendel@club-internet.fr, Web : www.merendella.com. Prix 2007. 4 € ; 2,95 € ; 7,10 € ; 3 € ; 7,50 € ; - de 2/12 ans 4,70 € ; 3,30 à 4,30 € (2 à 5 A).

SANTA LUCIA DI MORIANI

15-C2 47 km S. Bastia. 240 m. 543 hab. ✉ 20230

U PUNTICCHIU ★ Tourisme 100 E. CV. Locations : , . Accès direct à la mer. ☎ 04 95 38 57 79 / 04 95 38 50 26 / 04 95 38 50 26 (H.S.). Fax : 04 95 38 49 01.

SANTA MARIA DI LOTA

15-B1 5 km N. Bastia. 300 m. 1566 hab. ✉ 20200

CAMP DE M. CASANOVA ★ Tourisme 76 E. A Miomo. ☎ 04 95 33 91 42.

SANTA MARIA POGGIO

15-C2 47 km S. Bastia. 300 m. 456 hab. ✉ 20221

KALYPSO ★★★★ Tourisme 172 E. 5 ha. CV. Locations : , 5. Accès direct à la mer. Rivière à 3 km. ; à 4 km : . Accueil groupes. RN 198. Axe Bastia/Porto-Vecchio. ☎ 04 95 38 56 74 / 04 95 21 61 98 (H.S.) / 04 95 21 61 98 (H.S.). Fax : 04 95 38 44 95. Web : www.corse-camping.com. Réduction H.S.

LE SOLEIL LEVANT ★ 77 E., dont 27 HLL. Lieu-dit Pignataja. ☎ 04 95 38 46 29.

SANTO PIETRO DI TENDA

36 km S.-O. Bastia. 30 m. 286 hab. ✉ 20246

U PARADISU ★ Tourisme 45 E. CV. Locations : . Bord de mer à 200 m. Ouv : 1.5 / 30.9. Plage de Saleccia. De St-Florent dir. Calvi, jusqu'à Casta 12 km. Inaccessible aux caravanes. ☎ 04 95 37 82 51. Prix 2008. Empl. Tourisme : 4 € ; 2,50 € ; 6 € ; 5 € ; Réduction H.S.

FFCC : partenaire - terrain assuré par la FFCC + réduction emp. de 5 % en saison et 10 % hors saison.

SISCO

15-B1 15 km N. Bastia. 500 m. 514 hab. ✉ 20233

LA CASAIOLA ★ Tourisme 21 E. Locations : , , , . Bord de mer à 200 m. ☎ 04 95 35 20 10 / 04 95 35 21 50 (H.S.). Fax : 04 95 35 21 50.

RENAJO ★ Tourisme 50 E. 0,9 ha. Lieu-dit Marina. ☎ 04 95 35 21 14.

SOLARO

15-B3 84 km S.-E. Corté. 497 m. 477 hab. ✉ 20240

SOLE ORO ★★ Tourisme 50 E. 1,5 ha. Locations : , gratuit. Accès direct à la mer. Route de Bastia à Bonifacio N 198. De Bastia au croisement de Solaro (3 km après Pont de Travo, 4 km avant Solensara) tourner à gauche, vers la mer (700 m). ☎ 04 95 57 84 28.

SORBO OCAGNANO

15-C2 28 km S. Bastia. 440 hab. ✉ 20213

MARINA DI SORBO ★ Tourisme 233 E. 2,5 ha. Locations : 104, . Bord de mer à 150 m. Rivière à 1 km.Etang à 5 km. RN 198 par Querciolo. ☎ 04 95 38 93 04. Fax : 04 95 38 93 04. E-mail : marinadisorbo@wanadoo.fr, Web : www.marinadisorbo.com.

TAGLIO ISOLACCIO

15-C2 40 km S. Bastia. 340 m. 526 hab. ✉ 20230

AREPOS PAUL PIETRI ★★★ Tourisme 126 E., dont 66 HLL.

M. MARI,aire naturelle Maghiese . A 300 m : . A 800 m : . ☎ 04 95 36 81 64.

M. PETRONELLI Jean-Pierre,aire naturelle Ficajola CV. A 1,5 km: . A 1 km : . A 3 km : . Ouv : 1.5 / 30.9. Bastia dir. Porto-Vecchio 3 km après Folelli. ☎ 04 95 36 96 16. Fax : 04 95 36 96 16. E-mail : jppetronelli@wanadoo.fr, Web : ficajolacheztiscali.fr. Prix 2008. : 3,40 € ; 2,50 € ; 5,50 € ; 2,60 € ; 4,50 € ; - de 7 ans 2,25 € ; 2,70 €. Réduction H.S.
FFCC : partenaire + réduction emp. de 5 % en saison + carte FFCC assurance annulation + réduction loc. de 5 % en saison.

Pour partir tranquille, soyez bien assurés. Consultez la FFCC.

TALASANI

15-C2 40 km S. Bastia. 392 m. 218 hab. ✉ 20230

VALLE LONGHE ★★ Tourisme 50 E. 1 ha. rapide, . Locations : , 18 , . Bord de mer à 2 km.Rivière à 5 km. ; ; à 4 km : . Accueil groupes. Vallé Longhé. A 300 m de la RN 198. ☎ 04 95 33 04 66 / 04 95 36 43 30 (H.S.) / 04 95 36 43 30 (H.S.). E-mail : camping-valle-longhe@hotmail.fr. Réduction H.S.

TATTONE

15-B3 22 km S. Corte. 696 m. 493 hab. ✉ 20219

M. MARIETTI Pierre,aire naturelle le Soleil . Lieu-dit Tattone. Accès par la RN 193. ☎ 04 95 47 21 16 / 04 95 47 23 08 / 04 95 47 23 08 (H.S.).

VALLE DI CAMPOLORO

15-C2 54 km S. Bastia. 250 m. 174 hab. ✉ 20221

OLMELLO ★ Tourisme 151 E. 7 ha. CV. Locations : 3 , 14 , 2 , 8 . . Accès direct à la mer et à la rivière. ; ; . Accueil groupes. Ouv : 15.5 / 30.9. Prunete, N 198. à 800 m du village de Prunete. ☎ 04 95 38 00 99. Fax : 04 95 38 06 85. E-mail : laure.terriago@free.fr, Web : www.camping-olmello-corse.com. Prix 2007. () : 3 € ; 2,20 € ; 5 € ; 2,50 € ; 4,50 € ; - de 7 ans 2,50 € ; 3 à 5 € (2 à 6 A) ; Animaux 1,50 €. Réduction H.S.

VENACO

15-B3 12 km S.-S.-E. Corte. 610 m. 614 hab. ✉ 20231

M. ANGELI Mathieu,aire naturelle de Peridundella CV. A 2 km: Piscine plein air . A 5 km : . Péridundella. Accès par la RN 193 et RD 143. ☎ 04 95 47 09 89. Fax : 04 95 47 09 89.

VIVARIO

15-B3 22 km S. Corte. 696 m. 624 hab. ✉ 20219

M. FILIPPI,aire naturelle . Savaggio. Caravane non acceptée car passage trop difficile. ☎ 04 95 47 22 14 / 04 95 47 20 09. Fax : 04 95 47 20 09.

21 COTE-D'OR

Cartes 7-8

Délégué FFCC : Raymond GEORGES, 3, F rue Ernest Lory - 21000 DIJON

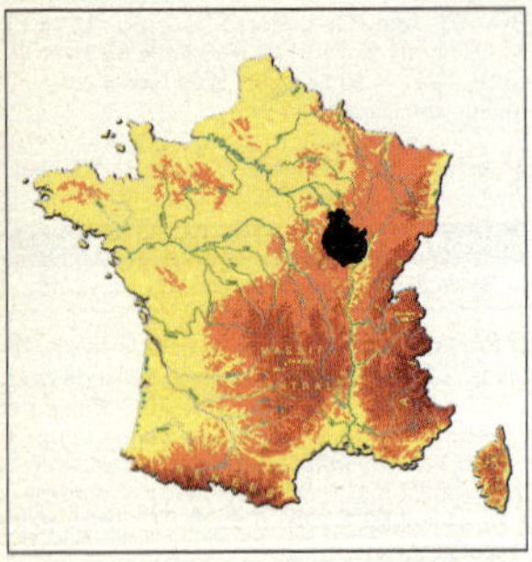

ARNAY LE DUC

7-F3 34 km N.-O. Beaune. 375 m. 2431 hab. Station verte de vacances et village de neige ✉ 21230

L'ETANG FOUCHE ★★★ Tourisme 209 E., dont 78 GCC - 19 HLL, 8 ha. CV. Locations : 19 , 1 , chauffée . Accès direct à l'étang. ; ; . Accueil groupes H.S.. Ouv : 15.4 / 15.10. A 6. Sur la RN 6 et RN 81. ☎ 03 80 90 02 23. Fax : 03 80 90 11 91. E-mail : info@campingfouche.com, Web : www.campingfouche.com. Prix 2008. Fft jour : Empl. Tourisme (2) : 17,80 € ( ) ; Sup : 5,20 € - de 10 ans 2,80 € ; 4 € (6 A) ; Animaux 2 €. Réduction H.S.

AUXONNE

8-B3 32 km S.-E. Dijon. 184 m. 7868 hab. Station verte de vacances et village de neige ✉ 21130

L'ARQUEBUSE ★★★ Tourisme 100 E. (70 Tourisme + 30 Loisirs) 5 ha. CV Sanitaire chauffé. Locations : , 10 , , chauffée . Rivière à 20 m. ; ; . Accueil groupes. Ouv : 1.1 / 31.12. Route d'Athée, RN 5. ☎ 03 80 31 06 89. Fax : 03 80 31 13 62. E-mail : camping.arquebuse@wanadoo.fr, Web : campingarquebuse.com. Prix 2007. Empl. Tourisme : 3,50 € ; 1,20 € ; 5,50 € ; 3,60 € ; - de 7 ans 2 € ; 3,50 € (10 A) ; Animaux 1,50 €.
FFCC : partenaire + réduction emp. de 5 % en saison et hors saison.

AIRE NATURELLE AMITIE ET NATURE . A 300 m : Piscine plein air. En dir. de Dijon, prendre la départementale en dir. d'Athée à la sortie d'Auxonne sur la RN 5, après la base de plein air. ☎ 03 80 37 36 44. Web : lapoger@wanadoo.fr.

BAIGNEUX LES JUIFS

7-F2 35 km N.-O. Montbard. 432 m. 300 hab. ✉ 21450

PRE SAINT ANNE ★★ Tourisme 17 E. 0,33 ha. . Locations : . . ☎ 03 80 96 54 92 / 06 07 45 06 90. Fax : 03 80 96 55 62.

BEAUNE

8-A3 38 km S.-O. Dijon. 219 m. 21127 hab. ✉ 21200

CAMP MUNICIPAL DES CENT VIGNES ★★★★ Tourisme 116 E. 1,6 ha. CV Sanitaire chauffé. à 4 km : . Accueil groupes. Ouv : 15.3 / 31.10. 10, rue Auguste Dubois, RN 74. A 6 sortie n°24. ☎ 03 80 22 03 91 / 03 80 22 20 80 (Mairie) (H.S.). Fax : 03 80 22 03 91. Prix 2007. Empl. Tourisme : 4,30 € ; 3,55 € ; - de 7 ans 1,80 € ; 3,60 €.

LES BOULEAUX Voir aussi VIGNOLES.

BLIGNY SUR OUCHE

7-F3 19 km N.-O. Beaune. 360 m. 776 hab. ✉ 21360

CAMP MUNICIPAL DES ISLES ★★ Tourisme 70 E. 1 ha. . Accès direct à la rivière. . Les Isles. A 6 Paris/Lyon sortie Pouilly en Auxois - A 6 Lyon/Paris sortie Beaune. A 31 sortie Beaune. ☎ 03 80 20 11 21. Fax : 03 80 20 17 90.

CHAMBOEUF

8-A3 18 km S.-O. Dijon. 520 m. 201 hab. ✉ 21220

RELAIS DES HAUTES COTES ★ Tourisme 50 E. (35 Tourisme + 15 Loisirs) 2 ha. . Locations : , , , . Impasse Château d'Eau. ☎ 03 80 58 50 13. Fax : 03 80 58 50 13. E-mail : relaischamboeuf@aol.fr, Web : www.relaischamboeuf.aol.fr.

CHANCEAUX

7-F2 32 km N.-O. Dijon. 462 m. 219 hab. ✉ 21440

CAMP MUNICIPAL ★ Tourisme 35 E. 0,5 ha. . Rivière à 2 km. Ouv : 15.4 / 30.9. RN 71. ☎ 03 80 35 02 66 (Mairie) / 06 14 42 97 01 (H.S.). Fax : 03 80 35 02 66.

CHATILLON SUR SEINE

37 km N.-E. Montbard. 224 m. 7963 hab. Station verte ✉ 21400

CAMP MUNICIPAL LOUIS RIGOLY ★★ Tourisme 54 E. 0,8 ha. juillet / août, CV Sanitaire chauffé Camping tourisme et handicap.à 10 km : . Ouv : 1.4 / 30.9. Promenade St Vorles, RD 928 et RD 971 (ex. RD 71). ☎ 03 80 91 03 05 / 03 80 91 13 19 (H.S.) (H.S.). Fax : 03 80 91 21 46. E-mail : tourism-chatillon-sur-seine@wanadoo.fr. Prix 2008. Empl. Tourisme : 3,15 € () : 1,40 € ; 4,55 € ; 3,30 € ; - de 9 ans 1,30 € ; 2,25 à 4,50 €.

CORBERON

8-A3 12 km E. Beaune. 197 m. 521 hab. ✉ 21250

LES PAQUIERS ★ Tourisme 25 E. . Rivière à 200 m. Etang à 300 m. . ☎ 03 80 26 65 44.

DIJON

8-A2 309 km S.-E. Paris. 245 m. 145569 hab. ✉ 21000

CAMP DU LAC KIR ★★★ Tourisme 121 E. 2,5 ha. snack, Pain et croissants, volley et boules, CV Sanitaire chauffé. Locations : 10. Rivière à 20 m. Lac à 300 m. à 300 m : 300 m, 300 m, ; à 1 km : . Boulevard Kir, RN 5. ☎ 03 80 43 54 72. Fax : 03.80.45.57.06. E-mail : campingdijon@wanadoo.fr, Web : www.camping-dijon.com. Prix 2007. Fft jour : Empl. Tourisme : 14.9 € ; Sup : 3,40 € (du 1/7 - 31/8)Animaux 2 €.

EPOISSES

7-F2 24 km S.-O. Montbard. 266 m. 820 hab. Station verte de vacances et village de neige ✉ 21460

CAMP MUNICIPAL LES LIBELLULES ★ Tourisme 70 E. 0,8 ha. Rivière à 4 km. ; ☎ 03 80 96 31 91.

FROLOIS

7-F2 25 km S.-E. Montbard. 400 m. 248 hab. ✉ 21150

CAMP G.C.U. Réservé aux adhérents. Adhésion possible sur place pour les sociétaires MAIF et FILIA MAIF.

GRANCEY LE CHATEAU NEUVELLE

8-A1 47 km N. Dijon. 430 m. 269 hab. ✉ 21580

AIRE NATURELLE MUNICIPALE Ouv : 15.6 / 15.9. ☎ 03 80 75 60 30. Fax : 03 80 75 64 60. Prix 2008. Empl. Tourisme : 1 € ; 1 € ; 0,60 € ; 1 € ; 1 € ; - de 12 ans 0,40 € ; 1,30 €.

HEUILLEY SUR SAONE

8-B2 37 km E. Dijon. 190 m. 267 hab. ✉ 21270

AIRE NATURELLE MUNICIPALE . A 2,5 km: . A 7 km : . CD 25, à 200 m Sud de la commune. ☎ 03 80 47 42 18 / 03 80 36 12 74 (H.S.). Fax : 03 80 36 12 74. E-mail : mairie-heuilley@wanadoo.fr.

IS SUR TILLE

8-A2 25 km N. Dijon. 284 m. 4200 hab. ✉ 21120

CAMP MUNICIPAL DES CAPUCINS ★★ Tourisme 39 E. 0,6 ha. Accès direct à la rivière. RD 3, RD 959. ☎ 03 80 95 02 08 / 03 80 95 08 33. Fax : 03 80 95 08 33. E-mail : mairidis@wanadoo.fr, Web : www.is-sur-tille.com.

LOSNE

8-B3 41 km S.-E. Dijon. 183 m. 1307 hab. ✉ 21170

AIRE NATURELLE MUNICIPALE pétanque, . A 8 km: . Commerçants locaux assurant des tournées. Ski nautique club. Club ULM Val de Saône à 2 km. ☎ 03 80 27 06 70. Fax : 03 80 39 25 74.

MARCENAY

7-F1 32 km N. Montbard. 223 m. 150 hab. ✉ 21330

LES GREBES DU LAC ★★★ Tourisme 90 E. dont 85 nus 2,42 ha. CV Sanitaire chauffé. Locations : 10, 2, 2, 3. Accès direct aux bords du lac. Rivière à 4 km. ; ; ; ; . Accueil groupes. Ouv : 1.5 / 30.9. Par D 965 entre Laignes et Châtillon-sur-Seine. Gardiennage permanent. ☎ 03 80 81 61 72 / 03 25 81 02 64 (H.S.). Fax : 03 80 81 61 72. E-mail : info@campingmarcenaylac.com, Web : www.campingmarcenaylac.com. Prix 2007. Empl. Tourisme : 5,50 € ; 3,50 € ; - de 2/11 ans 2,50 € ; 3 € (10 A) ; Animaux 0,50 €.

MARCILLY LES VITTEAUX

7-F2 32 km S.-E. Montbard. 359 m. 86 hab. ✉ 21350

M. JADOT Michel CV. A 3 km: Piscine plein air . A 10 km : . Ouv : 1.1 / 31.12. Marcilly et Dracy. Par RD 117 D, à proximité de la ferme au coeur du village. Verger plat. Sentiers pédestres. Sur place, balade safari photos. ☎ 03 80 49 62 08. Fax : 03 80 49 62 08. Prix 2007. () : 1,30 € ; 1,30 € ; 2,50 € ; 1,30 € ; 3 € ; - de 7 ans 1,50 € ; 2,50 € (5 A) ; Animaux 1 €.
FFCC : partenaire - terrain assuré par la FFCC.

MAREY SUR TILLE

8-A2 35 km N. Dijon. 297 m. 310 hab. ✉ 21120

CAMP MUNICIPAL ★ Tourisme 10 E. 0,2 ha. ☎ 03 80 75 66 04 (Mairie).

MEURSAULT

8-A3 7 km S.-O. Beaune. 243 m. 1646 hab. ✉ 21190

LA GRAPPE D'OR ★★★ Tourisme 170 E. dont 140 nus, dont 41 GCC, 4,5 ha. CV. Locations : 14, 30. Accueil groupes encadrés. Ouv : 1.4 / 15.10. 2, route de Volnay, RN 74. - A6 sortie Beaune 24, puis RN 74 dir. Chalon/Saône ☎ 03 80 21 22 48. Fax : 03 80 21 65 74. E-mail : info@camping-meursault.com, Web : www.camping-meursault.com. Prix 2008. Fft jour : Empl. Tourisme (2) : 16,50 € () ; Sup : 3,70 € - de 7 ans 1,90 € ; 3,50 € (10 A) ; Animaux 1,30 €. Réduction H.S.
FFCC : réduction loc. de 5 % hors saison + HC.

MONTBARD

7-F2 81 km N.-O. Dijon. 221 m. 7916 hab. Station verte de vacances et village de neige ✉ 21500

CAMP MUNICIPAL ★★★★ Tourisme 80 E. dont 72 CC - 20 HLL, 2,5 ha. saison, mars/octobre, juillet/août, visitour, CV Sanitaire chauffé. Locations : 2, Mini-chalets. couverte chauffée gratuit. Rivière à 150 m. ; . Accueil groupes. Rue Michel Servet. Rocade Pierre Mendès-France. ☎ 03 80 92 21 60 / 03 80 92 01 34 (Mairie) (H.S.). Fax : 03 80 92 21 60. E-mail : camping.montbard@wanadoo.fr, Web : www.montbard.com. Prix 2007. Fft jour : Empl. Tourisme (2) : 16,50 € () ; Sup : 3,50 € - de 12 ans 2,50 € ; Animaux 1 €.

MONTBERTHAULT

7-F2 28 km S. Montbard 276 m. 256 hab. ✉ 21460

AIRE NATURELLE MUNICIPALE Pont du Moulin. ☎ 03 80 96 44 36.

MONTIGNY MORNAY VILLENEUVE SUR V

48 km N.-E. Dijon. 235 m. 278 hab. ✉ 21610

CAMP MUNICIPAL LE TROU D'ARGOT ★ Tourisme 30 E. 0,5 ha. Accès direct à la rivière. D 105 route de Fontaine. RD 960. ☎ 03 80 75 89 55 / 03 80 75 80 97 (Mairie). Fax : 03 80 75 80 97.

LA MOTTE TERNANT

7-F2 33 km S. Montbard. 450 m. 191 hab. ✉ 21210

LE VILLAGE ★ Tourisme 30 E. 0,5 ha. Locations : 1, 2. Rivière à 300 m. Ouv : 1.4 / 1.11. ☎ 03 80 84 30 11. Fax : 03 80 84 30 11. E-mail : campinglamottet ernant@wanadoo.fr, Web : www.campinglamotteternant.eu. Prix 2008. Fft jour : Empl. Tourisme (2) : 15 € () ; Sup : 3,75 € - de 10 ans 1,75 €.

NOIRON SUR BEZE

8-B2 178 hab. ✉ 21310

M. SUBLET Xavier, camping de la Rente Neuve CV. A 4 km: . A 5 km : Piscine plein air. A 31 sortie Til-le-Châtel (Nord) ou Arc-sur-Tille (Sud). RD 959 entre Bèze et Mirebeau. ☎ 03 80 36 71 67. Fax : 03 80 36 71 67.

NOLAY

7-F3 20 km S.-O. Beaune. 342 m. 1582 hab. Station verte de vacances et village de neige ✉ 21340

LA BRUYERE ★★★ Tourisme 22 E., dont 3 HLL, 0,95 ha. Camping tourisme et handicap. Locations : HLL. Lac à 500 m. Rue du Moulin Larché. Route d'Autun. 18 km de Beaune, D 973, N 74. 10 km de Chagny N 6. ☎ 03 80 21 87 59. Fax : 03 80 21 87 59. E-mail : camping.labruyere@nolay.com.

LES CHAUMES DU MONT ★★★ Tourisme 70 E. dont 70 nus 1,5 ha. CV. Accès direct aux bords du lac. Accueil groupes. Ouv : 28.4 / 15.9. Route de Couches. ☎ 03 80 21 79 61. E-mail : contact@campingnolay.com, Web : www.campingnolay.com. Prix 2007. Fft jour : Empl. Tourisme (2) : 10,47 € () ; - de 1/8 ans 1,45 € ; Animaux 0,60 €.

PAGNY LA VILLE

8-B3 34 km N.-E. Beaune. 300 m. 310 hab. ✉ 21250

C.C.D.F. PONT DE CHARREY ★ Loisirs 17 E. (3 Tourisme + 14 Loisirs) 0,15 ha. Accès direct à la rivière. ; ☎ 03 80 66 62 77 / 03 80 39 88 31.
FFCC : partenaire - terrain assuré par la FFCC.

LE CHAMP POILLOT ★ Loisirs 55 E. Réservé Comités Entreprise.

PERRIGNY SUR L OGNON

8-B2 35 km E. Dijon. 200 m. 483 hab. ✉ 21270

LA VALBOISIERE ★ Tourisme 34 E. dont 28 nus (17 Tourisme + 17 Loisirs). CV Sanitaire chauffé. Locations : , . Accès direct à la rivière. ; Accueil groupes. O ☎ 03 80 47 80 78. Fax : 03 80 47 80 78. E-mail : patrick.camp@wanadoo.fr, Web : site.voila.fr/camping21.

POISEUL LA GRANGE

8-A2 45 km N.-O. Dijon. 450 m. 80 hab. ✉ 21440

M. LANIER Daniel 2, . Vauchenot. Accès par la RD 901. ☎ 03 80 35 11 13.

PONT ET MASSENE

7-F2 20 km S. Montbard. 285 m. 104 hab. Village de neige ✉ 21140

LAC DE PONT ★★★ Tourisme 150 E. dont 150 nus (100 Tourisme + 50 Loisirs) 2 ha. snack, CV. Rivière à 300 m. Lac à 50 m. ; surveillée : ; . Accueil groupes. Ouv : 30.4 / 30.9. Sortie A 6 à 4 km (Bierre-les-Semur). ☎ 03 80 97 01 26 / 03 80 97 01 26 (H.S.). E-mail : campinglacdepont@orange.fr, Web : www.lacdepont.com. Prix 2008. Fft jour : Empl. Tourisme (2) : 14,80 € ( ) ; Sup : 4,50 € - de 13 ans 3 € ; 3,50 € ; Animaux 1,70 €. Réduction H.S.

FFCC : partenaire + réduction emp. de 5 % hors saison + carte FFCC assurance annulation + Stop accueil Camping-car du 30/04 au 05/07 et du 24/08 au 30/09/2008, accès jusqu'à 22h.

PONTAILLER SUR SAONE

8-B2 32 km E. Dijon. 187 m. 1370 hab. Village de neige ✉ 21270

LA CHANOIE ★★★ Loisirs 160 E. (80 Tourisme + 80 Loisirs) 4,3 ha. . Locations : . Accès direct à la rivière. Etang à 2 km. ; ; . 46, rue de la Chanoie. A 39 sortie Soirans, A 31 sortie Arc-sur-Tille, A 36. ☎ 03 80 36 10 58 / 03 80 47 84 42 (H.S.). Fax : 03 80 47 84 42. E-mail : otpontailler@wanadoo.fr.

POUILLY EN AUXOIS

7-F2 47 km N.-O. Beaune. 384 m. 1516 hab. Village de neige ✉ 21320

LE VERT AUXOIS ★★ Tourisme 70 E. 1,5 ha. snack, + sèche linge, CV. Locations : 2 . Etang à 5 km. à 2 km : ; à 5 km : . Ouv : Pâques / 15.9. sortie autoroute Pouilly-en-Auxois A 6 et A 38 en centre ville au niveau de la voûte du canal de Bourgogne. ☎ 03 80 90 71 89. E-mail : vert.auxois@wanadoo.fr, Web : camping.vertauxois.free.fr. Prix 2007. ( ) : 3 € ; 1 € ; 3 € ; 2 € ; 2,60 € ; - de 7 ans 2 € ; 3,20 à 4,50 € (6 à 10 A).

FFCC : partenaire + réduction emp. de 5 % en saison et hors saison + Stop accueil Camping-car du 15/04 au 15/10/2007, accès jusqu'à 20h.

POUILLY SUR SAONE

8-B3 23 km E. Beaune. 180 m. 518 hab. ✉ 21250

LES SABLES ★★ Loisirs 25 E. 0,66 ha. contiguë, . Rivière à 50 m. ; à 2 km : . Chemin de la plage. Itinéraire Bis Dijon-Lyon. RD 996 sortie A 36 à Seurre. Pagny-Le-Château et A 1 sortie Nuits St Georges. ☎ 03 80 20 43 50. E-mail : les.sables@tiscali.fr.

CAMP MUNICIPAL ★ Loisirs 148 E. . Accès direct à la rivière. . Location longue durée. ☎ 03 80 21 15 83. Fax : 03 80 21 15 83.

PRECY SOUS THIL

7-F2 28 km S. Montbard. 322 m. 592 hab. Village de neige ✉ 21390

CAMP MUNICIPAL ★★★ Tourisme 60 E., dont 12 GCC, 1 ha. CV. Locations : 10 . . Accès direct à la rivière. . Accueil groupes. Rue de l'Hôtel de Ville, RD 80 et RN 70, A 6. ☎ 03 80 64 57 18 (Mairie). Fax : 03 80 64 43 37. Web : www.chalets-decouverte.com.

PREMEAUX PRISSEY

8-A3 12 km N.-E. Beaune. 236 m. 336 hab. ✉ 21700

LE MOULIN DE PRISSEY ★★★ Tourisme 68 E., dont 7 GCC, 1,05 ha. commande, , à gaz, , la nuit, CV. Locations : 1 , 2 . Etang et lac à 200 m. à 500 m : .Accueil adultes. Ouv : 1.4 / 15.10. CD 115 E, A 6 sortie A 37 et sortie autoroute Beaune porte 24. ☎ 03 80 62 31 15. Fax : 03 80 61 37 29. Prix 2007. Empl. Tourisme : 4,65 € ( ) : 2,85 € ; - de 7 ans 2 € ; 3,50 € (6 A).

RECEY SUR OURCE

8-A1 60 km N.-E. Montbard. 420 m. 502 hab. ✉ 21290

CAMP MUNICIPAL ★ Tourisme 18 E. . ☎ 03 80 81 02 06 (Mairie).

RIEL LES EAUX

3-F5 47 km N. Montbard. 225 m. 106 hab. ✉ 21570

CAMP MUNICIPAL ★★ Tourisme 18 E. 0,2 ha. CV. Locations : 1 . Accès direct à l'étang. ; ; . ☎ 03 80 93 72 76. Fax : 03 80 93 72 76. E-mail : bar-camping-du-marais@wanadoo.fr.

SACQUENAY

8-B2 38 km N.-E. Dijon. 314 m. 276 hab. ✉ 21260

M. MEOT,aire naturelle La Chenaie.

ST JEAN DE LOSNE

8-B3 41 km N.-E. Beaune. 185 m. 1476 hab. ✉ 21170

ESSI LES HERLEQUINS ★★ Tourisme 67 E. 1 ha. snack, CV. Locations : , , . . Rivière à 15 m. ; ; ; . Accueil groupes. Ouv : 1.5 / 30.9. RD 20 et RD 968. ☎ 03 80 39 22 26. Fax : 03 80 29 05 48. Web : www.saintjeandelosne.com. Prix 2007. 3,40 € ; 2 € ; 5,80 € ; 3,40 € ; 2,80 € ; - de 9 ans 1,70 € ; 2,40 € ; Animaux 1,60 €.

ST SEINE L ABBAYE

8-A2 26 km N.-O. Dijon. 451 m. 339 hab. ✉ 21440

CAMP MUNICIPAL ★ Tourisme 30 E. 1 ha. . Rivière à 500 m. Accueil groupes. RD 16 et RN 71. ☎ 03 80 35 00 09 (Camping) / 03 80 35 01 64 (Mairie).

STE MARIE SUR OUCHE

8-A2 21 km S.-O. Dijon. 290 m. 577 hab. ✉ 21410

CAMP MUNICIPAL ★ Loisirs 14 E. 0,25 ha. . Rivière à 200 m. ; ; . A 38 sortie 30 (Pont de Pany). ☎ 03 80 49 72 29. Fax : 03 80 23 60 88. E-mail : mairie.saintemariesurouche@wanadoo.fr, Web : www.saintemariesurouche.com.

SANTENAY

7-F3 19 km S.-O. Beaune. 217 m. 1014 hab. Station verte de vacances et village de neige ✉ 21590

LES SOURCES ★★★ Tourisme 150 E., dont 22 GCC, 3,10 ha. + sèche-linge, CV. . Rivière à 1 km.Etang à 4 km. à 4 km : . Ouv : 15.4 / 31.10. Avenue des Sources. Beaune A 6 sortie 24.1 Beaune Centre, RN 974, Chagny RN 906, 6 km. Santenay D 974. Voie verte à 1 km. Accès WIFI-Internet ☎ 03 80 20 66 55. Fax : 03 80 20 67 36. E-mail : info@campingsantenay.com, Web : www.campingsantenay.com. Prix 2007. Fft jour : Empl. Tourisme (2) : 19,50 € ((6 A)) ; - de 7 ans 1,90 € ; Animaux 1,30 €.

SAULIEU

7-F2 42 km S. Montbard. 560 m. 3183 hab. Village de neige ✉ 21210

CAMP MUNICIPAL DU PERRON ★★★ Tourisme 157 E. dont 77 nus, , dont 24 GCC - 10 HLL, 3 ha. saison, CV Sanitaire chauffé. Locations : 6 , Mini-chalets. . Accès direct à l'étang. Lac à 5 km. . Ouv : 5.4 / 20.9. Le Perron, dir. Paris Nord. RN 80. RD 906 ☎ 03 80 64 16 19 / 03 80 64 09 22 (Mairie). Fax : 03 80 64 16 19. E-mail : camping.saulieu@wanadoo.fr, Web : www.chalets-decouverte.com & www.saulieu.fr. Prix 2007. Fft jour : Empl. Tourisme (2) : 13 € ( ) ; Sup : 1 € - de 7 ans 0,50 € ; 3 € ; Animaux 1 €.

SAVIGNY LES BEAUNE

8-A3 5 km N.-O. Beaune. 260 m. 1405 hab. ✉ 21420

LES PREMIERS PRES ★★ Tourisme 90 E. 1,52 ha. . Accès direct à la rivière. ; à 5 km : . Accueil groupes. Ouv : 1.5 / 30.9. 9 route de Bouilland. Sur RD 2, RN 74. ☎ 03 80 26 15 06. Fax : 03 80 21 56 63. E-mail : .

FFCC : partenaire - terrain assuré par la FFCC.

SELONGEY

8-B2 34 km N.-N.-E. Dijon. 293 m. 2580 hab. ✉ 21260

CAMP MUNICIPAL LES COURVELLES ★ Tourisme 22 E. 0,28 ha. . Accès direct à la rivière. ; . Par RN 74. ☎ 03 80 75 52 38 / 03 80 75 70 74 (Mairie). Fax : 03 80 75 56 65. E-mail : info@selongey.com, Web : www.selongey.com.

SEURRE

8-B3 25 km E. Beaune. 181 m. 2795 hab. Station verte de vacances et village de neige ✉ 21250

CAMP MUNICIPAL LA PISCINE ★ Tourisme 190 E., dont 30 GCC, 2 ha. . Locations : , . Accès direct à la rivière. ; ; ; ; . Autoroute Paris/Mulhouse. ☎ 03 80 20 49 22 / 03 80 21 15 92 (Mairie). Fax : 03 80 20 34 01.

LE PORT ★ Tourisme 33 E. 1 ha. CV. Accès direct à la rivière. ; à 1 km : ; ; . Rue de la Perche à l'Oiseau. RN 73. A 36. ☎ 03 80 20 32 63 / 03 80 21 09 11 (O.T.) (H.S.). Fax : 03 80 21 04 79. E-mail : ot.seurre@wanadoo.fr.

TIL CHATEL

8-B2 25 km N.-E. Dijon. 273 m. 755 hab. ✉ 21120

LES SAPINS ★ Tourisme 21 E. 1 ha. RN 74. A 31 sortie n°5. ☎ 03 80 95 16 68.

TOUTRY

7-E2 30 km S.-O. Montbard. 235 m. 503 hab. ✉ 21460

CAMP MUNICIPAL LE SEREIN ★ Tourisme 30 E., dont 10 CC, 0,34 ha. Accès direct à la rivière. Rue du Moulin de la Varenne. A 6 sorties Avallon (89) ou Bierre-les-Semur (21). RD 954, RN 6. ☎ 03 80 96 43 93 (Mairie) / 03 80 96 43 83. Fax : 03 80 96 32 10. E-mail : mairiedetoutry@wanadoo.fr.

VANDENESSE EN AUXOIS

7-F3 37 km N.-O. Beaune. 360 m. 189 hab. Village de neige ✉ 21320

LAC DE PANTHIER ★★★★ Tourisme 207 E., dont 54 GCC, 1,2 ha. CV. Locations : 14, 24. couverte chauffée. Lac à 10 m. A 1,5 km de la commune. 8 km Pouilly en Auxois (sortie A 6 et A 38) direction Créancey/Vandenesse-en-Auxois. ☎ 03 80 49 21 94. Fax : 03 80 49 25 80. E-mail : info@lac-de-panthier.com, Web : www.lac-de-panthier.com.
FFCC : réduction loc. de 5 % hors saison + HC.

VAUCHIGNON

7-F3 23 km S.-O. Beaune. 350 m. 42 hab. ✉ 21340

M. TRUCHOT Joël CV. A 3 km: . A 10 km : Piscine plein air. Au bourg. Pré, bois. Sentiers randonnées. Promenades à cheval. Escalade. ☎ 03 80 21 80 53. Fax : 03 80 21 88 76. E-mail : duboutdumonde@infonie.fr.

VENAREY LES LAUMES

7-F2 13 km S.-E. Montbard. 240 m. 3547 hab. Station verte de vacances et village de neige ✉ 21150

CAMP MUNICIPAL ALESIA ★★ Tourisme 67 E. 1,5 ha. snack, + sèche-linge, CV Sanitaire chauffé. Locations : , 1 chambre. Accès direct aux bords du lac et à la rivière. surveillée : ; . Accueil groupes. Rue Docteur Roux, 150 m carrefour CD 905. A 6 sortie Bierre-les-Semur. ☎ 03 80 96 07 76 / 03 80 96 01 59 (Mairie). Fax : 03 80 96 07 76. E-mail : camping.venarey@wanadoo.fr.

VIGNOLES

8-A3 3 km E. Beaune. 220 m. 411 hab. ✉ 21200

LES BOULEAUX ★★★ Tourisme 46 E. 1,4 ha. hte saison, Sanitaire chauffé. Lac à 5 km. à 5 km : . Ouv : 1.1 / 31.12. 11, rue Jaune. Vignolles à 3 km de Beaune Sud-Est dir. N 973 dir. Dole, franchir pont autoroute, au bas du pont 1ère route à gauche. ☎ 03 80 22 26 88. Prix 2007. Empl. Tourisme : 2,80 € () : 1,60 € ; 3,50 € ; - de 7 ans 2,40 € ; 2,20 à 3,40 € (3 à 7 A).

VILLY LE MOUTIER

8-A3 13 km E. Beaune 188 m. 191 hab. ✉ 21250

LE GRAND BORNE,aire naturelle

VITTEAUX

7-F2 32 km S.-E. Montbard. 340 m. 1138 hab. ✉ 21350

CAMP MUNICIPAL LA GARE ★ Tourisme 16 E. 0,5 ha. Sanitaire chauffé. ; à 50 m : . CD 905 et CD 70. ☎ 03 80 49 60 87 / 03 80 49 61 25 (Mairie).

COTES-D'ARMOR 22

Cartes 2-5

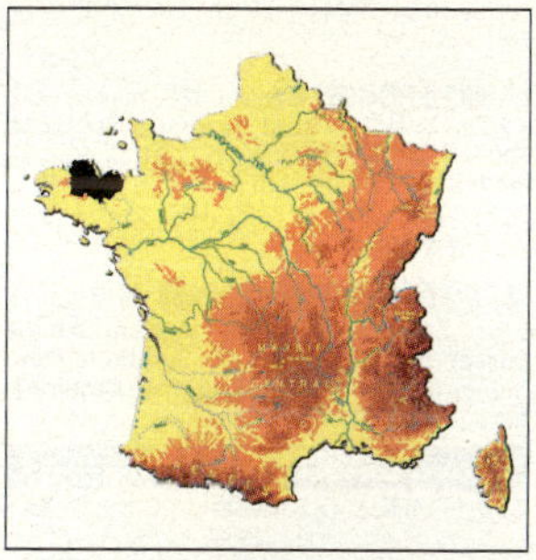

ILE DE BREHAT

CAMP MUNICIPAL LA POINTE DE GOAREVA ★★ 100 E. 1 ha. Accès direct à la mer. ; ; ; . RN 786. ☎ 02 96 20 00 36.

CONTINENT

ALLINEUC

5-D2 27 km S. Saint-Brieuc. 220 m. 660 hab. ✉ 22460

LE LAC ★ Tourisme 50 E. 1,15 ha. crèperie, . Locations : . Lac à 150 m. ; ; ; . Voie expresse Loudéac-Saint-Brieuc 6 km. ☎ 02 96 28 82 11 / 02 96 28 87 88. Fax : 02 96 28 80 97.

BEGARD

5-D2 14 km N.-O. Guingamp. 1421 m. 5344 hab. ✉ 22140

CAMP MUNICIPAL DU DONANT ★★★ Tourisme 91 E. dont 76 nus, , dont 15 GCC - 15 HLL, 4 ha. CV. Locations : 14, 5. Rivière à 5 km. à 20 m : , . Accueil groupes. Ouv : Pâques / 15.9. Rue du Gwénézhan. De St-Brieuc/Guingamp, sortie Lannion/Begard puis sortie camping du Donant. Parc de loisirs à 20 m dont une piscine. ☎ 02 96 45 46 46 / 02 96 45 49 40 (H.S.). Fax : 02 96 45 46 48. E-mail : camping.begard@wanadoo.fr, Web : www.camping-donant-bretagne.com. Prix 2008. 4,40 € ; 1,90 € ; 4,90 € ; 3,15 € ; 3,15 € ; - de 10 ans 1,60 € ; 2,80 € ; Animaux 1,35 €.

BINIC

5-D2 12 km N.-O. Saint-Brieuc. 2626 hab. ✉ 22520

LE PANORAMIC ★★★ Tourisme 200 E. dont 107 nus, , dont 4 CC - 77 GCC, 4 ha. snack, CV Sanitaire chauffé. Locations : 8, 23, 3. chauffée. Bord de mer à 800 m. Etang à 4 km. à 800 m : ; à 2 km : . Accueil groupes. Ouv : 1.4 / 30.9. Rue Gasselin. N 12 dir. Brest/Morlaix, puis CD 786 sortie Pordic / St Quay / Les Rampes, 1ère à droite à l'entrée de Binic puis encore à droite. Les chiens de cat. 1 & 2 ne sont pas acceptés. ☎ 02 96 73 60 43. Fax : 02 96 69 27 66. E-mail : camping.le.panoramic@wanadoo.fr, Web : www.lepanoramic.net. Prix 2007. Fft jour : Empl. Tourisme (2) : 18,50 € () ; Sup : 5,30 € - de 6 ans 3,30 € ; 5 € (10 A) ; Animaux 2 €. Réduction H.S.

CAMP MUNICIPAL DES FAUVETTES ★★ Tourisme 83 E. 1 ha. Bord de mer à 50 m. Rue des Fauvettes, Ville Garnier, RN 786. ☎ 02 96 73 60 83 / 02 96 73 61 15 (Mairie).

DES PALMIERS INTERNATIONAL CLASS ★★ Tourisme 50 E. 0,8 ha. CV. Locations : 3, 5. chauffée . Rivière à 300 m. Bord de mer à 1,5 km.Etang à 3 km. à 300 m : ; à 1,5 km : ; à 1 km : . Ker-viarc'h, 1 km du centre ville. Paimpol par la côte N 12 après St-Brieuc puis Corniche de la côte sauvage du Goëlo. ☎ 02 96 73 72 59. Fax : 02 96 73 72 59. E-mail : campingpalmiers.chantal@laposte.net, Web : www.campingpalmiers.com.

M. LE GONIDEC Louis . A 300 m : . A 400 m : . A 500 m : . A 600 m : . A 5 km: . 13, rue de l'Ic. ☎ 02 96 73 60 02.

BOURSEUL

2-A4 22 km N.-O. Dinan. 65 m. 895 hab. ✉ 22130

DOMAINE NATURISTE PALLIETER ★★ Tourisme 42 E. 3,6 ha. Rés. naturiste. Locations : 3, 6. chauffée . Accès direct à l'étang et à la rivière. Lac à 4 km. à 3 km : . Ouv : 1.5 / 30.9. Ville Menier. Plancoët D 19 ou D 792. ☎ 02 96 83 05 15. E-mail : mail@pallieter.fr, Web : www.pallieter.fr. Prix 2008. Fft jour : Empl. Tourisme (2) : 13 € () ; Sup : 6,50 € - de 18 ans 3 € ; 3,50 € (6 A) ; Animaux 5 €.

BROONS

2-A5 24 km S.-O. Dinan. 94 m. 2768 hab. 22250

LA PLANCHETTE ★★ Tourisme 34 E. Accès direct à l'étang. ☎ 02 96 84 60 03.

BULAT PESTIVIEN

5-C2 24 km S.-O. Guingamp. 200 m. 531 hab. 22160

CAMP MUNICIPAL ★ Tourisme 21 E. 0,2 ha. Rivière à 200 m. à 200 m : . Accueil groupes. Ouv : Pâques / 31.8. RD 50, entre Bulat et Maël Pestivien. ☎ 02 96 45 75 38 / 02 96 45 72 00 (Mairie) (H.S.). Fax : 02 96 45 75 56. Prix 2007. Empl. Tourisme : 0,90 € ; 0,90 € ; 1,80 € ; - de 7 ans 0,90 € ; 1,80 € ; 0,90 €.

CALLAC

28 km S.-O. Guingamp. 110 m. 2957 hab. Station verte de vacances et village de neige 22160

CAMP MUNICIPAL LA VERTE VALLEE ★★ Tourisme 60 E. dont 60 nus, 1 ha. CV. Locations : 1 . Etang à 10 m. . Accueil groupes. Avenue Ernest Renan. ☎ 02 96 45 58 50 / 02 96 45 81 30 (Mairie) / 02 96 45 50 19 (H.S.). Fax : 02 96 45 91 70.

LE CAMBOUT

5-E3 64 km S.-E. Saint-Brieuc. 230 m. 548 hab. 22210

CAMP MUNICIPAL ★ Tourisme 15 E. Accès direct à l'étang. ; ; ; . ☎ 02 96 25 50 54.

CAUREL

5-D3 38 km S.-S.-E. Guingamp. 300 m. 376 hab. 22530

CAMP NAUTIC INTERNATIONAL BEAU RIVAGE CAUREL ★★★★ Tourisme 120 E., dont 5 CC - 40 GCC, 3,6 ha. ap. 22 h, CV. Camping clef verte. Locations : 5 . Accès direct aux bords du lac. ; ; ; à 300 m : . Ouv : 15.5 / 25.9. Route de Beau Rivage, RN 164 bis. ☎ 02 96 28 57 94. Fax : 02 96 26 02 00. E-mail : contact@campingnautic.fr, Web : www.campingnautic.fr. Prix 2007. () : 9 € ; 1,80 € ; 9 € ; 9 € ; 6 € ; - de 7 ans 3,30 € ; 4,60 € (10 A) ; Animaux 1,60 €. Réduction H.S.

FFCC : Stop accueil Camping-car du 15/05 au 10/07 et du 01/09 au 25/09/2008, accès jusqu'à 22h.

BEAU RIVAGE LES PINS ★★ Tourisme 60 E. 0,75 ha. CV. Locations : 5 , . ; ; à 50 m : . CD 111 par RN 164 bis. ☎ 02 96 28 52 22.

LE GUERLEDAN ★★ Tourisme 50 E. 1,2 ha. Locations : . Lac à 10 m. ; ; ; ; . Beau Rivage. Près RN 164. ☎ 02 96 26 08 24. Fax : 02 96 26 08 24.

CAMP G.C.U. Réservé aux adhérents. Adhésion possible sur place pour les sociétaires MAIF et FILIA MAIF.

CHATELAUDREN

5-D2 15 km O.-N.-O. St-Brieuc. 150 m. 973 hab. 22170

CAMP MUNICIPAL DE L'ETANG ★ Tourisme 17 E. dont 17 nus 0,4 ha. CV. Accès direct à l'étang et à la rivière. à 100 m : . Ouv : 1.5 / 30.9. Rue de la Gare. ☎ 02 96 74 10 38 (Mairie). Fax : 02 96 74 22 19. E-mail : mairiechatelaudren@wanadoo.fr. Prix 2007. Empl. Tourisme : 2,60 € ; 0,87 € ; 2,60 € ; - de 7 ans 1,71 € ; 2,60 € (10 A) ; Animaux 0,52 €.

LA CHEZE

5-E3 51 km S. Saint-Brieuc. 70 m. 571 hab. 22210

CAMP MUNICIPAL LA RIVIERE ★ Tourisme 21 E. dont 21 nus CV. Accès direct à l'étang et à la rivière. . Accueil groupes. RN 164. CD 778. CD 14. ☎ 02 96 26 61 86 (Camping) / 02 96 26 70 99 (Mairie) (H.S.). Fax : 02 96 26 78 78. E-mail : contact@mairie-lacheze.fr.

CORLAY

5-D2 36 km S.-O. Saint-Brieuc. 220 m. 1167 hab. 22320

CAMP MUNICIPAL DESSOUS DE L'ETANG ★ Tourisme 30 E. 1 ha. . Accès direct aux bords du lac. ; . ☎ 02 96 29 40 41 (Mairie).

CORSEUL

2-A4 11 km N.-O. Dinan. 120 m. 1987 hab. 22130

LE VAL GRAVEL,aire naturelle municipale . ☎ 02 96 27 90 17. Fax : 02 96 27 95 23.

DINAN

2-A4 52 km E.-S.-E. Saint-Brieuc. 80 m. 14157 hab. 22100

CAMP MUNICIPAL CHATEAUBRIAND ★★ Tourisme 49 E. 1 ha. CV. Rivière à 800 m. à 800 m : ; ; . Accueil groupes. Rue Châteaubriand. ☎ 02 96 39 11 96 (Saison) / 02 96 39 22 43 (H.S.). Fax : 02 96 85 06 97. E-mail : campingmunicipaldinan@wanadoo.fr.

ERQUY

5-E2 34 km N.-E. Saint-Brieuc. 70 m. 3426 hab. 22430

BELLEVUE ★★★★ Tourisme 140 E. (132 Tourisme + 8 Loisirs), dont 58 GCC, 2,2 ha. crêperie, CV. Locations : 18 , 4 . couverte chauffée . Bord de mer à 2 km. à 2 km : ; ; . Ouv : 15.4 / 15.9. Entre Erquy et Pléneuf Val André, près du château de bien assis et du village La Couture. ☎ 02 96 72 33 04. Fax : 02 96 72 48 03. E-mail : campingbellevue@yahoo.fr, Web : www.campingbellevue.fr. Prix 2008. Fft jour : Empl. Tourisme (2) : 19,50 € ( ) ; Sup : 5 € - de 7 ans 3,20 € ; 3,30 à 4,80 € ; Animaux 1,70 €.

LE VIEUX MOULIN ★★★★ Tourisme 173 E. dont 105 nus, dont 87 GCC, 4,5 ha. CV. Locations : 65 . couverte chauffée . Bord de mer à 900 m. ; ; ; ; . Accueil groupes. Ouv : 28.4 / 6.9. Route de Tues-Roc, aux Hôpitaux. ☎ 02 96 72 34 23 / 06 15 05 08 61 (H.S.). Fax : 02 96 72 36 63. E-mail : camp.vieux.moulin@wanadoo.fr, Web : www.camping-vieux-moulin.com. Prix 2007. Empl. Tourisme : 19,50 € () : 5,90 € ; - de 7 ans 4,60 € ; 5 à 5,50 € (6 à 9 A) ; Animaux 4 €. Réduction H.S.

DES HAUTES GREES ★★★ Tourisme 177 E., dont 49 GCC, 3,5 ha. CV. Locations : 27 . chauffée . Bord de mer à 400 m. ; à 400 m : ; ; . Accueil groupes. Ouv : 1.4 / 30.9. Rue St Michel. Lieu-dit les Hôpitaux dans la commune d'Erquy. ☎ 02 96 72 34 78 (Saison). Fax : 02 96 72 30 15. E-mail : hautesgrées@wanadoo.fr, Web : www.camping-hautes-grees.com. Prix 2008. Empl. Tourisme : 8,70 € () : 5 € ; - de 7 ans 3,60 € ; 4,50 € (10 A) ; Animaux 1,70 €. Réduction H.S.

LA PLAGE DE SAINT-PABU ★★★ Tourisme 409 E. dont 374 nus, dont 31 GCC - 1 HLL, 5,6 ha. 6, CV. Locations : 35 . Accès direct à la mer. Etang à 5 km. ; ; ; . Ouv : 1.4 / 10.10. RN 786. ☎ 02 96 72 24 65. Fax : 02 96 72 87 17. E-mail : camping@saintpabu.com, Web : www.saintpabu.com. Prix 2007. Fft jour : Empl. Tourisme (2) : 19 € ( ) ; Sup : 5 € - de 7 ans 2,50 € ; 3,50 à 4,50 € (6 à 10 A) ; E. GCC 15,80 € ; Animaux 1,50 €.

FFCC : partenaire + réduction emp. de 10 % hors saison.

LA VALLEE ★★★ Tourisme 47 E. 2 ha. pain, + sèche-linge, CV. Locations : . Bord de mer à 500 m. ; ; ; . Accueil groupes. Saint-Pabu. ☎ 02 96 72 06 22. E-mail : campinglavalleeerquy@wanadoo.fr, Web : campinglavallee.fr. Prix 2007. Empl. Tourisme : 7,60 € () : 4,50 € ; - de 7 ans 2,20 € ; 3,30 € (6 A) ; Animaux 1,40 €. Réduction H.S.

LES PINS ★★★ Tourisme 488 E., dont 9 CC - 199 GCC, 8 ha. CV. Locations : 6 , 90 , 14 . chauffée . Bord de mer à 800 m. ; ; à 1 km : ; . Route des Hôpitaux, RN 786. ☎ 02 96 72 31 12. Fax : 02 96 63 67 94. E-mail : camping.des.pins@wanadoo.fr, Web : www.yellohvillage-les-pins.com. Prix 2007. Fft jour : Empl. Tourisme (2) : 33 € ( ) ; Sup : 4,50 € - de 3/10 ans 3,50 € ; Animaux 2 €.

LES ROCHES ★★★ Tourisme 160 E. dont 123 nus, dont 34 GCC, 3,02 ha. CV Sanitaire chauffé. Locations : 17 . . Bord de mer à 800 m. à 800 m : ; ; . Accueil groupes. Ouv : 31.3 / 15.9. Caroual Village. D 786. Accès WIFI gratuit ☎ 02 96 72 32 90. Fax : 02 96 63 57 84. E-mail : info@camping-les-roches.com, Web : www.camping-les-roches.com. Prix 2008. Fft jour : Empl. Tourisme (2) : 14,20 € ( ) ; Sup : 3,80 € - de 2/7 ans 2,80 € ; 2,80 à 3,20 € (6 à 10 A) ; Animaux 1,20 €. Fft Ccar : 9,50 € (2). Réduction H.S.

FFCC : partenaire + réduction emp. de 5 % hors saison + Stop accueil Camping-car du 01/04 au 02/11/2008, accè s jusqu'à 21h.

CAMP MUNICIPAL DU GUEN ★★ Tourisme 138 E. Avenue Léon Hamonet. ☎ 02 96 72 07 05 / 02 96 63 64 64 (Mairie). E-mail : info@ville-erquy.com.

LES CLOS BIAUX ★★ Tourisme 30 E. Réservé Sapeurs Pompiers de Rennes.

LES NOES DU VAL ★★ Tourisme 150 E. 2,4 ha. CV. Locations : 4 , 7 , . Bord de mer à 1 km. Accueil groupes. Le Val. Situé à 800 m du centre d'Erquy. ☎ 02 96 72 10 40. Fax : 02 96 72 10 40. Web : campingduval.free.fr.

CAMP MUNICIPAL SAINT MICHEL ★ Tourisme 200 E. 3 ha. CV. Locations : 10 . . 4 km du centre ville, RN 786, Lieu-dit Les Hopitaux. ☎ 02 96 72 37 67 / 02 96 63 64 64 (Mairie) (H.S.). Fax : 02 96 63 64 71.

LA VILLE ROGON ★ Loisirs 52 E., dont 52 GCC, 1,2 ha. . Bord de mer à 500 m. à 500 m : ; ; . Ouv : 1.3 / 31.12. Rue de la Ville Rogon. A 600 m du centre ville. ☎ 02 96 72 34 23 / 06 29 82 13 31 (H.S.). E-mail : villerogon@orange.fr.

M. CORNILLET,aire naturelle CV. A 2 km: . A 3 km : . A 4 km : . Le Pusset, par RD 34, à 4 km Sud de la commune, à proximité de la ferme. Ombragé, herbeux. ☎ 02 96 72 38 43.

ETABLES SUR MER

5-D2 16 km N.-N.-O. Saint-Brieuc. 80 m. 2039 hab. 22680

L'ABRI COTIER ★★★ Tourisme 140 E. (125 Tourisme + 15 Loisirs), dont 59 GCC - 5 HLL, 2 ha. CV Sanitaire chauffé. Locations : 1 , 2 , 7 . chauffée . Bord de mer à 500 m. Etang à 2 km. ; à 500 m : ; ; ; à 2 km : ; . RN 786. ☎ 02 96 70 61 57 / 06 07 36 01 91 (H.S.). Fax : 02 96 70 65 23. E-mail : camping.abricotier@wanadoo.fr, Web : www.camping-abricotier.fr. Réduction H.S.

LES BLES D'OR ★ Tourisme 100 E. 2,52 ha. CV. Locations : 5 . Bord de mer et rivière à 500 m. à 500 m : ; ; à 1,5 km : ; . Accueil groupes. Ouv : 1.7 / 30.9. 10, rue de Robien. Location de cuisines. ☎ 06 72 73 29 50. E-mail : nicoleeric@free.fr, Web : www.campinglesblesdor.com. Prix 2008. Empl. Tourisme : 4,40 € () : 2,60 € ; 7 € ; 4,40 € ; - de 7 ans 3,40 € ; 3,70 € ; Animaux 1,80 €.

LE FAOUET

5-D2 319 hab. 22290

AIRE NATURELLE MUNICIPALE ☎ 02 96 52 35 61.

FREHEL

5-E2 40 km N.-O. Dinan. 2134 hab. 22240

ARMOR ★★★ Tourisme 127 E. 2,5 ha. CV. Locations : , . Bord de mer à 500 m. à 500 m : , , , . Ouv : 24.4 / 7.9. Pleherel Plage Comité des Oeuvres Sociales des P.T.T. Pléhérel plage, sur D 34, à 3 km de la commune. ☎ 02 96 41 44 30 / 06 80 54 64 38 (H.S.). Fax : 02 96 41 31 89. E-mail : camping.armor@wanadoo.fr. Prix 2008. Empl. Tourisme : 12,51 € ; 3,90 € ; - de 10 ans 1,99 € ; 2,76 €.

CAMP MUNICIPAL LE PONT DE L'ETANG ★★ Tourisme 900 E. 30 ha. CV. Accès direct à la mer. ; ; ; . Accueil groupes. Pléhérel-Plage, sur RD 34, au Pont de l'Etang, RN 786. ☎ 02 96 41 40 45 / 02 96 41 40 12 (H.S.). E-mail : campingfrehel@free.fr, Web : www.frehelcamping.bzh.bz. Réduction H.S.

CAMP MUNICIPAL GREVES D'ENBAS ★ Tourisme 150 E. 2 ha. . Bord de mer à 50 m. ; ; ; ; . RD 19. Lande de Fréhel. ☎ 02 96 41 43 34 / 02 96 41 43 06. Fax : 02 96 41 45 57. E-mail : mairie.plevenon.capfrehel@wanadoo.fr.

GLOMEL

5-C3 47 km S.-O. Guingamp. 295 m. 1534 hab. ✉ 22110

CAMP MUNICIPAL ★★ Tourisme 55 E. 1 ha. . Locations : . . Etang à 20 m. ; ; ; ; . Au barrage de Corong. ☎ 02 96 29 84 20 / 02 96 29 60 51 (Mairie). Fax : 02 96 29 81 11.

GOUAREC

5-D3 35 km S. Guingamp. 130 m. 1209 hab. ✉ 22570

TOST AVEN ★★ Tourisme 100 E. 2,5 ha. CV. Locations : 6 , . Accès direct à la rivière. Etang à 1 km. Lac à 5 km. . Le bout du pont, sur RD 5, RN 164 bis. ☎ 02 96 24 85 42. Fax : 02 96 24 85 42.

GOUDELIN

5-D2 12 km N.-E. Guingamp. 99 m. 1267 hab. ✉ 22290

M. LE FAUCHEUR Laurent, aire naturelle CV. Kérogel. ☎ 02 96 70 03 15 / 06 75 89 89 47. Fax : 02 96 70 03 15. E-mail : kerogel@wanadoo.fr, Web : perso.wanadoo.fr/kerogel/.

GUITTE

2-A5 22 km S. Dinan. 100 m. 541 hab. ✉ 22350

KER AL LANN ★★ Tourisme 40 E., dont 3 CC, 1,4 ha. Locations : , , Chambres (prix par pers. en P.C). chauffée . Accès direct à la mer. ; . Ouv : 1. 01 / 31.12. Lac de Rophemel D 25. ☎ 02 96 83 94 21. Fax : 02 96 83 85 44. E-mail : village.kerallann@wanadoo.fr, Web : www.kerallann-escapia.fr.

LA HARMOYE

5-D2 28 km S.-O. St-Brieuc. 642 m. 424 hab. ✉ 22320

CAMP MUNICIPAL ★★ 20 E. 0,6 ha. . Rivière à 150 m. . ☎ 02 96 32 41 79 (Mairie).

HENGOAT

5-D1 23 km E. Lannion. 258 hab. ✉ 22450

Mme TER BRAAK Yvonne, aire naturelle Le Coq Hardi . Lieu-dit Le Chef du Bois.E-mail : campinglecoqhardi@chello.nl, Web : www.campinglecoqhardi.tk.

HILLION

5-E2 16 km E. Saint-Brieuc. 3277 hab. ✉ 22120

BELLEVUE MER ★★ Tourisme 55 E. dont 68 nus, dont 6 GCC, 0,7 ha. CV. Locations : 8 , 1 . Bord de mer à 100 m. ; ; ; . Ouv : 1.4 / 30.9. Pointe des Guettes. A 6 km de la RN 12 et à 2 km de la commune. ☎ 02 96 32 20 39 / 02 99 88 88 88 (H.S.). Fax : 02 96 32 20 39. E-mail : contact@bellevuemer.com, Web : www.bellevuemer.com. Prix 2008. 3,70 € ; 1 € ; 3,70 € ; 3,60 € ; - de 2 ans 2,50 € ; 2 à 3 € (4 à 10 A) ; 0,15 € ; Animaux 0,50 €. Fft Ccar : 11 € (2). Réduction H.S.

FFCC : partenaire + réduction emp. de 5 % en saison et hors saison + Stop accueil Camping-car du 01/04 au 30/06 et du 01/09 au 30/09/2008, accès jusqu'à 20h + réduction loc. de 5 % en saison et hors saison.

BONABRY ★★ 100 E. 2 ha. . Locations : , , . Accès direct à la mer. Rivière à 3 km. ; ; ; ; . RD 80. ☎ 02 96 32 29 58.

JUGON LES LACS

5-E2 22 km S.-O. Dinan. 30 m. 1351 hab. Station verte de vacances et village de neige ✉ 22270

AU BOCAGE DU LAC ★★★ Tourisme 181 E. dont 127 nus, , dont 37 GCC - 18 HLL, 5 ha. CV. Locations : 28 , 5 , 6 . chauffée . Accès direct aux bords du lac. Rivière à 1 km. ; ; ; ; . Accueil groupes. Ouv : 5.4 / 30.9. Rés. obligatoire en été. Sur RD 52, RN 176 et RN 12. ☎ 02 96 31 60 16. Fax : 02 96 31 75 04. E-mail : contact@campingjugon.com, Web : www.campingjugon.com. Prix 2008. Fft jour : Empl. Tourisme (2) : 19,80 € () ; Sup : 5 € - de 7/12 ans 4,80 € ; 3,10 € (5 A) ; Animaux 2,50 €. Réduction H.S.

FFCC : partenaire + réduction emp. de 5 % hors saison.

KERFOT

5-D1 40 km N.-O. Saint-Brieuc. 40 m. 617 hab. ✉ 22500

KERBIGNIOU, aire naturelle CV. ☎ 02 96 20 50 62. Fax : 02 96 20 98 22.

KERMARIA SULARD

5-C1 8 km N.-E. Lannion. 45 m. 648 hab. ✉ 22450

CAMP MUNICIPAL ★★ Tourisme 45 E. . Locations : , . chauffée . Bord de mer à 4 km. à 4 km : , , , . ☎ 02 96 38 43 90 / 02 96 38 03 81 (H.S.). Fax : 02 96 38 03 81.

KERPERT

5-D2 26 km S. Guingamp. 300 m. 407 hab. ✉ 22480

AIRE NATURELLE MUNICIPALE . A 500 m : . ☎ 02 96 24 31 35.

LAMBALLE

5-E2 20 km S.-E. Saint-Brieuc. 60 m. 10078 hab. Station verte ✉ 22400

CAMP MUNICIPAL ★★ Tourisme 25 E. 0,3 ha. . Etang et lac à 1 km. Rue Saint Sauveur, RD 102 et RD 168. ☎ 02 96 34 74 33 (Saison été) / 02 96 50 13 50. Fax : 02 96 31 17 33.

LANCIEUX

2-A4 20 km N.-O. Dinan. 30 m. 1156 hab. ✉ 22770

CAMP MUNICIPAL DES MIELLES ★★ Tourisme 153 E. 2,5 ha. CV. Bord de mer à 150 m. à 150 m : , , , . CD 786, 200 m de la Mairie par rue du Fredy. ☎ 02 96 86 22 98 / 02 96 86 22 19. Fax : 02 96 86 28 20. E-mail : mairie.lancieux@wanadoo.fr, Web : www.mairie-lancieux.fr. Réduction H.S.

LE VILLEU ★★ Tourisme 250 E., dont 50 GCC, 4,5 ha. CV. Locations : 4 , 3 , Accès direct à l'étang. Bord de mer à 750 m. à 600 m : , . Accueil groupes. ☎ 02 96 86 21 67 / 02 96 86 21 05 (H.S.). Fax : 02 96 86 30 64. Réduction H.S.

LANDEBIA

5-E2 28 km N.-O. Dinan. 39 m. 494 hab. ✉ 22130

M. ROBERT Pierre, aire naturelle CV. A 100 m : . A 4 km : . A 8 km : Piscine plein air . A 10 km : . Le Pont à l'Ane, à proximité de la ferme. Prairie ombragée. Forêt à 800 m. ☎ 02 96 84 47 52. Fax : 02 96 84 47 52.

LANDRELLEC

5-C1 7 km N.-O. Lannion. 125 m. 3677 hab. ✉ 22560

CAMP G.C.U. Réservé aux adhérents. Adhésion possible sur place pour les sociétaires MAIF et FILIA MAIF.

LANISCAT

5-D3 39 km S. Guingamp 214 m. 891 hab. ✉ 22570

TOUL RODEZ, aire naturelle . A 5 km : Piscine plein air . Axe routier Rennes-Brest RN 164 bis. ☎ 02 96 36 94 84. E-mail : camping.peche@wanadoo.fr.

LANLOUP

5-D1 28 km N.-O. Saint-Brieuc. 50 m. 235 hab. ✉ 22580

LE NEPTUNE ★★★ Tourisme 84 E. (76 Tourisme + 8 Loisirs), dont 22 GCC - 6 HLL, 1,5 ha. CV. Locations : 6, 11, 6. chauffée. Rivière à 500 m. Bord de mer à 1,5 km.Etang à 3,5 km. ; ; ; ; . Ouv : 1.04 / 31.10. ☎ 02 96 22 33 35. Fax : 02 96 22 68 45. E-mail : contact@leneptune.com, Web : www.leneptune.com. Prix 2007. 2,50 € ;

FFCC : partenaire + réduction emp. de 5 % en saison et 15 % hors saison.

LANNION

5-C1 64 km N.-O. Saint-Brieuc. 6 m. 17228 hab. ✉ 22300

LES PLAGES DE BEG LEGUER ★★★ Tourisme 240 E., dont 57 GCC - 7 HLL, 5 ha. CV. Locations : 7, 20, 4. couverte chauffée 2 courts. Bord de mer à 350 m. Rivière à 1 km. ; ; à 350 m : .Accueil adultes. Ouv : Pâques / Toussaint. A Lannion prendre route de Trébeurden puis Servel et Beg Léguer. Le camping se trouve sur la route des plages. ☎ 02 96 47 25 00. Fax : 02 96 47 27 77. E-mail : info@campingdesplages.com, Web : www.campingdesplages.com. Prix 2007. Empl. Tourisme : 8 € : 6 € ; 3 € (6 A) ; Animaux 1 € (chien). Réduction H.S.

FFCC : partenaire + réduction emp. de 5 % en saison et 10 % hors saison + carte FFCC assurance annulation.

LES ALIZES ★★ Loisirs 56 E. dont 26 nus, dont 30 GCC, 2,5 ha. CV. Locations : 6. Bord de mer à 3,5 km. à 3,5 km : , . Ouv : 1.4 / 30.9. Rue Champollion. A la sortie de Lannion prendre la dir. Trébeurden. A environ 1 km après le panneau de fin d'agglomération Lannion prendre à gauche dans la ZA de Kéradrivin et tourner à nouveau à gauche, camping au bout de la route ☎ 02 96 47 28 58 / 06 72 35 13 34 (H.S.). Fax : 02 96 47 28 58. E-mail : arnaudblanchard22@orange.fr, Web : www.camping-les-alizes.fr. Prix 2007. Empl. Tourisme : 6 € : 4,30 € ; - de 7 ans 3 € ; 4 € (10 A) ; Animaux 1 €.

M. LE DAMANY,aire naturelle A 4 km: . Croas Min/Servel. Prendre direction Pleumeur-Bodou, camping 1ère à droite. ☎ 02 96 47 22 21.

M. PETIBON Patrick,aire naturelle Bel Air CV. A 1,5 km: . A 3 km : . A 4 km : . A 8 km : . Ouv : 15.6 / 15.9. Route de Morlaix. Accès RD 786. ☎ 02 96 37 66 43. E-mail : georgette.petibon@orange.fr, Web : www.campingbelairlannion.com. Prix 2008. : 2,50 € ; 1,50 € ; 4 € ; 1,80 € ; 2,60 € ; - de 7 ans 1,50 € ; 1,90 € (4 A) ; Animaux 0,80 €.

LANTIC

5-D2 19 km N.-O. Saint-Brieuc. 85 m. 940 hab. ✉ 22410

LES ETANGS ★★ Tourisme 82 E. dont 62 nus, dont 10 GCC, 2,1 ha. CV. Locations : 1, 3, 6, 4, 2. chauffée. Etang à 100 m. Bord de mer à 3 km. ; à 3 km : , , , . Accueil groupes. Ouv : 1.4 / 30.9. Pont de la Motte. Route de Châtelaudren. Sortie de Binic D 4 à gauche. ☎ 02 96 71 95 47. E-mail : contact@campingdesetangs.com, Web : www.campingdesetangs.com. Prix 2007. Empl. Tourisme : 5,20 € () : 3,60 € ; - de 6 ans 2,80 € ; 2,80 € ; Animaux 1,20 €. Fft Ccar : 14,50 € (2). Réduction H.S.

FFCC : partenaire + réduction emp. de 5 % en saison et 15 % hors saison + Stop accueil Camping-car du 01/04 au 04/07 et du 01/09 au 30/09/2008, accès jusqu'à 20h + réduction loc. de 5 % hors saison.

LESCOUET GOUAREC

5-D3 45 km S. Guingamp. 280 m. 261 hab. ✉ 22570

CAMP MUNICIPAL ★ Tourisme 15 E. . Mairie. ☎ 02 96 24 21 85.

LEZARDRIEUX

5-D1 28 km N.-E. Lannion. 50 m. 1859 hab. ✉ 22740

CAMP MUNICIPAL ★★ Tourisme 70 E. 1 ha. Accès direct à la rivière. ; ; ; ; . Sur la RD 787. ☎ 02 96 20 17 22 / 02 96 20 10 20 (Mairie). Fax : 02 96 22 10 34.

LOUANNEC

5-C1 8 km N.-E. Lannion. 2191 hab. ✉ 22700

CAMP MUNICIPAL ★★★ Tourisme 265 E., dont 48 CC, 4,5 ha. saison, , saison, CV. Locations : 8, , , . chauffée. Accès direct à la mer. ; ; ; ; . Route de Perros-Guirec. ☎ 02 96 23 11 78. Fax : 02 96 23 35 42. Réduction H.S.

LOUARGAT

5-C2 14 km O. Guingamp. 155 m. 2224 hab. ✉ 22540

LE MANOIR DU CLEUZIOU ★★ Tourisme 64 E., dont 64 GCC, 3,5 ha. . Locations : . au manoir, au manoir. Accès direct à l'étang. Rivière à 5 km. à 5 km : . Ouv : 31.3 / 30.11. RN 12 (Paris-Brest) sortie Louargat, place de l'église, suivre les panneaux. Visite guidée du Manoir, jardin aromatique à disposition des campeurs, point phone, initiation à la pêche, découverte de la faune ☎ 02 96 43 59 32 / 08 70 23 60 48 (H.S.). E-mail : camping@lecleuziou.com, Web : www.camping.lecleuziou.com. Prix 2008. Fft jour : Empl. Tourisme (1) : 18,50 € ( ) ; Sup : 5 € - de 2/7 ans 3,20 € ; 4,60 € ; Animaux 3,50 €. Fft Ccar : 10 € (2).

LOUDEAC

41 km S. Saint-Brieuc. 165 m. 10756 hab. ✉ 22600

CAMP MUNICIPAL PONT ES BIGOTS ★★ Tourisme 66 E. 1 ha. CV. . Accès direct à l'étang. ; . Accueil groupes. Ouv : 15.6 / 15.9. Pont es Bigots, dir. Rennes, RN 164 bis. ☎ 02 96 28 14 92 / 02 96 66 85 00 (Mairie) (H.S.). Fax : 02 96 66 08 93. E-mail : mairie-loudeac@wanadoo.fr, Web : www.ville-loudeac.fr. Prix 2007. Empl. Tourisme : 1,35 € ; 1,05 € ; 2,25 € ; - de 7 ans 1,15 € ; 1,95 €. Réduction H.S.

MAEL CARHAIX

5-C2 48 km S.-O. Guingamp. 213 m. 1830 hab. ✉ 22340

AIRE NATURELLE MUNICIPALE CV. Plan d'eau. RN 164 puis CD 23 à partir de Rostrenen. ☎ 02 96 24 64 12 / 02 96 24 73 00. Fax : 02 96 24 73 01.

FFCC : partenaire - terrain assuré par la FFCC .

MATIGNON

2-A4 31 km N.-O. Dinan. 70 m. 1609 hab. ✉ 22550

LE VALLON AUX MERLETTES ★★★ Tourisme 120 E. 2,5 ha. CV. Locations : 5. . Etang à 200 m. Bord de mer à 5 km. à 200 m : ; à 5 km : , , . Accueil groupes. Ouv : 28.4 / 30.9. 43, rue du Docteur Jobert. RD 786, derrière le stade. ☎ 02 96 41 11 61 / 06 70 31 03 22 (H.S.). E-mail : giblanchet@wanadoo.fr, Web : camping-matignon.com. Prix 2007. Empl. Tourisme : 5,50 € ; 3,60 € ; - de 7 ans 1,80 € ; 3,10 € ; Animaux 0,75 €. Fft Ccar : 13,50 € (2). Réduction H.S.

MERDRIGNAC

5-E3 45 km S.-O. Dinan. 160 m. 2936 hab. Station verte ✉ 22230

VAL DE LANDROUET ★★ Tourisme 58 E. 1,5 ha. CV. Locations : 4, 4. . Etang et rivière à 50 m. Lac à 5 km. ; ; à 4 km : , . Accueil groupes. Ouv : 1.6 / 14.9. 14 rue de Gouede. De Rennes direction St-Brieuc, puis Loudéac. Dans Merdrignac, dir. St-Brieuc (fléchage). ☎ 02 96 28 47 98. Fax : 02 96 26 55 44. E-mail : valdelandrouet@free.fr & camping.merdrignac@orange.fr, Web : www.valdelandrouet.com. Prix 2007. Empl. Tourisme : 3 € () : 3,70 € ; - de 7 ans 1,70 € ; 2,40 € (5 A) ; Animaux 1 €. Fft Ccar : 8 € (2). Réduction H.S.

FFCC : partenaire + réduction emp. de 5 % en saison et hors saison + Stop accueil Camping-car du 01/06 au 15/09/2008, accès jusqu'à 19h + réduction loc. de 5 % en saison et hors saison.

MINIHY TREGUIER

5-D1 18 km N.E. Lannion. 60 m. 1024 hab. ✉ 22220

M. Mme NICOLAS,aire naturelle Pen Ar C'hra. Le Syet. ☎ 02 96 92 36 26 / 02 96 92 31 79.

MUR DE BRETAGNE

5-D3 50 km S.-S.-O. Saint-Brieuc. 200 m. 2165 hab. ✉ 22530

CAMP MUNICIPAL ★★ Tourisme 133 E. 1,7 ha. , pain, . Locations : . Accès direct aux bords du lac. ; ; ; ; . Au Rond-Point du lac de Guerledan, RD 18 et RN 164. ☎ 02 96 26 01 90 / 02 96 28 51 32 (H.S.). Fax : 02 96 26 09 12.

PABU

5-D2 4 km N. Guingamp. 130 m. 3014 hab. ✉ 22200

CAMP DE MILIN KERHE ★★ Tourisme 71 E. 1,27 ha. CV. Accès direct à la rivière. Ouv : 1.7 / 31.8. La Poterie, RD 787 ☎ 02 96 13 59 59 / 02 96 44 05 79 (H.S.). Fax : 02 96 13 59 60. E-mail : administration@cc-guingamp.fr. Prix 2007. Empl. Tourisme : 1,95 € ; 1,20 € ; 3,25 € ; 0,85 € ; 2,15 €.

PAIMPOL

44 km N.-O. Saint-Brieuc. 8367 hab. ✉ 22500

CAMP MUNICIPAL CRUCKIN ★★ Tourisme 155 E. dont 115 nus 2,5 ha. Camping clef verte. Locations : 5, 15. couverte chauffée . Bord de mer à 100 m. Rivière à 2 km. ; à 100 m : ; à 200 m : ; à 3,5 km : . De Rennes prendre la N 12 jusqu'à St-Brieuc puis Paimpol. Par la D 6 jusqu'à Lanvollon et la D 7 jusqu'à Paimpol puis la D 786 jusqu'à Kérity. ☎ 02 96 20 78 47 / 02 96 55 31 70 (Mairie) (H.S.). Fax : 02 96 20 75 00. E-mail : contact@camping-paimpol.com, Web : www.camping-paimpol.com. Réduction H.S.

PENVENAN

5-D1 16 km N.-E. Lannion. 45 m. 2452 hab. ✉ 22710

CAMP LES HAUTS DE PORT BLANC ★★ Loisirs 123 E. dont 60 nus (33 Tourisme + 90 Loisirs), dont 90 GCC, 3 ha. CV. Locations : 26. chauffée . Bord de mer à 2 km. ; ; ; ; . Accueil groupes. 12 bis rue Keranscouale'h. ☎ 02 96 92 86 72. Fax : 02 96 92 61 97. E-mail : contact@portblanc.com, Web : portblanc.com. Prix 2007. Fft jour : Empl. Tourisme (2) : 15 € () ; Sup : 3,50 € 3 € (10 A). Fft Ccar : 10 € (2).

CAMP MUNICIPAL BUGUELES ★ Tourisme 19 E. 0,3 ha. . Accès direct à la mer. ; ; . ☎ 02 96 92 87 83 / 02 96 92 67 59 (Mairie) (H.S.). Fax : 02 96 92 74 64. E-mail : mairie.penvenan@wanadoo.fr, Web : www.penvenan-tourisme.com.

CAMP MUNICIPAL DES DUNES ★ Tourisme 95 E. 2 ha. CV. Bord de mer à 10 m. ; ; ; . Ouv : 15.5 / 15.9. A Port Blanc. ☎ 02 96 92 63 42 / 02 96 92 67 59 (H.S.). Fax : 02 96 92 74 64. E-mail : mairie.penvenan@wanadoo.fr, Web : www.penvenan-tourisme.com.

PERROS GUIREC

5-C1 10 km N. Lannion. 60 m. 7750 hab. ✉ 22700

LE RANOLIEN ★★★★ Tourisme 580 E. dont 110 nus, , dont 514 GCC, 16 ha. CV Sanitaire chauffé. Locations : 410. couverte chauffée . Bord de mer à 200 m. ; à 200 m : , ; à 500 m : ; à 1 km : . Ouv : 5.4 / 14.9. A Ploumanach, RN 786 bis. ☎ 02 96 91 65 65. Fax : 02 96 91 41 90. E-mail : info@yellohvillage-ranolien.com, Web : www.leranolien.fr. Prix 2008. Fft jour : Empl. Tourisme (2) : 40 € () ; Sup : 8 € - de 7 ans 6 € ; Animaux 2 €. Fft Ccar : 30 € (2).

LA CLAIRE FONTAINE ★★★ Tourisme 180 E. 3 ha. CV. Locations : , 2, 2, , Chambres. Bord de mer à 800 m. à 800 m : , , , . Ouv : 1.6 / 15.9. Lieu-dit Toul Ar Lann Bian, RN 786. ☎ 02 96 23 03 55. Fax : 02 96 49 06 19. Web : www.camping-claire-fontaine.com. Prix 2007. Fft jour : Empl. Tourisme (2) : 20 € ((6 A)) ; Sup : 8 € - de 7 ans 4 € ; Animaux 1 €. Fft Tente : 18 € (2).

TRESTRAOU ★★★ Tourisme 180 E., dont 42 GCC, 3,83 ha. CV. Locations : , 8. Bord de mer à 100 m. à 50 m : , , ; à 100 m : . Ouv : mai / 30.9. 89, avenue du Casino, RN 786. ☎ 02 96 23 08 11 / 06 08 99 03 93 (H.S.). Fax : 02 96 23 26 06. Web : www.trestraou-camping.com. Prix 2007. Fft jour : Empl. Tourisme (2) : 28 € (E. GCC) ; Sup : 12,50 € - de 7/18 ans 8 € ; Animaux 2 €. Fft Ccar : 20 € (2).

WEST CAMPING ★★★ Tourisme 50 E., dont 15 GCC, 0,9 ha. ap. 22h30, CV. Locations : 1, 10. chauffée . Bord de mer et étang à 300 m. à 300 m : , ; à 800 m : , . Accueil groupes. Ploumanac'h. 105, rue Gabriel Vicaire. Près D 786. ☎ 02 96 91 43 82. Fax : 02 96 91 43 82. E-mail : info@westcamping.com, Web : www.westcamping.com. Réduction H.S.

FFCC : partenaire - terrain assuré par la FFCC.

Mme SCALBERT Nicole,aire naturelle CV. A 3 km: . Ouv : Pâques / Toussaint. Barnabanec. D 6 de Perros Guirec. ☎ 02 96 23 28 67. Fax : 02 96 23 28 67. Web : www.geocities.com/kerangloff. Prix 2008. Empl. Tourisme : 2,50 € ; 2 € ; 6 € ; 3,50 € ; 2,50 € ; 2 €.

PLANCOET

2-A4 18 km N.-O. Dinan. 2507 hab. ✉ 22130

CAMP MUNICIPAL DU VERGER ★★ Tourisme 100 E. dont 100 nus 1,2 ha. CV. Locations : , . Accès direct à la rivière. ; . Ouv : 1.6 / 15.9. N 12, au centre de la commune. ☎ 02 96 84 03 42 / 02 96 84 39 70 (Mairie) (H.S.). Fax : 02 96 84 19 49. E-mail : mairie-plancoet@wanadoo.fr. Prix 2008. Empl. Tourisme : 2 € ; 1,10 € ; 2,40 € ; - de 7 ans 1,20 € ; 2,10 €.

PLANGUENOUAL

5-E2 17 km E. Saint Brieuc. 1562 hab. ✉ 22400

CAMP MUNICIPAL ★★ Tourisme 64 E. . Bord de mer à 2 km. ; ; ; . ☎ 02 96 32 71 93 / 02 96 32 78 25 (Mairie). Fax : 02 96 32 79 13. E-mail : mairie.planguenoual@wanadoo.fr.

PLEBOULLE

5-E2 34 km N.-O. Dinan 30 m. 711 hab. ✉ 22550

LA FRECHE A L'ANE ★★ Tourisme 40 E. 1 ha. CV. Locations : . Etang à 4 km.Bord de mer à 5 km. Accueil groupes. ☎ 02 96 41 08 72. Fax : 02 96 41 08 72. E-mail : annie.alory@wanadoo.fr.

PLEDELIAC

5-E2 32 km O. Dinan. 102 m. 1300 hab. ✉ 22270

LE CHENE AU LOUP,aire naturelle municipale . ☎ 02 96 34 12 55.

PLEGUIEN

5-D2 816 hab. ✉ 22290

Mme KERHERVE,aire naturelle Coat Ar Oa 5, impasse des Genêts. ☎ 02 96 70 28 85.

PLEHEDEL

5-D2 35 km N.-O. Saint-Brieuc. 100 m. 1200 hab. ✉ 22290

CAMP MUNICIPAL ★★ Tourisme 73 E. 2 ha. CV. . Accès direct à l'étang. Bord de mer à 5 km. . Ouv : 1.7 / 31.8. Roudou Hellou (RD 21). ☎ 02 96 22 31 31 / 02 96 22 31 37 (Mairie) (H.S.). Fax : 02 96 22 60 38. E-mail : mairie.plehedel@wanadoo.fr. Prix 2007. Empl. Tourisme : 1 € ; 0,95 € ; - de 7 ans 1,60 € ; 2,65 €.

PLELO

5-D2 17 km N.-O. Saint-Brieuc. 2177 hab. ✉ 22170

LE MINIHY ★★★★ Tourisme 100 E. (74 Tourisme + 26 Loisirs), dont 51 GCC. CV. Locations : 17, , 15, 8, 2, . couverte chauffée . Rivière à 2 km.Lac à 3 km.Etang à 4 km. ; à 1 km : ; à 3 km : . Le Minihy. ☎ 02 96 74 12 92. Fax : 02 96 74 17 07. E-mail : jlb@camping@minihy.com, Web : www.campingminihy.com.

LES CHENES ★ Tourisme 18 E. . ☎ 02 96 79 72 62.

M. HELLO Henry,camping à la Ferme CV. A 5 km: . A 10 km : . Ouv : 25.6 / 10.9. La Corderie. A partir du bourg de Plélo faire 3 km en dir. de Binic-La Corderie et face au panneau La Corderie tourner à gauche et faire 150 m. ☎ 02 96 74 21 21. E-mail : hello.odile@wanadoo.fr. Prix 2000. Fft jour : Empl. Tourisme (2) : 8,50 € () ; Sup : 2,75 € - de 12 ans 2 €.

PLEMET

5-E3 50 km S. Saint-Brieuc. 150 m. 3025 hab. ✉ 22210

CAMP MUNICIPAL LE PRE DE LA MARE ★★ Tourisme 25 E.

PLEMY

5-D2 28 km S. Saint-Brieuc. 237 m. 1524 hab. ✉ 22150

LA TOURELLE ★★ Tourisme 51 E. dont 39 nus, dont 12 GCC - 12 HLL, 1,5 ha. gratuit, , 800 m, 800 m, , karaoké / grillades, , 1, CV. Locations : 12. 1 gratuit. Etang à 2 km. . Accueil groupes. Pont des Vallées. Plémy. RN 12, D 768 ou D 765. Près de la Cité Médiévale. ☎ 02 96 73 50 65 / 06 76 74 85 04. Fax : 02 96 73 50 65. E-mail : info@camping-moncontour.com, Web : www.camping-moncontour.com/camping/index.php. Prix 2007. Empl. Tourisme : 3 € () : 2 € ; 2 € ; 2 € ; 3,50 € ; - de 16 ans 1,50 € ; 3 € ; Animaux 1 €. Fft Ccar : 10 € (2).

PLENEUF VAL ANDRE

5-E2 26 km N.-E. Saint-Brieuc. 105 m. 3801 hab. ✉ 22370

LE MINIHY ★★★ Tourisme 65 E., dont 43 GCC - 9 HLL, 1,2 ha. CV. Locations : 9, 1, 1. Etang et rivière à 500 m. Bord de mer à 1 km. 1, rue Cour. ☎ 02 96 72 22 95. Fax : 02 96 63 05 38.

PLAGE DE LA VILLE BERNEUF ★★★ Tourisme 57 E., dont 14 HLL, 1,2 ha. CV. Locations : 20, 1. Bord de mer à 100 m. ; à 100 m : . Ouv : 1.4 / 31.10. CD 786. ☎ 02 96 72 28 20 / 02 96 32 95 17 (H.S.). Fax : 02 96 72 81 84. Prix 2007. Fft jour : Empl. Tourisme (2) : 24 € (E. CC) ; Sup : 5 € - de 8 ans 3 € ; Animaux 2 €. Fft Tente : 20 € (2).

CAMP MUNICIPAL DES MONTS COLLEUX ★★ Tourisme 200 E. 3,3 ha. CV. Locations : 15. Bord de mer à 300 m. ; à 300 m : . RD 58, RN 786. ☎ 02 96 63 13 00 / 02 96 72 95 10 / 02 96 72 95 10 (H.S.). Fax : 02 96 63 10 49. E-mail : ville.pra@wanadoo.fr.

PARC RESIDENTIEL DE LOISIRS DE LA VALLEE DU PRETO P.R.L. 18 E., dont 18 HLL. CV. Locations : 18. couverte chauffée . Accès direct à l'étang. Bord de mer à 1,5 km. Lieu-dit Le Feu de Noël. RN 12 jusqu'à Lamballe puis D 791 jusqu'à Pleneuf-Val-André, puis dir. Ville-Berneuf. ☎ 02 96 63 19 79. E-mail : philippe.barthelemy4@wanadoo.fr, Web : www.parc-du-preto.com.

PLERIN

5-D2 4 km N. Saint-Brieuc. 120 m. 10573 hab. ✉ 22190

G.C.U TOURNEMINE Réservé aux adhérents. Adhésion possible sur place pour les sociétaires MAIF et FILIA MAIF.

LES MOUETTES ★★ Tourisme 36 E. 1 ha. CV. Locations : 6. Bord de mer à 800 m. Rivière à 2 km.Etang à 5 km. à 800 m : . Ouv : 23.6 / 10.9. Rés. obligatoire en été. Rennes/St Brieuc. Plérin sur Mer sortie Les Rosaires. ☎ 02 96 74 51 48 / 06 89 54 91 58 (H.S.). Prix 2007. Empl. Tourisme : 1,50 € ; 1,50 € ; 5 € ; 1,50 € ; - de 7 ans 1,50 € ; 3 € (6 A) ; Animaux 1 €.

MARTIN PLAGE ★ 15 E. 2 ha. ☎ 02 96 73 07 43.

VILLE HERVY ★ Tourisme 30 E. 0,6 ha. Bord de mer à 500 m. à 500 m : . Rue de Martin Plage, CD 24. ☎ 02 96 61 74 84.

PLESSALA

5-E3 30 km S.-E. Saint-Brieuc. 200 m. 2055 hab. ✉ 22330

CAMP MUNICIPAL ★★ Tourisme 15 E. . Accès direct à l'étang. ☎ 02 96 26 11 08 (Mairie) / 02 96 26 11 08. Fax : 02 96 26 15 75. E-mail : mairie.plessala@wanadoo.fr.

PLESSIX BALISSON

2-A4 13 km N.-O. Dinan. 108 hab. ✉ 22650

LE CHATEAU DU BOURG ★ Tourisme 22 E. Locations : . à 4 km : ; à 5 km : . Par RD 26. ☎ 02 96 27 27 96.

PLESTIN LES GREVES

5-C2 18 km S.-O. Lannion. 3447 hab. ✉ 22310

CAMP MUNICIPAL SAINT-EFFLAM ★★★ Tourisme 190 E., dont 11 HLL, 4 ha. CV. Locations : 9, 8. Bord de mer à 150 m. Ouv : 1.4 / 30.9. RN 786. ☎ 02 96 35 62 15. Fax : 02 96 35 09 75. E-mail : camping.municipal@plestinlesgreves.com, Web : www.camping-municipal-bretagne.com. Prix 2007. Empl. Tourisme : 3,50 € () : 1,70 € ; 2,70 € ; - de 10 ans 1,70 € ; 2,40 € (7 A) ; Animaux 1,20 €. Réduction H.S.

LE MANOIR DE KERALLIC ★★★ Tourisme 60 E. dont 60 nus, 2 ha. CV. Locations : , Chambres (prix par pers. en P.C). Bord de mer à 200 m. Accueil groupes. Ouv : 1.7 / 31.8. Route de la Corniche. Voie express Paris/Brest, sortie Plestin les Grèves (16 km). ☎ 02 96 35 61 49. Fax : 02 96 35 65 31. E-mail : manoir-kerallic@wanadoo.fr, Web : www.manoir-kerallic-capfrance.com. Prix 2007. Fft jour : Empl. Tourisme (2) : 15,20 € () ; Sup : 4 € 3 €.

KERDREHORET LES HORTENSIAS ★★ Tourisme 40 E. 0,6 ha. Accès direct à la mer. Rivière à 4 km. ; à 300 m : . 505, corniche d'Armorique. N 12 sortie Plestin-les-Grèves puis la D 42 sortie la corniche. ☎ 02 96 35 61 58.

LA CORNICHE ★★ Tourisme 50 E. 0,5 ha. Accès direct à la mer. La Corniche, RN 786. ☎ 02 96 54 11 91 / 02 96 38 93 99.

L'ARMORIQUE ★★ Tourisme 74 E. 3 ha. friterie, pain. Locations : poneys. Bord de mer à 500 m. Rue Milin Aven. Pointe de l'Armorique. RN 12 dir. Plestin, puis prendre la Corniche. ☎ 02 96 35 61 59 / 06 19 75 46 28. Fax : 02 96 35 61 59.

M. THOMAS Eric,aire naturelle Ker Rolland. ☎ 02 96 35 08 37. Fax : 02 96 35 08 37.

PLEUBIAN

5-D1 32 km N.-E. Lannion. 3293 hab. ✉ 22610

PORT LA CHAINE ★★★ Tourisme 200 E. dont 154 nus, dont 20 CC - 100 GCC, 4,9 ha. 15.6 /31.8, 15.6 / 31.8, dépannage, CV. Locations : 43, 3. chauffée . Accès direct à la mer. ; à 2 km : .Accueil adultes. RD 20. ☎ 02 96 22 92 38 (SUQUET). Fax : 02 96 22 87 92. E-mail : info@portlachaine.com, Web : www.portlachaine.com. Prix 2007. Fft jour : Empl. Tourisme (2) : 25,00 € () ; Sup : 5,60 € - de mini 2 (gratuit 0-2) ans 3,60 € ; 4 € (6 A A) ; E. GCC 29 € (Fft 2 pers.) ; Animaux 2,80 €. Réduction H.S.

FFCC : partenaire + réduction emp. de 5 % hors saison + réduction loc. de 5 % hors saison.

DOMAINE DE LANEROS ★★ Tourisme 87 E., dont 40 GCC, 1,5 ha. Locations : . Bord de mer à 300 m. ; à 300 m : . 85, route de Laneros, RD 20. ☎ 02 96 22 99 11. Fax : 02 96 22 87 92.

CAMP MUNICIPAL KERMAGEN ★ Tourisme 21 E. 0,35 ha. Accès direct à la mer. à 20 m : . ☎ 02 96 22 99 45 / 02 96 22 92 17 (Mairie). Fax : 02 96 16 50 61. E-mail : mairie.pleubian@wanadoo.fr.

PLEUDANIEL

5-D1 30 km S.-E. Lannion. 947 hab. ✉ 22740

M. STADDON,aire naturelle Sur la D 787. ☎ 02 96 20 16 59.

PLEUDIHEN SUR RANCE

2-A4 12 km N.-E. Dinan. 2461 hab. ✉ 22690

LA VILLE GER ★ Tourisme 40 E. 1 ha. CV. Locations : 5. Bord de mer à 100 m. ; à 100 m : . Ouv : 1.4 / 15.10. Rés. obligatoire en été. D 176. ☎ 02 96 83 33 88. Prix 2007. 1,45 € ; 1,45 € ; 4,55 € ; 1,45 € ; 2,55 € ; - de 7 ans 1,50 € ; 2,10 € (3 A) ; 1 € (Jeton) ; Animaux 0,50 €.

PLEUMEUR BODOU

5-C1 7 km N.-N.-O. Lannion. 125 m. 3453 hab. ✉ 22560

LE PORT ★★★★ Tourisme 80 E. 2,2 ha. CV Sanitaire chauffé. Locations : 6, 17. Accès direct à la mer. Accueil groupes. Landrellec. RN 786, à Landrellec. ☎ 02 96 23 87 79. Fax : 02 96 15 30 40. E-mail : renseignements@camping-du-port.com, Web : www.camping-du-port.com. Prix 2007. Fft jour : Empl. Tourisme (2) : 16,50 € Sup : 5,50 € - de 7 ans 3 € ; 2,60 € (6 à 16 A) ; Animaux 2,50 €. Réduction H.S.

ABRI COTIER ★★★ Tourisme 135 E. dont 30 nus, 2 ha. rapide, CV. Locations : 16, 10, 6. Accès direct à la mer. ; à 100 m : . Accueil groupes. Ouv : 1.4 / 30.9. Rés. obligatoire en été et en hiver. Ile Grande, RN 786. ☎ 02 96 91 92 03 / 02 54 74 24 08 (H.S.). Prix 2008. 3,60 € ; 2,30 € ; 3,60 € ; 3,60 € ; 3,60 € ; - de 7 ans 2,30 € ; 2,60 € ; Animaux 1,10 €.

CAMP MUNICIPAL LANDRELLEC ★★ Tourisme 132 E. 3 ha. Accès direct à la mer. Lannion RD 11 et RD 21 et 788. ☎ 02 96 23 87 92 / 02 96 23 91 17 (Mairie).

CAMP MUNICIPAL LE DOURLIN ★★ Tourisme 199 E. 10 ha. Locations : . Bord de mer à 10 m. Lannion RD 11 et RD 21. ☎ 02 96 91 92 41 / 02 96 23 91 47 (O.T.) / 02 96 23 91 17 (H.S.).

LE DOLMEN ★★ Tourisme 20 E., dont 1 HLL.

PARC RESIDENTIEL DE LOISIRS VILLAGE STEREDEN P.R.L. 27 E. CV. Locations : 26. Bord de mer à 2 km. à 2 km : . Lieu-dit Kervialenou Lann. Axe Trégastel/Perros-Guirec et Trebeurden. ☎ 02 96 91 80 57. E-mail : contact@stereden.com, Web : www.stereden.com. Réduction H.S.

PLEVEN

2-A4 28 km O. Dinan. 300 m. 954 hab. ✉ 22130

CAMP MUNICIPAL ★★ Tourisme 40 E. 1 ha. CV. Locations : . Lac et rivière à 600 m. à 600 m : . D 28 ou axe Rennes-St Brieuc sortir à Lamballe centre et prendre la Poterie Pléven (par la forêt). ☎ 02 96 84 46 71. Fax : 02 96 84 46 71. E-mail : camping.pleven@wanadoo.fr.

PLOEUC SUR LIE

5-D2 22 km S. Saint-Brieuc. 215 m. 3140 hab. ✉ 22150

CAMP MUNICIPAL ★ Tourisme 24 E. 0,15 ha. CV. Rivière à 2 km.Etang à 3 km. à 4 km : . Ouv : 1.7 / 15.9. RD 44, lieu-dit La Clôture Neuve. ☎ 02 96 64 22 00 (Mairie). Fax : 02 96 42 86 83. Prix 2007. Empl. Tourisme : 1,25 € . 1,25 € ; 0,90 € ; 1,25 € ; 1,25 € ; 1,75 € ; - de 7 ans 1 € ; 1,55 €.

PLOREC SUR ARGUENON

2-A4 25 km O. Dinan 85 m. 503 hab. ✉ 22130

CAMP MUNICIPAL DU BOURG ★ Tourisme 10 E.

PLOUBALAY

2-A4 17 km N.-O. Dinan. 25 m. 2292 hab. ✉ 22650

CAMP MUNICIPAL ★★ Tourisme 100 E. 5 ha. CV. Bord de mer à 5 km. Accueil groupes. ☎ 02 96 27 21 65 / 02 96 82 60 60 (H.S.). Fax : 02 96 27 31 75. E-mail : camping.ploubalay@tiscali.fr.

PLOUBAZLANEC

5-D1 48 km N.-O. Saint-Brieuc. 50 m. 3797 hab. ✉ 22620

LE ROHOU ★★ Tourisme 65 E., dont 6 GCC, 1 ha. pain, CV. Locations : 2 , 9 , 3 . Bord de mer à 300 m. ; à 300 m : . A l'Arcouest, RN 789. Embarcadère pour l'île de Bréhat. ☎ 02 96 55 87 22. Fax : 02 96 55 74 34 E-mail : info@campingpanorama.com, Web : www.campingpanorama.com.

LE PAOU ★ Tourisme 35 E., dont 12 CC - 12 GCC, 0,4 ha. pain, CV. Locations : , 10 , , . Bord de mer à 300 m. ; à 300 m : . Accueil groupes. Ouv : 1.1 / 31.12. A l'Arcouest. Embarcadère pour l'île de Bréhat. ☎ 02 96 55 87 22. Fax : 02 96 55 74 34. E-mail : info@campingpanorama.com, Web : www.campingpanorama.com.

PLOUBEZRE

4 km S. Lannion 94 m. 2709 hab. ✉ 22300

LES 2 RIVES ★★★ Tourisme 110 E., dont 8 GCC - 10 HLL, 3,26 ha. + sèche-linge, CV. Camping clef verte. Locations : 14 , 8 , . Accès direct à la rivière. Etang à 500 m. Bord de mer à 5 km. ; à 5 km : , ; à 10 km : . Accueil groupes. Ouv : 1.4 / 30.9. Rue du Moulin du Duc. RN 12 4 voies Rennes/Brest. Après Guingamp dir. Lannion. ☎ 02 96 46 31 40 / 02 96 46 64 22 (Mairie) (H.S.). Fax : 02 96 46 57 92. E-mail : anthony.peyron@ville-lannion.fr, Web : www.ville-lannion.fr/tourisme. Prix 2007. () : 4,70 € ; 2 € ; 5,70 € ; 3,20 € ; 3,20 € ; - de 7 ans 1,50 € ; 2 € ; Animaux 1 €.

PLOUER SUR RANCE

2-A4 10 km N. Dinan. 63 m. 2438 hab. ✉ 22490

LES BELLES En cours de classement E. La Minotais.

PLOUEZEC

5-D1 38 km N.-O. Saint-Brieuc. 105 m. 3124 hab. ✉ 22470

DOMAINE DU LAUNAY ★★★ Tourisme 90 E. 1,5 ha. CV. Locations : 4 , 15 , 10 , . chauffée swin golf, . Etang à 300 m. Rivière à 1 km.Bord de mer à 5 km. . Accueil groupes. A 38 km Nord-Ouest de St-Brieuc. A 5 km de Paimpol/Bréhat. ☎ 02 96 20 63 15. Fax : 02 96 16 43 86. Réduction H.S.

LE CAP HORN ★★★ Tourisme 149 E., dont 36 GCC, 4 ha. à gaz, CV. Locations : 20 , 2 , , . chauffée Half. Bord de mer à 20 m. ; ; ; .Accueil adultes. Ouv : 20.3 / 31.10. Port Lazo, sur D 786 et D 77. ☎ 02 96 20 64 28. Fax : 02 96 20 63 88. E-mail : lecaphorn@hotmail.com, Web : www.lecaphorn.com. Prix 2008. Fft jour : Empl. Tourisme (2) : 25 € ( ) ; Animaux 1 €.

FFCC : partenaire + réduction emp. de 5 % hors saison + carte FFCC assurance annulation.

CAMP MUNICIPAL DE LA PEPINIERE ★★ Tourisme 66 E. 0,5 ha. . Rue Run David. ☎ 02 96 20 64 90 (Mairie).

PLOUGONVER

5-C2 20 km S.-O. Guingamp. 280 m. 868 hab. ✉ 22810

LE MOULIN BLANC,aire naturelle pétanque, 2 étangs, CV. ☎ 02 96 21 60 81.

PLOUGRESCANT

5-D1 22 km N.-E. Lannion. 50 m. 1556 hab. ✉ 22820

LE VARLEN ★★★ Tourisme 65 E. dont 21 nus, 0,8 ha. CV. Locations : 12 , 4 , 3 . Bord de mer à 300 m. à 300 m : , , , . Route de Pors-Hir. ☎ 02 96 92 52 15. Fax : 02 96 92 50 34. Web : www.levarlen.com. Réduction H.S.

FFCC : partenaire - terrain assuré par la FFCC + Stop accueil Camping-car du 15/03 au 14/06 et du 15/09 au 15/11/2008, accès jusqu'à 19h30.

CAMP MUNICIPAL ★★ Tourisme 109 E., dont 12 CC. CV. Locations : 11 , . Accès direct à la mer. ; ; ; . Beg-Ar-Vilin. ☎ 02 96 92 56 15 / 02 96 92 51 18 (Mairie) / 02 96 92 51 18 (H.S.). Fax : 02 96 92 59 26. E-mail : mairie.plougrescant@wanadoo.fr.

LE GOUFFRE ★★ Loisirs 118 E. dont 20 nus, dont 77 GCC, 2 ha. CV. Locations : 20 . Bord de mer à 700 m. ; ; ; . Ouv : 15.5 / 15.9. Rés. obligatoire en été. N 12 St-Brieuc : D 6-D 7 Paimpol/Tréguier D 786 ou N 12 Guingamp/Tréguier D 787 Plougrescant. ☎ 02 96 92 02 95 / 02 96 92 01 58 (H.S.). Fax : 02 96 92 02 95. E-mail : campingdugouffre@orange.fr, Web : www.camping-gouffre.com. Prix 2008. Empl. Tourisme : 5 € ; 4 € ; 2 à 2,50 € ; Animaux 1 €. Réduction H.S.

FFCC : partenaire + réduction emp. de 5 % hors saison.

PLOUGUENAST

5-D3 38 km S. Saint-Brieuc. 160 m. 1887 hab. ✉ 22150

M. & Mme LUCAS CV. A 1 km : . A 7 km : . A 10 km : Piscine plein air. Garmorin, par CD 168, 2 km Sud-Ouest de la commune, à proximité de la ferme suivre le flèchage chambres d'hôtes Garmorin. Pré herbeux, ombragé. Rivière à 1 km. Gites ruraux 4 pers. ☎ 02 96 28 70 61 / 06 70 55 96 49.

PLOUGUERNEVEL

5-D3 44 km S.-O. Guingamp. 218 m. 3585 hab. ✉ 22110

CAMP MUNICIPAL DU CENTRE D'ACCUEIL DE KERMARC'H ★★ Tourisme 24 E. 0,26 ha. CV. Rivière à 1 km. . Kermarc'h, N 164. ☎ 02 96 29 10 95 / 06 73 55 60 31 (H.S.).

PLOUHA

5-D2 24 km N.-O. Saint-Brieuc. 110 m. 4263 hab. ✉ 22580

DOMAINE DE KERAVEL ★★★★ Tourisme 116 E., dont 74 GCC, 2 ha. CV. Locations : 6 . chauffée . Bord de mer à 1 km. à 1 km : , ; à 2 km : . Ouv : 15.5 / 30.9. La Trinité. Route de Port Moguer. ☎ 02 96 22 49 13 / 01 45 87 35 44 (H.S.). E-mail : keravel@wanadoo.fr, Web : www.keravel.com. Prix 2008. Empl. Tourisme : 10,90 € ; 6,60 € ; - de 7 ans 3,60 € ; 3,80 € ; Animaux 3 €.

LE VARQUEZ-SUR-MER ★★★ Tourisme 73 E. dont 29 nus, dont 44 GCC, 1,6 ha. CV. Locations : 2 , 13 , 1 . chauffée . Bord de mer à 500 m. ; ; ; . Accueil groupes. Ouv : 5.4 / 27.9. 5, route de la Corniche. Bréhec Plage. Route côtière entre Saint-Quay-Portrieux et Paimpol./ Après St-brieuc, prendre Paimpol par la côte ☎ 02 96 22 34 43. Fax : 02 96 22 68 87. E-mail : campinglevarquez@wanadoo.fr, Web : www.camping-le-varquez.com. Prix 2007. Fft jour : Empl. Tourisme (2) : 20,90 € (E. CC) ; Sup : 4,70 € - de 7 ans 3 € ; Animaux 1,80 €. Réduction H.S.

FFCC : partenaire + réduction emp. de 5 % en saison et hors saison.

LE KERJEAN ★★ Tourisme 153 E. 2 ha. . Bord de mer à 1 km. ; à 1 km : . RN 12 sortie les Rampes. ☎ 02 96 20 24 75 (Mairie).

LES TAMARIS ★★ Tourisme 67 E. 1,3 ha. CV. Locations : 2 . Bord de mer à 150 m. ; à 200 m : , . Ouv : 15.6 / 15.9. Au Vieux Bréhec, RN 786. ☎ 02 96 22 60 01 / 02 96 22 02 22 (H.S.). Prix 2007. Empl. Tourisme : 6,90 € ; 4,10 € ; - de 7 ans 3,10 € ; 3,30 à 3,60 € (3 à 6 A) ; Animaux 1,60 €.

PLOUNEVEZ MOEDEC

5-C2 22 km S. Lannion. 205 m. 1482 hab. ✉ 22810

AIRE NATURELLE MUNICIPALE Beg Ar Menez. ☎ 02 96 38 62 01 / 02 96 38 66 57.

PLUDUNO

2-A4 21 km N.-O. Dinan. 1578 hab. ✉ 22130

Mme CARFANTAN Odile,aire naturelle Le Bois Bouan. ☎ 02 96 84 00 95. Fax : 02 96 84 00 95.

PLUFUR

5-C2 20 km S.-O. Lannion. 157 m. 534 hab. 22310

RUGADELLO ★★ Tourisme 28 E. 0,9 ha. pétanque. Locations : . Rivière à 1 km.Etang à 4 km. N 12. ☎ 02 96 35 16 76.

PLURIEN

5-E2 40 km N.-E. St-Brieuc. 1309 hab. 22240

CAMP MUNICIPAL SABLES D'OR LES PINS ★★ 83 E. 3,5 ha. , Bord de mer à 400 m. Etang à 1 km. ; à 100 m : . Rue du Lac. ☎ 02 96 72 17 40.

ENTRE DEUX CAPS ★★ Tourisme 50 E. (29 Tourisme + 21 Loisirs), dont 21 GCC, 1,35 ha. CV. Locations : 2 . Bord de mer à 2 km. à 2,5 km : , ; à 3 km : . Ouv : 1.3 / 30.11. Rue du Honchet. Sortie RN 12 à Lamballe dir. Erquy puis Fréhel, sur D 786 sortir vers Plurien (Bourg). A 2 km de la plage de sable d'or. ☎ 02 96 72 06 17 / 02 96 41 82 67 (H.S.). Fax : 02 96 41 82 67. Prix 2007. Empl. Tourisme : 2,50 € ; 2,20 € ; 3,50 € ; - de 7 ans 2 € ; 2,30 € (10 A).

POMMERIT JAUDY

5-D1 1609 hab. 22450

Mme CONNAN Odile,camping les Hortensias CV. Lestivoan Bras. ☎ 02 96 91 33 31. Fax : 02 96 91 50 00. E-mail : camping.connan@wanadoo.fr.

PONTRIEUX

5-D1 18 km N. Guingamp. 79 m. 1315 hab. 22260

CAMP DE TRAOUMELEDERN ★★ Tourisme 50 E. 1 ha. CV. Locations : 1 , 1 , . Accès direct à la rivière. , . Accueil groupes. Ouv : 1.1 / 31.12. Traou Meledern. ☎ 02 96 95 69 27 / 02 96 95 68 72 / 02 96 95 69 27 (H.S.). Web : campingpontrieux.free.fr. Prix 2007. Empl. Tourisme : 3,80 € ; 2,80 € ; - de 7 ans 1,80 € ; 3 € ; Animaux 0,90 €.

PORDIC

5-D2 9 km N.-O. St-Brieuc. 50 m. 3345 hab. 22590

LE ROC DE L'HERVIEU ★★★ Loisirs 166 E. dont 63 nus, , dont 103 GCC, 4 ha. CV. Bord de mer à 600 m. ; ; . Accueil groupes. Ouv : 20.5 / 30.9. 19, rue Estienne d'Orves, Accès par RN 12 puis D 786. Les caravanes et les mobile-homes appartiennent à des particuliers. ☎ 02 96 79 30 12. Fax : 02 96 79 30 12. E-mail : le.roc.de.lhervieu@wanadoo.fr, Web : www.campinglerocdelhervieu.fr. Prix 2007. Empl. Tourisme : 3,85 € ; 3,30 € ; 8 € ; 3,85 € ; - de 3/7 ans 3,30 € ; 3,30 €.

FFCC : partenaire + réduction emp. de 5 % en saison et hors saison.

LES MADIERES ★★★ Tourisme 93 E., dont 18 GCC - 10 HLL, 1,64 ha. + sèche-linge, CV Sanitaire chauffé. Locations : 8 , 1 , chauffée . Bord de mer à 800 m. à 800 m : , ; à 1 km : ; à 2 km : . Accueil groupes. Ouv : 1.4 / 31.10. Lieu-dit Le Vau Madec, km RN 786. ☎ 02 96 79 02 48. E-mail : campinglesmadieres@wanadoo.fr, Web : www.campinglesmadieres.com. Réduction H.S.

FFCC : partenaire + réduction emp. de 5 % en saison et 10 % hors saison.

LA PETITE VILLE ★★ Loisirs 41 E., dont 41 GCC, 1 ha. CV. Bord de mer à 1 km. à 1,5 km : , , ; à 3 km : . Rue Lamartine. ☎ 02 96 79 02 39.

LA PRENESSAYE

5-E3 50 km S. Saint-Brieuc. 100 m. 791 hab. 22210

CAMP MUNICIPAL LES NOES ★ Tourisme 10 E. dont 10 nus, 3 ha. CV. Accès direct à l'étang. . Accueil groupes. Rue des Minières. RN 164. CD 16. ☎ 02 96 25 64 81. Fax : 02 96 25 69 78. E-mail : MAIRIE.LAPRENESSAYE@wanadoo.fr, Web : perso.wanadoo.fr/..la-prenessaye/.

QUEMPER GUEZENNEC

5-D1 18 km N. Guingam. 9 m. 1180 hab. 22260

CAMP MUNICIPAL BOIS D'AMOUR ★★ Tourisme 20 E. . Accès direct à la rivière. . ☎ 02 96 95 62 62 / 02 96 95 13 40. Fax : 02 96 95 36 07.

QUINTIN

5-D2 20 km S.-O. Saint-Brieuc. 180 m. 3223 hab. 22800

CAMP MUNICIPAL ★★ Tourisme 30 E. 0,3 ha. . Accès direct aux bords du lac et à la rivière. ; . La Fontaine es Chiens. CD 7 90. ☎ 02 96 74 92 54 / 02 96 74 84 01 (Mairie). Fax : 02 96 74 06 53.

LA ROCHE DERRIEN

5-D1 16 km E. Lannion. 75 m. 977 hab. 22450

CAMP MUNICIPAL DES PRAJOU ★ Tourisme 33 E. 1 ha. . Locations : . Accès direct à la rivière. . ☎ 02 96 91 36 31. Fax : 02 96 91 39 03.

ROSTRENEN

5-C3 48 km S.-O. Guingamp. 216 m. 4391 hab. 22110

FLEUR DE BRETAGNE ★★ Tourisme 100 E. 1 ha. CV. Locations : 2 , 3 , . Accès direct à l'étang et aux bords du lac. Rivière à 3 km. . Accueil groupes. Ouv : 1.1 / 31.12. Lieu-dit Kérandouaron. A 1,5 km de la RN 164 et 500 m de la RD 764. Situé à 1km de la RN 164 sur la route de Rostrenen à Silfiac ☎ 02 96 29 15 45 / 02 96 29 16 45 (H.S.). Fax : 02 96 29 16 45. E-mail : contact@fleurdebretagne.com, Web : www.fleurdebretagne.com. Réduction H.S.

RUCA

5-E2 30 km N.-O. Dinan. 578 hab. 22550

LE VERGER ★ Loisirs 60 E. 1,5 ha. CV. Locations : 4 , 6 , , , chambres. Etang à 4 km.Bord de mer à 5 km. Ouv : 15.6 / 15.9. Par D 16. ☎ 02 96 83 70 84.

ST ADRIEN

5-D2 9 km S. Guingamp. 215 m. 307 hab. 22390

CAMP MUNICIPAL ★ 10 E. . Rivière à 2 km.Lac à 4 km. . ☎ 02 96 43 42 81 (Mairie).

ST ALBAN

5-E2 20 km N.-E. Saint-Brieuc. 80 m. 1548 hab. 22400

CAMP DU DOMAINE DES JONQUILLES ★★ Tourisme 77 E. CV. Locations : 5 . chauffée . Etang et rivière à 500 m. Bord de mer à 3 km. , ; à 2 km : . Accueil groupes. Ouv : 15.6 / 15.9. N 12 dir.Lamballe puis D 791 dir. St Alban Pléneuf-Val-André. ☎ 02 96 32 96 05 / 06 75 44 39 69 (H.S.). Fax : 02 96 93 82 07. E-mail : info@campingdesjonquilles.com, Web : www.campingdesjonquilles.com. Prix 2007. Empl. Tourisme : 5,50 € () : 3,50 € ; - de 7 ans 2,80 € ; 2,80 € (6 à 16 A) ; 1 € (jeton) ; Animaux 1,30 €. Fft Ccar : 8 € (2).

FFCC : partenaire + réduction emp. de 10 % hors saison + carte FFCC assurance annulation + Stop accueil Camping-car du 15/06 au 15/09/2008, accès jusqu'à 20h + réduction loc. de 10 % hors saison.

M. DE CORDOUE Gilles,aire naturelle CV. A 5 km: Piscine chauffée Piscine couverte . A 10 km : . Ouv : 1.6 / 30.9. St Vreguet. Lamballe dir. Pleneuf Val André. Le Poirier dir. Erquy 2ème route à droite à 2 km. ☎ 02 96 32 97 59. E-mail : gilles.de-cordoue@aliceadsl.fr. Prix 2008. Empl. Tourisme : 1,80 € ; 1,50 € ; 2,50 € ; 3 € ; 2,20 € ; 2,50 €.

M. MANNEVY Yvon,aire naturelle CV. A 2 km: . A 3 km : Piscine plein air . La Ferme du Pourpray. Vers Pléneuf-Val-André, 3ème route à gauche après rond-point du Poirier. Marché à la ferme les mercredis de 17 h/20 h en juillet/août. ☎ 02 96 63 08 62. Fax : 02 96 63 08 62.

ST BRIEUC

5-D2 437 km O. Paris. 100 m. 51399 hab. 22000

LES VALLEES ★★★ Tourisme 108 E. (94 Tourisme + 14 Loisirs), dont 29 CC - 45 GCC - 4 HLL, 1,2 ha. snack saison, karaoké, CV Sanitaire chauffé. Locations : 2 , 18 , , . Bord de mer à 3 km. . Accueil groupes. Ouv : Pâques / 15.10. Bld. Paul Doumer ☎ 02 96 94 05 05. Fax : 02 96 94 05 05. E-mail : campingdesvallees@wanadoo.fr, Web : www.mairie-saint-brieuc.fr/services/camping/camping1.htm. Prix 2007. Fft jour : Empl. Tourisme (1) : 12 € () ; Sup : 4,60 € - de 2/7 ans 3 € ; 3,90 € (10 A) ; Animaux 2,50 €. Réduction H.S.

ST CAST LE GUILDO

2-A4 30 km N.-O. Dinan. 60 m. 3246 hab. 22380

CAMP DU CHATEAU DE GALINEE ★★★★ Tourisme 273 E., dont 273 GCC, 12,5 ha. CV. Locations : 47 , 20 , couverte chauffée . Accès direct à l'étang. Bord de mer et rivière à 3 km. ; ; à 3 km : . Accueil groupes. Ouv : 3.5 / 13.9. Galinée. D 786. ☎ 02 96 41 10 56. Fax : 02 96 41 03 72. E-mail : chateaugalinee@wanadoo.fr, Web : www.chateaudegalinee.com et www.selection-vacances.com. Prix 2008. Empl. Tourisme : 17 € () : 6,20 € ; - de 7 ans 4,30 € ; 4,80 € (10 A) ; Animaux 3,50 €. Réduction H.S.

LE CHATELET ★★★★ Tourisme 216 E., dont 123 CC, 3,5 ha. hte saison, hte saison, CV. Locations : 40 , Cottages. chauffée . Accès direct à l'étang. Bord de mer à 150 m. ; ; à 150 m : . Ouv : 28.4 / 12.9. Rue des Nouettes. Plage de la Pissotte. ☎ 02 96 41 96 33. Fax : 02 96 41 97 99. E-mail : chateletcp@aol.com, Web : www.lechatelet.com. Prix 2007. Empl. Tourisme : 19 € () : 6,30 € ; - de 7 ans 4,20 € ; 4,50 à 5,50 € (6 à 8 A) ; Animaux 3,80 €. Réduction H.S.

FFCC : partenaire + réduction emp. de 10 % hors saison.

LES BLES D'OR ★★★ Tourisme 135 E. (91 Tourisme + 44 Loisirs), dont 85 GCC - 8 HLL, 3 ha. CV. Locations : 8 , 3 . chauffée . Bord de mer à 700 m. à 700 m : , , ; à 1 km : . Ouv : 1.4 / 31.10. La Chapelle, VC n°20. ☎ 02 96 41 99 93. Fax : 02 96 81 04 63. E-mail : camping-les-bles-dor@wanadoo.fr, Web : camping-les-bles-dor.com. Prix 2007. Fft jour : Empl. Tourisme (2) : 15 € () ; Sup : 3,50 € - de 7 ans 2 € ; 3 € (6 A). Réduction H.S.

DE PEN-GUEN ★★ Tourisme 300 E. (158 Tourisme + 142 Loisirs), dont 90 GCC, 3,2 ha. CV. Locations : 20 . Bord de mer à 500 m. Rivière à 1 km.Etang à 1,5 km. ; ; à 500 m : . Accueil groupes. A Pen Guen, route de Saint-Cast, RD 19 et RN 786. ☎ 02 96 41 92 18. Fax : 02 96 41 67 60. Réduction H.S.

G.C.U. PEN GUEN Réservé aux adhérents. Adhésion possible sur place pour les sociétaires MAIF et FILIA MAIF.

LA CRIQUE ★★ Tourisme 112 E. dont 46 nus, dont 92 GCC, 2,83 ha. à gaz, CV. Locations : Bord de mer à 50 m. Ouv : 15.6 / 15.9. Rés. obligatoire en été. Rue de la Mare. ☎ 02 96 41 89 19 / 02 96 41 87 60 (H.S.). Fax : 02 96 81 04 77. E-mail : info@campings-vert-bleu.com, Web : www.campings-vert-bleu.com. Prix 2008. Empl. Tourisme : 6,50 € ; 2,15 € ; 4,55 € ; - de 7 ans 2,40 € ; 4,45 € (6 A) ; Animaux 2,40 €.

LE CLOS TRANQUILLE ★★ Tourisme 82 E. dont 57 nus, dont 10 GCC. snack, à gaz, CV. Locations : Bord de mer à 800 m. à 800 m : Ouv : 1.7 / 31.8. La Goudoeir. ☎ 02 96 41 29 72 / 02 96 41 87 60 (H.S.). Fax : 02 96 81 04 77. E-mail : info@campings-vert-bleu.com, Web : www.campings-vert-bleu.com. Prix 2008. Empl. Tourisme : 3,60 € ; 1,90 € ; 3,60 € ; - de 7 ans 2,10 € ; 3,50 € (6 A) ; Animaux 2,10 €.

LES MIELLES ★★ Loisirs 164 E. dont 6 nus (6 Tourisme + 158 Loisirs), dont 152 GCC. à gaz, CV. Locations : 14 chauffée . Bord de mer à 250 m. Ouv : 15.3 / 2.1. Boulevard de la Vieuxville. Route de Saint-Malo par D 19. ☎ 02 96 41 87 60. Fax : 02 96 81 04 77. E-mail : info@campings-vert-bleu.com, Web : www.campings-vert-bleu.com. Prix 2008. Empl. Tourisme : 9,45 € ; 2,70 € ; 5,25 € ; - de 7 ans 2,90 € ; 4,45 à 6,20 € (6 à 10 A) ; Animaux 2,40 €.

LES QUATRE VAUX ★★ Tourisme 51 E. dont 51 nus, 1,03 ha. snack, à gaz, CV. Accès direct à la mer. Ouv : 1.7 / 31.8. Plage des quatre Vaux. ☎ 02 96 41 29 75 / 02 96 41 87 60 (H.S.). Fax : 02 96 81 04 77. E-mail : info@campings-vert-bleu.com, Web : www.campings-vert-bleu.com. Prix 2007. Empl. Tourisme : 4,50 € ; 2,20 € ; 4,10 € ; - de 7 ans 2,20 € ; 3,85 € (6 A) ; Animaux 2,20 €.

CAMP DE LA BAIE ★ Tourisme 54 E. dont 45 nus, dont 4 GCC. CV. Locations : 1 à 300 m : Ouv : 1.4 / 30.9. ☎ 02 96 41 82 67. Fax : 02 96 41 82 67. Prix 2007. Empl. Tourisme : 2,50 € ; 2,20 € ; 3,50 € ; - de 7 ans 2 € ; 2,30 € (10 A) ; Animaux 1 €.

LA FONTAINE ★ Tourisme 86 E. dont 39 nus, dont 47 GCC, 1,5 ha. pain, Locations : 5 Bord de mer à 500 m. à 500 m : Ouv : 1.4 / 30.9. D 13 Matignon-St Cast dir. plage de la Fresnaye. Accès plages par le chemin grande randonnée (GR34) ou route 500 m. Lieu et ambiance calme et familiale. Vue sur mer. ☎ 02 96 41 95 64 / 06 78 22 42 24 (H.S.). Fax : 02 96 41 95 64. E-mail : camping.la.fontaine@wanadoo.fr. Prix 2008. Empl. Tourisme : 2,60 € ; 2,20 € ; 4,80 € ; 3,90 € ; - de 7 ans 2 € ; 2,80 à 3,40 € ; 1 €.

ST GOUENO

5-E3 40 km S.-O. Dinan. 751 hab. ✉ 22330

AIRE NATURELLE MUNICIPALE
☎ 02 96 34 43 44. Fax : 02 96 51 31 95.

ST JACUT DE LA MER

2-A4 24 km N.-O. Dinan. 20 m. 893 hab. ✉ 22750

CAMP MUNICIPAL LA MANCHETTE ★★ Tourisme 294 E., dont 106 GCC, 3 ha. CV. Accès direct à la mer. Accueil groupes. Route de la Manchette, lieu-dit La Justice, près RD 26. ☎ 02 96 27 70 33. Réduction H.S.

LA PRESQU'ILE ★ Loisirs 59 E. 11 rue des Bourgneufs ☎ 02 96 27 76 35.

LES GRANDS HOTIEUX ★ Tourisme 57 E. 2 ha. Rue des Bourgs-Neufs.

ST LAUNEUC

5-E3 195 hab. Village de neige ✉ 22230

AIRE NATURELLE DE ST LAUNEUC La Forge. ☎ 02 96 28 41 11 / 02 96 56 14 21. Fax : 02 96 28 40 25.

ST LORMEL

2-A4 20 km N.-O. Dinan. 50 m. 780 hab. ✉ 22130

CAMP MUNICIPAL ★ Tourisme 50 E. 1 ha. Rivière à 500 m. ☎ 02 96 84 14 80 / 06 07 10 60 16.

ST MICHEL EN GREVE

5-C1 10 km S.-O. Lannion. 398 hab. ✉ 22300

LES CAPUCINES ★★★★ Tourisme 100 E. dont 87 nus, dont 20 CC - 30 GCC, 4 ha. CV. Locations : 5 , 8 couverte chauffée . Bord de mer à 1 km. à 1 km : Ouv : 15.3 / 30.9. Voie Romaine, par RD 786 Lannion-Morlaix. ☎ 02 96 35 72 28. Fax : 02 96 35 78 98. E-mail : les.capucines@wanadoo.fr, Web : www.lescapucines.fr. Prix 2008. Fft jour : Empl. Tourisme (2) : 26,60 € ((7 A)) ; Sup : 5,40 € - de 7 ans 3,50 € ; Animaux 2 €. Réduction H.S.

FFCC : partenaire + réduction emp. de 5 % en saison et 10 % hors saison.

LE DAUPHIN / LA PINEDE Voir PLOUMILLIAU

ST NICODEME

5-C2 33 km S.-O. Guingamp. 279 m. 209 hab. ✉ 22160

TY PIKOUS,aire naturelle
Convenant Houat. Les Gorges du Corong. ☎ 02 96 45 58 27.

ST NICOLAS DU PELEM

5-D2 36 km S. Guingamp. 170 m. 2214 hab. Station verte de vacances et village de neige ✉ 22480

CAMP MUNICIPAL DE CUSSULIOU ★★ Tourisme 60 E. 1 ha. CV. chauffée . Accès direct à la rivière. Accueil groupes. Croas Cussuliou (ancienne sortie vers Rostrenen). ☎ 02 96 29 51 27 / 02 96 29 56 12 (H.S.). Fax : 02 96 29 59 73.

ST QUAY PORTRIEUX

5-D2 18 km N.-O. Saint-Brieuc. 3399 hab. ✉ 22410

BELLEVUE ★★★ Tourisme 195 E., dont 18 GCC, 3,5 ha. nuit, CV. Locations : 11 chauffée . Accès direct à la mer. à 1 km : Ouv : 1.5 / 15.9. RN 786, 68, boulevard du Littoral. ☎ 02 96 70 41 84. Fax : 02 96 70 55 46. E-mail : campingbellevue@free.fr, Web : www.campingbellevue.net. Prix 2008. Fft jour : Empl. Tourisme (2) : 17,70 € ( ) ; Sup : 5 € - de 9 ans 3,20 € ; 3 € (6 A). Réduction H.S.

CAMP C.C.A.S ★ 115 E. Réservé C.C.A.S.

ST SAMSON SUR RANCE

2-A4 5 km N. Dinan. 874 hab. ✉ 22100

CAMP MUNICIPAL DE BEAUSEJOUR-LA HISSE ★★★ 120 E. 2 ha. CV. Locations : chauffée Rivière à 200 m. à 5 km : Accueil groupes. Ouv : 1.6 / 30.9. La Hisse. ☎ 02 96 39 53 27 / 02 96 39 16 05 (Mairie) (H.S.). Fax : 02 96 87 94 12. E-mail : beausejour.stsamson@orange.fr, Web : www.beausejour-camping.com. Prix 2007. Empl. Tourisme : 4,90 € ( ) ; 3,80 € ; - de 7 ans 2,10 € ; 3 € ; Animaux 2,05 €. Réduction H.S.

DU LYVET ★★ Tourisme 50 E. (45 Tourisme + 5 Loisirs), dont 42 GCC, 2 ha. Locations : Rivière à 500 m. Route du petit Lyvet ☎ 02 96 39 59 79. Fax : 02 96 39 59 79. E-mail : camping.lyvet@wanadoo.fr.

TADEN

2-A4 4 km N.-E. Dinan. 1718 hab. ✉ 22100

CAMP MUNICIPAL DE LA HALLERAIS ★★★★ Tourisme 231 E. dont 95 nus, dont 11 HLL, 4 ha. saison, CV Sanitaire chauffé. Locations : 11 , 3 chauffée gratuit, gratuit. Accès direct à la rivière. Etang à 1 km. à 2 km : Accueil groupes encadrés ou majeurs. Ouv : 10.3 / 2.11. Rés. obligatoire en été. RD 12, RN 166. ☎ 02 96 39 15 93 / 02 96 87 63 50 (Mairie) (H.S.). Fax : 02 96 39 94 64. E-mail : camping.la.hallerais@wanadoo.fr, Web : www.wdirect.fr/hallerais.htm. Prix 2008. Fft jour : Empl. Tourisme (2) : 19,50 € ((6 A)) ; Sup : 3,80 € - de 7 ans 1,65 €. Fft Tente : 16,50 € (2). Réduction H.S.

TREBEURDEN

5-C1 11 km N.-O. Lannion. 70 m. 3228 hab. ✉ 22560

ARMOR LOISIRS ★★★ Tourisme 109 E. dont 71 nus (78 Tourisme + 31 Loisirs), dont 60 CC - 45 GCC, 2,2 ha. ap. 22h30, CV. Camping clef verte. Locations : 2 , 13 chauffée . Bord de mer à 600 m. à 500 m : Accueil groupes. Ouv : 1.4 / 30.9. Domaine de Pors-Mabo, RN 786. ☎ 02 96 23 52 31 / 02 96 15 40 36 (H.S.). Fax : 02 96 15 40 36. E-mail : info@armorloisirs.com, Web : www.armorloisirs.com. Prix 2007. Empl. Tourisme : 8 € ; 2,50 € ; 6 € ; - de 7 ans 2,50 € ; Animaux 2 €. Réduction H.S.

LE KERDUAL ★★★ Tourisme 26 E. dont 17 nus, dont 14 GCC, 0,4 ha. partiel, ap.22h30, CV. Locations : 7 Accès direct à la mer. Rivière à 5 km. à 3 km : Accueil groupes 12 pers. maximum. 12 pers. maximum. Ouv : 27.4 / 16.9. De Lannion prendre D 65 jusqu'à Trébeurden, au rond-point dir. plage de Pors-Mabo. De Perros-Guirrec prendre D 788 jusqu'à Trébeurden puis dir. Plage Pors-Mabo. Accès immédiat au sentier de grande Randonnée GR 34 et à la plage de Pors-Mabo, pas de route à traverser entre le camping et la plage. ☎ 02 96 23 54 86 / 06 83 11 67 49 (H.S.). E-mail : jphostiou@voila.fr. Prix 2008. Fft jour : Empl. Tourisme (3) : 23 € (E. CC) ; Sup : 4,50 € - de 7 ans 3 € ; 3,50 à 4,50 € (3 à 6 A) ; E. CC 5 € ; Animaux 1,50 € (chien). Réduction H.S.

FFCC : partenaire + réduction emp. de 5 % en saison et 15 % hors saison + carte FFCC assurance annulation + réduction loc. de 20 % hors saison.

L'ESPERANCE ★★★ Tourisme 61 E., dont 6 GCC, 1 ha. CV. Locations : 6, 8. Bord de mer à 20 m. Etang à 500 m. Rivière à 5 km. ; à 50 m : ; à 200 m : . Accueil groupes. Ouv : 1.4 / 15.9. Lieu-dit Penvern, sur RD 788. ☎ 02 96 91 95 05 / 02 96 91 98 12 (H.S.). E-mail : loro-alain@wanadoo.fr, Web : www.camping-esperance.com. Prix 2007. Empl. Tourisme : 4,80 € () : 2,80 € ; 4,40 € ; - de 7 ans 2,50 € ; 2,80 à 3,50 € (5 à 10 A) ; Animaux 1,50 €. Fft Ccar : 15 € (2). Réduction H.S.

ROZ AR MOR ★★ Tourisme 30 E. dont 22 nus (25 Tourisme + 5 Loisirs), dont 5 GCC, 0,770 ha. jeux de boules, CV. Locations : 8, 2. ; à 150 m : , ; à 1 km : ; à 7 km : . Accueil groupes. Ouv : 26.5. 10, chemin du Can. Plage de Pors Mabo, C8. RD 65 GR 34. ☎ 02 96 23 58 12 / 06 79 97 92 10 (H.S.). Fax : 02 33 26 40 51. Prix 2007. Empl. Tourisme : 4,60 € () : 2,60 € ; 4,51 € ; - de 7 ans 2,51 € ; 2,60 à 3,30 € (3 à 6 A) ; Animaux 0,80 € (chiens). Réduction H.S.

FFCC : partenaire - terrain assuré par la FFCC.

TREDREZ LOCQUEMEAU

5-C1 10 km S.-O. Lannion. 108 m. 1069 hab. ✉ 22300

CAMP MUNICIPAL DE KERAVILIN ★★ Tourisme 250 E. dont 8 nus 1,4 ha. CV. Accès direct à la rivière. Bord de mer à 100 m. à 50 m : , ; à 100 m : ; à 150 m : . Accueil groupes. RD 88. ☎ 02 96 35 26 44 / 02 96 35 74 52 (Mairie) (H.S.). Fax : 02 96 35 75 91. E-mail : mairie.tredrez-locquemeau@wanadoo.fr.

Voir aussi SAINT-MICHEL-EN-GREVE

TREGASTEL

5-C1 13 km N.-N.-O. Lannion. 4 m. 2063 hab. ✉ 22730

TOURONY CAMPING ★★★ Tourisme 100 E., dont 14 CC - 3 GCC, 2 ha. CV. Locations : 4, 13. Bord de mer et lac à 10 m. ; ; . RN 796 D. Port de Ploumanach à 10 m. ☎ 02 96 23 86 61. Fax : 02 96 15 97 84. E-mail : contact@camping-tourony.com, Web : www.camping-tourony.com.

C.C.A.S. LES AJONCS D'OR ★★ Tourisme 104 E. Réservé C.C.A.S.

TRELEVERN

5-C1 12 km N.-E. Lannion. 10 m. 1239 hab. ✉ 22660

PORT-L'EPINE ★★★ Tourisme 160 E., dont 38 GCC, 3 ha. CV. Locations : 15, 39, 5. chauffée . Accès direct à la mer. ; ; ; . Ouv : 5.4 / 19.9. Rés. obligatoire en été. Dir. Lannion puis Perros-Guirec, Louannec et Trelevern puis suivre Port l'Epine. ☎ 02 96 23 71 94. Fax : 02 96 23 77 83. E-mail : camping-de-port-lepine@wanadoo.fr, Web : www.camping-port-lepine.com. Prix 2007. Fft jour : Empl. Tourisme (2) : 29 € ((16 A)) ; Sup : 7 € - de 2/11 ans 5 € ; Animaux 5 €. Réduction H.S.

CAMP MUNICIPAL LE PALUD ★★ Tourisme 142 E. 3 ha. CV. Locations : 6. Accès direct à la mer. ; ; ; ; . RD 38. ☎ 02 96 91 73 11 / 02 96 23 71 91 (H.S.). Fax : 02 96 91 76 30.

TREMARGAT

5-D2 187 hab. ✉ 22110

GWERNAVALOU,camping Les Druides . A 2 km : . A 4 km : . A 5 km : . A 7 km : . A 10 km : Piscine plein air . Ouv : 1.5 / 31.10. Les Druides. Accessible aux camping-cars. GR 341. ☎ 02 96 36 53 68. Fax : 02 96 36 53 68. E-mail : lesdruides@wanadoo.fr. Prix 2008. Empl. Tourisme : 2 € () : 1 € ; 2,50 € ; - de 10 ans 1,50 € ; 2,50 €. Réduction H.S.

FFCC : partenaire + réduction emp. de 5 % en saison et hors saison.

TREVENEUC

5-D2 22 km N.-O. Saint-Brieuc. 599 hab. ✉ 22410

BEC DE VIR ★★★ Tourisme 100 E., dont 5 GCC, 6 ha. Réservé Police Nationale en priorité adhérents A.N.A.S.200 m RD 51,à 1,5 km RN 786. ☎ 02 96 70 54 34.

TREVOU TREGUIGNEC

5-D1 12 km N.-E. Lannion. 60 m. 1312 hab. ✉ 22660

LE MAT ★★★ Tourisme 105 E. 1,6 ha. CV Sanitaire chauffé. Locations : 6, 10, 3. couverte chauffée . Bord de mer à 100 m. Etang à 3 km. ; ; ; . Accueil adultes. Ouv : 1.4 / 30.9. 38, rue de Trestel. D 38. 11 km Est de Perros-Guirec. ☎ 02 96 23 71 52 / 06 81 57 67 16 (H.S.). Fax : 02 96 23 79 25. E-mail : camping-le-mot@wanadoo.fr, Web : www.campinglemot.com. Prix 2007. Empl. Tourisme : 6,50 € () : 7,50 € ; 5 € ; - de 2/7 ans 4 € ; 2,70 à 4 € (3 à 10 A) ; Animaux 1,50 €.

CAMP LES MACAREUX ★★ Tourisme 45 E. 1,2 ha. CV. Locations : , . Bord de mer à 300 m. Etang à 3 km. à 300 m : , ; à 7 km : . Accueil groupes. Ouv : 1.4 / 30.9. 18, rue Ker Awell. D 38. ☎ 02 96 23 71 45. Prix 2007. Empl. Tourisme : 6 € ; 3,80 € ; 2,40 € ; 3,30 € ; 0,50 € (Jeton) ; Animaux 1,10 €. Réduction H.S.

LES MOUETTES ★ Tourisme 20 E. . Accès direct à la mer. ; ; ; . Le Royau. ☎ 02 96 15 17 42.

FFCC : partenaire - terrain assuré par la FFCC.

TREVRON

2-A4 9 km S. Dinan. 60 m. 679 hab. ✉ 22100

Mme RENAULT Christine CV. A 4 km : . La Priquetais. ☎ 02 96 83 56 89. Fax : 02 96 83 65 56. E-mail : priquetais@free.fr.

Cartes 7-10

Délégué FFCC : Jean BAYON, 48, rue du Petit Malleret - 23000 GUERET - bayon.jean@wanadoo.fr

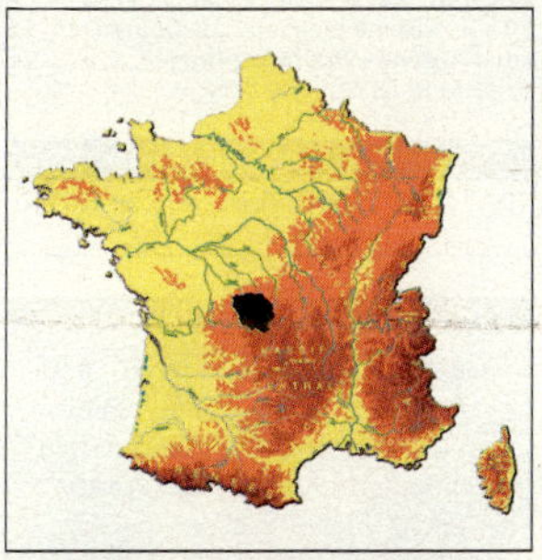

AHUN

10-B1 19 km S.-E. Guéret. 450 m. 2070 hab. ✉ 23150

CAMP MUNICIPAL ★★ Tourisme 33 E. 0,6 ha. Etang à 200 m. Rivière à 2 km. surveillée ; plan d'eau. Ouv : 15.6 / 15.9. Route de Limoges, RD 13, RN 942. ☎ 05 55 62 40 24 (Mairie). Fax : 05 55 62 52 44. E-mail : mairie.ahun@wanadoo.fr. Prix 2007. Fft jour : Empl. Tourisme (2) : 6,5 € ; Sup : 1,80 € - de 10 ans 0,90 € ; 1,30 € ; Animaux 0,80 € (Chien).

ANZEME

7-B5 12 km N. Guéret. 397 m. 508 hab. ✉ 23000

CAMP MUNICIPAL ★★ Tourisme 30 E. dont 25 nus, dont 25 CC - 5 GCC - 5 HLL, 1,04 ha. Locations : 1. Lac et rivière à 40 m. Accueil groupes. Ouv : 1.5 / 30.9. RD 33 ou RD 14 puis V.C. 3 dans le bourg. ☎ 05 55 51 21 18 (OT 3 Lacs) / 05 55 51 01 49 / 05 55 52 20 08 (Mairie) (H.S.). Fax : 05 55 51 23 76. E-mail : info@paysdes3lacs.com, Web : www.paysdes3lacs.com. Prix 2007. Fft jour : Empl. Tourisme (2) : 10 € ; Sup : 2,60 € - de 7 ans 1,35 €.

AUBUSSON

10-B1 42 km S.-E. Guéret. 430 m. 6153 hab. ✉ 23200

CAMP MUNICIPAL ★★★ Tourisme 95 E. 3 ha. Accès direct à la rivière. Lieu-dit La Croix-Blanche, sur RN 982. ☎ 05 55 66 18 00.

AUZANCES

10-C1 32 km N.-E. Aubusson. 645 m. 1777 hab. ✉ 23700

CAMP MUNICIPAL LES VERGNES ★★ Tourisme 50 E. CV. Accès direct à l'étang. Sur CD 996. ☎ 05 55 67 17 46 / 05 55 67 00 17 (Mairie) (H.S.). Fax : 05 55 67 05 76.

LE BOURG D HEM

7-B5 20 km N. Guéret. 380 m. 290 hab. ✉ 23220

CAMP DE L'AGE ★★ Tourisme 32 E., dont 26 CC, 0,8 ha. + sèche-linge, CV. Accès direct aux bords du lac et à la rivière. Accueil groupes. Par D 33/D 48. ☎ 05 55 51 21 18 / 05 55 62 84 36 (Saison) (H.S.). Fax : 05 55 51 23 76. E-mail : info@paysdes3lacs.com, Web : www.paysdes3lacs.com.

BOURGANEUF

10-A1 23 km S.-S.-O. Guéret. 413 m. 4030 hab. ✉ 23400

CAMP MUNICIPAL LA CHASSAGNE ★★ Tourisme 39 E. 2,00 ha. CV. Accès direct à la rivière. Ouv : 1.7 / 31.8. RD 912 ☎ 05 55 64 07 61 (Mairie). Fax : 05 55 64 03 51. E-mail : camping@bourganeuf.fr. Prix 2007. Fft jour : Empl. Tourisme (2) : 7,20 €

BOUSSAC BOURG

7-B5 40 km N.-E. Guéret. 384 m. 892 hab. ✉ 23600

CHATEAU DE POINSOUZE ★★★★ Tourisme 102 E., dont 50 CC - 52 GCC, 2,5 ha. CV. Camping clef verte. Locations : 2, 24, 7. chauffée. Accès direct à l'étang. Rivière à 2,5 km. Ouv : 10.5 / 14.9. A 20, N 145 et D 917. Les animaux sont acceptés hors saison. ☎ 05 55 65 02 21. Fax : 05 55 65 86 49. E-mail : info.camping-de-poinsouze@orange.fr, Web : www.camping-de-poinsouze.com. Prix 2008. Fft jour : Empl. Tourisme (2 - de 2) : 29 € (E. CC) ; Sup : 6 € - de 7 ans 5 € ; E. GCC 32 € (Fft). Réduction H.S.

FFCC : partenaire + réduction emp. de 10 % hors saison + réduction loc. de 5 % hors saison + HC.

CREUSE NATURE NATURISTE ★★★ Tourisme 100 E. dont 78 nus, , dont 2 GCC, 17 ha. à gaz, en été, CV Rés. naturiste. Camping clef verte. Locations : 3, 11, 5, 4. chauffée. Accès direct à l'étang. Rivière à 1 km. Route de Bétête. Par RD 15. ☎ 05 55 65 18 01. Fax : 05 55 65 81 40. E-mail : creuse.nature@wanadoo.fr, Web : www.creuse-nature.com. Prix 2008. Fft jour : Empl. Tourisme (2) : 23,00 € ; Sup : 5,50 € 3,50 € ; 3,50 € (10 A A) ; Animaux 5,50 €. Réduction H.S.

FFCC : partenaire - terrain assuré par la FFCC + réduction emp. de 5 % hors saison + Stop accueil Camping-car du 19/04 au 01/07 et du 01/09 au 31/10/2008, accès jusqu'à 22h.

BUSSIERE DUNOISE

7-A5 16 km N.-O. Guéret. 415 m. 1247 hab. ✉ 23320

CAMP MUNICIPAL DE LA VERGNE ★★ Tourisme 33 E. 0,7 ha. Accès direct aux bords du lac. ☎ 05 55 81 68 90 / 05 55 81 62 16 (Mairie). Fax : 05 55 81 60 33.

LA CELLE DUNOISE

7-B5 24 km N.-O. Guéret. 235 m. 589 hab. ✉ 23800

CAMP MUNICIPAL DE LA BAIGNADE ★★ Tourisme 27 E., dont 17 CC - 3 GCC, 1,4 ha. Rivière à 20 m. Vallée de la Creuse, RD 15, RD 48A RD 22. ☎ 05 55 51 21 18 / 05 55 89 10 77 (Mairie). Fax : 05 55 51 23 76. E-mail : info@paysdes3lacs.com, Web : www.paysdes3lacs.com.

CAMP MUNICIPAL LES SILLONS ★ Tourisme 33 E. 0,9 ha. Accès direct à la rivière. à 300 m : Vallée de la Creuse, 200 m RD 15 et RD 22, à 6 km de RD 951. ☎ 05 55 89 10 77 / 05 55 51 21 18 (O.T.). Fax : 05 55 89 20 29.

CHAMBON SUR VOUEIZE

7-C5 38 km N.-E. Aubusson. 330 m. 1288 hab. Village de neige 23170

CAMP MUNICIPAL LA POUGE ★★ Tourisme 50 E. 2 ha. Accès direct à la rivière. Ouv : 30.6 / 30.9. Route du Stade, 300 m RD 993 et RD 915. ☎ 05 55 82 13 21.

CHAMPAGNAT

10-B1 16 km N.-E. Aubusson. 545 m. 482 hab. 23190

LES COPAINS D'ABORD ★ Tourisme 33 E. 3 ha. pain, CV. Locations : 6, 3. Accès direct à l'étang et aux bords du lac. Rivière à 3 km. Depuis D 990 Montluçon/Aubusson, D 9 à Letrieix et suivre les panneaux Plan d'Eau camping de la Naute. ☎ 05 55 66 12 54. Fax : 05 55 66 12 54. E-mail : lescopains dabord@laposte.net, Web : www.chalets-deco uverte.com.

LA CHAPELLE TAILLEFERT

10-B1 9 km S. Guéret. 600 m. 257 hab. 23000

CAMP MUNICIPAL LE GUE LAVAUD ★ Tourisme 39 E., dont 6 GCC, 0,5 ha. aires spécifiques, + sèche-linge, CV. Locations : 6, 15. à 9 km : Rés. obligatoire en été. 5, rue Gué Lavaud. RD 940 jusqu'à La Chapelle-Taillefert puis dir. St-Victor-en-Maiche. ☎ 05 55 51 09 20 / 05 55 52 36 17 (Mairie) (H.S.). Web : www.ot-gueret.fr. Prix 2007. 1,50 € ; 1,20 € ; 2,50 € ; 1,20 € ; 2 € ; - de 10 ans 1 € ; 2 €.

CHATELUS LE MARCHEIX

10-A1 38 km S.-O. Guéret. 420 m. 447 hab. 23430

CAMP MUNICIPAL Tourisme Saisonnier 27 E. 0,9 ha. à 700 m : Ouv : 1.7 / 31.8. Bibliothèque. Sentiers de découverte et de randonnée. ☎ 05 55 64 30 09 (Mairie). Fax : 05 55 64 35 44. Prix 2007. 5 € ; 1,50 €.

CHATELUS MALVALEIX

7-B5 26 km N.E. Guéret 425 m. 585 hab. 23270

CAMP MUNICIPAL LA ROUSSILLE ★ Tourisme 33 E. CV. Locations : 8. ☎ 0 825 801 440 (). Fax : 04 73 93 71 00. E-mail : , Web : www.revea-vacances.fr.

CHENERAILLES

10-B1 19 km N. Aubusson. 560 m. 701 hab. 23130

CAMP MUNICIPAL DE LA FORET ★★ Tourisme 33 E. CV. Accès direct à l'étang. à 150 m : La Forêt. ☎ 05 55 62 38 26 / 05 55 62 37 22. Fax : 05 55 62 95 55. E-mail : mairie.chenerailles@wanadoo.fr.

CHENIERS

7-B5 26 km N. Guéret. 277 m. 631 hab. 23220

LE MOULIN DE PIOT ★★ Tourisme 75 E. Locations : Accès direct à la rivière. Route du Moulin de Piot. ☎ 05 55 62 80 90 / 06 60 96 34 25. E-mail : anneparnoix-moulindepiot@voila.fr.

CROZANT

7-A5 40 km N.-O. Guéret. 277 m. 732 hab. 23160

CAMP MUNICIPAL FONT BONNE ★★ Tourisme 33 E. 0,58 ha. CV. Rivière à 50 m. Lac à 500 m. Ouv : 1.5 / 30.9. A 20 Paris-Limoges. RN 145. ☎ 05 55 89 80 12. Fax : 05 55 89 83 80. E-mail : mairie-crozant@wanadoo.fr.

DUN LE PALESTEL

7-A5 27 km N.-O. Guéret. 370 m. 1293 hab. 23800

CAMP MUNICIPAL ★ Tourisme 40 E. 1,2 ha. Route d'Argenton. ☎ 05 55 89 01 30. Fax : 05 55 89 24 88.

EVAUX LES BAINS

7-C5 43 km N.-E. Aubusson. 469 m. 1906 hab. Station verte 23110

CAMP MUNICIPAL ★★ Tourisme 49 E. 1,15 ha. CV. Locations : 7. Etang à 600 m. Rivière à 5 km. Lieu-dit Ouche-de-Budelle. ☎ 05 55 65 55 82 / 05 55 65 55 38 (H.S.). Web : www.chalets-deco uverte.com.

FAUX LA MONTAGNE

10-B1 35 km S.-O. Aubusson. 712 m. 396 hab. Village de neige 23340

LE PUY DE FAUX ★★ Tourisme 50 E. 1,5 ha. CV. Lac à 500 m. Rivière à 1 km. ☎ 05 55 67 93 04 (O.T.). Fax : 05 55 67 94 54. E-mail : office-de-tourisme9@wanadoo.fr.

FLAYAT

10-C1 39 km S.E. Aubusson. 760 m. 364 hab. 23260

LA RAMADE ★★ Tourisme 29 E. dont 29 nus 0,64 ha. Accès direct à l'étang. Accueil groupes. Ouv : 1.4 / 30.9. D 13. ☎ 04 73 21 76 80 / 06 81 76 40 72 (H.S.).

FRESSELINES

7-A5 30 km N.-O. Guéret. 846 hab. 23450

CAMP MUNICIPAL DU PALOT ★ Tourisme 21 E. dont 18 nus 0,4 ha. CV. Locations : 3. Rivière à 800 m. à 800 m : Ouv : 15.5 / 15.9. 30 km de l'A 20 (Eguzon). 30 km RN 145 (La Croisière). ☎ 05 55 89 70 46 (Mairie). Fax : 05 55 89 74 00. E-mail : mairie-fresselines@wanadoo.fr. Prix 2007. Empl. Tourisme : 1,10 € ; 1,10 € ; 1,10 € ; 2,20 € ; 1,10 € ; 1,40 € ; - de 12 ans 0,70 € ; 1,80 €.

GOUZON

7-B5 33 km E. Guéret. 380 m. 1492 hab. 23230

CAMP DE LA VOUEIZE ★★ Tourisme 30 E. Locations : 40. Ouv : 1.4 / 30.11. Rés. obligatoire en été. ☎ 05 55 81 73 22. Web : www.lavoueize.com. Prix 2007. Fft jour : Empl. Tourisme (1) : 8,90 €.

LE GRAND BOURG

7-A5 20 km O. Guéret. 389 m. 1323 hab. 23240

M. et Mme JACOBS, la ferme de Montenon CV. A 500 m : A 5 km: ☎ 05 55 81 30 00. E-mail : montenon@wanadoo.fr, Web : www.ferme-de-montenon.com. FFCC : partenaire + réduction emp. de 5 % en saison et 10 % hors saison + réduction loc. de 5 % en saison et 10 % hors saison.

GUERET

346 km S.-S.-O. Paris. 436 m. 16621 hab. 23000

CAMP MUNICIPAL DU PLAN D'EAU DE COURTILLE ★★★ Tourisme 70 E. 0,7 ha. Locations : 1. Accès direct à l'étang. A 3 km du centre ville. ☎ 05 55 81 92 24 / 05 55 51 47 00 (Mairie) (H.S.). Fax : 05 55 51 05 37. Prix 2007. Empl. Tourisme : 5,85 € ; 1,25 € ; 2,05 € ; - de 7 ans 1 € ; Animaux 1 €.

JOUILLAT

7-B5 15 km N. Guéret. 400 m. 361 hab. 23220

PARC RESIDENTIEL DE LOISIRS DE LAVAUD P.R.L. 30 E.

LES MARS

10-C1 27 km E. Aubusson. 593 m. 295 hab. 23700

M. KIRSH André réserv.. A 600 m : A 3 km: A 20 km : Piscine plein air. Les Coursières, à 4 km d'Auzanes. Prairie ombragée, sous-bois. ☎ 05 55 67 05 78.

MARSAC

10-A1 28 km O.-S.-O. Guéret. 370 m. 766 hab. 23210

CAMP MUNICIPAL DE L'ARDOUR ★★ Tourisme 33 E. dont 33 nus 1,2 ha. , CV. Locations : . Etang à 200 m. Rivière à 400 m. à 150 m : à 200 m : Accueil groupes. Ouv : 1.5 / 30.9. Sur CD 42, à 500 m de CD 914. ☎ 05 55 62 61 32 (Mairie). Fax : 05 55 62 67 90. Prix 2007. Fft jour : Empl. Tourisme (2) : 8 € () ; Sup : 2,50 € - de 7 ans 1 € ; 2,50 €.

MERINCHAL

10-C1 35 km E. Aubusson. 735 m. 1032 hab. 23420

CAMP MUNICIPAL LA MOTHE ★ Tourisme 12 E. 0,80 ha. Etang à 200 m. Château de Mérinchal. CD 27 à 50 m, RN 141 à 3 km. Source du Cher. ☎ 05 55 67 25 56. Fax : 05 55 67 23 71. E-mail : tourisme.merinchal@wanadoo.fr.

NOTH

7-A5 28 km N.-O. Guéret. 451 hab. 23300

LA CAZINE ★ Tourisme 34 E. (17 Tourisme + 17 Loisirs) . ☎ 05 55 63 13 12. Fax : 05 55 63 13 12. E-mail : mairiedenoth@wanadoo.fr.

PUY MALSIGNAT

10-B1 11 km N. Aubusson. 615 m. 194 hab. 23130

LE PUY MARAUD En cours de réalisation 18 E.

RIMONDEIX

71 hab. 23140

LA SEMNADISSE ★ Tourisme 28 E. dont 19 nus 1,6 ha. Locations : 1, 8, Meublé. Etang à 100 m. à 150 m : Ouv : mai / août. ☎ 05 55 80 86 09 / 05 55 41 02 97 (H.S.). E-mail : info@semnadisse.com, Web : www.semnadisse.com. Prix 2008. 5 € ; 2,75 € ; 7 € ; 4 € ; 3,50 € ; - de 7 ans 2 € ; 3 € (10 A) ; Animaux 1,50 €. Réduction H.S.

ROYERE DE VASSIVIERE

10-B1 30 km S.-O. Aubusson. 735 m. 782 hab. Village de neige 23460

LES TERRASSES DU LAC ★★★ Tourisme 142 E. (112 Tourisme + 30 Loisirs), dont 16 GCC - 16 HLL, 4 ha., pain hte saison, + sèche-linge, CV Sanitaire chauffé. Accès direct aux bords du lac. Accueil groupes. Ouv : 22.3 / 11.10. Camping situé à Vauveix (lieu-dit à 10 km du bourg de Royère-de-Vassivière). Passage de commerçants ambulants (boucher, boulanger...). ☎ 05 55 64 76 77 / 05 55 69 76 70 (H.S.). Fax : 05 55 64 76 78. E-mail : lesterrasses.camping@free.fr, Web : lesterrasses.camping.free.fr. Prix 2008. Fft jour : Empl. Tourisme (2) : 14,50 € ; Sup : 4,20 € - de 6 ans 2,10 € ; 3,10 € (10 A).

FFCC : partenaire + réduction emp. de 5 % en saison et hors saison + carte FFCC assurance annulation.

LA PRESQU'ILE ★★ Tourisme 150 E. dont 120 nus, 6 ha., pain hte saison, CV. Locations : 20, Huttes. Accès direct aux bords du lac. Accueil groupes. Ouv : 7.6 / 6.9. Camping situé à Broussas, à 8 km du village de Royère de Vassivière sur le bord du lac de Vassivière. ☎ 05 55 64 78 98 / 05 55 69 76 70 (H.S.) / 05 55 64 76 77 (H.S.). Fax : 05 55 64 76 78. E-mail : presquile.camping@free.fr, Web : www.presquile.camping.free.fr. Prix 2008. Fft jour : Empl. Tourisme (2) : 12,40 € ; Sup : 3,10 € - de 6 ans 2,10 € ; 3,10 €.

FFCC : partenaire + réduction emp. de 5 % en saison et hors saison + carte FFCC assurance annulation.

ST DIZIER LEYRENNE

10-A1 25 km S.-O. Guéret 440 m. 938 hab. ✉ 23400

CAMP MUNICIPAL ★★ Tourisme 21 E. CV. Ouv : 1.6 / 30.9. D 912 ☎ 05 55 64 49 28 (camping) / 05 55 64 40 30 (Mairie) (H.S.). Fax : 05 55 64 46 87. E-mail : mairiesdl@orange.fr, Web : www.saint-dizierleyrenne.fr. Prix 2008. 1,02 € ; 1,22 € ; 2,04 € ; 1,02 € ; 1,53 € ; - de 12 ans 0,76 € ; 1,22 €.

ST HILAIRE LE CHATEAU

10-B1 26 km S. Gueret. 459 m. 352 hab. ✉ 23250

CAMP MUNICIPAL LES TILLEULS ★ Tourisme 15 E. ☎ 05 55 64 56 05 (Mairie).

ST JUNIEN LA BREGERE

10-A1 36 km S.-O. Guéret 545 m. 296 hab. ✉ 23400

M. OWEN Brian,camping à la ferme Le Grand Sapin. A 6 km: . A 15 km : . Les Chenauds. ☎ 05 55 54 91 87. E-mail : brian.owen@laposte.net, Web : www.leschenauds.com.

ST MARC A LOUBAUD

10-B1 24 km S.-O. Aubusson. 719 m. 107 hab. ✉ 23460

AIRE NATURELLE MUNICIPALE . Les Pondauds. ☎ 05 55 66 09 32. Fax : 05 55 66 07 27. E-mail : mairiestmarc@wanadoo.fr.

AIRE NATURELLE MUNICIPALE Pelletanges. ☎ 05 55 66 09 32. Fax : 05 55 66 07 27. E-mail : mairiestmarc@wanadoo.fr.

ST MEDARD LA ROCHETTE

10-B1 10 km N. Aubusson. 691 hab. ✉ 23200

LES GENETS ★★ Tourisme 33 E. dont 28 nus 2,5 ha., à gaz. Locations : 2, 4. Rivière à 1 km.Lac à 5 km. à 1 km : ; à 8 km : . Ouv : toute l'année. Fourneaux. Situé entre Guerêt et Aubusson. A 10 km d'Aubusson sur la D 942. ☎ 05 55 83 01 25. Fax : 05 55 83 34 18. E-mail : info@camping-laperle.nl, Web : www.camping-laperle.nl.

ST ORADOUX DE CHIROUZE

10-B1 38 km S.-E. Aubusson. 800 m. 65 hab. ✉ 23100

CAMP INTERCOMMUNAL DE L'ETANG DE MEOUZE ★★ Tourisme 66 E. 2 ha. Accès direct à l'étang. ☎ 05 55 66 77 81.

ST PIERRE DE FURSAC

7-A5 32 km O. Guéret. 340 m. 817 hab. ✉ 23290

CAMP INTERCOMMUNAL ★★ Tourisme 20 E. 0,6 ha. Rivière à 500 m. ☎ 05 55 63 65 69 / 05 55 63 61 28 (Mairie). Fax : 05 55 63 68 20.

ST SEBASTIEN

7-A5 44 km N.-O. Guéret. 321 m. 861 hab. ✉ 23160

AIRE NATURELLE MUNICIPALE LA GARENNE CV. La Garenne. ☎ 05 55 63 50 39. Fax : 05 55 63 44 62.

ST VAURY

7-A5 11 km N.-O. Guéret. 460 m. 2524 hab. ✉ 23320

CAMP MUNICIPAL LA VALETTE ★ Tourisme 44 E. 1 ha. CV. Accès direct à l'étang. Accueil groupes. RD 22. ☎ 05 55 80 20 17 (Mairie) / 05 55 80 13 87. Fax : 05 55 80 22 16. E-mail : secretariatmairie.st.vaury@wanadoo.fr, Web : www.saintvaury.com.

SOUBREBOST

142 hab. ✉ 23250

M. LARNEGIE ANDREW, aire naturelle Chignat. A 2 km: . A 6 km : . Ouv : 1.4 / 1.10. Prix 2007. : 3 € ; 2 € ; 5 € ; 3 € ; 4 € ; - de 6 ans 2 € ; 1 à 3 € (pour tente à caravane/camping-car A) ; Animaux 1 €.

LA SOUTERRAINE

7-A5 34 km N.-O. Guéret. 366 m. 5300 hab. ✉ 23300

SUISSE OCEAN ★★★ Tourisme 60 E., dont 16 CC - 33 GCC - 10 HLL. CV Sanitaire chauffé. Locations : 10. Accès direct à l'étang. Accueil groupes. Ouv : 1.1 / 31.12. Le Cheix. A 300 m de la RN 145 et à 6,2 km de la RD 957 sortie Est. ☎ 05 55 63 33 32 / 05 55 63 97 80 (H.S.). Fax : 05 55 63 33 32.

TOULX STE CROIX

7-B5 38 km N.-E. Guéret. 655 m. 435 hab. ✉ 23600

LE CHALET DES PIERRES JAUMATRES ★★ Tourisme 11 E. dont 11 nus, 1 ha. CV. à 4 km : . Accueil groupes. Ouv : avril / septembre. Les Pierres Jaumâtres. A 4 km de Boussac. Parcours aventure dans les arbres. ☎ 05 55 65 43 11. E-mail : info@lespierresjaumatres.fr, Web : www.lespierresjaumatres.fr.

VALLIERE

10-B1 15 km S. Aubusson. 582 m. 885 hab. ✉ 23120

AIRE NATURELLE MUNICIPALE ☎ 05 55 66 00 33.

DORDOGNE 24

Cartes 9-10

Délégué FFCC : Albert LE GOFF, 6, rue Lucien Barrière - 24000 PERIGUEUX

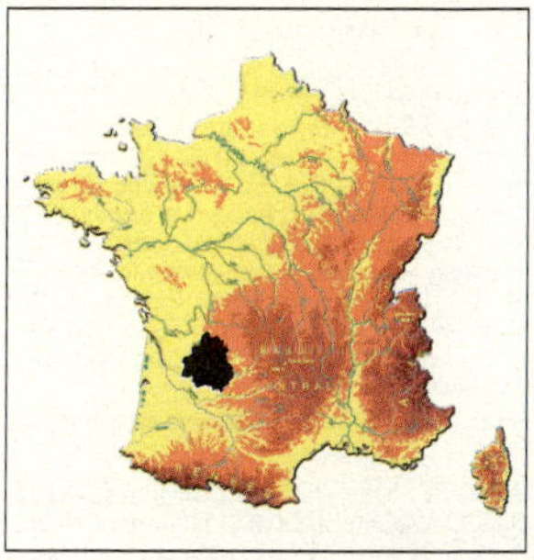

ABJAT SUR BANDIAT

9-E2 12 km N.-E. Nontron. 687 hab. ✉ 24300

LA RIPOLE ★★ Tourisme 34 E., dont 2 GCC, 6 ha. CV. Locations : 3, 20. Accès direct à l'étang. Rivière à 3 km. Accueil groupes. Ouv : 15.6 / 15.9. Route du Stade. ☎ 05 53 56 86 85 / 05 53 56 38 81 (H.S.). Fax : 05 53 56 38 81. E-mail : camping.la.ripole@wanadoo.fr, Web : www.campingripole.info. Prix 2007. Empl. Tourisme : 4,50 € ; 5,60 € ; 3,40 € ; - de 7 ans 2,30 € ; 3 € ; Animaux 1,10 €.

FFCC : partenaire + réduction emp. de 5 % en saison et hors saison + réduction loc. de 5 % en saison et hors saison.

LE MOULIN DES SOURCES ★★ Tourisme 199 E., dont 8 CC - 18 GCC, 6 ha. CV. Locations : 11, 35, 60. Accès direct à l'étang et à la rivière. Au Moulin de Masfrolet, 1,5 km de RD 96, 8 km de RN 675. ☎ 05 53 56 82 70. Fax : 05 53 56 82 70.

FFCC : partenaire - terrain assuré par la FFCC.

ALLAS LES MINES

9-F4 18 km S.-O. Sarlat-la-Canéda. 5 m. 203 hab. ✉ 24220

DOMAINE LE CRO MAGNON ★★★★ Tourisme 160 E. 7 ha. 2, CV. Locations : 22, couverte chauffée. Rivière à 800 m. ; à 1 km : ; à 2 kms : . Accueil groupes. Ouv : 14.6 / 15.9. Rés. obligatoire en été. Accès par Berbignières obligatoire. ☎ 05 53 29 13 70. Fax: 05 53 29 15 79. E-mail : contact@domaine-cro-magnon.com, Web : www.domaine-cro-magnon.com. Prix 2007. Fft jour : Empl. Tourisme (- de 7) : 10,40 € ; Sup : 7 €E. CC 14 € ; E. GCC 17,10 € ; Animaux 3,40 € (chien). Réduction H.S.

ALLES SUR DORDOGNE

9-F4 30 km E. Bergerac. 60 m. 305 hab. ✉ 24480

PORT DE LIMEUIL ★★★ Tourisme 90 E. dont 75 nus, , dont 46 CC - 35 GCC, 5 ha. CV. Locations : 9, 15. chauffée. Accès direct à la rivière. Ouv : 1.5 / 30.9. Sur RD 51 E, 1 km de RN 751. Salle de jeux. ☎ 05 53 63 29 76. Fax : 05 53 63 04 19. E-mail : didierbonvallet@aol.com, Web : www.leportdelimeuil.com. Prix 2007. Fft jour : Empl. Tourisme (2) : 24,90 € ; Sup : 5,50 € - de 10 ans 3,50 € ; 3,50 € (5/10 A) ; Animaux 2 €. Réduction H.S.

Mme FOURNIER Joëlle . A 200 m : . A 500 m : . A 4 km: . A 7 km : Piscine plein air . A 8 km : . ☎ 05 53 63 35 85.

ANGOISSE

9-F2 50 km N.-E. Nontron. 340 m. 619 hab. ✉ 24270

CAMP DU CENTRE DE LOISIRS DE ROUFFIAC-EN-PERIGORD ★★★ 100 E. 6 ha. CV. Locations : 7 , 2 , . Accès direct aux bords du lac. ; ; ; ; ; . ☎ 05 53 52 68 79 / 05 53 05 65 65 / 05 53 05 65 66 (H.S.). Fax : 05 53 06 30 94. E-mail : semitour@perigord.com.fr, Web : www.semitour.com.

PARC RESIDENTIEL DE LOISIRS LE MOULIN DE LA JAROUSSE P.R.L. 8 E., dont 8 HLL. CV. Locations : 8 . . Accès direct à l'étang et à la rivière. Lac à 4 km. ; ; à 4 km : , . Accueil groupes. ☎ 05 53 52 37 91 / 06 85 69 01 00. Fax : 05 53 52 40 43. E-mail : jarousse@wanadoo.fr, Web : www.chalets-en-perigord.com. Réduction H.S.

ANTONNE ET TRIGONANT

9-E3 10 km E. Périgueux. 106 m. 985 hab. ✉ 24420

AU FIL DE L'EAU ★★ Tourisme 50 E. 1,5 ha. CV. Locations : 2 , 6 . Accès direct à la rivière. ; ; ; . Accueil groupes. Ouv : 15.6 / 15.9. 6, allée des platanes. RN 21, dir. Limoges. ☎ 05 53 06 17 88 / 05 53 08 97 76 (H.S.). Fax : 05 53 08 97 76. E-mail : campingaufildeleau@wanadoo.fr. Prix 2007. Empl. Tourisme : 5 € ; 3,20 € ; - de 7 ans 2,30 € ; 3 €.

FFCC : partenaire + réduction emp. de 5 % en saison.

LE BOIS DU CODERC En cours de réalisation E. 2,5 ha. , snack, CV Sanitaire chauffé. Locations : . Accès direct à la rivière. ; ; ; . Accueil groupes. Ouv : 1.1 / 31.12. Les Gaunies. A 13 km Est de Périgueux sur la RN 21. ☎ 05 53 05 99 83 / 06 88 19 24 86 (H.S.). Fax : 05 53 05 15 93. E-mail : coderc-camping@wanadoo.fr, Web : www.le-bois-du-coderc.com. Prix 2008. Empl. Tourisme : 5 € ; 3 € ; - de 3/11 ans 1,50 € ; 3 à 5 € (6 à 10 A) ; Animaux 0,50 €. Réduction H.S.

ATUR

9-E3 7 km S.-E. Périgueux. 225 m. 1400 hab. ✉ 24750

LE GRAND DAGUE ★★★★ Tourisme 93 E., dont 18 GCC, 7 ha. CV Sanitaire chauffé. Locations : 7 , 18 . . Rivière à 3 km. ; ; à 5 km : . Accueil groupes. Ouv : 1.5 / 15.9. N 89, D 2. ☎ 05 53 04 21 01. Fax : 05 53 04 22 01. E-mail : info@legranddague.fr, Web : www.legranddague.fr. Prix 2007. Empl. Tourisme : 8,25 € () : 6,50 € ; - de 7 ans 4,25 € ; 3,50 € ; Animaux 1,75 €.

M. CLUZEAU Jean-Paul , 2, CV. A 3 km: Piscine plein air. Au Breuilh. D 2. ☎ 05 53 08 28 37.

AUDRIX

9-F4 30 km S.-O. Sarlat. 75 m. 130 hab. ✉ 24260

M. LACOMBE Serge . A 5 km: Piscine plein air . A 6 km : . Terrain ombragé, étang poisonneux, rivière à 5 km. Vue panoramique. ☎ 05 53 06 24 46.

M. SOULIE Yvon . A 500 m : Piscine plein air. A 2,5 km: . A 1 km : . A 2 km : . A 3 km : . La Cépède Proumeyssac, par RD 31, à 2,5 km de la commune, à proximité de la ferme. Bois, pré herbeux. ☎ 05 53 07 25 68 / 05 53 07 25 68.

AUGIGNAC

9-E2 8 km N. Nontron. 250 m. 795 hab. ✉ 24300

M. FAURE Michel . A 3 km: . A 10 km : Piscine plein air . ☎ 05 53 56 80 87.

M. MONSTER Adrian Manzac. ☎ 05 53 56 99 38.

BADEFOLS SUR DORDOGNE

9-F4 27 km E. Bergerac. 175 hab. ✉ 24150

LES BO BAINS ★★★★ Tourisme 97 E., dont 8 CC - 67 GCC - 10 HLL, 5 ha. , à charbon, CV. Locations : 30 , 45 . chauffée . Accès direct à la rivière. ; ; à 6 km : . Accueil groupes. Ouv : 7.4 / 29.9. Sur le CD 29 entre Bergerac et Sarlat. Les chiens de catégorie 1 ne sont pas acceptés dans les locations. ☎ 05 53 73 52 52. Fax : 05 53 73 52 55. E-mail : info@bo-bains.com, Web : www.bo-bains.com. Prix 2007. Fft jour : Empl. Tourisme (2) : 35,50 € ( ) ; Sup : 7,50 €Animaux 3 € (chien). Réduction H.S.

FFCC : partenaire + réduction emp. de 10 % hors saison + Stop accueil Camping-car du 04/04 au 27/06 et du 31/08 au 27/09/2008, accès jusqu'à 20h + réduction loc. de 15 % hors saison.

M. KUSTER Pierre-Yves,domaine de Barbe CV. A 1 km: . A 2 km : . A 10 km : Piscine plein air . Ouv : 1.6 / 30.9. D 29. ☎ 05 53 73 42 20. Fax : 05 53 73 42 24. E-mail : contact@domainedebarbe.com, Web : www.domainedebarbe.com. Prix 2007. Empl. Tourisme : 3 € ; 3 € ; 3 € ; 3 € ; 3 € ; 1,80 € ; 2 €.

BEAUMONT

9-E4 28 km S.-E. Bergerac. 1302 hab. ✉ 24440

DOMAINE DE LA COLOMBIERE ★★ Tourisme 57 E., dont 6 GCC, 1,5 ha. snack, CV. Locations : 22 , 30 , . . à 4 km : . Route de Villeréal. ☎ 05 53 22 40 86 / 04 68 90 27 00 (Réserv.). Fax : 05 53 22 40 86. E-mail : sogerel@wanadoo.fr, Web : www.sogerel.com.

MOULIN DE SURIER P.R.L. 30 E., dont 30 HLL. ☎ 05 53 24 91 98.

BEAUREGARD DE TERRASSON

9-F3 36 km N. Sarlat-la-Canéda. 264 m. 653 hab. ✉ 24120

CAMPING RURAL MUNICIPAL Les Clos. Accès par la D 62. ☎ 05 53 51 25 69.

BEAURONNE

9-E3 33 km S.-O. Périgueux. 66 m. 340 hab. ✉ 24400

Mme LAFORET Jacqueline , 2, , étang, . A 3 km: . A 8 km : Piscine plein air . A 10 km : . Ouv : 1.7 / 11.11. Rénolphie. Par RD 709, à 4 km Nord-Ouest de la commune, à proximité de la ferme. rivière à 6 km. Sentiers pédestres. ☎ 05 53 80 00 42.

FFCC : partenaire - terrain assuré par la FFCC + Stop accueil Camping-car du 01/07 au 11/11/2008.

BELVES

9-F4 32 km S.-O. Sarlat-la-Canéda. 190 m. 1625 hab. Station verte de vacances et village de neige ✉ 24170

LE MOULIN DE LA PIQUE ★★★★ Tourisme 180 E., dont 160 GCC, 8 ha. CV Sanitaire chauffé. Locations : 47 , Maisons. chauffée . Accès direct à l'étang. ; ; ; . Accueil adultes. Ouv : 12.4 / 11.10. D 710. ☎ 05 53 29 01 15. Fax : 05 53 28 29 09. E-mail : info@rcn-lemoulindelapique.fr, Web : www.rcn-campings.fr. Prix 2007. Fft jour : Empl. Tourisme (6) : 49,50 € ( ) ; Animaux 4 €. Réduction H.S.

LES NAUVES ★★★ Tourisme 100 E. dont 58 nus, , dont 4 CC - 5 GCC - 1 HLL, 7 ha. CV. Locations : 4 , 25 , 4 , 8 , . . Rivière à 5 km. à 4 km : ; à 7 km : , , . Accueil groupes hors saison. A Périgueux prendre N 710 jusqu'à Belves, puis prendre la D 53 vers Monpazier. Lieu-dit Bos Rouge en dir. de Larzac. ☎ 05 53 29 12 64. Fax : 05 53 29 12 64. E-mail : campinglesnauves@hotmail.com, Web : www.lesnauves.com. Réduction H.S.

LES HAUTS DE RATEBOUT Voir SAINTE-FOY-LES-BELVES

BERGERAC

47 km S.-E. Périgueux. 40 m. 27704 hab. ✉ 24100

CAMP MUNICIPAL LA PELOUSE ★★ Tourisme 56 E. 2,2 ha. CV Sanitaire chauffé. Accès direct à la rivière. ; à 1 km : ; à 2 km : surveillée, ; à 10 km : . Accueil groupes encadrés. Ouv : 16.2 / 31.10. 8, bis rue Jean Jacques Rousseau. ☎ 05 53 57 06 67. Fax : 05 53 57 06 67. E-mail : population@mairie-bergerac.fr, Web : www.ville-bergerac.com/eva/. Prix 2007. () : 2,14 € ; 1,20 € ; 3,32 € ; 1,20 € ; 2,92 € ; - de 7 ans 2,06 € ; 2,64 € ; Animaux 0,90 €.

BEYNAC ET CAZENAC

9-F4 10 km S.-O. Sarlat. 460 hab. ✉ 24220

LE CAPEYROU ★★★ Tourisme 100 E. 5 ha. CV. Locations : 1 . . Accès direct à la rivière. ; ; ; à 100 m : . Accueil groupes. Ouv : Pâques / 30.9. RD 703. A l'entrée du village. Vue sur château. ☎ 05 53 29 54 95. Fax : 05 53 28 36 27. E-mail : lecapeyrou@wanadoo.fr, Web : www.campinglecapeyrou.com. Prix 2007. Empl. Tourisme : 6,70 € ; 5,10 € ; - de 7 ans 2,80 € ; 3 à 4 € (6 à 10 A) ; Animaux 1,10 €. Réduction H.S.

BIRON

9-F4 45 km S.-E. Bergerac. 240 m. 120 hab. ✉ 24540

LE MOULINAL ★★★★ Tourisme 300 E. dont 75 nus, , dont 185 GCC - 44 HLL, 10 ha. CV Sanitaire chauffé. Camping clef verte. Locations : 40 , 30 , 135 , 10 , , . chauffée . Accès direct à l'étang. ; ; . Accueil groupes. ☎ 05 53 40 84 60. Fax : 05 53 40 81 49. E-mail : lemoulinal@périgord.com, Web : www.lemoulinal.com. Prix 2007. Fft jour : Empl. Tourisme (2) : 32 € ( ) ; Sup : 10 € - de 7 ans 8 € ; E. GCC 43 € (Fft 2 pers.) ; Animaux 5 €. Réduction H.S.

FFCC : réduction loc. de 5 % hors saison + HC.

PARC RESIDENTIEL DE LOISIRS CASTELWOOD VACANCES P.R.L. 11 E., dont 11 HLL. , 3 km, 3 km, , 3 km, 3 km, CV. Locations : 11 . . A 1 km du Château de Biron dir. Lacapelle-Biron. ☎ 05 53 57 96 08. Fax : 05 53 73 18 66. E-mail : info@castelwood-france.com, Web : www.castelwood-france.com.

BOISSEUILH

9-F3 44 km N.-E. Périgueux. 270 m. 113 hab. ✉ 24390

M. PEPERKAMP Adriaan,La Belle Maison La Contie. RD 72 Hautefort dir. Boisseuilh. ☎ 05 53 51 62 71. Fax : 05 53 51 62 71. E-mail : peper.ooq@freesurf.fr, Web : www.dordogne-camping.org..

BORREZE

9-F3 22 km N.-E. Sarlat 133 m. 331 hab. ✉ 24590

M. LALBA Yves CV. A 500 m : . A 3 km: . A 10 km : . Les Combelles, par RD 62, à 3 km de Borrèze, à proximité de la ferme. Pré à flanc de colline. Produits de la ferme. ☎ 05 53 28 83 25.

FFCC : partenaire - terrain assuré par la FFCC .

M. NEYRAT Jean-Pierre (1er terrain) . A 10 km: Piscine plein air . A 15 km : . Le moulin du Janicot, 1 km de la commune, à proximité de la ferme. Pré, bord de ruisseau. Ferme-auberge. ☎ 05 53 28 83 06.

M. NEYRAT Jean-Pierre (2ème terrain) , pétanque, . A 500 m : . A 10 km: . Le moulin du Janicot 500 m de la commune, à proximité de la ferme. Pré, bord de ruisseau. Ferme-auberge. ☎ 05 53 28 83 06.

BOURGNAC

9 E3 40 km S.-O. Périgueux. 71 m. 250 hab. ✉ 24400

LA LANDE ★ Tourisme 25 E. CV. Locations : 1 , 5 . . ☎ 05 53 81 14 10 / 05 53 81 23 34.

BOUZIC

10-A4 22 km S. Sarlat. 150 m. 128 hab. ✉ 24250

LE DOUZOU ★ Tourisme 45 E., dont 6 GCC. CV. Locations : 6 , . . Accès direct à la rivière. ; . ☎ 05 53 28 41 60. Fax : 05 53 28 41 60.

BRANTOME

9-E2 26 km N.-N.-O. Périgueux. 105 m. 2101 hab. ✉ 24310

PEYREVELADE ★★ Tourisme 170 E. 4,9 ha. CV. Locations : , 5 , , 1 . . Rivière à 16 m. ; rivière : ; . Ouv : 12.5 / 16.9. Avenue André Maurois. A 10 de Paris/Bordeaux suivre Périgueux, puis Brantôme. Club de tennis à l'entrée du camp. ☎ 05 53 05 75 24 / 0 810 122 813 (Réserv.) (H.S.). Fax : 04 99 57 21 22. Web : www.village-center.com. Prix 2007. Fft jour : Empl. Tourisme (2) : 16 € ( ) ; Sup : 4 € 3 € ; Animaux 3 €. Réduction H.S.

PUYNADAL ★ Tourisme 30 E. 3 ha. CV. Locations : 5 , , 4 , 1 , . . Rivière à 1 km.Etang à 3 km. ; à 1 km : ; à 2 km : ; à 3 km : . Vente de mobile-homes occasion et neuf. Location de parcelle à l'année. ☎ 05 53 06 19 66. Fax : 05 53 06 19 66. Web : www.camping-et-ecuries-puynadal.com.

LE BUGUE

9-F4 28 km O. Sarlat. 60 m. 2784 hab. Station verte de vacances et village de neige ✉ 24260

CAMP LES 3 CAUPAIN ★★★ Tourisme 160 E. 4 ha. , juillet/août, juillet/août, CV. Locations : 40 , , . . Rivière à 50 m. Etang à 3,5 km. . Accueil groupes. Ouv : 1.4 / 30.10. Rés. obligatoire en été. Le Port. ☎ 05 53 07 24 60 / 06 85 48 44 25 (H.S.). Fax : 05 53 08 72 66. E-mail : info@camping-bugue.com, Web : www.camping-des-trois-caupain.com & www.caupain.net. Prix 2007. Fft jour : Empl. Tourisme (2 1 - de 2) : 16,50 € ( ) ; Sup : 4,50 € - de 12 ans 3,20 € ; 3 à 3,60 € (6 à 16 A). Réduction H.S.

FFCC : partenaire + réduction emp. de 8 % hors saison + carte FFCC assurance annulation + Stop accueil Camping-car du 01/04 au 07/07 et du 25/08 au 30/10/2008, accès jusqu'à 21h + réduction loc. de 10 % hors saison.

LA LINOTTE ★★★ Tourisme 101 E. dont 52 nus, , dont 7 HLL, 2 ha. CV. Locations : 14 , 41 . chauffée . Rivière à 2 km.Etang et lac à 5 km. ; ; . Accueil groupes. Ouv : Pâques / 30.9. Rés. obligatoire en été. Route de Rouffignac et suivre la signalisation. ☎ 05 53 07 17 61. Fax : 05 53 54 16 96. E-mail : infos@campinglalinotte.com, Web : www.campinglalinotte.com. Prix 2007. Empl. Tourisme : 8,45 € ( ) : 6,30 € ; - de 7 ans 4,50 € ; 3,20 à 4 € (6 à 10 A) ; Animaux 1,52 €. Réduction H.S.

LE ROCHER DE LA GRANELLE ★★★ Tourisme 100 E. dont 20 nus, 4 ha. CV. Locations : 12 , 5 , 10 , , . . Accès direct à la rivière. ; , ; . Ouv : 1.4 / 30.9. Lieu-dit La Borie. Derrière Intermarché. Cyber-café et Wifi sur tous les emplts. ☎ 05 53 07 24 32 / 06 20 53 66 81 (H.S.). E-mail : info@lagranelle.com, Web : www.lagranelle.com. Prix 2008. Fft jour : Empl. Tourisme (2) : 18,50 € ( ) ; 4 € ; E. GCC 4 € (suplt) ; Animaux 2 €.

ACCUEIL DU BRIN D'AMOUR Voir Saint-Cirq

Voir aussi CAMPAGNE et SAINT-FELIX-DE-REILLAC-ET-MORTEMART

LE BUISSON DE CADOUIN

9-F4 38 km E. Bergerac. 59 m. 2186 hab. Station verte de vacances et village de neige ✉ 24480

DOMAINE DE FROMENGAL ★★★★ Tourisme 90 E., dont 18 CC - 72 GCC - 18 HLL, 4 ha. CV. Locations : 21 , 28 , 3 , . . Accès direct à l'étang. Rivière à 5 km. ; ; à 4 km : ; à 5 km : , . Accueil groupes hors saison. A 35 km de la RN 21 et à 1,5 km de la RD 2. ☎ 05 53 63 11 55. Fax : 05 53 73 03 28. E-mail : fromengal@domaine-fromengal.com, Web : www.domaine-fromengal.com.

LE PONT DE VICQ ★★★ Tourisme 130 E. dont 113 nus, dont 4 GCC, 5,5 ha. , snack, CV. Locations : 17 . Accès direct à la rivière. ; ; ; à 3 km : . Accueil groupes. Ouv : 1.4 / 15.10. Rés. obligatoire en été. Sur CD 51 E. ☎ 05 53 22 01 73. Fax : 05 53 22 06 70. E-mail : le.pont.de.vicq@wanadoo.fr, Web : www.campings-dordogne.com/lepontdevicq. Prix 2007. Empl. Tourisme : 3,60 € ( ) : 4,90 € ; - de 2/10 ans 3,10 € ; 3,20 € (6 A) ; Animaux 1,10 €. Réduction H.S.

LES JARDINS DE L'ABBAYE ★ Tourisme 33 E. dont 25 nus, 1 ha. CV. Locations : 8. Etang à 500 m. Rivière à 5 km. à 500 m ; à 5 km. Accueil groupes. Ouv : 1.4 / 30.9. Dir. Monpazier. ☎ 05 53 61 89 30. E-mail : jardins-abbaye@wanadoo.fr. Prix 2008. Fft jour : Empl. Tourisme (1) : 8,20 € ; - de 10 ans 2,40 € ; 3 € (6 A) ; Animaux 1,20 €. Réduction H.S.

M. BEYNE Michel CV. A 2 km. A 5 km. A 12 km : Piscine plein air. Le Roussel, CD 29 à 1 km, 2 km de la commune, à proximité de la ferme. Pré sur colline, rivière à 2 km. ☎ 05 53 22 95 23 / 06 14 14 43 11.

TERME D'ASTOR Voir SAINT-AVIT-RIVIERE

BUSSEROLLES

9-E2 20 km N. Nontron. 115 m. 616 hab. ✉ 24360

CAMP MUNICIPAL SAINT-MARTIAL ★★ Tourisme 28 E. 1 ha. Accès direct à l'étang et à la rivière. Accueil groupes. Lieu-dit Le Cros de l'Ouvrage. Entre Limoges/Périgueux et Angoulême. ☎ 05 53 60 53 04. Fax : 05 53 60 77 84. E-mail : mairie.busserolles@wanadoo.fr.

CALVIAC EN PERIGORD

10-A4 13 km S.-E. Sarlat. 86 m. 425 hab. ✉ 24370

LES CHENES VERTS ★★★ Tourisme 143 E., dont 24 HLL, 8 ha. CV. Locations : 9, 10. couverte chauffée. Rivière à 2 km. à 2 km ; à 5 km. Accueil groupes. D 704 A entre Sarlat et Souillac. A Brive dir. Toulouse. Une des piscines est couverte et chauffée. ☎ 05 53 59 21 07. Fax : 05 53 31 05 51. E-mail : chenes-verts@wanadoo.fr, Web : www.campings-dordogne.com/chenes-verts.

CAMPAGNE

9-F4 26 km O. Sarlat. 60 m. 240 hab. ✉ 24260

LE VAL DE LA MARQUISE ★★★ Tourisme 104 E. dont 82 nus, 4 ha. CV Sanitaire chauffé. Locations : 8, 8, 2. Accès direct à l'étang. Rivière à 500 m. à 6 km. Accueil groupes. Ouv : 1.4 / 15.10. Rés. obligatoire en été. Sur D 703 entre Le Bugue et Les Eyzies, puis D 35 entre Campagne et route de St-Cyprien. ☎ 05 53 54 74 10 / 06 89 29 04 92 (H.S.). Fax : 05 53 54 00 70. E-mail : val-marquise@wanadoo.fr, Web : www.levaldelamarquise.com. Prix 2008. Fft jour : Empl. Tourisme (2 1 - de 2 ans) : 16,90 € ; Sup : 4,70 € - de 10 ans 3,50 € ; 4 € (15 A) ; Animaux 1,80 €. Réduction H.S.

FFCC : partenaire + réduction emp. de 5 % en saison et 10 % hors saison + carte FFCC assurance annulation.

CAMPSEGRET

9-E3 13 km N.-N.-E. Bergerac. 389 hab. ✉ 24140

LE BOURG ★ Tourisme 50 E. dont 50 nus 1,2 ha. CV. Etang à 300 m. Accueil groupes. avec encadrement. Ouv : 1.6 / 30.9. 50 m RN 21 entre Bergerac et Périgueux. ☎ 05 53 61 87 90 / 05 53 24 22 36 (H.S.). Fax : 05 53 24 22 36. Prix 2007. Empl. Tourisme : 2,50 € ; 2,50 € ; 2 € ; - de 7 ans 1 € ; 2 € (10 A).

CARLUX

10-A4 18 km E. Sarlat. 90 m. 565 hab. ✉ 24370

LES OMBRAGES ★★ Tourisme 80 E. dont 72 nus 3,5 ha. CV. Locations : 1 court. Accès direct à la rivière. Accueil groupes. Ouv : 1.4 / 31.10. Rouffillac. A 20 sortie n° 55 Souillac puis D 804 dir. Sarlat. ☎ 05 53 28 62 17. E-mail : ombrages@perigord.com, Web : www.ombrages.fr. Prix 2007. Empl. Tourisme : 5,50 € ; 4 € ; - de 2/7 ans 2,50 € ; 2,50 à 3,50 € (6 à 10 A) ; Animaux 1,50 €. Réduction H.S.

FFCC : partenaire + réduction emp. de 5 % en saison + Stop accueil Camping-car du 01/04 au 30/06 et du 01/09 au 31/10/2008, accès jusqu'à 20h30.

CARSAC AILLAC

10-A4 9 km S.-E. Sarlat-la-Canéda. 90 m. 950 hab. ✉ 24200

AQUA VIVA ★★★★ Tourisme 179 E. dont 140 nus, , dont 30 GCC - 30 HLL, 8 ha. CV Sanitaire chauffé. Locations : 35. Accès direct à l'étang. Rivière à 3 km. Accueil groupes hors saison. Sur RD 704 A, route de Sarlat-Souillac. ☎ 05 53 31 46 00 / 0810 122 813 (H.S.). Fax : 05 53 29 36 37. E-mail : aquaviva@village-center.com, Web : www.village-center.com/aquaviva. Prix 2007. Fft jour : Empl. Tourisme (2) : 30 € ; Sup : 5 € Animaux 3 €. Réduction H.S.

LE PLEIN AIR DES BORIES ★★★ Tourisme 110 E. dont 93 nus, dont 4 GCC - 4 HLL, 2,8 ha. ap. 22 h, CV. Locations : 17, 25. couverte. Accès direct à la rivière. Etang à 3 km. Ouv : 1.5 / 21.9. Rés. obligatoire en été. Les Bories, N 704. A 20 sortie Souillac suivre Sarlat puis D 703 après Calviac en Périgord prendre à gauche Vallée de la Dordogne, passer Aillac à Carsac après ancien pont SNCF, 2ème à gauche à environ 600 m. Piste cyclable à 100 m (plat et goudronné) ☎ 05 53 28 15 67. Fax : 05 53 28 15 67. E-mail : contact@camping-desbories.com, Web : www.camping-desbories.com. Prix 2008. Fft jour : Empl. Tourisme (2) : 20,40 € ; Sup : 6,30 € - de 6 ans 3,30 € ; 2,90 € (6 A) ; Animaux 1,50 €. Réduction H.S.

LE ROCHER DE LA CAVE ★★ Tourisme 150 E. dont 112 nus, 4 ha. snack, CV. Locations : 12, 7, 8. Accès direct à la rivière. Accueil groupes. Ouv : 1.5 / 15.9. N 703 et 704. ☎ 05 53 28 14 26 / 05 53 28 27 10 (H.S.). Fax : 05 53 28 27 10. E-mail : rocher.de.la.cave@wanadoo.fr, Web : www.rocherdelacave.com. Prix 2007. Tourisme : 6,40 € ; 4,95 € ; - de 10 ans 2,45 € ; 2,80 €. Réduction H.S.

CARSAC DE GURSON

9-D3 36 km O.-N.-O. Bergerac. 100 m. 209 hab. ✉ 24610

LAC DE GURSON ★★ Loisirs 80 E. (36 Tourisme + 44 Loisirs) 2 ha. CV. Accès direct à l'étang et aux bords du lac. Accès par A 89 sortie Montpon. ☎ 05 53 80 77 57. Fax : 05 53 80 77 02. E-mail : lac-de-gurson@wanadoo.fr, Web : www.lac-de-gurson.com.

LA CASSAGNE

10-A3 28 km N.-E. Sarlat-la-Caneda. 330 m. 112 hab. ✉ 24120

LA GRANDE PRADE ★★ Tourisme 100 E., dont 13 HLL, 3,5 ha. CV. Locations : 32, 4, 2. Accès direct à l'étang. Rivière à 700 m. Ouv : Pâques / 30.9. ☎ 05 53 51 66 13 / 05 53 50 83 03 (H.S.). Fax : 05 53 50 83 11. E-mail : sebaleclerc@aol.com. Prix 2007. Empl. Tourisme : 5,80 € ; 4 € ; - de 7 ans 1,80 € ; 3 à 4 € (5 à 10 A) ; Animaux 1,52 €.

CASTELNAUD LA CHAPELLE

9-F4 11 km S.-O. Sarlat. 80 m. 440 hab. ✉ 24250

LOU CASTEL ★★★ Tourisme 105 E., dont 5 HLL, 5,5 ha. la nuit, CV. Locations : 5, 26, 3, 3. Rivière à 3,5 km. à 3,5 km. Ouv : 1.6 / 15.9. Par route du château 3,5 km de la rivière. Pour les caravanes par Pont de Cause puis D 57 7 km. 2 pentagliss aquatique. ☎ 05 53 29 89 24 / 06 37 69 75 08 (H.S.). Fax : 05 53 28 94 85. E-mail : loucastel2@wanadoo.fr, Web : www.loucastel.com. Prix 2008. Empl. Tourisme : 6,60 € ; 5,10 € ; - de 7 ans 3,90 € ; 3,90 € (16 A).

MAISONNEUVE ★★★ Tourisme 140 E. 3 ha. CV. Locations : 8, 50, Maison. Accès direct à la rivière. Accueil groupes H.S.. H.S.. Ouv : 22.3 / 4.10. Chemin de Maisonneuve, sur RD 57, à 2 km RD 703. ☎ 05 53 29 51 29. Fax : 05 53 30 27 06. E-mail : contact@campingmaisonneuve.com, Web : www.campingmaisonneuve.com. Prix 2007. Empl. Tourisme : 7,20 € ; 5,30 € ; - de 7 ans 3,60 € ; 3,60 à 4,20 € ; Animaux 1 €. Réduction H.S.

CASTELS

9-F4 21 km O. Sarlat-la-Canéda. 70 m. 415 hab. ✉ 24220

G.C.U. LES MASSERIES Réservé aux adhérents. Adhésion possible sur place pour les sociétaires MAIF et FILIA MAIF.

PARC RESIDENTIEL DE LOISIRS LA NOYERAIE P.R.L. 11 E., dont 11 HLL. CV. Locations : 12. Rivière à 1 km. à 1 km ; à 2 km. Ouv : 1.1 / 31.12. Rés. obligatoire en été. Le Grelat. Suivre la D 703, route de SARLAT-BERGERAC à 2 km de Saint-Cyprien. ☎ 05 53 31 24 43. Fax : 05 53 31 24 43. E-mail : la-noyeraie@free.fr, Web : www.la.noyeraie.fr.

M. BOUREAU Marc 1, CV. A 3 km. A 7 km. A 10 km. D 25 ou D 35. ☎ 05 53 29 26 03. Fax : 05 53 29 26 03. E-mail : maboureau@tiscali.fr, Web : www.campagnac.fr.tc..

M. MARTY Serge,Le Colombier CV. A 2 km. A 3 km. A 4 km. A 5 km. A 7 km : Piscine plein air. A 10 km. Ouv : Pâques / Toussaint. D 25 et D 35. ☎ 05 53 29 26 25. E-mail : chezmaty@yahoo.fr, Web : colombier24.free.fr. Prix 2008. 7,70 € ; 3,30 € ; 3 €.

CAZOULES

10-A4 24 km E. Sarlat-la-Canéda. 101 m. 381 hab. ✉ 24370

CAMP MUNICIPAL ★★ Tourisme 100 E. 5 ha. partiel, CV. Locations : 10. Accès direct à la rivière. La Borgne. N 20 puis D 703. ☎ 05 53 29 81 64 (Camping) / 05 53 31 45 25 (Mairie). Fax : 05 53 29 81 99.

CENAC ET ST JULIEN

9-F4 11 km S. Sarlat. 150 m. 900 hab. ✉ 24250

LE PECH DE CAUMONT ★★★ Tourisme 100 E. dont 80 nus, dont 6 HLL, 2,5 ha. CV. Locations : 6, 14. Rivière à 1,5 km. à 1,5 km. Ouv : 1.4 / 30.9. D 46. ☎ 05 53 28 21 63. Fax : 05 53 29 99 73. E-mail : jmilhac@perigord.com, Web : www.pech-de-caumont.com. Prix 2008. Fft jour : Empl. Tourisme (2) : 15,45 € ; Sup : 4,70 € - de 2/7 ans 2,50 € ; 3,10 € (6 A). Réduction H.S.

CAMP MUNICIPAL ★ Tourisme 112 E. 2 ha. CV. Locations. Accès direct à la rivière. Accueil groupes. Sur RD 46. ☎ 05 53 28 31 91 / 05 53 31 41 31 (Mairie). Fax : 05 53 31 41 32.

M. ENGLISH NELSON Fondaumier.

M. SARDAN Jean-Louis CV. A 500 m. A 1 km. A 2 km. A 6 km : Piscine plein air. Simon. A 2 km Ouest de la commune, à proximité de la ferme bois. Pré herbeux, clairière, la Dordogne à 1 km. Location de caravane. Gîte meublé. ☎ 05 53 28 23 34. Fax : 05 53 28 23 34. E-mail : ajb@wanadoo.fr.

CHALEIX

9-F2 38 km E. Nontron 325 m. 425 hab. ✉ 24800

CAMPING LE TOUROULET De Limoges prendre RN 21 dir. Périgueux. Après la Coquille tournez à droite sur la D 98 dir. St Jory de Chalais tournez à gauche le camping est en face de l'étang. ☎ 05 53 55 23 59. Fax : 05 53 55 23 59. E-mail : touroulet@hotmail.com, Web : www.camping-touroulet.com.

CHAMPAGNAC DE BELAIR

9-E2 18 km S.-S.-E. Nontron 606 hab. ✉ 24530

M. BETHS Hendrik,camping à la ferme Maucité Ouv : 15.4 / 31.10. Maucité. Champagnac de Belair par D 83 puis Richting/Quinsac. ☎ 05 53 54 21 74 / 05 53 54 21 74. E-mail : henrie2@wanadoo.fr, Web : www.dordogne.nl & www.henkenriet.tripod.com. Prix 2008. Empl. Tourisme : 4 € : 2,50 € ; - de 12 ans 1,25 € ; 1,80 €.

CHAMPS ROMAIN

9-E2 12 km E. Nontron. 304 m. 332 hab. ✉ 24470

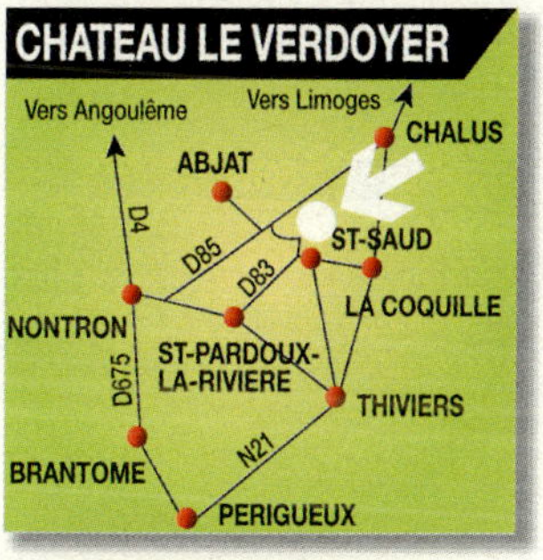

CHATEAU LE VERDOYER ★★★★ Tourisme 150 E., dont 80 CC - 20 HLL, 6 ha. la nuit, CV Sanitaire chauffé. Camping clef verte. Locations : 12, 12, 2, Chambres. chauffée. Accès direct à l'étang. Accueil groupes. ☎ 05 53 56 94 64 / 05 53 56 94 64 (H.S.). Fax : 05 53 56 38 70. E-mail : chateau@verdoyer.fr, Web : www.verdoyer.fr. Prix 2008. Fft jour : Empl. Tourisme (2) : 29 € Sup : 6,50 € - de 7 ans 4 € ; 3 € (5 A) ; E. GCC 33,50 € (Fft) ; Animaux 3 €. Réduction H.S.

FFCC : réduction loc. de 5 % hors saison + HC.

LE CHANGE

9-F3 15 km E. Périgueux. 105 m. 415 hab. ✉ 24640

LA CHAPELLE D'AUBEROCHE ★★ Tourisme 50 E. 3 ha. CV. Locations : , 2. Accès direct à la rivière. Dir. Hautefort CD 5. ☎ 05 53 06 04 19. Fax : 05 53 35 09 51. E-mail : info@tourismorama.com.

M. LHOTE Bernard CV. A 3 km: Piscine plein air. La Vergne. D 5. ☎ 05 53 06 04 52. Fax : 05 53 06 04 52. Prix 2007. : 2,10 € ; 2,10 € ; 2,10 € ; 2,70 € ; 2,10 € ; 2 €.

CHAPDEUIL

9-E2 32 km N.-O. Périgueux. 200 m. 140 hab. ✉ 24320

M. GERARD Jacques CV. A 3 km: . La Ganne. D 106. à proximité du bourg. Pré, bord de ruisseau. Sanitaires. Gardiennage de caravanes. Falaises à 8 km. ☎ 05 53 91 11 22.

LA CHAPELLE AUBAREIL

9-F3 18 km N. Sarlat. 280 m. 308 hab. ✉ 24290

LA FAGE ★★★★ Tourisme 60 E. dont 45 nus, dont 8 CC - 16 GCC - 3 HLL, 2,5 ha. CV. Locations : 4, 12, 2. chauffée - Accueil groupes groupe de 12 pers.. Ouv : 1.5 / 30.9. D 704. ☎ 05 53 50 76 50. Fax : 05 53 50 76 50. E-mail : camping-lafage@wanadoo.fr, Web : www.camping-lafage.com. Prix 2007. Empl. Tourisme : 6,50 € ; 5 € ; - de 7 ans 3,50 € ; 2,50 à 3 € (6 à 10 A) ; E. GCC 11,50 € (Fft) ; Animaux 1,50 €. Réduction H.S.

FFCC : partenaire + réduction emp. de 5 % en saison et hors saison.

CHAVAGNAC

9-F3 34 km N.-E. Sarlat. 318 m. 272 hab. ✉ 24120

M. SALVETAT Jean-Marie (2 terrains) A 3 km: . A 5 km : Piscine plein air. A 6 km : . A 10 km : . Bigeat. RN 89 à 5 km puis RD 60 à 500 m, 2 Km Nord de la commune, à proximité de la ferme. Sur crète de colline, panoramique, plan d'eau à 6 km. Circuits touristiques. Chiens acceptés en laisse. ☎ 05 53 51 00 59 / 05 53 50 36 21. Fax : 05 53 50 36 21.

CHERVEIX CUBAS

9-F3 40 km N.-E. Périgueux. 108 m. 665 hab. ✉ 24390

CAMP MUNICIPAL LE CLUPEAU ★ Tourisme 30 E. 0,4 ha. Locations : . Accès direct à la rivière. Au carrefour de la D 704 Limoges-Sarlat et de la D 5 venant de Périgueux. ☎ 05 53 50 43 21 / 05 53 50 41 44 (Mairie). Fax : 05 53 50 28 47.

LA COQUILLE

9-F2 32 km E. Nontron. 340 m. 1578 hab. ✉ 24450

LA MONNERIE ★ Tourisme 35 E. ☎ 05 53 52 83 03.

LE PERIGORD VERT ★ Tourisme 35 E. dont 27 nus, dont 5 HLL, 2,5 ha. CV. Locations : 5, 3. Etang à 300 m. Lac à 3 km. Accueil groupes. Ouv : 15.04 / 30.10. Fardoux, route de Nontron D 79, N 21. ☎ 06 82 97 56 72 / 05 53 52 85 77 / 06 82 97 56 72 (H.S.). E-mail : leperigordvert@aol.com. Prix 2008. Empl. Tourisme : 3,50 € ; 3,20 € ; - de 7 ans 2,10 € ; 2,50 € (4 à 10 A). Réduction H.S.

CORNILLE

9-E3 10 km N.-E. Périgueux. 191 m. 548 hab. ✉ 24750

PARC RESIDENTIEL DE LOISIRS LA FORET P.R.L. 48 E., dont 48 HLL. Lieu-dit Château de la Forêt. ☎ 05 53 06 83 30 / 05 53 03 82 20.

COUX ET BIGAROQUE

9-F4 28 km S.-O. Sarlat. 200 m. 720 hab. ✉ 24220

LA FAVAL ★★★ Tourisme 100 E., dont 2 CC - 10 HLL, 2,2 ha. saison, CV. Locations : 4, 16, 1, 2. Etang à 400 m. Rivière à 500 m. ; à 300 m : , ; à 2 km : ; à 7 km. Carrefour des RD 703 et 710, à l'oct de Coux. ☎ 05 53 31 60 44. Fax : 05 53 28 39 71. E-mail : camping.la.faval@libertysurf.fr, Web : www.la-faval.com.

LE CLOU ★★★ Tourisme 100 E., dont 5 GCC - 10 HLL, 3 ha. CV. Locations : 2, 3, 12, 3. Rivière à 3 km. à 3 km : , , . Ouv : 25.4 / 15.9. Rés. obligatoire en été. D 703, Meynard. Bibliothèque. ☎ 05 53 31 63 32. Fax : 05 53 31 69 33. E-mail : info@camping-le-clou.com, Web : www.camping-le-clou.com. Prix 2007. Empl. Tourisme : 8,25 € ; 5,75 € ; - de 4 ans 3 € ; 3,50 € (4 à 10 A) ; Animaux 2 €. Réduction H.S.

LES VALADES ★★★ Tourisme 75 E. dont 50 nus, , dont 20 CC - 47 GCC - 11 HLL, 5 ha. CV. Locations : 11, 6. Accès direct à l'étang. ; ; ; . Situé en Périgord Noir près du Bugue. ☎ 05 53 29 14 27. Fax : 05 53 28 19 28. E-mail : camping.valades@wanadoo.fr, Web : www.lesvalades.com.

M. & Mme BOURGES pétanque, CV. A 800 m : . A 1 km: . A 2 km : Piscine plein air. A 10 km : . Ouv : juin / octobre. La Carral. Par RD 703, 600 m de la ferme. Pré herbeux dans vallée ombragée. Repas en ferme de séjour, cuisine d'autrefois uniquement produits fermiers. ☎ 05 53 31 62 77 / 06 27 64 40 75 (H.S.). Fax : 05 53 31 62 77. Web : www.lacarral.com.

M. BOURGES Roger A 800 m : . A 900 m : . A 1 km: . A 2 km : . A 3 km : Piscine plein air. La Carral, par RD 703, 1 km nord-est de la commune, 500 m de la ferme. Au pied d'une colline, bois, rivière à 800 m. Animation veillées, jeux. Initiation au tir à l'arc. Randonnées pédestres et à vélos découvertes. ☎ 05 53 31 61 49 / 05 53 31 62 77.

Mme ARCHAMBAUD Marie-Claire A 600 m : . A 2,5 km: . A 2 km : . Lagrave, D 703, à 2,5 km Nord de la commune. ☎ 05 53 31 63 18.

Mme CHAZELAS Jeanne A 1 km: . A 2 km : . A 3 km : . A 4 km : Piscine plein air. A 10 km : . Les Tyssanderies, D 703, à 2 km Nord du bourg. Pré herbeux, clairière, rivière à 2 km. ☎ 05 53 31 62 52.

COUZE ET ST FRONT

9-E4 19 km E. Bergerac. 40 m. 831 hab. ✉ 24150

CAMP DES MOULINS ★★★ Tourisme 50 E. dont 26 nus 2,7 ha. CV. Locations : 23, . Accès direct à la rivière. ; . Accès par D 660. Route de Cahors. Entre Bergerac et Lalinde. ☎ 05 53 61 18 36 / 06 89 85 76 24 (H.S.). Fax : 05 53 61 18 36. E-mail : camping-des-moulins@wanadoo.fr, Web : www.campingdesmoulins.com. Prix 2007. Fft jour : Empl. Tourisme (2) : 24 € ; Sup : 6 € 5 € ; Animaux 2 €. Fft Ccar : 18 € (2).

CUBJAC

9-F3 22 km N.-E. Périgueux. 60 m. 464 hab. ✉ 24640

L'ILOT ★★ Tourisme 50 E. 1,6 ha. CV. Camping clef verte. Locations : 6, 3, , . Accès direct à la rivière. ; ; ; . Ouv : 1.4 / 30.9. Sur RD 5 ou RD 69, à 7 km de RN 21 et RN 89. Bibliothèque. ☎ 05 53 05 39 79 / 05 53 05 39 79 / 05 53 05 53 05 (H.S.). Fax : 05 53 05 37 82. E-mail : musitelli@wanadoo.fr.

DAGLAN

9-F4 17 km S. Sarlat. 90 m. 608 hab. ✉ 24250

LE MOULIN DE PAULHIAC ★★★★ Tourisme 150 E., dont 20 CC - 30 GCC, 5 ha. CV. Locations : 10, , couverte chauffée. Accès direct à la rivière. ; ; ; . Par RD 57. 17 km sortie Sud de Sarlat. ☎ 05 53 28 20 88. Fax : 05 53 29 33 45. E-mail : francis.armagnac@wanadoo.fr, Web : www.moulin-de-paulhiac.com. Réduction H.S.

LA PEYRUGUE ★★ Tourisme 83 E. dont 65 nus, 5 ha. CV. Locations : 8, 9. Rivière à 500 m. ; . Sur RD 57. ☎ 05 53 28 40 26. E-mail : camping@peyrugue.com, Web : www.peyrugue.com.

LE DAGUET Voir SAINT-LAURENT-LA-VALLEE

DOMME

10-A4 12 km S. Sarlat. 250 m. 910 hab. ✉ 24250

LE PERPETUUM ★★★ Tourisme 120 E., dont 6 CC - 14 GCC, 4 ha. snack, CV. Locations : 20, 2. Accès direct à la rivière. ; . Ouv : 1.05 / 10.10. 400 m RD 46, 2 km RN 703. De Sarlat dir. Bergerac/ Domme jusqu'à Vitrac, prendre le pont de Vitrac et suivre le fléchage. Ou de Souillac/ Gourdon/Bergerac dir. Cénac et D 50 puis Groléjac. Ne pas monter à Domme. ☎ 05 53 28 35 18 / 06 82 30 08 90 (H.S.). Fax : 05 53 29 63 64. E-mail : lucparsy@wanadoo.fr, Web : www.campingleperpetuum.com. Réduction H.S.

FFCC : partenaire + réduction emp. de 5 % hors saison + carte FFCC assurance annulation + réduction loc. de 5 % hors saison.

LA RIVIERE ★★ Tourisme 50 E. dont 38 nus, 1 ha. CV. Locations : 12. Rivière à 300 m. ; à 300 m : , non surveillée, . Accueil groupes H.S.. Ouv : 5.4 / 29.9. A partir du pont de Vitrac RD 46 / 50, 2 km en dir. de Cénac. ☎ 05 53 28 33 46 / 06 07 96 77 38 (H.S.). Fax : 05 53 29 56 04. E-mail : contact@camping-riviere-domme.com, Web : www.camping-riviere-domme.com. Prix 2008. Empl. Tourisme : 3,60 € () : 3,60 € ; - de 7 ans 2,20 € ; 2,50 € (10 A).

LE BOSQUET ★★ Tourisme 60 E. dont 40 nus 1,4 ha. CV. Locations : 20. Rivière à 300 m. à 300 m : , , , . Ouv : 1.4 / 30.9. La Rivière. RD 703, D 46 E. ☎ 05 53 28 37 39. Fax : 05 53 29 41 95. E-mail : info@lebosquet.com, Web : www.lebosquet.com. Prix 2008. Fft jour : Empl. Tourisme (2) : 12,50 € () ; Sup : 4 € - de 7 ans 2,20 € ; 2,50 € (6 A). Réduction H.S.

FFCC : partenaire + réduction emp. de 5 % hors saison + carte FFCC assurance annulation + Stop accueil Camping-car du 01/04 au 28/06 et du 30/08 au 27/09/2008, accès jusqu'à 20h.

MOULIN DE CAUDON ★★ Tourisme 60 E. 1,77 ha. CV. Locations : 5, 3. Rivière à 100 m. Lac à 5 km. ; ; . Ne pas monter au village de Domme. De Sarlat dir. Vitrac/Domme jusqu'à Vitrac-port puis dir. Domme (poids lourds). Se situe sur D 50 au bord de la Dordogne. ☎ 05 53 31 03 69. Fax : 05 53 31 03 69.

LE BRAS ★ Tourisme 30 E. dont 30 nus 0,96 ha. CV. Locations : 4. Accès direct à la rivière. ; ; ; à 200 m : . Accueil groupes maxi 15. maxi 20. Ouv : 1.7 / 31.8. RD 46 à 1 km de Vitrac. ☎ 05 53 28 34 20 / 06 83 07 37 50 (H.S.). Fax : 05 53 28 34 20. Prix 2008. Empl. Tourisme : 2,80 € ; 3 € ; - de 7 ans 2 € ; 2,50 €.

LA DORNAC

9-F3 32 km N.-E. Sarlat. 300 m. 261 hab. ✉ 24120

M. DUBOIS Guy , 5. Peyrenègre, à proximité de la ferme. Week-end à la ferme du 1/11 au 30/04. Les journées du cochon. Démonstration de gavage oie. Cuisine de l'oie toute l'année. Conserverie familiale C.E.E. en Décembre 1987 opérationnelle. ☎ 05 53 51 04 24.

DOUVILLE

9-E3 20 km N.-E. Bergerac. 120 m. 353 hab. ✉ 24140

LESTAUBIERE ★★★ Tourisme 90 E. 10 ha. , . Accès direct à l'étang. ; ; . Accueil groupes. Ouv : 26.4 / 1.10. Rés. obligatoire en été. Pont Saint Mamet. Par RN 21, sortie Douville/Pont Saint Mamet, après 2 km à gauche. ☎ 05 53 82 98 15. Fax : 05 53 82 90 17. E-mail : lestaubiere@cs.com, Web : www.lestaubiere.fr. Prix 2007. Empl. Tourisme : 10 € () : 6,10 € ; - de 7 ans 3,90 € ; 3 à 4,50 € (4 à 10 A) ; Animaux 2 €. Réduction H.S.

ORPHEO NEGRO ★★ Tourisme 100 E. 2 ha. CV. Locations : 3, 5. Accès direct à l'étang et aux bords du lac. ; ; ; . Accueil groupes. Ouv : 1.4 / 1.11. Rés. obligatoire en été et en hiver. Les Trois Frères, RN 21. ☎ 05 53 82 96 58 / 06 07 38 32 40 (H.S.). Fax : 05 53 80 67 11. E-mail : camping@orpheo-negro.com. Prix 2008. Empl. Tourisme : 6 € () : 3,50 € ; 3 €. Fft Ccar : 18,50 € (2).

LA DOUZE

9-F3 21 km S.-E. Périgueux. 200 m. 801 hab. ✉ 24330

DOMAINE NATURISTE LAULURIE EN PERIGORD ★★ Tourisme 63 E., dont 4 HLL, 6 ha. CV Rés. naturiste. Camping clef verte. . Entre Périgueux et les Eyzies. Accès fléché depuis la D 710. ☎ 05 53 06 74 00. Fax : 05 53 06 77 55. E-mail : toutain@laulurie.com, Web : www.laulurie.com.

LA PRADE ★ Tourisme 50 E. 1,5 ha. Locations : . Accès direct à l'étang. ; ; ; . Sur RD 47. Salle de jeux. ☎ 05 53 06 73 59 / 05 53 06 71 04.

ECHOURGNAC

9-D3 40 km S.-O. Périgueux. 105 m. 443 hab. ✉ 24410

CAMP MUNICIPAL LES CHAUMES ★ Tourisme 40 E. 0,12 ha. ☎ 05 53 80 36 56. Fax : 05 53 81 89 36.

EXCIDEUIL

9-F2 37 km N.-E. Périgueux. 156 m. 1584 hab. ✉ 24160

CAMP MUNICIPAL ★ Tourisme 33 E. 0.8 ha. Locations : 7. Accès direct à la rivière. . Au Pont Rouge. sur RN 705. ☎ 05 53 62 43 72 (Bernard JA) / 05 53 55 31 05 (Philippe L). Fax : 05 53 55 01 08. E-mail : mairie@excideuil.fr, Web : http://www.excideuil.fr.

EYGURANDE ET GARDEDEUIL

9-D3 60 km S.-O. Périgueux. 105 m. 300 hab. ✉ 24700

LE GRAND BATARD, camping rural d'Eygurande . A 1 km: . A 4 km : . A 10 km : Piscine plein air. A 10, Tours-Angoulême par RN 10, Angoulême-La Roche Chalais par D 674, La Roche Chalais-Eygurande par D 730. ☎ 05 53 81 39 09.

EYLIAC

9-F3 12 km S.-E. Périgueux 232 m. 619 hab. ✉ 24330

M. ALARD, camping à la ferme CV. La Maurinie. De St-Pierre-de-Chignac prendre la D 45 dir. Blis et Born, puis c'est à 2,5 km sur la gauche. ☎ 05 53 07 57 18. Fax : 05 53 04 52 80.

EYMET

9-E4 24 km S.-O. Bergerac. 54 m. 2943 hab. ✉ 24500

CAMP MUNICIPAL ★★ Tourisme 66 E. 0,5 ha. Locations : . Accès direct à la rivière. Lac à 4 km. . Ouv : 1.5 / 30.9. Au Château, 150 m CD 933. ☎ 05 53 23 80 28. E-mail : jeanjacques@eymetcamping.com, Web : www.eymet-en-perigord.com. Prix 2007. Empl. Tourisme : 2,85 € ; 3,50 € ; - de 11 ans 2,50 € ; 2,50 €.

LES EYZIES DE TAYAC SIREUIL

9-F4 21 km S.-O. Sarlat. 74 m. 880 hab. ✉ 24620

LE MAS DE SIREUIL ★★★★ Tourisme 136 E., dont 35 CC - 40 GCC - 6 HLL, 5 ha. CV. Locations : 6, 10. 2 km RD 47 et 48. ☎ 05 53 29 68 06. Fax : 05 53 31 12 73. E-mail : camping-le-mas@wanadoo.fr, Web : www.mas-vacances.com.

LA RIVIERE ★★★ Tourisme 120 E. 3 ha. CV Sanitaire chauffé. Locations : 8, , Chambres. half. Rivière à 50 m. ; ; . Accueil groupes. RD 47 et RN 706. ☎ 05 53 06 97 14. Fax : 05 53 35 20 85. E-mail : la-riviere@wanadoo.fr, Web : www.lariviereleseyzies.com. Prix 2007. Fft jour : Empl. Tourisme : 7.90 € () ; Sup : 5 € - de 5/12 ans 3,95 € ; 3,50 € (6 A) ; Animaux 1 €. Réduction H.S.

LE PECH CHARMANT ★ Tourisme 80 E., dont 14 GCC, 10 ha. CV. Locations : 7, 7. Rivière à 2 km. à 2 km : , , . Accueil groupes. Ouv : 15.4 / 1.10. Le Pech. Sarlat, D 47 les Eyzies. D 706, 25 m à gauche. ☎ 05 53 35 97 08 / 06 70 47 26 24 (H.S.). Fax : 05 53 35 97 09. E-mail : info@lepech.com, Web : www.lepech.com. Prix 2008. Empl. Tourisme : 8,50 € () : 5,50 € ; - de 7 ans 4,15 € ; 3 € (10 A) ; Animaux 1,50 €. Réduction H.S.

M. AUDIT Louis . A 4 km: Piscine plein air . A 9 km : . A 10 km : . La Mazetie, par RD 48, à 4 km Sud-Est de la commune, à proximité de la ferme. Bois, pré ombragé. ☎ 05 53 06 95 74.

FFCC : partenaire - terrain assuré par la FFCC .

Mme GARRIGUE Josette . Camping à la ferme Le Queylou. Suivre la D 706 à partir des Eyzies, dir. Le Bugue sur 2 km et tourner à gauche. ☎ 05 53 06 94 71.

FANLAC

9-F3 30 km N.-O. Sarlat-la-Canéda. 220 m. 150 hab. ✉ 24290

LA TRUFFIERE, camping rural . A 2 km: . A 3 km : . A 6 km : . A 8 km : Piscine plein air . A 10 km : . RN 89 et D 706. ☎ 05 53 51 85 33.

FAURILLES

9-E4 28 km S.-E. Bergerac. 100 m. 60 hab. ✉ 24560

M. CAPET Jean-Emmanuel . A 300 m : . A 3 km: . A 8 km : Piscine plein air . Camping de Minjou, par RD 19 E, 300 m Nord-Est de la commune, à proximité de la ferme. Pré, rivière à 300 m. Etang. ☎ 05 53 58 71 24.

FAUX

9-E4 16 km S.-E. Bergerac. 150 m. 625 hab. ✉ 24560

LES GARENNES, camping à la ferme . A 3 km: . A 6 km : . A 7 km : . A 10 km : . Les Garennes, La Micalie, RD 19, à 3 km Sud de la commune, à proximité de la ferme. ☎ 05 53 24 31 16 / 06 20 38 52 67 (H.S.). Fax : 05 53 24 31 16. E-mail : jmhondareyte@orange.fr.

FFCC : partenaire - terrain assuré par la FFCC .

M. et Mme AGUESSE Philippe et Babette boules, , étang, CV. A 3 km: . A 4 km : . A 9 km : Piscine plein air. La Métairie du Roc, par RD 22 (20 km de Bergerac) à Faux. Ombragé face au plan d'eau. Ferme équestre sur place. Location de roulottes et de caravanes. ☎ 05 53 24 32 57. Fax : 05 53 24 32 57.

LA FEUILLADE

10-A3 40 km N.-E. Sarlat-la-Canéda. 160 m. 568 hab. ✉ 19600

CAMP INTERCOMMUNAL DE L'ILE VERTE ★★ Tourisme 50 E. 0,75 ha. Accès direct à la rivière. Lac à 5 km. ; . Au stade Aléxis Jaubert. RD 19 et RN 89. ☎ 05 55 22 96 26 / 05 55 85 37 53 (Mairie). Fax : 05 55 85 10 19.

FLEURAC

9-F3 35 km S.-O. Sarlat-la-Canéda. 136 m. 240 hab. ✉ 24580

M. LEMUHOT Gérard, camping à la ferme CV. Ouv : Pâques / octobre. La Coste Jaubert. D 31 ☎ 05 53 05 49 19 / 06 72 71 65 75 (H.S.). Fax : 05 53 05 59 65. Web : www.coste-jaubert.com. Prix 2008. Empl. Tourisme : 4 € ; 4 € ; - de 7 ans 3 € ; 3 €.

M. ROYE Raphaël, aire naturelle La Malinie . ☎ 05 53 05 42 84. Fax : 05 53 05 35 57.

FONROQUE

9-E4 19 km S. Bergerac. 50 m. 212 hab. ✉ 24500

LE TUQUET DU MAINE ★ Tourisme 25 E. dont 21 nus, 1 ha. CV. Locations : 1, , . Etang à 150 m. ; à 5 km : ; à 8 km : . Accueil groupes. Sur D 933, du village suivre panneaux Lou Tuquet. ☎ 05 53 74 38 32 / 06 85 18 23 01 (H.S.). E-mail : loutuquet@wanadoo.fr, Web : www.campingloutuquet.fr. Prix 2007. Empl. Tourisme : 3 € () : 2,80 € ; de 10 ans 2,10 € ; 2,50 € (6 A) ; Animaux 1 €.

FFCC : partenaire + réduction emp. de 10 % en saison et hors saison + Stop accueil Camping-car du 15/04 au 15/10/2008, accès jusqu'à 19h30 + réduction loc. de 10 % en saison et hors saison.

FOSSEMAGNE

9-F3 25 km S.-E. Périgueux. 70 m. 544 hab. ✉ 24210

CAMP MUNICIPAL LE MANOIRE ★★ Tourisme 35 E. 1 ha. CV. Accès direct à l'étang. ; ; ; ; . Accueil groupes. RN 89. ☎ 05 53 04 43 46 / 05 53 06 49 90 (Mairie) (H.S.). Fax : 05 53 06 49 94. Prix 2007. Empl. Tourisme : 2 € ; 2 € ; 2 € ; 2,20 € ; - de 7 ans 1,10 € ; 2 € ; Animaux 0,60 €.

GARDONNE

9-E4 12 km O. Bergerac. 52 m. 1143 hab. ✉ 24680

PARC SERVOIS ★ Tourisme 33 E. dont 33 nus 0,8 ha. CV. Locations : 4 . Accès direct à la rivière. . Ouv : 1.6 / 30.9. Rue du Bac, 100 m RD 936. ☎ 06 23 89 36 82. Prix 2007. 2 € ; 1,20 € ; 3,50 € ; 2 € ; 2,50 € ; - de 8 ans 1,20 € , 2,10 € ; Animaux 0,60 €.

GAUGEAC

9-F4 46 km S.-E. Bergerac. 165 m. 121 hab. ✉ 24540

MOULIN DE DAVID ★★★★ Tourisme 160 E. dont 104 nus, , dont 45 CC - 45 GCC, 4 ha. CV. Camping clef verte. Locations : 43 , 8 , Babylhome. . Accès direct à l'étang. ; . D 2. Route de Villeréal. ☎ 05 53 22 05 25 / 0810 122 813 (H.S.). Fax : 05 53 23 99 76. E-mail : moulindedavid@village-center.com, Web : www.village-center.com/moulindedavid. Réduction H.S.

GRAND BRASSAC

9-E3 528 hab. ✉ 24350

M. GENESTOUX Yves, camping de Renamon CV. A 2 km: . ☎ 05 53 03 54 50 / 05 53 04 82 44.

LES GRAULGES

9-E2 20 km S.-O. Nontron. 175 m. 89 hab. ✉ 24340

LES GRAULGES ★ Tourisme 50 E. 2 ha. . Locations : . Accès direct à l'étang et à la rivière. ; . D 939 de Périgueux, par Mareuil dir. Les Graulges. En arrivant d'Angoulême, par La Rochebeaucourt, dir. Combiers et Les Graulges. ☎ 05 53 60 74 73. Fax : 05 53 60 74 73. E-mail : info@lesgraulges.com, Web : www.lesgraulges.com.

FFCC : partenaire - terrain assuré par la FFCC.

GROLEJAC

10-A4 13 km S.-E. Sarlat. 67 m. 541 hab. ✉ 24250

LES GRANGES ★★★★ Tourisme 188 E., dont 94 CC, 6,5 ha. CV. Locations : , , 20 . chauffée . Rivière à 600 m. Etang et lac à 1,5 km. ; à 600 m : , ; à 1,5 km : ; à 1 km : Accueil adultes. Ouv : 26.4 / 14.9. Rés. obligatoire en été. 250 m de RD 704, entre Sarlat et Gourdon. ☎ 05 53 28 11 15. Fax : 05 53 28 57 13. E-mail : contact@lesgranges-fr, Web : lesgranges-fr.com. Prix 2008. Fft jour : Empl. Tourisme (2) : 23,95 € ( ) ; Sup : 7,30 €E. GCC 27,60 € (Fft). Réduction H.S.

LE ROC PERCE ★ Tourisme 90 E. 2 ha. . Accès direct aux bords du lac. Rivière à 2,5 km. ; ; ; . ☎ 05 53 59 48 70 / 05 53 28 11 06.

HAUTEFAYE

9-E2 17 km O. Nontron. 210 m. 150 hab. ✉ 24300

M. PORTAIN Jean-Marie CV. RN 10, D 939. ☎ 05 53 56 04 50. Web : www.lesjaubertins.com.

HAUTEFORT

9-F3 42 km N.-E. Périgueux. 200 m. 1048 hab. ✉ 24390

LE MOULIN DES LOISIRS ★ Tourisme 50 E. 5 ha. CV. Locations : 4 , 7 , , , . poneys. Accès direct à l'étang et aux bords du lac. ; ; . ☎ 05 53 50 46 55. Fax : 05 53 50 46 55. E-mail : moulin-des-loisirs@wanadoo.fr, Web : www.moulin-des-loisirs.fr.

LA JEMAYE

9-E3 50 km O. Périgueux. 116 hab. ✉ 24410

CAMP DU LAC ★ Tourisme 33 E. 3 ha. CV. Locations : 2 , 1 . Accès direct aux bords du lac. ; ; ; . Ouv : 1.6 / 30.10. 2 km RN 708. Depuis l'A89 (Bordeaux-Brive) sortie 12 Montpon-Monesterol puis dir. Riberac. ☎ 05 61 34 25 04 / 06 13 01 19 82 (H.S.). Web : www.camping-dulac-dordogne.fr. Prix 2008. Fft jour : Empl. Tourisme (2) : 18 € ( ) ; Sup : 4,50 € - de 7 ans 3,20 € ; 3 €.

JUMILHAC LE GRAND

9-F2 37 km E. Nontron. 274 m. 1454 hab. ✉ 24630

LA CHATONNIERE ★ Tourisme 33 E. 2,5 ha. . Locations : 3 , 10 . Accès direct à la rivière. ; ; ; . D 79 dir. Saint Priest Les Fougères. ☎ 05 53 52 57 36. Fax : 05 53 52 57 36. E-mail : camping@chatonniere.com, Web : www.chatonniere.com. Prix 2007. Empl. Tourisme : 7 € () : 5,50 € ; - de 7 ans 4 € ; 2,50 € (6 A) ; Animaux 2 € (chien). Réduction H.S.

LALINDE

9-E4 21 km E. Bergerac. 47 m. 3070 hab. ✉ 24150

LA FINOU ★★ Tourisme 63 E. 2,8 ha.

LE PARC ★★ Tourisme 27 E., dont 20 CC, 2 ha. snack, CV. Locations : couverte . Rivière à 1 km. ; A Sauveboeuf de Lalinde. Sur RN 703. ☎ 05 53 61 02 30. Fax : 05 53 61 02 30. E-mail : sylvie@camping-le-parc.com, Web : www.camping-le-parc.com.

MOULIN DE LA GUILLOU ★★ Tourisme 100 E. 2 ha. saison, . Locations : . Accès direct à la rivière. ; saison : ; Lieu-dit La Guillou, route de S'auveboeuf, 300 m CD 703, à 1,5 km de la commune. ☎ 05 53 61 02 91 / 05 53 73 44 60 (Mairie). Fax : 05 53 73 44 69. E-mail : laguillou@wanadoo.fr.

M. CRESPEL Noël D 8 bis. ☎ 05 53 61 12 99.

LAMONZIE MONTASTRUC

9-E4 11 km N.-E. Bergerac 50 m. 539 hab. ✉ 24520

L'ESCAPADE ★★★★ Tourisme 84 E. dont 25 nus, , dont 84 GCC - 7 HLL, 2 ha. CV. Locations : 6 , 42 , 15 , chauffée . Rivière à 3 km. ; ; à 3 km : . Accueil groupes. Les Roussilloux. Dir. Bergerac puis Saint-Alvère. ☎ 05 53 57 23 79. Fax : 05 53 57 23 79. E-mail : contact@campinglescapade.com, Web : www.campinglescapade.com.

FFCC : partenaire + réduction emp. de 5 % en saison et 10 % hors saison + réduction loc. de 5 % en saison et 10 % hors saison.

LEMBRAS

9-E4 5 km N.-E. Bergerac. 60 m. 1138 hab. ✉ 24100

LE CAMPAGNARD . Ouv : 1.1 / 31.12. ☎ 05 53 27 06 55 / 06 85 08 46 97 (H.S.). Fax : 05 53 27 06 55. E-mail : evelyne.anglada@wanadoo.fr. Prix 2007. Fft jour : Empl. Tourisme (2) : 8 € Sup : 2 € 3 €.

LIMEUIL

9-F4 33 km N.-E. Bergerac. 50 m. 320 hab. ✉ 24510

LA FERME DES POUTIROUX ★★ Tourisme 45 E., dont 2 GCC - 2 HLL, 2,5 ha. CV. Locations : 2 , 8 , 8 , . Rivière à 2 km.Etang et lac à 5 km. à 2 km : , . Ouv : 1.4 / 7.12. Les Poutiroux. Depuis le Bugue D 703 direction Lalinde sur 1 km puis D 31. ☎ 05 53 63 31 62. E-mail : infos@poutiroux.com, Web : www.poutiroux.com. Prix 2008. Empl. Tourisme : 4,50 € ; 4,50 € ; - de 8 ans 2,80 € ; 3 € ; Animaux 1 €. Réduction H.S.

FFCC : partenaire + carte FFCC assurance annulation.

PERDIGAT ★★ Tourisme 50 E. dont 40 nus 1,3 ha. CV. Locations : 11 , 5 , . Accès direct à l'étang et à la rivière. ; ; ; Accueil groupes. Ouv : 1.3 / 15.11. Perdigat. D 31. ☎ 05 53 63 31 54 / 06 08 42 02 37 (H.S.). E-mail : accueil@perdigat.com, Web : www.perdigat.com. Prix 2008. Empl. Tourisme : 4,60 € ; 4,30 € ; - de 8 ans 2,80 € ; 3,30 € ; Animaux 1 €. Réduction H.S.

FFCC : partenaire + réduction emp. de 5 % hors saison + Stop accueil Camping-car du 1/3 au 13/7 et du 17/8 au 15/11/2008, accès jusqu'à 22 h 30 + Réduction loc. de 5 % hors saison.

Mme VALETTE Reine CV. D 31. ☎ 05 53 63 31 54.

LIORAC SUR LOUYRE

9-E4 14 km N.-E. Bergerac. 150 m. 270 hab. ✉ 24520

M. CLARET,camping des Granges . Accès par la D 32. ☎ 05 53 63 07 59.

LISLE

9-E3 20 km N.-O. Périgueux. 102 m. 929 hab. ✉ 24350

CAMP MUNICIPAL DU PONT ★★ Tourisme 45 E. 0,75 ha. CV. . Accès direct à la rivière. ; ; . Accueil groupes. Ouv : 1.6 - 15.9. ☎ 05 53 04 51 76 / 05 53 04 50 02 (H.S.). Prix 2007. Empl. Tourisme : 1,31 € ; 0,89 € ; 1,31 € ; 2,41 € ; - de 12 ans 1,29 € ; 2,85 € ; 1,01 €.

LOLME

9-E4 40 km S.-E. Bergerac. 160 m. 110 hab. ✉ 24540

Mme VERNET Marie CV. A 300 m : . A 3 km : . A 4 km : . A 5 km : . A 6 km : . A 20 km : Piscine plein air. Lieu-dit La Barjoune sur route D 660. La Barjoune, par RD 660, 1 km Sud-Ouest de la commune, à proximité de Sarlat. Bois, pré, rivière, lac à proximité. Restaurant à 500 m. Plan d'eau. Soirées Châteaux/Bastides. Location de 3 caravanes et 4 mobile-homes. ☎ 05 53 22 62 33 / 06 78 31 52 26.

FFCC : partenaire - terrain assuré par la FFCC .

MARCILLAC ST QUENTIN

9-F3 9 km N. Sarlat. 454 hab. ✉ 24200

LES TAILLADIS ★★★ Tourisme 90 E., dont 7 GCC - 7 HLL, 3,5 ha. CV Sanitaire chauffé. Locations : 3 , 6 , . Etang et lac à 5 km. ; . Accueil groupes. Ouv : 15.3 / 31.10. 500 m RD 48, à 3 km de RN 704. Bibliothèque. ☎ 05 53 59 10 95. Fax : 05 53 29 47 56. E-mail : tailladis@wanadoo.fr, Web : www.tailladis.com. Prix 2008. Empl. Tourisme : 6,75 € ; 5,20 € ; - de 3/8 ans 3,70 € ; 3,40 € (6 A) ; Animaux 1,95 €. Réduction H.S.

LA VEYSSIERE ★ Tourisme 35 E. dont 35 nus 1,5 ha. CV. Etang à 5 km. à 5 km : . Accueil groupes. Situé à 7 km au Nord de Sarlat sur la route de Montignac. A partir de la D 704 suivre les panneaux du camping. ☎ 05 53 59 10 84 / 05 53 29 47 89 (H.S.). E-mail : merly.gc@wanadoo.fr.

Mme LAFLAQUIERE Mariette . A 5 km : . Ouv : 1.4 / 30.10. Le Mas, par RD 704 entre Lascaux et Sarlat au coeur du Périgord noir. ☎ 05 53 29 19 34. Prix 2007. ( ) : 5 € ; 2 € ; 2,50 €.

FFCC : partenaire - terrain assuré par la FFCC .

MAREUIL

9-E2 21 km S.-O. Nontron. 124 m. 1215 hab. ✉ 24340

CAMP MUNICIPAL VIEUX MOULIN ★★ Tourisme 20 E. 0,65 ha. 3 contigüs. Rivière à 1 km. à 1 km : . RD 708 et 99 à 200 m. ☎ 05 53 60 91 20 (Mairie) / 05 53 60 99 80. Fax : 05 53 60 51 72.

M. MARCHANDISE Jean-Luc,camping des Sources . Malignac. Accès par la D 939 (Périgueux-Angoulème). ☎ 05 53 56 92 58.

MARQUAY

9-F3 11 km N.-O. Sarbat-la-Canédat. 220 m. 419 hab. ✉ 24620

M. AMPOULANGE Jean-Claude CV. La Croix d'Alix. Par D 47 et D 6. ☎ 05 53 29 67 45 / 05 53 29 67 45.

M. VEYRET Claude CV. Bardenat. RD 48, VO 1, à proximité de la ferme. Bois, prés ombragés, flanc de colline, rivière à 500 m. Salle de réunion. Location de caravanes. Stage de cuisine. Ferme auberge. ☎ 05 53 29 68 44. Fax : 05 53 31 58 28. E-mail : contact@auberge-veyret.com, Web : www.auberge-veyret.com.

FFCC : partenaire - terrain assuré par la FFCC .

MARSALES

9-F4 43 km S.-E. Bergerac. 200 m. 204 hab. ✉ 24540

LE MOULY ★ Tourisme 70 E.

MAUZAC ET GRAND CASTANG

9-E4 27 km E. Bergerac. 50 m. 772 hab. ✉ 24150

CAMP MUNICIPAL ★ Tourisme 33 E., dont 7 GCC - 7 HLL, 0,33 ha. CV. Locations : 7 . . Rivière à 100 m. à 50 m : , , . Ouv : 1.6 / 30.9. Sur RD 31. ☎ 05 53 22 50 57 (Mairie). Fax : 05 53 22 86 51. E-mail : mairie.de.mauzac.et.grand.castang@wanadoo.fr. Prix 2007. Empl. Tourisme : 2 € ; 2 € ; 1 € ; 2 €.

FFCC : partenaire - terrain assuré par la FFCC.

MENESPLET

9-D3 56 km N.-O. Périgueux. 39 m. 1328 hab. ✉ 24700

LES LOGES ★★★ Tourisme 29 E., dont 6 CC, 0,5 ha. CV Sanitaire chauffé Camping tourisme et handicap. Locations : 5 , 1 . Accès direct à l'étang. Rivière à 3 km. . Accueil groupes. Ouv : 1.1 / 31.12. 3 km Sud-Ouest de Menesplet RN 89. ☎ 05 53 81 84 39. Fax : 05 53 81 62 74. Prix 2007. 3 € ; 2 € ; 5 € ; 2 € ; 5 € ; - de 10 ans 4 € ; 4 € ; Animaux 2 €.

M. BERTHIER Claude CV. A 6 km : . A 7 km : Piscine plein air . A 9 km : . Les Loges. RN 89 puis V3. ☎ 05 53 81 84 39. Fax : 05 53 81 62 74. E-mail : campgite.ber@perigord.tm.fr, Web : www.campgite.com.

MEYRALS

9-F4 16 km O. Sarlat. 145 m. 385 hab. ✉ 24220

Mme COUSTATY Marie-Rose,ferme auberge , 4, CV. A 300 m : . A 3 km : . A 8 km : . A 10 km : Piscine plein air . Fort de la Rhonie. Boyer, RD 47 à 2 km, 4 km Nord-Est de la commune, à proximité de la ferme. Pré, bois, rivière à 8 km. Randonnées pédestres. Sur réservation visite d'élevage d'oies et démonstration de gavage. Repas et hébergement sur place. ☎ 05 53 29 29 07. Fax : 05 53 29 62 58. E-mail : coustaty2@wanadoo.fr, Web : www.coustaty.com.

MIALET

9-F2 36 km N.-E. Nontron. 320 m. 795 hab. ✉ 24450

PARC RESIDENTIEL DE LOISIRS VIVALE P.R.L. 20 E., dont 20 HLL. CV. Locations : 20 , . Lac à 20 m. Etang à 50 m. . 32, route de Nontron. A 6 km de la RN 21. Location longue durée. ☎ 05 53 52 66 05. Fax : 05 53 62 86 47. E-mail : vivale@wanadoo.fr.

MILHAC D AUBEROCHE

9-F3 20 km S.-E. Périgueux. 165 m. 427 hab. ✉ 24330

M. CHARTROULE Jean-Louis CV. A 5 km : . A 6 km : . A 7 km : Piscine plein air . Ouv : 15.6 / 15.9. Le Château Roy. Par D 6089 ancienne RN 89, 100 m Est de la commune, à proximité de la ferme. Terrain herbeux. Sentier GR36. Salle de réunion. Sur réservation en dehors de ces dates : 15.06 / 15.09. ☎ 05 53 07 56 28. Fax : 05 53 03 74 34. E-mail : milhac-oie@wanadoo.fr, Web : milhacoie.free.fr/. Prix 2007. ( ) : 2 € ; 2 € ; 2 € ; 3 € ; - de 7 ans 2 € ; 2 € (2 A) ; Animaux 1 €.

FFCC : partenaire + réduction emp. de 5 % en saison et hors saison.

MILHAC DE NONTRON

9-E2 16 km S.-E. Nontron. 146 m. 636 hab. ✉ 24470

LES FONTAINES ★★★ 12 E. dont 13 nus , juillet/août, , gaz/électrique, , salle, juillet/août, CV. Locations : , , , . Accès direct à l'étang. ; ; . Accueil groupes encadrés. Village centre. ☎ 05 53 56 71 96. Fax : 05 53 60 90 22. E-mail : les-fontaines@wanadoo.fr, Web : www.perigord-sejours.com.

MOLIERES

9-E4 30 km E. Bergerac. 140 m. 294 hab. ✉ 24480

LA GRANDE VEYIERE ★★★ Tourisme 64 E. dont 42 nus, dont 2 CC - 5 GCC, 4,5 ha. CV. Locations : 21. à 5 km : . ☎ 05 53 63 25 84. Fax : 05 53 63 18 25. E-mail : la-grande-veyiere@wanadoo.fr, Web : www.lagrandeveyiere.com.

MONFAUCON

9-D3 26 km N.-O. Bergerac. 90 m. 209 hab. ✉ 24130

DOMAINE ETANG DE BAZANGE ★★ Tourisme 50 E. dont 12 nus, , dont 20 GCC, 10 ha. samedi soir, collectifs, CV. Locations : 17 . Accès direct à l'étang. Rivière à 4 km. ; ; Accueil adultes. Ouv : 15.6 / 15.9. D 20, entre Le Fleix et Mussidan. ☎ 05 53 24 64 79. E-mail : etangdebazange@aol.com, Web : www.etang-de-bazange-dordogne.fr. Prix 2007. Empl. Tourisme : 6 € () : 4 € ; - de 10 ans 3 € ; 2,50 à 3,50 € (6 à 16 A) ; Animaux 1,50 €. Réduction H.S.

MONPAZIER

9-F4 45 km S.-E. Bergerac. 200 m. 533 hab. ✉ 24540

LAC DE VERONNE ★ Tourisme 75 E. 2 ha. . Locations : . Accès direct aux bords du lac. ; ; ; ; . Sur RD 26 E, 1 km RN 660 Bassin d'enfants. ☎ 05 53 22 62 22. E-mail : mamstel@hotmail.com, Web : www.france-individuelle.com/lacdeveronne/.

MOULIN DE DAVID Voir GAUGEAC

MONPLAISANT

9-F4 24 km S.-O. Sarlat-la-Canéda. 50 m. 218 hab. ✉ 24170

LA LENOTTE ★★ Tourisme 69 E. dont 45 nus, dont 2 CC, 1,2 ha. snack, CV. Locations : 17 , 6 , 4 . . Accès direct à la rivière. ; ; . Accueil groupes. Sur RD 710 entre Siorac et Belves. ☎ 05 53 30 25 80 / 06 89 33 05 60. Fax : 05 53 30 25 80. E-mail : campinglalenotte@libertysurf.fr, Web : www.la-lenotte.com. Prix 2007. Fft jour : Empl. Tourisme (2) : 11,60 € ( ) ; Sup : 3,80 € - de 7 ans 2,60 € ; 3 € (10 A) ; Animaux 1,60 €. Fft Ccar : 8 € (2). Réduction H.S.

FFCC : partenaire + réduction emp. de 5 % en saison et 10 % hors saison + carte FFCC assurance annulation + Stop accueil Camping-car du 01/04 au 31/10/2008, accès jusqu'à 22h30.

MONSAGUEL

9-E4 15 km S. Bergerac. 111 m. 113 hab. ✉ 24560

Mme VERSANNE Hélène . A 1 km : . A 4 km : . A 5 km : . A 6 km : . A 10 km : Piscine plein air. Bois de la Dame, RN 21 à 50 m, 3 km Sud-Ouest de la commune, à proximité de la ferme. Entre Bergerac-Agen. 3 km après Bouniague. Bois, pré, clairière. Salle de réunion. ☎ 05 53 58 26 18.

MONTIGNAC

9-F3 25 km N.-N.-O. Sarlat. 77 m. 3165 hab. ✉ 24290

LE MOULIN DU BLEUFOND ★★★ Tourisme 83 E. dont 66 nus, dont 29 GCC, 1,2 ha. CV Sanitaire chauffé. Locations : 17 . chauffée. Accès direct à la rivière. ; ; à 200 m : . Ouv : Pâques / 15.10. Avenue Aristide Briand. Sur RD 65, 500 m RD 704 Accès internet + wifi sur tout le camping ☎ 05 53 51 83 95. Fax : 05 53 51 19 92. E-mail : le.moulin.du.bleufond@wanadoo.fr, Web : www.bleufond.com. Prix 2008. 6,30 € ; 6,30 € ; 6,30 € ; 5,30 € ; - de 7 ans 5,30 € ; 3,20 € (10 A) ; E. GCC 2,30 € (suplt) ; Animaux 1,70 €. Réduction H.S.

FFCC : partenaire - terrain assuré par la FFCC + réduction emp. de 5 % hors saison + carte FFCC assurance annulation.

Mmes LASSERRE Denise et LABORDE Marie . A 2,5 km: Piscine plein air . A 3 km : . A 5 km : . A 8 km : . Jésus, par RD 704, route de Fanlac à 2,5 km ouest de la commune, 500 m de la ferme. Bois, pré sur plateau. Terrain de jeux. ☎ 05 53 51 94 24.

MONTPON MENESTEROL

9-D3 53 km S.-O. Périgueux. 43 m. 5742 hab. Station verte de vacances et village de neige ✉ 24700

LE PORT VIEUX ★★★ Tourisme 120 E. dont 115 nus, , dont 14 GCC, 2 ha. CV. Locations : 3 , 2 . Accès direct à la rivière. ; à 300 m : , . Accueil groupes. Ouv : 17.5 / 16.9. Route de Ribérac. Base de loisirs à 100 m. ☎ 05 53 80 30 98 / 0 810 122 813 (H.S.). Fax : 05 46 55 10 00. E-mail : portvieux@village-center.com, Web : www.village-center.com/portvieux. Réduction H.S.

M. ROUSSEAU Jean-Marie . A 500 m : . A 1,5 km: Piscine plein air . A 2 km : . A 7 km : . Véry, 1 km Sud de la commune. Pré ombragé, rivière à 1,5 km. Randonnée pédestre en forêt. Location de vélos. ☎ 05 53 80 26 42.

MONTREM

9-E3 14 km S.-O. Périgueux. 40 m. 982 hab. ✉ 24110

M. CAROSI Sylvain,camping du Sabotier . Ouv : 1.6 / 20.9. Le Grand Pey. Accès par A89 sortie 14 dir. Montanceix - Montrem parcours fléché en jaune ☎ 05 53 54 27 78. Fax : 05 53 54 27 78. Prix 2007. Empl. Tourisme : 4 € ; 3 € ; - de 8 ans 1 € ; 2 € ; Animaux 1 €. Réduction H.S.

FFCC : partenaire - terrain assuré par la FFCC + réduction emp. de 5 % en saison et 10 % hors saison + réduction loc. de 5 % en saison et 10 % hors saison.

MOULEYDIER

9-E4 10 km E. Bergerac. 36 m. 970 hab. ✉ 24520

CAMP MUNICIPAL LA GRAVIERE ★ Tourisme 70 E. 2 ha. . Rivière à 500 m. ; ; . 200 m RN 660, à Saint Cybard. Salle de jeux. ☎ 05 53 22 22 00. Fax : 05 53 22 22 05.

MUSSIDAN

9-E3 36 km S.-O. Périgueux. 57 m. 3236 hab. ✉ 24400

CAMP MUNICIPAL LE PORT ★ Tourisme 20 E. 1,4 ha. CV. Accès direct à la rivière. . Accueil groupes. 150 m RN 89. ☎ 05 53 81 20 09 / 05 53 81 04 07 (Mairie). Fax : 05 53 81 09 94. Web : www.chez.com/otmussidan.

NABIRAT

10-A4 20 km S.-E. Sarlat-la-Canéda. 175 m. 316 hab. ✉ 24250

LES PIALADES ★★★ Tourisme 75 E. dont 50 nus, dont 27 GCC - 4 HLL, 2,5 ha. snack, partiel, CV. Locations : 17 , 4 , . . Accès direct à l'étang. Lac à 2 km.Rivière à 3 km. . Accueil groupes. Entre Sarlat et Gourdon, sur la D 704 accès par Grolejac, dir. Nabirat. ☎ 05 53 28 52 28. Fax : 05 53 28 32 64. E-mail : michelsainz@aol.com, Web : www.lespialades.com. Réduction H.S.

NAILHAC

9-F3 46 km E. Périgueux. 227 m. 345 hab. ✉ 24390

M. BELINGARD Daniel CV. D 704, RN 89. ☎ 05 53 51 51 74. Fax : 05 53 51 38 29.

NANTEUIL AURIAC DE BOURZAC

9-E2 50 km N.-O. Périgueux. 128 m. 311 hab. ✉ 24320

Mme HUTCHINSON Tracey . Le Petit Vos. Les Belles Vues. Ne peut recevoir les grands camping-cars ou les enfants. ☎ 05 53 90 39 46. E-mail : petitvos@aol.com.

NAUSSANNES

9-E4 24 km S.-E. Bergerac. 154 m. 194 hab. ✉ 24440

DOMAINE NATURISTE LE COUDERC ★ Tourisme 180 E., dont 13 GCC - 13 HLL, 28 ha. CV Rés. naturiste. Locations : 18 , , , . chauffée . Accès direct à l'étang et à la rivière. . ☎ 05 53 22 40 40. Fax : 05 53 23 90 98. E-mail : le.couderc@perigord.com, Web : www.lecouderc.com.

NEUVIC

9-E3 25 km S.-O. Périgueux. 68 m. 2861 hab. ✉ 24190

LE PLEIN AIR NEUVICOIS ★★★ Tourisme 121 E. 3 ha. 8h 30 / 12 h 30 et 15 h / 20 h, CV. Locations : 5 , 5 . . Accès direct à la rivière. ; ; ; à piscine municipale : ; à 500 m : . Accueil enfants. Sur CD 31 et 1 km de RN 89. A 89 à 7 km. ☎ 05 53 81 50 77 / 05 53 82 92 01. Fax : 05 53 80 46 50. E-mail : camping.le.plein.air.neuvicois@cegetel.fr, Web : www.campingneuvicdordogne.com. Prix 2007. Fft jour : Empl. Tourisme (1) : 8,50 € Sup : 3 € - de 7 ans 1,50 € ; 3 à 4 € (6 A à 10 A) ; Animaux 0,50 €. Réduction H.S.

NONTRON

9-E2 49 km N. Périgueux. 183 m. 3954 hab. Station verte de vacances et village de neige ✉ 24300

CAMP DE NONTRON ★★ Tourisme 70 E. 1,8 ha. CV. Locations : 8 , 3 . couverte chauffée . Accès direct à la rivière. ; . Accueil adultes encadrés. Ouv : 1.1 / 31.12. Dessus de chez Rouchillou, au stade, 200 m RN 675. Saint-Martial de Valette ☎ 05 53 56 02 04 / 06 30 66 25 74 (H.S.). Fax : 05 53 56 80 45. E-mail : camping-de-notron@orange.fr, Web : www.campingdenontron.com. Prix 2008. Fft jour : Empl. Tourisme (2) : 11,50 € ((10 A)) ; Sup : 3 € - de 10 ans 1,50 € ; 3,50 € (10 A) ; Animaux 1 €. Fft Ccar : 8 € (2).

FFCC : partenaire + carte FFCC assurance annulation + Stop accueil Camping-car toute l'année, accès jusqu'à 20h + réduction loc. de 5 % hors saison.

ORLIAGUET

9-F4 17 km S.-E. Sarlat-la-Caneda. 127 m. 61 hab. ✉ 24370

M. ADLOLLF Serge . A 3 km: . La Benechie. ☎ 05 53 29 78 07.

PARCOUL

9-D3 67 km O. Périgueux. 72 m. 377 hab. ✉ 24410

LE PARADOU ★★★ Tourisme 100 E. dont 68 nus, dont 7 GCC - 3 HLL, 1,2 ha. pain, CV. Locations : 3, 23, 6. Accès direct à l'étang et aux bords du lac. Rivière à 500 m. Accueil groupes. Ouv : 15.5 / 15.9. Le Pommier, RN 674. ☎ 05 53 91 42 78. Fax : 05 53 90 49 92. E-mail : le.paradou.24@wanadoo.fr, Web : www.leparadou24.fr. Prix 2007. Fft jour : Empl. Tourisme (2 + 1 - de 2) : 13,50 € ((10 A)) ; Sup : 4,50 €Animaux 1,50 €.

PAUNAT

9-F4 40 km E. Bergerac. 60 m. 246 hab. ✉ 24510

LA PENETIE CV. A 3 km: . Ouv : 1.6 / 1.10. Route de Trémolat. La Pénétie. Sur la D 31 entre Limeuil et Trémolat. ☎ 05 53 22 80 53. Fax : 05 53 74 17 88. E-mail : ferme-la-penetie@wanadoo.fr, Web : www.penetie.com. Prix 2008. Empl. Tourisme : 4 € () ; 4 € ; 2,40 € ; 3 € ; Animaux 0,80 €.

FFCC : partenaire + Stop accueil Camping-car du 01/06 au 01/10/2008, accès jusqu'à 20h.

PAYZAC

10-A2 62 km S.-E. Nontron. 335 m. 1205 hab. ✉ 24270

LE MOULIN DU CHATAIN ★ Tourisme 39 E., dont 8 GCC. CV. Locations : 8, 6. Accès direct à l'étang et à la rivière. Route de St-Cyr. D 80. ☎ 05 53 52 79 69. Fax : 05 53 52 78 66. E-mail : moulinduchatain@yahoo.fr.

PERIGUEUX

476 km S.-O. Paris. 86 m. 35392 hab. ✉ 24000

CAMP DE BARNABE ★★ Tourisme 56 E. 0,80 ha. rapide, CV Sanitaire chauffé. Accès direct à la rivière. 80, rue des Bains. Par RN 2089 ou RN 21 par l'est de Périgueux. ☎ 05 53 53 41 45. Fax : 05 53 54 16 62. E-mail : contact@barnabe-perigord.com, Web : www.barnabe-perigord.com. Prix 2007. () : 3,80 € ; 2,40 € ; 5,50 € ; 3,40 € ; 4 € ; - de 7 ans 2,60 € ; 2,90 à 3,30 € (4 à 6 A) ; Animaux 1,20 €. Réduction H.S.

CAMP DE L'ISLE ★ Tourisme 100 E. 3 ha. Sanitaire chauffé. Locations : . Accès direct à la rivière. Route de Brive Lesparat, par RN 89, RN 21 et CD 5. ☎ 05 53 05 58 01. Fax : 05 53 05 58 01.

AU FIL DE L'EAU Voir ANTONNE-ET-TRIGONANT

PEYRIGNAC

9-F3 35 km N. Sarlat-la-Canéda. 280 m. 400 hab. ✉ 24210

LA GARENNE ★★★ Tourisme 70 E. dont 50 nus, dont 30 GCC, 3,8 ha. snack, CV Sanitaire chauffé. Locations : 6, 11, 1. Rivière à 5 km. Ouv : 15.3 / 15.11. La Brousse. 2 km de la RN 89 Brive-Périgueux dir. Peyrignac. Accueil handicapés. ☎ 05 53 50 57 73 / 06 60 53 87 80 (H.S.). Fax : 05 53 50 57 73. E-mail : s.lagarenne@wanadoo.fr, Web : membres.lycos.fr/campinglagarenne/. Prix 2007. Empl. Tourisme : 4 € ; 10 € ; 4 € ; - de 10 ans 3 € ; 3,50 à 5 € (6 à 10 A) ; Animaux 1,50 €.

PEYRILLAC ET MILLAC

10-A4 21 km E. Sarlat-la-Canéda. 280 m. 253 hab. ✉ 24370

AU P'TIT BONHEUR ★★★ Tourisme 90 E. dont 60 nus, dont 3 HLL, 2,5 ha. CV. Locations : 8, 11, 8. chauffée. Rivière à 2 km. à 2 km : ; à 7 km : . Par D 703. ☎ 05 53 29 77 93. Fax : 05 53 29 77 93. E-mail : auptitbonheur@wanadoo.fr, Web : www.camping-auptitbonheur.com.

M. LEVET François CV. La Périgourdine. Sur RD 703 entre Sarlat et Souillac. ☎ 05 53 29 72 12.

PEZULS

9-E4 35 km N.-E. Bergerac. 72 m. 133 hab. ✉ 24510

LA FORET ★★ Tourisme 99 E. dont 59 nus, , dont 35 GCC - 12 HLL, 5 ha. CV. Locations : . Accueil groupes. Ouv : 1.4 / 1.10. 500 m D 703. ☎ 05 53 22 71 69. Fax : 05 53 23 77 79. E-mail : camping.laforet@wanadoo.fr, Web : www.camping-la-foret.com. Prix 2008. Empl. Tourisme : 4,80 € () ; 5,20 € ; - de 15 ans 3 € ; 3,20 €. Réduction H.S.

PIEGUT PLUVIERS

9-E2 13 km N. Nontron. 250 m. 1542 hab. ✉ 24360

CAMP MUNICIPAL LES GARENNES ★ Tourisme 25 E. 1 ha. Etang et lac à 4 km. Route du Stade. ☎ 05 53 56 40 22 (Mairie). Fax : 05 53 56 08 25.

PLAZAC

9-F3 30 km N.-O. Sarlat. 502 hab. ✉ 24580

LE LAC ★★★ Tourisme 100 E. 2,5 ha. snack, saison, CV. Locations : 14. 2 courts. Accès direct aux bords du lac. Salle de jeux. ☎ 05 53 50 75 86. Fax : 05 53 50 58 36. E-mail : contact@campinglelac-dordogne.com, Web : www.campinglelac-dordogne.com. Prix 2007. Empl. Tourisme : 5,20 € ; 5,20 € ; - de 2/6 ans 3,20 € ; 3 € (10 A). Réduction H.S.

PRATS DE CARLUX

10-A4 10 km E. Sarlat-La-Canéda. 200 m. 437 hab. ✉ 24370

LA CHATAIGNERAIE ★★★★ Tourisme 140 E., dont 15 GCC, 1,4 ha. + sèche-linge, CV. Locations : 8, 46, maisons individuelles. chauffée. Etang à 2 km. ; à 2 km : ; à 6 km : . La Garrigue Basse, par RD 47 bis. A Sarlat prendre dir. Ste-Nathalène. ☎ 05 53 59 03 61 / 05 53 30 29 03. Fax : 05 53 29 86 16. Web : lachataigneraie24.com. Réduction H.S.

PROISSANS

9-F3 7 km N. Sarlat-la-Caneda. 591 hab. ✉ 24200

LE VAL D'USSEL ★★★ Tourisme 175 E. dont 70 nus, dont 29 GCC - 3 HLL, 5,75 ha. CV. Locations : . Accès direct à l'étang. dir. Brive par D 47. Atelier enfants. ☎ 05 53 59 28 73. Fax : 05 53 29 38 25. E-mail : valdussel@online.fr, Web : www.valdussel.com. Réduction H.S.

LES TERRASSES DU PERIGORD ★★★ Tourisme 60 E., dont 5 CC, 6 ha. CV Sanitaire chauffé. Camping clef verte. Locations : 5, 10. Accès direct aux bords du lac. Etang à 3 km.Rivière à 5 km. Ouv : 1.5 / 16.9. Pech d'Orance. A Sarlat dir. centre hospitalier puis Proissans puis Les Terrasses du Périgord. ☎ 05 53 59 02 25. Fax : 05 53 59 16 48. E-mail : terrasses-du-perigord@wanadoo.fr, Web : www.terrasses-du-perigord.com. Prix 2008. Fft jour : Empl. Tourisme (2) : 16,30 € () ; Sup : 4,90 € - de 7 ans 2,90 € ; 2,90 à 3,90 € (6 à 16 A) ; E. GCC 23 € (Fft 2 pers.) ; Animaux 2,10 €. Réduction H.S.

FFCC : partenaire + réduction emp. de 5 % en saison et 25 % hors saison + carte FFCC assurance annulation + Stop accueil Camping-car du 01/05 au 30/06 et du 01/09 au 16/09/2008, accès jusqu'à 20h.

LA ROUSSIE ★ Tourisme 25 E. 2,05 ha. CV. Locations : 5, 1. Etang à 200 m. D 56. 2 km Sud de Proissans. 5 km Nord-Est de Sarlat. Depuis Sarlat D 47 puis à la Croix d'Allon à gauche, 3 km sur D 56 et à droite. ☎ 05 53 31 08 84. Fax : 05 53 31 08 68. E-mail : fermelaroussie@wanadoo.fr, Web : campingfermeroussie.monsite.wanadoo.fr.

M. MAZELAYGUE Jean CV. A 1 km: Piscine plein air . A 2 km : . A 7 km : . Lascour. Accès par la D 704. ☎ 05 53 59 41 14.

M. MINARD Eric,camping la Roussie CV. A 2 km: . A 10 km : . Accès par la D 56. ☎ 05 53 31 08 84. Fax : 05 53 31 08 68. E-mail : fermelaroussie@wanadoo.fr, Web : campingfermeroussie.monsite.wanadoo.fr. Prix 2007. Fft jour : Empl. Tourisme : 3,30 € () ; Sup : 3,20 € - de 10 ans 2,10 € ; 2 € (10 A) ; Animaux 0,50 €.

QUEYSSAC

9-E3 9 km N.-E. Bergerac. 150 m. 439 hab. ✉ 24140

CAMP AU BORD DE L'EAU . A 1 km: . A 3 km : . Ouv : 1.5 / 30.10. Route de Périgueux. Le Grand Chemin. Sur N 21 entre Périgueux et Bergerac. ☎ 05 53 24 25 14 / 06 89 73 50 47 (H.S.). Prix 2008. Fft jour : Empl. Tourisme (2) : 12 € () ; Sup : 3 € 4 €.

FFCC : partenaire - terrain assuré par la FFCC .

RAZAC DE SAUSSIGNAC

9-E4 18 km S.-O. Bergerac. 110 m. 285 hab. ✉ 24240

M. MESPOULEDE Christian CV. A 3 km: . A 4 km : . D 936. ☎ 05 53 27 83 82 / 06 15 42 38 32. Fax : 05 53 27 83 82.

RAZAC SUR L ISLE

9-E3 11 km S.-O. Périgueux. 75 m. 1700 hab. ✉ 24430

CAMP MUNICIPAL LES CUVES ★ Tourisme 30 E. 0,45 ha. . Rivière à 100 m. . A 1 km de la RN 89 et à 2 km de la RD 3. ☎ 05 53 54 60 20.

RIBERAC

9-E3 37 km N.-O. Périgueux. 68 m. 4291 hab. Station verte de vacances et village de neige ✉ 24600

CAMP MUNICIPAL LA DRONNE ★★ Tourisme 100 E. dont 100 nus, 2 ha. aire spécifique, CV. Locations : 6. Accès direct à la rivière. ; à 500 m : . Ouv : 1.6 / 15.9. Route d'Angoulême. RD 708 Gardiennage permanent. ☎ 05 53 90 50 08 / 05 53 90 03 10 (H.S.). Fax : 05 53 91 35 13. E-mail : ot.riberac@wanadoo.fr. Prix 2007. Empl. Tourisme : 3 € ; 2,50 € ; - de 7 ans 1 € ; 2,50 € (10 A) ; Animaux 0,50 €.

LA ROCHE CHALAIS

9-D3 80 km O. Périgueux. 50 m. 3048 hab. ✉ 24490

CAMP MUNICIPAL LES GERBES ★★★ Tourisme 100 E. dont 97 nus (90 Tourisme + 10 Loisirs) 3 ha. CV. Locations : 3, 15. Accès direct à la rivière. Etang à 5 km. ; à 5 km : . Accueil groupes groupe de 20 pers.. Ouv : 15.4 / 30.9. 500 m RN 674. A 89 17 km. Bibliothèque. ☎ 05 53 91 40 65. Fax : 05 53 90 32 01. E-mail : camping.la.roche.chalais@wanadoo.fr. Prix 2007. Empl. Tourisme : 2,80 € ; 2,30 € ; - de 7 ans 1,80 € ; 2,30 à 3,30 € (5 à 10 A).

Mme PAUZET Jocelyne . A 100 m : . A 2 km: . A 3 km : . Piscine plein air . CD 674 Bordeaux-Angoulême. ☎ 05 53 91 46 48.

LA ROQUE GAGEAC

9-F4 14 km S. Sarlat. 80 m. 360 hab. ✉ 24250

BEAU RIVAGE ★★★ Tourisme 199 E. dont 166 nus, , dont 80 CC, 8 ha. à charbon de bois, CV. Camping clef verte. Locations : 29, Bambi. Accès direct à la rivière. Accueil groupes. Ouv : avril / septembre. Sur RN 703. A 20 sortie 55. ☎ 05 53 28 32 05. Fax : 05 53 29 63 56. E-mail : camping.beau.rivage@wanadoo.fr, Web : www.camping-beau-rivage.com. Prix 2007. Fft jour : Empl. Tourisme (2) : 21,85 € () ; Sup : 5,30 € - de 13 ans 3,05 € ; Animaux 2 €. Réduction H.S.

LA BUTTE ★★ Tourisme 130 E. dont 92 nus 2,5 ha. snack, pizzas, sauf electrique en locatifs, CV. Locations : 34, 4. Accès direct à la rivière. Accueil groupes. Sur D 703 entre Vitrac et Cénac. Bibliothèque. Trampoline. ☎ 05 53 28 30 28 / 06 80 00 78 69. Fax : 05 53 28 30 28. E-mail : contact@camping-la butte.com, Web : www.camping-la-butte.com. Prix 2007. Fft jour : Empl. Tourisme : 16.20 € ; Sup : 4,40 € 2,90 € ; 2,90 € (4 A) ; Animaux 1,70 €. Réduction H.S.

LA COLLINE DU SOLEIL ★★ Tourisme 66 E. dont 66 nus, dont 40 CC, 2 ha. CV. Rivière à 900 m. à 900 m : Accueil groupes. 500 m RD 703. ☎ 05 53 29 54 59. Fax : 05 53 29 51 66. E-mail : la.colline.du.soleil@wanadoo.fr, Web : www.lacollinedusoleil.com. Réduction H.S.

VERTE RIVE ★ Tourisme 60 E. 1,5 ha. CV. Accès direct à la rivière. Accueil adultes. Ouv : 30.6 / 5.9. Sud RD 703. ☎ 05 53 28 30 04. Prix 2007. Empl. Tourisme : 3,70 € ; 3,80 € ; - de 7 ans 2,50 € ; 2,50 € (3 A).

FFCC : partenaire + réduction emp. de 5 % en saison.

M. DURAND Jean-Paul A 800 m : A 1 km: D. 703. ☎ 05 53 29 53 57.

ROUFFIGNAC DE SIGOULES

9-E4 9 km S. Bergerac 146 m. 281 hab. ✉ 24240

M. VERGNIOL Gérald Proprieté viticole. Vente de Bergerac et Monbazillac. ☎ 05 53 24 35 53. Fax : 05 53 24 32 90.

ROUFFIGNAC ST CERNIN DE REILHAC

9-F3 38 km N.-O. Sarlat. 280 m. 1475 hab. ✉ 24580

LA NOUVELLE CROZE ★★★★ Tourisme 40 E. dont 16 nus, dont 40 GCC, 2 ha. CV. Locations : 18. Accueil groupes. CD 31 entre Périgueux et Sarlat. ☎ 05 53 05 38 90 / 06 85 66 55 70. Fax : 05 53 46 61 71. E-mail : contact@lanouvellecroze.com, Web : www.lanouvellecroze.com. Prix 2007. Empl. Tourisme : 6 € ; 4,69 € ; 2,90 € (6 A A) ; Animaux 1 €. Réduction H.S.

FFCC : partenaire + réduction emp. de 5 % en saison et 20 % hors saison.

BLEU SOLEIL ★★★ Tourisme 110 E. dont 91 nus, 7 ha. CV. Locations : 15, 6. Rivière à 10 km.Lac à 4 km. Accueil groupes. Tout Vent, dir. Thenon à la sortie de Rouffignac. ☎ 05 53 05 48 30 / 06 83 04 57 06 (H.S.). E-mail : infos@camping-bleusoleil.com, Web : www.camping-bleusoleil.com. Prix 2007. Empl. Tourisme : 6,90 € ; 4,60 € ; 4,60 € ; 2,90 € (6 à 10 A) ; Animaux 1,50 €. Réduction H.S.

FFCC : partenaire + réduction emp. de 5 % en saison et 10 % hors saison + carte FFCC assurance annulation.

LA FERME OFFRERIE ★★ Tourisme 28 E. dont 14 nus, dont 28 GCC - 5 HLL, 2 ha. CV, Sanitaire chauffé H.S.. Locations : 14, 2. Accueil adultes. Ouv : 1.5 / 13.9. Le Grand-Boisset ☎ 05 53 35 33 26. Fax : 05 53 05 76 30. E-mail : campingoffrerie@gmail.com, Web : www.camping-ferme-offrerie.com. Prix 2008. Fft jour : Empl. Tourisme (2) : 12 € ; Sup : 4 € - de 7 ans 2,70 € ; 2,80 €.

LE COTEAU DE L'HERM ★ Tourisme 50 E. dont 48 nus, 2 ha. pain, Sanitaire chauffé Rés. naturiste. Locations : 2, 2, 2. Accueil adultes réservation obligatoire. Ouv : 15.5 / 15.9. RN 89 entre Périgueux et Brive. 3 km à l'ouest de Thenon par D 31 dir. Rouffignac, après 8 km tournez à droite (en face du château d'eau) après 1,3 km entrée à gauche. ☎ 05 53 46 67 77 / 00 31 (0) 30 228 54 33 (H.S.). E-mail : info@naturisme-dordogne.com, Web : www.naturisme-dordogne.com. Prix 2007. 8,75 € ; 2,25 € ; 12,50 € ; 8,75 € ; 6 € ; - de 12 ans 3 € ; 3,50 à 4,50 € (4 à 10 A) ; E. CC 8,75 € ; Animaux 3,75 €. Réduction H.S.

FFCC : partenaire + réduction emp. de 5 % en saison et hors saison + réduction loc. de 5 % en saison et hors saison.

M. CHINNERY

M. GENESIE Christian A 200 m : Les Etangs de Tourtel. Domaine de Tourtel. Situé sur la D 6. ☎ 05 53 05 42 07. Fax : 05 53 05 42 07.

M. MONRIBOT Raymond A 2 km: . A 10 km : Le Grand Boisset. ☎ 05 53 05 42 77.

ST AMAND DE BELVES

9-F4 37 km S.-O. Sarlat-la-Canéda 180 m. 104 hab. ✉ 24170

M. PISTOLOZZI Christian,Le Bon Accueil CV. Grallecap. De Belves la D 52 sur 2 km puis à droite sur 2 km. ☎ 05 53 28 16 20 / 06 33 88 75 62.

ST AMAND DE COLY

10-A3 23 km N. Sarlat-la-Canéda. 165 m. 301 hab. ✉ 24290

LES MALENIES ★★ Tourisme 44 E. dont 44 nus, dont 44 GCC, 8 ha. aire spécifique, CV. Locations : 22, 80, 5. Rivière à 2 km. à 2 km : Accueil groupes. En provenance de l'Ouest dir. Brive, sortie autoroute Lascaux suivre les indications Coly, St-Amand de Coly. En provenance de l'Est dir. Périgueux et sortir à Lascaux. ☎ 05 53 50 81 57 / 06 13 40 20 33. Fax : 05 53 50 76 26. E-mail : camping.les.malenies@wanadoo.fr, Web : campinglesmalenies.com. Réduction H.S.

PERIGORD-VACANCES ★ Tourisme 44 E., dont 30 CC - 14 HLL, 4 ha. CV. Locations : 4. Etang et rivière à 3 km. à 4 km : La Combe Noire, D 704 et D 62. ☎ 01 60 76 59 00 / 05 53 51 68 59. Fax : 01 60 79 41 18. E-mail : info@goelia.com, Web : www.goelia.com.

ST ANDRE D ALLAS

9-F4 6 km S.-O. Sarlat-la-Canéda. 236 m. 350 hab. ✉ 24200

LE MONTANT ★★★★ Tourisme 135 E. dont 80 nus, dont 31 GCC - 31 HLL, 3,50 ha. juillet/août, juillet/août, CV Sanitaire chauffé. Locations : 14, 6, couverte chauffée. à 5 km : Accueil groupes. Ouv : 1.5 / 23.9. Rés. obligatoire en été. Domaine de Loisirs Le Montant. D 57. Sortie Sarlat dir. Bergerac, à 2 km de Sarlat par route à droite face aux lycées de Pré de Cordy. ☎ 05 53 59 18 50. Fax : 05 53 59 37 73. E-mail : lemontant@wanadoo.fr, Web : www.camping-sarlat.com. Prix 2007. Empl. Tourisme : 7,60 € ; 5 € ; - de 2/7 ans 3,50 € ; 3,10 à 3,60 € (6 à 10 A).

FFCC : partenaire + carte FFCC assurance annulation.

LE MOULIN DU ROCH ★★★★ Tourisme 195 E. dont 123 nus, dont 64 GCC. CV Sanitaire chauffé. Locations : 17, 48, chauffée. à 10 km : Ouv : 30.4 / 13.9. Rés. obligatoire en été. D 47, route des Eyzies. Entre Sarlat et les Eyzies. ☎ 05 53 59 20 27. Fax : 05 53 59 20 95. E-mail : moulin.du.roch@wanadoo.fr, Web : www.moulin-du-roch.com. Prix 2008. Fft jour : Empl. Tourisme (2) : 32 € ; Sup : 9 € - de 7 ans 4 € ; E. GCC 36 € (Fft 2 pers.). Fft Tente : 28 € (2). Réduction H.S.

FFCC : réduction loc. de 5 % hors saison + HC.

LA FERME DE VILLENEUVE ★★★ Tourisme 100 E. 2 ha. CV. Locations : 10, 14. Etang à 500 m. à 500 m : Accueil groupes sur une période donnée. Ouv : 15.4 / 31.10. Par RD 47 et RD 25. ☎ 05 53 30 30 90 / 06 80 08 09 63 (H.S.). Fax : 05 53 30 24 44. E-mail : contact@fermedevilleneuve.com, Web : www.fermedevilleneuve.com. Prix 2007. Empl. Tourisme : 5,90 € ; 5,20 € ; - de 7 ans 3,20 € ; 3,20 € (6 A). Réduction H.S.

LES CHARMES ★★★ Tourisme 100 E., dont 1 GCC, 2 ha. CV. Locations : 1, 4, 6, 2. couverte. Ouv : Pâques / 15.10. Par D 25 ou D 47. ☎ 05 53 31 02 89 / 06 08 26 88 32 (H.S.). Fax : 05 53 31 06 32. E-mail : les.charmes@wanadoo.fr, Web : www.campinglescharmesdordogne.com. Prix 2008. Fft jour : Empl. Tourisme (2) : 16,60 € ; Sup : 5,10 € - de 7 ans 3,20 € ; 3,20 € (6 A) ; Animaux 1,30 €. Réduction H.S.

FFCC : partenaire + réduction emp. de 20 % hors saison + Stop accueil Camping-car de pâques au 30/06 et du 01/09 au 15/10/2008, accès jusqu'à 19h30.

LE VINTOJOL ★ Tourisme 25 E. 2 ha. partiel, CV. Locations : 4. Rivière à 800 m. à 800 m : Vintojol. D 25 ou D 47. ☎ 05 53 59 14 62. Fax : 05 53 28 33 47.

ST ANTOINE D AUBEROCHE

9-F3 22 km S.-E. Périgueux. 152 m. 130 hab. ✉ 24330

LA PELONIE ★★★ Tourisme 60 E. dont 60 nus, 3 ha. CV. Locations : 11, 2, 3. Etang à 4 km. ; à 4 km : . Accueil groupes. A 150 m de la RN 89 entre Fossemagne et Saint Pierre de Chignac. ☎ 05 53 07 55 78. Fax : 05 53 03 74 27. E-mail : Lapelonie@aol.com, Web : www.lapelonie.com. Réduction H.S.

ST ANTOINE DE BREUILH

9-D4 25 km O. Bergerac. 30 m. 1524 hab. ✉ 24230

LA RIVIERE FLEURIE ★★★ Tourisme 60 E. dont 60 nus, dont 6 GCC - 6 HLL, 1,5 ha. collectifs, la nuit, CV. Locations : 14, 5. Rivière à 30 m. à 100 m : ; à 1 km : ; à 2 km : . Ouv : 10.4 / 20.9. Sur CD 936, dir. Bordeaux, tourner à gauche à la sortie de St Antoine de Breuilh, continuer tout droit sur 2,5 km. ☎ 05 53 24 82 80. Fax : 05 53 24 82 80. E-mail : info@la-riviere-fleurie.com, Web : www.la-riviere-fleurie.com. Prix 2008. Fft jour : Empl. Tourisme (2) : 18 € ; Sup : 5,50 € - de 7 ans 3,50 € ; 3,10 à 4,50 € (4 à 10 A) ; Animaux 2 €. Réduction H.S.

M. FAVEREAU Jérôme . A 3 km: . Eperon Laurentais, Les Laurents, 2 km Ouest de la commune,à proximité de la ferme. Pré herbeux, bord de ruisseau. ☎ 05 53 24 80 36.

ST ASTIER

9-E3 18 km S.-O. Périgueux. 108 m. 4736 hab. ✉ 24110

CAMP MUNICIPAL LE PONTET ★★★ Tourisme 150 E., dont 12 HLL, 3,5 ha. CV. Locations : , 3, , 12, . Accès direct à la rivière. Par CD 41. ☎ 05 53 54 14 22. Fax : 05 53 04 39 36.

ST AUBIN DE CADELECH

9-E4 19 km S. Bergerac. 112 m. 331 hab. ✉ 24500

M. de la BARDONNIE Pierre . A 2 km: Piscine plein air . A 3 km : . A 10 km : . ☎ 05 53 24 50 30.

ST AUBIN DE NABIRAT

9-F4 23 km S. Sarlat-la-Canéda. 214 m. 124 hab. ✉ 24250

LA VIEILLE EGLISE ★ Tourisme 49 E. ☎ 05 53 31 24 06.

LES GREZES ★ Tourisme 20 E. ☎ 05 53 28 57 30.

M. EMMEN Antoinius CV. A 1 km: . A 9 km : . A 15 km : . Sortie D 6/D 46 limite Dordogne. ☎ 05 53 28 42 71. Fax : 05 53 28 42 71.

ST AULAYE

9-D3 56 km O. Périgueux. 1524 hab. Station verte de vacances et village de neige ✉ 24410

CAMP MUNICIPAL LA PLAGE ★★★ Tourisme 70 E. dont 45 nus, dont 13 CC - 27 GCC - 14 HLL. CV. Locations : 14, 11, , . Accès direct à la rivière. Ouv : 15.6 / 15.9. ☎ 05 53 90 62 20 / 06 33 55 38 61 / 05 53 90 81 33 (H.S.). Fax : 05 53 90 59 89. Prix 2007. Fft jour : Empl. Tourisme (2) : 10 € ; Sup : 1,70 € - de 7 ans 1,40 € ; Animaux 1,20 €.

FFCC : partenaire + réduction emp. de 5 % en saison et hors saison.

CAMP MUNICIPAL AUX PONTS ★ Tourisme 26 E.

ST AVIT DE VIALARD

9-F3 40 km O. Sarlat-la-Canéda. 230 m. 100 hab. ✉ 24260

SAINT AVIT LOISIRS ★★★★ Tourisme 199 E., dont 120 CC - 40 GCC - 15 HLL, 7 ha. CV. couverte chauffée. Accueil groupes. Ouv : 1.4 / 27.9. Depuis Périgueux puis D 710 jusqu'à Le Bugue. ☎ 05 53 02 64 00. Fax : 05 53 02 64 39. E-mail : contact@saint-avit-loisirs.com, Web : www.saint.avit.loisirs.com. Prix 2008. Fft jour : Empl. Tourisme (2, 1 - de 4 ans) : 39,50 € ; Sup : 9,70 €Animaux 4,70 €.

ST AVIT LOISIRS P.R.L. 78 E., dont 34 HLL, 6 ha. CV. Locations : 32, 5. couverte chauffée. Ouv : 1.4 / 27.9. Le Bugue. Depuis Paris, Limoges, Périgueux puis D 710 jusqu'à Le Bugue. ☎ 05 53 02 64 00. Fax : 05 53 02 64 39. E-mail : contact@saint-avit-loisirs.com, Web : www.saint-avit-loisirs.com. Réduction H.S.

Préférez les terrains partenaires de la FFCC,

ils offrent au moins un des avantages suivants aux membres de la FFCC :

- des garanties supplémentaires d'assurance (matériel et individuelle accident),
- une réduction sur votre emplacement ou hébergement locatif (de 5 à 50%),
- la formule "Stop Accueil Camping-car",
- des nuitées gratuites sur nos terrains Camp'in France.

ST AVIT RIVIERE

9-E4 42 km S.-E. Bergerac. 100 m. 70 hab. ✉ 24540

TERME D'ASTOR ★ Tourisme 120 E., dont 27 GCC - 8 HLL, 8 ha. Rés. naturiste. Locations : 10, 2, , 4, , , . ☎ 05 53 63 24 52. Fax : 05 53 63 25 43. E-mail : info@termedastor.com, Web : www.termedastor.com.

ST CIRQ

9-F3 28 km N.-O. Sarlat-la-Canéda. 70 m. 105 hab. ✉ 24260

ACCUEIL DU BRIN D'AMOUR ★★★ Tourisme 80 E., dont 5 CC - 14 GCC - 10 HLL, 4 ha. snack, CV. Locations : 10, 9. Accès direct à l'étang. Rivière à 3 km. ; à 4 km : ; à 10 km : . Accueil groupes. Lieu-dit Fonvidal. RD 31. Par Le Bugue et par Les Eyzies. ☎ 05 53 07 23 73. Fax : 05 53 07 23 73. E-mail : brindamour2@wanadoo.fr, Web : www.campings-dordogne.com/brindamour. Réduction H.S.

ST CREPIN ET CARLUCET

10-A3 13 km N.-E. Sarlat la Canéda. 270 m. 330 hab. ✉ 24590

LES PENEYRALS ★★★★ Tourisme 199 E., dont 83 GCC - 21 HLL, 10 ha. CV Sanitaire chauffé. Locations : 21, 28. couverte chauffée. Accès direct à l'étang. Accueil adultes petits groupes hors saison. Ouv : 10.5 / 13.9. Accès par CD 60 (axe Sarlat-Brive). ☎ 05 53 28 85 71. Fax : 05 53 28 80 99. E-mail : CAMPING.PENEYRALS@wanadoo.fr, Web : www.peneyrals.com. Prix 2008. 11,40 € ; 11,40 € ; 11,40 € ; 7,90 € ; - de 7 ans 5,70 € ; 3,20 à 3,80 € (5 à 10 A) ; E. GCC 2,90 € (suplt) ; Animaux 2,20 €. Réduction H.S.

LE PIGEONNIER-CLUB 24 ★★★ Tourisme 100 E., dont 85 CC - 15 GCC - 6 HLL, 2 ha. snack, CV. Locations : 17, 21, , . Lac à 1 km. ; à 1 km : . Par autoroute à Brive dir. Sarlat-Bordeaux. A Larche dir. Chavagnac-Salignac. D 60. ☎ 05 53 28 92 62. Fax : 05 53 30 27 17. Web : www.lepigeonnier24.com. Prix 2007. Empl. Tourisme : 8 € ; 6 € ; - de 4/7 ans 3,50 € ; 3 à 3,50 € (6 à 10 A) ; Animaux 1,50 €.

ST CYBRANET

9-F4 15 km S. Sarlat. 282 hab. 24250

BEL OMBRAGE ★★★ Tourisme 180 E. dont 180 nus, 5 ha. + sèche-linge, CV. Locations : . Accès direct à la rivière. Ouv : 1.6 / 5.9. Sur CD 50, à 3 km RN 703. 05 53 28 34 14. Fax : 05 53 59 64 64. E-mail : belombrage@wanadoo.fr, Web : www.belombrage.com. Prix 2007. Empl. Tourisme : 7 € ; 7 € ; 7 € ; 7 € ; 5,30 € ; - de 7 ans 3,30 € ; 3,80 € (10 A).

LE CEOU ★★★ Tourisme 80 E. dont 30 nus, dont 76 GCC - 16 HLL, 2 ha. Locations : 16, 32, 15. Rivière à 300 m. ; à 300 m : ; à 5 km : . Ouv : 4.5 - 15.9. Sur RD 57. Bibliothèque. 05 53 28 32 12. Fax : 05 53 28 18 28. E-mail : camping-le-ceou@wanadoo.fr, Web : www.camping-le-ceou.com. Prix 2007. Empl. Tourisme : 7 € ; 4,50 € ; - de 7 ans 2 € ; 3 € (6 A) ; Animaux 2 €.

LES CASCADES ★★ Tourisme 100 E. dont 86 nus, 2 ha. Pain / Viennoiserie, CV. Locations : 9, 4, Maisonnette. Accès direct à la rivière. Etang à 4 km. Accueil groupes. Ouv : 15.5 / 15.9. Lauzel. D 50, 18 km au Sud de Sarlat. RN 20 Souillac. 05 53 28 32 26 / 06 79 26 96 62 (H.S.). Fax : 05 53 29 18 44. E-mail : camping.les.cascades@wanadoo.fr. Prix 2007. Empl. Tourisme : 5,50 € () : 4,80 € ; - de 7 ans 3 € ; 3,50 € (6 A) ; Animaux 0,90 €.

ST CYPRIEN

9-F4 18 km O. Sarlat. 72 m. 1730 hab. 24220

LE GARRIT ★★★ Tourisme 75 E. 1,5 ha. sauf tenus en laisse petite épicerie - dépôt de pain, CV. Locations : 2, 1, . Accès direct à la rivière. RD 703. Mongolfière sur place. 05 53 29 20 56. Fax : 05 53 29 20 56. E-mail : pbecheau@aol.com, Web : www.campingdugarritendordogneperigord.com. Prix 2007. Fft jour : Empl. Tourisme (2) : 15 € ( ) ; Sup : 3,50 € (plus de 3 ans) 3 € (6 A) ; Animaux 1 €. Réduction H.S.

ST ESTEPHE

9-E2 8 km N. Nontron. 612 hab. 24360

CAMP INTERCOMMUNAL LE GRAND ETANG ★ Tourisme 66 E. 2 ha. Etang à 50 m. 05 53 56 80 03.

ST FELIX DE BOURDEILLES

9-E2 17 km S.-O. Nontron 200 m. 81 hab. 24340

DOMAINE DES ETANGS DU PLESSAC ★ Tourisme 80 E., dont 40 nus, 4 ha. CV Sanitaire chauffé. Locations : , 2, 7. Accès direct à l'étang. Accueil groupes. Sur la D 939 entre Périgueux et Angoulême. 05 53 05 77 33. Fax : 05 53 06 31 94. E-mail : pbaugey@yahoo.fr. Réduction H.S.

ST FELIX DE REILLAC ET MORTEMA

36 km N.-O. Sarlat. 201 hab. 24260

DOMAINE DE LANDREVIE ★ Tourisme 34 E. dont 24 nus, dont 6 GCC, 3 ha. CV. Locations : 8, 1, chambres d'hôtes. Etang à 5 km. Ouv : 1.1 / 31.12. RD 710 à Mortemart, ne pas aller à St Félix de Reilhac suivre toujours dir. Le Bugue. 05 53 03 20 94. Fax : 05 53 54 38 63. E-mail : domaine-de-landrevie@wanadoo.fr, Web : www.campings-dordogne.com/domaine-de-landrevie. Prix 2007. Empl. Tourisme : 3,80 € ; 3,80 € ; 3,70 € ; - de 7 ans 2,50 € ; Animaux 2 €. Réduction H.S.

ROC DE LAVANDRE ★ Tourisme 66 E. dont 45 nus, dont 4 GCC, 1,15 ha. CV. Locations : 12, 3, 12. Accès direct à l'étang et aux bords du lac et à la rivière. ; à 5 km : ; à 10 km : . Accueil groupes. Ouv : Pâques / 31.10. Le Bourychou. 30 km Sud de Périgueux. Sur D 47. Pret gratuit matériel bébé. 05 53 03 23 47 / 06 81 12 52 71 (H.S.). Fax : 05 53 03 23 47. E-mail : contact@camping-roc-lavandre.com, Web : www.camping-roc-lavandre.com. Prix 2007. Fft jour : Empl. Tourisme (2) : 12 € ( ) ; Sup : 4 € - de 4/12 ans 2 € ; 2,50 € (6 A) ; Animaux 1 €. Réduction H.S.
FFCC : partenaire + réduction emp. de 5 % en saison et 10 % hors saison + carte FFCC assurance annulation + Stop accueil Camping-car du 01/04 au 30/06 et du 01/09 au 30/10/2008, accès jusqu'à 20h + réduction loc. de 5 % en saison et 10 % hors saison.

ST FELIX DE VILLADEIX

9-E4 18 km N.-E. Bergerac 160 m. 245 hab. 24510

LA BRUGERE ★ Tourisme 25 E. 0,75 ha. Locations : . Accès direct à l'étang. Lac à 100 m. 05 53 61 13 02. E-mail : labrugere.hotmail.com, Web : www.labrugere.info.

ST GENIES

9-F3 14 km N.-E. Sarlat-la-Canéda. 232 m. 765 hab. 24590

LA BOUQUERIE ★★★★ Tourisme 180 E. dont 77 nus, 8 ha. CV Sanitaire chauffé. Locations : 11, 82, , chauffée . Accès direct à l'étang. Accueil groupes. Ouv : 19.4 / 19.9. D 704 mi-chemin entre Sarlat et Montignac-Lascaux. 05 53 28 98 22. Fax : 05 53 29 19 75. E-mail : contact@labouquerie.com, Web : www.labouquerie.com. Prix 2008. Fft jour : Empl. Tourisme (2) : 25,50 € ( ) ; Sup : 6,50 € - de 7 ans 4,50 € ; Animaux 2,50 €. Réduction H.S.

M. PEBEYRE Paul , 3, CV. Le Rozel. RD 704. 05 53 28 97 41.

Mme BERNAT Andrée, camping Les Vieilles Granges . A 3,5 km : . A 1 km : , A 4 km : . A 6 km : Piscine plein air . La Doinie, Route de Montignac. RD 704. Bois. Pré herbeux, clairière. Etang à 3,5 km. Salle de réunion. Location de 2 caravanes. 05 53 28 98 83.

Mme PAU Julienne . A 1 km : . A 2 km : Piscine plein air . A 3 km : . A 10 km : . A 15 km : . Hyronde, 2 km de la commune, à proximité de la ferme. Pré, bois. 05 53 28 97 94.

ST GERAUD DE CORPS

9-D3 24 km N.-O. Bergerac. 96 m. 149 hab. 24700

CAMP DU DOMAINE DE CHAUDEAU ★★ Tourisme 150 E., dont 35 CC - 5 GCC, 25 ha. CV Rés. naturiste. Locations : . Accès direct à l'étang. ; ; . N 89 puis D 708 puis D 33. ☎ 05 53 82 49 64. Fax : 05 53 81 18 94. E-mail : chaudeau.naturiste@wanadoo.fr, Web : www.domainedechaudeau.com.

ST GERY

9-E3 21 km N.-O. Bergerac 120 m. 207 hab. ✉ 24400

M. DELRIEUX Michel,Jardin Biologique de la Contie . La Contie. Route D 709 Bergerac/Mussidan. Route D 20 Ste-Foy-La-Grande/Mussidan. ☎ 05 53 58 64 31. Fax : 05 53 58 64 31. E-mail : migama@wanadoo.fr.

ST JORY DE CHALAIS

9-F2 30 km S.-E. Nontron. 260 m. 677 hab. ✉ 24800

MAISONNEUVE ★★ Tourisme 43 E. 10 ha. CV. Locations : 1 , 2 . . Accès direct à l'étang. Rivière à 1,5 km. ; . Ouv : 1.4 / 31.10. N 21 Limoges-Périgueux, Mavaleix D 98 dir. St Jory de Chalais. Accès internet pour les campeurs. ☎ 05 53 55 10 63. Fax : 05 53 55 10 63. E-mail : camping.maisonneuve@wanadoo.fr, Web : www.camping-maisonneuve.com. Prix 2008. Empl. Tourisme : 9 € ; 5,50 € ; - de 14 ans 5 € ; 3,50 € ; Animaux 1 €. Réduction H.S.

FFCC : partenaire + réduction emp. de 10 % en saison et hors saison.

ST JULIEN DE LAMPON

10-A4 16 km S.-E. Sarlat. 120 m. 560 hab. ✉ 24370

CAMP MUNICIPAL ★★ Tourisme 160 E. 1,5 ha. CV. Locations : . Accès direct à la rivière. ; ; . Lieu-dit Le Bourniou, 200 m RD 61 et RN 703. A 20 sortie 55 à Souillac dir. Sarlat par la D 703, traverser le pont (rive gauche). Tennis à 500 m. ☎ 05 53 29 83 39. Fax : 05 53 59 69 18. E-mail : camping-le-bourniou@tiscali.fr, Web : www.camping-bourniou.com.

LE MONDOU ★★ Tourisme 60 E. 1,7 ha. Locations : . Rivière à 500 m. ; à 300 m : ; à 1 km : . A 20, D 703-704. ☎ 05 53 29 70 37 / 05 53 29 70 37 (H.S.). Fax : 05 53 29 70 37. E-mail : lemondou@camping-dordogne.info, Web : www.camping-dordogne.info. Réduction H.S.

ST LAURENT LA VALLEE

9-F4 25 km S.-O. Sarlat-la-Canéda. 315 m. 280 hab. ✉ 24170

LE DAGUET ★★★ Tourisme 45 E., dont 11 GCC, 3 ha. CV. Locations : 10 , , , . . Rivière à 3 km. . Croix de Barbier. A 10 km de la RN 703 et à 3 km de la RD 57. ☎ 05 53 28 29 55. Fax : 05 53 59 61 81. E-mail : camping-le-daguet@wanadoo.fr, Web : www.campings-dordogne.com/daguet.

ST LEON SUR VEZERE

9-F3 23 km N.-O. Sarlat. 70 m. 391 hab. ✉ 24290

LE PARADIS ★★★★ Tourisme 200 E., dont 164 CC - 36 GCC, 6 ha. CV Sanitaire chauffé. Camping clef verte. Locations : 1 , 21 . 2 courts. Accès direct à la rivière. ; ; .Accueil enfants. Sur RD 706. ☎ 05 53 50 72 64. Fax : 05 53 50 75 90. E-mail : le-paradis@perigord.com, Web : www.le-paradis.com. Prix 2007. Fft jour : Empl. Tourisme : 26 € ( ) ; Sup : 7,20 € - de 3/12 ans 6,20 € ; 3,50 € (10 A) ; Animaux 2 €. Réduction H.S.

CAMP MUNICIPAL ★ Tourisme 20 E. Accès direct à la rivière. ; ; . ☎ 05 53 50 73 16 (Mairie). Fax : 05 53 50 20 32.

ST MARTIAL DE NABIRAT

9-F4 20 km S. Sarlat-la-Canéda. 214 m. 575 hab. ✉ 24250

LE CARBONNIER ★★★★ Tourisme 183 E., dont 130 GCC, 6 ha. CV. Locations : 4 , 44 , , . couverte chauffée . Golf. Accès direct à l'étang. ; ; ; à 6 km : . Sur RD 46. ☎ 05 53 28 42 53. Fax : 05 53 28 51 31. E-mail : lecarbonnier@aol.com, Web : www.lecarbonnier.fr.

CALMESYMPA ★★ Tourisme 50 E. 0,3 ha. , juillet/août, juillet/août, partiel juillet/août, CV Sanitaire chauffé. Locations : 10 , 9 . . Etang à 500 m. Rivière à 5 km. ; ; .Accueil adultes. D 46 de Sarlat à Cahors. ☎ 05 53 28 43 15. E-mail : duarte-jacqueline@wanadoo.fr, Web : www.tourisme-ceou.com/calmesympa.htm. Prix 2007. Fft jour : Empl. Tourisme (2) : 13 € ( ) ; Sup : 3,25 € - de 7 ans 1,50 € ; Animaux 1,50 €.

M. EYMERY René Rés. naturiste. A 1 km : . A 2 km : . A 5 km : . ☎ 05 53 28 31 64.

ST MICHEL DE DOUBLE

9-E3 44 km S.-O. Périgueux. 130 m. 260 hab. ✉ 24400

M. MARTRENCHARD René . A 5 km : . A 8 km : . Le Friquet, par RD 13, à 5 km Nord-Est de la commune, à proximité de la ferme. Bois, pré, bord d'étang. 1 gîte rural pouvant recevoir 4 pers. ☎ 05 53 81 71 32.

ST NEXANS

9-E4 8 km S.-E. Bergerac. 40 m. 772 hab. ✉ 24520

M. FERRIERE Raymond,relais des Cyclistes . Le Cousacil. Accès par la N 21 et D 19. ☎ 05 53 24 32 64.

ST PARDOUX LA RIVIERE

9-E2 11 km S.-E. Nontron. 137 m. 1350 hab. ✉ 24470

CAMP MUNICIPAL LA FONT PISSOTTE ★★ Tourisme 39 E. . Accès direct à la rivière. ☎ 05 53 56 91 81 / 05 53 56 70 22.

ST PAUL LA ROCHE

9-F2 40 km S.-E. Nontron. 200 m. 551 hab. ✉ 24800

M. VANDEMBULCKE Olivier,camping à la ferme . La Genetterie. ☎ 05 53 52 25 43. Fax : 05 53 52 25 43. E-mail : olive.vdb@wanadoo.fr.

ST PIERRE DE COLE

9-E2 22 km S.-E. Nontron. 490 hab. ✉ 24800

M. DESCHAMPS Gilbert . Ouv : 1.3 / 31.10. La Belonie. ☎ 05 53 62 32 19 / 06 16 09 53 15 (H.S.).

ST PIERRE DE FRUGIE

9-F2 487 hab. ✉ 24450

Mme DESCHAMP HAUFFSCHETEDER,camping à la Ferme . A 2 km: . A 5 km : . A 6 km : Piscine plein air. ☎ 05 55 79 49 38 / 05 55 78 82 82.

ST POMPONT

9-F4 26 km S. Sarlat. 530 hab. ✉ 24170

LE TREL ★ Tourisme 100 E., dont 4 GCC, 3 ha. CV. Locations : 7 , 13 . . Accès direct à la rivière. . Ouv : Pâques / 30.9. 100 m D 60. ☎ 05 53 28 43 78. Fax : 05 53 29 36 85. E-mail : letrel@wanadoo.fr, Web : www.campingletrel.com. Prix 2007. Empl. Tourisme : 4,20 € ( ) : 4,20 € ; 2,10 € ; 2,65 €.

ST REMY

9-D3 32 km N.-O. Bergerac. 96 m. 338 hab. ✉ 24700

LA TUILIERE ★★★ Tourisme 100 E. dont 72 nus, , dont 21 GCC - 5 HLL, 5 ha. CV. Locations : 3 , , 11 , , . . Accès direct à l'étang. Rivière à 5 km. en étang : ; ; en étang : . N 89. 3 km de l'A 89 sortie Montpon. 100 m D 708, à 2 km de la commune. Jacuzzi chauffé. ☎ 05 53 82 47 29 / 06 87 26 28 04 (H.S.). Fax : 05 53 82 47 29. E-mail : contact@campinglatuiliere.com, Web : www.campinglatuiliere.com. Prix 2007. Empl. Tourisme : 5 € ; 3,70 € ; - de 7 ans 2,50 € ; 3,20 € (10 A) ; Animaux 1,20 €. Réduction H.S.

ST ROMAIN ET ST CLEMENT

9-F2 33 km S.-E. Nontron. 243 m. 332 hab. ✉ 24800

Mme LAFON Maïté CV. A 4 km: Piscine plein air . A 5 km : . Ouv : 1.5 / 30.9. Moulin de Feuyas. ☎ 05 53 55 03 99. Fax : 05 53 55 03 99. E-mail : lafon.moulin-de-feuyas@wanadoo.fr. Prix 2008. 2 € ; 5 € ; 2 € ; 2 € ; - de 8 ans 1,50 € ; 1,50 € ; 1 €.

ST SAUD LACOUSSIERE

9-E2 18 km E. Nontron. 380 m. 1148 hab. ✉ 24470

WAKAN TANKA ★★ Tourisme 48 E. La Bûcherie ☎ 05 53 60 59 98.

M. MARTIAL Paul gratuit. Ouv : 1.4 / 30.12. Maison Neuve. ☎ 05 53 56 97 46 / 06 61 16 98 58 (H.S.). Fax : 05 53 56 97 46.

FFCC : partenaire + carte FFCC assurance annulation + Stop accueil Camping-car du 01/04 au 31/12/2008, accès jusqu'à 22h.

ST SEURIN DE PRATS

9-D4 35 km O. Bergerac. 12 m. 476 hab. ✉ 24230

LA PLAGE ★★ Tourisme 70 E. 3,15 ha. , CV. Locations : , , . Chambres d'hôtel. . Accès direct à la rivière. ; ; ; . ☎ 05 53 58 61 07. Fax : 05 53 58 62 67. E-mail : campdelaplage@aol.com.

ST SULPICE DE MAREUIL

9-E2 15 km S.-O. Nontron. 200 m. 128 hab. ✉ 24340

CORNEUIL ★ Tourisme 50 E. 5 ha. . Locations : . . D'Angoulême dir. Périgueux. A Mareuil dir. Nontron D 708. 3 km après St-Sulpice de Mareuil. De Limoges dir. Périgueux N 21. A Chalus dir. Nontron puis dir. Mareuil D 708. ☎ 05 53 60 79 48. Fax : 05 53 60 79 47. E-mail : campingcorneuil@wanadoo.fr, Web : www.corneuil.com.

ST VINCENT DE COSSE

9-F4 15 km S.-O. Sarlat. 67 m. 314 hab. ✉ 24220

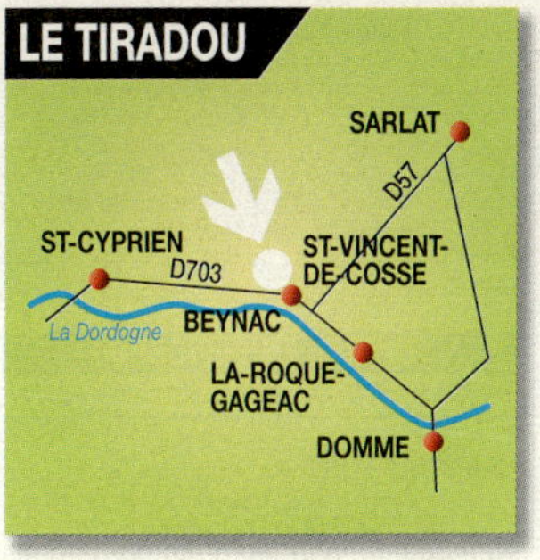

LE TIRADOU ★★★ Tourisme 60 E., dont 10 CC, 2 ha. CV. Locations : 5, 12, . chauffée . Rivière à 1 km. ; ; . Accueil groupes. Ouv : Pâques / 30.9. A 2 km de Beynac sur D 703. ☎ 05 53 30 30 73. Fax : 05 53 31 16 24. E-mail : contact@camping-le-tiradou.com, Web : www.camping-le-tiradou.com. Prix 2007. Empl. Tourisme : 6,60 € ; 4,60 € ; - de 3/7 ans 2,80 € ; 3,10 € (6 A) ; Animaux 1,70 €.

ST VINCENT JALMOUTIERS

9-D3 50 km O. Périgueux 40 m. 239 hab. ✉ 24410

M. ROLLAND Denis,camping à la ferme CV. Chez Malleret. Fléchages depuis la RD 5 à la sortie de St-Aulaye. ☎ 05 53 90 83 44 / 06 86 16 97 14.

ST VINCENT LE PALUEL

9-F4 7 km E. Sarlat-la-Canéda. 155 m. 121 hab. ✉ 24200

CAMPING RURAL MUNICIPAL . A 1 km: . La Brame.

M. SELLIER Clément CV. A 1 km: . A 3 km : . A 4 km : . A 6 km : Piscine plein air . Malevergne, D 704 A, Route de Sarlat-Souillac. Parc ombragé privé. Possibilité de location de mobil-homes sur réservation (pour 4/5 pers. uniquement). ☎ 05 53 59 29 40 (H.R.).

STE ALVERE

9-E3 29 km N.-E. Bergerac. 745 hab. ✉ 24510

LES PAUVRETTES ★★ Tourisme 49 E., dont 3 CC, 3 ha. . Locations : 21, 30 . ☎ 05 53 22 77 27. Fax : 05 53 22 77 27. Web : www.camping-les-pauvrettes.fr.

STE FOY DE BELVES

9-F4 30 km S.-O. Sarlat. 350 m. 173 hab. ✉ 24170

LES HAUTS DE RATEBOUT ★★★★ Tourisme 200 E., dont 37 CC - 155 GCC, 12 ha. . Locations : 14 . couverte chauffée . ; à 6 km : ; à 10 km : . Ouv : 12.5 / 9.9. D 710 après Vaurez de Belves 4 km à gauche D 54 dir. Cazals. Salle de réunion, de vidéo (grand écran). ☎ 05 53 29 02 10. Fax : 05 53 29 08 28. E-mail : ratebout@wanadoo.fr, Web : www.hauts-ratebout.fr. Prix 2007. Fft jour : Empl. Tourisme (2) : 34 € (E. GCC) ; Sup : 7,50 € - de 2/8 ans 6 €.

STE MARIE DE CHIGNAC

9-F3 12 km S.-E. Périgueux. 120 m. 280 hab. ✉ 24330

M. NABOULET Max A 5 km: . A 6 km : . A 7 km : Piscine plein air . A 12 km : Ⓘ. Lieu-dit La Bourgearie. Depuis Périgueux RN 89 puis D 710 dir. Sarlat suivre les flèches camping à 4 km Sud de la commune. ☎ 05 53 04 16 74 / 05 53 04 15 50. Fax : 05 53 04 16 74.

STE MONDANE

9-F4 16 km S.-E. Sarlat-la-Canéda 140 m. 223 hab. ✉ 24370

M. DONZENAC Didier,la Clé des Champs , pétanque, . Entre St-Julien-de-Lampon et Ste-Mondane par D 50, prendre à gauche. ☎ 05 53 29 62 34.

M. LAVERGNE Jean-Pierre,camping des Charmes . Tuilère. Entre Sarlat et Souillac D 703. ☎ 05 53 29 75 62.

STE NATHALENE

9-F4 5 km E. Sarlat. 300 m. 310 hab. ✉ 24200

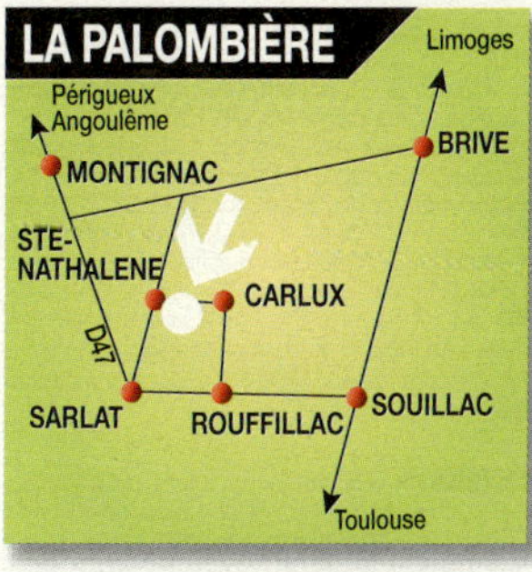

LA PALOMBIERE ★★★★ Tourisme 177 E., dont 109 GCC - 10 HLL, 5 ha. ap. 23 h, CV. Locations : 10, 32 . chauffée . ; ; à 5 km : . Accueil groupes. Ouv : 26.4 / 14.9. Rés. obligatoire en été. D 47. ☎ 05 53 59 42 34. Fax : 05 53 28 45 40. E-mail : la.palombiere@wanadoo.fr, Web : www.lapalombiere.fr. Prix 2008. Empl. Tourisme : 10,40 € ; 7,30 € ; - de 7 ans 5 € ; 3 € (10 A) ; Animaux 2 €. Réduction H.S.

LES GROTTES DE ROFFY ★★★★ Tourisme 166 E. dont 105 nus, dont 41 GCC, 5,5 ha. CV. Locations : 12 . chauffée . Etang à 1 km. à 1 km : . Ouv : 26.4 / 21.9. 200 m RD 47, à 8 km RN 703 et 7 km RN 704. ☎ 05 53 59 15 61. Fax : 05 53 31 09 11. E-mail : roffy@perigord.com, Web : www.roffy.fr. Prix 2008. Empl. Tourisme : 10,30 € () : 7,20 € ; - de 7 ans 5,50 € ; 13,10 € (6 A) ; E. CC 15,10 € ; Animaux 2 €. Réduction H.S.

CAMP MAILLAC ★★★ Tourisme 159 E., dont 46 CC - 13 GCC, 6 ha. après 23 h, CV. Locations : 4, 14 . ; ; là 3 km : . Accueil groupes. Ouv : 15.5 / 30.9. RD 47 et 56. ☎ 05 53 59 22 12. Fax : 05 53 29 60 17. E-mail : campingmaillac@wanadoo.fr, Web : www.campingmaillac.fr. Prix 2007. Empl. Tourisme : 6,20 € ; 12 € ; 4,80 € ; - de 7 ans 2,70 € ; 3 à 4,50 € (6 à 10 A) ; Animaux 1,20 €. Réduction H.S.

DOMAINE DES MATHEVIES ★★ Tourisme 30 E. dont 20 nus, dont 10 GCC - 6 HLL, 1,5 ha. CV. Locations : 6, 1, 4, 1, . . Lac et rivière à 6 km. Accueil groupes. Lieu-dit Les Mathévies. Suivre les panneaux vers le Domaine des Mathevies à partir de Sainte-Nathalène. ☎ 05 53 59 20 86 / 06 85 02 25 95. Fax : 05 53 59 20 86. E-mail : marcel.tiemens@wanadoo.fr, Web : www.mathevies.demon.nl.

M. et Mme BRAIZET CV. D 47. ☎ 05 53 59 15 81 / / 06 81 94 14 14 (H.S.).

Mme DALIX Josiane Ⓘ. ☎ 05 53 59 08 20.

SALIGNAC EYVIGNES

10-A3 17 km N.-E. Sarlat. 1035 hab. ✉ 24590

LA DRAILLE ★★★ Tourisme 193 E., dont 35 GCC - 22 HLL, 6 ha. , saison, . Locations : 17, 5, 12, 50, , . . Accès direct à la rivière. ; saison : ; . Souillac à 5 km. ☎ 05 65 32 65 01. Fax : 05 65 37 06 20. E-mail : la.draille@wanadoo.fr, Web : www.ladraille.com.

LE TEMPS DE VIVRE ★★★ Tourisme 50 E. dont 30 nus, dont 13 GCC, 1,5 ha. CV. Locations : 2, 18 . . Etang à 4 km. ; . Ouv : 12.4 / 18.10. A 20 sortie Souillac dir. Salignac, D 61. ☎ 05 53 28 93 21. E-mail : contact@temps-de-vivre.com, Web : www.temps-de-vivre.com. Prix 2008. Fft jour : Empl. Tourisme (2) : 18,50 € () ; Sup : 4,50 € - de 7 ans 3 € ; 3 € (10 A) ; Animaux 2 €.

FFCC : partenaire + réduction cmp. de 10 % hors saison + Stop accueil Camping-car du 12/04 au 05/07 et du 23/08 au 18/10/2008, accès jusqu'à 22h + réduction loc. de 10 % hors saison.

SARLAT LA CANEDA

9-F4 71 km S.-E. Périgueux. 145 m. 10627 hab. ✉ 24200

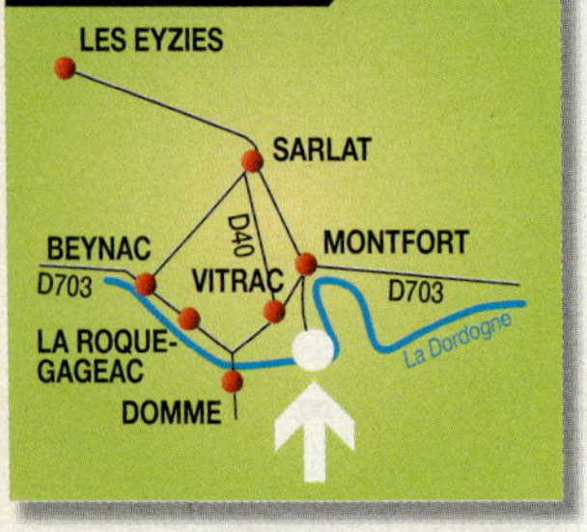

LES PERIERES ★★★★ Tourisme 100 E. dont 100 nus, , dont 100 CC, 4 ha. , sauf électrique, CV Sanitaire chauffé. Locations : Maisons. couverte chauffée. Ouv : Pâques / 30.9. Rue Jean Gabin. Sur RD 47, RN 704 à 1,5 km. 800 m à l'Est de la commune direction sous préfecture. Bibliothèque. Sauna, parcours santé. ☎ 05 53 59 05 84. Fax : 05 53 28 57 51. E-mail : LES-PERIERES@wanadoo.fr, Web : www.lesperieres.com. Prix 2007. Fft jour : Empl. Tourisme (3) : 34,40 € (E. CC) ; Sup : 6,30 € - de 6 ans 4,30 €. Réduction H.S.

LE CAMINEL ★★★ Tourisme 90 E., dont 6 GCC - 6 HLL, 3 ha. CV. Locations : 6, 45, 5. Etang à 2 km. à 1,5 km : 3,5 km nord du centre ville par D 704 dir. Montignac ou D 47 direction Proissans. ☎ 05 53 59 37 16 / 06 08 58 04 74 / 05 53 59 03 07 (H.S.). Fax : 05 53 31 09 55.

LES ACACIAS ★★★ Tourisme 122 E. 3 ha. après 23 h, CV Sanitaire chauffé. Locations : 12, chauffée. Rivière à 2,5 km. à 3 km : ; à 4 km : . Ouv : 1.4 / 30.9. La Canéda, 1 km RN 704. Route de Cahors/Souillac. ☎ 05 53 31 08 50. Fax : 05 53 31 08 50. E-mail : camping-acacias @wanadoo.fr, Web : www.acacias.fr. Prix 2008. Fft jour : Empl. Tourisme (2) : 15,90 € ( ) ; Sup : 5 € - de 7 ans 3 € ; 3 € (6 A) ; Animaux 2 €. Réduction H.S.

FFCC : partenaire + carte FFCC assurance annulation.

LE RIVAUX ★★ Tourisme 100 E., dont 24 CC - 6 HLL, 4 ha. CV. Locations : 3. Ouv : 1.4 / 30.9. Route de Perigueux sortie Nord de Sarlat par les Eyzies. D 6 et 47. ☎ 05 53 59 04 41.

FFCC : partenaire - terrain assuré par la FFCC.

M. et Mme SCHWALLER CV. Le Cambord. D 704 Sarlat dir. Gourdon puis D 704A dir. Souillac, après le rond-point 1ère route à gauche. ☎ 05 53 31 00 95. Fax : 05 53 31 00 95. E-mail : ferme-du-cambord@wanadoo.fr, Web : www.scacqc.net/cambord/fr/intro.htm.

Voir aussi CALVIAC / CARSAC-AILLAC / PROISSANS / SAINT-ANDRE-D'ALLAS / SAINTE-NATHALENE

SARLIAC SUR L ISLE

9-F3 14 km N.-E. Périgueux. 105 m. 755 hab. ✉ 24420

Mme GOVAL Danielle

SCEAU ST ANGEL

9-E2 7 km S. Nontron. 200 m. 129 hab. ✉ 24300

Mme DUBUISSON Elienne CV. A 5 km: Piscine plein air . Puymezier. RN 707, à proximité de la ferme. Pré ombragé à flanc de colline. cyclotourisme. Randonnée pédestre. ☎ 05 53 56 01 65.

SIGOULES

9-E4 15 km S.-O. Bergerac. 57 m. 576 hab. ✉ 24240

BASE DE LOISIRS SIGOULES-POMPORT ★★★ Tourisme 97 E., dont 11 GCC - 7 HLL, 7 ha. snack, CV. Locations : 7, 2. Accès direct aux bords du lac et à la rivière. RD 933. ☎ 05 53 58 81 94 / 05 53 58 40 42 (Mairie) / 05 53 35 50 39 (H.S.). Fax : 05 53 06 30 94. Web : www.perigord.tm.fr.

SIMEYROLS

9-F4 13 km E. Sarlat-la-Canéda. 270 m. 180 hab. ✉ 24370

M. MORICEAU Marcel CV. A 1 km: . A 5 km : Piscine plein air . Ouv : 1.7 / 31.8. Le Pouget. RN 20 dir. Sarlat. A Rouffillac dir. Carlux. D 47 ou D 47 bis. ☎ 05 53 29 85 78. Fax : 05 53 29 85 78. Prix 2008. Empl. Tourisme : 3,75 € ; 3,15 € ; - de 7 ans 2,75 € ; 2,95 € ; Animaux 0,80 €.

FFCC : partenaire + carte FFCC assurance annulation + réduction loc. de 5 % en saison et hors saison.

SIORAC EN PERIGORD

9-F4 26 km S.-O. Sarlat. 77 m. 871 hab. ✉ 24170

CAMP DU PORT ★★ Tourisme 83 E. dont 72 nus, , dont 11 GCC, 1 ha. CV. Locations : 8, . Rivière à 50 m. ; à 4 km : . Accueil groupes. Ouv : 20.4 / 15.11. 50 m RN 710 et 500 m RN 703. Entre Périgueux, Bergerac et Sarlat. ☎ 05 53 31 63 81 / 06 18 12 64 75 (H.S.). Fax : 05 53 28 42 65. E-mail : contact@camping du port.net, Web : www.campingduport.net. Prix 2008. Empl. Tourisme : 3,50 € ( ) ; 4,25 € ; - de 7 ans 2,25 € ; 3 € (10 A). Réduction H.S.

SOURZAC

9-E3 33 km S.-E. Périgueux. 47 m. 1020 hab. ✉ 24400

CAMP MUNICIPAL Ouv : 30.6. ☎ 05 53 81 01 06. Fax : 05 53 81 04 59. E-mail : mairie.sourzac@wanadoo.fr, Web : www.mairie-sourzac.com.

TAMNIES

9-F3 14 km N.-O. Sarlat-la-Canéda. 200 m. 285 hab. ✉ 24620

LE PONT DE MAZERAT ★★★ Tourisme 83 E., dont 27 GCC. CV. Locations : 18, 8. Etang à 300 m. à 300 m : . Entre Sarlat, les Eyzies et Montignac Lascaux. ☎ 05 53 29 14 95 / 05 53 29 68 58 / 05 53 29 65 57 (H.S.). Fax : 05 53 31 15 90. E-mail : le.pont.de.mazerat@wanadoo.fr, Web : www.lepontdemazerat.com. Prix 2007. Empl. Tourisme : 6,10 € ; 4,80 € ; - de 7 ans 2,50 € ; 2,90 à 3,10 € (6 à 10 A) ; Animaux 0,90 €.

LA CATIE ★ Tourisme 25 E. 2 ha. CV. Locations : 1, 5. Lac à 2 km. à 2 km : . Ouv : 1.4 / 11.11. La Catie. ☎ 05 53 29 68 78 / 06 77 36 64 00 (H.S.). Web : www.lacatie.com. Prix 2008. 3,90 € ; - de 10 ans 2,50 € ; 2,50 €.

Mme WEILL Christiane,camping rural Galofre CV. A 2 km: . ☎ 05 53 29 65 10 / 06 30 15 33 33.

TERRASSON LAVILLEDIEU

10-A3 37 km N.-N.-E. Sarlat. 90 m. 6309 hab. ✉ 24120

LA SALVINIE ★★★ Tourisme 70 E. 2,5 ha. CV. . Rivière à 400 m. Ouv : 1.7 / 30.8. Accès par centre ville de Terrasson, suivre rive gauche de la rivière Vézère. Dir. Condat-sur-Vézère. ☎ 05 53 50 06 11. Prix 2007. Fft jour : Empl. Tourisme (2) : 10,50 € Sup : 3,50 € - de 7 ans 2 € ; 2,10 € (6 A) ; Animaux 1 €.

THENON

9-F3 33 km E.-S.-E. Périgueux. 200 m. 1259 hab. ✉ 24210

LE JARRY CARREY ★★ Tourisme 65 E., dont 11 GCC - 3 HLL, 5 ha. haute saison, CV. Locations : 3, 8. Accès direct à la rivière. Etang à 3 m. Route de Montignac, à 3,5 km RN 89. ☎ 05 53 05 20 78. Fax : 05 53 05 57 66. E-mail : lejarrycarrey@aol.com, Web : www.lejarrycarrey.com. Prix 2007. Empl. Tourisme : 4,90 € ; 4,10 € ; - de 3/10 ans 2,50 € ; 3,10 € (10 A) ; Animaux 1,60 €.

PARC RESIDENTIEL DE LOISIRS FOMPOUTREAU P.R.L. 6 E. 2,7 ha. Locations : . Accès direct à l'étang. Lac à 5 km. à 2 km : ; à 10 km : . ☎ 05 53 35 03 69. Fax : 05 40 95 14 94. E-mail : contact@pouyauloisirs.com, Web : www.pouyauloisirs.com.

THIVIERS

9-F2 32 km S.-E. Nontron. 253 m. 4215 hab. ✉ 24800

CAMP MUNICIPAL LE REPAIRE ★★★ Tourisme 100 E. 3 ha. CV. Locations : 10, 1. Accès direct à l'étang. Lac à 800 m. ; à 800 m : . Accueil groupes. Ouv : 1.5 / 30.9. RN 21 entre Limoges et Périgueux. Thiviers, dir. Lanouaille (D 707), après 1,5 km à droite, se trouve le terrain. ☎ 05 53 52 69 75. Fax : 05 53 52 69 75. Web : campingthiviers@wanadoo.fr. Réduction H.S.

FFCC : Stop accueil Camping car du 1/5 au 30/9, accès jusqu'à 22 h.

THONAC

9-F3 25 km N.-O. Sarlat-La-Canéda. 72 m. 248 hab. ✉ 24290

LA CASTILLONDERIE ★★ Tourisme 65 E. 3 ha. Locations : . Accès direct à l'étang. Rivière à 2,5 km. ; . ☎ 05 53 50 76 79. Fax : 05 53 51 59 13. E-mail : castillonderie@wanadoo.fr, Web : www.castillonderie.nl.

TOCANE ST APRE

9-E3 42 km N.-O. Périgueux. 1376 hab. Station verte de vacances et village de neige ✉ 24350

CAMP MUNICIPAL LE PRE SEC ★★★ Tourisme 86 E., dont 8 GCC - 4 HLL, 3 ha. CV. Locations : 14. Accès direct à la rivière. ; ; . Accueil groupes. Ouv : 1.5 / 15.9. Rés. obligatoire en été et en hiver. Accès par la D 710 Périgueux à Riberac. ☎ 05 53 90 40 60 / 05 53 90 70 29 (Mairie) (H.S.). Fax : 05 53 90 25 03. Web : tocane-saint-apre.com. Prix 2007. Empl. Tourisme : 4,25 € () : 1,80 € ; - de 7 ans 1,15 € ; 1,65 € (10 A). Réduction H.S.

FFCC : Stop accueil Camping-car du 01/06 au 30/09/2008, accès jusqu'à 22h.

M. BATAILLER Michel A 3 km: . La Quintinie. Par RD 710, 3 km de la commune, à proximité de la ferme. Terrain à flanc de colline, rivière à 3 km. ☎ 05 53 90 76 37.

TOURTOIRAC

9-F3 32 km N.-E. Périgueux. 110 m. 756 hab. ✉ 24390

LES TOURTERELLES ★★★ Tourisme 113 E. dont 85 nus, , dont 4 CC - 26 GCC - 8 HLL, 4 ha. , à gaz, , 2 fois/sem., CV. Locations : 3, 7, 10. Rivière à 1,2 km.Etang à 3 km. ; à 1 km : . Ouv : 15.4 / 30.9. Rés. obligatoire en été. ☎ 05 53 51 11 17. E-mail : les-tourterelles@tiscali.fr, Web : www.les-tourterelles.com. Prix 2007. Fft jour : Empl. Tourisme (2) : 22,95 € () Fft Ccar : 23,95 € (2). Réduction H.S.

CAMP MUNICIPAL LES ROCHERS ☎ 05 53 51 12 17 (Mairie).

TRELISSAC

9-E3 5 km E. Périgueux. 90 m. 6303 hab. ✉ 24750

M. CHINAGUET Gilbert,camping du Meyrat A 5 km: Piscine plein air . Le Meyrat. CD 8 ancienne voie Napoléon. ☎ 05 53 04 67 07. Fax : 05 53 04 67 07.

TREMOLAT

9-E4 30 km E. Bergerac. 55 m. 543 hab. ✉ 24510

CAMP NAUTIQUE DEPARTEMENTAL ★★★ Tourisme 100 E., dont 38 GCC, 2 ha. CV. Locations : 8. Accès direct à la rivière. 6 km RN 21. ☎ 05 53 22 81 18 / 05 53 05 65 65 / 05 53 05 65 66 (H.S.). Fax : 05 53 06 30 94. E-mail : semitour@perigord.tm.fr, Web : www.semitour.com.

TURSAC

9-F3 22 km N.-O. Sarlat. 80 m. 570 hab. ✉ 24620

LE VEZERE PERIGORD ★★★ Tourisme 102 E. dont 75 nus, , dont 4 GCC, 6 ha. CV. Locations : 18, 3, 4. Rivière à 500 m. à 500 m : , . Accueil groupes. Ouv : Pâques / 30.9. Route de Montignac, sur les rochers. D 706. ☎ 05 53 06 96 31. Fax : 05 53 06 79 66. E-mail : info@levezereperigord.com, Web : www.levezereperigord.com. Prix 2008. Empl. Tourisme : 8 € ; 5 € ; 3 € (10 A) ; Animaux 1 € (chien). Réduction H.S.

LA FERME DU PELOU ★★ Tourisme 65 E., dont 6 GCC, 2,5 ha. CV. Locations : 5, 2. Rivière à 4 km. ; à 1 km : ; à 4 km : . Accueil groupes. Le Pelou, par RD 706. ☎ 05 53 06 98 17. Fax : 05 53 06 98 17. Prix 2007. Empl. Tourisme : 3,30 € () : 3,30 € ; - de 7 ans 1,65 € ; 2,60 € (6 A). Fft Ccar : 9,90 € (2).

LE PIGEONNIER CV. A 500 m : . A 1 km: . A 6 km : . Ouv : 1.6 / 15.9. RD 706 entre les Eyzies et Montignac. 200 m de la Mairie. Bibliothèque. ☎ 05 53 06 96 90. Fax : 05 53 06 96 90. E-mail : campinglepigeonnier@wanadoo.fr, Web : www.campinglepigeonnier.fr. Prix 2007. Empl. Tourisme : 6 € () : 4,30 € ; - de 9 ans 2,70 € ; 3 € (10 A) ; Animaux 1,20 €.

BOUYSSOU ★ Tourisme 20 E. 2,26 ha. CV. Locations : 2, 3. Rivière à 200 m. à 200 m : , . Ouv : 15.6 / 10.9. Par D 706. ☎ 05 53 06 98 08. E-mail : campingbouyssou@wanadoo.fr, Web : perso.wanadoo.fr/campingbouyssou24/. Prix 2007. Empl. Tourisme : 2,60 € ; 3,50 € ; - de 7 ans 2 € ; 2 €.

CAMP DE M. FOURNET ★ Tourisme 25 E. Locations : , , Chambres d'hôtes. Accès direct à la rivière. ; ; ; . ☎ 05 53 06 98 23. Fax : 05 53 06 98 23. E-mail : vezere24@wanadoo.fr, Web : perso.wanadoo.fr/camping.gites/index.htm.

FERME DE LA BRAUGE ★ Tourisme 25 E. dont 19 nus, dont 2 HLL, 1,5 ha. CV Sanitaire chauffé. Locations : 4, 3. à 3 km : ; à 4 km : . Ouv : 1.1 / 31.12. La Brauge. Depuis Les Eyzies dir. Sarlat (4 km) puis à gauche D 48 sur 1 km puis à gauche sur 2 km. ☎ 05 53 29 68 26. Fax : 05 53 29 00 26. E-mail : contact@ferme-labrauge.com, Web : www.ferme-labrauge.com. Prix 2008. Empl. Tourisme : 4,60 € ; 2,70 € ; - de 10 ans 2 € ; 2 à 2,50 €. Réduction H.S.

M. FOURNET Dominique CV. A 2 km: . A 3 km : . A 6 km : Piscine plein air . La Grave, par RD 706, à 1,5 km Est de la commune, à proximité de la ferme. Pré herbeux, ombragé. Salle de réunion. Proximité des grottes (Lascaux, les Eyzies et du GR 36). ☎ 05 53 06 98 23 / 05 53 35 35 56. Fax : 05 53 06 98 23. E-mail : vezere24@wanadoo.fr, Web : perso.wanadoo.fr/camping.gites/index.htm.

M. FOURNET Pierre CV. A 1 km: . A 2 km : . A 6 km : Piscine plein air . Les Eyloux, RD 706, à 1 km nord-est de la commune. Pré herbeux, ombragé, bord de rivière. ☎ 05 53 06 98 23. Fax : 05 53 06 98 23. E-mail : vezere24@wanadoo.fr, Web : perso.wanadoo.fr/camping.gites/index.htm.

Mme MOULINIER Renée A 6,5 km: Piscine plein air . A 2 km : . A 4 km : . A 6 km : . Lespinasse, par RD 706, à 1,5 km de la commune. Prairie, clairière, ombragée, bord de rivière la Vézère, étang à 6 km. Salle de réunion. Réfrigérateur gratuit. ☎ 05 53 06 96 81 / 05 53 06 98 18.

Mme VACHER Claudette A 6,5 km: Piscine plein air . A 2 km : . A 4 km : . A 6 km : . Lespinasse, par RD 706, à 1,5 km de la commune. Prairie ombragée. Bord de rivière. Etang à 6 km. Salle de réunion. Réfrigérateur gratuit. ☎ 05 53 06 98 18 / 05 53 06 96 81.

VALEUIL

9-E2 25 km N.-O. Périgueux. 120 m. 290 hab. ✉ 24310

LE BAS MEYGNAUD ★ Tourisme 50 E., dont 2 HLL, 1,7 ha. CV. Locations : , , , 7. Rivière à 1,5 km. à 1 km : . Accueil groupes. Ouv : 1.4 / 30.9. Accès D 939 (Laserre) dir. de Périgueux. ☎ 05 53 05 58 44. E-mail : camping-du-bas-meygnaud@wanadoo.fr, Web : www.basmeygnaud.com. Prix 2008. 5 € ; 2 € ; 6 € ; 5 € ; 3 € ; - de 7 ans 2,50 € ; 3 € ; Animaux 2 €.

M. BATARD Gilles Les Cheyroux. ☎ 05 53 05 86 51.

VENDOIRE

9-E2 52 km N.-O. Périgueux. 148 m. 176 hab. ✉ 24320

LE PETIT LION ★ Tourisme 31 E. 3 ha. snack, CV. Locations : , , 12, 5, . Etang à 300 m. Rivière à 500 m. ☎ 05 53 91 00 74 / 05 53 91 00 74. Fax : 05 53 91 00 74.

VERGT

9-E3 21 km S. Périgueux. 215 m. 1419 hab. ✉ 24380

CAMP INTERCOMMUNAL DU LAC DE NEUFOND ★ Tourisme 50 E. 1 ha. Locations : . Accès direct à l'étang. ; ; ; . Par RN 21 ou RD 8 après Périgueux dir. Bergerac, situé près de Vergt. ☎ 05 53 54 93 90 / 05 53 54 90 05. Fax : 05 53 54 93 90. Web : www.camping-de-neufond.com.

Mme ENGEL Karin Les Guilloux.

VERGT DE BIRON

9-E4 55 km S. Bergerac 180 m. 170 hab. ✉ 24540

LAS PATRASSES ★★ Tourisme 50 E., dont 6 GCC - 2 HLL, 7 ha. snack, CV. Locations : 7, 9, 4, . ☎ 05 53 63 05 87 / 06 71 73 43 75 (H.S.). Fax : 05 53 24 88 95.

PARC RESIDENTIEL DE LOISIRS FONTAINE DE BIRON P.R.L. 6 E., dont 6 HLL. Locations : . Accès direct aux bords du lac. . Lieu-dit La Fontaine de Biron. ☎ 05 53 36 62 34 / 05 53 58 19 12. E-mail : colombie@wanadoo.fr, Web : www.perigord.com/colombie.

VERTEILLAC

9-E2 40 km N.-O. Périgueux. 135 m. 724 hab. ✉ 24320

CAMP MUNICIPAL LE PONTIS SUD-EST ★★ Tourisme 24 E. dont 24 nus CV. Locations : 8. Etang à 1,5 km. à 1,5 km : . Ouv : 1.4 / 30.11. Axe d'Angoulême/Ribérac. ☎ 05 53 90 37 74 / 06 80 65 28 62 (H.S.). E-mail : j-c.rouvel@wanadoo.fr. Prix 2007. Empl. Tourisme : 3,90 € ; 2,10 € ; - de 7 ans 0,90 € ; 1,90 € (5 A) ; Animaux 0,50 €.

VEYRIGNAC

14 km S.-E. Sarlat-la-Canéda. 123 m. 213 hab. ✉ 24370

LES PIERRES CHAUDES ★★ Tourisme 25 E. 2 ha. légumes, CV. Locations : 2. Etang, lac et rivière à 3 km. Ouv : Pâques / 31.10. Rés. obligatoire en été. De Sarlat dir. Gourdon D 704. A Grolejac au rond-point tourner à gauche dir. Veyrignac 3 km D 50. De Paris A 20 jusqu'à Souillac puis dir. Sarlat, tourner à gauche au pont de Rouffilhac dir. Chateau de Fenelon et Veyrignac puis suivre les panneaux. ☎ 05 53 28 12 90 / 06 70 85 22 93 (H.S.). Fax : 05 53 28 12 90. E-mail : lespierres chaudes@wanadoo.fr, Web : www.lespierreschaudes.fr. Prix 2008. Empl. Tourisme : 3,50 € ; 3,50 € ; 2 € ; 2 €.

VEYRINES DE DOMME

9-F4 19 km S.-O. Sarlat-la-Canéda. 180 m. 200 hab. ✉ 24250

LES PASTOURELS ★★ Tourisme 55 E. 4,5 ha. buvette, CV. Locations : 12, 1. Rivière à 2 km. ; à 2 km : . Près du Château Les Milandes D 53. ☎ 05 53 29 52 49 / 06 80 13 37 64 (H.S.). Fax : 05 53 29 15 19. E-mail : francis.vierge@free.fr, Web : www.campings-dordogne.com/les-pastourels. Prix 2007. Empl. Tourisme : 6 € ; 5,50 € ; - de 7 ans 3 € ; 4 € (4 A).

VEZAC

9-F4 9 km S.-O. Sarlat. 75 m. 547 hab. ✉ 24220

LES 2 VALLEES ★★★ Tourisme 100 E., dont 4 GCC, 2 ha. CV. Locations : 4, 11. Accès direct à l'étang. Rivière à 500 m. ; à 500 m : . Accueil groupes. Sarlat dir. St-Cyprien/Bergerac D 57. A Vézac suivez les panneaux, camping à droite. ☎ 05 53 29 53 55. Fax : 05 53 31 09 81. E-mail : les2v@perigord.com, Web : www.les-2-vallees.com. Réduction H.S.

LA CABANE ★★ Tourisme 98 E. dont 98 nus 2,25 ha. CV. Locations : 4. couverte. Accès direct à l'étang et à la rivière. 200 m RD 703. Souillac-Bergerac. ☎ 05 53 29 52 28. Fax : 05 53 29 54 68. E-mail : camping.la.cabane@wanadoo.fr, Web : www.lacabanedordogne.com. Réduction H.S.

LA PLAGE ★★ Tourisme 83 E. dont 80 nus, 2 ha. pizza, CV. Locations : 2. Accès direct à la rivière. Ouv : 1.4 / 30.9. Rés. obligatoire en été. La Roque Gageac, D 703 entre Beynac et Domme. ☎ 05 53 29 50 83 / 06 85 23 22 16 (H.S.). Fax : 05 53 30 31 63. Web : www.camping-laplage.fr. Prix 2008. Fft jour : Empl. Tourisme (2) : 14 € ; Sup : 4,40 € - de 7 ans 2,60 € ; 2,30 à 4,40 € (3 à 10 A). Réduction H.S.

LES MAGNANAS ★★ Tourisme 66 E. 3 ha. Locations : . Accès direct à la rivière. 60 m RN 703. ☎ 05 53 29 51 79 / 06 79 81 05 01. Fax : 05 53 29 99 55. E-mail : perigord24@wanadoo.fr, Web : www.campings-dordogne.com/les-magnanas.

LE RELAIS MOTO DES SOURCES ★ Tourisme 25 E. 1 ha. CV. Locations : 5, 5, 10. Rivière à 3,5 km. à 3,5 km : . Accueil groupes. Ouv : 1.1 / 31.12. Le Brugal. A 4 km de Sarlat. Route de Bergerac. RESERVE AUX MOTARDS EN HAUTE SAISON. ☎ 05 53 29 59 45 93 / 06 87 91 44 76 (H.S.). Web : www.relaismoto.com. Prix 2008. 12 € ; 4,50 € ; - de 10 ans 2,25 € ; 2 €.

CAMP DU PONT DE FAYRAC CV. A 150 m : . A 5 km: Piscine plein air . A 8 km : . A 10 km : . Ouv : 15.3 / 10.11. D 703, à 1 km Sud de la commune. Spéléologie, escalade. ☎ 05 53 29 54 73 / 06 31 99 55 05 (H.S.). Fax : 05 53 29 54 73. Web : www.perigordcamping.com. Prix 2008. Fft jour : Empl. Tourisme (2 - de 3) : 12 € ; Sup : 3,50 € - de 7 ans 2,20 € ; 2,50 à 3 € (3/4 à 6 A). Fft Ccar : 6,50 € (2). Réduction H.S.

FFCC : partenaire + réduction emp. de 5 % en saison et 10 % hors saison + carte FFCC assurance annulation + Stop accueil Camping-car du 01/03 au 15/11/2008, accès jusqu'à 23h.

VIEUX MAREUIL

9-E2 20 km S.-O. Nontron. 130 m. 395 hab. ✉ 24340

ETANG BLEU ★★ Tourisme 167 E., dont 26 GCC, 3,8 ha. CV. Locations : 8. Accès direct à l'étang. Ouv : 31.3 / 19.10. 2 km RD 939, sur RD 93. ☎ 05 53 60 92 70. Fax : 05 53 56 66 66. E-mail : info@letangbleu.com, Web : www.letangbleu.com. Prix 2008. Fft jour : Empl. Tourisme (2) : 22,50 € ; Sup : 5,50 € - de 7 ans 2 €. Fft Tente : 17,50 € (2).

FFCC : partenaire + réduction emp. de 5 % en saison et 10 % hors saison + Stop accueil Camping-car du 01/04 au 30/06 et du 25/08 au 19/10/2008, accès jusqu'à 21h + réduction loc. de 5 % en saison et 10 % hors saison.

VILLAMBLARD

9-E3 23 km N.-N.-E. Bergerac. 60 m. 824 hab. ✉ 24140

LE PONTILLOU ★ Tourisme 40 E. dont 34 nus 2,50 ha. CV. Locations : 6. Ouv : 1.3 / 30.11. Rés. obligatoire en été. 120, chemin de la Gautherie. RN 21. ☎ 06 25 17 09 56 / 06 22 33 22 99 (H.S.). Fax : 05 53 81 91 87. E-mail : camping_le_pontillou@alice.adsl.fr ou camping_le_pontillou@alicea dsl.fr, Web : www.camping-lepontillou.com. Prix 2008. Empl. Tourisme : 4 € () : 15,50 € ; 3,50 € ; - de 7 ans 2 € ; 3 € (16 A). Réduction H.S.

VILLARS

9-E2 17 km S.-E. Nontron. 225 m. 586 hab. ✉ 24530

M. et Mme PAROUQUE André CV. A 4 km: . A 7 km : . A 8 km : . A 10 km : Piscine plein air. Lesvergne. RN 98 St-Jean/Villars. ☎ 05 53 54 83 62.

VILLEFRANCHE DU PERIGORD

9-F4 44 km S.-O. Sarlat. 153 m. 800 hab. Station verte de vacances et village de neige ✉ 24550

LA BASTIDE ★★★ Tourisme 66 E. dont 43 nus, , dont 7 GCC, 2 ha. pain, CV Sanitaire chauffé. Locations : 23. Etang à 200 m. ; à 200 m : . Accueil groupes. Ouv : 1.4 / 10.11. Rés. obligatoire en été. 200 m du village Route de Cahors. ☎ 05 53 28 94 57. Fax : 05 53 29 47 95. E-mail : campinglabastide@wanadoo.fr, Web : www.camping-la-bastide.com. Prix 2007. Fft jour : Empl. Tourisme (2) : 17 € () ; Sup : 3,90 € - de 10 ans 2,90 € ; 3 à 4 € (6 à 10 A) ; Animaux 1 €. Fft Ccar : 10 € (2). Réduction H.S.

FFCC : partenaire + carte FFCC assurance annulation + Stop accueil Camping-car du 1/4 au 30/6 et du 1/9 au 5/11, accès jusqu'à 20 h.

VILLETOUREIX

9-E3 35 km N.-O. Périgueux. 67 m. 750 hab. ✉ 24600

M. CABIROL Hervé . A 1,5 km: . A 1 km : . Madrix, par RN 708 et RN 709, 1 km Nord-Ouest de la commune, à proximité de la ferme. A flanc de colline, herbeux, rivière à 800 m. Auberge rurale. Animation, équestre avec stages. ☎ 05 53 90 03 53.

M. CABIROL Hubert . A 1,5 km: . A 1 km : . Madrix, par RN 708 et RN 709, 1 km Nord-Ouest de la commune, à proximité de la ferme. A flanc de colline, herbeux, rivière à 600 m. Location de caravanes. Auberge rurale. Animations, équestre avec stages. ☎ 05 53 90 03 53.

VITRAC

9-F4 5 km S. Sarlat. 180 m. 631 hab. ✉ 24200

SOLEIL PLAGE ★★★★ Tourisme 199 E. dont 120 nus, , dont 19 CC - 31 GCC - 20 HLL, 8 ha. CV. Locations : 20, 34. chauffée. Accès direct à la rivière. Accueil groupes. Ouv : 11.4 / 28.9. A Caudon, à 2 km D 703 et Montfort. ☎ 05 53 28 33 33. Fax : 05 53 28 30 24. E-mail : info@soleilplage.fr, Web : www.soleilplage.fr. Prix 2008. Fft jour : Empl. Tourisme (2) : 31,40 € ; Sup : 7,70 € - de 2/8 ans 4,60 € ; E. GCC 22,50 € ; Animaux 2,50 €. Réduction H.S.

FFCC : partenaire + réduction emp. de 5 % hors saison + carte FFCC assurance annulation + Stop accueil Camping-car du 11/04 au 30/06 et du 30/08 au 28/09/2008, accès jusqu'à 22h + réduction loc. de 5 % hors saison.

LA BOUYSSE DE CAUDON ★★★ Tourisme 160 E. dont 151 nus, , dont 5 GCC - 5 HLL, 2 ha. 1 km, CV. Locations : 9, 20. Accès direct à la rivière. Accueil groupes. 1 km RN 703. ☎ 05 53 28 33 05 / 06 80 17 19 93. Fax : 05 53 30 38 52. E-mail : La-Bouysse.24@wanadoo.fr, Web : www.labouysse.com. Prix 2008. Empl. Tourisme : 7,30 € ; 2,80 € ; 3,40 à 3,90 € (6 à 10 A) ; Animaux 1,70 €. Réduction H.S.

FFCC : partenaire + carte FFCC assurance annulation.

CLOS BERNARD ★★ Tourisme 95 E. 1,5 ha. ap. 22 h. Locations : . Rivière à 1 km. à 1 km : . RD 703. Bibliothèque. ☎ 05 53 28 33 44.

BORIE DE BAR ★ Tourisme 25 E. . à 3 km : . La Borie de Bar. 3 km au Sud de Sarlat sur D 46 Sarlat-Domme. Tennis à 2 km. Equitation à 1,5 km. Chambres d'hôtes. ☎ 05 53 59 17 57.

LA SAGNE ★ Tourisme 30 E. Rivière à 50 m. ; Ouv : 1.6 / 1.10. Rés. obligatoire en été. ☎ 05 53 31 00 96 (H.R.) / 05 53 30 85 00 (H.B.) (H.S.). Fax : 05 53 31 00 96. Prix 2008. Empl. Tourisme : 2,55 € ; 4,25 € ; 2,65 € ; - de 10 ans 1,45 € ; 2,15 € ; 0,50 € ; Animaux 0,75 €.

FFCC : partenaire - terrain assuré par la FFCC.

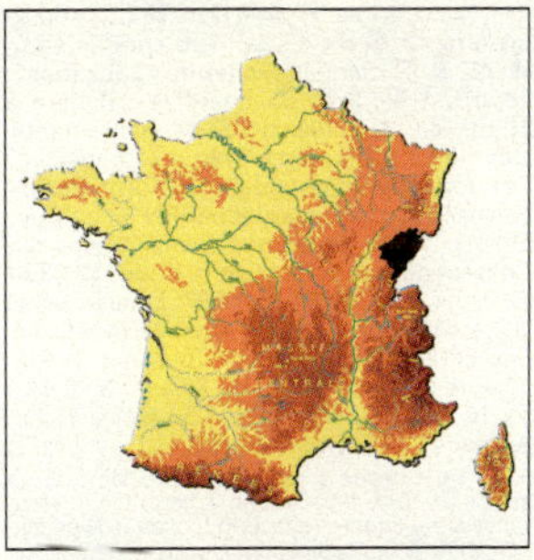

ARC ET SENANS

8-C3 32 km S.-O. Besançon. 235 m. 1303 hab. ✉ 25610

CAMP MUNICIPAL BORDS DE LOUE ★★ Tourisme 28 E., dont 4 CC, 1,5 ha. Locations : . Accès direct à la rivière. ; ; . Par A 36 sortie Gendrey, ou A 39 sortie Dôle-Sud. Par RN 83 Quingey ou par RN 73 Ranchot. ☎ 03 81 57 42 20 / 03 81 57 46 44. Fax : 03 81 57 46 40. E-mail : info@ot-arcetsenans.fr, Web : www.ot-arcetsenans.fr.

BAUME LES DAMES

8-D2 31 km N.-E. Besançon. 270 m. 5696 hab. ✉ 25110

CAMPING MUNICIPAL ★★ Tourisme 49 E., dont 12 CC.

BESANCON

8-C2 387 km E.-S.-E. Paris. 280 m. 119687 hab. ✉ 25000

LA PLAGE ★★★ Tourisme 113 E. dont 112 nus (57 Tourisme + 56 Loisirs), dont 56 CC, 2 ha. snack, CV Sanitaire chauffé. Locations : . chauffée . Accès direct à la rivière. . Accueil groupes. Route de Belfort. A Chalezeule, sur RN 83 dir. Belfort/Montbéliard. ☎ 03 81 88 04 26. Fax : 03 81 50 54 62. E-mail : laplage.besancon@ffcc.fr, Web : www.camp-in-france.com. Réduction H.S.

FFCC : partenaire - terrain assuré par la FFCC + carte FFCC assurance annulation + Stop accueil Camping-car du 01/04 au 30/09/2008, accès jusqu'à 22h + 1 nuit gratuite pour 5 nuits payantes - Carte de fidélité disponible.

BONNAL

8-D2 40 km N.-E. Besançon. 300 m. 25 hab. ✉ 25680

LE VAL DE BONNAL ★★★★ Tourisme 272 E., dont 75 GCC, 15 ha. hte saison, hte saison, . Locations : , . couverte . Accès direct à la rivière. Etang et lac à 200 m. ; ; ; ; . Ouv : 9.5 / 7.9. Au village, 3 km RD 9. ☎ 03 81 86 90 87. Fax : 03 81 86 03 92. E-mail : val-de-bonnal@wanadoo.fr, Web : www.val-de-bonnal.com. Prix 2008. Fft jour : Empl. Tourisme (2) : 37 € ((5 A)) ; Sup : 10 € - de 10 ans 5 €. Réduction H.S.

CHARMOILLE

8-D2 46 km S.-O. Montbéliard. 679 m. 298 hab. ✉ 25380

M. MONNIN Claude,aire naturelle de camping poney, CV. A 300 m : . A 1 km: . A 6 km : . Ouv : 1.5 / 15.10. Le Vieux Moulin. Sortie A 36 (Isle-sur-Doubs/Voujeaucourt (Montbéliard). Accès par route Nord de Besançon et Maiche. ☎ 03 81 44 30 29. Web : www.camping-charmoille.pampc.net. Prix 2008. ( ) : 2,65 € ; 2,65 € ; 5,15 € ; 2,65 € ; 3,15 € ; - de 2/7 ans 2,15 € ; 2,85 € ; Animaux 1 € (chien). Réduction H.S.

CHATELBLANC

1000 m. 114 hab. ✉ 25240

M. JACQUIER YVES, aire naturelle Le Castel Blanc . A 2 km: . A 9 km : Piscine plein air. Lieu-dit Chauchoulet ☎ 03 81 69 24 56. E-mail : castelblanc@wanadoo.fr, Web : www.castel-blanc.com. Prix 2007. Empl. Tourisme : 3 € ; 3,50 € ;

CLERVAL

8-D2 30 km S.-O. Montbéliard. 287 m. 1175 hab. ✉ 25340

CAMP MUNICIPAL LES ILES ★ Tourisme 60 E. Rue des Portes des Noyes. ☎ 03 81 93 86 19.

EMAGNY

8-C2 18 km N.-O. Besançon. 210 m. 578 hab. ✉ 25170

CAMP MUNICIPAL BEAU RIVAGE ★★ Loisirs 100 E. (40 Tourisme + 60 Loisirs) 1,8 ha. CV. Locations : 2 , 2 , 2 , , . . Accès direct à la rivière. ; ; . Sur RD 8 par RN 67 à 6 km, sortie Nord du village. Pataugeoire. ☎ 03 81 55 07 13 / 03 51 95 67 58. Fax : 03 81 55 43 37. Web : www.campingbeaurivage.net.

GENEUILLE

8-C2 12 km N. Besançon. 220 m. 661 hab. ✉ 25870

LES PEUPLIERS ★★ Tourisme 100 E. (65 Tourisme + 35 Loisirs) 3,5 ha. . Accès direct à la rivière. ; . Sortie Besançon dir. Vesoul. ☎ 03 81 57 72 04.

GILLEY

8-D3 21 km N.-E. Pontarlier. 868 m. 1040 hab. ✉ 25650

LE LAVA ★ Tourisme 30 E. 0,5 ha. CV. Locations : 1 Chambre. . Etang, lac et rivière à 2 km. ; à 3 km : . Ouv : 1.1 / 31.12. 500 m RD 132. ☎ 03 81 43 30 88. Prix 2007. 4,50 € ; 1,50 € ; 5,50 € ; 2,25 € ; 2,50 € ; Animaux 0,50 € (chien).

GLAMONDANS

8-C2 25 km E. Besançon 400 m. 147 hab. ✉ 25360

M. MICHAUD Didier,camping à la ferme . Le Moulin de Guigot. De Besançon dir. Lausanne sur 6 km et prendre la 2ème route à droite dir. Nancray D 464. De Baume-les-Dames dir. Valdahon prendre Pont les Moulins, St-Juan, Aïssey et Glamondans. ☎ 03 81 63 00 15. Fax : 03 81 63 00 15.

GLERE

8-E2 46 km S.-E. Montbéliard. 416 m. 181 hab. ✉ 25190

CAMP MUNICIPAL ★★ Loisirs 85 E. (21 Tourisme + 64 Loisirs), dont 10 HLL, 3,5 ha. 1. Locations : 10 . . Accès direct à la rivière. à 200 m : , . ☎ 03 81 93 97 28. Web : www.chalets-decouverte.com.

GOUMOIS

8-E2 49 km S.-E. Montbéliard. 490 m. 135 hab. ✉ 25470

CAMP MUNICIPAL LA FORGE ★★ Loisirs 40 E., . Accès direct à la rivière. . ☎ 03 81 44 28 24 / 03 81 44 27 19. Fax : 03 81 44 28 24. Web : goumois.com.

LES HOPITAUX NEUFS

8-D4 17 km S. Pontarlier. 1000 m. 265 hab. ✉ 25370

CAMP MUNICIPAL LE MIROIR ★★★ Tourisme 70 E. (58 Tourisme + 12 Loisirs), dont 53 CC, 1,5 ha. Sanitaire chauffé. . Rivière à 1 km. Ouv : 1.6 / 10.9 et 15.10 / 30.4. A la sortie du village. Salle de loisirs, salle de séchage. ☎ 03 81 49 10 64 / 06 82 00 07 15 (H.S.). Fax : 03 81 49 17 33.

HUANNE MONTMARTIN

8-D2 34 km N.-E. Besançon. 310 m. 48 hab. ✉ 25680

LE BOIS DE REVEUGE ★★★★ Tourisme 281 E. dont 190 nus, , dont 281 GCC, 7 ha. CV. Locations : 34 , 118 . couverte chauffée . Accès direct à l'étang. ; ; ; . Ouv : 21.4 / 13.9. 3 km de la RD 50. Accès A 36 sortie Baume-les-Dames puis RN 83 puis RD 50 dir. Rougemont-Villersexel. ☎ 03 81 84 38 60 / 03 81 84 12 42 (H.S.). Fax : 03 81 84 44 04. E-mail : info@campingduboisdereveuge.com, Web : www.campingduboisdereveuge.com. Prix 2008. Fft jour : Empl. Tourisme (2) : 36 € ((6 A)) ; Sup : 7 € 5 € ; Animaux 2 €. Réduction H.S.

L ISLE SUR LE DOUBS

8-D2 23 km S.-O. Montbéliard. 292 m. 3207 hab. ✉ 25250

LES LUMES ★★★ Tourisme 76 E. (66 Tourisme + 10 Loisirs) 1 ha. Locations : . Accès direct à la rivière. Accueil groupes. Rue des Lumes, 300 m RN 83. A 36 sortie 10. ☎ 03 81 92 73 05. Fax : 03 81 92 73 05. E-mail : JP@les-lumes.com, Web : les-lumes.com. Prix 2007. 4,20 € ; 4,40 € ; 4 € ; 3,10 € ; - de 10 ans 1,80 € ; Animaux 1,20 €.

LABERGEMENT STE MARIE

8-D4 18 km S. Pontarlier. 859 m. 738 hab. ✉ 25160

CAMP DU LAC ★★★ Tourisme 113 E., dont 8 CC - 8 GCC - 4 HLL, 1,8 ha. CV. Locations : 4, 4. Etang à 100 m. Lac et rivière à 200 m. ; à 2 km : ; à 3 km : . Accueil groupes. Ouv : 1.5 / 30.9. 10, rue du Lac, entre le lac de Remoray et D 437 à 800 m. ☎ 03 81 69 31 24. Fax : 03 81 69 31 24. E-mail : camping.lac.remoray@wanadoo.fr, Web : www.camping-lac-remoray.com. Prix 2007. Fft jour : Empl. Tourisme (2) : 14,50 € () ; 3,50 € (6 A) ; Animaux 1,50 €. Fft Tente : 13 € (2). Réduction H.S.

LEVIER

8-C3 20 km O. Pontarlier. 719 m. 2032 hab. ✉ 25270

CAMP DE LA FORET ★★★ Tourisme 71 E. dont 65 nus, , dont 3 CC - 2 GCC - 2 HLL, 2 ha. chauffée, + sèche-linge, CV. Locations : 2, 2, 2. chauffée . à 10 km : . Accueil groupes. Ouv : 27.4 / 15.9. Rés. obligatoire en été. Route de Septfontaine. D 72, par CD 41. ☎ 03 81 89 53 46. Fax : 03 81 89 53 46. E-mail : camping@camping-dela-foret.com, Web : www.camping-de-la-foret.com. Prix 2008. Fft jour : Empl. Tourisme (2) : 16,50 € () ; Sup : 3,60 € - de 6 ans 2,40 € ; 3,50 € (6 A) ; Animaux 0,50 €. Fft Ccar : 19 € (2).

FFCC : partenaire + réduction emp. de 5 % en saison et hors saison + réduction loc. de 5 % en saison et hors saison.

LODS

8-C3 36 km S.-E. Besançon. 360 m. 337 hab. ✉ 25930

CAMP MUNICIPAL ★★ Tourisme 56 E. (45 Tourisme + 11 Loisirs) 0,8 ha. Accès direct à la rivière. Accueil groupes. Champaloux, 150 m RD 67. ☎ 03 81 60 90 11 (Mairie). Fax : 03 81 60 93 86. E-mail : mairie.lods@wanadoo.fr.

MAICHE

8-D2 40 km S. Montbéliard. 777 m. 4344 hab. ✉ 25120

SAINT MICHEL ★★★ Tourisme 70 E. dont 70 nus (60 Tourisme + 10 Loisirs) 2 ha. pain, CV Sanitaire chauffé. Locations : 5. Ouv : 1.1 / 31.12 fermé 3 sem. nov. / déc.. Au 23 rue St Michel. Par RD 422. ☎ 03 81 64 12 56 / 03 81 64 03 01 (Mairie) (H.S.). Fax : 03 81 64 12 56. E-mail : camping.maiche@wanadoo.fr, Web : www.mairie-maiche.fr. Prix 2007. Fft jour : Empl. Tourisme (2) : 12,20 € ((6 A)) ; 1,50 €.

MALBUISSON

8-D3 15 km S. Pontarlier. 900 m. 372 hab. ✉ 25160

LES FUVETTES ★★★ Tourisme 328 E. (215 Tourisme + 113 Loisirs), dont 13 CC - 100 GCC, 7 ha. à gaz, CV. Camping clef verte. Locations : 9, 40. chauffée . Accueil groupes. Ouv : 1.4 / 1.10. 24 route des Perrières. 400 m RD 437. Salle de loisirs. ☎ 03 81 69 31 50. Fax : 03 81 69 70 46. E-mail : les-fuvettes@wanadoo.fr, Web : www.camping-fuvettes.com. Prix 2008. Fft jour : Empl. Tourisme (2) : 21 € () ; Sup : 5 € - de 2/7 ans 2,90 € ; 3,60 à 4 € (4 à 6 A) ; Animaux 2 €. Fft Ccar : 10 € (2). Réduction H.S.

FFCC : Stop accueil Camping-car du 01/04 au 10/07 et du 20/08 au 30/09/2008, accès jusqu'à 22h.

MANDEURE

8-D2 12 km S. Montbéliard. 330 m. 6113 hab. ✉ 25350

LES GRANDS ANSANGES ★★ Tourisme 96 E. (86 Tourisme + 10 Loisirs), dont 14 CC, 1,7 ha. CV. Locations : 7. Accès direct à la rivière. Sur axe Montbéliard/Pontarlier. Sortie autoroute Exincourt. ☎ 03 81 35 23 79. Fax : 03 81 30 09 26.

MONCEY

8-C2 22 km N.-E. Besançon. 235 m. 349 hab. ✉ 25870

LA VALLEE ★★ Tourisme 50 E. (30 Tourisme + 20 Loisirs) 1,5 ha. CV. Locations : 3, 8, . Accès direct à l'étang et à la rivière. Sur RD 14. A 36 sortie Marchaux/Rioz/Roulon. ☎ 03 81 57 89 01 / 06 86 33 24 69. Fax : 03 81 57 89 01.

MONTAGNEY SERVIGNEY

8-C2 40 km N.-E. Besançon 250 m. 111 hab. ✉ 25680

CAMP MUNICIPAL LA FORGE ★★★ Tourisme 56 E. dont 56 nus, 4 ha. CV. Locations : 3, 7, . Accès direct à la rivière. Accueil groupes. Ouv : 1.5 / 30.9. 15 km de l'A 36. 4 km de Rougemont. Petite cité comtoise de caractère. ☎ 03 81 86 01 70. Fax : 03 81 88 58 17. E-mail : espacesportifdelaforge@wanadoo.fr, Web : www.espacesportifdelaforge.com. Prix 2007. () : 3 € ; 2 € ; 5 € ; 2 € ; 4 € ; 2 € ; 3 €. Réduction H.S.

MONTBENOIT

8-D3 14 km N. Pontarlier. 786 m. 163 hab. ✉ 25650

LA GROSSE GRANGE,aire naturelle

MONTGESOYE

8-C3 29 km S.-E. Besançon 350 m. 437 hab. ✉ 25111

AIRE NATURELLE MUNICIPALE ☎ 03 81 62 23 14 (Mairie). Fax : 03 81 57 18 86.

MORTEAU

8-D3 30 km N.-N.-E. Pontarlier. 750 m. 6699 hab. Station verte de vacances et village de neige ✉ 25500

LE CUL DE LA LUNE ★★ Tourisme 42 E. 0,45 ha. CV. Accès direct à la rivière. Accueil adultes. Ouv : 1.6 / 10.9. Lieu-dit Cul de la lune, sur RD 48, 100 m RN 437. ☎ 03 81 67 17 52 / 03 81 67 18 53 (H.S.). Fax : 03 81 67 62 34. E-mail : otsi.morteau@wanadoo.fr, Web : www.morteau.org. Prix 2008. Fft jour : Empl. Tourisme (2) : 14 € () ; Sup : 4 € 2 € ; 3 € ; Animaux 1 €. Réduction H.S.

MOUTHE

8-C4 29 km S.-S.-E. Pontarlier. 937 m. 846 hab. ✉ 25240

CAMP DE LA SOURCE DU DOUBS ★★ Loisirs 50 E. (15 Tourisme + 35 Loisirs) 1,8 ha. CV Sanitaire chauffé. Accès direct à la rivière. Sur D 433. ☎ 06 71 45 47 65 / 03 81 69 27 45 (Mairie) (H.S.). Fax : 03 81 69 13 13. E-mail : mairie.mouthe@wanadoo.fr.

MOUTHIER HAUTE PIERRE

8-C3 40 km S.-E. Besançon. 450 m. 360 hab. ✉ 25920

ESSI LES OYES ★ Tourisme 40 E. 0,6 ha. Accès direct à la rivière. Sur RD 67. ☎ 03 81 60 91 39.

ORNANS

8-C3 27 km S.-E. Besançon. 300 m. 4234 hab. ✉ 25290

DOMAINE LE CHANET ★★★ Tourisme 95 E. dont 74 nus 2,2 ha. snack-pizzeria, club enfants, CV Sanitaire chauffé. Locations : 14, 4, 9. chauffée . Rivière à 50 m. ; à 100 m : . Accueil enfants. Ouv : 29.3 / 2.11. 9, chemin du Chanet, RD 241, route de Chassagne. A 36 sortie Besançon centre, dir. Pontarlier par RN 57 puis dir. Ornans Vallée de la Loue. Dans Ornans dir. Chassagne par le long de la Loue. ☎ 03 81 62 23 44. Fax : 03 81 62 13 97. E-mail : contact@lechanet.com, Web : www.lechanet.com. Prix 2008. Fft jour : Empl. Tourisme (2) : 17,40 € () ; Sup : 3,70 € - de 10 ans 2,70 € ; 3 à 3,50 € (3 à 10 A) ; Animaux 1,50 €. Réduction H.S.

FFCC : partenaire + réduction emp. de 5 % en saison et 10 % hors saison + carte FFCC assurance annulation + réduction loc. de 5 % en saison et 10 % hors saison.

OSSELLE

8-C3 20 km S.-O. Besançon. 230 m. 354 hab. ✉ 25320

CLUB NATURISTE DE BESANCON ★ Loisirs 25 E. 1 ha. CV Rés. naturiste. Locations : 1. . Rivière à 500 m. Bord de mer à 2 km. ; à 2 km : ; à 5 km : ; à 8 km : . N 73 Besançon/Dole puis à St Vit prendre D 13 dir. Routelle Osselle. A l'Osselle prendre à gauche dir. D 12 Torpes 150 m après le cimetière. ☎ 03 81 63 77 39. E-mail : message@cnb-osselle.com, Web : www.cnb-osselle.com.

LA CORVEE En cours classt ★★ Tourisme 50 E.

PIERREFONTAINE LES VARANS

8-D2 50 km E. Besançon. 695 m. 1608 hab. ✉ 25510

LE CRET,camping à la Ferme CV. A 800 m : . A 1 km : . A 5 km : . ☎ 03 81 56 04 76 / 06 82 32 17 84 (H.S.). Fax : 03 81 56 04 76. E-mail : camping.le.cret.@club-internet.fr, Web : camping.le.cret.free.fr. Prix 2007. () : 1,85 € ; 1,25 € ; 3,10 € ; 1,55 € ; 2,50 € ; - de 8 ans 1,50 € ; 1,55 € ; Animaux 0,80 €.

PONT LES MOULINS

8-D2 36 km N.-E. Besançon. 266 m. 164 hab. ✉ 25110

L'ILE ★ Tourisme 35 E. (29 Tourisme + 6 Loisirs) 1 ha. Locations : . Accès direct à la rivière. Accueil groupes. Sur D 50. ☎ 03 81 84 15 23. E-mail : info@campingdelile.fr, Web : www.campingdelile.fr.

PONTARLIER

8-D3 59 km S.-E. Besançon. 837 m. 18817 hab. ✉ 25300

LE LARMONT ★★★ Tourisme 75 E. (55 Tourisme + 20 Loisirs), dont 55 CC - 20 GCC - 5 HLL. pain, CV Sanitaire chauffé. Locations : 6. couverte . Accueil groupes. Ouv : 1.1 / 31.12. Rés. obligatoire en été. Rue du Toulombief. ☎ 03 81 46 23 33. E-mail : lelarmont.pontarlier@wanadoo.fr.

FFCC : partenaire - terrain assuré par la FFCC + Stop accueil Camping-car toute l'année, accès jusqu'à 22h + 1 nuit gratuite pour 5 nuits payantes - Carte de fidélité disponible.

QUINGEY

8-C3 22 km S. Besançon. 267 m. 920 hab. ✉ 25440

CAMP MUNICIPAL LES PROMENADES ★★★ Tourisme 75 E. 1,5 ha. CV. Accès direct à la rivière. ; à 8 km : Accueil adultes. Ouv : 1.5 / 30.9. Rés. obligatoire en été. Accès par N 83. Besançon-Lyon. Base de loisirs (vélos, canoës-kayaks). ☎ 03 81 63 74 01 / 03 81 63 63 25 (Mairie) (H.S.). Fax : 03 81 63 74 01. E-mail : mairie-quingey@wanadoo.fr, Web : www.campingquingey.fr. Prix 2007. 4 € ; 4 € ; 3 € ; 3,55 € ; 2,70 € (6 A) ; Animaux 0,80 €.

RENNES SUR LOUE

8-C3 33 km S.-O. Besançon. 240 m. 75 hab. ✉ 25440

AU CAMPING DE LA FERME ★★ Tourisme 50 E. 1,5 ha. pain, CV. Locations ; chambres d'hôtes. Accès direct à la rivière. Accueil groupes. Ouv : Pâques / novembre. Place du Village RN 83. ☎ 03 81 63 52 62 / 06 80 96 21 80 (H.S.). Fax : 03 81 63 75 54. E-mail : c.tribut@amiesenfranchecomte.com, Web : www.amiesenfranchecomte.com/pro_cla.htm. Prix 2007. Fft jour : Empl. Tourisme (2) : 9,50 € () ; - de 7 ans 2 € ; 2,50 € ; Animaux 1 €.

ROCHE LES CLERVAL

8-D2 30 km S.-O. Montbéliard. 307 m. 100 hab. ✉ 25340

CLERMOULIN ★★ Tourisme 52 E. (37 Tourisme + 15 Loisirs).

LE RUSSEY

8-D3 54 km S. Montbéliard. 875 m. 1912 hab. ✉ 25210

CAMP MUNICIPAL LES SORBIERS ★★ Tourisme 58 E. (50 Tourisme + 8 Loisirs) 1 ha. Locations : 3, 4. 300 m RD 437. ☎ 03 81 43 75 86.

ST HIPPOLYTE

8-D2 30 km S.-E. Montbéliard. 380 m. 1179 hab. ✉ 25190

LES GRANDS CHAMPS ★★ Tourisme 64 E. (44 Tourisme + 20 Loisirs) 2,8 ha. Locations : 10. Accès direct à la rivière. Ass. des Commerçants. ☎ 03 81 96 54 53. Web : www.chalets-decouverte.com.

ST POINT LAC

8-D3 14 km S.-O. Pontarlier. 855 m. 98 hab. ✉ 25160

CAMP MUNICIPAL ★★★ Tourisme 84 E. (79 Tourisme + 5 Loisirs) 1 ha. snack, à gaz, CV Sanitaire chauffé. Lac à 20 m. ; à 2 km : Accueil groupes 10 pers. maximum. 10 pers. maximum. Ouv : 1.5 / 30.9. ☎ 03 81 69 61 64 / 03 81 69 62 08 (H.S.). Fax : 03 81 69 65 74. E-mail : camping-saintpointlac@wanadoo.fr, Web : www.camping-saintpointlac.com. Prix 2007. Fft jour : Empl. Tourisme (2) : 10 € () ; Sup : 2,50 € - de 4/10 ans 1,25 € ; 4,50 € ; Animaux 1 €. Réduction H.S.

VALOREILLE

900 m. 110 hab. ✉ 25190

GAEC BOITEUX DE MONTAIGU CV. Ouv : 1.5 / 1.10. 7 rue de Montaigu ☎ 03 81 93 38 15 / 03 81 93 33 60 (H.S.). Fax : 03 81 93 33 60. E-mail : gaecboiteux.de-montaigu@wanadoo.fr, Web : www.doubscamping-chaletsnature.fr. Prix 2007. 2 € ; 2 € ; 3,50 € ; 2 € ; 2,50 € ; - de 3/13 ans 1,50 € ; 1,80 €.

VAUFREY

8-D2 42 km S.-E. Montbéliard. 408 m. 156 hab. ✉ 25190

CAMP MUNICIPAL ★★ Loisirs 60 E. (12 Tourisme + 48 Loisirs). CV Sanitaire chauffé. Accès direct à la rivière. Accueil groupes. Ouv : 1.3 / 31.10. O ☎ 03 81 93 91 46 / 03 81 93 91 46 (H.S.). Prix 2008. 2,20 € ; 2,20 € ; 3 € ; 2 € ; 2,20 € ; - de 12 ans 1 € ; 2 € ; 1 €.

VILLERS LE LAC

8-D3 35 km N.-E. Pontarlier. 859 m. 4142 hab. ✉ 25130

AIRE NATURELLE MUNICIPALE village, CV. A 4 km: Piscine plein air. Saut du Doubs. GR 5. ☎ 03 81 68 00 98. Fax : 03 81 68 00 98. E-mail : otsi.25130@free.fr, Web : www.villers-le-lac-info.org.

VUILLAFANS

8-C3 32 km S.-E. Besançon. 355 m. 600 hab. ✉ 25840

CAMP MUNICIPAL LE PRE DAILLY ★★ Tourisme 37 E. 0,5 ha. CV. Locations : . Accès direct à la rivière. Accueil groupes. Par RD 67. ☎ 03 81 60 91 52. Fax : 03 81 60 95 68. Web : www.vuillafans.fr.

DROME 26

Carte 11

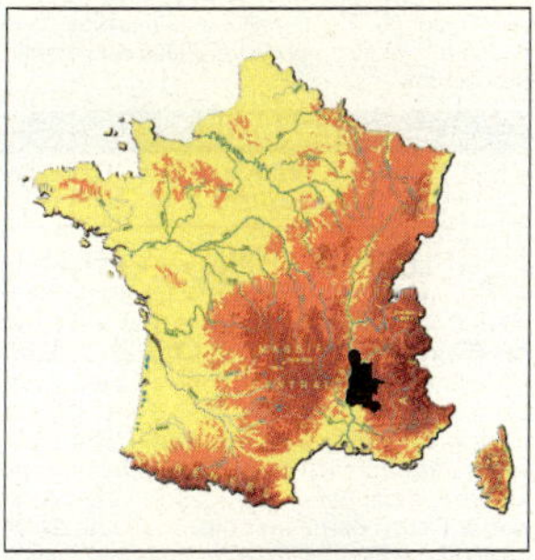

ALBON

11-A3 41 km N.-N.-O. Valence. 240 m. 1316 hab. ✉ 26140

CHATEAU DE SENAUD ★★★★ Tourisme 140 E. dont 90 nus (85 Tourisme + 55 Loisirs), dont 22 CC - 15 GCC, 3 ha. saison, Sanitaire chauffé. Locations : 6, 10. Etang à 25 m. Rivière à 50 m. Accueil groupes. 700 m RD 82, 2 km RN 7 et D 122. Bibliothèque. Bibliothèque. ☎ 04 75 03 11 31. Fax : 04 75 03 08 06. E-mail : camping.de.senaud@wanadoo.fr, Web : www.chateau-de-senaud.com. Prix 2007. Fft jour : Empl. Tourisme (2) : 28 € () ; Sup : 6,85 € - de 7 ans 3,50 €.

ANCONE

790 hab. ✉ 26200

L'ILE BLANC ★★★ Tourisme 81 E. dont 49 nus (71 Tourisme + 10 Loisirs), dont 40 GCC, 3 ha. CV. Locations : , 6. Accès direct aux bords du lac. Accueil groupes. Ouv : 1.1 / 31.12. 1205, chemin de l'Ile Blanc. Proche de Montélimar (Drôme), situé en Ardèche à la limite de 2 départements. A 7 sortie n° 17 ou 18 à coté des villages d'Ancône et l'Homme d'Armes à 500 m par N 7. ☎ 04 75 51 20 05 / 06 69 62 20 05 (H.S.). Fax : 04 75 51 20 05. E-mail : ileblancamping@hotmail.fr, Web : www.camping-montelimar.com. Prix 2007. Fft jour : Empl. Tourisme (2) : 17 € () ; Sup : 4,50 € - de 10 ans 3 € ; 4 €. Réduction H.S.

FFCC : partenaire + réduction emp. de 5 % en saison et hors saison + carte FFCC assurance annulation + Stop accueil Camping-car toute l'année, accès jusqu'à 22h + réduction loc. de 5 % en saison et hors saison.

ANNEYRON

11-A3 45 km N. Valence. 352 m. 2941 hab. ✉ 26140

LA CHATAIGNERAIE ★★★ Tourisme 71 E. dont 30 nus (41 Tourisme + 30 Loisirs), dont 53 GCC, 2 ha. électrique, CV. Camping clef verte. Locations : 6, 4, 4. Etang à 3 km. à 3 km : Ouv : 1.4 / 30.9. Route de Mantaille. Sortie Chanas n° 12 par autoroute puis dir. Valence n° 7 puis Anneyron. D 161 dir. Mantaille pendant 3 km. ☎ 04 75 31 43 33. Fax : 04 75 03 84 67. E-mail : chataigneraiecamping@wanadoo.fr, Web : www.chataigneraie.com. Prix 2008. Fft jour : Empl. Tourisme (2) : 23,50 () ; Sup : 5 € - de 8/14 ans 3,80 € ; Animaux 2,20 €. Réduction H.S.

FFCC : partenaire + réduction emp. de 5 % en saison et hors saison + carte FFCC assurance annulation.

AOUSTE SUR SYE

11-B4 34 km O. Dié. 215 m. 1820 hab. ✉ 26400

LA PIERRE A FEU ★★ Loisirs 50 E. (20 Tourisme + 30 Loisirs), dont 20 CC. Locations : , . Accès direct à la rivière. ☎ 04 75 76 76 23. Fax : 04 75 76 76 23.

ARNAYON

11-B4 65 km S. Die. 750 m. 60 hab. ✉ 26470

Mme FOLLADOR Jocelyne, aire naturelle naturiste La Batie Fijy Rés. naturiste CV. A 4 km: Quartier Baties. Inaccessible aux caravanes. ☎ 04 75 27 23 91. E-mail : batiefijy@libertysurf.fr, Web : www.batiefijy.free.fr.

ARPAVON

11-B5 15 km E. Nyons. 560 m. 32 hab. ✉ 26110

M. GRAVIER, aire naturelle Ubertrop Nyons-Gap D 94. Curnier-Arpavon D 64. ☎ 04 75 27 32 85.

AUBRES

11-B5 3 km N.-E. Nyons. 280 m. 249 hab. ✉ 26110

L'OR VERT ★★ Tourisme 79 E. 1,5 ha. snack, CV. Locations : 1, 3. Accès direct à la rivière. ; à 3 km : . Accueil groupes. Ouv : 1.4 / 1.10. Sur RN 94 au 1er feu à droite. 3 km après Nyons, dir. Gap. Sur les emplacements les animaus sont autorisés en hors saison. ☎ 04 75 26 24 85. Fax : 04 75 26 17 89. E-mail : camping-or-vert@wanadoo.fr, Web : www.camping-or-vert.com. Prix 2007. Empl. Tourisme : 5,60 € () ; 4,20 € ; - de 7 ans 2,30 € ; 3,60 €.

AUREL

11-B4 20 km S.-O. Die. 405 m. 204 hab. ✉ 26340

CAMP MUNICIPAL LA COLOMBE ★★ Tourisme 50 E. 0,6 ha. Locations : , . Rivière à 5 km. . ☎ 04 75 21 76 29 / 04 75 21 71 88. Fax : 04 75 21 71 89.

BALLONS

11-C5 64 km E.-S.-E. Nyons. 750 m. 44 hab. ✉ 26560

LA LAVANDE BLEUE ★★ Tourisme 35 E. (30 Tourisme + 5 Loisirs) 1,5 ha. Accès direct à la rivière. ; . Lieu-dit La Calandre, RD 542. ☎ 04 75 28 40 49.

BARBIERES

11-B3 20 km E. Valence. 432 m. 535 hab. ✉ 26300

LE GALLO ROMAIN ★★★★ Tourisme 50 E. 3 ha. CV. Locations : 14 . Accès direct à la rivière. . Quartier Pommaret. A 49, sorties Alixan ou Chatuzange. Route du Col de Tourniol. ☎ 04 75 47 44 07 / 31/(0)652006702. Fax : 04 75 47 44 07. E-mail : info@legalloromain.net, Web : www.legalloromain.net.

LA BATIE ROLLAND

11-A4 54 km S. Valence. 144 m. 814 hab. ✉ 26160

M. MONEL Francis, camping à la ferme la joie CV. Quartier la Joie. A 7 sortie n° 17 ou 18. Sur D 540 dir. Dieulefit. Au village de La Bâtie-Rolland D 138 sur 1,5 km puis à droite suivre flèches La Joie. ☎ 04 75 53 81 51. E-mail : message@lajoie.fr, Web : www.lajoie.fr.

BEAUMONT EN DIOIS

11-B4 25 km S.-E. Die. 650 m. 42 hab. ✉ 26310

CAMP MUNICIPAL SAINT MARTIN ★★★ Tourisme 30 E. 0,8 ha. Accès direct à la rivière. Etang à 600 m. ; . Ouv : 1.5 / 30.9. ☎ 04 75 21 38 05. Fax : 04 75 21 38 05.

BEAURIERES

11-B4 38 km S.-E. Dié. 750 m. 117 hab. ✉ 26310

CAMP MUNICIPAL ★★ Tourisme 22 E. CV. Locations : 12 , 2 , . Accès direct à la rivière. RD 93 reliant Valence à Gap. ☎ 04 75 21 46 59. Fax : 04 75 21 46 74. E-mail : chanteduc@free.fr, Web : www.chanteduc-drome.com.

LA BEGUDE DE MAZENC

11-A4 49 km S.-S.-E. Valence. 210 m. 1024 hab. ✉ 26160

CAMP MUNICIPAL EMILE LOUBET ★★ Tourisme 96 E. 1,5 ha. Locations : , . Rivière à 250 m. . Lieu-dit Le Village, sur CD 540. Tennis à 200 m. ☎ 04 75 46 21 22 (Mairie). Fax : 04 75 46 28 08.

BENIVAY OLLON

11-B5 25 km S.-E. Nyons. 420 m. 77 hab. ✉ 26170

L'ECLUSE ★★★ Tourisme 75 E. 2 ha. , à gaz, , juillet/août, CV. Locations : 10 , 10 , 10 . Accès direct à la rivière. ; à 8 km : , . Accueil groupes. D 5 et D 71. Benivay. ☎ 04 75 28 07 32 / 04 75 28 07 32. Fax : 04 75 28 16 87. E-mail : camp.ecluse@wanadoo.fr, Web : www.campecluse.com. Réduction H.S.

FFCC : partenaire + réduction emp. de 5 % hors saison + réduction loc. de 5 % hors saison.

BEZAUDUN SUR BINE

11-B4 40 km S.-O. Die. 496 m. 47 hab. ✉ 26460

M. ARNAUD Denis, aire naturelle CV. A 3 km : . A 6 km : . Ouv : 10.4 / 30.9. D 156. ☎ 04 75 53 37 21 / 04 75 53 30 73 (H.S.). Fax : 04 75 53 37 21. E-mail : arnocampmoulin26@orange.fr. Prix 2008. Empl. Tourisme : 2,50 € ; 2,50 € ; 2,50 € ; 3,50 € ; - de 3/10 ans 2 € ; 2,50 € ; 1 € ; Animaux 1,50 €. Réduction H.S.

BOUCHET

11-A5 28 km S.-O. Nyons. 134 m. 671 hab. ✉ 26790

LE BOIS DES ROCHES ★★★★ Tourisme 90 E. 2 ha. ap. 22 h, CV Sanitaire chauffé. Locations : 3 , 17 . Accès direct à la rivière. ; . Accueil groupes. Ouv : 1.1 / 31.12. Rés. obligatoire en été. Les Sablières. Sortie A 7 Bollène dir. Gap, 8 km à gauche dir. Bouchet 2 km. ☎ 04 75 04 83 94. Fax : 04 75 04 36 42. Web : www.lesboisdesroches.com. Prix 2007. Fft jour : Empl. Tourisme (2) : 15 € ( ) ; Sup : 4 € - de 7 ans 2,50 € ; 3,80 € ; Animaux 2 €. Réduction H.S.

BOURDEAUX

11-B4 42 km E. Montélimar. 407 m. 578 hab. Station verte de vacances et village de neige ✉ 26460

LE BOIS DU CHATELAS ★★★★ Tourisme 101 E. dont 70 nus, 4 ha. , gaz/électrique, CV Sanitaire chauffé. Locations : 25 , 34 , . couverte chauffée 3 km. Rivière à 1 km. ; . Accueil groupes. Ouv : 15.4 / 28.9. Route de Dieulefit. A 7 à Valence-Sud, Crest puis Bourdeaux. Borne internet et accès wifi. ☎ 04 75 00 60 80 / 06 19 02 22 39 (H.S.). Fax : 04 75 00 60 81. E-mail : contact@chatelas.com, Web : www.chatelas.com. Prix 2008. Fft jour : Empl. Tourisme (2) : 24 € ( ) ; Sup : 5,10 € - de 7 ans 2,90 € ; 4,80 € (10 A) ; Animaux 4 €. Réduction H.S.

FFCC : partenaire + réduction emp. de 10 % hors saison + Stop accueil Camping-car du 01/04 au 10/07 et du 20/08 au 28/09/2008, accès jusqu'à 19h30 et 22h en haute saison + réduction loc. de 10 % hors saison.

CAMP MUNICIPAL DU CAP DES TORTELLES ★★★ Tourisme 44 E. (34 Tourisme + 10 Loisirs) 0,7 ha. Locations : 1 . Rivière à 50 m. ; . 200 m RD 70 et 300 m RD 538. ☎ 04 75 53 30 45 / 04 75 53 31 28 (H.S.). Fax : 04 75 53 30 45. E-mail : info@campingdebourdeaux.com, Web : www.campingdebourdeaux.com.

BOURG DE PEAGE

11-B3 18 km N.-E. Valence. 135 m. 8680 hab. ✉ 26300

CAMP MUNICIPAL LA PARISIERE ★★ Tourisme 90 E., dont 15 CC, 1 ha. Locations : . Rue du Pont Neuf. 100 m du carrefour de RN 531 et 92. ☎ 04 75 70 12 80.

BOUVIERES

11-B4 42 km S.-O. Die. 612 m. 181 hab. ✉ 26460

CAMP MUNICIPAL ★★ Tourisme 20 E. ☎ 04 75 53 30 04.

BUIS LES BARONNIES

11-B5 31 km S.-E. Nyons. 370 m. 1957 hab. ✉ 26170

DOMAINE NATURISTE LE ROMECAS ★★★ Tourisme 133 E., dont 50 GCC, 25 ha. CV Rés. naturiste. Locations : 7 , 20 , Résidence locative (juillet/août). . Rivière à 1,5 km. . Ouv : Pâques / 30.9. Sur RD 108 ou RD 94. ☎ 04 75 28 10 78 / 04 75 26 32 16 (H.S.). Fax : 04 75 26 32 16. Web : leromegas.free.fr. Prix 2007. Fft jour : Empl. Tourisme (2 1 - de 3) : 20 € ( ) ; Sup : 8 € - de 3/10 ans 5 € ; 3 € (6 A) ; Animaux 2,50 € (chien). Réduction H.S.

LA FONTAINE D'HANNIBAL ★★★ Tourisme 52 E., dont 10 HLL, 0,5 ha. , collectifs, CV. Locations : 8 , , , 6 . Chambres (prix par pers. en P.C.). . Accès direct à la rivière. ; . Accueil groupes sous conditions. Ouv : 1.4 / 15.11. Allée des Cerisiers. Route de Sederon. Sortie Bollène ou Orange de l'A 7. ☎ 04 75 28 26 25 / 04 75 28 03 12 / 01 43 58 95 66 (H.S.). Fax : 04 75 28 19 33. E-mail : fontaine-annibal@online.fr, Web : camping-baronnies.com. Prix 2007. Fft jour : Empl. Tourisme (3) : 16 € ( ) ; Sup : 3,20 € - de 10 ans 2,30 € ; 3,20 € ; Animaux 2 €.

FFCC : partenaire + réduction emp. de 5 % en saison et hors saison + Stop accueil Camping-car du 01/03 au 05/07 et du 06/09 au 15/11/2008, accès jusqu'à 19h + réduction loc. de 5 % en saison et hors saison.

LES EPHELIDES ★★★ Tourisme 70 E. 1,5 ha. CV. Locations : 3 , 6 . Accès direct à la rivière. ; . Quartier Tuves. ☎ 04 75 28 10 15. Fax : 04 75 28 13 04.

CAMP MUNICIPAL ★★ Tourisme 74 E. 1 ha. , saison, saison, saison, . Rivière à 200 m. ; . Ouv : 1.3 / 11.11. Quartier du Jalinier, 200 m RD 5 et RN 546. ☎ 04 75 28 04 96 / 06 60 80 40 53 (H.S.). Prix 2007. Empl. Tourisme : 2 € ; 2 € ; 2 € ; 4 € ; 2 € ; 2,60 € ; - de 7 ans 1,60 € ; 2,80 à 3,50 € ; Animaux 1,20 €.

M. BONIFACY Marcel, aire naturelle A 2 km : . A 3 km : . A 5 km : . Ouv : 1.5 / 30.9. La Savoillanne. Escalade, randonnée. ☎ 06 72 01 90 87.

M. CHASSAGNAC Michel, aire naturelle CV. A 3 km : . Le moulin de Cost. Ferme auberge. Congélateurs. Locations mobile-homes, gîte et caravanes. Camping très ombragé en bord de rivière. Sites naturels sur 4 ha. ☎ 04 75 28 09 52. Fax : 04 75 28 08 23. E-mail : moulindecost@wanadoo.fr, Web : www.voila2000.com/moulindecost.htm.

CHABEUIL

11-B3 11 km S.-E. Valence. 212 m. 4790 hab. ✉ 26120

LE GRAND LIERNE ★★★★ Tourisme 134 E. (124 Tourisme + 10 Loisirs), dont 40 GCC, 4,8 ha. sauf H.S. , collectifs, CV. Camping clef verte. Locations : 7 , 87 . couverte chauffée . ; à 5 km : . Accueil groupes hors saison. Ouv : 27.4 / 9.9. A 7 sortie Valence Sud, dir. Chabeuil. Puis suivre les panneaux Le Grand Lierne. A 49 sortie Bourg-de-Péage, dir. Chabeuil. ☎ 04 75 59 83 14. Fax : 04 75 59 87 95. E-mail : contact@grandlierne.com, Web : www.grandlierne.com. Prix 2007. Fft jour : Empl. Tourisme (2) : 30,20 € () ; Sup : 8,50 € - de 7 ans 6,20 € ; 4,30 à 5,70 € (6 à 10 A). Réduction H.S.

M. MERLE Alain, camping rural Merle Ouv : 1.1 / 31.12. 48, route de Valence. Par D 68. Sortie d'autoroute conseillée Valence-Sud, ensuite prendre dir. Grenoble, dir. Chabeuil, à 7 km de la sortie N°et prendre la sortie n° 34. ☎ 04 75 59 00 08. Prix 2007. Fft jour : Empl. Tourisme (1) : 6,75 € ( ) ; Sup : 3,47 € - de 7 ans 1,32 € ; 2,26 € (10 A) ; Animaux 1,12 €.

FFCC : partenaire + Stop accueil Camping-car toute l'année, accès jusqu'à 20h l'hiver.

M. DAILLANT Richard, aire naturelle Les Rosiers CV. Quartier Les Rosiers. Sortie Valence Sud puis suivre Parc du Vercors. ☎ 04 75 59 06 71.

CHAMARET

11-A5 24 km O. Nyons. 226 m. 349 hab. ✉ 26230

DOMAINE DE LA CHAMARADE ★★ Loisirs 100 E. (20 Tourisme + 80 Loisirs) 4,5 ha. CV Sanitaire chauffé. Locations : 2, 10. Rivière à 1 km. ; . Accueil groupes. Les Chamblas. Sortie Montélimar-Sud ensuite dir. Grignan. Du Sud sortie Bollène dir. St-Paul 3 châteaux puis Grignan. ☎ 04 75 90 21 66. Fax : 04 75 90 21 67. E-mail : contact@campingdelachamarade.com, Web : www.campingdelachamarade.com. Réduction H.S.

CHANTEMERLE LES BLES

11-A3 26 km N. Valence. 197 m. 557 hab. ✉ 26600

LE CHANTE MERLE ★★★ Tourisme 50 E. 2 ha., snack, CV Sanitaire chauffé. Locations : , , . . Accès direct à la rivière. Lac à 5 km. ; . Quartier des Grenouillets. Sur D 109. ☎ 04 75 07 49 73. Fax : 04 75 07 45 15. E-mail : campingchantemerle@wanadoo.fr.

FFCC : partenaire - terrain assuré par la FFCC.

LA CHAPELLE EN VERCORS

11-B3 39 km N. Die. 945 m. 728 hab. Village de neige ✉ 26420

CAMP MUNICIPAL LES BRUYERES ★★ Tourisme 100 E. 1 ha. buvette, snack, Sanitaire chauffé. Locations : , , . à 3 km : . 150 m RN 518. ☎ 04 75 48 21 46 / 06 07 95 85 22. E-mail : campinglesbruyeres@wanadoo.fr.

LES MYRTILLES ★★ Tourisme 100 E. dont 90 nus (80 Tourisme + 20 Loisirs) 3 ha. , snack, CV. Locations : 5, 3. chauffée. Rivière à 2 km. à 2 km : . Les Chaberts, par RD 611. ☎ 04 75 48 20 89. Fax : 04 75 48 20 89. E-mail : camping.des.myrtilles@wanadoo.fr, Web : perso.wanadoo.fr/camping.des.myrtilles/. Réduction H.S.

LES REVEILLES ★ Tourisme 70 E. CV. Locations : . Rivière à 5 km. Accueil groupes. Ouv : 1.5 / 31.10. Produits fermiers sur place. ☎ 04 75 48 21 81. Prix 2007. Empl. Tourisme : 1,50 € ; 1,50 € ; 1,50 € ; 3 € ; 1,50 € ; 3,20 € ; - de 8 ans 1,60 € ; 2 à 3 € ; 0,80 € (le jeton) ; Animaux 0,50 €.

CHARMES SUR L HERBASSE

11-A3 30 km N.-E. Valence. 250 m. 534 hab. ✉ 26260

CAMP MUNICIPAL LES FALQUETS ★★ Tourisme 75 E. dont 72 nus (60 Tourisme + 15 Loisirs) 1,5 ha. CV. Locations : 3. Accès direct à la rivière. Lac à 2 km. ; à 2 km : , , , . Accueil groupes. Ouv : 1.5 / 31.8. Dans Charmes D 121 dir. Margès. ☎ 04 75 45 75 57 / 06 87 75 36 14 (H.S.). E-mail : infos@lesfalquets.com, Web : lesfalquets.com. Prix 2008. Fft jour : Empl. Tourisme (2) : 12,50 € () ; Sup : 3,50 € - de 7 ans 2,50 € ; 2,80 € (6/10 A). Réduction H.S.

FFCC : partenaire + réduction emp. de 5 % en saison et hors saison.

M. FOULHOUX Jacques,camping à la ferme Le Biquet CV. A 3 km: . Le Valerey. ☎ 04 75 45 60 40.

CHATEAUNEUF DE GALAURE

11-A3 46 km N. Valence. 325 m. 1674 hab. ✉ 26330

CHATEAU DE GALAURE ★★ Tourisme 200 E., dont 100 CC, 11 ha. . . Etang et rivière à 250 m. ; ; . Entre St-Vallier et Hauterives. D 51. ☎ 04 75 68 65 22. Web : www.galaure.com.

CHATEAUNEUF DU RHONE

11-A5 54 km S. Valence. 97 m. 1994 hab. ✉ 26780

CAMP MUNICIPAL DE LA GRAVELINE ★★ Tourisme 66 E. 0,65 ha. . chauffée. Lac et rivière à 2 km. Accueil groupes. Liou-dit La Graveline. ☎ 04 75 90 80 96 / 04 75 90 69 40 (Mairie). Fax : 04 75 90 69 49. E-mail : chateauneufdurhone@wanadoo.fr, Web : www.chateauneuf-du-rhone.fr.

Mme CHABAUD Yvette,aire naturelle Le Moulinas CV. A 7 sortie Montélimar Sud, dir. Montélimar. ☎ 04 75 90 72 35. Fax : 04 75 90 75 17.

CHATEAUNEUF SUR ISERE

11-A3 11 km N. Valence. 155 m. 2591 hab. ✉ 26300

LE SOLEIL FRUITE ★★★★ Tourisme 103 E. dont 94 nus (52 Tourisme + 51 Loisirs), dont 26 CC - 26 GCC, 3,5 ha. , snack, , partiel, gaz/électrique, , juillet/août, , ap. 22 h, CV. Locations : 6, . . Ouv : 26.4 / 14.9. Sur A 7 sortie Valence Nord n° 14, camping à 5 km, suivre domaine touristique de châteauneuf-sur-Isère. Camping Le Soleil Fruité ☎ 04 75 84 19 70. Fax : 04 75 78 05 85. E-mail : contact@lesoleilfruite.com, Web : www.lesoleilfruite.com. Prix 2008. Fft jour : Empl. Tourisme (2) : 22,90 € Sup : 6,45 € - de 6/13 ans 4,70 € ; 4 €. Réduction H.S.

CHATILLON EN DIOIS

11-B4 14 km S.-E. Die. 570 m. 562 hab. ✉ 26410

LE LAC BLEU ★★★ Tourisme 90 E. dont 36 nus, 5 ha. , gaz et électrique, CV. Locations : 2, 16, 1, 5, 1, . Accès direct aux bords du lac et à la rivière. ; ; . Accueil groupes. Ouv : 1.4 / 30.9. Quartier la Touche le Village. Valence/Crest/Die, 3 km avant le village de Châtillon en Diois. De Grenoble dir. Sisteron. A Clelles, col de Menée, 3 km après le village de Châtillon-en-Diois. ☎ 04 75 21 85 30 / 06 84 02 49 89 (H.S.). Fax : 04 75 21 82 05. E-mail : info@lacbleu-diois.com, Web : www.lacbleu-diois.com. Prix 2008. Fft jour : Empl. Tourisme (2) : 19,30 € () ; Sup : 5,70 € - de 7 ans 4 € ; 3,70 € (6 A) ; Animaux 2,40 €. Fft Ccar : 10,50 € (2). Réduction H.S.

FFCC : partenaire + réduction emp. 5 % hors saison + carte FFCC assurance annulation + Stop accueil Camping-car du 1/4 au 30/9, accès jusqu'à 20 h + réduction loc. 5 % hors saison.

CAMP MUNICIPAL LES CHAUSSIERES ★★ Tourisme 182 E. dont 170 nus (133 Tourisme + 49 Loisirs) 2 ha. , snack, , en été, CV. Locations : 6, , . . Accès direct à la rivière. Lac à 2,5 km. ; . Accueil groupes. Ouv : 1.4 / 1.11. RN 539 et RN 75. ☎ 04 75 21 10 30 / 04 75 21 14 44 (Mairie) (H.S.). Fax : 04 75 21 18 78. E-mail : camping.chatillonendiois@wanadoo.fr, Web : www.camping-chatillonendiois.com. Prix 2007. Empl. Tourisme : 4,42 € ; 3,78 € ; - de 10 ans 1,84 € ; 2,65 € ; Animaux 1,58 €. Réduction H.S.

G.C.U. LE PRE DU MOULIN Réservé aux adhérents. Adhésion possible sur place pour les sociétaires MAIF et FILIA MAIF. Proximité de Châtillon.

CLEON D ANDRAN

11-A4 50 km S.-S.-E. Valence. 185 m. 630 hab. ✉ 26450

CAMP MUNICIPAL ★ Tourisme 20 E. 0,5 ha. CV. Rivière à 2 km. RD 9. ☎ 04 75 90 12 73 (Mairie). Fax : 04 75 90 43 73.

COMPS

11-B4 64 km S.-E. Valence. 664 m. 129 hab. ✉ 26220

LA SOURCE DU JABRON ★★★ Tourisme 101 E. (65 Tourisme + 36 Loisirs), dont 36 GCC, 3 ha. CV. Camping clef verte. Locations : 6, 30, 5, chauffée. Accueil groupes. A 3 km au Nord de Dieulefit au bord de la D 538 qui va de Dieulefit à Bourdeaux. ☎ 04 75 90 61 30. Fax : 04 75 90 61 30. E-mail : lejabron@aol.com, Web : www.campinglasource.com. Réduction H.S.

CONDORCET

11-B5 9 km N.-E. Nyons. 360 m. 340 hab. ✉ 26110

LE CHAMBRON ★★ Tourisme 50 E. 2 ha. CV. Locations : 3. Rivière à 5 km. Accueil groupes. Ouv : 1.4 / 30.9. N 94, sur la D 70, dir. Condorcet, le camping se trouve route de St Pons, à 1 km du village. ☎ 04 75 27 70 54. Fax : 04 75 27 70 54. E-mail : marie-france.donzet@club-internet.fr, Web : www.lechambron.com. Prix 2007. Fft jour : Empl. Tourisme (2) : 16,50 € ; Sup : 4 € - de 7 ans 2,50 € ; Animaux 1,50 €.

LA COUCOURDE

11-A4 33 km S.-S.-O. Valence. 78 m. 733 hab. ✉ 26740

FLORAL CAMPING ★★ Tourisme 30 E. dont 25 nus 0,88 ha. ap. 22 h, Sanitaire chauffé. Locations : 2, 5 chambres. Rivière à 500 m. Lac à 4 km. à 5 km : à 6 km : Accueil adultes. Ouv : 1.1 / 31.12. Sur RN 7 au sud de la Coucourde Derbières. Sortie Montélimar nord. 4 km vers le Sud La Coucourde. ☎ 04 75 90 06 69 / 06 83 03 34 04 (H.S.). E-mail : info@campingfloral.com, Web : www.campingfloral.com. Prix 2007. Fft jour : Empl. Tourisme : 10 € ; Sup : 3 € - de 7 ans 1,50 € ; 2 € (6 A) ; E. CC 10 €. Fft Ccar : 5,5 €.

CREST

11-B4 37 km O. Die. 220 m. 7844 hab. ✉ 26400

LES CLORINTHES ★★★ Tourisme 180 E. (170 Tourisme + 10 Loisirs) 4 ha. gaz/électrique, CV. Locations : 4, 5, 4, 2. Accès direct à la rivière. Accueil groupes. Ouv : 1.4 / 30.9. Stade Soubeyran, quartier des Plantas avant le pont franchissant la Drome. ☎ 04 75 25 05 28. Fax : 04 75 76 75 09. E-mail : clorinthes@wanadoo.fr, Web : www.lesclorinthes.com. Prix 2007. Fft jour : Empl. Tourisme (2) : 16,90 € ; Sup : 4,90 € - de 7 ans 3,50 € ; 3,60 € (6 A) ; Animaux 2,20 €.

CURNIER

11-B5 10 km E. Nyons. 330 m. 132 hab. ✉ 26110

DOMAINE NATURISTE LES RAMIERES ★ Tourisme 75 E. 20 ha. sauf H.S. CV Rés. naturiste. Rivière à 100 m. Sahune. ☎ 04 75 27 40 45.

DIE

11-B4 65 km S.-E. Valence. 395 m. 4047 hab. ✉ 26150

LA PINEDE ★★★ Tourisme 163 E. dont 8 CC - 22 GCC, 3 ha. électrique/gaz, CV. Locations : 22, 16, 16, 4, 15. couverte chauffée. Accès direct à la rivière. Accueil adultes. Ouv : 29.3 / 14.9. Quartier du Pont Neuf. Accès difficile aux grandes caravanes. ☎ 04 75 22 17 77. Fax : 04 75 22 22 73. E-mail : pinedeclub@infonie.fr, Web : www.camping-pinede.com. Prix 2007. Fft jour : Empl. Tourisme (2) : 34 € ; Sup : 7 € - de 7 ans 5,50 € ; 3,50 à 5 € (5 à 10 A).

LE GLANDASSE ★★★ Tourisme 90 E. 3 ha. CV. Locations : 2, 6, chauffée. Accès direct à la rivière. Quartier de la Maladrerie, N 93. ☎ 04 75 22 02 50. Fax : 04 75 22 04 91. E-mail : camping-glandasse@wanadoo.fr, Web : www.camping-glandasse.com. Réduction H.S.

FFCC : partenaire + réduction emp. de 10 % hors saison + réduction loc. de 10 % hors saison.

CAMP DE CHAMARGES ★★ Tourisme 100 E. dont 150 nus, 2 ha. à gaz, CV. Locations : 3. Accès direct à la rivière. Accueil groupes. Ouv : 1.4 / 13.9. 150 m RN 93. ☎ 04 75 22 14 13. Fax : 04 75 22 14 13. Prix 2007. Empl. Tourisme : 2,35 € ; 2,35 € ; 3,70 € ; - de 7 ans 2,20 € ; 2,90 à 3,60 € (3 à 6 A) ; Animaux 1,60 €. Fft Ccar : 10,30 € (2). Réduction H.S.

CAMP MUNICIPAL DE JUSTIN ★★ Tourisme 175 E. 1 ha. chauffée. Accès direct à la rivière. Quartier Pont Rompu. 300 m RD 238, 500 m RN 93. ☎ 04 75 22 14 77 / 04 75 22 06 19 (Mairie) (H.S.). Fax : 04 75 22 14 77. E-mail : camping-municipal-die@wanadoo.fr.

LE RIOU-MERLE ★★ Tourisme 90 E. dont 62 nus, 2 ha. à gaz, CV. Camping clef verte. Locations : 3, 5. Rivière à 1 km. rivières : à 1 km : Accueil groupes. Ouv : 1.4 / 15.10. Route de Romeyer. 500 m RN 93. ☎ 04 75 22 21 31 (Camping) / 04 75 22 21 31 (H.S.). Fax : 04 75 22 21 31. E-mail : lerioumerle@aol.com, Web : www.camping-lerioumerle.com. Prix 2007. Fft jour : Empl. Tourisme (2) : 13,70 € ; Sup : 4,20 € - de 2/10 ans 2,60 € ; 2,90 € (5 à 16 A) ; Animaux 1 €. Fft Ccar : 7,60 € (2). Réduction H.S.

FFCC : partenaire + réduction emp. de 5 % en saison et hors saison + Stop accueil Camping-car du 01/04 au 05/07 et du 23/08 au 15/10/2008, accès jusqu'à 22h.

M. & Mme BEIJLEN,aire naturelle Ouv : 15.4 / 15.9. Domaine du Mûrier. Quartier du Perrier. En venant de Crest, on voit juste avant la ville 3 panneaux de campings, puis prendre à droite. ☎ 04 75 21 05 51 / 06 32 75 57 31 (H.S.). Fax : 04 75 21 05 50. E-mail : info@domainedumurier.com, Web : www.domainedumurier.com. Prix 2007. Fft jour : Empl. Tourisme (2) : 15 € ; Sup : 4 € - de 18 ans 3 € ; 3 à 4 €.

DIEULEFIT

11-B4 70 km S.-E. Valence. 380 m. 2990 hab. ✉ 26220

LES GRANDS PRES ★★ Tourisme 101 E. 1,8 ha. Buvette, snack, gaz ou électrique, CV Sanitaire chauffé. Locations : Accès direct à la rivière. Accueil adultes. Ouv : 15.3 / 15.10. De Montélimar par D 540 sur 23 km. Camping à droite en entrant sur Dieulefit. ☎ 04 75 49 94 36 / 06 89 93 24 43 / 04 75 90 17 11 (H.S.). E-mail : lesgrandpres@aol.com, Web : www.camping-grandspres.com. Prix 2008. Fft jour : Empl. Tourisme (2) : 9,30 € ; Sup : 2,75 € - de 10 ans 1,30 € ; 3 à 2,80 € (6 à 10 A) ; Animaux 1,10 €. Fft Ccar : 6 € (2).

LA SOURCE DU JABRON Voir COMPS

ESPENEL

11-B4 18 km S.-O. Die. 290 m. 96 hab. ✉ 26340

LA CLAIRETTE ★★ Loisirs 100 E. (15 Tourisme + 85 Loisirs) 2 ha. Accès direct à la rivière. Près RN 93. A 3 km de Saillans. ☎ 04 75 21 74 48.

LE PONT D'ESPENEL ★★ Tourisme 50 E. 1 ha. pain, Rivière à 50 m. A 7 jusqu'à Valence ou Loriol. D 93 dir. Gap. ☎ 04 75 21 72 95 / 04 75 21 72 70. Fax : 04 75 21 71 10. E-mail : auberge-camping-du-pont@voila.fr.

ETOILE SUR RHONE

11-A4 11 km S. Valence. 172 m. 2897 hab. ✉ 26800

M. CHAIX Marcel,aire naturelle 4, CV. A 5 km : . A 6 km : Piscine plein air. A 10 km : . A 15 km : . Camping la Mare. Route de Montmeyran. Par RD 111 B, 3 km de la commune, à proximité de la ferme. Pré plat, semi-ombragé. 3 gîtes ruraux. Golf à 5 km. Animaux non admis. ☎ 04 75 59 33 79. Fax : 04 75 59 05 20.

EYZAHUT

11-B4 45 km S.-E. Valence. 500 m. 78 hab. ✉ 26160

CAMP MUNICIPAL DES CHATAIGNIERS ★★ Tourisme 27 E. 1,5 ha. Accueil groupes. RD 183. Piscine municipale et tennis situés près du camping. ☎ 04 75 90 16 35 / 04 75 90 29 81. Fax : 04 75 90 16 35. E-mail : mairie.eyzahut@wanadoo.fr, Web : www.eyzahut.org.

LE GRAND SERRE

11-B3 44 km N.-E. Valence. 480 m. 779 hab. ✉ 26530

LE GRAND CERF ★★ Loisirs 35 E. (15 Tourisme + 20 Loisirs) 2 ha. CV. Locations : 2, 3, 6. Rivière à 1 km.Etang à 2 km. Accueil groupes. Ouv : 1.4 / 30.9. 7 km RN 538. ☎ 04 75 68 86 14. E-mail : campinggrandcerf@aol.com, Web : www.campingdrome.fr / www.camping-drome.net. Prix 2007. Empl. Tourisme : 2,60 € ; 1,80 € ; 4,20 € ; - de 7 ans 2,50 € ; 4,10 € (6 A) ; Animaux 2,60 €. Réduction H.S.

GRANE

11-A4 46 km O. Die. 177 m. 1232 hab. ✉ 26400

LES QUATRE SAISONS ★★★★ Tourisme 80 E. dont 69 nus (55 Tourisme + 25 Loisirs), dont 25 GCC, 3 ha. CV Sanitaire chauffé. Locations : 11, Tipi bois. Rivière à 800 m. Lac à 3 km. à 3 km : Accueil groupes. Ouv : 1.1 / 31.12. Route de Roche sur Grane. A 7 sortie Loriol dir. Crest. ☎ 04 75 62 64 17. Fax : 04 75 62 69 06. E-mail : camping.4saisons@wanadoo.fr, Web : www.camping-4saisons.com. Prix 2007. Fft jour : Empl. Tourisme (2) : 16 € ; Sup : 5 € - de 13 ans 4 € ; 4 € (6/16 A) ; Animaux 3 €. Réduction H.S.

FFCC : partenaire + réduction emp. de 5 % en saison et hors saison + Stop accueil Camping-car 2008, accès jusqu'à 19h + réduction loc. de 5 % en saison et hors saison.

GRIGNAN

11-A5 21 km N.-O. Nyons. 175 m. 1147 hab. ✉ 26230

LES TRUFFIERES ★★★ Tourisme 85 E. 3 ha. Locations : 6. Rivière à 4 km. Ouv : 20.4 / 30.9. Lieu-dit Nachony. ☎ 04 75 46 93 62. E-mail : info@lestruffieres.com, Web : www.lestruffieres.com. Prix 2008. Fft jour : Empl. Tourisme (2) : 16,60 € ; 4,20 €. Réduction H.S.

CAMP MUNICIPAL LA ROCHECOURBIERE ★★ Tourisme 28 E. 0,33 ha. ☎ 04 75 46 50 06. Fax : 04 75 46 93 13. E-mail : mairie.grignan@wanadoo.fr. Réduction H.S.

HAUTERIVES

11-A3 45 km N.-N.-E. Valence. 350 m. 1105 hab. Station verte de vacances et village de neige ✉ 26390

CAMP MUNICIPAL DU CHATEAU ★★ Loisirs 180 E. (60 Tourisme + 120 Loisirs) 2 ha. Accès direct à la rivière. Sur RD 538. ☎ 04 75 68 80 19 / 04 75 68 83 10.

LACHAU

11-C5 62 km S.-E. Nyons. 750 m. 234 hab. ✉ 26560

Mme SARLIN,aire naturelle la Dondelle A 3 km : . A 8 km : Piscine plein air. Ouv : juin / fin août. ☎ 04 75 28 40 04.

FFCC : partenaire - terrain assuré par la FFCC.

LUC EN DIOIS

11-B4 18 km S.-E. Die. 580 m. 473 hab. Station verte de vacances et village de neige ✉ 26310

CAMP MUNICIPAL LES FOULONS ★★ Tourisme 117 E. dont 117 nus 0,9 ha. CV. Locations : 4. chauffée 2 courts. Accès direct à la rivière. à 2 km : . Accueil groupes. Ouv : 15.4 / 30.9. Sur CD 161 A ou par CR des Foulons depuis RN 93. ☎ 04 75 21 36 14 / 04 75 21 31 01 (Mairie) (H.S.). Fax : 04 75 21 36 14. E-mail : camping.lu c@wanadoo.fr, Web : perso.wanadoo.fr/lucendi ois. Prix 2007. Empl. Tourisme : 3 € ; 3,40 € ; - de 4/10 ans 1,50 € ; 3 à 4,50 € (10 à 16 A) ; Animaux 1,20 €.

LUS LA CROIX HAUTE

11-C4 46 km S.-E. Die. 1050 m. 548 hab. ✉ 26620

CHAMP LA CHEVRE ★★ Tourisme 100 E. 4 ha. CV. Locations : 4, 4, 10. chauffée. Rivière à 800 m. Accueil adultes. Ouv : 29.4 / 30.9. Sur RD 505, RN 75. ☎ 04 92 58 50 14. Fax : 04 92 58 55 92. E-mail : info@campi ngchamplachevre.com, Web : www.campingc hamplachevre.com. Prix 2008. Fft jour : Empl. Tourisme (2) : 15 € ; Sup : 4,40 € 2,70 € ; 3,10 € (6 A) ; Animaux 2 €.

LA CONDAMINE ★★ Tourisme 30 E. 2 ha. CV. Locations : , 3, 4, , . Rivière à 500 m. Accueil groupes. Sur RD 505, RN 75. ☎ 04 92 58 50 86 / 04 92 58 59 28 / 04 92 58 59 28 (H.S.). Fax : 04 92 58 50 86. E-mail : info@campingcon damine.com, Web : www.campingcondamine .com.

LA JARJATTE ★ Tourisme 15 E. 2 ha. Locations : . Rivière à 1 km. ; à 5 km : . RN 75. ☎ 04 92 58 50 58. Fax : 04 92 58 53 01.

MANTHES

11-A3 63 km N. Valence. 205 m. 502 hab. ✉ 26210

LES AVENIERES ★ Tourisme 25 E. 2,5 ha. CV. Locations : 1, 5. Accès direct à la rivière. Etang à 1,5 km. Ouv : 1.1 / 31.12. Nord Drôme accès autoroute sortie Chanas. ☎ 04 75 31 97 27. Fax : 04 75 31 97 27. E-mail : campavenie res@free.fr. Prix 2007. Empl. Tourisme : 2 € ; 1,70 € ; 3,50 € ; - de 7 ans 2,50 € ; 2,60 € (5 A).

MARSANNE

11-A4 40 km S.-E. Valence. 309 m. 772 hab. ✉ 26740

LES BASTETS ★★★ Tourisme 50 E. (40 Tourisme + 10 Loisirs), dont 44 GCC, 2,5 ha. + sèche-linge, CV. Locations : 4, 4. Accueil groupes. Quartier Les Bastets. Sortie autoroute Montélimar Nord. ☎ 04 75 90 35 03 / 06 72 84 71 01 (H.S.). Fax : 04 75 90 35 05. E-mail : contact@campinglesbastets.com, Web : www. campinglesbastets.com. Prix 2007. Fft jour : Empl. Tourisme (2) : 18 € Sup : 5 € - de 7 ans 3 € ; 4 € (10 A) ; Animaux 4 €.

CAMP MUNICIPAL ★ Tourisme 16 E. 0,2 ha. Sur RD 57, lieu-dit Fresneau. ☎ 04 75 90 32 79 (Mairie).

MENGLON

11-B4 15 km S.-E. Die. 580 m. 287 hab. ✉ 26410

L'HIRONDELLE ★★★ Tourisme 100 E. dont 58 nus, 6 ha. CV. Locations : 20, 18, 4, . chauffée. Accès direct à la rivière. ; rivière : ; . Accueil groupes. Ouv : 26.4 / 13.9. Rés. obligatoire en été. Bois de St-Ferréol. D 140. D 539. ☎ 04 75 21 82 08. Fax : 04 75 21 82 85. E-mail : conta ct@campinghirondelle.com, Web : www.camp inghirondelle.com. Prix 2008. Fft jour : Empl. Tourisme (2) : 23,90 € ; Sup : 7,20 € - de 10 ans 6 € ; 3,15 à 4,20 € (3 à 6 A) ; Animaux 3,15 €. Réduction H.S.
FFCC : réduction loc. de 5 % hors saison + HC.

MIRABEL AUX BARONNIES

11-B5 7 km S.-O. Nyons. 263 m. 1048 hab. ✉ 26110

PARC RESIDENTIEL DE LOISIRS DOMAINE DES BRIDOUX P.R.L. 15 E., dont 15 HLL. CV. Locations : 15. Route de Villedieu. ☎ 04 75 27 09 27. Fax : 04 75 27 09 28. E-mail : brottes@aol.com, Web : www.guideweb.com/provence/domain e/bridoux.

M. FAIN Pierre,camping à la ferme les Bridoux CV. A 3 km: . A 7 km : Piscine plein air . Route de Villedieu. A 7 sortie Bollène dir. Nyons/Vaison La Romaine et Mirabel aux Baronnies. Musée du tracteur à la ferme. ☎ 04 75 27 12 16 (H.R.). Web : www.camping-mirabel.com.

MIRABEL ET BLACONS

11-B4 31 km O. Die. 220 m. 592 hab. ✉ 26400

GERVANNE CAMPING ★★★ Tourisme 174 E. dont 162 nus (147 Tourisme + 27 Loisirs), dont 35 GCC, 3,5 ha. gaz/électrique, CV Sanitaire chauffé. Locations : 9, 3, . chauffée . Accès direct à la rivière. ; . Accueil groupes. Ouv : 1.4 / 30.9. Sortie A 7 Valence Sud puis D 111 ou Loriol D 104. De Crest direction Die. RD 70, RD 93, D 104. ☎ 04 75 40 00 20. Fax : 04 75 40 03 97. E-mail : info@gervanne-camping.com, Web : www.gervanne-camping.com. Prix 2008. Fft jour : Empl. Tourisme (2) : 18,10 € ; Sup : 5,30 € - de 7 ans 2,70 € ; 2,80 à 3,40 € (4 à 6 A) ; Animaux 2 €. Réduction H.S.
FFCC : partenaire + réduction emp. de 10 % hors saison.

VAL-DROME-SOLEIL ★★ Tourisme 50 E. 1,5 ha. Rés. naturiste. Locations : . . Quartier Sans-Soucis, RD 93, RD 617. ☎ 04 75 40 01 57.

M. REYNARD Jean-Marc,aire naturelle . Sur RD 93. Randonnées. ☎ 04 75 40 00 70. Fax : 04 75 40 00 70.

MIRMANDE

11-A4 30 km S. Valence. 148 m. 420 hab. ✉ 26270

LA POCHE ★★ Loisirs 100 E. dont 72 nus (10 Tourisme + 90 Loisirs) 2 ha. CV Sanitaire chauffé. Locations : 8, . ; . Accueil groupes. Ouv : 1.4 / 30.9. Sur RD 57. ☎ 04 75 63 02 88. Fax : 04 75 63 14 94. E-mail : camping@la-poche.com, Web : www.la-poche .com. Prix 2007. Fft jour : Empl. Tourisme (2) : 17 € ; Sup : 3,50 € - de 10 ans 1,70 € ; 3 à 4 €. Réduction H.S.

MISCON

11-B4 27 km S.-E. Dié. 730 m. 30 hab. ✉ 26310

CAMP MUNICIPAL LES THIBAUDS ★★ Tourisme 26 E. 0,3 ha. CV. Accueil groupes. Sortie autoroute de Valence Sud prendre dir. Gap (fléché vert). ☎ 04 75 21 30 47. E-mail : mairie.miscon@wanadoo.fr.

MOLIERES GLANDAZ

11-B4 3,5 km S.-E. Die. 440 m. 100 hab. ✉ 26150

M. PASCAL ou Mme DALLE,aire naturelle . A 150 m : . A 300 m : . A 4 km: Piscine plein air . A 3 km de Die dir. Gap, bifurquer à gauche au passage à niveau. Glaces à rafraîchir. GR pédestres. ☎ 06 85 26 39 23. E-mail : celine.dalle@wa nadoo.fr, Web : www.camping-aire-naturel.com.

MONTAUBAN SUR L OUVEZE

11-B5 43 km S.-E. Nyons. 729 m. 80 hab. ✉ 26170

M. CHARRAS Jacky,aire naturelle CV. Ouv : 1.5 / 30.10. A 7 sortie Bollène, dir. Vaison-la-Romaine, Buis-les-Barronnies, dir. Vallée de l'Ouvèze. ☎ 04 75 28 60 03 / 04 75 28 69 64 (H.S.). Fax : 04 75 28 60 03. Prix 2007. Fft jour : Empl. Tourisme (1) : 3,90 € ; - de 6/12 ans 2,50 € ; 1,30 €.

MONTBRUN LES BAINS

11-B5 58 km S.-E. Nyons. 600 m. 523 hab. ✉ 26570

CAMP MUNICIPAL ★★ Tourisme 55 E. 1,5 ha. . Locations : , 3, 5. Rivière à 2 km. . Lieu-dit Le Pré des Arbres, RD 189, RD 542. ☎ 04 75 28 82 49 (1.07-15.09) / 04 75 28 82 49. Fax : 04 75 28 81 16.

MONTCHENU

11-A3 36 km N. Valence 375 m. 389 hab. ✉ 26350

M. REVOL Joseph,camping à la Ferme Les Pins CV. A 6 km: . A 8 km : Piscine plein air . A 10 km : Piscine couverte. Ouv : Pâques / Toussaint. Les Audrières. Itinéraire Bis RN 538 fléché de Vienne à Romans-sur-Isère après Hauterives panneau Les Pins à la Ferme. ☎ 04 75 45 63 85. Fax : 04 75 45 63 85. Prix 2008. Fft jour : Empl. Tourisme (1) : 3,20 € ; - de 8 ans 1,50 € ; 2 €.

MONTCLAR SUR GERVANNE

11-B4 38 km O. Die. 320 m. 170 hab. ✉ 26400

CAMPING MOTO ★★ Tourisme 67 E.

M. FRAUD Thierry,aire naturelle Le Village. ☎ 04 75 76 42 00.

MONTELIMAR

44 km S. Valence. 80 m. 30213 hab. ✉ 26200

FLORAL CAMPING Voir aussi La Coucourde.

L'ILE BLANC Voir aussi L'Ile Blanc à Rochemaure (07)

MONTRIGAUD

11-B3 42 km N.-E. Valence. 462 m. 370 hab. ✉ 26350

LA GRIVELIERE ★★★ Loisirs 55 E. dont 36 nus (17 Tourisme + 38 Loisirs), dont 28 GCC, 1,5 ha. CV. Locations : 5, 2. . Accès direct à la rivière. Etang et lac à 5 km. ; . Accueil groupes. Ouv : 1.4 / 30.9. D 228. ☎ 04 75 71 70 71. Fax : 04 75 71 70 71. E-mail : courrier@l agriveliere.com, Web : www.lagriveliere.com. Prix 2007. Fft jour : Empl. Tourisme (2) : 15,50 € ; Sup : 4 € 2,50 € ; 4 € ; Animaux 2 €. Réduction H.S.
FFCC : partenaire + réduction emp. de 10 % en saison et hors saison + réduction loc. de 5 % en saison et 10 % hors saison.

MORNANS

11-B4 60 km S.-O. Die. 425 m. 78 hab. ✉ 26460

M. BERTRAND Joël,aire naturelle . A 2,5 km: Piscine plein air . A 6 km : . Camping de la Grange Neuve, par RN 538, à proximité de la ferme. Terrain herbeux et ombragé, rivière à 2 km. ☎ 04 75 49 32 18.

LA MOTTE CHALANCON

11-B4 48 km S. Dié. 550 m. 411 hab. Station verte de vacances et village de neige ✉ 26470

CAMP MUNICIPAL ★★★ Tourisme 110 E. 1,5 ha. CV. Locations : . Rivière à 5 m. Lac à 2 km. ; ; . Accueil groupes. RD 61. ☎ 04 75 27 22 95 / 04 75 27 20 41 (Mairie) / 04 75 27 20 41 (Mairie) (H.S.). Fax : 04 75 27 20 38. E-mail : mairie@lam ottechalancon.com, Web : www.lamottechala ncon.com.

LA PIBOURE ★★ Tourisme 100 E. 4 ha. . Accès direct à la rivière. Lac à 800 m. ; . Accueil groupes. RD 61. ☎ 04 75 27 22 84. Fax : 04 75 27 22 84. E-mail : campinglapiboure@wanadoo.fr, Web : www.camping-lapiboure.com.

LE MOULIN ★★ Tourisme 48 E. 1 ha. electrique, CV. Locations : 5, 5. Accès direct à la rivière. Lac à 2 km. à 2 km : . Accueil groupes. Ouv : 1.6 / 30.9. Chemin du Moulin. Sortie A 7 à Montélimar Sud, dir. Nyons, puis dir. Gap. ☎ 04 75 27 24 06 / 06 89 93 68 34 (H.S.). Fax : 04 75 27 24 06. E-mail : campingmoulin@w anadoo.fr, Web : www.campinglemoulin.net. Prix 2007. Fft jour : Empl. Tourisme : 3 € ; Sup : 3 € - de 10 ans 2 €. Fft Ccar : 5 €.
FFCC : partenaire - terrain assuré par la FFCC + réduction emp. de 5 % en saison et 10 % hors saison + réduction loc. de 35 % hors saison.

Mme BENOIT Christine,aire naturelle CV. A 300 m : . A 1 km: Piscine plein air . A 2 km : . Camping La Ferme de Clareau. Par RD 61, à 1 km Est de la commune. Bois, pré, bord de rivière. ☎ 04 75 27 26 03. Fax : 04 75 27 26 03. E-mail : campingfermeclareau@wanadoo.fr, Web : www.fermedeclareau.com.

LA MOTTE DE GALAURE

11-A3 40 km N. Valence. 220 m. 441 hab. ✉ 26240

M. DELHOME Pierre,aire naturelle . A 500 m : . A 2 km: . A 5 km : Piscine plein air. Quartier Bruthias, par RD 51, à 1,5 km Nord-Ouest de la commune, à proximité de la ferme. Pré herbeux, semi-ombragé, lac des Vernets à 4 km, rivière à 2 km. Relais équestre. Gîte d'étape. ☎ 04 75 68 41 72.

NYONS

96 km S.-E. Valence. 270 m. 6293 hab. ✉ 26110

LES CLOS ★★★★ Tourisme 115 E. (82 Tourisme + 33 Loisirs) 2,2 ha. CV Sanitaire chauffé. Locations : 10 , 10 . Accès direct à la rivière. ; ; à 1 km : . Ouv : 15.3 / 19.10. Route de Gap, sortie Nyons dir. Gap. RD 94 ☎ 04 75 26 29 90. Fax : 04 75 26 49 44. E-mail : info@campinglesclos.com, Web : www.campinglesclos.com. Prix 2007. Fft jour : Empl. Tourisme (2) : 18,50 € ( ) ; Sup : 4,50 € - de 12 ans 3,50 € ; Animaux 2 €. Réduction H.S.

FFCC : partenaire + carte FFCC assurance annulation.

LES TERRASSES PROVENCALES Voir aussi VENTEROL

PARNANS

11-B3 29 km N.-E. Valence. 245 m. 360 hab. ✉ 26750

LE REPLAT ★★★ Tourisme 20 E. dont 10 nus 0,5 ha. CV. Locations : 1 , 3 , . Rivière à 1 km. Accueil groupes. ☎ 04 75 45 31 93 / 04 75 02 55 79 (H.S.).

LA PENNE SUR L OUVEZE

11-B5 28 km S.-E. Nyons. 350 m. 80 hab. ✉ 26170

DOMAINE DE LA GAUTIERE ★★★ Tourisme 50 E. (29 Tourisme + 21 Loisirs), dont 24 GCC, 2 ha. CV. Locations : 3 , 8 . Rivière à 800 m. . Accueil groupes. Ouv : 1.4 / 30.9. Par Vaison-la-Romaine à côté de Buis-les-Baronnies. ☎ 04 75 28 02 68 / 04 75 26 49 75 (H.S.). Fax : 04 75 28 24 11. E-mail : accueil@camping-lagautiere.com, Web : www.camping-lagautiere.com. Prix 2008. Empl. Tourisme : 5,50 € ; 4,85 € ; - de 2/12 ans 2,50 € ; 2,90 à 3,60 € (3 à 6 A) ; Animaux 1,10 €. Réduction H.S.

FFCC : partenaire + réduction emp. de 10 % hors saison + Stop accueil Camping-car du 01/04 au 30/09/2008, accès jusqu'à 20h.

LES ETANGS DE LA GIPPIERE,aire naturelle . ☎ 04 75 28 71 80.

PIEGROS LA CLASTRE

11-B4 31 km S.-O. Dié. 571 hab. ✉ 26400

LES CHAMBERTS ★ Tourisme 50 E. 1 ha. partiel, . Locations : . Accès direct aux bords du lac et à la rivière. ; . Sur D 164. ☎ 04 75 75 08 64.

M. DEVILLE Armand,aire naturelle . Les Plats. ☎ 04 75 40 01 60.

PIERRELONGUE

11-B5 24 km S.-E. Nyons. 310 m. 84 hab. ✉ 26170

LES CASTORS ★★ Tourisme 50 E. 1 ha. CV. Locations : 6 , 2 . Accès direct à la rivière. ; ; . Sur D 5. ☎ 04 75 28 74 67. Fax : 04 75 28 74 67. E-mail : castorscamp@aol.com.

LE POET CELARD

11-B4 62 km S.-O. Die. 600 m. 137 hab. ✉ 26460

LE COUSPEAU ★★★★ Tourisme 149 E. dont 95 nus (124 Tourisme + 25 Loisirs), dont 25 HLL, 4 ha. CV. Camping clef verte. Locations : 20 , 20 , 5 . couverte chauffée . Rivière à 3 km. ; à 5 km : . Sur RD 328 A, RN 538. ☎ 04 75 53 30 14. Fax : 04 75 53 37 23. E-mail : info@couspeau.com, Web : www.couspeau.com. Réduction H.S.

FFCC : réduction loc. de 5 % hors saison + HC.

CAMP LE GRAND BOIS ★★★ Tourisme 18 E. 1,5 ha. , sauf juillet/août, CV. Locations : . . Rivière à 5 km. Col de Boutière. Entre Bourdeaux et Dieulefit par D 538. ☎ 04 75 53 33 72 / 06 98 83 71 02 (H.S.). E-mail : info@legrandbois.fr, Web : www.legrandbois.fr.

LE POET EN PERCIP

11-B5 42 km S.-E. Nyons. 1016 m. 25 hab. ✉ 26170

LA GRAVOUSE,aire naturelle de camping . A 1 km: . ☎ 04 75 28 23 12. Fax : 04 75 28 23 05. E-mail : drouver@hotmail.com, Web : www.camping-lagravouse.com.

LE POET LAVAL

11-B4 67 km S.-E. Valence. 305 m. 565 hab. ✉ 26160

CAMP MUNICIPAL LORETTE ★★ Tourisme 60 E. dont 60 nus (55 Tourisme + 5 Loisirs) 2 ha. CV. . Accès direct à la rivière. . Accueil groupes sur réservation. sur réservation. Ouv : 1.5 / 30.9. A Montélimar, prendre la D 540 dir. Dieulefit. ☎ 04 75 91 00 62 (Camping) / 04 75 46 44 12 (Mairie) (H.S.). Fax : 04 75 46 46 45. E-mail : camping-lorette@orange.fr. Prix 2008. Empl. Tourisme : 3,20 € ; 3,20 € ; - de 10 ans 1,30 € ; 2 € (6 A) ; Animaux 1,10 €. Réduction H.S.

POMMEROL

11-B5 49 km S.-E. Nyons. 890 m. 15 hab. ✉ 26470

M. MORIN Joël,aire naturelle de Pommerol CV. Ouv : 1.4 / 30.10. D 338. Accès grandes caravanes difficile. ☎ 04 75 27 25 63 / 04 75 98 26 25 (H.S.). Fax : 04 75 27 25 63. E-mail : camping.pommerol@wanadoo.fr. Prix 2008. Empl. Tourisme : 3 € ; 2 € ; 2 € ; 3 € ; - de 10 ans 2 € ; 2 € ; Animaux 2 €.

PONT DE BARRET

11-B4 52 km S.-E. Valence. 220 m. 385 hab. ✉ 26160

CAMP MUNICIPAL LE PARC ★★ Tourisme 33 E. . Accès direct à la rivière. ; . Accueil groupes. Ouv : Pâques / 31.10. A 7 sortie Montélimar Nord à 20 km de Pont-de-Barret, dir. Dieulefit entre Cléon-d'Andran et Charols à gauche dir. Pont-de-Barret. ☎ 04 75 90 47 64 / 04 75 90 12 38 (H.S.). Fax : 04 75 90 10 64. Prix 2007. Empl. Tourisme : 2,10 € ( ) : 2,10 € ; - de 7 ans 1 € ; 1,10 € ; Animaux 1,10 €.

PONTAIX

11-B4 10 km O. Die. 341 m. 151 hab. ✉ 26150

M. ARCHINARD Gilbert,aire naturelle La Condamine CV. A 1 km: . A 8 km : Piscine plein air . Ouv : 15.4 / 15.10. Du Sud par A 7 sortie Loriol puis D 104 jusqu'à Crest. Du Nord par A 7 sortie Valence Sud puis D 538 jusqu'à Crest, suivre dir. Die par RD 93 à 30 km traverser le village de Pontaix, puis 1,5 km entrée du camping à gauche sur la D 93. ☎ 04 75 21 08 19 / 06 70 49 12 92 (H.S.). E-mail : aurelie.goderiaux@laposte.net. Prix 2008. Empl. Tourisme : 2,30 € ; 1,50 € ; 2,60 € ; - de 7 ans 1 € ; 2,30 € (10 A) ; Animaux 1 €. Fft Ccar : 9 € (2).

PRADELLE

11-B4 33 km S.-O. Die 525 m. 38 hab. ✉ 26340

Mme ALOMBERT Mireille,aire naturelle Le Moulin CV. A 5 km: . Ouv : 15.4 / 15.10. ☎ 04 75 21 69 96. Fax : 04 75 21 69 96. E-mail : lemoulin.accueil@wanadoo.fr, Web : www.relais-lemoulin.com. Prix 2007. Fft jour : Empl. Tourisme (2) : 22 € ( ) ; Sup : 7,50 € - de 7 ans 5 € ; 3 € ; Animaux 3 €.

PUY ST MARTIN

11-A4 54 km S.-O. Die. 202 m. 510 hab. ✉ 26450

CAMP MUNICIPAL CHAMPS DE MARS ★ Tourisme 22 E. 0,2 ha. . à 3 km : , . RD 6. ☎ 04 75 90 16 70 (Mairie). Fax : 04 75 90 43 88.

REAUVILLE

11-A5 33 km N.-O. Nyons 280 m. 315 hab. ✉ 26230

LE MAS DU PANTAI P.R.L. 3 E., dont 3 HLL. CV. Locations : 3 , Chbres d'hôtes (prix avec p-déj. compris). . Accueil adultes. Ouv : 1.3 / 15.11. Location longue durée. ☎ 04 75 98 51 10. Fax : 04 75 98 58 59. Web : www.masdepantai.com.

RECOUBEAU JANSAC

11-B4 13 km S.-E. Dié. 500 m. 252 hab. ✉ 26310

LE COURIOU ★★★ Tourisme 112 E. 7 ha. , électrique/gaz, CV. Locations : 15 , 11 . chauffée . Rivière à 1 km.Lac à 5 km. ; ; . Accueil groupes. Ouv : 1.5 / 31.8. Rés. obligatoire en été. D 93 Valence Gap. ☎ 04 75 21 33 23. Fax : 04 75 21 38 42. E-mail : camping.lecouriou@wanadoo.fr, Web : www.campinglecouriou.com. Prix 2007. Empl. Tourisme : 8,90 € ; 5,80 € ; 4,50 € ; 3,95 € (6 A) ; Animaux 2 €.

CAMP MUNICIPAL LES ECUREUILS ★★ Tourisme 30 E. 0,9 ha. gratuite, CV. . Accès direct à la rivière. RD 93. ☎ 04 75 21 35 97 (Mairie) / 04 75 21 36 81. Fax : 04 75 21 35 75. E-mail : recoubeaujansac@free.fr, Web : recoubeaujansac.free.fr.

REMUZAT

11-B5 27 km N.-E. Nyons. 449 m. 364 hab. ✉ 26510

CAMP MUNICIPAL ★★ Tourisme 39 E. (30 Tourisme + 9 Loisirs) 0,4 ha. CV. Rivière à 600 m. ☎ 04 75 27 81 43 / 04 75 25 85 78 (Mairie).

LA ROCHE DE GLUN

11-A3 10 km N.-O. Valence. 119 m. 2113 hab. ✉ 26600

CAMP MUNICIPAL LES VERNES ★★★★ Loisirs 43 E. (20 Tourisme + 23 Loisirs), dont 43 CC, 0,5 ha. CV. chauffée. Rivière à 200 m. ; à 200 m : . Accueil groupes. Ouv : 1.5 / 30.9. Les Descizes, RN 86, 300 m Sud du centre. ☎ 04 75 84 54 11 / 04 75 84 60 52 (Mairie) (H.S.). Prix 2007. Fft jour : Empl. Tourisme (2 + 1 - de 7) : 13,30 €

LA ROCHE SUR GRANE

11-A4 52 km O. Die. 220 m. 135 hab. ✉ 26400

LA MAGERIE,aire naturelle CV. A 2 km: . A 5 km : . A 10 km : . Ouv : 1.1 / 31.12. A 7N/7 dir. Crest jusqu'à Grane puis dir. Roche sur Grane. En bas du village tournez à droite, camping à 400 m. Accueil groupes. ☎ 04 75 62 71 77. Fax : 04 75 62 71 77. E-mail : la.magerie@numeo.fr, Web : www.lamagerie.com. Prix 2007. 7,30 € ; - de 10 ans 4,80 € ; 3 €.

FFCC : partenaire + Stop accueil Camping-car toute l'année 2008, accès jusqu'à 22h.

LA ROCHE SUR LE BUIS

11-B5 34 km S.-E. Nyons. 638 m. 150 hab. ✉ 26170

M. TAPONNIER Henri,aire naturelle , saison, CV. Accès par Le Poët-en-Percip. ☎ 04 75 28 11 49. Fax : 04 75 28 19 26. E-mail : gitedulievre@wanadoo.fr, Web : giteduli evre.com.

ROCHEFORT SAMSON

11-B3 25 km E. Valence. 385 m. 539 hab. ✉ 26300

COMBE D'OYANS ★★★ Tourisme 43 E. 2 ha. snack, CV. Locations : 4 , 4 , , couverte chauffée . Accueil groupes. A 30 km au Nord-Est de Valence, dir. Grenoble par A 49. Puis à Romans RN 532, dir. Grenoble puis RD 124, dir. Rochefort Samson. ☎ 04 75 71 82 14. Fax : 04 75 71 80 78. Web : www.lacdaiguille.com. Réduction H.S.

ROMANS SUR ISERE

18 km N.-E. Valence. 170 m. 33888 hab. ✉ 26100

CAMP MUNICIPAL DES CHASSES ★★ Tourisme 39 E. dont 39 nus, , dont 36 CC, 1 ha. CV. Rivière à 5 km. Accueil groupes. Ouv : 1.4 / 15.10. RN 92, RD 531. A côté de l'aérodrome de St Paul les Romans. ☎ 04 75 72 35 27. Prix 2007. 2,46 € ; 1,23 € ; 2,46 € ; 2,46 € ; 2,15 € ; - de 7 ans 1,33 € ; 2,56 à 3,90 € (6 à 10 A) ; Animaux 1,13 €.

ROYNAC

11-A4 53 km S. Valence. 213 m. 338 hab. ✉ 26450

M. GILLES André . A 3 km: Piscine plein air . A 10 km : . Les Chevrières, D 107. ☎ 04 75 90 11 18. Fax : 04 75 90 11 18.

SAHUNE

11-B5 14 km N.-E. Nyons. 360 m. 275 hab. ✉ 26510

LA VALLEE BLEUE ★★★ Tourisme 55 E. dont 52 nus, 3 ha. CV Sanitaire chauffé. Locations : , , . Rivière à 4 m. ; . Ouv : 1.4 / 30.9. Rés. obligatoire en été. Plaine du Pont. A 60 km de la RN 7. En bordure de la RD 94, route de Gap. Sortie autoroute Montélimar Sud. ☎ 04 75 27 44 42 / 06 81 19 94 22 (H.S.). Fax : 04 75 27 44 42. E-mail : info@lavalleebleue.com, Web : www.lavalleebleue.com. Prix 2008. Fft jour : Empl. Tourisme (2) : 18 € ( ) ; Sup : 5 € - de 8 ans 4 € ; 3,50 € ; Animaux 3 €. Réduction H.S.

CAMP MUNICIPAL LES OLIVIERS ★ Tourisme 32 E. . Accès direct à la rivière. ; . Sur RD 94, quartier Saint-Jean. ☎ 04 75 27 40 40. Fax : 04 75 27 44 48.

SAILLANS

11-B4 22 km S.-O. Die. 265 m. 917 hab. ✉ 26340

LES CHAPELAINS ★★ Tourisme 45 E. 0,8 ha. snack, . Locations : . Accès direct à la rivière. ; ; ; . Sur RN 93, lieu-dit Les Chapelains. ☎ 04 75 21 55 47. E-mail : info@camping-saillans.com, Web : www.camping-saillans.com.

ST AGNAN EN VERCORS

11-B3 34 km N. Die. 804 m. 344 hab. Village de neige ✉ 26420

CAMP MUNICIPAL DE SAINT-AGNAN ★★ Tourisme 30 E. 0,35 ha. . ☎ 04 75 48 20 67 / 04 75 48 17 26.

ST AVIT

11-A3 38 km N. Valence. 260 m. 231 hab. ✉ 26330

DOMAINE LA GARENNE ★★★ Tourisme 100 E. (80 Tourisme + 20 Loisirs) 8 ha. CV. Locations : 8 , 10 , 1 , 6 , , . Rivière à 1 km. à 1 km : , . Accueil groupes. Ouv : 22.4 / 17.9. Situé sur la RD 53 à 3 km de Châteauneuf-de-Galaure. ☎ 04 75 68 62 26. Fax : 04 75 68 60 02. E-mail : garenne.drome@wanadoo.fr, Web : www.domaine-la-garenne.com. Prix 2008. Fft jour : Empl. Tourisme (2) : 18 € ( ) Réduction H.S.

FFCC : partenaire + réduction emp. de 5 % en saison et hors saison + réduction loc. de 5 % hors saison.

ST DONAT SUR L HERBASSE

11-A3 26 km N.-N.-E. Valence-sur-Rhone. 260 m. 2270 hab. ✉ 26260

DOMAINE DES ULEZES ★★★★ Tourisme 40 E. dont 35 nus (32 Tourisme + 8 Loisirs) 0,7 ha. , commande, , électrique/gaz, CV. Locations : 2 , 3 . . Accès direct à la rivière. Lac à 2 km. ; . Ouv : 1.4 / 31.10. Route de Romans. D 53. Location longue durée. Vente de mobile-homes neufs. ☎ 04 75 47 83 20. Fax : 04 75 47 83 20. E-mail : contact@domaine-des-ulezes.com, Web : www.domaine-des-ulezes.com. Prix 2008. Fft jour : Empl. Tourisme (2) : 18 € ( ) ; Sup : 3,50 € 3,50 à 4,50 € (6 à 10 A) ; Animaux 2 €. Réduction H.S.

FFCC : partenaire + réduction emp. de 5 % en saison et 10 % hors saison + carte FFCC assurance annulation + Stop accueil Camping-car du 01/04 au 30/06 et du 01/09 au 31/10/2008, accès jusqu'à 22h + réduction loc. de 5 % en saison et 10 % hors saison.

LAC DE CHAMPOS ★★★ Tourisme 98 E. dont 77 nus (88 Tourisme + 10 Loisirs), dont 27 CC, 1 ha. CV. Locations : 21 , 2 , . . Accès direct aux bords du lac et à la rivière. ; ; ; ; . Accueil groupes. Ouv : 1.5 / 11.9. Rés. obligatoire en été. A 7 sortie Tain-l'Hermitage dir. Romans. A 5 km prendre à gauche dans village de Curson via St-Donat. ☎ 04 75 45 17 81 / 04 75 45 45.98 / 04 75 45 14 54 (H.S.). Fax : 04 75 45 03 63. E-mail : contact@lacdechampos.com, Web : www.lacdechampos.com. Prix 2007. Fft jour : Empl. Tourisme (2) : 14 € ( ) ; Sup : 3,60 € - de 3/12 ans 3 € ; 2,30 € (10 A) ; Animaux 1 €. Réduction H.S.

FFCC : partenaire + carte FFCC assurance annulation + Stop accueil Camping-car du 26/04 au 12/07 et du 23/08 au 14/09/2008.

ST FERREOL TRENTE PAS

11-B5 12 km N.-E. Nyons. 420 m. 180 hab. ✉ 26110

LE PILAT ★★★ Tourisme 74 E. (65 Tourisme + 9 Loisirs) 1 ha. CV Sanitaire chauffé. Locations : 10 , 3 , , couverte . Accès direct à la rivière. ; ; . Accueil adultes. Ouv : 1.4 / 30.9. Par D 70. ☎ 04 75 27 72 09. Fax : 04 75 27 72 34. E-mail : info@campinglepilat.com, Web : campinglepilat.com. Prix 2008. Empl. Tourisme : 7,50 € ( ) : 6 € ; - de 2 ans 4 € ; 3,50 € (6 A) ; Animaux 1,50 €. Réduction H.S.

FFCC : partenaire - terrain assuré par la FFCC.

LE TRENTE PAS ★★★ Tourisme 95 E. 1 ha. CV. Locations : 2 . . . Ouv : 1.5 / 31.8. ☎ 04 75 27 70 69. Fax : 04 75 27 75 09. Web : www.campingtrentepas.com. Prix 2007. Empl. Tourisme : 3,80 € ( ) : 1,80 € ; 3,80 € ; - de 2/7 ans 2,80 € ; 2,80 € (6 A) ; Animaux 1,60 € (chien). Réduction H.S.

ST JEAN EN ROYANS

11-B3 44 km E. Valence. 252 m. 2945 hab. ✉ 26190

CAMP G.C.U. Réservé aux adhérents. Adhésion possible sur place pour les sociétaires MAIF et FILIA MAIF.

CAMP MUNICIPAL ★★ Tourisme 140 E. dont 125 nus 1,5 ha. CV. Locations : 5 . Rivière à 50 m. truite : . Accueil groupes. Ouv : 1.4 / 30.9. Avenue de Provence, RD 70. ☎ 04 75 47 74 60 / 04 75 47 75 99 (Mairie) (H.S.). Prix 2007. Empl. Tourisme : 2,20 € ( ) ; 3,20 € ; - de 8/12 ans 2,20 € ; 2 € (10 A) ; Animaux 1 €.

ST JULIEN EN QUINT

11-B4 144 hab. ✉ 26150

M. SZARVAS,aire naturelle CV. A 5 km: . ☎ 04 75 21 20 43.

ST MARTIN EN VERCORS

11-B3 46 km N. Die. 780 m. 292 hab. Village de neige ✉ 26420

LA PORTE SAINT-MARTIN ★★ Tourisme 67 E. (37 Tourisme + 30 Loisirs), dont 7 CC, 1,5 ha. CV. Locations : 3 , 4 , , chauffée . à 50 m : . Ouv : 1.5 / 30.9. Lieu-dit Les Côtes, RD 103 et RN 518. ☎ 04 75 45 51 10. Fax : 04 75 45 51 10. E-mail : info@camping-laportestmartin.com, Web : www.camping-laportestmartin.com. Prix 2008. Fft jour : Empl. Tourisme (2) : 13,80 € ( ) ; Sup : 5,20 € - de 7 ans 3,70 € ; Animaux 2 €. Réduction H.S.

M. DUSSERRE René,aire naturelle CV. A 500 m : . A 2 km: . A 6 km : Piscine plein air . Ouv : 1.4 / 15.10. Quartier Tourtres, par RN 531 puis RD 103, à la sortie des Grands Goulets tourner à gauche et 1 km plus loin prendre la 2ème route à droite. Pré semi-ombragé. ☎ 04 75 45 50 34. Prix 2008. Empl. Tourisme : 2 € ; 2 € ; 2 € ; 2,80 € ; 2 € ; 3,50 € ; - de 7 ans 2,50 € ; 2,80 € ; 0,50 €.

ST MAURICE SUR EYGUES

11-B5 12 km S.-O. Nyons. 193 m. 439 hab. ✉ 26110

CAMP MUNICIPAL ★★ Tourisme 45 E. 1,2 ha. Sanitaire chauffé. . Rivière à 500 m. ; à 500 m : . RN 94, à la sortie du village. ☎ 04 75 27 66 62 / 04 75 27 62 96 / 04 75 27 60 61 (Mairie) (H.S.). E-mail : sergehayen@hotmail.com.

ST NAZAIRE EN ROYANS

11-B3 36 km N.-E. Valence. 182 m. 576 hab. ✉ 26190

CAMP MUNICIPAL ★★★ Tourisme 75 E. 1,5 ha. CV. Accès direct à la rivière. ; . Ouv : 1.5 / 30.9. Les Bouveries. A 49 puis RN 532. ☎ 04 75 48 41 18 / 04 75 48 40 63 (Mairie) (H.S.). Fax : 04 75 48 44 32. Prix 2007. Fft jour : Empl. Tourisme (2) : 8,10 € ( ) ; Sup : 3,10 € - de 12 ans 1,80 € ; 2,60 à 3,50 € (3 à 6 A) ; Animaux 1,22 €.

FFCC : partenaire - terrain assuré par la FFCC + Stop accueil Camping-car du 01/05 au 30/09/2008, accès de 7h à 22h.

LES EAUX CLAIRES ★ Tourisme 50 E. 2 ha. . Accès direct aux bords du lac. ; . Aux Bouveries.

ST NAZAIRE LE DESERT

11-B4 38 km S.-O. Die. 590 m. 197 hab. ✉ 26340

CAMP MUNICIPAL ★★ Tourisme 52 E. 1,5 ha. . Locations : , , . Rivière à 200 m. ; . Le Village. ☎ 04 75 26 42 99 / 04 75 27 52 31 (H.S.). Fax : 04 75 27 52 31. E-mail : postmoster@camping-lelavandin.com, Web : www.camping-lelavandin.com.

ST RAMBERT D ALBON

11-A3 45 km N. Valence. 160 m. 4062 hab. ✉ 26140

LES CLAIRES ★★★ Loisirs 90 E. (40 Tourisme + 50 Loisirs), dont 10 GCC, 2,5 ha. CV. Locations : 2. Accès direct à l'étang et à la rivière. RN 7, autoroute sortie Chanas dir. St-Rambert Nord sans prendre la déviation. ☎ 04 75 31 01 87. Fax : 04 75 31 01 87. Web : www.camping.des.claires.com.

ST SAUVEUR EN DIOIS

11-B4 28 km S.-O. Die. 390 m. 41 hab. ✉ 26340

M. SCHAEPMAN Marcel,aire naturelle CV. A 5 km: La Motte. Accès par la D 156. ☎ 04 75 21 52 40. Fax : . E-mail : marcel.schaepman@camping-la-motte.com.

ST SAUVEUR GOUVERNET

11-B5 151 hab. ✉ 26110

M. JOUVE Jean-Paul,aire naturelle la Ferme des Argensolles A 3 km: . Ouv : vac. Pâques / Toussaint. Sur RD 94. Du Pont de Curnier dir. Ste-Jalle, St-Auban sur RD 64. ☎ 04 75 27 32 77. Fax : 04 75 27 32 77. Prix 2008. 2,70 € ; 2,70 € ; 1,80 € ; 2,70 € ; - de 10 ans 1,80 € ; Animaux 1,80 €.

ST SORLIN EN VALLOIRE

11-A3 54 km N. Valence. 150 m. 1403 hab. ✉ 26210

CHATEAU DE LA PEROUZE ★★★★ Tourisme 80 E. (50 Tourisme + 30 Loisirs), dont 80 GCC, 14 ha. snack, gratuit. Locations : 4, 6, 1, gîte d'étape. Accès direct à l'étang. Rivière à 800 m. RD 1. ☎ 04 75 31 70 21 / 06 70 00 04 74. Fax : 04 75 31 62 74. E-mail : georgespont@libertysurf.fr.

ST THOMAS EN ROYANS

11-B3 40 km N.-E. Valence. 210 m. 418 hab. ✉ 26190

LE PONT DE MANNE ★★ Loisirs 100 E. dont 100 nus (20 Tourisme + 80 Loisirs) 4 ha. CV Sanitaire chauffé. Locations : 2, 4, 10. Accès direct à la rivière. Accueil groupes. A 7 sortie Valence puis A 49 dir. Grenoble. ☎ 04 75 48 42 47. Fax : 04 75 48 30 01. E-mail : info.campingpdm@wanadoo.fr, Web : www.campingdupontdemanne.com. Réduction H.S.

ST VALLIER

11-A3 32 km N.-O. Valence. 158 m. 4556 hab. ✉ 26240

CAMP MUNICIPAL LES ISLES DE SILON ★★★ Tourisme 92 E. 1,5 ha. CV. Locations : . Accès direct à la rivière. Lac à 5 km. Accueil groupes. Ouv : 15.3 / 15.11. Sud : autoroute sortie Chanas puis 15 km sur RN 7. Nord : autoroute sortie Tain l'Hermitage, le terrain est à 10 km sur RN 7. ☎ 04 75 23 22 17. Prix 2007. Empl. Tourisme : 3 € () : 2,20 € ; - de 7 ans 1,10 € ; 2,30 € (10 A).

STE JALLE

11-B5 18 km E. Nyons. 407 m. 251 hab. ✉ 26110

CAMP MUNICIPAL LES CIGALES ★★ Tourisme 33 E. (28 Tourisme + 5 Loisirs) 0,5 ha. CV. Locations : 2. Rivière à 50 m. Ouv : 1.5 / 30.9. Par RD 64 et 108. ☎ 04 75 27 32 78. E-mail : mairie.saintejalle@orange.fr. Prix 2007. Empl. Tourisme : 1,80 € () : 1,20 € ; 2,20 € ; - de 12 ans 1,40 € ; 2,20 €.

SAOU

11-B4 47 km S.-O. Die. 325 m. 364 hab. Station verte de vacances et village de neige ✉ 26400

CAMP MUNICIPAL LA GRAVILLE ★★ Tourisme 40 E. 1 ha. Accès direct à la rivière. Accueil groupes. En dir. de Bourdeaux, Dieulefit en venant de Valence puis Crest. ☎ 04 75 76 00 43 (Mairie). Fax : 04 75 76 02 69. E-mail : communesaou@wanadoo.fr.

LA BRIANCE,aire naturelle partiel, CV. Ouv : Pâques / Toussaint. Accès difficiel pour les caravanes. Accès caravanes difficile pour le haut du camping. ☎ 04 75 76 05 00. Web : www.labriance.com. Prix 2007. 4,70 € ; 3 € ; 2,20 €.

SAULCE SUR RHONE

11-A4 27 km S.-O. Valence. 91 m. 1210 hab. ✉ 26270

LE VERONNE,aire naturelle ☎ 04 75 63 01 70. Fax : 04 75 63 22 10.

SEDERON

11-B5 55 km S.-E. Nyons. 810 m. 298 hab. ✉ 26560

CAMP MUNICIPAL LES BIAUX ★★ Tourisme 26 E. (25 Tourisme + 1 Loisirs) au village, au village. Accès direct à la rivière. Ouv : 1.1 / 31.12. ☎ 04 75 28 50 95 (Mairie) / 06 11 97 45 36 / 04 75 28 55 93 (Domicile) (H.S.). Prix 2007. Empl. Tourisme : 9 € ; 6 €.

FFCC : Stop accueil Camping-car du 01/03 au 30/04 et du 01/09 au 30/10/2008, accès jusqu'à 20h30.

LES ROUTELLES ★★ Tourisme 93 E. (90 Tourisme + 3 Loisirs), dont 3 GCC, 20 ha. CV Rés. naturiste. Locations : 12. D 542. ☎ 04 75 28 54 54. Fax : 04 75 28 53 14. E-mail : davaine.bernard@wanadoo.fr, Web : www.routelles.com.

SOYANS

11-B4 53 km S.-O. Die. 301 m. 253 hab. ✉ 26400

M. EYMERY,aire naturelle Les Lavandes CV. A 400 m : . A 2 km: . Ouv : 1.6 / 15.9. A7 sortie Loriol dir. Crest (D104). A Crest la D 538 dir. Montélimar puis Saou. Avant Saou tourner à droite pour Soyans puis 2 km dir. Puy St-Martin (D 136) après le croisement pour Pont de Barret sur la route de Puy St-Martin, 1er chemin à droite et suivre panneaux. ☎ 04 75 76 04 09. Fax : 04 75 76 04 09. Web : campingdrome.france.com. Prix 2007. () : 3,50 € ; 2 € ; 5 € ; 1,50 € ; 4 € ; - de 13 ans 3 € ; 3 € ; Animaux 1 €.

SUZE LA ROUSSE

11-A5 26 km S.-O. Nyons. 91 m. 1396 hab. ✉ 26790

LE LEZ ★★ Tourisme 32 E. (22 Tourisme + 10 Loisirs) 0,82 ha. CV. Rivière à 50 m. Accueil groupes. Ouv : Pâques / 30.9. Rés. obligatoire en été. La Bourgade. Sortie autoroute à Bollène dir. Nyons. ☎ 04 75 98 82 83. Fax : 04 75 98 82 83. E-mail : camping-lepontdulez@wanadoo.fr. Prix 2007. Fft jour : Empl. Tourisme (2) : 12,40 € () ; Sup : 3,80 € - de 10 ans 2,30 € ; 3,30 € ; Animaux 1,40 €. Réduction H.S.

TAIN L HERMITAGE

11-A3 18 km N.-N.-O. Valence. 135 m. 5638 hab. ✉ 26600

CAMP MUNICIPAL LES LUCS ★★★ Tourisme 100 E. dont 98 nus 1,5 ha. CV Sanitaire chauffé. Accès direct à la rivière. Ouv : 15.3 / 15.10. RN 7, à 800 m Sud de la ville ou autoroute du Soleil, sortie Tain-L'Hermitage, puis 2 km. ☎ 04 75 08 32 82 / 04 75 08 30 32 (H.S.). Fax : 04 75 08 32 82. E-mail : camping.tainlhermitage@wanadoo.fr, Web : www.campingleslucs.fr. Prix 2007. Fft jour : Empl. Tourisme (2) : 16,60 € () ; Sup : 2,30 € - de 7 ans 1,25 € ; 1,20 € (10 A) ; Animaux 1,15 €.

TULETTE

11-A5 18 km S.-O. Nyons. 144 m. 1507 hab. ✉ 26790

CAMP MUNICIPAL ★★★ Tourisme 28 E. 0,36 ha. Par RD 94. ☎ 04 75 98 32 02 / 04 75 98 30 69.

LES RIVES DE L'AYGUES ★★★ Tourisme 100 E. (80 Tourisme + 20 Loisirs), dont 10 CC - 20 GCC, 0,12 ha. CV. Camping à gaz, clef verte. Locations : 6, 2. Accès direct à la rivière. Etang à 500 m. Ouv : 15.5 / 30.9. Route de Cairanne. De Bollène, dir. Vaison-la-Romaine par Rochegude/Ste-Cécile-les-Vignes dir. Cairanne. A la sortie de Ste-Cécile-les-Vignes 1 km sur la gauche dir. Tulette. ☎ 04 75 98 37 50. Fax : 04 75 98 37 50. E-mail : camping.aygues@wanadoo.fr, Web : www.lesrivesdelaygues.com. Prix 2007. Fft jour : Empl. Tourisme (2) : 16,50 € () ; Sup : 4,40 € - de 7 ans 2,90 € ; 3,90 € (6 A) ; Animaux 2,20 €.

VALAURIE

11-A5 28 km N.-O. Nyons. 168 m. 386 hab. ✉ 26230

PARC RESIDENTIEL DE LOISIRS LE VALLON DU PASSERAS P.R.L. 6 E., dont 6 HLL. CV. Ouv : 1.1 / 31.12. Rés. obligatoire en été. A 7 Paris/Valence sortie Montélimar-sud puis dir. Avignon/Grignan par D 133. Se situe à 400 m de la sortie du village à gauche en suivant Domaine de Rozel. ☎ 04 75 98 54 80 / 06 65 54 39 25 (H.S.). E-mail : vallon-passeras@wanadoo.fr, Web : www.passeras.com. Réduction H.S.

VALDROME

11-C4 36 km S.-E. Die. 815 m. 151 hab. ✉ 26310

CAMP MUNICIPAL DU MOULIN ★ Tourisme 18 E. 0,2 ha. CV. Accès direct à la rivière. Accueil groupes. RD 93. ☎ 04 75 21 40 06 (S.I.). Fax : 04 75 21 40 06. E-mail : infos@ot-valdrome.com, Web : www.ot-valdrome.com.

VALENCE

11-A3 554 km S.-E. Paris. 123 m. 68157 hab. ✉ 26000

CAMP MUNICIPAL DE L'EPERVIERE ★★★ Tourisme 150 E. (110 Tourisme + 40 Loisirs), dont 18 CC, 3,5 ha. Sanitaire chauffé. Locations : Chambres (prix par jour par pers.). RN 7 et A 7 sortie Valence Sud. ☎ 04 75 42 32 00. Fax : 04 75 56 20 67.

VASSIEUX EN VERCORS

11-B3 30 km N. Die. 1048 m. 310 hab. Village de neige ✉ 26420

AIRE NATURELLE LES PINS CV. A 5 km: . A 10 km : Piscine plein air. Les Granges. ☎ 04 75 48 28 82. Fax : 04 75 48 28 82.

FFCC : partenaire - terrain assuré par la FFCC + réduction emp. de 5 % en saison.

M. JULIEN,aire naturelle La Grange aux Loups.

VENTEROL

11-B5 5 km N.-O. Nyons. 587 hab. ✉ 26110

LES TERRASSES PROVENCALES ★★★ Tourisme 70 E. dont 57 nus 2,5 ha. pizza/frites, pain, CV. Locations : . Rivière à 3 km. Ouv : 15.4 / 30.9. Sur la D 941 entre Nyons et Valréas. Sur les emplacements les animaus sont autorisés en hors saison. ☎ 04 75 27 92 36. Fax : 09 58 07 92 36. E-mail : novezan@leterrassesprovencales.com, Web : www.lesterrassesprovencales.com. Réduction H.S.

VERCHENY

11-B4 16 km S.-O. Die. 280 m. 448 hab. ✉ 26340

LES ACACIAS ★★★ Tourisme 90 E. 3 ha. CV. Locations : 8, 4, 30. Accès direct à la rivière. Accueil groupes. Ouv : Pâques / 30.9. Rés. obligatoire en été. Sur RD 93, lieu-dit Les Tours. ☎ 04 75 21 72 51. Fax : 04 75 21 73 98. E-mail : infos@campinglesacacias.com, Web : www.campinglesacacias.com. Prix 2008. Fft jour : Empl. Tourisme (2) : 15,50 € ; Sup : 4,10 € - de 4/10 ans 2,30 € ; 3,30 à 4 € (6 à 10 A) ; Animaux 1,80 €. Réduction H.S.

FFCC : partenaire + réduction emp. de 5 % en saison et 20 % hors saison + carte FFCC assurance annulation + réduction loc. de 5 % en saison et 20 % hors saison.

LES TUILLERES ★★★ Tourisme 90 E. 4,8 ha. snack, 1 fois/sem., pétanque. Locations : . Accès direct à la rivière. Route de Die. Suivre D 93 en direction de Die après sortie de l'autoroute à Valence Sud. ☎ 04 75 21 18 86. Fax : 04 75 21 29 34. E-mail : contact@campinglestuilleres.com, Web : www.campinglestuilleres.com. Réduction H.S.

CAMP MUNICIPAL LE PONT DE LA DROME
★★ Tourisme 40 E. (30 Tourisme + 10 Loisirs) 0,5 ha. Locations : . Accès direct à la rivière. ☎ 04 75 21 76 39 / 04 75 21 77 01 (H.S.). Fax : 04 75 40 62 01.

M. MONGE,aire naturelle St-Pierre. ☎ 04 75 21 74 93.

VERCLAUSE

11-B5 35 km E. Nyons. 625 m. 68 hab. ✉ 26510

M. CAGOSSI Alain,aire naturelle Le Gessy CV. A 2 km : . A 3 km : . A 9 km : . 600 m RD 94. Entre Rémuzat et Rosans. Sur D 94 entre Nyons et Serres. Location de caravanes et chalets. terrain exposé plein sud. ☎ 04 75 27 80 39 / 06 84 14 69 01. Fax : 04 75 27 80 39. E-mail : legessy@hotmail.com, Web : www.legessy.com.

VERCOIRAN

11-B5 33 km S.-E. Nyons. 681 m. 129 hab. ✉ 26170

M. BONFILS,aire naturelle La Canarde ☎ 04 75 28 16 41. Fax : 04 75 28 16 41.

VESC

11-B4 51 km S.-E. Valence. 655 m. 248 hab. ✉ 26220

LE MATIN CALME ★★★ Tourisme 37 E. 1 ha. CV. Locations : . Accueil groupes. A 7 sortie Montélimar Nord ou Sud, dir. Dieulefit D 540 puis dir. La Paillette/Vesc par D 538. A La Paillette, dir. Vesc par D 330. ☎ 04 75 46 37 93. E-mail : campinglematincalme@wanadoo.fr, Web : www.campinglematincalme.com.

VINSOBRES

11-B5 5 km S.-O. Nyons. 280 m. 957 hab. ✉ 26110

LE SAGITTAIRE ★★★★ Tourisme 270 E. (220 Tourisme + 50 Loisirs), dont 38 CC - 119 GCC - 30 HLL, 9 ha. CV. Locations : 80, 9, couverte chauffée. Accès direct aux bords du lac et à la rivière. Accueil groupes. Ouv : 1.1 / 31.12. Rés. obligatoire en été. Au Pont de Mirabel, sur RN 94 et RD 4. Gardiennage caravane à l'année emplacement Mobil-Home résidentiel. Jacuzzi. Gardiennage caravanes à l'année, emplacement mobile-home résidentiel. ☎ 04 75 27 00 00. Fax : 04 75 27 00 39. E-mail : camping.sagittaire@wanadoo.fr, Web : www.france-location.fr. Prix 2008. Fft jour : Empl. Tourisme (2) : 28 € ; Sup : 8 € - de 7 ans 5 € ; 4,70 à 5,70 € (6 à 10 A) ; Animaux 4,50 €. Réduction H.S.

CAMP MUNICIPAL ★★ Tourisme 70 E. 1,9 ha. Sanitaire chauffé. Locations : . à 2 km : . Quartier Champessier, RD 94. ☎ 04 75 27 61 65 (Camping). Fax : 04 75 27 61 65. E-mail : camping-municipal@club-internet.fr.

EURE 27

Cartes 1-2-3

Délégué FFCC : Emile AZIZA, Le Chant des Oiseaux - 27170 BARQUET - 02 32 45 49 98

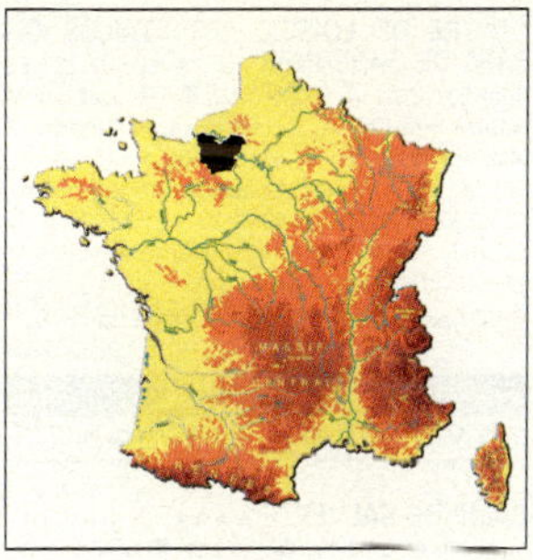

LES ANDELYS

36 km N.-E. Evreux. 23 m. 8214 hab. ✉ 27700

L'ILE DES TROIS ROIS ★★★ Loisirs 300 E. dont 135 nus (50 Tourisme + 250 Loisirs) 6,5 ha. saison, CV. Locations : , chauffée. Accès direct aux bords du lac et à la rivière. Etang à 2 km. Accueil groupes. Ouv : 15.3 / 15.11. Par A 13 sortie Gaillon/Les Andelys (10 km) sortie n° 17. ☎ 02 32 54 23 79. Fax : 02 32 51 14 54. E-mail : campingtroisrois@aol.com, Web : www.camping-troisrois.com. Prix 2007. Fft jour : Empl. Tourisme (2 1 - de 3) : 16 € ; Sup : 5 € 3 €.

FFCC : partenaire + réduction emp. de 5 % en saison et 10 % hors saison + Stop accueil Camping-car du 15/03 au 30/06 et du 01/09 au 15/11/2008, accès jusqu'à 19h + réduction loc. de 5 % en saison et 10 % hors saison.

LE BEC HELLOUIN

2-F2 21 km N.-E. Bernay. 100 m. 476 hab. ✉ 27800

CAMP MUNICIPAL ★★ Tourisme 90 E. 1 ha. visiteurs, CV. Rivière à 1 km. à 1 km : ; à 6 km : ; à 10 km : . Accueil groupes. Ouv : 29.3 / 28.9. Lieu-dit Saint Nicolas, 500 m CD 581 par RN 138 à 2,5 km. Terrain de sports contigü. ☎ 02 32 44 83 55 / 02 32 44 86 40 (Mairie) (H.S.). Fax : 02 32 44 83 55. Prix 2008. Fft jour : Empl. Tourisme (2) : 8,45 € ; Sup : 3,20 € - de 7 ans 1,65 € ; 3,15 € (10 A) ; Animaux 1 € (chien). Fft Ccar : 8 € (2).

FFCC : partenaire + réduction emp. de 5 % en saison et hors saison.

BERNAY

48 km O. Evreux. 110 m. 10952 hab. ✉ 27300

CAMP MUNICIPAL ★★★ Tourisme 50 E. 1 ha. CV. Locations : . Rivière à 1 km. à 300 m : . Accueil groupes. Rue des Canadiens, Le Stade, RN 138, dir. Broglie. Barbecues interdits. ☎ 02 32 43 30 47 / 02 32 46 63 19 (H.S.). Fax : 02 32 43 30 47. E-mail : camping@bernay27.fr, Web : www.ville-bernay27.fr.

BERNIERES SUR SEINE

3-A2 8 km O. Les Andelys. 15 m. 182 hab. ✉ 27700

PARC RESIDENTIEL DE CHATEAU GAILLARD ★★★★ Loisirs 242 E. 15 ha. saison, snack, saison, saison, saison, saison, visiteur, CV Sanitaire chauffé. Locations : chauffée . Rivière à 200 m. Etang à 500 m. Accueil groupes 20 pers. maximum. 20 pers. maximum. Ouv : 15.2 / 31.12. A 500 m Ouest de la commune. base nautique, parcours de chasse à l'arc. ☎ 02 32 54 18 20. Fax : 02 32 54 32 66. E-mail : levalembert.sa@wanadoo.fr. Prix 2007. Empl. Tourisme : 10 € ; 5,55 € ; - de 14 ans 2,25 €.

LA BONNEVILLE SUR ITON

2-F3 9 km S.-O. Evreux. 120 m. 1502 hab. ✉ 27190

SOUS LES SAPINS ★★ Loisirs 35 E. (13 Tourisme + 22 Loisirs), dont 8 CC, 2,5 ha. Locations : . Rivière à 900 m. Etang et lac à 1 km. Sur RN 830. ☎ 02 32 37 11 03.

BOSNORMAND

2-F2 30 km N.-E. Bernay. 150 m. 233 hab. ✉ 27670

Mme CARLIER Agnès,Les Saules pétanque, . A 2 km : . A 8 km : . A 10 km : Piscine plein air. ☎ 02 35 87 61 62.

BOUAFLES

3-A2 5 km S. Les Andelys. 25 m. 469 hab. ✉ 27700

CHATEAU DE BOUAFLES ★★★★ Loisirs 191 E., dont 91 CC - 100 GCC, 11 ha. CV Sanitaire chauffé. Locations : 3, 2. 1 court. Accès direct à la rivière. Etang à 5 km. Ouv : 15.1 / 15.12. RN 313. Bibliothèque. Base nautique des Pilotins. ☎ 02 32 54 03 15 / 02 32 54 56 99 (H.S.). E-mail : chateaudebouafles@wanadoo.fr. Prix 2008. Empl. Tourisme : 4,10 € ; 4,65 € ; - de 10 ans 2,60 € ; 2,10 € ; Animaux 1 €.

FFCC : partenaire + réduction emp. de 6 % en saison et 10 % hors saison + réduction loc. de 6 % en saison et 10 % hors saison.

BOURG ACHARD

2-F2 44km N.-E. Bernay. 2022 hab. ✉ 27310

LE CLOS NORMAND ★★★★ Tourisme 85 E. (70 Tourisme + 15 Loisirs) 1,4 ha. CV. Locations : chauffée . Accueil groupes. 235, route de Pont Audemer. ☎ 02 32 56 34 84 / 06 03 60 36 26. Fax : 02 32 56 34 84.

BRETEUIL

28 km S.-O. Evreux. 180 m. 3415 hab. Station verte de vacances et village de neige ✉ 27160

LES BERGES DE L'ITON ★★ Loisirs 61 E. (20 Tourisme + 41 Loisirs) 1 ha. snack, CV Sanitaire chauffé. Locations : . Accès direct à l'étang et à la rivière. Accueil groupes. Ouv : 1.4 / 31.10. 53, rue du Fourneau, 300 m RN 833 et 840, sur RD 55 à la sortie de la ville. Gardien toute l'année. ☎ 02 32 62 70 35 / 06 84 75 70 32 (H.S.). Fax : 02 32 62 70 35. E-mail : campinglesbergesde-liton@orange.fr. Prix 2007. Fft jour : Empl. Tourisme (2 1 - de 3) : 14 € ( ) ; Sup : 4 € 3 à 5,15 € (6 à 13 A) ; Animaux 1 €. Réduction H.S.

BRIONNE

2-F2 15 km N.-E. Bernay. 51 m. 5038 hab. ✉ 27800

CAMP MUNICIPAL LA VALLEE ★★ Tourisme 60 E. 1,5 ha. . Lac et rivière à 1 km. ; à 1 km : , , . Ouv : 1.4 / 30.9. Rue du Stade. ☎ 02 32 44 80 35. Fax : 02 32 46 25 61. E-mail : secretariat-mairie.brionne@wanadoo.fr, Web : www.ville-brionne.fr. Prix 2007. Fft jour : Empl. Tourisme (2) : 7,80 € ( ) ; Sup : 2,10 € - de 7 ans 1,20 € ; 3,10 €. Fft Ccar : 9,20 € (2).

CINTRAY

2-F3 35 km S.-O. Evreux. 176 m. 361 hab. ✉ 27160

DOMAINE DES SABLONS ★★ Loisirs 50 E. CV Sanitaire chauffé. Locations : . Etang à 20 m. . Ouv : 1.3. Chemin Départementale 567. De Verneuil-sur-Avre dir. Couche/Breteuil. A gauche dir. Cintray. Location longue durée. ☎ 02 32 32 12 75. Fax : 02 32 32 66 51. E-mail : info@domaine-des-sablons.com, Web : www.domaine-des-sablons.com.

CONDE SUR ITON

2-F3 30 km S.-O. Evreux. 168 m. 628 hab. ✉ 27160

CAMP MUNICIPAL ★ Tourisme 35 E. 1,1 ha. . Accès direct à l'étang et à la rivière. . ☎ 02 32 29 82 98 (Mairie) / 02 32 29 82 98 (Mairie) (H.S.). Fax : 02 32 29 52 99.

CONTEVILLE

580 hab. ✉ 27210

LES BRUYERES ★ Loisirs 70 E. Route du Bois ☎ 02 32 56 08 80.

CORMEILLES

2-E2 25 km N.-O. Bernay. 33 m. 1129 hab. ✉ 27260

Mme RESSENCOURT Marcelle, aire naturelle de camping , possible. A 500 m : . A 1 km : . A 8 km : . Route de Pont-l'Evêque, par RN 834, 1 km Nord-Ouest de la commune, à proximité de la ferme. Verger herbeux, rivière à 100 m. Location caravane. ☎ 02 32 57 84 33.

CRIQUEBEUF SUR SEINE

2-F2 32 km O. Les Andelys. 35 m. 1044 hab. ✉ 27340

LES RIVES DE L'EURE ★ Loisirs 20 E.

DANGU

3-A2 22 km E. Les Andelys. 515 hab. ✉ 27720

CARAVANING MUNICIPAL ★★★ Loisirs 118 E. (35 Tourisme + 83 Loisirs), dont 88 CC. , sauf petits chiens , collectif, Sanitaire chauffé. Locations : . Accès direct à l'étang et à la rivière. ; . Accueil groupes. Etang de l'Aulnaie. A 7 km de Gisors. Dir. Gisors-Neaufles St Martin-Dangu. ☎ 02 32 55 43 42.

DRUCOURT

2-E3 12 km O. Bernay. 170 m. 513 hab. ✉ 27230

LES ETANGS DU BOIS GUILLAUME ★★ Loisirs 32 E., dont 32 GCC, 4,76 ha. CV. Accès direct à l'étang. Rivière à 3 km. ; . Ouv : 8.1 / 30.11. Rés. obligatoire en été et en hiver. RN 13, A 28, A 13. Location longue durée. 1 étang sur chaque parcelle. Possibilité d'achat du mobile-home sur place. ☎ 02 32 46 98 01. Fax : 02 32 46 98 01. E-mail : christine@etangs-personnels.com, Web : www.etangs-personnels.com. Prix 2008. Empl. Loisirs : de 1600 à 2350 €(fft la saison).

EZY SUR EURE

3-A3 32 km S.-E. Evreux 62 m. 2463 hab. ✉ 27530

CAMP MUNICIPAL LES TRILLOTS Non classé 80 E. 1 ha. Sanitaire chauffé. Accès direct à la rivière. . Accueil groupes. Chemin des Trillots. ☎ 02 37 64 73 21 / 02 37 64 73 48 (Mairie) (H.S.).

FIQUEFLEUR EQUAINVILLE

2-E2 5 km S.-E. Honfleur. 477 hab. ✉ 27210

CAMP DU DOMAINE CATINIERE ★★★ Tourisme 130 E. dont 90 nus 3,8 ha. , snack, , le soir, CV. Camping clef verte. Locations : 16 . chauffée . Accès direct à la rivière. Etang à 3 km. . Accueil groupes. Ouv : 5.4 / 22.9. Route de Honfleur, CD 22. 3 km de l'A 29, sortie Pont de Normandie. ☎ 02 32 57 63 51. Fax : 02 32 42 12 57. E-mail : info@camping-catiniere.com, Web : www.camping-catiniere.com. Prix 2008. Fft jour : Empl. Tourisme (2) : 25 € ( ) ; Sup : 6 € - de 6 ans 4 € ; Animaux 2 €. Fft Tente : 21 € (2).

FORT MOVILLE

2-E2 30 km N.-O. Bernay. 60 m. 244 hab. ✉ 27210

Mme LAHAYE Liliane CV. La Lorie, 3 km de la commune, à proximité de la ferme. Rivière à 500 m. ☎ 02 32 57 15 49.

FOURS EN VEXIN

3-A2 20 km S.-E. Les Andelys. 107 hab. ✉ 27630

CARAVANING DU CHATEAU DE FOURS ★★★ Loisirs 70 E., dont 70 CC. .

FRANCHEVILLE

2-F3 40 km S.-O. Evreux. 190 m. 839 hab. ✉ 27160

LA POMMERAYE ★★ Tourisme 50 E. (42 Tourisme + 8 Loisirs) . Sanitaire chauffé. Locations : . . Rivière à 300 m. . ☎ 02 32 60 14 97. Fax : 02 32 32 26 79. E-mail : camping-la-pommeraye@wanadoo.fr.

GARENNES SUR EURE

3-A3 28 km S.-E. Evreux. 50 m. 1154 hab. ✉ 27780

CENTRE DE LOISIRS LES ETANGS DU PARC DE GARENNES ★★★★ Loisirs 287 E., dont 287 GCC. Sanitaire chauffé. Accès direct à l'étang et aux bords du lac. Rivière à 500 m. ; ; ; . A 13. RN 12. Location longue durée. ☎ 02 32 36 85 30 / 01 42 71 23 30. Fax : 02 32 36 62 96. E-mail : etangsduparc@wanadoo.fr, Web : www.etangsduparc.com.

FFCC : partenaire - terrain assuré par la FFCC.

LE GROS THEIL

2-F2 32 km N.-O. Evreux. 140 m. 863 hab. ✉ 27370

CAMP DE SALVERTE ★★★★ Loisirs 198 E., dont 198 GCC, 15 ha. , saison, . Locations : , . couverte couvert, . ☎ 02 32 35 51 34. Fax : 02 32 35 92 79.

HACQUEVILLE

3-A2 12 km N.-E. Les Andelys. 120 m. 322 hab. ✉ 27150

LE CLOS SIGNOL ★ Loisirs 80 E. (10 Tourisme + 70 Loisirs) 1,5 ha. . A 2 km N 14 Paris/Rouen. Hivernage des caravanes. ☎ 02 32 55 92 51 / 02 32 55 61 56.

IGOVILLE

1-A5 25 km O. Les Andelys. 1107 hab. ✉ 27460

LES TERRASSES ★★ Tourisme 50 E. (30 Tourisme + 20 Loisirs), dont 45 GCC, 1,3 ha. Locations : 2, 4. à 3 km : ; à 7 km : . Accueil groupes petits groupes. Ouv : 4.1 / 20.12. 2, rue de Rouen. RN 15 à 500 m. A 5 km de l'A 13 sorties N° 20 et 21. ☎ 02 35 23 08 15. Fax : 02 35 23 08 15. Prix 2007. Fft jour : Empl. Tourisme (2) : 10,80 € (E, GCC) ; Sup : 2,50 € - de 7 ans 1,20 € ; 1 €.

IVRY LA BATAILLE

3-A3 32 km S.-E. Evreux. 64 m. 2065 hab. ✉ 27540

LES FONTAINES ★★★ Loisirs 260 E., dont 260 GCC, 14 ha. Accès direct à l'étang et à la rivière. Lac à 1 km. ; à 2 km : . Location uniquement à l'année habitation exclue. ☎ 02 32 36 40 90. Fax : 02 32 26 19 39. E-mail : societedl@orange.fr, Web : www.dl-sa.com.

CAMP DU PETIT PONT ★ Loisirs 70 E. 1,5 ha. Accès direct à la rivière. Etang et lac à 1 km. Rue Docteur Bihorel. Location uniquement à l'année, habitation exclue. ☎ 02 32 36 40 90. Fax : 02 32 26 19 39. E-mail : societedl@orange.fr, Web : www.dl-sa.com.

CARAVANING DES ILES Voir OULINS (28)

LOUVIERS

2-F2 22 km N. Evreux. 19413 hab. ✉ 27400

LE BEL AIR ★★★ Loisirs 92 E. (15 Tourisme + 77 Loisirs) 2,5 ha. pain, + sèche-linge, CV Sanitaire chauffé. Locations : 5. chauffée . à 3 km : . Accueil groupes. Ouv : 1.3 / 31.10. Saint-Lubin, par RD 81. Dir. la Haye-Malherbe Les amoureux ☎ 02 32 40 10 77. E-mail : campinglebelair@aol.com, Web : www.camping-lebelair.fr. Prix 2007. Empl. Tourisme : 5,70 € () : 4,40 € ; - de 3/10 ans 3,60 € ; 3,80 € (6 A) ; Animaux 1,60 €. Réduction H.S.

LYONS LA FORET

1-A5 20 km N.-N.-E. Les Andelys. 150 m. 734 hab. Station verte de vacances et village de neige ✉ 27480

CAMP MUNICIPAL SAINT PAUL ★★★★ Tourisme 100 E. dont 39 nus (60 Tourisme + 40 Loisirs), dont 100 GCC, 1 ha. au village, au village, au village, uniquement les week-ends, CV Sanitaire chauffé. Locations : 8, . Accès direct à la rivière. à 3 km : . Accueil groupes. Ouv : 1.4 / 31.10. Sur RD 321. ☎ 02 32 49 42 02 / 02 32 49 31 65 (H.S.). Fax : 02 32 48 10 60. E-mail : camping-saint-paul@wanadoo.fr, Web : www.camping-saint-paul.fr. Prix 2007. Fft jour : Empl. Tourisme (2) : 18 € () ; Sup : 5 €Animaux 1 €. Fft Tente : 16 € (2).

FFCC : partenaire + réduction emp. de 5 % en saison et 8 % hors saison.

MARCILLY SUR EURE

2-F3 28 km S.-O. Evreux. 72 m. 1244 hab. ✉ 27810

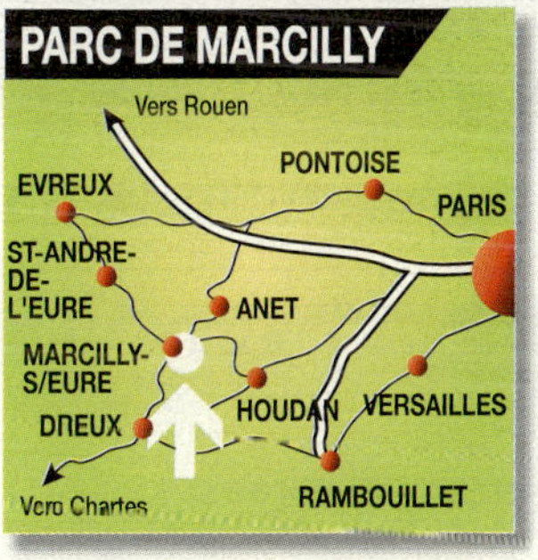

DOMAINE DE MARCILLY ★★★★ Loisirs 206 E. dont 30 nus, dont 206 GCC. CV Sanitaire chauffé. Locations : 7. chauffée . Etang et rivière à 1 km. . Ouv : 1.1 / 31.12. Rés. obligatoire en été. Route de St-André de l'Eure. Location longue durée. Location longue durée. ☎ 02 37 48 45 42. Fax : 02 37 48 51 11. E-mail : domainedemarcilly@wanadoo.fr, Web : www.domainedemarcilly.com. Prix 2008. () : 4 € ; - de 3/10 ans 3 € ; 3 € (10 A) ; Animaux 1,50 €. Fft Ccar : 21 € (2). Réduction H.S.

FFCC : partenaire + carte FFCC assurance annulation + Stop accueil Camping-car toute l'année, accès jusqu'à 20h.

MONTFORT SUR RISLE

2-E2 26 km N. Bernay. 885 hab. ✉ 27290

L'ESPERANCE ★ Loisirs 70 E. 2,4 ha. visiteur. Locations : 1, 2, 20, . Accès direct à la rivière. Etang à 2 km. . 10 km de l'A 13. ☎ 02 32 56 10 20 / 02 32 56 35 46 (H.S.).

LA NEUVE LYRE

2-F3 25 km S.-O. Evreux. 174 m. 712 hab. ✉ 27330

CAMP MUNICIPAL LA SALLE ★ Tourisme 65 E. (45 Tourisme + 20 Loisirs) 1,1 ha. , . Accès direct à la rivière. . Accueil groupes. 400 m RN 830 et 833. ☎ 02 32 60 14 98 / 02 32 30 50 01 (Mairie). Fax : 02 32 30 22 37. E-mail : mairie.la-neuve-lyre@wanadoo.fr.

PONT AUDEMER

2-E2 32 km N. Bernay. 10156 hab. ✉ 27500

RISLE SEINE LES ETANGS Voir aussi TOUTAINVILLE

PONT AUTHOU

2-E2 20 km N. Bernay. 117 m. 639 hab. ✉ 27290

CAMP MUNICIPAL ★★ Tourisme 64 E. (42 Tourisme + 22 Loisirs), dont 22 GCC, 1 ha. CV Sanitaire chauffé. Locations : 4, 2. . Accès direct à l'étang et à la rivière. Lac à 5 km. ; à 5 km : . Accueil adultes. Situé CD 130. ☎ 02 32 42 75 06 / 06 72 03 32 29 (H.S.). Fax : 02 32 56 34 51. E-mail : lesmarronniers27@orange.fr.

PONT DE L ARCHE

1-A5 27 km O. Les Andelys. 22 m. 2456 hab. ✉ 27340

EURE ET SEINE ★★ Tourisme 60 E. 0,7 ha. Locations : . Accès direct à la rivière. Etang et lac à 5 km. . 300 m RN 13 bis. ☎ 02 35 23 06 71 / 02 32 98 90 70 (Mairie). Fax : 02 32 98 90 88.

POSES

1-A5 13 km O. Les Andelys. 957 hab. ✉ 27740

BASE DE PLEIN AIR ET LOISIRS LES ETANGS DES 2 AMANTS ★★★ Tourisme 170 E. dont 74 nus (95 Tourisme + 75 Loisirs) 4 ha. sauf petits CV. Accès direct à la rivière. Lac à 3 km. à 500 m : ; à 3 km : ; à 5 km : . Ouv : 1.4 / 30.10. 5 km RD 77. ☎ 02 32 59 11 86. Fax : 02 32 59 11 86. E-mail : lery.poses@wanadoo.fr. Prix 2007. Empl. Tourisme : 3,50 € ; 1,70 € ; 1,70 € ; 3,50 € ; 3,50 € ; - de 10 ans 1,70 € ; 4 € ; Animaux 0,95 €.

L'ILE ADELINE ★★ Tourisme 120 E. 2,5 ha. CV. Locations : 10, 3, . Accès direct à l'étang et à la rivière. Lac à 20 m. ; à 500 m : . A 13 sortie n° 19 dir. Val de Reuil puis Base de Loisirs. ☎ 02 32 25 45 33. Fax : 02 32 25 45 33. E-mail : campeure@wanadoo.fr.

ST GEORGES DU VIEVRE

2-E2 20 km N. Bernay. 150 m. 564 hab. ✉ 27450

CAMP MUNICIPAL DU VIEVRE ★★ Tourisme 50 E., dont 48 CC - 2 GCC, 1,8 ha. CV Sanitaire chauffé. Locations : 1, 10. Accueil groupes. Ouv : 1.4 / 30.9. Route de Noards. ☎ 02 32 42 76 79 / 02 32 42 80 42 (Mairie) (H.S.). Fax : 02 32 42 80 42. E-mail : camping.stgeorgesduvievre@wanadoo.fr, Web : www.camping-normand.com. Prix 2008. Fft jour : Empl. Tourisme (2 2 - de 12) : 13,30 € ((5 A)) ; Sup : 2,30 € - de 12 ans 1,50 €. Fft Ccar : 14 € (2 (5 A)).

ST JULIEN DE LA LIEGUE

2-F3 16 km S.-O. Les Andelys. 140 m. 168 hab. ✉ 27600

DOMAINE DU BUC En cours reclassement E. 2,5 ha. Rivière à 5 km. 2 km sortie Gaillon de l'A 13, 200 m RD 75. Vente des emplacements. ☎ 02 32 53 07 99. Fax : 02 32 53 85 26.

ST MARCEL

3-A3 30 km N.-E. Evreux. 85 m. 4444 hab. ✉ 27950

CAMP DES FOSSES ROUGES ★ Loisirs 60 E. dont 25 nus, 3 ha. Sanitaire chauffé. à 1 km : ; à 4 km : . Accueil groupes. A 13 à 4 km. ☎ 02 32 51 59 86 / 02 32 53 50 03 (H.S.). Fax : 02 32 53 30 45. E-mail : camping@cape27.fr, Web : www.cape-tourisme.fr. Prix 2007. Empl. Tourisme : 1,60 € () : 1,30 € ; 2,90 € ; 2,10 € ; - de 7 ans 1,80 € ; 2,60 à 3,40 € (6 à 10 A). Empl. Loisirs : 59 €(fft le mois).

ST PIERRE DE CERNIERES

2-E3 18 km S. Bernay. 164 m. 245 hab. ✉ 27390

AIRE NATURELLE LA PLANCHETTE . A 4 km: . RD 35. ☎ 02 32 44 56 53 / 02 32 44 58 23. Fax : 02 32 44 58 23.

ST PIERRE DU VAUVRAY

2-F2 29 km N.-E. Evreux. 1201 hab. ✉ 27430

LE SAINT-PIERRE ★★★ Tourisme 54 E. (39 Tourisme + 15 Loisirs) 3 ha. CV Sanitaire chauffé. chauffée. Bord de mer à 100 km. ; . Accueil groupes. Ouv : 2.1 / 17.12. 1, rue du Château. A 2,5 km de la RN 15. A 13. RD 313. ☎ 02 32 61 01 55. Fax : 02 32 61 01 55. E-mail : eliane.darcissac@wanadoo.fr, Web : www.lecampingdesaintpierre.com.

FFCC : partenaire + réduction emp. de 5 % en saison et hors saison.

ST SYLVESTRE DE CORMEILLES

2-E2 28 km N.-O. Bernay. 150 m. 178 hab. ✉ 27260

M. DESBOIS Eric, aire naturelle Les Pommiers CV. A 4 km: . A 6 km : . Ouv : 1.4 / 31.10. Autoroute A13 sortie Beuzeville ou N13, carrefour "La Bretagne" puis D810 Dir. Lieuvry ☎ 02 32 42 29 69. Fax : 02 32 42 29 69. E-mail : Cmaraisc@aol.com, Web : www.campinglespommiers.com. Prix 2007. Empl. Tourisme : 2,50 € ; 1 € ; 2,80 € ; - de 10 ans 1,70 € ; 1,70 à 2,50 € (6 à 2 A).

STE OPPORTUNE LA MARE

2-E2 40 km N.-O. Bernay. 124 m. 339 hab. ✉ 27680

Mme MATTON Marie-Claude, aire naturelle Les Marronniers CV. A 2 km: . A 8 km : Piscine plein air . A 12 km : . Les Maronniers. Chemin de la Buquetterie. ☎ 02 32 56 69 51 / 06 21 39 50 17. Fax : 02 32 56 69 51. E-mail : camping.marronniers@free.fr, Web : campinglesmarronniers.

TOUTAINVILLE

2-E2 38 km N.-O. Bernay. 14 m. 970 hab. ✉ 27500

RISLE SEINE LES ETANGS ★★★ Tourisme 61 E. 0,7 ha. CV. Camping clef verte. Locations : 10 , . Accès direct à l'étang et à la rivière. ; ; ; à 1,5 km : . Accueil groupes. 19, route des Etangs. Longer la rivière qui traverse Pont-Audemer sur 1,5 km à l'Ouest. ☎ 02 32 42 46 65. Fax : 02 32 42 46 65. E-mail : camping@ville-pont-audemer.fr, Web : www.ville-pont-audemer.fr & www.ville-pont-audemer.fr/html/. Prix 2007. Empl. Tourisme : 6,05 € ; 2,90 € ; - de 7 ans 1,50 € ; 2,70 à 3,55 € (5 à 10 A) ; E. CC 7,40 €.

FFCC : partenaire + réduction emp. de 5 % en saison et 10 % hors saison + Stop accueil Camping-car du 15/03 au 15/11/2008, accès jusqu'à 20h et 18h en hiver.

VERNEUIL SUR AVRE

2-F4 39 km S.-O. Evreux. 155 m. 6926 hab. ✉ 27130

LE VERT BOCAGE ★★★★ Tourisme 62 E. (33 Tourisme + 29 Loisirs), dont 62 GCC, 3,5 ha. Locations : , . Etang à 300 m. Rivière à 500 m. à 400 m : . Avenue Edmond Demolins, N 12. Dir. l'Aigle-Argentan N 26. ☎ 02 32 32 26 79.

28 EURE-ET-LOIR

Cartes 2-3-6

Délégué FFCC : Joël POTIER, 11, rue de Bordeaux - 28110 LUCE - 02 37 30 10 29 et ffcc28@orange.fr

ANET

3-A3 16 km N.-E. Dreux. 2431 hab. ✉ 28260

CAMP MUNICIPAL ★★ Tourisme 175 E. 1,8 ha. Sanitaire chauffé. . Accès direct à la rivière. Etang à 2 km. ; à 1 km : ; à 2 km : . Accueil groupes. Ouv : 1.4 / 31.10. 1, rue des Cordeliers, 100 m D 928. ☎ 02 37 41 42 67 / 02 37 62 55 25 (Mairie) (H.S.). Fax : 02 37 62 20 99. E-mail : martine.desrues@cegetel.net. Prix 2008. Fft jour : Empl. Tourisme (1) : 4,88 € ( ) ; Sup : 2,42 € 1,15 € ; 0,90 € ; Animaux 0,79 €.

ARROU

2-F5 18 km O. Chateaudun. 1825 hab. ✉ 28290

CAMP CARAVANING MUNICIPAL ★★ Tourisme 75 E. . Accès direct à la rivière. Etang à 500 m. saison : ; ; . ☎ 02 37 97 02 13. Fax : 02 37 97 10 28.

M. LETELLIER Alain . A 2 km: . A 3 km : . A 10 km : Piscine plein air . Les Noues de Crochet, Le Crochet, RD 15, 20 km de la sortie Luigny de l'A 11. A 2 km Nord-Est de la commune, à proximité de la ferme. Pré herbeux. ☎ 02 37 97 04 03.

AUTHON DU PERCHE

2-F5 16 km S.-S.-E. Nogent-le-Rotrou. 250 m. 1319 hab. ✉ 28330

CAMP MUNICIPAL ★★ Tourisme 50 E. . Locations : . Accès direct à l'étang. . Accueil groupes. ☎ 02 37 49 03 41 / 02 37 49 02 48 (Mairie). Fax : 02 37 49 07 06. E-mail : mairie.authonduperche@wanadoo.fr.

LA BAZOCHE GOUET

2-F5 26 km S.-E. Nogent-le-Retrou. 196 m. 1311 hab. ✉ 28330

CAMP MUNICIPAL LA RIVIERE ★★ Tourisme 30 E. 1,3 ha. . Locations : . Accès direct à l'étang et à la rivière. . Gardiennage. ☎ 02 37 49 36 49.

BETHONVILLIERS

2-F5 15 km S.-E. Nogent-le-Rotrou. 147 hab. ✉ 28330

M. LEGUAY Jean-Claude . A 2 km: . A 3 km : . Le Chailloy, par RD 371, 1 km Sud-Ouest de la commune, à proximité de la ferme. Bois, bord de pré. Location emplacement caravanes mensuel ou annuel. ☎ 02 37 49 02 60 / 06 83 33 62 13 (H.S.).

FFCC : partenaire - terrain assuré par la FFCC .

BONNEVAL

3-A5 14 km N.-E. Chateaudun. 4864 hab. Station verte de vacances et village de neige ✉ 28800

BOIS DE CHIEVRE ★★★ Tourisme 130 E. dont 110 nus, dont 20 CC, 4,5 ha. snack, saison, CV Sanitaire chauffé. Locations : . couverte chauffée . Accès direct à la rivière. . Accueil groupes. Ouv : 1.4 / 31.10. Route de Vouvray St-Maurice.N 10 Interdit aux caravanes de + 5,60 m et double-essieu. ☎ 02 37 47 54 01. E-mail : camping-bonneval-28@orange.fr, Web : www.camping-bonneval.fr. Prix 2007. Fft jour : Empl. Tourisme (2) : 13,70 € ( ) ; Sup : 3,20 € - de 7 ans 1,70 € ; 3,30 € ; Animaux 1 €.

FFCC : partenaire - terrain assuré par la FFCC + Stop accueil Camping-car du 01/04 au 31/10/2008, accès jusqu'à 22h.

BROU

2-F5 21 km N.-O. Chateaudun. 150 m. 3844 hab. ✉ 28160

PARC DE LOISIRS DE BROU ★★ Loisirs 226 E. 4,5 ha., rapide/saison, . Locations. chauffée. Accès direct aux bords du lac. Etang à 10 m. Rivière à 300 m. Route des Moulins, RD 13. Possibilité accueil de groupes en juin, juillet/août. ☎ 02 37 47 02 17. Fax : 02 37 47 86 77. Web : www.parc-loisirs-brou.com.

BRUNELLES

2-F5 6 km E. Nogent le Rotrou. 180 m. 436 hab. ✉ 28400

LE BOIS JAHAN ★★ Loisirs 60 E. 1,95 ha., buvette, CV Sanitaire chauffé. Locations : 3, 5. chauffée. à 2 km : ; à 5 km : . Accueil groupes. Ouv : 1.1 / 31.12. ☎ 02 37 52 14 73 / 06 07 79 18 01 (H.S.). Fax : 02 37 52 14 73. E-mail : campingboisjahan@free.fr, Web : campingboisjahan.free.fr & leboisjahan.com. Prix 2007. Empl. Tourisme : 4,30 € ; 4 € ; 4,20 € ; 1,80 € ; 3,50 à 4,30 € ; Animaux 1,90 €.

CHAPELLE ROYALE

2-F5 31 km S.-E. Nogent-le-Rotrou. 174 m. 378 hab. ✉ 28290

Mme THIROUARD Renée . A 10 km: Piscine plein air. La Belvindière, par RD 30 et RD 45, à 4 km Nord-Ouest de la commune, à proximité de la ferme. Pelouse, rivière à 4 km. ☎ 02 37 49 21 75.
FFCC : partenaire - terrain assuré par la FFCC .

CHARBONNIERES

2-F5 20 km S.-E. Nogent-le-Rotrou. 234 m. 311 hab. ✉ 28330

M. BRUNET Michel . A 1 km: . A 2 km : . A 3 km : . Morey, par RD 372, 3 km de la commune, 1 km à l'Est de Authon-du-Perche, à proximité de la ferme. Pré herbeux. ☎ 02 37 49 02 41.

CHARTRES

3-A4 96 km S.-O. Paris. 142 m. 39243 hab. ✉ 28000

LES BORDS DE L'EURE ★★★ Tourisme 96 E. 3,8 ha. CV Sanitaire chauffé. Locations : , . Accès direct à la rivière. Accueil groupes. Ouv : 10.4 / 15.11. 9, rue de Launay. Sur la rocade sortir Z.I. Le Coudray, puis dans l'avenue d'Orléans en dir. du centre ville 2ème feu à gauche au bout de la rue. ☎ 02 37 28 79 43 / 02 37 28 79 43 (H.S.). Fax : 02 37 28 79 43. E-mail : camping-roussel-chartres@wanadoo.fr, Web : www.auxbordsdeleure.com. Prix 2007. Empl. Tourisme : 3,60 € () : 3,60 € ; - de 7 ans 1,50 € ; 3 € (6 A) ; Animaux 1 €.
FFCC : partenaire - terrain assuré par la FFCC.

CHATEAUDUN

2-F5 44 km S.-O. Chartres. 140 m. 16094 hab. ✉ 28200

CAMP MUNICIPAL ★★ Tourisme 121 E. 1,3 ha. CV. chauffée. Accès direct à la rivière. Accueil groupes. Ouv : 1.4 / 30.9. Moulin à Tan, rue de Chollet, 1 km RD 955. ☎ 02 37 45 05 34 / 02 37 45 22 46 (H.S.). Fax : 02 37 66 00 16. E-mail : tourisme.chateaudun@wanadoo.fr. Prix 2008. Empl. Tourisme : 1,60 € () : 1 € ; 2,58 € ; 1,65 € ; - de 7 ans 1 € ; 1,98 €.

LE GUE VASLIN ★★ Loisirs 50 E. 1 ha. CV. Locations : , , . Accès direct à la rivière. ; à 1 km : , . Accueil groupes. N 10. ☎ 02 37 45 08 16 / 06 64 31 94 23. Fax : 02 37 66 10 26. E-mail : cabaret.michel@wanadoo.fr.

CLOYES SUR LE LOIR

2-F5 12 km S.-O. Chateaudun. 110 m. 2653 hab. Station verte de vacances et village de neige ✉ 28220

PARC DE LOISIRS LE VAL FLEURI ★★★★ Loisirs 196 E. dont 81 nus (47 Tourisme + 149 Loisirs), dont 74 CC - 89 GCC, 2,5 ha. mai/septembre, CV. Locations : 8 , . chauffée. Accès direct à la rivière. Accueil groupes. Ouv : 15.3 / 15.11. Route de Montigny. Par RN 10 entre Chateaudun et Vendôme. A 11 sortie Thivars ou Luigny ou par A 10 sortie Château-Renault. ☎ 02 37 98 50 53. Fax : 02 37 98 33 84. E-mail : info@parc-de-loisirs.com, Web : www.parc-de-loisirs.com. Prix 2008. () : 8,90 € ; 8,90 € ; 8,90 € ; 5,75 € ; - de 7 ans 3,55 € ; 3,55 € (6 A) ; Animaux 1,80 €. Réduction H.S.
FFCC : partenaire - terrain assuré par la FFCC + réduction emp. de 5 % en saison et hors saison.

COURVILLE SUR EURE

2-F4 20 km O. Chartres. 175 m. 2260 hab. ✉ 28190

CAMP MUNICIPAL ★★ Tourisme 114 E. (100 Tourisme + 14 Loisirs) 1,5 ha. Sanitaire chauffé. Accès direct à la rivière. Etang à 500 m. Accueil enfants. Avenue Thiers. D 923. ☎ 02 37 23 76 38 () / 02 37 18 07 90 (Mairie). Fax : 02 37 18 07 99. E-mail : jean-claude.larcher@courville-sur-eure.fr, Web : www.courville-sur-eure.fr.

DANGEAU

2-F5 20 km N.-O. Chateaudun. 752 hab. ✉ 28160

CAMP MUNICIPAL DE L'OZANNE ★★ Tourisme 48 E., dont 19 CC, 1 ha. , pétanque, Sanitaire chauffé. Accès direct à la rivière. Etang à 500 m. 200 m RD 27, à 9 km RN 10. ☎ 02 37 96 77 10 (Mairie) / 06 09 66 62 77.

LA FERTE VIDAME

2-F4 30 km S.-O. Dreux. 786 hab. ✉ 28340

CAMP MUNICIPAL ★★ Tourisme 50 E. dont 42 nus, 1 ha. Locations : 2. municip.. Etang à 500 m. Accueil groupes. Quartier de Mousseuse, 800 m CD 15 et 4. ☎ 02 37 37 64 00. Fax : 02 37 37 53 00. E-mail : mairie-de-la-ferte-vidame@wanadoo.fr, Web : www.cc-la-ferte-vidame.fr. Prix 2007. 1,10 € ; 1,10 € ; 1,10 € ; 1,40 € ; - de 7 ans 1 € ; 2,30 à 3,10 € (3 à 6 A) ; 0,80 € (jeton).

FONTAINE SIMON

2-F4 24 km N.-E. Nogent-le-Rotrou. 200 m. 678 hab. ✉ 28240

CAMP MUNICIPAL ★★ Tourisme 115 E. 4 ha. CV Camping tourisme et handicap. Locations : 2. couverte chauffée. Accès direct aux bords du lac et à la rivière. Accueil groupes. Ouv : 1.4 / Toussaint. Rue de la Ferrière, D 25. ☎ 02 37 81 88 11 / 06 81 67 78 79 (H.S.). Fax : 02 37 81 83 47. E-mail : fontaine-simon@wanadoo.fr, Web : www.mairie-fontaine-simon.fr. Prix 2007. Fft jour : Empl. Tourisme (2) : 13 € () ; Sup : 2,19 € - de 3/12 ans 1,69 € ; Animaux 1,10 €. Réduction H.S.

FRETIGNY

2-F5 14 km N.-E. Nogent le Rotrou 228 m. 368 hab. ✉ 28480

PETONVILLE,aire naturelle municipale ☎ 02 37 29 21 23 (Mairie).

GUAINVILLE

3-A3 28 km N.-E. Dreux. 146 m. 412 hab. ✉ 28260

LA SOURCE DES SABLONS ★★★ Loisirs 110 E., dont 64 HLL, 7 ha. , boulodrome, , visiteur, Sanitaire chauffé. Locations : 6 . Etang et rivière à 2 km. à 2 km : , , . Ouv : 1.1 / 31.12. Rés. obligatoire en été. Autoroute de Normandie, N 828, D 11, D 301-1 et 301-2. Location longue durée. ☎ 02 32 36 58 65 / 06 62 79 88 65 (H.S.). Fax : 02 32 62 74 11. E-mail : www.clos.dessablons@wanadoo.fr, Web : www.closdumoulin.com.

ILLIERS COMBRAY

2-F5 24 km S.-O. Chartres. 162 m. 3453 hab. ✉ 28120

CAMP MUNICIPAL DE MONT JOUVIN ★★★ Tourisme 89 E. (83 Tourisme + 6 Loisirs) 2,5 ha. Sanitaire chauffé. Locations : . chauffée. Accès direct à la rivière. Route de Brou, 2 km à l'ouest de la commune. ☎ 02 37 24 03 04. Fax : 02 37 24 16 21.

MONTIREAU

2-F4 20 km N.-E. Nogent-le-Rotrou. 260 m. 110 hab. ✉ 28240

LE CALVAIRE ★★ Loisirs 32 E. (10 Tourisme + 22 Loisirs), dont 5 CC, 0,52 ha. . Locations : , . Accès direct à la rivière. Ouv : 30.6 / 10.9. 1,8 km de la N 23 (Montlandon) entre Chartres et Nogent le Rotrou. ☎ 02 37 49 85 97.
FFCC : partenaire - terrain assuré par la FFCC.

MORANCEZ

3-A4 5 km S. Chartres. 140 m. 1169 hab. ✉ 28630

CAMP MUNICIPAL ★★ Tourisme 50 E. (38 Tourisme + 12 Loisirs) 0,5 ha. Accès direct à l'étang et à la rivière. A 2 km de la RN 123. Base de loisirs. ☎ 02 37 30 02 80 / 02 37 28 49 71 (Mairie).

NOGENT LE ROTROU

2-F5 55 km S.-O. Chartres. 108 m. 13209 hab. ✉ 28400

CAMP MUNICIPAL DES VIENNES ★★★ Tourisme 30 E. 0,3 ha. Accès direct à la rivière. ; à 300 m : . Rue des Viennes. ☎ 02 37 52 80 51. Web : www.ville-nogent-le-rotrou.fr.

NOTTONVILLE

3-A5 16 km N.-E. Châteaudun. 130 m. 325 hab. ✉ 28140

PARC RESIDENTIEL DE LOISIRS LE SECOURAY P.R.L. 6 E. 1 ha. Locations : . Accès direct à l'étang et à la rivière. 9, rue des Bourgeries. ☎ 02 37 96 91 60. Fax : 02 37 96 91 60.

M. BOURGEOIS Willy,camping à la ferme 9, rue des Bourgeries. Secouray. ☎ 02 37 96 91 60. Fax : 02 37 96 91 60. E-mail : willy.bourgeois@wanadoo.fr.

OULINS

3-A3 20 km N.-E. Dreux. 80 m. 370 hab. ✉ 28260

CARAVANING DES ILES ★★★ Loisirs 232 E., dont 10 CC - 222 GCC, 7 ha. Locations : 2 . chauffée . Accès direct à l'étang et à la rivière. . Ouv : 1.3 / 30.11. Chemin du Roy, à 500 m RN 833. ☎ 02 37 64 55 77. Fax : 02 37 64 36 62. Web : www.les-iles-parc-deloisirs.fr. Réduction H.S.

ST REMY SUR AVRE

2-F4 10 km O.-N.-O. Dreux. 100 m. 3037 hab. ✉ 28380

CAMP MUNICIPAL DU PRE DE L'EGLISE ★★★ Tourisme 45 E. 0,7 ha. Sanitaire chauffé. Accès direct à la rivière. Etang à 100 m. . Accueil groupes. Au centre ville, 500 m RN 12. ☎ 02 37 48 93 87 / 02 37 62 52 00. Fax : 02 37 48 80 15. E-mail : mairiesaintremy2@wanadoo.fr, Web : www.ville-st-remy-sur-avre.fr.

SAULNIERES

2-F4 475 hab. ✉ 28500

AIRE NATURELLE LA MARE SUCREE . Axe Dreux, La Loupe, Le Mans par D 928. ☎ 02 37 43 67 87. Fax : 02 37 43 67 87. E-mail : marsucr@club-internet.fr, Web : www.lamaresucree.com.

SENONCHES

2-F4 35 km S.-O. Dreux. 218 m. 3407 hab. ✉ 28250

CAMP DU LAC ★★ Tourisme 50 E. 0,8 ha. CV. gratuit. Lac à 100 m. Etang à 20 m. . Allée de la Tourbière. ☎ 02 37 37 94 63 / 02 37 37 76 76 (H.S.). Fax : 02 37 37 92 92. Prix 2007. Empl. Tourisme : 0,90 € ; 0,90 € ; 1,20 € ; - de 12 ans 0,75 € ; 2,10 €.

SOUANCE AU PERCHE

2-F5 7 km S. Nogent-le-Rotrou. 142 m. 579 hab. ✉ 28400

CAMP MUNICIPAL DE LA RHONE ★★ Loisirs 40 E. (6 Tourisme + 34 Loisirs) 1 ha. . Accès direct à la rivière. Etang à 30 m. ; . 2 km RD 955. ☎ 02 37 29 17 01. Fax : 02 37 29 15 62.

TOURY

3-B5 50 km S.-E. Chartres. 2493 hab. ✉ 28390

CAMP MUNICIPAL ★★ Tourisme 10 E. Sanitaire chauffé. Rue de Boissay. RN 20 Orléans-Etampes-Paris. ☎ 02 37 90 50 60 (Mairie). Fax : 02 37 90 58 61. E-mail : mairie-toury@wanadoo.fr.

VERT EN DROUAIS

2-F4 7 km N.-O. Dreux. 106 m. 720 hab. ✉ 28500

LES ETANGS DE MARSALIN ★★ Loisirs 65 E. dont 65 nus (32 Tourisme + 33 Loisirs), dont 46 CC - 19 GCC, 1,50 ha. Sanitaire chauffé Camping tourisme et handicap. Rivière à 500 m. Etang à 800 m. à 800 m : . Ouv : 1.1 / 31.12. 3, place du Général de Gaulle, par RD 152, 1 km RN 12. 6 km Ouest de Dreux. ☎ 02 37 82 92 23. Fax : 02 37 82 85 47. E-mail : camping.etangs.de.marsalin@wanadoo.fr, Web : www.camping-etangs-de-marsalin.com/. Prix 2007. 3,95 € ; 3,95 € ; 3,95 € ; 3 € ; - de 10 ans 2 € ; 4 € (20 A).

VICHERES

2-F5 11 km S.-E. Nogent-le-Rotrou. 285 m. 324 hab. ✉ 28420

M. LESIEUR Bernard . A 5 km: Piscine plein air . A 10 km : . Rougemont, D 955, à 2 km Nord de la commune. Pré à flanc de colline. ☎ 02 37 29 42 81.

VILLIERS LE MORHIER

3-A4 22 km S.-O. Dreux. 878 hab. ✉ 28130

LES ILOTS DE SAINT-VAL ★★★ Loisirs 153 E. (30 Tourisme + 123 Loisirs), dont 40 GCC, 7 ha. CV Sanitaire chauffé. Locations : 4 , 11 , 1 . . Rivière à 1 km.Etang à 2 km. à 1 km : . Accueil groupes. Accès par CD 983 entre Maintenon et Nogent le Roi. ☎ 02 37 82 71 30. Fax : 02 37 82 77 67. E-mail : lesilots@campinglesilotsdestval.com, Web : www.campinglesilotsdestval.com. Prix 2007. 5 € ; 5 € ; 5 € ; 5,20 € ; 2,60 € ; 3,70 à 6 € (6 A à 10 A) ; E. CC 5,20 € ; Animaux 1,50 €.

FFCC : partenaire - terrain assuré par la FFCC + réduction emp. de 5 % en saison et hors saison + réduction loc. de 5 % en saison et hors saison.

VOVES

3-A5 23 km S.-E. Chartres. 148 m. 2853 hab. ✉ 28150

LA FERME DANS LE VENT Tourisme Saisonnier 25 E. 1, rue Pompe Lhôpiteau. ☎ 02 37 99 05 42. Fax : 02 37 99 25 56.

YEVRES

2-F5 20 km N.-O. Châteaudun. 173 m. 1676 hab. ✉ 28160

LES JONQUIERES ★ Loisirs 30 E. ☎ 02 33 47 06 52.

29 FINISTERE

Carte 5

Délégué FFCC : Rémi LE GOFF, 5, allée de Kergoz - 29730 GUILVINEC

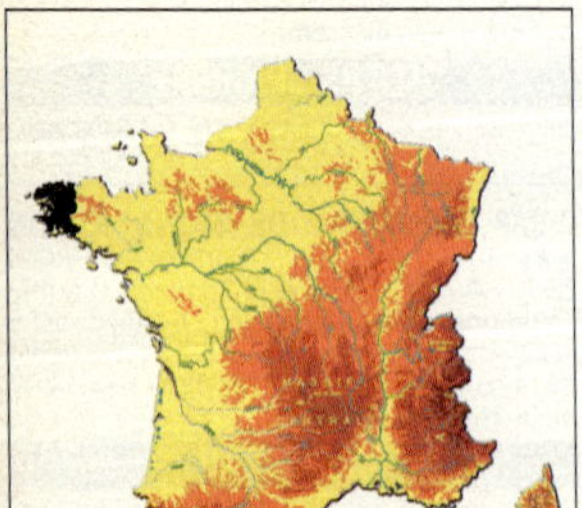

ILE D'OUESSANT

CAMP MUNICIPAL PEN AR BED ★★ Tourisme 100 E. 1,37 ha. Locations : . Bord de mer à 500 m. Réservé aux tentes exclusivement. ☎ 02 98 48 84 65.

CONTINENT

ARGOL

5-B2 21 km N.-O. Chateaulin. 75 m. 707 hab. ✉ 29560

AR MENEZ ★★ Tourisme 48 E., dont 10 GCC. collectifs, vac. scolaires, CV. Locations : , 10 . chauffée vac. scolaires, . Bord de mer à 4 km. ; à 4 km : , ; à 5 km : . Accueil groupes. RN 165. ☎ 02 98 27 33 02 / 04 73 43 00 43 (Réserv.) (H.S.). Fax : 02 98 27 74 33. E-mail : argol@valvvf.fr, Web : www.valvvf.fr.

AUDIERNE

5-A3 36 km O. Quimper. 3094 hab. ✉ 29770

KERIVOAS ★★ Tourisme 20 E. (12 Tourisme + 8 Loisirs) 0,2 ha. CV. Locations : . Rivière à 1 km.Bord de mer à 1,2 km. à 500 m : ; à 1,5 km : , , . Accueil groupes. Ouv : 1.6 / 15.9. Route de la Pointe du Raz. Face au centre Leclerc. ☎ 02 98 70 26 86 / 02 98 70 27 75 (H.S.) (H.S.). E-mail : camping.kerivoas@wanadoo.fr. Prix 2007. () : 3,10 € ; 1,60 € ; 5,80 € ; 3,10 € ; 3,20 € ; - de 7 ans 1,50 € ; 2,60 € ; Animaux 1 €.

FFCC : partenaire + réduction emp. de 5 % en saison et hors saison.

Toute l'année, les Clubs organisent des rassemblements, des rencontres ou des voyages. Consultez la liste des Clubs en fin de guide.

LE LOQUERAN ★★ Tourisme 26 E. 1 ha. CV. Rivière à 500 m. Bord de mer à 1 km. à 1 km : , , , . Bois de Locquéran, 300 m au-dessus du pont d'Audierne. ☎ 02 98 74 95 06. Fax : 02 98 74 91 14. E-mail : campgite.loqueran@free.fr, Web : campgite.loqueran.free.fr. Prix 2007. Empl. Tourisme : 3 € () : 1,50 € ; 3 € ; 3 € ; - de 7 ans 1,50 € ; 2 € (10 A) ; Animaux 1 €.

BANNALEC

5-C3 33 km S.-E. Quimper. 90 m. 5039 hab. ✉ 29380

LES GENETS D'OR ★★ Tourisme 52 E. (46 Tourisme + 6 Loisirs) 1,5 ha. . Locations : 3 , 3 , . Rivière à 1,5 km. ☎ 02 98 39 54 35. Fax : 02 98 39 54 35. E-mail : enquiries@holidaybrittany.com, Web : www.holidaybrittany.com.

BAYE

5-C3 38 km S.-E. Quimper. 781 hab. ✉ 29300

A L'ABRI DE L'OCEAN ★★ Tourisme 95 E. 2 ha. CV Sanitaire chauffé. Locations : 14 , 21 , 4 , 2 , . . Locquillec. Sortie voie rapide Kervidanou-Quimperle 1,5 km direction Riec-Belon. ☎ 02 98 96 80 35. Fax : 02 98 96 84 81. E-mail : auvieuxverger@club-internet.fr, Web : www.vieuxverger.com.

BENODET

5-B3 16 km S. Quimper. 5 m. 2286 hab. ✉ 29950

LA POINTE SAINT GILLES ★★★★ Tourisme 486 E. dont 50 nus, 11 ha. , ap.22h30, CV. Camping clef verte. Locations : 130 , , . couverte chauffée . Bord de mer à 50 m. Rivière à 3 km. ; ; ; ; à 2 km : . Ouv : 30.4 / 7.9. 500 m RD 34. ☎ 02 98 57 05 37. Fax : 02 98 57 27 52. E-mail : sunelia@stgilles.fr, Web : www.stgilles.fr. Prix 2008. Fft jour : Empl. Tourisme (2) : 38 € ( ) ; Sup : 7 € - de 10 ans 4 €. Fft Ccar : 20 € (2). Réduction H.S.

LE LETTY ★★★★ Tourisme 493 E. 8 ha. , 4, , ap. 23 h, CV. Locations : 15 . . Accès direct à la mer. ; ; ; ; . Ouv : 15.6 / 6.9. 800 m RD 44 et 34. ☎ 02 98 57 04 69. Fax : 02 98 66 22 56. Web : www.campingduletty.com. Prix 2008. Empl. Tourisme : 9 € ; 2 € ; 2 € ; 6,50 € ; - de 1/6 ans 3,25 € ; 3,05 à 4 € (5 à 10 A) ; 0,60 € ; Animaux 2,30 €.

LA MER BLANCHE ★★★ Loisirs 200 E. 6 ha. CV. Locations : 40 . . ; ; ; à 800 m : . Route de Fouesnant. D 44. ☎ 02 98 57 00 75. Fax : 02 98 57 25 04.

LA PLAGE ★★★ Tourisme 300 E. dont 190 nus, , dont 110 HLL, 5 ha. CV. Locations : , , , . couverte chauffée . Bord de mer à 300 m. Rivière à 1 km. ; ; à 300 m : , , . Accueil groupes. 20, rue du Poulquer. 1 km RD 44. ☎ 02 98 57 00 55. Fax : 02 98 57 12 60. E-mail : laplagebenodet@wanadoo.fr, Web : www.campingdelaplagebenodet.com. Prix 2007. 6,70 € ; 2,80 € ; 10 € ; 6,70 € ; 6 € ; - de 10 ans 3,30 € ; 3,50 à 4,30 € (6 à 10 A) ; Animaux 2,50 €. Réduction H.S.

LE POULQUER ★★★ Tourisme 240 E., dont 110 GCC, 3 ha. CV. Locations : 17, chauffée. Bord de mer à 150 m. Rue du Poulquer. ☎ 02 98 57 04 19. Fax : 02 98 66 20 30.

LE TREZ ★★★ Tourisme 179 E., dont 8 GCC, 2,7 ha. Locations : chauffée. Bord de mer à 200 m. Rivière à 500 m. à 200 m : 9 rue des Peupliers. Plage du Trez. ☎ 02 98 57 15 94. Fax : 02 98 57 15 94. Web : www.campingdutrez.com.

AUX DEUX CHENES ★★ Tourisme 113 E. 2,5 ha. pain, CV. Locations : 15, 5. couverte chauffée. Bord de mer à 4 km. à 4 km : Accueil groupes. Route Fouesnant/Bénodet. ☎ 02 98 56 62 01. Fax : 02 98 56 62 01. E-mail : querperot@wanadoo.fr, Web : www.aux2chenes-camping.com. Réduction H.S.

C.C.A.S. POULMIC ★★ Tourisme 74 E. Route du Letty. Réservé C.C.A.S.

VILLAGE PORT DE PLAISANCE Voir CLOHARS-FOUESNANT et COMBRIT SAINTE MARINE

BEUZEC CAP SIZUN

5-A3 40 km N.-O. Quimper. 95 m. 1307 hab. ✉ 29790

PORS PERON ★★ Tourisme 98 E. 2 ha. CV. Locations : 5, 1. Bord de mer à 200 m. RN 165 Chateaulin/Douarnenez, dir. Beuzec Cap Sizun Pointe du Van. ☎ 02 98 70 40 24. Fax : 02 98 70 54 46.

BOTMEUR

5-B2 34 km N.-E. Chateaulin. 250 m. 196 hab. ✉ 29690

CAMP MUNICIPAL ★★ Tourisme 15 E. ☎ 02 98 99 63 06 (Mairie). Fax : 02 98 99 61 08.

BRASPARTS

5-B2 20 km N.-E. Chateaulin. 240 m. 1115 hab. ✉ 29190

TUCHENNOU ★★ Tourisme 16 E. dont 16 nus, 1 ha. Ouv : 15.6 / 15.9. Tuchennou. RD 21. Chambres d'hôtes. En bordure du Parc d'Armorique. ☎ 02 98 81 43 02 / 08 70 25 12 47 (H.S.). E-mail : camping.brasparts@tuchennou.com, Web : www.tuchennou.fr.fm. Prix 2007. Fft jour : Empl. Tourisme (2) : 7,5 € ; Sup : 2,50 € - de 12 ans 1 € ; 2 €.

BRENNILIS

5-C2 30 km N.-E. Chateaulin. 290 m. 573 hab. ✉ 29690

CAMP MUNICIPAL ★★ Tourisme 40 E. dont 40 nus, 2 ha. CV. Accès direct aux bords du lac. Accueil groupes. Nestavel-Bras. ☎ 02 98 99 66 57 / 02 98 99 61 07 (Mairie).

BREST

79 km N.-N.-E. Quimper. 35 m. 160355 hab. ✉ 29200

LE GOULET ★★★ Tourisme 155 E. dont 70 nus 4,5 ha. CV Sanitaire chauffé. Locations : 41. chauffée. Bord de mer à 500 m. à 1,5 km : Accueil groupes. Sainte Anne du Porzic. Prendre sortie Brest dir. Le Conquet puis Technopôle. ☎ 02 98 45 86 84. Fax : 02 98 45 86 84. E-mail : campingdugoulet@wanadoo.fr, Web : www.campingdugoulet.com. Prix 2007. Fft jour : Empl. Tourisme (2) : 21 € (E. CC E. GCC) ; Sup : 5 € - de 7 ans 2,50 € ; 3 à 4 € (6 à 10 A) ; Animaux 1,50 €. Réduction H.S.

SAINT JEAN Voir PLOUGASTEL-DAOULAS

LE VILLAGE LOISIRS Voir MILIZAC

BRIGNOGAN PLAGE

5-B1 36 km N.-E. Brest. 881 hab. ✉ 29890

CAMP DU PHARE ★★ Tourisme 144 E. 3,5 ha. + sèche-linge, visiteur, CV. Camping clef verte. Locations : 15, 1, 10. Accès direct à la mer et à la rivière. Accueil groupes. Ouv : 1.4 / 30.9. Plage du Phare. Voie express gratuite N 12 sortie St Eloi D 770. N 165 sortie Landerneau D 770. ☎ 02 98 83 45 06 / 02 98 83 52 19 (H.S.). Fax : 02 98 83 52 19. E-mail : camping_du_phare@caramail.com, Web : www.camping-du-phare.com. Prix 2007. Fft jour : Empl. Tourisme (2) : 10,90 € ; Sup : 3,25 € - de 7 ans 2 € ; 2,50 € (6 A) ; 1 € ; Animaux 1,50 €.

LA COTE DES LEGENDES ★★ Tourisme 150 E. dont 97 nus, 3 ha. + animation, + sèche-linge, CV. Locations : 3, 11, 4. Accès direct à la mer. Ouv : Pâques / Toussaint. Sur CD 770. De Brest ou Morlaix (N 12) sortie Lesneven CD 770 puis Brignogan-Plages. Centre nautique. Commerces à 800 m à pied par la plage ou sentier. ☎ 02 98 83 41 65. Fax : 02 98 83 59 94. E-mail : camping-cote-des-legendes@wanadoo.fr, Web : www.campingcotedeslegendes.com. Prix 2007. Fft jour : Empl. Tourisme (2) : 13,05 € ; Sup : 3,95 € - de 10/18 ans 2,95 € ; 2,35 à 3,25 € (5 à 10 A) ; Animaux 1,10 €. Réduction H.S.

LES NYMPHEAS Voir PLOUNEOUR-TREZ

CAMARET SUR MER

5-A2 44 km N.-O. Chateaulin. 10 m. 3064 hab. ✉ 29570

LE GRAND LARGE LAMBEZEN ★★★★ Tourisme 123 E., dont 8 GCC - 3 HLL, 2,5 ha. CV. Locations : 3, 24, 3. chauffée half court. Bord de mer à 400 m. à 400 m : à 2 km : Au rond-point à l'entrée de Camaret, prendre à droite la D 355 en dir. pointe des Espagnols. ☎ 02 98 27 91 41. Fax : 02 98 27 93 72. E-mail : contact@campinglegrandlarge.com, Web : www.campinglegrandlarge.com.

LA PLAGE DE TREZ ROUZ ★★★ Tourisme 80 E. dont 70 nus 1,5 ha. partiel, CV. Locations : 6, 4, 3. Bord de mer à 50 m. Etang à 3 km. à 3 km : Accueil groupes. Ouv : 15.3 / 15.10. Sur D 355, 3 km de Camaret. ☎ 02 98 27 93 96. E-mail : contact@trezrouz.com, Web : www.trezrouz.com. Prix 2008. Fft jour : Empl. Tourisme (2) : 16,50 € ; Sup : 5 € 3,30 € (16 A) ; Animaux 1,50 €. Réduction H.S.

CAMP MUNICIPAL DU LANNIC ★★ Tourisme 300 E. 0,7 ha. Locations : Bord de mer à 500 m. à 500 m : Rue du Grouanoch. 600 m du port. ☎ 02 98 27 91 31.

CARANTEC

5-C1 14 km N.-O. Morlaix. 45 m. 2522 hab. ✉ 29660

LES MOUETTES ★★★★ Tourisme 400 E., dont 400 GCC, 12 ha. CV. Locations : 34, 100, chauffée. Bord de mer à 50 m. Ouv : 17.5 / 7.9. Animaux non acceptés dans les chalets et dans les mobil-homes acceptés en basse saison. ☎ 02 98 67 02 46. Fax : 02 98 78 31 46. E-mail : camping@les-mouettes.com, Web : www.les-mouettes.com. Prix 2007. Fft jour : Empl. Tourisme (2 1 - de 1) : 44 € ; Sup : 7 €Animaux 5 €. Réduction H.S.

Mme JACQ Danielle,aire naturelle des Hortensias CV. A 2,5 km: Piscine plein air. A 3 km: A 6 km : Piscine couverte. Ouv : 1.5 / 30.9. Kermen. ☎ 02 98 67 08 63 / 02 98 67 96 34 (H.S.). Fax : 02 98 67 08 63. E-mail : contact@leshortensias.fr, Web : www.leshortensias.fr. Prix 2008. Empl. Tourisme : 3 € () : 1,60 € ; 3 € ; 2 € ; 2 € (6 A) ; Animaux 1 €.

CARHAIX PLOUGUER

48 km E. Chateaulin. 105 m. 9100 hab. ✉ 29270

CAMP MUNICIPAL DE LA VALLEE DE L'HYERES ★★ Tourisme 62 E. 2 ha. Locations : Accès direct à la rivière. Route de Kerniguez, à 1,5 km du centre ville. Gardiennage du 15.05 / 30.09. ☎ 02 98 99 10 58 / 02 98 99 54 42 (H.S.). Fax : 02 98 93 23 83. E-mail : tourismecarhaix@wanadoo.fr.

CHATEAULIN

5-B3 28 km N.-N.-E. Quimper. 6102 hab. Station verte de vacances et village de neige ✉ 29150

CAMP MUNICIPAL RODAVEN ★★ Tourisme 100 E. Rivière à 5 m. ☎ 02 98 86 32 93 / 02 98 86 10 05 (Mairie). Fax : 02 98 86 31 03. E-mail : fc-ssport@chateaulin.fr, Web : www.chateaulin.fr.

TY PROVOST Voir DINEAULT

LA POINTE SUPERBE CAMPING Voir aussi SAINT-COULITZ

CHATEAUNEUF DU FAOU

24 km S.-E. Châteaulin. 128 m. 4048 hab. Station verte de vacances et village de neige ✉ 29520

CAMP MUNICIPAL PENN AR PONT COMMUNE CHATEAUNEUF DU FAOU Voir SAINT-GOAZEC

CLEDEN CAP SIZUN

5-A3 48 km N.-O. Quimper. 1422 hab. ✉ 29770

LA BAIE ★★ Tourisme 27 E.

M. SCOARNEC Yves,aire naturelle A 3 km: A 4 km : ☎ 02 98 70 66 78.

CLEDEN POHER

5-C3 38 km E. Chateaulin. 151 m. 1118 hab. ✉ 29270

LE MOULIN VERT ★★★ Tourisme 45 E. 3 ha. Locations : 3. saison. Accès direct à la rivière. Ouv : 1.6 / 1.9. 600 m RN 164, sortie Pont Triffen-Spezet. ☎ 02 98 93 82 05 / 06 73 83 44 29 / 02 98 93 94 16 (H.S.). Prix 2008. Empl. Tourisme : 3,70 € ; 1,30 € ; 2,60 € ; - de 7 ans 2 € ; 1,60 €.

CLEDER

5-B1 32 km N.-O. Morlaix. 50 m. 3928 hab. ✉ 29233

LE ROGUENNIC ★★ Tourisme 300 E., dont 300 CC - 50 HLL, 8 ha. CV. Locations : 50, chauffée. Accès direct à la mer. Accueil groupes. Ouv : 1.5 / 15.9. 100 m VC 5 et 300 m RD 35. ☎ 02 98 69 63 88. Fax : 02 98 61 95 45. E-mail : semcleder@wanadoo.fr, Web : campingvillageroguennic.com. Prix 2008. Fft jour : Empl. Tourisme (1) : 7,95 € ; Sup : 3 € - de 7 ans 1,55 € ; 2,25 € ; Animaux 1 €. Réduction H.S.

CAMP DE POULENNOU ★ Tourisme 80 E. 2 ha. Bord de mer à 100 m. ☎ 02 98 69 48 37.

CLOHARS CARNOET

5-C4 58 km S.-E. Quimper. 40 m. 3428 hab. ✉ 29360

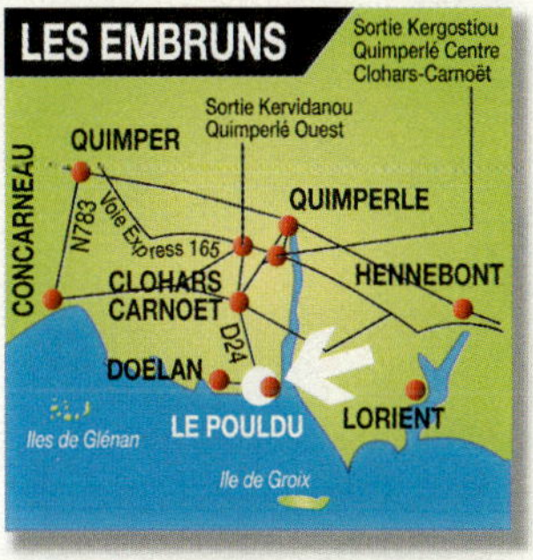

LES EMBRUNS ★★★★ Tourisme 180 E. (140 Tourisme + 40 Loisirs), dont 66 CC - 100 GCC, 5 ha. ap. 22 h, CV. Locations : 3, 28. couverte chauffée. Bord de mer à 250 m. Rivière à 1 km.Etang à 4 km. à 250 m : ; à 500 m : . Ouv : 4.4 / 13.9. Le Pouldu. Rue du philosophe Alain. 5 km du bourg de Clohars Carnoet. A partir de la voie express N 165, prendre 2ème sortie Quimperlé centre sortie Kergostiou, puis Clohars Carnoet (D 16) et le Pouldu (D 24). ☎ 02 98 39 91 07. Fax : 02 98 39 97 87. E-mail : camping-les-embruns@wanadoo.fr, Web : www.camping-les-embruns.com. Prix 2000. Fft jour : Empl. Tourisme (2) : 29,90 € (E. CC E. GCC) ; Sup : 5,50 € - de 7 ans 3,50 € ; Animaux 2 €. Fft Ccar : 10 € (2). Réduction H.S.

FFCC : partenaire + carte FFCC assurance annulation.

KERANQUERNAT ★★★ Tourisme 100 E. dont 90 nus, dont 10 GCC, 1,5 ha. CV. Locations : 10. chauffée . Rivière à 500 m. Bord de mer à 600 m. à 500 m : . Ouv : 1.6 / 5.9. Dir. Pouldu Pont Salle de jeux. ☎ 02 98 39 92 32 / 06 67 43 67 14 (H.S.). E-mail : camping.keranquernat@wanadoo.fr, Web : www.camping-keranquernat.com. Prix 2008. Empl. Tourisme : 8,50 € () : 4 € ; - de 7 ans 3 € ; 3 à 3,50 € ; Animaux 0,50 €. Réduction H.S.

LE QUINQUIS ★★★ Tourisme 162 E. dont 3 nus 4,5 ha. CV. Locations : , . chauffée . Bord de mer et rivière à 2 km. à 2 km : . ☎ 02 98 39 92 40. Fax : . Web : www.campingquinquis.com.

CAMP DE CROAS-AN-TER ★★ Tourisme 100 E. dont 90 nus, 3 ha. CV. Camping clef verte. Locations : . Rivière à 600 m. Bord de mer à 1,5 km. à 600 m : ; à 1,5 km : . Accueil groupes. Ouv : 1.6 / 15.9. Le Pouldu / Quelven 3, sur RD 49. ☎ 02 98 39 94 19. E-mail : campcroasanter@aol.com, Web : www.campcroasanter.com. Prix 2007. Empl. Tourisme : 2,60 € () : 2,30 € ; 3,30 € ; - de 7 ans 2,10 € ; 3 €.

FFCC : partenaire + réduction emp. de 10 % en saison et hors saison + carte FFCC assurance annulation.

KERVOEN ★★ Tourisme 93 E. 1,2 ha. , pain, CV. Locations : 12. chauffée . Bord de mer à 800 m. Rivière à 2 km. à 800 m : ; à 2 km : . ☎ 02 98 39 95 34 / 02 98 39 95 60 / 02 98 39 90 25 (H.S.). Fax : 02 98 39 95 60.

LE KERGARIOU ★★ Tourisme 100 E. dont 70 nus, , dont 30 GCC, 3 ha. CV. Locations : 2, 15. chauffée . Bord de mer à 1,5 km.Rivière à 4 km. à 1,6 km : ; à 1 km : . Accueil groupes. Ouv : 1.4 / 30.9. A Kergariou-Bihan, route du Port de Doëlan. A l'église de Clohars-Carnoët dir. Le Pouldu, au 1er rond-point dir. Doëlan. ☎ 02 98 71 54 65. E-mail : camping.lekergariou@wanadoo.fr, Web : www.campinglekergariou.com. Prix 2007. Fft jour : Empl. Tourisme (2) : 11,50 € () Réduction H.S.

LE KEROU ★★ Tourisme 235 E. dont 135 nus, , dont 12 GCC, 5 ha. ap. 22 h, CV. Locations : 27. chauffée . Bord de mer à 150 m. Rivière à 300 m. ; à 150 m : . Accueil groupes. Ouv : 5.4 / 28.9. Au Pouldu, 100 m RD 124. ☎ 02 98 39 92 57 / 06 81 48 37 26 (H.S.). Fax : 02 98 39 90 05. E-mail : infos@camping-kerou.com, Web : www.camping-kerou.com. Prix 2007. Fft jour : Empl. Tourisme (2) : 18 € () ; Sup : 5,20 € - de 7 ans 3,10 € ; 4 € (5 A) ; E. GCC 24 € (Fft 2pers.) ; Animaux 1 € (chien). Réduction H.S.

LE VIEUX FOUR ★★ Tourisme 50 E. 1 ha. CV. Locations : . Bord de mer à 500 m. Rivière à 1 km. ; à 500 m : . Le Pouldu. ☎ 02 98 39 94 34.

LES GRANDS SABLES ★★ Tourisme 133 E. dont 84 nus, dont 10 CC - 28 GCC, 2,4 ha. CV. Locations : 21, 1. Bord de mer à 150 m. Rivière à 500 m. ; à 150 m : . Accueil groupes. Ouv : 5.4 / 14.9. 22 rue Philosophe Alain. Le Pouldu, 100 m RD 49. ☎ 02 98 39 94 43. Fax : 02 98 39 97 47. E-mail : campinggrandssables@tiscali.fr, Web : www.camping-lesgrandssables.com. Prix 2007. Fft jour : Empl. Tourisme (2) : 15,50 € () ; Sup : 4,50 € - de 7 ans 2,70 € ; 3,20 € (6 A) ; Animaux 0,50 €. Fft Ccar : 7,50 € (2). Réduction H.S.

FFCC : partenaire + carte FFCC assurance annulation + Stop accueil Camping-car du 05/04 au 04/07 et du 24/08 au 14/09/2008, accès jusqu'à 22h.

LOCOUARN ★★ Tourisme 100 E. dont 85 nus 2,5 ha. CV. Locations : 5, 10. chauffée . Rivière à 1 km.Bord de mer à 1,5 km. à 1,5 km : ; à 1 km : . Accueil groupes. Ouv : 1.6 / 10.9. D 49 dir. Le Pouldu. Les chiens de cat. 1 & 2 sont interdits. ☎ 02 98 39 91 79. Fax : 02 98 39 97 62. E-mail : campinglocouarn@wanadoo.fr, Web : www.camping-locouarn.com. Prix 2007. Empl. Tourisme : 6,70 € () : 3,20 € ; - de 7 ans 2,10 € ; 3,20 à 4 € (6 à 10 A) ; Animaux 0,50 €.

M. PORHIEL,aire naturelle CV. A 50 m : . A 1,5 km: . A 1 km : . Ouv : 1.6 / 5.9. Locouarn. D 49 dir. Le Pouldu. ☎ 02 98 39 91 79. Fax : 02 98 39 97 62. E-mail : campinglocouarn@wanadoo.fr, Web : www.camping-locouarn.com. Prix 2007. Fft jour : Empl. Tourisme (2) : 13,10 € (E. CC E. GCC) ; Sup : 3,20 € - de 7 ans 2,10 € ; 3,20 à 4 € (6 à 10 A) ; Animaux 0,50 €.

Toute l'année, les Clubs organisent des rassemblements, des rencontres ou des voyages. Consultez la liste des Clubs en fin de guide.

CLOHARS FOUESNANT

5-B3 13 km S. Quimper. 20 m. 1073 hab. ✉ 29950

VILLAGE PORT DE PLAISANCE ★★★★ Tourisme 340 E. dont 100 nus, , dont 255 GCC, 12 ha. CV. Locations : 26, 83, . chauffée poneys, . Rivière à 500 m. Bord de mer à 1 km. ; à 500 m : ; à 1 km : 1 km, 1 km, . 7, route de Quimper. Prat Poullou. CD 34 Quimper-Bénodet. 7. route de Quimper. Prat Poullou. CD 34 Quimper-29950 Bénodet. ☎ 02 98 57 02 38. Fax : 02 98 57 25 25. E-mail : info@campingbenodet.fr, Web : www.campingbenodet.fr. Prix 2008. Fft jour : Empl. Tourisme (2) : 38 € () ; Sup : 7 € 3,50 € ; Animaux 4,50 €. Réduction H.S.

LE CLOITRE ST THEGONNEC

5-C2 12 km S. Morlaix. 215 m. 561 hab. ✉ 29410

LES BRUYERES ★ Tourisme 15 E. 1 ha. CV. Accès direct à la rivière. Ouv : 1.7 / 18.9. Dir. Carhaix D 769. Dès le Plessis D 111 dir. le Cloitre St-Thégonnec. ☎ 02 98 79 71 76. Web : www.cavavancampingsites.co.uk/france/29/bruyeres.htm. Prix 2008. () : 5 € ; 3 € ; 8 € ; 4 € ; - de 10 ans 2 € ; Animaux 2 €.

COMBRIT SAINTE MARINE

5-B3 17 km S.-S.-O. Quimper. 2495 hab. ✉ 29120

KER LOCH GWEN ★★★★ Tourisme 90 E. Locations : , , . . Accès direct à l'étang. Bord de mer à 800 m. ; ; ; ; . Fédération Bretonne des C.A.F. ☎ 02 98 56 44 20. Fax : 02 98 82 75 78.

LE HELLES ★★★ Tourisme 138 E., dont 25 GCC, 3 ha. CV Sanitaire chauffé. Locations : 25 . chauffée . Bord de mer à 300 m. Rivière à 800 m. à 300 m : , , , . Accueil groupes. Lieu-dit Ste-Marine, rue du Petit-Bourg, 400 m RD 44. Sortie de la voie express Quimper Sud, dir. Bénodet-Pont de Cornouaille, Ste-Marine. ☎ 02 98 56 31 46 / 06 71 69 05 74 (H.S.). Fax : 02 98 56 31 46. E-mail : contact@le-helles.com, Web : www.le-helles.com. Prix 2007. Fft jour : Empl. Tourisme (2) : 20,50 € Sup : 5 € - de 7 ans 3,40 € ; 3,50 à 4,20 € (6 à 10 A) ; Animaux 2,60 €. Réduction H.S.

MENEZ LANVEUR ★★ Tourisme 80 E. 1,8 ha. CV. Camping clef verte. Locations : 5, 4, 5, . Bord de mer à 1 km.Rivière à 2,5 km. à 1 km : , , , . Ouv : 15.5 / 30.9. 600 m RD 144, à 1,8 km RD 44. ☎ 02 98 56 47 62 / 06 62 65 36 97 / 02 98 56 36 97 (H.S.). Prix 2007. Empl. Tourisme : 4,30 € ; 2,10 € ; 2,10 € ; 3,40 € ; - de 7 ans 2,10 € ; 3,20 à 3,50 € (6 à 10 A) ; Animaux 1 €.

COMMANA

5-B2 26 km S.-O. Morlaix. 280 m. 1174 hab. ✉ 29450

CAMP MUNICIPAL LE DRENNEC ★★ Tourisme 50 E. CV. Locations : . . Lac à 50 m. Rivière à 500 m. ; ; ; . Accueil enfants. Ouv : 15.6 / 15.9. ☎ 02 98 78 00 13. Fax : 02 98 78 93 84. E-mail : mairie-commana@wanadoo.fr, Web : perso.orange.fr/commana. Prix 2007. 1,56 € ; 1,56 € ; 3,64 € ; 1,56 € ; 2,40 € ; - de 7 ans 1,14 € ; 2,28 € ; 1,04 € ; Animaux 0,32 €.

CONCARNEAU

23 km S.-E. Quimper 5 m. 18225 hab. ✉ 29900

LES PRES VERTS ★★★★ Tourisme 150 E. dont 140 nus (137 Tourisme + 13 Loisirs), dont 13 GCC, 2,5 ha. , pizza 2/fois par semaine, , sauf électrique, la nuit, CV. Locations : 6, 4, chauffée . Bord de mer à 300 m. ; ; à 300 m : ; à 1,5 km : . Ouv : 1.5 / 22.9. Rés. obligatoire en été. A Kernous. Route de la Forêt Fouesnant. 3ème route à gauche à partir de l'hôtel Océan. ☎ 02 98 97 09 74. Fax : 02 98 97 32 06. E-mail : info@presverts.com, Web : www.presverts.com. Prix 2008. Fft jour : Empl. Tourisme (2) : 22 € () ; Sup : 6,50 € - de 2/7 ans 4,30 € ; 4,90 à 7 € (6 à 10 A) ; Animaux 1,60 €. Réduction H.S.

LES SABLES BLANCS ★★★ Tourisme 149 E., dont 12 GCC - 8 HLL, 3 ha. CV. Locations : 4, 13 . chauffée . Bord de mer à 250 m. ; ; à 250 m : . Ouv : Pâques / 30.9. Plage des Sables Blancs. ☎ 02 98 97 16 44. Fax : 02 98 97 16 44. E-mail : contact@camping-lessablesblancs.com, Web : www.camping-lessablesblancs.com. Prix 2008. Fft jour : Empl. Tourisme (2) : 17 € () ; Sup : 5,50 € - de 7 ans 2,20 € ; 3,50 € (3 A) ; Animaux 1 €. Réduction H.S.

LOCHRIST ★★★ Tourisme 100 E. 1,3 ha. CV. Locations : 6, 3, . Bord de mer à 4 km. à 4 km : , ; à 10 km : . Accueil groupes. Ouv : 15.6 / 15.9. Route de Quimper. Sortie Concarneau. Voie express, 4 km. ☎ 02 98 97 25 95. Fax : 02 98 50 66 99. E-mail : campingdelochrist@wanadoo.fr, Web : www.campingdelochrist.com. Prix 2007. Empl. Tourisme : 4,60 € () : 1,80 € ; 3,90 € ; - de 7 ans 2,50 € ; 3,60 € (10 A) ; Animaux 1,20 €. Réduction H.S.

LE CABELLOU PLAGE ★★ Tourisme 200 E. sauf sauf chien 1ere categorie , tous sauf électriques, , 1, CV. Locations : 6 . à 50 m : , . Avenue du Cabellou. ☎ 02 98 97 37 41. Fax : 02.98.60.78.57. E-mail : info@le-cabellou-plage.com, Web : www.le-cabellou-plage.com.

LE CABELLOU-PLAGE

MOULIN D'AURORE

LE MOULIN D'AURORE ★★ Tourisme 170 E. 4 ha. CV. Locations : 10, 4 . Bord de mer à 50 m. Etang, lac et rivière à 1 km. ; ; ; ; . Accueil groupes. Ouv : 1.4 / 30.9. 49, rue de Trégunc. A Concarneau suivre dir. Hôpital, le camping est à côté. ☎ 02 98 50 53 08. Fax : 02 98 97 09 37. E-mail : moulinaurore@aol.com, Web : www.moulinaurore.com. Prix 2007. Empl. Tourisme : 5 € () : 5 € ; - de 6 ans 2,50 € ; 2 à 3 € (6 à 10 A) ; Animaux 1 €.

LE CONQUET

5-A2 25 km O. Brest. 2011 hab. ✉ 29217

LES BLANCS SABLONS ★★ Tourisme 450 E. 9,5 ha. CV. Locations : 15 . chauffée . Bord de mer à 100 m. ; ; ; à 100 m : . Les Blancs Sablons. ☎ 02 98 89 06 90. Fax : 02 98 89 06 90.

CORAY

5-C3 33 km S.-E. Châteaulin. 230 m. 1740 hab. ✉ 29370

CAMP MUNICIPAL DE POULLEN ★ Tourisme 16 E. ☎ 02 98 59 10 10 (Mairie).

CROZON

5-B2 34 km N.-O. Chateaulin. 85 m. 7904 hab. ✉ 29160

LA PLAGE DE GOULIEN ★★★ Tourisme 126 E., dont 19 GCC, 1,6 ha. CV. Locations : 19. Bord de mer à 100 m. à 150 m : Accueil groupes. Ouv : 10.6 / 15.9. Kernaveno. ☎ 02 98 27 17 10 / 06 08 43 49 32 (H.S.). Fax : 02 98 27 21 95. E-mail : camping.goulien@presquile-crozon.com, Web : www.presquile-crozon.com. Prix 2007. Empl. Tourisme : 4,30 € : 2,25 € ; 4,10 € ; - de 7 ans 2,80 € ; 3,30 €.

LES PIEDS DANS L'EAU ★★★ Tourisme 118 E. 1,4 ha. CV. Locations : 10. gratuit. Accès direct à la mer. ; à 1,5 km : Ouv : 15.6 / 15.9. De Crozon dir. Roscandel. 6 km au Nord-Ouest de Crozon, après croisement D 355 et D 55, dir. Ile Longue. A 200 m 1ère route à gauche. ☎ 02 98 27 62 43 / 02 35 46 26 12 (H.S.). E-mail : lespiedsdansleau@free.fr, Web : lespiedsdansleau.free.fr. Prix 2008. Fft jour : Empl. Tourisme (2) : 14,30 € ; Sup : 4 € - de 7 ans 2,90 € ; 3,50 € ; Animaux 1,70 € (chien).

FFCC : partenaire - terrain assuré par la FFCC.

LES PINS ★★★ Tourisme 155 E. 3,5 ha. CV. Locations : 13, 8. half, Bord de mer à 1,5 km. à 1,5 km : ; à 3 km : Accueil groupes. Ouv : Pâques / Toussaint. Route de la Pointe de Dinan. ☎ 02 98 27 21 95 / 06 08 43 49 32 (H.S.). Fax : 02 98 26 23 16. E-mail : camping.lespins@presquile-crozon.com, Web : www.presquile-crozon.com. Prix 2007. Empl. Tourisme : 4,10 € ; 2,15 € ; 3,90 € ; - de 7 ans 2,75 € ; 3,10 € ; Animaux 1,75 €.

L'ABER ★★ Tourisme 100 E. 1,3 ha. CV. Locations : 3, 10. Bord de mer à 1 km. ; à 1 km : A Tal-Ar-Groas, 1 km de la plage de l'Aber. ☎ 02 98 27 02 96. Fax : 02 98 27 02 96.

LES BRUYERES ★★ Tourisme 130 E. 3 ha. après 23 h, CV. Bord de mer à 1,8 km. Accueil groupes. Le Bouis, 350 m RD 255, 1 km RN 787. ☎ 02 98 26 14 87 / 06 03 65 19 23. Fax : 02 98 26 14 87. E-mail : camping.les.bruyeres@presquile-crozon.com.

PEN AR MENEZ ★★ Tourisme 142 E. 2,5 ha. la nuit. Locations : 4, 4, 4. Bord de mer à 1,8 km. à 1,8 km : ; à 2 km : Bd de Pralognan. ☎ 02 98 27 12 36.

GWEL KAER Voir LANVEOC

DINEAULT

5-B3 7 km N.-O. Chateaulin. 133 m. 3070 hab. ✉ 29150

TY PROVOST ★★★ Tourisme 50 E. dont 28 nus 1,5 ha. gratuit, CV. Locations : 7, 5, 4. Rivière à 3 km. à 3 km : Ouv : 1.6 / 15.9. A 3 km du centre ville de Chateaulin. Circuits de randonnées sur la pointe bretonne. ☎ 02 98 86 29 23 / 02 98 86 08 06 (H.S.). E-mail : typrovost@wanadoo.fr, Web : www.typrovost.com. Prix 2007. Fft jour : Empl. Tourisme : 14.5 € ; Sup : 3,50 € 1,50 € ; Animaux 1 €. Fft Ccar : 7.6 €.

FFCC : partenaire + réduction emp. de 10 % en saison et hors saison + carte FFCC assurance annulation + Stop accueil Camping-car du 01/06 au 15/09/2008, accès permanent.

DOUARNENEZ

22 km N.-O. Quimper. 60 m. 17813 hab. ✉ 29100

KERLEYOU ★★★ Tourisme 100 E. dont 42 nus (96 Tourisme + 4 Loisirs), dont 4 GCC - 15 HLL, 3,5 ha. la nuit, CV. Locations : 12, 22. chauffée. Bord de mer à 1,4 km. à 1,4 km : ; à 1 km : Accueil groupes. Ouv : 1.5 / 23.9. Dir. Treboul. ☎ 02 98 74 13 03. Fax : 02 98 74 09 61. E-mail : campingdekerleyou@wanadoo.fr, Web : www.camping-kerleyou.com. Prix 2008. Fft jour : Empl. Tourisme (2) : 16,95 € ; Sup : 4 € - de 2/7 ans 2,40 € ; 3,20 € (10 A) ; Animaux 2 €. Réduction H.S.

FFCC : partenaire + réduction emp. de 5 % hors saison.

CAMP MUNICIPAL DU BOIS D'ISIS ★★ Tourisme 150 E. 3 ha. saison, la nuit, CV. Bord de mer à 400 m. à 400 m : Accueil groupes. Ouv : 1.6 / 15.9. 3 km RD 7. Accès difficile aux très grosses caravanes. ☎ 02 98 74 05 67. Fax : 02 98 74 39 26. E-mail : camping.municipal@mairie-douarnenez.fr. Prix 2007. Fft jour : Empl. Tourisme (2) : 10,30 € ; Sup : 3 € - de 7 ans 1,50 € ; 2,75 € ; Animaux 1,10 €. Fft Ccar : 11,15 € (2).

CROAS MEN ★★ Tourisme 73 E. 1 ha. CV. Locations : 2, 14. Bord de mer à 400 m. Rivière à 1 km. à 300 m : ; à 500 m : 27, rue de Croas Men. Prendre Tréboul-les-Plages. ☎ 02 98 74 00 18. Fax : 02 98 74 00 89. E-mail : croas.men@wanadoo.fr, Web : www.croas-men.com.

G.C.U. LE RIS Réservé aux adhérents. Adhésion possible sur place pour les sociétaires MAIF et FILIA MAIF.

TREZULIEN ★★ Tourisme 179 E. 2,5 ha. CV. Locations : 8, 2. Bord de mer à 500 m. ; à 500 m : ; à 1 km : Ouv : 9.4 / 24.9. Route de Trézulien. De Quimper par la D 765 et de Châteaulin par la D 107. ☎ 02 98 74 12 30 / 02 98 92 81 40 (H.S.). Fax : 02 98 74 01 16. E-mail : contact@camping-trezulien.com, Web : www.camping-trezulien.com.

ELLIANT

5-B3 20 km E. Quimper. 120 m. 2578 hab. ✉ 29370

CAMP MUNICIPAL DE KERYANIC ★★ Tourisme 40 E. 2 ha. CV. Rivière à 600 m. à 600 m : Accueil groupes. ☎ 02 98 94 19 84 / 02 98 10 91 11 (H.S.). Fax : 02 98 94 12 22. E-mail : poupon.annie@fr.oleane.com.

LA FEUILLEE

5-C2 34 km N.-E. Châteaulin. 270 m. 620 hab. ✉ 29690

CAMP MUNICIPAL TAL-AR-C'HOAT ★★ Tourisme 23 E. ☎ 02 98 99 61 52.

LA FORET FOUESNANT

5-B3 17 km S.-E. Quimper. 2149 hab. ✉ 29940

LE KERANTEREC ★★★★ Tourisme 265 E. (155 Tourisme + 110 Loisirs), dont 19 CC - 246 GCC, 5 ha. ap. 22 h, CV. Locations : 48. chauffée gratuit. Accès direct à la mer. ; à 300 m : Accueil groupes. Ouv : 5.4 / 15.9. A Kerleven, RN 783. ☎ 02 98 56 98 11. Fax : 02 98 56 81 73. E-mail : info@camping-keranterec.com, Web : www.camping-keranterec.com. Prix 2008. Empl. Tourisme : 13 € ; 8,50 € ; - de 1/7 ans 4 € ; 4 € (10 A) ; Animaux 3 €. Réduction H.S.

MANOIR DE PEN AR STEIR ★★★★ Tourisme 105 E., dont 95 GCC, 2,8 ha. CV Sanitaire chauffé. Locations : 6. Bord de mer à 1,5 km. à 2 km : 50 m RD 44. Salle de jeux. ☎ 02 98 56 97 75. Fax : 02 98 56 80 49. E-mail : info@camping-penarsteir.com, Web : www.camping-penarsteir.com.

SAINT LAURENT ★★★★ Tourisme 260 E. 4 ha. CV. Locations : 45, chauffée 2 courts. Accès direct à la mer. Ouv : 2.5 / 10.9. A Kerleven, 1 km RD 44, 2 km RN 783. Bassin d'eau de mer, saunas. ☎ 02 98 56 97 65. Fax : 02 98 56 92 51. E-mail : info@camping-du-saint-laurent.fr. Prix 2008. Fft jour : Empl. Tourisme (2) : 37 € (6 A)) ; Sup : 6,50 € - de 2/7 ans 4,50 € ; Animaux 4,50 €.

LE KERLEVEN ★★★ Tourisme 235 E. dont 100 nus, , dont 150 GCC, 4 ha. crêperie. snack, 2, CV. Locations : 52, 15. chauffée . Bord de mer à 200 m. Rivière à 2 km. ; à 150 m : 150 m, 150 m, , . Accueil groupes. Route de Port la Forêt. Voie express Lorient sortie Coat Conq puis RD 783 et D 44. ☎ 02 98 56 98 83. Fax : 02 98 56 82 22. E-mail : contact@camping-de-kerleven.com, Web : www.camping-de-kerleven.com. Prix 2007. Fft jour : Empl. Tourisme : 11 € () ; Sup : 7 € 3,50 € ; 3 à 4,60 € (3 A à 10 A) ; Animaux 1,80 €. Réduction H.S.

LES FALAISES ★★★ Tourisme 120 E., dont 5 CC - 54 GCC, 1 ha. CV. Locations : , 12, 3, 5. Accès direct à la mer. ; ; ; . N 165. D 44. ☎ 02 98 56 91 26. Fax : 02 98 56 91 26. E-mail : info@camping-les-falaises.com, Web : www.camping-les-falaises.com.

LES SAULES ★★★ Tourisme 92 E. dont 60 nus (47 Tourisme + 45 Loisirs), dont 45 GCC, 1,5 ha. CV. Locations : 2, 40. chauffée . Bord de mer à 150 m. ; ; ; ; ; . A Kerleven, à 2,5 km RN 783. ☎ 02 98 56 98 57. Fax : 02 98 56 86 60. E-mail : camping.les.saules@wanadoo.fr, Web : www.camping-les-saules.com. Prix 2007. Fft jour : Empl. Tourisme (2) : 25 € () ; Sup : 6,40 € - de 7 ans 3,30 € ; 3,60 € (6 A) ; Animaux 1,20 €. Réduction H.S.

STEREDEN VOR ★★★ Tourisme 85 E. (80 Tourisme + 5 Loisirs), dont 5 GCC, 1 ha. CV. Locations : , . chauffée . Accès direct à la mer. ; ; ; ; ; . Plage de Kervelen. ☎ 02 98 56 98 57. Fax : 02 98 56 86 60. E-mail : camping.les.saules@wanadoo.fr, Web : www.camping-les-saules.com. Réduction H.S.

CAMP DE PONTEREC ★★ Tourisme 125 E., dont 10 CC, 3 ha. CV. Locations : 7, 5. à 2 km : . 100 m RD 44. ☎ 02 98 56 98 33 / 02 98 56 93 47 (H.S.). Fax : 02 98 56 93 47.

CAMP EUROPEEN DE LA PLAGE ★★ Tourisme 60 E. dont 49 nus, 1 ha. CV. Locations : 1, 2. Accès direct à la mer. en mer : ; ; ; à 800 m : . Accueil groupes. Ouv : 15.3 / 15.10. 5, rue de Port la Forêt. A Kerleven, 2 km RD 44 et 783. ☎ 02 98 56 96 25 / 06 81 81 48 63 (H.S.). Fax : 02 98 56 96 25. E-mail : laplage.camp@wanadoo.fr, Web : www.campingdelaplage-kerleven.com. Prix 2007. Empl. Tourisme : 4,90 € () ; 1,50 € ; 1,50 € ; 4,50 € ; - de 7 ans 2,10 € ; 2,80 € (6 A) ; Animaux 1,20 €.

KERSIOUAL ★★ Tourisme 180 E. 3 ha. CV. Locations : 10, 10. Bord de mer à 150 m. ; ; ; à 150 m : . Plage de Kerleven. ☎ 02 98 56 96 39 / 02 98 56 82 96 (H.S.). Fax : 02 98 56 84 44. E-mail : camping.kersioual@wanadoo.fr, Web : www.camping-kersioual.com.

FOUESNANT

5-B3 16 km S. Quimper. 65 m. 5430 hab. 29170

LA ROCHE PERCEE ★★★★ Tourisme 123 E. 2 ha. CV. Locations : 40, . Bord de mer à 400 m. ; à 300 m : , , , . Accueil groupes encadrés. Chemin de Kerveltrec. Quimper D 34 Fouesnant. ☎ 02 98 94 94 15. Fax : 02 98 94 48 05. E-mail : contact@camping-larochepercee.com, Web : www.camping-larochepercee.com. Prix 2007. Fft jour : Empl. Tourisme (2) : 22,50 € Sup : 5 € - de 7 ans 3 € ; 3,50 € ; Animaux 2,50 €. Réduction H.S.

L'ATLANTIQUE ★★★★ Tourisme 432 E. dont 50 nus, , dont 362 GCC, 9 ha. snack, CV. Camping clef verte. Locations : 6, 150. chauffée . Bord de mer à 400 m. ; à 400 m : , , , . Route de Mousterlin. ☎ 02 98 56 14 44. Fax : 02 98 56 18 67. E-mail : sunelia@latlantique.fr, Web : www.camping-atlantique.fr. Réduction H.S.

VILLAGE LE GRAND LARGE ★★★★ Tourisme 300 E., dont 80 GCC, 5,8 ha. CV. Locations : 55, 13, , , Cottages. chauffée . Bord de mer à 15 m. ; ; ; ; ; . Accueil groupes. Ouv : 8.4 / 9.9. Quimper D 34 dir. Bénodet, D 45 dir. Fouesnant et D 145 dir. lieu-dit "Mousterlin". ☎ 02 98 56 04 06. Fax : 02 98 56 58 26. E-mail : info@campingsbretagnesud.com, Web : www.campingsbretagnesud.com. Prix 2007. Fft jour : Empl. Tourisme (2) : 37 € ((5 A)) ; Sup : 7 € - de 10 ans 5 € ; Animaux 3,50 €.

KERVASTARD ★★★ Tourisme 128 E. 2 ha. CV. Locations : 21, 5. chauffée . Bord de mer à 300 m. à 300 m : 300 m, 300 m, , . Ouv : 24.05 / 10.09. Sur RD 45. ☎ 02 98 94 91 52. Fax : 02 98 94 99 83. E-mail : camping.le.kervastard@wanadoo.fr, Web : www.campinglekervastard.com. Prix 2007. Fft jour : Empl. Tourisme : 23.5 € () ; 3,10 € ; 3,60 € (6 A A) ; Animaux 2,20 €.

KOST AR MOOR ★★★ Tourisme 199 E. 2,2 ha. CV. Camping clef verte. Locations : , 14, 2, . Etang à 20 m. Bord de mer à 400 m. ; ; à 300 m : , ; à 5 km : . Accueil groupes. Ouv : 1.4 / 15.9. 7 Chemin de Kost ar Moor. Voie express n° 165 sortie Coat Conq - D 44, D 134. ☎ 02 98 56 04 16. Fax : 02 98 56 65 02. E-mail : kost.ar.moor@wanadoo.fr, Web : www.camping-kost.ar.moor.com. Prix 2007. Fft jour : Empl. Tourisme (2) : 16,50 € () ; Sup : 4,30 € 2,50 € ; 3,50 € (10 A). Réduction H.S.

LA PISCINE ★★★ Tourisme 185 E., dont 185 GCC. CV. Locations : 5, 32. chauffée . Etang à 100 m. Bord de mer à 1,5 km. ; à 1,5 km : , , . Ouv : 15.5 / 15.9. Kerleya-Beg Meil. Par CD 45. ☎ 02 98 56 56 06. Fax : 02 98 56 57 64. E-mail : contact@campingdelapiscine.com, Web : www.campingdelapiscine.com. Prix 2008. Fft jour : Empl. Tourisme (2) : 25 € () ; Sup : 5,90 € - de 2/7 ans 2,95 € ; 3,80 à 4,40 € (6 à 10 A) ; Animaux 2,10 €. Réduction H.S.

LA PLAGE DE CLEUT ROUZ ★★★ Tourisme 143 E. (113 Tourisme + 30 Loisirs), dont 30 GCC - 30 HLL, 4 ha. CV. Locations : 8, 32, . couverte chauffée . Bord de mer à 100 m. ; ; ; ; à 100 m : . Accueil groupes. Ouv : 15.4 / 15.9. Route de Cleut-Rouz. Mousterlin. ☎ 02 98 56 53 19 (Saison) / 02 98 56 06 45 (H.S.). Fax : 02 98 56 65 49. E-mail : campinglaplagedecleutrouz@wanadoo.fr, Web : www.campinglaplage.fr. Prix 2008. Fft jour : Empl. Tourisme (2) : 25 € () ; Sup : 6,30 € - de 7 ans 3,30 € ; 3,10 à 4,60 € (5 A) ; Animaux 2 €.

LE VORLEN ★★★ Tourisme 600 E. 10 ha. CV. Locations : 30. chauffée . Bord de mer à 200 m. ; ; à 150 m : , , . Accueil groupes. Ouv : 1.5 / 15.9. 1 km RD 45. ☎ 02 98 94 97 36. Fax : 02 98 94 97 23. E-mail : info@vorlen.com, Web : www.vorlen.com. Prix 2008. Empl. Tourisme : 12,50 € ; 6,25 € ; - de 7 ans 3,50 € ; 3 à 3,50 € ; Animaux 2 €. Réduction H.S.

CAMP FAMILIAL ★★ Tourisme 80 E. Réservé Allocations Familiales Quimper. A Kersentic.

CAMP KERSCOLPER ★★ Tourisme 160 E. 2 ha. CV. Locations : 30, 15. chauffée. Bord de mer à 400 m. ; ; à 300 m : ; à 400 m : . Kerscolper-le Cap Coz. ☎ 02 98 56 09 48. Fax : 02 98 51 69 24.

KERNEUC ★★ Tourisme 80 E. 1 ha. CV. Locations : . Bord de mer à 200 m. , , , , . Acceptons le camping car que s'il passe une semaine complète sur le terrain. ☎ 02 98 56 07 70 / / 02 98 56 12 15 (H.S.).

KERROLLAND ★★ Tourisme 176 E. 2,5 ha. . Locations : , . . Bord de mer à 350 m. ; ; ; à 350 m : . Par CD 45. ☎ 02 98 94 91 00.

LA POINTE ★★ Tourisme 85 E. 1 ha. . Bord de mer à 500 m. ; . Sur RD 134. ☎ 02 98 56 08 14.

LE COSQUER ★★ Tourisme 40 E. 0,7 ha. , partiel, . Locations : . Bord de mer à 800 m. à 800 m : . 1 km RD 145. ☎ 02 98 56 08 98.

LES HORTENSIAS ★★ Tourisme 120 E. 2 ha. , + sèche-linge, ap. 23 h, CV Sanitaire chauffé. Locations : 5, 2. Bord de mer à 3 km. à 1,5 km : ; à 3 km : , , , . Accueil groupes. Ouv : Pâques / 30.9. Quitter N 165 sortie Concarneau/Fouesnant puis dir. La Forêt Fouesnant puis Fouesnant. Sèche-linge. Salle de jeux. ☎ 02 98 56 52 95 / 06 20 45 73 74 (H.S.). Fax : 02 98 71 55 07. E-mail : information@campingleshortensias.com, Web : www.campingleshortensias.com. Prix 2007. Fft jour : Empl. Tourisme (2 1 - de 3 ans) : 13,50 € () ; Sup : 3,50 € 2,40 à 2,90 € (2 à 6 A) ; Animaux 2 €. Réduction H.S.

LES MIMOSAS ★★ Tourisme 96 E. . Locations : . Bord de mer à 800 m. ; ; ; ; . Dir. Cap-Coz par les Balneïdes. ☎ 02 98 56 14 31 (H.S.) / 02 98 56 55 81 (Saison).

PEN AN CAP ★★ Tourisme 100 E. 1,32 ha. , ambulant, . Locations : , , . . Bord de mer à 400 m. ; ; ; ; . Le Cap Coz. ☎ 02 98 56 09 23 / 02 98 56 17 65.

LANTECOSTE BIHAN ★ Loisirs 100 E. 2 ha. . Bord de mer à 100 m. à 50 m : . *00 m RD 45. ☎ 02 98 56 03 54.

Mme LE GALL GUEZ Marie Annik ☎ 02 98 94 97 44.

M. CORIOU,aire naturelle CV. A 1 km: . A 3 km : . A 4 km : . A 5 km : Piscine chauffée . Ouv : 1.5 / 15.9. Leanou. A partir de Fouesnant dir. de Benodet sur 4 km au rond-point de Pont-Henvez dir. Mousterlin sur 1 km puis route à droite plage de Kerler. Camping 500 m à gauche. ☎ 02 98 56 15 32. Fax : 02 98 56 51 49. E-mail : coriou.alain@wanadoo.fr & contact@camping-leanou.com, Web : www.camping-leanou.com. Prix 2008. 2 € ; 1 € ; 3,60 € ; 2 € ; 2,40 € ; - de 7 ans 1,80 € ; 2 € (6 A) ; 0,80 € ; Animaux 0,50 €. Réduction H.S.
FFCC : partenaire + réduction emp. de 5 % hors saison.

GARLAN

5-C2 7 km N.-E. Morlaix. 106 m. 821 hab. ✉ 29610

Mme BERRIC Marie-Pierre,aire naturelle Vert de Morlaix CV. A 1 km: . A 2 km : . A 5 km : Piscine chauffée Piscine plein air Piscine couverte . A 9 km : . A 10 km : . Kerroyal. Sur l'axe Morlaix-Lannion. Sur la D 786 entre Morlaix et Lanmeur à 5 km de la voie express dir. Lannion RN 12 sortie Morlaix Est. ☎ 02 98 79 12 54 / 06 14 39 21 61 / 02 98 63 36 36 (H.S.). Fax : 02 98 63 24 47. E-mail : NILLS.BRETAGNE@wanadoo.fr.

GOUESNACH

5-B3 13 km S. Quimper. 50 m. 1487 hab. ✉ 29950

ODET VILLAGE ★★ Loisirs 74 E. 1,7 ha. Locations : 6, . Rivière à 2 km.Bord de mer à 4 km. Benodet/Quimper (D 34) tournez à gauche après Cornouaille Nautique, continuez vers Gouesnac'h centre 1,5 km tournez à gauche Hent Ar Moor 60 m plus loin à droite. ☎ 02 98 51 71 96 / 02 98 82 11 59 (H.S.). Fax : 02 98 82 07 45. E-mail : odet.village@wanadoo.fr.

PORS-KERAIGN ★★ Tourisme 85 E. 2 ha. Accès direct à la rivière. à 150 m : . ☎ 02 98 54 61 37.

M. COSSEC,aire naturelle Kerzuel.

GOULIEN

5-A3 44 km N.-O. Quimper. 80 m. 566 hab. ✉ 29770

CAMP MUNICIPAL DE KERROS ★ Tourisme 25 E. CV. Accueil groupes. Ouv : 1.7 / 31.8. ☎ 02 98 70 06 04. Fax : 02 98 70 21 12. E-mail : goulien.mairie@wanadoo.fr. 2,20 € ; 1,40 € ; 3,70 € ; 1,40 € ; 2,10 € ; - de 7 ans 1 € ; 2,80 €.

M. DAGORN Simon,aire naturelle CV. A 3 km : . A 8 km : . A 10 km : . Ouv : 1.1 / 30.12. Kerguerriec. 2 km de la commune. Pré. Location d'appartement et caravanes. ☎ 02 98 70 06 68 / 02 98 70 06 79 (H.S.). Prix 2007. 1,40 € ; 0,70 € ; 1,40 € ; 1 € ; 2 € ; 0,50 €. Réduction H.S.

GOULVEN

5-B1 30 km N.-E. Brest. 470 hab. ✉ 29890

AIRE NATURELLE MUNICIPALE . Ty Poas. ☎ 02 98 83 50 48 / 02 98 83 40 69 (H.S.).

GUILLIGOMARC H

5-C3 50 km S.-E. Quimper. 125 m. 569 hab. ✉ 29300

BOIS DES ECUREUILS ★★ Tourisme 40 E. 2 ha. Locations : . Rivière à 3 km. à 4 km : . Lann Ty Nevez. Kerguillerm, 1 km ouest de Meslan (D 769) dir. Arzano. ☎ 02 98 71 70 98. Fax : 02 98 71 70 98. E-mail : bois-des-ecureuils@tiscali.fr, Web : www.bois-des-ecureuils.com.

GUILVINEC

5-B4 30 km S.-O. Quimper. 15 m. 4108 hab. ✉ 29730

LA GREVE BLANCHE ★★ Tourisme 100 E. Locations : . Bord de mer à 100 m. . De Quimper, prendre Pont-l'Abbé puis Guilvinec. A l'entrée de Guilvinec, dir. Penmarc'h par la côte. ☎ 02 98 58 93 13. Fax : 02 98 58 59 29. E-mail : campgreveblanche@aol.com.

GUISSENY

5-B1 36 km N. Brest. 15 m. 2103 hab. ✉ 29880

CAMP DE CURNIC ★ Tourisme 100 E. Route Vougot. ☎ 02 98 25 62 00.

M. & Mme YVINEC,aire naturelle CV. A 4 km: . A 10 km : Piscine plein air. Kéralloret. 2,5 km de la commune. Terrain herbeux, en terrasse autour d'un plan d'eau. Auberge. ☎ 02 98 25 60 37. Fax : 02 98 25 69 88. E-mail : auberge@keralloret.com, Web : www.keralloret.com.

HANVEC

5-B2 38 km S.-E. Brest. 91 m. 1431 hab. ✉ 29460

M. QUILLIEN Pascal 4. A 3 km: . A 5 km : . A 10 km : Piscine plein air . A 15 km : . Coat Forest. ☎ 02 98 21 91 04. Fax : 02 98 21 91 38.

HENVIC

5-B2 12 km N.-O. Morlaix. 1222 hab. ✉ 29670

CAMP MUNICIPAL DE KERILIS ★★ Tourisme 50 E. 1,5 ha., ap. 22 h. 2 courts. ☎ 02 98 62 82 10.

HUELGOAT

5-C2 40 km N.-E. Chateaulin. 175 m. 2090 hab. ✉ 29690

LA RIVIERE D'ARGENT ★★ Tourisme 84 E. dont 72 nus, , dont 4 GCC, 2 ha. , snack, , sur pied, sèche-linge, CV. Locations : 12, 4, 2 . chauffée 1 court. Accès direct à la rivière. Lac à 3 km. . Accueil groupes. La Coudraie, route touristique Huelgoat-Carhaix. ☎ 02 98 99 72 50. E-mail : campriviere@wanadoo.fr, Web : www.lariviere.com. Prix 2007. Fft jour : Empl. Tourisme : 14.80 € () ; Sup : 4 € 2,70 € ; 3,60 € (6 A) ; Animaux 1,20 € (Sauf 1e Cat). Réduction H.S.

LE LAC ★★ Tourisme 75 E. 1 ha. CV. Accès direct aux bords du lac et à la rivière. . Accueil groupes. Picine à 100 m. ☎ 02 98 99 78 80 / 02 98 99 71 55. Fax : 02 98 99 75 72. E-mail : mairie.huelgoat@wanadoo.fr.

ILE TUDY

5-B3 22 km S. Quimper. 552 hab. ✉ 29980

PEN AR PALUD ★★★ Loisirs 60 E. 1 ha. CV. Locations : 7, 20 . à 100 m : . 400 m RD 144. ☎ 02 98 51 97 00. Fax : 02 98 51 97 65.

CAMP G.C.U. Réservé aux adhérents. Adhésion possible sur place pour les sociétaires MAIF et FILIA MAIF. Le Sillon.

CAMP MUNICIPAL DU SILLON ★★ Tourisme 162 E. 2 ha. . Locations : . Bord de mer à 20 m. . Avenue des Sports. Sèche-linge. ☎ 02 98 56 42 57 (Mairie) / 02 98 56 43 39 / 02 98 56 42 57 (H.S.). Fax : 02 98 51 92 04. E-mail : mairie.iletudy@wanadoo.fr, Web : www.ile-tudy.com.

LE BOIS D'AMOUR ★★ Tourisme 70 E. 0,9 ha. . Locations : , . Bord de mer à 150 m. à 100 m : . 18 bis, avenue des Sports. ☎ 02 98 56 43 54.

KERLOUAN

5-B1 32 km N. Brest. 2623 hab. ✉ 29890

CAMP MUNICIPAL ★ Tourisme 200 E. dont 200 nus 4,50 ha. CV. Accès direct à la mer. . Bendin Lestonquet. Voie express Rennes-Brest. Sortie Landerneau/Ploudaniel/Lesneven/Kerlouan. ☎ 02 98 83 92 87 / 02 98 83 93 13 (H.S.). Fax : 02 98 83 92 53. E-mail : otkerlouan@cotedeslegendes.com, Web : www.kerlouan.cotedeslegendes.com.

CAMP MUNICIPAL DE RUDOLOC ★ Tourisme 75 E. 4 ha. CV. Locations : . Accès direct à la mer. . ☎ 02 98 83 97 24 / 02 98 83 93 13.

CAMP DE NEIZ-VRAN Non classé 84 E. 3 ha. CV. Locations : . Bord de mer à 25 m. . Accueil groupes. N 12 Brest-Morlaix sortie Lesneven puis Kerlouan et pointe de Neiz-Vran. ☎ 02 98 25 63 11. Fax : 02 98 25 63 11. E-mail : blue.camping@wanadoo.fr, Web : www.camping-bretagne-kerlouan.com. Réduction H.S.

LAMPAUL PLOUARZEL

5-A2 25 km N.-O. Brest. 35 m. 1583 hab. ✉ 29810

CAMP MUNICIPAL PORSPAUL ★★ Tourisme 200 E. 5 ha. . Bord de mer à 100 m. . Dir. Brest, St-Renan, Plouarzel, Lampaul-Plouarzel (CD 5). ☎ 02 98 84 03 56 / / 02 98 84 04 74 (H.S.). Fax : 02 98 84 04 34. E-mail : omt.lampaul.plouarzel@wanadoo.fr, Web : .

LAMPAUL PLOUDALMEZEAU

5-A2 27 km N.-O. Brest. 24 m. 610 hab. ✉ 29830

CAMP MUNICIPAL DES DUNES ★★ Tourisme 76 E. Vourch. ☎ 02 98 48 14 29 / 02 98 48 11 28 (Mairie).

LANDEDA

5-A2 30 km N.-N.-O. Brest. 55 m. 2397 hab. ✉ 29870

LES ABERS ★★★ Tourisme 180 E., dont 4 HLL, 3,5 ha. CV. Locations : 22 , . Accès direct à la mer. . De Brest, dir. Gouesnou, traverser Bourg-Blanc, Lannilis et Landeda dir. Dunes de Ste-Marguerite D 13. ☎ 02 98 04 93 35. Fax : 02 98 04 84 35. E-mail : camping-des-abers@wanadoo.fr, Web : www.camping-des-abers.com. Réduction H.S.

CAMP MUNICIPAL PEN ENEZ ★ Tourisme 100 E. dont 100 nus 1,5 ha. , pain, CV. Bord de mer à 150 m. ; à 100 m : . Accueil groupes. Ouv : 15.4 / 30.9. ☎ 02 98 04 99 82 / 06 18 10 07 65 (H.S.). Fax : 02 98 04 99 82. E-mail : camping.pennenez@orange.fr, Web : www.camping-penn-enez.com. Prix 2008. Empl. Tourisme : 3 € ; 2,10 € ; 5,10 € ; 2,60 € ; - de 7 ans 1,50 € ; 2,80 € ; 1 € ; Animaux 1,30 €. Réduction H.S.
FFCC : partenaire + réduction emp. de 5 % en saison et 15 % hors saison + Stop accueil Camping-car du 01/04 au 30/06 et 01/09 au 30/09/2008, accès jusqu'à 23h.

FORT CEZON ★ Tourisme 36 E. . Bord de mer à 300 m. Rivière à 4 km. ; à 3 km : . 201, Kerar Moal. ☎ 02 98 04 93 46. Fax : 02 98 04 93 46. E-mail : FMF.ACH@wanadoo.fr, Web : www.camping-en-finistere.com/fort-cezon. Prix 2007. Empl. Tourisme : 2,50 € () : 2,50 € ; 2,40 € ; - de 7 ans 1,20 € ; 2,30 € (10 A) ; 1 €.

LANDELEAU

5-C3 33 km E. Châteaulin. 90 m. 1108 hab. ✉ 29530

AIRE NATURELLE MUNICIPALE Le Stang. ☎ 02 98 93 82 16 (Mairie). Fax : 02 98 93 83 92.

LANDERNEAU

20 km E. Brest. 21 m. 15531 hab. ✉ 29800

CAMP MUNICIPAL DES BERGES DE L'ELORN ★★ Tourisme 42 E. dont 42 nus 0,35 ha. , mise a disposition gratuite du congélateur, CV. Locations : 9 . Rivière à 50 m. ; à 100 m : . Ouv : début avril / fin octobre. Rue du Calvaire. ☎ 02 98 21 66 59 / 02 98 85 43 00 (Mairie) (H.S.). Fax : 02 98 85 43 35. E-mail : ti-ker-landerne@mairie-landerneau.fr, Web : www.ville-landerneau.fr.

LANDEVENNEC

5-B2 24 km N.-O. Chateaulin. 80 m. 377 hab. ✉ 29560

CAMP MUNICIPAL DU PAL ★ Tourisme 20 E. dont 20 nus 0,4 ha. CV. Accès direct à la mer. . Accueil groupes. Ouv : 1.4 / 31.10. 200 m RD 60. ☎ 02 98 27 72 65 (Mairie). Fax : 02 98 27 34 79. Prix 2007. Empl. Tourisme : 2,60 € ; 1,90 € ; 1 € ; 2 € ; 1,25 €.

LANDUDEC

5-B3 19 km O. Quimper. 1232 hab. ✉ 29710

BEL AIR ★★★★ Tourisme 197 E. dont 50 nus, , dont 120 CC - 25 GCC - 35 HLL, 7 ha. CV. Locations : 50 . chauffée . Accès direct à l'étang et aux bords du lac. . Accueil groupes. Ouv : 1.5 / 30.9. Lieu-dit Keridreuff, 700 m RN 165 puis RN 784. Parc de Loisirs gratuit pour les campeurs. ☎ 02 98 91 50 27. Fax : 02 98 91 55 82. E-mail : camping-dubelair@wanadoo.fr, Web : www.parc-loisirs-belair.com et www.belaircamping.com. Prix 2008. Fft jour ; Empl. Tourisme (2) : 23 € ((10 A)) ; Sup : 6,50 € - de 7 ans 5,50 € ; Animaux 2 €. Réduction H.S.

LANDUNVEZ

5-A2 29 km N.-O. Brest. 1315 hab. ✉ 29840

CAMP MUNICIPAL SAINT GONVEL ★ Tourisme 133 E. 4 ha. Accès direct à la mer. ; à 300 m : . 100 m CD 27, à 250 m d'Argenton. ☎ 02 98 89 91 00 / 02 98 89 91 02 (H.S.). Fax : 02 98 89 50 41. E-mail : landunvez.mairie@wanadoo.fr.

LANILDUT

5-A2 24 km N.-O. Brest. 50 m. 718 hab. ✉ 29840

LE TROMEUR ★★ Tourisme 70 E. dont 66 nus 2,7 ha. CV. Locations : 2, 1. Bord de mer et rivière à 500 m. à 1 km : . Accueil groupes. Ouv : 1.5 / 30.9. 11 route du Camping. Prendre l'axe : parc des expositions/St-Renan/Ploudalmézeau, tourner vers Brélès-Lanildut. ☎ 02 98 04 31 13. E-mail : tromeur@vive-les-vacances.com, Web : www.vive-les-vacances.com/tromeur. Prix 2007. Fft jour ; Empl. Tourisme (2) : 9 € ; Sup : 3 € - de 7 ans 2 € ; 2 € (5/10 A) ; Animaux 1 €.

FFCC : partenaire + réduction emp. de 5 % en saison et 10 % hors saison + carte FFCC assurance annulation + réduction loc. de 5 % hors saison.

LANVEOC

5-B2 34 km N.-O. Chateaulin. 255 m. 2895 hab. ✉ 29160

GWEL KAER ★★ Tourisme 98 E. 1,5 ha. ap. 22h30, CV. Locations : 6. half-court. Accès direct à la mer. ; à 5 km : .Accueil adultes. Ouv : 1.4 / 30.9. Sur RD 55. Port du Fret. ☎ 02 98 27 61 06 / 06 21 30 85 16 (H.S.). Fax : 02 98 26 17 73. E-mail : info@camping-gwel-kaer.com. Prix 2008. Empl. Tourisme : 3,80 € ; 1,90 € ; 6 € ; 3,80 € ; - de 7 ans 1,95 € ; 2,90 à 3,10 € ; Animaux 0,90 €. Réduction H.S.

LA CALE ★★ Tourisme 51 E. 0,5 ha. Accès direct à la mer. RD 63. ☎ 02 98 27 54 11 / 02 98 27 58 91. Fax : 02 98 27 54 11.

LESCONIL

5-B4 23 km S.-O. Quimper. 20 m. 3022 hab. ✉ 29740

LES SABLES BLANCS ★★ Tourisme 80 E. 2,44 ha. crèperie, snack, 2, CV. Locations : 9, 5. Bord de mer à 800 m. ; à 800 m : ; à 9 km : . Ouv : 1.04 / 30.09. Kéralouet. Lesconil dir. Loctudy par la côte. ☎ 02 98 87 84 79 (Camping) / 02 38 72 53 43 (Domicile) / 02 38 72 53 43 (H.S.). E-mail : sriviere@magic.fr, Web : www.campingdessablesblancs.fr. Prix 2007. Fft jour : Empl. Tourisme : 9 € ; Sup : 2,40 € 1,40 € ; 1,80 € (2 A) ; Animaux 1,20 €. Réduction H.S.

Voir aussi PLOBANNALEC

LESNEVEN

5-B2 28 km N.-E. Brest. 75 m. 7087 hab. ✉ 29260

CAMPING DE L'HIPPODROME,aire naturelle ☎ 02 98 21 07 01. Fax : 02 98 83 30 19.

LOCMARIA PLOUZANE

5-A2 12 km O. Brest. 72 m. 2732 hab. ✉ 29280

CAMP MUNICIPAL DE PORTEZ ★★ Tourisme 100 E. 1 ha. CV. Locations : 2, 5. Bord de mer à 150 m. à 150 m : ; à 2 km : . Accueil groupes. Ouv : 1.5 / 31.10. N 12 et N 165 sortie Brest, prendre dir. le Conquet. ☎ 02 98 48 49 85 / 02 98 48 40 09 (Mairie) (H.S.). Fax : 02 98 48 93 21. E-mail : loc-maria-plouzane.mairie@wanadoo.fr, Web : www.locmaria-plouzane.fr. Prix 2007. Empl. Tourisme : 4,10 € ; 3,10 € ; - de 13 ans 2,10 € ; 2,47 € (8 A) ; Animaux 1,05 €. Réduction H.S.

LOCQUIREC

5-C1 22 km N.-E. Morlaix. 10 m. 1081 hab. ✉ 29241

BELLEVUE ★★ Tourisme 40 E. 0,6 ha. Locations : . Bord de mer à 50 m. RN 12 Sortie Lanmeur-Plouigneau Dir. Locquirec et D 64A au Moulin de la Rive. ☎ 02 98 78 80 80.

CAMP MUNICIPAL ★★ Tourisme 247 E. 8 ha. Locations : . Accès direct à la mer. Fond de la baie. ☎ 02 98 67 40 85 / 02 98 67 42 20 (Mairie).

G.C.U. LES SABLES BLANCS Réservé aux adhérents. Adhésion possible sur place pour les sociétaires MAIF et FILIA MAIF.

LE RUGUNAY ★★ Tourisme 99 E. 1,2 ha. CV. Locations : 15, 2. Bord de mer à 250 m. Rivière à 500 m. ; à 250 m : . Accueil groupes. Ouv : Pâques / 30.9. Rés. obligatoire en été. 150 m RD 64. ☎ 02 98 67 41 06 / 02 96 38 05 97 (H.S.). E-mail : jean-michel.guillanton@wanadoo.fr. Prix 2007. Empl. Tourisme : 3,11 € ; 1,82 € ; 3,26 € ; - de 7 ans 2,62 € ; 3,26 à 4,10 € (4 à 10 A) ; Animaux 1,40 € (chien). Réduction H.S.

FFCC : partenaire + réduction emp. de 5 % hors saison.

LOCRONAN

5-B3 16 km S.-O. Chateaulin. 145 m. 704 hab. 29180

CAMP DE LOCRONAN ★★ Tourisme 125 E. dont 70 nus 1,45 ha. CV. Locations : . couverte chauffée . Bord de mer à 4 km. à 4 km : . Ouv : 15.5 / 15.10. Rés. obligatoire en été. Rue de la Tromérie, 200 m CD 7. ☎ 02 98 91 87 76. E-mail : contact@camping-lacronan.fr, Web : www.camping-lacronan.fr.

FFCC : partenaire + réduction emp. de 5 % hors saison + carte FFCC assurance annulation + réduction loc. de 5 % hors saison.

LOCTUDY

5-B3 25 km S. Quimper. 10 m. 3560 hab. 29750

LES HORTENSIAS ★★★ Tourisme 100 E. dont 76 nus (92 Tourisme + 8 Loisirs), dont 24 GCC, 1,50 ha. , Pizza/Rôtisserie (1 fois/sem.), , + sèche-linge, la nuit, CV. Camping clef verte. Locations : 15 , 5 . chauffée . Bord de mer à 300 m. à 300 m : , , ; à 2 km : ; à 6 km : . Accueil groupes. Ouv : 1.4 / 30.9. RD 2. ☎ 02 98 87 46 64 / 06 09 91 94 39 (H.S.). E-mail : leshortensias@libertysurf.fr, Web : www.camping-les-hortensias.com & www.camping-loctudy.com. Prix 2008. Fft jour : Empl. Tourisme (2) : 16,20 € ( ) ; Sup : 4 € - de 7 ans 2,70 € ; 2,60 à 3,40 € (3 à 6 A) ; Animaux 1,50 €. Réduction H.S.

LES MOUETTES ★★★ Tourisme 68 E. 1 ha. CV. Locations : , 10 , 2 . Bord de mer à 50 m. ; ; ; . Ouv : 15.6 / 30.9. Route de l'Arvor. Plage Ezer Lodonnec. ☎ 02 98 87 43 51 / 06 62 44 43 51 (H.S.). Prix 2007. Empl. Tourisme : 4 € () : 2 € ; 2 € ; 4,50 € ; 2 € ; 3 € ; E. GCC 10 € ; Animaux 1,20 €.

CAMP MUNICIPAL DE LANGOZ ★★ Tourisme 85 E. 1,5 ha. . Bord de mer à 50 m. à 50 m : , . 400 m RD 2. ☎ 02 98 87 44 03.

KERANDRO ★★ Tourisme 69 E. . Locations : , . Bord de mer à 1 km. ☎ 02 98 54 54 08 / 02 98 87 90 91.

LE COSQUER ★★ Tourisme 30 E. 0,4 ha. pain, CV. Bord de mer à 400 m. Etang à 1 km. ; ; ; . Accueil groupes. ☎ 02 98 87 52 92.

LE KERGALL ★★ Tourisme 99 E. 1,4 ha. CV. Locations : . Accès direct à la mer. ; ; ; à 50 m : . Ouv : Pâques / 30.9. ☎ 02 98 87 45 93 / 02 98 87 59 80 (H.S.). Fax : 02 98 87 45 93. Prix 2007. Fft jour : Empl. Tourisme (2) : 11 € ( ) ; Sup : 3 € - de 7 ans 1,75 € ; 2,30 à 3,20 € (4 à 10 A) ; 0,75 € ; Animaux 1 €.

LA PALUE DU COSQUER ★ Tourisme 55 E. . Accès direct à la mer. ; ; ; . Rés. Comité Entreprise Aérospatiale.

Mme DANIEL,aire naturelle . A 300 m : . A 3 km: . ☎ 02 98 87 52 41.

LOCUNOLE

5-C3 48 km S.-E. Quimper. 836 hab. 29310

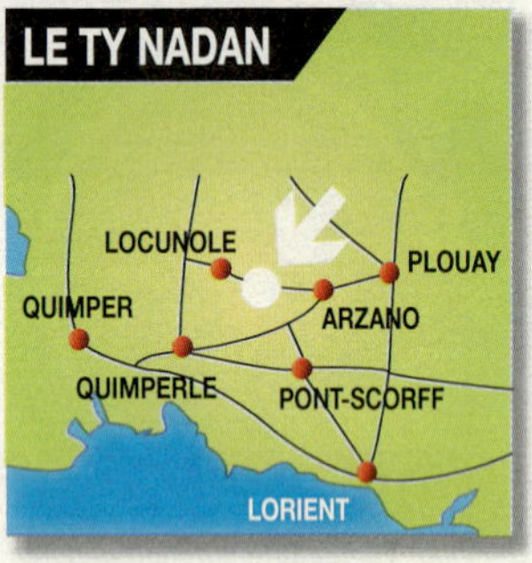

TYNADAN ★★★★ Tourisme 325 E., dont 110 GCC, 23 ha. CV. Locations : 9 , 49 , , . chauffée . Accès direct à la rivière. ; ; ; ; . Accueil groupes. Ouv : 1.04 / 7.09. 2,5 km du bourg, route d'Arzano Locunolé. Site d'escalade. 3 parcs aventures, quad, équitation, base nautique. ☎ 02 98 71 75 47. Fax : 02 98 71 77 31. E-mail : infos@camping-ty-nadan.fr, Web : www.camping-ty-nadan.fr. Réduction H.S.

FFCC : partenaire + réduction emp. de 5 % en saison et hors saison + réduction loc. de 5 % hors saison + HC.

LOGONNA DAOULAS

5-B2 24 km S.-E. Brest. 1312 hab. 29460

CAMP LE ROZ ★★ Tourisme 80 E. dont 77 nus 1,50 ha. . Locations : , . Bord de mer à 10 m. ; ; ; . Accueil groupes. Ouv : 1.4 / 31.10. ☎ 02 98 20 67 86. E-mail : . Prix 2007. Fft jour : Empl. Tourisme (2) : 10 € Sup : 3 € 1,80 € ; 3 €.

FFCC : partenaire + réduction emp. de 10 % hors saison + Stop accueil Camping-car du 01/04 au 31/10/2008 + réduction loc. de 10 % hors saison.

GOUELET KER ★ Loisirs 50 E. . ☎ 0298206452. E-mail : goueletker@hotmail.com, Web : http://www.camping-goueletker.com.

MAHALON

5-A3 28 km O. Quimper. 59 m. 711 hab. 29790

LE GOYEN ★★ Tourisme 49 E. (40 Tourisme + 9 Loisirs), dont 9 GCC - 4 HLL, 1,5 ha. CV. Locations : 4 , 3 , 9 . Rivière à 1 km. ; à 4 km : ; à 8 km : . Accueil groupes. Ouv : 1.1 / 31.12. Rés. obligatoire en été. Kerzal. ☎ 02 98 70 40 20 / 02 98 70 41 36 (H.S.). Fax : 02 98 74 59 31. E-mail : christian.vigouroux6@wanadoo.fr, Web : www.camping-du-goyen.com. Prix 2007. Empl. Tourisme : 2 € () : 1,50 € ; 4 € ; 3 € ; - de 7 ans 2 € ; 2 € (6 A) ; Animaux 1 €.

MELGVEN

5-C3 26 km S.-E. Quimper. 2809 hab. 29140

CAMP MUNICIPAL LE BUDOU ★ Tourisme 60 E. 1 ha. . Locations : . Route du Budou. ☎ 02 98 97 90 11 (Mairie).

MILIZAC

5-A2 12 km N.-O. Brest. 90 m. 2390 hab. 29290

LE VILLAGE LOISIRS ★★★★ Tourisme 50 E. dont 17 nus, dont 8 CC - 17 GCC, 3,5 ha. , mai/août, mai/août, , mai/août, CV. Locations : 14 , 19 . couverte chauffée . Accès direct à l'étang et aux bords du lac et à la rivière. ; ; . Accueil groupes. Ouv : 1.1 / 31.12. Lac des 3 Curés. En bordure de la RD 26 à 8 km au Nord de Brest. ☎ 02 98 07 92 17. Fax : 02 98 07 97 38. E-mail : info@villageloisirs3cures.com, Web : www.villageloisirs3cures.com. Prix 2007. Fft jour : Empl. Tourisme (2) : 16 € ( ) ; Sup : 4 € - de 8 ans 2,50 € ; 2 à 3 € (4 à 10 A) ; Animaux 1,50 € (chien). Réduction H.S.

M. BONNEFOY,aire naturelle , CV. A 3 km: . ☎ 02 98 07 95 59. Fax : 02 98 07 79 13.

MOELAN SUR MER

5-C4 40 km S.-E. Quimper. 28 m. 6501 hab. 29350

L'ILE PERCEE ★★★ Tourisme 65 E. 0,8 ha. CV. Locations : 3 , 5 . Bord de mer à 50 m. ; ; ; . Accueil groupes. Plage de Trenez, 8 km de la commune. Voie express N 165. Sortie Quimperlé centre dir. Moelan/mer les Plages, passer Kergroes puis plage de Trenez. ☎ 02 98 71 16 25 / 02 35 84 89 35 (H.S.) / 02 35 84 89 35 (H.S.). Réduction H.S.

TAL AR MOOR ★★ Tourisme 90 E. 1,3 ha. CV. Locations : 3 , 5 , . . Bord de mer à 100 m. Rivière à 150 m. ; à 100 m : , , . Kerfany-les-Pins. ☎ 02 98 71 11 98.

KERLASSET **Tourisme Saisonnier** 16 E.

NEVEZ

5-C4 39 km S.-E. Quimper. 40 m. 2700 hab. 29920

LE RAGUENES PLAGE ★★★★ Tourisme 287 E., dont 107 CC - 180 GCC, 6 ha. CV. Locations : 47 . chauffée . Bord de mer à 300 m. ; ; ; à 300 m : , . Ouv : 1.4 / 30.9. 19 rue des Iles. Raguénès. ☎ 02 98 06 80 69. Fax : 02 98 06 89 05. E-mail : info@camping-le-raguenes-plage.com, Web : www.camping-le-raguenes-plage.com. Prix 2007. Fft jour : Empl. Tourisme (2) : 28 € ( ) ; Sup : 5,70 € - de 7 ans 3,30 € ; 3,50 à 4,60 € (6 à 10 A) ; Animaux 2,50 €. Réduction H.S.

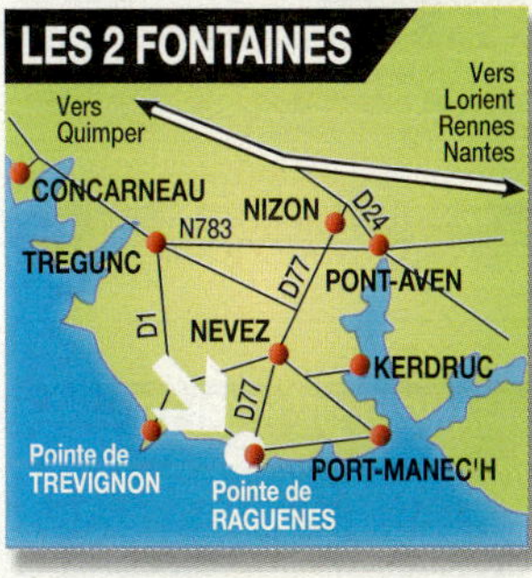

LES DEUX FONTAINES ★★★★ Tourisme 293 E. dont 130 nus, 5 ha. , juillet/août, CV Sanitaire chauffé. Locations : 11 , 29 . chauffée . Etang à 20 m. Bord de mer à 900 m. ; à 900 m : , , ; à 3 km : .Accueil adultes. Ouv : 8.5 / 13.9. Raguénes. N 165 sortie Kérampaou puis dir. Nevez-Raguenes. ☎ 02 98 06 81 91. Fax : 02 98 06 71 80. E-mail : info@les2fontaines.fr, Web : www.les2fontaines.fr. Prix 2008. Fft jour : Empl. Tourisme (2) : 32,50 € ( ) ; - de 7 ans 4,10 € ; 3,60 € (6 A) ; Animaux 3,60 €. Réduction H.S.

FFCC : Stop accueil Camping-car du 08/05 au 13/09/2008, accès jusqu'à 20h.

LE SAINT NICOLAS ★★★ Tourisme 180 E. 3,5 ha. CV. Locations : 11 . chauffée . Bord de mer à 200 m. ; à 200 m : , , .Accueil adultes. Ouv : 1.5 / 14.9. Lieu-dit Port Manech, 300 m RD 77. Sortie N 165 à Kérampaou. ☎ 02 98 06 89 75. Fax : 02 98 06 74 61. Web : www.campinglesaintnicolas.com. Prix 2008. Empl. Tourisme : 10,60 € ; 5,20 € , - de 7 ans 3,30 € ; 3,30 à 4 € (6 à 10 A) ; Animaux 1,50 €. Réduction H.S.

L'OCEAN ★★★ Tourisme 150 E. dont 138 nus 1,50 ha. , partiel, CV. Locations : 7 . chauffée . Accès direct à la mer. à 300 m : , , , . Ouv : 15.5 / 15.9. Raguénès. RN 165 et D 77. ☎ 02 98 06 87 13. Fax : 02 98 06 78 26. E-mail : campingocean@orange.fr. Prix 2008. 9,40 € ; 9,40 € ; 9,40 € ; 5,30 € ; - de 7 ans 3,40 € ; 3,50 à 3,70 € (4 à 6 A) ; Animaux 1,50 €. Réduction H.S.

KERAEREN ★★ Tourisme 132 E. 1,5 ha. .à 300 m : . ☎ 02 98 06 80 38.

Toute l'année, les Clubs organisent des rassemblements, des rencontres ou des voyages. Consultez la liste des Clubs en fin de guide.

LE VIEUX VERGER-TY NOUL ★★ Tourisme 123 E. 2,5 ha. , partiel, CV. Locations : 2 , 5 . Bord de mer à 600 m. ; ; à 600 m : , . Ouv : Pâques / 30.9. Raguenès. N 165 et D 783. ☎ 02 98 06 86 08 / 02 98 06 83 17 (H.S) (H.S.). Fax : 02 98 06 76 74. Prix 2007. Empl. Tourisme : 4 € () : 2,10 € ; 2,10 € ; 4,30 € ; - de 7 ans 2,30 € ; 3 à 3,60 €. Réduction H.S.

LES CHAUMIERES ★★ Tourisme 110 E. dont 100 nus, , dont 4 GCC, 3 ha. , pain, CV. Locations : 6 , 2 . Bord de mer à 800 m. ; ; ; ; . Accueil groupes. Ouv : 15.5 / 15.9. Kerascoet. A Nevez D 77, dir. Port Manech et 1 km après la sortie du bourg, à droite direction Kerascoët. ☎ 02 98 06 73 06. Fax : 02 98 06 78 34. E-mail : campingdeschaumieres@wanadoo.fr. Prix 2008. Empl. Tourisme : 6,70 € () : 4,55 € ; - de 6 ans 2,50 € ; 3,40 à 3,80 € ; Animaux 1,25 €. Réduction H.S.

LES GENETS ★★ Tourisme 97 E. 2 ha. CV. Locations : 4 , 10 . Bord de mer et rivière à 3 km. à 3 km : . Accueil groupes. Ouv : 15.6 / 15.9. 500 m RD 77, route de Saint-Philibert. ☎ 02 98 06 86 13 / 02 98 06 72 31 (H.S.). E-mail : campinglesgenets@aol.com. Prix 2007. Empl. Tourisme : 3,20 € () : 10 € ; 3,20 € ; - de 7 ans 2,30 € ; 2,40 à 5 € ; Animaux 1 €.

PENMARCH

5-B4 30 km S.-O. Quimper. 10 m. 6466 hab. ✉ 29760

DOMAINE DE LA JOIE ★★★ Tourisme 232 E., dont 22 GCC, 4 ha. CV. Locations : 1 , 2 , 22 , 5 . chauffée . Bord de mer à 50 m. ; ; ; à 50 m : . A Saint-Guénolé, 100 m RD 80, 440 m RN 785. ☎ 02 98 58 63 24. Fax : 02 98 58 57 01. E-mail : info@domainedelajoie.fr, Web : www.domainedelajoie.com.

LE GRAND BLEU ★★★ Tourisme 105 E. dont 91 nus, dont 14 GCC, 1,4 ha. CV. Locations : 14 . Bord de mer à 50 m. ; à 50 m : , , . Ouv : 1.4 / 15.9. Rés. obligatoire en été. Plage du Steir. Quimper/Pont-l'Abbé/Penmarch. ☎ 02 98 58 53 73 / 02 98 58 31 16 (H. Repas) (H.S.). Fax : 02 98 58 63 87. E-mail : grand.bleu@wanadoo.fr. Prix 2008. Empl. Tourisme : 3,40 € ; 1,60 € ; 1,90 € ; 3,70 € ; - de 7 ans 2,20 € ; 2,60 € (6 A) ; Animaux 1,35 €.

VILLAGE LA PLAGE ★★★ Tourisme 410 E. dont 196 nus, , dont 10 GCC - 18 HLL, 10 ha. CV. Locations : 4 , 12 , , , , Cottages. couverte chauffée . Accès direct à la mer. ; ; ; ; ; . Ouv : 5.4 / 15.9. Lieu-dit Ster Poulguen, 1,5 km RN 785. Dir. Quimper, D 785 Pont-l'Abbé/Plomeur puis D 57 Guilvinec. ☎ 02 98 58 61 90. Fax : 02 98 58 89 06. E-mail : info@campingsbretagnesud.com, Web : www.villagelaplage.com. Prix 2008. Fft jour : Empl. Tourisme (2) : 40 € ((5 A)) ; Sup : 7 € - de 10 ans 5 € ; Animaux 4,50 €. Réduction H.S.

CAMP MUNICIPAL TOUL AR STER ★★ Tourisme 205 E. 2 ha. . Bord de mer à 100 m. ; ; ; ; . ☎ 02 98 58 86 88. Fax : 02 98 58 56 77.

G.C.U. KERITY Réservé aux adhérents. Adhésion possible sur place pour les sociétaires MAIF et FILIA MAIF.

LES GENETS ★★ Tourisme 100 E. dont 70 nus 3,4 ha. CV Sanitaire chauffé. Locations : , , . chauffée . Bord de mer à 1,5 km. à 1,5 km : , ; à 2 km : , . Accueil groupes. Ouv : 1.4 / 30.9. Rés. obligatoire en été. Accès par RD Penmarc'h-Loctudy puis par le CD 53. ☎ 02 98 58 66 93 / 06 83 15 85 92 (H.S.). Fax : 02 98 58 64 15. E-mail : rohartp@wanadoo.fr, Web : www.genets.fr. Prix 2008. Empl. Tourisme : 9,50 € () : 1,90 € ; 3,80 € ; - de 7 ans 2,60 € ; 3,20 € (10 A) ; Animaux 1,50 €.

PEUMERIT

5-B3 20 km S.-O. Quimper. 755 hab. ✉ 29710

M. DANIEL Rémi, aire naturelle . A 2 km : . A 6 km : . A 10 km : Piscine plein air . Camping à la ferme, Penguilly, 2 km de la commune, à proximité de la ferme. Terrain herbeux entouré d'arbres. ☎ 02 98 82 91 35.

PLEYBEN

5-B3 11 km E. Chateaulin. 100 m. 3897 hab. ✉ 29190

CAMP MUNICIPAL ★★ Tourisme 75 E. 1,3 ha. . Rivière à 20 m. ; . A Pont Coblant, 100 m RN 785. ☎ 02 98 73 31 22 / 02 98 26 68 11 (Mairie). Fax : 02 98 26 38 99. E-mail : communedepleyben@wanadoo.fr.

PLOBANNALEC

5-B3 23 km S.-O. Quimper. 20 m. 2844 hab. ✉ 29740

VILLAGE LE MANOIR DE KERLUT ★★★★ Tourisme 240 E. dont 50 nus, , dont 10 GCC - 22 HLL, 9 ha. CV. Locations : 21 , 34 , 8 , , , Cottages. chauffée . Bord de mer à 2 km. ; à 2 km : , , , . Accueil groupes. Ouv : 26.4 / 30.9. A Lesconil. N 165 Quimper, D 785 Pont l'Abbé, D 102 Plobannalec-Lesconil. ☎ 02 98 82 23 89. Fax : 02 98 82 26 49. E-mail : info@campingsbretagnesud.com, Web : www.domainemanoirdekerlut.com. Prix 2008. Fft jour : Empl. Tourisme (2) 1 - de 10) : 39 € ((5 A)) ; Sup : 7 €Animaux 4,50 €. Réduction H.S.

LA GRANDE PLAGE ★★★ Tourisme 120 E. dont 115 nus, dont 5 GCC, 1,8 ha. CV. Locations : 5 , 2 . Bord de mer à 300 m. à 300 m : , , ; à 1 km : ; à 7 km : .Accueil adultes. Ouv : 1.5 / 30.9. 71, rue Paul Langevin. Quimper/Pont-L'Abbé/Lesconil. A Lesconil, prendre Guilvinec par la côte sortie du village. ☎ 02 98 87 88 27. Fax : 02 98 87 88 27. E-mail : campinggrandeplage@hotmail.com, Web : www.campinggrandeplage.com. Prix 2008. Empl. Tourisme : 6,45 € () : 2,25 € ; 4,35 € ; - de 7 ans 2,25 € ; 2,70 à 3,45 € (3 à 6 A) ; Animaux 1,65 €. Fft Ccar : 17,40 € (2).

LES DUNES ★★★ Tourisme 120 E. dont 120 nus 2,8 ha. , + sèche-linge, CV. Camping clef verte. Bord de mer à 100 m. ; ; à 100 m : , . Accueil groupes. Ouv : 3.6 / 9.9. A Lesconil. VC 7 sortie de Lesconil à 800 m vers Guilvinec. ☎ 02 98 87 81 78. Fax : 02 98 82 27 05. Prix 2008. Fft jour : Empl. Tourisme (2) : 20,80 € () ; - de 7 ans 3,05 € ; 3,50 € (6 à 10 A) ; Animaux 2 €.

CAMP DE KERALOUET ★★ Tourisme 64 E. dont 57 nus, dont 22 GCC. CV. Camping clef verte. Locations : 8 , 2 , 4 . Etang à 200 m. Bord de mer à 300 m. à 300 m : , , , . Ouv : 5.4 / 30.9. 11, rue Eric Tabarly. Route Lesconil/Loctudy. ☎ 02 98 82 23 05 / 06 86 08 39 35 (H.S.). Fax : 02 98 87 76 65. E-mail : campingkeralouet@wanadoo.fr, Web : www.campingkeralouet.com. Prix 2008. Fft jour : Empl. Tourisme (2) : 11,90 € ( ) ; Sup : 3 € - de 7 ans 1,90 € ; 2,80 à 3,80 € (4 à 8 A) ; E. GCC 4,50 € (suplt.) ; Animaux 1,80 €. Réduction H.S.

FFCC : partenaire + carte FFCC assurance annulation.

LES PINS (L.V.T.) ★★ 10 E. 4 ha. CV. Locations : , , , . . Bord de mer à 1 km. ; ; ; ; . A Lesconil, Goarem Lévérien, route de Guerveur. ☎ 02 98 87 81 77. Fax : 02 43 90 74 96. Web : www.les-pins-capfrance.com.

PLOEVEN

5-B3 14 km S.-O. Chateaulin. 100 m. 438 hab. ✉ 29550

LA MER ★★ Tourisme 54 E. dont 50 nus 0,95 ha. , buvette, CV. Locations : 4 , 4 . Bord de mer à 150 m. ; ; ; . Ouv : 1.6 / 30.9. Ty Anquer. Situé en baie de Douarnenez. Sur la route de Crozon/Morgat. ☎ 02 98 81 29 19 / 04 74 25 70 22 (H.S.). Fax : 02 98 81 29 19. E-mail : campingdelamer29@orange.fr, Web : www.campingdelamer29.fr. Prix 2007. Empl. Tourisme : 3 € ; 2 € ; 4,50 € ; 3 € ; - de 7 ans 2 € ; 2,70 € (6 A) ; 0,90 € (jeton) ; Animaux 1,30 €.

PLOGASTEL ST GERMAIN

5-B3 15 km O. Quimper 105 m. 1670 hab. ✉ 29710

LA ROCAILLE ★★ Tourisme 36 E. , pain, CV. Locations : 4 . Accès direct à la mer. Situé sur la route de Quimper, Pointe du Raz. ☎ 02 98 54 58 13 / 06 72 34 73 13.

PLOGOFF

5-A3 49 km O. Quimper. 77 m. 2138 hab. ✉ 29770

KERGUIDY IZELLA ★ Tourisme 25 E. 1 ha. CV. Bord de mer à 3 km. ☎ 02 98 70 35 60. E-mail : jean-noel.le-bars@wanadoo.fr.

PLOGONNEC

5-B3 13 km N.-O. Quimper. 289 m. 2888 hab. ✉ 29180

CAMP AR VODEN ★★ Tourisme 100 E. 6 ha. CV. Locations : 3 . Bord de mer à 5 km. Ouv : 15.6 / 15.9. Venant de Quimper D 39 puis D 63 et suivre signalétique camping. Venant de Douarnenez suivre dir. Locronan puis Plas Ar Hom. Venant de Chateaulin suivre Locronan puis Plas Ar Hom. Accueil groupes. ☎ 02 98 51 80 02. Fax : 02 98 51 80 02. E-mail : contact@camping-ar-voden.fr, Web : www.camping-ar-voden.fr. Prix 2008. Fft jour : Empl. Tourisme (2) : 12,80 € ( ) ; Sup : 3,50 € - de 7 ans 2,50 € ; 3 € (6 A) ; Animaux 1,10 €. Empl. Loisirs : 230 €(fft 1 semaine). Fft Ccar : 12 € (2).

FFCC : partenaire + réduction emp. de 5 % hors saison + carte FFCC assurance annulation + réduction loc. de 5 % hors saison.

PLOMEUR

5-B3 24 km S.-O. Quimper. 2852 hab. ✉ 29120

CAMP DE LA TORCHE ★★★ Tourisme 155 E., dont 37 GCC - 22 HLL, 2,6 ha. CV. Locations : 16 , 16 , . chauffée . Bord de mer à 1,5 km. ; ; à 1,5 km : , . D 785. Route Pont l'Abbé/Penmarch/Plomeur. 2 km après Plomeur sur la route de la Pointe de la Torche. ☎ 02 98 58 62 82 / 06 84 43 98 61 (H.S.). Fax : 02 98 58 89 69. E-mail : info@campingdelatorche.fr, Web : www.campingdelatorche.fr. Réduction H.S.

LANVEN ★★ Tourisme 159 E. dont 120 nus (138 Tourisme + 21 Loisirs), dont 39 GCC, 2,2 ha. snack, CV. Locations : 5. Bord de mer à 3 km. à 3 km : ; à 10 km : . Accueil groupes. Ouv : 1.4 / 30.9. Lanven Beuzec, 3 km du centre ville. Dir. La Torche. ☎ 02 98 82 00 75 / 06 61 86 45 16 (H.S.). Fax : 02 98 82 04 37. E-mail : campinglanven@wanadoo.fr, Web : www.campinglanven.com. Prix 2008. Empl. Tourisme : 5,50 € ; 3,80 € ; - de 7 ans 2,10 € ; 2,50 € ; Animaux 1,45 €.

M. VAN DORSSEN Coen,aire naturelle CV. A 3 km: Piscine plein air. A 4 km : . A 6 km : . A 8 km : . Keraluic. Route de Pont-l'Abbé à St Jean Trolimon. ☎ 02 98 82 10 22. Fax : 02 98 82 10 22. E-mail : camping@keraluic.fr, Web : www.keraluic.fr.

PLOMODIERN

5-B3 12 km O. Chateaulin. 1977 hab. ✉ 29550

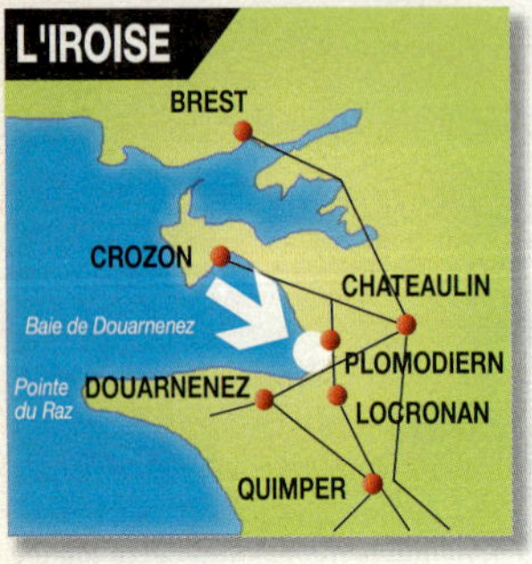

L'IROISE ★★★★ Tourisme 132 E. (125 Tourisme + 7 Loisirs), dont 26 CC - 16 GCC - 7 HLL, 2,5 ha. ap. 22 h, CV. Locations : 13, 14, couverte chauffée. Bord de mer à 100 m. ; 2 : à 100 m : . Accueil groupes. Ouv : 15.4 / 30.9. Plage de Pors-Ar-Vag. ☎ 02 98 81 52 72. Fax : 02 98 81 26 10. E-mail : campingiroise@aol.com, Web : www.camping-iroise.com. Prix 2008. Empl. Tourisme : 12,90 € () : 6,50 € ; - de 7 ans 4,10 € ; 3,80 € (6 A) ; Animaux 2 € (chien). Réduction H.S.

FFCC : partenaire + réduction emp. de 5 % en saison et 25 % hors saison + carte FFCC assurance annulation + réduction loc. de 50 % hors saison.

PARC DU MENEZ HOM ★★★ Tourisme 60 E. 3,5 ha. CV. Locations : 5. Bord de mer à 4,5 km. ; à 4 km : . Accès par Sainte Marie du Menez Hom, sur la N 787. ☎ 02 98 81 55 23. Fax : 02 98 81 55 23.

GOULIT AR GUER ★★ Tourisme 85 E., dont 25 GCC, 2,5 ha. ap. 22 h, CV. Locations : 3, 16, 5. Bord de mer à 100 m. ; ; à 100 m : . Ouv : 1.4 / 31.10. Salle de réunion. ☎ 02 98 81 52 71. E-mail : legoulit@wanadoo.fr, Web : www.goulit-ar-guer.fr. Prix 2007. Empl. Tourisme : 2,90 € ; 2,90 € ; 1,40 € ; 4,30 € ; 2,90 € ; 3,10 € ; - de 7 ans 1,70 € ; 2,50 € ; Animaux 1 €. Réduction H.S.

KER VELLA ★★ Tourisme 115 E. (109 Tourisme + 6 Loisirs), dont 37 GCC, 2,3 ha. CV. Locations : 10, 30, chauffée. Bord de mer à 500 m. à 400 m : . Accueil groupes. Ouv : 8.4 / 30.10. Rés. obligatoire en été. Polebred Plage. D 63. ☎ 02 98 26 50 14. Fax : 02 98 26 54 09. E-mail : alain.kervella@wanadoo.fr, Web : www.camping-kervella.com. Prix 2007. () : 6 € ; 2,15 € ; 8,15 € ; 6 € ; 4,55 € ; - de 7 ans 2,90 € ; 3,20 € (6/10 A) ; Animaux 1,15 €. Réduction H.S.

LA PLAGE DE PORS AR VAG ★★ Tourisme 72 E. 1 ha. CV. Locations : 5, 20. Accès direct à la mer. ; ; ; . Accueil groupes. Ouv : 1.4 / 31.10. Club nautique et G.R. à proximité. ☎ 02 98 81 51 42. Fax : 02 98 81 51 42. E-mail : dominique.le-mao@wanadoo.fr, Web : www.porsarvag.fr. Prix 2008. Fft jour : Empl. Tourisme (2) : 13 € () ; Sup : 3,78 € - de 7 ans 2,10 € ; 3,50 € (4 à 6 A) ; Animaux 1 €. Réduction H.S.

FFCC : partenaire + réduction emp. de 5 % en saison et 10 % hors saison + carte FFCC assurance annulation + Stop accueil Camping-car du 01/04 au 31/10/2008, accès jusqu'à 21h30.

TY ROUZ ★★ Tourisme 33 E. dont 19 nus, , dont 14 GCC, 1 ha. partiel, CV. Locations : 12. Bord de mer à 600 m. à 500 m : ; à 600 m : . Ouv : 1.3 / 30.9. ☎ 02 98 81 58 48. Fax : 02 98 81 58 63. Prix 2008. Empl. Tourisme : 3,75 € ; 2,75 € ; 4 € ; - de 7 ans 3 € ; 2,70 € (6 A) ; Animaux 1,75 €. Réduction H.S.

KERGORZ ★ Loisirs 40 E. 2,3 ha. CV. Locations : 8. Bord de mer à 100 m. ; ; ; . N 165 sortie Plomodiern puis dir. plage de Lestrevet. ☎ 02 98 26 50 41 / 02 99 00 71 71 (H.S.).

FFCC : partenaire - terrain assuré par la FFCC.

M. KERVELLA Alain CV. A 400 m : . A 500 m : . A 3 km: . A 6 km : . Ouv : 15.6 / 15.9. Polébred-Plage, prendre la D 63. 4 km de la commune, à proximité de la ferme. ☎ 02 98 26 50 14. Fax : 02 98 26 54 09. E-mail : alain.kervella@wanadoo.fr, Web : www.camping-kervella.com. Prix 2007. 6 € ; 2,15 € ; 8,15 € ; 6 € ; 4,55 € ; - de 7 ans 2,90 € ; 3,20 € (6 A) ; Animaux 1,15 €.

PLONEOUR LANVERN

5-B3 18 km S.-O. Quimper. 4515 hab. Station verte de vacances et village de neige ✉ 29720

CAMP MUNICIPAL DE MARIANO ★★ Tourisme 59 E. dont 56 nus CV. Locations : 3. Bord de mer à 5 km. à 5 km : , . Accueil groupes. ☎ 02 98 87 74 80 (Camping) / 02 98 82 66 00 (Mairie). Fax : 02 98 82 66 09. E-mail : Mairie.Ploneour.Lanvern@wanadoo.fr.

LESTREGUEOC ★★ Tourisme 29 E., dont 4 GCC - 4 HLL, 1 ha. CV. Locations : 4, 7. Accès direct à l'étang. . Accueil groupes. ☎ 02 98 87 62 46. Fax : 02 98 87 62 46. Réduction H.S.

PLONEVEZ PORZAY

5-B3 15 km S.-O. Chateaulin. 85 m. 1645 hab. ✉ 29550

INTERNATIONAL DE KERVEL ★★★★ Tourisme 330 E., dont 128 CC - 128 GCC, 7 ha. snack, ap. 22 h 30, CV. Locations : 4, 48, chauffée. Bord de mer à 800 m. ; ; ; ; à 800 m : . Accueil groupes. Ouv : 13.5 / 9.9. Lieu dit Kervel, 2 km D 107. ☎ 02 98 92 51 54. Fax : 02 98 92 54 96. E-mail : camping.kervel@wanadoo.fr, Web : www.campings-franceloc.fr. Prix 2008. Fft jour : Empl. Tourisme (2) : 24,50 € () ; Sup : 6,50 € - de 7 ans 4,50 € ; 5,70 € (10 A) ; Animaux 4,50 €. Réduction H.S.

CAMPING D'YS ★★ Tourisme 50 E. 1,1 ha. CV. Locations : , . Bord de mer à 400 m. Rivière à 2,5 km. ; ; à 400 m : . Accueil groupes. Ouv : 1.4 / 15.9. A Kervel, 3 km RD 7. ☎ 02 98 92 52 97 / 02 98 92 50 52 / 06 81 02 25 67 (H.S.). E-mail : campingvilledys@wanadoo.fr. Prix 2007. Fft jour : Empl. Tourisme (2) : 13 € () ; Sup : 4,10 € 2 € ; 2,60 € (6 A) ; Animaux 2 €.

LA PLAGE DE TREGUER ★★ Tourisme 272 E. (220 Tourisme + 52 Loisirs) 6 ha. la nuit, CV. Locations : 17. Bord de mer à 30 m. ; ; ; . Accueil groupes. Du bourg de Plonevez-Porzay, dir. Ste-Anne-La-Palud, 800 m après la chapelle. Au bord de la plage de Ste-Anne-La-Palud. ☎ 02 98 92 53 52. Fax : 02 98 92 54 89. E-mail : camping-treguer-plage@wanadoo.fr, Web : www.camping-treguer-plage.com. Prix 2007. () : 3,80 € ; 2,60 € ; 6,90 € ; 3,80 € ; 3,80 € ; - de 7 ans 2,60 € ; 2,70 € (6 A) ; Animaux 1,60 €.

LA VILLE D'YS ★★ Tourisme 60 E., dont 6 HLL, 0,70 ha. CV. Locations : , , . Accès direct à la mer. Rivière à 2,5 km. ; ; ; . Accueil groupes. Ouv : 1.4 / 30.9. Rés. obligatoire en été. A Kervel, 3 km RD 7. ☎ 02 98 92 50 52 / 06 81 02 25 67 (H.S.). E-mail : campingvilledys@wanadoo.fr. Prix 2007. 4,10 € ; 1,50 € ; 5,60 € ; 4,10 € ; 3,20 € ; - de 7 ans 2 € ; 2,90 € (10 A) ; 0,80 € ; Animaux 2 €.

PRETREZMALAOUEN ★★ Tourisme 150 E. dont 30 nus, 5 ha. juillet/août, collectif, été, gratuit, CV. Locations : 106 . Bord de mer à 100 m. ; à 100 m : ; à 5 km : .Accueil adultes. Ouv : 15.3 / 15.11. 20, route de la baie Réservé C.C.A.S. ☎ 02 98 92 54 24 / 06 29 71 04 10 (H.S.). Fax : 02 98 92 54 24. E-mail : camping.trezmalaouen@wanadoo.fr, Web : www.camping.trezmalaouen.com. Prix 2008. Fft jour : Empl. Tourisme (2) : 17 € ( ) ; - de 7 ans 3 € ; Animaux 2 €.

SAINTE ANNE ★★ Tourisme 100 E. 1,7 ha. Locations : 2 , 3 . ; à 250 m : . A Sainte-Anne-de-la-Palud, Creach Leren. ☎ 02 98 92 51 17.

M. LE ROUX Jean,aire naturelle CV. A 300 m : . A 4 km: . A 8 km : Piscine plein air . A 10 km : . Tréfuntec, 4 km de la commune. Pré, bord de ruisseau. ☎ 02 98 92 52 75.

FFCC : partenaire - terrain assuré par la FFCC .

PLOUARZEL

5-A2 22 km N.-O. Brest. 75 m. 2454 hab. ✉ 29810

CAMP VERT DE LANNIOUARN ★★★ Tourisme 25 E. 2 ha. CV Sanitaire chauffé. Locations : 4 , 1 . couverte . Accès direct à l'étang et à la rivière. Bord de mer à 3 km. ; à 5 km : . Accueil groupes. Ouv : 1.1 / 31.12. Lieu-dit Caletour. Parc des expositions de Brest, Saint-Renan vers Plouarzel. ☎ 02 98 89 60 44 / 06 99 79 51 12 (H.S.). E-mail : joseph.lhostis@vive-les-vacances.com, Web : www.locavac.fr.st. Prix 2007. ( ) : 3 € ; 1 € ; 4 € ; 3 € ; 3 € ; - de 7 ans 2 € ; 2 à 2,50 € (6 à 10 A) ; Animaux 1 €.

FFCC : Stop accueil Camping-car du 01/01 au 01/07 et du 01/09 au 31/12/2008, accès jusqu'à 20h.

CAMP MUNICIPAL DE PORSTEVIGNE ★★ Tourisme 100 E. 1 ha. pain, CV. Accès direct à la mer. ; ; ; à 2 km : . Accueil groupes. Ouv : 15.5 / 15.9. Face à l'île d'Ouessant et l'archipel de Molène. Accès par Brest - St-Renan. ☎ 02 98 84 07 02 / 02 98 89 69 16 (H.S.). Fax : 02 98 89 32 02. E-mail : plouarzel.mairie@wanadoo.fr, Web : www.plouarzel.com. Prix 2007. Fft jour : Empl. Tourisme (5) : 10,55 € ( ) ; Sup : 1,75 € - de 6/12 ans 1 € ; 2,40 € ; 1 €.

FFCC : partenaire + réduction emp. de 5 % en saison.

CAMP MUNICIPAL PORSCUIDIC ★★ Tourisme 50 E. 0,5 ha. pain, CV. Accès direct à la mer. ; ; ; . Accueil groupes. Ouv : 15.5 / 15.9. Face à l'île d'Ouessant et l'archipel de Molène. Accès par Brest - St-Renan. ☎ 02 98 84 07 02 / 02 98 84 08 52 (H.S.). Fax : 02 98 89 32 02. E-mail : plouarzel.mairie@wanadoo.fr, Web : www.plouarzel.com. Prix 2007. Fft jour : Empl. Tourisme (5) : 10,55 € ( ) ; Sup : 1,75 € - de 6/12 ans 1 € ; 2,40 € ; 1 €.

FFCC : partenaire + réduction emp. de 5 % en saison.

CAMP MUNICIPAL RUSCUMUNOC ★★ Tourisme 50 E. 0,5 ha. pain, CV. Bord de mer à 150 m. ; ; à 2 km : . Accueil groupes. Ouv : 15.5 / 15.9. Face à l'île d'Ouessant et l'archipel de Molène. Accès par Brest - St-Renan. ☎ 02 98 84 07 02 / 02 98 89 63 49 (H.S.). Fax : 02 98 89 32 02. E-mail : plouarzel.mairie@wanadoo.fr, Web : www.plouarzel.com. Prix 2007. Fft jour : Empl. Tourisme (5) : 10,55 € ( ) ; Sup : 1,75 € 2,40 € ; 1 € (jeton).

FFCC : partenaire + réduction emp. de 5 % en saison.

PLOUDALMEZEAU

5-A2 24 km N.-N.-O. Brest. 55 m. 4771 hab. ✉ 29830

LE TREOMPAN ★★ Tourisme 134 E. pain, . Locations : . Bord de mer à 100 m. ; ; ; ; . Mairie. ☎ 02 98 48 09 85 / 02 98 48 63 10. Fax : 02 98 48 79 89.

PLOUENAN

5-C2 18 km N.-O. Morlaix. 70 m. 2513 hab. ✉ 29420

TAL AR MOR ★★ Tourisme 50 E. CV. Locations : 5 . Bord de mer et rivière à 150 m. en mer : ; à 5 km : . Situé en bordure de la D 58. A 10 km de Roscoff et 13 km de Morlaix. ☎ 02 98 69 15 37. Fax : 02 98 29 03 58.

PLOUESCAT

5-B1 30 km N.-O. Morlaix. 35 m. 3957 hab. ✉ 29430

LA BAIE DU KERNIC ★★ Tourisme 243 E. 4 ha. + sèche-linge, CV. Locations : 100 , 5 , . chauffée . Bord de mer à 100 m. ; ; à 100 m : . Accueil groupes. Ouv : 7.04 / 16.09. Rue de Pen An Theven. Voie Express Rennes/Brest ou Nantes/Brest. Parc aquatique. ☎ 02 98 69 86 60 (Accueil ca). Fax : 04 99 57 21 22. Web : www.village-center.com. Prix 2008. Fft jour : Empl. Tourisme (2) : 29 € ( ) ; Sup : 4,50 €Animaux 3 €. Réduction H.S.

CAMP MUNICIPAL POULFOEN ★ Tourisme 88 E. 1 ha. . Bord de mer à 50 m. ; ; . CD 330. ☎ 02 98 69 81 80 / 02 98 69 60 13 (Mairie).

PLOUEZOCH

5-C2 10 km N. Morlaix. 1480 hab. ✉ 29252

BAIE DE TERENEZ ★★★ Tourisme 142 E., dont 10 GCC - 3 HLL, 2 ha. CV. Locations : 3 , 10 . chauffée . Accès direct à la mer. Rivière à 200 m. à 1,5 km : ; à 1 km : ; à 2 km : , . Accueil groupes. Ouv : Pâques / 30.9. Sur RD 76. ☎ 02 98 67 26 80. Fax : 02 98 67 26 80. E-mail : campingbaiedeterenez@wanadoo.fr, Web : www.campingbaiedeterenez.com. Prix 2007. Empl. Tourisme : 6,20 € ; 4,80 € ; - de 7 ans 3 € ; 3 € ; Animaux 2,50 €. Réduction H.S.

PLOUGASNOU

5-C1 16 km N. Morlaix. 60 m. 3434 hab. ✉ 29630

CAMP DE MESQUEAU ★★ Tourisme 100 E. 6 ha. ap. 22 h. Locations : , . . Accès direct à l'étang. Bord de mer à 4 km. . D 46. ☎ 02 98 67 37 45. Fax : 02 98 67 82 79. E-mail : ocarron@yahoo.com, Web : www.campsiteinbrittany.com.

CAMP MUNICIPAL DE LA MER ★★ Tourisme 63 E. 1,2 ha. , CV. Accès direct à la mer. Etang à 4 km. ; ; ; à 6 km : . Ouv : 1.6 / 30.9. 100 m RD 46, à Primel-Trégastel. ☎ 02 98 72 37 06 / 02 98 67 30 06 (H.S.). Fax : 02 98 72 37 06. E-mail : primel-tregastel.camping-de-la-mer@wanadoo.fr, Web : www.mairie-plougasnou.fr. Prix 2007. Fft jour : Empl. Tourisme (2) : 15,60 € ( ) ; Sup : 3,40 € - de 3/10 ans 1,70 € ; 1 € ; Animaux 0,90 €. Réduction H.S.

LE TREGOR ★★ Tourisme 60 E. dont 45 nus 0,9 ha. CV. Locations : 2 , 3 . Bord de mer à 1,5 km.Etang à 3 km. à 1,5 km : ; ; à 2 km : ; à 4 km : . Accueil groupes. Ouv : 1.4 / 30.10. Lieu-dit Kerjean, 50 m RD 46. ☎ 02 98 67 37 64. E-mail : booking@campingdutregor.com, Web : www.campingdutregor.com. Prix 2008. Fft jour : Empl. Tourisme (2) : 15 € ( ) ; Sup : 3,40 € - de 13 ans 2 € ; Animaux 0,80 €. Réduction H.S.

KERVEN ★ 45 E. 1 ha. CV. Locations : 2 , 3 . Bord de mer à 400 m. Rivière à 3 km. ; ; ; ; . ☎ 02 98 72 41 22. Fax : 02 98 72 41 22.

PLOUGASTEL DAOULAS

5-B2 11 km E. Brest. 135 m. 9611 hab. ✉ 29470

SAINT JEAN ★★★★ Tourisme 125 E. dont 85 nus, , dont 60 GCC, 2 ha. CV Sanitaire chauffé. Locations : 6 , 34 , 3 . couverte chauffée . Accès direct à la mer. ; ; . Ouv : 1.1 / 20.12. Rés. obligatoire en été. Au centre Leclerc dir. Landerneau (D 29). Nantes sortie Plougastel et de Brest sortie Landerneau ZA Tyar Menez. ☎ 02 98 40 32 90. Fax : 02 98 04 23 11. E-mail : info@campingsaintjean.com, Web : www.campingsaintjean.com. Prix 2008. Fft jour : Empl. Tourisme (2) : 19,50 € ( ) ; Sup : 4,90 € - de 7 ans 3,20 € ; 2,50 à 3 € (6 à 10 A) ; Animaux 2 €.

PLOUGONVELIN

5-A2 19 km S.-O. Brest. 120 m. 1741 hab. Station verte de vacances et village de neige ✉ 29217

LES TERRASSES DE BERTHEAUME ★★★ Tourisme 75 E., dont 63 GCC, 1,66 ha. CV. Locations : 18 . chauffée . Accès direct à la mer. ; ; . Ouv : 1.1 / 31.12. ☎ 02 98 48 32 37. Fax : 02 98 48 32 37. Web : hp.ms/camping. Prix 2007. Fft jour : Empl. Tourisme (2) : 18 € Sup : 1 € 1 € (jeton) ; Animaux 1 €.

Mme SALIOU Monique,aire naturelle CV. A 1,5 km: . A 3 km : Piscine plein air . A 4 km : . A Plougonvelin prendre dir. pointe St-Mathieu. ☎ 02 98 48 33 35 / 06 62 06 33 35. E-mail : saliou.monique@wanadoo.fr, Web : www.keryel.fr.st.

PLOUGOULM

5-B1 25 km N.-O. Morlaix 54 m. 1810 hab. ✉ 29250

CAMP MUNICIPAL DU BOIS DE LA PALUD ★★ Tourisme 34 E. CV. Accès direct à la rivière. Bord de mer à 1 km. à 1 km : Ouv : 15.6 / 6.9. Par la CD 10 de St-Pol de Léon à Plouescat. ☎ 02 98 29 81 82 (Saison) / 02 98 29 90 76 (H.S.). Fax : 02 98 29 92 26. E-mail : mairie-de-plougoulm@wanadoo.fr. Prix 2008. Empl. Tourisme : 4,50 € : 4 € ; - de 7 ans 2,50 € ; 3,50 €.

PLOUGUERNEAU

5-B2 30 km N. Brest. 60 m. 5317 hab. ✉ 29880

LA GREVE BLANCHE ★★ Tourisme 100 E. dont 85 nus 2,50 ha. CV. Locations : 15. Accès direct à la mer. Rivière à 3 km. ; à 1 km : . Accueil groupes. Ouv : 15.5 / 10.10. A Plouguerneau dir. Saint-Michel. Accès voie express Rennes/Brest puis dir. Lesneven et après Plouguerneau. ☎ 02 98 04 70 35 / 06 83 26 51 91 (H.S.). Fax : 02 98 04 63 97. E-mail : lroudaut@free.fr, Web : www.campinggreveblanche.com. Prix 2007. 2,90 € ; 1,60 € ; 4,50 € ; 2,90 € ; 2,90 € ; - de 7 ans 1,60 € ; 2,30 € (9 A) ; 1 € ; Animaux 1,90 €. Réduction H.S.

FFCC : partenaire + réduction emp. de 5 % en saison et hors saison + Stop accueil Camping-car du 07/05 au 30/06 et du 01/09 au 12/10/2008, accès jusqu'à 20h + réduction loc. de 5 % hors saison.

LE VOUGOT ★★ Tourisme 55 E. dont 7 nus 2,5 ha. CV. Locations : 16. Bord de mer à 300 m. à 300 m : . Accueil groupes. Ouv : Pâques / 31.10. Route de Prat Ledan. Sur D 52, à 2 km D 10. Entre Plouguerneau et Guisseny. ☎ 02 98 25 61 51. Fax : 02 98 25 61 51. E-mail : campingduvougot@hotmail.fr, Web : www.campingplageduvougot.com. Prix 2007. Fft jour : Empl. Tourisme (2) : 19,30 € () ; - de 7 ans 3,80 € ; 1 € (jeton) ; Animaux 2,60 €. Réduction H.S.

FFCC : partenaire + réduction emp. de 5 % en saison et 10 % hors saison + carte FFCC assurance annulation + réduction loc. de 5 % en saison et 10 % hors saison.

MELEDAN ★★ 50 E. dont 35 nus, 1 ha. CV. Locations : 16. Bord de mer à 100 m. Rivière à 5 km. Accueil groupes. Voie express Paris-Brest, Nantes-Quimper-Brest. ☎ 02 98 37 10 19 / 06 30 17 55 97 / 06 30 17 55 97 (H.S.). Fax : 02 98 04 78 21. E-mail : snowland.france@wanadoo.fr, Web : www.snowland-group.co.uk. Réduction H.S.

PLOUHINEC

5-A3 24 km O. Quimper. 5066 hab. ✉ 29780

G.C.U. MESPERLEUC Réservé aux adhérents. Adhésion possible sur place pour les sociétaires MAIF et FILIA MAIF. Sud du village de Plouhinec.

LARENVOIE ★★ Tourisme 75 E. 2 ha. CV. Locations : 7, 3. Bord de mer à 500 m. à 500 m : . Accueil groupes. Par RN 784 à 500 m d'Audierne. ☎ 02 98 70 89 38 / 06 87 39 56 15.

LE KERSINY PLAGE ★★ Tourisme 100 E. 2 ha. pain en saison, CV. Locations : 3. Accès direct à la mer. Rivière à 2 km.Etang à 4 km. 1, rue Nominoé. De Quimper, 1er feu à gauche à Plouhinec. D'Audierne, 2ème feu à droite à Plouhinec. ☎ 02 98 70 82 44. E-mail : mail@camping-kersiny.com, Web : www.camping-kersiny.com. Prix 2007. Fft jour : Empl. Tourisme (2) : 13,50 € () ; Sup : 3,60 € 2,20 € ; 2,60 € (8 A) ; Animaux 1,50 € (chien). Réduction H.S.

L'OCEAN ★★ Tourisme 100 E. dont 88 nus, 2 ha. CV. Locations : 6, 6. Bord de mer à 500 m. ; à 500 m : ; à 5 km : . Accueil groupes. Ouv : 1.6 / 30.9. Rue de l'Océan, 1,2 km RN 784. Au bourg dir. plage de Mesperleuc, en passant par la place Jean Cosquer. ☎ 02 98 70 70 21 / 02 98 74 91 67 (H.S.). Fax : 02 98 74 91 67. E-mail : camping-de-l-ocean@wanadoo.fr. Prix 2007. Empl. Tourisme : 3,30 € () : 1,60 € ; 1,60 € ; 3,50 € ; - de 10 ans 1,80 € ; 2,50 € (6 A) ; Animaux 1 €. Réduction H.S.

PLOUIGNEAU

5-C2 10 km S.-E. Morlaix. 80 m. 3770 hab. ✉ 29610

M. COTTY Daniel,aire naturelle Croas Men CV. A 100 m : . A 500 m : . A 1 km: . A 4 km : . A 6 km : Piscine plein air . A 10 km : . Ouv : 1.4 / 31.10. Près de Garlan. RN 12. ☎ 02 98 79 11 50. Fax : 02 98 79 11 50. E-mail : fermecrosamen@free.fr, Web : camping.croasmen.free.fr. Prix 2007. Empl. Tourisme : 4,80 € ; 3 € ; - de 7 ans 2,50 € ; 3 € ; Animaux 1 €.

PLOUMOGUER

5-A2 23 km O. Brest. 1563 hab. ✉ 29810

CAMP KEREBEL ★ Tourisme 25 E. 0,7 ha. CV. Locations : 2, 5. Bord de mer et rivière à 500 m. Route de Porsmoguer. ☎ 02 98 89 67 59.

PLOUNEOUR TREZ

5-B1 28 km N.-E. Brest. 1338 hab. ✉ 29890

CAMP MUNICIPAL DE KERURUS ★★ Tourisme 350 E. (300 Tourisme + 50 Loisirs) 7 ha. Accès direct à la mer. 2 km RD 770. Sèche-linge. Ping-pong, char à voile. ☎ 02 98 83 41 87 / 02 98 83 41 03 (Mairie). Fax : 02 98 83 46 30. E-mail : mairie.plouneour-trez@wanadoo.fr.

LES NYMPHEAS ★★ Tourisme 47 E., dont 22 GCC, 1,2 ha. + sèche-linge, CV. Locations : 6, 2. Bord de mer à 800 m. à 800 m : . Sur D 770 à l'entrée du bourg de Brignogan. ☎ 02 98 83 52 57. Fax : 02 98 83 52 57. E-mail : lucien.maze@freesbee.fr, Web : www.campinglesnympheas. Prix 2007. Fft jour : Empl. Tourisme (2) : 12 € () ; Sup : 3,50 € - de 7 ans 3 € ; 2,50 à 3 € (3 à 6 A) ; Animaux 1 €.

PLOUNEVEZ LOCHRIST

5-B2 36 km O. Morlaix. 2580 hab. ✉ 29430

CAMP MUNICIPAL ★★ Tourisme 135 E. 3 ha. Locations : . Bord de mer à 150 m. ; à 150 m : . Ode Vras. ☎ 02 98 61 65 17 / 02 98 61 40 57 (H.S.). Fax : 02 98 61 41 72.

PLOUVORN

5-B2 17 km O. Morlaix. 2700 hab. ✉ 29420

CAMP MUNICIPAL LANORGANT ★★ Tourisme 55 E. 0,4 ha. CV. Locations : . Accès direct aux bords du lac. Ouv : 15.6 / 15.9. 500 m du centre ville. E 50 sortie Plouvorn-Roscoff. RD 69, au feu prendre Plouvorn à droite, passer le centre ville, 3ème rue à droite dir. plan d'eau. ☎ 02 98 61 32 40 (Mairie). Fax : 02 98 61 38 87. E-mail : commune-de-plouvorn@wanadoo.fr, Web : www.plouvorn.com. Prix 2007. Fft jour : Empl. Tourisme (2) : 8 € () ; Sup : 2 € - de 3/6 ans 1 € ; 2 €.

PLOZEVET

5-B3 26 km O. Quimper. 70 m. 3181 hab. ✉ 29710

LA CORNICHE ★★★ Tourisme 120 E. dont 102 nus, dont 5 GCC - 8 HLL, 1,5 ha. CV. Locations : 13, 5. . Bord de mer à 2 km.Rivière à 3 km.Etang à 4 km. ; à 1,5 km : . Ouv : 1.4 / 30.9. Route de la Corniche. 500 m du CD 784. ☎ 02 98 91 33 94 / 02 98 91 32 93 (H.S.). Fax : 02 98 91 41 53. E-mail : infos@campinglacorniche.com, Web : www.campinglacorniche.com. Prix 2008. 6 € ; 2 € ; 4,50 € ; - de 7 ans 3 € ; 3,20 € (6 A) ; Animaux 2,20 €.

Mme CAUMEIL Danielle,aire naturelle La Source CV. A 1 km: Piscine plein air . A 2 km : . A 3 km : . A 5 km : . Ouv : 1.4 / 30.9. Trohinel. D 2 route Pont l'Abbé. ☎ 02 98 91 37 01 / 09 62 04 86 50 / 06 17 13 79 23 (H.S.). Prix 2008. Empl. Tourisme : 2,50 € ; 1,50 € ; 2,50 € ; 2,50 € ; - de 7 ans 1,50 € ; 2,20 € (6 A) ; 0,50 € ; Animaux 0,70 €.

FFCC : partenaire - terrain assuré par la FFCC + réduction emp. de 5 % en saison et 10 % hors saison.

PONT AVEN

5-C3 36 km S.-E. Quimper. 3295 hab. ✉ 29930

LE DOMAINE DE KERLANN ★★★★ Loisirs 758 E. (256 Tourisme + 502 Loisirs), dont 758 GCC. , mini-disco, CV. Locations : 250, 7, , . couverte chauffée . Bord de mer à 5 km. . Ouv : 19.3 / 31.10. RD 77, Pont-Aven/Nevez sur la droite. ☎ 02 98 06 10 43 / 05 56 07 90 10. Fax : 02 98 06 18 50. E-mail : reservations@ledomainedekerlann.fr, Web : www.ledomainedekerlann.fr. Réduction H.S.

PONT CROIX

5-A3 32 km O. Quimper. 1842 hab. ✉ 29790

CAMP MUNICIPAL DE LANGROAS ★★ Tourisme 100 E. 2 ha. Locations : . Rivière à 1 km.Bord de mer à 5 km. ; à 1 km : ; à 4 km : . ☎ 02 98 70 40 66 (Mairie) / 06 85 79 18 18. Fax : 02 98 70 53 62. E-mail : pontcroix.mairie@wanadoo.fr.

PONT L ABBE

5-B3 18 km S.-O. Quimper. 21 m. 7729 hab. ✉ 29120

LE BOIS SOLEIL ★★★ Tourisme 100 E. 3 ha. CV. Locations : 11, 3. . Etang et rivière à 2 km.Bord de mer à 5 km. Route de Bénodet. Sur la D 44. ☎ 02 98 87 03 39. Fax : 02 98 87 03 39. Web : www.camping-finistere.com.

LES CHATAIGNIERS ★★ Tourisme 30 E. 2 ha. pain, CV. Bord de mer à 4 km. à 2 km : ; à 4 km : . Accueil groupes. Ouv : juin à septembre. Kerseoch, route de Combrit, 300 m RD 44. ☎ 02 98 87 39 30 / 06 72 74 46 75 (H.S.). Fax : 02 98 87 39 30. E-mail : infos@auxchataigniers.com, Web : www.auxchataigners.com.

PORSPODER

5-A2 33 km N.-O. Brest. 1330 hab. ✉ 29840

CAMP MUNICIPAL LES DUNES ★ Tourisme 180 E. CV. Locations : 21, . Bord de mer à 50 m. ☎ 02 98 89 93 51 / 02 98 89 98 69 / 02 98 89 90 27 (H.S.). Fax : 02 98 89 92 46. E-mail : porspoder.mairie@wanadoo.fr.

POULDERGAT

5-B3 20 km N.-O. Quimper. 1309 hab. ✉ 29100

CAMP MUNICIPAL LA CHESNAYE ★★ Tourisme 40 E. . Bord de mer à 5 km. La Chesnaye. ☎ 02 98 74 61 26 / 02 98 74 63 54. Fax : 02 98 74 64 12.

POULDREUZIC

5-B3 22 km O. Quimper. 60 m. 2024 hab. ✉ 29710

LE LITTORAL ★★★ Tourisme 65 E., dont 15 GCC, 1 ha. + sèche-linge, CV. Locations : 5. Bord de mer à 300 m. Lieu-dit Penhors commune de Pouldreuzic. De Quimper par RD 40 (26 km). ☎ 02 98 54 35 44. Fax : 02 98 54 35 44. E-mail : littoral.alain@wanadoo.fr.

LANDREZEC ★★ Tourisme 30 E. 2,5 ha. CV. Locations : 2, 5. Bord de mer à 2,5 km.Rivière à 4 km. à 2,5 km ; à 4 km. Ouv : 1.6 / 30.9. Route de la Mer. A 800 m de la commune sur la droite. ☎ 02 98 54 34 81. E-mail : camping-landrezec@wanadoo.fr, Web : perso.orange.fr/camping-landrezec. Prix 2008. Empl. Tourisme : 2,50 € ; 1,30 € ; 4 € ; 2,80 € ; 1,80 € ; 2,20 € ; Animaux 1 €.

FFCC : partenaire + carte FFCC assurance annulation + réduction loc. de 5 % hors saison.

LES PEUPLIERS ★★ Tourisme 30 E. dont 30 nus 2,5 ha. pain, CV. Locations : 7. Bord de mer à 3,5 km. à 3 km. Accueil groupes. Ouv : 1.4 / 30.10. Logan. RD 143 et RD 2. Entre Audienne et Pont l'Abbé. ☎ 02 98 54 49 98. E-mail : davidbernard@neuf.fr, Web : www.camping-peupliers-pouldreuzic.com. Prix 2007. Empl. Tourisme : 2,80 € ; 1,80 € ; 2 € ; 2,70 € ; - de 7 ans 1,80 € ; 2,50 € (6 A).

M. GUINLE Jean,camping à la ferme CV. A 1 km. A 4 km. A 5 km. Ouv : 1.4 / 31.10. Logan, RD 143 et RD 2. Champ entouré de haies, d'arbres et de fleurs. Départ des sentiers pédestres. ☎ 02 98 54 41 14. Fax : 02 98 51 54 03. E-mail : campinglogan@aol.com. Prix 2008. Empl. Tourisme : 3,50 € ; 5 € ; 3 € ; - de 7 ans 2 € ; 2,50 €.

M. LE GUELLEC Louis,aire naturelle A 1,5 km. A 2 km. A 15 km : Piscine plein air. Kerguivit, CD 40, à 2 km du bourg, à proximité de la ferme. Pré herbeux. Location de caravanes, vélos à 2 km. Etang poissonnneux à 6 km. Sentiers pédestres. ☎ 02 98 54 41 55.

POULLAN SUR MER

5-B3 28 km N.-O. Quimper. 80 m. 1678 hab. ✉ 29100

LE PIL-KOAD ★★★★ Tourisme 190 E. dont 88 nus, dont 112 GCC - 9 HLL, 4,2 ha. CV. Locations : 20, 55, 3, chauffée. Accès direct à l'étang. Bord de mer à 2 km. à 4,5 km ; à 6 km. Accueil groupes. Ouv : 26.4 / 30.9. De Quimper dir. Douarnenez puis Tréboul, prendre Poullan-sur-Mer par D 7. ☎ 02 98 74 26 39. Fax : 02 98 74 55 97. E-mail : info@pil-koad.com, Web : www.pil-koad.com. Prix 2008. Fft jour : Empl. Tourisme (2) : 30,80 € ; Sup : 5,10 € - de 7 ans 3,40 € ; Animaux 3,50 €. Réduction H.S.

FFCC : partenaire + réduction emp. de 5 % hors saison + Stop accueil Camping-car du 26/04 au 30/06 et du 01/09 au 30/09/2008, accès jusqu'à 21h + réduction loc. de 5 % hors saison.

PRIMELIN

5-A3 46 km O. Quimper. 60 m. 1023 hab. ✉ 29770

CAMP MUNICIPAL DE KERMALERO ★★ Tourisme 75 E. 0,7 ha. CV. Locations : 4. Bord de mer à 600 m. à 600 m. Accueil groupes. Ouv : 10.3 / 31.10. ☎ 02 98 74 84 75 / 02 98 74 81 19 (H.S.) (H.S.). Fax : 02 98 74 84 75. E-mail : campingkermalero@wanadoo.fr. Prix 2007. Fft jour : Empl. Tourisme (2) : 10 € ; Sup : 2 € - de 8 ans 2 € ; 2,50 € (6 A).

QUIMPER

5-B3 568 km O. Paris. 10 m. 60162 hab. ✉ 29000

CASTEL L'ORANGERIE DE LANNIRON ★★★★ Tourisme 220 E., dont 30 CC - 50 GCC, 10 ha. CV Sanitaire chauffé. Camping clef verte. Locations : 21, 20, chauffée, 9 trous, 6 € (50 min). Accès direct à la rivière. Etang à 500 m. Accueil groupes. Ouv : 15.5 / 15.9. Rés. obligatoire en été. A 2,5 km du centre. A Quimper suivre dir. Quimper Sud, Bénodet puis Lanniron. ☎ 02 98 90 62 02. Fax : 02 98 52 15 56. E-mail : camping@lanniron.com, Web : www.lanniron.com. Prix 2008. Fft jour : Empl. Tourisme (2) : 34,60 € (10 A)) ; Sup : 7,10 € - de 9 ans 4,50 € ; E. CC 25,70 € ; E. GCC 27,70 € ; Animaux 4 €. Fft Tente : 31,90 € (2). Réduction H.S.

FFCC : partenaire + réduction emp. de 5 % hors saison + réduction loc. de 5 % hors saison + HC.

CAMP MUNICIPAL BOIS DU SEMINAIRE ★★ Tourisme 74 E. ☎ 02 98 98 89 24 / 02 98 55 61 09.

QUIMPERLE

45 km S.-E. Quimper. 35 m. 11697 hab. ✉ 29300

CAMP MUNICIPAL ★★ Tourisme 40 E. CV. Accueil groupes. ☎ 02 98 39 31 30 / 02 98 96 04 32 (O.T.). Fax : 02 98 96 16 12. E-mail : ot.quimperle@wanadoo.fr, Web : www.quimperletourisme.com.

LE RELECQ KERHUON

5-B2 8 km E. Brest. 9286 hab. ✉ 29480

CAMP MUNICIPAL DE CAMFROUT ★★ Tourisme 55 E. dont 55 nus, dont 55 CC, 0,55 ha. + sèche-linge, CV. Accès direct à la mer. Accueil groupes. Ouv : 24.6 / 3.9. Accès par voie express Rennes-Quimper. ☎ 02 98 28 37 84 (Camping) / 02 98 28 14 18 (Mairie) (H.S.). Fax : 02 98 28 61 32. E-mail : secretariat.maire@mairie-relecq-kerhuon.fr, Web : www.mairie-relecq-kerhuon.fr. Prix 2007. Empl. Tourisme : 2,30 € ; 1,10 € ; 2,65 € ; - de 7 ans 1,35 € ; 1,85 € (8 A) ; Animaux 1,40 €.

RIEC SUR BELON

5-C4 40 km S.-E. Quimper. 4059 hab. ✉ 29340

LA PORTE NEUVE ★★ Tourisme 50 E. Accès direct à la rivière. Réservé M.G.E.N. Parents d'enfants handicapés. ☎ 02 08 06 90 21

LE CHATEAU DE BELON ★★ Tourisme 150 E. 5 ha. CV. Locations : 17. Bord de mer et rivière à 200 m. Etang à 5 km. 4 km RN 783. Direction Port de Bélon, rive droite. Accessible par Riec-sur-Bélon ou par Pont-Aven. Hivernage pour caravanes et bateaux. Visite de l'exploitation ostréicole familiale. ☎ 02 98 06 41 43. Fax : 02 98 06 90 58.

DOMAINE DE TROCHEROU P.R.L. 15 E., dont 15 HLL. CV. Locations : 12, 4. Accès direct à l'étang. Rivière à 1 km. Accueil groupes. ☎ 02 98 06 45 82. Fax : 02 98 06 54 42. E-mail : trocherou@wanadoo.fr, Web : www.trocherou.fr. Réduction H.S.

ROSCANVEL

5-A2 46 km N.-O. Chateaulin. 803 hab. ✉ 29570

CAMP MUNICIPAL DE KERVIAN ★★ Tourisme 52 E. 1 ha. partiel. Bord de mer à 800 m. Club de plongée et de voile. ☎ 02 98 27 43 23 / 02 98 27 48 51 (Mairie). Fax : 02 98 27 41 10.

ROSCOFF

27 km N.-O. Morlaix. 8 m. 3787 hab. ✉ 29680

AUX 4 SAISONS ★★ Tourisme 200 E. 5,5 ha. CV. Locations : 17, 4. Accès direct à la mer. Accueil groupes. Le Ruguel. 3 km RN 169. Promenade en bateau. ☎ 02 98 69 70 86 / 06 07 41 28 53 / 02 98 61 09 94 (H.S.). Fax : 02 98 61 15 74. E-mail : camping-perharidy@wanadoo.fr, Web : www.aquacamp.fr. Réduction H.S.

ROSPORDEN

5-C3 21 km S.-E. Quimper. 130 m. 6752 hab. ✉ 29140

CAMP MUNICIPAL DE ROZ AN DUC ★★ Tourisme 49 E. 1 ha. CV. Etang et rivière à 100 m. Accueil groupes. Route de Coray. ☎ 02 98 59 90 27 / 02 98 66 99 00 (H.S-Mairie). Fax : 02 98 59 92 00. E-mail : mairie.rosporden@fr.oelane.com.

ST COULITZ

5-B3 4 km S.-E. Chateaulin. 70 m. 354 hab. ✉ 29150

LA POINTE SUPERBE CAMPING ★★★ Tourisme 60 E. 2,5 ha. CV. Rivière à 200 m. à 200 m ; à 1 km. Accueil groupes. Ouv : 15.3 / 31.10. Rés. obligatoire en été. Quitter Chateaulin dir.Quimper D 770 à 1 km, prendre à gauche dir. St-Coulitz pour 100 m puis tourner à droite vers l'accueil du camping. ☎ 02 98 86 51 53. Fax : 02 98 86 51 53. E-mail : lapointecamping@aol.com, Web : www.lapointesuperbecamping.com. Prix 2007. Fft jour : Empl. Tourisme (2) : 15 € ; - de 10 ans 2 € ; 2,50 € ; Animaux 1 €.

ST EVARZEC

5-B3 10 km S.-E. Quimper. 2544 hab. ✉ 29170

KEROMEN ★★ Tourisme 36 E. dont 29 nus, 1 ha. CV. Locations : 5, 2, 2, 2. Accès direct à l'étang. Bord de mer à 5 km. à 6 km. Accueil groupes. Ouv : 1.7 / 31.8. 38 rue de Cornouaille. D 783 axe Quimper/Concarneau/Fouesnant. Voie express N 165 Nantes/Quimper, sortie St-Evarzec/Quimper Centre. ☎ 02 98 56 70 47 / 06 23 05 58 25 (H.S.). E-mail : campingkeromen@free.fr, Web : campingkeromen.free.fr. Prix 2007. Empl. Tourisme : 2,85 € ; 1,45 € ; 2,90 € ; - de 7 ans 1,85 € ; 2,75 € (10 A) ; Animaux 1,60 €. Réduction H.S.

FFCC : partenaire + réduction emp. de 5 % en saison et hors saison + réduction loc. de 5 % en saison et hors saison.

M. HEMIDY Corentin,aire naturelle CV. A 2 km: Piscine plein air. A 4 km. Créach-Lann, par D 783, 2 km de la commune, à proximité de la ferme. Terrain herbeux et ombragé. Location de mobil-homes. ☎ 02 98 56 29 88 / 06 68 46 97 25. E-mail : jean-claude.hemidy@wanadoo.fr, Web : campingvertcreachlann.com.

ST GOAZEC

5-C3 30 km E. Chateaulin. 150 m. 876 hab. ✉ 29520

CAMP MUNICIPAL DU GOAKER ★★ Tourisme 30 E. 0,85 ha. Moulin du Pré. ☎ 02 98 26 84 23.

CAMP MUNICIPAL PENN AR PONT COMMUNE CHATEAUNEUF DU FAOU ★★ 80 E. 2 ha. Locations. Accès direct à la rivière. Barques et pédalos. ☎ 02 98 81 81 25. Fax : 02 98 81 72 84. E-mail : penn-ar-pont@bretagnenet.com, Web : www.bretagnenet.com/penn-ar-pont.

CARAVANING PENN AR PONT COMMUNE DE CHATEAUNEUF DU FAOU ★★ 54 E. 2 ha. Locations : . Accès direct à l'étang et à la rivière. ☎ 02 98 81 81 25. Fax : 02 98 81 72 84.

ST JEAN DU DOIGT

5-C1 17 km N.-E. Morlaix. 15 m. 661 hab. ✉ 29630

CAMP MUNICIPAL PONT A GLER ★★ Tourisme 34 E. dont 34 nus (27 Tourisme + 7 Loisirs), dont 7 GCC, 1,2 ha. CV. Accès direct à la rivière. Bord de mer à 700 m. ; à 700 m : . Accueil groupes. Ouv : 30.6 / 31.8. Passage du sentier côtier GR 34. Accès routier par voie express puis départementale. ☎ 02 98 67 32 15 / 02 98 67 34 07 (Mairie) (H.S.). Fax : 02 98 67 84 64. E-mail : st-jean-du-doigt-mairie@wanadoo.fr. Prix 2007. 1,35 € ; 6,10 € ; 2,45 € ; 2,65 € ; - de 10 ans 1,45 € ; 2,15 € ; E. GCC 3,20 € ; Animaux 0,95 €.

ST NIC

5-B3 16 km O. Chateaulin. 25 m. 737 hab. ✉ 29550

Prix 2007. Fft jour : Empl. Tourisme (2) : 23 € () ; Sup : 6 € - de 6 ans 3,50 € ; 3,20 € ; Animaux 2,60 €. Réduction H.S.

LES TAMARIS ★★ Tourisme 65 E. 1 ha. Locations : 6 . chauffée . Bord de mer à 20 m. ; . Ouv : 1.5 / 15.9. 200 m RD 108. Situé en baie de Douarnenez à 15 km au Sud-Est de la presqu'île de Crozon entre mer et monts. ☎ 02 98 26 53 75. Fax : 02 98 26 52 48. E-mail : le-tamaris@wanadoo.fr, Web : www.le-tamaris.com. Prix 2007. Fft jour : Empl. Tourisme (2) : 23 € () ; Sup : 6 € - de 6 ans 3,50 € ; 3,20 € ; Animaux 2,60 €. Réduction H.S.

MENEZ BICHEN ★★ Tourisme 265 E. 4 ha. pain, CV. Locations : 1 , 10 , . Bord de mer à 10 m. ; . Ouv : 15.4 / 30.9. 400 m RD 108, 4 km RN 787, Pentrez. ☎ 02 98 26 50 82. Fax : 02 98 26 50 82. E-mail : campi ng.menez.bichen@wanadoo.fr, Web : www.menezbichen.com. Prix 2007. Empl. Tourisme : 5,80 € ; 3,90 € ; - de 7 ans 2,45 € ; 2,80 € (6 A) ; Animaux 1,30 €.

ST PABU

5-A2 25 km N.-O. Brest. 1380 hab. ✉ 29830

CAMP DE L'ABER BENOIT ★★ Tourisme 104 E. CV. Locations : 10 , 3 , 5 . Accès direct à la mer. ; . Accueil groupes. Ouv : 24.5 / 28.9. Corn Ar Gazel. ☎ 02 98 89 76 25. Web : www.camping-aber-benoit.com. Prix 2008. Fft jour : Empl. Tourisme (1) : 8,20 € () ; Sup : 2,70 € - de 13 ans 2 € ; 3 € ; Animaux 1 €.

ST POL DE LEON

5-B1 22 km N.-O. Morlaix. 55 m. 7998 hab. ✉ 29250

AR KLEGUER ★★★ Tourisme 173 E., dont 45 GCC, 5 ha. partiel, la nuit, CV. Camping clef verte. Locations : 9 , 33 . chauffée . Bord de mer à 10 m. ; . Accueil groupes. Plage Ste Anne. Club de plongée. Station voile. ☎ 02 98 69 18 81. Fax : 02 98 69 05 39. E-mail : info@camping-ar-kleguer.com, Web : www.camping-ar-kleguer.com. Prix 2008. Fft jour : Empl. Tourisme (2) : 19.60 € () ; Sup : 5,10 € - de 7 ans 3,30 € ; 3,80 € (10 A A) ; Animaux 2,50 €.

LE TROLOGOT ★★★ Tourisme 100 E., dont 46 CC, 2 ha. partiel, CV. Locations : 15 , 2 . chauffée . Accès direct à la mer. ; . Ouv : 1.5 / 30.9. Lieu-dit Grève du Man, à 1,8 km RN 169. ☎ 02 98 69 06 26 / 02 98 69 22 29 (H.S.). Fax : 02 98 29 18 30. E-mail : camping-trologot@wanadoo.fr, Web : www.camping-trologot.com. Prix 2007. Empl. Tourisme : 6,30 € ; 1,90 € ; 6,30 € ; 6,30 € ; 4,50 € ; 2,70 € ; 3,20 € ; Animaux 2 €. Réduction H.S.

ST RENAN

5-A2 13 km O. Brest. 30 m. 5940 hab. ✉ 29290

CAMP MUNICIPAL LOKOURNAN ★★ Tourisme 70 E. 3 ha. Accès direct aux bords du lac et à la rivière. ; à 2 km : . Route de Brêles. ☎ 02 98 84 37 67 (Camping) / 02 98 84 20 08 (Mairie). Fax : 02 98 32 43 20.

ST THOIS

5-B3 20 km E. Chateaulin. 704 hab. ✉ 29520

STERVINOU ★ Tourisme 35 E. CV. Locations : . Accès direct à la rivière. Accueil groupes. Les caravanes et les camping-cars ne sont pas acceptés. ☎ 02 98 73 20 76. Fax : 02 98 81 82 62. E-mail : ulamir.aulne@wanadoo.fr, Web : www.bretagnenet.com/ulamir/.

ST YVY

5-B3 12 km S.-E. Quimper. 70 m. 2176 hab. ✉ 29140

CAMP LE BOIS DE PLEUVEN ★★★★ Tourisme 280 E. dont 80 nus, 12 ha. gaz uniquement, CV. Locations : . ; à 5 km : . Ouv : Pâques / septembre. 4 km D 765, 5 km N 165 (échangeur de Troyalac'h). ☎ 02 98 94 70 47 / 06 80 12 85 38 (H.S.). Fax : 02 98 94 78 99. Web : www.village-center.com. Prix 2007. Fft jour : Empl. Tourisme (2) : 20 € ((10 A)) ; Sup : 5 € - de 7 ans 3 € ; Animaux 0,50 €.

LES MYRTILLES ★★★ Tourisme 95 E. 1 ha. ambulant, . Etang à 5 km. Ouv : 15.6 / 15.9. Sèche-linge, barbecues collectifs. ☎ 02 98 94 71 25 / 02 98 90 18 17 (H.S.).

SANTEC

5-B1 26 km N.-O. Morlaix. 17 m. 2147 hab. ✉ 29250

CAMP MUNICIPAL ★★ Tourisme 100 E. 4 ha. ; . ☎ 02 98 29 75 34 / 02 98 29 74 65. Fax : 02 98 29 79 12. E-mail : mairie-de-santec@wanadoo.fr, Web : www.santec.fr.

LE BILLOU Tourisme Saisonnier 10 E.

SCAER

5-C3 36 km E. Quimper. 185 m. 6039 hab. Station verte de vacances et village de neige ✉ 29390

CAMP MUNICIPAL DE KERISOLE ★★★ Tourisme 80 E., dont 28 CC - 28 GCC, 2,3 ha. CV. Locations : 3 . Rivière à 200 m. ; à 800 m : . Accueil groupes. Rue Pasteur. ☎ 02 98 59 42 10 / 06 86 00 11 74 (H.S.). Fax : 02 98 57 66 89. E-mail : mairie.scaer@altica.com, Web : www.ville-scaer.fr.

SIBIRIL

5-B1 30 km N.-O. Morlaix. 1243 hab. ✉ 29250

AR ROCH ★★ Tourisme 50 E. 1 ha. , visiteur, CV. Bord de mer à 20 m. ; à 50 m : . Ouv : 15.6 / 15.9. A Moguériec. Accès voie express St-Brieuc/Morlaix, D 58 Morlaix, D 19 Taulé/St-Pol-de-Léon, D 10. ☎ 02 98 29 97 14. Prix 2007. 2,90 € ; 1,10 € ; 4 € ; 2,90 € ; 3 € ; 1,70 € ; 2,50 € ; 1 € ; Animaux 1 €.

CAMP DU THEVEN ★★ Tourisme 50 E., dont 2 CC - 8 GCC, 1 ha. CV. Locations : 8 , 3 , . Accès direct à la mer. ; . Moguériec. Par la D 10 entre St-Pol et Cléder. ☎ 02 98 29 96 86 / 02 98 61 23 30 / 02 98 61 23 30 (H.S.). Fax : 02 98 61 23 30.

SIZUN

5-B2 32 km S.-E. Morlaix. 112 m. 1790 hab. Station verte de vacances et village de neige ✉ 29450

CAMP MUNICIPAL DU GOLLEN ★★ Tourisme 29 E. 0,6 ha. sauf en laisse CV. Accès direct à la rivière. ; à 6 km : . Accueil groupes. Ouv : Pâques / 30.9. Le Gollen. Dir. le Faou à partir du bourg de Sizun sinon au rond-point Sud, passer la rivière et tourner à droite. ☎ 02 98 68 80 13 (Mairie) / 02 98 24 11 43 (P-Phone) (H.S.). Fax : 02 98 68 86 56.

TELGRUC SUR MER

5-B2 23 km O. Chateaulin. 80 m. 1844 hab. ✉ 29560

LE PANORAMIC ★★★★ Tourisme 200 E. dont 180 nus, , dont 25 CC - 30 GCC, 3 ha. ap. 22 h, CV. Locations : 15 , maisons. chauffée . Bord de mer à 700 m. Rivière à 4 km. ; à 700 m : . Accueil groupes. Ouv : 1.6 / 15.9. 130, rte de la Plage. Prendre la D 887 à Châteaulin pour la presqu'île de Crozon ou prendre la D 791 à Le Faou pour la presqu'île de Crozon. Traverser le bourg de Telgruc par le CD 208. ☎ 02 98 27 78 41. Fax : 02 98 27 36 10. E-mail : info@camping-panoramic.com, Web : www.camping-panoramic.com. Prix 2008. Empl. Tourisme : 10 € () : 2 € ; 2 € ; 5 € ; - de 7 ans 3 € ; 3,10 à 4,50 € (6 à 10 A) ; Animaux 1,60 €. Réduction H.S.

ARMORIQUE ★★★ Tourisme 100 E. 2 ha. CV. Locations : 6 , 13 . chauffée . Bord de mer à 750 m. Etang et rivière à 1 km. ; à 750 m : ; à 1 km : . Accueil groupes. 112, rue de la Plage, RD 28 et RN 791. ☎ 02 98 27 77 33. Fax : 02 98 27 38 38. E-mail : contact@campingarmorique.com, Web : www.campingarmorique.com. Réduction H.S.

FFCC : partenaire + réduction emp. de 5 % hors saison.

LES MIMOSAS ★★ Tourisme 94 E., dont 14 GCC, 1,5 ha. ap. 22 h, CV. Locations : . Bord de mer à 900 m. à 1 km : 1 km, 1 km, . Rue de la Plage, à Kergreiss. ☎ 02 98 27 76 06 / 06 78 02 55 66. Fax : 02 98 27 76 06. E-mail : campingmimosa@orange.fr, Web : www.campingmimosa.com. Prix 2007. Fft jour : Empl. Tourisme (2) : 9,80 € () ; Sup : 3 € - de 7 ans ans 2 € ; 1,80 € (10 A A) ; Animaux 0,80 €.

PEN BELLEC ★★ Tourisme 45 E. 0,6 ha. CV. Locations : . Bord de mer à 10 m. ; à 10 m : . Accueil groupes. 3 km RD 787 et 208. ☎ 02 98 27 76 55 / / 02 98 27 31 47 (H.S.). E-mail : camping.penbellec@wanadoo.fr. Prix 2007. 2,80 € ; 1,70 € ; 5,60 € ; 2,80 € ; 2,80 € ; - de 7 ans 2 € ; 2,80 € ; 1,30 € ; Animaux 1,10 €.

TREFFIAGAT

5-B4 27 km S.-O. Quimper. 2360 hab. ✉ 29730

LES VERGERS DE SQUIVIDAN ★★★ Tourisme 40 E. dont 37 nus, dont 10 GCC, 0,8 ha. CV. Locations : 3 , 6 . Accès direct à la mer. ; . Ouv : 15.4 / 30.9. Squividan. 2 km des ports de pêche de Guilvinec/lesconil. ☎ 02 98 58 09 12 / 02 98 58 09 06 (H.S.). Fax : 02 98 87 35 54. E-mail : gilles.lecompes@wanadoo.fr, Web : www.lesvergersdesquividan.fr.st. Prix 2007. Empl. Tourisme : 3,30 € ; 1,70 € ; 1,70 € ; 3,40 € ; - de 7 ans 1,70 € ; 2,50 € (6 à 10 A) ; Animaux 1,30 €.

CAMP MUNICIPAL LE MERLOT ★★ Tourisme 125 E. 3,5 ha. ap. 22 h, Sanitaire chauffé. Bord de mer à 1,7 km. à 1,5 km : Quimper/Pont-L'Abbé/Penmarc'h. ☎ 02 98 28 20 08 / 02 98 58 03 02. Fax : 02 98 30 55 31. E-mail : avel.bretagne@wanadoo.fr.

KARREG SKIVIDEN ★★ Tourisme 45 E. dont 41 nus, dont 9 GCC - 4 HLL, 0,88 ha. CV. Locations : 4. Accès direct à la mer. à 200 m : ; à 400 m : ; à 10 km : . Ouv : 1.5 / 30.9. Squividan. RD Guilvinec-Lesconil. ☎ 02 98 58 22 78 / 02 98 58 22 78 (H.S.). E-mail : campingkarregskividen@hotmail.com. Prix 2007. : 3,20 € ; 1,60 € ; 3,20 € ; 3,25 € ; - de 7 ans 1,70 € ; 2,60 à 2,80 € (6 à 10 A) ; Animaux 1,30 €. Réduction H.S.

LES ORMES ★★ Tourisme 75 E. 1 ha. visiteur, CV. Locations : 5. Bord de mer à 400 m. à 400 m : . Ouv : 1.5 / 30.9. A Kerlay. Route de Lesconil au Guilvinec. ☎ 02 98 58 21 27 / 02 98 58 91 36 (H.S.). Fax : 02 98 58 91 36. Prix 2007. Empl. Tourisme : 3,60 € ; 2 € ; 3,40 € ; - de 7 ans 1,95 € ; 2,50 à 2,90 € (3 à 6 A) ; Animaux 1,50 €.

TREFLEZ

5-B2 43 km N.-O. Morlaix. 826 hab. ✉ 29430

CAMP MUNICIPAL KER EMMA ★★ Tourisme 200 E. 5 ha. Accès direct à la mer et à la rivière. ; ; . Bordure CD 10. Salle de réunions. ☎ 02 98 61 62 79 / 02 98 61 45 72 (H.S.). E-mail : treflez.mairie@wanadoo.fr.

TREGARVAN

5-B2 14 km N.-O. Chateaulin. 200 m. 225 hab. ✉ 29560

KERBEUZ ★★★ Tourisme 40 E., dont 5 GCC. Rivière à 1,5 km. ; ; ; . ☎ 02 98 88 12 68.

TREGOUREZ

5-C3 28 km E. Chateaulin. 200 m. 878 hab. ✉ 29970

CAMP MUNICIPAL ★★ Tourisme 32 E. 0,6 ha. rivière : . ☎ 02 98 59 10 28. Fax : 02 98 59 70 62.

TREGUENNEC

5-B3 27 km S.-O. Quimper. 300 hab. ✉ 29720

KERLAZ ★★★ Tourisme 65 E. dont 44 nus, , dont 15 GCC, 1 ha. CV. Locations : 5, 10, 4. couverte chauffée . Etang et rivière à 500 m. Bord de mer à 2 km. à 2 km : . Ouv : 31.3 / 30.9. De Quimper, dir. Pont l'Abbé sortie Plonéour-Lanvern puis traverser Plonéour-Lanvern jusqu'au cimetière et dir. Tréguennec. ☎ 02 98 87 76 79. E-mail : contact@kerlaz.com, Web : www.kerlaz.com. Prix 2008. 5,20 € ; 2,20 € ; 7,40 € ; 5,20 € ; 3,80 € ; - de 7 ans 2,50 € ; 2,40 à 3,40 € (3 à 6 A) ; Animaux 1,30 €. Réduction H.S.

CAMP MUNICIPAL DE LA PALUE DE KERGUELLEC ★ Tourisme 50 E. Accès direct à l'étang et aux bords du lac. Bord de mer à 200 m. ; ; . ☎ 02 98 87 78 18. Fax : 02 98 87 64 27. E-mail : mairie.treguennec@wanadoo.fr.

TREGUNC

5-B3 28 km S.-E. Quimper. 80 m. 5919 hab. ✉ 29910

LA POMMERAIE ST PHILIBERT ★★★★ Tourisme 198 E. dont 78 nus, dont 120 GCC, 7,5 ha. crêperie, 2, CV. Locations : 30, 20. chauffée . Bord de mer à 1,2 km. ; ; à 1,2 km : . Sortie Kerampaou dir. Tregunc puis dir. Trevignon-St Philibert par D 1. ☎ 02 98 50 02 73. Fax : 02 98 50 07 91. E-mail : pommeraie@club-internet.fr, Web : www.campingdelapommeraie.com. Prix 2007. Fft jour : Empl. Tourisme (2) : 26,50 € () ; Sup : 5,60 € - de 7 ans 3,70 € ; Animaux 3,40 €.

DES ETANGS ★★★ Tourisme 172 E. (167 Tourisme + 5 Loisirs), dont 5 CC, 3 ha. CV. Locations : 12, 8, . couverte chauffée . Etang à 200 m. Bord de mer à 800 m. ; ; à 800 m : ; ; à 1 km : . Accueil groupes. Ouv : 25.5 / 15.9. Kerlin, Pointe de Trévignon, D 1, à 6 km du centre ville. ☎ 02 98 50 00 41. Fax : 02 98 50 00 41. E-mail : camp.etangdetrevignon@wanadoo.fr, Web : www.camping-etangs.com. Prix 2007. Empl. Tourisme : 6,60 € ; 1,75 € ; 8,35 € ; 5,80 € ; - de 7 ans 3,60 € ; 3,10 € ; Animaux 1,80 €. Réduction H.S.

FFCC : partenaire + réduction emp. de 5 % en saison et 10 % hors saison + carte FFCC assurance annulation + réduction loc. de 5 % hors saison.

DOMAINE DE PENDRUC ★★★ Tourisme 170 E. 3,6 ha. CV. Locations : 42, 2, , Cottages. chauffée . Bord de mer à 800 m. ; ; à 1 km : . Accueil groupes encadrés. Roz-Pénanguer, VC 2 au S.O., RN 783. Arrivée N 165 sortir à Kerampaou dir. Trégunc ensuite Lambell. ☎ 02 98 97 66 28. Fax : 02 98 50 24 30. E-mail : info@domainedependruc.com, Web : www.domainedependruc.com.

C.C.A.S. LA PINEDE ★★ Tourisme 200 E. 6éservé C.C.A.S.

CAMP G.C.U. Réservé aux adhérents. Adhésion possible sur place pour les sociétaires MAIF et FILIA MAIF.

LA PLAGE LOC'H-VEN ★★ Tourisme 199 E., dont 5 HLL, 2,86 ha. à emporter, partiel, CV. Locations : 9, 2. Bord de mer à 100 m. ; à 100 m : . Ouv : 30.4 / 20.9. Plage de Pendruc. VC 2 au Sud-Ouest, RD 783. ☎ 02 98 50 26 20. Fax : 02 98 50 27 63. Prix 2007. Empl. Tourisme : 5,05 € () : 3,95 € ; 2,85 € ; 2,85 à 3,50 € (4 à 6 A). Réduction H.S.

LE FLEURI ★★ Tourisme 50 E. (46 Tourisme + 4 Loisirs), dont 1 GCC, 2 ha. 3 km, 500 m, CV Sanitaire chauffé. Locations : 4, 6. Bord de mer et rivière à 4,5 km. à 4 km : 4 km, ; ; à 5 km : 5 km. Accueil groupes. Route de Névez. Le camp se trouve juste avant Névez via Pont Aven ou via Trégunc. ☎ 02 98 06 74 76 / 06 63 44 78 85. E-mail : ulrike.kuster@orange.fr. Prix 2007. Fft jour : Empl. Tourisme : 9.70 € () ; 2,20 € (6 A) ; Animaux 1 €. Réduction H.S.

LE SUROIT ★★ Tourisme 61 E., dont 28 GCC, 0,9 ha. enfants, visiteur, CV. Locations : 10. Bord de mer à 100 m. ; ; ; . Accueil groupes. ☎ 02 98 50 01 76 / 02 98 97 65 42 / 02 98 97 65 42 (H.S.). Fax : 02 98 50 01 76. Réduction H.S.

PEN AR BED ★★ Tourisme 95 E. Bord de mer à 600 m. ; . ☎ 02 98 50 02 73.

TREMEOC

5-B3 16 km S.-O. Quimper. 20 m. 620 hab. ✉ 29120

CELTIC VILLAGE ★★ Tourisme 30 E. CV. Locations : 5, 15. . Etang à 10 m. Rivière à 50 m. . Kerganévet. Sortie Quimper, dir. Pont l'Abbé (voie express) sortie Tréméoc. ☎ 02 98 82 38 26. Fax : 02 98 87 26 26. E-mail : celticvillage@wanadoo.fr, Web : www.celtic-village.com.

AIGUES MORTES

13-F2 38 km S.-O. Nimes. 1 m. 4475 hab. 30220

LA PETITE CAMARGUE ★★★★ Tourisme 553 E. dont 153 nus, 10 ha. sur pied non électrique, 26.4 / 19.9, CV. Locations : 288. Lac à 1 km.Etang à 2 km.Bord de mer à 3,5 km. à 500 m : ; à 3,5 km : . Accueil groupes sur demande en basse saison. sur demande en basse saison. Ouv : 26.4 / 19.9. A 9 sortie Gallargues N 313/D 979 dir. Aigues-Mortes puis D 62 dir. La Grande Motte. 1600 m après le rond-point avec le flamant rose. Navette gratuite plage en juillet/août. ☎ 04 66 53 98 98. Fax : 04 66 53 98 80. E-mail : info@yellohvillage-petite-camargue.com, Web : www.yellohvillage-petite-camargue.com. Prix 2008. Fft jour : Empl. Tourisme (2) : 43 € ; Sup : 8 €Animaux 3 €.

M. LOUP Claude,camping à la ferme Le Mas de Plaisance. Accès par RD 58 route des Stes-Maries-de-la-Mer ou par le centre d'Aigues-Mortes. ☎ 04 66 53 92 84 / 06 22 20 92 37.

AIGUEZE

10-F5 70 km N.-E. Nimes. 88 m. 182 hab. 30760

LES CIGALES ★★ Tourisme 36 E. 0,7 ha. CV. Locations : couverte chauffée . Rivière à 100 m. ; ; à 100 m : . Accueil groupes. Sur RD 141, RN 86. ☎ 04 66 82 18 52. Fax : 04 66 82 25 20. E-mail : lastridulette@wanadoo.fr. Réduction H.S.

FFCC : partenaire - terrain assuré par la FFCC.

M. DUFOUR Jean A 1 km: . A 2 km : . Le Galinier. ☎ 04 66 82 15 51.

FFCC : partenaire - terrain assuré par la FFCC .

M. COSTE Alain,aire naturelle La Roquette ☎ 04 66 82 15 13.

AIMARGUES

13-F2 24 km S.-O. Nimes. 2559 hab. 30470

BELLEVUE ★★★ Tourisme 181 E. dont 121 nus, dont 120 GCC, 3,5 ha. snack/pizzéria, collectif, saison, CV. Locations : 26. Etang à 1 km.Rivière à 3 km. à 1 km : . Accueil groupes. Ouv : 1.1 / 31.12. Rés. obligatoire en été. Route des Plages. A 9 sortie n° 26 dir. Aigues-Mortes/Grau-du-Roi à 6 km de l'autoroute. ☎ 04 66 88 63 75 / 06 82 29 64 35 (H.S.). Fax : 04 66 51 59 68. E-mail : info-bellevue@wanadoo.fr, Web : www.bellevue-en-camargue.com. Prix 2008. Fft jour : Empl. Tourisme (2) : 20 € ((10 A) E. CC E. GCC) ; Sup : 5 € - de 7 ans 2 € ; Animaux 2 €. Réduction H.S.

FFCC : partenaire - terrain assuré par la FFCC + réduction emp. de 5 % hors saison + carte FFCC assurance annulation + Stop accueil Camping-car du 01/01 au 30/06 et du 01/09 au 31/12/2008, accès jusqu'à 20h.

ALLEGRE LES FUMADES

10-F5 15 km N.-E. Alès. 135 m. 581 hab. 30500

CHATEAU DE BOISSON ★★★★ Tourisme 178 E. 2,5 ha. CV Sanitaire chauffé Camping tourisme et handicap. Locations : 66. couverte chauffée. Rivière à 5 km. ; à 5 km : , ; à 6 km : . Ouv : 12.4 / 3.11. Lieu-dit Boisson, RD 37. ☎ 04 66 24 85 61. Fax : 04 66 24 80 14. E-mail : reception@chateaudeboisson.com, Web : www.chateaudeboisson.com. Prix 2007. Fft jour : Empl. Tourisme (2) : 33 € ()

DOMAINE DES FUMADES ★★★★ Tourisme 230 E. 5 ha. CV. Locations : 19, 55. couverte chauffée. Accès direct à la rivière. ; . Ouv : 14.4 / 2.9. Rés. obligatoire en été. D 6. ☎ 04 66 24 80 78. Fax : 04 66 24 82 42. E-mail : domaine.des.fumades@wanadoo.fr, Web : www.domaine-des-fumades.com. Réduction H.S.

AIRE NATURELLE DE CAMPING LE LAVOIR D'ARLINDE CV. A 5 km: . A 10 km : . Ouv : 15.4 / 15.10. Accès par la D 7 entre Boisson et Navacelles. ☎ 04 66 24 82 81 / 06 21 35 47 34 (H.S.). Fax : 04 66 54 00 56. E-mail : christophe.taulelle@wanadoo.fr, Web : www.camping-fumades.com. Prix 2007. Empl. Tourisme : 2,50 € ; 3,50 € ; - de 7 ans 2,50 € ; 2 €.

FFCC : partenaire + Stop accueil Camping-car du 15/04 au 15/10/2008, accès jusqu'à 21h.

ANDUZE

13-E1 13 km S.-O. Alès. 130 m. 2787 hab. 30140

LE BEL ETE ★★★★ Tourisme 97 E., dont 73 CC - 8 GCC, 2,62 ha. CV. Locations : 10. Accès direct à la rivière. ; . A 9 sortie Nîmes-Ouest ou Bollène. Dir. Alès puis Anduze, route de Nîmes. ☎ 04 66 61 76 04 / () / 04 75 37 42 76 (Personnel) (H.S.). Fax : 04 66 61 76 04. E-mail : campingmalhiver@wanadoo.fr, Web : www.camping-bel-ete.com.

CASTEL ROSE ★★★ Tourisme 258 E. dont 228 nus, 7 ha. sauf en laisse 900 m, à gaz, ap. 22 h, CV. Locations : 15, 4. Accès direct à la rivière. ; ; . A 1,5 m de la mairie d'Anduze, rive en face de la Bambouseraie. ☎ 04 66 61 80 15. E-mail : castel.rose@wanadoo.fr, Web : www.castelrose.com. Prix 2008. Fft jour : Empl. Tourisme (2) : 18.50 € () ; Sup : 3,90 € - de 7 ans 2,90 € ; 3,40 à 3,70 € (6 à 10 A) ; Animaux 2,20 €. Réduction H.S.

L'ARCHE ★★★ Tourisme 250 E., dont 50 CC - 183 GCC - 17 HLL, 5 ha., gaz/électrique, CV Sanitaire chauffé. Locations : 26, 2, couverte chauffée . Accès direct à la rivière. Ouv : 15.3 / 30.9. Quartier de Labahou. Anduze par RD 907 dir. St-Jean-du-Gard, à 3 km hôtel de la Porte des Cévennes, tourner à droite. ☎ 04 66 61 74 08. Fax : 04 66 61 88 94. E-mail : camping.arche@wanadoo.fr, Web : www.camping-arche.fr. Prix 2008. Fft jour : Empl. Tourisme (2) : 32,50 € (E. CC E. GCC) ; Sup : 6,80 € - de 10 ans 4,40 € ; 2 € (10 A) ; Animaux 3,50 €.

LE PRADAL ★★★ Tourisme 133 E. dont 108 nus, , dont 4 HLL, 3 ha. CV. Locations : 21, 4. Accès direct à la rivière. Accueil groupes. Ouv : 22.3 / 30.9. Sur RD 129, sortie de la ville. ☎ 04 66 61 79 81. Fax : 04 66 61 81 60. E-mail : contact@lepradal.com, Web : www.lepradal.com. Prix 2008. Fft jour : Empl. Tourisme (2) : 18 € ( ) ; Sup : 3,90 € - de 7 ans 3,30 € ; 2,50 € (10 A) ; Animaux 1,90 €. Réduction H.S.

FFCC : partenaire + réduction emp. de 5 % hors saison + Stop accueil Camping-car du 22/03 au 12/07 et du 23/08 au 30/09/2008, accès jusqu'à 21h + réduction loc. de 5 % hors saison.

LES FAUVETTES ★★★ Tourisme 133 E. 4 ha. électrique ou gaz, 3, CV. Locations : 23, 15. Rivière à 400 m. ; à 400 m : à 400 m, 400 m. Route St-Jean du Gard. ☎ 04 66 61 72 23. E-mail : camping-les-fauvettes@wanadoo.fr, Web : www.lesfauvettes.fr. Prix 2008. Fft jour : Empl. Tourisme (2) : 19.80 € ( ) ; Sup : 5 € 4 € ; 3,80 € (10 A A) ; Animaux 2,20 €.

FFCC : partenaire - terrain assuré par la FFCC.

Adhérez à un Club FFCC et profitez de nombreux avantages.

M. BOSQUIER Jacky,camping la Cigale CV. Route de Quissac. D 35. ☎ 04 66 61 80 95 / 04 66 61 86 94.

M. BOUCHET André,camping la Brise des Pins . A 2 km: . A 3 km : . Ouv : 1.6 / 15.9. 3190, route de St-Félix. Travillargues. RD 133. ☎ 04 66 61 63 39. Prix 2007. Fft jour : Empl. Tourisme (2) : 11 € ( ) ; Sup : 3,50 € - de 6 ans 2,50 € ; 2,30 € (6 A).

FFCC : partenaire - terrain assuré par la FFCC.

M. TIRFORT Max,aire naturelle , privée, CV. Quartier de Veyrac. Route de Nimes. ☎ 04 66 60 53 29. Fax : 04 66 60 53 29.

Mme PIN Line,aire naturelle . A 1 km: . A 3 km : . Ouv : Pâques / 30.9. 140 Les Hauts de Labahou. Sortie d'Anduze dir. St-Jean du Gard D 907.600 mètres à gauche après le rond point du supermarché Netto ☎ 04 66 61 77 90 / 06 03 93 38 88 (H.S.). Fax : 04 66 61 77 90. E-mail : art.actif@infonie.fr, Web : www.anduzecamping.com. Prix 2007. Fft jour : Empl. Tourisme (2) : 14 € (E. CC) ; Sup : 4 € - de 10 ans 3 € ; Animaux 1 €. Fft Tente : 12 € (2).

LA POMMERAIE Voir THOIRAS

CEVENNES PROVENCE Voir THOIRAS

ARPAILLARGUES ET AUREILLAC

13-F1 18 km N.-E. Nimes. 459 hab. 30700

LE MAS DE REY ★★★ Tourisme 60 E. 3 ha. CV. Camping clef verte. Locations : 6, 2. chauffée . Ouv : 1.4 / 15.10. Rés. obligatoire en été. D982 à Uzes prendre direction Anduze ☎ 04 66 22 18 27. Fax : 04 66 22 18 27. E-mail : info@campingmasderey.com, Web : www.campingmasderey.com. Prix 2007. Fft jour : Empl. Tourisme (2) : 17,50 € ; Sup : 5,50 € - de 7 ans 3,50 € ; 3 € ; Animaux 1,60 €. Réduction H.S.

AUJAC

10-E5 60 km N.-O. Nimes. 500 m. 148 hab. 30450

LE MOULIN DU PISTOU ★ Tourisme 33 E. 0,3 ha. Locations : 1. Accès direct à la rivière. RD 51 entre Aujac et Brésis. ☎ 04 66 61 17 99 / 04 66 83 71 25 / 04 66 61 27 39 (H.S.). Web : perso.club-internet.fr/lkris/psmain.htm. Prix 2007. 2,40 € ; 2 € ; 2,40 € ; 2,50 € ; - de 7 ans 2 € ; 2,50 à 3 € (2 à 4 A) ; Animaux 1 €.

AULAS

13-E1 6 km O. Le Vigan 280 m. 386 hab. 30120

PARC RESIDENTIEL DE LOISIRS DOMAINE LOU CEVENOL P.R.L. 6 E., dont 6 HLL. Sanitaire chauffé. Locations : 6. Rivière à 100 m. ; Sortie le Vigan, prendre D 48 dir. le Mont Aigoual. ☎ 04 67 81 90 59 / 06 07 77 30 10 (H.S.). Fax : 04 67 81 24 41. E-mail : montetfamily@wanadoo.fr, Web : www.domaine-lou-cevenol.com.

AVEZE

13-E1 2,5 km S. Le Vigan. 252 m. 1042 hab. 30120

CAMP MUNICIPAL ★ Tourisme 100 E. 1 ha. à 5 km : , . Au Pont-Vieux, D 48 et RD 999. ☎ 04 67 81 95 01. E-mail : caussou@wanadoo.fr.

BAGNOLS SUR CEZE

11-A5 50 km N.-E. Nîmes. 47 m. 17777 hab. 30200

LA COQUILLE ★★★ Tourisme 30 E. dont 29 nus 1,35 ha. partiel, partiel, CV. Locations : . Accès direct à la rivière. ; . Ouv : Pâques / 15.9. Route de Carmignan. D 360. Dir. Nord-Sud N 86, route de Lyon 1ère route à gauche avant le pont de la Ceze. ☎ 04 66 89 03 05 / 04 66 89 59 86 (Domicile) (H.S.). Fax : 04 66 89 59 86. E-mail : josegimeno@free.fr & campinglacoquille@wanadoo.fr, Web : www.campinglacoquille.com. Prix 2008. Fft jour : Empl. Tourisme (2) : 18,50 € ; 3,50 à 4 € (4 à 6 A). Réduction H.S.

FFCC : partenaire + réduction emp. de 20 % hors saison + carte FFCC assurance annulation + Stop accueil Camping-car de pâques au 30/06 et du 01/09 au 15/09/2008, accès jusqu'à 20h.

LES GENETS D'OR ★★★ Tourisme 95 E. 3,5 ha. sauf seulement hors saison CV Sanitaire chauffé. Locations : 8. chauffee . Accès direct à la rivière. Route de Carmignan. D 360 dir. Carmignan 2 km. ☎ 04 66 89 58 67. Fax : 04 66 89 58 67. E-mail : info@Camping-Genets-dor.com, Web : www.camping-genets-dor.com. Prix 2007. Fft jour : Empl. Tourisme (2 1 - de 2 ans) : 21,20 € ; Sup : 4,37 € 2,86 à 3,70 € (3 à 8 A). Réduction H.S.

BARJAC

10-F5 34 km N.-E. Alès. 175 m. 1280 hab. 30430

LA BUISSIERE ★★★ Tourisme 70 E. 1,6 ha. buvette, CV Sanitaire chauffé. Locations : 3, 7. Accueil groupes hors saison. Ouv : 1.4 / 30.9. Route d'Orgnac l'Aven. D 176. ☎ 04 66 24 54 52 / 06 10 39 52 51 (H.S.). Fax : 04 66 24 54 52. E-mail : camping.labuissiere@wanadoo.fr, Web : www.camping-la-buissiere.com. Prix 2007. Fft jour : Empl. Tourisme (2) : 17,80 € (10 A)) Réduction H.S.

LA COMBE ★★ Tourisme 100 E. 2 ha., visiteur, CV. Locations : 4, 8, 5, . ; ; à 3 km : . Mas de Reboul. A Barjac sortie les Vans. ☎ 04 66 24 51 21 / 06 10 62 32 18. Fax : 04 66 24 51 21. E-mail : camping-la-combe@wanadoo.fr, Web : www.campinglacombe.com.

M. DIVOL Jean,aire naturelle . A 2,5 km: . A 3 km : . A 6 km : . A 10 km : . Le Mas Neuf, CD 196, à 2,5 km Nord-Ouest de la commune, à proximité de la ferme. Pré ombragé. Salle de repos, Vallée et Gorges de la Cèze. Gorges de l'Ardèche. Grottes et avens. ☎ 04 66 24 50 79.

BESSEGES

10-F5 30 km N. Alès. 170 m. 4358 hab. ✉ 30160

CAMP MUNICIPAL N° 1 ★★ Tourisme 75 E. 1,5 ha. . Locations : . . Accès direct à la rivière. ; ; . Lieu-dit La Plaine, rue Victor Hugo. ☎ 04 66 25 13 06 / 04 66 25 39 59. Fax : 04 66 25 20 64.

CAMP MUNICIPAL N° 2 DE LA NOUVELLE ★ Tourisme 33 E. 1,5 ha. . Accès direct à la rivière. Foussignargues. ☎ 04 66 25 00 01 (Mairie).

Mme VOLLE Michelle,aire naturelle . A 1 km: . A 2 km : . Revety, RD 51, à 2 km Sud de la commune, à proximité de la ferme. Pré ombragé. Locations de caravanes et mobil-home. ☎ 04 66 25 07 19.

FFCC : partenaire - terrain assuré par la FFCC .

BEZOUCE

13-F1 10 km N.-E. Nimes. 75 m. 1280 hab. ✉ 30320

LES CYPRES ★ Tourisme 33 E. 0,8 ha. . Locations : . . 5 rue de la Bastide, RN 86. ☎ 04 66 75 24 30. Fax : 04 66 75 64 78.

BLANDAS

13-E1 17 km S.-O. Le Vigan. 650 m. 116 hab. ✉ 30770

EPONA DE FONTARET ★ Tourisme 11 E. ☎ 04 67 73 49 37.

BOISSET ET GAUJAC

13-E1 11 km S.-O. Alès. 128 m. 1123 hab. ✉ 30140

DOMAINE DE GAUJAC ★★★ Tourisme 275 E. dont 146 nus, 6 ha., gaz/électrique, 2ème voiture, CV Sanitaire chauffé Camping tourisme et handicap. Locations : 21, 6, 10, 11 . chauffée 2, . Accès direct à la rivière. ; . Accueil groupes. Ouv : 1.4 / 30.9. 2406 Chemin de la Madelaine RD 254. Alès-Montpellier-St-Christol dir. Anduze, Bagard dir. Boisset village puis suivre fléchage. Bassin enfants ludique. ☎ 04 66 61 80 65 / 04 66 61 67 57 (H.S.). Fax : 04 66 60 53 90. E-mail : gravieres@club.internet.fr, Web : www.domaine-de-gaujac.com. Prix 2008. Fft jour : Empl. Tourisme (2) : 21 € () ; Sup : 5,70 € - de 2/7 ans 4,90 € ; 3 à 3,50 € (4 à 6 A) ; E. CC 4 € (suplt.) ; Animaux 2,50 €. Réduction H.S.

FFCC : partenaire + carte FFCC assurance annulation + réduction loc. de 5 % hors saison + HC.

M. BOISSET Alain,aire naturelle , 2, CV. A 1,5 km: . A 5 km : . A 7 km : . Ouv : 1.3 / 30.10. 1719, route d'Anduze, par RD 910a à 1,5 km de la commune, à proximité de la ferme. Gardiennage de caravanes. ☎ 04 66 61 97 08 / 04 66 61 97 65 (Cabine) (H.S.). Fax : 04 66 61 97 08. E-mail : campingbellevue@orange.fr, Web : www.campingbellevue-aunduze.c.la. Prix 2008. Empl. Tourisme : 5 € () : 4,20 € ; - de 7 ans 3,60 € ; 2,80 € (6 A) ; Animaux 1 €. Réduction H.S.

FFCC : partenaire + Stop accueil Camping-car du 01/01 au 30/06 et du 20/08 au 31/12/2008, accès jusqu'à 23h.

BRANOUX LES TAILLADES

10-E5 18 km N.-O. Alès. 360 m. 1404 hab. ✉ 30110

FONT DE MERLE ★ Tourisme 65 E. dont 50 nus 0,5 ha. électrique, CV. Locations : , . Accès direct à la rivière. Lac à 3 km. ; en rivière : ; ; . Accueil groupes. Ouv : 1.2 / 30.10. Rés. obligatoire en été. Lieu-dit Frassinet, 5 km centre ville. RN 106. Promenades et randonnées pédestres GR 42. Grotte sarazine à 1 km. Pistes balisées. ☎ 04 66 60 63 22 / 06 34 39 36 89 (H.S.). Fax : 04 66 60 63 22. E-mail : camping@ozon-internet.net, Web : camping-fontedemerle.com. Prix 2008. Fft jour : Empl. Tourisme (2) : 13 € ( ) ; Sup : 2 € - de 3/10 ans 1,50 € ; Animaux 1 €.

CARDET

13-F1 15 km S. Alès. 106 m. 500 hab. ✉ 30350

BEAU RIVAGE ★★ Tourisme 132 E. 4 ha. CV. Locations : 3 , 3 , . . Accès direct aux bords du lac et à la rivière. ; ; . Chemin du Bosquet. Alès par RN 110 dir. Montpellier, après les Tavernes et le Gardon à droite RN 982, dir. Anduze, après 2 km 3ème entrée de Cardet. ☎ 04 66 83 02 48. Fax : 04 66 83 80 55. E-mail : reception@campingbeaurivage.com, Web : www.campingbeaurivage.com. Réduction H.S.

LE CHERCHEUR D'OR ★★ Tourisme 150 E. 10 ha. CV. Locations : 30 . . Accès direct à la rivière. ; ; . Accueil groupes. ☎ 04 66 83 82 44. Fax : 04 66 83 05 36. E-mail : lacombe@campingchercheurdor.fr, Web : www.campingchercheurdor.fr. Réduction H.S.

CENDRAS

10-E5 7 km N.-O. Alès. 140 m. 2169 hab. ✉ 30480

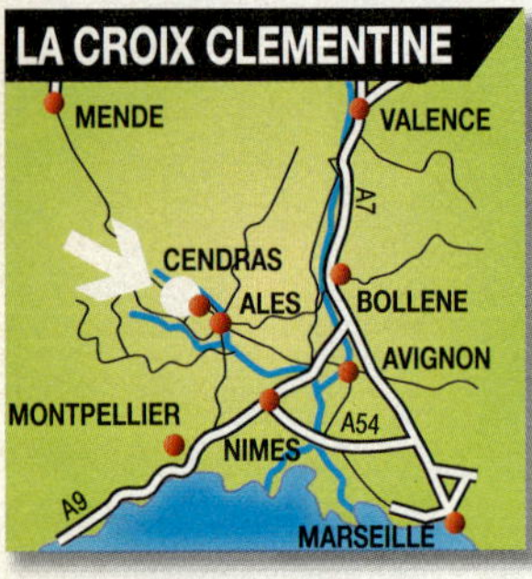

LA CROIX CLEMENTINE ★★★★ Tourisme 234 E. dont 190 nus, , dont 50 GCC - 10 HLL, 10 ha. CV. Locations : 20 , 10 , 5 , 10 . 6 courts, . Rivière à 3 km. ; à 3 km : . Ouv : 25.3 / 14.9. Route de Mende. A 7 sortie Bollène/Pont-St-Esprit/Bagnols-sur-Cèze/Alès dir. Mende/Cendras. ☎ 04 66 86 52 69. Fax : 04 66 86 54 84. E-mail : clementine@clementine.fr, Web : www.clementine.fr. Prix 2008. Fft jour : Empl. Tourisme (2) : 25 € ((6 A)) ; Sup : 8 € - de 4 ans 2,50 € ; E. GCC 32 € (Fft) ; Animaux 3 €. Réduction H.S.

CAMP DU CLOS DE L'ABBAYE ★ Tourisme 50 E. 1 ha. . Rivière à 20 m. ; . RN 107 bis. ☎ 04 66 86 52 05.

CHAMBON

10-E5 30 km N.-O. Alès. 250 m. 183 hab. ✉ 30450

CAMP MUNICIPAL LE LUECH ★ Tourisme 30 E. dont 30 nus 0,4 ha. CV. . Accès direct à la rivière. ; . Palanqui, sur RD 29. ☎ 04 66 61 51 32 (Juillet/août) / 04 66 61 47 92 (Mairie) (H.S.). Fax : 04 66 61 47 92.

LOU PELOUS ★ Tourisme 35 E. dont 20 nus, 1 ha. , buvette, . Locations : . Accès direct à la rivière. ; . Accueil groupes. Lieu-dit Le Chamboredon. Alès/St-Ambroix/Bessèges/Peyremale dir. Chamborigaud à 2 km de Peyremale. ☎ 04 66 61 29 07. Fax : 04 66 61 29 07. Réduction H.S.
FFCC : partenaire - terrain assuré par la FFCC.

CHAMBORIGAUD

10-E5 28 km N.-O. Alès. 330 m. 874 hab. ✉ 30530

G.C.U. LA PLAINE Réservé aux adhérents. Adhésion possible sur place pour les sociétaires MAIF et FILIA MAIF.

CHUSCLAN

11-A5 48 km N.-E. Nimes. 38 m. 670 hab. ✉ 30200

LES BERGASSOUS ★★ Tourisme 27 E. 0,13 ha. Sanitaire chauffé. Locations : , . Rivière à 1 km. Accueil groupes. O ☎ 04 66 90 17 31.

COLLIAS

13-F1 20 km N.-E. Nîmes. 65 m. 617 hab. ✉ 30210

LE BARRALET ★★★ Tourisme 120 E. 2 ha. CV. Locations : 21 , 4 . . Accès direct à la rivière. ; ; à 100 m : , . ☎ 04 66 22 84 52 (Saison). Fax : 04 66 22 89 17. E-mail : camping@barralet.com, Web : www.camping-barralet.com.

COMPS

14-A1 20 km N.-E. Nîmes. 10 m. 1239 hab. ✉ 30300

LA GARRIGUE ★ Tourisme 35 E. 0,8 ha. Sanitaire chauffé. Locations : , 1 , 3 . . Rivière à 800 m. ; à 100 m : . Gardiennage. ☎ 04 66 74 52 68. Fax : 04 66 74 52 68.

CONNAUX

13-F1 40 km N.-E. Nîmes. 1420 hab. ✉ 30330

LE VIEUX VERGER ★★ Tourisme 60 E. CV. Locations : 4 , 10 , 2 . . Etang à 3 km. Sur RN 86. ☎ 04 66 82 91 62. Fax : 04 66 82 60 02. E-mail : campinglevieuxverger@wanadoo.fr.

CORNILLON

10-F5 50 km N.-E. Nîmes. 80 m. 538 hab. ✉ 30630

LES AMARINES II ★★★ Tourisme 120 E. 5 ha. , ap. 23 h, CV Sanitaire chauffé. Locations : 13 , 1 . chauffée . Accès direct à la rivière. ; ; . Lavérune. Entre Cornillon et Goudargues. ☎ 04 66 82 24 92. Fax : 04 66 82 38 64. E-mail : les.amarines@wanadoo.fr, Web : www.campinglesamarines.com. Réduction H.S.

LES LIBELLULES ★★ Tourisme 50 E. dont 44 nus, , dont 2 HLL, 2 ha. . Locations : 6 , , roulotte. Accès direct à la rivière. ; ; . Ouv : 28.4 / 2.9. St Gely de Cornillon. RD 980, au lieu-dit Cazernau. ☎ 04 66 82 20 04. E-mail : info@campinglеslibellules.com, Web : www.campinglеslibellules.com. Prix 2007. Fft jour : Empl. Tourisme (2) : 20 € Sup : 4 € - de 12 ans 3,50 € ; 2,75 € (3 A) ; Animaux 1,75 €.

LOU VALAGRAN ★★ Tourisme 45 E. 1,5 ha. . Locations : , , . Accès direct à la rivière. ; ; . St Gély de Cornillon. RD 980. ☎ 03 60 82 30 94 / 04 66 82 75 98 (H.S.).

COURRY

10-F5 27 km N.-E. Alès. 347 m. 212 hab. ✉ 30500

M. SERENI,aire naturelle . A 5 km: . Les Piles. Location caravanes. Alimentation générale. ☎ 04 66 24 05 67. Prix 2007. Empl. Tourisme : 2,90 € ; 2,30 € ; - de 7 ans 1,25 € ; 2,50 €.

CRESPIAN

13-F1 25 km O. Nimes. 80 m. 230 hab. ✉ 30260

MAS DE REILHE ★★★★ Tourisme 95 E. dont 75 nus, 2 ha. , collectifs, CV. Locations : 5 , 6 , 5 . chauffée . Rivière à 3 km. à 3 km : 3 km, . Accueil groupes. Ouv : 6.04 / 23.09. Par A 9, sortie Nîmes Ouest dir. le Vigan. ☎ 04 66 77 82 12. Fax : 04 66 80 26 50. E-mail : info@camping-mas-de-reilhe.fr, Web : www.camping-mas-de-reilhe.fr. Réduction H.S.
FFCC : réduction loc. de 5 % hors saison + HC.

DOMAZAN

14-A1 30 km N.-E. Nimes. 20 m. 513 hab. ✉ 30390

LE BOIS DES ECUREUILS ★★ Tourisme 46 E. dont 32 nus 1,4 ha. , collectif, Sanitaire chauffé. CV Locations : 15 . . à 7 km : . Accueil groupes petits groupes. Ouv : 1.1 / 31.12. RN 100 entre Remoulins (5 km) et Avignon (12 km). ☎ 04 66 57 10 03. Fax : 04 66 57 10 03. E-mail : infos@boisdesecureuils.com, Web : www.boisdesecureuils.com. Prix 2008. Fft jour : Empl. Tourisme (2) : 18 € ( ) ; Sup : 3,50 € - de 5/10 ans 2 €. Réduction H.S.
FFCC : partenaire + réduction emp. de 10 % hors saison.

DOURBIES

13-D1 48 km N.-O. Le Vigan. 915 m. 250 hab. ✉ 30750

CAMP MUNICIPAL ★★ Tourisme 38 E. Accès direct à la rivière. ☎ 04 67 82 72 46 / 04 67 82 72 87. Fax : 04 67 82 75 11.

GAGNIERES

10-F5 32 km N.-E. Alès. 192 m. 921 hab. ✉ 30160

LES MINES D'OR ★★★ Tourisme 30 E. 1,5 ha. , collectif, gratuite, CV. Locations : 5 , . . Rivière à 200 m. ; . Le Touot Chavagnac. ☎ 04 66 60 06 69 / 06 22 33 69 89. Fax : 04 66 60 06 69. E-mail : mines.or@freesbee.fr, Web : www.lesminesdor.fr.fm.

CLAIRVAL ★ Tourisme 30 E. 3 ha. . Locations : . Rivière à 10 m. ; ; . Accueil groupes. ☎ 04 66 25 15 29. Fax : 04 66 25 15 29. E-mail : camilleCOSTE@aol.com.

SOURCE DE VIE ★ Tourisme 100 E. 1 ha. . Accès direct à la rivière. ; . Le Martinet. A 30 km nord d'Alès. ☎ 04 66 25 02 67. Fax : 04 66 25 19 27. E-mail : c.chretien.gagnieres@free.fr.

GALLARGUES LE MONTUEUX

13-F2 21 km S.-O. Nimes. 1633 hab. ✉ 30660

LES AMANDIERS ★★★ Tourisme 150 E., dont 20 GCC, 3 ha. , à gaz, , 2, CV. Locations : 35 , , 2 . . Rivière à 800 m. ; à 800 m : . N 113. A 9 sortie Gallargues les Plages, 100 m droite après le péage. ☎ 04 66 35 28 02. Fax : 04 66 35 28 02. E-mail : campamandiers@wanadoo.fr, Web : camping-lesamandiers.com. Réduction H.S.

GENERAC

13-F2 12 km S. Nimes. 82 m. 2113 hab. ✉ 30510

M. THOMAS Yves,aire naturelle . A 2 km: . A 4 km : . A 8 km : Piscine plein air . A 20 km : . La Cassaude. Sortie autoroute Nîmes-est. Stage artisanal. Cabanes de gardian. Manade de taureaux camarguais. Visite de Taureaux à cheval. Golf à 5 km. Gîtes. ☎ 04 66 01 30 31 / 06 62 75 30 31.

GENOLHAC

10-E5 35 km N.-O. Alès. 500 m. 850 hab. Station verte de vacances et village de neige ✉ 30450

LES ESPARNETTES ★★★ Tourisme 63 E. 1,2 ha. CV. Locations : 5 , 4 , . Accès direct à la rivière. ; . Ouv : 1.4 / 30.9. Pont de Rastel. D 906. ☎ 04 66 61 44 50 / 04 66 61 45 78 (H.S.). Prix 2007. Empl. Tourisme : 2,30 € ( ) ; 1,60 € ; 2,30 € ; - de 10 ans 1,60 € ; 2,30 €.

CAMP MUNICIPAL DU PONT DU MAS ★★ Tourisme 66 E. 0,8 ha. Locations : . Accès direct à la rivière. ; . CD 906. 04 66 61 17 90 / 04 66 61 10 55 (Mairie). Fax : 04 66 61 12 69. E-mail : mairie.genolhac@wanadoo.fr.

LA CHATAIGNERAIE ★★ Tourisme 53 E. 0,75 ha. CV. Accès direct à la rivière. ; . Ouv : 1.5 / 15.9. RD 906, quartier de l'Andéol. 04 66 61 44 29 / 06 64 44 35 98. Prix 2008. Empl. Tourisme : 2,50 € ; 1,50 € ; 3 € ; 1,50 € ; 2,50 € (6 A) ; 0,50 €.

LE MARTINET ★ Tourisme 50 E. dont 50 nus 2,5 ha. CV. Locations : . Accès direct à la rivière. ; ; . Accueil groupes. Ouv : 30.4 / 30.9. Au Pont de Rastel. Sur la route Alès/Villefort. 04 66 61 48 28 / 04 66 29 18 60 (H.S.). Prix 2008. Empl. Tourisme : 2,30 € () : 1,50 € ; 3 € ; - de 7 ans 1,50 €.

FFCC : partenaire + réduction emp. de 10 % en saison et hors saison.

LE MARTINET DE L'ELZE Voir SENECHAS

GOUDARGUES

10-F5 41 km N.-E. Nîmes. 77 m. 860 hab. 30630

LA GRENOUILLE ★★★ Tourisme 50 E. 0,8 ha. CV. . Accès direct à la rivière. ; ; à 300 m : . Ouv : 1.4 / 30.9. D 580. 04 66 82 21 36. Fax : 04 66 82 27 77. E-mail : camping-la-grenouille@wanadoo.fr, Web : www.camping-la-grenouille.com. Prix 2008. Fft jour : Empl. Tourisme (2) : 18 € ( ) ; Sup : 2,50 € 2,50 € (6 A) ; Animaux 1 €. Réduction H.S.

FFCC : partenaire + réduction emp. de 5 % en saison.

SAINT MICHELET ★★★ Tourisme 160 E., dont 120 CC - 20 GCC, 4 ha. , saison, saison, , saison, CV. Locations : 30 , . Accès direct à la rivière. ; ; ; . Ouv : 1.4 / 30.9. Route de Frigoulet. Sortie autoroute Bollène dir. Goudargues. 04 66 82 24 99. Fax : 04 66 82 50 56. E-mail : lesaintmichelet@orange.fr, Web : www.lesaintmichelet.com.

CAMP MUNICIPAL ★★ Tourisme 33 E. 0,5 ha. . Accès direct à la rivière. ; ; . Lieu-dit La Gambionne, sur RD 23. 04 66 82 20 69 (Mairie) / 04 66 82 31 01. Fax : 04 66 82 33 22.

LE MAS DE ROME ★★ Tourisme 55 E. dont 52 nus, dont 2 CC, 3,8 ha. , buvette, . Locations : , , . Accès direct à la rivière. ; ; ; . Accueil groupes. 04 66 82 25 24. Réduction H.S.

M. CHANEL Philippe,aire naturelle . A 1,5 km: . A 5 km : . Mas de Rome, D 23, à 1,5 km Sud de la commune. Pré, bois de 4 ha, 25 ha en bordure de rivière la Cèze. Sanitaires grand confort. Salle rencontre. Ravitaillement sommaire. Emplacements en bordure de rivière. 04 66 82 25 24.

M. COSTE Lucien,aire naturelle CV. A 500 m : . Ouv : 5.6 / 31.8. La Sarraillère, CD 371, 4 km Nord de la commune, à proximité de la ferme. 04 66 82 29 87 / 04 66 82 27 15 ou 04 66 82 34 07 (Domicile) (H.S.). Fax : 04 66 82 27 15. Prix 2008. Fft jour : Empl. Tourisme (3) : 15,30 € Sup : 2,65 € - de 7 ans 2,30 € ; 2,60 € (6/10 A).

LES AMARINES II Voir CORNILLON

Toute l'année, les Clubs organisent des rassemblements, des rencontres ou des voyages. Consultez la liste des Clubs en fin de guide.

LE GRAU DU ROI

13-F2 42 km S.-O. Nimes. 4204 hab. ✉ 30240

ABRI DE CAMARGUE ★★★★ Tourisme 277 E. dont 51 nus, , dont 138 CC - 139 GCC, 3 ha. saison, saison, , + séchoir, CV. Locations : 80 . couverte chauffée . Bord de mer à 1 km.Etang à 3 km. à 1 km : ; à 4 km : . Accueil groupes. Ouv : 1.4 / 30.9. 320, route du Phare de l'Espiguette. A 9 sortie Gaillargues venant de Nîmes ou sortie Montpellier/fréjorgues venant de Montpellier. ☎ 04 66 51 54 83. Fax : 04 66 51 76 42. E-mail : contact@abridecamargue.fr, Web : www.abridecamargue.fr. Prix 2007. Fft jour : Empl. Tourisme (2) : 54 € ( ) ; Animaux 7 €. Réduction H.S.

LA MARINE ★★★★ Tourisme 287 E., dont 87 GCC, 4,57 ha. , + sèche-linge, CV. Locations : 14 , 246 , 30 , , . . Lac à 100 m. Bord de mer à 1,8 km. ; à 500 m : ; à 1,8 km : ; à 2 km : . Route du Phare de l'Espiguette, RD 59 et RD 579. ☎ 04 66 53 36 90 / 02 96 39 51 10 (H.S.). Fax : 04 66 51 50 45. E-mail : campinglamarine@free.fr, Web : campinglamarine.com.

LE BOUCANET ★★★★ Tourisme 458 E. 7,5 ha. sports, l'été, , CV. Locations : , 116 , , Cottages. . Accès direct à la mer. Etang et rivière à 200 m. ; ; ; à 600 m : . Ouv : 3.5 / 24.9. Sur RD 255. ☎ 04 66 51 41 48. Fax : 04 66 51 41 87. E-mail : contact@campingboucanet.fr, Web : www.campingboucanet.fr. Réduction H.S.

L'EDEN HOTEL DE PLEIN AIR ★★★★ Tourisme 377 E. 4 ha. CV. Locations : 40 , 97 , . chauffée . Bord de mer et étang à 500 m. ; à 500 m : , , , . 2 km du centre ville, par RD 62 bis. ☎ 04 66 51 49 81. Fax : 04 66 53 13 20. E-mail : camping.eden@wanadoo.fr, Web : www.campingleden.fr.

LES JARDINS DE TIVOLI ★★★★ Loisirs 400 E. dont 153 nus, , dont 400 GCC, 7 ha. , à gaz, CV. Locations : 14 , 50 , , . Bord de mer à 600 m. ; ; à 600 m : , , . Chemin du Phare de l'Espiguette. ☎ 04 66 53 97 00. Fax : 04 66 51 09 81. E-mail : contact@lesjardinsdetivoli.com, Web : www.lesjardinsdetivoli.com. Prix 2007. Fft jour : Empl. Tourisme (4) : 54 € ( ) ; Sup : 8 €Animaux 8 €. Réduction H.S.

LES PETITS CAMARGUAIS ★★★★ Tourisme 219 E. 4 ha. , sur pied sauf électrique, , 7.4 / 15.9, CV Sanitaire chauffé. Locations : 140 . chauffée . Etang à 800 m. Bord de mer à 1,8 km. ; à 1,8 km : , . Ouv : 7.4 / 15.9. Route de l'Espiguette. 3,5 km du centre ville. A 9 sortie Gallargues D 979 puis D 62, dir. Port Camargue puis Espiguette. Navette gratuite pour la plage en juillet/août. ☎ 04 66 51 16 16 / 04 66 53 98 98 (H.S.). Fax : 04 66 51 16 17. E-mail : info@yellohvillage-petits-camarguais.com, Web : www.yellohvillage-petits-camarguais.com.

SECRETS DE CAMARGUE ★★★★ Tourisme 177 E. dont 40 nus CV Sanitaire chauffé. Locations : 80 , . . Bord de mer à 1,5 km. à 1,4 km : . Ouv : 19.4 / 5.10. Rés. obligatoire en été. Route de l'Espiguette. A 9 sortie Gallargues D 979 puis D 62 dir. Port Camargue puis l'Espiguette. Camping pour couple ou famille avec enfant de - 3 ans ☎ 04 66 80 08 00. Fax : 04 66 80 09 00. E-mail : info@yellohvillage-secrets-de-camargue.com, Web : www.yellohvillage-secrets-de-camargue.com. Prix 2008. Fft jour : Empl. Tourisme (2) : 43 € ((10 A)) ; Sup : 8 €Animaux 3 €.

BON SEJOUR ★★ Tourisme 385 E. 5 ha. . Locations : . . Accès direct aux bords du lac. Bord de mer à 2 km. ; ; ; à 5 km : . Ouv : 1.4 / 3.10. Route de l'Espiguette. ☎ 04 66 51 47 11. E-mail : accueil.bonsejour@laposte.net, Web : www.camping-bonsejour.com.

LE SOLEIL ★★ Loisirs 247 E., dont 20 CC - 103 GCC, 3,6 ha. CV. Locations : 40 . Lac à 10 m. Bord de mer à 2 km. ; ; ; . Ouv : 1.4 / 30.9. 2070, route de l'Espiguette. ☎ 04 66 51 50 07. Fax : 04 66 51 74 74. E-mail : camping.soleil@free.fr, Web : www.campingdusoleil.fr. Prix 2008. Fft jour : Empl. Tourisme (2) : 19 € ( ) ; Sup : 5 € - de 7 ans 4,50 € ; 4 € (6 A). Réduction H.S.

LES FLAMANTS ROSES ★★ Tourisme 110 E. Association Mer et Soleil.

L'ESPIGUETTE ★★ Tourisme 2201 E. 42 ha. , ap. 23 h, CV. Locations : 280 . . Accès direct à la mer. ; ; à 1 km : , ; à 4 km : . Ouv : Rameaux / Toussaint. Bornes internet. ☎ 04 66 51 43 92. Fax : 04 66 53 25 71. E-mail : reception@campingespiguette.fr, Web : www.campingespiguette.fr. Prix 2008. Fft jour : Empl. Tourisme (2) : 30,50 € ( ) ; Sup : 6,20 €Animaux 3 €. Fft Ccar : 23 € (1). Réduction H.S.

JUNAS

13-F2 25 km S.-O. Nimes. 67 m. 519 hab. ✉ 30250

L'OLIVIER ★★★ Tourisme 47 E. dont 26 nus (44 Tourisme + 3 Loisirs), dont 1 GCC - 1 HLL, 1 ha. CV. Locations : 6 , 6 , 3 . . Rivière à 4 km. à 3 km : ; à 4 km : ; à 5 km : . Ouv : 12.5 / 15.9. Lieu-dit Le Pescayre, Route de Congenies. RD 140, RD 40, RN 110. ☎ 04 66 80 39 52. Fax : 04 66 80 39 52. E-mail : contact@campinglolivier.fr, Web : www.campinglolivier.fr. Prix 2008. Fft jour : Empl. Tourisme (2) : 13 € ( ) ; Sup : 4 € - de 6 ans 2,20 € ; 3,10 € (6 A) ; Animaux 2,10 €. Réduction H.S.

FFCC : partenaire + réduction emp. de 5 % en saison et 10 % hors saison + carte FFCC assurance annulation + réduction loc. de 5 % en saison et hors saison.

LES CHENES ★★ Tourisme 90 E. dont 70 nus, 2 ha. , partiel, gaz/électrique, CV. Locations : 13 , 1 . . Rivière à 2 km. Ouv : 31.3 / 15.10. 95, chemin des Tuileries Basses, D 140, N 110. ☎ 04 66 80 99 07 / 06 03 29 36 32 / 06 09 61 70 56 (H.S.). Fax : 04 66 51 33 23. E-mail : chenes@wanadoo.fr, Web : www.camping-les-chenes.com. Prix 2007. Fft jour : Empl. Tourisme (2) : 11,20 € ( ) ; Sup : 3,30 € - de 7 ans 2,10 € ; 2,80 à 4 € (3 à 10 A) ; Animaux 2,50 €.

LANUEJOLS

10-D5 38 km N.-O. Le Vigan. 903 m. 312 hab. ✉ 30750

DOMAINE DE PRADINES ★★ Tourisme 75 E., dont 3 CC - 10 GCC - 10 HLL, 30 ha. CV. Locations : 1 , , 8 , chambres d'hôtes. . Accueil groupes. D 28 à mi-chemin de Millau/Mont-Aigoual. ☎ 04 67 82 73 85. Fax : 04 67 82 73 04. E-mail : contact@domainedepradines.com, Web : www.domainedepradines.com. Réduction H.S.

LASALLE

13-E1 45 km N.-E. Le Vigan. 300 m. 1040 hab. ✉ 30460

LA SALENDRINQUE ★★ Tourisme 100 E. dont 57 nus 2,50 ha. , snack, CV. Locations : 6 , 4 , 10 . Accès direct à la rivière. ; ; . Lieu-dit Les Plaines, sur RD 39. ☎ 04 66 85 24 57. Fax : 04 66 85 41 50. E-mail : info@campinglasalendrinque.fr, Web : www.campinglasalendrinque.fr. Prix 2007. Fft jour : Empl. Tourisme (2) : 14 € ( ) ; Sup : 3,60 € - de 7 ans 2,55 € ; 2,80 € (6 A) ; Animaux 2,20 €.

FFCC : partenaire - terrain assuré par la FFCC.

LAUDUN

11-A5 52 km N.-E. Nîmes. 64 m. 4408 hab. ✉ 30290

LE CESAR ★★★ Tourisme 77 E. 2,15 ha. , collectifs, CV. Locations : 4 , , , , 8 , , . Chambres (prix par nuit). . Rivière à 10 m. . Accueil groupes. Route de Saint-Victor Lacoste. Par A 7 sortie Tavel dir. Bagnols-sur-Cèze. A l'Ardoise dir. Laudun. ☎ 04 66 90 20 34 / 06 13 15 10 99 / 04 66 79 40 48 (H.S.). Fax : 04 66 90 23 05. E-mail : lecesar@wanadoo.fr. Réduction H.S.

LEZAN

13-F1 13 km S. Alès. 120 m. 734 hab. ✉ 30350

LE MAS DES CHENES ★★ Tourisme 180 E. dont 150 nus 6,5 ha. CV. Locations : 1 , 30 , 2 . . Accès direct à la rivière. Etang à 2 km. ; bord de rivière : ; ; . Accueil groupes. D 982. ☎ 04 66 83 80 68. Fax : 04 66 83 80 60. E-mail : camping-mas-des-chenes@wanadoo.fr, Web : www.campinglemasdeschenes.com. Prix 2007. Fft jour : Empl. Tourisme (2) : 15,50 € 2,90 € (10 A) ; Animaux 3 €.

LES MAGES

14 km N.-E. Alès. 186 m. 1497 hab. ✉ 30960

PARC EN CIEL ★★ Loisirs 32 E. Chemin Combe Méjanne ☎ 04 66 25 61 13. Fax : 04 66 25 61 13.

LE MARTINET

10-F5 22 km N.-N.-O. Alès. 954 hab. ✉ 30960

CAMP MUNICIPAL ★★ Tourisme 27 E., dont 27 GCC, 0,2 ha. CV Sanitaire chauffé. Locations : 21. Accès direct à la rivière. Accueil groupes. Près de la RD (carrefour CD 162 et CD 59) à Alès, dir. Aubenas (Lozère) à Florac, dir. La Grand'Combe (Ardèche) à Vallon-Pont-d'Arc, dir. Barjac, St-Ambroix. ☎ 04 66 24 95 00 / 04 66 24 91 01 (Mairie) / 04 66 24 91 01 (H.S.). Fax : 04 66 24 96 96.

MASSILLARGUES ATTUECH

13-E1 15 km S. Alès. 122 m. 335 hab. ✉ 30140

LA TOUR DE BARRE ★★★ Tourisme 110 E., dont 80 CC - 9 HLL, 3 ha. CV. Locations : 10, , . Accès direct aux bords du lac et à la rivière. ; ; ; . ☎ 04 66 61 60 43 / 04 66 61 62 43. Fax : 04 66 61 60 23. E-mail : christian.deparis@wanadoo.fr.

LE FIEF D'ANDUZE ★★★ Tourisme 80 E. dont 83 nus, 5 ha. sauf petits chiens CV. Locations : 19, 1. . Lac à 20 m. Rivière à 500 m. à 200 m : , , . Accueil groupes. Ouv : 1.4 / 30.9. Rés. obligatoire en été. RD 982. ☎ 04 66 61 81 71. Fax : 04 66 61 87 80. E-mail : lefief@wanadoo.fr, Web : campinglefiefdanduze.com. Prix 2008. Fft jour : Empl. Tourisme (2) : 17,90 € () ; Sup : 4,10 € - de 7 ans 2,20 € ; 2,80 € (6 A) ; Animaux 1,80 €. Réduction H.S.

L'OLIVIER ★★★ Tourisme 18 E., dont 2 HLL, 0,48 ha. CV. Locations : 2, 6, 2. . Etang à 500 m. Rivière à 600 m. ; à 500 m : . 3, route de la Plaine. ☎ 04 66 61 84 80. Fax : 04 66 60 55 09. Web : www.campinglolivier.com. Prix 2007. Fft jour : Empl. Tourisme (2) : 15 € () ; Sup : 3,95 € - de 8 ans 1,95 € ; 2,95 à 3,95 € (6 à 10 A) ; E. CC 16,50 € (Fft) ; Animaux 1,50 €. Réduction H.S.

MEJANNES LE CLAP

10-F5 33 km N.-E. Alès. 390 m. 98 hab. ✉ 30430

NATURISSIMO LA GENESE ★★★ Tourisme 483 E., dont 10 CC - 44 HLL, 35 ha. CV Rés. naturiste. Locations : 52, 10. chauffée . Accès direct à la rivière. ; ; ; . Accueil groupes. Route de la Genèse. A 7 sortie Bollène, puis D 94 dir. Bagnols-sur-Cèze, D 6 route d'Alès sortie Lussan et D 979 Méjannes-le-Clap. ☎ 04 66 24 51 82 / 04 66 24 51 73. Fax : 04 66 24 50 38. E-mail : info@lagenese.com, Web : www.lagenese.com. Prix 2007. Fft jour : Empl. Tourisme (1) : 15 € () ; Sup : 6 € - de 6/17 ans 4 € ; 4 € ; Animaux 4 € (chien). Réduction H.S.

RESIDENCE CLUB LES DOLMENS ★★★ Tourisme 100 E. dont 50 nus, , dont 3 HLL, 5 ha. , aire spécifique, CV. Locations : 6, 10, 7, 10. chauffée . ; à 2 km : . Par RN 979. ☎ 04 66 25 19 54. Fax : 04 66 25 19 54. E-mail : lesdolmens@aliceadsl.fr, Web : www.les-dolmens.com. Prix 2007. Fft jour : Empl. Tourisme (2) : 16 € () ; Sup : 4 € 2,50 € ; 2,50 € ; Animaux 1,50 €. Réduction H.S.

MIALET

10-E5 17 km O. Alès. 90 m. 449 hab. ✉ 30140

CAMP MUNICIPAL LA ROUQUETTE ★★ Tourisme 133 E. dont 96 nus, 2 ha. CV. . Rivière à 50 m. ; ; . Accueil groupes. Ouv : 15.5 / 15.9. RD 50. ☎ 04 66 85 00 95 / 04 66 85 02 97 (Mairie) (H.S.). Fax : 04 66 85 01 89. E-mail : communedemialet@wanadoo.fr, Web : www.mialet.net. Prix 2008. Fft jour : Empl. Tourisme (2) : 10,32 € () ; Sup : 2,93 € - de 7 ans 1,62 € ; 3,15 € ; Animaux 1,08 €.

FFCC : partenaire + réduction emp. de 5 % en saison + Stop accueil Camping-car du 15/05 au 15/09/2008, accès jusqu'à 18h.

LES PLANS ★★ Loisirs 303 E. 5 ha. , sauf à bois ou charbon de bois, CV. Locations : 5, 22, 14. . Accès direct à la rivière. ; ; . RD 50 (Anduze - Générargues). ☎ 04 66 85 02 46. Fax : 04 66 85 02 46. Web : www.camping-les-plans.fr. Prix 2007. Fft jour : Empl. Tourisme (2) : 15,50 € () ; Sup : 3,50 € - de 2/7 ans 1,50 € ; 2 à 3 € (3 à 6 A) ; Animaux 1,30 €.

LA BERGE FLEURIE ★ Loisirs 100 E. dont 48 nus, 3 ha. . Locations : . Ouv : 1.4 / 30.9. Rés. obligatoire en été. ☎ 04 66 55 79 72. Fax : 04 66 73 30 20. E-mail : campinglabergefleurie@hotmail.fr, Web : www.campinglabergefleurie.com. Prix 2007. Fft jour : Empl. Tourisme (2) : 15 € ()

CAMP DES PAYERES . A 1 km : . A 2 km : . RD 983. ☎ 04 66 56 93 69 / 04 66 85 03 40.

MOLIERES CAVAILLAC

13-E1 3 km S.-O. Le Vigan. 350 m. 617 hab. ✉ 30120

LA TESSONNE ★★ Tourisme 38 E. dont 36 nus 0,53 ha. , ap. 22 h, CV. Locations : , . Rivière à 300 m. à 150 m : . En bordure de la RD 999. A 300 m d'Intermarché. ☎ 04 67 81 17 35. Fax : 04 67 81 17 35. E-mail : gilbert.gleize@libertysurf.fr. Prix 2007. Empl. Tourisme : 3 € () : 3,10 € ; - de 2/7 ans 2,30 € ; 3 € (10 A).

FFCC : partenaire - terrain assuré par la FFCC + réduction emp. de 5 % en saison et hors saison + Stop accueil Camping-car du 01/06 au 15/09/2008, accès jusqu'à 22h.

LAPAROT ★★ Tourisme 50 E. 1,6 ha. ap. 22 h, CV. Locations : 4. Accès direct à la rivière. Ouv : 1.7 / 30.9. Rés. obligatoire en été. RN 999. ☎ 04 67 81 13 82 / 04 67 81 14 91 (H.S.). Fax : 04 67 81 14 91. E-mail : campagnard@tele2.fr. Prix 2007. Fft jour : Empl. Tourisme (2) : 11,10 € ; Sup : 4 € - de 7 ans 3,10 € ; 3 € (4 A) ; 0,90 € ; Animaux 1 €. Réduction H.S.
FFCC : partenaire + réduction emp. de 10 % en saison + réduction loc. de 10 % en saison.

MONOBLET
13-E1 37 km E. Le Vigan. 350 m. 545 hab. ✉ 30170

LE GRANIERS ★★ Tourisme 50 E. 1,5 ha. pain, CV. Locations : . D 133. ☎ 04 66 85 21 44. Fax : 04 66 85 21 44. Réduction H.S.

MONTCLUS
10-F5 38 km N.-E. Nîmes. 139 hab. ✉ 30630

LES ACACIAS ★ Tourisme 33 E. 0,33 ha. Accès direct à la rivière. ; à 200 m : . Les Camps de Vignau, D 980. ☎ 04 66 82 27 61 / 04 66 82 23 66. Fax : 04 66 82 27 61.
FFCC : partenaire - terrain assuré par la FFCC.

Mme BRUGUIER Claudine . A 200 m : . A 10 km: Piscine plein air . Le Moulin, 150 m de la commune, à proximité de la ferme. Pré herbeux, à flanc de colline, ombragé, bord de la Cèze. Salle de réunion. Auberge. ☎ 04 66 82 32 52.

Mme COUDER Arlette,camping Les Cerisiers CV. Les Cerisiers, Le Sablon, 200 m de la commune, à proximité de la ferme. Terrain planté de cerisiers, de mûriers de Chine et d'acacias. ☎ 04 66 82 23 66.

M. COUDER Bruno,aire naturelle CV. A 500 m : . A 5 km: . A 10 km : Piscine plein air . Camping des Gorges de la Cèze, par RD 580 et 901, à 1,5 km Est de la commune, à 1,5 km de la ferme. Terrain planté de figuiers et de peupliers, bord de rivière. Abri. ☎ 04 66 82 27 61 / 04 66 82 23 66 (Domicile). Fax : 04 66 82 27 61.
FFCC : partenaire - terrain assuré par la FFCC .

MONTDARDIER
13-E1 9 km S. Le Vigan. 600 m. 178 hab. ✉ 30120

CAMP MUNICIPAL ★ Tourisme 11 E. 0,25 ha. CV Sanitaire chauffé. Sur la D 48. ☎ 04 67 81 52 46 (Mairie) / 04 67 81 52 16 (H.S.). Fax : 04 67 81 53 22.

MONTFRIN
14-A1 22 km N.-E. Nîmes. 2404 hab. ✉ 30490

BELLE-RIVE ★★★ Tourisme 100 E. 1,5 ha. snack, collectifs, CV. Locations : 10. Accès direct aux bords du lac et à la rivière. Accueil groupes. Ouv : 1.6 / 15.9. 300 m du centre ville. Sortie autoroute Remoulin à 7 km de Montfrin. ☎ 04 66 57 20 79 / 06 14 94 49 01 (H.S.). Fax : 04 66 57 59 49. Prix 2007. Fft jour : Empl. Tourisme (2) : 15,50 € ; Sup : 4,50 € - de 12 ans 2,20 € ; 3 € (10 A). Réduction H.S.

NIMES
13-F1 694 km S.-E. Paris 39 m. 129924 hab. ✉ 30000

DOMAINE DE LA BASTIDE ★★ Tourisme 236 E. 5 ha. saison, CV. Locations : 4. Etang à 500 m. à 1 km : ; à 3 km : . Route de Générac, sortie autoroute Nîmes-Ouest. ☎ 04 66 38 09 21. Fax : 04 66 38 09 21.

NOTRE DAME DE LA ROUVIERE
13-E1 19 km N.-E. Le Vigan. 380 m. 392 hab. ✉ 30570

M. SZUCS Rodolphe possible. A 6 km: . A 15 km : Piscine plein air . A 20 km : . La Maison Blanche. A Pont d'Hérault prendre dir. Valleraugue ou Mazel village de Notre-Dame de la Rouvière signalé. 1 km de la commune, à proximité de la ferme. Champ, rivière à 200 m. Restaurant à 800 m, départ de sentiers de randonnées. ☎ 04 67 82 47 30.

PEYREMALE
10-F5 30 km N. Alès. 210 m. 274 hab. ✉ 30160

LES DROUILHEDES ★★★ Tourisme 90 E., dont 6 HLL, 2 ha. , à gaz, CV. Locations : 10, 2. Accès direct à la rivière. ☎ 04 66 25 04 80. Fax : 04 66 25 10 95. E-mail : joost.mellies@wanadoo.fr.

CAMP MUNICIPAL DU VIEUX MOULIN ★★ Tourisme 35 E. 0,8 ha. Accès direct à la rivière. Le Martinet, m CD 17. ☎ 04 66 25 13 66 / 04 66 25 01 06. Fax : 04 66 25 02 41.

LES PLANTIERS
10-E5 38 km N.-O. Le Vigan. 416 m. 230 hab. ✉ 30122

LE CAYLOU ★★ Tourisme 75 E. 5,2 ha. CV. Locations : 4, 6. Accès direct à la rivière. Accueil groupes. ☎ 04 66 83 92 85. Fax : 04 66 83 92 85.

PONT D HERAULT
13-E1 17 km E. Le Vigan. 210 m. 1700 hab. ✉ 30570

M. CARRIERE Michel . A 2 km: . A 4 km : . A 6 km : Piscine plein air . Ouv : 1.4 / 30.9. Mas Carrière, Pont d'Hérault, par RD 986, 2 km de la commune, 600 m de la ferme. Bois, pré ☎ 04 67 82 45 78. Web : camping.mascarriere.free.fr/. Prix 2008. Empl. Tourisme : 3,70 € ; 3,30 € ; 2,70 € ; 2,50 €.

LES MAGNANARELLES Voir SAINT-ANDRE-DE-MAJENCOULES

PONT ST ESPRIT
11-A5 60 km N.-E. Nîmes. 60 m. 8135 hab. ✉ 30130

Mme JULLIEN Léonce,aire naturelle CV. A 1 km: . A 3 km : Piscine plein air . A 8 km : . Beauchamp. Pont-St-Esprit par N 7/N 86, A 7 sortie Bollène N 94. Prendre déviation nouveau pont n° 94d sortie 2ème rond-point dir. camping Beauchamp. ☎ 04 66 39 01 72. E-mail : camping-de-beauchamp@iname.com, Web : www.multimania.com/CBEAUCHAMP.

LES ACACIAS Voir SAINT-PAULET-DE-CAISSON

REMOULINS
13-F1 19 km N.-E. Nîmes. 30 m. 1866 hab. ✉ 30210

LA SOUBEYRANNE ★★★★ Tourisme 200 E. dont 100 nus, 4 ha. électriques, CV. Locations : 5, 93. couverte chauffée . ; à 1,5 km : . Ouv : 22.3 / 4.10. Autoroute Avignon ou Nîmes, dir. Remoulins D 986 ☎ 04 66 37 03 21. Fax : 04 66 37 14 65. E-mail : soubeyrane@wanadoo.fr, Web : www.soubeyrane.com. Prix 2007. Fft jour : Empl. Tourisme (2) : 24 € ; Sup : 7 € - de 7 ans 4,20 € ; Animaux 4,30 €. Réduction H.S.

LA SOUSTA ★★★ Tourisme 300 E. dont 236 nus, dont 20 GCC, 12 ha. CV Camping tourisme et handicap. Locations : 4, 60. Accès direct à la rivière. Accueil groupes. Ouv : 1.3 / 31.10. A 9 sortie pont du Gard, Remoulins. Avenue du Pont du Gard, rive droite. ☎ 04 66 37 12 80. Fax : 04 66 37 23 69. E-mail : info@lasousta.com, Web : www.lasousta.com. Prix 2008. Fft jour : Empl. Tourisme (2) : 23 € ; Sup : 7 € 3 € (6 A) ; Animaux 2 €. Réduction H.S.
FFCC : partenaire - terrain assuré par la FFCC.

INTERNATIONAL LES GORGES DU GARDON Voir VERS-PONT-DU-GARD

REVENS
13-D1 59 km S.-O. Le Vigan 796 m. 30 hab. ✉ 30750

Mme SOUYRIS Josette,aire naturelle CV. A 6 km: . A 10 km : . Ouv : 23.6 / 1.9. Lou Triadou. D 159. ☎ 04 67 82 73 58 / 05 65 49 32 68 (HR) (H.S.). E-mail : lou.triadou@wanadoo.fr, Web : site.voila.fr/camping_lou_triadou. Prix 2007. Empl. Tourisme : 4,60 € ; 3,40 € ; - de 7 ans 2 € ; 2,80 €. Fft Ccar : 10 € (2).

ROBIAC ROCHESSADOULE
10-F5 29 km N.-E. Alès. 150 m. 1045 hab. ✉ 30160

LA VALETTE ★ Tourisme 65 E. partiel, CV. Locations : 3, 6, 3. Quartier La Valette. ☎ 04 66 25 21 77. E-mail : campingdelavalette@libertysurf.fr, Web : www.camping-delavalette.com.

ROCHEGUDE
10-F5 21 km N.-E. Alès. 150 m. 215 hab. ✉ 30430

L'UNIVERSAL ★★★ Tourisme 90 E. dont 77 nus 4,25 ha. CV. Locations : 1, 7, 2, 5. Accès direct à la rivière. Accueil groupes. Ouv : Pâques / 30.9. Par A 7 sortie Bollène/Bagnols-sur-Cèze/Barjac. Par RD 51. Entre Barjac et St Ambroix. ☎ 04 66 24 41 26. Fax : 04 66 24 71 43. E-mail : contact@camping-universal.com, Web : www.camping-universal.com. Prix 2008. Fft jour : Empl. Tourisme (2) : 23 € ; Sup : 6 € - de 13 ans 3,50 € ; 2,50 à 3 € (4 à 6 A) ; Animaux 3 €.

LA ROQUE SUR CEZE
10-F5 57 km N.-E. Nîmes. 130 m. 105 hab. ✉ 30200

LA VALLEE VERTE ★★★ Tourisme 96 E., dont 8 HLL, 4 ha. Locations : 8, 15, 3. Accès direct à la rivière. Devois de Cocol. A Bagnols/Cèze prendre dir. Alès D 6. Après 3 km tourner à droite dir. La Roque et Dorrat. Suivre dir. La Roque/Cèze. Le camping se trouve 3 km avant le village au bord de la rivière. ☎ 04 66 79 08 89 / 06 80 43 19 82. Fax : 04 66 79 08 90. E-mail : la-vallee-verte@wanadoo.fr, Web : www.la-vallee-verte.com.

LES CASCADES ★★★ Tourisme 118 E. 3 ha. CV. Locations : 12, 3. chauffée. Accès direct à la rivière. RD 166 par RD 980 et RD 143. ☎ 04 66 82 72 97. Fax : 04 66 82 68 51.

LE MASADE Non classé E. Locations : Accès direct à la rivière. ☎ 04 66 79 01 10 / 04 66 79 00 84 / 04 66 60 86 30 (H.S.).

ST AMBROIX

10-F5 20 km N.-E. Alès. 160 m. 3847 hab. ✉ 30500

LE CLOS ★★★ Tourisme 46 E. dont 25 nus, dont 10 CC - 10 GCC, 1 ha. CV. Locations : 21, 4. Rivière à 100 m. Ouv : 1.4 / 31.10. Jardin du Clos. A 200 m du centre ville. Sortie A 7 à Bollène. ☎ 04 66 24 10 08 / 06 07 54 57 66 (H.S.). Fax : 04 66 60 25 62. E-mail : campingleclos@wanadoo.fr, Web : www.camping-le-clos.com. Prix 2007. Fft jour : Empl. Tourisme (2) : 17 € Sup : 4,30 € - de 7 ans 3,30 € ; 3 à 5 € (6 à 10 A) ; Animaux 2 €.

BEAU RIVAGE ★★ Tourisme 131 E. 3 ha. ap. 22 h, CV. Locations : Accès direct à la rivière. RD 37, lieu-dit Le Moulinet. ☎ 04 66 24 10 17. E-mail : marc@camping-beau-rivage.fr, Web : www.camping-beau-rivage.fr.

LA TOUR ★★ Tourisme 30 E. dont 24 nus 0,4 ha. CV. Locations : 6. Rivière à 800 m. ; à 500 m : Ouv : 1.4 / 15.10. 5, route d'Alès. ☎ 06 07 97 07 23 / 04 66 24 17 89 (H.S.). Prix 2007. Fft jour : Empl. Tourisme (2) : 10 € () ; Sup : 3 € - de 7 ans 1,50 € ; 2,50 € (10 A). Réduction H.S.

FFCC : partenaire + réduction emp. de 5 % en saison et 15 % hors saison + Stop accueil Camping-car du 01/04 au 15/10/2008, accès jusqu'à 21h + réduction loc. de 5 % en saison et 15 % hors saison.

LE RANQUET SUR CEZE,aire naturelle 784, chemin du Ranquet. D 104 Aubenas-Alès avant le pont à gauche, fin de la rue. ☎ 04 66 24 19 72. E-mail : leranquet@planet.nl, Web : home.planet.nl/leranquet.

ST ANDRE DE MAJENCOULES

13-E1 9 km N.-E. Le Vigan. 352 m. 547 hab. ✉ 30570

LES MAGNANARELLES Non classé E. 1,3 ha. snack, ap. 22 h. Locations : 2, 8, 3. Rivière à 100 m. Lieu-dit Le Rey, RD 999, dir. Le Vigan. ☎ 04 67 82 40 13. Fax : 04 67 82 50 61. E-mail : info@maxfrance.com, Web : www.maxfrance.com.

ST ANDRE DE ROQUEPERTUIS

10-F5 70 km N.-E. Nimes. 360 hab. ✉ 30630

LA PLAGE ★ Tourisme 80 E. 1,8 ha., CV. Accès direct à la rivière. Accueil groupes. Sur D 980. ☎ 04 66 50 97 29. Fax : 04 66 50 97 29. E-mail : yaya.30@wanadoo.fr.

ST ANDRE DE VALBORGNE

10-E5 50 km N.-N.-E. Le Vigan. 435 m. 443 hab. ✉ 30940

CAMP MUNICIPAL PONT DE L'ELZE ★★ Tourisme 36 E. 0,5 ha. Accès direct à la rivière. ; à 500 m : ☎ 04 66 60 30 08 (Mairie) / / 04 66 60 33 25 (H.S.).

LES GORGES DU CAPOU ★★ Tourisme 66 E. dont 11 nus 1,7 ha. CV. Locations : 5, 4. Rivière à 30 m. Ouv : 1.4 / 30.9. Rés. obligatoire en été. RD 907. ☎ 04 66 83 96 13. Fax : 04 66 83 96 13. E-mail : gorges-de-capoue@orange.fr, Web : www.campinglesgorgesducapou.com. Prix 2007. Fft jour : Empl. Tourisme (2) : 9,50 € () ; Sup : 3 € - de 14 ans 2 € ; 2,30 € (3 A). Réduction H.S.

FFCC : réduction loc. de 5 % en saison et 20 % hors saison.

M. ATGER Roger A 50 m : A 5 km: A 6 km : Le Mas Auric, 6 km de la commune, à proximité de la ferme. Pré surplombant le Gardon. Ombragé. Baignade en rivière. Chemins de petites et grandes randonnées à proximité. ☎ 04 66 83 90 86.

ST ANDRE D OLERARGUES

10-F5 36 km N.-E. Nîmes. 217 m. 145 hab. ✉ 30330

M. PUGET Aimé,aire naturelle CV. A 3 km: A 4 km : Ouv : 1.4 / 30.9. RD 23. ☎ 04 66 79 03 68. Prix 2007. Empl. Tourisme : 4 € ; 5,50 € ; - de 7 ans 3,50 € ; 3 €.

FFCC : partenaire + réduction emp. de 5 % en saison et 10 % hors saison.

ST CHRISTOL LES ALES

13-F1 4 km S. Alès. 134 m. 3981 hab. ✉ 30380

M. MAURIN-DAUMET,aire naturelle CV. Mas Cauvy, par RN 110, à 2,5 km de la commune, à proximité de la ferme. Prairie vallonnée et ombragée. ☎ 04 66 60 78 24. Web : fermemascauvy.free.fr.

ST GILLES

13-F2 20 km S.-S.-E. Nimes. 10845 hab. ✉ 30800

LA CHICANETTE ★★★ Tourisme 89 E., dont 47 GCC, 1 ha. collectif, CV. Locations : 4, 10. Ouv : avril / novembre. Rue de la Chicanette. RN 572 Arles/Montpellier. ☎ 04 66 87 28 32. E-mail : camping.la.chicanette@libertysurf.fr. Prix 2007. Fft jour : Empl. Tourisme (2) : 19 € () ; Sup : 5 € 3 € ; 3 € ; Animaux 2 €. Fft Tente : 16 € (2).

FFCC : partenaire + réduction emp. de 10 % en saison et hors saison + carte FFCC assurance annulation + réduction loc. de 5 % en saison et hors saison.

ST HIPPOLYTE DU FORT

13-E1 31 km E. Le Vigan. 170 m. 3459 hab. ✉ 30170

LE FIGARET ★ Tourisme 60 E. 1,5 ha. collectifs, Locations : Accès direct à la rivière. Route de Lassalle. ☎ 04 66 77 26 34. Fax : 04 66 77 26 34. E-mail : camping-figaret@wanadoo.fr.

LE GRANIERS Voir MONOBLET

ST JEAN DE CEYRARGUES

13-F1 15 km S.-E. Alès. 117 hab. ✉ 30360

LES VISTES ★★ Tourisme 52 E. dont 35 nus 1,5 ha. collectifs, juillet/août, CV Camping tourisme et handicap. Locations : 10, 3, 4. Ouv : 1.4 / 30.9 & vac. Toussaint. Rés. obligatoire en été. Entre Alès et Uzès. Situé sur la D 7. Bibliothèque, barbecue et four à bois collectifs. ☎ 04 66 83 28 09 / 04 66 83 29 56 (Domicile) (H.S.). E-mail : info@lesvistes.com, Web : www.lesvistes.com. Prix 2008. Fft jour : Empl. Tourisme (2) : 16,50 € () ; - de 8 ans 4 € ; 3 €. Réduction H.S.

FFCC : partenaire + réduction emp. de 5 % en saison et hors saison.

ST JEAN DE MARUEJOLS ET AVEJAN

10-F5 25 km N.-E. Alès. 125 m. 766 hab. ✉ 30430

L'OLIVERAIE ★★ Tourisme 10 E. 1,7 ha. CV. Locations : 7. Rivière à 1,8 km. ; . Accueil groupes. Carrière de Barry. Sortie Bolène dir. Barjac et prendre St-Jean de Maruéjols. ☎ 04 66 24 40 40 / 06 78 44 26 75. Fax : 04 66 24 40 40. E-mail : contact@gites-oliveraie.com, Web : www.gites-oliveraie.com. Prix 2007. 8 € ; 4 € ; 4 € ; 4 €.

MOULIN DE CAVEIRAC ★★ Tourisme 30 E. 1,5 ha. gaz, CV. Accès direct à la rivière. ; à 2 km : . Ouv : Pâques / 30.9. Sur D 350 A. ☎ 04 66 24 41 05. Prix 2008. Fft jour : Empl. Tourisme (2 1 - de 4 ans) : 8,50 € () ; Sup : 3,30 € 2 à 3,80 € (3 à 10 A).

ST JEAN DE VALERISCLE

10-F5 16 km N.-E. Alès. 210 m. 742 hab. ✉ 30960

L'OREE DES CEVENNES ★ Tourisme 22 E. dont 18 nus 0,5 ha. snack, CV. Locations : 4. Accès direct à la rivière. ; à 5 km : . Accueil groupes. Ouv : 1.4 / 30.9. Chemin de Pomier, Alès dir. Aubenas St Ambroix, puis dir. St-Jean de Valeriscle au rond-point Les Mages. ☎ 04 66 56 80 36 / 06 88 96 63 00 (H.S.). E-mail : oreedescevennes@wanadoo.fr, Web : perso.wanadoo.fr/oreedescevennes. Prix 2008. Fft jour : Empl. Tourisme (2) : 15 € () ; - de 12 ans 3 € ; 3 €. Réduction H.S.

ST JEAN DU GARD

10-E5 25 km O.-S.-O. Alès. 190 m. 2670 hab. ✉ 30270

LA FORET ★★★ Tourisme 60 E. dont 52 nus, , dont 3 HLL, 3 ha. électrique/gaz. Locations : 3, 5. Rivière à 400 m. à 400 m : . Accueil groupes. Ouv : 1.5 / 15.9. Falguières. D 333. Sentier de randonnée GR 67 puis sentier Abraham Mazel direct sur camping. ☎ 04 66 85 37 00. Fax : 04 66 85 07 05. E-mail : laforet30@aol.com, Web : www.campingalaforet.com. Prix 2007. Fft jour : Empl. Tourisme (2) : 19,30 € () ; Sup : 4,40 € 2,70 à 3,70 € (4 à 6 A). Réduction H.S.

LES SOURCES ★★★ Tourisme 92 E. 2,7 ha. CV Sanitaire chauffé. Camping clef verte Camping tourisme et handicap. Locations : 12, 1. Rivière à 1,8 km. ; à 1,5 km : . Accueil groupes. Route de Mialet, RD 583 puis D 50. ☎ 04 66 85 38 03 (michel et). Fax : 04 66 85 16 09. E-mail : camping-les-sources@wanadoo.fr, Web : www.camping-des-sources.fr. Prix 2007. Fft jour : Empl. Tourisme : 19.50 € () Réduction H.S.

FFCC : partenaire + réduction emp. de 10 % hors saison + carte FFCC assurance annulation + Stop accueil Camping-car du 01/04 au 15/06 et du 21/08 au 30/09/2008, accès jusqu'à 14h.

MAS DE LA CAM ★★★ Tourisme 140 E. 6 ha. CV. Accès direct à la rivière. ; . St-Jean dir. St-André de Valborgne. ☎ 04 66 85 12 02. Fax : 04 66 85 32 07. E-mail : camping@masdelacam.fr, Web : www.masdelacam.fr.

M. LAURET Claude A 10 m : . A 100 m : Piscine plein air. Les Plaines, RD 553, 700 m Sud de la commune. Pré herbeux, à flanc de colline. Bord de rivière. Salle de jeux et de réunion. ☎ 04 66 85 38 43.

M. ROSSEL Yvon,aire naturelle Le Petit Baigneur CV. Le Petit Baigneur. ☎ 04 66 85 32 05. Fax : 04 66 85 35 48.

Mme BORDARIER Aimée,aire naturelle CV. Le Cap-Del-Prat. La Vernède. ☎ 04 66 85 33 04. E-mail : postmaster@camping-vert.com, Web : www.camping-vert.com.

FFCC : partenaire - terrain assuré par la FFCC.

ST JULIEN DE LA NEF

13-E1 12 km S.-E. Le Vigan. 176 m. 99 hab. ✉ 30440

LE MERCOU ★★ Tourisme 33 E.

ISIS EN CEVENNES ★ Tourisme 128 E. dont 106 nus, , dont 110 CC - 6 HLL, 10 ha. saison, saison, CV. Locations : 18, 4. Accès direct à la rivière. ; . Accueil groupes. Ouv : Pâques / Toussaint. Domaine de Saint Julien. A 75/E 11 sortie 48 dir. Le Vigan puis D 7, traverser La Blaquererie puis D 999 en dir. d'Alzon. ☎ 04 67 73 80 28 / 04 67 81 03 30 (H.S.). Fax : 04 67 73 88 48. E-mail : FFCC@isisencevennes.com, Web : www.isisencevennes.com. Prix 2007. Fft jour : Empl. Tourisme (1) : 10,90 € () ; Sup : 4,20 € - de 6 ans 2,50 € ; 3 à 3,70 €.

ST JULIEN DE PEYROLAS

10-F5 70 km N.-E. Nimes. 200 m. 711 hab. ✉ 30760

LE PEYROLAIS ★★★ Tourisme 100 E. dont 76 nus 4,5 ha. 1, CV. Locations : 4, 11, 6, 4, 10. Accès direct à la rivière. ; ; ; . Accueil groupes. Ouv : 22.3 / 28.9. A 7 sortie Bollène/Pont-St-Esprit 6 km dir. Barjac par RN 86 puis D 901. ☎ 04 66 82 14 94 / 06 85 23 50 99 (H.S.). Fax : 04 66 82 31 70. E-mail : lepeyrolais@wanadoo.fr, Web : www.camping-lepeyrolais.com. Prix 2008. Fft jour : Empl. Tourisme (2) : 17,20 € () ; Sup : 4 € - de 7 ans 1,80 € ; 2,30 à 3,80 € (3 à 10 A) ; Animaux 1,60 €. Réduction H.S.

M. VIGNAT Paul A 3 km: . A 10 km : Piscine plein air. Fourcoussin, Le Belvédère, par RD 101, à 1 km Sud de la commune, à proximité de la ferme. Pré à flanc de colline. Location de frigo congélateur. ☎ 04 66 82 18 42.

ST LAURENT D AIGOUZE

13-F2 28 km S.-E. Nimes. 1735 hab. ✉ 30220

FLEUR DE CAMARGUE ★★★ Tourisme 160 E. 4,61 ha. snack/pizzeria, CV. Locations : 17. chauffée. Rivière à 3 km. ; . Accueil groupes basse saison. Ouv : 5.4 / 27.9. Rés. obligatoire en été. ☎ 04 66 88 15 42. Fax : 04 66 88 10 21. Web : www.fleur-de-camargue.com. Prix 2007. Fft jour : Empl. Tourisme (2) : 22 € () ; Sup : 5 €Animaux 3 €. Réduction H.S.

ST NAZAIRE

11-A5 52 km N.-E. Nimes. 95 m. 979 hab. ✉ 30200

BON SOLEIL ★ Tourisme 15 E. 0,32 ha. .à 3 km : . RN 86. ☎ 04 66 89 66 05.

ST PAULET DE CAISSON

10-F5 59 km N.-E. Nimes. 100 m. 1144 hab. ✉ 30130

LES ACACIAS ★ Tourisme 50 E. 2 ha. Sanitaire chauffé. Locations : . Rivière à 200 m. à 200 m : ; ; ; ; à 10 km : . RD 901. Route de Barjac. Autoroute sortie Bollène. ☎ 04 66 89 24 83. Fax : 04 66 33 11 58.

M. GLISMEYER Teus,aire naturelle A 2 km: . Ouv : 1.4 / 1.10. Tête Grosse. Au village de St-Paulet de Caisson prendre la route de St-Julien de Peyrolas après 1,5 km panneau à droite "Les Oliviers", chemin de Tête Grosse. ☎ 04 66 82 14 13. E-mail : info@camping-lesoliviers.net, Web : www.camping-lesoliviers.net. Prix 2008. Fft jour : Empl. Tourisme (2) : 10 € () ; Sup : 5 € 3 €.

ST PRIVAT DE CHAMPCLOS

10-F5 32 km N.-E. Alès. 250 m. 189 hab. ✉ 30430

DOMAINE LE CLOS DES CAPITELLES ★★★★ Loisirs 80 E. dont 19 nus 1,6 ha. snack, CV. Locations : 8. Rivière à 2,5 km. à 2,5 km : , , .Accueil adultes. Ouv : 1.4 / 30.9. Les Lacs, D 901 ou D 979 puis D 266. ☎ 04 66 60 24 57 / 08 72 95 05 86 / 06 70 50 88 49 (H.S.). Fax : 04 66 60 24 57. E-mail : closdescapitelles@wanadoo.fr, Web : www.camping-closdescapitelles.fr. Prix 2007. Fft jour : Empl. Tourisme (2 1 - de 3) : 32 € () ; Sup : 5 € - de 7/15 ans 4 €.

FFCC : partenaire + réduction emp. de 12 % en saison et hors saison + carte FFCC assurance annulation + réduction loc. de 12 % en saison et hors saison.

DOMAINE NATURISTE DE LA SABLIERE ★★★ Tourisme 300 E. dont 224 nus, , dont 37 HLL, 20 ha. à gaz, CV Rés. naturiste. Camping clef verte. Locations : 51, 70, 36, . couverte chauffée . Accès direct à la rivière. ; ; ; . CD 266. A 7 sortie Bollène dir. Pont-St-Esprit, D 901 dir. Barjac. ☎ 04 66 24 51 16. Fax : 04 66 24 58 69. E-mail : contact@villagesabliere.com, Web : www.villagesabliere.com. Réduction H.S.

LE RAN DU CHABRIER ★★ Tourisme 160 E. dont 160 nus, 86 ha. CV Rés. naturiste. Accès direct à la rivière. ; ; ; . Ouv : 1.5 / 30.9. RD 901. ☎ 04 66 24 51 55. Prix 2008. () : 3,90 € ; 2 € ; 5,10 € ; 2,80 € ; 3,40 € ; - de 10 ans 2 € ; 3 € (10 A) ; Animaux 1,80 €.

CHATEAU DE FEREYROLLES ★ Tourisme 100 E. 10 ha. Rés. naturiste. Locations : , 34, 6, 2, , . Accès direct à la rivière. ; ; ; . Accueil groupes. ☎ 04 66 24 51 64 / 04 66 60 80 91. Fax : 04 66 24 51 64.

M. BAYLE Maurice,aire naturelle

ST QUENTIN LA POTERIE

13-F1 40 km N.-N.-E. Nimes. 115 m. 1754 hab. ✉ 30700

LE MOULIN NEUF ★★★ Tourisme 131 E. 5 ha. CV, Camping tourisme et handicap auditif, moteur, mental. Locations : 35. . Accueil groupes. RN 582. ☎ 04 66 22 17 21. Fax : 04 66 22 91 82. E-mail : lemoulinneuf@yahoo.fr, Web : www.le-moulin-neuf.com. Prix 2007. Fft jour : Empl. Tourisme : 16.9 € Sup : 4,80 € 2 € ; 2,60 € ; Animaux 1,50 €. Réduction H.S.

FFCC : Stop accueil Camping-car du 01/04 au 30/06 et du 01/09 au 22/09/2008, accès jusqu'à 22h.

ST SAUVEUR CAMPRIEU

13-D1 38 km N.-O. Le Vigan. 1100 m. 201 hab. ✉ 30750

LE TERONDEL ★★ Tourisme 60 E. 1,4 ha. , collectifs, CV. Locations : 9. Accès direct à la rivière. Lac à 800 m. rivière : ; ; à 800 m : , . Ouv : 1.6 / 30.9. Le Vigan dir. Le Mt-Aigoual (D 986) route du Suquet. ☎ 04 67 82 61 89 / 04 67 81 29 11 (H.S.). Fax : 04 67 81 29 11. E-mail : terondel@wanadoo.fr, Web : terondel.ifrance.com. Prix 2007. Fft jour : Empl. Tourisme (2) : 11,70 € Sup : 4,10 € - de 7 ans 2,30 € ; 2,80 € (4/6 A).

G.C.U. CAMPRIEU Réservé aux adhérents. Adhésion possible sur place pour les sociétaires MAIF et FILIA MAIF.

ST VICTOR DE MALCAP

10-F5 24 km N.-E. Alès. 208 m. 510 hab. ✉ 30500

DOMAINE DE L'ABEILLER ★★★★ Tourisme 216 E. CV. Locations : 8. Rivière à 800 m. Ouv : mai / septembre. ☎ 04 66 24 15 27. Fax : 04 66 24 14 08. E-mail : campinglabeiller@wanadoo.fr, Web : www.labeiller.fr. Prix 2008. Fft jour : Empl. Tourisme (2) : 27 € () ; Sup : 6 € - de 6 ans 4,50 € ; 4 € (6 A) ; Animaux 3 €. Réduction H.S.

STE CECILE D ANDORGE

10-E5 26 km N.-O. Alès. 290 m. 476 hab. ✉ 30110

LES CAUVINES ★ Tourisme 33 E. 0,9 ha. Locations : . Accès direct aux bords du lac. RD 276 et RN 106. ☎ 04 66 34 21 34.

SALAZAC

10-F5 47 km N. Nimes. 139 m. 140 hab. ✉ 30760

LE CABARESSE ★ Tourisme 55 E. 1,3 ha. CV. Locations : 8. Accueil groupes. Ouv : 1.6 / 15.9. RN 101 et RD 141. ☎ 04 66 82 17 32 / 04 66 82 16 39 (H.S.). Fax : 04 66 82 17 32. Web : www.village-du-gard.com/tourisme/camping/cabaresse.

FFCC : partenaire - terrain assuré par la FFCC + réduction emp. de 5 % en saison et hors saison.

SAUMANE

10-E5 40 km N.-E. Le Vigan. 325 m. 141 hab. ✉ 30125

CHATEAU DE L'HOM ★★ Tourisme 200 E. 5 ha. collectif, CV. Locations : 10. Accès direct à la rivière. RD 907. ☎ 04 66 83 90 89. Fax : 04 66 83 93 18. E-mail : chateau-de-lhom@wanadoo.fr, Web : perso.wanadoo.fr/chateau.de.lhom.

LE VERDIER ★★ Tourisme 75 E. 1,6 ha. pizzeria, CV. Locations : 11, 5. chauffée. Rivière à 20 m. Sur RD 907. ☎ 04 66 83 92 22 / 06 14 88 53 11 / 04 14 88 53 11 (H.S.). Fax : 04 66 86 04 96. E-mail : contact@campingleverdier.com.

FFCC : partenaire + réduction emp. de 5 % en saison et 10 % hors saison + Stop accueil Camping-car du 21/03 au 02/11/2008, accès jusqu'à 20h + réduction loc. de 10 % hors saison.

CAMP G.C.U. Réservé aux adhérents. Adhésion possible sur place pour les sociétaires MAIF et FILIA MAIF.

SAUVE

13-E1 38 km S.-E. Le Vigan. 103 m. 1417 hab. Station verte de vacances et village de neige ✉ 30610

M. METGE Jean-Yves . A 500 m : . A 1 km : . A 8 km : . Domaine de Sebens, 2 km du bourg. Ferme auberge. Bois de chênes. ☎ 04 66 77 55 51. Fax : 04 66 77 55 51.

SOMMIERES

13-F2 28 km S.-O. Nimes. 34 m. 3026 hab. ✉ 30250

DOMAINE DE MASSEREAU ★★★★ Tourisme 89 E. dont 50 nus, 4 ha. à gaz, ANIMATIONS ENFANTS, TRAMPOLINE, CV. Locations : 12, 2, 35, 2, 4. Rivière à 500 m. ; à 500 m : 500 m. Accueil groupes. 1990, route d'Aubais. Sortie n° 26 suivre Gallargue puis Sommières. ☎ 04 66 53 11 20 / 06 03 31 27 21. Fax : 04 66 73 32 29. E-mail : info@massereau.fr, Web : www.massereau.fr. Prix 2007. Fft jour : Empl. Tourisme (2) : 29 € () ; Sup : 8,50 € 5 € ; 6 € (16 A) ; Animaux 5 €. Réduction H.S.

CAMP MUNICIPAL LE GARANEL ★★ Tourisme 60 E. 0,7 ha. Locations : . Accès direct à la rivière. RN 110. ☎ 04 66 80 33 49 / 04 66 80 97 98. Fax : 04 66 80 33 49.

SOUVIGNARGUES

13-F1 23 km O. Nimes. 60 m. 460 hab. ✉ 30250

LE PRE ST ANDRE ★★★ Tourisme 70 E. dont 56 nus 1,5 ha. électrique, CV. Locations : 11, 3. Rivière à 5 km. à 2 km : . Ouv : Pâques / 15.10. Sortie Nîmes Ouest. Dir. Le Vigan puis RD 22 dir. Sommières. ☎ 04 66 80 95 85 / 06 66 08 82 39 (H.S.). Fax : 04 66 51 44 28. E-mail : lepresaintandre@wanadoo.fr, Web : www.lepresaintandre.com. Prix 2007. Fft jour : Empl. Tourisme (2) : 17 € () ; 3,50 € ; Animaux 2 €.

SUMENE

13-E1 10 km E. Le Vigan. 210 m. 1613 hab. ✉ 30440

LA CORCONNE ★★ Tourisme 33 E. 1,5 ha. CV Camping tourisme et handicap. Locations : 6. Accès direct à la rivière. Accueil groupes hors saison. hors saison. Ouv : avril / octobre. à 3 km de Pont d'Hérault dir. Valleraugue. RD 986 - km 55 ☎ 04 67 82 46 82. Fax : 04 67 82 46 82. E-mail : lacorconne@wanadoo.fr, Web : www.lacorconne.com. Prix 2007. Empl. Tourisme : 4,30 € () ; 4,35 € ; - de 7 ans 3,50 € ; 3,25 € (6 A) ; Animaux 2,20 €. Réduction H.S.

LE PONT DE LA SELLE ★★ Tourisme 66 E. dont 54 nus 2,5 ha. sur emplt aménagé, CV. Locations : . Accès direct à la rivière. Accueil groupes. Ouv : 1.4 / 30.9. D999. ☎ 04 67 82 42 23. Fax : 04 67 82 42 23. E-mail : contact@pontdelaselle.com, Web : www.pontdelaselle.com. Prix 2007. Empl. Tourisme : 4,50 € ; 3,70 € ; - de 7 ans 2 € ; 3,20 € ; Animaux 1,70 €. Réduction H.S.

FFCC : partenaire + réduction emp. de 5 % en saison et 20 % hors saison.

M; CARRIERE Michel,aire naturelle ☎ 04 67 82 45 78.

THOIRAS

13-E1 14 km N. Anduze. 170 m. 309 hab. ✉ 30140

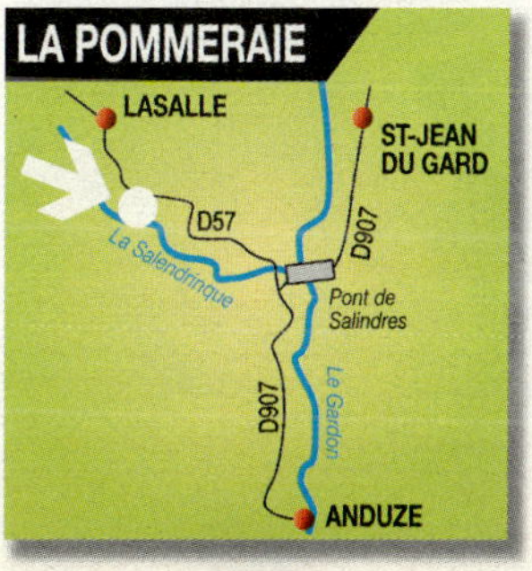

LA POMMERAIE ★★★★ Tourisme 200 E. dont 80 nus 6,50 ha. saison, CV. Locations : 10, 16, 45, Cottages. 1 court. Accès direct à la rivière. Accueil groupes. Route de Lasalle. Anduze dir. St-Jean-du-Gard et au rond-point RD 57 dir. Lasalle. ☎ 04 66 85 20 52. Fax : 04 66 85 20 53. E-mail : info@la-pommeraie.fr, Web : www.la-pommeraie.fr. Prix 2007. Fft jour : Empl. Tourisme (2) : 20 € () ; Sup : 4,60 € 5,30 € (6 à 10 A) ; Animaux 3,45 €. Réduction H.S.

FFCC : partenaire + réduction emp. de 5 % hors saison + réduction loc. de 5 % hors saison.

CEVENNES PROVENCE ★★★ Tourisme 220 E. dont 220 nus, , dont 9 GCC - 9 HLL, 15 ha. 2 terrrains de, CV Sanitaire chauffé. Locations : 16. gratuit en basse saison, gratuit en basse saison. Accès direct à la rivière. Accueil adultes. Sur RD 284. Anduze dir. de St-Jean-du-Gard puis prendre à droite de Corbès. ☎ 04 66 61 73 10. Fax : 04 66 61 60 74. E-mail : marais@camping-cevennes-provence.fr, Web : www.camping-cevennes-provence.fr. Prix 2008. Fft jour : Empl. Tourisme (2) : 19.80 € () ; Sup : 4,70 € (à partir de 7 ans) 3,20 € ; 3,10 à 4 € (3 A à 10 A) ; Animaux 2,10 €. Réduction H.S.

FFCC : partenaire + réduction emp. de 10 % hors saison + carte FFCC assurance annulation.

TREVES

13-D1 47 km N.-O. Le Vigan. 560 m. 129 hab. ✉ 30750

CAMP MUNICIPAL ★★ Tourisme 41 E. 0,3 ha. Locations : . Rivière à 20 m. Sur RD 157. ☎ 04 67 82 72 90 (Mairie) / 04 67 82 74 08. Fax : 04 67 82 74 31.

UZES

13-F1 24 km N.-E. Nimes. 135 m. 7826 hab. ✉ 30700

LA PAILLOTE ★★★ Tourisme 56 E. 1,7 ha. CV. Locations : 9, 4. ; à 2 km : ; à 8 km : . Accueil groupes. Mas Franval. Quartier de Grézac. ☎ 04 66 22 38 55. Fax : 04 66 22 26 66.
FFCC : partenaire - terrain assuré par la FFCC.

LE MOULIN NEUF Voir SAINT-QUENTIN-LA-POTERIE

VALLABREGUES

14-A1 30 km E. Nimes. 960 hab. ✉ 30300

LOU VINCEN ★★★ Tourisme 75 E. dont 49 nus, dont 75 CC, 0,82 ha. visiteur, CV. Locations : 6. Lac et rivière à 100 m. Etang à 200 m. ; à 100 m : . Ouv : 1.4 / 30.10. La Calade. Village à 50 m. Accès par Tarascon puis D 81 A et 183. ☎ 04 66 59 21 29. Fax : 04 66 59 07 41. E-mail : campinglouvincen@minitel.net, Web : campinglouvincen.com. Prix 2008. Fft jour : Empl. Tourisme (2) : 15,80 € (E. CC E. GCC) ; Sup : 5,30 € - de 7 ans 3,20 € ; 3,30 € (6 A) ; E. GCC 18,30 € (Fft 2 pers.) ; Animaux 1,30 €. Réduction H.S.
FFCC : partenaire + réduction emp. de 7 % en saison et 15 % hors saison + Stop accueil Camping-car du 01/04 au 30/06 et du 01/09 au 30/10/2008, accès jusqu'à 22h.

VALLERAUGUE

13-E1 20 km N.-N.-E. Le Vigan. 400 m. 1041 hab. ✉ 30570

LE MOURETOU ★★ Tourisme 33 E. 0,77 ha. CV. Accès direct aux bords du lac et à la rivière. ; ; . Ouv : mai / septembre. Route de l'Aigoual. A 3 km du bourg. Prendre le chemin du Mourétou. ☎ 04 67 82 22 30. Prix 2008. Fft jour : Empl. Tourisme (1) : 10,90 € () ; Sup : 6 € - de 7 ans 3,90 € ; 3,80 € (6 A) ; Animaux 1,20 €. Réduction H.S.

LE PIED DE L'AIGOUAL ★★ Tourisme 80 E. 2,7 ha. Locations : . Rivière à 300 m. ; . Domaine de Pateau. Nîmes dir. St-Hippolite-du-Fort. Dir. Le Vigan/Valleraugue. ☎ 04 67 82 24 40. Fax : 04 67 82 24 23.

CAMP MUNICIPAL L'ESPERROU **En cours de classement** E. A 200 m du bourg. ☎ 04 67 82 61 34.

VAUVERT

13-F2 20 km S.-O. Nimes. 7470 hab. ✉ 30600

LES TOURRADES ★★★ Tourisme 180 E., dont 160 GCC, 7 ha. restaurant pizzeria, CV. Locations : 25. Etang à 5 km. à 1 km : . Sortie autoroute A 9 Gallargues, direction Vauvert CD 135. ☎ 04 66 88 80 20. Fax : 04 66 88 33 80. E-mail : campinglestourrades@wanadoo.fr. Prix 2007. Fft jour : Empl. Tourisme : 20.00 € (E. CC E. GCC) ; Sup : 3 €Animaux 3,50 €. Fft Tente : 1700 € ().

LES MOURGUES ★★ Tourisme 80 E. 2 ha. buvette, CV. Camping clef verte. Locations : 1, 3. à 1 km : . Gallician, sur N 572. ☎ 04 66 73 30 88. Fax : 04 66 73 30 88. E-mail : info@masdemourgues.com, Web : www.masdemourgues.com.

VERS PONT DU GARD

13-F1 24 km N.-E. Nimes. 52 m. 924 hab. ✉ 30210

INTERNATIONAL LES GORGES DU GARDON ★★ Tourisme 200 E. dont 180 nus 3,5 ha. CV Sanitaire chauffé. Locations : 4, 16, . Accès direct à la rivière. ; ; . Accueil groupes. Ouv : 15.3 / 31.10. Rés. obligatoire en été. 800 m RD 981, lieu-dit La Barque Vieille. Route d'Uzès/Remoulins. ☎ 04 66 22 81 81. Fax : 04 66 22 90 12. E-mail : camping.international@wanadoo.fr, Web : www.le-camping-international.com. Prix 2008. Fft jour : Empl. Tourisme (2) : 18,50 € () ; Sup : 6,50 € 4 € ; 3,20 € ; Animaux 2 €. Réduction H.S.

M. TURION Léon . A 2 km : . Le Gardon, Bégude, par RD 19, à 2 km Sud-Est de la commune, à proximité de la ferme. Bosquet herbeux, bord de rivière. Abri. Face au pont du Gard. ☎ 04 66 37 08 69.

LE VIGAN

13-E1 82 km O. Nimes. 300 m. 4593 hab. ✉ 30120

LE VAL DE L'ARRE ★★★ Tourisme 180 E., dont 10 HLL, 4 ha. buvette, snack, ap 22h30, CV. Locations : 25. Accès direct à la rivière. ; . Ouv : 1.4 / 5.10. CD 999. Accès WIFI dans le camping. ☎ 04 67 81 02 77 / 06 82 31 79 72 (H.S.). Fax : 04 67 81 71 23. E-mail : valdelarre@wanadoo.fr, Web : www.valdelarre.com. Prix 2008. Fft jour : Empl. Tourisme (2) : 19,90 € ((10 A)) ; Sup : 5 € - de 6 ans 3 € ; Animaux 2 € (chien). Réduction H.S.

VILLENEUVE LES AVIGNON

14-A1 35 km E. Nimes. 9535 hab. ✉ 30400

CAMPEOLE ILE DES PAPES ★★★★ Tourisme 407 E. dont 165 nus, , dont 45 HLL, 20 ha. CV Sanitaire chauffé. Locations : , 30, 30, 70; 10. Accès direct à l'étang et à la rivière. . Accueil groupes. Ouv : 1.4 / 31.10. 1er accès : A 7/A 9 Barcelone/Montpellier sortie 22 Roquemaure. N 580, rond-point 3ème sortie D 976 Roquemaure, D 980 après Sauveterre tourner à gauche D 780. 2ème accès : A 7 sortie 23 Avignon-Nord. N 7/N 100 Ile de la Barthelasse. Longer le Rhône par D 225/D 780. ☎ 04 90 15 15 90. Fax : 04 90 15 15 91. E-mail : ile-papes@wanadoo.fr, Web : www.avignon-camping.com. Prix 2007. Fft jour : Empl. Tourisme (2) : 25,10 € (E. CC E. GCC) ; Sup : 6,90 € - de 6 ans 4 € ; 4 € (10 A) ; Animaux 3,50 €. Réduction H.S.
FFCC : partenaire + réduction emp. de 10 % hors saison.

CAMP MUNICIPAL LA LAUNE ★★★ Tourisme 127 E. 1,8 ha. . ☎ 04 90 25 76 06 / 04 90 25 61 33.

CAMPING CARAVANING
"CEVENNES-PROVENCE"
à votre service depuis 50 ans...
confort
semi sauvage
détente
baignade
jeux
convivial
familial
Corbès-Thoiras 30140 Anduze - Gard
Ø 04 66 61 73 10 04 66 61 60 74
marais@camping-cevennes-provence.fr
www.camping-cevennes-provence.fr

31 HAUTE-GARONNE

Cartes 12-13

Délégué FFCC : Jean-Pierre BOSSUT, 34, rue de la Rivière - 31150 BRUGUIERES

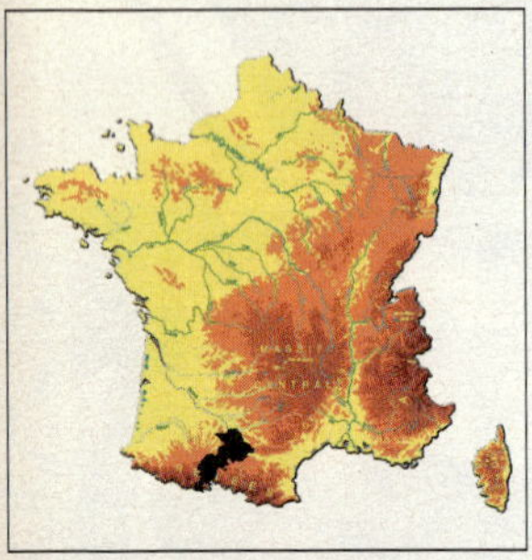

ANTIGNAC

12-E4 57 km S. St-Gaudens. 600 m. 55 hab. 31110

M. DUPONT,aire naturelle . A 3 km: Piscine plein air . Parapente et tir à l'arc à 1 km. 05 61 79 15 99.

ASPET

12-E3 15 km E.-S.-E. Saint-Gaudens. 472 m. 1081 hab. 31160

CAMP MUNICIPAL LE CAGIRE ★★ Tourisme 42 E. 1 ha. . Accès direct à la rivière. . Accueil groupes. Autoroute jusqu'à St Gaudens puis RD 5. 05 61 88 51 55 / 05 61 88 40 22. Fax : 05 61 88 44 03. E-mail : camping.aspet@wanadoo.fr.

AURIGNAC

12-F3 21 km N. Saint-Gaudens. 430 m. 1128 hab. 31420

LES PETITES PYRENEES ★★ Tourisme 48 E. dont 21 nus 0,88 ha. collectif, CV. Locations : , . Rivière à 4 km. ; à 2 km : . Accueil groupes. A 64 sortie 21 dir. Aurignac. 05 61 98 70 08 / 05 61 62 39 30 (H.S.). Fax : 05 61 98 70 08. Web : www.tempslibre-vacances.com.

AUTERIVE

13-A3 19 km S.-E. Muret. 185 m. 5436 hab. 31190

CAMP MUNICIPAL DU RAMIER ★★ Tourisme 50 E. 0,4 ha. Sanitaire chauffé. Rivière à 50 m. . Accueil groupes. Ouv : 1.1 / 31.12. N 20 entre la N 117 et N 113. Route des deux mers. 05 61 50 65 73. Prix 2007. Empl. Tourisme : 2,30 € ; 2 € ; - de 7 ans 1,20 € ; 2,10 €.

AVIGNONET LAURAGAIS

13-A3 41 km S.-E. Toulouse. 187 m. 950 hab. 31290

AIRE NATURELLE MUNICIPALE . Ouv : 1.4 / 30.9. Canal du Midi. 05 61 81 63 67 / 06 86 03 54 93 (H.S.). Fax : 05 61 81 92 94. E-mail : avignonet.lauragais@wanadoo.fr, Web : www.avignonet-lauragais.com. Prix 2008. () : 3,30 € ; 3,30 € ; 2,20 € ; 2,75 € ; - de 12 ans 1,65 € ; 2,75 €. Réduction H.S.

FFCC : partenaire + Stop accueil Camping-car du 01/04 au 30/09/2008, accès jusqu'à 22h.

BAGNERES DE LUCHON

12-E4 50 km S.-O. Saint-Gaudens. 630 m. 3602 hab. 31110

LES THERMES ★★ Tourisme 28 E. CV Sanitaire chauffé. 13 avenue de Vénasque, RN 125, centre ville. 05 61 95 86 79.

BEAUREGARD Non classé 135 E. 1,7 ha. CV. Locations : 13 . Accès direct à la rivière. Etang à 3 km. . Accueil groupes. Ouv : 12.3 / 30.10. 37, avenue de Vénasque, RN 125, dir. Superbagnères. 05 61 79 30 74. Fax : 05 61 79 04 35. E-mail : camp.beauregard@wanadoo.fr, Web : camp.beauregard@wanadoo.fr. Prix 2007. Empl. Tourisme : 5 € () : 4,20 € ; - de 7 ans 2,70 € ; 1,65 à 2,85 € (2 à 5 A).

BOULOC

12-F2 21 km N. Toulouse. 196 m. 2257 hab. 31620

M. SOULARD Lucien Les Bouxoulis. 05 61 82 03 29.

BOULOGNE SUR GESSE

12-E3 22 km N.-O. Saint-Gaudens. 320 m. 1684 hab. 31350

LE LAC ★★ Tourisme 160 E. 1,7 ha. CV. Locations : 24 . chauffée . Accès direct aux bords du lac. ; ; ; à 100 m : . Accueil groupes. Bordeaux-Toulouse sortie Agen puis N 21 jusqu'à Auch ensuite D 929 jusqu'à Boulogne. 05 61 88 20 54. Fax : 05 61 88 62 16. E-mail : villagevacancesboulogne@wanadoo.fr.

M. PERISSAS Michel CV. A 500 m : Piscine plein air . A 2 km: . A 5 km : . Ouv : 1.4 / 31.10. Ferme de Préville, route d'Auch. Parc ombragé. Auberge. 05 61 88 23 12. Fax : 05 61 88 23 12. E-mail : philippe.perissas@cegetel.fr, Web : preville.fr. Prix 2008. 2,50 € ; 4 € ; 2,50 € ; 3 € ; - de 7 ans 1,50 € ; 2,50 €.

FFCC : partenaire - terrain assuré par la FFCC + réduction emp. de 5 % en saison et 10 % hors saison.

BOUSSENS

12-F3 42 km S.-O. Muret. 270 m. 735 hab. 31360

CAMP MUNICIPAL DU LAC ★★ Tourisme 20 E. 1 ha. Sanitaire chauffé. . Accès direct aux bords du lac. ; . Route du lac. 05 61 90 02 25 (Mairie).

CALMONT

13-A3 1451 hab. 31560

LE PERGOUILLE . A 3 km: . Sur la D 11 entre Calmont et Saverdun. 06 03 43 72 72.

CAMBIAC

13-A2 32 km S.E. Toulouse. 200 m. 188 hab. 31460

LA FERME DU TUILLIE ★★★ Tourisme 10 E. dont 10 nus, dont 5 HLL. . Locations : 5 , . Accès direct aux bords du lac. Accueil groupes. Ouv : 1.4 / 30.10. Rés. obligatoire en été. Depuis Toulouse dir. Revel par D 2 ou D 18. 05 61 83 30 95 / 06 88 16 27 14 (H.S.). Fax : 05 62 18 52 48. Prix 2007. Fft jour : Empl. Tourisme (2) : 12 € ( ) Réduction H.S.

FFCC : Stop accueil Camping-car du 01/04 au 30/10/2008, accès jusqu'à 20h.

CARAMAN

13-A2 28 km S.-E. Toulouse. 275 m. 1642 hab. 31460

A.N.N.A. LES AILLOS ★★★ Tourisme 90 E. 5 ha. CV Rés. naturiste. Locations : , , , . . Lac et rivière à 3 km. Les Aillos, D 11. 05 61 83 22 57. Fax : 05 61 92 14 69. E-mail : lesaillos@free.fr, Web : www.lesaillos.free.fr.

FFCC : partenaire + réduction emp. de 10 % hors saison + carte FFCC assurance annulation.

CAMP MUNICIPAL L'ORME BLANC ★★ Tourisme 30 E. . Locations : . . Accès direct aux bords du lac. ; ; ; . 05 61 83 10 12 (Mairie).

CASSAGNABERE TOURNAS

12-E3 20 km N.-E. St-Gaudens. 424 hab. 31420

PRE FIXE ★★★ Tourisme 40 E. (38 Tourisme + 2 Loisirs) 1,2 ha. , partiel, CV. . Rivière à 2 km. à 2 km : . Ouv : 15.4 / 15.9. Le Village. A 64 sortie 21 dir. Aurignac et Boulogne-sur-Gesse. 05 61 98 71 00. E-mail : camping@instudio4.com, Web : www.instudio4.com/pre-fixe. Prix 2007. Fft jour : Empl. Tourisme (2) : 16 € ( ) ; Sup : 6 € - de 6 ans 4 € ; 4 à 5 € (6 à 10 A).

Les représentants départementaux de la FFCC sont bénévolement à votre disposition pour tous renseignements sur le camping. Retrouvez leurs coordonnées au début de chaque département.

CASTIES LABRANDE

12-F3 36 km S.-O. Muret. 300 m. 92 hab. ✉ 31430

LE CASTIES ★ Tourisme 60 E. dont 30 nus, 3 ha. CV. Locations : 7, 2. à 10 km : . Ouv : 1.5 / 30.9. Rés. obligatoire en été. Bas de Labrande, D 23 (Bérat-Aurignac) puis D 96. ☎ 05 61 90 81 11. Fax : 05 61 90 81 10. E-mail : lecasties@wanadoo.fr, Web : www.camping-lecasties.com. Prix 2007. Fft jour : Empl. Tourisme (2) : 8 € () ; Sup : 3 € - de 4/12 ans 1,50 € ; 1 € (2 à 5 A). Fft Tente : 6 € (2). Réduction H.S.

CAMP INTERCOMMUNAL LE PLANTAUREL Voir PALAMINY

CIER DE LUCHON

12-E4 39 km S.-O. Saint-Gaudens. 600 m. 120 hab. ✉ 31110

LE CASTERA ★ Tourisme 49 E. 1,2 ha. . Locations : . Rivière à 50 m. à 100 m : ; à 2 km : . Au Pont du Cier, RN 125. ☎ 05 61 79 30 83.

CIERP GAUD

12-E4 35 km S.-O. St-Gaudens. 450 m. 1020 hab. ✉ 31440

CAMP MUNICIPAL ★ Tourisme 25 E. . Locations : , . Accès direct à la rivière. . 15 km avant Luchon. Route de Toulouse-Luchon. ☎ 05 61 79 50 73 (Mairie).

COULADERE

12-F3 42 km S.-O. Muret. 450 m. 305 hab. ✉ 31220

Mme FOURCADE Marie-Louise . A 500 m : . A 1 km: Piscine plein air . La Heche, 100 m de la commune, à proximité de la ferme. Prairie ombragée en bordure de la Garonne. ☎ 05 61 97 10 97.

DEYME

13-A2 17 km S.-E. Toulouse. 160 m. 430 hab. ✉ 31450

LES VIOLETTES ★★ Tourisme 80 E., dont 26 GCC, 2,5 ha. CV Sanitaire chauffé. Locations : 10, 15. Rivière à 1 km. . Sur RN 113. Castanet-Tolozan dir. Carcassonne. ☎ 05 61 81 72 07. Fax : 05 61 27 17 31. E-mail : campingles violettes@wanadoo.fr.

ESTADENS

12-E3 18 km S.-E. Saint-Gaudens. 450 m. 303 hab. ✉ 31160

AIRE NATURELLE MUNICIPALE . A 5 km: Piscine plein air . A 15 km : . Loue caravane. ☎ 05 61 88 48 06 / 06 81 59 15 94.

FOS

12-E4 40 km S. Saint-Gaudens. 545 m. 351 hab. ✉ 31440

CAMP MUNICIPAL Non classé 70 E. 1 ha. . Locations : . Accès direct à la rivière. . RN 125. ☎ 05 61 79 35 94 (Camping) / 05 61 79 41 61. Fax : 05 61 79 42 49.

GAILLAC TOULZA

13-A3 30 km S.-E. Muret. 250 m. 610 hab. ✉ 31550

LA LEZE ★★★ Tourisme 30 E. 1,5 ha. CV Rés. naturiste. Locations : 1, 2, , . Bord de mer et rivière à 4 km. à 5 km : , . A 50 km au Sud de Toulouse entre St-Ybars et Gaillac-Toulza. ☎ 05 61 08 45 37 / 0031/703970269 (H.S.). Fax : 05 61 08 12 47. E-mail : leze-natur@wanadoo.fr, Web : www.la-leze.com.

GARIN

12-E4 55 km S.-O. Saint-Gaudens. 1100 m. 110 hab. ✉ 31110

LES FRENES ★★ Tourisme 45 E., dont 9 HLL. . Locations : . Rivière à 1 km. . Autoroute Toulouse-Montrejeau. ☎ 05 61 79 88 44 / 06 87 40 31 28. Fax : 05 61 79 88 44.

GENOS

12-E3 14 km S. St-Gaudens. 500 m. 93 hab. ✉ 31510

M. Mme BON . A 64 sortie St-Gaudens en venant de Toulouse dir. Valentine puis Sauveterre de Comminges. A Sénos suivre les panneaux 7 Molles, route de St-Béat. Falaises d'escalade et parcours sylvogrimpe à 800 m. ☎ 05 61 79 68 83.

GRATENTOUR

13-A2 14 km N.-O. Toulouse. 170 m. 1574 hab. ✉ 31150

Mme ROUS-SICARD CV. A 2 km: . A 5 km : . A 13 km : Piscine plein air. Camping de la Place, par RN 20 puis RD 14, à proximité de la ferme. Pré entouré d'arbres, rivière à 3 km. Salle de réunion. ☎ 05 61 82 20 84.

LABARTHE RIVIERE

12-E3 6 km S.-O. Saint-Gaudens. 400 m. 1217 hab. ✉ 31800

CAMP MUNICIPAL ★ Tourisme 36 E. . ☎ 05 61 89 03 22.

LUCHON

✉ 31110

Voir BAGNERES-DE-LUCHON / CIER-DE-LUCHON / MONTAUBAN-DE-LUCHON / MOUSTAJON / SALLES-ET-PRATVIEL

LUNAX

12-E3 33 km N. Saint-Gaudens 286 m. 67 hab. ✉ 31350

LE CANARD FOU ★★ Tourisme 8 E. dont 7 nus (7 Tourisme + 1 Loisirs), dont 1 GCC, 0,3 ha. CV. Locations : 1, 3, 2, Chambres. Lac à 50 m. Rivière à 1 km. ; ; à 5 km : . Ouv : 15.3 / 15.12. Lieu-dit Laran. D 632 de Boulogne-sur-Gesse dir. Toulouse. Après 6 km sortie Lunax puis suivre les panneaux. ☎ 05 61 88 26 06. Prix 2008. Empl. Tourisme : 11 € ;

FFCC : partenaire + réduction emp. de 10 % en saison et hors saison + réduction loc. de 10 % en saison et hors saison.

MALVEZIE

12-E3 14 km S.O. St-Gaudens. 550 m. 90 hab. ✉ 31510

M. DAVID Bruno . A 6 km: . Ouv : 1.5 / 1.10. St Gaudens dir. Luchon. A Valentine RD 9 dir. Sauveterre St Béat. A Malvezie dir. " hameau du Vignant" ☎ 05 61 79 66 46. E-mail : biopec@infonie.fr. Prix 2007. Empl. Tourisme : 2,60 € ; 2,20 € ; 2,20 € ; 2 €.

MANE

12-F3 18 km E. Saint-Gaudens. 307 m. 1126 hab. ✉ 31260

CAMP MUNICIPAL LA JUSTALE ★★ Tourisme 23 E. 0,4 ha. CV. Locations : . Accès direct à la rivière. ; . Accueil groupes. Ouv : 1.4 / 31.10. Chemin de St Jean, D 117. ☎ 05 61 90 68 18. Fax : 05 61 97 40 18. E-mail : la.justale.villagevacances-mane@wanadoo.fr, Web : www.village-vacances-mane.com. Prix 2008. () : 3,60 € ; 2,40 € ; 6,50 € ; 3,60 € ; 2,60 € ; - de 10 ans 1,15 € ; 2,10 à 3 € (6 à 10 A) ; Animaux 1 €.

FFCC : partenaire + réduction emp. de 5 % en saison et hors saison + réduction loc. de 5 % en saison et hors saison.

MARTRES TOLOSANE

12-F3 40 km S.-O. Muret. 270 m. 1925 hab. Station verte de vacances et village de neige ✉ 31220

LE MOULIN ★★★★ Tourisme 99 E. dont 64 nus, dont 29 HLL, 1,5 ha. snack, CV Sanitaire chauffé. Camping clef verte. Locations : 17, 1, 5, 1. chauffée. Accès direct à la rivière. Lac à 500 m. ; ; ; dans petit bassin : . Accueil groupes. Ouv : 1.4 / 30.9. A 64 sortie 22 de Toulouse ou sortie 21 de St-Gaudens. A 1,5 km du centre ville. ☎ 05 61 98 86 40 / 06 80 12 09 27 (H.S.). Fax : 05 61 98 66 90. E-mail : info@campinglemoulin.com, Web : www.campinglemoulin.com. Prix 2007. Fft jour : Empl. Tourisme (2) : 20,50 € ; Sup : 6 € - de 7 ans 3 € ; 3,50 à 5 € (6 à 10 A) ; Animaux 2 €. Réduction H.S.

FFCC : partenaire + réduction emp. de 20 % hors saison.

MENVILLE

12-F2 25 km N.O. Toulouse. 127 m. 301 hab. ✉ 31530

M. ALONSO Paul Chemin de Montret. ☎ 05 61 85 44 59.

MERVILLE

12-F2 21 km N.-O. Toulouse 158 m. 2289 hab. ✉ 31330

CAMP DES LACS ★★ Tourisme 20 E. 4 ha. Locations : , , . Accès direct aux bords du lac. Rivière à 100 m. Accueil groupes. 920, chemin du Port Haut. Toulouse D 2, 2 km avant Grenade à droite se trouve le camping. ☎ 05 61 82 54 46 / 06 13 17 71 08. E-mail : mireille.vannier@wanadoo.fr.

MONTAUBAN DE LUCHON

12-E4 50 km S.-O. Saint-Gaudens. 635 m. 514 hab. ✉ 31110

LA LANETTE ★★ Tourisme 208 E., dont 27 HLL, 4,3 ha. CV. Locations : 22. Rivière à 500 m. Lac à 2 km. Accueil groupes. Ouv : 1.1 / 31.12. Sur RD 27 par RN 125 à 1 km. ☎ 05 61 79 00 38. Fax : 05 61 79 00 38. E-mail : lalanette@orange.fr. Prix 2008. Fft jour : Empl. Tourisme (2) : 13 € ; Sup : 4 € - de 10 ans 3 € ; 3,50 € ; Animaux 1,50 €.

MONTGEARD

13-A3 34 km S.-E. Toulouse. 250 m. 223 hab. ✉ 31560

LE LAC DE LA THESAUQUE ★★★ Tourisme 60 E. 2 ha. Billard, CV Sanitaire chauffé. Locations : 4, 4, 4, 4, 4. Accès direct aux bords du lac. ; ; . Accueil groupes. Ouv : 1.1 / 31.12. Rés. obligatoire en été. D 622. A 61 sortie Villefranche de Lauragais dir. Carcassonne ou par A 66 sortie Nailloux dir. Foix. ☎ 05 61 81 34 67. Fax : 05 61 81 00 12. E-mail : camping-thesauque@caramail.com, Web : www.camping-thesauque.com. Prix 2007. Fft jour : Empl. Tourisme (2) : 14,60 € ; Sup : 4,10 € - de 2/7 ans 2,20 € ; 3,20 à 4,20 € (6 à 10 A) ; Animaux 1,20 €. Réduction H.S.

MONTMAURIN

12-E3 18 km N.-O. St-Gaudens. 379 m. 225 hab. ✉ 31350

CAMP MUNICIPAL ★★ Tourisme 23 E. 1 ha. Sanitaire chauffé. Locations : 3, 1. . Rivière à 500 m. Accueil groupes. Ouv : 1.1 / 31.12. Labroquere. Au village prendre la dir. du château-d'eau. ☎ 05 61 79 71 47. E-mail : camping.montmaurin@club-internet.fr, Web : castagner.patrice.club.fr. Prix 2007. () : 3,50 € ; 3,50 € ; 3 € ; - de 12 ans 1 € ; 2,50 à 3,50 € (10 à 15 A) ; Animaux 1 €. Fft Ccar : 10 € (2).

FFCC : réduction loc. de 5 % en saison et hors saison.

MONTREJEAU

12-E3 14 km O. Saint-Gaudens. 460 m. 3455 hab. ✉ 31210

MIDI-PYRENEES ★★ Tourisme 100 E. dont 30 nus CV Sanitaire chauffé. Locations : , , chauffée . Lac et rivière à 1 km. Quartier Loubet. ☎ 05 61 95 86 79. Fax : 05 61 95 90 67. E-mail : camping.midi-pyrenees@wanadoo.fr.

ESSI LES HORTENSIAS ★ Tourisme 40 E. 1,8 ha. Lac et rivière à 500 m. à 500 m : , , . Route de Tarbes. ☎ 05 61 95 74 43.

Mme LADUREE Suzanne CV. A 2 km: , , , . Quartier Navates. Route de Tarbes. Accès par la RN 117 en dir. de Tarbes. ☎ 05 61 95 82 65.

MOUSTAJON

12-E4 48 km S. St-Gaudens. 609 m. 129 hab. ✉ 31110

LES MYRTILLES ★★★ Tourisme 100 E., dont 31 GCC, 2 ha. CV Sanitaire chauffé. Locations : , 18, 2, 5, . chauffée . Accès direct à la rivière. Lac à 3 km. . Accueil groupes. Ouv : 1.1 / 31.10 et 1.12 / 31.12. 4 km avant Luchon, quitter la Départementale à Antignac, prendre à droite. A l'entrée Nord du village, prendre à gauche. ☎ 05 61 79 89 89. Fax : 05 61 79 09 41. Web : www.camping-myrtilles.com. Prix 2007. Fft jour : Empl. Tourisme (2) : 16,90 € . Réduction H.S.

PRADELONGUE ★★★ Tourisme 135 E. (125 Tourisme + 10 Loisirs), dont 22 CC - 10 GCC, 4 ha. de 22 h à 7 h, CV Sanitaire chauffé. Locations : 12. chauffée . Rivière à 500 m. Lac à 2,5 kms. à 1 km : . Accueil groupes petits groupes. petits groupes. Ouv : 1.4 / 30.9. D 125. ☎ 05 61 79 86 44. Fax : 05 61 79 18 64. E-mail : camping.pradelongue@wanadoo.fr, Web : camping-pradelongue.com. Prix 2008. Empl. Tourisme : 5,90 € () : 5,50 € ; - de 7 ans 2 € ; 2 à 4 € (2 à 10 A) ; E. CC 1,25 € (suplt) ; Animaux 2 €. Fft Ccar : 13,50 € (2 (5 A)). Réduction H.S.

NAILLOUX

13-A3 35 km S.-E. Toulouse. 285 m. 730 hab. ✉ 31560

Mme LAFITTE Véronique , lac, . A 3 km: . Montgay, sortie d'autoroute D 622, 3 km de Gardouch. Pré, parc,semi-ombragé, lac à 800 m. Poney-club à la ferme. Gîte de groupe pour 25 enfants ou adultes. ☎ 05 61 81 34 98 / 05 61 81 31 62.

LE LAC DE LA THESAUQUE Voir MONTGEARD

PALAMINY

12-F3 38 km S.-O. Muret. 250 m. 585 hab. ✉ 31220

CAMP INTERCOMMUNAL LE PLANTAUREL ★★★ Tourisme 160 E. 3,5 ha. ap. 22 h, CV. Locations : 9, , , . Accès direct à la rivière. à 2 km : , . Sur CD 62 par Couladère. ☎ 05 61 97 03 71. Fax : 05 61 90 62 04.

PEGUILHAN

12-E3 35 km N. Saint-Gaudens. 347 m. 250 hab. ✉ 31350

M. TEULE Jean-Marc . A 2 km: . A 4 km : Piscine plein air . A 10 km : . Le Moulin, par RN 632, 2 km Ouest de la commune, près de la ferme. Pré herbeux, bord de rivière. Centre nautique à 4 km. ☎ 05 61 88 21 56.

PEYSSIES

12-F3 22 km S.-O. Muret. 220 m. 210 hab. ✉ 31390

CAMP MUNICIPAL En cours reclassement 40 E. . Accès direct aux bords du lac et à la rivière. ; ; ; . A 2 km de la RN 117 et RD 73. A 200 m du centre. ☎ 05 61 87 91 54 / 05 61 87 88 04 (Mairie).

PORTET D ASPET

12-E4 55 km S.-O. St-Gaudens. 1150 m. 65 hab. ✉ 31160

M. CAMBON Joël,aire naturelle . A 4 km: . A 10 km : Piscine plein air . A 15 km : . Les Asphodèles. Col de Portet-d'Aspet. D 618. ☎ 05 61 96 13 16 / 05 61 88 46 80.

FFCC : partenaire - terrain assuré par la FFCC .

PUYSSEGUR

12-F2 39 km N.-O. Toulouse. 300 m. 70 hab. ✉ 31480

NAMASTE ★★★ Tourisme 50 E. dont 44 nus (40 Tourisme + 10 Loisirs), dont 26 CC - 24 GCC, 5 ha. CV. Locations : 10, 6. Accès direct à l'étang. Accueil groupes. Ouv : 1.5 / 30.9. Depuis Toulouse, dir. Nord-Ouest sur la D1 35km ☎ 05 61 85 77 84 / 05 61 78 14 08 (H.S.). Fax : 05 61 85 77 84. E-mail : camping.namaste@free.fr, Web : camping.namaste.free.fr. Prix 2008. Fft jour : Empl. Tourisme (2) : 16,50 € ; Sup : 6 € - de 14 ans 5 € ; 2,50 à 4,50 € (4 à 10 A) ; E. CC 18,50 € (Fft) ; E. GCC 18,50 € (Fft) ; Animaux 1,20 €. Fft Tente : 11 € (1). Réduction H.S.

FFCC : partenaire + réduction emp. de 5 % en saison et hors saison + carte FFCC assurance annulation.

Mme PAUTRIC Ginette,camping Las Brugosa Accès par le CD 1 Toulouse-Lectoure. ☎ 05 61 85 63 16.

REVEL

13-B2 50 km S.-E. Toulouse. 275 m. 7704 hab. ✉ 31250

CAMP MUNICIPAL LE MOULIN DU ROY ★★ Tourisme 60 E., dont 28 GCC, 1,2 ha. chauffée. Rivière à 20 m. Lac à 2,5 km. ; à 2,5 km : . Sortie sud-est de la ville, route de Sorèze. ☎ 05 61 83 32 47 / 05 62 18 71 40 (Mairie). Fax : 05 62 18 71 41.

RIEUMES

12-F2 20 km S.-O. Muret. 200 m. 2424 hab. ✉ 31370

M. LEZERAC Michel,aire naturelle La Forêt CV. 140, avenue de la Forêt. RD 3 dir. L'Isle-en-Dodon à la sortie du village. ☎ 05 34 47 27 12. Fax : 05 34 47 27 12. E-mail : michel.lezerac@free.fr.

FFCC : partenaire - terrain assuré par la FFCC .

RIEUX

12-F3 27 km S.-O. Muret. 220 m. 1462 hab. ✉ 31310

CAMP DU PLAN D'EAU ★★ Tourisme 54 E. (34 Tourisme + 20 Loisirs), dont 30 CC - 10 GCC, 2 ha. buvette, CV. Locations : 10, 11. couverte chauffée. Accès direct aux bords du lac. Rivière à 10 m. ; . Accueil groupes. Ouv : 1.4 / 31.10. N 117. Toulouse-Tarbes sortie Carbonne suivre Volvestre-Couserans. Accès difficile pour les grandes caravanes. ☎ 05 61 87 49 64 / 05 61 87 63 33 (H.S.). Fax : 05 61 87 63 33. E-mail : otrieux.volvestre@wanadoo.fr, Web : www.tourisme-volvestre.com. Prix 2007. Fft jour : Empl. Tourisme (2) : 12 € ; Sup : 3,70 € - de 7 ans 1,50 € ; 1,20 €. Fft Tente : 11 € (2).

AIRE NATURELLE MUNICIPALE A 5 km: . Ouv : 1.4 / 31.8. Lieu-dit Plan d'Eau. A 64 sortie 27 ☎ 05 61 87 49 64 / 05 61 87 63 33 (H.S.). Fax : 05 61 87 49 64. E-mail : otrieuxvolvestre@wanadoo.fr, Web : www.tourisme-volvestre.com.

ROQUES

12-F2 7 km N. Muret. 210 m. 2151 hab. ✉ 31120

CAMP MUNICIPAL ★★ Tourisme 64 E. 0,75 ha. Accès direct à la rivière. Par RN 20 et RN 117. ☎ 05 61 72 56 07. Fax : 05 61 72 57 52.

FFCC : partenaire - terrain assuré par la FFCC.

ST BEAT

12-E4 33 km S. Saint-Gaudens. 500 m. 543 hab. ✉ 31440

CAMP MUNICIPAL CLEF DE FRANCE Non classé 84 E. 1,9 ha. Lac à 3 km. Sur RN 125. ☎ 05 61 94 35 39.

CAMP TEI LA GARONNETTE Non classé 60 E. 1 ha. Accès direct à la rivière. Route de Mourtis, au Pont de Saint-Béat. ☎ 05 61 79 41 36.

ST BERTRAND DE COMMINGES

12-E3 18 km S.-O. Saint-Gaudens. 468 m. 228 hab. ✉ 31510

ES PIBOUS ★★★ Tourisme 80 E. 2 ha. CV Sanitaire chauffé. Locations : 3. Rivière à 2 km.Lac à 5 km. à 2 km : . Accueil groupes. 9N 125 et RD 26. A 64 jusqu'à Montréjeau. ☎ 05 61 94 98 20 / / 05 61 88 31 42 (H.S.). Fax : 05 61 95 63 83. Prix 2007. Fft jour : Empl. Tourisme (2) : 11,22 € Sup : 3,86 € - de 7 ans 1,85 € ; 3,50 € (6 A). Réduction H.S.

ST GAUDENS

12-E3 89 km S. Toulouse. 372 m. 12225 hab. ✉ 31800

CAMP MUNICIPAL BELVEDERE DES PYRENEES ★★★ Tourisme 83 E. 0,3 ha. Rivière à 500 m. Lac à 1 km. à 2 km : . Sur RN 117, sortie Ouest de la ville, quartier du Lanta. ☎ 05 62 00 16 03.

ST LYS

12-F2 16 km N.-O. Muret 209 m. 4565 hab. ✉ 31470

BRUNO ★★ Tourisme 25 E., dont 4 HLL, 1 ha. Locations : , , ; ; . 20, impasse Bruno. ☎ 05 61 91 63 16. Fax : 05 61 91 13 22. E-mail : camping.bruno@wanadoo.fr.

ST MAMET

12-E4 50 km S.-O. Saint-Gaudens. 645 m. 442 hab. ✉ 31110

CAMP G.C.U. Réservé aux adhérents. Adhésion possible sur place pour les sociétaires MAIF et FILIA MAIF.

ST MARTORY

12-F3 18 km N.-E. Saint-Gaudens. 287 m. 1135 hab. ✉ 31360

CAMP MUNICIPAL ★★ Tourisme 50 E. 1,3 ha. CV. 2. Rivière à 300 m. Lac à 5 km. . Accueil groupes. Avenue Saint-Martin Latrille, à 500 m de la RN 127 et à 400 m de la RD 117. A 300 m du centre. ☎ 05 61 90 44 93 / 05 61 98 14 65. Fax : 05 61 90 16 65. E-mail : cccsm@wanadoo.fr, Web : www.petitespyrenees.com.

SALLES ET PRATVIEL

12-E4 48 km S.-O. St-Gaudens. 610 m. 90 hab. ✉ 31110

LE PYRENEEN ★★ Tourisme 75 E. 1 ha. CV Sanitaire chauffé. Locations : 20, 1. chauffée . Accès direct à la rivière. Lac à 1 km. ; . Ouv : 1.1 / 31.12. ☎ 05 61 79 59 19. Fax : 05 61 79 75 75. E-mail : campinglepyreneen-luchon.com, Web : www.campinglepyreneen-luchon.com. Prix 2007. Fft jour : Empl. Tourisme (2) : 16 € ; Sup : 4,10 € - de 6 ans 2,50 €. Réduction H.S.

FFCC : partenaire - terrain assuré par la FFCC.

SARRECAVE

12-E3 20 km N.-O. St-Gaudens. 417 m. 57 hab. ✉ 31350

M. BONIFAS-ARIES Thierry,centre de loisirs lac St-Georges CV. Ouv : 1.6 / 30.9. La Prade. De Toulouse par l'A 64 sortie Boussens continuer sur Aurignac, Cassagnabère, Ciadoux, Rebirechioulet puis dir. Blajan. A Blajan au stop, tout droit à Nizan à gauche puis Sarrecave. ☎ 05 61 88 23 36 / 05 61 88 22 01 / 06 30 96 22 34 (H.S.). Fax : 05 61 88 22 01. E-mail : contact@lacsaintgeorges.com, Web : www.lacsaintgeorges.com. Prix 2007. Empl. Tourisme : 4 € ; 4 € ; - de 7 ans 3 € ; 2,74 € ; Animaux 2,15 €.

TOULOUSE

681 km S.-S.-O. Paris. 145 m. 354289 hab. ✉ 31000

LA BOURIETTE ★★ Tourisme 83 E. 1 ha. Locations : , . Accès direct à la rivière. ; . 199 et 201 chemin de Tournefeuille, 5 km du centre ville. ☎ 05 61 49 64 46.

LE RUPE En cours classt ★★ 131 E. 3,8 ha. CV Sanitaire chauffé. Locations : 6. Lac à 400 m. à 400 m : . Ouv : 1.1 / 31.12. 21, chemin du Pont de Rupé. Base Verte de Sesquières. Entrée Nord de la ville suivre Rupé activités/camping. ☎ 05 61 70 07 35. Fax : 05 61 70 93 17. E-mail : campinglerupe31@wanadoo.fr. Prix 2007. Fft jour : Empl. Tourisme (2) : 14 € Sup : 2,80 € - de 7 ans 1,85 € ; 3,50 à 4,70 € (6 à 10 A).

VACQUIERS

13-A2 20 km N. Toulouse. 200 m. 736 hab. ✉ 31340

M. GARY,camping rural A 2 km: . A 10 km : Piscine plein air. A proximité de la ferme. Pré herbeux. ☎ 05 61 84 97 72.

FFCC : partenaire - terrain assuré par la FFCC .

VAUDREUILLE

13-B2 50 km S.-E. Toulouse. 275 m. 170 hab. ✉ 31250

EN SALVAN ★★★ Tourisme 150 E. dont 146 nus, dont 10 HLL, 2,5 ha. 2 salles, CV. Locations : 5, 25. Rivière à 200 m. Lac à 600 m. ; à 1 km : ; à 800 m : 800 m, ; à 1 km : . Accueil groupes. Ouv : 5.4 / 31.10. VO 5, à 800 m RN 629. Sortie autoroute à Castelnaudary à 20 km. A St-Ferréol. ☎ 05 61 83 55 95. Fax : 05 62 71 23 46. E-mail : lvt-en-salvan@wanadoo.fr, Web : www.camping-ensalvan.com. Prix 2007. 2,40 € ; 3,50 € ; 2,50 € , 2,10 € (3 A) , Animaux 1,20 €. Réduction H.S.

LAS PRADES ★★★ Tourisme 54 E. 1,2 ha. Locations : , , . Lac à 800 m. ; ; ; ; . ☎ 05 61 83 43 20.

VERNET

12-F2 10 km E.-S.-E. Muret. 165 m. 1715 hab. ✉ 31810

CAMP MUNICIPAL ★★ Tourisme 130 E. 2,4 ha. Rivière à 20 m. ; . RN 20 et CD 74. ☎ 05 61 08 33 98 (Camping) / 05 61 08 50 47 (Mairie).

VILLENOUVELLE

13-A2 27 km S.-E. Toulouse. 762 hab. ✉ 31290

M. de MALEFETTE Hubert rivière, Rés. naturiste à 15 km, CV. A 1 km: . A 6 km : Piscine plein air . A 8 km : . A 12 km : . A 15 km : . RN 113, 400 m de la commune, à proximité de la ferme. Pré en gazon. Restaurant sur place. ☎ 05 61 81 64 62. Fax : 05 61 81 64 69.

Carte 12

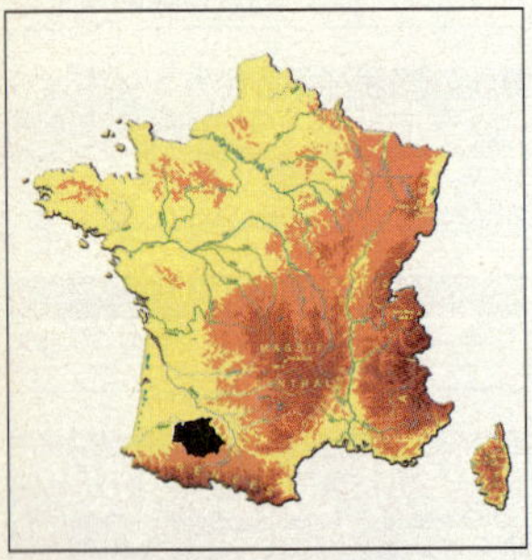

AIGNAN

12-D2 39 km N.-O. Mirande. 165 m. 941 hab. ✉ 32290

CAMP LE CASTEX ★★★ Tourisme 46 E. dont 35 nus, dont 8 CC - 7 HLL, 2,6 ha. CV. Locations : 7, 4, Chambres d'hôtes (petit déj. compris). Lac à 3 km. ; ; . Accueil groupes. RD 48. ☎ 05 62 09 25 13. Fax : 05 62 09 24 79. E-mail : info@gers-vacances.com, Web : www.gers-vacances.com. Réduction H.S.

CAMP MUNICIPAL ★ Tourisme 14 E. 1,8 ha. Locations : , , . Accès direct à l'étang et aux bords du lac. ; ; ; . ☎ 05 62 09 24 11 (Mairie) / 05 62 09 20 00.

ARMOUS ET CAU

12-D2 21 km N.-O. de Mirande 175 m. 82 hab. ✉ 32230

M. BATS Alain . A 4 km: . Péchayre. ☎ 04 62.70.90.34.

AUCH

12-E2 685 km S.-S.-O. Paris. 140 m. 25543 hab. ✉ 32000

CAMP MUNICIPAL DE L'ILE ST MARTIN ★ Tourisme 45 E. dont 45 nus 1,5 ha. . Accès direct à la rivière. . Accueil groupes. Ouv : 15.4 / 15.10. Rue du Général de Gaulle, Parc des Sports, RN 21. ☎ 05 62 05 00 22 / 05 62 61 21 73 (H.S.). Prix 2007. 1,55 € ; 0,30 € ; 2,35 € ; 1,15 € ; 2,35 € ; - de 7 ans 0,75 € ; 2,35 à 4,70 € (6 à 10 A).

Mme SEMEZIES-DUPUY Véronique,camping à la ferme Le Castagné CV. A 3 kms: . A 4 kms : . A 5 kms : . A 10 kms : . Ouv : 1.6 / 15.10. Route de Toulouse. A l'hôtel Campanille, tourner et suivre panneaux, faire 1 km. Face aux châteaux de Montégut et de St-Cricq. ☎ 05 62 63 32 56 / 06 07 97 40 37 (H.S.). Fax : 05 62 63 32 56. E-mail : lecastagne@wanadoo.fr, Web : www.domainelecastagne.com. Prix 2008. Empl. Tourisme : 4 € ; 4 € ; - de 7 ans 2,50 € ; 2 €.

AVEZAN

12-E1 35 km N.-E. Condom. 170 m. 83 hab. ✉ 32380

M. BRUNET Roger,La Ferme d'Embarthe , Rés. naturiste à 3 km. A 500 m : . A 3 km: . A 4 km : . A 15 km : Piscine plein air . A 20 km : . La ferme d'Embarthe à Avezan près de St Clar. ☎ 05 62 66 41 58.

BARBOTAN LES THERMES

12-D1 40 km O. Condom. 1630 hab. Station verte de vacances et village de neige ✉ 32150

LE LAC D'UBY ★★★ Tourisme 275 E. dont 253 nus, dont 2 CC - 7 HLL. , collectif, CV Sanitaire chauffé. Locations : 7, 30, 2, , . Accès direct aux bords du lac. ; ; ; à 300 m : . Accueil groupes. RD 656. ☎ 05 62 09 53 91. Fax : 05 62 09 56 97. E-mail : baliavacances@wanadoo.fr, Web : www.camping-uby.com. Réduction H.S.

M. EXPERT Joël . A 3 km: Piscine plein air . Grand-Soubère. ☎ 05 62 09 55 04.

BERAUT

12-E1 6 km S. Condom. 141 m. 306 hab. ✉ 32100

M. VIGNAUX Robert . A 5 km: . A 8 km : Piscine plein air . Bordeneuve. ☎ 05 62 28 08 41.

BERDOUES

12-E2 3 km S.-O. Mirande. 162 m. 470 hab. ✉ 32300

M. MEYER SIETS,aire naturelle La Hourguette CV. A 3 km: Piscine plein air . Ouv : 1.1 / 31.12. De Mirande continuer dir. Tarbes RN 21 après Intermarché prenez la 1ère route à gauche dir. Berdoues et suivez les panneaux, camping à la ferme ☎ 05 62 66 58 47 / 06 31 63 76 98 (H.S.). Fax : 05 62 66 58 47. Web : www.camping-lahourguette.com. Prix 2007. Empl. Tourisme : 6 € ; 6 € ; - de 12 ans 2 € ; 2 €.

FFCC : partenaire + réduction emp. de 5 % en saison et hors saison + réduction loc. de 5 % en saison et hors saison.

BRETAGNE D ARMAGNAC

12-D1 23 km S.-O. Condom. 124 m. 345 hab. ✉ 32800

LES LACS D'ARMAGNAC ★★★★ Tourisme 100 E., dont 25 CC - 50 GCC - 6 HLL. . Locations : , . ; . ☎ 05 62 09 70 92. Fax : 05 62 09 81 70. E-mail : bh.loisirs@wanadoo.fr, Web : www.leslacs-darmagnac.com.

CASTELNAU D AUZAN

12-D1 26 km O. Condom. 148 m. 1109 hab. ✉ 32440

CAMP MUNICIPAL LE COUCUT ★★ Tourisme 33 E. 0,6 ha. CV. Locations : 11, 2. Accès direct à la mer et aux bords du lac. Rivière à 1 km.Etang à 2 km. Accueil groupes. Ouv : 15.6 / 15.9. ☎ 05 62 29 20 21 / 05 62 29 23 43 (Mairie) (H.S.). Fax : 05 62 29 20 21. E-mail : auzan.info@wanadoo.fr, Web : castelnaudauzan.free.fr. Prix 2007. : 1,50 € ; 1 € ; 2,50 € ; 1,50 € ; 3 € ; - de 16 ans 2,50 €.

FFCC : partenaire + réduction emp. de 5 % en saison et 10 % hors saison + Stop accueil Camping-car du 15/06 au 15/09/2008, accès jusqu'à 22h + réduction loc. de 5 % en saison et 10 % hors saison.

CASTERA VERDUZAN

12-E1 25 km N.-O. Auch. 115 m. 753 hab. Station verte de vacances et village de neige ✉ 32410

LA PLAGE DE VERDUZAN ★★★ Tourisme 100 E., dont 86 CC - 14 GCC, 3,2 ha. CV. Locations : 9, 7. Accès direct aux bords du lac. Rivière à 250 m. Accueil groupes. Ouv : Pâques / octobre. A 100 m de la commune. A 62 sortie Aiguillon via Nérac-Condom D 930 en dir. Auch. ☎ 05 62 68 12 23 / 06 76 47 84 15 (H.S.). Fax : 05 62 68 18 95. E-mail : contact@camping-verduzan.com, Web : www.camping-verduzan.com. Prix 2008. Fft jour : Empl. Tourisme (2) : 15,50 € () ; - de 3/8 ans 3,20 € ; 3 à 5 € (3 à 6 A).

FFCC : partenaire + réduction emp. de 5 % hors saison + Stop accueil Camping-car de pâques au 15/10/2008, accès jusqu'à 20h + réduction loc. de 5 % hors saison.

CASTILLON MASSAS

12-E2 12 km N.-O. Auch 200 m. 171 hab. ✉ 32360

M. THORE Maurice,camping à la ferme CV. Au Cap du Bosc.

CAZAUBON

12 D1 40 km O. Condom. 136 m. 1605 hab. ✉ 32150

M. CASTANDET Jacques A 5 km: . A 10 km : Piscine plein air. Ste-Fauste par la D 626 entre Cazaubon et Eauze. Sortie Autoroute Langon ou Agen. ☎ 05 62 09 53 14.

M. DUMOULIN Roland A 5 km: Piscine plein air. La Borde. ☎ 05 62 09 51 46.

CEZAN

12-E1 22 km S.-E. Condom. 203 m. 152 hab. ✉ 32410

LES ANGELES ★★★ Tourisme 62 E. dont 48 nus, , dont 14 GCC - 6 HLL, 3 ha. CV. Locations : 4, 6, 10. Etang à 700 m. Rivière à 6 km. ; à 7 km : . Accueil groupes. Ouv : 1.4 / 15.9. D 103/303. ☎ 05 62 65 29 80. Fax : 05 62 65 29 80. E-mail : camping.angeles@free.fr, Web : www.camping-les-angeles.com. Prix 2008. Fft jour : Empl. Tourisme (2) : 15 € () ; Sup : 5,15 € - de 7 ans 2,60 € ; 2,95 à 4,75 € ; Animaux 0,60 €. Réduction H.S.

CONDOM

12-E1 43 kms N.-O. Auch. 80 m. 7836 hab. Station verte de vacances et village de neige ✉ 32100

CAMP MUNICIPAL DE L'ARGENTE ★★★ Tourisme 75 E., dont 16 CC, 0,6 ha. CV. Locations : 7, 21. Rivière à 10 m. Etang à 150 m. Chemin de l'Argente. Lieu-dit Gauge, à 1,5 km du centre ville. ☎ 05 62 28 17 32. Fax : 05 62 28 17 32. Réduction H.S.

M. DA DALT Emile 3, CV. A 5 km: Piscine plein air. A 15 km : . Château de Verduzan. Au Nord-Ouest de Condom entre la D 110 et la D 930. ☎ 05 62 28 11 77.

M. DANTO Dominique CV. A 1 km: . A 3 km : . Ouv : 21.3 / 19.12. Laillon. A Condom prendre route d'Eauze puis route de Vopillon. D277 GR 65 à 1,5 km. ☎ 05 62 28 19 71 / 06 07 69 14 19 (H.S.). Fax : 05 62 28 19 71. Web : calaf32free.fr/laillon/fr/index.php3. Prix 2007. Empl. Tourisme : 2,80 € () : 2,50 € ; - de 12 ans 1,50 € ; 2 €.

M. ROGALLE Michel CV. A 1 km: . A 5 km : Piscine plein air. Guinland. ☎ 05 62 28 17 85. E-mail : rogalle.guinland@wanadoo.fr, Web : campingdeguinland.monsite.wanadoo.fr.

Mme ESCOLAN Marie-Christine A 8 km: Piscine plein air. Baradieu. ☎ 05 62 28 16 11.

Mme LALIBERT Alberte CV. A 2 km: . A 5 km : Piscine plein air. Borde-neuve de Verduzan. ☎ 05 62 28 07 09.

COURRENSAN

12-D1 22 km N.-E. Condon 245 m. 383 hab. ✉ 32330

M. HARTMAN Wil,camping à la ferme Lapeyrade. ☎ 05 62 58 01 85. E-mail : lapeyrade@wanadoo.fr, Web : perso.wanadoo.fr/lapeyrade/.

EAUZE

12-D1 28 km S.-O. Condom. 165 m. 4338 hab. Station verte de vacances et village de neige ✉ 32800

LE MOULIN DU POUY ★★ 70 E. 2,5 ha. Locations : . Rivière à 100 m. Lac à 500 m. D 931. ☎ 05 62 09 86 00. Fax : 05 62 08 19 65.

ESTANG

12-D1 46 km S.-O. Condom. 90 m. 818 hab. ✉ 32240

LES LACS DE COURTES ★★★ Tourisme 114 E. dont 75 nus, , dont 11 GCC, 7 ha. snack, CV. Locations : 22, 11, 2, 4. Accès direct à l'étang et aux bords du lac et à la rivière. Accueil groupes. Ouv : Pâques / 30.9. Intersection D32 (Cazaubon/Aire s/l'Adour) et D30 (Eauze/Villeneuve de Marsan) Relais randonneurs équestres. Installations handicapés. ☎ 05 62 09 61 98. Fax : 05 62 09 63 13. E-mail : contact@lacs-de-courtes.com, Web : www.lacs-de-courtes.com. Prix 2007. Fft jour : Empl. Tourisme (2) : 23 € () ; Sup : 5 € - de 7 ans 2,50 € ; 3 à 6 € (6 à 10 A) ; Animaux 2,50 €. Fft Ccar : 12 € (2). Réduction H.S.

FFCC : partenaire + réduction emp. de 5 % en saison et 10 % hors saison + Stop accueil Camping-car de pâques à la fin septembre 2008 + réduction loc. de 10 % hors saison + HC.

FAGET ABBATIAL

12-E2 21 km S.-O. Auch 270 m. 201 hab. ✉ 32450

DOMAINE NATURISTE DU MOULIN DE FAGET ★★ Tourisme 21 E. dont 21 nus, 38 ha. CV Rés. naturiste. Locations : 1, 4. Chambres d'hôtes. Accès direct à l'étang et aux bords du lac. 20 km d'Auch et à 75 km de Toulouse. ☎ 05 62 65 49 09. Fax : 05 62 66 29 21. E-mail : info@moulin-faget.com, Web : www.moulin-faget.com. Réduction H.S.

FOURCES

12-D1 12 km N.-O. Condom. 65 m. 324 hab. ✉ 32250

M. SOURBES René A 1 km: . A 5 km : Piscine plein air. La Molère. ☎ 05 62 29 40 62.

GAUDONVILLE

12-E1 40 km S.-E. Condom. 215 m. 132 hab. ✉ 32380

CENTRE NATURISTE DE DEVEZE ★★★ Tourisme 180 E. dont 146 nus, 10 ha. CV Rés. naturiste. Locations : 1, 5, 7. Accès direct à l'étang et aux bords du lac. Autoroute Paris-Toulouse sortie Montauban-sud, D 928 dir. Beaumont de Lomagne puis Gaudonville. ☎ 05 62 66 43 86. Fax : 05 62 66 42 02. E-mail : camping.deveze@wanadoo.fr, Web : www.deveze.eu. Prix 2007. Fft jour : Empl. Tourisme (2 1) : 18,50 € () ; Sup : 8 € 4 € ; Animaux 1,70 €. Réduction H.S.

GAZAUPOUY

12-E1 10 km N.-E. Condom. 182 m. 292 hab. ✉ 32480

M. COURTES Bernard A 3 km: Piscine plein air. A 12 km : . Lasseube. ☎ 05 62 28 05 25.

GONDRIN

12-D1 16 km S.-O. Condom. 160 m. 1043 hab. Station verte de vacances et village de neige ✉ 32330

LE PARDAILLAN ★★★ Tourisme 115 E. dont 60 nus, dont 62 GCC, 2,7 ha. CV Sanitaire chauffé. Camping clef verte. Locations : 14, 6, 22, 2, 5, 10. Lac à 100 m. Rivière à 5 km. ; à 100 m : . Accueil groupes. Ouv : 31.3 / 14.10. Rue du Pardaillan. Entre Condom et Eauze. D 931. Location à l'année de parcelles et vente de mobile-homes. ☎ 05 62 29 16 69. Fax : 05 62 29 11 82. E-mail : camplepardaillan@wanadoo.fr, Web : www.camping-le-pardaillan.com. Prix 2007. Fft jour : Empl. Tourisme (2 1 - de 3 ans) : 22 € (E. CC E. GCC) ; Sup : 5,30 €Animaux 2 €. Fft Ccar : 15 € (2). Réduction H.S.

FFCC : partenaire + carte FFCC assurance annulation.

L ISLE DE NOE

12-E2 9 km N. Mirande. 142 m. 564 hab. ✉ 32300

CAMP MUNICIPAL AU CHATEAU ★ Tourisme 12 E. Accès direct à la rivière. ☎ 05 62 64 17 21 (Mairie).

L ISLE JOURDAIN

12-F2 40 km E.-S.-E. Auch. 150 m. 4365 hab. Station verte de vacances et village de neige ✉ 32600

CAMP MUNICIPAL PONT TOURNE ★★ 53 E. 1 ha. Accès direct aux bords du lac. RN 124. ☎ 05 62 07 14 39 (Mairie).

LAGARDE FIMARCON

12-E1 18 km N.-E. Condom. 170 m. 148 hab. ✉ 32700

Mme BARRIEU Claudine A 1 km: La Sauvage. ☎ 05 62 68 85 52.

Mme BAZZARINI Reine village, CV. L'Enclos, 3 km D 7 et D 36, 100 m du village. Location de caravanes équipées et d'1 bungalow. ☎ 05 62 68 77 38.
FFCC : partenaire - terrain assuré par la FFCC .

LAREE

12-D1 44 km S.-O. Condom. 223 hab. ✉ 32150

LABEYRIE ★ Tourisme 9 E. CV. Locations : 3, 4, à 3 km : . Route d'Eauze. Situé sur la RN 526, Cazaubon dir. Eauze. ☎ 05 62 09 51 83. Fax : 05 62 69 59 94.

LECTOURE

12-E1 22 km E. Condom. 90 m. 4424 hab. Station verte de vacances et village de neige ✉ 32700

LE LAC DES 3 VALLEES

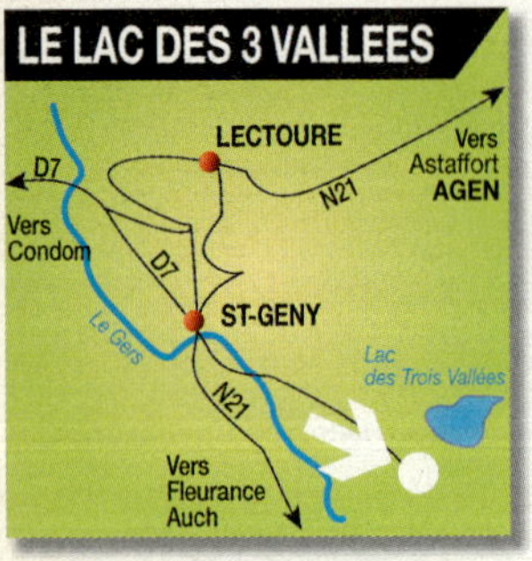

VILLAGE LAC DES 3 VALLEES ★★★★ Tourisme 500 E. dont 200 nus, , dont 200 CC - 20 GCC, 9 ha. CV. Locations : 40, 23, chauffée. Accès direct à l'étang et aux bords du lac. Ouv : 24.5 / 7.9. Rés. obligatoire en été. RN 21. Au Sud de Lectoure. ☎ 05 62 68 82 33. Fax : 05 62 68 88 82. E-mail : contact@lacdes3vallees.fr, Web : www.lacdes3vallees.com. Prix 2008. Fft jour : Empl. Tourisme (2) : 42 € () ; Sup : 8 €Animaux 3 €.

M. ESPARBES Guy 2, pétanque, CV. A 6 km: Piscine plein air . A 7 km : . A 10 km : . Ferme de Barrachin, D 23, à 6 km Nord-Est de la commune, route de Miradoux. Ombragé, fleuri. Sentiers de randonnées pédestres et VTT. Ping-pong. ☎ 05 62 68 84 57 (H.R.). Fax : 05 62 68 97 32. Prix 2007. Empl. Tourisme : 3 € ; 2 € ; 1,50 € ; 2 € (2 A) ; Animaux 0,50 €.

LELIN LAPUJOLLE

12-D2 72 km N.-O. Mirande 120 m. 213 hab. ✉ 32400

LE LAHOUNT ★★★ Tourisme 86 E. dont 62 nus 1,5 ha. CV. Locations : 14, 7, Pavillons. Accès direct à l'étang. Rivière à 5 km. Accueil groupes. Ouv : 1.1 / 31.12. Rés. obligatoire en été. Hameau de Lahount. A Bordeaux par D 934 dir. Pau et à Aire/Adour direction Tarbes D 935 à St-Germé tourner à gauche vers Lelin Lapujolle. ☎ 05 62 69 64 09 / 06 81 52 39 15 (H.S.). Fax : 05 62 69 68 73. E-mail : camping.de.lahount@wanadoo.fr, Web : perso.orange.fr/camping.de.lahount/. Prix 2008. Fft jour : Empl. Tourisme (2 1 - de 3) : 13 € () ; Sup : 3,75 € 2,50 € (10 A) ; Animaux 1 €. Fft Ccar : 11 € (2). Réduction H.S.
FFCC : partenaire + réduction emp. de 10 % en saison et hors saison + carte FFCC assurance annulation + Stop accueil Camping-car toute l'année, accès jsuqu'à 22h + réduction loc. de 10 % en saison et hors saison.

MARCIAC

12-D2 25 km O. Mirande. 155 m. 1119 hab. Station verte de vacances et village de neige ✉ 32230

LE LAC ★★★ Tourisme 95 E. dont 81 nus, , dont 10 GCC, 3 ha. CV. Camping clef verte. Locations : 2, 8, 4. Lac à 300 m. Accueil groupes sur réservation. Lieu-dit Bezines, 250 RD 3, D 943. ☎ 05 62 08 21 19. Fax : 05 62 08 21 19. E-mail : camping.marciac@wanadoo.fr, Web : www.camping-marciac.com. Réduction H.S.
FFCC : partenaire + réduction emp. de 5 % en saison et hors saison + carte FFCC assurance annulation + Stop accueil Camping-car du 15/03 au 26/07 et du 23/08 au 31/10/2008, accès jusqu'à 22h30.

MARSAN

12-E2 12 km E. Auch. 196 m. 333 hab. ✉ 32270

ARAMIS ★★★ Tourisme 33 E. 4 ha. CV. Locations : 6, 12. Accès direct à l'étang. Quartier Gaubette. Sur la RN 124 Toulouse-Auch. ☎ 05 62 65 60 11 / 06 16 32 14 43 (H.S.). Fax : 05 62 65 68 98. E-mail : contact@camping-aramis.com, Web : camping-aramis.com. Prix 2007. Fft jour : Empl. Tourisme (2) : 18 € () ; Sup : 6 € - de 12 ans 4 € ; Animaux 2 €.

MASSEUBE

12-E2 20 km S.-E. Mirande. 205 m. 1974 hab. Station verte de vacances et village de neige ✉ 32140

LES CLEDELLES ★★★ Tourisme 133 E., dont 20 HLL, 4 ha. CV. Locations : 20. Accès direct à la rivière. Lac à 5 km. ; à 5 km : . Route de Simorre, RD 27, RN 129. ☎ 05 62 66 01 75 / 01 40 33 93 33. Fax : 02 51 74 06 62. Web : www.lescledelles.com..

MAUPAS

12-D1 225 hab. ✉ 32240

M. DUCASSE Bernard Auberge de l'Armagnac. Le Pouy. ☎ 05 62 09 69 67 / 05 62 09 11 62. Fax : 05 62 09 11 62.

MAUROUX

12-E1 35 km E. Condom. 130 m. 103 hab. ✉ 32380

LES ROCHES ★★★ Tourisme 40 E. CV Rés. naturiste. Locations : 2, 5, 2. Accès direct à l'étang. A 62 sortie Valence d'Agen, D 653, D 13, D 167 vers Gaudonville. ☎ 05 62 66 30 18 / 05 62 66 35 90 (H.S.). Fax : 05 62 66 30 18. E-mail : campinglesroches@aol.com.

MAUVEZIN

12-F2 47 km S.-E. Condom. 175 m. 1707 hab. Station verte de vacances et village de neige ✉ 32120

CAMP MUNICIPAL ★ Tourisme 28 E. 0,5 ha. à 1 km : . Au Couloumeras, sur D 928. ☎ 05 62 06 81 45 (Mairie).

MIELAN

12-D2 35 km S.-O. Auch. 210 m. 1257 hab. ✉ 32170

LES REFLETS DU LAC ★★★ Tourisme 109 E., dont 108 CC, 3,4 ha. CV. Locations : . Accès direct aux bords du lac. RN 21. Mielan dir. Auch. Au bord du lac de Mielan. ☎ 05 62 67 51 59. Fax : 05 62 67 64 12. E-mail : lac.mielan@wanadoo.fr, Web : www.lac-mielan.com. Prix 2007. Fft jour : Empl. Tourisme (2) : 18,50 € Sup : 6,50 € - de 7 ans 3,30 € ; 3 € (10 A) ; Animaux 1 €.

MIRADOUX

12-E1 30 km E. Condom. 208 m. 647 hab. ✉ 32340

M. LAVILLE Jean A 1 km: . A 12 km : Piscine plein air. Biran, RD 953, à 1,5 km de la commune, 200 m de la ferme. Autoroute Bordeaux Toulouse A 62 à 8 km avec échangeur P8 de Valence d'Agen. Bois, pré herbeux, ombragé. ☎ 05 62 28 64 65.

MIRANDE

12-E2 24 km S. Auch. 175 m. 4150 hab. Station verte de vacances et village de neige ✉ 32300

CAMP INTERCOMMUNAL ILE DU PONT ★★★ Tourisme 150 E., dont 108 CC, 3 ha. électriques, CV. Locations : 12, 9, 10. Accès direct à l'étang et aux bords du lac et à la rivière. Accueil groupes. Ouv : 15.5 / 15.9. De Toulouse, RN 21. De Bordeaux, A 62 sortie n°6 dir. Nérac, Condom. De Tarbes, RN 21. ☎ 05 62 66 64 11. Fax : 05 62 66 69 86. E-mail : info@camping-gers.com, Web : www.camping-gers.com. Prix 2007. Fft jour : Empl. Tourisme (2) : 16,30 € () ; Sup : 5,10 € - de 12 ans 3,50 € ; Animaux 1,50 €. Réduction H.S.

MIREPOIX

12-E2 16 km N.-E. Auch. 175 m. 200 hab. ✉ 32390

LES CHALETS DES MOUSQUETAIRES P.R.L. 11 E., dont 11 HLL, 1 ha. CV. Locations : 11. Lac à 300 m. à 300 m : . Accueil groupes. Ouv : 1.1 / 31.12. Rés. obligatoire en été et en hiver. RN 21 axe Auch/Agen. ☎ 05 62 64 33 66. E-mail : info@chalets-mousquetaires.com, Web : www.chalets-mousquetaires.com.

MONFORT

12-E2 45 km S.-E. Condom. 164 m. 416 hab. ✉ 32120

CAMP MUNICIPAL ★ Tourisme 20 E. dont 20 nus 0,21 ha. Rivière à 500 m. Accueil groupes. A 150 m du centre. ☎ 05 62 06 83 26 (Mairie). Fax : 05 62 06 83 26. E-mail : mairiemonfort@orange.fr. Prix 2007. 2 € ; 2 € ; 2 € ; 3 € ; 1,50 € (5 A) ; Animaux 0,50 €.

MONTESQUIOU

12-E2 11 km N.-O. Mirande. 210 m. 604 hab. ✉ 32320

CAMP CHATEAU LE HAGET ★★★ Tourisme 73 E. 3 ha. CV. Locations : 19, 6. Accueil groupes. Ouv : 15.4 / 15.10. Dir. route de Miélan/Monclar à 1 km à droite. ☎ 05 62 70 95 80. Fax : 05 62 70 94 83. E-mail : info@lehaget.com, Web : www.lehaget.com. Prix 2008. Fft jour : Empl. Tourisme (2) : 22 € () ; Sup : 5 €Animaux 1,50 €. Réduction H.S.

L'ANJOU ★ Tourisme 38 E. dont 33 nus, 1 ha. CV. Locations : . Rivière à 3 km. à 3 km : . Ouv : 1.4 / 15.10. D 943 entre Montesquiou et Bassoues. ☎ 05 62 70 95 24. Fax : 05 62 70 95 24. E-mail : clemens.van-voorst@wanadoo.fr, Web : perso.wanadoo.fr/camping-anjou/. Prix 2007. Fft jour : Empl. Tourisme (2) : 13 € () ; Sup : 3 € - de 12 ans 2 € ; 2 € (6 A) ; Animaux 0,50 € (Chien). Réduction H.S.
FFCC : partenaire + réduction emp. de 5 % en saison et hors saison + carte FFCC assurance annulation + réduction loc. de 5 % en saison et hors saison.

MONTESTRUC SUR GERS

12-E1 34 km S.-E. Condom. 102 m. 570 hab. ✉ 32390

M. DAGUZAN Alain, pétanque, CV. A 500 m : . A 1 km: . A 5 km : . A 7 km : Piscine plein air . A 10 km : . En Saubis, N 21, route de Céran. ☎ 05 62 62 26 12. Web : vacances-gers.chez.alice.fr.

MONTREAL

12-D1 15 km O. Condom. 165 m. 1326 hab. ✉ 32250

ROSE D'ARMAGNAC ★ Tourisme 13 E. 2 ha. Locations : 2 . Lac à 2 km. ; à 2 km : , , . Accueil groupes. Ouv : 1.4 / 31.10. Lieu-dit Moulierous. Sortie Montréal dir. Fources. ☎ 05 62 29 47 70 / 06 33 28 22 38 (H.S.). Fax : 05 62 29 47 70. E-mail : campingrosedarmagnac@free.fr, Web : www.campingrosedarmagnac.com. Prix 2008. Empl. Tourisme : 4,50 € () : 3,50 € ; 2,50 € ; - de 10 ans 1,50 € ; 2,50 € (6 A) ; Animaux 0,50 €.

FFCC : partenaire + réduction emp. de 5 % en saison et hors saison + Stop accueil Camping-car du 01/04 au 31/10/2008.

M. LUSSAGNET Gilbert . A 500 m : Piscine plein air. A 10 km: . Au Couloume. ☎ 05 62 29 44 78.

NOGARO

12-D2 65 km S.-O. Condom. 98 m. 2115 hab. ✉ 32110

CAMP MUNICIPAL ★★ Tourisme 20 E. 0,2 ha. . Locations : . Gîte d'étapes. ☎ 05 62 09 02 17.

PANJAS

12-D1 44 km S.-O. Condom. 116 m. 447 hab. ✉ 32110

AIRE NATURELLE MUNICIPALE

PEYRUSSE GRANDE

12-D2 234 hab. ✉ 32320

M. SCHMIDT Rainer CV. A 4 km: . Ouv : Pâques / Toussaint. La Côte de Boué. D 102, entre Lupiac et Peyrusse-Grande. ☎ 05 62 09 27 35. E-mail : lacotedeboue@wanadoo.fr, Web : http://lacotedeboue.pagesperso-orange.fr. Prix 2008. Empl. Tourisme : 3,40 € () : 2,40 € ; - de 4/10 ans 1,70 € ; 1,60 €.

PLAISANCE

12-D2 24 km N.-O. Mirande. 135 m. 1577 hab. Station verte de vacances et village de neige ✉ 32160

L'ARROS ★★★ Tourisme 82 E. dont 43 nus 1,5 ha. CV. Locations : 11 , 3 , 5 , 7 , 10 . . Accès direct à la rivière. Lac à 300 m. ; à 300 m : 300 m, . Accueil enfants. Ouv : 1.4 / 30.9. Sur RN 646 (allée des Ormeaux). ☎ 05 62 69 30 28. Fax : 05 62 69 38 27. E-mail : infos@plaisance-evasion.com, Web : www.plaisance-evasion.com. Réduction H.S.

FFCC : Stop accueil Camping-car du 01/04 au 08/07 et du 20/08 au 31/08/2008, accès jusqu'à 22h.

POUYLEBON

12-D2 9 km N.-O. Mirande. 268 m. 176 hab. ✉ 32320

M. de VROOME, aire naturelle CV. A 2 km: . A 3 km : . A 5 km : . Ouv : 15.4/ 15.10. Haoure. D 216. ☎ 05 62 66 72 10. E-mail : campingpouylebon2@wanadoo.fr, Web : perso.wanadoo.fr/campingpouylebon/. Prix 2007. 5,10 € ; 5,10 € ; 5,10 € ; 4,35 € ; - de 10 ans 2,95 € ; 2,65 €.

PRECHAC SUR ADOUR

12-D2 45 km N.-O. Mirande. 125 m. 190 hab. ✉ 32160

CAMP MUNICIPAL CENTRADOUR ★ Tourisme 20 E. ☎ 05 62 69 44 87 (Mairie).

RISCLE

12-D2 55 km N.-O. Mirande. 105 m. 1889 hab. Station verte de vacances et village de neige ✉ 32400

LE PONT DE L'ADOUR ★★★ Tourisme 60 E. dont 42 nus, 2 ha. CV. Locations : 8 , 5 , 4 , , . Accès direct à la rivière. ; ; ; à 100 m : . Accueil groupes. Ouv : 1.4 / 15.10. Au Pont de l'Adour. RN 135. ☎ 05 67 36 00 08 / 06 14 87 17 93. Fax : 05 62 69 72 45. E-mail : camping.dupontdeladour@tiscali.fr, Web : www.camping-adour.new.fr. Prix 2007. Fft jour : Empl. Tourisme (2) : 15,50 € ( ) ; 2,20 € ; Animaux 1,50 €. Fft Ccar : 10 € (2). Fft Tente : 13 € (2).

FFCC : partenaire + réduction emp. de 5 % en saison et hors saison.

LA ROMIEU

12-E1 10 km N.-E. Condom. 187 m. 547 hab. ✉ 32480

CAMP DE FLORENCE ★★★★ Tourisme 183 E., dont 16 CC - 7 HLL, 6 ha. CV. Locations : 2 , 30 , 7 , . . Lac à 5 km. ; ; à 5 km : . Ouv : 1.4 / 11.10. Agen D 931 dir. Condom. A Ligardes tourner à gauche suivre les panneaux Collégiale de La Romieu, puis à gauche et contourner le village. ☎ 05 62 28 15 58. Fax : 05 62 28 20 04. E-mail : info@lecampdeflorence.com, Web : www.lecampdeflorence.com. Prix 2008. Fft jour : Empl. Tourisme (2) : 30,90 € ((6 A)) ; Sup : 6,90 € - de 9 ans 4,80 € ; E. CC 3,50 € (suplt) ; Animaux 2,10 €. Fft Tente : 28,90 € (2). Réduction H.S.

FFCC : réduction loc. de 5 % hors saison + HC.

M. TICHANE Raymond . A 10 km: . Gratuzous. ☎ 05 62 28 03 17. Fax : 05 62 28 44 88.

ROQUELAURE

12-E2 7 km N. Auch. 392 hab. ✉ 32810

LE TALOUCH ★★★ Tourisme 147 E. dont 94 nus, dont 20 CC - 6 HLL, 7,3 ha. , 1 fois/semaine, CV. Locations : 40 , 8 , 4 . chauffée . ; a 3 km : . Accueil groupes. D 148. ☎ 05 62 65 52 43. Fax : 05 62 65 53 68. E-mail : info@camping-talouch.com, Web : www.camping-talouch.com. Prix 2008. Fft jour : Empl. Tourisme (2) : 31.50 € ( ) ; Sup : 7,20 € 5,70 € ; 2,10 à 7,45 € (4 A à 6 A) ; Animaux 2,40 €. Fft Ccar : 14.70 € (2). Réduction H.S.

FFCC : réduction loc. de 5 % hors saison + HC.

ST ANTOINE

12-E1 48 km E. Condom. 144 m. 166 hab. ✉ 32340

M. BONNAFOUS Robert . A 12 km: Piscine plein air . A Trouquet. ☎ 05 62 28 66 16.

ST CRICQ

12-F2 41 km E. Auch. 150 m. 69 hab. ✉ 32430

LE LAC DE THOUX ★★★ Tourisme 130 E. dont 100 nus, 3 ha. CV. Locations : 3 , 13 , 10 , 4 , . . Accès direct aux bords du lac. ; ; ; ; . Ouv : 1.4 / 15.10. Sur D 654. Entre Toulouse et Auch. ☎ 05 62 65 71 29. Fax : 05 62 65 74 81. E-mail : lacdethoux@cacg.fr, Web : www.lacdethoux.com. Prix 2008. Fft jour : Empl. Tourisme (2) : 16 € ( ) ; Sup : 6 € - de 7 ans 3 € ; 4 € (10 A) ; Animaux 2,50 €.

FFCC : partenaire + réduction emp. de 5 % hors saison + Stop accueil Camping-car du 01/04 au 27/06 et du 01/09 au 31/10/2008, accès jusqu'à 20h + réduction loc. de 5 % hors saison.

SAMATAN

12-F2 36 km S.-E. Auch. 165 m. 1978 hab. Station verte de vacances et village de neige ✉ 32130

CAMP MUNICIPAL ★★ Tourisme 17 E.; à 100 m : . ☎ 05 62 62 30 19 (Mairie) / 05 62 62 02 98. Fax : 05 62 62 50 27.

M. MORVAN Raymond A 3 km: Piscine plein air . La Trillotte. ☎ 05 62 62 31 17.

SEISSAN

12-E2 18 km S. Auch. 190 m. 1011 hab. ✉ 32260

LE LAC ★★★ Tourisme 80 E., dont 8 CC, 3 ha. Le Lac. ☎ 05 62 66 27 94. Fax : 05 62 66 21 84.

SIMORRE

12-E2 32 km S. Auch. 180 m. 805 hab. ✉ 32420

CAMP MUNICIPAL ★ Tourisme 12 E. 0,3 ha. Accès direct à la rivière. Etang à 5 km. ☎ 05 62 65 34 13 / 06 81 54 46 66.

M. FOERDERER Beate A 2 km: . A 8 km : . A 16 km : . Le Cator. ☎ 05 62 65 33 44. Fax : 05 62 65 33 44. E-mail : beate.forderer@wanadoo.fr.

TAYBOSC

12-E2 37 km S.-E. Condom. 190 m. 59 hab. ✉ 32120

M. ZUBELZU Christophe, Ferme de Séjour CV. Ouv : juin / 30.8. Au gré du vent, 300 m Sud du bourg. Pré herbeux et ombragé. Auberge. ☎ 05 62 65 17 59 / 0875 91 84 87 (H.S.). Fax : 05 62 65 17 13. E-mail : camping.gre.du.vent@wanadoo.fr, Web : perso.wanadoo.fr/greduvent. Prix 2008. Empl. Tourisme : 3,50 € () : 3,50 € ; - de 10 ans 2 € ; 3 €. Réduction H.S.

URDENS

12-E1 35 km S.-E. Condom. 140 m. 198 hab. ✉ 32500

M. PRACCA René . ☎ 05 62 06 16 07.

VIC FEZENSAC

12-D2 28 km N.-O. Auch. 110 m. 3987 hab. ✉ 32190

CAMP MUNICIPAL ★ Tourisme 23 E. 1,5 ha. Locations : . Rivière à 20 m. . Les Acacias, sur RD 35, RN 124. ☎ 05 62 06 30 08 (Mairie) / 05 62 06 52 52.

33 GIRONDE

Carte 9

Délégué FFCC : René LAJAUNIAS, 54, rue Jules Vallès - 33400 TALENCE

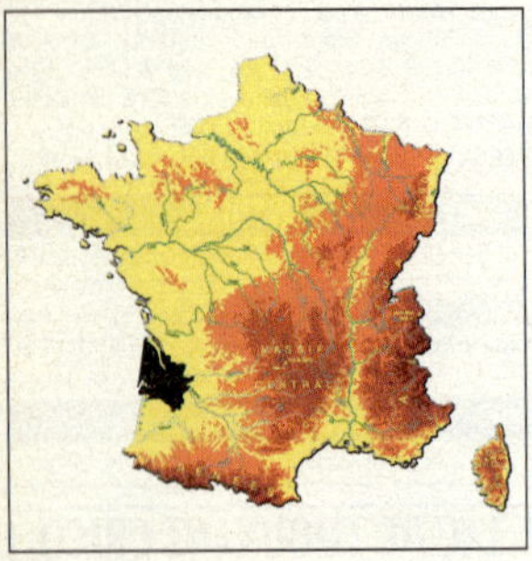

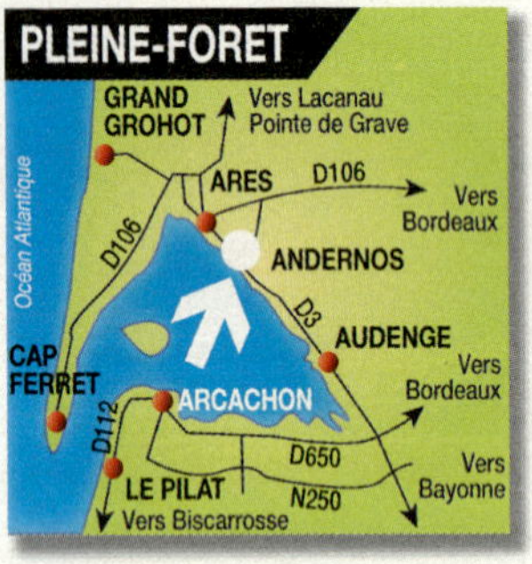

ABZAC

9-D3 14 km N.-E. Libourne. 55 m. 1475 hab. ✉ 33230

LE PARADIS En cours reclassement Tourisme 60 E. dont 10 nus, 5 ha. collectif, CV. Locations : 3 . Accès direct à l'étang et à la rivière. ; à 5 km : . Ouv : 1.5 / 1.9. Rés. obligatoire en été. Lieu-dit Port du Mas. A proximité de St Emilion, près de la RN 89. Sortie 11 A 89. Location emplacements à l'année pour Mobil-Homes ☎ 05 57 49 05 10. Fax : 05 57 49 18 88. E-mail : campingleparadis@free.fr, Web : www.residentiel-leparadis.com. Prix 2007. () : Fft Ccar : 10 € (2).

FFCC : Stop accueil Camping-car du 01/03 au 30/10/2008, accès jusqu'à 20h + réduction loc. de 5 % hors saison.

ANDERNOS LES BAINS

9-B4 43 km S.-O. Bordeaux. 4 m. 5985 hab. ✉ 33510

FONTAINE VIEILLE ★★★ Tourisme 840 E. dont 419 nus (790 Tourisme + 50 Loisirs), dont 121 GCC - 19 HLL, 10 ha. CV. Locations : 6 , 2 , 31 , 5 . Accès direct à la mer. . Ouv : 1.4 / 30.9. 4, boulevard du Colonel Wurtz, lieu-dit Le Mauret, RD 3. ☎ 05 56 82 01 67. Fax : 05 56 82 09 81. E-mail : fontaine-vieille-sa@wanadoo.fr, Web : www.fontaine-vieille.com. Prix 2008. Fft jour : Empl. Tourisme (2) : 27,10 € () ; Sup : 6 € - de 3/6 ans 2,60 € ; 2,30 € ; Animaux 3,20 €.

PLEINE FORET ★★★ Tourisme 295 E. dont 80 nus, dont 280 GCC. CV. Locations : 2 , 47 , 24 . Bord de mer à 2,5 km. à 2,5 km : . Ouv : 1.1 / 31.12. Avenue de Bordeaux. ☎ 05 56 82 17 18. Fax : 05 56 26 01 65. E-mail : pleine.foret@wanadoo.fr, Web : www.campingpleineforet.com.

CAMP LES ARBOUSIERS ★★ Tourisme 200 E. (120 Tourisme + 80 Loisirs) 1,8 ha. CV. Locations : . Bord de mer à 3 km.Lac à 6 km. ; à 3 km : . 134, avenue de Bordeaux. ☎ 05 56 82 12 46. Fax : 05 56 26 15 21. E-mail : lesarbousiers33@aol.com, Web : www.camping-les-arbousiers.fr. Réduction H.S.

ARCACHON

60 km S.-O. Bordeaux. 7 m. 13664 hab. ✉ 33120

CAMPING CLUB D'ARCACHON ★★★ Tourisme 250 E., dont 119 GCC - 5 HLL, 6 ha. collectif, CV Sanitaire chauffé. Locations : 4 , 4 , 35 , 10 . Bord de mer à 1 km. ; à 1,5 km : ; à 1 km : ; à 2 km : . Accueil groupes. Ouv : 1.1 / 12.11 et 12.12 / 31.12. 5, allée de la Galaxie, BP 46 - Les Abatilles. Voie rapide Bordeaux/Arcachon. Sortie Hôpital Jean Hameau puis suivre panneaux camping. ☎ 05 56 83 24 15. Fax : 05 57 52 28 51. E-mail : info@camping-arcachon.com, Web : www.camping-arcachon.com. Prix 2007. 15 € ; 15 € ; 13 € ; 7 € ; - de 10 ans 1 € ; 4 € (6 à 10 A) ; Animaux 4 €.

FFCC : partenaire + réduction emp. de 5 % en saison et hors saison + carte FFCC assurance annulation + Stop accueil Camping-car du 01/01 au 11/11 et du 12/12 au 31/12/2008, accès jusqu'à 22h + réduction loc. de 5 % en saison et hors saison.

CAMPING CLUB D'ARCACHON

ARES

9-B4 45 km S.-O. Bordeaux. 7 m. 3051 hab. 33740

LA CANADIENNE ★★★★ Tourisme 105 E. dont 10 nus, , dont 07 GCC 8 HLL, 2 ha. CV Sanitaire chauffé. Locations : 8, 8, 2. . Lac à 1,5 km. à 1 km : , , , . Ouv : 1.2 / 30.11. 82, rue du Général-de-Gaulle. Route de Lège. Bordeaux dir. Mérignac-Cap Ferret sortie 10. ☎ 05 56 60 24 91. Fax : 05 57 70 40 85. E-mail : info@lacanadienne.com, Web : www.lacanadienne.com. Prix 2007. Fft jour : Empl. Tourisme (2) : 25,90 € () ; Sup : 6 € - de 2/7 ans 4 € ; Animaux 2,50 €. Réduction H.S.

LA CIGALE ★★★ Tourisme 100 E., dont 21 GCC - 20 HLL, 2,7 ha. CV. Locations : 4, 2. . à 900 m : , , , . Route Lège, sortie Nord Arès. ☎ 05 56 60 22 59. Fax : 05 57 70 41 66. E-mail : campinglacigaleares@wanadoo.fr, Web : www.camping-lacigale-ares.com. Prix 2007. Fft jour : Empl. Tourisme (2) : 25 € () ; Sup : 5 € - de 7 ans 3 € ; 5 € (4 à 6 A).

LES ABBERTS ★★★ Tourisme 125 E. dont 115 nus 2,3 ha. , collectif, , 1 fois/sem., , pétanque, CV. Locations : , , , , . . Bord de mer à 800 m. Lac à 1 km.Etang et rivière à 1,5 km. à 800 m : , , , . Ouv : 1.6 au 30.9. Rés. obligatoire en été. 17, rue des Abberts, RD 106 à 150 m, près du centre. ☎ 05 56 60 26 80. Fax : 05 56 60 26 80. E-mail : campinglesabberts@wanadoo.fr, Web : www.lesabberts.com. Prix 2007. Fft jour : Empl. Tourisme (2) . 20,50 € Sup : 5,50 € de 2/7 ans 4 € ; 4 à 5,50 € (6 à 20 A) ; Animaux 2,20 €.

LES GOELANDS ★★★ Tourisme 400 E., dont 128 GCC - 4 HLL, 10 ha. CV. Locations : 7. Lac à 100 m. Bord de mer à 200 m. à 100 m ; à 200 m. Accueil groupes. Ouv : 1.3 / 31.10. Avenue de la libération, route d'Andernos à la sortie d'Arès. ☎ 05 56 82 55 64 / 06 76 52 39 02 (H.S.). Fax : 05 56 82 07 51. E-mail : camping-les-goelands@wanadoo.fr, Web : www.goelands.com. Prix 2007. Fft jour : Empl. Tourisme (2) : 19,50 € ; Sup : 6 € 4 € ; Animaux 2 €. Réduction H.S.

PASTEUR VACANCES ★★★ Tourisme 50 E. dont 16 nus, dont 8 GCC, 0,6 ha. CV. Locations : 22, 8. Bord de mer à 100 m. à 100 m. Ouv : 1.4 / 30.9. 1, rue Pasteur, RD 3 et RD 106, en dir. de la plage. ☎ 05 56 60 33 33. E-mail : pasteur.vacances@wanadoo.fr, Web : www.atlantic-vacances.com. Prix 2007. Fft jour : Empl. Tourisme (2) : 23,50 € Sup : 5 € 3,50 € (6 A) ; Animaux 2 €. Réduction H.S.

FFCC : Stop accueil Camping-car toute l'année.

LE POT DE RESINE ★★ Tourisme 70 E., dont 3 HLL, 1 ha. Accès direct à l'étang et aux bords du lac. Bord de mer à 300 m. ☎ 05 56 60 25 31 / 05 56 60 20 36 (H.S.).

LES ECUREUILS ★★ Tourisme 43 E. dont 4 nus (33 Tourisme + 10 Loisirs), dont 2 CC, 0,45 ha. CV. Locations : 2, 27. couverte. Bord de mer, étang et rivière à 900 m. à 900 m. Ouv : 1.1 / 31.12. Rés. obligatoire en été. Accès WIFI gratuit ☎ 05 56 26 09 47. Fax : 05 56 26 09 47. E-mail : info@les-ecureuils.com, Web : www.les-ecureuils.com. Prix 2008. Fft jour : Empl. Tourisme (2) : 19 € ; Sup : 3,50 € - de 13 ans 3 € ; 3 € (10 A) ; Animaux 2 €. Réduction H.S.

LA LAGUNE ★ Tourisme 65 E.

LES MOUETTES ★ Tourisme 10 E.

AUDENGE

9-B4 45 km S.-O. Bordeaux. 5 m. 2675 hab. ✉ 33980

LE BRAOU ★★ Tourisme 200 E., dont 90 GCC - 12 HLL, 5 ha. CV. Locations : 2, 2, 12, 13. Rivière à 400 m. Bord de mer à 1,5 km. Accueil groupes. Autoroute Bordeaux/Arcachon sortie 23 Marcheprime ou Facture-Biganos ou route Bordeaux/Cap-Ferret par Mérignac. ☎ 05 56 26 90 03 / 06 22 99 02 61 (H.S.). Fax : 05 57 76 03 66. E-mail : info@camping-audenge.com, Web : www.camping-audenge.com. Prix 2007. Fft jour : Empl. Tourisme (2) : 16,50 € ; Sup : 5 € 3,50 € (3 A à 6 A) ; Animaux 3,50 €.

BAYAS

9-D3 18 km N. Libourne. 82 m. 500 hab. ✉ 33230

LE CHENE DU LAC ★★★ Tourisme 40 E. 2,3 ha. électriques, ap. 22 h, CV. Locations : 6, 2. Lac à 2 m. Rivière à 4 km. à 10 km. Accueil groupes. Ouv : juin / septembre. 3, lieu-dit Châteauneuf. D 910. Accès par la N 10 par Laruscade. ☎ 05 57 69 13 78. Fax : 05 57 69 17 57. E-mail : le-chene-du-lac@wanadoo.fr, Web : lechenedulac.com. Prix 2007. Empl. Tourisme : 4,50 € ; 4,60 € ; 3,80 € ; - de 7 ans 2,80 € ; 4,30 à 5 € (6 à 10 A) ; Animaux 2 €. Empl. Loisirs : 1200 €(fft à l'année).

BAZAS

9-D5 15 km S. Langon. 88 m. 5190 hab. ✉ 33430

LE GRAND PRE ★★★★ Tourisme 30 E. dont 23 nus, dont 30 GCC, 2 ha. épicerie, collectifs, CV. Locations : 2. Etang et rivière à 5 km. à 5 km. A 1 km sortie de BAZAS, route de Casteljaloux (D655). ☎ 05 56 65 13 17. Fax : 05 56 25 90 52. E-mail : legrandpre@wanadoo.fr, Web : perso.wanadoo.fr/legrandpre/. Réduction H.S.

BEGADAN

9-B2 7 km N.-E. Lesparre-Médoc. 832 hab. ✉ 33340

Mme JOSTEN Agnès, aire naturelle A 7 km : Piscine couverte. A 8 km. Ouv : 15.6 / 31.8. 1, route de La Lande. Houtlust, par RN 215, à 2 km Ouest de la commune, à proximité de la ferme. Prairie ombragée, plan d'eau. Prairie ombragée, plan d'eau. ☎ 05 56 41 50 23 / 06 80 76 85 79 (H.S.). Prix 2008. Empl. Tourisme : 3 € ; 2,50 € ; 2 € ; - de 10 ans 1,50 € ; 2,50 € ; Animaux 0,50 €.

BELIN BELIET

9-C4 45 km S.-O. Bordeaux. 35 m. 2439 hab. ✉ 33830

AIRE NATURELLE MUNICIPALE ☎ 05 56 88 00 06 (Mairie). Fax : 05 56 88 01 25. E-mail : communebelinbeliet@wanadoo.fr.

BIGANOS

9-B4 40 km S.-O. Bordeaux. 4588 hab. ✉ 33380

MARACHE ★★★ Tourisme 117 E., dont 59 GCC - 4 HLL, 1,4 ha. CV. Locations : 3, 15, 6. Rivière à 1 km. Lac à 1,5 km. Accueil groupes. Ouv : 1.4 / 30.10. 25, rue Gambetta. ☎ 05 57 70 61 19. Fax : 05 56 82 62 60. E-mail : contact@marachevacances.com, Web : www.marachevacances.com. Prix 2007. Fft jour : Empl. Tourisme (2) : 20,50 € Sup : 5,50 € - de 2/7 ans 3,50 € ; 3,80 € ; Animaux 3,50 €.

FFCC : partenaire + réduction emp. de 5 % en saison et 10 % hors saison + réduction loc. de 5 % en saison et hors saison.

BLASIMON

9-D4 30 km N.-E. Langon. 80 m. 718 hab. ✉ 33540

LE LAC ★★★ Tourisme 39 E., dont 39 GCC, 1 ha. collectifs, en saison, CV. Lac à 30 m. Rivière à 50 m. surveillée en saison. ☎ 05 56 61 82 73 / 05 56 71 59 62 (H.S.). E-mail : blasimon@entredeuxmers.com, Web : www.tourisme.entredeuxmers.com. Prix 2007. : Animaux 2 €. Fft Ccar : 17 €.

BLAYE

9-C3 35 km N. Bordeaux. 7 m. 4750 hab. ✉ 33390

CAMP MUNICIPAL ★★ Tourisme 50 E. 1 ha. Accueil groupes. Dans la Citadelle, RN 137. ☎ 05 57 42 00 20.

BOURG

14 km S.-E. Blaye. 2107 hab. ✉ 33710

CAMP MUNICIPAL LA CITADELLE ★★ Tourisme 21 E. Accès direct à la rivière. Au Port. ☎ 05 56 68 40 06.

BRACH

9-B3 40 km N.-O. Bordeaux. 32 m. 188 hab. ✉ 33480

Mme DOUAT Annie, Le Bois du Geai CV. Ouv : 15.6 / 15.10. 16, route de Lacanau. A 10 sortie n° 7 Soulac-Le Verdon, puis Castelnau, Brach. A 63 sortie n° 23 Marcheprime, puis le Temple, Ste-Hélène, Brach ou A 62 sortie n° 8 Lacanau, puis Ste-Hélène, Brach. ☎ 05 56 58 70 54. Prix 2007. Fft jour : Empl. Tourisme (1) : 5,50 € ; - de 10 ans 2,50 € ; 2,50 € (6 A) ; Animaux 2,50 €.

BRAUD ET ST LOUIS

9-C3 15 km N. Blaye. 1753 hab. ✉ 33820

CARAVANING MUNICIPAL ★★ Tourisme 122 E., dont 96 GCC. ☎ 05 57 42 61 00 (Mairie).

CADILLAC

9-C4 34 km S.-E. Bordeaux. 2961 hab. ✉ 33410

CAMP INTERCOMMUNAL DES COTEAUX DE GARONNE ★★ Tourisme 30 E. Rue du Port. ☎ 05 56 62 72 98.

CARCANS

9-B3 28 km S.-O. Lesparre. 22 m. 1258 hab. ✉ 33121

L'OCEAN ★★★ Tourisme 447 E. 2 ha. Locations. Bord de mer à 400 m. ; voile : ; à 400 m. ☎ 05 56 03 41 44 / 05 56 03 34 94 (H.S.). Fax : 05 56 03 43 76.

LA DUNE BLEUE ★★ Tourisme 625 E. 25 ha. saison, saison, saison, saison, saison, saison, saison, CV. Locations : 5, 20. Accès direct aux bords du lac. Bord de mer à 2,5 km. Ouv : 1.5 / 30.9. Bordeaux, Rocade sortie n° 8 dir. Lacanau puis Carcans/Maubuisson, Domaine de Bombannes. ☎ 05 57 70 12 12. Fax : 05 56 03 12 10.

LE CAPDEVILLE ★★ Tourisme 78 E. (70 Tourisme + 8 Loisirs) 2 ha. ap. 23 h, CV. Locations : Etang et lac à 3,5 km. à 4 km. 81, route du Lac et 4 route de Cap de Ville. D 207. ☎ 05 56 03 33 74 / 05 56 03 35 99 (H.S.). Réduction H.S.

LE MAUBUISSON ★★ Tourisme 653 E. dont 430 nus, dont 35 GCC, 12,5 ha. CV Camping tourisme et handicap. Locations : 5, 30, 3, 15. Lac à 100 m. Rivière à 500 m. Bord de mer à 3 km. ; à 150 m : . Accueil groupes. Ouv : 15.3 / 15.11. RD 3. ☎ 05 56 03 30 12 / 06 08 25 53 19 (H.S.). Fax : 05 56 03 47 93. E-mail : camping.maubuisson@wanadoo.fr, Web : www.camping-maubuisson.com. Prix 2007. 10,60 € ; 10,60 € ; 9 € ; 4,70 € ; - de 10 ans 2,70 € ; 3,50 € ; 1 € ; Animaux 1,60 €. Réduction H.S.

FFCC : partenaire - terrain assuré par la FFCC.

LES ARBOUSIERS ★★ Tourisme 63 E. 1,5 ha. ap. 22 h, CV. Locations : . Lac à 5 km. à 3 km : ; à 5 km : . Ouv : 1.5 / 15.9. 4, route du Touate. Sur la route de Maubuisson. ☎ 05 56 03 38 93 / 06 83 96 03 88 (H.S.). Fax : 05 56 03 38 93. Prix 2007. Fft jour : Empl. Tourisme (1) : 9,50 € () ; 3 €.

LES MIMOSAS ★★ Tourisme 108 E., dont 12 GCC, 4,4 ha. sauf empl. collectifs, CV. Locations : 14, 3, 5. Lac à 5 km. à 5 km : . 173, route de la Barrade. D 207 Carcans/Maubuisson, route du Touate. D 3 Carcans/Hourtin, route de la Barrade. ☎ 05 56 03 39 05. Fax : 05 56 03 37 25. E-mail : lesmimosas33@wanadoo.fr, Web : www.les-mimosas-camping.com.

FFCC : partenaire - terrain assuré par la FFCC.

LES PINS ★★ Tourisme 80 E., dont 59 GCC, 2 ha. snack, la nuit, CV. Locations : 50, 3. Lac à 5 km. ; ; . Ouv : 15.3 / 15.11. Rés. obligatoire en été. 20, route de la Barrade. ☎ 05 56 03 38 72 / 06 79 78 84 20 (H.S.). Fax : 05 56 03 37 94. E-mail : campinglespins@wanadoo.fr, Web : www.campinglespins-carcans.fr. Prix 2007. Empl. Tourisme : 5,50 € () : 6 € ; - de 10 ans 3,50 € ; 3,50 € ; Animaux 2,50 €. Réduction H.S.

FFCC : partenaire + réduction emp. de 5 % hors saison + carte FFCC assurance annulation.

LE LIERRE ★ Loisirs 50 E., dont 45 GCC. 1, route de Philibert. ☎ 05 56 03 40 09.

LE PARADIS ★ Tourisme 50 E. 2 ha. CV. Locations : 5, 5, . Lac à 5 km. ; ; ; . 32, route de Philibert. ☎ 05 56 03 33 57. E-mail : camping-le-paradis@club-internet.fr.

LE PIN FRANC ★ Tourisme 19 E. ☎ 05 57 70 09 54.

LES TERRASSES DU LAC ★ Tourisme 100 E. dont 95 nus, dont 1 HLL. pain, gaz/électrique, CV. Locations : 5, 3. à 6 km : . Accueil adultes. Ouv : 15.3 / 15.11. Route de Lacanau. D 3. ☎ 05 56 03 37 12 / 02 41 56 02 03 (H.S.). Fax : 05 57 70 29 36. E-mail : lesterrassesdulac@orange.fr. Prix 2007. Fft jour : Empl. Tourisme (2) : 12 € () ; Sup : 3,60 € - de 13 ans 3,20 € ; 3,20 € ; Animaux 2,50 €. Réduction H.S.

LA CHRYSALIDE En cours de classement 25 E. 1 ha. collectif, après 22h30, CV. Locations : 6, 2. Bord de mer à 10 km.Etang et lac à 5 km. à 5 km : . Accueil adultes. Ouv : avril / octobre. Rés. obligatoire en été et en hiver. 46 bis, route du Lac. Location à l'année de parcelles pour mobile-homes. ☎ 05 56 03 47 32 / 06 80 08 95 03 (H.S.). E-mail : campinglachrysalide@laposte.net, Web : www.campinglachrysalide.fr.vu. Prix 2007. Empl. Tourisme : 4,40 € ; 5,15 € ; - de 2/10 ans 3,30 € ; 2,30 € ; Animaux 1 €.

M. et Mme LOUBANEY,camping à la ferme A 4 km: . A 6 km : Piscine plein air. A 10 km : . 539, route Troussas. La Forêt Couyrasseau. 3 km Sud de la commune, à proximité de la ferme. Bois. ☎ 05 56 03 32 76.

M. ROLL Philippe,aire naturelle La Prairie à jeton. A 200 m : . A 6 km: . La Prairie Ste Hélène de l'Etang, D 3. ☎ 05 56 03 37 60.

Mme COSTES Andrette,aire naturelle CV. A 4 km: . A 8 km : Piscine plein air . Les Résineux, Couyras, 4 km est de la commune. Pré, bois. ☎ 05 56 03 32 02.

Mme de ALMEIDA,aire naturelle Les Lauriers 35, route de la Barrade. ☎ 05 56 03 32 84.

Mme YCARD Jeanne,aire naturelle La Pignada La Pignada. ☎ 05 56 03 39 54.

CASTILLON LA BATAILLE

9-D4 18 km S.-E. Libourne. 30 m. 3207 hab. Station verte de vacances et village de neige ✉ 33350

LA PELOUSE ★★ Tourisme 38 E. dont 38 nus 0,5 ha. CV. Locations : . Accès direct à la rivière. Lac à 5 km. ; ; à 600 m : . Accueil groupes. Lieu-dit La Pelouse. CD 936. ☎ 05 57 40 04 22 / 05 57 84 12 24 (H.S.).

CAZAUX

55 km S.-O. Bordeaux. 4 m. 20331 hab. ✉ 33260

Voir LA TESTE

COUTRAS

9-D3 18 km N.-E. Libourne. 35 m. 6440 hab. Station verte de vacances et village de neige ✉ 33230

CAMP MUNICIPAL FRAIS RIVAGE ★★ Tourisme 22 E. 1 ha. Accès direct à la rivière. RN 10 et 674. ☎ 05 57 49 12 00 / 05 57 56 09 09 (H.S.). Fax : 05 57 56 09 04.

CREON

25 km S.-E. Bordeaux. 100 m. 2508 hab. ✉ 33670

BEL-AIR Voir SADIRAC

LES EGLISOTTES ET CHALAURES

27 km N.-E. Libourne. 1826 hab. ✉ 33230

L'EAU VIVE ★★ Tourisme 100 E. 2 ha. collectif, . Locations : 2. Accès direct à la rivière. Etang à 3 m. Accueil enfants. Ouv : 1.5 / 30.9. 6 bis, Fond de Bournac, par CD 123 E et CD 674. ☎ 05 57 69 56 09 / 06 80 58 45 06 (H.S.). Fax : 05 57 69 56 09. E-mail : minicke@club-internet.fr, Web : www.camping-leau-vive.com. Prix 2007. Fft jour : Empl. Tourisme (2) : 15,30 € (E. CC) Fft Ccar : 8 € (2).

FFCC : partenaire - terrain assuré par la FFCC + Stop accueil Camping-car du 01/04 au 30/09/2008, accès jusqu'à 21h.

ETAULIERS

9-C3 13 km N.-E. Blaye-et-Sainte-Luce. 7 m. 1519 hab. ✉ 33820

M. BERNETIERE Jean A 1 km: . A 2 km : . A 10 km : Piscine plein air. Les Grandes Levées, domaine Dubourg, RN 137, 2 km de la commune, à proximité de la ferme. Prairie, bord de bois. Gratuit. ☎ 05 57 64 71 20.

EYNESSE

9-D4 40 km S.-E. Libourne. 10 m. 512 hab. ✉ 33220

LA CROIX,aire naturelle municipale ☎ 05 57 41 00 38. Fax : 05 57 41 00 38.

FLAUJAGUES

9-D4 25 km S.-E. Libourne. 462 hab. ✉ 33350

CAMP MUNICIPAL LO QUALH A 50 m : . A 4 km: . Ouv : 1.1 / 31.12. ☎ 05 57 40 72 23 / 06 23 59 33 24 (H.S.). Fax : 05 57 40 29 35. E-mail : campingmunicipalloqualh@orange.fr. Prix 2007. Fft jour : Empl. Tourisme (2) : 10 € () ; Sup : 3 € 2 € ; 2 €.

FRONTENAC

9-D4 22 km N. Langon. 30 m. 687 hab. ✉ 33760

CHATEAU GUITON ★★★ Tourisme 26 E. dont 22 nus, 1 ha. CV Rés. naturiste. Locations : 1, 4. Ouv : 15.5 / 30.9. ☎ 05 56 23 52 79. Fax : 05 56 23 99 40. E-mail : accueil@chateau-guiton.com, Web : www.chateau-guiton.com. Prix 2008. Empl. Tourisme : 8,50 € ; 7 € ; 4 € ; 3,50 € ; Animaux 2 €. Réduction H.S.

GRADIGNAN

9-C4 6 km S. Bordeaux. 21772 hab. ✉ 33170

BEAU SOLEIL ★★ Tourisme 31 E. dont 28 nus, dont 29 GCC, 0,5 ha. gaz/électrique, CV Sanitaire chauffé. Locations : 3. Etang à 3 km. ; à 3 km : ; à 6 km : . Ouv : 1.1 / 31.12. Sortie rocade n° 16 dir. Gradignan centre. ☎ 05 56 89 17 66. Fax : 05 56 89 17 66. E-mail : campingbeausoleil@wanadoo.fr, Web : www.camping-gradignanbeausoleil.fr. Prix 2007. Fft jour : Empl. Tourisme (1) : 12 € () ; - de 7 ans 1,70 € ; Animaux 1 €. Réduction H.S.

GRAYAN ET L HOPITAL

9-B2 84 km N.-O. Bordeaux. 553 hab. ✉ 33590

EURONAT LA DEPEE ★★★ Tourisme 1400 E., dont 543 GCC. CV Rés. naturiste. Locations : 236, 54, 50. couverte chauffée. Accès direct à la mer. ; ; ; . Ouv : 22.3 / 9.11. A 10 sortie Saintes dir. Royan, bac sur la Gironde jusqu'au Verdon puis D 101 route des Lacs, puis itinéraire fléché. ☎ 05 56 09 33 33 / 05 56 73 24 51 (Réserv.) (H.S.). Fax : 05 56 09 30 27. E-mail : info@euronat.fr, Web : www.euronat.fr. Prix 2008. Fft jour : Empl. Tourisme (2 1 - de 10) : 43,50 € ((10 A)) ; Sup : 7 €Animaux 3 €. Fft Tente : 30,60 € (2).

CAMP MUNICIPAL DU GURP ★★ Tourisme 1000 E. 10 ha. . Accès direct à la mer. ; . RD 101 E. ☎ 05 56 09 44 53. Fax : 05 56 09 54 73.

LES FAMILLES ★★ Tourisme 100 E. (60 Tourisme + 40 Loisirs), dont 5 CC - 8 GCC - 8 HLL, 1,6 ha. CV. Locations : 20. Etang à 500 m. Bord de mer à 5 kms. à 5 kms : . Ouv : 1.1 / 31.12. ☎ 05 56 09 43 20. Fax : 05 56 09 43 20. E-mail : gerard@camping-des-familles.com, Web : www.camping-des-familles.com. Prix 2007. Fft jour : Empl. Tourisme (2) : 16 € () ; 3 à 3,40 € (6 à 10 A). Réduction H.S.

LES FRANQUETTES ★★ Tourisme 126 E. dont 61 nus, dont 50 GCC - 2 HLL, 3 ha. collectif, CV. Locations : 11. Etang et rivière à 3 km.Bord de mer à 5 km. à 5 km : . Accueil groupes. Ouv : 15.2 / 15.12. ☎ 05 56 09 43 61. Fax : 05 56 09 43 61. E-mail : lesfranquettes@lesfranquettes.com, Web : www.lesfranquettes.com. Prix 2007. Fft jour : Empl. Tourisme (2) : 15 € () ; Sup : 3,30 € - de 2/10 ans 2 € ; 2,80 € ; Animaux 1,80 €. Réduction H.S.

FFCC : partenaire + réduction emp. de 5 % en saison et hors saison + réduction loc. de 5 % en saison et hors saison.

GUJAN MESTRAS

9-B4 50 km S.-O. Bordeaux. 4 m. 8600 hab. ✉ 33470

DOMAINE DE LA FORGE ★★★★ Loisirs 87 E., dont 87 GCC, 12 ha. snack, ap.22h30, CV. Locations : 8, 40. Etang à 3 km.Bord de mer à 5 km. ; à 700 m : ; à 4 km : . Ouv : 1.1 / 31.12. Rés. obligatoire en été et en hiver. Quartier de la Hume, prendre route de Sanguinet. RD 652. ☎ 05 56 66 07 72. Fax : 05 56 66 78 97. E-mail : contact@domainedelaforge.com, Web : www.domainedelaforge.com.

CAMP A. DEJOIE (A.T.C.) ★★ Tourisme 82 E., dont 20 HLL, 0,5 ha. Locations : . Avenue de la Plage. Réservé A.T.C. ☎ 05 56 66 12 24.

Club Airot
Hourtin Plage - Aquitaine - Atlantique Sud
ESE COM - Draguignan : 04 94 67 06 00

CAMP DU C.E. SALFT ★★ Tourisme 100 E. 1,8 ha. Réservé Cté Entreprise Salft-Dassault.

CAMP MUNICIPAL DE VERDALLE ★★ Tourisme 108 E. 6 ha. , la nuit. Accès direct à l'étang. Bord de mer à 50 m. ; à 50 m : , , . Avenue de Verdalle. Par la voie rapide, dir. Arcachon puis La Hume. ☎ 05 56 66 12 62. Fax : 05 56 66 12 62.

PARC RESIDENTIEL DE LOISIRS KHELUS CLUB P.R.L. 305 E. 17 ha. , CV. Locations : 200 , , 20 , , . . ; à 3 km : , . ☎ 05 56 66 88 88. Fax : 05 56 66 94 89. E-mail : khelus@enfrance.com, Web : www.khelus.com.

HOSTENS

9-C4 30 km S.-O. Langon. 80 m. 714 hab. ✉ 33125

LES AIRIALS ★★ Tourisme 42 E., dont 4 GCC. Rue de Chantegrue. ☎ 05 56 88 74 19.

HOURTIN

9-B3 16 km S.-O. Lesparre. 18 m. 3598 hab. ✉ 33990

LA COTE D'ARGENT ★★★ Tourisme 750 E., dont 35 CC - 53 GCC, 20 ha. CV. Camping clef verte. Locations : 183 , , , Cottages. couverte chauffée . Bord de mer à 300 m. Lac à 4 km. ; ; ; à 300 m : ; à 4 km : . Ouv : 17.5 / 14.9. RD 101. A Bordeaux sortie 7 ou 9 dir. Castelnau puis Hourtin ou par bateau reliant Royan au Verdon puis dir. Montalivet, Hourtin. Plage ☎ 05 56 09 10 25. Fax : 05 56 09 24 96. E-mail : info@camping-cote-dargent.com, Web : www.CCA33.com. Prix 2007. Fft jour : Empl. Tourisme (2) : 41 € ((6 A)) ; Sup : 6,50 € - de 2/9 ans 5,50 € ; Animaux 5,50 € (chien). Fft Tente : 30 € (2).

FFCC : partenaire + réduction emp. de 5 % hors saison + réduction loc. de 5 % hors saison + HC.

LA RESINIERE ★★★ Loisirs 32 E., dont 32 GCC. . Locations : 20 . . Accès direct aux bords du lac. à 200 m : , , , . Rés. obligatoire en été. ☎ 06 15 26 16 86. Fax : 05 56 09 06 67. E-mail : info@domaine-la-resiniere.com, Web : www.domaine-la-resiniere.com.

LES OURMES ★★★ Tourisme 270 E. (225 Tourisme + 45 Loisirs), dont 45 GCC, 6 ha. , collectif, , ap. 23 h, CV Camping tourisme et handicap. Locations : 28 . . Lac à 400 m. à 500 m : , , , . Ouv : 1.4 / 30.9. Avenue du Lac, dir. Hourtin-Port ☎ 05 56 09 12 76. Fax : 05 56 09 23 90. E-mail : lesourmes@free.fr, Web : www.lesourmes.com. Prix 2008. Fft jour : Empl. Tourisme (2) : 21 € ( ) ; Sup : 4 € - de 10 ans 3 € ; 3 € (6 A) ; Animaux 3 €. Réduction H.S.

FFCC : partenaire + carte FFCC assurance annulation + Stop accueil Camping-car du 01/05 au 15/09/2008, accès jusuq'à 23h.

L'OREE DU BOIS ★★★ Tourisme 90 E. dont 70 nus, dont 20 GCC, 2,5 ha. CV. Locations : 6 , 6 , 3 , 5 , . . Lac à 3 km. ; à 2 km : , ; à 3 km : . Route des Lacs. 6 ☎ 05 56 09 15 88 / 06 09 65 48 96 / 06 09 65 48 96 (H.S.). Fax : 05 56 09 15 88. E-mail : loree-du-bois@wanadoo.fr, Web : www.camping-loreedubois.fr.st/.

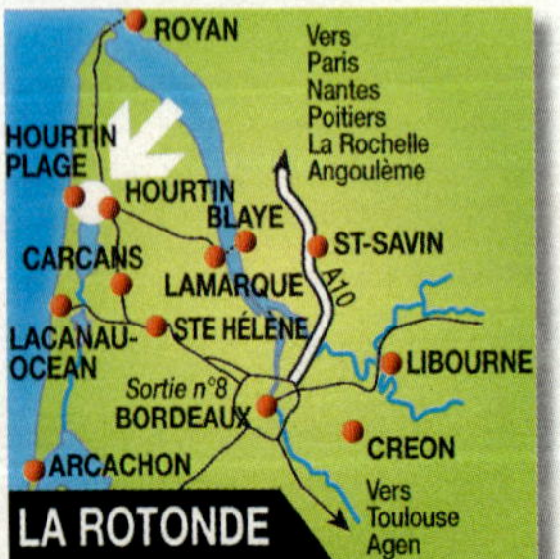

CAMP LA ROTONDE / LE VILLAGE WESTERN ★★ Tourisme 300 E. 7 ha. , collectifs, CV. Locations : 10 , 54 , 5 , Tipis. . Accès direct à l'étang. Lac à 400 m. ; à 400 m : , , . Ouv : 1.4 / 30.9. Chemin de Bécassine. A Bordeaux, sortie 8 rocade bordelaise dir. Lacanau puis Brach, Carcans et Hourtin. Dans Hourtin suivre la dir. Hourtin Port. ☎ 05 56 09 10 60. Fax : 05 56 73 81 37. E-mail : la-rotonde@wanadoo.fr, Web : www.village-western.com. Prix 2008. Empl. Tourisme : 10,95 € () : 6,05 € ; - de 7 ans 4,75 € ; 3,95 à 4,25 € (4 à 6 A) ; Animaux 2,26 €. Réduction H.S.

LE LITTORAL ★★ Loisirs 143 E., dont 84 GCC, 3,5 ha. CV. Locations : 10 , 12 . . Accès direct à l'étang et aux bords du lac. ; ; ; ; . Pey de Camin, route des lacs. ☎ 05 56 09 13 73. Fax : 05 56 09 15 13.

LES ECUREUILS ★★ Loisirs 150 E. (72 Tourisme + 78 Loisirs) 3 ha. CV. Locations : 4 , 3 . Lac à 5 km. à 5 km : , , . Accueil groupes. RD 101. Dir. Montalivet. ☎ 05 56 09 10 47. Prix 2007. Fft jour : Empl. Tourisme (2) : 14 € ( ) ; Sup : 3 € 3 € (10 A) ; 0,30 € ; Animaux 0,50 €. Réduction H.S.

CAMP MUNICIPAL LE PIQUEYROT ★ Loisirs 50 E., dont 6 GCC. ☎ 05 56 73 28 43 (Mairie).

LE BON COIN ★ Tourisme 94 E. dont 44 nus, dont 27 GCC, 2,5 ha. , gaz/électrique, , ap. 22 h, CV. Locations : 15 , 4 . mini-court. Lac à 2,5 km. à 2,5 km : , , , . Accueil groupes. Ouv : 1.2 / 30.11. Rés. obligatoire en été. Rue des Coudifles. De Bordeaux Rocade sortie n° 7 ou 8 dir. Lacanau/Carcans/Hourtin/Bac du Verdon. Route des lacs Hourtin. ☎ 05 56 09 10 82 / 06 71 38 20 39 (H.S.). E-mail : campingleboncoin@club-internet.fr, Web : www.campingleboncoin.com. Prix 2007. Fft jour : Empl. Tourisme (2) : 16 € ( ) Réduction H.S.

FFCC : partenaire + carte FFCC assurance annulation.

PARC RESIDENTIEL DE LOISIRS LES JARDINS DU LAC P.R.L. 65 E.

LA MARIFLAUDE **En cours reclassement** Tourisme 166 E., dont 35 GCC - 7 HLL, 5 ha. , ap. 23 h, CV. Locations : 5 , 1 , 30 , . . Etang à 2 km. à 2 km : , , . Route de Pauillac. ☎ 05 56 09 11 97. Fax : 05 56 09 24 01. Web : www.camping-la-mariflaude.com.

Mme RIVETTI Christine,aire naturelle L'Acacia , + sèche-linge, CV. A 1,2 km: . A 2,5 km : . A 6 km : . Ouv : 15.5 / 15.10. Sainte-Hélène, A 10 Paris, Bordeaux : Dir. Royan - Salaunes - Lacanau puis D 3 Carcans - Hourtin. ☎ 05 56 73 80 80. E-mail : camping.lacacia@wanadoo.fr, Web : www.camping-lacacia.com. Prix 2007. () : 3,60 € ; 3,60 € ; 3,60 € ; 3,80 € ; - de 3/8 ans 2,15 € ; 2,35 €.

JAU DIGNAC ET LOIRAC

9-B2 16 km N. Lesparre-Médoc. 5 m. 803 hab. 33590

Mme SARRAZIN Jany, camping à la ferme CV. A 2 km: . A 16 km : . Dignac, 1 km Nord-Est de la commune, à proximité de la ferme. Prairie, rivière à 2 km. ☎ 05 56 09 42 63. Fax : 05 56 09 46 77.

LACANAU

9-B3 57 km N.-O. Bordeaux. 20 m. 2050 hab. 33680

AIROTEL DE L'OCEAN ★★★★ Tourisme 550 E. (455 Tourisme + 95 Loisirs), dont 30 CC - 65 GCC, 9,5 ha. gaz/électrique, CV. Locations : 111, 40, . chauffée . Bord de mer à 600 m. Etang et lac à 5 km. ; à 600 m : ; à 5 km : . Accueil groupes. A 10/A 62/A 63 dir. Mérignac sortie n° 8. ☎ 05 56 03 24 45. Fax : 05 57 70 01 87. E-mail : airotel-lacanau@wanadoo.fr, Web : www.airotel-ocean.com. Réduction H.S.

LES GRANDS PINS ★★★★ Tourisme 595 E. dont 384 nus, , dont 135 GCC, 12 ha. aires spécifiques, CV Sanitaire chauffé. Camping clef verte. Locations : 169, 50 . chauffée . Accès direct à la mer. Etang et lac à 4 km. ; à 350 m : ; à 4 km : . Accueil adultes mai/juin/septembre. Ouv : 26.4 / 20.9. Rés. obligatoire en été. Lacanau Océan, RD 6. Bordeaux rocade sortie 8 Plage-Nord. Bornes internet + Wifi. ☎ 05 56 03 20 77. Fax : 05 57 70 03 89. E-mail : reception@lesgrandspins.com, Web : www.lesgrandspins.com. Prix 2008. Fft jour : Empl. Tourisme (2 2 - de 4 ans) : 43 € ( ) ; Sup : 9 € - de 12 ans 5 € ; Animaux 4 €. Réduction H.S.

FFCC : partenaire - terrain assuré par la FFCC + Stop accueil Camping-car du 26/04 au 21/06 et du 06/09 au 20/09/2008, accès jusqu'à 23h.

TALARIS VACANCES ★★★★ Tourisme 336 E. (306 Tourisme + 30 Loisirs), dont 142 GCC - 6 HLL, 8,4 ha. saison, saison, à gaz, saison, CV. Locations : 2, 101, 10 . Etang, lac et rivière à 1 km. Bord de mer à 5 km. ; à 1 km : ; à 6 km : . Accueil groupes. Ouv : 5.4 / 20.9. Route de l'Océan. A 10 puis sortie n° 8 Lacanau-Le Verdon. ☎ 05 56 03 04 15 / 06 61 72 33 04 (H.S.). Fax : 05 56 26 21 56. E-mail : talarisvacances@free.fr, Web : www.talaris-vacances.fr. Prix 2008. Fft jour : Empl. Tourisme (2 1 - de 4 ans) : 30 € ( ) ; Sup : 6 € - de 4/13 ans 4,50 € ; 3,70 € (6 A) ; Animaux 4 €.

FFCC : Stop accueil Camping-car du 05/04 au 30/06 et du 30/08 au 20/09/2008, accès jusqu'à 19h.

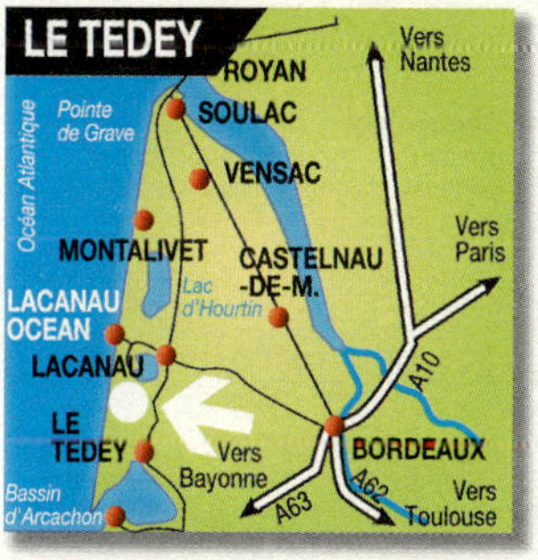

LE TEDEY ★★★ Tourisme 700 E., dont 60 GCC - 10 HLL, 10 ha. sauf basse saison CV. Locations : 36, . Accès direct aux bords du lac. Bord de mer à 5 km. ; ; ; . Ouv : 26.4 / 20.9. A Lacanau Médoc, route de Longarisse, RD 6. ☎ 05 56 03 00 15. Fax : 05 56 03 01 90. E-mail : camping@le-tedey.com, Web : www.le-tedey.com. Prix 2008. Fft jour : Empl. Tourisme (2) : 20,50 € Sup : 5,10 € - de 10 ans 3,10 € ; 4 € (10 A). Réduction H.S.

LES JARDINS DU LITTORAL ★★★ Tourisme 182 E., dont 103 GCC - 15 HLL. Locations : 25. ZA du Huga. ☎ 05 56 03 13 17 / 06 66 72 37 50 / 06 64 64 58 39 (H.S.). Fax : 05 56 03 13 17. E-mail : contact@jardinsdulittoral.com, Web : www.jardinsdulittoral.com.

AZUREVA ★★ Tourisme 16 E. CV. Lac à 200 m. Accueil groupes. Réservé P.T.T. ☎ 05 56 03 51 68. Fax : 05 56 03 56 48. E-mail : f.viot@azureva-vacances.com.

G.C.U PISSE LIEVRE Réservé aux adhérents. Adhésion possible sur place pour les sociétaires MAIF et FILIA MAIF.

LA PRAISE ★★ Tourisme 40 E. dont 34 nus, 1 ha. CV. Locations : Lac à 1,5 km. à 1,5 km : ; à 4 km : . Ouv : 1.5 / 30.9. Avenue de la Côte d'Argent. Lacanau ville. Sortie rocade n°8 et RD 6. ☎ 05 56 03 50 73 / 05 57 70 59 34 / 05 56 03 58 75 (H.S.). Fax : 05 56 03 50 73. E-mail : campinglapraise@hotmail.com, Web : www.la-praise.com. Prix 2007. 7,70 € ; 3,10 € ; 10,80 € ; 7,70 € ; 3,10 € ; 3,10 €. Réduction H.S.

LE LAC ★★ Tourisme 51 E., dont 1 HLL, 1,5 ha. CV. Bord de mer à 5 km. Au Moutchic. D 6. ☎ 05 56 03 00 26.

L'ERMITAGE ★★ Tourisme 70 E. Locations : Lac à 100 m. Bord de mer à 5 km. à 100 m : . Lieu-dit Le Moutchic. Tourner entre les deux restaurants prendre rue de la poste puis chemin de l'Ermitage sur la droite. ☎ 05 56 03 00 24. E-mail : campinglacanau@free.fr, Web : perso-wanadoo.fr/camp.ermitage/. Prix 2007. Fft jour : Empl. Tourisme (2) : 14,20 € ( ) ; Sup : 3,10 € 3,20 € (5 A) ; Animaux 1,60 €.

LES FOUGERES ★★ Tourisme 75 E. 1 ha. pizza, à 1,5 km : ; à 6 km : . 655, Talaris. ☎ 05 56 03 56 76.

PETITS PELLEGRINS ★ Loisirs 250 E. 7 ha. Accès direct aux bords du lac. Réservé Comité Entreprise S.E.P.

LANTON

9-B4 50 km S.-O. Bordeaux. 7 m. 2556 hab. ✉ 33138

LE COQ HARDI ★★★ Tourisme 450 E. dont 373 nus, dont 8 GCC, 8,5 ha. 4, CV. Locations : 13, 20, 20. 1 fois/semaine. Bord de mer à 30 m. 2 : . Sur RD 3, à Cassy. ☎ 05 56 82 01 80. Fax : 05 56 82 16 11. E-mail : violesgalyon@aol.com, Web : www.campingcoq-hardi.com.

FFCC : Stop accueil Camping-car du 01/04 au 30/06 et du 31/08 au 30/09/2008, accès jusqu'à 18h.

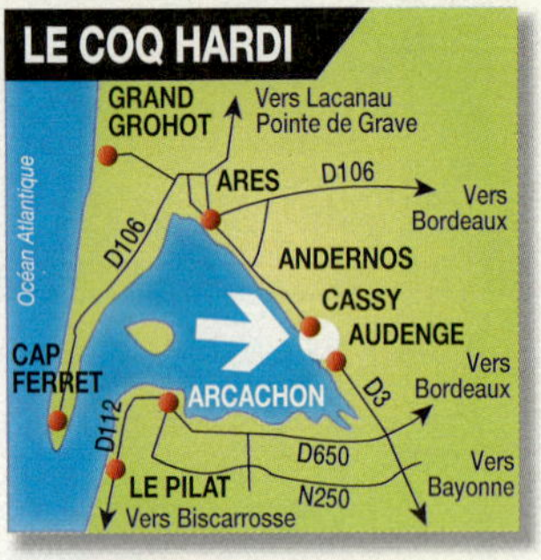

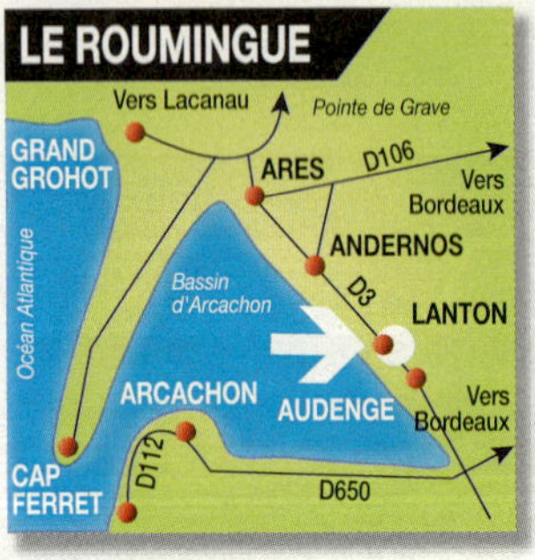

LE ROUMINGUE ★★★ Loisirs 325 E. dont 75 nus, , dont 297 GCC - 3 HLL, 12 ha. CV Sanitaire chauffé. Locations : 4, 18, 30, . Accès direct à la mer. Ouv : 1.1 / 31.12. 60, avenue de la Libération. Sur RD 3, entre Cassy et Lanton. ☎ 05 56 82 97 48. Fax : 05 56 82 96 09. E-mail : doc@roumingue.fr, Web : www.roumingue.fr/cf. Prix 2007. Fft jour : Empl. Tourisme (2 1 - de 7 ans) : 27,80 € ( ) ; Sup : 5,20 € 3,90 € (6 A) ; Animaux 2,60 €. Réduction H.S.

FFCC : partenaire - terrain assuré par la FFCC + réduction emp. de 10 % en saison et hors saison + carte FFCC assurance annulation + Stop accueil Camping-car du 15/03 au 15/11/2008, accès jusqu'à 19h hors saisons et 00h en saison + réduction loc. de 5 % en saison et hors saison.

LARUSCADE

9-C3 30 km E. Blaye. 100 m. 1499 hab. ✉ 33620

LE RELAIS DU CHAVAN ★★ Tourisme 100 E., dont 12 HLL, 3,7 ha. la nuit, CV. Locations : 12, , . à 5 km : . RN 10. Sorties RN 10 puis D 145 Nord, D 250 Sud dir. Nord-Sud Reignac/St Savin/St Yzan et Sud-Nord St-André-de-Cubzac. ☎ 05 57 68 63 05.

M. SAUMON,aire naturelle Le Lac Vert Ouv : 1.5 / 30.9. Par RN 10 sortie Cavignac ou Cézac. ☎ 05 57 68 64 43. Fax : 05 57 68 64 43. Prix 2007. Empl. Tourisme : 2,60 € ( ) : 2,60 € ; 2,60 € ; - de 8 ans 1,80 € ; 2,60 € (6 A).

LEGE CAP FERRET

9-B4 50 km S.-O. Bordeaux. 7 m. 5050 hab. ✉ 33950

AIROTEL LES VIVIERS ★★★★ Tourisme 848 E., dont 21 CC - 575 GCC, 33 ha. électrique, CV. Camping clef verte. Locations : 46, 159, . couverte. Bord de mer à 5 km. Accueil groupes. Ouv : 29.3 / 19.10. CD 106, route du Cap Ferret. Bordeaux rocade-Mérignac aéroport sortie n°10. ☎ 08 26 46 05 18. Fax : 05 57 70 37 77. E-mail : reception@lesviviers.com, Web : www.airotel-les-viviers.com. Prix 2008. Fft jour : Empl. Tourisme (2) : 40 € ( ) Réduction H.S.

LE TRUC VERT ★★★★ Tourisme 480 E. 10 ha. Locations : . Bord de mer à 300 m. Lac à 2 km. à 300 m : ; à 1,6 km : . Ouv : 1.5 / 30.9. Route Forestière du Truc Vert. Au Cap Ferret. ☎ 05 56 60 89 55. Fax : 05 56 60 99 47. E-mail : camping.truc-vert@worldonline.com, Web : www.trucvert.com. Prix 2007. Empl. Tourisme : 10,10 € ; 4,20 € ; 3,05 € (6 A).

LE GRAND CROHOT ★★★ Tourisme 435 E., dont 60 GCC - 60 HLL. Réservé Gendarmerie Nationale.

BREMONTIER ★★ Tourisme 125 E. 1,5 ha. Bord de mer à 400 m. ; à 5 km : . Au Crohot, RD 106. ☎ 05 56 60 03 99. Fax : 05 56 60 03 99.

CAMP MUNICIPAL LES EMBRUNS ★★ Tourisme 800 E., dont 196 GCC - 14 HLL, 20,72 ha. ap. 22 h. Locations : , . Bord de mer à 700 m. Au Claouey par CD 106. Rond-point camping à droite. ☎ 05 56 60 70 76. Fax : 05 56 60 32 32.

CAMP MUNICIPAL LES PASTOURELLES ★★ Tourisme 600 E., dont 150 GCC, 12 ha., snack, ap. 22 h, Sanitaire chauffé. Accès direct à la mer. ; à 50 m : ; à 500 m : . Route des Pastourelles, sur CD 106, lieu-dit Claouey. Rond-point camping sur la gauche. ☎ 05 56 60 70 61. Fax : 05 56 60 70 61.

LA PINEDE ★★ Loisirs 100 E. 2,7 ha. CV. Locations : 3. Ouv : 15.4 / 15.10. 1-2, allée du Médoc. ☎ 05 56 60 06 39. Fax : 05 56 60 06 39. Prix 2007. Empl. Tourisme : 6 € ; 4,50 € ; - de 10 ans 3,50 € ; 4,50 €. Réduction H.S.

LA PRAIRIE ★★ Tourisme 118 E. (68 Tourisme + 50 Loisirs), dont 4 HLL, 2,5 ha. collectif, CV Sanitaire chauffé. Locations : 1, 10, 5. Etang à 1 km.Rivière à 2 km.Bord de mer à 5 km. à 1 km : ; à 2 km : ; à 3 km : . Accueil groupes. Ouv : 1.1 / 31.12. D 106 puis D 3 dir. le Porge. ☎ 05 56 60 09 75. E-mail : camping.la.prairie@wanadoo.fr, Web : campinglaprairie.com. Prix 2007. Fft jour : Empl. Tourisme (2) : 14 € () ; Sup : 3 € - de 2/10 ans 2,40 € ; 3 € ; Animaux 1,60 €. Réduction H.S.

LES SABLES D'OR ★ Tourisme 230 E. (220 Tourisme + 10 Loisirs), dont 1 HLL, 2 ha. Bord de mer à 400 m. Rivière à 1 km. à 400 m : ; à 1 km : . 4, avenue de Bordeaux. CD 106 dir. Cap Ferret. ☎ 05 56 60 62 73. Fax : 05 56 60 32 32.

MER ET FORET ★ Tourisme 50 E., dont 11 GCC, 1,5 ha. Locations : 11. Bord de mer à 5 km. à 5 km : . Ouv : 1.6 / 30.9. 101 avenue du Médoc. Dir. Le Porge Lacanau. D 3. ☎ 05 56 60 18 36 (Camping) / 06 73 90 72 13 (Domicile) / 05 56 60 16 99 (H.S.). Fax : 05 56 60 39 47. Prix 2008. 8 € ; 6 € ; 8 € ; 0,75 € ; 1,25 € ; 1 €.

LOUPIAC

9-C4 40 km S.-E. Bordeaux. 85 m. 981 hab. ✉ 33410

M. GALISSAIRE Roger A 3 km: Piscine plein air. Domaine de Chichoye, 6, route de Ste-Croix du Mont, sur RD 10 à 1,5 km de la commune, à proximité de la ferme. Pré herbeux, en lisière de bois, rivière à 1 km. Location de caravanes et mobil-home. ☎ 05 56 62 01 79.
FFCC : partenaire - terrain assuré par la FFCC .

LUGOS

9-B4 53 km S.-O. Bordeaux. 25 m. 415 hab. ✉ 33830

LA CYPREA ★★ Tourisme 36 E. 1,5 ha. . à 10 km : . ☎ 05 57 71 93 30.
FFCC : partenaire - terrain assuré par la FFCC.

LUSSAC

9-D3 14 km N.-E. Libourne. 1476 hab. ✉ 33570

L'OASIS ★★ Tourisme 30 E. dont 26 nus, dont 4 HLL. CV. Locations : 2, 2, 2, 4. RN 89. ☎ 05 57 49 17 18 / 06 67 40 18 27 (H.S.). Fax : 05 57 49 17 18. E-mail : sarl.loasis@wanadoo.fr. Prix 2007. Fft jour : Empl. Tourisme (2) : 14 € () ; Sup : 3 € - de 8 ans 2 € ; 3 € (6 A).
FFCC : partenaire + réduction emp. de 5 % en saison et hors saison + réduction loc. de 5 % en saison et hors saison.

MAZION

9-C3 6 km N.-E. Blaye. 442 hab. ✉ 33390

Mme PAILLE SUZANNE,aire naturelle Les Tilleuls . A 3 km: . A 5 km : . Ouv : 15.4 / 15.10. RN 937. Domaine Les Alberts. ☎ 05 57 42 18 13. Fax : 05 57 42 13 01. E-mail : chateau-alberts@hotmail.com. Prix 2007. Empl. Tourisme : 2,50 € ; 4 € ; - de 9 ans 2 € ; 2,50 €.

MIOS

9-B4 14 km S.-O. Bordeaux. 2977 hab. ✉ 33380

L'EYRE ★★★ Loisirs 100 E., dont 20 GCC, 1,2 ha. Locations : , . Rivière à 10 m. Rivière : . A 63 dir. Arcachon sortie Mios/Biscarosse. Traverser Mios, après le feu prendre la 3ème à gauche, tout droit jusqu'à la rivière (L'Eyre). ☎ 05 56 26 42 04.

SAMBA ★★ Loisirs 63 E., dont 36 GCC, 1,5 ha. Sanitaire chauffé. Locations : . Rivière à 1 km.Etang et lac à 3 km. à 200 m : . A 63. Sortie 23 Marcheprime vers Samba à Lacanau de Mios. D 216. ☎ 05 57 71 11 68 / 05 57 71 18 81 / 05 57 71 11 68 (H.S.).

MONSEGUR

9-D4 32 km N.-E. Langon. 70 m. 1612 hab. ✉ 33580

L'ETOILE DU DROT ★★ Tourisme 24 E. 0,6 ha. Locations : , . Rivière à 1 km. : . Sur RD 668. ☎ 05 56 61 67 54. Fax : 05 56 61 67 26. E-mail : etoile.du.drot@free.fr, Web : etoile.du.drot.free.fr.

M. TREJAUT Hubert . A 300 m : . A 1 km: Piscine plein air . Lestage, par RD 668, à 800 m Est de la commune, à proximité de la ferme. Bois, pré à flanc de coteau, bord d'étang. Salle de réunion. ☎ 05 56 61 61 32.

NAUJAC SUR MER

9-B3 10 km S.-O. Lesparre-Médoc. 8 m. 600 hab. ✉ 33990

CAMP MUNICIPAL DU PIN SEC ★ Tourisme 531 E. 8 ha. , collectif, . Bord de mer à 100 m. ; à 100 m : . ☎ 05 56 73 00 66 / 05 56 73 00 55 (Mairie). Fax : 05 56 73 00 66.

LA ROCHADE ★ Tourisme 150 E. dont 112 nus 5,4 ha. CV. Locations : 18 , 20 . Route de la Gare. A 2,3 km dir. Saint-Isidore/Le Pin Sec. ☎ 05 56 73 02 94 / 06 18 91 73 83 (H.S.). E-mail : avanrike@aol.com, Web : campinglarochade.free.fr. Réduction H.S.

LE RANCH ★ Tourisme 70 E. (56 Tourisme + 14 Loisirs), dont 14 CC, 2 ha. CV. Locations : 6 , 4 . à 6,5 km : . Ouv : 1.2 / 30.11. Rés. obligatoire en été et en hiver. D 101. ☎ 05 56 73 00 63. Fax : 05 56 73 00 63. E-mail : laoue.jeanjacques@orange.fr. Prix 2007. Empl. Tourisme : 2,20 € ; 7 € ; 1,90 € ; 1,40 € ; 1,88 €.

FFCC : partenaire - terrain assuré par la FFCC + réduction emp. de 5 % en saison et hors saison + Stop accueil Camping-car du 01/03 au 20/11/2008, accès jusqu'à 20h + réduction loc. de 5 % en saison et hors saison.

LES HIRONDELLES ★ Loisirs 100 E. dont 6 nus, dont 20 GCC, 4 ha. , gaz/électrique, CV. Locations : 10 , 4 . Accueil groupes. Ouv : 1.1 / 31.12. Lieu-dit Gloyac. D 101. Garage pour caravanes à l'année. ☎ 05 56 73 01 66 / 06 82 33 36 54 (H.S.). Fax : 05 56 73 01 66. Prix 2007. 2,80 € ; 2,80 € ; 2,80 € ; 2,80 € ; 1,35 € ; 2,35 €.

PARC RESIDENTIEL DE LOISIRS LA BELLE ETOILE P.R.L. 60 E. 3 ha. , gaz/électrique, visiteurs, CV. Locations : 5 . à 8 km : ; à 10 km : . Ouv : 1.1 / 31.12. Rés. obligatoire en été et en hiver. Seuls les mobile-homes sont admis. Parc à 900 m du bourg de Naujac. Location longue durée. ☎ 05 56 73 02 30 / 06 13 30 05 80 (H.S.). Fax : 05 56 73 06 78. Web : www.littoral33.com.

M. LAOUE Yvan . A 6 km: . Landraut. ☎ 05 56 73 00 16 / 06 86 23 38 80.
FFCC : partenaire - terrain assuré par la FFCC .

M. RANSINANGUE Paul,aire naturelle . A 5 km: . A 8 km : . Lizan, D101, 3 km Sud-Ouest de la commune, D 101, route de la Pointe de Grave Arcachon. Terrain herbeux, mi-ombragé. ☎ 05 56 73 00 05.

Mme ARNAUD Rose-Marie,aire naturelle . A 1 km: . A 3 km : . A 5 km : . A 10 km : . Ouv : 1.5 / 1.11. Pey Bruga. ☎ 05 56 73 02 20. Fax : 05 56 73 02 20. E-mail : campingpeybruga@hotmail.fr. Prix 2007. () : 2,75 € ; 2,75 € ; 2,75 € ; 2,72 € ; - de 5 ans 1 € ; 2,20 € (6 A).
FFCC : partenaire - terrain assuré par la FFCC .

Mme RANSINANGUE,aire naturelle Les Ajoncs D 101 - Lizan. ☎ 05 56 73 00 05.

Mme SCHOLL-KUNGER Maria,aire naturelle Lizan.

LE NIZAN

9-C5 10 km S. Langon 104 m. 312 hab. ✉ 33430

M. MA KIM Lan,aire naturelle Le Bel Air . A 6 km: Piscine plein air . De Bordeaux prendre l'A 62 sortie Langon dir. Bazas (N 524). Sur la N 524 à la sortie de Langon, deux panneaux "camping", tourner à droite entrer dans Aubiac et suivre fléchage. ☎ 06 71 19 42 44. Prix 2007. Empl. Tourisme : 4,50 € () : 4 € ; - de 6 ans 2 € ; 2,50 € (6 A).

PAUILLAC

9-C3 19 km S.-E. Lesparre-Médoc. 15 m. 6359 hab. ✉ 33250

CAMP MUNICIPAL LES GABARREYS ★★★★ Tourisme 59 E. dont 53 nus, 2 ha. + sèche-linge, CV. Camping clef verte. Locations : 12 . Accès direct à la rivière. . Ouv : 2.4 / 6.10. Rés. obligatoire en été. Accès depuis Bordeaux par RN 215 ou D 2 (route des Châteaux). ☎ 05 56 59 10 03 / 06 29 83 24 10 / 05 56 73 30 50 (H.S.). Fax : 05 56 73 30 68. E-mail : camping.les.gabarreys@wanadoo.fr, Web : www.pauillac-medoc.com. Prix 2007. Fft jour : Empl. Tourisme (2) : 13,60 € () ; Sup : 4,80 € 3,70 à 5 € (5 à 10 A) ; Animaux 1,80 €. Réduction H.S.
FFCC : partenaire + réduction emp. de 5 % en saison et hors saison + Stop accueil Camping-car du 21/03 au 28/06/2008, accès jusqu'à 19h30.

PETIT PALAIS ET CORNEMPS

9-D3 19 km N.-E. Libourne. 295 m. 489 hab. ✉ 33570

LE PRESSOIR ★★★★ Tourisme 100 E. dont 88 nus, 2 ha. CV. Locations : 6 , 6 , . Rivière à 3 km. .Accueil adultes. Ouv : 1.1 / 31.12. Queyrai, N 89, D 21. A89 sortie 11 dir. St-Médard-de-Guizières centre, suivre les panneaux sur la droite. ☎ 05 57 69 73 25. Fax : 05 57 69 77 36. E-mail : contact@campinglepressoir.com, Web : www.campinglepressoir.com. Prix 2008. Fft jour : Empl. Tourisme (2) : 26 € (E. CC) ; Sup : 7,50 € - de 7 ans 4,50 € ; Animaux 2,50 €.

LE PORGE

9-B3 43 km O. Bordeaux. 22 m. 1150 hab. ✉ 33680

CAMP MUNICIPAL LA GRIGNE ★★ Tourisme 700 E. dont 700 nus, 30 ha. CV. Locations : 18 . Bord de mer à 600 m. ; ; . Ouv : 12.4 / 30.9. Lieu-dit La Grigne. Route de l'Océan. ☎ 05 56 26 54 88. Fax : 05 56 26 52 07. E-mail : campingduporge2@wanadoo.fr, Web : www.leporge.fr. Prix 2007. 7,80 € ; 2,24 € ; 10,35 € ; 6,63 € ; 4,48 € ; - de 3/10 ans 2,24 € ; 3,98 € ; Animaux 1,10 €. Réduction H.S.

PARC RESIDENTIEL DE LOISIRS LA JENNY P.R.L. 1000 E., dont 24 CC - 760 HLL. Rés. naturiste. ☎ 05 56 26 56 90. Fax : 05 56 26 56 51.

M. DEYRES Pierre Robert,aire naturelle Le Vignas. Camping tout confort, calme, espace. ☎ 05 56 26 50 74.

M. GUILLEBAUT,aire naturelle . 116, avenue du Bassin. Location de tentes. ☎ 05 56 26 54 91.

M. LAGUEYTE,aire naturelle CV. A 1,5 km: . A 10 km : . A 15 km : Piscine plein air. Lescaran. Location de caravanes. Barbecue. ☎ 05 56 26 51 85 / 05 56 26 51 85.

M. MANO Jean-Paul,aire naturelle Maisonneuve ☎ 05 56 26 54 09.

Mme TARRIEU Lise,aire naturelle Les Petits Carnards , en ville, CV. A 2 km: . A 6 km : . 51, route de la Jenny, Lauros, par RD 3, à 5 km de la commune. Pré. Océan à 6 km. ☎ 05 56 26 50 95. E-mail : leporge@wanadoo.fr, Web : www.ot.lepicleporge.
FFCC : partenaire - terrain assuré par la FFCC .

Mmes MANO et ROCHE,aire naturelle . A 1,5 km: . A 5 km : . A 6 km : . Pas du Mas, La Grele, par RD 5, à 1,5 km Nord-Ouest de la commune, à proximité de la ferme. Bois, pré herbeux, ombragé. ☎ 05 56 26 54 29.
FFCC : partenaire - terrain assuré par la FFCC .

PUYNORMAND

9-D3 24 km N.-E. Libourne. 92 m. 228 hab. ✉ 33660

CAMP MUNICIPAL

RAUZAN

9-D4 22 km S.-E. Libourne. 75 m. 888 hab. ✉ 33420

DU VIEUX CHATEAU ★ Tourisme 33 E. 1,5 ha. , buvette, . Locations : 11 , . Etang et rivière à 5 km. Accueil enfants. Ouv : 1.4 / 30.9. Blabot. RD 123. D 670 entre Libourne et la Réole. ☎ 05 57 84 15 38. Fax : 05 57 84 18 34. E-mail : hoekstra.camping@wanadoo.fr, Web : www.vieux-chateau.com. Prix 2007. Fft jour : Empl. Tourisme (2) : 18 € () ; Sup : 4,80 € - de 2/8 ans 3,25 € ; 3,25 à 4 € (6 à 10 A) ; Animaux 1,35 €.

REIGNAC

9-C3 20 km N.-E. Blaye. 55 m. 1206 hab. ✉ 33860

LE BUSSOTIER En cours reclassement Tourisme 20 E. .à 3 km : . ☎ 05 57 32 41 61.

LA REOLE

9-D4 18 km E. Langon. 25 m. 4483 hab. Station verte de vacances et village de neige ✉ 33190

CAMP MUNICIPAL ★★ Tourisme 45 E. 1 ha. . Accès direct à la rivière. ; . Accueil groupes. Lieu-dit Le Rouergue. RD 9 et RN 113. ☎ 05 56 61 13 55. Fax : 05 56 71 25 40. E-mail : lareole@entredeuxmers.com, Web : www.entredeuxmers.com.

SADIRAC

9-C4 20 km S.-E. Bordeaux. 45 m. 2116 hab. ✉ 33670

BEL-AIR ★★ Tourisme 100 E. 2 ha. , snack, , collectifs, CV. Locations : 8 . à 5 km : . Sur RD 671. ☎ 05 56 23 01 90. Fax : 05 56 23 08 38. E-mail : info@camping-bel-air.com, Web : www.camping-bel-air.com.
FFCC : partenaire - terrain assuré par la FFCC.

ST ANDRE DE CUBZAC

9-C3 22 km N.-E. Bordeaux. 5243 hab. ✉ 33240

LE PORT NEUF ★★ Tourisme 50 E., dont 8 GCC, 2 ha. CV. Locations : . Accès direct à l'étang et aux bords du lac. Rivière à 100 m. ; . Accueil groupes. RN 137. A 10 et RN 10. Sortie St-André-de-Cubzac. Dir. Bourg S/Gironde ☎ 05 57 43 16 44. Fax : 05 57 43 16 44. E-mail : camping.port.neuf@wanadoo.fr, Web : perso.wanadoo.fr/camping.port.neuf. Prix 2008. Fft jour : Empl. Tourisme (2) : 12 € () ; Sup : 4 € - de 8 ans 2 € ; 2 € (10 A A) ; Animaux 1 €.

ST ANTOINE SUR L ISLE

9-D3 27 km N.-E. Libourne. 387 hab. ✉ 33660

L'ECLUSE ★ Loisirs 33 E. 1 ha. . Rivière à 20 m. . Par N 89 et A 89. ☎ 05 57 49 70 01. Fax : 05 57 49 70 01.

AIROTEL Les Viviers

★★★★

PISCINE COUVERTE ET CHAUFFÉE

avec : petit bain grand bain, sauna, banquette avec hydro massage.

Photo : Laplace

ESE COMMUNICATION - DRAGUIGNAN - 04 94 67 06 00

REGION AQUITAINE

UNE PINÈDE DE 33 HECTARES

avec un complexe aquatique de plein air avec toboggan.

Animations et commerces.

Club Airotel www.airotel.com

Kid Camping c'est trop bien ! www.kidcampings.com

La Clef Verte

E-mail: reception@lesviviers.com

CLAOUET • 33950 LEGE-CAP FERRET • FRANCE

Tél.: 0826 460 518 • fax: 00 33 557 70 37 77

(0,15€/mn.)

www.lesviviers.com

ST CHRISTOLY DE BLAYE

9-C3 14 km E. Blaye. 1768 hab. ✉ 33920

LE MAINE BLANC ★★★ Tourisme 95 E. 2 ha. buvette, collectif, laverie, 24 h/24 h, CV. Locations : 4, 22, 3. Etang à 50 m. Lac à 900 m.; à 2 km : Accueil adultes. D 22, N 10 ou N 137. Autoroute sortie 40 b ou sortie 28. ☎ 05 57 42 52 81. Fax : 05 57 42 46 58. Prix 2007. 4 € ; 4 € ; 3 € ; 3,50 € ; - de 7 ans 2,50 € ; 3 € (10 A) ; Animaux 1 €.

ST CHRISTOPHE DE DOUBLE

9-D3 25 km N.-E. Libourne. 534 hab. ✉ 33230

ZONE DE LOISIRS ★★ Tourisme 30 E., dont 12 CC, 1,15 ha. CV. Etang à 100 m.; Accueil groupes. N 674 + D 21 et N 89 + D 123. ☎ 05 57 49 50 02 / 05 57 69 51 11. Fax : 05 57 49 57 20.

ST EMILION

7 km E. Libourne. 3040 hab. ✉ 33330

DOMAINE DE LA BARBANNE ★★★ Tourisme 160 E. 4,5 ha. CV. Camping clef verte. Locations : 17, chambres (petit déj. inclus). chauffée. Accès direct aux bords du lac.; Accueil groupes selon disponibilité. Ouv : 7.4 / 23.9. Dir. route de Montagne sur D 122 au Nord de St-Emilion. Ne pas traverser St Emilion avec les caravanes et camping-cars. ☎ 05 57 24 75 80. Fax : 05 57 24 69 68. E-mail : barbanne@wanadoo.fr, Web : www.camping-saint-emilion.com. Prix 2008. Fft jour : Empl. Tourisme (2) : 32 € ; Sup : 8,50 € - de 10 ans 7,50 € ; Animaux 3,50 €. Réduction H.S.

FFCC : réduction loc. de 5 % hors saison + HC.

ST LAURENT MEDOC

9-C3 20 km S.-E. Lesparre. 9216 hab. ✉ 33112

LE PARADIS ★★★ Tourisme 70 E. dont 46 nus, dont 21 GCC - 4 HLL, 3,5 ha. CV. Camping clef verte. Locations : 4, 10, 6, 4. Rivière à 5 kms. à 5 km : Accueil groupes. Ouv : 1.4 / 14.9. Rés. obligatoire en été. 8, lieu-dit Fourthon. RD 1215. ☎ 05 56 59 42 15 / 06 87 73 66 36 (H.S.). Fax : 05 56 59 42 15. E-mail : leparadismedoc@free.fr, Web : www.leparadismedoc.com. Prix 2007. Fft jour : Empl. Tourisme (2 1 - de 2) : 14,50 € ; Sup : 4 € - de 7 ans 2,70 € ; 4 € (10 A) ; Animaux 1,60 €. Réduction H.S.

FFCC : partenaire + réduction emp. de 5 % en saison et hors saison + carte FFCC assurance annulation + Stop accueil Camping-car du 01/04 au 30/06/2008, accès jusqu'à 20h + réduction loc. de 5 % hors saison.

ST MEDARD DE GUIZIERES

9-D3 18 km N.-E. Libourne. 1961 hab. ✉ 33230

LE GUA ★ Tourisme 54 E. 1,5 ha. Locations : 5. Accès direct à la rivière. Au Gua, RN 89, RD 21. ☎ 05 57 69 82 37. Fax : 05 57 69 82 37.

ST PALAIS

9-C2 21 km N.-E. Blaye. 60 m. 443 hab. ✉ 33820

CHEZ GENDRON ★★ Tourisme 50 E. 1,5 ha. Locations : 1, 2, 8. Rivière à 5 km.; à 5 km : Sortie 37 dir. Mirambeau puis St-Ciers-sur-Gironde ou sortie 38 dir. St-Ciers-sur-Gironde. ☎ 05 57 32 96 47. Fax : 05 57 32 96 47. E-mail : info@chezgendron.com, Web : www.chezgendron.com. Réduction H.S.

ST SYMPHORIEN

9-C5 21 km S.-O. Langon. 1414 hab. ✉ 33113

LA HURE ★★ Tourisme 75 E. dont 44 nus, , dont 12 GCC, 2 ha. CV Sanitaire chauffé. Locations : 12, 5. Accès direct à l'étang et à la rivière.; Accueil groupes. Ouv : 1.1 / 31.12. Route de Sore. RD 220. Sur itinéraire Bis vers Bayonne. Location longue durée. ☎ 05 56 25 79 54 / 06 86 77 09 27 (H.S.). Fax : 05 56 25 79 54. E-mail : campingdelahure@wanadoo.fr, Web : monsite.wanadoo.fr/campingdelahure. Prix 2007. Fft jour : Empl. Tourisme (1) : 6,60 € ; Sup : 2,50 € 1,40 € ; 2,50 € (5 A) ; Animaux 1,30 €. Fft Tente : 5,10 € (1).

FFCC : partenaire - terrain assuré par la FFCC.

ST VIVIEN DE MEDOC

9-B2 17 km N.-O. Lesparre-Médoc. 15 m. 1095 hab. ✉ 33590

CAMP MUNICIPAL ★ Tourisme 36 E. CV. Rivière à 3 km. Accueil groupes. Rue Ludovic Trarieux. ☎ 05 56 09 40 17 / 05 56 09 43 77.

STE FOY LA GRANDE

9-D4 40 km S.-E. Libourne. 20 m. 3218 hab. Station verte de vacances et village de neige ✉ 33220

CAMP DE LA BASTIDE ★★★ Tourisme 38 E. dont 28 nus, dont 2 GCC, 1,2 ha. gaz ou électrique, CV. Locations : 10, 2. Accès direct à la rivière.; à 20 m : Ouv : Pâques / 31.10. 2, les Tuileries - Pineuilh. RD 130 et D 136. ☎ 05 57 46 13 84. Fax : 05 57 46 13 84. E-mail : contact@camping-bastide.com, Web : www.camping-bastide.com. Prix 2007. Fft jour : Empl. Tourisme (2) : 19 € (E. GCC) ; Sup : 4,50 € - de 7 ans 2,50 € ; Animaux 1,50 €. Réduction H.S.

STE TERRE

9-D4 16 km S.-E. Libourne. 10 m. 1416 hab. ✉ 33350

CAMP MUNICIPAL BORD DORDOGNE ★★ Tourisme 30 E. 1 ha. Locations : Accès direct à la rivière.; RD 119 E. ☎ 05 57 47 16 23. Fax : 05 57 47 16 14.

SALLES

9-B4 43 km S.-O. Bordeaux. 130 m. 3275 hab. Station verte de vacances et village de neige ✉ 33770

LE VAL DE L'EYRE ★★★ Tourisme 150 E., dont 46 GCC, 13 ha. collectif, CV. Camping clef verte. Locations : 8, 27. Accès direct à l'étang et à la rivière.; Accueil groupes. Ouv : 1.3 / 31.10. Route du Lanot. Autoroute A 63 sortie 21 puis 3 km. ☎ 05 56 88 47 03. Fax : 05 56 88 47 27. E-mail : levaldeleyre@free.fr, Web : www.valdeleyre.com. Prix 2007. Fft jour : Empl. Tourisme (2) : 22 € ; Sup : 6 € - de 2/7 ans 3,80 € ; 3,80 € (6 A) ; Animaux 3 €. Réduction H.S.

CAMP DE BILOS ★★ Tourisme 85 E. (50 Tourisme + 35 Loisirs) 1,8 ha. CV. Locations : 6. Rivière à 4 km. Accueil groupes. RD 108. A 63 sortie 21. ☎ 05 56 88 45 14 / 05 56 88 36 53 (H.S.). Fax : 05 56 88 45 14. E-mail : lebilos@aol.com. Prix 2007. Fft jour : Empl. Tourisme : 7,90 € ; 2 € (3 A).

SOULAC SUR MER

9-B2 30 km N.-O. Lesparre. 2590 hab. ✉ 33780

LES LACS ★★★★ Tourisme 187 E., dont 187 GCC - 12 HLL, 1,25 ha. CV. Locations : 12, 40. couverte chauffée. Bord de mer à 2,5 km.; à 2,5 km : Ouv : 5.4 / 8.11. Par Bordeaux dir. Mérignac puis sortie 7 ou 8 dir. le Verdon par RN 215. Par Royan bac pointe de Grave. ☎ 05 56 09 76 63. Fax : 05 56 09 98 02. E-mail : info@camping-les-lacs.com, Web : www.camping-les-lacs.com. Prix 2008. Fft jour : Empl. Tourisme (2) : 26 € ; Sup : 5 € - de 3/10 ans 4 € ; 5 € (5 A) ; Animaux 2 €.

L'AMELIE PLAGE ★★★ Tourisme 427 E., dont 175 GCC, 8,5 ha. CV Sanitaire chauffé. Locations : 35. Accès direct à la mer.; Accueil groupes voir avec la direction. Ouv : 1.3 / 31.12. A l'Amélie. ☎ 05 56 09 87 27 / 06 03 89 11 98 (H.S.). Fax : 05 56 73 64 26. E-mail : camping.amelie.plage@wanadoo.fr, Web : camping-amelie-plage.com. Prix 2008. Fft jour : Empl. Tourisme (2 1 - de 2) : 21 € ; Sup : 4,50 € - de 2/10 ans 3,50 € ; 4,20 € (10 A) ; Animaux 2,75 €. Réduction H.S.

LE LILHAN ★★★ Tourisme 170 E. 4 ha. CV. Locations : 43. Bord de mer à 1,8 km. à 1,8 km : Accueil groupes. Ouv : 1.4 / 30.9. Rés. obligatoire en été. 8, allée Michel Montaigne, D 101, route des Lacs ☎ 05 56 09 77 63 / 06 03 22 37 63 (H.S.). Fax : 05 56 09 94 82. E-mail : contact@lelilhan.com, Web : www.lelilhan.com. Prix 2007. Fft jour : Empl. Tourisme (2) : 19,95 € ; Sup : 4,50 € - de 2/10 ans 3,50 € ; 4,20 € (10 A) ; Animaux 2,95 €. Réduction H.S.

FFCC : partenaire + réduction emp. de 5 % en saison et 15 % hors saison + carte FFCC assurance annulation + réduction loc. de 5 % en saison et 15 % hors saison.

LE PALACE ★★★ Tourisme 524 E. dont 448 nus, , dont 245 GCC - 32 HLL, 16 ha. CV. Locations : 24, 8, 30, 11. couverte chauffée. Bord de mer à 400 m.; à 400 m :; à 5 km :,. Accueil groupes. RD 1 et 101. ☎ 05 56 09 80 22. Fax : 05 56 09 84 23. E-mail : info@camping-palace.com, Web : www.camping-palace.com. Prix 2007. Fft jour : Empl. Tourisme (2 1 - de 3 ans) : 24 € () ; Sup : 5 €Animaux 2,50 €. Empl. Loisirs : €(fft). Fft Tente : 20 € (2). Réduction H.S.

LES GENETS ★★★ Tourisme 250 E. (230 Tourisme + 20 Loisirs), dont 38 GCC - 17 HLL, 4,2 ha. hte saison, hte saison, CV. Locations : 29, 28. . Bord de mer à 1,4 km. à 1,4 km :. A l'Amélie, sur RD 101 E. ☎ 05 56 09 85 79. Fax : 05 56 09 93 09. E-mail : camping.lesgenets@wanadoo.fr. Réduction H.S.

LES SABLES D'ARGENT ★★★ Tourisme 152 E. (141 Tourisme + 11 Loisirs), dont 5 CC - 6 GCC, 2,6 ha. CV Sanitaire chauffé. Locations : 6, 20. Accès direct à la mer.;;;. Ouv : 1.4 / 30.9. 33, boulevard de l'Amélie ☎ 05 56 09 82 87 / 06 03 22 37 63 (H.S.). Fax : 05 56 09 94 82. E-mail : sables@lelilhan.com, Web : www.sables-d-argent.com. Prix 2007. Fft jour : Empl. Tourisme (2) : 19,95 € () ; Sup : 4,50 € - de 2/10 ans 3,50 € ; 4,20 € (10 A) ; Animaux 2,95 €. Réduction H.S.

FFCC : partenaire + réduction emp. de 5 % en saison et 15 % hors saison + carte FFCC assurance annulation + réduction loc. de 5 % en saison et 15 % hors saison + HC.

L'OCEAN ★★★ Tourisme 300 E. dont 300 nus, 6 ha., saison, saison, saison,, saison, CV. Bord de mer à 300 m.;. Ouv : 1.6 / 15.9. De Soulac (par Bordeaux ou bac Royan-pointe de Grave) dir. l'Amélie. ☎ 05 56 09 76 10. Fax : 05 56 09 74 75. E-mail : camping.ocean@wanadoo.fr, Web : perso.wanadoo.fr/camping.ocean/. Prix 2007. Empl. Tourisme : 11 € ; 4,30 € ; - de 10 ans 2,80 € ; 4 € ; Animaux 2,10 €. Réduction H.S.

CAMP L'ESTUAIRE ★★ Tourisme 40 E. (33 Tourisme + 7 Loisirs) 1 ha., rapide, CV Sanitaire chauffé. Locations :, 10, 4. . Bord de mer à 3 km. 44, allée Michel Montaigne. De Bordeaux par RN 215 à environ 3 km de Soulac, au pont de chemin de fer, petite route a gauche, le camping est à 1 km. ☎ 05 56 09 80 63 / 06 08 37 21 97 (H.S.). Fax : 05 56 09 80 63. E-mail : contact@lelihan.com.

CAMP MUNICIPAL LES OYATS ★★ Tourisme 89 E., dont 89 GCC. CV. Locations : 17, 4. Bord de mer à 500 m. à 500 m :,,. 101 bis, boulevard de l'Amélie. ☎ 05 56 09 78 54. Fax : 05 56 09 95 16. E-mail : campinglesoyats@wanadoo.fr, Web : www.soulac-lesoyats.com. Réduction H.S.

LES PINS ★★ Tourisme 150 E. (145 Tourisme + 5 Loisirs), dont 5 CC, 3,4 ha., snack,, collectif, CV. Camping clef verte. Locations : 30, 3, 6. . Bord de mer à 1 km.Rivière à 3 km.Etang à 5 km. à 1 km :,,,. Accueil groupes. Ouv : 1.6 / 15.9. Rés. obligatoire en été. Depuis Bordeaux Rocade sortie le Verdon n° 8 puis N 215/D 1E4 dir. le Verdon sortie Soulac. Par Royan prendre le bac et ou Verdon dir. Soulac. ☎ 05 56 09 82 52 / 06 08 23 19 64 / 05 45 39 71 08 (H.S.). Fax : 05 56 73 65 58. E-mail : contact@campingdespins.fr, Web : www.campingdespins.fr. Prix 2007. Fft jour : Empl. Tourisme (2) : 19 € Sup : 5 € - de 2/7 ans 4 € ; 4,30 à 4,60 € (4 à 6 A) ; Animaux 5 €. Réduction H.S.

MUSSONVILLE ★★ Tourisme 168 E., dont 100 GCC, 3,8 ha. gaz, CV. Locations : 10, 2, 8. Bord de mer à 700 m. à 700 m : . Accueil enfants. Ouv : 15.3 / 31.10. 7, route de Bordeaux. Route du Verdon. ☎ 05 56 09 73 40. Fax : 05 56 73 60 83. E-mail : campingmussonville@orange.fr, Web : camping-mussonville.com. Prix 2008. Fft jour : Empl. Tourisme (2 1 - de 3) : 18 € ( ) ; Sup : 3,30 € 4 € (6 A) ; Animaux 2 €.

VILLA FORMOSE ★★ Tourisme 60 E.

C.C.A.S. L'AMELIE ★ Tourisme 40 E. Réservé C.C.A.S.

LIHAN CRATERES ★ Tourisme 28 E., dont 8 GCC - 8 HLL.

TALAIS

9-B2 22 km N.-O. Lesparre. 542 hab. ✉ 33590

M. LABOY Gérard,aire naturelle La Rivière ☎ 05 56 09 75 14.

LE TEICH

9-B4 44 km S.-O. Bordeaux. 7 m. 2946 hab. ✉ 33470

KER HELEN ★★★ Tourisme 140 E., dont 88 GCC - 20 HLL, 5 ha. CV Sanitaire chauffé Camping tourisme et handicap. Locations : 12, 42, 10. Bord de mer à 1,5 km.Rivière à 2 km. à 1,5 km : . Accueil groupes. Ouv : 31.3 / 4.11. Rés. obligatoire en été. Avenue de la Côte d'Argent. RN 250. ☎ 05 56 66 03 79. Fax : 05 56 66 51 59. E-mail : camping.kerhelen@wanadoo.fr, Web : www.kerhelen.com. Prix 2008. Empl. Tourisme : 10,50 € () ; 5 € ; 3,60 € ; 3,70 €. Fft Ccar : 10 € (2). Réduction H.S.

FFCC : Stop accueil Camping-car toute l'année, accès jusqu'à 19h.

LA TESTE DE BUCH

55 km S.-O. Bordeaux. 19030 hab. ✉ 33260

LA PINEDE ★★★★ Tourisme 200 E., dont 10 HLL. collectifs, CV. Locations : 6, 10, 10. Accès direct à la rivière. Etang à 3 km.Lac à 4 km. ; à 8 km : ; à 10 km : . Accueil groupes. Route de Cazaux. D 112 Lieu-dit Jaumard dir. le lac. ☎ 05 56 22 23 24. Fax : 05 56 22 98 03. E-mail : info@campinglapinede.net, Web : www.campinglapinede.net. Réduction H.S.

LA DUNE ★★★ Tourisme 325 E. (324 Tourisme + 1 Loisirs), dont 65 GCC - 15 HLL, 6 ha. la nuit, CV. Locations : 30, 50. Bord de mer à 500 m. à 500 m : ; à 7 km : . Accueil groupes. Route de Biscarrosse. ☎ 05 56 22 72 17. Fax : 05 56 22 74 01. E-mail : reception@campingdeladune.fr, Web : www.campingdeladune.fr.

LA FORET ★★★ Tourisme 567 E., dont 34 GCC - 12 HLL, 12 ha. collectifs, CV Sanitaire chauffé. Locations : 12, 54, 20. 2 courts. Bord de mer à 600 m. ; à 3 km : . Accueil groupes. Ouv : 7.4 / 5.11. Route de Biscarosse Plage. A Pyla s/mer au pied de la Dune du Pyla. ☎ 05 56 22 73 28. Fax : 05 56 22 70 50. E-mail : camping.foret@wanadoo.fr, Web : www.campinglaforet.fr.

LE PETIT NICE ★★★ Tourisme 225 E. dont 128 nus, , dont 23 GCC, 4 ha. CV Sanitaire chauffé. Camping clef verte. Locations : 4, 75. chauffée. Accès direct à la mer. ; petit : . Accueil groupes. Ouv : 1.4 / 30.9. Route de Biscarosse. Dune de Pyla prendre la route de Biscarrosse. ☎ 05 56 22 74 03. Fax : 05 56 22 14 31. E-mail : info@petitnice.com, Web : www.petitnice.com. Prix 2008. Fft jour : Empl. Tourisme (2) : 39 € ( ) Réduction H.S.

PANORAMA ★★★ Tourisme 450 E. dont 350 nus (446 Tourisme + 4 Loisirs), dont 14 CC - 4 GCC - 5 HLL. Camping clef verte. Locations : 39, 4, 50, 15. chauffée. Accès direct à la mer. ; . Accueil groupes. Ouv : 19.4 / 29.9. A Pyla sur Mer. Route de Biscarrosse. Suivre le Bassin d'Arcachon par A 10 puis dir. Dune du Pyla puis tourner à gauche dir.le camping ☎ 05 56 22 10 44. Fax : 05 56 22 10 12. E-mail : mail@camping-panorama.com, Web : www.camping-panorama.com. Prix 2008. Fft jour : Empl. Tourisme (2) : 40 € ((6 A)) ; Sup : 7 € - de 12 ans 4 € ; Animaux 5 €.

PYLA-CAMPING ★★★ Tourisme 472 E. dont 400 nus, , dont 68 GCC, 8 ha. CV Sanitaire chauffé. Locations : 80, 7. Accès direct à la mer. ; ; . Ouv : 14.4 / 24.9. Route de Biscarosse. Dir. Grande Dune du Pyla. ☎ 05 56 22 74 56. Fax : 05 56 22 10 31. E-mail : pylacamping@free.fr, Web : www.pyla-camping.com. Prix 2008. Fft jour : Empl. Tourisme (2) : 37 € ( ) ; Sup : 8,50 € 2,10 € - de 7 ans 4 € ; Animaux 2,50 €. Réduction H.S.

CAMP MUNICIPAL DU LAC ★★ Tourisme 90 E. 1,25 ha. rapide, pain, CV. Locations : . Lac à 300 m. à 300 m : . Accueil groupes. Lac de Cazaux. ☎ 05 56 22 22 33 / 05 57 52 99 60 (Mairie). Fax : 05 56 22 97 89.

LES BONNES VACANCES ★★ Tourisme 30 E. 0,5 ha. Locations : . Bord de mer à 500 m. ☎ 05 56 66 46 51 / 05 63 71 94 01 (H.S.).

CAP DU MOUNT ★ Tourisme 200 E. (100 Tourisme + 100 Loisirs) 4,6 ha. CV. Locations : 4, 14. Lac à 1,5 km. ; ; enfants : ; à 1,3 km : . Sur CD 112. ☎ 05 56 22 94 79. Fax : 05 56 22 94 79. E-mail : campingcapdumount@wanadoo.fr.

TEUILLAC

9-C3 12 km S.-E. Blaye. 20 m. 705 hab. ✉ 33710

CAMP MUNICIPAL A 6 km: . A 7 km : Piscine plein air . Pré, bord de ruisseau. Circuit des Côtes de Bourg. ☎ 05 57 64 34 55. Fax : 05 57 64 22 25. E-mail : mairieteuillac@fr.fm, Web : teuillac.fr.fm.

VENDAYS MONTALIVET

9-B2 13 km N.-O. Lesparre. 1636 hab. ✉ 33930

LA CHESNAYS ★★★ Tourisme 59 E., dont 8 GCC, 1,37 ha. hte saison sur place, collectif, CV. Locations : 5, 2. Etang et rivière à 3 km.Bord de mer à 5 km. à 3 km : ; à 5 km : . Ouv : 15.4 / 15.10. 8, route de Mayan, Mayan. RN 215, D 101 ☎ 05 56 41 72 74. Fax : 05 56 41 72 74. E-mail : lachesnays@camping-montalivet.com, Web : www.camping-montalivet.com. Prix 2007. Fft jour : Empl. Tourisme (2) : 14,50 € ( ) ; Sup : 3,20 € 2,10 € ; 3 € (10 A) ; Animaux 2 €. Réduction H.S.

FFCC : partenaire + réduction emp. de 5 % en saison et 10 % hors saison + réduction loc. de 5 % hors saison.

CAMP G.C.U. Réservé aux adhérents. Adhésion possible sur place pour les sociétaires MAIF et FILIA MAIF.

CENTRE HELIO MARIN DE MONTALIVET ★★ Tourisme 1852 E. dont 442 nus (1067 Tourisme + 785 Loisirs), dont 61 CC - 289 GCC, 60 ha. CV Rés. naturiste. Locations : 53, 75, 40. chauffée. Accès direct à la mer. Accueil groupes. Ouv : 1.1 / 31.12. Rés. obligatoire en été. 46, avenue de l'Europe. Bordeaux dir. Le Verdon à Lesparre prendre Vendays-Montalivet ou par le bac de Royan (N 215) Le Verdon dir. Vendays-Montalivet. ☎ 05 56 73 73 73 / 05 56 73 26 80 (H.S.). Fax : 05 56 09 32 15. E-mail : reservation@chm-montalivet.com, Web : www.chm-montalivet.com. Prix 2008. Fft jour : Empl. Tourisme (1 1 - de 10) : 19,20 € () ; Sup : 7,50 € 4,80 € ; F. GCC 26,70 € (Fft.) ; Animaux 7 €. Réduction H.S.

FFCC : partenaire + réduction emp. de 5 % en saison et 10 % hors saison + réduction loc. de 5 % en saison et 10 % hors saison.

LE MERIN ★★ Tourisme 165 E. (152 Tourisme + 13 Loisirs), dont 30 CC - 8 HLL, 3,3 ha. CV. Locations : 4, 2, 6. Rivière à 1 km.Bord de mer à 4,5 km. à 500 m : ; à 4 km : , . Depuis Vendays D 102 puis à 4 km prendre le chemin à gauche. ☎ 05 56 41 78 64. Fax : 05 56 41 78 64.

LES PEUPLIERS ★★ Tourisme 116 E. (86 Tourisme + 30 Loisirs), dont 19 CC - 21 GCC, 2 ha. CV. Locations : 7, 3. Etang à 3 km.Bord de mer à 7 km. à 3 km : ; à 8 km : , . 17. route de Sarnac. RD 3. ☎ 05 56 41 70 44. Fax : 05 56 41 70 44. E-mail : lespeupliers33@hotmail.com, Web : www.camping-montalivet-lespeupliers.com. Prix 2007. Fft jour : Empl. Tourisme : 13,00 € () ; Sup : 3,20 € 2,70 € ; 2,40 € (4 A) ; Animaux 1,80 €. Réduction H.S.

FFCC : partenaire - terrain assuré par la FFCC.

SOLEIL D'OR ★★ Tourisme 89 E. dont 73 nus 1,8 ha. CV. Locations : 15, 4. Bord de mer à 50 m. ; à 100 m : . Ouv : 1.4 / 30.9. A Montalivet. Longer la mer par la route côtière. ☎ 05 56 09 31 37. Fax : 05 56 09 31 37. E-mail : info@campinglesoleildor.com, Web : campinglesoleildor.com. Prix 2007. Empl. Tourisme : 8,50 € () : 3,80 € ; - de 7 ans 2,30 € ; 3,30 € ; Animaux 2,30 €. Réduction H.S.

C.C.D.F. DE MAYAN ★ Tourisme 50 E. 1 ha. , collectifs, CV. Locations : . Rivière à 1 km.Bord de mer à 5 km. à 1 km : ; à 5 km : . Accueil groupes. Ouv : 15.6 / 15.9. 3, route de Mayan. ☎ 05 56 41 76 51 / 05 56 40 27 96 (H.S.). Fax : 01 45 44 84 16. E-mail : secretariat@campingclub.asso.fr, Web : www.campingclub.asso.fr. Prix 2007. Fft jour : Empl. Tourisme (2) : 10,61 € () ; Sup : 2,04 € - de 7 ans 1,02 € ; Animaux 2 €. Fft Tente : 8,45 € (2).

FFCC : partenaire - terrain assuré par la FFCC + réduction emp. de 5 % en saison et hors saison.

CAMP MUNICIPAL ★ Tourisme 905 E., dont 174 CC - 30 GCC, 30 ha. . Bord de mer à 700 m. à 700 m : , ; à 800 m : . ☎ 05 56 09 33 45 / 05 56 73 32 02 (H.S.). Fax : 05 56 03 33 12.

M. BERNARD Jean,aire naturelle "Pey-Mayan".

M. CASSAGNE Pierre,aire naturelle Laouba CV. A 1 km: . A 8 km : . A 10 km : . Ouv : 1.6 / 30.9. Toupet, route des Lacs, RD 101, 1 km Sud de la commune, à proximité de la ferme. Pré herbeux et semi-ombragé. ☎ 05 56 41 71 52 / 06 74 49 86 04 (H.S.). Prix 2008. Empl. Tourisme : 5 € ; 2,50 € ; - de 7 ans 1,50 € ; 2,50 € (6 A).

FFCC : partenaire - terrain assuré par la FFCC .

M. TOTO.aire naturelle Le Bonheur est dans le Pré CV. A 1 km: . A 6 km : . A 10 km : . 177, Lamodeneuve. ☎ 05 56 41 03 39 / 06 68 80 08 07. E-mail : campingdubonheur@free.fr, Web : www.membres.lycos.fr/campingvendays/.

Mme CALIOT,aire naturelle ☎ 05 56 41 73 34.

Mme CRUCHON,aire naturelle , de table. A 1 km: . A 10 km : . A 15 km : . La Pignade. ☎ 05 56 41 71 81.

VENSAC

9-B2 13 km N.-O. Lesparre-Médoc. 680 hab. ✉ 33590

LES ACACIAS ★★★ Tourisme 175 E. 3,5 ha. CV. Locations : 35. 44, route de St-Vivien. RN 215. ☎ 05 56 09 58 81. Fax : 05 56 09 50 67. E-mail : les.acacias.en.medoc@wanadoo.fr, Web : www.les-acacias-du-medoc.fr. Prix 2007. Fft jour : Empl. Tourisme (2) : 22 € ; Sup : 3,60 € - de 7 ans 3 € ; Animaux 3 €. Fft Tente : 18,50 € (2).

TASTESOULE ★★ Tourisme 100 E. 3,8 ha. snack, partiel, CV. Locations : 10. Rivière à 1 km. Bord de mer à 4,5 km. à 4,5 km ; à 1 km. Ouv : 20.6 / 6.9. Route des lacs, D 101. ☎ 05 56 09 54 50 / 06 73 05 43 45 / 05 56 57 51 19 (H.S.). E-mail : camping.tastesoule@free.fr, Web : camping.tastesoule.free.fr. Prix 2007. Fft jour : Empl. Tourisme (2) : 17,10 € ; Sup : 3,65 € 3,65 €.

VIEUX MOULIN ★ Tourisme 156 E. 5 ha. Locations : 5. 15, route du moulin. RN 215 dir. Soulac-sur-Mer. ☎ 05 56 09 45 98. Fax : 05 56 09 45 98.

Mme DELSOL Jacqueline, aire naturelle les Chênes A 2 km. A 5 km. A 20 km. Tastesoule, 3 km Ouest de la commune. Depuis le bac Royan le Verdon prendre la D 101. Bois. Pré herbeux, ombragé. ☎ 05 56 09 40 57.

LE VERDON SUR MER

9-B2 36 km N.-O. Lesparre. 1616 hab. ✉ 33123

LA POINTE DU MEDOC ★★★★ Tourisme 260 E., dont 72 CC - 106 GCC, 7 ha. CV. Camping clef verte. Locations : 30, 9, 90. chauffée. Bord de mer à 1,5 km. à 1,5 km. Accueil groupes. A 10 sortie Saintes puis Bac Royan/Le Verdon. ☎ 05 56 73 39 99. Fax : 05 56 73 39 96. E-mail : info@camping-lapointedumedoc.com, Web : www.camping-lapointedumedoc.com. Prix 2007. Fft jour : Empl. Tourisme (2) : 24 € ; Sup : 6 €E. CC 26 € (Fft) ; E. GCC 26 € (Fft) ; Animaux 5 €.

LE ROYANNAIS ★★ Tourisme 179 E., dont 1 CC - 50 GCC - 3 HLL, 3 ha. eau chaude solaire, jus-café bio, produits bio, CV. Locations : 9, 20, 6. chauffée. Bord de mer à 400 m. Rivière à 3 km. à 400 m ; à 3 km. Accueil groupes. Ouv : 1.4 / 15.10. Sur RD 1. ☎ 05 56 09 61 12. Fax : 05 56 73 70 67. E-mail : camping.le.royannais@wanadoo.fr, Web : www.royannais.com. Prix 2008. Fft jour : Empl. Tourisme (2) : 19 € Sup : 6 € - de 10 ans 3 € ; 6 € (6 A).

VILLANDRAUT

9-C5 17 km S.-O. Langon. 30 m. 914 hab. ✉ 33730

LE CIRON ★★ Tourisme 52 E. 1,5 ha. Locations : . Rivière à 500 m. Ouv : 1.4 / 30.9. Guinche Nord ☎ 05 56 25 39 46. Fax : 05 56 25 39 46. E-mail : campingduciron@aol.com.

VILLEGOUGE

9-C3 16 km N.-O. Libourne. 30 m. 968 hab. ✉ 33141

Mme POUX Paulette CV. A 500 m. A 4 km : Piscine plein air. A 8 km. Camelot. ☎ 05 57 84 43 08. Fax : 05 57 84 43 08. E-mail : paulette.poux@free.fr, Web : www.camelot.fr.vu.
FFCC : partenaire - terrain assuré par la FFCC + réduction emp. de 5 % hors saison.

Carte 13

Délégué FFCC : Jean ALBE, 2, rue du Touat - 34500 BEZIERS - albe.jean@free.fr

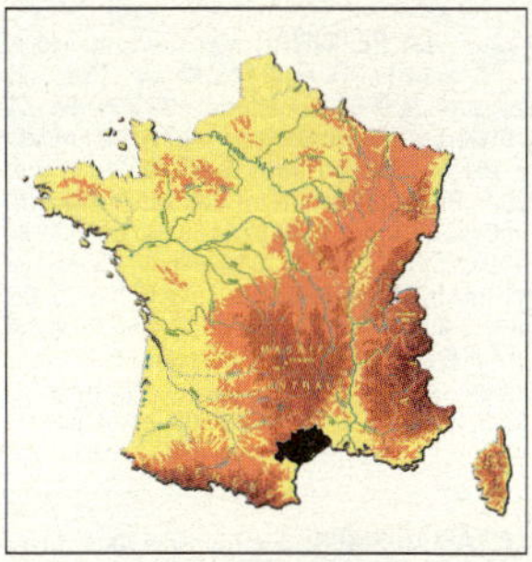

ADISSAN

720 hab. 34230

Voir FONTES

AGDE

13-E3 21 km E. Béziers. 5 m. 13235 hab. 34300

DOMAINE DES CHAMPS BLANCS ★★★★ Loisirs 336 E. dont 102 nus (102 Tourisme + 234 Loisirs), dont 21 CC - 315 GCC, 4 ha. CV. Locations : 18, 100, . chauffée . Bord de mer à 2 km. ; à 1,5 km : , , . Ouv : 8.4. Rés. obligatoire en été et en hiver. Route de Rochelongue. ☎ 04 67 94 23 42. Fax : 04 67 94 87 81. E-mail : champs.blancs@wanadoo.fr, Web : www.champs-blancs.fr. Prix 2008. Fft jour : Empl. Tourisme (2 2 - de 12) : 50 €

FFCC : réduction loc. de 5 % hors saison + HC.

CAMP INTERNATIONAL DE L'HERAULT ★★★ Tourisme 417 E., dont 160 GCC, 8 ha. CV. Locations : 180, 5, . chauffée . Accès direct à la rivière. Bord de mer à 2,5 km. ; ; ; ; à 2 km : . Ouv : 1.5 / [illegible]. Route de la Tamarissière. Sortie A 9 à Agde. ☎ 04 67 94 01 01 / 04 67 94 12 83 (H.S.). Fax : 04 67 94 42 84. E-mail : info@interdelheraut.com, Web : www.interdelherault.com. Prix 2008. Fft jour : Empl. Tourisme (2) : 40 € () ; Sup : 9 € - de 4 ans 6 € ; Animaux 4 €. Réduction H.S.

FFCC : partenaire + réduction emp. de 5 % en saison et 10 % hors saison + réduction loc. de 5 % en saison et 10 % hors saison.

DOMAINE DE LA PINEDE ★★★ Tourisme 197 E., dont 46 GCC. CV. Locations : 2, 22, . Bord de mer à 2 km. Ouv : 1.1 / 31.12. Route du Cap d'Agde. ☎ 04 67 21 25 00 / 0 825 562 562 (H.S.). Fax : 04 67 94 32 44.

LA CLAPE ★★★ Tourisme 450 E. dont 365 nus 9,8 ha. collectifs, CV. Locations : 23, 45. Bord de mer à 15 m. ; à 20 m : . Accueil groupes. Ouv : 1.4 / 30.9. 2, rue du Gouverneur au Cap d'Agde. Autoroute A 9 sortie Agde, RN 112. ☎ 04 67 26 41 32. Fax : 04 67 26 45 25. E-mail : contact@camping-laclape.com, Web : www.camping-laclape.com. Prix 2007. Fft jour : Empl. Tourisme (2) : 23 € () ; Sup : 5,50 € - de 18 ans 3 € ; 3,90 € ; Animaux 3,90 €. Réduction H.S.

LE CAP AGATHOIS ★★★ Tourisme 127 E. (70 Tourisme + 57 Loisirs), dont 24 GCC, 7,5 ha. CV. Locations : 1, 18, 10. Bord de mer à 2 km. ; à 2 km : . Route de Sète. ☎ 04 67 94 02 21. Fax : 04 67 94 02 21. E-mail : info@campingcapagathois.com, Web : www.campingcapagathois.com. Réduction H.S.

LE CORALY ★★★ Loisirs 49 E. Route de Sète. ☎ 04 67 21 48 81. E-mail : info@campingleccoraly.com.

LE NEPTUNE ★★★ Tourisme 100 E., dont 10 CC - 50 GCC, 2,47 ha. enfants, CV. Locations : 30 chauffée. Accès direct à la rivière. Bord de mer à 1,5 km. ; ; à 1,5 km : , . Ouv : 1.4 / 30.9. Rés. obligatoire en été. A 9 sortie 34 prendre Cap d'Agde et sortir à Grau d'Agde. Au rond-point avec la statue à gauche, au rond-point suivant encore à gauche puis au 3ème et 4ème Rd-pt aller tout droit puis au dernier Rd-pt à gauche. ☎ 04 67 94 23 94. Fax : 04 67 94 48 77. E-mail : info@campingleneptune.com, Web : www.campingleneptune.com. Prix 2008. Fft jour : Empl. Tourisme (2) : 27,20 € () ; Sup : 6,90 € - de 7 ans 3,45 € ; Animaux 3 €. Réduction H.S.

FFCC : réduction loc. de 5 % hors saison + HC.

LE ROCHELONGUE ★★★ Tourisme 98 E. 2 ha. CV. Locations : 3, 11. Bord de mer à 500 m. ; ; ; . Chemin des Ronciers, route de Rochelongue. ☎ 04 67 21 25 51 / 04 67 94 38 01. Fax : 04 67 94 04 23. E-mail : le.rochelongue@wanadoo.fr, Web : camping-le-rochelongue.fr.

LES ROMARINS ★★★ Tourisme 120 E. 1,85 ha. snack, partiel, collectif, CV. Locations : 20, 10, 6. chauffée. Accès direct à la rivière. Bord de mer à 900 m. à 100 m : ; à 900 m : , . Ouv : 15.4 / 25.9. Route du Grau. A 9 sortie 34 puis N 112 dir. Agde, sortie Grau d'Agde après le pont de l'Hérault suivre Berges de l'Hérault. ☎ 04 67 94 18 59. Fax : 04 67 26 58 80. E-mail : contact@romarins.com, Web : www.romarins.com. Prix 2008. Fft jour : Empl. Tourisme (2) : 21,50 € () ; Sup : 6,55 € - de 13 ans 4,80 € ; 4,20 € ; Animaux 3,20 €. Réduction H.S.

LES SABLETTES ★★★ Tourisme 218 E. (189 Tourisme + 29 Loisirs), dont 38 GCC - 38 HLL, 2,65 ha. snack, CV. Locations : 8, 27. Bord de mer à 800 m. Rivière à 1,5 km. ; ; à 800 m : , . Chemin de Baluffe. Grau d'Agde. A 9 sortie Agde puis RN 112 dir. Rochelongue. ☎ 04 67 94 36 65. Fax : 04 67 01 75 39. Web : www.campinglessablettes.com. Réduction H.S.

L'ESCALE ★★★ Tourisme 128 E. 1,8 ha. CV. Locations : 30. Accès direct à la rivière. Bord de mer à 1 km. ; à 1 km : . Route de la Tamarissière. ☎ 04 67 21 21 09 / 04 67 94 82 83 (H.S.) / 04 67 94 82 83 (H.S.). Fax : 04 67 21 10 24. Réduction H.S.

MER ET SOLEIL ★★★ Tourisme 477 E. dont 177 nus, dont 134 GCC, 6,5 ha. CV. Locations : 7, 170, 41 chauffée. Bord de mer à 1 km. Rivière à 2 km. Etang à 5 km. ; 4 : ; à 1 km : , , . Ouv : 5.4 / 11.10. Route de Rochelongue. Autoroute sortie Agde, dir. Cap d'Agde. Bretelle Rochelongue sur la voie rapide. ☎ 04 67 94 21 14. Fax : 04 67 94 81 94. E-mail : contact@camping-mer-soleil.com, Web : www.camping-mer-soleil.com. Prix 2008. Fft jour : Empl. Tourisme (2 O - de 2 ans) : 42 € (- de 2 ans) ; Sup : 7 € - de 10 ans 4 € ; Animaux 3 €. Fft Ccar : 10 € (2). Réduction H.S.

FFCC : partenaire + réduction emp. de 5 % hors saison + Stop accueil Camping-car du 04/04 au 14/07 et du 02/09 au 10/10/2008, accès hors saison jusqu'à 22h.

SUD LOISIRS ★★★ Tourisme 86 E. (46 Tourisme + 40 Loisirs), dont 86 GCC, 2,3 ha. Locations : 3, 15. Rivière à 100 m. Bord de mer à 4 km. ; ; ; ; . A 9 sortie Bessan dir. Agde puis Marseillan ville. Location d'emplacements pour mobile-home. ☎ 04 67 21 09 10. Fax : 04 67 21 36 78.

CENTRE DE VACANCES NATURISTE HELIO MARIN RENE OLTRA ★★ Loisirs 2524 E. (924 Tourisme + 1600 Loisirs), dont 177 GCC - 14 HLL, 35 ha. CV Rés. naturiste. Locations : 50, 40. Accès direct à la mer. ; ; ; ; . Le Cap d'Agde. A 9 sortie Cap d'Agde/Agde. A 75 sortie Pézénas. ☎ 04 67 01 06 36 / 04 67 01 06 37. Fax : 04 67 01 22 38. E-mail : infos@chm-reneoltra.fr, Web : www.chm-reneoltra.fr. Réduction H.S.

DOMAINE DES 7 FONTS ★★ Tourisme 400 E. CV Sanitaire chauffé. Locations : 60, 20, 10. Accès direct à la mer et à la rivière. ; ; à 4 km : . Accueil adultes. ☎ 04 67 94 14 62. Fax : 04 67 94 38 08. E-mail : alliance-mobilhome@wanadoo.fr, Web : www.camping7F.com. Prix 2007. Fft jour : Empl. Tourisme (2) : 30 € () ; Sup : 6 € - de 6 ans 3 € ; Animaux 5 €.

FFCC : partenaire + carte FFCC assurance annulation.

LA CANOTTE ★★ Tourisme 174 E. dont 170 nus, 3 ha. saison, CV. Locations : . Rivière à 20 m. Bord de mer à 800 m. ; à 20 m : , ; à 800 m : . Accueil groupes. Ouv : 1.6 / 31.8. Au Grau d'Agde, sur RD 32. ☎ 04 67 94 15 74. Prix 2007. Fft jour : Empl. Tourisme (2) : 14,50 € - de 7 ans 2,80 € ; 3,20 € ; Animaux 0,80 €.

LA MER ★★ Tourisme 119 E., dont 35 GCC, 1 ha. pizzeria, pizza/frites, CV Camping tourisme et handicap. Locations : 5, 2, chalet. Bord de mer à 100 m. Rivière à 3 km. à 100 m : , , , ; à 2 km : , . Ouv : 15.4 / 30.9. Route de Rochelongue. A 9 dir. Cap d'Agde sortie Rochelongue. ☎ 04 67 94 72 21 / 04 67 94 79 45 (H.S.). Fax : 04 67 94 72 07. E-mail : camping-la-mer@wanadoo.fr, Web : www.campinglamer.net. Prix 2008. Fft jour : Empl. Tourisme (2) : 22 € () ; Sup : 5,50 € 3 € ; Animaux 2 €. Réduction H.S.

LA PEPINIERE ★★ Tourisme 100 E. 1,5 ha. à gaz, CV. Locations : 33, . Rivière à 150 m. Bord de mer à 1,2 km. ; à 150 m : ; à 1 km : , . Ouv : 1.4/ 30.9. Rés. obligatoire en été. Entre Agde et le Grau d'Agde. ☎ 04 67 94 10 94 / 06 11 89 44 47 (H.S.). Fax : 04 67 94 10 94. E-mail : lapepiniere@free.fr, Web : lapepiniere.free.fr. Prix 2008. 3 € ; 8 € ; 2,50 € ; 4,50 € ; 3 € ; 3 € ; Animaux 3 €. Réduction H.S.

FFCC : Stop accueil Camping-car du 01/04 au 30/06 et du 01/09 au 30/09/2008, accès jusqu'à 21h.

LA TAMARISSIERE ★★ Tourisme 700 E. 10 ha. CV. Locations : 30, . Accès direct à la mer et à l'étang et à la rivière. ; ; ; ; . RN 112. Accès par A 9 sortie Agde/Pezenas. Prendre la voie rapide dir. le Cap d'Agde sortie La Tamarissière. ☎ 04 67 94 79 46 / 04 67 94 41 83 (H.S.). Fax : 04 67 94 78 23. E-mail : tama@capdagde.com. Réduction H.S.

LE BALDY ★★ Tourisme 120 E. 1,53 ha. . Rivière à 500 m. Bord de mer à 3 km. BP 177. ☎ 04 67 94 44 50. Fax : 04 67 21 45 87.

LE BROUET ★★ Loisirs 37 E. Bord de mer à 800 m. Route de Notre Dame à Saint-Martin. ☎ 04 67 21 57 92. Fax : 04 67 21 57 92.

LE CLOS D'ESILDA ★★ Tourisme 40 E., dont 40 GCC, 0,9 ha. Locations : 1. Bord de mer à 150 m. ; . ☎ 04 67 94 17 36 / 06 08 47 34 19 (H.S.).

LE PEDRO ★★ Tourisme 56 E. 0,7 ha. CV. Locations : 7. Rivière à 1 km. Bord de mer à 1,4 km. ; ; ; ; à 1,5 km : , . Accueil groupes. A Rochelongue, chemin Notre-Dame. ☎ 04 67 21 49 39 / 04 67 21 49 39. Fax : 04 67 21 49 39.

L'EDEN ROC ★★ Tourisme 37 E. dont 25 nus 0,7 ha. collectifs, CV. Accès direct à la mer. Rivière à 1,5 km. ; ; ; . Ouv : 1.5 / 15.9. Rés. obligatoire en été. Avenue du littoral. Quartier St Vincent au Grau d'Agde. Autoroute A9 sortie Agde n°34 ☎ 04 67 94 77 02. Fax : 04 67 94 77 02. Prix 2007. Fft jour : Empl. Tourisme (2) : 16,20 € () ; 3 € (10 A) ; Animaux 1,50 €.

LES ANEMONES ★★ Tourisme 12 E. dont 4 nus . Locations : 5, 3. Bord de mer à 500 m. Rivière à 800 m. à 500 m : . Autoroute sortie Bessan à 4 km. ☎ 04 67 21 48 89 / 06 07 46 46 36.

LA GAMINE ★ Tourisme 20 E. 0,27 ha. Bord de mer à 100 m. ☎ 04 67 21 05 79.

LE BALUFFE ★ Tourisme 39 E. 0,65 ha. Locations : . Bord de mer et rivière à 1 km. ; ; ; ; . 65, chemin de Baluffe au Grau d'Agde. ☎ 04 67 21 00 15.

LES MIMOSAS ★ Tourisme 117 E., location de barbecues à gaz, CV. Locations : 20, 3. Bord de mer à 900 m. Rivière à 2 km. à 900 m : ; à 1,5 km : ; à 2 km : . Ouv : avril / septembre. Rés. obligatoire en été. 98, rue de la Guiraudette. Sortie 34 (Agde-Bessan) A 9, puis N 112 dir. Agde sortie Grau d'Agde après le pont de l'Hérault. 1er rond-point à droite, 2ème rond-point tout droit et 20 m après sur la gauche. ☎ 04 67 01 67 36. Fax : 04 67 01 67 36. E-mail : campinglesmimosas@wanadoo.fr, Web : www.campingmimosas.com. Prix 2008. Fft jour : Empl. Tourisme (2) : 20 € () ; Sup : 5,95 € - de 10 ans 4,40 € ; 4,20 € (8 A) ; Animaux 3,20 €. Réduction H.S.

LES PINS ★ Tourisme 35 E. 0,5 ha. Bord de mer à 1 km.Rivière à 3 km. ; ; ; ; à 1 km : . Ouv : 1.4 / 15.9. Rés. obligatoire en été. Chemin de Causse. Avenue des Alizés. ☎ 04 67 94 86 93 / 06 62 66 74 91 (H.S.). Web : www.lecampinglespins.com. Prix 2008. Fft jour : Empl. Tourisme (2) : 18 € () ; Sup : 6 € - de 12 ans 3 € ; 3 € ; Animaux 3 €.

LE PERDIGAL Tourisme Saisonnier 15 E. 0,3 ha. Bord de mer à 150 m. Rivière à 1 km. ; ; ; . 4, chemin du Perdigal. ☎ 04 67 94 88 30 / 04 67 77 91 03 (H.S.).

M. MAUREL Maurice . Route d'Agde. ☎ 04 67 94 14 18.

AIRE NATURELLE LA PALMERAIE CV. A 3,5 km: . Route de Sète. ☎ 04 67 94 94 67 / 06 60 07 64 68.

LES AIRES

13-D2 36 km N. Béziers. 198 m. 519 hab. ✉ 34600

LE GATINIE ★★★ Tourisme 103 E., dont 3 GCC - 5 HLL, 3 ha., collectif, , 1, CV. Locations : 15, . Rivière à 100 m. aménagée à 100m : ; à 100 m : , . Accueil groupes. Ouv : 1.4 / 31.10. Rés. obligatoire en été et en hiver. A 9 sortie Béziers dir. Lamalou-Les-Bains. ☎ 04 67 95 71 95 / 04 67 28 41 69 (H.S.). E-mail : gatine@wanadoo.fr, Web : www.flv.fr & domainegatine.com. Prix 2007. Fft jour : Empl. Tourisme (2) : 18 € ((6 A)) ; Sup : 6 € - de 7 ans 4 € ; Animaux 2 €.

ALIGNAN DU VENT

13-D2 19 km N.-E. Béziers. 105 m. 1025 hab. ✉ 34290

CAMP MUNICIPAL ★★ Tourisme 35 E. 0,87 ha. CV. Rivière à 5 km. . Lieu-dit Le Moulin à Vent, RD 33. ☎ 04 67 24 92 44 / 04 67 24 91 12.

ANIANE

13-E2 30 km N.-O. Montpellier. 1617 hab. ✉ 34150

MOULIN DE SIAU ★★★ Tourisme 115 E. 2,9 ha. CV. Locations : , , . Lac et rivière à 150 m. rivière : ; ; ; . Accueil groupes. RD 32 entre Gignac et Aniane. ☎ 04 67 57 51 08. E-mail : robert.pepin@netcourrier.com, Web : www.camping-moulin-de-siau.com.

DOMAINE NATURISTE LA SOURCE SAINT PIERRE ★★ Tourisme 70 E. 2,5 ha. CV Rés. naturiste. Locations : 5, 6, , . Accès direct à la rivière. ; ; ; . Accueil groupes. De Montpellier N 109. De Gignac à Aniane D 32 dir. Aniane. ☎ 04 67 57 76 95. Fax : 04 67 57 76 95. E-mail : campingSTpierre@hotmail.com, Web : campingstpierre.com. Réduction H.S.

BALARUC LES BAINS

13-E2 25 km S.-O. Montpellier. 3 m. 3205 hab. ✉ 34540

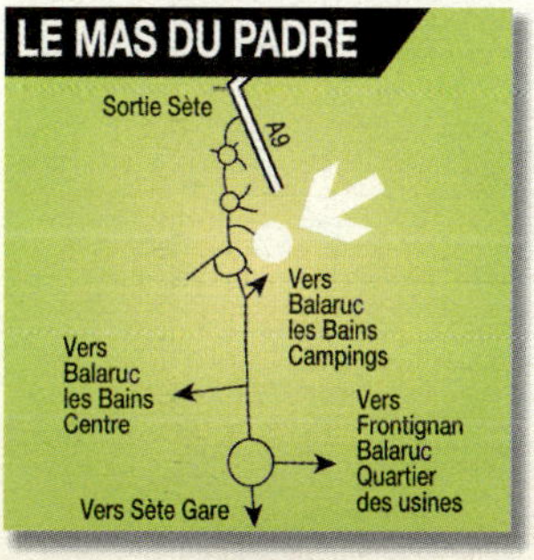

LE MAS DU PADRE ★★★ Tourisme 116 E. dont 89 nus, dont 34 GCC, 1,8 ha. sauf sauf chien 1ère et 2nde catégorie et vaccination rage obligatoire et moyennant supplément , vente de pain (sur commande) - glaces - boissons, seul combustible = charbon de bois; seul allumage autorisé = allume-feu solide; barbecue sur pied (minimum 50 cm du sol); un seau d'eau à coté; loin de la végétation, interdit les jours de grand vent, , pour enfants tournois sportifs, pétanque, prêt de fer à repasser à l'accueil, 2, CV. Locations : 11, 4, 3. Bord de mer à 10 km.Etang à 2 km. à 1,5 km : 1,5 km, ; à 2 km : 2 km; à 2 km et 10 km : étang et mer; à 10 km : . 4. chemin du Mas du Padre. Autoroute sortie Sète. Dir. centre commercial puis Sète. ☎ 04 67 48 53 41. Fax : 04 67 48 08 94. E-mail : contact@mas-du-padre.com, Web : www.mas-du-padre.com. Prix 2007. Fft jour : Empl. Tourisme : 27.70 € () ; Sup : 4,30 € (à partir de 13 ans) 2,40 € ; 3,45 à 5,15 € (6 A à 10 A) ; Animaux 2,10 €. Fft Tente : 17.30 € (). Réduction H.S.

FFCC : partenaire - terrain assuré par la FFCC + carte FFCC assurance annulation.

LES VIGNES ★★★ Tourisme 128 E., dont 6 CC - 34 GCC. CV. Locations : 12, 3. Etang à 1,5 km. ; ; à 7 km : , , . Sortie autoroute Sète. ☎ 04 67 48 04 93 / 04 67 18 95 31 (H.S.). Fax : 04 67 18 74 32. E-mail : camping.lesvignes@free.fr, Web : www.camping-lesvignes.com.

CAMP MUNICIPAL CHEMIN DES BAINS ★★ Tourisme 135 E. dont 133 nus 1,7 ha. CV. Etang à 1 km. à 1 km : , , . Accueil adultes. Avenue de Montpellier, sur RD 129. ☎ 04 67 48 51 48 / 04 67 46 81 46 (H.S.) (H.S.). Fax : 04 67 48 51 48. E-mail : chemindesbains@wanadoo.fr.

CAMP MUNICIPAL DU PECH D'AY ★★ Tourisme 155 E. 2 ha. Accès direct à l'étang. à 50 m : ; à 200 m : . Sur RD 129. ☎ 04 67 48 50 34.

BELARGA

13-E2 31 km S.-E. Lodève. 27 m. 245 hab. ✉ 34230

AIRE NATURELLE MUNICIPALE CV. Par CD 32. Bois, bord de rivière. ☎ 04 67 25 00 55. Fax : 04 67 25 37 69. E-mail : MAIRIE.BELARGA@wanadoo.fr.

BESSAN

13-D3 18 km E. Béziers. 8 m. 2997 hab. ✉ 34550

HORTES LOISIRS ★★★ Loisirs 36 E., dont 36 GCC, 1 ha. Rivière à 500 m. Bord de mer à 5 km. A 9 / A 75. Location longue durée. ☎ 04 67 77 51 10 / 06 10 91 13 48.

DOMAINE DE SAINTE VEZIANE P.R.L. 68 E., dont 54 HLL. juillet/août, CV. Locations : 54, 15. Bord de mer à 10 km.Rivière à 3 km. Ouv : 1.2 / 31.12. Rés. obligatoire en été. Route de Montbanc. Location longue durée. ☎ 04 67 77 58 58 / 04 67 21 76 76 (H.S.). Fax : 04 67 21 44 35. E-mail : info@domainesainteveziane.com, Web : www.domainesaintveziane.com.

BEZIERS

13-D3 72 km S.-O. Montpellier. 78477 hab. ✉ 34500

Mme PHILIPPON,aire naturelle Domaine de Clairac A 2 km: . Ouv : 1.4 / 30.9. Route de Bessan (D 28). Prendre route de Pézénas (N 9) pour les caravanes et camping-cars. ☎ 04 67 76 78 97 / 06 11 19 98 13 (H.S.). Fax : 04 67 76 78 98. E-mail : camping-clairac@free.fr, Web : www.campingclairac.com. Prix 2007. Fft jour : Empl. Tourisme (2) : 13,50 € ; Sup : 4,50 € - de 18 ans 2,50 € ; 3 € (6 A).

FFCC : partenaire + réduction emp. de 5 % en saison et 10 % hors saison.

LES BERGES DU CANAL Voir VILLENEUVE-LES-BEZIERS

BOISSERON

13-F2 25 km N.-E. Montpellier. 864 hab. ✉ 34160

DOMAINE DE GAJAN ★★★ Tourisme 115 E. 3,5 ha. snack, collectifs, CV. Locations : 6, 14, 4. Rivière à 500 m. Accueil groupes. Ouv : 1.4 / 30.9. A 9 sortie Lunel. Garage caravane à l'année. ☎ 04 66 80 94 30 / 06 33 84 39 02 (H.S.). Fax : 04 66 93 01 21. E-mail : info@campingdomainedegajan.com, Web : www.campingdomainedegajan.com. Prix 2008. Fft jour : Empl. Tourisme (2) : 17 € ; Sup : 3 € - de 13 ans 2,50 € ; 3 € (10 A) ; Animaux 2 €.

PARC RESIDENTIEL DE LOISIRS VILLA VANILLE P.R.L. 10 E. ☎ 09 50 69 64 54. E-mail : villa-vanille@freesurf.fr.

LE BOSC

13-D2 11 km S.-E. Lodève. 90 m. 651 hab. ✉ 34700

LES PEUPLIERS ★★ Tourisme 54 E. 0,9 ha. buvette, snack, . Locations : . Rivière à 800 m. Lac à 4 km. . Cartels du Bosc. Les Casseaux. A 75 sortie n° 54 Le Bosc. ☎ 04 67 44 38 08. Fax : 04 67 44 38 08.

LE BOUSQUET D ORB

13-D2 18 km O. Lodève. 257 m. 1818 hab. ✉ 34260

CAMP MUNICIPAL LES RIVIERES ★ Tourisme 30 E. ☎ 04 67 23 80 89 (Mairie).

BOUZIGUES

13-E2 24 km S.-O. Montpellier. 947 hab. ✉ 34140

LOU LABECH ★★★ Tourisme 36 E. dont 46 nus, 1 ha. aire spécifique, CV. Locations : . Etang à 150 m. . Accueil groupes. Ouv : 1.5 / 30.9. Accès par la RN 113 Montpellier-Béziers. Autoroute A 9 sortie n° 33 Sète 4 km. ☎ 04 67 78 30 38 / 04 67 78 32 18 (H.S.). Fax : 04 61 18 35 46. Web : www.edv.fr/loulabech. Prix 2007. Fft jour : Empl. Tourisme (2) : 20 € - de 8 ans 2 € ; 3 €. Réduction H.S.

BRISSAC

13-E1 45 km N.-O. Montpellier. 145 m. 305 hab. ✉ 34190

LE VAL D'HERAULT ★★★ Tourisme 135 E. (119 Tourisme + 16 Loisirs), dont 16 GCC, 4 ha. CV. Locations : 6, 8, 7. Rivière à 50 m. . Route de Saint-Etienne d'Issensac. Sur D 4. Route de Causse de la Selle. ☎ 04 67 73 72 29. Fax : 04 67 73 30 81. Web : www.levaldherault.com.

DOMAINE D'ANGLAS ★★ Tourisme 100 E. 4 ha. snack, collectifs, CV. Locations : 6. Rivière à 50 m. . Accueil groupes sur réservation. A 75 sortie Millau direction Lodève-Gignac-Aniane-Ganges-Brissac ou A 9 sortie Nîmes Ouest-Le Vigan puis Ganges et Brissac D 108. ☎ 04 67 73 70 18. Fax : 04 67 73 36 73. E-mail : camping.anglas@freesbee.fr, Web : www.camping-anglas.com. Réduction H.S.

CANET

13-E2 24 km S.-E. Lodève. 50 m. 1206 hab. ✉ 34800

LES RIVIERES ★★★ Tourisme 110 E. dont 89 nus, 3 ha. sauf petits, hte saison, hte saison, CV. Locations : 8, 15. Accès direct à la rivière. . Ouv : 1.4 / 15.9. Chemin de la Sablière. Accès par RN 9. A 75 sortie Canet. ☎ 04 67 96 75 53. Fax : 04 67 96 58 35. E-mail : camping-les-rivieres@wanadoo.fr, Web : www.camping-lesrivieres.com. Prix 2007. Fft jour : Empl. Tourisme (2) : 26 € ; Sup : 5,50 € - de 4/12 ans 5 € ; Animaux 4 €.

CAMP MUNICIPAL LES VAILHES DE LA COMMUNE DE LODEVE ★★ Tourisme 145 E. dont 245 nus, 4 ha. ambulant, CV. Locations : . Accès direct aux bords du lac. . A 75 sorties n° 54 et 55 Lac du Salagou dir. Les Vailhés. ☎ 04 67 44 25 98. Fax : 04 67 44 01 84. E-mail : mairiedelodeve@wanadoo.fr.

LE MAS ★ Tourisme 80 E. 2,4 ha.

LE CAP D AGDE

21 km E. Béziers. 5 m. 17583 hab. ✉ 34300

Voir AGDE

CAPESTANG

13-D3 15 km O. Béziers. 2679 hab. ✉ 34310

CAMP MUNICIPAL ★ Tourisme 63 E. 0,5 ha. Rivière à 500 m. . Avenue de la République. ☎ 04 67 93 30 05 (Mairie).

CASTELNAU DE GUERS

13-D2 24 km N.-E. Béziers. 78 m. 886 hab. ✉ 34120

RESIDENTIEL LA PINEDE ★★★★ Tourisme 155 E. . Locations : 155. chauffée. ☎ 04 67 11 02 16 / 06 30 63 08 64 (H.S.). Fax : 04 67 77 78 77. E-mail : contact@residence-lapinede.com, Web : www.residence-lapinede.com.

LES AMANDIERS ★★ Tourisme 100 E. 1 ha. . Locations : 2, 8, . Rivière à 200 m. . RD 32. RN 113. ☎ 04 67 98 92 51 / 04 67 98 91 92.

CASTRIES

13-E2 13 km N.-O. Montpellier. 70 m. 3419 hab. ✉ 34160

FONDESPIERRE ★★★ Tourisme 103 E. dont 82 nus, 2 ha. aménagé, EN JOURN2E, CV. Locations : 2, 8, 5, . Lac à 3 km.Rivière à 5 km. à 5 km : ; à 10 km : . Accueil groupes. Ouv : 1.1 / 31.12. Route de Fontmarie. A 9 Sortie 28 Vendargues, dir. Castries. 800 m après la sortie du village, prendre à gauche, suivre Domaine de Fondespierre. ☎ 04 67 91 20 03. Fax : 04 67 16 41 48. E-mail : accueil@campingfondespierre.com, Web : campingfondespierre.com. Prix 2008. Fft jour : Empl. Tourisme (2) : 27,50 € (10 A)) Réduction H.S.

FFCC : partenaire + réduction emp. de 5 % en saison et hors saison + carte FFCC assurance annulation + réduction loc. de 5 % en saison et hors saison.

CEILHES ET ROCOZELS

13-D2 25 km N.-O. Lodève. 430 m. 283 hab. ✉ 34260

CAMP MUNICIPAL LE BOULOC ★ Tourisme 70 E. CV. Locations : , 4, . Accès direct aux bords du lac. Rivière à 200 m. . Ouv : 1.6 / 30.9. Avenue du Lac, A 75 sortie le Caylar puis suivre Roqueredonde et Ceilhes. ☎ 04 67 23 40 89. Fax : 04 67 23 44 85. Web : www.ville-ceilhes.com. Prix 2007. 4 € ; 4 € ; 3,50 € ; 2,50 € ; - de 6 ans 2 € ; 2,50 €.

M. & Mme VAN NECK Ouv : 1.5 / 31.10. Mas d'Arbousse entre Roqueredonde et Ceilhes après le pont sur l'ORB à droite. ☎ 04 67 23 41 23. E-mail : maarten.aki@wanadoo.fr, Web : monsite.orange.fr/arbousse. Prix 2007. Empl. Tourisme : 5 € ; 5 € ; - de 12 ans 2,50 € ; 2,50 € ; Animaux 1 €.

CESSENON SUR ORB

13-D2 20 km N.-O. Béziers. 52 m. 1685 hab. ✉ 34460

CAMP MUNICIPAL ★★ Tourisme 80 E. 1,14 ha. Locations : . Rivière à 10 m. . ☎ 04 67 89 53 29 (Camping) / 04 67 89 65 21 (Mairie).

CESSERAS

13-C3 50 km O. Béziers. 85 m. 388 hab. ✉ 34210

Sanitaires individuels sur parcelle

Le Plein Air des Chênes ★★★★

Terrain multi-sports, ping-pong, mini-golf paysagé, mini-club, animations pour la famille...
Parc Aquatique de 1200 m² avec 4 Piscines, 4 Toboggans et Bain à bulles. piscines ouvertes du 1er juin au 7 septembre.

Location de Mobil-homes
et de Chalets jusqu'à 8 personnes.
Ouvert du 01/03 au 31/12

Le Plein Air des Chênes - Route de Castelnau - RD 112 - 34830 CLAPIERS
Tél : 04 67 02 02 53 - Fax : 04 67 59 42 19
www.pleinairdeschenes.net pleinairdeschenes@free.fr

LE MAS DE LIGNIERES ★★★ Tourisme 26 E. (23 Tourisme + 3 Loisirs), dont 25 GCC, 1,4 ha. CV Rés. naturiste. Locations : 5. couverte. à 10 km : . Ouv : 26.4 / 1.10. D 10 Azillanet, Cesseras D 182, Fauzan. ☎ 04 68 91 24 86. Fax : 04 68 91 24 86. E-mail : lemasdelignieres@wanadoo.fr, Web : http://mdl.ifrance.com. Prix 2008. Fft jour : Empl. Tourisme (2) : 25 € () ; - de 7 ans 3 € ; Animaux 1,50 €. Fft Tente : 19 € (2).

CLAPIERS

13-E2 7 km N. Montpellier. 25 m. 1900 hab. ✉ 34830

LE PLEIN AIR DES CHENES

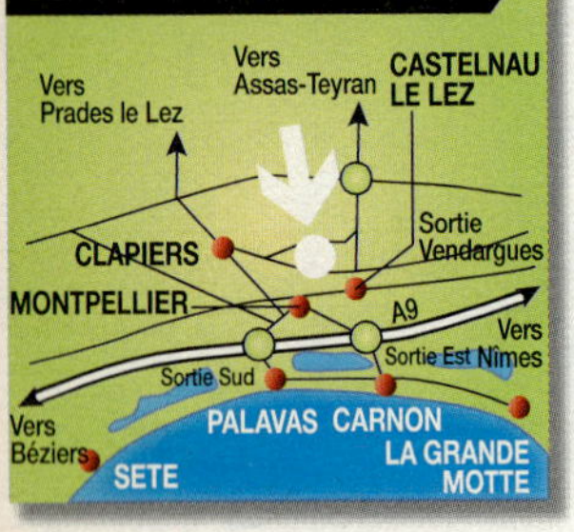

PLEIN AIR DES CHENES ★★★★ Tourisme 281 E. dont 133 nus (274 Tourisme + 7 Loisirs), dont 80 CC - 165 GCC - 22 HLL, 8 ha. 1.06 / 7.09, 1.06 / 7.09, CV. Camping clef verte. Locations : 23, 123. Ouv : 1.1 / 31.12. ☎ 04 67 02 02 53. Fax : 04 67 59 42 19. E-mail : pleinairdeschenes@free.fr, Web : www.pleinairdeschenes.net. Prix 2008. Fft jour : Empl. Tourisme (2) : 39 € () ; Sup : 7 € - de 13 ans 4,50 € ; Animaux 6 €.

FFCC : réduction loc. de 5 % hors saison + HC.

CLERMONT L HERAULT

13-D2 18 km S.-E. Lodève. 150 m. 5926 hab. ✉ 34800

CAMP MUNICIPAL DU LAC DU SALAGOU ★★ Tourisme 388 E. dont 380 nus 3,5 ha. saison, aire spécifique, CV. Locations : 8, 1. Lac à 100 m. Accueil groupes. Ouv : 1.1 / 31.12. Sur ancienne RN 9. Autoroute A 75 sortie 57. ☎ 04 67 96 13 13 / 04 67 96 06 18 (H.S.). Fax : 04 67 96 32 12. E-mail : centretouristique@wanadoo.fr, Web : www.le-salagou.fr. Prix 2007. Empl. Tourisme : 7,80 € () : 2,20 € ; - de 8 ans 1,80 € ; 2,70 à 3,30 € (5 à 10 A) ; Animaux 1,60 € (chien). Réduction H.S.

COLOMBIERS

13-D3 7 km S.-O. Béziers. 25 m. 1095 hab. ✉ 34440

LES PEUPLIERS ★★ Tourisme 50 E., dont 10 GCC, 0,87 ha. CV. Locations : . Rivière à 500 m. ; à 500 m : . Accueil groupes. Sortie A 9 autoroute Béziers-Ouest ensuite prendre dir. Narbonne par N 113. ☎ 04 67 37 05 26. Fax : 04 67 37 05 26.

CREISSAN

13-D3 19 km O. Béziers. 102 m. 654 hab. ✉ 34370

CAMP MUNICIPAL LES OLIVIERS ★★★ Tourisme 20 E. dont 20 nus, dont 20 GCC, 0,7 ha. CV. payant. Accueil groupes. Sortie autoroute Béziers-Ouest dir. St-Pons. ☎ 04 67 93 81 85 / 04 67 93 75 41. Fax : 04 67 93 85 28. E-mail : mairie@creissan.com, Web : www.creissan.com.

FABREGUES

13-E2 10 km S.-O. Montpellier. 2915 hab. ✉ 34690

LE BOTANIC ★★ Tourisme 50 E. 1 ha. CV. Locations : 2. Launac le Vieux, RD 114. ☎ 04 67 85 53 18. Fax : 04 67 85 53 18. E-mail : contact@camping-le-botanic.com, Web : www.camping-le-botanic.com. Prix 2007. Fft jour : Empl. Tourisme (2) : 14 € (E. CC) ; Sup : 4 € - de 7 ans 2 € ; Animaux 1,50 €.

FLORENSAC

13-E3 24 km E.-N.-E. Béziers. 9 m. 3583 hab. ✉ 34510

LE DOMAINE DES BELLES ★★★ Tourisme 65 E. 1,5 ha. Locations : . Rivière à 3 km.Etang à 5 km. Route de Marseillan. ☎ 04 67 77 13 95 / 06 14 19 03 23. Fax : 04 67 77 13 95.

FONTES

13-D2 10 km N. Pézenas. 182 m. 750 hab. ✉ 34320

L'EVASION ★ Tourisme 65 E. dont 33 nus, , dont 8 GCC, 1 ha. à gaz, CV. Locations : . Rivière à 400 m. Accueil groupes. Ouv : 1.4 / 30.10. Route de Cabrières. ☎ 04 67 25 32 00. Fax : 04 67 25 31 96. E-mail : campingevasion34@yahoo.fr. Prix 2008. Fft jour : Empl. Tourisme (2 1 - de 2 ans) : 11,80 € () ; Sup : 2,60 € 1,80 € (6 A) ; E. GCC 33 € (Fft) ; Animaux 1,65 €. Réduction H.S.

FFCC : partenaire + réduction emp. de 5 % hors saison + réduction loc. de 5 % hors saison.

FOS

13-D2 33 km N. Beziers. 300 m. 80 hab. ✉ 34320

LES MELIAS ★★ Tourisme 50 E. dont 10 nus 0,4 ha. snack, collectif, CV. Locations : , 7. gratuit. à 7 km : . Accueil groupes. Ouv : 1.5 / 15.9. 120, chemin des Aires. ☎ 04 67 32 91 96 / 06 82 35 67 00 (H.S.). E-mail : jean.philippe.guillaud@wanadoo.fr, Web : www.camping-melias.fr. Prix 2007. Fft jour : Empl. Tourisme (2) : 17 € () ; Sup : 3 € - de 4/12 ans 2 € ; 2 €.

FRAISSE SUR AGOUT

13-C2 44 km N.-O. Béziers. 800 m. 266 hab. Station verte de vacances et village de neige ✉ 34330

LE PIOCH ★ Tourisme 60 E. 3 ha. CV. Locations : 3. Etang à 250 m. Rivière à 1,5 km. RD 14. ☎ 04 67 97 61 72. E-mail : NICO-OUDHOF@wanadoo.fr, Web : domainedupioch.fol.nl.

FRONTIGNAN

13-E2 22 km S.-O. Montpellier. 2 m. 14961 hab. ✉ 34110

LES TAMARIS ★★★★ Tourisme 250 E. dont 150 nus, , dont 38 GCC, 4 ha. juillet/août, CV. Locations : 25, 48, 15. Accès direct à la mer. Ouv : 1.4 / 28.9. Rés. obligatoire en été. RD 50. ☎ 04 67 43 44 77. Fax : 04 67 18 97 90. E-mail : les-tamaris@wanadoo.fr, Web : www.les-tamaris.fr. Prix 2007. Fft jour : Empl. Tourisme (2 1 - de 2 ans) : 31 € () ; Sup : 8 €E. GCC 38 € (Fft 2 pers.) ; Animaux 3 €.

CLUB DU SOLEIL ★★★ Tourisme 95 E., dont 11 GCC - 14 HLL, 1,2 ha. CV. Locations : 37, 3. chauffée . Bord de mer à 30 m. ; à 3 km : . Ouv : 4.4 / 30.9. CD 50, les Aresquiers. Avenue d'Ingril. Sortie autoroute Sète (7 km) ou sortie autoroute Montpellier Ouest (12 km). ☎ 04 67 43 02 02. Fax : 04 67 53 34 69. E-mail : campingdusoleil@wanadoo.fr, Web : www.logassist.fr/soleil. Prix 2008. Fft jour : Empl. Tourisme (2) : 30 € () ; Sup : 5,50 € 2 € ; Animaux 2 €. Réduction H.S.

LA TAMARISSADE ★★ Tourisme 33 E. Bord de mer et lac à 50 m. Etang à 1 km. à 50 m : . 54 avenue Paul Valéry. ☎ 04 67 43 05 40.

MEDITERRANEE CAMPING ★★ Tourisme 88 E. 1,5 ha. CV. Locations : 2. Bord de mer à 100 m. Etang à 500 m. ; à 50 m : . Ouv : 30.3 / 20.9. Rés. obligatoire en été. 11, avenue des Vacances. Quartier dit l'Entrée. ☎ 04 99 04 92 32 / 04 99 04 97 57 (H.S.). Fax : 04 99 04 92 32. Prix 2008. Fft jour : Empl. Tourisme (3) : 15 € () ; Sup : 3,30 € - de 3 ans 1,70 € ; 3,50 € (6 A) ; Animaux 1,50 €. Réduction H.S.

NONO ★★ Tourisme 21 E. 150, avenue Ferdinand de Lesseps. ☎ 04 67 48 17 53.

RIQU'ET ZETTE ★★ Tourisme 62 E. 0,92 ha. CV. Bord de mer et étang à 100 m. ; à 100 m : . Accueil groupes. Ouv : 6.4 / 25.9. L'Entrée. 10, avenue des Vacances. ☎ 04 99 04 04 30 / 04 67 48 16 98 (H.S.). Fax : 04 99 04 04 30. Prix 2007. Fft jour : Empl. Tourisme (3) : 15 € Réduction H.S.

FFCC : partenaire - terrain assuré par la FFCC.

CAMP DE M. CLAVERIE ★ Tourisme 9 E. 94, avenue Vauban. ☎ 04 67 43 45 92.

L'AIGUE MARINE ★ Tourisme 17 E. Accès direct à la mer. Etang à 150 m. ; . ☎ 04 67 27 93 60 / 04 99 04 04 27.

L'HORIZON ★ Tourisme 30 E. 0,3 ha. à 200 m : ; à 500 m : . ☎ 04 67 80 00 46.

GABIAN

640 hab. ✉ 34320

M. et Mme ISARN Bernard A 1 km: . A 5 km : . A 10 km : . Ouv : Pâques. Domaine de Cadablès. Par A 9 sortie Agde/Pézenas, puis Pézenas centre, Roujan/Gabian. De Gabian cave coopérative tout droit chemin du Pétrole Domaine en dehors du village. ☎ 04 67 24 76 07. Fax : 04 67 24 76 07. E-mail : christinebernard@aliceadsl.fr. Prix 2008. Fft jour : Empl. Tourisme (2) : 25 € () ; Sup : 5 € - de 10 ans 3 €. Réduction H.S.

FFCC : partenaire + réduction emp. de 10 % en saison et hors saison.

Mme PASTOUREL Marie-Lise,camping à la Ferme , solaire, . Les Jardins de Marie-Lise. Les Pascales. Route de Montesquieu. Par A 6 sortie Agde/Pézenas, puis Pézenas centre, Roujan/Gabian et puis route de Montesquieu à 2,5 km. ☎ 04 67 89 75 53 / 06 86 87 43 71. Fax : 04 67 89 75 53. E-mail : bottierr@aol.com.

GANGES

13-E1 45 km N.-O. Montpellier. 186 m. 3584 hab. ✉ 34190

LE TIVOLI Voir LAROQUE

GIGNAC

13-E2 23 km S.-E. Lodève. 55 m. 3228 hab. ✉ 34150

LA MEUSE ★★★ Tourisme 61 E. 3,4 ha. buvette, CV. Rivière à 100 m. Accueil groupes. Ouv : juin / septembre. Chemin de la Meuse. Route d'Aniane. CD 32. ☎ 04 67 57 92 97 / 04 67 57 01 77 (Mairie) (H.S.). Fax : 04 67 57 25 65. E-mail : camping-meuse@wanadoo.fr, Web : ville-gignac.fr. Prix 2007. Empl. Tourisme : 8 € ; 2 € ; - de 7 ans 1,50 € ; 2,20 € ; Animaux 1,50 €.

LE PONT ★★★ Tourisme 38 E. (32 Tourisme + 6 Loisirs), dont 6 GCC, 0,7 ha. CV. Locations : 10, 1. Rivière à 200 m.; à 200 m : Ouv : 1.4 / 30.9. 730, boulevard Moulin. ☎ 04 67 57 52 40. Fax : 04 67 57 52 40. Web : www.campingdupont.com. Prix 2007. Fft jour : Empl. Tourisme (2) : 21,50 € Sup : 5 € - de 7 ans 3 € ; 2,70 € (6 A) ; Animaux 2 €. Réduction H.S.

M. THILLAYE DU BOULLAY Baudouin, domaine de Pélican CV. A 1 km: . A 8 km : . A 10 km : . A 15 km : . Ferme auberge Domaine de Pélican. N 109 puis D 131 E. Vente de vin au domaine. ☎ 04 67 57 68 92. Fax : 04 67 57 68 92. E-mail : domaine-de-pelican@wanadoo.fr, Web : www.domainedepelican.fr.

GRAISSESSAC

13-D2 50 km N. Béziers 1000 m. 924 hab. ✉ 34260

CAMP MUNICIPAL ★★ Tourisme 7 E. Grand'Champ. ☎ 04 67 95 10 04 (Camping) / 04 67 23 90 00 (Mairie).

LA GRANDE MOTTE

13-F2 11 km E. Montpellier. 3939 hab. ✉ 34280

LE GARDEN ★★★★ Tourisme 236 E., dont 16 GCC, 3 ha. Locations : 112. Bord de mer à 300 m. à 300 m : ; à 800 m : . Sur RD 59. Avenue de la Petite Motte. ☎ 04 67 56 50 09. Fax : 04 67 56 25 69. Web : www.legarden.fr.

L'OR ★★★★ Tourisme 271 E., dont 10 GCC, 2,5 ha. CV. Locations : 30. Bord de mer à 900 m. à 900 m : ; à 1,5 km : . Ouv : 30.6 / 1.9. ☎ 04 67 56 52 10. Fax : 04 67 56 08 25. Web : www.capvacances.com. Prix 2007. Fft jour : Empl. Tourisme (3) : 38 € ( ) ; Sup : 4,20 €

LOUS PIBOLS ★★★★ Tourisme 231 E., dont 159 CC - 41 GCC, 3 ha. Locations : 20. Bord de mer à 300 m. à 300 m : ; à 400 m : ; à 2 km : . RD 59. ☎ 04 67 56 50 08. Fax : 04 67 56 01 50.

CAMP G.C.U. Réservé aux adhérents. Adhésion possible sur place pour les sociétaires MAIF et FILIA MAIF.

CAMP INTERCOMMUNAL DES CIGALES ★★ Tourisme 180 E., dont 95 GCC, 2,8 ha. Locations : . Bord de mer à 900 m. ; à 900 m : ; à 2 km : . ☎ 04 67 56 50 85. E-mail : camping.lescigales@wanadoo.fr, Web : www.sivom-etang-or.fr.

LA PETITE MOTTE ★★ Tourisme 217 E. dont 187 nus 2,6 ha. ap. 22 h, CV. Locations : 10. Bord de mer à 700 m. à 700 m : ; à 2 km : . Ouv : 1.4 / 30.9. Rés. obligatoire en été. 195, Allée des Peupliers. Autoroute A 9 sortie Lunel ou Montpellier Est. ☎ 04 67 56 54 75 / 01 42 72 84 08 (H.S.). Fax : 04 67 29 92 58. E-mail : camping.lagrandemotte@ffcc.fr, Web : www.camp-in-france.com. Prix 2007. Fft jour : Empl. Tourisme (2) : 16,30 € ( ) ; Sup : 6,20 € - de 10 ans 2,85 € ; 4,50 € ; E. GCC 21,10 € (Fft) ; Animaux 1,50 €. Empl. Loisirs : 500 €(fft mois). Réduction H.S.

FFCC : partenaire - terrain assuré par la FFCC + carte FFCC assurance annulation + Stop accueil Camping-car du 01/04 au 30/09/2008, accès jusqu'à 23h + 1 nuit gratuite pour 5 nuits payantes - Carte de fidélité disponible.

LAMALOU LES BAINS

13-D2 40 km N.-O. Béziers. 600 m. 2813 hab. ✉ 34240

LE VERDALE ★★ Tourisme 80 E. 2 ha. CV Sanitaire chauffé. Rivière à 500 m. A 9, sortie Béziers-Est puis D 909 dir. Bédarieux jusqu'à Lamalou-les-Bains. ☎ 04 67 95 86 89 / 04 67 95 27 37 (H.S.). Fax : 04 67 95 87 70. E-mail : omt.lamalou@wanadoo.fr, Web : www.ot-lamaloulesbains.fr.

LANSARGUES

13-F2 20 km E. Montpellier. 9 m. 1704 hab. ✉ 34130

LE FOU DU ROI ★★ Tourisme 82 E. dont 32 nus 1,8 ha. CV. Locations : 14, 2. . Etang à 4 km. . Accueil groupes. Ouv : 15.3 / 15.10. Rés. obligatoire en été. Chemin des Codoniers, N 113 dir. Mauguio à 500 m du village. Sortie A 9 dir. Lunel puis D 24. ☎ 04 67 86 78 08. Fax : 04 67 86 78 06. E-mail : reservation@campinglefouduroi.com, Web : www.campinglefouduroi.fr. Prix 2008. Fft jour : Empl. Tourisme (2) : 18,60 € () ; Sup : 6 € - de 7 ans 3 € ; 4 € (10 A) ; Animaux 4 €. Réduction H.S.

FFCC : partenaire + réduction emp. de 10 % hors saison + Stop accueil Camping-car du 15/03 au 30/06 et du 23/08 au 15/10/2008, accès jusqu'à 20h + réduction loc. de 10 % hors saison.

LAROQUE

13-E1 44 km N. Montpellier. 132 m. 794 hab. ✉ 34190

LE TIVOLI ★★ Tourisme 61 E. 1,2 ha. CV. Locations : . Accès direct à la rivière. ; ; ; . Accueil groupes. Ouv : 15.6 / 31.8. D 986. ☎ 04 67 73 97 28 / 04 67 73 82 36 (H.S.). Fax : 04 67 73 50 01. E-mail : mairie.laroque34@wanadoo.fr, Web : http://laroqueaynier.free.fr. Prix 2007. Empl. Tourisme : 5 € ; 4 € ; - de 10 ans 1,50 € ; 3 € ; Animaux 1,50 €.

LATTES

13-E2 7 km S.-E. Montpellier. 8154 hab. ✉ 34970

EDEN CAMPING ★★★★ Tourisme 302 E. 6 ha. la nuit, CV. Locations : 12, 8, . chauffée . Accès direct à la rivière. Etang à 2 km.Bord de mer à 3 km. ; ; à 3 km : . Domaine de Gramenet. Route de Palavas. Par A 9 sortie n° 30. ☎ 04 67 15 11 05 / 06 11 31 18 85. Fax : 04 67 15 11 31. E-mail : edencamping@wanadoo.fr, Web : www.eden-camping.com.

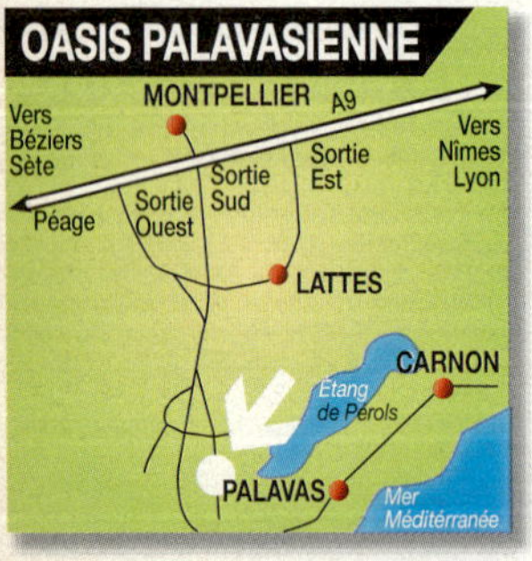

L'OASIS PALAVASIENNE ★★★★ Tourisme 228 E. dont 75 nus, , dont 228 GCC, 3 ha. CV. Locations : 89, , Chambres. chauffée . Accès direct à la rivière. Etang à 1 km.Bord de mer à 4 km. ; ; ; à 3 km : ; à 5 km : .Accueil adultes. Route de Palavas. A 9 sortie Montpellier-Sud. ☎ 04 67 15 11 61. Fax : 04 67 15 10 62. E-mail : oasis.palavasienne@wanadoo.fr, Web : www.oasis-palavasienne.com. Prix 2007. Fft jour : Empl. Tourisme (2 1 - de 2 ans) : 28 € () ; Sup : 5 €Animaux 4 €.

DOMAINE DE L'ESTANEL ★★★ Tourisme 116 E., dont 116 GCC, 2 ha. . . à 4 km : , , , . Route de Carnon. D 21 et D 66 ou route de Palavas D 986, entrée sur CD 172. ☎ 04 67 65 73 37. Fax : 04 67 65 73 37.

LE PARC ★★★ Tourisme 100 E. dont 73 nus (80 Tourisme + 20 Loisirs), dont 11 CC - 2 GCC, 1,6 ha. sauf 1 seul par empl. , ada, snack (uniquement en juillet/août), , Pétanque, , la nuit, CV. Locations : 27, 1. . Etang à 1 km.Bord de mer à 5 km. ; à 5 km : , , .Accueil adultes. RD 172. Route de Mauguio. Montpellier Ouest. Prendre dir. Palavas puis Lattes. Dans Lattes dir. Carnon par D 172. ☎ 04 67 65 85 67. Fax : 04 67 20 20 58. E-mail : camping-le-parc@wanadoo.fr, Web : www.leparccamping.com. Prix 2008. Fft jour : Empl. Tourisme (2) : 24.80 € () ; Sup : 5,40 € - de gratuit - 2 ans 3,50 € ; Animaux 3 € (1 seul par empl.). Réduction H.S.

FFCC : partenaire + réduction emp. de 5 % en saison et hors saison.

LE FLOREAL ★★ Tourisme 134 E. (114 Tourisme + 20 Loisirs) 1,5 ha. , buvette, , collectif, CV. Locations : 16, . Rivière à 1,5 km.Etang à 3 km. à 1 km : . Accueil groupes. Route de Palavas. A 9, sortie Sud Montpellier, 900 m en dir. de Palavas ou par Montpellier D 986 à 400 m. ☎ 04 67 92 93 05. Fax : 04 67 92 93 05. E-mail : info@camping-le-floreal.com, Web : www.camping-le-floreal.com. Réduction H.S.

LE LAC DES REVES ★★ Tourisme 543 E., dont 543 GCC. CV Sanitaire chauffé. Locations : 120, . chauffée . Accès direct à l'étang et aux bords du lac. Bord de mer à 5 km. ; à 4 km : , , ; à 5 km : . A 9 sortie sud, direction Palavas/Lattes. Voie rapide sortie Lattes, dans Lattes suivre Lac des rêves D 132. ☎ 04 67 50 26 00. Fax : 04 67 50 33 26. E-mail : lelacdesreves@siblu.fr, Web : www.siblu.fr.

LE CAMARGUAIS ★ Tourisme 78 E. dont 5 nus, dont 78 GCC. CV. Locations : , , , , Cabanes camarguaises. . Accès direct à la rivière. Bord de mer et étang à 5 km. à 5 km : , , . Par A 9 sortie Montpellier-Sud direction Palavas-les-Flots. ☎ 04 67 15 10 07. Fax : 04 67 15 10 19. E-mail : campinglecamarguais@wanadoo.com, Web : campinglecamarguais.com.

LAURENS

13-D2 21 km N. Béziers. 140 m. 1030 hab. ✉ 34480

L'OLIVERAIE ★★★ Tourisme 116 E. 7 ha. , grill-pizzéria, CV Sanitaire chauffé. Camping clef verte. Locations : 2, 20, . . Chemin de Bédarieux. A 9 Béziers RN 909 dir. Bédarieux. A 75 via Lodève. ☎ 04 67 90 24 36 / 06 88 07 20 02 (H.S.). Fax : 04 67 90 11 20. E-mail : oliveraie@free.fr, Web : www.oliveraie.com. Prix 2008. Fft jour : Empl. Tourisme (2) : 26,80 € () ; Sup : 5 € 3 € ; Animaux 2 €. Réduction H.S.

LODEVE

13-D2 54 km N.-O. Montpellier. 165 m. 8557 hab. ✉ 34700

LES VAILHES ★★★ Tourisme 62 E. dont 245 nus, dont 12 GCC, 2,86 ha. CV. Locations : , . . Accès direct à la rivière. ; ; . Ouv : 1.4 / 30.9. Rte du Puech. D 148. A7 Sorties 54 et 55 ☎ 04 67 44 25 98 / 04 67 44 86 00 (H.S.). Fax : 04 67 44 65 97. Prix 2007. 4,30 € ; 4,30 € ; 3,50 € ; 3,15 € ; - de 7 ans 1,85 € ; 2,50 €.

Voir CELLES et SOUBES

LOUPIAN

13-E2 30 km S.-O. Montpellier. 10 m. 1113 hab. ✉ 34140

CAMP MUNICIPAL ★★ Tourisme 115 E. dont 100 nus 1,7 ha. , snack, , gaz et electrique + barbecues collectifs, CV. . Etang à 1 km. à 2 km : , , , . Ouv : 1.5 / 30.9. Route de Mèze, RD 613. ☎ 04 67 43 57 67 / 04 67 43 82 07 (Mairie) (H.S.). E-mail : camping@loupian.fr, Web : www.loupian.fr. Prix 2007. Empl. Tourisme : 4,30 € ; 3,55 € ; - de 12 ans 2,70 € ; 2,20 € ; Animaux 0,75 €. Réduction H.S.

LUNEL

13-F2 24 km N.-E. Montpellier. 15716 hab. ✉ 34400

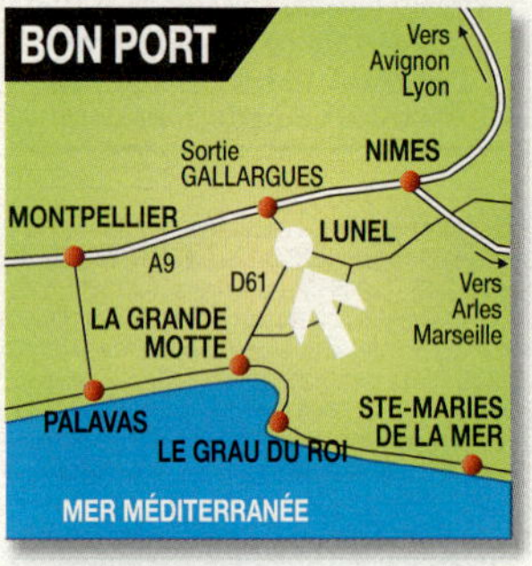

BON PORT ★★★ Tourisme 300 E. (270 Tourisme + 30 Loisirs), dont 20 GCC, 5 ha. , à gaz, CV. Locations : 1, 9, 4. . Rivière à 4 km. ; à 4 km : . Route de la Grande Motte. D 61. A 9 sortie Lunel puis D 61. ☎ 04 67 71 15 65. Fax : 04 67 83 60 27. E-mail : bonport@free.fr, Web : bonport.free.fr.

MAS DE L'ISLE ★★★ Tourisme 180 E. (160 Tourisme + 20 Loisirs) 3 ha. CV. Locations : 20, . . Etang et rivière à 5 km. ; ; ; ; . 85, chemin du Clapas. A 400 m de la N 113 et 100 m de la voie rapide, route de la mer. ☎ 04 67 83 26 52. Fax : 04 67 71 13 88.

LE PONT DE LUNEL ★★ Tourisme 81 E., dont 3 GCC, 1 ha. CV. Locations : 6, 2. . Rivière à 1 km. à 1 km : , . Accueil groupes. Ouv : 15.3 / 15.9. Chemin du Mas de Viala. Par RN 113 ou A 9 sortie Lunel-La Grande Motte. ☎ 04 67 71 10 22 / 04 67 71 20 22 (H.S.). E-mail : nb.pontdelunel@wanadoo.fr, Web : www.campingdupontdelunel.com. Prix 2007. Fft jour : Empl. Tourisme (2) : 13,90 € () ; Sup : 4,20 € - de 7 ans 2 € ; 2 à 3 € ; Animaux 1,50 € (chien). Réduction H.S.

FFCC : partenaire + réduction emp. de 5 % hors saison + réduction loc. de 5 % hors saison.

MARSEILLAN

13-E3 27 km E. Béziers. 3 m. 3480 hab. ✉ 34340

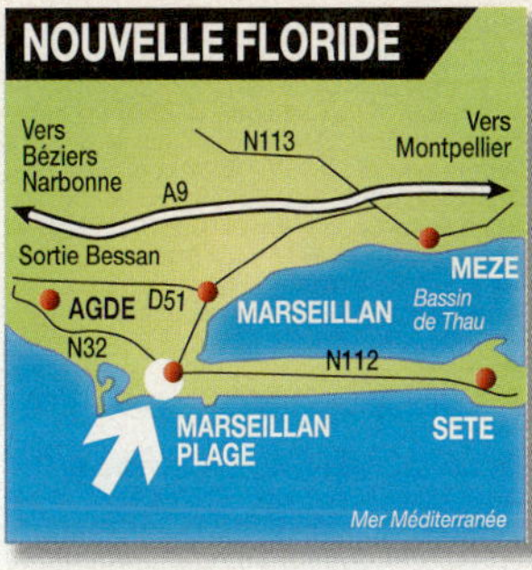

LA NOUVELLE FLORIDE ★★★★ Tourisme 473 E. dont 231 nus (444 Tourisme + 29 Loisirs), dont 386 CC - 73 GCC, 7,5 ha. CV Sanitaire chauffé. Locations : Cottages. chauffée . Accès direct à la mer. Etang à 3 km. ; ; ; ; ; . Ouv : 25.4 / 27.9. Rés. obligatoire en été. Avenue des Campings. A 9 sortie Sète ou Agde/Bessan puis RN 112. ☎ 04 67 21 94 49. Fax : 04 67 21 81 05. E-mail : info@nouvelle-floride.com, Web : www.lesmediterranees.com. Prix 2008. Fft jour : Empl. Tourisme (2 1 - de 1) : 44 € ((6 A) E. CC) ; Sup : 8 €Animaux 4 €.

LE CHARLEMAGNE ★★★★ Tourisme 480 E., dont 273 GCC - 4 HLL, 4,8 ha. CV. Locations : , . Bord de mer à 200 m. Etang à 3 km.Rivière à 5 km. ; ; ; à 200 m : ; à 5 km : . Ouv : 25.4 / 27.9. Rés. obligatoire en été. Avenue du Camping. RN 112, A 9 sortie Sète ou Bessan. A Sète prendre RN 113 et après Mèze sur la gauche D 57 surtout éviter la traversée de Sète. ☎ 04 67 21 92 49. Fax : 04 67 21 86 11. E-mail : info@charlemagne-camping.com, Web : wwww.charlemagne-camping.com & www.lesmediterranees.com. Prix 2008. Fft jour : Empl. Tourisme (2 1 - de 1) : 44 € ((6 A)) ; Sup : 8 €Animaux 4 €.

BEAU SEJOUR ★★★ Tourisme 102 E. 1,3 ha. CV. Locations : 4 . Accès direct à la mer. Etang à 4 km. ; ; ; ; . Ouv : 29.5 / 14.9. 11, chemin des Embruns. A 9, sortie Agde échangeur de Bessan RN 112 de Béziers à Sète. ☎ 04 67 21 93 00. Fax : 04 67 21 93 00. E-mail : reception@camping.beausejour.fr, Web : www.camping-beausejour.fr. Prix 2007. Fft jour : Empl. Tourisme (2) : 26,50 € () ; Sup : 5 €Animaux 2 €.

BEAUREGARD A SUD ★★★ Tourisme 200 E. 3,14 ha. , buvette, snack, , collectif, CV. Locations : . Accès direct à la mer. Rivière à 2 km.Etang à 2,5 km. , , , à 4 km : . 380, chemin de l'Airette. Sur RD 51E, 500 m RN 108. A 9 sortie Agde/Sète et suivre Meze et Marseillan. ☎ 04 67 77 18 68. Fax : 04 67 77 18 68. E-mail : camping@beauregard-a-sud.com, Web : www.beauregard-a-sud.com. Réduction H.S.

BEAUREGARD-EST ★★★ Tourisme 200 E. dont 200 nus 3,14 ha. CV. Locations : . Accès direct à la mer. Etang à 500 m. . Accueil groupes. Ouv : 1.4 / 30.9. Rés. obligatoire en été. 250, chemin de l'Airette. RD 51E (arrivée Marseillan) ou A 9 puis RN 112 sortie Agde (conseillée) ou Sète. ☎ 04 67 77 15 45. Fax : 04 67 01 21 78. E-mail : campingbeauregardest@wanadoo.fr, Web : www.camping-beauregard-est.com. Prix 2008. Fft jour : Empl. Tourisme (2) : 29 € () ; Sup : 5,50 € Réduction H.S.

EUROPE 2000 ★★★ Tourisme 176 E. dont 150 nus, 2 ha. CV. Locations : 24 , 2 . Bord de mer à 100 m. Etang à 3 km. ; ; ; ; . A 9 sortie Sète suivre Agde-Marseillan plage. ☎ 04 67 21 92 85. Fax : 04 67 21 92 85. E-mail : contact@camping-europ2000.com, Web : www.camping-europ2000.com. Réduction H.S.

LA CREOLE ★★★ Tourisme 110 E. 1,55 ha. CV. Locations : 15. Accès direct à la mer. Ouv : 1.4 / 15.10. Avenue des Campings. Autoroute sortie Agde dir. Sète. ☎ 04 67 21 92 69. Fax : 04 67 26 58 16. E-mail : campinglacreole@wanadoo.fr, Web : www.campinglacreole.com. Prix 2008. Fft jour : Empl. Tourisme (2) : 25,75 € ; Sup : 4,80 € 2,85 € ; Animaux 3 €.

LA PLAGE ★★★ Tourisme 105 E. dont 98 nus 1,3 ha. Locations : 7. Accès direct à la mer. Etang à 2 km. Ouv : 15.3 / 31.10. 69, chemin du Pairollet. A 9/A 25 sortie Agde-Pezenas puis Sète par RN 112. ☎ 04 67 21 92 54. Fax : 04 67 01 63 57. E-mail : info@laplage-camping.net, Web : www.laplage-camping.net. Prix 2008. Fft jour : Empl. Tourisme (2 1 - de 2) : 29 € ; Sup : 5 € 2 € (10 A) ; Animaux 4 € (Chien). Réduction H.S.

LANGUEDOC CAMPING ★★★ Tourisme 118 E. 1,46 ha. CV. Locations : 12, 15. Accès direct à la mer. Etang à 1 km.Rivière à 4 km. ; à 5 km : . Accueil groupes. 117, chemin du Pairollet. A 9, RN 112 Marseillan Plage Agde/Béziers ou Sète. Gardiennage. ☎ 04 67 21 92 55. Fax : 04 67 01 63 75. E-mail : languedoc.camping.fr@wanadoo.fr, Web : www.campinglanguedoc.com. Réduction H.S.

LE GALET ★★★ Tourisme 275 E. 2 ha. CV. Locations : 1, 32. Bord de mer à 200 m. ; à 200 m : . RN 112. ☎ 04 67 21 95 61 / 04 67 94 14 05 (H.S.). Fax : 04 67 94 14 05. Web : www.camping-galet.com.

CAMP GRANET ★★ Tourisme 57 E. 1,7 ha. sauf petits. Locations : . Etang et lac à 500 m. Bord de mer à 1 km. ; à 800 m : ; à 1 km : . 18, avenue du soleil. ☎ 04 67 21 93 81.

CAMP MUNICIPAL LE PISSE SAUMES ★★ Tourisme 268 E. 4 ha. Bord de mer à 500 m. Etang à 1 km. ; à 150 m : . Sur RN 112. ☎ 04 67 21 90 58 (Saison) / 04 67 21 97 27 (H.S.). Fax : 04 67 21 82 58.

LA JASSE SUR MER ★★ Loisirs 180 E. 2 ha. CV. Bord de mer à 300 m. ; à 300 m : . Ouv : Pâques / 15.10. 417, chemin du Pairollet. ☎ 04 67 21 92 47. Fax : 04 67 21 92 47.

LE GRILLON DES MERS ★★ Tourisme 62 E. 0,7 ha. 1, CV. Locations : 1. Bord de mer à 150 m. Etang à 3 km. ; à 150 m : ; à 1 km : . Ouv : 15.5 / 01.10. 782, avenue des campings, RN 108. ☎ 04 67 21 92 89. Fax : 04 67 21 92 89. E-mail : nadege.sokol@club-internet.fr. Prix 2008. Fft jour : Empl. Tourisme (2) : 16,50 € ; Sup : 3,60 € - de 2 ans 2 € ; 2,40 à 3,90 € ; 1 € ; Animaux 1,50 €. Réduction H.S.

LE NAUTIC ★★ Tourisme 78 E., dont 20 GCC, 1,7 ha. CV. Locations : 9, 7. Etang à 10 m. Bord de mer à 2,5 kms. ; à 2,5 km : . Ouv : 1.5 / 15.9. Chemin de Maldormir. A 9 sortie Agde ou Sète. ☎ 04 67 21 93 40 / 06 15 21 33 53 (H.S.). Fax : 04 67 21 93 40. E-mail : camping.lenautic34@wanadoo.fr, Web : www.campinglenautic34.com. Prix 2008. Fft jour : Empl. Tourisme (2) : 23 € ; Sup : 5 € - de 7 ans 2,50 € ; 2,75 € (6 A).
FFCC : partenaire - terrain assuré par la FFCC + réduction emp. de 5 % hors saison + réduction loc. de 5 % hors saison.

LE PARADOU ★★ Tourisme 62 E. 0,91 ha. CV Sanitaire chauffé. Locations : . Bord de mer à 30 m. . A Marseillan-Plage prendre dir. Sète et tourner à droite 300 m après le pont. ☎ 04 67 21 90 10. Fax : 04 67 21 90 10. Web : www.paradou.com.

LE RIEU ★★ Tourisme 45 E. 2,08 ha. gaz/électrique, Sanitaire chauffé. Locations : . Bord de mer à 100 m. à 100 m : ; à 500 m : . Chemin du Pairollet. ☎ 04 67 21 92 58. E-mail : lerieu@hotmail.fr.

ROBINSON ★★ Tourisme 220 E. 2,5 ha. Locations : . Accès direct à la mer. Etang à 2 km. . RN 112. Entre Agde et Sète. ☎ 04 67 21 90 07 / 04 67 00 05 64 (H.S.). Fax : 04 67 21 90 07. E-mail : campingrobinson@ifrance.com, Web : www.ifrance.com/campingrobinson.

LA MOUETTE ★ Tourisme 16 E. dont 16 nus 0,16 ha. Bord de mer à 700 m. Etang à 3 km. ; à 700 m : . Ouv : 1.4 / 15.9. A9 sortie 34 puis prendre dir. Agde - Sete RN 112 ☎ 04 67 21 88 92 / 03 87 81 19 54 (H.S.) (H.S.). Fax : 04 67 21 88 92. Prix 2008. Fft jour : Empl. Tourisme (2) : 16 € Sup : 5 € 1,50 € (6 A) ; Animaux 1 €. Réduction H.S.

LES SIRENES ★ Tourisme 594 E. 8,7 ha. RD 51. RN 108. ☎ 04 67 21 92 83.

Mme ANGLADE-SALVAIRE,aire naturelle CV. A 4 km: . Domaine de la Grenadière. ☎ 04 67 62 57 48. Prix 2007. Fft jour : Empl. Tourisme (2) : 16 € ; 3 € (6 A).

Mme ROGI Danielle,aire naturelle pétanque, CV. A 5 km: . A 10 km : . Ouv : 1.4 / 30.9. Domaine de Villemarin, par RD 51, à 5 km Nord-Est de la commune, à proximité de la ferme. Bois. ☎ 04 67 77 04 62 / 04 67 77 39 29 (H.S.). E-mail : michel.rogi@wanadoo.fr.

MARSEILLAN PLAGE

13-E3 27 km E. Béziers. 3 m. 3480 hab. ✉ 34340

M. LEFEVRE Edmond,Le Parisien . A 200 m : . Route de Sète. RN 112. ☎ 04 67 21 90 69.

MAUGUIO

13-E2 11 km E. Montpellier. 3 m. 9850 hab. ✉ 34130

CAMP INTERCOMMUNAL DES SALADELLES ★★ Tourisme 384 E. (334 Tourisme + 50 Loisirs), dont 189 GCC, 7 ha. Locations : . Bord de mer à 100 m. ; à 80 m : . A Carnon-Plage. Rue Gracien Cibran (petit travers), sur la route de la Grande-Motte. ☎ 04 67 68 23 71. Fax : 04 67 68 23 71. E-mail : camping.saladelles@wanadoo.fr, Web : www.sivom-etang-or.fr/.

MEZE

13-E2 30 km S.-O. Montpellier. 20 m. 5742 hab. ✉ 34140

BEAU RIVAGE ★★★ Tourisme 234 E. (200 Tourisme + 34 Loisirs), dont 34 GCC, 3,5 ha. à gaz, juillet/août, juillet/août, CV. Locations : 40. chauffée. Accès direct à l'étang. . Accueil groupes. Ouv : 5.4 / 20.9. Rés. obligatoire en été. Accès A 9, sortie Sète-Mèze. D 613. ☎ 04 67 43 81 48. Fax : 04 67 43 66 70. E-mail : reception@camping-beaurivage.fr, Web : www.camping-beaurivage.fr. Prix 2008. Fft jour : Empl. Tourisme (2) : 35 € (6 A)) ; Sup : 7 € Animaux 3 €.
FFCC : réduction loc. de 5 % hors saison + HC.

M. GIRARD Dominique,aire naturelle CV. A 1 km: . A 4 km : . A 6 km : Piscine plein air . Domaine de Saint-Esprit, 6 km de la commune, D 51, à proximité de la ferme. Terrain herbeux, ombragé, étang à 6 km. Animaux acceptés. Possibilité de recevoir des groupes. Sanitaires pour pers. handicapées. Réfrigérateur, congélateur à disposition gratuitement et gazinière. ☎ 04 67 43 95 00 / 06 81 10 19 53 (H.S.). E-mail : domgirard34@aol.com.
FFCC : partenaire - terrain assuré par la FFCC .

MINERVE

13-C3 52 km O. Béziers. 112 hab. ✉ 34210

Mme LOISEAU . A 2 km: . A 5 km : . La Ferme du Bois-Bas, par D 147. Cabine téléphonique. Archéologie, ornitologie et botanique. Stages de peinture, de tir à l'arc. Bibliothèque, location de poneys. ☎ 04 67 97 14 95. Web : boisbas.free.fr.

MONS

13-D2 40 km N.-O. Béziers. 250 m. 514 hab. ✉ 34390

CAMP MUNICIPAL DE TARASSAC ★★ Tourisme 131 E., dont 35 GCC, 4 ha. Accès direct à la rivière. . RD 14, RN 608. ☎ 04 67 97 72 64.

MONTAGNAC

13-E2 28 km N.-E. Béziers. 2900 hab. Station verte de vacances et village de neige ✉ 34530

CAMP MUNICIPAL LA PIBOULE ★★ Tourisme 56 E. 0,9 ha. CV. Rivière à 2 km. . RN 113 et A 7. ☎ 04 67 24 01 31.

M. & Mme CREBASSA,domaine Saint-Martin du Pin pétanque, CV. A 3 km: . A 9 km : . Ouv : 1.6 / 30.9. RN 113. Entre Montagnac et Mèze ☎ 04 67 24 00 37 / 05 63 60 47 50 (H.S.). Fax : 04 67 24 00 37. E-mail : elise_crebassa@yahoo.fr, Web : www.saint-martin-du-pin.com. Prix 2008. Fft jour : Empl. Tourisme (2) : 21 € ; Sup : 4 € - de 13 ans 3 € ; 3 € (6 A). Réduction H.S.

Mme CREBASSA,domaine Saint-Martin du Pin (2ème terrain) pétanque, CV. A 3 km: . A 6 km : . RN 113. ☎ 04 67 24 00 37 / 05 63 60 57 89. Fax : 04 67 24 00 37. Web : www.saint-martin-du-pin.com.

MONTBLANC

13-D3 15 km N.-E. Béziers. 40 m. 1643 hab. ✉ 34290

LE REBAU ★★★ Tourisme 161 E. dont 126 nus, dont 3 GCC, 1,8 ha. snack, CV. Locations : 2, 16, 14. Rivière à 500 m. à 500 m : . Accueil groupes. Ouv : 15.6 / 31.8. RD 18 et RN 113. Par A 9 sortie Agde dir. Pezenas puis Montblanc. ☎ 04 67 98 50 78. Fax : 04 67 98 68 63. E-mail : gilbert@camping-lerebau.fr, Web : www.camping-lerebau.fr. Prix 2008. Fft jour : Empl. Tourisme (2) : 20,50 € Sup : 5 € 4,70 € (5 à 6 A) ; Animaux 2,80 €. Réduction H.S.

MONTOULIEU

13-E1 46 km N. Montpellier. 180 m. 61 hab. ✉ 34190

CAMP MUNICIPAL ★★ Tourisme 30 E. 1 ha. buvette, . Locations : . Rivière à 5 km. . Place de l'Eglise. ☎ 04 67 73 30 75 / 04 67 73 79 31. Fax : 04 67 73 79 31.

La piscine du Montpellier plage

MURVIEL LES BEZIERS

13-D2 14 km N.-O. Béziers. 62 m. 1875 hab. ✉ 34490

CAMP MUNICIPAL ★ Tourisme 19 E. 0,37 ha. Rivière à 3 km. ☎ 04 67 37 84 97. Fax : 04 67 37 96 26.

NISSAN LEZ ENSERUNE

13-D3 10 km S.-O. Béziers. 2835 hab. ✉ 34440

LA DONADIVE ★★ Tourisme 40 E. CV. Accueil groupes. ☎ 04 67 37 00 20.

OCTON

13-D2 14 km S. Lodève. 125 m. 243 hab. ✉ 34800

LE MAS DES CARLES ★★ Tourisme 40 E. 0,7 ha. Locations : . Lac à 800 m. Rivière à 3 km. à 500 m : , ; à 800 m : , . Sur RD 148, RN 9. ☎ 04 67 96 32 33.

LE VILLAGE DU BOSC ★★ Tourisme 80 E. 6 ha. , snack, CV Rés. naturiste. Locations : 24 , 4 . . Lac à 1,5 km. ; à 1 km : , , . A 75 sorties 54/55 de Millau sortie Lac du Salagou ou de Montpellier sortie Octon. ☎ 04 67 96 07 37. Fax : 04 67 96 35 75. E-mail : r.villagedubosc@free.fr, Web : www.villagedubosc.net.

M. GROS-FROMENTY,aire naturelle Les Arcades CV. A 1 km: . A 10 km : . Ouv : 15.5 / 30.9. A 75 sortie n° 54/55 lac du Salagou Octon. ☎ 04 67 96 99 13 / 04 67 96 99 13 (H.S.). E-mail : camping-les-arcades@orange.fr. Prix 2008. Fft jour : Empl. Tourisme (2) : 14,80 € ( ) ; Sup : 3 € - de 7 ans 2 €.

PALAVAS LES FLOTS

13-E2 11 km S.-E. Montpellier. 4180 hab. ✉ 34250

LES ROQUILLES ★★★ Tourisme 792 E., dont 100 GCC - 54 HLL, 10 ha. CV. Locations : , 37 . . Bord de mer à 100 m. mer : ; à 100 m : , , . 267, avenue Saint Maurice. ☎ 04 67 68 03 47. Fax : 04 67 68 54 98.

MONTPELLIER PLAGE CAMPING ★★★ Tourisme 700 E. 9,5 ha. CV. . Bord de mer à 50 m. ; ; à 50 m : . 95 avenue de Saint Maurice, RN 586. ☎ 04 67 68 00 91 / 04 67 68 07 01. Fax : 04 67 68 10 69. E-mail : camping.montpellier.plage@wanadoo.fr, Web : www.domaine-saint-maurice.com.

SAINT MAURICE ★★★ Tourisme 150 E. 2,2 ha. CV. Locations : 16 . Bord de mer à 50 m. ; ; à 50 m : . 189 avenue Saint Maurice, RN 586. ☎ 04 67 68 99 61 / 04 67 68 00 91 (H.S.). Fax : 04 67 68 10 69. E-mail : camping.montpellier.plage@wanadoo.fr, Web : www.domaine-saint-maurice.com.

PALAVAS ★ Tourisme 450 E., dont 100 GCC, 8 ha. sauf petits . Locations : , . Accès direct à la mer. ; ; ; ; . Rive Droite. Route de Maguelone. ☎ 04 67 68 01 28 / 06 62 42 34 43. Fax : 04 99 74 24 90. E-mail : info@palavas-camping.fr, Web : www.palavas-camping.fr.

PEZENAS

13-D2 23 km N.-E. Béziers. 7841 hab. ✉ 34120

CAMP MUNICIPAL CASTEL SEC ★★ Tourisme 45 E. (34 Tourisme + 11 Loisirs), dont 18 HLL, 1 ha. CV. Locations : 6 . . Rivière à 3 km. . Agde A 9. RN 113. ☎ 04 67 98 04 02. Fax : 04 67 90 72 47.

ST CHRISTOL ★★ Tourisme 98 E. dont 90 nus 1,5 ha. , la nuit, CV. Locations : 4 , 4 . . Rivière à 500 m. . Ouv : 15.4 / 15.9. Au pont de la rivière Peyne prendre la route de Nizas puis 500 m à droite. ☎ 04 67 98 09 00 / 06 11 39 59 17 (H.S.). Fax : 04 67 98 89 61. E-mail : saintchristol@worldonline.fr, Web : www.campingsaintchristol.com. Prix 2008. Empl. Tourisme : 9 € ( ) : 3,60 € ; - de 7 ans 2,10 € ; 3 €. Réduction H.S.

LES CIGALES ★ Tourisme 45 E. dont 28 nus, dont 1 CC, 0,6 ha. , buvette, CV. Locations : 17 . . Rivière à 2 km. à 2 km : , . Accueil groupes. Ouv : 20.6 / 10.9. Hameau de Conas. Suivre route d'Agde. ☎ 04 67 98 97 99 / 04 76 73 61 84 (H.S.). E-mail : informations@campinglescigales.com, Web : www.campinglescigales.com. Prix 2007. Fft jour : Empl. Tourisme (2) : 16,10 € ( ) ; Sup : 2,80 € - de 7 ans 1,40 € ; 2,25 € (6 A) ; Animaux 0,80 €.

PINET

13-E3 28 km N.-E. Béziers- 827 hab. ✉ 34850

TERRE DE SOLEIL ★ Tourisme 32 E. Domaine St-Jean des Sources. ☎ 04 64 77 99 09.

M. PANIS Max CV. A 5 km: . A 10 km : Piscine plein air. L'Oasis, 300 m de la commune. Terrain herbeux, ombragé. Location de caravanes, mobile-homes, chambres et gîtes ruraux. ☎ 04 67 77 00 23.

FFCC : partenaire - terrain assuré par la FFCC .

LES PLANS

13-D2 5 km N.-O. Lodève. 300 m. 177 hab. ✉ 34700

DOMAINE NATURISTE DE LAMBEYRAN ★★ Tourisme 100 E. 20 ha. Rés. naturiste. Locations : , , , . . . ☎ 04 67 44 13 99. Fax : 04 67 44 09 91. E-mail : lambeyran@wanadoo.fr, Web : www.lambeyran.com.

PORTIRAGNES

12 km S.-E. Béziers. 10 m. 1348 hab. ✉ 34420

LES SABLONS ★★★★ Tourisme 794 E. dont 231 nus, , dont 268 GCC, 15 ha. CV. Locations : 83 , 200 , , . . Accès direct à la mer et à l'étang. ; ; ; ; . Accueil groupes hors saison. Ouv : 1.4 / 30.9. Sur RD 37. ☎ 04 67 90 90 55. Fax : 04 67 90 82 91. E-mail : contact@les-sablons.com, Web : www.les-sablons.com. Prix 2008. Fft jour : Empl. Tourisme (2) : 45 € ((6 A)) ; Sup : 8 € - de 5 ans 4 € ; Animaux 4 €. Réduction H.S.

L'EMERAUDE ★★★ Tourisme 250 E., dont 145 GCC, 4,23 ha. CV. Locations : 11 , 150 , , . . Rivière à 500 m. Bord de mer à 800 m. ; ; à 100 m : ; à 800 m : , . Sur RD 37. Sortie autoroute Béziers-Est. Dir. Agde-Portiragnes. ☎ 04 67 90 93 76. Fax : 04 67 09 91 18. E-mail : contact@campinglemeraude.com, Web : www.campinglemeraude.com. Réduction H.S.

LES MIMOSAS ★★★ Tourisme 400 E., dont 155 GCC, 7 ha. , gaz/électrique, CV. Locations : 4 , 200 , 10 , . . Accès direct à la rivière. Bord de mer à 1,3 km. ; à 50 m : ; à 1,3 km : , , . Ouv : 1.5 / 31.8. Port Cassafières. A 9 sortie Béziers-Est. Dir. Agde/Vias, à 3 km prendre Portiragnes-Plage à droite, le long du Canal du Midi. ☎ 04 67 90 92 92. Fax : 04 67 90 85 39. E-mail : les.mimosas.portiragnes@wanadoo.fr, Web : www.mimosas.com. Prix 2007. Fft jour : Empl. Tourisme (2) : 35 € ( ) ; Sup : 9 € - de 4 ans 4 € ; 3 à 4 € ; Animaux 5,50 €. Réduction H.S.

FFCC : partenaire + carte FFCC assurance annulation.

CAMP C.C.A.S. ★★ Tourisme 56 E., dont 56 GCC. Réservé C.C.A.S.

CAMP FAMILIAL DE VENISSIEUX (69) ★★ Tourisme 177 E. 3,4 ha. . Locations : . Bord de mer à 150 m. 2 avenue des Muriers. ☎ 04 67 90 92 44 / 04 67 90 83 37. Fax : 04 67 90 92 44.

LE POUGET

13-E2 27 km S.-E. Lodève. 95 m. 987 hab. ✉ 34230

CAMPOTEL L'AFFENAGE ★★ Tourisme 47 E. dont 47 nus CV. . Rivière à 2 km. à 2 km : , ; à 10 km : . Accueil groupes. Ouv : 1.6 / 30.9. Route de Canet. A 75 sorties 58 et 59 Clermont l'Hérault. A 9 sortie 32 Montpellier Ouest, suivre Millau ou sortie 33 Sète, suivre Clermont l'Hérault. ☎ 04 67 88 66 04 / 06 88 91 81 88 (H.S.). Fax : 04 67 88 66 04. E-mail : contact@gite34.com, Web : www.gite34.com. Prix 2007. Empl. Tourisme : 5 € ; 10 € ; 3,50 € ; - de 7 ans 1 € ; 3 € ; Animaux 2 €.

FFCC : partenaire + réduction emp. de 10 % en saison et hors saison.

POUSSAN

13-E2 22 km S.-O. Montpellier. 2728 hab. ✉ 34560

LE GAREL ★★ Loisirs 100 E. dont 76 nus, 1 ha. , collectif, CV. Locations : 11, 1. . Bord de mer et étang à 5 km. ; à 5 km : , , . Accueil groupes. Ouv : 8.4 / 30.9. Rés. obligatoire en été. A 9 sortie 33. D 613 rond-point entrée Gigean, dir. Poussan. ☎ 04 67 78 22 21. Fax : 04 67 78 22 21. E-mail : camping.legarel@wanadoo.fr, Web : www.camping-legarel.com. Prix 2007. Fft jour : Empl. Tourisme (2) : 20 € () ; Sup : 3,50 €Animaux 2,40 €. Réduction H.S.
FFCC : réduction loc. de 5 % hors saison.

PREMIAN

13-C2 60 km N.-O. Béziers. 256 m. 410 hab. ✉ 34390

CAMP MUNICIPAL LES TERRASSES DU JAUR ★★ Tourisme 40 E. , collectif, CV. Locations : . Rivière à 100 m. ; . ☎ 04 67 97 27 85 / 04 67 97 06 40 (Mairie) (H.S.). Fax : 04 67 97 06 40.

RIOLS

13-C2 723 hab. ✉ 34220

M. RICHARD Jo,aire naturelle de Condades . A 5 km: . A 15 km : . Accès par la RN 112, St Chinian/St Pons-de-Thomières. ☎ 04 67 97 32 17 / 06 10 69 84 39. Fax : 04 67 97 32 17. E-mail : jorichar@club-internet.fr.

ROQUEBRUN

13-D2 28 km N.-O. Béziers. 90 m. 573 hab. ✉ 34460

CAMP MUNICIPAL LE NICE ★★★ Tourisme 45 E. 0,5 ha. CV. Locations : 8. . Rivière à 50 m. ; ; sur l'Orb : ; . Accueil groupes. CD 19 et 14. ☎ 04 67 89 61 99 / 04 67 89 79 97 (O.T.). Fax : 04 67 89 78 15. E-mail : office-tourisme-roquebrun@wanadoo.fr, Web : www.roquebrun.org.

ST ANDRE DE SANGONIS

13-E2 19 km S.-E. Lodève. 2696 hab. ✉ 34725

LE SEPTIMANIEN ★★★ Tourisme 78 E., dont 9 GCC, 2,3 ha. CV. Locations : 9, 9. . Rivière à 2 km.Lac à 5 km. à 1 km : , ; à 5 km : . Accueil groupes. Ouv : 5.4 / 27.9. Entre Lodève et Montpellier (A 75), Sortie St André de Sangonis ☎ 04 67 57 84 23. E-mail : leseptimanien@yahoo.fr, Web : www.camping-leseptimanien.com. Prix 2008. Fft jour : Empl. Tourisme (2) : 21,80 € () Réduction H.S.

ST BAUZILLE DE PUTOIS

13-E1 40 km N.-O. Montpellier. 137 m. 1108 hab. ✉ 34190

LES MURIERS ★★ Tourisme 78 E. 1 ha. CV. Locations : 4. Rivière à 150 m. Accueil groupes. Ouv : 1.5 / 31.8. Chemin des Sauzèdes, CD 108, CD 986. ☎ 04 67 73 73 63 / 06 23 77 81 19 / 04 67 73 74 28 (H.S.). Prix 2007. Empl. Tourisme : 4,50 € ; 3,50 € ; - de 3 ans 1,70 € ; 3 €. Réduction H.S.

ST CHINIAN

13-D2 28 km N.-O. Béziers. 122 m. 1756 hab. ✉ 34360

CAMP MUNICIPAL LES TERRASSES ★★ Tourisme 54 E. 1,4 ha. gratuit, CV. Rivière à 200 m. Accueil groupes. Ouv : 1.7 / 31.8. Route de Saint Pons. ☎ 04 67 38 28 28 (Mairie). Fax : 04 67 38 28 29. E-mail : mairie@saintchinian.fr. Prix 2007. Empl. Tourisme : 3,20 € ; 2 € ; - de 7 ans 1 € ; 2 €.

ST FELIX DE L HERAS

13-D1 15 km N. Lodève. 650 m. 28 hab. ✉ 34520

MAS DE TESSIER A 5 km : . A 75 sortie n° 49 en venant du Nord ou 50 en venant de Lodève. ☎ 04 67 44 52 63. Fax : 04 67 44 52 63. E-mail : info@masdemessier.com, Web : www.masdetessier.com. Prix 2007. Fft jour : Empl. Tourisme (2) : 12,75 € Sup : 2,50 €.

ST GERVAIS SUR MARE

13-D2 52 km N.-O. Béziers. 330 m. 859 hab. ✉ 34610

LE CLOCHER DE NEYRAN ★★ Tourisme 50 E. 0,5 ha. CV. Locations : 4. Rivière à 100 m. Accès par la N 9 (Lodève-Bédarieux). ☎ 04 67 23 64 16. Fax : 04 67 23 64 16. E-mail : leclocher.neyran@wanadoo.fr.

ST MARTIN DE LONDRES

13-E2 25 km N.-O. Montpellier. 195 m. 1073 hab. ✉ 34380

LE PIC SAINT LOUP ★★ Tourisme 80 E., dont 5 GCC, 1,8 ha. ap. 22 h, CV. Locations : 9, 2. couverte chauffée. Rivière à 5 km. ; à 5 km : . RN 586, RD 122. ☎ 04 67 55 00 53. Fax : 04 67 55 00 04.

FFCC : partenaire - terrain assuré par la FFCC.

ST PONS DE THOMIERES

13-C2 50 km N.-O. Béziers. 300 m. 3120 hab. ✉ 34220

LES CERISIERS DU JAUR ★★★ Tourisme 44 E. dont 39 nus (40 Tourisme + 4 Loisirs) 1.15 ha. 1 km, CV. Locations : 3, 2. Rivière à 100 m. Ouv : 1.01 / 31.12. En venant de Béziers (N 112 ou D612). juste avant St-Pons, tourner à droite (dir. Olargues). ☎ 04 67 95 30 33 / 06 03 17 07 94 (Virginie VANDEVELDE) (H.S.). Fax : 04 67 23 09 96. E-mail : lescerisiersdujaur@orange.fr, Web : www.cerisierdujaur.com. Prix 2007. Fft jour : Empl. Tourisme : 20 € (E. CC E. GCC) ; Sup : 5 € (de 7 ans) 3 € ; 3,50 € (10 A). Réduction H.S.

FFCC : partenaire + réduction emp. de 5 % en saison et hors saison + Stop accueil Camping-car du 01/01 au 05/07 et du 23/08 au 31/12/2008, accès jusqu'à 22h + réduction loc. de 5 % en saison et hors saison.

M. LE NOBLE, aire naturelle Vert et gîtes A 5 km : . A 10 km : . Accès par la D 907. ☎ 04 67 97 10 97. Fax : 04 67 97 21 61. E-mail : info@borioderoque.com, Web : www.borioderoque.com.

ST THIBERY

13-D3 20 km N.-E. Béziers. 1874 hab. ✉ 34630

LE PIN PARASOL ★★ Tourisme 115 E. 2,4 ha. CV. Locations : 12, . Rivière à 1 km. ; à 1 km : . A 9 sortie Agde, dir. Pézenas-St-Thibéry. ☎ 04 67 77 84 29. Fax : 04 67 77 84 29.

SALASC

13-D2 15 km S. Lodève 200 m. 141 hab. ✉ 34800

M. DELAGE Lionel A 100 m : . A 4 km : . Route de Mas Canet. ☎ 04 67 96 15 62.

LA SALVETAT SUR AGOUT

13-C2 72 km N.-O. Béziers. 700 m. 1174 hab. Station verte de vacances et village de neige ✉ 34330

CAMP LES BOULDOUIRES ★★★ Tourisme 105 E., dont 41 GCC, 2,6 ha. snack, CV. Locations : 2, 4. Lac à 100 m. Accueil groupes. Ouv : 1.4 / 30.11. ☎ 04 67 97 36 91. Fax : 04 67 23 87 64. E-mail : contact@campingbouldouires.fr, Web : www.campingbouldouires.fr. Prix 2007. Empl. Tourisme : 3,50 € ; 3 € ; 4 € ; - de 7 ans 2,60 € ; 4 € (6 A). Réduction H.S.

FFCC : Stop accueil Camping-car toute l'année.

CENTRE DE VACANCES FAMILIALES CCE CIMENTS CALCIA ★★ Tourisme 64 E. 1,1 ha. Locations : , , , maisonnettes (permanent). Lac à 500 m. Rivière à 2 km. Réservé Comité d'Entreprise Calcia jusqu'au 1.04. ☎ 04 67 97 63 45 (H.S.). Fax : 04 67 97 54 69.

GOUDAL ★★ Tourisme 100 E. 5 ha. snack, CV. Locations : , , , , Petits chalets (prix par jour). Lac et rivière à 3 km. Accueil groupes. La Gache. ☎ 04 67 97 60 44. E-mail : info@goudal.com, Web : www.goudal.com. Réduction H.S.

LA BLAQUIERE ★★ Tourisme 60 E. dont 50 nus 0,85 ha. CV. Locations : 8, 6. Accès direct à la rivière. Lac à 2 km. Ouv : 1.6 / 31.8. Route de Lacaune. Face à la gendarmerie. ☎ 04 67 97 61 29 / 04 67 24 71 08 (H.S.). Fax : 04 67 97 61 29. Web : www.blaquiere.fr.st. Prix 2007. Fft jour : Empl. Tourisme (2) : 9,50 € ( ) ; Sup : 3,40 € 1,60 € ; 2,80 €.

CAMP MUNICIPAL LOU REDOUNDEL ★ Tourisme 60 E. 2 ha. CV. Accès direct à la rivière. Lac à 1 km. ; à 1 km : . Accueil groupes. RN 607. ☎ 04 67 97 36 91.

M. CABROL Thierry Besses Hautes. RD 907 avant d'arriver à La Salvetat dir. Besses Hautes.

M. COMBES Pierre (1er terrain) A 2,5 km : Piscine plein air . A 1 km : . A 5 km : . Camping de Grualgues, 1 km Nord-Est de la commune. Pré plat herbeux, ombragé, au pied d'une petite colline, rivière à 300 m, lac à 2,5 km. Randonnées pédestres. ☎ 04 67 97 61 52.

M. COMBES Pierre (2ème terrain) A 2,5 km : Piscine plein air . A 1 km : . A 5 km : . Camping de Grualgues, 1 km Nord-Est de la commune. Pré plat herbeux, ombragé, au pied d'une petite colline, rivière à 300 m, lac à 2,5 km. Randonnées pédestres. ☎ 04 67 97 61 52.

CAMPING DOMAINE LE PEYRAL, aire naturelle La Salvetat sur Agout suivre Lacaune puis Nages/Murat. Après 1 km panneau à gauche Le Peyral. ☎ 04 67 23 95 28 / 04 67 97 51 91 (H.S.). E-mail : peyralparts@wanadoo.fr, Web : perso.wanadoo.fr/campinglepeyral.

M. MAS Gérard, aire naturelle CV. A 50 m : . A 5 km : Piscine plein air . A 7 km : . Moulières. ☎ 04 67 97 64 45. Fax : 04 67 97 64 45.

M. PATAILLE FRANCOIS, aire naturellle Le Menhir de Cascavel ☎ 04 67 97 69 45.

SAUVIAN

13-D3 7 km S.-E. Béziers. 2031 hab. ✉ 34410

LA GABINELLE ★★★ Tourisme 196 E. 3 ha. Locations : , . Bord de mer à 5 km. ; à 2 km : . Sur D 19, N 112. Sortie autoroute Béziers Ouest à 4 km. ☎ 04 67 39 50 87 / 04 67 39 54 65 (H.S.). E-mail : gabinelle@wanadoo.fr, Web : www.gabinelle.com.

SERIGNAN

13-D3 10 km S.-E. Béziers. 10 m. 3888 hab. ✉ 34410

ALOHA VILLAGE ★★★★ Tourisme 320 E., dont 160 GCC, 6 ha. CV. Locations : 23, 120. chauffée. Accès direct à la mer. Etang à 600 m. Rivière à 4 km. Ouv : 26.4 / 14.9. Sortie A 9 Béziers-Est dir. les Plages. Sérignan/Valras-plage/Sérignan Plage. ☎ 04 67 39 71 30. Fax : 04 67 32 58 15. E-mail : info@yellohvillage-aloha.com, Web : www.yellohvillage-aloha.com. Prix 2008. Fft jour : Empl. Tourisme (2 1 - de 4 ans) : 43 € ( ) ; Sup : 6 €Animaux 3 €. Réduction H.S.

DOMAINE NATURISTE LE CLOS DE FERRAND ★★★★ Tourisme 90 E. dont 90 nus 1,5 ha. Rés. naturiste. Accès direct à la mer. Etang et rivière à 1 km. ; naturisme obligatoire : . Ouv : 10.5 / 20.9. Autoroute sortie Béziers-Est dir. les Plages Valras/Sérignan-Ouest, puis dir. Valras-Plage Sérignan. ☎ 04 67 32 14 30. Fax : 04 67 32 15 99. E-mail : leclosferrand-centrenaturiste.fr, Web : www.leclosferrand-centrenaturiste.fr. Prix 2007. Fft jour : Empl. Tourisme (2) : 38 € ( ) ; Sup : 8 € - de 3/12 ans 4 € ; 4 à 5 € (2 à 6 A).

LE CLOS VIRGILE ★★★★ Tourisme 299 E. (259 Tourisme + 40 Loisirs), dont 64 GCC, 5 ha. CV. Locations : 22, 69. couverte chauffée. Bord de mer à 400 m. ; à 400 m : . ; à 2 km : . Ouv : 4.5 / 15.9. Sortie A 9 Béziers-Est. Suivre dir. Sérignan puis Sérignan-Plage. ☎ 04 67 32 20 64. Fax : 04 67 32 05 42. E-mail : le.clos.virgile@wanadoo.fr, Web : www.leclosvirgile.com. Prix 2008. Fft jour : Empl. Tourisme (2) : 36 € ( ) ; Sup : 6 €Animaux 3 €. Réduction H.S.

LA CAMARGUE ★★★ Tourisme 200 E., dont 23 GCC, 2,5 ha. ap. 24 h, CV. Accès direct à la mer et à l'étang. Rivière à 2 km. ☎ 04 67 32 19 64. Fax : 04 67 39 78 20. E-mail : camping-camargue@wanadoo.fr.

LA MAIRE ★★★ Tourisme 206 E., dont 16 GCC, 3 ha. CV. Locations : 27, 43. Bord de mer et étang à 600 m. Rivière à 3 km. ; à 600 m : . Ouv : 15.4 / 15.9. ☎ 04 67 39 72 00. Fax : 04 67 32 56 16. E-mail : richard.berge@wanadoo.fr, Web : www.camping-lamaire.fr. Prix 2007. Fft jour : Empl. Tourisme (2) : 31 € ( ) ; Sup : 6,50 € Réduction H.S.

LE BEAUSEJOUR ★★★ Tourisme 380 E., dont 240 GCC, 8 ha. CV. Locations : 50, Cottages. Accès direct à la mer. Etang à 1 km.Rivière à 2 km. ; ; ; . Ouv : 1.4 / 30.9. Sortie Autoroute Béziers-Est. ☎ 04 67 39 50 93. Fax : 04 67 32 01 96. E-mail : contact@camping-beausejour.com, Web : www.camping-beausejour.com. Prix 2008. Fft jour : Empl. Tourisme (2) : 38,50 € ((10 A)) ; Sup : 6,50 € - de 7 ans 3,50 € ; Animaux 3,50 €.

LE MAS DES LAVANDES ★★★ Tourisme 166 E. dont 35 nus, , dont 38 HLL, 3 ha. CV. Locations : 12, 20, 2. . Bord de mer à 1,5 km. ; ; ; ; gratuit : ; . Accueil groupes. Sortie Béziers-Est dir. Sérignan-Valras plage. Après Hyper U camping au prochain rond-point à droite. ☎ 04 67 39 75 88 / 04 67 50 17 51 (H.S.). Fax : 04 67 32 12 37. E-mail : info@lemasdeslavandes.fr, Web : www.lemasdeslavandes.fr. Réduction H.S.

LE PARADIS ★★★ Tourisme 129 E. dont 87 nus (98 Tourisme + 31 Loisirs), dont 31 GCC, 2 ha. , seulement électrique et gaz, CV Sanitaire chauffé. Camping clef verte. Locations : 20. . Bord de mer et rivière à 3 km. ; à 2 km : 2 km, , . Route de Valras, RD 19, RN 113. ☎ 04 67 32 24 03. Fax : 04 67 32 24 03. E-mail : paradiscamping34@aol.com, Web : www.camping-leparadis.com. Prix 2007. Fft jour : Empl. Tourisme : 28 € () ; Sup : 4,50 € 3 €. Réduction H.S.

LE SERIGNAN PLAGE ★★★ Tourisme 648 E. (327 Tourisme + 321 Loisirs), dont 35 CC - 186 GCC, 12 ha. , Interdit les jours de fort vent, CV. Locations : 20, 130, . chauffée . Accès direct à la mer. Rivière à 1 km. ; ; ; ; à 1 km : . Sortie A 9 Béziers Est n°35. dir. Sérignan puis suivre Sérignan Plage. ☎ 04 67 32 35 33. Fax : 04 67 32 26 36. E-mail : info@leserignanplage.com, Web : www.leserignanplage.com. Prix 2008. Fft jour : Empl. Tourisme (2 1) : 44 € () ; Sup : 8 €Animaux 4 €. Réduction H.S.

LE SERIGNAN PLAGE NATURE ★★★ Tourisme 498 E. dont 151 nus, , dont 163 GCC, 8 ha. , Interdit en cas de fort vent, CV Rés. naturiste. Locations : 6, 80, 8. chauffée . Accès direct à la mer. Rivière à 1 km. ; ; ; à 1 km : ; à 5 km : 5 km. Ouv : 21.4 / 24.9. Sortie autoroute A9 Béziers-Est n°35 dir. Les Plages. puis suivre Sérignan et Sérignan-Plage ☎ 04 67 32 09 61. Fax : 04 67 32 68 41. E-mail : info@leserignannature.com, Web : www.leserignannature.com. Prix 2008. Fft jour : Empl. Tourisme (2) : 42 € () ; Sup : 8 € Réduction H.S.

LES SABLES ★★★ Tourisme 380 E., dont 30 GCC, 5,8 ha. CV. Locations : 3, , 107. . Rivière à 500 m. Bord de mer à 800 m. ; ; à 500 m : ; à 800 m : . Boulevard Cdt Lhermier. Autoroute Béziers-Est dir. Valras-Plage au rond-point avec Ancre Marine, prendre tout à gauche dir. le port, 200 m à gauche rue du Gourp Salat. Animaux interdits dans les locations. ☎ 04 67 32 33 86. Fax : 04 67 39 51 51. E-mail : info@campinglessables.com, Web : www.campinglessables.com. Réduction H.S.

L'HERMITAGE ★★★ Tourisme 100 E., dont 19 GCC, 1,8 ha. CV. Locations : 3, 60. chauffée . Rivière à 1 km.Bord de mer à 1,3 km.Etang à 4 km.; à 1,5 km : . Ouv : 1.1 / 31.12. Route de Valras-plage. RD 19. ☎ 04 67 32 61 81. Fax : 04 67 32 61 80. E-mail : contact@club-hermitage.com, Web : www.club-hermitage.com.
FFCC : réduction loc. de 5 % hors saison + HC.

C.C.A.S. LES COTES DU SOLEIL ★★ Tourisme 217 E. Réservé C.C.A.S.

LA JASSE ★★ Tourisme 95 E. . Locations : . Rivière à 400 m. Bord de mer à 500 m. ; ; . Rue du Gourp Salat. ☎ 04 67 32 13 36. Fax : 04 67 90 93 76.

LE PHARE OUEST ★★ Tourisme 200 E. 10 ha. . Accès direct à la mer. ; ; . Sur RD 37. ☎ 04 67 32 14 98. Fax : 04 67 32 07 02. E-mail : mairie@ville-serignan.fr.

CAMP DU COMITE ENTREPRISE HUARD U.C.F. ★ Tourisme 20 E. Réservé Comité d'Entreprise.

L'ORPELLIERE ★ Tourisme 245 E. 6 ha. , Interdit les jours de fort vent, CV. Locations : 20, 56, , chauffée . Accès direct à la mer. Rivière à 1 km. ; ; ; à 1 km : . Sortie A 9 Béziers-Est n° 35 dir. Sérignan puis suivre Sérignan Plage. ☎ 04 67 32 35 33. Fax : 04 67 32 26 36. E-mail : info@leserignanplage.com, Web : www.leserignanplage.com. Prix 2008. Fft jour : Empl. Tourisme (2) : 44 € ( ) ; Sup : 8 €Animaux 4 €. Réduction H.S.

M. ABEL Jean-Luc,aire naturelle CV. A 500 m : . A 1 km: . A 2 km : . A 10 km : Piscine plein air. Domaine Querelles. Sérignan à 2 km. Valras plage à 2 km. Vue sur la mer. Calme au milieu des vignes. ☎ 04 67 32 03 01 / 06 08 53 60 91 (H.S.). E-mail : ajeanluc@yahoo.fr, Web : www.querelles.com.
FFCC : partenaire + réduction emp. de 5 % en saison et hors saison.

Voir aussi VALRAS-PLAGE

SERVIAN

13-D2 15 km N.-E. Béziers. 60 m. 2754 hab. ✉ 34290

CAMP MUNICIPAL LA PASCALE ★★ Tourisme 50 E. dont 50 nus 1,5 ha. saison, CV. . RN 9 puis CD 18 dir. Servian. A 9 sortie Agde/Pézenas, D 13 jusqu'à Mirocade de St-Thibery Montblanc, D 18 jusqu'à Servian. ☎ 04 67 39 29 68 / 04 67 30 84 89. E-mail : servian@club-internet.fr. Réduction H.S.

SETE

13-E2 28 km S.-O. Montpellier. 4 m. 40466 hab. ✉ 34200

LE CASTELLAS ★★★★ Tourisme 990 E. dont 360 nus, dont 53 GCC - 53 HLL, 16,5 ha. sauf petits chiens CV. Locations : 70, 440, , chauffée . Bord de mer à 20 m. ; ; ; ; juillet/août : ; . Autoroute sortie Sète. Passer Sète prendre dir. les plages-Agde - Beziers. ☎ 04 67 51 63 00 / 0810 122 813 (H.S.). Fax : 04 67 51 63 01. E-mail : castellas@village-center.com, Web : www.village-center.com/castellas. Réduction H.S.

C.C.A.S. ★★ Tourisme 38 E.

SOUBES

13-D2 5 km N.-E. Lodève. 565 hab. ✉ 34700

LES RIALS ★★★ Tourisme 100 E. 3,4 ha. CV. . Accès direct à la rivière. Lac à 5 km. ; . Route de Poujols. RN 9 et A 75 sortie 52 dir. Poujols. ☎ 04 67 44 15 53 / 04 90 95 01 13 (H.S.) (H.S.). Fax : 04 67 44 15 53. E-mail : mendez11@voila.fr, Web : campinglesrials.site-voila.fr.
FFCC : partenaire - terrain assuré par la FFCC.

LES SOURCES ★★★ Tourisme 51 E. dont 51 nus , spécifique, CV. Locations : . . Accès direct à la rivière. ; . Chemin d'Aubaygues. A 75 (Paris-Clermont-Montpellier). Escalade, parapente, spéléologie, randonnée. Bassin pour baignade. ☎ 04 67 44 32 02. Fax : 04 67 44 32 02. E-mail : jlsources@wanadoo.fr, Web : www.campingdessources.cjb.net.

LE SOULIE

13-C2 65 km N.-O. Béziers. 880 m. 107 hab. ✉ 34330

Mme COMBES Noélie . A 3 km: . A 9 km : Piscine plein air . Le Soulié Bas, sur RD 150 E et 55 E, 200 m de la commune, à proximité de la ferme. Pré, ruisseau à 100 m, rivière Larn à 300 m. ☎ 04 67 97 05 95.
FFCC : partenaire - terrain assuré par la FFCC .

LA TOUR SUR ORB

13-D2 40 km N. Béziers. 228 m. 1031 hab. ✉ 34260

CAMP MUNICIPAL ★★ Tourisme 26 E., dont 26 GCC. CV. Rivière à 100 m. Accueil groupes. ☎ 04 67 95 05 44. Fax : 04 67 95 31 91. E-mail : mairie.latoursurorb@wanadoo.fr.

LA SIESTE ★★ Tourisme 66 E. 1 ha. CV. Locations : 2, 6, 10. . Accès direct à la rivière. ; ; . Ouv : 15.6 / 31.8. Véreilles, D 35. ☎ 04 67 23 72 96. Fax : 04 67 23 75 38. E-mail : campinglasieste@wanadoo.fr, Web : perso.wanadoo.fr/campinglasieste. Prix 2007. Fft jour : Empl. Tourisme (2 1 - de 6) : 14 € ( ) ; 2,30 à 3 € (4 à 6 A). Réduction H.S.

TOURBES

13-D2 18 km N.-E. Béziers. 1003 hab. ✉ 34120

DOMAINE DE MONT ROSE ★★★ Tourisme 154 E. (144 Tourisme + 10 Loisirs), dont 16 CC - 48 GCC, 2 ha. , pain, collectif, CV. Locations : 5, 12. . Rivière à 5 km. ; à 5 km : . Accueil groupes. Accès par Valros, RN 113/9. ☎ 04 67 98 52 10 / 06 88 59 35 11 (H.S.). Fax : 04 67 98 20 57. E-mail : contact@camping-montrose.com, Web : www.logassist.fr/montrose.

VALRAS PLAGE

13-D3 13 km S. Béziers. 10 m. 2590 hab. ✉ 34350

BLUE BAYOU ★★★★ Tourisme 256 E., dont 105 GCC, 6 ha. CV. Locations : 40, 30, 30. chauffée . Bord de mer à 300 m. Rivière à 1 km.Etang à 2 km. ; ; à 300 m : ; ; . Ouv : 22.3 / 15.9. Sortie A 9 Béziers-Ouest, puis dir. Valras Plage, puis Vendres plage-Ouest. ☎ 04 67 37 41 97. Fax : 04 67 37 53 00. E-mail : bluebayou@infonie.fr, Web : www.bluebayou.fr. Prix 2008. Fft jour : Empl. Tourisme (6 1 - de 4) : 37 € ((10 A)) ; Sup : 9 €Animaux 5 €. Réduction H.S.

CENTRAL CAMPING ★★★ Tourisme 184 E. 2 ha. . Locations : . Bord de mer et rivière à 300 m. ; à 250 m : ; à 300 m : , . Avenue Charles Cauquil. ☎ 04 67 32 10 78. Fax : 04 67 32 10 78.

DOMAINE LES VIGNES D'OR ★★★ Tourisme 250 E., dont 45 GCC, 4 ha. , saison, saison, saison, saison/pain, à gaz, saison, saison, saison, CV. Locations : 10, 100. . Rivière à 1,5 km.Bord de mer à 2,5 km. . Ouv : 1.5 / 15.9. Rés. obligatoire en été. Route de Valras. ☎ 04 67 32 37 18. Fax : 04 67 32 00 80. E-mail : info@vignesdor.com, Web : www.vignesdor.com. Prix 2008. Fft jour : Empl. Tourisme (2) : 26 € ( ) ; Sup : 6 € - de 2/7 ans 4 € ; 3,70 € (6 A) ; Animaux 4,30 €. Réduction H.S.

LE LEVANT ★★★ Tourisme 97 E. (55 Tourisme + 42 Loisirs) 1,5 ha. gaz/électrique, CV Sanitaire chauffé. Locations : 21. chauffée. Rivière à 500 m. Bord de mer à 800 m.; à 500 m :,; à 800 m :.Accueil adultes. Avenue Charles Cauquil. Entrée Est de Valras-plage à côté du poste à essence Total. ☎ 04 67 32 04 45. Fax : 04 67 32 06 33. E-mail : camping.dulevant@free.fr, Web : www.campingdulevant.com. Réduction H.S.

L'OCCITANIE ★★★ Tourisme 412 E. 6 ha. CV. Locations : 51, 10. Bord de mer et rivière à 1 km.; à 1 km :,,. Ouv : 31.5 / 6.9. Accès par A 9 sortie Béziers-Est. A l'entrée de Valras Plage Est. ☎ 04 67 39 59 06. Fax : 04 67 32 58 20. E-mail : campingoccitanie@wanadoo.fr, Web : www.campingoccitanie.com. Prix 2008. Fft jour : Empl. Tourisme (2) : 29 € () ; Sup : 5 € - de 7 ans 3 € ; Animaux 3 €. Réduction H.S.

Voir aussi SERIGNAN et VENDRES

VENDRES

13-D3 10 km S. Béziers. 25 m. 1120 hab. ✉ 34350

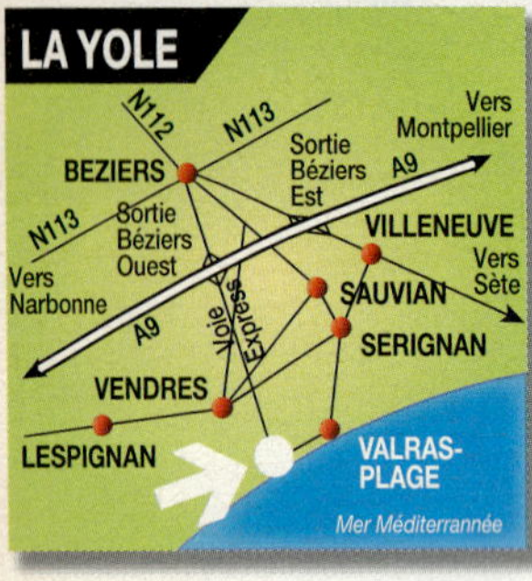

LA YOLE ★★★★ 1007 E. 20 ha. CV. Locations : 200, Pavillons. Bord de mer à 400 m. Rivière à 1 km. ; à 400 m : , . Ouv : 26.4 / 20.9. CD 37 E2. A 9, sortie Béziers-Ouest. ☎ 04 67 37 33 87. Fax : 04 67 37 44 89. E-mail : info@campinglayole.com, Web : www.campinglayole.com. Prix 2008. Fft jour : Empl. Tourisme (2) : 41,10 € Sup : 7 € - de 16 ans 4,20 € ; Animaux 3,95 €.

LES FOULEGUES ★★★★ Tourisme 339 E., dont 46 GCC, 5,5 ha. CV. Locations : 8, 30. Bord de mer à 300 m. Rivière à 500 m. Etang à 1 km. ; à 200 m : ; à 500 m : ; à 3 km : . D 37 E. A 9 sortie Béziers-Ouest. Suivre Valras-Plage puis Vendres-Plage Ouest. ☎ 04 67 37 33 65. Fax : 04 67 37 54 75. E-mail : info@campinglesfoulegues.com, Web : www.campinglesfoulegues.com. Réduction H.S.

LES VAGUES ★★★★ Tourisme 490 E. (340 Tourisme + 150 Loisirs), dont 25 HLL, 6,5 ha. CV. Locations : 23, 225. chauffée. Bord de mer à 400 m. ; ; ; ; à 400 m : . Ouv : 1.4 / 30.9. Vendres Plage. Autoroute sortie Béziers-Est. ☎ 04 67 37 33 12 / 04 67 02 02 53 (H.S.). Fax : 04 67 37 50 36. E-mail : lesvagues34@free.fr, Web : www.lesvagues.net. Prix 2008. Fft jour : Empl. Tourisme (2) : 44 € ((10 A)) ; Sup : 7 € 4,50 € ; Animaux 6,50 €.

FFCC : réduction loc. de 5 % hors saison + HC.

LOU VILLAGE ★★★★ Tourisme 580 E. (460 Tourisme + 120 Loisirs), dont 280 GCC, 6 ha. CV. Locations : 21, 100. chauffée. Accès direct à la mer. ; ; ; ; à 50 m : . Ouv : 26.4 / 14.9. Rés. obligatoire en été. RD 19. A 9 sortie Béziers-Ouest puis Vendres-plage, Valras-Ouest. ☎ 04 67 37 33 79. Fax : 04 67 37 53 56. E-mail : info@louvillage.com, Web : www.lou-village.com. Prix 2008. Fft jour : Empl. Tourisme (2 1 - de 2 ans) : 42 € ((10 A)) ; Sup : 7,50 € - de 7 ans 4 € ; Animaux 4 €. Réduction H.S.

MON PLAISIR ★★★★ Tourisme 254 E., dont 226 GCC, 3,4 ha. CV. Locations : 47, . chauffée. Bord de mer à 200 m. ; ; ; ; . ☎ 04 67 37 35 92 / 04 67 37 01 99 (H.S.). Fax : 04 67 37 54 64.

LA PLAGE ET DU BORD DE MER ★★★ Tourisme 665 E., dont 60 GCC, 10 ha. , pizza, . Locations : . Accès direct à la mer. Rivière à 2 km. ; ; ; ; . Route de Vendres. A 9 sortie Béziers Ouest. ☎ 04 67 37 34 38 / 04 67 30 36 37 (H.S.). Fax : 04 67 31 50 15. E-mail : la-plage@lespiedsdansleau.com.

LE MEDITERRANEE ★★★ Tourisme 320 E., dont 5 CC - 20 GCC, 4 ha. CV. Locations : 6, 6, 15, 9. . Bord de mer à 200 m. ; à 150 m : . Route de Vendres, sortie Valras Plage. ☎ 04 67 37 34 29 / 04 67 37 58 48. Fax : 04 67 37 58 47.

LE SAINT-MEEN ★★★ Tourisme 152 E. 2,5 ha. CV. Locations : 35, . . Bord de mer à 300 m. ; ; ; ; . Route du Grau de Vendres. ☎ 04 99 41 03 51. Fax : 04 99 41 03 50. E-mail : contact@saint-meen.com, Web : www.saint-meen.com.

LES SABLINES ★★★ Tourisme 195 E. , collectifs, CV. Locations : 10, . . Bord de mer à 500 m. ; ; ; à 500 m : . Ouv : 26.4 / 21.9. Chemin des Montilles. Sortie Béziers-Ouest dir. Vendres-plage Ouest. ☎ 04 67 37 40 36 / 05 61 18 24 88 (H.S.). Fax : 04 67 32 74 29. Web : www.homair.com.

CAMP G.C.U. Réservé aux adhérents. Adhésion possible sur place pour les sociétaires MAIF et FILIA Maif. Centre G.C.U. initiation à la danse de salon.

CAMP MUNICIPAL LES CARDONILLES ★★ Tourisme 82 E. 1 ha. . Locations : . Accès direct à l'étang. Bord de mer à 4 km. à 4 km : , , , . ☎ 04 67 39 57 14 (Camping) / 04 67 32 60 50 (Mairie). Fax : 04 67 32 60 45. E-mail : vendres.com@wanadoo.fr.

★★★ & ★★★★ Les Vagues

A environ 400 m des plages. Venez découvrir notre Parc Aquatique de 500 m² avec piscine à vagues et piscine chauffée du 01/04 au 30/09.

Location de Mobil-homes et de Chalets jusqu'à 8 personnes.
Ouvert du 01/04 au 30/09

Les Vagues - Vendres Plage - 34350 Valras Plage
Tél : 04 67 37 33 12 - Fax : 04 67 37 50 36
www.lesvagues.net lesvagues34@free.fr

Méditerranée

DOMAINE LES MURIERS ★★ Tourisme 200 E., dont 150 GCC. Locations : 100, . . Accès direct à la mer. ; ; ; . CD 37. ☎ 04 67 32 67 22 / 04 67 09 80 00. Fax : 04 67 09 80 11. E-mail : lami@wanadoo.fr, Web : www.lamy.be.

MARINA ★★ Tourisme 220 E. dont 103 nus, dont 67 GCC, 3,36 ha. CV. Locations : 50 . Bord de mer à 200 m. Rivière à 1 km. ; ; ; . Ouv : 1.5 / 20.9. A 9 sortie Béziers-Ouest. ☎ 04 67 37 33 80. Prix 2008. Fft jour : Empl. Tourisme (2) : 21,55 € ((5 A)) ; Sup : 3,22 € - de 7 ans 2,70 € ; Animaux 2,30 €. Réduction H.S.

PARC RESIDENTIEL DE LOISIRS LE MAS DES SABLONS P.R.L. 68 E., dont 44 HLL, 2,59 ha. CV. Locations : 31, 44 . couverte chauffée . Bord de mer et étang à 300 m. Rivière à 1 km. ; ; ; . Accueil groupes. Chemin des Montilles. A 9 sortie n° 36 Béziers Ouest/Vendres Plage Ouest. ☎ 04 67 39 74 80. Fax : 04 67 39 83 73. E-mail : lodges-mediterranee@wanadoo.fr, Web : www.lodges-mediterranee.com.

VIAS

13-D3 17 km S.-E. Béziers. 2940 hab. ✉ 34450

CALIFORNIE PLAGE ★★★★ Tourisme 371 E., dont 30 GCC, 5,6 ha. CV. Camping clef verte. Locations : 98, . couverte chauffée . Accès direct à la mer. Rivière à 500 m. ; ; ; ; . Accueil groupes. Ouv : 1.4 / 31.10. Vias-Plage puis dir. côte Ouest. ☎ 04 67 21 64 69. Fax : 04 67 21 54 62. E-mail : californie.plage@wanadoo.fr, Web : www.californie-plage.fr. Prix 2008. Fft jour : Empl. Tourisme (2) : 33,50 € () ; Sup : 5 € - de 2/4 ans 2 € ; Animaux 4,60 €. Réduction H.S.

FFCC : partenaire + carte FFCC assurance annulation.

Les représentants départementaux de la FFCC sont bénévolement à votre disposition pour tous renseignements sur le camping. Retrouvez leurs coordonnées au début de chaque département.

DOMAINE DE LA DRAGONNIERE ★★★★ Tourisme 546 E., dont 519 GCC, 23 ha. CV. Camping clef verte. Locations : 300, 100, 260, , . chauffée 3 (éclairés), . Rivière à 4 km.Bord de mer à 5 km. à 5 km : , , . Ouv : 15.3 / 6.10. Sortie A 9 Béziers-est puis dir. Vias. RN 112. ☎ 08 926 95 926. Fax : 04 67 21 73 39. E-mail : dragonniere@wanadoo.fr, Web : www.dragonniere.com. Prix 2008. Fft jour : Empl. Tourisme (3) : 42 € Sup : 7 €Animaux 5,50 €.

FARRET ★★★★ Tourisme 437 E. dont 357 nus, , dont 37 GCC, 7 ha. CV. Locations : , 62, 19, Mobile homes 2 chambres. chauffée . Accès direct à la mer. Rivière à 1 km. ; ; ; ; à 7 km : . Ouv : 24.4 / 11.10. A 9 sortie Agde/Pézenas. Voie rapide dir. Vias-Plage. ☎ 04 67 21 64 45. Fax : 04 67 21 70 49. E-mail : farret@wanadoo.fr, Web : www.yellohvillage-club-farret.com. Prix 2008. Fft jour : Empl. Tourisme (2 1 - de 1) : 44 € () ; Sup : 8 €Animaux 3 €. Réduction H.S.

LA CARABASSE ★★★★ Tourisme 995 E. (660 Tourisme + 335 Loisirs), dont 335 GCC, 18 ha. CV. Locations : 250, . . Bord de mer à 800 m. ; à 600 m : ; à 800 m : , . A 9 sortie 34 dir. Agde/Pezenas suivre les panneaux Agde/Vias sur RN 312. Après 12 km, RN 112 dir. Béziers puis Vias-Plage. Au rond-point sortie Vias-Plage D 137 La Carabasse se trouve 1 km plus loin à gauche. ☎ 04 67 21 59 90. Fax : 04 67 21 76 87. E-mail : reservations@lacarabasse.fr, Web : www.lacarabasse.fr. Réduction H.S.

LA PLAGE ★★★★ Tourisme 271 E. dont 143 nus, dont 190 GCC, 4 ha. CV. Camping clef verte. Locations : 102, . chauffée . Bord de mer à 150 m. Rivière à 1 km. ; ; ; . Ouv : 24.4 / 11.10. Rés. obligatoire en été. A 9 sortie Agde/Pézenas. RD 137 par RN 112. ☎ 04 67 21 64 45. Fax : 04 67 21 70 49. E-mail : farret@wanadoo.fr, Web : www.yellohvillage-club-farret.com. Prix 2008. Fft jour : Empl. Tourisme (2 1 - de 1) : 44 € ( ) ; Sup : 8 €Animaux 3 €.

LES JARDINS D'ELSA ★★★★ Tourisme 39 E., dont 39 GCC. , pain, gaz/électrique, CV. Locations : 10 . . Rivière à 400 m. Bord de mer à 600 m. ; à 600 m : ; à 800 m : . Par A 9 sortie n° 34. ☎ 04 67 01 69 00 / 04 6 721 57 57 / 06 19 12 29 63 (H.S.). Fax : 04 67 01 69 01. E-mail : info@camping-elsa.com, Web : www.camping-elsa.com. Réduction H.S.

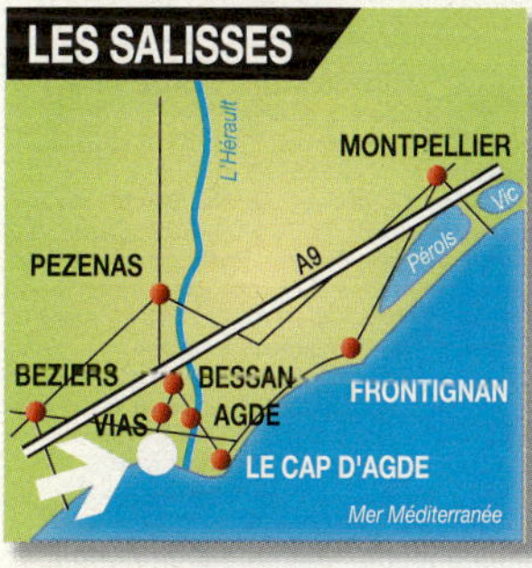

LES SALISSES ★★★★ Tourisme 447 E. dont 110 nus, , dont 242 GCC - 264 HLL, 7 ha. CV. Locations : 78 , 25 , . couverte chauffée . Bord de mer à 800 m. ; ; à 800 m : , ; à 10 km : . Accueil groupes. Route de Farinette. Sur RD 137, sortie Vias Plage. A 9 sortie 34 Vias Plage Farinette. ☎ 04 67 21 64 07. Fax : 04 67 21 76 51. E-mail : info@salisses.com, Web : www.salisses.com. Réduction H.S.

NAPOLEON ★★★★ 168 E., dont 12 HLL, 3 ha. , à gaz, , saison, CV. Locations : 36 , 69 , 5 , . chauffée . Bord de mer à 150 m. à 150 m : , , . Accueil groupes. Ouv : 21.3 / 30.9. 1171, ave. de la Méditerranée, A 9 sortie Agde/Pezenas/Vias dir. Vias Plage RD 137. N 112 Farinette-plage. ☎ 04 67 01 07 80. Fax : 04 67 01 07 85. E-mail : reception@camping-napoleon.fr, Web : www.camping-napoleon.fr. Prix 2007. Fft jour : Empl. Tourisme (2 1 - de 4 ans) . 38 € ( ) ; Sup : 6 €Animaux 4 €. Réduction H.S.

CAP SOLEIL ★★★ Tourisme 288 E., dont 66 GCC, 3 ha. , saison, saison, saison, saison, saison, , saison, saison, CV. Locations : 20 , . couverte chauffée . Rivière à 600 m. Bord de mer à 800 m. ; à 400 m : ; à 700 m : ; à 800 m : . Ouv : avril / septembre. Vias dir. Vias-Plage suivre les panneaux camping côte Ouest. ☎ 04 67 21 64 77. Fax : 04 67 21 70 66. E-mail : cap.soleil@wanadoo.fr, Web : www.capsoleil.fr. Prix 2008. Fft jour : Empl. Tourisme (2 1) : 35 € ( ) ; Sup : 6 €

FFCC : partenaire + carte FFCC assurance annulation.

DOMAINE STE CECILE ★★★ Tourisme 108 E. (83 Tourisme + 25 Loisirs), dont 2 GCC, 1,21 ha. CV. Locations : 13 , meublés. . Rivière à 200 m. Bord de mer à 500 m. à 200 m : ; à 500 m : , ; à 1 km : . Gare SNCF à Agde à 7 km. Aérodrome Béziers Vias à 15 km. Autoroute accès à Bessan à 7 km. Canal du Midi à 500 m. ☎ 04 67 21 63 70. Fax : 04 67 21 48 71. E-mail : campingsaintececile@wanadoo.fr, Web : www.camping-sainte-cecile.com. Prix 2007. Fft jour : Empl. Tourisme (2 1 - de 1 ans) : 28 € Sup : 4,34 € 2 € (3 à 6 A) ; Animaux 3 €. Réduction H.S.

HELIOS ★★★ Tourisme 190 E. dont 103 nus, , dont 8 GCC, 3 ha. CV. Locations : 6, 15, 4. Accès direct à la rivière. Bord de mer à 200 m. ; à 200 m : . Ouv : 1.5 / 27.9. Rue des Pêcheurs. RD 137. ☎ 04 67 21 63 66 / 06 81 29 61 57 / 04 68 32 23 17 (H.S.). Fax : 04 67 21 63 66. E-mail : franceschi.louis@wanadoo.fr, Web : www.camping-helios.com. Prix 2008. Fft jour : Empl. Tourisme (2) : 18 € ; 2 à 3,50 € (2 à 6 A) ; Animaux 1,50 €. Réduction H.S.

FFCC : partenaire - terrain assuré par la FFCC.

L'AIR MARIN ★★★ Tourisme 306 E., dont 200 GCC, 5 ha. sauf chiens seulement, collectifs. Locations : 10, 50. Accès direct à la rivière. Bord de mer à 800 m. ; à 800 m : 800 m. En arrivant sur Vias plage. prendre camping côte Est en bordure du Canal du Midi. ☎ 04 67 21 64 90. Fax : 04 67 21 76 79. E-mail : info@camping-air-marin.fr, Web : www.camping-air-marin.fr. Prix 2007. Fft jour : Empl. Tourisme : 35 € ; Sup : 7 € Réduction H.S.

LE MAS DE LA PLAGE ★★★ Tourisme 152 E., dont 15 GCC. CV. Locations : 10, 8, 5. chauffée . Bord de mer à 150 m. Rivière à 500 m. ; à 150 m : ; à 7 km : . A Farinette Plage. A 9 sortie 34. ☎ 04 67 21 64 27. Fax : 04 67 21 01 36. E-mail : lemasdelaplage@wanadoo.fr, Web : www.lemasdelaplage.com.

LE NAVARRE ★★★ Tourisme 160 E. dont 80 nus, dont 76 GCC, 1,6 ha. CV. Locations : 80. . Rivière à 400 m. Bord de mer à 600 m. ; à 600 m : ; à 5 km : . Accueil groupes. Ouv : 11.4 / 15.9. Rés. obligatoire en été et en hiver. 534, avenue de la Méditerranée. ☎ 04 67 21 64 05. Fax : 04 67 21 76 69. E-mail : info@campinglenavarre.org, Web : campinglenavarre.org. Prix 2008. Fft jour : Empl. Tourisme (2) : 17,40 € ; 4 € (6 A) ; Animaux 2 €.

FFCC : partenaire + carte FFCC assurance annulation.

LE PETIT MOUSSE ★★★ Tourisme 401 E., dont 27 GCC. collectifs, en été, CV. Locations : 6, 306, 57. chauffée . Accès direct à la mer. Rivière à 2 km. Lieu-dit La Grande Causse. A 9 sortie 34 dir. Vias puis Vias-Plage et côte-Ouest sur 5 km. ☎ 04 67 90 99 04. Fax : 04 67 90 97 95. E-mail : lepetitmousse34@wanadoo.fr, Web : campinglepetitmousse.com.

LES CIGALES ★★★ Tourisme 122 E. 3,3 ha. CV. Locations : 80. Bord de mer à 800 m. . Lieu-dit Trou de Ragout, RN 112. ☎ 04 67 01 07 07 / 0 825 12 45 45 (Réserv.). Fax : 04 75 55 09 08. E-mail : cigales@vacanciel.com, Web : www.vacanciel.com.

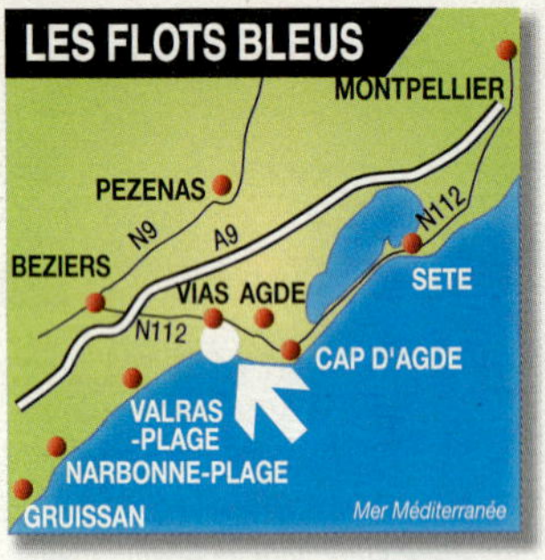

LES FLOTS BLEUS ★★★ Tourisme 317 E. dont 147 nus 4,55 ha. CV. Locations : 20, 50. chauffée . Accès direct à la mer et à la rivière. ; .Accueil adultes. Ouv : 7.4 / 16.9. Côte Ouest. RD 137, RN 112. A 9 sortie Agde/Bessan. ☎ 04 67 21 64 80. Fax : 04 67 01 78 12. E-mail : campinglesflotsbleus@wanadoo.fr, Web : www.camping-flotsbleus.com. Prix 2007. Fft jour : Empl. Tourisme (2) : 32 € ; Sup : 5,50 € - de 4 ans 3,50 € ; Animaux 3,50 €. Réduction H.S.

FFCC : partenaire + réduction emp. de 5 % en saison et 8 % hors saison + Stop accueil Camping-car de début avril au 30/06 et du 25/08 à la fin septembre 2008, accès jusqu'à 21h.

LES ONDINES ★★★ Tourisme 302 E., dont 29 GCC, 3,5 ha. CV. Locations : 12, 20. . Bord de mer à 800 m. ; à 600 m : ; à 800 m : . Accueil groupes. Sur RD 137 E, après les Ecluses du Libron. ☎ 04 67 21 63 59. Fax : 04 67 21 76 07. E-mail : contact@camping-les-ondines.com, Web : www.camping-les-ondines.com. Réduction H.S.

MEDITERRANEE PLAGE ★★★ Tourisme 410 E. dont 160 nus, 7 ha. CV. Locations : 170. chauffée. Accès direct à la mer. ; . Accueil groupes. Ouv : 22.3 / 21.9. Côte Ouest. A 9 sortie Béziers-Est dir. Portiragnes. Animation des ateliers du cirque gratuite en avant saison ☎ 04 67 90 99 07. Fax : 04 67 90 99 17. E-mail : camping.med@wanadoo.fr, Web : www.mediterranee-plage.com. Prix 2008. Fft jour : Empl. Tourisme (2) : 36,40 € ; Sup : 6,20 € - de 10 ans 4,60 € ; Animaux 3,50 €. Réduction H.S.

FFCC : partenaire + carte FFCC assurance annulation.

CAMP DU COMITE DES OEUVRES SOCIALES DU TARN ET GARONNE ★★ Tourisme 43 E. Bord de mer à 500 m. La Kabylie, chemin de la Redoute. Réservé exclusivement au personnel municipal. ☎ 04 67 90 97 76.

LA DUNE ★★ Tourisme 112 E., dont 34 GCC, 1,6 ha. CV. Locations : 25, 24. Accès direct à la mer. ; ; .Accueil enfants. Ouv : 1.1 / 31.12. Sortie autoroute Béziers-Est, dir. Vias. Prendre dir. Portiragnes-Plage. Au ranch Les Gaillardels, prendre à gauche, suivre les panneaux. ☎ 04 67 90 99 21 / 05 61 62 39 30 (H.S.). Fax : 04 67 90 99 43. E-mail : info@tempslibre-vacances.com, Web : www.tempslibre-vacances.com. Prix 2007. Fft jour : Empl. Tourisme (2) : 125 € / la semaine Sup : 38 € - de 7 ans 16 € ; 23 €.

LE JEAN PERES Réservé aux adhérents. Adhésion possible sur place pour les sociétaires MAIF et FILIA MAIF. Prix 2007. Fft jour : Empl. Tourisme (2) : 125 € / la semaine ; Sup : 38 € - de 7 ans 16 € ; 13 €.

LES HEURES CLAIRES ★★ Tourisme 176 E. 2,45 ha. buvette saison, saison, saison, saison, saison, saison, CV. Locations : 12, 6. poneys. Bord de mer à 500 m. ; . Sortie autoroute Béziers-Est, dir. Vias. Prendre dir. Portiragne-Plage. ☎ 04 67 90 93 87 / 05 61 29 83 29. Fax : 04 67 90 93 87.

PLEINE MER ★★ Tourisme 94 E. dont 54 nus 1,5 ha. pain, CV. Locations : 30. Bord de mer à 100 m. Etang à 300 m. Rivière à 1 km. . Sortie Bessan A 9, le camping se situe entre la réserve naturelle du Clot et la station de Vias-Plage. ☎ 04 67 21 63 83. Fax : 04 67 21 91 93. E-mail : camping.pleinemer@wanadoo.fr, Web : www.campingpleinemer.fr. Réduction H.S.

ROUCAN PLAGE ★★ Tourisme 69 E., dont 1 GCC, 1 ha. CV. Locations : 5, 10. Accès direct à la mer. . RN 112, au Front de Mer. ☎ 04 67 21 64 65. Fax : 04 67 21 01 93. E-mail : camping-roucan-plage@wanadoo.fr, Web : www.roucanplage.com.

ROUCAN WEST ★★ Tourisme 140 E. 2 ha. CV. Locations : 25. Accès direct à la mer. A 9 sortie 34 Agde-Pezenas dir. Agde-Vias, sortie Vias-Plage, office du tourisme suivre flèches. ☎ 04 67 21 64 64. Fax : 04 67 21 64 79. E-mail : info@campingleroucan.com, Web : www.campingleroucan.com.

G.C.U. LA COTE D'AMETHYSTE Réservé aux adhérents. Adhésion possible sur place pour les sociétaires MAIF et FILIA MAIF.

LE JEAN PEREZ ★ Tourisme 159 E. dont 20 nus 2,9 ha. pétanque, CV. Locations. Bord de mer à 200 m. Accueil groupes. Sortie autoroute Béziers-Est dir. Agde puis Portiragne plage. ☎ 04 67 90 99 12 / 05 61 62 39 30. Fax : 04 67 90 99 12. E-mail : info@tempslibre-vacances.com, Web : www.tempslibre-vacances.com.

VIC LA GARDIOLE

13-E2 17 km S.-O. Montpellier. 10 m. 827 hab. ✉ 34110

L'EUROPE ★★★★ Tourisme 324 E. (323 Tourisme + 1 Loisirs), dont 28 GCC, 5 ha. CV. Locations : 160, 127. Etang à 4 km. Bord de mer à 5 km. ; à 500 m ; à 5 km. Accueil groupes. A 9, sortie St-Jean-de-Védas, dir. Sète par RN 112 puis dir. Mireval, Vic-la-Gardiole. ☎ 04 67 78 11 50 / 0810 122 813 (H.S.). Fax : 04 67 78 48 59. E-mail : europe@village-center.com, Web : www.village-center.com/europe.

ALTEA ★★★ Tourisme 76 E. 2 ha. la nuit, CV. Locations : 14. Etang à 1 km. Bord de mer à 4 km. à 1 km ; à 4 km ; à 5 km. Accueil groupes. Ouv : 1.1 / 31.12. 1, route des Aresquiers. A 9 sortie St-Jean-de-Védas puis RN 112 vers Sète à 10 km. ☎ 04 67 78 14 09 / 06 21 35 07 44 (H.S.). Fax : 04 67 78 14 09. E-mail : contact@alteacamping.com, Web : www.alteacamping.com. Prix 2008. Fft jour : Empl. Tourisme (2) : 19 € ; Sup : 4 € - de 7 ans 3 € ; 2,50 à 4 € (2 à 6 A) ; Animaux 3 €. Réduction H.S.

LE CLOS FLEURI ★★ Tourisme 121 E., dont 27 GCC - 11 HLL, 2 ha. CV. Locations : 12, 4, 2. chauffée. Etang à 500 m. Bord de mer à 2 km. à 500 m ; à 2 km. Rte de la mer, RN 112. ☎ 04 67 78 15 68. Fax : 04 67 78 77 62. E-mail : reception@camping-clos-fleuri.fr, Web : www.camping-clos-fleuri.fr.

NEW DAY ★ Loisirs 100 E. 2,2 ha. Bord de mer à 4 km. 27, route de Montpellier. A 9 sortie n° 23 Saint-Jean de Vedas direction Sète sur RN 112. ☎ 04 67 36 12 52. Fax : 04 67 36 12 52. E-mail : contact@campingnewday.fr.

VILLENEUVE LES BEZIERS

7 km S.-E. Béziers. 2550 hab. ✉ 34420

LES BERGES DU CANAL ★★★ Tourisme 75 E. dont 5 nus 0,8 ha. CV. Locations : 20, 4. Rivière à 5 m. Bord de mer à 5 km. ; à 6 km ; à 10 km. Accueil groupes. Quai du Canal. N 112 Cap d'Agde/Béziers. D 37 Villeneuve-les-Béziers/Valras Plage. ☎ 04 67 39 36 09. Fax : 04 67 39 82 07. E-mail : contact@lesbergesducanal.com, Web : www.lesbergesducanal.com. Prix 2007. Fft jour : Empl. Tourisme (2) : 23 € ; Sup : 4,50 € Réduction H.S.

VILLENEUVE LES MAGUELONE

13-E2 11 km S. Montpellier. 10 m. 3003 hab. ✉ 34750

L'ARNEL ★★ Tourisme 250 E. 3,5 ha. Locations. Accès direct à l'étang. Route de Palavas. D 185 à 4 km de Palavas les Flots. ☎ 04 67 69 33 65. Fax : 04 67 69 65 55.

Cartes 2-5-6

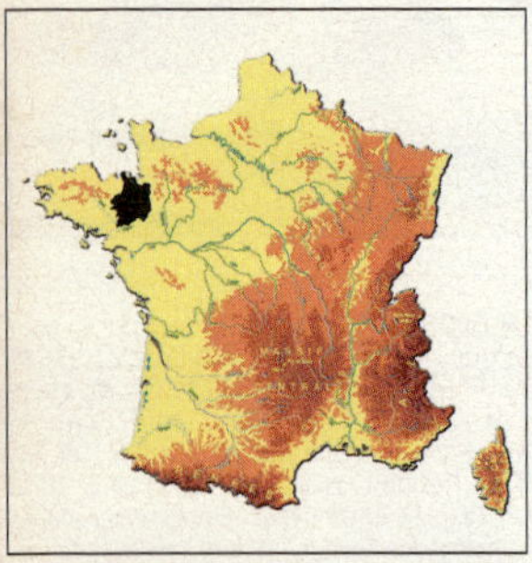

ANTRAIN

2-B4 26 km N.-N.-E. Fougères. 40 m. 1550 hab. ✉ 35560

CAMP MUNICIPAL ★★ Tourisme 25 E. Baie du Mont-Saint-Michel. ☎ 02 99 98 33 44 / 02 99 98 31 09.

BAGUER PICAN

2-B4 28 km S.-E. Saint-Malo. 16 m. 879 hab. ✉ 35120

LE VIEUX CHENE ★★★★ Tourisme 199 E. (124 Tourisme + 75 Loisirs), dont 75 GCC, 6 ha. CV Sanitaire chauffé. Locations : 18, 2. chauffée poneys, gratuit, gratuit. Accès direct à l'étang. Ouv : 5.4 / 21.9. Sur la RN 175-176, entre Pontorson et Dol de Bretagne prendre la sortie Dol-Est/Baguer Pican vers RD 576, puis au feu à gauche. ☎ 02 99 48 09 55. Fax : 02 99 48 13 37. E-mail : vieux.chene@wanadoo.fr, Web : www.camping-vieuxchene.fr. Prix 2008. Fft jour : Empl. Tourisme (2) : 29,90 € Sup : 6 € - de 12 ans 3,90 € ; 4 € (10 A) ; Animaux 3 €. Réduction H.S.

BAIN DE BRETAGNE

5-F4 32 km S. Rennes. 127 m. 5316 hab. Village de neige ✉ 35470

CAMP MUNICIPAL DU LAC ★★ Tourisme 100 E. (74 Tourisme + 26 Loisirs) 2 ha. pain. Locations : Accès direct aux bords du lac. Rivière à 3 km. Ouv : 1.4 / 31.10. 300 m RN 772, route de Launay. 300 m RN de Châteaubriant. ☎ 02 99 43 70 24 (Mairie) / 02 99 43 85 67 (H.S.). E-mail : contact@camping-dulac.fr.

BAINS SUR OUST

5-E4 7 km N. Redon. 2610 hab. ✉ 35600

L'ILE AUX PIES ★★ Tourisme 60 E. 3 ha. Accès direct à la rivière. 2 km RD 873. ☎ 02 99 91 70 87.

AIRE NATURELLE LA MORINAIS CV. A 800 m : . A 1 km : . A 4 km : Piscine plein air . Route de la Gacilly. ☎ 02 99 72 12 17. Fax : 02 99 72 12 17.

BEDEE

2-A5 20 km N.-O. Rennes. 87 m. 2726 hab. ✉ 35137

LE BLAVON ★ Loisirs 25 E. CV. Ouv : 1.1 / 31.12. Le Blavon. ☎ 02 99 07 04 03. Fax : 02 99 07 04 03.

BOURG DES COMPTES

2-A5 50 km N.-E. Redon. 1463 hab. ✉ 35890

CAMP MUNICIPAL LA COURBE ★★ Tourisme 60 E. 1 ha. Locations : . Etang et rivière à 100 m. Axe Rennes/Nantes 5 km. Au bourg dir. Guichen, tourner à gauche avant le pont de la Vilaine. ☎ 02 99 05 62 62 (Mairie) / 06 77 04 37 47. Fax : 02 99 05 62 69. E-mail : bourg-des-comptes@wanadoo.fr.

BRUZ

2-A5 12 km S. Rennes. 32 m. 13207 hab. ✉ 35170

LA GARENNE DE PAN ★ Loisirs 30 E., dont 30 CC, 1,68 ha. Locations : . ☎ 02 99 41 22 07 / 06 80 43 36 14.

CANCALE

2-A4 14 km N.-N.-E. Saint-Malo. 45 m. 4693 hab. ✉ 35260

BEL AIR ★★★ Loisirs 210 E., dont 210 GCC, 4 ha. CV. Locations : 2, 30. Bord de mer à 1 km. à 1 km : . Sur CD 201, 300 m RN 155. CD 201. ☎ 02 99 89 64 36. Fax : 02 99 89 66 81.

CAMP DE PORT MER ★★★ Loisirs 83 E., dont 83 GCC, 2,4 ha. Accès direct à la mer. Route de la Pointe du Grouin. D 201. ☎ 02 99 89 63 17.

LE BOIS PASTEL ★★★ Tourisme 199 E. (143 Tourisme + 56 Loisirs), dont 56 GCC. CV. Locations : 16. couverte chauffée . Bord de mer à 800 m. ; à 800 m : . Ouv : 2.4 / 1.10. A Cancale dir. St-Malo D 201 par route touristique. Puis route à gauche 2,5 km après la pointe du Grouin. ☎ 02 99 89 66 10. Fax : 02 99 89 60 11. E-mail : camping.bois-pastel@wanadoo.fr, Web : www.campingboispastel.fr. Prix 2008. Empl. Tourisme : 11 € () : 2 € ; 2 € ; 4,50 € ; - de 10 ans 3 € ; 4 € (6 A) ; Animaux 2,50 €. Réduction H.S.

NOTRE DAME DU VERGER ★★★ Tourisme 56 E. (50 Tourisme + 6 Loisirs), dont 20 GCC, 1,8 ha. CV. Bord de mer à 400 m. ; à 400 m : ; à 2 km : . A Cancale prendre Saint-Malo D 201 par route touristique. Le camping est situé à 2,5 km après La Pointe du Grouin. ☎ 02 99 89 72 84 / 02 99 89 66 10. Fax : 02 99 89 60 11. Réduction H.S.

CAMP MUNICIPAL A LA POINTE DU GROUIN ★★ Tourisme 199 E. 3 ha. CV Sanitaire chauffé. Accès direct à la mer. Accueil groupes hors saison. Ouv : 1.3 / 27.10. 200 m CD 201. ☎ 02 99 89 63 79 / 02 99 89 60 15 (H.S.). Fax : 02 99 89 84 01. E-mail : mairie@ville-cancale.fr, Web : www.ville-cancale.fr. Prix 2007. Fft jour : Empl. Tourisme (1) : 10 € () ; Sup : 2,10 € - de 13 ans 1,60 € ; 3,10 à 4,10 € (8 à 13 A) ; Animaux 1,35 €. Fft Ccar : 10,50 € (1).

LA VILLE ES POULAIN ★★ Tourisme 45 E. (24 Tourisme + 21 Loisirs) . La ville es Poulain. ☎ 02 99 89 87 47.

LES GENETS ★★ Loisirs 143 E. (44 Tourisme + 99 Loisirs), dont 70 CC, 1,2 ha. après 23 h, CV. Locations : 5. Bord de mer à 1 km. La Ville Gueurie. ☎ 02 99 89 76 17. Fax : 02 99 89 96 31.

LA CHAPELLE AUX FILTZMEENS

38 km S.-E. Saint-Malo 297 hab. ✉ 35190

LE DOMAINE DU LOGIS ★★★★ Tourisme 180 E. dont 90 nus (104 Tourisme + 76 Loisirs), dont 95 GCC, 6 ha. saison, saison, club-dancing, CV. Locations : 36, chauffée 18 trous. Etang à 200 m. Rivière à 300 m. Ouv : 1.4 / 31.10. Rés. obligatoire en été. Le Logis. N 137 sortir à St-Domineuc, dir. Combourg D 13 à 4 km sur la gauche. De Dol-de-Bretagne prendre Combourg, puis St-Domineuc D 13 à 6 km sur la droite. Les chiens de 1ère et 2ème cat. sont interdits ☎ 02 99 45 25 45. Fax : 02 99 45 30 40. E-mail : domainedulogis@wanadoo.fr, Web : www.domainedulogis.com. Prix 2008. Empl. Tourisme : 18 € () : 5 € ; - de 3/12 ans 3,50 € ; 4 € (10 A) ; Animaux 2 €. Réduction H.S.

FFCC : Stop accueil Camping-car du 01/04 au 27/06 et du 30/08 au 31/10/2008, accès jusqu'à 19h.

CHATEAUGIRON

2-B5 16 km S.-E. Rennes. 68 m. 3265 hab. ✉ 35410

CAMP MUNICIPAL LES GRANDS BOSQUETS ★★ Tourisme 33 E. Accès direct à l'étang. ☎ 02 99 37 41 69 (Mairie). Fax : 02 99 37 43 55. E-mail : mairie@ville-chateaugiron.fr, Web : www.ville-chateaugiron.fr.

CHATILLON EN VENDELAIS

2-B5 50 km E.-N.-E. Rennes. 112 m. 1394 hab. ✉ 35210

CAMP MUNICIPAL DU LAC ★★ Tourisme 61 E. 0,6 ha. Accès direct à l'étang. ; ; ; . ☎ 02 99 76 06 32 (Camping) / 02 99 76 06 22 (Mairie). Fax : 02 99 76 12 39.

CHAUVIGNE

2-B4 20 km N. Fougères. 85 m. 617 hab. ✉ 35490

LA MAISON NEUVE En cours de réalisation E. dont 13 nus CV. Locations : Chambres. Accès direct à l'étang. Rivière à 3 km. Accueil groupes. Ouv : 1.1 / 31.12. RD 175 au Nord de Rennes, sortie Betton, dir. Antrain ou par A 84 Rennes/Caen sortie n° 29 dir. St-Sauveur des Landes puis toujours tout droit sur la D 18 jusqu'à Chauvigné. ☎ 02 99 95 05 64 / 02 99 95 06 42 (H.S.). E-mail : conctat@auberge-lamaisonneuve.com, Web : www.auberge-lamaisonneuve.com.

FFCC : partenaire + réduction emp. de 5 % en saison et hors saison + Stop accueil Camping-car toute l'année, accès jusqu'à 20h.

CHERRUEIX

2-A4 26 km E.-S.-E. Saint-Malo. 3 m. 1016 hab. ✉ 35120

L'AUMONE ★★ Tourisme 70 E. 1,6 ha. saison, + sèche linge, CV. Locations : 7 . Bord de mer à 300 m. Etang à 50 m. à 300 m : . Accueil groupes. Sur CD 797. 25 km du Mont-St-Michel. Location de parcelles pour mobil-homes à l'année. ☎ 02 99 48 95 11. Fax : 02 99 80 87 37.

LE TENZOR DE LA BAIE ★★ Loisirs 79 E. (17 Tourisme + 62 Loisirs) 0,5 ha. CV. Locations : . Bord de mer à 150 m. Rivière à 14 km. ; ; . Accueil groupes. 10 bis, rue Théophile Blin, 200 m RD 82. Char à voile. Location de parcelles pour mobil-homes à l'année. ☎ 02 99 48 98 13 (nathalie) / 02 99 48 95 11 / 02 99 48 95 11 (H.S.). Fax : 02 99 80 81 05. E-mail : tenzor-de-la-baie@wanadoo.fr, Web : le-tenzor-de-la-baie.com. Réduction H.S.

M. TAILLEBOIS Jean-Michel,camping à la ferme PRE VERT CV. A 2 km: . A 5 km : . A 7 km : . La Croix Galliot. Sur la D 85. ☎ 02 99 48 90 44. E-mail : jmtaillebois@club-internet.fr, Web : taillebois.club.fr. Prix 2007. Fft jour : Empl. Tourisme (2) : 9,70 € ; Sup : 3,10 € 2 € ; 2,50 €.

COMBOURG

2-A4 36 km S.-E. Saint-Malo. 70 m. 4763 hab. Station verte de vacances et village de neige ✉ 35270

LE VIEUX CHATEL ★★ Tourisme 101 E. 3 ha. CV. Accès direct à l'étang et aux bords du lac. Accueil groupes. Route de Lanrigan. ☎ 02 99 73 00 18.

CUGUEN

2-B4 44 km S.-E. Saint-Malo. 110 m. 670 hab. ✉ 35270

M. & Mme YBERT,camping Le Bois Coudrais . A 1 km: . A 4 km : . A 8 km : . A 10 km : . Ouv : 1.5 / 30.9. Accès par la RD 83. ☎ 02 99 73 27 45. E-mail : info@vacancebretagne.com, Web : www.vacancebretagne.com. Prix 2008. Empl. Tourisme : 9 € ; 2,75 € ; - de 14 ans 2,35 € ; 3 € (10 A) ; Animaux 1 €.

FFCC : partenaire + Stop accueil Camping-car du 01/05 au 01/07 et du 30/08 au 30/09/2008, accès de 15h à 21h.

DINARD

2 km O. Saint-Malo. 10016 hab. ✉ 35800

CAMP MUNICIPAL LE PORT BLANC ★★★ Tourisme 296 E. (194 Tourisme + 102 Loisirs), dont 102 GCC, 6,5 ha. CV. Locations : 102 . Accès direct à la mer. ; ; ; . Ouv : 24.3 / 30.9. Rue du Sergent Boulanger, vers Saint-Lunaire. ☎ 02 99 46 10 74. Fax : 02 99 16 90 91. E-mail : camping.municipal@ville-dinard.fr, Web : www.camping-portblanc.com. Prix 2007. Fft jour : Empl. Tourisme (2) : 18,50 € ( ) ; Sup : 4,70 € 2,70 € ; 3,90 €.

LA VILLE MAUNY ★★ Tourisme 200 E. (130 Tourisme + 70 Loisirs), dont 20 CC - 72 GCC, 5 ha. self, CV. Locations : , 40 , , chauffée . Accès direct à l'étang. Bord de mer à 2 km. ; à 2 km : . à 3 km : , ; à 3 km : . 3,5 km après barrage de la Rance, à droite de St Briac (CD 603) et 1ère à droite. ☎ 02 99 46 94 73. Fax : 02 99 88 14 00. E-mail : laville.mauny@wanadoo.fr, Web : www.lavillemauny.com

Voir aussi SAINT-LUNAIRE

DOL DE BRETAGNE

2-A4 28 km S.-E. Saint-Malo. 20 m. 4974 hab. ✉ 35120

LES TENDIERES ★★ Tourisme 93 E. 1,7 ha. CV. Locations : 3 . Accueil enfants. Ouv : 1.4 / 30.9. Route des Tendières. RD 676 Dol-Dinan. rue des tendières. rue de Dinan ☎ 02 99 48 14 68. Fax : 02 99 48 18 69. E-mail : campinglestendieres@orange.fr, Web : www.camping-lestendieres.com. Prix 2007. Fft jour : Empl. Tourisme : 5,80 € ( ) ; Sup : 4 € 2,50 € ; 3,80 € (6 A) ; Animaux 2 €. Fft Ccar : 7,50 € ( ).

FFCC : partenaire - terrain assuré par la FFCC + Stop accueil Camping-car toute l'année.

LE VIEUX CHENE Voir BAGUER-PICAN

EPINIAC

2-A4 32 km S.-E. Saint-Malo. 1104 hab. ✉ 35120

DOMAINE DES ORMES ★★★★ Tourisme 800 E. dont 160 nus (765 Tourisme + 35 Loisirs), dont 500 GCC, 50 ha. . Locations : 10 , 38 , , , cabanes dans les arbres. couverte chauffée . Accès direct à l'étang. ; ; . Accueil enfants. Ouv : 17.5 / 13.9. 800 m RN 795. Dol-Combourg. ☎ 02 99 73 53 00. Fax : 02 99 73 53 55. E-mail : info@lesormes.com, Web : www.lesormes.com. Prix 2008. Empl. Tourisme : 25 € ; 7,50 € ; - de 2/13 ans 4,60 € ; 4,60 € (6 A) ; Animaux 2 €.

FEINS

2-B4 27 km N. Rennes 105 m. 658 hab. ✉ 35440

LA BIJOUTERIE ★★ Tourisme 40 E., dont 12 GCC, 1,5 ha. . Accès direct à l'étang. ; ; ; ; . La Bijouterie. 8 km de Sens-de-Bretagne. Entre Rennes et le Mont-St-Michel. ☎ 02 99 69 63 23 / 02 99 69 70 52 (Mairie). Fax : 02 99 69 66 25. E-mail : feins@wanadoo.fr.

FOUGERES

2-B4 47 km N.-E. Rennes. 100 m. 25131 hab. ✉ 35300

CAMP MUNICIPAL DE PARON ★★ Tourisme 90 E., dont 10 CC, 2,5 ha. , pizzas, , pétanque / ping pong, + sèche-linge, CV. Etang à 3 km. à 3 km : , . Accueil enfants. Sur RD 17. Route de la Chapelle Janson. ☎ 02 99 99 40 81 (DUCHAINE A) / 02 99 94 89 82 (BOUGUENEC Clothilde) (H.S.). Fax : 02 99 99 70 83. E-mail : sports@fougeres.fr. Prix 2007. Empl. Tourisme : 2,50 € ; 1,60 € ; 1,60 € ; 2,30 € ; 1,30 € ; 2,70 € (5 A) ; E. CC 2,50 €.

GUIPRY

5-F4 28 km N.-E. Redon. 2525 hab. Village de neige ✉ 35480

CAMP MUNICIPAL ★★ Tourisme 55 E. 0,8 ha. . Accès direct à la rivière. . 300 m du Port, D 772, Vitré-Vannes, D 777. ☎ 02 99 34 72 90.

HEDE

2-A5 24 km N.-O. Rennes. 100 m. 1489 hab. ✉ 35630

AIRE NATURELLE MUNICIPALE . A 1 km: . A 3 km : . A 10 km : Piscine plein air. La Magdeleine. ☎ 02 99 45 46 18. Fax : 02 99 45 50 48.

HIREL

2-A4 19 km S.-E. Saint-Malo. 1286 hab. ✉ 35120

HORIZONS LOISIRS ★★ Loisirs 38 E., dont 38 GCC, 1,5 ha. couverte chauffée . Bord de mer à 300 m. à 800 m : ; à 1 km : , ; à 5 km : . Ouv : 1.7 / 31.8. Les Alleux, 300 m RD 155. Pratique du char à voile dans la Grève à 300 m. ☎ 02 99 48 85 95 / 02 99 48 93 93 (Mairie) (H.S.). Fax : 02 99 48 93 99. E-mail : contact2@horizonloisirs.com, Web : www.horizonloisirs.com.

IFFENDIC

2-A5 28 km O. Rennes. 2580 hab. ✉ 35750

DOMAINE DE TREMELIN ★★ Tourisme 100 E. (80 Tourisme + 20 Loisirs), dont 10 CC, 2 ha. CV. Locations : . Accès direct à l'étang et aux bords du lac. Rivière à 5 km. ; ; ; ; à 10 km : . Accueil groupes. Ouv : 1.5 / 30.9. RN 12 Rennes/St-Brieux sortie Montfort puis suivre Iffendic. ☎ 02 99 09 73 79. Fax : 02 99 09 70 69. E-mail : domaine.de.tremelin@wanadoo.fr, Web : domaine-de-tremelin.fr. Prix 2008. Fft jour : Empl. Tourisme (2) : 10 € () ; Sup : 3 € - de 7 ans 2 €. Fft Ccar : 8 € (2).
FFCC : partenaire + réduction emp. de 20 % en saison et hors saison + carte FFCC assurance annulation + Stop accueil Camping-car du 01/05 au 30/09/2008, accès jusqu'à 22h.

LANDEAN
2-B4 8 km N.-E. Fougères. 140 m. 1199 hab. ✉ 35133

Mme BALEMBOIS-VOGLER Françoise,aire naturelle CV. N 12 à Fougères dir. Flers D 177. ☎ 02 99 97 35 46. Fax : 02 99 97 34 13.

LIFFRE
2-B5 17 km E. Rennes. 4206 hab. ✉ 35340

M. GENOUEL Jean,bergerie pédagogique . A 5 km: Piscine plein air . Ouv : Pâques / Toussaint. La Lande Ragot. A 84 sortie Ercé n° 27 dir. Erce Près Liffré et 2ème route à gauche. Possibilité visite gratuite ferme pédagogique avec animaux sur place. ☎ 02 99 68 38 58. E-mail : mj.genouel@orange.fr. Prix 2008. Empl. Tourisme : 3 € ; 3 € ; 3 € ; 2 € ; 1 € ; 2,50 €.
FFCC : partenaire + réduction emp. de 10 % en saison et hors saison.

LOUVIGNE DU DESERT
2-B4 16 km N.-E. Fougères. 178 m. 4295 hab. ✉ 35420

CAMP MUNICIPAL ★★ Tourisme 25 E. . Rue Ambroise de Montigny. A 30 m de la RD 177. ☎ 02 99 98 01 53. Fax : 02 99 37 43 55. E-mail : mairie@ville-chateaugiron.fr, Web : www.ville-chateaugiron.fr.

MARCILLE ROBERT
2-B5 32 km S.-E. Rennes. 65 m. 837 hab. ✉ 35240

CAMP MUNICIPAL DE L'ETANG ★★ Tourisme 23 E. dont 22 nus 0,5 ha. , juillet, CV. Locations : 1 . Accès direct à l'étang et à la rivière. . Accueil groupes. Ouv : 1.4 / 30.10. Rue des Bas Gasts. RD 32. Accès par Retiers (5 km). Janzé (10 km) ou la Guerche (10 km). ☎ 02 99 43 67 34 (Mairie). Fax : 02 99 43 54 34. E-mail : mairie.marcille-robert@wanadoo.fr. Prix 2007. Fft jour : Empl. Tourisme (2) : 9,30 € () ; Sup : 2,70 € - de 12 ans 1,35 €.

MARTIGNE FERCHAUD
6-B1 47 km S.-E. Rennes. 75 m. 3285 hab. ✉ 35640

CAMP MUNICIPAL LE BOIS FEUILLET ★★ Tourisme 50 E. 1,76 ha. CV. . Accès direct à l'étang et à la rivière. ; ; ; . Accueil groupes. Accès par le centre ville puis par la zone de Feuillet. ☎ 02 99 47 84 38 / 02 99 47 90 25 (H.S.). Fax : 02 99 47 84 65. E-mail : mairie-de-martigne-ferchaud@wanadoo.fr.

MEDREAC
2-A5 40 km N.-O. Rennes. 1512 hab. ✉ 35360

CAMPING MUNICIPAL . RD 220 en dir. de Bécherel. ☎ 02 99 07 30 48 / 02 99 07 23 20. Fax : 02 99 07 30 48.

LE MINIHIC SUR RANCE
2-A4 13 km S. St-Malo. 25 m. 978 hab. ✉ 35870

CAMP MUNICIPAL LE RIVAGE ★ Tourisme 50 E. . Bord de mer à 300 m. ; ; à 700 m : . ☎ 02 99 88 59 10 (Camping) / 02 99 88 56 15 (Mairie).

MONT DOL
2-A4 24 km S.-E. Saint-Malo. 65 m. 1111 hab. ✉ 35120

M. LAIR,aire naturelle CV. A 3 km: Piscine plein air Piscine couverte . A 7 km : . La Roche. A Dol-de-Bretagne prendre dir. St-Malo par le côte à 3 km le Mont-Dol suivre le fléchage La Roche. ☎ 02 99 48 01 65 / 06 82 75 78 36 (H.S.). Fax : 02 99 48 01 65.

MONTAUBAN DE BRETAGNE
2-A5 31 km N.-O. Rennes. 75 m. 3927 hab. ✉ 35360

CAMP MUNICIPAL DE LA VALLEE ST ELOI ★★ Tourisme 33 E. 1,6 ha. . Accès direct à l'étang. ; à 300 m : . ☎ 02 99 06 42 55. Fax : 02 99 06 59 89.

MONTFORT SUR MEU
2-A5 23 km O.-N.-O. Rennes. 45 m. 4378 hab. ✉ 35160

CAMP MUNICIPAL ★★ Tourisme 28 E. dont 28 nus 0,4 ha. CV. Rivière à 500 m. ; à 1 km : . Ouv : 1.4 / 15.10. Pré du Thabor, place Saint Nicolas, sur RN 12 A, 100 m RD 125. ☎ 02 99 09 00 17 (Mairie). Fax : 02 99 09 14 04. Prix 2007. Empl. Tourisme : 2,46 € ; 1,09 € ; 2,22 € ; - de 7 ans 1,58 € ; 1,85 €.

MONTOURS
2-B4 14 km N.-O. Fougères. 174 m. 807 hab. ✉ 35460

M. AUSSANT Pierre,aire naturelle CV. A 4 km: . A 5 km : . A 7 km : . Manoir de Bonteville. A 84 sortie n° 31 route de Louvigné 4 km sur D 15. D 798, Fougères dir. Avranches. ☎ 02 99 95 16 60.
FFCC : partenaire - terrain assuré par la FFCC .

PAIMPONT
2-A5 38 km S.-O. Rennes. 260 m. 1449 hab. ✉ 35380

CAMP MUNICIPAL ★★ Tourisme 90 E. 0,7 ha. CV. . Etang à 500 m. Rivière à 1 km. ; . Accueil groupes. Rue Lancelot du Lac, entre RD 71 et RN 773. ☎ 02 99 07 89 16 / 02 99 07 81 18 (Mairie) (H.S.). Fax : 02 99 07 88 18. E-mail : mairie.paimpont@wanadoo.fr, Web : www.paimpont.fr.

FOLLE PENSEE,aire naturelle CV. ☎ 02 97 22 68 87. Fax : 02 97 22 64 72.

M. MEANCE-HAMELIN,aire naturelle 7. A 4 km : Piscine plein air . Trudeau, RN 24 et RD 40, à 4 km Sud-Est de la commune de Paimpont. Gîte d'étape (30 places), ferme auberge. ☎ 02 99 07 81 40.

LE PERTRE
2-C5 50 km S.-E. Rennes. 171 m. 1335 hab. ✉ 35370

CAMP MUNICIPAL LE CHARDONNERET ★★ Tourisme 31 E. dont 13 nus (29 Tourisme + 2 Loisirs) 2 ha. CV. Locations : . Etang à 200 m. ; ; . Accueil groupes. Axe Laval (53) et Rennes (35). ☎ 02 99 96 99 27 / 06 79 50 41 77. Fax : 02 99 96 98 92. E-mail : mairielepertre@wanadoo.fr.

PLECHATEL
5-F4 40 km N.-E. Redon. 1782 hab. Village de neige ✉ 35470

LA HALTE DU VOLCAN ★ Tourisme 20 E. Le Châtellier. ☎ 02 99 43 75 65.

PLELAN LE GRAND
2-A5 35 km S.-O. Rennes. 143 m. 2349 hab. Station verte de vacances et village de neige ✉ 35380

CAMP MUNICIPAL ★★ Tourisme 33 E. 2 ha. . Etang et rivière à 2 km. ; ; à 5 km : . Rue de l'Hermine, 400 m RN 24. ☎ 02 99 06 81 41 (Mairie).

PLEURTUIT
2-A4 15 km S.-O. Saint-Malo. 85 m. 4228 hab. ✉ 35730

L'ESTUAIRE ★★ Tourisme 83 E. dont 48 nus, 1 ha. CV. Locations : 27 . Etang à 1 km. Rivière à 2 km. Bord de mer à 4 km. ; à 1 km : . Accueil groupes. ☎ 02 99 88 44 06 / 02 99 88 44 06 (H.S.). Fax : 02 99 88 44 06. E-mail : contact@campingdelestuaire.com, Web : www.campingdelestuaire.com. Prix 2007. Fft jour : Empl. Tourisme (2) : 10 € () ; Sup : 3 € - de 10 ans 1,50 € ; 3,50 € ; Animaux 2,50 €.

REDON
64 km S.-S.-O. Rennes. 10252 hab. ✉ 35600

CAMP MUNICIPAL DE LA GOULE D'EAU ★★ Tourisme 50 E. 0,7 ha. . Locations : . Accès direct à la rivière. ; . Ouv : 15.6 / 15.9. 24 rue Bel Air ☎ 02 99 71 08 10. Fax : 02 99 71 55 35.

RENNES
2-A5 346 km O.-S.-O. Paris. 200390 hab. ✉ 35000

CAMP MUNICIPAL DES GAYEULLES ★★★ Tourisme 128 E., dont 30 GCC, 1,2 ha. CV Sanitaire chauffé. Etang à 100 m. Accueil groupes. Rue du professeur Maurice Audin. Sortie 14 sur périphérique de Rennes. Base de loisirs Gayeulles. ☎ 02 99 36 91 22 / 02 99 65 01 11 / 02 99 28 56 79 (H.S.). Fax : 02 23 20 06 34. E-mail : camping.rennes@wanadoo.fr, Web : www.camping-rennes.com. Réduction H.S.

LA RICHARDAIS
2-A4 6 km S. Saint-Malo. 30 m. 1381 hab. ✉ 35780

CAMP MUNICIPAL BELLEVUE ★★ Tourisme 70 E. 3 ha. + sèche-linge, CV. . Etang et rivière à 300 m. Bord de mer à 2 km. ; à 300 m : ; à 2 km : . Rue Bellevue. 200 m RD 114. ☎ 02 99 88 50 80 / 02 99 88 50 90 (H.S.). Fax : 02 99 88 52 12. E-mail : camping@ville-larichardais.fr, Web : www.perso.wanadoo.fr/la.richardais.

ROZ SUR COUESNON
2-B4 36 km S.-E. Saint-Malo. 953 hab. ✉ 35610

LES COUESNONS ★★ Tourisme 57 E. 1 ha. CV Sanitaire chauffé. Locations : 3 . Etang à 2 km. Bord de mer et rivière à 5 km. à 10 km : . Ouv : 23.3 / 8.11. Route de Saint Malo. ☎ 02 99 80 26 86. E-mail : courrier@lescouesnons.com, Web : www.lescouesnons.com. Prix 2007. Fft jour : Empl. Tourisme (2) : 16 € () ; Sup : 5 € 3 € (6 A) ; Animaux 2 €.

ST AUBIN DU CORMIER
2-B5 19 km O. Fougères. 2433 hab. ✉ 35140

CAMP MUNICIPAL ★★ Tourisme 40 E. 0,4 ha. . Accès direct à l'étang. . Rue de l'Etang ou rue du Four Banal. ☎ 02 99 39 10 42 (Mairie). Fax : 02 99 39 23 25.

ST BENOIT DES ONDES
2-A4 14 km E. Saint-Malo. 2 m. 612 hab. ✉ 35114

L'ISLE VERTE ★★★ Tourisme 43 E. 1 ha. . Bord de mer à 500 m. ; ; . ☎ 02 99 58 62 55 / 02 99 58 72 95 (H.S.).

CAMP MUNICIPAL ★★ Tourisme 105 E. 1 ha. CV. Accès direct à la mer. ; ; ; . Accueil groupes. Lieu-dit Le Bord de Mer, sur CD 155. ☎ 02 99 58 65 21 / 02 99 58 77 06 (H.S.). Fax : 02 99 58 70 30.

LES DIS ★ Tourisme 50 E. CV. Bord de mer à 600 m. Accueil groupes. Mont-St-Michel à St-Malo. ☎ 02 99 58 76 76 / 02 99 58 72 48.

ST BRIAC SUR MER
2-A4 8 km O. Saint-Malo. 40 m. 1748 hab. ✉ 35800

EMERAUDE ★★★ Tourisme 199 E. (120 Tourisme + 79 Loisirs), dont 101 GCC, 2,5 ha. Camping tourisme et handicap. Locations : , , . . Bord de mer à 1 km. ; à 1 km : , , . Ouv : 1.4 / 30.9. 7, chemin de la Souris. ☎ 02 99 88 34 55. Fax : 02 99 88 99 13. E-mail : camping-emeraude@wanadoo.fr, Web : www.camping-emeraude.com.

FFCC : partenaire + carte FFCC assurance annulation.

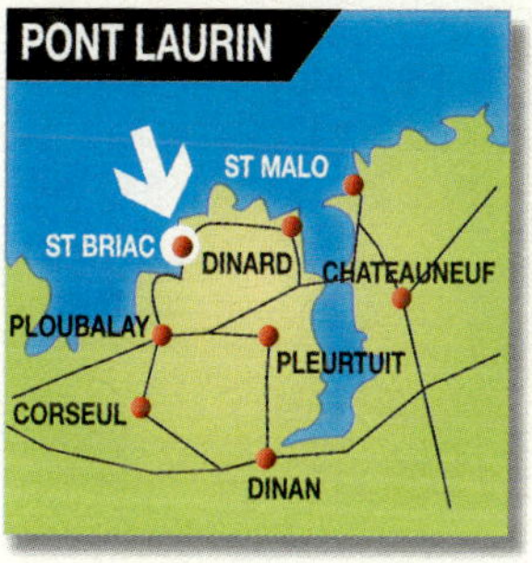

LE PONT LAURIN ★★ Loisirs 167 E. dont 70 nus (70 Tourisme + 97 Loisirs), dont 97 GCC, 2 ha. , ap. 22 h, CV. Locations : 10 . Accès direct à la rivière. Bord de mer à 800 m. ; ; ; ; .Accueil adultes. Ouv : Pâques / 15.9. Lieu-dit Le Pont Laurin, sur RD 3. ☎ 06 12 88 56 39 / 06 03 60 67 64 (H.S.). Fax : 02 99 16 38 19. E-mail : lepontlaurin@ouest-camping.com, Web : www.ouest-camping.com. Prix 2008. Empl. Tourisme : 7 € ; 5,50 € ; 4,20 € ; - de 7 ans 2,50 € ; 3,60 € (10 A) ; Animaux 1,50 €.

LA VIGNE **En cours de classement** E.

ST COULOMB

2-F2 10 km E. Saint-Malo. 100 m. 1747 hab. ✉ 35350

LES CHEVRETS ★★★ Loisirs 600 E. (262 Tourisme + 338 Loisirs), dont 338 GCC, 10 ha. CV. Locations : 3 , Yourte. Accès direct à la mer. Etang a 4 km. , ; . Accueil groupes. Ouv : 6.4 / 1.11. Rés. obligatoire en été. Plage des Chevrets, CD 201. ☎ 02 99 89 01 90. Fax : 02 99 89 01 16. E-mail : campingdeschevrets@wanadoo.fr, Web : www.campingdeschevrets.fr. Prix 2007. Fft jour : Empl. Tourisme (2 1 - de 2) : 21,05 € ( ) ; Sup : 3,35 € - de 2/13 ans 1,52 € ; 3,35 €. Réduction H.S.

FFCC : partenaire + réduction emp. de 5 % en saison et 10 % hors saison.

DUGUESCLIN ★★ Loisirs 43 E. dont 8 nus, dont 43 GCC, 0,64 ha. CV. Locations : 5 . Bord de mer à 400 m. Etang à 2 km. ; ; ; à 400 m : . Ouv : 15.4 / 15.9. D 201 ☎ 02 99 89 03 24 / 06 16 86 85 83 / 02 99 94 39 13 (H.S.) (H.S.). E-mail : reservation@camping-duguesclin.com, Web : www.camping-duguesclin.com. Prix 2008. Empl. Tourisme : 5,90 € () : 3,60 € ; - de 10 ans 2,50 € ; 3,50 € (6/10 A) ; Animaux 1,50 €.

LA TOUESSE ★★ Tourisme 120 E. (70 Tourisme + 50 Loisirs) 1,3 ha. CV. Locations : 5 . Bord de mer à 200 m. ; à 200 m : , ; à 2 km : . Ouv : 1.5 / 15.9. Sur RD 201 RD 74. ☎ 02 99 89 01 82 / 02 99 89 05 64 (H.S.). Prix 2007. Empl. Tourisme : 5,50 € ; 3,40 € ; - de / ans 1,90 € ; 2,20 à 3,20 € (3 à 6 A) ; 1 € (le jeton) ; Animaux 0,50 €.

LE TANNEE ★★ Tourisme 30 E. dont 18 nus (18 Tourisme + 12 Loisirs) . , collectif, . Locations : 7 , . couverte chauffée . Bord de mer à 900 m. Etang à 4 km. ; ; ; . Ouv : 1.5 / 28.9. Rue de Tannée,Lieu-dit Le Champ Plumet. D 355 Cancale/St-Coulomb dir. le village de Tannée. Sur le passage des chemins des randonnées pédestres.au rond point super U faire 1,250 km tourner à droite, route communale sur 950 m, route direct. à côté GR 34 ☎ 02 99 89 41 20. Fax : 02 99 89 41 20. E-mail : campingdetannee@orange?fr, Web : www.campingdetannee.com. Prix 2008. Empl. Tourisme : 7,50 € () : 3,90 € ; - de 10 ans 2,60 € ; 3,70 € (10 A) ; Animaux 1,50 €.

LA RAFALE ★ Tourisme 33 E. 1 ha. . Accès direct à la mer. ; à 150 m : , , . 200 m RD 201. Location longue durée. ☎ 02 99 89 01 42 / 02 99 89 04 30.

M. JUGANT Francis Le Haut Maloisel. ☎ 02 99 89 02 24.

ST GEORGES DE REINTEMBAULT

2-B4 19 km N. Fougères. 100 m. 1905 hab. ✉ 35420

AIRE NATURELLE MUNICIPALE . A 200 m : . A 500 m : . A 2 km: . Ouv : 15.6 / 15.9. La Ville en Bois. ☎ 02 99 97 01 13. Fax : 02 99 97 11 05. E-mail : mairie-stgeorgesrlt@wanadoo.fr. Prix 2008. Empl. Tourisme : 1,85 € ; 0,80 € ;

ST GUINOUX

2-A4 15 km S.-E. St-Malo. 707 hab. ✉ 35430

CAMP MUNICIPAL ★★ Tourisme 44 E. 0,4 ha. . Accès direct à la rivière. . Lieu-dit Le Bulot, 300 m du bourg. Route Rennes/St-Malo sortie Châteauneuf/Cancale. ☎ 02 99 58 80 49 (Mairie). Fax : 02 99 58 23 53.

ST JOUAN DES GUERETS

2-A4 7 km S.-S.-E. St-Malo. 1406 hab. ✉ 35430

LE P'TIT BOIS ★★★★ Loisirs 274 E. (114 Tourisme + 160 Loisirs), dont 160 GCC. , snack, , gaz/électrique, , saison, , ap. 22 h 30, CV. Locations : 106 . couverte chauffée . Rivière à 1,8 km.Bord de mer à 6 km. ; à 1,8 km : , , , .Accueil adultes. Ouv : 5.4 / 13.9. RN 137. 2ème sortie St-Jouan des Guérets par la D4 (ou Quelmer). ☎ 02 99 21 14 30. Fax : 02 99 81 74 14. E-mail : camping.ptitbois@wanadoo.fr, Web : www.ptitbois.com. Prix 2008. Fft jour : Empl. Tourisme : 19 € ( ) ; Sup : 8 € - de 6 ans 6,50 € ; 4 € (10 A) ; E. GCC 5 € (suplt) ; Animaux 6 €. Réduction H.S.

ST JUST

5-F4 19 km N.-E. Redon. 1024 hab. ✉ 35550

LES LANDES DE COJOUX ★★ Tourisme 25 E. 0,6 ha. Etang à 2 km. Le Cojoux. ☎ 02 99 72 00 95 / 02 99 72 69 64. Fax : 02 99 72 07 55.

ST LUNAIRE

2-A4 15 km O. Saint-Malo. 60 m. 2020 hab. ✉ 35800

LA TOUESSE ★★★ Tourisme 141 E. (96 Tourisme + 45 Loisirs), dont 40 GCC, 2,2 ha. CV. Locations : 20, 10. Bord de mer à 300 m. à 300 m : . A la sortie ouest de Dinard, sur la route côtière D 786 Dinard St-Lunaire. ☎ 02 99 46 61 13. Fax : 02 99 16 02 58. E-mail : camping.la.touesse@wanadoo.fr, Web : perso.wanadoo.fr/camping.latouesse.com.

LONGCHAMP ★★★ Tourisme 300 E. dont 240 nus 4,5 ha. CV. golf 18 trous. Bord de mer à 100 m. à 100 m : . Ouv : 17.5 / 10.9. Boulevard de Saint Cast, 100 m D 786, sortie de Saint Lunaire vers Saint Briac. ☎ 02 99 46 33 98. Fax : 02 99 46 02 71. E-mail : contact@campinglongchamp.com, Web : www.camping-longchamp.com. Prix 2007. () : 6 € ; 3,70 € ; 6 € ; 6 € ; 5,40 € ; - de 7 ans 3,10 € ; 2,80 à 3,40 € (4 à 6 A) ; Animaux 1,40 €. Réduction H.S.

M. CHARTIER, aire naturelle

ST MALO

69 km N. Rennes. 47324 hab. ✉ 35400

LE DOMAINE DE LA VILLE HUCHET ★★★ Tourisme 198 E. dont 141 nus (141 Tourisme + 57 Loisirs), dont 57 GCC, 6 ha. hors saison, CV. Locations : 10. Rivière à 2 km. Bord de mer à 2,5 km. ; à 1,5 km : ; à 5 km : . Accueil groupes. Ouv : 19.4 / 13.9. Route de la Passagère. Par la RN 137 prendre St-Malo centre puis au 1er rond-point Quelmer. ☎ 02 99 81 11 83 / 02 99 73 53 00 (H.S.). Fax : 02 99 73 53 55. E-mail : info@lavillehuchet.com, Web : www.lavillehuchet.com. Prix 2007. Fft jour : Empl. Tourisme (2) : 12,40 € () ; Sup : 5,20 € - de 13 ans 3,10 € ; 4,40 € (6 A) ; E. CC 21,50 € (Fft 2 pers. + EDF) ; Animaux 1,50 €. Réduction H.S.

CAMP MUNICIPAL D'ALET ★★ Tourisme 358 E. 4 ha. CV. Bord de mer à 500 m. . Accueil groupes. Ouv : 1.5 / 30.9. La Cité d'Alet. Rue Gaston Buy, par Saint-Servan. ☎ 02 99 81 60 91 / 02 99 21 92 64 (H.S.). Fax : 02 99 21 92 62. E-mail : camping@ville-saint-malo.fr, Web : www.ville-saint-malo.fr/camping. Prix 2007. Fft jour : Empl. Tourisme (2) : 16,40 € () ; Sup : 5,70 € - de 2/12 ans 2,65 € ; Animaux 2,30 €. Fft Tente : 12,30 € (2).

CAMP MUNICIPAL DU NICET ★★ Tourisme 160 E. 2,5 ha. CV. Accès direct à la mer. . Accueil groupes. Ouv : 1.7 / 1.9. Avenue de la Varde, à Rothéneuf. ☎ 02 99 40 26 32 / 02 99 21 92 64 (H.S.) / 02 99 81 60 91 (H.S.). Fax : 02 99 21 92 62. E-mail : camping@ville-saint-malo.fr, Web : www.ville-saint-malo.fr/campings. Prix 2007. Fft jour : Empl. Tourisme (2) : 16,40 € () ; Sup : 5,70 € - de 2/12 ans 2,65 € ; Animaux 2,30 €. Fft Tente : 12,30 € (2).

CAMP MUNICIPAL LES ILOTS ★★ Tourisme 155 E. 1,8 ha. CV. Bord de mer à 20 m. . Accueil groupes. Ouv : juillet / août. Avenue de la Guimorais, Quartier Rothéneuf. Dir. Cancale par la côte. ☎ 02 99 56 98 72 / 02 99 81 60 91 (H.S.). Fax : 02 99 21 92 62. E-mail : camping@ville-saint-malo.fr, Web : www.ville-saint-malo.fr/campings/.

CAMP MUNICIPAL LES NIELLES ★★ Tourisme 94 E. 1 ha. CV. Accès direct à la mer. . Ouv : 1.7 / 31.8. Avenue J.F. Kennedy, 800 m RN 155. ☎ 02 99 40 26 35 / 02 99 81 60 91 (H.S.). Fax : 02 99 21 92 62. E-mail : camping@ville-saint-malo.fr, Web : www.ville-saint-malo.fr/campings/.

LA FONTAINE ★★ Tourisme 90 E., dont 18 CC - 12 GCC, 1,5 ha. snack, Sanitaire chauffé. Locations : 8, 20, chauffée. Etang à 1,5 km. Bord de mer à 2 km. à 2,5 km : ; à 2 km : . Ouv : 1.1 / 31.12. 49, rue de la Fontaine aux Pèlerins. Depuis St-Malo, prendre dir. le Mont St-Michel. WIFI gratuit ☎ 02 99 81 62 62 / 02 99 82 56 22 (H.S.). Fax : 02 99 81 68 95. E-mail : contact@campinglafontaine.com, Web : www.campinglafontaine.com. Prix 2007. Empl. Tourisme : 9,80 € ; 5,90 € ; - de 7 ans 3,10 € ; 3,80 € (10 A) ; Animaux 2,50 €.

ST MALON SUR MEL

2-A5 36 km O. Rennes. 96 m. 449 hab. ✉ 35750

CAMP MUNICIPAL ★ Tourisme 15 E. Accès direct à l'étang et à la rivière. ☎ 02 99 07 57 22.

ST MARCAN

2-B4 33 km E. Saint-Malo. 82 m. 398 hab. ✉ 35120

LE BALCON DE LA BAIE ★★ Tourisme 66 E. dont 43 nus 2,8 ha. CV. Locations : 12. Etang à 500 m. Bord de mer à 5 km. Ouv : 1.4 / 31.10. RN 797. Pontorson-St-Malo par la côte. ☎ 02 99 80 22 95. Fax : 02 99 80 22 95. Prix 2008. Empl. Tourisme : 5,20 € ; 4,60 € ; - de 7 ans 3,10 € ; 3,60 € ; Animaux 1,50 €.

ST MEDARD SUR ILLE

2-B5 25 km N. Rennes. 1002 hab. ✉ 35250

AIRE NATURELLE MUNICIPALE . Bord de l'Ille. ☎ 02 99 55 23 53.

ST MEEN LE GRAND

2-A5 44 km S.-O. Rennes. 105 m. 3360 hab. ✉ 35290

LA PORTE JUHEL ★ Tourisme 19 E. Accès direct à l'étang. A 500 m du centre ville dir. Rennes. ☎ 02 99 09 58 04 / 06 71 91 41 86 (H.S.). Fax : 02 99 09 58 00. E-mail : otstmeen@club-internet.fr.

ST MELOIR DES ONDES

2-A4 10 km E. Saint-Malo. 2322 hab. ✉ 35350

CAMP MUNICIPAL LA VALLEE VERTE ★★ Tourisme 83 E., dont 15 GCC. ☎ 02 99 89 10 23 / 02 99 89 10 78 (Mairie).

ST PERE

2-A4 12 km S.-E. St-Malo. 70 m. 1259 hab. ✉ 35430

BEL EVENT ★★★ Loisirs 115 E. (40 Tourisme + 75 Loisirs), dont 75 CC, 1 ha. CV. Locations : 15, chauffée. N 137, D 74, Châteauneuf direction Cancale. ☎ 02 99 58 83 79. Fax : 02 99 58 82 24. E-mail : contact@camping-bel-event.com, Web : www.camping-bel-event.com.

ST SULIAC

2-A4 12 km Saint-Malo. 90 m. 768 hab. ✉ 35430

CAMP MUNICIPAL ★★ Tourisme 120 E. 1,7 ha. Bord de mer à 500 m. à 500 m : . Route du Puits, 200 m CD 7 et 117, à 2 km RN 137. ☎ 02 99 58 47 45. Fax : 02 99 58 42 67.

LA SELLE GUERCHAISE

2-B5 46 km S.-E. Rennes 90 m. 124 hab. ✉ 35130

CAMP MUNICIPAL ★★ Tourisme 15 E. 0,4 ha. Accès direct à l'étang. Multisports. ☎ 02 99 96 26 81. Fax : 02 99 96 46 72.

SENS DE BRETAGNE

2-B4 28 km N.-E. Rennes. 160 m. 1374 hab. ✉ 35490

CAMP MUNICIPAL ★ Tourisme 20 E. 0,5 ha. Accès direct à l'étang. à 3 km : . ☎ 02 99 39 51 33 (Mairie).

SIXT SUR AFF

5-E4 15 km N. Redon. 85 m. 1885 hab. ✉ 35550

CAMP MUNICIPAL LE BOUT DU PONT ★★ Tourisme 45 E., dont 24 CC. Locations : . Accès direct à la rivière. Etang à 3 km. Situé au bout du pont route de Sixt-sur-Aff D 777. ☎ 02 99 08 10 18. Fax : 02 99 08 25 38. E-mail : mairie.lagacilly@wanadoo.fr.

TINTENIAC

2-A4 42 km S.-S.-E. Saint-Malo. 50 m. 2598 hab. ✉ 35190

LES PEUPLIERS ★★★ Tourisme 100 E. (63 Tourisme + 37 Loisirs), dont 37 GCC, 4 ha. CV. Locations : 5, chauffée. Accès direct à l'étang. . Ouv : 1.4 / 30.9. La Besnelais, entre Hédé et Tinténiac. ☎ 02 99 45 49 75. E-mail : camping.les.peupliers@wanadoo.fr, Web : www.les-peupliers-camping.fr. Prix 2007. Empl. Tourisme : 7 € () ; 5,20 € ; - de 7 ans 4 € ; 2,70 € (6 A) ; Animaux 1,60 €. Réduction H.S.

CAMP MUNICIPAL DU PONT L'ABBESSE ★★ Tourisme 31 E. 0,3 ha. Accès direct à la rivière. Lac à 20 m. Pont à l'Abbesse, rue du 8 Mai 1945, à 200 m RN 137. ☎ 02 99 68 09 91. Fax : 02 99 68 05 44.

LA VILLE ES NONAIS

2-A4 16 km S.-E. Saint-Malo. 581 hab. ✉ 35430

CAMP MUNICIPAL ★★ Tourisme 66 E. 0,7 ha. CV. Accès direct à la rivière. Bord de mer à 20 m. ; ; ; . Accueil groupes. Ouv : 1.5 / 30.9. Vigneux, près du pont du Port Saint Jean. ☎ 02 99 58 42 84 / 02 99 58 41 92 (H.S.). Fax : 02 99 58 43 53. Prix 2007. Empl. Tourisme : 3,20 € ; 2,80 € ; - de 10 ans 1,70 € ; 2,60 € ; Animaux 1 €.

VITRE

36 km E. Rennes. 100 m. 13491 hab. ✉ 35500

CAMP MUNICIPAL SAINT ETIENNE ★★ Tourisme 47 E. 0,82 ha. Route d'Argentré du Plessis. ☎ 02 99 75 25 28 / 02 99 74 43 53. Fax : 02 99 74 04 12.

LE VIVIER SUR MER

2-A4 22 km E.-S.-E. Saint-Malo. 15 m. 914 hab. ✉ 35960

L'ABRI DES FLOTS ★★ Tourisme 90 E. dont 89 nus (85 Tourisme + 5 Loisirs) 1 ha. CV. Locations : 1. Accès direct à la mer. à 10 km : . Sur CD 797, 100 m RN 155, lieu-dit La Grève. ☎ 02 99 48 91 57. Fax : 02 99 48 98 43. E-mail : labri.des.flots@free.fr, Web : labri.des.flots.free.fr.

Les représentants départementaux de la FFCC sont bénévolement à votre disposition pour tous renseignements sur le camping. Retrouvez leurs coordonnées au début de chaque département.

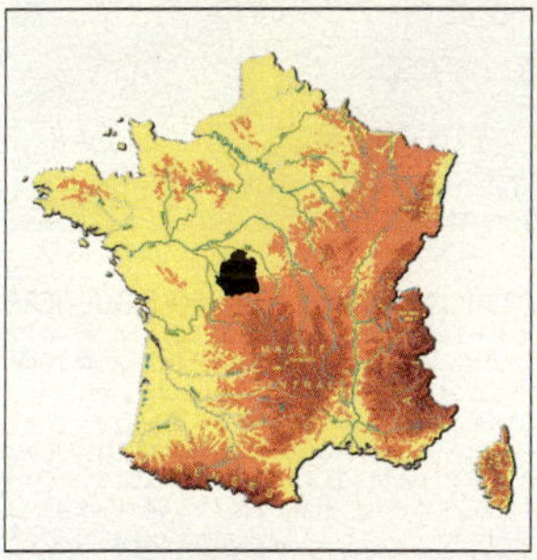

ARGENTON SUR CREUSE

7-A4 30 km S.-O. Chateauroux. 119 m. 6141 hab. 36200

LES CHAMBONS ★★★ Tourisme 60 E. dont 60 nus 1,2 ha. CV. Accès direct à la rivière. ; à 2 km : . Accueil groupes. Ouv : 15.5 / 15.9. Route des Chambons, A20 Sortie 17 02 54 24 15 26. Prix 2007. Fft jour : Empl. Tourisme (2) : 12,15 € ( ) ; Sup : 3,30 € - de 12 ans 1,95 € ; 3,20 € (5 A). Réduction H.S.
FFCC : partenaire + réduction emp. de 5 % en saison et 10 % hors saison.

ARPHEUILLES

6-F3 40 km N. Châteauroux. 111 m. 287 hab. 30700

AIRE NATURELLE MUNICIPALE PRE DE LA CURE CV. A 6 km: . A 10 km : . Ouv : Pâques / Toussaint. Pré de la Cure. N 143 puis D 15. Le camping est gratuit, un don peut être accepté par la Mairie. 02 54 38 42 17. Fax : 02 54 38 42 61.

AZAY LE FERRON

6-F4 24 km N. Le Blanc. 102 m. 1146 hab. 36290

CAMP MUNICIPAL LE CAMP DU CHATEAU ★★ Tourisme 50 E. 1,5 ha. . 02 54 39 21 91 (Mairie).

BARAIZE

7-A4 48 km S.-O. La Châtre. 244 m. 404 hab. 36270

MONTCOCU ★★ Tourisme 26 E., dont 9 HLL. CV. Locations : , . Accès direct aux bords du lac. ; ; . 02 54 25 34 28 / 02 54 47 49 77 (H.S.). Fax : 02 54 47 35 63. E-mail : syndicat.laceguzon@wanadoo.fr.

BELABRE

13 km S.-E. Le Blanc. 107 m. 1260 hab. 36370

CAMP MUNICIPAL LA QUINTAINE ★★ Tourisme 26 E. dont 24 nus, dont 5 HLL, 0,55 ha. CV. Locations : 5 , 5 , . Accès direct à la rivière. ; à 100 m : . Accueil groupes. Ouv : 1.5 / 30.9. Bélabre est à mi-chemin entre Châteauroux et Poitiers. 02 54 37 61 80 (Mairie) / 02 54 37 22 21 (O.T.) (H.S.). Fax : 02 54 37 22 21. E-mail : tourisme.belabre@wanadoo.fr. Prix 2007. Empl. Tourisme : 2,50 € ; 2 € ; - de 7 ans 1,80 € ; 2,50 €.

LE BLANC

6-F4 58 km S.-O. Chateauroux. 120 m. 8051 hab. 36300

L'ILE D'AVANT CAMPING CLUB A TOU VERT ★★★ Tourisme 105 E., dont 4 CC, 1,7 ha. . Locations : . chauffée . Accès direct à la rivière. ; ; . Route de Châteauroux. RN 151. 02 54 37 88 22. Fax : 04 67 36 35 42. E-mail : A.TOU .VERT@wanadoo.fr, Web : www.atouvert.com.

AIRE NATURELLE MUNICIPALE LES BERGEREAUX Strictement réservée aux usagers de l'aérodrome. 02 54 37 06 97.

BUZANCAIS

7-A3 23 km N.-O. Chateauroux. 4974 hab. Station verte de vacances et village de neige 36500

CAMP MUNICIPAL LA TETE NOIRE ★★★ Tourisme 152 E. 2,5 ha. CV. Locations : . Accès direct à la rivière. Etang à 3 km. . A 20 sortie n° 13. N 143 dir. Tours puis centre ville Buzançais. 02 54 84 17 27 / 06 15 85 53 04 (H.S.). Fax : 02 54 02 13 45.

CHABRIS

7-A3 50 km N.-O. Issoudun. 100 m. 2589 hab. 36210

CAMP MUNICIPAL ★★ Tourisme 100 E. 1,8 ha. . Locations : . Accès direct à la rivière. ; . Lieu-dit Le Chambon, 150 m CD 4, par RN 76 a 3 km. 02 54 40 03 32 (Mairie). Fax : 02 54 40 01 22.

CHAILLAC

6-F5 38 km S.-E. Le Blanc. 196 m. 1150 hab. 36310

CAMP MUNICIPAL LES VIEUX CHENES ★★★ Tourisme 40 E., dont 4 CC. Locations : , . Accès direct à l'étang et aux bords du lac. ; ; ; ; . 02 54 25 61 39. Fax : 02 54 25 65 41.

LA CHAPELLE ST LAURIAN

7-B3 23 km N.-O. Issoudun. 200 m. 140 hab. 36150

LE MOULIN DE LA RONDE ★ Tourisme 35 E. 2,5 ha. CV Rés. naturiste. Locations : 2 , , , . Accès direct à l'étang. ; . Sortie autoroute n° 10. 02 54 49 83 28 / 02 54 49 70 44 (H.S.). Fax : 02 54 49 84 94.

CHATEAUROUX

252 km S.-S.-O. Paris. 154 m. 53967 hab. 36000

LE ROCHAT BELLE-ISLE ★★★★ Tourisme 166 E. dont 163 nus, 3 ha. CV. Locations : . chauffée . Accès direct aux bords du lac et à la rivière. ; à 150 m : , , , . Accueil groupes. Ouv : 1.5 / 30.9. 17, avenue du Parc des Loisirs. A 20 sortie n° 12 dir. Châteauroux. 02 54 34 26 56 / 02 54 22 26 61 (H.S.). Fax : 02 54 34 26 56. E-mail : camping-le-rochat@orange.fr. Prix 2007. Fft jour : Empl. Tourisme (2) : 13,60 € ( ) ; Sup : 3,50 € 3,30 à 4,50 € (5 à 10 A).
FFCC : partenaire + réduction emp. de 5 % en saison et 10 % hors saison.

CHATILLON SUR INDRE

6-F3 45 km N.-O. Chateauroux. 105 m. 3560 hab. 36700

CAMP MUNICIPAL LA MENETRIE ★★★ Tourisme 45 E. 1 ha. CV. Rivière à 150 m. à 150 m : . Rue du Moulin de la Grange. 02 54 38 75 44 (Mairie) / 06 78 27 16 39 (H.S.).

LA CHATRE

7-B4 36 km S.-E. Châteauroux. 206 m. 5142 hab. Station verte de vacances et village de neige 36400

CAMPING INTERCOMMUNAL LE VAL VERT ★★★ Tourisme 77 E. dont 77 nus, , dont 16 CC, 2 ha. , aire spécifique, , après 22 h. Rivière à 500 m. ; à 2,5 km : . Accueil groupes. Ouv : 1.6 / 15.9. Route de Briantes. Par D 943 route de Montluçon et D 83 A dir. Briantes. 02 54 48 32 42 / 02 54 62 10 10 (H.S.). Fax : 02 54 48 32 87. Prix 2008. Fft jour : Empl. Tourisme (2) : 7,95 € ( ) ; Sup : 2,40 € - de 3/7 ans 1,15 € ; 2,40 €.

CROZON SUR VAUVRE

7-B4 17 km S.-O. La Châtre 420 m. 543 hab. 36140

AMBIANCE ★★ Tourisme 17 E. 0,8 ha. , CV. Locations : 3 , 7 , . chauffée . Accès direct à la rivière. . 02 54 30 73 23.

DIOU

7-E4 18 km N. Issoudun. 118 m. 235 hab. 36260

AIRE NATURELLE MUNICIPALE . RD 918 et RD 2. 02 54 49 25 58 (Mairie).

ECUEILLE

6-F3 44 km N.-O. Châteauroux. 145 m. 1726 hab. 36240

CAMP MUNICIPAL DE LA POTINIERE ★★ Tourisme 25 E. CV. Accès direct à l'étang et à la rivière. Ouv : 1.6 / 30.9. Avenue de la Gare. ☎ 02 54 40 21 10. Fax : 02 54 40 27 51. E-mail : mairie.ecueille@wanadoo.fr. Prix 2007. 2 € ; 2 € ; 2 € ; - de 7 ans 1 € ; 2 €.

EGUZON CHANTOME

7-A5 45 km S.-O. La Chatre. 240 m. 1466 hab. Station verte de vacances et village de neige 36270

CAMP MUNICIPAL LES NUGIRAS ★★★ Tourisme 178 E., dont 28 GCC, 2,57 ha. CV Sanitaire chauffé. Locations : 7, 5. Lac à 300 m. à 300 m : 300 m, 300 m, baignade surveillée. Accueil groupes. Chambon. A 20 sortie n° 20. ☎ 02 54 47 45 22. Fax : 02 54 47 45 22. E-mail : nugiras@orange.fr. Prix 2007. Fft jour : Empl. Tourisme : 7,80 € () ; Sup : 2,70 € 1,40 € ; 3 € (10 A A). Réduction H.S.

LA GARENNE ★★★ Tourisme 70 E. 1,5 ha. Sanitaire chauffé. Locations : 18, 2, . Bord de mer, étang et rivière à 2 km. Lac à 4 km. ; à 2 km : ; à 3 km : . ☎ 02 54 47 44 85. E-mail : info@lagarenne.nl, Web : www.lagarenne.nl. Prix 2007. () : 4 € ; 3 € ; 8 € ; 4 € ; 4 € ; - de 10 ans 2,50 € ; 3 à 4 € (4 à 6 A) ; Animaux 1,50 €.

FLERE LA RIVIERE

6-F3 56 km N.O. Chateauroux. 85 m. 560 hab. 36700

CAMP MUNICIPAL DE LAUNAY ★★ Tourisme 15 E. dont 15 nus, dont 15 CC, 0,22 ha. Accès direct à l'étang. Ouv : 2.6 / 2.9. Chemin de Launay. A 200 m de la D 943. A 300 m du centre. ☎ 02 54 39 31 01 (Mairie). Fax : 02 54 39 38 12. Prix 2007. Fft jour : Empl. Tourisme (2) : 10 € () ; Sup : 2 €

M. BREHIN Michel, Parc de l'Etang de la Reuille 1, étang de la Reuille. Entre Tours et Chateauroux, RN 143, route de Cléré du Bois. ☎ 02 54 39 31 21 / 06 19 59 04 43. Fax : 02 54 39 31 71.

GARGILESSE DAMPIERRE

7-A4 38 km O.-S.-O. La Chatre. 125 m. 347 hab. 36190

LA CHAUMERETTE CAMPING CLUB A TOU VERT ★★ Tourisme 65 E. 2,5 ha. Accès direct à la rivière. ; ; ; . 300 m CD 40. ☎ 02 54 47 73 44. E-mail : A.TOU.VERT@net-up.com.

LE MOULIN DE GARGILESSE ★★ Tourisme 13 E., dont 8 HLL. Réservé CE Sté Constructions Mécaniques de Surgères. ☎ 02 54 47 84 22 / 05 46 30 31 78 (CE SACM D).

GIROUX

7-B3 15 km N.-O. Issoudun. 139 hab. 36150

CAMP MUNICIPAL L'ETANG DES FRENES ★ Tourisme 8 E. 0,5 ha. CV. Accès direct à l'étang. ☎ 02 54 49 73 82. Fax : 02 54 49 42 45.

ISSOUDUN

7-B3 27 km N.-E. Châteauroux. 129 m. 15166 hab. 36100

CAMP MUNICIPAL LES TAUPEAUX ★★ Tourisme 50 E. 0,5 ha. Carrefour CD 16, CD 918 et CD 960. ☎ 02 54 03 13 46 / 02 54 21 74 02 (O.T.). E-mail : tourisme@issoudun.fr, Web : www.issoudun.fr.

LEVROUX

7-A3 20 km N.-O. Chateauroux. 140 m. 3126 hab. 36110

CAMP MUNICIPAL LA PISCINE ★★ Tourisme 35 E., dont 7 GCC - 3 HLL, 0,6 ha. Locations : , . chauffée. Etang à 700 m. ☎ 02 54 35 70 54 (Mairie). Fax : 02 54 35 35 50.

LINGE

6-F4 16 km N. Le Blanc. 286 hab. 36220

M. MARECHAU Jean-Pierre, aire naturelle 52, La Gabrière. RD 925 (Chateauroux-Mézières) RD 17 (Mézières la Gabrière) et toujours sur la RD 17 (Le Blanc la Gabrière). ☎ 02 54 37 80 97. Fax : 02 54 37 70 66.

LUCAY LE MALE

7-A3 44 km N.-O. Chateauroux. 125 m. 2080 hab. 36360

CAMP MUNICIPAL LA FOULQUETIERE ★★★ Tourisme 30 E., dont 20 CC, 1 ha. sauf sur demande au préalable CV Sanitaire chauffé. Locations : 3, 1, , . Etang à 100 m. Rivière à 2 km. ; ; . Accueil groupes. A 100 m de la RD 13. ☎ 02 54 40 52 88 / 02 54 40 43 31 (Mairie) (H.S.). Fax : 02 54 40 42 47. E-mail : mairie@ville-lucaylemale.fr. Prix 2007. 2 € ; 1 € ; 1,50 € (6 A). Empl. Loisirs : 2.50 €. Fft Ccar : 3.00 €. Fft Tente : 2.00 €.

LURAIS

6-F4 13 km N.-O. Le Blanc. 80 m. 250 hab. 36220

AIRE NATURELLE LE MOULIN RD 95 et 50 et RD 950. ☎ 02 54 37 51 17. Fax : 02 54 37 04 68. E-mail : lurais-mairie@wanadoo.fr.

LUZERET

7-A4 40 km S.-E. Le Blanc. 165 m. 214 hab. 36800

LA PETITE BRENNE ★ Tourisme 70 E. 42 ha. CV Rés. naturiste. Locations : , . couverte chauffée. Accès direct à l'étang. ; ; . Accueil groupes. Ouv : 28.4 / 30.9. La Grande Métairie. A 20 sortie n° 18 suivre Prissac/Luzeret. ☎ 02 54 25 05 78. Fax : 02 54 25 05 97. Web : www.lapetitebrenne.com. Prix 2007. Empl. Tourisme : 8 € () : 7 € ; - de 16 ans 3,50 € ; 4 € (10 A). Réduction H.S.

LE MENOUX

7-A4 35 km S.-O. Chateauroux. 441 hab. 36200

G.C.U. LE MOULIN NEUF Réservé aux adhérents. Adhésion possible sur place pour les sociétaires MAIF et FILIA MAIF. A 1 km du village, bord de la Creuse.

MERIGNY

6-F4 11 km O. Le Blanc. 76 m. 570 hab. 36220

CAMP MUNICIPAL CHAMP DE LA CURE ★★ Tourisme 30 E. 0,84 ha. ; . Sur CD 50. ☎ 02 54 37 42 71 (Mairie).

MERS SUR INDRE

7-B4 13 km N.-O. La Châtre. 36 m. 520 hab. 36230

CAMP MUNICIPAL ★★ Tourisme 15 E. . RD 943 soit en venant de Montluçon, soit en venant de Châteauroux. ☎ 02 54 31 06 52 (Le matin). Fax : 02 54 31 06 52.

MEZIERES EN BRENNE

6-F4 27 km N.-E. Le Blanc. 90 m. 1170 hab. Station verte de vacances et village de neige 36290

BELLEBOUCHE ★★★ Tourisme 90 E. dont 76 nus, dont 10 HLL, 1,8 ha. saison, en saison, en saison, en saison, saison, CV. Locations : 10, , , . Accès direct à l'étang et aux bords du lac. ; ; ; ; . D 925 entre Châteauroux et Chatellerault. ☎ 02 54 38 28 28. Fax : 02 54 38 28 29. E-mail : v.v.n@orange.fr, Web : www.village-vacances-bellebouche.com.

CAMP MUNICIPAL LA CAILAUDERIE ★★ Tourisme 16 E., dont 16 CC. CV. Locations : . Accès direct à la rivière. Accueil groupes. ☎ 02 54 38 12 24 / 02 54 38 09 23. Fax : 02 54 38 09 23.

MIGNE

6-F4 23 km N.-E. Le Blanc. 110 m. 410 hab. ✉ 36800

CAMP MUNICIPAL ★★ Tourisme 23 E., dont 20 CC, 0,35 ha. Etang à 1 km. Rue des Dames. ☎ 02 54 37 86 10 (Mairie). Fax : 02 54 28 62 27.

MONTGIVRAY

7-B4 3 km N. La Chatre. 208 m. 1524 hab. ✉ 36400

CAMP MUNICIPAL CHATEAU SOLANGE SAND ★★ Tourisme 70 E. 0,9 ha. CV. Accès direct à la rivière. ; à 3 km : . Accueil groupes. Ouv : 15.3 / 15.10. Rue du Pont, 100 m CD 72, à 1 km CD 943. ☎ 02 54 06 10 34 / 02 54 06 10 36 (H.S.). Fax : 02 54 06 10 39. E-mail : mairie.montgivray@wanadoo.fr. Prix 2008. Empl. Tourisme : 2,77 € ; 1,95 € ; - de 7 ans 0,92 € ; 1,60 à 5,38 €.

LA MOTTE FEUILLY

7-B4 9 km S.-E. La Chatre. 244 m. 43 hab. ✉ 36160

CAMP MUNICIPAL ★★ Tourisme 23 E. 0,8 ha. ☎ 02 54 31 41 34 / 02 54 31 41 87. Fax : 02 54 31 41 87.

NERET

7-B4 15 km E. La Châtre 230 m. 233 hab. ✉ 36400

M. VAN LIER Franciscus,aire naturelle Le Bonhomme ☎ 02 54 31 46 11. Fax : 02 54 31 46 11. E-mail : vanlier@wanadoo.fr.

NEUVY ST SEPULCHRE

7-B4 15 km O. La Chatre. 190 m. 1842 hab. ✉ 36230

CAMP MUNICIPAL LES FRENES ★★★ Tourisme 35 E., dont 18 CC - 3 GCC - 2 HLL, 0,5 ha. CV. Locations : 2 . chauffée. Etang à 100 m. ; à 100 m : , . Ouv : 15.6 / 15.9. Route de L'Augère. ☎ 02 54 30 82 51 / 06 77 24 91 95 (H.S.). Prix 2008. Fft jour : Empl. Tourisme (2) : 6,50 € Sup : 2 € - de 10 ans 1 € ; 3 € (9 A).

PALLUAU SUR INDRE

6-F3 36 km O.-N.-O. Chateauroux. 177 m. 1017 hab. ✉ 36500

LES ROSIERES ★★ Tourisme 50 E. 2 ha. Locations : . Accès direct à la rivière. . Lieu-dit La Plage, sur RD 15, à 2 km RN 143. ☎ 02 54 38 44 07 (8 à 20 h) / 02 54 38 51 40 (H. repas).

LE PONT CHRETIEN CHABENET

7-A4 29 km S.-O. Chateauroux. 100 m. 902 hab. ✉ 36800

CAMP MUNICIPAL DES RIVES DE LA BOUZANNE ★★ Tourisme 50 E. Locations : . Accès direct à la rivière. ; . ☎ 02 54 25 80 53 / 02 54 25 81 40 (Mairie). Fax : 02 54 25 87 50.

POULAINES

7-A3 36 km N.-O. Issoudun. 110 m. 1045 hab. ✉ 36210

CAMP MUNICIPAL ★★ Tourisme 23 E. . Accès direct à l'étang. ☎ 02 54 40 93 14. Fax : 02 54 40 95 10.

REUILLY

7-B3 16 km N.-N.-E. Issoudun. 114 m. 2025 hab. ✉ 36260

CAMP MUNICIPAL ★★ Tourisme 33 E., dont 4 CC - 4 GCC - 3 HLL, 0,6 ha. CV. Locations : . Accès direct à la rivière. . Rue des Ponts, sur CD 918. ☎ 02 54 03 49 00 (Mairie). Fax : 02 54 03 49 04. E-mail : mairie.reuilly@wanadoo.fr.

ROSNAY

6-F4 14 km N.-E. Le Blanc. 115 m. 722 hab. ✉ 36300

CAMP MUNICIPAL ★★ Tourisme 32 E. dont 32 nus, dont 9 GCC, 0,7 ha. CV. Accès direct à l'étang. en étang : . Accueil groupes. Ouv : 1.1 / 31.12. Route de St-Michel-en-Brenne, sur D 44. ☎ 02 54 37 80 17 (Mairie). Fax : 02 54 37 02 86. E-mail : rosnay-mairie@wanadoo.fr. Prix 2007. Empl. Tourisme : 2,10 € ; 1,60 € ; 1,60 € ; 1,90 € ; - de 7 ans 1 € ; 1,90 €.

RUFFEC

6-F4 8 km E. Le Blanc. 87 m. 540 hab. ✉ 36300

CAMP MUNICIPAL ★★ Tourisme 23 E. dont 23 nus, dont 23 CC, 0,7 ha. CV. Accès direct à la rivière. ; ; à 7 km : . Accueil groupes. Ouv : 1.6 / 1.9. D 15. Ile sur la Creuse. ☎ 02 54 37 70 11 (Mairie). Fax : 02 54 37 44 33. Prix 2007. Empl. Tourisme : 1,50 € ; 1,50 € ; 1,50 € ; 1,50 € ; 1,50 € ; 1,50 € ; - de 7 ans 1 € ; 1,50 €.

ST CHARTIER

7-B4 9 km N. La Châtre. 187 m. 561 hab. ✉ 36400

CAMP MUNICIPAL ★ Tourisme 15 E., dont 15 CC. ☎ 02 54 31 10 04.

ST GAULTIER

7-A4 28 km E. Le Blanc. 130 m. 2072 hab. Station verte de vacances et village de neige ✉ 36800

OASIS DU BERRY ★★★★ Tourisme 54 E, dont 22 HLL, 2,5 ha. CV. Locations : 22 , 1 , 9 , , . chauffée . Rivière à 200 m. Etang à 3 km. ; à proximité : . Ouv : 1.3 / 30.10. N 151 dir. Poitiers. ☎ 02 54 47 17 04. Fax : 02 54 47 17 04. E-mail : campoasisduberry@aol.com & oasisduberry@wanadoo.fr, Web : www.campoasisduberry.com. Prix 2007. Fft jour : Empl. Tourisme (2) : 18 € ( ) ; Sup : 4 € - de 12 ans 3 € ; 2,50 à 3,50 € (6 à 10 A) ; Animaux 1,20 €. Fft Tente : 15 € (2).

CAMP MUNICIPAL L'ILLON ★★ Tourisme 90 E. 2 ha. la nuit, CV. Rivière à 50 m. A l'Illon, rue de l'Image. 300 m RN 151. ☎ 02 54 47 11 22 / 02 54 01 66 00 (Mairie) (H.S.). Fax : 02 54 01 66 09.

ST MAUR

7-A4 5 km O. Châteauroux. 154 m. 3646 hab. ✉ 36250

AIRE NATURELLE MOTO-CROSS Les Tournons. Réservé aux adhérents licenciés moto-cross. ☎ 02 54 22 31 66.

ST PLANTAIRE

7-A5 30 km S.-O. La Chatre. 285 m. 680 hab. ✉ 36190

CAMP MUNICIPAL PLAGE DE FOUGERES ★★★ Tourisme 150 E., dont 8 GCC - 7 HLL, 2,5 ha. saison, saison, saison, CV. Locations : 13 , 5 , 5 , . Accès direct aux bords du lac et à la rivière. ; ; ; ; . Accueil groupes. Ouv : 1.4 / 30.10. 2 km CD 36. ☎ 02 54 47 20 01 / 02 54 47 21 18 (H.S.). Fax : 02 54 47 34 41. E-mail : campingfougeres.36@wanadoo.fr. Prix 2008. Fft jour : Empl. Tourisme (2) : 9,50 € ( ) ; Sup : 3,50 € - de 10 ans 1,60 € ; 3,30 € ; 1,50 €. Réduction H.S.

STE SEVERE SUR INDRE

7-B4 14 km S.-E. La Chatre. 307 m. 1056 hab. ✉ 36160

CAMP MUNICIPAL ★★ Tourisme 20 E. 0,2 ha. Locations : . Sur CD 917, route de l'Auvergne. ☎ 02 54 30 50 28 (Mairie). Fax : 02 54 30 63 39.

SARZAY

7-B4 7 km O. La Châtre 220 m. 319 hab. ✉ 36230

LA FERME D'HELICE,camping à la Ferme . 25, Fragne. ☎ 02 54 31 32 30. Fax : 02 54 31 32 30. E-mail : info@fermedhelice.com, Web : www.fermedhelice.com. Prix 2007. Empl. Tourisme : 7 € ; 5 € ;

SAUZELLES

6-F4 7 km N.-O. Le Blanc. 288 hab. ✉ 36220

LES DUINELLES, aire naturelle municipale Rés. naturiste. A 1 km: ☎ 02 54 37 02 97.

TOURNON ST MARTIN

6-F4 16 km N.-O. Le Blanc. 80 m. 1506 hab. ✉ 36220

CAMP MUNICIPAL LES GRANDES ILES ★★ Tourisme 30 E. dont 30 nus, 2 ha. CV. Accès direct à la rivière. non surveillée : ; . Accueil groupes. Ouv : 15.6 / 15.9. Sur RD 6, à 200 m D 950. ☎ 02 54 37 88 86 / 02 54 37 50 60 (Mairie) (H.S.). Fax : 02 54 37 53 38. Prix 2007. Empl. Tourisme : 2 € ; 1 € ; 2 € ; 1,50 € ; - de 3/7 ans 1 € ; 2,50 €.
FFCC : partenaire + réduction emp. de 5 % en saison + carte FFCC assurance annulation.

VALENCAY

7-A3 40 km N.-O. Chateauroux. 145 m. 3139 hab. ✉ 36600

CAMP MUNICIPAL ★★★ Tourisme 50 E., dont 44 CC - 6 GCC, 4 ha. . Locations : . municip.. Accès direct à l'étang. . Route de Loches. ☎ 02 54 00 03 92 / 02 54 00 32 32. Fax : 02 54 00 03 92.

VARENNES SUR FOUZON

7-A3 46 km N.-O. Issoudun. 679 hab. ✉ 36210

CAMP MUNICIPAL ★★ Tourisme 28 E., dont 23 CC. ☎ 02 54 41 13 26.

VATAN

7-B3 20 km N.-O. Issoudun. 132 m. 2275 hab. ✉ 36150

CAMP MUNICIPAL DE LA RUELLE AU LOUP ★★ Tourisme 55 E., dont 4 CC. CV. Locations : . Accès direct à l'étang et à la rivière. Accueil groupes. Accès par la rue du collège. A 20 sortie n° 10. ☎ 02 54 49 91 37 / 02 54 49 76 31 (Mairie). Fax : 02 54 49 93 72. E-mail : vatan-mairie1@wanadoo.fr, Web : www.vatan-en-berry.com.

VELLES

7-A4 7 km S. Chateauroux. 150 m. 771 hab. ✉ 36330

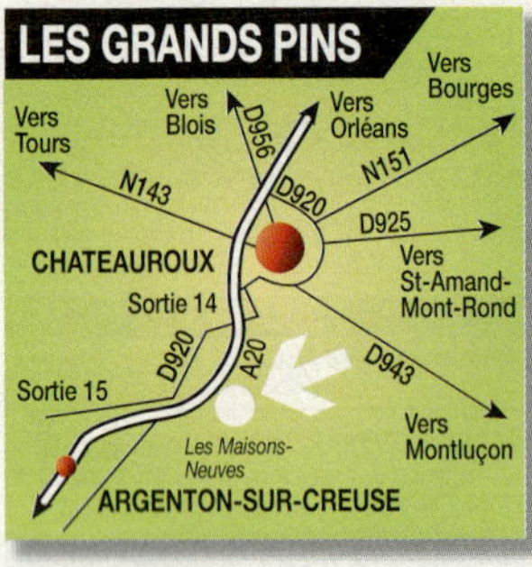

LES GRANDS PINS ★★★ Tourisme 46 E., dont 46 CC, 5 ha. . Etang à 5 km. Accueil groupes. Ouv : 1.3 / 31.12 sauf w.e. du 1.10 au 31.12. A 20 sorties 14 et 15. Le terrain se trouve entre les 2 sorties sur la D 920 dir. des Maisons Neuves. ☎ 02 54 36 61 93. Fax : 02 54 36 10 09. E-mail : contact@les-grands-pins.fr, Web : www.les-grands-pins.fr. Prix 2008. 4,70 € ; 7 € ; 4,70 € ; 4,70 € ; - de 7 ans 3,20 € ; 4,20 € (10 A) ; Animaux 1,50 €.

VEUIL

7-A3 38 km N.-O. Châteauroux. 140 m. 370 hab. ✉ 36600

CAMPING DE VEUIL , pétanque, . A 1 km: . A 6 km : Piscine plein air . A 13 km : . RD 956, D 15, D 15 A. ☎ 02 54 40 32 71. Fax : 02 54 40 35 43. E-mail : mairie.veuil@wanadoo.fr.

37 INDRE-ET-LOIRE

Carte 6

Délégué FFCC : Gilles MAUGUERET, 9, rue Becquerel - 37300 JOUE LES TOURS

ABILLY

6-E3 32 km S.-O. Loches. 50 m. 1166 hab. ✉ 37160

CAMP MUNICIPAL ILE DE LA CLAISE ★ Tourisme 33 E. dont 33 nus 1,5 ha. CV. . Accès direct à la rivière. . Accueil groupes. Arrivée par le CD n° 42. ☎ 02 47 59 78 01 (Mairie). Fax : 02 47 59 89 93. E-mail : mairie.abilly@wanadoo.fr.

AMBOISE

6-F2 23 km E. Tours. 68 m. 11415 hab. ✉ 37400

CAMP MUNICIPAL DE L'ILE D'OR ★★ Tourisme 420 E. 12 ha. . Accès direct à la rivière. . Parc de l'Ile d'Or, lieu-dit Entrepont. ☎ 02 47 57 23 37 / 02 47 23 47 38 (Sce sports) / 02 47 23 47 18 (H.S.). Fax : 02 47 23 19 80. E-mail : sports.loisirs@ville-amboise.fr, Web : www.ville-amboise.fr.

AUTRECHE

6-F2 35 km N.-E. Tours. 254 hab. ✉ 37110

CAMP MUNICIPAL DE L'ETANG ★★ Tourisme 33 E. 0,45 ha. , snack, ambulant, , ambulant, . Accès direct à l'étang. . Route de l'Etang, par CD 55, sortie autoroute Aquitaine Château Renault/ Amboise. ☎ 02 47 29 59 64 / 02 47 56 22 03 (Mairie).
FFCC : partenaire - terrain assuré par la FFCC.

AVON LES ROCHES

6-E3 16 km E. Chinon. 100 m. 660 hab. ✉ 37220

M. & Mme DESBOURDES,camping à la ferme . A 4 km: . A 5 km : Piscine plein air . RD 757. ☎ 02 47 95 24 30. Fax : 02 47 95 24 83. E-mail : remi.desbourdes@wanadoo.fr.

AZAY LE RIDEAU

6-E3 21 km N.-E. Chinon. 44 m. 2915 hab. Station verte de vacances et village de neige ✉ 37190

CAMP MUNICIPAL LE SABOT ★★★ Tourisme 228 E. 9 ha. , pétanque, CV Sanitaire chauffé. Locations : . chauffée . Accès direct à la rivière. ; ; à 1 km : . Accueil groupes. Centre ville, 100 m RD 84, 500 m RN 751. Accès autoroute Tours/Ste-Maure dir. Paris-Bordeaux. ☎ 02 47 45 42 72 / 02 47 45 42 11 (Mairie) (H.S.). Fax : 02 47 45 49 11. E-mail : camping.lesabot@wanadoo.fr. Réduction H.S.

BALLAN MIRE

6-E2 11 km S.-O. Tours. 90 m. 4491 hab. ✉ 37510

LA MIGNARDIERE ★★★★ Tourisme 177 E., dont 24 CC - 30 GCC, 3 ha. , crêperie, ap. 22h30, CV. Locations : 21 , 12 , chauffée . Lac à 500 m. Rivière à 2 km. ; ; . A 10 sortie 24 Joué-les-Tours centre suivre le fléchage au 1er feu à droite. ☎ 02 47 73 31 00. Fax : 02 47 73 31 01. E-mail : info@mignardiere.com, Web : www.mignardiere.com. Réduction H.S.

BARROU

6-E3 38 km S.-O. Loches. 53 m. 559 hab. ✉ 37350

LE BOUT DU PONT ★★ Tourisme 18 E. 0,2 ha. . Accès direct à la rivière. surveillée : ; . Depuis le bourg de Lésigny 100 m dir. Barrou. Depuis le bourg de Barrou 1,2 km, dir. Lésigny. ☎ 02 47 91 04 14 / 05 49 86 23 15 (Mairie). Fax : 05 49 86 68 88. E-mail : lesigny@cg86.fr.

LES RIOMS ★★ Tourisme 24 E. dont 21 nus, dont 4 GCC. CV. Locations : 3. Accès direct à la rivière. Accueil groupes. Ouv : mars / octobre. Rés. obligatoire en été. ☎ 02 47 94 53 07. Fax : 02 47 94 53 07. E-mail : campinglesrioms@orange.fr, Web : perso.orange.fr/lesrioms/. Prix 2007. Empl. Tourisme : 3 € ; 1,75 € ; - de 7 ans 0,85 € ; 2,50 €.

FFCC : partenaire + réduction emp. de 5 % en saison et hors saison + réduction loc. de 5 % en saison et hors saison.

BEAUMONT LA RONCE

6-E2 21 km N. Tours. 115 m. 1040 hab. ✉ 37360

Mme GERNIER Madeleine A 1 km : . A 3 km : . A 5 km : . A 7 km : . Ouv : 1.1 / 31.12. La Guillonnière, RD 766, à 1,5 km Sud de la commune, V 4 dir. Cérelle par la place de l'église, à proximité de la ferme. Bois, pré. Possibilité repas. Cabine de toilette et W.C. ☎ 02 47 24 42 83.

BLERE

6-F2 25 km S.-E. Tours. 60 m. 4060 hab. Village de neige ✉ 37150

CAMP MUNICIPAL ★★★ Tourisme 270 E. 2,78 ha. + sèche-linge, CV. 5 courts. Accès direct à la rivière. ; à 100 m : . Lieu-dit La Gatine, rue du Cdt Lemaitre. ☎ 02 47 57 92 60. Fax : 02 47 57 92 60. E-mail : mairie@blere-touraine.com, Web : www.blere-touraine.com.

BOURGUEIL

6-D2 17 km N.-O. Chinon. 42 m. 4185 hab. Station verte de vacances et village de neige ✉ 37140

PARC MUNICIPAL CAPITAINE ★★★ Tourisme 88 E. 2 ha. CV. Accès direct à l'étang et à la rivière. Accueil groupes. Ouv : 15.5 / 15.9. Lieu-dit La Grande Prairie, 100 m RN 749. Interdit aux caravanes double-essieux. ☎ 02 47 97 85 62 / 02 47 97 25 00 (H.S.) (H.S.). Prix 2007. Empl. Tourisme : 5 € ; 1,95 € ; - de 7 ans 1,20 € ; 1,95 € ; Animaux 1,20 €.

BOUSSAY

6-F4 40 KM S.-O. Loches. 77 m. 269 hab. ✉ 37290

M. BRIOLLET Gérard,aire naturelle La Solitude CV. A 3 km : Piscine plein air . A 4 km : . A 5 km : . A 8 km : . A 9 km : . Ouv : 22.3 / 14.9. La Maison Colin. Par la RN 725 entre Preuilly sur Claise 37 et la Roche Posay. Au lieu-dit la Croix Gillette suivre le balisage. ☎ 02 47 94 52 91 / 06 89 08 00 70 (H.S.). Fax : 02 47 94 60 07. E-mail : camping.lasolitude@wanadoo.fr, Web : www.campinglasolitude.fr.st. Prix 2007. Empl. Tourisme : 3 € () : 1 € ; 2 € ; 2 € ; - de 7 ans 1 € ; 2 € (6 A).

FFCC : partenaire + réduction emp. de 10 % hors saison.

BRIDORE

6-F3 16 km S.-E. Loches. 84 m. 426 hab. ✉ 37600

AIRE NATURELLE MUNICIPALE Launay. RN 143. ☎ 02 47 94 72 65 (Mairie). Fax : 02 47 94 78 07.

CANDES ST MARTIN

6-D3 17 km O. Chinon. 29 m. 268 hab. ✉ 37500

CAMP INTERCOMMUNAL BELLERIVE ★★ Tourisme 66 E. 2 ha. Accès direct à la rivière. 2, route de Chinon, sur RD 751. ☎ 02 47 95 98 11 (Saison) / 02 47 95 95 22. Fax : 02 47 95 80 95. E-mail : cte.de.cnes.RGV@wanadoo.fr, Web : www.cdc-rivegauchevienne.com.

CERE LA RONDE

6-F3 47 km S.-E. Tours. 190 m. 481 hab. ✉ 37460

CAMP MUNICIPAL ★ Tourisme 15 E. 0,5 ha. D 764. ☎ 02 47 94 23 61 (Mairie). Fax : 02 47 94 23 98.

LA CHAPELLE SUR LOIRE

6-E2 17 km N. Chinon. 35 m. 1385 hab. ✉ 37140

CAMP MUNICIPAL ★ Tourisme 22 E. dont 22 nus CV Sanitaire chauffé. Accès direct à l'étang et à la rivière. Rue Fernand Obligy. Accès direct par RN 152. A 85 vers Angers-Nantes à 5 km. ☎ 02 47 97 33 91. Fax : 02 47 97 43 09. E-mail : mairie.chapelle-sur-loire@wanadoo.fr.

CHARGE

6-F2 23 km E. Tours. 757 hab. ✉ 37530

CAMP MUNICIPAL ★★ Tourisme 66 E. 3 ha. Rivière à 50 m. ; ; . Lieu-dit Le Verdeau, 100 m RN 751. Interdit aux caravanes double essieux. ☎ 02 47 57 04 22 / 02 47 57 04 01 (Mairie). Fax : 02 47 57 41 52.

CHATEAU LA VALLIERE

6-E2 32 km N.-O. Tours. 90 m. 1628 hab. Station verte de vacances et village de neige ✉ 37330

CAMP MUNICIPAL ★★★ Tourisme 56 E. 1 ha. CV. Locations : , . Accès direct à la rivière. Lac à 100 m. ; ; à 100 m : . Accueil groupes. Lieu-dit Val Joyeux, RN 749. Route de Bourgueil. ☎ 02 47 24 04 93 / 02 47 24 00 21 (H.S.). Fax : 02 47 24 06 13. E-mail : info@chateaulavalliere.com, Web : www.chateaulavalliere.com. Réduction H.S.

FFCC : partenaire + réduction emp. de 5 % en saison et hors saison + réduction loc. de 5 % en saison et hors saison.

CHATEAU RENAULT

6-F2 28 km N.-E. Tours. 87 m. 6170 hab. ✉ 37110

CAMP MUNICIPAL DE VAUCHEVRIER ★★ Tourisme 110 E. 3,5 ha. CV. Accès direct à la rivière. Ouv : 1.5 / 15.9. Rue Paul-Louis-Courier. ☎ 02 47 29 54 43 / 02 47 29 85 50 (H.S.) (H.S.). Fax : 02 47 56 87 50. Prix 2007. 2,50 € ; 1,40 € ; 3,50 € ; 2 € ; 2,50 € ; - de 7 ans 1 € ; 2,20 € (6 A).

CHEMILLE SUR INDROIS

6-F3 13 km N.-E. Loches. 268 hab. Village de neige ✉ 37460

LES COTEAUX DU LAC ★★★★ Tourisme 49 E. dont 49 nus, 2 ha. , 100 m, 100 m, 100 m, CV. Locations : 15 chauffée. Lac et rivière à 20 m. ; ; à 100 m : surv. en saison, 100 m. Accueil groupes. Base de Loisirs. D 760 ou 764 et D 10, voie communale n°4. ☎ 02 47 92 77 83. Fax : 02 47 92 72 95. E-mail : lescoteauxdulac@wanadoo.fr, Web : www.lescoteauxdulac.com. Prix 2008. Fft jour : Empl. Tourisme (2) : 17.60 € () ; Sup : 4,80 € 3,30 € ; 3,80 à 4,70 € (6 A à 10 A) ; Animaux 1,60 €. Réduction H.S.

FFCC : partenaire + réduction emp. de 10 % hors saison + carte FFCC assurance annulation + Stop accueil Camping-car du 05/04 au 10/07 et du 22/08 au 30/09/2008 + réduction loc. de 10 % hors saison.

LES COTEAUX DU LAC,aire naturelle A 100 m : . A 200 m : . ☎ 02 47 92 77 83. Fax : 02 47 92 72 95. E-mail : lescoteauxdulac@wanadoo.fr, Web : www.lescoteauxdulac.com. Prix 2007. () : 3 € ; - de 9 ans 1,50 €.

CHENONCEAUX

6-F2 32 km S.-E. Tours. 62 m. 361 hab. ✉ 37150

CAMP MUNICIPAL ★ Tourisme 53 E. 0,52 ha. Rivière à 500 m. Lieu-dit Fontaine des Prés. ☎ 02 47 23 90 13 (Mairie).

CHINON

6-E3 46 km N.-O. Tours. 37 m. 8873 hab. Station verte de vacances et village de neige ✉ 37500

CAMP MUNICIPAL DE L'ILE AUGER ★★ Tourisme 277 E. 4,5 ha. CV. Accès direct à la rivière. ; ; ; . Accueil groupes. Ouv : 15.3 / 15.10. A l'Ile Auger, quai Danton. Face au chateau. Proximité centre ville. ☎ 02 47 93 08 35 / 02 47 93 92 18 (H.S.). Fax : 02 47 93 91 15. E-mail : communaute.r.c.s.b@wanadoo.fr, Web : www.ville-chinon.com. Prix 2007. Empl. Tourisme : 4,35 € ; 1,95 € ; - de 7 ans 1,28 € ; 2,60 à 3,30 € ; Animaux 0,90 €.

CHISSEAUX

6-F2 33 km E.-S.-E. Tours. 80 m. 519 hab. ✉ 37150

CAMP DE L'ECLUSE ★★ Tourisme 86 E. 1,2 ha. . Locations : , , , . Accès direct à la rivière. ; ; ; . 100 m RN 76 et 500 m D 40. 1 km du Château de Chenonceaux. ☎ 02 47 23 87 10 / 02 47 23 90 75 (H.S.).

CHOUZE SUR LOIRE

6-D2 16 km N.-O. Chinon. 35 m. 2075 hab. ✉ 37140

CAMP MUNICIPAL DES BORDS DE LOIRE ★ Tourisme 100 E. 1,5 ha. CV. Locations : . Accès direct à la rivière. ; ; . Ouv : 30.6 / 1.9. Ile Bourdon, 600 m RN 152. ☎ 02 47 95 10 10. Fax : 02 47 95 02 79. E-mail : mairie.chouze-sur-loire@wanadoo.fr. Prix 2007. Empl. Tourisme : 3,50 € ; 3 € ; - de 10 ans 1,50 € ; 3,50 €.

CINQ MARS LA PILE

6-E2 55 km N.-E. Chinon. 2438 hab. ✉ 37130

CAMP MUNICIPAL LE PARC ★ Tourisme 33 E. 1,4 ha. Rivière à 1 km.Lac à 5 km. Sur RN 152. ☎ 02 47 96 40 96 / 02 47 96 20 37 (H.S.).

CIVRAY DE TOURAINE

6-F2 30 km E.-S.-E. Tours. 60 m. 1168 hab. ✉ 37150

CAMP MUNICIPAL ★ Tourisme 50 E. 1,2 ha. CV. Accès direct à la rivière. ; . Lieu-dit L'Ile, sur CD 81 par RN 76 à 300 m. Ski nautique à 3 km. ☎ 02 47 23 62 80 (Mairie). Fax : 02 47 23 62 88. E-mail : civraydetouraine@wanadoo.fr.

CLERE LES PINS

6-E2 37 km N.-E. Chinon. 500 m. 891 hab. ✉ 37340

LE BOIS DES FORGES ★★ Loisirs 100 E. (33 Tourisme + 67 Loisirs) 8 ha. collectif, pétanque/volley, Rés. naturiste. Locations : 2 chambres. . D 34 à mi-chemin entre Cinq Mars La Pile et Château La Vallière. ☎ 02 47 24 62 31. E-mail : cstouriane@free.fr, Web : cstouraine.free.fr.

CORMERY

6-F2 19 km S.-E. Tours. 86 m. 1169 hab. ✉ 37320

CAMP MUNICIPAL ★★ Tourisme 33 E. 0,35 ha. pétanque, CV. Rivière à 200 m. Camping situé sur les bords de l'Indre proche de la RN 143 Tours/Loches. ☎ 02 47 43 08 88. Fax : 02 47 43 03 15. E-mail : mairiecormery@wanadoo.fr, Web : www.ville-de-cormery.com. Prix 2007. Fft jour : Empl. Tourisme : 2.10 € () ; 2,80 €.

CROUZILLES

6-E3 453 hab. ✉ 37220

M. MEUNIER Bruno,camping à la ferme CV. Le Moulin de Saussaye. Accès par N 10 ou N 751. ☎ 02 47 58 50 44. Fax : 02 47 58 66 54. E-mail : info@moulindesaussaye.com, Web : www.moulindesaussaye.com. Prix 2007. Empl. Tourisme : 3,50 € ; 3 € ; - de 8 ans 2,50 € ; 2,50 € ; Animaux 1 €.

DESCARTES

6-E3 32 km S.-O. Loches. 50 m. 4357 hab. ✉ 37160

CAMP MUNICIPAL ★★ Tourisme 50 E. 1 ha. cafétéria. Locations : . Rivière à 10 m. La Grosse Motte, 500 m RD 750. Accès RN 10 / A 10 sortie Ste-Maure-de-Touraine/La Celle St-Avant/Descartes. Camping sortie de ville dir. Le Blanc. ☎ 02 47 59 85 90 (Gardien) / 02 47 92 42 20. Fax : 02 47 92 42 20. E-mail : otm-descartes@wanadoo.fr, Web : www.ville-descartes.fr.

FONDETTES

6-E2 8 km O. Tours. 50 m. 7614 hab. ✉ 37230

L'ISLETTE ★★ Tourisme 16 E. dont 18 nus 0,2 ha. Locations : 1. Rivière à 800 m. à 1 km : . Ouv : 1.4 / 31.10. 23, rue de Vallières, proche de la N 152 dir. Saumur lieu-dit Vallières. ☎ 02 47 42 26 42. Prix 2007. Fft jour : Empl. Tourisme (2) : 8 € ; Sup : 2,10 € (10) 1,10 € ; 2 €.

FRANCUEIL

6-F2 35 km S.-E. Tours. 75 m. 799 hab. ✉ 37150

LE MOULIN FORT ★★★ Tourisme 137 E. 3 ha. Locations : . Accès direct à la rivière. Ouv : 1.4 / 30.9. D 976 Tours Vierzon et D 80 Cenonceaux Chisseaux. ☎ 02 47 23 86 22. Fax : 02 47 23 80 93. E-mail : lemoulinfort@wanadoo.fr, Web : www.lemoulinfort.com. Prix 2007. Fft jour : Empl. Tourisme (2) : 20 € ; Sup : 5 € - de 4/12 ans 4 € ; 4 € (6 A) ; Animaux 3 € (chien). Réduction H.S.

GENILLE

6-F3 10 km N.-E. Loches. 85 m. 1420 hab. ✉ 37460

CAMP MUNICIPAL ★ Tourisme 18 E. 0,3 ha. Accès direct à la rivière. Lac à 5 km. à 500 m : . Accueil groupes. Rue du stade. D 764 et CD 10. ☎ 02 47 59 50 21 (Mairie). Fax : 02 47 59 59 78. E-mail : genille.mairie@wanadoo.fr.

LE GRAND PRESSIGNY

6-F3 31 km S.-O. Loches. 60 m. 1185 hab. Station verte de vacances et village de neige ✉ 37350

CAMP MUNICIPAL ★★ Tourisme 35 E. 1,4 ha. Lieu-dit Croix Marron, sur RD 42, 300 m du centre ville. ☎ 02 47 94 06 55 / 02 47 94 90 37 (Mairie) (H.S.). Fax : 02 47 91 04 77.

L ILE BOUCHARD

6-E3 16 km S.-E. Chinon. 40 m. 1796 hab. ✉ 37220

CAMP MUNICIPAL LES BORDS DE VIENNE ★★★ Tourisme 90 E. dont 90 nus 1,3 ha. CV. Accès direct à la rivière. à 100 m : . Lieu-dit La Fougetterie, bordure de la RD 760. Tennis (4 courts) et piscine découverte à 800 m. ☎ 02 47 95 23 59 / 02 47 58 50 15 (H.S.). Fax : 02 47 58 67 35. E-mail : mairie.ilebouchard@wanadoo.fr.

LANGEAIS

6-E2 30 km N.-E. Chinon. 45 m. 4142 hab. ✉ 37130

CAMP MUNICIPAL ★★ Tourisme 100 E. 1,8 ha. chauffée. Rivière à 100 m. Lac à 50 m. Route de Tours, sur RN 152. Déviation entrée Est de Langeais. ☎ 02 47 96 85 80 / 02 47 96 12 50 (Mairie). Fax : 02 47 96 69 23. E-mail : ville.langeais@wanadoo.fr.

LIGRE

6-E3 10 km S. Chinon 60 m. 903 hab. ✉ 37500

M. LETOURNEAU Joël,camping de l'Arche 2, rue de l'Arche. Route de Chinon-Richelieu par la Vallée de la Vende. ☎ 02 47 93 13 33.

LIGUEIL

6-F3 18 km S.-O. Loches. 77 m. 2426 hab. Station verte de vacances et village de neige ✉ 37240

CAMP MUNICIPAL ★★ Tourisme 50 E. 0,65 ha. Locations : . chauffée. Avenue Léon Bion. ☎ 02 47 59 61 72 / 02 47 59 60 44 (Mairie). Fax : 02 47 59 94 97.

M. MAY Stuart,aire naturelle CV. Prendre la route D 31 de Loches à Ligueil. ☎ 02 47 91 94 61. E-mail : reesmill@wanadoo.fr.

LIMERAY

6-F2 32 km N.-E. Tours. 911 hab. ✉ 37530

LE JARDIN BOTANIQUE ★★★ Tourisme 74 E. dont 60 nus, dont 16 GCC, 1,5 ha. saison, CV Sanitaire chauffé. Locations : 9, 5. Rivière à 500 m. ; à 6 km : . Accueil groupes. Ouv : 1.1 / 31.12. 6 km d'Amboise par D 952 dir. Blois. ☎ 02 47 30 13 50. Fax : 02 47 30 17 32. E-mail : info@camping-jardinbotanique.com, Web : www.camping-jardinbotanique.com. Prix 2007. Fft jour : Empl. Tourisme (2) : 15,50 € ; Sup : 4,50 € - de 10 ans 3,60 € ; 3,50 € ; Animaux 1,50 €. Réduction H.S.

LOCHES

6-F3 40 km S.-E. Tours. 72 m. 7019 hab. ✉ 37600

LA CITADELLE ★★★★ Tourisme 164 E. dont 120 nus, 3 ha. 2, snack, juillet/août, juillet/août, 2 + 2 sèche-linge, CV Sanitaire chauffé. Locations : 3, 20, 5. chauffée. Accès direct à la rivière. Accueil adultes. Ouv : 21.3 / 10.10. Avenue Aristide Briand. Route de Châteauroux. ☎ 02 47 59 05 91 / 06 21 37 93 06 (H.S.). Fax : 02 47 59 00 35. E-mail : camping@lacitadelle.com, Web : www.lacitadelle.com. Prix 2008. Fft jour : Empl. Tourisme (2) : 23,60 € ; Sup : 6 € - de 5 ans 4,50 € ; 3,90 € (10 A) ; E. GCC 29,60 € (Fft. 2 pers.) ; Animaux 2,30 €. Réduction H.S.
FFCC : réduction loc. de 5 % hors saison + HC.

LE LOUROUX

6-F3 19 km N.-O. Loches 96 m. 373 hab. ✉ 37240

M. BAUDOIN BRUNO, camping à la ferme CV. A 300 m : . A 500 m : . A 7 km: Piscine plein air. Ouv : 1.5 / 15.10. La Chaumine. La ferme est à l'entrée du village du Louroux à droite ☎ 02 47 92 82 09 / 06 85 45 68 10 (H.S.). Fax : 02 47 92 82 09. E-mail : bruno.baudoin@free.fr. Prix 2008. Empl. Tourisme : 3 € ; 3 € ; - de 12 ans 2 € ; 2 €.

LUYNES

6-E2 12 km O. Tours. 44 m. 3925 hab. Station verte de vacances et village de neige ✉ 37230

CAMPING CLUB LES GRANGES ★★★ Tourisme 63 E. 0,8 ha. Locations : 2. Rivière à 100 m. ; à 500 m : . Les Granges, au bourg. Bibliothèque. ☎ 02 47 55 79 05. E-mail : campinglesgrangesluynes@yahoo.fr.

MARCILLY SUR VIENNE

33 km S.-E. Chinon. 515 hab. ✉ 37800

CAMP INTERCOMMUNAL DE LA CROIX DE LA MOTTE Voir NOUATRE

LA MEMBROLLE SUR CHOISILLE

6-E2 6 km N.-O. Tours. 63 m. 2569 hab. ✉ 37390

CAMP MUNICIPAL ★★ Tourisme 94 E. 1,5 ha. Accès direct à la rivière. Etang à 800 m. Accueil groupes. Sur CD 76, 200 m RN 158, 500 m D 959. ☎ 02 47 41 20 40 / 02 47 41 21 28 (Mairie) (H.S.).

MONTBAZON

6-E2 12 km S. Tours. 170 m. 3011 hab. Station verte de vacances et village de neige ✉ 37250

LA GRANGE ROUGE ★★★ Tourisme 108 E. dont 108 nus, 2 ha. CV. Locations : 6, 2. chauffée. Accès direct à la rivière. Ouv : 1.5 / 15.9. Sur RN 10, près du Pont de l'Indre. ☎ 02 47 26 06 43. Fax : 02 47 26 03 13. E-mail : ma.widd@wanadoo.fr, Web : www.camping-montbazon.com. Prix 2008. Empl. Tourisme : 3,65 € ; 3,85 € ; - de 7 ans 2,10 € ; 3,75 € (6 A) ; Animaux 1,05 €.

MONTLOUIS SUR LOIRE

6-F2 11 km E. Tours. 60 m. 7003 hab. ✉ 37270

LES PEUPLIERS ★★★ Tourisme 253 E. dont 146 nus, 4 ha. CV. Locations : , 6 . Rivière à 100 m. ; . Accueil groupes. Ouv : 1.4 / 30.10. A 10 sortie Tours ☎ 02 47 50 81 90 / 03 86 37 95 83 (H.S.). Fax : 02 47 50 81 90. E-mail : aquadis1@wanadoo.fr, Web : www.aquadis-loisirs.com. Prix 2008. Fft jour : Empl. Tourisme (2) : 17,80 € (E. CC E. GCC) ; Sup : 3,10 € - de 10 ans 2,20 € ; Animaux 1,90 €. Fft Ccar : 10,20 € (2).

MONTS

6-E2 14 km S.-S.-O. Tours. 74 m. 5422 hab. ✉ 37260

CAMP MUNICIPAL ★ Tourisme 26 E. dont 26 nus 0,7 ha. . Rivière à 300 m. à 500 m : . Accueil groupes. Ouv : 1.7 / 31.8. 28, rue du Val de l'Indre. RD 17 ☎ 02 47 34 11 80 (Mairie). Prix 2007. Empl. Tourisme : 1,65 € () : 1,65 € ; - de 7 ans 1 € ; 1,85 €.

MOSNES

6-F2 34 km E. Tours. 65 m. 675 hab. ✉ 37530

FANTASY FOREST ★ Tourisme 33 E. dont 23 nus 0,8 ha. + sèche-linge, CV. Locations : 13 , 3 , , . Accès direct à la rivière. ; ; . Accueil groupes. Ouv : 7.4 / 4.11. 12 rue des Thômeaux. A 300 m D751. A10 sortie Amboise-Château/Renault. ☎ 02 47 30 50 90 / 0825 370 000 (H.S.). Fax : 02 47 30 50 45. E-mail : reservation@fantasyforest.fr, Web : www.fantasyforest.fr. Prix 2007. Empl. Tourisme : 5 € () : 3,75 € ; - de 12 ans 2,85 € ; 2,75 € ; Animaux 1,75 €.

NAZELLES NEGRON

6-F2 24 km E. Tours. 100 m. 3263 hab. ✉ 37530

CAMP MUNICIPAL DES PATIS ★★ Tourisme 65 E. 1,36 ha. . Accès direct à la rivière. Etang à 400 m. . 2 km RN 152. ☎ 02 47 57 71 07 / 02 47 23 71 71.

NEUILLE LE LIERRE

6-F2 27 km N.-E. Tours. 72 m. 380 hab. ✉ 37380

AIRE NATURELLE MUNICIPALE . A 1 km: . A 3 km : . A 4 km : , A 10 km : Piscine plein air. CD 75 et CD 46. Sortie autoroute Amboise. ☎ 02 47 52 95 17. Fax : 02 47 52 29 44.

NOUATRE

6-E3 32 km S.-E. Chinon. 35 m. 872 hab. ✉ 37800

CAMP INTERCOMMUNAL DE LA CROIX DE LA MOTTE ★★ Tourisme 61 E. 1,5 ha. CV. Locations : 2 , 3 , . Accès direct à la rivière. Etang à 2 km. ; ; ; . N 10 puis D 108 ou A 10 / D 760 / D 58 / D 18. Interdit aux caravanes de plus de 6 m et aux doubles essieux. ☎ 02 47 65 20 38 / 02 47 65 33 56 / 02 47 65 33 56 (H.S.).

PANZOULT

6-E3 12 km E. Chinon. 481 hab. ✉ 37220

M. CAILLE François,aire naturelle . A 1 km: . A 2 km : . A 3 km : . A 4 km : Piscine plein air . A 5 km : . Le Marais, à 15 km sortie A 10. 2 km du bourg. Pré herbeux. Contigü à l'exploitation viticole. ☎ 02 47 95 26 37. Fax : 02 47 58 56 67. E-mail : caille37@wanadoo.fr, Web : www.vignoble-francois-caille.com.

FFCC : partenaire - terrain assuré par la FFCC .

PREUILLY SUR CLAISE

6-F4 35 km S. Loches. 80 m. 1553 hab. ✉ 37290

CAMP MUNICIPAL ★ Tourisme 37 E. 0,7 ha. . Locations : . chauffée . Rivière à 10 m. Etang à 4 km. . Ouv : 1.5 / 15.9. ☎ 02 47 94 50 04 (Mairie). Fax : 02 47 94 63 26. Prix 2007. Empl. Tourisme : 3,50 € ; 2 € ; - de 7 ans 1 € ; 3,20 €.

RICHELIEU

6-E3 20 km S.-S.-E. Chinon. 2496 hab. Station verte de vacances et village de neige ✉ 37120

CAMP MUNICIPAL ★★ Tourisme 33 E. 2 ha. . Etang à 100 m. à 15 m : . 6, route de Chatellerault. ☎ 02 47 58 15 02 / 02 47 58 10 13 (Mairie).

RIGNY USSE

6-E3 13 km N.-E. Chinon. 50 m. 511 hab. ✉ 37420

CAMP MUNICIPAL ★ Tourisme 33 E. 0,33 ha. pain, CV. Etang et rivière à 25 m. . Accueil groupes. ☎ 02 47 95 55 85 (Mairie). Fax : 02 47 95 45 33.

RILLE

6-E2 37 km O. Tours. 395 hab. ✉ 37340

HUTTOPIA RILLE ★★★ Tourisme 76 E. dont 88 nus 4,5 ha. , 29.6 / 2.9, 29.6 / 2.9, , aire spécifique, CV Sanitaire chauffé. Locations : 12 , 10 , , , Roulottes. 2. Accès direct aux bords du lac. ; ; . Ouv : 28.3 / 2.11. ☎ 02 47 24 62 97 / 04 37 64 22 34 (H.S.). Fax : 02 47 24 63 61. E-mail : rille@huttopia.com, Web : www.huttopia.com. Prix 2007. Fft jour : Empl. Tourisme (2) : 22 € ( ) ; Sup : 6 € - de 2/7 ans 3,80 € ; 4,20 à 6,20 € (6 à 10 A) ; Animaux 3,50 €. Réduction H.S.

FFCC : partenaire + réduction emp. de 5 % en saison et hors saison + réduction loc. de 5 % en saison et hors saison.

ST AVERTIN

4 km S.-E. Tours. 60 m. 10115 hab. ✉ 37550

LES RIVES DU CHER ★★★ Tourisme 90 E. dont 80 nus 2,4 ha. , + sèche-linge, ap. 22 h, CV Sanitaire chauffé. Locations : 4 , 6 . Etang, lac et rivière à 50 m. à 1 km : , , . Accueil groupes. Ouv : 1.4 / 15.10. 61, rue de Rochepinard, 400 m RN 76. De Paris A 10 sortie 22 et de Bordeaux sortie 23. ☎ 02 47 27 27 60. Fax : 02 47 25 82 89. E-mail : contact@camping-lesrivesducher.com, Web : www.camping-lesrivesducher.com. Prix 2008. () : 4,35 € ; 2,50 € ; 8,80 € ; 3,80 € ; 3,80 € ; - de 10 ans 2,50 € ; 3,15 à 5 € (4 à 10 A) ; Animaux 1,25 €.

ST EPAIN

6-E3 24 km E. Chinon. 111 m. 1335 hab. ✉ 37800

M. BRETON Christophe,camping Le Bois Fleuri CV. A 6 km: . A 10 km : Piscine plein air. ☎ 02 47 65 67 73. E-mail : christophe.breton@laposte.fr, Web : www.campingboisfleuri.fr.st.

STE CATHERINE DE FIERBOIS

6-E3 33 km E. Chinon. 130 m. 484 hab. ✉ 37800

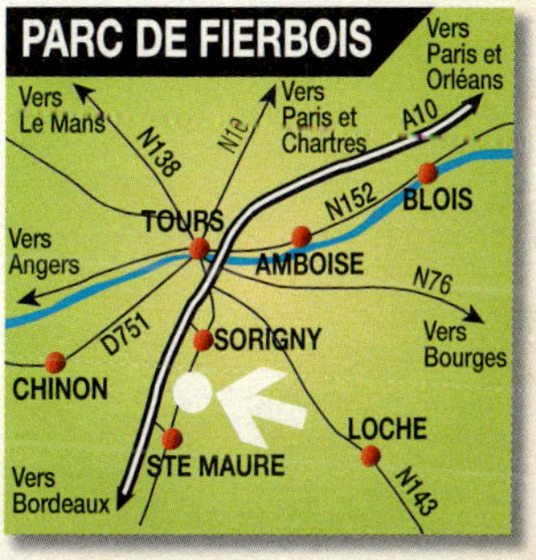

PARC DE FIERBOIS ★★★★ Tourisme 320 E. dont 90 nus, , dont 146 GCC, 12 ha. CV. Locations : 15, 10, 30. couverte chauffée. Accès direct à l'étang et aux bords du lac. Accueil groupes. Ouv : 28.4 / 12.9. 1,5 km RD 101 et RN 10, A 10 (10 km). ☎ 02 47 65 43 35. Fax : 02 47 65 53 75. E-mail : parc.fierbois@wanadoo.fr, Web : www.fierbois .com. Prix 2008. Fft jour : Empl. Tourisme (2) : 40 € Sup : 8 € 4,30 € (4 A). Réduction H.S.

FFCC : Stop accueil Camping-car du 28/04 au 05/07 et du 23/08 au 12/09/2008, accès jusqu'à 20h.

STE MAURE DE TOURAINE

6-E3 32 km E.-S.-E. Chinon. 4130 hab. ✉ 37800

CAMP MUNICIPAL DE MARANS ★★ Tourisme 66 E. dont 66 nus, 1 ha. CV. Accès direct à l'étang et aux bords du lac. ; à 8 km : . Rue de Toizelet, N 10. A 10. ☎ 02 47 65 44 93 / 02 47 65 40 12 (Mairie) (H.S.).

SAVIGNY EN VERON

6-D3 9 km O. Chinon. 1257 hab. ✉ 37420

LA FRITILLAIRE ★★★ Tourisme 100 E. dont 94 nus, dont 23 GCC, 2,5 ha. CV Sanitaire chauffé. Locations : 4. Accès direct à l'étang. Rivière à 2 km. Accueil groupes. Ouv : 1.4 / 30.9. Rue Basse. ☎ 02 47 58 03 79 (Camping) / 01 42 72 22 43 (H.S.). Fax : 02 47 58 03 81. E-mail : lafritillaire.veron@ffcc.fr, Web : www.camp-in-france.com. Prix 2007. Empl. Tourisme : 4,80 € : 2,50 € ; - de 10 ans 1,35 € ; 3,05 € ; E. GCC 1,30 € ; Animaux 0,90 €. Réduction H.S.

FFCC : partenaire - terrain assuré par la FFCC + carte FFCC assurance annulation + Stop accueil Camping-car du 01/04 au 30/09/2008, accès jusqu'à 22h + 1 nuit gratuite pour 5 nuits payantes - Carte de fidélité disponible.

SAVONNIERES

6-E2 14 km S.-S.-O. Tours. 45 m. 2083 hab. ✉ 37510

CAMP DE LA CONFLUENCE ★★★ Tourisme 64 E. 0,7 ha. CV Sanitaire chauffé. Accès direct à la rivière. ; ; à 10 km : . Accueil groupes. Ouv : 15.5 / 15.9. Route de Bray. ☎ 02 47 50 00 25 / 02 47 50 12 66 (Mairie) (H.S.). Fax : 02 47 50 15 71. E-mail : contact@tourisme-en-confluence.com, Web : tourisme-en-confluence.com. Prix 2007. Fft jour : Empl. Tourisme (1) : 12 € () ; Sup : 3,60 € - de 5/10 ans 1,80 € ; Animaux 1,20 €. Fft Tente : 9 € (1).

SEPMES

6-E3 30 km S.-O. Loches. 80 m. 539 hab. ✉ 37800

AIRE NATURELLE MUNICIPALE

SONZAY

6-E2 24 km N.-O. Tours. 106 m. 935 hab. ✉ 37360

L'ARADA PARC ★★★★ Tourisme 94 E. 1,7 ha. CV. Locations : 3, 10. chauffée. Rivière à 500 m. à 500 m : . Rue de la Baratière. Depuis la RN 138 Le Mans/Tours ou A 28 sortie Neuillé-Pont-Pierre puis D 766 dir. Sonzay. ☎ 02 47 24 72 69. Fax : 02 47 24 72 70. E-mail : info@laradaparc.com, Web : www.laradaparc.com. Prix 2008. Fft jour : Empl. Tourisme (2) : 20.50 € () ; Sup : 4,80 € 3,50 € ; 3,60 € (10 A A) ; Animaux 1,50 €.

FFCC : réduction loc. de 5 % hors saison + HC.

TAUXIGNY

924 hab. ✉ 37310

AIRE NATURELLE DE CAMPING DE LIGORET

TROGUES

6-E3 22 km S.-E. Chinon. 293 hab. ✉ 37220

PARC DES ALLAIS ★★★★ Tourisme 198 E. 8 ha. snack, location possible, CV. Locations : 60, 1. couverte chauffée half court, . Accès direct à l'étang et à la rivière. ; ; à 3 km : . Accueil groupes. Les Allais. A 6 km de la sortie Ste-Maure de Touraine autoroute A 10. Sur la D 109. ☎ 02 47 58 60 60. Fax : 02 47 95 24 04. E-mail : contact@parc-des-allais.com, Web : www.parc-des-allais.com. Prix 2007. Fft jour : Empl. Tourisme (2) : 29,85 € () ; Sup : 5 € - de 12 ans 4 € ; Animaux 3 €. Réduction H.S.

LA ROLANDIERE ★★★ Tourisme 30 E. 2 ha. Locations : . Rivière à 1 km. ; à 1 km : ; à 4 km : ; . Ouv : 15.4 / 28.9. Château de la Rolandière. A 10 sortie 25, 6 km dir. Chinon entre Ste-Maure-de-Touraine et l'Ile-Bouchard. Accès internet Wifi. ☎ 02 47 58 53 71. Fax : 02 47 58 53 71. E-mail : contact@larolandiere.com, Web : www.larolandiere.com. Prix 2007. Fft jour : Empl. Tourisme (2) : 25 € () ; Sup : 6 € - de 10 ans 3,50 € ; Animaux 3 €.

VEIGNE

6-E2 13 km S. Tours. 57 m. 4309 hab. ✉ 37250

CAMP LA PLAGE ★★★ Tourisme 121 E. dont 106 nus 2,5 ha. CV. Locations : 15, . chauffée . Accès direct à la rivière. ; ; ; . Accueil groupes. Sur RD 50, à 1,5 km RN 10. ☎ 02 47 26 23 00 / 06 85 57 93 41 (H.S.). Fax : 02 47 73 11 47. E-mail : campingveigne@aol.com, Web : www.touraine-vacance.com & www.camping-touraine.com. Prix 2007. Fft jour : Empl. Tourisme (2) : 16,30 € () ; Fft Ccar : 16,70 € (2). Fft Tente : 12,30 € (2).

FFCC : partenaire + réduction emp. de 5 % en saison et 10 % hors saison + réduction loc. de 5 % en saison et 10 % hors saison.

VERETZ

6-F2 12 km S.-E. Tours. 54 m. 2379 hab. ✉ 37270

CAMP MUNICIPAL ★★★ Tourisme 64 E. dont 52 nus, , dont 14 GCC, 1 ha. CV. Locations : . Accès direct à la rivière. Etang à 500 m. Accueil groupes. Sur RN 976, lieu-dit Les Isles. ☎ 02 47 50 50 48 (Camping) / 02 47 35 70 00 (H.S.). Fax : 02 47 35 70 10. E-mail : mairie@veretz.com, Web : www.veretz.com. Prix 2007. Fft jour : Empl. Tourisme (4) : 12 € ; Sup : 2 3,50 € ; Animaux 1 €.

VILLAINES LES ROCHERS
6-E3 24 km N.-E. Chinon. 75 m. 933 hab. ✉ 37190

CAMP MUNICIPAL ★ Tourisme 33 E. 0,6 ha. Accueil groupes. Rue de l'Eglise. RD 57. ☎ 02 47 45 43 08. Fax : 02 47 45 48 65.

LA VILLE AUX DAMES
6-F2 6 km E. Tours. 50 m. 3537 hab. ✉ 37700

LES ACACIAS ★★★ Tourisme 80 E. dont 50 nus 2,6 ha. CV Sanitaire chauffé. Locations : 7 , 8 . Rivière à 100 m. à 100 m : . Accueil groupes. Ouv : 1.1 / 31.12 sauf w.e. du 1.10 au 31.3. Rue Berthe Morizot. RD 751. 6 km de Tours. Fermé la semaine entre Noël et le jour de l'An ☎ 02 47 44 08 16 / 06 62 19 18 08 (H.S.). Fax : 02 47 46 26 65. E-mail : camplvad@orange.fr. Prix 2008. Empl. Tourisme : 5,90 € ; 2,90 € ; - de 7 ans 2,20 € ; 2,90 à 4,60 € (4 à 10 A) ; Animaux 1,90 €.

LES ACACIAS
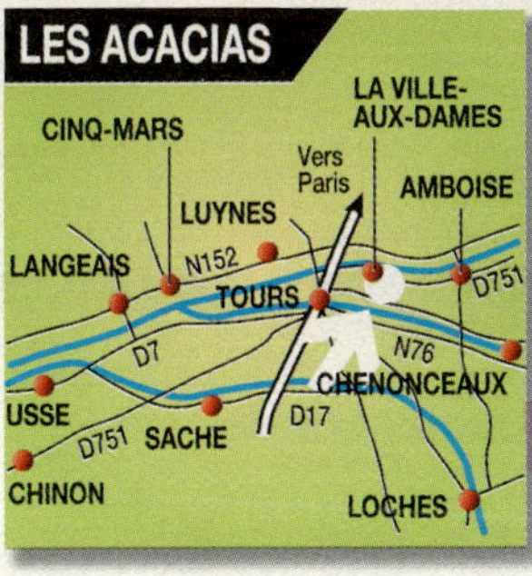

VILLEDOMER
6-F2 30 km N.-E. Tours. 1271 hab. ✉ 37110

CAMP MUNICIPAL DU MOULIN ★ Tourisme 33 E. 1 ha. Accès direct à la rivière. Etang à 2 km. à 2 km : . Accueil groupes. Ouv : 15.6 / 15.9. Rue du Lavoir. Sur la D 73 par la D910. ☎ 02 47 55 05 50 / 02 47 55 00 04 (Mairie) (H.S.). Fax : 02 47 55 06 27. E-mail : mairie.villedomer@wanadoo.fr. Prix 2007. Empl. Tourisme : 2,50 € ; 2 € ; - de 7 ans 1,25 € ; 3 € ; Animaux 1 €.

VOUVRAY
6-F2 9 km N.-E. Tours. 60 m. 2580 hab. ✉ 37210

CAMP MUNICIPAL LE BEC DE CISSE ★★ Tourisme 33 E. dont 33 nus . Locations : 1 . Accès direct à la rivière. ; à 500 m : . Ouv : 1.5 / 26.9. A 10 sortie n° 20 Vouvray. N 152 pour Vouvray. ☎ 02 47 52 68 81. Fax : 02 47 52 67 76. Prix 2007. () : 5 € ; 5 € ; 5 € ; 3,30 € ; - de 7 ans 2,10 € ; 3,20 € (10 A) ; Animaux 1,10 €.

YZEURES SUR CREUSE
6-F4 80 km S.-E. Tours. 84 m. 1820 hab. Station verte de vacances et village de neige ✉ 37290

CAMP MUNICIPAL LES BORDS DE CREUSE ★ Tourisme 130 E. 1,5 ha. Locations : . Accès direct à la rivière. ; ; . Rue de la Baignade, 50 m RD 104 et 500 m de CD 750. ☎ 02 47 94 55 01 (Mairie). Fax : 02 47 94 43 32.

ISERE 38

Carte 11

Délégué FFCC : Claude Noël GAULIARD, Pra Foux - 38570 HURTIERES

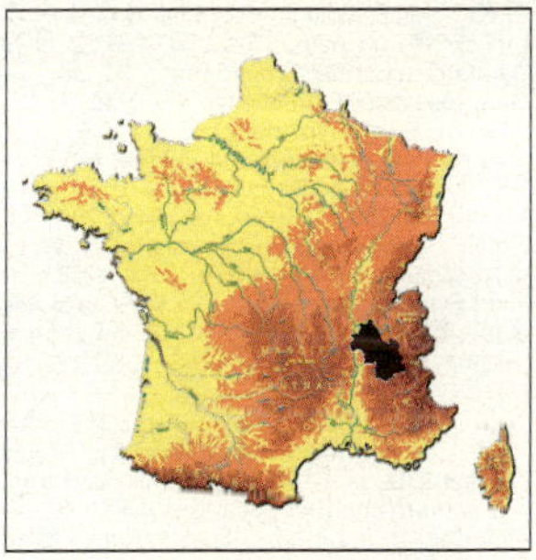

LES ABRETS
11-B2 12 km E.-S.-E. La Tour-du-Pin. 400 m. 2795 hab. ✉ 38490

LE COIN TRANQUILLE ★★★★ Tourisme 182 E. 8 ha. saison, CV Sanitaire chauffé. Locations : 14 , 1 , . Etang et rivière à 5 km. ; à 5 km : . Ouv : 22.3 / 1.11. Lieu-dit Véroud, RN 6, chemin à gauche. ☎ 04 76 32 13 48. Fax : 04 76 37 40 67. E-mail : contact@coin-tranquille.com, Web : www.coin-tranquille.com. Prix 2008. Fft jour : Empl. Tourisme (2) : 28 € () ; Sup : 7 € - de 7 ans 5 € ; 1,30 à 3 € (2 à 6 A) ; Animaux 1 €. Réduction H.S.

FFCC : réduction loc. de 5 % hors saison + HC.

LES ADRETS
11-C2 750 m. 409 hab. ✉ 38190

PARC RESIDENTIEL DE LOISIRS LES CHALETS DE LA GRANGE P.R.L. 3 E., dont 3 HLL. CV. Locations : , . ; à 10 km : , . Ouv : 1.1 / 31.12. ☎ 04 76 71 16 91. Fax : 04 76 71 16 91. E-mail : catherine.talon@wanadoo.fr, Web : leschalestsdelagrange.com.

ALLEMOND
11-C3 45 km E. Grenoble. 750 m. 1207 hab. ✉ 38114

CAMP MUNICIPAL ★★★ Tourisme 100 E. (90 Tourisme + 10 Loisirs) 0,29 ha. . Rivière à 10 m. Lac à 500 m. Etang à 2 km. ; . ☎ 04 76 80 76 88 / 04 76 80 70 30 (Mairie). Fax : 04 76 79 80 28.

LE GRAND CALME ★★★ Tourisme 130 E., dont 9 HLL, 2,5 ha. pétanque, CV Sanitaire chauffé. Locations : HLL. . Accès direct à la rivière. Etang et lac à 1 km. ; à 500 m : . Salle de séchage. ☎ 04 76 80 70 03. Fax : 04 76 80 73 13. E-mail : hotel-ginies@wanadoo.fr, Web : www.hotel-ginies.com.

LES BOULEAUX ★ Tourisme 50 E. (47 Tourisme + 3 Loisirs) . ☎ 04 76 80 71 23.

ALLEVARD
11-C2 40 km N.-E. Grenoble. 520 m. 2391 hab. ✉ 38580

CLAIR MATIN ★★★ Tourisme 150 E. dont 4 nus 5,5 ha. snack, pain/viennoiserie, CV. Locations : 2 , 2 , 20 . . Lac à 300 m. Etang et rivière à 1 km. à 300 m : ; à 1,5 km : . Accueil groupes. Ouv : 1.5 / 10.10. 300 m RD 525, lieu-dit Les Pommiers, entrée Sud de la ville. ☎ 04 76 97 55 19. Fax : 04 76 45 87 15. E-mail : jdavallet1@aol.com, Web : www.achatgrenoble.com/campingclairmatin. Prix 2007. Fft jour : Empl. Tourisme (2) : 17,30 € () ; Sup : 3 € - de 1/7 ans 2 € ; 1,90 à 3,15 € (2 à 6 A) ; Animaux 0,60 €. Réduction H.S.

FFCC : Stop accueil Camping-car du 01/06 au 20/06 et du 20/08 au 15/10/2008, accès jusqu'à 20h.

IDEAL CAMPING ★★★ Tourisme 86 E. (68 Tourisme + 18 Loisirs), dont 10 HLL, 1,8 ha. CV. Locations : 12 , 4 , 2 . Rivière à 100 m. Lac à 400 m. à 100 m : ; à 400 m : , . Ouv : 1.5 / 17.10. 67, avenue de Savoie, 50 m RN 525. ☎ 04 76 97 50 23. Fax : 04 76 45 13 83. E-mail : camping.ideal@wanadoo.fr, Web : www.ideal-camping.fr. Prix 2007. Empl. Tourisme : 8,60 € () : 3,10 € ; - de 10 ans 2,30 € ; 2,80 à 3,50 € (4 à 6 A) ; Animaux 0,80 €. Réduction H.S.

CARAVANEIGE DU COLLET ★★ Tourisme 50 E. (45 Tourisme + 5 Loisirs) 1,5 ha. CV Sanitaire chauffé. Locations : , , . chauffée . Accueil groupes. Sur CD 109. A 300 m des pistes de la station du Collet d'Allevard. ☎ 04 76 08 37 28 / 06 78 11 56 89 (H.S.). Fax : 04 76 08 37 51. E-mail : lesterrassesducollet@wanadoo.fr, Web : lesterrasseducollet.com.

AUTRANS
11-B3 36 km O. Grenoble. 1040 m. 1595 hab. ✉ 38880

AU JOYEUX REVEIL ★★★★ Tourisme 111 E. (69 Tourisme + 42 Loisirs), dont 4 HLL, 1,5 ha. snack, + sèche-linge, CV Sanitaire chauffé. Locations : 4, 16. couverte chauffée. Ouv : 1.12 / 31.3 & 1.5 / 30.9. Lieu-dit le Château. De Grenoble RN 531 et RN 535, dir. Villard-de-Lans par Sassenage et Lans-en-Vercors ou RD 106 dir. St-Nizier et Lans-en-Vercors. Salle de loisirs. Espace aquatique + bassin avec balnéo. ☎ 04 76 95 33 44. Fax : 04 76 95 72 98. E-mail : camping-au-joyeux-reveil@wanadoo.fr, Web : www.camping-au-joyeux-reveil.fr. Prix 2008. Fft jour : Empl. Tourisme (2) : 30 € ; Sup : 5 € - de 6 ans 3,50 € ; 3 à 4 € (4 à 6 A). Réduction H.S.

FFCC : Stop accueil Camping-car du 01/12 au 31/03 et du 01/05 au 30/09/2008, arrivée jusqu'à 19h/ accès emplacement jusqu'à 22h + réduction loc. de 5 % hors saison + HC.

LE VERCORS ★★★ Tourisme 90 E. (50 Tourisme + 40 Loisirs) 1 ha. CV Sanitaire chauffé. Locations : 8. chauffée . à 200 m : . Ouv : 1.1 / 15.4 et 20.5 / 20.9 et 1.12 / 31.12. 100 m RD 106 C. 300 m du village. ☎ 04 76 95 31 88 / 06 71 07 81 50 (H.S.). Fax : 04 76 95 36 82. E-mail : camping.le.vercors@wanadoo.fr, Web : www.camping-du-vercors.fr. Prix 2007. Fft jour : Empl. Tourisme (2) : 15,70 € ; Sup : 4,30 € - de 7 ans 3,30 € ; 2,30 à 3,80 € (2 à 6 A).

LES AVENIERES

11-B2 17 km N.-E. La-Tour-du-Pin. 235 m. 3495 hab. ✉ 38630

CAMP MUNICIPAL LES EPINETTES ★★★ Tourisme 84 E. (54 Tourisme + 30 Loisirs) snack, CV Sanitaire chauffé. Locations : 3, 6, 3. Rivière à 5 km. Accueil groupes. Ouv : 1.1 / 31.12. Rés. obligatoire en été. ☎ 04 74 33 92 92. Fax : 04 74 33 92 92. E-mail : infos@camping-les-avenieres.com, Web : www.camping-les-avenieres.com. Réduction H.S.

AVIGNONET

11-C3 30 km S. Grenoble. 630 m. 154 hab. ✉ 38650

DOMAINE NATURISTE LE COURTIALET ★★ Loisirs 65 E. (25 Tourisme + 40 Loisirs) 7 ha. Rés. naturiste. Locations : 1. Lac à 500 m. Chemin du Cros. RN 75 à 10 km Vif prendre D 110. ☎ 04 76 34 22 68 / 06 15 64 28 00 (H.S.). E-mail : csgrenoble.ffn@wanadoo.fr.

LA BALME LES GROTTES

11-B1 42 km N. La Tour du Pin. 210 m. 531 hab. ✉ 38390

DOMAINE BEAUSEJOUR ★★★ Loisirs 80 E. dont 15 nus (25 Tourisme + 55 Loisirs) 1 ha. snack, CV Sanitaire chauffé. Locations : 3, 11, 2. Accès direct à la rivière. Accueil groupes. Ouv : 1.1 / 31.12. Lieu-dit La Brosse, sur D 65 H. ☎ 04 74 90 67 47. Fax : 04 74 90 14 67. E-mail : campingdomainebeausejour@wanadoo.fr, Web : campingdomainebeausejour.com. Prix 2008. Empl. Tourisme : 4,50 € () ; 4,50 € ; - de 12 ans 2 € ; 3 € ; Animaux 1 €.

FFCC : partenaire + réduction emp. de 5 % hors saison + carte FFCC assurance annulation + Stop accueil Camping-car toute l'année, accès jusqu'à 19h.

BEAUREPAIRE

11-B2 30 km S.-E. Vienne. 258 m. 3840 hab. ✉ 38270

CAMP MUNICIPAL ★★ Tourisme 50 E. 1 ha. Rivière à 100 m. Au stade, avenue De Gaulle, 150 m RN 538. ☎ 04 74 84 64 89 / 04 74 84 67 29. Fax : 04 74 79 24 14. E-mail : CCPB@pays-de-beaurepaire.com, Web : www.pays-de-beaurepaire.com.

BEAUVOIR EN ROYANS

11-B3 35 km O.-S.-O. Grenoble. 281 m. 66 hab. ✉ 38160

LE CHATEAU DE BEAUVOIR ★★★★ Tourisme 20 E. dont 12 nus (13 Tourisme + 7 Loisirs), dont 15 CC - 5 GCC, 0,8 ha. CV Sanitaire chauffé. Lac à 2 km. Accueil adultes. D 532 Sud par D 31 B ou A 49 sortie St-Marcellin dir. St-Romans. ☎ 04 76 64 01 79 / 06 23 42 35 32 (H.S.). Fax : 04 76 64 01 79. E-mail : chateaudebeauvoir@wanadoo.fr.

BESSE

11-D3 72 km S.-E. Grenoble. 1450 m. 117 hab. ✉ 38142

AIRE NATURELLE MUNICIPALE CV. Les Granges. ☎ 04 76 80 25 80. Fax : 04 76 80 25 80.

BILIEU

11-B2 30 km N.-O. Grenoble. 600 m. 325 hab. ✉ 38850

CAMP MUNICIPAL DU BORD DU LAC ★★★ Loisirs 84 E. (34 Tourisme + 50 Loisirs) 0,9 ha. Accès direct aux bords du lac. Lieu-dit Petit Bilieu, 4 km RN 75. Sur CD 50 C. ☎ 04 76 06 67 00 / 04 76 06 62 41 (Mairie). Fax : 04 76 06 67 15. E-mail : mairie.bilieu@pays-voironnais.com.

LES NOISETIERS ★ Tourisme 10 E. ☎ 04 76 32 36 74.

BOUGE CHAMBALUD

11-A2 26 km S. Vienne. 220 m. 672 hab. ✉ 38150

LE TEMPS LIBRE ★★★★ Loisirs 199 E. (83 Tourisme + 116 Loisirs) 10 ha. saison, saison, saison, saison, CV. Locations : 9, 18. chauffée 3 courts, 3 : N 7. A 7 sortie Chanas n° 12, dir. Grenoble D 519. ☎ 04 74 84 04 09. Fax : 04 74 84 15 71. E-mail : camping.temps-libre@libertysurf.fr, Web : www.temps-libre.fr. Prix 2007. Fft jour : Empl. Tourisme (2) : 20,50 € ; Sup : 7 € - de 7 ans 3,50 € ; 4,50 € (9 A) ; Animaux 2,50 €.

FFCC : partenaire - terrain assuré par la FFCC.

LE BOURG D OISANS

11-C3 49 km S.-E. Grenoble. 720 m. 3071 hab. Station verte de vacances et village de neige ✉ 38520

A LA RENCONTRE DU SOLEIL ★★★★ Tourisme 73 E. dont 58 nus, dont 10 HLL, 1,6 ha. CV Sanitaire chauffé. Camping clef verte. Locations : 10, 14. chauffée. Ouv : 5.5 / 16.9. Route de l'Alpe-d'Huez. Salle de loisirs, salle de séchage. ☎ 04 76 79 12 22. Fax : 04 76 80 26 37. E-mail : rencontre.soleil@wanadoo.fr, Web : alarencontredusoleil.com. Prix 2008. Fft jour : Empl. Tourisme (3) : 28,10 € Sup : 6,40 € - de 2/5 ans 4,80 € ; 3,30 à 4,40 € (2 à 10 A) ; Animaux 0,80 €. Réduction H.S.

FFCC : réduction loc. de 5 % hors saison + HC.

BELLEDONNE ★★★★ Tourisme 150 E. dont 148 nus 3,5 ha. pizzeria, pétanque, + sèche-linge, CV. Locations : 17. chauffée. Rivière à 200 m. Lac à 2 km. ; à 2 km : . Accueil groupes. Ouv : 14.5 / 13.9. Lieu-dit Rochetaillée, sur RN 91 puis D 526. Sauna, hammam. ☎ 04 76 80 07 18. Fax : 04 76 79 12 95. E-mail : belledon@club-internet.fr, Web : www.le-belledonne.com. Prix 2008. Fft jour : Empl. Tourisme (2) : 24,20 € ; Sup : 6,10 € - de 7 ans 4,20 € ; 3 à 4 € (3 à 6 A) ; Animaux 1,10 €. Réduction H.S.

LA CASCADE ★★★★ Tourisme 133 E. (128 Tourisme + 5 Loisirs), dont 5 HLL, 2,4 ha. snack, pizzas, CV Sanitaire chauffé. Locations : 18. chauffée . Rivière à 10 m. ; à 10 km : . Ouv : 15.12 / 30.9. 500 m RN 91. Salle de loisirs, salle de séchage. ☎ 04 76 80 02 42. Fax : 04 76 80 22 63. E-mail : lacascade@wanadoo.fr, Web : www.lacascadesarenne.com. Prix 2007. Fft jour : Empl. Tourisme (2) : 24 € ; Sup : 6 € 4,20 € (16 A). Réduction H.S.

LA PISCINE ★★★★ Tourisme 130 E. dont 101 nus (125 Tourisme + 5 Loisirs), dont 10 HLL, 1,85 ha. saison, saison, CV Sanitaire chauffé. Locations : 19, 6. chauffée . Accès direct à la rivière. Ouv : 1.1 / 31.12. Rés. obligatoire en été. Hameau de Sarennes. A 800 m de Bourg d'Oisans, route d'Alpe d'Huez. ☎ 04 76 80 02 41. Fax : 04 76 11 01 26. E-mail : infos@camping-piscine.com, Web : www.camping-piscine.com. Prix 2007. Fft jour : Empl. Tourisme (2) : 21 € (E. CC E. GCC) ; Sup : 5,50 € - de 10 ans 3,50 € ; 3,50 € (16 A) ; Animaux 1 €. Réduction H.S.

LE CHATEAU ★★★★ Tourisme 130 E. 2,5 ha. CV. Locations : 1, 35, 10, Chambres (prix par jour). chauffée. Rivière à 500 m. Lac à 2,5 km. Accueil groupes. Ouv : 13.5 / 14.9. Chemin de Bouthéon. De Grenoble RN 85 jusqu'à Vizille puis RN 91 jusqu'à Rochetaillée, prendre Allemont puis 100 m à gauche. ☎ 04 76 11 04 40. Fax : 04 76 80 21 23. E-mail : JCP@camping-le-chateau.com, Web : www.camping-le-chateau.com. Prix 2008. Fft jour : Empl. Tourisme (2) : 26 € ; Sup : 6,50 € - de 10 ans 4,20 € ; 3,90 à 4,40 € (6 à 10 A) ; Animaux 0,80 €. Réduction H.S.

FFCC : partenaire + réduction emp. de 5 % en saison et 20 % hors saison + Stop accueil Camping-car du 13/05 au 28/06 et du 17/08 au 14/09/2008, accès jusqu'à 19h + réduction loc. de 5 % en saison et hors saison.

LE COLPORTEUR ★★★★ Tourisme 150 E., dont 30 HLL, 4 ha. pain, CV Sanitaire chauffé. Locations : 34. chauffée . Accès direct à la rivière. ; à 150 m : Accueil adultes. Ouv : 10.5 / 21.9. Mas du Plan. Au centre du village. A 300 m RN 91. Piscine à 150 m gratuite ☎ 04 76 79 11 44 / 06 85 73 29 19 (H.S.). Fax : 04 76 79 11 49. E-mail : info@camping-colporteur.com, Web : www.camping-colporteur.com. Prix 2008. Fft jour : Empl. Tourisme (2) : 24 € ; Sup : 6 € - de 5/10 ans 4 € ; 4 € ; Animaux 1,50 €. Réduction H.S.

LE VERNIS ★★★ Tourisme 54 E. 1 ha. gaz et électricité, + salle séchage, Sanitaire chauffé. Locations : . chauffée. à 2,5 km : ; à 1,5 km : ; à 3 km : . Ouv : 15.6 / déb. sept.. Dir. Briançon. ☎ 04 76 80 02 68. E-mail : levernis.camping@wanadoo.fr, Web : www.oisans.com/levernis. Réduction H.S.

FFCC : Stop accueil Camping-car du 20/05 au 01/07 et du 20/08 au 15/09/2008, accès jusqu'à 20h.

LA FERME DE NOEMIE ★★ Tourisme 20 E. dont 15 nus CV Sanitaire chauffé. Locations : 4 . à 800 m : ; à 3,5 km : ; à 4 km : . Accueil groupes. Ouv : 31.3 / 30.10. Les Sables - Chemin Pierre Polycarpe ☎ 04 76 11 06 14 / 06 30 40 17 47 - 06 87 45 08 75 (H.S.). Fax : 04 76 11 06 14. E-mail : sci.smith@libertysurf.fr, Web : www.fermenoemie.com. Prix 2007. Fft jour : Empl. Tourisme (2) : 21 € ; Sup : 5 € - de 15 ans 2,50 € ; 2,50 € (16 A). Fft Ccar : 24 € (2).

BOUVESSE QUIRIEU

11-B1 30 km N. La Tour-du-Pin 220 m. 1067 hab. ✉ 38390

Mme MOLY Marie-Christine A 3 km: . La Chèvre Verte. Marlieu. RN 75. ☎ 04 74 88 49 92. Fax : 04 74 88 50 85. E-mail : lachevreverte@hotmail.com, Web : www.lachevreverte.com.

CHAMROUSSE

11-C3 30 km S.-E. Grenoble. 1650 m. 667 hab. ✉ 38410

CARAVANEIGE CHAMROUSSE ★★ Tourisme 250 E. (200 Tourisme + 50 Loisirs) 3,4 ha. 230, rue des Chardons Bleus. RD 111. ☎ 04 76 89 96 51 / / 04 76 89 90 21 (H.S.). Fax : 04 76 89 96 51.

CHANAS

11-A2 26 km S.-O. Vienne. 170 m. 1486 hab. ✉ 38150

BEAUSEJOUR ★★★ Tourisme 50 E. (30 Tourisme + 20 Loisirs) 0,5 ha. CV. Rivière à 100 m. Accueil groupes. D 519. A 7 entre Lyon/Valence dir. Grenoble 1 km. Proximité sortie 12. ☎ 04 74 84 31 01 / 04 74 84 30 86 (H.S.). E-mail : campingvernet@club-internet.fr, Web : www.campingbeausejour.fr.

LES GUYOTS ★★★ Loisirs 75 E. (10 Tourisme + 65 Loisirs) 1,5 ha. Accès direct à la rivière. à 2 km : . Route de Chanas RN 7. ☎ 04 74 84 25 36.

CHAPAREILLAN

11-C2 40 km N.-E. Grenoble. 285 m. 1682 hab. Station verte de vacances et village de neige ✉ 38530

LE GRANIER ★★ Loisirs 40 E. (20 Tourisme + 20 Loisirs) 0,8 ha. Locations : . Rivière à 500 m. Lac à 3 km.Etang à 5 km. à 500 m : ; à 3 km : . Accueil groupes. L'Etraz, par la RN 90 entre Chambéry et Grenoble. ☎ 04 76 45 21 38.

CHARAVINES

11-B2 22 km S.-S.-E. La Tour du Pin. 1189 hab. Station verte de vacances et village de neige ✉ 38850

CAMP ROBERT ★★★ Tourisme 50 E. (30 Tourisme + 20 Loisirs) 2 ha. Accès direct aux bords du lac. ☎ 04 76 55 66 77.

LES PLATANES ★★★ Tourisme 67 E. (47 Tourisme + 20 Loisirs) 0,8 ha. snack, saison, CV. Locations : 10, 8. Lac à 150 m. à 150 m : . Accueil groupes. Ouv : 1.4 / 30.9. Avenue du Lac. 100 m RD 50 sortie A 48 Rives. ☎ 04 76 06 64 70. Fax : 04 76 06 64 70. E-mail : campinglesplatanes@orange.fr, Web : www.campinglesplatanes.fr. Prix 2007. Fft jour : Empl. Tourisme (2) : 12,40 € ; 3,60 à 4,60 € (6 à 10 A) ; Animaux 1,30 €.

MILLIAT ★★ Tourisme 20 E. dont 8 nus 0,6 ha. Lac à 5 m. à 5 m : ; à 10 m : ; à 100 m : . Ouv : 1.5 / 30.9. 60, Rue Principale. D 50. ☎ 04 76 55 70 96. Prix 2007. 3 € ; 2,70 € ; 3 € ; 5 € ; - de 7 ans 1,90 € ; 2 € (3 A) ; 0,30 €.

CHATONNAY

11-B2 28 km S.-E. Vienne. 452 m. 1341 hab. ✉ 38440

M. JANIN Paul,camping à la ferme poney, CV. A 2 km: . A 3 km : . A 5 km : Piscine plein air. Ouv : 1.4 / 31.10. Le Bin. De Lyon à Grenoble A 43 puis D 56 et D 502. De Vienne A 7 puis D 502 suivre fléchage camping à la ferme. ☎ 04 74 58 33 72. E-mail : fermedugrandgoulet@free.fr & paul.janin38@orange.fr, Web : www.fillonjc.ifrance.com. Prix 2007. 4,70 € ; - de 12 ans 2,40 € ; 3 € (6 A).

FFCC : partenaire + réduction emp. de 5 % en saison et hors saison.

CHEYSSIEU

11-A2 14 km S. Vienne. 160 m. 566 hab. ✉ 38550

LES ETANGS ★ Loisirs 40 E. 2 ha. Accès direct à l'étang. Rivière à 200 m. ; à 200 m : . ☎ 04 74 84 91 33.

CHORANCHE

11-B3 32 km N.-O. Grenoble. 230 m. 130 hab. ✉ 38680

CAMP MUNICIPAL LES MILLIERES ★★ Tourisme 20 E. 0,4 ha. Accès direct à la rivière. Par D 531. ☎ 04 76 36 01 65 (Mairie). Fax : 04 76 36 06 43.

LE GOUFFRE DE LA CROIX ★★ Tourisme 52 E. (42 Tourisme + 10 Loisirs) 2,5 ha. Locations : 2 . Accès direct à la rivière. Ouv : 10.5 / 14.9. A 43 sortie St-Marcellin. D 531 dir. Villars-de-Lans par Pont en Royans. ☎ 04 76 36 07 13. Fax : 04 76 36 07 13. E-mail : camping.gouffre.croix@wanadoo.fr, Web : www.camping-choranche.com. Prix 2008. Fft jour : Empl. Tourisme (2) : 16 € ; Sup : 4,10 € - de 7 ans 2,60 € ; 3,60 € (6 A) ; Animaux 2,50 €. Réduction H.S.

FFCC : partenaire - terrain assuré par la FFCC + réduction emp. de 10 % hors saison.

CLONAS SUR VAREZE

11-A2 16 km S.-O. Vienne. 155 m. 703 hab. ✉ 38550

LES NATIONS ★★★ Tourisme 40 E. 1,5 ha. CV. Locations : . Ouv : 1.1 / 31.12. RN 7. ☎ 04 74 84 95 13 / 04 74 84 97 17 / 04 74 84 97 17 (H.S.). Fax : 04 74 84 95 13. Prix 2008. Fft jour : Empl. Tourisme (2) : 17 € ; Sup : 7 € - de 10 ans 4 € ; Animaux 1 €.

COGNIN LES GORGES

11-B3 40 km O. Grenoble. 532 hab. ✉ 38470

M. BOUCHER Jacques,aire naturelle La Chatonnière . A 400 m : . Ouv : juin / septembre. A mi-chemin de Grenoble et de Romans-sur-Isère, Cognin-Les-Gorges est sur la RN 532. Du village, prendre dir. Malleval. Le Camping se situe à gauche avant la montée du Vercors. ☎ 04 76 38 18 76. E-mail : info@la-chato.com, Web : www.la-chato.com. Prix 2008. Empl. Tourisme : 5 € ; 5 € ; 2,50 €.

CORPS

11-C4 63 km S.-E. Grenoble. 940 m. 505 hab. ✉ 38970

CARAVANING ESSI DES AIRES ★★ Tourisme 16 E. 0,3 ha. CV. Lac à 2 km. à 2 km : . Ouv : 1.5 / 31.10. Sur RN 537. ☎ 04 76 30 03 85 (O.T.). Fax : 04 76 30 03 85. E-mail : corps.tourisme@wanadoo.fr, Web : www.corps-alpes.com.

LA ROUILLIERE ★★ Tourisme 20 E. 2,5 ha. CV. Locations : . Lac à 3 km. à 3 km : . Route du Coin. RN 85. ☎ 04 76 30 03 34. E-mail : jeancorporon@club-internet.fr.

LAC DU SAUTET ★ Tourisme 45 E. 3,5 ha. CV. Locations : 5 . Accès direct aux bords du lac. Accueil groupes sur aire spécifique. Lieu-dit Sous les Chenets. Rte du Lac. Sur la route Napoléon, N 85, entre Grenoble et Gap. Au centre de Gap dir. de Super-Dévoluy. Camping situé au bord du lac. ☎ 04 76 30 00 97. Fax : 04 76 30 06 78. E-mail : comcom.corps@wanadoo.fr, Web : www.campingdulac-38.net.

DIEMOZ

11-B2 20 km N.-E. Vienne. 370 m. 1595 hab. ✉ 38790

LES BRUYERES ★★ Loisirs 90 E. (40 Tourisme + 50 Loisirs) . Avenue Bruyères. ☎ 04 78 96 27 77.

ENTRAIGUES

11-C3 56 km S.-E. Grenoble. 800 m. 197 hab. ✉ 38740

CAMP MUNICIPAL LES VIGNEAUX ★★ Tourisme 31 E. 0,5 ha. Rivière à 100 m. Lac à 4 km. ; à 4 km : . Canoë-kayak, randonnées, parapente ou deltaplane, rafting en bordure du Parc National des Ecrins. ☎ 04 76 30 24 44 / 06 10 78 16 36.

ENTRE DEUX GUIERS

11-C2 35 km N. Grenoble 380 m. 1465 hab. ✉ 38380

L'ARC EN CIEL ★★★ 50 E. 1,2 ha. CV Sanitaire chauffé. Locations : 6 . Accès direct à la rivière. Accueil groupes. Ouv : 1.3 / 15.10. Près du pont du 18 juin. ☎ 04 76 66 06 97. Fax : 04 76 66 06 97. E-mail : info@camping-arc-en-ciel.com, Web : www.camping-arc-en-ciel.com. Prix 2007. Fft jour : Empl. Tourisme (2) : 14 € ; Sup : 4,60 € - de 7 ans 3,50 € ; 2,40 à 4,10 € (2 à 4 A) ; Animaux 1 €. Réduction H.S.

FFCC : partenaire - terrain assuré par la FFCC + réduction emp. de 5 % en saison et 10 % hors saison.

FARAMANS

11-B2 34 km S.-E. Vienne. 374 m. 614 hab. ✉ 38260

CAMP MUNICIPAL DES EYDOCHES ★★★ Tourisme 62 E. (32 Tourisme + 30 Loisirs), dont 3 HLL, 1 ha. CV. Locations : . Accès direct à l'étang et à la rivière. Accueil groupes. Le Marais. ☎ 04 74 54 21 78 / 04 74 54 22 97 (H.S.). Fax : 04 74 54 20 00. E-mail : mairie.faramans@wanadoo.fr. Réduction H.S.

LA FERRIERE

11-C2 52 km N.-E. Grenoble. 910 m. 204 hab. ✉ 38580

NEIGE NATURE ★★★ Tourisme 45 E. dont 42 nus (35 Tourisme + 10 Loisirs) 1,2 ha. snack, CV Sanitaire chauffé. Locations : 2 . Accès direct à la rivière. Accueil groupes. Ouv : 15.5 / 15.9 - chalets : 15.12 / 31.3. Par D 525A dir. Les Sept Laux - Le Pleynet. ☎ 04 76 45 19 84. E-mail : contact@neige-nature.fr, Web : www.neige-nature.fr. Prix 2007. Fft jour : Empl. Tourisme (2) : 14,70 € ; - de 9 ans 3,80 € ; 3,80 €. Réduction H.S.

FFCC : partenaire + réduction emp. de 15 % hors saison + carte FFCC assurance annulation + réduction loc. de 50 % hors saison.

G.C.U. LE CURTILLARD Réservé aux adhérents. Adhésion possible sur place pour les sociétaires MAIF et FILIA-MAIF. 2 km au sud de la Ferrière hameau la Curtillard.

LE FRENEY D OISANS

11-C3 61 km S.-E. Grenoble. 927 m. 180 hab. ✉ 38142

LE TRAVERSANT ★★★ Tourisme 67 E. 0,6 ha. CV Sanitaire chauffé. Locations : 3 , 1 . Accès direct à la rivière. Lac à 1,4 km. ; à 1,4 km : ; à 4 km : . Accueil groupes. Ouv : 1.1 / 31.12. N 91. ☎ 04 76 80 18 84 / 06 16 70 52 04 (H.S.). E-mail : lin.pradelles@wanadoo.fr.

LA GARDE

11-C3 54 km S.-E. Grenoble. 982 m. 64 hab. ✉ 38520

LE PREOULA ★★★ Tourisme 12 E. 1,2 ha. CV. Ouv : 25.6 / 25.8. Par la montée de l'Alpe d'Huez (virage n° 16). ☎ 04 76 80 11 19. E-mail : lepreoulatheb@aliceadsl.fr, Web : www.lepreoula.com. Prix 2008. Fft jour : Empl. Tourisme (2) : 15 € ; Sup : 3,50 € - de 7 ans 2,50 € ; 2 à 3 € (2 à 6 A).

GRESSE EN VERCORS

11-B3 45 km S.-O. Grenoble. 1205 m. 204 hab. ✉ 38650

LES 4 SAISONS ★★★ Tourisme 90 E. dont 80 nus (85 Tourisme + 5 Loisirs) 1,4 ha. CV Sanitaire chauffé. Locations : 3 , 7 . chauffée . Rivière à 100 m. à 100 m : . Ouv : 1.5 / 30.9 et 20.12 / 15.3. En provenance de Grenoble, prendre dir. Monestier de Clermont, puis 2ème rd. point à droite en dir. de Gresse en Vercors. ☎ 04 76 34 30 27. Fax : 04 76 34 39 52. E-mail : pieter.aalmoes@wanadoo.fr, Web : www.camping-les4saisons.com. Prix 2008. Fft jour : Empl. Tourisme (2) : 16 € ; Sup : 4,90 € - de 7 ans 3,70 € ; Animaux 1,80 €.

FFCC : partenaire + carte FFCC assurance annulation.

HEYRIEUX

11-B2 24 km N.-E. Vienne. 208 m. 3271 hab. ✉ 38540

MAS DE LA FORET ★ Loisirs 25 E. (10 Tourisme + 15 Loisirs) 1 ha. ; à 2,5 km : . Mas de la Forêt. RN 518. Dir. gare sur la gauche, à proximité de la ferme. ☎ 04 78 40 01 24.

HIERES SUR AMBY

11-B1 43 km N.-O. La Tour-du-Pin 835 hab. ✉ 38118

CAMP MUNICIPAL LE VAL D'AMBY ★★ Tourisme 42 E. 0,9 ha. Locations : . Route de Marignieu. A 43, A 42, RN 346, A 432 (40 km Est de Lyon). ☎ 04 74 95 10 02. Fax : 04 74 95 10 02. E-mail : campingvaldamby@yahoo.fr.

LAFFREY

11-C3 25 km S. Grenoble. 910 m. 211 hab. ✉ 38220

NAPOLEON ★★★ Tourisme 100 E. 2 ha. snack, CV. Accès direct aux bords du lac. ; ; ; . Accueil groupes. Ouv : 15.6 / 15.9. Lac du Lalfrey. 100 m RN 85. ☎ 06 74 13 66 29.

LE COUCOULOU ★ Tourisme 10 E., dont 4 CC, 0,25 ha. Locations : , . Lac à 10 m. ; ; ; . 400 m RN 45, Lieu-dit La Pivodière. ☎ 04 76 73 12 31.

LALLEY

11-C4 60 km S. Grenoble 842 m. 257 hab. ✉ 38930

BELLE ROCHE ★★★ Tourisme 56 E. dont 56 nus 2,5 ha. pain, CV. Locations : 6 , 2 . . Rivière à 500 m. Accueil groupes. Ouv : 5.4 / 28.9. Entre Grenoble et Sisteron par RN 75, puis D 66 et suivre l'itinéraire fléché sur 2,5 km. ☎ 04 76 34 75 33 / 06 09 10 59 88 (H.S.). Fax : 04 76 34 11 25. E-mail : gildapatt@aol.com, Web : www.campingbelleroche.com. Prix 2008. Fft jour : Empl. Tourisme (2) : 15,40 € ; Sup : 3,50 € - de 7 ans 2,50 € ; 3,60 € (10 A). Réduction H.S.

LANS EN VERCORS

11-B3 25 km S.-O. Grenoble. 1020 m. 1127 hab. Station verte de vacances et village de neige ✉ 38250

BOIS SIGU ★★★ Tourisme 35 E. 0,4 ha. . ☎ 04 76 95 47 02.

MALLEVAL

11-B3 50 km O. Grenoble. 940 m. 27 hab. ✉ 38470

CAMP MUNICIPAL ★ Tourisme 29 E. dont 29 nus 0,37 ha. CV. Locations : Chambres. Accueil groupes. Par autoroute Grenoble/Valence, sortie Vinay. Par RN 532 jusqu'à à Cognin les Gorges puis D 22 suivre panneau Malleval. Sentiers de randonnée, escalade. ☎ 04 76 38 54 59. Fax : 04 76 38 45 12. E-mail : les.galopins@wanadoo.fr.

MAYRES SAVEL

11-C4 49 km S. Grenoble. 695 m. 91 hab. ✉ 38350

CAMP DE SAVEL ★★ Tourisme 156 E. (116 Tourisme + 40 Loisirs), dont 21 HLL, 7 ha. CV. Locations : 12 , 1 , 1 , 2 , . Accès direct aux bords du lac. ; ; ; ; . Gardiennage bateaux et planches à voile. ☎ 04 76 81 14 79. Fax : 04 76 81 14 79. E-mail : contact@camping-savel.com, Web : www.camping-savel.com.

MEAUDRE

11-B3 36 km S.-O. Grenoble. 1012 m. 754 hab. ✉ 38112

LES BUISSONNETS ★★★ Tourisme 109 E. (56 Tourisme + 53 Loisirs) 2 ha. + salle séchage, CV Sanitaire chauffé. Locations : 13 . Rivière à 100 m. Accueil groupes. Parc du Vercors. Navette gratuite pour l'accès aux pistes de la station (1 km). Navette gratuite pour l'accès aux pistes de la station (1 km). ☎ 04 76 95 21 04. Fax : 04 76 95 26 14. E-mail : camping-les-buissonnets@wanadoo.fr, Web : www.camping-les-buissonnets.com. Réduction H.S.

LES EYMES ★★★ Tourisme 40 E. (30 Tourisme + 10 Loisirs), dont 21 GCC - 5 HLL, 1 ha. CV Sanitaire chauffé. Locations : , , . chauffée . ; ; à 10 km : . Accueil groupes. Ouv : 1.1 / 14.4 - 25.4 / 27.10 et 6.11 / 31.12. A 10 km de Villard-de-Lans. ☎ 04 76 95 24 85. Fax : 04 76 95 20 35. E-mail : campingleseymes@free.fr, Web : www.camping-les-eymes.com. Prix 2007. Fft jour : Empl. Tourisme (2) : 14,50 € ; Sup : 6 € - de 2/18 ans 4 € ; 2,60 €. Réduction H.S.

FFCC : Stop accueil Camping-car du 01/05 au 30/10 et du 15/12 au 01/03/2009, accès jusqu'à 22h.

MENS

11-C4 55 km Grenoble. 850 m. 1148 hab. ✉ 38710

PRE ROLLAND ★★★ Tourisme 90 E. (63 Tourisme + 27 Loisirs) 1,7 ha. snack, CV. Locations : 4 , 3 , . chauffée . Etang et rivière à 5 km. ; . Accueil groupes. Place Richard Wilm. 200 m de RD 66, par RN 75 et RN 85 à 20 km. ☎ 04 76 34 65 80. Fax : 04 76 34 65 80. E-mail : camping.prerolland@wanadoo.fr, Web : www.camping-prerolland.fr.fm.

MEYRIEU LES ETANGS

11-B2 27 km E. Vienne. 390 m. 415 hab. ✉ 38440

BASE DE LOISIRS DU MOULIN ★★★ Tourisme 80 E. (65 Tourisme + 15 Loisirs), dont 25 GCC - 7 HLL, 1,5 ha. snack, CV. Locations : 7, 1, hll. Accès direct à l'étang et aux bords du lac. Accueil groupes. A 1 km de la RD 522. ☎ 04 74 59 30 34. Fax : 04 74 58 36 12. E-mail : basedeloisirs.du.moulin@wanadoo.fr.

MIRIBEL LES ECHELLES

11-C2 36 km N. Grenoble. 580 m. 1442 hab. ✉ 38380

LE BALCON DE CHARTREUSE ★★★ Tourisme 90 E. dont 20 nus (60 Tourisme + 30 Loisirs), dont 60 GCC, 2,5 ha. CV Sanitaire chauffé. Locations : 9, 2, 2. Rivière à 5 km. ; à 5 km : . Accueil groupes. Ouv : 1.4 / 30.10. Rés. obligatoire en été. 950, chemin de la Forêt. N 6 prendre N 520 et D 28. Col des Mille Martyrs. A 43 sortie Voiron dir. Chambéry jusqu'à St-Etienne de Crossey puis Miribel Les Echelles. ☎ 04 76 55 28 53. Fax : 04 76 55 25 82. E-mail : balcondechartreuse@wanadoo.fr, Web : www.camping-balcondechartreuse.com. Prix 2008. Fft jour : Empl. Tourisme (2) : 14 € ; Sup : 5 € - de 7 ans 3,50 € ; 4 € (10 A) ; Animaux 1,50 €. Fft Ccar : 11 € (2). Réduction H.S.

FFCC : partenaire + réduction emp. 5% en saison et 10 % hors saison + carte FFCC assurance annulation + réduction loc. 5% en saison et 10 % hors saison.

MOISSIEU SUR DOLON

11-A2 25 km S.-E. Vienne. 342 m. 407 hab. ✉ 38270

Mme GENEVE Monique,aire naturelle Le Chêne et Le Roseau A 500 m : . A 3 km: . A 10 km : Piscine plein air. Ouv : 15.4 / 15.10. RN 538 puis RD 51, à 600 m Sud-Ouest de la commune, à proximité de la ferme. Herbeux, fond de vallée, bord de ruisseau et d'étang. Randonnée pédestre et vélo. Forêt. ☎ 04 74 84 57 62. Prix 2008. 4 € ; 3 € ; 3 € ; 3 € ; 0,80 €.

MONESTIER DE CLERMONT

11-C3 34 km S. Grenoble. 832 m. 725 hab. ✉ 38650

CAMP MUNICIPAL LES PORTES DU TRIEVES ★★★ Tourisme 50 E. à 5 km : . ☎ 04 76 34 01 24 / 04 76 34 06 20. Fax : 04 76 34 13 39. E-mail : camping.lesportesdutrieves@wanadoo.fr.

MONTALIEU VERCIEU

11-B1 32 km N. La Tour du Pin. 235 m. 2333 hab. ✉ 38390

LA VALLEE BLEUE ★★★ Tourisme 110 E. 18 ha. Locations : . chauffée. Rivière à 100 m. Etang et lac à 300 m. Accès par A 42 sortie n° 7 ou RN 75 Bourg-Grenoble. ☎ 04 74 88 49 23 / 04 74 88 63 67. Fax : 04 74 88 62 11. E-mail : ot.montalieu@wanadoo.fr, Web : www.paysdelapierre.org.

MONTFERRAT

11-B2 17 km S.-E. La Tour-du-Pin. 557 m. 981 hab. ✉ 38620

LE SANS SOUCI ★★★ Tourisme 60 E. (40 Tourisme + 20 Loisirs), dont 4 HLL. Le Verney. ☎ 04 76 32 40 40.

CAMP INTERNATIONAL DU LAC ★★ Tourisme 158 E. (106 Tourisme + 52 Loisirs) 2,6 ha. snack, partiel. Locations : . Accès direct aux bords du lac. surveillée : . 4 km de RN 75. ☎ 04 76 32 31 67 / 04 76 32 38 83. Fax : 04 76 32 38 15. E-mail : contact@camping-interdulac.com, Web : www.camping-interdulac.com.

BELLEVUE ★ Loisirs 110 E. Le Vernay. ☎ 04 76 32 40 57.

MORESTEL

11-B2 15 km N. La Tour-du-Pin. 250 m. 2816 hab. ✉ 38510

CAMP MUNICIPAL ★★ Tourisme 67 E. 1,8 ha. Sur RN 517. ☎ 04 74 80 14 97.

NOTRE DAME DE VAUX

11-C3 30 km S. Grenoble. 980 m. 306 hab. ✉ 38144

CAMP MUNICIPAL DU SABOT ★★ Tourisme 40 E. 2 ha. CV. Locations : . Lac à 3 km. CD 113, à 5 km RN 85. ☎ 04 76 30 70 90 / 04 76 30 64 73. Fax : 04 76 30 65 70.

OYEU

11-B2 24 km S. La-Tour-du-Pin. 550 m. 556 hab. ✉ 38690

CAMP MUNICIPAL ★★ Loisirs 32 E. (16 Tourisme + 16 Loisirs) 0,33 ha. Etang à 2 km.Lac à 3,5 km. à 3,5 km : ; à 1 km : . ☎ 04 76 06 63 56. Fax : 04 76 06 67 62. E-mail : mairie.oyeu@wanadoo.fr.

M. BERNARD-CAR André,aire naturelle De Mont-Chardon A 500 m : . A 1 km: . A 5 km : . Ouv : 1.5 / 30.9. 82, chemin de Montchardon. Par A 480, sortie Rives sur Fures, prendre dir. Lac de Paladru, suivre le fléchage. ☎ 04 76 55 70 52. Fax : 04 76 06 61 41. Prix 2007. 3,10 €. Empl. Loisirs : 940 €(fft à la saison).

FFCC : partenaire + réduction emp. de 5 % en saison et hors saison + réduction loc. de 5 % en saison et hors saison.

PALADRU

11-B2 18 km S.-E. La Tour-du-Pin. 505 m. 621 hab. Station verte ✉ 38137

LE CALATRIN ★★★ Loisirs 59 E. (19 Tourisme + 40 Loisirs), dont 59 CC, 1 ha. location possible, CV. Locations : 6. Accès direct aux bords du lac. D 50. Après le panneau Paladru sur la droite. ☎ 04 76 32 37 48. Fax : 04 76 32 42 02. E-mail : lecalatrin@wanadoo.fr. Prix 2007. Fft jour : Empl. Tourisme (2) : 12,50 € ; Sup : 5,50 € - de 2/7 ans 2 € ; 2 € (5 A) ; Animaux 1 €.

PIERRE CHATEL

11-C3 32 km S. Grenoble. 916 m. 1225 hab. ✉ 38119

LES CORDELIERS ★★★ Tourisme 56 E. CV. Locations : . Lac à 100 m. A 150 m de la RN 85 et 5 km de la RD 529. ☎ 04 76 30 77 53. Fax : 04 76 30 77 53. E-mail : camping-les-cordeliers@wanadoo.fr.

PINSOT

11-C2 47 km N.-E. Grenoble. 730 m. 140 hab. ✉ 38580

LE CHINFERT ★ Loisirs 31 E., dont 6 HLL. Locations : . Hameau de Chinfert. ☎ 04 76 97 53 75.

PISIEU

11-B2 27 km S.-E. Vienne 315 hab. ✉ 38270

LA RAMEYSSIERE ★ Loisirs 16 E. La Rameyssière. ☎ 04 74 79 51 19.

POMMIER DE BEAUREPAIRE

11-B2 27 km S.-E. Vienne. 468 m. 475 hab. ✉ 38260

LA BISSERA ★★★ Loisirs 60 E. (20 Tourisme + 40 Loisirs) 2 ha. Locations : . Etang à 2 km. ☎ 04 74 54 22 54. Fax : 04 74 54 22 54.

POMMIERS LA PLACETTE

11-C2 19 km N.-O. Grenoble. 550 m. 412 hab. ✉ 38340

M. SUDUL Bernard,camping à la ferme légumes, . A 7 km: Piscine plein air. A 8 km : . Lieu-dit Les Routes. Par Voreppe, col de La Placette suivre fléchage camping. ☎ 04 76 56 34 05. Prix 2007. () : 5,50 € ; - de 7 ans 3 € ; 2,30 € (6 A) ; Animaux 0,80 €.

LE PONT DE CLAIX

11-C3 8 km S. Grenoble. 245 m. 11937 hab. ✉ 38800

C.C.A.S. LES ETANGS ★★ Tourisme 97 E. (84 Tourisme + 13 Loisirs) . RN 75. Réservé C.C.A.S.

PONT EN ROYANS

11-B3 60 km S.-O. Grenoble. 210 m. 1119 hab. ✉ 38680

CAMP MUNICIPAL ★★ Tourisme 92 E. 2 ha. Accès direct aux bords du lac et à la rivière. Lieu-dit La Plage, 200 m RN 631. ☎ 04 76 36 06 30 / 04 76 36 03 09 (Mairie). Fax : 04 76 36 10 77.

PORCIEU AMBLAGNIEU

11-B1 35 km N. La Tour-du-Pin. 263 m. 1099 hab. ✉ 38390

CAMP INTERCOMMUNAL ILE DE LA SERRE ★★ Tourisme 51 E. 0,6 ha. Locations : . Accès direct à la rivière. A 500 m de la RN 75. ☎ 04 74 36 67 61. Fax : 04 74 36 67 61. E-mail : espace.eau.vive@wanadoo.fr, Web : www.espaceeauvive.fr.

PREBOIS

11-C4 67 km S. Grenoble. 760 m. 142 hab. ✉ 38710

M. VIAL Aimé,aire naturelle CV. A 3 km: . Les Merlons. Sur D 526 entre Celles et Mens. ☎ 04 76 34 60 03 / 06 87 55 29 58 (H.S.). Fax : 04 76 34 60 03. E-mail : lesmerlons@club-internet.fr. Réduction H.S.

PUSIGNIEU

26 km N. La Tour-du-Pin. 260 m. 959 hab. ✉ 38510

AU VERT ★ Loisirs 50 E. (25 Tourisme + 25 Loisirs), dont 50 GCC. Locations : . RN 75 sortir à Arandon ou Morestel. ☎ 04 74 97 71 51.

RENAGE

11-B2 27 km N.-O. Grenoble. 350 m. 3154 hab. ✉ 38140

CAMP MUNICIPAL LE VERDON ★★★ Tourisme 65 E. (50 Tourisme + 15 Loisirs) 2,5 ha. Etang à 100 m. Rivière à 2 km. ; à 800 m : . Lieu-dit Verdon, 185 avenue de la Piscine, 2 km RN 85, autoroute A 48 sortie Rives. Centre ville. ☎ 04 76 91 48 02 / 06 72 89 50 35.

ROYBON

11-B3 42 km O.-S.-O. Grenoble. 500 m. 1250 hab. ✉ 38940

CAMP DE ROYBON ★★ Tourisme 90 E. (50 Tourisme + 40 Loisirs) 2,5 ha. CV. Locations : 2, 1, 1, 4. Accès direct aux bords du lac et à la rivière. Accueil groupes. Route de Saint Antoine. RD 20, 800 m Sud centre ville. Longer le lac sur la D 20 Quad à 3 km. ☎ 04 76 36 23 67 / 06 86 64 55 47 (H.S.). Fax : 04 76 36 33 02. E-mail : info@campingroybon.com, Web : www.campingroybon.com. Prix 2007. Fft jour : Empl. Tourisme (2) : 14 € () ; Sup : 3 € - de 15 ans 2 € ; 3,50 € (6 à 16 A) ; Animaux 2 €. Réduction H.S.

LE CHATEAU DU ROCHER,aire naturelle . 400, impasse Château Rocher. Sur la D 156. ☎ 04 76 36 20 98 / 06 75 49 18 51. Fax : 04 76 36 07 74. E-mail : info@gite-isere.com, Web : www.gite-isere.com.

ST BONNET DE CHAVAGNE

11-B3 372 hab. ✉ 38840

M. & Mme FARCONNET,camping Les Carrets A 3 km: . Les Carrets. Quitter la RN 92 Valence/Grenoble entre St-Lattier les Fauries et St-Hilaire du Rosier village sous le viaduc faire ensuite 5 km. ☎ 04 76 38 41 15.

ST CHRISTOPHE EN OISANS

11-D3 70 km S.-E. Grenoble. 1470 m. 103 hab. ✉ 38520

CAMP MUNICIPAL LA BERARDE ★ Tourisme 30 E. 2 ha. Sanitaire chauffé. Accès direct à la rivière. Au lieu dit La Bérarde. Accès difficile aux grandes caravanes. ☎ 04 76 79 20 45 / 06 08 70 59 70 (H.S.). Fax : 04 76 79 20 45.

LES FETOULES ★ Tourisme 30 E. pain en saison, . Locations : . Rivière à 50 m. Encadrement sur place pour activités eaux-vives. Base de rafting. ☎ 04 76 80 23 99. E-mail : rafting-veneon@wanadoo.fr, Web : www.rafting-veneon.com.

ST CLAIR DU RHONE

11-A2 12 km S.-O. Vienne. 162 m. 2650 hab. ✉ 38370

LE DAXIA ★★★ Loisirs 80 E. (30 Tourisme + 50 Loisirs), dont 2 HLL, 5 ha. CV. Locations : 2, 5. Accès direct à la rivière. Lac à 5 km. ; ; à 5 km : . Accueil adultes. Ouv : 1.4 / 30.9. Route du Péage. Sortie Vienne, dir. Roche de Condrieu ensuite Péage de Roussillon, sur le CD 4. A 4 km de la RN 86 et à 6 km de la RN 7. 2 km sortie Sud de St-Clair-du-Rhône. ☎ 04 74 56 39 20. Fax : 04 74 56 45 57. E-mail : info@campingledaxia.com, Web : www.campingledaxia.com. Prix 2007. : 5,50 € ; 1,90 € ; 7,40 € ; 5,50 € ; 3,70 € ; - de 7 ans 2,50 € ; 2,85 € (6 A) ; Animaux 1,90 €. Réduction H.S.

FFCC : partenaire + carte FFCC assurance annulation.

ST ETIENNE DE CROSSEY

11-C2 30 km N.-O. Grenoble. 450 m. 1774 hab. ✉ 38960

CAMP MUNICIPAL DE LA GRANDE FORET ★★★ Tourisme 31 E., dont 20 CC. Rivière à 500 m. ☎ 04 76 06 05 67.

ST GEOIRE EN VALDAINE

11-C2 24 km S.-E. La Tour-du-Pin. 450 m. 1588 hab. ✉ 38620

CAMP MUNICIPAL LA COMBE ★★ Loisirs 70 E. (35 Tourisme + 35 Loisirs), dont 60 CC, 0,55 ha. CV. Locations : 1, 5, . Rivière à 700 m. Lieu-dit La Combe, 600 m RD 28, à 6 km RN 75. ☎ 04 76 07 59 90 / 04 76 07 51 07 / 04 76 07 59 86 (H.S.). Fax : 04 76 07 60 07.

ST HILAIRE

11-C2 22 km N.-E. Grenoble. 1000 m. 1451 hab. ✉ 38660

CAMP MUNICIPAL LES MANDIERES ★ Tourisme 40 E. 1,58 ha. Chemin du Bec Margain. Par Autoroute Grenoble/Chambéry, sortie Montbonnot/St-Ismier, puis à St-Nazaire les Eymes, panneaux à gauche St-Hilaire du Touvet. ☎ 04 76 08 31 48. Fax : 04 76 08 33 29.

ST JEAN LE VIEUX

11-C3 16 km E. Grenoble. 705 m. 149 hab. ✉ 38420

LE NAYSORD ★ Tourisme 25 E. 0,4 ha. Locations : . Le Naysord. ☎ 04 76 77 12 37. Fax : 04 76 77 12 37. Réduction H.S.

ST LAURENT DU PONT

11-C2 29 km N. Grenoble. 406 m. 3710 hab. ✉ 38380

CAMP MUNICIPAL LES BERGES DU GUIERS ★★ Tourisme 37 E. 0,4 ha. CV. Accès direct à la rivière. ; ; . Accueil groupes. Lieu-dit le Revol. A 300 m de la RD 520 A. ☎ 04 76 55 20 63 / 04 76 06 22 55. Fax : 04 76 06 21 21. E-mail : mairie.st-laurent-du-pont@wanadoo.fr.

ST LAURENT EN BEAUMONT

11-C3 48 km S. Grenoble. 850 m. 307 hab. ✉ 38350

BELVEDERE DE L'OBIOU ★★★ Tourisme 45 E., dont 8 GCC, 1 ha. CV Sanitaire chauffé. Locations : 5, chambres d'hôtes. couverte chauffée . Lac et rivière à 5 km. à 5 km : . Ouv : 1.4 / 15.10. Sur la route Napoléon (RN 85), au lieu-dit Les Egats. De Gap suivre RN 85. De Grenoble sortie n° 8 puis D 529 dir. La Motte d'Aveillans-La Mure puis 9 km vers Corps-Gap. Borne internet. ☎ 04 76 30 40 80. Fax : 04 76 30 44 86. E-mail : info@camping-obiou.com, Web : www.camping-obiou.com. Prix 2008. Fft jour : Empl. Tourisme (2) : 18,90 € ( ) ; Sup : 4,80 € - de 10 ans 3,20 € ; 3 à 5 € (4 à 10 A) ; E. CC 20,50 € (Fft). Réduction H.S.

ST MARTIN DE CLELLES

11-C4 48 km S. Grenoble. 750 m. 103 hab. ✉ 38930

CAMP DE LA CHABANNERIE ★★★ Tourisme 47 E. 2,5 ha. CV Sanitaire chauffé. Locations : Yourtes. . Rivière à 2 km. ; . Accueil groupes. Ouv : 15.5 / 30.10. 42 km au sud de Grenoble, près de la RN 75. ou A 51 ☎ 04 76 34 00 38 / 06 67 82 07 56 (H.S.). Fax : 04 76 34 00 38. E-mail : camping.chabannerie@yahoo.fr, Web : www.camping-chabannerie.eu. Prix 2008. Fft jour : Empl. Tourisme (2 1 - de 2) : 15 € ( ) ; Sup : 4 € - de 10 ans 3 € ; 3 € ; Animaux 1 €. Réduction H.S.

FFCC : partenaire - terrain assuré par la FFCC + réduction emp. de 5 % en saison et 10 % hors saison.

ST MARTIN D URIAGE

11-C3 14 km S.-E. Grenoble. 626 m. 2758 hab. ✉ 38410

LE LUISET ★★ Tourisme 60 E. (40 Tourisme + 20 Loisirs) 1 ha. . Locations : 2, 5. chauffée . 200 m de RD 280. ☎ 04 76 89 77 98. E-mail : camping@leluiset.com, Web : www.leluiset.com. Réduction H.S.

LE BUISSON ★ Loisirs 40 E. (15 Tourisme + 25 Loisirs) 2 ha. . Locations : . 800 m de RD 280. ☎ 04 76 89 51 92. Fax : 04 76 89 51 92. Réduction H.S.

ST MAURICE L EXIL

11-A2 14 km S.-O. Vienne. 120 m. 4130 hab. ✉ 38550

CARAVANING DE CHAMPANAY ★★★ Loisirs 100 E. (34 Tourisme + 66 Loisirs) 3 ha. CV. Locations : 2, 6, . Rivière à 2 km. ; . Ouv : 1.4 / 30.9. 1, route des Iles. Sortie A 7 à Chanas, ou par RN 7 Le Péage de Roussillon. ☎ 04 74 29 65 85. Fax : 04 74 29 65 85. E-mail : champanay38@wanadoo.fr, Web : champanay.com. Prix 2007. : 5,50 € ; 6,20 € ; 5 € ; 3,70 € ; - de 7 ans 2,50 € ; 2,90 à 3,80 € (5 à 10 A) ; Animaux 1,70 €.

FFCC : partenaire + réduction emp. de 5 % en saison et hors saison + réduction loc. de 5 % en saison et hors saison.

LA COLOMBIERE ★★ Loisirs 92 E. (20 Tourisme + 72 Loisirs) 2 ha. CV. couverte chauffée . à 2 km : ; à 5 km : , . Ouv : 1.4 / 31.10. 800 m RN 7 et RD 4. ☎ 04 74 86 25 67 / 06 28 20 82 14 (H.S.). Fax : 04 74 11 02 34. Prix 2008. Fft jour : Empl. Tourisme (1) : 11 € ( ) ; - de 7 ans 2,50 € ; 4,50 € (9 A) ; Animaux 1 €.

FFCC : partenaire - terrain assuré par la FFCC + réduction emp. de 5 % en saison et hors saison + Stop accueil Camping-car du 01/04 au 10/07 et du 20/08 au 31/10/2008, accès jusqu'à 20h.

ST MAXIMIN

11-C2 42 km N.-E. Grenoble. 380 m. 432 hab. ✉ 38530

LES PETITS CHEVALIERS ★★ Tourisme 20 E. (16 Tourisme + 4 Loisirs) . Locations : , . poney. à 2 km : , ; à 5 km : . ☎ 04 76 97 60 18.

ST PIERRE DE CHARTREUSE

11-C2 27 km N.-E. Grenoble. 1000 m. 563 hab. ✉ 38380

DE MARTINIERE ★★★ Tourisme 100 E. dont 90 nus (80 Tourisme + 20 Loisirs) 2,5 ha. depannage, + salle de séchage, CV Sanitaire chauffé. Locations : 4 . . à 300 m : . Ouv : 1.5 / 14.9. Route du Col de Porte. Salle de loisirs, salle de séchage. Bibliothèque. ☎ 04 76 88 60 36 / 06 83 04 11 14 (H.S.). Fax : 04 76 88 69 10. E-mail : brice.gaude@wanadoo.fr, Web : www.campingdemartiniere.com. Prix 2008. Fft jour : Empl. Tourisme (2) : 18 € ( ) ; Sup : 5,40 € - de 7 ans 3,20 € ; 2 à 7,20 € (2 à 10 A) ; Animaux 1,50 €. Réduction H.S.

ST PRIM

11-A2 12 km S.-O. Vienne. 235 m. 599 hab. ✉ 38370

LE BOIS DES SOURCES ★★★ Loisirs 80 E. (10 Tourisme + 70 Loisirs), dont 2 GCC - 2 HLL, 3,5 ha. CV Sanitaire chauffé. Locations : . Accès direct à la rivière. Lac à 5 km. . Accueil groupes. Ouv : 1.4 / 30.9. 378 route d' Auberives. N 7 jusqu'à Auberives sur Varèze puis dir. St Prim St Clair du Rhône par D 37. ☎ 04 74 84 95 11 / 04 74 79 43 74 (H.S.). Fax : 04 74 84 95 11. E-mail : philippe.girard9@wanadoo.fr, Web : www.boisdessources.com. Prix 2008. Empl. Tourisme : 7,25 € ; 2,95 € ; - de 7 ans 2 € ; 1,75 à 2,75 € (3 à 6 A).

FFCC : partenaire + réduction emp. de 5 % en saison et hors saison + réduction loc. de 5 % en saison et hors saison.

ST ROMAIN DE JALIONAS

11-B1 41 km N.-O. La Tour du Pin. 202 m. 1816 hab. ✉ 38460

A LA FERME DES EPINETTES ★ Tourisme 25 E. (15 Tourisme + 10 Loisirs) 2 ha. . Accès direct à la rivière. . 11, rue de l'Eglise. A 15 km sortie A 43, sortie Aéroport Satolas. ☎ 04 74 90 94 90. Fax : 04 74 90 94 90.

ST ROMANS

11-B3 50 km O.-S.-O. Grenoble. 218 m. 1306 hab. ✉ 38160

LE MARANDAN ★★ Tourisme 120 E. (100 Tourisme + 20 Loisirs), dont 100 CC - 20 GCC, 1,2 ha. . Locations : 4 . Accès direct aux bords du lac. ; ; . ☎ 04 76 64 41 77 / 04 76 38 46 17 (H.S.). Fax : 04 76 38 20 51.

M. ROGNIN Lucien,camping à la ferme la Bruyère . RN 532. ☎ 04 76 38 48 84.

ST SIMEON DE BRESSIEUX

11-B2 50 km N.-O. Grenoble. 380 m. 2629 hab. ✉ 38870

CAMP MUNICIPAL ★★ Loisirs 62 E. (10 Tourisme + 52 Loisirs) 0,8 ha. Locations : chauffée. Rivière à 1 km. ; à 6 km : . 70, rue du Stade. Le Pré Neuf, 2 km D 519, 100 m D 130 et 71. ☎ 04 74 20 00 22 (Mairie) / 04 74 20 93 42 (H.S.). Fax : 04 74 20 12 39. E-mail : mairie.ssb@wanadoo.fr.

ST THEOFFREY

11-C3 22 km S. Grenoble. 940 m. 210 hab. ✉ 38119

SER-SIRANT ★★★ Tourisme 93 E. dont 87 nus, , dont 6 HLL, 2 ha. CV. Locations : 6, 5. Accès direct aux bords du lac. ; ; ; . Accueil groupes. Ouv : 1.5 / 30.9. Sur le bord de la route Napoléon au feu à gauche en venant de Grenoble. Petichet, RN 85. ☎ 04 76 83 91 97. Fax : 04 76 30 83 69. E-mail : campingsersirant@wanadoo.fr, Web : www.euro-campsite.com. Prix 2008. Fft jour : Empl. Tourisme (2) : 16,90 € ; Sup : 4,90 € - de 8 ans 3,50 € ; 2,60 à 5,10 € (3 à 10 A) ; Animaux 2,50 €.

FFCC : partenaire + réduction emp. de 5 % en saison et 10 % hors saison + Stop accueil Camping-car toute l'année (sauf période de fort enneigement), 24h/24.

AU PRE DU LAC ★★ Tourisme 90 E. dont 80 nus, , dont 6 HLL, 3 ha. CV Sanitaire chauffé. Locations : 6, 2, 2, 4. Accès direct aux bords du lac. ; ; ; ; . Hameau de Pénichet. ☎ 04 76 83 91 34 / 06 89 59 31 22 (H.S.). Fax : 04 76 30 87 64. E-mail : info@aupredulac.nl, Web : www.aupredulac.com.

LES MOUETTES ★★ Tourisme 50 E. 1 ha. CV. Accès direct aux bords du lac. ; ; ; à 3 km : . Ouv : 1.7 / 25.8. Lieu-dit Les Théneaux, 100 m RD 115 et 1 km RN 85, près du village. ☎ 04 76 83 02 49 / 04 76 48 07 74 (H.S.). E-mail : campmouettes@yahoo.fr, Web : campmouettes.free.fr. Prix 2007. Fft jour : Empl. Tourisme (2) : 12 € ; Sup : 3,40 € - de 10 ans 2,30 € ; 2,60 à 2,95 € (4 à 6 A).

FFCC : partenaire - terrain assuré par la FFCC.

ST VINCENT DE MERCUZE

11-C2 28 km N.-E. Grenoble. 350 m. 802 hab. Village de neige ✉ 38660

CAMP MUNICIPAL LA COMBE ★ Tourisme 30 E. (20 Tourisme + 10 Loisirs) 0,4 ha. Etang et rivière à 2 km. . 2 km de RN 90. Piscine municipale à 200 m. ☎ 04 76 13 42 23.

LA SALLE EN BEAUMONT

11-C4 50 km S.-E. Grenoble. 800 m. 250 hab. ✉ 38350

LE CHAMP LONG ★★★ Tourisme 94 E., dont 13 HLL, 2 ha. 4, CV Sanitaire chauffé. Locations : 9, 3, 2, 9, chambres. chauffée 2. Lac et rivière à 400 m. ; à 300 m : . Accueil groupes. Ouv : 26.3 / 9.10. Rés. obligatoire en été et en hiver. Chemin du Bas Beaumont. Entre Grenoble et Gap sur la route Napoléon (RN 85) à la porte du Parc des Ecrins, face au massif de l'Obiou. ☎ 04 76 30 41 81 / 06 14 13 04 17 (H.S.). Fax : 04 76 30 47 21. E-mail : champ.long@tiscali.fr, Web : www.camping-champlong.com. Prix 2007. Fft jour : Empl. Tourisme (2) : 15 € ; - de 7 ans 2,80 € ; 3,50 € ; Animaux 2,30 €. Réduction H.S.

FFCC : partenaire + réduction emp. de 5 % en saison et 10 % hors saison + carte FFCC assurance annulation + Stop accueil Camping-car du 01/04 au 15/10/2008, accès jusqu'à 21h + réduction loc. de 5 % en saison et 10 % hors saison.

LE SAPPEY EN CHARTREUSE

11-C3 12 km N.-E. Grenoble. 1014 m. 557 hab. ✉ 38700

CAMP MUNICIPAL LA VIRETTE ★ Tourisme 25 E. 1 ha. . 12 km de Grenoble. 400 m RN 512. ☎ 04 76 88 85 28 / 06 75 84 77 43. Fax : 04 76 88 81 75. E-mail : sappey.mairie@wanadoo.fr, Web : www.sappey-mairie.fr.st.

SEYSSINS

11-C3 7 km S.-O. Grenoble. 303 m. 5025 hab. ✉ 38180

CARAVANING LES 3 PUCELLES ★★ Loisirs 65 E. (23 Tourisme + 42 Loisirs), dont 9 HLL, 1 ha. Locations : , . Rivière à 500 m. 58 rue des Allobroges. A 480 dir. rocade sud sortie 5 B. ☎ 04 76 96 45 73. Fax : 04 76 21 43 73.

SICCIEU ST JULIEN ET CARISIEU

11-B1 35 km N.-O. La Tour-du-Pin. 335 m. 377 hab. ✉ 38460

L'ILE AUX PERDRIX ★★ Loisirs 100 E. (20 Tourisme + 80 Loisirs) . Locations : , . Accès direct à l'étang et aux bords du lac. ; ; . Situé à 6 km de la cité médiévale de Crémieu au bord d'un étang. ☎ 04 74 83 11 36 / 04 74 83 89 53.

LA TERRASSE

11-C2 23 km N.-E. Grenoble. 250 m. 1082 hab. ✉ 38660

CAMP MUNICIPAL ★★ Tourisme 90 E. (60 Tourisme + 30 Loisirs) 1 ha. . . Accès direct aux bords du lac et à la rivière. ; ; ; ; . Ouv : 1.4 / 30.9. 1 km RN 90 par CD 30. Autoroute Grenoble-Chambéry, sorties Crolles ou le Touvet. ☎ 04 76 08 20 00. Fax : 04 76 08 26 33.

THEYS

11-C2 30 km N.-E. Grenoble. 615 m. 1247 hab. ✉ 38570

LES 7 LAUX ★★★ Tourisme 61 E. 2 ha. buvette, , partiel, sur pied, , + sèche-linge, CV Sanitaire chauffé. Locations : 1, 2, chauffée . Rivière à 400 m. ; à 400 m : ; à 5 km : . Ouv : 1.6 / 15.9. A 41 sortie le Touvet. Entre Goncelin-Theys et les Adrets. ☎ 04 76 71 02 69. Fax : 04 76 71 08 85. E-mail : camping.les7laux@wanadoo.fr, Web : www.camping-7-laux.com. Prix 2007. Fft jour : Empl. Tourisme (2) : 15,10 € ; Sup : 5 € - de 3/7 ans 3,10 € ; 4,40 à 4,90 € (6 à 10 A). Réduction H.S.

CAMP MUNICIPAL ★ Tourisme 28 E. 0,38 ha. Lieu-dit Clos des Gentons, sur RD 30 par RN 523 à 7 km. ☎ 04 76 71 05 47 (Mairie). Fax : 04 76 71 01 53.

TREFFORT

11-C3 35 km S. Grenoble. 618 m. 69 hab. ✉ 38650

HERBELON ★★★ Tourisme 48 E. (38 Tourisme + 10 Loisirs) 6,5 ha. CV. Locations : 8, , , chauffée . Accès direct aux bords du lac. ; ; ; ; à 1 km : . Accueil groupes. Ouv : 1.3 / 20.10. A 10 km de la RN 75 et l'A 51, par la RD 110. ☎ 04 76 34 05 47. Fax : 04 76 34 05 99. E-mail : campingdherbelon@wanadoo.fr, Web : www.camping-dherbelon.com. Prix 2007. Fft jour : Empl. Tourisme (2) : 18 € ; Sup : 6 € - de 7 ans 3 € ; 4 € (10 A) ; Animaux 3 €.

FFCC : partenaire + carte FFCC assurance annulation + Stop accueil Camping-car du 01/04 au 29/06 et du 30/08 au 15/10/2008, accès jusqu'à 21h.

CAMP INTERCOMMUNAL ★★ Tourisme 90 E. . Accès direct aux bords du lac. ; ; ; ; . Sortie autoroute Grenoble/Sisteron dir. Tréffort Le Lac. ☎ 04 76 34 06 31.

TREPT

11-B2 30 km N.-O. La Tour du Pin. 270 m. 1039 hab. ✉ 38460

LES 3 LACS ★★★★ Tourisme 160 E. (145 Tourisme + 15 Loisirs), dont 5 HLL, 3 ha. , à gaz, CV. Locations : 6, , Cottages (tous ces prix s'entendent par nuit). . Accès direct aux bords du lac. ; ; ; . D 517. Entre Crémieu et Morestel. ☎ 04 74 92 92 06. Fax : 04 74 92 93 35. E-mail : info@les3lacsdusoleil.com, Web : www.les3lacsdusoleil.com. Prix 2007. Fft jour : Empl. Tourisme (2) : 31 € ; Sup : 7 € - de 10 ans 3,50 € ; Animaux 1,50 €.

TULLINS

11-B2 29 km N.-O. Grenoble. 230 m. 6106 hab. ✉ 38210

CAMP MUNICIPAL LES CATALPAS ★★ Tourisme 30 E. 1 ha. Sanitaire chauffé.à 50 m : . Route de St-Quentin. ☎ 04 76 07 97 99.

VALBONNAIS

11-C3 51 km S.-E. Grenoble. 800 m. 434 hab. ✉ 38740

CAMP MUNICIPAL ★ Tourisme 180 E. (150 Tourisme + 30 Loisirs) 3,5 ha. . Accès direct aux bords du lac. ; ; ; . 500 m de RD 526. ☎ 04 76 30 21 28. Fax : 04 76 30 21 19.

VALJOUFFREY

11-C3 60 km S.-E. Grenoble. 1015 m. 107 hab. ✉ 38740

CAMP MUNICIPAL ★ Tourisme 48 E. 2 ha. . Accès direct à la rivière. . ☎ 04 76 30 22 28 (Mairie).

VARCES ALLIERES ET RISSET

11-C3 12 km S.-O. Grenoble. 274 m. 5735 hab. ✉ 38760

AIRE NATURELLE Le Moulin de la Tulette. ☎ 04 76 72 55 98. Fax : 04 76 72 55 98. E-mail : tulette@wanadoo.fr, Web : perso.wanadoo.fr/moulindetulette/.

VAULNAVEYS LE BAS

11-C3 17 km S.-E. Grenoble. 326 m. 775 hab. ✉ 38410

L'IMPREVU ★ Tourisme 70 E. (44 Tourisme + 26 Loisirs), dont 20 HLL. Les Revols. ☎ 04 76 89 27 39.

VENOSC

11-C3 62 km S.-E. Grenoble. 1000 m. 862 hab. ✉ 38520

LE CHAMP DU MOULIN ★★★ Tourisme 84 E. dont 69 nus, dont 14 GCC. congélateur à disposition, pain, croissants, CV Sanitaire chauffé. Locations : 10, 4, 1. Accès direct à la rivière. ; à 50 m : ; à 100 m : . Ouv : 15.12 / 30.4 & 1.6 / 15.9. Hameau de Bourg d'Arud, 100 m RD 530. A Grenoble, suivre Briançon, "Oisans". 6 km après le bourg d'Oisans, prendre à droite RD 530 dir. Venosc. Suivre cette route, passer devant la télécabine de Venosc, le camping est à 300 m à droite. Liaison directe par télécabine avec la station des 2 Alpes. Réduction de 20% sur forfait de ski journalier, 2 Alpes et Alpe d'Huez. ☎ 04 76 80 07 38. Fax : 04 76 80 24 44. E-mail : info@camp-du-moulin.com, Web : www.champ-du-moulin.com. Prix 2008. Fft jour : Empl. Tourisme (2) : 18,50 € ; Sup : 4,70 € - de 7 ans 2,90 € ; 3 à 5 € (3 à 10 A) ; Animaux 1 €. Réduction H.S.

LA CASCADE ★ Tourisme 41 E. dont 37 nus 0,5 ha. au village, au village, pain, village. Locations : , . Accès direct à la rivière. ; à 800 m : . Accueil groupes. Ouv : Pâques / Toussaint. ☎ 04 76 11 09 75 / 06 71 98 46 07 (H.S.). E-mail : info@camping-cascade.com, Web : www.camping-cascade.com. Prix 2007. 2,50 € ; 1 € ; 2,70 € ; 1,50 € ; 2,80 € ; - de 7 ans 1,60 € ; 2 € ; 1 €.

LE SAVET ★ Tourisme 15 E. , au village, . Rivière à 100 m. ; à 100 m : , . Bourg d'Aru, RD 530. ☎ 04 76 80 06 91 / 04 76 80 52 13 (H.S.).

VERNIOZ

11-A2 15 km S. Vienne. 230 m. 689 hab. ✉ 38150

HOTEL DE PLEIN AIR DU BON-TEMPS ★★★★ Tourisme 175 E. (115 Tourisme + 60 Loisirs) 6 ha. CV. Locations : 3, 2. Poneys, . Accès direct à l'étang et à la rivière. ; enfants : . Ouv : 1.4 / 30.9. En venant du Nord : sortir de l'autoroute à Vienne n° 9 prendre RN7 dir. Valence puis D 31 (fléchage). En venant du Sud, Sortir Chanas prendre RN7 dir. Lyon puis D37 (fléchage). Salle d'animation et de remise en forme. ☎ 04 74 57 83 52. Fax : 04 74 57 83 70. E-mail : infos@campinglebontemps.com, Web : www.campinglebontemps.com. Prix 2008. () : 7 € ; 2 € ; 10 € ; 7 € ; 6 € ; - de 7 ans 3 € ; 3 € (6 A) ; Animaux 2 € (chien).
FFCC : partenaire - terrain assuré par la FFCC.

VEYRINS THUELLIN

11-B2 15 km N.-E. La-Tour-du-Pin. 235 m. 1315 hab. ✉ 38630

CAMP DE VEYRINS-THUELLIN ★ Loisirs 25 E. (10 Tourisme + 15 Loisirs) 1 ha. Ouv : 15.4 / 15.10. RN 75. ☎ 04 74 33 62 68. Prix 2007. Fft jour : Empl. Tourisme (2 2) : 13,90 € ()

VILLARD DE LANS

11-B3 32 km S.-O. Grenoble. 1050 m. 3320 hab. ✉ 38250

L'OURSIERE ★★★ Tourisme 186 E. dont 149 nus (136 Tourisme + 50 Loisirs) 3,9 ha. , snack, ap.22h30, + salle de séchage, CV Sanitaire chauffé. Locations : 3, 14. . Rivière à 800 m. à 800 m : , . Accueil groupes. Ouv : 1.12 / 30.9. Sur RN 531. ☎ 04 76 95 14 77. Fax : 04 76 95 58 11. E-mail : info@camping-oursiere.fr, Web : www.camping-oursiere.fr. Prix 2008. Fft jour : Empl. Tourisme (2) : 16 € () ; Sup : 4,70 € - de 12 ans 4 € ; 3,50 à 6 € (6 à 10 A) ; Animaux 0,90 €. Réduction H.S.

LES GEYMONDS **En cours reclassement** 6 E. . Locations : . couverte . Accès direct à la rivière. . Les Geymonds. ☎ 04 76 95 12 77. Prix 2007. () : 6 € ; - de 10 ans 4,50 € ; 2,50 € (6 A).

VILLETTE D ANTHON

11-B1 22 km E. Lyon. 170 m. 2714 hab. ✉ 38280

LOISIRS LA REGNIERE ★ Loisirs 166 E. (36 Tourisme + 130 Loisirs) 10 ha. pétanque, , 2 + séche-linge, CV. Locations : 9, 2. couverte chauffée . Rivière à 200 m. ; ; . Accueil groupes. Ouv : 1.1 / 31.12. Chemin des Eglantiers. A42 et A43. ☎ 04 78 31 25 26. Fax : 04 72 02 46 26. E-mail : domainelaregniere@wanadoo.fr, Web : www.france-location.fr. Prix 2007. Fft jour : Empl. Tourisme (2) : 22 € () ; Sup : 7 € - de 7 ans 4,20 € ; 4,70 € (9 A) ; Animaux 4,30 €.

VINAY

11-B3 42 km O. Grenoble. 265 m. 3380 hab. ✉ 38470

CAMP MUNICIPAL DE LA VENDEE ★★ Tourisme 26 E. 0,8 ha. . Accès direct à la rivière. . Sur RN 92. ☎ 04 76 36 70 37 (Mairie).

M. JOURDAN Roger,aire naturelle de Brésillas CV. Hameau de Charroi. ☎ 04 76 36 63 77. Fax : 04 76 36 63 77.

VIZILLE

11-C3 17 km S.-E. Grenoble. 307 m. 7365 hab. ✉ 38220

LE BOIS DE CORNAGE ★★★ Tourisme 128 E. 3,6 ha. CV Sanitaire chauffé. Locations : 12, . Etang et rivière à 1 km. ; à 2 km : ; à 7 km : , . Accueil groupes. Ouv : 25.4 / 30.9. Le Bois de Cornage, carrefour route Napoléon (RN 85) et route de Briançon (RN 91). Les caravanes de plus de 5 mètres sont interdites. ☎ 06 83 18 17 87. Fax : 04 76 68 12 39. E-mail : campingvizille@wanadoo.fr, Web : www.campingvizille.com. Prix 2007. Fft jour : Empl. Tourisme (2) : 16,70 € () ; Sup : 4,80 € - de 7 ans 2,50 €. Réduction H.S.
FFCC : Stop accueil Camping-car du 30/04 au 01/10/2008, accès jusqu'à 22h.

39 JURA

Carte 8

Délégué FFCC : Gérard CARD, 19 bis, rue du Bois - 39100 VILLETTE LES DOLE

AIGLEPIERRE

8-C3 36 km N.-E. Lons-le-Saunier 356 m. 357 hab. ✉ 39110

M. MICHEL Joël,camping à la ferme CV. A 5 km: . A 6 km : Piscine plein air . Chemin du Relais. Se situe dans la zone appelée triangle d'Or entre Salins-les-Bains, Arbois et Poligny. ☎ 06 76 07 56 62 / 06 86 13 78 88 (H.S.).

ARBOIS

8-C3 38 km N.-E. Lons-le-Saunier. 292 m. 4167 hab. ✉ 39600

CAMP MUNICIPAL LES VIGNES ★★★ Tourisme 139 E. dont 139 nus, dont 76 GCC, 1,8 ha. , saison, snack saison, , saison, CV. chauffée . ; à 1 km : .Accueil adultes. Avenue du Général Leclerc, (CD 107), 800 m RN 83 et 469. ☎ 03 84 66 14 12 / 03 84 66 55 55 (Mairie) (H.S.). Fax : 03 84 66 14 12. E-mail : camping@arbois.fr, Web : www.camping.arbois.fr.

BAUME LES MESSIEURS

13 km N.-E. Lons-le-Saunier. 330 m. 174 hab. ✉ 39210

CAMP MUNICIPAL DE LA TOUPE ★ Tourisme 52 E. 1 ha. , mardi, jeudi et samedi, CV. Accès direct à la rivière. ; . Accueil groupes. Ouv : 1.4 / 30.9. Sur CD 70, à l'entrée de la commune. ☎ 03 84 44 63 16 / 03 84 44 61 41 (H.S.). Fax : 03 84 44 95 40. E-mail : baumelesmessieurs@wanadoo.fr. Prix 2008. Fft jour : Empl. Tourisme (2) : 10,30 € () ; Sup : 2,50 € - de 10 ans 1,80 € ; Animaux 1 €. Fft Tente : 7,50 € (2).

BELMONT

8-B3 13 km S.-E. Dole. 212 m. 202 hab. ✉ 39380

CLUB DU SOLEIL ★ Tourisme 40 E. 1,5 ha. Rés. naturiste. . Rivière à 500 m. ; . ☎ 03 84 81 54 91.

BLYE

8-C4 18 km S.-E. Lons-le-Saunier. 476 m. 122 hab. ✉ 39130

LES CLAIES ★★ Tourisme 40 E. Locations : . Rivière à 300 m. ☎ 03 84 48 30 55.

BOISSIA

8-C4 21 km S.-E. Lons-le-Saunier. 484 m. 82 hab. ✉ 39130

LA PRAIRIE ★ Tourisme 40 E. 1,5 ha. Locations : , , . Rivière à 600 m. Lac à 3 km. à 600 m : ; à 3 km : , . Près de la RD 27, RN 78. ☎ 03 84 48 34 39 / 03 84 48 37 90. Fax : 03 84 48 36 31. E-mail : info@juracamping-laprairie.com.

BONLIEU

8-C4 45 km N. Saint-Claude. 785 m. 195 hab. ✉ 39130

L'ABBAYE ★★★ Tourisme 84 E., dont 4 GCC, 3,5 ha. , sur pied, + sèche-linge, CV. Locations : . Rivière à 300 m. Lac à 600 m. à 600 m : ; à 2,5 km : . 2, route du Lac. Terrain de volley. ☎ 03 84 25 57 04. Fax : 03 84 25 50 82. E-mail : camping.abbaye@wanadoo.fr, Web : www.camping-abbaye.com.

LE MARAIS ★ Tourisme 33 E. 1,5 ha. Locations : , , ; ; à 5 km : . Accueil groupes. Chemin du Marais. ☎ 03 84 25 56 70.
FFCC : partenaire - terrain assuré par la FFCC.

CHAMPAGNE SUR LOUE

8-C3 57 km N.-E. Lons-le-Saunier. 250 m. 107 hab. ✉ 39600

CAMP MUNICIPAL LA LOUVE ★★ Tourisme 45 E. dont 45 nus 1,48 ha. CV. Accès direct à la rivière. ; . Accueil groupes. Ouv : 1.4 / 30.9. Rue du Pont. ☎ 03 84 37 69 12. Fax : 03 84 37 69 12. E-mail : camping.champagne@valdamau.com, Web : monsite.wanadoo.fr/camping_champagne. Prix 2008. Fft jour : Empl. Tourisme (2) : 6,50 € ( ) ; Sup : 2,40 € - de 14 ans 1,20 € ; 2,50 € ; Animaux 0,80 €.
FFCC : Stop accueil Camping-car du 01/04 au 30/09/2008, accès jusqu'à 20h.

CHAMPAGNOLE

8-C4 35 km N.-E. Lons-le-Saunier. 550 m. 10076 hab. ✉ 39300

CAMP MUNICIPAL DE BOYSE ★★★ Tourisme 240 E. dont 215 nus, , dont 25 GCC, 4 ha. CV. Locations : 25 . chauffée . Rivière à 200 m. , . Accueil groupes. 20, rue Georges Vallerey. ☎ 03 84 52 00 32. Fax : 03 84 52 01 16. E-mail : campingboyse@wanadoo.fr, Web : www.camping-champagnole.com. Prix 2007. Fft jour : Empl. Tourisme (2) : 13,80 € ( ) ; Sup : 4,25 € - de 7 ans 2,80 € ; 3 € (10 A) ; Animaux 1,60 €. Réduction H.S.

CHANCIA

8-B5 28 km S.-O. St-Claude. 295 m. 100 hab. ✉ 01590

CAMP MUNICIPAL LES CYCLAMENS ★★ Loisirs 160 E. dont 80 nus 1,6 ha. CV. Locations : 3 . , . Accès direct à la rivière. Lac à 150 m. à 100 m : ; à 600 m : , . Accueil groupes. Ouv : 2.5 / 30.9. D 60. ☎ 04 74 75 82 14 / 04 74 77 71 37 (Mairie). Fax : 04 74 75 82 14. E-mail : campinglescyclamens@wanadoo.fr, Web : www.camping-chancia.com. Prix 2007. Empl. Tourisme : 2,60 € ; 2,50 € ; 16 € ; 2,60 € ; 1,50 € ; 2,10 € (6 A) ; Animaux 1,40 €.

CHATILLON

8-C4 20 km E. Lons-le-Saunier. 500 m. 133 hab. ✉ 39130

L'EPINETTE ★★★ Tourisme 150 E. dont 100 nus, , dont 25 GCC, 7 ha. CV. Camping clef verte. Locations : 2 , 20 , 7 , , Cottages. . Accès direct à la rivière. Lac à 5 km. ; ; ; . Ouv : 15.6 / 15.9. 15, rue de l'Epinette. D 39 puis D 151. ☎ 03 84 25 71 44 / 03 84 25 70 03 (H.S.). Fax : 03 84 25 71 25. E-mail : contact@domaine-epinette.com, Web : www.domaine-epinette.com. Prix 2007. Fft jour : Empl. Tourisme (2) : 26,50 € ( ) ; Sup : 4,50 € - de 7 ans 3 € ; Animaux 2 €. Réduction H.S.
FFCC : réduction loc. de 5 % hors saison + HC.

CHAUSSIN

8-B3 19 km S.-O. Dole. 190 m. 1487 hab. ✉ 39120

LE CHALET ★ Tourisme 45 E. 2 ha. CV. Rivière à 100 m. ; ; ; . Route de Longwy. Lieu-dit Le Pont de Longwy. RD 13. ☎ 03 84 81 76 55 / 03 84 81 67 39 (H.S.).

CHAUX DES CROTENAY

8-C4 44 km E. Lons-le-Saunier. 750 m. 394 hab. Village de neige ✉ 39150

CAMP MUNICIPAL ★★ Tourisme 62 E. 1 ha. . chauffée , . Rivière à 1 km.Lac à 5 km. ; . ☎ 03 84 51 50 82 / 03 84 51 50 00. Fax : 03 84 51 50 82. E-mail : cc.malvaux@wanadoo.fr, Web : www.jura-france.com.

CHILLY LE VIGNOBLE

8-B4 5 km O.-S.-O. Lons-le-Saunier. 245 m. 385 hab. ✉ 39570

CAMP MUNICIPAL ★★ Tourisme 57 E., dont 16 GCC, 1,5 ha. . Rivière à 100 m. . Sur RD 159, 1 km RN 83. ☎ 03 84 43 09 32 / 03 84 43 09 34 (H.S.). Fax : 03 84 47 34 09.

CLAIRVAUX LES LACS

8-C4 25 km S.-E. Lons-le-Saunier. 540 m. 1432 hab. Station verte de vacances et village de neige ✉ 39130

FAYOLAN ★★★★ Tourisme 516 E. dont 423 nus, , dont 283 GCC - 7 HLL, 17 ha. CV. Camping clef verte. Locations : 7 , 72 , 14 . chauffée . Accès direct aux bords du lac. ; ; ; ; . Accueil groupes. Fayolan. Chemin du Langard. BP 52. RN 78 dir. camping à Clairvaux-les-Lacs. ☎ 03 84 25 26 19. Fax : 03 84 25 26 20. E-mail : reservation@rsl39.com, Web : www.relaisoleiljura.com. Réduction H.S.

LA GRISIERE ET EUROPE VACANCES ★★★ Tourisme 554 E., dont 18 GCC, 10 ha. snack, CV. Locations : 18 , , . Accès direct aux bords du lac. Rivière à 1 km. ; ; ; . 800 m de RN 78 et D 118. ☎ 03 84 25 80 48. Fax : 03 84 25 22 34. E-mail : bailly@la-grisiere.com, Web : www.la-grisiere.com.

LE GRAND LAC ★★★ Tourisme 180 E. dont 164 nus, 6 ha. CV. Locations : 16 , . Accès direct aux bords du lac. ; ; ; ; . Accueil groupes. Grand Lac. Chemin du Langard. BP 52. RN 78 puis suivre dir. camping à Clairvaux-les-Lacs. ☎ 03 84 25 22 14 / 03 84 25 26 19 (Réserv.) (H.S.). Fax : 03 84 25 26 20. E-mail : legrandlac@rsl39.com. Prix 2007. Fft jour : Empl. Tourisme (2) : 19 € ( ) ; Sup : 3,80 € - de 3/7 ans 1,80 € ; Animaux 2 €. Réduction H.S.

LES TILLEULS ★ Tourisme 40 E. ☎ 03 84 25 81 45.

M. ARBEZ Denis . A 10 m : . A 400 m : . A 500 m : . A 2,5 km: . 6, chemin des Tilleuls. Par RN 78 et D 27. A flanc de colline, plat herbeux, lac à 500 m. ☎ 03 84 25 81 45.

CONDES

8-B5 52 km S.-E. Lons-le-Saunier. 320 m. 48 hab. ✉ 39240

CAMP MUNICIPAL DU MOULIN ★★ Tourisme 150 E. (120 Tourisme + 30 Loisirs) 1 ha. . Accès direct aux bords du lac. non surveillée : ; ; ; . 100 m de RD 60. ☎ 04 74 75 82 28.

CRAMANS

8-C3 52 km N.-E. Lons-le-Saunier 234 m. 454 hab. ✉ 39600

CAT LES GLYCINES,camping à la ferme CV. A 1 km: . 38, Grande Rue. ☎ 03 84 37 74 35 / 06 86 11 05 19 (H.S.). Fax : 03 84 37 71 69. E-mail : glycines@valdamour.com, Web : www.lesglycines.net.

DOLE

8-B3 52 km N. Lons-le-Saunier. 230 m. 27959 hab. ✉ 39100

LE PASQUIER ★★★ Tourisme 120 E., dont 10 CC - 4 HLL, 1,8 ha. CV. Locations : 4 , 4 , 2 . chauffée . Accès direct à la rivière. ; à 2 km : . Accueil groupes. Ouv : 15.3 / 15.10. 18, chemin Thevenot, 400 m RN 5, centre ville. A 36 et A 39 sortie Dole. ☎ 03 84 72 02 61. Fax : 03 84 79 23 44. E-mail : lola@camping-le-pasquier.com, Web : camping-le-pasquier.com. Prix 2007. Fft jour : Empl. Tourisme (2) : 13,90 € ( ) ; Sup : 3,20 € - de 10 ans 2 € ; 3 € (10 A) ; Animaux 1 €. Fft Tente : 11 € (2). Réduction H.S.
FFCC : partenaire - terrain assuré par la FFCC.

DOUCIER

8-C4 25 km E. Lons-le-Saunier. 528 m. 202 hab. ✉ 39130

DOMAINE DE CHALAIN ★★★★ Tourisme 804 E., dont 51 CC - 28 GCC - 40 HLL, 30 ha. CV Sanitaire chauffé. Locations : 40, 27. couverte chauffée. Accès direct aux bords du lac. Accueil groupes hors saison. Ouv : 27.4 / 19.9. Lons-le-Saunier, puis D 471, puis D 39. Les animaux sont interdits dans les locations. Centre aqualudique. ☎ 03 84 25 78 78. Fax : 03 84 25 70 06. E-mail : chalain@chalain.com, Web : www.chalain.com. Prix 2007. Fft jour : Empl. Tourisme (3) : 30 € () ; Sup : 6 € - de 4/15 ans 5 € ; 2,80 € ; Animaux 2,80 €. Réduction H.S.

LES MERILLES ★★★ Tourisme 93 E., dont 22 GCC - 6 HLL, 2 ha. CV Sanitaire chauffé. Locations : 8, 2, 3, 5. chauffée. Rivière à 200 m. Lac à 3 km. à 200 m : ; à 400 m : ; à 3 km : . Accueil groupes. Ouv : 1.5 / 30.9. Rue des 3 Lacs. Sur D 27, sortie du bourg. Dir. Clairvaux les Lacs. ☎ 03 84 25 73 06 / 03 84 52 63 94 (H.S.). Fax : 03 84 25 73 06. E-mail : camping.lesmerilles@wanadoo.fr, Web : www.lesmerilles.campingjura.com. Prix 2007. Fft jour : Empl. Tourisme (2) : 15,90 € () ; Sup : 3,90 € 1,99 € ; 2,95 €.

FFCC : partenaire - terrain assuré par la FFCC + réduction emp. de 5 % hors saison + carte FFCC assurance annulation.

RELAIS DE L'EVENTAIL Voir aussi MENETRUX-EN-JOUX

ECRILLE

8-B4 25 km S.-E. Lons-le-Saunier. 460 m. 75 hab. ✉ 39270

LA FAZ ★ Tourisme 76 E. dont 65 nus, dont 3 GCC, 10 ha. visiteur, CV. Locations : 1, 6, 4. chauffée. Accès direct à l'étang et à la rivière. Lac à 5 km. à 5 km : . Accueil groupes. Ouv : 1.5 / 15.10. Rés. obligatoire en été. Lons-le-Saunier/Orgelet. ☎ 08 79 73 45 35 / 03 84 25 40 27 (H.S.). E-mail : camping.la.faz@wanadoo.fr, Web : www.jura-camping-lafaz.com. Prix 2007. Fft jour : Empl. Tourisme (2) : 12,50 € () ; Sup : 2,65 € - de 10 ans 1,70 € ; 2,65 € (6 A) ; Animaux 0,85 €. Fft Ccar : 8 € (2). Réduction H.S.

FFCC : partenaire + réduction emp. de 10 % hors saison + Stop accueil Camping-car du 01/05 au 15/10/2008, accès jusqu'à 22h.

ETIVAL

8-C4 25 km N.-O. Saint-Claude. 825 m. 351 hab. ✉ 39130

LE VAL D'ETE ★★ Tourisme 42 E. 1,2 ha. saison, saison, + sèche linge, CV. Lac à 1,5 km. à 1,5 km : . Accueil groupes. Par autoroutes A 7/A 42 Oyonnax/Moirans/Etival. A 39 Lons-Le-Saunier/Etival/Bersaillan Sortie A 39. Randonnées pédestres balisées. ☎ 03 84 44 87 31. Prix 2007. Empl. Tourisme : 2 € () ; 3 € ; - de 7 ans 1,50 € ; 2 € (6 à 10 A).

FFCC : partenaire + réduction emp. de 5 % en saison + réduction loc. de 5 % en saison.

FAY EN MONTAGNE

8-C4 25 km N.-E. Lons-le-Saunier. 525 m. 95 hab. ✉ 39800

M. PERRARD Jean-Louis,aire naturelle du Petit Cheval Blanc CV. A 6 km : . A 8 km : . Ouv : 1.4 / 15.10. Camping situé entre la D 4 et D 260. ☎ 03 84 85 32 07. Fax : 03 84 85 32 07. E-mail : petitcheval.blanc@libertysurf.fr, Web : www.petitcheval-blanc-com. Prix 2008. 2,50 € ; 2 € ; 4,50 € ; 2,50 € ; 2,50 € ; - de 7 ans 2 € ; 2,50 €.

FONCINE LE HAUT

8-C4 55 km E. Lons-le-Saunier. 905 m. 1000 hab. Village de neige ✉ 39460

CAMP MUNICIPAL DU VAL DE SAINE ★★ Tourisme 72 E., dont 12 CC, 1 ha. CV. Locations : 14, 12. Accès direct à la rivière. à 10 km : . Ouv : 15.6 / 15.9. A 39, puis RN 5 à Pont-de-la-Chaux prendre RD 16 (4 km) puis RD 127 (3 km) et RD 437 (4 km). De Pontarlier RD 437 (42 km) via Mouthe. ☎ 03 84 51 92 76 / 03 84 51 93 11 (S.I.) (H.S.). Fax : 03 84 51 90 19. E-mail : info@juramontsrivieres.fr, Web : www.hautejouxmontnoir-jura.com. Prix 2008. () : 2,50 € ; 1,20 € ; 3 € ; 2,50 € ; 2,30 € ; - de 7 ans 0,90 € ; 1,52 €.

FONTENU

620 m. 47 hab. ✉ 39130

Voir DOUCIER

FRAISANS

8-C3 24 km N.-E. Dole. 220 m. 1119 hab. ✉ 39700

CAMP MUNICIPAL ★ Tourisme 30 E. 0,19 ha. Accès direct à la rivière. ☎ 03 84 71 10 88.

LE FRASNOIS

8-C4 36 km S.-E. Lons-le-Saunier. 815 m. 114 hab. ✉ 39130

CAMP MUNICIPAL LE LAC DE NARLAY ★ Tourisme 200 E. 2 ha. Locations : . Accès direct aux bords du lac. ; voile : . CD 75. ☎ 03 84 25 58 74 (Mairie).

LAC DES ROUGES TRUITES

8-C4 36 km N.-E. Saint-Claude-sur-Bienne. 945 m. 253 hab. Village de neige ✉ 39150

CHALET DU BUGNON ★★ Tourisme 40 E. dont 38 nus 0,8 ha. CV. Locations : yourte. Rivière à 5 km. à 9 km : ; à 10 km : . Accueil groupes. Ouv : 14.5 / 30.9. 164, les Thevenins. RN 5 ou RN 78 jusqu'à St Laurent en Grandvaux puis RD 437 ☎ 03 84 60 20 21. Fax : 03 84 60 88 64. E-mail : chalet.bugnon@wanadoo.fr, Web : chalet-bugnon.fr. Prix 2007. Empl. Tourisme : 3,50 € ; 2,50 € ; - de 7 ans 1,50 € ; 3 €.

LES FAVIERES ★ Tourisme 40 E. 0,8 ha. CV. Locations : 1, 1, 1. Rivière à 500 m. à 500 m : . Accueil groupes. 10, La Favière. 3 km Nord-Est de St-Laurent par RD 437. ☎ 03 84 60 86 70. Fax : 03 84 60 86 70. Réduction H.S.

LECT

8-C5 27 km O. St-Claude. 550 m. 280 hab. ✉ 39260

LES CYPRES ★ Tourisme 100 E., dont 78 CC - 6 GCC, 1,3 ha. CV. Accès direct à la rivière. Lac à 1,5 km. ; ; . Accueil groupes. Suivre barrage de Vouglans. ☎ 03 84 48 41 03. Fax : 03 84 48 41 03.

LOISIA

8-B4 24 km S.-O. Lons-le-Saunier. 385 m. 155 hab. ✉ 39320

CAMP MUNICIPAL ★ Tourisme 19 E. 0,48 ha. Accès direct à la rivière. ☎ 03 84 44 54 18.

LONGCHAUMOIS

8-C4 15 km N.-E. Saint-Claude. 900 m. 741 hab. Station verte de vacances et village de neige ✉ 39400

LE BAPTAILLARD ★★ Tourisme 130 E. 3 ha. + sèche-linge, CV Sanitaire chauffé. Locations : 1, 1. Rivière à 5 km. à 3 km : . Accueil groupes. Ouv : 1.1 / 30.9 et 1.12 / 31.12. 400 m CD 69, à 9 km RN 5. ☎ 03 84 60 62 34. E-mail : camping-lebataillard@orange.fr. Prix 2007. Empl. Tourisme : 4,30 € ; 4,20 € ; - de 7 ans 2,10 € ; 2,50 € (6 A).

FFCC : partenaire - terrain assuré par la FFCC.

LONS LE SAUNIER

405 km S.-E. Paris. 255 m. 21886 hab. ✉ 39000

LA MARJORIE ★★★★ Tourisme 204 E., dont 38 CC - 88 GCC, 2,1 ha. CV. Locations : 11, 4. Accueil groupes. Ouv : 1.4 / 15.10. Boulevard Europe. RN 83 sortie Lons/Besançon. A 39 sortie 7 en venant du Nord et sortie 8 en venant du Sud. Refuge. ☎ 03 84 24 26 94. Fax : 03 84 24 08 40. E-mail : info@camping-marjorie.com, Web : www.camping-marjorie.com. Prix 2007. Fft jour : Empl. Tourisme (2) : 17,90 € () Réduction H.S.

FFCC : Stop accueil Camping-car du 01/04 au 30/06 et du 01/09 au 15/10/2008, accès jusqu'à 22h.

MAISOD

8-C4 29 km N.-O. Saint-Claude. 530 m. 162 hab. ✉ 39260

TRELACHAUME ★★★ Tourisme 180 E. dont 169 nus, dont 12 GCC, 3,5 ha. CV. Locations : 6, 5. Lac à 800 m. à 800 m : . Ouv : 22.4 / 10.9. D 470 Lons le Saunier Maisod Saint-Claude Genève. Pataugeoire. ☎ 03 84 42 03 26. E-mail : info@camping-trelachaume.com, Web : www.camping-trelachaume.com. Prix 2007. Fft jour : Empl. Tourisme (2, 1 - de 4) : 13,70 € () ; Sup : 3,30 € 2,70 € ; Animaux 1,50 €. Réduction H.S.

MARIGNY

8-C4 25 km E. Lons-le-Saunier. 520 m. 126 hab. ✉ 39130

LA PERGOLA ★★★★ Tourisme 350 E., dont 340 GCC, 10 ha. CV. Camping clef verte. Locations : 127. chauffée. Accès direct aux bords du lac. ; ; . 1, rue des Vernois. Sur RD 27. ☎ 03 84 25 70 03. Fax : 03 84 25 75 96. E-mail : contact@lapergola.com, Web : www.lapergola.com. Prix 2007. Fft jour : Empl. Tourisme (2) : 36,60 € (E. GCC) ; Sup : 7 € - de 2/7 ans 5,50 € ; Animaux 4 €. Réduction H.S.

FFCC : réduction loc. de 5 % hors saison + HC.

MENETRUX EN JOUX

8-C4 32 km S.-E. Lons-le-Saunier. 670 m. 43 hab. ✉ 39130

RELAIS DE L'EVENTAIL ★★★ Tourisme 53 E. dont 53 nus 1,05 ha. CV. Accès direct à la rivière. Accueil groupes. Ouv : 26.6 / 31.8. Depuis Doucier, suivre D 326 jusqu'aux Cascades du Hérisson. ☎ 03 84 25 71 59. Fax : 03 84 25 76 66. E-mail : relais-de-leventail@club-internet.fr. Prix 2008. Fft jour : Empl. Tourisme (2) : 14,30 € ; Sup : 3 € - de 7 ans 1,50 € ; 2,70 € (6 A) ; Animaux 1,50 €.

MESNOIS

8-B4 18 km S.-E. Lons-le-Saunier. 460 m. 166 hab. ✉ 39130

BEAUREGARD ★★★ Tourisme 192 E., dont 11 GCC, 6 ha. CV. Locations : 20, 5. chauffée. Rivière à 500 m. Lac à 1 km. à 500 m : ; à 1 km : ; à 5 km : . Accueil groupes. 1,5 km RN 78 et de Pont de Poitte. ☎ 03 84 48 32 51. Fax : 03 84 48 32 51. E-mail : reception@juracampingbeauregard.com, Web : www.juracampingbeauregard.com. Réduction H.S.

MOIRANS EN MONTAGNE

8-C4 22 km N.-O. Saint-Claude. 625 m. 2154 hab. ✉ 39260

LA PETITE MONTAGNE ★★ Tourisme 100 E. dont 96 nus, 2 ha. buvette, pain, + sèche-linge, CV. Locations : . Lac à 5 km. à 5 km : . Accueil groupes. Avenue de St-Claude. Situé sur la D 470. Gardiennage permanent. ☎ 03 84 42 34 98. Fax : 03 84 42 60 50. E-mail : camping.champ.renard@wanadoo.fr, Web : www.campingchamprenardjura.fr.

MONNET LA VILLE

8-C4 25 km N.-E. Lons-le-Saunier. 480 m. 308 hab. ✉ 39300

SOUS DORIAT ★★ Tourisme 130 E. dont 90 nus, 2 ha. + sèche-linge, CV. Locations : 6, 7, 20. chauffée. Rivière à 1 km. Lac à 4 km. Etang à 5 km. à 1 km : ; à 4 km : . Accueil groupes. Sous Doriat, par RD 40. 2ème route à droite après le pont du Navoy. RN 471 Lons-le-Saunier-Champagnole, dir. lac de Chalain. ☎ 03 84 51 21 43. Fax : 03 84 51 21 43. E-mail : camping.sousdoriat@wanadoo.fr, Web : www.camping-sous-doriat.com. Réduction H.S.

MONTBARREY

8-B3 17 km S.-E. Dôle. 237 m. 263 hab. ✉ 39380

LES TROIS OURS ★★★ Tourisme 90 E. 1 ha. CV. Locations : 4, 3. Accès direct à la rivière. Gravière du Pont, sur D 11. ☎ 03 84 81 50 45. Fax : 03 84 71 77 54. Web : les3ours.free.fr.

MONTIGNY SUR L AIN

8-C4 25 km N.-E. Lons-le-Saunier. 535 m. 149 hab. ✉ 39300

LE GIT ★★ Tourisme 100 E. 5 ha. partiel, CV Sanitaire chauffé. Locations : . Rivière à 2 km. Lac à 4 km. à 2 km : ; à 4 km : . Accueil groupes. Entre Champagnole et Doucier, Lieu-dit Monnet-le-Bourg (derrière l'église de Monnet-la-ville). ☎ 03 84 51 21 17 / 03 84 52 20 81 (H.S.). E-mail : christian.olivier22@wanadoo.fr.

MORBIER

8-C4 27 km N.-E. Saint-Claude. 930 m. 1715 hab. Village de neige ✉ 39400

LA BUCLE ★★ Tourisme 100 E., dont 22 GCC, 3,5 ha. CV. Locations : . Accès direct aux bords du lac. Etang à 50 m. Rivière à 2,5 km. Accueil groupes. Ouv : 1.6 / 10.9. Lieu-dit Les Pontets. Axe RN 5 Lons le Saunier/Genève. ☎ 03 84 33 48 55 / 03 84 60 76 50 (H.S.). Fax : 03 84 33 48 55. E-mail : info-bucle@wanadoo.fr, Web : www.euro-tourisme.com/pub/bucle. Prix 2008. Fft jour : Empl. Tourisme (2) : 8,50 € () ; Sup : 2,80 € - de 10 ans 2,30 € ; 2,60 € ; Animaux 0,70 €. Réduction H.S.

MOUCHARD

8-C3 48 km N.-E. Lons-le-Saunier. 277 m. 1427 hab. ✉ 39330

LA HALTE JURASSIENNE ★ Tourisme 20 E. 0,5 ha. partiel, . Locations : . Rivière à 2 km. à 2,5 km : ; à 2 km : . Ancienne RN 83, sortie nord, quartier Bel-Air. ☎ 03 84 37 83 92.

ORCHAMPS

8-B3 15 km N.-E. Dole. 243 m. 1018 hab. ✉ 39700

CAMP MUNICIPAL ★ Tourisme 26 E. 0,7 ha. Accès direct à la rivière. 1,2 km de RD 12 et RN 73. ☎ 03 84 71 30 35. Fax : 03 84 79 41 33. E-mail : mairie.orchamps@free.fr.

OUNANS

8-B3 43 km N.-E. Lons-Le-Saunier. 250 m. 321 hab. ✉ 39380

LA PLAGE BLANCHE ★★★ Tourisme 220 E. 7 ha. la nuit, CV Sanitaire chauffé. Locations : 2, 8, 20. Accès direct à l'étang et à la rivière. Accueil groupes. De Besançon par A 36. De Dijon par A 39. Sortir à Dole centre et ensuite prendre dir. Pontarlier par D 405 jusqu'à Parcey, puis N 5 jusqu'à Mont-Sous-Vaudrey, puis D 472 jusqu'à Ounans. ☎ 03 84 37 69 63. Fax : 03 84 37 60 21. E-mail : reservation@la-plage-blanche.com, Web : www.la-plage-blanche.com.

FFCC : partenaire - terrain assuré par la FFCC + réduction loc. de 5 % hors saison + HC.

LE VAL D'AMOUR ★★★ Tourisme 100 E. dont 76 nus, , dont 2 HLL, 2 ha. CV. Locations : 8, 6, 5, 4. Rivière à 600 m. à 1 km : . Accueil groupes. Ouv : 1.4 / 1.10. A 39 sortie Dole-Choisey, N 5 dir. Lausanne-Pontarlier puis D 472. ☎ 03 84 37 61 89 / 03 84 37 71 67 (H.S.). Fax : 03 84 37 78 69. E-mail : camping@levaldamour.com, Web : www.levaldamour.com. Prix 2007. () : 4,95 € ; 4,95 € ; 4,95 € ; 4,60 € ; - de 10 ans 2,45 € ; 3 € ; Animaux 1,10 €. Réduction H.S.

PARCEY

8-B3 7 km S. Dole. 200 m. 735 hab. ✉ 39100

LES BORDS DE LOUE ★★★ Tourisme 214 E., dont 26 GCC - 30 HLL, 10 ha. CV. Locations : 8, 36, 28. Accès direct à la rivière. Accueil groupes. Ouv : 15.4 / 15.9. RN 5 à 800 m. ☎ 03 84 71 03 82. Fax : 03 84 71 03 42. E-mail : contact@jura-camping.com, Web : www.jura-camping.com. Prix 2008. Fft jour : Empl. Tourisme (2) : 21 € (E. CC) ; Sup : 5 € - de - 13 ans 3 € ; Animaux 1,50 €.

FFCC : partenaire - terrain assuré par la FFCC + réduction emp. de 5 % hors saison + réduction loc. de 5 % hors saison.

PATORNAY

8-C4 19 km S.-E. Lons-le-Saunier. 453 m. 173 hab. ✉ 39130

LE MOULIN ★★★ Tourisme 240 E. dont 140 nus, dont 42 GCC, 5,5 ha. CV. Locations : 5, 46, 15, 12. chauffée. Accès direct à la rivière. Lac à 4 km. Ouv : 30.4 / 7.9. 100 m RN 78. Depuis Lons-Le-Saunier dir. de Genève. 1ère route à gauche après le pont de Patornay. ☎ 03 84 48 31 21. Fax : 03 84 44 71 21. E-mail : contact@camping-moulin.com, Web : www.camping-moulin.com. Prix 2007. Fft jour : Empl. Tourisme (2) : 26 € () ; Sup : 5 € - de 13 ans 2,50 € ; Animaux 1,50 €. Réduction H.S.

FFCC : partenaire + réduction emp. de 10 % hors saison + réduction loc. de 10 % hors saison.

PETIT NOIR

8-B3 25 km S.-O. Dole. 210 m. 929 hab. ✉ 39120

LES BORDS DU DOUBS ★★ Tourisme 100 E. 2 ha. Accès direct à la rivière. Ouv : 01.4 / 30.9. ☎ 03 84 81 63 56.

LES PLANCHES EN MONTAGNE

8-C4 725 m. 159 hab. Village de neige ✉ 39150

M. MAIER Stefan,camping Le Temps de Vivre CV. A 3 km: Piscine chauffée Piscine plein air . A 10 km : . 53, rue de la Langouette. ☎ 03 84 51 52 14. Fax : 03 84 51 52 14. E-mail : aubergetdv@aol.com.

POINTRE

8-B2 19 km N. Dole. 163 m. 68 hab. ✉ 39290

CAMP DU CLUB OMNISPORTS DIJONNAIS ★ 25 E. 1 ha. D 20. Rés. excl. aux adhérents. ☎ 03 80 67 59 79.

FFCC : partenaire - terrain assuré par la FFCC.

POLIGNY

28 km N. Lons-le-Saunier. 327 m. 5182 hab. Station verte de vacances et village de neige ✉ 39800

CAMP COMMUNAUTAIRE DE LA CROIX DU DAN ★★ Tourisme 87 E., dont 41 GCC. CV.à 500 m : ; à 5 km : . Accueil groupes. Ouv : 15.6 / 30.9. Par RN 83 (Lyon/Strasbourg) et RN 5 (Dijon/Genève). ☎ 03 84 73 77 58 (Cté Com.) / 06 71 45 82 17 / 03 84 73 71 71 (Mairie) (H.S.). Fax : 03 84 73 77 59. E-mail : cccgrimont@wanadoo.fr, Web : www.ville-poligny.fr. Prix 2007. Empl. Tourisme : 2,15 € ; 1,70 € ; 1,70 € ; 1,70 € ; - de 5/16 ans 1,10 €.

PONT DE POITTE

8-C4 18 km S.-E. Lons-le-Saunier. 400 m. 657 hab. ✉ 39130

LES PECHEURS ★★ Tourisme 212 E. dont 202 nus 3,5 ha. CV Sanitaire chauffé. Locations : 10 . Rivière à 100 m. Lac à 500 m. ; ; à 100 m : , . Ouv : 1.5 / 30.9. 9, chemin de la Plage, 100 m RN 78. Depuis Lons-le-Saunier dir. Genève. ☎ 03 84 48 31 33. Fax : 03 84 48 34 99. E-mail : contact@camping-pecheurs.com, Web : www.camping-pecheurs.com. Prix 2007. Fft jour : Empl. Tourisme (2) : 14 € ( ) ; Sup : 3,50 € 1,50 € ; 3 € ; Animaux 1,50 €. Réduction H.S.

FFCC : partenaire - terrain assuré par la FFCC + réduction emp. de 10 % hors saison + réduction loc. de 10 % hors saison.

PONT DU NAVOY

8-C4 23 km N.-E. Lons-le-Saunier. 480 m. 255 hab. ✉ 39300

LE BIVOUAC ★ Tourisme 90 E. CV. Locations : 1 , , 2 , 4 , , . Accès direct à la rivière. Lac à 4 km. ; ; à 4 km : , . Ouv : 1.1 / 31.12. Route du Lac de Chalain, 2ème camping sortie Pont du Navoy. ☎ 03 84 51 26 95. Fax : 03 84 51 29 70.

LE NAVOY ★ Tourisme 70 E. 34, rue du Vieux Pont. ☎ 03 84 51 21 06.

PORT LESNEY

52 km N.-E. Lons-le-Saunier. 250 m. 648 hab. ✉ 39330

CAMP MUNICIPAL LA CORVEE ★★ Tourisme 122 E. 2,5 ha. . Locations : . payant. Accès direct à la rivière. ; . 1,5 km RN 83. ☎ 03 84 73 81 44 / 03 84 37 82 72 (Mairie). Fax : 03 84 73 81 44. E-mail : mairie.port-lesney@wanadoo.fr, Web : www.port-lesney.free.fr.

PREMANON

28 km N.-E. Saint-Claude-sur-Bienne. 1120 m. 320 hab. Village de neige ✉ 39220

G.C.U. DU CREUX NOIR Réservé aux adhérents. Adhésion possible sur place pour les sociétaires MAIF et FILIA MAIF.

LES TROIS OISEAUX ★ Tourisme 100 E. 2,2 ha. CV. Locations : 5 , 5 . Lac à 5 km. à 5 km : , , , . Les Jacobeys, sur RD 25, 3 km RN 5. Sanitaires chauffés. Téléskis à l'intérieur du caravaneige. ☎ 03 84 60 78 74. Fax : 03 84 60 76 88.

RANCHOT

8-B3 20 km N.-E. Dole. 240 m. 331 hab. ✉ 39700

L'ILE ★★ Tourisme 30 E. 1 ha. CV Sanitaire chauffé. Locations : 5 , . Accès direct à la rivière. ; ; ; . Accueil groupes. Sortie autoroute A 39 à 3 km seule sortie entre Dole et Besançon. ☎ 03 84 71 13 56.

FFCC : partenaire - terrain assuré par la FFCC.

ROCHEFORT SUR NENON

6 km N.-E. Dole. 211 m. 599 hab. ✉ 39700

LES MARRONNIERS ★★★★ Tourisme 130 E. 3,8 ha. CV. Locations : 1 , 6 , 8 , 1 , . . Rivière à 1 km.Etang à 1,5 km. . Accueil groupes. Ouv : 1.4 / 31.10. A Nénon, 2 km N 73 et D 76. A 5 km de Dôle. ☎ 03 84 70 50 37 / 032 426 81 79 (Suisse) (H.S.). Fax : 03 84 70 55 05. E-mail : reservation@camping-les-marronniers.com, Web : www.camping-les-marronniers.com. ( ) : 5 € ; 1,50 € ; 6,50 € ; 3,50 € ; 6 € ; - de 7 ans 3 € ; 2,50 € ; Animaux 1 €. Réduction H.S.

FFCC : partenaire - terrain assuré par la FFCC + réduction emp. de 5 % en saison et 6 % hors saison + carte FFCC assurance annulation + Stop accueil Camping-car du 01/04 au 31/10/2008, accès jusqu'à 20h + réduction loc. de 3 % en saison.

ST AMOUR

8-B4 33 km S.-O. Lons-le-Saunier. 263 m. 2620 hab. Station verte de vacances et village de neige ✉ 39160

CAMP MUNICIPAL ★ Tourisme 70 E. 1 ha. 6, avenue des Sports. ☎ 03 84 48 71 68.

ST CLAUDE

65 km S.-E. Lons-le-Saunier. 440 m. 13156 hab. ✉ 39200

CAMP MUNICIPAL DU MARTINET ★★ Tourisme 129 E. dont 129 nus 2,9 ha. CV. . Accès direct à la rivière. ; . Accueil groupes. Ouv : 1.5 / 30.9. 500 m RN 436, sur RD 290. ☎ 03 84 45 00 40 / 03 84 41 42 62 (H.S.) (H.S.). Fax : 03 84 45 11 30. Prix 2007. Empl. Tourisme : 3,80 € ; 2,80 € ; - de 10 ans 1,50 € ; 2,30 €.

ST JULIEN

8-B5 35 km S. Lons-le-Saunier. 420 m. 459 hab. ✉ 39320

CAMP MUNICIPAL ★ 30 E. 0,7 ha. . Locations : . Accès direct à la rivière. . Sur RD 3, Lieu-dit La Chapelle, 200 m RD 117. ☎ 03 84 85 42 37. Fax : 03 84 85 42 37.

ST LAURENT EN GRANDVAUX

8-C4 30 km N.-N.-E. Saint-Claude. 900 m. 1813 hab. Village de neige ✉ 39150

CAMP MUNICIPAL LE CHAMPS DE MARS ★★ Tourisme 150 E., dont 50 GCC, 3 ha. CV Sanitaire chauffé. Locations : 10 . Lac et rivière à 5 km. à 5 km : , . Accueil groupes. Ouv : 15.12 / 30.9. Rue du Camping, en retrait de la RN 5, sortie de la commune en dir. de Morez. ☎ 03 84 60 19 30 / 06 03 61 06 61 / 03 84 60 14 13 (Mairie) (H.S.). Fax : 03 84 60 19 72. E-mail : champmars.camping@orange.fr, Web : www.st-laurent39.fr. Prix 2008. Empl. Tourisme : 2,60 € ( ) : 2,85 € ; - de 8 ans 1,90 € ; 2,10 € (6 A).

FFCC : Stop accueil Camping-car du 01/04 au 30/06 et du 01/09 au 30/09/2008, accès jusqu'à 20h.

SALINS LES BAINS

8-C3 52 km N.-E. Lons-le-Saunier. 350 m. 4181 hab. ✉ 39110

CAMP MUNICIPAL ★★ Tourisme 46 E. 1 ha. CV. Locations : 3 , 1 . Rivière à 200 m. Etang à 5 km. ; à 10 km : . Accueil groupes. Ouv : 1.4 / 30.9. ☎ 03 84 37 92 70. Web : campingsalins.kanak.fr. Prix 2007. Empl. Tourisme : 5,80 € ( ) : 2,90 € ; - de 10 ans 2,10 € ; 2,30 €.

THOIRETTE

8-B5 52 km S. Lons-le-Saunier. 400 m. 293 hab. ✉ 39240

CAMP MUNICIPAL LES VERNES ★★ Tourisme 70 E. 0,3 ha. . Accès direct à la rivière. ; . La Gouille. ☎ 04 74 76 80 71 (Mairie) / 04 74 76 88 43. Fax : 04 74 76 80 71.

THOIRIA

8-C4 28 km S.-E. Lons-le-Saunier. 570 m. 130 hab. ✉ 39130

LE MOULIN DE LA FRAITE ★ Tourisme 45 E. (35 Tourisme + 10 Loisirs) 3,5 ha. Accès direct à la rivière. ☎ 03 84 25 80 21. Fax : 03 84 25 80 21.

LA TOUR DU MEIX

8-C4 25 km S.-E. Lons-le-Saunier. 473 m. 156 hab. ✉ 39270

CAMP DU SURCHAUFFANT PONT DE LA PYLE ★★★ Tourisme 180 E. dont 157 nus, , dont 54 CC, 3 ha. CV. Locations : 24 , 19 , 2 , . Accès direct aux bords du lac. ; ; . Ouv : 27.4 / 11.9. Rés. obligatoire en été. Au Lac de Vouglans Par RD 470 N. Lons-le-Saunier/St-Claude. ☎ 03 84 25 41 08 / 03 84 25 78 78 (H.S.). Fax : 03 84 35 56 88. E-mail : info@camping-surchauffant.fr, Web : www.camping-surchauffant.fr. Prix 2007. Fft jour : Empl. Tourisme (2 1 - de 4) : 16,65 € ( ) ; Sup : 4,50 € 2,70 € ; E. CC 3,70 € ; Animaux 1,55 €. Réduction H.S.

VAUX LES ST CLAUDE

8-C5 15 km S.-O. Saint-Claude. 329 m. 572 hab. ✉ 39360

LE GRAVIER ★ 100 E. 2,5 ha. . Accès direct à la rivière. ; ; . 447, route de Saint-Romain, Lieu-dit Les Granges, 500 m RN 436. ☎ 03 84 42 50 53 / 06 78 89 23 64.

VOUGLANS

27 km O. St Claude. 550 m. 266 hab. ✉ 39260

LES CYPRES Voir LECT

Cartes 9-12

Délégué FFCC : Michel MINIER, Route de Grenade - 40280 BRETAGNE DE MARSAN - minier.transports@wanadoo.fr

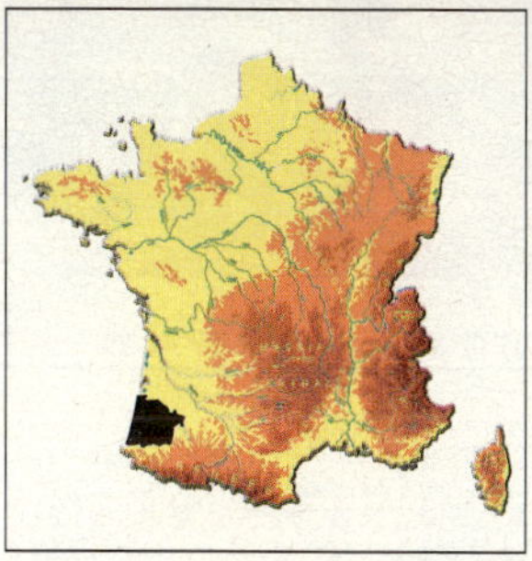

AIRE SUR L ADOUR

34 km S.-E. Mont-de-Marsan. 80 m. 7216 hab. ✉ 40800

LES OMBRAGES DE L'ADOUR ★★ Tourisme 100 E. dont 94 nus, , dont 4 GCC, 2 ha. CV. Locations : 4, 2, . Accès direct à la rivière. ; . Accueil groupes. Ouv : 1.4 / 30.10. Rue des Graviers. A 300 m du centre ville derrière les arènes. ☎ 05 58 71 75 10. Fax : 05 58 71 32 59. E-mail : hetapsarl@yahoo.fr, Web : www.camping-adour-landes.com. Prix 2007. Empl. Tourisme : 4 € ; 2 € ; 3,50 € ; - de 5/12 ans 2 € ; 2,80 € ; Animaux 2 €. Fft Ccar : 10 € (2).

AMOU

12-C2 30 km S.-E. Dax. 44 m. 1462 hab. Station verte de vacances et village de neige ✉ 40330

CAMP MUNICIPAL ★★ Tourisme 33 E. 1 ha. , volley. Locations : , . chauffée . Accès direct à la rivière. . ☎ 05 58 89 00 22 (Mairie). Fax : 05 58 89 22 67. E-mail : commune-amou@wanadoo.fr, Web : www.ville-amou.fr.

ANGRESSE

12-A2 32 km O. Dax. 25 m. 653 hab. ✉ 40150

M. LEFEBVRE Michel , . A 1 km: . A 5 km : . A 7 km : Piscine plein air. RD 33 et CV 4, 800 m de la commune, à proximité de la ferme. Bois herbeux. ☎ 05 58 43 65 72. Fax : 05 59 59 39 77.

AUREILHAN

9-B5 80 km N.-O. Mont-de-Marsan. 30 m. 504 hab. ✉ 40200

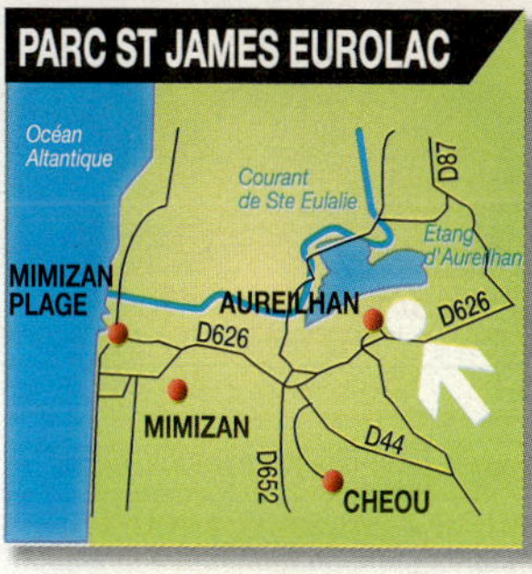

PARC SAINT JAMES EUROLAC ★★★★ Tourisme 620 E., dont 578 GCC, 13 ha. , collectif, , saison, , saison, CV. Locations : 10, 45, 119. chauffée . Accès direct aux bords du lac. Etang à 10 m. ; ; ; ; . Ouv : 31.3 / 29.9. Rés. obligatoire en été. D 626. Par la RN 10 Bordeaux-Bayonne. ☎ 05 58 09 02 87. Fax : 05 58 09 41 89. E-mail : info@camping-parcsaintjames.com, Web : www.camping-parcsaintjames.com. Prix 2008. Fft jour : Empl. Tourisme (2) : 27 € () ; Sup : 4,50 € - de 4/10 ans 2,50 € ; Animaux 5 €.

AURILANDES ★★ Tourisme 440 E. dont 335 nus, 6 ha. , + sèche-linge, CV. Locations : 74, 8. chauffée . Accès direct aux bords du lac. ; ; ; , accès direct au lac. Accueil groupes hors saison. 1001, promenade de l'Etang. Par l'A 10 sortie Mimizan puis la D 626. Parc aquatique avec sauna, spa, salle de remise en forme. ☎ 05 58 09 10 88 / 0 810 122 813 (Réserv.) (H.S.). Fax : 04 99 57 21 22. E-mail : aurilandes@village-center.com, Web : www.village-center.com. Prix 2007. Fft jour : Empl. Tourisme (2) : 29 € () ; Sup : 4,50 €Animaux 3 €. Réduction H.S.

LA ROUTE DES LACS ★★ Tourisme 135 E., dont 35 GCC, 3,5 ha. , snack, CV. Locations : 15. . Lac et rivière à 1,5 km. . D 626 entrée Aureilhan avant le rond-point. Bibliothèque. Gardiennage. ☎ 05 58 09 01 42. Fax : 05 58 09 20 83. E-mail : info@routedeslacs.com, Web : www.routedeslacs.com. Prix 2007. Empl. Tourisme : 4,20 € ; 2,60 € ; 2,60 € ; 4,70 € ; - de 10 ans 2,60 € ; 3,70 € ; Animaux 1,50 €. Réduction H.S.

AURICE

12-C1 16 km S.-O. Mont-de-Marsan. 549 hab. ✉ 40500

M. & Mme MARSAN,camping à la Ferme CV. A 150 m : . A 3 km: Piscine plein air . Ouv : 1.1 / 31.12. 2705, route de Tartas. Guilhem, CD 924, 4 km Sud de la commune, dir. Mont-de-Marsan/St-Sever puis route de Tartas. A proximité de la ferme. Pré herbeux, ombragé, bord de ruisseau. L'Adour à 150 m. ☎ 05 58 76 18 70. Prix 2008. Empl. Tourisme : 2 € ; 0,50 € ; 1,80 € ; - de 7 ans 0,90 € ; 1,80 à 3 € ; 0,50 €.

FFCC : partenaire + réduction emp. de 5 % en saison et hors saison + réduction loc. de 5 % en saison et hors saison.

AZUR

12-B1 23 km N.-O. Dax. 357 hab. ✉ 40140

LA PAILLOTE ★★★★ Tourisme 310 E. dont 139 nus, , dont 150 GCC, 7 ha. , électrique/gaz, CV. Locations : 50, 111. chauffée . Accès direct à l'étang et aux bords du lac. ; ; ; ; à 7 km : . A 63 dir. Espagne sortie Magescq par D 150 dir. Azur. 7 km RN 10, port. Club de voile. ☎ 05 58 48 12 12. Fax : 05 58 48 10 73. E-mail : info@paillotte.com, Web : www.paillotte.com. Prix 2007. Fft jour : Empl. Tourisme (2) : 37 € () ; Sup : 7,30 € Réduction H.S.

AZU'RIVAGE ★★★ Tourisme 250 E., dont 4 GCC, 6 ha. CV. Locations : 30. chauffée . Accès direct à l'étang et aux bords du lac et à la rivière. ; ; ; ; . Ouv : 15.6 / 15.9. RN 10 sortie n° 10 à Magescq. ☎ 05 58 48 30 72. Fax : 05 58 48 30 72. E-mail : info@campingazurivage.com, Web : www.campingazurivage.com. Prix 2007. Fft jour : Empl. Tourisme (2) : 17 € () ; Sup : 3,70 € - de 3/10 ans 2,05 € ; Animaux 1,65 € (chien). Fft Tente : 14,40 € (2). Réduction H.S.

LE TUC ★★★ Tourisme 130 E., dont 70 GCC. CV. Locations : 25, 3. . Etang à 1 km.Rivière à 1,5 km.Lac à 2 km. à 1 km : ; à 4 km : . Au Tuc, par RD 150. ☎ 05 58 48 22 52. Fax : 05 58 48 33 53. E-mail : camping-le.tuc@wanadoo.fr, Web : www.touradour.com.

M. FESANCIEUX,aire naturelle Pesson CV. A 1 km: . A 5 km : Piscine plein air . A 6 km : . A 8 km : . A 9 km : . A 10 km : . 56, chemin Pesson. ☎ 05 58 48 30 49 / 05 58 48 14 27 (H.S.). Fax : 05 58 48 03 28. E-mail : campingpesson@wanadoo.fr.

BANOS

12-C2 23 km S.-O. Mont-de-Marsan. 96 m. 225 hab. ✉ 40500

LA RESERVE **Tourisme Saisonnier** 10 E. Au bourg. ☎ 05 58 76 34 95.

BELUS

12-B2 19 km S. Dax. 416 hab. ✉ 40300

LA COMTESSE ★★★ Tourisme 115 E., dont 81 GCC, 5 ha. snack, CV. Locations : 42. Accès direct à l'étang. Rivière à 5 km. Ouv : 1.4 / 30.9. Lieu-dit Claquin. ☎ 05 58 57 69 07. Fax : 05 58 57 62 50. E-mail : campinglacomtesse@wanadoo.fr, Web : www.campinglacomtesse.com. Prix 2007. 6,50 € ; 2,70 € ; 9,20 € ; 6,50 € ; 3,90 € ; - de 3/11 ans 2,90 € ; 3,70 € (10 A) ; Animaux 2,80 €.

BIAS

9-B5 68 km N.-O. Mont-de-Marsan. 395 hab. ✉ 40170

CAMP MUNICIPAL LE TATIOU ★★★ Tourisme 460 E., dont 40 GCC, 9,25 ha. collectif, CV. Locations : 22, 34. Etang à 2 km.Bord de mer à 5 km. Accueil groupes. RN 10 sortie Onesse. ☎ 05 58 09 04 76 / 05 58 09 03 02 / 05 58 09 03 02 (H.S.). Fax : 05 58 82 44 30. E-mail : campingletatiou@wanadoo.fr, Web : www.campingletatiou.com. Réduction H.S.

M. MAIA Christian,camping à la ferme CV. A 500 m : . A 6 km : . A 10 km : . Ouv : 1.5 / 31.10. Quartier Jouanon. ☎ 05 58 09 21 73 / 06 20 33 66 65 (H.S.). Fax : 05 58 09 21 73. E-mail : cmaia@free.fr, Web : cmaia.free.fr. Prix 2007. Empl. Tourisme : 2,80 € ; 2,50 € ; - de 10 ans 1,20 € ; 1,90 €.

FFCC : partenaire - terrain assuré par la FFCC + Stop accueil Camping-car du 01/05 au 31/10/2008.

BISCARROSSE

9-B5 91 km N.-O. Mont-de-Marsan. 26 m. 8015 hab. ✉ 40600

CAMP BIMBO ★★★★ Tourisme 177 E. dont 70 nus, , dont 87 GCC, 6 ha. collectif, CV. Locations : 10, 27. chauffée. Lac à 600 m. ; à 600 m : . Ouv : 1.5 / 30.9. 176, chemin de Bimbo. ☎ 05 58 09 82 33. Fax : 05 58 09 80 14. E-mail : campingbimbo@wanadoo.fr, Web : www.campingbimbo.fr. Prix 2008. Fft jour : Empl. Tourisme (2) : 28 € ; Sup : 8 € - de 6/12 ans 7 € ; 4 € ; Animaux 3,50 €.

FFCC : partenaire + réduction emp. de 5 % hors saison + carte FFCC assurance annulation + réduction loc. de 5 % hors saison.

CAMPEOLE NAVARROSSE ★★★★ Tourisme 500 E. dont 248 nus, , dont 245 GCC, 7 ha. CV. Locations : 45, 150. Accès direct à l'étang et aux bords du lac. Bord de mer à 5 km. Accueil groupes. Ouv : 25.4 / 21.9. 712, chemin de Navarosse, 5 km RN 652. ☎ 05 58 09 84 32. Fax : 05 58 09 86 22. E-mail : cplnavarrosse@atciat.com, Web : www.camping-navarosse.com. Prix 2008. Fft jour : Empl. Tourisme (2) : 25,10 € ; - de 2/6 ans 8,60 € ; 4 € (10 A) ; Animaux 3,50 €. Réduction H.S.

DOMAINE DE LA RIVE ★★★★ Tourisme 809 E. dont 300 nus, , dont 538 GCC, 15 ha. collectif, CV Sanitaire chauffé. Camping clef verte. Locations : 30, 180. couverte chauffée 2 courts. Accès direct aux bords du lac. Rivière à 5 km. Ouv : 5.4 / 7.9. Rés. obligatoire en été. Route de Bordeaux. 2,5 km de RN 652. Vente de mobil-homes. ☎ 05 58 78 12 33. Fax : 05 58 78 12 92. E-mail : info@camping-de-la-rive.fr, Web : www.larive.fr. Prix 2008. Fft jour : Empl. Tourisme (2) : 45 € ; Sup : 7,50 € Animaux 5 €.

FFCC : réduction loc. de 5 % hors saison + HC.

LES ECUREUILS ★★★★ Tourisme 230 E., dont 146 GCC, 4 ha. à gaz ou élec., CV. Locations : 2, 15. chauffée. Lac à 200 m. ; à 100 m : ; à 200 m : . 646, chemin de Navarrosse. Port Navarrosse. D 652. ☎ 05 58 09 80 00. Fax : 05 58 09 81 21. E-mail : camping.les.ecureuils@wanadoo.com, Web : www.ecureuils.fr.

LES FONTAINES DE NAVA ★★★★ Loisirs 80 E., dont 80 GCC. CV. Locations : 40. couverte chauffée . Lac à 350 m. à 350 m : lac. Ouv : 1.1 / 31.12. Chemin de Bimbo. Domaine situé entre Biscarrosse ville et plage. Biscarrosse lac lieudit Navarrosse. Accès par la route des Lacs. ☎ 05 58 09 83 11. Fax : 05 58 09 82 62. E-mail : lesfontainesdenava@wanadoo.fr, Web : www.lesfontainesdenava.com.

Club Airotel
Domaine de La Rive
Un Rêve d'enfant
www.larive.fr
Parc de jeux aquatique
et piscine couverte chauffés
Route de Bordeaux
40600 Biscarosse
Tél : 05 58 78 12 33
Fax : 05 58 78 12 92
info@camping-de-la-rive.fr
La Clef Verte
Location
de chalets
et mobil-homes.
Bord de lac
au coeur de la
fôret landaise.
E.S.E COMMUNICATION - Draguignan- Tél : 04.94.67.06.00

LOU GALIP ★★★★ Loisirs 263 E., dont 229 GCC, 6 ha. CV. Locations : 15. Lac à 150 m. Ouv : 1.4 / 20.9. Lieu-dit Navarrosse, RN 652. ☎ 05 58 09 81 81. Fax : 05 58 09 86 03. Web : www.lougalip.fr. Prix 2008. Empl. Tourisme : 9,60 € ; 5,50 € ; - de 13 ans 3,75 € ; 3,75 € (10 A) ; Animaux 3,60 €.

MAYOTTE VACANCES ★★★★ Tourisme 630 E. dont 200 nus, , dont 630 GCC, 15 ha. CV. Locations : 88, 200. couverte chauffée. Accès direct aux bords du lac. Ouv : 30.4 / 24.9. Rés. obligatoire en été et en hiver. Lieu-dit Mayotte, 368, chemin des Roseaux. Sauna, hammam. ☎ 05 58 78 00 00. Fax : 05 58 78 83 91. E-mail : camping@mayottevacances.com, Web : www.mayottevacances.com. Prix 2008. Fft jour : Empl. Tourisme (2) : 41 € ((10 A)) ; Sup : 8 € - de 3/7 ans 3,50 € ; Animaux 5 €. Réduction H.S.

FFCC : partenaire + carte FFCC assurance annulation.

CAMPEOLE PLAGE-SUD ★★★ Tourisme 1387 E., dont 140 GCC - 10 HLL, 20 ha. CV. Locations : , 38, 364, chauffée. Bord de mer à 800 m. Lac à 5 km. ; à 1,5 km : . 230, rue des Bécasses. A 150 m RD 146. ☎ 05 58 78 21 24. Fax : 05 58 78 34 23. E-mail : cplplagesud@atciat.com, Web : www.campeoles.fr.

CANTALAOUDE ★★★ Loisirs 96 E., dont 96 GCC. Etang à 600 m. Location longue durée. ☎ 05 58 78 10 64 / / 06 80 06 46 80 (H.S.). Fax : 05 58 78 74 58.

LA JAOUGUE SOULE ★★★ Tourisme 92 E., dont 46 GCC. ☎ 05 58 82 90 00. Fax : 05 58 78 23 08.

LATECOERE ★★★ Tourisme 185 E., dont 71 GCC, 2 ha. CV. Locations : 25, . Lac à 200 m. ; à 200 m : . 1,5 km de RN 652. ☎ 05 58 78 13 01. Fax : 05 58 78 16 26. E-mail : latecoere.biscarrosse@wanadoo.fr.

ATLANDES ★★ Tourisme 82 E., dont 82 GCC. Locations : . Lac à 300 m. . 176, chemin de Bimbo. ☎ 05 58 09 86 18. Fax : 05 58 09 86 18. Web : www.campingatlandes.com.

EN CHON LES PINS ★★ Loisirs 100 E., dont 100 GCC. CV. Locations : 4, 12, 7. Lac à 1 km. . 600, chemin d'En Chon. ☎ 05 58 78 16 00. Fax : 05 58 82 08 33.

LE BOSQUET ★★ Loisirs 80 E., dont 80 GCC.

LES PETITS ECUREUILS ★★ Tourisme 59 E., dont 2 GCC. 254, chemin Crastail. ☎ 05 58 78 01 97.

HOLIDAY PARC ★ Loisirs 29 E., dont 29 GCC.

PARC RESIDENTIEL DE LOISIRS LA PRAIRIE DE MAYOTTE **Non classé** 20 E., dont 20 GCC - 20 HLL.

M. CONDOU Albert,aire naturelle A 5 km: . A 13 km : . Camping les Ajoncs, 3682, avenue de Bordeaux. ☎ 05 58 78 17 83 / 05 58 78 11 97.

M. DUBOURG,aire naturelle Le Frezat.

M. LORIOT Bruno,aire naturelle. 687, chemin de Goubern. ☎ 05 58 78 77 96.

M. NOAILLES,aire naturelle

Mme BELLIARD Yolande,aire naturelle "Goubern". ☎ 05 58 78 08 04.

Mme DUBERN,aire naturelle Mayotte. ☎ 05 58 78 11 77.

Mme ITHURBIDE,aire naturelle Goubein. ☎ 05 58 78 02 47.

Mme LAFARGUE,aire naturelle Ouv : 1.5 / 30.9. Mayotte. ☎ 05 58 78 10 64. Fax : 05 58 78 74 58.

BISCARROSSE PLAGE

9-B5 91 km N.-O. Mont-de-Marsan. 26 m. 8979 hab. ✉ 40600

CAMPEOLE LE VIVIER ★★★ Tourisme 835 E., dont 419 CC - 29 GCC, 14 ha. CV. Locations : 86, 25, 6, 186. Bord de mer à 700 m. 681, rue du Tit. ☎ 05 58 78 25 76. Fax : 05 58 78 35 23. Web : www.campeoles.fr.

CAMPING MAGUIDE ★★ Loisirs 275 E., dont 150 GCC, 4 ha. à gaz. Locations : 21. Accès direct à l'étang et aux bords du lac. Accueil groupes. 3 km RD 83, à 7 km RN 652. Ecole de ski nautique. ☎ 05 58 09 81 90. Fax : 05 58 09 86 92. E-mail : campingmaguide@wanadoo.fr, Web : www.camping-maguide.com.

BOURRIOT BERGONCE

9-D5 36 km N.-E. Mont-de-Marsan. 115 m. 383 hab. ✉ 40120

LE CHATEAU,aire naturelle CV. A 10 km: . Le Château de Bergonce. A côté de route de Gabarret D 24. ☎ 05 58 93 36 22. Fax : 05 58 93 36 22. E-mail : inneige@freesurf.fr, Web : camping.de.bergonce.free.fr. Prix 2007. () : Fft Ccar : 13 € (2 1 - de 4 ans). Fft Tente : 11 € (2 1 - de 4 ans).

BROCAS

12-C1 20 km N. Mont-de-Marsan. 65 m. 616 hab. ✉ 40420

AIRE NATURELLE MUNICIPALE CV. Fronton + pala main nue, pédalos et barques. Location de VTT + 3 circuits balisés, boulodrome. ☎ 05 58 51 40 23 / 05 58 51 40 68. Fax : 05 58 51 47 65. E-mail : mairie.brocas@wanadoo.fr.

BUANES

12-C2 25 km S.-E. Mont-de-Marsan. 210 m. 173 hab. ✉ 40320

BARTHON ★★ Tourisme 30 E., dont 8 GCC, 1 ha. aire spécifique, CV. Locations : . Rivière à 5 km. à 5 km : . Ouv : 1.4 / 31.10. A 4,5 km centre de cure thermale d'Eugénie-les-Bains. ☎ 05 58 51 12 95 / 06 30 42 06 88 (H.S.). E-mail : camping.barthon@wanadoo.fr, Web : www.campingbarthon.fr. () :

FFCC : partenaire - terrain assuré par la FFCC.

CAPBRETON

12-A2 35 km S.-O. Dax. 10 m. 4703 hab. ✉ 40130

CAMP MUNICIPAL BEL AIR ★★★ Tourisme 117 E. 1,7 ha. pétanque, . Bord de mer et lac à 1 km. ; à 250 m : ; à 1,2 km : . Avenue du Bourret. Port de plaisance à 200 m. Echangeur autoroute A 63 et RN 10 à 5 km. ☎ 05 58 72 12 04.

CAMP MUNICIPAL LA CIVELLE ★★★ Tourisme 559 E., dont 100 GCC, 6 ha. . Accès direct à la rivière. ; à 2 km : . Rue des Biches, accès par CD 652. A 63 échangeur, plus RN 10. ☎ 05 58 72 15 11 / 05 58 72 10 09 (Mairie) (H.S.).

LA POINTE ★★★ Tourisme 400 E., dont 312 GCC, 2,98 ha. . Locations : . Accès direct à la rivière. Bord de mer à 800 m. ; à 800 m : . 300 m de RD 652. ☎ 05 58 72 14 98 / 04 42 20 47 25 (Homair). E-mail : info@homair-vacances.fr, Web : www.homair-vacances.fr.

LABARTHE ★★★ Loisirs 40 E., dont 18 GCC. 14, rue des Campeurs. ☎ 05 58 72 02 34.

C.C.A.S. DE FIERBOIS ★★ Tourisme 387 E. Réservé aux agents EDF-GDF. ☎ 05 58 72 12 30.

G.C.U. LE BOURRET Réservé aux adhérents. Adhésion possible sur place pour les sociétaires MAIF et FILIA MAIF.

CASSEN

12-B1 20 km E. Dax. 50 m. 375 hab. ✉ 40380

M. CADILLON Francis CV. A 1 km: Piscine plein air . Ouv : 1.3 / 30.10. Bizencon. 1242, route des Chênes. Sur la D 10 à 6 km de Pontonx-sur-Adour sur le bord de la route à gauche à l'entrée du village de Cassen. ☎ 05 58 98 92 90. Fax : 05 58 98 92 90. Prix 2008. Fft jour : Empl. Tourisme (1) : 3,50 € ( ) ; Sup : 1,30 € 1,20 €.

CASTETS

12-B1 21 km N.-O. Dax. 625 m. 1453 hab. Village de neige ✉ 40260

CAMP MUNICIPAL LE GALAN ★★★ Tourisme 210 E. dont 167 nus, , dont 102 GCC, 4 ha. en été, aire de barbecues aménagée, CV Sanitaire chauffé. Locations : 1, 10, 3, Chalets Mobiles. payant. Etang et rivière à 300 m. Accueil groupes. sur demande. Suivre Castets centre ville Nationale 10 sortie n° 12 ☎ 05 58 89 43 52 / 05 58 89 40 09 / 05 58 89 44 79 (Ofiice du tourisme) (H.S.). Fax : 05 58 55 00 07. E-mail : contact@camping-legalan.com, Web : www.camping-legalan.com. Prix 2007. 6,40 € ; 1,10 € ; 7,50 € ; 3,20 € ; 3,20 € ; 1,60 € ; Animaux 1,60 €. Réduction H.S.

FFCC : Stop accueil Camping-car du 01/02 au 07/06 et du 06/09 au 30/11/2008, accès jusqu'à 20h.

CLERMONT

1-C5 13 km S.-E. Dax. 40 m. 594 hab. ✉ 40180

M. DUCASSE Gilles , table, . ☎ 05 58 89 80 42.

COMMENSACQ

9-C5 45 km N.-O. Mont-de-Marsan. 75 m. 345 hab. ✉ 40210

POINT D'ACCUEIL JEUNES,aire naturelle CV. A 6 km: . ☎ 05 58 07 05 15. Fax : 05 58 07 19 50. E-mail : bernadette.mexico@free.fr.

Toute l'année, les Clubs organisent des rassemblements, des rencontres ou des voyages. Consultez la liste des Clubs en fin de guide.

CREON D ARMAGNAC

12-D1 34 km N.-E. Mont de Marsan. 148 m. 258 hab. ✉ 40240

AIRE NATURELLE MUNICIPALE A 10 km: Piscine plein air. Sabaille. D 933. Après Estigarde prendre D 51 vers Créon d'Armagnac situé à 3 km. ☎ 05 58 44 81 07 (Mairie). Fax : 05 58 44 81 07. E-mail : mairie.creon-armagnac@wanadoo.fr.

DAX

52 km S.-O. Mont-de-Marsan. 9 m. 19636 hab. ✉ 40100

LES CHENES ★★★★ Tourisme 230 E., dont 140 GCC, 5 ha. gaz/électrique, CV Sanitaire chauffé. Locations : 34 . Etang à 100 m. Rivière à 300 m. à 100 m : . Accueil groupes. Traverser le centre ville de Dax, suivre dir. Bois de Boulogne, casino puis longer la rive Sud de l'Adour. ☎ 05 58 90 05 53. Fax : 05 58 90 42 43. E-mail : camping-chenes@wanadoo.fr, Web : www.camping-les-chenes.fr. Réduction H.S.

FFCC : partenaire + réduction emp. de 5 % en saison et hors saison.

LE BASCAT ★★★ Tourisme 129 E. dont 93 nus, dont 129 GCC, 3,4 ha. CV Sanitaire chauffé. Locations : 36 . Etang, lac et rivière à 800 m. à 900 m : . Ouv : 8.3 / 8.11. Rue de Jouandin. D 947 à 2 km. Au centre ville de Dax suivre dir. Bois de Boulogne. Branchement antenne TV individuel - WIFI ☎ 05 58 56 16 68. Fax : 05 58 56 20 56. E-mail : info@campinglebascat.com, Web : www.campinglebascat.com. Prix 2008. Empl. Tourisme : 8 € () : 3,60 € ; - de 6 ans 2 € ; Animaux 1 €. Fft Ccar : 10 € (2).

FFCC : partenaire + carte FFCC assurance annulation + Stop accueil Camping-car du 08/03 au 09/11/2008, accès jusqu' à 20h.

EUGENIE LES BAINS

12-C2 25 km S.-E. Mont-de-Marsan. 90 m. 408 hab. ✉ 40320

CAMP MUNICIPAL ★★ Tourisme 30 E. 0,36 ha. Accès direct à la rivière. . Réservé aux curistes de l'établissement thermal. ☎ 05 58 51 13 16.

GABARRET

12-D1 45 km N.-E. Mont-de-Marsan. 153 m. 1532 hab. Station verte de vacances et village de neige ✉ 40310

CAMP MUNICIPAL LA CHENERAIE ★★ Tourisme 36 E. dont 34 nus 0,71 ha. CV Sanitaire chauffé. Locations : , 4 . chauffée . Rivière à 1,5 km.Etang à 2 km. ; à 1 km : . Ouv : 1.3 / 31.10. Rés. obligatoire en été. Bordenave ☎ 05 58 44 92 62. Fax : 05 58 44 35 38. Prix 2007. () : 1,90 € ; 0,90 € ; 1,90 € ; 1,10 € ; 2,10 € ; - de 10 ans 1,20 € ; 1,70 €.

GARROSSE

12-B1 41 km O. Mont-de-Marsan. 60 m. 298 hab. ✉ 40110

Mme LEMERCIER Dominique,aire naturelle La Réserve CV. A 3 km: Piscine plein air . A 6 km : . 1870, avenue de l'Océan. ☎ 05 58 04 38 12. E-mail : dlermercier@club-internet.fr, Web : www.camping-lareserve.com.

GASTES

9-B5 84 km N.-O. Mont-de-Marsan. 25 m. 281 hab. ✉ 40160

LA RESERVE ★★★★ Tourisme 923 E., dont 266 GCC, 20 ha. , à gaz, CV. Locations : 200 , , . couverte chauffée . Accès direct aux bords du lac. ; ; ; ; ; . A 63 Arcachon/Bayonne sortie 17 Ychoux/ Parentis-en-Born D 43, puis dir. Gastes/Mimizan par D 652. ☎ 05 58 09 79 23. Fax : 05 58 09 78 71. E-mail : camping-lareserve@siblu.fr, Web : www.siblu.fr. Réduction H.S.

LA PIGNADA ★★ Tourisme 134 E., dont 48 GCC. Route de Mano. ☎ 05 58 09 75 36.

LES PRES VERTS ★★ Tourisme 100 E. 1,8 ha. CV. Camping clef verte. Locations : 3 , 30 , 2 , 20 . chauffée . Accès direct aux bords du lac. ; ; ; ; . A 10 sortie n° 17. D 652. Port nautique à 100 m. ☎ 05 58 09 74 11 / 06 18 39 37 82. Fax : 05 58 09 74 11. E-mail : campi ng@presverts.net, Web : www.presverts.net. Réduction H.S.

FFCC : partenaire + réduction emp. de 5 % en saison et 10 % hors saison + carte FFCC assurance annulation + réduction loc. de 5 % en saison et 10 % hors saison.

GEAUNE

12-C2 32 km S.-O. Mont-de-Marsan. 697 hab. ✉ 40320

CAMP MUNICIPAL ★★ Tourisme 50 E. 1 ha. , Sanitaire chauffé 1 cabine. Rivière à 200 m. .Accueil enfants. ☎ 05 58 44 50 27 (Mairie). Fax : 05 58 44 53 10. E-mail : commune.de.geaune@wanadoo.fr. Prix 2007. Fft jour : Empl. Tourisme : 10 € ()

GRENADE SUR L ADOUR

12-C2 14 km S.-E. Mont-de-Marsan. 2132 hab. Station verte de vacances et village de neige ✉ 40270

CAMP MUNICIPAL ★★ Tourisme 70 E. 1,5 ha. , chauffée . Accès direct à la rivière. ; . Rue du Parc des Sports. ☎ 05 58 45 91 14 (Mairie). Fax : 05 58 45 45 55.

HABAS

12-B2 22 km S.-E. Dax. 105 m. 1290 hab. ✉ 40290

Mme LAVIELLE Maria,aire naturelle les Tilleuls . A 5 km: . A 6 km : Piscine plein air . A 18 km : . Petit Nozères. Location d'une caravane et de 3 bungalows. ☎ 05 58 98 04 21.

HAGETMAU

12-C2 28 km S.-O. Mont-de-Marsan. 90 m. 4514 hab. ✉ 40700

CAMP MUNICIPAL DE LA CITE VERTE ★★★★ Tourisme 24 E. dont 24 nus 0,4 ha. CV. chauffée 9 trous, 4 courts payants. Rivière à 10 m. Lac à 5 km. municipal : ; municipalà 20 m : 20 m, ; à 100 m : municipal. Accueil groupes. ☎ 05 58 79 79 79. Fax : 05 58 79 79 99. E-mail : laciteverte@netcourrier.com, Web : www.laciteverte.com. Prix 2007. Fft jour : Empl. Tourisme : 21 € (E. CC E. GCC)

HASTINGUES

12-B2 28 km S.-S.-O. Dax. 45 m. 447 hab. ✉ 40300

M. LAFOND Jacques . A 1 km: . A 2 km : Piscine plein air . Ilot, 2 km de la commune, à proximité de la ferme. Pré herbeux, ombragé, bord de rivière. ☎ 05 58 73 03 69.

HERM

12-B1 14 km N.-O. Dax. 60 m. 617 hab. Station verte de vacances et village de neige ✉ 40990

M. BEHAR Henri,aire naturelle Le Cou de la Girafe CV. Ouv : 1.5 / 30.10. Route de Dax. Route hippodrome dir. Herm. ☎ 05 58 91 27 17. Fax : 05 58 91 27 17. Web : .

M. FABAS Vincent,aire naturelle CV. Ouv : 1.5 / 30.10. Le Toy. N 10 sortie n° 12, dir. Herm. Emplacement boisé entouré de haies naturelles. ☎ 05 58 91 55 16. E-mail : vincent.fabas@laposte.net, Web : www.camping-du-toy.com. Prix 2008. Fft jour : Empl. Tourisme (2) : 10 € ( ) ; Sup : 3 € - de 11 ans 2 € ; 2,50 € (4 A) ; Animaux 1 € (chien). Réduction H.S.

FFCC : partenaire + réduction emp. de 5 % hors saison + Stop accueil Camping-car du 01/04 au 15/11/2008, accès jusqu'à 21h + réduction loc. de 5 % hors saison.

HONTANX

12-C1 21 km S.-E. Mont-de-Marsan. 50 m. 513 hab. ✉ 40190

POINT D'ACCUEIL JEUNES,aire naturelle . A 5 km: Piscine plein air . Carrefour D 934 et D 30. ☎ 05 58 03 83 22. Fax : 05 58 03 83 22.

HOSSEGOR

37 km O. Dax. 10 m. 2829 hab. ✉ 40150

Voir SOORTS-HOSSEGOR

LABENNE

12-A2 35 km S.-O. Dax. 1615 hab. ✉ 40530

LA COTE D'ARGENT ★★★★ Tourisme 215 E. dont 105 nus, , dont 106 GCC - 23 HLL, 4 ha. sauf petits chiens , saison, saison, saison, pack, , saison, saison, CV. Locations : 35, 22, 6. Rivière à 300 m. Bord de mer à 900 m. ; ; à 100 m : ; à 1 km : . Ouv : 1.4 / 30.10. 60, avenue de l'Océan. RN 10 Bordeaux/ Bayonne à Labenne prendre CD 126, puis route de l'Océan (à 2 km). ☎ 05 59 45 42 02. Fax : 05 59 45 73 31. E-mail : info@camping-cotedargent.com, Web : www.camping-cotedargent.com. Prix 2007. Fft jour : Empl. Tourisme (2) : 24,20 € ( ) ; Sup : 4,55 € - de 10 ans 3,45 € ; 3,60 € (6 A) ; Animaux 2,50 €. Réduction H.S.

FFCC : partenaire + carte FFCC assurance annulation.

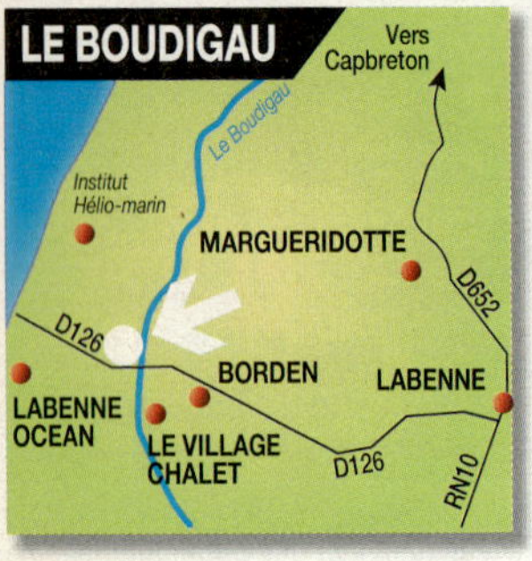

LE BOUDIGAU ★★★★ Tourisme 308 E. dont 150 nus, , dont 68 GCC, 5 ha. collectif, CV. Locations : 60, 50, 27. Rivière à 50 m. Bord de mer à 500 m.; à 200 m :; à 500 m :,. Accueil groupes avant le 14.07 et après le 20.08. Ouv : 15.5 / 15.9. 3 km RN 10, route de la Plage. Parc aquatique à 200 m. ☎ 05 59 45 42 07 / 05 59 45 30 24 (H.S.). Fax : 05 59 45 77 76. E-mail : info@boudigau.com, Web : www.boudigau.com. Prix 2008. Fft jour : Empl. Tourisme (2) : 39 € (); Sup : 10,70 € - de 18 ans 3,80 € ; 4,10 € (5 A) ; Animaux 4,10 €. Réduction H.S.

LA MER ★★★ Tourisme 439 E., dont 213 GCC, 10 ha. saison, saison, collectif, CV. Locations : 8, 54, 8. couverte chauffée . Bord de mer à 700 m.; ; à 700 m :. Ouv : 15.3 / 5.10. Route de la Plage, sur RD 126, 4 km RN 10. A 10 sortie n°7 Benesse Maremne puis RN 10. Les chiens de cat. 1 et 2 sont interdits ☎ 05 59 45 42 09. Fax : 05 59 45 43 07. E-mail : campinglamer@wanadoo.fr, Web : www.campinglamer.com. Prix 2008. Fft jour : Empl. Tourisme (2) : 24,30 € () ; Sup : 4,50 € - de 10 ans 3,10 € ; 3,80 € (6 A) ; E. GCC 1,50 € (suplt.) ; Animaux 2,50 €. Réduction H.S.
FFCC : partenaire + carte FFCC assurance annulation.

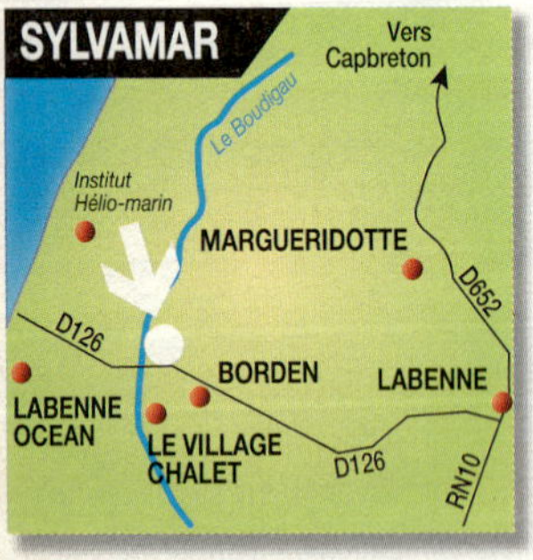

VILLAGE LE SYLVAMAR ★★★★ Tourisme 450 E., dont 330 GCC, 15 ha. collectifs, CV Sanitaire chauffé. Locations : 60, 104,. chauffée. 1. Rivière à 50 m. Bord de mer à 900 m. Etang à 3 km.;;;. Ouv : 26.4 / 17.9. Avenue de l'Océan. A 63 sortie Capbreton/Hossegor/Labenne. N 10 dir. Bayonne. ☎ 05 59 45 75 16. Fax : 05 59 45 46 39. E-mail : camping.sylvamar@wanadoo.fr, Web : www.sylvamar.fr. Prix 2008. Fft jour : Empl. Tourisme (2) : 40 € ((10 A)) ; Sup : 7,50 € - de 3/7 ans 5 € ; Animaux 5,50 €.

LES PINS BLEUS ★★ Tourisme 120 E., dont 40 GCC - 34 HLL, 6,5 ha. snack, collectif, la nuit, CV. Locations : 16, 12,. chauffée . Accès direct à la rivière. Bord de mer à 800 m.; à 1 km :,. Accueil groupes. Ouv : 1.4 / 4.11. Rés. obligatoire en été. 600 m RD 126, 3 km RN 10, lieu-dit Pellie. ☎ 05 59 45 41 13. Fax : 05 59 45 44 70. E-mail : lespinsbleus@wanadoo.fr, Web : lespinsbleus.com. Prix 2007. Fft jour : Empl. Tourisme (2) : 16,40 € () Fft Ccar : 10 € (2).
FFCC : partenaire + carte FFCC assurance annulation + Stop accueil Camping-car de pâques au 28/06 et du 07/09 à la toussaint 2008, accès jusqu'à 20h30.

MARINA ★★ Loisirs 69 E., dont 64 GCC, 1,2 ha. CV. Locations : 11. Rivière à 100 m. Bord de mer à 800 m.;;; à 300 m :. ☎ 05 59 45 45 49 / 06 08 46 06 39 / 05 59 45 10 85 (H.S.). Fax : 05 59 45 63 79. E-mail : campingmarina@9online.fr, Web : campingmarina.9online.fr.

OCEANIC ★★ Tourisme 90 E. dont 7 nus, dont 35 GCC, 1,08 ha. CV. Locations : 2, 16. Accès direct à la rivière. Bord de mer à 800 m.; à 200 m :; à 800 m :,. Ouv : 15.4 / 30.9. Route de l'Océan. Toboggan à 200 m. ☎ 05 59 45 46 22. Fax : 06 80 74 09 28. Web : www.camping-oceanic.com. Réduction H.S.

LABOUHEYRE

9-B5 60 km N.-O. Mont de Marsan. 70 m. 2850 hab. ✉ 40210

AIRE NATURELLE MUNICIPALE CV. Parc de Peyre. Route de Solférino. ☎ 05 58 04 45 10 / 05 58 07 10 10. Fax : 05 58 07 01 09.

LEON

12-B1 29 km N.-O. Dax. 15 m. 1363 hab. Station verte de vacances et village de neige ✉ 40550

LOU PUNTAOU ★★★★ Tourisme 393 E., dont 253 GCC. CV. Locations : 18, 23,,. couverte chauffée. Rivière à 100 m. Lac à 50 m.; à 50 m : au lac,; à 100 m :,. Ouv : 15.3 / 5.10. Sur RD 142, 1 km RN 652. A 63 sortie n° 12 Castets. ☎ 05 58 48 74 30. Fax : 05 58 48 70 42. E-mail : reception@lou-puntaou.com, Web : www.louppuntaou.com. Prix 2007. Empl. Tourisme : 27 € ; 6 € ; - de 13 ans 4 € ; Animaux 2 €. Réduction H.S.

PUNTA LAGO ★★★★ Tourisme 310 E. dont 80 nus, dont 221 GCC, 5,5 ha. CV. Locations :,. couverte chauffée . Etang à 400 m.;. Ouv : 19.3 / 27.9. 1395, avenue du Lac. ☎ 05 58 49 24 40. Fax : 05 58 49 24 45. E-mail : contact@camping-puntalago.com, Web : www.camping-puntalago.com. Prix 2008. Fft jour : Empl. Tourisme (2) : 38 € Sup : 5,50 € Animaux 3,50 €.

M. GRACZYK,aire naturelle

Mme DUPRE Véronique,aire naturelle A 3 km:. A 4 km :. A 9 km :. Au Gat. 3 km village de Léon, 29 km de Dax. D 142 ou D 16 au Gat, route de Laguens Est de la commune. Airial ombragé. Location de caravanes, d'un gîte sur place. Animaux non acceptés. ☎ 05 58 48 76 66 / 05 58 49 23 01.

LESPERON

12-B1 50 km O. Mont-de-Marsan. 1052 hab. ✉ 40260

CARAVANING PARC DE COUCHOY ★★★ Tourisme 73 E., dont 73 GCC, 1,4 ha. CV. Locations : 10, . . Etang et rivière à 3 km. à 3 km : . Accueil groupes. Route de Linxe. RN 10 sortie Lesperon (13). ☎ 05 58 89 60 15. Fax : 05 58 89 60 15. E-mail : colinmrose@aol.com, Web : www.parcdecouchoy.com. Réduction H.S.

FFCC : partenaire - terrain assuré par la FFCC + réduction emp. de 5 % en saison et hors saison + Stop accueil Camping-car du 01/06 au 16/06 et du 25/08 au 15/09/2008, accès jusqu'à 21h + réduction loc. de 5 % hors saison.

LOU PAYOU ★★ Tourisme 50 E. 1 ha. , saladerie, . Locations : , , , . . Rivière à 3 km. Route de Rion. Sortie 13 RN 10 Le Souquet. ☎ 05 58 89 63 24 (Camping) / 05 58 89 62 84 (H.S.).

LINXE

12-B1 31 km N.-O. Dax. 33 m. 962 hab. Village de neige ✉ 40260

CAMP MUNICIPAL LE GRANDJEAN ★★★ Tourisme 100 E. dont 98 nus, , dont 1 GCC, 2 ha. , + sèche linge, après 22 h, CV. Locations : 2 . Etang, lac et rivière à 5 km. à 5 km : , ; à 8 km : . Ouv : 1.7 / 31.8. Route de Mixe. Quitter RN 10 à Castets, CD 42 Linxe. ☎ 05 58 42 90 00. Fax : 05 58 42 94 67. Prix 2007. Empl. Tourisme : 5,92 € () : 2,96 € ; - de 8 ans 1,22 €.

FFCC : partenaire + réduction emp. de 5 % en saison.

Mme LARTIGUE Fernande,camping rural CV. A 3 km: . A 5 km : . A 6 km : . A 7 km : . A 8 km : Piscine plein air . Ouv : 1.5 / 15.9. 1466, route de Mixe, par route D 397, à 2,5 km Nord-Ouest de la commune, à proximité de la ferme. Chenaie herbeuse. ☎ 05 58 42 92 59. Prix 2008. 7 € ; - de 7 ans 6 €.

Mme POUSSIN Nadine,camping La Bergerie CV. A 2,5 km: . A 5 km : . A 6 km : . A 7 km : . A 8 km : . 1510, route de Lit et Mixe, La Bergerie, à 3 km Nord-Ouest de la commune. ☎ 05 58 42 98 78 / 06 83 64 11 72 (H.S.). E-mail : poussin.nadine@tele2.fr, Web : www.multimania.com/campinglinxe/index.htm.

FFCC : partenaire - terrain assuré par la FFCC .

Mme PRAT Marie-Thérèse CV. A 1 km: . A 5 km : . A 10 km : . 353, route de Retgeyre, 500 m de la commune. ☎ 05 58 42 93 61 / 06 13 58 21 97 (H.S.). Fax : 05 58 42 90 46. E-mail : lous.pignats@wanadoo.fr, Web : www.alouspignats.com.

FFCC : partenaire - terrain assuré par la FFCC .

M. DESBIEYS Jean,camping à la ferme . A 7 km: . A 10 km : . A 12 km : . Ouv : 1.6 / 31.8. Palpic. RN 10 à 5 km, RD 5 à 2 km, 6 km Est de la commune, à proximité de la ferme. Pré herbeux, bois. Salle de réunion. ☎ 05 58 42 92 36.

Mme PRAT Madeleine,aire naturelle . A 2 km: . A 6 km : . A 8 km : . A 10 km : . Berdoulet, 2 km de la commune, à proximité de la ferme. Ombragé, ruisseau à 1 km, étang à 5 km. Garderie d'enfants. Abri. Petite tente. Location de Mobil-home et de caravanes. ☎ 05 58 42 90 24.

LIT ET MIXE

12-B1 44 km N.-O. Dax. 7 m. 1356 hab. ✉ 40170

LES VIGNES **** Tourisme 450 E., dont 450 GCC, 15 ha. CV. Camping clef verte. Locations : 32, 47, 124, 31. chauffée. Bord de mer à 5 km. ; à 5 km : . Accueil groupes. Route de la Plage du Cap de l'Homy. A 20 km de la RN 10 sortie 13 et à 1 km de la RD 652. Dir. Léon/Bayonne. ☎ 05 58 42 85 60 / 0 825 00 20 30 (Réserv.) (H.S.). Fax : 05 58 42 74 36. E-mail : vignes@village-center.com, Web : www.village-center.com/vignes. Prix 2007. Fft jour : Empl. Tourisme (2) : 37 € Sup : 5 €

UNIVERS CAMPING **** Tourisme 300 E., dont 16 GCC, 10 ha. CV. Locations : 19, 58, 6. Etang et rivière à 5 km. ; à 5 km : ; à 7 km : . Ouv : 1.2 / 30.11. Rés. obligatoire en été et en hiver. Route des Lacs. RN 10 Lesperon. ☎ 05 58 42 83 37. Fax : 05 58 42 41 28. E-mail : camping-univers@wanadoo.fr, Web : www.camping-univers.com. Prix 2007. Fft jour : Empl. Tourisme (1) : 18,50 € ( ) ; Sup : 5,70 € 4,20 € ; 3,85 € ; Animaux 3,95 €. Réduction H.S.

CAMP MUNICIPAL DE LA PLAGE DU CAP DE L'HOMY *** Tourisme 444 E., dont 234 GCC, 7,16 ha. Locations : 15. Bord de mer à 300 m. ; à 300 m : . Ouv : 1.5 / 30.9. 600, avenue de l'Océan. Autoroute Bordeaux-Bayonne sortie n° 13 Le Souquet Uza. ☎ 05 58 42 83 47. Fax : 05 58 42 49 79. E-mail : contact@camping-cap.com, Web : camping-cap.com. Prix 2007. Fft jour : Empl. Tourisme (2) : 22,30 € ( ) ; Sup : 5 € - de 13 ans 3 € ; Animaux 2,10 €. Réduction H.S.

M. CANAS Gérard,aire naturelle A 1,5 km: Piscine plein air . A 1 km : . A 2 km : . A 7 km : . A 10 km : . Ouv : avril / septembre. Caravaland, Padaou, route des Lacs, 2 km Sud de la commune. ☎ 05 58 42 84 80. Fax : 05 58 42 43 94. E-mail : caravaland@aol.com, Web : www.caravaland.com. Prix 2007. Fft jour : Empl. Tourisme (2) : 8 € ( ) ; Sup : 3 € 2,50 € ; 3 € ; Animaux 1 €.
FFCC : partenaire - terrain assuré par la FFCC .

M. LACOUSSADE Christian,aire naturelle CV. Mixe. Location de caravanes. ☎ 05 58 42 71 79.

M. LARTIGAU Robert,aire naturelle 205, chemin Lessalle. ☎ 05 58 42 70 71.

Mme BIRCH Mary,aire naturelle Lili . Mixe. Stages d'aquarelles. Location de caravanes et tentes. ☎ 06 20 29 45 59. E-mail : cmbirch80@hotmail.com.

Mme MORESMAU Maïté,aire naturelle CV. Ouv : 1.6 / 30.9. La Glory. Route de Yons. ☎ 05 58 42 71 60 / 05 58 47 90 29 (H.S.). Fax : 05 58 47 90 29. E-mail : jeanroger-moresmau@wanadoo.fr. Prix 2008. Fft jour : Empl. Tourisme (2) : 11 € ( ) ; Sup : 3,50 € 2,50 € ; 2,90 € ; Animaux 1 €. Fft Tente : 9,50 € (2).

LOUER

12-B2 18 km N.-E. Dax. 156 hab. ✉ 40380

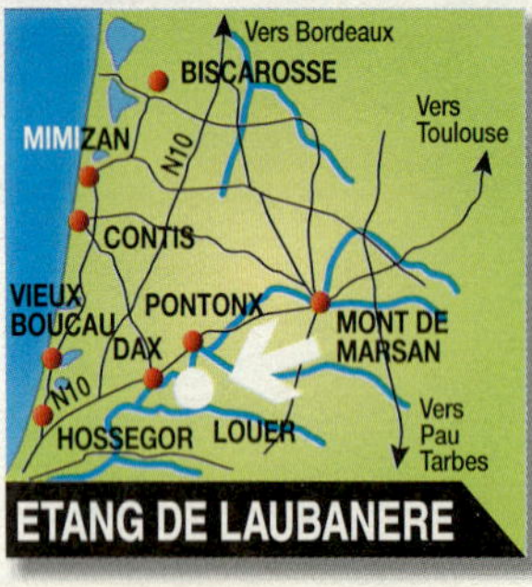

L'ETANG DE LAUBANERE ** Tourisme 30 E. dont 19 nus, 2 ha. collectif, saison, CV Sanitaire chauffé. Locations : 6, 10. Accès direct à l'étang. Rivière à 3 km. Accueil groupes. Ouv : 1.4 / 30.10. 790, route de Laubanère. Sur CD 107. ☎ 05 58 57 25 53. Fax : 05 58 57 25 53. Web : www.etang-de-laubanere.com. Prix 2008. 4,50 € ; 1,50 € ; 6 € ; 4,50 € ; 4,50 € ; - de 7 ans 3 € ; 3,50 € (10 A) ; Animaux 1,50 €.
FFCC : partenaire + réduction emp. de 5 % hors saison + Stop accueil Camping-car du 01/04 au 30/06 et du 01/09 au 30/10/2008, accès jusqu'à 20h + réduction loc. de 5 % hors saison.

Mme CLAVE Andrée, Camping Entre les Thermes A 150 m : . A 800 m : . A 3 km: Piscine plein air . Ouv : 15.3 / 15.11. Accès par la RD 10 puis la RD 107. ☎ 05 58 57 21 26. Prix 2008. Empl. Tourisme : 2 € ; 1,75 € ; - de 7 ans 1 € ; 2,50 € ; Animaux 1 €.

LUGLON

9-C5 30 km N.-O. Mont-de-Marsan. 90 m. 274 hab. ✉ 40630

M. HYPOLITE,aire naturelle , village. A 7 km: Piscine plein air . A 15 km : . Cassouets. A 1 km du village. ☎ 05 58 07 56 10.

LUXEY

9-C5 43 km N. Mont de Marsan. 76 m. 731 hab. ✉ 40430

AIRE NATURELLE MUNICIPALE , . Le Harriet. Dir. Lencouacq. ☎ 05 58 04 70 70 (Mairie) / . Fax : 05 58 04 70 71. E-mail : mairiedeluxey@wanadoo.fr.

MAGESCQ

12-B1 17 km N.-O. Dax. 22 m. 1149 hab. ✉ 40140

M. MORA Christian,aire naturelle

MESSANGES

12-A1 40 km N.-O. Dax. 370 m. 507 hab. ✉ 40660

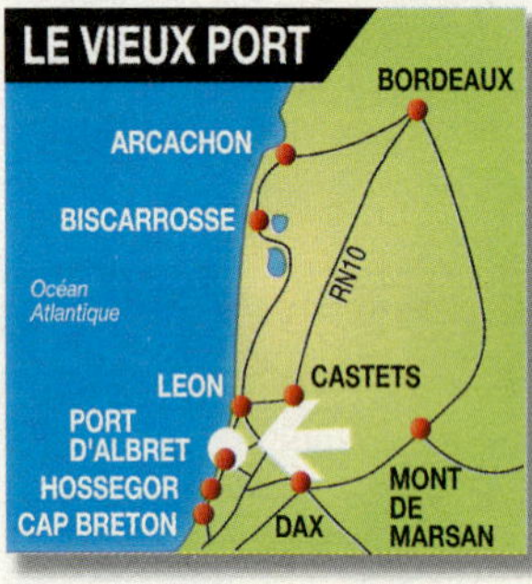

LE VIEUX PORT **** Tourisme 1406 E., dont 835 GCC, 30 ha. CV. Camping clef verte. Locations : 50, 10, 300, 50. couverte chauffée 3, . Bord de mer à 500 m. Etang à 1 km.Lac à 2 km. ; ; 3 : ; à 2 km : . Ouv : 1.4 / 30.9. RN 10 ou A 63 sortie 11 Magescq dir. Messanges D 652. Route des Lacs. ☎ 0 825 70 40 40. Fax : 05 58 48 01 69. E-mail : contact@levieuxport.com, Web : www.levieuxport.com. Prix 2008. Fft jour : Empl. Tourisme (2) : 39 € ( ) ; Sup : 7 € - de 10 ans 5 € ; 7 € (6 A) ; Animaux 4,50 €. Réduction H.S.

LOU PIGNADA **** Tourisme 430 E., dont 170 GCC, 8 ha. , uniquement aux aires prévues à cet effet, CV. Camping clef verte. Locations : 20, 130, 10. couverte chauffée . Etang à 1 km.Bord de mer et lac à 2 km. 3 : ; à 2 km : . Ouv : 1.4 / 30.9. RN 10 ou A 63 sortie 11 Magescq dir. Messanges D 652. salle de musculation. Complexe aquatique. ☎ 0 825 70 40 40. Fax : 05 58 48 26 53. E-mail : contact@loupignada.com, Web : www.loupignada.com. Prix 2008. Fft jour : Empl. Tourisme (2) : 36 € ( ) ; Sup : 7 € - de 10 ans 5 € ; 7 € (6 A) ; Animaux 4,50 €. Réduction H.S.

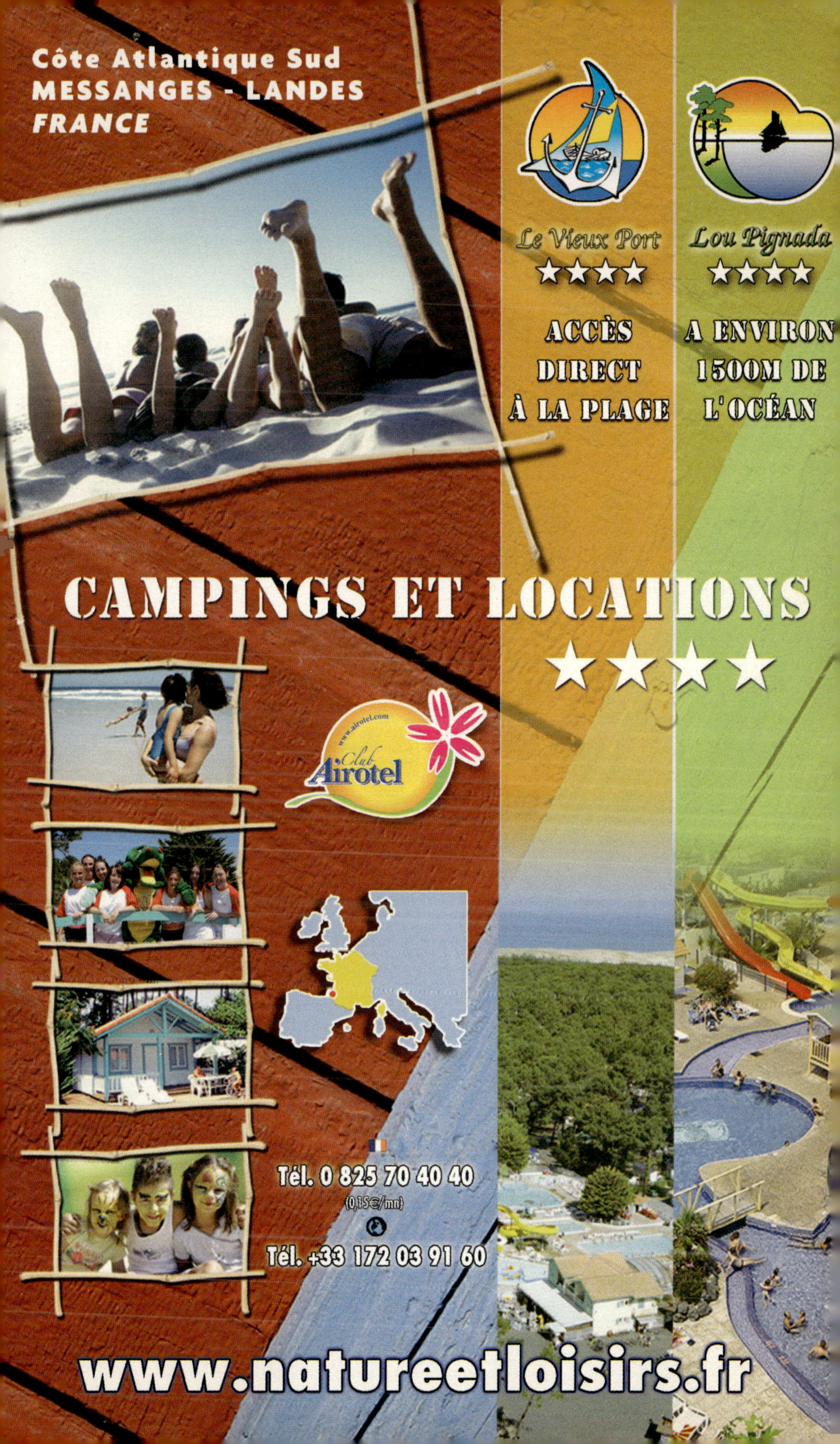
Côte Atlantique Sud
MESSANGES - LANDES
FRANCE
Le Vieux Port
★★★★
ACCÈS DIRECT À LA PLAGE
Lou Pignada
★★★★
A ENVIRON 1500M DE L'OCÉAN
CAMPINGS ET LOCATIONS
★★★★
Club Airotel
www.airotel.com
Tél. 0 825 70 40 40
(0,15€/mn)
Tél. +33 172 03 91 60
www.natureetloisirs.fr

CAMP D'ALBRET PLAGE ★★★ Tourisme 410 E., dont 72 GCC, 5 ha. CV. Locations : 9, 18. Bord de mer à 300 m. Etang et lac à 1 km. en étang ; à 150 m ; à 300 m ; à 1 km. Ouv : 1.4 / 20.10. 700 m D 652. Sortie d'autoroute à Magescq (12 km). A 1 km de Vieux Boucau/Port d'Albret. ☎ 05 58 48 03 67. Fax : 05 58 48 21 91. E-mail : albretplage@wanadoo.fr, Web : www.albretplage.fr. Prix 2007. Fft jour : Empl. Tourisme (2) : 15,70 € ; Sup : 4,20 € - de 2/13 ans 2,80 € ; 3,90 € (6 A) ; Animaux 1,80 € (chien). Réduction H.S.

DOMAINE DE LA MARINA ★★★ Tourisme 223 E., dont 223 GCC, 4 ha. aire spécifique, CV. Camping clef verte. Bord de mer et étang à 1 km.Lac à 2 km. ; à 2 km. Ouv : 1.5 / 30.9. Route Plage Sud. A 63 sortie n° 11. RN 10 dir. Azur D 150 (6 km) puis dir. Messanges D 50. ☎ 08 25 70 40 40. Fax : 05 58 49 00 41. E-mail : contact@domainedelamarina.com, Web : www.domainedelamarina.com. Prix 2007. Fft jour : Empl. Tourisme (2) : 25 € ; Sup : 7 € - de 10 ans 5 € ; 7 € (6 A) ; Animaux 4,50 €. Réduction H.S.

LA COTE ★★★ Tourisme 151 E., dont 61 GCC, 3 ha. CV. Locations : 10. Bord de mer à 1 km.Etang à 1,2 km. à 700 m ; à 800 m ; à 1,5 km ; à 10 km. Ouv : 1.4 / 30.9. D 652. ☎ 05 58 48 94 94. Fax : 05 58 48 94 44. E-mail : info@campinglacote.com, Web : www.campinglacote.com. Prix 2008. Fft jour : Empl. Tourisme (2) : 17,20 € ; Sup : 4,70 € - de 10 ans 3,20 € ; 3,50 à 4,50 € (6 à 10 A) ; Animaux 2 €. Réduction H.S.

LE MOISAN ★★★ Tourisme 325 E., dont 35 GCC, 6 ha. snack, CV. Locations : 47. Bord de mer et étang à 800 m. Lac à 4 km. à 800 m. Accueil groupes. Ouv : 15.5 / 30.9. Route de la Plage. A 10 sortie Magescq dir. Messanges. ☎ 05 58 48 92 06. Fax : 05 58 48 92 06. E-mail : camping.moisan@orange.fr, Web : www.camping-moisan.com. Prix 2008. Fft jour : Empl. Tourisme (2) : 17 € ; Sup : 5 € - de 7 ans 2,80 € ; 2,50 à 3,70 € (5 à 6 A) ; Animaux 2 €. Réduction H.S.

LES ACACIAS ★★★ Tourisme 128 E. dont 79 nus, dont 49 GCC, 2,70 ha. sur espace aménagé, CV. Camping clef verte. Locations : 9, 2. Etang à 1.5 km.Bord de mer à 2 km.Lac et rivière à 3 km. à 2 km : 2 km, ; à 3 km : 3 km. Ouv : 19.3 / 19.10. Quartier Delest, route d'Azur. A 63 sortie 11 sortie Magescq dir. Azur puis Messanges. ☎ 05 58 48 01 78. Fax : 05 58 48 23 12. E-mail : lesacacias@lesacacias.com, Web : www.lesacacias.com. Prix 2008. Fft jour : Empl. Tourisme (2) : 14 € ; Sup : 3,60 € 2,30 € ; 3,30 à 4 € (5/6 A à 10 A) ; E. GCC 4 € (supplt : eau assainissement) ; Animaux 1,70 €. Réduction H.S.

ALBRET ★★ Tourisme 270 E., dont 34 GCC, 4 ha. CV. Rivière à 100 m. Bord de mer à 700 m. Lac à 900 m. Etang à 1 km. ; à 800 m. Ouv : 1.4 / 30.9. 100 m D 652. Sortie N 10 Magescq. ☎ 05 58 48 08 64. Prix 2007. Empl. Tourisme : 12 € ; 1,20 € ; 3,20 € ; 2,20 € ; 2,80 à 3,50 € ; Animaux 2 €.

LE MOUSSAILLON ★★ Tourisme 154 E., dont 73 GCC, 2,39 ha. CV. Locations : 14, 1. Etang à 1 km.Bord de mer à 2 km. à 2 km. 4 km au Nord de Vieux Boucau Port d'Albret. ☎ 05 58 48 92 89 / 05 58 48 90 46 (H.S.) / 05 58 48 90 46 (H.S.). Fax : 05 58 48 92 89.

MEZOS

12-B1 62 km N.-O. Mont-de-Marsan. 810 hab. Station verte de vacances et village de neige ✉ 40170

SEN YAN ★★★★ Tourisme 310 E. dont 7 nus, dont 135 GCC, 4,9 ha. gaz, CV. Locations : 41, 117. couverte chauffée. Rivière à 500 m. Ouv : 1.6 / 15.9. Rés. obligatoire en été. Lieu-dit St-Jean, RD 38. ☎ 05 58 42 60 05 / 05 58 07 30 82 (H.S.). Fax : 05 58 42 64 56. E-mail : reception@sen-yan.com, Web : www.sen-yan.com. Prix 2008. Fft jour : Empl. Tourisme (2) : 35,50 € ; Sup : 6 € - de 7 ans 5 € ; Animaux 4 €.

MIMIZAN

9-B5 75 km N.-O. Mont-de-Marsan. 4 m. 7472 hab. ✉ 40200

CLUB MARINA - LANDES ★★★★ Tourisme 580 E. dont 444 nus, dont 83 GCC, 9,5 ha. CV. Locations : 6, 24, 88, 10. couverte chauffée 2, 18 trous. Bord de mer et rivière à 500 m. Etang à 1 km. petite dimension ; à 500 m ; à 8 km : sur lac. Ouv : 25.4 / 15.9. BP 25. Bordeaux RN 10 sortie Mimizan D 44. Centre équestre à 1 km. ☎ 05 58 09 12 66. Fax : 05 58 09 16 40. E-mail : contact@clubmarina.com, Web : www.marinalandes.com. Prix 2007. Fft jour : Empl. Tourisme (3) : 40 € (10 A) E. CC) ; Sup : 8 € - de 3/13 ans 6 € ; Animaux 4 €. Réduction H.S.

FFCC : partenaire + réduction emp. de 5 % en saison et 10 % hors saison.

CAMP MUNICIPAL DE LA PLAGE ★★★ Tourisme 787 E. dont 463 nus, 12 ha. snack, collectif, CV. Camping clef verte. Locations : 15, 26. Rivière à 500 m. Bord de mer à 800 m. à 800 m. Accueil groupes. Ouv : 4.4 / 28.9. Rés. obligatoire en été. Boulevard de l'Atlantique. Par RD 626 au rond-point de l'aire d'attraction tourner à droite. ☎ 05 58 09 00 32. Fax : 05 58 09 44 94. E-mail : contact@mimizan-camping.com, Web : www.mimizan-camping.com. Prix 2007. Fft jour : Empl. Tourisme (1) : 11 € (10 A)) ; Sup : 8 € - de 12 ans 6 € ; Animaux 1,80 €. Fft Ccar : 7 € (1 (10 A)). Fft Tente : 9 € (1). Réduction H.S.

CAMP MUNICIPAL DU LAC ★★ Tourisme 483 E. dont 483 nus, 8 ha. snack, collectif, CV. Locations : 20. Lac à 10 m. ; à 6 km. Accueil groupes. Ouv : 1.4 / 30.9. Avenue de Woolsack. Route de Ste-Eulalie. D 87. ☎ 05 58 09 01 21 / 05 58 09 44 44 (Mairie) (H.S.). Fax : 05 58 09 43 06. E-mail : lac@mimizan-camping.com, Web : www.mimizan-camping.com. Prix 2007. Fft jour : Empl. Tourisme (2 1 - de 3 ans) : 17 € ; Sup : 6,50 € - de 3/12 ans 3,50 € ; Animaux 1,70 €. Fft Ccar : 12 € (2). Fft Tente : 15 € (2). Réduction H.S.

CEVEO ★★ Tourisme 48 E. 13,5 ha. CV Sanitaire chauffé. Locations. Bord de mer à 300 m. Accueil groupes. 18, rue des Marsouins. ☎ 05 58 09 18 82 / 04 73 77 05 05 (H.S.). Fax : 05 58 82 47 63. E-mail : mimizan@ceveo.com, Web : www.ceveo.com.

LA LANDE ★★ Tourisme 125 E. 2,3 ha. CV. Locations : 4, 6, 7. Lieu-dit La Lande. De Bordeaux dir. Bayonne, sortie n° 15, puis dir. Mimizan D 44. ☎ 05 58 82 46 62 / 05 58 07 25 28 (H.S.) / 05 58 07 25 28 (H.S.). Fax : 05 58 09 01 98.

Mimizan-Plage
CAMPING de la Plage
Mimizan CAMPING DE LA PLAGE
Situé à 800 m de l'océan, le Camping de la Plage vous accueille du 04 avril au 28 septembre
La Clef Verte
• Locations de résidences mobiles et de chalets de bois 4 à 6 p.
• Emplacements pour tentes et caravanes
• Espace aménagé pour camping-cars
• Club enfants, animations, soirées à thèmes, espace sportif, escalade
• Superette climatisée, snack
Bld de l'Atlantique
40200 MIMIZAN-PLAGE
Tél. 05 58 09 00 32
Fax 05 58 09 44 94
www.mimizan-camping.com
Mimizan-Ville
CAMPING du Lac
Mimizan CAMPING DU LAC
Situé à proximité de la ville et à 6 km de l'océan, le Camping du Lac vous accueille du 04 avril au 28 septembre
Ville Fleurie
• Emplacements nus, spacieux, calmes et ombragés
• Bungalows toilés 4 personnes
• Espace camping-cars, borne flot bleu
• Commerces, snack, soirées à thème, nombreuses animations à proximité
Avenue de Woolsack
40200 MIMIZAN
Tél. 05 58 09 01 21
Fax 05 58 09 43 06
www.mimizan-camping.com

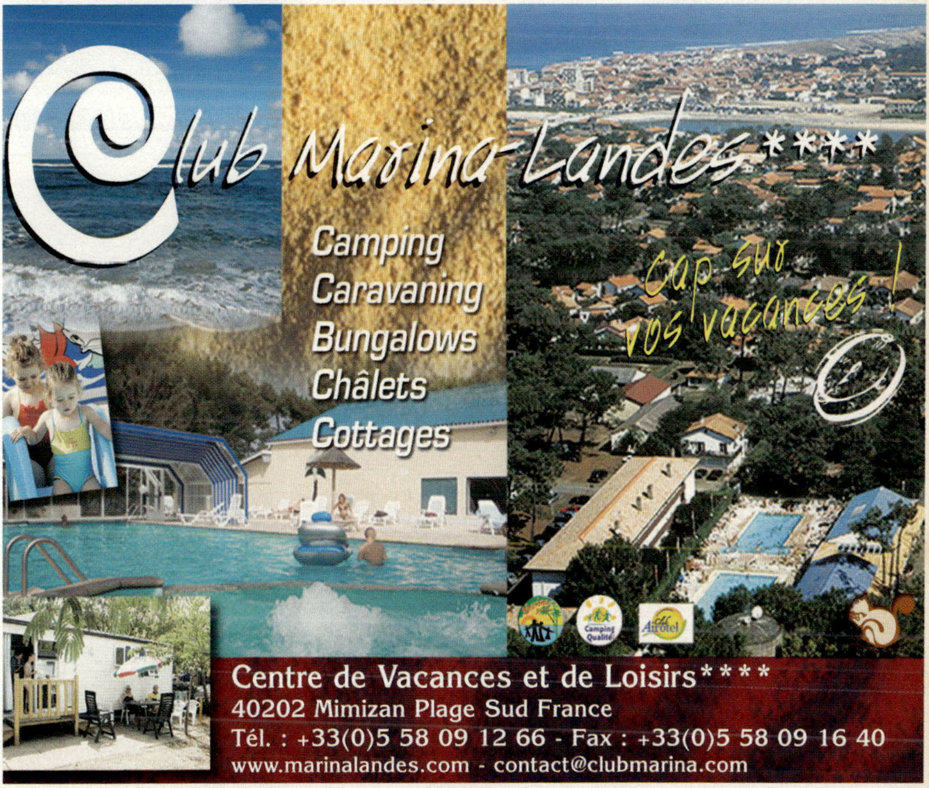

Club Marina-Landes****
Camping
Caravaning
Bungalows
Châlets
Cottages
Cap sur vos vacances !
Camping Qualité
Airotel
Centre de Vacances et de Loisirs****
40202 Mimizan Plage Sud France
Tél. : +33(0)5 58 09 12 66 - Fax : +33(0)5 58 09 16 40
www.marinalandes.com - contact@clubmarina.com

LES ECUREUILS ★★ Tourisme 100 E., dont 4 GCC, 2,5 ha. snack, CV. Locations : 4, 15, 1. Etang et lac à 5 km. à 4 km : ; à 7 km : . Ouv : Pâques / 30.9. RN 10 sortie Laboueyre. Route de Bayonne, D 652. 1,5 km du centre ville après Intermarché. ☎ 05 58 09 00 51 / 06 72 73 20 58 (H.S.). Fax : 05 58 09 00 51. E-mail : muriel@free.fr, Web : les-ecureuil s.free.fr. Prix 2007. Fft jour : Empl. Tourisme (2) : 18,50 € ((6 A)) ; Sup : 5,30 € - de 10 ans 3 € ; Animaux 1,55 €.

FFCC : partenaire + carte FFCC assurance annulation.

L'ESTIVAL En cours classt ★★ 49 E. dont 27 nus, 1 ha. CV. Locations : . Lac à 5 km. à 5 km : , ; à 7 km : , . Accueil groupes. Ouv : 1.4 / 30.9. Rés. obligatoire en été. Quartier Balen. ☎ 05 58 09 09 88 / 06 83 80 26 76 (H.S.). Fax : 05 58 09 09 88. Web : www.camping-estival.com. Prix 2008. Fft jour : Empl. Tourisme (2 1) : 18,90 € ( ) ; Sup : 4,70 € - de 10 ans 2,70 € ; Animaux 1,40 €. Réduction H.S.

FFCC : partenaire + réduction emp. de 5 % en saison et 10 % hors saison + Stop accueil Camping-car du 01/04 au 30/07 et du 20/08 au 30/09/2008, accès jusqu'à 18h + réduction loc. de 5 % en saison et 10 % hors saison.

Mme WARY Monique,aire naturelle Archus CV. A 5 km: . A 7 km : . Ouv : 1.7. Quartier Archus. ☎ 05 58 09 40 30 / 06 32 68 81 24 (H.S.). Prix 2008. 4,50 € ; 2,50 €.

MIRAMONT SENSACQ

12-C2 40 km S.-E. Mont-de-Marsan. 219 m. 380 hab. ✉ 40320

POINT D'ACCUEIL JEUNES,aire naturelle . ☎ 05 58 79 91 23. Fax : 05 58 79 93 96.

MOLIETS ET MAA

12-B1 30 km N.-O. Dax. 347 hab. Station verte de vacances et village de neige ✉ 40660

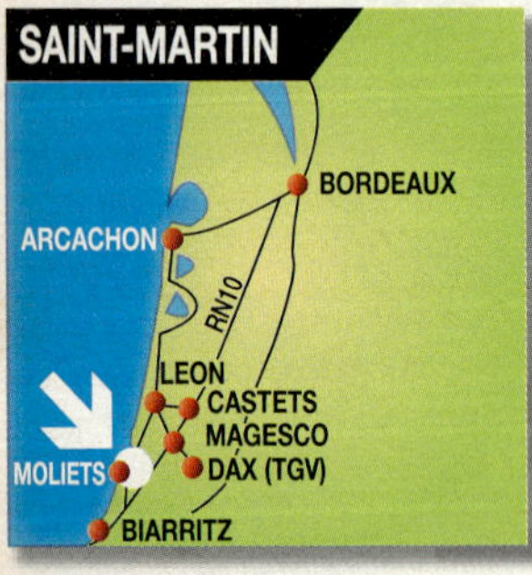

LE SAINT MARTIN ★★★★ Tourisme 660 E., dont 104 GCC, 18 ha. juillet et août, juillet et août, + sèche-linge, CV. Locations : 84 . chauffée . Bord de mer à 200 m. Etang à 600 m. Lac à 6 km. ; à 200 m : . Accueil groupes. Ouv : Pâques / Toussaint. Rés. obligatoire en été. Avenue de l'Océan. Sur RD 117, par RN 10 jusqu'à Magescq/ Léon/Moliets-plage. Accès internet. ☎ 05 58 48 52 30. Fax : 05 58 48 50 73. E-mail : contact@camping-saint-martin.fr, Web : www.camping-saint-martin.fr. Prix 2008. Fft jour : Empl. Tourisme (2 1) : 38.00 € ( ) ; Sup : 6 € 4 € ; 3 à 6 € (10 A à 15 A) ; E. CC 38 € (Fft) ; E. GCC 45 € (Fft) ; Animaux 3,50 €. Fft Ccar : 45.00 € (2 1). Fft Tente : 33.50 € (2 1). Réduction H.S.

LAND'ISLAND ★★★ Tourisme 190 E., dont 14 GCC, 3 ha. collectifs, CV. Locations : 49, 119, . Bord de mer à 4 km.Lac à 5 km. ; ; ; . Rue des Templiers. Par A 10 sortie Castets suivre Léon puis Moliets dir. Chapelle-de-Maa. ☎ 05 58 49 11 49. Fax : 05 58 49 11 40. E-mail : contact@landisland.com, Web : www.landisland.com.

LES CIGALES ★★★ Tourisme 630 E. dont 480 nus, , dont 105 CC - 33 GCC, 18 ha. CV. Locations : 8, 38, 29. Bord de mer et rivière à 300 m. Etang à 500 m. Lac à 5 km. à 300 m : , , ; à 4 km : . Accueil groupes. Ouv : 1.4 / 30.9. Avenue de l'Océan. Sur RD 117, 2 km RN 652. ☎ 05 58 48 51 18. Fax : 05 58 48 53 27. E-mail : reception@camping-lescigales.fr, Web : www.camping-les-cigales.fr. Prix 2007. Fft jour : Empl. Tourisme (2) : 19,84 € ( ) ; Sup : 5,72 € - de 7 ans 2 € ; E. CC 22,84 € (Fft 2 pers.) ; E. GCC 22,84 € (Fft 2 pers.) ; Animaux 2 €.

FFCC : partenaire + réduction emp. de 5 % hors saison + carte FFCC assurance annulation + Stop accueil Camping-car du 01/04 au 30/09/2008, accès jusqu'à 20 h sauf du 13/07 au 23/08 jusqu'à 23h + réduction loc. de 5 % hors saison.

M. LAFITTE Jacques,aire naturelle de franc , , pétanque, CV. A 500 m : . A 2,5 km: . A 2 km : . A 6 km : . Ouv : 1.4 / 1.10. Route de Maa. Quitter la N 10 à Castets. Terrain ombragé sur une exploitation agricole. Pistes cyclables, promenade à pied en forêt. ☎ 05 58 48 51 57 / 06 09 44 14 59 (H.S.). Fax : 05 58 48 51 57. E-mail : mjetj.lafitte@free.fr, Web : www.camping-de-franc.com. Prix 2008. Fft jour : Empl. Tourisme (2) : 9,80 € ( ) ; Sup : 4,60 € - de 7 ans 4 € ; 2,60 € (6 A) ; Animaux 0,80 €.

Mme LAUSSU Elisabeth,aire naturelle Les Chênes Lièges CV. A 2,5 km: . A 2 km : . A 6 km : . Rue d'Huchet, 1 km de la commune, à proximité de la ferme. Bois, pré herbeux. Ombragée. Village à 800 m. ☎ 05 58 48 50 15 / 06 82 79 56 64.

MONT DE MARSAN

12-C1 690 km S.-O. Paris. 65 m. 30894 hab. ✉ 40000

CAMP MUNICIPAL ★★ Tourisme 91 E., dont 19 GCC, 2 ha. . Rivière à 1 km. 341 avenue de Villeneuve, quartier de Saint Médard. ☎ 05 58 75 04 73.

MONTFORT EN CHALOSSE

18 km E. Dax 110 m. 1116 hab. Station verte de vacances et village de neige ✉ 40380

LA PARTENCE Voir NOUSSE

MORCENX

12-B1 40 km N.-O. Mont-de-Marsan. 5814 hab. Station verte de vacances et village de neige ✉ 40110

LE CLAVE ★★★ Tourisme 50 E. dont 40 nus, , dont 10 GCC, 5 ha. collectif, CV. Locations : 10, . Accès direct à la rivière. Lac à 4 km. ; à 4 km : . Accueil groupes. Ouv : 1.4 / 31.10. Rés. obligatoire en été. 860, route de Rion, 300 m du bourg. Par A 10, N 10 sortie 14. ☎ 05 58 07 83 11. Fax : 05 58 08 11 71. E-mail : contact@camping-leclave, Web : www.camping-leclave.com. Prix 2007. Fft jour : Empl. Tourisme (2) : 18 € ( ) ; Sup : 6 € - de 10 ans 3,50 € ; 3 € ; Animaux 1,50 €. Réduction H.S.

M. LABADIE Jean,camping Fortanier CV. A 3 km: Piscine plein air . Accès par la D 38. ☎ 05 58 07 82 59.

MORGANX

12-C2 36 km S. Mont-de-Marsan 155 hab. ✉ 40700

M. LALANNE René,aire naturelle . A 4 km: Piscine plein air . A 6 km : . A 12 km : . Bontemps, RD 933 à 4 km, à proximité de la ferme. Terrain ombragé, bois de chêne, rivière à 4 km. ☎ 05 58 79 20 04.

MUGRON

12-C2 28 km E.-N.-E. Dax. 85 m. 1464 hab. ✉ 40250

CAMP MUNICIPAL LA SAUCILLE ★★ Tourisme 75 E. 1,5 ha. gratuite, CV. Accès direct aux bords du lac et à la rivière. ; ; ; . Ouv : 1.7 / 31.8. ☎ 05 58 97 98 50 / 05 58 97 99 40 (H.S.). Fax : 05 58 97 99 41. E-mail : mugron.office-du-tourisme@wanadoo.fr. Prix 2007. Fft jour : Empl. Tourisme (2) : 9,80 € Sup : 4,90 € - de 7 ans 3,80 € ; Animaux 1,05 €.

NARROSSE

12-B2 4 km S.-E. Dax. 30 m. 1620 hab. ✉ 40180

PERCABOT ★★ Tourisme 20 E., dont 4 GCC, 0,45 ha. CV. Locations : 4, 11 . Rivière à 3 km.Etang et lac à 5 km. 1,2 km de Dax. ☎ 05 58 74 20 75 / 05 58 74 20 75. Fax : 05 58 74 20 75. E-mail : patrick.preuilh@free.fr, Web : patrick.preuilh.free.fr.

LE VIEUX PLATANE,aire naturelle CV. 40, rue Alphonse Daudet. ☎ 05 58 74 20 75. Fax : 05 58 74 20 75. E-mail : patrick.preuilh@free.fr, Web : patrick.preuilh.free.fr.

FFCC : partenaire + carte FFCC assurance annulation .

NOUSSE

12-C2 20 km E. Dax. 84 m. 216 hab. ✉ 40380

LA PARTENCE ★ Tourisme 25 E., dont 6 GCC, 2 ha. CV. Locations : 3, 6, , . Accès direct à la rivière. Lac à 5 km. ; ; . Ouv : 1.4 / 30.10. Lieu-dit Partence, 2 km Nord de la commune, route de Tartas. Gardiennage de caravanes. ☎ 05 58 98 52 50. Prix 2008. Fft jour : Empl. Tourisme (2) : 8,60 € ( ) ; Sup : 1 € 2,20 € ; 1,20 €. Fft Ccar : 10,80 € (2). Réduction H.S.

FFCC : partenaire + réduction emp. de 5 % en saison + réduction loc. de 5 % en saison.

ONDRES

12-A2 39 km S.-O. Dax. 46 m. 2704 hab. ✉ 40440

ESPACE BLUE OCEAN ★★★ Tourisme 300 E., dont 200 GCC, 6 ha. CV. Locations : 50, 120, , . chauffée . Bord de mer à 850 m. Etang à 1 km. ; à 1,3 km : . Route de la Plage. A 63 sortie Ondres n° 7. ☎ 05 59 45 31 40 / / (H.S.). Fax : 05 59 45 26 30. E-mail : blue-ocean@wanadoo.fr, Web : www.espaceblueocean.com. Réduction H.S.

LE LAC ★★★ Tourisme 100 E., dont 100 GCC., saison, , saison, saison, saison, saison, CV Sanitaire chauffé. Locations : 2, 2, 18, 5. Lac à 50 m. Bord de mer à 4 km. ; à 3,5 km : . Ouv : 1.1 / 31.12. A 63 sortie n° 7 suivre Ondres-bourg. ☎ 05 59 45 28 45 / 06 80 26 91 51 / 05 59 45 11 78 (H.S.). Fax : 05 59 45 29 45. E-mail : contact@camping-du-lac.fr, Web : www.camping-du-lac.fr. Prix 2008. Fft jour : Empl. Tourisme (2) : 30 € (E. CC) ; Sup : 6 € - de 12 ans 4 € ; Animaux 4 €. Réduction H.S.

FFCC : partenaire + réduction emp. de 5 % hors saison.

LOU PIGNADA ★★★ Tourisme 135 E., dont 44 GCC, 2,5 ha. , collectifs, , ou bar, CV. Camping clef verte. Locations : 18, 28, . . Etang, lac et rivière à 500 m. Bord de mer à 2 km. à 500 m : ; à 2 km : , ; à 5 km : . Accueil groupes. Ouv : 9.4 / 30.4. Avenue de la Plage, 1 km RN 10. Sortie autoroute Ondres. ☎ 05 59 45 30 65. Fax : 05 59 45 25 79. E-mail : info@camping-loupignada.com, Web : www.camping-loupignada.com. Prix 2007. Fft jour : Empl. Tourisme (1) : 26 € () ; Sup : 6 € - de 10 ans 4 € ; Animaux 5 €. Fft Tente : 20 € (1).

C.C.A.S. EUROPMER ★★ Tourisme 200 E. 5 ha. Réservé C.C.A.S.

POINT D'ACCUEIL JEUNES RN 10 Ondres. ☎ 05 59 45 35 80 (S.I.).

ONESSE ET LAHARIE

12-B1 52 km N.-O. Mont-de-Marsan. 966 hab. ✉ 40110

Toute l'année, les Clubs organisent des rassemblements, des rencontres ou des voyages. Consultez la liste des Clubs en fin de guide.

LE BIENVENU ★★ Tourisme 70 E., dont 18 GCC, 1,2 ha. CV. Locations. Rivière à 800 m. Accueil groupes. Ouv : 15.6 / 15.9. 259 route de Mimizan. Sur CD 38, à 5 km RN 10. Pelote basque. ☎ 05 58 07 30 49. Fax : 05 58 07 30 78. Prix 2008. 8 € ; 1,60 € ; 4,50 € ; 8 € ; 3,50 € ; - de 13 ans 2 € ; 4 € ; Animaux 1,50 €.

FFCC : partenaire + réduction emp. de 10 % en saison et 20 % hors saison + réduction loc. de 10 % en saison et 50 % hors saison.

ORTHEVIELLE

12-B2 22 km S.-O. Dax. 705 hab. ✉ 40300

LIBAREY ★★ Tourisme 24 E. dont 16 nus 0,25 ha. + sèche-linge, CV. Locations : 3, 5. Etang à 600 m. Rivière à 1 km. à 1 km : Accueil groupes. Ouv : 1.1 / 31.12. Rés. obligatoire en été. Intersection RN 117 et RD 33 route de St-Vincent de Tyrosse. ☎ 05 58 73 63 40. Fax : 05 58 73 63 40. E-mail : camping.libarey @wanadoo.fr. Prix 2008. Empl. Tourisme : 3,50 € : 2,50 € ; - de 5 ans 1,50 € ; 2 à 3 € ; Animaux 1 €.

PARENTIS EN BORN

9-B5 80 km N.-O. Mont-de-Marsan. 4254 hab. ✉ 40160

CAMP MUNICIPAL PIPIOU ★★★ Tourisme 324 E. dont 160 nus, , dont 124 GCC, 6 ha. CV Sanitaire chauffé. Locations : 32. Accès direct aux bords du lac. surveillée juillet/ août : Ouv : 6.2 / 16.11. Route des Campings. RN 10 sortie Liposthey puis D 43 dir. Biscarosse aux bords du lac de Parentis-en-Born. ☎ 05 58 78 57 25. Fax : 05 58 78 93 17. E-mail : pipiou@parentis.com, Web : www.parentis.com/fr/camping.htm. Prix 2007. Fft jour : Empl. Tourisme (2 1 - de 10) : 17,90 € ; Sup : 4 € 2,99 € ; Animaux 1,20 €. Réduction H.S.

FFCC : partenaire + réduction emp. de 10 % hors saison.

LA FORET LAHITTE ★★★ Tourisme 135 E. dont 55 nus, , dont 18 GCC, 3 ha. CV. Locations : 14, 20, 10, chauffée. Accès direct aux bords du lac. Ouv : 15.4 / 15.10. Route des Plages. RD 43 par RN 65 à 2 km. ☎ 05 58 78 47 17. Fax : 05 58 78 43 64. E-mail : laforet3@wanadoo.fr, Web : www.laforetlahitte.com. Prix 2007. Fft jour : Empl. Tourisme (2) : 24 € ; Sup : 7 € 4 € (10 A) ; Animaux 2 € (chien).

FFCC : partenaire + réduction emp. de 5 % hors saison + carte FFCC assurance annulation + réduction loc. de 10 % hors saison.

L'ARBRE D'OR ★★★ Tourisme 200 E., dont 11 GCC, 5,25 ha. CV. Locations : couverte chauffée. Lac à 400 m. Ouv : 1.4 / 31.10. Route du lac, 2 km RN 652. ☎ 05 58 78 41 56 / 06 07 66 67 10 (H.S.). Fax : 05 58 78 49 62. E-mail : arbre-dor@hotmail.fr, Web : www.arbre-dor.com.

CAMP CALEDE ★★ Tourisme 80 E. dont 79 nus, dont 16 GCC, 1,15 ha. CV. Locations : 4. Accès direct aux bords du lac. à 50 m : Accueil groupes. Ouv : 1.5 / 1.10. Quartier Calède. A 63 Bordeaux/Bayonne sortie Liposthey dir. Parentis-en-Born puis suivre dir. le Lac. ☎ 05 58 78 44 63 / 06 84 14 38 68 (H.S.). Fax : 05 58 78 40 13. E-mail : contact@camping-calede.com, Web : www.camping-calede.com. Prix 2007. Fft jour : Empl. Tourisme (2) : 15 € ; Sup : 4 € - de 7 ans 2,80 € ; 3,15 € (5 A) ; Animaux 0,50 €. Réduction H.S.

M. DUCOM René,aire naturelle. A 15 km: Boo, 2 km de la commune, à proximité de la ferme. Bois, pré ombragé, lac à 5 km. Abri.

PEYREHORADE

23 km S. Dax. 20 m. 3311 hab. ✉ 40300

CAMP DES GAVES ★ Tourisme 33 E. 0,3 ha. CV. Accès direct à la rivière. Lac à 5 km. Accueil groupes. Route de la Pêcherie. RN 117. ☎ 05 58 73 60 20 / 05 58 73 25 87 (H.S.). Fax : 05 58 56 14 25.

FFCC : partenaire - terrain assuré par la FFCC.

PISSOS

9-C5 58 km N.-O. Mont-de-Marsan. 58 m. 834 hab. ✉ 40410

CAMP MUNICIPAL ★★★ Tourisme 74 E. dont 69 nus, , dont 5 GCC, 2 ha. CV. Locations : Rivière à 500 m. à 200 m : à 300 m : Accueil groupes. Ouv : 1.7 / 15.9. 200 m RD 43. ☎ 05 58 08 90 38 / 05 58 04 41 40 (H.S.). Fax : 05 58 08 92 93. E-mail : mairie.pissos@orange.fr, Web : www.pissos.fr. Prix 2007. : 5 € ; 5 € ; 4,40 € ; 3,10 € ; - de 14 ans 2,05 € ; 2,05 € (12 A).

PONTENX LES FORGES

9-B5 70 km N.-O. Mont-de-Marsan. 15 m. 1192 hab. Station verte de vacances et village de neige ✉ 40200

CAMP MUNICIPAL LE GUILLEMAN ★★ Tourisme 100 E. 3 ha. CV. Locations : 1, 1, 10. Rivière à 1 km.Etang à 2 km.Lac à 5 km. 250 m CD 626, lieu-dit Guilleman. ☎ 05 58 07 40 48 / 06 75 73 51 89.

POUILLON

12-B2 15 km S.-S.-E. Dax. 25 m. 2477 hab. Station verte de vacances et village de neige ✉ 40350

CAMP MUNICIPAL ★★ Tourisme 20 E. dont 20 nus 0,72 ha. CV. Accès direct à la rivière. Lac à 2 km. Accueil groupes. Ouv : 1.7 / 31.8. RD 22 à 800 m. ☎ 05 58 98 21 62. Fax : 05 58 98 34 67. E-mail : mairie.pouillon@wanadoo.fr. Prix 2007. 3,50 € ; 3,50 € ; 2,50 € ; 1,60 € ; - de 7 ans 0,80 €.

RIVIERE SAAS ET GOURBY

12-B2 10 km S.-O. Dax. 670 hab. ✉ 40180

LOU BASCOU ★★ Tourisme 60 E. dont 30 nus, dont 2 HLL, 0,78 ha. CV Sanitaire chauffé. Locations : 10. Rivière à 800 m. Etang à 1 km. à 800 m : Ouv : 1.3 / 31.10. Depuis Bordeaux, RN 10 sortie 9 dir. Dax. RN 124 dir. Dax puis sortie Rivière RD 13 sur 4 km. ☎ 05 58 97 57 29. E-mail : loubascou@wanadoo.fr, Web : perso.wanadoo.fr/loubascou/. Prix 2008. Fft jour : Empl. Tourisme (2) : 11 € ; Sup : 3 € - de 7 ans 2 € ; 3 à 5 € (6 à 10 A) ; Animaux 1 €. Réduction H.S.

FFCC : partenaire + réduction emp. de 10 % en saison et hors saison + réduction loc. de 10 % en saison et hors saison.

Mme LAFITTE Edith,camping Bertranborde CV. A 1 km: . A 2 km : . A 6 km : . A 10 km : Piscine chauffée Piscine plein air Piscine couverte. Ouv : 1.1 / 31.12. RN 124. 6 km St Geours de Marennes dir. Dax, 4ème route à droite puis dir. Angoumé. ☎ 05 58 97 58 39 / 06 80 84 69 80 (H.S.). Fax : 06 80 84 69 80. Prix 2007. Fft jour : Empl. Tourisme (2) : 9 € ; Sup : 3 € 2,50 à 4 € (4 à 10 A) ; Animaux 0,50 €.

FFCC : partenaire - terrain assuré par la FFCC .

ROQUEFORT

12-C1 22 km N.-E. Mont-de-Marsan. 75 m. 2110 hab. ✉ 40120

CAMP MUNICIPAL DE NAUTON ★★ Tourisme 36 E., dont 6 GCC. Locations : Rivière à 1 km. ☎ 05 58 45 50 45. Fax : 05 58 45 53 63.

SABRES

9-C5 35 km N.-O. Mont-de-Marsan. 78 m. 1104 hab. ✉ 40630

LE DOMAINE DE PEYRICAT ★★★ Tourisme 69 E. dont 60 nus, dont 8 GCC. juillet/ août, CV. Locations : 21. Rivière à 1 km. Accueil groupes. Ouv : 15.6 / 15.9. Route de Luglon. Accès A 10 sortie Sabres 20 km. ☎ 05 58 07 51 88 / 05 56 70 15 00 (H.S.). Fax : 05 58 07 51 86. E-mail : aquitaine@relaisoleil.com, Web : www.relaisoleil.com/camping-sabres/. Prix 2008. Fft jour : Empl. Tourisme (2) : 13 € ; Sup : 4,85 € - de 12 ans 2,50 € ; 3,50 € (5 A) ; Animaux 2,95 €. Fft Ccar : 10 € (2). Réduction H.S.

FFCC : Stop accueil Camping-car du 14/06 au 13/09/2008, accès jusqu'à 20h.

Mme DARNAUDGUILHEM,aire naturelle

ST ANDRE DE SEIGNANX

12-B2 32 km S.-O. Dax 1020 hab. ✉ 40390

LE RUISSEAU ★★★ Tourisme 60 E., dont 14 GCC, 1 ha. Locations : Etang et lac à 5 km. à 10 km : ☎ 05 59 56 71 92. E-mail : campingle@aol.com, Web : members.aol.com/campingle/ruisseau.htm. Réduction H.S.

M. LACLAU Gérard,aire naturelle CV. A 2 km: . A 4 km : . A 10 km : Ouv : 1.6 / 31.10. Ferme La Cibade, RN 10, à 1 km Nord-Ouest de la commune. Pré herbeux, ombragé. Gîtes d'étape et rural. ☎ 05 59 56 71 03. Fax : 05 59 56 77 92. Prix 2008. Fft jour : Empl. Tourisme (2) : 18 € ; Sup : 8 € 4 €.

ST GEOURS DE MAREMNE

12-B2 15 km O. Dax. 25 m. 1238 hab. ✉ 40230

LES PLATANES ★★ Tourisme 100 E. (92 Tourisme + 8 Loisirs), dont 4 HLL, 2 ha. CV. Locations : 5, 30. Rivière à 5 km. à 5 km : Accueil groupes. Ouv : 1.3 / 15.11. 3, route de Lecoume. A 500 m de la RN 10 et de 124 et à 1 km de la A 63 (rocade n°10) et de la RD 12. ☎ 05 58 57 45 35. Fax : 05 58 57 37 85. E-mail : info@platanes.com, Web : www.platanes.com. Prix 2007. Fft jour : Empl. Tourisme (2) : 17,95 € ; Sup : 6,10 € - de 16 ans 3,90 € ; 4,10 € ; Animaux 1,40 €.

FFCC : partenaire - terrain assuré par la FFCC + réduction emp. de 5 % en saison et 10 % hors saison + Stop accueil Camping-car du 01/09/07 au 30/06 et du 01/09 au 30/06/2009, accès jsuqu'à 21h.

ST JULIEN EN BORN

12-B1 44 km N.-O. Dax. 20 m. 1200 hab. ✉ 40170

LOUS SEURROTS ★★★★ Tourisme 610 E. dont 354 nus, , dont 110 GCC, 15 ha. CV. Locations : 256, chauffée. Accès direct à la rivière. Bord de mer à 300 m. à 300 m : Ouv : 2.4 / 30.9. Sur RD 41. ☎ 05 58 42 85 82. Fax : 05 58 42 49 11. E-mail : info@lous-seurrots.com, Web : www.lous-seurrots.com. Prix 2007. Fft jour : Empl. Tourisme (2) : 32 € ; Sup : 6 € - de 7 ans 4 € ; 4 € (6 à 10 A) ; Animaux 3 €. Réduction H.S.

CAMP MUNICIPAL LALETTE FLEURIE ★★★ Tourisme 457 E., dont 129 GCC, 4,5 ha. CV. Rivière à 800 m. Bord de mer à 4 km. à 800 m : à 4 km : ☎ 05 58 42 74 09 / () / 05 58 42 80 08 (Mairie) (H.S.). Fax : 05 58 42 41 51. E-mail : mairie40170@wanadoo.fr, Web : www.camping-plage-landes.com.

CAMP MUNICIPAL LE GRAND PONT ★★ Tourisme 75 E., dont 1 GCC, 2,34 ha. 1, CV. Rivière à 20 m. Etang à 4 km. à 20 m : ; à 8 km : . Accueil groupes. Route des lacs. ☎ 05 58 42 80 18 / / 05 58 42 80 08 (H.S.). Fax : 05 58 42 41 51. E-mail : camping-grand-pont@saint-julien-en-born.fr.

LE VIEUX MOULIN ★★ Tourisme 127 E., dont 15 GCC, 2,5 ha. CV. Locations : 8 . Rivière à 300 m. Etang à 4 km. à 300 m : , . Ouv : 1.6 / 15.9. Rés. obligatoire en été. Nadot. Gardiennage caravanes toute l'année. ☎ 05 58 42 80 12. Fax : 05 58 42 80 12. E-mail : info@domaine-vieux-moulin.com. Prix 2007. Empl. Tourisme : 3,50 € ; 1,10 € ; 3,50 € ; - de 7 ans 2 € ; 3,30 à 3,70 € ; Animaux 1 €.

M. CASSEN Jean,aire naturelle , village, CV. A 1 km: . A 2 km : . A 7 km : . Ouv : 15.6 / 15.9. La Téouleyre. Route de Coutis Plage. Terrain ombragé, sec. Piste cyclable du camping la plage de Contis. Cuisine équipée. Salle commune. Salon. Tables, chaises. Table à langer. Baignoire bébé. Borne internet. ☎ 05 58 42 77 80. Fax : 05 58 42 77 80. E-mail : info@lateouleyre.com, Web : www.lateouleyre.com. Prix 2008. Empl. Tourisme : 3,50 € ; 1,20 € ; 3,50 € ; - de 6 ans 2,20 € ; 3,40 € (8 A) ; 0,80 €.

M. DARET Jean,aire naturelle CV. A 1 km: . A 3 km : . A 7 km : . Marrègue. 1,5 km de St-Julien en Born. ☎ 05 58 42 72 35. Fax : 05 58 42 72 35.

M. GOURGUES Michel,aire naturelle CV. A 4 km: Piscine plein air . A 5 km : . A 6 km : . Garat City. RN 10 sortie Mimizan, puis Bias, à droite dir. St-Julien-en-Born, à 4 km de Bias dans un virage prononcé à gauche, petite route à gauche (aller jusqu'au bout) se termine en impasse. ☎ 05 58 42 78 10.

Mme CANLORBE Marguerite,aire naturelle A 800 m : . A 3 km: . A 5 km : . Pont Noir, à proximité de la ferme. Forêt de pins. ☎ 05 58 42 84 42.

Mme CAULE Monique,aire naturelle Les Cigales CV. A 3 km: . A 7 km : . A 10 km : . Ouv : 15.6 / 2.9. Orvignac. St-Julien en Born, route des lacs Arcachon-Bayonne. RD 652. ☎ 05 58 42 86 27 / 06 72 49 03 63 (H.S.). Fax : 05 58 42 86 27. Prix 2007. Empl. Tourisme : 3,70 € ; 0,80 € ; 4,08 € ; - de 7 ans 2,50 € ; 2 € (4 A) ; Animaux 1,10 €. Fft Ccar : 10 € (2).

FFCC : partenaire - terrain assuré par la FFCC + réduction emp. de 5 % hors saison + Stop accueil Camping-car du 15/06 au 06/09/2008, accès jusqu'à 22h.

Mme GASTON Rubi Kenia,aire naturelle CV. A 1 km: . A 3 km : . A 7 km : . Soulan, CD 41, à 2 km Ouest de la commune, à proximité de la ferme. Terrain planté de chênes centenaires. ☎ 05 58 42 87 10.

Mme ROYAL Béatrice, aire naturelle CV. A 2 km: . A 3 km : . A 5 km : . RD 41. RN 10 dir. Bayonne sortie 14 Le Trés à 5 km de Contis Plage. ☎ 05 58 42 80 24. Fax : 05 58 42 80 24.

Mme TASTE,aire naturelle . A 5 km: . Pont Noir Est. Bordure route des lacs. ☎ 05 58 42 84 42.

ST JUSTIN

12-D1 24 km N.-E. Mont-de-Marsan. 90 m. 914 hab. 40240

LE PIN ★★★ Tourisme 80 E. 2 ha. aire spécifique, CV. Locations : 10 , 9 , 2 . Accès direct à l'étang. à 10 km : . Ouv : 1.3 / 30.11. Route de Roquefort. ☎ 05 58 44 88 91. Fax : 05 58 44 88 91. E-mail : camping.lepin@wanadoo.fr, Web : www.campinglepin.com. Prix 2008. Fft jour : Empl. Tourisme (2) : 18 € ( ) ; Sup : 5 € - de 6 ans 3,50 € ; 3 € (6 A) ; Animaux 1,50 €. Réduction H.S.

FFCC : Stop accueil Camping-car du 01/03 au 30/06 et du 01/09 au 30/11/2008, accès jusqu'à 22h.

ST MARTIN DE SEIGNANX

12-A2 40 km S.-O. Dax. 2903 hab. 40390

LOU P'TIT POUN ★★★ Tourisme 168 E., dont 12 GCC, 3,4 ha. gaz/électrique, CV. Locations : 12 , 8 . Rivière à 4 km. Route de Pau. A 63, sortie 6 Bayonne St-Esprit, remonter RN 117 sur 7 km vers Pau puis St-Martin-de-Seignanx. ☎ 05 59 56 55 79 / (). Fax : 05 59 56 53 71. E-mail : contact@louptitpoun.com, Web : www.louptitpoun.com. Prix 2007. Fft jour : Empl. Tourisme (2) : 27,70 € ( ) ; Sup : 6,70 € - de 7 ans 4,40 €.

M. DUCASSE Jean-Luc,aire naturelle . A 1,5 km: . A 5 km : . A 8 km : Piscine plein air . Ferme de Barroumes, sur D 126, 5 km N 10, à 1,5 km Nord-Ouest de la commune. Parc ombragé de chênes et châtaigniers. Sentiers pédestres. ☎ 05 59 56 11 67.

Mme BARRET Denise,aire naturelle . L'Arrayade. ☎ 05 59 56 10 60.

ST MICHEL ESCALUS

12-B1 30 km N.-O. Dax. 24 m. 134 hab. 40550

LE SAINT ANTOINE ★★ 233 E., dont 12 GCC, 6 ha. CV. Locations : 3 . Rivière à 200 m. Lac à 5 km. ; . Ouv : 15.4 / 30.9. N 10 dir. Castets/Léon. Gardiennage caravanes à l'année. ☎ 05 58 48 78 50. E-mail : camping.stantoine@wanadoo.fr, Web : www.camping-stantoine.com. Prix 2007. 3 € ; 2 € ; 5 € ; 3 € ; 3,50 € ; - de 7 ans 2,50 € ; 3 € (5 A). Réduction H.S.

M. INDA Pierre,aire naturelle CV. A 5 km: . A 10 km : . Ouv : avril / octobre. Coudas, par RN 10. Ombragé, bord de ruisseau. ☎ 05 58 48 77 13. E-mail : martine.inda@wanadoo.fr. Prix 2007. Fft jour : Empl. Tourisme (2) : 7,80 € ( ) ; Sup : 2 € - de 7 ans 1,80 € ; 2,30 € ; Animaux 0,80 €.

FFCC : partenaire - terrain assuré par la FFCC.

Mme CAPDUPUY Ginette,aire naturelle . A 3 km: . A 5 km : Piscine plein air . A 10 km : . Au Cayre, RN 10 à 11 km, 1 km Ouest de la commune. Bois herbeux, ruisseau à 300 m, lac à 4 km. Garde et location de caravanes et d'appartements. Animations, tennis de table, sèche-linge. ☎ 05 58 49 23 85.

ST PAUL EN BORN

9-B5 75 km N.-O. Mont-de-Marsan. 15 m. 474 hab. 40200

LA CLAIRIERE ★★ Tourisme 142 E., dont 17 GCC, 3 ha. , snack, CV. Locations : 5 , 5 , . Accès direct à la rivière. Lac à 5 km. ; . Ouv : 1.4 / 30.9. Route de Talucat. Par D 626 dir. Mimizan. Au village, 1ère route à droite. ☎ 05 58 04 83 07. Fax : 05 58 04 83 09. E-mail : talucat@club-internet.fr.

FFCC : partenaire + réduction emp. de 5 % hors saison.

ST PAUL LES DAX

12-B2 1 km N. Dax. 9073 hab. 40990

LES PINS DU SOLEIL ★★★★ Tourisme 145 E., dont 118 GCC - 10 HLL, 6 ha. , juin à septembre, juin à septembre, juin à septembre, CV, Sanitaire chauffé 1 cabine chauffée. Locations : 10 , 39 , 4 . Rivière à 1 km.Lac à 3 km. ; à 3 km : , ; à 30 km : . Accueil groupes. Route des bords de l'Adour. A 300 m de la RN 124. D 459. A 3 km de Dax. ☎ 05 58 91 37 91. Fax : 05 58 91 00 24. E-mail : pinsoleil@aol.com, Web : www.pinsoleil.com. Prix 2008. Fft jour : Empl. Tourisme (2) : 24 € ( ) ; Sup : 6 € - de 4/10 ans 3,50 € ; 2 € (5 A) ; Animaux 2 €. Fft Tente : 18 € (2).

FFCC : Stop accueil Camping-car du 29/03 au 08/11/2008, accès jusqu'à 20h.

L'ETANG D'ARDY ★★★ Tourisme 105 E. dont 71 nus, , dont 92 GCC, 3 ha. , aire spécifique, CV. Locations : 15 , 19 . Accès direct à l'étang et aux bords du lac. Rivière à 3 km. . Route de Bayonne. RN 124 ou D 16 route de Magescq à St-Paul-lès-Dax. ☎ 05 58 97 57 74. Fax : 05 58 97 52 82. E-mail : info@etangardy.com, Web : www.etangardy.com. Prix 2007. Fft jour : Empl. Tourisme (2) ; 18,20 € (E. CC E. GCC) ; Sup : 4,50 € - de 10 ans 3 € ; E. GCC 24,15 € (Fft 2 pers. avec sanitaire privé & EDF) ; Animaux 1,60 €. Réduction H.S.

ABESSES ★★ Tourisme 100 E., dont 26 GCC, 4 ha. . Locations : 22 , , 16 , , . Accès direct à l'étang. Lac à 3 km.Rivière à 5 km. . Allée du Château. ☎ 05 58 91 65 34 (+ Fax) / 05 58 90 60 00 (H.S.). Fax : 05 58 91 34 88.

M. LACOMMERE Daniel . A 4 km: Piscine plein air . Ferme Bénérucq, 1815, route de Mouchouts, par RD 124 et 647, 4 km Nord-Est de la commune. Herbeux, chênes et pins. Location à la semaine. Sur réservation manuscrite. ☎ 05 58 91 97 60. Fax : 05 58 91 97 60.

POINT D'ACCUEIL JEUNES , proche. Allée de Christus. ☎ 05 58 91 88 60.

ST SEVER

16 km S.-S.-O. Mont-de-Marsan. 100 m. 4800 hab. Station verte de vacances et village de neige 40500

LES RIVES DE L'ADOUR ★★ Tourisme 100 E., dont 5 GCC, 2 ha. , CV. Locations : 4 , 3 , . ; . Accueil groupes. Ouv : 1.4 / 31.10. Au parc des Sports, avenue Crabos, 200 m CD 933. ☎ 05 58 76 04 60. Fax : 05 58 76 04 60. Prix 2007. Fft jour : Empl. Tourisme (2) : 12,50 € ( ) ; Sup : 3,50 € - de 4/12 ans 2 € ; 3 € ; Animaux 1,50 €. Fft Ccar : 10 € (2).

FFCC : partenaire + réduction emp. de 5 % en saison et hors saison + carte FFCC assurance annulation + Stop accueil Camping-car du 01/04 au 30/06 et du 01/09 au 31/10/2008, accès jusqu'à 20h.

ST VINCENT DE PAUL

12-B2 5 km N. Dax. 25 m. 1585 hab. 40990

LES JARDINS DE L'ADOUR ★★★ Tourisme 97 E. dont 67 nus, dont 28 GCC, 1,67 ha. CV Sanitaire chauffé. Locations : 13 , 6 , , . Rivière à 500 m. Etang à 2 km. à 500 m : . Accueil groupes. Ouv : 1.1 / 31.12. 848, rue du Pouy. Par RD 124. Sur la commune de Saint-Vincent-de-Paul ☎ 05 58 89 99 60 / 06 03 03 09 77 (H.S.). Fax : 05 58 89 99 60. E-mail : ju.caillet@laposte.net, Web : www.camping-jardinsdeladour.fr. Prix 2007. Fft jour : Empl. Tourisme (2) : 12 € ( ) ; Sup : 3,60 € 1,80 € ; 3 € ; Animaux 1,50 €.

FFCC : partenaire + réduction emp. de 10 % en saison et hors saison + Stop accueil Camping-car toute l'année, accès jusqu'à 22h30.

STE EULALIE EN BORN

9-B5 84 km N.-O. Mont-de-Marsan. 614 hab. 40200

LES BRUYERES ★★★ Tourisme 177 E. dont 91 nus, , dont 87 GCC, 3 ha. CV. Locations : 1, 21, 4. Rivière à 500 m. Lac à 1,5 km.; à 1,5 km :,; à 10 km :. Ouv : 1.5 / 30.9. Rés. obligatoire en été. Entre Biscarosse et Mimizan sur D 652. ☎ 05 58 09 73 36. Fax : 05 58 09 75 58. E-mail : bonjour@camping-les-bruyeres.com, Web : www.camping-les-bruyeres.com. Prix 2008. Fft jour : Empl. Tourisme (1) : 17,22 € () ; Sup : 5,50 € - de 10 ans 3,80 € ; Animaux 3,20 €.

CAMP MUNICIPAL LE LAC ★★ Tourisme 242 E. dont 120 nus, dont 122 GCC, 4,60 ha., collectif, CV. Locations : 12,,,. . Lac à 150 m.;;;;. Ouv : 1.4 / 30.10. 2 km de RN 652 direction Parentis, après le château d'eau à gauche. Entre Sainte-Eulalie et Gastes. Piste cyclable du littoral au départ du camping. ☎ 05 58 09 70 10 / 05 58 09 73 48 (Mairie) (H.S.). Fax : 05 58 09 74 21. E-mail : camping.sainteeulalieenborn@wanadoo.fr, Web : www.lecampingdulac.com. Prix 2008. Empl. Tourisme : 6 € ; 1,50 € ; 1,50 € ; 3,50 € ; - de 10 ans 2,20 € ; 3,90 € (6 A) ; Animaux 2 €. Réduction H.S.

DOMAINE DE LABADAN ★★ Tourisme 160 E., dont 33 GCC, 3 ha. snack, CV. Locations : 4, 6,, 9,,.. Lac à 2 km. à 1,5 km :,. Accueil groupes. Dir. Bayonne-Biarritz. Route des Lacs D 652/D 87. ☎ 05 58 09 71 98. Fax : 05 58 09 77 34. E-mail : tofflabadan@aol.com.

M. PERROY,aire naturelle CV. A 500 m :. A 1 km:. A 2 km : . A 13 km :. Montgaillard. Gardiennage sous abri de caravanes et bateaux. ☎ 05 58 09 70 92. Fax : 05 58 09 70 92.

SANGUINET

9-B4 96 km N.-O. Mont-de-Marsan. 25 m. 1368 hab. ✉ 40460

LES GRANDS PINS ★★★★ Tourisme 345 E., dont 280 GCC, 8 ha. CV. Locations : 22, 67,,.. Accès direct aux bords du lac.;; à 15 m :,. Ouv : 1.1 / 31.12. Route du Lac. Autoroute Bordeaux/Arcachon sortie Mios puis départementale jusqu'à Sanguinet. ☎ 05 58 78 61 74. Fax : 05 58 78 69 15. E-mail : info@campinglesgrandspins.com, Web : www.campinglesgrandspins.com. Prix 2008. Fft jour : Empl. Tourisme (2) : 37 € () ; Sup : 6,50 € - de 3/10 ans 5 €.

LOU BROUSTARICQ ★★★★ Tourisme 555 E., dont 220 GCC, 16 ha. CV. Locations : 142. chauffée. Lac à 100 m.;;;;;. Ouv : 15.3 / 15.11. Depuis Bordeaux dir. Arcachon par l'A 63 puis suivre A 66 dir. Biscarrosse. A Mios, prendre la D 216 jusqu'à Sanguinet. ☎ 05 58 82 74 82. Fax : 05 58 82 10 74. E-mail : loubrousta@wanadoo.fr, Web : www.lou-broustaricq.com. Prix 2008. Fft jour : Empl. Tourisme (2) : 35 € () Réduction H.S.

CAMP G.C.U. Réservé aux adhérents. Adhésion possible sur place pour les sociétaires MAIF et FILIA MAIF.

CAMP MUNICIPAL DU LAC ★★ Tourisme 400 E., dont 190 GCC, 8,8 ha.. Locations :. Accès direct aux bords du lac.;;;;. ☎ 05 58 82 70 80. Fax : 05 58 82 14 24. E-mail : camping.lelac@wanadoo.fr, Web : www.camping-lelac.com.

LA PLAGE DES AIGRETTES ★★ Tourisme 100 E., dont 79 GCC, 1,5 ha.. Locations :,. Etang et lac à 150 m.;;;;. 520, chemin Aynes. ☎ 05 58 82 19 87. Fax : 05 58 78 66 95.

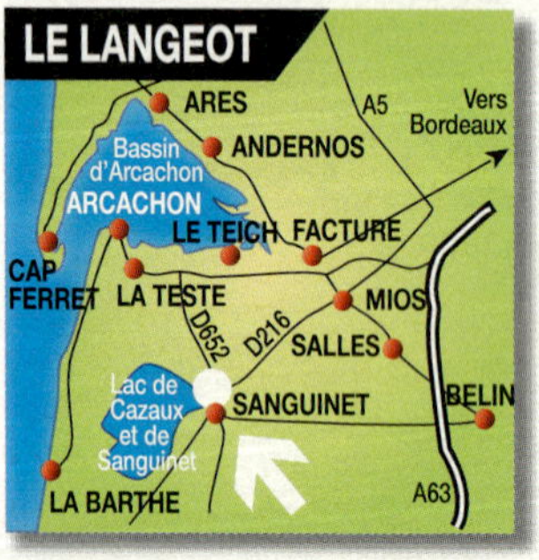

LANGEOT ★★ Tourisme 199 E., dont 80 GCC., aire spécifique, CV. Locations : 30, 20, 7,,. . Etang et lac à 400 m. Bord de mer et rivière à 10 km.;;;;;. Ouv : 1.1 / 31.12. Rés. obligatoire en été. Route de Langeot. ☎ 05 58 78 66 14. Fax : 05 58 78 66 14. E-mail : camping.lelangeot.sanguinet@wanadoo.fr, Web : www.campinglelangeot.com. Prix 2008. Fft jour : Empl. Tourisme (1) : 10 € () ; Sup : 6,10 € - de 10 ans 2,50 € ; 3,50 € (10 A) ; Animaux 2 €. Réduction H.S.

LES OREADES ★★ Tourisme 135 E., dont 36 GCC, 7 ha. CV. Locations : 20. Etang et lac à 150 m. ; ; ; à 150 m : . Ouv : 1.1 / 31.12. 602, chemin de Sabas. ☎ 05 58 78 60 79. Fax : 05 58 82 18 96. E-mail : tourismepourlavenir@wanadoo.fr, Web : www.domainelesoreades.fr.

M. BARIT Christian,camping Louhapchot . A 500 m : . A 1,5 km: . A 2 km : . A 4 km : . Quartier de Méoule le Pit. Accès par la D 652. ☎ 05 58 78 65 12.

M. BOUDIGUES Alban,aire naturelle CV. A 4 km: Piscine plein air . A 15 km : . Quartier Baptiste. 479, chemin de Gendrille, à proximité de la ferme. Lac à 3 km. ☎ 05 58 78 63 36. Fax : 05 58 82 16 60.

M. LALANDE Raymond,aire naturelle CV. A 2 km: . Andrillon, par RD 652, 2 km Nord-Est de la commune, à proximité de la ferme. Bois, pré. ☎ 05 58 78 66 52.

SARBAZAN

12-C1 22 km N.-E. Mont-de-Marsan. 80 m. 872 hab. ✉ 40120

CAMP MUNICIPAL ★★★ Tourisme 56 E. dont 50 nus, , dont 19 GCC, 1 ha. . Locations : 6 . . Accès direct à l'étang. . Accueil groupes. Ouv : 1.4 / 30.10. D 934. ☎ 05 58 45 64 93 (Mairie). Fax : 05 58 45 69 91. Prix 2007. Empl. Tourisme : 9 € ; - de 7 ans 0,80 € ; 1,60 € (5 A). Réduction H.S.

SAUBION

12-B2 28 km O.-S.-O. Dax 507 hab. ✉ 40230

LA POMME DE PIN ★★★ Tourisme 229 E. dont 103 nus, , dont 39 GCC, 6 ha. CV. Camping clef verte. Locations : 23 . couverte chauffée . Etang à 4 km.Bord de mer à 5 km. ; à 3 km : , , ; à 4 km : . Accueil groupes. Ouv : 1.4 / 30.9. CD 337. ☎ 05 58 77 00 71. Fax : 05 58 77 11 47. E-mail : info@camping-lapommedepin.com, Web : www.camping-lapommedepin.com. Prix 2007. Fft jour : Empl. Tourisme (2) : 18 € ( ) ; Sup : 4,80 € - de 7 ans 3 € ; 3,80 € (6 A) ; Animaux 2,20 €. Fft Ccar : 10 € (2). Réduction H.S.

FFCC : partenaire + réduction emp. de 5 % en saison et hors saison + Stop accueil Camping-car du 01/04 au 27/06 et du 30/08 au 30/09/2008, accès jusqu'à 19h.

SAUBRIGUES

12-B2 25 km S.-O. Dax. 50 m. 820 hab. ✉ 40230

M. CARRERE André . A 2 km: . A 3 km : . A 10 km : . A 11 km : Piscine plein air . Maison Peyret, par RD 54, à 4 km Sud-Est de la commune, à proximité de la ferme. Pré, bois, rivière à 500 m. ☎ 05 58 77 90 27.

Mme BRUNE Jeannette . A 3 km: . A 5 km : . A 10 km : . Dutrouy. ☎ 05 58 77 90 69.

M. GAFFES Gérard,aire naturelle , 4, CV. A 5 km: . A 10 km : . Soutey, par RN 10 et RN 117, à proximité de la ferme. Gardiennage et location de caravanes. Gardiennage et location de caravanes. ☎ 05 58 77 90 54.

M. MORERE Christian,aire naturelle . A 10 km: . Ouv : 15.6 / 15.9. Grand Beaumont. Accès par St-Vincent-de-Tyrosse ou par Bénesse-Marenne puis dir. Saubrigues. Route de St-André de Seignanx. ☎ 05 58 77 91 50. Prix 2007. Fft jour : Empl. Tourisme (2) : 10 € ( )

SAUBUSSE

12-B2 15 km S. Dax. 10 m. 824 hab. ✉ 40180

M. LABORDE,aire naturelle CV. Beaulieu. RN 10 sortie St-Geours-de-Marenne dir. Dax. A 63 sortie n° 9. ☎ 05 58 57 40 00. Fax : 05 58 57 37 37. E-mail : jarnac@wanadoo.fr, Web : www.saubusse-thermes.com.

SAUGNACQ ET MURET

9-C5 72 km N.-O. Mont-de-Marsan. 550 hab. ✉ 40410

LE MURETOIS ★★ Tourisme 33 E. 0,38 ha. . Locations : , , . . Rivière à 3 km. . 150 m RN 10 ou A 63, sorties 18-19. ☎ 05 58 09 62 14 / 05 58 09 60 45. Fax : 05 58 09 62 14.

AIRE NATURELLE DU PARC REGIONAL CV. Voie rapide Bordeaux, Bayonne, sortie n° 18. Location de vélos, VTT. Stages itinérants. Tir à l'arc. Orientation. Location de canoë-kayak. ☎ 05 58 07 73 01. Fax : 05 58 07 72 71.

SEIGNOSSE

12-A2 32 km S.-O. Dax. 1412 hab. ✉ 40510

CAMPEOLE LES OYATS ★★★★ Tourisme 360 E., dont 62 GCC - 20 HLL, 15 ha. CV. Locations : 71, 61, 157. Bord de mer à 500 m. Etang à 3 km.Lac à 5 km. à 500 m : ; à 3 km : ; à 7 km : en mer. Ouv : 15.5 / 15.9. ☎ 05 58 43 37 94. Fax : 05 58 43 23 29. E-mail : cployats@atciat .com, Web : www.campeole.com. Prix 2007. Fft jour : Empl. Tourisme (2) : 24,50 € (); Sup : 8,40 € 4 € ; Animaux 3,50 €. Réduction H.S.

LES CHEVREUILS ★★★★ Tourisme 240 E., dont 14 GCC, 7 ha. CV. Locations : 27, 2. Bord de mer à 1,5 km.Etang à 3 km. à 1,5 km : ; à 3 km : . Ouv : 1.6 / 15.9. CD 79. Route de Hossegor à Vieux Boucau. Les chiens sont acceptés dans les locations en hors saison. ☎ 05 58 43 32 80 / 05 58 90 10 49 (H.S.). Fax : 05 58 43 32 80. E-mail : contact@chevreuils.cegeteldsl.com, Web : www.chevreuils.com. Prix 2008. Empl. Tourisme : 7 € () : 3 € ; 6,30 € ; - de 4/11 ans 5,30 € ; 4,30 à 5,30 € (8 à 12 A) ; E. CC 11,50 € ; E. GCC 11,50 € ; Animaux 3,20 €. Réduction H.S.

FFCC : Stop accueil Camping-car du 01/06 au 14/07 et du 28/09 au 16/09/2008, accès jusqu'à 20h.

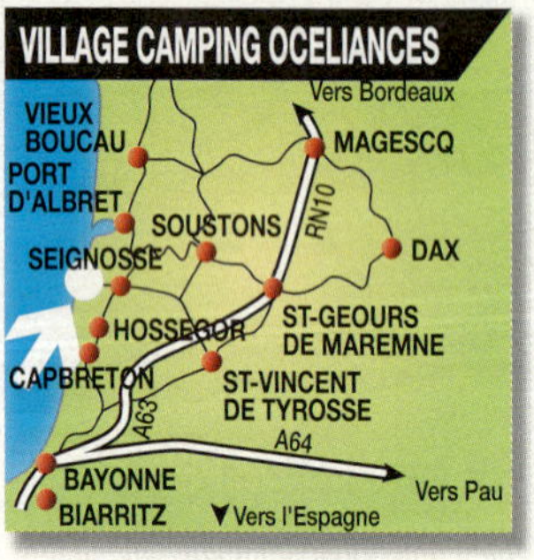

CAMP OCELIANCES ★★★ Tourisme 542 E. dont 410 nus, , dont 107 GCC, 10 ha. CV. Locations : 88, 18. Bord de mer à 600 m. Lac à 2 km.Etang à 4 km. ; à 600 m : ; à 1,5 km : . Accueil groupes. Ouv : 26.4 / 28.9. Avenue des Tucs. ☎ 05 58 43 30 30. Fax : 05 58 41 64 21. E-mail : oceliances@wanadoo.fr, Web : www.oceliances.com. Prix 2007. Fft jour : Empl. Tourisme (2) : 23,90 € ((6 A)) ; Sup : 5,40 € - de 4/12 ans 3,40 € ; Animaux 3 €.

L'AGREOU ★★★ Tourisme 130 E., dont 85 GCC, 2 ha. Réservé Caisse Retraite et Prévoyance du Notariat. Réservation par contrat au siège à Paris. ☎ 05 58 43 32 32.

C.C.A.S. CASTET BIEILH ★★ Tourisme 189 E. Réservé C.C.A.S.

LE CANARD SAUVAGE ★★ Tourisme 46 E., dont 10 GCC, 3 ha. CV. Locations : 7, 1, 6. Etang à 600 m. Lac à 1,5 km.Bord de mer à 5 km. ; ; . Route de l'Etang Blanc. A Seignosse bourg entre l'étang blanc et l'étang noir. ☎ 05 58 49 82 01 / 05 58 49 81 58. Fax : 05 58 49 81 59.

LA POMME DE PIN Voir SAUBION

SEYRESSE

12-B2 3 km S. Dax. 536 hab. ✉ 40180

CAMP GASCON LE LUY ★★★ Tourisme 120 E. dont 97 nus, dont 7 GCC, 2,3 ha. CV Sanitaire chauffé. Camping clef verte. Locations : 2, 13, 4. Accès direct à l'étang et à la rivière. ; à 10 km : . Accueil groupes. Ouv : 1.3 / 24.11. Rés. obligatoire en été. Pour les caravanes : de Dax dir. Peyrehorade puis Seyresse. Du centre ville, avenue Victor Hugo puis dir. Seyresse. ☎ 05 58 74 35 42. Fax : 05 58 74 35 42. E-mail : info@campingleluy.com, Web : www.campingleluy.com. Prix 2008. Fft jour : Empl. Tourisme (2) : 10,90 € () ; Sup : 3,30 € - de 7 ans 2 € ; 2,30 à 3 € (3 à 6 A).

FFCC : partenaire + réduction emp. de 5 % hors saison + carte FFCC assurance annulation + Stop accueil Camping-car du 01/03 au 24/11/2008, accès jusqu'à 20 h.

SOLFERINO

12-B1 50 km N.-O. Mont-de-Marsan. 83 m. 414 hab. ✉ 40210

CAP DE PIN ★★ Tourisme 25 E. 1,4 ha. N 10 sortie 15. ☎ 05 58 07 20 52. Fax : 05 58 04 26 24.

SOORTS HOSSEGOR

12-A2 32 km O. Dax. 2545 hab. ✉ 40150

LE LAC ★★★ Loisirs 250 E., dont 130 GCC, 6,5 ha. CV. Locations : 27, 5. chauffée . Lac à 300 m. Bord de mer à 1,5 km. ; à 300 m : , , ; à 3 km : . Route des Lacs. Bordeaux/Bayonne sortie St-Geours de Marenne par la nationale. Bibliothèque. ☎ 05 58 43 53 14. Fax : 05 58 43 55 83. E-mail : hossegorlac@free.fr, Web : www.camping-du-lac.com. Réduction H.S.

SORDE L ABBAYE

12-B2 28 km S. Dax. 591 hab. ✉ 40300

CAMP MUNICIPAL LA GALUPE ★★ Tourisme 28 E. 0,62 ha. CV. Accès direct à la rivière. ; . Accueil groupes. Ouv : 15.6 / 15.9. Au Port. Quitter RN 117 à Peyrehorade, CD 29 vers Salies-de-Béarn. A 64, sortie Peyrehorade ou Salies-de-Béarn. ☎ 05 58 73 18 13 / 05 58 73 04 83 (Mairie) (H.S.). Fax : 05 58 73 16 41. E-mail : mairie-sordelabbaye@wanadoo.fr. Prix 2007. Fft jour : Empl. Tourisme (2) : 9,50 € () ; Sup : 2 € 1 €.

SORE

9-C5 53 km N.-N.-O. Mont-de-Marsan. 73 m. 843 hab. ✉ 40430

AIRE NATURELLE MUNICIPALE , proche. A 10 km: . ☎ 05 58 07 60 06 (Mairie).

SOUPROSSE

12-C1 34 km N.-E. Dax. 1148 hab. ✉ 40250

Mme CLAVE Bernadette et Michel , . A 3 km: Piscine plein air . A 5 km : . Ouv. : 1.1 / 31.12. Artigues, RD 934, 3 km Sud-Ouest de la commune, à proximité de la ferme. Prairie ombragée. ☎ 05 58 44 20 73. Prix 2007. Fft jour : Empl. Tourisme (2) : 7,50 € 2 € (5 A).

Mme RELLE KATHY, aire naturelle Aquarelle 39 chemin Pechicq ☎ 05 58 44 26 16.

SOUSTONS

12-B1 27 km N.-O. Dax. 30 m. 5113 hab. ✉ 40140

CAMP L'AIRIAL ★★★★ Tourisme 400 E. dont 400 nus, 12 ha. , aire spécifique, CV. Locations : 28, 20, 10. couverte chauffée. Etang et lac à 200 m. Bord de mer à 5 km. à 200 m : ; à 2 km : ; à 6 km : , . Accueil groupes. Ouv : 1.4 / 15.10. 61, avenue de Port d'Albret. Sur la route du Vieux-Boucau. Sont acceptés dans les locations que les chiens de petites tailles. ☎ 05 58 41 12 48. Fax : 05 58 41 53 83. E-mail : contact@camping-airial.com, Web : www.camping-airial.com. Prix 2007. Empl. Tourisme : 10 € ; 3,50 € ; 4,90 € ; - de 7 ans 3,20 € ; 4,70 € (10 A) ; Animaux 3 €. Empl. Loisirs : 1350 €(fft 4 mois). Réduction H.S.

Mme DUPRAT Gisèle CV. A 3 km: Piscine plein air . A 6 km : . Quartier Costemale. Accès par la N 10 et la D 116. ☎ 05 58 41 50 76. Fax : 05 58 41 50 76.

CAMPING DE BATHURT CV. A 500 m : . A 3 km: . A 7 km : . Ouv : 1.6 / 30.9. Route de l'Etang Blanc. BP 81. Cabine pour pers. handicapés. Cabine téléphonique. ☎ 05 58 41 21 59 / 05 58 41 31 88 (Heures repas) (H.S.). E-mail : info@campingdebathurt.com, Web : www.campingdebathurt.com. Prix 2007. Fft jour : Empl. Tourisme (2) : 15 € Sup : 6,50 € - de 7 ans 4 € ; Animaux 1,80 €.

FFCC : partenaire - terrain assuré par la FFCC .

M. BEDAT,aire naturelle "Au Breut".

Mme DUPRAT Jacqueline,aire naturelle . A 2 km: Piscine plein air . A 3 km : . A 7 km : . Le Sable. Location de caravanes. ☎ 05 58 41 56 69.

POINT D'ACCUEIL JEUNES,aire naturelle ☎ 05 58 41 14 61.

TALLER

12-B1 18 km N. Dax. 82 m. 389 hab. ✉ 40260

Mme SEGUIN Marie-Thérèse CV. A 3 km: . A 5 km : . A 10 km : . Ouv : 1.1 / 31.12. Rouncaou. Depuis le centre de Taller à 5 km, par la D 140 dir. Lesperon camping à proximité de la ferme. ☎ 05 58 89 43 18. E-mail : philippe.seguin65@orange.fr, Web : www.rouncaou.net.

TARNOS

12-A2 42 km S.-O. Dax. 45 m. 8219 hab. ✉ 40220

CAMP JOBEL ★★ Tourisme 80 E. dont 41 nus 1,3 ha. CV. Locations : 12. . Etang, lac et rivière à 1 km.Bord de mer à 3,5 km. ; à 3,5 km : ; à 1 km : ; à 6 km : . Accueil groupes. Ouv : 1.1 / 31.12. Rés. obligatoire en été. 83 rue de Conseillé. ☎ 05 59 64 04 76 / 06 84 10 05 08 (H.S.). Fax : 05 59 64 04 76. E-mail : camping-jobel@wanadoo.fr, Web : www.camping-jobel.com. Prix 2007. Fft jour : Empl. Tourisme (2) : 24 € () ; Sup : 3,80 € - de 4/10 ans 2,80 € ; 4 € (6 A) ; Animaux 2,50 €. Réduction H.S.

TARTAS

12-C1 24 km N.-E. Dax. 22 m. 2976 hab. ✉ 40400

CENTRE EQUESTRE CV. Ous Pins. Sortie sur la RN 10 Bordeaux-Bayonne à la sortie n° 13. Entre Dax et Mont-de-Marsan (25 km), sur la route de Rion. ☎ 05 58 73 44 65. Fax : 05 58 73 37 08. E-mail : infos@ouspins.com.

TERCIS LES BAINS

12-B2 7 km S. Dax. 42 m. 790 hab. ✉ 40180

SAUSSET ★ Tourisme 30 E., dont 2 GCC, 1 ha. CV. Rivière à 1 km. . Accueil groupes. Ouv : 1.3 / 31.10. Sausset. D 6. Sanitaire accessible aux handicapés. ☎ 05 58 57 82 01. Fax : 05 58 57 61 11. E-mail : geneze.raphael@wanadoo.fr. Prix 2007. Fft jour : Empl. Tourisme (2) : 9,50 € () ; Sup : 2,30 € - de 7 ans 1,50 €.

FFCC : partenaire + réduction emp. de 5 % en saison et hors saison.

TOSSE

12-B2 28 km O. Dax. 7 m. 1280 hab. ✉ 40230

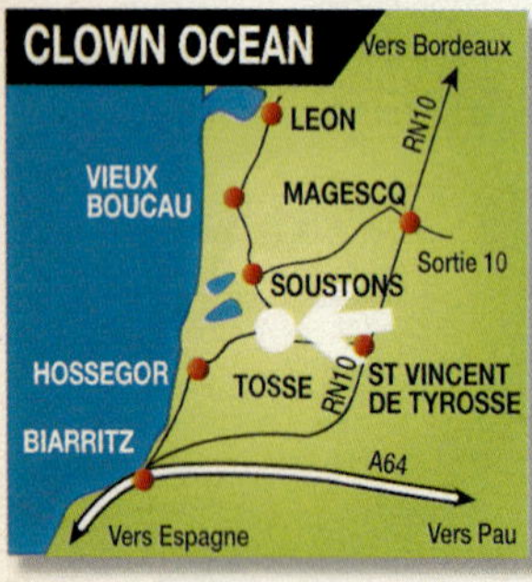

LE CLOWN OCEAN ★★ Tourisme 100 E., dont 3 GCC, 4,5 ha., collectif, CV. Locations : 30, 10, 24. Etang à 900 m. Lac à 2 km. ; à 5 km : . Accueil groupes. Ouv : 1.1 / 31.12. N 10 depuis Bordeaux ou Bayonne. Stage d'initiation avec arts du cirque sous un chapiteau pour enfants et adolescents ☎ 05 58 43 03 03 / 06 10 82 54 10 (H.S.). Fax : 05 58 43 02 92. E-mail : contact@leclownocean.fr, Web : leclownocean.fr. Prix 2008. Fft jour : Empl. Tourisme (1) : 11 € ; - de 10 ans 5,50 € ; Animaux 3 €.

UZA

12-B1 39 km N. Dax. 10 m. 259 hab. ✉ 40170

LES CHALETS D'UZA ★★★ Tourisme 35 E., dont 35 GCC, 1,3 ha. CV. Locations : 18. Lac à 500 m. Rivière à 900 m. Quartier Miquelon. De Bordeaux ou Bayonne RN 10 sortie 13 Lit-et-Mixe. Puis RD 41 pour St-Julien-en-Born et parcourir 500 m. Structures accessibles aux personnes handicapées. ☎ 05 58 42 80 35 / 05 58 42 77 92. Fax : 05 58 42 77 92. E-mail : contact@chaletsduza.fr, Web : www.chaletsduza.fr.

VIELLE ST GIRONS

12-B1 37 km N.-O. Dax. 824 hab. ✉ 40560

EUROSOL ★★★★ Tourisme 672 E. dont 420 nus, dont 211 GCC, 15 ha. gaz ou électrique, CV. Locations : 16, 109, 100. couverte chauffée. Bord de mer à 700 m. à 600 m : ; à 700 m : . Ouv : 10.5 / 13.9. 13 km RN 10, sur RD 42. ☎ 05 58 47 90 14 / 05 58 56 54 90 (H.S.). Fax : 05 58 47 76 74. E-mail : contact@camping-eurosol.com, Web : www.camping-eurosol.com. Prix 2008. Fft jour : Empl. Tourisme (2) : 33 € ; Sup : 5 €Animaux 2,50 €. Fft Tente : 28 € (2). Réduction H.S.

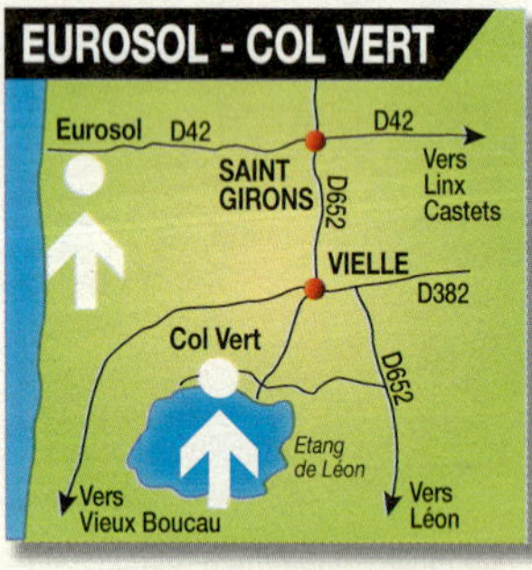

LE COL VERT ★★★★ Tourisme 800 E., dont 474 GCC, 24 ha. CV Sanitaire chauffé. Camping clef verte. Locations : 20, 12, 120, 15. couverte chauffée. Accès direct aux bords du lac. Bord de mer à 5 km. ; ; ; . Ouv : 5.4 / 21.9. 1 km RN 652. Port. ☎ 0 890 710 001. Fax : 05 58 42 91 88. E-mail : contact@colvert.com, Web : www.colvert.com. Prix 2008. Fft jour : Empl. Tourisme (2) : 34,90 € ; Sup : 6,40 € - de 13 ans 5,40 € ; 4,10 à 4,50 € (3 à 6 A) ; E. CC 36,90 € (Fft) ; Animaux 4,30 €. Réduction H.S.

FFCC : partenaire + réduction emp. de 15 % hors saison + Stop accueil Camping-car du 08/04 au 28/06 et du 23/08 au 21/09/2008, accès jusqu'à 20h.

CENTRE NATURISTE ARNAOUTCHOT ★★★ Tourisme 500 E., dont 180 GCC, 20 ha. CV Sanitaire chauffé Rés. naturiste. Camping clef verte. Locations : 30, 69, 20. couverte chauffée. Accès direct à la mer. Lac à 5 km. ; ; ; ; . Ouv : 30.4 / 21.9. 5 km RN 652 par CD 328. Route de Moliets. ☎ 05 58 49 11 11. Fax : 05 58 48 57 12. E-mail : contact@arna.com, Web : www.arna.com. Prix 2008. Fft jour : Empl. Tourisme (2 1 - de 3 ans) : 35,90 € Sup : 7,40 € 3,90 à 5,40 € (3 à 6 A) ; Animaux 5,40 €. Réduction H.S.

CAMP LES TOURTERELLES ★★ Tourisme 822 E., dont 272 CC, 18 ha. CV. Locations : , , . Accès direct à la mer. ; à 200 m : . Accueil groupes. Ouv : 1.5 / 26.9. CD 42 jusqu'à Saint Girons plage, 1ère route à droite au rond-point, 300 m. ☎ 05 58 47 93 12. Fax : 05 58 47 92 03. E-mail : cpltourterelles@atciat.com, Web : www.camping-tourterelles.com. Prix 2008. Fft jour : Empl. Tourisme (2) : 20,20 € ; Sup : 5,90 € - de 2/6 ans 3,80 € ; 4 € ; Animaux 2,70 €. Réduction H.S.

LE BEL AIR ★★ Tourisme 50 E. dont 44 nus, 1 ha. CV. Locations : , . Lac à 2 km.Bord de mer à 4 km. à 2 km : , , , . Route des Moliets. Sortie n° 12 sur RN 10 dir. Saint-Girons. Parc du Bel Air. Ping-pong. ☎ 05 58 42 99 28. Fax : 05 58 42 99 28. E-mail : camping-belair2@wanadoo.fr. Réduction H.S.

LE GAOUCHER ★★ Tourisme 55 E., dont 10 GCC, 3 ha. . Locations : . Lac et rivière à 1 km. à 1 km : , , , . Par RD 652. ☎ 05 58 42 93 00. Fax : 05 58 42 93 00.

L'OCEANE ★★ Tourisme 50 E., dont 4 GCC. La Gruèyre, Route des Lacs. ☎ 05 58 42 84 37. Fax : 05 58 42 00 48.

M. DUMAS MAX,camping à la Ferme . A 3 km: . A 7 km : . La Jaougotte. Accès par la RD 652. ☎ 05 58 47 94 85. Fax : 05 58 47 94 85. E-mail : campinglajaougotte.com, Web : www.lajaougotte@yahoo.fr. Prix 2007. Fft jour : Empl. Tourisme (2) : 12 € ( ) ; Sup : 4 € Réduction H.S.
FFCC : partenaire - terrain assuré par la FFCC .

M. PRAT Jean-Pierre,camping Bernardon CV. A 500 m : . A 3 km: . A 4 km : . A 8 km : . Ouv : 1.6 / 30.9. A 10 Bordeaux-Bayonne sortie Castets, dir. Linxe-Vielle St-Girons. ☎ 05 58 47 90 98. E-mail : campingbernadon@free.fr, Web : campingbernadon.free.fr. Prix 2008. Fft jour : Empl. Tourisme (2) : 10 € ( ) ; Sup : 3,50 € - de 4 ans 2 € ; 3 € ; Animaux 1 €.
FFCC : partenaire - terrain assuré par la FFCC .

VIEUX BOUCAU LES BAINS

12-A1 36 km S.-O. Dax. 3 m. 1151 hab. ✉ 40480

CAMP MUNICIPAL LES SABLERES ★★★ Tourisme 532 E., dont 71 GCC, 6 ha. , collectif, , + sèche-linge, CV. Locations : 11 , 7 . Bord de mer à 200 m. Lac à 800 m. Etang à 1 km. ; à 100 m : , ; à 8 km : . Accueil groupes sur dossier. sur dossier. Ouv : 1.4 / 15.10. Boulevard du Marensin, lieu-dit Les Sablères, 1 km RN 652. ☎ 05 58 48 12 29 / 05 58 48 13 22 (Mairie) (H.S.). Fax : 05 58 48 20 70. E-mail : camping-lessableres@wanadoo.fr, Web : www.les-sableres.com. Prix 2008. Fft jour : Empl. Tourisme (1) : 14,50 € Sup : 2,80 € - de 7/13 ans 1,80 € ; 3,20 à 4,40 € (5 à 10 A) ; E. GCC 7,60 €. Fft Ccar : 17,30 € (2).

LES CHENES ★★ Tourisme 350 E. 4,5 ha. , snack, , barbecues maçonnés, CV. Locations : 5 , . Lac à 400 m. Bord de mer à 1 km. à 400 m : , ; à 1 km : . Ouv : 1.4 / 30.9. Route de Soustons. ☎ 05 58 48 21 21. Fax : 05 58 48 21 21. E-mail : campingleschenes@orange.fr, Web : www.campingleschenes.fr. Prix 2007. ( ) : 6,30 € ; 6,50 € ; 3,80 € ; - de 7 ans 1,30 € ; 3,60 € ; Animaux 1,80 €. Réduction H.S.

VILLENEUVE DE MARSAN

12-C1 16 km E. Mont-de-Marsan. 2035 hab. ✉ 40190

LE RELAIS LANDAIS ★★★ Tourisme 16 E., dont 2 GCC. CV. Locations : 5, Chambres (prix par nuit). Avenue des Pyrénées. ☎ 05 58 45 36 23. Fax : 05 58 45 24 38. E-mail : lerelaislandais@wanadoo.fr. Prix 2007. Fft jour : Empl. Tourisme (2) : 17 € ; Sup : 3,50 € - de 7 ans 2 € ; Animaux 1,50 €.

YCHOUX

9-B5 72 km N.-O. Mont-de-Marsan. 55 m. 1514 hab. ✉ 40160

CAMP MUNICIPAL DU LAC DES FORGES ★★ Tourisme 45 E. 2 ha. CV. Locations : 7, 10. Accès direct à l'étang. ; à 8 km : Ouv : 1.5 / 30.9. Sur RD 43. ☎ 05 58 82 35 57 / 06 15 85 46 83 (H.S.). Fax : 05 58 82 35 46. Prix 2007. Empl. Tourisme : 3,20 € ; 2,10 € ; 2,10 € ; 3,50 € ; 2,50 € ; 3,60 à 4 € (6 à 10 A) ; Animaux 1,50 €. Réduction H.S.

YZOSSE

12-B2 1,5 km E. Dax. 13 m. 290 hab. ✉ 40180

LACROUZADE ★★ Tourisme 68 E. dont 40 nus, , dont 18 GCC, 1 ha. CV Sanitaire chauffé. Locations : 28. Rivière à 4 km. Ouv : 24.2. Rés. obligatoire en été. Le Jouanon. Lesgouadis. ☎ 05 58 90 11 14 / 06 07 61 13 90 (H.S.). E-mail : campinglacrouzad@aol.com. Prix 2008. Fft jour : Empl. Tourisme : 10,50 € ; Sup : 2,80 € - de 7 ans 1,10 € ; 2,60 € (6 A).

M. DAILHAT, aire naturelle CV. Ouv : 1.4 / 30.10. Lagrange. En bordure de la D 322. Route de St-Vincent de Paul. ☎ 05 58 74 24 39 / 06 63 61 31 95 (H.S.). E-mail : jdailhat@orange.fr. Prix 2008. Fft jour : Empl. Tourisme (2) : 9,50 € ; Sup : 2 € - de 10 ans 1,30 €.

FFCC : partenaire + Stop accueil Camping-car du 15/03 au 30/10/2008, accès jusqu'à 20h.

M. SUBERCHICOT Marcel, aire naturelle A 1 km: Piscine plein air. A 4 km : Ouv : 1.4 / 31.10. Lanotte, route de Montfort à 1,5 km de Dax, à proximité de la ferme. Terrain semi-ombragé. Camping pour curistes, transport assuré par tous les établissements Thermaux. ☎ 05 58 74 09 99. Fax : 05 58 74 09 99. Prix 2008. Empl. Tourisme : 2,50 € ; 2,50 € ; 1,20 € ; 2,50 € (6 A).

FFCC : partenaire + Stop accueil Camping-car du 01/04 au 31/10/2008, accès jusqu'à 20h.

41 LOIR-ET-CHER

Cartes 6-7

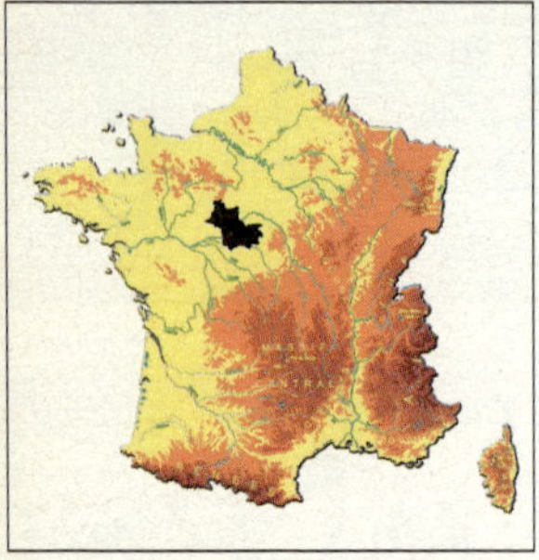

BRACIEUX

7-A2 17 km S.-E. Blois. 1150 hab. Station verte ✉ 41250

CAMP MUNICIPAL DES CHATEAUX ★★★ Tourisme 380 E. 8 ha. saison, CV. Locations : 10, 14. chauffée. Accès direct à la rivière. Etang à 500 m. Accueil groupes. Ouv : 28.3 / 30.11. Rue Roger Brun. ☎ 02 54 46 41 84. Fax : 02 54 46 41 21. Web : www.chalets-decouverte.com. Prix 2008. Fft jour : Empl. Tourisme (2) : 15,55 € ; Sup : 4,70 € - de 13 ans 2,05 € ; 2,60 € (3 A) ; Animaux 2,70 €. Fft Ccar : 15,60 € (2). Réduction H.S.

CANDE SUR BEUVRON

6-F2 14 km S.-O. Blois. 68 m. 1000 hab. ✉ 41120

LA GRANDE TORTUE ★★★★ Tourisme 169 E., dont 47 CC - 12 GCC, 3,7 ha. sauf tenus en laisse, 2., barbecues fermés, piscine à balle, au bar, début juillet au 20 aout, 1 sèche linge par bloc sanitaire, CV Sanitaire chauffé. Camping clef verte. Locations : 8, 25. Rivière à 500 m. à 500 m : Accueil enfants hors juillet aout. Ouv : 5.4 / 22.9. A 10 sortie Blois traverser la Loire puis dir. Vierzon/ Pontlevoy/Candé. Sur D 751, rive gauche de la Loire, entre Blois et Amboise. ☎ 02 54 44 15 20 / 0254441520 (H.S.). Fax : 02 54 44 19 45. E-mail : grandetortue@wanadoo.fr, Web : www.la-grande-tortue.com. Prix 2007. Fft jour : Empl. Tourisme : 30.5 € (E. GCC) ; Sup : 8 € 5,50 €. Fft Ccar : 30.5 €. Réduction H.S.

FFCC : réduction loc. de 5 % hors saison + HC.

CELLETTES

7-A2 8 km S.-E. Blois. 80 m. 1709 hab. ✉ 41120

CAMP MUNICIPAL ★★ Tourisme 80 E. 0,95 ha. ap. 22 h. Rivière à 5 m. Près CD 956 et RD 77. ☎ 02 54 70 48 41 / 02 54 70 47 54 (Mairie).

CHAILLES

6-F2 7 km S. Blois. 90 m. 1556 hab. ✉ 41120

LE COSSON ★★ Tourisme 26 E. 0,4 ha., CV. Accès direct à la rivière. Accueil adultes. Ouv : 1.5 / 7.9. Sur RN 751. Dir. Montrichard. ☎ 02 54 79 41 35 (Cabine) / 02 54 79 46 49 (Bureau) (H.S.). Prix 2007. Fft jour : Empl. Tourisme (2) : 10,80 € ; Sup : 3,50 € - de 7 ans 2,70 € ; 3,20 €. Fft Ccar : 15,30 € (2).

FFCC : partenaire + réduction emp. de 5 % en saison + carte FFCC assurance annulation.

CHATILLON SUR CHER

7-A2 40 km S.-E. Blois. 90 m. 1293 hab. ✉ 41130

LE PARICI ★★★ Tourisme 58 E. (40 Tourisme + 18 Loisirs), dont 14 CC - 6 GCC, 1,2 ha. CV. Locations : 6, 7, 1. Accès direct à la rivière. Ouv : 1.4 / 30.9. 1,5 km RN 76. ☎ 02 54 71 02 21. Prix 2008. Empl. Tourisme : 2,80 € ; 3 € ; - de 7 ans 1,90 € ; 2,40 à 5,60 € (3 à 10 A) ; Animaux 1,10 €.

FFCC : partenaire + réduction emp. de 10 % en saison et hors saison + réduction loc. de 10 % en saison et hors saison.

CHATRES SUR CHER

7-B2 20 km S.-E. Romorantin. 105 m. 1115 hab. ✉ 41320

CAMP MUNICIPAL LES SAULES ★★ Tourisme 80 E. 1,6 ha. Locations : Accès direct à la rivière. 400 m RD 41, 200 m RN 76. ☎ 02 54 98 04 55 / 02 54 98 03 24 (Mairie). Fax : 02 54 98 09 57. E-mail : chatres-sur-cher@cg41.fr.

CHAUMONT SUR LOIRE

6-F2 20 km S.-O. Blois. 65 m. 842 hab. ✉ 41150

CAMP MUNICIPAL ★★ Tourisme 150 E. 6 ha. CV. Accès direct à la rivière. Accueil groupes. Ouv : 15.5 / 30.9. Lieu-dit La Grosse Grève, 400 m RN 152 et 751. ☎ 02 54 20 95 22 / 02 54 20 98 41 (Mairie) (H.S.). Fax : 02 54 20 99 61. Prix 2007. Empl. Tourisme : 1,80 € ; 0,90 € ; 2,70 € ; - de 7 ans 1,35 € ; 1,80 €.

CHEMERY

7-A2 30 km S.-E. Blois. 928 hab. ✉ 41700

CAMP MUNICIPAL ★★ Tourisme 50 E. 1,5 ha. ping-pong, CV Sanitaire chauffé. Accès direct à l'étang et à la rivière. Le Gué, 500 m D 956. Par A 85. ☎ 02 54 71 37 11 / 02 54 71 31 08 (O.T.) / 02 54 71 31 08 (O.T.) (H.S.). Fax : 02 54 71 31 08. E-mail : ot.chemery@wanadoo.fr.

CHEVERNY

7-A2 14 km S.-E. Blois. 85 m. 842 hab. ✉ 41700

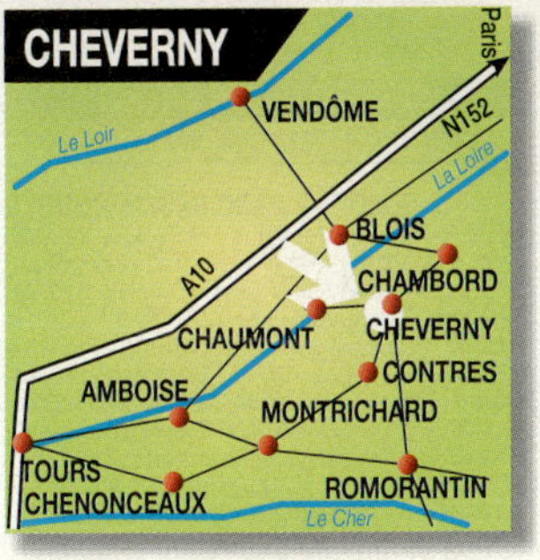

LES SAULES ★★★★ Tourisme 169 E. dont 149 nus, , dont 9 GCC, 4 ha. CV Camping tourisme et handicap. Locations : 10, 20. Accès direct à l'étang. Accueil adultes. Route de Contres. A 10 sortie Blois dir. Vierzon/Cheverny. A Cheverny dir. Château. ☎ 02 54 79 90 01. Fax : 02 54 79 28 34. E-mail : contact@camping-cheverny.com, Web : www.camping-cheverny.com. Prix 2007. Fft jour : Empl. Tourisme (2) : 25,50 € Sup : 4,50 € 3,50 à 7 € (6 A à 10 A) ; E. CC 25,50 € ; Animaux 2 €. Réduction H.S.

FFCC : partenaire + réduction emp. de 5 % en saison et 10 % hors saison + Stop accueil Camping-car du 28/03 au 13/07 et du 11/08 au 30/09/2008, accès jusqu'à 22h30.

CHOUE

2-F5 30 km N.-O. Vendome. 136 m. 562 hab. ✉ 41170

CAMP MUNICIPAL ★ Tourisme 30 E. 0,4 ha. Accès direct à l'étang. ; . ☎ 02 54 80 92 28 (Mairie). Fax : 02 54 89 71 36.

CHOUZY SUR CISSE

6-F2 10 km S.-O. Blois. 102 m. 1476 hab. ✉ 41150

LES CEDRES ★★ Tourisme 33 E. 0,8 ha. Locations : , . Accès direct aux bords du lac. Rivière à 100 m. Etang à 400 m. à 150 m : . 11, rue de l'Embarcadère. Par N 152 sortie Blois dir. Amboise. ☎ 02 54 20 46 96 / 02 54 20 48 22. E-mail : contact@camping-les-cedres.com, Web : www.camping-les-cedres.com.

FFCC : partenaire - terrain assuré par la FFCC.

COUR CHEVERNY

7-A2 13 km S.-E. Blois. 2130 hab. ✉ 41700

ESSI LE CASSEUX ★★ Tourisme 25 E. 0,3 ha. A 15 km de l'A 10 (Aquitaine). ☎ 02 54 79 99 43.

CROUY SUR COSSON

7-A2 26 km N.-E. Blois. 85 m. 405 hab. ✉ 41220

CAMP MUNICIPAL DU COSSON ★★ Tourisme 60 E. 3,5 ha. , Rivière à 20 m. A 10 sortie Mer, prendre dir. Chambord puis Crouy-sur-Cosson. ☎ 02 54 87 08 81 / 02 54 87 50 10. Fax : 02 54 87 59 44.

FAVEROLLES SUR CHER

6-F2 35 km S.-O. Blois. 70 m. 1009 hab. ✉ 41400

TOURAINE VACANCES ★★★ Tourisme 100 E., dont 4 GCC, 3,53 ha. visiteur, CV. Locations : . Etang à 500 m. Rivière à 600 m. à 500 m : . Sur le CD 764 route de Loches. Montrichard sud. ☎ 02 54 32 06 08. Fax : 02 54 32 61 35. E-mail : touraine-vacances@wanadoo.fr, Web : www.tourainevacances.fr.

LA FERTE IMBAULT

7-B2 17 km E. Romorantin-Lanthenay. 102 m. 1104 hab. ✉ 41300

LE PETIT ARCACHON ★ Tourisme 25 E. CV. Accès direct à l'étang et aux bords du lac. Rivière à 1 km. Route de Saint-Viâtre. A 71 sortie Salbris (tronçon Orléans/Salbris). RN 20 dans Salbris dir. Romorantin. ☎ 02 54 97 06 38. Fax : 02 54 97 06 38. E-mail : campingdesologne@wanadoo.fr, Web : //monsite.wanadoo.fr/camping.salbris.

FRETEVAL

6-F1 17 km N.-E. Vendome. 90 m. 865 hab. ✉ 41160

LA MALADRERIE ★★★ Tourisme 50 E. 2 ha. CV. Locations : 1, 2. Accès direct aux bords du lac. ; ; . Accueil groupes. Ouv : 15.3 / 31.10. La Maladrerie. RN 10, RN 157. ☎ 02 54 82 62 75. Fax : 02 54 82 62 75. Prix 2008. : 3,45 € ; 3,45 € ; 1,55 € ; 2,50 € ; - de 7 ans 1,55 € ; 1,55 €.

CAMP MUNICIPAL ★★ Tourisme 55 E. 1 ha. Accès direct à la rivière. Etang à 300 m. Rue de l'Etang, 2 km RN 10. ☎ 02 54 82 63 52 (Mairie).

HOUSSAY

6-F1 12 km S.-O. Vendome. 358 hab. ✉ 41800

CAMP MUNICIPAL ★ Tourisme 20 E. dont 20 nus . Rivière à 4 km. Accueil groupes. ☎ 02 54 85 06 53 (Mairie). Fax : 02 54 85 05 81.

HUISSEAU SUR COSSON

7-A2 10 km E. Blois. 90 m. 1738 hab. ✉ 41350

M. DELABOISSIERE André, aire naturelle . A 600 m : . A 5 km : . A 10 km : Piscine plein air . Ouv : 1.5 / 20.9 (fermé du 16.7 / 22.7). 6, rue de Châtillon, par D 174, RD 72 et RD 177, à 500 m Sud-Est de la commune, 2 km de Chambord, RD 33, à proximité de la ferme. Rivière à 400 m. Circuits pédestres et vélos. ☎ 02 54 20 35 26. Prix 2007. Empl. Tourisme : 3,60 € () : 3,60 € ; - de 7 ans 2,60 € ; 3,50 € (6 A) ; Animaux 1 €. Réduction H.S.

LESTIOU

7-A1 27 km N.-E. Blois. 93 m. 173 hab. ✉ 41500

M. BIDRON Gérard, camping des Gais Lurons . A 5 km: Piscine plein air . A 12 km : . 42, Grande Rue. Le bourg à 1,7 km de la RN 152. Ombragé. Ruisseau à 300 m, la Loire à 500 m. Réfrigérateurs. Piste ULM avec instructeur à 1,8 km. Club de canoë-kayak à Avaray à 2 km. ☎ 02 54 81 05 97 / 02 54 81 29 89.

MAREUIL SUR CHER

6-F2 40 km S. Blois. 1054 hab. ✉ 41110

LE PORT ★★★ Tourisme 40 E., dont 40 CC, 0,8 ha. CV Camping tourisme et handicap. Accès direct à la rivière. ; à 4,5 km : 4,5 km, . Accueil groupes hors saison. Ouv : 5.4 / 30.9. Le Port, sur RD 17. ☎ 02 54 32 79 51 / 02 47 92 77 83 (H.S.). Fax : 02 47 92 72 95. E-mail : leportdemareuil@orange.fr, Web : www.campingleportdemarail.com. Prix 2007. Fft jour : Empl. Tourisme : 8.50 € () ; Sup : 2,50 € 1,50 €.

FFCC : partenaire + réduction emp. de 10 % en saison et hors saison + Stop accueil Camping-car du 05/04 au 30/06 et du 22/08 au 30/09/2008, accès jusqu'à 20h.

MENNETOU SUR CHER

7-B2 16 km S.-E. Romorantin. 100 m. 938 hab. Station verte ✉ 41320

CAMP MUNICIPAL VAL ROSE ★★ Tourisme 50 E. 0,8 ha. CV Camping tourisme et handicap. chauffée . Accès direct à la rivière. ; ; ; . Accueil groupes. Ouv : 2.5 / 5.9. Rue de Val Rose, 200 m RN 76. ☎ 02 54 98 01 19 (Mairie) / 02 54 98 11 02 (H.S.). Fax : 02 54 98 10 56. Prix 2007. Empl. Tourisme : 1,50 € ; 8,50 € ; 1,50 € ; - de 10 ans 0,90 €.

MESLAND

6-F2 20 km S.-O. Blois. 106 m. 479 hab. ✉ 41150

PARC DU VAL DE LOIRE ★★★★ Tourisme 300 E. dont 235 nus, , dont 135 GCC, 12 ha. pizzéria, CV. Locations : 28, 60. couverte chauffée Poney. Etang à 1,5 km. Rivière à 3,5 km.; à 5 km :. Ouv : 5.4 / 27.9. Route de Fleuray. En venant de Blois par RN 152 dir. Tours, passer à Onzain puis Mesland ou par autoroute A10, sortie 18 château Penault / Amboise. Suivre panneaux ☎ 02 54 70 27 18. Fax : 02 54 70 21 71. E-mail : parcduvaldeloire@wanadoo.fr, Web : www.parcduvaldeloire.com. Prix 2008. Fft jour : Empl. Tourisme (2) : 30,50 € ; Sup : 7 € 6,20 € ; Animaux 5 €. Réduction H.S.

FFCC : partenaire + réduction emp. de 10 % en saison et 20 % hors saison + carte FFCC assurance annulation + Stop accueil Camping-car du 05/04 au 05/07 et du 25/08 au 27/09/2008, accès jusqu'à 19h.

MONDOUBLEAU

2-F5 28 km N.-O. Vendome. 118 m. 1694 hab. ✉ 41170

CAMP MUNICIPAL ★ Tourisme 60 E. 2 ha. Locations :. chauffée. Rivière à 20 m. Etang à 1 km. RN 117. Lieu-dit Les Prés Barrés. ☎ 02 54 80 90 73 (Mairie) / / 06 75 23 89 43 (H.S.). Fax : 02 54 80 72 42. E-mail : mairiemondoubleau@wanadoo.fr.

MONT PRES CHAMBORD

7-A2 10 km S.E. Blois. 94 m. 2786 hab. ✉ 41250

LES PRES DE LA FONTAINE ★ Tourisme 8 E. dont 5 nus, dont 8 GCC - 3 HLL. Sanitaire chauffé. Locations :. Rivière à 2 km.; à 6 km :; à 10 km :. ☎ 02 54 70 72 84. Fax : 02 54 70 72 84.

MONTHOU SUR CHER

6-F2 31 km S. Blois. 67 m. 850 hab. ✉ 41400

CAMP MUNICIPAL ★★ Tourisme 25 E. ☎ 02 54 71 53 85 / 02 54 71 43 17 (Mairie). Fax : 02 54 71 51 52.

LES MONTILS

6-F2 12 km S. Blois. 1046 hab. ✉ 41120

CAMP MUNICIPAL DE L'ERMITAGE ★★ Tourisme 33 E. 1 ha. partiel. Accès direct à la rivière. Route de Seur, 500 m RN 764. CD 77. ☎ 02 54 44 07 29.

MONTOIRE SUR LE LOIR

6-F1 18 km S.-O. Vendome. 70 m. 4431 hab. ✉ 41800

CAMP MUNICIPAL LES RECLUSAGES ★★★ Tourisme 144 E. 3 ha. Locations :. Accès direct à l'étang et à la rivière.; Avenue des Reclusages. ☎ 02 54 85 02 53.

MONTRICHARD

6-F2 32 km S.-O. Blois. 70 m. 3786 hab. Station verte ✉ 41400

CAMP MUNICIPAL ★ Tourisme 89 E. 1,2 ha. CV. Locations :. Accès direct à la rivière.; à 1 km :. Ouv : 1.6 / 15.9. 1 km RN 76, lieu-dit l'Etourneau. ☎ 02 54 32 10 16 / 02 54 71 66 34 (Mairie) (H.S.). Fax : 02 54 32 05 87. E-mail : info@montrichard-fr.com, Web : www.montrichard.fr. Prix 2007. 3,16 € ; 3,77 € ; 2,09 € ; 2,70 € ; 1,40 € ; 2,70 €.

MOREE

6-F1 19 km N.-E. Vendôme 96 m. 1104 hab. ✉ 41160

CAMP MUNICIPAL LA VARENNE ★★ Tourisme 43 E. 1 ha. Friterie, CV Sanitaire chauffé. Accès direct à l'étang et à la rivière.;;;. Accueil groupes. Zone de Loisirs de la Varenne. RN 157/RD 19 sortie Nord de Morée. Gardiennage de nuit. ☎ 02 54 82 06 16 / 02 54 89 15 15 (H.S.). Fax : 02 54 89 15 10. E-mail : mairie-de-moree@wanadoo.fr.

MUIDES SUR LOIRE

7-A2 18 km N.-E. Blois. 85 m. 887 hab. ✉ 41500

CHATEAU DES MARAIS ★★★★ Tourisme 198 E. dont 100 nus, 8 ha. Locations : 2, 12. couverte chauffée. Accès direct à l'étang. Rivière à 600 m. étang :;. A 10 Paris-Bordeaux sortie n°16 dir. Mer. Aux feux dir. Muides-Chambord. ☎ 02 54 87 05 42. Fax : 02 54 87 05 43. E-mail : chateau.des.marais@wanadoo.fr, Web : www.chateau-des-marais.com. Prix 2007. Fft jour : Empl. Tourisme (2) : 32 € ; Sup : 8 € - de 6/12 ans 6 € ; 5 à 7 € (6 à 10 A) ; Animaux 5 €.

CAMP MUNICIPAL BELLE VUE ★★ Tourisme 100 E., dont 10 CC, 2,5 ha. CV. Locations :. Accès direct à la rivière.;. Accueil groupes. Ouv : 1.5 / 15.9. Avenue de la Loire, 3 km RN 152 ou 300 m CD 951. 4 km sortie A 10 à Mer. ☎ 02 54 87 01 56 / 02 54 87 50 08 (Mairie) (H.S.). Fax : 02 54 87 01 25. E-mail : mairie.muides@wanadoo.fr, Web : perso.wanadoo.fr/mairie-muides/. Prix 2008. Empl. Tourisme : 2 € ; 2,85 € ; - de 2/7 ans 1,20 € ; 2,20 € ; Animaux 1,40 €.

NEUNG SUR BEUVRON

7-B2 22 km N.-E. Romorantin-Lanthenay 1196 hab. ✉ 41210

CAMP MUNICIPAL DE LA VARENNE ★★ Tourisme 73 E. 2 ha. CV. Locations :. Rivière à 25 m.. Accueil groupes. Sortie A 71 Lamotte-Beuvron. ☎ 02 54 83 68 52 / 06 76 80 88 41 / 02 54 83 63 38 (H.S.). Fax : 02 54 83 68 52. E-mail : camping.lavarenne@wanadoo.fr, Web : www.neung-sur-beuvron.fr/camping.html.

NOUAN LE FUZELIER

7-B2 48 km S.-S.-E. Orléans. 95 m. 2323 hab. Station verte de vacances et village de neige ✉ 41600

LA GRANDE SOLOGNE ★★★ Tourisme 180 E. (100 Tourisme + 80 Loisirs) 10 ha. saison, saison, saison, CV. Locations : 5. chauffée. Accès direct à l'étang.. 300 m RN 20, 300 m de la gare. ☎ 02 54 88 70 22. Fax : 02 54 88 41 74.

NOYERS SUR CHER

7-A2 38 km S. Blois. 2625 hab. ✉ 41140

CAMP MUNICIPAL DU PORT ★★ Tourisme 35 E. 0,75 ha. ☎ 02 54 75 02 35. Fax : 02 54 75 27 33.

OISLY

7-A2 26 km S. Blois. 110 m. 316 hab. ✉ 41700

M. BOUCHER Claude CV. A 6 km: Piscine plein air. A 15 km :. La Presle, par CD 21, à 1 km Sud-Ouest de la commune, à proximité de la ferme. Pré, rivière à 6 km. ☎ 02 54 79 52 69. Fax : 02 54 79 80 44.

ONZAIN

6-F2 16 km S.-O. Blois. 3021 hab. ✉ 41150

LE DUGNY ★★★★ Loisirs 320 E. (160 Tourisme + 160 Loisirs), dont 320 GCC, 10 ha. CV Sanitaire chauffé. Camping clef verte Camping tourisme et handicap. Locations : 10, 48. couverte chauffée. Accès direct à l'étang. Rivière à 5 km.;;. Accueil groupes. Ouv : 1.1 / 31.12. Route de Chambon-sur-Cisse. La Cabinette. CD 45. Stages d'ULM. ☎ 02 54 20 70 66. Fax : 02 54 33 71 69. E-mail : info@camping-de-dugny.fr, Web : www.camping-de-dugny.fr.

CAMP MUNICIPAL ★★ Tourisme 63 E. 1,5 ha. CV Camping tourisme et handicap.. Rivière à 150 m. Etang à 1,5 km.. Accueil groupes. Rue de la Liberté, 100 m RN 152. ☎ 02 54 20 85 15 / 02 54 51 20 40 (Mairie). Fax : 02 54 20 74 34. E-mail : mairie@ville-onzain.fr, Web : www.ville-onzain.fr.

PEZOU

6-F1 11 km N.-E. Vendome. 88 m. 921 hab. ✉ 41100

LES ILOTS ★★ Tourisme 33 E. 1 ha. pétanque.. Rivière à 20 m. Etang à 2 km.. N 10. CAMPING FERME PROVISOIREMENT POUR 2007. ☎ 02 54 23 40 69 (Mairie). Fax : 02 54 23 62 40. E-mail : commune.PEZOU@wanadoo.fr.

PIERREFITTE SUR SAULDRE

7-B2 39 km N.-E. Romorantin. 907 hab. ✉ 41300

SOLOGNE PARC DES ALICOURTS ★★★★ Tourisme 490 E., dont 306 GCC - 79 HLL, 22 ha. , CV. Locations : 79, 70. couverte chauffée 9 trous,. Accès direct aux bords du lac. Rivière à 200 m.;;;;. Domaine des Alicourts. ☎ 02 54 88 63 34. Fax : 02 54 88 58 40. E-mail : parcdesalicourts@yellohvillage.com, Web : www.sologne-parcalicourts.com. Prix 2007. Fft jour : Empl. Tourisme (2) : 41 € ; Sup : 9 € - de 6 ans 6 € ; Animaux 7 €. Réduction H.S.

PRUNAY CASSEREAU

6-F1 21 km S.-O. Vendome. 149 m. 557 hab. ✉ 41310

CAMP MUNICIPAL ★★ Tourisme 25 E. Sanitaire chauffé. Locations :,. Accès direct à l'étang.;. Les Rochelles. ☎ 02 54 82 32 81 (Mairie) / 02 54 89 39 04. Fax : 02 54 89 30 70.

PRUNIERS EN SOLOGNE

7-A2 8 km S.-O. Romorantin-Lanthenay. 86 m. 1520 hab. ✉ 41200

CAMPING MUNICIPAL DU CHENE ★★ Tourisme 27 E. visiteur. Accès direct à l'étang.. Route de Billy. A 3 km de la RN 76 et à 2 km de la RD 724, à 6 km de la RD 765. A 800 m du bourg. ☎ 02 54 96 52 31 / 02 54 96 60 53. Fax : 02 54 96 64 48.

ROMORANTIN LANTHENAY

41 km S.-E. Blois. 88 m. 18187 hab. ✉ 41200

DE TOURNEFEUILLE ★★★★ Tourisme 103 E. dont 90 nus 1,5 ha. , juillet/août, juillet/août, CV Sanitaire chauffé. Locations : 6, 4, 10. Accès direct à la rivière.;. Accueil groupes. Ouv : 1.1 / 31.12. Rue de Long Eaton, 200 m RN 724. ☎ 02 54 95 37 08 / 02 54 76 15 13 (M. LABROCHE) (H.S.). Fax : 02 54 76 54 90. E-mail : camping.romo@wanadoo.fr, Web : www.ethicetapes-romanrantin.com. Prix 2008. Fft jour : Empl. Tourisme (2) : 13 € ; Sup : 6 € - de 18 ans 3,50 € ; 2,50 € (6 A). Réduction H.S.

FFCC : Stop accueil Camping-car toute l'année, accès juqsu'à 21h.

ST AGIL

2-F5 34 km N.-O. Vendome. 150 m. 282 hab. ✉ 41170

CAMP MUNICIPAL DE L'ETANG ★ Tourisme 16 E. Etang à 20 m.. De Paris, A 11 sortie Nogent-le-Rotrou dir. La Bazoche-Gouët, Mondoubleau. ☎ 02 54 80 74 38. Fax : 02 54 80 89 96.

M. TOURNEUX Yves,camping à la ferme Les Beauvais. De Paris A 10 sortie n°4 Nogent-le-Rotrou. ☎ 02 54 80 94 48.

ST AIGNAN

7-A2 38 km S. Blois. 115 m. 3690 hab. Station verte ✉ 41110

LES COCHARDS ★★★★ Tourisme 140 E. 4 ha. juillet/août, juillet/août, juillet/août, CV Sanitaire chauffé. Locations : 6, 2, 5,. Accès direct à la rivière.;;. Accueil groupes. Ouv : 1.4 / 15.10. A Seigy, 50 m RD 17. ☎ 02 54 75 15 59 / 06 72 09 45 24 (H.S.). Fax : 02 54 75 44 72. E-mail : camping@lescochards.com, Web : www.lescochards.com. Prix 2008. Fft jour : Empl. Tourisme (2) : 18,50 € ; Sup : 4,40 € - de 7 ans 2 € ; 3,50 € (5 A) ; Animaux 1,20 €. Réduction H.S.

ST JEAN FROIDMENTEL

6-F1 26 km N.-E. Vendôme. 98 m. 418 hab. ✉ 41160

Mme FETTER Denise,aire naturelle CV. A 2 km: Piscine couverte. Ouv : 1.4 / 30.9. Les Fouquets. ☎ 02 54 82 66 97. E-mail : lesfouquets@aol.com. Prix 2007. Empl. Tourisme : 2 € ; 3,50 € ; - de 7 ans 2 € ; 3 € ; Animaux 1 €.

FFCC : partenaire - terrain assuré par la FFCC + réduction emp. de 5 % en saison.

ST LAURENT NOUAN

7-A1 26 km N.-E. Blois. 3191 hab. Station verte de vacances et village de neige ✉ 41220

L'AMITIE ★★ Tourisme 107 E., dont 25 CC - 82 GCC, 2 ha. CV Sanitaire chauffé. Locations : 4. Accès direct à la rivière. Lac à 5 km. Accueil groupes. Ouv : 1.1 / 31.12. 100 m RD 951. A 10 sortie Blois N 152 Saint-Laurent Nouan. A 20 sortie Orléans N 152 Saint-Laurent Nouan. ☎ 02 54 87 01 52 / 03 86 37 95 83 (H.S.). Fax : 02 54 87 01 52. E-mail : aquadis1@wanadoo.fr, Web : aquadis-loisirs.com. Prix 2008. () : 4,30 € ; 3,20 € ; Animaux 2,20 €. Empl. Loisirs : 15 €. Réduction H.S.

ST ROMAIN SUR CHER

7-A2 32 km S. Blois. 70 m. 1213 hab. ✉ 41140

M. CLAUDEL Alain,aire naturelle Domaine du Bien Vivre CV. A 1 km: . A 4 km : . A 5 km : . A 6 km : Piscine plein air. La Pouillarderie. A 85 sortie n° 12. D 675, D 11 et RN 76, à 3 km Nord-Ouest de la commune. Visites organisées. Accueil de cars d'excursions. Dégustation, vente de vin. ☎ 02 54 71 73 74 / (H.S.). Fax : 02 54 71 72 01. E-mail : domainedubienvivre@wanadoo.fr, Web : perso.wanadoo.fr/domainedubienvivre. Prix 2007. Empl. Tourisme : 3 € ; 2,90 € ; - de 6 ans 2 €.

FFCC : partenaire + Stop accueil Camping-car toute l'année, accès juqu'à 20h.

SALBRIS

7-B2 25 km N.-E. Romorantin. 110 m. 6134 hab. Station verte de vacances et village de neige ✉ 41300

CAMP DE SOLOGNE ★★★ Tourisme 81 E. (57 Tourisme + 24 Loisirs), dont 24 CC, 2 ha. CV Camping tourisme et handicap. Locations : . municipal. Accès direct à l'étang et aux bords du lac. Rivière à 100 m. Accueil groupes. 8, allée de la Sauldre. Au Nord de la ville. Sortie Salbris A 71 et RN 20. ☎ 02 54 97 06 38. Fax : .

SARGE SUR BRAYE

6-F1 24 km N.-O. Vendome. 974 hab. ✉ 41170

CAMP MUNICIPAL ★★ Tourisme 50 E., dont 2 GCC, 1,5 ha. Locations : . Accès direct à l'étang et à la rivière. 1 km D 921 et RN 157. ☎ 02 54 72 73 17 (Mairie) / 02 54 72 72 65. Fax : 02 54 72 72 65.

SASSAY

7-A2 24 km S. Blois. 112 m. 567 hab. ✉ 41700

M. FOINARD Christian CV. A 2 km: . A 5 km : Piscine plein air. A 10 km : . Ouv : 1.3 / 31.10. La Charmoise, sur RD 956, 1 km de la commune, à proximité de la ferme. ☎ 02 54 79 55 15. Fax : 02 54 79 55 15. Prix 2008. () : 2 € ; 2 € ; 1 € ; 2,50 € ; - de 10 ans 1,50 € ; 1 €.

FFCC : partenaire + réduction emp. de 5 % hors saison + réduction loc. de 5 % hors saison.

SAVIGNY SUR BRAYE

6-F1 25 km N.-O. Vendome. 85 m. 2015 hab. ✉ 41360

ESSI DU PRE AUX MOINES ★★★ Tourisme 70 E., dont 5 GCC, 1,5 ha. Locations : 5, 5, golf. Accès direct à la rivière. Avenue de la Gare. ☎ 02 54 23 70 20 / 02 54 23 74 79 (Mairie) / 02 54 23 95 86 (H.S.). Fax : 02 54 23 95 86.

SEILLAC

6-F2 15 km S.-O. Blois. 120 m. 65 hab. ✉ 41150

FERME DE PRUNAY ★★★ Tourisme 40 E. 1 ha. CV Camping tourisme et handicap. Locations : . chauffée . ; à 10 km : . Ferme de Prunay, 5 km RN 766 dir. Angers et 150 m CD 131, à 2,5 km Est de la commune, à proximité de la ferme. Verger ombragé, rivière à 2 km. Abri. Pêche dans des douves empoissonnées et barque à disposition. Accès ADSL. ☎ 02 54 70 02 01 / 06 08 42 17 56 (H.S.). Fax : 02 54 70 12 72. E-mail : contact@prunay.com, Web : www.prunay.com. Prix 2007. Empl. Tourisme : 3,50 € ; 8,30 € ; - de 10 ans 4,20 € ; 3,30 €. Réduction H.S.

SELLES SUR CHER

7-A2 19 km S.-O. Romorantin. 90 m. 5020 hab. ✉ 41130

LES CHATAIGNIERS ★★ Tourisme 72 E. dont 67 nus 2,5 ha. CV. Locations : 5, 6, . Accès direct à la rivière. Accueil groupes. Ouv : 1.6 / 5.9. Bd Kléber Lousteau. Route de Châteauroux. ☎ 02 54 97 67 26 / 02 54 95 25 40 (H.S.). Fax : 02 54 95 25 50. Web : www-mairie-selles-sur-cher.fr. Prix 2007. 9,70 € ; 9,70 € ; 5,30 € ; 1,65 € ; - de 7 ans 0,50 € ; 2,50 €.

SOINGS EN SOLOGNE

7-A2 19 km N.-O. Romorantin-Lanthenay. 96 m. 1290 hab. ✉ 41230

CAMP MUNICIPAL LE PETIT MONT-EN-JONC ★ Tourisme 22 E. 0,3 ha. Etang à 50 m. CD 119. ☎ 02 54 98 73 28 (Mairie). Fax : 02 54 98 76 55.

SOUDAY

2-F5 34 km N.-O. Vendome. 601 hab. ✉ 41170

CAMP MUNICIPAL ★★ Loisirs 25 E. (11 Tourisme + 14 Loisirs) 0,6 ha. Accès direct à l'étang. Ouv : 1.4 / 30.10. 200 m RD 117. Garage mort pour caravane toute l'année. ☎ 02 54 80 93 18 (Mairie). Fax : 02 54 80 78 50. E-mail : mairie.souday@wanadoo.fr. Prix 2007. Empl. Tourisme : 1,15 € ; 0,85 € ; 1,15 € ; 1,80 €. Réduction H.S.

SUEVRES

7-A2 14 km N.-E. Blois. 95 m. 1307 hab. ✉ 41500

CHATEAU DE LA GRENOUILLERE ★★★★ Tourisme 260 E. dont 130 nus, dont 15 CC - 40 GCC, 7 ha. CV. Locations : 10, , . couverte chauffée. Rivière à 2 km. Accueil groupes. RN 152, 3 km entre Mer et Suèvres. A 10 sortie n°16 Chambord/Mer. ☎ 02 54 87 80 37. Fax : 02 54 87 84 21. E-mail : la.grenouillere@wanadoo.fr, Web : www.camping-loire.com. Réduction H.S.

THORE LA ROCHETTE

6-F1 9 km O. Vendome. 80 m. 819 hab. ✉ 41100

CAMP INTERCOMMUNAL LA BONNE AVENTURE ★★★ Tourisme 60 E. 2 ha. CV. Locations : . Rivière à 50 m. Etang à 2 km. enfants : ; ; . Accueil groupes. Ouv : 4.6 / 2.9. 2 km RN 817. Randonnées en canoë. ☎ 02 54 72 00 59 / 02 54 89 41 22 (H.S.) (H.S.). Fax : 02 54 89 41 01. E-mail : camping@cpvendome.com. Prix 2007. Empl. Tourisme : 2,10 € () : 2,10 € ; 2,70 € ; - de 13 ans 1,10 € ; 2,70 € (5 A) ; Animaux 1 €.

VENDOME

6-F1 32 km N.-O. Blois. 80 m. 18218 hab. ✉ 41100

CAMP INTERCOMMUNAL LES GRANDS PRES ★★★ Tourisme 200 E. 3 ha. saison, saison, saison. CV. Locations : . Rivière à 50 m. Accueil groupes. Ouv : 14.5 / 16.9. 250 m RN 10, lieu-dit Les Grands Prés, 400 m du centre ville. ☎ 02 54 77 00 27 / 02 54 89 41 22 (H.S.) (H.S.). Fax : 02 54 89 41 01. E-mail : campings@cpvendome.com. Prix 2007. Empl. Tourisme : 3 € () : 1,50 € ; 3,30 € ; - de 13 ans 1,70 € ; 3,20 à 4,60 € (4 à 6 A) ; Animaux 1 €.

VERNOU EN SOLOGNE

7-A2 17 km N. Romorantin-Lanthenay. 95 m. 502 hab. ✉ 41230

AIRE NATURELLE MUNICIPALE ☎ 02 54 98 20 22 / 02 54 98 29 02. Fax : 02 54 98 25 12.

VILLEFRANCHE SUR CHER

7-B2 8 km S. Romorantin. 98 m. 2064 hab. ✉ 41200

CAMP MUNICIPAL ★★ Tourisme 30 E. 1,1 ha. Accès direct à la rivière. ; ; . Pont du Cher, 500 m de la commune en dir. du Sud. ☎ 02 54 96 42 27 (Mairie) / 02 54 88 95 44.

VINEUIL

7-A2 4 km E. Blois. 85 m. 5267 hab. ✉ 41350

LE LAC DE LA LOIRE N°2 ★★ Tourisme 118 E. 25 ha. chauffée 2 courts, . Accès direct à la rivière. ; ; . Par RD 951 sur commune de Vineuil. Suivre panneaux Lac de Loire. ☎ 02 54 78 82 05. E-mail : agglopolys@agglo-blois.fr.

CAMPING FRANCOIS 1ER ★ Tourisme 118 E. 25 ha. chauffée . Accès direct à la rivière. ; ; . Accueil groupes. Ouv : 1.5 au 30.9. Base de Loisirs Rive Gauche, par RD 951 sur commune de Vineuil. Suivre panneaux Lac de Loire. ☎ 02 54 78 82 05. Fax : 02 54 78 62 03. E-mail : contact@camping-francois-1er.com, Web : www.camping-francois-1er.com. Prix 2007. Empl. Tourisme : 18 € ; Animaux 3 €.

Cartes 7-10

AILLEUX

10-E1 27 km N.-O. Montbrison. 700 m. 120 hab. 42130

Mme SIMON Marguerite. A 3 km: . A 10 km : . La Croix L'Estra, CD 20 et 21, 300 m de la commune, à proximité de la ferme. Pré, rivière à 4 km. Terrain de sports à 4 km. 04 77 24 63 47.

BALBIGNY

10-F1 30 km S. Roanne. 330 m. 2469 hab. 42510

LA ROUTE BLEUE ★★★ Tourisme 100 E. (77 Tourisme + 23 Loisirs) 2 ha. snack, pétanque, CV. Locations : 2 . Accès direct aux bords du lac et à la rivière. Sur D 56. sortie A 72 (Clermont-Ferrand/St-Etienne-Lyon) et RN 82. 04 77 27 24 97 / 06 78 69 51 54 (H.S.). E-mail : camping.balbigny@wanadoo.fr, Web : www.multimania.com/campbal.

BARD

10-E2 7 km S.-O. Montbrison. 750 m. 410 hab. 42600

LE BIGI P.R.L. Loisirs 37 E. dont 22 nus, , dont 29 HLL, 2 ha. partiel, CV. Locations : 6 . Ouv : 31.5 / 15.9. Lieu-dit Vinols. A 15 km de la RN 82 et à 2 km de la RD 113. Centre ville Montbrison dir. Bard. 04 77 58 06 39. Fax : 04 77 58 06 39. E-mail : andre.drutel@orange.fr, Web : campinglebigi.site.voila.fr & camping-le-bigi.fr. Prix 2008. Fft jour : Empl. Tourisme (2) : 13,20 € ( ) ; Sup : 3,20 € - de 7 ans 2,20 € ; Animaux 1 €. Fft Ccar : 14,20 € (2). Fft Tente : 10,40 € (2).

BELMONT DE LA LOIRE

7-F5 36 km N.-E. Roanne. 525 m. 1570 hab. 42670

LES ECUREUILS ★ Tourisme 26 E., dont 5 HLL, 0,59 ha. CV. Locations : . Rivière à 100 m. Etang à 200 m. à 100 m : . Accueil groupes. Ouv : 1.6 / 30.9. Lieu dit Grand Vincent. 04 77 63 72 25 / 04 77 63 60 55 (Mairie) (H.S.). Fax : 04 77 63 62 71. E-mail : mairie@belmontdelaloire.fr. Prix 2007. Empl. Tourisme : 1,15 € ; 0,98 € ; 2 € ; 1 € ; 2,10 €.

BOEN

10-E1 17 km N.-N.-O. Montbrison. 400 m. 3673 hab. 42130

DOMAINE DE GIRAUD ★★ Loisirs 100 E. (50 Tourisme + 50 Loisirs) 1,5 ha. Locations : . Accès direct à la rivière. Accueil groupes. 150 m RN 89 et 250 m RD 8. 04 77 24 08 91.

BOURG ARGENTAL

10-F3 28 km S.-E. Saint-Etienne. 540 m. 3202 hab. Village de neige 42220

PARC RESIDENTIEL DE LOISIRS MUNICIPAL L'ASTREE P.R.L. 38 E. dont 16 nus, 1 ha. CV. Locations : 22 , . Accès direct à la rivière. ; . Lieu-dit Les Rivets. Sur RN 82. 04 77 39 72 97 / 04 73 93 60 00 (Chalets) (H.S.). Fax : 04 77 39 76 21. E-mail : PRL@bourgargental.fr, Web : www.revea-vacances.fr.

BURDIGNES

10-F3 24 km S.-E. Saint-Etienne. 910 m. 367 hab. 42220

M. BALLANDRAUD Jean . A 6 km: Piscine plein air . Ouv : 1.1 / 31.12. Accès par RN 82 jusqu'à Bourg Argental puis RD sur 6 km jusqu'à Burdignes. A proximité de la ferme. Pré herbeux, ombragé, rivière proche. Ski de fond à 3 km. Chemins balisés pour VTT. 04 77 39 11 46. Fax : 04 77 39 11 46. Prix 2007. Empl. Tourisme : 2 € ( ) : 1 € ; 2,70 € ; 2 € ; - de 7 ans 1 € ; 2 €.

CHAMBLES

10-F2 27 km S.-E. Montbrison. 640 m. 545 hab. 42170

M. BARBIER Georges,aire naturelle CV. A 1 km: . A 5 km : . A 10 km : Piscine plein air . Ouv : 1.4 / 30.10. Biesse, par RD 108, 1 km Ouest de la commune, à proximité de la ferme. 04 77 52 32 33. Prix 2007. Fft jour : Empl. Tourisme (2) : 9 € ( ).

CHARLIEU

7-F5 19 km N.-N.-E. Roanne. 275 m. 4380 hab. Station verte 42190

CAMP MUNICIPAL DE CHARLIEU ★★★ Tourisme 109 E. (65 Tourisme + 44 Loisirs) 2,6 ha. CV. . Accès direct à la rivière. ; à 5 km : . Accueil groupes. Ouv : 1.5 / 30.9. Rue Riottier. 04 77 69 01 70. E-mail : camp-charlieu@voila.fr. Prix 2008. ( ) : 2 € ; 1,30 € ; 3,30 € ; 2 € ; - de 7 ans 1,60 € ; 2,30 €.

CHAVANAY

11-A2 32 km E. Saint-Etienne. 160 m. 1858 hab. 42410

M. BERTHOLAT Pierre,aire naturelle CV. A 3 km: Piscine plein air . A 4 km : . A 6 km : . La Rutie. RN 86 Valence-Lyon-St Etienne. 04 74 87 00 44.

CHAZELLES SUR LYON

10-F2 30 km N.-E. Montbrison. 630 m. 5047 hab. Station verte de vacances et village de neige 42140

CENTRE DE LOISIRS DU MOULIN BRULE ★★ Loisirs 44 E. (6 Tourisme + 38 Loisirs) 1,5 ha. rapide, . Accès direct à la rivière. . Accueil groupes. 04 77 94 20 10. Fax : 04 77 94 12 38.

CHUYER

11-A2 423 hab. 42410

M. MANIQUET Joseph CV. A 8 km: . Ouv : 1.5 / 1.11. Le Goujat. 04 74 87 84 52 / 04 74 87 43 92 (H.S.).

CIVENS

10-F1 23 km N.-E. Montbrison. 386 m. 1007 hab. 42110

M. PALAIS Bernard . A 2 km: Piscine chauffée Piscine plein air . A 8 km : . Ouv : 1.4. Les Rivières. A 72 à 5 km sortie n° 6 Feurs puis la D 113 suivre Salvizinet. 04 77 26 11 93. FFCC : partenaire + réduction emp. de 5 % en saison.

CORDELLE

10-E1 14 km S. Roanne. 485 m. 702 hab. 42123

CAMP DE MARS ★★★ Tourisme 65 E. (35 Tourisme + 30 Loisirs) 1 ha. snack, . Locations : . Lac à 500 m. ; ; ; . RD 56. 04 77 64 94 42. Fax : 04 77 64 94 42.

CRAINTILLEUX

10-F2 14 km S.-E. Montbrison. 353 m. 752 hab. 42210

Mme JUST MAGNIN Maguy,camping rural proche. A 3 km: . Accès par autoroute St-Etienne/Clermont, sortie Andrézieux Bouthéon ensuite route Montbrison et à Sury-le-Comtal prendre Craintilleux. 04 77 30 04 65.

CREMEAUX

10-E1 28 km S.-O. Roanne. 680 m. 970 hab. 42260

CAMP MUNICIPAL ★ Loisirs 9 E. (4 Tourisme + 5 Loisirs) 0,1 ha. , . Rivière à 5 km. . Le Breuil-Chaffé. A 72 sortie St-Germain-Laval, prendre St-Polgues et Crémeaux, suivre fléchage. 04 77 62 50 67. Fax : 04 77 62 55 40. E-mail : mairie.cremeaux@wanadoo.fr.

ESTIVAREILLES

10-E2 36 km S.-O. Montbrison. 896 m. 541 hab. 42380

CAMP MUNICIPAL LE COLOMBIER ★ Loisirs 24 E. (4 Tourisme + 20 Loisirs) 0,47 ha. CV. Rivière à 500 m. ; à 6 kml : . Sur le CD 498. 04 77 50 21 72 (Camping) / 04 77 50 27 17 (Personnel) (H.S.). Fax : 04 77 50 27 74. E-mail : mairie.estivareilles.42@wanadoo.fr. Prix 2007. Empl. Tourisme : 1,10 € ; 1,10 € ; 1,50 € ; 1,50 € ; - de 7 ans 1 € ; 1,60 à 2,20 € (3 à 6 A) ; 0,85 € (jeton).

FEURS

10-F1 24 km N.-E. Montbrison. 345 m. 8103 hab. 42110

CAMP MUNICIPAL ★★★ Loisirs 385 E. (116 Tourisme + 269 Loisirs) 5 ha. CV. Locations : , . Accès direct à l'étang. ; à 500 m : . Accueil groupes. A 72. RN 82. 04 77 26 43 41. Fax : 04 77 26 43 41.

FOURNEAUX

10-F1 22 km S.-E. Roanne. 530 m. 490 hab. 42470

CAMP MUNICIPAL ★ Tourisme 9 E. 0,6 ha. .rivières : . Sur CD 49, 400 m de RN 7. 04 77 64 70 59 (Mairie).

JURE

10-E1 34 km S.-O. Roanne. 560 m. 281 hab. 42430

CAMP MUNICIPAL DU LAVOIR ★ Loisirs 16 E. (6 Tourisme + 10 Loisirs) 0,4 ha. . Accès direct à la rivière. ; . 04 77 62 55 24 / 04 77 62 55 13.

MACLAS

11-A2 48 km S.-E. Saint-Etienne. 400 m. 1137 hab. ✉ 42520

AIRE NATURELLE LES CERISIERS CV. L'Orme. ☎ 04 74 87 49 68. E-mail : laurent.borde@libertysurf.fr. Prix 2007. 2,50 € ; 1,50 € ; 3,50 € ; 2,50 € ; 2 € ; - de 10 ans 1 € ; 1,50 à 4 € (2 à 6 A) ; 1,50 € ; E. CC 2,50 € ; E. GCC 3,50 €.

M. BORDE Roger,aire naturelle CV. A 800 m : . A 1 km: . A 3 km : . A 7 km : Piscine plein air . L'Orme, RN 86 à 7 km, 1 km Nord de la commune, à proximité de la ferme. A flanc de colline dans le parc naturel régional du Pilat. Garage pour caravanes. M.J.C. à 1 km. Sentiers de randonnée. Location de VTT. Location de caravanes. ☎ 04 74 87 37 77 / 04 74 87 49 68. Fax : 04 72 83 68 11. E-mail : laurent.borde@libertysurf.fr.

MARCILLY LE CHATEL

10-E2 12 km N.-O. Montbrison. 420 m. 760 hab. ✉ 42130

M. BOYER Jean CV. A 1 km: . A 10 km : Piscine chauffée Piscine plein air. Ouv : 1.5 / 15.10. Chabet, RD 8 à 2 km, 2 km de la commune, à proximité de la ferme. ☎ 04 77 97 51 41. Prix 2007. Fft jour : Empl. Tourisme (2) : 10 € ( ) ; Sup : 2 €

MARLHES

10-F3 23 km S. Saint-Etienne. 945 m. 1114 hab. ✉ 42660

M. GUICHARD,aire naturelle La Cordelière ☎ 04 77 39 08 27. Prix 2007. 7 € ; 8 € ; 6 € ;

MERLE LEIGNEC

10-E2 35 km S.-O. Montbrison. 860 m. 223 hab. ✉ 42380

CAMP MUNICIPAL DE LEIGNECQ ★ Tourisme 66 E. (42 Tourisme + 24 Loisirs) 2,1 ha. Sanitaire chauffé. Accès direct aux bords du lac. . O ☎ 04 77 50 21 99.

MONTBRISON

10-E2 34 km O.-N.-O. Saint-Etienne. 395 m. 13650 hab. ✉ 42600

CAMP MUNICIPAL LE SURIZET ★★★ Tourisme 92 E. (58 Tourisme + 34 Loisirs) 2,5 ha. . Accès direct à la rivière. ; . Lieu-dit Moingt. Route de St-Etienne, au centre ville dir. Ambert 300 m village Moingt. D 8 puis D 496 par rocade sud dir. Ambert. ☎ 04 77 58 08 30 / 04 77 96 18 18 (H.S.). Fax : 04 77 58 08 30.

NOAILLY

7-E5 12 km N.-O. Roanne. 320 m. 727 hab. ✉ 42640

M. ACCARY René . A 3 km: . A 5 km : . A 15 km : . Les Renauds. ☎ 04 77 66 62 94.

LES NOES

7-E5 20 km O. Roanne 640 m. 163 hab. ✉ 42370

PARC RESIDENTIEL DE LOISIRS LES NOES P.R.L. 8 E., dont 8 HLL. ☎ 04 77 64 21 13.

NOIRETABLE

10-E1 44 km N.-O. Montbrison. 730 m. 198 hab. Station verte de vacances et village de neige ✉ 42440

CAMP MUNICIPAL ★★ Tourisme 40 E. dont 26 nus (30 Tourisme + 10 Loisirs) . CV Sanitaire chauffé. . Accès direct à l'étang et aux bords du lac et à la rivière. ; ; . Accueil groupes. La Roche. D 110. ☎ 04 77 24 72 68.

LA PACAUDIERE

7-E5 24 km N.-O. Roanne. 365 m. 1222 hab. ✉ 42310

CAMP MUNICIPAL BEAUSOLEIL ★★ Tourisme 45 E. (30 Tourisme + 15 Loisirs) 1 ha. CV. Locations : meublé. payant, payant. ; . Ouv : 1.5 / 30.9. D 35. ☎ 04 77 64 11 50 (Camping) / 04 77 64 30 18 (Mairie) (H.S.). Fax : 04 77 64 14 40. E-mail : lapacaudiere@wanadoo.fr. Prix 2008. Empl. Tourisme : 1,85 € ; 1,55 € ; 2,50 € ; - de 7 ans 1,25 € ; 2,80 €. Fft Ccar : 8 € (2).

FFCC : partenaire + réduction emp. de 5 % en saison.

PANISSIERES

10-F1 37 km Montbrison 640 m. 3045 hab. ✉ 42360

CAMP MUNICIPAL ★ Tourisme 11 E. 0,28 ha. CV. Accueil groupes. Par A 72 sortie Feurs dir. Lyon puis D 60 (15 km de Feurs). Par RN 7 ou A 7 sortie Tarare dir. Panissières. ☎ 04 77 28 69 68 / 04 77 27 40 40 (Mairie). Fax : 04 77 28 66 54.

PELUSSIN

11-A2 42 km E. Saint-Etienne. 2930 hab. Station verte de vacances et village de neige ✉ 42410

BEL'EPOQUE DU PILAT ★★★ Tourisme 50 E. (30 Tourisme + 20 Loisirs) 3 ha. CV. Locations : 3 , 7 . chauffée . Rivière à 500 m. ; . Accueil groupes. Ouv : 1.4 / 30.9. Route de Malleval. A 7-N 86-D 7. Les animaux de + 10 kg ne sont pas admis dans les locations ☎ 04 74 87 66 60. E-mail : premilleuxb@aol.com & camping-belepoque@orange.fr, Web : www.camping-belepoque.fr. Prix 2007. ( ) : - de 7 ans 3,20 € ; 3,50 €.

POMMIERS

10-E1 36 km S. Roanne. 350 m. 377 hab. ✉ 42260

CAMP MUNICIPAL ★ Loisirs 175 E. (60 Tourisme + 115 Loisirs) 3 ha. CV. . Accès direct à la rivière. ; . Pont d'Argent, sur RD 1. A 72 sortie n° 5 St Germain Laval. ☎ 04 77 65 43 54 / / 04 77 65 40 63 (H.S.). Fax : 04 77 65 40 63.

POUILLY SOUS CHARLIEU

7-F5 13 km N. Roanne. 265 m. 2973 hab. ✉ 42720

CAMP MUNICIPAL ★★ Tourisme 57 E. (42 Tourisme + 15 Loisirs) 1,5 ha. , Boulangerie (juillet/août), CV. gratuit. Accès direct à la rivière. . Lieu-dit Les Ilots. D 482. ☎ 04 77 60 80 67. Fax : 04 77 60 79 44. E-mail : mairie.pouilly-sous-charlieu42@wanadoo.fr & sofi_8790@hotmail.fr.

ROANNE

10-E1 78 km N.-O. Saint-Etienne. 280 m. 49638 hab. ✉ 42300

CAMP DE TOURISME ★★ Tourisme 60 E. (40 Tourisme + 20 Loisirs) 2,5 ha. . Rivière à 500 m. Lac à 5 km. ; . Par RN 7 à 500 m de la nationale. ☎ 04 77 71 67 53. Fax : 04 77 70 66 28.

SAIL SOUS COUZAN

10-E1 23 km N.-O. Montbrison. 430 m. 1294 hab. ✉ 42890

CAMP MUNICIPAL ★ Loisirs 53 E. (15 Tourisme + 38 Loisirs) 0,7 ha. CV. Accès direct à la rivière. . Accueil groupes. 300 m RD 6. ☎ 04 77 24 52 08.

ST APPOLINARD

10-F2 35 km S.-E. Saint-Etienne. 480 m. 370 hab. ✉ 42520

Mme COROMPT Odile,aire naturelle . A 500 m : . A 1 km: . A 3 km : . A 4 km : . A 7 km : . A 9 km : Piscine plein air. Le Cottet. ☎ 04 74 87 38 70. Fax : 04 74 48 32 98.

ST BONNET LE CHATEAU

10-E2 30 km S. Montbrison. 860 m. 2098 hab. ✉ 42380

CAMP MUNICIPAL DU STADE ★ Tourisme 54 E. (44 Tourisme + 10 Loisirs) 1,4 ha. . Locations : . . Accès direct aux bords du lac. ; ; ; ; . Rue du Stade. ☎ 04 77 50 03 16.

ST GALMIER

10-F2 25 km E. Montbrison. 480 m. 3796 hab. Station verte de vacances et village de neige ✉ 42330

CAMPEOLE VAL DE COISE ★★★ Loisirs 98 E. dont 78 nus (40 Tourisme + 58 Loisirs), dont 5 HLL, 3 ha. , le samedi soir, , dépannage, , 1 fois/semaine, CV. Locations : 6 , 17 . chauffée . Rivière à 50 m. . Accueil groupes. A la sortie de St-Etienne prendre dir. Roanne/Clermont-Ferrand A 72, puis sortie St-Galmier CD 100. ☎ 04 77 54 14 82. Fax : 04 77 54 02 45. E-mail : cplvaldecoise@atciat.com, Web : www.camping-valdecoise.com.

ST GENEST LERPT

10-F2 6 km O. St-Etienne 5362 hab. ✉ 42530

DOMAINE LA ROBERTANNE ★ Loisirs 60 E. (5 Tourisme + 55 Loisirs) 3 ha. Rés. naturiste. Locations : . Sur D 10 entre La Fouillouse et Saint-Genest-Lerpt. ☎ 04 77 90 22 46. Fax : 04 77 90 22 46. E-mail : cs.stetienne@free.fr, Web : larobertanne.site.voila.fr.
FFCC : partenaire - terrain assuré par la FFCC.

ST GENEST MALIFAUX

10-F2 15 km S. St-Etienne. 960 m. 2384 hab. ✉ 42660

CAMP MUNICIPAL ★★★ Loisirs 85 E. (35 Tourisme + 50 Loisirs) 2 ha. CV. Locations : . Etang et rivière à 10 m. Lac à 1 km. Près du stade municipal, sur RD 501. ☎ 04 77 51 25 84 / 06 85 40 95 38. Fax : 04 77 51 26 71.

ST GEORGES DE BAROILLE

10-F1 30 km S.-E. Roanne. 301 hab. ✉ 42510

Mme MATHIEU,aire naturelle Le Viaduc.

ST GEORGES EN COUZAN

10-E2 30 km N.-O. Montbrison. 750 m. 579 hab. ✉ 42990

MM. DURRIS Serge & Gilles,aire naturelle du Petit Bois pétanque, CV. A 100 m : . A 15 km: . Au Mazet, CD 6, à 2 km Sud-Est de la commune, à proximité de la ferme. Bois, pré. Nombreux circuits pédestres et VTT sur place. Idées visites mini-ferme. Possibilité d'aller chercher troupeaux, d'assister à la traite, de nourrir les poules, ramasser les oeufs. ☎ 04 77 24 88 14. E-mail : gaec.desjardins@42sideral.fr. Prix 2007. Empl. Tourisme : 2 € () : 2 € ; 1 € ; 2,60 € ; 2 € ; 2,50 € ; 1,25 € ; 2 €.

ST GERMAIN LAVAL

10-E1 25 km S. Roanne. 430 m. 1680 hab. Station verte de vacances et village de neige ✉ 42260

CAMP MUNICIPAL ★★ Loisirs 109 E. (10 Tourisme + 99 Loisirs) 1,2 ha. CV. Locations : 2 . Accès direct à la rivière. Accueil groupes encadrés. Ouv : 15.3 / 15.10. 200 m RD 1. A 1 km Sud-Ouest de la commune, lieu-dit La Pras. Péage à 6 km A 72 sortie St-Germain Laval. ☎ 04 77 65 44 35 / 04 77 65 41 30 (H.S.). Fax : 04 77 65 51 31. E-mail : mairie-stgermainlaval@wanadoo.fr. Prix 2007. () : 0,71 € ; 0,71 € ; 0,71 € ; 1,22 € ; - de 7 ans 0,71 € ; 2,70 € (6 A) ; Animaux 0,41 €.

ST JODARD

10-F1 28 km S.-E. Roanne. 435 m. 345 hab. ✉ 42590

CAMP MUNICIPAL ★ Tourisme 27 E. dont 27 nus (20 Tourisme + 7 Loisirs) 0,27 ha. Locations : . Lac à 1,5 km. ; à 1,5 km : . Accueil groupes. Sur D 26. Face au terrain de camping, tennis, mini-golf, pétanque, piscine de plein air ouverte en juillet/août. ☎ 04 77 63 42 42. Fax : 04 77 63 40 01. E-mail : mairie.stjodard@wanadoo.fr.

ST JULIEN MOLIN MOLETTE

10-F2 32 km S.-E. Saint-Etienne. 589 m. 1193 hab. Village de neige ✉ 42220

LE VAL DU TERNAY ★★ Loisirs 57 E. (10 Tourisme + 47 Loisirs), dont 6 HLL, 2,6 ha. buvette, snack, CV. Locations : 6 , 4 . chauffée . Accès direct à la rivière. Etang à 1 km. Lac à 3 km. . Accueil groupes. Le Pré Battoir. Base de loisirs. Dans le parc du Pilat entre Lyon et St-Etienne. ☎ 04 77 51 50 76 / 06 82 47 75 09. E-mail : valduternay@voila.fr. Réduction H.S.

ST JUST EN CHEVALET

10-E1 28 km S.-O. Roanne. 630 m. 1798 hab. Station verte de vacances et village de neige ✉ 42430

CAMP MUNICIPAL ★★ Tourisme 62 E. (45 Tourisme + 17 Loisirs) 0,6 ha. table à langer, snack / pizzeria, CV. Locations : . chauffée . Accès direct à la rivière. . Accueil groupes. Ouv : 15.4 / 15.10. Lieu-dit Le Verdillé, 400 m RN 81 et 495. ☎ 04 77 65 17 82. Fax : 04 77 65 17 82. E-mail : jpallut@tele2.fr. Prix 2007. Fft jour : Empl. Tourisme (2) : 8,50 € () ; Sup : 2,80 € - de 2/7 ans 1,30 € ; 3 € (16 A) ; Animaux 1,70 €. Fft Ccar : 12 € (2).

ST JUST ST RAMBERT

10-F2 26 km S.-E. Montbrison. 390 m. 10646 hab. ✉ 42170

M. CHOVIN Pierre,aire naturelle . A 1 km: . A 6 km : Piscine plein air . A 8 km : . Aux Faux, par RD 32, à proximité de la ferme. Pré herbeux, à flanc de colline. Auberge rurale. ☎ 04 77 23 01 58.

M. CROS Jacques,aire naturelle Frécon Vieux. ☎ 04 77 52 34 51.

M. DEVARREWAERE Gilbert,aire naturelle Bébieux. ☎ 04 77 52 33 57.

ST PAUL DE VEZELIN

10-E1 27 km S. Roanne. 430 m. 293 hab. ✉ 42590

ARPHEUILLES ★★★ Tourisme 80 E. (60 Tourisme + 20 Loisirs) 2 ha. Locations : . Accès direct aux bords du lac et à la rivière. ; ; ; . Accès par D 112 puis vicinal. ☎ 04 77 63 43 43. Fax : 04 77 63 48 83. E-mail : arpheuilles@wanadoo.fr.

ST PIERRE DE BOEUF

11-A2 30 km E. Saint-Etienne. 1051 hab. ✉ 42520

LA LONE ★★★ Tourisme 100 E. (60 Tourisme + 40 Loisirs) 2,5 ha. CV. Locations : 7 , 2 . Accès direct à l'étang et à la rivière. Lac à 200 m. ; ; . Accueil groupes. Ouv : 1.4 / 30.9. Par RN 86 ou A 7 à 50 km au Sud de Lyon (A 7 sortie Ampuis), Condrieu puis D 386/N86. A 50 km au Nord de Valence (A 7 sortie Chanas) et 50 km de Saint-Etienne. ☎ 06 63 39 33 36 / 04 74 87 14 24 (H.S.). Fax : 04 74 87 14 24. E-mail : richard@camping-de-la-lone.fr, Web : www.camping-de-la-lone.fr. Prix 2008. Fft jour : Empl. Tourisme (2) : 16,60 € ((6 A)) Fft Tente : 16,10 € (2 (6 A)). Réduction H.S.
FFCC : partenaire + réduction emp. de 10 % en saison et 15 % hors saison + carte FFCC assurance annulation + Stop accueil Camping-car du 01/04 au 31/11/2008, accès jusqu'à 22h + réduction loc. de 10 % en saison et 15 % hors saison.

ST PRIEST LA ROCHE

10-F1 17 km S. Roanne 434 m. 285 hab. ✉ 42590

M. ROCHE-MERCIER André,camping à la ferme CV. Prévieux. Par la N 82 dir. St-Etienne. A Vendranges prendre D 42 dir. St-Priest-La-Roche puis 1,4 km sur la gauche panneau du camping. ☎ 04 77 64 92 12. Fax : 04 77 64 92 12.

ST RIRAND

10-E1 22 km N.-O. Roanne. 800 m. 140 hab. ✉ 42370

LES GENETS LA CROIX DU SUD ★ Tourisme 18 E. (10 Tourisme + 8 Loisirs) . Locations : . ☎ 04 77 65 76 15.

ST ROMAIN LE PUY

10-F2 8 km S.-E. Montbrison. 405 m. 2423 hab. ✉ 42610

M. PASCAL Francisque,aire naturelle . A 2 km: . A 8 km : Piscine plein air . La Fumouse, 1 km de la commune, à proximité de la ferme. Pré herbeux, semi-ombragé. Auberge ferme à 100 m. ☎ 04 77 76 63 09 / 04 77 76 07 68.

Mme COMBAT Jeanne,aire naturelle . A 1 km: . A 2 km : . A 6 km : . A 8 km : Piscine plein air. L'Etang. Stage agricole. ☎ 04 77 58 62 84 / 04 77 76 62 84.

ST SAUVEUR EN RUE

10-F3 29 km S.-E. St Etienne. 730 m. 1209 hab. ✉ 42220

LES REIGNIERES ★★★ Tourisme 40 E. dont 27 nus (20 Tourisme + 20 Loisirs) 1 ha. snack, CV Sanitaire chauffé. Locations : . Accès direct à l'étang et à la rivière. ; ; . Accueil groupes. Ouv : 1.4 / 30.9. ☎ 04 77 39 24 71 / 04 77 39 20 33 (H.S.).

ST SIXTE

10-E1 22 km N.-O. Montbrison. 607 m. 626 hab. ✉ 42130

M. POYET Joanny,aire naturelle . La Prébende. Par RN 89 dir. Boën. A 5 km de Boën. ☎ 04 77 24 61 61.

ST THURIN

10-E1 33 km N.-O. Montbrison. 490 m. 290 hab. ✉ 42111

CAMP ESSI ★ Tourisme 20 E. (13 Tourisme + 7 Loisirs) 2 ha. CV. . Accès direct à la rivière. ; à 10 km : . Ouv : mai / septembre. Lieu-dit Les Vernière, 100 m RN 89. 10 km à l'A 72 sortie Noiretable/Lessalles. ☎ 04 77 97 90 47 / 04 77 97 91 10 (Mairie) (H.S.). Fax : 04 77 97 95 37. Prix 2007. Empl. Tourisme : 1 € ; 1 € ; 2 € ; 1,50 € ; - de 7 ans 1 € ; 2 €.

ST VICTOR SUR LOIRE

10-F2 462 km S.-E. Paris 516 m. ✉ 42230

DOMAINE NATURISTE LE DORIER ★ Loisirs 70 E. (10 Tourisme + 60 Loisirs) 8 ha. CV Rés. naturiste. Locations : 4 . Lac à 3 km. ; ; ; . Ouv : mai / octobre. ☎ 04 77 90 32 32. E-mail : ledorier@infonie.fr, Web : monsite.wanadoo.fr/ledorier. Prix 2007. Fft jour : Empl. Tourisme (2) : 17 € / jour ( ) ; Sup : 7 € 2,50 € ; Animaux 2,50 €.
FFCC : partenaire - terrain assuré par la FFCC.

STE AGATHE LA BOUTERESSE

10-E1 15 km N. Montbrison 387 m. 846 hab. ✉ 42130

Mme PARDON Nicole,camping à la ferme CV. La Barge. ☎ 04 77 97 50 21. E-mail : campingdelabarge@aol.com.

THELIS LA COMBE

10-F2 28 km S.-E. Saint-Etienne. 850 m. 164 hab. ✉ 42220

M. GRANJON Jean-Michel,aire naturelle CV. A 3 km: . A 8 km : Piscine plein air . A 10 km : . La Loge, RN 82, à 1 km de la commune, à proximité de la ferme. Pré herbeux, sous-bois. Promenades et randonnées pédestres GR 42. Grotte Sarazine à 1 km. Pistes balisées. ☎ 04 77 39 65 25.

USSON EN FOREZ

10-E2 40 km S.-O. Montbrison. 915 m. 1358 hab. Station verte de vacances et village de neige ✉ 42550

CAMP MUNICIPAL LES TILLEULS ★★ Loisirs 49 E. (22 Tourisme + 27 Loisirs) 0,8 ha. Etang et rivière à 600 m. Le Stade,100 m RD 104. ☎ 04 77 50 63 73 / 04 77 50 61 25 (Mairie).

M. BALEYDIER Louis,aire naturelle

VENDRANGES

10-F1 13 km S.-E. Roanne. 490 m. 226 hab. ✉ 42590

M. & Mme DELOIRE,camping du Petit Cheval CV. A 1 km: . A 6 km : . A 10 km : Piscine plein air . Ouv : 1.1 / 31.12. Montissut. Accès par la N 82, à Vendranges prendre la D 42 (route St-Priest-la-Roche) c'est la 1ère ferme à droite à 1,5 km. ☎ 04 77 64 90 96. E-mail : jeanetsuzanne@wanadoo.fr, Web : montissut.free.fr. Prix 2008. Fft jour : Empl. Tourisme (2) : 13 € ( )

M. ROCHE-MERCIER,camping Au Lac Boisé CV. A 1 km: . A 6 km : . A 10 km : Piscine plein air . A 12 km : . Prévieux. Par la N 82 dir. St-Etienne. A Vendranges prendre D 42 dir. St-Priest-la-Roche puis 1,4 km sur la gauche panneau camping. ☎ 04 77 64 92 12. Fax : 04 77 64 92 12.

VERIN

11-A2 57 km N.-E. Saint-Etienne. 150 m. 435 hab. ✉ 42410

M. DEZORMEAUX Jean-Claude CV. A 2 km: . A 3 km : Piscine plein air. Le Chatelard, par RN 86, à 2 km de la commune, à proximité de la ferme. Verger herbeux. ☎ 04 74 59 55 59.

VERRIERES EN FOREZ

10-E2 12 km S.-O. Montbrison. 825 m. 550 hab. ✉ 42600

M. RIVAL Camille,aire naturelle Le Soleillant CV. A 10 km: Piscine plein air . Ouv : 1.1 / 31.12. RD 496. ☎ 04 77 76 22 73. E-mail : camil le.rival@wanadoo.fr, Web : www.le-soleillant.com. Prix 2008. Fft jour : Empl. Tourisme (2) : 9 € ( ) ; 2,30 € (3 A).

LA VERSANNE

10-F2 20 km S.-E. Saint-Etienne. 870 m. 300 hab. ✉ 42220

M. HEYRAUD,aire naturelle CV. A 3 km: . A 7 km : Piscine plein air . A 10 km : . A 15 km : . Bagourd, RN 82, à 2 km Sud-Ouest de la commune. Autoroute Clermont/St-Etienne ou Lyon/St-Etienne, sortie n° 24 prendre dir. Valence/Annonay par N 82. A proximité de la ferme. Pré herbeux, à flanc de colline, rivière à 300 m. Garage pour caravanes. Local pour les repas. ☎ 04 77 39 63 45.

VILLEREST

10-E1 6 km S.-O. Roanne. 360 m. 2990 hab. ✉ 42300

L'OREE DU LAC ★★★ Tourisme 50 E. dont 50 nus (46 Tourisme + 4 Loisirs) 1 ha. CV. Locations : 4 , 6 , 4 . Rivière à 300 m. Lac à 400 m. à 400 m : , , ; à 800 m : . Barrage de Villerest. D 53. N 7. ☎ 04 77 69 60 88 / 06 75 75 20 13 (H.S.). Fax : 04 77 69 60 88. E-mail : camping@loreedulac.net, Web : www.loreedulac.net. Prix 2007. Fft jour : Empl. Tourisme (2) : 12,60 € ( ) ; Sup : 3,80 € - de 10 ans 3 € ; 3 € (6 A) ; Animaux 1,50 €.

HAUTE-LOIRE 43

Carte 10

Délégué FFCC : Christian MARREL, 19, Fonteline - 43270 ALLEGRE - christian.marrel@orange.fr

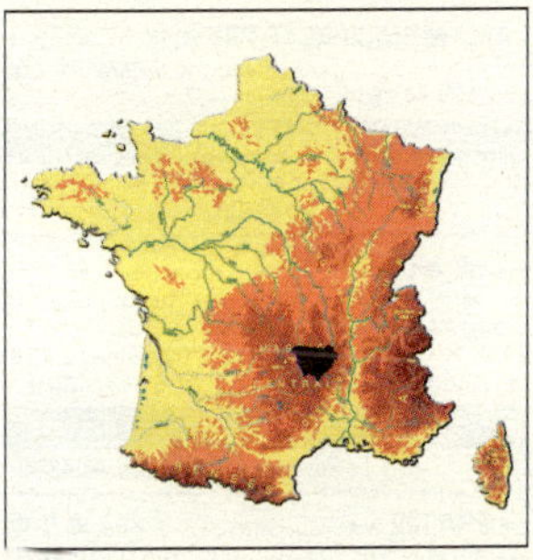

ALLEGRE

10-E3 26 km N.-O. Le Puy. 1000 m. 1375 hab. ✉ 43270

CAMP MUNICIPAL LA PINEDE ★★ Tourisme 35 E. 2,5 ha. CV. Rivière à 500 m. Lac à 5 km. Accueil groupes. Ouv : 15.6 / 15.9. Lieu-dit Le Chier, 300 m CD 21 et 13. ☎ 04 71 00 76 79 / 04 71 00 71 21 (Mairie) (H.S.). Fax : 04 71 00 22 84. E-mail : mairie.allegre@wanadoo.fr, Web : www.mairie.allegre.com. Prix 2007. 2 € ; 1,70 € ; 3 € ; 1,70 € ; 2,50 € ; - de 4/10 ans 1,40 € ; 1,80 à 2,60 € (3 à 6 A) ; Animaux 0,90 €.

FFCC : partenaire + réduction emp. de 5 % en saison et hors saison.

ALLEYRAS

10-E4 28 km S.-O. Le Puy. 670 m. 290 hab. ✉ 43580

CAMP MUNICIPAL AU FIL DE L'EAU ★★ Tourisme 66 E. dont 60 nus (51 Tourisme + 15 Loisirs), dont 6 HLL, 0,9 ha. et au village, CV Sanitaire chauffé. Locations : 6 . Accès direct à la rivière. rivière : ; ; . Accueil groupes. Ouv : 14.4 / 26.10. Au bourg de Pont d'Alleyras. ☎ 04 71 57 56 86 / 04 71 57 56 67 (Mairie) (H.S.). Fax: 04 71 57 56 86. E-mail : mairie.camping-municipal@akeonet.com, Web : www.chalets-decouverte.com. Prix 2007. Fft jour : Empl. Tourisme (2) : 8,50 € ( ) ; Sup : 4 € - de 10 ans 2,50 € ; 2,50 € ; Animaux 1 €. Fft Ccar : 10 € (2).

FFCC : partenaire + réduction emp. de 5 % en saison et 10 % hors saison.

AIRE NATURELLE MUNICIPALE DE PONT D'ALLEYRAS ☎ 04 71 57 56 86.

AUREC SUR LOIRE

10-F2 45 km N. Yssingeaux. 432 m. 4563 hab. ✉ 43110

CAMP CLUB ATOUVERT DE PORT BUISSON ★★★ Loisirs 165 E. (60 Tourisme + 105 Loisirs), dont 135 CC - 30 GCC - 2 HLL, 4 ha. CV. Locations : 2 , 3 . chauffée . Accès direct à l'étang et à la rivière. ; ; ; ; . Accueil groupes. D 46. ☎ 04 77 35 24 65 / 04 67 36 35 42 (H.S.). Fax : 04 67 36 35 42. E-mail : a.tou.vert@wanadoo.fr, Web : www.atouvert.com. Prix 2007. Fft jour : Empl. Tourisme (2) : 11,25 € ( ) ; Sup : 3,10 € - de 11 ans 2,55 € ; 3,60 € (6 à 10 A) ; Animaux 1 €

AUZON

10-D2 12 km N. Brioude. 440 m. 1170 hab. ✉ 43390

CAMP MUNICIPAL ★★★ Tourisme 37 E. 0,75 ha. au village, au village, CV. Rivière à 1 km. ; à 1 km : , . Accueil groupes. Ouv : 12.6 / 4.9. 1, chemin des Moulins. A 75 sortie 17 dir. Jumeaux. Sortie 20 et dir. Lempdes. ☎ 04 71 76 18 61 / 04 71 76 11 42 (H.S.). Fax : 04 71 76 11 08. E-mail : mairie-auzon@wanadoo.fr, Web : www.auzon.net. Prix 2007. Fft jour : Empl. Tourisme (2) : 9,20 € Sup : 3,85 € - de 7/15 ans 2,80 € ; 2,65 €.

BAS EN BASSET

10-F3 20 km N. Yssingeaux. 450 m. 2521 hab. Station verte de vacances et village de neige ✉ 43210

CAMP MUNICIPAL DE LA GARENNE ★★ Loisirs 496 E. . Etang et rivière à 50 m. . RN 12 et RD 46. ☎ 04 71 66 70 01 / 04 71 66 72 37. Fax : 04 71 66 94 82.

LA CROISIERE PLAGE ★ Loisirs 94 E. 3 ha. Locations : . Accès direct à la rivière. ; ; ; La Camargue. Autoroute St-Etienne Le Puy sortie Bas-en-Basset et Gorges de la Loire. ☎ 04 71 66 71 10.

BEAUZAC

10-E3 17 km N. Yssingeaux. 477 m. 1867 hab. ✉ 43590

LES MOULINS ★★★ Loisirs 135 E. (15 Tourisme + 120 Loisirs), dont 11 HLL. Locations : , . Accès direct à la rivière. ; . Confolent. Association familiale des travailleurs de la Loire. Confolent. Salle de jeux. ☎ 04 71 61 47 02. Fax : 04 77 25 76 20.

PARC RESIDENTIEL DE LOISIRS LES JARDINS DU SOLEIL P.R.L. 196 E., dont 196 GCC - 80 HLL, 18 ha. Confolent. ☎ 04 71 61 50 34.

BLAVOZY

10-E3 9 km E. Le Puy. 690 m. 996 hab. ✉ 43700

LE MOULIN DE BARETTE ★★★ Tourisme 100 E. 1 ha. CV. Locations : , . Accès direct à la rivière. ; . Le Pont de Sumène, 300 m RN 88. ☎ 04 71 03 00 88. Fax : 04 71 03 00 51. E-mail : hotel@lemoulindebarette.com, Web : www.lemoulindebarette.com.

BLESLE

10-D3 23 km N.-O. Brioude. 499 m. 851 hab. 43450

CAMP MUNICIPAL LA BESSIERE ★★ Tourisme 42 E. 1 ha. CV Camping tourisme et handicap. Locations : . Accès direct à la rivière. Accueil groupes. Ouv : 15.4 / 30.9. Sortie 22 A 75 et 24 A 75. ☎ 04 71 76 25 82 / 04 71 76 20 75 (H.S.). Fax : 04 71 76 25 42. E-mail : bleslecamping@free.fr, Web : blesle-camping.ifrance.com. Prix 2008. Empl. Tourisme : 1,60 € : 1,60 € ; 1,60 € ; 1,60 € ; - de 5/12 ans 0,90 € ; 2,20 € (10 A) ; Animaux 0,90 € (chien).

BRIVES CHARENSAC

10-E3 4 km E. Le Puy. 610 m. 4188 hab. 43700

CAMP MUNICIPAL AUDINET ★★★ Tourisme 177 E. dont 177 nus, 5 ha. pizzéria, collectif, CV. Locations : 2, 10, 3. Accès direct à la rivière. : 3 km du Puy-en-Velay. Route de Valence. Par RN 88 puis D 15. ☎ 04 71 09 10 18 (Tél & fax) / 04 71 02 12 55 (H.S.) / 04 71 02 12 55 (H.S.). Fax : 04 71 09 41 10. Web : www.brives-charensac.fr. Prix 2007. 2,50 € (6 ou 10 A). Fft Ccar : 7 €. Fft Tente : 8.2 €.

CAYRES

10-E3 17 km S.-O. Le Puy. 1180 m. 589 hab. 43510

LE MOULIN ★★★ Loisirs 21 E. 1 ha. Locations : . Rivière à 10 m. à 6 km : . Accueil groupes. Ouv : 15.6 / 15.9. L'Escarcelle. RN 88 Le Puy Mende sortie Costaros, au Montagnac D 33 Cayres. ☎ 04 71 57 33 50 / 06 07 87 55 73 (H.S.). Prix 2008. Fft jour : Empl. Tourisme (2) : 15 € ( )

CEAUX D ALLEGRE

10-E3 24 km S.-E. Le Puy. 900 m. 620 hab. 43270

LANGLADE ★★ Loisirs 35 E. dont 5 nus 0,8 ha. épicerie, . Locations : 5 yourtes. Accès direct aux bords du lac. Rivière à 2 m. Etang à 50 m. Accueil groupes. ☎ 04 71 00 79 66. Web : www.lavi emoderne.com.

LA CHAISE DIEU

10-E3 46 km E.-N.-E. Brioude. 1090 m. 953 hab. Station verte de vacances et village de neige 43160

CAMP MUNICIPAL LES PRADES ★★★ Tourisme 110 E. dont 100 nus, , dont 10 HLL, 1 ha. CV Sanitaire chauffé. Locations : 10. Accès direct à l'étang et aux bords du lac et à la rivière. ; à 300 m : . Accueil adultes. Sur N 906. ☎ 04 71 00 07 88 / 04 71 00 01 57 (H.S.). Fax : 04 71 00 03 43. Web : www.chalets-decouverte.com. Prix 2007. 2,80 € ; 3 € ; 2,50 € ; 3 € ; - de 12 ans 1,95 € ; 2,90 € (10 A).

CHAMALIERES SUR LOIRE

10-E3 30 km N.-E. Le Puy. 522 m. 430 hab. 43800

LE PRE VERT ★ Loisirs 78 E. (10 Tourisme + 68 Loisirs) 2 ha. CV. Locations : 4. Accès direct à la rivière. RD 103. ☎ 04 71 03 42 45. Fax : 04 71 03 46 56.

LE CHAMBON SUR LIGNON

10-F3 26 km S.-E. Yssingeaux. 940 m. 3039 hab. 43400

LES HIRONDELLES ★★★★ Tourisme 51 E. dont 42 nus, , dont 3 HLL, 1 ha. , partiel, CV Sanitaire chauffé. Locations : . Rivière à 1 km. à 1 km : ; à 10 km : . Ouv : 1.7 / 1.9. Route de la Suchère. Dir. Le Puy. ☎ 04 71 59 73 84. Fax : 04 71 65 88 80. E-mail : leshirondelles.bader@orange.fr, Web : www.campingleshirondelles.fr. Prix 2008. Fft jour : Empl. Tourisme (2) : 18 € ( ) ; Sup : 4,20 € - de 10 ans 2,75 € ; 2,70 à 4,25 € (2 à 6 A). Réduction H.S.

CAMP DU LIGNON ★★★ Tourisme 130 E. 2 ha. buvette, snack saison, saison, , saison, CV. Locations : 1, 9. Rivière à 300 m. ; à 1 km : . Accueil groupes. Par N 88 entre St-Etienne et Yssingeaux sortir Le Chambon, sur place le stade. ☎ 04 71 59 72 86. Fax : 04 71 59 72 86. E-mail : campingdulignon@wanadoo.fr, Web : www.campingduligon.com.

CHANTEGRENOUILLE,aire naturelle de camping

LA CHIKANE,aire naturelle de camping . Domaine de la Rionde. ☎ 04 71 59 79 78. Fax : 04 71 59 26 62. E-mail : lachikane@orange.fr, Web : lachikane.fr. Prix 2007. Empl. Tourisme : 4 € ( ) :

CHAMPAGNAC LE VIEUX

10-E2 16 km N.-E. Brioude 878 m. 415 hab. 43440

LA CHANTERELLE ★★★ Tourisme 110 E., dont 20 HLL, 4 ha. , partiel, CV Sanitaire chauffé. Locations : 20, 10. Lac à 10 m. Ouv : 1.4 / 31.10. A 75 sortie 17 Brassac-les-Mines, à Jumeaux dir. Auzon puis dir. Champagnac-le-Vieux. N 102. A Brioude dir. La Chaise Dieu par D 588. ☎ 04 71 76 34 00. Fax : 04 71 76 34 00. E-mail : camping@champagnac.com, Web : www.champagnac.com. Prix 2007. Empl. Tourisme : 5,70 € ; 1,70 € ; 2,70 € ; 2,70 € ; 1,70 € ; 2,70 €. Réduction H.S.

CHAMPCLAUSE

30 km E. Le Puy. 1190 m. 274 hab. 43260

BOUSSOULET ★ Tourisme 12 E., dont 3 HLL, 0,28 ha. RD 15 Le Puy Valence. ☎ 04 71 08 71 03. Fax : 04 71 08 71 03.

CHANTEUGES

10-E3 32 km S.-E. Brioude. 348 hab. 43300

LA GRAVIERE,aire naturelle de camping municipal A 500 m : ☎ 04 71 74 01 11 / () / 04 71 74 02 87 (Mairie) (H.S.).

CHAVANIAC LAFAYETTE

10-E3 24 km S.-E. Brioude. 715 m. 390 hab. 43230

CAMP MUNICIPAL ★★ Tourisme 19 E. 1 ha. Etang à 800 m. à 1 km : . N 102 Brioude/Le Puy. D 513 dir. Chavaniac Lafayette. ☎ 04 71 76 65 54.

CHILHAC

10-D3 21 km S. Brioude. 500 m. 175 hab. 43380

AIRE NATURELLE MUNICIPALE CV. A 50 m : . A 1 km : . A 2 km : . ☎ 04 71 77 46 65 / / 04 71 77 41 71 (H.S.). Fax : 04 71 77 41 71.

COUBON

10-E3 7 km S.-E. Le Puy 680 m. 2047 hab. 43700

COMME AU SOLEIL ★★★ Tourisme 48 E. dont 39 nus, dont 36 GCC, 1,50 ha. sauf tenus en laisse plus de 200m des arbres, , petanque. volley-ball, , 1, CV. Locations : 4, 6. Accès direct aux bords du lac. Rivière à 200 m. Accueil groupes. Route du Plan d'Eau. Au Puy-en-Velay dir. Aubenas puis Coubon. ☎ 04 71 08 32 55 / 06 16 51 48 71 (H.S.). E-mail : dumoulin-patrick@club-internet.fr. Prix 2008. Fft jour : Empl. Tourisme (2) : 13 € ( ) ; Sup : 2,50 € 1,50 € ; 3 € (10 A A) ; Animaux 1 €. Réduction H.S.

CRAPONNE SUR ARZON

10-E2 40 km N. Le Puy. 940 m. 3309 hab. Station verte de vacances et village de neige 43500

CAMP MUNICIPAL ★★★★ Tourisme 30 E. (15 Tourisme + 15 Loisirs), dont 15 GCC, 1 ha. . Parc des sports. ☎ 04 71 03 23 09 / 04 71 03 20 03. Fax : 04 71 03 36 16.

ESPALEM

10-D3 14 km O. Brioude. 634 m. 213 hab. 43450

M. DELAIR Clément CV. A 4 km: . A 5 km : . A 6 km : . A 8 km : Piscine plein air . A 20 km : . Ouv : 1.4 / 30.10. Route Impériale. La Baraque d'Espalem. A 4 km A 75 sortie n° 22. Prendre D 20 puis au carrefour D 653 jusqu'au camping. Sentiers de randonnées GR 41. Fabrication artisanale (dentelle au carreau). ☎ 04 71 76 20 50. Prix 2008. Empl. Tourisme : 1,75 € ( ) : 2,75 € ; - de 7 ans 1,65 € ; 2,25 € (4 A).

FAY SUR LIGNON

10-F3 40 km S.-E. Le Puy. 1180 m. 480 hab. 43430

LA FERME DE MATHIAS ★ Tourisme 20 E. CV. Rivière à 150 m. Accueil groupes. ☎ 04 71 59 54 89 / / 04 71 59 51 63 (H.S.). Fax : 04 71 59 57 97. E-mail : mairiefaysurlignon@wanadoo.fr.

GOUDET

10-E4 29 km S. Le Puy. 770 m. 80 hab. 43150

AU BORD DE L'EAU ★★★ Tourisme 90 E. 4 ha. 2 fois/sem., , 2, CV Sanitaire chauffé. Locations : 6. Rivière à 15 m. Accueil groupes. A Costaros, prendre CD 49. ☎ 04 71 57 16 82 / 06 86 96 54 58 (H.S.). Fax : 04 71 57 12 88. E-mail : auborddeleaugoudet@orange.fr, Web : perso.orange.fr/auborddeleau/. Réduction H.S.

CAMP MUNICIPAL LE PRE AUX MOINES ★ Tourisme 12 E. Accès direct à la rivière. ☎ 04 71 57 15 80 (Mairie).

JULLIANGES

10-E3 40 km N.-O. Le Puy. 958 m. 402 hab. 43500

CAMP MUNICIPAL ★★ Tourisme 12 E. Accès direct aux bords du lac. Etang et rivière à 20 m. Ouv : 15.6 / 15.9. ☎ 04 71 03 39 00. Prix 2007. Empl. Tourisme : 2,40 € ; 2,40 € ; - de 15 ans 1,20 € ; 1,80 €.

LANDOS

10-E4 25 km S. Le Puy. 1120 m. 1146 hab. 43340

LA PRAIRIE ★★ Tourisme 22 E. 1,2 ha. 1 km RN 102, 600 m RD 88. ☎ 04 71 08 22 58.

LANGEAC

10-D3 32 km S. Brioude. 500 m. 4733 hab. Station verte de vacances et village de neige 43300

CAMP DES GORGES DE L'ALLIER ★★★ Tourisme 200 E., dont 16 HLL, 10 ha. CV. Locations : 20, 6. Accès direct à la rivière. Accueil groupes. Domaine du Pradeau. 500 m RN 585 et 590. ☎ 04 71 77 05 01. Fax : 04 71 77 27 34.

LAVOUTE CHILHAC

10-D3 23 km S. Brioude. 480 m. 272 hab. 43380

CAMP MUNICIPAL LA RIBEYRE ★★ Tourisme 65 E. 1,5 ha. 2 courts. Accès direct à la rivière. 300 m RN 585. ☎ 04 71 77 48 03 / 04 71 77 40 85 (Mairie).

LAVOUTE SUR LOIRE

10-E3 13 km N. Le Puy. 560 m. 605 hab. 43800

CAMP MUNICIPAL LES LONGES ★★★ Tourisme 62 E. dont 57 nus, , dont 5 HLL, 2 ha. 2 km, CV. Locations : payant. Rivière à 15 m. Accueil groupes. acces routier ☎ 04 71 08 18 79 / 04 71 08 54 74 / 04 71 08 50 13 (H.S.). Fax : 04 71 08 16 96. Web : www.cc-emblavez.fr/camping-les-longes.

LEMPDES SUR ALLAGNON

10-D2 14 km N.-O. Brioude. 440 m. 1567 hab. 43410

A TOU VERT ★★★ Tourisme 90 E., dont 10 HLL, 2 ha. buvette. Locations : . Accès direct à la rivière. ; . Route de Chambezon. A 75 sortie 19 ou 20. ☎ 04 71 76 53 69 / 04 71 59 65 56. Fax : 04 71 59 65 56. E-mail : A.TOU.VERT@net-up.com, Web : www.atouvert.com.

MAZET ST VOY

10-F3 17 km S.-E. Yssingeaux. 1040 m. 1106 hab. 43520

CAMP MUNICIPAL SURNETTE ★★★ Tourisme 62 E., dont 9 HLL. Locations : . . Rivière à 1 km.Etang à 4 km. . RN 88 Le Puy-St-Etienne sortie Yssingeaux puis St-Jeures Le Mazet. RD 15 Le Puy-Valence sortie Le Mazet suivre indications. ☎ 04 71 65 05 69. Fax : 04 71 65 07 38. E-mail : tourisme@mazet-st-voy.com.

LE MONASTIER SUR GAZEILLE

10-E3 20 km S.-E. Le Puy. 950 m. 2093 hab. Station verte de vacances et village de neige 43150

CAMP MUNICIPAL LE MOULIN DE SAVIN ★★ Tourisme 59 E., dont 3 HLL, 3,5 ha. pain, CV. Locations : . . Accès direct à la rivière. ; ; . Accueil groupes en juillet. Moulin de Savin. D 535. ☎ 04 71 03 82 24.

MONISTROL D ALLIER

10-E3 28 km S.-O. Le Puy. 590 m. 340 hab. 43580

CAMP MUNICIPAL DU VIVIER ★★★ Tourisme 46 E. 1 ha. Locations : . Accès direct à la rivière. ; ; . 300 m RN 589. ☎ 04 71 57 21 21 (Mairie) / 04 71 57 24 14. Fax : 04 71 57 25 03. E-mail : mairie-monistroldallier@wanadoo.fr, Web : www.monistroldallier.com.

MONTUSCLAT

10-F3 27 km E. Le Puy. 1055 m. 127 hab. 43260

SABATOUX ★ Tourisme 15 E.

PAULHAGUET

10-E3 15 km S.-E. Brioude 530 m. 1047 hab. Station verte de vacances et village de neige 43230

CAMP MUNICIPAL ★★★ Tourisme 32 E. 3 ha. Sanitaire chauffé. Accès direct à la rivière. ; . Accueil groupes. Ouv : 1.4 / 15.10. Lieu-dit La Fridière, CD 4 à 150 m. Borne internet, wifi. ☎ 04 71 76 65 61. Fax : 04 71 76 65 54. E-mail : camping.paulhaguet@wanadoo.fr, Web : www.camping.fr.nl. Prix 2007. Empl. Tourisme : 5,20 € ; 3,20 € ; 2 € ; Animaux 1 €.

PINOLS

10-D3 48 km S. Brioude. 1000 m. 385 hab. 43300

CAMP MUNICIPAL ★★ Tourisme 16 E. ☎ 04 71 74 10 42 (Mairie).

PRADELLES

10-E4 34 km S. Le Puy. 1157 m. 624 hab. Station verte de vacances et village de neige 43420

CAMP MUNICIPAL FONTMAURE ★ Loisirs 30 E. 2 ha. CV. Locations : . Rivière à 2 km. ; ; ; . Avenue du Puy, Lieu-dit Fantmaure. ☎ 04 71 00 80 37 (Piscine) / 04 71 00 85 74 (Mairie). Fax : 04 71 00 84 21.

CAMP MUNICIPAL ROCHER DE GRELET ★ Tourisme 28 E. 1,65 ha. . Rivière à 2 km. ; ; ; . Lieu-dit Rocher de Grelet, route de Langogne. ☎ 04 71 00 80 07 / 04 71 00 80 37 (Mairie).

PRADES

10-E3 46 km S.-E. Brioude. 550 m. 57 hab. 43300

AIRE NATURELLE MUNICIPALE . Bord d'Allier. Suivre la D 48 jusqu'au village. ☎ 04 71 74 01 90 / 04 71 74 05 16. E-mail : prades.haut-allier@wanadoo.fr.

M. BONHOMME Alain,aire naturelle Les Escargots Bleus . A 200 m : . Ouv : mai / septembre. Chemin du Breuil. Caravane non autorisée. Possibilité de recevoir des camping-cars de taille moyenne. ☎ 04 71 74 00 41 / 04 71 59 12 56 (H.S.). Fax : 04 71 59 12 56. E-mail : lesescargotsbleus@hotmail.fr, Web : www.lesescargotsbleus.com. Prix 2007. () : 4,50 € ; - de 5 ans 3 €. Fft Ccar : 10 € (2). Fft Tente : 8,50 € (1).

LE PUY EN VELAY

506 km S.-E. Paris. 630 m. 25968 hab. 43000

CAMP MUNICIPAL BOUTHEZARD ★★ Tourisme 80 E. 0,97 ha. CV Sanitaire chauffé. Rivière à 200 m. . Avenue d'Aiguilhe, 200 m RN 102. ☎ 04 71 09 55 09 / 06 15 08 23 59 (H.S.).

RETOURNAC

10-E3 14 km N.-O. Yssingeaux. 510 m. 2268 hab. Station verte de vacances et village de neige 43130

CAMP MUNICIPAL ★★ Tourisme 88 E. 2 ha. CV. Locations : . chauffée . Accès direct à la rivière. ; ; . Accueil groupes. Lieu-dit Les Ribes, 40 m RD 9 et RN 103. ☎ 04 71 59 40 16. Fax : 04 71 59 24 72. E-mail : mairie-retournac@wanadoo.fr, Web : www.ville-retournac.fr. Réduction H.S.

Mme COMMUNAL Isabelle,aire naturelle . A 300 m : . A 600 m : . A 1 km: Piscine plein air . ☎ 04 71 59 21 95 / 04 78 71 02 04. E-mail : communal@club-internet.fr.

ST ARCONS DE BARGES

10-E4 30 km S.-E. Le Puy 960 m. 192 hab. 43420

CAMPING MARCONNES,aire naturelle . A 6 km: . A 10 km : . Ouv : Pâques / Toussaint. Venant du Puy-en-Velay, prendre la N 88 dir. Aubenas-Mende. A Le Sauvetat tourner à gauche, dir. Barges puis St-Arcons de Barges. Après 5 mn, le camping est à droite. ☎ 04 71 01 01 16. Fax : 04 71 01 01 16. E-mail : lemarconnes@wanadoo.fr, Web : www.lemarconnes.com. Prix 2008. Fft jour : Empl. Tourisme (2) : 15,30 € () ; Sup : 3,50 € - de 12 ans 2,50 € ; Animaux 1,75 €.

M. MEJEAN,aire naturelle Le Bois d'Arlempdes.

ST AUSTREMOINE

10-D3 27 km S. Brioude 600 m. 87 hab. 43380

M. REYMONDIER Louis CV. La Borie. Lavoûte-Chilhac, par D 4 et D 642. ☎ 04 71 77 48 96 / 04 71 77 42 05. Fax : 04 71 77 34 31.

ST DIDIER EN VELAY

10-F3 30 km N.-E. Yssingeaux. 835 m. 2450 hab. 43140

LA FRESSANGE ★★★ Tourisme 86 E., dont 10 GCC - 11 HLL, 2 ha. CV. Locations : 6 . . RN 88 St-Etienne/Le Puy sortie 31 Firminy puis D 500 dir. St-Didier en Velay. ☎ 04 71 66 65 28 / () / 0 825 801 440 (Réserv.) (H.S.). Fax : 04 73 34 70 94. Web : www.revea-vacances.fr.

ST ETIENNE LARDEYROL

10-E3 12 km E. le Puy. 815 m. 510 hab. 43260

M. MALEYSSON Bernard . A 5 km: . A 8 km : . A 11 km : Piscine plein air. Rabuzac, RN 88 puis RD 26, à 2 km Nord-Est de la commune, à proximité de la ferme. A flanc de colline, herbeux, ombragé, rivière à 1 km. ☎ 04 71 57 66 13.

ST GEORGES D AURAC

10-E3 21 km S.-E. Brioude 633 m. 462 hab. 43230

Mme ISSARTEL Renée,camping Les Baies Sauvages . A 6 km: . A 9 km : Piscine couverte. Ouv : 1.5 / 30.9. Freycenet. Par la RN 102 entre Le Puy-en-Velay et Brioude. ☎ 04 71 77 51 05. Fax : 04 71 77 51 05. Prix 2007. Empl. Tourisme : 2 € () : 3 € ; - de 7 ans 2 € ; 2,50 €.

ST JEURES

10-F3 10 km S.-E. Yssingeaux. 1040 m. 775 hab. 43200

Mme TRILLAND Régine CV. A 1,5 km: . A 1 km : . A 6 km : . A 8 km : . A 10 km : Piscine plein air Piscine couverte . Ouv : 1.5 / 30.9. Le Villaret. De Tence prendre la D 103 puis à la Jeanne la D 47. D'Yssingeaux et de Montfaucon prendre la D 105 puis à la Chambertière la D 47. ☎ 04 71 59 05 29 / 06 81 65 14 94 (H.S.). Prix 2008. Empl. Tourisme : 2 € () : 3 € ; - de 7 ans 2 € ; 2 €. Réduction H.S.

FFCC : partenaire + réduction emp. de 5 % en saison et 10 % hors saison + réduction loc. de 5 % en saison et 10 % hors saison.

ST JULIEN CHAPTEUIL

10-E3 15 km E. Le Puy. 820 m. 1684 hab. Station verte de vacances et village de neige 43260

CAMP MUNICIPAL LA CROIX BLANCHE ★★ Tourisme 40 E. 0,6 ha. CV. Locations : 2 , 3 . Accès direct à la rivière. ☎ 04 71 08 70 01.

ST MAURICE DE LIGNON

10-F3 10 km N. Yssingeaux. 740 m. 1573 hab. 43200

CAMP DU SABOT ★★ Loisirs 77 E. (8 Tourisme + 69 Loisirs), dont 6 HLL, 2 ha. CV. Locations : 5 , . Rivière à 3 km. ; à 3 km : ; à 10 km : . Ouv : 15.4 / 15.10. 1 km Est de l'agglomération. RN 88 sortie Saint-Maurice de Lignon entre Saint Etienne (40 km) et Le Puy-en-Velay (35 km). ☎ 04 71 65 32 68 / 04 71 59 14 05 (H.S.). E-mail : campingdusabot@aol.com, Web : www.campingdusabot.fr. Prix 2007. Empl. Tourisme : 3,50 € ; 3,40 € ; - de 7 ans 1,70 € ; 3,30 €.

FFCC : partenaire + réduction emp. de 10 % en saison et hors saison + réduction loc. de 10 % hors saison.

ST PAL DE CHALENCON

10-E2 38 km N.-O. Yssingeaux. 878 m. 1043 hab. 43500

CAMP MUNICIPAL SAINTE REINE ★★ Loisirs 26 E., dont 26 CC, 0,46 ha. CV. . Rue de l'Argentière. 5 km CD 498, 200 m CD 12. ☎ 04 71 61 30 19 / / 04 71 61 33 87 (H.S.). Fax : 04 71 61 37 71. E-mail : stpal-chalencon@wanadoo.fr, Web : www.saint-pal.com.

ST PAUL DE TARTAS

10-E4 32 km S. Le Puy. 1200 m. 415 hab. 43420

CAMP MUNICIPAL ★★ Tourisme 34 E. ☎ 04 71 00 81 44 (Mairie).

ST PAULIEN

10-E3 14 km N.-O. Le Puy. 795 m. 1825 hab. Station verte de vacances et village de neige 43350

LA ROCHELAMBERT ★★★ Tourisme 100 E., dont 19 HLL. CV. Locations : . Accueil groupes. Ouv : 15.5 / 15.9. ☎ 04 71 00 54 02. Fax : 04 71 00 54 32. E-mail : infos@camping-rochelambert.com, Web : www.camping-rochelambert.com.

ST PIERRE EYNAC

10-E3 17 km E. Le Puy. 865 m. 664 hab. 43260

M. MORAMBERT Jacques . A 2 km: Piscine plein air . A 3 km : . A 5 km : . Marcilhac. Sur D 28. Entre St Julien Chapteuil et Le Pertuis. A 2,5 km du bourg de St Julien Chapteuil. Marcilhac, à 4 km de la commune, à proximité de la ferme. Pré ombragé, proximité immédiate bois et rivières. ☎ 04 71 08 72 02.

ST PREJET D ALLIER

10-E4 33 km S.-O. Le Puy 850 m. 268 hab. 43580

CAMP MUNICIPAL ★★ Tourisme 20 E. CV. Locations : . Rivière à 15 m. Accueil groupes. ☎ 04 71 74 43 09 / / 04 71 74 06 53 (H.S.).

PARC RESIDENTIEL DE LOISIRS P.R.L. 10 E., dont 10 HLL. ☎ 04 71 74 43 09.

ST PRIVAT D ALLIER

10-E3 22 km S.-O. Le Puy. 875 m. 551 hab. 43580

CAMP MUNICIPAL ★★ Tourisme 18 E. 0,25 ha. CV. Rivière à 5 km. ; à 5 km : . Accueil groupes. Le Marchat. ☎ 04 71 57 22 13. Fax : 04 71 57 25 50. E-mail : info@mairie-saintprivatdallier.fr, Web : www.mairie-saintprivatdallier.fr.

ST VENERAND

10-E4 38 km S.-O. Le Puy. 1020 m. 69 hab. 43580

M. FRAISSE ELie,aire naturelle Le Moulin de Jo CV. A 1 km: . A 3 km : . A 10 km : . Ouv : 1.5 / 1.11. Malevieille. ☎ 04 66 69 61 07. Fax : 04 66 69 61 07.

ST VINCENT

10-E3 17 km N. Le Puy. 552 m. 740 hab. 43800

AIRE NATURELLE MUNICIPALE . ☎ 04 71 08 51 11.

STE SIGOLENE

10-F3 23 km N.-E. Yssingeaux. 810 m. 5052 hab. 43600

LE VAUBARLET ★★★ Tourisme 131 E. dont 102 nus (116 Tourisme + 15 Loisirs), dont 14 GCC - 5 HLL, 5 ha. self, dépôt pain, 2, CV. Camping clef verte. Locations : 5 , 12 , 12 . chauffée . Accès direct à la rivière. 1ère catégorie : ; . Accueil groupes. RN 88 St-Etienne/Le Puy-en-Velay sortie Ste-Sigolène. A Ste-Sigolène dir. Grazac. Camping à 6 km de Ste-Sigolène. ☎ 04 71 66 64 95. Fax : 04 71 66 11 98. E-mail : camping@vaubarlet.com, Web : www.vaubarlet.com. Prix 2008. Fft jour : Empl. Tourisme (2) : 18 € ( ) ; Sup : 4 € 2 € ; 3 € (6 A A) ; Animaux 1 €. Réduction H.S.

FFCC : réduction loc. de 5 % hors saison + HC.

SAUGUES

10-E3 44 km S.-O. Le Puy. 960 m. 2497 hab. Station verte de vacances et village de neige 43170

CAMP MUNICIPAL ★★★★ Tourisme 122 E. dont 112 nus, , dont 10 HLL, 4 ha. CV Sanitaire chauffé. Locations : 15 , 1 . Accès direct aux bords du lac et à la rivière. ; ; . Accueil groupes. Ouv : 15.4 / 15.10. 200 m RN 589. ☎ 04 71 77 80 62 / 06 65 15 04 32 (H.S.). Fax : 04 71 77 66 40. E-mail : camping@mairie-saugues.com, Web : www.mairie-saugues.com. Prix 2007. Fft jour : Empl. Tourisme (2) : 10,60 € ( ) ; Sup : 2,80 € - de 13 ans 1,40 € ; 2,50 €. Réduction H.S.

FFCC : Stop accueil Camping-car du 15/04 au 15/10/2008, accès jusqu'à 20h et 18h30 hors saison.

SEMBADEL

10-E3 40 km E. Brioude. 1089 m. 263 hab. 43160

CAMP MUNICIPAL LES CASSES ★★ Tourisme 24 E. 0,24 ha. CV. . Etang, lac et rivière à 2 km. à 1 km : ; à 2 km : . CD 906. ☎ 04 71 00 90 62 (Mairie) / / 04 71 00 94 72 (H.S.). Fax : 04 71 00 91 79.

SIAUGUES STE MARIE

10-E3 34 km S.-E. Brioude. 910 m. 1015 hab. 43300

CAMP MUNICIPAL ★★ Tourisme 18 E. 0,4 ha. CV.à 4 km : ; à 10 km : . Accueil groupes. Ouv : 15.6 / 15.10. ☎ 04 71 74 23 68. Fax : 04 71 74 29 09. E-mail : siaugues.infonicole@orange.fr. Prix 2007. ( ) : 2,70 € ; 1,47 € ; 3,60 € ; 2,15 € ; 2,25 € ; - de 10 ans 1,12 € ; 1,23 € ; Animaux 0,56 €.

SOLIGNAC SUR LOIRE

10-E3 11 km S. Le Puy. 860 m. 943 hab. 43370

CAMP MUNICIPAL ★★ Tourisme 33 E. 1 ha. CV. . Rivière à 3 km. à 3 km : , , . Ouv : 15.6 / 15.9. Par RN 88, dir. Le Monastier. ☎ 04 71 03 11 46 (Mairie). Fax : 04 71 03 12 77. E-mail : mairie.solignacsurloire@wanadoo.fr. Prix 2007. ( ) : 2,33 € ; 1,48 € ; 4,24 € ; 1,59 € ; 2,12 € ; - de 6/12 ans 1,48 € ; 2,12 €.

TENCE

10-F3 18 km S.-E. Yssingeaux. 850 m. 2733 hab. Station verte de vacances et village de neige 43190

CAMP MUNICIPAL ★★★ Tourisme 120 E. 2 ha. . Locations : . Accès direct à la rivière. ; à 50 m : . La Levée des Frères, par CD 63. ☎ 04 71 59 83 10 / 04 71 59 82 67 (Mairie).

VALPRIVAS

10-E3 33 km N.-O. Yssingeaux. 835 m. 300 hab. 43210

AIRE NATURELLE MUNICIPALE Chomont. CD 12. ☎ 04 71 66 72 64 (Mairie). Fax : 04 71 66 74 19. E-mail : mairie@valprivas.com, Web : www.valprivas.com.

VIEILLE BRIOUDE

10-D3 4 km S. Brioude. 445 m. 645 hab. 43100

CAMP INTERCOMMUNAL LA BAGEASSE ★★★ Tourisme 96 E. dont 75 nus, , dont 15 HLL, 1 ha. , buvette, , partiel, , dans le bar, CV. Locations : 15 , 4 . . Accès direct à la rivière. ; ; . 2 km de la RN 102. Au Sud de la commune, route du Puy en Velay. ☎ 04 71 50 07 70 / 0 825 801 440 (H.S.). Fax : 04 73 34 70 94. E-mail : contact@revea-vacances.com, Web : www.revea-vacances.fr/campings/destination.php?id=. Prix 2008. Fft jour : Empl. Tourisme (2) : 14,70 € ( ) ; Sup : 3,90 € 2,60 € ; 3,50 € ; Animaux 1,50 €.

VIELPRAT

10-E4 34 km S.-E. Le Puy 930 m. 109 hab. 43490

M. MIALON Prosper,camping à la ferme CV. Le Mas Vielprat. ☎ 04 71 57 15 99.

VILLENEUVE D ALLIER

10-D3 13 km S.-O. Brioude. 456 m. 346 hab. 43380

LA VIALETTE ★★ Tourisme 30 E.

VISSAC AUTEYRAC

10-E3 36 km S.-E. Brioude. 858 m. 379 hab. 43300

LES SOURCES ★★★ Tourisme 45 E. 1,5 ha. CV. Locations : 6 . . Accueil groupes. A la hauteur de Ste-Eugénie de Villeneuve au Sud : 3 km RN 102. ☎ 04 71 74 20 26. Fax : 04 71 74 20 26.

VOREY

10-E3 22 km N. Le Puy. 550 m. 1240 hab. Station verte de vacances et village de neige 43800

LES MOULETTES ★★★ Tourisme 55 E. dont 38 nus, dont 6 HLL, 1,3 ha. CV. Locations : 6 , 6 . . Accès direct à la rivière. Etang à 5 km. ; ; . Ouv : 1.5 / 15.9. Chemin de Félines. Par D 103 en suivant les Gorges de la Loire. ☎ 04 71 03 70 48 / 04 71 03 79 49 (H.S.). E-mail : campingles moulettes@libertysurf.fr, Web : www.camping-les-moulettes.fr. Prix 2007. Empl. Tourisme : 6,50 € ( ) : 4 € ; 3 € ; 3 € (10 A) ; Animaux 1,50 € (chien). Réduction H.S.

DOMAINE DU PRA DE MARS ★★ Tourisme 100 E. dont 65 nus, 5 ha. CV. Locations : . Accès direct à la rivière. ; ; ; à 5 km : . Accueil groupes. Ouv : 1.04 / 30.09. D 103. Entre Vorey et Chamalières, au coeur des Gorges de l'Arzon. ☎ 04 71 03 40 86. E-mail : leprademars@wanadoo.fr, Web : www.leprademars.com. Prix 2007. Fft jour : Empl. Tourisme (2) : 12 € Sup : 3,50 € - de 7 ans 2,50 € ; 2,20 à 3 € (3 A à 5 A) ; Animaux 1,50 €.

YSSINGEAUX

10-F3 28 km N.-E. Le Puy. 840 m. 6718 hab. Station verte de vacances et village de neige 43200

CAMP MUNICIPAL DE CHOUMOUROUX ★★★ Tourisme 50 E. 0,8 ha. CV. Locations : 5 . ; à 7 km : . Accueil groupes. Ouv : 1.5 / 30.9. Sur RN 88. ☎ 04 71 65 53 44 / 06 86 78 49 49 / 04 71 59 01 01 (H.S.). Fax : 04 71 59 16 86.

FFCC : Stop accueil Camping-car du 01/05 au 30/09/2008.

Cartes 5-6

Délégué FFCC : Raymond JUTEAU, 74, boulevard Bâtonnier Chôlet - 44100 NANTES

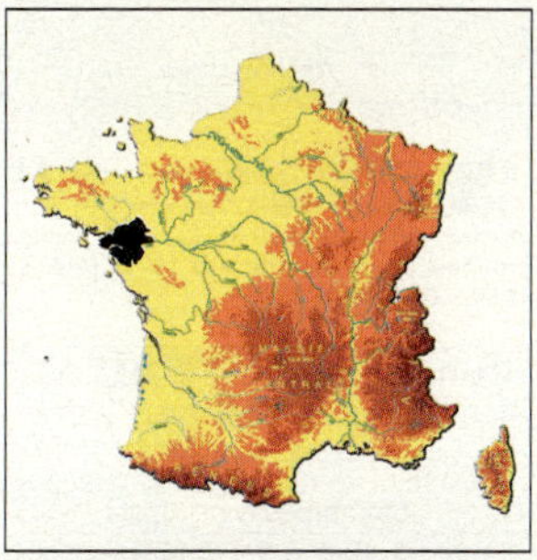

ANCENIS

6-B2 38 km N.-E. Nantes. 15 m. 7263 hab. Station verte de vacances et village de neige ✉ 44150

L'ILE MOUCHET ★★★ Tourisme 105 E., dont 5 GCC, 3 ha. partiel, visiteur, CV. Locations : 7, 2, 5, 7. Rivière à 50 m. Etang à 3 km. Accueil groupes. Ouv : 1.4 / 8.10. 500 m RD 23 bis. De Nantes dir. St-Géréon. D'Angers dir. Clisson ou autoroute. ☎ 02 40 83 08 43 / 06 83 52 73 44 (H.S.). Fax : 02 40 83 16 19. E-mail : efberthelot@wanadoo.fr, Web : www.camping-estivance.com. Prix 2007. Fft jour : Empl. Tourisme (1) : 9,60 € Sup : 2,70 € - de 7 ans 2,30 € ; 2,50 €.

ARTHON EN RETZ

5-F5 28 km S.-E. Saint-Nazaire. 42 m. 2151 hab. ✉ 44320

RETZ-JADE ★★★ Loisirs 26 E., dont 26 GCC, 1,3 ha. Locations : . Accès direct à l'étang. ; . De Nantes N 751 dir. Pornic, à Arthon D 5 dir. Chauvé. Le camping est situé au lieu-dit Haute-Perche. ☎ 02 40 64 84 20 / 02 40 64 85 25.

AIRE NATURELLE CV. A 4 km: A 6 km ; Le Pas Moreau. Route de la Sicaudais. ☎ 02 40 64 82 29. Fax : 02 40 64 82 29.

ASSERAC

5-E5 28 km S.-O. Saint-Nazaire 1132 hab. ✉ 44410

DOMAINE DE PONT-MAHE ★★★ Tourisme 81 E. (61 Tourisme + 20 Loisirs), dont 25 GCC, 1,5 ha. location possible, CV. Locations : , 10, . chauffée . Bord de mer à 250 m. ; ; ; ; . D 774 et D 83. ☎ 02 40 01 74 98 / 06 07 44 64 07 (H.S.). Fax : 02 51 10 20 57. E-mail : contact@pont-mahe.com, Web : www.pont-mahe.com.

LE MOULIN DE L'ECLIS ★★★ Tourisme 180 E. (130 Tourisme + 50 Loisirs), dont 116 GCC, 3,2 ha. , été, snack/été, été, , électrique/gaz, , été, été, CV. Locations : 27, 19, 5, 3. couverte chauffée . Accès direct à la mer. ; ; ; ; . Ouv : 21.3 / 12.11. Pont Mahé. En venant de Nantes N 165 sortie Calvaire de Pontchâteau/Herbignac ou N 24 ou N 166 dir. Vannes/La Roche Bernard. ☎ 02 40 01 76 69. Fax: 02 40 01 77 75. E-mail : info@camping-moulin-de-leclis.fr, Web : www.camping-moulin-de-leclis.fr. Prix 2008. Fft jour : Empl. Tourisme (2) : 22,50 € () ; Sup : 4 € - de 7 ans 2,50 € ; 2,80 à 4 € (4 à 10 A) ; Animaux 2 €.

FFCC : Stop accueil Camping-car du 21/03 au 05/07 et du 31/08 au 12/11/2008, accès jusqu'à 22h (arrivée 19h).

CAMP DE LA BAIE ★★ Tourisme 68 E., dont 18 HLL, 2,19 ha. CV. Locations : 5, 10, . chauffée . Bord de mer à 50 m. ; ; ; ; . Accueil groupes. Voie express Nantes-Vannes. ☎ 02 40 01 71 16. Fax : 02 40 01 79 23. E-mail : l.c.c@wanadoo.fr, Web : www.camping-delabaie.com. Réduction H.S.

LES PRAIRIES DE L'ETANG ★★ Loisirs 50 E. (15 Tourisme + 35 Loisirs) 1,8 ha. CV. Locations : 8. chauffée . Etang à 100 m. Bord de mer à 5 km. à 100 m : ; à 5 km : , , . Accueil groupes. Ouv : 1.3 / 15.11. Rés. obligatoire en été. 20, rue du Pont aux Pages. Traverno. Accès par D 82. ☎ 02 40 01 73 35. Fax : 02 51 10 24 14. E-mail : lesprairies@club-internet.fr, Web : www.lesprairies.net. Prix 2007. Fft jour : Empl. Tourisme (2) : 18 € () ; Sup : 6 € - de 7 ans 2 € ; 3,50 à 4 € ; Animaux 1 €. Réduction H.S.

L'ETOILE DE MER ★ Tourisme 49 E. (31 Tourisme + 18 Loisirs), dont 21 CC - 18 GCC, 12,8 ha. CV. Locations : 5. chauffée . Bord de mer à 400 m. à 300 m : ; à 400 m : . Ouv : 15.5 / 15.9. Route de Penbé. Lieu-dit Le Créneau. ☎ 02 40 22 36 58 / 02 40 01 20 40 (H.S.). Fax : 02 40 91 54 24. E-mail : etoiledemer@club-internet.fr, Web : www.etoile2mer.com. Prix 2008. Fft jour : Empl. Tourisme (2) : 13 € () ; Sup : 5 € - de 7 ans 2 € ; 2,50 à 4 € (8 à 4 A) ; Animaux 2 €. Réduction H.S.

Mme DURAND Marthe CV. A 1 km: . A 5 km : . A 10 km : . Rédunel, 400 m de la commune par RD 33. A proximité de la route entouré d'un chemin de terre. Pré herbeux ombragé, mer à 5 km. ☎ 02 40 01 72 04.

Mme SIMON Marcel,aire naturelle CV. A 1 km: . A 5 km: . Ouv : 1.6 / 30.9. Lieu-dit Rédunel, par RD 33, à 400 m Nord-Est de la commune, à proximité de la ferme. Visite des animaux. ☎ 02 40 01 71 98 (H.R.).

Mme IMBAULT,aire naturelle . A 5 km: . A 6 km : . Ferme de Pen-Bé, RD 774, 6 km Est de la commune. Pré herbeux. Location de gîtes. Vue sur la mer. ☎ 02 40 01 78 30 / 06 07 50 43 84.
FFCC : partenaire - terrain assuré par la FFCC .

Mme RICHARD Albert,aire naturelle CV. A 3 km: . A 5 km : . Route de Pen-Bé, CD 282, à 5 km Nord-Ouest du centre de la localité. A 300 m de la mer. Locations : 1 caravane + 1 mobil-home. ☎ 02 40 01 73 37.
FFCC : partenaire - terrain assuré par la FFCC .

BATZ SUR MER

5-E5 24 km O. Saint-Nazaire. 15 m. 2591 hab. ✉ 44740

CAMPEOLE LES PALUDIERS ★★★ Tourisme 300 E., dont 13 CC - 43 HLL, 5 ha. snack, CV. Locations : , 23, 55, . chauffée . Bord de mer à 100 m. ; à 100 m : . Accueil groupes à voir. Rue Appert. Entre Batz et Le Croisic. ☎ 02 40 23 85 84. Fax : 02 40 23 75 55. Web : www.campeoles.fr. Réduction H.S.

LA GOVELLE ★★★ Loisirs 52 E. (26 Tourisme + 26 Loisirs) 0,7 ha. + sèche-linge, CV. Accès direct à la mer. ; ; ; . Sur RD 45. ☎ 02 40 23 91 63 / (.) / 02 35 92 18 36 (H.S.). Réduction H.S.

LA BAULE ESCOUBLAC

5-E5 16 km O. Saint-Nazaire. 14688 hab. ✉ 44500

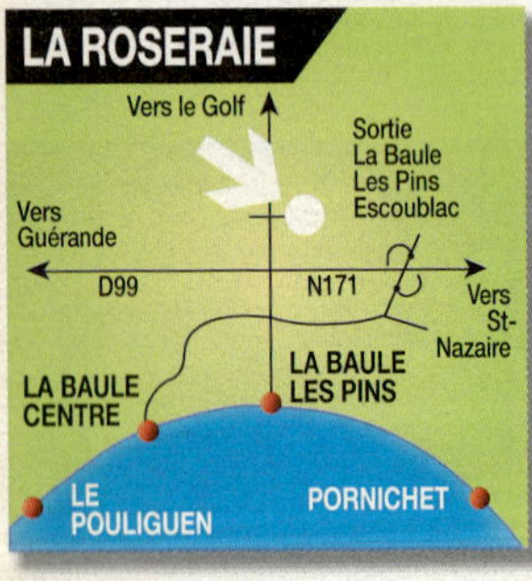

LA ROSERAIE ★★★★ Tourisme 235 E. dont 80 nus (215 Tourisme + 20 Loisirs), dont 139 GCC, 5 ha. CV. Locations : 3, 70, , Cottages. couverte chauffée . Bord de mer à 2 km. ; à 2 km : . Ouv : 1.4 / 30.9. 20, avenue Jean Sohier, route du Golf, sortie La Baule Les Pins. ☎ 02 40 60 46 66. Fax : 02 40 60 11 84. E-mail : camping@laroseraie.com, Web : www.laroseraie.com. Prix 2007. Empl. Tourisme : 15 € ; 8 € ; - de 5 ans 4,50 € ; 5 € (6 A) ; Animaux 4,50 €.
FFCC : réduction loc. de 5 % hors saison + HC.

CARAVANING DU BOIS D'AMOUR ★★★ Tourisme 250 E. dont 238 nus 3,5 ha. sauf H.S. CV. Locations : 10, 3, . Bord de mer à 800 m. à 600 m : ; à 800 m : ; à 1 km : . Accueil groupes. Allée de Diane. Carnet de camping international, licence de camping ou attestation d'assurance pour la pratique de Camping-Caravaning : OBLIGATOIRE. ☎ 02 40 60 17 40 / 0 820 320 751 (Réserv.) (H.S.). Fax : 02 40 60 11 48. E-mail : contact@lesbalconsverts.com, Web : www.lesbalconsverts.com. Prix 2007. Fft jour : Empl. Tourisme : 22 € ; Sup : 5 € 3 € ; Animaux 2 €. Fft Tente : 18 €. Réduction H.S.

EDEN CARAVANING ★★★ Loisirs 191 E. (51 Tourisme + 140 Loisirs), dont 150 GCC, 4,7 ha. snack, CV. Locations : 2, 10 . Accès direct à l'étang. Bord de mer et rivière à 2,5 km. ; à 2,5 km : . RD 99. St-Servais. ☎ 02 40 60 03 23. Fax : 02 40 11 94 25. E-mail : eden-caravaning@wanadoo.fr, Web : www.ledencaravaning.com.

LES AJONCS D'OR ★★★ Tourisme 222 E. (183 Tourisme + 39 Loisirs), dont 16 CC - 56 GCC, 5,5 ha. CV. Locations : 15, chauffée . Bord de mer à 1,5 km. à 1,5 km : . Chemin du Rocher. Suivre La Baule centre puis à gauche au rond-point près du supermarché Champion. ☎ 02 40 60 33 29. Fax : 02 40 24 44 37. E-mail : contact@ajoncs.com, Web : www.ajoncs.com. Réduction H.S.

DOMAINE DES OLLIVAUD N° 2 ★★ Loisirs 88 E., dont 88 GCC, 2,27 ha. CV. Locations : , chauffée . Bord de mer à 4,5 km. à 4,5 km : . La ville Ollivaud. RD 127 à 2,5 km d'Escoublac. ☎ 02 40 24 58 25. Fax : 02 40 24 55 89.

LES OLLIVAUD ★★ Tourisme 129 E. (109 Tourisme + 20 Loisirs) 2,8 ha. CV. Locations : 10, 3 . chauffée . Bord de mer à 4,5 km. à 4,5 km : ; à 3,5 km : . RD 127. A 2,5 km d'Escoublac-La Baule. ☎ 02 40 24 58 25. Fax : 02 40 24 55 89.

M. de CACQUERAY Christophe . A 1 km: . A 2 km : . A 3 km : . Piscine plein air . Ouv : 1.7 / 15.9. Saint-Michel. La Sauldraye, à 1,5 km de la commune, à proximité de la ferme. Pré herbeux. Ombrage. Location de caravanes. ☎ 02 40 24 09 14.

LA BERNERIE EN RETZ

6-A3 30 km S.-E. Saint-Nazaire. 24 m. 1826 hab. ✉ 44760

LE CLOS DU MOULIN ★★★ Loisirs 183 E., dont 183 GCC. Locations : . Bord de mer à 1,2 km. Proximité route Bleue. Location longue durée. ☎ 02 40 64 60 50. Fax : 02 51 74 69 74.

LES ECUREUILS ★★★ Tourisme 324 E., dont 19 GCC - 66 HLL, 5,3 ha. sauf petits , snack, , saison, collectif, CV. Locations : 19, 63 . chauffée gratuit. Bord de mer à 350 m. ; à 350 m : . Ouv : 1.5 / 15.9. Rés. obligatoire en été. 24, avenue Gilbert Burlot. ☎ 02 40 82 76 95. Fax: 02 40 64 79 52. E-mail : camping.les-ecureuils@wanadoo.fr, Web : www.camping-les-ecureuils.com. Prix 2008. Fft jour : Empl. Tourisme (2) : 29 € (E. GCC) ; Sup : 6,50 € - de 10 ans 5 € ; 4 € (6/10 A) ; Animaux 3 €.

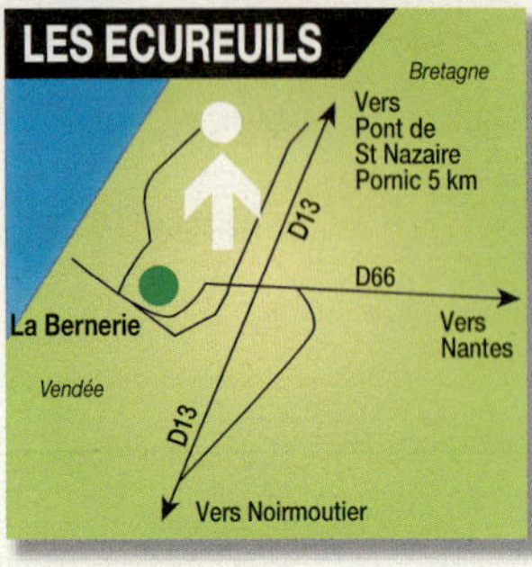

LA GOELETTE ★★ Tourisme 40 E. 0,4 ha. Locations : . Bord de mer à 50 m. ; à 20 m : . Accueil groupes. La Sennetière, RD 13. ☎ 02 40 64 61 52 / / 02 40 40 97 30 (H.S.).

LE POTEAU ★★ Tourisme 100 E. 1 ha. CV. Locations : 5, 5, . Bord de mer à 700 m. ; ; ; . Sur RD 66, RD 13. ☎ 02 40 82 73 71 / 02 40 64 71 15 (H.S.).

CREVE-COEUR ★ Tourisme 17 E. (10 Tourisme + 7 Loisirs) .

BLAIN

5-F5 44 km S.-O. Chateaubriant. 23 m. 7408 hab. ✉ 44130

CAMP MUNICIPAL LE CHATEAU ★★ Tourisme 44 E. dont 45 nus, 1 ha. 2/10 ans, CV. Etang à 5 km. à 200 m : . Accueil groupes. Ouv : 15.3 / 30.9. Du centre ville dir. St-Nazaire, RN 171 à côté du château. ☎ 02 40 79 11 00 / 02 40 79 00 08 (Mairie) (H.S.). Fax : 02 40 79 83 72. Web : www.ville-blain.fr. Prix 2007. Fft jour : Empl. Tourisme (2) : 6,80 € - de 7 ans 0,70 € ; 2,30 €.
FFCC : Stop accueil Camping-car du 01/05 au 30/09/2008, accès de 8h à 22h.

BOUGUENAIS

5-F5 10 km S.-O. Nantes. 28 m. 15099 hab. ✉ 44340

CAMP MUNICIPAL LA CROIX DU GUE ★ Loisirs 73 E., dont 48 CC. Rue de Beauvoir ☎ 02 40 32 29 29.

BOURGNEUF EN RETZ

6-A3 40 km S.-E. Saint-Nazaire. 10 m. 2283 hab. ✉ 44580

LES CHENES VERTS ★★ Tourisme 100 E. 4,5 ha. CV. Locations : 40, 6 . chauffée . Etang à 1,2 km.Bord de mer à 4 km. ; . Ouv : 15.5 / 30.9. Les Rigaudières, route de Pornic. ☎ 02 40 21 48 16. Fax: 02 40 27 92 68. E-mail : contact@leschenesverts.info, Web : www.leschenesverts.info. Prix 2007. Fft jour : Empl. Tourisme (2) : 16 € ; Sup : 4,80 € - de 7 ans 2,50 € ; 3,50 € ; Animaux 1,90 €.
FFCC : partenaire + réduction emp. de 30 % hors saison + réduction loc. de 10 % hors saison.

LA BAIE DOREE P.R.L. 101 E., dont 27 CC - 27 GCC. La Guérivière. ☎ 02 40 21 41 14.

PARC RESIDENTIEL DE LOISIRS LE HAMEAU DU LAC P.R.L. 45 E. 2,2 ha. Locations : 25. Accès direct à l'étang. Bord de mer à 3 km. Ouv : 1.1 / 31.12. 10 km de Pornic dir. Noirmoutier. 5 km de la mer. Location longue durée. ☎ 02 40 21 46 15 / 06 08 68 48 71 (H.S.). Fax : 02 40 21 46 15. E-mail : hameaudulac@free.fr, Web : hameaudulac.free.fr.

BOUSSAY

6-B3 37 km S.-E. Nantes. 81 m. 2163 hab. ✉ 44190

M. ROUSSEAU Michel. A 1 km : . A 3 km : . A 4 km : . A 6 km : Piscine plein air. La Hérie, N 149. ☎ 02 40 06 85 61.

CHATEAUBRIANT

66 km N.-N.-E. Nantes. 70 m. 14415 hab. ✉ 44110

CAMP MUNICIPAL LES BRIOTAIS ★★ Tourisme 35 E. 0,3 ha. Etang à 2 km. Rue de Tugny. ☎ 02 40 81 14 38.

CLISSON

27 km S.-E. Nantes. 300 m. 5032 hab. ✉ 44190

CAMP MUNICIPAL LE MOULIN ★★★ Tourisme 47 E. 1,6 ha. CV. Accès direct à la rivière. Accueil groupes. Ouv : 15.4 / 15.10. Route de Nantes. ☎ 02 40 54 44 48 / 02 40 80 17 80 (H.S.). Fax : 02 40 80 17 66. Prix 2007. Empl. Tourisme : 5,10 € ; 5,60 € ; 2,55 € ; - de 7 ans 1,70 € ; 2,60 € ; Animaux 1,10 €.

CORDEMAIS

5-F5 34 km E. Saint-Nazaire. 8 m. 2004 hab. ✉ 44360

LES SALORGES ★★★★ Tourisme 63 E. (48 Tourisme + 15 Loisirs), dont 31 CC - 32 GCC, 0,75 ha. CV Sanitaire chauffé. Locations : 20, , . ; ; ; à 50 m : . Accueil groupes. Ouv : 1.1 / 31.12. Piscine Aquamaris à 50 m réduction accordée à la clientèle du camping. ☎ 02 28 01 74 53. Fax : 02 28 01 74 53. E-mail : a.tou.vert@wanadoo.fr & atouvert.cordemais@orange.fr, Web : www.atouvert.com. Prix 2008. Fft jour : Empl. Tourisme (2) : 11 € () ; Sup : 3 € - de 4/11 ans 2,50 € ; 3,50 à 4 € ; E. GCC 18 € (Fft 2 pers.) ; Animaux 1 €.

LE CROISIC

5-E5 28 km O. Saint-Nazaire. 5 m. 4365 hab. ✉ 44490

L'OCEAN ★★★ Tourisme 400 E. (280 Tourisme + 120 Loisirs), dont 200 GCC, 7,5 ha. saison, CV. Locations : 80, . couverte chauffée. Bord de mer à 150 m. ; ; ; à 150 m : ; à 3 km : . Ouv : 5.4 / 30.9. Rés. obligatoire en été. Lieu-dit Le Pré Brulé, route de la Maison rouge. N 171 Le Croisic puis D 45. ☎ 02 40 23 07 69. Fax : 02 40 15 70 63. E-mail : camping-ocean@wanadoo.fr, Web : www.camping-ocean.com. Prix 2008. Fft jour : Empl. Tourisme (2) : 40 € ((6 A)) ; Sup : 8 € - de 7 ans 6,50 € ; Animaux 6,50 €. Réduction H.S.

LA COTE SAUVAGE ★★ Tourisme 172 E., dont 68 GCC - 28 HLL.

LA PIERRE LONGUE ★★ Loisirs 162 E. (72 Tourisme + 90 Loisirs) 3,5 ha. CV Sanitaire chauffé. Locations : , . chauffée. Bord de mer à 400 m. ; ; à 1,5 km : ; à 1 km : . Ouv : 1.1 / 31.12. Rue Henri Dunant. ☎ 02 40 23 13 44. Fax : 02 40 23 23 13. Prix 2007. Fft jour : Empl. Tourisme (2) : 19,90 € () ; Sup : 6,50 € - de 7/12 ans 4,50 € ; 3,50 à 5 € (6 à 10 A) ; Animaux 2 €. Réduction H.S.

LE PARADIS ★★ Tourisme 100 E. 1,4 ha. CV. Bord de mer à 500 m. ; ; ; à 500 m : . Accueil groupes. Lieu-dit Le Paradis. ☎ 02 40 23 07 89. Réduction H.S.

DONGES

5-E5 16 km E. Saint-Nazaire 4 m. 6988 hab. ✉ 44480

CAMP MUNICIPAL LES TAINIERES ★ Tourisme 201 E. (123 Tourisme + 78 Loisirs). + sèche-linge, CV. Aire de stationnement réservée aux travailleurs en déplacement. ☎ 02 40 91 06 47 / 02 40 45 79 79 (Mairie). Fax : 02 40 45 79 50.

FEGREAC

5-E4 57 km S.-O. Chateaubriant 1752 hab. Station verte de vacances et village de neige ✉ 44460

CAMP MUNICIPAL DU BELLION ★ Tourisme 15 E. 0,25 ha. Rivière à 50 m. Etang à 2 km. ; ; ; ; . CD 773. ☎ 02 40 91 20 21 (Mairie). Fax : 02 40 91 29 30.

LE FRESNE SUR LOIRE

6-C2 21 km E. Ancenis. 795 hab. ✉ 49123

LA BASTILLE ★ Tourisme 33 E. Rivière à 1 km. ; ; à 1 km : , . Situé en bordure de Loire dans l'axe entre Nantes (60 km) et Angers (30 km) desservie par RN 23 et A 11 sortie à St-Germain-des-Prés (8 km). ☎ 02 41 39 21 25.

FROSSAY

5-F5 23 km S.-E. St-Nazaire. 1911 hab. ✉ 44320

CAMP MUNICIPAL ★★ Tourisme 40 E. 2,5 ha. CV. Locations : , , , ; . Square de la chaussée au Migron. ☎ 06 78 03 57 04 / 02 40 39 72 72 (H.S.).

LE GAVRE

5-F5 40 km S.-O. Chateaubriant. 1001 hab. ✉ 44130

CAMP DE LA FORET ★★ Tourisme 82 E. 3 ha. CV. Locations : 4, 8, . . ; .Accueil enfants. Ouv : Pâques / 31.10. Rue de l'Etang. ☎ 02 40 51 20 62 / 06 17 52 44 72 / 02 37 34 07 61 (H.S.). Web : www.chalets-decouverte.com. Prix 2007. Empl. Tourisme : 2 € () ; 1 € ; 2,50 € ; 2,50 € ; - de 7 ans 1 € ; 2,50 € (10 A) ; Animaux 1 €.

FFCC : partenaire + réduction empl. 5 % en saison et 10 % hors saison.

GUEMENE PENFAO

5-F4 39 km S.-O. Chateaubriant. 37 m. 4480 hab. ✉ 44290

L'HERMITAGE ★★★ Tourisme 80 E., dont 35 GCC, 2,5 ha. CV. Locations : 2, 5, 5. Rivière à 300 m. Etang à 5 km. ; . Accueil groupes. 36, avenue du Paradis. ☎ 02 40 79 23 48 / 06 17 18 67 68 (H.S.). Fax : 02 40 51 11 87. E-mail : contact@campinglhermitage.com, Web : www.campinglhermitage.com. Prix 2007. Fft jour : Empl. Tourisme (2) : 12 € Sup : 3,50 € - de 7 ans 2,50 € ; 2,90 € (6 A) ; Animaux 1 €. Réduction H.S.

ISLE DE BESLE ★★ Tourisme 40 E., dont 5 HLL. Locations : . . ☎ 02 40 87 23 18 / 02 40 79 30 83.

LES ECUREUILS ★ Loisirs 20 E. 0,5 ha. Accès direct à la rivière. Beslé sur Vilaine. Location longue durée.

GUENROUET

5-F4 45 km N.-E. Saint-Nazaire. 300 m. 2270 hab. ✉ 44530

SAINT CLAIR ★★★ Tourisme 110 E. dont 96 nus, 2 ha. CV. Locations : 6, 4, , 4. chauffée . Accès direct à la rivière. Etang à 5 km. ; ; ; . Accueil groupes. Ouv : 12.4 / 30.9. RN 164 et RD 2. ☎ 02 40 87 61 52 / 06 98 86 89 90 (H.S.). Fax : 02 40 87 61 52. E-mail : chabliny@wanadoo.fr, Web : www.campingsaintclair.com. Prix 2007. Fft jour : Empl. Tourisme (2) : 16 € Sup : 5 € - de 7 ans 3 € ; 3 € (10 A) ; Animaux 1 €. Réduction H.S.

FFCC : partenaire + réduction emp. de 5 % en saison et 10 % hors saison + réduction loc. de 5 % en saison et 10 % hors saison.

GUERANDE

19 km S.-O. Saint-Nazaire. 9475 hab. ✉ 44350

PARC DE LEVENO ★★★★ Loisirs 380 E. (162 Tourisme + 218 Loisirs), dont 333 GCC, 9,8 ha. juillet/ août, CV. Locations : 133. couverte chauffée. Etang à 2 km. Bord de mer à 5 km. ; à 5 km : . Accueil groupes. Ouv : 5.4 / 30.9. Rés. obligatoire en été. D 774 dir. Z.I. Villejames puis dir. Leclerc à 1 km sur la droite. ☎ 02 40 24 79 30 / 02 40 24 79 50 (H.S.). Fax : 02 40 62 01 23. E-mail : domaine.leveno@wanadoo.fr, Web : www.camping-leveno.com. Prix 2008. Empl. Tourisme : 18 € ; 6 € ; - de 7 ans 4 € ; Animaux 4 €. Réduction H.S.

LE BREHADOUR ★★★ Tourisme 271 E., dont 42 GCC, 5 ha. saison, saison, saison, saison, CV. Locations : 61, 16, 40. chauffée. N 165 dir. Guérande. ☎ 02 40 24 92 77. Fax : 02 40 62 10 47.

L'ETANG DE KERJACOB ★★★ Tourisme 109 E. dont 84 nus (104 Tourisme + 5 Loisirs), dont 23 GCC, 2 ha. CV. Locations : . Etang à 50 m. Bord de mer à 9 km. ; à 5 km : ; à 9 km : . Accueil groupes. Ouv : 1.1 / 31.12. Sandun.47, route des Chênes.D 47 puis D 48. A St Nazaire suivre dir. Guérande, prendre la sortie dir. St André des Eaux puis St Lyphard sur la route de St Lyphard vous passez par Soudun, prenez la 1ère à gauche, camping à 500 m. ☎ 02 40 61 93 51. Fax : 02 40 61 93 51. E-mail : contact@camping-etang.com, Web : www.camping-etang.com. Prix 2008. Fft jour : Empl. Tourisme (1) : 15 € () ; Sup : 4,50 € - de 7 ans 3,50 € ; 3,60 € ; Animaux 2,50 €. Réduction H.S.

FFCC : partenaire + réduction emp. de 5 % en saison et hors saison.

TREMONDEC ★★★ Tourisme 100 E. dont 65 nus, dont 14 GCC, 2,8 ha. ap. 22 h 30, CV. Locations : 3, 30, 6. chauffée. Bord de mer à 2 km.Etang à 5 km. à 2 km : . Careil. De Nantes par N 171 et D 99, sortie La Baule centre. ☎ 02 40 60 00 07. Fax : 02 40 60 91 10. E-mail : info@camping.tremondec.com, Web : www.camping-tremondec.com. Prix 2007. Fft jour : Empl. Tourisme (2) : 20,20 € () ; Sup : 6 € - de 2/6 ans 3,50 € ; 3,80 € (6 A) ; Animaux 2,50 €. Réduction H.S.

LA FONTAINE ★★ Tourisme 100 E. 1,9 ha. CV. Locations : 2, 3. Accueil adultes. Ouv : 1.4 / 30.9. Kersavary, RD 233. ☎ 02 40 24 96 19 / 06 08 12 80 96 (H.S.). Fax : 02 40 24 96 19. Prix 2008. Fft jour : Empl. Tourisme (2) : 10,50 € Sup : 2,70 € - de 7 ans 1,40 € ; 2,60 € (6 A) ; Animaux 0,60 €. Réduction H.S.

LE PANORAMA ★★ Tourisme 70 E. 1,8 ha. CV. Locations : 10. chauffée. Bord de mer à 2 km. à 2 km : . Ouv : 15.3 / 15.11. Route de la Turballe (D 99). ☎ 02 40 24 79 41 / 06 18 40 70 94 (H.S.). Fax : 02 40 24 87 96. Web : www.camping-lepanorama.com. Prix 2007. Fft jour : Empl. Tourisme (2) : 16 € () ; Sup : 4 € - de 7 ans 2 € ; 3 à 4 € (6 à 10 A) ; Animaux 1,50 €. Réduction H.S.

HERBIGNAC

5-E5 30 km N.-O. Saint-Nazaire. 3778 hab. ✉ 44410

LE RANROUET ★★★ Tourisme 83 E., dont 12 GCC, 1,1 ha. . Etang à 2 km. à 1,5 km : . Rue Cadou. ☎ 02 40 88 96 23 / 02 40 91 36 52 / 02 40 91 36 52 (H.S.).

AIRE NATURELLE CV. Pré Grasseur. ☎ 02 40 88 96 23 / 02 40 88 96 17.

HERIC

5-F5 40 km S.-O. Chateaubriant. 25 m. 3140 hab. ✉ 44810

LA PINDIERE ★★★ Tourisme 56 E. dont 35 nus, 2 ha. CV Sanitaire chauffé. Locations : 3, 17. . Etang à 3 km.Rivière à 5 km. ; à 3 km : ; à 4 km : . Accueil groupes. Ouv : 1.1 / 31.12 (hors saison sur réserv.). La Denais, sur D 16. ☎ 02 40 57 65 41 / 02 28 02 25 43. Fax : 02 28 02 25 43. E-mail : camping.pindiere@free.fr, Web : www.camping-la-pindiere.com. Prix 2007. Fft jour : Empl. Tourisme (2) : 13 € () ; Sup : 3,80 € - de 7 ans 2,10 € ; 3 à 4,50 € ; Animaux 1,40 €. Réduction H.S.

FFCC : partenaire + réduction emp. de 5 % en saison et hors saison.

JOUE SUR ERDRE

5-F5 24 km N.-O. Ancenis 1767 hab. ✉ 44440

M. CADOREL Alain,aire naturelle Le Temps de Vivre Vioreau. Camping situé au milieu de la forêt de Vioreau. A 50 m une plage aménagée, au bord d'un lac de 180 ha. ☎ 02 40 55 23 83.

FFCC : partenaire - terrain assuré par la FFCC .

MACHECOUL

6-A3 40 km S.-O. Nantes. 5 m. 5353 hab. ✉ 44270

CAMP MUNICIPAL LA RABINE ★★ Tourisme 131 E. dont 126 nus 2,8 ha. CV. Locations : , . Accès direct à la rivière. Etang à 3 km. ; à 5 km : . Accueil groupes. Ouv : 15.4 / 30.9. Allée de la Rabine. ☎ 02 40 02 30 48 / 06 08 49 22 88 (H.S.). Fax : 02 40 02 30 48. E-mail : camprabine@wanadoo.fr. Prix 2008. 1,60 € ; 1,20 € ; 3,10 € ; 1,30 € ; 2,40 € ; - de 7 ans 1,70 € ; 2 à 3,20 € ; 1 € ; Animaux 0,90 €.

MAISDON SUR SEVRE

6-B3 20 km S.-E. Nantes. 59 m. 1670 hab. ✉ 44690

M. DUGAST CHATELLIER Marcel CV. A 800 m : . A 1 km: . A 8 km : . A 10 km : Piscine plein air. Les Noues. Sur la D 58. Par N 137 puis Maisdon-sur-Sèvre ou par N 249 (de Nantes) puis la Haie Fouassière. ☎ 02 40 33 56 78 / 06 81 34 23 77. E-mail : marceldugast@aol.com.

MARSAC SUR DON

5-F4 32 km S.-O. Chateaubriant. 63 m. 1197 hab. ✉ 44170

CAMP MUNICIPAL LA ROCHE ★★ Tourisme 28 E. 1 ha. + crêperie, . Accès direct à l'étang. Rivière à 3 km. . ☎ 02 40 87 54 77 (Mairie). Fax : 02 40 87 51 29.

LA MEILLERAYE DE BRETAGNE

5-F4 18 km S. Chateaubriant. 86 m. 1097 hab. ✉ 44520

Le Parc des Lavandières de Noir,aire naturelle ☎ 02 40 55 20 06.

MESQUER

5-E5 24 km N.-O. Saint Nazaire. 1201 hab. ✉ 44420

LE CHATEAU DU PETIT BOIS ★★★ Tourisme 225 E. (195 Tourisme + 30 Loisirs), dont 8 CC - 38 GCC, 10 ha. ap 22h30, CV. Locations : 20. chauffée . Etang à 1 km.Bord de mer à 1,5 km. ; à 1,5 km : . A Mesquer. Route de Kerlagadec, D 52. ☎ 02 40 42 68 77. Fax : 02 40 42 65 58. E-mail : info@campingdupetitbois.com, Web : www.campingdupetitbois.com. Prix 2007. Fft jour : Empl. Tourisme (2) : 20,20 € Sup : 6,40 € - de 7 ans 4,40 € ; 4,40 à 5,40 € (3 à 6 A) ; Animaux 2,30 €. Réduction H.S.

FFCC : partenaire + réduction emp. de 5 % en saison et hors saison + carte FFCC assurance annulation.

LE PRADEROI ★★★ Tourisme 30 E. 0,43 ha. . Locations : . Bord de mer à 90 m. à 90 m : . Ouv : 15.6 / 15.9. A Quimiac. ☎ 02 40 42 66 72 / 01 39 13 56 14 (H.S.). Fax : 02 40 42 66 72. E-mail : camping.praderoi@wanadoo.fr, Web : perso.wanadoo.fr/mtger.debonne. Prix 2007. Fft jour : Empl. Tourisme (2) : 17 € () Réduction H.S.

FFCC : partenaire + réduction emp. de 5 % en saison et hors saison + réduction loc. de 5 % en saison et hors saison.

LE WELCOME ★★★ Loisirs 101 E. dont 5 nus (17 Tourisme + 84 Loisirs), dont 101 GCC, 1,6 ha. ap.22h30, CV. Locations : 30, 1. chauffée. Bord de mer à 600 m. ; ; à 800 m : . Ouv : 15.5 / 15.9. ☎ 02 40 42 50 85. E-mail : lewelcome@club-internet.fr, Web : www.lewelcome.com. Prix 2007. Fft jour : Empl. Tourisme (2) : 15 € () ; Sup : 5 € - de 7 ans 4 € ; 3,50 à 4 € (6 à 10 A). Réduction H.S.

SOIR D'ETE ★★★ Tourisme 92 E., dont 22 GCC, 1,2 ha. CV. Locations : 4, 18. chauffée . Bord de mer à 800 m. Etang à 1,5 km. ; à 800 m : . Accueil adultes. Quimiac, rue de Bel Air. La Baule-Guérande-Quimiac. ☎ 02 40 42 57 26. Fax : 02 51 73 97 76. E-mail : nadine-houssais@wanadoo.fr, Web : www.camping-soirdete.com. Prix 2007. Fft jour : Empl. Tourisme (2) : 18,50 € () ; Sup : 5,50 € - de 7 ans 4 € ; 3,80 € (6 A) ; Animaux 2 €. Réduction H.S.

G.C.U SORLOCK Réservé aux adhérents. Adhésion possible sur place pour les sociétaires MAIF et FILIA MAIF.

LE BEAUPRE ★★ Tourisme 48 E. dont 36 nus 0,6 ha. snack, table + fer, CV. Locations : 9. Bord de mer à 500 m. à 500 m : . Ouv : 1.4 / 31.10. Rés. obligatoire en été. A Kercabellec en Mesquer par RD 33 et RD 252, route de Kervarin. ☎ 02 40 42 64 16. Fax : 02 40 42 64 16. E-mail : camping.beaupre@wanadoo.fr, Web : www.lebeaupre.com. Prix 2007. Fft jour : Empl. Tourisme (2) : 12 € () ; - de 4 ans 1,50 € ; 2,50 € (5 A) ; Animaux 1 €. Réduction H.S.

LE CHATEAU DE TREAMBERT EST ★★ Tourisme 58 E. Route de Quimiac.

PRAD-HEOL ★★ Tourisme 70 E. 0,9 ha. Bord de mer à 600 m. Etang à 3 km. à 500 m : . A Quimiac, rue du Moulin à Eau. ☎ 02 40 42 60 83 (Camping) / 02 40 42 56 12 (Personnel).

LE CHATEAU DE TREAMBERT OUEST ★ Tourisme 140 E. Locations : . Bord de mer à 100 m. Rue de Kerlagadec ☎ 02 40 42 51 18. Fax : 02 40 42 64 46. Web : www.touristravacances.com.

MISSILLAC

5-E5 33 km N. Saint-Nazaire. 44 m. 3886 hab. ✉ 44780

CAMP MUNICIPAL LES PLATANES ★★ Loisirs 60 E. (28 Tourisme + 32 Loisirs) 2,04 ha. Locations : . Accès direct à l'étang. ☎ 02 40 88 38 88 / 02 40 88 31 09 (Mairie). Fax : 02 40 19 32 02.

MONTBERT

6-B3 20 km S. Nantes 19 m. 2249 hab. ✉ 44140

M. & Mme GENDRON,camping rural Le Relais des Garennes CV Camping tourisme et handicap. A 800 m : Piscine plein air. Ouv : 1.6 / 30.9. La Bauche Coiffée. De Nantes, prendre dir. Bordeaux puis N 137 (La Rochelle) ou RD 937 (La Roche sur Yon). Suivre Montbert par Aigrefeuille sur Maine ou Géneston. ☎ 02 40 04 78 73. E-mail : phgendron@wanadoo.fr, Web : www.gites-de-france-44.fr/relais_garennes. Prix 2008. Empl. Tourisme : 2,50 € ; 3 € ; - de 12 ans 2 € ; 2,50 € (10 A). Fft Ccar : 12 € (2).

LES MOUTIERS EN RETZ

6-A3 27 km S.-E. Saint-Nazaire. 5 m. 615 hab. ✉ 44580

LE VILLAGE DE LA MER ★★★★ Tourisme 171 E. dont 50 nus, , dont 171 GCC, 7 ha. CV. Camping clef verte. Locations : 45 . chauffée . Bord de mer et étang à 300 m. ; à 300 m : . Accueil groupes. Ouv : 15.6 / 15.9. CD 97, entre Bourgneuf et Pornic. ☎ 02 40 64 65 90. Fax : 02 51 74 63 17. E-mail : vdmer@hotmail.com, Web : www.village-mer.fr. Prix 2007. Fft jour : Empl. Tourisme (2) : 27 € ((8 A)) ; Sup : 7 € - de 2/13 ans 6 € ; Animaux 3 €. Réduction H.S.

DOMAINE DU COLLET ★★★ Tourisme 270 E. dont 90 nus, , dont 30 GCC, 12 ha. CV. Locations : 45 , . couverte chauffée . Accès direct aux bords du lac. Bord de mer à 300 m. Etang à 500 m. ; ; ; . Ouv : 1.5 / 30.9. Nantes-Noirmoutier. Rond-point de Bourgneuf à 2,5 km Domaine du Collet. Parcelles à l'année. ☎ 02 40 21 40 92 / 06 89 94 40 10 (H.S.). Fax : 02 40 21 45 12. E-mail : info@domaine-du-collet.com, Web : www.domaine-du-collet.com. Prix 2008. Fft jour : Empl. Tourisme (2) : 23 € ( ) ; Sup : 6 € - de 2/10 ans 5 € ; 3 € (6 A). Réduction H.S.

LA PLAGE ★★★ Tourisme 94 E., dont 46 GCC - 15 HLL, 4 ha. CV. Locations : 11 , 20 , 10 . chauffée . Accès direct à la mer. ; ; ; ; . Ouv : 1.4 / 30.9. 53, route de la Bernerie ☎ 02 40 82 71 43. Fax : 02 40 82 72 46. E-mail : bernard.beaujean@wanadoo.fr, Web : www.camping-la-plage.com. Prix 2007. Fft jour : Empl. Tourisme (2) : 21,50 € ( ) ; Sup : 5,70 € - de 7 ans 4,30 € ; 3,60 € ; Animaux 1 € (chien). Réduction H.S.

LES BRILLAS ★★★ Tourisme 137 E. (89 Tourisme + 48 Loisirs), dont 115 GCC sauf petits CV. Locations : , , . . Bord de mer à 1,5 km. ; ; ; ; . Accueil groupes. Ouv : 1.4 / 31.10. ☎ 02 40 82 79 78. Fax : 02 40 64 79 60. E-mail : infos@campinglesbrillas.com, Web : campinglesbrillas.com. Prix 2007. Fft jour : Empl. Tourisme (2) : 22,50 € ( ) ; Sup : 5,50 € - de 18 ans 4 € ; Animaux 2,50 €. Fft Ccar : 10 € (2). Réduction H.S.

FFCC : Stop accueil Camping-car du 01/04 au 31/10/2007, accès jusqu'à 21h.

ANAS ★★ Tourisme 50 E. Réservé Police Nationale.

CAMP DE PRIGNY ★★ Tourisme 91 E. 1,45 ha. CV. Locations : 6 , 3 , . Etang à 400 m. Bord de mer à 1,5 km. ; à 1,2 km : . RD 13. ☎ 02 40 64 73 81 (Camping) / 06 76 88 53 56 / 06 76 88 53 56 (H.S.). E-mail : leprigny@wanadoo.fr, Web : www.campingdeprigny.com.

LE RIVAGE ★★ Tourisme 37 E. CV. Locations : 10 . Accès direct à la mer. ; ; ; . Rue des Plantes Débarquées. ☎ 02 51 74 65 26. Fax : 02 51 74 65 26.

NANTES

396 km S.-O. Paris 8 m. 247227 hab. ✉ 44000

LE PETIT PORT ★★★★ Tourisme 200 E. dont 164 nus 6,5 ha. CV Sanitaire chauffé. Locations : 36 , , . . Rivière à 300 m. . Accueil groupes. Ouv : 1.1 / 31.12. 21, bld du Petit Port. Périphérie Est sortie Porte de la Chapelle suivre Petit Port Facultés. ☎ 02 40 74 47 94 / 02 51 84 94 51 (H.S.). Fax : 02 40 74 23 06. E-mail : camping-petit-port@nge-nantes.fr, Web : www.nge-nantes.fr. Prix 2008. Empl. Tourisme : 9 € ( ) : 4,40 € ; 3,50 € ; - de 10 ans 2,25 € ; 3,50 € (16 A) ; Animaux 1,50 €. Réduction H.S.

FFCC : partenaire + réduction emp. de 10 % en saison et hors saison + Stop accueil Camping-car du 01/06 au 30/09/2008, accès jusqu'à 23h.

NORT SUR ERDRE

5-F5 36 km S.-S.-O. Chateaubriant. 50841 hab. Station verte de vacances et village de neige ✉ 44390

CAMP MUNICIPAL DU PORT MULON ★★ Tourisme 70 E. dont 70 nus 1,8 ha. CV. Locations : . . Rivière à 100 m. ; ; à 7 km : . Accueil groupes. Ouv : 1.4 / 30.9. RD 26. ☎ 02 40 72 23 57 / 02 51 12 00 70 (H.S.). Fax : 02 40 72 16 09. E-mail : accueil@nort-sur-erdre.fr, Web : www.nort-sur-erdre.fr. Prix 2007. Fft jour : Empl. Tourisme (2) : 8,40 € ( ) ; - de 12 ans 1,45 € ; 2,50 € ; Animaux 0,75 €.

OUDON

6-B2 9 km O. Ancenis. 10 m. 2001 hab. ✉ 44521

CAMP DE LA TOUR ★★ Tourisme 70 E. 0,7 ha. Accès direct à la rivière. Etang à 1 km. ; à 800 m : . Accueil groupes. RD 723. ☎ 02 40 83 80 22 / 02 40 83 60 17 (H.S.). Fax : 02 40 83 62 60. E-mail : tourisme.oudon@wanadoo.fr. Prix 2007. : 6,15 € ; 1,75 € ; 6,70 € ; 2 € ; - de 7 ans 1,40 € ; 2,20 à 2,50 € (4 à 10 A).

PAIMBOEUF

5-E5 13 km E. Saint-Nazaire. 8 m. 3399 hab. ✉ 44560

L'ESTUAIRE ★★ Tourisme 111 E., dont 11 HLL, 5 ha. Sanitaire chauffé. Locations : , . chauffée . Accès direct à la rivière. Etang et lac à 5 km. ; ; . Accueil groupes. CD 723. Lieu-dit Le Calvaire, sortie de la ville. ☎ 02 40 27 52 12 / 06 11 03 95 97 (H.S.). Fax : 02 40 27 61 14. E-mail : PORFAVOR@wanadoo.fr, Web : www.camping-lestuaire.com.
FFCC : partenaire - terrain assuré par la FFCC.

PIRIAC SUR MER

5-E5 30 km N.-O. Saint-Nazaire. 1263 hab. ✉ 44420

PARC DU GUIBEL ★★★★ Tourisme 450 E. (400 Tourisme + 50 Loisirs), dont 210 GCC, 14 ha. CV. Locations : 34 , 95 , . chauffée . Bord de mer à 1,5 km. à 1,5 km : , , , . Ouv : 22.3 / 21.9. Route de Kerdrien. ☎ 02 40 23 52 67. Fax : 02 40 15 50 24. E-mail : camping@parcduguibel.com, Web : www.parcduguibel.com. Prix 2008. Empl. Tourisme : 5,25 € () ; 5,50 € ; 5,25 € ; - de 7 ans 3,50 € ; 3,50 à 4,30 € (6 à 10 A) ; Animaux 2 €. Fft Ccar : 19,25 € (2). Réduction H.S.

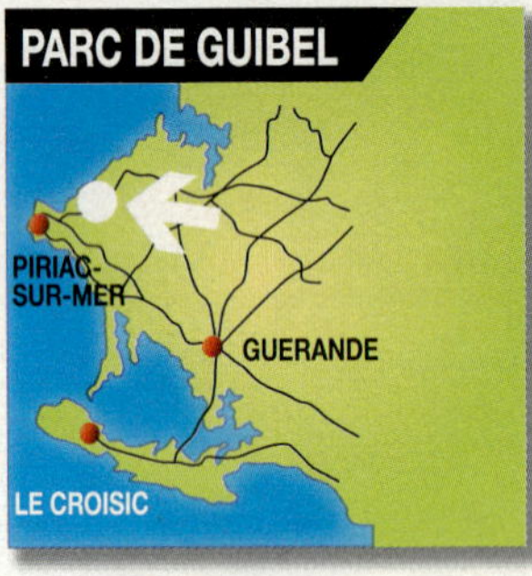

ARMOR-HEOL ★★★ Tourisme 250 E. dont 97 nus (173 Tourisme + 77 Loisirs), dont 3 CC - 133 GCC, 4,5 ha. , sauf électriques, CV. Locations : , . couverte chauffée . Accès direct à l'étang. Bord de mer à 700 m. 3 : . à 700 m : , , . Ouv : 5.4 / 21.9. Route de Guérande. D 333. ☎ 02 40 23 57 80. Fax : 02 40 23 59 42. E-mail : info@camping-armor-heol.com, Web : www.camping-armor-heol.com. Prix 2008. Empl. Tourisme : 16 € () : 8 € ; - de 4 ans 4,60 € ; 3,50 € (5 A) ; Animaux 4,50 €. Réduction H.S.

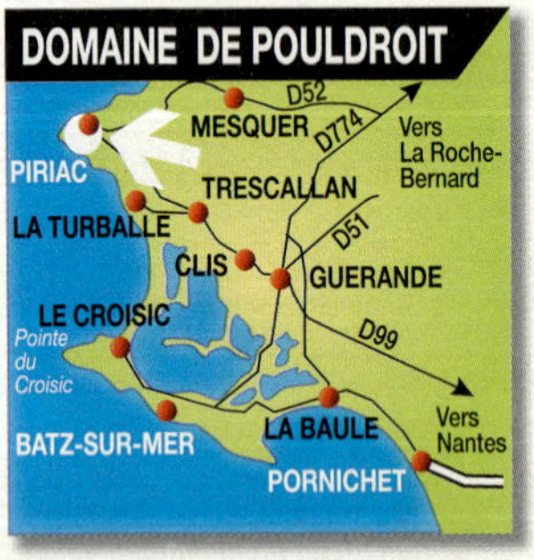

LE POULDROIT ★★★ Loisirs 243 E. (53 Tourisme + 190 Loisirs), dont 243 GCC, 7 ha. snack, CV. Locations : 18 , 25 , , Cottages. chauffée . Bord de mer à 300 m. ; ; ; . Ouv : 5.4 / 8.11. Route de Mesquer. D 52. ☎ 02 40 23 50 91. Fax : 02 40 23 69 12. Web : www.domaines-pleinair.com.

MON CALME ★★★ Tourisme 88 E. (61 Tourisme + 27 Loisirs), dont 39 GCC, 0,8 ha. snack, CV. Locations : . chauffée . Bord de mer à 300 m. à 300 m : , , , . Rue de Norvoret. RD 99. ☎ 02 40 23 60 77 / 06 27 14 28 61 (H.S.). Fax : 02 40 23 62 28. E-mail : campingmoncalme@free.fr, Web : www.campingmoncalme.com. Prix 2007. Fft jour : Empl. Tourisme (2) : 22 € () ; Sup : 6,10 € - de 4 ans 3,10 € ; 3,40 à 3,80 € (6 à 10 A) ; Animaux 2,20 € (chien).

LE MOULIN DE PRAILLANE ★★ Tourisme 20 E. 0,01 ha. Locations : . Bord de mer à 300 m. ; ; ; ; . Obligation d'adhérer à l'association du camping. ☎ 02 40 23 36 86. Fax : 02 40 23 42 17.

LE RIO BARRE ★★ Loisirs 114 E., dont 114 GCC, 2 ha. Locations : 6 , 20 , 10 . Bord de mer à 900 m. : , ; à 2 km : , . Sur RD 52. ☎ 02 40 23 51 48.

LE VERIDET ★★ Tourisme 70 E. 0,6 ha. snack, CV. Locations : . Bord de mer à 50 m. à 50 m : , , , . Accueil groupes. Sur RD 99. Longer la côte jusqu'à Piriac. ☎ 02 40 23 58 50 / () / 02 40 23 56 06 (H.S.). Réduction H.S.

LES AMIS DE LA NATURE ★★ Tourisme 101 E. 1,5 ha. Bord de mer à 150 m. ; ; ; à 150 m : . Pors er Ster. Route de la Noé Malade. ☎ 02 40 23 61 79 / 02 40 00 98 60 (H.S.). E-mail : bonnin-fernand@wanadoo.fr.

LES BOUTONS D'OR ★★ Loisirs 114 E. (4 Tourisme + 110 Loisirs), dont 110 GCC, 1,5 ha. à 100 m : . Rue de Grenouillet, RD 99. ☎ 02 40 23 50 18.

LE CLOS MAROT ★ Tourisme 30 E. 1 ha. Rés. naturiste. . Bord de mer à 3 km. A St-Sébastien de Piriac prendre à droite dir. Meliniac et 1ère à gauche. ☎ 02 40 23 59 20. E-mail : info@anca-piriac.com, Web : www.anca-piriac.com.

LE GRAND LARGE ★ Loisirs 12 E., dont 12 GCC. Réservé Association.

LE RAZAY ★ Tourisme 97 E., dont 24 HLL, 2 ha. CV. Locations : 34 , 37 , 10 , , bunghôtels (sans sanitaires). Bord de mer à 800 m. ; ; ; . Ouv : mai / septembre. Le Razay. A St-Nazaire prendre dir. Guérande puis La Turballe puis prendre à droite dir. Piriac, à St-Sébastien sur la droite derrière la Chapelle le Razay. ☎ 02 40 23 56 80. Fax : 02 40 23 66 90. E-mail : le.razay@fol74.org. Prix 2007. Empl. Tourisme : 3,95 € ; 3 € ; 4,50 € ; - de 10 ans 2,60 € ; 5 € ; Animaux 2,50 €.

LES FLOTS BLEUS ★ Tourisme 90 E. (62 Tourisme + 28 Loisirs), dont 28 GCC. Bord de mer à 150 m. ☎ 02 40 23 51 71 / 02 40 23 61 25 (H.S.).

LA PLAINE SUR MER

5-E5 20 km S. Saint-Nazaire. 5 m. 2006 hab. ✉ 44770

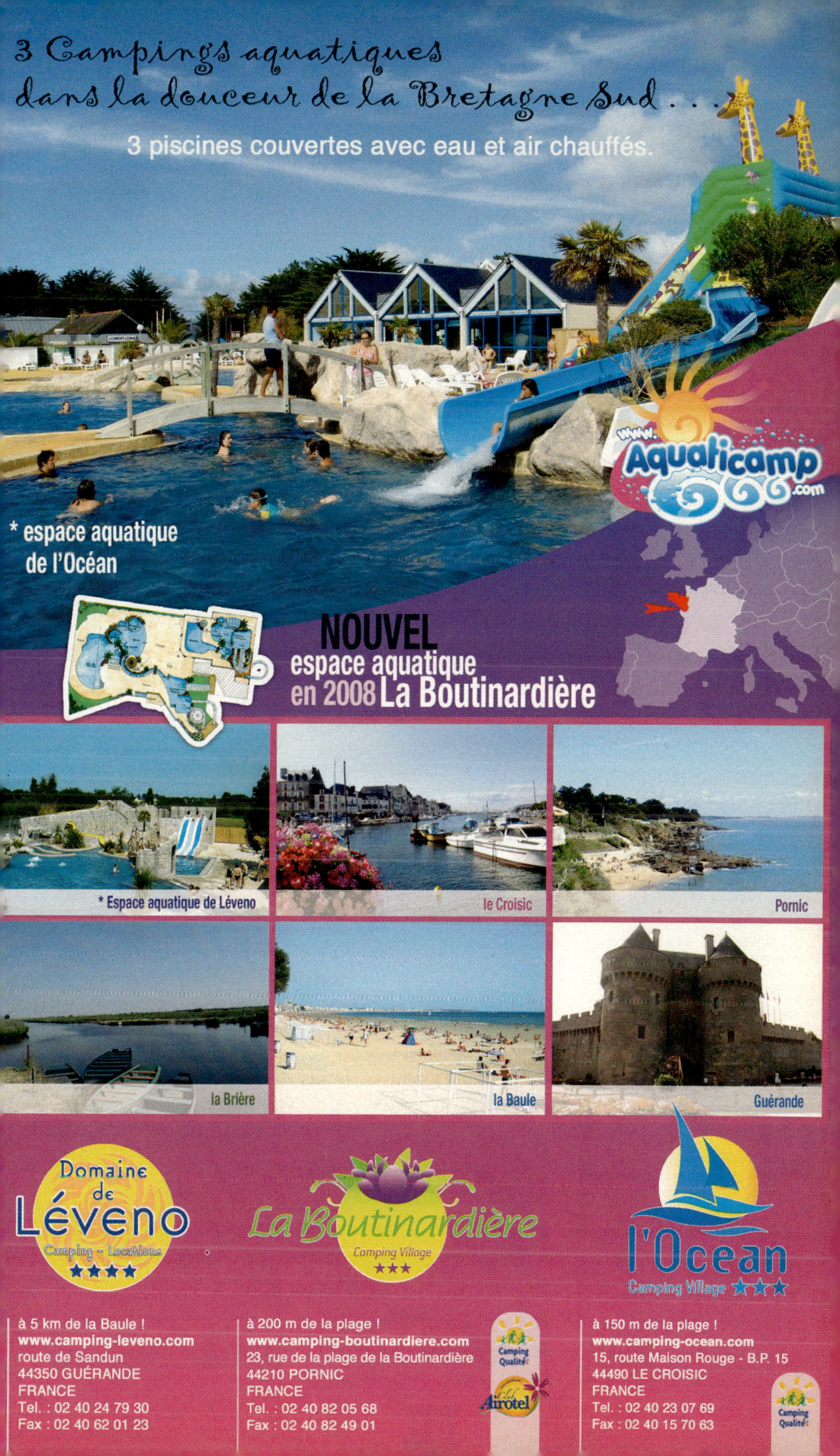
3 Campings aquatiques
dans la douceur de la Bretagne Sud...
3 piscines couvertes avec eau et air chauffés.
* espace aquatique
de l'Océan
www.Aquaticamp.com
NOUVEL
espace aquatique
en 2008 La Boutinardière
* Espace aquatique de Léveno
le Croisic
Pornic
la Brière
la Baule
Guérande
Domaine de Léveno
Camping - Locations
La Boutinardière
Camping Village
l'Ocean
Camping Village
à 5 km de la Baule !
www.camping-leveno.com
route de Sandun
44350 GUÉRANDE
FRANCE
Tel. : 02 40 24 79 30
Fax : 02 40 62 01 23
à 200 m de la plage !
www.camping-boutinardiere.com
23, rue de la plage de la Boutinardière
44210 PORNIC
FRANCE
Tel. : 02 40 82 05 68
Fax : 02 40 82 49 01
Camping Qualité
Airotel
à 150 m de la plage !
www.camping-ocean.com
15, route Maison Rouge - B.P. 15
44490 LE CROISIC
FRANCE
Tel. : 02 40 23 07 69
Fax : 02 40 15 70 63
Camping Qualité

LA TABARDIERE ★★★★ Tourisme 255 E. dont 180 nus (180 Tourisme + 75 Loisirs), dont 100 GCC, 4,5 ha. CV. Camping clef verte. Locations : 23, 5. couverte chauffée. Bord de mer à 3 km. ; à 3 km : , ; à 6 km : . Ouv : 1.4 / 30.9. RD 13 Pornic/La Plaine-sur-Mer. ☎ 02 40 21 58 83 / 06 62 68 00 42 (H.S.). Fax : 02 40 21 02 68. E-mail : info@camping-la-tabardiere.com, Web : www.camping-la-tabardiere.com. Prix 2008. Fft jour : Empl. Tourisme (2) : 25,90 € Sup : 6,20 € - de 2/10 ans 4,20 € ; 3,10 à 4,60 € (3 à 8 A) ; Animaux 3 €.

FFCC : partenaire + réduction emp. de 5 % hors saison + carte FFCC assurance annulation + Stop accueil Camping-car du 15/04 au 30/06 et du 01/09 au 30/09/2008, accès jusqu'à 21h.

CAMP LE BERNIER JOLIVET ★★★ Loisirs 41 E. dont 11 nus (20 Tourisme + 21 Loisirs), dont 30 GCC, 0,74 ha. CV. Locations : 9. chauffée. Bord de mer à 600 m. à 600 m : , ; à 2 km : . Accueil groupes. Ouv : 29.4 / 30.9. Rés. obligatoire en été. 56, rue de la Cormorane. ☎ 02 40 21 04 31 / 06 63 82 39 91 (H.S.). Fax : 02 40 21 08 12. E-mail : gegene.jolivet@free.fr, Web : www.campinglebernier.com. Prix 2008. Fft jour : Empl. Tourisme (2) : 17 € (E. CC) ; Sup : 4,50 € - de 7 ans 3,50 € ; 3,50 € ; Animaux 2,70 €. Réduction H.S.

LA GUICHARDIERE ★★★ Loisirs 166 E. (83 Tourisme + 83 Loisirs) 3,5 ha. rapide, CV. Locations : , 10. chauffée. Bord de mer à 300 m. Etang à 2 km. à 300 m : , ; à 500 m : , . Rue de la Guichardière. ☎ 02 40 21 55 09. Fax : 02 40 21 55 50.

LA RENAUDIERE ★★★ Tourisme 135 E. (96 Tourisme + 39 Loisirs), dont 55 GCC, 3,1 ha. snack, CV. Locations : 17, 13. chauffée. Bord de mer à 1,8 km. ; à 1,8 km : , ; à 2 km : . Ouv : 20.4 / 15.9. Par RD 13 dir. La Prée. ☎ 02 40 21 50 03. Fax : 02 40 21 09 41. E-mail : info@campinglarenaudiere.com, Web : www.campinglarenaudiere.com. Prix 2007. Empl. Tourisme : 7,50 € ; 2,50 € ; 4,50 € ; - de 7 ans 2,50 € ; 3,60 € ; Animaux 2,40 €.

FFCC : partenaire + carte FFCC assurance annulation.

LE RANCH ★★★ Tourisme 181 E. dont 96 nus (96 Tourisme + 85 Loisirs), dont 85 GCC, 4 ha. CV. Locations : 13, 25. chauffée. Bord de mer à 800 m. Etang à 1,5 km. ; ; à 800 m : , . Ouv : 1.4 / 30.9. Au Sud du Pont de St-Nazaire entre St-Michel-Chef-Chef et la Plaine-sur-Mer sur la D 96. ☎ 02 40 21 52 62. Fax : 02 51 74 81 31. E-mail : info@camping-le-ranch.com, Web : www.camping-le-ranch.com. Prix 2008. Fft jour : Empl. Tourisme (2) : 23 € ( )

L'ESCALE 1 ★★ Loisirs 38 E. (3 Tourisme + 35 Loisirs). La Gautrie.

PONTCHATEAU

5-E5 22 km N.-E. Saint-Nazaire. 7 m. 7549 hab. ✉ 44160

LE BOIS BEAUMARD ★★ Tourisme 25 E. dont 20 nus, 1 ha. CV. Locations : 5. Accès direct à l'étang. Rivière à 1 km.Lac à 2 km. Accueil groupes. Ouv : 1.4 / 1.10. Mi-chemin entre Nantes et Vannes sur N 165 sortie Le Calvaire Pontchateau n° 13. ☎ 02 40 88 03 36 / 06 19 80 94 94 (H.S.). Fax : 02 40 88 03 36. E-mail : obocamp@aol.com, Web : www.campingbeaumard.com. Prix 2007. Empl. Tourisme : 3,50 € () : 3 € ; - de 10 ans 2 € ; 3 € (10 A) ; Animaux 1 €.

PORNIC

5-E5 22 km S. Saint-Nazaire. 5 m. 8155 hab. ✉ 44210

LE PATISSEAU ★★★★ Tourisme 227 E. dont 111 nus, dont 160 GCC, 4,3 ha. CV Sanitaire chauffé. Camping clef verte. Locations : 8, 48, 3. couverte chauffée. Rivière à 800 m. Bord de mer à 2,5 km.Etang à 3 km. 2 : ; à 2,5 km : , , . Accueil groupes. 29, rue du Patisseau. Nantes/Pornic D 751, au rond-point à l'entrée de Pornic dir. le Patisseau. Par St-Nazaire, sortir à Pornic dir. route de Nantes. ☎ 02 40 82 10 39. Fax : 02 40 82 22 81. E-mail : contact@lepatisseau.com, Web : www.lepatisseau.com. Réduction H.S.

LA BOUTINARDIERE ★★★ Tourisme 400 E. (250 Tourisme + 150 Loisirs), dont 150 CC - 150 GCC - 150 HLL, 8 ha. CV. Locations : 37, 100, . couverte chauffée. Bord de mer à 200 m. Etang à 4 km. ; à 200 m : , , ; à 4 km : . Accueil groupes. Ouv : 5.4 / 28.9. Situé au Sud de Pornic entre Pornic et La Bernerie. ☎ 02 40 82 05 68. Fax : 02 40 82 49 01. E-mail : info@laboutinardiere.com, Web : www.camping-boutinardiere.com. Prix 2007. Fft jour : Empl. Tourisme (3) : 31 € / nuit ( ) ; Sup : 6 € - de 8 ans 4,50 € ; 4 à 5 € (6 à 10 A) ; Animaux 4 €. Réduction H.S.

LA CHENAIE ★★★ Tourisme 164 E. dont 94 nus (114 Tourisme + 50 Loisirs), dont 115 GCC, 5 ha. hte saison, hte saison, hte saison, hte saison, hte saison, hte saison. Camping clef verte. Locations : 17, 3. chauffée. Rivière à 300 m. Bord de mer à 2,5 km. ; à 2,5 km : , , . Accueil groupes début juillet. début juillet. Ouv : 28.4 / 16.9. Paris/Nantes, dir. Nantes Atlantique sortie Pornic D 751, 2ème rond-point avant entrée Pornic à droite. Par St-Nazaire D 213, dir. Nantes/Le Clion s/mer, éviter Pornic centre. ☎ 02 40 82 07 31. Fax : 02 40 27 95 67. E-mail : la.chenaie44@wanadoo.fr, Web : www.campinglachenaie.com. Prix 2007. Fft jour : Empl. Tourisme (2) : 22 € ( ) ; Sup : 5 € - de 9 ans 4 € ; 4 € ; Animaux 3 €. Fft Ccar : 10 € (2). Réduction H.S.

LA MADRAGUE ★★★ Loisirs 226 E. (89 Tourisme + 137 Loisirs), dont 137 GCC, 5 ha. gaz ou électrique, , saison, la nuit, CV Sanitaire chauffé. Locations : 43, 8, . chauffée. Accès direct à la mer. Etang à 4 km. ; ; à 3 km : . Ouv : 12.4 / 30.9. Rés. obligatoire en été. Arrivée par Pornic-Ouest et ensuite Ste-Marie. ☎ 02 40 82 06 73. Fax : 02 51 74 11 93. E-mail : campinglamadrague@wanadoo.fr, Web : www.madrague.net. Prix 2008. Fft jour : Empl. Tourisme (2 2 - de 7) : 42 € ( ) ; 4 € ; Animaux 5 €. Réduction H.S.

LE GOLF ★★★ Tourisme 109 E., dont 80 GCC, 1,5 ha. CV. Locations : 3, , 28, . chauffée. Bord de mer à 600 m. à 600 m : , . Accueil enfants. Ouv : 1.4 / 15.10. 40, rue de la Renaissance, RD 751. ☎ 02 40 82 46 17. Fax : 02 40 27 92 68. E-mail : campingdugolf@orange.fr, Web : www.campingdugolf.fr. Prix 2008. Fft jour : Empl. Tourisme (2) : 20 € () ; Sup : 6 € - de 2/7 ans 5 € ; 5 à 6 € (6 à 10 A) ; Animaux 4 €.

BON ACCUEIL ★★ Tourisme 50 E. CV. Locations : 12, , . Bord de mer à 300 m. ☎ 02 40 82 42 98 / 02 40 82 15 97 (H.S.). Fax : 02 51 74 06 13. E-mail : jeanclaudethebaud@free.fr.

LE PORT CHERI ★★ Tourisme 104 E. (88 Tourisme + 16 Loisirs), dont 16 GCC - 3 HLL, 2,5 ha. CV. Locations : 2, 7, 10, . chauffée. Rivière à 500 m. Etang à 2 km. ; à 200 m : ; à 2 km : . Accueil groupes. Rue du Port Chéri. 2 km du centre ville. Route de Nantes. ☎ 02 40 82 34 57. Fax : 02 40 82 96 77. Réduction H.S.

LES BLEUETS ★★ Tourisme 223 E. dont 138 nus, dont 56 GCC, 2,4 ha. CV. Locations : 18, 10. . Etang à 80 m. Bord de mer à 3,5 km.Lac à 4 km. ; à 3,5 km : , . Accueil groupes. Ouv : 1.4 / 30.9. Rés. obligatoire en été. Par la D 213 route bleue, dir. Pornic Saint Brévin prendre la sortie C3 à 3 km de Pornic ☎ 02 40 82 11 07. Fax : 02 40 82 05 01. E-mail : contact@camping-bleuets-44.com, Web : camping-bleuets-44.com. Prix 2008. Empl. Tourisme : 7,50 € () : 4 € ; - de 7 ans 2,70 € ; 3,50 € (8 A). Fft Ccar : 8 € (2).

FFCC : Stop accueil Camping-car du 01/04 au 30/09/2008, accès jusqu'à 22h.

LES COEURES ★ Tourisme 50 E.

PORNICHET

5-E5 12 km O. Saint-Nazaire. 7284 hab. ✉ 44380

BEL AIR ★★★ Tourisme 368 E. dont 147 nus (300 Tourisme + 68 Loisirs), dont 85 GCC, 6 ha. CV. Locations : 29. chauffée . Bord de mer à 50 m. ; à 50 m : . Ouv : 25.4 / 14.9. Avenue Chevissens. Angle Bonne Source à Ste-Marguerite, sur RD 292. ☎ 02 40 61 10 78. E-mail : reception@bel-air-pornichet.com, Web : www.belairpornichet.com. Prix 2008. Fft jour : Empl. Tourisme (2 + 1 - de 7) : 35 € ; Sup : 4,50 € - de 7/14 ans 2 € ; 4 € ; Animaux 1,50 €. Réduction H.S.

LE BUGEAU ★★★ Tourisme 148 E. (118 Tourisme + 30 Loisirs), dont 30 GCC, 1,3 ha. CV. Locations : 10. Bord de mer à 500 m. à 500 m : . 33 avenue des Loriettes. ☎ 02 40 61 02 02 / 02 40 61 15 44 (H.S.). Fax : 02 40 61 22 75. E-mail : campingdubugeau@wanadoo.fr.

LES FORGES ★★★ Tourisme 141 E. (82 Tourisme + 59 Loisirs), dont 104 GCC, 2 ha. CV. Locations : 30. chauffée . Etang à 2 km.Bord de mer à 3 km. à 3 km : . Ouv : 1.7 / 31.8. Rés. obligatoire en été. 98, villes Blais. RD 92 et RN 171. ☎ 02 40 61 18 84. Fax : 02 40 60 11 84. E-mail : camping@campinglesforges.com, Web : www.campinglesforges.com. Prix 2007. Fft jour : Empl. Tourisme (2) : 22 € ; Sup : 6,90 € 3,90 € ; 4 € ; Animaux 4 €. Réduction H.S.

L'OASIS ★★★ Tourisme 167 E. 1 ha. CV. Locations : 10. Bord de mer à 700 m. à 700 m : . Avenue de Moulins prolongée. ☎ 02 40 61 08 80. Fax : 02 40 61 82 24.

G.C.U. SAINTE MARGUERITE Réservé aux adhérents. Adhésion possible sur place pour les sociétaires MAIF et FILIA MAIF.

LES LORIETTES ★★ Tourisme 130 E. 1,5 ha. CV. Locations : 4, 8. Bord de mer à 800 m. à 800 m : . Ouv : 1.4 / 30.9. D 92 - 292. Nantes-St-Nazaire Ouest, Pornichet Ste-Marguerite. ☎ 02 40 61 16 45. Fax : 02 40 61 16 45. E-mail : contact@campingdesloriettes.com, Web : www.campingdesloriettes.com. Prix 2007. Fft jour : Empl. Tourisme (2) : 13 € ; Sup : 3,70 € - de 6 ans 2,20 € ; 2,60 à 3,10 € ; 0,30 €.

LES TROIS CHENES ★ Tourisme 120 E. dont 75 nus (75 Tourisme + 45 Loisirs), dont 45 GCC, 3,85 ha. juillet/août, juillet/août, juillet/août, CV. Locations : 20. chauffée . Bord de mer à 3 km. ; à 3 km : . Accueil groupes juillet/août. juillet/août. Ouv : 15.5 / 15.10. Route de Villès Hérioux. Nantes dir. La Baule/Guérande sur RN 171 (double voie, route bleue) sortie Pornichet puis sortie l'Immaculée. ☎ 02 40 61 13 36. Fax : 02 40 91 54 24. E-mail : troischenes@club-internet.fr, Web : www.camping-lestroischenes.com. Prix 2007. Fft jour : Empl. Tourisme (2) : 17,50 € ; Sup : 5 € - de 7 ans 2 € ; 2,50 à 4 € (4 à 8 A) ; Animaux 1,50 €. Réduction H.S.

FFCC : partenaire + réduction emp. de 5 % en saison et 20 % hors saison.

SAINT-SEBASTIEN ★ Tourisme 60 E. 1 ha. Locations : . Bord de mer à 800 m. à 800 m : . 10 avenue des Loriettes. ☎ 02 40 61 53 07.

PORT ST PERE

5-F5 40 km S.-E. Saint-Nazaire. 16 m. 1716 hab. ✉ 44710

CAMP MUNICIPAL DE LA MORINIERE ★ Tourisme 40 E. (25 Tourisme + 15 Loisirs) 0,4 ha. CV. Accès direct à la rivière. Accueil groupes. RN 751. ☎ 02 40 31 50 13 (Mairie). Fax : 02 40 04 86 64.

LE POULIGUEN

5-E5 20 km O. Saint-Nazaire. 5 m. 4488 hab. ✉ 44510

CAMP MUNICIPAL DU CLEIN ★★ Tourisme 118 E. 1,5 ha. CV Sanitaire chauffé. Bord de mer à 500 m. à 500 m : ; à 1 km : ; à 8 km : . Accueil groupes. 22 avenue de Kerdun. ☎ 02 40 42 43 99 / 02 40 15 08 08 (H.S.). Fax : 02 40 15 08 30. E-mail : leclein@mairie-lepouliguen.fr. Réduction H.S.

CAMP MUNICIPAL LES MOUETTES ★★ Tourisme 212 E. 4,7 ha. snack, CV Sanitaire chauffé. Bord de mer à 800 m. Rivière à 2 km. à 800 m : ; à 1 km : ; à 5 km : . Accueil groupes. Ouv : 1.4 / 15.10. 45, bd de l'Atlantique. ☎ 02 40 15 08 08 (Mairie). Fax : 02 40 42 43 98. E-mail : lesmouettes@mairie-lepouliguen.fr. Prix 2007. Fft jour : Empl. Tourisme (2) : 12,40 € ; Sup : 4,10 € - de 2/13 ans 3,60 € ; 3 € (6 A) ; Animaux 2 €. Fft Tente : 7,50 € (1). Réduction H.S.

PREFAILLES

5-E5 20 km S. Saint-Nazaire. 775 hab. ✉ 44770

ELEOVIC ★★★★ Tourisme 138 E. dont 71 nus (108 Tourisme + 30 Loisirs), dont 70 GCC, 3 ha. CV Sanitaire chauffé. Locations : 14, 36, couverte chauffée . Bord de mer à 25 m. ; ; ; . Ouv : 5.4 / 28.9. Lieu-dit La Raize, route de Saint Gildas. ☎ 02 40 21 61 60 / 06 03 80 49 47 (H.S.). Fax : 02 40 64 51 95. E-mail : accueil@camping-eleovic.com, Web : www.camping-eleovic.com. Prix 2008. Fft jour : Empl. Tourisme (2) : 31,10 € ; Sup : 8,30 € - de 7 ans 6,60 € ; 4,70 € (10 A) ; Animaux 5 €.

FFCC : partenaire + réduction emp. de 5 % en saison et hors saison.

PORT MELEU ★★★ Loisirs 97 E. (46 Tourisme + 51 Loisirs), dont 97 GCC, 2,5 ha. + sèche linge, CV. Locations : 20. chauffée . Bord de mer à 50 m. ; ; ; ; . Corniche et Plage de Port Meleu. Bord de mer à gauche CV 4 sur 500 m arrivée au camping direct. ☎ 02 40 21 62 91. Fax : 02 40 21 62 91. Web : www.portmeleu-camping.com. Prix 2007. Fft jour : Empl. Tourisme (2) : 22 € ; Sup : 5 € - de 7 ans 4,80 € ; 4,20 € (6 A) ; Animaux 3 €. Réduction H.S.

ANSE DU SUD ★★ Tourisme 30 E. 0,4 ha. Locations : . Bord de mer à 300 m. ; ; ; . 204, pointe de Saint-Gildas. ☎ 02 40 64 53 92.

LES AMIS DE LA NATURE ★★ Tourisme 69 E. 1,45 ha. Bord de mer à 20 m. Rue du Port aux Goths. Réservé exclusivement Amis de la Nature. ☎ 02 40 31 20 22 / 02 40 64 52 09 (Saison).

L'ESCALE ★★ Loisirs 196 E., dont 56 CC - 140 GCC, 3,5 ha., à gaz, visiteur, CV. Locations : chauffée . Bord de mer à 700 m.; à 1 km : . La Gautrie, D 313. ☎ 02 40 21 52 05. E-mail : camping.lescale@wanadoo.fr, Web : www.camping-lescale.fr.

LA PREE ★ Tourisme 70 E. 0,88 ha. partiel, CV. Locations : 2, 4. Bord de mer à 100 m. à 100 m : ; à 2 km : . Prendre à la Plaine sur Mer CD 13 dir. La Prée. ☎ 02 40 21 02 64. Fax : 02 40 21 02 64. E-mail : campingpree@free.fr.

ROUANS

5-F5 27 km O. Nantes. 170 m. 1710 hab. ✉ 44640

AIRE NATURELLE MUNICIPALE . Mairie de Rouans, club Amitié Loisirs. ☎ 02 40 64 21 73.

ST ANDRE DES EAUX

5-E5 10 km N.-O. Saint-Nazaire. 25 m. 2522 hab. ✉ 44117

LES CHALANDS FLEURIS PARC RESIDENTIEL DE LOISIRS ★★★ Loisirs 122 E. (61 Tourisme + 61 Loisirs), dont 64 CC, 3,5 ha. CV. Locations : 17, 5. couverte chauffée juillet/août. Accès direct à l'étang. Accueil groupes. Ouv : 1.4 / 15.10. Rue du Stade. A Nantes suivre St-Nazaire, ensuite La Baule sur la RN 171, puis sortie St-André des Eaux. ☎ 02 40 01 20 40. Fax : 02 40 91 54 24. E-mail : chalfleu@club-internet.fr, Web : www.chalandsfleuris.com. Réduction H.S.

VILLAGE RESIDENTIEL LES CHALANDS FLEURIS P.R.L. 46 E. 1,5 ha. CV Sanitaire chauffé. Locations : . couverte chauffée . Accès direct à l'étang. Rue du Stade. De Nantes dir. St-Nazaire-La Baule, sur RN 171 sortie Pornichet-St André des Eaux. ☎ 02 40 01 20 40. Fax : 02 40 91 54 24. E-mail : chalfleu@club-internet.fr, Web : www.chalandsfleuris.com.

ST BREVIN LES PINS

5-E5 4 km S.-E. Saint-Nazaire. 8769 hab. ✉ 44250

LE FIEF ★★★★ Tourisme 413 E., dont 93 GCC, 7 ha. CV. Locations : 10, 108. couverte chauffée . Bord de mer à 800 m. ; à 500 m : ; à 800 m : . Accueil groupes hors saison. hors saison. Ouv : 1.4 / 14.10. Rés. obligatoire en été. 57, chemin du Fief. St-Nazaire/St-Brévin les Pins sortie St-Brévin l'Océan/La Courance puis fléchage, se trouve au rond-point. ☎ 02 40 27 23 86. Fax : 02 40 64 46 19. Web : www.lefief.com. Prix 2008. Fft jour : Empl. Tourisme (2) : 37 € ; Sup : 9 € - de 7 ans 4,50 € ; 6 € (5 A) ; Animaux 5 €. Réduction H.S.

FFCC : Stop accueil Camping-car du 22/03 au 05/10/2008, accès jusqu'à 22h.

LES PIERRES COUCHEES ★★★★ Tourisme 473 E. dont 83 nus (360 Tourisme + 113 Loisirs), dont 214 GCC, 14 ha. Hte saison, hte saison, Hte saison, hte saison, hte saison, CV. Locations : 80, 5, 17, Maison forestière. Bord de mer à 300 m. ; à 300 m : ; à 3 km : . Accueil groupes hors saison. hors saison. Avenue des Pierres Couchées l'Ermitage, accès RN 751 (route bleue). ☎ 02 40 27 85 64. Fax : 02 40 64 97 03. E-mail : contact@pierres-couchees.com, Web : www.pierres-couchees.com. Prix 2007. Fft jour : Empl. Tourisme (2) : 26 € ; Sup : 6,50 € - de 7 ans 4 € ; 4 € (6 A) ; Animaux 3 €. Réduction H.S.

CAMP DE MINDIN ★★★ Tourisme 83 E. dont 11 nus (42 Tourisme + 41 Loisirs), dont 63 GCC, 1,74 ha. snack/pizzeria, réglementés, CV Sanitaire chauffé. Locations : 24, 3. couverte chauffée . Accès direct à la mer. ; Ouv : 1.1 / 31.12. 32-40, avenue du Bois. De Saint-Nazaire, 1ère sortie après le pont ou de Pornic, dernière sortie avant le pont. ☎ 02 40 27 46 41. Fax : 02 40 39 20 53. E-mail : info@camping-de-mindin.com, Web : www.camping-de-mindin.com. Prix 2007. Fft jour : Empl. Tourisme (2) : 14,30 € ; Sup : 4,80 € - de 7 ans 2,70 € ; 4,70 € (6 A) ; Animaux 2,20 €. Fft Ccar : 10 € (2).

LA COURANCE ★★★ Tourisme 156 E. dont 87 nus (86 Tourisme + 70 Loisirs), dont 75 GCC, 3,5 ha. CV Sanitaire chauffé. Locations : 10, 20, 5. Accès direct à la mer. ; à 500 m : . Accueil groupes. Ouv : 1.1 / 31.12. 100-110, avenue Foch, en venant de Saint-Nazaire sortie La Courance. ☎ 02 40 27 22 91 / 06 32 23 55 25 (H.S.). Fax : 02 40 27 22 91. E-mail : info@campinglacourance.fr, Web : www.campinglacourance.fr. Prix 2007. Fft jour : Empl. Tourisme (2) : 12,50 € ; Sup : 4 € - de 7 ans 2,35 € ; 3,40 € ; Animaux 1,60 €. Réduction H.S.

LES ROCHELETS ★★★ Loisirs 230 E. (96 Tourisme + 134 Loisirs), dont 169 GCC, 3 ha. CV. Locations : 10, 30. chauffée contigü. Bord de mer à 100 m. ; à 100 m : . Accueil groupes. Ouv : 1.1 / 31.12. Chemin des grandes Rivières. ☎ 02 40 27 40 25. Fax : 02 40 27 15 55. E-mail : lesrochelets@yahoo.fr, Web : www.rochelets.com. Prix 2007. Fft jour : Empl. Tourisme (2) : 19 € ; Sup : 4,70 € - de 7 ans 3 € ; 4,40 à 5,90 € (6 à 10 A) ; Animaux 2,20 €. Réduction H.S.

C.C.A.S. LA PETITE ETOILE ★★ Tourisme 47 E. 0,65 ha. Bord de mer à 600 m. Rivière à 2 km.Etang à 3 km. à 600 m : . Ouv : 15.6 / 15.9. 50 m de la Route Bleue, lieu-dit La Roussellerie.

LE RELAIS DU FORT AGUET ★★ Tourisme 20 E., dont 20 GCC.

LA ROCHE MARGUERITE ★ Tourisme 15 E.

LE PAS DU GU ★ Tourisme 47 E. 1,8 ha. CV. Locations : . Rivière à 600 m. Bord de mer à 700 m. Etang à 4 km. ☎ 02 40 27 25 55.

FFCC : Stop accueil Camping-car du 15/06 au 15/09/2008, accès juqu'à 22h.

Mme PORCHER Armande . A 1 km: . La Jiquelais, 4 km de la commune, à proximité de la ferme. Location à la semaine. ☎ 02 40 27 88 19.

FFCC : partenaire - terrain assuré par la FFCC .

ST ETIENNE DE MONTLUC

5-F5 40 km E. Nantes. 5283 hab. ✉ 44360

CAMP MUNICIPAL ★★★ Tourisme 53 E., dont 53 GCC. ..Accueil enfants. Ouv : 1.1 / 31.12. ☎ 02 40 86 97 44. E-mail : , Web : . Prix 2007. Empl. Tourisme : 2,55 € ; 2,55 € ; - de 7 ans 1,15 € ; 3,40 €.

ST GILDAS DES BOIS

5-E4 34 km N.-E. Saint-Nazaire. 16 m. 3126 hab. ✉ 44530

M. MARTIN,aire naturelle de Langatre CV. A 4 km: . A 5 km : . A 6 km : . A 10 km : . Ouv : 14.4 / 15.11. Accès par la D 17. Dir. route du Quilly. ☎ 02 40 88 67 19. Fax : 02 40 88 67 19. E-mail : camplangatre44@cegetel.net, Web : http:/persocite.francite.com/camping44. Prix 2008. Fft jour : Empl. Tourisme (1) : 6,50 € ; Sup : 3 € - de 7 ans 1,50 € ; 3 à 4,15 € (3 à 6 A) ; Animaux 1 €. Réduction H.S.

FFCC : partenaire + réduction emp. de 10 % en saison et hors saison + carte FFCC assurance annulation .

ST HILAIRE DE CHALEONS

6-A3 32 km S.-E. Saint-Nazaire. 15 m. 1362 hab. ✉ 44680

CAMP MUNICIPAL ★ Tourisme 30 E. 0,3 ha. Rivière à 2 km.Etang à 4 km. Au bourg. ☎ 02 40 31 70 40 (Mairie). Fax : 02 40 31 71 58.

ST JULIEN DE CONCELLES

5-F5 16 km N.-E. Nantes. 24 m. 5096 hab. ✉ 44450

LE CHENE ★★ Tourisme 100 E. 2 ha. frites, galettes, crêpes, CV. Locations : 2, 20, 4, . Accès direct à l'étang. Lac à 50 m. Rivière à 1 km. ; ; à 2 km : . Accueil groupes. Ouv : 1.4 / 31.10. Nantes Sud-Loire puis D 37. Nantes-Poitiers puis D 115. ☎ 02 40 54 12 00 / 02 40 94 56 07 / 02 40 03 79 64 (H.S.). Fax : 02 40 36 54 79. E-mail : campingduchene@wanadoo.fr, Web : www.campingduchene.fr. Prix 2007. Empl. Tourisme : 3,20 € ; 1,90 € ; 4,10 € ; - de 7 ans 2,35 € ; 3,20 €.

FFCC : partenaire + réduction emp. de 5 % en saison et 10 % hors saison + Stop accueil Camping-car du 01/05 au 30/09/2008, accès jusqu'à 20h.

ST LYPHARD

5-E5 21 km N.-O. Saint-Nazaire. 2896 hab. Station verte de vacances et village de neige ✉ 44410

LES BRIERES DU BOURG ★★★ Tourisme 110 E. 3,5 ha. CV. Locations : 5, 10, , , , . au lac : ; . Ouv : 1.4 / 30.9. RN 165. Dir. Vannes, sortie Herbignac après Pontchateau, dir. La Chapelle des Marais St Lyphard. ☎ 02 40 91 43 13. Fax : 02 40 91 43 03. E-mail : cledelles.stlyphard@wanadoo.fr, Web : www.lescledelles.com.

ST MARS LA JAILLE

6-B2 18 km N. Ancenis. 30 m. 2179 hab. Station verte de vacances et village de neige ✉ 44540

CAMP MUNICIPAL DE L'ERDRE ★★ Tourisme 50 E. 0,5 ha. CV. Accès direct à la rivière. Etang à 100 m. ; . Sur route de Candé. ☎ 02 40 97 00 34. Fax : 02 40 97 69 34. E-mail : contact@saint-mars-la-jaille.fr.

ST MEME LE TENU

38 km S.-O. Nantes. 781 hab. ✉ 44270

ST MICHEL CHEF CHEF

5-E5 13 km S. Saint-Nazaire. 60 m. 2517 hab. Station verte de vacances et village de neige ✉ 44730

LA RIVIERA ★★★★ Loisirs 253 E. (23 Tourisme + 230 Loisirs), dont 253 GCC, 6,48 ha. CV. Locations : 10. chauffée. Bord de mer et étang à 1,2 km. Accueil groupes. Route des Gâtineaux. ☎ 02 28 53 54 88. Fax : 02 28 53 54 62. Réduction H.S.

CAMP DU BORD DE MER ★★★ Tourisme 88 E. (74 Tourisme + 14 Loisirs), dont 14 GCC, 1,5 ha. . Locations : , . Accès direct à la mer. ; ; ; ; . Rue du Redois. Boulevard de l'Océan. ☎ 02 40 27 93 16 / 02 40 39 93 45 (H.S.). Fax : 02 40 27 93 16.

LE THAR COR ★★★ Tourisme 238 E. (141 Tourisme + 97 Loisirs), dont 101 GCC, 2,5 ha. CV. Locations : 2, 25, 4, . . Bord de mer à 300 m. à 300 m : , , , . 43, avenue du Cormier. A Tharon Plage. ☎ 02 40 27 82 81. Fax : 02 40 27 81 51. E-mail : le.thar.cor@franceco m.com, Web : www.camping-le-thar-cor.com.

BEL ESSOR ★★ Tourisme 160 E. dont 160 nus, 2 ha. CV. Locations : 10. Bord de mer à 400 m. Etang à 2 km. à 400 m : ; à 500 m : , . Accueil groupes. Ouv : 1.5 / 30.9. Route de Tharon, 600 m RD 77 par RN 12 à 2 km. ☎ 02 40 27 85 40. Web : campingbelessor.com. Prix 2007. Fft jour : Empl. Tourisme (2) : 13,50 € ; Sup : 4 € 3,50 € ; Animaux 1,50 €. Réduction H.S.

FFCC : partenaire + réduction emp. de 5 % en saison et hors saison.

CLOS MER ET NATURE ★★ Tourisme 200 E. dont 130 nus, 4 ha. snack, + sèche-linge, CV Sanitaire chauffé. Camping clef verte. Locations : 20, 4. Bord de mer à 300 m. Lac à 1 km.Etang à 2 km. ; à 400 m : , , . Accueil groupes. Ouv : Pâques / 20.10. 103, route de Tharon. Entre St-Nazaire et Pornic. A St-Michel Chef-Chef prendre Tharon-plage. ☎ 02 40 27 85 71 / 06 27 44 70 60 (H.S.). Fax : 02 40 39 41 89. E-mail : info@camping-clos-mer-nature.com, Web : www.camping-clos-mer-nature.com. Prix 2008. Fft jour : Empl. Tourisme (2) : 19,50 € Sup : 5 € - de 7 ans 4 € ; 3,50 à 5 € (6 à 10 A) ; Animaux 3 €. Réduction H.S.

LA LANDE MALBRAIS ★★ Tourisme 199 E., dont 18 GCC. ; ; ; . ☎ 02 40 27 80 44 / 02 40 64 93 45.

LE HAUT VILLAGE ★★ Tourisme 99 E. (79 Tourisme + 20 Loisirs), dont 65 GCC, 2,8 ha. CV. Locations : 26, . chauffée. Accès direct à l'étang. Lac à 200 m. Bord de mer à 2 km. ; à 200 m : ; à 2 km : , , . Le Haut Village, par RD 213. ☎ 02 40 39 93 45.

VIEUX CHATEAU ★★ Tourisme 100 E. 1 ha. snack, CV. Locations : , . chauffée. Bord de mer à 500 m. ; ; ; à 500 m : . Accueil groupes. ☎ 02 40 27 83 47 / 02 40 82 00 93 (H.S.). E-mail : camping.duvieuxchateau@wanadoo.fr. Réduction H.S.

M. BOISMAIN Albert . A 200 m : . A 2 km : . A 5 km : Piscine plein air. La Roussellerie, CR 8, à 2 km sud de la commune, à proximité de la ferme. Pré herbeux. ☎ 02 40 27 88 49.

Mme COURONNE Marie-Josèphe . A 500 m : . A 800 m : . A 1,5 km : . A 1 km : . A 7 km : Piscine plein air. La Mouraudière du Nord, par RD 77, à 1,4 km de la commune, à proximité de la ferme. Pré herbeux, bord de ruisseau. ☎ 02 40 27 85 67.

FFCC : partenaire - terrain assuré par la FFCC .

ST MOLF

5-E5 27 km N.-O. Saint-Nazaire. 20 m. 1154 hab. ✉ 44350

DOMAINE DE KERNODET ★★★★ Loisirs 65 E., dont 65 GCC, 2,13 ha. . Route de Mesquer.

ILE DE KERNODET ★★ Loisirs 90 E. dont 20 nus (25 Tourisme + 65 Loisirs) 2 ha. CV. Locations : 4. chauffée. Accès direct à l'étang. Bord de mer à 4 km. . Ouv : 15.6 / 15.9. Route de la Turballe. ☎ 02 40 62 55 62 (Après 20 h) / 06 83 00 15 01 (H.S.). Fax : 02 40 62 55 62. Prix 2007. Fft jour : Empl. Tourisme (2) : 12 € ; Sup : 3,50 € 2,50 € ; 3 € ; Animaux 1 €.

ST NAZAIRE

5-E5 61 km O. Nantes. 10 m. 68947 hab. ✉ 44600

CAMP DE L'EVE ★★★ Tourisme 280 E. dont 83 nus (164 Tourisme + 116 Loisirs), dont 181 GCC, 6,5 ha. snack, charbon à bois, chauffée CV. Locations : 66. chauffée. Bord de mer à 100 m. ; à 100 m : ; à 1 km : . Ouv : 17.5 / 7.9. Rés. obligatoire en été. Route du Fort de l'Eve, RD 292, à Saint Marc. ☎ 02 40 91 90 65 / 05 46 22 38 22 (Résa) (H.S.). Fax : 02 40 91 76 59. E-mail : leve@yukadivillages.com, Web : yukadivillages.com. Prix 2008. Fft jour : Empl. Tourisme (2) : 27 € ; Sup : 7,20 € - de 7 ans 4,20 € ; 5,10 € ; Animaux 4 €.

ST PERE EN RETZ

5-E5 18 km S.-E. Saint-Nazaire. 3026 hab. ✉ 44320

CAMP DU GRAND FAY ★★ Tourisme 91 E. CV. Locations : 6, 7. chauffée. Lac à 50 m. Accueil groupes. Rue du Grand Fay. ☎ 02 40 21 77 57 / 06 85 87 47 39. Fax : 02 40 21 72 03.

LES PEUPLIERS ★ Loisirs 14 E., dont 14 GCC, 4,5 ha. Locations : . Rivière à 1 km. Bord de mer à 4 km. à 4 km : . Rés. obligatoire en été et en hiver. 16, rue des Lardières. ☎ 02 40 27 32 91. E-mail : guillou09@infonie.fr.

LES MOUETTES En cours de classement E. ☎ 02 40 27 27 31.

M. DENIAUD André, aire naturelle . A 5 km : . A 10 km : Piscine plein air . Les Morandières, 4 km de la commune, à proximité de la ferme. Pré, bois.

M. PRUNEAU Roger, aire naturelle CV. La Tansorais. Situé à 1 km de la route bleue entre Pornic et le Pont-de-St-Nazaire. Mer à 2 km. Ombragé. ☎ 02 40 27 36 59.

ST PHILBERT DE GRAND LIEU

6-A3 24 km S.-O. Nantes. 4282 hab. Station verte de vacances et village de neige ✉ 44310

CAMP LA BOULOGNE ★★ Tourisme 180 E. (155 Tourisme + 25 Loisirs) 1,8 ha. CV. Locations : 6, , . Accès direct aux bords du lac et à la rivière. ; ; . Route de Nantes. ☎ 02 40 78 88 79 / 02 40 78 83 87 (H.S.). Fax : 02 40 78 76 50.

STE LUCE SUR LOIRE

6 km N.-E. Nantes. 8427 hab. ✉ 44980

BELLE RIVIERE ★★★ Tourisme 100 E. (50 Tourisme + 50 Loisirs) 3 ha. CV Sanitaire chauffé. Locations : 6, 5. Accès direct à la rivière. ; à 5 km : . Accueil groupes. Par la D 68 entre Sainte-Luce-sur-Loire et Thouare-sur-Loire. ☎ 02 40 25 85 81. Fax : 02 40 25 85 81. E-mail : belleriviere@wanadoo.fr, Web : www.camping-belleriviere.com. Réduction H.S.

STE REINE DE BRETAGNE

5-E5 24 km N. Saint-Nazaire. 1768 hab. ✉ 44160

CHATEAU DU DEFFAY ★★★★ Tourisme 120 E., dont 19 GCC - 20 HLL, 13 ha. CV. Locations : 23, 7, , chambres. couverte. Accès direct à l'étang. Accueil groupes. Ouv : 1.5 / 30.9. Sur la D 33, entre Pontchateau et Herbignac. ☎ 02 40 88 00 57. Fax : 02 40 01 66 55. E-mail : campingledeffay@wanadoo.fr, Web : www.camping-le-deffay.com. Prix 2008. Fft jour : Empl. Tourisme (2) : 21,80 € ( ) ; Sup : 5,10 € - de 12 ans 3,50 € ; 4 € (6 A). Réduction H.S.

FFCC : réduction loc. de 5 % hors saison + HC.

SAVENAY

5-F5 25 km N.-E. Saint-Nazaire. 50 m. 5681 hab. ✉ 44260

CAMP MUNICIPAL DU LAC ★★ Tourisme 97 E. 1 ha. . Accès direct aux bords du lac. RN 171, RN 165. ☎ 02 40 58 31 76. Fax : 02 40 58 39 35.

TREFFIEUX

5-F4 17 km S.-O. Châteaubriant. 20 m. 626 hab. ✉ 44170

AIRE NATURELLE MUNICIPALE CV. Par RN 171 Châteaubriant/La Baule, à Treffieux suivre la route d'Abbaretz pendant 2,5 km ou par RN 137 Nantes/Rennes, sortir à Noray puis dir. Châteaubriant. Dir. Abbaretz juste avant Treffieux. ☎ 02 40 51 48 42 / 02 40 51 48 19. Fax : 02 40 51 48 42. E-mail : amis_de_gruellau@yahoo.fr.

LA TURBALLE

5-E5 28 km N.-O. Saint-Nazaire. 10 m. 3276 hab. ✉ 44420

PARC SAINTE BRIGITTE ★★★★ Tourisme 150 E. dont 138 nus (134 Tourisme + 16 Loisirs), dont 103 GCC, 4 ha. CV. Locations : 12, . couverte chauffée. Etang à 200 m. Bord de mer à 2,5 km. ; à 2 km : . Ouv : 1.4 / 1.10. Domaine de Brehet. Sur la D 99 entre Guérande et La Turballe. ☎ 02 40 24 88 91. Fax : 02 40 15 65 72. E-mail : saintebrigitte@wanadoo.fr, Web : www.campingsaintebrigitte.com. Prix 2007. Fft jour : Empl. Tourisme (2) : 22,10 € ( ) ; Sup : 6 € - de 7 ans 4,90 € ; E. GCC 13,60 € ; Animaux 1,60 €.

CAMP MUNICIPAL LES CHARDONS BLEUS ★★★ Tourisme 300 E. 5 ha. CV. chauffée. Accès direct à la mer. ; ; ; ; . Accueil groupes. Ouv : 30.4 / 30.9. Boulevard de la Grande Falaise. Accès par la D 99. ☎ 02 40 62 80 60. Fax : 02 40 62 85 40. E-mail : camping.les.chardons.bleus@wanadoo.fr. Prix 2007. Fft jour : Empl. Tourisme (1) : 11,95 € ( ) ; Sup : 4,40 € - de 10 ans 2,20 € ; 2,85 à 3,90 € (6 à 10 A) ; Animaux 2,20 €. Fft Ccar : 16,80 € (2).

LE REFUGE ★★★ Tourisme 183 E. 2 ha. gaz/électrique, CV. Bord de mer à 300 m. ; ; ; ; . ☎ 02 40 23 37 17. Fax : 02 40 11 85 10.

LA FALAISE ★★ Tourisme 150 E. (117 Tourisme + 33 Loisirs), dont 33 GCC, 2,7 ha. CV Sanitaire chauffé. Locations : 50. Accès direct à la mer. ; ; ; . Ouv : 25.3 / 31.10. 1, boulevard de Belmont. A 400 m du port de la Turballe D 99. ☎ 02 40 23 32 53. Fax : 02 40 62 87 07. E-mail : info@camping-de-la-falaise.com, Web : www.camping-de-la-falaise.com. Prix 2007. Fft jour : Empl. Tourisme (3) : 30,05 € ((10 A)) ; Sup : 4,80 € Animaux 2,80 €.

LE SEGREEN ★★ Tourisme 32 E. Bord de mer à 800 m. En venant de Guérande dir. Piriac. ☎ 02 41 92 32 71 / 02 41 61 05 22.

VARADES

6-B2 12 km E. Ancenis. 13 m. 3070 hab. ✉ 44370

ILE BATAILLEUSE ★★ Tourisme 100 E. 3 ha. CV. Locations : 8. Rivière à 3 m. Accueil groupes. ☎ 02 40 83 45 01. Fax : 02 40 83 45 01. E-mail : serge.rabec@tiscali.fr, Web : campingilebatailleuse.com.chez-alice.fr. Prix 2007. Empl. Tourisme : 7,50 € : 2 € ; - de 7 ans 1,30 € ; 2 € ; Animaux 1 €. Réduction H.S.

VERTOU

5-F5 8 km S.-E. Nantes. 32 m. 20773 hab. ✉ 44120

CAMP MUNICIPAL DU LOIRY ★★★ Tourisme 73 E. (63 Tourisme + 10 Loisirs) 1,5 ha. CV. Locations : . Accès direct à la rivière. Ouv : 1.4 / 30.9. Boulevard Guichet Serex. Rocade, sortie n°47 dir. Le Chêne puis Parc du Loiry. ☎ 02 40 80 07 10. Fax : 02 40 80 07 10. E-mail : campingloiry@mairie-vertou.fr, Web : www.vertou.fr. Prix 2007. Empl. Tourisme : 4,10 € ; 2,45 € ; - de 7 ans 1,50 € ; 1,75 à 3 € (6 à 10 A) ; Animaux 1 € (chien).

Toute l'année, les Clubs organisent des rassemblements, des rencontres ou des voyages. Consultez la liste des Clubs en fin de guide.

LOIRET 45

Cartes 3-7

Délégué FFCC : Valéry MISIEK, 207, rue Grandes Martinières - 45160 ST HILAIRE ST MESMIN - ffcc45loiret@wanadoo.fr

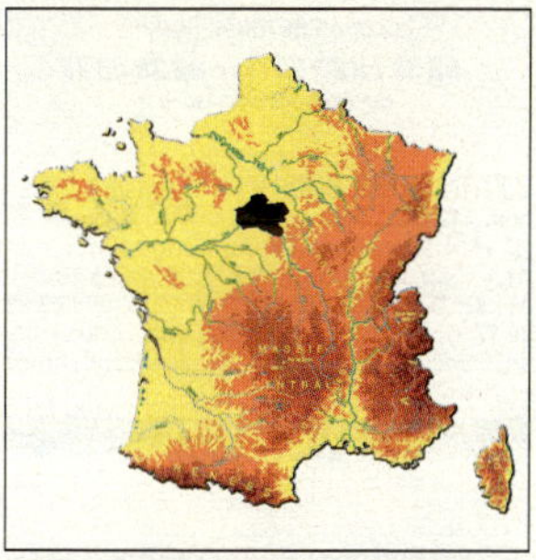

ANDONVILLE

3-B5 21 km N.-O. Pithiviers. 140 m. 157 hab. ✉ 45480

DOMAINE DE LA JOULLIERE ★★ Loisirs 216 E. (40 Tourisme + 176 Loisirs), dont 186 GCC, 10 ha. CV. Locations : 6. RD 6, RN 20. ☎ 02 38 39 58 46. Fax : 02 38 39 61 94.
FFCC : partenaire - terrain assuré par la FFCC.

AUTRUY SUR JUINE

3-B5 19 km Pithiviers. 130 m. 703 hab. ✉ 45480

PARC RESIDENTIEL DE LOISIRS LA CHESNAIE P.R.L. 300 E. dont 100 nus, 10 ha. CV. Locations : 20. Accueil groupes. Ouv : 1.1 / 31.12. Rés. obligatoire en été. RD 97, RD 22. A 10 sortie Ablis dir. Etampes puis Angerville puis Phittiviers jusqu'à Andonville ou N20 depuis Paris sortie Angerville Location longue durée. ☎ 02 38 39 57 07. Fax : 02 38 39 50 87. Prix 2007. 22 € ; 11 € ; Réduction H.S.

AUXY

3-C5 20 km S.-E. Pithiviers. 656 hab. ✉ 45340

LA PRESSE ★★ Loisirs 48 E., dont 48 GCC, 1,5 ha. Rivière à 2 km. Accueil groupes. 40, route de Bordeaux. Itinéraire bis D 975 entre Nemours/Beaumont et Bellegarde à gare d'Auxy (lieu-dit). ☎ 02 38 96 44 94 / 06 98 04 77 64. Fax : 02 38 96 44 94.

BEAUGENCY

7-A1 25 km S.-O. Orleans. 96 m. 7339 hab. Station verte de vacances et village de neige ✉ 45190

CAMP MUNICIPAL ★★ Tourisme 305 E. 6,5 ha. CV. Accès direct à la rivière. Etang à 4 km. Accueil groupes. RN 152 et RD 19, lieu-dit Val de Flux. ☎ 02 38 44 50 39 / 02 38 55 21 25 (H.S.). Fax : 02 38 44 89 81. E-mail : mairie.de.beaugency@wanadoo.fr.

BEAULIEU SUR LOIRE

7-C2 51 km S. Montargis. 160 m. 1537 hab. ✉ 45630

CAMP MUNICIPAL DU CANAL ★★ Tourisme 37 E. 0,6 ha. CV Camping tourisme et handicap. Rivière à 800 m. ; à 1 km : ; à 2 km : . Accueil groupes. Ouv : Pâques / Toussaint. Route de Bonny, D 926. ☎ 02 38 35 80 48 (Mairie) / 02 38 35 32 16 (H.S.). Fax : 02 38 35 86 57. E-mail : beaulieu-sur-loire@orange.fr, Web : www.beaulieu-sur-loire.fr. Réduction H.S.
FFCC : partenaire + réduction emp. de 6 % en saison et hors saison.

BELLEGARDE

7-C1 23 km O. Montargis. 115 m. 1582 hab. ✉ 45270

CAMP MUNICIPAL DU DONJON ★★ Tourisme 40 E. dont 40 nus 0,9 ha. CV. à 400 m : . Accueil groupes. Ouv : 15.5 / 15.9. Allée du Château. ☎ 02 38 90 25 37 / 02 38 90 10 03 (Mairie) (H.S.). Fax : 02 38 90 28 32. E-mail : office-tourisme-bellegarde@orange.fr, Web : www.bellegarde-45.fr. Prix 2007. Fft jour : Empl. Tourisme (3) : 13,95 € ; 2,05 € ; 3,20 €

BONNY SUR LOIRE

7-C2 50 km S. Montargis. 150 m. 1868 hab. ✉ 45420

CAMP ESSI DU VAL ★ Tourisme 33 E. 0,8 ha. Accès direct à la rivière. 150 m du centre. ☎ 02 38 51 57 71 / 02 38 31 50 86 (Cabine).

LES BORDES

7-C1 41 km E. Orléans. 120 m. 1245 hab. ✉ 45460

CAMP DE M. MAZURAY ★★ Loisirs 51 E., dont 4 CC - 47 GCC.

BOUZONVILLE AUX BOIS

3-B5 8 km S. Pithiviers. 120 m. 215 hab. ✉ 45300

LE CLOS DES TOURTERELLES En cours reclassement 69 E., dont 46 GCC, 1,14 ha. Sanitaire chauffé. Locations : 6. Rue des Rendillons. ☎ 02 38 33 01 00. Fax : 02 38 33 01 00.
FFCC : partenaire - terrain assuré par la FFCC.

BRAY EN VAL

7-C1 34 km S.-E. Orléans 125 m. 837 hab. ✉ 45460

M. BAQUET . A 500 m : . A 1 km : . A 4 km : . A 5 km : . A 6 km : . ☎ 02 38 29 03 58.

BRIARE

7-C2 39 km S. Montargis. 144 m. 6327 hab. Station verte de vacances et village de neige ✉ 45250

LE MARTINET ★★ Tourisme 160 E. 4,5 ha. CV Sanitaire chauffé. Locations : 5. Accès direct à la rivière. ; à 800 m : . RN 7 et 152. ☎ 02 38 31 24 50. Fax : 02 38 31 24 50.

CEPOY

3-C5 6 km N. Montargis. 87 m. 1882 hab. ✉ 45120

CAMP DES RIVES DU LOING ★ Loisirs 50 E. 2 ha. Accès direct à l'étang et aux bords du lac et à la rivière. 26, rue du Château, RD 240. ☎ 02 38 85 29 33.

CERNOY EN BERRY

7-C2 60 km S. Montargis. 403 hab. ✉ 45360

CAMP MUNICIPAL R COEFFIER ★★ Tourisme 33 E. Accès direct à la rivière. ☎ 02 38 31 00 78. Fax : 02 38 31 19 55.

CHAINGY

7-B1 11 km O. Orléans. 110 m. 2620 hab. ✉ 45380

CAMP C.C.A.S. ★ Tourisme 63 E. Réservé C.C.A.S.

CHAMBON LA FORET

3-B5 14 km S. Pithiviers. 117 m. 491 hab. ✉ 45340

DOMAINE DE LA RIVE DU BOIS ★★★ Loisirs 40 E., dont 40 GCC, 1,3 ha. CV Sanitaire chauffé. Locations : 2, 1, 1. Accès direct à l'étang. Ouv : 1.1 / 31.12. Rés. obligatoire en été. RN 721 sur D 30. A Pithiviers dir. Sully-sur-Loire. ☎ 02 38 32 29 73 / 06 79 95 26 53 (H.S.). E-mail : rive.bois@wanadoo.fr, Web : www.larivedubois.com. Prix 2008. Fft jour : Empl. Tourisme (2 1 - de 7) : 15 € E. CC E. GCC) ; Sup : 5 € Empl. Loisirs : 110 € (fft mois). Réduction H.S.

FFCC : partenaire - terrain assuré par la FFCC + réduction emp. de 5 % hors saison + Stop accueil Camping-car du 01/01 au 31/05 et du 31/08 au 30/12/2008, accès jusqu' à 21h.

CHATEAU RENARD

7-C1 18 km S.-E. Montargis. 120 m. 2241 hab. ✉ 45220

L'OUANNE ★★ Tourisme 45 E. 1 ha. Accès direct à la rivière. Route de Triguères. RD 943 sortie de Châteaurenard, dir. Joigny. ☎ 02 38 95 38 07 / 02 38 95 39 53 (H.S.). Fax : 02 38 95 39 53.

CHATEAUNEUF SUR LOIRE

7-B1 26 km E.-S.-E. Orleans. 6029 hab. ✉ 45110

LA MALTOURNEE ★★ Tourisme 175 E., dont 92 CC - 35 GCC, 3 ha. saison, CV Sanitaire chauffé. Locations : Accès direct à la rivière. Accueil groupes. Ouv : 1.4 / 31.10. A Sigloy, RD 11. ☎ 02 38 58 42 46 / 02 38 58 94 73 (H.S.). E-mail : contact@revea-vacances.com, Web : www.revea-vacances.fr. Prix 2008. Fft jour : Empl. Tourisme (2) : 10,60 € ; - de 2/7 ans 2,10 € ; 3,80 € ; Animaux 1,50 €. Fft Ccar : 6,70 € (2).

LES GUERINES ★★ Loisirs 11 E., dont 11 CC, 0,5 ha. Etang et rivière à 1,5 km. à 2 km : RN 60. Location longue durée. ☎ 02 38 58 53 69 / 02 38 58 20 35 (H.S.).

CHATENOY

7-C1 42 km E. Orléans. 126 m. 290 hab. ✉ 45260

VAL DE VIE ★★★ Loisirs 56 E., dont 45 GCC, 3,85 ha. 1 km, CV Sanitaire chauffé. Locations : 2, 6 à 500 m : ; à 8 km : 8 km. Accueil groupes. Ouv : 1.4 / 2.11. 71, route de Sully. D 948. Parcelle louée uniquement à l'année. Location longue durée. Vente de mobile homes neufs et occasions. ☎ 02 38 55 82 71. Fax : 02 38 55 82 71. E-mail : valdevie@wanadoo.fr, Web : www.camping-valdevie.com. Prix 2008. Fft jour : Empl. Tourisme (2) : 15 € ; Sup : 4,50 € - de 7 ans 3,50 € ; 4 à 5 € (6 amp à 10 A) ; Animaux 1,50 €. Fft Ccar : 12 € (2). Réduction H.S.

FFCC : partenaire + carte FFCC assurance annulation.

CHATILLON COLIGNY

7-C1 23 km S.-E. Montargis. 1786 hab. ✉ 45230

CAMP MUNICIPAL DE LA LANCIERE ★★ Tourisme 55 E. 0,6 ha. CV. Locations : . Accès direct à la rivière. Accueil groupes. Ouv : 1.4 / 30.9. RD 93. ☎ 02 38 92 54 73 (Saison) / 06 16 09 30 26 (H.S.). E-mail : lalanciere@wanadoo.fr. Prix 2007. Empl. Tourisme : 1,60 € ; 1,60 € ; 1,20 € ; 1,85 € ; 1,60 € ; 2,95 € ; - de 7 ans 2,10 € ; 1,90 à 2,45 € (3 à 6 A).

CHATILLON SUR LOIRE

7-C2 49 km S. Montargis. 135 m. 2512 hab. ✉ 45360

CAMP MUNICIPAL DES COMBES ★★ Tourisme 66 E. 3 ha. Accès direct à la rivière. RN 7. ☎ 02 38 31 42 92.

FFCC : partenaire - terrain assuré par la FFCC.

CHECY

7-B1 12 km E. Orléans. 103 m. 6299 hab. ✉ 45430

CAMP MUNICIPAL ★★ Tourisme 54 E., dont 28 CC, 1 ha. Rivière à 50 m. RN 60. ☎ 02 38 91 13 27.

CHUELLES

3-D5 19 km E. Montargis. 175 m. 754 hab. ✉ 45220

CAMP DE M. CLOUTIER ★★★ Loisirs 50 E. 1 ha. visiteur, CV Camping tourisme et handicap. Locations : 2, 3. Accueil groupes. Ouv : 15.4 / 1.11. Route de Chateaurenard. ☎ 02 38 94 21 19. Fax : 02 38 94 21 19. Web : www.chuelles.free.fr. Prix 2007. Empl. Tourisme : 3,20 € ; 3,10 € ; - de 7 ans 1,55 € ; 2,60 € (4 A).

FFCC : partenaire + réduction emp. de 10 % en saison et hors saison.

COULLONS

7-C2 45 km S.-O. Montargis. 154 m. 2060 hab. ✉ 45720

CAMP MUNICIPAL PLANCHEROTTE ★★ Loisirs 60 E., dont 60 GCC, 1,85 ha. CV. Accès direct à l'étang. Accueil groupes. Accès par la D 940. ☎ 02 38 29 20 42 / 06 86 73 94 94.

CHARME ★ Tourisme 80 E. Locations : Réservé aux associations.

DORDIVES

3-C5 17 km N. Montargis. 96 m. 1951 hab. ✉ 45680

CAMP DU C.E. L'AEROPORT DE PARIS ★★ Tourisme 50 E. 1,3 ha. Locations : . Réservé exclusivement aux personnels des Aéroports de Paris. ☎ 02 38 92 71 63.

FERRIERES

3-C5 12 km N.-N.-E. Montargis. 97 m. 2417 hab. ✉ 45210

CAMP MUNICIPAL ★★ Tourisme 70 E. 1,2 ha. Locations : . Accès direct à la rivière. Etang à 500 m. Lac à 5 km. Rue du Perray, N 7, à 300 m du centre ville. ☎ 02 38 96 64 68 / 02 38 96 52 96 (Mairie) / 02 38 96 52 90 (Mairie) (H.S.). Fax : 02 38 96 62 76. E-mail : ferrieres.mairie@wanadoo.fr, Web : www.ferrieres-en-galinais.com.

LA FERTE ST AUBIN

7-B1 21 km S.-S.-E. Orléans. 135 m. 5498 hab. Station verte de vacances et village de neige ✉ 45240

CAMP MUNICIPAL ★★ Tourisme 40 E. 2 ha. Rivière à 100 m. RN 20, lieu-dit Le Cosson, avenue Lowendal. ☎ 02 38 76 55 90.

GIEN

35 km S. Montargis. 160 m. 16784 hab. ✉ 45500

CAMP TOURISTIQUE DE GIEN ★★★ Tourisme 200 E., dont 20 CC, 6 ha. saison, CV Sanitaire chauffé. Locations : 12, Roulottes (draps fournis). couverte. Accès direct à la rivière. Accueil groupes. Ouv : 1.3 / 9.11. Rue des Iris. A 6/A 77/N 7 en provenance de Paris, D 940 en provenance de Bourges ou D 951 en provenance de Sully. ☎ 02 38 67 12 50 / 06 80 01 26 23 (H.S.). Fax : 02 38 67 12 18. E-mail : camping-gien@wanadoo.fr, Web : www.camping.gien.com. Prix 2008. Fft jour : Empl. Tourisme (2) : 18 € ; Sup : 6 € - de 12 ans 4 € ; 3,50 à 5 € (4 à 10 A) ; E. CC 25 € (Fft) ; Animaux 2 €. Fft Ccar : 16 € (2).

FFCC : partenaire - terrain assuré par la FFCC + réduction emp. de 5 % en saison et 15 % hors saison + carte FFCC assurance annulation.

LE BOIS GIRAULT ★ Tourisme 100 E. Arrabloy. ☎ 02 38 67 36 90.

LES BOIS DU BARDELET Voir POILLY-LEZ-GIEN

ISDES

7-B2 40 km S.-E. Orléans. 149 m. 526 hab. ✉ 45620

CAMP MUNICIPAL LES PRES BAS ★★ Tourisme 20 E. dont 20 nus, dont 10 GCC - 10 HLL, 0,25 ha. CV Camping tourisme et handicap. Accès direct à l'étang. Accueil groupes. Ouv : 1.5 / 30.9. RD 59. ☎ 02 38 29 10 82. Fax : 02 38 29 12 53. E-mail : mail.isdes@wanadoo.fr, Web : www.isdes.fr. Prix 2007. 4 € ; 1 € ; 4 € ; 2 € ; 2 € ; - de 7 ans 1 € ; Animaux 0,50 €.

JARGEAU

7-B1 20 km E.-S.-E. Orléans. 108 m. 3389 hab. Station verte de vacances et village de neige ✉ 45150

L'ISLE AUX MOULINS ★★ Tourisme 250 E., dont 16 GCC, 7 ha. CV. Locations : 1, 12. Accès direct à la rivière. Accès par D 921, D 951, N 60 et N 460. ☎ 02 38 59 70 04. Fax : 02 38 59 62 62.

LION EN SULLIAS

7-C1 54 km S.-E. Orléans. 129 m. 352 hab. ✉ 45600

PARC RESIDENTIEL DE LOISIRS LES TROIS ETANGS ★★★★ Tourisme 7 E., dont 7 HLL. Route de Sully sur Loire. ☎ 02 38 36 81 56. Fax : 02 38 36 53 11.

LORRIS

7-C1 22 km S.-O. Montargis. 120 m. 2592 hab. ✉ 45260

L'ETANG DES BOIS ★★★ Tourisme 150 E., dont 112 GCC, 2,5 ha. visiteur, CV Camping tourisme et handicap. Locations : . Etang à 100 m. D 88. ☎ 02 38 92 32 00 / 02 38 46 82 91. Fax : 02 38 46 82 92. E-mail : canal.orleans@wanadoo.fr, Web : canal.orleans.monsite.wanadoo.fr.

MALESHERBES

3-C5 18 km N.-E. Pithiviers. 120 m. 5014 hab. ✉ 45330

CAMP MUNICIPAL LA VALLEE ★★★ Tourisme 86 E. dont 86 nus (50 Tourisme + 36 Loisirs) 2,04 ha. CV. Locations : 4. Rivière à 1 km.Etang à 2 km. à 1 km : Rue de la Vallée-Doudemont. Route de Boigneville. ☎ 02 38 34 85 63 / 02 38 34 46 77 (H.S.). Fax : 02 38 34 85 63. E-mail : camping@ville-malesherbes.fr, Web : www.ville-malesherbes.fr.

MENESTREAU EN VILLETTE

7-B1 26 km S.-E. Orléans. 1215 hab. ✉ 45240

DOMAINE DU CIRAN ★★ Tourisme 36 E. (31 Tourisme + 5 Loisirs) 1 ha. CV. Domaine du Ciran. A 71 sortie Olivet ou Lamotte-Beuvron, puis RN 20 et CD 108. Vidéothèque. Sur place, auberge, gîtes de groupes (43 lits). ☎ 02 38 76 90 93. Fax : 02 38 69 44 30.

CAMP RENAULT ★ Loisirs 150 E. Réservé Comité Entreprise Renault. ☎ 02 38 76 92 59.

MONTARGIS

3-C5 70 km N. Orléans. 88 m. 17629 hab. ✉ 45200

CAMP DE LA FORET ★★★ Tourisme 100 E. 5,5 ha. Sanitaire chauffé.à 500 m : ; à 1 km : . 38, avenue Chautemps, route de Paucourt, RN 7. ☎ 02 38 98 00 20.

MONTBOUY

7-C1 17 km S.-E. Montargis. 130 m. 619 hab. ✉ 45230

CAMP MUNICIPAL ★ Tourisme 30 E. 0,85 ha. Accès direct à la rivière. . Le Bourg. ☎ 02 38 97 53 03. Fax : 02 38 97 51 00. E-mail : mairie.montbouy@wanadoo.fr.

MONTEREAU

7-C1 65 km S.-E. Montargis 116 m. 503 hab. ✉ 45260

M. PHILIPSEN Hendrikus,aire naturelle Le Moulin Rose . A 2 km: . A 4 km : Piscine couverte. Ouv : 1.5 / 30.10. Le Moulin Rose. Situé dans le Loiret entre Lorris et Montereau sur la D 44. ☎ 02 38 87 71 67. Fax : 02 38 87 71 67. Prix 2008. Empl. Tourisme : 5 € () ; 2,50 € ; - de 7 ans 1,25 € ; Animaux 0,50 €.

NIBELLE

3-B5 19 km S.-E. Pithiviers. 127 m. 611 hab. ✉ 45340

PARC DE NIBELLE ★★★★ Loisirs 110 E. dont 40 nus, , dont 20 CC - 50 GCC, 9 ha. snack, CV. Locations : 3 , 2 , 10 , couverte chauffée . Etang à 2 km. à 2 km : , . Accueil groupes. Ouv : 1.3 / 30.11. Route de Boiscommun, 2 km de la commune, dir. Sully sur Loire D 9. ☎ 02 38 32 23 55. Fax : 02 38 32 03 87. Web : www.parc-nibelle.com. Prix 2007. 4 € ; 3 € ; 6,50 € ; 3 € ; 12 € ; - de 7 ans 8 € ; Animaux 2 €. Réduction H.S.

M. ROUSSEAU Gérard CV. A 2 km: Piscine plein air . A 3 km : . A 5 km : . A 10 km : . Rue du Trou Foltier. Sur CD 30, à 150 m du centre de Nibelle. Pré herbeux. Jardin d'enfants et aire de piquenique à proximité. Musée Saint-Sauveur. ☎ 02 38 32 23 66 (S.I.) / 02 38 32 20 69 (Mairie).

OLIVET

7-B1 4 km S. Orléans. 150 m. 14489 hab. ✉ 45160

CAMP MUNICIPAL ★★ Tourisme 80 E., dont 42 GCC, 1 ha. Sanitaire chauffé. Accès direct à la rivière. Rue du Pont Bouchet. ☎ 02 38 63 53 94. Fax : 02 38 63 58 96.

OUZOUER SUR LOIRE

7-C1 45 km S.-E. Orléans. 2039 hab. ✉ 45570

CARAVANING DE LA FORET ★★ Tourisme 100 E., dont 100 GCC, 2,5 ha. ping pong, pétanque, Sanitaire chauffé. Rivière à 2 km.Etang à 3 km. en étang : ; à 5 km : . Ouv : 1.1 / 31.12. 916, chemin des Brulés Réservé aux personnels EDF. ☎ 02 38 35 62 67.

OUZOUER SUR TREZEE

7-C1 30 km S. Montargis. 170 m. 1222 hab. ✉ 45250

LA TREZEE ★★ Tourisme 120 E. 3 ha. snack, . Locations : . Accès direct à la rivière. Etang à 2 km. Prairie de Montrenault, RD 47. ☎ 02 38 31 94 60.

PITHIVIERS

37 km N.-E. Orléans. 120 m. 9812 hab. ✉ 45300

LES PEUPLIERS ★ Loisirs 40 E. 1 ha. Sanitaire chauffé. Locations : 5 . Accès direct à la rivière. . Rue de Laas. Venant de Chartres dir. Montargis, au rond-point du magasin Aldi prendre centre ville puis 1ère rue à gauche. Venant d'Etampes ou de Malesherbes, dir. centre ville jusqu'à la poste puis suivre Montargis et 1ère rue à droite après le bar-tabac. ☎ 02 38 30 76 96. Fax : 02 38 30 76 96.

POILLY LEZ GIEN

7-C1 40 km S.-S.-O. Montargis. 125 m. 2109 hab. ✉ 45500

LES BOIS DU BARDELET ★★★★ Tourisme 260 E. dont 130 nus, , dont 80 CC - 180 GCC, 6 ha. 1.4 / 14.9, 1.4 / 14.9, 1.4 / 14.9, au bar, saison, saison, CV Sanitaire chauffé. Camping clef verte. Locations : 49 , 5 , 21 , Cottages. couverte chauffée . Accès direct à l'étang. ; . Accueil groupes hors saison. Ouv : 1.4 / 30.9. A 77 sortie n° 19 dir. Bourges par D 940. 5 km au Sud de Gien Aire de jeux aquatique intérieure dédiée aux enfants (-12 ans), salle de 200 m2 pour les groupes et séminaires. ☎ 02 38 67 47 39. Fax : 02 38 38 27 16. E-mail : contact@bardelet.com, Web : www.bardelet.com. Prix 2008. Fft jour : Empl. Tourisme (2 1 - de 2 ans) : 30,90 € ((6 A)) ; Sup : 6,20 €Animaux 4 €. Réduction H.S.

FFCC : partenaire + carte FFCC assurance annulation + Stop accueil Camping-car du 01/04 au 30/09/2008, accès jusqu'à 23h + réduction loc. de 5 % hors saison + HC.

ST AY

7-A1 14 km S.-O. Orléans. 100 m. 3008 hab. ✉ 45130

FONTAINE DE RABELAIS ★ Tourisme 100 E. 3 ha. . Accès direct à la rivière. Etang à 700 m. ; ; . Ouv : 1.5 / 15.10. RN 152. A 10. Sortie autoroute de Meung-sur-Loire dir. Orléans. ☎ 00 316 24 28 68 48 / 02 38 80 65 56.

ST BENOIT SUR LOIRE

7-B1 32 km S.-E. Orléans. 100 m. 1925 hab. ✉ 45730

LE PORT ★★ Tourisme 50 E. 2,5 ha. CV Camping tourisme et handicap. Locations : . Accès direct à la rivière. ; . Accueil groupes. RD 60 et 148, lieu-dit Le Port. ☎ 02 38 35 79 00 / 06 23 81 32 46 (H.S.). Fax : 02 38 35 10 45.

ST CYR EN VAL

7-B1 10 km S.-E. Orléans. 110 m. 2883 hab. ✉ 45590

CAMP DE NATURISME ★ Loisirs 70 E., dont 22 HLL.

ST HILAIRE LES ANDRESIS

3-D5 24 km N.-E. Montargis. 145 m. 453 hab. ✉ 45320

L'OREE DU BOIS ★★ Tourisme 80 E. dont 75 nus 1,7 ha. collectif, CV. Locations : 5 . Accès direct à la rivière. 15, domaine de Montalan. A 6 sortie Courtenay dir. St-Hilaire-les-Andrésis ou D 32 entre Courtenay et Ferrières. ☎ 02 38 97 36 57 / / 02 38 87 24 57 (H.S.). Fax : 02 38 87 25 49. E-mail : fcd@9online.fr, Web : www.camping-montalan.fr.st.

ST JEAN DE LA RUELLE

7-B1 2 km N.-O. Orléans. 120 m. 17367 hab. ✉ 45140

CAMP GASTON MARCHAND ★★ Tourisme 80 E. 1,5 ha. CV Camping tourisme et handicap. couverte . Accès direct à la rivière. . Rue de la Roche. Lieu-dit La Roche, RN 152. ☎ 02 38 88 39 39. Fax : 02 38 79 33 62. E-mail : sports@ville-saintjeandelaruelle.fr.

ST MAURICE SUR FESSARD

7-C1 10 km O. Montargis. 100 m. 778 hab. ✉ 45700

CAMP DU HUILLARD ★ Tourisme 35 E. 2 ha. . Locations : , , . Accès direct à la rivière. . Sur RN 60, lieu-dit La Garenne. ☎ 02 38 97 85 32 / 02 38 97 81 99. E-mail : sylvie-taillandier@wanadoo.fr.

ST PERE SUR LOIRE

7-C1 41 km S.-E. Orléans. 120 m. 974 hab. ✉ 45600

HORTUS LE JARDIN DE SULLY ★★★ Tourisme 80 E., dont 80 GCC, 2,8 ha. snack, CV Sanitaire chauffé. Locations : 3 , 13 , 6 . couverte chauffée . Accès direct à la rivière. Etang et lac à 5 km. ; ; ; ; à 1,5 km : . Accueil groupes. Ouv : 1.1 / 31.12. Route d'Orléans. Face au château de Sully-sur-Loire, prendre le pont puis tourner à gauche D 60 direction Saint-Benoit. Camping à 200 m à gauche. Location de Rosalie ☎ 02 38 36 35 94. Fax : 02 38 36 35 94. E-mail : camping-hortus@wanadoo.fr, Web : www.camping-hortus.com. Prix 2007. Fft jour : Empl. Tourisme (2) : 19,50 € ((10 A) E. GCC) ; Sup : 5,20 € - de 6/12 ans 3,15 € ; Animaux 1,60 €. Réduction H.S.

FFCC : partenaire + réduction emp. de 10 % hors saison + carte FFCC assurance annulation + réduction loc. de 10 % hors saison.

SCEAUX DU GATINAIS

3-C5 17 km N.-O. Montargis. 475 hab. ✉ 45490

CAMP MUNICIPAL ★★ Loisirs 35 E. 0,5 ha. Accès direct à la rivière. ☎ 02 38 87 40 27.

SENNELY

7-B1 32 km S.-E. Orléans. 690 m. 432 hab. ✉ 45240

CAMP MUNICIPAL ★★ Tourisme 40 E. 1 ha. Accès direct à l'étang. Accueil groupes. A 71 sortie Lamotte-Beuvron. N 20 sortie La Ferté St Aubin. ☎ 02 38 49 60 12 / 02 38 76 93 14 (Mairie) (H.S.). Fax : 02 36 49 63 47.

TIGY

7-B1 30 km S.-E. Orléans. 1434 hab. ✉ 45510

LE PETIT FORCELLE ★★ Tourisme 26 E. Sanitaire chauffé Camping tourisme et handicap. Etang à 3 km.Rivière à 5 km. à 3 km : ; à 6 km : . Accueil groupes. Route de Jargeau à Tigy. Ferme pédagogique légumes et pains biologiques. Camping à la fer ☎ 02 38 57 29 64. Fax : 02 38 58 60 11. E-mail : saute-moutons@wanadoo.fr, Web : perso.wanadoo.fr/saute-moutons/.

TRIGUERES

7-D1 22 km S.-E. Montargis. 123 m. 1090 hab. ✉ 45220

CAMP MUNICIPAL LES PATURES ★ Loisirs 20 E. 1 ha. Accès direct à la rivière. ☎ 02 38 94 00 23. Fax : 02 38 94 00 83.

VILLEMURLIN

7-B1 39 km S.-E. Orléans. 136 m. 461 hab. ✉ 45600

AIRE NATURELLE MUNICIPALE,Les Farnaults A 500 m : . ☎ 02 38 36 25 12. Fax : 02 38 36 38 32.

VITRY AUX LOGES

7-B1 30 km E.-N.-E. Orléans. 125 m. 1518 hab. ✉ 45530

ETANG DE LA VALLEE ★★★ Tourisme 180 E. dont 43 nus, dont 117 CC, 2,40 ha. visiteurs, CV Camping tourisme et handicap. Locations : 2 , . Etang à 100 m. ; ; ; ; . Ouv : 1.4 / 1.10. RN 60 et D 10. ☎ 02 38 59 35 77 / 02 38 46 82 91 (H.S.). Fax : 02 38 46 82 92. E-mail : canal.orleans@wanadoo.fr. Prix 2007. Empl. Tourisme : 5,40 € () : 6 € ; 3 € ; - de 7 ans 1,50 € ; 4 € (10 A). Réduction H.S.

46 LOT

Cartes 9-10

Déléguée FFCC : Marie Rose AZRIEL, Vernéjouls - 46130 BELMONT BRETENOUX - rose.azriel@wanadoo.fr

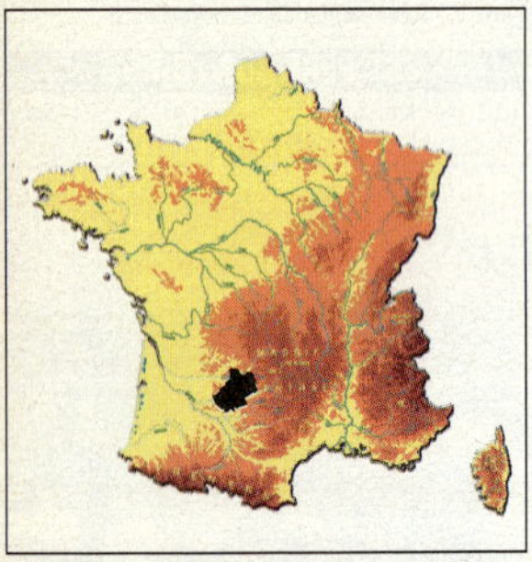

ALBAS

10-A5 24 km O. Cahors. 110 m. 545 hab. ✉ 46140

CAMP MUNICIPAL ★ Tourisme 10 E. 1,4 ha. Accès direct à la rivière. ; ; ; à 500 m : . ☎ 05 65 20 12 21 (Mairie). Fax : 05 65 30 99 55.

ANGLARS JUILLAC

10-A5 29 km N.-O. Cahors. 98 m. 409 hab. ✉ 46140

BASE NAUTIQUE FLOIRAS ★★ Tourisme 25 E. 1 ha. Locations : 2 , , . Accès direct à la rivière. ; ; . Ouv : 1.4 / 15.10. Floiras. D 8 à Juillac et chemin à droite. ☎ 05 65 36 27 39. Fax : 05 65 21 41 00. E-mail : campingfloiras@aol.com, Web : www.campingfloiras.com. Prix 2007. Empl. Tourisme : 8 € () : 4,20 € ; - de 6 ans 3,20 € ; 3 € (10 A) ; Animaux 1,30 €. Réduction H.S.

ASSIER

10-B4 19 km N.-O. Figeac. 342 m. 485 hab. ✉ 46320

CAMP MUNICIPAL ★ Tourisme 20 E. 0,2 ha. Lac à 300 m. Etang à 500 m. . ☎ 05 65 40 57 97.

BAGNAC SUR CELE

10-B4 14 km N.-E. Figeac. 220 m. 1735 hab. ✉ 46270

LES BERGES DU CELE ★★ Tourisme 44 E. dont 36 nus, dont 44 CC - 4 HLL, 1,38 ha. buvette, au village, , au village, CV. Locations : 3 , 5 . Accès direct à la rivière. Accueil groupes. Ouv : 1.6 / 30.9. Pont-Neuf, par RN 20 par Cahors. A 71 par Clermont-Ferrand et Aurillac puis la 122 vers Figeac. ☎ 05 65 34 94 31 / 03 23 96 74 66 (H.S.). Fax : 03 23 53 25 98. E-mail : lesbergesducele@aol.com, Web : www.lesbergesducele.com. Prix 2008. Fft jour : Empl. Tourisme (2) : 13,80 € ( ) ; Sup : 3,90 € - de 10 ans 2,50 €. Fft Tente : 11,30 € (2).

FFCC : partenaire + réduction emp. de 5 % en saison et hors saison.

M. THERONDEL Yannick CV. Ouv : 1.1 / 31.12. Caffoulens. N 122. ☎ 05 65 34 95 81. Prix 2008. Empl. Tourisme : 1,60 € ; 3,20 € ; 1,70 € ; 1,60 €.

LE BASTIT

10-A4 27 km E. Gourdon. 350 m. 118 hab. ✉ 46500

Mme CHAMBERT Francine . A 8 km: Piscine plein air . A 10 km : . Accès par la D 677. ☎ 05 65 38 77 54.

BEDUER

10-B4 8 km S.-O. Figeac. 260 m. 516 hab. ✉ 46100

CAMP DE PECH IBERT ★★ Tourisme 18 E., dont 3 HLL. CV Sanitaire chauffé. Locations : 3 , 1 , 3 , tente marabout pour randonneurs. chauffée . Rivière à 4,5 km. ; à 1 km : . Accueil groupes. Ouv : 15.3 / 15.12. Route de Cajarc. Sortie de Béduer à droite en venant de Figeac. Accueil de randonneurs, de groupes équestres (box à chevaux, terrain clôturé). 300 m du GR 65. ☎ 05 65 40 05 85. Fax : 05 65 40 08 33. E-mail : camping.pech.ibert@wanadoo.fr, Web : www.camping-pech-ibert.com. Prix 2007. () : 3 € ; 1,20 € ; 3 € ; 3 € ; - de 10 ans 2,20 € ; 3 € (6 A) ; Animaux 1,70 €. Réduction H.S.

FFCC : partenaire + carte FFCC assurance annulation + Stop accueil Camping-car du 01/04 au 30/10/2008, accès jusqu'à 20h.

BELAYE

9-F5 32 km O. Cahors. 260 m. 204 hab. ✉ 46140

LA TUQUE ★★★ Tourisme 90 E. 9 ha. , 5 km, 5 km, CV. Locations : 5 , 5 , 14 . Rivière à 5 km. ; ; ; à 5 km : . Ouv : 26.4 / 15.9. Lieu-dit La Tuque. Suivre le fléchage Belaye et ensuite La Tuque. ☎ 05 65 21 34 34. Fax: 05 65 21 39 89. E-mail : camping@la-tuque.info, Web: www.la-tuque.info. Prix 2007. Fft jour : Empl. Tourisme : 8.25 € Sup : 5,50 € 4 € ; 3 € (6 A A) ; Animaux 1,50 €. Réduction H.S.

BELFORT DU QUERCY

10-A5 441 hab. ✉ 46230

M. ROVILLET Richard,chez Richard . La Servie. ☎ 05 65 24 72 48.

BIARS SUR CERE

10-B3 57 km N.-O. Figeac. 140 m. 2037 hab. ✉ 46130

CHEZ DANIELE,camping familial . 31 bis, allée Pierre Loti. Route de Biars Bourg D 14. ☎ 05 65 38 43 34 / / 06 32 57 67 73 (H.S.). E-mail : dplaze@libertysurf.fr.

BRENGUES

10-B4 24 km S.-O. Figeac. 150 hab. ✉ 46320

CAMP MUNICIPAL ★★★ Tourisme 49 E. 1,5 ha. CV. Locations : 5 . Accès direct à la rivière. ; ; . Accueil groupes. RD 38, RD 41. ☎ 05 65 40 06 82 / 05 65 40 05 71 (H.S.) / 05 65 40 02 58 (H.S.). Fax : 05 65 40 05 71.

LE MOULIN VIEUX ★★★ Tourisme 81 E. 1,5 ha. CV. Locations : 6 , 6 , Chambres. . Accès direct à la rivière. ; ; . Accueil groupes. Ouv : 1.4 / 30.9. D 41. Autoroute jusqu'à Labastide-Murat soit de Paris ou de Toulouse. ☎ 05 65 40 00 41. Fax : 05 65 40 05 65. E-mail : blasquez.a@wanadoo.fr, Web : www.brengues.com. Prix 2008. Empl. Tourisme : 4,40 € () : 4,30 € ; - de 10 ans 2,50 € ; 2,60 €. Réduction H.S.

BRETENOUX

10-B4 54 km N.-N.-O. Figeac. 136 m. 1213 hab. Station verte de vacances et village de neige ✉ 46130

LA BOURGNATELLE N° 1 ★★★ Tourisme 135 E. 2 ha. CV. Locations : 50, 5, 5. Accès direct à la rivière. Lieu-dit Ile de la Bourgnatelle, RN 940 et 703. ☎ 05 65 38 44 07 / 05 65 10 89 04 (H.S.). Fax : 05 65 38 61 38. E-mail : contact@dordogne-vacances.fr, Web : www.dordogne-vacances.fr.

CABRERETS

10-A5 32 km N.-E. Cahors. 130 m. 213 hab. ✉ 46330

CAMP CANTAL ★★ Tourisme 40 E. 0,62 ha. Accès direct à la rivière. Sur RD 41. ☎ 05 65 31 26 61. Fax : 05 65 31 20 47.

CAHORS

10-A5 570 km S.-O. Paris. 130 m. 20774 hab. ✉ 46000

RIVIERE DE CABESSUT ★★★ Tourisme 103 E. 2 ha. CV. Locations : 10. Accès direct à la rivière. à 800 m : à 1 km : Accueil adultes. Ouv : 1.4 / 30.9. Rue de la Rivière. A 2 km de la RN 20 et de la RD 911. Direction Rodez. ☎ 05 65 30 06 30 / 05 65 35 58 93 (H.S.). Fax : 05 65 23 99 46. E-mail : contact@cabessut.com, Web : www.cabessut.com. Prix 2007. Empl. Tourisme : 8 € ; 4 € ; - de 7 ans 2,50 € ; 2 € (10 A) ; Animaux 2 €.

CAJARC

10-B5 25 km S.-O. Figéac. 160 m. 1184 hab. Station verte de vacances et village de neige ✉ 46160

CAMP MUNICIPAL ★★ Tourisme 45 E. 0,5 ha. CV. Locations : Accès direct à la rivière. Accueil groupes avec accord de la mairie. ☎ 05 65 40 72 74 / 05 65 40 65 20 (Mairie) / 05 65 40 65 20 (H.S.).

CALVIAC

10-B3 44 km N. Figeac. 600 m. 293 hab. ✉ 46190

LES TROIS SOURCES ★★★★ Tourisme 150 E., dont 3 HLL, 7,5 ha. CV. Locations : 16, 21, chauffée. Accès direct aux bords du lac et à la rivière. D 653 St-Céré-Aurillac. D 25 Calviac. ☎ 05 65 33 03 01. Fax : 05 65 33 03 01. E-mail : info@les-trois-sources.com, Web : www.les-trois-sources.com. Prix 2007. Empl. Tourisme : 7,25 € () : 4,25 € ; - de 4/21 ans 3,50 € ; 2,50 à 3,50 € (5 à 10 A) ; Animaux 3,25 €. Réduction H.S.

CAMBOULIT

10-B4 8 km O. Figeac. 232 m. 206 hab. ✉ 46100

LA BELLE EPOQUE ▲▲▲ Tourisme 20 E. dont 27 nus CV. Accès direct à la rivière. à 7 km : Accueil groupes. Ouv : 15.6 / 15.9. Coustal et Villesèque. ☎ 05 65 40 04 42. Fax : 05 65 40 04 42. Web : www.restaurantlabelleepoque.com. Prix 2008. Fft jour : Empl. Tourisme (2) : 11 € () ; Sup : 3,50 € - de 7 ans 2,50 € ; 2 € ; Animaux 1 €.

FFCC : partenaire + réduction emp. de 5 % en saison et hors saison + réduction loc. de 5 % en saison et hors saison.

CARENNAC

10-A4 56 km N.-E. Gourdon. 180 m. 376 hab. ✉ 46110

L'EAU VIVE ★★ Tourisme 100 E. 2 ha. CV. Locations : 3, 8, 5, 5, 50, 20. Accès direct à la rivière. à 2 km : Accueil groupes. Ouv : 1.5 / 15.10. Lieu-dit Près Nabots. A 20 sortie 54, N 140 puis D 703 à Bétaille dir. Carennac D 30 après le pont sur la Dordogne à gauche. ☎ 05 65 10 97 39 / 05 55 28 84 84 (H.S.). Fax : 05 55 28 12 12. E-mail : info@dordogne-soleil.com, Web : www.dordogne-soleil.com. Prix 2008. Fft jour : Empl. Tourisme (2) : 16,80 € () ; Sup : 4,40 € - de 7 ans 2,40 € ; 2,90 € (6 A) ; Animaux 1,50 €. Fft Ccar : 10 € (2). Réduction H.S.

FFCC : partenaire + réduction emp. de 5 % en saison et 20 % hors saison + carte FFCC assurance annulation + réduction loc. de 5 % en saison et 10 % hors saison.

CARLUCET

10-A4 24 km E. Gourdon. 350 m. 148 hab. ✉ 46500

CHATEAU DE LACOMTE ★★★★ Tourisme 75 E. 4 ha. Locations : 6, 5. Château de Lacomté. 1,5 km à Carlucet et D 32. 12 km de Rocamadour. A 20 sortie 56 à 8 km. ☎ 05 65 38 75 46. Fax : 05 65 33 17 68. E-mail : chateaulacomte@wanadoo.fr, Web : www.campingchateaulacomte.com.

CASSAGNES

9-F4 36 km N.-O. Cahors. 115 m. 270 hab. ✉ 46700

LE CARBET ★★★ Tourisme 29 E. dont 10 nus, 2 ha. CV. Locations : 10. Lac à 100 m. Situé sur la D 673 entre Gourdon et Fumel. ☎ 05 65 36 61 79. E-mail : campingcarbet@wanadoo.fr, Web : lecarbet.fr.

CASTELNAU MONTRATIER

9-F5 28 km S. Cahors. 262 m. 1914 hab. Station verte de vacances et village de neige ✉ 46170

CAMP MUNICIPAL DES 3 MOULINS ★★ Tourisme 50 E. 0,8 ha. CV. Etang et rivière à 1 km. ☎ 05 65 21 94 21 (Mairie). Fax : 05 65 21 91 52.

FFCC : partenaire - terrain assuré par la FFCC.

M. HILGERSOM Jozef,aire naturelle de Buzenac-Bas Buzenac-Bas. D 26 entre Castelnau/Montratier et Vazerac. ☎ 05 65 21 87 86. E-mail : info@buzenac-bas.com, Web : www.buzenac-bas.com.

CAVAGNAC

10-A3 48 km N.-E. Gourdon. 191 m. 336 hab. ✉ 46110

M. CHANTELOUBE Marcel CV. A 2 km : A 4 km : Piscine plein air. A 5 km : Le Champ de Donne. De limoges, N 20, à Brive prendre D 38 à Turenne gare, dir. des quatre routes, à 1,5 km tourner à gauche dir. St-Palavy. A proximité de la ferme. Pré herbeux. Salle de réunion. Animation, feux de camp. Fabrication du pain dans le four du village. Location de caravanes. ☎ 05 65 32 12 53.

CAZALS

9-F4 32 km N.-O. Cahors. 177 m. 472 hab. ✉ 46250

CAMP MUNICIPAL DU PLAN D'EAU ★★ Tourisme 55 E., dont 10 CC - 3 HLL, 0,8 ha. Locations : Accès direct aux bords du lac. Lieu-dit La Cayre, CD 673. ☎ 05 65 22 84 45 / 05 65 22 82 84 (H.S.). Fax : 05 65 22 87 15. E-mail : mairiecazals@wanadoo.fr.

CAZILLAC

10-A3 41 km N.-E. Gourdon. 136 m. 333 hab. ✉ 46600

M. CREMOUX PIERRE Moulin de Paunac. ☎ 05 65 32 11 13.

CENEVIERES

10-A5 37 km E. Cahors. 400 m. 164 hab. ✉ 46330

LE GRAND PRE ★★ Tourisme 16 E. CV. Rivière à 10 m. à 6 km : Accueil groupes. ☎ 05 65 30 22 65 / () / 05 65 31 28 16 (Mairie) (H.S.). Fax : 05 65 91 37 00.

COMIAC

10-B3 50 km N. Figeac. 515 m. 307 hab. ✉ 46190

CAMP MUNICIPAL ★★ Tourisme 33 E. 1,3 ha. Accès direct aux bords du lac. Caution de 15 € lors de la remise de la prise électrique. ☎ 05 65 33 87 93. Fax : 05 65 33 81 20.

CONCORES

10-A4 12 km S. Gourdon. 317 m. 327 hab. ✉ 46310

LE MOULIN DES DONNES ★★★ Tourisme 66 E. dont 56 nus, dont 2 GCC, 1,5 ha. CV. Locations : 4, 2, 5. Accès direct à la rivière. Ouv : 1.4 / 15.10. 500 m de la commune. ☎ 05 65 31 03 90. E-mail : info@camping-moulindesdonnes.com, Web : www.camping-moulindesdomes.com. Prix 2008. Fft jour : Empl. Tourisme (2) : 17,50 € () ; - de 7 ans 2,50 € ; Animaux 1,50 €.

FFCC : partenaire + réduction emp. de 5 % en saison et 10 % hors saison + réduction loc. de 5 % en saison et 10 % hors saison.

CONDAT

10-A3 54 km N.-E. Gourdon. 130 m. 259 hab. ✉ 46110

LES CHENES CLAIRS ★ Tourisme 50 E. dont 46 nus, 4 ha. CV. Locations : Etang et rivière à 5 km. Accueil groupes. Ouv : 1.5 / 30.10. RD 20. Entre Vayrac et les Quatre Routes du Lot. ☎ 05 65 32 16 32 (Domicile) / 06 89 68 52 15 (H.S.). Fax : 05 65 32 16 32. E-mail : leschenesclairs@laposte.net, Web : . Prix 2007. Fft jour : Empl. Tourisme (2) : 9 € () ; Sup : 3 € - de 10 ans 2,50 € ; 2 €.

FFCC : partenaire + réduction emp. de 5 % en saison et hors saison + Stop accueil Camping-car du 01/05 au 31/10/2008.

CRAYSSAC

9-F5 14 km N.-O. Cahors. 300 m. 393 hab. ✉ 46150

LES REFLETS DU QUERCY ★★★★ Tourisme 95 E. dont 50 nus, , dont 95 GCC - 65 HLL, 4 ha. snack, CV. Locations : 15, 18, 37. à 7 km : Ouv : 5.4 / 28.9. Rés. obligatoire en été. Mas de Bastide. ☎ 05 65 30 00 27. Fax : 05 65 30 01 43. E-mail : cplquercy@atciat.com, Web : www.camping-lot.info. Prix 2007. Fft jour : Empl. Tourisme (2) : 20 € () ; Sup : 6,40 € - de 5 ans 4,10 € ; 4 € (6 A) ; Animaux 2,80 €. Réduction H.S.

FFCC : partenaire + réduction emp. de 5 % en saison et hors saison + Stop accueil Camping-car du 05/04 au 28/09/2008, accès jusqu'à 21h.

CREYSSE

10-A4 36 km N.-E. Gourdon. 240 hab. ✉ 46600

CAMP DU PORT ★★ Tourisme 100 E. 3,5 ha. CV. Locations : 10, 300, 50. Accès direct à la rivière. Accueil groupes. Ouv : 1.5 / 22.9. D 23. ☎ 05 65 32 20 82. Fax : 05 65 41 05 32. E-mail : contact@campingduport.com, Web : www.campingduport.com. Prix 2008. Empl. Tourisme : 4,30 € ; 4,30 € ; - de 7 ans 3,30 € ; 3 €.

DEGAGNAC

9-F4 14 km S.-O. Gourdon. 175 m. 560 hab. ✉ 46340

M. ONDERWATER,aire naturelle A 2 km : Ouv : 1.5 / 20.9. Le Gout de Li. De Dégagnac par RD 6 Lavercantierre centre puis D 25 vers RN 20. ☎ 05 65 41 64 16. Fax : 05 65 41 64 16. E-mail : camping.le.gout-de-li@wanadoo.fr, Web : www.legoutdeli.com. Prix 2007. Empl. Tourisme : 7,10 € ; 3,80 € ; - de 10 ans 2,30 € ; 2,80 €. Réduction H.S.

DOUELLE

10-A5 11 km N.-O. Cahors. 120 m. 650 hab. ✉ 46140

CAMP MUNICIPAL DE L'ECLUSE ★★ Tourisme 17 E. 1,5 ha. Locations : . Accès direct à la rivière. Accueil groupes. Ouv : 25.6 / 31.8. Par Cahors D 6 11 km. ☎ 05 65 20 02 02 (Mairie) / 05 65 30 95 79 (H.S.). E-mail : antinealoisirs@wanadoo.fr, Web : www.antinealoisirs.com. Prix 2008. Fft jour : Empl. Tourisme (2) : 9 € ( ) ; Sup : 3 € - de 7 ans 1,50 € ; 2,10 € (6 A).

DURAVEL

9-F5 39 km N.-O. Cahors. 88 m. 875 hab. ✉ 46700

CLUB DE VACANCES DURAVEL ★★★★ Tourisme 290 E., dont 102 GCC - 49 HLL, 7,6 ha. Locations : 35 , 14 , 5 , 20 . 2 courts. Accès direct à la rivière. Port de Vire. A 35 km de la RN 20 et à 3 km de la D 811. ☎ 05 65 24 65 06. Fax : 05 65 24 64 96. Web : www.clubdevacances.nl.

ESCLAUZELS

10-A5 18 km E. Cahors. 360 m. 133 hab. ✉ 46090

CAMP DE POMPIT ★★ Tourisme 33 E. 4 ha. CV Sanitaire chauffé. Locations : 3 , 1 , 7 . De Cahors dir. Rodez, puis Arcambal dir. St-Cirq Lapopie D 8. De Figeac arrivé à St-Cirq Lapopie dir. Arcambal. ☎ 05 65 31 53 40. Fax : 05 65 31 78 00.

FIGEAC

70 km N.-E. Cahors. 215 m. 10511 hab. ✉ 46100

LES RIVES DU CELE ★★★ Tourisme 103 E., dont 28 GCC, 3 ha. CV. Locations : 20 , 10 . chauffée. Accès direct aux bords du lac et à la rivière. Accueil groupes. Ouv : 1.4 / 30.9. Axe Brive Méditerranée, dir. Rodez, sortie de Figeac. ☎ 05 65 34 59 00 / 05 61 64 85 54 (H.S.). Fax : 05 65 34 83 83. E-mail : surgie.camp.lois@wanadoo.fr, Web : www.domainedesurgie.com. Prix 2008. Fft jour : Empl. Tourisme (2) : 19 € ( ) ; Sup : 5,50 € - de 3/12 ans 3 € ; Animaux 2,50 €. Réduction H.S.

FFCC : partenaire + réduction emp. de 5 % en saison et 10 % hors saison + Stop accueil Camping-car du 05/04 au 28/06 et du 30/08 au 27/09/2008, accès jusqu'à 18h.

FRAYSSINET

15 km S.-E. Gourdon. 250 m. 241 hab. ✉ 46310

PLAGE DU RELAIS Voir aussi SAINT-CHAMARAND

FRAYSSINET LE GELAT

9-F4 32 km N.-O. Cahors. 200 m. 355 hab. ✉ 46250

LE MOULIN BAS ★★ Tourisme 33 E. 0,6 ha. D 673 et D 660. ☎ 05 65 36 66 32 (Mairie) / 05 65 36 68 22.

GIRAC

10-B4 53 km N.-O. Figeac. 225 m. 329 hab. ✉ 46130

LES CHALETS SUR LA DORDOGNE ★★★ Tourisme 39 E. dont 39 nus, , dont 3 HLL, 2 ha. + sèche-linge, CV. Locations : 3 , 6 , 2 , 4 . Accès direct à la rivière. Lac à 4 km. ; à 4 km : . Accueil groupes. Ouv : 1.05 / 30.09. Pont de Puybrun. Bretenoux. RD 803. Location possible toute l'année. ☎ 05 65 10 93 33 / 06 23 37 92 36 (H.S.). E-mail : contact@camping-leschalets.com, Web : www.camping-leschalets.com. Prix 2008. Fft jour : Empl. Tourisme (2) : 14 € ( ) ; Sup : 4,50 € 3 € ; 3 à 3,50 € (6 A à 10 A) ; Animaux 1,50 €. Réduction H.S.

FFCC : partenaire + réduction emp. de 5 % hors saison + carte FFCC assurance annulation + Stop accueil Camping-car du 01/05 au 05/07 et du 23/08 au 30/09/2008, accès jusqu'à 23h (arrivée avant 20h) + réduction loc. de 8 % hors saison.

GOUJOUNAC

9-F4 30 km N.-O. Cahors. 260 m. 184 hab. ✉ 46250

LA PINEDE ★★★ Tourisme 16 E. dont 10 nus 0,5 ha. CV. Locations : 6 . Lac à 2 km.Etang à 5 km. à 2 km : ; à 3 km : . Ouv : 15.6 / 15.9. Sur RN 660. A la sortie du village dir. Bergerac. ☎ 05 65 36 61 84. E-mail : camping-goujounac@orange.fr, Web : //monsite.orange.fr/camping-de-goujounac. Prix 2008. Empl. Tourisme : 4 € ; 4 € ; - de 7 ans 2,50 € ; 2 €.

GOURDON

9-F4 47 km N. Cahors. 210 m. 5076 hab. Station verte de vacances et village de neige ✉ 46300

CAMP MUNICIPAL ECOUTE S'IL PLEUT ★★★ Tourisme 160 E. dont 110 nus, 5 ha. Locations : , , H.L.L.. gratuit. Accès direct aux bords du lac. ; à 200 m : . Accueil groupes. A 1,5 km centre ville. ☎ 05 65 41 06 19. Fax : 05 65 41 09 88.

LE PARADIS ★★ Tourisme 25 E. dont 20 nus, 1 ha. CV. Locations : . Etang et lac à 2 km. ; à 3 km : . Accueil groupes. Ouv : 1.5 / 20.9. La Peyrugue. RD 673. 500 m Sud de Gourdon. ☎ 05 65 41 65 01 / 06 72 76 32 60 (H.S.). Fax : 05 65 41 65 01. E-mail : contact@campingleparadis.com, Web : www.campingleparadis.com. Prix 2008. Empl. Tourisme : 3,50 € ( ) : 4,75 € ; - de 14 ans 3 € ; 1,60 € ; Animaux 2 €. Réduction H.S.

FFCC : partenaire + réduction emp. de 5 % en saison et 30 % hors saison + réduction loc. de 5 % en saison et 30 % hors saison.

GRAMAT

10-A4 35 km E.-N.-E. Gourdon. 310 m. 3838 hab. ✉ 46500

Mme MONTEIL Anne,Ferm'Accueil CV. Route de Rocamadour. ☎ 05 65 33 13 49. Fax : 05 65 33 13 49.

LE TEULIERE Voir ISSENDOLUS

ISSENDOLUS

10-A4 32 km N.-O. Figeac. 350 m. 397 hab. ✉ 46500

LE TEULIERE ★★ Tourisme 33 E., dont 5 GCC - 5 HLL, 2 ha. CV. Locations : 3 , 5 , 4 , 4 , 3 . Etang à 300 m. Rivière à 2 km.Lac à 5 km. . Accueil groupes. par RN 140. Axe Brive-Méditerranée. Par A 20 sortie 54. ☎ 05 65 40 86 71. Fax : 05 65 33 40 89. E-mail : LAPARRO.MCV@free.fr, Web : LAPARRO.MCV.free.fr/. Prix 2007. ( ) : 2,50 € ; 2,50 € ; 2,50 € ; 2,50 € ; - de 7 ans 1,30 € ; 1,90 € (6 à 16 A).

LABASTIDE MURAT

10-A4 22 km S.-E. Gourdon. 447 m. 732 hab. ✉ 46240

CAMP MUNICIPAL L'ESTOMBE ★★ Tourisme 33 E. 1 ha. à 1 km : . RN 20. ☎ 05 65 31 11 50 (Mairie). Fax : 05 65 31 13 98. E-mail : mairie.labastide-murat@wanadoo.fr.

FFCC : partenaire - terrain assuré par la FFCC.

LACAM D OURCET

10-B4 37 km N. Figeac 550 m. 130 hab. ✉ 46190

LES TEUILLERES ★★ Tourisme 30 E., dont 11 HLL, 1 ha. Sanitaire chauffé. Locations : 2 . Lac à 900 m. ; ; à 1 km : . Ouv : 1.4 / 1.10. Quittez la RD 653 entre Sousceyrac et Latronquière à la hauteur du village Sénaillac/Latronquière et suivez les panneaux. Non accessible aux grandes caravanes (+ de 7 m). ☎ 05 65 11 90 55. E-mail : info@lesteuilleres.com, Web : www.lesteuilleres.com. Prix 2008. Empl. Tourisme : 4,35 € ( ) : 3,95 € ; 4,35 € ; - de 10 ans 3 € ; 2,50 à 2,95 € ; Animaux 1,50 €. Réduction H.S.

LACAPELLE MARIVAL

10-B4 20 km N.-N.-O. Figeac. 385 m. 1337 hab. ✉ 46120

CAMP MUNICIPAL BOIS DE SOPHIE ★★ Tourisme 66 E. 2 ha. CV. Locations : 6 , 5 . Etang et rivière à 800 m. . Ouv : 15.5 / 30.9. Route d'Aynac. Sur CD 940. ☎ 05 65 40 82 59 / 06 80 59 79 86 / 05 65 40 80 24 (H.S.). Fax : 05 65 40 82 59. E-mail : lacapelle.mairie@wanadoo.fr, Web : lacapelle-marival.site.voila.fr/. Prix 2007. 4,35 € ; 3,30 € ; - de 12 ans 2,25 € ; 2,75 €.

M. CADIERGUES Firmin . A 1 km: Piscine plein air. Domaine du Château, sur RN 140, 1 km de la commune, à proximité de la ferme. Prairie dominant un ruisseau, panorama sur la commune et le château. ☎ 05 65 40 83 06.

LACAVE

10-A4 28 km N.-E. Gourdon. 100 m. 249 hab. ✉ 46200

LA RIVIERE ★★★ Tourisme 110 E. 3,3 ha. snack, CV. Locations : 13 , 1 , mobile-homes sans sanitaire. Accès direct à la rivière. Accueil groupes. Le Bougayrou, RD 23. A 20. ☎ 05 65 37 02 04 / 05 65 41 47 22 / 05 65 41 47 22 (H.S.). Fax : 05 65 37 02 04. E-mail : camping.la.riviere@wanadoo.fr, Web : www.campinglariviere.com. Prix 2007. Fft jour : Empl. Tourisme (2) : 14,70 € ( ) ; Sup : 4,90 € - de 7 ans 3,90 € ; 7,70 à 8,50 € (4 à 10 A) ; Animaux 1,30 €. Réduction H.S.

FFCC : partenaire + réduction emp. de 20 % hors saison + carte FFCC assurance annulation.

M. CALVEL Jean-Philippe,camping à la Ferme . A 1 km: . A 3 km : . A 10 km : . Ouv : 1.4 / 15.9. Le Bougayrou, par RD 23 dir. Meyronne à 2 km de Lacave. ☎ 05 65 37 87 20. Prix 2007. ( ) : 4 € ; - de 7 ans 2 € ; 2 €.

M. DARNIS Vincent,camping à la ferme . Ouv : 1.6 / 20.9. Le Bourgnou. ☎ 05 65 32 63 01. E-mail : d.vincent4@wanadoo.fr, Web : perso.wanadoo.fr/d.vincent4. Prix 2007. 4 € ; - de 10 ans 2 € ; 2 €.

LACHAPELLE AUZAC

10-A3 23 km N.-E. Gourdon 132 m. 774 hab. ✉ 46200

M. FAUREL Jo,camping à la ferme le Lac Rouge CV. Lhom. Souillac dir. Salignac puis Gignac. ☎ 05 65 37 02 17.

LALBENQUE

10-A5 16 km S.-E. Cahors. 239 m. 855 hab. ✉ 46230

CAMP MUNICIPAL ★★ Tourisme 20 E. Le Jardin. ☎ 05 65 31 61 17.

LAMAGDELAINE

10-A5 7 km N.-E. Cahors. 122 m. 626 hab. ✉ 46090

CAMP MUNICIPAL ★★ Tourisme 29 E. CV. Accès direct à la rivière. Accueil groupes. ☎ 05 65 35 05 97 (Mairie). Fax : 05 65 22 64 93.

G.C.U. LES RIVES DU LOT Réservé aux adhérents. Adhésion possible sur place pour les sociétaires MAIF et FILIA MAIF.

LAMOTHE FENELON

10-A4 12 km N. Gourdon. 100 m. 320 hab. ✉ 46350

LES GRANDS CHENES ★★ Tourisme 50 E. 2 ha. CV Rés. naturiste. Locations : . Le Peyronnet. N 20 entre Cahors et Brive. A Payrac sur N 20 (16 km de Souillac) puis D 141 dir. Lamothe-Fénélon puis D 12 dir. Gourdon sur 4 km. ☎ 05 65 41 68 79. Fax : 05 65 41 68 79. E-mail : camping@les-grands-chenes.com, Web : www.les-grands-chenes.com.

LANZAC

10-A4 27 km N.-E. Gourdon. 100 m. 449 hab. ✉ 46200

CAMP MUNICIPAL DU PONT ★★ Tourisme 66 E. 1 ha. Locations : . Accès direct à la rivière. Sur RN 20. Dir. Cahors après la traversée du pont. Camping à 3 km de la sortie d'autoroute. ☎ 05 65 37 02 58 / 05 65 37 88 53. Fax : 05 65 37 02 31.

LARNAGOL

10-A5 36 km S.-O. Figeac. 146 m. 177 hab. ✉ 46160

CAMP DU RUISSEAU DE TREIL CV. A 300 m : . A 1 km : . A 5 km : . A 10 km : . Ouv : 13.5 / 16.9. Situé sur la D 662 entre Cahors et Cajarc dans le virage en S, 300 m après le village de Larnagol en allant sur Cajarc. ☎ 05 65 31 23 39. Fax : 05 65 31 23 27. E-mail : lotcamping@wanadoo.fr, Web : www.lotcamping.com. Prix 2007. Empl. Tourisme : 7,50 € () : 5,90 € ; - de 12 ans 3,60 € ; 3,60 € ; Animaux 3,60 €. Réduction H.S.

FFCC : partenaire + réduction emp. de 15 % en saison et 10 % hors saison + carte FFCC assurance annulation + Stop accueil Camping-car du 17/05 au 13/09/2008, accès jusqu'à 22h.

LATOUILLE LENTILLAC

10-B4 47 km N. Figeac. 220 m. 205 hab. ✉ 46400

CAMP C.C.A.S. ★ Tourisme 88 E. Réservé C.C.A.S.

LATRONQUIERE

10-B4 28 km N. Figeac. 650 m. 654 hab. Station verte de vacances et village de neige ✉ 46210

LES LANDES ★★ Tourisme 33 E. 0,72 ha. Lac à 3 km. RN 653, sur RD 29. ☎ 05 65 40 26 62 (Mairie). Fax : 05 65 40 37 64.

LAVAL DE CERE

10-B3 60 km N. Figeac. 185 m. 461 hab. ✉ 46130

CAMP MUNICIPAL DU LAC ★★ Tourisme 33 E. 0,6 ha. Accès direct aux bords du lac. Granges. ☎ 05 65 33 86 50.

LAVERGNE

10-A4 40 km N.-E. Gourdon. 345 m. 292 hab. ✉ 46500

M. BEFFARA Gérard A 1 km: . A 4 km : . A 11 km : . Mas De Bergue. ☎ 05 65 33 75 13.

LEYME

10-B4 32 km N.-O. Figeac. 450 m. 2140 hab. ✉ 46120

CAMP MUNICIPAL ★★★ Tourisme 33 E. 2,5 ha. CV. Locations : 2 . Etang à 800 m. Accueil groupes hors saison. hors saison. Ouv : 15.6 / 15.9. A 20 sorties n° 56 ou n° 54. Accessible aux personnes handicapées. ☎ 05 65 38 98 73 / 05 65 40 36 60 / 05 65 11 24 87 (H.S.). Fax : 05 65 11 20 62. E-mail : village.vacances.leyme@wanadoo.fr, Web : www.villagevacancesleyme-lot.fr. Prix 2007. Empl. Tourisme : 2,90 € ; 2,90 € ; 2,90 € ; 3,60 € ; - de 12 ans 2,50 € ; 2,90 €.

C.C.A.S. COMBE DE LASVIALE ★★ Tourisme 145 E. Réservé C.C.A.S.

LHERM

12-F2 22 km N.-O. Cahors. 228 hab. ✉ 46150

M. VIALARD Serge A 3 km: . A 9 km : . A 10 km : . Ouv : 1.1 / 31.12. Bouzan, à 3 km de la commune. Accès par Catus-Montgesty, Route de St-Capreis. A proximité de la ferme. Pré herbeux. Abri. Terrain plat. ☎ 05 65 30 63 14 / 05 65 22 70 37 (H.S.). Fax : 05 65 22 70 37. Prix 2008. () : 3,20 € ; - de 7 ans 2,80 € ; 2,80 €.

LHOSPITALET

9-F5 272 hab. ✉ 46170

Mme GIRMA Micheline A 5 km: . A 12 km : Piscine plein air . A 15 km : . Le Baylou. D 47. ☎ 05 65 21 00 57 (H.R.).

LIMOGNE EN QUERCY

10-A5 34 km E.-S.-E. Cahors. 280 m. 637 hab. Station verte de vacances et village de neige ✉ 46260

BEL AIR ★★★ Tourisme 50 E. 1,5 ha. CV. Locations : . Accueil groupes. Lieu-dit Bel Air. D 911. ☎ 05 65 24 32 75 / 06 19 69 64 13 (H.S.). Fax : 05 65 24 73 59. E-mail : camping.bel-air@orange.fr.

LINAC

10-B4 10 km N.-E. Figeac. 432 m. 220 hab. ✉ 46270

CAMPING MUNICIPAL DU STADE . Ouv : 15.6 / 15.9. D 31 puis chemin communal goudronné. ☎ 05 65 34 93 87. Fax : 05 65 34 99 14. E-mail : linac.mairie@tiscali.fr. Prix 2008. 1,50 € ; 0,75 € ; 3 € ; - de 10 ans 1,50 €.

LISSAC ET MOURET

10-B4 681 hab. ✉ 46100

M. GAY Gérard CV. A 2 km: . A 3 km : . A 5 km : . A 6 km : . Clavies. Prendre D 653 Cahors/Figeac, à Cambes, tourner à gauche sur la D 18 ou prendre N 140 Brive/Figeac, à Camburat tourner à droite sur la D 2. ☎ 05 65 34 40 98. Fax : 05 65 34 40 98. E-mail : loasienne@hotmail.com, Web : www.oasienne.com.

LIVERNON

10-B4 18 km N.-O. Figeac. 328 m. 385 hab. ✉ 46320

CAMP MUNICIPAL ★ Tourisme 15 E. 0,4 ha. Sur RN 653. ☎ 05 65 40 57 33 (Mairie).

LOUBRESSAC

10-A4 44 km N.-O. Figeac. 375 m. 405 hab. ✉ 46130

LA GARRIGUE ★★★ Tourisme 50 E., dont 5 GCC, 1,8 ha. snack, CV. Locations : 17 , 6 . Rivière à 4 km. à 4 km : en rivière; à 5 km : . Ouv : 1.4 / 30.9. ☎ 05 65 38 34 88. Fax : 05 65 38 34 88. E-mail : infos@camping-lagarrigue.com, Web : www.camping-lagarrigue.com. Prix 2008. Fft jour : Empl. Tourisme (2) : 13,85 € ( ) ; Sup : 4,45 € ; - de 7 ans 2,95 € ; 2,85 € (6 A) ; Animaux 2 €.

LOUPIAC

10-A4 16 km N.-E. Gourdon. 250 m. 235 hab. ✉ 46350

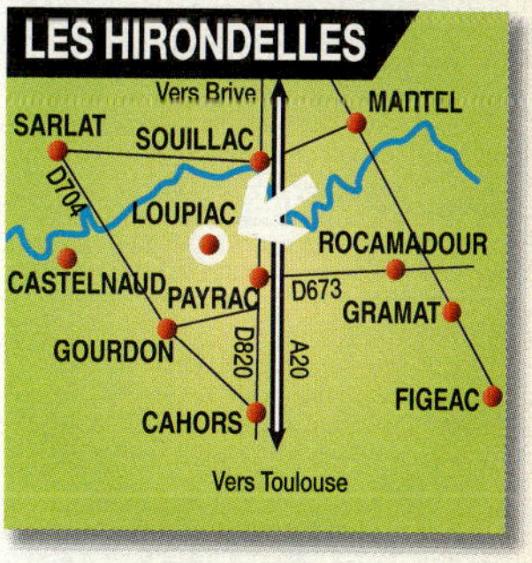

LES HIRONDELLES ★★★ Tourisme 70 E. dont 38 nus, , dont 17 HLL, 2 ha. CV. Locations : 7 , 21 , 4 , , Mobile-home accès handicapés. . Etang à 4 km. à 5 km : . Accueil groupes. Ouv : 1.4 / 15.9. Rés. obligatoire en été. D 820 anciennement RN 20. ☎ 05 65 37 66 25. Fax : 05 65 37 66 65. E-mail : camp.les-hirondelles@wanadoo.fr, Web : www.les-hirondelles.com. Prix 2008. Fft jour : Empl. Tourisme (2) : 20,80 € ((6 A)) ; Sup : 4,80 € ; - de 6 ans 3,30 €. Réduction H.S.

M. GATIGNOL Francis,aire naturelle CV. A 3 km: . A 4 km : . Ouv : 1.5 / 30.10. Le Treil D 820, A 20 sortie n°55 dir. Souillac Gardiennage de caravanes. ☎ 05 65 37 64 87. E-mail : francis.gatignol@wanadoo.fr, Web : perso.wanadoo.fr/chez.francis. Prix 2007. Empl. Tourisme : 5 € ; 3 € ; - de 12 ans 2 €.

LUGAGNAC

10-A5 34 km S.-E. Cahors 330 m. 123 hab. ✉ 46260

LALBRADE ★★ Tourisme 45 E. dont 45 nus 0,8 ha. CV Rés. naturiste. Locations : 5, 2. Ouv : 1.4 / 30.9. De Lugagnac accès par D 40 en dir. de Crégols. ☎ 05 65 31 52 35. Fax : 05 65 24 36 21. E-mail : le-camping-de-lalbrade@wanadoo.fr, Web : lalbrade.free.fr. Prix 2007. Fft jour : Empl. Tourisme : 22,50 € ( ) ; Sup : 6 € - de 12 ans 3 € ; 2,50 € (10 A) ; Animaux 2,50 €. Réduction H.S.

FFCC : partenaire - terrain assuré par la FFCC + réduction emp. de 5 % en saison et hors saison.

LUZECH

10-A5 18 km O. Cahors. 328 m. 1690 hab. Station verte de vacances et village de neige ✉ 46140

CAMP MUNICIPAL DE L'ALCADE ★★ Tourisme 33 E. 0,8 ha. . Accès direct à la rivière. . Ouv : 1.5 / 30.9. A 20. ☎ 05 65 30 72 32 (Mairie). Fax : 05 65 30 76 80. E-mail : commune.luzech@wanadoo.fr, Web : ville-luzech.fr. Prix 2008. Empl. Tourisme : 3 € ; 3,50 € ; 3 € ; 2,50 €.

MARCILHAC SUR CELE

10-A4 32 km S.-O. Figeac. 160 m. 260 hab. ✉ 46160

CAMP DE MARCILLIAC SUR CELE ★★ Tourisme 53 E. 1 ha. , volley, . Locations : . Accès direct à l'étang et à la rivière. . Dans la vallée du Célé entre Figeac et Cahors D 41. ☎ 05 65 40 77 88. Fax : 05 65 40 61 43.

MARMINIAC

9-F4 36 km N.-O. Cahors. 281 m. 368 hab. ✉ 46250

M. GARRIGOU Louis . A 3 km: . A 20 km : . Breilhaut, par RD 13, à 1 km Sud de la commune, à proximité de la ferme. Pré fauché. Salle de loisirs. Location à la semaine souhaitée. Promenade pédestre possible aux environs. ☎ 05 65 22 80 56.

MARTEL

10-A3 40 km N.-E. Gourdon. 240 m. 1441 hab. Station verte de vacances et village de neige ✉ 46600

LES FALAISES ★★★ Tourisme 47 E. 1 ha. buvette, CV. Locations : . Accès direct à la rivière. . Accueil groupes. Ouv : 15.6 / 5.9. 5 km de Martel à droite avant le pont. Camping relié à la base de loisirs "Portloisirs". ☎ 05 65 37 37 78. Fax : 05 65 41 05 32. E-mail : contact@campingduport.com/, Web : www.portloisirs.com. Prix 2008. 4 € ; 4 € ; 4 € ; 4 € ; - de 7 ans 3 € ; 3 €.

CAMP MUNICIPAL LA CALLOPIE ★★ Tourisme 17 E. 0,45 ha. . Rivière à 5 km. à 4 km : . RN 140, RD 803, A 20 sortie n°53. ☎ 05 65 37 30 73 (Mairie). Fax : 05 65 37 37 27. E-mail : mairiedemartel@wanadoo.fr.

CAMPEOLES LA GABARRE VVF GLUGES ★★ Tourisme 34 E., dont 15 GCC, 2 ha. . Rivière à 50 m. ; ; . ☎ 05 65 37 33 70.

MAYRAC

10-A4 34 km N.-E. Gourdon. 180 m. 201 hab. ✉ 46200

LE PIC ★★★ Tourisme 50 E. 3,5 ha. CV Sanitaire chauffé. Locations : 2, 8, 3, 1. Rivière à 2 km. à 2 km : ; à 3 km : . Du Nord par RN 20 ou A 20 à Souillac dir. Martel D 803 après 10 km à droite D 33 à Baladou. ☎ 05 65 32 25 04 / 06 65 29 77 87. E-mail : info@camping-lepic.com, Web : www.camping-lepic.com. Prix 2007. 6 € ; 6 € ; 4,60 € ; 3,10 € ; 3 à 2,80 € (10 à 6 A) ; Animaux 0,60 €. Réduction H.S.

MAYRINHAC LENTOUR

10-B4 37 km N.-O. Figeac. 357 m. 430 hab. ✉ 46500

LA CASCADE ★★ Tourisme 35 E. 2 ha. . Etang et rivière à 5 km. Lieu-dit Le Boutel, près de Padirac. RD 673 et 807 St Céré-Gramat. ☎ 05 65 38 20 91. Fax : 05 65 38 20 91. E-mail : campinglacascade@wanadoo.fr.

MEYRONNE

10-A4 34 km N.-E. Gourdon. 201 hab. ✉ 46200

LA PLAGE ★★★ Tourisme 72 E. 1,8 ha. Buvette, Frites, visiteur, CV. Locations : . Accès direct à la rivière. ; ; ; . Accueil groupes. Ouv : 15.6 / 15.9. D 15. ☎ 05 65 32 23 26 / 05 55 30 15 67 (H.S.). Fax : 05 65 32 23 26. E-mail : contact@camping-laplage.com, Web : www.camping-laplage.com. Prix 2008. Empl. Tourisme : 4,80 € ; 3,50 € ; - de 10 ans 2,80 € ; 2,80 € (6 A) ; Animaux 0,50 €.

FFCC : partenaire + réduction emp. de 5 % en saison et hors saison.

MIERS

10-A4 40 km N.-E. Gourdon. 385 m. 390 hab. ✉ 46500

LE PIGEONNIER ★★★ Tourisme 45 E. 1 ha. 500 m, sauf en cas de sècheresse., CV Sanitaire chauffé. Locations : 14, 2. à 2 km : 2 km; à 4 km : . A 7 km de la RN 140 et à 400 m de la RD 11. Le camping se situe à 500 m Est du bourg. ☎ 05 65 33 71 95. Fax : 05 65 33 71 95. E-mail : veronique.bouny@wanadoo.fr, Web : www.campinglepigeonnier.com. Prix 2008. Fft jour : Empl. Tourisme (2) : 13,50 € ( ) ; Sup : 4,50 € 3 € ; 3 € (16 A A) ; Animaux 1 €. Fft Ccar : 10 € (2). Réduction H.S.

MOLIERES

10-B4 32 km N.-O. Figeac. 540 m. 447 hab. ✉ 46120

M. LAFON Jean-Marie CV. A 3 km: . A 9 km : Piscine plein air. La Ressegue. D 19 entre St Cère et Terrou. ☎ 05 65 38 90 72.

MONTBRUN

10-B5 20 km S.-O. Figéac. 61 hab. ✉ 46160

CAMP MUNICIPAL ★★ Tourisme 40 E. 1 ha. CV. Accès direct à la rivière. ; ; . Accueil groupes. ☎ 05 65 40 77 40 / / 05 65 40 60 94 (H.S.). Fax : 05 65 40 77 40. E-mail : mairie-montbrun@wanadoo.fr.

MONTCABRIER

9-F4 44 km N.-O. Cahors. 191 m. 352 hab. ✉ 46700

LE MOULIN DE LABORDE ★★★ Tourisme 90 E. dont 90 nus, 4 ha. . Accès direct à la rivière. ; ; à 6 km : . Ouv : 1.5 / 8.9. D 673. ☎ 05 65 24 62 06. E-mail : moulindelaborde@wanadoo.fr, Web : www.moulindelaborde.com. Prix 2007. Empl. Tourisme : 8,40 € ; 6,20 € ; - de 6 ans 3,30 € ; 2,60 €. Réduction H.S.

M. TIMMERS Gérard,aire naturelle . A 5 km: . Val en Thèze. Lagrave. ☎ 05 65 36 03 57. Fax : 05 65 36 03 57. E-mail : g.timmers@worldonline.fr, Web : www.valentheze.nl. Prix 2007. Empl. Tourisme : 7,50 € ( ) : 4,50 € ; - de 6 ans 3 € ; 2,50 € (5 A).

MONTCUQ

9-F5 27 km S.-O. Cahors. 220 m. 1082 hab. Station verte de vacances et village de neige ✉ 46800

CAMP MUNICIPAL ★★ Tourisme 42 E. 0,9 ha. CV. Lac à 800 m. ; ; à 800 m : . Accueil groupes. RD 653. N 20. ☎ 05 65 22 93 73 / 05 65 31 80 05 (Mairie) / 05 65 31 80 05 (Mairie) (H.S.).

M. CRIVELLARO André . A 5 km: Piscine plein air . A 10 km : . Benech, 5 km de la commune, à proximité de la ferme. Pré sur colline, bord de ruisseau. Plan d'eau. ☎ 05 65 31 87 32.

MONTET ET BOUXAL

10-B4 20 km N. Figeac 594 m. 201 hab. ✉ 46210

AIRE NATURELLE MUNICIPALE . A 6 km: . Les Soles. ☎ 05 65 40 22 60. Fax : 05 65 40 22 60. E-mail : mairie-montet-et-bouxal@wanadoo.fr.

NUZEJOULS

10-A4 13 km N.-O. Cahors. 230 m. 191 hab. ✉ 46150

L'OASIS ★★ Tourisme 33 E. 0,4 ha. . Lac et rivière à 5 km. . ☎ 05 65 20 03 27 / 05 65 30 98 44.

PADIRAC

10-A4 44 km N.-E. Gourdon. 340 m. 148 hab. ✉ 46500

LES CHENES ★★★★ Tourisme 120 E. dont 67 nus, dont 10 GCC - 5 HLL, 4,5 ha. CV. Locations : 18, 23, 12, 1. ; à 4 km : . Accueil groupes. Route du Gouffre, RN 673. ☎ 05 65 33 65 54 / 06 85 90 72 72 (H.S.). Fax : 05 65 33 71 55. E-mail : les-chenes@hotmail.com, Web : www.campingleschenes.com. Prix 2007. Fft jour : Empl. Tourisme : 18.50 € (E. CC E. GCC) ; Sup : 6,50 € 5 € ; Animaux 2,50 €. Réduction H.S.

PAYRAC

10-A4 12 km N.-E. Gourdon. 280 m. 448 hab. ✉ 46350

LES PINS ★★★★ Tourisme 125 E. dont 55 nus, dont 43 GCC, 4 ha. CV Sanitaire chauffé. Locations : 3, 42, 5, 5. chauffée. ; à 7 km : . Accueil adultes. Ouv : 5.4 / 14.9. A 20 sortie 55 Souillac puis D 820 dir. Toulouse. ☎ 05 65 37 96 32. Fax : 05 65 37 91 08. E-mail : info@les-pins-camping.com, Web : www.les-pins-camping.com. Prix 2008. Fft jour : Empl. Tourisme (2) : 26,90 € (E. CC) ; Sup : 6,30 € - de 7 ans 4,40 € ; E. GCC 3 € (suplt) ; Animaux 2,50 €. Réduction H.S.

FFCC : partenaire + réduction emp. de 5 % hors saison + carte FFCC assurance annulation + Stop accueil Camping-car du 05/04 au 28/06 et du 30/08 au 14/09/2008, accès de 18h jusqu'à 21h + réduction loc. de 5 % hors saison.

CAMP LE PICOUTY ★★ Tourisme 43 E. 1,2 ha. CV. Etang et rivière à 5 km. ; à 5 km : . Accueil groupes. Mas de Gramat. ☎ 05 65 37 78 97 / 06 27 48 03 03. Fax : 05 65 37 78 97. E-mail : camping.lepicouty@wanadoo.fr, Web : camping-picouty.com. Réduction H.S.

PANORAMIC ★★ Tourisme 45 E., dont 26 CC - 12 HLL, 1,5 ha. CV Sanitaire chauffé. Locations : 12, 2, 2. Rivière à 5 km. à 400 m : . Accueil groupes. Ouv : 1.1 / 31.12. Route de Loupiac. Moulin à Vent 21. RN 20 Payrac Nord dir. Loupiac. ☎ 05 65 37 98 45. E-mail : info@campingpanoramic.com, Web : www.campingpanoramic.com. Prix 2008. Empl. Tourisme : 4 € () ; 2,80 € ; - de 7 ans 1,80 € ; 2,50 € (5 A).

PAYRIGNAC

9-F4 4 km N.-O. Gourdon. 150 m. 504 hab. ✉ 46300

M. SIGNAT Daniel . A 3 km: . A 4 km : . A 6 km : Piscine plein air . Route de Sarlat, Nadaillac les Plasses, D 704. ☎ 05 65 41 27 20.

PINSAC

10-A4 28 km N.-E. Gourdon. 217 m. 520 hab. ✉ 46200

VERTE RIVE ★★★★ Tourisme 65 E. dont 59 nus, dont 16 GCC, 1,5 ha. la nuit, CV. Locations : 6, . Accès direct à la rivière. ; ; ; à 3 km : . Accueil groupes. Ouv : 16.4 / 30.9. Rés. obligatoire en été. Terragaie, accès par la RN 20 jusqu'à Souillac, puis D 43, A 20 sortie n°55 dir. Rocamadour ☎ 05 65 37 85 96. Fax : 05 65 32 67 69. E-mail : chalet-dordogne@orange.fr, Web : location-dordogne-chalet.com. Prix 2008. Fft jour : Empl. Tourisme (2) : 19,50 € (E. CC) ; Sup : 5,50 € - de 3/12 ans 4 €.

CAMP MUNICIPAL ★★ Tourisme 40 E. dont 50 nus 0,5 ha. , buvette, . Accès direct à la rivière. ; ; ; à 5 km : . Accueil groupes. Ouv : 1.6 / 30.9. Sur RD 43. Site unique au pied des falaises. ☎ 05 65 37 06 02 / 05 65 37 85 83 (H.S.). Fax : 05 65 37 85 83. Prix 2008. Empl. Tourisme : 3 € ; 3 € ; - de 7 ans 2,20 € ; 2,90 € ; Animaux 0,70 €.

M. LACHIEZE Jean, aire naturelle CV. A 2 km: . A 4 km : Piscine plein air . N 20 puis D 43. ☎ 05 65 37 01 76 / 05 65 37 88 67.

Mme CONSTANT Jacqueline, aire naturelle CV. A 500 m : . A 1 km: . A 5 km : Piscine plein air . Les Combettes. RD 43. ☎ 05 65 37 00 19.

PRAYSSAC

9-F5 28 km O.-N.-O. Cahors. 107 m. 2265 hab. Station verte de vacances et village de neige ✉ 46220

CAMP DE LA SOURCE ★★ Tourisme 33 E. 0,4 ha. , snack, CV. Rivière à 50 m. ; à 50 m : ; à 5 km : . Accueil groupes. Ouv : 20.6 / 10.9. Lieu-dit Meymes. Sortie agglomération, dir. Puy-L'Evêque RD 811. ☎ 05 65 22 43 92 / 05 61 73 27 76 (H.S.). Prix 2008. Fft jour : Empl. Tourisme (2) : 9 € ( ) ; Sup : 3 € - de 7 ans 1,50 € ; 2,30 € (15 A) ; Animaux 1 €.

FFCC : partenaire + réduction emp. de 5 % en saison et hors saison.

PRUDHOMAT

10-B4 55 km N.-O. Figeac 130 m. 545 hab. ✉ 46130

AIRE NATURELLE DE CAMPING LASFARGUES CV. Lasfargues. ☎ 05 65 38 52 31. Fax : 05 65 10 95 80.

M. de LABARRIERE, aire naturelle Relais du Seuil . A 3 km: . En venant de Bretenoux, suivre la D 14 jusqu'à l'entrée du village de Bonneviole-Prudhomat : au panneau Relais du Seuil, prendre à droite un chemin vicinal sur 600 m (face au stade rural et à la rivière Dordogne). ☎ 05 65 38 50 22. Fax : 05 65 38 50 68. E-mail : jean.de.labarriere@wanadoo.fr, Web : www.delabarriere.com/.

PUY L EVEQUE

9-F5 34 km O.-N.-O. Cahors. 85 m. 2333 hab. Station verte de vacances et village de neige ✉ 46700

LOT EVASION QUERCY ★★★ Tourisme 35 E. 3 ha. saison, saison, saison, saison, collectifs, saison, CV. Locations : 26, 8. chauffée. à 3 km : . Accueil groupes. Ouv : 1.04 / 30.09. RN 20 jusqu'à Cahors puis D 911 jusqu'à Puy-l'Evêque. à la mairie de Puy-l'Evêque D 28 dir. Martignac sur 3 km. Espace aquatique chauffé. ☎ 05 65 30 80 09. Fax : 05 65 30 81 12. E-mail : evasion@wanadoo.fr, Web : www.lotevasion.com. Réduction H.S.

VILLAGE-CAMPING LES VIGNES ★★★ Tourisme 90 E. 2 ha. CV Sanitaire chauffé. Rivière à 100 m. ; . Accueil groupes. Ouv : 1.04 / 30.09. Lieu-dit Le Méoure. D 811 Entre Villeneuve-sur-Lot et Cahors, puis en bas du site de Cahors, tourner à gauche et suivre les panneaux Les Vignes pendant 3 km. ☎ 05 65 30 81 72 / 06 70 27 23 91 (H.S.). E-mail : lesvignes46700@aol.com, Web : www.camping-les-vignes.net. Prix 2007. Fft jour : Empl. Tourisme : 4.80 € ; Sup : 4,25 € 2,65 € ; 2,60 € (10 A) ; Animaux 1 €. Réduction H.S.

FFCC : partenaire + réduction emp. de 5 % en saison et 10 % hors saison + carte FFCC assurance annulation + réduction loc. de 5 % en saison et 10 % hors saison.

PUYBRUN

10-A4 58 km N.-O. Figeac. 150 m. 630 hab. ✉ 46130

LA SOLE ★★★ Tourisme 72 E. dont 45 nus, dont 21 GCC - 5 HLL, 2,4 ha. animation, CV. Locations : 5, 17, Cottages. . Rivière à 600 m. Etang à 1 km. à 800 m : ; ; à 4 km : . Accueil adultes. 200 m CD 803. A 20 (Paris) sortie 52 sortie Noailles puis dir. Turenne/Vayrac/Bétaille/Puybrun. ☎ 05 65 38 52 37. E-mail : camping.la.sole@wanadoo.fr, Web : www.la-sole.com. Prix 2007. Empl. Tourisme : 5 € ; 4,70 € ; - de 6 ans 2,40 € ; 3,10 € (6 A) ; Animaux 1,50 €.

LES QUATRE ROUTES DU LOT

10-A3 52 km N.-E. Gourdon. 130 m. 632 hab. ✉ 46110

CAMP MUNICIPAL LE VIGNON ★★ Tourisme 27 E. 1 ha. . Locations : 2 . Accès direct aux bords du lac. ; ; . Ouv : 1.6 / 30.9. RD 20. ☎ 05 65 32 16 43 (Mairie) / 06 70 57 66 63 (H.S.). Fax : 05 55 85 18 33. Prix 2008. Empl. Tourisme : 2,90 € () : 2,90 € ; - de 2/6 ans 1,80 € ; 2,70 € ; Animaux 1,50 €.

REYREVIGNES

10-B4 13 km N.-O. Figeac. 380 m. 265 hab. ✉ 46320

LE PAPILLON ★★★ Tourisme 35 E. dont 19 nus, , dont 14 GCC - 11 HLL, 1 ha. CV. Locations : 14 . . Accès direct à l'étang. Rivière à 5 km. à 5 km : . Ouv : 1.4 / 31.10. A côté de la D 2 entre Figeac et Livernon. ☎ 05 65 40 12 40. Fax : 05 65 40 17 18. E-mail : info@domaine-papillon.com, Web : www.domaine-papillon.com. Prix 2008. Fft jour : Empl. Tourisme (2) : 16 € ( ) ; Sup : 5 € - de 7 ans 2,50 € ; 3 € (6 A) ; Animaux 1,50 €.

RIGNAC

10-A4 35 km N.-E. Gourdon. 210 m. 200 hab. ✉ 46500

M. MONTEIL Eugène,camping à la Ferme CV. A 7 km: . A 9 km : . Le Pré de Nicolas. Accès par la D 20. ☎ 05 65 33 60 25.

LE ROC

10-A4 18 km N. Gourdon. 185 hab. ✉ 46200

HERON ★★ Tourisme 20 E. Sanitaire chauffé. Locations : , , . . Rivière à 200 m. ; à 200 m : , . Mareuil. A 20 ou N 20 sortie 55 Souillac ou par D 43 Le Roc ou D 12 Mareuil près de la Dordogne. ☎ 05 65 37 67 38. Fax : 05 65 37 67 38. E-mail : vpassingham@free.fr, Web : www.heroncamping.com.

ROCAMADOUR

10-A4 30 km E. Gourdon. 280 m. 580 hab. ✉ 46500

LE ROC ★★★ Tourisme 36 E., dont 24 GCC - 4 HLL, 1 ha. Pizzeria, saison, CV. Locations : 4, 2. . RN 840 dir. Rocamadour sur la D 673. ☎ 05 65 33 68 50. E-mail : campingleroc@wanadoo.fr, Web : www.camping-leroc.com. Réduction H.S.

FFCC : partenaire + réduction emp. de 5 % hors saison + Stop accueil Camping-car du 01/04 au 14/07 et du 20/08 au 01/11/2008, accès jusqu'à 23h.

LES CIGALES ★★★ Tourisme 100 E., dont 68 GCC, 1,5 ha. CV. Locations : 32, , à 10 km : , , . Ouv : 1.5 / 30.9. Lieu-dit L'Hospitalet, RN 36. ☎ 05 65 33 64 44. Fax : 05 65 33 69 60. E-mail : camping.cigales@wanadoo.fr, Web : www.camping-cigales.com. Prix 2008. Fft jour : Empl. Tourisme (2) : 15,50 € ( )

LES TILLEULS ★★★ Tourisme 32 E. 1 ha. CV. Locations : 6, 6, 2, , . Etang à 5 km. à 10 km : . Accueil groupes. Ouv : 1.4 / 30.9. Rés. obligatoire en été. Lieu-dit Le Roux D 840. ☎ 05 65 33 64 66. E-mail : lestilleuls-roca@wanadoo.fr, Web : www.lestilleuls-roca.com. Prix 2008. Empl. Tourisme : 4,70 € () : 4,20 € ; - de 7 ans 3 € ; 3 € ; Animaux 2 €.

FFCC : partenaire + réduction emp. de 5 % en saison et hors saison + réduction loc. de 5 % en saison et hors saison.

LA CHATAIGNERAIE ★★ Tourisme 50 E. 2 ha. CV. Locations : 4, 4. . Etang à 2 km. à 2 km : ; à 5 km : . RN 140 puis D 673 Alvignac et D 20 Rignac. ☎ 05 65 33 72 11.

LE RELAIS DU CAMPEUR ★★ Tourisme 100 E. dont 100 nus 1,5 ha. CV. Locations : , , . Accueil groupes. Ouv : 1.4 / 31.10. Lieu-dit l'Hospitalet, RN 36 et RN 673. ☎ 05 65 33 63 28 / 06 83 45 03 15 (H.S.). Fax : 05 65 10 68 21. E-mail : lerelaisducampeur@orange.fr, Web : www.lerelaisducampeur.fr. Prix 2007. Fft jour : Empl. Tourisme (2) : 12 € ( ) ; Sup : 3,20 € - de 10 ans 2,20 € ; 2,50 € (6 A) ; Animaux 1 €. Fft Ccar : 8 € (2).

M. BRANCHE Guy,aire naturelle CV. A 1 km: . A 10 km : . Piscine plein air . Ouv : 1.4 / 15.11. Accès par la D 247, route de Souillac. ☎ 05 65 33 63 37. E-mail : campingfermebranche@yahoo.fr, Web : www.campingfermebranche.com. Prix 2008. Empl. Tourisme : 1,60 € () : 2,50 € ; - de 10 ans 1,60 € ; 1,80 €.

M. ESTAY Bertrand,aire naturelle CV. A 4 km: . A 6 km : Piscine chauffée Piscine plein air . Ouv : 1.5 / 3.9. Blanat, D 840, 4 km Est de la commune, à proximité de la ferme. ☎ 05 65 33 71 82. Fax : 05 65 33 71 82. E-mail : bertrandestay@laposte.net. Prix 2007. Empl. Tourisme : 1,78 € ; 3,03 € ; - de 7 ans 2,12 € ; 1,78 € ; Animaux 0,90 €.

M. LASVAUX André,aire naturelle CV. A 8,5 km: . A 2,5 km : . D 32. ☎ 05 65 33 65 17. E-mail : chez.gaby@voila.fr, Web : .

M. VERGNE Roland,aire naturelle Varagne.

ST CERE

10-B4 45 km N.-N.-O. Figeac. 155 m. 4207 hab. Station verte de vacances et village de neige ✉ 46400

LE SOULHOL ★★★ Tourisme 108 E., dont 24 GCC - 10 HLL, 2,9 ha. chauffée . Accès direct à la rivière. . Ouv : 1.5 / 30.9. Quai Auguste Salesse, 500 m du centre ville. A 20 sortie 52. ☎ 05 65 38 12 37. Fax : 05 65 38 12 37. E-mail : info@campinglesoulhol.com, Web : www.campinglesoulhol.com. Prix 2007. Fft jour : Empl. Tourisme (2) : 13,40 € ( ) ; Sup : 5,20 € - de 10 ans 1,50 € ; 2,90 € (10 A) ; Animaux 1 €.

ST CHAMARAND

10-A4 11,5 km S.-E. Gourdon. 220 m. 168 hab. ✉ 46310

PLAGE DU RELAIS ★★★ Tourisme 50 E. dont 44 nus, 2 ha. CV. Locations : 5, 1, 2. Accès direct à l'étang et à la rivière. ; . Accueil groupes. Lieu-dit Pont de Rhodes. A 20 sortie 56. D 820 Souillac/Cahors. ☎ 05 65 30 21 42 / 06 84 79 30 36 (H.S.). Fax : 05 65 30 21 42. E-mail : campingplagedurelais@wanadoo.fr. Réduction H.S.

ST CIRQ LAPOPIE

10-A5 30 km E. Cahors. 115 m. 187 hab. ✉ 46330

LA PLAGE ★★★ Tourisme 120 E. 3 ha. , juillet/août, , + sèche-linge, CV Sanitaire chauffé. Locations : 12, 9, 3, , . Accès direct à la rivière. juillet/août surveillée : ; ; ; ; . Accueil groupes. Ouv : 1.1 / 31.12. Sortie A20 n° 57, sortie Sud A20 n° 58 ☎ 05 65 30 29 51 / 06 15 39 41 65 (H.S.). Fax : 05 65 30 23 33. E-mail : camping-laplage@wanadoo.fr, Web : campingplage.com. Prix 2008. Empl. Tourisme : 7 € () : 5 € ; - de 7 ans 3 € ; 4 à 5 € (6 à 10 A) ; Animaux 2 €. Réduction H.S.

LA TRUFFIERE ★★★ Tourisme 96 E., dont 4 GCC, 3,5 ha. CV Sanitaire chauffé. Locations : 8, 3. chauffée . Rivière à 3,5 km. à 4 km : , , , .Accueil adultes. Ouv : 1.4 / 30.9. Cahors D 911 dir. Rodez prendre Concots dir. St-Cirq-Lapopie par CD 42. ☎ 05 65 30 20 22 / 08 75 64 96 89 (H.S.). Fax : 05 65 30 20 27. E-mail : contact@camping-truffiere.com, Web : www.camping-truffiere.com. Prix 2007. Empl. Tourisme : 5,50 € ; 5 € ; - de 7 ans 3,50 € ; 3 € (6 A) ; Animaux 1,50 €. Réduction H.S.

FFCC : partenaire + réduction emp. de 5 % hors saison + carte FFCC assurance annulation + Stop accueil Camping-car du 01/04 au 30/06 et du 20/08 au 30/09/2008, accès jusqu'à 20h + réduction loc. de 5 % hors saison.

ST GERMAIN DU BEL AIR

10-A4 16 km S.-E. Gourdon. 250 m. 361 hab. ✉ 46310

LE MOULIN VIEUX ★★★ Tourisme 90 E. 3,55 ha. CV. Locations : 15, 5. chauffée . Accès direct aux bords du lac et à la rivière. ; ; . Accueil groupes. Ouv : 1.4 / 30.9. Au Moulin Vieux, RD 23, RN 20. . ☎ 05 65 31 00 71 / 05 65 31 02 12 (H.S.). Fax : 05 65 31 00 71. E-mail : makatcha@aol.com, Web : www.camping-moulin-vieux-lot.com. Prix 2008. Fft jour : Empl. Tourisme (2) : 13 € () ; Sup : 4 € 3 € ; 3 à 5 € ; Animaux 2 €.

ST GERY

10-A5 20 km N.-E. Cahors. 132 m. 318 hab. ✉ 46330

CAMP MUNICIPAL ★ Tourisme 33 E. 0,4 ha. . Accès direct à la rivière. ; . RD 10, RD 662. ☎ 05 65 31 40 08 (Mairie). Fax : 05 65 31 45 65.

ST MATRE

139 hab. ✉ 46800

LES ESCALIERS DE LA COMBE, aire naturelle de Campi Lacombe ☎ 05 65 31 46 80.

ST PANTALEON

10-A5 20 km S.-O. Cahors. 250 m. 138 hab. ✉ 46800

CAMP DES ARCADES ★★★ Tourisme 33 E. dont 69 nus, 3 ha. . Locations : 7, 1, 3. chauffée . Accès direct aux bords du lac. ; . Accueil groupes. RD 653. Sortie A 20 Cahors-Sud, dir. Montcuq RD 653. ☎ 05 65 22 92 27 / 06 71 95 01 25 (H.S.). Fax : 05 65 31 98 89. E-mail : info@des-arcades.com, Web : www.des-arcades.com. Prix 2007. Empl. Tourisme : 10 € () : 5 € ; 3 € (16 A A) ; Animaux 1,50 €. Réduction H.S.

ST PIERRE LAFEUILLE

10-A4 12 km N. Cahors. 350 m. 182 hab. ✉ 46090

QUERCY VACANCES ★★★★ Tourisme 80 E. 2,8 ha. , campeurs, CV. Locations : 7, 3, 3. . Accueil groupes. Ouv : 1.4 / 31.10. RN 20. A 20 sortie 57 sortie Cahors Nord. ☎ 05 65 36 87 15 / 06 15 62 82 95 (H.S.). E-mail : quercyvacances@wanadoo.fr, Web : www.quercy-vacances.com. Prix 2008. Empl. Tourisme : 8,80 € ; 6 € ; 5 € ; - de 10 ans 4 € ; 3,30 à 5,30 € (6 à 10 A) ; Animaux 1,50 €.

FFCC : partenaire + réduction emp. de 5 % hors saison + carte FFCC assurance annulation + Stop accueil Camping-car du 01/04 au 05/07 et du 23/08 au 31/10/2008, accès jusqu'à 21h + réduction loc. de 5 % en saison et 10 % hors saison.

LES GRAVES ★★★ Tourisme 35 E. dont 28 nus, 1 ha. , snack, CV. Locations : 6, 2, 5. . à 7 km : . Accueil groupes. Ouv : 1.4 / 31.10. A 20 sortie n° 57 Cahors Nord. ☎ 05 65 36 83 12. Fax : 05 65 36 83 12. E-mail : infos@camping-lesgraves.com, Web : www.camping-lesgraves.com. Prix 2008. Fft jour : Empl. Tourisme (2) : 14,00 € () ; Sup : 4,25 € - de 10 ans 2,50 € ; 2,50 à 3,50 € (6 à 10 A) ; Animaux 1 €. Réduction H.S.

ST SOZY

10-A4 34 km N.-E. Gourdon. 424 hab. ✉ 46200

LES BORGNES ★★ Tourisme 70 E. dont 62 nus, 3 ha. CV. Locations : , . . Accès direct à la rivière. ; ; ; . ☎ 05 65 32 21 48 / 05 65 32 28 33 (H.S.). Fax : 05 65 32 28 33. E-mail : mc.montazel@netup.com, Web : www.lesborgnes.com. Prix 2007. () : 4 € ; 4 € ; 4 € ; 4 € ; - de 10 ans 2,50 € ; 3 € (10 A) ; Animaux 1 €.

FFCC : partenaire + réduction emp. de 5 % en saison et 10 % hors saison + Stop accueil Camping-car du 01/05 au 30/06 et du 01/09 au 30/09/2008, accès jusqu'à 22h + réduction loc. de 5 % hors saison.

ST SULPICE

10-B4 28 km S.-O. Figeac. 220 m. 116 hab. ✉ 46160

CAMP MUNICIPAL ★★ Tourisme 30 E. dont 30 nus 1,4 ha. CV. Locations : 10, . . Accès direct à la rivière. ; ; ; . RD 41. A 20 sortie 56. RD 13. ☎ 05 65 40 78 06 / 05 65 40 64 64 (Mairie) (H.S.). Fax : 05 65 40 71 17. E-mail : mairie.saint-sulpice@wanadoo.fr.

SALVIAC

10-A4 14 km S.-O. Gourdon. 160 m. 876 hab. ✉ 46340

CAMP MUNICIPAL ★★★ Tourisme 68 E., dont 3 GCC, 0,65 ha. . . . Sur RN 673, lieu-dit La Réquillou. ☎ 05 65 41 55 98 / 05 65 41 51 38 (Mairie).

SAULIAC SUR CELE

10-A4 37 km N.-E. Cahors 250 m. 106 hab. ✉ 46330

DOMAINE NATURISTE MAS DE NADAL En cours de classement 30 E. 3,3 ha. , pain, , central, Rés. naturiste. Locations : 3. . Rivière à 2 km. à 2 km : , . Ouv : 1.4 / 30.9. Mas de Nadal. ☎ 05 65 31 20 51. E-mail : info@masdenadal.com, Web : www.masdenadal.com. Prix 2008. Empl. Tourisme : 11 € () : 6 € ; - de 10 ans 4,50 € ; 4 € (3 A) ; Animaux 4,50 €. Réduction H.S.

M. CAUMIANT Jean-Pierre,aire naturelle de camping Les Cadichons . A 4,5 km: . A 4 km : . A 6 km : . A 8 km : . Ouv : 1.5 / 30.9. Les Bouygues Hautes. De Cahors dir. St-Cirq-Lapopie suivre la vallée du Célé vers Cabrerets/Sauliac-sur-Célé puis D 24.en dir. de St Martin Labouval ☎ 05 65 30 91 56. E-mail : les-cadichons@wanadoo.fr, Web : perso.wanadoo.fr/les-cadichons. Prix 2008. Fft jour : Empl. Tourisme (2) : 15 € () ; Sup : 6 € - de 10 ans 4 € ; 3 €.

SENAILLAC LATRONQUIERE

10-B4 32 km N. Figeac. 557 m. 190 hab. ✉ 46210

Préférez les terrains partenaires de la FFCC,

ils offrent au moins un des avantages suivants aux membres de la FFCC :

- des garanties supplémentaires d'assurance (matériel et individuelle accident),
- une réduction sur votre emplacement ou hébergement locatif (de 5 à 50%),
- la formule "Stop Accueil Camping-car",
- des nuitées gratuites sur nos terrains Camp'in France.

LE TOLERME ★★★ Tourisme 37 E. 0,4 ha. , sauf électrique, CV. Locations : . Lac et rivière à 200 m. ; ; ; . Accueil groupes. Ouv : 15.5 / 30.9. ☎ 05 65 40 21 23. Fax : 05 65 11 65 06. E-mail : jleale@club-internet.fr, Web : www.camping-tolerme.com. Prix 2007. Empl. Tourisme : 3,40 € () : 3,10 € ; - de 12 ans 2 € ; 2,20 € (8 A) ; Animaux 1,64 €.

SENIERGUES

10-A4 16 km S.-E. Gourdon. 390 m. 130 hab. ✉ 46240

DOMAINE DE LA FAURIE ★★★ Tourisme 63 E. dont 42 nus, , dont 8 HLL, 3 ha. , saison, CV. Locations : 10 , 8 , 5 . . Etang à 3 km. à 2 km : . Ouv : 5.4 / 27.9. Entre Rocamadour et Cahors. A 20 sortie 56, à droite D 2 dir. St-Germains du Bel Air, camping à 5 km. ☎ 05 65 21 14 36. Fax : 05 65 31 11 17. E-mail : contact@camping-lafaurie.com, Web : www.camping-lafaurie.com. Prix 2008. Fft jour : Empl. Tourisme (2 1 - de 1 ans) : 23,50 € () ; Sup : 6 € - de 7 ans 4 € ; Animaux 2,50 €. Réduction H.S.

FFCC : partenaire + réduction emp. de 20 % hors saison + carte FFCC assurance annulation + Stop accueil Camping-car du 05/04 au 28/06 et du 25/08 au 27/09/2008, accès jusqu'à 20h + réduction loc. de 10 % hors saison + HC.

SERIGNAC

9-F5 37 km O. Cahors 250 m. 264 hab. ✉ 46700

LE CLOS BARRAT ★★★ Tourisme 86 E., dont 2 HLL, 4,2 ha. , snack, , pain, CV Rés. naturiste. Locations : 2 , 2 . . RD 4. ☎ 05 65 31 97 93. Fax : 05 65 31 91 17. E-mail : contact@leclosbarrat.com, Web : www.leclosbarrat.fr. Réduction H.S.

SOTURAC

9-F5 47 km O. Cahors. 79 m. 733 hab. ✉ 46700

M. BAILLARGUES Bernard, aire naturelle Le Valenty CV. A 300 m : . A 1,5 km: . A 8 km : . RD 911. ☎ 06 72 57 69 80. Fax : 05 65 36 59 50. E-mail : campingdevalenty@tiscali.fr.

SOUILLAC

10-A4 28 km N.-N.-E. Gourdon. 220 m. 4062 hab. Station verte de vacances et village de neige ✉ 46200

LA PAILLE BASSE ★★★★ Tourisme 254 E. dont 130 nus, , dont 61 GCC - 34 HLL, 12 ha. CV. Locations : 59 . . . Accueil groupes hors saison. Ouv : 10.5 / 15.9. Rés. obligatoire en été. 9 km du centre ville dir. RD 62. ☎ 05 65 37 85 48. Fax : 05 65 37 09 58. E-mail : info@lapaillebasse.com, Web : www.lapaillebasse.com. Prix 2008. Fft jour : Empl. Tourisme (2) : 33 € () (10 A) E. GCC) ; Sup : 7 € - de 7 ans 5 € ; E. CC 10,80 € ; Animaux 4 €. Réduction H.S.

FFCC : partenaire + réduction emp. de 5 % hors saison + carte FFCC assurance annulation + réduction loc. de 5 % hors saison + HC.

LES ONDINES ★★★ Tourisme 242 E. dont 233 nus, , dont 102 GCC - 4 HLL, 4 ha. CV. Locations : 8 , . Rivière à 10 m. à 50 m : ; à 100 m : , . Accueil groupes. Ouv : 1.5 / 30.9. Lieu-dit les Ondines. Parc aquatique Quercyland. ☎ 05 65 37 86 44 / 06 33 54 32 00 / 05 65 32 05 04 (H.S.). Fax : 05 46 55 10 00. Web : www.campingterreoceane.com. Prix 2007. Empl. Tourisme : 2,50 € () : 3,50 € ; - de 7 ans 1,50 € ; 2 € (6 A) ; Animaux 0,50 €. Réduction H.S.

SOUSCEYRAC

10-B4 39 km N. Figeac. 559 m. 1058 hab. ✉ 46190

CAMP MUNICIPAL ★★ Tourisme 17 E. , . ☎ 05 65 33 02 20 (O.T.). E-mail : ot_sousc@club-internet.fr, Web : perso.club-internet.fr/ot_sousc/.

TAURIAC

10-A4 52 km N.-O- Figeac. 130 m. 242 hab. ✉ 46130

CAMPING DU MAS DE LA CROUX ★★★ Tourisme 89 E. 1,5 ha. CV. Locations : 34 , , 5 , . . Accès direct aux bords du lac et à la rivière. ; ; ; . ☎ 05 65 39 74 99 / 05 65 10 89 04 (H.S.). Fax : 05 65 38 61 38. E-mail : contact@dordogne-vacances.fr, Web : www.dordogne-vacances.fr.

THEGRA

10-A4 89 km N.-E. Gourdon. 89 m. 432 hab. ✉ 46500

LE VENTOULOU ★★★★ Tourisme 66 E., dont 48 GCC, 0,6 ha. CV. Locations : 17 , 8 . . ; à 3 km : ; à 4 km : . Accueil groupes. Ouv : 4.4 / 28.9. Rés. obligatoire en été. A 20 (Viezon/Toulouse) sortie 54 dir. Gramat puis Gouffre de Padirac, suivre dir. Padirac à droite, dir. Gramat ☎ 05 65 33 67 01. Fax : 05 65 33 73 20. E-mail : contact@leventoulou.com, Web : www.camping-leventoulou.com. Prix 2008. Fft jour : Empl. Tourisme (2) : 19,50 € () ; Sup : 6 € - de 10 ans 4,50 € ; 4,20 € (10 A) ; Animaux 2,50 €. Réduction H.S.

FFCC : partenaire + réduction emp. de 5 % en saison et 10 % hors saison + Stop accueil Camping-car du 04/04 au 04/07 et du 18/08 au 28/09/2008, accès jusqu'à 21h + réduction loc. de 5 % hors saison.

TOUZAC

9-F5 41 km O. Cahors. 90 m. 417 hab. ✉ 46700

LE CH'TIMI ★★★ Tourisme 70 E. 2,5 ha. CV. Locations : 2 , 5 , 5 , , . . Rivière à 50 m. Etang à 5 km. ; ; à 100 m : ; à 5 km : . Ouv : 1.4 / 30.9. Lieu-dit La Roque. Sur RD 8, RD 911. ☎ 05 65 36 52 36. Fax : 05 65 36 53 23. E-mail : info.lechtimi@wanadoo.fr, Web : www.campinglechtimi.com. Prix 2008. Fft jour : Empl. Tourisme (2) : 19,90 € () ; Sup : 4,95 € - de 8 ans 3,10 € ; Animaux 1,75 €. Réduction H.S.

LE CLOS BOUYSSAC ★★★ Tourisme 85 E. dont 68 nus, dont 12 GCC, 1,5 ha. , snack, , pain, , saison, CV. Locations : 4 , 4 , 4 , 1 , 4 , 8 . . Accès direct à la rivière. ; ; ; . Accueil groupes selon disponibilité. Ouv : 1.4 / 31.10. D 911 (Fumel-Cahors) et RD 65 Touzac. Duravel-Port de Vire RD 8 Touzac. Puy l'Evêque RD 8, route des vins - Touzac. ☎ 05 65 36 52 21 / 06 86 94 68 97 (H.S.). Fax : 05 65 24 68 51. E-mail : camping.leclosbouyssac@wanadoo.fr, Web : www.leclosbouyssac.eu. Prix 2007. Fft jour : Empl. Tourisme (2) : 14,30 € () ; Sup : 3,95 € - de 3/9 ans 2,35 € ; 2,90 € ; Animaux 1,55 €. Réduction H.S.

FFCC : partenaire + réduction emp. de 5 % en saison et 10 % hors saison + Stop accueil Camping-car du 01/04 au 30/06 et du 01/09 au 31/10/2008, accès jusqu'à 20h.

VAYRAC

10-A3 35 km N.-E. Gourdon. 140 m. 1226 hab. Station verte ✉ 46110

LES GRANGES ★★★ Tourisme 150 E. dont 116 nus, , dont 20 GCC - 1 HLL, 5 ha. , snack, , juillet/août, Charbon bois. Pas électrique, CV. Locations : 1 , 33 , 1 , . . Accès direct à la rivière. Etang à 500 m. ; à 200 m : ; à 6 km : . Accueil groupes. Les Granges Mezels, RD 703. A 20 sortie Noailles. ☎ 05 65 32 46 58. Fax : 05 65 32 57 94. E-mail : info@les-granges.com, Web : www.les-granges.com. Prix 2008. Fft jour : Empl. Tourisme (2) : 15.30 € () ; Sup : 4,80 € 2,70 € ; 4 € (10 A A) ; Animaux 1,60 €. Réduction H.S.

FFCC : partenaire + carte FFCC assurance annulation.

CAMP MUNICIPAL LA PALENQUIERE ★★ Tourisme 33 E., dont 8 HLL, 1 ha. CV. la nuit. Locations : 8 , 8 huttes de France. Rivière à 2 km. . La Palenquière, route de la Dordogne. ☎ 05 65 32 43 67. Fax : 05 65 32 41 30. Web : www.chalets-decouverte.com.

VERS

10-A5 15 km E. Cahors. 120 m. 337 hab. Station verte de vacances et village de neige ✉ 46090

LA CHENERAIE ★★★ Tourisme 24 E. dont 18 nus , CV. Locations : 19 , 6 , (mobile-homes sans sanitaires). . Rivière à 400 m. . Accueil groupes. Ouv : 1.4 / 31.10. Rés. obligatoire en été. Le Cuzoul. Cahors dir. Figeac D 653. ☎ 05 65 31 40 29. Fax : 05 65 31 41 70. E-mail : lacheneraie@free.fr, Web : www.cheneraie.com. Prix 2007. Fft jour : Empl. Tourisme (2) : 21 € () ; Sup : 4 € Réduction H.S.

FFCC : Stop accueil Camping-car du 01/04 au 30/06 et du 01/09 au 30/09/2008, accès jusqu'à 20h.

CAMP MUNICIPAL DE L'ARQUETTE ★★ Tourisme 66 E. 1,2 ha. CV. Accès direct à l'étang et à la rivière. non surveillée : ; . Accueil groupes. Par A 20 sortie Nord Cahors dir. St-Cirq-Lapopie 15 km. Vallée du Lot. ☎ 05 65 31 45 60 / 06 33 65 06 23. Fax : 05 65 31 41 94.

LE VIGAN

10-A4 4 km E. Gourdon. 333 m. 830 hab. ✉ 46300

LE REVE ★★★ Tourisme 60 E. dont 56 nus, , dont 3 HLL, 3 ha. , partiel, CV Sanitaire chauffé. Locations : . chauffée . à 4,5 km : . Ouv : 25.4 / 20.9. Revers. Au Nord du bourg Le Vigan par D 673. ☎ 05 65 41 25 20. E-mail : info@campinglereve.com, Web : www.campinglereve.com. Prix 2008. Empl. Tourisme : 6,75 € () : 4,60 € ; - de 7 ans 2,75 € ; 2,80 à 3,50 € (6 à 10 A) ; Animaux 0,75 €. Réduction H.S.

Cartes 9-12

Délégué FFCC : Christian FERRER, Lasclède - 47310 ROQUEFORT

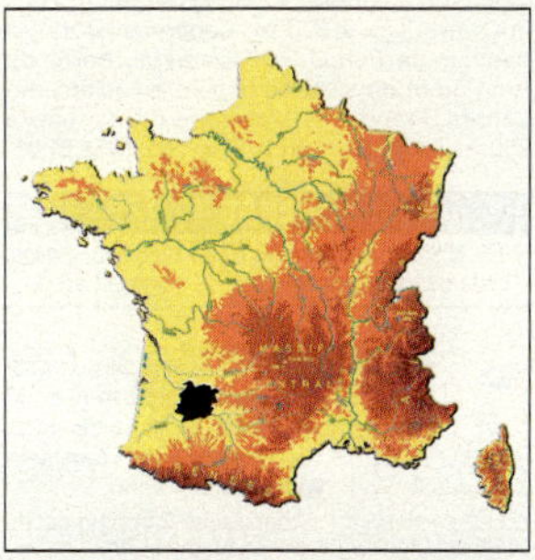

AIGUILLON

9-E5 30 km O.-N.-O. Agen. 36 m. 4239 hab. 47190

CAMP MUNICIPAL ★★ Tourisme 48 E. 0,8 ha. Rivière à 50 m. Au Vieux Moulin, route de Villeneuve. Sortie autoroute à Damazan,sortie RN 113. ☎ 05 53 79 61 43.

ASTAFFORT

12-E1 19 km S. Agen. 60 m. 2004 hab. 47220

LE PONT DU GERS ★ Tourisme 33 E. 0,6 ha. Locations : . Accès direct à la rivière. Au Pont, RN 21. ☎ 05 53 64 02 51.

BAJAMONT

9-E5 11 km N.-E. Agen 65 m. 857 hab. 47480

Mme MANTOU,aire naturelle Saint Gemme.

BARBASTE

9-D5 6 km N.-O. Nérac. 126 m. 1384 hab. Station verte de vacances et village de neige 47230

LA PINEDE ★★ Tourisme 100 E. 2 ha. CV. Locations : 1, 8, 4, . Lac à 500 m. Rivière à 800 m. Accueil groupes. ☎ 05 53 65 51 83 / 05 53 47 10 05 (H.S.).

BEAUVILLE

9-F5 26 km N.-E. Agen. 240 m. 460 hab. 47470

LES DEUX LACS ★★ 50 E. 20 ha. CV Sanitaire chauffé. Locations : 3, 1, 5, 10, . Accès direct aux bords du lac. Accueil groupes. Ouv : 1.4 / 31.10. A 16 km de la RN 21 et en bordure de la RD 122. ☎ 05 53 95 45 41. Fax : 05 53 95 45 41. E-mail : camping-les-2-lacs@wanadoo.fr, Web : camping.les2lacs.info. Prix 2007. Empl. Tourisme : 5,75 € ; 3,80 € ; - de 2/10 ans 1,95 € ; 2,15 € (6 A) ; Animaux 1,05 €. Réduction H.S.

BOE

12-E1 5 km S.-E. Agen. 51 m. 3966 hab. 47550

CHATEAU LAMOTHE D'ALLOT ★★★ Tourisme 90 E., dont 43 GCC, 1 ha. CV. Locations : 60. Accès direct aux bords du lac. Près RD 17. ☎ 05 53 68 33 11 / 05 53 96 74 43 (H.S.). Fax : 04 68 37 21 52. E-mail : resa@grandbleu.fr, Web : www.grandbleu.fr.

BOURNEL

9-E4 237 hab. 47210

MM. TAYLOR - BLOCK,aire naturelle . A 5 km: . A 9 km : Piscine plein air. Ouv : 15.6 / 15.9. Ferme de Bourgade. De Bergerac, prendre la RN 21 vers Villeneuve-sur-Lot et Agen. A Castillonnés, prendre la D 2 vers Villeréal, 2 km avant Villeréal, tourner à gauche vers Mazières et la ferme de Bourgade (suivre nos panneaux). ☎ 05 53 36 67 15. E-mail : bourgade47@libertysurf.fr, Web : www.bourgade-holidays.co.uk. Prix 2008. Empl. Tourisme : 4,50 € ; 2,50 € ; 2,50 € ; 2,50 € ; Animaux 1,20 €.

CANCON

9-E4 20 km N.-N.-O. Villeneuve-sur-Lot. 75 m. 1334 hab. Station verte de vacances et village de neige 47290

CAMP MUNICIPAL DU LAC ★★ Tourisme 100 E. 3 ha. CV. Locations : , . Accès direct aux bords du lac. ; 1 km RN 21, lieu-dit Jean-Metge. ☎ 05 53 36 54 30 / 05 53 01 60 24 / 05 53 01 60 24 (H.S.). Fax : 05 53 01 64 70.

CASTELJALOUX

9-D5 30 km N.-O. Nérac. 69 m. 5257 hab. Station verte de vacances et village de neige 47700

CAMP MUNICIPAL DE LA PISCINE ★★ Tourisme 48 E. dont 48 nus, 1 ha. CV. Rivière à 5 m. Lac à 3 km. à 10 m : ; à 100 m : ; à 2 km : . Ouv : 1.4 / 10.11. Rés. obligatoire en été. Route de Marmande. ☎ 05 53 93 54 68. Fax : 05 53 89 48 07. Web : www.casteljaloux.com. Prix 2007. Empl. Tourisme : 3,35 € ; 2 € ; - de 12 ans 1,25 €.

CASTELMORON SUR LOT

9-E5 36 km S.-E. Marmande. 1541 hab. 47260

CAMP MUNICIPAL PLAGE DE GAZAILLE ★★ Tourisme 60 E. Accès direct à la rivière. ☎ 05 53 84 90 36 (Mairie).

CASTILLONNES

9-E4 32 kms N.-N.-O. Villeneuve sur lot. 140 m. 1409 hab. Station verte de vacances et village de neige 47330

CAMP MUNICIPAL ★★ Tourisme 32 E. 2,8 ha. CV. Locations : 1, 3. Rivière à 2 km. ; . Route de Bergerac et route de Villeneuve sur Lot. Piscine à 100 m (compris dans le forfait). ☎ 05 53 36 94 68 (Camping) / 05 53 49 85 85 (H.S.) / 05 53 49 85 85 (H.S.). Fax : 05 53 36 40 29.

M. HUGUET Guy,aire naturelle pétanque, CV. A 500 m : . A 1 km: . A 20 km : . Ouv : 1.4 / 30.9. Clos Céline. A la sortie Castillonnés dir. Villeréal à 200 m à gauche prendre chemin des Grillons 4ème maison à gauche. ☎ 05 53 36 89 11 / 06 81 03 78 91 (H.S.). Fax : 05 53 49 18 26. Prix 2007. Empl. Tourisme : 5 € () : 4 € ; 2 €. Fft Ccar : 8 € (2).

FFCC : partenaire + Stop accueil Camping-car du 01/04 au 30/09/2008, accès jusqu'à 21h.

COURBIAC

9-E5 30 km E. Villeneuve-sur-Lot. 100 m. 114 hab. 47370

LE POUCHOU ★★★ Tourisme 32 E. dont 22 nus, 2 ha. CV Sanitaire chauffé. Locations : 6, 2, 1, 3, 10. Accès direct à l'étang. Rivière à 100 m. ; à 10 km : . Accueil groupes. Ouv : 1.1 / 31.12. Le Pouchou. Entre Agen (45 km) et Cahors (45 km) sur la D 656. A Tournon d'Agenais dir. d'Agen sur 500 m, tourner à gauche dir. Courbiac. ☎ 05 53 40 72 68 / 06 80 25 15 13 (H.S.). Fax : 05 53 40 72 68. E-mail : le.pouchou@wanadoo.fr, Web : camping-le-pouchou.com. Prix 2008. Fft jour : Empl. Tourisme (2 2) : 21,10 € () ; Sup : 4 € 2,30 € ; Animaux 1,80 €. Fft Tente : 19,60 € (2 2). Réduction H.S.

FFCC : partenaire + réduction emp. de 5 % en saison et 10 % hors saison + carte FFCC assurance annulation + Stop accueil Camping-car du 01/01 au 01/07 et du 01/09 au 31/12/2008, accès jusqu'à 21h.

DEVILLAC

9-E4 30 km N. Villeneuve-sur-Lot. 262 m. 115 hab. 47210

FONTAINE DU ROC ★★ Tourisme 50 E. 2,5 ha. CV. Locations : 3, 2, 2, . Etang à 500 m. Rivière à 2 km. Accueil groupes. Ouv : 1.4 / 1.10. Lieu-dit Les Moulaties. A 1 km RD 272 et RD 255. A 10 km du village Villéréal. ☎ 05 53 36 08 16. E-mail : fontaine.du.roc@wanadoo.fr, Web : www.fontaineduroc.com. Prix 2008. Fft jour : Empl. Tourisme (2) : 17 € () ; Sup : 5 € - de 6 ans 3 € ; 3 à 4,50 € ; Animaux 3 €. Réduction H.S.

FFCC : partenaire + réduction emp. de 5 % en saison et hors saison + Stop accueil Camping-car du 01/04 au 06/07 et du 24/08 au 01/10/2008, accès jusqu'à 20h + réduction loc. de 5 % en saison et hors saison.

M. POURTY Roger CV. A 10 km: Piscine plein air. Ouv : 1.6 / 30.9. Lieu-dit Fraysse. Route de Laussou sur D 272 entre Monpazier-Monflanquin. ☎ 05 53 36 03 29. Prix 2007. 4 € ; - de 12 ans 2 € ; 2 €.

DOLMAYRAC

9-E5 12 km S.-O. Villeneuve sur Lot. 194 m. 567 hab. ✉ 47110

M. GAZEAU Gérard, aire naturelle Rés. naturiste CV. A 10 km: ☎ 05 53 41 17 62.

DURAS

9-D4 22 kms N. Marmande. 120 m. 1244 hab. Station verte de vacances et village de neige ✉ 47120

CAMP MUNICIPAL ★★ Tourisme 20 E. 0,9 ha. à 5 km : Accueil groupes. Lieu-dit Le Château, 100 m RN 708, à 1,5 km RD 668. ☎ 05 53 83 70 18 (Mairie). Fax : 05 53 83 65 20.

LE CABRI P.R.L. 9 E., dont 9 HLL, 1 ha. CV. Locations : 12, 2. Lac à 5 km. à 1 km : Accueil groupes. Malherbe, route de Savignac. RD 203. Elevage de chèvre, fabrication fromagère. ☎ 05 53 83 81 03. Fax : 05 53 83 81 03. E-mail : holidays@lecabri.eu.com, Web : www.lecabri.eu.com.

ENGAYRAC

9-F5 29 km N.-E. Agen. 222 m. 171 hab. ✉ 47470

M. ENJALBERT René pétanque. A 5 km: Piscine plein air. A 20 km : . A 25 km : . Campagnac Beauville, par RN 113 et RD 16 ou RN 21, jusqu'a St-Antoine-de-Ficalba, puis prendre Larroque-Beauville, à 3 km Ouest de la commune. Clairière herbeuse, rivière à 800 m, lac avec pédalos à 5 km. Salle de réunion. Stage artisanal. Caravane équipée à louer. Frigidaires. ☎ 05 53 95 41 12.

FEUGAROLLES

9-E5 20 km N. Nérac. 50 m. 899 hab. ✉ 47230

LAC DU PARAVIS DEL SOL ★★ Tourisme 50 E. 2 ha. Locations : . Accès direct aux bords du lac. RN 113, Port Ste Marie, 2 km, route de Nérac. ☎ 05 53 67 42 90.

FUMEL

9-F5 26 km N.- E. Villeneuve-sur-lot. 72 m. 6659 hab. ✉ 47500

DE CONDAT - LES CATALPAS ★★ Tourisme 80 E., dont 50 GCC, 2,3 ha. CV. Locations : 1, 2, 10. Accès direct à la rivière. Ouv : 1.4 / 31.10. 800 m CD 911, route de Cahors. ☎ 05 53 71 11 99 / 06 30 24 20 04 (H.S.). Fax : 05 53 71 11 99. E-mail : les-catalpas@wanadoo.fr, Web : www.les-catalpas.com. Prix 2008. Empl. Tourisme : 8 € ; 4 € ; - de 7 ans 2 € ; 2 € (10 A). Réduction H.S.

FFCC : partenaire + réduction emp. de 10 % en saison et hors saison + Stop accueil Camping-car du 01/01 au 01/07 et du 01/09 au 31/12/2008, accès jusqu'à 20h + réduction loc. de 10 % en saison et hors saison.

PARC RESIDENTIEL DE LOISIRS DOMAINE DE GUILLALMES P.R.L. Loisirs 18 E., dont 18 HLL. grill/pizzéria. Locations : 18. Accès direct à la rivière. Accueil adultes. Guillardel. ☎ 05 53 71 01 99. Fax : 05 53 71 02 57. E-mail : info@guillalmes.com, Web : www.holidayvillagelot.com. Prix 2007. Fft jour : Empl. Tourisme (2) : 20 € ; Sup : 5 € - de 7 ans 4 € ; 4 à 6 € (6 à 16 A) ; Animaux 1 €.

FFCC : partenaire + réduction emp. de 5 % en saison + Stop accueil Camping-car du 01/05 au 31/10/2008, accès jusqu'à 23h + réduction loc. de 5 % en saison.

LAGRUERE

9-D5 18 km S.-E. Marmande. 46 m. 362 hab. ✉ 47400

CAMP BERNES ★★ Tourisme 9 E. Locations : . Accès direct aux bords du lac. Au Bout de la Côte. ☎ 05 53 84 54 39. Fax : 05 53 84 54 39. Web : www.halte-nautique-lagruere.com.

LAPARADE

9-E5 20 km S.-E. Marmande. 184 m. 532 hab. ✉ 47260

CHATEAU DE PEYREGUILHOT ★★★★ Tourisme 23 E. dont 12 nus CV. Locations : 8, 13. Camping géré par une association protestante. ☎ 05 53 66 88 98 / 06 09 75 54 25. Fax : 05 53 66 23 81. E-mail : agape-village@wanadoo.fr, Web : www.agape-village.com. Prix 2007. Empl. Tourisme : 6,60 € () : 5,45 € ; - de 12 ans 4,35 €.

FFCC : partenaire - terrain assuré par la FFCC.

CAMP MUNICIPAL DU BOURG ★ Tourisme 17 E. 0,6 ha. à 2 km : ; à 5 km : . ☎ 05 53 84 05 19 (Mairie). Fax : 05 53 79 19 02. E-mail : mairie.laparade@wanadoo.fr.

LAUZUN

9-E4 32 km N.-E. Marmande. 98 m. 776 hab. ✉ 47410

LE TOURASSE ★★ Tourisme 10 E. CV. Accès direct aux bords du lac. Accueil groupes. Ouv : 15.6. ☎ 05 53 94 10 21. Fax : 05 53 94 49 20. E-mail : mairie@ville-lauzun.fr. Prix 2008. Empl. Tourisme : 2 € ; 2 € ; 2 €. Réduction H.S.

LEVIGNAC DE GUYENNE

9-D4 17 km N. Marmande. 108 m. 652 hab. ✉ 47120

ST VINCENT ★★ Loisirs 35 E., dont 35 GCC - 6 HLL.

LOUGRATTE

9-E4 25 km N. Villeuneuve-sur-lot. 120 m. 394 hab. ✉ 47290

CAMP MUNICIPAL DE SAINT CHAVIT ★★ Tourisme 90 E. dont 75 nus, 3 ha. CV. Locations : . Accès direct aux bords du lac. Par RN 21. ☎ 05.53.01.65.95 / 05 53 01 70.05 (H.S.). Fax : 05 53 41 18 04.

MEILHAN SUR GARONNE

9-D4 13 km O.-N.-O. Marmande 1505 hab. ✉ 47200

CAMP MUNICIPAL AU JARDIN ★★ Tourisme 50 E. 1,2 ha. CV. Locations : . Rivière à 100 m. Accueil adultes. Au Jardin. ☎ 05 53 94 30 04 (Mairie) / / 06 08 03 54 77 (H.S.). Fax : 05 53 94 31 27. E-mail : communedemeilhan.47@wanadoo.fr.

MIRAMONT DE GUYENNE

9-E4 21 km N.-E. Marmande. 50 m. 3900 hab. Station verte de vacances et village de neige ✉ 47800

POINT D'ACCUEIL JEUNES CV. ☎ 05 53 93 22 35. Fax : 05 53 93 55 33.

MONCRABEAU

12-E1 12 km S. Nérac. 75 m. 823 hab. Station verte de vacances et village de neige ✉ 47600

CAMP LE MOULIAT ★★ Tourisme 40 E. dont 27 nus 1,3 ha. CV. Locations : 13, 7. Rivière à 100 m. ; à 100 m : . Accueil groupes. Lieu-dit Mouliat, sur RD 219 à 100 m de la D 930. ☎ 05 53 65 43 28 () / / 06 08 26 30 40 (H.S.). Fax : 05 53 65 43 28. E-mail : gaudindidier@free.fr, Web : campinglemouliat.com. Prix 2007. Fft jour : Empl. Tourisme (2) : 9,90 € / () ; Sup : 3,40 € - de 4/8 ans 2,20 € ; 3,10 € (10 A) ; Animaux 1 €.

MONHEURT

9-E5 18 km N. Nérac 71 m. 400 hab. ✉ 47160

CAMP MUNICIPAL L'HOSPITAL ★ Tourisme 12 E. ☎ 05 53 79 46 14 (Mairie).

MONTAURIOL

9-E4 30 km N.-O. Villeneuve-sur-Lot. 85 m. 246 hab. ✉ 47330

CAMP MUNICIPAL POINT DU JOUR ★★★ Tourisme 20 E. Accès direct aux bords du lac. ; à 800 m : ; à 6 km : . Ce camping est exclusivement réservé aux membres de l'association CERPA-AQUITAINE. ☎ 05 53 36 92 80.

MONTAYRAL

9-F5 28 km E. Villeneuve-sur-Lot. 75 m. 3200 hab. ✉ 47500

PARC RESIDENTIEL DE LOISIRS CADARRIGUES P.R.L. 8 E., dont 8 HLL, 0,35 ha. CV. Locations : 8. Accès direct à la rivière. Lac à 200 m. Cadamas. D 911, à hauteur de Fumel. A Montayral, partir du rond-point où se situe le centre Leclerc, dir. Cahors. Prendre la 1ère rte à droite, puis à 800 m. ☎ 05 53 71 51 01. Fax : 05 53 71 01 00.

NERAC

9-E5 30 km O.-S.-O. Agen. 70 m. 7268 hab. Station verte de vacances et village de neige ✉ 47600

Mme FAGALDE Sylvie, aire naturelle Les Contes d'Albret CV. Lieu-dit Les Contes. ☎ 05 53 65 18 73. Fax : 05 53 97 18 62. E-mail : sylvie.fagalde@wanadoo.fr, Web : www.ALBRET.com.

FFCC : partenaire + Stop accueil Camping-car du 01/04 au 31/10/2008, accès jusqu'à 20h.

PARRANQUET

9-E4 36 km N.-E. Villeneuve sur Lot. 100 m. 128 hab. ✉ 47210

MOULIN DE MANDASSAGNE ★★★ Tourisme 60 E., dont 5 HLL. CV. Locations : 7, 2, 3. Accès direct à la rivière. ☎ 05 53 36 04 02. Fax : 05 53 36 04 02. E-mail : ipimougu@fr.packardbell.org, Web : www.haut-agenais-perigord.com.

PAULHIAC

9-E4 24 km N.-E. Villeneuve-sur-Lot. 150 m. 245 hab. ✉ 47150

DOMAINE NATURISTE LABORDE ★★★★ Tourisme 100 E. 20 ha. gaz/électrique, CV Sanitaire chauffé Rés. naturiste. Locations : 15, 6. couverte chauffée. Accès direct à l'étang. Accueil groupes. Ouv : 1.4 / 1.10. A 2 km de la RD 255 et à 3 km de la RD 272. ☎ 05 53 63 14 88. Fax : 05 53 61 60 23. E-mail : domainelaborde@wanadoo.fr, Web : www.domainelaborde.com. Prix 2008. Empl. Tourisme : 9 € () : 5,50 € ; - de 6 ans 4,50 € ; 4 à 4,50 € (6 à 10 A) ; Animaux 3 €. Réduction H.S.

PENNE D AGENAIS

9-E5 9 km E. Villeneuve-sur-Lot. 210 m. 2167 hab. Station verte de vacances et village de neige ✉ 47140

CAMP MUNICIPAL DU LAC DE FERIE ★★★ Tourisme 64 E. 1,6 ha. snack, CV. Locations : 10. Lac à 50 m. Rivière à 1 km. Accueil groupes. Ouv : 23.6 / 1.9. Sur RD 961. ☎ 05 53 41 30 97 / 05 53 36 25 25 (H.S.). Fax : 05 53 36 25 29. E-mail : tourisme@ville-pennedagenais.fr, Web : www.ville-pennedagenais.fr. Prix 2007. Empl. Tourisme : 4,60 € () : 4,13 € ; - de 7 ans 2,18 € ; 4 à 5,21 € (10 A).

FFCC : partenaire + réduction emp. de 5 % en saison.

Mme MICHEL Marie-Paule CV. Le Clos des Oiseaux. Al Ploujal. Sur RD 661 (Villeneuve-sur-Lot/Cahors). ☎ 05 53 41 46 12. Fax : 05 53 41 06 83. E-mail : michelmariepaul@aol.com, Web : www.gites47.com.

PRAYSSAS

9-E5 17 km N.-O. Agen. 185 m. 732 hab. ✉ 47360

DOMAINE DE NEGUENOU ★★ Tourisme 50 E. 27 ha. CV. Locations : 7. Accès direct à l'étang. Accueil groupes. Ouv : 1.4 / 4.11. A 62 E 72 sortie Agen puis N 21 Prayssas/N 20 Montauban/N 113 Prayssas. ☎ 05 53 95 00 67 / 03 86 37 95 83 (H.S.). Fax : 03 86 37 95 83. E-mail : aquadis1@wanadoo.fr, Web : www.aquadis-loisirs.com. Prix 2008. Fft jour : Empl. Tourisme (2) : 19 € ; Sup : 4,50 € - de 10 ans 3,50 € ; Animaux 3,20 €.

PUYMIROL

12-E1 17 km E. Agen. 794 hab. ✉ 47270

CAMP MUNICIPAL ★★ Tourisme 25 E. 0,75 ha. Accès direct aux bords du lac. Autoroute entre-deux Mers (Toulouse 80 km/Bordeaux 130 km) par RN 113 à l'Est d'Agen. ☎ 05 53 95 32 10 (Mairie). Fax : 05 53 95 32 38. E-mail : info@mairie-puymirol.fr, Web : www.mairie-puymirol.fr.

REAUP LISSE

12-D1 16 km S.-O. Nérac. 168 m. 450 hab. ✉ 47170

LAC DE LISLEBONNE ★★★ Tourisme 20 E. CV. Locations : 18, 5, 15. Lac à 10 m. Accueil groupes. Autoroute sortie Agen, dir. Nérac puis Mezin et suivre Base de Loisirs. ☎ 05 53 65 65 28. Fax : 05 53 65 34 05. E-mail : domainelislebonne@free.fr, Web : www.domainelislebonne.com. Réduction H.S.

LA REUNION

27 km N.-O. Nérac. 100 m. 274 hab. ✉ 47700

La Taillade,aire naturelle CV. A 5 km : Piscine plein air. Résidence Forestière. ☎ 05 53 93 00 93. Fax : 05 53 93 15 45. E-mail : info@la-taillade.com, Web : www.la-taillade.com. Prix 2007. Empl. Tourisme : 4 € ; 3 € ; - de 12 ans 2,50 €.

RIVES

9-E4 30 km N. Villeneuve-sur-Lot. 202 hab. ✉ 47210

CHATEAU DE FONRIVES ★★★★ Tourisme 200 E. dont 95 nus, , dont 36 GCC, 10 ha. CV. Locations : 20, 50, 2, 45. couverte chauffée. Accès direct à l'étang et aux bords du lac. Rivière à 2 km. Ouv : 5.4 / 30.10. Château de Fonrives. D 207 dir. Villeréal-Bergerac. Route d'Issigeac. ☎ 05 53 36 63 38. Fax : 05 53 36 09 98. E-mail : chateau.de.fonrives@wanadoo.fr, Web : www.campingchateaufonrives.com. Prix 2007. Fft jour : Empl. Tourisme (2) : 24,50 € ; Sup : 4,30 € - de 6 ans 2,30 € ; 4,50 € (6 A) ; Animaux 3 €. Réduction H.S.

FFCC : partenaire + carte FFCC assurance annulation + Stop accueil Camping-car d'avril au 30/06 et du 26/08 au 30/10/2008, accès jusqu'à 19h30.

M. BRU Alexis,aire naturelle CV. A 2 km : . A 5 km : . A 6 km : . Ouv : 15.5 / 30.9. Bergougne. ☎ 05 53 36 01 30. Fax : 05 53 36 05 41. E-mail : info@camping-de-bergougne.com, Web : www.camping-de-bergougne.com. Prix 2008. Fft jour : Empl. Tourisme (2) : 17,70 € ; Sup : 3,80 € - de 7 ans 3 € ; Animaux 2 €.

FFCC : partenaire + carte FFCC assurance annulation .

ST AUBIN

9-E5 15 km N.-E. Villeneuve-sur-Lot 144 m. 441 hab. ✉ 47150

Mme DOUMARES Gilberte,camping à la ferme de Monredon CV. ☎ 05 53 41 66 08. Fax : 05 53 41 66 08. E-mail : claude-doumares@wanadoo.fr, Web : www.haut-agenais-perigord.com/ferme-de-monredon.

ST ETIENNE DE VILLEREAL

9-E4 28 km N. Villeneuve-sur-Lot. 120 m. 222 hab. ✉ 47210

LES ORMES ★★ Tourisme 140 E. 10 ha. sauf basse saison. Locations : 24. Accès direct aux bords du lac. Accueil groupes. Fauquié-Haut. ☎ 05 53 36 60 26. Fax : 05 53 36 69 90. E-mail : info@campinglesormes.com, Web : www.campinglesormes.com. Prix 2007. Empl. Tourisme : 10 € ; 6 € ; - de 7 ans 3,50 € ; 3 € (4 A) ; Animaux 3 €. Réduction H.S.

ST HILAIRE DE LUSIGNAN

9-E5 6 km N.-O. Agen. 1092 hab. ✉ 47450

CAMP DE MELLET ★★★ Tourisme 50 E. (41 Tourisme + 9 Loisirs), dont 9 HLL, 3,5 ha. CV. Locations : . D'Agen prendre RN 113 dir. Bordeaux. A 5 km de Colayrac-St-Cirq prendre la D 107 à droite vers Prayssas. ☎ 05 53 87 50 89. Fax : 05 53 47 13 41. E-mail : moulin.mellet@wanadoo.fr, Web : www.camping-moulin-mellet.com.

ST PIERRE DE BUZET

9-D5 18 km N.-O. Nérac. 70 m. 219 hab. ✉ 47160

CAMP DU LAC ★★ Tourisme 66 E. 1 ha. Locations : . Accès direct aux bords du lac. Rivière à 4 km. Lieu-dit Gabaston. A 1 km sortie de l'autoroute des 2 Mers. ☎ 05 53 84 32 63 / 05 53 79 44 14. Fax : 05 53 79 26 92. E-mail : complexe.touristique.damazan@wanadoo.fr.

ST SYLVESTRE SUR LOT

9-E5 8 km E. Villeneuve-sur-Lot. 1909 hab. ✉ 47140

LES BERGES DU LOT ★★ Tourisme 22 E., dont 2 GCC, 0,9 ha. CV. Accès direct à la rivière. Accueil groupes. ☎ 05 53 41 22 23.

LE SABLON ★ Tourisme 54 E., dont 13 HLL, 2 ha. snack, CV. Locations : 5, 5, 4. Accès direct à l'étang et aux bords du lac. Rivière à 500 m. Accueil groupes. Ouv : 1.1 / 31.12. Rés. obligatoire en été. RD 911. ☎ 05 53 41 37 74. Fax : 05 53 41 37 74. Prix 2007. () : 3 € ; 3 € ; 3 € ; - de 5 ans 2 € ; 2,50 à 3,50 € (6 à 10 A) ; Animaux 1 €. Fft Ccar : 10 € (2). Réduction H.S.

SALLES

9-F4 28 km N.-E. Villeneuve-sur-Lot. 101 m. 313 hab. ✉ 47150

DES BASTIDES ★★★★ Tourisme 80 E., dont 5 HLL, 3 ha. CV, Locations : 3, 4, 7. Ouv : 1.5 / 15.9. RN 21 entre Bergerac et Villeneuve/Lot à Cancon dir. Monflanquin (D 124), après 15 km à Salles (D 150). ☎ 05 53 40 83 09. Fax : 05 53 40 81 76. E-mail : info@desbastides.com, Web : www.campingdesbastides.com. Prix 2007. Fft jour : Empl. Tourisme (2 1 - de 2) : 24 € ; Sup : 5,50 € - de 2/12 ans 2,75 € ; Animaux 2 €.

SAUVETERRE LA LEMANCE

9-F4 39 km N.-E. Villeneuve-sur-Lot. 125 m. 743 hab. ✉ 47500

MOULIN DU PERIE ★★★★ Tourisme 125 E. 5 ha. + sèche-linge, CV. Locations : 4, 20, 10. Rivière à 3 km. Accueil groupes. Dir. Loubejac en quittant la D 710. ☎ 05 53 40 67 26. Fax : 05 53 40 62 46. E-mail : moulinduperie@wanadoo.fr, Web : www.camping-moulin-perie.com. Réduction H.S.

FFCC : réduction loc. de 5 % hors saison + HC.

SERIGNAC PEBOUDOU

9-E4 40 km N.-E. Villeneuve-sur-Lot. 148 m. 180 hab. ✉ 47410

LA VALLEE DE GARDELEAU ★★★ Tourisme 33 E. dont 26 nus, 2 ha. CV. Locations : 7. . Lac à 2 km. . Accueil groupes hors saison. hors saison. Ouv : 1.4 / 31.10. Gardeleau. Sur RN 21 prendre à Castillonnès D 254 dir. Sérignac Peboudou. ☎ 05 53 36 96 96. Fax : 05 53 36 96 96. E-mail : valleegardeleau@wanadoo.fr, Web : perso.wanadoo.fr/camping.valleegardeleau.fr. Prix 2008. Empl. Tourisme : 6,15 € () : 3,95 € ; - de 7 ans 2,40 € ; 3,50 € (5 A) ; Animaux 2,50 €. Réduction H.S.

FFCC : partenaire + réduction emp. de 10 % en saison et 15 % hors saison + Stop accueil Camping-car du 01/04 au 30/06 et du 01/09 au 31/10/2008, accès jusqu'à 20h + réduction loc. de 10 % en saison et 15 % hors saison.

LE TEMPLE SUR LOT

9-E5 15 km O.-S.-O. Villeneuve-sur-Lot. 902 hab. ✉ 47110

M. BILAS Gilbert,aire naturelle ☎ 05 53 01 12 91.

Mme CAMILLERI Marie-Thérèse,aire naturelle CV. A 300 m : . A 1 km: . Le Bosc. Location de caravanes. Pétanque, ping-pong, jeux vidéo. Barbecues collectifs. ☎ 05 53 01 06 13. Fax : 05 53 40 52 52. E-mail : m.camilleri@tiscali.fr, Web : www.camping-du-bosc.com.

FFCC : partenaire - terrain assuré par la FFCC .

TONNEINS

9-E5 17 km S.-E. Marmande. 39 m. 10146 hab. Station verte de vacances et village de neige ✉ 47400

CAMP MUNICIPAL ROBINSON ★★ Tourisme 40 E. 0,7 ha. . Sur RN 113. ☎ 05 53 79 02 28 / 05 53 79 22 79 (H.S.).

TRENTELS

9-F5 14 km N.-E. Villeneuve-sur-Lot. 801 hab. ✉ 47140

CAMP MUNICIPAL ★★★ Tourisme 22 E., dont 8 GCC - 7 HLL, 0,73 ha. , saison, . Locations : 7, , , , , . Accès direct à la rivière. ; . ☎ 05 53 70 77 22 / 05 53 41 60 72 (Mairie) / 05 53 41 60 72 (H.S.).

VILLEFRANCHE DU QUEYRAN

9-D5 28 km N.-O. Nérac. 340 hab. ✉ 47160

MOULIN DE CAMPECH ★★★ Tourisme 60 E. 4 ha. . chauffée . Accès direct à l'étang et aux bords du lac et à la rivière. ; . Ouv : 1.4 / 22.10. Route Damazan-Casteljaloux D 11. A 62 sortie 6. ☎ 05 53 88 72 43. Fax : 05 53 88 06 52. E-mail : campech@wanadoo.fr, Web : www.moulindecampech.co.uk. Prix 2008. Fft jour : Empl. Tourisme (2) : 25,40 € ((6 A)) ; Sup : 5,60 € 3,80 € ; Animaux 2,40 €. Réduction H.S.

VILLENEUVE SUR LOT

9-E5 29 km N. Agen. 55 m. 23730 hab. ✉ 47300

CAMP MUNICIPAL DU ROOY ★★ Tourisme 68 E. 1 ha. , à gaz ou élec., . Rivière à 5 km. ; à 5 km : . 500 m RN 21 et 600 m RD 14. ☎ 05 53 70 24 18 / 05 53 36 17 30 (O.T.).

M. DELSOL Roland . A 50 m : . A 1 km: . A 3 km : . A 4 km : . A 5 km : Piscine plein air. A Rogé, route de Fumel, RD 911. Prés herbeux, semi-ombragés, à proximité du plan d'eau. ☎ 05 53 70 21 67.

48 LOZERE

Carte 10

Délégué FFCC : Michel VALETTE, 33, chemin des Ecureuils - 48000 MENDE

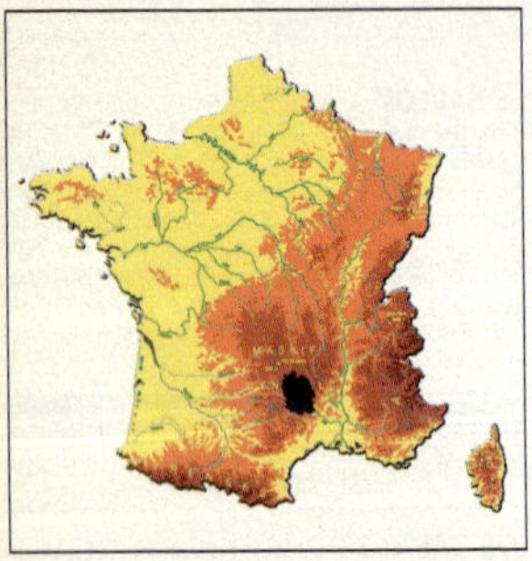

ALTIER

10-E5 48 km S.-E. Mende. 725 m. 246 hab. ✉ 48800

CAMP MUNICIPAL L'ALTIER ★ Tourisme 32 E. dont 28 nus, , dont 4 HLL, 2 ha. CV. Locations : 4. . Accueil groupes. Ouv : 1.6 / 30.9. ☎ 04 66 46 81 61 / 04 66 46 81 19 (H.S.). Fax : 04 66 46 81 61. E-mail : commune-altier@orange.fr. Prix 2008. Fft jour : Empl. Tourisme (2) : 7,33 € Sup : 2,25 € - de 7 ans 0,93 € ; 2,50 €.

AUMONT AUBRAC

10-D4 29 km N.-O. Mende. 1040 m. 1049 hab. Station verte de vacances et village de neige ✉ 48130

CAMP MUNICIPAL ★★ Tourisme 100 E. 1,6 ha. . Route du Languedoc. ☎ 04 66 42 80 02 (Mairie).

AUROUX

10-E4 52 km N.-E. Mende. 950 m. 438 hab. ✉ 48600

CAMP MUNICIPAL LA GRAVIERE ★★ Tourisme 30 E. Village. ☎ 04 66 69 52 34.

M. LEYDIER André,aire naturelle , pétanque, . Briges. Par la RN 88 et CD 26. ☎ 04 66 69 21 25.

BADAROUX

10-E4 5 km E. Mende. 800 m. 939 hab. ✉ 48000

AIRE NATURELLE MUNICIPALE , , . Le Moulin. Bord du Lot. ☎ 04 66 47 71 32 (Mairie).

BAGNOLS LES BAINS

10-E5 20 km E. Mende. 913 m. 240 hab. ✉ 48190

LA LUMINADE ★★ Tourisme 14 E., dont 14 GCC - 7 HLL. CV Sanitaire chauffé. Locations : 5, 1, hll. Accès direct à la rivière. . 9, Place du Pont. ☎ 04 66 49 39 49 / 04 66 47 60 04. Fax : 04 66 49 39 51.

LE TIVOLI ★★ Tourisme 105 E. (85 Tourisme + 20 Loisirs) 1,5 ha. CV. Locations : 7. Accès direct à la rivière. . Accueil groupes. De Paris dir. Nantes, Bordeaux, Lyon prendre A 10 puis A 71 dir. Clermont-Ferrand. De Clermont-Ferrand A 75 dir. Montpellier sortie Mende. ☎ 04 66 47 65 93 / 0 825 801 440 (H.S.). Fax : 04 73 93 71 00. E-mail : contact@revea-vacances.com, Web : www.revea-vacances.fr. Prix 2007. Fft jour : Empl. Tourisme : 9 € () ; Sup : 2,80 € 1,30 € ; 3,50 € ; Animaux 1,50 €.

BALSIEGES

10-D5 7 km S.-O. Mende. 720 m. 313 hab. ✉ 48000

LE ROCHER DE MOISE ★★ Tourisme 50 E. 2 ha. . Locations : . Accès direct à la rivière. ; ; à 3 km : , . Accueil groupes. Route des Gorges du Tarn. Pont Neuf. Deux accès très faciles par N 88. ☎ 04 66 47 00 23 / 06 62 71 89 92 (H.S.). Web : lerocherdemoise.monsite.wanadoo.fr. Prix 2007. Empl. Tourisme : 1,90 € () : 1,90 € ; 3 € ; - de 7 ans 1,80 € ; 2,50 € (4 à 6 A).

BANASSAC

10-D5 49 km S.-O. Mende. 540 m. 799 hab. ✉ 48500

LA MOTHE ★ Tourisme 50 E. 4 ha. CV. Locations : , . Accès direct à la rivière. Lac à 1,5 km. ; ; ; à 500 m : . Accueil groupes. Ouv : 1.4 / 30.10. Entre RN 88 et RN 9. A 75 route d'Espagne sortie 40. ☎ 04 66 32 88 11 / 04 66 32 97 37 / 06 30 25 20 19 (H.S.). Fax : 04 66 32 97 37. Prix 2008. Fft jour : Empl. Tourisme (2) : 11 € () ; Sup : 2,50 € - de 7 ans 2 € ; 3 € (6 A) ; Animaux 1 €. Fft Ccar : 10 € (2).

LE MOULIN ★ Tourisme 40 E. 0,8 ha. CV. Locations : 4, 2. Rivière à 500 m. ; ; . Sur RN 598, à 1 km RN 9, embranchement à la Mothe. ☎ 04 66 32 83 28.

BARJAC

10-D5 13 km O. Mende. 660 m. 544 hab. ✉ 48000

LE CLOS DES PEUPLIERS ★★ Tourisme 95 E. (80 Tourisme + 15 Loisirs) 2 ha. CV. Accès direct à la rivière. . RN 88 sortie Barjac. ☎ 04 66 47 01 16. E-mail : leclosdespeupliers@wanadoo.fr.

PARC RESIDENTIEL DE LOISIRS LES PEPITES P.R.L. 8 E., dont 8 HLL. . Locations : 8, . chauffée . Accueil adultes. ☎ 04 66 32 55 31 / 06 07 37 60 77 (H.S.). E-mail : william.rubio@chaletslespepites.fr, Web : www.chaletslespepites.fr.

BARRE DES CEVENNES

10-E5 14 km S.-E. Florac. 920 m. 214 hab. ✉ 48400

M. COMBES,aire naturelle Village. ☎ 04 66 45 05 28.

LA BASTIDE PUYLAURENT

10-E4 50 km E. Mende. 1024 m. 176 hab. ✉ 48250

L'ALLIER ★★ Tourisme 60 E., dont 1 HLL, 1,7 ha. snack, à gaz, CV. Locations : 4. Accès direct aux bords du lac et à la rivière. Etang à 1 km. Route de Mende ☎ 04 66 46 04 06 / 06 09 56 36 28 (H.S.). Fax : 04 66 46 04 06. E-mail : campingdelallier@wanadoo.fr, Web : campingdelallier.monsite.orange.fr. Prix 2008. Empl. Tourisme : 5,60 € . 2,80 € ; 3,15 € ; - de 7 ans 2,65 € ; Animaux 1,80 €.

BEDOUES

10-E5 4 km N. Florac. 666 m. 177 hab. ✉ 48400

CHANTEMERLE ★★ Tourisme 77 E. dont 77 nus, 3 ha. CV. Accès direct à la rivière. Accueil groupes. Ouv : Pâques / 30.9. Abord immédiat D 998. Sur la route du Mont Lozère. Cyber - Point avec ordinateur ADSL + point WI-FI. ☎ 04 66 45 19 66 / 04 95 35 33 94 (H.S.). Fax : 04 66 45 19 66. E-mail : chante-merle@wanadoo.fr, Web : monsite.wanadoo.fr/campingchantemerle. Prix 2007. Fft jour : Empl. Tourisme (2) : 13,30 € () ; Sup : 3,80 € - de 3/12 ans 2 € ; Animaux 1 €.

FFCC : partenaire - terrain assuré par la FFCC.

CHON DU TARN ★★ Tourisme 100 E. dont 100 nus 1,5 ha. CV. Locations :. Accès direct à la rivière. Accueil groupes. Ouv : 1.4 / 20.10. A 2 km de la RN 106 et au bord de la RD 998. Au Nord-Est de Florac. ☎ 04 66 45 09 14. Fax : 04 66 45 22 91. E-mail : info@camping-chondutarn.com, Web : www.camping-chondutarn.com. Prix 2007. Fft jour : Empl. Tourisme (2) : 10 € () ; Sup : 3,20 € - de 14 ans 2,10 € ; 2,10 € (6 A) ; Animaux 1 €. Réduction H.S.

BLAJOUX

10-D5 11 km N.-O. Florac. 600 m. 239 hab. ✉ 48320

DEL RON ★★ Tourisme 100 E. (95 Tourisme + 5 Loisirs), dont 5 GCC, 3 ha. CV. Locations : 4, 5, 4. Accès direct à la rivière. Par RD 907 bis. ☎ 04 66 48 54 71 / 04 66 48 51 83. Fax : 04 66 48 54 71. E-mail : camping.delron@wanadoo.fr, Web : www.campingdelron.com.

Voir aussi QUEZAC

BLAVIGNAC

10-D4 45 km N.-O. Mende. 960 m. 246 hab. ✉ 48200

CAMP MUNICIPAL LA ROCHE AUX MYRTILLES ★★ 33 E. 2 ha. Locations :. 500 m de Rouveyret, à 1 km RN 9. Sortie 32. A 75 suivre St Chély d'Apcher par RN 9 puis Rouveyret. ☎ 04 66 31 06 79 / 04 66 31 92 97 (H.S.).

PARC RESIDENTIEL DE LOISIRS LES CHALETS DE LA MARGERIDE P.R.L. Loisirs 21 E. saison, saison, saison, CV. Locations : 21. couverte. Rivière à 800 m. Accueil groupes. Ouv : 1.1 / 31.12. Rés. obligatoire en été et en hiver. Chassagnes. A 75 sortie n°32 dir. Le Malzieu ville. ☎ 04 66 42 56 00. Fax : 04 66 42 56 01. Réduction H.S.

LE BLEYMARD

10-E5 30 km E. Mende. 1070 m. 448 hab. ✉ 48190

CAMP MUNICIPAL LA GAZELLE ★ Tourisme 36 E. 1 ha. Accès direct à la rivière. Ouv : 1.6 / 30.9. ☎ 04 66 48 60 48.

LA COMBETTE ★ Tourisme 4 E. dont 5 nus, dont 4 GCC, 0,1 ha. CV. Rivière à 100 m. à 100 m :. Saint-Jean du Bleymard. A 8 km Nord du Mont-Lozère. Entre Mende et Villefort sur la RD 906. Ensuite suivre les panneaux avec icône camping-car. ☎ 04 66 48 61 35 / 06 86 34 01 86 (H.S.). Fax : 04 66 48 61 36. E-mail : lacombette@wanadoo.fr, Web : www.lacombette.com. Prix 2007. Fft jour : Empl. Tourisme (2) : 12,50 € (E. CC E. GCC) ; Sup : 2 € - de 10 ans 1 €.

LE BUISSON

10-D4 40 km N.-O. Mende. 1050 m. 188 hab. ✉ 48100

POINT D'ACCUEIL JEUNES Centre Nature OSCA. La Mothe. 48500 La Canourgue. Tél. 66 32 84 46. ☎ 04 66 32 22 78.

CANILHAC

10-D5 30 km O. Mende. 700 m. 60 hab. ✉ 48500

CAMP MUNICIPAL DE LA VALLEE ★★ Tourisme 50 E. 1 ha. CV. Locations :. chauffée. Accès direct à la rivière. Lieu-dit Miège-Rivière. A 75 sortie 40, puis direction St-Laurent d'Olt et St-Geniez d'Olt RD 988. ☎ 04 66 32 91 14 / 04 66 32 88 87 (H.S.).

LA CANOURGUE

10-D5 45 km O. Mende. 563 m. 1877 hab. Station verte de vacances et village de neige ✉ 48500

LE VAL D'URUGNE ★★★ Tourisme 50 E. CV. Locations : 22. Accès direct à la rivière. Lac à 5 km. Accueil groupes. Ouv : avril / septembre. Route des Gorges du Tarn, A 75 sortie n° 40 dir. Gorges-du-Tarn, puis 1 km après le golf de la Canourgue. ☎ 04 66 32 84 00. Fax : 04 66 32 88 14. E-mail : lozereleisure@wanadoo.fr, Web : www.lozereleisure.com. Prix 2007. Fft jour : Empl. Tourisme (2) : 12,50 € () ; Sup : 4 € - de 7 ans 2 € ; 3 € (6 A) ; Animaux 2 €. Réduction H.S.

FFCC : partenaire + réduction emp. de 10 % en saison et hors saison + Stop accueil Camping-car du 01/04 au 30/06 et du 01/09 au 15/10/2008, accès jusqu'à 21h.

CASSAGNAS

10-E5 13 km S.-E. Florac. 770 m. 120 hab. ✉ 48400

L'ESPACE STEVENSON ★★ Tourisme 25 E. 0,3 ha. CV. Locations :. Accès direct aux bords du lac et à la rivière. Accueil groupes. RN 106 dir. Espace Stevenson. ☎ 04 66 45 20 34. Fax : 04 66 45 15 89.

CHANAC

10-D5 21 km O.-S.-O. Mende. 635 m. 1046 hab. Station verte de vacances et village de neige ✉ 48230

CAMP MUNICIPAL LA VIGNOGUE ★★ Tourisme 49 E., dont 32 GCC, 0,5 ha. collectifs,. Rivière à 1 km. à 1 km :. 100 m RD 31 et 450 m RN 88. 17 km de l'A 75 sortie n° 39. ☎ 04 66 48 24 09 / 06 82 93 60 68.

CHAPEAUROUX

63 km N.-E. Mende. 830 m. 146 hab. ✉ 48600

LES EAUX VIVES Voir SAINT-BONNET-DE-MONTAUROUX

CHASSERADES

10-E4 41 km N.-E. Mende. 1170 m. 250 hab. ✉ 48250

CAMP MUNICIPAL ★ Tourisme 50 E. Rivière à 2 km. ☎ 04 66 46 01 16 / 04 66 46 04 94. Fax : 04 66 46 01 16.

POINT D'ACCUEIL JEUNES ☎ 04 66 46 01 41.

M. SAINT-JEAN Marc, aire naturelle Prat Claux. RN 88 puis RD 106. ☎ 04 66 46 06 64.

CHASTANIER

10-E4 46 km N.-E. Mende. 1040 m. 106 hab. ✉ 48300

LES SOUS BOIS DU LAC ★★★ Tourisme 136 E. 3 ha. Locations : 11, 15. chauffée. Rivière à 300 m. Lac à 600 m. ☎ 04 66 69 52 43. Fax : 04 66 69 52 44.

PONT DE BRAYE ★★ Tourisme 35 E. dont 35 nus, dont 4 CC, 1,5 ha. CV. Accès direct à la rivière. Lac à 5 km. à 5 km :. Accueil groupes. Ouv : 15.5 / 15.9. Sur RD 988 et RD 34. ☎ 04 66 69 53 04 / 04 67 27 39 67 (H.S.). Prix 2007. Fft jour : Empl. Tourisme (2) : 12,50 € () ; Sup : 3,40 € - de 12 ans 1,80 € ; 2,10 à 2,60 € (3 à 5 A) ; Animaux 0,50 €.

FFCC : partenaire - terrain assuré par la FFCC + réduction emp. de 5 % en saison et 10 % hors saison.

CHATEAUNEUF DE RANDON

10-E4 30 km N.-E. Mende. 1280 m. 564 hab. Station verte de vacances et village de neige ✉ 48170

CAMP MUNICIPAL ★ Tourisme 50 E. 1,5 ha. CV. chauffée. Accès direct à la rivière. Lieu-dit L'Habitarelle. RN 88 entre Mende et Langogne. ☎ 04 66 47 91 43 (Matin). Fax : 04 66 47 02 16.

CHAUDEYRAC

10-E4 38 km N.-E. Mende 1143 m. 296 hab. 48170

CAMP MUNICIPAL ★ Tourisme 20 E., dont 11 GCC. ☎ 04 66 47 91 07 (Mairie).

CHIRAC

10-D5 40 km Mende. 640 m. 1003 hab. 48100

AU SOLEIL LEVANT ★★ Tourisme 50 E. 1 ha. Accès direct à la rivière. ; 200 m RN 9. Sortie n° 39 autoroute A 75. ☎ 04 66 32 71 92.

LE COLLET DE DEZE

10-E5 40 km S.-E. Florac. 306 m. 700 hab. 48160

CAMP MUNICIPAL ★★ 26 E. Accès direct à la rivière. Lac à 6 km. ; . ☎ 04 66 45 50 14.

MAS LE LAUZAS , ânes, CV. A 800 m : Piscine plein air. A 8 km: . A 10 km : . Association Le Lauzas. Entre Alès et Florac RN 106. ☎ 04 66 41 03 88. E-mail : lauzas@hotmail.fr, Web : causses-cevennes.com/le-lauzas.

FLORAC

10-E5 40 km S.-S.-E. Mende. 545 m. 2104 hab. Station verte de vacances et village de neige 48400

CAMP MUNICIPAL LE PONT DU TARN ★★ Tourisme 180 E. dont 163 nus 2,8 ha. CV Sanitaire chauffé. Locations : 11, 6. Accès direct à la rivière. ; ; . Accueil groupes. Ouv : 1.4 / 30.9. Route du Pont de Montvert, au Pont du Tarn, au carrefour des RN 106 et D 998. ☎ 04 66 45 18 26. E-mail : campingpontdutarn@aol.com, Web : www.campingpontdutarn.com. Prix 2007. Fft jour : Empl. Tourisme (2) : 11,15 € () ; Sup : 2,95 € - de 13 ans 1,40 € ; 2,95 € (10 A) ; Animaux 1 €. Réduction H.S.

FFCC : partenaire - terrain assuré par la FFCC + réduction emp. de 5 % en saison et 10 % hors saison + carte FFCC assurance annulation + Stop accueil Camping-car du 01/04 au 30/06 et du 01/09 au 30/09/2008, accès jusqu'à 20h.

ESSI LA TIERE ★★ Tourisme 55 E. 0,8 ha. Accès direct à la rivière. ; ; à 500 m : ; à 1 km : . RD 907. ☎ 04 66 45 04 02 / 04 66 45 00 53. Fax : 04 66 45 01 99. E-mail : mairie@ville-florac.fr.

L'ERE BUISSONNIERE ★★ Tourisme 25 E. CV. Locations : . Accueil groupes. Pont du Tarn. N 106 avant rond-point Pont-du-Tarn à droite Sens Mende/Florac. ☎ 04 66 31 34 20 / 06 77 59 95 26. Fax : 04 66 45 12 29. E-mail : resa.camping@wanadoo.fr, Web : www.causses-cevennes.com/erebuissonniere/. Réduction H.S.

CAMP DE M. SERRIERE ★ Tourisme 29 E. Accès direct à la rivière. ; . Ouv : 1.7 / 15.9. Lieu-dit le Pont Neuf. RN 106 bis. ☎ 04 66 45 28 72 / 04 66 45 05 46 (Domicile) (H.S.). Prix 2008. Empl. Tourisme : 2 € () ; 1,40 € ; 3,80 € ; 2,80 € ; - de 7 ans 1,80 € ; 2,10 € ; Animaux 1 €.

LE VELAY ★ Tourisme 50 E. 0,7 ha. CV. Accès direct à la rivière. ; . Accueil groupes. Lieu-dit Le Pont Neuf. RN 106 Mende/Alès. ☎ 04 66 45 19 23 / 04 66 45 12 19.

FFCC : partenaire - terrain assuré par la FFCC.

FOURNELS

10-D4 64 km N.-O. Mende. 943 m. 336 hab. 48310

CHEZ PROSPER ★ Tourisme 20 E. 0,33 ha. Rivière à 200 m. à 200 m : . Ouv : 1.6. A 75 à 15 km. ☎ 04 66 31 65 96 (Camping) / 04 66 31 60 27 (Domicile) (H.S.). Prix 2007. Fft jour : Empl. Tourisme (2) : 5,60 € Sup : 1,90 € 2,20 à 2,40 € (3 à 5 A).

GRANDRIEU

10-E4 50 km N.-E. Mende. 1127 m. 310 hab. 48600

LE VIEUX MOULIN ★★ 50 E. dont 30 nus, 1 ha. CV. Locations : 9, 3, 3, . Accès direct à la rivière. Etang à 5 km. ; . Accueil groupes. Védilhon. ☎ 04 66 46 40 37. Fax : 04 66 46 40 37. E-mail : contact@camping-lozere.info, Web : www.camping-lozere.info. Prix 2007. Fft jour : Empl. Tourisme : 12.00 € (E. GCC) ; Sup : 3,20 € 1,80 €. Empl. Loisirs : 1 100.00 €. Fft Tente : 9.70 € ().

FFCC : partenaire - terrain assuré par la FFCC.

CAMP MUNICIPAL ★ Tourisme 13 E. Etang à 100 m. Entre Mende et Le Puy. Mende par RN 88 puis RD 985. Le Puy par RN 102 puis RD 988 et RD 5. ☎ 04 66 46 30 26.

ISPAGNAC

10-E5 10 km N.-O. Florac. 500 m. 601 hab. Station verte de vacances et village de neige 48320

CAMP MUNICIPAL LE PRE MORJAL ★★★ Tourisme 123 E., dont 30 CC - 8 HLL, 1,3 ha. snack, CV. Locations : 4, 4. chauffée . Rivière à 80 m. ; à 100 m : ; à 500 m : .Accueil adultes. Ouv : 1.4 / 31.10. Lieu-dit Pré Morjal, entre le Tarn et CD 907 bis. Borne internet, wifi, bibliothèque. ☎ 04 66 44 23 77. E-mail : contact@lepremorjal.fr, Web : www.lepremorjal.fr. Prix 2008. Fft jour : Empl. Tourisme (2) : 17 € () ; Sup : 3,80 € - de 10 ans 2 € ; Animaux 1 €. Réduction H.S.

FFCC : Stop accueil Camping-car du 01/04 au 30/06 et du 01/09 au 31/10/2008, accès jusqu'à 20h.

CAMP DE L'AIGUEBELLE ★★ Tourisme 98 E. Locations : . Accès direct à la rivière. ; ; . ☎ 04 66 44 20 26.

LE VIEUX MOULIN ★★ Tourisme 33 E. collectifs, . Accès direct à la rivière. ; ; . Molines. ☎ 04 66 44 20 67.

FFCC : partenaire - terrain assuré par la FFCC.

LES CERISIERS ★★ Tourisme 75 E., dont 15 GCC, 1,7 ha. Locations : 13, 5, , . Rivière à 200 m. ; à 200 m : , . A 39 km de l'A 75. 150 m de CD 107 bis. ☎ 04 66 44 21 24 / 06 75 13 75 87 (H.S.) / 06 75 13 75 87 (H.S.). Fax : 04 66 44 26 05. E-mail : camphotel@wanadoo.fr, Web : www.camping-cerisiers.com. Réduction H.S.

POINT D'ACCUEIL JEUNES , , proche, , , proche, CV. Accès par la A 75, sorties vers Marvejols ou la Canourgue. ☎ 04 66 44 20 50 (Mairie) / 04 66 44 20 89 (Réserv.). Fax : 04 66 44 23 99.

M. DELEUZE,aire naturelle Les Prés du Pont. ☎ 04 66 44 24 05.

LANGOGNE

10-E4 50 km N.-E. Mende. 915 m. 4025 hab. Station verte de vacances et village de neige 48300

CAMP MUNICIPAL DE L'ALLIER ★ Tourisme 80 E. 1,5 ha. . Locations : . Accès direct à la rivière. Lac à 2 km. ; ; à 2 km : , . Route de Saint Alban en Montagne, à 600 m RN 106. ☎ 04 66 69 28 98 / 04 66 69 10 33 (Mairie).

M. PALPACUER Bernard,aire naturelle de La Gazelle . A 50 m : . A 2 km: Piscine plein air . A 5 km : . Fermes de Barres. RN 88. ☎ 04 66 69 12 03 / 06 77 13 95 22 (H.S.). E-mail : bernard.palpacuer@wanadoo.fr.

LAUBERT

10-E4 20 km N.-E. Mende. 1200 m. 124 hab. 48170

CAMP MUNICIPAL LA PONTIERE ★★ Tourisme 33 E. 1 ha. CV Sanitaire chauffé. Accès direct à la rivière. Lac à 4 km. . A 300 m de la RN 88. ☎ 04 66 47 71 37 / 04 66 47 72 09 (H.S.). Fax : 04 66 47 73 08. E-mail : pms.laubert@wanadoo.fr.

LUC

10-E4 52 km N.-E. Mende. 970 m. 252 hab. 48250

AIRE NATURELLE MUNICIPALE ☎ 04 66 46 60 07 (Mairie).

LA MALENE

10-D5 28 km O.-S.-O. Florac. 472 m. 197 hab. 48210

CAMP MUNICIPAL ★★ Tourisme 45 E. dont 45 nus , collectif, CV. Accès direct à la rivière. ; ; . Ouv : 1.4 / 30.9. ☎ 04 66 48 58 55 / 04 66 48 51 16 (H.S.). Fax : 04 66 48 58 51. Prix 2007. Fft jour : Empl. Tourisme (2) : 11 € () ; Sup : 4 € 2,50 € ; Animaux 0,30 €. Réduction H.S.

LE SOULIO ★ Tourisme 30 E. . Locations : . Accès direct à la rivière. ; ; ; . Par D 907. ☎ 04 66 48 81 56.

LE MALZIEU VILLE

10-D4 41 km N. Mende. 870 m. 924 hab. Station verte de vacances et village de neige 48140

LA PISCINE ★★★ Tourisme 65 E., dont 65 GCC, 1 ha. partiel, , saison, CV. Locations : 13, , . chauffée . Accès direct à la rivière. ; . A 75 sortie Le Malzieu-Ville, suivre fléchage Camping de la Piscine dir. St-Chely-d'Apcher. ☎ 04 66 31 47 63 / 06 82 25 80 66. E-mail : camping-malzieu@tiscali.fr.

CAMP MUNICIPAL LE PRE DU PONT ★ Tourisme 52 E. 1 ha. Accès direct à la rivière. ; ; à 400 m : . Sur RD 989. ☎ 04 66 31 70 25 (Mairie).

MARVEJOLS

10-D4 30 km O.-N.-O. Mende. 681 m. 6013 hab. Station verte de vacances et village de neige 48100

CAMP MUNICIPAL EUROPE ★★ Tourisme 40 E., dont 40 GCC, 0,9 ha. . Accès direct à la rivière. . D 1. Accès A 75/RN 9. ☎ 04 66 32 03 69 / 04 66 32 00 45 (Mairie). Fax : 04 66 32 43 56.

POINT D'ACCUEIL JEUNES ☎ 04 66 32 00 45. Fax : 04 66 32 33 50.

MENDE

10-E5 571 km S.-S.-E. Paris. 731 m. 12113 hab. 48000

TIVOLI ★★★ Tourisme 100 E., dont 18 GCC, 1,6 ha. partiel, CV. Locations : 18 . . Accès direct à la rivière. . Accueil groupes. Ouv : 1.1 / 31.12. 1 km RN 88, 2 km du centre ville. ☎ 04 66 65 00 38. Fax : 04 66 65 00 38. E-mail : tivoli.camping@alicepro.fr, Web : www.campingtivoli.com. Prix 2007. () ; 3,45 € ; 2,30 € ; 2,30 € ; 3,45 € ; 4,50 € ; - de 7 ans 2,50 € ; 3,45 € ; Animaux 1 €.

CAMP SIRVENS ★★ 66 E. 2,3 ha. . ; ; ; . 150 m RN 88. ☎ 04 66 65 16 93.

MEYRUEIS

10-D5 35 km S.-O. Florac. 700 m. 1078 hab. Station verte de vacances et village de neige 48150

LE CAPELAN ★★★ Tourisme 100 E., dont 8 CC - 31 GCC, 1,8 ha. pizza/frite, , collectif, CV. Locations : 40 . chauffée . Accès direct à la rivière. ; ; . Accueil groupes. Ouv : 30.4 / 15.9. RD 996, A 75 sortie 44.1 ☎ 04 66 45 60 50 / 02 28 11 40 36 (Réserv.) / 04 90 53 34 45 (H.S.). Fax : 04 66 45 60 50. E-mail : camping.le.capelan@wanadoo.fr, Web : www.campingcapelan.com. Prix 2008. Fft jour : Empl. Tourisme (2) : 23 € () ; Sup : 4,40 € - de 7 ans 3 €. Réduction H.S.

FFCC : partenaire - terrain assuré par la FFCC + réduction loc. de 5 % hors saison + HC.

LE CHAMP D'AYRES ★★★ Tourisme 85 E. dont 68 nus, dont 4 GCC, 1,56 ha. CV. Locations : 7, 10. chauffée. Rivière à 100 m. Ouv : 12.4 / 20.9. Route de la Bréze. ☎ 04 66 45 60 51 / 06 87 50 16 48 (H.S.). Fax : 04 66 45 60 51. E-mail : campinglechampdayres@wanadoo.fr, Web : www.campinglechampdayres.com. Prix 2008. Fft jour : Empl. Tourisme (2) : 20 € (); Sup : 4 € - de 7 ans 3 €; 3 € (6 à 10 A) ; Animaux 1 €. Réduction H.S.

LA CASCADE ★★ Tourisme 50 E. dont 37 nus, dont 3 GCC, 0,7 ha. CV. Camping clef verte. Locations : 13, 5. Accès direct à la rivière. Salvinsac. A 75 sortie 41.1 dir. Gorge de la Joute, Meyrueis à 3 km dir. Florac. Par N 106 à Florac D 907 puis D 996 dir. Meyrueis. ☎ 04 66 45 45 45 (eric ou ma) / 04 66 45 45 45 (eric ou marie-hélene causse) (H.S.). E-mail : contact@camping-la-cascade.com, Web : www.camping-la-cascade.com. Prix 2007. Fft jour : Empl. Tourisme : 14.90 € (); Sup : 3,80 € 2,50 €; 3 € (10 A A) ; E. CC 17,90 €. Réduction H.S.

LE PRE DE CHARLET ★★ Tourisme 70 E. 2 ha. CV. Locations : 6, 4, 1. Accès direct à la rivière. Accueil groupes. Ouv : 26.4 / 6.10. Route de Florac. ☎ 04 66 45 63 65. Fax : 04 66 45 63 65. E-mail : contact@campinglepredecharlet.com, Web : www.camping-lepredecharlet.com. Prix 2007. Fft jour : Empl. Tourisme (2) : 12 € Sup : 3 € - de 7 ans 2 €; 2,60 € (6 à 16 A). Réduction H.S.

POINT D'ACCUEIL JEUNES Lieu-dit la Pègue. RD 996 ☎ 04 66 45 62 64.

M. GELY Guy,camping Le Pré des Amarines CV. A 5 km: Piscine plein air. Ouv : 6.7 / 26.8. Par la D 996, route de Florac et chemin à droite au château près de Gatuzières. ☎ 04 66 45 61 65. Web : www.camping-amarines.com. Prix 2007. Empl. Tourisme : 7 € (); 3 €; 2,50 à 3 € ; Animaux 1 €.

M. LIBOUREL Georges,aire naturelle Mar Joab. Accès par la D 986 puis D 47. ☎ 04 66 45 64 18.

MOISSAC VALLEE FRANCAISE

10-E5 32 km S.-E. Florac. 300 m. 149 hab. ✉ 48110

LA PELUCARIE ★ Tourisme 33 E. dont 33 nus 1,5 ha. CV. Rivière à 20 m. Ouv : 15.4 / 15.9. CD 983 Réservé aux adhérents. ☎ 04 66 45 75 57 / 06 60 33 02 65 (H.S.). Fax : 04 66 45 75 57. E-mail : florence.plantier48@orange.fr. Prix 2008. Fft jour : Empl. Tourisme (2) : 14,90 € (); Sup : 3,20 € - de 10 ans 1,90 € ; Animaux 1,10 €. Réduction H.S.

LE MONASTIER PIN MORIES

10-D5 20 km O. Mende 611 m. 795 hab. ✉ 48100

LES RIVIERES ★ Tourisme 50 E.

MONTBRUN

10-E5 18 km O. Florac. 500 m. 72 hab. ✉ 48210

LES OSIERS ★★ Tourisme 60 E. 1,2 ha. ping-pong, CV. Locations : 2, 6. Rivière à 20 m. La Chadenède, Montbrun 7 km de Ste Enimie et Ispagnac. ☎ 04 66 48 51 79. Fax : 04 66 48 45 44. Web : camping.gite.lozere.free.fr.

LA CHAPELLE ★ 33 E. 0,6 ha. Locations : Accès direct à la rivière. RD 907. ☎ 04 66 48 52 49.

PRAT DE MILOU ★ Tourisme 50 E. Locations : Accès direct à la rivière. ☎ 04 66 48 50 98.

CAMPING LA CHADENEDE,aire naturelle La Chadenède. ☎ 04 66 48 50 88.

M. BOUTIN,aire naturelle "Charbonnières". ☎ 04 66 48 47 68.

NASBINALS

10-D4 60 km O. Mende. 1180 m. 614 hab. ✉ 48260

CAMP MUNICIPAL ★ 25 E. 2 ha. CV Sanitaire chauffé. Rivière à 2 km. à 2 km : Accueil groupes. Route de St-Urcize. ☎ 04 66 32 51 87 / 04 66 32 50 17 (H.S.).

POINT D'ACCUEIL JEUNES Centre Equestre des Monts d'Aubrac. 48260 Nasbinals. Tél. 66 32 50 65.

NAUSSAC

10-E4 50 km N.-E. Mende. 1000 m. 85 hab. ✉ 48300

LES TERRASSES DU LAC DE NAUSSAC ★★★ Tourisme 180 E. dont 165 nus 5,8 ha. CV. Locations : 15. Lac à 100 m. Accueil adultes. Ouv : 1.4 / 30.9. RN 88. A 75. ☎ 04 66 69 29 62. Fax : 04 66 69 24 78. E-mail : info@naussac.com, Web : www.naussac.com. Prix 2008. Fft jour : Empl. Tourisme (2) : 13,50 € (); Sup : 3,50 € - de 6 ans 1,50 €; 2,50 € (6 A) ; Animaux 1 €. Réduction H.S.

PIED DE BORNE

10-E5 68 km S.-E. Mende. 450 m. 280 hab. ✉ 48800

LES CHENEVIERES ★ Tourisme 18 E. Locations : Accès direct aux bords du lac. Rivière à 50 m. Accueil groupes. ☎ 04 66 46 25 53. E-mail : olivier.dossetto@wanadoo.fr, Web : www.hotellerie-du-chassezac-lozere.com. Prix 2007. Fft jour : Empl. Tourisme (2 1 - de 10 ans) : 10 € (); Sup : 3 €

PIERREFICHE

10-E4 40 km N.-E. Mende. 1060 m. 147 hab. ✉ 48300

G.C.U. LA CHAN Réservé aux adhérents. Adhésion possible sur place pour les sociétaires MAIF et FILIA MAIF.

LE POMPIDOU

10-E5 24 km S.-E. Florac. 750 m. 144 hab. ✉ 48110

CAMP MUNICIPAL BEL AIR ★ Tourisme 12 E. 0,28 ha. l'été, CV. Rivière à 5 km. à 5 km : Accueil groupes. Ouv : 1.6 / 30.9. Sur CD 9, sortie Sud du village. ☎ 04 66 60 32 00 (Mairie). Fax : 04 66 60 32 37. E-mail : mairiepompidou@wanadoo.fr. Prix 2007. Fft jour : Empl. Tourisme (2) : 10 € (); Sup : 2,50 € - de 10 ans 2 €; 2,20 €.

LE PONT DE MONTVERT

10-E5 20 km N.-E. Florac. 896 m. 305 hab. ✉ 48220

CAMP MUNICIPAL ★★ Tourisme 100 E. 1 ha. pétanque, en rivière : Giliaou - Le Village. ☎ 04 66 45 82 88 / 04 66 45 80 10 (Mairie).

Mme PANTEL Lucile,aire naturelle Sur la D 20 entre le Bleymard et Pont de Montvert. ☎ 04 66 45 81 82 / 04 66 45 82 18.

POURCHARESSES

10-E5 60 km E. Mende. 750 m. 130 hab. ✉ 48800

LE LAC ★★★ Tourisme 80 E. dont 43 nus, dont 34 CC - 46 GCC, 0,9 ha. collectif, CV. Locations : 19, 33. Lac à 20 m. Rivière à 5 km. Accueil groupes. Ouv : 1.5 / 30.9. Par A 75, N 108, N 88 et D 901 ou par D 906. ☎ 04 66 46 81 27 / 06 84 12 11 18 (H.S.). Fax : 04 66 46 81 27. E-mail : jo.genti.le@libertysurf.fr, Web : www.camping-lac-cevennes.com. Prix 2008. Fft jour : Empl. Tourisme (2) : 15,60 € (E. GCC); Sup : 3,60 € - de 5/12 ans 2,50 € ; Animaux 1 €.

LA PALHERE ★★ Tourisme 45 E. dont 45 nus, dont 15 CC - 30 HLL, 1,4 ha. partiel, pain et viennoiseries, collectif, CV. Accès direct à la rivière. à 5 km : Accueil adultes. Villefort dir. Mas de la Barque par CD 66. ☎ 04 66 46 80 63. Fax : 04 66 46 80 63. Web : villefort.free.fr. Prix 2007. Fft jour : Empl. Tourisme (2) : 12,50 € (); Sup : 3,50 € - de 7 ans 2 € ; Animaux 0,80 €. Fft Ccar : 13,50 € (2). Fft Tente : 10,50 € (2).

PREVENCHERES

10-E4 54 km E. Mende. 860 m. 204 hab. ✉ 48800

CAMP MUNICIPAL LES PERVENCHES ★★ 50 E. Accès direct aux bords du lac et à la rivière. ☎ 04 66 46 01 55 / 04 66 46 03 98 (H.S.).

QUEZAC

10-E5 11 km N.-O. Florac. 600 m. 245 hab. ✉ 48320

BLAJOUX ★ Tourisme 13 E.

LE BUISSON ★ Tourisme 33 E. 2 ha. Accès direct à la rivière. 100 m de RN 107 bis.

LES CERISIERS DU CHAMBONNET ★ Tourisme 33 E. 0,8 ha. Accès direct à la rivière. Au Chambonnet, RD 907 bis. ☎ 04 66 44 20 16.

M. GOSSE Joseph,camping à la ferme ☎ 04 66 44 23 03. Prix 2008. Fft jour : Empl. Tourisme : 8 € (); 2 €.

LA ROCHETTE,aire naturelle CV. A 4 km: Piscine chauffée. Ouv : 15.4 / 15.10. La Rochette. RN 106 entre Florac et Ispagnac. ☎ 04 66 31 79 82 / 04 66 45 03 94 (H.S.). E-mail : la.rochette@orange.fr. Prix 2008. Fft jour : Empl. Tourisme (2) : 10 € Sup : 2 € - de 7 ans 1 €; 2 €; 1 € ; Animaux 0,50 €.

FFCC : partenaire + réduction emp. de 10 % hors saison + Stop accueil Camping-car ???? 2008 + réduction loc. de 10 % hors saison.

LE RECOUX

10-D5 59 km O. Floirac 870 m. 117 hab. ✉ 48500

LES CROZES ★ Tourisme 20 E. 2 ha. A 75 dir. Millau. A Séverac-le-Château quitter l'A 75 sortie RN 88 dir. les Gorges du Tarn prendre le Massegros après le Recoux et le camping est à 2 km après. ☎ 05 65 71 69 00 / 04 66 48 86 95.

RIBENNES

10-D4 19 km N.O. Mende. 1020 m. 215 hab. ✉ 48700

LE LAC DE GANIVET ★★ Tourisme 20 E., dont 5 GCC, 0,5 ha. Locations : 5, 6. Rivière à 50 m. Lac à 80 m. à 300 m : ☎ 04 66 32 34 04 / 04 66 47 32 91 (H.S.). E-mail : contact@chalets-lac-ganivet.com, Web : www.chalets-lac-ganivet.com. Prix 2007. Fft jour : Empl. Tourisme (2) : 15 € (); Sup : 2 € - de 12 ans 1,50 € ; Animaux 1 €.

RIEUTORT DE RANDON

10-D4 18 km N. Mende. 1140 m. 661 hab. ✉ 48700

CAMP MUNICIPAL ★ Tourisme 22 E. 0,6 ha. Locations : Accès direct à la rivière. Coulagnes Basses. ☎ 04 66 47 33 31. Fax : 04 66 47 39 98. E-mail : mairie.rieutort@libertysurf.

ROCLES

10-E4 45 km N.-E. Mende. 1100 m. 207 hab. 48300

RONDIN DES BOIS ★★★ Tourisme 78 E. dont 64 nus, , dont 13 GCC - 14 HLL, 2 ha. CV Sanitaire chauffé. Locations : 7, 7. chauffée. Lac à 800 m. Rivière à 3 km. ; ; à 800 m : . Ouv : 20.4 / 30.9. RN 88 puis D 34 dir. Auroux. ☎ 04 66 69 50 46. Fax : 04 66 69 53 83. E-mail : rondin.com@wanadoo.fr, Web : www.camping-rondin.com. Prix 2007. Fft jour : Empl. Tourisme (2) : 14 € ( ) ; Sup : 4,50 € - de 9 ans 2 € ; 2,50 €. Réduction H.S.

LA RODE ★★ Tourisme 20 E.

ROUSSES

10-E5 20 km S. Florac. 743 m. 67 hab. 48400

M. ARGENSON Christian, aire naturelle CV. Ouv : 1.7 / 31.8. La Quillette, par RD 907 et 119. Pré. Promenades sur circuits balisés dans le Parc National des Cévennes. Cueillette de fruits sauvages. Pour tout courrier : La Bastidette, chemin de la Morée, le Pont de Bayeux au 13590 MEYREUIL. ☎ 04 66 44 00 29 / 04 42 66 81 56 (H.S.). Fax : 04 66 44 03 57. E-mail : argenson-c@wanadoo.fr. Prix 2007. Empl. Tourisme : 3,65 € ; 2,70 € ; - de 10 ans 1,60 € ; 0,30 €.

FFCC : partenaire - terrain assuré par la FFCC .

LE ROZIER

10-D5 65 km S.-O. Florac. 390 m. 120 hab. 48150

CAMP MUNICIPAL DE BROUILLET ★★★ Tourisme 165 E. 3,5 ha. gaz/électrique, CV. . Accès direct à la rivière. ; ; à 100 m : ; à 200 m : . Accueil groupes basse saison. 300 m de RN 596. ☎ 05 65 62 63 98. Fax : 05 65 62 60 83. E-mail : contact@camping-lerozier.com, Web : www.camping-lerozier.com. Prix 2007. Empl. Tourisme : 2,80 € ; 4,80 € ; - de 7 ans 2,50 € ; 3,30 €.

BRUDY - BRUDY PLAGE ★★ Tourisme 35 E. 0,87 ha. partiel, CV. Locations : 2, . Accès direct à la rivière. ; ; ; . Ouv : 1.5 / 30.9. Rés. obligatoire en été. Chemin de Brouillet. D 996 Le Rozier. ☎ 05 65 62 60 20 / 05 65 62 66 33 / 04 94 27 65 55 (H.S.). Prix 2008. Fft jour : Empl. Tourisme (2) : 10 € Sup : 3,50 € - de 7 ans 1,90 € ; 2 à 2,50 € (3 à 6 A).

ST ALBAN SUR LIMAGNOLE

10-D4 38 km N. Mende. 950 m. 2160 hab. 48120

LE GALIER ★★ Tourisme 70 E. dont 61 nus, 4 ha. collectif, CV Sanitaire chauffé. Locations : 8, 1. . Accès direct à la rivière. ; . Accueil groupes. Ouv : 1.3 / 15.11. A 75 sortie N° 34. ☎ 04 66 31 58 80. Fax : 04 66 31 41 83. E-mail : campinglegalier48@wanadoo.fr. Prix 2007. Fft jour : Empl. Tourisme (3) : 16,70 € ( ) ; Sup : 3,40 € 3,70 € ; Animaux 1,60 €. Réduction H.S.

FFCC : partenaire + réduction emp. de 5 % en saison et 15 % hors saison + réduction loc. de 5 % en saison et 15 % hors saison.

ST BAUZILE

10-E5 12 km S. Mende. 720 m. 472 hab. 48000

CAMP MUNICIPAL ★★ Tourisme 50 E., dont 4 GCC, 1,5 ha. CV. Locations : . . Rivière à 30 m. . Accueil groupes. Les Berges du Bramont. RN 88 et RN 106. ☎ 04 66 47 05 97 / 04 66 47 00 45 (Mairie) (H.S.). Fax : 04 66 47 00 45. E-mail : mairiedestbauzile@wanadoo.fr.

ST BONNET DE MONTAUROUX

10-E4 63 km N.-E. Mende. 830 m. 220 hab. 48600

LES EAUX VIVES ★★ Tourisme 27 E. 0,5 ha. CV Sanitaire chauffé. . Accès direct à la rivière. ; . Accueil groupes. Ouv : 1.5 / 31.10. Chapeauroux. 100 m D 988. ☎ 04 66 46 36 18. E-mail : jean.pierre.ranc@laposte.net.

FFCC : partenaire - terrain assuré par la FFCC.

CAMP MUNICIPAL ★ Tourisme 35 E. 0,4 ha. . Accès direct à la rivière. ; . ☎ 04 66 46 32 13 / 04 66 46 34 87 (Mairie).

ST CHELY D APCHER

10-D4 47 km N.-O. Mende. 1000 m. 5543 hab. 48200

CAMP MUNICIPAL ★★ Tourisme 77 E., dont 17 GCC, 1,9 ha. CV. . Accueil groupes. Croix des Anglais. ☎ 04 66 31 03 24 / 04 66 31 00 67 (Mairie). Fax : 04 66 31 30 30. E-mail : contact@ot.saintchelydapcher.com, Web : www.ot.saintchelydapcher.com.

ST ETIENNE VALLEE FRANCAISE

40 km S.-E. Florac. 250 m. 474 hab. 48330

CAMP DU MARTINET ★★ 60 E. 0,7 ha. . Accès direct à la rivière. ; . ☎ 04 66 45 74 88.

ST GEORGES DE LEVEJAC

10-D5 44 km O. Florac. 870 m. 278 hab. 48500

LE CASSADUC ★★ Tourisme 25 E. 2,11 ha. CV. Rivière à 2 km. Accueil groupes. Ouv : 1.7 / 30.8. A 75 sortie Séverac le Château, par N 88 et D 995. ☎ 04 66 48 85 80 / 06 65 48 57 02 (H.S.). Web : cardoule.com/camping-cassaduc/. Prix 2007. ( ) : 12 € ; - de 5 ans 2 € ; 3 €.

CAMPING LE BOUQUET, aire naturelle ☎ 04 66 48 81 82.

ST MICHEL DE DEZE

10-E5 37 km S.-E. Florac. 320 m. 220 hab. 48160

DOMAINE NATURISTE LA COMBE FERRIERE ★ Tourisme 30 E. 3 ha. CV Rés. naturiste. Locations : , , . . . Ouest de Collet de Dèze, D 13 vers le Col de Pendédis, puis à droite, le petit chemin entre les maisons vers St-Michel de Dèze, encore 2 km. ☎ 04 66 45 52 43. Fax : 04 66 45 40 13. E-mail : info@la-combe.com, Web : www.la-combe.com.

ST PIERRE DES TRIPIERS

10-D5 40 km S.-O. Florac 925 m. 69 hab. 48150

CAMPING LA COMBE, aire naturelle . D 63 route de St-Pierre des Tripiers jusqu'à la Volpilière. ☎ 04 66 45 61 32. Fax : 04 66 45 61 32. E-mail : l.darchy@free.fr, Web : perso.wanadoo.fr/laure.gerard/. Prix 2007. Empl. Tourisme : 10 € ( ) : 3 € ; - de 10 ans 2 € ; 2,30 €.

ST ROME DE DOLAN

10-D5 54 km S.-O. Florac. 851 m. 55 hab. 48500

CAMP MUNICIPAL ★★ Tourisme 50 E. 0,9 ha. CV. . à 7 km : . Accueil groupes 10 pers. maximum. Ouv : 15.5 / 15.9. A 75. A Séverac le Château prendre D 995 dir. Gorges du Tarn, Le Massegros, Saint Rome de Dolan. ☎ 04 66 44 03 81 / 04 66 48 83 59 / 04 66 48 80 66 (H.S.). Fax : 04 66 48 87 46. E-mail : mairie.stromededola@wanadoo.fr, Web : saint-rome-de-dolan.com. Prix 2007. Fft jour : Empl. Tourisme (2) : 9,50 € ( ) ; Sup : 2,90 € - de 7 ans 1,50 € ; 2,15 € ; Animaux 1,10 €.

LES POUSSETS ★ Tourisme 33 E.

LOU CADENOUX ★ Tourisme 25 E.

POINT D'ACCUEIL JEUNES Centre Nature OSCA. la Mothe. 48500 Canourgue. Tél. 66 32 84 46. ☎ 04 66 48 83 83.

STE CROIX VALLEE FRANCAISE

10-E5 28 km S.-E. Florac. 350 m. 307 hab. 48110

M. ROUX Patrick, aire naturelle , pétanque, CV. A 200 m : . Ouv : 1.5 / 1.10. Lou Treillat. D 983. ☎ 04 66 44 70 56. Fax : 04 66 44 70 56. E-mail : patrick-roux48@wanadoo.frsideral.fr. Prix 2008. Empl. Tourisme : 2,60 € ; 2 € ; 4,60 € ; 3,20 € ; - de 10 ans 2 € ; 2,50 € ; Animaux 1 €.

STE ENIMIE

10-D5 27 km N.-O. Florac. 470 m. 520 hab. Station verte de vacances et village de neige 48210

COUDERC ★★★ Tourisme 130 E. 1,5 ha. CV. Locations : 7, 3, . . Accès direct à la rivière. ; ; ; . Route de Millau. ☎ 04 66 48 50 53 / 04 66 48 50 07 (H.S.). Fax : 04 66 48 58 59. E-mail : campingcouderc@wanadoo.fr, Web : pro.wanadoo.fr/camping.couderc/.

LES FAYARDS ★★★ Tourisme 90 E., dont 42 CC, 2 ha. 2 fois par semaine, CV. Locations : 4, 4, . Accès direct à la rivière. ; ; . Accueil groupes. A 3 km de Sainte-Enimie, dir. Millau. ☎ 04 66 48 57 36. E-mail : info@camping-les-fayards.com, Web : www.camping-les-fayards.com. Prix 2007. Fft jour : Empl. Tourisme : 16,00 € (E. CC E. GCC) ; Sup : 3 € 3 €. Réduction H.S.

FFCC : partenaire + réduction emp. de 5 % hors saison + réduction loc. de 5 % hors saison.

LE CASTEL BOUC ★★ Tourisme 60 E. 1,6 ha. CV. Locations : 5, . Rivière à 50 m. ; ; ; . Accueil groupes. Ouv : 15.4 / 15.9. D 907 de Florac à Millau. Route des Gorges du Tarn. ☎ 04 66 48 58 08 / 04 66 48 55 57 (H.S.). Fax : 04 66 48 55 57. E-mail : camping.lesite@wanadoo.fr, Web : www.gorges-du-tarn.fr. Prix 2008. Fft jour : Empl. Tourisme (2) : 11 € ( ) ; Sup : 3,20 € - de 7 ans 1,50 € ; 2 € (5 A).

CAMP DE M. ARNAL ★ Tourisme 17 E. Prades. ☎ 04 66 48 54 45.

Toute l'année, les Clubs organisent des rassemblements, des rencontres ou des voyages. Consultez la liste des Clubs en fin de guide.

CAMP DE M. SOLANET ★ Tourisme 17 E. 0,15 ha. Accès direct à la rivière. ☎ 04 66 48 52 60.

CAMP DOMEIZEL ★ Tourisme 30 E. Route Florac. ☎ 04 66 48 59 38.

CENTRE DE PLEIN AIR ★ Tourisme 50 E. 5 ha. Accès direct à la rivière. ☎ 04 66 48 53 55.

POINT D'ACCUEIL JEUNES ☎ 04 66 48 50 09 (Mairie). Fax : 04 66 48 52 28. E-mail : mairie-sainte-enimie@wanadoo.fr.

POINT D'ACCUEIL JEUNES Association Accueil Jeunes de St Peyre del Bouys. M. GRAILLE LE LEBOUS Bouyne 16640 Rivière-sur-Tarn. Tél. 66 62 61 06. ☎ 04 66 48 83 76.

SERVERETTE

10-D4 30 km N. Mende. 976 m. 361 hab. ✉ 48700

CAMP MUNICIPAL ★ Tourisme 30 E. Accès direct à la rivière. ☎ 04 66 48 30 36 (Mairie).

VEBRON

10-E5 13 km S. Florac. 660 m. 174 hab. ✉ 48400

LA MOLIERE ★★ Tourisme 50 E. 1,5 ha. CV. Locations : 3. Rivière à 200 m. Accueil groupes. Ouv : 15.6 / 15.9. Entre Florac et Meyrueis dir. Mont Aigoual. Situé au coeur du village de Vebron à côté du Tarnon. ☎ 04 66 44 02 40 (Camping). E-mail : camping.la-moliere@laposte.net, Web : www.mescevennes.com. Prix 2007. Fft jour : Empl. Tourisme (2) : 10 € ; - de 7 ans 1,70 € ; 2,20 €.

FFCC : partenaire + réduction emp. de 10 % hors saison + Stop accueil Camping-car + réduction loc. de 10 % hors saison.

VIALAS

10-E5 40 km E. Florac. 610 m. 421 hab. ✉ 48220

CAMP MUNICIPAL PRAT DEL SERRE ★ Tourisme 10 E. ☎ 04 66 41 00 05 (Mairie).

LES VIGNES

10-D5 52 km O.-S.-O. Florac 420 m. 107 hab. ✉ 48210

LA BLAQUIERE ★★★ Tourisme 72 E. dont 62 nus, 1 ha. sauf tenus en laisse et vaccinés, barbecue commun, 1, CV. Locations : 4, 6, 4, 10. Accès direct à la rivière. Accueil groupes. Sur RD 907 bis. ☎ 04 66 48 54 93 / 05 65 62 66 52 (H.S.). Fax : 04 66 48 54 93. E-mail : campingblaquiere@wanadoo.fr, Web : www.campingblaquiere.fr. Prix 2007. Fft jour : Empl. Tourisme : 13 € () , Sup : 3,60 € 2,50 € ; 2,80 € (6 A) ; Animaux 1,60 €. Réduction H.S.

FFCC : partenaire + réduction emp. de 5 % en saison et 10 % hors saison + carte FFCC assurance annulation + réduction loc. de 5 % en saison et 10 % hors saison.

LE BELDOIRE ★★★ Tourisme 142 E. dont 127 nus, 5 ha. CV. Locations : 15. Rivière à 5 m. Accueil groupes. Ouv : 25.4 / 12.9. Sur RD 907 bis. ☎ 04 66 48 82 79. Fax : 05 65 59 72 45. E-mail : camping-beldoire@wanadoo.fr, Web : www.camping-beldoire.com. Prix 2008. Fft jour : Empl. Tourisme (2) : 17,50 € () ; Sup : 4,20 € - de 5 ans 2,90 € ; 3 € ; Animaux 1,60 €. Réduction H.S.

FFCC : partenaire + carte FFCC assurance annulation.

LE TERRADOS ★★★ Tourisme 65 E. 1,3 ha. CV. Locations : 5, 3. Accès direct aux bords du lac et à la rivière. Accueil groupes. ☎ 04 66 48 83 37 (Domicile) / 04 66 48 83 37 / 04 66 48 81 89 (H.S.). Fax : 04 66 48 81 89.

VILLEFORT

10-E5 60 km E.-S.-E. Mende. 600 m. 791 hab. Station verte de vacances et village de neige ✉ 48800

CAMP MUNICIPAL LES SEDARIES ★ Tourisme 51 E. dont 50 nus 1,5 ha. CV. Locations : 2, Chambres. Lac et rivière à 2 km. à 2 km : Accueil groupes. Route d'Ales. ☎ 04 66 46 84 33 / 04 66 46 84 33 (H.S.). Fax : 04 66 46 89 66. E-mail : sedaries.villefort@wanadoo.fr, Web : sedaries.free.fr. Prix 2007. Fft jour : Empl. Tourisme (2) : 10 € () ; Sup : 3 € - de 7 ans 1,50 € ; Animaux 1 €.

POINT D'ACCUEIL JEUNES Fédération des Oeuvres Laïques de la Lozère. BP 16 48001 Mendes Cedex. Tél. 66 49 00 30. ☎ 04 66 46 85 79.

M. BRES Pierre,aire naturelle La Gravière. ☎ 04 66 46 80 35.

Voir aussi POURCHARESSES

MAINE-ET-LOIRE 49

Carte 6

Délégué FFCC : Etienne AUGEREAU, 1, rue des Hortensias - 49280 LA TESSOUALLE

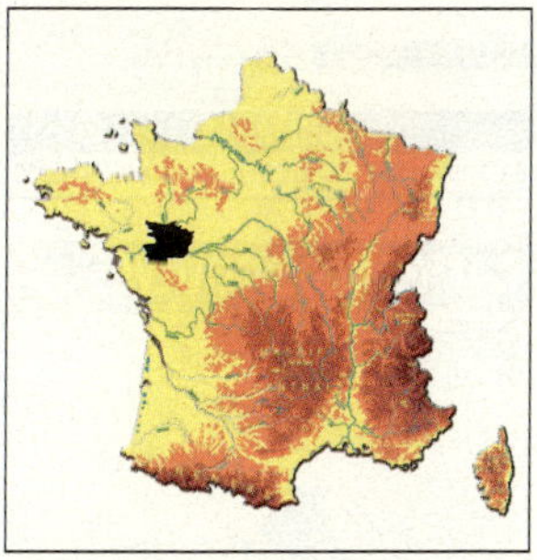

ANGERS

304 km S.-O. Paris 20 m. 141143 hab. ✉ 49000

LAC DE MAINE ★★★★ Tourisme 162 E., dont 162 GCC, 4 ha. pain + viennoiserie, CV Sanitaire chauffé. Locations : 12, 11. chauffée. Lac à 200 m. Rivière à 800 m. ; à 200 m : Accueil groupes. Ouv : 25.3 / 10.10. Avenue du Lac de Maine, à 5 km Ouest d'Angers. RN 23 sortie quartier du lac de Maine. ☎ 02 41 73 05 03. Fax : 02 41 73 02 20. E-mail : camping@lacdemaine.fr, Web : www.camping-angers.fr. Prix 2007. Fft jour : Empl. Tourisme (2) : 17 € () ; Sup : 3 € - de 13 ans 2 € ; 3,40 € (10 A) ; Animaux 2 €.

FFCC : partenaire + réduction emp. de 10 % en saison et hors saison + carte FFCC assurance annulation.

ALLONNES

6-D2 10 km N.-E. Saumur. 2562 hab. ✉ 49650

LE PO DORE ★★★ Tourisme 90 E., dont 41 CC - 49 GCC, 1,5 ha, saison, saison, CV. Locations : 1, 26. chauffée. Rivière à 3 km. à 3 km : ; à 10 km : Ouv : 15.3 / 15.11. Rés. obligatoire en été. Sur RD 10 dir. Allonnes Bourgueil. ☎ 02 41 38 78 80 / 06 09 26 31 28 (H.S.). Fax : 02 41 38 78 81. Prix 2008. Fft jour : Empl. Tourisme (2) : 14,70 € () ; Sup : 3,90 € - de 13 ans 2,20 € ; 2,70 à 3,80 € (6 à 10 A) ; Animaux 1,10 €. Fft Ccar : 13 € (2).

BAUGE

6-D2 80 km N. Saumur. 56 m. 3906 hab. Station verte de vacances et village de neige ✉ 49150

CAMP MUNICIPAL ★★ Tourisme 46 E. dont 46 nus 0,6 ha. CV. Locations : contigü. Accès direct à l'étang et à la rivière. Accueil groupes. Ouv : 15.5 / 15.9. Chemin du Pont des Fées. 100 m RN 766. Route de Tours. ☎ 02 41 89 14 79 / 02 41 84 12 12 (Mairie) (H.S.). Fax : 02 41 84 12 19. E-mail : camping@ville-bauge.fr, Web : www.ville-bauge.fr. Prix 2007. Empl. Tourisme : 1,60 € ; 1,60 € ; 1,60 € ; 2,60 € ; - de 7 ans 1 € ; 2,30 €.

BOUCHEMAINE

6-C2 10 km S.-O. Angers. 26 m. 5015 hab. ✉ 49080

CAMP MUNICIPAL LE CHATEAU ★★ Tourisme 71 E. 1 ha. Locations : . Accès direct à la rivière. ; . Accueil groupes 1.5 / 31.9. 1.5 / 31.9. Ouv : 1.5 / 31.9. 25, rue de Chevrière, dir. La Pointe Savonnières ☎ 02 41 77 11 04 / 02 41 22 20 00 (Mairie) (H.S.). E-mail : adm.generale@ville-bouchemaine.fr, Web : www.ville-bouchemaine.fr. Prix 2008. : 2,55 € ; 2,55 €. Fft Ccar : 7,50 € (2). Fft Tente : 5,50 € (2).

POINT D'ACCUEIL JEUNES Le Club Nautique.

BOUZILLE

6-B2 40 km N.-O. Cholet. 90 m. 1272 hab. ✉ 49530

CAMP INTERCOMMUNAL DES COTEAUX DE GARONNE ★ Tourisme 37 E. 1,5 ha. , . Accès direct à la rivière. ; ; . Ouv : 1.5 / 30.9. Rue du port La piscine jouxte le camping, elle est accessible aux campeurs pour 1,50€ ☎ 02 40 98 12 99. Fax : 05 56 62 87 27. E-mail : cdcoteauxdegaronne@wanadoo.fr, Web : www.cdc-coteauxdegaronne.fr. Prix 2007. Empl. Tourisme : 4,60 € ; 1,55 € ; 2,60 € ; 1,55 € ; 3,10 €.

LA LOGE EN VALLEE ★ Tourisme 50 E. 4 ha. . Accès direct à la rivière. . ☎ 02 40 98 12 94.

BRAIN SUR ALLONNES

6-D2 16 km N.-E. Saumur. 44 m. 1708 hab. ✉ 49650

CAMP MUNICIPAL ★★ Tourisme 76 E. 1 ha. chauffée . Rivière à 4 km.Etang à 5 km. Au stade Picard. ☎ 02 41 52 02 17 / 02 41 52 03 28 (Mairie). Fax : 02 41 38 86 30.

BRAIN SUR L AUTHION

6-C2 12 km S.-O. Angers. 2524 hab. ✉ 49800

LE PORT DE CAROLINE ★★★ Tourisme 121 E. 1 ha. CV Sanitaire chauffé. Locations : 4 , 2 , . Accès direct à la rivière. Accueil groupes. Ouv : 17.6 / 16.9. Route de la Bohalle. N 147 dir. Saumur. A Brain D 113 dir. la Bohalle. ☎ 02 41 80 42 18. Fax : 02 41 80 42 18. E-mail : caroline@village-center.com, Web : www.village-center.com/caroline. Réduction H.S.

FFCC : partenaire + réduction emp. de 10 % en saison et hors saison + réduction loc. de 10 % en saison et hors saison.

LA BREILLE LES PINS

6-D2 17 km N.-E. Saumur. 270 hab. Station verte de vacances et village de neige ✉ 49390

LES LOGES ★★ Tourisme 52 E. 5,2 ha. CV. Locations : , 6 , 6 , , . Accès direct à l'étang. ; ; . ☎ 02 41 52 81 66. Fax : 02 41 52 81 66. E-mail : camping-des-loges@wanadoo.fr, Web : www.camping-des-loges.fr.

BRISSAC QUINCE

6-C2 16 km S.-E. Angers. 59 m. 2072 hab. ✉ 49320

L'ETANG & CHANTEPIE

L'ETANG ★★★★ Tourisme 150 E. dont 124 nus, dont 48 GCC, 5,5 ha. la nuit, CV Sanitaire chauffé. Camping clef verte. Locations : 14 , 13 , , couverte chauffée . Accès direct à l'étang et à la rivière. Accueil groupes. Ouv : 1.5 / 15.9. Route de St-Mathurin. A Brissac D 55 dir. St-Mathurin. Entrée 4 € au Parc de Loisirs de l'Etang pour les campeurs. ☎ 02 41 91 70 61. Fax : 02 41 91 72 65. E-mail : info@campingetang.com, Web : www.campingetang.com. Prix 2008. Fft jour : Empl. Tourisme (2) : 29 € ( ) ; Sup : 7 € - de 10 ans 4 € ; 3 € (10 A) ; Animaux 5 €. Fft Ccar : 8 € (2). Réduction H.S.

FFCC : Stop accueil Camping-car toute l'année, accès 24h/24.

BRISSARTHE

6-C1 30 km E. Segré. 25 m. 514 hab. ✉ 49330

CAMP MUNICIPAL ★ Tourisme 30 E. 1,36 ha. . Accès direct à la rivière. ; ; . RD 108, RN 159 bis. ☎ 02 41 69 88 17 (Mairie). Fax : 02 41 18 01 72.

CHALLAIN LA POTHERIE

6-B1 16 km S.O. Segré. 58 m. 945 hab. ✉ 49440

CAMP DE L'ARGOS ★ Tourisme 20 E. 0,3 ha. . Accès direct à l'étang. . Accueil groupes sur réservation. Route de Loiré. ☎ 02 41 94 12 64 / 06 77 18 78 60. Fax : 02 41 94 12 48. E-mail : mairie.challain@wanadoo.fr.

CHALONNES SUR LOIRE

6-C2 25 km S.-O. Angers. 30 m. 5358 hab. ✉ 49290

LE CANDAIS ★★★ Tourisme 203 E. 3,1 ha. , collectif, . Locations : , . Accès direct à la rivière. Lac à 1 km. . Accueil groupes. Route de Rochefort. Sur RN 751. ☎ 0 810 122 813. Fax : 04 99 57 21 22. E-mail : lecandais@village-center.com, Web : www.village-center.com/candais.

CHAMPTOCE SUR LOIRE

6-C2 25 km S.-O. Angers. 73 m. 1233 hab. ✉ 49123

AIRE NATURELLE MUNICIPALE . ☎ 02 41 39 91 80 (Mairie). Fax : 02 41 39 95 89.

CHANZEAUX

6-C2 29 km S.-S.-O. Angers. 50 m. 948 hab. ✉ 49750

M. BELLARD Jean , bourg, . Ouv : 1.5 / 1.10. Frogeroux. A 87 sortie Beaulieu sur Layon. RN 160, 700 m de la commune, à proximité de la ferme. ☎ 02 41 78 32 34. Prix 2007. Empl. Tourisme : 3,20 € ; 2 € ; 2,50 € ; - de 7 ans 1,50 € ; 2,30 € ; Animaux 1 €.

CHATEAUNEUF SUR SARTHE

6-C1 34 km E. Segré. 25 m. 2555 hab. ✉ 49330

CAMP MUNICIPAL DU PORT ★★ Tourisme 60 E. dont 60 nus, 1 ha. . Accès direct à la rivière. . Accueil groupes. Ouv : 1.5 / 30.9. Rue de la Gare en aval du pont. ☎ 02 41 69 82 02 / 02 41 96 15 20 (H.S.). Fax : 02 41 96 15 29. E-mail : mairie.chateauneufsursarthe@wanadoo.fr. Prix 2007. Fft jour : Empl. Tourisme (2) : 7 € ( ) ; Sup : 2,25 € 2,65 €. Réduction H.S.

CHAUDEFONDS SUR LAYON

6-C2 26 km S.-O. Angers. 29 m. 817 hab. ✉ 49290

CAMP MUNICIPAL ★★ Tourisme 30 E. 0,7 ha. . Accès direct à la rivière. . ☎ 02 41 78 04 10 (Mairie). Fax : 02 41 78 66 89. E-mail : mairie.chaudefondsurlayon@wanadoo.fr.

CHAUMONT D ANJOU

6-D2 21 km N.-E. Angers. 35 m. 207 hab. ✉ 49140

CAMP DE MALAGUE ★★ Tourisme 50 E. 0,5 ha. , électrique/gaz, CV. Locations : . Accès direct à l'étang. Rivière à 5 km. ; . Accueil groupes. Ouv : 1.7 / 31.8. D 766 entre Seiches-sur-Loir et Jarzé dir. Baugé. Axe Angers/Tours. ☎ 02 41 27 57 80. Fax : 02 41 27 57 81. E-mail : secretariat@cc-duloir.fr, Web : www.cc-duloir.fr. Prix 2007. Empl. Tourisme : 2,20 € ; 2,20 € ; - de 10 ans 1,10 € ; 2,20 € ; Animaux 1,10 €.

CHAVAIGNES

6-D2 32 km N.-E. Saumur 60 m. 134 hab. ✉ 49490

M. COURCOUL & Mme SAMSON,camping à la ferme . A 10 km: Piscine plein air. 11, rue de l'Eglise. Axe Baugé-Noyant, route de Tours. Avant dernière ferme sur la gauche dans le bourg. ☎ 02 41 82 35 83 / 06 14 33 70 51 (H.S.). E-mail : emmanuelcourcoul@aol.com.

CHEFFES

6-C2 20 km N. Angers. 811 hab. Station verte ✉ 49125

CAMP MUNICIPAL DE L'ECLUSE ★★ Tourisme 70 E. 2 ha. . Accès direct à la rivière. ; . ☎ 02 41 42 85 52 / 02 41 42 61 41. Fax : 02 41 42 62 45.

AIRE NATURELLE La Grande Maison.

CHEMILLE

6-C3 19 km N.-E. Cholet. 81 m. 6016 hab. ✉ 49120

CAMPING DE COULVÉE

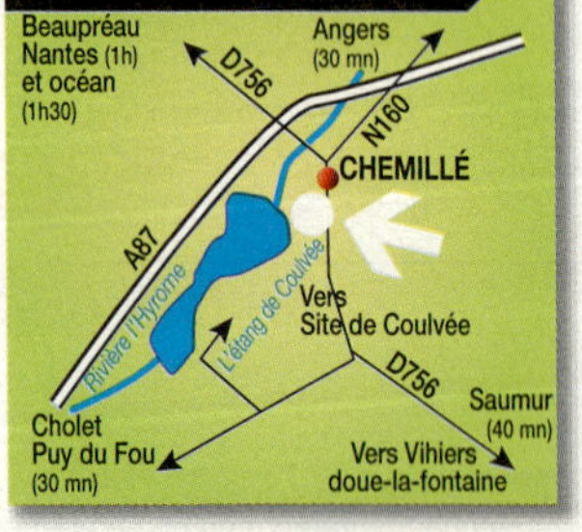

COULVEE ★★★ Tourisme 51 E. dont 41 nus, , dont 3 CC - 48 GCC, 2 ha. buvette, dans les locations + aire spécifique, CV. Locations : 12, 10. Accès direct à l'étang et à la rivière. surveillée : . Accueil groupes sous certaines conditions. Ouv : 30.4 / 15.9. Route de Cholet. A 87 sortie 25 échangeur de Mauges-Chemille. ☎ 02 41 30 39 97 / 02 41 30 42 42 (Cte Comm.) (H.S.). Fax : 02 41 30 39 00. E-mail : communaute.com.chemille@wanadoo.fr, Web : www.camping-coulvee-chemille.com. Prix 2007. Fft jour : Empl. Tourisme (2) : 9,90 € ; Sup : 3,10 € - de 7 ans 1,60 € ; 3,60 € (10 A) ; Animaux 1,70 €.

FFCC : partenaire + réduction emp. de 5 % hors saison + Stop accueil Camping-car du 01/05 au 15/09/2008, accès jusqu'à 21h + réduction loc. de 5 % hors saison.

CHENEHUTTE TREVES CUNAULT

6-D2 12 km N.-O. Saumur. 1135 hab. ✉ 49350

CAMP DISTRICT TOURISTIQUE ★★ Tourisme 55 E. 1 ha. Accès direct à la rivière. RN 751. ☎ 02 41 67 93 53.

CHOLET

58 km S.-O. Angers. 56528 hab. ✉ 49300

LE LAC DE RIBOU ★★★★ Tourisme 198 E., dont 83 CC - 115 GCC, 5 ha. CV Sanitaire chauffé. Locations : 8, 14. chauffée. Lac à 100 m. Accueil groupes. Allée Léon Mandin, 4 km du centre ville, D 20. Accès A 87 sortie centre Cholet. ☎ 02 41 49 74 30. Fax : 02 41 58 21 22. E-mail : lacderibou@cholet-sports-loisirs.fr, Web : www.cholet-sports-loisirs.com. Réduction H.S.

CONCOURSON SUR LAYON

6-D3 23 km S.-O. Saumur. 51 m. 532 hab. ✉ 49700

LA VALLEE DES VIGNES ★★★★ Tourisme 63 E., dont 63 GCC, 3,5 ha. CV. Locations : . Accès direct à l'étang et à la rivière. Accueil adultes. Ouv : 1.4 / 30.9. Résa. obligatoire en été. La Croix Patron. D 960 à 3 km de Doué-la-Fontaine, dir. Cholet. ☎ 02 41 59 86 35. Fax : 02 41 59 09 83. E-mail : campingvdv@wanadoo.fr, Web : www.campingvdv.com. Prix 2007. Fft jour : Empl. Tourisme (2) : 22 € ; Sup : 5 € - de 2/12 ans 3 € ; 4 € (10 A) ; Animaux 3 €. Réduction H.S.

COUTURES

6-D2 23 km N.-O. Saumur. 441 hab. ✉ 49320

PARC DE MONTSABERT ★★★★ Tourisme 160 E., dont 2 CC - 158 GCC, 10 ha. CV. Locations : 3, 23, couverte chauffée. Etang et rivière à 5 km. ; à 3 km : ; à 5 km : . D 751 entre Angers et Saumur. ☎ 02 41 57 91 63. Fax : 02 41 57 90 02. E-mail : camping@parcdemontsabert.com, Web : www.parcdemontsabert.com.

FFCC : partenaire + réduction emp. de 5 % hors saison + Stop accueil Camping-car du 12/04 au 05/07 et du 24/08 au 14/09/2008, accès jusqu'à 19h et 19h30 en haute saison + réduction loc. de 5 % hors saison.

LA DAGUENIERE

6-C2 10 km S.-E. Angers. 20 m. 1020 hab. ✉ 49800

AIRE NATURELLE MUNICIPALE . A 500 m : . A 3 km : . A 4 km : Piscine plein air. ☎ 02 41 69 03 21. Fax : 02 41 69 50 37.

DENEZE SOUS LE LUDE

6-D2 32 km N.-E. Saumur. 75 m. 268 hab. ✉ 49490

CAMP MUNICIPAL LE PLAN D'EAU ★★ Tourisme 10 E. Locations : . Accès direct à l'étang et à la rivière. ☎ 02 41 89 50 97 (Mairie) / 02 41 89 57 56. Fax : 02 41 89 34 33.

DOUE LA FONTAINE

6-D3 17 km S.-O. Saumur. 80 m. 6855 hab. ✉ 49700

CAMP MUNICIPAL LE DOUET ★★ Tourisme 146 E. dont 145 nus, , dont 7 CC, 3 ha. saison, CV. Locations : 1. Ouv : 1.4 / 30.9. Situé route d'Angers à côté du stade. ☎ 02 41 59 14 47. Prix 2007. Fft jour : Empl. Tourisme (2) : 11,90 € ; Sup : 2,75 € - de 7 ans 1,85 €. Fft Tente : 9,50 € (2).

DRAIN

6-B2 48 km N.-O. Cholet. 90 m. 1473 hab. ✉ 49530

CAMP MUNICIPAL DE BEAUREGRET ★★ Tourisme 47 E. 1 ha. Accès direct à l'étang. Rivière à 800 m. ; à 3 km : . RD 751. ☎ 02 40 98 20 16 (Mairie) / 02 40 98 20 30 (Accueil). Fax : 02 40 98 23 29.

DURTAL

6-D1 33 km N.-E. Angers. 35 m. 3240 hab. ✉ 49430

L'INTERNATIONAL ★★★ Tourisme 125 E., dont 125 CC, 3 ha. CV. Locations : 5, chauffée. Accès direct à la rivière. Accueil groupes. Ouv : 1.3 / 28.9. Rue du Camping. Accès à Durtal par A 11 sortie 11 et RN 23. ☎ 02 41 76 31 80 / 06 62 74 73 64 (H.S.). E-mail : contact@camping-durtal.fr, Web : www.camping-durtal.fr. Prix 2007. Fft jour : Empl. Tourisme (2) : 12,70 € ; Sup : 3,20 € - de 7 ans 1,90 € ; Animaux 1,80 €. Réduction H.S.

Mme MAUCOURT Yvonne . A 4 km : Piscine plein air. A 7 km : . Moulin de Chalou, 3 km Sud-Est de la commune. Herbeux, bord de rivière. ☎ 02 41 80 12 06 / 02 41 76 32 06.

FONTAINE GUERIN

6-D2 35 km E. Angers. 52 m. 580 hab. ✉ 49250

LE MOULIN DE FONTAINE ★★★ Tourisme 34 E., dont 10 CC. CV. Locations : 10, chauffée. Accès direct à l'étang et à la rivière. A 85 échangeur à 1,5 km. ☎ 02 41 54 71 43 / 02 41 79 74 60 (H.S.). Fax : 02 41 79 74 61. Web : www.moulindefontaine.com.

GENNES

6-D2 16 km N.-O. Saumur. 30 m. 1888 hab. Station verte de vacances et village de neige ✉ 49350

AU BORD DE LOIRE ★★ Tourisme 141 E. dont 136 nus, 3 ha. snack, CV. Locations : . Accès direct à la rivière. Etang à 3 km. ; à 100 m : ; à 2 km : . Accueil groupes. Ouv : 1.5 / 30.9. Avenue des Cadets de Saumur. Entre Saumur et Angers par D 952 ou D 751. ☎ 02 41 38 04 67 / 02 41 38 07 30 (H.S.). Fax : 02 41 38 07 12. E-mail : auborddeloire@free.fr, Web : www.camping-auborddeloire.com. Prix 2007. Fft jour : Empl. Tourisme (8) : 8 € ; Sup : 2,80 € - de 1/10 ans 1,80 € ; 2,70 € (10 A) ; Animaux 0,60 €.

FFCC : partenaire + réduction emp. de 5 % en saison et hors saison + réduction loc. de 5 % en saison et hors saison.

GESTE

6-B3 25 km N.-O. Cholet. 75 m. 2515 hab. ✉ 49600

LA THEVINIERE ★★ Tourisme 28 E. Etang à 50 m. Par RD 67 ou par RD 246. RN 249 sortie Villedieu-la-Blouère. ☎ 02 41 56 69 46 / 02 41 56 64 56. Fax : 02 41 56 69 90. E-mail : mairie.geste@wanadoo.fr.

POINT D'ACCUEIL JEUNES . La Thévinière. En venant d'Angers prendre dir. Beaupréau puis Gesté ou en venant de Nantes dir. Vallet puis Gesté. ☎ 02 41 56 69 46 / 02 41 56 64 56 (Mairie). Fax : 02 41 56 69 90. E-mail : mairie.geste@wanadoo.fr.

GREZ NEUVILLE

6-C2 18 km S.-E. Segré. 943 hab. ✉ 49220

M. DESCHERE,aire naturelle Grigné. ☎ 02 41 95 21 41.

GREZILLE

6-D2 28 km N.-O. Saumur. 50 m. 400 hab. 49320

M. GAUTHIER Frédéric,aire naturelle le Bois Madame CV. A 1 km: . A 2 km : . A 10 km : Piscine plein air. Ouv : 1.4 / 31.10. Le Bois Madame. ☎ 02 41 45 50 37 / 06 77 40 80 39 (H.S.). Fax : 02 41 45 50 37. E-mail : ferme.boismadame@wanadoo.fr. Prix 2008. Empl. Tourisme : 3 € ; 3,30 € ; - de 12 ans 1,60 € ; 2 € (16 A) ; Animaux 0,50 €.

INGRANDES

6-C2 34 km S.-O. Angers. 19 m. 1450 hab. Station verte de vacances et village de neige 49123

CAMP DU PORT ★★ Tourisme 20 E. 0,8 ha. Accès direct à la rivière. ; ; . ☎ 02 41 39 20 21.

LA JAILLE YVON

6-C1 19 km N.-E. Segré. 249 hab. Station verte de vacances et village de neige 49220

CAMP LE PORT RIBOUET ★★ Tourisme 34 E. 0,7 ha. CV. Locations : . Accès direct à la rivière. ; . Accueil groupes. RN 162. ☎ 02 41 95 14 32 / 06 80 34 61 74 (H.S.). Fax: 02 41 76 67 29. E-mail : anjousportnatur e@tiscali.fr, Web : www.anjousportnature.com.

LE LION D ANGERS

6-C2 13 km S.-E. Segré. 13 m. 2775 hab. Station verte de vacances et village de neige 49220

CAMP MUNICIPAL LES FRENES ★★ Tourisme 94 E. 2 ha. CV. Accès direct à la rivière. . Accueil groupes. Route de Laval. Interdit aux caravanes double essieux. ☎ 02 41 95 31 56.

LOUERRE

6-D2 20 km O. Saumur. 70 m. 370 hab. 49700

M. DAUFFY Pierre,aire naturelle CV. A 4 km: Piscine plein air . L'Arche d'Avort. A 85 sortir à Beaufort-en-Vallée dir. Les Rosiers-Gennes. A Gennes Dir. Martigné Briand D 70. ☎ 02 41 52 56 86. E-mail : larche-davort@wanadoo.fr. Prix 2007. 4 € ; - de 10 ans 2 € ; 3,50 € (16 A).

MAZE

6-D2 24 km E. Angers. 3368 hab. 49250

CAMP MUNICIPAL LE GUE DE L'AUTHION ★★ Tourisme 20 E. . Locations : , . Accès direct à la rivière. . RN 147 puis RD 55. ☎ 02 41 78 23 54 / 02 41 74 96 46 (H.S.). Fax : 02 41 80 69 30. E-mail : si.maze@free.fr.

LA MENITRE

6-D2 24 km S.-E. Angers. 22 m. 1755 hab. Station verte de vacances et village de neige 49250

PORT SAINT MAUR ★★ Tourisme 75 E. 1 ha. CV. Locations : , . Accès direct à la rivière. ; ; . Accueil groupes. Au Port St-Maur. RD 952. Bateau promenade sur la Loire à 50 m. ☎ 02 41 45 60 80 / 02 41 45 93 93 (H.S.). Fax : 02 41 45 65 65. E-mail : info@loiredelumiere.com, Web : www.loiredelumiere.com. Prix 2007. Empl. Tourisme : 2,90 € () ; 2,20 € ; - de 2/10 ans 1,60 € ; 2,20 € (5 à 10 A) ; Animaux 1 €. Fft Ccar : 8,20 € (2).

MIRE

6-C1 28 km N.-E. Segré. 50 m. 1035 hab. 49330

AIRE NATURELLE MUNICIPALE , proche. ☎ 02 41 32 82 14.

MONTJEAN SUR LOIRE

6-C2 42 km N. Cholet. 20 m. 2492 hab. Station verte de vacances et village de neige 49570

LA PROMENADE ★★★ Tourisme 165 E., dont 48 CC - 117 GCC, 3 ha. CV. Locations : 10 , 5 , . Rivière à 100 m. ; à 100 m : , ; à 500 m : . Sur RD 210, quai des mariniers. Par RN 23 dir. Angers-Nantes, sortie Montjean. ☎ 02 41 39 02 68 / 06 26 32 60 28 (H.S.). Fax : 02 41 39 02 68. E-mail : camping@montjean.net, Web : www.camping.montjean.net.

MONTREUIL BELLAY

6-D3 16 km S.-O. Saumur. 55 m. 4331 hab. Station verte de vacances et village de neige 49260

PARC LES NOBIS ★★★★ Tourisme 123 E. dont 86 nus, dont 96 CC - 27 GCC, 4 ha. CV. Locations : 20 , 3 , , . Accès direct à la rivière. ; ; . Ouv : 1.4 / 30.9. RN 138. Au pied du château. ☎ 02 41 52 33 66. Fax : 02 41 38 72 88. E-mail : campinglesnobis@wanadoo.fr, Web : www.campinglesnobis.com. Prix 2008. Fft jour : Empl. Tourisme (2) : 19 € ( ) ; Sup : 3,50 € - de 10 ans 2 € ; 2,90 €.

LE THOUET Non classé E. dont 11 nus, 7 ha. pain, . Locations : , , , , . Rivière à 30 m. . Accueil groupes. Les Côteaux du Chalet. Du Nord N 147 dir. Niort/Poitiers, tourner 1ère à gauche pour rentrer à Montreuil Bellay puis 1ère à gauche et suivre panneaux. Du Sud au 1er rond-point pour Montreuil Bellay dir. Saumur jusqu'au 3ème rond-point puis à droite et 1ère à gauche et suivre panneaux. ☎ 02 41 38 74 17 / 06 19 56 32 75 (H.S.). Fax : 02 41 50 92 83. E-mail : campinglethouet@alicepro.fr, Web : www.camping-le-thouet.co.uk. Prix 2007. Fft jour : Empl. Tourisme (2) : 20 € ( ) ; Sup : 5 € - de 13 ans 2,50 €. Réduction H.S.

MONTREUIL JUIGNE

6-C2 10 km N.-N.-O. Angers. 5623 hab. 49460

CAMP MUNICIPAL LEON DELANOUE ★★ Tourisme 100 E. 1 ha. CV. Accès direct à la rivière. ; ; ; . Accueil groupes. Rue du Président Kennedy, sur RN 768. ☎ 02 41 42 40 18 / 02 41 31 10 40 (Mairie). Fax : 02 41 31 10 41.

MONTREUIL SUR MAINE

6-C1 14 km S.-E. Segré 50 m. 469 hab. 49220

CAMP MUNICIPAL ★ Tourisme 12 E. ☎ 02 41 95 32 03 (Mairie).

MONTSOREAU

6-D3 12 km S.-E. Saumur. 36 m. 454 hab. 49730

L'ISLE VERTE ★★★ Tourisme 105 E. 1,8 ha. , 1, visiteur, CV. Locations : 12 , 3 , . Accès direct à la rivière. ; ; . Accueil groupes. Ouv : 31.3 / 30.9. Rés. obligatoire en été. CD 947. ☎ 02 41 51 76 60 / 02 41 40 30 00 (H.S.). Fax : 02 41 51 08 83. E-mail : isleverte@cvtloisiris.fr, Web : www.campingisleverte.com. Prix 2008. Fft jour : Empl. Tourisme (2) : 18 € ( ) ; - de 1 ans 2,50 € ; 3 €. Réduction H.S.

FFCC : réduction loc. de 5 % hors saison + HC.

MORANNES

6-D1 37 km N.-E. Angers. 30 m. 1584 hab. 49640

LE MOREDENA ★★★ Tourisme 100 E., dont 82 CC - 18 GCC, 2,5 ha. , ap. 22 h 30, CV. Locations : 1 , , 2 , 5 , , , chauffée . Accès direct à la rivière. ; . Rue du Pont près RD 26 dir. Chemiré-sur-Sarthe / Miré. ☎ 02 41 42 76 95 / 06 85 04 16 88 / 06 85 04 16 88 (H.S.). Fax : 02 41 42 76 95. E-mail : davisa.moredena@wanadoo.fr.

MURS ERIGNE

6-C2 10 km S. Angers. 3275 hab. 49130

LES VARENNES ★★ Tourisme 100 E. dont 93 nus 2,4 ha. CV. Locations : 1 , 3 , 3 . Accès direct à la rivière. ; ; à 5 km : . Accueil groupes. Ouv : 1.4 / 31.10. Lieu-dit Les Varennes, 800 m RN 751. A 87 Angers/La Roche s/Yon (5 km). Les chiens de cat. 1 et 2 sont interdits. ☎ 02 41 57 82 15. Fax : 02 41 57 82 15. E-mail : varennes49610@wanadoo.fr, Web : www.camping-varennes.com. Prix 2007. Empl. Tourisme : 2,20 € ; 1,20 € ; 2,20 € ; - de 7 ans 1,20 € ; 2,60 € (6 A) ; Animaux 0,50 €. Fft Ccar : 7 € (2).

FFCC : partenaire + réduction emp. de 10 % en saison et hors saison.

NOYANT

6-D2 30 km N.-E. Saumur. 80 m. 1825 hab. 49490

CAMP MUNICIPAL ★★ Tourisme 12 E. 0,18 ha. . Relais du Petit Verger. ☎ 02 41 89 50 29 (Mairie). Fax : 02 41 89 62 96.

NOYANT LA GRAVOYERE

6-C1 7 km N.-O. Segré. 63 m. 2037 hab. 49520

CAMP DU PARC DE LOISIRS ST BLAISE ★★★ Tourisme 39 E. dont 29 nus 1,5 ha. CV. Locations : 5 , 4 , , . Accès direct à l'étang et à la rivière. ; ; ; . Accueil groupes. Ouv : 1.5 / 30.9. Sur l'axe Angers-Rennes, sortir à Noyant La Gravoyère puis suivre les indications. ☎ 02 41 61 93 09.

NUEIL SUR LAYON

6-D3 32 km S.-O. Saumur. 100 m. 1520 hab. 49560

LE MOULIN D'EAU ★ Tourisme 9 E. . Accès direct à la rivière. . Ouv : 15.4 / 15.9. ☎ 02 41 59 50 49 (Mairie). Fax : 02 41 59 94 09. E-mail : mairie.nueil-sur-layon@wanadoo.fr. Prix 2007. 1,60 € ; 1,30 € ; 1,60 € ; 1,60 € ; 1,60 € ; 0,90 €.

NYOISEAU

6-C1 6 km N.-O. Segré. 53 m. 1549 hab. 49500

LA RIVIERE ★★★ Tourisme 25 E. 0,4 ha. , Table + fer à repasser disponible, CV. Locations : 1 . . Accès direct à la rivière. Etang à 2 km. ; à 3 km : . Accueil groupes. Ouv : 1.6 / 31.9. Piste de bicross. ☎ 02 41 92 26 77 / 02 41 92 26 65 (H.S.). Prix 2008. Empl. Tourisme : 2 € () ; 2,50 € ; 1,60 € ; 2,50 € ; Animaux 1 €.

LA POMMERAYE

6-C2 36 km N. Cholet. 78 m. 3578 hab. 49620

LA GUYONNIERE ★★ Tourisme 25 E. dont 19 nus (17 Tourisme + 8 Loisirs), dont 17 CC - 8 GCC, 1 ha. CV. Locations : 3 , 3 , 90 . Rivière à 2 km. à 2,5 km : ; à 8 km : , . Accueil groupes. Ouv : 1.1 / 31.12. Par RN 23 ou A 11 prendre Montjean/Loire puis dir. La Pommeraye. ☎ 02 41 77 89 56. Fax : 02 41 77 89 56. E-mail : camping.thomas@worldonline.fr, Web : www.chez.com/pommeraye/. Prix 2007. Empl. Tourisme : 1,40 € ; 1,70 € ; 1,40 à 1,70 € ; Animaux 1 €.

FFCC : partenaire + réduction emp. de 5 % en saison et hors saison.

LES PONTS DE CE

5 km S.-E. Angers. 11072 hab. 49130

L'ILE DU CHATEAU ★★★ Tourisme 134 E. dont 124 nus, dont 94 CC - 40 GCC, 2,3 ha. , snack, CV. Locations : 1 , 5 , 3 , . Rivière à 500 m. ; ; ; ; . Accueil groupes. Avenue de la Boire salée. RN 160. Route de Cholet. ☎ 02 41 44 62 05. Fax : 02 41 44 62 05. E-mail : ile-du-chateau@wanadoo.fr, Web : www.camping-ileduchateau.com. Prix 2007. Fft jour : Empl. Tourisme : 13.00 € () ; 2 € ; 2,90 € (6 A) ; Animaux 1,60 €. Réduction H.S.

FFCC : partenaire + réduction emp. de 5 % en saison et 10 % hors saison.

LA POSSONNIERE

6-C2 17 km S.-O. Angers. 25 m. 1844 hab. 49170

CAMP MUNICIPAL DU PORT ★★ Tourisme 41 E. 1 ha. . Rivière à 100 m. ; ; ; à 2,5 km : . Ouv : 15.6 / 15.9. ☎ 02 41 72 66 66 / 02 41 72 20 75 (H.S.). Fax : 02 41 72 81 33. E-mail : mairie.la.possonniere@wanadoo.fr. Prix 2007. Fft jour : Empl. Tourisme (2) : 7 € Sup : 3,50 € 2 €.

POUANCE

6-B1 25 km O.-N.-O. Segré. 75 m. 3410 hab. Station verte de vacances et village de neige 49420

CAMP MUNICIPAL ★★ Tourisme 41 E. 0,7 ha. Locations : . Accès direct à l'étang. 23, rue des Etangs, RN 171. CD 72. ☎ 02 41 92 43 97 / 02 41 92 41 08 (Mairie) (H.S.). Fax : 02 41 92 62 30.

PRUILLE

6-C2 21 km S.-E. Segré. 387 hab. ✉ 49220

CAMP MUNICIPAL ★★ Tourisme 41 E. 1 ha. Accès direct à la rivière. Accueil groupes. Ouv : 1.7 / 31.8. ☎ 02 41 32 67 29 (Mairie). Fax : 02 41 32 40 28. E-mail : mairie-pruille@wanadoo.fr. Prix 2007. Fft jour : Empl. Tourisme (2): 6 € ; Sup : 1,80 € - de 10 ans 1 € ; 2 €.
FFCC : partenaire + réduction emp. de 10 % en saison.

RABLAY SUR LAYON

6-C2 24 km S. Angers. 26 m. 592 hab. ✉ 49750

M. ROCHARD BRUNO pétanque. A 1 km : . A 3 km : . A 9 km : Piscine chauffée . A 10 km : Piscine plein air Piscine couverte . Ouv : 1.5 / 30.9. Sur l'axe Angers/Cholet - Sortie à Beaulieu/Layon - Prendre Rablay sur Layon. Dans Rablay, dir. St Lambert du Lattay. Camping à 1,5 km du bourg sur la gauche. ☎ 02 41 54 83 12. Prix 2008. 1,50 € ; 1,50 € ; 3 € ; 1,50 € ; 3 € ; - de 11 ans 2 € ; 2 € ; 1 € ; Animaux 1 €.

ROCHEFORT SUR LOIRE

6-C2 20 km S.-O. Angers. 1819 hab. ✉ 49190

LE ST OFFANGE ★★★ Tourisme 110 E. dont 102 nus, 6 ha. CV. Locations : . 40 . Rivière à 100 m. Etang à 300 m. à 50 m : . Accueil groupes. Route de Savennières. Lieu-dit Saint Offange, RD 106, à 500 m de la commune. ☎ 02 41 78 82 11. Fax : 02 41 78 82 11. E-mail : portkayak@hotmail.com, Web : www.camping-rochefort49.com. Réduction H.S.

LES ROSIERS SUR LOIRE

6-D2 12 km N.-O. Saumur. 25 m. 1933 hab. ✉ 49350

LE VAL DE LOIRE ★★★★ Tourisme 111 E. dont 87 nus, dont 6 CC - 105 GCC, 1,46 ha. snack, CV. Locations : 5 , 11 , . chauffée . Rivière à 1,5 km. payant : ; à 1 km : . Accueil groupes. 6, rue Ste Baudruche. D 952 et D 59 ou N 147 et D 59. ☎ 02 41 51 94 33. Fax : 02 41 51 89 13. E-mail : contact@camping-valdeloire.com, Web : www.camping-valdeloire.com. Prix 2007. Fft jour : Empl. Tourisme (2) : 18 € ; Sup : 5 € - de 10 ans 4 € ; 4 €.

ST AUBIN DE LUIGNE

6-C2 24 km S.-O. Angers. 858 hab. ✉ 49190

CAMP MUNICIPAL DU LAYON ★★ Tourisme 35 E. 0,3 ha. CV. Locations : 2 . Rivière à 20 m. . Ouv : 1.5 / 30.9. ☎ 02 41 78 33 28. Fax : 02 41 78 68 55. Prix 2007. 6,80 € ; 1,40 € ; 6,80 € ; 4,50 € ; 2,20 € ; - de 7 ans 1,30 €.

ST FLORENT LE VIEIL

6-C2 38 km N.-N.-O. Cholet. 40 m. 2511 hab. Station verte de vacances et village de neige ✉ 49410

ILE BATAILLEUSE Voir VARADES (44)

ST GEORGES SUR LAYON

6-D3 24 km S.-O. Saumur. 49 m. 598 hab. ✉ 49700

CAMP MUNICIPAL LES GRESILLONS ★★★ Tourisme 40 E. dont 28 nus 1,5 ha. CV Sanitaire chauffé. Locations : 12 . . Rivière à 200 m. à 200 m : . Ouv : 30.3 / 30.9. Chemin des Grésillons. Route D 84, D 178, D 761, D 960. ☎ 02 41 50 02 32 / 02 41 59 60 02 (H.S.). Fax : 02 41 50 03 16. E-mail : camping.gresillon@wanadoo.fr, Web : www.chalets-decouverte.com. Prix 2008. Fft jour : Empl. Tourisme (2) : 12,20 € ; Sup : 3,85 € - de 7 ans 1,65 € ; 2,45 à 3,45 € (4 à 10 A).
FFCC : partenaire + réduction emp. de 5 % en saison et hors saison.

ST LAMBERT DU LATTAY

6-C2 22 km S.-O. Angers. 66 m. 1203 hab. ✉ 49750

LA COUDRAYE ★★★ Tourisme 19 E., dont 6 HLL, 0,5 ha. CV. Locations : 6 . Etang à 50 m. Rivière à 500 m. ; à 10 km : . Accueil groupes. RN 160. A 87 sortie 24. ☎ 02 41 78 44 26 (O.T.) / 02 41 78 49 31. E-mail : miche.rip@wanadoo.fr, Web : www.chalets-decouverte.com. Prix 2007. Empl. Tourisme : 2,30 € ; 2,30 € ; - de 10 ans 1,10 € ; 2,40 à 4,20 € (10 A) ; Animaux 0,70 €.

ST MARTIN DE LA PLACE

6-D2 8 km N.-O. Saumur. 50 m. 1019 hab. ✉ 49160

LA CROIX ROUGE ★★ Tourisme 84 E. 1 ha. Accès direct à la rivière. RD 952, lieu-dit La Croix Rouge. ☎ 02 41 38 09 02 / 02 41 57 36 34 (H.S.). Fax : 02 41 45 65 65.

ST MATHURIN SUR LOIRE

6-D2 20 km S.-E. Angers. 22 m. 1934 hab. ✉ 49250

PORT LA VALLEE ★★ Tourisme 49 E. 1 ha. CV. Rivière à 20 m. . Accueil groupes. Rue des Gabares, sur RD 952. ☎ 02 41 57 30 11 / () / 02 41 45 93 93 (H.S.). Fax : 02 41 45 65 65. Web : loiredelumiere.com. Prix 2007. Empl. Tourisme : 2,90 € () : 2,20 € ; - de 2/10 ans 1,60 € ; 2,20 € (5 à 10 A) ; Animaux 1 €. Fft Ccar : 8,20 € (2).

ST PAUL DU BOIS

6-C3 45 km S.-O. Saumur. 208 m. 630 hab. ✉ 49310

AIRE NATURELLE MUNICIPALE ☎ 02 41 75 82 08 (Mairie). Fax : 02 41 75 68 50.

ST REMY LA VARENNE

6-D2 22 km S.-E. Angers. 30 m. 754 hab. ✉ 49250

AIRE NATURELLE LA MAITAIRIE DE LA COUTURE

STE GEMMES SUR LOIRE

6-C2 5 km S. Angers. 25 m. 4647 hab. ✉ 49130

CAMP MUNICIPAL LE GRAND JARD ★★ Tourisme 40 E. 1 ha. Accès direct à la rivière. RN 161. ☎ 02 41 68 00 95 / 02 41 66 75 52 (H.S.). Fax : 02 41 66 74 00. E-mail : ste.gemmes.sur.loire@wanadoo.fr.

SAUMUR

47 km S.-E. Angers. 30 m. 32495 hab. ✉ 49400

CHANTEPIE ★★★★ Tourisme 150 E. dont 120 nus, dont 123 CC - 27 GCC, 3,5 ha. 3 fois par jour, ap. 22 h, CV Sanitaire chauffé. Locations : 20 , 11 , . couverte chauffée poneys, . Rivière à 500 m, ; à 500 m : ; à 6 km : . Accueil groupes. Ouv : 1.5 / 15.9. Rés. obligatoire en été. A Saumur dir. St-Hilaire St-Florent, Gennes D 751. ☎ 02 41 67 95 34. Fax : 02 41 67 95 85. E-mail : info@campingchantepie.com, Web : www.campingchantepie.com. Prix 2008. Fft jour : Empl. Tourisme (2) : 29 € ; Sup : 7 € - de 10 ans 4 € ; 3 € (6 à 10 A) ; Animaux 4 €.

L'ILE D'OFFARD ★★★★ Tourisme 259 E., dont 133 CC - 126 GCC, 4,5 ha. mai/sept., mai/sept., saison, saison, saison, saison, CV Sanitaire chauffé. Locations : 43 , 8 . chauffée . Accès direct à la rivière. ; à 1 km : . Accueil groupes. Ouv : 1.3 / 16.11. A l'Ile d'Offard. ☎ 02 41 40 30 00. Fax : 02 41 67 37 81. E-mail : iledoffard@cvtloisirs.fr, Web : www.cvtloisirs.com. Prix 2008. Fft jour : Empl. Tourisme (2) : 25,50 € ; Sup : 5 € - de 10 ans 2,50 € ; 3,50 €. Réduction H.S.
FFCC : réduction loc. de 5 % hors saison + HC.

CAMP MUNICIPAL ★★ Tourisme 85 E. Accès direct à la rivière. Sur la D 947. ☎ 02 41 40 30 00. Fax : 02 41 67 37 81. E-mail : iledoffard@wanadoo.fr, Web : cvtloisirs.com.

SAVENNIERES
6-C2 1101 hab. ✉ 49170

M. SIMONNEAU Alain, aire naturelle . A 500 m : . Angers/Nantes sortie dir. St Georges sur Loire. Par RN 23 puis à St Jean de Linière prendre dir. Savennières. ☎ 02 41 39 51 88 / 02 41 39 57 65. Fax : 02 41 39 51 88.

LA TESSOUALLE
6-C3 7 km S.-E. Cholet. 134 m. 2677 hab. ✉ 49280

CAMP MUNICIPAL DU VERDON ★★ Tourisme 28 E. . Accès direct aux bords du lac. Le Bois Neuf. Base de Loisirs à 500 m, voile, planche à voile, canoë-kayak. ☎ 02 41 49 74 61. Fax : 02 41 58 21 22. E-mail : villa ge-vacances-cholet@wanadoo.fr, Web : www.cholet-sports-loisirs.com.

THOUARCE
6-C2 28 km S. Angers. 1455 hab. ✉ 49380

CAMP MUNICIPAL DE L'ECLUSE ★★ Tourisme 32 E. dont 32 nus 0,5 ha. CV Sanitaire chauffé. Accès direct à la rivière. Ouv : 15.4 / 15.9. Avenue des 3 ponts. ☎ 02 41 54 14 36 (Mairie). Fax : 02 41 54 09 11. E-mail : mairie.thouarce@wanadoo.fr, Web : www.thouarce.fr. Prix 2007. : 0,80 € ; 0,80 € ; 0,80 € ; 1,50 € ; - de 7 ans 1 € ; 1,80 €.

TURQUANT
6-D3 9 km S.-E. Saumur. 420 hab. ✉ 49730

CENTRE NATURISTE LA HERPINIERE ★ Tourisme 116 E. 25 ha. Rés. naturiste. Locations : . Accès direct aux bords du lac. ; ; . ☎ 02 41 51 74 81.

LA VARENNE
6-B2 52 km N.-O. Cholet. 65 m. 1088 hab. ✉ 49270

CAMP MUNICIPAL DES GRENETTES ★★ Tourisme 20 E. 0,7 ha. CV. . Accès direct à la rivière. . Accueil groupes. CD 751. ☎ 02 40 98 58 92 / 02 40 98 51 04 (Mairie). Fax : 02 40 98 53 06. E-mail : mairie-lavarenne@wanadoo.fr, Web : mairie-la-varenne.fr.

VARENNES SUR LOIRE
6-D3 6 km N.-E. Saumur. 28 m. 1892 hab. ✉ 49730

L'ETANG DE LA BRECHE ★★★★ Tourisme 201 E., dont 100 CC - 101 GCC, 9 ha. CV. Locations : 30 , 50 . chauffée poney games et jumping, 2 courts en quick, . Accès direct à l'étang. Rivière à 300 m. ; ; à 6 km : . A la Brèche-Pitot. RD 952. Route de Tours. ☎ 02 41 51 22 92 (Geneviève). Fax : 02 41 51 27 24. E-mail : etang.breche@wanadoo.fr, Web : www.etang-breche.com. Prix 2007. Fft jour : Empl. Tourisme : 32 € ( ) ; Sup : 7,50 € 3,50 €. Réduction H.S.

VERN D ANJOU
6-C2 10 km S.-E. Segré. 50 m. 1459 hab. ✉ 49220

CAMP MUNICIPAL ★ Tourisme 10 E. 0,56 ha. . Etang à 300 m. à 300 m : . Allée des Sports. CD 770. ☎ 02 41 61 04 08. Fax : 02 41 61 48 97. E-mail : mairie-vern-danjou@wanado o.fr.

VERNANTES
6-D2 18 km N.-E. Saumur. 1743 hab. ✉ 49390

CAMP INTERCOMMUNAL DE LA GRANDE PATURE ★★ Tourisme 25 E. 1,2 ha. . Locations : . . Accès direct à l'étang. . Saumur - Noyant - Le Lude D 767. Sur D 58. ☎ 02 41 51 45 39 / 02 41 67 18 90 / 02 41 51 50 12 (H.S.). Fax : 02 41 51 57 20.

VIHIERS
6-C3 40 km S.-O. Saumur. 4090 hab. ✉ 49310

CAMP MUNICIPAL ★★ Tourisme 30 E. 0,3 ha. . Locations : . . Accès direct à la rivière. . Axe Saumur-Cholet prendre Vihiers puis dir. le Voide. ☎ 02 41 75 00 14 / 02 41 75 80 60 (Mairie). Fax : 02 41 75 58 01. E-mail : ville.vihiers@wanadoo.fr, Web : vihiers.free.fr.

VILLEBERNIER
6-D2 4 km E. Saumur. 35 m. 1245 hab. ✉ 49400

CAMP MUNICIPAL ★★ Tourisme 78 E. 1 ha. . Locations : , . Accès direct à la rivière. . Ouv : 11.7 / 25.8. Le Port Roux, RN 152. ☎ 02 41 67 23 04 / 02 41 51 06 25 (Mairie) (H.S.). Fax : 02 41 51 05 34. Prix 2007. ( ) : 2,40 € ; 2,40 € ; 12 € ; 2,40 € ; 2,70 € ; - de 10 ans 1,70 € ; 3,10 € ; Animaux 1 €.

FFCC : Stop accueil Camping-car du 11/07 au 25/08/2008, accès jusqu'à 20h.

VILLEMOISAN
6-C2 28 km O. Angers. 60 m. 464 hab. ✉ 49370

CAMP MUNICIPAL ★★ Tourisme 12 E. 0,8 ha. . ☎ 02 41 39 21 72 (Mairie) / 02 41 39 47 75 (Eté). Fax : 02 41 39 38 30. E-mail : mairie.villemoisan@wanadoo.fr.

50 MANCHE

Carte 2

Délégué FFCC : André BLAIS, 3, avenue Madame de Ségur - 14000 CAEN - 02 31 74 17 25

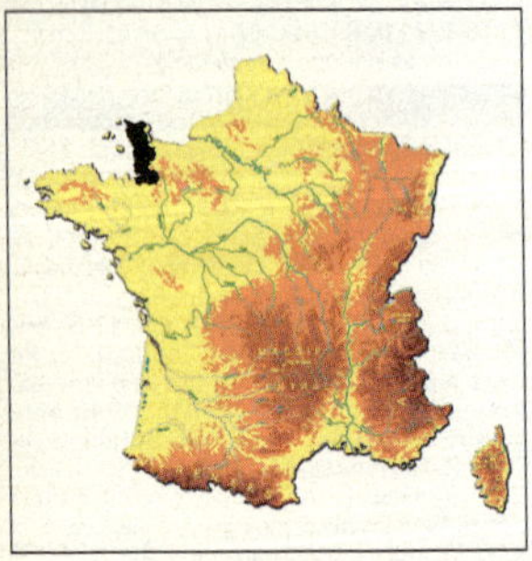

AGON COUTAINVILLE
2-B3 11 km O. Coutances. 5 m. 2327 hab. Station verte de vacances et village de neige ✉ 50230

CAMP MUNICIPAL DU MARAIS ★★★ Tourisme 147 E. 2 ha. CV. Bord de mer à 600 m. Etang à 1 km.Rivière à 2 km. à 400 m : ; à 600 m : , ; à 1,5 km : . Ouv : 1.7 / 1.9. Boulevard Lebel Jehenne, à 600 m du centre ville. ☎ 02 33 47 05 20. Fax : 02 33 47 31 95. E-mail : martinetmarais@wanadoo.fr, Web : perso.wanadoo.fr/campings.martinetmarais. Prix 2007. Empl. Tourisme : 3,70 € ( ) : 1,50 € ; 1,50 € ; 3,50 € ; - de 13 ans 2,20 € ; 2,50 € (5 A) ; Animaux 3 €.

CAMP G.C.U Réservé aux adhérents. Adhésion possible sur place pour les sociétaires MAIF et FILIA MAIF.

CAMP MUNICIPAL LE MARTINET ★★ Tourisme 122 E. dont 76 nus (62 Tourisme + 60 Loisirs), dont 46 GCC, 1 ha. CV. Bord de mer à 600 m. Etang et lac à 1 km.Rivière à 3 km. à 400 m : ; à 600 m : , ; à 1,5 km : , en ville. Ouv : 1.4 / 30.10. Boulevard Le Bel Jehenne, centre ville. ☎ 02 33 47 05 20. Fax : 02 33 47 31 95. E-mail : martinetmarais@wanadoo.fr, Web : perso.wanadoo.fr/campings.martinetmarais. Prix 2007. Empl. Tourisme : 3,30 € ( ) : 1,50 € ; 3,40 € ; - de 13 ans 2,20 € ; 2,50 € (5 A) ; Animaux 3 €.

LE RONQUET ★★ Loisirs 59 E. dont 19 nus (10 Tourisme + 49 Loisirs), dont 59 GCC, 1 ha. , pain, CV. Locations : 5 . Etang à 500 m. Bord de mer à 800 m. à 500 m : ; à 800 m : , , ; à 10 km : . Accueil adultes. Ouv : 1.4 / 30.10. 57, charrière du Commerce. Prendre Coutances puis D 44. Les animaux de catégorie 1 et 2 sont interdits. ☎ 02 33 47 05 29. Prix 2007. Fft jour : Empl. Tourisme (2) : 12,50 € ( ) ; Sup : 3,50 € - de 7 ans 2,50 € ; 3,50 € (16 A) ; Animaux 2 €. Réduction H.S.

FFCC : partenaire - terrain assuré par la FFCC + réduction emp. de 5 % en saison et hors saison + réduction loc. de 5 % en saison et hors saison.

LES MOUETTES ★★ Loisirs 110 E. (34 Tourisme + 76 Loisirs), dont 76 GCC, 1,5 ha. CV. Locations : 12 , 2 . Bord de mer à 100 m. Etang et rivière à 2 km. ; à 100 m : ; à 800 m : . Accueil groupes. Lieu-dit Le Passous. Entre Cherbourg et le Mont Saint-Michel. ☎ 02 33 45 38 63 / 06 81 04 76 42. E-mail : les-mouettes@tiscali.fr, Web : camping-les-mouettes.com. Prix 2007. Fft jour : Empl. Tourisme (2) : 12,30 € Sup : 4 € - de 7 ans 2,60 € ; 2,50 à 3 € (3 à 6 A) ; 1 € ; Animaux 1,50 €.

LE SEMAPHORE ★ Loisirs 199 E. . Locations : . à 400 m : , , . Route de la Pointe d'Agon. ☎ 02 33 47 29 27.

PARC RESIDENTIEL DE LOISIRS LA CHEVROTIERE P.R.L. 89 E.

M. DULONG Philippe, aire naturelle CV. A 2 km : . A 10 km : Piscine plein air. Ouv : 15.5 / 30.9. 77, Le Casrouge. Situé sur la D 650. ☎ 02 33 46 84 70. Fax : 02 33 46 84 70. E-mail : fermebecsplats@wanadoo.fr, Web : www.bons-plans-tourisme.com. Prix 2007. Empl. Tourisme : 3,50 € ( ) : 1,80 € ; 3,30 € ; - de 7 ans 2 € ; 2,80 € (5 A) ; Animaux 1,70 €. Réduction H.S.

FFCC : partenaire + réduction emp. de 10 % hors saison.

ANCTOVILLE SUR BOSCQ
2-F1 24 km S. Coutances 49 m. 285 hab. ✉ 50400

M. BOULAY Sylvain, camping à la ferme de la Vallée du Boscq . A 300 m : . A 5 km : . A 6 km : . La Turbotière. ☎ 02 33 49 39 18. E-mail : syline50@aol.com.

ANNEVILLE SUR MER

2-B3 15 km N.-O. Coutances. 190 hab. ✉ 50560

LE GRAND LARGE ★★★ Loisirs 129 E. (29 Tourisme + 100 Loisirs), dont 100 GCC, 1,4 ha. CV. Locations : . Accès direct à la mer. ; ; ; ; . La Plage sur D 650. ☎ 02 33 47 87 14 / 06 60 47 87 14 (H.S.). Fax : 02 33 47 24 90. E-mail : antoinedrieu@9online.fr.

ANNOVILLE

2-B3 12 km S.-O. Coutances. 28 m. 483 hab. ✉ 50660

CAMP MUNICIPAL LES PEUPLIERS ★★ Tourisme 100 E. (76 Tourisme + 24 Loisirs), dont 24 GCC, 1,7 ha. à 200 m : , . D 20. ☎ 02 33 47 67 73.

BARFLEUR

2-B1 25 km E. Cherbourg. 630 hab. ✉ 50760

INDIANA Non classé Tourisme 44 E. 10 ha. CV. Locations : 2 , 3 . Bord de mer à 150 m. ; ; ; à 100 m : . Ouv : 26.6. Route de St Vaast la Hougue. A 13 dir. Cherbourg, sortie Montebourg dir. Quetthou-Barfleur. ☎ 02 33 23 95 61. Fax : 02 33 23 95 61. E-mail : phlefe@yahoo.fr, Web : www.camping-indiana.com. Prix 2008. Fft jour : Empl. Tourisme (2) : 11 € Sup : 3 € - do 7 ans 2,70 € ; 3 à 4,70 € (7 à 14 A).

Voir aussi GATTEVILLE-LE-PHARE

BARNEVILLE CARTERET

2-B2 60 km N. Coutances. 47 m. 2327 hab. ✉ 50270

LA GERFLEUR ★★★ Tourisme 93 E. (55 Tourisme + 38 Loisirs), dont 38 GCC, 0,8 ha. CV. Locations : 8 , 1 . chauffée. Accès direct à l'étang et à la rivière. Bord de mer à 1,5 km. ; à 1,5 km : , ; à 1 km : . Gerfleur, rue Guillaume Le Conquérant. ☎ 02 33 04 38 41. Fax : 02 33 04 38 41. Réduction H.S.

LE BOCAGE ★★★ Tourisme 200 E. dont 120 nus (120 Tourisme + 80 Loisirs), dont 80 GCC, 4 ha. CV. Locations : . Bord de mer à 200 m. à 400 m : , ; à 500 m : , . Accueil groupes. Ouv : Pâques au 30.9. Rue du Bocage à Carteret. ☎ 02 33 53 86 91. Fax : 02 33 04 35 98. Prix 2008. () : 8,80 € ; 6 € ; - de 7 ans 4,40 € ; 2,30 à 2,90 €. Réduction H.S.

LES BOSQUETS ★★★ Tourisme 331 E. (215 Tourisme + 116 Loisirs), dont 116 GCC, 10 ha. pain, CV. Locations : 20 . chauffée. Bord de mer à 400 m. ; ; à 400 m : . Rue du Capitaine Quenault. ☎ 02 33 04 73 62. Fax : 02 33 04 35 82.

BAUBIGNY

2-A2 50 km N.-O. Coutances. 60 m. 167 hab. ✉ 50270

BEL SITO ★★ Tourisme 85 E. dont 60 nus, , dont 20 GCC, 6 ha. CV. Locations : , . Accès direct à l'étang. Bord de mer à 900 m. ; à 900 m : , , . Ouv : 15.4 / 15.9. Le Caumont de la Rue. ☎ 02 33 04 32 74. Fax : 02 33 04 32 74. E-mail : camping@bel-sito.com, Web : www.bel-sito.com. Prix 2007. Empl. Tourisme : 9,50 € () : 6 € ; 3 € ; 3,50 € (6 A) ; Animaux 3 €. Réduction H.S.

BEAUCHAMPS

2-B3 299 hab. ✉ 50320

AIRE NATURELLE MUNICIPALE . RD 924. ☎ 02 33 90 69 93 / 06 66 11 41 19.

BEAUVOIR

2-B4 15 km S.-O. Avranches. 18 m. 420 hab. ✉ 50170

AUX POMMIERS ★★★ Tourisme 107 E. (103 Tourisme + 4 Loisirs), dont 6 GCC, 2 ha. snack, pain, CV. Locations : 7 , 7 , 1 , 5 , Chambres. chauffée. Rivière à 200 m. Bord de mer à 4 km. ; 2 : . Accueil groupes. Ouv : 20.3 / 12.11. 28, route du Mont Saint-Michel. D 976 Pontorson-Mont-Saint-Michel. ☎ 02 33 60 11 36 / 06 81 30 74 47 (H.S.). Fax : 02 33 60 11 36. E-mail : pommiers@aol.com, Web : www.camping-auxpommiers.com. Prix 2007. Empl. Tourisme : 5,20 € () : 4,50 € ; - de 10 ans 2,50 € ; 3 € ; Animaux 1,20 €. Réduction H.S.

FFCC : partenaire + réduction emp. de 10 % hors saison + carte FFCC assurance annulation + réduction loc. de 5 % hors saison.

LE GUE DE BEAUVOIR ★ Tourisme 50 E. 0,8 ha. CV. Locations : 20 chambres. Rivière à 30 m. ; ; . Sur D 976. ☎ 02 33 60 09 23.

BLAINVILLE SUR MER

2-B3 12 km O. Coutances. 1016 hab. ✉ 50560

LE SENEQUET ★★ Tourisme 100 E. 2 ha. . Locations : . Bord de mer à 400 m. ; ; ; . ☎ 02 33 47 23 11.

CAMP MUNICIPAL LA MELETTE ★ Tourisme 183 E. (115 Tourisme + 68 Loisirs), dont 68 GCC, 3 ha. partiel, . Bord de mer à 500 m. à 1 km : . Route de la Mer. ☎ 02 33 47 14 84 / 02 33 47 11 44 (Mairie).

BOURGUENOLLES

2-B3 40 km S.-O. Saint-Lô 100 m. 250 hab. ✉ 50800

M. PIHAN Daniel, camping à la ferme . Lieu-dit L'Epine. Sur la RN 175 Villedieu-les-Poêles / Avranches. ☎ 02 33 51 23 15.

BRECEY

2-B4 17 km E.-N.-E. Avranches. 75 m. 2133 hab. Station verte de vacances et village de neige ✉ 50370

CAMP MUNICIPAL LE PONT ROULLAND ★★★ Tourisme 50 E. 1,6 ha. , visiteur, CV. chauffée . Etang et rivière à 200 m. . Ouv : 1.6 / 30.9. ☎ 02 33 48 60 60 (Gardien). Fax : 02 33 89 21 09. E-mail : mairie@brecey.com. Prix 2007. Empl. Tourisme : 2,20 € () : 2,35 € ; - de 7 ans 1,20 € ; 2 € ; Animaux 0,45 €.

BREHAL

2-B3 19 km S.-S.-O. Coutances. 70 m. 2392 hab. ✉ 50290

CAMP INTERCOMMUNAL DE LA VANLEE ★★★ Tourisme 480 E. 11,34 ha. juillet/août, juillet/août, CV. . Accès direct à la mer. Rivière à 200 m. ; ; ; . Accueil enfants. Ouv : 1.5 / 30.9. Rés. obligatoire en été. 4 km RD 971, accès depuis Bréhal ou Bricqueville par les Salines. ☎ 02 33 61 63 80. Fax : 02 33 61 87 18. E-mail : camping.vanlee@wanadoo.fr, Web : www.camping-vanlee.com. Prix 2007. Fft jour : Empl. Tourisme (1) : 8,90 € () ; Sup : 4,15 € - de 12 ans 2,80 € ; 3,60 € (6 A) ; Animaux 2,50 €. Réduction H.S.

FFCC : partenaire + réduction emp. de 10 % en saison et hors saison.

M. MARIGNY, aire naturelle Le Pont Guyot. ☎ 02 33 61 61 71.

BRETTEVILLE

2-B1 8 km E. Cherbourg. 60 m. 680 hab. ✉ 50110

CAMP MUNICIPAL DU FORT ★★ 100 E. 2,7 ha. . Bord de mer à 200 m. ; ; . ☎ 02 33 22 27 60.

BREVILLE SUR MER

2-B3 22 km S.-O. Coutances. 7 m. 570 hab. ✉ 50290

LA ROUTE BLANCHE ★★★ Tourisme 273 E. dont 124 nus (140 Tourisme + 133 Loisirs) 2,5 ha. CV. Locations : 12 , 2 . chauffée. Bord de mer à 500 m. ; ; ; à 500 m : , . RN 171. ☎ 02 33 50 23 31. Fax : 02 33 50 26 47. E-mail : campinglaroutebl anche@yahoo.fr, Web : www.camping-breville.com. Réduction H.S.

PARC RESIDENTIEL DE LOISIRS EVERGREEN P.R.L. 64 E. Stand de tir.

BRICQUEVILLE SUR MER

2-B3 18 km S. Coutances. 60 m. 780 hab. ✉ 50290

M. SANSON Jean, aire naturelle les Hauts Vents CV. A 3 km : . A 6 km : . A 10 km : Piscine plein air. Ouv : 1.3 / 1.11. Accès par la D 98. ☎ 02 33 61 66 38. Prix 2007. Empl. Tourisme : 2,60 € ; 2,50 € ; - de 7 ans 1,50 € ; 2,60 €.

Mme DELALANDE Anne-Marie, aire naturelle . A 500 m : . A 1,5 km : . A 2,5 km : . A 1,5 km : . A 2,5 km : . A 10 km : Piscine plein air. Accès par la CD 98 et CD 375. ☎ 02 33 51 75 92 / 02 33 51 78 40.

CARENTAN

2-B2 28 km N.-O. Saint Lo. 6 m. 6939 hab. ✉ 50500

LE HAUT DICK ★★★ Tourisme 120 E. dont 113 nus, dont 80 CC. CV. Locations : 7 . . Rivière à 300 m. ; à 200 m : . Ouv : 15.1 / 1.11. Lieu-dit Le Haut Dick, chemin du Gd-Bas-Pays, RN 13. ☎ 02 33 42 16 89. E-mail : LEHAUTDICK@aol.com, Web : www.camping-municipal.com. Prix 2007. Fft jour : Empl. Tourisme (2) : 10 € () ; Sup : 2,50 € - de 7 ans 1,80 € ; 3,20 € (6 A).

CAROLLES

✉ 50610

Voir JULLOUVILLE

CEAUX

2-B4 9 km S. Avranches. 20 m. 397 hab. ✉ 50220

M. MARTINET Jean-Jacques, camp Avallonn . A 1 km : . A 2 km : . A 4 km : . A 10 km : Piscine plein air . Ouv : 15.4 / 30.9. La Caufetière. Situé sur D 43, route du Mont-St-Michel on venant d'Avranches. Autoroute A 84 sortie 33. ☎ 02 33 68 39 47. Fax : 02 33 68 39 47. Web : . Prix 2008. Fft jour : Empl. Tourisme (2) : 14,10 € () ; - de 12 ans 4 € ; 3,50 € (5 A).

FFCC : partenaire + réduction emp. de 5 % en saison et hors saison.

CHERENCE LE ROUSSEL

2-C4 28 km E. Avranches. 350 hab. ✉ 50520

CAMP MUNICIPAL ★ Loisirs 10 E. dont 10 nus 0,64 ha. . Rivière à 50 m. à 50 m : . Accueil groupes. Ouv : 1.6 / 15.9. ☎ 02 33 59 84 16 (Mairie). Fax : 02 33 59 84 16. Prix 2007. Empl. Tourisme : 0,77 € ; 0,77 € ; 0,77 € ; 0,77 € ; 0,77 € ; 1,22 € ; - de 7 ans 0,61 € ; 1,53 €.

COSQUEVILLE

2-B1 20 km N.-E. Cherbourg. 470 hab. ✉ 50330

LE SABLON ★ Loisirs 49 E. (5 Tourisme + 44 Loisirs), dont 19 CC - 30 GCC, 0,5 ha. CV. Accès direct à la mer. ; ; ; ; . Accueil groupes. Ouv : 29.3 / 28.9. Hameau de la Mer. A Valognes dir. St-Pierre-Eglise et Cosqueville est à 5 km. ☎ 02 33 43 41 72 / 02 33 53 79 29 (H.S.). Fax : 02 33 43 41 72. Prix 2007. Empl. Tourisme : 3,90 € () : 3,50 € ; - de 7 ans 2 € ; 2 à 3,50 € ; Animaux 2 €. Réduction H.S.

COUDEVILLE SUR MER

2-B3 22 km S.-O. Coutances. 546 hab. ✉ 50290

CAMP MUNICIPAL LES DUNES ★★ Tourisme 300 E. (180 Tourisme + 120 Loisirs), dont 80 GCC, 7,5 ha. Bord de mer à 20 m. ☎ 02 33 51 76 07 / 02 33 51 91 10 (Personnel).

COURTILS

2-B4 10 km S.-O. Avranches. 224 hab. ✉ 50220

LE SAINT MICHEL ★★★ Tourisme 100 E. dont 70 nus, dont 36 GCC, 3,5 ha. enfants, CV. Locations : 30. chauffée. Bord de mer et rivière à 1,5 km. à 2 km. Accueil groupes. Ouv : 15.3 / 15.10. 200 m de la ville à gauche après la traversée du village en dir. du Mont Saint Michel. ☎ 02 33 70 96 90. Fax : 02 33 70 99 09. E-mail : infos@campingsaintmichel.com, Web : www.campingsaintmichel.com. Prix 2007. : 5 € ; 5 € ; 5 € ; 6 € ; - de 7 ans 2,50 € ; 2,60 € (6 A) ; Animaux 1 €. Réduction H.S.

COUTANCES

2-B3 27 km O. St-Lo. 13439 hab. ✉ 50200

CAMP MUNICIPAL LES VIGNETTES ★★ Tourisme 82 E. 1,3 ha. CV. couverte chauffée. Rivière à 1 km. à 500 m. Accueil groupes. Ouv : 1.1 / 31.12. 27 rue de St-Malo, à 1 km du centre ville. ☎ 02 33 45 43 13. Fax : 02 33 45 74 98.
FFCC : partenaire + Stop accueil Camping-car du 1/1 au 31/12, accès jusqu' à 23 h.

CREANCES

2-B2 22 km N. Coutances. 1943 hab. ✉ 50710

CAMP DES DUNES ★★ Tourisme 128 E. 1,5 ha. CV. Bord de mer à 50 m. à 50 m. Accueil groupes. 832, boulevard de la Mer. Front de mer. ☎ 02 33 46 31 86 / 02 33 17 25 61. Fax : 02 33 07 40 42.

LES CRESNAYS

2-B4 19 km N.-E. Avranches. 125 m. 375 hab. ✉ 50370

M. GONTIER Jean-Claude A 6 km : Piscine plein air. La Chatterie. D 48. ☎ 02 33 48 71 77 / 06 89 45 86 84.

LA CROIX AVRANCHIN

2-B4 17 km S. Avranches. 83 m. 437 hab. ✉ 50240

CAMP MUNICIPAL LE CLOS RUAULT ★★ 25 E. 0,5 ha. Etang et rivière à 5 km. Sur CD 40. ☎ 02 33 48 24 40 / 02 33 48 33 17 (Mairie). Fax : 02 33 48 33 17.

DENNEVILLE

2-B2 36 km N.-O. Coutances. 466 hab. ✉ 50580

L'ESPERANCE ★★★ Loisirs 104 E. dont 39 nus (49 Tourisme + 55 Loisirs), dont 12 CC - 39 GCC, 3 ha. snack, CV. Locations : 10. chauffée. Bord de mer à 400 m. à 300 m. Ouv : 1.4 / 30.9. 36, rue de la Gamburie. ☎ 02 33 07 12 71. Fax : 02 33 07 58 32. E-mail : camping.esperance@wanadoo.fr, Web : www.camping-esperance.fr. Prix 2007. Fft jour : Empl. Tourisme (2) : 20 € ; Sup : 5,30 € - de 1/7 ans 3,20 € ; 2,80 à 3,70 € (4 à 6 A) ; Animaux 1,80 €. Réduction H.S.
FFCC : partenaire + réduction emp. de 5 % en saison et hors saison.

DOMJEAN

2-C3 18 km S.-E. Saint-Lô. 110 m. 750 hab. ✉ 50420

CAMPING RURAL, aire naturelle A 2 km. A 4 km. A 5 km. D 13. ☎ 02 33 56 32 71 (Mairie). Fax : 02 33 05 34 31. E-mail : mairie-domjean@wanadoo.fr.

DONVILLE LES BAINS

2-B3 26 km N.-O. Avranches. 3240 hab. ✉ 50350

L'ERMITAGE INTERCOMMUNAL GRANVILLE/DONVILLE ★★★ Tourisme 350 E. (340 Tourisme + 10 Loisirs), dont 10 GCC, 5,3 ha. CV. Accès direct à la mer. Accueil groupes. Ouv : 15.4 / 15.10. Rue de l'Ermitage, RN 171. ☎ 02 33 50 09 01 / 02 33 50 08 21 (H.S.). Fax : 02 33 50 88 19. E-mail : camping-ermitage@wanadoo.fr, Web : www.camping-ermitage.com. Prix 2007. Empl. Tourisme : 6,60 € : 1,60 € ; 1,60 € ; 3,70 € ; 4,10 € ; - de 11 ans 2,35 € ; Animaux 1,70 €.

L'OASIS DE LA PLAGE ★★★ Loisirs 130 E. (52 Tourisme + 78 Loisirs), dont 7 GCC. CV. Locations : 9. Accès direct à la mer. Route du Champs de Courses. ☎ 02 33 50 52 01. Fax : 02 33 90 79 74. Réduction H.S.

DRAGEY RONTHON

2-B4 12 km N.-O. Avranches. 597 hab. ✉ 50530

LES COGNETS ★★ Loisirs 176 E. dont 27 nus (18 Tourisme + 158 Loisirs), dont 158 GCC, 2 ha. sauf petits chiens, snack saison, CV. Locations : 23. Bord de mer à 1,7 km. Accueil groupes encadrés. A 84 sortie Avranches centre dir. D 973 Granville. Dir. D 911 direction Jullouville par la côte, puis Vains/Genêts/Dragey. ☎ 02 33 48 86 98 / 02 33 48 83 24 (H.S.). Fax : 02 33 48 86 98. Web : www.camping-lescognets.fr.

DUCEY

2-B4 9 km S.-E. Avranches. 2165 hab. ✉ 50220

CAMP MUNICIPAL LA SELUNE ★★ Tourisme 40 E. 0,45 ha. CV. Rivière à 300 m. Rue de Boishue. ☎ 02 33 48 46 49 / 02 33 48 50 52. Fax : 02 33 48 87 59.

EQUEURDREVILLE HAINNEVILLE

2-B1 2 km O. Cherbourg. 10 m. 13546 hab. ✉ 50120

CAMP MUNICIPAL LA SALINE ★★ Tourisme 78 E. (53 Tourisme + 25 Loisirs), dont 78 GCC, 1 ha. CV Sanitaire chauffé. Bord de mer à 50 m. à 500 m. Accueil groupes. A Equeurdreville dir. Beaumont-Hague. ☎ 02 33 93 88 33 / 02 33 53 96 00 (Mairie). Fax : 02 33 93 12 70. E-mail : mairie-equeurdreville@dialoleane.com, Web : www.equeurdreville.com.

L ETANG BERTRAND

2-B2 27 km S. Cherbourg 245 hab. ✉ 50260

Mme GOUGEON Agnès, aire naturelle CV. A 2 km. A 3 km. A 7 km : Piscine plein air. Ouv : 15.4 / 15.10. L'Oraille. Au centre du Cotentin. ☎ 02 33 40 30 37 / 06 72 90 07 05 (H.S.). E-mail : denisgouge@aol.com & agdgougeon@laposte.net. Prix 2008. Empl. Tourisme : 1,25 € : 1,25 € ; 1,25 € ; 2,50 € ; 1,25 € ; 2,50 € ; - de 7 ans 1,25 € ; 2,50 à 3 € (3 à 6 A).

FERMANVILLE

2-B1 17 km N.-E. Cherbourg. 994 hab. ✉ 50840

LA PLAGE ★ Tourisme 64 E. dont 7 nus, , dont 64 GCC, 2 ha. snack, CV. Locations : 10. Bord de mer à 300 m. Accueil groupes. Ouv : 1.3 / 30.11. 2, village de Fréval. ☎ 02 33 54 38 84. Fax : 02 33 54 74 30. E-mail : campingdelaplage.fermanville@wanadoo.fr, Web : camping-Fermanville.com. Prix 2007. Fft jour : Empl. Tourisme (2) : 13 € ; Sup : 5 € - de 7 ans 2 € ; 2,50 € (6 A) ; Animaux 2 €. Réduction H.S.

M. LARONCHE Jean A 200 m : A 2 km: A 6 km : Route Carrière de granit rose. Village d'Inglemare, sur RD 116, 1 km Nord-Ouest de la commune, à proximité de la ferme. Prairie. ☎ 02 33 54 32 56.

Mme GIOT Thérèse,aire naturelle CV. A 20 m : A 500 m : A 1 km: Camping du Gibert, 47, hameau d'Intheville, par CD 116, 1 km Est de la commune, à proximité de la ferme. ☎ 02 33 54 39 46. E-mail : family-giot@wanadoo.fr. Prix 2007. : 3 € ; 1,50 € ; 4 € ; 3 € ; 3 € ; - de 7 ans 1,50 €.

FFCC : partenaire - terrain assuré par la FFCC .

FLAMANVILLE

2-A2 26 km S.-O. Cherbourg 90 m. 1781 hab. ✉ 50340

M. THIEBOT François,La Ferme aux 5 Saisons CV. A 1 km: . A 3 km : . A 5 km : Piscine plein air. ☎ 06 80 66 34 77. Fax : 02 33 04 56 84. E-mail : fermeaux5saisons@wanadoo.fr, Web : perso.wanadoo.fr/fermeaux5saisons. Prix 2007. Empl. Tourisme : 3 € () : 2 € ; 4 € ; - de 12 ans 2,50 €.

GATTEVILLE LE PHARE

2-B1 26 km E. Cherbourg. 20 m. 535 hab. ✉ 50760

CAMP MUNICIPAL DE BARFLEUR LA BLANCHE NEF ★★ Tourisme 90 E. (65 Tourisme + 25 Loisirs), dont 5 CC - 20 GCC, 2,5 ha. CV Sanitaire chauffé. Locations : . Bord de mer à 20 m. Rue des Ecoles. Le terrain n'est accessible que par Barfleur. ☎ 02 33 23 15 40. Fax . 02 33 23 96 14. E-mail : lablanchenef@wanadoo.fr.

LA FERME DU BORD DE MER ★★ 50 E. 0,8 ha. CV. Locations : 5, 10. Accès direct à la mer. Rivière à 4 km. D 901/902 dir. Barfleur. En bordure CD 116. Dans Barfleur, tourner à l'Ouest en dir. de Gatteville-Phare. ☎ 02 33 54 01 77. Fax : 02 33 54 78 99. E-mail : fdbm@caramail.com, Web : www.lafermeduborddemer.com.

Mme LEONARD Christine,aire naturelle CV. A 1 km: . A 3 km : . Ferme de Crabec, par CD 116, 700 m Nord-Est de la commune, à proximité de la ferme. Bord de mer. Réservation conseillée. Glace à rafraîchir. Location de caravanes, VTT et de vélos. ☎ 02 33 54 01 77. Fax : 02 33 54 78 99. E-mail : fdbm@caramail.com.

GEFFOSSES

2-B2 16 km N.-O. Coutances. 25 m. 392 hab. ✉ 50560

CAMP MUNICIPAL LA VALLEE ★ Tourisme 20 E. 0,3 ha. Bord de mer à 4 km. à 4 km : . Sur RD 53. ☎ 02 33 47 71 50.

GENETS

2-B4 12 km O. Avranches. 524 hab. ✉ 50530

LES COQUES D'OR ★★★ Tourisme 225 E. (140 Tourisme + 85 Loisirs) 4,6 ha. sauf petits chiens saison, saison, été, été, été, CV. Locations : 10. chauffée . Bord de mer à 2 km. à 2 km : . 14, route du Bec d'Andaine. RD 911. ☎ 02 33 70 82 57. Fax : 02 33 70 86 83. Web : www.campinglescoquesdor.com.

LA PERAME ★★ Tourisme 50 E. (40 Tourisme + 10 Loisirs) 2 ha. Rivière à 2 km.Bord de mer à 4 km. à 2 km : . Entre Granville et Avranches sur la côte, dans la Baie du Mont St Michel. ☎ 02 33 70 82 49.

FFCC : partenaire - terrain assuré par la FFCC.

GOUVILLE SUR MER

2-B3 16 km N.-O. Coutances. 25 m. 1174 hab. ✉ 50560

INTERNATIONAL CAMPING BELLE ETOILE ★★★★ Loisirs 160 E. (6 Tourisme + 154 Loisirs), dont 4 CC - 156 GCC, 2,8 ha. saison, ap.23h saison, CV. Locations : 16. chauffée . Bord de mer à 20 m. à 20 m : . 13 km ouest de Coutances, dir. Coutainville/Gouville sur Mer, dir. la Plage puis 400 m à droite. ☎ 02 33 47 86 87. Fax : 02 33 46 14 26.

LE SENEQUET ★★★ Tourisme 228 E. dont 75 nus (115 Tourisme + 113 Loisirs), dont 113 GCC, 3 ha. saison, saison, CV. Bord de mer à 20 m. à 50 m : . Par RD 268. ☎ 02 33 47 84 37. Fax : 02 33 47 93 20.

GRANVILLE

2-B3 24 km N.-O. Avranches. 15015 hab. ✉ 50400

LA VAGUE ★★★ Tourisme 145 E., dont 20 GCC, 1 ha. Bord de mer à 100 m. A Saint Nicolas. Accès très facile par 973 en dir. d'Avranches. ☎ 02 33 50 29 97.

HAMBYE

2-B3 20 km S.-E. Coutances. 100 m. 1241 hab. ✉ 50450

CAMPING RURAL LA SOURCE,aire naturelle ☎ 02 33 90 44 09. Fax : 02 33 91 92 28.

HAUTEVILLE SUR MER

2-B3 12 km S.-O. Coutances. 20 m. 597 hab. ✉ 50590

CAMP MUNICIPAL DU SUD ★★ Tourisme 188 E. (135 Tourisme + 53 Loisirs), dont 53 GCC, 3 ha. CV. Locations : 9. Bord de mer à 150 m. à 150 m : . RD 356. ☎ 02 33 47 52 28 / 02 33 47 52 57 (H.S.) / 02 33 47 52 57 (H.S.). Fax : 02 33 47 64 97.

LES GARENNES ★★ Tourisme 200 E. (151 Tourisme + 49 Loisirs), dont 49 GCC, 2,5 ha. CV. Locations : 6. Accès direct à la mer. Rue des Garennes. ☎ 02 33 46 28 93. Fax : 02 33 47 64 97.

LA HAYE DU PUITS

29 km N. Coutances. 70 m. 1852 hab. ✉ 50250

L'ETANG DES HAIZES Voir SAINT-SYMPHORIEN-LE-VALOIS

LA HAYE PESNEL

2-B3 13 km N. Avranches. 97 m. 1355 hab. ✉ 50320

CAMP MUNICIPAL ★ Tourisme 30 E. 0,5 ha. Etang à 2 km. à 500 m : . Rue du Champ de Foire, 100 m de la mairie. ☎ 02 33 61 50 43 (Mairie). Fax : 02 33 61 46 36.

ISIGNY LE BUAT

2-B4 16 km S.-E. Avranches. 100 m. 3147 hab. ✉ 50540

LA MAZURE ★★★ Tourisme 25 E. 1 ha. CV. Locations : 6, 4. Accès direct aux bords du lac et à la rivière. Accueil groupes. ☎ 02 33 89 19 50 / 02 33 89 19 57. Fax : 02 33 89 19 55. E-mail : contact@lamazure.com, Web : www.lamazure.com.

JULLOUVILLE

2-B3 24 km N.-O. Avranches. 7 m. 1928 hab. ✉ 50610

LA CHAUSSEE ★★★ Tourisme 265 E. (250 Tourisme + 15 Loisirs), dont 50 GCC, 4,5 ha. CV. Camping clef verte. Locations : 10. chauffée . Bord de mer à 100 m. à 100 m : . 1, avenue de la Libération. Bord de D 911. ☎ 02 33 61 80 18. Fax : 02 33 61 45 26. E-mail : jmb@camping-lachaussee.com, Web : www.camping-lachaussee.com. Réduction H.S.

CAMP DU DOCTEUR LEMONNIER ★★ Tourisme 130 E. (126 Tourisme + 4 Loisirs), dont 15 GCC, 1,8 ha. CV. Locations : 4, 2. Bord de mer à 100 m. à 100 m : . RD 911. ☎ 02 33 51 42 60 / 02 33 91 10 20 (H.S.).

CAMP MUNICIPAL DE CAROLLES ★★ Tourisme 109 E. (89 Tourisme + 20 Loisirs), dont 20 GCC, 1 ha. Locations : . Bord de mer à 1 km. ☎ 02 33 61 93 75.

CAMP RIGOT ★★ Loisirs 18 E., dont 18 GCC, 0,7 ha. à 100 m : .

LA CHAUMIERE ★★ Loisirs 190 E., dont 190 GCC. Saint-Michel des Loups. ☎ 02 33 48 82 93.

LE DOMAINE DU HAMEL ★★ Loisirs 73 E., dont 73 GCC, 1,6 ha. CV. Locations : 2. Bord de mer à 1,5 km. à 1,5 km : . Ouv : 2.4 / 31.10. D 61 Sartilly-Carolles, puis dir. Grousseÿ-Bouillon 2,5 km. Location longue durée. ☎ 02 33 61 84 48 / 06 25 64 29 57 (H.S.). E-mail : domaine.duhamel@orange.fr, Web : www.camping-jullouville.fr. Réduction H.S.

LE VAL OMBRE ★★ Loisirs 48 E. (17 Tourisme + 31 Loisirs), dont 31 GCC, 1 ha. pain, seche linge, CV Sanitaire chauffé. Locations : 1. Bord de mer à 1 km.Rivière à 1,5 km. à 1 km : . Ouv : 1.6 / 30.9. 166 route de Boislerey, Lieu-dit Bouillon, RN 911. ☎ 02 33 61 92 03. Fax : 02 33 61 92 03. Prix 2007. Fft jour : Empl. Tourisme (2) : 12,70 € ; Sup : 3,20 € - de 7 ans 2,70 € ; 4 € ; 1,80 € ; Animaux 1,70 €. Fft Tente : 10,80 € (2).

LES PINS ★★ 100 E. 1,5 ha. Accès direct à la mer. ☎ 02 33 50 42 66 / 02 33 61 86 84 (H.S.).

LE SOLEIL LEVANT ★ Loisirs 32 E. 0,45 ha. Locations : 3, 1, maison pour 6 pers.. à 2 km : . RD 571. ☎ 02 33 60 59 11.

FFCC : partenaire - terrain assuré par la FFCC.

VILLA SAINTE ANNE ★ Tourisme 14 E. CV. Locations : , . Bord de mer à 500 m. . Accueil groupes. Terrain réservé aux personnels de l'Enseignement Catholique du diocèse de Seez (61). ☎ 02 33 36 15 13 / 02 33 67 21 56. Réduction H.S.

M. CHAPDELAINE Robert,aire naturelle . A 1,5 km: . A 1 km : . A 3 km : . Jullouville dir. route St Pierre Langers. ☎ 02 33 61 83 78.

LESSAY

2-B2 21 km N.-N.-O. Coutances. 1389 hab. ✉ 50430

CAMP MUNICIPAL DU VAL D'AY ★★ Tourisme 25 E. 0,3 ha. . Accès direct aux bords du lac et à la rivière. Bord de mer à 5 km. . ☎ 02 33 46 46 18 / 02 33 46 68 23. Fax : 02 33 46 16 00.

MACEY

2-B4 18 km S.-O. Avranches. 15 m. 122 hab. ✉ 50170

M. DUGUEPEROUX Adolphe , rivière, . A 5 km: . Ouv : 1.6 / 30.9. 5, Les Chaliers. Carrefour de D 80 et D 200 à proximité de la ferme. Verger, rivière à 6 km. Gite de ferme. ☎ 02 33 60 01 27 (H.R.).

MAUPERTUS SUR MER

2-B1 10 km E. Cherbourg 216 hab. ✉ 50330

L'ANSE DU BRICK ★★★★ Tourisme 180 E. dont 130 nus (145 Tourisme + 35 Loisirs), dont 70 GCC, 7 ha. CV. Camping clef verte. Locations : 4 , 34 , . chauffée . Bord de mer à 100 m. ; ; ; ; ; . Accueil groupes. Ouv : 1.4 / 30.9. Dir. Cherbourg puis direction Barfleur par RD 116. Route du Val de Saire. ☎ 02 33 54 33 57. Fax : 02 33 54 49 66. E-mail : welcome@anse-du-brick.com, Web : www.anse-du-brick.com. Prix 2008. Fft jour : Empl. Tourisme (2) : 35 € ( ) ; Sup : 7,20 € - de 13 ans 5,30 € ; E. GCC 38,20 € (Fft) ; Animaux 2,60 €. Réduction H.S.

FFCC : partenaire + réduction emp. de 5 % en saison et hors saison.

LES MOITIERS D ALLONNE

2-B2 50 km N.-O. Coutances. 85 m. 538 hab. ✉ 50270

M. MABINE Jacques, aire naturelle . A 1 km: . A 2 km : . A 3 km : . A 5 km : Piscine plein air . Le Pré des Roques, Hattainville, par CD 242, à 1,5 km de la commune, 1 km de la ferme. Pré. ☎ 02 33 04 61 48.

LE MONT ST MICHEL

22,5 km S.-O. Avranches. 50 m. 120 hab. ✉ 50170

LE MONT-SAINT-MICHEL ★★★ Tourisme 250 E. 4 ha. CV. Locations : . Rivière à 200 m. . Ouv : 15.2 / 31.10. Carrefour des RD 976 et RD 275. ☎ 02 33 60 22 10. Fax : 02 33 60 20 02. E-mail : stmichel@le-mont-saint-michel.com, Web : www.le-mont-saint-michel.com/. Prix 2008. Empl. Tourisme : 6,30 € ( ) : 8 € ; 4,10 € ; - de 10 ans 2,40 € ; 2,70 € (5 A). Réduction H.S.

Voir ARDEVON ET PONTORSON.

MONTMARTIN EN GRAIGNES

2-B2 20 km N. Saint-Lo. 20 m. 552 hab. ✉ 50620

M. DUVAL Louis-Joseph , gratuite, , pétanque, 2, CV. A 5 km: . A 7 km : Piscine plein air . A 8 km : . Ouv : 15.6 / 15.9. Le Clos Fleuri, Monceaux, RN 174, à 2,5 km Sud-Ouest de la commune, à proximité de la ferme. Verger en pelouse. Tous les matins passage de la boulangerie. ☎ 02 33 56 84 87. Prix 2007. Fft jour : Empl. Tourisme (2) : 9,40 €

FFCC : partenaire - terrain assuré par la FFCC.

MONTMARTIN SUR MER

2-B3 10 km S.-O. Coutances. 50 m. 845 hab. ✉ 50590

LA SIRENE ★★★★ Loisirs 131 E., dont 131 GCC, 3 ha. CV. Locations : 31 . chauffée . Bord de mer à 200 m. ; à 200 m : , . Ouv : 1.1 / 31.12. Allée des Dunes. La plage ☎ 02 33 61 41 41 (Réserv.). Fax : 02 33 91 00 30. E-mail : contact@camping-lasirene.com, Web : www.camping-lasirene.com.

LES DAUPHINS ★★★★ Loisirs 184 E., dont 184 GCC, 4 ha. . Bord de mer à 200 m. ; ; ; . Allée des Dunes. Location longue durée ☎ 02 33 47 22 22 / 02 33 91 70 20 (H.S.). Fax : 02 33 91 70 23. E-mail : e.gd@wanadoo.fr.

CAMP MUNICIPAL LES GRAVELETS ★★ Tourisme 100 E., dont 15 GCC, 1 ha. ap. 22 h 30, CV. Locations : 15 , . Bord de mer à 2 km ; à 7 km : ; , . Coutances sur axe Coutances / Bréhal / Granville D 20. ☎ 02 33 47 70 20. Fax : 02 33 47 70 20. E-mail : campgrav@chez.com, Web : www.chez.com/campgrav.

LES GENETS ★ Loisirs 11 E., dont 11 GCC.

CARAVANING 2000 P.R.L. 127 E. . Bord de mer à 100 m. ; ; à 100 m : . La Plage. Location longue durée. ☎ 02 33 47 50 18 / 02 33 91 70 20. Fax : 02 33 91 70 23. E-mail : c.gd@wanadoo.fr.

LES MINQUIERS P.R.L. 83 E.

M. LECORDIER David,aire naturelle . A 200 m : . A 2 km: . A 3 km : . A 12 km : Piscine plein air. Ferme du Marais, par RD 171, 2 km Nord-Ouest de la commune, à proximité de la ferme. Pré. Gîte. ☎ 02 33 47 61 87.

MONTPINCHON

2-B3 12 km E. Coutances. 142 m. 528 hab. ✉ 50210

AIRE NATURELLE MUNICIPALE . A 4 km: . A 15 km : Piscine plein air . Aire de camping gratuite. ☎ 02 33 46 93 45 / 02 33 45 27 16.

MONTVIRON

2-B4 9 km N.-O. Avranches. 224 hab. ✉ 50530

LE MONT VIRON ★★ Tourisme 42 E. dont 12 nus (30 Tourisme + 12 Loisirs), dont 7 GCC, 1,5 ha. CV. Locations : 6 , 3 . Etang à 2 km. Bord de mer à 5 km. Ouv : Pâques / 30.9. Rés. obligatoire en été. Route de Sartilly, RN 973. ☎ 02 33 60 43 26 / 06 80 72 32 96 (H.S.). Fax : 02 33 60 57 10. E-mail : lemontviron@aol.com.

MORTAIN

2-C4 36 km E. Avranches. 235 m. 3036 hab. Station verte de vacances et village de neige ✉ 50140

CAMP MUNICIPAL LES CASCADES ★ Tourisme 16 E. dont 16 nus 0,5 ha. . Rivière à 600 m. à 200 m : . Accueil groupes. Place du Château. ☎ 02 33 79 30 30 (Mairie). Fax : 02 33 59 75 70. E-mail : mairie.de.mortain@wanadoo.fr, Web : www.ville-mortain.fr.

OMONVILLE LA ROGUE

2-A1 21 km N.-O. Cherbourg. 15 m. 334 hab. ✉ 50440

CAMP MUNICIPAL DU HABLE ★★ Tourisme 65 E. (55 Tourisme + 10 Loisirs), dont 32 CC, 1 ha. CV. . Bord de mer à 100 m. ; ; à 100 m : , . Accueil groupes. Ouv : 1.4 / 30.9. D 45. ☎ 02 33 52 86 15 / 02 33 01 86 00 (H.S.). Fax : 02 33 52 86 15. Prix 2007. 1,75 € ; 1,75 € ; 1,75 € ; 1,75 € ; 2,40 € ; - de 7 ans 1,55 € ; 2,90 à 4,70 € (5 à 10 A) ; Animaux 0,95 €.

FFCC : partenaire - terrain assuré par la FFCC.

PICAUVILLE

2-B2 31 km S.-E. Cherbourg. 2587 hab. ✉ 50360

CAMP MUNICIPAL DE PONT L'ABBE ★ Tourisme 16 E. dont 14 nus 0,3 ha. . Rivière à 200 m. . Accueil groupes. Rue de Périers. CD n°24. ☎ 02 33 41 00 18 (Mairie). Fax : 02 33 41 07 98. E-mail : mairie.picauville@wanadoo.fr.

LES PIEUX

2-A2 20 km S.-O. Cherbourg. 108 m. 2462 hab. ✉ 50340

LE GRAND LARGE ★★★★ Tourisme 236 E. (136 Tourisme + 100 Loisirs), dont 160 GCC, 3,7 ha. , friterie, CV. Locations : 1 , 39 . chauffée . Accès direct à la mer. ; ; ; . Accueil adultes. Ouv : 12.4 / 21.9. Anse de Sciotot, RD 117. ☎ 02 33 52 40 75. Fax : 02 33 52 58 20. E-mail : le-grand-large@wanadoo.fr, Web : www.legrandlarge.com. Prix 2007. Fft jour : Empl. Tourisme (2) : 30 € ( ) ; Sup : 6 € - de 7 ans 3,50 € ; 4 € (10 A). Réduction H.S.

FFCC : réduction loc. de 5 % hors saison + HC.

PIROU

2-B2 20 km N.-O. Coutances. 1121 hab. 50770

CAMP MUNICIPAL LE CLOS MARIN En cours classt ★ 250 E. dont 153 nus, 4 ha. CV Sanitaire chauffé. Locations : 4, 10, chauffée. Accès direct à la mer. ; . Accueil groupes. Ouv : 1.4. Rés. obligatoire en été. 43, rue des Bergeronnettes. ☎ 02 33 46 30 36 (Mairie) / 02 33 46 41 18 (H.S.). Fax : 02 33 46 35 20. E-mail : le-clos-marin.pirou@wanadoo.fr. Prix 2007. Empl. Tourisme : 4,45 € ; 1,80 € ; 3,75 € ; - de 7 ans 2,55 € ; 2,90 € ; Animaux 1,40 €. Réduction H.S.

M. MASSU Claude,aire naturelle CV. A 800 m : . A 1 km: . A 2 km : Piscine plein air . La Morinière. Sur D 650. ☎ 02 33 45 29 29. Fax : 02 33 45 88 26.

PONTAUBAULT

2-B4 7 km S. Avranches. 476 hab. 50220

LA VALLEE DE LA SELUNE ★★ Tourisme 100 E. dont 63 nus 1,5 ha. Locations : 8, 2. Rivière à 80 m. Bord de mer à 2 km.Lac à 5 km. à 200 m : ; à 5 km : . Ouv : 1.4 / 20.10. N 175 puis prendre la D 43. ☎ 02 33 60 39 00. Fax : 02 33 60 39 00. E-mail : campselune@wanadoo.fr. Prix 2008. () : 3 € ; 3 € ; 6 € ; 3 € ; 3 € ; - de 2/14 ans 1,50 € ; 3 € (10 A) ; Animaux 1,30 €. Réduction H.S.

PONTORSON

2-B4 22 km S.-O. Avranches. 18 m. 5366 hab. 50170

HALIOTIS ★★★ Tourisme 152 E. (93 Tourisme + 59 Loisirs), dont 59 GCC, 4 ha. CV Sanitaire chauffé. Locations : 4, 28, chauffée. Accès direct à la rivière. . Accueil groupes. Ouv : 22.3 / 6.11. Chemin des Soupirs. A 1 km de la RN 175 et de la RN 176. ☎ 02 33 68 11 59. Fax : 02 33 58 95 36. E-mail : info@camping-haliotis-mont-saint-michel.com, Web : www.camping-haliotis-mont-saint-michel.com. Prix 2008. Fft jour : Empl. Tourisme (2) : 19 € () ; Sup : 6 € - de 12 ans 3,50 € ; 3 € (16 A) ; Animaux 0,50 €. Réduction H.S.
FFCC : partenaire + réduction emp. de 5 % hors saison + réduction loc. de 5 % hors saison + HC.

Voir aussi BEAUVOIR

PORTBAIL

2-B2 45 km N.-O. Coutances. 1727 hab. 50580

TERRAIN DE CAMPING ★★★ Tourisme 140 E. (80 Tourisme + 60 Loisirs), dont 60 GCC, 3,8 ha. après 10 h. Accès direct à la mer. à 20 m : . Ouv : 1.5 / 30.9. La Plage, le vieux Fort. ☎ 02 33 04 81 99. Prix 2008. Empl. Tourisme : 6,70 € ; 5,30 € ; - de 7 ans 3,60 € ; 4,40 € ; Animaux 2,20 €.

LA COTE DES ISLES ★★ Loisirs 117 E. (55 Tourisme + 62 Loisirs), dont 62 GCC, 2,5 ha. CV. Locations : 5, . ; ; à 150 m : . D 15. ☎ 02 33 10 13 30. Fax : 02 33 10 13 31. E-mail : campingisles@aol.com.

LES MIELLES DE LA CORNEVIERE ★ Tourisme 70 E.

M. LEREVERAND Albert A 2 km: . A 4 km : Piscine plein air . Village Saint-Siméon, par RD 903 et RD 426, à 3 km Nord de la commune, à proximité de la ferme. Pré herbeux, mer à 2 km. Location de mobil-homes et de caravane. ☎ 02 33 04 87 24.

QUERQUEVILLE

2-B1 12 km N.-O. Cherbourg. 5224 hab. 50460

INSTITUTION DE GESTION SOCIALE DES ARMEES ★★ Tourisme 125 E. . Bord de mer à 10 m. ; ; ; . Priorité Ministère de la Défense. ☎ 02 33 08 16 92.

QUETTEHOU

2-B1 27 km E.-S.-E. Cherbourg. 10 m. 1336 hab. 50630

LE RIVAGE ★ Loisirs 105 E. (50 Tourisme + 55 Loisirs), dont 80 GCC, 1,6 ha. CV. Locations : 17, . chauffée. Bord de mer à 400 m à 400 m : . Accueil groupes. Route de Morsalines RD 14. ☎ 02 33 54 13 76. Fax : 02 33 43 10 42. E-mail : camping.lerivage@wanadoo.fr, Web : www.camping-lerivage.fr. Prix 2007. Fft jour : Empl. Tourisme (2) : 18 € () ; Sup : 6 € 3,50 € ; 3,90 € (6 à 10 A) ; Animaux 3 €. Réduction H.S.
FFCC : partenaire + carte FFCC assurance annulation.

QUETTREVILLE SUR SIENNE

2-B3 10 km S. Coutances. 19 m. 1014 hab. 50660

LA LANDE ★ Tourisme 26 E., dont 8 HLL, 1 ha. pétanque, CV. Locations : 2, Chamdres d'hôtes. Rivière à 200 m. Bord de mer à 5 km. à 200 m : ; à 1 km : . Accueil groupes. La Lande. Entre Coutances et Granville. Rue Charles de Gaulle. ☎ 02 33 07 48 29 / 06 84 40 00 18 (H.S.).

MM. VERBANCK F. ou BARTHELEMY,aire naturelle . A 500 m : . A 7 km: . Le Pont de Quettreville sur Sienne, RD 49, 500 m Sud-Ouest de la commune. Pré. Terrain herbeux. Bord de rivière. ☎ 02 33 07 51 71 / 02 33 45 69 84.

QUINEVILLE

2-B2 26 km S.-E. Cherbourg. 30 m. 192 hab. 50310

LA SINOPE ★★ Tourisme 84 E. 1 ha. . Bord de mer à 100 m. Rivière à 50 m. ; ; ; . RD 421. ☎ 02 33 21 07 38.

CAMP C.C.A.S. ★ 65 E. Réservé C.C.A.S.

RAVENOVILLE

2-B2 80 km S.-E. Cherbourg. 330 hab. 50480

LE CORMORAN ★★★★ Loisirs 256 E. dont 100 nus (100 Tourisme + 156 Loisirs), dont 176 GCC, 6,5 ha. + sèche-linge, CV Sanitaire chauffé. Camping clef verte. Locations : 6, 40, 10. chauffée juillet/août, . Bord de mer à 20 m. ; ; à 20 m : . Accueil groupes. Ouv : 1.4 / 28.9. Sur CD 421. karting à pédalos enfants 2 €/ h ☎ 02 33 41 33 94. Fax : 02 33 95 16 08. E-mail : lecormoran@wanadoo.fr, Web : www.lecormoran.com. Prix 2008. Fft jour : Empl. Tourisme (2) : 28 € () ; Sup : 7,50 € - de 5/10 ans 3 € ; 4 € (6 A) ; E. GCC 38 € (Fft 2 pers.) ; Animaux 3 €. Fft Ccar : 15 € (2). Réduction H.S.
FFCC : partenaire + carte FFCC assurance annulation + Stop accueil Camping-car du 01/04 au 05/07 et du 30/08 au 28/09/2008, accès jusqu'à 20h + réduction loc. de 5 % hors saison + HC.

LES ILES ★★ Loisirs 66 E. (25 Tourisme + 41 Loisirs) 0,8 ha. CV. Locations : 6. Bord de mer à 10 m. ; ; ; ; . ☎ 02 33 21 47 52 / 02 33 47 23 53 (H.S.).

LE PETIT HAMEAU DES DUNES ★ Loisirs 12 E., dont 10 HLL.

REGNEVILLE SUR MER

2-B3 11 km S.-O. Coutances. 793 hab. 50590

LE RUET ★★ Tourisme 62 E. 1 ha. . Locations : . Accès direct à la rivière. Bord de mer à 1 km. ; ; ; . Baie de la Sienne, rue du Port. ☎ 02 33 45 88 71 (Saison) / 02 33 45 06 51. E-mail : camping.le.ruet@wanadoo.fr.

REVILLE

2-B1 27 km E. Cherbourg. 25 m. 1246 hab. 50760

LE JONVILLE ★ Tourisme 127 E. (107 Tourisme + 20 Loisirs), dont 20 GCC, 1,8 ha. CV. Locations : 10, 3, . Bord de mer à 50 m. ; ; ; . Accueil groupes. CD 328. ☎ 02 33 54 48 41 / 02 33 54 47 79 (Mairie) / 02 33 54 47 79 (H.S.). Fax : 02 33 54 11 57.

ROMAGNY

2-C4 36 km E. Avranches. 115 m. 1178 hab. 50140

CAMP MUNICIPAL ★ Tourisme 20 E. 1 ha. . Rivière à 1 km.Etang à 3 km. . Champ Saint Denis. Sur axe RD 133 à 500 m de Rennes/Caen par RD 977 (entre St-Hilaire du Ht et Mortain). ☎ 02 33 59 01 81 (Mairie). Fax : 02 33 59 83 76.

LE ROZEL

2-A2 24 km S.-O. Cherbourg. 242 hab. 50340

LE RANCH ★★★ Tourisme 130 E. (72 Tourisme + 58 Loisirs), dont 71 GCC, 4 ha. CV. Locations : 13, 1. chauffée . Accès direct à la mer. ; ; ; ; ; . Accueil groupes hors saison. Le Ranch. ☎ 02 33 10 07 10 / 02 33 52 68 11 (H.S.). Fax : 02 33 10 07 11. E-mail : contact@camping-leranch.com, Web : www.camping-leranch.com. Réduction H.S.

Mme PEZET Marie 5, la Dune.
FFCC : partenaire - terrain assuré par la FFCC .

Mme PEZET Marie . A 1 km: . 5, le Pou la Dune, à 1,5 km de la commune, à proximité de la ferme. Terrain sableux, herbeux, accès direct à la mer. ☎ 02 33 04 30 41.

ST AUBIN DE TERREGATTE

2-B4 15 km S.-E. Avranches. 75 m. 654 hab. 50111

M. CHOISNEL Stéphane, camping à la ferme . A 4 km: . A 7 km : . Vilaine, par RD 43, à 4 km de la commune, ferme située à 900 m du croisement D 43 et D 78. ☎ 02 33 68 17 93 / 06 74 48 46 56 (H.S.). Fax : 02 33 68 17 93. Prix 2007. Empl. Tourisme : 2 € () : 1 € ; 2 € ; 2 € ; - de 7 ans 1 € ; 2 €.

ST GEORGES DE LA RIVIERE

2-B2 37 km S.-O. Cherbourg. 20 m. 215 hab. ✉ 50270

LES DUNES ★★★★ Loisirs 100 E., dont 100 GCC, 2 ha. CV. Locations : . Bord de mer à 150 m. ; ; ; . Accueil groupes. Ouv : 1.4 / 30.10. 3 km de la RD 904/RD 903 par St-Lô ou Avranches. A 1,5 km du bourg. Entre Barneville-Carteret et Portbail. ☎ 02 33 52 03 84 / 02 33 07 10 14 (H.S.). Fax : 02 33 07 22 59. Prix 2007. Empl. Tourisme : 6,70 € ; 5,30 € ; - de 7 ans 3,60 € ; 4,40 € ; Animaux 2,20 €.

M. LEVALLOIS Albert A 800 m : . A 2,5 km: . A 1 km : . A 2 km : . A 3 km : Piscine plein air . A 5 km : . Les Chardons Bleus, rue Bonvalet, 800 m de la commune et de la ferme. Pré à 800 m. ☎ 02 33 04 73 81.

FFCC : partenaire - terrain assuré par la FFCC .

ST GERMAIN LE GAILLARD

2-B2 25 km S.-O. Cherbourg. 475 hab. ✉ 50340

CAMP MUNICIPAL ★ Tourisme 25 E., dont 6 GCC. CV Sanitaire chauffé. Bord de mer à 3 km. à 1 km : ; à 3 km : . Ouv : 1.1 / 31.12. D 904. ☎ 02 33 52 55 64. Prix 2007. Empl. Tourisme : 2 € ; 1,60 € ; 2 € ; 2 € ; 1,80 € ; - de 7 ans 1,60 € ; 2,60 € (16 A) ; Animaux 1,30 €.

ST GERMAIN SUR AY

2-B2 27 km N.-O. Coutances. 5 m. 575 hab. ✉ 50430

LES GRANDS ESPACES ★★★ Loisirs 580 E. (180 Tourisme + 400 Loisirs), dont 400 GCC, 15 ha. CV. Locations : 20 , 8 . chauffée 2, . Bord de mer à 500 m. ; ; à 500 m : . Ouv : 1.5 / 15.9. RD 306. ☎ 02 33 07 10 14. Fax : 02 33 07 22 59. E-mail : auxgrandsespaces@orange.fr, Web : www.auxgrandsespaces.com. Prix 2007. Empl. Tourisme : 6,70 € ; 5,30 € ; - de 7 ans 3,60 € ; 4,40 € ; Animaux 2,20 €.

ST HILAIRE DU HARCOUET

2-C4 30 km S.-E. Avranches. 20 m. 5511 hab. ✉ 50600

CAMP MUNICIPAL DE LA SELUNE ★★★ Tourisme 90 E. 1,2 ha. CV. Accès direct à la rivière. . Ouv : 1.4 / 15.9. A 84 sortie n° 33, RN 176. A Marly 200 m. ☎ 02 33 49 43 74 / 02 33 79 38 70 (Mairie) (H.S.). Fax : 02 33 79 38 71. E-mail : info@st-hilaire.fr, Web : www.st-hilaire.fr. Prix 2008. 2 € ; 1 € ; 3 € ; 2 € ; 2,35 € ; - de 12 ans 1,10 € ; 1,95 € ; Animaux 0,70 €.

FFCC : partenaire + réduction emp. de 10 % en saison et hors saison.

ST JAMES

2-B4 20 km S. Avranches. 110 m. 2895 hab. ✉ 50240

M. AMELINE Michel, aire naturelle . RN 998. Entre Fougères et Avranches. ☎ 02 33 48 32 43 / 02 33 68 36 07.

ST JEAN DE LA RIVIERE

2-B2 45 km N.-O. Coutances. 47 m. 180 hab. ✉ 50270

LE PRE NORMAND ★★★ Loisirs 161 E., dont 118 GCC, 3 ha. saison, CV. Locations : 8 , 20 , , . chauffée . Bord de mer à 500 m. ; ; ; à 500 m : . A Barneville 25, route de la mer. ☎ 02 33 53 85 64. Fax : 02 33 53 73 17. E-mail : camping@pre-normand.fr, Web : www.prenormand.fr.

LES VIKINGS ★★★ Tourisme 250 E. (150 Tourisme + 100 Loisirs), dont 100 GCC, 6 ha. CV. Locations : 25 , 14 . chauffée . Bord de mer à 400 m. ; ; ; . Accueil groupes. Dir. Barneville-Plage, après le pont à gauche. ☎ 02 33 53 84 13. Fax : 02 33 53 08 19. E-mail : campingvik ing@aol.com. Réduction H.S.

L'ERMITAGE ★★ Loisirs 174 E. (54 Tourisme + 120 Loisirs) 3,5 ha. , partiel, CV. Locations : 28 . chauffée . Bord de mer à 500 m. Rivière à 700 m. ; ; ; . Accueil groupes. Ouv : 1.4 / 30.9. Rés. obligatoire en été. 1, chemin de Coutances. RD 166. ☎ 02 33 04 78 90 / 06 88 95 96 12 (H.S.). Fax : 02 33 04 06 62. E-mail : contact@camping-lermitage.com, Web : www.camping-lermitage.com. Prix 2008. Fft jour : Empl. Tourisme (2) : 22,60 € ( ) ; Sup : 6,10 € - de 1/7 ans 3,50 € ; 4,20 € (6 A) ; Animaux 3 €. Fft Ccar : 18,60 € (2).

ST JEAN LE THOMAS

2-B4 15 km N.-O. Avranches. 442 hab. ✉ 50530

CAMP MUNICIPAL DE SAINT JEAN LE THOMAS ★★ Tourisme 150 E. dont 25 nus (90 Tourisme + 60 Loisirs), dont 60 CC, 2 ha. CV. Locations : . Bord de mer à 40 m. ; ; . Accueil groupes. Plage Pignochet. ☎ 02 33 48 84 02.

ST LAURENT DE TERREGATTE

2-B4 18 km S.-E. Avranches. 115 m. 538 hab. ✉ 50111

CAMP MUNICIPAL LE BEL ORIENT ★★ Tourisme 20 E. 0,4 ha. CV. . Lac à 200 m. . Accueil adultes. Ouv : 14.7 / 15.8. ☎ 02 33 48 40 36 / 06 88 66 63 67 / 02 33 48 41 43 (Mairie) (H.S.). Fax : 02 33 48 58 38. E-mail : lebelorient@wanadoo.fr, Web : www.bel-orient.com. Prix 2008. 1,50 € ; 0,50 € ; 1,50 € ; 1,50 € ; 2 € ; 1 € ; 2,50 €.

LA LANDE Tourisme Saisonnier 37 E.

ST LO D OURVILLE

2-B2 35 km N.-O. Coutances. 25 m. 397 hab. ✉ 50580

LES CAROLINS ★★ Tourisme 75 E. (61 Tourisme + 14 Loisirs), dont 16 GCC, 2,5 ha. saison, , saison, CV. Locations : 18 . chauffée . Bord de mer à 1,5 km. à 1,5 km : , , ; à 3 km : . Accueil groupes. Route de Lindbergh Plage. D 650 (axe Cherbourg-Mont Saint Michel). ☎ 02 33 04 84 85. Fax : 02 33 94 03 57. E-mail : camping.les.carolins@wanadoo.fr, Web : www.camping.carolins.free.fr. Réduction H.S.

M. OZOUF Eugène, aire naturelle H.S.. A 600 m : . A 3 km: . A 5 km : . Ferme du Bost, RD 15, à 500 m de la commune, à proximité de la ferme. Pré herbeux. ☎ 02 33 04 81 55.

ST MARCOUF

2-B2 38 km S.-E. Cherbourg. 25 m. 390 hab. ✉ 50310

LE CANADA ★★ Tourisme 100 E. dont 31 nus 1,2 ha. , CV. Locations : 11 . . Accès direct à la mer. ; . Ouv : 15.4 / 30.9. RN 13 Caen/Cherbourg sortie Montebourg. ☎ 02 33 21 20 80. Fax : 02 33 21 20 80. E-mail : campinglecanada@wanadoo.fr. Prix 2008. Fft jour : Empl. Tourisme (2) : 14,30 € ( ) ; Sup : 3,70 € - de 10 ans 2,50 € ; 2,80 à 3,30 € (6 à 10 A) ; Animaux 2 €.

ST MARTIN D AUBIGNY

2-B2 18 km N.-E. Coutances. 50 m. 417 hab. ✉ 50190

AIRE NATURELLE MUNICIPALE CV. A 2 km: . A 4 km : . Ouv : 15.4 / 15.10. Le Clos Vert. Axe D 900 (St-Le-Pèriers) puis D 139. ☎ 02 33 07 73 92 (Mairie) / 02 33 46 57 03 (H.S.). Fax : 02 33 07 02 53. E-mail : mairie-st-martin-daubigny@wanadoo.fr. Prix 2007. Empl. Tourisme : 1,50 € ; 1,50 € ; 3 € ; 1,80 € ; - de 10 ans 0,60 € ; 2 €.

FFCC : partenaire + réduction emp. de 5 % en saison.

ST PAIR SUR MER

2-B3 24 km N. Avranches. 60 m. 2541 hab. ✉ 50380

L'ALBATROS ★★★★ Loisirs 99 E., dont 99 GCC, 1,5 ha. . Bord de mer à 200 m. ; à 200 m : . Kairon Plage. ☎ 02 33 50 79 73 / 02 33 50 34 44 (H.S.).

LEZ-EAUX ★★★★ Tourisme 229 E. (163 Tourisme + 66 Loisirs), dont 140 GCC, 7 ha. CV. Camping clef verte. Locations : 37 , 6 , , chalets grand luxe. couverte chauffée . Accès direct à l'étang et aux bords du lac. Bord de mer à 4 km. ; ; ; à 4 km : . Accueil groupes à la demande. Ouv : 1.4 / 30.9. Rés. obligatoire en été. D 973. Ne pas aller à St-Pair-sur-Mer ni à St-Aubin-des-Préaux. Parc aquatique ☎ 02 33 51 66 09. Fax : 02 33 51 92 02. E-mail : bonjour@lez-eaux.com, Web : www.lez-eaux.com. Prix 2008. Fft jour : Empl. Tourisme (2) : 43 € ((5 A)) ; Sup : 8,50 € - de 7 ans 6,50 €. Réduction H.S.

L'ECUTOT ★★★ Loisirs 214 E. (77 Tourisme + 137 Loisirs), dont 151 GCC, 5 ha. CV. Locations : 14 . chauffée . Bord de mer à 1,2 km. ; à 1,2 km : ; à 1 km : ; à 4 km : . Accueil groupes. Route de l'Ecutot. Route de Granville / Avranches. ☎ 02 33 50 26 29. Fax : 02 33 50 64 94. E-mail : camping.ecutot@wanadoo.fr, Web : www.ecutot.com. Prix 2007. Fft jour : Empl. Tourisme (2) : 23 € ( ) ; Sup : 6,80 € - de 7 ans 3,80 € ; 1,60 à 4 € (2 à 10 A) ; Animaux 1,20 €. Réduction H.S.

L'ETOILE DE MER ★★★ Tourisme 121 E. (107 Tourisme + 14 Loisirs), dont 14 GCC, 2,4 ha. CV. Locations : 3 , 4 . Accès direct à la mer. ; ; . Accueil groupes. Ouv : 15.5 / 15.9. Kairon Plage. Pont Bleu. ☎ 02 33 50 78 07 / 06 09 57 47 81 / 01 40 11 83 84 (H.S.). Fax : 02 33 50 28 88. E-mail : camping.etoiledemer@wanadoo.fr, Web : www.camping-etoiledemer.com. Prix 2007. Empl. Tourisme : 8 € () ; 2 € ; 2 € ; 5 € ; - de 13 ans 3,80 € ; 4 € (10 A) ; Animaux 1,50 €.

CAMP ANGOMESNIL ★★ Tourisme 45 E. 1,2 ha. . Rivière à 250 m. Bord de mer à 3,5 km. à 3,5 km : . RD 154. ☎ 02 33 50 61 41.

LA CHANTERIE ★★ Tourisme 168 E., dont 101 GCC, 2 ha. . Locations : 10 . . Bord de mer à 1,5 km. ; ; à 1,5 km : , . ☎ 02 33 90 79 62.

LA GICQUELIERE ★★ Tourisme 90 E. 1,4 ha. Rivière à 1 km.Bord de mer à 3 km. Kairon. De Granville, accès par St-Pair sur Mer, CD 21 via St-Michel des Loups. ☎ 02 33 50 62 27.

LA MARIENNEE ★★ Tourisme 70 E. (40 Tourisme + 30 Loisirs), dont 20 CC, 1,2 ha. pain, Locations : 3, 1. Bord de mer à 2,5 km. à 2,5 km : ; à 5 km : . Sur RD 21. ☎ 02 33 90 60 05 / 06 32 17 02 91 (H.S.). Fax : 02 33 90 60 05.

LE DRAKKAR ★★ Loisirs 52 E., dont 52 GCC. CV. Locations : 1, 2. Bord de mer et rivière à 700 m. Ouv : 2.4 / 30.9. 309 route de la Bruyère. Situé dans la Baie du Mont-Saint-Michel. ☎ 02 33 59 96 26 / 06 70 25 15 77 (H.S.). Fax : 02 33 59 96 26. E-mail : , Web : camping-le-drakkar.fr. Prix 2008. Fft jour : Empl. Tourisme (2) : 11,60 € ; Sup : 4,03 € - de 7 ans 3,10 € ; 3,95 € (10 A) ; 1,05 € (jeton) ; Animaux 2,17 €. Réduction H.S.
FFCC : partenaire + réduction emp. de 5 % en saison et 10 % hors saison + réduction loc. de 5 % en saison et 10 % hors saison.

LES BELLES RIVES ★ Loisirs 105 E. (20 Tourisme + 85 Loisirs), dont 85 GCC, 1,5 ha. CV. Locations : 30. Bord de mer à 100 m. à 100 m : ; à 150 m : . ☎ 02 33 90 73 36. Fax : 02 33 90 16 99.

PONT BLEU ★ Tourisme 25 E. 0,43 ha. à 200 m : . Kairon, sur RN 811. ☎ 02 33 50 33 25.

ST SAUVEUR LE VICOMTE

2-B2 40 km N. Coutances. 30 m. 2236 hab. Station verte de vacances et village de neige ✉ 50390

CAMP MUNICIPAL DU VIEUX CHATEAU ★★ Tourisme 57 E. dont 57 nus, 2 ha. CV. Locations : 48, 15. Accès direct à la rivière. Etang à 500 m. Accueil groupes. Ouv : 15.5 / 15.9. Avenue Division Leclerc. ☎ 02 33 41 72 04 / 02 33 21 50 44 (H.S.). Fax : 02 33 95 88 85. E-mail : ot.ssv@wanadoo.fr, Web : www.saintsauveurlevicomte.fr.st. Prix 2008. Empl. Tourisme : 3,60 € ; 2,65 € ; - de 7 ans 1,25 € ; 1,75 € ; Animaux 1 €.
FFCC : partenaire + carte FFCC assurance annulation.

ST SAUVEUR LENDELIN

2-B3 9 km N.-E. Coutances. 1535 hab. ✉ 50490

CAMP MUNICIPAL ★ Tourisme 35 E. Etang à 200 m. ☎ 02 33 76 52 00. Fax : 02 33 76 52 01.

ST SYMPHORIEN LE VALOIS

2-B2 29 km N.-O. Coutances. 558 hab. ✉ 50250

L'ETANG DES HAIZES ★★★★ Tourisme 98 E. dont 60 nus (60 Tourisme + 38 Loisirs), dont 38 GCC, 2,5 ha. CV. Locations : 4, 25, chauffée. Accès direct à l'étang. Accueil groupes. A 800 m de la Haye du Puits vers Cherbourg sur la D 900. ☎ 02 33 46 01 16. Fax : 02 33 47 23 80. E-mail : info@campingetangdeshaizes.com, Web : www.campingetangdeshaizes.com. Prix 2007. Fft jour : Empl. Tourisme (2 1) : 29 € ; Sup : 6 € 5 € ; Animaux 2 €. Réduction H.S.

ST VAAST LA HOUGUE

2-B1 30 km S.-E. Cherbourg. 2359 hab. ✉ 50550

LA GALLOUETTE ★★★ Tourisme 183 E. (123 Tourisme + 60 Loisirs), dont 60 GCC, 3,5 ha. CV. Locations : 5, 16, chauffée. Bord de mer à 150 m. Ouv : 1.4 / 30.9. Rés. obligatoire en été. Rue de la Gallouette, RN 802. ☎ 02 33 54 20 57. Fax : 02 33 54 16 71. E-mail : contact@camping-lagallouette.fr, Web : www.camping-lagallouette.fr. Prix 2007. Empl. Tourisme : 10 € ; 5,80 € ; 3,50 € ; 3,70 à 4,50 € (6 à 10 A).
FFCC : partenaire + carte FFCC assurance annulation.

STE MARIE DU MONT

2-B2 50 km S.-E. Cherbourg. 35 m. 770 hab. ✉ 50480

UTAH BEACH ★★★ Loisirs 100 E. (30 Tourisme + 70 Loisirs) 3 ha. CV. Locations : 1, 1, 15, chauffée. Bord de mer à 50 m. à 50 m : . Accueil groupes. La Madeleine. Sur RD 421, CD 913. ☎ 02 33 71 53 69. Fax : 02 33 71 07 11. E-mail : utah-beach@wanadoo.fr, Web : www.camping-utahbeach.com. Réduction H.S.

LA BAIE DES VEYS ★★ Tourisme 53 E. 0,55 ha. CV. Locations : 2, 10, 4. Accès direct à la mer. à 5 km : . Accueil groupes. Le Grand Vey, par RD 115. ☎ 02 33 71 56 90 / 06 09 82 61 82 / 06 09 82 61 82 (H.S.).

STE MERE EGLISE

2-B2 38 km S.-E. Cherbourg. 11 m. 1481 hab. ✉ 50480

CAMP MUNICIPAL ★★★ Tourisme 69 E. 1,2 ha. CV. Locations : . Rivière à 4 km. Accueil groupes. RN 13 Caen/Cherbourg. ☎ 02 33 41 35 22. Fax : 02 33 41 79 15.

SENOVILLE

2-B2 47 km N.-O. Coutances. 161 hab. ✉ 50270

M. JAMES Adolphe. A 4 km: . La Croix Blanche, 1 km de la commune, à proximité de la ferme. Herbage en bordure de bois, au pied d'une colline, rivière à 500 m. ☎ 02 33 04 33 28.

SERVON

2-B4 14 km S. Avranches. 242 hab. ✉ 50170

SAINT GREGOIRE ★★ Tourisme 90 E. (70 Tourisme + 20 Loisirs), dont 12 HLL, 1 ha. ping-pong, CV. Locations : 10, 8, 1/. Accueil groupes. Entre Avranches et Pontorson par N 175. Sortie Servon. ☎ 02 33 60 26 03 / 02 33 70 92 92 (H.S.). Fax : 02 33 60 68 65. Web : www.campeoles.fr. Réduction H.S.

SIOUVILLE HAGUE

2-A1 22 km S.-O. Cherbourg. 20 m. 821 hab. ✉ 50340

CAMP G.C.U. Réservé aux adhérents. Adhésion possible sur place pour les sociétaires MAIF et FILIA MAIF. Clairefontaine.

CAMP MUNICIPAL ★★ Tourisme 100 E. (91 Tourisme + 9 Loisirs), dont 9 GCC, 4,2 ha. CV. Locations : . Accès direct à la rivière. Bord de mer à 200 m. Etang à 2 km. à 200 m : . ☎ 02 33 52 42 73.

SOURDEVAL

2-C4 40 km E. Avranches. 230 m. 3582 hab. ✉ 50150

AIRE NATURELLE MUNICIPALE CV. Ouv : 1.5 / 30.9. Route de Ger. A l'Est de la commune. ☎ 02 33 79 35 55 (Mairie) / 02 33 59 61 50 (H.S.). Fax : 02 33 79 35 59. E-mail : otsourdeval@wanadoo.fr. Prix 2007. Fft jour : Empl. Tourisme (1 1 - de 5 ans) : 3,50 € ; Sup : 1,60 € 1,60 €.

SURTAINVILLE

2-A2 28 km S.-O. Cherbourg. 775 hab. ✉ 50270

CAMP MUNICIPAL LES MIELLES ★★★ Tourisme 129 E. (89 Tourisme + 40 Loisirs), dont 40 GCC, 1,8 ha. CV Sanitaire chauffé. Bord de mer à 100 m. Ouv : 1.1 / 31.12. 80, route des Laguettes. Accès par CD 66. ☎ 02 33 04 31 04 / 02 33 10 12 40 (mairie) (H.S.). Fax : 02 33 04 31 04. Prix 2008. 2,80 € ; 2,80 € ; 2,80 € ; - de 7 ans 1,42 € ; 2,48 € ; Animaux 0,96 €.

TESSY SUR VIRE

2-C3 18 km S.-E. Saint-Lo. 50 m. 1531 hab. ✉ 50420

M. GUERIN Lucien,aire naturelle municipale A 4 km: . Rue du Moulin. ☎ 02 33 56 30 42 (Mairie).

TOLLEVAST

2-B1 6 km S. Cherbourg. 80 m. 813 hab. ✉ 50470

LE VILLAGE VERT ★★★ Loisirs 181 E. (81 Tourisme + 100 Loisirs), dont 128 GCC, 5,5 ha. CV. Locations : 30 , 4 , . Bord de mer à 5 km. Sur RN 13. Près de l'hypermarché Auchan. A 6 km de Cherbourg. ☎ 02 33 43 00 78. Fax : 02 33 43 03 38. E-mail : le-village-vert@wanadoo.fr, Web : www.le-village-vert.com.

TORIGNI SUR VIRE

2-C3 14 km S.-E. Saint-Lo. 90 m. 2967 hab. ✉ 50160

LE LAC DES CHARMILLES ★★★ Tourisme 40 E. 0,5 ha. CV Sanitaire chauffé. Locations : 6 , 6 . chauffée . Lac à 200 m. Accueil groupes. Ouv : 22.3 / 2.11. Route de Vire. A 84 sortie 40. ☎ 02 33 56 91 74. Fax : 02 33 55 91 13. E-mail : contact@camping-lacdescharmilles.com, Web : www.camping-lacdescharmilles.com. Prix 2008. Empl. Tourisme : 9 € () ; 2 € ; 3,90 € ; - de 6 ans 2,90 € ; 4 € ; Animaux 1,50 €. Fft Ccar : 12 € (2). Réduction H.S.

FFCC : Stop accueil Camping-car du 22/03 au 04/07 et du 24/08 au 02/11/2008, accès jusqu'à 18h.

TOURLAVILLE

2-B1 4 km E. Cherbourg. 50 m. 17516 hab. ✉ 50110

ESPACE LOISIRS DE COLLIGNON ★★★ Loisirs 83 E., dont 83 GCC, 2 ha. CV. Locations : . Accès direct à la mer. à 100 m : , ; à 200 m : , . Accueil groupes. Ouv : 1.5 / 30.9. Plage Collignon. N 13 puis dir. Tourlaville-Collignon. Entrée à la piscine municipale située à 200 m, incluse dans le prix. ☎ 02 33 20 16 88 / 02 33 54 80 68 (H.S.). Fax : 02 33 44 81 71. E-mail : camping-collignon@wanadoo.fr. Prix 2007. Empl. Tourisme : 6,40 € () ; 4,50 € ; 3,50 € ; 3,65 € (13 A).

URVILLE NACQUEVILLE

2-B1 10 km N.-O. Cherbourg. 60 m. 2130 hab. ✉ 50460

LE CLOS MOISSON ★★★ Loisirs 90 E. dont 30 nus (30 Tourisme + 60 Loisirs), dont 90 GCC - 30 HLL. partiel, saison, CV. Locations : 30 . Bord de mer à 400 m. à 500 m : , , ; à 1 km : . Accueil groupes. Ouv : 1.1 / 31.12. Rés. obligatoire en été et en hiver. Route de la Charrière à 1 km de la RD 54. ☎ 02 33 03 56 73. Fax : 02 33 03 56 73. E-mail : lesdunes2@wanadoo.fr, Web : www.urvillenacqueville.free.fr. Prix 2007. Fft jour : Empl. Tourisme (2) : 16,20 € (E. GCC) ; Sup : 2,10 € - de 13 ans 1,10 €. Réduction H.S.

CAMP MUNICIPAL LES DUNES ★★ Tourisme 125 E. dont 80 nus 1,1 ha. snack, , partiel, saison, CV. Locations : 10 , 10 . Bord de mer à 50 m. ; ; ; . Accueil groupes. Ouv : mi-avril / mi-octobre. Route du Fort, RD 45. ☎ 02 33 03 56 73. E-mail : lesdunes2@wanadoo.fr, Web : www.urvillenacqueville.free.fr. Prix 2007. Fft jour : Empl. Tourisme (2) : 12,10 € ( ) ; Sup : 2,10 € - de 13 ans 1,10 € ; 2,60 à 6,50 € (3 à 10 A). Réduction H.S.

VALOGNES

2-B2 19 km S.-E. Cherbourg. 40 m. 6963 hab. ✉ 50700

CAMP MUNICIPAL LE BOCAGE ★★ Tourisme 20 E. 0,35 ha. CV. Etang à 5 km. à 3 km : ; à 10 km : . Accueil groupes. Ouv : 1.4 / 15.10. Rue Neuve. ☎ 02 33 95 82 01 / 06 10 84 59 33 (H.S.). Fax : 02 33 95 82 13. E-mail : environnement@mairie-valognes.fr, Web : www.mairie-valognes.fr. Prix 2007. 3 € ; 1 € ; 3 € ; 3 € ; 2,50 € ; 1,50 € ; 2 à 3,10 € (6 à 10 A) ; Animaux 0,50 €.

VAUVILLE

2-A1 20 km O. Cherbourg. 250 m. 343 hab. ✉ 50440

CAMP MUNICIPAL DE LA DEVISE ★★ Tourisme 57 E. 0,9 ha. , partiel, . Accès direct à la mer. non surveillée : ; ; ; ; . Accueil groupes. ☎ 02 33 52 64 69 / 02 33 52 87 29 (Mairie). Fax : 02 33 52 87 28. E-mail : mairie.vauville@wanadoo.fr.

VIDECOSVILLE

2-B1 24 km S.-E. Cherbourg. 10 m. 73 hab. ✉ 50630

M. ALIX Jean . A 1 km: . A 3 km : . A 6 km : . A 9 km : . A 11 km : Piscine plein air. Le Mellier, D 902 et D 25 à 1 km Sud du bourg. Pré herbeux, rivière à 1 km. ☎ 02 33 54 10 10.

VILLEDIEU LES POELES

2-B3 35 km S. Saint Lo. 105 m. 4971 hab. ✉ 50800

CAMP DES CHEVALIERS ★★★ Tourisme 105 E. CV Sanitaire chauffé. Locations : 6 , 6 . chauffée . Accès direct à la rivière. ; à 1 km : . Accueil groupes. Ouv : 22.3 / 2.11. 2 impasse du Pré de la Rose. A 84 par l'échangeur n° 37 ou 38. ☎ 02 33 61 02 44. Fax : 02 33 49 49 93. E-mail : contact@camping-deschevaliers.com, Web : www.camping-deschevaliers.com. Prix 2008. Empl. Tourisme : 9 € () ; 2 € ; 3,90 € ; - de 6 ans 2,90 € ; 4 € ; Animaux 1,50 €. Fft Ccar : 14 € (2). Réduction H.S.

FFCC : Stop accueil Camping-car du 22/03 au 04/07 et du 24/08 au 02/11/2008, accès jusqu'à 18h.

VILLIERS FOSSARD

2-C2 6 km E. Saint-Lô 50 m. 417 hab. ✉ 50680

LA VALLEE DES OISEAUX ★ Loisirs 23 E.

Cartes 1-3

Délégué FFCC : Jean-René RUELLE, 14, rue Titon - 51000 CHALONS EN CHAMPAGNE

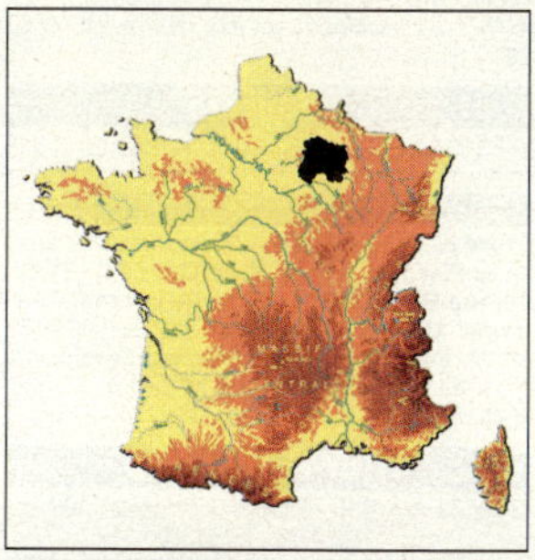

ARRIGNY

3-F4 16 km S. E. Vitry le François. 114 m. 236 hab. ✉ 51290

SWIN GOLF ★★ Tourisme 50 E. Sanitaire chauffé. Accès direct à la rivière. Lac à 3 km. Accueil enfants. Ouv : 1.1 / 31.12. 14, rue de St-Rémy-en-Bouzémont. ☎ 03 26 72 60 34 / 06 19 37 86 22 (H.S.). Fax : 03 26 72 60 34. Web : perso.wanadoo.fr/camping-swin-golf/. Prix 2008. : 4 € ; 1 € ; 4 € ; 4 € ; 3 € ; - de 7 ans 1,50 € ; 3 € (4 A).

CHALONS EN CHAMPAGNE

3-F3 160 km E.-N.-E. Paris. 83 m. 54359 hab. ✉ 51000

CAMP MUNICIPAL ★★★★ Tourisme 131 E., dont 40 CC, 7,5 ha. CV Sanitaire chauffé. Accès direct à l'étang. Rivière à 5 km. Accueil adultes. Rue de Plaisance, à 3 km du centre ville. Reims sortie Châlons-en-Champagne/Ste Memmie. Troyes par autoroute sortie à Mont-Choizy puis dir. Châlons-en-Champagne. ☎ 03 26 68 38 00. Fax : 03 26 68 38 00. E-mail : camping.mairie.chalons@wanadoo.fr, Web : www.chalons-en-champagne.net.

CHATILLON SUR BROUE

3-F4 28 km S.-E. Vitry le François. 150 m. 53 hab. ✉ 51290

LE CLOS DU VIEUX MOULIN ★★★ Tourisme 113 E. 5 ha. juillet/août, juillet/août, CV Sanitaire chauffé. Locations : 25 . Lac à 400 m. ; à 2 km : . Accueil groupes. Ouv : 1.1 / 31.12. Rés. obligatoire en été. 33, rue du Lac. A 4 (Paris) ou RN 4 dir. Vitry-le-François. Axe Vitry-le-François/St-Dizier/Montier-en-Der. ☎ 03 26 41 30 43. Fax : 03 26 72 75 13. E-mail : leclosduvieuxmoulin@wanadoo.fr, Web : www.leclosduvieuxmoulin.fr. Prix 2008. Fft jour : Empl. Tourisme (2) : 16 € ( ) ; - de 7 ans 3,70 € ; 3,70 €.

CONFLANS SUR SEINE

3-E4 65 km S.-O. Epernay. 90 m. 579 hab. ✉ 51260

LA VALLEE DE LA SEINE ★★ Loisirs 80 E. dont 30 nus, , dont 50 GCC, 1 ha. 200 m, 5 km, CV. Locations : 1 , 2 , 2 , 3 . Accès direct à l'étang. Rivière à 20 m. ; à 20 m : ; gratuite : ; à 20 m : , ; à 3 km : 3 km. Accueil groupes. A 26 sortie Arcis-sur-Aube dir. Méry-sur-Seine/Romilly-sur-Seine. N 19 à Romilly dir. Conflans-sur-Seine. N 4 à Sézanne dir. Romilly. Location longue durée. ☎ 03 26 42 02 71 / 06 81 46 88 92 (H.S.). E-mail : fabienne.slusarek@tele2.fr. Prix 2007. Fft jour : Empl. Tourisme : 4.50 € ( ) ; 1,90 €.

FFCC : partenaire - terrain assuré par la FFCC.

CONNANTRE

3-E4 45 km S. Epernay. 100 m. 1031 hab. ✉ 51230

CAMP MUNICIPAL DU CHATEAU ★★ Tourisme 100 E. 1,9 ha. visiteur, Sanitaire chauffé. Accès direct aux bords du lac. ; . Sur RD 5, RN 4. ☎ 03 26 81 08 76 / 03 26 81 07 16 (Mairie) / 03 26 81 07 16 (H.S.).

DORMANS

25km O. Epernay. 66 m. 2937 hab. Station verte de vacances et village de neige ✉ 51700

SOUS LE CLOCHER Voir TRELOU-SUR-MARNE (02)

EPERNAY

3-E3 32 km O.-N.-O. Chalons sur Marne. 72 m. 28876 hab. ✉ 51200

CAMP MUNICIPAL ★★ Tourisme 119 E. dont 118 nus, 2 ha. Sanitaire chauffé. Locations : , 6 . Accès direct à la rivière. ; ; à 2 km : , . Accueil groupes. Ouv : 27.4 / 1.10. Allée de Cumières, RD 301. Interdit aux caravanes double essieux et de plus de 6 m. ☎ 03 26 55 32 14. Fax : 03 26 52 36 09. E-mail : camping.epernay@free.fr, Web : www.epernay.net. Prix 2007. ( ) : 3,75 € ; 2 € ; 5,50 € ; 2,75 € ; 3,50 € ; - de 5/12 ans 1,75 € ; 3 € (5 A). Réduction H.S.

FFCC : partenaire + réduction emp. de 5 % hors saison + réduction loc. de 5 % hors saison.

FISMES

1-E5 27 km O.-N.-O. Reims. 62 m. 4818 hab. ✉ 51170

CAMP MUNICIPAL ★★ Tourisme 20 E., dont 10 CC, 0,8 ha. 800 m du centre ville. ☎ 03 26 48 10 26. Fax : 03 26 48 82 25.

LE GAULT SOIGNY

3-E3 50 km S.-O. Epernay. 195 m. 345 hab. ✉ 51210

LA POMMERAIE ★ Loisirs 40 E. D. 373. Location longue durée. ☎ 03 26 81 58 82.

GIFFAUMONT CHAMPAUBERT

3-F4 28 km S.-E. Vitry-le-François. 215 hab. ✉ 51290

LA PLAGE ★★ Tourisme 99 E. 1 ha. CV. Locations : . Lac à 150 m. à 150 m : , ; à 200 m : , . Accueil groupes. Ouv : 1.5 / 10.9. Suivre station nautique. ☎ 06 08 51 38 24. Prix 2007. Empl. Tourisme : 4,20 € ; 4,20 € ; 4,65 € ; - de 7 ans 3,50 € ; 3,50 €.

FFCC : partenaire + réduction emp. de 5 % en saison et hors saison.

GIVRY EN ARGONNE

4-A3 16 km S. Ste Menehould. 170 m. 545 hab. Station verte de vacances et village de neige ✉ 51330

CAMP MUNICIPAL VAL D'ANTE ★★ Tourisme 34 E. 1 ha. CV. Locations : 6 . Accès direct à l'étang. ; ; . Accueil groupes. D 982. ☎ 03 26 60 04 15 / 03 26 60 01 59 (Mairie) (H.S.). Fax : 03 26 60 18 22. E-mail : mairie.givryenargonne@wanadoo.fr, Web : www.mairie-givry-en-argonne.fr. Prix 2007. Empl. Tourisme : 1,60 € ( ) : 1,60 € ; 1,05 € ; 1,60 € ; 1,60 € ; 1,60 € ; - de 7 ans 1,05 € ; 1,60 € ; Animaux 1,05 €.

LARZICOURT

3-F4 15 km S.-E. Vitry le François. 120 m. 348 hab. ✉ 51290

LA FORET ★★★ Tourisme 100 E. (80 Tourisme + 20 Loisirs) 4 ha. snack, CV. Locations : 12 . Accès direct aux bords du lac. ; ; ; ; . Accueil groupes. Ouv : 1.4 / 30.9. Presqu'île de Larzicourt. CD 13 entre Vitry-le-François et Giffaumont. ☎ 03 26 72 63 17 / 03 26 73 33 37 (H.S.). Fax : 03 26 73 33 37. E-mail : laforet51@wanadoo.fr, Web : www.campingdelaforet.com. Prix 2008. Fft jour : Empl. Tourisme (2) : 17 € ( ) ; - de 7 ans 2,90 € ; 3,90 € ; Animaux 1,50 €. Réduction H.S.

FFCC : partenaire + réduction emp. de 5 % en saison + Stop accueil Camping-car du 01/04 au 07/07 et du 24/08 au 30/09/2007, accès jusqu'à 19h.

LUXEMONT ET VILLOTTE

3-F4 6 km S. Vitry-le-François. 110 m. 451 hab. ✉ 51300

M. SCHERSCHELL Eric,aire naturelle camping nature CV. A 1 km : . A 5 km : Piscine plein air . A 8 km : . Ouv : 1.5 / 1.10. 13 bis, rue de l'Evangile. ☎ 06 83 42 83 53. Prix 2008. Fft jour : Empl. Tourisme (2) : 12 € ( ) ; Sup : 2 € - de 13 ans 1 €.

MAROLLES

3-F4 3 km E. Vitry-Le-François 105 m. 502 hab. ✉ 51300

M. BONNOT Jean-Pierre,camping à la ferme , pétanque, . 10, rue de la Fontaine Mormé. ☎ 03 26 72 13 43.

FFCC : partenaire + Stop accueil Camping-car toute l'année, accès jusqu'à 22h.

LE MEIX ST EPOING

3-E4 48 km S.-O. Epernay. 160 m. 193 hab. ✉ 51120

AIRE DE LOISIRS DE LA TRACONNE ★★★ Tourisme 60 E., dont 12 CC, 2,5 ha. sur commande, , partiel, Sanitaire chauffé. Locations : . Accès direct à l'étang et à la rivière. . Accueil groupes avec leur équipement de camping. 4, impasse de Rouge Coq. RN 4 entre Sézanne et Esternay dir. Le Meix-St-Epoing à Beauvais ou Moeurs. Sinon dir. le camping municipal de Sézanne, passer devant celui-ci et suivre la route sur 5 km. Sanitaires accessibles pour pers. handicapées. ☎ 03 26 80 70 76. Fax : 03 26 42 74 98.

MINAUCOURT LE MESNIL LES HURLUS

20 km N.-O. Ste Menehould. 130 m. 78 hab. ✉ 51800

ENSEMBLE TOURISTIQUE D'ARGONNE ★★★ Loisirs 80 E., dont 40 GCC, 3 ha. Locations : 20, half. Accès direct à l'étang et à la rivière. en étang : Site du Pont de Marson. ☎ 03 26 60 40 17. Fax : 03 26 60 14 68. E-mail : othelet@club-internet.fr.

MONTMIRAIL

3-D3 40 km S.-O. Epernay. 205 m. 3696 hab. ✉ 51210

CAMP MUNICIPAL DES CHATAIGNIERS ★★ Tourisme 30 E. 1 ha. Rivière à 300 m. Accueil groupes. Ouv : 1.4 / 31.10. Rue du Petit Saint-Lazare. RD 33 Paris/Châlons-sur-Marne, RD 373 Montmirail/Sézanne/Troyes ou RD 375 Montmirail/Provins. ☎ 03 26 81 25 61. Fax : 03 26 81 14 27. E-mail : mairie.montmirail@wanadoo.fr. Prix 2007. 1,45 € ; 1,45 € ; 1 € ; - de 7 ans 1 € ; 4 €.

NEUVY

3-D4 65 km S.-O. Epernay. 108 hab. ✉ 51310

PARC RESIDENTIEL DE LOISIRS LE CHATEAU DE NOGENTEL P.R.L. 64 E., dont 64 GCC, 12,5 ha. Accès direct à l'étang et à la rivière. Ouv : 1.1 / 31.12. Location longue durée. ☎ 03 26 81 95 12. Fax : 03 26 81 95 12. Web : www.esternay.com.

PROUILLY

1-E5 17 km N.-O. Reims. 100 m. 433 hab. ✉ 51140

LE GRAND HUREAU

LE GRAND HUREAU ★ Tourisme 55 E. Accès direct à l'étang et à la rivière. ☎ 03 26 03 49 90 / 06 80 04 18 63. Fax : 03 26 03 49 87. E-mail : charleF@wanadoo.fr.

ST JUST SAUVAGE

3-E4 64 km S.-O. Epernay. 75 m. 1448 hab. ✉ 51260

LES TOMMELLES ★ Loisirs 25 E. (10 Tourisme + 15 Loisirs) . CV. Locations : 6, 2. Accès direct à l'étang. ; à 500 m : ; à 3 km : . RN 19-RN 4. ☎ 03 26 80 01 10. Fax : 03 26 80 01 10.

STE MARIE DU LAC NUISEMENT

3-F4 22 km S.-E. Vitry-le-François. 136 m. 220 hab. ✉ 51290

LA CORNEE DU DER ★★ Tourisme 100 E. (75 Tourisme + 25 Loisirs) 1,6 ha. CV. Locations : 6, 10. à 50 m : ; à 800 m : . ☎ 03 26 72 66 23 / 03 26 72 36 33.

STE MENEHOULD

4-A3 42 km E. Chalons en Champagne 139 m. 5807 hab. Station verte ✉ 51800

CAMP MUNICIPAL DE LA GRELETTE ★★ Tourisme 50 E. 0,5 ha. Accès direct à la rivière. Chemin de l'Alléval. ☎ 03 26 60 80 21 (Mairie). Fax : 03 26 60 62 54. E-mail : services-administratifs@ville-sainte-menehould.fr, Web : www.ville-sainte-menehould. FFCC : partenaire - terrain assuré par la FFCC.

SEZANNE

3-E4 42 km S.-S.-E. Epernay. 6177 hab. ✉ 51120

CAMP MUNICIPAL ★★ Tourisme 79 E. 1 ha. pain, sur pied, . Route de Launat, 500 m RN 4. ☎ 03 26 80 57 00.

THIEBLEMONT FAREMONT

3-F4 12 km S.-E. Vitry le François. 125 m. 579 hab. ✉ 51300

LES CHARMILLES ★★ Tourisme 20 E. 1,5 ha. Rivière à 1 km.Etang à 2 km. ; ; . RN 4, à 100 m CD 358. ☎ 03 26 73 81 03. Fax : 03 26 73 80 95. Web : www.le.champenois.com.

VAL DE VESLE

3-F3 17 km S.-E. Reims. 619 hab. ✉ 51360

CAMP MUNICIPAL ★★ Tourisme 50 E. 1,3 ha. Accès direct à la rivière. ☎ 03 26 03 91 79.

VANDIERES

3-E3 33 km S.-O. Reims. 100 m. 340 hab. ✉ 51700

M. NOWACK Frédéric,camping rural . A 1 km: . A 2 km : . A 6 km : Piscine plein air . Ouv : 1.4 / 31.10. 10, rue Bailly. RD 1. A 4 sortie Epernay-Dormans. ☎ 03 26 58 02 69 (Bureau). Fax : 03 26 58 39 62. E-mail : champagne.nowack@wanadoo.fr, Web : www.champagne-nowack.com. Prix 2008. 7 € ;

VITRY LE FRANCOIS

3-F4 33 km S.-E. Chalons sur Marne. 105 m. 18829 hab. ✉ 51300

CAMP MUNICIPAL LA PEUPLERAIE ★★ Tourisme 68 E., dont 16 GCC, 0,85 ha. 500 m, 500 m, CV. Rivière à 50 m. Accueil groupes. Quai des Fontaines, Lieu-dit Petites Indes. A 50 m de la Marne. ☎ 03 26 74 20 47 / 03 26 41 22 77 (H.S.). Fax : 03 26 41 22 88. E-mail : camping@vitry-le-francois.net. Prix 2007. Empl. Tourisme : 2,10 € ; 1,10 € ; 2,10 € ; 2,10 € ; 2,10 € ; Animaux 2,10 €.

52 HAUTE-MARNE

Cartes 4-8

ANDELOT BLANCHEVILLE

4-B5 21 km N.-E. Chaumont. 265 m. 1044 hab. ✉ 52700

CAMP MUNICIPAL DU MOULIN ★★★ Tourisme 57 E., dont 8 GCC, 1,92 ha. Accès direct à l'étang et à la rivière. Accueil groupes. ☎ 03 25 01 33 31 (Mairie). Fax : 03 25 03 77 54.

ARC EN BARROIS

8-A1 24 km S.-O. Chaumont. 270 m. 1033 hab. Station verte de vacances et village de neige ✉ 52210

CAMP MUNICIPAL ★ Tourisme 33 E. dont 33 nus 0,65 ha. Accès direct à la rivière. Etang à 2 km. Ouv : 1.4 / 30.9. Sur RD 3. A 5/A 31 à 12 km. ☎ 03 25 02 51 33 (Mairie). Fax : 03 25 03 82 89. E-mail : mairie.arc.en.barrois@wanadoo.fr. Prix 2008. () : 1,30 € ; 2,70 € ; 1,30 € ; 2,70 € ; - de 7 ans 1,30 € ; 2,20 €.

AUBERIVE

8-A1 27 km S.-O. Langres. 365 m. 219 hab. ✉ 52160

CAMP MUNICIPAL ★ Tourisme 20 E. 0,56 ha. Rivière à 500 m. RD 428. ☎ 03 25 84 21 13 (Mairie). Fax : 03 25 84 21 13.

BANNES

8-B1 8 km N.-E. Langres. 370 m. 365 hab. ✉ 52360

HAUTOREILLE ★★★ Tourisme 100 E. (84 Tourisme + 16 Loisirs) 3,5 ha. saison, saison, CV Sanitaire chauffé. Locations : . Lac et rivière à 1 km. à 2 km : 2 km, ; à 4 km : 4 km.Accueil adultes. Ouv : 1.01 / 31.12. Par RD 74. Entre Langres et Neuilly l'Evêque. ☎ 03 25 84 83 40. Fax : 03 25 84 83 40. E-mail : campinghautoreille@ORANGE.fr, Web : www.campinghautoreille.com. Prix 2007. Empl. Tourisme : 5 € ; 4 € ; - de 12 ans 2,50 € ; 3 € (6 A) ; Animaux 1 €.

BOURBONNE LES BAINS

4-B5 43 km N.-E. Langres. 265 m. 3146 hab. Station verte de vacances et village de neige ✉ 52400

MONTMORENCY ★★★ Tourisme 74 E. dont 62 nus, dont 60 CC, 2,2 ha. CV Sanitaire chauffé. Locations : 8. Rivière à 800 m. Etang et lac à 1 km. à 2 km : . Ouv : 1.3 / 31.10. Rés. obligatoire en été. Rue du stade. ☎ 03 25 90 08 64 / 06 14 22 00 44 (H.S.). Fax : 03 25 84 23 74. E-mail : c.montmorency@wanadoo.fr, Web : www.camping-montmorency.com. Prix 2008. Fft jour : Empl. Tourisme (2) : 10,70 € ( ) ; Sup : 3,60 € - de 7 ans 1,85 € ; 2,70 à 3,30 € (6 à 10 A) ; Animaux 0,90 €.

LA CHAVANNE ★ Tourisme 47 E. 1 ha. 1 km RD 5 et 460. ☎ 03 25 90 00 93.

BOURG

8-B1 8 km S. Langres. 460 m. 139 hab. ✉ 52200

LA CROIX D'ARLES ★★★ Tourisme 100 E. 5 ha. CV. Locations : 1, 18, 6. Lac à 3 km. ; à 3 km. Accueil groupes. Ouv : 15.3 / 31.10. Sur RN 74. La Croix d'Arles. Depuis A 31 sortie n°6 Langres Sud en dir. de Dijon. ☎ 03 25 88 24 02 / 06 20 71 13 28 (H.S.). Fax : 03 25 88 24 02. E-mail : croix.arles@wanadoo.fr, Web : www.croixdarles.com. Prix 2008. Fft jour : Empl. Tourisme (1) : 11 € ; Sup : 4 € - de 13 ans 3 € ; 3,50 € (10 A). Réduction H.S.

FFCC : partenaire + réduction emp. de 5 % en saison et hors saison.

BOURG STE MARIE

4-B5 42 km E. Chaumont 340 m. 125 hab. ✉ 52150

LES HIRONDELLES ★★ Tourisme 50 E., dont 26 CC, 3,75 ha. CV Sanitaire chauffé. Rivière à 1 km. Accueil groupes. Par A 31 sortie 8.1 Bourmont et par RD 74. ☎ 08 77 15 60 28 / 03 25 32 58 76 (H.S.). E-mail : contact@camping-les-hirondelles.eu, Web : www.camping-les-hirondelles.eu. Prix 2008. Fft jour : Empl. Tourisme : 15.50 € (E. CC E. GCC) ; Sup : 4 € 2,50 € ; 3,50 €. Fft Tente : 12.00 € ().

FFCC : partenaire + réduction emp. de 5 % hors saison + réduction loc. de 5 % hors saison.

CHAUMONT

4-A5 253 km S.-E. Paris. 253 m. 29552 hab. ✉ 52000

CAMP MUNICIPAL PARC SAINTE MARIE ★★ Tourisme 57 E., dont 3 CC, 1,8 ha. CV. Accueil groupes. Rue des Tanneries. ☎ 03 25 32 11 98 / 03 25 30 60 27 (H.S.). Fax : 03 25 03 92 80. E-mail : sports@ville-chaumont.fr.

DOMMARIEN

8-B1 22 km S. Langres. 290 m. 129 hab. ✉ 52190

CAMPING RURAL MUNICIPAL . A 300 m : . A 7 km : . A 10 km : . La Pelletière Dommarien, CD 7. ☎ 03 25 88 85 13 / 03 25 88 30 55 (H.S.). Fax : 03 25 88 85 13. E-mail : clerc.hubert@club-internet.fr.

ECLARON BRAUCOURT STE LIVIERE

9 km S. Saint Dizier. 140 m. 1940 hab. ✉ 52290

CAMP MUNICIPAL PRESQU'ILE DE CHAMPAUBERT ★★★★ Tourisme 195 E., dont 195 GCC, 3,6 ha. CV. Accès direct aux bords du lac. ; à 50 m : ; à 300 m : . Accueil groupes. RD 384. ☎ 03 25 04 13 20 / 03 26 72 62 80 (H.S.). Fax : 03 25 94 33 51. E-mail : camping-de-braucourt@wanadoo.fr, Web : www.lacduder.com.

LES SOURCES DU LAC ★★★★ Loisirs 122 E. (42 Tourisme + 80 Loisirs). Sanitaire chauffé. Locations : 28. chauffée. ; ; à 7 km : . ☎ 03 25 06 34 24 / 06 85 09 35 91 (H.S.). Fax : 03 25 06 96 47. E-mail : lessourcesdulac@free.fr, Web : lessourcesdulac.free.fr.

FRONCLES

4-A5 26 km N.-E. Chaumont. 220 m. 2184 hab. ✉ 52320

CAMP MUNICIPAL LES DEUX PONTS ★ Tourisme 25 E. 0,1 ha. Accès direct à la rivière. ; . ☎ 03 25 02 31 21 (Mairie). Fax : 03 25 02 09 80.

HUMES JORQUENAY

8-B1 5 km N.-O. Langres. 325 m. 591 hab. ✉ 52200

CAMP MUNICIPAL ★ Tourisme 46 E. 0,4 ha. Accès direct à la rivière. Rue de La Mouche, 100 m RN 19, lieu-dit Village. A 2 km environ de la sortie Langres Nord A 31. ☎ 03 25 87 50 65 (Mairie).

LANGRES

8-B1 35 km S.-E. Chaumont. 475 m. 11359 hab. ✉ 52200

CAMP MUNICIPAL NAVARRE ★ Tourisme 66 E. dont 66 nus, 2 ha. Sanitaire chauffé. Rivière à 3 km.Lac à 5 km. Bld de Lattre de Tassigny. ☎ 03 25 87 37 92 / 06 10 74 10 16 (H.S.). E-mail : campingnavarre@free.fr, Web : campingnavarre.com. Prix 2007. Fft jour : Empl. Tourisme : 11,30 € ()

LOUVEMONT

4-A4 11 km S. Saint-Dizier. 150 m. 555 hab. ✉ 52130

LE BUISSON ★★ Tourisme 25 E., dont 25 GCC, 1,4 ha. Locations : , , . Lieu-dit Le Buisson. Par D 2 et D 192 (par St Dizier et Louvemont). ☎ 03 25 04 14 29 / 06 84 97 93 31.

MONTIER EN DER

3-F4 25 km S.-O. Saint-Dizier. 130 m. 2252 hab. ✉ 52220

M. CHARUEL Jean . A 3,5 km: . A 1 km : . A 8 km : . 17, rue Les Granges. Droyes. D 191. Par RD 13, à 3,5 km Ouest de la commune. Pré ombragé, herbeux. ☎ 03 25 04 20 68.

MONTIGNY LE ROI

✉ 52140

CAMP MUNICIPAL DU CHATEAU Voir VAL DE MEUSE

PEIGNEY

8-B1 4 km N.-E. Langres. 340 m. 336 hab. ✉ 52200

LE LAC DE LA LIEZ ★★★★ Tourisme 130 E., dont 130 GCC - 27 HLL, 4,5 ha. CV Sanitaire chauffé. Locations : 24, 8. couverte chauffée. Lac à 50 m. ; ; ; . Accueil groupes. Ouv : 1.4 / 15.10. Rés. obligatoire en été. Sortie A 31 Langres Nord dir. Vesoul puis Lac de la Liez ou Langres Sud, dir. Langres puis Lac de la Liez. ☎ 03 25 90 27 79. Fax : 03 25 90 66 79. E-mail : campingliez@free.fr, Web : www.campingliez.com. Prix 2008. Empl. Tourisme : 9 € ; 8 € ; - de 13 ans 4,50 € ; 5 € (10 A) ; Animaux 3 €. Réduction H.S.

FFCC : réduction loc. de 5 % hors saison + HC.

POISSONS

4-B4 30 km S.-E. Saint Dizier. 240 m. 747 hab. ✉ 52230

AIRE NATURELLE LA PETITE SUISSE ☎ 03 25 94 50 75.

ROCHES BETTAINCOURT

4-B6 42 km S.-E. Saint-Dizier. 225 m. 755 hab. ✉ 52270

CAMPING RURAL L'ORCHIDEE,camping à la Ferme . A 1 km: . Val d'Ajoux. Domaine de Sous Ganguille. Prendre la RD 67 A puis à Roches la D 134 dir. Busson. ☎ 03 25 32 33 93. Fax : 03 25 32 33 93. E-mail : orchislou@aol.com. Prix 2007. Fft jour : Empl. Tourisme (2) : 15 € () ; Sup : 4 € - de 7 ans 2,50 € ; Animaux 2 €.

FFCC : partenaire + réduction emp. de 10 % en saison et hors saison + carte FFCC assurance annulation + réduction loc. de 5 % en saison et hors saison.

ROUVRES SUR AUBE

8-A1 35 km O. Langres 293 m. 240 hab. ✉ 52160

LA VALLEE ★ Tourisme 13 E. 0,6 ha. Locations : , , . Rivière à 300 m. ; . A 31 à 25 km Langres sud. Pour jeunes : stage de football à Pâques, à la Toussaint et en été. ☎ 03 25 84 24 39 / 03 25 88 17 94. Fax : 03 25 88 17 94. E-mail : cje.foot.com@wanadoo.fr.

THONNANCE LES MOULINS

4-B4 37 km S.-E. St-Dizier 282 m. 142 hab. ✉ 52230

LA FORGE DE STE MARIE ★★★★ Tourisme 133 E., dont 100 GCC, 11 ha. CV. Locations : 3, 15, . couverte chauffée . Accès direct à la rivière. Accueil groupes. Ouv : 28.4 / 14.9. Situé entre St-Dizier et Chaumont. ☎ 03 25 94 42 00. Fax : 03 25 94 41 43. E-mail : la.forge.de.sainte.marie@wanadoo.fr, Web : www.laforgedesaintemarie.com. Prix 2007. Empl. Tourisme : 15 € () : 7 € ; - de 2/9 ans 3,50 € ; Animaux 1 €. Réduction H.S.

VAL DE MEUSE

4-B5 22 km N.-E. Langres. 405 m. 2263 hab. ✉ 52140

CAMP MUNICIPAL DU CHATEAU ★★★ Tourisme 75 E., dont 75 GCC, 3 ha. saison, Sanitaire chauffé. Rivière à 5 km. à 5 km : . Accueil groupes. Ouv : 15.4 / 15.10. 200 m RN 417, 500 m RN 74, A 31 sortie n° 8, centre ville. ☎ 03 25 87 38 93 / 03 25 90 31 50 (H.S.). Fax : 03 25 87 38 93. E-mail : campingmontigny52@wanadoo.fr, Web : www.campingduchateau.com. Prix 2007. () : 4 € ; 4 € ; 3,20 € ; 4 € ; - de 7 ans 2,50 € ; 2 € (5 à 6 A). Réduction H.S.

VILLARS SANTENOGE

8-A1 37 km S.-O. Langres. 363 m. 131 hab. ✉ 52160

M. GUENIN Lionel , village, . A 1 km: . La Vallée de l'Ource, Villars Montroyer CD 118, 102 et 428 à l'extrémité du village. ☎ 03 25 86 20 62. Fax : 03 25 88 98 58.

VILLEGUSIEN LE LAC

8-B1 15 km S. Langres. 297 m. 670 hab. ✉ 52190

CAMP MUNICIPAL DU LAC ★★★ Tourisme 100 E. 1,3 ha. CV Camping tourisme et handicap. Lac à 100 m. Rivière à 500 m. ; ; ; à 1,5 km : . Accueil groupes. Ouv : 15.4 / 30.9. 200 m RN 74. ☎ 03 25 88 47 25 / 03 25 88 45 24 (H.S.). Prix 2007. Empl. Tourisme : 8 € () : 5 € ; 3 €.

VOISEY

8-C1 507 hab. ✉ 52400

Mme SAVARY Geneviève,aire naturelle Camp'Eco . A 2 km: . A 6 km : . Ouv : 16.6 / 15.9. ☎ 03 25 90 72 03.

FFCC : partenaire - terrain assuré par la FFCC .

VOUECOURT

4-A5 21 km N. Chaumont. 288 m. 178 hab. ✉ 52320

CAMP MUNICIPAL RIVES DE MARNE ★★ Tourisme 46 E. 0,7 ha. . Lieu-dit Les Rives de Marne. 1,5 km CD 40 et RN 67. ☎ 03 25 02 44 46 (Mairie). Fax : 03 25 02 44 46. E-mail : commune-vouecourt@wanadoo.fr. Prix 2007. Fft jour : Empl. Tourisme (2 1) : 8 € () ; Sup : 1 € 2,20 € (10 A).

WASSY

4-A4 19 km S. Saint Dizier. 3596 hab. ✉ 52130

CAMP MUNICIPAL DE DIGUE DES LESCHERES ★ Tourisme 40 E. 0,5 ha. , pain, . Accès direct aux bords du lac. Etang à 20 m. ; ; . Entre Saint-Dizier et Joinville par la vallée de la Blaise. ☎ 03 25 55 31 90 (Mairie) / 03 25 55 20 03 (H.S.). Fax : 03 25 04 04 15. E-mail : mairie.wassy@wanadoo.fr.

Cartes 2-6

Délégué FFCC : Yves PERS, La Roche - 53200 AZE

AMBRIERES LES VALLEES

2-C4 12 km N. Mayenne. 120 m. 3013 hab. Station verte de vacances et village de neige ✉ 53300

CAMP MUNICIPAL DE VAUX ★★★ Tourisme 61 E. dont 31 nus 0,75 ha. CV. Locations : 20, 6, 10. chauffée. Accès direct aux bords du lac et à la rivière. ; ; , 5 km. Accueil groupes. Ouv : 1.4 / 30.9. Rés. obligatoire en été. Rue des Colverts, CD 23. ☎ 02 43 04 90 25. Fax : 02 43 08 93 28. E-mail : otsiambrieres@wanadoo.fr, Web : www.premiumorange.com/ parcdesloisirsdevaux. Prix 2007. Fft jour : Empl. Tourisme (2) : 11,10 € ; Sup : 2,90 € - de 10 ans 1,70 € ; 2,70 €. FFCC : partenaire - terrain assuré par la FFCC.

ANDOUILLE

2-C5 14 km N. Laval. 110 m. 1867 hab. ✉ 53240

CAMP MUNICIPAL ★★ Tourisme 31 E. 0,8 ha. CV. Locations : 4. Accès direct à la rivière. ; . Ouv : 29.3 / 31.10. Le Pont, près de la route de la Baconnière. ☎ 02 43 69 72 72 (Mairie). Fax : 02 43 68 77 77. E-mail : mairie.and53@wanadoo.fr, Web : www.ville-andouille.fr. Prix 2007. Empl. Tourisme : 0,70 € ; 0,65 € ; 1,35 € ; - de 6 ans 0,65 € ; 1,25 €. Réduction H.S.

BAIS

2-D5 20 km S.-E. Mayenne. 185 m. 1457 hab. Station verte de vacances et village de neige ✉ 53160

CAMP MUNICIPAL CLAIRES VACANCES ★★ Tourisme 20 E., dont 8 CC, 0,8 ha. CV Sanitaire chauffé. chauffée. Accès direct à l'étang et à la rivière. . Accueil groupes. Rue du Château. CD 35. CD 20 et CD 241. ☎ 02 43 37 90 38 (Mairie) / 02 43 37 02 41 (S.I.) (H.S.). Fax : 02 43 37 01 81. E-mail : otsi.bais@wanadoo.fr, Web : members.aol./baiscme53/bais.htm.

BOUERE

6-C1 18 km N.-E. Chateau Gontier. 911 hab. ✉ 53290

CHARCHIGNE

2-D4 23 km N.-E. Mayenne. 300 m. 375 hab. ✉ 53250

LE MALIDOR . Le Malidor. N 12 jusqu'à Javron, à 500 m de Javron à droite D 33 jusqu'à Malidor, 500 m avant Charchigné. ☎ 02 43 03 99 88.

CHATEAU GONTIER

20 km S. Laval. 43 m. 8352 hab. Station verte ✉ 53200

LE PARC ★★★ Tourisme 55 E., dont 55 GCC - 10 HLL, 2 ha. CV. Locations : 12. chauffée. Accès direct à la rivière. ; . Route de Laval, à 1 km du centre ville. ☎ 02 43 07 35 60 / 02 43 53 58 81 (Réserv.) (H.S.). Fax : 02 43 70 38 94. E-mail : tourisme@cc-chateau-gontier.fr, Web : www.sud-mayenne.com.

CRAON

6-C1 30 km S. Laval. 5021 hab. Station verte de vacances et village de neige ✉ 53400

CAMP MUNICIPAL DU MURIER ★★★ Tourisme 51 E. dont 27 nus, dont 11 HLL, 0,6 ha. sauf carnet de santé demandé, 20 m, CV. Locations : 18. contigü. Rivière à 200 m. Etang à 50 m. . Accueil groupes. Axe Laval-Angers. Suivre direction "Le Mûrier" ☎ 02 43 06 96 33 / 02 43 06 13 09 (Mairie) (H.S.). Fax : 02 43 06 96 33. E-mail : tourisme@ville-craon 53.fr, Web : www.ville-craon53.fr. Prix 2007. Fft jour : Empl. Tourisme : 3.80 € () ; Sup : 3 € 2 € ; 2,10 € (10 A).

LA CROIXILLE

2-C5 27 km N.-O. Laval. 180 m. 534 hab. ✉ 53380

M. JARRY Alexandre . A 4 km : . A 6 km : . A 8 km : . A 10 km : . La Lande, à mi-chemin entre Laval et Fougères par la route touristique D 30 à la sortie n° 4 de l'A 81, et à mi-chemin entre Ernée Vitré par la D 29, à proximité de la ferme. ☎ 02 43 68 57 00.

DAON

6-C1 11 km S.-E. Chateau Gontier. 76 m. 430 hab. Station verte de vacances et village de neige ✉ 53200

CAMP COMMUNAUTAIRE ★★ Tourisme 98 E. dont 40 nus, 1 ha. CV. Locations : 10, , bateaux habitables. . Rivière à 30 m. ; . Accueil groupes. 100 m RD 213, 300 m RN 159 bis, à l'Ouest de la commune. ☎ 02 43 06 94 78 / 02 43 70 42 74 (H.S.). Fax : 02 43 70 36 05. E-mail : tourisme@sud-mayenne.com.

ERNEE

2-C5 24 km O. Mayenne. 140 m. 6132 hab. ✉ 53500

CAMP MUNICIPAL ★★★ Tourisme 40 E., dont 40 CC, 1 ha. . Accès direct aux bords du lac. . ☎ 02 43 05 19 90.

EVRON

2-D5 32 km N.-E. Laval. 114 m. 6774 hab. ✉ 53600

CAMP MUNICIPAL DU PARC DES LOISIRS ★★★ Tourisme 91 E., dont 32 CC - 11 HLL. CV Sanitaire chauffé. Locations : 11. Etang à 5 km. à 5 km : , . Accueil groupes. Ouv : 1.1 / 31.12. Boulevard du Maréchal Juin. D 20 sortie n°2 autoroute Vaiges A 81. ☎ 02 43 01 65 36. Fax : 02 43 37 46 20. E-mail : camping@evron.fr, Web : camping-evron.fr. Prix 2007. 6 € ; 5,15 € ; 4,45 € ; 1,90 € ; - de 7 ans 0,85 € ; 1,55 à 2,40 € (6 à 10 A) ; Animaux 0,75 €.

LAVAL

2-C5 292 km O.-S.-O. Paris. 70 m. 53766 hab. ✉ 53000

CAMP DU POTIER ★★ Tourisme 42 E. dont 42 nus 0,5 ha. CV. Rivière à 100 m. .Accueil enfants. Ouv : 24.5 / 7.9. Lieu-dit Cumont, chemin Saint Pierre, 6 km centre ville, par RD 21. ☎ 02 43 53 68 86 / 02 43 49 46 46 (H.S.). E-mail : office.tourisme@mairie-laval.fr, Web : www.laval-tourisme.com. Prix 2008. Empl. Tourisme : 1,50 € ; 1,50 € ; 3,10 € ; 2,80 € ; - de 7 ans 2 € ; 1,40 € ; Animaux 1 €.

MAYENNE

2-C5 30 km N.-E. Laval. 126 m. 14298 hab. Station verte ✉ 53100

CAMP MUNICIPAL DU GUE ST LEONARD ★★★ Tourisme 70 E. 1,8 ha, saison, saison, CV. Locations : 5. chauffée. Accès direct à la rivière. ; . Route de Brives, 800 m RN 12. H.L.L. ouvert du 1.01 / 31.12. ☎ 02 43 04 19 37. Fax : 02 43 00 01 99. E-mail : tourism-pays-mayenne@wanadoo.fr.

MENIL

6-C1 7 km S. Chateau Gontier. 30 m. 787 hab. ✉ 53200

CAMP MUNICIPAL DU BAC ★★ Tourisme 37 E. dont 35 nus, dont 37 CC, 0,6 ha. CV. Locations : 5, 2, 6. Accès direct à la rivière. ; à 7 km : . 100 m RD 267. A la sortie de Château-Gontier dir. Angers puis au choix 3 routes sur gauche. ☎ 02 43 70 24 54 / 02 43 70 25 25 (H.S.). Fax : 02 43 70 24 24. E-mail : menil@cc-chateau-gontier.fr. Prix 2007. Fft jour : Empl. Tourisme (2) : 7,50 € () ; Sup : 3,50 € - de 10 ans 2 € ; 2,20 €.

MESLAY DU MAINE

6-C1 20 km S.-E. Laval. 100 m. 2306 hab. ✉ 53170

CAMP MUNICIPAL LA CHESNAIE ★★ Tourisme 66 E., dont 4 HLL, 1,7 ha. CV. Locations : 8. Accès direct à l'étang. ; à 200 m : . Accueil groupes. De Laval suivre dir. Tours par D 21. A Meslay-du-Maine suivre dir. St-Denis-du-Maine. ☎ 02 43 98 48 08 / 06 86 84 75 50 (H.S.). Fax : 02 43 98 48 08. E-mail : camping-laschesnaie@wanadoo.fr. Prix 2007. Fft jour : Empl. Tourisme (2) : 8,60 € () ; Sup : 3 € - de 7 ans 1,80 € ; 2,30 €.

MONTSURS

2-C5 21 km N.-E. Laval. 89 m. 2108 hab. ✉ 53150

CAMP MUNICIPAL DE LA JOUANNE ★★ Tourisme 30 E. 0,6 ha. Accès direct à la rivière. ☎ 02 43 01 00 31 (Mairie). Fax : 02 43 02 21 42.

PONTMAIN

2-C4 46 km N.-O. Mayenne 175 m. 2183 hab. ✉ 53220

CAMP MUNICIPAL ★★ Tourisme 25 E. Locations : . Accès direct à la rivière. Ste Marie. ☎ 02 43 05 07 02 / 02 43 05 06 45. Fax : 02 43 05 06 10.

PRE EN PAIL

2-D4 36 km N.-E. Mayenne. 250 m. 2560 hab. Station verte de vacances et village de neige ✉ 53140

CAMP MUNICIPAL ALAIN GERBAULT ★★ Tourisme 22 E. 1 ha. Rue des Troënes. Piscine municipale de plein air chauffée à 50 m. ☎ 02 43 03 04 28.

ST BERTHEVIN

2-C5 4 km O. Laval. 100 m. 5770 hab. ✉ 53940

CAMP MUNICIPAL DE COUPEAU ★★ Tourisme 25 E. dont 23 nus, 1 ha. CV. chauffée . Rivière à 50 m. Axe Paris/Rennes. RN 157 dir. base de loisirs de Coupeau à St-Berthevin. ☎ 02 43 68 30 70 / 02 43 69 28 27 (Mairie) (H.S.). Fax : 02 43 69 20 88. E-mail : mairie.saint-berthevin@wanadoo.fr, Web : www.ville-saint-berthevin.fr.

STE SUZANNE

2-D5 34 km E. Laval. 150 m. 925 hab. Station verte de vacances et village de neige ✉ 53270

CAMP MUNICIPAL LA CROIX COUVERTE ★★ Tourisme 43 E. 0,6 ha. Locations : . chauffée . Rivière à 200 m. à 200 m : . Sur RD 7. ☎ 02 43 01 41 61 / 02 43 01 40 10 (Mairie). Fax : 02 43 01 44 09.

SAULGES

2-D5 32 km S.-E. Laval. 110 m. 348 hab. ✉ 53340

CAMP MUNICIPAL SAINT CENERE ★★ Tourisme 36 E. 1,3 ha. CV. Accès direct à la rivière. Etang à 100 m. ; ; . Accueil groupes. Ouv : 1.4 / 31.10. Route de Vaiges, sortie A 81 à Vaiges sortie 2 ou Joue en Charnie sortie 1. ☎ 02 43 90 49 81. Fax : 02 43 90 55 44. E-mail : saulges@wanadoo.fr, Web : www.tourisme.lescoeurons.com. Prix 2007. Empl. Tourisme : 1,10 € ; 1 € ; 2,50 € ; 1,85 €.

LA SELLE CRAONNAISE

6-B1 28 km O. Château-Gontier 60 m. 991 hab. ✉ 53800

LA RINCERIE ★★★ Tourisme 50 E. dont 45 nus CV Sanitaire chauffé. Locations : , swin, . Accès direct à l'étang. ; ; .Accueil enfants. Base de Loisirs La Rincerie. 30 km au Sud-Ouest de Laval. Sur l'axe routier Laval/St-Nazaire à proximité de Craon. ☎ 02 43 06 17 52. Fax : 02 43 07 50 20. E-mail : larincerie@wanadoo.fr, Web : www.la-rincerie.com. Prix 2007. Fft jour : Empl. Tourisme (2) : 9,90 € Sup : 2,75 € - de 10 ans 1,70 € ; 2,75 €.

VILLIERS CHARLEMAGNE

6-C1 11 km N. Château-Gontier. 869 hab. ✉ 53170

VILLAGE VACANCES ET PECHE ★★★ Tourisme 20 E. 0,2 ha. CV. Locations : 12 , . Accès direct à l'étang. Rivière à 1,5 km. ; à 10 km : . Accueil groupes. Ouv : 1.3 / 30.11. Rés. obligatoire en été. Sur la RN 162 entre Laval (20 km) et Chateau-Gontier (12 km). 2 plans d'eau dont un spécial carpes, pêche de nuit. ☎ 02 43 07 71 68. Fax : 02 43 07 72 77. E-mail : vvp.villiers.charlemagne@wanadoo.fr, Web : www.paysmeslaygrez.fr. Prix 2007. Fft jour : Empl. Tourisme (2 2) : 17,85 € () ; Sup : 7,30 € - de 2/12 ans 3,15 €.

MEURTHE-ET-MOSELLE 54

Carte 4

Délégué FFCC : Gérard PITZ, 1, rue de la Potence - 54280 SORNEVILLE

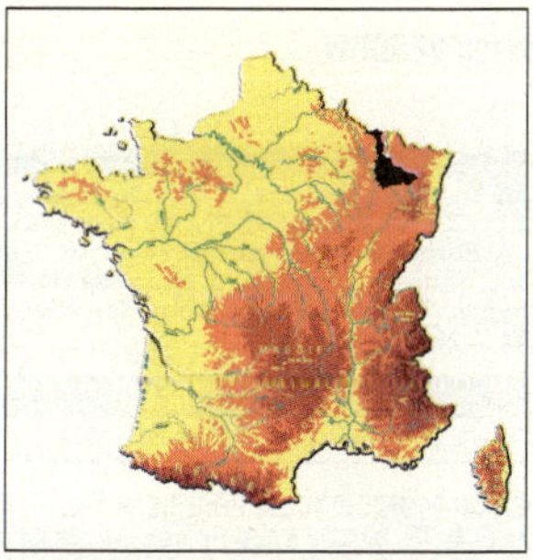

ART SUR MEURTHE

4-C4 5 km S.-E. Nancy. 325 m. 1030 hab. ✉ 54510

CAMP DE BOSSERVILLE ★ Tourisme 10 E. 1,5 ha. Sanitaire chauffé. Etang à 100 m. Rivière à 200 m. Bosserville. Sortie Nancy/Tomblaine dir. Varangéville. ☎ 06 03 21 27 57. E-mail : aglomet@wanadoo.fr.

BACCARAT

4-D4 25 km S.-E. Lunéville. 5960 hab. ✉ 54120

CAMP MUNICIPAL PRE DE HON ★ Tourisme 47 E. 0,72 ha. CV. Accès direct à la rivière. Accueil groupes. Accès réservé aux véhicules de moins d'1 tonne. ☎ 03 83 76 35 35 / 03 83 75 13 37 (H.S.). Fax : 03 83 75 36 76. E-mail : tourisme@ville-baccarat.fr.

BAINVILLE AUX MIROIRS

4-C4 34 km S. Nancy. 187 m. 277 hab. ✉ 54290

AIRE NATURELLE MUNICIPALE ☎ 03 83 72 54 13 (Mairie).

BAYON

4-C4 20 km S.-O. Lunéville. 270 m. 1530 hab. ✉ 54290

CAMP MUNICIPAL DU PASSETEMPS ★★ Tourisme 100 E. Locations : . Accès direct à la rivière. Etang à 200 m. ; ; . Rue de la Moselle, sortie dir. Nancy. ☎ 03 83 72 45 60 (Camping) / 03 83 72 51 52 (Mairie). Fax : 03 83 72 45 60.

BERTRICHAMPS

4-D4 30 km S.-E. Luneville. 300 m. 1016 hab. ✉ 54120

CAMP MUNICIPAL LES BRIMBELLES ★ Tourisme 26 E. 0,8 ha. Etang et rivière à 1 km. 450 m RN 59. ☎ 03 83 75 14 10 (Mairie). Fax : 03 83 75 45 19.

BLAMONT

4-D4 30 km E. Luneville. 1413 hab. ✉ 54450

CAMP MUNICIPAL DE LA VEZOUZE En cours classt ★ 65 E. 0,85 ha. Rivière à 150 m. Etang à 20 m. ; . Ouv : 15.5 / 15.9. Route de Cirey. RN 4 puis D 993. ☎ 03 83 76 28 28 / 06 07 70 27 39 (H.S.). Fax : 03 83 76 28 32. Prix 2008. () : 2,50 € ; 1,50 € ; 2 € ; - de 7 ans 1 € ; 2 € (16 A) ; Animaux 0,80 €.

BRIEY

4-C2 84 km N. Nancy. 204 m. 4548 hab. ✉ 54150

CAMP INTERCOMMUNAL DE LA SANGSUE ★ Tourisme 16 E. dont 16 nus . Ouv : 1.5 / 31.10. Rés. obligatoire en été. Accès par la RD 643 puis rue de Verdun à Briey. ☎ 03 82 46 33 22 / 03 82 20 96 22 (H.S.). Fax : 03 82 21 83 70. E-mail : marilyne.nicollet@cc.paysdebriey.fr, Web : www.cc-paysdebriey.fr. Prix 2007. Empl. Tourisme : 1,50 € ; 1,50 € ; 1,50 € ; 1,50 € ; 1,50 € ; 2 € ; - de 3/7 ans 1 € ; 1,50 €.

FLAVIGNY SUR MOSELLE

4-C4 12 km S. Nancy. 230 m. 1475 hab. ✉ 54630

CAMP MUNICIPAL LE CHAUBOUROT ★★ Loisirs 40 E. 1 ha. Locations : . Etang à 100 m. Rivière à 50 m. ; à 100 m : , . Sortie autoroute Flavigny. A 330 puis RN 2057. ☎ 03 83 26 75 64. Fax : 03 83 26 74 76.

JAULNY

4-C3 42 km N. Toul. 200 m. 172 hab. ✉ 54470

LA PELOUSE ★★ Tourisme 100 E. (60 Tourisme + 40 Loisirs), dont 100 CC - 5 HLL, 2 ha. CV. Locations : . Rivière à 100 m. ; . D 28. ☎ 03 83 81 91 67. Fax : 03 83 81 91 67. E-mail : lapelouse@aol.com, Web : www.camping-de-la-pelouse.com.

LIVERDUN

4-C3 19 km N.-E. Toul. 280 m. 6110 hab. Station verte de vacances et village de neige ✉ 54460

LES BOUCLES DE LA MOSELLE ★★ Loisirs 195 E. 2,5 ha. CV. Locations : 3. saison. Rivière à 10 m.; à 5 km : . Ouv : 1.5 / 30.9. Autoroute Nancy-Metz sortie n° 22 ou autoroute Dijon-Nancy sortie Toul-Gondreville. ☎ 03 83 24 43 78. Fax : 03 83 24 89 47. E-mail : francis.iung710@orange.fr. Prix 2007. Empl. Tourisme : 4,30 € : 5 € ; 3,10 € ; - de 7 ans 2,70 € ; 3 € (6 A) ; Animaux 1 €.

LUNEVILLE

4-D4 29 km S.-E. Nancy. 230 m. 23231 hab. ✉ 54300

CAMP LES BOSQUETS ★★ Tourisme 36 E. 0,5 ha. à gaz, collectif, CV. Rivière à 25 m. Chemin de la Ménagerie. Parc du château. ☎ 03 83 73 37 58. E-mail : camping@cc-lunevillois.fr, Web : www.cc-lunevillois.fr.

MAGNIERES

4-D4 20 km S. Lunéville. 215 m. 410 hab. ✉ 54129

AU PRE FLEURY ★★ Tourisme 33 E. 0,39 ha. CV. Locations : . Accès direct à l'étang. Rivière à 300 m. Accueil groupes. Ouv : 1.4 / 15.10. 18 rue de la barre. A 100 m du CD 22 et à 500 m du CD 914. ☎ 03 83 73 82 21 / 03 83 72 32 58 (H.S.). Fax : 03 83 72 32 77. E-mail : kern.christian@wanadoo.fr. Prix 2007. Fft jour : Empl. Tourisme (2) : 9 € ; Sup : 2,80 € - de 7 ans 1,40 € ; 2,50 à 4,50 € (5 à 10 A).

FFCC : partenaire + réduction emp. de 5 % en saison et hors saison + Stop accueil Camping-car du 01/04 au 15/10/2008, accès de 18h à 21h.

MANDRES AUX QUATRE TOURS

4-B3 22 km N. Toul. 310 m. 171 hab. ✉ 54470

CAMP MUNICIPAL En cours reclassement 35 E. 2 ha. Etang à 500 m. à 500 m : . Ouv : 1.4 / 31.10. Orée de la Forêt de la Reine. ☎ 03 83 23 17 31 (Saison). Prix 2007. 1,40 € ; 0,30 € ; 2,50 € ; 0,45 € ; 1,40 € ; - de 7/15 ans 0,75 € ; 1,45 € ; 1,15 €.

NANCY

307 km E. Paris. 212 m. 99307 hab. ✉ 54000

CAMPEOLE LE BRABOIS Voir VILLERS-LES-NANCY

PARROY

4-D4 18 km N.-E. Lunéville. 360 m. 610 hab. ✉ 54370

CAMP MUNICIPAL GRAND BREUIL ★★ Tourisme 25 E. dont 25 nus . Accès direct à la rivière. Etang à 100 m. ; . De Nancy, dir. Lunéville (A 33). A Lunéville vers Chateau-Salin (D 914). A Einville-au-Jard dir. Parroy (D 2). ☎ 03 83 71 32 21. Fax : 03 83 71 32 21.

THIAUCOURT REGNIEVILLE

4-C3 36 km N. Toul. 1106 hab. ✉ 54470

CAMP MUNICIPAL ★★ Tourisme 50 E. CV. Rivière à 10 m. ☎ 03 83 81 90 10. Fax : 03 83 81 98 59.

TONNOY

4-C4 19 km S.-S.-E. Nancy. 250 m. 613 hab. ✉ 54210

CAMP MUNICIPAL LE GRAND VANNE ★★ Loisirs 200 E. 7 ha. Accès direct à la rivière. ; ; . Sortie autoroute Flavigny. A 330 puis RN 57-CD 74. ☎ 03 83 26 62 36. Fax : 03 83 26 63 95.

VELLE SUR MOSELLE

4-C4 22 km S.-O. Lunéville 235 m. 236 hab. ✉ 54290

CAMP MUNICIPAL ★★ Loisirs 38 E. CV. Accès direct à la rivière. Accueil groupes. Ouv : 15.4 / 30.9. ☎ 03 83 26 60 62 / 03 83 26 68 78 (H.S.). Fax : 03 83 26 60 62.

VILLERS LES NANCY

2 km S.-O. Nancy. 285 m. 16154 hab. ✉ 54600

CAMPEOLE LE BRABOIS ★★★ Tourisme 190 E., dont 30 GCC, 4,4 ha. le soir, , saison, saison, CV Sanitaire chauffé. Locations : 4 . Etang à 2 km. Accueil groupes. Ouv : 1.4 / 15.10. Avenue Paul Muller. A 33 sortie 2 B. En venant de Nancy suivre Technopole Brabois. Interdit aux caravanes de plus de 5,50 m avec deux essieux. ☎ 03 83 27 18 28. Fax : 03 83 40 06 43. E-mail : campeoles.brabois@orange.fr, Web : www.campeoles.com & camping-brabois.com. Prix 2008. Fft jour : Empl. Tourisme (2) : 14,20 € ; Sup : 5,10 € 3,30 € ; 4 à 5,25 € ; Animaux 2,60 €. Réduction H.S.

FFCC : partenaire + carte FFCC assurance annulation.

VILLEY LE SEC

4-C4 6 km S.-O. Toul. 250 m. 233 hab. ✉ 54840

CAMP DE VILLEY LE SEC ★★ Tourisme 100 E. 1,5 ha. CV Sanitaire chauffé. Locations : . Accès direct à la rivière. 34, rue de la Gare. ☎ 03 83 63 64 28 / 06 84 39 23 05 (H.S.). Fax : 03 83 63 64 28. E-mail : info@campingvilleylesec.com, Web : www.campingvilleylesec.com.

XIROCOURT

4-C4 35 km S. Nancy. 214 m. 280 hab. ✉ 54740

AIRE NATURELLE MUNICIPALE CV. Jonce. Sortie Gripport autoroute Nancy-Epinal. ☎ 03 83 52 50 07.

55 MEUSE

Carte 4

Délégué FFCC : Guy VALLIEREc/o Dulcy, 4, rue Miss Sibley - 55100 VERDUN

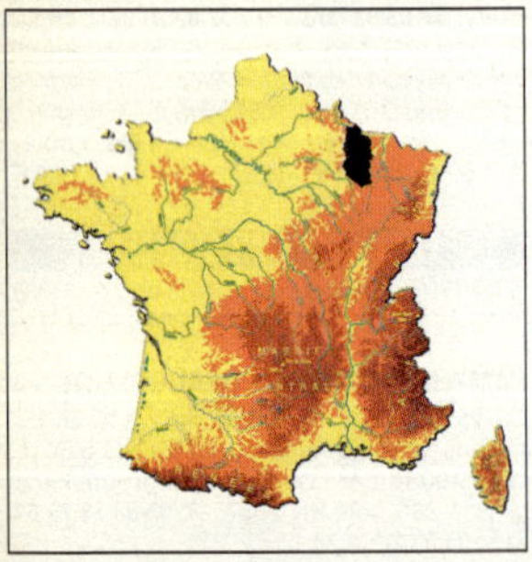

BADONVILLIERS GERAUVILLIERS

4-B4 27 km S. Commercy. 415 m. 125 hab. ✉ 55130

M. MARQUELET,aire naturelle Ferme d'Orgeval. 2, rue de la Ferme. D 168. ☎ 03 29 89 77 88. Fax : 03 29 89 77 88.

BAR LE DUC

4-A3 231 km E. Paris. 184 m. 20029 hab. ✉ 55000

CAMP DU CHATEAU ★ Tourisme 25 E. dont 25 nus 0,9 ha. + seche - linge, CV.à 1,2 km : . Ouv : 15.5 / 30.9. Rue du Stade. ☎ 03 29 79 17 33 (Office de tourisme) / 03 29 79 11 13 (H.S.). Fax : 03 29 79 21 95. Prix 2007. Empl. Tourisme : 2 € ; 2,50 € ; - de 13 ans 1,50 € ; 2,50 €.

FFCC : Stop accueil Camping-car du 15/05 au 30/09/2008, rl + réduction loc. de 0% % en saison et hors saison.

BONZEE

4-B3 20 km S.-E. Verdun. 306 hab. ✉ 55160

CAMP MUNICIPAL LES EGLANTINES ★★★ Loisirs 80 E. (20 Tourisme + 60 Loisirs), dont 12 GCC, 1,5 ha. CV. Locations : poneys, . Accès direct à l'étang et à la rivière. ; ; ; ; . Par D 904 et D 21. ☎ 03 29 87 31 98. Fax : 03 29 87 30 60. E-mail : blcv@wanadoo.fr, Web : www.campings-colvert.com.

FFCC : partenaire - terrain assuré par la FFCC.

LES MARGUERITES ★★ Loisirs 100 E. (35 Tourisme + 65 Loisirs) 2 ha. CV. Locations : . Accès direct à l'étang et à la rivière. ; ; ; ; . Accueil groupes. Par D 904 et D 21. ☎ 03 29 87 31 98. Fax : 03 29 87 30 60. E-mail : blcv@wanadoo.fr, Web : www.campings-colvert.com.

FFCC : partenaire - terrain assuré par la FFCC.

M. LACROIX Jean,camping La Côte des Hures village, , village, . A 1 km : . A 2 km : Piscine plein air . A 20 km : . Accès par RD 21 ou RN 3, à 100 m de la commune, à proximité de la ferme. Terrain herbeux, bord de rivière. ☎ 03 29 87 30 92.

BRIEULLES SUR MEUSE

4-A2 27 km N.-O. Verdun. 430 hab. ✉ 55110

CAMP MUNICIPAL LA PRAIRIE ★ Tourisme 15 E. Rivière à 150 m. non surveillée : ; ; . ☎ 03 29 80 93 65 / 03 29 80 93 17 (Mairie). Fax : 03 29 80 93 17.

CAMP MUNICIPAL LE VILLAGE ★ Loisirs 50 E. (25 Tourisme + 25 Loisirs), dont 35 CC, 1 ha. Rivière à 500 m. non surveillée : ; ; . 300 m D 123, dans le village. ☎ 03 29 80 93 65 / 03 29 80 93 17 (Mairie). Fax : 03 29 80 93 17.

CHARNY SUR MEUSE

4-B2 8 km N. Verdun. 200 m. 523 hab. ✉ 55100

CAMP MUNICIPAL SOUS LE MOULIN ★★ Tourisme 128 E. (80 Tourisme + 48 Loisirs) 2 ha. Rivière à 1 m. ; . Lieu-dit Sous le Moulin, sur CD 38, 600 m RN 64. ☎ 03 29 84 28 35 / 03 29 86 67 06 (H.S.). Fax : 03 29 84 67 99. E-mail : mairie.charny.sur.meuse@wanadoo.fr.

FFCC : partenaire + réduction emp. de 5 % en saison + Stop accueil Camping-car du 01/05 au 30/09/2008, accès jusqu'à 21h.

CHATILLON SOUS LES COTES

4-B2 15 km S.-E. Bar-le-Duc. 245 m. 114 hab. 55400

M. TROMPETTE Guy,camping Les Etangs de Mandre. A 7 km: . Ouv : toute l'année. 2, rue du Moulin. A 4 sortie Fresnes-en-Woëvre 8 km. Prendre la RD 903 vers l'Ouest puis à Haudiomont 4 km Est de Verdun prendre la N 3 dir. Etain au carrefour Eix prendre la D 24 jusqu'à Chatillon vers le Sud. ☎ 03 29 88 34 23. Fax : 03 29 88 34 23. Web : www.campinglesetangsdemandre.com. Prix 2008. Empl. Tourisme : 7 € : 2 € ; - de 12 ans 1,50 € ; 2 € ; Animaux 1 €.

FFCC : partenaire - terrain assuré par la FFCC + Stop accueil Camping-car toute l'année, accès jusqu'à 22h.

CONSENVOYE

4-B2 18 km N.-O. Verdun. 184 m. 280 hab. 55110

CAMP MUNICIPAL ★ 50 E. 1 ha. Accès direct à la rivière. Sur RD 19, par RD 964, lieu-dit Les Ilys Hauts. ☎ 03 29 85 86 75 (Mairie).

DOULCON

4-A2 30 km N.-O. Verdun. 175 m. 483 hab. Station verte de vacances et village de neige 55110

LE LAC VERT ★ Tourisme 110 E. 9 ha. Accès direct aux bords du lac. A Doulcon,RD 398 et RD 964. ☎ 03 29 80 90 38 / 03 29 80 92 27.

DUN SUR MEUSE

4-A2 34 km N.-O. Verdun. 749 hab. Station verte de vacances et village de neige 55110

KITY CARAVAN'INN ★★ Loisirs 86 E. (28 Tourisme + 58 Loisirs) . CV. Locations : , 6 . Accès direct à l'étang. ☎ 03 29 80 81 90 / 03 29 80 92 70 (H.S.).

CAMP DU MINI-GOLF Voir MILLY-SUR-BRADON

FUTEAU

4-A3 40 km O. Verdun. 210 m. 160 hab. 55120

CAMP MUNICIPAL ★ 25 E. 0,3 ha. ☎ 03 29 88 27 06 (Mairie).

HANNONVILLE SOUS LES COTES

4-B3 25 km S.-E. Verdun. 426 hab. 55210

LE LONGEAU ★★ Tourisme 27 E. (17 Tourisme + 10 Loisirs) 2 ha. pizzeria, Accès direct à l'étang. 2,5 km Ouest D 908. ☎ 03 29 87 30 54. Fax : 03 29 88 84 40.

HEUDICOURT SOUS LES COTES

4-B3 25 km N.-E. Commercy. 280 m. 253 hab. Village de neige 55210

LES CLAIRS CHENES MADINE 2 ★★★ Loisirs 100 E. Locations : . Lac à 250 m. Lac de Madine. ☎ 03 29 89 36 08. Fax : 03 29 89 35 60.

LES PASSONS MADINE 2 ★★ Loisirs 200 E. Locations : . Lac à 150 m. ☎ 03 29 89 36 08. Fax : 03 29 89 35 60.

M. FENAUX Bruno,aire naturelle. Le Haut Chemin. ☎ 03 29 89 58 68. Fax : 03 29 90 01 95.

INOR

4-A2 65 km N.-O. Verdun. 170 m. 214 hab. 55700

LES BOULEAUX ★ Loisirs 80 E. (10 Tourisme + 70 Loisirs) 2 ha. Locations : . Accès direct à la rivière. Chemin du Paquis. ☎ 03 29 80 48 60.

LIGNY EN BARROIS

4-B4 16 km S.-E. Bar Le Duc. 255 m. 5709 hab. 55500

CAMP MUNICIPAL ★ Tourisme 25 E. 1 ha. Locations : . Rivière à 500 m. ; à 500 m : . Accueil groupes. Rue des Etats-Unis. Lieu-dit Chartel. ☎ 03 29 77 09 36 / 03 29 78 41 33 (Domicile) / 03 29 78 02 22 (Mairie) (H.S.).

LOUPPY SUR LOISON

4-B2 35 km N. Verdun. 195 m. 111 hab. 55600

M. FLAMION Léon,la Magdeleine. Chemin Champ au Pont. ☎ 03 29 88 16 61.

MARVILLE

4-B2 48 km N. Verdun. 272 m. 551 hab. Station verte de vacances et village de neige 55600

CAMP SYNDICAT MIXTE D'AMENAGEMENT DE LA VALLEE DE L'OTHAIN ★ Tourisme 70 E., dont 14 HLL, 1 ha. rapide, , partiel, CV. Locations : 13 , 5 , couverte . Etang, lac et rivière à 50 m. ; ; à 200 m : . Entre Longuyon et Montmédy. ☎ 03 29 88 19 05 (Camping) / 03 29 88 19 06 (Mairie) / 03 29 88 15 15 (Mairie) (H.S.). Fax : 03 29 88 14 60. E-mail : marville.accueil@wanadoo.fr.

MILLY SUR BRADON

4-A2 36 km N.-O. Verdun. 180 hab. 55110

CAMP DU MINI-GOLF ★ Loisirs 50 E. (10 Tourisme + 40 Loisirs) 5,5 ha. ambulant, . Accès direct à l'étang. Rivière à 200 m. Route de Sedan, sortie Nord de Dun. ☎ 02 39 80 84 89. Fax : 03 29 80 90 25. E-mail : elianenivoix@wanadoo.fr.

MONTIERS SUR SAULX

4-B4 35 km S.S.E. Bar-le-Duc. 275 m. 551 hab. 55290

AIRE NATURELLE MUNICIPALE. Le Fourneau. ☎ 03 29 75 90 63. Fax : 03 29 75 95 37.

MONTMEDY

4-B2 45 km N. Verdun. 200 m. 2324 hab. 55600

CAMP MUNICIPAL LA CITADELLE ★★ Tourisme 32 E. 0,5 ha. CV. Accueil groupes. Esplanade de Tivoli. Rue Vauban. ☎ 03 29 80 10 40 (Mairie). Fax : 03 29 80 12 98.

NEUVILLY EN ARGONNE

4-A3 28 km O. Verdun 214 hab. 55120

CAMPING LE GROSEILLIER,aire naturelle. A 200 m : . A 1 km: . A 4 km : . A 7 km : . A 10 km : . Ouv : 1.4 / 31.10. Sur la RD 998. GR 14. ☎ 03 29 87 42 84. Fax : 03 29 87 42 84. E-mail : campingjacquemin@wanadoo.fr. Prix 2008. Empl. Tourisme : 2,20 € : 0,60 € ; 0,60 € ; 1,50 € ; 0,40 € ; 2,20 € ; - de 7 ans 1,50 € ; 2,20 €.

FFCC : partenaire + réduction emp. de 5 % en saison et hors saison + réduction loc. de 5 % en saison et hors saison.

NONSARD LAMARCHE

4-B3 25 km N.-E. Commercy. 280 m. 106 hab. Village de neige 55210

DE NONSARD ★★ Loisirs 292 E., dont 28 GCC. Locations : . Accès direct aux bords du lac. Base de Nonsard. ☎ 03 29 89 56 76.

REVIGNY SUR ORNAIN

4-A3 16 km N.-O. Bar-le-Duc. 146 m. 4075 hab. 55800

CAMP MUNICIPAL ★★ Tourisme 20 E. CV. Locations : . Accueil groupes. ☎ 03 29 78 73 34. Fax : 03 29 78 73 34. E-mail : contact@ot-revigny-ornain.fr, Web : www.ot-revigny-ornain.fr. Réduction H.S.

ROMAGNE SOUS MONTFAUCON

4-A2 40 km N.-O. Verdun 230 m. 270 hab. 55110

CAMP DE NANTRISE ★★ Tourisme 28 E. 0,25 ha. Sur CD 998, entre Varennes en Argonne et Dun sur Meuse. ☎ 03 29 85 12 63.

RUPT DEVANT ST MIHIEL

4-B3 19 km N.-O. Commercy. 260 m. 56 hab. 55260

M. KAAG Pierre. A 4 km: . Le Rupt, par RD 901, à proximité de la ferme. Plan d'eau. ☎ 03 29 75 01 69 / 03 29 75 07 37. Fax : 03 29 71 00 56.

ST MAURICE SOUS LES COTES

4-B3 36 km N. Commercy. 260 m. 329 hab. 55210

Mme GOUJON Michèle,aire naturelle le bois joli CV. A 3 km: . A 6 km : . A 10 km : . Rue Haute. De Verdun dir. Fresnes-en-Woëvre. De Nancy dir. Vigneulles. ☎ 03 29 89 33 32 / 03 29 89 57 41 (H.S.). Fax : 03 29 89 33 32. E-mail : claudine.met@wanadoo.fr.

ST MIHIEL

4-B3 18 km N.-O. Commercy. 225 m. 5555 hab. Station verte de vacances et village de neige 55300

BASE DE PLEIN AIR ★★ Tourisme 100 E. (60 Tourisme + 40 Loisirs), dont 10 CC, 2,5 ha. CV Sanitaire chauffé. Locations : . Accès direct à la rivière. Accueil groupes. 600 m RD 64. N 4. ☎ 03 29 89 15 83. Fax : 03 29 89 15 35.

FFCC : Stop accueil Camping-car du 15/04 au 15/10/2008, accès jusqu'à 21h.

CAMP MUNICIPAL ★★ 123 E. 2,5 ha. CV Sanitaire chauffé. Locations : 2 , . Accès direct à la rivière. Accueil groupes. Ouv : 10.4 / 15.10. ☎ 03 29 89 15 83. Fax : 03 29 89 15 35.

SIVRY SUR MEUSE

4-B2 22 km N.-E. Verdun. 185 m. 425 hab. 55110

LE BROUZEL ★★ Loisirs 50 E. (10 Tourisme + 40 Loisirs) 1,5 ha. Accès direct à la rivière. ; à 800 m : ; à 2 km : . Entre Verdun et Stenay. ☎ 03 29 85 86 45.

SOMMEDIEUE

4-B3 15 km S.-E. Verdun. 320 m. 949 hab. Station verte de vacances et village de neige 55320

ESPACE TOURISTIQUE DES EPICHES ★★ Tourisme 170 E. (100 Tourisme + 70 Loisirs), dont 80 CC - 5 HLL, 10 ha. CV. Locations : 5 , . Accès direct à l'étang et à la rivière. Accueil groupes. Ouv : 1.4 / 30.9. Lieu-dit Les Epichées. A 4 de Paris, sortie Verdun. De Metz/Nancy, sortie Fresnes-en-Woëvre. CD 903. Haudiomont à gauche. ☎ 03 29 87 60 45. Fax : 03 29 87 60 45. E-mail :

STENAY

4-A2 48 km N.-O. Bar Le Duc. 175 m. 3002 hab. 55700

CAMP MUNICIPAL ★★ Tourisme 130 E. dont 80 nus, 4 ha. CV. Accès direct à la rivière. Accueil groupes. Ouv : 15.6 / 31.8. Les Paquis. RD 947. (Axe Paris/Luxembourg). ☎ 03 29 80 64 56 / 03 29 80 64 22 (H.S.). Fax : 03 29 80 62 59. E-mail : otsistenay@wanadoo.fr. Prix 2007. Empl. Tourisme : 1,80 € : 1,20 € ; 2 € ; - de 12 ans 1 € ; 2,50 € ; Animaux 0,60 €.

VARENNES EN ARGONNE

4-A2 37 km N.-O. Verdun. 165 m. 700 hab. 55270

CAMP MUNICIPAL LE PAQUIS ★★ 80 E. 1,5 ha. CV. Locations : 1 , 2 , . Accès direct à la rivière. Accueil groupes. Ouv : 21.4 / 30.9. D 946. ☎ 03 29 80 71 01 (Mairie). Fax : 03 29 80 71 43. Prix 2007. Empl. Tourisme : 1 € : 0,85 € ; 2,10 € ; 2,80 € ; - de 10 ans 1,40 € ; 2,80 € ; Animaux 0,45 €.

VERDUN

4-B3 56 km N.-E. Bar Le Duc. 200 m. 24120 hab. 55100

LES BREUILS ★★★ Tourisme 162 E. (144 Tourisme + 18 Loisirs), dont 4 GCC, 5,5 ha. snack. Locations : 7, 4. Accès direct aux bords du lac et à la rivière. ; lac : ; . Accueil groupes. Ouv : 1.4 / 30.9. Allée des Breuils, 500 m RN 3 dir. Paris. ☎ 03 29 86 15 31. Fax : 03 29 86 75 75. E-mail : contact@camping-lesbreuils.com, Web : www.camping-lesbreuils.com. Prix 2007. Empl. Tourisme : 4,50 € () : 4,50 € ; 5,50 € ; 3,50 € ; 4 € ; Animaux 1,70 €. Réduction H.S.

FFCC : partenaire + réduction emp. de 10 % en saison et 20 % hors saison.

VILLERS SUR MEUSE

4-B3 18 km S. Verdun. 209 m. 230 hab. ✉ 55220

M. PARINI Francis,camping à la ferme de l'Espé CV. Ouv : 1.4 / 15.10. A Verdun prendre dir. Neufchateau. ☎ 06 84 19 36 60. Fax : 03 29 85 24 85. Prix 2007. 2,50 € ; 2,50 € ; 2,50 € ; 2,90 € ; - de 12 ans 2,40 € ; Animaux 1 €.

VILOSNES HARAUMONT

4-B2 23 km N.-O. Verdun. 242 hab. ✉ 55110

CAMP MUNICIPAL ★★ Loisirs 80 E. 1 ha. Accès direct à la rivière. ; . Sur N 64. ☎ 03 29 85 81 92.

56 MORBIHAN

Cartes 2-5

Délégué FFCC : Paul EVANO, 2, rue de l'Ecole - 56100 LORIENT

BELLE-ILE

BANGOR

5-C5 50 km S. Lorient. 44 m. 638 hab. ✉ 56360

CAMP DE KERNEST ★★ 100 E. 4 ha. Locations : . Bord de mer à 1 km. à 1 km : , . A Belle Ile en Mer (Morbihan). ☎ 02 97 31 81 20 / () / 02 97 31 84 06 (Mairie) (H.S.). Fax : 02 97 31 44 51.

CAMP MUNICIPAL DU BOURG ★★ 65 E. 0,8 ha. Bord de mer à 2 km. à 2 km : 2 km, , ; à 5 km : 5 km. 500 m RD 190. A Belle Ile en Mer (Morbihan). ☎ 02 97 31 89 75 (Bureau des) / 02 97 31 89 75 (mairie). E-mail : bangor.camping@orange.fr.

LOCMARIA

5-D5 45 km S. Lorient. 40 m. 602 hab. ✉ 56360

CAMP MUNICIPAL DE LANNIVREC ★★ 135 E. 3 ha. CV. Locations : 6 . Bord de mer à 800 m. ; à 800 m : , ; à 2 km : . 100 m CD 25. ☎ 02 97 31 73 75 / 02 97 31 70 92 (Mairie) / 02 97 31 70 92 (H.S.). Fax : 02 97 31 71 65. E-mail : locmaria@tiscali.fr.

CAMP MUNICIPAL DE PORT ANDRO ★ Tourisme 100 E. 1 ha. Accès direct à la mer. ; ; ; à 50 m : . 2,5 km CD 25. ☎ 02 97 31 73 25 / 02 97 31 70 92 (Mairie). Fax : 02 97 31 71 65.

DES GRANDS SABLES ★ Tourisme 30 E. dont 15 nus 1,5 ha. , partiel, CV. Locations : 14 , 1 , 10 . Bord de mer à 300 m. à 300 m : , , , .Accueil adultes. Ouv : 1.5 / 30.9. ☎ 02 97 31 84 46 / 02 99 08 87 16 (H.S.). Fax : 02 97 31 84 46. Web : www.belle-ile.com/?hpa=grandsables. Prix 2007. Empl. Tourisme : 2,70 € ; 1 € ; 4 € ; - de 7 ans 2 € ; Animaux 2 €. Réduction H.S.

LE PALAIS

5-D5 48 km S.-S.-E. Lorient. 22 m. 2390 hab. ✉ 56360

BORDENEO ★★★ Tourisme 202 E. 3 ha. saison, snack en saison, , saison, CV. Locations : 32 , , chauffée . Bord de mer à 600 m. ; à 600 m : . D 30, à 2 km du centre ville. ☎ 02 97 31 88 96. Fax : 02 97 31 87 77. E-mail : bordeneo@free.fr, Web : www.bordeneo.com.

LE MOULIN LUC ★★★ Tourisme 100 E. 1 ha. ☎ 02 97 31 81 62.

L'OCEAN ★★★ Tourisme 125 E. 2 ha. rapide, CV. Locations : 7 , 11 , hll. chauffée . Bord de mer à 1,5 km. ; ; à 1,5 km : , . 100 m RD 30, CV 17. ☎ 02 97 31 83 86. Fax : 02 97 31 87 60. E-mail : camping-ocean-belle-ile@wanadoo.fr, Web : www.camping-ocean-belle-ile.com.

CAMP MUNICIPAL ★★ 100 E. 1 ha. CV. Accès direct à la mer. Accueil groupes. Le Glacis de la Citadelle, au Palais. ☎ 02 97 31 41 76. Fax : 02 97 31 57 16. E-mail : mairie.palais@wanadoo.fr.

TRION GUEN ★★ Tourisme 75 E. Locations : 2 , 5 . Bord de mer à 3 km. ☎ 02 97 31 85 76. Fax : 02 97 31 85 76. Web : www.ifrance.com/campingtrionguen-belleile.fr.

SAUZON

5-C5 48 km S. Lorient. 563 hab. ✉ 56360

CAMP MUNICIPAL DE PENPRAD ★★ Tourisme 94 E. 1,5 ha. Locations : , . Bord de mer à 100 m. ; ; ; . 100 m RD 30. ☎ 02 97 31 64 82 / 02 97 31 62 79 (Mairie). Fax : 02 97 31 64 97. E-mail : mairiedesauzon@wanadoo.fr.

LA SOURCE ★★ Tourisme 75 E. dont 54 nus 1,5 ha. CV. Locations : 9 , 6 , 6 . Bord de mer à 400 m. à 400 m : , ; à 1 km : , . Belle-Ile-en-Mer/Sauzon. Service de navettes de cars pour les déplacements sur l'ile. ☎ 02 97 31 60 95. Fax : 02 97 31 63 52. Web : www.belleile-lasource.com. Réduction H.S.

ILE AUX MOINES

CAMP MUNICIPAL LE VIEUX MOULIN ★★ Tourisme 44 E. 0,9 ha. Locations : . Bord de mer à 300 m. ; ; à 300 m : . RD jusqu'à Port Blanc en Baden, traversée en bâteau 400 m. Réservé uniquement aux tentes. ☎ 02 97 26 30 68 / 02 97 26 32 61 (Mairie). Fax : 02 97 26 38 27.

ILE D'ARZ

CAMP MUNICIPAL DES TAMARIS ★★ Tourisme 70 E. 8,1 ha. Bord de mer à 15 m. ; . ☎ 02 97 44 33 97 (Régisseur) / 02 97 44 31 14 (Mairie).

ILE DE GROIX

LES SABLES ROUGES ★★★ Tourisme 120 E. dont 108 nus 2,4 ha. , gratuit, CV. Locations : 12 . Bord de mer à 5 m. ; ; ; ; . Accueil groupes hors saison. Ouv : 1.5 / 15.9. Port Coustic. Dir. Locmaria puis le phare des Chats. ☎ 02 97 86 81 32 / 02 99 64 13 14 (H.S.). Fax : 02 97 86 59 17. E-mail : campingsablesrouges@wanadoo.fr, Web : www.campingdessablesrouges.com. Prix 2008. Empl. Tourisme : 5,30 € ; 1,80 € ; 4,90 € ; - de 7 ans 3,20 € ; 3,30 à 3,70 € (6 à 10 A) ; Animaux 1,40 €. Réduction H.S.

CAMP MUNICIPAL FORT DU MENE ★★ 45 E. Accès direct à la mer. ☎ 02 97 86 80 15 (Mairie).

ILE DE HOEDIC

CAMP MUNICIPAL ★★ 55 E.

CONTINENT

AMBON

5-E4 22 km S.-E. Vannes. 905 hab. ✉ 56190

LE BEDUME ★★★ Tourisme 200 E. 4 ha. juillet/août, juillet/août, CV. Locations : 50 , chauffée . Bord de mer à 30 m. ; ; ; à 30 m : . A Bétahon. Voie express Nantes/Vannes sortie Ambon suivre Bétahon ou Ambon Plages. Terrain multisport. ☎ 02 97 41 68 13. Fax : 02 97 41 56 79. E-mail : campingdubedume@free.fr, Web : www.bedume.com.

LE GREARN ★★★ Tourisme 20 E. dont 13 nus (18 Tourisme + 2 Loisirs), dont 2 CC, 0,9 ha. CV. Locations : 18. chauffée. Rivière à 200 m. Bord de mer à 4,5 km.Etang à 5 km. Accueil adultes maxi 90 pers.. Ouv : début mars / mi-novembre. Rés. obligatoire en été. Route de Surzur. ☎ 02 97 41 11 00. Fax : 02 97 41 11 00. E-mail : camping.le.grearn@wanadoo.fr, Web : www.campinglegrearn.com. Prix 2008. Empl. Tourisme : 5,80 € : 4,05 € ; - de 7 ans 2,25 € ; 3,40 € (6 A) ; Animaux 1 €.

FFCC : partenaire - terrain assuré par la FFCC + Stop accueil Camping-car d'avril à novembre 2008, accès jusqu'à 20h.

LE RELAIS DE L'OCEAN ★★★ Tourisme 90 E. 1,7 ha. 100 m, 100 m, CV. Locations : 35. chauffée. Etang et rivière à 1 km.Bord de mer à 3 km. à 1 km : ; à 3 km : 3 km, 3 km. D 20 sortie de Muzillac, route de Damgan, rond-point Intermarché. ☎ 02 97 41 66 48. Fax : 02 97 48 65 88. E-mail : relais-ocean@wanadoo.fr, Web : www.relais-ocean.com. Prix 2007. Empl. Tourisme : 6,50 € ; 6,60 € ; 3,90 € ; 2,30 € ; 3 à 3,90 € (6 A à 10 A) ; Animaux 1,60 €.

LES PEUPLIERS ★★★ Tourisme 100 E. 3 ha. CV. Locations : 10, 12, chauffée. Bord de mer et rivière à 3 km. ; ; à 3 km : . Sur RD 20. Route de Damgan. ☎ 02 97 41 12 51. Fax : 02 97 41 12 51.

D'ARVOR ★★ Tourisme 140 E. dont 12 nus, 4 ha. CV. Locations : 2, 40, 2. chauffée. Bord de mer à 3,5 km. ; à 3,5 km : . Accueil groupes. Ouv : mars / septembre. Rés. obligatoire en été. A Brouel, 6 km RN 165. Route de Sarzeau. ☎ 02 97 41 16 69. Fax : 02 97 48 10 77. E-mail : info@campingdarvor.com, Web : www.campingdarvor.com. Prix 2007. Empl. Tourisme : 7 € : 4,10 € ; - de 7 ans 2,50 € ; 2,90 à 3,10 € (4 à 6 A) ; Animaux 2,50 €. Réduction H.S.

FFCC : partenaire + Réduction emp. de 10 % en saison et 15 % hors saison + Réduction loc. de 10 % en saison et de 20 % hors saison.

KER EUGENE ★★ Tourisme 70 E. dont 25 nus, 1 ha. la nuit, CV. chauffée. Bord de mer à 1 km.Etang et rivière à 5 km. ; à 1 km : ; à 3 km : . Route de Damgan. D 153. ☎ 02 97 41 14 74 / 06 89 93 50 67.

LA TOUR ★★ Tourisme 100 E. dont 20 nus, 2 ha. 1 fois/semaine, CV. Bord de mer à 850 m. ; ; à 2,5 km : . Ouv : 15.5 / 15.10. A Kerlèscoet dir. Damgan, plage de Trehervé. ☎ 02 97 41 14 38 / 02 96 24 61 74 (H.S.). Fax : 02 97 41 14 93. Prix 2007. Fft jour : Empl. Tourisme (2) : 11,90 € () ; Sup : 3,20 € - de 7 ans 2 € ; 3 € ; Animaux 1,45 €. Réduction H.S.

LE BROUEL ★★ Tourisme 35 E. dont 26 nus, dont 5 GCC, 0,7 ha. après 22 h 30, CV. Locations : , . chauffée. Rivière à 500 m. Bord de mer à 4 km. à 500 m : ; à 4 km : , , . Ouv : 1.4 / 30.10. Par D 20 de Ambon à Sarzeau 1ère route à gauche. ☎ 02 97 41 10 22. Prix 2007. Empl. Tourisme : 3 € () ; 1,90 € ; 3 € ; - de 7 ans 1,90 € ; 2,50 € (6 A) ; Animaux 1,30 €.

LE KERMADEC ★★ Tourisme 35 E. 1 ha. CV. Locations : 12, 8, 6. chauffée. Bord de mer à 2,5 km. ; ; ; à 2,5 km : . 40 km de Quiberon. 25 km de Vannes. ☎ 02 97 41 15 90 / 02 32 54 57 40 (H.S.) / 02 32 54 57 40 (H.S.). Fax : 02 32 54 57 40.

LES GOELANDS ★★ Tourisme 81 E., dont 8 GCC. CV. Locations : . Accès direct à la mer. ; ; ; . Village de Bétahon. ☎ 02 97 48 69 43 / 06 80 13 24 93 (H.S.). Fax : 02 97 48 69 43. E-mail : camping.desgoelans@wordline.fr, Web : campinglesgoelands.com.

L'ESCALE ★★ Tourisme 170 E. dont 30 nus, dont 140 GCC. partiel, la nuit, CV. Locations : 12. Bord de mer à 700 m. Etang et rivière à 5 km. à 700 m : , , ; à 3 km : . Accueil adultes. Ouv : 1.5 / 30.9. Trehervé. De Muzillac prendre dir. Damgan puis Trehervé Plage D 153. Wifi. ☎ 02 97 41 16 25. Fax : 02 97 41 16 25. E-mail : camp.escale@wanadoo.fr, Web : www.campingescale.com. Prix 2008. Empl. Tourisme : 5,80 € () : 3,80 € ; - de 2/7 ans 2,20 € ; 2,40 à 2,80 € (6 à 10 A) ; Animaux 1,50 €. Réduction H.S.

FFCC : partenaire + carte FFCC assurance annulation.

TY CAMPING ★★ Loisirs 34 E.

CAMP DE BOT BIHAN ★ Tourisme 35 E. CV 3, Village de Cromenach.

CAMP DES OISEAUX ★ 240 E. Village de Trehervé, RD 20, à 4 km Sud de la commune. ☎ 02 97 41 02 88.

CROMENAC'H 1 ★ Tourisme 100 E. Locations : . Accès direct à la mer. ☎ 02 97 41 67 47. Fax : 02 97 41 67 47.

CROMENAC'H 2 ★ Tourisme 35 E. ☎ 02 97 41 67 47.

KERLES COET ★ Tourisme 16 E.

TREMELGON CLOS PEN PAR ★ 50 E. Locations : , . Bord de mer à 300 m. ; ; ; ; . ☎ 02 97 41 67 47.

M. COELIS Jean, aire naturelle CV. A 3 km : . Listy d'En Bas. ☎ 02 97 41 04 33 / 06 92 64 68 73. Fax : 02 97 41 04 33. E-mail : patriciacoelis@wanadoo.fr.

ARRADON

5-D4 7 km S.-O. Vannes. 40 m. 3935 hab. ✉ 56610

PENBOCH ★★★★ Tourisme 175 E., dont 40 GCC, 3,5 ha. snack, CV Sanitaire chauffé. Camping clef verte. Locations : 4, 40. chauffée. Bord de mer à 200 m. ; à 200 m : , , , . Ouv : 5.4 / 20.9. 2 km du centre ville. ☎ 02 97 44 71 29. Fax : 02 97 44 79 10. E-mail : camping.penboch@wanadoo.fr, Web : www.camping-penboch.fr. Prix 2007. Fft jour : Empl. Tourisme (2) : 32,80 € () ; Sup : 6 € - de 7 ans 4,20 € ; 3,20 à 4,20 € (6 à 10 A) ; Animaux 3,50 €. Réduction H.S.

FFCC : partenaire + réduction emp. de 5 % en saison et hors saison + Stop accueil Camping-car du 05/04 au 05/07 et du 31/08 au 20/09/2008, accès jusqu'à 20h.

L'ALLEE ★★★ Tourisme 148 E. dont 132 nus, , dont 14 GCC, 3 ha. juillet/août, partiel, CV. Locations : 14 chauffée . Bord de mer à 600 m. à 600 m : ; à 1,5 km : . Accueil groupes hors saison. hors saison. Ouv : 1.4 / 30.9. Rés. obligatoire en été. Dir. Vannes puis sortie Arradon, puis suivre les flèches. ☎ 02 97 44 01 98. Fax : 02 97 44 73 74. E-mail : campingdelallee@free.fr, Web : www.camping-allee.com. Prix 2007. Empl. Tourisme : 8,80 € ; 4,70 € ; - de 7 ans 3,60 € ; Animaux 1,60 €. Réduction H.S.

CAMP MUNICIPAL PARC PRIOL ★★ Tourisme 200 E. 1 ha. Locations : . Bord de mer à 1 km.Etang à 3 km.Rivière à 5 km. à 1 km : . De Vannes prendre RD 101, RD 101 A. De Lorient, RD 127. ☎ 02 97 44 70 49 / 02 97 44 01 56 (Mairie) / 02 97 44 01 56 (Mairie) (H.S.). Fax : 02 97 44 05 42. E-mail : mairie.maire@arradon.com.

ARZAL

5-E4 34 km S.-E. Vannes 45 m. 930 hab. ✉ 56190

KERNEJEUNE ★★ Tourisme 60 E. (45 Tourisme + 15 Loisirs), dont 15 GCC, 1,8 ha. CV Sanitaire chauffé. Locations : 8, 2, couverte chauffée . Rivière à 2 km.Bord de mer à 5 km. ; à 5 km : ; à 6 km : . Accueil groupes. Ouv : 1.4 / 30.9. Kernéjeune. De Nantes/Vannes sortie Arzal. Face à la mairie tourner à gauche dir. Billiers. De Vannes/Nantes sortie Muzillac. Au feu tourner à droite puis passer sous la 4 voie et ensuite 1ère à gauche. ☎ 02 97 45 01 60 / 06 18 79 65 10 / 02 97 39 03 08 (H.S.). Fax : 02 97 45 05 42. E-mail : contact@camping-de-kernejeune.com, Web : www.camping-de-kernejeune.com. Prix 2007. Empl. Tourisme : 5,50 € () : 7,50 € ; 3,90 € ; - de 10 ans 2,40 € ; 2,60 € (6 à 10 A) ; Animaux 1,20 €. Réduction H.S.

FFCC : partenaire + réduction emp. de 5 % en saison et 10 % hors saison + Stop accueil Camping-car du 01/04 au 30/06 et du 15/08 au 01/10/2008, accès jusqu'à 21h + réduction loc. de 5 % en saison et hors saison.

ARZON

5-D4 32 km S.-O. Vannes. 15 m. 1476 hab. ✉ 56640

CAMP MUNICIPAL LE TINDIO ★★★ Tourisme 221 E. . Bord de mer à 10 m. . ☎ 02 97 41 25 59. E-mail : letindio@arzon.fr, Web : www.arzon.fr.

FFCC : Stop accueil Camping-car du 01/04 au 05/11/2008, accès jusqu'à 19h.

CAMP DE BILOURIS ★★ Tourisme 100 E. 1,7 ha. gaz, CV. Locations : 13, 3, . Accès direct à la mer. . Pointe de Kerners. ☎ 02 97 53 70 55 / 02 97 53 95 05. Fax : 02 97 53 70 55.

CAMP MUNICIPAL DE PORT SABLE ★★ Tourisme 190 E. 3 ha. CV. Bord de mer à 5 m. . Ouv : 15.3 / 5.11. 20 chemin du Toulassais, 200 m CD 780, à Port Navalo. ☎ 02 97 53 71 98. Fax : 02 97 53 89 32. E-mail : portsable@arzon.fr, Web : www.arzon.fr. Prix 2007. Empl. Tourisme : 7,50 € () : 2,90 € ; - de 10 ans 1,45 € ; 2,35 € (6 A) ; Animaux 1,10 €.

BADEN

5-D4 13 km S.-O. Vannes. 2369 hab. ✉ 56870

MANE GUERNEHUE ★★★★ Tourisme 377 E., dont 261 GCC, 10 ha. CV Sanitaire chauffé. Camping clef verte. Locations : 14, 26, 36, Maisons. chauffée . Accès direct à l'étang. Bord de mer à 1 km. ; à 3 km : 3 km, . Accueil groupes. Ouv : 5.4 / 30.9. Par RN 165 jusqu'à Vannes ou A 82 sortie Arradon/Ile-aux-Moines puis RD 101 jusq'uà Baden. Musculation, Terrain multisports. Espace aquatique. ☎ 02 97 57 02 06. Fax : 02 97 57 15 43. E-mail : info@camping-baden.com, Web : www.camping-baden.com. Réduction H.S.

FFCC : Stop accueil Camping-car du 05/04 au 05/07 et du 30/08 au 30/09/2008, accès jusqu'à 20h + réduction loc. de 5 % hors saison + HC.

C.C.A.S. BOIS BOURGEREL ★★ Tourisme 95 E. Réservé C.C.A.S.

BAUD

5-D4 23 km S. Pontivy. 88 m. 4962 hab. ✉ 56150

PONT AUGAN ★★★ Tourisme 32 E. ou boissons à emporter, + sèche-linge, CV. Locations : 10. Accès direct à l'étang et à la rivière. ; à 500 m : .Accueil enfants. Ouv : 1.4 / 30.9. Depuis Baud prendre la D3 en dir. de Bubry, le camping est à 6 km du centre ville, juste avant Pont Augan. ☎ 02 97 51 04 74 / 02 97 51 09 37 (H.S.) / 02 97 51 09 37 (H.S.). Fax : 02 97 39 07 23. Prix 2008. Empl. Tourisme : 8 € () : 3,50 € ; - de 2/7 ans 2 € ; 3,10 € ; Animaux 1 €.

L'OREE DU BOIS ★ Tourisme 70 E. 1,38 ha. . Rivière à 1 km.Etang à 5 km. à 1 km : . Avenue Corbel du Squirio. ☎ 02 97 39 12 46 / 02 97 51 02 29 (Mairie). Fax : 02 97 39 07 22. E-mail : mairie-baud@wanadoo.fr.

BELZ

5-D4 16 km S.-E. Lorient. 3407 hab. ✉ 56550

CAMP MUNICIPAL DE LA LANDE ★★ Tourisme 70 E. 1,3 ha. CV. Locations : . ☎ 02 97 55 35 30 / 02 97 55 33 13.

LE MOULIN DES OIES ★★ Tourisme 90 E. dont 77 nus, 2 ha. CV Sanitaire chauffé. Camping clef verte. Locations : 14, 14, . Accès direct à la mer et à l'étang et à la rivière. ; à 800 m : . Accueil groupes. Ouv : 29.3 / 27.9. Rue de la Côte. Voie express N 165 sortie Quiberon, dir. Belz, 1er rond-point de Belz (fléché) à droite. Bassin naturel d'eau de mer. Les chats ne sont pas admis dans les locations. ☎ 02 97 55 53 26 / 06 81 88 17 76 (H.S.). Fax : 02 97 55 53 26. E-mail : moulindesoies@wanadoo.fr, Web : lemoulindesoies.free.fr. Prix 2008. Fft jour : Empl. Tourisme (2) : 12,50 € () ; Sup : 3,90 € - de 7 ans 1,95 € ; 2,80 € (5 à 6 A) ; Animaux 1,75 €. Réduction H.S.

SAINT CADO CAMPING ★★ Tourisme 100 E. 2,5 ha. pain, CV. Locations : 4, 1. Bord de mer à 50 m. . Port de Saint-Cado. N 165 sortie Quiberon, dir. Belz, 2ème à droite après le centre bourg de Belz (fléché). ☎ 02 97 55 31 98. Fax : 02 97 55 27 52. E-mail : info@camping-saintcado.com, Web : www.camping-saintcado.com. Réduction H.S.

LA PINEDE ★ 85 E. 5 ha. CV Rés. naturiste. Locations : . Rivière à 4 km.Bord de mer à 5 km. . De Cohenno. Accès par Auray/Quiberon. ☎ 02 97 55 61 55.

BIEUZY LES EAUX

5-D3 14 km S.-O. Pontivy. 842 hab. ✉ 56310

LE CLOS DU BLAVET ★★ Tourisme 61 E. dont 59 nus, , dont 30 GCC, 2 ha. CV. Locations : , . chauffée . Rivière à 100 m. ; à 100 m : ; à 500 m : . La Couarde. A 5 km de l'axe Pontivy/Lorient - D 1. ☎ 02 97 51 83 07 / 02 97 39 89 80 (H.S.). Fax : 02 97 51 83 07. E-mail : contact@closdublavet.com, Web : www.closdublavet.com.

BILLIERS

5-E4 27 km S.-E. Vannes. 781 hab. ✉ 56190

NATURE OCEAN ★★★ Loisirs 100 E., dont 80 GCC. ☎ 02 97 41 56 07.

LE PHARE DE PEN LANN ★★ Tourisme 5 E. Réservé Association Sportive Culturelle et d'Entraide de l'Equipement.

LES GRANGES ★★ 150 E. 3 ha. Bord de mer à 200 m. Etang et rivière à 5 km. ; à 500 m : . RD 5, à 5 km RN 5. ☎ 02 97 41 64 98.

LA GUERANDIERE ★ Tourisme 150 E. dont 50 nus 2,3 ha. pain, CV. Locations : 4 . chauffée . Bord de mer à 1,5 km. à 1,5 km : , , . Accueil groupes. Ouv : 29.3 / 11.11. Rés. obligatoire en été. Route de Pen-Lan, à 2,5 km RN 165. D 5. ☎ 02 97 41 60 06 / 06 08 81 99 65 (H.S.). Prix 2008. Empl. Tourisme : 3,50 € : 1,80 € ; 3,10 € ; - de 7 ans 1,55 € ; 2,20 à 3,10 € (5 à 10 A).

LE BONO

5-D4 43 km S.-E. Lorient 32 m. 1633 hab. ✉ 56400

LE PARC-LANN ★★ Tourisme 60 E. 2 ha. pain, , 1 fois/sem. (juillet/août), + sèche-linge, après 22h30, CV. Locations : 10 . Etang et rivière à 900 m. à 1 km : , ; à 8 km : , . Accueil groupes. Ouv : 30.3 / 30.9. N 16 S Vannes/Auray/Le Bono. D 101 Vannes/Baden/Le Bono. Bibliothèque pour adultes et enfants, prêts gratuit de livres. Lecture de cartes aux enfants en juillet/août (gratuit) ☎ 02 97 57 93 93 / 02 97 57 83 91 (H.S.). Fax : 02 97 57 93 93. E-mail : campingduparclann@wanadoo.fr. Prix 2008. Fft jour : Empl. Tourisme (2) : 12,80 € ( ) ; Sup : 3,90 € - de 10 ans 2 € ; 2,10 € (6 A) ; Animaux 0,60 €. Réduction H.S.

FFCC : partenaire + réduction emp. de 5 % en saison et hors saison + Stop accueil Camping-car du 12/04 au 30/09/2008, accès jusqu'à 22h sauf juillet et août 22h30 + réduction loc. de 5 % en saison et hors saison.

BRANDIVY

5-D4 24 km N.-O. Vannes. 753 hab. Station verte de vacances et village de neige ✉ 56390

L'ETANG DE LA FORET ★★ 33 E. 1,5 ha. Locations : , . Etang et rivière à 10 m. ; . Près de Bieuzy Lanvaux, 1 km RD 16 et RN 779. ☎ 02 97 56 02 75 / 02 97 66 79 19. Fax : 02 97 66 79 16. E-mail : communaute.commune.loch@wanadoo.fr, Web : www.loch.com.fr.

BUBRY

5-D3 34 km N.-E. Lorient. 98 m. 2563 hab. ✉ 56310

CAMP MUNICIPAL DE KERSCAVEN ★ Tourisme 30 E. 1,8 ha. Accès direct à la rivière. . Kerscaven. ☎ 02 97 51 70 07 (Mairie).

CAMOEL

5-E5 40 km S.-E. Vannes. 40 m. 559 hab. ✉ 56130

LES EMBRUNS ★★ Tourisme 24 E. , 3/8 ans, CV. Locations : 15 . Rivière à 2 km.Etang à 3 km.Bord de mer à 4 km. à 2 km : , , ; à 5 km : .Accueil adultes. Ouv : 1.4 / 31.10. Dir. Penestin ☎ 02 99 90 07 65. E-mail : contact@camping-lesembruns.com. Prix 2008. Empl. Tourisme : 5,10 € ; 3,70 € ; - de 7 ans 2 € ; 2,50 € (10 A) ; Animaux 0,80 €.

PARC RESIDENTIEL DE LOISIRS LA FONTAINE AISEE P.R.L. 55 E. 2 ha. CV. couverte . Rivière à 2 km.Bord de mer à 5 km. Ouv : 1.1 / 31.12. Situé au Sud de la voie express à 5 km de la Roche Bernard. ☎ 02 99 90 52 75 / 02 97 55 03 97 / 06 76 64 21 08 (H.S.). Fax : 02 97 55 03 97.

CAMORS

5-D4 28 km N.-E. Lorient. 104 m. 2321 hab. ✉ 56330

CAMP MUNICIPAL DU PETIT BOIS ★★ Tourisme 25 E. 1 ha. pétanque, . Accès direct à l'étang et à la rivière. ; . Le Petit Bois. Entre Baud et Pluvigner. Prendre face à l'église la route de Lambel environ 1 km. Parcours santé. ☎ 02 97 39 18 36 / 02 97 39 22 06 (Mairie) (H.S.). Fax : 02 97 39 28 99. E-mail : commune.de.camors@wanadoo.fr, Web : www.camors56.com. Prix 2007. Empl. Tourisme : 1,80 € ; 2,30 € ; - de 7 ans 1,20 €.

CARENTOIR

5-E4 61 km N.-E. Vannes. 50 m. 2585 hab. Station verte de vacances et village de neige ✉ 56910

CAMP MUNICIPAL LE BOIS VERT ★★ 35 E. 0,6 ha. Locations : , . Accès direct à l'étang. ; à l'étang : ; . Ouv . 1.1 / 31.12. 100 m RD 14 et 137. ☎ 02 99 08 84 07. Fax : 02 99 08 89 35. E-mail : mairie-carentoir@wanadoo.fr, Web : www.carentoir.com. Prix 2007. Empl. Tourisme : 1,40 € ( ) : 1,40 € ; 1,40 € ; 1,40 € ; 1,40 € ; 2,70 € ; - de 7 ans 1,60 € ; 2,40 à 5,05 € (4 à 7,5 A).

CARNAC

32 km S.-E. Lorient. 20 m. 3964 hab. ✉ 56340

LA GRANDE METAIRIE ★★★★ Tourisme 575 E. (335 Tourisme + 240 Loisirs), dont 80 CC - 240 GCC, 11 ha. ap. 23 h, CV. Locations : 125 . couverte chauffée poneys, . Etang et lac à 100 m. Bord de mer à 3 km. ; à 100 m : ; à 3 km : , , . Ouv : 22.3 / 6.9 midi. 5 km RN 768, 1,5 km RD 119, 150 m RD 196. ☎ 02 97 52 24 01. Fax : 02 97 52 83 58. E-mail : info@lagrandemetairie.com, Web : www.lagrandemetairie.com. Prix 2008. Empl. Tourisme : 27,80 € ; 24,10 € ; 7,50 € ; - de 7 ans 5,40 € ; E. CC 28,10 € ; E. GCC 28,10 € ; Animaux 4 €. Réduction H.S.

LE ROSNUAL ★★★★ Tourisme 305 E., dont 305 GCC, 7 ha. snack, CV. Locations : , 5 , , , couverte chauffée . Bord de mer à 3 km. ; à 2,5 km : ; à 3 km : , . ☎ 02 97 52 14 57 / 02 51 27 37 80 (H.S.). Fax : 02 97 52 86 44. E-mail : vagues.oceanes@wanadoo.fr, Web : www.camping-vagues-oceanes.com.

LES MENHIRS ★★★★ Tourisme 350 E. dont 124 nus, , dont 350 GCC, 6 ha. CV. Locations : 2 , 4 . couverte chauffée juillet/août, . Bord de mer à 300 m. ; 2 : ; à 300 m : , ; à 3 km : . Accueil groupes. Ouv : 28.4 / 30.9. Allée Saint-Michel. ☎ 02 97 52 94 67. Fax : 02 97 52 25 38. E-mail : contact@lesmenhirs.com, Web : www.lesmenhirs.com. Prix 2007. Empl. Tourisme : 28,97 € ; 7,69 € ; - de 7 ans 5,71 € ; 3,60 € (10 A). Réduction H.S.

FFCC : partenaire + réduction emp. de 5 % hors saison + carte FFCC assurance annulation.

LE DOLMEN ★★★ Tourisme 130 E. 2 ha. CV. Locations : 10, chauffée . Bord de mer à 500 m. ; ; . Ouv : 14.5 / 11.9. A Beaumer. Entre Carnac et La Trinité, à hauteur de la plage du Men-Du, prendre à gauche chemin de Beaumer. ☎ 02 97 52 12 35 / 02 98 94 91 40 (H.S.) / 06 12 70 59 19 (H.S.). Fax : 02 97 52 63 91. Prix 2008. Fft jour : Empl. Tourisme (2) : 26 € ; Sup : 6 € - de 7 ans 4 € ; 3,60 à 4,20 € (6 à 10 A) ; Animaux 2 €.

LE LAC ★★★ Tourisme 140 E. dont 107 nus (105 Tourisme + 35 Loisirs) 2,5 ha. + sèche linge, la nuit, CV. Locations : 10, 8, 6, chauffée . Accès direct à l'étang et à la rivière. Bord de mer à 3 km. ; ; à 3 km : . Accueil groupes. 1 km RD 186. Menhirs de Carnac à 2 km. Auray dir. Quiberon puis Trinité-sur-mer D 186. Salle de musculation. ☎ 02 97 55 78 78. Fax : 02 97 55 86 03. E-mail : camping.dulac@wanadoo.fr. Réduction H.S.

LE MOUSTOIR ★★★ Tourisme 165 E. 4 ha. CV Sanitaire chauffé. Locations : 6, 45, 4, chauffée . Bord de mer à 4 km. ; ; à 4 km : 4 km, . Route du Moustoir. Sortir à Auray sur la N 165 di. Carnac/Quiberon. Situé à l'entrée de Carnac. ☎ 02 97 52 16 18. Fax : 02 97 52 88 37. E-mail : info@lemoustoir.com, Web : www.lemoustoir.com. Réduction H.S.
FFCC : réduction loc. de 5 % hors saison + HC.

LES DRUIDES ★★★ Tourisme 110 E. dont 100 nus 2,5 ha. pain & croissan, CV. Locations : 8, chauffée . Bord de mer à 400 m. à 400 m : 400 m, 400 m, , . Ouv : 16.05 / 10.09. A Beaumer, 400 m CD 186 et 800 m CD 781. Sanitaires pour handicapés. Espace Multisports, espace balnéo, pataugeoire chauffée. ☎ 02 97 52 08 18. Fax : 02 97 52 96 13. E-mail : contact@camping-les-druides.com, Web : www.camping-les-druides.com. Prix 2007. Fft jour : Empl. Tourisme (2) : 29 € Sup : 5,36 € - de 7 ans ans 3,70 € ; 3,70 € (6 A A) ; Animaux 2,30 €. Réduction H.S.

LES OMBRAGES ★★★ Tourisme 80 E. dont 76 nus, 1 ha. Locations : , . Etang à 100 m. Bord de mer et rivière à 3 km. ; à 2,5 km : , , .Accueil adultes. Ouv : 15.6 / 15.9. A Kerlann. D 119 Vannes/Auray/Quiberon/Carnac. ☎ 02 97 52 16 52 (Juil/Août) / 02 97 52 14 06 (H.S.) (H.S.). Prix 2007. Empl. Tourisme : 5,50 € ; 4,50 € ; - de 7 ans 2,50 € ; 2,50 € ; Animaux 1 €.

LES PINS ★★★ Tourisme 200 E., dont 30 HLL, 3,35 ha. CV. Locations : 10, 3, chauffée . Accès direct à l'étang. Bord de mer à 3 km. ; à 2 km : ; à 3 km : , . Ouv : 1.4 / 15.11. A Kerlann, 700 m RD 168. ☎ 02 97 52 18 90. Web : www.francecom.com/aft/camping/les.pins/. Prix 2007. Empl. Tourisme : 8 € () : 4,50 € ; - de 7 ans 2,80 € ; 3 € ; Animaux 1 €.

LES SALINES ★★★ Loisirs 29 E. 0,5 ha. CV. Bord de mer à 1 km. à 1 km : , , , . Ouv : mars / novembre. Route des Salines. location longue durée ☎ 02 97 52 14 09 / 06 67 67 27 95 (H.S.). Fax : 02 97 52 14 09. E-mail : camplessalines@wanadoo.fr.

L'ETANG ★★★ Tourisme 165 E. 2,5 ha. CV. Locations : 8, 3, . Etang à 100 m. Bord de mer et rivière à 3 km. ; ; ; à 2,5 km : . Ouv : 1.4 / 10.10. A Kerlann. Auray-Quiberon D 768. ☎ 02 97 52 14 06. Fax : 02 97 52 23 19. Prix 2007. Empl. Tourisme : 6,70 € ; 5 € ; 2,50 € ; 3 € ; Animaux 1 €. Réduction H.S.

MOULIN DE KERMAUX ★★★ Tourisme 150 E. dont 75 nus, , dont 75 GCC, 2 ha. CV. Locations : 20 chauffée . Etang à 1 km.Bord de mer et rivière à 3 km. ; à 500 m : ; à 3 km : , . Ouv : 9.4 / 15.9. Rés. obligatoire en été. Route de Kerlescan ☎ 02 97 52 15 90. Fax : 02 97 52 83 85. E-mail : moulin-de-kermaux@wanadoo.fr, Web : www.camping-moulinkermaux.com. Prix 2007. Empl. Tourisme : 14,50 € () : 4,50 € ; - de 7 ans 3 € ; 3,50 € (6 A) ; Animaux 2 €.

DOMAINE DE KERMARIO ★★ 125 E. 2 ha. CV. Locations : 56, 9, 6, chauffée . Etang à 500 m. Bord de mer à 2 km. à 1 km : ; à 4 km : , , . 500 m RD 119. Salle de jeux. ☎ 02 97 52 65 65 / 02 96 39 51 10 (H.S.). Fax : 02 97 52 65 66. Web : campingkermario.com.

LA RIVIERE ★★ Tourisme 33 E. 1 ha. . Locations : . Lac et rivière à 500 m. Bord de mer à 4 km. . Kerlearec. A Auray sortie Carnac-Quiberon, à 4 km dir. La Trinité, à 4 km à gauche dir. Kerlearec. ☎ 02 97 55 78 29.

LE KERABUS ★★ Tourisme 86 E., dont 17 GCC, 2 ha. CV. Locations : 13, . Bord de mer à 2,5 km. à 2,5 km : , , , . Ouv : 1.4 / 30.9. Runel. CD 119. ☎ 02 97 52 24 90. Fax : 02 97 52 63 17. E-mail : contact@camping-kerabus.com, Web : www.camping-kerabus.com. Prix 2008. Empl. Tourisme : 8,60 € ; 4,10 € ; - de 7 ans 2,36 € ; 2,80 à 3,30 € (4 à 6 A) ; Animaux 1,40 €. Réduction H.S.

LE MEN DU ★★ Tourisme 100 E. (82 Tourisme + 18 Loisirs) 1,17 ha. CV. Locations : 3, 18 . Bord de mer à 200 m. à 200 m : , , ; à 900 m : . Ouv : 1.4 / 1.10. A Beaumer. ☎ 02 97 52 04 23. Fax : 02 97 52 04 23. E-mail : mendu@wanadoo.fr, Web : www.camping-mendu.com. Prix 2008. Fft jour : Empl. Tourisme (2) : 23 € () ; Sup : 4,50 € - de 7 ans 3 € ; 3 à 4 € ; Animaux 2 €.

L'OCEAN ★★ Loisirs 40 E., dont 31 GCC, 0,5 ha. , pain, CV Sanitaire chauffé. Locations : 11, , . Bord de mer à 50 m. ; ; ; à 50 m : . A Beaumer, 100 m RD 119 et 800 m RN 781. Carnac plage. ☎ 02 97 52 03 98. Fax : 02 97 52 03 98.

LA PRAIRIE ★ Tourisme 65 E. 1 ha. .à 1 km : , , , . A Kerpetit, RN 781. ☎ 02 97 52 14 34.

CAUDAN

5-C4 8 km N. Lorient. 52 m. 5819 hab. Station verte ✉ 56850

CAMP MUNICIPAL KERGOFF ★★ Tourisme 50 E. 0,55 ha. . Etang à 100 m. Rivière à 3 km. à 100 m : . ☎ 02 97 05 73 87 (Mairie) / 06 84 80 32 62 / 02 97 80 59 20 (H.S.). Fax : 02 97 80 59 20.

CLEGUER

5-C3 15 km N. Lorient. 2946 hab. ✉ 56620

CAMP NATURISTE LES BRUYERES D'ARVOR ★★ Tourisme 30 E. 7 ha. CV Rés. naturiste. Locations : . . A keranstumeau, 800 m RD 113. De Nantes ou Rennes, sortir voie express à Lanester. Dir. Morlaix/Roscoff, jusqu'au lieu-dit l'enfer. ☎ 02 97 32 57 91. E-mail : cnmorbihan@les-bruyeres-d-arvor-naturiste.com, Web : www.les-bruyeres-d-arvor-naturiste.com.

CLEGUEREC

5-D3 11 km N.-O. Pontivy. 100 m. 2717 hab. ✉ 56480

CAMP MUNICIPAL DU STADE ★★ Tourisme 22 E. 0,5 ha. . Rue du Stade, 100 m RD 18, à 4 km RD 784. ☎ 02 97 38 00 15 (Mairie).

COLPO

5-D4 19 km N. Vannes. 117 m. 1378 hab. Station verte de vacances et village de neige ✉ 56390

M. LEBRETON Gilbert CV. A 2 km: . A 3 km : . A 8 km : Piscine plein air . A 10 km : . Kerdroguen, D 767 et 778. ☎ 02 97 66 87 93.

CONCORET

2-A5 60 km N.-E Vannes. 668 hab. ✉ 56430

CAMP MUNICIPAL DU VAL AUX FEES ★★ 65 E. 3,5 ha. CV. Etang et rivière à 100 m. . Accueil groupes. Ouv : 28.3 / 30.9. 300 m RD 2, à 1,5 km RN 773. ☎ 02 97 22 64 82 / 02 97 22 61 19 (Mairie) (H.S.). Fax : 02 97 22 93 17. E-mail : mairie-concoret@wanadoo.fr. Prix 2007. () : 3,15 € ; 0,75 € ; 3,85 € ; 1,55 € ; 2,35 € ; - de 10 ans 0,75 € ; 2,35 €.

FFCC : Stop accueil Camping-car du 01/04 au 01/10/2008, accès jusqu'à 22h.

LE COURS

5-E4 24 km N.-E. Vannes 50 m. 378 hab. ✉ 56230

LA TRANQUILITE ★ Tourisme 10 E. dont 10 nus, 1 ha. Locations : 2 , 2 , 2 , 2 , 5 . Accès direct à l'étang. Rivière à 200 m. ; . Accueil groupes. A mi-chemin entre Vannes et Ploërmel au coeur des Landes de Lanvaux, sortie 4 voies N 165 St-Guyomard le Cours. ☎ 02 97 67 23 25 / 06 61 16 79 79 (H.S.). Fax : 02 97 67 23 25. Prix 2007. Fft jour : Empl. Tourisme (1) : 5 € ( ) ; 1,60 à 3,60 €. Fft Tente : 4 € (1).

FFCC : partenaire + réduction emp. de 5 % hors saison + réduction loc. de 5 % hors saison.

CRACH

5-D4 40 km S.-E. Lorient. 24 m. 2710 hab. ✉ 56950

LE FORT ESPAGNOL ★★★ Tourisme 190 E. dont 120 nus (149 Tourisme + 41 Loisirs), dont 53 GCC, 4,2 ha. Locations : 4 , 16 , 10 . chauffée . Rivière à 2 km.Bord de mer à 5 km. ; ; ; à 5 km : . Ouv : 1.5 / 7.9. Route du Fort Espagnol. ☎ 02 97 55 14 88. Fax : 02 97 30 01 04. E-mail : fort-espagnol@wanadoo.fr, Web : www.fort-espagnol.com. Prix 2008. Fft jour : Empl. Tourisme (2) : 26 € ( ) ; Sup : 6,50 € - de 7 ans 4,50 € ; 3,70 € (10 A) ; Animaux 3,40 €. Réduction H.S.

FFCC : partenaire + réduction emp. de 5 % en saison et hors saison.

LE PONT NEUF ★★ Loisirs 25 E. 1 ha. Locations : . Rivière à 3 km. à 3 km : . D 28. ☎ 02 97 55 14 83.

LODKA ★★ Loisirs 25 E., dont 25 GCC, 0,5 ha. CV. Locations : . . Rivière à 2 km.Bord de mer à 5 km. ; ; . Ouv : 1.1 / 31.12. Location longue durée. ☎ 02 97 55 03 97 / 06 76 64 21 08 (H.S.). Fax : 02 97 55 03 97.

CREDIN

5-D3 16 km S.-E. Pontivy. 1397 hab. ✉ 56580

Mme TURBAUX Maria CV. A 2 km: . A 7 km : Piscine plein air . Ferme d'accueil d'Arné, 3 km Est bourg de Crédin, à proximité de la ferme. Terrain herbeux, ombragé, étang à 300 m. Location d'un bungalow et d'un mobil-home. Gîte d'étape (15 places), d'un meublé (10/14 pers.) et gîtes ruraux (2/5 pers.). ☎ 02 97 38 97 49 / 02 97 51 54 42. Fax : 02 97 51 54 42. E-mail : gîterural@wanadoo.fr.

CRUGUEL

5-E4 35 km S.-E. Pontivy. 180 m. 687 hab. ✉ 56420

CAMP MUNICIPAL ★ 16 E. 0,5 ha. Etang à 100 m. . ☎ 02 97 22 26 59.

DAMGAN

5-E4 24 km S.-E. Vannes. 5 m. 905 hab. ✉ 56750

CLOS NENN ★★★ Tourisme 98 E., dont 38 GCC. CV. Locations : 10 . Accès direct à la rivière. Bord de mer à 500 m. à 500 m : , , . Accueil groupes. Ouv : 1.4 / 31.10. ☎ 02 97 41 16 59 / 06 70 00 16 50 (H.S.). Fax : 02 97 41 16 59. E-mail : contact@camping-closnenn.com, Web : www.camping-closnenn.com. Prix 2007. Fft jour : Empl. Tourisme (2) : 16 € ( ) ; Sup : 3,50 € - de 7 ans 1,80 € ; 3 € (16 A) ; Animaux 1,50 €. Fft Ccar : 10 € (2).

GRAND AIR CADU ★★★ Tourisme 161 E. (101 Tourisme + 60 Loisirs), dont 60 GCC, 3,5 ha. juillet/août, basket, + sèche linge, CV. Locations : . chauffée . Bord de mer à 300 m. ; à 200 m : , , , . Ouv : 1.4 / 30.9. Rés. obligatoire en été. Cadu. ☎ 02 97 41 17 30. Fax : 02 97 41 28 57. E-mail : campingcadu@wanadoo.fr, Web : www.campingcadu.com. Prix 2008. Empl. Tourisme : 11 € () : 4,50 € ; - de 2/7 ans 3 € ; 3,20 € (15 A) ; Animaux 2 €. Fft Ccar : 16 € (2). Réduction H.S.

LES AJONCS D'OR ★★★ Tourisme 67 E. dont 1 nus , pétanque, + sèche linge, CV. Locations : 30 . Bord de mer à 800 m. ; . Ouv : 1.4 / 31.10. Rés. obligatoire en été. Kerjean. Route Muzillac. ☎ 02 97 41 24 99 / 06 24 62 59 49 (H.S.). E-mail : info@camping-lesajoncsdor.com, Web : camping-lesajoncsdor.com. Prix 2008. Fft jour : Empl. Tourisme (2) : 16 € ( ) Fft Tente : 13 € (2). Réduction H.S.

FFCC : réduction loc. de 5 % en saison et 10 % hors saison.

MAR ATLANTIS ★★★ Loisirs 78 E., dont 73 GCC, 2 ha. , saison, CV. Locations : 16 , 8 , . Bord de mer à 300 m. ; ; . A Kervoyal. BP 13. ☎ 02 97 41 02 31. Fax : 02 97 41 02 31. E-mail : heman o@aol.com, Web : www.maratlantis.com.

BIHAN CAMPING ★★ Tourisme 15 E. 0,3 ha. CV. Locations : 11 . Bord de mer à 400 m. Etang à 500 m. Rivière à 4 km. à 400 m : , , , . Accès par D 140 ou D 153. ☎ 02 97 41 11 66 / 06 88 53 88 66 (H.S.). Fax : 02 97 41 11 66.

CAMP DE KERLANN ★★ Tourisme 100 E. 1,8 ha. . Locations : , , . Bord de mer à 250 m. ; à 200 m : ; à 250 m : ; à 1 km : . ☎ 02 97 41 11 64 / 02 40 76 89 12 (H.S.).

CELIMENE ★★ Tourisme 80 E. 1,2 ha. . Bord de mer à 200 m. ; ; ; ; . Ouv : 1.5 / 30.9. 38 bis, rue de Kervoyal. ☎ 02 97 41 11 07. Fax : 02 97 41 11 07. E-mail : herel.franck@orange.fr, Web : www.camping-celimene.fr.

COTE D'AMOUR ★★ Tourisme 100 E. 1,5 ha. , saison, CV. Locations : 40 . Bord de mer et étang à 150 m. ; ; à 150 m : , . ☎ 02 97 41 01 49. Fax : 02 97 41 11 39. E-mail : cotedamour@free.fr, Web : www.cotedamour.free.fr.

LA PLAGE ★★ Tourisme 85 E. 1,12 ha. ap. 22 h, CV. Locations : 5. Bord de mer à 100 m. à 100 m : 30, bld Pasteur. ☎ 02 97 41 21 05 / 01 34 70 55 55 (H.S.).

LE LENN ★★ Tourisme 102 E. 1,6 ha. CV. Locations : 10. Accès direct à la mer. Accueil groupes. Ouv : 1.4 / 1.11. Pointe de Pénerf, 3, rue du Dibenn. De Vannes ou de Nantes sortie Damgan dir. Pénerf. ☎ 02 97 41 10 85. Fax : 02 97 41 16 52. E-mail : camp.lenn@wanadoo.fr, Web : www.campingdulenn.com. Prix 2007. Fft jour : Empl. Tourisme (2 1 - de 2) : 16 € ; Sup : 3,50 € - de 2/7 ans 2 € ; 3,20 € (6 A) ; Animaux 1,40 € (chien). Réduction H.S.

L'ILE ★★ Tourisme 40 E. 0,5 ha. à 200 m : All Yribs. Sur RD 140. ☎ 02 97 41 07 85.

L'OCEAN ★★ Tourisme 107 E. (69 Tourisme + 38 Loisirs), dont 38 GCC, 1,2 ha. CV. Locations : 9, 6. Bord de mer et étang à 200 m. à 200 m : Route de Kervoyal, à Landrezac-Damgan. RN 165 et CD 153. ☎ 02 97 41 11 18. Fax : 02 97 41 11 18.
FFCC : partenaire + réduction emp. de 5 % en saison et 20 % hors saison.

OASIS CAMPING ★★ Tourisme 150 E. 2 ha. CV. Locations : 14. Bord de mer à 50 m. Ouv : 1.4 / 20.10. A Kervoyal. ☎ 02 97 41 10 52. Fax : 02 97 41 10 52. E-mail : camping-loasis@wanadoo.fr, Web : www.campingloasis.com. Prix 2008. Fft jour : Empl. Tourisme (2) : 16,10 € ; Sup : 3,20 € - de 7 ans 1,75 € ; 3 à 3,30 € (4 à 6 A) ; Animaux 1,70 € (chiens).

TY BREIZ ★★ Tourisme 44 E. dont 18 nus 0,9 ha. CV. Locations : 10, 2. Villa. Etang à 150 m. Bord de mer à 300 m. A Kervoyal, face à la Chapelle, 15 grande rue. ☎ 02 97 41 13 47. Fax : 02 97 41 13 47. E-mail : marielebayon@libertysurf.fr, Web : www.campingtybreiz.com. Réduction H.S.

M. COLENO Franck, aire naturelle 3, rue du Clos Kerlar. Landrezac. ☎ 02 97 41 15 50.

M. COLENO, aire naturelle CV. A 500 m : A 1,5 km : A 2,5 km : Ouv : 1.4 / 1.10. Cosquer. Entre Damgan et Penerf. ☎ 02 97 41 25 29 / 06 22 24 47 13 (H.S.). Prix 2007. Empl. Tourisme : 3,40 € : 1,10 € ; 3 € ; 2 € ; 2,50 € ; Animaux 1 €. Réduction H.S.

M. GAILLARD, aire naturelle La Lande

M. LE PEHUN Michel, aire naturelle CV. Ouv : 1.4 / 1.10. Ferme de l'Isle. ☎ 02 97 41 16 59. Fax : 02 97 41 16 59. E-mail : michel.le-pehun@wanadoo.fr. Prix 2007. Empl. Tourisme : 2,80 € ; 1,30 € ; 3,40 € ; 1,70 € ; 2,70 € ; Animaux 1,30 €.

ERDEVEN

5-D4 22 km S.-E. Lorient. 20 m. 1990 hab. ✉ 56410

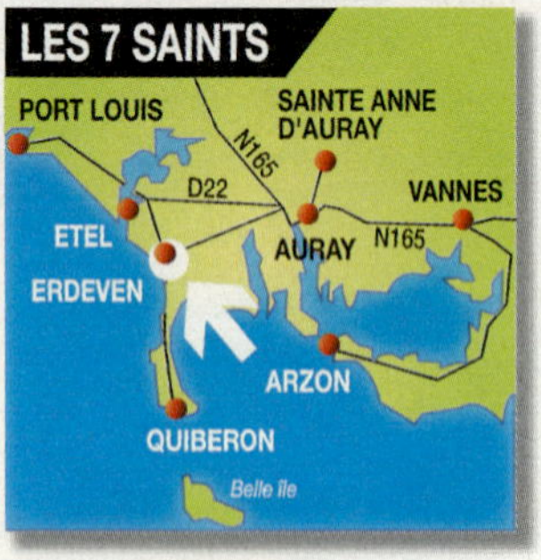

LES 7 SAINTS ★★★★ Tourisme 200 E. dont 90 nus (143 Tourisme + 57 Loisirs), dont 57 GCC, 5 ha. CV. Locations : 19, 64. chauffée . Etang à 500 m. Bord de mer et rivière à 3 km. Accueil groupes. 800 m du bourg. Accès par Rennes/Nantes sortir à Auray dir. Etel/Carnac/Quiberon. ☎ 02 97 55 52 65. Fax : 02 97 55 22 67. E-mail : info@septsaints.com, Web : www.septsaints.com. Prix 2007. Empl. Tourisme : 18 € ; 7 € ; - de 7 ans 5,50 € ; 5,50 € (10 à 16 A) ; Animaux 5 €. Réduction H.S.

KERZERHO ★★★ Tourisme 150 E. 4,3 ha. ap. 22 h 30, CV. Locations : 60. chauffée. Accès direct à l'étang. Bord de mer à 2,5 km. à 2,5 km : à 1,5 km : Accueil groupes. Ouv : 2.5 / 30.9. Sur D 781. ☎ 02 97 55 63 17. Fax : 02 97 55 63 17. E-mail : info@camping-kerzerho.com, Web : www.camping-kerzerho.com. Prix 2007. Empl. Tourisme : 13 € ; 5 € ; - de 10 ans 4 € ; 5 € ; Animaux 3 €.

LA CROEZ VILLIEU ★★★ Loisirs 134 E. (50 Tourisme + 84 Loisirs) 3 ha. CV. Locations : 40, 5. chauffée . Bord de mer à 1,8 km. Rivière à 3 km. à 1 km : Ouv : 1.5 / 30.9. Route de la plage de Kerhilio, à 1 km du centre ville. ☎ 02 97 55 90 43. Fax : 02 97 55 64 83. Web : www.la-croez-villieu.com. Prix 2007. Empl. Tourisme : 5,80 € ; 2,15 € ; 4,90 € ; - de 7 ans 2,65 € ; 3,40 € ; Animaux 1,65 €. Réduction H.S.

LE KERAVEL ★★★ Tourisme 140 E. Locations : chauffée. Bord de mer à 600 m. ☎ 02 97 52 34 66. Fax : 02 97 52 39 17.

LES MEGALITHES ★★★ Tourisme 133 E. 5 ha. ap. 23 h, CV. Locations : 6. chauffée . Bord de mer à 2 km. Rivière à 5 km. Kerfilicite. D 781. ☎ 02 97 55 68 76 / 02 97 55 68 09 / 02 97 55 68 09 (H.S.).

L'IDEAL ★★★ Tourisme 35 E. dont 5 nus 0,45 ha. CV. Locations : 3, 22. couverte chauffée . Bord de mer à 800 m. Rivière à 3 km. à 800 m : Accueil adultes. Ouv : 1.4 / 1.11. Rés. obligatoire en été. A Lisveur, à 2,5 km RN 781. Ouvert toute l'année pour les locations d'appartements. ☎ 02 97 55 67 66. E-mail : contact@camping-l-ideal.com. Prix 2007. Fft jour : Empl. Tourisme (3) : 33 € ; Sup : 5 € - de 7 ans 4 € ; Animaux 4 €. Réduction H.S.

CAMP MUNICIPAL KERHILLIO PLAGE ★★ 330 E. 4 ha. Bord de mer à 100 m. Entre Kerhillio et Kergouet, CV 2, à 4 km RN 781. ☎ 02 37 55 69 23 (En saison) / 02 97 55 64 62.

LES ORMEAUX ★★ 35 E. 1,2 ha. CV. Locations : 15. Bord de mer à 400 m. ☎ 02 97 55 67 57 / 06 07 19 68 78 (H.S.). Fax : 02 97 55 96 09. E-mail : ormeaux.lofficial@wanadoo.fr, Web : www.lesormeaux.fr. Prix 2007. Empl. Tourisme : 4,30 € ; 1,70 € ; 4,50 € ; - de 7 ans 2,60 € ; 3 à 3,20 € (4 à 6 A) ; Animaux 1,50 € (chien). Réduction H.S.

ETEL

5-D4 18 km S.-E. Lorient. 2699 hab. ✉ 56410

CAMP MUNICIPAL DE LA FALAISE ★★ 165 E. 3 ha. Locations. Accès direct à la mer et à la rivière. Rue de la Barre, 1 km RD 16. ☎ 02 97 55 33 79 / 02 97 55 35 19 (Mairie) (H.S.). Fax : 02 97 55 34 14.

LE FAOUET

5-C3 48 km O.-S.-O. Pontivy. 178 m. 3185 hab. Station verte de vacances et village de neige ✉ 56320

CAMP MUNICIPAL BEG ER ROCH ★★★ Tourisme 65 E. 3 ha. ap. 12 h, CV. Locations : 8, 5. 18 trous. Accès direct à la rivière. Accueil groupes. Ouv : 7.3 / 30.9. Route de Lorient. ☎ 02 97 23 15 11 / 02 97 23 07 68 (Mairie) / 06 89 33 75 70 (H.S.). Fax : 02 97 23 11 66. Prix 2007. Empl. Tourisme : 3,35 € ; 2,20 € ; 3,80 € ; - de 7 ans 1,70 € ; 1,70 à 3 € (3 à 5 A) ; Animaux 1,05 €. Réduction H.S.
FFCC : partenaire + réduction emp. de 10 % en saison et 5 % hors saison.

FEREL

5-E5 40 km S.-E. Vannes. 1891 hab. ✉ 56130

M. DELALANDE,aire naturelle CV. Les Rives de Vilaine. RN 165 dir. Nantes/Brest dir. Pénestin. ☎ 02 99 90 02 06 / 06 83 38 47 04 (H.S.). Fax : 02 99 90 02 06.

GAVRES

5-C4 6 km S. Lorient. 939 hab. ✉ 56290

CAMP MUNICIPAL LA LANDE ★★ Tourisme 100 E. dont 200 nus 2,9 ha. CV. Bord de mer à 50 m. Lieu-dit La Lande, pointe des Saisies. ☎ 02 97 82 48 61 / 02 97 82 46 55 (H.S.).

CAMP MUNICIPAL LES JONCS ★★ Tourisme 200 E. dont 200 nus 2,6 ha. CV. Bord de mer à 50 m. Rue du Polygone. ☎ 02 97 82 46 88 / 02 97 82 46 55 (H.S.).

GOURIN

5-C3 56 km O.-N.-O. Pontivy. 150 m. 5186 hab. Station verte de vacances et village de neige ✉ 56110

CAMP MUNICIPAL PONT MIN ★★ Tourisme 35 E. 0,5 ha. Sanitaire chauffé. Rue de Cornouaille, route de Quimper. ☎ 02 97 23 42 74.

GRAND CHAMP

5-D4 15 km N.-O. Vannes. 150 m. 3516 hab. Station verte de vacances et village de neige ✉ 56390

CAMP MUNICIPAL DE KERMORIO ★★ Tourisme 45 E. 1,5 ha. CV. Rivière à 2 km.Etang à 5 km. à 1 km : ; à 5 km : . Ouv : 15.6 / 15.9. Rue Général de Gaulle. Sur CD 779. ☎ 02 97 66 44 46 (Saison) / 02 97 66 77 11 (Mairie) (H.S.). Fax : 02 97 66 41 69. E-mail : secretariat.mairie@grandchamp.fr, Web : www.grandchamp.fr. Prix 2007. Empl. Tourisme : 1,32 € ; 1,32 € ; 1,20 € ; 2,75 € ; 1,32 € ; 2,10 € ; - de 7 ans 1,20 € ; 2,30 € ; Animaux 0,35 €.
FFCC : partenaire + réduction emp. de 10 % en saison.

GUEGON

5-E3 37 km S.-E. Pontivy. 2334 hab. ✉ 56120

BAS DE LA LANDE ★★★ Tourisme 60 E. 2 ha. CV. Locations : 4. Accès direct à la rivière. Etang à 500 m. Accueil groupes. Ouv : 1.4 / 31.10. 150 m RN 24, dir. Lorient, 500 m RN 164. Rocade de Josselin, dir. Lorient, sortie Guegon. ☎ 02 97 22 22 20 / 06 24 59 48 26 / 02 97 22 20 64 (H.S.). Fax : 02 97 73 93 85. E-mail : campingbasdelalande@wanadoo.fr, Web : www.guegon.fr. Prix 2007. Empl. Tourisme : 3 € ; 2 € ; 2 € ; 3 € ; 1,50 € ; 3,10 €.
FFCC : partenaire + réduction emp. de 5 % en saison et hors saison.

GUEHENNO

5-D3 32 km S.-E. Pontivy. 120 m. 850 hab. ✉ 56420

CAMP MUNICIPAL ★★ Tourisme 16 E. Rue du Stade. A 4,5 km de la RN 24 et à 150 m de la RD 123. ☎ 02 97 42 29 89 (Mairie). Fax : 02 97 42 23 16. E-mail : mairieguehenno@wanadoo.fr.

GUEMENE SUR SCORFF

5-D3 21 km O. Pontivy. 125 m. 1723 hab. ✉ 56160

CAMP MUNICIPAL ★ 19 E. Accès direct à la rivière. Accueil groupes. Le Palévart. Route de St-Caradec-Trégomel. ☎ 02 97 51 20 23 (Mairie). Fax : 02 97 51 27 29. E-mail : mairieguemene.surscorff@wanadoo.fr.

LE GUERNO

5-E4 32 km S.-E. Vannes. 70 m. 512 hab. ✉ 56190

CAMP MUNICIPAL DU BORG NEHUE ★★ Tourisme 65 E. dont 40 nus 1,4 ha. CV. Locations : . Accueil groupes. ☎ 02 97 42 99 38 (Accueil Ca) / 02 97 42 94 76 (Mairie Bas) / 02 97 42 94 76 (Mairie) (H.S.). Fax : 02 97 42 84 36. E-mail : mairie-leguerno@wanadoo.fr, Web : www.leguerno.fr.

GUIDEL

5-C4 10 km N.-O. Lorient. 40 m. 6079 hab. ✉ 56520

LES JARDINS DE KERGAL ★★★ Tourisme 200 E., dont 160 GCC, 5 ha. CV. Locations : 25, 25, 4. Bord de mer et rivière à 1,5 km. ; à 1,5 km : . Ouv : 31.3 / 30.9. Voie express Vannes/Quimper sortir à Guidel/Gestel. Traverser Guidel bourg dir. Guidel plages. Sur grande ligne droite à 2 km tourner à gauche au Château d'eau cylindrique vert. ☎ 06 83 46 53 08 / 06 83 46 53 08 (H.S.). Fax : 02 97 32 88 27. E-mail : jardins.kergal@wanadoo.fr, Web : www.camping-lorient.com. Prix 2007. Fft jour : Empl. Tourisme : 14,90 € ((10 A)) ; Sup : 5,90 € - de 10 ans 3,20 € ; Animaux 2 €.

CAMPING PLAGE DU FORT BLOQUE ★★ Tourisme 100 E. 2,5 ha. CV. Locations : 20. Accès direct à la mer et à l'étang. Rivière à 4 km. Dir. Lorient/Ploemeur. Sur la voie express sortie Ploemeur puis dir. Fort Bloqué et direction Guidel, 1ère route à droite. ☎ 02 97 05 95 46. Fax : 02 97 32 86 97. E-mail : camping.plage.guidel@wanadoo.fr, Web : www.campingplageguidel.com. Réduction H.S.

PEN ER MALO ★★ Tourisme 131 E. 2 ha. CV. Locations : 10. chauffée. Bord de mer à 100 m. Etang à 2 km.Rivière à 3 km. à 100 m : ; à 1 km : . Ouv : 1.1 / 31.12. Route côtière. ☎ 02 97 05 99 86. Fax : 02 97 05 97 65. E-mail : Pen-Er-Malo@wanadoo.fr, Web : www.camping-penermalo.fr. Prix 2007. Empl. Tourisme : 2,40 € ; 1,50 € ; 3,70 € ; - de 7 ans 2,20 € ; 3,40 € (6 A) ; Animaux 0,50 €.

JO LE BRIX ★ Tourisme 100 E. Réservé Comité Entreprise Air France.

PARC DE LOCH MALO ★ Loisirs 41 E.

GUILLAC

5-E3 42 km S.-E. Pontivy 80 m. 1037 hab. ✉ 56800

LES CERISIERS ★ Tourisme 25 E. 0,35 ha. CV. Locations : 2, 9, . Rivière à 800 m. à 800 m : . Accueil groupes. Brancillet. De Josselin prendre la route entre le Canal et le Château (ne pas traverser le Canal). Quand la route commence à quitter le Canal pour reprendre dir. centre ville, prendre 1ère route à droite et suivre les pancartes. ☎ 02 97 75 61 24. Fax : 02 97 75 61 24. E-mail : campingdescerisiers56brittany@wanadoo.fr.

HENNEBONT

5-C4 10 km N.-E. Lorient. 10 m. 13103 hab. ✉ 56700

CAMP MUNICIPAL SAINT CARADEC ★★ Tourisme 60 E. , collectifs, , pétanque, . Locations : . Accès direct à la rivière. A Saint Caradec, 500 m RN 169. Tous commerces à proximité. ☎ 02 97 36 21 73. E-mail : camping.municipal.Stcaradec@wanadoo.fr, Web : perso.wanadoo.fr/aviron.hennebontais/Camping.htm.

JOSSELIN

5-E3 34 km S.-E. Pontivy. 2740 hab. ✉ 56120

BAS DE LA LANDE Voir GUEGON

LANDAUL

5-D4 27 km E. Lorient 23 m. 1327 hab. ✉ 56690

LE PIED A TERRE ★★ Tourisme 25 E. dont 25 nus 2,6 ha. CV. Rivière à 4 km. Branzeho. ☎ 02 97 24 52 70. E-mail : jimrolland@wanadoo.fr, Web : www.lepiedaterre.net.

LANDEVANT

5-D4 23 km E. Lorient. 1794 hab. ✉ 56690

M. JEGAT Armand,camping de Locmaria - Les Armes de Kaër CV. Locmaria. RN 165/A 82 sortie n° 37 Landévant dir. D 33 Pluvigner/Locmaria. ☎ 02 97 56 90 46. Fax : 02 97 56 90 46. E-mail : contact@landevant.com, Web : www.landevant.com.

LANESTER

5-C4 2 km N. Lorient. 350 m. 22297 hab. ✉ 56600

CAMP MUNICIPAL DE KERVIDO ★★ 100 E. 3 ha. Rivière à 2 km. N 165 et D 104. ☎ 02 97 76 71 96.

LANGOELAN

5-D3 24 km N.-O. Pontivy. 194 m. 575 hab. ✉ 56160

CAMP MUNICIPAL KERMANU ★★ 25 E. Accès direct à l'étang. Accès par la D 2 Guémené/Scorff-Rostrenen. ☎ 02 97 51 25 54. Fax : 02 97 39 34 69.

LANGONNET

5-C3 40 km O.-N.-O. Pontivy. 2106 hab. ✉ 56630

CAMP MUNICIPAL DE LA SAPINIERE ★★ 65 E. 2 ha. Accès direct à l'étang. 1 km RD 127 et 128. ☎ 02 97 23 96 34 (Mairie). Fax : 02 97 23 82 61. E-mail : mairie.langonnet@wanadoo.fr.

LARMOR BADEN

5-D4 15 km S.-O. Vannes. 21 m. 811 hab. ✉ 56870

KER EDEN ★★ Tourisme 100 E. 1,4 ha. Accès direct à la mer. 1 km du bourg par RD 316. ☎ 02 97 57 05 23.

LE DIBEN ★★ Tourisme 62 E. dont 48 nus 0,7 ha. à 1 km, 1 km, CV. Locations : 10, 4, 12. Bord de mer à 400 m. à 400 m : à 400 m, ; à 1,3 km. Accueil groupes. Accès de Vannes-Ouest/Arradon/Larmor-Baden. ☎ 02 97 57 05 36 / 02 97 57 29 12 (H.S.). Fax : 02 97 57 29 12. E-mail : campinglediben@wanadoo.fr, Web : www.campinglediben.com. Réduction H.S.
FFCC : partenaire + réduction emp. de 10 % en saison et hors saison + Stop accueil Camping-car du 01/05 au 30/06 et du 01/09 au 30/09/2008, accès juqu'à 21h.

LARMOR PLAGE
5-C4 6 km S.-O. Lorient. 20 m. 7605 hab. ✉ 56260

CAMP MUNICIPAL DES ALGUES ★★★ Tourisme 145 E. dont 145 nus 1,5 ha. Bord de mer à 50 m. ; ; à 500 m : . Boulevard de Port Maria. ☎ 02 97 65 55 47 / 02 97 84 26 26 (H.S.). Fax : 02 97 84 26 27. E-mail : camping@larmor-plage.com, Web : www.larmor-plage.com.

LA FONTAINE ★★★ Tourisme 130 E. dont 119 nus 4,5 ha. CV Sanitaire chauffé. Locations : 12. Bord de mer à 800 m. ; ; à 800 m : ; à 4 km : . Accueil groupes. D 152. Dir. Guidel-Plage. Lieu-dit Kerderff-en-Larmor-Plage. ☎ 02 97 33 71 28. Fax : 02 97 33 70 32. E-mail : camping-la-fontaine@scllor.com, Web : www.camping-la-fontaine.com.

LAUZACH
444 hab. ✉ 56190

Mme BREYER Nathalie Kerlann ☎ 02 97 67 06 96.

LIZIO
5-E4 40 km N.-E. Vannes. 166 m. 722 hab. ✉ 56460

CAMP MUNICIPAL LE VAL JOINT ★★ 30 E. 1 ha. CV. . ☎ 02 97 74 84 76 / 02 97 74 92 67. Fax : 02 97 74 91 86.

LOCMARIAQUER
5-D4 51 km S.-E. Lorient. 15 m. 1279 hab. ✉ 56740

CAMP MUNICIPAL DE LA FALAISE ★★★ Tourisme 315 E. 5 ha. . Accès direct à la mer. ; ; ; ; 1,6 km RN 781. ☎ 02 97 57 31 59 / 02 97 57 32 32 / 02 97 57 32 32 (H.S.). Fax : 02 97 57 32 85.

LANN BRICK ★★★ Tourisme 98 E., dont 45 GCC, 1,2 ha. CV. Locations : 12, 10, . Bord de mer à 200 m. ; . ☎ 02 97 57 32 79. Fax : 02 97 57 45 47.

CAMP LOCKER ★★ 65 E. 1 ha. à 2 km : . Sur RN 781. ☎ 02 97 57 32 74.

LA FERME FLEURIE ★★ Tourisme 30 E. CV. Locations : 4. Bord de mer à 800 m. ; à 1,5 km : . ☎ 02 97 57 34 06. Fax : 02 97 57 34 06.

LE KERPENHIR ★★ Tourisme 95 E. 1,8 ha. à gaz ou élec., CV. Locations : 10. Bord de mer à 400 m. à 400 m : , , , . A Kerpenhir. Dir. pointe de Kerpenhir. ☎ 02 97 57 31 92 (Saison) / 02 97 57 37 02 (H.S.). Fax : 02 97 57 44 99.

LA FERME DE SAINT PIERRE ★ 30 E.

LA TOUR ★ 66 E. dont 34 nus 1,1 ha. CV. Locations : 10, 8. Bord de mer à 300 m. à 300 m : , ; à 4 km : . Accueil groupes. A Kérinis. ☎ 02 97 57 40 62 / () / 02 97 57 35 39 (H.S.). E-mail : renee.david@free.fr. Réduction H.S.

CAMP FAMILIAL O.M.L. DE LA COMMUNE DE GENNEVILLIERS Ecrire à : Camp Familial O.M.L. de la Commune de Gennevilliers, Mairie, 92231 Gennevilliers Cédex.

LOCMIQUELIC
5-C4 4 km S. Lorient. 4002 hab. ✉ 56570

CAMP MUNICIPAL ★★ Tourisme 50 E. 1 ha. CV. Accès direct à la mer. ; ; ; à 2 km : . Accueil groupes. ☎ 02 97 33 91 73 / 02 97 33 42 24 (Mairie). Fax : 02 97 33 54 94. E-mail : mairie-de-locmiquelic@wanadoo.fr.

LOCOAL MENDON
5-D4 27 km S.-E. Lorient. 1882 hab. ✉ 56550

M. DESOEUVRE HERVE. aire naturelle camping vert de Levesnant . ☎ 02 97 24 56 91 / 02 97 24 54 31.

LOYAT
5-E3 53 km N.-E. Vannes. 42 m. 1420 hab. ✉ 56800

MERLIN L'ENCHANTEUR ★★ Tourisme 150 E. dont 70 nus, dont 78 GCC, 1,7 ha. CV Sanitaire chauffé. Locations : 20, , . Accès direct à l'étang et à la rivière. Lac à 4 km. ; à 4 km : ; à 5 km : , . Accueil groupes. Ouv : 1.1 / 31.12. 8, rue du Pont. La vallée de l'Yvel. A 4 km du Lac de Ploërmel. (Lac au Duc). ☎ 02 97 93 05 52. Fax : 02 97 73 89 37. E-mail : camelotpark@wanadoo.fr, Web : www.campingmerlin.com. Prix 2008. Empl. Tourisme : 3,50 € ; 3 € ; 2 € ; 3 à 4 € ; Animaux 1 €. Réduction H.S.
FFCC : partenaire + réduction emp. de 5 % en saison et 10 % hors saison + réduction loc. de 5 % en saison et 10 % hors saison.

MALESTROIT
5-E4 34 km N.-E. Vannes. 2502 hab. ✉ 56140

CAMP MUNICIPAL DE LA DAUFRESNE ★★ Tourisme 75 E. 2,82 ha. CV. Locations : . Accès direct à la rivière. ; à 100 m : . Accueil groupes. Ouv : 1.5 / 15.9. 300 m RD 146. ☎ 02 97 75 13 33 / 06 83 69 88 17 / 02 97 75 11 75 (H.S.). Fax : 02 97 73 71 13. E-mail : tourisme@malestroit.com, Web : www.malestroit.com. Prix 2007. 3,70 € ; 2,45 € ; 1,30 € ; 1,45 € ; - de 7 ans 0,70 € ; 2,45 €.

MELRAND
5-D3 17 km S.-O. Pontivy. 75 m. 1771 hab. ✉ 56310

CAMP MUNICIPAL DE KERSTRAQUEL ★★ 12 E. dont 12 nus CV. Locations : . Accès direct à l'étang et à la rivière. non surveillé : ; ; ; . Route départemental, Pontivy, Plouray, Quimperlé, D 2. ☎ 02 97 39 57 53 / 02 97 39 54 61 (H.S.). Fax : 02 97 39 59 30.

MONTENEUF
5-E4 48 km N.-E. Vannes. 722 hab. ✉ 56380

CAMPING DE LA NOE ★★ 35 E. CV. . Accès direct à l'étang. ; . Ouv : 15.6 / 15.9. RN 24 dir. Guer-Monteneuf. ☎ 02 97 93 21 20 (Mairie). Prix 2007. Empl. Tourisme : 1,70 € ; 1,70 € ; 1,70 € ; 3,20 € ; 2,70 € ; - de 7 ans 1,70 € ; 2,50 €.

MONTERBLANC
5-D4 12 km N.-E. Vannes. 62 m. 2006 hab. ✉ 56250

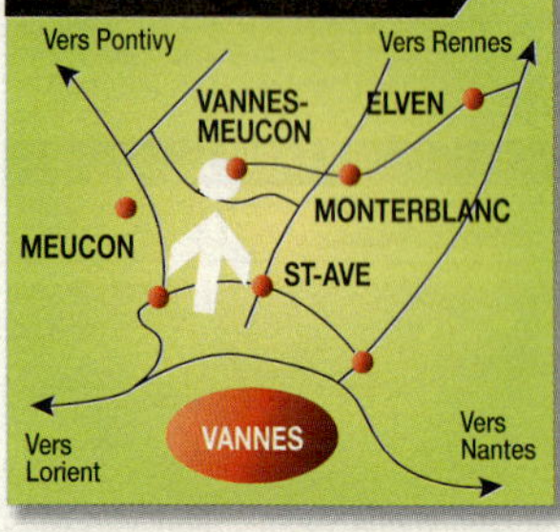

LE HARAS ★★★ Tourisme 50 E. dont 11 nus, , dont 20 GCC, 1 ha. , saison, saison, CV Sanitaire chauffé. Locations : 6, 33, 20. chauffée . Etang et rivière à 3 km. ; ; à 3 km : . Accueil groupes. Ouv : 1.1 / 31.12. Vannes-Meucon. A Vannes dir. Pontivy/St-Brieuc, puis dir. aérodrome Vannes-Meucon et suivre les panneaux camping du Haras. ☎ 02 97 44 66 06 / 06 71 00 05 59 (H.S.). Fax : 02 97 44 49 41. E-mail : camping-vannes@wanadoo.fr, Web : campingvannes.free.fr. Prix 2008. () : 4 € ; 2 € ; 6 € ; 3 € ; 4 € ; - de 7 ans 3 € ; 3 à 6 € (4 à 10 A) ; Animaux 4 €. Réduction H.S.
FFCC : partenaire + réduction emp. de 5 % en saison et hors saison.

MUZILLAC
5-E4 24 km S.-E. Vannes. 25 m. 3233 hab. ✉ 56190

CAMP MUNICIPAL ★★ Tourisme 100 E. 2 ha. . Etang et rivière à 1 km.Bord de mer à 4 km. à 1 km : ; à 4 km : , . 500 m RN 165, 100 m RD 20. ☎ 02 97 41 67 01 / 06 07 21 33 99. Fax : 02 97 41 41 58. E-mail : mairie.muzillac@wanadoo.fr, Web : www.muzillac.fr.

LA BLANCHE HERMINE ★★ 33 E. dont 60 nus, 3 ha. CV. Locations : 5, 12, 8, . . Etang et rivière à 4 km. à 3 km : ; à 7 km : , ; à 10 km : . Accueil groupes. Ouv : 1.4 / 31.10. RN 165 Muzillac. D 20 dir. Péaule/Redon. 3 km à droite après Muzillac. ☎ 02 97 45 67 03 / 06 76 81 95 79 (H.S.). Fax : 02 97 45 67 03. E-mail : infos@lablanchehermine.fr, Web : www.lablanchehermine.fr. Prix 2008. Empl. Tourisme : 5,90 € () ; 4,10 € ; - de 7 ans 2,20 € ; 2,90 à 3,50 € (6 à 10 A) ; Animaux 2 €. Réduction H.S.

NAIZIN
5-D3 15 km S.-E. Pontivy 112 m. 1635 hab. ✉ 56500

CAMP MUNICIPAL ★ Tourisme 28 E. . Accès direct à l'étang. . ☎ 02 97 27 43 27 / 02 97 27 47 28. Fax : 02 97 27 46 82.

NEANT SUR YVEL

5-E3 50 km N.-E. Vannes. 835 hab. 56430

CAMP DE BROCELIANDE ★★ Tourisme 50 E. collectif, Locations : Etang à 100 m. Rivière à 3 km. Mohon. Equitation à 500 m. ☎ 02 97 73 81 44. Fax : 02 97 93 08 08. E-mail : campingbroceliande@hotmail.com, Web : www.cc-mauron-brocellande.com/ncontcuryvel htm.

KOAD-AR-ROC'H ★★ Tourisme 100 E. 11 ha. CV Rés. naturiste. Locations : 6, 4. Accès direct aux bords du lac et à la rivière. Chateau du Bois de la Roche. Discothèque. ☎ 02 97 74 42 11.

NOYAL MUZILLAC

5-E4 20 km S.-E. Vannes. 80 m. 1810 hab. 56190

MOULIN DE CADILLAC ★★★ Tourisme 192 E. dont 145 nus, dont 95 GCC, 1,5 ha. CV. Locations : 19, 24, 4. chauffée. Accès direct à l'étang et à la rivière. Ouv : 1.5 / 30.9. 2 km RD 7. A Noyal Muzillac prendre la route de Berric. ☎ 02 97 67 03 47. Fax : 02 97 67 00 02. E-mail : infos@moulin-cadillac.com, Web : www.camping-moulin-cadillac.com. Prix 2007. Empl. Tourisme : 6 € ; 4,50 € ; - de 7 ans 2,60 € ; 2,80 € (10 A) ; Animaux 1,60 €. Réduction H.S.

NOYALO

5-D4 10 km S.-E. Vannes 20 m. 593 hab. 56450

M. LE BRECH Loïc,camping de l'Etang CV. A 1 km : . A 10 km : Piscine plein air . A 12 km : . A 15 km : . Au bourg de Noyalo prendre dir. de Surzur et 1er village à gauche. ☎ 02 97 43 03 15.

M. MAHE Daniel, aire naturelle Birhit Birhit. ☎ 02 97 43 02 12.

PEAULE

5-E4 32 km S.-E. Vannes. 80 m. 2188 hab. 56130

M. DUMEZ Jacky,Les Sources

PEILLAC

5-E4 48 km E.-N.-E. Vannes. 90 m. 1736 hab. Village de neige 56220

CAMP MUNICIPAL DU PONT D'OUST ★★ 43 E. dont 40 nus 2,5 ha. juillet/août, enfants, CV. Rivière à 20 m. Accueil groupes. Ouv : 1.5 / 30.9. Près CD 14, à 1 km CD 764. ☎ 02 99 91 39 33 / 02 99 91 26 76 (Mairie) (H.S.). Fax : 02 99 91 31 83. Prix 2007. Empl. Tourisme : 1,80 € ; 1,20 € ; 2,05 € ; - de 11 ans 1,15 € ; 2,40 € ; 1,20 €.

PENESTIN

5-E5 36 km S.-E. Vannes. 20 m. 1341 hab. 56760

DOMAINE D'INLY ★★★★ Tourisme 500 E. dont 80 nus, , dont 460 GCC, 16 ha. CV. Locations : 80, 4. chauffée 2 courts. Accès direct à l'étang. Bord de mer à 1,8 km.Rivière à 2 km. ; à 1,8 km : . Accueil groupes. Ouv : 5.4 / 21.9. Rés. obligatoire en été. Route de Couarne. Route principale entre la Roche-bernard et Penestin. ☎ 02 99 90 35 09. Fax : 02 99 90 40 93. E-mail : inly-info@wanadoo.fr, Web : www.camping-inly.com. Prix 2008. Fft jour : Empl. Tourisme (2 1 - de 1) : 38 € (10 A)) ; Sup : 6 € - de 13 ans 3,60 € ; Animaux 4 €. Réduction H.S.

FFCC : Stop accueil Camping-car du 08/04 au 28/06 et du 01/09 au 21/09/2008, accès jusqu'à 18h.

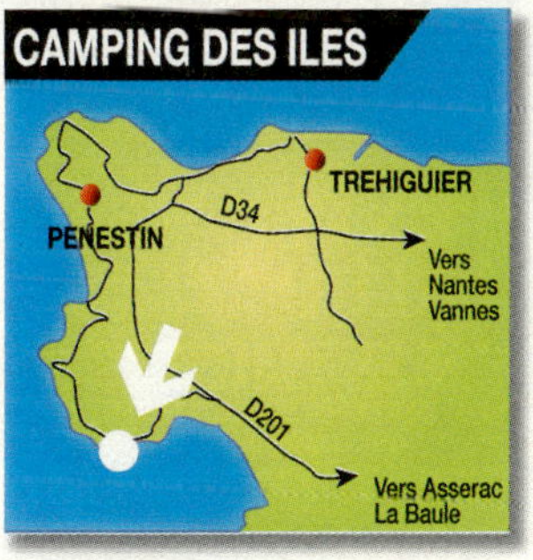

LES ILES ★★★★ Tourisme 184 E. dont 107 nus, , dont 60 GCC, 4 ha. CV Sanitaire chauffé. Locations : 11, 58, 8, . chauffée . Accès direct à la mer. Accueil groupes. La Pointe du Bile, 2 km RD 201. ☎ 02 99 90 30 24. Fax : 02 99 90 44 55. E-mail : contact@camping-des-iles.fr, Web : www.camping-des-iles.fr. Prix 2008. Fft jour : Empl. Tourisme (2) : 35 € ; Sup : 5 € - de 7 ans 2,50 € ; 3,50 € (6 A) ; Animaux 3 €. Réduction H.S.

CAMP ACCCF LE KERFALHER ★★★ 90 E. dont 46 nus, 2 ha. partiel, CV. Locations : 4. Bord de mer à 300 m. Accueil groupes. Ouv : 15.3 / 15.10. Rés. obligatoire en été. Rue du Bihen. ☎ 02 99 90 33 45. Fax : 02 23 10 03 71. E-mail : acccf@wanadoo.fr - acccf-pen@wanadoo.fr, Web : www.acccf.com. Prix 2007. Fft jour : Empl. Tourisme (2) : 16,60 € ; 3,50 €. Réduction H.S.

FFCC : partenaire + réduction emp. de 5 % en saison et hors saison + Stop accueil Camping-car du 15/03 au 15/10/2008, accès jusqu'à 21h + réduction loc. de 5 % en saison et hors saison.

KER LAY ★★★ 90 E. dont 80 nus 1,7 ha. CV. Locations : 12. chauffée . Bord de mer à 600 m. ; à 600 m : , .Accueil enfants. Ouv : 15.5 / 15.9. A Kerlay. ☎ 02 99 90 31 28. E-mail : camping-de-kerlay@wanadoo.fr, Web : monsite.wanadoo.fr/camping-kerlay.

LE CENIC ★★★ Tourisme 310 E., dont 160 GCC, 7 ha. CV. Locations : 20, 40. couverte chauffée juillet/août. Accès direct à l'étang. Bord de mer à 2 km. ; à 2 km : . Ouv : 15.4 / 10.9. D 34. ☎ 02 99 90 45 65 / 02 99 90 33 14 (H.S.). Fax : 02 99 90 45 05. E-mail : info@lecenic.com, Web : www.lecenic.com. Prix 2008. Empl. Tourisme : 15 € ; 6 € ; - de 7 ans 3 € ; 4 € ; Animaux 2,50 €. Réduction H.S.

FFCC : Stop accueil Camping-car du 14/04 au 30/06 et du 29/08 au 13/09/2008, accès jusqu'à 20h.

LES PARCS ★★★ Tourisme 98 E. dont 40 nus, dont 60 GCC, 2,5 ha. CV. Locations : 24. chauffée . Etang à 300 m. Rivière à 500 m. Bord de mer à 800 m. ; à 1,5 km : . Accueil groupes. Route de la Roche Bernard. RN 165 puis RD 35. ☎ 02 99 90 30 59. Fax : 02 99 90 37 42. E-mail : lesparcs@club-internet.fr, Web : www.camping-lesparcs.com. Prix 2007. Fft jour : Empl. Tourisme (2) : 17,20 € ; Sup : 4,60 € - de 10 ans 2,90 € ; 2,50 € (6 A). Réduction H.S.

LES PINS ★★ Tourisme 125 E. dont 75 nus, 3 ha. CV. Locations : 4, 10, 10. chauffée . Etang à 1 km.Bord de mer et rivière à 2 km. ; à 2 km : , , . Ouv : 1.4 / 21.10. Entre Vannes et Nantes sortir à la Roche-Bernard dir. Pénestin par D 34 à 1 km à gauche avant centre de Pénestin, au 1er rond-point. ☎ 02 99 90 33 13 / 02 99 90 32 88 (Hiver) (H.S.). Fax : 02 99 90 33 13. E-mail : camping.lespins@wanadoo.fr, Web : www.camping-despins.com. Prix 2007. Empl. Tourisme : 5,80 € ; 4,10 € ; - de 7 ans 2,50 € ; 2,50 € (5 A) ; Animaux 1 €. Réduction H.S.

LOSCOLO ★★ 135 E. 2,5 ha. Bord de mer à 200 m. ; à 200 m : ; à 2 km : . 3 km CD 201. ☎ 06 08 21 95 30.

BON ACCUEIL ★ Tourisme 20 E. Association La Familiale.

PLOEMEL

5-D4 26 km S.-E. Lorient. 1640 hab. ✉ 56400

KERGO ★★★ Tourisme 135 E. dont 100 nus 2,5 ha. CV. Locations : 12, 3, 5. Etang, lac et rivière à 5 km. à 3 km : ; à 5 km : , ; à 7 km : . Accueil groupes. Ouv : 1.5 / 30.9. Route Carnac-Quiberon RD 768. Carrefour de Kergroix dir. Ploemel. ☎ 02 97 56 80 66. Fax : 02 97 56 80 66. E-mail : camping.kergo@wanadoo.fr, Web : www.campingkergo.com. Prix 2007. () ; 4,30 € ; 1,70 € ; 6 € ; 4,30 € ; 3,50 € ; - de 7 ans 2 € ; 2,50 à 2,50 € (6 à 10 A) ; Animaux 1 €. Réduction H.S.

FFCC : partenaire + réduction emp. de 5 % en saison et 15 % hors saison + réduction loc. de 5 % en saison et hors saison.

LE ST LAURENT ★★★ Tourisme 90 E. dont 70 nus 3,5 ha. , collectif, CV Sanitaire chauffé. Locations : 5. chauffée . Ouv : 1.1 / 31.12. Rés. obligatoire en été et en hiver. Prendre sortie 4 voies dir. Quiberon-Belle Ile et prendre le CD 22 dir. Belz-Etel. ☎ 02 97 56 85 90. Fax : 02 97 56 85 90. E-mail : camping.saint.laurent@wanadoo.fr, Web : www.ploemel.com. Prix 2007. Fft jour : Empl. Tourisme (2) : 13,20 € ( ) ; Sup : 3,80 € - de 7 ans 2 € ; 3,50 € (10 A) ; Animaux 1 €. Fft Ccar : 10 € (2). Réduction H.S.

FFCC : Stop accueil Camping-car du 01/01 au 30/06 et du 01/09 au 31/12/2008.

PLOEMEUR

6 km S.-E. Lorient. 60 m. 14008 hab. ✉ 56270

FORT DU TALUT ★★★★ Tourisme 202 E., dont 103 GCC, 4 ha. Locations : . Bord de mer à 150 m. ; ; ; ; . Réservé Ministère de la Défense. ☎ 02 97 82 91 50.

BELLE PLAGE ★★★ Tourisme 260 E. 4 ha. CV. Locations : 50, . Accès direct à la mer. ; ; ; . Route de Lomener. ☎ 02 97 82 94 55 / () / 0 825 12 45 45 (Réserv.) (H.S.). Fax : 04 75 55 09 08. E-mail : kerpape@vacanciel.com, Web : www.vacanciel.com.

CAMP PEN PALUD ★★★ Tourisme 116 E. dont 44 nus, dont 80 GCC, 2,5 ha. juillet/août, juillet/août, CV. Locations : 40, 13, , . chauffée . Bord de mer à 100 m. Etang à 3 km. ; à 100 m : , , , . Accueil adultes. Ouv : 1.3 / 25.10. Rés. obligatoire en été. Rue Pen Palud, Lomener. Dir. Larmor-plage centre de Kerpape. ☎ 02 97 82 94 56. Fax : 02 97 82 93 86. E-mail : penpalud@wanadoo.fr, Web : www.camping-pen-palud.com. Prix 2007. Empl. Tourisme : 9,10 € () : 4,70 € ; - de 7 ans 3,30 € ; 3 € ; Animaux 2 €. Réduction H.S.

LA POINTE DU TALUD ★★★ Tourisme 150 E. dont 50 nus 3,2 ha. CV. Locations : 3, 23. chauffée . Bord de mer à 300 m. ; ; ; .Accueil adultes. Kerroch. A Ploemeur dir. Lomener. 50 m à droite après le dernier rond-point. ☎ 02 97 82 91 90. Fax : 02 97 82 74 57. E-mail : info@campingpointedutalud.com, Web : www.campingpointedutalud.com. Réduction H.S.

L'ATLANTYS ★★★ Tourisme 150 E. dont 138 nus, 2 ha. , juillet/août, juillet/août, CV. Locations : 12. Bord de mer à 35 m. ; à 200 m : , , . Accueil groupes. Ouv : 15.1 / 15.12. ☎ 02 97 05 99 81. Fax : 02 97 05 95 78. E-mail : info@camping-atlantys.com. Prix 2008. Empl. Tourisme : 9 € () : 9,50 € ; 4 € ; - de 7 ans 2,50 € ; 4 € (10 A) ; Animaux 2 €.

C.C.D.F. LES AJONCS ★★ Tourisme 60 E. 1 ha. CV. Bord de mer à 2 km. à 2 km : , , , . Accueil groupes. Lieu-dit Beg-Minio sur RD 162. ☎ 02 97 86 30 11. Fax : 02 97 86 30 11. E-mail : secretariat@campingclub.asso.fr, Web : www.campingclub.asso.fr.

FFCC : partenaire - terrain assuré par la FFCC + réduction emp. de 5 % en saison et hors saison.

G.C.U. LES PINS Réservé aux adhérents. Adhésion possible sur place pour les sociétaires MAIF et FILIA MAIF. Au Nord de Lomener.

KERBEL ★★ Tourisme 45 E. 0,5 ha. CV. Locations : , 7, . Accès direct à la mer. Etang à 10 m. Rivière à 5 km. ; ; ; ; . Lieu-dit Kerroch en Ploemeur, 50 m RD 152. ☎ 02 97 82 91 73 / 06 03 58 89 04 / 06 03 58 89 04 (H.S.). Fax : 02 97 82 91 73.

PLOUAY

5-C3 20 km N. Lorient. 4405 hab. ✉ 56240

LE PONT NIVINO ★ 100 E. 1 ha. . Accès direct à l'étang. . Pont Nivino,CD 2. ☎ 02 97 33 27 91.

PLOUGOUMELEN

5-D4 42 km S.-E. Lorient. 38 m. 1357 hab. ✉ 56400

CAMP MUNICIPAL KERGOUGUEC ★★ Tourisme 80 E. dont 80 nus, 15 ha. CV. . Bord de mer à 300 m. à 300 m : , . Ouv : 15.6 / 15.9. Route de Baden. ☎ 02 97 57 88 74. Prix 2007. Empl. Tourisme : 2,05 € () : 1,45 € ; 4,60 € ; 2,45 € ; - de 7 ans 1,25 € ; 2,55 € ; Animaux 1,35 €.

LA FONTAINE DU HALLATE , + sèche-linge, CV. A 3 km: . A 6 km : . Ouv : 1.4 / 1.10. 1, chemin de Paul Fetan. Le Hallate. RN 165 entre Vannes et Auray sortie Plougoumelen. ☎ 09 64 04 90 16 / 03 26 03 66 08 (H.S.). Fax : 09 64 04 90 16. E-mail : clegloanic@campinghallate.com, Web : www.campinghallate.com. Prix 2008. Fft jour : Empl. Tourisme (2) : 10 € ( ) ; Sup : 2 € - de 12 ans 1 € ; 2 € (4 A) ; Animaux 1 €.

M. LE GLOANIC Claude CV. A 3 km: . A 5 km : . A 7 km : . A 10 km : Piscine chauffée. Ouv : 1.4 / 1.10. A mi-chemin entre Vannes et Auray, RN 165, sortie Plougoumelen ☎ 09 64 04 90 16 / 06 16 30 08 33 (H.S.). E-mail : clegloanic@campinghallate.com, Web : www.campinghallate.com. Prix 2008. Fft jour : Empl. Tourisme (2) : 10,50 € ; Sup : 2 € - de 12 ans 1 € ; 2 € (4 A) ; Animaux 1 €.

PLOUHARNEL

5-D4 20 km S.-E. Lorient. 21 m. 1525 hab. 56340

KERSILY ★★★ Tourisme 120 E. (83 Tourisme + 37 Loisirs), dont 37 GCC, 2,5 ha. CV. Locations : 20 , . chauffée . Bord de mer à 1,5 km. ; à 2 km : , , , . Accueil groupes. Ouv : Pâques / 31.10. Ste Barbe. D 781. ☎ 02 97 52 39 65. Fax : 02 97 52 44 76. E-mail : camping.kersily@wanadoo.fr, Web : www.camping-kersily.com. Prix 2008. Empl. Tourisme : 5,90 € ; 2 € ; 2 € ; 4,70 € ; - de 7 ans 2,20 € ; 2,80 € ; Animaux 1,40 €. Réduction H.S.

FFCC : partenaire + réduction emp. de 5 % en saison et hors saison.

LES BRUYERES ★★★ Tourisme 112 E., dont 3 CC - 4 GCC, 2 ha. CV. Locations : 12 . . Bord de mer à 4 km. à 1 km : ; à 4 km : , , . Ouv : 1.4 / 13.10. A Kerogile. A Auray dir. Quiberon par D 768, puis C 4, 2 km avant Plouharnel. ☎ 02 97 52 30 57. Fax : 02 97 52 30 57. E-mail : camping.les.bruyeres@wanadoo.fr, Web : www.camping-lesbruyeres.com. Prix 2008. Empl. Tourisme : 7,80 € ; 4,20 € ; - de 7 ans 2,35 € ; 2,75 à 4,55 € (4 à 10 A) ; Animaux 0,85 €.

L'ETANG DE LOPERHET ★★★ Tourisme 165 E. 2,5 ha. + sèche-linge, CV. Locations : 26 , 3 , . chauffée . Accès direct à l'étang. Bord de mer à 1,5 km. ; ; à 1,5 km : .Accueil enfants. Ouv : 1.4 / 30.9. D 781 route de Lorient ou par Vannes route Carnac/Quiberon. ☎ 02 97 52 34 68. Fax : 02 97 52 34 68. E-mail : loperhet@camping-loperhet.com, Web : www.camping-loperhet.com. Prix 2007. Empl. Tourisme : 7,90 € ; 4,80 € ; - de 7 ans 2,70 € ; 2,80 à 3,40 € (6 à 10 A) ; Animaux 2,20 €. Réduction H.S.

CAMP MUNICIPAL DES SABLES BLANCS ★★ Tourisme 565 E. 15 ha. CV. . Accès direct à la mer. ; ; ; . Accueil groupes. Accès par RD 768, 3 km du centre. ☎ 02 97 52 37 15 / 02 97 52 30 90 (Mairie). Fax : 02 97 52 48 49. Réduction H.S.

CAMP MUNICIPAL LE BOIS D'AMOUR ★★ 200 E. 7 ha. . Bord de mer à 700 m. ; ; ; . Accès par RD 768. ☎ 02 97 52 35 39 / 02 97 52 30 90 (Mairie). Fax : 02 97 52 35 61.

LA LANDE ★★ Tourisme 88 E. 1 ha. CV. Locations : 2 , 3 . Bord de mer à 500 m. à 2 km : , , . Ouv : 1.6 / 30.9. Sortie Plouharnel, dir. Quiberon, à 2 km, 1ère route à droite, un panneau signale le camping. ☎ 02 97 52 31 48. Fax : 02 97 52 31 48. E-mail : campdelalande@aol.com. Prix 2007. Fft jour : Empl. Tourisme (2) : 13 € ( ) ; Sup : 4,60 € - de 7 ans 2,30 € ; 2,60 € (4 A) ; Animaux 0,80 €.

LES GOELANDS ★★ Tourisme 80 E. dont 80 nus, 2 ha. CV. Locations : . Bord de mer à 1 km. à 2 km : , , , . Accueil groupes. Ouv : 1.6 / 15.9. A Kerbachic, 600 m RN 781. ☎ 02 97 52 31 92 / 06 08 47 76 68 (H.S.). E-mail : angelina.olivieiro@wanadoo.fr. Prix 2007. Fft jour : Empl. Tourisme (2) : 15 € ( ) ; Sup : 4 € - de 7 ans 2 € ; 2 à 3 € ; Animaux 1 €.

PLOUHINEC

5-C4 24 km S.-E. Lorient. 3553 hab. 56680

LE MOTENO ★★★ Tourisme 230 E. dont 100 nus 3,8 ha. , la nuit, CV. Locations : 11 , 2 , 60 . chauffée . Rivière à 100 m. Bord de mer à 800 m. ; ; ; ; à 800 m : . Ouv : 16.4 / 10.9. Route du Magouer. ☎ 02 97 36 76 63. Fax : 02 97 85 81 84. E-mail : camping-moteno@wanadoo.fr, Web : www.camping-le-moteno.com. Réduction H.S.

CAMP MUNICIPAL KERABUS ★★ Tourisme 100 E. . Bord de mer et rivière à 2,5 km. à 2,5 km : , . Voie rapide jusqu'à Hennebont puis dir. Port-Louis. ☎ 02 97 36 61 67 (Camping) / 02 97 85 88 77 (Mairie). Fax : 02 97 85 88 89. E-mail : mairie.plouhinec56@wanadoo.fr, Web : www.plouhinec.com.

LE SAINT CORNELY En cours de classement 19 E.

PARC RESIDENTIEL DE LOISIRS LA LANDE DU BELIER En cours de classement 150 E. CV Sanitaire chauffé. Locations : 6 , 22 , . couverte chauffée . Rivière à 1 km.Bord de mer à 2 km. ; ; à 2 km : , , . Mane Kerguezec. Location longue durée. ☎ 02 97 85 80 98 / 06 08 01 82 19 / 06 08 01 82 19 (H.S.). Fax : 02 97 85 84 59. E-mail : batering@aol.com, Web : www.la-lande-du-belier.com.

PLUMELEC

5-D4 40 km S.-E. Pontivy. 155 m. 2466 hab. 56420

CAMP MUNICIPAL ESPACE DE LA MADELEINE ★★ Tourisme 17 E. 1,12 ha. . Ouv : 15.6 / 15.9. Route de Josselin. ☎ 02 97 42 24 27 (mairie) / 02 97 42 32 77 (H.S.). Fax : 02 97 42 33 08. E-mail : mairie.de.plumelec@wanadoo.fr. Prix 2007. 3,10 € ; 2,05 € ; 4,10 € ; 2,55 € ; 2,55 € ; - de 12 ans 2,05 € ; 3,10 €.

PLUMERGAT

5-D4 36 km E. Lorient. 2292 hab. 56400

Mme KLEYBURG Maryke,aire naturelle Nerhouit . ☎ 02 97 57 70 62. E-mail : nerhouit@tromp.net.

PLUNERET

5-D4 40 km S.-E. Lorient. 2334 hab. 56400

LES POMMIERS ★★ Tourisme 135 E. 3 ha. CV. Locations : 10 , 2 . chauffée . Rivière à 900 m. ; ; à 700 m : . Ouv : 15.6 / 15.9. A Branhoc en Auray, 900 m du centre ville, 30 m RN 165. Voie express sortie Pluneret-Le Bono. Dir. Le Bono au 1er feux à gauche. ☎ 02 97 24 01 48. Fax : 02 97 50 85 53.

PLUVIGNER

5-D4 33 km E. Lorient 89 m. 4872 hab. 56330

AIRE NATURELLE CV. D 768 entre Auray et Pluvigner ☎ 02 97 24 72 32. E-mail : camping.breventec@free.fr. Prix 2008. Empl. Tourisme : 3 € ; 2 € ; 5 € ; 3 € ; - de 12 ans 2 € ; 1 à 3 €.

PONT SCORFF

5-C4 12 km N.-N.-O. Lorient. 45 m. 2312 hab. 56620

ENTRE TERRE ET MER ★★★ Loisirs 66 E. (10 Tourisme + 56 Loisirs), dont 10 CC - 56 GCC. CV Camping tourisme et handicap. Locations : 10 . chauffée . Rivière à 2 km. à 2 km : , . Ouv : 1.3 / 30.11. Rés. obligatoire en été. RN 165 sortie Plouay dir. Pont Scorff. Au centre de Pont Scorff dir. Arzano puis 2 km à gauche. ☎ 02 97 32 56 56. E-mail : camping.etem@wanadoo.fr, Web : www.camping-residentiel.fr. Prix 2008. Empl. Tourisme : 9 € ; 5,50 € ; - de 7 ans 2,50 € ; 3 € (16 A) ; Animaux 1,50 €. Fft Coor : 12 € (2).

FFCC : Stop accueil Camping-car du 01/03 au 30/06 et du 01/09 au 30/11/2008, accès jusqu'à 19h30.

TY NENEZ ★★ Tourisme 50 E. 2 ha. + sèche-linge, CV Sanitaire chauffé. Locations : 9 , 1 . Rivière à 500 m. Etang à 2 km. ; . Accueil groupes. jusqu'à 12 ans. Ouv : 1.1 / 31.12. Rés. obligatoire en été. Route de Lorient. CD 6 Lorient-Pont Scorff. ☎ 02 97 32 51 16. Fax : 02 97 32 43 77. E-mail : camping-ty-nenez@wanadoo.fr, Web : www.lorient-camping.com. Prix 2007. Empl. Tourisme : 3,20 € ; 2,25 € ; - de 7 ans 1,60 € ; 2,75 € (16 A) ; Animaux 0,65 €.

FFCC : Stop accueil Camping-car toute l'année, accès jusqu'à 21h.

Toute l'année, les Clubs organisent des rassemblements, des rencontres ou des voyages. Consultez la liste des Clubs en fin de guide.

PORCARO

2-A5 50 km N.-E. Vannes. 580 hab. ✉ 56380

LE PRIAUDAIS,aire naturelle

PORT LOUIS

5-C4 16 km S.-S.-E. Lorient. 3327 hab. ✉ 56290

CAMP MUNICIPAL LA PRAIRIE ET LES REMPARTS ★★ 135 E. 1,3 ha. Bord de mer à 300 m. Rue des Récollets. ☎ 02 97 82 47 16.

PRIZIAC

5-C3 40 km O. Pontivy. 1483 hab. Station verte de vacances et village de neige ✉ 56320

CAMP MUNICIPAL LAC DE BEL AIR ★★★ Tourisme 50 E. 1,5 ha. CV. Locations : 4, 4 H.L.L.. Etang à 40 m. Accueil groupes. RD 109, 200 m de la mairie. ☎ 02 97 34 63 55 (Saison) / 02 97 34 61 26 (H.S.) / 02 97 34 61 26 (H.S.). Fax : 02 97 34 61 26. E-mail : mairie.priziac@wanadoo.fr.

QUESTEMBERT

24 km E. Vannes. 100 m. 5213 hab. ✉ 56230

CAMP MUNICIPAL L'ETANG DE CELAC ★★ 85 E. 2 ha. CV Sanitaire chauffé. Accès direct à l'étang et à la rivière. Accueil groupes. Route de Damgan. ☎ 02 97 26 11 24 / 02 97 26 11 38 (H.S.).

QUIBERON

5-D4 50 km S.-E. Lorient. 15 m. 4812 hab. ✉ 56170

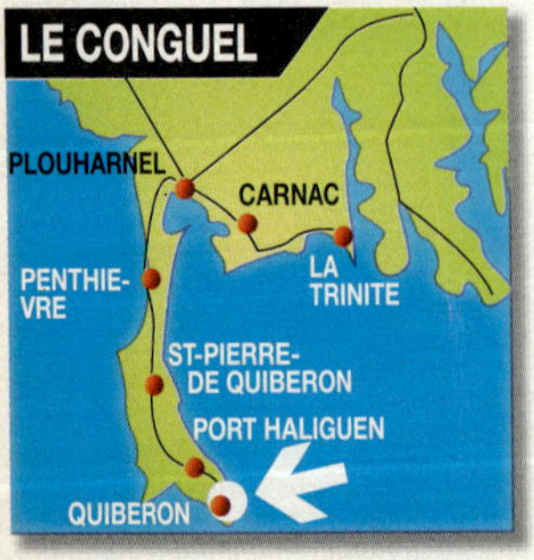

LE CONGUEL ★★★★ 250 E. 5 ha. CV. Locations : 91, Bord de mer à 20 m.; Ouv : 1.4 / 30.10. Route Touristique. ☎ 02 97 50 19 11. Fax : 02 97 30 46 66. Web : www.campingduconguel.com. Prix 2008. Fft jour : Empl. Tourisme (2) : 43,25 € (); Sup : 7,05 € 3,65 €.

DO MI SI LA MI ★★★ Tourisme 350 E. dont 200 nus, dont 170 GCC, 5 ha. CV. Locations : 40. Bord de mer à 100 m.; à 100 m : Ouv : 22.3 / 2.11. St Julien Plage, côté baie avant le parking du sémaphore à gauche sur D 768. ☎ 02 97 50 22 52. Fax : 02 97 50 26 69. E-mail : camping@domisilami.com, Web : www.domisilami.com. Prix 2008. Fft jour : Empl. Tourisme (2) : 20,60 € (); Sup : 4,20 € - de 7 ans 2,70 € ; 2,70 à 4,20 € (3 à 10 A) ; Animaux 2,30 €. Réduction H.S.

FFCC : partenaire + réduction emp. de 5 % hors saison.

LE BOIS D'AMOUR ★★★ Tourisme 290 E. dont 110 nus 4,6 ha. saison, saison, saison, saison, CV. Locations : 158, 30, chauffée . Bord de mer à 200 m. Ouv : 29.3 / 28.9. Rés. obligatoire en été et en hiver. Rue Saint Clément. Par RN 165 sortie Auray dir. Quiberon. Suivre dir. thalassothérapie. Le camping se trouve au bout de la presqu'île. ☎ 02 97 50 13 52 / 0 820 201 207 (H.S.). Fax : 02 97 50 42 67. E-mail : info@homair.com, Web : www.homair.com. Prix 2007. Empl. Tourisme : 17 € ; 9 € ; - de 10 ans 4,50 € ; 5 € ; Animaux 5 €.

LES JONCS DU ROCH ★★★ Tourisme 163 E. 1,7 ha. saison, CV. Locations : 11, 3. Bord de mer à 500 m. à 500 m : ; à 600 m : Rue de l'Aérodrome. Prendre Port Haliguen/Le Roch/Priol. ☎ 02 97 50 24 37 / 02 97 50 11 36 (H.S.). Fax : 02 97 50 24 37. Réduction H.S.

BEAUSEJOUR ★★ Tourisme 175 E. (145 Tourisme + 30 Loisirs), dont 45 GCC, 2,5 ha. CV. Locations : 15. Bord de mer à 50 m.; à 50 m : Ouv : 30.4 / 16.9. Boulevard du Parco, 500 m RN 168. ☎ 02 97 30 44 93. Fax : 02 97 50 44 73. E-mail : info@campingbeausejour.com, Web : www.campingbeausejour.com. Prix 2008. Empl. Tourisme : 13 € () : 4 € ; - de 10 ans 3,80 € ; 3,50 à 4,70 € (3 à 6 A).

CAMP MUNICIPAL KERNE ★★ 100 E. 4,7 ha. Accès direct à l'étang. Bord de mer à 500 m.; à 2 km : ☎ 02 97 50 05 07.

CAMP MUNICIPAL LE GOVIRO ★★ Tourisme 250 E. 3,5 ha. Bord de mer à 20 m.; RN 781, 168 et 165. Près Thalasso. ☎ 02 97 50 13 54 / 02 97 30 24 00 (H.S.). Fax : 02 97 30 24 11.

QUISTINIC

5-D3 28 km N.-E. Lorient. 1517 hab. ✉ 56310

CAMP MUNICIPAL ★★ 100 E. 2 ha. Accès direct à la rivière. CD 327, Minazen. ☎ 02 97 39 70 99 / 02 97 39 71 08 (Mairie) (H.S.). Fax : 02 97 39 73 66. E-mail : mairie.quistinic@wanadoo.fr.

REGUINY

5-D3 20 km S.-E. Pontivy. 1695 hab. Station verte de vacances et village de neige ✉ 56500

CAMP MUNICIPAL DE L'ETANG ★★ 65 E. dont 50 nus, 2 ha. CV. Accès direct à l'étang et à la rivière. Accueil groupes. ☎ 02 97 38 66 11. Fax : 02 97 38 63 44. E-mail : mairie.reguiny@wanadoo.fr, Web : www.reguiny.com.

RIANTEC

5-C4 5 km S.-E. Lorient. 4626 hab. ✉ 56670

CAMP MUNICIPAL DE KERDURAND ★★ 200 E. 3 ha. Locations : Bord de mer à 800 m.; à 800 m : ; à 3 km : 100 m RD 781. ☎ 02 97 33 98 10 / 02 97 33 52 40 (Mairie). Fax : 02 97 33 98 16. E-mail : camping@riantec.com.

LE PETIT BRANROCH ★ Loisirs 54 E., dont 54 GCC.

RIEUX

5-E4 56 km S.-E. Vannes. 2571 hab. ✉ 56350

CAMP MUNICIPAL DU CHATEAU ★★ Tourisme 45 E. CV. Locations : . Accès direct à la rivière. Accueil groupes. ☎ 02 99 91 97 85 (Camping) / 02 99 91 90 69 (Mairie). Fax : 02 99 91 97 71. E-mail : mairiederieux@wanadoo.fr.

Mme LE VILLOUX Renée,aire naturelle du Lot A 500 m : . A 600 m : . A 1 km: . A 7 km : Piscine plein air . A 10 km : RD 114, à proximité de la ferme. Verger, sous-bois, flanc de colline, rivière à 600 m. Circuits de randonnées pédestres. Info touristiques sur les pays de Vilaine. Circuit VTT. Location de mobil-homes et gîte d'étape. ☎ 02 99 91 90 25. Fax : 02 99 91 90 25. E-mail : gite-le-villoux2@wanadoo.fr.

LE ROC ST ANDRE

5-E4 36 km N.-E. Vannes. 793 hab. ✉ 56460

DOMAINE DU ROC ★★ 50 E. 2 ha. CV. Locations : 10, couverte chauffée . Accès direct à la rivière. Accueil groupes. Ouv : 1.4 / 1.11. Rue Beaurivage. 300 m RD 4, à 200 m RN 166. ☎ 02 97 74 91 07 / 06 67 00 42 29 (H.S.). E-mail : contact@domaine-du-roc.com, Web : www.domaine-du-roc.com. Prix 2007. () : 13 € ; 2,50 € ; 10 € ; 9,50 € ; 3,50 € ; 2,50 € ; 3,50 € ; Animaux 2 €. Réduction H.S.

FFCC : partenaire + réduction emp. de 5 % en saison et hors saison + carte FFCC assurance annulation + réduction loc. de 5 % en saison et hors saison.

LA ROCHE BERNARD

5-E4 40 km S.-E. Vannes. 30 m. 838 hab. Station verte de vacances et village de neige ✉ 56130

CAMP MUNICIPAL ★★★ Tourisme 60 E. 1 ha. Locations : . Accès direct à la rivière. Etang à 2 km. Chemin de la Garenne, 50 m RN 165, lieu-dit Le Patis. ☎ 02 99 90 60 13 / 02 99 90 60 51 (Mairie). Fax : 02 99 90 88 28.

ROCHEFORT EN TERRE

5-E4 34 km N.-E. Vannes. 613 hab. ✉ 56220

LE MOULIN NEUF ★★★ Tourisme 60 E. 2,5 ha. chauffée . Lac à 500 m. Rivière à 1 km. Accueil groupes. Bogeais. D 775 Vannes/Redon. D 774 Rochefort-en-Terre. ☎ 02 97 43 37 52. Fax : 02 97 43 35 45.

ROHAN

5-D3 17 km E. Pontivy 1707 hab. ✉ 56580

CAMP MUNICIPAL DU VAL D'OUST ★★ Tourisme 45 E. 0,75 ha. CV. Locations : . Accès direct aux bords du lac et à la rivière. ; ; . Accueil groupes. Ouv : 1.6 / 15.9. Rue de Saint Gouvry. ☎ 02 97 51 57 58 / 02 97 51 50 33 (Mairie) (H.S.). Fax : 02 97 51 52 11. E-mail : mairie.rohan@wanadoo.fr. Prix 2007. Empl. Tourisme : 1,50 € ; 1,20 € ; 1,20 € ; 3 € ; - de 7 ans 1,80 € ; 2,70 € ; Animaux 0,90 €.

ST AIGNAN

5-D3 15 km N. Pontivy. 651 hab. ✉ 56480

ANSE DE SORDAN ★★ 50 E. 0,65 ha. CV. Locations : . Lac à 100 m. ; ; ; ; Accueil adultes. 4,5 km RD 18, à 7 km RN 164 bis. ☎ 02 97 27 53 78 / 02 97 27 50 92 / 02 97 27 52 36 (H.S.). Fax : 02 97 27 52 36. Web : www.restaurant-merlin.fr.

ST CONGARD

5-E4 40 km N.-E. Vannes. 683 hab. ✉ 56140

CAMP MUNICIPAL DU HALAGE ★★ Tourisme 35 E. CV. Accès direct à la rivière. ; au canal : . Ouv : 15.6 / 15.9. ☎ 02 97 43 50 13. Fax : 02 97 43 54 75. E-mail : mairie-st-congard@wanadoo.fr. Prix 2007. Empl. Tourisme : 2,30 € ; 2,30 € ; - de 7 ans 0,85 € ; 2,30 €.

ST GILDAS DE RHUYS

5-D4 28 km S.-O. Vannes. 30 m. 1064 hab. ✉ 56730

LE MENHIR ★★★★ Tourisme 180 E., dont 30 GCC, 3 ha. snack, la nuit, CV. Locations : 45 . chauffée . Bord de mer à 900 m. ; à 1 km : , , . Ouv : 26.5 / 12.9. Route de Port-Crouesty. Dir. Port Navalo Crouesty. ☎ 02 97 45 22 88 / 02 97 41 70 21 (H.S.). Fax : 02 97 41 32 12. Web : www.camping-bretagnesud.com. Prix 2007. Empl. Tourisme : 16,50 € ; 6,50 € ; - de 7 ans 4 € ; 4 à 5 € (6 à 10 A) ; Animaux 3 €. Réduction H.S.

CAMP MUNICIPAL DE KERVER ★★ 150 E. Locations : . Accès direct à la mer. ; ; ; . 28 km de Vannes. Presqu'île de Rhuys-Golfe du Morbihan. ☎ 02 97 45 21 21 / 02 97 45 23 15 (H.S.) / 02 97 41 87 17 (H.S.). Fax : 02 97 45 39 16.

LES GOHVELINS ★★ 87 E. 1,5 ha. 1, CV. Locations : 11 , 11 . chauffée . Bord de mer à 200 m. ; ; à 200 m : . Ouv : Pâques / 20.9. 89, rue de Guernevé. ☎ 02 97 45 21 67 / 06 81 26 33 28 (H.S.). Fax : 02 97 45 21 67. E-mail : camping.govelin@cegetel.net, Web : www.gohvelin.fr. Prix 2008. Empl. Tourisme : 6,10 € ; 4,30 € ; - de 7 ans 2,80 € ; 3,20 €.

LE GRAND GUITTON ★ Tourisme 70 E.

PARC RESIDENTIEL DE LOISIRS AR BLA-DENNIG P.R.L. 44 E. CV. Locations : 4 , 8 . chauffée . Bord de mer à 900 m. Rivière à 2 km. à 1 km : , . Route de Bot Pénal - Chemin des Goahieu. ☎ 02 97 45 28 28. Fax : 02 97 45 36 37. Web : www.gites-de-trefles.fr.

Mme RIO Nathalie, aire naturelle L'Abri Côtier CV. 90, route de Sarzeau. ☎ 02 97 45 27 42 / 06 11 97 31 76. Fax : 02 97 45 27 42. E-mail : dominique.rio@libertysurf.fr, Web : www.labri-cotier.com.

ST JACUT LES PINS

5-E4 46 km E. Vannes. 1709 hab. ✉ 56220

CAMP MUNICIPAL LES ETANGS DE BODEAN ★★ 50 E. 1 ha. Accès direct à l'étang. . Le Gué Blandin, sur CD 137, 1 km CD 775. ☎ 02 99 91 28 65. Fax : 02 99 91 30 44.

ST MALO DE BEIGNON

2-A5 57 km N.-E. Vannes. 629 hab. ✉ 56380

D'ALETH ★★ Tourisme 50 E. dont 40 nus, 2 ha. CV Sanitaire chauffé. Locations : , , , , , , . Accès direct à la rivière. Etang à 50 m. ; ; ; . Accueil groupes. Ouv : 1.4 / 15.10. 3, rue de l'Ecole. RN 24 Rennes-Lorient sortie St-Malo de Beignon. ☎ 06 78 96 10 62 / 06 08 32 98 81 (H.S.). Fax : 02 99 80 96 99. E-mail : contact@camping-aleth.com, Web : www.camping-aleth.com. Prix 2007. Empl. Tourisme : 2 € ; 1,50 € ; 1,50 € ; 4 € ; 3 € ; 1 € ; 2,50 €. Réduction H.S.

FFCC : Stop accueil Camping-car du 01/04 au 30/09/2008 accès jusqu'à 22h

ST MARTIN SUR OUST

5-E4 44 km N.-E. Vannes. 1344 hab. Village de neige ✉ 56200

CAMP MUNICIPAL LA DIGUE ★★ Tourisme 78 E. 1 ha. CV. Accès direct à la rivière. . Accueil groupes. 50 m CD 777. ☎ 02 99 91 49 45 / 02 99 91 55 76 (Mairie) (H.S.). Fax : 02 99 91 42 94. E-mail : st-martin-oust@wanadoo.fr.

ST PHILIBERT

5-D4 40 km S.-E. Lorient. 15 m. 1020 hab. ✉ 56470

CAMP LES PALMIERS ★★★ Tourisme 92 E. 2,7 ha. CV. Locations : 40 , . chauffée . Bord de mer et rivière à 100 m. ; à 500 m : , , , . Accueil groupes. Ouv : 1.1 / 31.12. Kernivilit. RN 781. 500 m avant La Trinité-sur-Mer. ☎ 02 97 55 01 17. Fax : 02 97 30 03 91. E-mail : contact@campinglespalmiers.com, Web : www.campinglespalmiers.com. Prix 2008. Fft jour : Empl. Tourisme (2) : 21,70 € ((6 A)) ; Sup : 5 € - de 7 ans 3,80 € ; Animaux 1,30 €. Fft Ccar : 22,70 € (2 (6 A)). Réduction H.S.

FFCC : partenaire + réduction emp. de 5 % en saison et hors saison + carte FFCC assurance annulation + Stop accueil Camping-car toute l'année + réduction loc. de 5 % en saison et hors saison.

LE CHAT NOIR ★★★ Tourisme 98 E. 1,7 ha. CV. Locations : 28 , 9 , . chauffée . Bord de mer à 1,5 km. ; à 1,5 km : , ; à 1 km : , . D 781. Route de la Trinité sur Mer. ☎ 02 97 55 04 90. Fax : 02 97 55 04 90. E-mail : chatnoir@campinglechatnoir.com, Web : www.campinglechatnoir.com.

DOMAINE DE KERARNO ★★ Tourisme 206 E. juillet/août, CV. Locations : . chauffée . Bord de mer à 1 km. ; ; ; à 1 km : . Ouv : 3.4 / 31.10. Kerarno. Route des plages. CD 28. ☎ 02 97 55 08 90 / 0 825 562 562 (Réserv.) (H.S.). Fax : 02 97 30 06 72.

ST PIERRE QUIBERON

5-D4 50 km S.-E. Lorient. 2083 hab. ✉ 56510

PARK ER LANN ★★★ Tourisme 135 E. partiel, CV. Locations : 13 , . chauffée . Bord de mer à 500 m. à 400 m : ; à 600 m : , , . 4, rue de l'Ecole de voile. Salle de jeux. ☎ 02 97 50 24 93 / 06 77 13 72 87 / 06 86 05 22 51 (H.S.). Fax : 02 97 50 24 93. E-mail : info@campingparkerlann.com, Web : www.campingparkerlann.com.

CAMP MUNICIPAL DE KERHOSTIN ★★ 150 E. 2 ha. CV. Bord de mer à 100 m. ; ; à 100 m : . Sur RD 768. ☎ 02 97 30 95 25 (Camping) / 02 97 30 92 00 (Mairie) / 02 97 30 92 00 (H.S.).

CAMP MUNICIPAL DE PENTHIEVRE ★★ Tourisme 765 E. 15 ha. CV. . Accès direct à la mer. ; ; ; ; . Accueil groupes. Avenue Duquesne. 50 m RD 768. ☎ 02 97 52 33 86 / 02 97 30 92 00 (H.S.). Fax : 02 97 52 49 14.

CAMP MUNICIPAL DU PETIT ROHU ★★ 165 E. 1 ha. CV. Accès direct à la mer. ; ; ; . 500 m RD 768. ☎ 02 97 50 27 85 / 02 97 30 92 00 (H.S.).

L'OCEAN ★★ Tourisme 300 E. dont 246 nus, 5 ha. CV. Locations : 14 , 30 , 10 , . Bord de mer à 100 m. ; ; ; à 1 km : . Accueil groupes. Ouv : 1.4 / 5.11. 16, avenue de Groix - Kerhostin, 400 m RN 168. ☎ 02 97 30 91 29. Fax : 02 97 30 80 18. E-mail : info@relaisdelocean.com, Web : www.relaisdelocean.com. Prix 2008. Fft jour : Empl. Tourisme (2) : 16 € ( ) ; Sup : 4,50 € (7) - de 10 ans 2,50 € ; 4 € ; Animaux 3 €. Réduction H.S.

PORT BLANC ★★ Tourisme 150 E. 2 ha. . Bord de mer à 200 m. ; ; ; . ☎ 02 97 30 91 30.

CAMP G.C.U. Réservé aux adhérents. Adhésion possible sur place pour les sociétaires MAIF et FILIA MAIF.

LA BAIE ★ Tourisme 41 E. 1,4 ha. Bord de mer à 25 m. ; à 40 m : . Le Petit Rohu. ☎ 02 97 50 02 12.

ST VINCENT SUR OUST

5-E4 48 km N.-E. Vannes. 55 m. 1030 hab. ✉ 56350

LE PAINFAUT ★★ Tourisme 30 E., dont 7 GCC. , 500 m, 1 km, . Locations : , . Rivière à 1 km. à 500 m : 500 m, 500 m, . Accueil groupes. ☎ 06 88 64 69 87 (LORCY GUEN). E-mail : camping@camping-lepainfaut.fr, Web : www.camping-lepainfaut.fr.

STE ANNE D AURAY

5-D4 40 km S.-E. Lorient. 24 m. 1554 hab. ✉ 56400

CAMP MUNICIPAL ★★ 66 E. dont 115 nus, 1 ha. partiel, CV. Accueil groupes. Ouv : 1.6 / 30.9. Accès CD 17 et 17 bis, axe Vannes Lorient. ☎ 02 97 57 60 27 / 02 97 57 63 91 (H.S.). Fax : 02 97 57 72 33. Prix 2007. () : 2,10 € ; 1,50 € ; 3,20 € ; 2,10 € ; 2,50 € ; - de 7 ans 1,25 € ; 2,80 €.

STE BRIGITTE

5-D3 20 km N.-O. Pontivy. 220 m. 186 hab. ✉ 56480

CAMP MUNICIPAL ★ Tourisme 6 E. ☎ 02 97 27 61 69. Fax : 02 97 27 60 41.

SARZEAU

5-D4 22 km S.-O. Vannes. 21 m. 4443 hab. ✉ 56370

AN TREST ★★★ Tourisme 225 E. dont 205 nus 3,5 ha. , + sèche-linge, CV. Locations : 12 , 6 . chauffée . Bord de mer à 800 m. ; à 800 m : . Ouv : 1.5 / 14.9. Route de la Plage du Roaliguen. Ne pas rentrer dans Sarzeau prendre à gauche au rond-point sur la D 780. ☎ 02 97 41 79 60. Fax : 02 97 41 36 21. E-mail : an-trest@orange.fr, Web : www.an-trest.com. Prix 2008. Fft jour : Empl. Tourisme (2) : 22,10 € () ; Sup : 5,60 € - de 10 ans 2,20 € ; 3,90 € (10 A) ; Animaux 2,50 € (chien tenu en laisse). Réduction H.S.

FFCC : partenaire + réduction emp. de 10 % hors saison + réduction loc. de 5 % hors saison.

DOMAINE DE KERSIAL ★★★ Tourisme 74 E. 1,5 ha. CV. Locations : 20 . Bord de mer à 1,5 km. à 1,5 km : . Route de St-Jacques. ☎ 02 97 41 75 59. Fax : 02 97 41 75 59.

LA FERME DE LANN HOEDIC ★★★ Tourisme 128 E. (108 Tourisme + 20 Loisirs) 3,6 ha. CV. Locations : 10 , 6 , . Bord de mer à 800 m. à 800 m : . Ouv : 1.4 / 31.10. Route du Roaliguen. De Vannes D 780 dir. Port-Navalo, au 1er rond-point dir. le Roaliguen à gauche puis à gauche dir. Lann Hoëdic, le camping est à 800 m à gauche. ☎ 02 97 48 01 73. Fax : 02 97 41 72 87. E-mail : contact@camping-lannhoedic.fr, Web : www.camping-lannhoedic.fr. Prix 2008. Fft jour : Empl. Tourisme (2) : 19,30 € () ; Sup : 4,30 € - de 7 ans 2,10 € ; 2,90 € ; Animaux 1,70 €. Réduction H.S.

FFCC : partenaire + réduction emp. de 5 % en saison et 25 % hors saison + Stop accueil Camping-car du 01/04 au 15/07 et du 20/08 au 31/10/2008, accès jusqu'à 21h.

LE BOHAT ★★★ Tourisme 225 E., dont 3 GCC - 3 HLL, 7 ha. 3, CV. Locations : 15 , 26 . chauffée . Bord de mer à 5 km. ; à 3 km : ; à 5 km : . Ouv : 25.4 / 26.9. 300 m sud RD 780. A 2 km de Sarzeau en dir. d'Arzon. ☎ 02 97 41 78 68. Fax : 02 97 41 70 97. E-mail : lebohat@campinglebohat.com, Web : www.campinglebohat.com / domainelebohat.com. Prix 2008. Fft jour : Empl. Tourisme (2) : 25 € () ; Sup : 4,60 € 3,10 € ; 3,50 €. Réduction H.S.

LE MANOIR DE KER AN POUL ★★★ Tourisme 350 E. 6 ha. collectif, CV. Locations : 50 . chauffée . Bord de mer à 600 m. ; ; ; . En venant de Vannes ou de Nantes environ 5 km avant Sarzeau prendre à gauche dir. Penvins. ☎ 02 97 67 33 30. Fax : 02 97 67 44 83. E-mail : manoirdekeranpoul@wanadoo.fr, Web : www.manoirdekeranpoul.com.

LES GENETS ★★★ Loisirs 143 E. dont 30 nus, dont 113 GCC, 2,5 ha. CV. Locations : 68 . chauffée . Bord de mer à 800 m. à 800 m : . Ouv : 1.4 / 31.10. 30 rue Sens. Suivre St Jacques, ne pas rentrer dans Sarzeau. ☎ 02 97 41 87 22. Fax : 02 97 41 87 22. Web : www.camping-les-genets.com. Prix 2007. Empl. Tourisme : 9 € () ; 4,80 € ; - de 7 ans 2,15 € ; 3,30 € (10 A) ; Animaux 1,70 €. Fft Ccar : 10 € (2). Réduction H.S.

FFCC : Stop accueil Camping-car du 01/04 au 31/10/2008 sauf en juillet et août.

LES MOUETTES ★★★ Tourisme 79 E. dont 20 nus, , dont 50 GCC, 2 ha. CV. Locations : , 30 , 2 , 12 , . chauffée . Bord de mer à 600 m. ; ; ; ; . Accueil groupes. Route du Rial Vraz. ☎ 02 97 41 90 50 / 06 25 37 50 28. Fax : 02 97 41 90 50. E-mail : contact-lesmouettes@wanadoo.fr, Web : www.lesmouettes-camping.com. Réduction H.S.

LA GREE PENVINS ★★ Tourisme 125 E. 2 ha. CV. Locations : 9 . Bord de mer à 20 m. ; ; ; ; . Accueil groupes. Ouv : 1.4 / 30.9. A la Grée Penvins, à 1,5 km RD 199 et 198. ☎ 02 97 67 33 96. Fax : 02 97 67 40 70. E-mail : info@campinglagreepenvins.com, Web : www.campinglagreepenvins.com. Prix 2008. Empl. Tourisme : 5,50 € () : 3,30 € ; - de 7 ans 1,65 € ; 2,45 € (6 A) ; Animaux 1 €.

LA PLAGE ★★ Tourisme 70 E. 1 ha. CV Rés. naturiste. Locations : 2 , , 4 , 2 . . Accès direct à la mer. ; ; à 10 m : . A Landrezac. 10, rue Mor Braz. ☎ 02 97 41 73 56. Fax : 02 97 41 73 56. E-mail : breten@wanadoo.fr.

LE SAINT JACQUES ★★ Tourisme 500 E. 7 ha. CV. Locations : 4 , 15 , 6 , . . Accès direct à la mer. ; ; ; ; . 4 km RD 98. ☎ 02 97 41 79 29. Fax : 02 97 48 04 45. E-mail : info@camping-stjacques.com, Web : www.camping-stjacques.com.

G.C.U. LES SOURCES Réservé aux adhérents. Adhésion possible sur place pour les sociétaires MAIF et FILIA MAIF. Le Roaligen.

LE TREHIAT I Non classé 26 E.

TREHIAT II ET III Non classé 44 E.

SENE

5-D4 4 km S. Vannes. 15 m. 4627 hab. ✉ 56860

LE MOULIN DE CANTIZAC ★★★ Tourisme 100 E. (88 Tourisme + 12 Loisirs) 2,8 ha. CV. Locations : . Accès direct à la rivière. Bord de mer à 100 m. à 100 m : ; à 2 km : . Accueil groupes. Ouv : 1.5 / 15.10. Cantizac. ☎ 02 97 66 90 26. Prix 2007. Empl. Tourisme : 5 € () : 4,50 € ; - de 7 ans 2,50 € ; 3 € (6 A) ; Animaux 1,20 €.

SERENT

5-E4 29 km N.-E. Vannes. 172 m. 2565 hab. ✉ 56460

CAMP MUNICIPAL DU PONT SALMON ★★ 65 E. 2 ha. CV. chauffée . Lac à 500 m. Rue Général de Gaulle. ☎ 02 97 75 91 98. Fax : 02 97 75 98 35. E-mail : mairie.serent@fr.oleane.com.

SURZUR

5-D4 16 km S.-E. Vannes. 1658 hab. ✉ 56450

CAMP MUNICIPAL DE LANN FLOREN ★★ Tourisme 85 E. 1,7 ha. CV. . Rivière à 5 km. à 10 km : , . Accueil groupes sur réservation. sur réservation. Ouv : 28.6 / 31.8. RD 183, RD 195 route de Noyolo. Rue de Floren. Rue des Sports. ☎ 02 97 42 10 74 / 02 97 42 12 52 (Mairie) (H.S.). Fax : 02 97 42 03 54. E-mail : mairie-surzur@wanadoo.fr, Web : www.surzur.fr. Prix 2008. Empl. Tourisme : 4 € ; 3,40 € ; - de 7 ans 1,50 € ; 3 €.

FFCC : partenaire + réduction emp. de 5 % en saison.

LE MANOIR ★★ Tourisme 15 E. 1 ha. CV. Locations : 3 , 5 , 4 , chambres. Accès direct à l'étang. . Ouv : 1.1 / 31.12. A la sortie de Surzur, route de Sarzeau, rue de la Fontaine. ☎ 02 97 42 19 88 / 02 97 42 19 88 (H.S.). E-mail : camp.manoir@libertysurf.fr, Web : www.camping-manoir-surzur.com/. Prix 2007. () : 2,40 € ; 1,80 € ; 2,40 € ; 2,40 € ; 2,90 € ; 1,50 € ; Animaux 1,20 €.

FFCC : partenaire - terrain assuré par la FFCC.

TY COET ★★ Tourisme 108 E. dont 60 nus, , dont 48 GCC, 3 ha., collectifs, CV. Locations : 3, 4, 3 . à 10 km : . Accueil groupes. Ouv : 1.3 / 30.11. 38, rue du Bois. Sur RN 165 sortie n° 22 Surzur. A 15 km de Vannes dir. Nantes. ☎ 02 97 42 09 05 / 06 61 76 12 87 (H.S.). Fax : 02 97 42 09 07. E-mail : contact@camping-tycoet.com, Web : www.camping-tycoet.com. Prix 2007. Fft jour : Empl. Tourisme (2) : 12,50 € () ; Sup : 3,75 € - de 7 ans 1,50 € ; 2,60 € (10 A) ; Animaux 1 €.

FFCC : partenaire + réduction emp. de 10 % en saison et hors saison + réduction loc. de 5 % en saison et hors saison.

TAUPONT

5-E3 40 km N.-E. Vannes. 60 m. 1648 hab. ✉ 56800

LA VALLEE DU NINIAN ★★★ Tourisme 100 E. 2,7 ha. CV. Camping clef verte. Locations : 1, 4. chauffée. Accès direct à la rivière. Etang et lac à 4 km. ; à 4 km : . Le Rocher. Route du Lac et Bourg de Taupont et 1ère route à gauche. ☎ 02 97 93 53 01 / 06 25 08 25 48. Fax : 02 97 93 57 27. E-mail : infos@camping-ninian.com, Web : www.camping-ninian.com. Réduction H.S.

LE LAC ★★ Tourisme 155 E., dont 15 CC - 15 GCC. , baignoire, CV. Locations : 10, . Accès direct aux bords du lac. surveillée : ; ; à 100 m : . Ouv : 1.4 / 15.10. Lieu-dit Les Belles Rives. Taupont. Suivre le Lac au Duc. Centre nautique. ☎ 02 97 74 01 22. E-mail : contact@le-camping-du-lac.com, Web : www.camping-du-lac-ploemel.com. Prix 2007. Empl. Tourisme : 3,20 € ; 3,10 € ; - de 7 ans 1,80 € ; 2,10 € ; Animaux 0,60 €. Réduction H.S.

THEHILLAC

5-E4 57 km S.-E. Vannes. 15 m. 533 hab. Station verte de vacances et village de neige ✉ 56130

CAMP MUNICIPAL ★★ Tourisme 15 E. . Accès direct à la rivière. ☎ 02 99 90 23 79 (Mairie). Fax : 02 99 90 29 10.

M. & Mme AUGE, aire naturelle La Ferme de Forsdoff Le Forsdoff ☎ 02 40 24 49 38.

THEIX

5-D4 9 km S.-E. Vannes. 3523 hab. ✉ 56450

LE RHUYS ★★★ Tourisme 60 E. dont 30 nus (50 Tourisme + 10 Loisirs), dont 12 GCC, 2 ha. CV. Locations : 4, 8. chauffée. Rivière à 300 m. Etang à 3 km.Bord de mer à 5 km. ; à 3 km : ; à 6 km : . Accueil groupes. Ouv : 6.4 / 15.10. Le Poteau Rouge. RN 165 et D 700. D 779b. Entre Theix et Vannes après l'hôtel Marmotte. ☎ 02 97 54 14 77. Fax : 02 97 54 14 77. E-mail : campingderhuys@wanadoo.fr. Prix 2007. Empl. Tourisme : 9,30 € ; 5,30 € ; - de 7 ans 2,65 € ; 3 €. Fft Ccar : 10 € (2).

FFCC : Stop accueil Camping-car du 01/04 au 15/10/2008, accès jusqu'à 22h.

LA PEUPLERAIE ★★ 100 E. 3 ha. CV. Locations : 4, 2, 6, . Etang à 3 km. à 4 km : . Le Marais, 2 km RN 165 dir. Treffléan. ☎ 02 97 43 09 46. Fax : 02 97 43 09 46. E-mail : didier.hale@9business.fr, Web : www.camping-lapeupleraie.com.

LE TOUR DU PARC

5-D4 24 km S.-E. Vannes. 571 hab. ✉ 56370

LE CADRAN SOLAIRE ★★★ 115 E. 3 ha. CV. Locations : 9. Etang à 10 m. Bord de mer à 300 m. ; ; ; . Ouv : 1.4 / 30.9. A Kerjambert. ☎ 02 97 67 30 40 / 02 97 67 30 38 (H.S.). Fax : 02 97 67 40 28. E-mail : cadransolaire56@yahoo.fr, Web : www.campingcadransolaire.com. Prix 2008. Empl. Tourisme : 8,20 € ; 4,20 € ; - de 7 ans 2,10 € ; 2,90 € ; Animaux 1 €. Réduction H.S.

CAMP MUNICIPAL ★★ Tourisme 150 E. . Accès direct à la mer. ; ; ; . A Rouvran. ☎ 02 97 67 30 88.

TREDION

5-E4 23 km N.-E. Vannes. 91 m. 860 hab. ✉ 56250

CAMP MUNICIPAL DE L'ETANG AUX BICHES ★★ 34 E. 0,54 ha. . Accès direct à l'étang. Rivière à 1 km. . D 1 d'Elven et Plumelec. D 133 de Sérent ou Plaudren. D 112 de St Guyomard. ☎ 02 97 67 14 06 / 02 97 67 11 33. Fax : 02 97 67 13 41.

LA TRINITE PORHOET

5-E3 60 km N.-E. Vannes. 91 m. 1088 hab. ✉ 56710

CAMP MUNICIPAL ST YVES ★★ Tourisme 60 E. 0,6 ha. . Accès direct à l'étang et à la rivière. ; . Accueil groupes. Ouv : 15.6 / 15.9. ☎ 02 97 93 92 00 (Mairie). Fax : 02 97 93 98 34. E-mail : mairie.trinite.porh@wanadoo.fr. Prix 2007. Empl. Tourisme : 1,45 € ; 0,75 € ; 0,75 € ; 0,75 € ; 1,10 € ; - de 12 ans 0,54 € ; 2,72 €.

LA TRINITE SUR MER

5-D4 32 km S.-E. Lorient. 50 m. 1478 hab. ✉ 56470

KERVILOR ★★★★ Tourisme 230 E., dont 36 GCC, 3,5 ha. CV. Locations : 68. chauffée. Bord de mer à 2,5 km. à 1,5 km : ; à 2 km : . Le Mans/Rennes/Vannes/Auroy. ☎ 02 97 55 76 75. Fax : 02 97 55 87 26. E-mail : ebideau@camping-kervilor.com, Web : www.camping-kervilor.com.

LA BAIE ★★★★ Tourisme 170 E. dont 90 nus 2,4 ha. , et crêperie, , collectif, CV. Locations : 23, , . chauffée. Bord de mer à 50 m. ; ; ; ; . Ouv : 17.5 / 14.9. Plage de Kervilen. Club plage enfants. ☎ 02 97 55 73 42. Fax : 02 97 55 88 81. E-mail : contact@campingdelabaie.fr, Web : www.campingdelabaie.fr. Prix 2008. Empl. Tourisme : 22,60 € () ; 7,80 € ; 3,40 à 4,50 € (6 à 10 A) ; Animaux 1,30 €. Réduction H.S.

LA PLAGE ★★★★ Tourisme 200 E. dont 113 nus, , dont 35 CC - 165 GCC, 3 ha. CV Sanitaire chauffé. Locations : 20, 5, 20. chauffée. Accès direct à la mer. ; ; ; ; .Accueil adultes. A Kervilen. Club plage. ☎ 02 97 55 73 28. Fax : 02 76 01 33 05. E-mail : camping@camping-plage.com, Web : www.camping-plage.com. Prix 2008. Fft jour : Empl. Tourisme (2) : 34,40 € () ; Sup : 5,10 € 4,10 € ; 3,40 à 4,10 € (6 A à 10 A) ; Animaux 1,30 €. Réduction H.S.

FFCC : Stop accueil Camping-car du 30/04 au 12/07 et du 25/08 au 14/09/2008, accès jusqu'à 22h.

KERMARQUER ★★★ Tourisme 90 E. 3 ha. . Bord de mer à 1 km. à 1 km : . 1 km RN 781. ☎ 02 97 55 74 47 (H.S.).

PARK PLIJADUR ★★★ Tourisme 198 E. 3,5 ha. CV. Locations : 18, . chauffée. Accès direct à l'étang. Bord de mer à 1 km. ; à 1 km : . Accueil groupes. Ouv : 1.4 / 30.9. 94, route de Carnac. D 781. Accès WIFI-Internet ☎ 02 97 55 72 05. Fax : 02 72 68 95 06. E-mail : parkplijadur@hotmail.com, Web : www.parkplijadur.fr. Prix 2008. Fft jour : Empl. Tourisme (2) : 25,75 € () ; Sup : 5,05 € - de 2/6 ans 2,75 € ; 2,75 à 4,15 € (6 à 10 A) ; Animaux 3,65 €. Réduction H.S.

VANNES

469 km S.-O. Paris. 25 m. 45397 hab. ✉ 56000

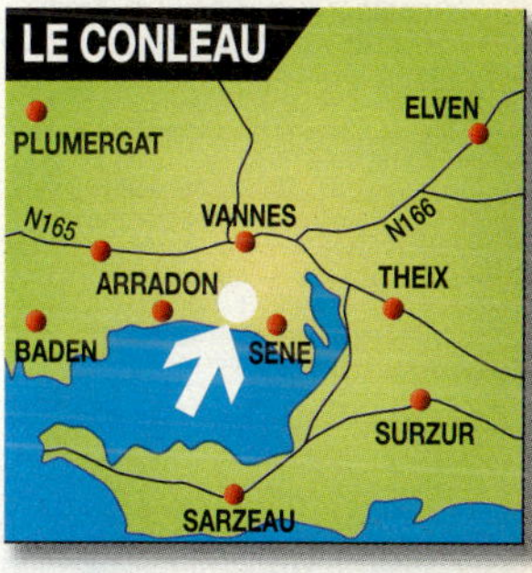

CAMP MUNICIPAL DE CONLEAU ★★★ Tourisme 275 E., dont 145 GCC, 5 ha. CV. Locations : 10, 10. Bord de mer à 300 m. ; à 300 m : ; à 4 km : . Accueil groupes. Ouv : 1.4 / 30.9. 188, avenue du Maréchal Juin, à 2,3 km du centre. RN 165 dir. Conleau, Parc du Golfe. Parc du Golfe. ☎ 02 97 63 13 88. Fax : 02 97 40 38 82. E-mail : camping@mairie-vannes.fr, Web : www.mairie-vannes.fr. Prix 2007. () : 8,90 € ; 10 € ; 6,10 € ; 4,20 € ; - de 15 ans 2,80 € ; 3,50 € (6 A) ; Animaux 1,50 €. Réduction H.S.

FFCC : Stop accueil Camping-car du 01/03 au 30/10/2008, accès jusqu'à 20h.

Carte 4

Délégué FFCC : Bernard HENRY, 13, rue Pavillon Champ - 57070 METZ

ABRESCHVILLER

4-E4 16 km S.-E. Sarrebourg. 310 m. 1385 hab. Station verte de vacances et village de neige ✉ 57560

CAMP MUNICIPAL ★★ Tourisme 30 E. 0,66 ha. Rivière à 10 m. Etang à 50 m. ☎ 03 87 03 70 32.

BAERENTHAL

4-E3 55 km S.-E. Sarreguemines. 210 m. 694 hab. Station verte de vacances et village de neige ✉ 57230

CAMP MUNICIPAL RAMSTEIN PLAGE ★★★ Loisirs 335 E. (112 Tourisme + 223 Loisirs) 6 ha. CV Sanitaire chauffé Camping tourisme et handicap. Locations : 12 chauffée. Accès direct à l'étang et à la rivière. Accueil groupes. Rue de Ramstein. Par Haguenau : Niederbronn-les-Bains/Philippsbourg. Par Sarreguemines/Bitche/Philippsbourg. ☎ 03 87 06 05 73 / 03 87 06 50 26. Fax : 03 87 06 50 26. E-mail : camping.ramstein@wanadoo.fr, Web : www.chalets-decouverte.com.

LA PINEDE ★★ Loisirs 60 E. 1 ha. Rivière à 500 m. Lac à 2 km. Buchthal. Réservé aux campeurs d'Alsace. ☎ 03 87 06 55 04 / 03 88 93 45 86.

BURTONCOURT

4-C2 24 km N.-E. Metz. 300 m. 131 hab. ✉ 57220

LA CROIX DU BOIS SACKER ★★ Tourisme 157 E. 4 ha. CV Camping tourisme et handicap. Locations : Accès direct à l'étang. Accueil groupes. Ouv : 1.4 / 31.10. A 4 (Paris/Metz) sortie 37 Argancy suivre Malroy puis Cheuilles et Vany ensuite dir. D 3 Bouzonville et D 53 A Burtoncourt sur la droite. ☎ 03 87 35 74 08. Fax : 03 87 35 74 08. E-mail : camping.croixsacker@wanadoo.fr, Web : www.campingcroixsacker.com. Prix 2007. Fft jour : Empl. Tourisme (2) : 15 € ((6 A)) ; Sup : 4 € 1 € ; Animaux 1,50 €. FFCC : partenaire + réduction emp. de 10 % en saison et hors saison.

CARLING

4-D2 20 km E. Forbach 240 m. 3709 hab. ✉ 57490

CARAVANING DES TRAVAILLEURS ★ Loisirs 22 E. ☎ 03 87 93 68 80.

CHATEAU SALINS

4-D3 45 km S.-E. Metz. 220 m. 2750 hab. ✉ 57170

CAMP MUNICIPAL DES SALINES ★ Tourisme 20 E. Dir. Sarrebourg par la rue des Tilleuls face au lycée agricole. ☎ 03 87 05 10 52.

CORNY SUR MOSELLE

4-C3 14 km S.-O. Metz-Campagne. 180 m. 1250 hab. ✉ 57680

LE PAQUIS ★★ Tourisme 107 E. (77 Tourisme + 30 Loisirs) 2 ha. CV Sanitaire chauffé. Etang à 10 m. Rivière à 5 m. Accueil groupes. O ☎ 03 87 52 03 59 / () / 03 87 60 68 67 (Domicile) (H.S.). Fax : 03 87 60 71 96. Web : www.camping-lepaquis.com.

DABO

4-E4 22 km S.-E. Sarrebourg. 960 m. 2946 hab. ✉ 57850

CAMP DU ROCHER ★★ Tourisme 41 E. dont 41 nous (25 Tourisme + 16 Loisirs) 0,5 ha. CV Sanitaire chauffé. Locations : 1 à 10 km : Accueil groupes. Ouv : Pâques / Toussaint. CD 45, carrefour du Rocher entre Dabo et la Hoube. ☎ 03 87 07 47 51. Fax : 03 87 07 47 73. E-mail : info@ot-dabo.fr, Web : www.ot-dabo.fr. Prix 2008. 3,60 € ; 1,30 € ; 3,60 € ; 1,60 € ; 2,80 € ; - de 7 ans 1,90 € ; 2,10 à 3,50 € (6 à 10 A) ; 1,60 €.

FRANCALTROFF

30 km N.-E. Château-Salins. 270 m. 615 hab. ✉ 57670

ETANG DE TENSCH P.R.L. Loisirs 595 E., dont 545 GCC - 12 HLL, 4 ha. CV. Locations : 12 , 4 , Accès direct à l'étang. Accés par Francaltroff. ☎ 03 87 01 79 04 / 03 87 91 46 22 (H.S.). Fax : 03 87 01 79 04.

GONDREXANGE

4-D4 13 km S.-O. Sarrebourg. 270 m. 469 hab. ✉ 57142

LES MOUETTES ★★ Loisirs 220 E. (94 Tourisme + 126 Loisirs) 3 ha. Locations : Accès direct à l'étang. 2 km de RN 4 et RN 55, à 200 m de RD 89. ☎ 03 87 25 06 01 / 03 87 25 01 13 (H.B.). Fax : 03 87 25 01 13.

GUEBENHOUSE

4-D3 13 km S.-O. Sarreguemines. 250 m. 410 hab. ✉ 57510

L'ETANG ★ Loisirs 50 E. (19 Tourisme + 31 Loisirs) . Etang d'Oberwiesse. ☎ 03 87 09 50 82. Fax : 03 87 09 44 49.

HAMBACH

4-D3 8 km S. Sarreguemines. 2135 hab. ✉ 57910

SAINT HUBERT ★ 415 E. 5 ha. Accès direct à l'étang. ☎ 03 87 98 21 63.

HASPELSCHIEDT

4-E3 40 km E. Sarreguemines. 275 m. 306 hab. ✉ 57230

BELLE VUE ★ 32 E. 0,5 ha. Locations : Accès direct à l'étang et aux bords du lac. 14, rue des prés. Location longue durée. ☎ 03 87 96 56 26 / 06 80 12 09 94. Fax : 03 87 96 56 26. E-mail : lydie.folb@wanadoo.fr.

CAMP MUNICIPAL DE L'ETANG ★ 284 E. 5,24 ha. Accès direct à l'étang. 500 m RD 86. ☎ 03 87 96 53 91.

M. BIACHE Etienne,camping de Reytelle ☎ 03 87 96 56 62.

M. et Mme HUBERT Eugène 9, rue Etang. ☎ 03 87 96 53 97.

HENRIDORFF

4-E3 18 km S.-E. Sarrebourg. 365 m. 537 hab. ✉ 57820

LE PLAN INCLINE ★★ Tourisme 90 E. (60 Tourisme + 30 Loisirs) 2 ha. CV. Locations : Accès direct à la rivière. Accueil groupes. Ouv : 1.4 / 20.10. Sur RD 98, Phalsbourg, Lutzelbourg, Dabo. ☎ 03 87 25 30 13 / 06 71 21 86 91 (H.S.). Fax : 03 87 25 30 13. E-mail : campingplanincline@wanadoo.fr, Web : www.campingplanincline.com. Prix 2007. Empl. Tourisme : 4 € () : 4,50 € ; - de 14 ans 3 € ; 2,50 € ; Animaux 1 €.

HOLVING

4-D3 22 km S.-E. Forbach. 235 m. 972 hab. ✉ 57510

AU BON REPOS ★ Loisirs 32 E. 1 ha. Accès direct à l'étang et aux bords du lac et à la rivière. à 500 m : ☎ 03 87 97 92 20 (H.S.).

CAMP ASSOCIATION CULTURELLE ET DES LOISIRS DE FARABERSVILLER ★ 35 E. 1,2 ha. Locations : Accès direct à l'étang. Les Lilas. ☎ 03 87 89 20 32.

CAMP DE M. DOURSON ★ Loisirs 26 E. 0,3 ha. Accès direct à l'étang et aux bords du lac. à 20 m : 12,rue Principale. ☎ 03 87 09 52 46.

CAMP DE MME HONNET ★ Loisirs 16 E.

CAMP MUNICIPAL LE REFUGE DES PECHEURS ★ Loisirs 350 E. dont 30 nus (30 Tourisme + 320 Loisirs) 5 ha. Accès direct à l'étang. Accueil groupes. Ouv : 1.4 / 30.9. CD 156 E à 200 m, et RN 56 à 1 km. ☎ 03 87 09 51 46 (Mairie) / 03 87 02 62 16 (H.S.). Fax : 03 87 02 62 14. Prix 2007. Empl. Tourisme : 2,50 € ; 2 € ; 2 € ; - de 7 ans 1 € ; 5 € ; 1 € ; Animaux 1 €.

FFCC : partenaire - terrain assuré par la FFCC.

HOHGRIN ★ 17 E. ☎ 03 87 09 41 22.

DOURSON Non classé 13 E. 19, Rue Principale. ☎ 03 87 02 61 55.

LANGATTE

4-D3 7 km O. Sarrebourg. 379 hab. ✉ 57400

ASSOCIATION TOURISME ET LOISIRS LA TOUR DU STOCK ★★ Loisirs 112 E. (24 Tourisme + 88 Loisirs) 2,5 ha. CV. Locations : 12, 2 courts. Accès direct à l'étang. ☎ 04 73 19 11 11 (Réserv.) / 03 87 03 69 90 (Mairie). Fax : 03 87 03 41 02. E-mail : chalets@chalets-decouverte.com, Web : www.chalets-decouverte.com.

MALLING

4-C2 15 km N.-E. Thionville. 471 hab. ✉ 57480

CAMP MUNICIPAL ★★ Loisirs 200 E. (25 Tourisme + 175 Loisirs) 6 ha. Accès direct à l'étang et à la rivière. Accueil groupes. Accès par N 153. ☎ 03 82 50 12 97 / 06 81 92 58 09. Réduction H.S.

METZ

312 km E.-N.-E. Paris. 180 m. 118502 hab. ✉ 57000

CAMP MUNICIPAL METZ PLAGE ★★★★ Tourisme 150 E., dont 72 CC, 1,5 ha. snack, collectif, CV Sanitaire chauffé. Accès direct à la rivière. Accueil groupes. encadrés et autorisation parentale. Allée de Metz Plage. Sortie autoroute Metz-Nord / Pontiffroy sortie 33. ☎ 03 87 68 26 48 / 03 87 68 26 41 (H.S.). Fax : 03 87 32 61 26. E-mail : campingmetz@mairie-metz.fr, Web : www.tourisme.mairie-metz.fr. Réduction H.S.

MITTERSHEIM

4-D3 30 km N.-O. Sarrebourg. 240 m. 632 hab. ✉ 57930

LE LAC VERT ★★ Loisirs 621 E. (133 Tourisme + 488 Loisirs), dont 35 CC - 307 GCC, 3 ha. Locations : . Accès direct à l'étang. 31, grande Rue. 500 m RD 38. ☎ 03 87 07 67 13. Fax : 03 87 07 51 22.

AU SOLEIL Non classé 107 E. 20, Rue de Bethelming. ☎ 03 87 07 67 21.

MORHANGE

4-D3 45 km S.-O. Forbach. 255 m. 5652 hab. ✉ 57340

CAMP MUNICIPAL LA MUTCHE ★★★ Tourisme 120 E. CV Sanitaire chauffé. Locations : 20, Mini-chalets. Etang à 50 m. ; à 300 m : ; à 400 m : . Accueil groupes encadrés. Ouv : 1.4 / 31.10. Rés. obligatoire en été. CD 999 à 45 km au Sud de Metz. RN 74 à 45 km à l'Est de Nancy, direction Sarreguemines-Sarrebrück. ☎ 03 87 86 21 58. Fax : 03 87 86 24 88. E-mail : mutche@orange.fr, Web : www.mutche.fr. Prix 2007. Fft jour : Empl. Tourisme (2) : 11,50 € ( ) ; Sup : 3 € - de 10 ans 1,80 € ; 2,80 à 0,70 €.

CAMP MUNICIPAL CLAIRE FORET ★ 27 E. 2,2 ha. ☎ 03 87 86 22 11.

MOUTERHOUSE

4-E3 38 km S.-E. Sarreguemines. 318 hab. ✉ 57620

CAMP MUNICIPAL ★★ 33 E. Accès direct à l'étang. ☎ 03 87 06 44 72.

NEUFGRANGE

4-D3 5 km S. Sarreguemines. 250 m. 1191 hab. ✉ 57910

CAMP SAINT VIT ★★ Loisirs 248 E. (50 Tourisme + 198 Loisirs), dont 248 GCC, 3,2 ha. saison, CV. Locations : 4, 8. Accès direct à l'étang. Accueil groupes. 14, rue de Roth. Situé sur la D 119 A. 3 km sortie autoroute Sarreguemines. ☎ 03 87 98 13 83. Fax : 03 87 98 63 79.

PHILIPPSBOURG

4-E3 40 km S.-E. Sarreguemines. 350 m. 468 hab. ✉ 57230

CAMP MUNICIPAL HANAU PLAGE ★★ 500 E. dont 440 nus, 7 ha. Locations : . Accès direct à l'étang. Accueil groupes. 2 km RN 62. ☎ 03 87 06 51 55. Fax : 03 87 06 51 48. E-mail : office-tourisme@ot-philippsbourg.fr.

PUTTELANGE AUX LACS

4-D3 18 km S.-E. Forbach. 240 m. 3016 hab. ✉ 57510

AU BOIS VERT ★ Loisirs 31 E.

BEAU RIVAGE ★ Loisirs 13 E. 0,3 ha. Accès direct à l'étang. ; surf : ; à 100 m : . Lac de Dieffenbach. Location longue durée. ☎ 04 50 02 12 40 / 06 99 43 40 97.

CAMP MUNICIPAL ★ Loisirs 150 E. (50 Tourisme + 100 Loisirs) . Accès direct aux bords du lac. Etang de Diefenbach. ☎ 03 87 09 48 92.

L'ALBATROS ★ Loisirs 9 E. Etang de Diefenbach. ☎ 03 87 87 83 74.

LE MONTANA ★ Loisirs 24 E. Etang de Diefenbach.

L'ECUREUIL ★ Loisirs 12 E. Krumpfeld. ☎ 03 87 85 30 04.

LES OISEAUX ★ Loisirs 21 E. ☎ 03 87 09 67 57.

LES QUATRE SAISONS ★ Loisirs 38 E.

LES ROSES ★ Loisirs 43 E., dont 29 GCC. ☎ 03 87 09 67 57.

MON REPOS ★ Loisirs 10 E., dont 2 GCC.

REMERING LES PUTTELANGE

4-D3 25 km S.-E. Forbach. 200 m. 821 hab. ✉ 57510

CAMP MUNICIPAL DE L'ETANG DES MARAIS ★★★ Loisirs 565 E. (31 Tourisme + 534 Loisirs) 7 ha. Locations : 12. Accès direct à l'étang. ; en étang : . Ouv : 31.5 / 16.9. 500 m de RD 156 bis, 2 km RN 56. ☎ 03 87 09 62 35. Fax : 03 87 02 44 34. Prix 2007. Empl. Tourisme : 5 € ; 4 € ; - de 12 ans 2 € ; 4 € (6 A) ; Animaux 2 €.

RETTEL

4-C2 18 km N.-E. Thionville. 150 m. 607 hab. ✉ 57480

CENTRE DE LOISIRS DU COMITE D'ENTREPRISE UNIMETAL ★★ Loisirs 84 E. (10 Tourisme + 74 Loisirs) 2 ha. Accès direct à l'étang et à la rivière. Sortir du village vers la zone commerciale, longer la voie ferrée sur 400 m. Réservé en priorité au personnel de l'entreprise. ☎ 06 84 12 09 49.

RHODES

4-D3 16 km O. Sarrebourg. 200 m. 55 hab. ✉ 57810

CAMP MUNICIPAL ★ Loisirs 50 E. dont 30 nus (6 Tourisme + 44 Loisirs) 2,1 ha. Accès direct à l'étang. Accueil groupes. 4 km RD 955. Exposition artisanale. Produits locaux. Randonnées pédestres, sentiers balisés. Barbecue. Buvette. ☎ 03 87 03 94 00. Fax : 03 87 03 98 17. E-mail : mairie.rhodes@wanadoo.fr, Web : www.rhodeslorraine.com. Prix 2007. Fft jour : Empl. Tourisme : 6,50 € / ( )

PARC RESIDENTIEL DE LOISIRS VAL DE RHODES P.R.L. 218 E. 6 ha. Camping clef verte. Locations : 8. Accès direct aux bords du lac. Ouv : mars / octobre. Ski nautique. ☎ 03 87 25 71 66. Fax : 03 87 25 71 67. E-mail : rhodes.stock@wanadoo.fr.

ST AVOLD

18 km S.-O. Forbach. 17023 hab. ✉ 57500

LE FELSBERG ★★★ Tourisme 33 E. dont 30 nus, dont 14 CC, 0,60 ha. saison, CV Sanitaire chauffé. Locations : 3, 6, Chambres. Ouv : 1.1 / 31.12. Rés. obligatoire en été. N 3, A 4. ☎ 03 87 92 75 05. Fax : 03 87 92 20 69. E-mail : cis.stavold@wanadoo.fr & cis.stavold@free.fr, Web : camping-moselle.com / monsite.orange.fr/camping-felsberg. Prix 2008. Empl. Tourisme : 6 € ; 4 € ; - de 12 ans 2 € ; 3 à 5 € (6 à 10 A) ; Animaux 1 €.

FFCC : partenaire + réduction emp. de 10 % en saison et hors saison.

ST QUIRIN

4-E4 15 km S. Sarrebourg. 316 m. 956 hab. Village de neige ✉ 57560

CAMP MUNICIPAL ★★ Tourisme 33 E. 1 ha. Accès direct à l'étang. ☎ 03 87 08 60 34 (Mairie).

SIERCK LES BAINS

4-C2 18 km N.-E. Thionville. 205 m. 1665 hab. ✉ 57480

CAMP MUNICIPAL ★★ 50 E. 1 ha. Accès direct à la rivière. Ouv : 30.3 / 30.9. Allée des Tilleuls. Base nautique. ☎ 03 82 83 72 39 (Camping). Prix 2007. Fft jour : Empl. Tourisme (2) : 12,50 € ( ) ; Sup : 2,50 € - de 7 ans 1,50 € ; 4 € (5 A) ; Animaux 1 €.

STURZELBRONN

4-E3 45 km E. Sarreguemines. 205 hab. ✉ 57230

CAMP MUHLENBACH ★★★ Loisirs 370 E. dont 50 nus (20 Tourisme + 350 Loisirs) 7 ha. CV. Locations : 6. Accès direct à l'étang. en étang : . Ouv : 1.4 / 30.9. Sur la D 35 entre Bitche et Wissembourg. ☎ 03 87 06 20 15 / 03 87 06 20 91 (H.S.). Fax : 03 87 06 21 70. E-mail : camping@muhlenbach.com, Web : www.muhlenbach.com. Prix 2008. 2,10 € ; 1,10 € ; 3,20 € ; 2,10 € ; 3,20 € ; - de 7 ans 1,60 € ; 3,30 € (6 A) ; 1 € (Jeton).

LE BREMMENDEL ★ Loisirs 50 E. (10 Tourisme + 40 Loisirs) 1 ha. ☎ 03 87 06 20 46. Fax : 03 87 06 21 95.

THIONVILLE

4-C2 28 km N. Metz. 41448 hab. ✉ 57100

CAMP MUNICIPAL ★★ Tourisme 43 E., dont 21 CC, 3,94 ha. Locations : . Accès direct à la rivière. 6, rue du Parc. A 39 sortie Luxembourg/Metz dir. centre ville. ☎ 03 82 53 83 75 / 06 08 85 28 35 (H.S.).

VIC SUR SEILLE

4-D3 6 km S.-S.-E. Château-Salins. 200 m. 1395 hab. ✉ 57630

LA TUILERIE ★★★ Loisirs 67 E. (15 Tourisme + 52 Loisirs) 5,7 ha. CV. Locations : 9. Accès direct à l'étang. Accueil groupes. Ouv : 1.4 / 31.10. Rés. obligatoire en été. Zone de Loisirs de la Tuilerie. A 300 m de la RD 38. ☎ 03 87 01 12 25 / 03 87 01 19 00 (H.S.). Fax : 03 87 01 19 00. E-mail : la-tuilerie@wanadoo.fr, Web : perso.wanadoo.fr/camping.la.tuilerie. Prix 2007. Empl. Tourisme : 3,60 € : 3,50 € ; - de 10 ans 3 € ; 3,80 € (6 A). Empl. Loisirs : 820 €(fft la saison). Réduction H.S.

VILSBERG

4-E3 16 km N.-E. Sarrebourg. 280 m. 363 hab. ✉ 57370

C.C.D.F. LES BOULEAUX ★★ Loisirs 160 E. (30 Tourisme + 130 Loisirs) 7 ha. pain, + sèche-linge, CV. Locations : 1. Accueil groupes. Ouv : 1.4 / 31.10. Rue des Trois Journeaux, 300 m de RN 61. ☎ 03 87 24 18 72 / 01 58 14 01 23 (H.S.). Fax : 03 87 24 46 52. E-mail : secretariat@campingclub.asso.fr & ccdf_vilsberg@cegetel.net, Web : www.campingclub.asso.fr. Prix 2007. Fft jour : Empl. Tourisme (2) : 17,80 € ; Sup : 3,70 € - de 7 ans 1,85 € ; Animaux 2 €. Fft Tente : 15,10 € (2).

FFCC : partenaire - terrain assuré par la FFCC + réduction emp. de 5 % en saison et hors saison.

VOLSTROFF

4-C2 12 km S.-E. Thionville. 1066 hab. ✉ 57940

CAMP DU CENTRE DE LOISIRS CULTURE DE VOLSTROFF ★★★ Tourisme 134 E. dont 132 nus (84 Tourisme + 50 Loisirs) 5,5 ha. CV Camping tourisme et handicap. Locations : 26, Abri-étape. Accès direct à l'étang. Accueil groupes. Ouv : 12.4 / 26.10. Route de Luttange. A 31 et A 4. ☎ 03 82 56 93 40. Fax : 03 82 50 39 90. E-mail : campingvol@aol.com, Web : www.campingvol.com. Prix 2008. Fft jour : Empl. Tourisme (4) : 17,30 € ; Sup : 2,80 € 2,20 € (8 A). Réduction H.S.

FFCC : partenaire + réduction emp. de 10 % en saison et hors saison + carte FFCC assurance annulation.

58 NIEVRE

Carte 7

Déléguée FFCC : Simone ROULLEAU, Les Duprés - Colméry - 58350 CHATEAUNEUF VAL DE BARGIS

ARLEUF

7-E3 10 km S.-E. Château-Chinon. 629 m. 864 hab. ✉ 58430

CAMP MUNICIPAL ★★ Tourisme 25 E. 1 ha. Etang à 300 m. ; à 1 km : Accueil groupes. Par CD 978. ☎ 03 86 78 80 37 (Mairie). Fax : 03 86 78 80 37.

BAZOLLES

7-E3 30 km O.-N.-O. Château-Chinon. 268 m. 320 hab. ✉ 58110

CAMP DE LA BASE DE PLEIN AIR ET DE LOISIRS ★★ Tourisme 70 E. 1 ha. Locations : . Accès direct à l'étang. Baye. ☎ 03 86 38 97 39 / 03 86 38 90 33 (Réserv.). Fax : 03 86 38 90 47.

CAMP MUNICIPAL DE BAYE ★★ Tourisme 42 E. Etang et lac à 50 m. ☎ 03 86 38 97 83.

BRASSY

7-E2 50 km S.-E. Clamecy. 188 m. 637 hab. ✉ 58140

CAMP MUNICIPAL ★ Tourisme 10 E. Lac à 3 km. ☎ 03 86 22 20 31. Fax : 03 86 22 22 60. E-mail : mairie-brassy@wanadoo.fr.

BREVES

7-E2 10 km S.-E. Clamecy. 160 m. 234 hab. ✉ 58530

CAMP MUNICIPAL LES FONTAINES ★★ Tourisme 66 E. dont 62 nus 1,2 ha. + sèche-linge, CV. Locations : 4. Accès direct à la rivière. Accueil groupes. Lieu-dit Les Fontaines, 150 m RD 985. ☎ 03 86 24 20 78 / () / 03 86 24 25 26 (Mairie) (H.S.). Fax : 03 86 24 25 26. E-mail : mairie-breves@wanadoo.fr, Web : www.vaux-yonne.com.

CERCY LA TOUR

7-E3 30 km S.-O. Chateau-Chinon. 200 m. 2372 hab. ✉ 58340

CAMP MUNICIPAL ★★ Tourisme 33 E. 0,7 ha. ☎ 03 86 50 55 27 / 03 86 50 07 11 (Mairie).

LA CHARITE SUR LOIRE

7-D3 28 km S. Cosne. 200 m. 6422 hab. ✉ 58400

CAMP MUNICIPAL LA SAULAIE ★★★ Tourisme 100 E. 2 ha. CV. chauffée. Ouv : 30.4 / 30.9. 50 m RN 151 et 150 m RN 7. Entre 2 ponts sur la gauche en arrivant de Bourges. ☎ 03 86 70 00 83. Fax : 03 86 70 00 83. Prix 2007. 6,55 € ; - de 10 ans 2 € ; Animaux 2 €.

CHATEAU CHINON VILLE

66 km E. Nevers. 2679 hab. Station verte de vacances et village de neige ✉ 58120

CAMP MUNICIPAL DU GARGOUILLAT ★★★ Tourisme 100 E. Rue du Perthuy d'Oiseau. ☎ 03 86 85 08 17 (Camping) / 03 86 85 15 05 (Mairie).

CHATILLON EN BAZOIS

7-E3 26 km O. Chateau-Chinon. 232 m. 1179 hab. ✉ 58110

CHATIN

7-E3 8 km N.-O. Château-Chinon. 460 m. 136 hab. ✉ 58120

CAMP MUNICIPAL ★ Tourisme 8 E. ☎ 03 86 85 23 62.

CHAUMARD

7-E3 13 km N. Château-Chinon. 375 m. 263 hab. ✉ 58120

CAMP MUNICIPAL LES ILES ★ Tourisme 30 E. Accès direct aux bords du lac. ☎ 03 86 78 03 00. Fax : 03 86 78 03 00.

CHAUMOT

7-E3 28 km S.-E. Clamecy. 232 m. 124 hab. ✉ 58800

L'ARDAN ★ Tourisme 100 E. 0,9 ha. Locations : . Accès direct à la rivière. Accueil groupes. Route de Germenay, 100 m RN 77 bis. ☎ 03 86 20 07 70. E-mail : campingdelardan@wanadoo.fr, Web : www.campinglardan.com.

CHEVENON

7-D3 10 km S.-E. Nevers. 230 m. 646 hab. ✉ 58160

CAMP MUNICIPAL ★ Tourisme 66 E. 4 ha. CV. Accès direct à l'étang. Rivière à 3 km. Accueil groupes. Ouv : 1.1 / 31.12. Sur RD 200 et 7 km RN 7. ☎ 03 86 68 71 71 / 03 86 68 72 75 (H.S.). Fax : 03 86 38 30 33. Prix 2007. Empl. Tourisme : 1,75 € ; 1,15 € ; 1,15 € ; 1,15 € ; 2,25 € ; - de 7 ans 1,75 € ; 1,05 à 9,15 € (1 à 16 A).

CHEVROCHES

7-D2 4 km S.-E. Clamecy 170 m. 116 hab. ✉ 58500

PARC RESIDENTIEL DE LOISIRS En cours de classement E.

CLAMECY

7-D2 72 km N.-E. Nevers. 160 m. 5826 hab. Station verte de vacances et village de neige ✉ 58500

CAMP MUNICIPAL DU PONT PICOT ★★ Tourisme 100 E. 1,1 ha. Locations : . Accès direct à la rivière. Rue de Chevroches interdite aux caravanes. Itinéraire conseillé de 4 km à partir du centre ville, accès facile pour caravanes. ☎ 03 86 27 05 97.

LA COLLANCELLE

7-E3 40 km S.-E. Clamecy. 278 m. 189 hab. ✉ 58800

M. GOGUELAT Bernard CV. A 2 km : . A 5 km : . Ouv : Pâques / 30.9. Mondain, sur la RD 297, entre la Collancelle et Sardy les Epiry, à proximité de la ferme. Salle commune. Garage pour caravanes. ☎ 03 86 22 41 89. E-mail : bernard.goguelat@wanadoo.fr, Web : la-vie-au-vert.monsite.wanadoo.fr. Prix 2007. () : 2,50 € ; 2,50 € ; 2,50 € ; 2 € ; - de 16 ans 1,20 € ; 2,50 € (6 A).

CORANCY

7-E3 5 km N. Château-Chinon. 400 m. 430 hab. ✉ 58120

LES SOULINS ★★★ Tourisme 42 E. 1 ha. CV. Locations : 2 6. Lac et rivière à 100 m. Ouv : 1.4 / 1.11. ☎ 03 86 78 01 62. E-mail : campingcorancy@orange.fr, Web : www.corancy.com. Prix 2007. Empl. Tourisme : 4,50 € ; 1,25 € ; 3,50 € ; - de 12 ans 2 € ; 3,25 € ; Animaux 1 €.

COSNE COURS SUR LOIRE

52 km N.-O. Nevers. 150 m. 12641 hab. ✉ 58200

CAMP DE L'ILE ★★★ Tourisme 180 E. 10 ha. CV Sanitaire chauffé. Locations : 4, 2, 4, chauffée. Accès direct à la rivière. à 120 m. Dans l'Ile de Cosne, RN 455 et RN 7 dir. Bourges/Léré. Traverser le pont de Cosne en dir. de Bourges et prendre la 1ère à gauche ou de Bourges passer Bannay en dir. de Cosne-sur-Loire. Arriver au panneau de Cosne tourner à droite juste avant le pont. ☎ 03 86 28 27 92. Fax : 03 86 28 18 10. E-mail : campingile18@aol.com, Web : www.camping-de-l-ile@aol.com.

CRUX LA VILLE

J7-J7 40 km N.-E. Nevers. 300 m. 450 hab. ✉ 58330

L'ETANG DU MERLE ★★★ Tourisme 100 E. 3,5 ha. CV Sanitaire chauffé. Locations : 5, 6, 6. Accès direct à l'étang. Accueil groupes. Ouv : 1.4 / 30.10. De Paris par N 7 jusqu'à Pouilly/Loire puis D 38 jusqu'à St-Saulge ou St-Saulge par A 75/A 77. ☎ 03 86 58 38 42 / 03 86 37 95 83 (H.S.). Fax : 03 86 37 95 83. E-mail : aquadis1@wanadoo.fr, Web : www.aquadis-loisirs.com. Prix 2008. Fft jour : Empl. Tourisme (2) : 19 € () ; Sup : 4,40 € - de 10 ans 3,40 € ; Animaux 3,20 €.

DECIZE

7-D4 32 km S.-E. Nevers. 193 m. 7522 hab. ✉ 58300

CAMP MUNICIPAL LES HALLES ★★★★ Tourisme 278 E. 3,5 ha. CV. Locations : , couverte chauffée . Rivière à 2 m. Accueil groupes. Lieu-dit Les Halles, 600 m RN 478. ☎ 03 86 25 03 23 / 06 26 25 61 97 (H.S.). Fax : 03 86 25 14 05. E-mail : camping-decize@wanadoo.fr, Web : www.campingdecize.com.

FFCC : partenaire - terrain assuré par la FFCC.

DONZY

7-D2 16 km E.-S.-E. Cosne-sur-Loire. 188 m. 1890 hab. Station verte de vacances et village de neige ✉ 58220

CAMP MUNICIPAL ★ Tourisme 40 E. 0,55 ha. CV. Rivière à 100 m. Etang à 700 m. Ouv : 1.6 / 31.8. Rue Audinet, 200 m RD 2. ☎ 03 86 39 30 28. Fax : 03 86 39 37 04. Prix 2007. Empl. Tourisme : 0,80 € ; 2 € ; 1 € ; 3 € ; 0,80 € ; 1 € ; 2,20 € (5 A).

DORNES

7-D4 38 km S.-E. Nevers. 230 m. 1257 hab. ✉ 58390

CAMP MUNICIPAL DES BAILLYS ★★ Tourisme 20 E. dont 20 nus 0,7 ha. dépôt du pain, CV. Accès direct à l'étang. Ouv : 15.4 / 30.9. Les Baillys. ☎ 03 86 50 68 81 / 06 88 03 72 63 (H.S.). E-mail : martine502@wanadoo.fr, Web : campingdedornes.ifrance.com. Prix 2007. Empl. Tourisme : 1,20 € () : 1,20 € ; 3,30 € ; 2,30 € ; - de 12 ans 1,40 € ; 2,50 €.

DUN LES PLACES

7-E2 56 km S.-E. Clamecy. 535 m. 528 hab. ✉ 58230

LA CROIX DU CHATEAU ★★ Tourisme 31 E. 1,3 ha. Rivière à 3 km. ☎ 03 86 84 62 05. Fax : 03 86 84 64 23.

ENTRAINS SUR NOHAIN

7-D2 23 km O. Clamecy. 225 m. 1204 hab. ✉ 58410

CAMP MUNICIPAL SAINT CYR ★★ Tourisme 35 E. 0,5 ha. Accès direct à la rivière. Etang à 150 m. Accueil groupes. Route d'Etais, D 957. ☎ 03 86 29 22 06 (Mairie). Fax : 03 86 29 25 99.

EPIRY

7-E3 40 km S.-E. Clamecy. 228 hab. ✉ 58800

M. KERSSEN Johan, aire naturelle sur Yonne A 10 km. Ouv : 23.4 / 2.10. Bellevault. D 945. ☎ 03 86 22 46 67. E-mail : hotel-sur-yonne@wanadoo.fr, Web : www.suryonne.eu. Prix 2008. 6 € ; 6 € ; 6 € ; 3,50 € ; - de 11 ans 1,75 € ; 2,50 € (16 A).

FACHIN

7-E3 640 m. 147 hab. ✉ 58430

CAMPING RURAL MUNICIPAL ☎ 03 86 85 10 12. Fax : 03 86 85 05 60.

FOURCHAMBAULT

7-D3 6 km N.-O. Nevers. 175 m. 5925 hab. ✉ 58600

LA LOIRE ★★ Tourisme 70 E. dont 120 nus, , dont 44 GCC, 4 ha. CV. Rivière à 50 m. ; à 5 km. Accueil groupes. Ouv : 1.4 / 30.10. 2, rue de la Folie. Itinéraire bis. Route de Bourges. ☎ 03 86 60 81 59 / 03 86 37 95 83 (H.S.). Fax : 03 86 37 95 83. E-mail : aquadis1@wanadoo.fr, Web : www.aquadis-loisirs.com. Prix 2008. Fft jour : Empl. Tourisme (2) : 14,90 € () ; Sup : 3,20 € 2,30 € ; Animaux 2 €.

FOURS

779 hab. ✉ 58250

M. KOERT VAN DER LINDEN, camping Vue du Lac ☎ 03 86 50 20 67.

LAROCHEMILLAY

28 km S. Château-Chinon. 417 hab. ✉ 58370

M. HOEKSTRA, aire naturelle La Forêt Forêt ☎ 03 86 30 47 93.

LIMANTON

7-E3 22 km S.-O. Chateau-Chinon. 220 m. 353 hab. ✉ 58290

CAMP MUNICIPAL PANNECOT-PLAISANCE ★★ Tourisme 48 E. 0,9 ha. Locations : . Accès direct à la rivière. non surveillée : . ☎ 03 86 84 32 70 / () / 03 86 84 94 77 (Mairie) (H.S.). Fax : 03 86 84 94 77. E-mail : mairie.limantou@wanadoo.fr.

LORMES

7-E2 32 km S. Clamecy. 460 m. 1609 hab. Station verte de vacances et village de neige ✉ 58140

CAMP MUNICIPAL L'ETANG DU GOULOT ★★★ Tourisme 60 E. 2,5 ha. saison, CV. Locations : . Accès direct à l'étang. Ouv : 1.5 / 15.9. 2 Rue des Campeurs. ☎ 03 86 22 82 37. Fax : 03 85 86 19 28. Web : etangdugoulot.fr ec.fr. Prix 2007. Fft jour : Empl. Tourisme (2) : 12,30 € () ; Sup : 4,10 € - de 7 ans 2,30 € ; 2,50 € (4 A) ; Animaux 0,50 €. Réduction H.S.

LUZY

7-E4 38 km S. Chateau-Chinon. 275 m. 2807 hab. ✉ 58170

CAMP NATURISTE DOMAINE DE LA GAGERE ★★★★ Tourisme 58 E. dont 105 nus, 5 ha. CV Sanitaire chauffé Rés. naturiste. Locations : 4, 4, 5, 3, 4, 3 chauffée . Etang à 5 km. Accueil groupes. Ouv : 1.4 / 30.9. Par RN 81 entre Autun et Luzy, 10 km avant Luzy, prendre la route sur la gauche indiquant Domaine de la Gagère puis 3 km. ☎ 03 86 30 48 11 / 0031/541 530 890 (H.S.). Fax : 03 86 30 45 57. E-mail : info@la-gagere.com, Web : www.la-gagere.com. Prix 2008. Fft jour : Empl. Tourisme (2) : 25,50 € () ; Sup : 6,25 € - de 11 ans 3,50 € ; 2,50 à 4 € (4 à 6 A) ; Animaux 3,50 €. Fft Ccar : 32,50 € (). Réduction H.S.

CAMP MUNICIPAL LA BEDURE ★★ Tourisme 50 E. 1,5 ha. Rivière à 800 m. Route d'Autun. Moulins/Bâle. Piscine à proximité. ☎ 03 86 30 02 34 (Mairie).

LA MACHINE

7-D3 32 km S.-E. Nevers 260 m. 4641 hab. ✉ 58260

CAMP MUNICIPAL ★★ Tourisme 10 E. Locations : . Etang à 50 m. ☎ 03 86 50 84 23 / 03 86 37 95 83. Fax : 03 86 37 95 83. E-mail : aquadis1@wanadoo.fr.

MONTAPAS

7-E3 41 km N.-E. Nevers. 277 m. 416 hab. ✉ 58110

CAMP MUNICIPAL LA CHENAIE ★ Tourisme 33 E. 1 ha. Accès direct à l'étang. Rivière à 150 m. Par la D 38, puis D 259. ☎ 03 86 58 34 32 (Mairie). Fax : 03 86 58 29 05.

MONTIGNY EN MORVAN

7-E3 12 km N.-O. Château-Chinon. 425 m. 386 hab. ✉ 58120

DOMAINE DE PANNECIERE ★★★★ Tourisme 100 E. 8 ha. snack juin/septembre, juillet/août, CV. Locations : 90, chauffée . Lac à 300 m. Ouv : 1.4 / 1.11. Barrage de La Pannecière. ☎ 03 86 84 79 00 / 0825 562 562 (Réserv.) (H.S.). Fax : 02 51 90 94 33.

CAMP MUNICIPAL ★★ Tourisme 59 E. Accès direct aux bords du lac. ☎ 03 86 84 73 05 / 03 86 84 71 77. Fax : 03 86 84 73 05. E-mail : montignyenmorvan@free.fr.

MONTSAUCHE LES SETTONS

7-E3 27 km N.-N.-E. Château-Chinon. 550 m. 746 hab. Station verte de vacances et village de neige ✉ 58230

LES MESANGES ★★★ Tourisme 100 E. dont 100 nus, , dont 32 CC - 32 GCC, 5 ha. Accès direct à l'étang. Lac à 100 m. Rivière à 1 km. ; à 100 m : . Ouv : 1.5 / 15.9. A partir de Montsauche Les Settons, prendre la D 193 ensuite rive gauche, la D 520 puis le C 4. ☎ 03 86 84 55 77 / 03 86 84 54 74 (H.S.). Fax : 03 86 84 55 77. Prix 2007. Empl. Tourisme : 3,50 € () ; 2,70 € ; 2,70 € ; 4,10 € ; - de 10 ans 1,90 € ; 3,30 € (4 A) ; Animaux 0,80 €. Réduction H.S.

FFCC : partenaire + réduction emp. de 20 % hors saison + Stop accueil Camping-car du 01/05 au 07/07 et du 24/08 au 15/09/2008, accès jusqu'à 22h.

PLAGE DES SETTONS ★★★ Tourisme 68 E. dont 68 nus 2,30 ha. CV. Locations : 3. Accès direct aux bords du lac. ; à 500 m : . Accueil groupes. Lac des Settons. Rive gauche près du barrage. (Aval). ☎ 03 86 84 51 99. Fax : 03 86 84 54 81. E-mail : camping@settons-tourisme.com, Web : www.settons-tourisme.com. Prix 2007. Empl. Tourisme : 2,50 € () : 2,10 € ; 2,10 € ; 2,10 € ; 4,10 € ; - de 10 ans 1,70 € ; 2,80 à 5,50 € (3 à 15 A).

PLAGE DU MIDI ★★★ Tourisme 160 E. 2,5 ha. Ecran géant, CV Sanitaire chauffé. Locations : 14, 1. Accès direct aux bords du lac. Accueil groupes. Ouv : Pâques / 15.10. 200 m RD 193, par D 977 bis. Rive droite lac des Settons. ☎ 03 86 84 51 97. Fax : 03 86 84 57 31. E-mail : copplagedumidi@aol.com, Web : www.settons-camping.com. Prix 2008. () : 3 € ; 2,30 € ; 4 € ; 3 € ; 4,30 € ; - de 10 ans 2,80 € ; 3,40 € ; Animaux 1 €. Réduction H.S.

CAMP MUNICIPAL ★★ Tourisme 42 E.

LES BRANLASSES ★ Tourisme 60 E. 1 ha. Locations : . Accès direct aux bords du lac. Réservé en priorité aux groupes. ☎ 03 86 84 51 98. Fax : 03 86 84 56 70.

MOULINS ENGILBERT

7-E3 16 km S.-O. Chateau-Chinon. 350 m. 1732 hab. Station verte de vacances et village de neige ✉ 58290

CARAVANING MUNICIPAL DE L'ESCAME ★★ Tourisme 40 E. 0,9 ha. Route de Château Chinon. ☎ 03 86 84 26 12 / 03 86 84 21 48 (Mairie). Fax : 03 86 84 35 12.

CAMP MUNICIPAL ★ Tourisme 16 E. ☎ 03 86 84 21 48 (Mairie). Fax : 03 86 84 35 12.

MOUX EN MORVAN

7-F3 22 km N.-E. Chateau-Chinon. 600 m. 715 hab. Station verte de vacances et village de neige ✉ 58230

CAMP MUNICIPAL LA CABANE VERTE ★★★ Tourisme 107 E. 0,8 ha. Locations : . Accès direct aux bords du lac. ☎ 03 86 76 02 25 / 03 85 45 42 03 (H.S.).

L'HERMITAGE DE CHEVIGNY ★★★ Tourisme 120 E. dont 120 nus 2,5 ha. CV Sanitaire chauffé. Locations : 3 Chambres d'hôtes. Accès direct aux bords du lac et à la rivière. Accueil adultes. Ouv : 15.4 / 30.9. A Chevigny. Au bord du lac des Settons - Rive gauche. ☎ 03 86 84 50 97. Prix 2008. Empl. Tourisme : 3 € () : 3 € ; 4,80 € ; - de 7 ans 2,40 € ; 3,20 € ; Animaux 1,60 €.

CAMP MUNICIPAL ★ Tourisme 21 E. 0,21 ha. ☎ 03 86 76 03 97. Fax : 03 86 76 03 97.

NEVERS

7-D3 232 km S.-E. Paris. 180 m. 44777 hab. ✉ 58000

CAMP DE NEVERS ★★★ Tourisme 73 E. dont 71 nus 1,5 ha. CV Sanitaire chauffé. Locations : 2 . Accès direct à la rivière. ; à 50 m : . Accueil groupes. Ouv : 11.4 / 12.10. Rue de la Jonction. Par A 6 Lyon puis A 77 Bourges/Nevers, sortie 37, dir. Nevers, camping à droite avant le pont. ☎ 06 84 98 69 79. E-mail : info@campingnevers.com, Web : www.campingnevers.com. Prix 2008. Fft jour : Empl. Tourisme (2) : 16 € ( ) ; Sup : 3 € - de 6 ans 2,75 € ; 2,50 à 4,30 € (6 à 10 A) ; E. CC 2,50 € (suplt) ; Animaux 2 €. Fft Tente : 13 € (2). Réduction H.S.

FFCC : partenaire + carte FFCC assurance annulation.

LA NOCLE MAULAIX

7-E4 44 km S. Chateau-Chinon. 250 m. 450 hab. ✉ 58250

CAMP MUNICIPAL DU LAC MARNANT ★★ Tourisme 17 E. 1,5 ha. CV. Locations : . Accès direct aux bords du lac. Accueil groupes. Route de Décize. ☎ 03 86 30 84 11.

FFCC : partenaire - terrain assuré par la FFCC.

OUAGNE

7-D2 8 km S. Clamecy 251 m. 207 hab. ✉ 58500

PARC RESIDENTIEL DE LOISIRS P.R.L. 3 E.

OUROUX EN MORVAN

7-E3 32 km N. Chateau-Chinon. 550 m. 1010 hab. Station verte de vacances et village de neige ✉ 58230

LES GENETS ★★★ Tourisme 73 E. dont 60 nus 1,4 ha. CV. Locations : . Etang à 500 m. Lac à 5 km. Accueil groupes. A 6 sortie Avallon (40 km) prendre D 33 et la D 236. ☎ 03 86 78 22 88 / 03 86 78 23 79. Fax : 03 86 78 25 36. E-mail : josette.guyollot@wanadoo.fr, Web : www.abasce.com/ouroux-en-morvan.

FFCC : partenaire + réduction emp. de 5 % en saison et 10 % hors saison.

PLANCHEZ

7-E3 16 km N.-E. Chateau-Chinon. 624 m. 348 hab. ✉ 58230

CAMP MUNICIPAL ★★★ Tourisme 90 E. 0,9 ha. Lieu-dit Le Renard. ☎ 03 86 78 42 03 (Mairie).

POUGUES LES EAUX

7-D3 11 km N.-O. Nevers. 190 m. 2269 hab. ✉ 58320

CAMP MUNICIPAL LES CHANTERNES ★★★ Tourisme 60 E. 0,8 ha. Sur RN 7. ☎ 03 86 68 86 18.

POUILLY SUR LOIRE

7-C2 15 km S.-E. Cosne-sur-Loire. 177 m. 1738 hab. ✉ 58150

LE MALAGA ★★ Tourisme 60 E. 2,5 ha. Locations : . Accès direct à la rivière. Route des Loges, 300 m RN 7. Rive droite de la Loire (Ile Malaga). ☎ 03 86 39 14 54 / 03 86 58 74 38 (H.S.). Fax : 03 86 39 14 54.

PREMERY

7-D3 46 km S.-E- Cosne-Cours-sur-Loire. 238 m. 2603 hab. ✉ 58700

CAMP MUNICIPAL LES PRES DE LA VILLE ★★ Tourisme 38 E., dont 10 HLL. CV. Locations : 10 . Accès direct à l'étang et à la rivière. surveillée : ; . Accueil groupes encadrés. Ouv : 1.5 / 30.9. ☎ 03 86 37 99 42 / 03 86 68 12 40 (Mairie) (H.S.). Fax : 03 86 37 98 72. E-mail : mairie-premery@wanadoo.fr, Web : www.chalets-decouverte.com. Prix 2007. () : 2,50 € ; 0,90 € ; 3,10 € ; - de 12 ans 1,90 € ; 1,70 €. Fft Ccar : 8,80 € (2).

ST AGNAN

7-E2 44 km N.-E. Chateau-Chinon. 525 m. 225 hab. ✉ 58230

CAMP DU LAC ★★ Tourisme 70 E. 1 ha. CV. Accès direct aux bords du lac et à la rivière. Accueil groupes. ☎ 03 86 78 73 70. Fax : 03 86 78 74 94. E-mail : info@campingburgundy.co.uk, Web : www.campingburgundy.co.uk.

PARC RESIDENTIEL DE LOISIRS LA JARNOISE P.R.L. 6 E., dont 6 HLL, 1 ha. CV. Locations : 10 , 10 . Accès direct à l'étang. Lac et rivière à 1,5 km. ; à 1,5 km : ; à 4 km : . Accueil adultes. Le Jarnois. Sortie autoroute A 6 à Avallon ou Bierre les Semurs ensuite dir. Saulieu à Laroche-en-Brenil, prendre dir. Lac de St-Agnan. ☎ 03 86 78 73 14. Fax : 03 86 78 73 14. E-mail : contact@lajarnoise.com, Web : www.lajarnoise.com.

ST AMAND EN PUISAYE

7-D2 19 km N.-E. Cosne sur Loire. 1414 hab. ✉ 58310

CAMP MUNICIPAL ★★ Tourisme 35 E. 1 ha. Accès direct à la rivière. Ouv : 1.6 / 30.9. Route de Saint Sauveur. ☎ 03 86 39 72 21 / 03 86 39 63 72 (Mairie) (H.S.). Fax : 03 86 39 64 97. E-mail : mairiesaintam@wanadoo.fr. Prix 2007. () : 3 € ; 1 € ; 1,50 € ; 2,20 € ; - de 6 ans 1 €.

ST BRISSON

7-E2 37 km N.-E. Cosne-Cours-sur-Loire. 684 m. 106 hab. ✉ 58230

CAMP MUNICIPAL ★ Tourisme 25 E. ☎ 03 86 78 70 80.

ST HONORE LES BAINS

7-E3 25 km S.-O. Chateau-Chinon. 320 m. 831 hab. Station verte de vacances et village de neige ✉ 58360

LES BAINS ★★★ Tourisme 130 E., dont 19 HLL, 2,5 ha. , snack, , hte saison, , + sèche-linge, CV. Locations : 19 , 4 , . Etang à 500 m. . Accueil groupes. Route de Vandenesse, 1 km RD 985 sur D 106. ☎ 03 86 30 73 44. Fax : 03 86 30 61 88. E-mail : camping-les-bains@wanadoo.fr, Web : www.campinglesbains.com. Prix 2007. Fft jour : Empl. Tourisme (2 1 - de 2 ans) : 15,50 € ( ) ; Sup : 4,50 € 3,20 à 3,50 € (6 à 10 A) ; Animaux 1,50 €. Réduction H.S.

FFCC : partenaire + réduction emp. de 5 % en saison et 10 % hors saison + carte FFCC assurance annulation + réduction loc. de 10 % hors saison.

CAMP MUNICIPAL PLATEAU DU GUET ★★ Tourisme 50 E. 1 ha. CV Sanitaire chauffé. Accueil groupes. Centre ville, 100 m RN 485. ☎ 03 86 30 76 00 / 03 86 30 74 87 (Mairie) / 06 81 29 55 69 (H.S.). Fax : 03 86 30 73 33. E-mail : mairie-de-st-honore-les-bains@wanadoo.fr, Web : www.st-honore-les-bains.com.

ST LEGER DE FOUGERET

7-E3 10 km S. Chateau-Chinon. 500 m. 322 hab. ✉ 58120

L'ETANG DE LA FOUGERAIE ★★★ Tourisme 70 E. dont 70 nus, 3 ha. + sèche linge, CV. Camping clef verte. Locations : 3 , . Accès direct à l'étang et aux bords du lac. Accueil groupes. Ouv : 19.4 / 1.10. Hameau de Champs. Par Château-Chinon dir. St-Léger de Fougeret puis fléchage. Par Moulins Engilbert dir. St-Léger s/Beuvray jusqu'à Onlay, puis dir. St-Léger de Fougeret et fléchage. ☎ 03 86 85 11 85. Fax : 03 86 79 45 72. E-mail : campingfougeraie@orange.fr, Web : www.campingfougeraie.com. Prix 2007. Fft jour : Empl. Tourisme (2) : 12,50 € ( ) ; - de 7/16 ans 2,60 € ; 3 € (6 A) ; Animaux 1,50 €. Réduction H.S.

FFCC : partenaire + réduction emp. de 5 % hors saison + carte FFCC assurance annulation.

ST MARTIN DU PUY

7-E2 34 km S.-E. Clamecy. 450 m. 375 hab. ✉ 58140

CAMP MUNICIPAL ★ Tourisme 13 E. Locations : , . Accès direct aux bords du lac. Rivière à 600 m. ☎ 03 86 22 61 35. Fax : 03 86 22 61 35.

ST PEREUSE

7-E3 10 km O. Chateau-Chinon. 355 m. 300 hab. ✉ 58110

MANOIR DE BEZOLLE CASTEL CAMPING ★★★★ Tourisme 100 E. 4 ha. CV. Locations : 12 . Accès direct à l'étang. . Accueil groupes. Ouv : 1.5 / 15.9. RD 978 entre Autun et Nevers, à 10 km à l'Ouest de Château-Chinon croisement de la RD 978 et de la D 11. ☎ 03 86 84 42 55. Fax : 03 86 84 43 77. E-mail : info@bezolle.com, Web : www.bezolle.com. Prix 2007. Fft jour : Empl. Tourisme (2) : 27 € ( ) ; Sup : 6 € - de 7/12 ans 5 € ; 3 € (10 A) ; Animaux 2 €. Réduction H.S.

ST PIERRE LE MOUTIER

7-D4 23 km S. Nevers. 2261 hab. ✉ 58240

CAMP MUNICIPAL DE BEAUDRILLON ★★ Tourisme 40 E. 0,8 ha. Etang à 200 m. Le Panama, rue de Beaudrillon. ☎ 03 86 37 42 09 (Mairie).

TAZILLY

7-E4 40 km S. Chateau-Chinon. 320 m. 347 hab. ✉ 58170

CHATEAU DE CHIGY ★★★★ Tourisme 200 E. 25 ha. CV. Locations : 30. 500 m D 973. ☎ 03 86 30 10 80. Fax : 03 86 30 09 22. E-mail : reception@chateaudechigy.com.fr, Web : www.chateaudechigy.com.fr.

FFCC : partenaire + réduction emp. de 5 % en saison et 20 % hors saison.

VANDENESSE

7-E3 26 km S.-O. Château-Chinon. 206 m. 396 hab. ✉ 58290

CAMP MUNICIPAL ★ Tourisme 25 E. 0,5 ha. Accès direct à l'étang et à la rivière. RD 37. ☎ 03 86 30 74 06. Fax : 03 86 30 74 06.

VARZY

7-D2 20 km S.-O. Clamecy. 320 m. 1454 hab. Station verte de vacances et village de neige ✉ 58210

CAMP MUNICIPAL DU MOULIN NAUDIN ★★ Tourisme 50 E. dont 46 nus, 2 ha. Accès direct à l'étang et à la rivière. Ouv : 1.5 / 30.9. Route de Clamecy CD 977. RN 151 entre Nevers et Auxerre. ☎ 03 86 29 43 12 / 03 86 29 43 73 (H.S.). Fax : 03 86 29 72 73. Prix 2007. 2,10 € ; 2,10 € ; 2,10 € ; 1,70 € ; 2,60 € ; - de 6 ans 1,30 € ; 2,10 €.

VILLAPOURCON

7-E3 22 km S. Château-Chinon. 450 m. 646 hab. ✉ 58370

CAMP MUNICIPAL ★ Tourisme 14 E. CV. ☎ 03 86 78 62 60. Fax : 03 86 78 61 31.

NORD 59

Carte 1

Délégué FFCC : Didier PAIX, 193, rue Saint Ladre - 59400 CAMBRAI - 03 27 83 35 88

AIX

1-D3 20 km N.-E. Douai. 390 hab. ✉ 59310

LES SAULES ★ Loisirs 38 E. 0,8 ha. à 5 km : 83, rue Paul Allégot. ☎ 03 20 61 87 13. Fax : 03 20 61 87 13.

ARLEUX

1-D3 10 km S. Douai. 2610 hab. ✉ 59151

CAMP MUNICIPAL LES BISELLES ★★★ Loisirs 200 E., dont 200 GCC - 34 HLL, 3,6 ha. Camping tourisme et handicap. Rivière à 5 m. Situé entre Douai et Cambrai. ☎ 03 27 89 52 36. Fax : 03 27 94 37 38.

AUBENCHEUL AU BAC

1-D3 11 km N.-O. Cambrai. 42 m. 440 hab. ✉ 59265

LES COLOMBES ★ Loisirs 101 E. (10 Tourisme + 91 Loisirs) 2,35 ha. Accès direct à l'étang. Lac à 2 km. Accueil groupes. Ouv : 1.4 / 31.10. 2, rue des Colombes. Par la RN 43. ☎ 03 27 89 25 90. Fax : 03 27 89 25 90. E-mail : campinglescolombes@club-internet.fr. Prix 2008. Empl. Tourisme : 3,80 € : 3,60 € ; - de 4/11 ans 2 € ; 4 €.

FFCC : partenaire + réduction emp. de 5 % en saison et hors saison + carte FFCC assurance annulation.

AUBERS

1-C2 21 km S.-O. Lille. 1311 hab. ✉ 59249

LES ROSES ★★ Loisirs 126 E. (11 Tourisme + 115 Loisirs) 2,98 ha. Accès direct à l'étang. 60, rue Basse. 6 km RN 41. Entre Armentières, Haubourdin, La Bassée. ☎ 03 20 50 24 29.

FFCC : partenaire - terrain assuré par la FFCC.

AUBIGNY AU BAC

1-D3 14 km S.-E. Douai. 40 m. 1022 hab. ✉ 59265

LA ROSERAIE ★★★ Loisirs 42 E., dont 42 GCC, 1,2 ha. CV. Locations : Accès direct à l'étang et à la rivière. Lac à 1 km. à 1 km : Nationale entre Cambrai/Douai. Location longue durée. ☎ 03 27 79 98 08. Fax : 03 27 83 24 79. E-mail : j-mdelabre@wanadoo.fr.

LA SENSEE ★★ Loisirs 170 E., dont 80 GCC, 5 ha. sauf vaccination à jour 500 m, 7h / 22h, CV. Locations : 9, 4. Accès direct à l'étang et à la rivière. Lac à 1 km. avec permis : à 1 km : 1 km. Ouv : 1.4 / 15.10. 12, rue Léo Lagrange. ☎ 03 27 89 25 22 / 06 80 46 59 69 (Jean-Marc Delabre) / 03 27 79 98 08 (Jean-Marc Delabre) (H.S.). E-mail : campingsensee@free.fr, Web : www.camping-sensee.com. Prix 2007. 2,80 € ; 3,40 € ; 1,70 € ; 2,80 € (4 A) ; 1,50 € (le jeton).

CAMP MUNICIPAL LA REPUBLIQUE ★ Loisirs 160 E. + sèche linge, CV. Accès direct à l'étang. Ouv : 15.3 / 15.10. Entre Douai et Cambrai sur RN 43. ☎ 03 27 80 91 40.

AVESNES SUR HELPE

1-E3 100 km S.-E. Lille. 45 m. 6502 hab. ✉ 59440

CAMP MUNICIPAL LE CHAMP DE MARS ★★ Tourisme 44 E. (38 Tourisme + 6 Loisirs) 1 ha. Sanitaire chauffé. Etang et rivière à 500 m. à 500 m : Accueil adultes. Ouv : 15.4 / 30.9. Rue Lagrange, Avesnelles, 300 m RN 2. ☎ 03 27 57 99 04. Prix 2007. Empl. Tourisme : 4 € : 3 € ; 3 € ; 3 € ; 3 € ; 3 € ; - de 7 ans 2 € ; 2 €.

BEAURIEUX

1-E3 17 km N.-E. Avesnes-sur-Helpe. 200 m. 176 hab. ✉ 59740

NATURA LES PRES DU SART ★★ Loisirs 100 E. 8 ha. Rés. naturiste. Locations : Accès direct à l'étang et à la rivière. Accueil groupes. 1395, rue de Sivry. Terrain fléché au départ de la D 962 Solre-le-Chateau / Beaumont et de la place de Sivry-Belgique. ☎ 0032 2374 3347 / 0032 7573 0706. Fax : 0032 2372 2936. E-mail : roger.pieteraerens@skynet.be, Web : camping-natura.skyblog.com.

FFCC : partenaire - terrain assuré par la FFCC.

BELLIGNIES

1-E3 30 km N.-O. Avesnes-sur-Helpe. 102 m. 912 hab. ✉ 59570

CAMP MUNICIPAL ★ Loisirs 100 E. 2,5 ha. Locations : 200 m CD 24, à 3 km RN 49, vallée de l'Hogneau. ☎ 03 27 63 16 01. Fax : 03 27 66 96 44.

BERGUES

1-C1 9 km S.-E. Dunkerque. 6 m. 4743 hab. Station verte de vacances et village de neige ✉ 59380

CAMP VAUBAN ★★ Loisirs 88 E. 1,5 ha. Locations : Zone du Canal du Roi, 500 m RN 16. 2 km sortie autoroute de Lille. ☎ 03 28 68 65 25 / 03 28 63 89 55. Fax : 03 28 63 52 60. E-mail : cassiopee.tourisme@wanadoo.fr.

BERMERIES

1-E3 26 km N.-O. Avesnes-sur-Helpe. 126 m. 307 hab. ✉ 59570

LE CAMBRINUS ★★ Loisirs 40 E. Locations : Accès direct à l'étang et à la rivière. Ouv : 1.1 / 31.12. Route de Le Quesnoy, RD 942. ☎ 03 27 66 25 68.

FFCC : partenaire + réduction emp. de 5 % en saison + carte FFCC assurance annulation + Stop accueil Camping-car pendant la période estival.

BETTRECHIES

1-E3 20 km N.-E. Avesnes-sur-Helpe. 110 m. 293 hab. ✉ 59570

LES CHARMES ★ Loisirs 51 E. 0,6 ha. CV. Etang à 5 km. Ouv : 1.4 / 15.10. Rue de Meaurain. ☎ 03 27 63 16 15. Fax : 03 27 63 16 15. Prix 2008. Empl. Tourisme : 1,60 € ; 1,60 € ; 2,40 € ; - de 7 ans 1,30 € ; 3,15 € (6 A) ; 1,70 €.

BLARINGHEM

1-C2 35 km S. Dunkerque. 1368 hab. ✉ 59173

LE CHATELET ★★ Loisirs 43 E. Rivière à 100 m. Etang à 2 km. Dans un triangle de 10 et 15 km entre St-Omer/Hazebrouck/Aire-sur-La Lys. ☎ 03 28 43 24 61.

LA PAPELUTTE ★ Loisirs 38 E. CV. Accès direct à l'étang. Ouv : 1.4 / 30.9. Autoroute Lille/Dunkerque sortie Hazebrouck. Suivre Wallon-Cappel / Sercus. ☎ 03 28 43 20 45. E-mail : lincontournable@orange.fr.

BOESCHEPE

1-C2 42 km S.-E. Dunkerque. 74 m. 1885 hab. ✉ 59299

LES 5 CHEMINS VERTS ★★★ Loisirs 120 E. (5 Tourisme + 115 Loisirs) 3,5 ha. CV. Locations : A 25 Lille/Dunkerque sortie Bailleul dir. Boeschepe. ☎ 03 28 49 42 37.

M. & Mme PRUVOST, aire naturelle A 2 km: Piscine plein air ☎ 03 28 42 52 44 / / 06 75 00 63 80 (H.S.). Fax : 03 28 42 52 44. Prix 2008. Empl. Tourisme : 2 € : 3 € ; 2 € ; 1 € (6 A) ; Animaux 1 €.

Mme VANRENTERGHEIN,aire naturelle . Le Village, camping rural les Marronniers. ☎ 03 28 42 50 43.

BOLLEZEELE

1-B2 25 km S. Dunkerque. 40 m. 1500 hab. ✉ 59470

LE ST ANTOINE ★★ Loisirs 44 E. (5 Tourisme + 39 Loisirs) 1,2 ha. Locations : . ☎ 03 28 68 84 18.

BONDUES

9 km N. Lille. 8860 hab. ✉ 59910

LES RAMIERS ★ Loisirs 30 E. (10 Tourisme + 20 Loisirs) 1 ha. Ouv : 1.5 / 15.10. Rés. obligatoire en été. Chemin des Ramiers. A 1 jusqu'à Villeneuve-d'Ascq puis A 22 sortie 11 Dunkerque/Tourcoing sortie 7 B puis sortie 11. ☎ 03 20 23 13 42 / 06 86 22 39 23 (H.S.). Fax : 03 20 23 13 42. E-mail : clepers@aol.com. Prix 2007. Fft jour : Empl. Tourisme (2) : 10,20 € ; - de 7 ans 1,50 € ; 1,20 € (jeton).

BRAY DUNES

1-C1 12 km N.-E. Dunkerque. 3 m. 4779 hab. ✉ 59123

CAMP MUNICIPAL DES DUNES ★★★★ Loisirs 577 E. (74 Tourisme + 503 Loisirs), dont 74 CC - 503 GCC, 6,5 ha. Bord de mer à 100 m. à 100 m : . 300 m RN 1 ou CD 947. ☎ 03 28 26 61 54.

PERROQUET PLAGE FRONTIERE ★★★ Loisirs 856 E. (260 Tourisme + 596 Loisirs) 28 ha. CV. Locations : . Accès direct à la mer. Etang à 500 m. Rivière à 4 km.Lac à 5 km. Accueil groupes. RD 60, à la Frontière. A 16 sortie Bray Dunes. Mini-club juillet/août. Accès internet. ☎ 03 28 58 37 37. Fax : 03 28 58 37 01. E-mail : camping-perroquet@wanadoo.fr, Web : www.camping-perroquet.com.

LES PECHEURS ★ Loisirs 33 E. Bord de mer à 1,5 km. à 1,5 km : . ☎ 03 28 26 60 17.

LES TILLEULS ★ Loisirs 50 E. Bord de mer à 1 km. Location longue durée. ☎ 03 28 29 90 27.

M. DEWITTE Jean-Claude,aire naturelle 68, rue Pierre Decoock. ☎ 03 28 29 95 38.

BROXEELE

1-B2 29 km S. Dunkerque. 211 hab. ✉ 59470

L'YSER ★ Loisirs 40 E. 0,8 ha. CV. Locations : . à 5 km : . Ouv : 1.1 / 31.12. 9, route de Saint Omer. CD 928. ☎ 03 28 62 40 19. Fax : 03 28 62 40 19. E-mail : campingyser@aol.com.

BRUNEMONT

1-D3 12 km S.-E. Douai. 38 m. 355 hab. ✉ 59151

PARC DE LA VALLEE DE LA SENSEE ★★ Loisirs 320 E. (50 Tourisme + 270 Loisirs), dont 17 GCC, 3,5 ha. saison, saison, . Accès direct à l'étang. 1,5 km RN 43, sur RD 247. ☎ 03 27 80 91 28.

BUGNICOURT

1-D3 10 km S.-E. Douai. 72 m. 928 hab. ✉ 59151

LES SORBIERS ★★ Loisirs 35 E. (5 Tourisme + 30 Loisirs), dont 4 CC - 5 GCC, 0,7 ha. Sanitaire chauffé. Locations : . Etang à 3 km. à 3 km : . 15, rue Fressain, sur CD 47, RN 43. A mi-distance entre Douai et Cambrai. Location longue durée. ☎ 03 27 89 64 41. Fax : 03 27 89 64 41.
FFCC : partenaire - terrain assuré par la FFCC.

BUYSSCHEURE

1-B2 28 km S. Dunkerque 49 m. 419 hab. ✉ 59285

LA CHAUMIERE ★★★ Tourisme 29 E. dont 24 nus (17 Tourisme + 12 Loisirs), dont 29 GCC - 7 HLL, 1,02 ha. CV. Locations : . Accès direct à l'étang. Ouv : 1.4 / 31.10. Rés. obligatoire en été. 529, langhemast Straete. De St-Omer dir. Bergues/ Dunkerque par la D 928. A Lederzeele à droite dir. Arneke/Cassel par D 26, de Cassel dir. Watten. ☎ 03 28 43 03 57. E-mail : Camping.LaChaumiere@wanadoo.fr, Web : www.campinglachaumiere.com. Prix 2007. Fft jour : Empl. Tourisme (2) : 18 € ( ) ; Sup : 7 € - de 7 ans 3,50 € ; Animaux 1 €.

CAMBRAI

60 km S.-S.-E. Lille 75 m. 36618 hab. ✉ 59400

CAMP MUNICIPAL LES TROIS CLOCHERS ★★★ Tourisme 50 E. dont 50 nus CV. Accueil groupes nous contacter. nous contacter. Ouv : 15.4 / 15.10. 77, rue Jean Goude. Dir. Arras. Centre nautique. ☎ 03 27 70 91 64. Fax : 03 27 70 91 64. E-mail : campinglestroisclochers@villedecambrai.com. Prix 2007. ( ) : 12 € ; 10 € ; 12 € ; 2 € ; - de 10 ans 1,50 € ; 2,50 €.
FFCC : partenaire + réduction emp. de 5 % en saison et 10 % hors saison + Stop accueil Camping-car du 15/04 au 15/10/2008, accès jusqu'à 21h30.

CAPPELLE BROUCK

1-B2 28 km S.-O. Dunkerque. 953 hab. ✉ 59630

LES DONDAINES ★ Loisirs 49 E. dont 9 nus (9 Tourisme + 40 Loisirs) 1 ha. snack, CV. Rivière à 20 m. ; à 7 km : ; à 10 km : . Accueil groupes. Ouv : 1.4 / 30.10. A 16.Sortie 24 D 600. Direction St Omer ☎ 03 28 27 56 09. E-mail : lesdondaines@wanadoo.fr. Prix 2007. 3 € ; 2 € ; 3 € ; 3 € ; 3 € ; - de 12 ans 1,50 € ; 3 à 4 € ; 1 €.

COUDEKERQUE

1-B1 6 km E. Dunkerque. 4 m. 630 hab. ✉ 59380

DU BOIS DES FORTS ★★★★ Loisirs 130 E. (30 Tourisme + 100 Loisirs), dont 130 GCC, 3,26 ha. CV. Locations : . Etang à 2 km. CD 916, CD 72, à Coudekerque village. ☎ 03 28 61 04 41.

CROCHTE

1-C1 12 km S. Dunkerque. 20 m. 340 hab. ✉ 59380

PARC RESIDENTIEL DE LOISIRS LE VERT VILLAGE P.R.L. 35 E., dont 35 HLL. CV. Locations : 8 , 6 . Accès direct à l'étang. à 6 km : . Accueil groupes. Autoroute Lille-Dunkerque sortie Bierne dir. Cassel. D 52. ☎ 03 28 62 13 96 / 06 07 29 78 78 (H.S.). Fax : 03 28 62 16 45. E-mail : le.vert.village@wanadoo.fr, Web : www.levertvillage.com.

DOUCHY LES MINES

1-D3 12 km S.-O. Valenciennes. 11143 hab. ✉ 59282

LE VERGER ★ Tourisme 34 E. (20 Tourisme + 14 Loisirs) 0,6 ha. 275 avenue de la République. ☎ 03 27 43 80 32.

DUNKERQUE

85 km N.-O. Lille. 4 m. 73618 hab. ✉ 59140

LA LICORNE ★★★ Tourisme 400 E. (247 Tourisme + 153 Loisirs), dont 153 GCC - 34 HLL. Accès direct à la mer. ; ; . ☎ 03 28 69 26 68. Fax : 03 28 69 56 21.

EBBLINGHEM

1-C2 31 km S. Dunkerque. 36 m. 446 hab. ✉ 59173

A L'OREE DU BOIS ★★ Loisirs 25 E. 1 ha. RN 42 entre Hazebrouck et St-Omer. ☎ 03 28 43 23 25.

EPPE SAUVAGE

1-E3 25 km S.-E. Avesnes-sur-Helpe. 223 m. 231 hab. ✉ 59132

CAMPING - CHALETS DU VALJOLY ★★★ Tourisme 190 E., dont 60 HLL, 2.48 ha. CV. Locations : 30 . Lac et rivière à 400 m. ; ; . Accueil groupes. limité à 2 groupes. RN 2 jusqu'à Avesnes sur Helpe puis suivre fléchage Parc du ValJoly. ☎ 03 27 61 83 76. Fax : 03 27 61 83 09. E-mail : valjolyresa@valjoly.com, Web : www.valjoly.com. Prix 2007. 6,50 € ; 4,30 € ; 2 € ; Animaux 1,90 €. Réduction H.S.

ERINGHEM

1-B2 23 km S. Dunkerque. 14 m. 365 hab. ✉ 59470

LA VALLEE DES FLEURS ★ Loisirs 42 E. CV. Etang et rivière à 5 km. 1250, keurs Straete. Location longue durée. ☎ 03 28 68 95 29.

ESQUELBECQ

1-C2 18 km S.-E. Dunkerque. 1907 hab. ✉ 59470

LES ROSES ★★★ Loisirs 34 E. dont 5 nus (1 Tourisme + 33 Loisirs), dont 12 CC - 21 GCC, 1,5 ha. CV Sanitaire chauffé. Locations : , , Chambres. Etang à 50 m. Accueil groupes. Ouv : 15.4 / 15.10. Rés. obligatoire en été. A 26 sortie Bergues-Wormhout. ☎ 03 28 62 90 09. Fax : 03 28 62 90 09. E-mail : gite.camping@club-internet.fr, Web : www.fermeheegernest.fr. Prix 2007. 3,20 € ; 2,70 € ; 4,40 € ; 2,60 € ; 2,90 € ; - de 7 ans 2 € ; 2,50 € (6 A) ; 1,40 € ; Animaux 2 €. Réduction H.S.

FAUMONT

1-D3 12 km N.-E. Douai. 65 m. 1399 hab. ✉ 59310

LE CLOS FLEURY ★★ Loisirs 60 E. 5 ha. . Accès direct à l'étang. Ouv : 1.1 / 31.12. 33 rue Verte. ☎ 03 20 79 46 59.

FECHAIN

1-D3 18 km S.-E. Douai. 1848 hab. ✉ 59247

LA MARLIERE ★★ Loisirs 88 E., dont 88 GCC, 3,5 ha. CV. Accès direct à l'étang et à la rivière. Lac à 5 km. ; à 4 km : , . Ouv : 1.4 / 15.10. Location longue durée. ☎ 03 27 79 98 08. Fax : 03 27 83 24 79. E-mail : j-mdelabre@wanadoo.fr.

LE PARADIS ★ Loisirs 80 E. (15 Tourisme + 65 Loisirs), dont 15 GCC, 2 ha. Accès direct à la rivière. ☎ 03 27 89 40 70.

PRE FLEURI ★ Loisirs 34 E. 1,11 ha. Accès direct à l'étang et à la rivière. ☎ 03 27 89 42 34.

FELLERIES

1-E3 8 km E. Avesnes-sur-Helpes. 2009 hab. ✉ 59740

CAMP MUNICIPAL LA BOISSELLERIE ★★ Loisirs 60 E. (6 Tourisme + 54 Loisirs) 1 ha. . Etang à 2 km.Rivière à 3 km. à 3 km : . Rue de la Place, 3 km D 962 et 7 km RN 2. ☎ 03 27 59 06 50. Fax : 03 27 59 02 88.

FLINES LES MORTAGNE

1-D2 22 km N.-O. Valenciennes. 21 m. 1284 hab. ✉ 59158

DOMAINE DES POTERIES ★★ Loisirs 100 E. (5 Tourisme + 95 Loisirs) 1,7 ha. Locations : . Accès direct à l'étang. Rivière à 500 m. Ouv : 1.1 / 31.12. Les Sartiaux. ☎ 03 27 26 85 26 / 06 10 46 88 78 (H.S.). Fax : 03 27 26 85 26.
FFCC : partenaire - terrain assuré par la FFCC.

FLOYON

1-E4 11 km S. Avesnes-sur-Helpes. 252 m. 555 hab. ✉ 59219

ANIELOU ★★★ Loisirs 73 E., dont 73 GCC - 15 HLL, 2 ha. à gaz, CV. Locations : , , , . Etang à 300 m. Rivière à 500 m. Accueil groupes. 16, rue de Chevireuil. Dans le triangle Maroille/Avesnes-sur-Helpe/La Capelle, dir. Etroeungt/Floyon. Location longue durée. ☎ 03 27 59 14 14. Fax : 03 27 59 26 01. E-mail : anielou5@aol.com, Web : www.camping-anielou.com.

FOURMIES

1-E4 16 km S.-E. Avesnes-sur-Helpe. 200 m. 15599 hab. 59610

CAMP CLUB ATOUVERT DES ETANGS DES MOINES ★★★ Loisirs 99 E. (19 Tourisme + 80 Loisirs), dont 99 GCC, 1,28 ha. CV. Locations : 4. Accès direct à l'étang. Accueil groupes. 150 m CD 964. Bibliothèque. ☎ 03 27 60 04 32 / 04 67 36 35 42 (H.S.). Fax : 04 67 36 35 42. E-mail : a.tou.vert@wanadoo.fr, Web : www.atouvert.com.

FRASNOY

1-E3 28 km N.-O. Avesnes-sur-Helpe. 276 hab. 59530

LE MOULIN DE FRASNOY ★ Loisirs 94 E. (10 Tourisme + 84 Loisirs) 1,9 ha. CV. Locations : chauffée . Etang et lac à 3 km. à 3 km : . Accueil groupes. Ouv : 1.4 / 30.9. ☎ 03 27 49 43 30. Fax : 03 27 49 43 30. E-mail : campingaumoulindufrasnoy@wanadoo.fr.

GHYVELDE

1-C1 12 km E. Dunkerque. 4 m. 3071 hab. 59254

CARAVANING DU LAC ★★★★ Loisirs 83 E., dont 27 CC - 56 GCC, 1,72 ha. Lac à 50 m. Bord de mer à 3 km. ☎ 03 28 26 69 31. Web : www.meulhouck-vacances.com.

CAMP DU MEUL HOUCK ★★★ Loisirs 86 E., dont 22 GCC, 1,5 ha. Lac à 1 km. ☎ 03 28 26 62 12.

LA FERME ET LES SOURCES DE LA HOOGHE MOOTE ★★★ Loisirs 122 E., dont 122 GCC - 25 HLL, 7 ha. CV Sanitaire chauffé. Locations : 5, 1, 5. Accès direct à l'étang. Lac à 1 km.Bord de mer à 3 km. ; à 1 km : ; à 3 km : ; à 10 km : . Accueil groupes. Ouv : 15.3 / 1.11. A 16 sortie 36 dir. Uxem 1,5 km ou A 25 sortie 16 dir. Teteghem-Ghyvelde 13,5 km. Sur la D 2. Possibilité réservation matériel spécifique pour pers. handicapées pour la plage. ☎ 03 28 26 02 32. Fax : 03 28 26 94 12. E-mail : hooghe.moote@wanadoo.fr, Web : www.hooghemoote.com. Prix 2007. 4 € ; 2 € ; 4 € ; 4 € ; 4 € ; - de 7 ans 3 € ; 2,50 € (16 A) ; 1 €. Fft Ccar : 10 € (2).

LA FORGE ★★★ Loisirs 29 E., dont 29 GCC, 0,9 ha. Locations : 2, 1. Rivière à 1 km.Bord de mer, étang et lac à 2 km. Accueil groupes. Ouv : 1.4 / 31.10. 148, route de Zuydcoote ☎ 03 28 26 81 80 / 06 80 70 37 39 (H.S.). Fax : 03 28 26 81 80. Réduction H.S.

LES PINS ★★★ Loisirs 140 E. (40 Tourisme + 100 Loisirs), dont 140 GCC, 3,8 ha. CV. Locations : 6. Etang et lac à 300 m. Bord de mer à 3 km. à 300 m : ; à 1 km : ; à 3 km : . Accueil groupes. Ouv : 15.3 / 15.11. 89, rue des Ecoles. 15 km de l'A 25. 1 km de l'A 16.De Lille A 25 Suivre Bray-Dunes. Une fois passé les villes de Hondschoote et Les Moëres, prendre Ghyvelde Lac des Hérons. 1er rue à gauche puis entrée à 50 m. ☎ 03 28 26 64 74 / 06 10 24 47 38 (H.S.). Fax : 03 28 26 64 74. E-mail : contact@aucampingdespins.fr, Web : aucampingdespins.fr. Prix 2007. Empl. Tourisme : 3 € ; 1,50 € ; 4 € ; - de 12 ans 3 € ; 2 € (10 A) ; 0,80 € (1 jeton).

FFCC : réduction loc. de 5 % en saison et hors saison.

LA PLAINE ★★ Loisirs 135 E. 3,2 ha. partiel, CV. Lac à 1 km.Bord de mer à 3 km. à 3 km : . Ouv : 1.4 / 30.10. Rue de la Frontière, 500 m de RN 347. ☎ 03 28 26 60 55 / 06 88 19 59 38 (H.S.). Fax : 03 98 26 60 55.

MA CAMPAGNE ★★ Loisirs 135 E. 3,3 ha. CV. Lac à 1 km.Bord de mer à 4 km. ; à 3 km : . A 16 sortie Ghyvelde dir. Uxem. Location longue durée. ☎ 03 28 26 86 49 / 03 28 26 55 54 (H.S.). Fax : 03 28 58 20 34. E-mail : lelieur.lagarenne@wanadoo.fr.

LE RINGSBOOT ★ Loisirs 59 E. 0,7 ha. Rue de la Frontière. Tél. 058.41.21.81 (en Belgique).

GOMMEGNIES

1-E3 22 km N.-O. Avesnes-sur-Helpe. 124 m. 1792 hab. 59144

C.C.A.S. LES HAIES DE BAILLEUL ★★ Loisirs 14 E. Accès direct à l'étang. Rés. C.C.A.S. ☎ 03 27 23 23 80.

LE FROMENTEL ★ Loisirs 48 E. 1 ha. CV Sanitaire chauffé. Locations : 12. Accès direct à l'étang et à la rivière. 1558, route de Bavay. Entre Valenciennes / Maubeuge / Bavay le Quesnoy. ☎ 06 07 22 50 80 / 06 11 27 51 29 (H.S.). Fax : 03 20 46 04 37. Web : www.campinglefromentel.com.

GRAND FAYT

1-E3 10 km S.-O. Avesnes-sur-Helpe. 146 m. 426 hab. 59244

LE CLOS VERT ★ Loisirs 35 E. Locations : . Accès direct à l'étang. Rivière à 500 m. ☎ 03 27 59 42 76.

GRAND FORT PHILIPPE

1-B1 22 km S.-O. Dunkerque. 5 m. 5890 hab. 59153

CAMP DE LA PLAGE ★★★ Tourisme 84 E. dont 75 nus (54 Tourisme + 30 Loisirs), dont 7 HLL, 0,84 ha. CV Sanitaire chauffé. Bord de mer à 500 m. Etang et rivière à 5 km. Accueil groupes. Dunkerque puis A 16 vers Calais. ☎ 03 28 65 31 95 / 03 28 23 09 80 (H.S.). Fax : 03 28 65 35 99. E-mail : camping.delaplage@wanadoo.fr, Web : www.camping-de-la-plage.info. Prix 2007. Empl. Tourisme : 3,26 € () : 1,63 € ; 4,18 € ; - de 7 ans 1,84 € ; 3,16 € (10 A) ; Animaux 1,68 €. Réduction H.S.

GRAVELINES

1-B1 21 km O.-S.-O. Dunkerque. 3 m. 11647 hab. 59820

CAMP DES NAVIGATEURS ★★★★ Loisirs 120 E., dont 100 GCC - 20 HLL, 2 ha. CV. Locations : 10, 20. Accès direct à la mer. Rivière à 1 km. Accueil groupes. Ouv : 1.4 / 1.11. Rue Victor Hugo. A 16 sortie 22 et 23. Ouvert du 1.01 / 31.12 pour les mobile-homes. ☎ 03 28 23 09 80. E-mail : vpa@club internet.fr, Web : www.camping-desdunes.com. Prix 2007. () : 3,98 € ; 2,06 € ; 3,98 € ; 3,98 € ; 5,15 € ; - de 7 ans 2,52 € ; 3,74 € (10 A) ; Animaux 1,71 €. Réduction H.S.

LES DUNES ★★ Tourisme 72 E. 5 ha. CV. Locations : 15, 35. Accès direct à la mer. Rivière à 3 km. Accueil groupes. Rue Victor Hugo à Petit-Fort-Philippe, 2 km RN 40. Ouvert du 1.01 / 31.12 pour les mobile-homes. ☎ 03 28 23 09 80 / 03 28 23 29 10 (H.S.). Fax : 03 28 65 35 99. E-mail : vpa@club-internet.fr, Web : www.camping-desdunes.com. Prix 2007. () : 3,03 € ; 1,86 € ; 3,03 € ; 3,03 € ; 3,15 € ; - de 16 ans 2,36 € ; 3,07 € (6 A) ; Animaux 1,68 €.

HERLIES

1-C2 18 km O. Lille. 37 m. 1236 hab. 59134

CAMP MUNICIPAL ★★★★ Loisirs 94 E., dont 94 GCC - 22 HLL. CV. Etang à 1 km. Accueil groupes. ☎ 03 20 29 22 97. Fax : 03 20 49 97 54. E-mail : mairie-herlies@wanadoo.fr.

HON HERGIES

1-E3 30 km N.-O. Avesnes-sur-Helpe. 125 m. 682 hab. 59570

LA JONQUIERE ★★★ Loisirs 140 E. (15 Tourisme + 125 Loisirs), dont 100 GCC, 4 ha. CV. Locations : 11. Accès direct à l'étang. Accueil groupes. Ouv : 15.3 / 15.10. 15, rue des Fonds ☎ 03 27 66 95 17. Web : www.jonquiere.fr. Prix 2007. Fft jour : Empl. Tourisme (3) : 15 € ((6 A)) ; Sup : 4 € - de 7 ans 2 € ; Animaux 1 €. Réduction H.S.

LES CHALETS DE LA FLAMINETTE P.R.L. 10 E., dont 10 HLL. Rue Laurent Niogret. ☎ 03 27 67 61 23.

HONDSCHOOTE

1-C1 20 km S.-E. Dunkerque. 3780 hab. 59122

LE PREJOLY ★★★ Loisirs 105 E. dont 6 nus 1,6 ha. CV. Accès direct à la rivière. Etang et lac à 5 km. Rue des Moëres, 200 m de CD 55, à 100 m de CD 947. 4 km autoroute A 16. ☎ 03 28 62 50 71. Fax : 03 28 62 50 71.

BEVERHOUCK ★★ Loisirs 30 E. 2 ha. CV. Locations : 5. Rivière à 2 km. à 2 km : . ☎ 03 28 68 33 98 / 06 63 78 69 26. E-mail : tom.flynn1@worldonline.fr.

LE BON COIN ★★ Loisirs 65 E. ☎ 03 28 68 31 89.

LA GARE ★ Loisirs 16 E. (4 Tourisme + 12 Loisirs), dont 7 CC, 0,28 ha. Rivière à 500 m. à 500 m : . Accès sur les autoroutes A 16 (9 km) et A 25 (11 km). ☎ 03 28 68 30 13. Fax : 03 28 62 66 38.

HONNECOURT SUR ESCAUT

1-D4 17 km S. Cambrai. 80 m. 668 hab. 59266

CAMP DE L'ESCAUT ★★ Loisirs 100 E. (30 Tourisme + 70 Loisirs) 1 ha. CV. Locations : 3. Accès direct à la rivière. Accueil groupes. Ouv : 1.2 / 30.11. 12, rue de l'Eglise. 3 km RN 44 bis, à 6 km RN 17. A1/A2/A26. ☎ 03 27 74 32 22. Fax : 03 27 74 32 22. E-mail : camping.delescaut@orange.fr, Web : campingdelescaut.fr. Prix 2008. Empl. Tourisme : 2,80 € ; 2 € ; 3 € ; - de 7 ans 1,80 € ; 3 € ; 1,20 €.

FFCC : partenaire + réduction emp. de 5 % hors saison + réduction loc. de 5 % hors saison.

HOUPLINES

1-C2 16 km N.-O. Lille. 7964 hab. 59116

LA COUR DU ROY ★★★ Loisirs 43 E., dont 43 GCC - 8 HLL. 55, Rue du Piroli. ☎ 03 20 35 05 79.

L'IMAGE ★★★ Loisirs 102 E., dont 31 CC - 56 GCC, 2,5 ha. saison, saison, saison, CV Sanitaire chauffé. Locations : 2, 4, 3. Accès direct à l'étang. Lac et rivière à 3 km. ; à 4 km : . Accueil groupes. Ouv : 1.1 / 31.12. 140, rue Brune. De Lille A 25 dir. Dunkerque, sortie n° 8 Armentières, prendre à droite. Au rond-point dir. Houplines, 1ère à droite après le deuxième feu tricolore ☎ 03 20 35 69 42 / 06 81 16 56 82 (H.S.). Fax : 03 20 35 69 42. E-mail : campimage@wanadoo.fr, Web : www.campingimage.com. Prix 2007. Fft jour : Empl. Tourisme (2) : 16,50 € () ; Sup : 5,25 € - de 12 ans 3 € ; 3 € (6 A).

LES ALOUETTES ★★ Loisirs 81 E. (5 Tourisme + 76 Loisirs), dont 30 GCC, 2,2 ha. CV. Accès direct à l'étang. Lac à 3 km. à 500 m : ; à 3 km : . Accueil groupes. Ouv : 1.3 / 15.10. 140, rue Brune. Autoroute Lille/Dunkerque, sortie 8 Armentières au carrefour Chapelle d'Armentières, dir. Houplines, 1ère route à droite après 2ème feu tricolore. ☎ 03 20 35 69 42 / 06 81 16 56 82 (H.S.). Fax : 03 20 35 69 42. E-mail : campimage@wanadoo.fr, Web : campingimage.com. Prix 2007. Empl. Tourisme : 4,90 € ; 2,75 € ; - de 12 ans 1,80 € ; 1,50 à 3 € (2 à 6 A) ; 1,50 € (Jeton).

LE PONT CHARLET ★ Loisirs 50 E. (8 Tourisme + 42 Loisirs), dont 50 CC, 0,6 ha. Rés. naturiste. Rivière à 4 km. Ouv : 1.4 / 15.10. Rés. obligatoire en été. 35, ruelle de la Blanche. Sortie autoroute de Dunkerque - La Chapelle d'Armentière dir. Houplines. ☎ 06 84 38 53 62 / 06 81 05 69 95 (H.S.). Prix 2008. Empl. Tourisme : 5 € : 1,80 € ; 7 € ; 4 € ; - de 7 ans 2 € ; 2,60 € ; Animaux 1 €.
FFCC : partenaire + réduction emp. de 15 % en saison et hors saison + réduction loc. de 15 % en saison et hors saison.

AIRE NATURELLE DE L'IMAGE CV. A 500 m : . A 4 km: Piscine plein air . Ouv : 1.4 / 1.10. 140, rue Brune. A 25 dir. Dunkerque, à la sortie N° 8 prendre à droite. Au rond-point, dir. Houplines et 1ère à droite après le 2ème feu. ☎ 03 20 35 69 42 / 06 81 16 56 82 (H.S.). Fax : 03 20 35 69 42. E-mail : campimage@wanadoo.fr, Web : www.campingimage.com.

HOUTKERQUE
1-C2 29 km S.-E. Dunkerque. 18 m. 765 hab. ✉ 59470

LE DOMAINE DES CHENES ★★★ Loisirs 24 E., dont 24 GCC. CV. Accès direct à l'étang. . 8, route de Winnezeele. ☎ 03 21 93 04 38 / 03 21 95 83 61.

LEFFRINCKOUCKE
1-C1 7 km E. Dunkerque. 5 m. 5245 hab. ✉ 59495

MER ET VACANCES ★★★ Loisirs 110 E. (47 Tourisme + 63 Loisirs), dont 63 GCC - 17 HLL. CV Sanitaire chauffé. Locations : , . Accès direct à la mer. Rivière à 5 km. ; ; ; ; . Rue Jean-Baptiste Charcot. A 16 Calais/Ostende sortie 34. A 16 Ostende/Calais sortie 35. ☎ 03 28 20 17 32. Fax : 03 28 20 17 32.

LIESSIES
1-E3 14 km E. Avesnes-sur-Helpe. 82 m. 515 hab. ✉ 59740

Mme TROCHAIN Jacqueline,aire naturelle village, . A 2 km: . A 5 km : Piscine plein air . Le Courreux. ☎ 03 27 61 81 96 / / 03 27 57 91 84 (H.S.).

LOCQUIGNOL
1-E3 20 km N.-O. Avesnes-sur-Helpe. 160 m. 320 hab. ✉ 59530

LE ROI DU BOIS ★ Loisirs 70 E. dont 70 nus (7 Tourisme + 63 Loisirs) 0,65 ha. CV.à 5 km : , , . Accueil groupes. Ouv : 1.4 / 31.10. Route Forestière. ☎ 03 27 49 43 70. Prix 2007. 1 € ; 1 € ; 1 € ; 1 € ; 1,50 € ; - de 7 ans 1 € ; 2,20 € (16 A) ; 1 €.

VERT DONJON ★ Loisirs 76 E. 2 ha. . Locations : , 1 , 5 , . Accès direct à l'étang. Rivière à 5 km. . Accueil groupes. Rue du Petit Paris. Terrain bi-cross enfants. ☎ 03 27 34 20 39.

LOOBERGHE
1-B1 18 km S.-O. Dunkerque. 1162 hab. ✉ 59630

LA COLME ★★★ Loisirs 58 E. . Accès direct à la rivière. . ☎ 03 28 22 03 30.

LES PRAIRIES DE LA COLME ★★★ Loisirs 64 E., dont 24 GCC. CV. Locations : 1 , 3 . Etang à 200 m. Rivière à 300 m. . Ouv : 1.4 / 31.10. A 16. ☎ 03 28 22 00 88. Fax : 03 28 22 00 88. Prix 2007. 4 € ; 1,60 € ; 4 € ; 4 € ; 4 € ; - de 12 ans 2 € ; 2,50 € (12 A) ; 1 € ; Animaux 1,60 €. Réduction H.S.

LA ROSE DES VENTS ★ Loisirs 28 E. . Rivière à 300 m. à 300 m : ; à 5 km : , . Location longue durée. ☎ 03 28 29 85 00.

LYNDE
1-C2 40 km S. Dunkerque. 449 hab. ✉ 59173

LA BECQUERELLE ★★ Loisirs 70 E. (10 Tourisme + 60 Loisirs) 1 ha. . Rivière à 3 km.Etang à 5 km. ☎ 03 28 43 20 37.

MARCHIENNES
1-D3 20 km N.-E. Douai. 3564 hab. ✉ 59870

CAMP DES EVOICHES ★★★ Loisirs 120 E. (15 Tourisme + 105 Loisirs) 2,1 ha. CV Sanitaire chauffé. Accès direct à l'étang. Rivière à 1 km. . Accueil groupes. Ouv : 16.3 / 31.10. Autoroute Lille-Valenciennes. ☎ 03 27 90 44 69. Prix 2007. Empl. Tourisme : 2,80 € ; 1,50 € ; 1,50 € ; 3,20 € ; - de 7 ans 1,80 € ; 2,80 € ; 1 €.

MAROILLES
1-E3 13 km O. Avesnes-sur-Helpe. 186 m. 1465 hab. ✉ 59550

LA SABLONNIERE ★ Loisirs 45 E., dont 45 GCC, 1,3 ha. . Etang et rivière à 1 km. à 1 km : , , . 320, rue des Sablonnières. ☎ 03 27 84 74 52.

LE MOULIN DES PRES ★ Loisirs 65 E. 1,37 ha. CV. Locations : . Accès direct à la rivière. ; . Accueil groupes. ☎ 03 27 84 75 51. Fax : 03 27 84 75 51.

LES HAIES ★ Loisirs 40 E. 0,85 ha. . Locations : , , . Etang et rivière à 1 km. . Accueil groupes. Rue des Haies. ☎ 03 27 77 79 27.

MAUBEUGE
1-E3 19 km N. Avesnes-sur-Helpe. 36156 hab. ✉ 59600

CAMP MUNICIPAL DU CLAIR DE LUNE ★★★ Tourisme 92 E. dont 92 nus, , dont 56 CC, 2 ha. CV Sanitaire chauffé. Locations : 22 . Etang à 3 km. Accueil groupes. Ouv : 9.2 / 19.12. 212, route de Mons. 6 km de la frontière Belge. N 2 axe Mons-Laon, N 49 axe Valenciennes-Beaumont. ☎ 03 27 62 25 48 / 03 27 62 11 93 (H.S.). Fax : 03 27 62 25 48. E-mail : camping@ville-maubeuge.fr, Web : www.ville-maubeuge.fr. Prix 2008. Empl. Tourisme : 3,30 € ; 3,40 € ; - de 16 ans 2,25 € ; 4,25 à 5,15 €.

MECQUIGNIES
1-E3 20 km N.-O. Avesnes-sur-Helpe. 150 m. 515 hab. ✉ 59570

LA HUTTE ★★ Loisirs 50 E. (10 Tourisme + 40 Loisirs) 1,2 ha. . Accès direct à l'étang. . Chemin du Pont de Poules, RN 351. ☎ 03 27 63 08 69.

MERCKEGHEM
1-B2 27 km S.-E. Dunkerque. 62 m. 546 hab. ✉ 59470

LES CENT FLEURS ★★ Loisirs 34 E. 1 ha. CV. Accès direct à l'étang. à 4 km : . Ouv : 1.4 / 1.11. Chemin de Cassel. RN 928. Location longue durée. ☎ 03 28 68 03 05 / 06 74 74 65 50 (H.S.). Prix 2007. 5 € ; 2 €. Empl. Loisirs : 540 en saison €.

MERIGNIES
1-D3 18 km S. Lille. 44 m. 2166 hab. ✉ 59710

LES ETANGS DE LA SABLIERE ★ Loisirs 25 E. 1,50 ha. . Locations : , . Accès direct à l'étang. . Accueil groupes. 245, rue Leclerc. De Paris/Lille : A 1 sortie n° 19 Seclin vers Pont à Marcq par D 549 (5 km) puis Mérignies D 120 (2 km). De Douai D 917 (18 km). ☎ 06 64 51 28 28. E-mail : camping.lasabliere@wanadoo.fr.
FFCC : partenaire - terrain assuré par la FFCC.

LES MOERES
1-C1 17 km E. Dunkerque. 748 hab. ✉ 59122

LA GARENNE ★★★★ Loisirs 64 E., dont 64 GCC, 5 ha. CV. Accès direct à l'étang. Bord de mer et lac à 3 km. ; à 3 km : , , . Ouv : 1.3 / 31.10. Rés. obligatoire en été. A 16 sortie Ghyvelde dir. La Garenne / Aérodrome. ☎ 03 28 26 86 49. Fax : 03 28 58 20 34. E-mail : lelieur.lagarenne@wanadoo.fr, Web : www.ravaning-lagarenne.fr.

LA DISTELLERIE ★★★ Loisirs 40 E., dont 40 GCC. . Accès direct à l'étang. A 16 (Calais-Dunkerque) puis D 947. De Belgique E 40. ☎ 03 28 26 43 00.

LE CAP VERT ★★★ Loisirs 44 E., dont 44 GCC - 8 HLL. . Ouv : 1.4 / 30.10. 11 rue du Nord. D 947 entre Les Moeres et Ghyvelde. ☎ 03 28 63 96 92.

POLDER & VACANCES ★★ Loisirs 22 E. 0,5 ha. , saison, CV. Locations : 3 . Rivière à 1 km.Etang et lac à 4 km.Bord de mer à 5 km. à 3 km : ; à 4 km : , ; à 10 km : . Accueil groupes. 14, rue St-Antoine. A 16 (Calais/Bruxelle) sortie n° 36 dir. Les Moëres/Hondschoote (D 947) arrivé sur Les Moëres 1ère à gauche. A 25 sortie n° 14 (Bray-Dunes), à la sortie Les Moënes, tout droit vers Ghyvelde. ☎ 03 28 26 02 15 / / 06 16 99 61 25 (H.S.). Fax : 03 28 26 99 03. E-mail : polder.vacances@wanadoo.fr, Web : www.hooghemoote.com. Réduction H.S.

MORBECQUE
1-C2 36 km S. Dunkerque. 34 m. 2673 hab. ✉ 59190

LES HUIT RUES ★★★ Loisirs 67 E., dont 16 GCC, 1 ha. . Locations : , . 28, route de Wallon Cappel. Sur la D 138 à Morbecque entre Hazebrouck et Aire-sur-la-Lys. ☎ 03 28 41 71 60.

NOYELLES SUR SAMBRE
1-E3 12 km O. Avesnes-sur-Helpe. 371 hab. ✉ 59550

LES HIRONDELLES ★ Loisirs 100 E. (5 Tourisme + 95 Loisirs) 2,5 ha. . Locations : . Rivière à 800 m. Etang à 3 km. . Rue des Patures. ☎ 03 27 67 39 54.

OHAIN
1-E4 18 km S.-E. Avesnes sur Helpe. 252 m. 1176 hab. ✉ 59132

CAMP MUNICIPAL DU HUTUTU ★★ Loisirs 38 E. 3 ha. . Locations : . Accès direct à l'étang. . ☎ 03 27 60 07 33 / 03 27 60 00 96 (Mairie).

PAILLENCOURT
1-D3 10 km N. Cambrai. 1006 hab. ✉ 59295

DE LA BLIQUE ★★★ Loisirs 68 E., dont 68 GCC. 2, rue de Wavrechain-sous-Faulx. ☎ 03 27 74 19 40.

PITGAM
1-B1 17 km S. Dunkerque. 20 m. 948 hab. ✉ 59284

LE 20EME SIECLE ★★★ Loisirs 76 E., dont 76 GCC - 14 HLL, 2 ha. , rapide saison, CV. Locations : 7 , 2 . . Rivière à 500 m. Etang et lac à 5 km. ; . Accueil groupes. A 25 sortie Bierne. A 16 sortie Spycker. ☎ 03 28 62 14 44 / / 06 11 26 41 33 (H.S.). Fax : 03 28 62 14 44. E-mail : campingdu20esiecle@wanadoo.fr.

A LA DETENTE ★★ Loisirs 75 E. 4 ha. . Locations : , , . Rivière à 2 km. A 25 sortie 16. ☎ 03 28 62 14 58.

CARAVANING LA HUTTE ★ Loisirs 20 E. . Etang à 50 m. blanc : . Les Brouck. ☎ 03 28 62 13 30 / 03 28 62 86 18.

POTELLE
1-E3 27 km N.-O. Avesnes-sur-Helpe. 104 m. 251 hab. ✉ 59530

LE PRE VERT ★★★★ Loisirs 59 E. (15 Tourisme + 44 Loisirs) 1 ha. CV. Locations : , . Etang à 2 km. à 2 km : ; à 5 km : . Accueil groupes. Rue du Moulin, RN 342. ☎ 03 27 49 09 47 / 03 27 49 19 87. Fax : 03 27 20 01 05.

PRADELLES
1-C2 40 km S. Dunkerque. 160 hab. ✉ 59190

LE MIDDEL STRAETE ★★ Loisirs 60 E. dont 58 nus (10 Tourisme + 50 Loisirs) 1,69 ha. CV. Locations : . Accès direct à l'étang. Ouv : 1.3 / 30.10. 255, rue du Moulin. RN 42. ☎ 03 28 48 60 07. Fax : 03 28 48 60 07. Prix 2007. Empl. Tourisme : 3 € ; 2,60 € ; 2,25 € ; - de 7 ans 1,70 € ; 2 € ; 1,25 € ; Animaux 1,40 €.

PREUX AU BOIS

1-E3 28 km O. Avesnes-sur-Helpe. 275 m. 885 hab. ✉ 59288

LA FORESTIERE DE PREUX (L.V.T.) ★★ Loisirs 63 E. (3 Tourisme + 60 Loisirs), dont 2 GCC, 1 ha. Sanitaire chauffé. Etang à 1 km. Chemin des Gardes. ☎ 03 27 77 34 61 (Base).

PRISCHES

1-E4 12 km S.-O. Avesnes-sur-Helpe. 195 m. 929 hab. ✉ 59550

CAMP MUNICIPAL DU CHEMIN DU FRISET ★★ Loisirs 23 E. 0,4 ha. Accès direct à l'étang. Rivière à 3 km. ☎ 03 27 77 59 00 (Mairie). Fax : 03 27 77 97 01. E-mail : prisches-mairie@wanadoo.fr.

LE QUESNOY

1-E3 30 km N.-O. Avesnes-sur-Helpe. 125 m. 4942 hab. ✉ 59530

CAMPEOLE LE LAC VAUBAN ★ Loisirs 145 E. (23 Tourisme + 122 Loisirs) 3 ha. Locations : . Accès direct à l'étang. ; à 300 m : . Chemin des Etangs. ☎ 03 27 49 10 07. Fax : 03 27 27 67 38.

RENESCURE

1-C2 40 km S. Dunkerque. 30 m. 2115 hab. ✉ 59173

LE BLOEM STRAETE ★★★ Loisirs 30 E. (6 Tourisme + 24 Loisirs), dont 30 CC, 1,89 ha. Lac à 1 km.Etang et rivière à 5 km. à 6 km : . Accueil groupes. Sur la RN 42 entre St-Omer et Hazebrouck. ☎ 03 28 49 85 65 / 06 07 04 28 77 (H.S.). E-mail : lebloemstraete@yahoo.fr, Web : www.lebloemstraete.fr.

RUBROUCK

1-C2 31 km S. Dunkerque. 674 hab. ✉ 59285

L'HOFLAND ★★★ Loisirs 66 E., dont 66 GCC, 1 ha. Lieu-dit l'Hofland. ☎ 03 28 42 30 82.

RUESNES

1-D3 34 km N.-O. Avesnes-sur-Helpe. 125 m. 350 hab. ✉ 59530

LES PRES VERTS ★ Loisirs 10 E. Accès direct à l'étang. ☎ 03 27 33 68 70.

RUMEGIES

1-D3 20 km N.-O. Valenciennes. 32 m. 1211 hab. ✉ 59226

LE PETIT CLOS ★★★ Loisirs 50 E., dont 50 GCC, 1,2 ha. Locations : . Chemin Tintin. Par CD 955. ☎ 03 27 26 74 03.

SAINGHIN EN MELANTOIS

12 km S.E. Lille. 40 m. 2562 hab. ✉ 59262

CARAVANING DU GRAND SART ★ Loisirs 71 E. (31 Tourisme + 40 Loisirs), dont 31 GCC. Sèche-linge. ☎ 03 20 41 10 54.

ST AMAND LES EAUX

1-D3 13 km N.-O. Valenciennes. 17 m. 16384 hab. ✉ 59230

MONT DES BRUYERES ★★★★ Tourisme 94 E. dont 54 nus (54 Tourisme + 40 Loisirs) 3 ha. CV Sanitaire chauffé. Locations : 4 . Accessible par autoroute, sortie St-Amand venant de Valenciennes. Sortie Thermale en venant de Lille. ☎ 03 27 48 56 87 / 06 61 93 03 02 (H.S.). Fax : 03 27 48 56 87.

ST JANS CAPPEL

1-C2 50 km S.-E. Dunkerque. 30 m. 1153 hab. ✉ 59270

DOMAINE DE LA SABLIERE ★★★ Loisirs 108 E. (10 Tourisme + 98 Loisirs) 3,6 ha. CV. Etang à 2 km. à 2 km : . Accueil groupes. Au Mont-Noir, RN 42, sur RD 318. ☎ 03 28 49 46 34.

SAMEON

1-D3 26 km N.-E. Douai. 30 m. 1175 hab. ✉ 59310

LA GENTILHOMMIERE ★★★ Loisirs 81 E. (5 Tourisme + 76 Loisirs) 1,7 ha. CV. Locations : , half-court. Accès direct à l'étang. Ouv : 1.4 / 30.10. 905, rue de Beaumetz. Dir. de Rosult, sortie n° 3 de l'A 23. ☎ 03 20 61 54 03. Fax : 03 20 61 54 03.

FFCC : partenaire - terrain assuré par la FFCC.

SEBOURG

1-E3 10 km E. Valenciennes. 50 m. 1589 hab. ✉ 59990

NOTRE CHAUMIERE ★ Loisirs 48 E. (10 Tourisme + 38 Loisirs) 0,6 ha. Rivière à 250 m. à 250 m : . Sebourquiaux. RD 50 et 59. Autoroute sortie Valenciennes est dir. Saint-Saulve-Sebourg. Nouvelle autoroute Paris/Bruxelle, sortie entrée Sebourg. ☎ 03 27 25 78 71. Fax : 03 27 25 78 71.

SEMERIES

1-E3 6 km E. Avesnes-sur-Helpe. 200 m. 529 hab. ✉ 59440

AU BOL D'AIR ★★ Loisirs 120 E. (15 Tourisme + 105 Loisirs) 2 ha. CV. Locations : , . Rivière à 100 m. Route de Flaumont, RN 2. ☎ 03 27 59 05 54.

FFCC : partenaire - terrain assuré par la FFCC.

SOLESMES

1-D3 20 km E. Cambrai. 70 m. 5452 hab. ✉ 59730

L'ETANG DES PEUPLIERS ★★ Loisirs 18 E. Locations : . Accès direct à l'étang et à la rivière. ☎ 03 27 37 32 08.

SOLRE LE CHATEAU

1-E3 18 km N.-E. Avesnes-sur-Helpe. 200 m. 2153 hab. ✉ 59740

CAMP MUNICIPAL DU SOLREZIS ★★ Loisirs 36 E. (10 Tourisme + 26 Loisirs) 0,35 ha. Rue Léo Lagrange. ☎ 03 27 61 61 14.

STAPLE

1-C2 35 km S. Dunkerque. 549 hab. ✉ 59190

LA RABAUDE ★ Loisirs 50 E. (15 Tourisme + 35 Loisirs) 1,5 ha. Locations : . Longue Croix, RD 238 et 161. ☎ 03 28 40 03 28.

STEENBECQUE

1-C2 36 km S. Dunkerque. 35 m. 1485 hab. ✉ 59189

LE PARADISO ★★ Loisirs 60 E. (10 Tourisme + 50 Loisirs) 1 ha. Rivière à 200 m. ; à 200 m : . 40, rue du Bois. ☎ 03 28 42 15 08.

STEENVOORDE

1-C2 30 km S.-E. Dunkerque. 30 m. 4021 hab. ✉ 59114

LES RAMIERS ★★ Loisirs 22 E. 35 bis, rue de Poperinghe. Location longue durée.

LE ROMANTIC ★ Tourisme 36 E. Accès direct à l'étang. Le Ryveld. Route des Frères Patteyn. Au pied du Mont Cassel. Terrains de sport (foot, volley, pétanque). ☎ 03 28 49 70 95 / 06 85 03 66 26. Web : www.leromantic.fr.

TAISNIERES SUR HON

1-E3 2 km N.-O. Avesnes-sur-Helpe. 149 m. 860 hab. ✉ 59570

LES NENUPHARS ★ Loisirs 23 E. Accès direct à l'étang et à la rivière.

TETEGHEM

1-C1 7 km S.-E. Dunkerque. 2 m. 5265 hab. ✉ 59229

CAMP DU PONT A COCHONS ★★ Loisirs 77 E. (15 Tourisme + 62 Loisirs), dont 15 GCC. . Accès direct à la rivière. Etang et lac à 800 m. Bord de mer à 3 km. ☎ 03 28 26 03 04. Fax : 03 28 26 03 04.

LE HAMEAU DES NEIGES ★ Loisirs 42 E. Rivière à 2 km.Etang à 3 km.Bord de mer à 5 km. A 10 km de Dunkerque Nord. Location longue durée. ☎ 03 28 68 50 45.

THIENNES

1-C2 48 km S. Dunkerque. 856 hab. ✉ 59189

LE TANNAY ★ Loisirs 38 E. (8 Tourisme + 30 Loisirs) . Rivière à 1 km. 134, rue du Taxnay. ☎ 03 28 42 17 04. Fax : 03 28 42 17 04.

UXEM

1-C1 10 km E. Dunkerque 4 m. 1128 hab. ✉ 59229

LES SOURCES DE LA HOOGHE MOOTE ★★★ Loisirs 74 E., dont 74 GCC - 17 HLL, 3 ha. été, CV Sanitaire chauffé. Locations : 2 , 2 , 5 , . Lac à 2,5 km.Bord de mer à 3,5 km. ; à 2 km : , , . Accueil groupes. Ouv : 15.3 / 15.11. 188, route d'Uxem. A 25 sortie 16 Bergues dir. Teteghem/Uxem puis D 2 Ghyvelde (13 km). A 16 sortie 36 BD-Ghyvelde dir. Bray-Dunes, 1er feu à gauche vers Uxem sur 2,5 km. ☎ 03 28 26 02 32. Fax : 03 28 26 94 12. E-mail : hooghe.moote@wanadoo.fr, Web : hooghemoote.com. Prix 2007. 5 € ; 5 € ; 4 € ; - de 7 ans 3 € ; 2,50 € (16 A) ; 1 €.

FFCC : partenaire + carte FFCC assurance annulation.

VILLEREAU

3-B5 30 km N.-O. Avesnes-sur-Helpe. 135 m. 663 hab. ✉ 59530

PARC RESIDENTIEL DE LOISIRS P.R.L. Tourisme 107 E., dont 79 HLL, 3,75 ha. saison, CV. Locations : 11 , , 4 . Accès direct à la rivière. Accueil groupes. 22, rue du Franc à Louer. ☎ 03 27 41 88 68. Fax : 03 27 41 88 68. E-mail : vld@vld-mormal.com, Web : www.vld-mormal.com.

VILLERS SIRE NICOLE

1-E3 28 km N.-E. Avesnes-sur-Helpe. 1029 hab. ✉ 59600

LES AVALLEES ★ Loisirs 200 E. (10 Tourisme + 190 Loisirs) 3,36 ha. Accès direct à l'étang et à la rivière. Ouv : 1.4 / 14.10. RN 2. ☎ 03 27 67 92 56. Fax : 03 27 67 45 18. E-mail : , Web : www.loisirs-les-avallees@wanadoo.fr. Prix 2007. Empl. Tourisme : 1,50 € ; 1,50 € ; 1,50 € ; 1,50 € ; 1,50 € ; 2 € ; - de 7 ans 1,50 € ; 2 €.

VOLCKERINCKHOVE

1-B2 27 km S. Dunkerque. 30 m. 488 hab. ✉ 59470

LE MOULIN ★ Loisirs 100 E. (15 Tourisme + 85 Loisirs) 2,5 ha. CV. Ouv : 1.4 / 31.10. 103, rue Reine Becque. ☎ 03 28 68 03 23. Prix 2007. Fft jour : Empl. Tourisme (2) : 8,70 € Sup : 2,20 € - de 7 ans 1,60 € ; 1,75 à 2,10 € (4 à 6 A) ; 1,30 €.

WARHEM

1-C1 14 km S.-E. Dunkerque. 15 m. 1667 hab. ✉ 59380

LE CLOS FLEURY ★★ Loisirs 55 E. 1,65 ha. Rivière à 500 m. 106, route d'Uxem. ☎ 03 28 26 40 13. Fax : 03 28 26 40 13.

PARC RESIDENTIEL DE LOISIRS LA BECQUE P.R.L. 147 E. dont 7 nus, dont 95 HLL, 4,6 ha. CV. Locations : 5 , 1 , 10 . Rivière à 1 km. à 2 km : ; à 10 km : , . Accueil groupes. 791, rue de l'Est. A 25 Lille/Dunkerque sortie 16, dir. Bergues. Au rond-point à droite dir. Hondschoote/Warhem. A 16 Calais/Dunkerque, sortir Teteghem, puis dir. Hondschoote/Warhem. ☎ 03 28 62 00 40. Fax : 03 28 62 05 65. Réduction H.S.

WARLAING

1-D3 23 km N.-E. Douai. 17 m. 340 hab. ✉ 59870

LE BUVERLOT ★ Loisirs 22 E.

WATTEN

1-B2 29 km S.-O. Dunkerque. 3235 hab. 59143

LE VAL JOLI ★★ Loisirs 136 E. (20 Tourisme + 116 Loisirs). Accès direct à la rivière. ☎ 03 21 88 23 26.

WATTRELOS

1-D2 15 km N.-E. Lille. 44655 hab. 59150

LA CARLUYERE ★ Loisirs 45 E. 1 ha. Locations : . à 1 km : . Rue de la Carluyère. D 700 sortie Leers/Le Trieu, 2ème à gauche. ☎ 03 20 75 75 17 / 06 16 92 44 83. Fax : 03 20 75 75 62. Web : campingsdunord.fr.

WAVRECHAIN SOUS FAULX

1-D3 22 km S.-O. Valenciennes. 357 hab. 59111

CARAVANING LE FLEURY ★★★ Loisirs 228 E., dont 228 CC, 3,5 ha. Accès direct à l'étang et à la rivière. 5 rue de Bouchain, RN 29. ☎ 03 27 35 88 11 / 03 27 35 71 16. Fax : 03 27 25 36 10.

WINNEZEELE

1-C2 29 km S.-E. Dunkerque. 957 hab. 59670

LA HOUBLONNIERE ★★ Loisirs 80 E. 2 ha. CV. Etang à 3 km. 1345, route de Bray-Dunes. Lieu-dit Le Droogland. Autoroute Lille-Dunkerque sortie (14) Bray-Dunes. D 947. ☎ 03 28 40 93 06. Web : www.flandrecommerce.com. Prix 2007. 2,45 € ; 2,15 € ; 3,80 € ; 2,15 € ; 2,15 € ; - de 7 ans 1,10 € ; 2,30 € ; 1,50 €.

Voir aussi BOESCHEPE

WULVERDINGHE

1-B2 32 km S.-O. Dunkerque. 206 hab. 59143

LA CABARETTE ★ Loisirs 48 E. (5 Tourisme + 43 Loisirs) 1,9 ha. CV. Locations : 1, 2, 5. Accès direct à l'étang. Rivière à 2 km. 1895, rue Principale. ☎ 03 28 48 42 98.

ZEGERSCAPPEL

1-C2 19 km S. Dunkerque. 1252 hab. 59470

LE GROENE VELD ★★★ Loisirs 84 E. dont 20 nus, dont 84 GCC - 11 HLL, 2,3 ha. pétanque, CV. Locations : 5, 5. Accès direct à l'étang. Ouv : 1.1 / 31.12. Rés. obligatoire en été et en hiver. 6, voie Romaine. A 25 sortie 15 dir. Wormhout puis Esquilbecq et Zegerscappel. ☎ 03 28 68 93 40 / 06 31 43 26 50 (H.S.). Fax : 03 28 68 93 40. Prix 2007. Fft jour : Empl. Tourisme (2) : 15 € ((10 A))

ZUYDCOOTE

1-C1 10 km N.-E. Dunkerque 5 m. 1667 hab. 59123

L'ESTRAN ★★★ Loisirs 157 E., dont 157 GCC, 1,42 ha. Accès direct à la mer. ; à 300 m : . RN 40. ☎ 03 28 26 56 44. Fax : 03 28 26 56 51. E-mail : campingdeletran@wanadoo.fr.

CARAVANING LES DUNES ★★ Loisirs 300 E. (15 Tourisme + 285 Loisirs) 7 ha. CV. Locations : , 5, 1. Bord de mer à 500 m. Etang à 3 km.Lac à 5 km. ; ; à 2 km : . Ouv : 1.4 / 31.10. RD 60 et 50 m RN 40. Rocade Est-Dunkerque. A 25/RN 40/RD 60. ☎ 03 28 29 94 58 / 03 20 70 33 52 (H.S.). Fax : 03 20 36 09 14. Web : www.campingdesdunes.com.

ZUYTPEENE

1-C2 27 km S. Dunkerque. 438 hab. 59670

VAL DE CASSEL ★★ Loisirs 35 E. 0,69 ha. Route des 3 rois. Nouvelle entrée contour de l'église. ☎ 03 28 42 44 05.

60 OISE

Cartes 1-3

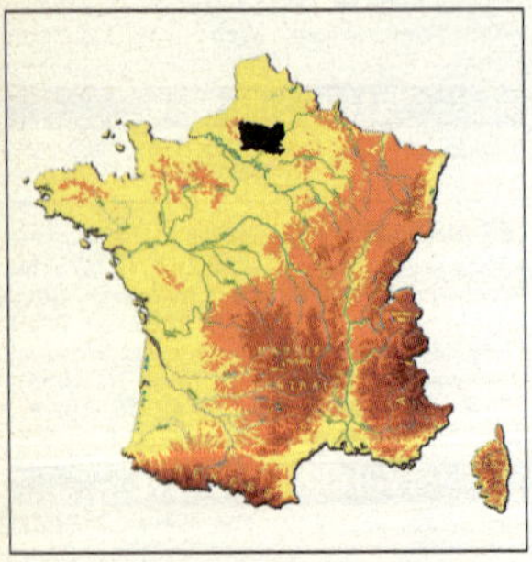

ACY EN MULTIEN

3-C3 31 km S.-E. Senlis. 90 m. 736 hab. 60620

C.C.D.F. L'ANCIEN MOULIN ★★★ Loisirs 116 E. 4 ha. CV Sanitaire chauffé. Accès direct à l'étang. Accueil groupes. Ouv : 1.1 / 31.12. De Meaux par D 405 puis D 420. ☎ 03 44 87 21 28. Fax : 03 44 87 21 28. E-mail : ccdf-acy@cegetel.net, Web : www.campingclub.asso.fr. Prix 2007. Fft jour : Empl. Tourisme (2) : 20,90 € () ; Sup : 4,46 € - de 7 ans 2,23 € ; Animaux 2,06 €. Fft Tente : 18,40 € (2).
FFCC : partenaire - terrain assuré par la FFCC + réduction emp. de 5 % en saison et hors saison.

ANGICOURT

1-C5 12 km S.-E. Clermont. 1495 hab. 60940

LA FALOISE ★★★ Loisirs 92 E. dont 17 nus, , dont 68 CC - 20 GCC, 2 ha. Sanitaire chauffé. Locations : 10, 50, 5. Etang et rivière à 4 km. Ouv : 1.1 / 31.12. Quartier Liancourt, RN 16. Location longue durée. ☎ 03 44 73 10 99 / 06 72 37 23 98 (H.S.). Fax : 03 44 73 10 99. Prix 2007. Fft jour : Empl. Tourisme (2) : 10 € () ; Sup : 3 € - de 7 ans 1,30 € ; 1,50 à 3 € (3 à 10 A) ; 0,90 € ; Animaux 1 €.

ATTICHY

1-D5 19 km E. Compiègne. 1631 hab. 60350

CAMP MUNICIPAL ★★★ Loisirs 60 E. 1,5 ha. visiteur. Accès direct à l'étang et à la rivière. Rue de la Fontaine Aubier. ☎ 03 44 42 15 97.

AUMONT EN HALATTE

3-C2 4 km N.-O. Senlis. 100 m. 463 hab. 60300

CAMP A.T.C. D'AUMONT ★ Tourisme 45 E. 0,5 ha. Place de l'Eglise, RN 330. ☎ 03 44 60 00 42 (Saison).

BEAUVAIS

1-B5 74 km N.-N.-O. Paris. 67 m. 54147 hab. 60000

CAMP MUNICIPAL ★★ Tourisme 77 E. 1,9 ha. Accès direct à la rivière. Rue Camard. ☎ 03 44 02 00 22.

BOULOGNE LA GRASSE

1-C5 29 km N. Compiègne. 130 m. 297 hab. 60490

Mme GAY VERMEULEN,aire naturelle jeton, pétanque, étang. A 300 m : . Ouv : 1.4 / 30.10. Bicross. 2 gîtes ruraux à 300 m. ☎ 03 44 85 02 34 / 03 44 85 20 06 (H.S.). Prix 2007. Fft jour : Empl. Tourisme (2) : 7,50 € () ; 1,50 € ; 2,70 € (3 A) ; 1 € (jeton).

BRESLES

1-B5 12 km E. Beauvais. 63 m. 3192 hab. 60510

CARAVANING DE BRESLES ★★ Loisirs 102 E. 2,5 ha. Locations : . Etang à 800 m. Rue de Trye. ☎ 03 44 07 80 95 / 06 10 40 30 29.

CARLEPONT

1-D5 20 km N.-E. Compiègne. 58 m. 1237 hab. 60170

LE PRE FLEURI ★★ Loisirs 40 E. 0,8 ha. Etang à 2 km.Rivière à 4 km. à 2 km : . 430, rue Gilbert Pichard, RD 145, RN 32. ☎ 03 44 75 21 46.
FFCC : partenaire - terrain assuré par la FFCC.

LES ARAUCARIAS ★★ Loisirs 60 E., dont 15 GCC, 1,6 ha. Snack, Dépannage, CV Sanitaire chauffé. Locations : 3, 4. Etang à 3 km.Rivière à 5 km. à 4 km : . Accueil groupes. Ouv : 21.3 / 21.12. 870, rue du Général Leclerc. A 1 sortie 10 Compiègne ou 12 Roye. ☎ 03 44 75 27 39. Fax : 03 44 38 12 51. E-mail : camping-les-araucarias@wanadoo.fr, Web : www.camping-les-araucarias.com. Prix 2007. Empl. Tourisme : 4,30 € ; 5 € ; 2,60 € ; - de 7 ans 1,50 € ; 3 € (6 A) ; Animaux 1 €.
FFCC : partenaire - terrain assuré par la FFCC.

CHIRY OURSCAMP

1-C5 18 km N.-E. Compiègne. 1019 hab. 60138

LA MONTAGNE ★★★ Loisirs 103 E. 2,3 ha. possible, visiteur, CV. Locations : , 12, . Accès direct à l'étang. ; à 2 km : , , . Rue de Mauconseil. Location longue durée. ☎ 03 44 76 98 29. Fax : 03 44 76 93 09.
FFCC : partenaire - terrain assuré par la FFCC.

CIRES LES MELLO

3-B2 25 km N.-O. Senlis. 2992 hab. 60660

PARC NATUREL DE WEEK-END ★★★ Loisirs 156 E. 8 ha. partiel, CV. Locations : 6. Accès direct à l'étang. Rivière à 500 m. Sur RD 929. Entre Cires et Mouy. ☎ 03 44 26 42 25. Fax : 03 44 26 02 97. Web : pro.orange.fr/pnwe/.

LES AUBEPINES ★★ Loisirs 128 E., dont 53 GCC, 2,3 ha. Etang et rivière à 2 km. à 2 km : . ☎ 03 44 56 40 89. Fax : 03 44 56 40 89. E-mail : lesaubepines@wanadoo.fr, Web : www.campinglesaubepines.com.

LE COUDRAY ST GERMER

1-B5 21 km O. Beauvais. 230 m. 722 hab. ✉ 60850

LA RONFLURE ★ Loisirs 46 E. dont 5 nus 2,5 ha. à 6 km : . Accueil groupes. 29, rue Paul Dubois. ☎ 03 44 81 83 88. Fax : 03 44 81 83 88.
FFCC : partenaire - terrain assuré par la FFCC.

CREVECOEUR LE GRAND

1-B5 20 km N. Beauvais. 176 m. 3051 hab. ✉ 60360

Mme BLIQUE,aire naturelle de la Briqueterie A 10 km: Piscine plein air . Vélos, VTT. Salle de billard. Judo, gymnastique. ☎ 03 44 46 96 85.

FONTAINE BONNELEAU

1-B5 27 km N. Beauvais. 85 m. 279 hab. ✉ 60360

LES TRAVERSES ★ Loisirs 40 E., dont 32 GCC, 1 ha. ☎ 03 44 82 91 10.

GOUVIEUX

3-C3 12 km O. Senlis. 215 m. 9345 hab. ✉ 60270

LE CESAR ★★ Loisirs 47 E. (17 Tourisme + 30 Loisirs), dont 21 GCC, 3 ha. + sèche-linge, CV. Locations : 21 . Etang et rivière à 500 m. à 500 m : ; à 5 km : . Ouv : 1.4 / 31.10. 10, avenue Toutevoie. Chantilly/D 924/D 909. ☎ 03 44 57 02 05. E-mail : lemontcesar@wanadoo.fr, Web : www.lemontcesar.com. Prix 2007. Empl. Tourisme : 5 € ; 4 € ; - de 8 ans 2,50 € ; 2 € ; Animaux 1 €.

HAUTEFONTAINE

23 km S.-E. Compiègne. 85 m. 225 hab. ✉ 60350

LE PARC DE MONTAUBAN ★ Loisirs 135 E., dont 60 CC - 75 GCC. ☎ 03 44 42 88 53.

HENONVILLE

3-B2 30 km S. Beauvais. 100 m. 658 hab. ✉ 60119

LE BOIS JOLI ★★ Loisirs 140 E. dont 130 nus, dont 48 GCC, 2,7 ha. Sanitaire chauffé. Camping clef verte. Locations : 10 , 2 . à 3 km : . Ouv : 1.1 / 31.12. Rés. obligatoire en été et en hiver. Sur RD 22. A 16 sortie 13 Amblainville-Méru dir. Gisors. ☎ 03 44 49 87 92. Fax : 03 44 49 87 92. E-mail : parcduboisjoli@yahoo.fr, Web : www.parcduboisjoli.com. Prix 2007. Empl. Tourisme : 9 € ; 3,50 € ; 4 € ; 2,50 € ; 3,50 € (3 A) ; 1,50 € ; Animaux 3,50 €.

HONDAINVILLE

1-B5 10 km S.-O. Clermont. 318 hab. ✉ 60250

LE PARC D'HONDAINVILLE ★ Loisirs 50 E. Accès direct à l'étang. . Réservé Comité Entreprise et Associations. ☎ 03 44 56 53 03.

LAVERRIERE

1-B5 34 km N. Beauvais. 80 m. 17 hab. ✉ 60210

M. CAUCHY Jacky,aire naturelle pétanque, CV. A 6 km: Piscine plein air . A 10 km : . A 15 km : . Par RD 124. Pré. ☎ 03 44 46 73 62. Fax : 03 44 46 73 62. E-mail : domaine-de-laverriere@tiscali.fr.

MONTMACQ

1-C5 9 km N.-E. Compiègne. 40 m. 1118 hab. ✉ 60150

LE ROSSELET ★★★ Loisirs 33 E. 2,5 ha. Locations : . ; . Avenue Marechal Foch. A Pont Marie Prenne. Réservé Comité d'Entreprise Aéroport de Paris.

ORVILLERS SOREL

1-C5 24 km N.-O. Compiègne. 110 m. 347 hab. ✉ 60490

CAMP DU CHATEAU DE SOREL ★★★ Loisirs 80 E. (30 Tourisme + 50 Loisirs) 3 ha. Camping clef verte. Locations : 5 . Ouv : 1.2 / 15.12. A 1 sortie 11, puis RN 17, dir. Roye. ☎ 03 44 85 02 74. Fax : 03 44 85 02 74.

OURCEL MAISON

1-B5 30 km N.-O. Clermont. 180 m. 165 hab. ✉ 60480

M. FONTANA Sébastien A 6 km: . A 10 km : . A 20 km : Piscine plein air. 8, hameau de la Neuve Rue. RN 1, D 151 et D 930. A 16 sortie n° 16 Hardivilliers 3 km. Suivre les panneaux "camping à la ferme". ☎ 03 44 46 81 55.

PARNES

3-A2 45 km S.-O. Beauvais. 140 m. 217 hab. ✉ 60240

LE CHATEAU D'ALINCOURT ★ Loisirs 140 E., dont 24 CC - 90 GCC, 2 ha. Accès direct à l'étang. . 2 km RN 14 et de la commune, dans le Parc du Chateau. ☎ 01 34 67 17 99 / 01 34 67 12 66 (Resp.). Fax : 01 34 67 23 21. E-mail : ch.alincourt@wanadoo.fr.

PIERREFONDS

1-D5 14 km S.-E. Compiègne. 80 m. 1586 hab. ✉ 60350

CAMP MUNICIPAL DE BATIGNY ★★★ Tourisme 60 E. 0,3 ha. Sanitaire chauffé. Lac à 1 km.Etang à 5 km. à 5 km : . Accueil groupes. Ouv : 31.3 / 15.10. Rue de l'Armistice, RD 973. ☎ 03 44 42 80 83. Prix 2007. Empl. Tourisme : 0,90 € () ; 0,60 € ; 6,50 € ; 2,50 € ; - de 2/7 ans 1,90 € ; 2 € ; Animaux 1 €.

PONT STE MAXENCE

1-C5 14 km S.-O. Compiègne. 35 m. 9509 hab. ✉ 60700

AU BON ACCUEIL ★★ Loisirs 119 E., dont 58 GCC, 2 ha. volley-ball, . Locations : 8 , 13 , 6 . chauffée . Rivière à 50 m. Etang à 2 km. à 3 km : . 638, avenue d'Auvelais. N 17. Entrée Nord de la ville, face au centre Leclerc. ☎ 03 44 72 20 07 / 06 84 51 66 35. Fax : 03 44 70 16 20. E-mail : camping.au.bon-accueil@wanadoo.fr.

RICQUEBOURG

1-C5 20 km N. Compiègne. 76 m. 178 hab. ✉ 60490

M. MORVAL Roger,étang du Haut Matz . Route de Biermont. ☎ 03 44 42 51 59.
FFCC : partenaire - terrain assuré par la FFCC .

ROSOY EN MULTIEN

3-D3 32 km S.-E. Senlis. 89 m. 225 hab. ✉ 60620

REGAIN ★★★ Loisirs 125 E. 5 ha. CV Sanitaire chauffé Rés. naturiste. Locations : . chauffée . Ouv : 1.1 / 31.12. Chemin des Gendarmes. ☎ 03 44 87 35 90 / 06 85 48 27 70 (H.S.). Fax : 03 44 87 24 37. E-mail : regain@scn-regain.com, Web : www.scn-regain.com. Prix 2007. Empl. Tourisme : 3,20 € ; 6,35 € ; - de 14 ans 3,20 € ; 3,60 € (12 A).

ROY BOISSY

1-B5 20 km N.-O. Beauvais. 112 m. 273 hab. ✉ 60690

LE VIEUX MOULIN ★ Loisirs 35 E. 1 ha. ☎ 03 44 46 33 06.

ST LEU D ESSERENT

3-C2 12 km O. Senlis. 30 m. 4505 hab. ✉ 60340

CAMPIX ★★★ Tourisme 173 E. dont 160 nus, 2 ha. CV Sanitaire chauffé. Locations : 3 , 4 . . Etang à 1 km. à 300 m : ; à 500 m : . Accueil groupes. Ouv : 7.3 / 30.11. De l'A 1 sortie Senlis puis Chantilly Tourisme puis St Leu ☎ 03 44 56 08 48. Fax : 03 44 56 28 75. E-mail : campix@orange.fr, Web : www.campingcampix.com. Prix 2007. () : 5,50 € ; 5,50 € ; 5,50 € ; 5,50 € ; - de 9 ans 3,50 € ; 3,50 € (6 A) ; Animaux 2 €. Réduction H.S.

L'ABBATIALE ★★★ Loisirs 311 E., dont 300 GCC, 6 ha. Sanitaire chauffé. Locations : 3 . Etang et rivière à 1 km. à 500 m : . Ouv : 1.1 / 31.12. 39 rue Salvador Allendé. CD 44 par Chantilly. ☎ 03 44 56 38 76. Fax : 03 44 56 38 76. Prix 2007. Empl. Tourisme : 6 € ; 2 € ; 1 € ; 2 € ; 1 € ; Animaux 0,50 €.

LE PRE DES MOINES ★★★ Loisirs 200 E., dont 200 GCC, 6,5 ha. chauffée . Rivière à 100 m. Etang à 1 km. ; à 1 km : . Ouv : 3.1 / 23.12. Rés. obligatoire en été et en hiver. Sur RD 44, près du Pont de Saint Leu. Location longue durée. ☎ 03 44 56 60 48. Fax : 03 44 56 77 32. E-mail : caravaning.lepredesmoines@wanadoo.fr, Web : www.pre-des-moines.com.

ST MAUR

1-B5 26 km N.-O. Beauvais. 190 m. 250 hab. ✉ 60210

M. DUPUY,aire naturelle

SALENCY

1-D5 28 km N.-E. Compiègne. 68 m. 849 hab. ✉ 60400

L'ETANG DU MOULIN ★★ Loisirs 30 E. 0,36 ha. Sanitaire chauffé. Locations : . . Accès direct à l'étang. Rivière à 3 km. en étang : .Accueil enfants. Ouv : 1.1 / 31.12. 54, rue du Moulin. De Noyon dir. Chauny RN 32. ☎ 03 44 09 99 81 / 03 44 43 06 78 (H.S.). Fax : 03 44 43 06 78. Prix 2008. 8 € ; 2,30 € ; 10,30 € ; 4 € ; 2 € ; - de 7 ans 1,50 € ; 1,60 € (10 A) ; 2 € ; Animaux 1 €.
FFCC : partenaire - terrain assuré par la FFCC.

SENOTS

3-B2 20 km S.-O. Beauvais. 79 m. 208 hab. 60240

CARAVANING LE MOULIN DE LA NOUE ★★★ Loisirs 39 E., dont 39 GCC, 0,65 ha. Sanitaire chauffé. A 16 sortir MERU puis D 205 Location longue durée. ☎ 03 44 08 70 63.

SONGEONS

1-B5 22 km N.-O. Beauvais. 115 m. 853 hab. 60380

Mme BOURDON Cécile,camping à Frétoy Grémévillers CV. A 5 km: . Ouv : 1.5 / 31.10. 40, rue Crignon Fleury. Autoroute jusqu'a Beauvais. ☎ 03 44 82 42 23.

M. WARIN Michel,aire naturelle les Mésanges . A 4 km: . A 6 km : . A 10 km : Piscine plein air. 11, hameau de Séronville, RD 150. ☎ 03 44 82 31 32. Fax : 03 44 82 47 78. Prix 2007. 4 € ; 3 € ; 3 € ; 1,50 € ; - de 8 ans 1 € ; 1,50 € (10 A) ; 1 €.
FFCC : partenaire + Stop accueil Camping-car du 01/04 au 01/11/2008.

VARINFROY

3-D3 44 km S.-E. Senlis. 165 hab. 60890

LES PEUPLIERS ★★ Loisirs 33 E. 0,07 ha. Sanitaire chauffé. Accès direct à l'étang et à la rivière. ☎ 03 44 87 46 62.

VERNEUIL EN HALATTE

3-C2 10 km N.-O. Senlis. 35 m. 3463 hab. 60550

LA SAPINIERE ★★★ Loisirs 114 E., dont 95 GCC, 3 ha. Sanitaire chauffé. Rivière à 500 m. Etang à 1 km. Rue de l'Egalité, par CD 565, sortie Senlis de A1. ☎ 03 44 25 17 23. Prix 2007. Fft jour : Empl. Tourisme (3) : 12 € (E. CC) ; Fft Tente : 9 € (3).
FFCC : partenaire - terrain assuré par la FFCC.

VILLERS ST PAUL

1-C5 15 km N.-O. Senlis. 5613 hab. 60870

CARAVANING LA GARENNE ★★★★ Loisirs 150 E., dont 150 GCC, 3,3 ha. Sanitaire chauffé. Locations : . Etang et rivière à 2 km. Chemin de la Garenne, CD 200. ☎ 03 44 71 09 96. Fax : 03 44 71 20 52.

61 ORNE

Carte 2

Délégué FFCC : André BLAIS, 3, avenue Madame de Ségur - 14000 CAEN - 02 31 74 17 25

ALENCON

2-D4 195 km O.-S.-O. Paris. 140 m. 32526 hab. 61000

CAMP MUNICIPAL DE GUERAME ★★ Tourisme 87 E. 1,5 ha. Sanitaire chauffé. Accès direct à la rivière. Accueil groupes. Boulevard Koutiala et rue de Guéramé. ☎ 02 33 26 34 95 / 02 33 26 34 95.

ARGENTAN

2-D4 43 km N.-N.-O. Alençon 160 m. 18002 hab. 61200

CAMP MUNICIPAL DU PARC DE LA NOE ★★ Tourisme 23 E. + sèche-linge, CV Sanitaire chauffé. Accès direct à l'étang. Rivière à 800 m. Accueil groupes. Ouv : 1.4 / 30.9. 34, rue de la Noé. ☎ 02 33 36 05 69 / 02 33 67 12 48 (H.S.). Fax : 02 33 39 96 61. E-mail : tourisme@argentan.fr, Web : www.argentan.fr. Prix 2007. Empl. Tourisme : 2,30 € ; 1,75 € ; 2,10 € ; - de 10 ans 1,30 € ; 2,30 €.

M. HUET DES AUNAY Michel,aire naturelle du Val de Baize 3, CV. A 3 km: Piscine chauffée Piscine couverte . A 8 km : . Ouv : 1.1 / 31.12. Le Val de Baize, 18 Mauvaisville, par D958, 2 km Sud d'Argentan, à proximité de la ferme. ☎ 02 33 67 27 11. Fax : 02 33 35 39 16. Prix 2008. ( ) : 2,80 € ; 1,40 € ; 2,80 € ; 2,80 € ; 2,90 € ; - de 7 ans 1,80 € ; 2,50 à 4,60 € (3 à 6 A).
FFCC : partenaire - terrain assuré par la FFCC + Stop accueil Camping-car toute l'année.

ATHIS DE L ORNE

2-D3 35 km N.-O. Argentan. 2369 hab. 61430

M. DAVY,camping La Ribardière n° 1 CV. A 4 km: . A 8 km : Piscine chauffée Piscine couverte . A 10 km : Piscine plein air . Ouv : 15.4 / 15.10. Camping situé entre Flers Condé sur Noireau & Athis de l'Orne sur la route de Montilly ☎ 02 33 66 41 93 / 02 33 66 40 91 (H.S.). Fax : 02 33 66 41 93. E-mail : davy_ch@club-internet.fr. Prix 2007. Empl. Tourisme : 2,80 € ( ) : 2,40 € ; 1,60 € ; 2,10 à 2,80 €.

M. DAVY,aire naturelle n° 2 CV. A 4 km: . A 8 km : Piscine chauffée Piscine couverte . A 10 km : Piscine plein air . Ouv : 15.4 / 15.10. La Ribardière, D 962 ou D 25, 4 km Sud-Ouest de la commune, à proximité de la ferme. ☎ 02 33 66 41 93 / 02 33 66 40 91 (H.S.). Fax : 02 33 66 41 93. E-mail : davy_ch@club-internet.fr. Prix 2007. Empl. Tourisme : 2,80 € ; 2,40 € ; 1,60 € ; 2,10 à 2,80 € (2 à 6 A).

BAGNOLES DE L ORNE

2-D4 50 km N.-O. Alençon. 200 m. 783 hab. 61140

CAMP INTERCOMMUNAL DE LA VEE ★★★ Tourisme 255 E., dont 9 CC - 10 GCC, 4 ha. CV. Locations : . Rivière à 100 m. Etang à 500 m. Lac à 1,5 km. Rue du Président Coty. Bus thermal, navette camping desservie toutes les 30 mn. ☎ 02 33 37 87 45. Fax : 02 33 38 14 32. E-mail : camping-de-la-vee@wanadoo.fr.

M. SERAIS Raymond . A 1,5 km: . A 1 km : . A 2 km : Piscine plein air . A 5 km : . La Thérouzière, 1,8 km de la commune, à proximité de la ferme. Rivière à 100 m. ☎ 02 33 37 96 73.

BEAULIEU

2-F4 27 km N.-E. Mortagne au Perche. 182 hab. 61190

LA FERME DU BREUIL ★ Loisirs 30 E. (5 Tourisme + 25 Loisirs), dont 30 CC. Locations : 5 , . Etang à 20 m. Rivière à 50 m. ☎ 02 33 25 61 05. Fax : 02 33 25 67 84. E-mail : courtois.thierry@wanadoo.fr, Web : perso.wanadoo.fr/camping.du.breuil/.

BELLEME

2-E5 17 km S. Mortagne-au-Perche. 220 m. 1849 hab. Station verte de vacances et village de neige 61130

CAMP MUNICIPAL ★★ Tourisme 50 E. 0,6 ha. CV. Accueil groupes sur réservation par courrier. Ouv : 15.4 / 15.10. Route de Mamers-Alençon, CD 955. ☎ 02 33 85 31 00 (Mairie). Fax : 02 33 83 58 85. E-mail : mairie.belleme@wanadoo.fr, Web : www.lepaysbellemois.com. Prix 2007. Fft jour : Empl. Tourisme (1) : 6,40 € ( ) ; Sup : 1,50 € ; - de 12 ans 1,20 €.

BRIOUZE

2-D4 28 km O. Argentan. 212 m. 1813 hab. 61220

CAMP MUNICIPAL ★ Tourisme 9 E. 0,15 ha. ☎ 02 33 66 03 63 (Mairie).

CARROUGES

2-D4 26 km N.-O. Alençon. 335 m. 787 hab. 61320

CAMP MUNICIPAL ★★ Tourisme 10 E. Rivière à 5 km. ☎ 02 33 28 02 07 / 02 33 27 20 38 (Mairie). Fax : 02 33 28 73 20. E-mail : mairie.carrouges@free.fr.

CEAUCE

2-C4 68 km O. Alençon. 155 m. 1357 hab. 61330

CAMP MUNICIPAL ★★ Tourisme 10 E. 0,5 ha. Accès direct à l'étang. Rue de la Veilliotière. A 200 m de l'axe Caen-Angers. ☎ 02 33 38 31 19. Fax : 02 33 38 85 27.

CERISY BELLE ETOILE

2-C3 53 km O. Argentan. 270 m. 726 hab. 61100

CAMP MUNICIPAL ★★ Tourisme 12 E. 0,12 ha. Etang à 200 m. Le Mont Cerisy. ☎ 02 33 66 51 72. Fax : 02 33 65 54 09.

LA CHAPELLE MONTLIGEON

2-E4 10 km S.-E. Mortagne-au-Perche. 215 m. 835 hab. 61400

CAMP MUNICIPAL ★★ Tourisme 34 E. 0,8 ha. Etang et rivière à 1 km. Accueil groupes. ☎ 02 33 83 90 43 / 02 33 83 80 20. Fax : 02 33 83 37 22. E-mail : mairie.chapelle-montligeon@wanadoo.fr.

COUTERNE

2-D4 45 km N.-O. Alençon. 120 m. 1027 hab. 61410

LE CLOS NORMAND ★★ Tourisme 65 E. (55 Tourisme + 10 Loisirs), dont 2 CC - 10 GCC, 1,3 ha. CV. Locations : . Etang et rivière à 2 km.Lac à 5 km. ; à 6 km : . Accueil groupes. Ouv : 1.5 / 30.9. Suivre Bagnoles lac sur D 916 entre Couterne et Bagnoles Lac. ☎ 02 33 37 92 43 / 06 07 17 44 94 (H.S.). Web : www.camping-clos-normand.fr. Prix 2008. Empl. Tourisme : 0,97 € ; 0,97 € ; 0,61 € ; 2,94 € ; - de 10 ans 1,90 € ; 2,55 à 3,40 € (5 à 10 A) ; E. CC 1,60 € (suplt) ; Animaux 0,53 €. Réduction H.S.

FFCC : partenaire - terrain assuré par la FFCC + réduction emp. de 5 % en saison et hors saison.

DOMFRONT

2-C4 62 km O.-N.-O. Alençon. 135 m. 4553 hab. 61700

CAMP MUNICIPAL ★★ Tourisme 25 E., dont 9 GCC, 1,5 ha. Locations : 1 . Rivière à 800 m. à 800 m : . Accueil groupes. Ouv : 1.4 / 30.9. N 176, entre le centre ville et le quartier gare sur la gauche dir. le Mont St Michel. ☎ 02 33 37 37 66 / 02 33 38 92 24 (H.S.). Fax : 02 33 30 60 67. E-mail : mairie@domfront.com, Web : www.domfront.com. Prix 2007. () : 3,70 € ; 0,60 € ; 2,70 € ; 2 € ; 2 € ; - de 10 ans 1 € ; 3 € (10 A) ; Animaux 0,60 €. Réduction H.S.

LA GERAUMIERE ★ Tourisme 12 E.

DORCEAU

2-F4 25 km S.-E. Mortagne-au-Perche. 145 m. 313 hab. 61110

FERME DE L'ESPERANCE ★ Loisirs 30 E., dont 2 GCC - 2 HLL, 3,5 ha. CV. Locations : . Etang à 20 m. Rivière à 3 km. Accueil groupes. 3 km Nord-Est de la commune. Location de chevaux. Garage mort l'hiver pour caravanes. ☎ 02 33 73 74 21. Fax : 02 33 25 45 27. Réduction H.S.

ESSAY

2-E4 18 km N.-E. Alençon. 160 m. 528 hab. 61500

LES CHARMILLES ★★ Tourisme 23 E. dont 22 nus 0,5 ha. CV. Rivière à 500 m. Ouv : 1.4 / 30.9. Route de Neuilly, CD 31 et 42. Route des 3 forêts. ☎ 02 33 28 40 52. Fax : 02 33 28 59 43. E-mail : si-paysdessay@wanadoo.fr. Prix 2007. Empl. Tourisme : 1,30 € ; 1,10 € ; 2,40 € ; 1,50 € ; - de 10 ans 1,10 € ; 1,50 € ; 1,50 € (jeton).

FFCC : partenaire + réduction emp. de 5 % en saison et hors saison + carte FFCC assurance annulation.

EXMES

2-E4 17 km E. Argentan. 317 m. 341 hab. 61310

M. GOURBE Jean-Claude,camping à la ferme . A 1 km: . Le cuvet. Sur la RD 14 Exmes-Gace. ☎ 02 33 39 93 67. Fax : 02 33 39 93 67.

FEINGS

2-E4 9 km N.-E. Mortagne-au-Perche. 252 m. 252 hab. 61400

LES ETANGS ★ Loisirs 25 E. (12 Tourisme + 13 Loisirs). . Accès direct à l'étang. Accueil groupes. ☎ 02 33 25 74 79. Fax : 02 33 25 74 79.

LA FERRIERE AUX ETANGS

2-C4 40 km O.-S.-O. Argentan. 300 m. 1734 hab. 61450

CAMP MUNICIPAL ★★ Tourisme 33 E., dont 1 CC, 0,9 ha. Locations : . Accès direct à l'étang. ; . ☎ 02 33 96 00 22.

LA FERTE MACE

2-D4 42 km N.-O. Alençon. 205 m. 7391 hab. Station verte de vacances et village de neige 61600

CAMP MUNICIPAL LA SAULAIE ★★ Tourisme 33 E. 0,7 ha. Sanitaire chauffé. Lac à 1 km.Rivière à 2 km. à 2 km : , . Ouv : 15.4 / 1.10. Sur RD 19, boulevard Hamonic. ☎ 06 76 86 67 20. Prix 2007. Empl. Tourisme : 0,80 € ; 0,60 € ; 1,50 € ; 1,75 € ; 0,90 € ; 1,75 €.

LE CHAMP DE LA VALLEE ★ Tourisme 20 E. (18 Tourisme + 2 Loisirs), dont 3 CC, 1 ha. Locations : , . Accès direct à l'étang. ; à 4 km : , , . Le Champ de la Vallée. Route d'Argentan par RN 916. ☎ 02 33 37 45 92. Fax : 02 33 30 45 60.

FLERS

2-C4 40 km O. Argentan. 190 m. 19405 hab. 61100

CAMP DU PAYS DE FLERS ★★ Tourisme 50 E., dont 48 CC, 0,5 ha. partiel, , table à repasser, CV Sanitaire chauffé. Locations : 2 , 4 . Etang et rivière à 3 km. à 2 km : , . Accueil groupes. Ouv : 1.4 / 15.10. Rés. obligatoire en été. Lieu-dit La Fouquerie, CD 924, route d'Argentan. Réfrigerateur gratuit ☎ 02 33 65 35 00. E-mail : camping.paysdeflers@wanadoo.fr, Web : www.agglo-paysdeflers.fr. Prix 2007. Empl. Tourisme : 2,90 € () : 2,90 € ; - de 7 ans 1,60 € ; 2,60 à 3,50 € ; Animaux 0,60 €.

GACE

2-E3 28 km N.-E. Argentan. 186 m. 2352 hab. 61230

LE PRESSOIR ★★ Tourisme 24 E. 0,8 ha. à 2 km : . Accueil groupes. Ouv : 1.6 / 1.9. Avenue de Tahiti, centre ville à 200 m. RN 138. ☎ 02 33 35 50 24 / 02 33 35 50 18 (H.S.). Fax : 02 33 35 92 82. E-mail : ville.gace@wanadoo.fr. Prix 2007. Empl. Tourisme : 2 € ; 1,50 € ; - de 12 ans 1 € ; 2 €.

JUVIGNY SOUS ANDAINE

2-C4 45 km N.-O. Alençon. 200 m. 1030 hab. 61140

CAMP MUNICIPAL ★★ Tourisme 10 E. . Sur RN 176 prendre centre ville puis dir. Bagnoles de l'Orne. ☎ 02 33 38 10 25. Fax : 02 33 38 56 00.

LONGNY AU PERCHE

2-F4 17 km E. Mortagne-au-Perche. 170 m. 1650 hab. 61290

MONACO PARC ★★★ Loisirs 124 E. dont 10 nus (10 Tourisme + 114 Loisirs) CV Sanitaire chauffé. Locations : 10 . Accès direct à l'étang. Rivière à 1 km. ; . Accueil groupes. Ouv : 1.1 / 31.12. Route de Monceaux. Launay Ferré. Paris RN 12 Mortagne. ☎ 02 33 73 59 59. Fax : 02 33 25 77 56. E-mail : monaco.parc@wanadoo.fr, Web : www.campingmonacoparc.com. Prix 2007. 4,80 € ; 3 € ; 4,80 € ; 4,80 € ; 3,90 € ; - de 7 ans 2,50 € ; 3,60 € ; 1 € ; Animaux 3 €. Réduction H.S.

FFCC : partenaire + réduction emp. de 5 % en saison et hors saison + carte FFCC assurance annulation.

MALETABLE

2-E4 16 km N.-E. Mortagne-au-Perche. 220 m. 114 hab. 61290

Mme PLEIJTE & M. KEIJMEL , pain, . Ouv : 1.5 / 31.10. Moulin des Sablons, RN 12 à 3 km. Camping à proximité de la ferme. ☎ 02 33 25 13 36. Prix 2007. Empl. Tourisme : 3,50 € ; 3,50 € ; - de 6 ans 2 € ; 3 €.

MARCHAINVILLE

2-F4 28 km N.-E. Mortagne-au-Perche. 235 m. 235 hab. 61290

CAMP MUNICIPAL ★★ Tourisme 17 E. (13 Tourisme + 4 Loisirs) 0,8 ha. Etang à 150 m. Accueil groupes. Ouv : 1.4 / 30.10. ☎ 02 33 83 68 14 / 02 33 73 65 80 (Mairie) (H.S.). Fax : 02 33 73 65 80. Prix 2007. Empl. Tourisme : 0,80 € ; 1,15 € ; - de 10 ans 0,65 € ; 2,20 €.

LE MELE SUR SARTHE

2-E4 23 km N.-O. Alençon. 155 m. 800 hab. Station verte de vacances et village de neige 61170

CAMP INTERCOMMUMAL DE LA PRAIRIE ★★ Tourisme 100 E. (95 Tourisme + 5 Loisirs) 15 ha. CV. Accès direct à la rivière. Lac à 500 m. ; ; ; . Accueil groupes. Lieu-dit La Bretèche, RN 12. Entrée sur la commune de St-Julien Sarthe. ☎ 02 33 27 18 74.

MENIL HUBERT SUR ORNE

2-D3 31 km N.-O. Argentan. 380 hab. 61430

DOMAINE DE LA ROUVRE ★★ Tourisme 30 E. 0,4 ha. pétanque/volley. Locations : . Accès direct à la rivière. . Accueil groupes. Bas de Rouvrou, RD 301. Refuge ouvert toute l'année pour 8 pers. ☎ 02 33 64 82 40. E-mail : maraismax@wanadoo.fr, Web : www.regionnormande.com.

LA PERRIERE

2-E4 19 km S.O. Mortagne-au-Perche. 170 m. 346 hab. 61360

POINT D'ACCUEIL JEUNES

PUTANGES PONT ECREPIN

2-D4 19 km O. Argentan. 967 hab. 61210

CAMP MUNICIPAL LE VAL D'ORNE ★★ Tourisme 32 E. 0,75 ha. CV. Locations : . Accès direct à la rivière. ; . Lieu-dit Le Friche, RD 15 et RD 909. ☎ 02 33 35 00 25 (Mairie) / 02 33 35 04 67 (H.S.). Fax : 02 33 35 49 50.

FFCC : partenaire + carte FFCC assurance annulation + Stop accueil Camping-car de pâques à fin septembre 2008, accès jusqu'à 18/19h.

RABODANGES

2-D3 26 km N.-O. Argentan. 380 m. 168 hab. 61210

M. LAGRANGE . A 1 km: . A 16 km : Piscine plein air. 16 km Sud Falaise, D 509 et 909 vers Putanges prendre Lac Rabodanges, D 121, à proximité de la ferme. Gorges de St-Aubert sur place (Suisse Normande). Prés semi-ombragés. Rivière l'Orne et ruisseau à 200 m. GR 36, sentier pédestre. Ski nautique à 1 km. ☎ 02 33 35 05 98. Fax : 02 33 36 67 45.

RANES

2-D4 20 km S.-O. Argentan. 240 m. 1018 hab. 61150

CAMP ESSI ★★ Tourisme 30 E. 1,5 ha. Etang à 300 m. Parc du Château. Sur D 916. ☎ 02 33 39 73 93 / 02 33 39 73 87 (Mairie). Fax : 02 33 39 79 77.

REMALARD

2-F4 20 km S.-E. Mortagne-au-Perche. 150 m. 1302 hab. 61110

CAMP MUNICIPAL ★★ Tourisme 38 E. 1,5 ha. Locations : . Accès direct à la rivière. Le Marais, route de Bellème. ☎ 02 33 73 71 23.

ROUELLE

2-C4 79 km N.-O. Alençon. 125 m. 245 hab. 61700

M. HEUZE Jean-Marie,camping Vieux Pressoir CV. A 7 km: . Domfront - Mortain. ☎ 02 33 38 55 24 (H.R.).

ST BOMER LES FORGES

2-C4 68 km N.-O. Alençon. 225 m. 983 hab. ✉ 61700

LA NOCHERIE ★★ Tourisme 25 E. CV. Rivière à 100 m. Etang à 200 m. ; à 10 km : . Accueil groupes. Domfront/Flers. Sur la rte du Mont-Saint-Michel, des plages du débarquement, du Mémorial de Caen. Chemin de randonnées sur place. ☎ 02 33 37 60 36. Fax : 02 33 38 16 08.

M. & Mme MOTTIER CV. A 6 km: . De Domfront dir. Flers. ☎ 02 33 37 60 36. Fax : 02 33 38 16 08. E-mail : patrice.mottier@laposte.net.

ST CHRISTOPHE LE JAJOLET

2-D4 10 km S. Argentan. 241 hab. ✉ 61570

M. CHERADAME

ST EVROULT DE MONTFORT

2-E3 30 km N.-E. Argentan 176 m. 265 hab. ✉ 61230

LES PETITS CHAMPS ★ Tourisme 12 E. Locations : . Rivière à 1 km. . 2 km au Nord de Gacé sur la N 138. ☎ 02 33 35 67 39. Fax : 02 33 35 67 39. E-mail : johannes.bouma@wanadoo.fr. Prix 2007. Fft jour : Empl. Tourisme (2) : 13 € - de 12 ans 1 €.

ST EVROULT NOTRE DAME DU BOIS

45 km N.-E. Argentan. 272 m. 431 hab. ✉ 61550

CAMP MUNICIPAL ★★ Tourisme 30 E. . Accès direct à l'étang et aux bords du lac et à la rivière, non surveillée : ; ; ; . ☎ 02 33 34 81 97 / 02 33 34 93 12 (Mairie).

ST FRAIMBAULT

2-C4 60 km O. Alençon. 150 m. 828 hab. ✉ 61350

CAMP MUNICIPAL DES CHAUVIERES ★★ Tourisme 30 E. 0,8 ha. CV. Locations : , chambres meublées. . Accès direct à l'étang et à la rivière. . Ouv : 20.3 / 30.10. RD 24. ☎ 02 33 30 69 60 / 02 33 38 32 22 (Mairie) (H.S.). Fax : 02 33 38 02 47. E-mail : st.fraimbault@wanadoo.fr. Prix 2007. Fft jour : Empl. Tourisme (2) : 5 € Sup : 2 € 2 €.
FFCC : Stop accueil Camping-car toute l'année.

ST GERMAIN DE MARTIGNY

2-E4 11 km N.-O. Mortagne-au-Perche. 200 m. 88 hab. ✉ 61560

CAMP MUNICIPAL ★★ Tourisme 6 E., dont 6 GCC, 0,66 ha. , 200 m, . Accès direct à l'étang. ; à 7 km : . Ouv : 1.1 / 31.12. Situé à 10 km de la RN 12. ☎ 02 33 83 72 84 / 02 33 25 37 07 (Mairie) (H.S.). Fax : 02 33 25 37 07. E-mail : sgdm61@gmail.com. Prix 2007. Empl. Tourisme : 1,10 € ; 0,80 € ; 1,70 € ; - de 12 ans 0,85 € ; 2 €.

ST GERMAIN DES GROIS

2-F4 29 km S.-E. Mortagne-au-Perche. 150 m. 181 hab. ✉ 61110

Mme CHABOCHE Yvonne . A 4 km: Piscine plein air . A 10 km : . A 20 km : . Les Basses Vallées, RD 10 et RN 23, à 2 km Sud-Est de la commune, à proximité de la ferme, Terrain herbeux, semi-ombragé, autour d'un étang, rivière à 200 m. Garage pour caravanes, abri couvert. Gîte rural 3 épis. Location de vélos. ☎ 02 33 73 71 51 / 02 33 73 77 64.

ST HILAIRE SUR ERRE

2-F5 30 km S.-E. Mortagne-au-Perche. 130 m. 421 hab. ✉ 61340

CAMP MUNICIPAL ★★ Tourisme 13 E. 0,15 ha. . Accès direct à la rivière. . ☎ 02 37 52 12 42 (Mairie).

ST MARS D EGRENNE

2-C4 69 km N.-O. Alençon. 134 m. 769 hab. ✉ 61350

M. CHOPIN Patrick CV. A 2 km: . A 25 km : . La Bonelière. Accès par la N 176. ☎ 02 33 38 60 29. Fax : 02 33 38 60 29.

ST MARTIN DU VIEUX BELLEME

2-E5 17 km S. Mortagne-au-Perche. 190 m. 629 hab. ✉ 61130

POINT D'ACCUEIL JEUNES Les Croisettes.

ST MAURICE LES CHARENCEY

2-F4 22 km N.-E. Mortagne-au-Perche. 205 m. 508 hab. ✉ 61190

CAMP MUNICIPAL DE LA POSTE ★★ Tourisme 21 E. 0,43 ha. . Accès direct à l'étang et à la rivière. . RN 12. ☎ 02 33 25 72 98.

SEES

2-E4 21 km N.-N.-E. Alençon. 190 m. 5173 hab. ✉ 61500

ESSI LE CLOS NORMAND ★★★ Tourisme 49 E. dont 44 nus, dont 5 GCC, 1,2 ha. , à disposition, CV. Locations : 5 . Rivière à 200 m. à 200 m : . Ouv : 1.5 / 30.9. Route d'Alençon. ☎ 02 33 28 87 37 / 02 33 28 74 79 (H.S.). Fax : 02 33 28 18 13. E-mail : sees.tourisme@wanadoo.fr. Prix 2008. Fft jour : Empl. Tourisme (2) : 10 € ( ) ; Sup : 2,80 € - de 7/16 ans 1,70 € ; 2,25 € ; Animaux 1,15 €.
FFCC : Stop accueil Camping-car du 01/05 au 30/09/2008, accès jusqu'à 20h.

TORCHAMP

2-C4 60 km N.O. Alençon. 150 m. 331 hab. ✉ 61330

POINT D'ACCUEIL JEUNES CV. A 10 km: . Moulin de Varennes. ☎ 02 33 38 70 41. Fax : 02 33 38 70 29. E-mail : centre.pleine.nature@wanadoo.fr.

LES VENTES DE BOURSE

2-E4 18 km N.-E. Alençon. 143 m. 134 hab. ✉ 61170

M. SASSIER GUY, aire naturelle Chedouet. ☎ 02 33 27 18 68.

VIEUX PONT

2-D4 16 km S.-O. Argentan. 185 m. 244 hab. ✉ 61150

VALLEE DE LUDON ★★ Tourisme 20 E. 0,4 ha. . Locations : . Accès direct à la rivière. Etang à 1 km. . Accueil groupes. Le Bourg Vieux pont. D 48 et D 29. ☎ 02 33 35 24 23.

VIMOUTIERS

2-E3 32 km N.-E. Argentan. 135 m. 5063 hab. Station verte de vacances et village de neige ✉ 61120

CAMP MUNICIPAL LA CAMPIERE ★★ Tourisme 40 E., dont 4 CC, 1 ha. CV Sanitaire chauffé. . Accès direct à la rivière. Etang à 2 km. ; . Accueil groupes. Ouv : 1.3 / 29.10. Arrivée par D 579 ou D 916 ou D 979 entre Lisieux et Argentan. Au stade, avenue Dentu. ☎ 02 33 39 18 86 / 02 33 39 30 29 (OT) (H.S.). Fax : 02 33 36 51 43. E-mail : campingmunicipalvimoutiers@wanadoo.fr, Web : www.mairie-vimoutiers.fr. Prix 2007. 2,10 € ; 2,10 € ; 2,10 € ; 2,10 € ; 2,90 € ; - de 10 ans 1,70 € ; 2,10 €.

Délégué FFCC : Didier PAIX, 193, rue Saint Ladre - 59400 CAMBRAI - 03 27 83 35 88

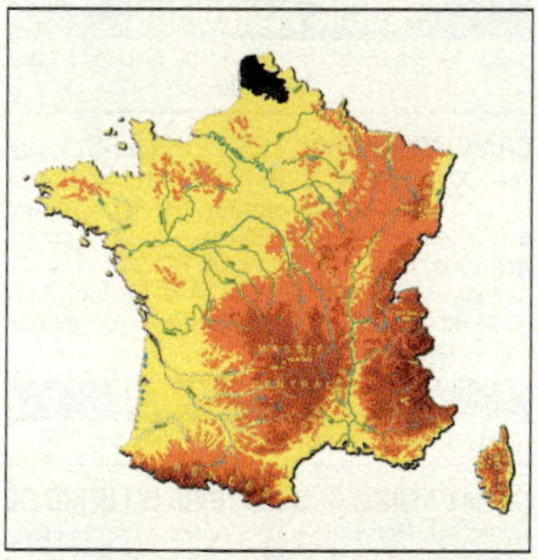

AIRE SUR LA LYS

1-C2 17 km S.-E. St Omer. 20 m. 10012 hab. 62120

CAMP MUNICIPAL DE LA LYS ★★ Loisirs 44 E. Locations : . Accès direct à la rivière. Bassin des Quatre Faces. ☎ 03 21 95 40 40. Fax : 03 21 95 40 41.

LA PETITE FORET ★ Loisirs 59 E. Locations : . Accès direct à la rivière. Accueil groupes. Hameau de la Lacque. ☎ 03 21 93 67 42. E-mail : la.petite.foret@wanadoo.fr.

AIX EN ERGNY

1-B2 23 km N.-E. Montreuil. 128 hab. 62650

L'ETANG-RIVER'AA ★ Loisirs 23 E. 1 ha. Locations : . Accès direct à l'étang et à la rivière. ☎ 03 21 81 90 63 / 03 20 75 80 22.

AMBLETEUSE

1-A2 12 km N. Boulogne-sur-Mer. 25 m. 1805 hab. 62164

LE BEAUCAMP ★★★ Loisirs 348 E. 9 ha. CV Sanitaire chauffé. Locations : 9, 4. Piscine couverte chauffée. Rivière à 500 m. Bord de mer et étang à 1,5 km. ; à 1,5 km : . Accueil groupes sauf étudiants. Raventhun, 10, rue de Forquent. A 16 sortie 36 Marquise-Rinxent-Cap Gris Nez dir. Ambleteuse. ☎ 03 21 32 62 10. Fax : 03 21 30 63 77. E-mail : le-beaucamp@wanadoo.fr.

L'EGLANTIER ★★ Loisirs 250 E., dont 60 GCC, 6 ha. CV. Bord de mer à 200 m. Rivière à 1 km. ; ; ; . Accueil groupes. Rue Marquise. ☎ 03 21 32 60 48. Fax : 03 21 32 60 48. Web : campingleglantier.free.fr.

FFCC : partenaire - terrain assuré par la FFCC.

ANDRES

1-B2 14 km S. Calais. 1007 hab. 62340

CARAVANING DE MM. BLONDEL ★★ 11 E.

ANVIN

1-B3 41 km N.-O. Arras. 639 hab. 62134

LES PRES DE LA TERNOISE ★★ Loisirs 50 E., dont 3 HLL, 0,58 ha. CV. Locations : 2 . Rivière à 300 m. Etang à 1,3 km. à 500 m : . Accueil groupes. Ouv : 1.4 / 30.9. 390, rue de Mazinghem. ☎ 03 21 41 63 51 / 06 80 53 93 23 (H.S.). Fax : 03 21 41 63 51. E-mail : camping.anvin@cegetel.net.

FFCC : Stop accueil Camping-car du 01/04 au 30/09/2008, accès jusqu'à 21h.

ARDRES

1-B2 24 km N.-O. St Omer. 3390 hab. 62610

CARAVANING LA FREGATE ★★★ Loisirs 63 E., dont 63 CC, 2 ha. CV. Locations : . Accès direct à l'étang et aux bords du lac et à la rivière. ; ; . Ouv : 1.4 / 15.10. 465, avenue du Lac. A 26 sortie Ardres-Audruicq. N 43 dir. Ardres puis les lacs. ☎ 03 21 35 44 92. Fax : 03 21 85 81 26. E-mail : dejonghe.bruno1@wanadoo.fr. Prix 2007. 3,50 € ; 5,50 € ; 3,50 € ; 3 € ; - de 7 ans 2,50 € ; 3 à 4 € (10 à 16 A) ; 1 €.

CAFE DU LAC ★★ Loisirs 31 E.

CARAVANING LA CAUCHOISE ★★ 59 E. Les Trois Cornets.

L'ARDRESIEN ★★ Loisirs 80 E. 64, rue Basse. Sortie autoroute A 25 Lille Dunkerque et dir. Bergues (La Becque Fléché) ☎ 03 21 82 82 32.

LE VIVIER ★★ Loisirs 27 E. Accès direct à l'étang et aux bords du lac. Rivière à 2 km. ; . 1621, route du Lac. ☎ 03 21 35 45 08.

FERME DU PONT TROUE ★ Loisirs 117 E. Accès direct à l'étang et à la rivière. Lac à 3 km. . Bois en Ardres. Location longue durée. ☎ 03 21 85 70 41.

PARC RESIDENTIEL DE LOISIRS DU PALENTIN P.R.L. 50 E.

ARQUES

1-B2 4 km S.-E. Saint-Omer. 10050 hab. 62510

CAMP MUNICIPAL BEAUSEJOUR ★★★ Tourisme 150 E. dont 71 nus CV Sanitaire chauffé. Locations : . Accès direct à l'étang. Rivière à 2 km. . Accueil groupes. Rue Michelet. A 1,5 km de la RN 42 et à 500 m de la RD 210. ☎ 03 21 88 53 66. Fax : 03 21 88 53 66. E-mail : camping-arques@wanadoo.fr, Web : www.ville-arques.fr.

ATTIN

1-B3 5 km N.-O. Montreuil. 11 m. 513 hab. 62170

LES ETANGS FLEURIS ★★ Tourisme 91 E, dont 19 HLL. 2, rue de la Canteraine. La Paix Faite. ☎ 03 21 06 01 01.

FFCC : partenaire - terrain assuré par la FFCC.

AUBIN ST VAAST

1-B3 18 km S.-E. Montreuil sur Mer. 24 m. 735 hab. 62140

CAMP MUNICIPAL DE LA CANCHE ★ Loisirs 135 E. 1,5 ha. Rivière à 500 m. . Lieu-dit Le Petit Marais, RD 154, RN 39. ☎ 03 21 86 86 98.

AUDINCTHUN

1-B2 22 km S.-O. Saint-Omer. 64 m. 563 hab. 62560

LA CARRIERE ★★ Loisirs 57 E. 4,75 ha. Etang à 100 m. . ☎ 03 21 39 55 70.

AUDINGHEN

1-A2 16 km N. Boulogne. 70 m. 477 hab. 62179

CAMP MUNICIPAL DU MUSEE ★★★ Loisirs 155 E. 4 ha. Accès direct à la mer. à 900 m : , , . ☎ 03 21 32 97 22.

CAMP MUNICIPAL DU GRIS NEZ ★★ Loisirs 31 E. 0,4 ha. Bord de mer à 200 m. à 200 m : , , . RD 191. ☎ 03 21 32 97 78 (Mairie). Fax : 03 21 33 85 89.

Mme ALLEXANDRE,aire naturelle CV. A 5 km: . A 10 km : . Ouv : mars / octobre. Hameau de Warincthun. A 16 sortie n° 36 St-Inglevert dir. Wissant puis Audinghen CD 940. Au rond-point du village dir. Marquise D 191 faire 1 km suivre Warincthun à gauche. ☎ 03 21 32 97 77 / 06 50 41 33 00 (H.S.). Fax : 03 21 32 97 77. E-mail : MTAllexandre@aol.com, Web : gitesdewarincthun.com. Prix 2008. 2 € ; 2 € ; - de 10 ans 1,10 € ; 2 à 3 € (3 à 4 A) ; 1 €.

AUDRESSELLES

1-A2 12 km N. Boulogne. 30 m. 540 hab. 62164

CAMP MUNICIPAL LES AJONCS ★★ Loisirs 179 E. CV. Bord de mer à 300 m. ; . Sur CD 940. Rue du Marais. ☎ 03 21 32 97 40 / 03 21 32 96 81 (Mairie) / 03 21 32 96 81 (Mairie) (H.S.). Fax : 03 21 32 97 40.

LE MONT ASIE ★★ Loisirs 33 E. 0,4 ha. à 600 m : . Rue de l'Eglise, RN 40. ☎ 03 21 32 94 13.

CAMP MUNICIPAL DE LA CORNICHE ★ Loisirs 62 E. CV. Bord de mer à 300 m. . ☎ 03 21 32 97 40 / 03 21 32 96 81 (Mairie).

LE NOIRDA ★ Loisirs 9 E., dont 9 GCC.

AUDRUICQ

1-B2 22 km N.-E. Saint-Omer. 10 m. 3615 hab. 62370

CAMP MUNICIPAL LES PYRAMIDES ★★ Loisirs 86 E., dont 25 GCC. Accès direct à la rivière. Le Nord Boutillier. ☎ 03 21 35 59 17 / 03 21 46 06 60 (Mairie).

AUTINGUES

1-B2 23 km N.-O. St Omer. 230 hab. 62610

SAINT LOUIS ★★★ Loisirs 84 E., dont 9 HLL, 1,3 ha. CV. Locations : 3 . Lac à 1,2 km. Rivière à 1,5 km. à 1 km : ; à 2 km : . Accueil groupes. Ouv : 22.3 / 15.10. Rés. obligatoire en été. Accès par la N 43, à Ardres tournez à la D 224 R de Licques sur 1 km, tournez à gauche à la D 227 sur 100 m. ☎ 03 21 35 46 83 / 06 20 18 55 45 (H.S.). Fax : 03 21 00 19 78. E-mail : domirine@aol.com, Web : www.campingstlouis.com. Prix 2008. Empl. Tourisme : 9 € ; 8 € ; 4 € ; - de 7 ans 2 € ; 3 €.

AUXI LE CHATEAU

1-B3 45 km O. Arras. 35 m. 3195 hab. 62390

CAMP MUNICIPAL DES PEUPLIERS ★★★ Loisirs 82 E., dont 62 GCC, 1,65 ha. Accès direct à la rivière. ; . Rue du Cheval, au stade, RN 41. ☎ 03 21 41 10 79.

BALINGHEM

1-B2 28 km N.-O. St Omer. 530 hab. 62610

LA FERMETTE ★★ Loisirs 60 E., dont 60 CC, 1,07 ha. Sanitaire chauffé. Locations : . Rivière à 600 m. Etang à 3 km. Lac à 4 km. à 500 m : ; à 4 km : . CD 228. Chemin du Haut Communal. A 26 Calais. ☎ 03 21 82 28 25.

LE VERT BOCAGE ★★ Loisirs 38 E. 0,65 ha. Locations : 2 chambres. Etang et rivière à 1 km. Lac à 4 km. . 1440, Route du Camp du Drap d'Or. ☎ 03 21 82 28 29.

BEAURAINVILLE

1-B3 12 km S.-E. Montreuil. 16 m. 1977 hab. ✉ 62990

CAMP MUNICIPAL ★★★ Tourisme 120 E. 1,2 ha. CV Sanitaire chauffé. Locations : . Accès direct à l'étang. Rivière à 50 m. Accueil groupes. Ouv : 1.1 / 31.12. RD 349 entre Montreuil-sur-Mer et Hesdin. ☎ 03 21 81 40 71 / 03 21 90 30 63 (Mairie) / 06 80 32 17 25 (H.S.). Fax : 03 21 90 02 88. E-mail : commune.beaurainville@fr.oleane.com, Web : www.commune.beaurainville.fr. Prix 2007. Empl. Tourisme : 3,30 € ; 0,95 € ; 2,80 € ; 2,45 € ; 3,30 € ; - de 7 ans 1,65 € ; 2,55 €. Réduction H.S.

BEAUVOIR WAVANS

1-B3 44 km O. Arras. 401 hab. ✉ 62390

L'EAU VIVE ★★ Loisirs 92 E. 2 ha. Locations : . Accès direct à l'étang et à la rivière. ☎ 03 21 04 00 67.

BERCK

1-A3 16 km S.-O. Montreuil-sur-Mer. 9 m. 15671 hab. ✉ 62600

CHEZ MIREILLE ★★★ Loisirs 67 E., dont 67 GCC, 0,9 ha. CV. Locations : 18, Chambres. Bord de mer à 800 m. à 1 km : ; à 2 km : . Chemin Genty. A 16 sortie n° 25 dir. Berck/Le Touquet. ☎ 03 21 09 80 40. Fax : 03 21 84 05 44. E-mail : chezmireille@club-internet.fr, Web : www.chezmireille.fr. Prix 2007. Fft jour : Empl. Tourisme (4) : 34,50 € () ; Sup : 6,50 € - de 7 ans 4,30 € ; Animaux 4,30 €.

AMI-AMI ★★ Loisirs 153 E. dont 26 nus 2,1 ha. Locations : . Bord de mer à 200 m. Etang à 3 km. Rivière à 5 km. ; à 200 m : . Rue des Dunes. Dir. Nord Nature. Terminus de Berck. ☎ 03 21 09 05 55. Fax : 03 21 09 05 55. E-mail : campingamiami@aol.com.

BELLE DUNE ★★ Loisirs 350 E., dont 1 HLL, 8 ha. la nuit, CV. Locations : 25. couverte chauffée. Bord de mer à 150 m. ; ; à 100 m : . Accueil groupes. 202, chemin des Anglais. BP 03. ☎ 03 21 09 65 00. Fax : 03 21 09 03 06. E-mail : hpabelledune@nordnet.com, Web : www.belledune.net.

INTERNATIONAL CAMPING ★★ Tourisme 180 E. 3,5 ha. pain, . Locations : . Accès direct à l'étang. Bord de mer à 2 km. Rivière à 5 km. ; à 2 km : ; à 5 km : . RN 40. ☎ 03 21 09 13 33. Fax : 03 21 09 13 07. E-mail : beck.frederic@wanadoo.fr.
FFCC : partenaire - terrain assuré par la FFCC.

LA GUINGUETTE ★★ Tourisme 146 E. 1,7 ha. à gaz, visiteur, CV. Locations : 10. chauffée. Bord de mer à 400 m. Etang à 3 km. Rivière à 4 km. ; ; . Chemin aux Raisins, RN 40. A 16 sortie Berck. ☎ 03 21 09 04 22 / 03 21 84 09 40 / 06 24 28 76 79 (H.S.). Fax : 03 21 84 09 40.

L'ALOUETTE ★★ Loisirs 94 E. 1,5 ha. Accès direct à la mer. à 150 m : . Rue Docteur Calot. ☎ 03 21 84 49 16.

LE HALLOY ★★ Loisirs 370 E. 7,5 ha. CV. Locations : 14, 6. Bord de mer à 100 m. ; ; à 100 m : . Ouv : 1.4 / 30.9. Chemin aux Raisins, RN 40 et 317. A 16. ☎ 03 21 09 00 54. Prix 2007. Fft jour : Empl. Tourisme (2) : 29 € () ; Sup : 10 € - de 7 ans 6 € ; 1,80 € (jeton) ; Animaux 2 €. Réduction H.S.

CAMP DE LA MANCHE ★ Loisirs 150 E. 2 ha. Locations : , . Bord de mer à 200 m. ; ; ; ; . Avenue de la République. ☎ 03 21 09 36 29.

LA POINTE ★ Loisirs 75 E. 1,3 ha. Bord de mer à 500 m. ; . Chemin des anglais. ☎ 03 21 09 68 78.

MINY PARK Tourisme Saisonnier Tourisme 29 E. 1 ha. CV. Bord de mer à 1,5 km. à 1,5 km : ; à 2 km : , . Accueil enfants. Sortie n°25 - A 16 dir. Berck/Le Touquet. ☎ 03 21 09 02 68 / 03 21 09 80 40 (H.S.). Fax : 03 21 84 05 44. E-mail : chezmireille@club-internet.fr, Web : www.chezmireille.fr.

PARC RESIDENTIEL DE LOISIRS LA FRENAIE P.R.L. 107 E. Route de Merlimont. ☎ 03 21 84 28 51 / 03 21 84 88 77.

BEUVRY

4 km E. Béthune. 8844 hab. ✉ 62660

CAMP MUNICIPAL ★★ Tourisme 80 E. 0,8 ha. Rivière à 200 m. Accueil groupes. Ouv : 15.6 / 15.9. Rue V. Dutériez. ☎ 03 21 65 08 00 / 03 21 61 82 90 (Mairie) (H.S.). Fax : 03 21 61 82 91. Prix 2007. 3 € ; 6,50 € ; 3 € ; 2 € ; - de 7 ans 1,30 € ; 3,20 à 4,80 € ; 1,20 €.

BEZINGHEM

1-B2 19 km N.-E. Montreuil sur Mer. 273 hab. ✉ 62650

LES AULNES ★★ Loisirs 74 E. CV. Locations : . Accès direct à l'étang et à la rivière. Accueil groupes. Hameau d'Egranges. ☎ 03 21 90 93 88. Fax : 03 21 86 07 88. E-mail : contact@campinglesaulnes.com, Web : www.campinglesaulnes.com.
FFCC : partenaire - terrain assuré par la FFCC.

BLANGERVAL BLANGERMONT

1-B3 37 km O. Arras. 95 m. 107 hab. ✉ 62270

LES TILLEULS ★ Loisirs 30 E. 1 ha. CV. Etang et rivière à 3 km. à 3 km : . Accueil groupes. 33, rue Principale. Blangermont. ☎ 03 21 41 34 39 / 03 21 04 68 46. Fax : 03 21 04 68 46.

BLANGY SUR TERNOISE

1-B3 45 km O. Arras. 44 m. 727 hab. ✉ 62770

AU CLOS FLEURI ★★ Loisirs 11 E. Etang et rivière à 100 m. ☎ 03 21 41 95 78.

LE PRE ST-GILLES ★★ Loisirs 130 E. 4 ha. CV. Locations : . Accès direct à l'étang. Rivière à 150 m. ☎ 03 21 41 81 56.

BLENDECQUES

1-B2 3 km S.-E. St-Omer. 89 m. 5341 hab. ✉ 62575

DE L'ERMITAGE ★★ Loisirs 60 E. 1,15 ha. Accès direct à l'étang et à la rivière. ☎ 03 21 12 87 78 / / 03 21 95 62 60 (H.S.).

BOIRY NOTRE DAME

1-C3 14 km E. Arras. 82 m. 408 hab. ✉ 62156

LA PAILLE HAUTE ★★ Loisirs 80 E. dont 65 nus, 5 ha. saison, saison, visiteur. chauffée. Accès direct à l'étang. ; sur place : ; . Rue Verte, suivre l'A 1, sortie 15 dir. Cambrai. ☎ 03 21 48 15 40 / 06 03 08 10 92 (H.S.). Fax : 03 21 22 07 24. E-mail : lapaillehaute@wanadoo.fr, Web : la-paille-haute.com.

BOISJEAN

1-B3 7 km S. Montreuil 69 m. 375 hab. ✉ 62170

LES CARRIERES ★★ Loisirs 118 E. Ruelle Legand. ☎ 03 21 81 19 66.

BOUBERS SUR CANCHE

1-B3 37 km O. Arras. 649 hab. ✉ 62270

LE PETIT ST JEAN ★★ Loisirs 50 E. 1,5 ha. CV. Camping clef verte. Locations : , . Rivière à 100 m. Etang à 5 km. à 4 km : . Accueil groupes. Ouv : 1.4 / 15.10. Rue de Frévent. ☎ 03 21 04 85 20 / 06 85 66 92 28 (H.S.). Fax : 03 21 04 85 20. E-mail : arielle.triart@wanadoo.fr, Web : www.camping-loisir-boubers.com. Prix 2007. Empl. Tourisme : 2,50 € ; 2,50 € ; 3,70 € ; - de 7 ans 2 € ; 2,50 € (3 A) ; 0,50 € (jeton).

BOUIN PLUMOISON

1-B3 19 km S.-E. Montreuil sur Mer. 473 hab. ✉ 62140

CAMP MUNICIPAL LES PEUPLIERS ★ Loisirs 100 E. 1 ha. ambulant, ambulant, visiteur, CV. Accès direct à la rivière. Etang à 300 m. ; . Accueil groupes. Ouv : 15.3 / 15.10. RD 349 puis CD 113 dir. Guisy. ☎ 03 21 86 44 80 (Mairie). Fax : 03 21 86 44 80. E-mail : commune-bouin-plumoison@wanadoo.fr.

BOURET SUR CANCHE

1-B3 33 km O. Arras. 100 m. 198 hab. ✉ 62270

CARAVANING CLUB LOISIRS DU BORD DE CANCHE Non classé 32 E. Accès direct à l'étang et à la rivière. ; . ☎ 03 22 74 78 30.

BREMES

1-B2 26 km N.-O. St Omer. 1067 hab. ✉ 62610

LE COURTIL ROSE ★★ Loisirs 80 E. 1,2 ha. Etang à 400 m. Rivière à 50 m. Lac à 500 m. ; à 200 m : ; à 8 km : , ; à 9 km : . Ouv : 1.4 / 31.10. Rue du Watergang. Location longue durée. ☎ 03 21 35 42 91 / 06 15 12 25 40 (H.S.). Prix 2007. Empl. Tourisme : 1,75 € ; 0,75 € ; 2,75 € ; - de 7 ans 1,40 € ; 1,85 à 3,35 € (3 à 6 A).

BRIMEUX

1-B3 6 km S.-E. Montreuil sur Mer. 10 m. 622 hab. ✉ 62170

CAMP MUNICIPAL DES AULNAIES ★ Loisirs 66 E. 1 ha. . Etang et lac à 10 m. Rivière à 200 m. ; . CD 129. ☎ 03 21 86 06 00 / 03 21 06 07 95 (Mairie). Fax : 03 21 86 38 78.

CALAIS

23 km N.-E. Boulogne-sur-Mer. 5 m. 76935 hab. ✉ 62100

CAMP MUNICIPAL ★★ Tourisme 245 E. 3,5 ha. Bord de mer à 50 m. à 50 m : . Avenue Raymond Poincarré, RN 40. A 16 sortie Calais centre, dir. la plage. ☎ 03 21 97 89 79 / 06 79 62 93 22 (Régisseur) / 03 21 46 66 41 (H.S.). Fax : 03 21 46 66 88. E-mail : tourisme-patrimoine@mairie-calais.fr. Prix 2007. Empl. Tourisme : 2,50 € ; 3,50 € ; - de 2/7 ans 3 € ; 2,05 € ; Animaux 1 €.

LA CALOTTERIE

1-B3 4 km N.-O. Montreuil. 401 hab. ✉ 62170

LE BLANC PIGNON ★ Loisirs 150 E. 5 ha. CV. Locations : 5, , 1. . Rivière à 800 m. ; ; . D 139 entre Montreuil/Mer et la Côte, parallèle à la N 39. ☎ 03 21 81 60 26 / 03 21 81 60 26. Fax : 03 21 86 39 56.

CAMIERS

1-A2 20 km N.-O. Montreuil-sur-Mer. 25 m. 2126 hab. ✉ 62176

LA MER ★★ Loisirs 502 E., dont 2 HLL, 26 ha. Locations : 20, 6. Accès direct à la mer. ; ; ; . Avenue de Cambrai. A Sainte Cécile Plage. ☎ 03 21 84 92 25.

LE MINEUR ★★ Loisirs 52 E.

DES DUNES ★ Loisirs 133 E., dont 6 HLL, 6 ha. Locations : . Bord de mer à 10 m. ; ; ; . Plage Saint Gabriel, RN 40. ☎ 03 21 84 91 77.

DOMAINE LA DUNE BLANCHE ★ Loisirs 370 E., dont 15 HLL, 9 ha. 2 km, 2 km, CV Sanitaire chauffé. Locations : 8. Accès direct à l'étang. Bord de mer à 3 km. ; à 3 km : ; à 10 km : , Accueil enfants. Route d'Etaples. ☎ 03 21 09 78 48. Fax : 03 21 09 79 59. E-mail : duneblanche@wanadoo.fr, Web : www.lesdomaines.org. Prix 2007. Fft jour : Empl. Tourisme : 15,0 € ; Animaux 2,50 €. Réduction H.S.

LA DUNE BLANCHE ★ 91 E., dont 25 HLL, 3 ha. CV Sanitaire chauffé. Locations : 34. Bord de mer à 2,5 km. à 2,5 km : ; à 3 km : . Route d'Etaples par D 940, puis centre Camiers. Animaux interdits dans les chalets. ☎ 03 21 09 78 48. Fax : 03 21 09 79 59.

LA CAPELLE LES BOULOGNE

1-A2 5 km S.-E. Boulogne-sur-Mer. 105 m. 1199 hab. ✉ 62360

CAMP MUNICIPAL LES SAPINS ★★ Loisirs 30 E. dont 9 nus CV. Accueil groupes. Accès autoroute, sortie la Capelle centre commercial. Face au club hyppique. ☎ 03 21 83 16 61.

CAVRON ST MARTIN

1-B3 22 km S.-E. Montreuil. 429 hab. ✉ 62140

LE MANOIR ★ Loisirs 74 E. 1,28 ha. Accès direct à la rivière. 128 bis, rue Principale. ☎ 03 21 06 20 17.

CLAIRMARAIS

1-B2 5 km E. Saint-Omer. 9 m. 598 hab. ✉ 62500

LE CLAIR MARAIS ★★★ Loisirs 209 E. 2 ha. Locations : 2. Accès direct à l'étang et à la rivière. ; . Rue du Romclaëre. Prendre St Omer, suivre la Gare, suivre Clairmarais. A gauche à l'église. 800 m à gauche. ☎ 03 21 38 34 80. Fax : 03 21 38 34 80. E-mail : contact@camping-clairmarais.com, Web : www.camping-clairmarais.com.

LE PONT DE PIERRE ★★ Loisirs 15 E. Accès direct à la rivière. ; . 32-36, route de Saint Omer. ☎ 03 21 38 33 71.

CONCHIL LE TEMPLE

1-A3 14 km S.-O. Montreuil. 728 hab. ✉ 62180

LE VILLAGE DE LA VACHE VERTE ★★★★ Loisirs 687 E., dont 687 GCC - 49 HLL, 16 ha. CV. chauffée 2, . Etang à 2 km. Rivière à 3 km. ; à 2 km : , . Ouv : 1.1 / 31.12. A 16 sorties 24 et 25 (Pointe de la Baie d'Authie). Location longue durée. ☎ 03 21 81 29 92. Fax : 03 21 81 54 99. E-mail : authietourisme@wanadoo.fr, Web : www.authietourisme.com.

LA POTINIERE ★★ Loisirs 15 E.

LE ST BLAISE ★ Loisirs 25 E. ☎ 03 21 81 20 51.

LES 4 PLAGES ★ Loisirs 24 E. 2 ha. CV. Locations : 10. Etang et lac à 1 km. Rivière à 4 km. ; à 5 km : ; à 8 km : . Accueil enfants. Sortie A 16 n° 24. RN 1 dir. Boulogne-sur-Mer. ☎ 03 21 81 22 94. Fax : 03 21 81 22 94. Web : www.camping-des-4-plages.FE.ST. Réduction H.S.

CONDETTE

1-A2 9 km S.-E. Boulogne-sur-Mer. 35 m. 2392 hab. ✉ 62360

CARAVANING DU CHATEAU ★★★ Tourisme 35 E. 1,2 ha. CV Sanitaire chauffé. Locations : , . Lac à 800 m. Bord de mer à 3 km. à 800 m : ; à 3 km : , , . Ouv : 1.4 / 31.10. 21, rue Nouvelle. D 119. 12 km au Nord du Touquet par D 940. A 16 sortie Hardelot. De Calais sortie Boulogne-Port (avant péage) puis dir. Le Touquet et Hardelot. ☎ 03 21 87 59 59. Fax : 03 21 87 59 59. E-mail : campingduchateau@libertysurf.fr, Web : www.camping-caravaning-du-chateau.com. Prix 2008. Fft jour : Empl. Tourisme (2) : 19,50 € ( ) ; - de 7 ans 3,90 € ; 4,50 €. Réduction H.S.

CONTES

1-B3 18 km S.-E. Montreuil sur Mer. 359 hab. ✉ 62990

CAMP MUNICIPAL DES ETANGS ★ Loisirs 115 E. Rue du Marais. ☎ 03 21 06 86 10.

COURSET

1-B2 22 km S.-E. Boulogne-sur-Mer 118 m. 461 hab. ✉ 62240

CAMP DE LA VALLEE ★★ Loisirs 18 E., dont 18 GCC - 8 HLL, 1 ha. CV. Locations : 2 , 9 , , , , , . Etang à 5 km. . Accueil groupes. 17, Rue de Bécourt. A Boulogne prendre la D 341 dir. Desvres, continuez sur la D 341 en dir. de Therouanne. A 3 km de Desvres, tournez sur la D 343 en dir. de Hucqueliers. Arrivé à Sacriquier, au calvaire tournez à gauche c'est à 100 m. ☎ 03 21 10 63 17 / 03 21 83 70 10 (H.S.). Fax : 03 21 10 63 17. E-mail : contact@camping-vallee.com, Web : www.camping-vallee.com.

CROIX EN TERNOIS

1-B3 35 km N.-O. Arras. 152 m. 218 hab. ✉ 62130

CAMP DE M. VIGNERON ★★ Loisirs 19 E. dont 7 nus, dont 19 CC. CV Rés. naturiste. Locations : , . Rivière à 2 km. Etang à 3 km. . Accueil groupes. Ouv : 1.1 / 31.12. Axe Arras-Hesdin, 1 km du circuit automobile de Croix-en-Ternois. RN 39. ☎ 06 86 42 12 50. Fax : 03 21 03 39 87. Prix 2007. Fft jour : Empl. Tourisme (2) : 20 € ( ) ; 1,50 €.

CUCQ

1-A3 12 km O. Montreuil sur Mer. 5 m. 4379 hab. ✉ 62780

POMME DE PIN ★★★ Loisirs 232 E., dont 232 GCC - 1 HLL, 4 ha. CV. Locations : , . Bord de mer à 2 km. ; à 2 km : , . 396, boulevard de France. ☎ 03 21 94 28 55. Fax : 03 21 94 13 55. E-mail : info@pommedepin.fr, Web : www.pommedepin.fr.

CAMP MUNICIPAL DE LA MER ★★ Tourisme 181 E. 4 ha. CV. Bord de mer à 200 m. à 200 m : ; à 500 m : . Accueil groupes. A Stella Plage. D 143. ☎ 03 21 84 60 60. Fax : 03 21 94 13 55.

LA FORET ★★ Loisirs 158 E. dont 158 nus 2,8 ha. CV Sanitaire chauffé. . Bord de mer à 900 m. Etang et rivière à 2 km. ; ; . 149, boulevard de Berck, RN 40, RN 147. ☎ 03 21 94 75 01 / 03 22 95 18 79 / 06 20 69 52 58 (H.S.). Fax : 03 21 94 75 01. E-mail : info@laforestella.fr, Web : www.laforetstella.fr. Prix 2007. Empl. Tourisme : 17 € ( ) : 6 € ; - de 7 ans 4 € ; 5 € ; Animaux 2 €. Réduction H.S.
FFCC : partenaire + réduction emp. de 5 % en saison et hors saison + carte FFCC assurance annulation + réduction loc. de 5 % en saison et hors saison.

PARC SOLEIL ★★ Loisirs 164 E., dont 9 HLL, 2 ha. , pain, CV. Locations : . Bord de mer à 3 km. à 3 km : . Rue Salengro, RN 40 dir. Stella-plage, proximité forêt du Touquet. ☎ 03 21 94 65 29. Fax : 03 21 94 65 29. Réduction H.S.

L'ABRI COTIER ★ Tourisme 120 E. 3 ha. . 1040, boulevard de France. ☎ 03 21 94 71 04.

LE BOIS JOLI ★ Loisirs 71 E., dont 2 HLL, 0,85 ha. à 1,8 km : , . Bord de mer à 1 km. à 1 km : , . Rue de Péronne, RN 40. ☎ 03 21 94 62 55 / 03 21 37 16 48 (H.S.).

DANNES

1353 hab. ✉ 62187

CAMP MUNICIPAL DU MONT ST FRIEUX ★★★ Loisirs 52 E. 21 rue de la Mer ☎ 03 21 33 24 76.

DIVION

1-C3 13 km S.-O. Béthune. 57 m. 8590 hab. ✉ 62460

CAMP MUNICIPAL ★★★★ Loisirs 17 E., dont 17 GCC. Locations : . Accès direct à l'étang et à la rivière. . Chaussée Brunehaut. ☎ 03 21 62 15 88. Fax : 03 21 64 55 83.

DOURIEZ

1-B3 19 km S.-E. Montreuil. 259 hab. ✉ 62870

CAMP MUNICIPAL ★ Loisirs 20 E. Sanitaire chauffé. Accès direct à la rivière. . Marais du Haut-Pont. Par RN 1, RD 119 puis RN 39, RD 138. ☎ 03 21 86 33 55 (Mairie). Fax : 03 21 86 33 55. E-mail : douriez.mairie@wanadoo.fr.

LE COLOMBIER ★ Loisirs 80 E. . Accès direct à l'étang. Rivière à 300 m. . Ruelle du Colombier. ☎ 03 21 90 38 01.

ECOURT ST QUENTIN

1-D3 24 km S.-E. Arras. 75 m. 1657 hab. ✉ 62860

CAMP MUNICIPAL LE GRAND MARAIS ★ Loisirs 33 E. 0,5 ha. CV. Accès direct à l'étang. . A partir du centre ville prendre la rue du Préhaut, puis le chemin du Bracheuil vers l'Auberge Rouge. ☎ 03 21 73 50 00. Fax : 03 21 48 10 46.

CAMP MUNICIPAL MARAIS DE BECQUEREL ★ Loisirs 134 E. 2 ha. CV. Accès direct à l'étang et à la rivière. . RD 13, RN 39 et prendre la route des marais qui va d'Ecourt vers Oisy. ☎ 03 21 73 50 00 (Mairie) / 06 79 72 80 62. Fax : 03 21 48 10 46. E-mail : mairieecourt@wanadoo.fr.

EPERLECQUES

1-B2 10 km N.-O. Saint Omer. 2556 hab. ✉ 62910

CHATEAU DU GANSPETTE ★★★ Loisirs 167 E. dont 100 nus, 8 ha. CV. Locations : 8 . chauffée . Rivière à 3 km. à 3 km : . Ouv : 1.4 / 30.9. Sur la D 207. ☎ 03 21 93 43 93. Fax : 03 21 95 74 98. E-mail : contact@chateau-gandspette.com, Web : chateau-gandspette.com. Prix 2008. Fft jour : Empl. Tourisme (2) : 23 € ( ) ; Sup : 6 € ; - de 6 ans 4 € ; 4 € (6 A) ; Animaux 1 €. Réduction H.S.
FFCC : réduction loc. de 5 % hors saison + HC.

CAMP DU MONT ★ Loisirs 50 E. 1,5 ha. . Accès direct à la rivière. . CD 219. ☎ 03 21 93 22 25.

LE QUENELET ★ Loisirs 28 E. Rivière à 1 km.Etang à 2 km. Location longue durée. ☎ 03 21 93 90 65 / 03 21 93 90 65.

EQUIHEN PLAGE

1-A2 6 km S. Boulogne. 55 m. 3164 hab. ✉ 62224

CAMP MUNICIPAL DE LA FALAISE ★★★ Loisirs 136 E., dont 74 HLL, 6,35 ha. CV. Locations : 1, 4, 13. Bord de mer à 200 m. en mer : ; à 200 m : . Accueil groupes - 12 ans. Ouv : 1.4 / 31.10. Rue Charles Cazin. Les chiens de cat. 1 & 2 ne sont pas acceptés. ☎ 03 21 31 22 61. Fax : 03 21 80 54 01. E-mail : camping.equihen-plage@orange.fr, Web : www.ville-equihen-plage.fr. Prix 2008. Empl. Tourisme : 4,90 € ; 3,20 € ; 4,90 € ; - de 7 ans 2,70 € ; 4,90 à 5,40 € (10 à 16 A) ; Animaux 2,20 €. Fft Ccar : 13 € (2).

FFCC : partenaire + réduction emp. de 5 % en saison et hors saison.

EQUIRRE

1-B3 42 km N.-O. Arras. 100 m. 81 hab. ✉ 62134

LE CHATEAU ★ Tourisme 140 E. 5 ha. Locations : . RN 343, sur RD 71. ☎ 03 21 04 61 23. Fax : 03 21 04 61 23.

ESCALLES

1-B1 22 km N.-E. Boulogne sur Mer. 46 m. 286 hab. ✉ 62179

COTE D'OPALE LE BLANC NEZ ★★ Loisirs 85 E. 1,25 ha. CV. Locations : 1, 2, , Chambres (prix par nuit). Bord de mer à 300 m. ; ; . Accueil groupes. Ouv : 15.3 / 15.11. 18, rue de la Mer. Sur la CD 940. Par l'A 16 sortie n°40. ☎ 03 21 85 27 38. Fax : 03 21 85 27 38. E-mail : camping.blancnez@laposte.net, Web : camping.blancnez.free.fr. Prix 2007. Fft jour : Empl. Tourisme (2) : 16,50 € () ; Sup : 4,20 € - de 13 ans 2,30 € ; 1 € ; Animaux 1,40 €.

ETAPLES

1-A2 12 km N.-O. Montreuil-sur-Mer. 10 m. 11310 hab. ✉ 62630

CAMP MUNICIPAL DE LA PINEDE ★★★ Tourisme 112 E. 1,5 ha. saison, . Rivière à 500 m. Bord de mer à 5 km. à 1 km : . Sur CD 940, à 1 km de l'agglomération. ☎ 03 21 94 34 51. Fax : 03 21 94 34 51.

FILLIEVRES

1-B3 50 km O.-Arras. 535 hab. ✉ 62770

LES TROIS TILLEULS ★★ Loisirs 120 E. dont 10 nus 1,5 ha. + sèche-linge, CV. Locations : . Rivière à 200 m. Etang à 600 m. Accueil groupes. 28, rue de Frévent. D 340. ☎ 03 21 47 94 15. Fax : 03 21 04 81 32. E-mail : campingdes3t@wanadoo.fr, Web : www.camping3tilleuls.com. Prix 2007. 2,50 € ; 2,50 € ; 2,50 € ; 2,50 € ; 2,50 € ; - de 7 ans 1,50 € ; 3,50 € (6 A) ; 1 €.

FLEURBAIX

1-C2 21 km N.-E. Béthune. 18 m. 1998 hab. ✉ 62840

LES PEUPLIERS ★ Loisirs 20 E. 1,5 ha. CV Sanitaire chauffé. Locations : 2, 1. Etang à 100 m. Accueil groupes. Ouv : 15.4 / 15.10. Rue des Bassières, à 1,5 km de la commune. ☎ 03 21 65 64 47 / 06 80 31 79 56 (H.S.). Fax : 03 21 65 64 47. 10 € ; 10 € ; 1,60 € ; - de 16 ans 0,80 € ; 2,10 € ; 1,30 €. Réduction H.S.

FFCC : partenaire - terrain assuré par la FFCC + réduction emp. de 5 % en saison et 8 % hors saison + carte FFCC assurance annulation + Stop accueil Camping-car du 15/04 au 15/10/2008, accès jusqu'à 22h + réduction loc. de 5 % en saison et 8 % hors saison.

FRETHUN

1-B2 4 km S. Calais. 1094 hab. ✉ 62185

LE VILLAGE ★ Loisirs 7 E., dont 7 GCC, 1,5 ha. à 5 km : . 115, rue Parenty. A 16 sortie n° 11. Hivernage des caravanes et des camping-cars. ☎ 03 21 85 25 42.

FREVENT

1-B3 36 km O. Arras. 79 m. 4301 hab. Station verte de vacances et village de neige ✉ 62270

VAL DU TERNOIS ★★★ Tourisme 110 E. dont 10 nus 3,7 ha. CV. Locations : . Accès direct à l'étang. Accueil groupes. 75, rue du Général de Gaulle. N 39 puis D 916 et suivre panneaux, "Camping Municipal". ☎ 03 21 03 78 79. Fax : 03 21 04 92 41. E-mail : levalduternois@wanadoo.fr, Web : www.lesdomaines.org. Prix 2007. Fft jour : Empl. Tourisme (2) : 15 € () ; Sup : 3 € - de 7 ans 2 € ; Animaux 1 €.

FRUGES

1-B2 32 km E.-N.-E. Montreuil. 2765 hab. ✉ 62310

LE PARADIS ★ Loisirs 70 E. CV. Etang à 500 m. ☎ 03 21 04 52 58 / 03 20 03 54 81 / 03 20 03 54 81 (H.S.).

GRIGNY

1-B3 49 km O. Arras. 31 m. 375 hab. ✉ 62140

CAMP MUNICIPAL LE VERT BOCAGE ★★ Loisirs 50 E. Accès direct à la rivière. Rue du Marais. ☎ 03 21 81 69 22. Fax : 03 21 86 37 22.

M. FEBVIN Albert partiel. A 100 m : . A 2 km : . A 3 km : Piscine plein air. 32, impasse du Marais, à proximité de la ferme. Pré, rivière à 100 m. Location à l'année et à la journée. ☎ 03 21 86 94 77.

GRINCOURT LES PAS

1-C3 25 km S.-O. Arras. 55 hab. ✉ 62760

M. EVRARD JACQUES, aire naturelle

GROFFLIERS

1-A3 16 km S.-O. Montreuil-sur-Mer. 6 m. 480 hab. ✉ 62600

ANNEXE DE LA BAIE D'AUTHIE ★★ 121 E.

FERME DE LA MOLLIERE ★★ Loisirs 114 E., dont 20 HLL. Chemin de la Madelon. ☎ 03 21 84 40 46.

LA BAIE D'AUTHIE ★★ Loisirs 145 E. 2 ha. , . RN 40. ☎ 03 21 09 04 54.

LE BEC DU PERROQUET ★ Loisirs 63 E., dont 1 HLL, 3 ha. Etang à 100 m. Bord de mer à 300 m. . Location longue durée. ☎ 03 21 89 68 53 / 03 21 84 81 92.

GUEMPS

1-B1 32 km N.-O. Saint-Omer. 3 m. 808 hab. ✉ 62370

MON REPOS ★ Loisirs 9 E. RD 229. ☎ 03 21 82 28 75.

GUINES

1-B2 10 km S. Calais. 5175 hab. ✉ 62340

LA BIEN ASSISE ★★★ Loisirs 198 E., dont 11 GCC - 4 HLL, 10 ha. saison, CV. Locations : 4, 7, . couverte chauffée . Ouv : 1.5 / 24.9. Rés. obligatoire en été. A 16 sortie 40 et A 26 sortie 2. Sur D 231. De Boulogne A 16 sortie 7. ☎ 03 21 35 20 77. Fax : 03 21 36 79 20. E-mail : castels@bien-assise.com, Web : www.bien-assise.com. Prix 2008. Empl. Tourisme : 14 € () : 5,50 € ; - de 13 ans 4 € ; 4,50 € (6 A) ; Animaux 2 €. Réduction H.S.

FFCC : partenaire + réduction emp. de 5 % hors saison + carte FFCC assurance annulation + réduction loc. de 5 % hors saison.

HAMES BOUCRES

1-B2 9 km S. Calais. 5 m. 1047 hab. ✉ 62340

LA BELLE PECHE ★★ Loisirs 96 E. dont 8 nus, , dont 40 GCC - 15 HLL, 5 ha. CV. Locations : , . Accès direct à l'étang et aux bords du lac. Rivière à 200 m. ; . Accueil groupes. A 16 Rocade Calais sortie vers Guines puis dir. Guines le Marais le long du canal. ☎ 03 21 35 21 07 / 03 21 35 97 00 (H.S.). Fax : 03 21 82 51 50. E-mail : campingbellepeche@wanadoo.fr, Web : www.belle-peche.com.

HARDINGHEN

1-B2 18 km S. Calais. 70 m. 1008 hab. ✉ 62132

M. GUERLAIN Jean-Paul, camping à la ferme . Les Piloteries. ☎ 03 21 85 01 85. Fax : 03 21 85 01 85. E-mail : lespiloteries@free.fr.

HAVRINCOURT

1-D4 33 km S.-E. Arras. 115 m. 402 hab. ✉ 62147

CAMP DE LA FORET ★ Loisirs 30 E. Rue de Douai. ☎ 03 21 48 38 22.

HELFAUT

1-B2 7 km S. Saint-Omer. 1434 hab. ✉ 62570

LES GENETS ★★ Loisirs 153 E. dont 5 nus, 4 ha. CV. Locations : 3, 1. Accès direct à l'étang. Rivière à 2 km. ; à 5 km : . Accueil groupes. Ouv : 1.4 / 30.9. 8, rue du Parfum des Sapins. A 26 sortie n°4 dir. Saint-Omer, 2 km direction CHR. ☎ 03 21 93 80 56 / 06 50 65 91 56 (H.S.). Fax : 03 21 93 80 56. Prix 2008. Empl. Tourisme : 5 € ; 3 € ; 3 € ; 3 € ; - de 7 ans 1,50 € ; 2,50 à 3 € ; 1,50 €. Réduction H.S.

HERBINGHEN

1-B2 24 km S. Calais. 115 m. 297 hab. ✉ 62850

LE RELAIS DE LA HEM ★ Loisirs 33 E. 0,7 ha. Rivière à 800 m. Etang à 5 km. Parcelles fermées. ☎ 03 21 35 03 57 / 06 25 76 05 85 (H.S.).

HERNICOURT

1-B3 37 km O. Arras. 395 hab. ✉ 62130

LA SCIERIE ★ Loisirs 20 E. Locations : . Rivière à 3 m. Etang à 5 m. ☎ 03 21 04 32 21.

HERVELINGHEN

1-A2 20 km N.-E. Boulogne-sur-Mer 52 m. 172 hab. ✉ 62179

LA VALLEE ★★★ Loisirs 102 E., dont 77 GCC, 2,5 ha. CV. Bord de mer à 3 km. 901, rue Principale. 20 km S-O de Calais. A 16 sortie 37 en venant de Boulogne sur Mer. Sortie 38 en venant de Calais. Dir. St-Inglevert/Wissant. ☎ 03 21 36 73 96 / 03 21 85 15 43.

HOULLE

1-B2 8 km N.-O. Saint Omer. 10 m. 650 hab. ✉ 62910

AU BON ACCUEIL ★★ Loisirs 46 E. . ☎ 03 21 93 20 00.

CAMP DU SYNDICAT TOURISTIQUE LE RIVAGE ★★ Loisirs 100 E. 2,5 ha. Accès direct à l'étang et à la rivière. ☎ 03 21 93 69 29.

LES CHARMILLES ★★ Loisirs 152 E., dont 152 CC, 3 ha. CV. Locations : . Accès direct à l'étang et à la rivière. Ouv : 1.4 / 30.9. 11 bis, rue d'Hellebroucq. Location longue durée. ☎ 03 21 39 06 46 / 06 81 71 33 36 (H.S.). Fax : 03 21 35 59 52.

LE BRULE ★ Loisirs 29 E.

LES ROSEAUX ★ Loisirs 39 E. dont 1 nus CV. Locations : . Accès direct à la rivière. 73, rue de Vincq. ☎ 03 21 93 09 99. Fax : 03 21 93 09 99.

LES SAULES ★ Loisirs 117 E. Locations : . Accès direct à l'étang. Rivière à 500 m. ☎ 03 21 93 70 47 / 03 21 38 19 83.

HUMEROEUILLE

1-B3 41 km O. Arras. 118 m. 170 hab. ✉ 62130

LE VALADIN ★★ Loisirs 30 E. 15, route de Blangy. ☎ 03 21 41 83 06.

ISQUES

1-A2 7 km S.-E. Boulogne-sur-Mer. 9 m. 1171 hab. ✉ 62360

LES CYTISES ★★★ Tourisme 100 E., dont 30 GCC, 2,5 ha. CV. Locations : . Accès direct à la rivière. Lac à 3 km.Bord de mer à 5 km. à 4 km : . Accueil groupes. Rue de l'Eglise. A 150 m RN 1 dir. Abbeville-Paris ou A 16 sortie 28. ☎ 03 21 31 11 10. Fax : 03 21 31 11 10. Prix 2007. Fft jour : Empl. Tourisme (2) : 14,30 € ( ) ; Sup : 3,40 € - de 7 ans 1,80 € ; 2,70 € (3 à 6 A). Réduction H.S.

LABROYE

1-B3 30 km S.-E. Montreuil sur Mer. 25 m. 146 hab. ✉ 62140

CAMP MUNICIPAL DE LA SAPINIERE ★★ Loisirs 103 E. 1,7 ha. CV. Locations : . Accès direct à l'étang et à la rivière. Accueil groupes. Ouv : 1.4 / 30.9. RD 119 et RN 928. Près de l'Authie. ☎ 03 21 90 36 27. Fax : 03 21 81 79 12. Prix 2007. 2,04 € ; 2,04 € ; 3,05 € ; 2,04 € ; 3,05 € ; - de 11 ans 2,04 € ; 2,42 € ; 1,26 €.

LANDRETHUN LES ARDRES

1-B2 28 km N.-O. Saint-Omer. 85 m. 469 hab. ✉ 62610

L'OREE DU BOIS ★★ Loisirs 88 E. dont 6 nus 2,2 ha. CV. Etang à 2 km.Rivière à 3 km.Lac à 4 km. à 2 km : ; à 5 km : . Ouv : 1.4 / 30.9. Le Val, D 224. ☎ 03 21 82 67 15. Fax : 03 21 82 67 15. Prix 2007. Empl. Tourisme : 3,60 € ( ) : 3,40 € ; - de 7 ans 2,60 € ; 2 € (5 A).

LESPINOY

1-B3 10 km S.-E. Montreuil. 195 hab. ✉ 62990

LE CLAIR VIGNON ★★ Loisirs 118 E. dont 3 nus, 2 ha. CV. Accès direct à l'étang. Rivière à 1 km. Accueil groupes. Ouv : 1.3 / 31.10. Rés. obligatoire en été. D 349 entre Montreuil-sur-Mer et Hesdin. ☎ 03 21 81 42 26 / 06 23 68 12 09 (H.S.). Fax : 03 21 86 41 25. Prix 2007. Empl. Tourisme : 3,60 € ; 2,80 € ; - de 7 ans 1,40 € ; 2,50 € (3 A) ; 1,25 €.

LEUBRINGHEN

1-A2 17 km N.-E. Boulogne-sur-Mer. 96 m. 192 hab. ✉ 62250

LES PRIMEVERES ★★ Tourisme 63 E. (40 Tourisme + 23 Loisirs), dont 1 HLL, 1,7 ha. à 5 km : . Accueil groupes. A 16 sortie St-Inglevert. Tourner à gauche vers Leubringhen. ☎ 03 21 87 13 33. E-mail : lesprimeveres@wanadoo.fr.

LICQUES

1-B2 21 km S. Calais. 87 m. 1390 hab. ✉ 62850

LES POMMIERS DES TROIS PAYS ★★★ Loisirs 58 E. dont 30 nus, dont 7 HLL, 1,2 ha. CV Camping tourisme et handicap. Locations : 9 , 1 . couverte . Rivière à 1 km. à 2 km : . Ouv : 1.4 / 31.10. 253, rue de Breuil. Au centre de Licques direction St-Omer/Lumbres. ☎ 03 21 35 02 02. Fax : 03 21 35 02 02. E-mail : denis.lamce@wanadoo.fr, Web : www.pommiers-3pays.com. Prix 2007. Empl. Tourisme : 7 € ; 3,80 € ; - de 10 ans 2,60 € ; 4 € (16 A) ; E. GCC 2,50 € (suplt).

FFCC : partenaire + réduction emp. de 5 % en saison et hors saison + Stop accueil Camping-car du 01/04 au 31/10/2008, accès jusqu'à 22h + réduction loc. de 5 % en saison et hors saison.

LE CANCHY ★★ Tourisme 72 E. dont 35 nus, 1 ha. brasserie, CV. Locations : . Accès direct à la rivière. Etang à 1 km. Accueil groupes. Ouv : 15.3 / 31.10. Rue de Canchy. D 191 de Calais Guines Licques. De Boulogne dir. St-Omer. De St-Omer dir. Ardres-Calais. ☎ 03 21 82 63 41 / 06 76 01 50 78 (H.S.). Fax : 03 21 82 63 41. E-mail : camping.lecanchy@wanadoo.fr, Web : www.camping-lecanchy.com. Prix 2008. Empl. Tourisme : 4,60 € ( ) : 4,60 € ; 3,60 € ; - de 11 ans 2,60 € ; 3,30 € (6 A).

LIENCOURT

1-C3 24 km O. Arras. 135 hab. ✉ 62810

ESPACE VERT ★★ Loisirs 56 E. 3 ha. CV. Locations : . Accès direct à l'étang. Rivière à 2 km. Accueil groupes. 7, rue du 8 Mai. ☎ 03 21 48 43 44 / 06 32 16 62 80. E-mail : camping-espace-vert@wanadoo.fr.

LILLERS

1-C2 12 km N.-O. Béthune. 9518 hab. ✉ 62190

CAMP MUNICIPAL ★★★ Loisirs 33 E. 0,8 ha. Etang à 500 m. ; Le Brule. ☎ 03 21 02 33 06.

LA LOGE

1-B3 25 km S.-E. Montreuil sur Mer. 159 hab. ✉ 62140

LA LOGE ★★ Loisirs 141 E., dont 11 HLL, 2,7 ha. Etang à 3 km. Forêt d'Hesdin, sur RD 108, RN 28. ☎ 03 21 86 68 05 / 03 21 86 68 05. E-mail : cmangematin@wanadoo.fr.

LUMBRES

1-B2 14 km S.-O. Saint Omer. 4352 hab. ✉ 62380

LE MARAIS ★ Tourisme 50 E. 1 ha. pain, . Locations : . Accès direct à la rivière. Etang à 200 m. Rue Salvador Allendé. ☎ 03 21 39 61 18. Fax : 03 21 39 95 79. E-mail : cassiopee.tourisme@wanadoo.fr.

MAINTENAY

1-B3 13 km S.-E. Montreuil. 405 hab. ✉ 62870

LE PLEIN SOLEIL ★ Loisirs 25 E. Accès direct à l'étang. ☎ 03 21 90 33 75.

MAISNIL LES RUITZ

1-C3 11 km S.-O. Béthune. 1192 hab. ✉ 62620

PARC D'OLHAIN I ★★ Tourisme 68 E. . Etang et rivière à 5 km. . ☎ 03 21 27 94 80 / 03 21 27 91 79 (H.S.). Fax : 03 21 64 17 95.

PARC D'OLHAIN II ★★ Tourisme 82 E. chauffée . Etang et rivière à 5 km. . CD 301. ☎ 03 21 27 94 80 / 03 21 27 91 79 (H.S.). Fax : 03 21 64 17 95. Web : www.parcdolhain.com.

MAMETZ

1-B2 15 km S.-E. Saint-Omer. 44 m. 1638 hab. ✉ 62120

LE MOULIN ★★ Loisirs 72 E., dont 72 GCC. CV. Locations : . Accès direct à l'étang et à la rivière. Ouv : 1.4 / 31.10. 35, rue du Moulin. ☎ 03 21 39 78 75. E-mail : moulindemametz@wanadoo.fr.

L'ETANG ★ 25 E. Hameau de Crecques. 212, Grande Rue. ☎ 03 21 39 10 64.

DOMAINE LE CHATEAU DE MAMETZ Non classé 138 E. CV. Locations : 9 . Accès direct à l'étang et à la rivière. Lac à 2 km. Entre Aire-sur-la-Lys et Thérouanne dir. le Touquet. ☎ 03 21 39 05 26. Fax : 03 21 39 05 26. E-mail : g4s@residence2000.com, Web : www.lesdomaines.org. Prix 2007. Empl. Tourisme : 8 € ; 5 € ;

MARCK

1-B1 40 km N.-E. Boulogne sur Mer. 6 m. 7453 hab. ✉ 62730

CAMP DE LA PLAGE ★★ Loisirs 112 E., dont 6 HLL. Hemmes de Marck. Avenue de la Plage. ☎ 03 21 82 92 80.

MARENLA

1-B3 10 km E. Montreuil. 24 m. 235 hab. ✉ 62990

MANON DES SOURCES ★★★ Loisirs 50 E. ☎ 03 21 81 50 66.

MARESQUEL ECQUEMICOURT

1-B3 14 km S.-E. Montreuil sur Mer. 1037 hab. ✉ 62990

CARAVANING VERTE VALLEE ★★ Loisirs 130 E., dont 4 HLL, 3,5 ha. Sanitaire chauffé. Locations : . Accès direct à l'étang et à la rivière. ; . O ☎ 03 21 90 37 23 / 06 07 05 77 97. Fax : 03 21 90 39 13. E-mail : caravaningvertevallee@wanadoo.fr, Web : www.caravaning-verte-vallee.com.

CHATEAU DE BUREUIL ★★ Loisirs 66 E. 3 ha. snack, Sanitaire chauffé. Locations : . Accès direct à l'étang et à la rivière. ; . 213, chemin Latéral. ☎ 03 21 81 14 07 / 06 07 05 77 97. Fax : 03 21 90 39 13. E-mail : caravaningvertevallee@wanadoo.fr, Web : www.caravaning-verte-vallee.com.

MARQUISE

1-B2 13 km N.-N.-E. Boulogne-sur-Mer 39 m. 4793 hab. ✉ 62250

LA QUENOUILLE ★★★ Tourisme 65 E., dont 20 HLL, 1,5 ha. CV. Locations : , , Chambres d'hôtes (prix par nuit p-déj. compris). . Rivière à 1 km. ; ; . Hameau de Ledquent. ☎ 03 21 92 68 12 / 06 11 26 15 40. Fax : 03 21 92 68 12. Web : www.gite-calypso.com.

MATRINGHEM

1-B2 35 km E. Montreuil-sur-Mer. 204 hab. ✉ 62310

AU VIEUX MOULIN ★ Loisirs 20 E. 0,4 ha. Accès direct à la rivière. ☎ 03 21 04 40 05.

LES ETANGS ★ Loisirs 20 E. Accès direct à l'étang et à la rivière. ☎ 03 21 04 42 83.

L'ETANG DES SOURCES ★ Loisirs 37 E. Etang à 10 m. Rivière à 20 m. Location longue durée. ☎ 03 21 41 55 11.

MERCK ST LIEVIN

1-B2 20 km S.-O. Saint Omer. 524 hab. ✉ 62560

L'ETANG DU MOULIN DE LAA ★ Loisirs 64 E. 4, rue de l'Etang. ☎ 03 21 39 51 69.

MERLIMONT

1-A3 12 km O. Montreuil-sur-Mer. 7 m. 1836 hab. ✉ 62155

CAMP C.C.A.S. ★★ Tourisme 40 E. Réservé C.C.A.S.

L'EPY ★★ Loisirs 163 E. dont 20 nus, dont 4 HLL, 2,5 ha. CV. Locations : 1 , 2 , . Etang à 300 m. Bord de mer à 4 km. à 300 m : ; à 4 km : ; à 5 km : . Ouv : Pâques / 15.10. Rue Auguste Biblocq. CD 940, A 16. ☎ 03 21 94 74 15. Web : www.epy.berck.com. Prix 2007. Fft jour : Empl. Tourisme (2) : 15 € ( ) ; Sup : 5 € - de 7 ans 2,50 € ; 5 € (6 A) ; Animaux 2,50 €.

LES JARDINS DE LA MER ★★ Tourisme 347 E. 8 ha. Locations : . Bord de mer à 1 km. à 1 km : . Rue C. Delacroix, CD 144 E. ☎ 03 21 94 18 18 / 03 21 94 18 19. Fax : 03 21 94 18 19.

LES ORMES ★★ Loisirs 45 E. 0,8 ha. Rivière à 1 km.Bord de mer et étang à 4 km. à 4 km : 744, rue d'Etaples. CD 940. ☎ 03 21 94 97 24 / / 03 21 26 26 36 (H.S.).

MONTREUIL

1-B3 80 km O.-N.-O. Arras. 45 m. 2948 hab. Station verte de vacances et village de neige ✉ 62170

LA FONTAINE DES CLERCS ★★★ Tourisme 76 E. 2 ha. Locations : Accès direct à la rivière. Ville Basse, par RN 1. Près de la gare SNCF. ☎ 03 21 06 07 28. Fax : 03 21 06 07 28. E-mail : fredd y.monchaux@wanadoo.fr

FFCC : partenaire - terrain assuré par la FFCC.

MOULLE

1-B2 7 km N.-O. Saint Omer. 828 hab. ✉ 62910

CARAVANING DES PEUPLIERS ★★ Loisirs 45 E. Rue du Silos. ☎ 03 21 93 67 65.

CARAVANING LA ROSERAIE ★★ Loisirs 62 E. Englevert. ☎ 03 21 93 67 65.

LE VERT MANOIR ★★ Loisirs 112 E. CV. Etang à 300 m. Rivière à 1 km. ; à 1 km : Accueil groupes. De Saint-Omer dir. Calais. ☎ 03 21 93 04 38 / 03 21 95 83 61.

NIELLES LES BLEQUIN

1-B2 20 km S.-O. St Omer. 764 hab. ✉ 62380

DOMAINE DU BLEQUIN ★★ Loisirs 46 E. 1,5 ha. Locations : 2, 2. Accès direct à l'étang et à la rivière. Ouv : 1.4 / 1.11. 8, rue du Larre. ☎ 03 21 39 68 06. E-mail : matsaintmaxin@orange.fr. Prix 2007. Fft Ccar : 15 € (2) . Fft Tente : 8 € (2).

NOEUX LES AUXI

1-B3 42 km O. Arras. 51 m. 172 hab. ✉ 62390

Mme THIBAUT Jeannine A 2 km: . A 10 km : Piscine plein air. Maison Vieille, rue du Maréchal, par D 941 ou D 938 et CD 117. Flanc de colline, herbeux. ☎ 03 21 04 04 98 / 03 21 47 33 58 (H.S.). E-mail : thiba ut.jeannine@wanadoo.fr. Prix 2007. 2,50 € ; 2,50 € ; 5 € ; 2,50 € ; 2,50 € ; 1 € (3 A) ; 1 €.

FFCC : partenaire - terrain assuré par la FFCC .

NORDAUSQUES

1-B2 14 km N.-O. Saint Omer. 527 hab. ✉ 62890

LE RELAX ★★ Loisirs 57 E. dont 12 nus, 1 ha. CV. Locations : Etang à 100 m. Rivière à 300 m. Lac à 5 km. à 300 m : Ouv : 1.4 / 30.9. 318, rue de Gravelines. N 43 St-Omer/Calais, A 26 sortie 2 à 1 km du camping. D 218. A 16 sortie Oye-Plage/Audruicq. ☎ 03 21 35 63 77 / 06 20 87 33 03 (H.S.). Fax : 03 21 35 63 77. E-mail : camping.le.relax@cegetel.net. Prix 2007. 2,20 € ; 2,20 € ; 2,20 € ; 3,20 € ; - de 7 ans 1,50 € ; 2,20 € (6 A) ; 1,50 €. Empl. Loisirs : 638 €(fft la saison). Fft Ccar : 8 € (2).

NORTKERQUE

1-B2 27 km N.-O. Saint-Omer. 1050 hab. ✉ 62370

LE RELAIS DE LA PALME ★★ Loisirs 80 E. CV. Rivière à 300 m. Etang à 1 km.Lac à 4 km. ; à 4 km : à 10 km : Ouv : 1.4 / 30.9. A 16 sortie 50 Audruicq. A 26 à 10 km sortie Nordausques ou Calais. ☎ 03 21 85 72 11. Fax : 03 21 85 72 11. Prix 2007. Fft jour : Empl. Tourisme (2) : 12 € Sup : 3 € - de 8 ans 1,50 € ; 2,30 € ; 1,20 €.

OISY LE VERGER

1-D3 28 km S.-E. Arras. 80 m. 1278 hab. ✉ 62860

AUX ROUBAISIENS ★ Loisirs 113 E. 2 ha. + sèche-linge, CV. Etang et lac à 100 m. Rivière à 20 m. ; à 500 m : ; à 1 km : A l'Abbaye, RD 14, par RN 17 à 2 km. Entre Douai et Cambrai. ☎ 03 21 59 51 54 / 06 30 67 21 54 (H.S.). E-mail : pascallage@aol.com. Prix 2007. Empl. Tourisme : 2,80 € ; 2,80 € ; - de 7 ans 1,40 € ; 2 € (3 à 20 A).

DOMAINE DE L'ABBAYE ★ Loisirs 150 E., dont 28 HLL.

LE PARADIS FLEURI ★ Loisirs 45 E., dont 20 HLL. Les Prés de l'Abbaye.

LES PRES DE L'ABBAYE ★ Loisirs 21 E., dont 14 HLL.

OYE PLAGE

1-B1 34 km N.-O. Saint Omer. 4 m. 4480 hab. ✉ 62215

BOUSCAREL ★★ Loisirs 44 E. 1 ha. RD 119, 448, Le Tap-Cul. A 16 sortie 21, RN 1/RD 219/RD 119 au nord du village. ☎ 03 21 36 76 37. Fax : 03 21 35 68 19.

CAMP G.C.U. Réservé aux adhérents. Adhésion possible sur place pour les sociétaires MAIF et FILIA MAIF.

CLAIRETTE ★★ Loisirs 50 E. 2 ha. saison, visiteur, CV Sanitaire chauffé. Locations : Lac à 10 m. Bord de mer à 300 m. Rivière à 5 km. ; à 300 m : Accueil groupes. 525, route des Dunes. Pour arriver au camp suivre les panneaux marqués Réserve Naturelle. ☎ 03 21 35 83 51. Fax : 03 21 35 83 51.

LE CASINO ★★ Tourisme 36 E. (24 Tourisme + 12 Loisirs) . Locations : Accès direct aux bords du lac. Bord de mer à 250 m. 237, rue des Dunes. 3 km de la RN 140 et 1 km de la RD 919. ☎ 03 21 35 82 47.

LES ARGOUSIERS ★★ Loisirs 56 E. CV Sanitaire chauffé. Locations : Bord de mer à 300 m. Rivière à 5 km. Ouv : 1.1 / 31.12. 706, rue Robelin. ☎ 03 21 35 32 78 / 06 77 95 33 24 (H.S.). E-mail : lesargousi ers@wanadoo.fr. Prix 2007. 5 € ; 12 € ; 2 € ; 1,50 € ; 1,50 €.

CAMP DES DUNES ★ Loisirs 57 E. 1 ha. Locations : Bord de mer à 400 m. Rivière à 3 km. ☎ 03 21 35 87 65.

LE PONT D'OYE ★ Loisirs 20 E. Locations : Accès direct à la rivière. ☎ 03 21 35 81 25.

LES OYATS ★ Loisirs 130 E. Locations : chauffée. Bord de mer à 30 m. Les Petites Hemmes. A 16 sortie 21 Oyé Plage. ☎ 03 21 85 15 40 / 03 28 24 91 91 (H.S.). Fax : 03 28 60 38 32. Web : www.camp ing-lesoyats.com.

LES PETITS MOULINS ★ Loisirs 24 E.

LES TAMARIS ★ Loisirs 30 E. Bord de mer à 1 km.Rivière à 1,5 km. ; à 1,5 km : ; à 1 km : Location longue durée. ☎ 03 21 35 83 30.

PEUPLINGUES

1-B1 8 km S.-O. Calais. 480 hab. ✉ 62231

CAMP DES EPINETTES ★★ Loisirs 87 E. 1,5 ha. CV. Locations : Bord de mer à 3 km. à 3 km : A 16 sorties 40 et 39. ☎ 03 21 85 22 24 / 03 21 85 21 39 (H.S.). Fax : 03 21 85 26 95. E-mail : lesepinett es@aol.com, Web : www.lesepinettes.fr.

PLOUVAIN

1-C3 12 km E. Arras. 386 hab. ✉ 62118

CAMP MUNICIPAL ★★ Loisirs 100 E. 3 ha. CV. Etang à 100 m. Lac à 500 m. Location longue durée. ☎ 03 21 50 16 83. Fax : 03 21 24 88 62. E-mail : mairie.plo uvain@wanadoo.fr, Web : www.plouvain.fr.

POLINCOVE

1-B2 19 km N.-O. Saint-Omer. 12 m. 416 hab. ✉ 62370

LA VALLEE DE LA HEM ★★ Loisirs 25 E., dont 17 CC - 8 GCC, 0,3 ha. CV. Locations : Accès direct à la rivière. Etang à 400 m. 333, rue du Pont de Planches. ☎ 03 21 82 87 29 / 03 21 85 70 49 (H.S.).

LE PONCHEL

1-B3 55 km O. Arras. 193 hab. ✉ 62390

LES TILLEULS ★ Loisirs 30 E. 0,6 ha. Accès direct à la rivière. Etang à 5 km. ; à 4 km : ☎ 03 21 47 14 27 / 06 19 73 68 91 (H.S.). Fax : 03 21 47 14 27.

LE PORTEL

1-A2 4 km S.-O. Boulogne. 30 m. 11074 hab. ✉ 62480

DOMAINE LE PHARE ★★ Loisirs 400 E. 8 ha. CV. Locations : 4. Accès direct à la mer. à 50 m : à 5 km : ; à 6 km : 2, rue de la Mer. A 16, RN 1. ☎ 03 21 31 69 20. Fax : 03 21 92 00 83. E-mail : domainelephare@wanad oo.fr, Web : www.lesdomaines.org. Prix 2007. Fft jour : Empl. Tourisme (2 1 - de 3 ans) : 15 € ( ) ; Sup : 4 € - de 7 ans 3 € ; 6 € (6 A) ; Animaux 2,50 €.

QUESTRECQUES

1-B2 15 km S.-E. Boulogne-sur-Mer 45 m. 181 hab. ✉ 62830

LA LIANE ★ Loisirs 16 E.

RANG DU FLIERS

1-A3 10 km S.-O. Montreuil-sur-Mer. 10 m. 3400 hab. ✉ 62180

PARC SAINT HUBERT ★★★★ Loisirs 630 E., dont 630 GCC, 8 ha. CV. Locations : 16, chauffée Poneys, Etang à 3 km.Bord de mer et rivière à 5 km. ; à 3 km : ; à 4 km : Lieu-dit Bagatelle. CD 940. A 16 sortie 25 à côté du parc d'attraction Bagatelle. Borne internet WIFI. ☎ 03 21 89 10 10. Fax : 03 21 89 10 12. E-mail : sthubert62@wanadoo.fr, Web : www. sthubert62.com.

LE FLIERS ★★★ Loisirs 143 E., dont 102 GCC - 2 HLL, 2,5 ha. CV. chauffée Accès direct à l'étang. Bord de mer à 4 km. Chemin Blanc, entre Berck et Le Touquet. A 16 Amiens-Boulogne sortie 25 dir. Berck-sur-Mer à 500 m d'Intermarché. ☎ 03 21 84 24 46. Fax : 03 21 84 74 08. E-mail : caravaning.flie rs-garennes@wanadoo.fr, Web : caravaningle sgarennes.com.

LES GARENNES ★★★ Loisirs 505 E., dont 394 GCC, 8 ha. CV Sanitaire chauffé. chauffée Accès direct à l'étang. Bord de mer à 4 km. ; en étang : Chemin Blanc, entre Berck et Le Touquet. Boulogne A 16 sortie 25 dir. Berck-sur-Mer à 500 m d'Intermarché. ☎ 03 21 84 24 46. Fax : 03 21 84 74 08. E-mail : caravaning.fliers-garennes@wanadoo. fr, Web : caravaninglesgarennes.com.

LES TOURTERELLES ★★★ Loisirs 214 E. 6 ha. juillet/août, juillet/août, juillet/août, juillet/août, CV. Locations : 20, chalet handi.. chauffée Accès direct à l'étang. Bord de mer à 5 km. Ouv : 1.3 / 1.11. Rés. obligatoire en été. Entre Berck et le Touquet. A 16 sortie 25 dir. Rang du Fliers. Location longue durée. ☎ 03 21 89 01 01. Fax : 03 21 84 54 94. E-mail : contact@ca mping-lestourterelles.com, Web : www.camp ing-lestourterelles.com. Réduction H.S.

L'OREE DU BOIS ★★★ Loisirs 369 E., dont 337 GCC, 13 ha. saison, saison, CV. Locations : 58, 11, Tente canadienne en bois. Accès direct à l'étang. Bord de mer et rivière à 4 km. Accueil adultes. A 16 sortie 25 direction Berck-sur-Mer, D 917 (Montreuil/Berck-sur-Mer). Sortie Rang du Fliers avant la zone commerciale, prendre à droite au Chemin Blanc. ☎ 03 21 84 28 51 / 06 85 92 24 10 (H.S.). Fax : 03 21 84 28 56. E-mail : oree.du.bois@wanadoo.fr, Web : www.loreedubois.com. Prix 2007. Fft jour : Empl. Tourisme (2) : 24 € ; Sup : 6 € - de 7 ans 5 €. Fft Ccar : 17 € (2). Réduction H.S.

CARAVANING LA GAIETE ★★ Loisirs 197 E. 4 ha. CV. Accès direct à l'étang et à la rivière. Bord de mer à 4 km. ; à 4 km : . Location longue durée. ☎ 03 21 84 21 19.

CARAVANING LE PARADIS ★★ Loisirs 118 E., dont 118 GCC. Accès direct à l'étang. Bord de mer à 3 km. Impasse du Paradis. ☎ 03 21 09 14 82.

REBECQUES
1-B2 12 km S.-E. Saint-Omer. 31 m. 367 hab. 62120

LE LAC ★★ Loisirs 95 E., dont 95 GCC - 15 HLL, 4 ha. snack, . Accès direct aux bords du lac. Etang à 100 m. Rivière à 500 m. ; . Rue des Etiais. A 26 sortie 4 Thérouanne, dir. Mametz. A Crecques, tournez à gauche. ☎ 03 21 39 58 58.

REBREUVE SUR CANCHE
1-B3 34 km O. Arras. 76 m. 183 hab. 62270

LA CHUTE D'EAU ★★ Loisirs 130 E. dont 8 nus, dont 34 HLL, 3,5 ha. week-end, week-end, CV. Accès direct à l'étang et à la rivière. Ouv : 1.4 / 30.9. Rés. obligatoire en été. ☎ 03 21 47 16 08 / 06 84 68 21 11 (H.S.). Prix 2008. 2,50 € ; 2,50 € ; 2,50 € ; 2,50 € ; 3,50 € ; - de 7 ans 3 € ; 2,50 €.

RECQUES SUR HEM
1-B2 17 km N.-O. Saint-Omer. 18 m. 355 hab. 62890

PARC RESIDENTIEL DE LOISIRS LES RIOTTES P.R.L. 110 E. 2,9 ha. Locations : . Rivière à 100 m. Rue de Zouafques. ☎ 03 21 35 65 12.

REMILLY WIRQUIN
1-B2 12 km S.-O. Saint-Omer. 283 hab. 62380

CAMP DU MOULIN ★★★ Loisirs 57 E. 0,81 ha. Locations : , . Accès direct à la rivière. Etang à 2 km. De Saint-Omer prendre la D 928 dir. Fauquembergues/Berck/Touquet/Abbeville. ☎ 03 21 93 05 99. Fax : 03 21 93 05 99. Web : campingdumoulin.chez.tiscali.fr.

RENTY
1-B2 24 km S.-O. Saint-Omer 162 m. 463 hab. 62560

LA TENTATION ★ Loisirs 34 E., dont 9 HLL. CV. Locations : 5, 1, . Etang et rivière à 3 km. Rue du Corroy. ☎ 03 21 95 28 19. Fax : 03 21 93 62 40. Web : www.au2pro.com/latentation.

ROLLANCOURT
1-B3 46 km O. Arras. 435 hab. 62770

DES ETANGS ★★ Loisirs 85 E. 1,36 ha. Locations : . Accès direct à l'étang et à la rivière. Lac à 500 m. ; à 500 m : . 5, rue du Camping. D 94. N 39. Location longue durée. ☎ 03 21 41 88 67 / 06 72 89 22 37. Fax : 03 21 03 79 53.

ROUSSENT
1-B3 10 km S. Montreuil. 147 hab. 62870

L'AUBERGE DES ETANGS ★★ Loisirs 73 E., dont 2 HLL, 1 ha. Accès direct à l'étang. Rivière à 2 km. ; à 15 mn : . ☎ 03 21 81 20 10.

RUMAUCOURT
1-D3 25 km S.-E. Arras. 676 hab. 62860

CARAVANING MUNICIPAL ★ Loisirs 130 E. 4 ha. Accès direct à l'étang. ☎ 03 21 59 54 94 (Mairie).

RUMINGHEM
1-B2 15 km N.-O. Saint-Omer 3 m. 1120 hab. 62370

LE RITOUCK ★ Loisirs 50 E. Locations : . Rivière à 100 m. 228, Rue du Rivage. ☎ 03 21 82 35 87 / 03 21 85 63 45.

SAINS LES PERNES
1-B3 35 km N.-O. Arras. 250 hab. 62550

CAMP DU BON AIR ★★ Loisirs 40 E. 1 ha. Locations : , . 2, rue de St-Omer. ☎ 03 21 04 77 26.

ST ETIENNE AU MONT
5 km S. Boulogne-sur-Mer. 10 m. 4635 hab. 62360

CAMP MUNICIPAL DE LA WARENNE ★ Loisirs 258 E. 12 ha. . Bord de mer à 800 m. à 800 m : . Hameau d'Ecault, RD 119, CD 940. ☎ 03 21 91 31 38.

ST GEORGES
1-B3 54 km O. Arras. 305 hab. 62770

CAMP DE LA ROUTE DES VILLAGES FLEURIS ★ Loisirs 70 E. 1 ha. Accès direct à l'étang et à la rivière. ☎ 03 21 03 11 01 / 03 21 41 97 45.

ST INGLEVERT
1-B2 20 km N.-O. Boulogne sur Mer. 420 hab. 62250

LES PINS ★★ Loisirs 34 E. 0,7 ha. visiteur. Bord de mer, étang et rivière à 5 km. à 5 km : , , , . La Côte d'Opale. Sortie 9 en venant de Calais, sortie 8 en venant de Boulogne. ☎ 03 21 87 28 71 / 03 21 92 88 77.

STE MARIE KERQUE
1-B2 23 km N.-O. Saint Omer. 1323 hab. 62370

LA GRISE PIERRE ★ Loisirs 165 E. 3 ha. Accès direct à l'étang. ☎ 03 21 85 70 64.

SALPERWICK
1-B2 4 km N.-O. Saint-Omer. 291 hab. 62500

AU GRAND LARGE ★★ Loisirs 80 E. 1,2 ha. Locations : , . Accès direct à l'étang et à la rivière. ; . ☎ 03 21 38 29 04 / 03 21 38 35 14.

LE PARADIS ★ Loisirs 33 E. 0,5 ha. Etang et rivière à 300 m. ; ☎ 03 21 95 21 69 / 03 21 38 35 14.

SAMER
1-B2 15 km S.-E. Boulogne sur Mer. 2944 hab. 62830

LE STADE ★★ Loisirs 107 E. 0,5 ha. Locations : , , . Rivière à 500 m. Etang et lac à 3 km. ☎ 03 21 83 98 58 / 03 21 87 34 01 (Camping). Fax : 03 21 87 34 01.

SANGATTE
1-B1 31 km N.-E. Boulogne-sur-Mer. 3318 hab. 62231

CASSIOPEE ★★★ Tourisme 196 E. 3,5 ha. Locations : , . Bord de mer à 100 m. ; ; ; à 2 km : . 100 m CD 940. Sortie 12 A 16. Rue Pierre Dupuy. ☎ 03 21 82 04 75 / 03 28 63 89 55. Fax : 03 28 63 52 60. E-mail : cassiopee.tourisme@wanadoo.fr.

DU FORT LAPIN ★★★ Tourisme 147 E., dont 147 GCC. Bord de mer à 50 m. ; ; . ☎ 03 21 34 63 50.

SAPIGNIES
1-C3 18 km S. Arras. 121 m. 113 hab. 62121

VERDURE ★★ Loisirs 90 E. 2,5 ha. CV. Locations : 3, 4, . Etang, lac et rivière à 5 km. à 3 km : . RN 17. A 1 sortie Bapaume. ☎ 03 21 07 15 47.

SAUCHY LESTREE
1-D3 26 km S.- E. Arras. 543 hab. 62860

CAMP DE L'EPINETTE ★★ Loisirs 40 E. 1,7 ha. CV. Locations : 4. Ouv : 1.4 / 31.10. 7 rue du Calvaire ☎ 03 21 59 50 13. E-mail : lepinette62@wanadoo.fr, Web : www.lepinette62.com. Prix 2008. Empl. Tourisme : 4 € ; 4 € ; 2,50 € ; - de 8 ans 2 € ; 3 € (6 A) ; 2 €.

FFCC : partenaire + réduction emp. de 5 % en saison et hors saison + carte FFCC assurance annulation + réduction loc. de 5 % en saison et hors saison.

SAUDEMONT
1-D3 22 km E. Arras. 374 hab. 62860

L'HIRONDELLE ★ Loisirs 148 E. 6, rue Maréchal Leclerc. ☎ 03 21 48 36 07.

SAULCHOY
1-B3 18 km S.-E. Montreuil. 173 m. 233 hab. 62870

CAMP MUNICIPAL ★★ Loisirs 40 E. Accès direct à l'étang et à la rivière. ☎ 03 21 86 01 73 / 03 21 90 38 66.

SERQUES
1-B2 5 km N.-O. Saint-Omer. 10 m. 707 hab. 62910

CAMP DU RIVAGE ★★ Loisirs 110 E. 2 ha. CV. Locations : 3. Accès direct à l'étang. ; . 21, rue du Rivage. Saint-Omer/Dunkerque. ☎ 03 21 93 73 86. Fax : 03 21 93 73 86.

LE FREMONT ★★ Loisirs 64 E. dont 4 nus 1,5 ha. CV. Rivière à 3 km. Dir. Calais par RN 43. ☎ 03 21 39 86 55. E-mail : campinglefremont@aol.com.

LES ORMES ★★ Loisirs 83 E. Locations : . Rivière à 800 m. Route de Watten. ☎ 03 21 93 11 71.

LES BOULEAUX ★ Loisirs 10 E. 0,15 ha. Route de Watten. ☎ 03 21 38 77 73 (H.S).

TENEUR
1-B3 45 km N.-O. Arras. 260 hab. 62134

LE PRE VERT ★★ Loisirs 29 E. CV. Rivière à 800 m. Etang à 2 km. Accueil groupes. ☎ 03 21 41 63 51. Fax : 03 21 41 63 51. E-mail : camping.anvin@cegetel.net.

LES PEUPLIERS ★★ Loisirs 76 E. 1,25 ha. Locations : . Etang à 5 m. à 500 m : . ☎ 03 21 41 61 83 / 03 21 20 62 78 (H.S.).

THIEMBRONNE
1-B2 25 km S.-O. Saint Omer. 100 m. 621 hab. 62560

LES POMMIERS ★★ Loisirs 100 E. dont 20 nus 1,7 ha. CV. Locations : 4, . Etang à 3 km. . Accueil groupes. Ouv : 15.3 / 15.10. Sur RD 158, RN 28. ☎ 03 21 39 50 19. E-mail : campingles pommiers62@orange.fr. Prix 2007. Empl. Tourisme : 4,20 € ; 2,80 € ; 4,20 € ; - de 8 ans 2,70 € ; 2,60 € (4 A) ; 0,30 € (jeton).

TILQUES
1-B2 5 km N.-O. Saint Omer. 776 hab. 62500

LE LANSBERGUE ★ Loisirs 17 E. Le Marais. ☎ 03 21 93 03 70.

LE MOULIN ★ Loisirs 24 E.

LE VIEUX MOULIN ★ Loisirs 43 E. Le Rivage.

LES MARAIS ★ Loisirs 30 E. Rue du Rivage.

TOLLENT
1-B3 52 km O. Arras. 86 hab. 62390

LE VAL D'AUTHIE ★★ Loisirs 197 E. dont 16 nus, , dont 197 GCC, 6 ha. CV. Locations : . Accès direct à l'étang. Rivière à 120 m. ; à 5 km : . Ouv : 1.4 / 30.9. Route de Berck. D 119. ☎ 03 21 47 14 27. Fax : 03 21 47 14 27. Prix 2007. Fft jour : Empl. Tourisme (4) : 17 € ()

FFCC : partenaire + réduction emp. de 5 % en saison et 15 % hors saison + réduction loc. de 5 % en saison et 15 % hors saison.

TORTEFONTAINE

1-B3 24 km S.-E. Montreuil. 258 hab. ✉ 62140

MOLINEL ★★ Loisirs 199 E. dont 30 nus, 9 ha. CV. Locations : 1 . Accès direct à l'étang et à la rivière. . Du Touquet dir. Montreuil (RN 39) sortir à Campagne Les Hesdin, dir. St-Rémy au Bois/Saulchoy/Douriez, à Tortefontaine à droite au carrefour. De Lille dir. St-Pol puis Hesdin. Au S.O. d'Hesdin. ☎ 03 21 06 50 01. Fax : 03 21 06 50 01. E-mail : camping-du-molinel@wanadoo.fr, Web : www.campingdumolinel.fr.

TORTEQUESNE

1-D3 20 km E. Arras. 50 m. 578 hab. ✉ 62490

CAMP MUNICIPAL DE LA SABLIERE ★★ Loisirs 81 E. 1,5 ha. CV. Etang et rivière à 1 km. . Ouv : 1.4 / 31.10. A 26 sortie Marquion, puis Dury-Lecluse Tortequesne ou A 1 sortie Fresnes-les-Montauban puis Vitry-en-Artois-Sailly Tortequesne CD 956. ☎ 03 21 24 14 94 / 03 21 50 05 00 (H.S.). Fax : 03 21 07 46 07. E-mail : camping@tortequesne.fr, Web : www.tortequesne.fr. Prix 2007. () : 3,50 € ; 1,70 € ; 3,50 € ; 3,50 € ; 3 € ; 3 € (6 A) ; Animaux 0,50 €.

FFCC : partenaire + réduction emp. de 5 % en saison et hors saison.

LE TOUQUET PARIS PLAGE

1-A2 18 km N.-O. Montreuil sur Mer. 5425 hab. ✉ 62520

CARAVANING STONEHAM ★★ Loisirs 215 E. dont 40 nus, dont 1 HLL, 2,37 ha. , partiel, CV Sanitaire chauffé. Locations : . Bord de mer à 1 km. à 1 km : ; à 2 km : . Ouv : 2.2 / 3.11. Rés. obligatoire en été. Avenue Godin. ☎ 03 21 05 16 55. Fax : 03 21 05 06 48. E-mail : caravaning.stoneham@letouquet.com, Web : www.letouquet.com. Prix 2008. Empl. Tourisme : 2,90 € ; 2,90 € ; 5,60 € ; 5,40 € ; - de 7 ans 2,70 € ; 4,80 € ; Animaux 1,50 €.

TOURNEHEM SUR LA HEM

1-B2 17 km N.-O. Saint Omer. 1026 hab. ✉ 62890

BAL PARC CAMPING ★★★★ Tourisme 63 E. (40 Tourisme + 23 Loisirs) 1,6 ha. Locations : 5 , 2 . Rivière à 500 m. à 5 km : . A 26 sortie n° 2. ☎ 03 21 35 65 90. Fax : 03 21 35 18 57.

LES CHARMILLES ★ Loisirs 55 E. CV. Accès direct à la rivière. . Ouv : 1.4. Hameau de Guemy. ☎ 03 21 39 06 46 / 06 81 71 33 36 (H.S.). Fax : 03 21 35 59 52.

VERCHIN

1-B3 36 km E. Montreuil-sur-Mer. 102 m. 250 hab. ✉ 62310

Mme MACQUET-DUISANT Odile, aire naturelle Le Chalet CV. A 500 m : . A 4 km : . A 5 km : . Ouv : 15.3 / 15.10. 2, rue des Champs. 1 km D 343, 4 km D 928. La Lys à 500 m. Proximité site historique ☎ 03 21 41 64 87. E-mail : jeanmacquet@aol.com. Prix 2008. Fft jour : Empl. Tourisme (2) : 15 € () ; Sup : 5 € - de 5/12 ans 3 € ; 3,50 € (8 A). Réduction H.S.

FFCC : partenaire + réduction emp. de 5 % en saison et 10 % hors saison.

VERLINCTHUN

1-A2 15 km S.-E. Boulogne-sur-Mer. 64 m. 263 hab. ✉ 62830

LES PRAIRIES DE LA MER ★★ Loisirs 58 E. CV. Locations : . Etang à 1 km. Bord de mer à 5 km. à 1 km : ; à 5 km : . Ouv : 1.4 / 15.10. A 3 km de la sortie n° 27 Hardelot autoroute A 16. ☎ 03 21 33 80 38 / 06 66 41 68 02 (H.S.). E-mail : lesprairiesdelamer@yahoo.fr, Web : www.prairiesdelamer.fr.

VERTON

1-A3 12 km S.-O. Montreuil. 12 m. 1570 hab. ✉ 62180

AUTOUR DU MOULIN ★★ Loisirs 258 E., dont 158 GCC. Route de Montreuil. ☎ 03 21 84 25 59. Fax : 03 21 84 84 89.

LE GRAND MARAIS ★★ Loisirs 226 E. 2,3 ha. Locations : . Accès direct à l'étang. ; à 3 km : . 25 rue du Pont Rouge. ☎ 03 21 84 36 09. Fax : 03 21 84 36 09.

LES CERISIERS ★★ Loisirs 101 E., dont 101 GCC. 45, rue du Pont Rouge. ☎ 03 21 84 88 45.

VILLERS BRULIN

1-C3 20 km N.-O. Arras. 177 m. 278 hab. ✉ 62690

LA HULOTTE ★★ Tourisme 48 E. 14 hameau de Guestreville. RN 39 St Pol sur Ternoise-Arras, tourner à Béthencourt. ☎ 03 21 59 00 68.

Mme DOURS Valérie, aire naturelle La Ferme de Charlie . ☎ 03 21 59 13 04. Fax : 03 21 59 89 42. E-mail : fermedecharlie@club-internet.fr.

VIOLAINES

1-C2 11 km E. Béthune. 24 m. 2890 hab. ✉ 62138

CAMP MUNICIPAL L'ETANG ★ Tourisme 13 E. ☎ 03 20 29 41 25.

WABEN

1-A3 15 km S.-O. Montreuil. 266 hab. ✉ 62180

LES JARDINS DE L'AUTHIE ★★ Loisirs 100 E. 0,7 ha. pain, . Locations : . Etang à 500 m. Bord de mer à 5 km. à 500 m : . Par A 16. ☎ 03 21 81 28 30.

WACQUINGHEN

1-A2 9 km N.-E. Boulogne sur Mer. 60 m. 165 hab. ✉ 62250

L'ESCALE ★★★ Loisirs 198 E. 9 ha. CV. Locations : 5 . Bord de mer à 5 km. à 4 km : . Ouv : 15.3 / 15.10. Sur RN 1. A 16 sorties n° 33 et n° 34 Wacquinghen entre Calais et Boulogne. ☎ 03 21 32 00 69 / 06 22 26 40 57 (H.S.). Fax : 03 21 32 00 69. E-mail : camp-escale@wanadoo.fr, Web : www.escale-camping.com. Prix 2007. 4,20 € ; 2,20 € ; 3,20 € ; 4,20 € ; - de 10 ans 3 € ; 3,20 € (4 A) ; 1 € (jeton). Fft Ccar : 10,50 € (2).

FFCC : Stop accueil Camping-car du 01/04 au 01/11/2008, accès jusqu'à 20h.

WARLINCOURT LES PAS

1-C3 24 km S.-O. Arras. 160 m. 144 hab. ✉ 62760

DOMAINE LA KILIENNE ★★★ Loisirs 74 E. dont 11 nus, 15 ha. CV. Locations : chauffée . Accès direct à l'étang et à la rivière. . Accueil groupes. Rue du Moulin, N 25. ☎ 03 21 73 03 03. Fax : 03 21 22 64 14. E-mail : lakilienne@wanadoo.fr, Web : www.lesdomaines.org. Prix 2007. Fft jour : Empl. Tourisme (2) : 15 € () ; Sup : 3 € - de 7 ans 2 € ; Animaux 1 €.

LA KILIENNE I ★★★ Loisirs 144 E. 7 ha. CV. Locations : 6 chauffée . Accès direct à l'étang et à la rivière. . Sur RD 25. ☎ 03 21 73 03 03. Fax : 03 21 22 64 14.

WILLEMAN

1-B3 50 km O. Arras. 47 m. 217 hab. ✉ 62770

LES AVESNES ★★ Loisirs 20 E. 0,65 ha. . Rivière à 200 m. Etang à 4 km. ; . 6, rue de Vallières. N 39 sur la gauche entre St Jol et Hesdin. ☎ 03 21 47 98 37. Fax : 03 21 47 99 54.

VALIERES ★ Loisirs 20 E. . Locations : . Accès direct à l'étang et à la rivière. . ☎ 03 21 47 93 03.

WIMEREUX

1-A2 8 km N. Boulogne-sur-Mer. 20 m. 7023 hab. ✉ 62930

CAMP MUNICIPAL OLYMPIC ★★★ Loisirs 161 E. 1,8 ha. CV Sanitaire chauffé. Bord de mer à 400 m. Rivière à 1 km. à 300 m : . Accueil groupes hors saison. Rue de la Libération. A 26 sortie St-Omer dir. Boulogne-sur-Mer puis A 16 dir. Calais sortie Wimereux-Sud. ☎ 03 21 32 45 63.

LE NAPOLEON ★★ Loisirs 50 E.

L'ETE INDIEN ★★ Loisirs 73 E., dont 73 GCC. juillet/août, juillet/août, CV. Camping clef verte. Locations : 4 , 10 , Tipi. couverte chauffée . Accès direct à l'étang. Bord de mer à 800 m. ; à 800 m : . Accueil groupes. Ouv : 1.1 / 31.12. Sortie A16, n° 32 ☎ 03 21 30 23 50. E-mail : ete.indien@wanadoo.fr, Web : www.eteindien-wimereux.com. Prix 2008. Fft jour : Empl. Tourisme (2) : 20 € () ; Sup : 4 € - de 13 ans 2,50 € ; Animaux 2 €.

WISSANT

1-A2 22 km N.-E. Boulogne-sur-Mer. 1247 hab. ✉ 62179

CAMP MUNICIPAL DE LA SOURCE ★★ Loisirs 164 E. 4 ha. CV Sanitaire chauffé. Accès direct aux bords du lac. Bord de mer à 150 m. . Ouv : 15.3 / 25.11. CD 940. ☎ 03 21 35 92 46. Fax : 03 21 00 19 11. E-mail : camping.wissant@wanadoo.fr. Prix 2007. 3,70 € ; 1,80 € ; 3,70 € ; - de 10 ans 2,40 € ; Animaux 1 €.

WITTES

1-C2 12 km S.-E. Saint-Omer. 21 m. 434 hab. ✉ 62120

LA FERME DU RELAIS ★ Loisirs 25 E. 1,3 ha. . Etang à 300 m. . Cohem, 6, rue des Poteries. Location longue durée. ☎ 03 21 39 26 52. Fax : 03 21 39 26 52.

ZUTKERQUE

1-B2 22 km N.-O. Saint-Omer. 20 m. 1310 hab. ✉ 62370

LE CORALTO ★ Loisirs 31 E. CV. Accès direct à l'étang. . Ouv : 1.4 / 15.10. 1929, route de Gravelines. Entre Calais et St-Omer. ☎ 03 21 82 66 43.

Cartes 7-10

Délégué FFCC : Pierre COUDEYRAS, 1, rue des Cerisiers - 63370 LEMPDES

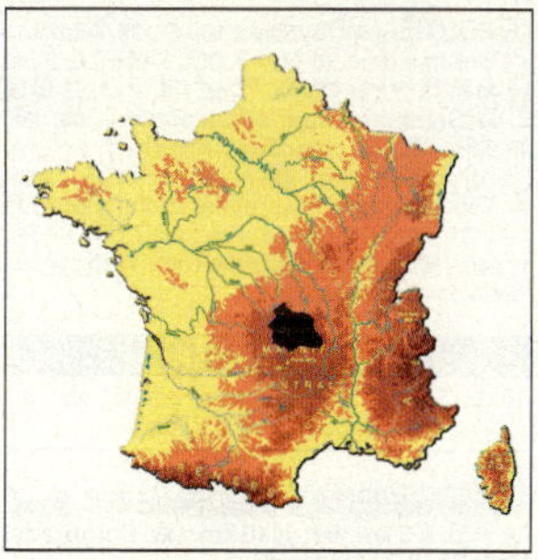

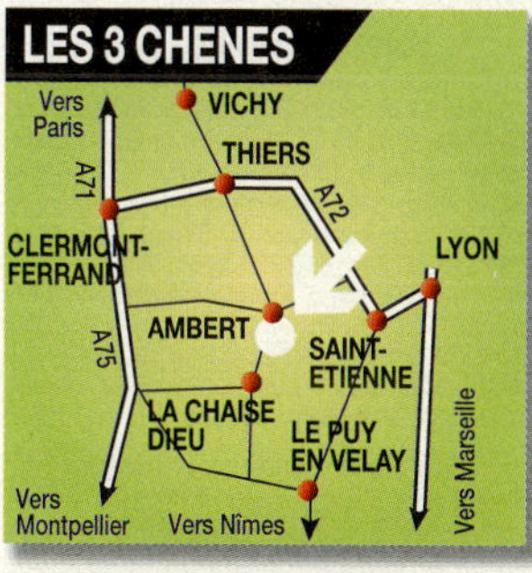

AMBERT

10-E2 77 km S.-E. Clermont Ferrand. 530 m. 8026 hab. ✉ 63600

LES TROIS CHENES ★★★
Tourisme 120 E. 5 ha. , snack, , + sèche-linge, CV. Locations : 19 . couverte chauffée . Accès direct à la rivière. Etang et lac à 1 km. ; ; à 1 km : , . Accueil groupes. Ouv : 8.5 / 30.9. RN 906. Le Puy. ☎ 04 73 82 34 68. Fax : 04 73 82 12 01. E-mail : tourisme@ville-ambert.fr, Web : www.camping-aubert.com. Prix 2008. Empl. Tourisme : 3,60 € () : 2,20 € ; 2,20 € ; 4,10 € ; - de 6 ans 2,10 € ; 3 € (10 A) ; Animaux 1 €. Réduction H.S.

FFCC : Stop accueil Camping-car du 08/05 au 30/09/2008, accès jusqu'à 20h.

LES ANCIZES COMPS

10-C1 35 km O. Riom. 700 m. 1985 hab. Village de neige ✉ 63770

CAMPING DE COMPS LES FADES ★★★
Tourisme 90 E. (81 Tourisme + 9 Loisirs), dont 6 HLL, 2,1 ha. , saison, CV Sanitaire chauffé. Locations : 5 , . Lac à 3 km.Rivière à 4 km. à 3 km : , , ; à 5 km : ; à 10 km : . Accueil groupes. Ouv : juin / septembre. Dir. Viaduc des Fades par la RD 62. ☎ 04 73 86 81 64 / 04 73 86 86 19 (H.S.). Fax : 04 73 86 83 71. E-mail : ancizes.tourisme@wanadoo.fr, Web : www.fades-besserve.com & www.ancizes-comps.eu. Prix 2008. Fft jour : Empl. Tourisme (1) : 6,50 € () ; Sup : 1,50 € - de 12 ans 1 € ; 1,50 €.

ARLANC

10-E2 16 km S. Ambert. 600 m. 2300 hab. Station verte de vacances et village de neige ✉ 63220

CAMP MUNICIPAL LE METZ ★★
Tourisme 65 E. dont 60 nus, 1 ha. , pain (juillet/août), , prêt de table + fer, + sèche-linge, CV. Locations : 13 , 7 . Accès direct aux bords du lac et à la rivière. ; ; à 30 m : ; à 100 m : . Accueil groupes. Ouv : 1.5 / 30.9. Rés. obligatoire en été. Lieu-dit Loumas, RN 106. Entre Vichy et le Puy-en-Velay par la D 906 ☎ 04 73 95 00 71 / 04 73 95 15 62 (H.S.). Fax : 04 73 95 78 31. E-mail : jardin-terre.arlane@wanadoo.fr, Web : www.arlane.com. Prix 2008. Fft jour : Empl. Tourisme (2 1) : 11 € ()

FFCC : partenaire + réduction emp. de 5 % en saison et hors saison + Stop accueil Camping-car du 01/05 au 30/09/2008 + réduction loc. de 5 % en saison et hors saison.

Toute l'année, les Clubs organisent des rassemblements, des rencontres ou des voyages. Consultez la liste des Clubs en fin de guide.

AUBUSSON D AUVERGNE

10-E1 19 km S.E. Thiers. 418 m. 194 hab. ✉ 63120

LES QUATRE VENTS ★ Tourisme 25 E. 1 ha. CV Sanitaire chauffé. Locations : . Lac à 4 km. Accueil groupes. Lieu-dit Les Quatre Vents. Depuis Courpière prendre D 7 dir. Vollore-Ville. Camping à 3 km au sommet de la côte, à l'intérieur du complexe du Centre National de Cyclotourisme. ☎ 04 73 53 16 94 / 04 73 53 20 85 / 04 73 53 20 85 (H.S.). Fax : 04 73 53 21 70. E-mail : 4vents@ffct.org, Web : www.ffct.org/4vents.htm. Prix 2007. : 2,50 € ; 2,20 € ; 4 € (10 A). Fft Ccar : 8.50 € . Fft Tente : 3.00 € .

FFCC : partenaire + réduction emp. de 10 % en saison et hors saison + Stop accueil Camping-car du 15/03 au 15/11/2008, accès jusqu'à 20h + réduction loc. de 10 % en saison et hors saison.

M. DUFRAISSE Michel,aire naturelle Le Goutilier CV. A 2 km: . A 3 km : . A 5 km : Piscine plein air . Ouv : 15.4 / 15.10. Ste-Marie. A Courpière prendre dir. lac d'Aubusson (1ère route à gauche après le pont de La Dore). ☎ 04 73 51 21 76. Fax : 04 73 51 21 76. Web : www.bienvenue-a-la-ferme.com. Prix 2007. Empl. Tourisme : 3 € ; 2 € ; - de 7 ans 1,50 € ; 2 à 2,50 € (3 à 6 A).

AYDAT

10-D2 21 km S.-O. Clermont Ferrand. 1000 m. 1107 hab. Station verte de vacances et village de neige ✉ 63970

CAMP DU LAC D'AYDAT ★★ Tourisme 150 E. dont 94 nus, , dont 18 GCC, 7 ha. CV Sanitaire chauffé. Locations : 14 , 3 , 24 , 8 . Accès direct aux bords du lac. ; à 300 m : . Ouv : 1.4 / 30.9. A 75 sortie n° 5, puis RD 213. ☎ 04 73 79 38 09. Fax : 04 73 79 34 13. E-mail : info@camping-lac-aydat.com, Web : www.camping-lac-aydat.com. Prix 2008. Fft jour : Empl. Tourisme (2) : 16 € ( ) ; Sup : 5 € - de 12 ans 3 € ; 5 € (10 A) ; Animaux 1,50 €.

DES VOLCANS ★★ Tourisme 55 E. dont 55 nus 1,2 ha. CV. Lac à 4 km. à 4 km : . Ouv : 1.6 / 31.8. Village de la Garandie, RN 89. ☎ 04 73 79 33 90. Fax: 04 73 79 33 90. E-mail : keith_harvey@compuserve.com. Prix 2008. Empl. Tourisme : 2 € ; 1 € ; 3 € ; - de 5 ans 1,50 € ; 2,60 € (4 A) ; Animaux 0,60 €.

LA CLAIRIERE ★★ Tourisme 48 E. dont 42 nus (43 Tourisme + 5 Loisirs) 1 ha. CV Sanitaire chauffé. Locations : , . Rivière à 500 m. Lac à 800 m. à 1 km : . Accueil groupes. Rouillas Bas. A 75 sortie n° 5 dir. Aydat par D 213. ☎ 04 73 79 31 15. Fax : 04 73 79 31 15. E-mail : info@campinglaclairiere.com, Web : www.campinglaclairiere.com.

LES SUQUETS ★ Tourisme 33 E. 1,8 ha. CV. Locations : . Lac à 3 km. à 3 km : . La Garandie, accès par A 75 sortie n° 5 (20 km), RN 89. ☎ 04 73 79 31 00 / 06 64 45 58 44. Fax : 04 73 79 31 00. Web : suquets.free.fr.

BAGNOLS

10-C2 63 km O. Issoire. 850 m. 891 hab. Station verte de vacances et village de neige ✉ 63810

CAMP MUNICIPAL DE LA THIALLE ★★★ Tourisme 78 E. (63 Tourisme + 15 Loisirs), dont 9 HLL, 2,8 ha. CV Sanitaire chauffé. Locations : 9 , 5 , 9 mini-chalets. . Accès direct à la rivière. ; . Accueil groupes. ☎ 04 73 22 28 00 / 04 73 22 20 04 (Mairie). Fax : 04 73 22 20 04. Web : www.chalets-decouverte.com. Prix 2007. : 1,75 € ; 1,50 € ; 2,70 € ; - de 7 ans 1,35 € ; 3,80 € (3 à 10 A).

BESSE ET ST ANASTAISE

10-D2 31 km O. Issoire. 1050 m. 1860 hab. ✉ 63610

BOIS DE GRAVIERE ★★ Loisirs 125 E. (38 Tourisme + 87 Loisirs), dont 87 GCC - 5 HLL, 3,7 ha. CV Sanitaire chauffé. Locations : 6 , 10 . Accès direct à la rivière. ; à 7 km : . Accueil groupes. Ouv : 25.12 / 15.9. Accès par CD 978 et CD 5. ☎ 04 73 79 52 05. Fax : 04 73 79 58 64. E-mail : info@camping-besse.com, Web : www.camping-besse.com. Prix 2007. Fft jour : Empl. Tourisme (2) : 11 € ( ) ; Sup : 3,55 € - de 7 ans 1,80 € ; 3,90 à 4,85 € (4 à 10 A) ; Animaux 1,10 €. Réduction H.S.

BILLOM

10-D2 25 km S.-E. Clermont-Ferrand. 355 m. 4164 hab. ✉ 63160

CAMP MUNICIPAL LE COLOMBIER ★★ Tourisme 38 E. 0,4 ha. . Locations : 12 , . Etang à 5 km. à 5 km : . Allée des Tennis, D 997. ☎ 04 73 68 91 50 (Mairie) / 04 73 68 91 50 (Répondeur) / 04 73 68 40 22 (H.S.). Fax : 04 73 73 37 60.

BLOT L EGLISE

10-D1 29 km N.-O. Riom. 630 m. 451 hab. ✉ 63440

CAMP ELAN ★★ Tourisme 50 E. 0,5 ha. CV. Locations : , 5 . RD 50. ☎ 04 73 97 44 94 / 06 10 21 40 58 / 04 73 86 41 29 (H.S.). Fax : 04 73 86 41 36.

LA BOURBOULE

10-C2 52 km S.-O. Clermont Ferrand. 850 m. 2403 hab. Station verte de vacances et village de neige ✉ 63150

LES CLARINES ★★★ Tourisme 194 E. dont 138 nus (191 Tourisme + 3 Loisirs), dont 30 CC - 20 GCC. , 1,5 km, , 50 m, , ap.23h00, CV Sanitaire chauffé. Locations : 24 . chauffée . Rivière à 1 km.Etang à 3 km. à 1 km : . BP 38. 1424, boulevard Maréchal Leclerc. D 996. ☎ 04 73 81 02 30. Fax : 04 73 81 09 34. E-mail : clarines.les@wanadoo.fr, Web : www.camping-les-clarines.com. Prix 2007. 4,80 € ; 2,40 € ; 2,20 € (3 A) ; Animaux 1,90 €. Réduction H.S.

CAMP MUNICIPAL DES VERNIERES ★★ Tourisme 165 E. 1,5 ha. CV Sanitaire chauffé. Rivière à 50 m. à 50 m : . Accueil groupes. Ouv : Pâques / 30.9. Avenue de Lattre de Tassigny. RN 89, D 922, D 996 puis D 130. ☎ 04 73 81 10 20 / 04 73 81 31 00 (Mairie) (H.S.). Fax : 04 73 65 54 98. Prix 2007. Empl. Tourisme : 5,75 € ; 3,20 € ; - de 10 ans 1,40 € ; 2,70 à 5,35 € (5 à 10 A) ; Animaux 1 €.

G.C.U. LES PLATES Réservé aux adhérents. Adhésion possible sur place pour les sociétaires MAIF et FILIA MAIF.

LE POUTIE ★★ Tourisme 100 E. (95 Tourisme + 5 Loisirs), dont 30 CC - 7 GCC - 14 HLL, 3 ha. CV Sanitaire chauffé. Locations : , , 30 , . chauffée . Rivière à 300 m. Etang et lac à 2 km. ; à 200 m : ; à 2 km : . 750, Avenue du Maréchal Leclerc. Sur RN 496. ☎ 04 73 81 04 54. Fax : 04 73 81 04 54. E-mail : www.campingpoutie.com, Web : www.tourismorama.com.

BOURG LASTIC

10-C2 57 km S.-O. Clermont-Ferrand. 750 m. 1259 hab. ✉ 63760

AIRE NATURELLE MUNICIPALE . A 3 km : . A 10 km : . Combrady. ☎ 04 73 21 80 28 (Mairie).

BRASSAC LES MINES

10-D2 20 km S.-E. Issoire. 409 m. 4030 hab. ✉ 63570

CAMP MUNICIPAL DE L'ALLIER ★★ Tourisme 34 E. 1 ha. CV. Accueil groupes. Chemin de la Guinguette. ☎ 04 73 54 30 88. Fax : 04 73 54 31 67. E-mail : mairie-brassac@wanadoo.fr, Web : www.ville-brassaclesmines.fr.

BROMONT LAMOTHE

10-C1 27,5 km S.-O. Riom. 774 m. 736 hab. ✉ 63230

CAMP MUNICIPAL LE PREGUDA ★★ Tourisme 45 E. (25 Tourisme + 20 Loisirs) 1 ha. . Accès direct à l'étang. Lac à 3 km.Rivière à 5 km. ; à 3 km : . Ouv : 1.4 / 30.9. ☎ 04 73 88 98 60 / 04 73 88 71 16 (Mairie) (H.S.). Fax : 04 73 88 91 02. Prix 2007. Empl. Tourisme : 1,90 € : 1,90 € ; 1,90 € ; 1,90 € ; 1,90 € ; - de 7 ans 1 € ; 2,50 €.

M. LABONNE Marcel,aire naturelle CV. Village la Garenne. ☎ 04 73 88 98 62.

BUXIERES SOUS MONTAIGUT

7-C5 54 km N.-O. Riom. 580 m. 290 hab. ✉ 63700

LES SUCHERES ★★ Tourisme 50 E. CV. Locations : 10 . . Etang à 2 km. ; . RN 144 jusqu'à Montaigut en Combrailles et suivre les panneaux ou A 71 sortie Montmarault puis D 13 et suivre les panneaux dir. Montaigut-en-Combraille. ☎ 04 73 85 92 66. Fax : 04 73 85 17 87. E-mail : lessucheres.hol@wanadoo.fr, Web : www.campinglessucheres.com.

CEYRAT

10-D2 6 km S. Clermont-Ferrand. 566 m. 4742 hab. Station verte de vacances et village de neige ✉ 63122

CAMP MUNICIPAL LE CHANSET ★★★ Loisirs 195 E. (15 Tourisme + 180 Loisirs), dont 65 GCC, 6 ha. CV Sanitaire chauffé. Locations : 16, 1. chauffée. Lieu-dit Le Chanset, avenue Marrou, RN 141 C et 500 m RN 89. ☎ 04 73 61 30 73 / 04 73 61 42 55 (Mairie). Fax : 04 73 61 30 73. E-mail : camping.lechanset@wanadoo.fr. Prix 2007. Empl. Tourisme : 5,55 € ; 1,90 € ; 3 € ; - de 11 ans 2,10 € ; 3,60 € (10 A) ; Animaux 1,40 €. Réduction H.S.

CHAMBON SUR LAC

10-C2 35 km O. Issoire. 890 m. 365 hab. Station verte de vacances et village de neige ✉ 63790

LE PRE BAS ★★★★ Tourisme 180 E. dont 75 nus 3,5 ha. snack, + sèche linge, CV. Locations : 81, couverte chauffée . Accès direct aux bords du lac. Rivière à 1 km. ; à 50 m : . Accueil groupes. Ouv : 1.5 / 30.9. 50 m RD 996. ☎ 04 73 88 63 04. Fax : 04 73 88 65 93. E-mail : prebas@campingauvergne.com, Web : www.leprebas.com. Prix 2007. Fft jour : Empl. Tourisme (1) : 15,10 € () ; Sup : 5,40 € - de 5 ans 3,60 € ; 4,50 € ; Animaux 2 €. Réduction H.S.

FFCC : partenaire + réduction emp. de 5 % hors saison + carte FFCC assurance annulation + Stop accueil Camping-car du 01/05 au 30/06 et du 01/09 au 30/09/2008, accès jusqu'à 21h.

LE SERRETTE ★★★ Tourisme 75 E. dont 66 nus, 3 ha. CV. Locations : 4, 6, couverte . Rivière à 900 m. Lac à 3 km. à 2 km : ; à 5 km : . Ouv : 15.5 / 15.9. Après Chambon sur Lac dir. Besse par le Col de la Croix St-Robert. ☎ 04 73 88 67 67. Fax : 04 73 88 81 73. E-mail : camping.de.serrette@wanadoo.fr, Web : www.campingdeserrette.com. Prix 2008. Empl. Tourisme : 5,70 € () : 4,70 € ; - de 5/13 ans 3,10 € ; 3,10 à 4,70 € (3 à 6 A) ; Animaux 1,60 €.

LES BOMBES ★★★ Tourisme 150 E. dont 141 nus, dont 30 GCC, 4 ha. CV. Locations : 9. chauffée . Accès direct à la rivière. Lac à 1,2 km. ; à 500 m : ; à 1 km : . Accueil groupes. Ouv : 15.5 / 30.9. Chemin de Petary. 45 km S.-E. de Clermont-Ferrand. A 75 sortie n° 6, D 978 et D 996. ☎ 04 73 88 64 03 / 06 88 33 25 94 (H.S.). E-mail : les-bombes.camping@orange.fr, Web : www.camping-les-bombes.com. Prix 2007. Empl. Tourisme : 5,50 € ; 4,40 € ; - de 7 ans 3,30 € ; 4,50 € ; Animaux 2,20 €. Réduction H.S.

VOISSIERES ★★ Tourisme 65 E. dont 41 nus 1,8 ha. CV. Locations : 10. Accès direct à la rivière. Lac à 4 km. ; à 3 km : . Ouv : 1.5 / 15.10. A 71 et A 75 sortie n° 6. D 978, D 996 et 1636 E. ☎ 04 73 88 64 13. Prix 2008. Fft jour : Empl. Tourisme (2) : 13,10 € ((6 A)) ; Sup : 3,30 € - de 5 ans 2 €.

Mme CHANET Michèle,aire naturelle

CHARENSAT

10-C1 60 km O. Riom. 685 m. 668 hab. ✉ 63640

Mme RIGAUD Annie,aire naturelle . A 500 m : . A 1 km : . A 5 km : . A 15 km : . L'Orée du Bois. ☎ 04 73 52 21 12.

FFCC : partenaire - terrain assuré par la FFCC + réduction emp. de 5 % en saison et hors saison + réduction loc. de 5 % en saison et hors saison.

CHATEAUNEUF LES BAINS

10-C1 32 km N.-O. Riom. 380 m. 374 hab. Station verte de vacances et village de neige ✉ 63390

CAMP MUNICIPAL LES PRES DU DIMANCHE ★★★ Tourisme 45 E. ☎ 04 73 86 41 50.

CAMP MUNICIPAL ★ Tourisme 75 E. (55 Tourisme + 20 Loisirs) 1 ha. CV. Locations : . Accès direct à la rivière. ; . Accueil groupes. Lieu-dit Le Got, sur RD 231. ☎ 04 73 86 67 85 / 04 73 86 67 65. Fax : 04 73 86 41 71. E-mail : mairie-chat-les-bains@wanadoo.fr, Web : www.chateauneuf-les-bains.com.

CHATELGUYON

10-D1 5 km N.-O. Riom. 400 m. 4588 hab. ✉ 63140

CLOS DE LA BALANEDE ★★★ Tourisme 285 E. dont 245 nus (281 Tourisme + 4 Loisirs), dont 230 CC - 13 GCC, 4,40 ha. CV Sanitaire chauffé. Locations : 3, 33, 1 half, . Rivière à 500 m. Etang à 1 km. à 2 km : . Accueil groupes. Ouv : 15.4 / 2.10. Route de la Piscine. A 71 sortie Riom, Châtel-Guyon. ☎ 04 73 86 02 47. Fax : 04 73 86 05 64. E-mail : clos-balanede.sarl-camping@wanadoo.fr, Web : www.balanede.com. Prix 2008. Empl. Tourisme : 3 € ; 2 € ; 2 € ; 4,60 € ; - de 2/8 ans 2,30 € ; 2,80 à 4,10 € (5 à 10 A) ; Animaux 1,60 €. Réduction H.S.

CAMP DE LA CROZE ★★ Tourisme 100 E. 3,7 ha. Locations : , . à 2 km : ; à 3 km : . RD 227. Lieu-dit St Hyppolyte. ☎ 04 73 86 08 27 / 06 87 14 43 62. Fax : 04 73 86 43 32. E-mail : info@campingcroze.com, Web : www.campingcroze.com.

CISTERNES LA FORET

10-C1 800 m. 528 hab. ✉ 63740

AIRE NATURELLE MUNICIPALE , , proche, proche, CV. ☎ 04 73 87 81 05.

CLEMENSAT

10-D2 13 km O. Issoire. 600 m. 58 hab. ✉ 63320

LA GAZELLE ★★ Tourisme 30 E. dont 24 nus 0,8 ha. snack, CV. Locations : 6, 1, Chambres. Rivière à 2 km. à 1 km : ; à 3 km : . Accueil groupes. A 75 sortie n°14 Issoire ou sortie n°6 Champeix/Plauzat. ☎ 04 73 71 17 24 / () / 04 73 71 14 79 (Domicile) (H.S.). Fax : 04 73 71 14 79. Prix 2007. Fft jour : Empl. Tourisme (2) : 11 € ( ) ; Sup : 3 € - de 5 ans 1,50 € ; 2,50 € (6 à 10 A) ; Animaux 1 €.

COMPAINS

10-D2 35 km S. O. Issoire. 960 m. 237 hab. ✉ 63610

G.C.U. LES BOUCHES DU BOIS Réservé aux adhérents. Adhésion possible sur place pour les sociétaires MAIF et FILIA MAIF. Aéservé aux adhérents. Adhésion possible sur place pour les sociétaires MAIF et FILIA MAIF.

CONDAT EN COMBRAILLE

10-C1 60 km O. Riom. 740 m. 608 hab. ✉ 63380

CAMP C.R.A.M ★★ Tourisme 80 E.

COURNON D AUVERGNE

10-D2 10 km S.-E. Clermont-Ferrand. 360 m. 17013 hab. ✉ 63800

LE PRE DES LAVEUSES ★★★ Tourisme 150 E., dont 18 HLL, 4,75 ha. collectif, CV Sanitaire chauffé. Camping clef verte. Locations : 18, , . Lac à 100 m. Rivière à 200 m. ; ; . Accueil groupes. Ouv : 1.4 / 31.10. Rue des Laveuses. Par A 75 sortie n° 2 suivre Zone de Loisirs. ☎ 04 73 84 81 30. Fax : 04 73 84 65 90. E-mail : camping@cournon-auvergne.fr, Web : www.cournon-auvergne.fr/camping. Prix 2007. Fft jour : Empl. Tourisme (2) : 19 € () ; Sup : 4,50 € - de 7 ans 2,50 € ; Animaux 2 €.

COURPIERE

10-E1 16 km S.-S.-E. Thiers. 331 m. 4340 hab. ✉ 63120

LES TAILLADES ★★ Tourisme 40 E. dont 40 nus, 1 ha. CV. . Accès direct à la rivière. Lac à 4,5 km. ; ; à 5 km : . Allée des Taillades. De Paris ou de St-Etienne, autoroute jusqu'à Thiers Ouest. CD 106 jusqu'à Courpière (12 km). Route du Château de la Barge. ☎ 04 73 51 22 80 / 04 73 53 01 21 (H.S.). Fax : 04 73 51 21 55. E-mail : mairie.courpiere@wanadoo.fr, Web : www.ville-courpiere.fr.

CUNLHAT

10-E2 27 km N.-O. Ambert. 700 m. 1496 hab. Station verte de vacances et village de neige ✉ 63590

LA BARGE ★★ Tourisme 45 E. 1 ha. , au village, CV. Locations : 20 . Accès direct à l'étang. ; ; . De Lyon, sortie Thiers-Ouest puis dir. Ambert/Le Puy. De Clermont-Ferrand, sortie Cournon-d'Auvergne, RD 212, dir. Billom puis RD 997 jusqu'à Cunlhat. ☎ 04 73 82 57 10 / 0 825 801 440 (H.S.). Fax : 04 73 93 71 00. E-mail : contact@revea-vacances.com, Web : www.revea-vacances.fr. Prix 2008. Fft jour : Empl. Tourisme (2) : 9 € ( ) ; Sup : 2,80 € - de 2 à 7 ans 1,30 € ; 3 € (6 A A) ; Animaux 1,50 €. Réduction H.S.

M. ESCLATINE Thierry,camping à la Ferme . A 1,5 km : Piscine plein air . A 3 km : . La Brunelie, 800 m Nord-Est de la commune, à proximité de la ferme. Terrain herbeux, ombragé, ruisseau à 800 m. Plan d'eau. ☎ 04 73 72 22 17.

DALLET

10-D1 12 km E. Clermont-Ferrand. 320 m. 1005 hab. ✉ 63111

LES OMBRAGES ★★ Tourisme 90 E. 4 ha. à gaz, . Locations : 10 . Accès direct à la rivière. ; ; ; . Ouv : 15.5 / 15.9. Sur RD 1, RN 89. ☎ 04 73 83 10 97 / 00 31 105112170 (Pays-Bas) (H.S.). Fax : 04 73 83 10 97. E-mail : lesombrages@hotmail.com, Web : www.lesombrages.nl. Prix 2007. Empl. Tourisme : 7,50 € () : 5 € ; - de 7 ans 3,50 € ; 3,50 €. Réduction H.S.

FFCC : partenaire + réduction emp. de 5 % en saison et 50 % hors saison.

EGLISENEUVE D ENTRAIGUES

10-C2 48 km S.-O. Issoire. 950 m. 783 hab. ✉ 63850

LES JARDINS D'ENTRAIGUES ★ Loisirs 65 E. (25 Tourisme + 40 Loisirs), dont 20 GCC, 7 ha. . Locations : 4 . ; ; ; à 10 km : . Accueil groupes. Ouv : 15.7 / 15.8. RD 978 sur RD 30. ☎ 04 73 71 94 91. Fax : 04 73 79 58 64. Prix 2007. Empl. Tourisme : 3,10 € ; 3 € ; - de 7 ans 1,70 € ; 2 € ; Animaux 1,70 €.

ENVAL

10-D1 5 km O. Riom. 480 m. 1057 hab. ✉ 63530

LES GRAVIERS ★★ Tourisme 100 E.

FERNOEL

10-C1 71 km O. Riom. 810 m. 155 hab. ✉ 63620

CAMP MUNICIPAL ★ Tourisme 10 E. 0,2 ha. CV Sanitaire chauffé. Rivière à 1 km.Etang et lac à 3 km. ; . Accueil groupes. Ouv : 1.6 / 15.9. Angle RD 108 et 204 à l'entrée de la commune. ☎ 04 73 21 70 22 (Mairie). Fax : 04 73 21 76 85. E-mail : mairie.fernoel@wanadoo.fr. Prix 2008. Empl. Tourisme : 1,60 € ; 1,60 € ; 1,60 € ; - de 10 ans 0,80 € ; 2 €.

GELLES

10-C1 35 km O. Clermont-Ferrand. 850 m. 1064 hab. 63740

CAMP MUNICIPAL ★★ Tourisme 43 E. Sanitaire chauffé. Situé sur le CD 204. ☎ 04 73 87 80 20 (Mairie).

GIAT

10-C1 68 km O. Riom. 761 m. 1375 hab. 63620

CAMP MUNICIPAL ★★ Tourisme 14 E. dont 14 nus 0,27 ha. Etang à 3 km. à 3 km : . Ouv : 8.7 / 5.9. D 204 et D 13. ☎ 04 73 21 71 67. Fax : 04 73 21 77 63. Prix 2007. Empl. Tourisme : 1,60 € ; 1,10 € ; - de 12 ans 0,65 € ; 2 €.

LA GOUTELLE

10-C1 33 km O. Riom. 760 m. 584 hab. Village de neige 63230

CAMP MUNICIPAL ★★ Tourisme 32 E. (27 Tourisme + 5 Loisirs) 0,3 ha. Entre RN 141 et CD 217. ☎ 04 73 87 70 86 (Mairie) / 04 73 87 72 66.

GOUTTIERES

10-C1 45 km N.-O. Riom. 660 m. 381 hab. 63390

M. & Mme LACOMBE,aire naturelle Aux Sept Epis de Blé CV. A 500 m : . A 7 km: . Ouv : 15.4 / 15.10. A 89 sortie Manzat puis D 227 dir. St-Gervais-d'Auvergne puis Gouttières. ☎ 04 73 85 77 97. Fax : 04 73 85 77 97. E-mail : mijolacomb e@wanadoo.fr, Web : www.aux-sept-epis-de -ble.com. Prix 2007. Empl. Tourisme : 3 € ; 2,30 € ; - de 7 ans 1,60 € ; 2,50 à 5 € ; Animaux 0,50 € (chien).

FFCC : partenaire + réduction emp. de 10 % en saison et hors saison.

ISSOIRE

35 km S.-S.-E. Clermont Ferrand. 390 m. 15383 hab. 63500

CAMP MUNICIPAL LE MAS ★★★ Tourisme 140 E. dont 133 nus, , dont 32 CC, 5 ha. CV Sanitaire chauffé. Locations : . Accès direct à l'étang et à la rivière. ; à 400 m : . Accueil groupes. Ouv : 1.4 / Toussaint. Accès RN 9 ou A 75 sortie Orbeil, sortie 12. ☎ 04 73 89 03 59 / 04 73 89 03 54 (H.S.) (H.S.). Fax : 04 73 89 41 05. E-mail : camping-ma s@wanadoo.fr, Web : monsite.wanadoo.fr/c ampingmas. Prix 2008. Fft jour : Empl. Tourisme (2) : 16,40 € ( ) ; Sup : 4,20 € - de 12 ans 1,90 €.

LABESSETTE

10-C2 78 km O. Issoire. 760 m. 103 hab. 63690

CAMP MUNICIPAL LA CHOMETTE ★ Tourisme 50 E. (40 Tourisme + 10 Loisirs) 1,2 ha. CV. Lac à 3 km. ; à 3,5 km : . Ouv : 15.5 / 30.9. Sur D 72, sortie Sud de la commune. ☎ 04 73 22 22 98 / 04 73 22 22 34 (Mairie) (H.S.). Fax : 04 73 22 29 75.

LAPEYROUSE

7-C5 59 km N.-O. Riom. 490 m. 770 hab. 63700

CAMP MUNICIPAL LES MARINS ★★★★ Tourisme 73 E., dont 3 GCC, 2 ha. CV. Locations : 6 . Accès direct à l'étang. ; ; ; . Accueil groupes. Lieu-dit La Loge. A 10 km de la RN 144 et de l'A 71. ☎ 04 73 52 02 73 / 04 73 52 00 79 (Mairie) / 04 73 52 00 79 (Mairie) (H.S.). Fax : 04 73 52 03 89.

LOUBEYRAT

10-D1 12 km N.-O. Riom. 730 m. 614 hab. 63410

G.C.U. LE PANORAMIC Réservé aux adhérents. Adhésion possible sur place pour les sociétaires MAIF et FILIA MAIF.

LE COLOMBIER ★ Tourisme 50 E. 1,3 ha. CV. Locations : 1 , 8 , 2 . à 9 km : lac. Accueil groupes. Ouv : 1.4 / 15.10. Au Colombier. A 89 sortie Manzat (3 km) ou A 75 sortie Riom (12 km). ☎ 04 73 86 66 94. Web : www.camp ingducolombier.com. Prix 2007. Empl. Tourisme : 2,30 € ( ) : 2,30 € ; - de 7 ans 1,15 € ; 2,40 €. Réduction H.S.

MARSAC EN LIVRADOIS

10-E2 9 km S. Ambert. 543 m. 1299 hab. 63940

CAMP MUNICIPAL LA GRAVIERE ★★ Tourisme 60 E. 0,8 ha. Rivière à 20 m. . RN 106. ☎ 04 73 95 60 08. Fax : 04 73 95 66 87.

LES MARTRES DE VEYRE

10-D2 15 km S.-E. Clermont-Ferrand. 346 m. 2635 hab. 63730

CAMP LE FOND DE BLEIX ★★ Tourisme 39 E. collectif, CV Sanitaire chauffé. Locations : 3 , 1 , . Accès direct à la rivière. ; . Accueil groupes. ☎ 04 73 39 26 49 / 04 73 39 72 72 / 06 87 75 42 74 (H.S.). Fax : 04 73 39 20 11. E-mail : ailes-libres@infonie.fr, Web : perso.infonie.fr /goeland03.

MENAT

10-C1 36 km N.-O. Riom. 450 m. 703 hab. Station verte de vacances et village de neige 63560

CAMP MUNICIPAL DES TARTEAUX ★★ Tourisme 90 E. 1,71 ha. CV. Locations : . Accès direct à la rivière. Etang à 2 km. ; ; ; . Pont de Menat, RN 144. ☎ 04 73 85 52 47 / 04 73 85 50 29 (Mairie) / 04 73 85 50 29 (H.S.). Fax : 04 73 85 50 22.

MESSEIX

10-C2 60 km S.-O. Clermont Ferrand. 750 m. 2200 hab. 63750

AIRE NATURELLE ☎ 04 73 21 40 25.

MIREMONT

10-C1 45 km O. Riom. 505 m. 403 hab. Village de neige 63380

CAMP DE LA PLAGE DE CONFOLANT ★★★ Tourisme 90 E. dont 84 nus, dont 25 CC, 2,5 ha. CV. Locations : . Accès direct aux bords du lac. ; ; à 500 m : . Pontaumur dir. Miremont-Les-Fades-Besserve/Confolant plage. Les Ancizes dir. Pont-du-Bouchet/Confolant plage. ☎ 04 73 79 98 06. Fax : 04 73 79 98 06.

CAMP MUNICIPAL ★★ Tourisme 36 E. 0,4 ha. CV. Accès direct à la rivière. Lac à 4 km. ; à 4 km : . Accueil groupes. Ouv : 1.5 / 30.9. RD 987. ☎ 04 73 79 92 52 (Mairie) / 04 73 79 70 07 / 04 73 79 92 52 (H.S.). Fax : 04 73 79 74 23. E-mail : mairie-mir emont@wanadoo.fr. Prix 2008. Empl. Tourisme : 2,70 € ( ) ; 2 € ; - de 7 ans 1,20 € ; 2,60 €. Réduction H.S.

LE MONT DORE

10-C2 48 km S.-O. Clermont Ferrand. 1050 m. 2394 hab. 63240

CAMP MUNICIPAL L'ESQUILADOU ★★★ Tourisme 100 E. boulodrome, + sèche-ligne, CV. Locations : . Rivière à 500 m. Etang à 5 km. Accueil groupes. Le Queureuilh. Route des Cascades. D 996. Salle de séchage. ☎ 04 73 65 23 74 / 04 73 65 20 00 (Mairie). Fax : 04 73 65 23 74. E-mail : camping.esquiladou@wanadoo.fr. Réduction H.S.

CAMP MUNICIPAL DES CROUZETS ★★ Tourisme 147 E. 2,2 ha. + sèche-linge, CV Sanitaire chauffé. Accès direct à la rivière. . Avenue des Crouzets, RD 130, à la sortie de la ville. Salle de séchage. ☎ 04 73 65 21 60 / 04 73 65 20 00 (Mairie) / 04 73 65 20 00 (H.S.). Fax : 04 73 65 21 60. E-mail : camping.crouzets@wanadoo.fr. Réduction H.S.

DOMAINE GRANDE CASCADE ★★ Tourisme 60 E. 3 ha. CV. Locations : 2 , 3 . Rivière à 1 km. à 3 km : . Ouv : 1.6 / 30.9. Sur RD 36, en dir. du Col de la Croix Saint-Robert. ☎ 04 73 65 06 23 / 04 73 65 90 55 (H.S.). Fax : 04 73 65 06 23. Web : monsite.orange.fr/campinggrandecascade. Prix 2007. Fft jour : Empl. Tourisme (1) : 6,40 € ( ) ; Sup : 3,30 € - de 5 ans 1,80 € ; 3,20 à 5 € (6 à 10 A) ; Animaux 1 €. Fft Ccar : 9,60 € (1).

LA PLAGE VERTE ★★ Tourisme 100 E. dont 92 nus, 2 ha. pain, CV. Locations : 8 , 3 . à 2,5 km : . Accueil groupes. Ouv : mai / septembre. Route de la Tour d'Auvergne, par RD 645 (ex RD 213). ☎ 04 73 65 09 85 / 06 79 25 95 93 / 04 73 65 04 30 (H.S.). Fax : 04 73 65 09 85. E-mail : campinglaplageverte@wanadoo.fr, Web : www. plage-verte.com. Prix 2007. ( ) : 2,20 € ; 1,20 € ; 3,40 € ; 2,20 € ; 3,10 € ; - de 5 ans 1,90 € ; 3,10 € (5 A) ; Animaux 0,90 €. Réduction H.S.

FFCC : partenaire + réduction emp. de 5 % en saison et hors saison + réduction loc. de 5 % en saison et hors saison.

MONTAIGUT EN COMBRAILLE

7-C5 50 km N.-O. Riom. 625 m. 1680 hab. 63700

CAMP MUNICIPAL ★★ Tourisme 15 E. 0,06 ha. Accès direct à l'étang. ; . La Prade. ☎ 04 73 85 09 09 (Mairie). Fax : 04 73 85 92 77.

MONTAIGUT LE BLANC

10-D2 15 km N.-O. Issoire. 500 m. 507 hab. 63320

CAMP MUNICIPAL LE PRE VERT ★★★ Tourisme 100 E. 1,5 ha. CV. Locations : 7 . Accès direct à la rivière. . Accueil groupes. Sortie 6 A 75 en provenance de Paris et sortie 14 Issoire en provenance de Montpellier. ☎ 04 73 96 70 05 (Mairie) / 04 73 96 75 07 (H.S.). Fax : 04 73 96 70 05. E-mail : montaigut-le-blanc@w anadoo.fr, Web : www.ville-montaigut-le-blanc .fr.

MURAT LE QUAIRE

10-C2 45 km S.-O. Clermont Ferrand. 1050 m. 485 hab. Station verte de vacances et village de neige 63150

LE PANORAMIQUE ★★★ Tourisme 85 E. 2,75 ha. juillet/ août, snack (juillet/août), juillet/ août, CV Sanitaire chauffé. Locations : 4 , 2 , 2 . chauffée . Etang et lac à 800 m. Rivière à 2 km. ; à 2 km : . Accueil groupes. Ouv : 1.5 / 30.9. Lieu-dit Le Pessy. D 2089 dir. du Mont-Dore, après Murat-Le-Quaire D 219. A 89 sortie Puy/Lavèze (10 km). Terrain situé à 300 m du village Le Pessy. ☎ 04 73 81 18 79. Fax : 04 73 65 57 34. E-mail : camping.panoramique@ wanadoo.fr, Web : membres.lycos.fr/camping panoramique/. Prix 2008. Fft jour : Empl. Tourisme (2) : 15,20 € ( ) ; Sup : 5,30 € - de 5 ans 3,60 € ; 4,40 € (6 A). Réduction H.S.

CAMP MUNICIPAL LES COUDERTS ★★ Tourisme 68 E. dont 44 nus 1,2 ha. CV Sanitaire chauffé. Locations : 10 , 10 huttes. Lac à 300 m. Rivière à 5 km. ; . Route de la Banne d'Ordanche CD 88. 60 km de Clermont-Ferrand. Au-dessus de La Bourboule (station thermale). ☎ 04 73 65 54 81 / 04 73 81 10 05. Fax : 04 73 81 17 44. E-mail : mairie.mlquaire@wanadoo.fr, Web : www.chalets-decouverte.com. Prix 2007. Fft jour : Empl. Tourisme (2) : 8,50 € ( ) ; Sup : 2,80 € - de 7 ans 1,60 € ; 3,05 à 4,70 € (6 à 10 A) ; Animaux 0,80 €.

LE PLAN D'EAU ★★ Tourisme 40 E., dont 6 GCC, 0,8 ha. Sanitaire chauffé. Locations : . Lac à 300 m. ; ; . Route de la Banne d'Ordanche. CD 88. ☎ 04 73 81 10 05 / 04 73 65 54 81. Fax : 04 71 59 65 56.

LE POUTIE ★★ Tourisme 65 E. (60 Tourisme + 5 Loisirs), dont 7 CC - 1 GCC, 2 ha. CV Sanitaire chauffé. Locations : , , 30 , . chauffée . Rivière à 300 m. Lac à 1 km. à 200 m : ; à 300 m : . Avenue du Maréchal Leclerc. RN 496. Entre la Bourboule et le Mont-Doré. ☎ 04 73 81 04 54. Fax : 04 73 81 04 54. E-mail : campingpoutie@aol.com, Web : www.tourismorama.com.

LES COUX ★ Tourisme 33 E. 0,6 ha. CV. Locations : 6, 3. Rivière à 800 m. Etang et lac à 5 km. Ouv : 15.5 / 30.9. Avenue du Maréchal Leclerc. ☎ 04 73 81 07 10 / 06 72 11 97 38 (H.S.). Fax : 04 73 81 07 10. E-mail : info@campinglescoux.com, Web : www.campinglescoux.com. Prix 2008. Fft jour : Empl. Tourisme (2) : 8,50 € () ; Sup : 2,80 € - de 2/10 ans 1,30 € ; 2,50 à 3 € (3 à 6 A) ; 0,75 € (jeton).

MUROL

10-D2 28 km O. Issoire. 830 m. 624 hab. Station verte de vacances et village de neige ✉ 63790

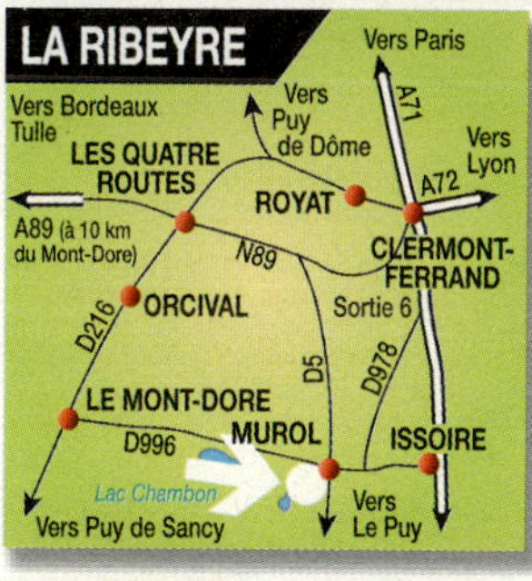

LA RIBEYRE ★★★★ Tourisme 400 E., dont 78 GCC - 86 HLL, 11 ha. snack, + sèche-linge, CV. Camping clef verte. Locations : 10, 70, , . couverte chauffée . Accès direct à l'étang et à la rivière. Lac à 1 km. ; ; rivière : ; 4 : ; à 1 km : . Ouv : 1.5 / 15.9. Route de Jassat à Murol. A 75 sortie n°6 puis suivre Champeix/Saint-Nectaire/Murol. Salle de jeux. ☎ 04 73 88 64 29. Fax : 04 73 88 68 41. E-mail : laribeyre@free.fr, Web : www.camping-laribeyre.com. Prix 2008. Fft jour : Empl. Tourisme (2) : 24,56 € () ; Sup : 6,19 € - de 5 ans 5,30 € ; 5,78 € (6 A) ; Animaux 2,57 €. Réduction H.S.

L'EUROPE ★★★★ Tourisme 219 E. dont 59 nus, dont 6 CC - 11 GCC, 5,5 ha. CV. Locations : 160. chauffée . Etang à 100 m. Rivière à 300 m. Lac à 800 m. ; ; à 800 m : , . Accueil groupes. Ouv : 31.5 / 31.8. Route de Jassat, RD 5, RN 996. ☎ 04 73 39 76 66 / 06 08 26 27 02 (H.S.). Fax : 04 73 39 76 61. E-mail : europe.camping@wanadoo.fr, Web : www.camping-europ.com. Prix 2008. Fft jour : Empl. Tourisme (1) : 16,50 € () ; Sup : 5,45 € - de 5 ans 4,50 € ; 5,65 € (10 A) ; Animaux 1,85 €. Réduction H.S.

FFCC : partenaire + réduction emp. de 5 % en saison et 20 % hors saison + carte FFCC assurance annulation + réduction loc. de 5 % en saison et 20 % hors saison.

LA PLAGE ★★★ Tourisme 390 E. dont 372 nus, , dont 18 HLL, 7 ha. CV. Locations : 18, , . . Accès direct aux bords du lac et à la rivière. ; ; ; ; . Accueil groupes. Ouv : 1.5 / 30.9. RN 496, RD 5 et VO 1. ☎ 04 73 88 60 04. E-mail : lac.chambon@wanadoo.fr, Web : lac-chambon-plage.fr. Prix 2007. Empl. Tourisme : 7,90 € () : 3,80 € ; - de 13 ans 2,80 € ; 3,70 € ; Animaux 1 €. Réduction H.S.

LE REPOS DU BALADIN ★★★ Tourisme 62 E. dont 46 nus, dont 6 GCC, 1,2 ha. CV. Locations : 16, 1, 6 chambres d'hôtel. chauffée . Rivière à 200 m. Lac à 2 km. à 1 km : ; à 2 km : 2 km, ; 2 km, lac chambon; à 4 km : . De Clermont-Ferrand A 75 dir. Montpellier sortie n° 6. ☎ 04 73 88 61 93 / 04 73 88 61 93 (H.S.). Fax : 04 73 88 66 41. E-mail : reposbaladin@free.fr, Web : http://reposbaladin.free.fr. Prix 2007. Fft jour : Empl. Tourisme : 13 € ; Sup : 3,90 € ; 2,50 € ; 4 € (5 A) ; Animaux 2,50 €.

FFCC : partenaire + réduction emp. de 15 % hors saison + carte FFCC assurance annulation + réduction loc. de 10 % hors saison.

DOMAINE DU MARAIS ★★ Tourisme 58 E., dont 18 HLL, 3,5 ha. CV. Locations : , chauffée . Lac à 500 m. ; à 500 m : , .Accueil adultes. ☎ 04 73 88 85 85. Fax : 04 73 88 64 63. E-mail : domainedumarais @wanadoo.fr, Web : www.les-fougeres.com.

LES FOUGERES ★★ Tourisme 72 E. dont 33 nus, dont 12 GCC, 2 ha. CV. Locations : 27, 5, 11. chauffée . Accès direct à la rivière. Lac à 400 m. ; à 500 m : , . .Accueil adultes. Au Pont du Marais, sur RN 5 et RD 996, entre le lac Chambon et le château de Murol. ☎ 04 73 88 67 08. Fax : 04 73 88 64 63. E-mail : camping-les-fougeres @wanadoo.fr, Web : www.lesfougeres.com. Prix 2007. Fft jour : Empl. Tourisme (2) : 17,50 € ; Sup : 4,30 € - de 5 ans 3 € ; 4 € (4 A) ; Animaux 1,80 €.

NEBOUZAT

10-C2 18 km S.-O. Clermont Ferrand. 875 m. 603 hab. ✉ 63210

LES DOMES ★★★ Tourisme 65 E. dont 50 nus, dont 5 GCC - 12 HLL, 1 ha. CV. Locations : 5, 5, 3, 2. couverte chauffée . Rivière à 100 m. à 100 m : .Accueil adultes. Ouv : 1.5 / 15.9. Les 4 Routes de Nébouzat. Carrefour D2089 et D 216. Autoroute A 75 sortie 5 ou 2. ☎ 04 73 87 14 06 / 06 80 23 92 73 (H.S.) / 04 73 93 21 02 (H.S.). E-mail : camping.les-domes@wanadoo.fr, Web : www.les-domes.com. Prix 2007. Fft jour : Empl. Tourisme (1) : 9,50 € ; Sup : 6 € - de 5 ans 3 € ; 5 € (10 à 15 A).

NOALHAT

10-D1 15 km N.-O. Thiers. 290 m. 126 hab. ✉ 63290

M. LEHALPER Alain,camping de la ferme . A 2 km: . A 4 km : , . A 5 km : Piscine plein air . Ouv : 1.1 / 31.12. Les Marodons, D 906, à 3 km Nord-Est de la commune. Gîte équestre. Produits de ferme. ☎ 04 73 94 11 68 / 06 62 23 74 04 (H.S.). E-mail : lehaper@orange.fr. Prix 2008. Empl. Tourisme : 2 € ; 3,50 € ; - de 4 ans 2 € ; 1,50 €.

NONETTE

10-D2 11 km S. Issoire. 385 m. 300 hab. ✉ 63340

LES LOGES ★★★ Tourisme 126 E. (120 Tourisme + 6 Loisirs) 3 ha. CV. Locations : 27, 3 . chauffée . Accès direct à la rivière. ; . RD 213, RD 214. A 75 sortie 17. ☎ 04 73 71 65 82. Fax : 04 73 71 67 23. E-mail : les.loges.nonette@wanadoo.fr, Web : www.lesloges.com. Réduction H.S.

OLLIERGUES

10-E2 23 km S.-O. Ambert. 560 m. 1234 hab. ✉ 63880

LES CHELLES ★★★ Tourisme 60 E. (58 Tourisme + 2 Loisirs) 2,5 ha. CV. Locations : 5, 2, 5, 1, 2 . Accès direct à l'étang. Rivière à 5 km. . Accueil groupes. Ouv : 1.4 / 31.10. D 906. ☎ 04 73 95 54 34. E-mail : info@camping-les-chelles.com, Web : www.camping-les-chelles.com. Prix 2007. Fft jour : Empl. Tourisme (2) : 12 € ; Sup : 3 € - de 13 ans 1,80 € ; 2,80 € ; Animaux 1 €.

OLLOIX

10-D2 23 km S. Clermont-Ferrand 820 m. 195 hab. ✉ 63450

AIRE NATURELLE MUNICIPALE Pré de Barre. ☎ 04 73 39 05 54.

ORCET

10-D2 12 km S.-E. Clermont-Ferrand 400 m. 2060 hab. ✉ 63670

LE CLOS AUROY ★★★ Tourisme 91 E., dont 24 GCC, 2,5 ha. snack, CV Sanitaire chauffé. Locations : 9 . chauffée . Etang à 500 m. Rivière à 5 km. ; .Accueil adultes. Ouv : 1.1 / 31.12. Rue de la Narse. Accès par A 75, sortie 5 (4 km) suivre Orcet. ☎ 04 73 84 26 97. Fax : 04 73 84 26 97. E-mail : orcet@wanadoo.fr, Web : www.camping-le-clos-auroy.com. Prix 2008. Empl. Tourisme : 10 € ; 4,50 € ; - de 7 ans 3,05 € ; 3,25 à 4,75 € (5 à 10 A) ; Animaux 2 €. Réduction H.S.

FFCC : partenaire + carte FFCC assurance annulation.

ORCINES

10-D1 7 km O. Clermont-Ferrand. 836 m. 2873 hab. ✉ 63870

CAMP MUNICIPAL ★ Tourisme 50 E. 0,9 ha. . Chez Vasson. Par la 941 B. ☎ 04 73 62 18 76 (Camping) / 04 73 62 10 09 (Mairie). Fax : 04 73 62 73 00. E-mail : mairieorcines@wanadoo.fr.

ORCIVAL

10-C2 24 km S.-O. Clermont Ferrand. 860 m. 381 hab. Station verte de vacances et village de neige ✉ 63210

L'ETANG DE FLECHAT En cours classt ★★ 70 E. dont 6 nus, 2 ha. CV. Locations : , . Accès direct à l'étang. Lac à 4 km. ; . Accueil groupes. Ouv : 1.5 / 15.9. Flechat ☎ 04 73 65 82 96. Fax : 04 73 65 87 27. Prix 2007. Empl. Tourisme : 5 € ; 1,50 € ; 1,80 € ; 3 € ; 1,50 € ; 3,80 € ; 2 €.

FFCC : partenaire + réduction emp. de 5 % en saison et 10 % hors saison + carte FFCC assurance annulation + réduction loc. de 10 % en saison et 20 % hors saison.

ORLEAT

10-D1 12 km O. Thiers. 340 m. 1404 hab. ✉ 63190

PONT ASTIER ★★★ Tourisme 90 E., dont 2 HLL, 3 ha. CV. Locations : 12, 6, , . Accès direct à la rivière. . A 72 sortie Thiers Ouest. D 224. ☎ 04 73 53 64 40 / 04 73 73 13 02 (Mairie). E-mail : mairie.orleat@orleat.com, Web : www.camping-massifcentral.com.

PERPEZAT

10-C2 30 km S.-O. Clermont Ferrand. 900 m. 420 hab. ✉ 63210

GEOLLAIRE ★★ Tourisme 25 E. 1 ha. Les Garneix. ☎ 04 73 65 84 48.

PERRIER

10-D2 4 km O. Issoire. 430 m. 767 hab. ✉ 63500

LES GROTTES ★★ Tourisme 60 E. (42 Tourisme + 18 Loisirs) 0,6 ha. CV. Locations : , . Accès direct à la rivière. Etang à 5 km. . Ouv : 1.5 / 31.8. Sur RD 996. A Issoire dir. Champeix-Le Mont Dore. Géologie. ☎ 04 73 89 03 17. Prix 2007. Fft jour : Empl. Tourisme (2) : 10 € ( )

PICHERANDE

10-C2 46 km O. Issoire. 1123 m. 530 hab. ✉ 63113

LA SAVE ★★ Tourisme 30 E.

LE SANCY ★★ Tourisme 43 E. 1 ha. CV. Locations : , , . . Lac à 150 m. Rivière à 2 km. . Lac de Gayme. Par Besse/Super-Besse ou La Tour d'Auvergne. ☎ 04 73 22 38 51 / / 04 71 78 78 78 (H.S.). E-mail : contact@auvergne-chalets.fr, Web : www.vacances-en-auvergne.fr.

PONT DU CHATEAU

10-D1 12 km E.-N.-E. Clermont-Ferrand. 328 m. 6335 hab. Station verte de vacances et village de neige ✉ 63430

LES SABLONS ★★ Tourisme 100 E., dont 15 GCC - 15 HLL, 7 ha. CV. Locations : 20, 4, 3, 2. Accès direct à l'étang. Ouv : 1.6 / 30.9. Route de Vichy. ☎ 04 73 63 83 00 / 06 80 37 51 10 / 04 73 83 57 61 (H.S.). Fax : 04 73 83 50 06. E-mail : www.camping-les sablons.net. Prix 2008. Fft jour : Empl. Tourisme (2) : 16 € (10 A)) ; Sup : 4 € - de 10 ans 2,50 € ; Animaux 1,30 €.

PONTAUMUR

10-C1 50 km O. Riom. 540 m. 992 hab. Village de neige ✉ 63380

CAMP MUNICIPAL LE GRAND PRE ★★ Tourisme 77 E. (50 Tourisme + 27 Loisirs) 1,3 ha. 800 m, 800 m, animations culturelles à l'Office de Tourisme de H..., CV. Accès direct à la rivière. Etang à 10 km. ; à 10 km : 10 km. Accueil groupes. Sortie Est du bourg par D 941. ☎ 04 73 79 79 10 / 04 73 79 90 07 (Mairie) (H.S.). Fax : 04 73 79 73 36.

PONTGIBAUD

10-C1 24 km O.-S.-O. Riom. 740 m. 927 hab. Station verte de vacances et village de neige ✉ 63230

CAMP MUNICIPAL LA PALLE ★★★ Tourisme 100 E. dont 120 nus (90 Tourisme + 10 Loisirs) 4,5 ha. 1, CV. Locations : . Accès direct à la rivière. Etang à 2 km.Lac à 4 km. ; à 2 km : . Accueil groupes. Ouv : 15.4 / 30.9. Sur CD 941. Route de Rochefort Montagne ☎ 04 73 88 96 99 / 04 73 88 70 42 (H.S.). Fax : 04 73 88 77 77. E-mail : mairie.pontgibaud@wanadoo.fr ou campalle63@orange.fr, Web : vill-pontgibaud.fr. Prix 2007. Empl. Tourisme : 3,20 € ; 2,80 € ; - de 10 ans 1,30 € ; 2,60 à 3,10 € (10 à 16 A). Réduction H.S.
FFCC : partenaire + réduction emp. de 5 % en saison et 10 % hors saison.

LES PRADEAUX

10-D2 7 km S.-E. Issoire. 350 m. 285 hab. ✉ 63500

CHATEAU LAGRANGE FORT ★★★ Tourisme 100 E. dont 80 nus, 4 ha. CV. Locations : 8, 2, 4, 4, 12, 10. Chambres d'hôtes dans le chateau. couverte chauffée. Rivière à 400 m. ; à 400 m : . Accueil groupes. Ouv : 10.4 / 15.10. A 75 sortie 13 dir. Parentignat (D 996), 1er rond-point dir. Parentignat, 2ème rond-point à droite D999, 3ème rond-point à droite D34 suivre panneaux du camping. ☎ 04 73 71 05 93 / 04 73 71 02 43 (H.S.). Fax : 04 73 71 07 69. E-mail : chateau@lagrangefort.eu, Web : www.lagrangefort.eu. Prix 2008. 9,30 € ; 2,25 € ; 9,30 € ; 9,30 € ; 6,30 € ; - de 10 ans 3,50 € ; 3 € (6 A) ; Animaux 3 €. Réduction H.S.

PUY GUILLAUME

10-D1 16 km N. Thiers. 286 m. 2706 hab. ✉ 63290

CAMP MUNICIPAL DE LA DORE ★★ Tourisme 100 E., dont 18 GCC, 2,5 ha. CV. chauffée . Accès direct à la rivière. Etang à 800 m. Accueil groupes. 86, rue Joseph Claussat, CD 63, RD 906 à 800 m. Axe Thiers-Vichy. ☎ 04 73 94 78 51 / 04 73 94 70 49 (Mairie) (H.S.). Fax : 04 73 94 12 98. E-mail : mairie.puyguillaume@wanadoo.fr, Web : www.cyber63.com/puyguillaume.

ROCHEFORT MONTAGNE

10-C2 42 km S.-O. Clermont-Ferrand. 840 m. 1155 hab. ✉ 63210

CAMP MUNICIPAL LA BUGE ★★ Tourisme 90 E. dont 90 nus 1,8 ha. CV. Rivière à 500 m. à 500 m : . Accueil groupes. Sur RN 89, 400 m de la route nationale. ☎ 04 73 65 84 98 / 04 73 65 89 77 (H.S.). Fax : 04 73 65 93 69. E-mail : mairie.rochefort@rochefort-montagne.com, Web : www.rochefort-montagne.com. Prix 2007. Fft jour : Empl. Tourisme (3) : 8,80 € ; Sup : 2,35 € - de 7 ans 1,18 € ; 2,65 € (15 A) ; Animaux 0,90 €.

ROYAT

10-D1 3 km O. Clermont-Ferrand. 456 m. 4094 hab. ✉ 63130

CAMP INDIGO ROYAT ★★★★ Tourisme 196 E. dont 158 nus, , dont 8 GCC - 12 HLL, 7 ha. 29.6 / 2.9, 29.6 / 2.9, CV Sanitaire chauffé. Locations : 6, 31, 5, . chauffée 2 courts. Rivière à 2 km. Ouv : 5.4 / 19.10. Route de Gravenoire. De Clermont-Ferrand dir. Bordeaux/Le Mont-Doré. N 89 sortir à Ceyrat dir. Royat par D 941. ☎ 04 73 35 97 05 / 04 37 64 22 34 (H.S.). Fax : 04 73 35 67 69. E-mail : royat@camping-indigo.com, Web : www.camping-indigo.com. Prix 2007. Fft jour : Empl. Tourisme (2) : 19,80 € ; Sup : 5 € - de 7 ans 3,20 € ; 4,50 à 6,20 € (6 à 10 A) ; Animaux 2,90 €. Réduction H.S.
FFCC : partenaire + réduction emp. de 5 % en saison et hors saison + réduction loc. de 5 % en saison et hors saison.

ST AMANT ROCHE SAVINE

10-E2 12 km N.-O. Ambert. 865 m. 563 hab. ✉ 63890

SAVILOISIRS ★★★ Tourisme 15 E. dont 19 nus, dont 12 CC, 0,15 ha. CV Sanitaire chauffé. Locations : 30 . Etang et rivière à 1 km. Accueil adultes. Ouv : 1.5 / 31.10. D 996. ☎ 04 73 95 73 60 / 04 73 95 70 22 (Mairie) (H.S.). Fax : 04 73 95 72 62. E-mail : saviloisirs@wanadoo.fr, Web : www.saviloisirs.com. Prix 2008. Empl. Tourisme : 1,80 € ; 1,70 € ; 3 € ; 1,70 € ; 2,90 € ; - de 12 ans 1,40 €.

ST ANTHEME

10-E2 22 km E.-S.-E. Ambert. 950 m. 1023 hab. Station verte de vacances et village de neige ✉ 63660

CAMP MUNICIPAL ★★ Tourisme 30 E. 0,5 ha. Locations : . Lac et rivière à 200 m. ; ; . Lieu-dit Rambaud RD 205 E. ☎ 04 73 95 48 79 / 04 73 95 40 20 (Mairie) / 04 73 95 47 06 (H.S.). Fax : 04 73 95 48 79.

ST BONNET LE BOURG

10-E2 25 km S.-O. Ambert. 950 m. 249 hab. ✉ 63630

G.C.U. LE COIN Réservé aux adhérents. Adhésion possible sur place pour les sociétaires MAIF et FILIA MAIF. Initiation au patchwork.

ST BONNET PRES ORCIVAL

10-C2 22 km S.-O. Clermond-Ferrand. 830 m. 369 hab. ✉ 63210

LA HAUTE SIOULE ★★ Tourisme 70 E. (60 Tourisme + 10 Loisirs), dont 5 GCC, 3 ha. + sèche linge, CV. Locations : 4, 4. Accès direct à la rivière. Lac à 6 km. Accueil groupes. De Clermont-Ferrand dir. Le Mont-Dore/La Bourboule par la N 89 puis suivre Orcival D 216 ou par A 75 sortie 5. ☎ 04 73 65 83 32 / 06 85 75 64 76. Fax : 04 73 65 85 19. E-mail : info@chalets-orcival.com, Web : www.chalets-orcival.com. Réduction H.S.

ST CLEMENT DE VALORGUE

10-E2 25 km S.-E. Ambert. 920 m. 270 hab. ✉ 63660

LES NARCISSES ★★★ Tourisme 50 E. dont 26 nus (35 Tourisme + 15 Loisirs) 1,3 ha. CV Sanitaire chauffé. Locations : 7, 2, 5. chauffée . Rivière à 100 m. Etang à 2 km. à 100 m : ; à 2 km : 2 km, . D 496. ☎ 04 73 95 45 76. Fax : 04 73 95 45 76. E-mail : ptipois2@wanadoo.fr, Web : www.campinglesnarcisses.com et www.revea-vacances.. Prix 2007. Fft jour : Empl. Tourisme (2) : 12 € ; Sup : 3,10 € - de 7 ans 1,60 € ; 2,50 € (10 A) ; Animaux 1,50 €. Réduction H.S.

ST DONAT

10-C2 50 km O. Issoire. 1048 m. 410 hab. ✉ 63680

CAMP MUNICIPAL DES PERCE-NEIGE ★★ Tourisme 50 E. dont 50 nus 0,8 ha. CV. Rivière à 500 m. Accueil groupes. ☎ 04 73 22 30 13 (Mairie). Fax : 04 73 22 37 36. E-mail : camping.stdonat@wanadoo.fr.

ST ELOY LES MINES

7-C5 45 km N.-O. Riom. 500 m. 5493 hab. ✉ 63700

CAMP MUNICIPAL LA POULE D'EAU ★★ Tourisme 50 E. 0,7 ha. Accès direct aux bords du lac. D 110. ☎ 04 73 85 45 47. Fax : 04 73 85 07 75.

ST GAL SUR SIOULE

10-D1 35 km N. Riom. 364 m. 133 hab. ✉ 63440

CAMP DU PONT DE SAINT GAL ★★ Loisirs 36 E. dont 32 nus (12 Tourisme + 24 Loisirs) 0,45 ha. CV. Locations : 1, 1, 1. Accès direct à la rivière. Accueil groupes. Ouv : 1.5 / 15.9. ☎ 04 73 97 44 71 / 04 73 97 95 63 (H.S.). Fax : 04 73 97 95 63. E-mail : danieldebue@msn.com. Prix 2007. Empl. Tourisme : 2 € ; 2 € ; 2 € ; 2,20 € ; - de 13 ans 1,50 € ; 2,50 €.

FFCC : partenaire - terrain assuré par la FFCC + réduction emp. de 5 % en saison et 10 % hors saison + réduction loc. de 5 % en saison et 10 % hors saison.

ST GENES CHAMPESPE

10-C2 52 km S.-O. Issoire 1040 m. 414 hab. ✉ 63850

CAMP MUNICIPAL ★★ Tourisme 24 E. dont 24 nus 0,15 ha. Lac à 5 km. à 3 km : ; à 5 km : , voile. Accueil groupes. Ouv : 1.6 / 30.9. O ☎ 04 73 22 34 88. Fax : 04 73 22 31 84. Prix 2007. Empl. Tourisme : 0,76 € () ; 0,76 € ; 0,76 € ; 1,83 € ; - de 7 ans 1,14 € ; 1,52 €.

ST GEORGES DE MONS

10-C1 30 km O. Riom. 735 m. 2689 hab. Village de neige ✉ 63780

CAMP MUNICIPAL ★★ Tourisme 46 E., dont 6 HLL. CV. Locations : 8, . Rivière à 5 km. à 500 m : ; à 4 km : ; à 8 km : , . ☎ 04 73 86 76 22 / 04 73 86 71 84 (Mairie) (H.S.). Web : www.chalets-decouverte.com.

ST GERMAIN LEMBRON

10-D2 10 km S. Issoire 394 m. 1671 hab. ✉ 63340

M. NEEUWESSEN Louis,aire naturelle CV. A 1 km: . A 5 km : , . Domaine de Longat. A 75 sortie Nord 15, sortie Sud 17. Route de Collanges D 141. ☎ 04 73 96 42 11. Fax : 04 73 96 47 24.

ST GERMAIN L HERM

10-E2 28 km S.-O. Ambert. 1050 m. 766 hab. ✉ 63630

SAINT ELOY ★★★ Tourisme 63 E., dont 9 HLL, 3 ha. CV. Locations : 10, 9 huttes. De Clermont-Ferrand ou St-Flour, autoroute A 75 sortie n° 13 dir. St-Germain l'Herm. ☎ 04 73 72 05 13 / 04 73 90 00 15 / 04 73 34 75 53 (H.S.). Fax : 04 73 34 70 94. E-mail : info@camping-massifcentral.com, Web : www.camping-massifcentral.com.

ST GERVAIS D AUVERGNE

10-C1 40 km N.-E. Riom. 730 m. 1545 hab. Station verte de vacances et village de neige ✉ 63390

CAMP MUNICIPAL L'ETANG PHILIPPE ★★★ Tourisme 130 E. 5 ha. CV. Locations : , . Accès direct aux bords du lac. Etang à 30 m. ; ; ; . Accueil groupes. 12 km RN 144. A 71 sortie Montmarault. ☎ 04 73 85 74 84 / 04 73 85 71 53. Fax : 04 73 85 74 84. E-mail : ville.stgervais.auvergne@wanadoo.fr, Web : www.ville.stgervais-auvergne.fr.

M. COULON Jean . A 100 m : . A 1 km: . A 2 km : . A 15 km : Piscine plein air. Le Fal, RN 687, 2 km Nord de la commune, à proximité de la ferme. Terrain herbeux, ombragé, plan d'eau à 100 m. Salle de réunion. ☎ 04 73 85 72 24.

ST JACQUES D AMBUR

10-C1 32 km O. Riom. 700 m. 344 hab. Village de neige ✉ 63230

CAMPING A LA FERME DE LA BOUESSE CV. A 1 km: . A 2 km : . A 6 km : . Ouv : 1.5 / 31.10. Boisse, par RD 121, 5 km Ouest de la commune, à proximité de la ferme. Flanc de colline, panorama sur le plan d'eau. ☎ 04 73 79 92 64. Fax : 04 73 79 92 64. E-mail : monneyron.dominique@wanadoo.fr. Prix 2008. Empl. Tourisme : 1,80 € ; 2,30 € ; - de 7 ans 1,10 € ; 1,80 € (6 A) ; 1 € ; Animaux 0,30 €. Réduction H.S.

FFCC : partenaire - terrain assuré par la FFCC + réduction emp. de 5 % en saison et 8 % hors saison.

ST MAURICE

10-D2 20 km S.-E. Clermont-Ferrand. 409 m. 753 hab. ✉ 63270

LES SOURCES ★ Tourisme 30 E. Sainte-Marguerite. ☎ 04 73 39 85 50. Fax : 04 73 39 72 40.

ST MAURICE PRES PIONSAT

7-C5 70 km N.-O. Riom 620 m. 523 hab. ✉ 63330

AIRE NATURELLE MUNICIPALE LA BREGIROLE , jeton, CV. ☎ 04 73 52 10 56. Fax : 04 73 52 13 51. E-mail : COMMUNE.STMAURICE.DEPIONSAT@wanadoo.fr.

ST NECTAIRE

10-D2 27 km O. Issoire. 760 m. 650 hab. Station verte de vacances et village de neige ✉ 63710

LA CLE DES CHAMPS ★★★ Tourisme 68 E. dont 68 nus, , dont 4 HLL, 2 ha. CV. Locations : 9, 8. Accès direct à la rivière. Lac à 5 km. ; à 5 km : . Ouv : 1.4 / 30.9. Lieu-dit Les Sauces, RD 996 à 100 m. Route des Granges. ☎ 04 73 88 52 33. Fax : 04 73 88 52 33. E-mail : campingcledeschamps@free.fr, Web : www.campingcledeschamps.com. Prix 2007. Fft jour : Empl. Tourisme (2) : 16 € ( ) ; Sup : 5 € - de 5 ans 2,50 € ; 2,50 à 3,50 € (3 à 6 A) ; Animaux 1 €. Réduction H.S.

FFCC : Stop accueil Camping-car du 01/04 au 14/07 et du 15/08 au 01/10/2008, accès jusqu'à 22h.

LA VALLEE VERTE ★★★ Tourisme 88 E. dont 84 nus, dont 5 HLL, 2,5 ha. , chauffé, , pain et viennoiserie, + sèche linge, CV. Camping clef verte. Locations : 5, 6, 6. Rivière à 200 m. Lac à 5 km. à 200 m : ; à 5 km : , , . Ouv : 15.4 / 15.9. Route de Granges, sur la D 642 E à 400 m de la D 996. ☎ 04 73 88 52 68 / 06 60 68 69 46 (H.S.). E-mail : lavalleeverte@libertysurf.fr, Web : www.campinglavalleeverte.com. Prix 2007. Fft jour : Empl. Tourisme (2) : 13 € ( ) ; Sup : 4 € - de 2/9 ans 2 € ; 2,70 à 3,20 € (5 à 8 A).

FFCC : partenaire + réduction emp. de 5 % en saison et 10 % hors saison + Stop accueil Camping-car du 15/04 au 15/09/2008, accès jusqu'à 21h + réduction loc. de 5 % en saison et 10 % hors saison.

LE VIGINET ★★★ Tourisme 78 E. dont 60 nus, dont 2 GCC - 17 HLL, 3,5 ha. CV. Locations : 10, Mini-chalets. . Ouv : 7.4 / 30.9. De Clermont-Ferrand A 75 sortie n°6 Champeix/St-Nectaire. De St-Flour A 75 sortie n°14 dir. Champeix/Le Mont Doré. De Bordeaux A 89 sortie St-Julien Puy Lavèze dir. Murol. ☎ 04 73 88 53 80 / 04 73 34 75 53 (H.S.). E-mail : info@camping-massifcentral.com, Web : www.camping-massifcentral.com. Prix 2007. Fft jour : Empl. Tourisme (2) : 17,80 € ( ) ; Sup : 4,20 € - de 7 ans 3,30 € ; 3,60 € (10 A) ; Animaux 1,50 €.

LA HUTTE DES DOMES ★★ Tourisme 46 E. 0,78 ha. CV. Rivière à 100 m. Saillant. 150 m de RD 996. St Nectaire à 2 km. ☎ 04 73 88 50 22.

FFCC : partenaire - terrain assuré par la FFCC.

ST OURS

10-C1 20 km S.-O. Riom. 800 m. 1053 hab. ✉ 63230

BEL AIR ★★★ Tourisme 60 E. dont 56 nus, , dont 3 HLL, 2 ha. sauf O , produit sec produit frais sur commande, aire spécifique, , badmington, pret du fer à repasser, lessive fournie, CV. Locations : 3. pret du materiel. Rivière à 2 km.Lac à 5 km. à 3 km : ; à 5 km : 5 km. Accueil groupes sauf du 14.07 / 20.08. sauf du 14.7 au 15.8. Sur D 943. Entre Saint-Ours et Pontgibaud. ☎ 04 73 88 72 14. E-mail : camping.belair@free.fr, Web : camping.belair.free.fr. Prix 2008. Fft jour : Empl. Tourisme (2) : 13 € ( ) ; Sup : 4,50 € 2,60 € ; 3,20 € (6 A) ; Animaux 1 €.

FFCC : partenaire + réduction emp. de 5 % en saison et 10 % hors saison + Stop accueil Camping-car du 05/01 au 01/05 et du 04/10 au 31/12/2008, accès jusqu'à 20h.

ST PIERRE COLAMINE

10-D2 27 km O. Issoire. 800 m. 230 hab. ✉ 63610

L'OMBRAGE ★★ Tourisme 80 E. (70 Tourisme + 10 Loisirs) 1,7 ha. CV Sanitaire chauffé. Locations : 7 . Rivière à 200 m. . Ouv : 1.1 / 31.12. Lieu-dit Champ de Mont, 200 m RD 978. Salle de loisirs, salle de séchage en hiver. ☎ 04 73 96 77 87. Fax : 04 73 96 30 40. E-mail : campombrage@orange.fr, Web : www.campombrage.com. Prix 2007. Empl. Tourisme : 3,40 € ; 1,10 € ; 4,10 € ; - de 1/5 ans 2,05 € ; 2,60 à 3,40 € (4 à 6 A) ; Animaux 1 €. Réduction H.S.

FFCC : partenaire + réduction emp. de 5 % en saison et 20 % hors saison + carte FFCC assurance annulation.

ST PIERRE ROCHE

10-C2 28 km O. Clermont-Ferrand. 830 m. 406 hab. ✉ 63210

L'ENCLOS FLEURI ★★ Tourisme 12 E. 0,08 ha. CV. Locations : . Rivière à 500 m. . Massagettes, 1 km Nord de la commune sur RN 89. ☎ 04 73 65 84 27.

ST PRIEST DES CHAMPS

10-C1 48 km O. Riom. 650 m. 710 hab. Village de neige ✉ 63640

M. & Mme GOURDY Alain . A 2 km: . A 7 km : . A 8 km : Piscine plein air . A 9 km : . Lamazière, CD 110, 7 km Sud-Ouest de la commune, à proximité de la ferme. Pré, lac à 2 km. Vallée de la Sioule à 2 km. Randonnée pédestre. ☎ 04 73 52 52 26. E-mail : gourdy-alain425@orange.fr.

ST REMY DE BLOT

10-C1 32 km N.-O. Riom 532 m. 226 hab. ✉ 63440

ROUTE 99 ★ Tourisme 45 E. ☎ 04 73 97 92 55.

ST REMY SUR DUROLLE

10-E1 8 km N.-E. Thiers. 672 m. 2022 hab. ✉ 63550

CAMP MUNICIPAL LES CHANTERELLES ★★★ Tourisme 150 E. 4 ha. CV. Locations : 8. Lac à 500 m. à 500 m : 500 m, 500 m, Sous Chapon. ☎ 04 73 94 31 71 / 0825 801 440 (H.S.). Fax : 04 73 94 31 71. Web : www.revea-vacances.fr. Prix 2007. Fft jour : Empl. Tourisme : 13.70 € ; Sup : 3,50 € 1,90 € ; 3,50 € ; Animaux 1,50 €. Réduction H.S.

ST SATURNIN

10-D2 20 km S. Clermont-Ferrand. 830 m. 873 hab. ✉ 63450

DOMAINE NATURISTE LA SERRE DE PORTELAS ★ Tourisme 35 E. (20 Tourisme + 15 Loisirs) 15 ha. partiel, CV Rés. naturiste. chauffée. Lac à 5 km. Accueil groupes. Sur RD 96. Depuis A 75 sortie n° 5 ou N 89 Theix. ☎ 04 73 39 35 25. Fax : 04 73 39 35 76. E-mail : info@ffn-laserre.com, Web : www.ffn-laserre.com. Réduction H.S.

FFCC : partenaire - terrain assuré par la FFCC.

ST SAUVES D AUVERGNE

10-C2 64 km O. Issoire. 840 m. 1128 hab. ✉ 63950

DOMAINE DE LAVAUX CALME ET REPOS ★★ Tourisme 50 E. dont 49 nus, 5 ha. CV. Locations : 1, 1. Etang à 800 m. Rivière à 1 km. à 800 m : ; à 1 km : ; à 9 km : . Accueil groupes. Ouv : 15.6 / septembre. Lavaux, 200 m RD 82. De Bordeaux par A 89 sortie 25 St-Julien Le Sancy prendre Laqueille gare et Saint-Sauves par D 82. De Clermont-Ferrand sortie Laqueville gare par D 82. ☎ 04 73 81 11 68. Fax : 04 73 81 11 68. Prix 2008. 2,50 € ; 2,50 € ; 6 € ; 2,50 € ; 3 € ; 1,50 € ; 4 € ; 1 €.

PONT DE LA DORDOGNE ★★ Tourisme 50 E., dont 3 HLL, 1,5 ha. CV. Locations : 4, 2. Accès direct à l'étang et à la rivière. ; à 5 km : . RN 122. ☎ 04 73 81 11 02. Web : www.auvergne camping.com.

LE CHOCOT ★ Tourisme 64 E. 2 ha. Locations : , , . Etang et rivière à 1 km. Lac à 5 km. ; à 1 km : . Sur RN 496 et RN 89, prendre D 922 puis D 996, au pont de Saint Sauves. ☎ 04 73 81 11 99.

L'ETANG DU FENIER ★ Tourisme 70 E. 1 ha. CV. Locations : 1, , . Accès direct à l'étang. ; ; ; . Chez Courtet. Route de Clermont-Ferrand. ☎ 06 07 34 77 50 / 04 73 81 17 13. Fax : 04 73 65 52 93. E-mail : gitesauvergne@wanadoo.fr, Web : bourboule.fr.

Mme FARGEIX-RIOCOURT Anne, aire naturelle CV. A 1,5 km : . A 1,7 km : . A 1,5 km : . A 2 km : Piscine chauffée Piscine couverte . A 5 km : . A 6 km : . Ouv : 15.7 / 30.8. Hors RD 31, ancienne route de Clermont Ferrand, à 1,6 km de la commune tous commerces. Pré vallonné. Proximité des stations thermales pour cures (La Bourboule 5 km, Le Mont-Dore 12 km). ☎ 04 73 81 17 08 (Après 18 h) / 06 87 93 53 53 (H.S.). Prix 2007. Empl. Tourisme : 2 € ; 2,50 € ; 1,25 € ; 2 à 3 € (4 à 6 A) ; 1 € (jeton).

SAURIER

10-D2 18 km O. Issoire. 561 m. 190 hab. ✉ 63320

LA COLOMBIERE ★★ Tourisme 50 E. 1 ha. Accès direct à la rivière. ; . D 26 entre Issoire et Besse. ☎ 04 73 71 21 34 / 04 73 96 77 87 (H.S.). Fax : 04 73 96 30 40. E-mail : lacolombiere@infonie.fr.

SAUVESSANGES

10-E2 32 km S. Ambert. 980 m. 685 hab. ✉ 63840

CAMP MUNICIPAL LE BANDIER ★★ Tourisme 22 E. dont 9 nus, , dont 15 GCC, 1 ha. CV. Locations : 2. Rivière à 50 m. . Ouv : 1.4 / 31.10. ☎ 04 73 95 94 29. Fax : 04 73 95 33 95. E-mail : sauvessanges.mairie@wanadoo.fr, Web : www.chez.com/sauvessanges. Prix 2008. Empl. Tourisme : 2,10 € ; 1,10 € ; 1,70 € ; - de 7 ans 1,30 € ; 2,20 €.

SAUXILLANGES

10-D2 15 km E. Issoire. 450 m. 1135 hab. ✉ 63490

CAMP SAUXILLANGES ★★★ Tourisme 72 E., dont 11 GCC, 1,5 ha. CV. Locations : 2. . Accès direct à l'étang et à la rivière. ; à 50 m : . Accueil groupes. Ouv : 15.6 / 15.9. Chemin des Prairies. 400 m RD 214 et 500 m RN 996. ☎ 04 73 96 86 26 / 04 73 71 02 43 (H.S.). Fax : 04 73 71 05 93. E-mail : eric.bronkhorst@wanadoo.fr, Web : www.lagrangefort.com. Prix 2007. Empl. Tourisme : 4,75 € ; 4 € ; 2,50 € ; 2,50 € ; E. GCC 6,50 € ; Animaux 1,35 €. Réduction H.S.

FFCC : partenaire + réduction emp. de 10 % hors saison.

SERVANT

10-C1 40 km N.-O. Riom. 620 m. 604 hab. Station verte de vacances et village de neige ✉ 63560

CAMP MUNICIPAL LA PRADE ★★ Tourisme 33 E. 0,5 ha. . Accès direct à l'étang. ; ; . ☎ 04 73 52 42 48 / 04 73 52 40 14 (Mairie).

SINGLES

10-C2 65 km O. Issoire. 725 m. 265 hab. ✉ 63690

LE MOULIN DE SERRE ★★★ Tourisme 90 E. dont 53 nus, 3,1 ha. CV Sanitaire chauffé. Camping clef verte. Locations : 23, 1, 12, 3, 4. chauffée. 1. Accès direct à la rivière. Lac à 2 km. . De Clermont-Fd, RN 89 dir. Bordeaux/Tulle ou A 89 dir. Bordeaux sortie 25 puis D 922 dir. Bort-Les-Orgues, sortie du Tauves à droite 9 km D 29 puis D 73. A 89 sortie n°24, RN 89 dir. Clermont puis à droite St-Etienne au Clos D 27 puis D 159 dir. Tauves. ☎ 04 73 21 16 06. Fax : 04 73 21 12 56. E-mail : moulin-de-serre@wanadoo.fr, Web : www.moulindeserre.com. Prix 2008. Fft jour : Empl. Tourisme (2) : 16.95 € ( ) ; Sup : 4,20 € 2,90 € ; 3,70 à 4,60 € (5 à 10 A) ; Animaux 1,70 €. Réduction H.S.

FFCC : partenaire + réduction emp. de 5 % en saison et 10 % hors saison + carte FFCC assurance annulation + Stop accueil Camping-car du 12/04 au 06/07 et du 24/08 au 14/09/2008, accès jusqu'à 21h + réduction loc. de 10 % hors saison.

TAUVES

10-C2 74 km O. Issoire. 850 m. 1344 hab. ✉ 63690

LES AURANDEIX ★★★ Tourisme 90 E. 2 ha. sauf , électrique/gaz, CV Sanitaire chauffé. Locations : 12. chauffée. Rivière à 300 m. ; . Accueil adultes. Ouv : 1.4 / 30.9. Sur RD 29 et RD 922. ☎ 04 73 21 14 06 / 06 83 44 05 49 (H.S.). Fax : 04 73 21 14 06. E-mail : camping.les.aurandeix@orange.fr, Web : www.camping-les-aurandeix.fr. Prix 2007. Fft jour : Empl. Tourisme (2) : 15 € ( ) ; Sup : 4 € 3,50 € ; 4 € (10 A) ; Animaux 1,50 €.

FFCC : partenaire - terrain assuré par la FFCC + Stop accueil Camping-car du 01/04 au 28/06 et du 23/08 au 31/12/2008, accès jusqu'à 22h.

M. URLANDE Fernand, aire naturelle , partiel, CV. A 4 km : . A 8 km : Piscine plein air . Ouv : 1.5 / 30.10. Domaine des Landais. RD 922 la Bourboule-Tauves. ☎ 04 73 21 12 44. Prix 2007. () : 3,40 € ; 1,70 € ; 2,20 €.

THIERS

42 km N.-E. Clermond-Ferrand. 440 m. 16820 hab. ✉ 63300

ILOA ★★ Tourisme 49 E., dont 9 GCC, 1,5 ha. , snack, snack, , saison, collectif, CV Sanitaire chauffé. . Etang à 150 m. Rivière à 200 m. ; . Accueil groupes. Ouv : 15.4 / 15.10. Parc de Loisirs Courty Accès A 72 ou CD 906. Sortie Thiers-Ouest dir. Vichy. ☎ 04 73 80 92 35 / 04 73 80 88 80 (H.S.). Fax : 04 73 80 88 81. Web : ville-thiers.fr. Prix 2007. Fft jour : Empl. Tourisme (2 1 - de 7) : 11,6 € ( ) ; Sup : 3,40 € - de 7 ans 1,65 € ; 2,10 €. Fft Tente : 10 € (2 1 - de 7).

LA TOUR D AUVERGNE

10-C2 61 km O. Issoire. 1000 m. 860 hab. Station verte de vacances et village de neige ✉ 63680

CAMP MUNICIPAL LA CHAUDERIE ★★★ Tourisme 82 E., dont 15 HLL. CV Sanitaire chauffé. . Lac à 1 km. ; à 1 km : . De Paris A 10 puis A 71 et RN 89. ☎ 04 73 21 55 01 / 0825 801 440 (H.S.). E-mail : contact@revea-vacances.com, Web : www.revea-vacances.fr/campings/destination.php?id=. Prix 2008. Fft jour : Empl. Tourisme (2) : 13,20 € ( ) ; Sup : 3,20 € 1,90 € ; 3,50 € (8 A) ; Animaux 1,50 €.

LA VALLEE ★★ Tourisme 50 E., dont 12 GCC, 2 ha. snack, CV. Locations : 5, 7, 5. Accès direct à la rivière. Lac à 600 m. surveillée : ; à 600 m : . Accueil groupes. Ouv : 13.4 / 8.9. Route Bort Les Orgues. ☎ 04 73 21 54 43 / 02 54 84 17 67 (H.S.). E-mail : info@camping-la-vallee.fr, Web : www.camping-la-vallee.fr. Prix 2007. Fft jour : Empl. Tourisme (1) : 7,20 € ( ) ; Sup : 3,50 € - de 5 ans 1,50 € ; 2,50 à 3 € (4 à 6 A) ; Animaux 0,70 €.

FFCC : Stop accueil Camping-car du 13/04 au 14/07/2008, accès jusqu'à 22h.

VERNET LA VARENNE

10-D2 21 km S.-E. Issoire. 800 m. 734 hab. ✉ 63580

CAMP MUNICIPAL DE BELLEVUE ★★ Tourisme 66 E. 2 ha. Accès direct aux bords du lac. à 500 m : . ☎ 04 73 71 31 21 (Mairie).

VIC LE COMTE

10-D2 24 km S.-E. Clermont-Ferrand. 472 m. 3787 hab. ✉ 63270

CAMP MUNICIPAL ★★ Tourisme 35 E. 0,9 ha. Locations : 6 . Lieu-dit La Croix de Vent, 400 m de RD 225. ☎ 04 73 69 22 63 / 04 73 69 02 12 (Mairie). Web : www.chalets-decouverte.com.

LONGUES ★★ Tourisme 31 E. ☎ 04 73 62 52 47.

VIVEROLS

10-E2 24 km S.-E. Ambert. 874 m. 544 hab. ✉ 63840

CAMP MUNICIPAL ★★ Tourisme 51 E. (27 Tourisme + 24 Loisirs), dont 46 CC - 5 GCC, 1 ha. CV. Accès direct à la rivière. Le Pradoux. Le Puy (Hte Loire) 55 km. ☎ 04 73 95 96 90 / 04 73 95 34 31 (H.S.). Fax : 04 73 95 33 07. E-mail : viverols@wanadoo.fr. Prix 2007. Empl. Tourisme : 1,70 € ; 1,10 € ; 1,70 € ; 1,70 € ; 0,90 € ; 1,70 € ; - de 7 ans 0,90 € ; 2 € ; 0,40 € (jeton) ; Animaux 0,60 €.

VOLLORE VILLE

10-E1 17 km S.-E. Thiers. 700 m. 790 hab. ✉ 63120

GRUN DE CHIGNORE ★★ Tourisme 25 E. 2 ha. CV. Locations : 2 , , 5 . Etang à 200 m. Lac à 5 km. à 50 m : ; à 4 km : . Lieu-dit Les Plaines, 10 km de RN 106. ☎ 04 73 53 73 37.

LE MONT BARTOUX ★★ Tourisme 60 E. dont 35 nus, 2 ha. CV. Locations : 2 , 4 , 11 , 5 . Etang à 1 km. Lac à 5 km. à 1 km : ; à 5 km : . Accueil groupes. Salle de jeux. Randonnée. ☎ 04 73 53 70 05. Fax : 04 73 53 70 31. E-mail : janmater@wanadoo.fr, Web : www.montbartoux.com. Réduction H.S.

VOLVIC

10-D1 6 km S.-O. Riom. 500 m. 3930 hab. ✉ 63530

CAMP MUNICIPAL DE VOLVIC ★★★★ Tourisme 62 E. dont 62 nus, dont 10 HLL. CV Sanitaire chauffé. Locations : 10 , 5 . Accueil adultes. Ouv : 1.5 / 30.9. Rue de Chancelas. A 71 / A 72 / A 75 et A 89 sortie Riom ou Manzat puis RN 9 / RN 89 et D 986 / D 941 b. ☎ 04 73 33 50 16. Fax : 04 73 33 54 98. E-mail : camping@ville-volvic.fr, Web : www.ville-volvic.fr. Prix 2007. Fft jour : Empl. Tourisme (2) : 13 € ( ) ; Sup : 4,50 € - de 12 ans 2,50 € ; 3,50 € (20 A) ; Animaux 1,50 €.

64 PYRENEES-ATLANTIQUES

Carte 12

Délégué FFCC : François MEUNIER, 1, rue de l'Astazou - 64800 COARRAZE - francois.meunier@wanadoo.fr

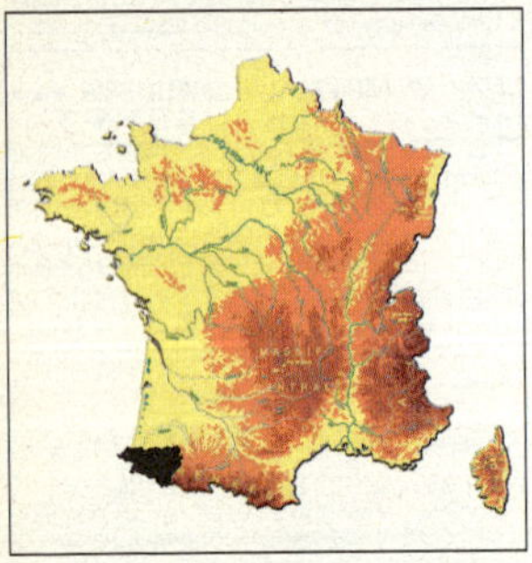

ACCOUS

12-C3 27 km S. Oloron-Sainte-Marie. 430 m. 372 hab. ✉ 64490

CAMP DESPOURRINS ★★ Tourisme 33 E. (27 Tourisme + 6 Loisirs) 0,5 ha. CV. Rivière à 500 m. Route du Somport, RN 134. ☎ 05 59 34 71 16. Réduction H.S.

AINHOA

12-A3 28 km S. Bayonne. 120 m. 544 hab. ✉ 64250

XOKOAN ★★★ Tourisme 30 E. 0,6 ha. CV. Locations : . Accès direct à la rivière. Ouv : 1.2 / 30.11. Sur la route de Bayonne Pampelune. Sortie autoroute Bayonne Sud n° 5. D 20. ☎ 05 59 29 90 26. Fax : 05 59 29 73 82.

M. ZALDUA Georges, aire naturelle CV. A 2 km: . A 8 km : Piscine plein air . A 10 km : . Ouv : 15.6 / 15.9. Harazpi. Accès par la RD 20. Sortie autoroute n° 5 Bayonne Sud sur la route de Pampelone. ☎ 05 59 29 89 38 / 05 59 29 90 26 (H.S.). Fax : 05 59 29 73 82.

ALCAY ALCABEHETY SUNHARETTE

12-B3 23 km S.-O. Oloron-Sainte-Marie 240 m. 283 hab. ✉ 64470

M. & Mme BASSABER, camping à la ferme CV. A 2 km: . A 3 km : . A 6 km : . Ouv : mars / novembre. Sobieta. RD 149. ☎ 05 59 28 52 26. E-mail : bassaber.francoise@wanadoo.fr. Prix 2007. 5 € ; - de 12 ans 3 € ; Animaux 0,50 €.

ALOS SIBAS ABENSE

12-B3 23 km S.-O. Oloron-Ste-Marie. 510 m. 316 hab. ✉ 64470

LE PONT D'ABENSE ★★ Tourisme 50 E., dont 8 CC - 8 GCC, 1,5 ha. . Camping clef verte. Locations : 6 , 2 . Rivière à 10 m. ; . RN 618. ☎ 05 59 28 58 76. Fax : 05 59 28 58 76. E-mail : camping.abense@wanadoo.fr. Prix 2007. Empl. Tourisme : 4,20 € ; 4,20 € ; - de 10 ans 2,90 € ; 3,40 € ; Animaux 1,50 €.

M. IRIART BERNARD, aire naturelle Carrique CV. A 6 km: Piscine plein air . A 10 km : . Ferme Carrique. ☎ 05 59 28 50 25. Fax : 05 59 28 69 62. E-mail : hiriart1@caramail.com. Prix 2007. Fft jour : Empl. Tourisme (2) : 13 € 2 €.

ANGLET

3 km O. Bayonne. 30 m. 30364 hab. ✉ 64600

LE PARME ★★★ Tourisme 197 E. (182 Tourisme + 15 Loisirs), dont 47 GCC, 3 ha. , hte saison, hte saison, hte saison, hte saison, à gaz, , juillet/août, juillet/août, juillet/août, CV. Locations : 14 , 27 , 12 , 20 , . Etang à 1 km. Bord de mer à 2,5 km. à 2 km : ; à 4 km : . Accueil groupes 1.07 / 15.07. 1.07 / 15.07. Ouv : 31.3 / 30.9. Rés. obligatoire en été. Sortie Autoroute Biarritz/Parme dir. Bayonne et au 1er rond-point à droite, sortie RN 10 Bayonne/Biarritz (aéroport 7) Brindos. ☎ 05 59 23 03 00. Fax : 05 59 41 29 55. E-mail : campingdeparme@wanadoo.fr, Web : campingdeparme.com. Prix 2008. Fft jour : Empl. Tourisme (2) : 26 € ( ) ; Sup : 6,50 € - de 2/9 ans 3 € ; 3,80 à 4 € (6 à 10 A) ; Animaux 3 €. Réduction H.S.

FONTAINE LABORDE ★ Tourisme 99 E. 1,2 ha. . Bord de mer à 200 m. à 200 m : . ☎ 05 59 03 89 67.

ARAMITS

12-C3 14 km S.-O. Oloron-Ste-Marie. 280 m. 602 hab. ✉ 64570

BARETOUS-PYRENEES ★★★ Tourisme 50 E. dont 35 nus (38 Tourisme + 12 Loisirs), dont 12 GCC, 2,3 ha. saison, produits bio ou artisanaux, CV Sanitaire chauffé. Camping clef verte. Locations : 11 , 10 , 3 , chauffée . Rivière à 50 m. . Accueil groupes hors saison. hors saison. Ouv : 1.2 / 15.10. Quartier Ripaude. 12 km Sud d'Oloron Ste-Marie dir. La Pierre St-Martin. Activités à proximité : Parc Aventures, canyon, spéléo, escalade, rafting. ☎ 05 59 34 12 21. Fax : 05 59 34 67 19. E-mail : atso64@hotmail.com, Web : www.camping-pyrenees.com. Prix 2008. Fft jour : Empl. Tourisme (2) : 19 € / jour ( ) ; Sup : 5 € - de 7 ans 3,50 € ; 3,50 € (10 A) ; Animaux 2,50 €. Réduction H.S.

AREN

12-C3 13 km N. Oloron-Sainte-Marie. 120 m. 158 hab. 64400

PYRENEES PASSION ★★★ Tourisme 42 E., dont 15 GCC, 0,6 ha. CV. Locations : 9, 1, . Rivière à 50 m. ; ; ; . Accueil groupes. Ouv : 1.1 / 31.12. Rue de la Naou. ☎ 05 59 88 01 88 / 05 59 88 01 88 (H.S.). Fax : 05 59 88 01 98. E-mail : joel.viarre@wanadoo.fr. Prix 2008. Fft jour : Empl. Tourisme (2) : 12 € () ; Sup : 3,50 € - de 10 ans 2,50 € ; 3,60 €. Fft Tente : 10,50 € (2). Réduction H.S.

FFCC : partenaire + réduction emp. de 5 % en saison et hors saison + réduction loc. de 5 % en saison et hors saison.

ARETTE

12-C3 17 km S.-O. Oloron-Ste-Marie. 300 m. 1118 hab. 64570

PONT DE L'ARROUE ★★ Tourisme 34 E. 0,67 ha. Rivière à 10 m. ☎ 05 59 39 98 02. Fax : 05 59 39 79 60. E-mail : cer.aquitaine@laposte.net.

ARGAGNON

12-C2 30 km N.-O. Pau. 103 m. 501 hab. 64300

LA BULLE ★ Tourisme 14 E. ☎ 05 59 67 67 31.

ARTHEZ DE BEARN

12-C2 32 km N.-O. Pau. 205 m. 1546 hab. 64370

L'OREE DU BOIS ★★ Tourisme 43 E., dont 41 CC, 2,63 ha. , pain, , saison, CV Sanitaire chauffé. Locations : 12, 12 H.L.L.. chauffée. Etang à 20 m. . Accueil groupes. ☎ 05 59 67 76 56 (Camping) / 05 59 67 70 52 (Mairie) / 05 59 67 70 52 (Mairie) (H.S.). Fax : 05 59 67 49 81. Web : www.chalets-decouverte.com. Prix 2007. 3,50 € ; 1 € ; 3,50 € ; 3,50 € ; 3 € ; - de 7 ans 1 € ; 4 € (10 A).

ARTIGUELOUTAN

12-C3 12 km S.-E. Pau 255 m. 669 hab. 64420

M. POUBIAN Georges,camping à la ferme CV. 7, RN 117. ☎ 05 59 81 86 86 / 06 76 45 06 36. Fax : 05 59 81 83 08. E-mail : delices.sud-ouest@wanadoo.fr.

ASASP ARROS

8 km S. Oloron-Sainte-Marie. 292 m. 555 hab. 64660

LES 4 SAISONS ★★ Tourisme 33 E. (28 Tourisme + 5 Loisirs) 1 ha. Locations : , , , . Rivière à 200 m. Lac à 50 m. ; ; . Lieu-dit Asasp. A 200 m de la RN 134 et à 100 m de la RD 918. ☎ 05 59 34 43 10 / 05 59 34 47 01. Fax : 05 59 34 47 01. E-mail : erichourcade@netup.fr.

ASCAIN

12-A3 27 km S.-O. Bayonne. 30 m. 2159 hab. Station verte de vacances et village de neige 64310

ZELAIA ★★★ Loisirs 130 E., dont 130 GCC, 1,4 ha. , à gaz, , juillet / août, CV. Locations : 7, 123. Rivière à 4 km. . Route d'Ibardin, RN 10. ☎ 05 59 54 02 36. Fax : 05 59 54 03 62. E-mail : info@campingzelaia.com, Web : www.campingzelaia.com.

CAMP CHOURIO ★ Tourisme 70 E. 0,8 ha. RN 635. ☎ 05 59 54 04 32 / 05 59 54 06 31.

ASCARAT

12-B3 50 km S.-E. Bayonne. 170 m. 294 hab. 64220

EUROP CAMPING ★★★★ Tourisme 111 E. dont 78 nus, , dont 111 GCC, 2 ha. , ap. 22h30, CV. Locations : 33. Rivière à 200 m. à 200 m : . Accueil groupes. Ouv : Pâques / 30.9. RD 918. ☎ 05 59 37 12 78. Fax : 05 59 37 29 82. E-mail : europcamping64@orange.fr, Web : www.europ-camping.com. Prix 2007. Empl. Tourisme : 7,80 € ; 5,60 € ; - de 7 ans 2,80 € ; 4 € (6 A) ; Animaux 2 €.

NARBAITZ ★★★ Tourisme 133 E. dont 121 nus, dont 7 GCC, 2,5 ha. , haute saison, CV, Sanitaire chauffé 3 cabines duo douche lavabo. Locations : 12, , , 1 meublé. Accès direct à la rivière, à 100 m : 100 m, 100 m, à la truite. Ouv : 15.3 / 20.9. Route de Bayonne. D 918, dir. St-Jean-Pied-de-Port. ☎ 05 59 37 10 13. Fax : 05 59 37 21 42. E-mail : camping-narbaitz@wanadoo.fr, Web : www.camping-narbaitz.com. Réduction H.S.

LA TRUITE ★★ Tourisme 86 E. dont 50 nus, 2 ha. , , buvette, CV. Locations : , . Accès direct à la rivière. ; . Ouv : 1.4 / 30.9. RD 918. ☎ 05 59 37 31 22 / 06 12 83 52 01 (H.S.). Fax : 05 59 37 31 22. E-mail : camping.latruite@wanadoo.fr, Web : www.camping-delatruite.com. Prix 2007. Fft jour : Empl. Tourisme (2) : 13,70 € () ; Sup : 3,25 € - de 7 ans 1,50 €.

ASTE BEON

12-C3 211 hab. 64260

M. BALESTA Jacques,aire naturelle CV. A 500 m : . A 3 km: Piscine plein air. Ouv : 1.6 / 15.9. Le Toussaü. ☎ 05 59 34 91 01. Fax : 05 59 34 91 01. E-mail : ferme-balesta@wanadoo.fr, Web : www.ferme-balesta.com. Prix 2007. Empl. Tourisme : 4 € ; 3,50 € ; - de 10 ans 2,50 € ; 2,50 €.

FFCC : partenaire - terrain assuré par la FFCC + réduction emp. de 5 % en saison.

AUTEVIELLE ST MARTIN BIDEREN

12-B2 40 km N.-O. Oloron-Ste-Marie. 61 m. 164 hab. 64390

Mme BOURGES,aire naturelle . A 5 km: Piscine plein air. A 10 km : . ☎ 05 59 38 52 99 / 05 59 38 54 51.

BARDOS

12-B2 25 km S.-E. Bayonne. 180 m. 1188 hab. 64520

CAMP MUNICIPAL Tourisme Saisonnier 27 E.

BARINQUE

12-C2 20 km N.-E. Pau. 290 m. 370 hab. 64160

AIRE NATURELLE MUNICIPALE . Ouv : 1.5 / 31.10. Par RD 222. ☎ 05 59 68 91 16. Fax : 05 59 68 95 31. E-mail : mairie.barinque@wanadoo.fr. Prix 2007. Empl. Tourisme : 3 € ; 1,50 € ; - de 12 ans 1 € ; 1,50 €.

BAUDREIX

12-C3 14 km S.-E. Pau. 248 m. 474 hab. 64800

LES O KIRI AU PAYS DE PYRENE ★★★ Tourisme 75 E. dont 32 nus, , dont 25 HLL, 1.5 ha. , 1, 1 véhicule par emplacement, CV Sanitaire chauffé. Locations : 25, 8, 3, 4. 1 court. Accès direct aux bords du lac. lac surveillé : ; ; sur le gave : ; .Accueil adultes. Avenue du Lac. Entre Pau et Lourdes sur D 937. Sortie A 64 Pau, rocade dir. Lourdes, sortie et suivre Lac de Baudreix. ☎ 05 59 92 97 73 (Any Birou) / 06 16 50 56 08 / 0559929773 (Réserv.) (H.S.). Fax : 05 59 13 93 77. E-mail : les-okiri@wanadoo.fr, Web : www.oela.net et www.revea-vacances.fr. Réduction H.S.

FFCC : partenaire + carte FFCC assurance annulation.

BEDOUS

12-C3 24 km S. Oloron Ste-Marie. 400 m. 610 hab. 64490

CAMP MUNICIPAL DE CAROLLE ★★ Tourisme 46 E. 0,7 ha. CV. Rivière à 20 m. RN 134. Route du col du Somport. ☎ 05 59 34 70 45 (Mairie) / 05 59 34 59 19 (Saison).

BEOST

12-C3 28 km S. Oloron Ste-Marie. 530 m. 219 hab. ✉ 64440

CAMP MUNICIPAL ★★ Loisirs 84 E. (32 Tourisme + 52 Loisirs) 1,2 ha. CV. Accès direct à la rivière. RN 134 bis, sur RD 240. ☎ 05 59 05 31 93. Fax : 05 59 05 46 06. Prix 2007. 4,10 € ; 4,10 € ; 3,35 € ; 2,65 € ; - de 7 ans 1,57 € ; 2,10 à 3,65 € ; 0,60 € (jeton).

BIARRITZ

12-A2 7 km O.-S.-O. Bayonne. 45 m. 26647 hab. ✉ 64200

BIARRITZ CAMPING ★★★ Tourisme 190 E., dont 23 GCC, 3 ha. ap. 23 h, CV. Locations : 32. chauffée. Bord de mer à 700 m. Etang à 1 km. à 700 m : 28, route Harcet, 3 km de la ville. ☎ 05 59 23 00 12. Fax : 05 59 43 74 67. E-mail : biarritz.camping@wanadoo.fr, Web : www.biarritz-camping.fr. Réduction H.S.

BIDART

12-A2 12 km S.-O. Bayonne. 10 m. 3052 hab. ✉ 64210

LE BERRUA ★★★★ Tourisme 272 E., dont 150 GCC, 5 ha. CV. Camping clef verte. Locations : 12, 100. chauffée. Bord de mer à 1 km. Etang à 3 km. à 1 km : Ouv : 1.4 / 8.10. Rue Berrua. A 63 sortie Biarritz. A gauche au rond-point d'Intermarché. Dans les locations les animaux sont interdits du 5.7 au 25.8. ☎ 05 59 54 96 66. Fax : 05 59 54 78 30. E-mail : contact@berrua.com, Web : www.berrua.com. Prix 2008. Fft jour : Empl. Tourisme (2) : 31,70 € ; Sup : 6,40 € - de 2/10 ans 3,90 € ; 5,10 € (6 A) ; Animaux 3,50 €. Réduction H.S.

LE RUISSEAU ★★★★ Tourisme 440 E., dont 280 GCC, 9 ha. charbon/gaz, juillet/août, CV. Locations : 97. couverte chauffée. Accès direct à l'étang et à la rivière. Bord de mer à 2,5 km. à 2,5 km : Accueil groupes. Route d'Arbonne. A 63 sortie Biarritz, puis RN 10 dir. St-Jean de Luz/Bidart. Au second rond-point, tourner à gauche puis suivre les panneaux fléchés sur 1,5 km. ☎ 05 59 41 94 50. Fax : 05 59 41 95 73. E-mail : francoise.dumont3@wanadoo.fr, Web : www.camping-le-ruisseau.fr. Prix 2007. Fft jour : Empl. Tourisme (2) : 30 € ; Sup : 6,50 € - de 10 ans 4 € ; 5 € (6 A) ; Animaux 3 €. Réduction H.S.

PAVILLON ROYAL ★★★★ Tourisme 303 E., dont 253 GCC, 4,5 ha. CV. Locations : . Accès direct à la mer. Lac à 2 km. Ouv : 15.5 / 25.9. Rés. obligatoire en été. Quartier d'Ilbaritz, avenue du Prince de Galles. 150 m RN 10 bis. ☎ 05 59 23 00 54. Fax : 05 59 23 44 47. E-mail : pavillon-royal@wanadoo.fr, Web : www.pavillon-royal.com. Réduction H.S.

RESIDENCE DES PINS ★★★★ Tourisme 400 E. dont 179 nus, , dont 185 GCC, 6 ha. CV. Locations : 50, 40. Bord de mer à 600 m. Etang et lac à 1 km. Rivière à 3 km. à 600 m : Ouv : 8.5 / 20.9. Rés. obligatoire en été. A 63 sortie 4 dir. Saint-Jean-de-Luz puis à 2 km tourner à droite dir. Biarritz. ☎ 05 59 23 00 29. Fax : 05 59 41 24 59. E-mail : contact@campingdespins.com, Web : www.campingdespins.com. Prix 2007. Fft jour : Empl. Tourisme (2) : 30,60 € ( ) Réduction H.S.

ERREKA ★★★ Loisirs 214 E. dont 100 nus (64 Tourisme + 150 Loisirs), dont 150 GCC, 6 ha. CV. Locations : 4, 15. Bord de mer à 800 m. à 800 m : Ouv : 16.6 / 16.9. 450, avenue Cumba. A 63 sortie Biarritz. ☎ 05 59 54 93 64. Fax : 05 59 47 70 46. E-mail : camping.erreka@laposte.net, Web : www.camping-erreka.com. Prix 2008. Fft jour : Empl. Tourisme (2) : 22 € ( ) ; Sup : 6 € - de 10 ans 2,40 € ; 4,10 € (6 A). Réduction H.S.

ITSASOA LA MER ★★★ Tourisme 25 E. 2,5 ha. Rue Maurice Pierre. ☎ 05 59 26 52 21.

LE PARC ★★★ Tourisme 200 E. (190 Tourisme + 10 Loisirs), dont 36 GCC, 3 ha. CV. Locations : 16. Bord de mer et rivière à 300 m. à 300 m : Ouv : 1.4 / 30.9. Rés. obligatoire en été. Quartier Maurice Pierre. RN 10 entre Bidart et Guéthary. Accès par parking de la plage. ☎ 05 59 26 54 71 / 05 59 47 27 45 (H.S.). Fax : 05 59 26 54 71. E-mail : info@camping-leparc.com, Web : www.camping-leparc.com. Réduction H.S.

OYAM ★★★ Tourisme 231 E. dont 40 nus, , dont 50 GCC, 5 ha. CV. Locations : 18, 48, 5. Bord de mer à 1,2 km. à 1,2 km : ; à 8 km : Ouv : 1.6 / 30.9. Ferme Oyamburua. RN 10. ☎ 05 59 54 91 61. Fax : 05 59 54 76 87. E-mail : accueil@camping-oyam.com, Web : www.camping-oyam.com. Prix 2007. Fft jour : Empl. Tourisme (2) : 25 € ; Sup : 5 € - de 9 ans 3,50 € ; 4 € (3 A) ; Animaux 2,50 €. Réduction H.S.

UR-ONEA ★★★ Tourisme 290 E. (253 Tourisme + 37 Loisirs), dont 37 GCC, 5 ha. snack, la nuit, CV. Locations : 5, 49, 4. Rivière à 300 m. Bord de mer à 600 m. Lac à 3 km. à 300 m : ; à 600 m : Ouv : 5.4 / 15.9. Par RN 10. ☎ 05 59 26 53 61. Fax : 05 59 26 53 94. E-mail : uronea@wanadoo.fr, Web : www.uronea.com. Prix 2008. Fft jour : Empl. Tourisme (2) : 24,50 € ( ) ; Sup : 5,50 € - de 10 ans 4,50 € ; 3,50 à 5 € (10 A) ; E. GCC 32,50 € (Fft) ; Animaux 2 €. Réduction H.S.

LA PLAGE ★★ Tourisme 138 E. 2 ha. CV. Rivière à 30 m. Bord de mer à 50 m. Lac à 5 km. Rue de la Gare. RN 10. A 63 dir. Espagne sortie Biarritz la Négresse. ☎ 05 59 54 92 69 / 05 59 56 88 46 (H.S.).

CAMP C.C.A.S. DE LA NEGRESSE ★ Tourisme 70 E. Réservé C.C.A.S.

POINT D'ACCUEIL JEUNES GUETHARY ★ Tourisme 15 E. 1 ha. Chemin Lapériade.

BIELLE

12-C3 25 km S.-E. Oloron-Ste-Marie. 440 m. 445 hab. ✉ 64260

L'AYGUELADE ★★★ Tourisme 80 E. dont 30 nus 1,2 ha. buvette, restauration rapide, boulodrome, CV. Locations : 2, 1. Rivière à 10 m. Lac à 100 m. Accueil groupes. Ouv : 1.3 / 1.11. Sur RN 134 bis. ☎ 05 59 82 66 50 / 06 31 23 06 48 (H.S.). Fax : 05 59 82 66 78. E-mail : camping-ayguelade@orange.fr, Web : http://perso.orange.fr/ayguelade.

FFCC : partenaire - terrain assuré par la FFCC + réduction emp. de 5 % en saison + réduction loc. de 5 % en saison.

BUNUS

12-B3 75 km S.-E. Bayonne. 147 m. 162 hab. ✉ 64120

INXAUSETA ★★ Tourisme 40 E. 0,68 ha. CV. à 300 m : Accueil groupes. Ouv : 20.6 / 31.8. D 918. ☎ 05 59 37 81 49. Fax : 05 59 37 81 49. Web : www.inxauseta.fr. Prix 2007. Empl. Tourisme : 3,50 € ; 3,50 € ; - de 7 ans 1,70 € ; 2,20 €.

FFCC : partenaire - terrain assuré par la FFCC + réduction emp. de 10 % en saison.

BUZY

12-C3 15 km S.-E. Oloron-Sainte-Marie. 375 m. 840 hab. ✉ 64260

CAMP DE CHENES ★★★ Tourisme 90 E. dont 38 nus CV. Locations : . Rivière à 1 km. à 1 km : ; à 2 km : Accueil groupes. De Pau N 134 jusqu'à Bel Air puis D 34 dir. Buzy. De Oloron N 134 jusqu'à Herrère D 920 jusqu'à Buzy. ☎ 05 59 21 05 56 / 05 59 21 04 35 (H.S.). Fax : 05 59 06 38 39. E-mail : bearn.camping@wanadoo.fr, Web : monsite.wanadoo.fr//campingbuzy.

CAMP MUNICIPAL LES CHENES ★★ Tourisme 43 E. 1 ha. CV. Locations : . Rivière à 1 km. Accueil groupes. Ouv : 1.1 / 31.12. Entre Oloron Vallée d'Aspe et Arudy Vallée d'Ossau par D 920. ☎ 05 59 21 05 56 / 05 59 21 04 35 (H.S.). E-mail : bearn.camping@wanadoo.fr. Prix 2007. 4,50 € ; 0,50 € ; 4,50 € ; 3,80 € ; 2,80 € ; - de 12 ans 1,80 € ; 2,80 €.

M. DUNAN Pascal,aire naturelle Les Jardins d'Ossau CV. Ouv : 1.1 / 31.12. 2, chemin de Départ. ☎ 05 59 21 05 71. E-mail : dunan.pascal@wanadoo.fr. Prix 2008. Empl. Tourisme : 4,40 € ; 3,30 € ; 2,10 € ; Animaux 0,50 €.

FFCC : partenaire + Stop accueil Camping-car du 01/01 au 30/06 et du 01/09 au 31/12/2008, accès jusqu'à 21h.

CADILLON

12-D2 42 km N.-E. Pau. 240 m. 110 hab. ✉ 64330

AIRE NATURELLE MUNICIPALE ☎ 05 59 04 02 34.

CAMBO LES BAINS

12-A2 21 km S.-E. Bayonne. 60 m. 5051 hab. Station verte de vacances et village de neige ✉ 64250

BIXTA-EDER ★★★ Tourisme 90 E. 1,2 ha. collectifs, + sèche linge, CV. Locations : 1. Rivière à 4 km. à 500 m : ; à 1,5 km : . Ouv : 15.4 / 15.10. Route de St-Jean-de-Luz. Par Bayonne sortie Stop-Pont à gauche en haut de la côte à gauche. Par Hasparren dir. St-Jean-de-Luz/Espelette 400 m de la piscine à droite. ☎ 05 59 29 94 23. Fax : 05 59 29 23 70. E-mail : camping.bixtaeder@wanadoo.fr, Web : www.camping-bixtaeder.com. Prix 2008. Fft jour : Empl. Tourisme (2) : 14,50 € () ; Sup : 4 € - de 7 ans 2,20 € ; 3,55 à 4 € (6 à 10 A) ; Animaux 1 €. Réduction H.S.

UR HEGIA ★★ Tourisme 94 E., dont 40 CC, 1,5 ha. Locations : . Accès direct à la rivière. Route des Sept Chênes. ☎ 05 59 29 72 03.

CASTET

12-C3 23 km S.-E. Oloron-Ste-Marie. 493 m. 189 hab. ✉ 64260

M. CAZENAVE Jean,aire naturelle ☎ 05 59 05 88 26.

CHARRITTE DE BAS

12-B3 40 km N.-O. Oloron-Ste-Marie. 146 m. 285 hab. ✉ 64130

GOXOKI ★★ Tourisme 27 E. 0,55 ha. Rivière à 1 m. Accueil groupes. ☎ 05 59 28 81 40. Fax : 05 59 28 81 40.

EAUX BONNES

12-C3 36 km S.-E. Oloron Ste-Marie. 750 m. 526 hab. ✉ 64440

D'ISCOO ★★ Tourisme 35 E. 1 ha. Lac à 150 m. Rivière à 500 m. Accueil groupes. Depuis Pau D 934. ☎ 05 59 05 36 81. Web : iscoo.free.fr.

LE PLATEAU DE LEY ★★ Tourisme 31 E. (19 Tourisme + 12 Loisirs), dont 12 GCC, 2,7 ha. CV Sanitaire chauffé. Locations : . Rivière à 2 m. Accueil groupes. Ouv : 15.12 / 16.4 & 1.7 / 30.8. ☎ 05 59 05 11 47. Fax : 05 59 05 11 47. Prix 2007. Fft jour : Empl. Tourisme (2) : 13 € () ; Sup : 5 € 4 à 5,50 € (2 à 6 A).

FFCC : partenaire - terrain assuré par la FFCC.

AIRE NATURELLE CV. Quartier Artigues. ☎ 06 87 35 41 64.

FFCC : partenaire - terrain assuré par la FFCC .

ESCOT

12-C3 15 km S. Oloron-Ste-Marie. 750 m. 150 hab. ✉ 64490

LE MOULIN DE BARESCOU ★★ Tourisme 50 E. 1 ha. buvette, partiel, . Locations : . Accès direct à la rivière. ; . Route Somport après Assap-Arros prendre au Pont d'Escot, route Col de Marie Blanque 6 km d'Escot. ☎ 05 59 34 43 97 / 05 59 05 52 11.

ESLOURENTIES DABAN

12-D3 22 km E. Pau 388 m. 140 hab. ✉ 64420

CAMP MUNICIPAL LES NOISETIERS ★★ Tourisme 20 E. 1 ha. CV Sanitaire chauffé. Locations : 3. Lac et rivière à 1 km. Accueil groupes. Ouv : 1.6. A 64, sortie Soumoulou et RN Pau-Tarbes. ☎ 05 59 04 15 84. Fax : 05 59 04 15 84. E-mail : camping-eslou@wanadoo.fr. Prix 2007. Empl. Tourisme : 6 € ; 3 € ; 2 € ; 2,50 €.

FFCC : partenaire + réduction emp. de 10 % en saison et hors saison.

ESPELETTE

12-A3 21 km S.-S.-E. Bayonne. 77 m. 1661 hab. ✉ 64250

BIPER GORRI ★★★ Tourisme 104 E. dont 29 nus, dont 17 CC - 27 GCC, 1,5 ha. CV. Locations : 15, 12, 15. Etang, lac et rivière à 4 km. à 4 km : , , . Accueil groupes. Ouv : 1.4 / 3.11. Rés. obligatoire en été. Chemin de Lapitxague. ☎ 05 59 93 96 88 / 05 59 29 81 82 / 06 12 90 17 31 (H.S.). Fax : 05 59 93 96 89. E-mail : info@camping-biper-gorri.com, Web : www.camping-biper-gorri.com. Prix 2008. Fft jour : Empl. Tourisme (2) : 20 € () ; Sup : 5 € - de 10 ans 4 € ; 3,20 à 4 € (6 à 10 A) ; Animaux 1,80 €.

FFCC : partenaire + réduction emp. de 5 % hors saison + Stop accueil Camping-car du 01/04 au 04/11/2008, accès jusqu'à 19h30 + réduction loc. de 5 % hors saison.

FEAS

12-C3 9 km S.-O. Oloron. 246 m. 299 hab. ✉ 64570

LE VIEUX MOULIN ★★ Tourisme 57 E. (34 Tourisme + 23 Loisirs), dont 28 GCC, 1,3 ha. CV. Locations : 5. Accès direct à l'étang. Rivière à 50 m. Par RN 618 A, dir. La Pierre St-Martin/Arette. ☎ 05 59 39 81 18 / 05 59 36 09 94 (H.S.).

FFCC : partenaire + réduction emp. de 10 % hors saison.

GERE BELESTEN

12-C3 28 km S.-E. Oloron-Sainte-Marie. 465 m. 175 hab. ✉ 64260

CAMP MUNICIPAL DE MONPLAISIR ★★ Loisirs 72 E. 1,37 ha. CV Sanitaire chauffé. Rivière à 80 m. à 100 m : . Accueil groupes. Ouv : 1.1 / 31.12. Rés. obligatoire en été. Quartier Monplaisir. CD 934 de Pau à Laruns. ☎ 05 59 82 61 18. Fax : 05 59 82 60 71. Prix 2008. 4,55 € ; 10 € ; 3,55 € ; 2,65 € ; 1,05 € ; 3,90 € (6 A) ; 0,85 €.

FFCC : partenaire + réduction emp. de 5 % en saison et hors saison + carte FFCC assurance annulation + Stop accueil Camping-car toute l'année 2008, accès jusqu'à 20h.

GUICHE

12-B2 25 km E. Bayonne. 90 m. 638 hab. ✉ 64520

M. LISSONDE Auguste,camping à la Ferme , pétanque. A 1 km: . A 3 km : . A 6 km : Piscine plein air . A 9 km : . A 12 km : . A 25 km : . Domingo, RN 936, RD 653 et 253. Sortie de l'A 64 à Guiche en arrivant de Bayonne, sortie Peyrehorade en arrivant de Toulouse. 800 m de la commune, 50 m de la ferme. Pré herbeux, ombragé, rivière à 1 km, lac à 6 km. ☎ 05 59 56 84 30.

GURMENCON

12-C3 3 km S. Oloron-Ste-Marie. 265 m. 1230 hab. ✉ 64400

LE VAL DU GAVE D'ASPE ★★★ Tourisme 16 E. dont nus, dont 16 GCC, 0,5 ha. , CV Sanitaire chauffé. Locations : 16, . Rivière à 400 m. à 400 m : , Accueil adultes sous conditions. RN 134 et RD 55 à Oloron dir. Saragosse. ☎ 05 59 36 05 07. E-mail : chalet.aspe@wanadoo.fr, Web : www.chalet-aspe.com. Prix 2007. Fft jour : Empl. Tourisme (2) : 16 € (E. GCC) ; - de 8 ans 2 €. Réduction H.S.

HASPARREN

12-B2 24 km S.-E. Bayonne. 90 m. 5611 hab. ✉ 64240

CHAPITAL ★★★ Tourisme 138 E. (123 Tourisme + 15 Loisirs) 2,5 ha. CV. Locations : 5, 4, . Rivière à 4 km. à 4 km : ; à 10 km : . A 64. RD 22. ☎ 05 59 29 62 94 / 0 826 00 62 94 (Azur). Fax : 05 59 29 69 71.

L'URSUYA ★ Tourisme 67 E. dont 67 nus, 2 ha. , pain et viennoiserie, . Rivière à 2,5 km. à 2,5 km : ; à 10 km : , . Accueil groupes en juillet et 2e quinzaine Août. en juillet et 2e quinzaine Août. Ouv : 1.7 / 1.9. Sur D 152, Quartier Zelaï. A 12 km de l'A 63/A 64. Depuis Bayonne itinéraire conseillé 4 voies Bayonne/Briscous, D 21/D 152. Situé à 1,7 km du centre ville et à 2 km de l'Eglise. ☎ 05 59 29 67 57. Prix 2007. () : 2,75 € ; 2,45 € ; 4,75 € ; 2,75 € ; 3,35 € ; - de 7 ans 2,15 € ; 3,05 € (6 A).

HELETTE

12-B3 35 km S.-E. Bayonne. 260 m. 573 hab. ✉ 64640

M. MENDIBOURE Jean-Marie,aire naturelle CV. A 6 km: . Ospitalia, RD 245, à 3 km du bourg. Pré. Endroit très calme en retrait des routes à grande circulation. Terrasses ombragées. Vue panoramique. ☎ 05 59 37 64 88.

HENDAYE

12-A2 35 km S.-O. Bayonne. 25 m. 11112 hab. ✉ 64700

ALTURAN ★★★ Tourisme 299 E. 4 ha. à 80 m : . Rue Elissacillio, RN 10 C, centre ville. ☎ 05 59 20 04 55.

Toute l'année, les Clubs organisent des rassemblements, des rencontres ou des voyages. Consultez la liste des Clubs en fin de guide.

AMETZA ★★★ Tourisme 300 E. (245 Tourisme + 55 Loisirs), dont 55 GCC, 4 ha. CV. Locations : 6, 32. Bord de mer à 900 m. à 900 m : ; à 2 km : . Accueil groupes. Ouv : 1.6 / 30.9. Chemin de l'Empereur, 100 m A 63 sortie n° 2 St-Jean-de-Luz Sud. Route de la Corniche D 912. ☎ 05 59 20 07 05. Fax : 05 59 20 32 16. E-mail : ametza@neuf.fr, Web : www.camping-ametza.com. Prix 2007. Fft jour : Empl. Tourisme (2) : 21,50 € () ; Sup : 4,90 € - de 2/10 ans 3,50 € ; 3,90 € (6 A) ; Animaux 2 €. Réduction H.S.

ESKUALDUNA ★★★ Tourisme 330 E. dont 216 nus (258 Tourisme + 72 Loisirs), dont 108 GCC, 7 ha. CV. Camping clef verte. Locations : 50. Accès direct à la rivière. Bord de mer à 200 m. ; à 1 km : , . Accueil adultes. Ouv : 1.6 / 30.9. Route de la Corniche, Grand Asporotz. A 63 sortie Saint-Jean-de-Luz Sud, puis route de la Corniche (D 912). Navette de bus gratuite pour la plage en saison. ☎ 05 59 20 04 64. Fax : 05 59 20 69 28. E-mail : contact@camping-eskualduna.fr, Web : www.camping-eskualduna.fr. Prix 2007. Empl. Tourisme : 6 € ; 6 € ; 6 € ; - de 7 ans 4 € ; 6 € (6 A).

FFCC : partenaire - terrain assuré par la FFCC + réduction emp. de 5 % en saison et 10 % hors saison + carte FFCC assurance annulation.

LES ACACIAS ★★★ Tourisme 331 E. (186 Tourisme + 145 Loisirs), dont 106 GCC, 5 ha. CV. Locations : 19. Accès direct à l'étang et à la rivière. Bord de mer à 1,5 km. aménagée : ; ; à 1,5 km : ; à 3 km : . Ouv : 1.4 / 30.9. A 63 sortie 2 St-Jean-de-Luz Sud, D 912/D 658 ou N 10/D 658. Navette bus/plage gratuite juillet/août. ☎ 05 59 20 78 76. Fax : 05 59 20 78 76. E-mail : info@les-acacias.com, Web : www.les-campings.com/acacias. Prix 2007. Fft jour : Empl. Tourisme (2) : 21,50 € () ; Sup : 5,20 € - de 2/10 ans 4,10 € ; 4,80 € (5 A) ; Animaux 2,80 €. Réduction H.S.

LES DEUX JUMEAUX ★★★ Tourisme 47 E., dont 23 GCC, 1 ha. CV. Locations : , 11. Bord de mer à 150 m. ; ; à 150 m : . Route de la Corniche. ☎ 05 59 20 01 65. Fax : 05 59 20 01 65. E-mail : les2jumeaux@wanadoo.fr, Web : www.camping-des-2jumeaux.com.

SASCOENEA ★★★ Tourisme 283 E., dont 51 GCC, 3 ha. CV. Locations : 12, . Bord de mer à 900 m. à 900 m : . RN 10 C. ☎ 05 59 20 05 44. Fax : 05 59 20 55 77.

SERES ★★★ Loisirs 77 E., dont 77 GCC, 2,5 ha. CV. Locations : 10, . Bord de mer à 300 m. à 300 m : , ; à 2 km : ; à 5 km : . Rés. obligatoire en été. Chemin d'Armatonde. D 912. A 63 sortie n° 2 St-Jean-de-Luz Sud. ☎ 05 59 20 05 43. Fax : 05 59 20 32 16.

CAMP DORRONDEGUY ★★ Tourisme 119 E., dont 45 GCC, 4 ha. . Locations : , . Bord de mer à 1,5 km. à 1,5 km : . Route de la Glacière, RD 658, RN 10 C. ☎ 05 59 20 26 16.

CAMP G.C.U. Réservé aux adhérents. Adhésion possible sur place pour les sociétaires MAIF et FILIA MAIF.

LE CHISTERA ★★ Tourisme 123 E.

LE MOULIN ★★ Tourisme 100 E. (89 Tourisme + 11 Loisirs) 1,2 ha. . Locations : , . Bord de mer à 1,5 km. ; ; ; à 1,5 km : . Route de la Glacière, RN 10 C. ☎ 05 59 20 76 35. Fax : 05 59 20 76 35.

CAMP C.C.A.S. ABAYA ★ Tourisme 160 E. Chemin Ascoubé Fagady.

IHOLDY

12-B3 45 km S.-E. Bayonne. 135 m. 505 hab. ✉ 64640

IHOLDI ★★ Tourisme 48 E. 1 ha. CV. Accès direct aux bords du lac et à la rivière. ; ; . Accueil groupes. Ouv : 15.6 / 15.9. ☎ 05 59 37 53 09. Fax : 05 59 37 53 09.

FFCC : partenaire + réduction emp. de 5 % en saison et 10 % hors saison + Stop accueil Camping-car du 15/04 au 15/11/2008, accès jusqu'à 21h + réduction loc. de 5 % en saison et 10 % hors saison.

ITXASSOU

12-A3 24 km S. Bayonne. 1220 hab. ✉ 64250

L'HIRIBERRIA ★★★ Tourisme 228 E., dont 88 GCC, 6 ha. CV Sanitaire chauffé. Locations : 10, 13. couverte . Rivière à 2 km. Ouv : 15.2 / 15.12. Lieu-dit Hiriberria. A 200 m de la RD 918. Borne Wifi. ☎ 05 59 29 98 09. Fax : 05 59 29 20 88. Prix 2008. Empl. Tourisme : 6 € ; 5,50 € ; - de 7 ans 2,50 € ; 3 € (5 A) ; Animaux 1 €. Réduction H.S.

IZESTE

12-C3 18 km S.-E. Oloron Ste-Marie. 420 m. 536 hab. ✉ 64260

CAMP MUNICIPAL DE LA VALLEE D'OSSAU ★★ Tourisme 41 E. 1 ha. CV. Accès direct à la rivière. Lac à 4 km. ; . Accueil groupes. Ouv : 1.6 / 15.9. Sur CD 934. ☎ 05 59 05 68 67 / 05 59 05 76 96 (Respons.) (H.S.).

LAAS

12-B2 30 km N.-O. Oloron-Ste-Marie. 236 m. 146 hab. ✉ 64390

SAINT-JACQUES ★★★ Tourisme 20 E. dont 16 nus 0,4 ha. CV. Locations : , 4 . Rivière à 400 m. ; ; ; . Accueil groupes. Ouv : 1.1 / 31.12. D 936 entre Sauveterre et Navarrenx. Axe du Somport. ☎ 06 84 96 10 93 / 05 59 38 59 62 (H.S.). E-mail : jean-pierre.biensan@wanadoo.fr, Web : Arts-vacances.com. Prix 2008. Fft jour : Empl. Tourisme (2 1 - de 4) : 12 € () ; Sup : 3,50 € 1,50 € ; Animaux 0,75 €. Réduction H.S.

LANNE EN BARETOUS

12-C3 18 km S.-O. Oloron-Sainte-Marie. 324 m. 542 hab. ✉ 64570

CAMP MUNICIPAL DE PLASENCE Tourisme Saisonnier 33 E. ☎ 05 59 34 62 06 (Mairie).

LARRAU

12-B3 45 km S.-O. Oloron-Ste-Marie. 635 m. 298 hab. ✉ 64560

D'IRATY ★★★ Tourisme 70 E., dont 4 HLL, 1,2 ha. CV. Locations : 40, 4 . Lac à 100 m. . ☎ 05 59 28 51 29. Fax : 05 59 28 72 38. E-mail : chalets.diraty@wanadoo.fr, Web : www.chaletsdiraty.com.

IXTILA ★★ Tourisme 37 E. (29 Tourisme + 8 Loisirs) 1 ha. . Locations : , , . Rivière à 2 km. . Par RD 26. ☎ 05 59 28 63 09 / 05 56 36 25 03 (H.S.).

FFCC : partenaire - terrain assuré par la FFCC.

LARUNS

12-C3 32 km S.-O. Oloron-Ste-Marie. 530 m. 1575 hab. ✉ 64440

LES GAVES ★★★ Loisirs 99 E. (36 Tourisme + 63 Loisirs), dont 26 CC - 50 GCC, 1,9 ha. CV Sanitaire chauffé. Locations : 5, 6. Rivière à 100 m. . A Pon (Hameau de Laruns). ☎ 05 59 05 32 37. Fax : 05 59 05 47 14. E-mail : campingdesgaves@wanadoo.fr, Web : www.campingdesgaves.com. Réduction H.S.

FFCC : partenaire + réduction emp. de 5 % en saison et hors saison + carte FFCC assurance annulation + Stop accueil Camping-car du 01/01 au 30/06 et du 01/09 au 31/12/2008, accès jusqu'à 22h.

AYGUEBERRE ★★ Tourisme 53 E. (28 Tourisme + 25 Loisirs) 0,8 ha. CV Sanitaire chauffé. Rivière à 100 m. Accueil groupes. Ouv : 1.1 / 31.12. O ☎ 05 59 05 38 55.

LE GOURZY ★★ Tourisme 10 E. 0,1 ha. Rivière à 1 km.Etang et lac à 5 km. ; rivière : . Promenade de l'Ariusse. ☎ 05 59 05 31 12 (H.R.).

LE VALENTIN ★★ Tourisme 130 E., dont 63 CC - 21 GCC, 2 ha. snack, CV. Locations : 14. Rivière à 300 m. ; à 300 m : . Accueil groupes. Ouv : 25.4 / vac. Toussaint. 50 m RD 918. Dir. Espagne sortie Laruns. Tourner à gauche devant Résidence Le Lorry. Ancienne route des Eaux-Bonnes. ☎ 05 59 05 39 33 / 05 59 05 32 80 (H.S.). Fax : 05 59 05 65 84. Web : www.ossau-camping-valentin.com. Prix 2007. Empl. Tourisme : 7,05 € ; 0,65 € ; 7,05 € ; 5,30 € ; 3,35 € ; - de 10 ans 1,90 € ; 2,50 à 3 € (3 à 5 A) ; E. CC 7,05 € ; Animaux 1,10 €. Réduction H.S.

FFCC : partenaire - terrain assuré par la FFCC + réduction emp. de 5 % hors saison + carte FFCC assurance annulation.

PONT DE LAUGUERE ★★ Loisirs 45 E. (15 Tourisme + 30 Loisirs) 1 ha. CV Sanitaire chauffé. Locations : 9. Rivière à 100 m. . Ouv : 1.1 / 31.12. ☎ 05 59 05 35 99. Fax : 05 59 05 35 99. E-mail : camping-pont=lauguere@wanadoo.fr, Web : www.camping-vallee-ossau.com. Prix 2007. Empl. Tourisme : 5,85 € ; 3,40 € ; - de 10 ans 2,10 € ; 2,20 à 3,40 € (2 à 4 A) ; Animaux 1,10 €.

PONT DE LAUGUERE (ANNEXE) ★★ Loisirs 14 E. 0,28 ha. . Rivière à 150 m. . Ouv : 1.1 / 31.12. Location longue durée pour résidence mobile. ☎ 05 59 05 35 99. Fax : 05 59 05 35 99.

LASSEUBE

12-C3 12 km E. Oloron Saint Marie 225 m. 1409 hab. 64290

CAMP DE LASSEUBE ★★ Tourisme 50 E. dont 15 nus, 1 ha. . Locations : . Rivière à 200 m. ; à 8 km : . Accueil groupes. De Pau dir. Gan centre/ Lasseube. D'oloron St Marie/ Lasseube. ☎ 05 59 04 22 55. E-mail : lasseube.camping@orange.fr, Web : www.camping-lasseube.com. Prix 2007. Fft jour : Empl. Tourisme (2 1 - de 5 ans) : 11 € ( ) ; Sup : 2 € Fft Tente : 9 € (2). Réduction H.S.

M. PORTATIU CAMBUSSET Robert,camping à la Ferme CV. A 1 km: . A 3 km : . A 4 km . . A 5 km : . A 6 km : Piscine plein air . A 9 km : . Le Chênelierre, RD 24 et 34, à 2 km Nord-Ouest de la commune, à proximité de la ferme. Route de St-Jacques de Compostelle. Bois, pré herbeux, à flanc de colline. ☎ 05 59 04 22 49.

LEES ATHAS

12-C3 28 km S. Oloron-Sainte-Marie. 450 m. 243 hab. 64490

M. MAYEREAU René,aire naturelle . A 3 km: . A 5 km : . A 15 km : Piscine plein air. RN 134, 500 m Ouest de la commune. Pré herbeux, ombragé. Emplacements délimités. ☎ 05 59 34 76 05.

LEMBEYE

12-D2 32 km N.-E. Pau. 706 hab. 64350

CAMP MUNICIPAL LE HOUGAA ★ Tourisme 20 E. 0,3 ha. . ☎ 05 59 68 25 25.

LESCAR

12-C3 7 km N.-O. Pau. 155 m. 5858 hab. 64230

LE TERRIER ★★★ Tourisme 110 E., dont 52 CC - 4 GCC, 2 ha. snack, aire spécifique, CV Sanitaire chauffé. Locations : 1 , 12 . . Accès direct à la rivière. Lac à 500 m. ; . Accueil groupes. Ouv : 1.1 / 31.12. Avenue du Vert Galant. Sur D 501. Accès N 117, par A 64, sortie Artix ou Pau. ☎ 05 59 81 01 82. Fax : 05 59 81 26 83. E-mail : camping.terrier@wanadoo.fr, Web : www.camping-terrier.com. Prix 2007. Empl. Tourisme : 5,50 € ( ) : 3,50 € ; - de 10 ans 2 € ; 2,20 à 3,10 € (3 à 6 A) ; Animaux 1,50 €.

LESCUN

12-C4 36 km S. Oloron Ste Marie. 900 m. 208 hab. 64490

CAMP MUNICIPAL LE LAUZART 2 ★★ Tourisme 50 E. 1,5 ha. CV Sanitaire chauffé. . ☎ 05 59 34 51 77. E-mail : campinglauzart@wanadoo.fr. Prix 2007. ( ) : 4 € ; 1,20 € ; 4,80 € ; 3,80 € ; 2,50 € ; - de 7 ans 1,50 € ; 2,80 € (10 A) ; Animaux 0,80 €.

LESPIELLE

12-D2 32 km N.-E. Pau. 155 hab. 64350

M. CAZENAVE Henri,camping à la ferme du Moulin pain, , pétanque, , 1, CV. A 2 km: . A 5 km : Piscine plein air. Ouv : 30.5 / 30.9. 8, chemin du Bourg. Suivre le panneau "Moulin de Bellegarde"-Camping du Moulin. ☎ 05 59 68 50 06 / 06 84 93 47 88 (H.S.). Fax : 05 59 68 50 06. E-mail : CAZENAVE.henri@tele2.fr, Web : campingdumoulin.free.fr. Prix 2007. Fft jour : Empl. Tourisme (1) : 4,50 € Sup : 4,50 € - de 12 ans 2 € ; 2 €.

LESTELLE BETHARRAM

12-D3 24 km S.-E. Pau. 300 m. 1293 hab. 64800

LE SAILLET ★★★ Tourisme 85 E. dont 85 nus 1,5 ha. CV. Locations : 12 . . Accès direct à la rivière. . Accueil groupes. CD 937, au stade, le long du Gave. ☎ 05 59 71 98 65. E-mail : le-saillet@wanadoo.fr, Web : www.camping-le-saillet.com. Réduction H.S.

LICQ ATHEREY

12-B3 33 km S.-O. Oloron Ste Marie. 262 m. 250 hab. 64560

M. BOUCHET Sauveur,aire naturelle . A 100 m : . A 1 km: . Ouv : 1.3 / 30.10. Stage : canoë kayak, spéléologie. Randonnées pédestres. Conserverie. Motel et restaurant sur place. ☎ 05 59 28 61 01. Fax : 05 59 28 64 50. Prix 2008. 6 € ; 3,50 €.

LOUVIE JUZON

12-C3 20 km S.-E. Oloron-Ste-Marie. 420 m. 1023 hab. 64260

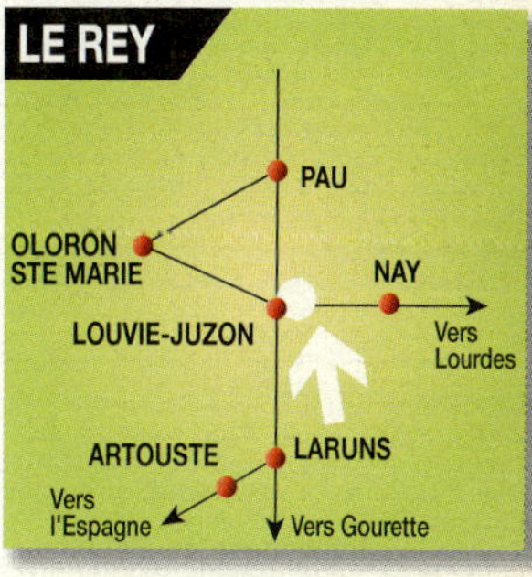

LE REY ★★★ Tourisme 49 E. dont 23 nus 2,57 ha. sur commande, CV Sanitaire chauffé. Locations : 6 , 4 , 1 . . Rivière à 500 m. Lac à 2 km.Etang à 3 km. à 1 km : ; à 3 km : . Ouv : 1.2 / 15.11. Quartier Listo, route de Lourdes. Les animaux de + de 15 kg ne sont pas acceptes ☎ 05 59 05 78 52 / 00 00 70 21 86 (H.S.). Fax : 05 59 05 78 97. E-mail : campinglerey@club-internet.fr, Web : www.camping-pyrenees-ossau.com. Prix 2007. ( ) : 3,90 € ; 1,20 € ; 4,50 € ; 3,90 € ; 3,60 € ; - de 7 ans 1,60 € ; 3,30 € (6 A) ; Animaux 1,80 €. Réduction H.S.

FFCC : partenaire + réduction emp. de 10 % en saison et hors saison + carte FFCC assurance annulation + réduction loc. de 5 % en saison et hors saison.

M. GUILHAMET Jean,camping à la ferme CV. Quartier Pédestarres. ☎ 05 59 05 70 37 / 06 88 63 32 52. Fax : 05 59 05 70 37. Web : www.vallee-ossau.com/hebergement/Jean-Juliette.

LOUVIE SOUBIRON

12-C3 32 km S. Oloron-Ste-Marie. 600 m. 118 hab. 64440

CAMP DE GETEU ★★ Tourisme 45 E. 1,81 ha. CV. Locations : , . Rivière à 200 m. à 200 m : . Accueil groupes. Sur CD 934. ☎ 05 59 05 37 15. E-mail : beigbeder.jean@wanadoo.fr, Web : www.bearn-pyrenees.com/hebergements/camping-laruns-geteu.html.

MASPARRAUTE

12-B2 46 km S.-E. Bayonne. 125 m. 265 hab. ✉ 64120

Mme BRUTHE Marianne,aire naturelle CV. A 500 m : . A 5 km: . A 7 km : Piscine plein air . A 44 km : . Anica. Sortir A 63 prendre CD 11 entre St-Palais et Bidache dir. St-Palais CD 11. Grande prairie ombragée. Grande prairie ombragée. ☎ 05 59 65 42 80 / 06 08 80 08 93.

MAULEON LICHARRE

32 km O. Oloron-Ste-Marie. 220 m. 4308 hab. ✉ 64130

UHAITZA LE SAISON ★★★ Tourisme 50 E. CV. Camping clef verte. Locations : 5 , 2 , 5 . Accès direct à la rivière. ; . Accueil groupes basse saison. Ouv : 1.3 / 15.11. Route de Libarrenx, D 918. ☎ 05 59 28 18 79 / 05 59 28 06 23 (H.S.). Fax : 05 59 28 06 23. E-mail : camping.uhaitza@wanadoo.fr, Web : www.camping-uhaitza.com. Prix 2007. Fft jour : Empl. Tourisme (2) : 15,90 € () ; Sup : 4,30 € - de 10 ans 2,75 € ; 2,50 à 4,70 € (4 à 10 A) ; Animaux 1,55 €. Réduction H.S.

MONEIN

12-C3 20 km N. Oloron-Ste-Marie. 155 m. 3879 hab. ✉ 64360

CAMP MUNICIPAL DU STADE ★★ Tourisme 20 E. (15 Tourisme + 5 Loisirs) 0,5 ha. . Rivière à 20 m. . ☎ 05 59 21 46 09.

Mlle BORDENAVE Gisèle,camping à la ferme Maison Bayard, quartier Bas-Ucha. ☎ 05 59 21 29 49.

MONTANER

12-D3 40 km E. Pau. 330 m. 409 hab. ✉ 64460

CAMP MUNICIPAL LAVIELLE ★ Tourisme 7 E. 0,14 ha. . Accès direct à la rivière. . RN 117. ☎ 05 59 81 55 78. Fax : 05 59 81 55 78. E-mail : relaisdelatour@free.fr.

MONTORY

12-B3 23 km S.-O. Oloron-Ste-Marie. 379 hab. ✉ 64470

LES CHALETS DE SOULE P.R.L. 25 E. 2 ha. pain, CV Sanitaire chauffé. Locations : 15 . . Rivière à 5 km. . Ouv : 1.1 / 31.12. De Bordeaux A 63 sortie St-Géours-de-Maremne dir. Peyrehorade/Sauveterre-de-Béarn/Mauléon/Tardets/Montory. De Toulouse A 64 sortie Salies-de-Béarn dir. Mauléon/Tardets/Montory. ☎ 05 59 28 53 28. E-mail : leschaletsdesoule@wanadoo.fr, Web : www.leschaletsdesoule.com.

MORLAAS

12-C3 11 km N.-E. Pau. 295 m. 2486 hab. ✉ 64160

CAMP MUNICIPAL DE LA PISCINE ★★ Tourisme 30 E. . ☎ 05 59 12 00 87.

NARP

12-B2 30 km N.-O. Oloron-Sainte-Marie. 94 m. 120 hab. ✉ 64190

M. CARSUZAA-ROBBY,aire naturelle

NAVARRENX

12-C3 22 km N.-O. Oloron-Ste-Marie. 120 m. 1204 hab. Station verte de vacances et village de neige ✉ 64190

CAMP BEAU RIVAGE ★★★ Tourisme 59 E. dont 52 nus 0,57 ha. , 300 m, CV Sanitaire chauffé. Locations : 8 . chauffée . Rivière à 50 m. à 100 m : . Allée des Marronniers. ☎ 05 59 66 10 00. E-mail : beaucamping@free.fr, Web : www.beaucamping.com. Prix 2007. Fft jour : Empl. Tourisme (2) : 19 € ( ) ; Sup : 5 € - de 7 ans 3 € ; 3,50 € (8 A A) ; Animaux 1,50 €. Réduction H.S.

NAY

12-C3 18 km S.-S.-E. Pau. 350 m. 3679 hab. ✉ 64800

CAMP MUNICIPAL DU SALIGAT ★ Tourisme 30 E. 1 ha. . Locations : . . Rivière à 10 m. . Accueil groupes. RN 636 tourner à Nay au rond-point. Boulodrome et ping-pong. ☎ 05 59 61 90 30. Fax : 05 59 61 33 10.

OLORON STE MARIE

12-C3 32 km S.-O. Pau. 220 m. 12237 hab. ✉ 64400

GITE DU STADE ★★★ Tourisme 170 E. (150 Tourisme + 20 Loisirs), dont 29 GCC, 3 ha. CV. Locations : , 1 , 4 . 2 mini. Rivière à 1 km. à 250 m : ; à 1 km : , . Quartier de Lagravette. RN 618 A. ☎ 05 59 39 11 26 / 06 08 35 09 06 (H.S.). E-mail : camping-du-stade@wanadoo.fr, Web : www.camping-du-stade.com.

ORDIARP

12-B3 38 km O. Oloron-Sainte-Marie. 223 m. 584 hab. ✉ 64130

M. BOSCQ Arnaud,aire naturelle Landran . A 6 km: Piscine plein air . Route de Lambarre, Mauléon, par RD 918, 3 km Nord-Est de la commune, à proximité de la ferme. Pré, rivière à 300 m. Salle de réunion. Location bungalows 4/6 places entièrement équipés, à la semaine ou quinzaine. Accueil de groupes. Gîte de groupe 20/25 lits. ☎ 05 59 28 19 55. Fax : 05 59 28 23 20.

ORTHEZ

12-C2 40 km N.-O. Pau. 65 m. 11500 hab. ✉ 64300

LA SOURCE ★★ Tourisme 31 E. dont 26 nus, 2 ha. CV. Locations : 5 , 4 , 2 , . Accès direct à la rivière. Lac à 2 km.Etang à 2,5 km. ; à 2 km : , , . Chemin Lapeyrère, RN 117. Boulevard Charles de Gaulle. ☎ 05 59 67 04 81 / 05 59 67 01 72 / 05 59 67 01 72 (H.S.). Fax : 05 59 67 02 38. E-mail : jeanmariejeanmarie@wanadoo.fr, Web : www.camping-orthez.com. Réduction H.S.

M. SUFT Jean,aire naturelle CV. A 300 m : . A 4 km: . A 5 km : . Ouv : 1.6 / 30.9. A 64 sortie Orthez. ☎ 05 59 69 91 96 / 06 85 89 00 57 (H.S.). Prix 2007. 3 € ; 2 € ; 4 € ; 2 € ; 3 € ; 1 €.

OSSAS SUHARE

12-B3 24 km S.-O. Oloron-Ste-Marie. 192 m. 71 hab. ✉ 64470

ALBIDE ★★ Tourisme 30 E. . Locations : . Accès direct à la rivière. ; ; . ☎ 05 59 28 58 81.

ELIZAMBURU ★★ Tourisme 26 E. 5 ha. CV. Locations : , , . Rivière à 3 km. . Ouv : 1.1 / 31.12. ☎ 05 59 28 42 77. Fax : 05 59 28 42 77. Prix 2008. Empl. Tourisme : 4,90 € ; 4 € ; 2,60 € ; 2,50 €.

OSSES

12-B3 40 km S.-E. Bayonne. 102 m. 678 hab. ✉ 64780

M. LEKUMBERRY Etienne,aire naturelle , boulangerie, , pétanque, CV. A 500 m : . A 1 km: . Mendikoa Laka, 2 km de RN 618, à 1,5 km de la commune, à proximité de la ferme. ☎ 05 59 37 73 67. Fax : 05 59 37 70 29. Web : www.campingmendikoa.com.

OUSSE

8 km E. Pau. 210 m. 769 hab. ✉ 64320

LES SAPINS ★★★ Tourisme 35 E. 0,75 ha. CV. Locations : 3 , 3 , Chambres (prix par pers.). à 700 m : . Accueil groupes. Ouv : 1.1 / 31.12. Sur RN 117, route de Tarbes. A 64 sortie Pau dir. Tarbes par N 117 ou sortie Soumoulou/Pau. Bibliothèque. ☎ 05 59 81 79 03 / 05 59 81 74 21 (H.S.). E-mail : lessapins64@orange.fr. Prix 2007. Empl. Tourisme : 3,50 € ; 3 € ; - de 7 ans 2 € ; 2 à 3 € (4 à 6 A). Réduction H.S.

FFCC : partenaire - terrain assuré par la FFCC + réduction emp. de 10 % hors saison + Stop accueil Camping-car toute l'année + réduction loc. de 30 % hors saison.

PARDIES

12-C3 19 km N. Oloron-Ste-Marie. 113 m. 1067 hab. ✉ 64150

CAMP MUNICIPAL DU STADE ★ Loisirs 21 E., dont 21 GCC, 0,5 ha. . Rivière à 200 m. ☎ 05 59 60 16 71 (Mairie). Fax : 05 59 60 15 24.

PAU

12-C3 759 km S.-O. Paris. 178 m. 85766 hab. ✉ 64000

CAMP MUNICIPAL DE LA PLAINE DES SPORTS ET DES LOISIRS ★★ Tourisme 67 E., dont 62 CC, 0,67 ha. partiel. ☎ 05 59 02 30 49.

Voir aussi GELOS / LESCAR / MORLAAS / OUSSE

PONTACQ

12-D3 27 km S.-E. Pau. 360 m. 2534 hab. ✉ 64530

LA PISCINE ★ Tourisme 36 E. 0,6 ha. Rue du Stade. ☎ 05 59 53 55 13.

ST ETIENNE DE BAIGORRY

12-A3 46 km S.-E. Bayonne. 162 m. 1691 hab. ✉ 64430

CAMP MUNICIPAL L'IROULEGUY ★★★ Tourisme 66 E. 1,5 ha. CV. Accès direct à la rivière. Accueil groupes. Ouv : 1.3 / 15.12. RD 15 et RN 648. ☎ 05 59 37 43 96 / 05 59 37 40 80 (H.S.). E-mail : comst etiennebaigorry@wanadoo.fr. Prix 2007. 2,70 € ; 2,70 € ; 2,70 € ; - de 7 ans 1,90 € ; 2,70 €.

ST GOIN

12-C3 11 km N.-O. Oloron-Ste-Marie. 180 m. 173 hab. ✉ 64400

CAMP MUNICIPAL LES BERGES DU JOOS ★ Tourisme 19 E. 1 ha. Accès direct à la rivière. Ouv : 1.1 / 31.12. Avenue du Saliga. CD 936. ☎ 05 59 88 00 03 / 05 59 88 06 37 (H.S.).

ST JEAN DE LUZ

20 km S.-O. Bayonne. 6 m. 12921 hab. ✉ 64500

INTERNATIONAL ERROMARDIE ★★★★ Tourisme 203 E. (110 Tourisme + 93 Loisirs), dont 30 CC - 93 GCC, 4 ha. snack, CV. Locations : 1, 90, . Accès direct à la rivière. Bord de mer à 50 m. ; à 4 km : . Quartier d'Erromardie. Autoroute sortie St-Jean-de-Luz nord dir. centre ville par N 10, après le 1er pont SNCF, à droite chemin d'Erromardie suivre le parcours fléché. ☎ 05 59 26 07 74. Fax : 05 59 51 12 11. E-mail : camping-international@wanadoo.fr, Web : www.erromardie.com.

LES TAMARIS PLAGE ★★★★ Tourisme 79 E. dont 43 nus, dont 1 CC - 10 GCC, 1,3 ha. CV Sanitaire chauffé. Locations : 35, 6. Accès direct à la mer. Accueil groupes. Ouv : 1.4 / 1.11. Rés. obligatoire en été. Autoroute sortie St-Jean-de-Luz Nord dir. Bayonne. 1ère route à droite sur RN 10. Quartier Acotz. ☎ 05 59 26 55 90. Fax : 05 59 47 70 15. E-mail : tamaris1@wanadoo.fr, Web : www.tamaris-plage.com. Prix 2000. Fft jour : Empl. Tourisme (2) : 28 € (E. CC E. GCC) ; Sup : 6 € Fft Tente : 21 € (2). Réduction H.S.

FFCC : partenaire + réduction emp. de 5 % en saison et 10 % hors saison + Stop accueil Camping-car du 01/04 au 05/11/2008, accès jusqu'à 19h + réduction loc. de 5 % en saison et 10 % hors saison.

ATLANTICA ★★★ Tourisme 201 E. dont 99 nus, dont 131 GCC, 3,50 ha. sauf électrique, CV. Locations : 3, 59. Bord de mer à 500 m. à 500 m : . Ouv : 1.4 / 30.9. RN 10. Sortie autoroute St Jean-de-Luz Nord, à droite direction Biarritz 1ère à gauche à 1 km. ☎ 05 59 47 72 44. Fax : 05 59 54 72 27. E-mail : info@campingatlantica.com, Web : www.campingatlantica.com. Prix 2007. Fft jour : Empl. Tourisme (2) : 26 € () ; Sup : 6 € - de 7 ans 3,50 € ; 4,20 € (6 A) ; Animaux 2,50 €. Réduction H.S.

DUNA-MUNGUY ★★★ Tourisme 35 E. dont 18 nus (23 Tourisme + 12 Loisirs), dont 12 GCC, 0,35 ha. CV Sanitaire chauffé. Locations : 15. Bord de mer à 300 m. à 300 m : . Ouv : 15.2 / 15.11. Sortie autoroute St-Jean de Luz Nord, dir. Biarritz, tournez au night-club à gauche quartier Acotz. ☎ 05 59 47 70 70. Fax : 05 59 47 78 82. Web : www.camping-dunamunguy.com. Prix 2007. Fft jour : Empl. Tourisme (2) : 25 € () ; Sup : 7 € - de 7 ans 5,50 € ; 4 € ; Animaux 3 €. Réduction H.S.

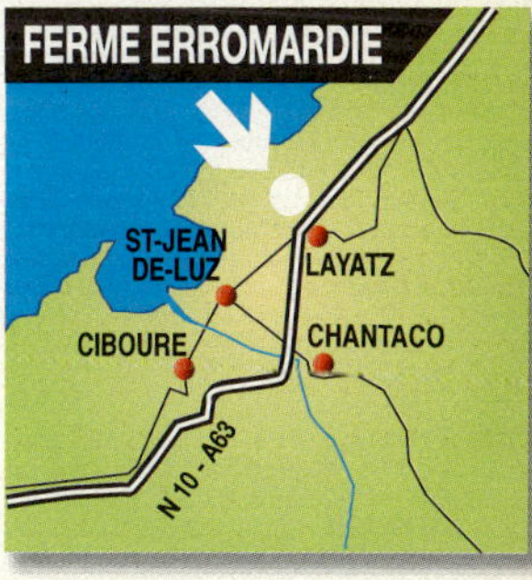

FERME ERROMARDIE ★★★ Tourisme 175 E., dont 60 GCC, 2 ha. CV. Locations : 31. Rivière à 100 m. Bord de mer à 50 m. . Ouv : 15.3 / 15.10. Sortie St-jean de Luz Nord par autoroute. ☎ 05 59 26 34 26. Fax : 05 59 51 26 02. E-mail : contact@camping-erromardie.com, Web : www.camping-erromardie.com. Prix 2007. Fft jour : Empl. Tourisme (2) : 21 € () ; Sup : 5,50 € - de 10 ans 3,50 € ; 2,80 à 3,50 € (4 à 6 A) ; Animaux 0,60 €.

INTER-PLAGES ★★★ Tourisme 100 E. dont 75 nus (90 Tourisme + 10 Loisirs), dont 10 CC, 1,5 ha. saison, saison, saison, CV, Sanitaire chauffé hors saison. Locations : 5, 20, . chauffée. Bord de mer à 150 m. ; à 150 m : ; à 1 km : . Ouv : 1.4 / 30.9. Quartier Acotz, sur VO 4, RN 10 ou A 63 sortie n° 3 St-Jean-de-Luz Nord et RN 10. ☎ 05 59 26 56 94. Web : www.campinginterplages.com. Prix 2007. Fft jour : Empl. Tourismo (2 1 - de 2 ans) : 24 € () ; Sup : 8 € 4 à 5 € (6 à 10 A) ; Animaux 3 €. Réduction H.S.

IRATZIA ★★★ Tourisme 280 E., dont 5 GCC, 4,2 ha. CV. Locations : 10. Bord de mer à 150 m. à 150 m : ; à 4 km : . Chemin d'Erromardie. Sortie autoroute Saint-Jean-de-Luz nord n°3. ☎ 05 59 26 14 89. Fax : 05 59 26 69 69.

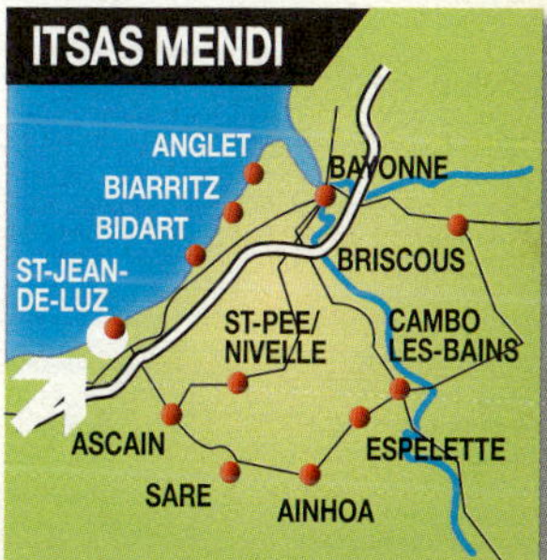

ITSAS MENDI ★★★ Tourisme 472 E. (290 Tourisme + 182 Loisirs), dont 182 GCC, 9 ha., saison, CV Sanitaire chauffé. Locations : 40, 5. chauffée. Bord de mer à 300 m. Rivière à 5 km.; à 300 m :; à 3 km :. Accueil groupes. Quartier Acotz, 500 m RN 10. Sortie A 63 St-Jean-de-Luz Nord, 1ère à droite dir. Bayonne 2 km puis 1ère à gauche. ☎ 05 59 26 56 50. Fax : 05 59 26 54 44. E-mail : itsas@wanadoo.fr, Web : www.itsas-mendi.com. Réduction H.S.

LE BORD DE MER ★★★ Tourisme 78 E. 1,5 ha. CV. Locations :. Accès direct à la mer.; à 3 km :. RN 10. ☎ 05 59 26 24 61. Fax : 05 59 26 24 61.

MERKO LACARRA ★★★ Tourisme 128 E. dont 96 nus, dont 30 GCC, 2,5 ha., snack juillet/août, juillet/août, à gaz, CV. Camping clef verte. Locations : 22. Bord de mer à 50 m. à 50 m :. Accueil adultes hors saison. Ouv : 1.4 / 30.10. Lieu-dit Acotz. A 63 sortie St-Jean-de-Luz Nord n° 3/Bayonne plages/ Acotz bord de mer. RN 10 après Guéthary, plages d'Acotz-bord de mer. Les chiens de cat. 1 & 2 ne sont acceptés. ☎ 05 59 26 56 76. Fax : 05 59 54 73 81. E-mail : contact@merkolacarra.com, Web : www.merkolacarra.com. Prix 2007. Fft jour : Empl. Tourisme (2) : 26 € (); Sup : 6 € - de 7 ans 3,50 €; 4 € (16 A) ; Animaux 1,50 €. Réduction H.S.
FFCC : partenaire + réduction emp. de 10 % hors saison.

PLAYA ★★★ Tourisme 41 E., dont 20 GCC, 1,5 ha. CV. Locations : 17. Accès direct à la mer. Rivière à 5 km.;;;;. Accueil groupes. Quartier Acotz, RN 10. Sortie autoroute St Jean de Luz Nord. ☎ 05 59 26 55 85. Fax : 05 59 26 55 85. Web : www.camping-playa.com. Réduction H.S.

ARENA ★★ Tourisme 144 E. (103 Tourisme + 41 Loisirs) 2 ha. CV. Locations : 26,,. Bord de mer à 150 m. à 150 m :,,. Quartier Acotz. ☎ 05 59 26 51 90. Fax : 05 59 26 51 65. E-mail : arena.camping@wanadoo.fr, Web : www.arenacamping.com.

CAMP MUNICIPAL CHIBAOU-BERRIA ★★ Tourisme 206 E. (156 Tourisme + 50 Loisirs) 3,5 ha. CV. Accès direct à la mer.;. Ouv : 1.6 / 30.9. Rés. obligatoire en été. Quartier Acotz, chemin de Chibaou, dir. Eco Musée Basque. ☎ 05 59 26 11 94. Prix 2007. Empl. Tourisme : 5,80 € ; 5,50 € ; - de 13 ans 3,40 € ; 3,10 €.

CAMPING-PLAGE SOUBELET ★★ Tourisme 150 E. 1 ha. CV. Bord de mer à 50 m.;; à 50 m :. RN 10, quartier Acotz, A 63 sortie St-Jean-de-Luz Nord. Dir. Guethary camping Acotz à 1 km à gauche. ☎ 05 59 26 51 60 / 05 59 54 77 75 (Cabine). Web : www.soubelet-plage.com.

ELGAR ★★ Tourisme 150 E. CV. Bord de mer à 500 m. ☎ 05 59 26 85 85 (H.S.).

LE MAYA ★★ Tourisme 84 E., dont 28 GCC, 1 ha. CV. Locations : 5, 4. Bord de mer à 250 m.;;. Quartier Acotz, RN 10. ☎ 05 59 26 54 91. E-mail : campingmaya@aol.com.

LE BASQUE ★ Tourisme 37 E. 1,1 ha. sauf petits, sur demande, + sèche-linge, ap. 22 h, CV. Locations :,,. Bord de mer à 200 m.;. Accueil groupes. Quartier Acotz. Sur la RN 10 ou sortie Nord de l'autoroute de St-Jean-de-Luz. ☎ 05 59 54 78 40 / 06 76 68 20 77. Fax : 05 59 54 78 40. E-mail : campinglebasque@wanadoo.fr.

ST JEAN LE VIEUX

12-B3 60 km S.-E. Bayonne. 210 m. 904 hab. ✉ 64220

LA PAIX DES CHAMPS ★★ Tourisme 39 E. dont 39 nus, 1 ha. CV. Rivière à 100 m. Lac à 4 km.. Ouv : 15.3 / 15.9. Ferme Asoritzia. A 2 km de St Jean Pied de Port sur la D 22. Passages du GR 10 et 65. Excursions diverses. Pelote basque. ☎ 05 59 37 04 16. Prix 2008. Fft jour : Empl. Tourisme (2) : 9 € () ; 2 €. Réduction H.S.

CAMP MENDY ★ Tourisme 50 E. 1 ha. RN 133. ☎ 05 59 37 11 81. Fax : 05 59 37 27 49.

M. JASSES Jean,aire naturelle CV. La Magdeleine. St-Jean-Pied-de-Port à 2 km dir. route de St-Palais D 933. ☎ 05 59 37 02 63.

ST JEAN PIED DE PORT

12-B3 46 km S. Bayonne. 170 m. 1773 hab. ✉ 64220

L'ARRADOY ★★ Tourisme 25 E. 0,3 ha.. Rivière à 50 m. à 50 m :. ☎ 05 59 37 11 75.
FFCC : partenaire - terrain assuré par la FFCC.

CAMP C.C.A.S. ★ Tourisme 53 E. Réservé C.C.A.S.

CAMP MUNICIPAL DE PLAZA-BERRI ★ Tourisme 53 E. 0,5 ha.. Accès direct à la rivière. Lac à 5 km.. RN 133. ☎ 05 59 37 11 19. Fax : 05 59 37 99 78.

Voir aussi ASCARAT

ST PALAIS

12-B3 40 km S.-E. Bayonne. 50 m. 2205 hab. Station verte de vacances et village de neige ✉ 64120

CAMP UR-ALDE ★★★★ Tourisme 60 E., dont 22 GCC, 2 ha. CV. Locations :, 4. Accès direct à la rivière.. Saint Jayme, RN 133. ☎ 05 59 65 72 01. Fax : 05 59 65 80 39. E-mail : camping.uralde@orange.fr.

ST PEE SUR NIVELLE

12-A2 22 km S.-O. Bayonne. 3056 hab. Station verte ✉ 64310

ANTTON ★★★ Loisirs 90 E. dont 45 nus, dont 90 GCC, 1,98 ha. CV. Locations : 11,. Lac à 3 km. Ouv : 16.6 / 10.9. Quartier Amotz. D 3. ☎ 05 59 54 13 13. Fax : 05 59 54 19 57. E-mail : camping-anton@wanadoo.fr, Web : www.camping-antton.com. Prix 2007. Fft jour : Empl. Tourisme (2) : 18,50 € () ; Sup : 4 € - de 2/7 ans 3 € ; 3,50 €.

D'IBARRON ★★★ Tourisme 194 E. dont 174 nus 2,88 ha. CV. Locations : 19,. Rivière à 50 m. Lac à 4 km.; à 4 km :,; à 9 km :. Ouv : 1.5 / 30.9. D 918. Sortie autoroute Bayonne-Sud ou St-Jean de Luz-Nord. ☎ 05 59 54 10 43. Fax : 05 59 54 10 43. E-mail : camping.dibarron@wanadoo.fr, Web : www.camping-ibarron.com. Prix 2007. Fft jour : Empl. Tourisme (2) : 22,60 € () ; Sup : 4,40 € - de 7 ans 3,30 € ; Animaux 1,60 €.

GOYETCHEA ★★★ Tourisme 150 E. dont 122 nus, dont 28 GCC, 1,5 ha., sportives, CV. Locations : 28,. Rivière à 800 m. Lac à 4 km. à 2 km :; à 4 km :; à 10 km :. Ouv : 31.5 / 19.9. D 918 route d'Ahetze. ☎ 05 59 54 19 59 / 06 62 39 65 71 (H.S.). E-mail : info@camping-goyetchea.com, Web : www.camping-goyetchea.com. Prix 2007. Fft jour : Empl. Tourisme (2) : 18,90 € Sup : 4,30 € - de 7 ans 3,25 € ; 3,60 € ; Animaux 1,50 €. Réduction H.S.

CAMP C.C.A.S. ★★ Tourisme 44 E.

ARMORA ★ Tourisme 100 E. 2 ha. CV. Locations :,. Lieu-dit Amotz. ☎ 05 59 54 12 60 (Domicile). Fax : 05 59 54 12 60. E-mail : camping.armora@club-internet.fr.

MANEX ★ Tourisme 30 E. 0,3 ha. CV. Locations : 3, 7. Lac à 2 km.Rivière à 2,5 km. à 2 km :,,,. Accueil groupes. Ouv : 1.1 / 31.12. Route d'Ustaritz. A 63 sorties : Bayonne Sud (20 km), Biarritz (15 km) ou St-Jean-de-Luz (13 km). ☎ 05 59 54 13 42. Fax : 05 59 54 13 42. E-mail : camping-manex@wanadoo.fr, Web : www.campingmanex.com. Prix 2007. Fft jour : Empl. Tourisme (2) : 13,50 € () (6 A)) ; Sup : 3 € - de 9 ans 1,80 € ; Animaux 1 €. Réduction H.S.

Mme HALSOUET Jeanine,aire naturelle. A 200 m :. A 2 km:. A 3 km :,. A 7 km : Piscine plein air. A 13 km :. Maison Donamartia, RD 3, à 1,5 km Sud de la commune, à proximité de la ferme. Pré, bord de ruisseau, lac à 3 km. ☎ 05 59 54 50 59.

STE COLOME

12-C3 21 km S.-E. Oloron-Sainte-Marie. 465 m. 256 hab. ✉ 64260

M. AUGAREILS Maurice,camping à la ferme La Ramière CV. A 5 km: Piscine plein air. Hameau Ste-Colome. Route Lys-Nay à prendre à partir de Sévignacq-Meyracq. ☎ 05 59 05 63 69 / 05 59 05 79 02 / 06 66 31 25 22 (H.S.). Fax : 05 59 05 63 69. E-mail : laramiere@wanadoo.fr, Web : laramiere.alaferme64.com. Prix 2007. Fft jour : Empl. Tourisme (3) : 12 € / Réduction H.S.

STE ENGRACE

12-B3 60 km S.-E. Oloron-Ste-Marie. 630 m. 391 hab. ✉ 64560

IBARRA ★★ Tourisme 40 E. 2 ha. CV. Accès direct à la rivière.. Accueil groupes. Ouv : 1.4 / 30.9. ☎ 05 59 28 73 59. Fax : 05 59 28 73 59. E-mail : maryse@ibarra-chantina.com, Web : www.ifrance-chantina.com. Prix 2007. Empl. Tourisme : 2,60 € () 1,40 € ; 1,40 € ; 2,80 € ; - de 10 ans 1,30 € ; 1,70 €. Réduction H.S.
FFCC : partenaire + réduction emp. de 5 % en saison et 10 % hors saison + Stop accueil Camping-car du 01/04 au 30/10/2008, accès jusqu'à 20h.

SALIES DE BEARN

12-B2 56 km N.-O. Pau. 55 m. 5175 hab. 64270

CAMP MUNICIPAL DE MOSQUEROS ★★★ Tourisme 67 E., dont 16 CC - 16 GCC, 0,75 ha. CV.; à 8 km : . Accueil groupes. ☎ 05 59 38 12 94.

ESPERBASQUE ★★ Tourisme 60 E. 3 ha. Locations : 2 . Accueil groupes. Ouv : 1.1 / 31.12. Par D 933 dir. Sauveterre. ☎ 05 59 38 21 04. E-mail : douma@esperbasque.com, Web : www.esperbasque.com. Réduction H.S.

SAMES

12-B2 30 km E. Bayonne. 56 m. 378 hab. 64520

DOMAINE DU LAC PARC RESIDENTIEL DE LOISIRS P.R.L. 82 E. Locations : . Lac à 50 m. ; ; ; ; . Maison du Moura. ☎ 05 59 56 46 43 / 06 63 22 88 70. Fax : 05 59 56 48 05. E-mail : lacdesames@infonie.fr, Web : www.prl-domainedulac.com.

SARE

12-A3 30 km S.-O. Bayonne. 70 m. 1930 hab. Station verte de vacances et village de neige 64310

LA PETITE RHUNE ★★★ Tourisme 56 E. dont 36 nus, dont 6 CC - 6 GCC, 1,2 ha. CV. Locations : 12 . Rivière à 1 km.Etang et lac à 5 km. à 1 km : , ; à 6 km : . Ouv : 1.5 / 30.9. Rés. obligatoire en été. Quartier Lehenbescaye, RD 4. Route de Vera. ☎ 05 59 54 23 97 / 06 20 22 08 93 / 06 16 34 44 80 (H.S.). Fax : 05 59 54 23 42. E-mail : la-petite-rhune@wanadoo.fr, Web : www.lapetiterhune.com. Prix 2008. Fft jour : Empl. Tourisme (2) : 20 € ( ) ; Sup : 4,80 € - de 7 ans 3 € ; 3,80 € ; Animaux 1,50 €.

GOYENETCHE ★★ Tourisme 70 E. 1 ha. Accès direct à la rivière. ; à 3 km : . Route des Grottes, D 306. ☎ 05 59 54 21 71.

TELLECHEA ★ Tourisme 55 E. 1 ha. ; à 100 m : . Maison Placida. ☎ 05 59 54 26 01 / () / 05 59 54 20 12 (Domicile) (H.S.).

M. GOYENETCHE Joseph,aire naturelle . A 2,5 km: . A 3 km : Piscine plein air . A 7 km : . A 14 km : . Espon Dakoborda. Route des Grottes. CD 306. ☎ 05 59 54 21 71.

SAUVETERRE DE BEARN

12-B2 38 km N.-O. Oloron-Ste-Marie. 70 m. 1596 hab. 64390

CAMP DU GAVE ★★ Tourisme 55 E., dont 51 CC, 1,6 ha. buvette, snack, , collectifs, , saison, . Locations : , , . Accès direct à la rivière. . Avenue de la Gare. RN 133. ☎ 05 59 38 53 30. Fax : 05 59 36 19 88. E-mail : camping-du-gave@wanadoo.fr, Web : www.bearn-gaves.com/camping-du-gave.

SOURAIDE

12-A2 20 km S. Bayonne. 65 m. 777 hab. 64250

ALEGERA ★★★ Tourisme 212 E., dont 40 GCC, 3 ha. gaz/électrique, + sèche-linge, CV. Locations : 20 . Accès direct à la rivière. Etang et lac à 4 km. ; à 4 km : , . Accueil groupes. RD 918. Autoroute de Bayonne sortie n° 5 dir. Cambo. ☎ 05 59 93 91 80 / 06 13 76 66 87. Web : www.camping-alegera.com.

M. GENIN Louis,aire naturelle Ephéra CV. CD 918. ☎ 05 59 93 91 00.

SUHESCUN

12-B3 36 km S.-E. Bayonne. 523 m. 194 hab. 64780

CAMP DE M. BACHOC ★ Tourisme 25 E. 1 ha. CV. Locations : 3 , 1 , 1 . Rivière à 1 km. . Accueil groupes. Ouv : 15.6 / 15.9. Maison Etchemendigaraya. ☎ 05 59 37 60 83. Fax : 05 59 37 60 83. E-mail : bruno.bachoc@wanadoo.fr, Web : www.chez.com/mendi. Prix 2007. Fft jour : Empl. Tourisme (2) : 10 € ( ) ; Sup : 5 € - de 12 ans 3 € ; 2 € (3 A).

M. & Mme DIRIART,aire naturelle . A 5 km: . A 10 km : . Ouv : 1.7 / 30.9. Maison Etchemendybeheria, CD 22, à 2 km de la commune, à proximité de la ferme. Gîtes à la ferme. ☎ 05 59 37 62 27.

URDOS

12-C4 40 km S. Oloron-Ste-Marie. 760 m. 162 hab. 64490

CAMP MUNICIPAL LE GAVE D'ASPE ★★ Tourisme 80 E. 2,4 ha. , au village, CV. Locations : , . Accès direct à la rivière. . Ouv : 1.5 / 15.9. RN 134. ☎ 05 59 34 88 26. Fax : 05 59 34 88 86. E-mail : guittonb@hotmail.com. Prix 2007. ( ) : 4 € ; 4 € ; 4 € ; 3 € ; - de 13 ans 2,20 € ; 2,40 €.

UREPEL

12-A3 15 km S.-O. Bayonne. 40 m. 459 hab. 64430

CAMP DE M. GLAISE ★ Tourisme 17 E. Rivière à 20 m. ☎ 05 59 37 58 91 / 06 73 97 80 47. E-mail : pigla@voila.fr.

URRUGNE

12-A2 24 km S.-O. Bayonne. 32 m. 4925 hab. 64122

JUANTCHO ★★★ 300 E. 8 ha. , snack en saison, saison, saison, saison, ap. 22 h, CV. Locations : 20 . Bord de mer à 500 m. à 500 m : , , . A Socoa. N 10 dir. Socoa/Ciboure en longeant la mer. A 63 sortie St-Jean-de-Luz sud, dir. Socoa D 912. ☎ 05 59 47 11 97. Fax : 05 59 47 11 97. E-mail : camping@juantcho.com, Web : www.juantcho.com.

LA CORNICHE ★★★ Tourisme 270 E., dont 120 GCC, 5 ha. CV. Locations : 6 . . Bord de mer à 300 m. ; à 2,5 km : . A 63, sortie St Jean de Luz Sud, dir. Hendaye plage. ☎ 05 59 20 06 87. Fax : 05 59 20 06 87. E-mail : campingdelacorniche@wanadoo.fr, Web : www.camping-corniche.com. Réduction H.S.

LARROULETA ★★★ Tourisme 263 E. dont 263 nus, , dont 24 CC, 4 ha. CV Sanitaire chauffé. chauffée . Accès direct à l'étang et aux bords du lac et à la rivière. Bord de mer à 3 km. ; ; à 2 km : . RN 10 C et 200 m RN 10. A 63 sortie St Jean de Luz Sud. ☎ 05 59 47 37 84. Fax : 05 59 47 42 54. E-mail : info@larrouleta.com, Web : www.larrouleta.com. Prix 2008. Empl. Tourisme : 5 € ; 6 € ; - de 7 ans 2,80 € ; 2,50 € (5 A A) ; Animaux 2 €. Réduction H.S.
FFCC : partenaire - terrain assuré par la FFCC.

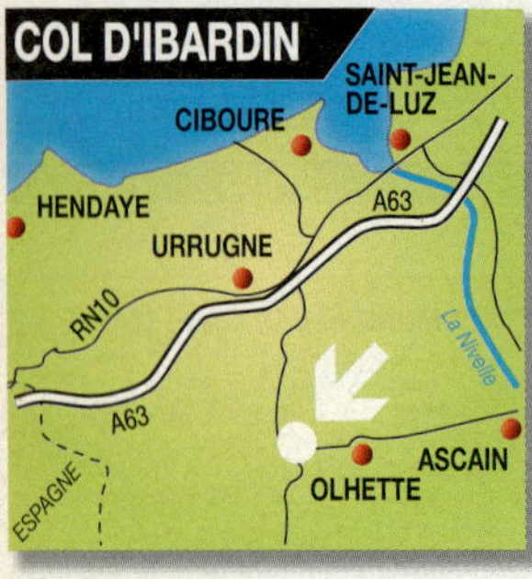

LE COL D'IBARDIN ★★★ Tourisme 203 E. 5 ha. snack, CV. Locations : 37. Accès direct à la rivière. à 6 km : Sur RD 4, RN 10. ☎ 05 59 54 31 21. Fax : 05 59 54 62 28. E-mail : camping-ibardin@wanadoo.fr, Web : www.col-ibardin.com. Réduction H.S.

SUHIBERRY ★★★ Tourisme 169 E. (133 Tourisme + 36 Loisirs), dont 50 GCC, 4 ha. snack, CV. Locations : 6. Accès direct à la rivière. Bord de mer à 1,7 km. ; à 1,7 km : A Socoa, Route de Socoa, RN 10. Sortie autoroute St-Jean-de-Luz Sud dir. Hendaye, chemin 2ème à gauche. ☎ 05 59 47 06 23. Fax : 05 59 47 18 93. Web : www.campingsuhiberry.com. Réduction H.S.

AIRE-ONA ★★ Tourisme 76 E. 1 ha. CV. Locations : 1, 5. Lac à 3 km.Etang et rivière à 5 km. à 5 km : Ouv : 15.6 / 15.9. RN 10. Route du col d'Ibardin. Après l'entreprise SIGNATURE, 300 m à droite. ☎ 05 59 54 30 32. Fax : 05 59 54 30 32. E-mail : aireona2@wanadoo.fr, Web : www.camping-aireona.com. Prix 2007. Empl. Tourisme : 5 € ; 4,50 € ; - de 7 ans 2,20 € ; 3,20 € (4 A) ; Animaux 1,20 €. Réduction H.S.

CAMP G.C.U. Réservé aux adhérents. Adhésion possible sur place pour les sociétaires MAIF et FILIA MAIF.

MENDI-AZPIAN ★★ Tourisme 108 E. (72 Tourisme + 36 Loisirs), dont 50 GCC, 3 ha. CV. Locations : 23. chauffée . Rivière à 1 km.Bord de mer à 5 km. à 5 km : ; à 6 km : Ouv : 1.4 / 30.10. ☎ 05 59 54 33 46. Fax : 05 59 54 33 74. E-mail : camping-azpian@wanadoo.fr, Web : www.camping-mendi-azpian.com. Prix 2008. Fft jour : Empl. Tourisme (2) : 18 € ( ) ; Sup : 4,50 € 3,50 € ; 3,50 €.

ORIO ★★ Tourisme 130 E. 2 ha. ap. 23 h. Locations : , . Bord de mer à 1,5 km. Route d'Erreka. Location longue durée. ☎ 05 59 20 30 30. Web : www.camping-orio.com.

UNXIN SOCOA ★★ Tourisme 96 E., dont 36 GCC, 0,9 ha. ap. 22 h, CV. Locations : 10, . Bord de mer à 1,5 km. à 1,5 km : ; à 1 km : Chemin Xekalebaïta. CV 4, RN 10, sortie Saint-Jean-De-Luz sud. ☎ 05 59 47 27 09. Fax : 05 59 47 12 24. E-mail : camping.unxin@wanadoo.fr. Prix 2007. Fft jour : Empl. Tourisme (2) : 19,50 € ( ) ; Sup : 4,50 € 2,50 € ; 2,50 € (6 A). Fft Tente : 17 € (2).

URT

12-B2 16 km E. Bayonne. 1120 hab. ✉ 64240

ETCHE ZAHAR ★★★ Tourisme 43 E. dont 16 nus, , dont 13 CC - 11 GCC, 1 ha. CV. Camping clef verte Camping tourisme et handicap. Locations : 6, 6, 5, 5, chalets accessibles aux handicapés. . Rivière à 1 km. à 1 km : . Accueil groupes sauf du 15.07 / 15.08. sauf du 15.07 / 15.08. Ouv : 20.3 / 3.11. Allée de Mesplès. A 64 (Toulouse/San Sébastian), sortie n°4. De Bordeaux, quitter la N 10 à St-Géours de Maremne et D 12 vers le Sud. Les chiens de cat. 1 et 2 sont interdits ☎ 05 59 56 27 36. E-mail : info@etche-zahar.fr, Web : www.etche-zahar.fr. Prix 2007. 8,40 € ; 2,20 € ; 10,60 € ; 8,40 € ; 3,70 € ; - de 10 ans 2,50 € ; 2,80 à 3,20 € (10 A) ; Animaux 2,20 €. Réduction H.S.

FFCC : partenaire + réduction emp. de 5 % en saison et hors saison + Stop accueil Camping-car du 20/03 au 03/11/2008, accès jusqu'à 22h (accueil 20h) + réduction loc. de 5 % hors saison.

LA FERME MIMIZAN ★★ Tourisme 110 E., dont 65 GCC, 3 ha. CV. Locations : . Rivière à 2 km. Ouv : 1.1 / 31.12. ☎ 05 59 56 21 51. Fax : 05 59 56 21 51. E-mail : campinglafermerdemimizan@wanadoo.fr, Web : www.lafermedemimizan.fr. Prix 2007. Fft jour : Empl. Tourisme (2) : 19 € ( ) Fft Tente : 18 € (2). Réduction H.S.

USTARITZ

12-A2 13 km S. Bayonne 9 m. 4263 hab. ✉ 64480

M. DARRITCHON Vincent,camping à la ferme CV. Mamia Baïta. ☎ 05 59 93 03 98. Fax : 05 59 70 35 71. E-mail : vincent.darritchon@wanadoo.fr.

M. BERCETCHE Jean-Pierre,aire naturelle Aitz Zaixpy Quartier Sokorondo. Entre Cambo et Bayonne dir. Villefranque. ☎ 05 59 93 09 84.

Carte 12

Délégué FFCC : Jean-François LAURENT, 14, boulevard du Martinet - 65000 TARBES - jean-francois.laurent13@wanadoo.fr

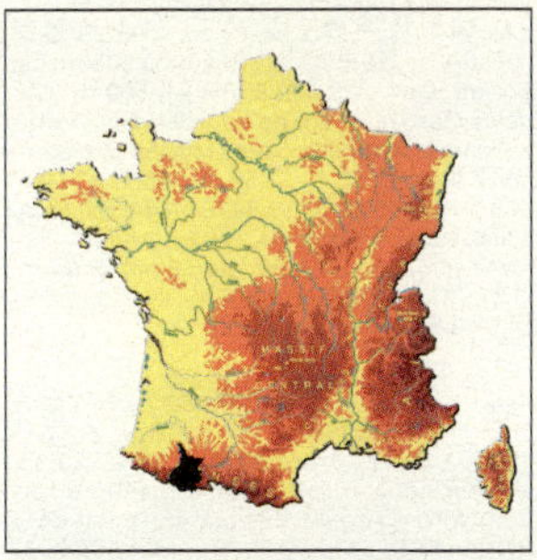

ADE

12-D3 18 km N.-E. Argelès-Gazost. 948 m. 514 hab. ✉ 65100

LA CHATAIGNERAIE ★ Tourisme 33 E. 0,4 ha. Sur RN 21. ☎ 05 62 94 29 63.

ADERVIELLE POUCHERGUES

12-E4 80 km S.-E. Bagnères de Bigorre. 948 m. 57 hab. ✉ 65240

LE LUSTOU ★ Tourisme 90 E. dont 45 nus, 1 ha. Sanitaire chauffé. Locations : . Rivière à 900 m. Lac à 3 km. . Sur la route de la station de ski Val-Louron. ☎ 05 62 99 68 27 / 05 62 99 65 92 (H.S.).

AGOS VIDALOS

12-D3 6 km N.-E. Argelès-Gazost. 415 m. 265 hab. ✉ 65400

LA CHATAIGNERAIE ★★★ Tourisme 100 E. dont 84 nus (92 Tourisme + 8 Loisirs), dont 8 GCC, 1,5 ha. CV Sanitaire chauffé. Locations : 12 . . Rivière à 500 m. ; à 500 m : . Accueil groupes. Ouv : 1.1 / 30.9 & 1.12 / 31.12. Par RN 21, Depuis Lourdes RN 21 sortie Agos-Vidalos D 921b. Salle de loisirs, salle de séchage. ☎ 05 62 97 07 40 / 06 11 70 98 55 (H.S.). Fax : 05 62 97 06 64. E-mail : camping.chataigneraie@wanadoo.fr, Web : www.camping-chataigneraie.com. Prix 2008. Fft jour : Empl. Tourisme (2) : 14 € () ; Sup : 4 € - de 7 ans 2 € ; 2 à 5 € (2 à 6 A) ; Animaux 1 €. Réduction H.S.

LA TOUR ★★★ Loisirs 78 E., dont 78 GCC, 2 ha. . chauffée . Rivière à 500 m. Lac à 4 km. ; ; . 41, avenue du Lavedan. ☎ 05 62 97 55 59. Fax : 05 62 97 20 68. E-mail : michel.dubie@wanadoo.fr, Web : www.domainelatour.com.

SOLEIL DU PIBESTE ★★★ Tourisme 90 E. dont 70 nus, dont 17 GCC, 1,5 ha. CV Sanitaire chauffé. Locations : 9 , 15 . . Rivière à 500 m. Lac à 4 km. ; à 500 m : ; à 1 km : . Ouv : 1.1 / 31.12. D 921B. ☎ 05 62 97 53 23 / 05 61 06 67 73 (H.S.). Fax : 05 62 97 53 23. E-mail : info@campingpibeste.com, Web : www.campingpibeste.com. Prix 2008. Fft jour : Empl. Tourisme (2) : 22 € Sup : 5 € 4 à 6 € (6 à 10 A) ; Animaux 2 €. Réduction H.S.

LE RURAL ★ Tourisme 50 E. 1 ha. . Rivière à 1 km.Lac à 2 km. ; ; à 5 km : . RN 21. Escalade à 500 m. Randonnée pédestre. ☎ 05 62 90 31 53. E-mail : muriel.gal au@orange.fr.

ANCIZAN

12-D4 30 km S.-E. Bagnères de Bigorre 725 m. 232 hab. ✉ 65440

LE PRE SAINT JEAN,aire naturelle ☎ 05 62 91 81 82. Fax : 05 62 91 85 54. Web : payolle4v.free.fr.

ARAGNOUET

12-D4 60 km S. Bagnères-de-Bigorre. 1120 m. 260 hab. ✉ 65170

CAMP DE M. FOUGA ★★ Tourisme 60 E. 4 ha. . Accès direct à la rivière. . Fabian. D 929. ☎ 05 62 39 63 37. Fax : 05 62 39 62 39.

CAMP MUNICIPAL DU PONT DE MOUDANG ★★ Tourisme 100 E. 1,5 ha. . Accès direct à la rivière. . 1 km entrée R 929, 1 km avant Fabian. 12 km de l'Espagne. Parcours sportif. ☎ 05 62 39 62 84 / 05 62 39 62 63. Fax : 05 62 39 60 47.

ARCIZANS AVANT

12-D3 4 km S. Argelès-Gazost. 640 m. 200 hab. ✉ 65400

LE LAC ★★★ Tourisme 97 E. (80 Tourisme + 17 Loisirs), dont 7 HLL, 3,6 ha. , cèche linge, la nuit, CV. Locations : 5 , , . chauffée . Lac à 50 m. ; ; à 2 km : , . Accueil groupes. Ouv : 15.5 / 30.9. 29, chemin d'Azun. N 21 Argelès-Gazost. CD 13. Randonnées dans le Parc National des Pyrénées. ☎ 05 62 97 01 88 / 06 87 39 31 47 (H.S.). Fax : 05 62 97 01 88. E-mail : campinglac@campinglac65.fr, Web : www.campinglac65.fr. Prix 2007. Fft jour : Empl. Tourisme (2) : 21,8 € () ; Sup : 6,20 € 4 € ; 4,30 € ; Animaux 2 €. Réduction H.S.

FFCC : partenaire + réduction emp. de 5 % hors saison + carte FFCC assurance annulation.

LES CHATAIGNIERS ★★ Tourisme 51 E. 2 ha. , CV. Locations : , . . Lac à 200 m. Rivière à 3 km. ; à 2 km : . Ouv : 1.6 / 30.9. Rés. obligatoire en été. Route de Saint-Savin. ☎ 05 62 97 94 77 / 06 30 58 11 00 (H.S.). E-mail : contact@camping-les-chataigniers.com, Web : www.camping-les-chataigniers.com. Prix 2007. Empl. Tourisme : 3,90 € ; 3,90 € ; - de 7 ans 1,95 € ; 2 à 4 € ; Animaux 1,20 €. Réduction H.S.

ARCIZANS DESSUS

12-D3 6 km S.-O. Argelès Gazost. 850 m. 86 hab. ✉ 65400

L'EDELWEIS ★★ Tourisme 36 E. Rivière à 300 m. Les Prades, par RN 618. ☎ 05 62 97 48 14. Fax : 05 62 97 48 14.

M. CENTIEU François,aire naturelle de camping . A 200 m : . A 2 km : . A 3 km : . A 4 km : Piscine plein air. La Prade, RN 618, 1 km de la commune, 500 m de la ferme. Pré herbeux avec bois, vue sur les Pyrénées, Gave à 200 m. Abri. ☎ 05 62 97 20 85 / 05 62 97 44 39.

Mme LACAZE Alice,aire naturelle . A 500 m : . A 4 km: . A 5 km : Piscine plein air , . Camping Lacaze, à côté d'une grange. Pré. ☎ 05 62 97 09 04.

ARGELES GAZOST

12-D3 33 km S.-E. Tarbes. 460 m. 3456 hab. Station verte de vacances et village de neige ✉ 65400

LES 3 VALLEES ★★★ Loisirs 483 E. (183 Tourisme + 300 Loisirs), dont 280 CC - 100 GCC, 7 ha. CV. Locations : 70 . couverte chauffée . Rivière à 500 m. ; 2 : ; à 200 m : . Accueil groupes basse saison. Ouv : 1.4 / 12.11. Avenue des Pyrénées. Lourdes dir. Argelès Gazost, entrée Nord d'Argelès. ☎ 05 62 90 35 47. Fax : 05 62 90 35 48. E-mail : 3-vallees@wanadoo.fr, Web : www.camping-les-3-vallees.fr. Prix 2008. Fft jour : Empl. Tourisme (2) : 21 € ((6 A)) ; Sup : 9 € - de 2/13 ans 8 € ; Animaux 2 €. Réduction H.S.

ARIES ESPENAN

12-E3 42 km E. Tarbes. 276 m. 75 hab. ✉ 65230

L'EGLANTIERE ★★★ 60 E. 8 ha. CV Rés. naturiste. Locations : 11, 6, 7. Accès direct à la rivière. Accueil groupes. Depuis Lannemezan ou Auch D 929 puis D 9 vers Aries-Espenan et suivre la signalisation du camping. ☎ 05 62 39 88 00 / 05 62 99 83 64 (H.S.). Fax : 05 62 39 81 44. E-mail : xavier.feraut@wanadoo.fr. Réduction H.S.

ARRAS EN LAVEDAN

12-D3 3 km S.-O. Argelès-Gazost. 700 m. 422 hab. ✉ 65400

LE PICOURLET ★★ Loisirs 24 E. 0,77 ha. Locations : Rivière à 1 km. à 3,5 km ; à 1 km. Sur RD 918 après Arras en Lavedan, en montant la route depuis Argelès Gazost. ☎ 05 62 97 02 11.

L'IDEAL ★★ Tourisme 60 E. pain, CV. Rivière à 500 m. à 500 m ; à 3 km. Ouv : 1.6 / 15.9. ☎ 05 62 97 03 13 / 05 62 97 02 12 (H.S.). E-mail : n.mino@free.fr. Prix 2007. Empl. Tourisme : 4 € ; 4 € ; - de 6 ans 2 € ; 2,85 à 9,50 € (3 à 10 A). Réduction H.S.

RELAIS DE L'AUBISQUE ★★ Tourisme 53 E. 1 ha. CV. Locations : Rivière à 1 km. à 3,5 km ; à 1 km. Accueil groupes. ☎ 06 89 70 08 48. Fax : 05 62 92 12 89. E-mail : campingrelaisdelaubisque@wanadoo.fr.

ARREAU

12-E4 37 km S.-E. Bagnères de Bigorre. 700 m. 816 hab. ✉ 65240

CAMP INTERNATIONAL ★★ Loisirs 100 E. dont 10 nus, , dont 90 GCC, 5 ha. saison, CV. Locations : 83. Accès direct à la rivière. Accueil groupes. Ouv : 1.6 / 30.9. Rés. obligatoire en été. Sur RD 929. Au pied du Col d'Aspin. ☎ 05 62 98 63 34. Fax : 05 62 98 63 34. E-mail : camping.international.arreau@wanadoo.fr, Web : perso.wanadoo.fr/camping.international.arreau. Prix 2008. Empl. Tourisme : 5,80 € () : 3,50 € ; - de 10 ans 1,90 € ; 2 à 5,30 € (2 à 8 A). Réduction H.S.

CAMP MUNICIPAL ★ Tourisme 42 E. 2 ha. CV Sanitaire chauffé. Accès direct à la rivière. Ouv : 1.1 / 31.12. Lieu-dit Beuse Debat, 200 m RD 19, 500 m RN 129, près du centre. ☎ 05 62 98 65 56. Fax : 05 62 98 68 78. Prix 2007. Empl. Tourisme : 3,90 € ; 3,50 € ; - de 7 ans 2 € ; 3 à 4,30 € (4 à 6 A) ; Animaux 1 €.

ARRENS MARSOUS

12-D4 12 km S.-O. Argelès-Gazost. 725 m. 827 hab. ✉ 65400

G.C.U. LES FRENES Réservé aux adhérents. Adhésion possible sur place pour les sociétaires MAIF et FILIA MAIF.

LA HECHE ★★ Tourisme 166 E. 5 ha. CV Sanitaire chauffé. Locations : 5, 2. Accès direct à la rivière. 250 m D 918. Salle de loisirs, salle de séchage. ☎ 05 62 97 02 64. Fax : 05 62 97 02 64. E-mail : laheche@free.fr, Web : www.campinglaheche.com.

LE GERRIT ★★ Tourisme 30 E. 1 ha. CV. Locations : 5. Rivière à 200 m. Lac à 5 km. à 200 m ; à 500 m. Sur D 918. ☎ 05 62 97 25 85. Fax : 05 62 97 25 85. E-mail : françois.bordes@wanadoo.fr, Web : perso.wanadoo.fr/françois.bordes/.

LE MOULIAN ★★ 75 E. 4 ha. CV Sanitaire chauffé. Locations : 1, 6, 4. Accès direct à la rivière. ; à 500 m. Accueil groupes. Ouv : 1.1 / 31.12. D 918. ☎ 05 62 97 41 18 / 06 30 93 95 06 / 05 56 85 88 53 (H.S.). Fax : 05 62 97 41 18. E-mail : domec.pav@wanadoo.fr. Prix 2008. Fft jour : Empl. Tourisme (2) : 15 € (E. GCC) ; Sup : 4 € - de 7 ans 2,30 €. Réduction H.S.

FFCC : partenaire - terrain assuré par la FFCC + réduction emp. de 10 % en saison et 20 % hors saison + réduction loc. de 10 % en saison et 20 % hors saison.

M. FAURET François,aire naturelle Batbère CV. A 100 m : Piscine plein air. A 3 km. Location de caravanes. Ombragé, en bord de rivière. Point d'eau chaude. ☎ 05 62 97 10 50.

M. GOURSAU Jean-Louis,aire naturelle CV. A 300 m : Piscine chauffée Piscine plein air. A 500 m. A 5 km. Ouv : 20.6 / 10.9. Mialanne, 63, route du Val d'Azun à 300 m du village d'Arrens près d'une supérette et de la base de loisirs. Pré herbeux. Congélateur pour glace. Point phone. ☎ 05 62 92 67 14 / 05 62 37 96 08 (H.S.). E-mail : jean-louis.goursau@orange.fr. Prix 2008. Fft jour : Empl. Tourisme (2) : 8,60 € () ; Sup : 2,90 € - de 7 ans 1,40 € ; 2,50 à 3,20 € (4 à 6 A) ; Animaux 1 €.

FFCC : partenaire + réduction emp. de 5 % en saison et hors saison.

ARTIGUES CAMPAN

12-D4 20 km S. Bagnères de Bigorre. 1200 m. ✉ 65710

CARAVANEIGE MUNICIPAL DE BAGNERES ★★ Loisirs 125 E. 2,5 ha. + sèche-linge, CV Sanitaire chauffé. Locations : Lac et rivière à 50 m. Accueil groupes. Ouv : 1.1 / 31.12. Plateau d'Artigues, RD 918. ☎ 05 62 91 83 17.

AUCUN

12-D3 10 km S.-O. Argelès-Gazost. 865 m. 199 hab. ✉ 65400

AZUN NATURE ★★★ Tourisme 50 E. dont 25 nus (40 Tourisme + 10 Loisirs) 1 ha. CV. Locations : 4, 1. chauffée. Rivière à 100 m. Accueil groupes. Chemin des Poueyes. Au rond-point d'Argelès-Gazost dir. Val d'Azun puis 100 m avant d'arriver au village tourner à gauche, camping à 100 m à droite. ☎ 05 62 97 45 05. E-mail : azun.nature@wanadoo.fr, Web : www.camping.azur.nature.com. Prix 2008. Fft jour : Empl. Tourisme (2) : 11 € () ; Sup : 3,70 € 1,70 € ; 2,10 à 3 € (3 A à 6 A).

FFCC : partenaire + réduction emp. de 5 % en saison et 10 % hors saison + réduction loc. de 5 % en saison et 10 % hors saison.

LASCROUTS ★★ Loisirs 72 E. (27 Tourisme + 45 Loisirs), dont 60 GCC, 1 ha. CV. Locations : 1, 5. Village. ☎ 05 62 97 42 62. Fax : 05 62 97 42 62.

AVAJAN

12-E4 44 km S.-E. Bagnères de Bigorre. 913 m. 52 hab. ✉ 65240

CAMP MUNICIPAL LE HOURGADE ★★ Loisirs 150 E., dont 16 CC - 72 GCC, 2,5 ha. CV. Locations : 10, 10. Accès direct aux bords du lac. Rivière à 100 m. Sanitaires chauffés. ☎ 05 62 99 69 86. Fax : 05 62 99 69 86.

AYZAC OST

12-D3 2 km N. Argelès-Gazost. 415 m. 375 hab. ✉ 65400

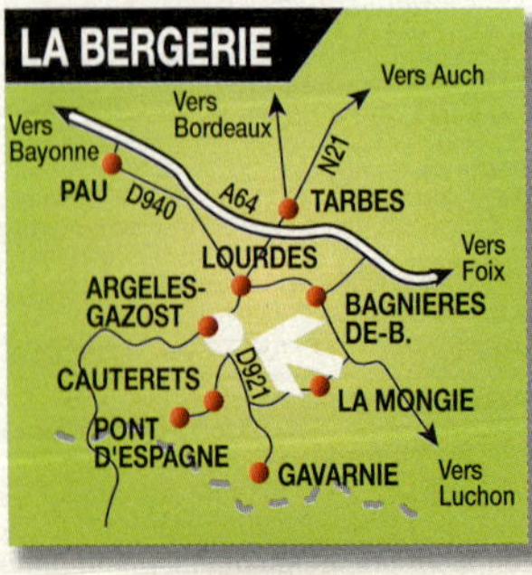

LA BERGERIE ★★★ Loisirs 105 E. (47 Tourisme + 58 Loisirs), dont 58 GCC, 2 ha. CV. Locations : 10. Rivière à 500 m. Lac à 3 km. Ouv : 1.5 / 30.9. RN 21, 500 m d'Argelès-Gazost. 11 km de Lourdes. En bordure de la voie verte des gaves (cycles et piétons sur 7 km). ☎ 05 62 97 59 99 / 06 70 53 00 47 (H.S.). Fax : 05 62 97 51 89. E-mail : sarl.campingdelabergerie@tiscali.fr, Web : camping-labergerie.com. Prix 2008. Fft jour : Empl. Tourisme (3) : 21,50 € Sup : 5 € - de 7 ans 4 € ; 5,40 € (6 A) ; Animaux 1 €.

M. HOURCASTAGNOU Jean,camping Bellevue CV. A 300 m. A 2 km. Ouv : 1.6 / 30.9. 24, chemin de la Plaine. Camping situé à l'entrée Nord d'Argelès-Gazost en retrait de la RN 21. ☎ 05 62 97 58 81. Fax : 05 62 97 58 81. Prix 2007. () : 3 € ; 3 € ; 3 € ; 2,70 € ; - de 7 ans 1,50 € ; 2 € (2 à 6 A) ; Animaux 1 €. Réduction H.S.

FFCC : partenaire + Stop accueil Camping-car du 01/06 au 30/09/2008, accès jusqu'à 21h.

BAGNERES DE BIGORRE

21 km S.-S.-E. Tarbes. 542 m. 9850 hab. ✉ 65200

BELLEVUE DES PALOMIERES ★★★ Loisirs 105 E., dont 24 CC - 58 GCC, 2 ha. CV. Locations : 20. chauffée. Haut de la Côte. CD 784. Dir. route de Toulouse. ☎ 05 62 91 03 97 / 06 08 94 73 90 / 05 62 95 10 86 (H.S.). Fax : 05 62 95 54 84. E-mail : .

LE MONLOO ★★★ Tourisme 152 E. (91 Tourisme + 61 Loisirs), dont 55 GCC - 6 HLL, 3 ha. pain en été, hte saison, hte saison, CV Sanitaire chauffé. Locations : 5, 8. chauffée. Rivière à 500 m. ; à 1 km. Accueil groupes. Ouv : 1.1 / 31.12. Chemin de Monloo. Route de la Plaine (CD 8), entrée à droite, 1 km après le rond-point. ☎ 05 62 95 19 65. Fax : 05 62 95 19 65. E-mail : campingmonloo@yahoo.com, Web : www.lemonloo.com. Prix 2007. Fft jour : Empl. Tourisme (3) : 16,50 € () ; Sup : 4 € - de 8 ans 2,80 € ; 3,90 à 5,50 € ; Animaux 0,90 €. Réduction H.S.

FFCC : partenaire + réduction emp. de 8 % hors saison + carte FFCC assurance annulation + Stop accueil Camping-car du 01/01 au 15/07 et du 15/08 au 31/12/2008, accès jusqu'à 22h + réduction loc. de 5 % hors saison.

LES FRUITIERS ★★★ Tourisme 112 E. 1,58 ha. CV. Locations : Rivière à 1 km. à 1 km. Accueil groupes. 9, route de Toulouse, 500 m du centre ville. ☎ 05 62 95 25 97. Fax : 05 62 95 25 97. E-mail : daniellevillemur@wanadoo.fr, Web : www.camping-les-fruitiers.com.

LES TILLEULS ★★★ Tourisme 100 E. 2,6 ha. à 700 m ; à 900 m. Avenue Alan Brooke, (RD 88) et RN 135 à 400 m, à 700 m du centre ville. ☎ 05 62 95 26 04.

LES PALOMIERES ★★ Loisirs 90 E. (44 Tourisme + 46 Loisirs), dont 90 GCC, 1,3 ha. + sèche-linge, CV. Locations : 2. Rivière à 2 km. Haut de la Côte. 21, route des Palomières. CD 783. ☎ 05 62 95 59 79 (Camping). Fax : 05 62 95 59 79. E-mail : yue92@aol.com. Prix 2007. Empl. Tourisme : 3,20 € ; 3 € ; - de 7 ans 1,83 € ; 1,60 à 4,30 € (2 à 6 A) ; Animaux 1,10 €.

FFCC : réduction loc. de 5 % hors saison.

LE MESNIL ★ Loisirs 48 E. (19 Tourisme + 29 Loisirs) 1,5 ha. CV. Locations : 10. Etang à 800 m. Rivière à 1 km. à 1 km : Ouv : 1.5 / 30.10. Quartier Le Mesnil. Au centre de Bagnères dir. Toulouse puis lieu-dit Haut de la Côte et dir. Golf de la Bigorre. ☎ 05 62 91 00 09. E-mail : camping.lemesnil@wanadoo.fr. Prix 2008. Fft jour : Empl. Tourisme (2) : 12,50 € ; - de 7 ans 2 € ; 2,80 € (4 A) ; Animaux 1,50 €.

Voir aussi ARTIGUES-CAMPAN / GERDE / POUZAC / TREBONS

BAREGES

12-D4 24 km E. Argelès-Gazost. 1240 m. 344 hab. ✉ 65120

LA RIBERE ★★ Tourisme 50 E. 1,6 ha. CV Sanitaire chauffé. Locations : 7. Accès direct à la rivière. Etang et lac à 4 km. Accueil groupes. Ouv : 5.5 / 22.10 et 12.12 / 5.5. Route de Labatsus. A l'entrée de la commune D 918. Lourdes/Argelès-Gazost/Tourmalet. Parc National à proximité. ☎ 05 62 92 69 01 / 06 80 01 29 51 (H.S.). E-mail : contact@laribere.com, Web : www.laribere.com. Prix 2008. Fft jour : Empl. Tourisme (2) : 12,80 € ; Sup : 3,65 € 1,90 € ; 2 à 4 € ; Animaux 0,95 €.

BARTRES

12-D3 14 km N.-E. Argelès-Gazost. 430 m. 302 hab. ✉ 65100

M. CONDOURET Olivier,aire naturelle Les Bergeronnettes A 3 km : Piscine plein air. RN 21, à 500 m Sud du bourg. Face la bergerie de Bernadette Soubirous. ☎ 05 62 94 42 04. Fax : 05 62 94 42 04.

FFCC : partenaire - terrain assuré par la FFCC .

BEAUCENS

12-D4 7 km S.-E. Argelès-Gazost. 480 m. 249 hab. ✉ 65400

LE VISCOS ★★ Tourisme 110 E. 1,8 ha. pain, CV. Lac et rivière à 500 m. à 1 km : Ouv : 10.5 / 30.9. D 13, à 4,5 km D 921. Voie rapide depuis Lourdes, 2ème rond-point d'Argelès suivre Beaucens à 4 km. A proximité du donjon des aigles. ☎ 05 62 97 05 45. Prix 2007. : 3,50 € ; 3,50 € ; 3,50 € ; 3,70 € ; - de 7 ans 2 € ; 2,50 à 3 € (2 à 4 A) ; Animaux 1 €.

BEAUDEAN

12-D3 5 km S. Bagnères-de-Bigorre. 650 m. 354 hab. ✉ 65710

L'ARRIOU ★★ 100 E., dont 26 CC, 2,8 ha. CV. Locations : 10, 2. Accès direct à la rivière. Lac à 5 km. D 935. ☎ 05 62 91 74 04 / 06 85 20 73 83 (portable) / 05 62 33 99 06 (le soir) (H.S.). Fax : 05 62 91 74 11. E-mail : gerard.ena@wanadoo.fr, Web : www.arriou.com.

BOO SILHEN

12-D3 5 km N.-E. Argelès-Gazost. 406 m. 275 hab. ✉ 65400

LE DETH POTZ ★★ 100 E. 2 ha. CV Sanitaire chauffé. Locations : 10. Rivière à 1 km.Etang et lac à 1,5 km. à 1 km : Ouv : 1.1 / 11.11 & 22.12 / 31.12. Argelès-Gazost, route du Hautacam. ☎ 05 62 90 37 23. Fax : 05 62 90 37 23. E-mail : deth-potz@wanadoo.fr, Web : www.deth-potz.fr.. Prix 2008. Empl. Tourisme : 3,50 € ; - de 7 ans 1,80 € ; 2 à 4,50 € (2 à 6 A) ; Animaux 1 €. Réduction H.S.

BOURISP

12-D4 40 km S.-E. Bagnères-de-Bigorre. 810 m. 87 hab. ✉ 65170

LE RIOUMAJOU ★★★★ Tourisme 240 E. 5 ha. snack, saison, saison, CV. Locations : 8, 5, 5. chauffée. Accès direct à la rivière. à 1,5 km : D 929. ☎ 05 62 39 48 32. Fax : 05 62 39 48 32.

LA MOUSQUERE ★★★ Tourisme 50 E. (40 Tourisme + 10 Loisirs), dont 30 GCC, 0,8 ha. CV. Locations : 1, 7. CD 116. ☎ 05 62 39 44 99 / 05 61 79 36 72 (H.S.) / 05 61 79 36 72 (H.S.).

BUN

12-D3 12 km S.-O. Argelès-Gazost. 830 m. 105 hab. ✉ 65400

LE BOSQUET ★★ Tourisme 35 E. + sèche-linge, CV. Locations : Rivière à 500 m. Lac à 5 km. Ouv : 1.1 / 31.12. Par RN 618. ☎ 05 62 97 07 81 / 05 62 97 43 94 (H.S.). Prix 2007. Empl. Tourisme : 3,20 € ; 3,20 € ; - de 7 ans 1,60 € ; 2,80 à 3,80 €.

FFCC : réduction loc. de 5 % en saison et hors saison.

CADEAC

12-E4 38 km S.-E. Bagnères-de-Bigorre. 737 m. 134 hab. ✉ 65240

CAMP DE L'AMICALE DE L'AGGLOMERATION AGENAISE ★★ 17 E.

M. BERNARD,aire naturelle Camping La Losse, route de St-Larry. ☎ 06 08 72 35 53. E-mail : jpbernard@orange.fr, Web : http://airenaturelle-camping-cadeac.jimdo.com/. Prix 2008. Empl. Tourisme : 3 € ; 3,80 € ; - de 7 ans 2 €.

CAMPAN

12-D3 6 km S.-S.-E. Bagnères de Bigorre. 960 m. 1539 hab. ✉ 65710

L'OREE DES MONTS ★★★ 88 E. 1,2 ha. pizzeria, CV. Locations : chauffée . Accès direct à la rivière. Lac à 4 km. ; à 4 km : La Séoube. En amont de Ste-Marie de Campan en dir. du Col d'Aspin. ☎ 05 62 91 83 98. Fax : 05 62 91 83 98. E-mail : oree.des.monts@wanadoo.fr, Web : www.camping-oree-des-monts.com. Réduction H.S.

LE LAYRIS ★★ Tourisme 43 E. dont 30 nus 0,7 ha. sous surveil., ping-pong, CV Sanitaire chauffé. Rivière à 300 m. à 300 m : Accueil groupes. 100 m RD 935. Salle de loisirs, salle de séchage. ☎ 05 62 91 75 34 / 05 62 91 75 34.

FFCC : partenaire - terrain assuré par la FFCC.

LE SAINT ROCH ★★ Tourisme 36 E. dont 36 nus 1,8 ha. CV. Accès direct à la rivière. ; à 2 km : Accueil groupes. Ouv : 1.7 / 31.8. A 1 km après Campan, sur la route des cols. ☎ 05 62 91 78 01 / 06 79 10 33 60 / 05 59 30 38 07 (H.S.). E-mail : dgaye@orange.fr. Prix 2007. : 1,50 € ; 1,50 € ; 3 € ; 1,50 € ; 3 € ; - de 7 ans 1,50 € ; 2,50 € ; Animaux 1 €.

LES FRENES ★★ Tourisme 25 E. 2 ha. CV Sanitaire chauffé. Locations : 2. Rivière à 500 m. Accueil groupes. Ouv : 1.1 / 31.12. A Ste-Marie de Campan. Route de la Mongie. ☎ 05 62 91 82 46. Fax : 05 62 91 82 46. Prix 2008. Empl. Tourisme : 2,60 € ; 2,60 € ; - de 5 ans 1,50 € ; 2 à 3,40 € (2 à 3 A) ; Animaux 1 €.

LES RIVES DE L'ADOUR ★★ 50 E. 1,08 ha. CV Sanitaire chauffé. Locations : 2, 2. Rivière à 50 m. Lac à 5 km. ; à 5 km : Ouv : 1.1 / 31.12. A Ste-Marie-de-Campan, route de la Mongie, par D 918. A Bagnères-de-Bigorre, prendre la route des Cols. (Tourmalet). ☎ 05 62 91 83 08. Prix 2007. Empl. Tourisme : 3 € ; 3 € ; 2,50 € ; 3,50 € (3 A) ; Animaux 1 € (chien).

LES BULANETTES ★ Loisirs 18 E. Sanitaire chauffé. Locations : Rivière à 200 m. Lac à 5 km. Ouv : 1.1 / 31.12. O ☎ 05 62 91 82 01 / 06 08 88 08 43 (H.S.). Prix 2007. : 1,18 € ; 1,16 € ; 1,76 € ; 1,18 € ; 2,28 € ; - de 7 ans 1,59 € ; 1,20 à 7,20 € (1 à 6 A) ; Animaux 0,63 €.

CAPVERN

19 km N.-E. Bagnères de Bigorre. 620 m. 952 hab. ✉ 65130

LES CRAOUES ★★★ Tourisme 78 E. dont 66 nus 1,5 ha. CV. Locations : 8, 4. ; à 7 km : Accueil groupes. Ouv : 1.5 / 15.10. Sur RN 117 et D 638. A 64 sortie 15 Capvern. ☎ 05 62 39 02 54. Web : camping-les-craoues.net. Prix 2008. Empl. Tourisme : 4,50 € ; 4,03 € ; - de 7 ans 3 € ; 2,75 à 5 € (3 à 8 A) ; Animaux 1 €.

LA PLENITUDE ★★ Tourisme 40 E. dont 34 nus, 1 ha. CV. Locations : 2, 2, 2. Rivière à 3 km. à 2 km : 1000, route de Provence. Station Thermale. Par A 64 sortie n°15 directe Capvern-les-Bains. ☎ 05 62 39 14 56 (Répondeur) / 08 75 79 41 94 (Déc. à Avril) (H.S.). Fax : 06 07 96 33 10. E-mail : la-plenitude@wanadoo.fr, Web : campinglaplenitude.com. Prix 2007. Empl. Tourisme : 3,70 € ; 3,50 € ; - de 7 ans 1,90 € ; 3,30 € (10 A) ; E. CC 5 € ; E. GCC 5 € ; Animaux 1 €.

CASTELNAU MAGNOAC

12-E3 43 km E. Tarbes. 367 m. 950 hab. ✉ 65230

CAMP MUNICIPAL DE CAROLLE ★★ Tourisme 25 E. 1 ha. Situé au carrefour de la D 632 et RN 629 Tarbes/Toulouse et Lannemezan/Auch. ☎ 05 62 39 80 62 (Mairie). Fax : 05 62 39 80 19. E-mail : accueil@ville-castelnau-magnoac.fr.

CAUTERETS

16 km S. Argelès-Gazost. 1000 m. 1113 hab. ✉ 65110

LA PRAIRIE ★★ Tourisme 18 E. 0,25 ha. CV. Locations : 4. Rivière à 100 m. Accueil groupes. Ouv : 1.6. ☎ 05 62 92 07 04 (Eté) / 06 79 92 81 16 / 05 62 97 94 91 (H.S.). Prix 2007. Fft jour : Empl. Tourisme (2) : 11 € ; - de 7 ans 2,70 € ; 2,50 à 2,80 € (2 à 4 A).

LE CABALIROS ★★ Tourisme 100 E. dont 96 nus (88 Tourisme + 12 Loisirs), dont 12 GCC, 1,5 ha. partiel, + sèche-linge, CV. Locations : 4. Accueil groupes. Ouv : 1.6 / 30.9. Au Pont de Secours, sur RD 13, 100 m RN 21, à 1,5 km au Nord de la commune. Au point information, traverser le pont. Bibliothèque. ☎ 05 62 92 55 36 / 05 62 92 55 38 (H.S.). Fax : 05 62 92 55 36. E-mail : chantal.boyrie@wanadoo.fr, Web : www.camping-cabaliros.com. Prix 2008. Fft jour : Empl. Tourisme (2) : 13,20 € ; Sup : 4,60 € - de 7 ans 2,40 € ; Animaux 1 €

LE PEGUERE ★★ Tourisme 160 E. dont 126 nus, , dont 64 CC, 3 ha. CV. Locations : 2, 4, mobile-homes sans sanitaire. Accès direct à la rivière. Accueil groupes. Ouv : 10.4 / 30.9. Sur RN 21, dir. Cauterets depuis Lourdes. 1 km avant Cauterets. ☎ 05 62 92 52 91 / 06 28 27 37 24 / 05 62 92 52 28 (H.S.). Fax : 05 62 92 52 91. E-mail : campingpeguere@wanadoo.fr, Web : www.campingpeguere.com. Prix 2007. Fft jour : Empl. Tourisme (2) : 13,35 € ; Sup : 3,70 € - de 7 ans 2,30 € ; Animaux 0,85 €. Réduction H.S.

LE SAILLET ★★ Tourisme 42 E. Locations : . Rivière à 100 m. . Avenue du Mamelon Vert. ☎ 05 62 92 52 26 / 06 07 61 51 12. Fax : 05 62 92 62 89. E-mail : camping.saillet@wanadoo.fr.

LE VIGNEMALE ★★ Tourisme 35 E., dont 8 CC - 8 GCC. . Locations : . ☎ 05 62 92 52 08.

LES BERGERONNETTES ★★ Tourisme 53 E. 0,4 ha. . Locations : 2 . . Ouv : 15.6 / 30.9. Lieu-dit Maison Rose, 50 m RN 21. ☎ 05 62 92 50 69 (Personnel). Prix 2007. Empl. Tourisme : 1,60 € () : 1,60 € ; 1,60 € ; 1,60 € ; 3,90 € ; 1,80 € ; 2,50 à 3 €.

LES GLERES ★★ Tourisme 80 E. dont 46 nus, , dont 80 GCC, 1 ha. collectif, CV Sanitaire chauffé. Locations : 8 , 17 . ; à 500 m : . Ouv : 1.1 / 20.10 & 1.12 / 31.12. Rés. obligatoire en été et en hiver. Sur RD 920. ☎ 05 62 92 55 34 / 06 86 96 93 89 (H.S.). Fax : 05 62 92 03 53. E-mail : camping-les-gleres@wanadoo.fr, Web : www.gleres.com. Prix 2008. Fft jour : Empl. Tourisme (2) : 15 € ( ) ; Sup : 4,20 € - de 7 ans 2 € ; Animaux 1,10 €. Fft Ccar : 13,25 € (2). Réduction H.S.
FFCC : partenaire + réduction emp. de 5 % en saison et hors saison.

GR 10 Tourisme Saisonnier 70 E. dont 50 nus, 2 ha. CV Sanitaire chauffé. Locations : , . chauffée . Rivière à 200 m. Lac à 5 km. ; à 300 m : ; à 2 km : . Accueil groupes. Ouv : 30.6 / 31.8. Rés. obligatoire en été. Le Buis Concé. ☎ 06 70 72 05 02 / 06 20 30 25 85 (H.S.). Fax : 05 62 92 54 02. E-mail : contact@gr10camping.com, Web : www.gr10camping.com. Prix 2008. Empl. Tourisme : 4,30 € () : 4,50 € ; - de 12 ans 3 € ; 4 € ; Animaux 1,30 €.

ESPARROS

12-D3 26 km S.-E. Bagnères-de-Bigorre. 500 m. 211 hab. ✉ 65130

M. DUTHU Bernard,aire naturelle Le Randonneur CV. A 6 km : . A 8 km : . A 64 sortie Lannemezan (16) ou Capvern (15) suivre Gouffre d'Esparros, les Baronnies le randonneur. ☎ 05 62 39 19 34 / / 06 80 70 29 39 (H.S.). Fax : 05 62 39 18 00. E-mail : bernardrando@free.fr, Web : www.lerandonneur.net. Prix 2007. Empl. Tourisme : 3 € () : 3,50 € ; - de 8 ans 1,80 € ; 2 € (2 A) ; Animaux 0,60 €.

ESQUIEZE SERE

12-D4 17 km S.-E. Argelès-Gazost. 700 m. 443 hab. ✉ 65120

AIROTEL PYRENEES ★★★★ Tourisme 165 E. dont 100 nus, dont 75 GCC, 2,5 ha. juillet/août, juillet/août, CV Sanitaire chauffé. Locations : 50 , . couverte . ; à 300 m : . Ouv : 1.12 / 30.9. ☎ 05 62 92 89 18. Fax : 05 62 92 96 50. E-mail : airotel.pyrenees@wanadoo.fr, Web : www.airotel-pyrennes.com. Prix 2008. Fft jour : Empl. Tourisme (2) : 26 € ( ) ; Sup : 6 € - de 2/7 ans 3,50 € ; 3,50 à 5,50 € ; Animaux 1,50 €.

CAMP INTERNATIONAL ★★★ Tourisme 180 E. (122 Tourisme + 58 Loisirs), dont 58 GCC, 4 ha. snack, + sèche-linge, CV Sanitaire chauffé. Locations : , . chauffée . Rivière à 100 m. ; à 100 m : . BP 4, RN 21. Sur D 921. ☎ 05 62 92 82 02. Fax : 05 62 92 96 87. E-mail : camping.international.luz@wanadoo.fr, Web : international-camping.fr. Réduction H.S.

M. RIVIERE-ACCORNERO,aire naturelle CV. A 500 m : . A 1,5 km : Piscine plein air . A 3,5 km : . A 1 km : . A 2 km : . A 7 km : . Ouv : 1.1 / 31.12. La Grange Bigourdane, été-hiver, accès facile en retrait D 921. 300 m centre ville. ☎ 05 62 92 87 43. Fax : 05 62 92 87 43. Prix 2007. Empl. Tourisme : 3,05 € () : 3,05 € ; 0,80 € ; 3,90 € ; 3,05 € ; 2,50 € ; - de 10 ans 1,55 € ; 2,30 à 5,35 € (2 à 6 A) ; Animaux 0,80 €.

ESTAING

12-D4 12 km S.-O. Argelès-Gazost. 1000 m. 91 hab. ✉ 65400

PYRENEES NATURA ★★★★ Tourisme 60 E. dont 47 nus, , dont 20 GCC, 2 ha. CV. Locations : 13 . Accès direct à la rivière. Lac à 3 km. ; ; à 4 km : . Ouv : 1.5 / 20.9. En direction du Lac sur la D 103. auditorium ☎ 05 62 97 45 44. Fax : 05 62 97 45 81. E-mail : info@camping-pyrenees-natura.com, Web : www.camping-pyrenees-natura.com. Prix 2008. Fft jour : Empl. Tourisme (2) : 24,50 € Sup : 5,25 € - de 8 ans 3,50 € ; 1,50 à 3 € (6 à 10 A) ; E. GCC 29,50 € (Fft) ; Animaux 2 €.

LAC D'ESTAING ★★ 67 E. 5 ha. + sèche-linge, CV. Accès direct aux bords du lac et à la rivière. ; . ☎ 05 62 97 24 46 (Camping). Fax : 05 62 97 42 73.

LE VIEUX MOULIN ★★ Loisirs 50 E. 1,8 ha. CV. Locations : 4 , 2 . . Accès direct à la rivière. Lac à 4 km. . Route du Lac. D 103, à 200 m Sud de la commune. ☎ 05 62 97 43 23. E-mail : camping-le-vieux-moulin@wanadoo.fr, Web : www.gites-camping-estaing.com.

Mme BOUYRIE Ginette,aire naturelle CV. A 1 km : . A 6 km : Piscine plein air . En limite du Parc National des Pyrénées. Sorties en montagne avec visites des troupeaux dans les estives. Découverte de la faune et de la flore. ☎ 05 62 97 43 10 / 05 62 97 10 11 (Domicile).

ESTERRE

12-D4 16 km S.-E. Argelès-Gazost. 760 m. 135 hab. ✉ 65120

LE BASTAN ★★ Tourisme 70 E. (50 Tourisme + 20 Loisirs), dont 5 GCC, 1 ha. 500 m, 500 m, 500 m, CV Sanitaire chauffé. Locations : 4 . Accès direct à la rivière. Accueil groupes. Route de Barèges. Par RD 918. ☎ 05 62 92 94 27 / 06 70 62 67 21. Fax : 05 62 92 94 27. E-mail : camping.bastan@wanadoo.fr, Web : luz-camping.com. Prix 2008. Fft jour : Empl. Tourisme (2) : 9.60 € ( ) ; Sup : 3,20 € - de taxe de séjour comprise ans 1,50 € ; 2,30 à 4,60 € (3 A à 6 A) ; Animaux 0,70 €. Fft Ccar : 8 € (2). Réduction H.S.

LE BERGONS ★★ Tourisme 77 E. dont 63 nus, 1 ha. CV Sanitaire chauffé. Locations : 1 , 4 . Rivière à 500 m. ; à 500 m : . Accueil groupes. Ouv : 1.12 / 20.10. Route de Bareges. CD 618. Centre ville à 500 m. ☎ 05 62 92 90 77 (Bureau) / 05 62 92 90 92 (Domicile) (H.S.). E-mail : abordenave@club-internet.fr, Web : www.camping-bergons.com. Prix 2007. Fft jour : Empl. Tourisme (2) : 9,20 € ( ) ; Sup : 3,20 € - de 7 ans 1,60 € ; 1,85 à 2,75 € (2 à 3 A) ; Animaux 0,75 €. Réduction H.S.

LE SOULA ★ Tourisme 20 E. ☎ 05 62 92 80 83.

GAVARNIE

12-D4 38 km S. Argelès-Gazost. 1370 m. 169 hab. ✉ 65120

LE PAIN DE SUCRE ★★ 50 E. 1,5 ha. pain/viennoiserie, CV Sanitaire chauffé. Locations : 2 , 4 . Accès direct à la rivière. ; à 10 km : . Accueil groupes. Ouv : 1.6 / 30.9 & 15.12 / 15.4. RN 21 de Lourdes à Luz-St-Sauveur (30 km), puis par D 921 de Luz-St-Sauveur à Gavarnie (17 km). ☎ 05 62 92 47 55 / 06 75 30 64 22 (H.S.). Fax : 05 62 92 47 55. E-mail : camping-gavarnie@wanadoo.fr, Web : www.camping-gavarnie.com. Prix 2007. Empl. Tourisme : 4 € ( ) ; 3,80 € ; - de 7 ans 1,90 € ; 1,75 à 3,95 € (2 à 6 A) ; Animaux 1,55 €. Réduction H.S.

Mme RIVIERE SACAZE Jeanne, aire naturelle La Bergerie, par RN 21, 200 m de la commune, à proximité de la ferme. En bordure du Gave, face au Cirque de Gavarnie. ☎ 05 62 92 48 41 / 05 62 92 83 85.

GEDRE

12-D4 30 km S.-E. Argelès-Gazost. 1000 m. 395 hab. ✉ 65120

LE MOUSCAT ★★ Tourisme 50 E. 1 ha. Locations : . Accès direct à la rivière. Lac à 500 m. ; à 800 m : . ☎ 05 62 92 47 53. Fax : 05 62 92 47 53.

LE RELAIS D'ESPAGNE ★★ 34 E. 1,0 ha. CV Sanitaire chauffé. Locations : 3 , 2 , Chambres. Accès direct à la rivière. Par RN 21. Salle de loisirs, salle de séchage. ☎ 05 62 92 47 70. Fax : 05 62 92 47 70. E-mail : camping.relais.despagne@wanadoo.fr, Web : www.gavarnie.com/camping-relais-espagne.

Mle LABIT Denise, aire naturelle Le Bellevue CV. A 1 km: Piscine plein air . Ouv : 1.5 / 30.9. D 921. ☎ 05 62 92 48 40. Fax : 05 62 92 48 40. E-mail : denise.labit@wanadoo.fr, Web : www.bellevuegedre.com. Prix 2007. ( ) : 2,30 € ; 2,30 € ; 3 € ; 2,30 € ; 2,70 € ; - de 14 ans 1,80 € ; 2 à 4 € (3 à 6 A).

Mle MILLET Rosalie, aire naturelle les Tilleuls CV. A 1 km: Piscine plein air . A 8 km : Saussa. Accès par la RN 21. GR 10. ☎ 05 62 92 48 92. E-mail : millet.rosalie@wanadoo.fr, Web : www.lestoys.com/imobilier/camping-gedre-millet.html.

GER

2-C4 8 km N.-E. Argelès-Gazost 390 m. 130 hab. ✉ 65100

Mme PIQUE PIERRETTE, aire naturelle , sèche-linge, CV. A 2 km: Piscine plein air . A 5 km : Piscine chauffée Piscine couverte . Ouv : 15.5 / 15.9. Impasse de l'Arrémissant. Au rond-point Sud de Lourdes, prendre la D 921 dir. Ger puis D 13. Camping donnant sur la D 13 à droite venant de Lourdes. ☎ 05 62 94 17 73. Fax : 05 62 94 17 73. E-mail : contact@arrayade.com, Web : www.arrayade.com. Prix 2008. Fft jour : Empl. Tourisme (2) : 12 € ( ) ; Sup : 3 € - de 7 ans 1,50 € ; 2,50 à 5 € ; Animaux 1 €.

FFCC : partenaire + Stop accueil Camping-car du 15/05 au 30/06 et du 20/08 au 15/02/2009, accès jusqu'à 21h.

GERDE

12-D3 2 km S.-E. Bagnères-de-Bigorre. 570 m. 1145 hab. ✉ 65200

LA POMMERAIE ★★ Tourisme 60 E., dont 10 HLL, 1 ha. CV. Locations : . Rivière à 800 m. à 800 m : . A 64 à 16 km dir. Bagnères-de-Bigorre. Trampoline. ☎ 05 62 91 32 24. Fax : 05 62 95 16 42.

L'ADOUR ★★ Tourisme 119 E. dont 70 nus (60 Tourisme + 59 Loisirs), dont 20 CC - 19 GCC, 1 ha. + sèche-linge, CV Sanitaire chauffé. Locations : , , Bambis. . Accès direct à la rivière. . Ouv : 1.1 / 31.12. 10, rue Henri IV, sortie Sud de Bagnères-de-Bigorre. ☎ 05 62 95 27 61. Fax : 05 62 95 27 61. Prix 2008. ( ) : 2,80 € ; 2,75 € ; 2,75 € ; - de 7 ans 1,75 € ; 2,60 à 4,60 € (3 à 6 A). Fft Ccar : 11 € (2). Réduction H.S.

GEZ

12-D3 2 km N.-O. Argelès-Gazost. 600 m. 216 hab. ✉ 65400

M. NOGUEZ Célestin, aire naturelle . ☎ 05 62 97 08 18.

GOUAUX

12-E4 52 km S.-E. Bagnères de Bigorre. 945 m. 46 hab. ✉ 65440

LE RUISSEAU ★★ Tourisme 125 E. (65 Tourisme + 60 Loisirs) 2 ha. CV. Locations : 7 , . Rivière à 1 km. . ☎ 05 62 39 06 49. Fax : 05 62 39 95 49.

GUCHAN

12-E4 40 km S.-E. Bagnères-de-Bigorre. 735 m. 122 hab. ✉ 65170

LA NESTE ★★ Tourisme 17 E. (10 Tourisme + 7 Loisirs) 0,35 ha. Rivière à 200 m. . Sur RN 929, 4 km au Nord de Saint-Lary. ☎ 05 62 39 91 60.

GUCHEN

12-D4 60 km S.-E. Bagnères-de-Bigorre. 772 m. 300 hab. ✉ 65440

LE LAVEDAN ★★ Tourisme 100 E. (70 Tourisme + 30 Loisirs), dont 30 GCC, 1,5 ha. saison, CV Sanitaire chauffé. Locations : 1 , , , , . Accès direct à la rivière. ; . O ☎ 05 62 39 90 21 / 05 62 39 98 99 (H.S.). Fax : 05 62 39 93 15. E-mail : bonneau.pierrot@wanadoo.fr.

HECHES

12-E3 40 km S.-E. Bagnères-de-Bigorre. 610 m. 553 hab. ✉ 65250

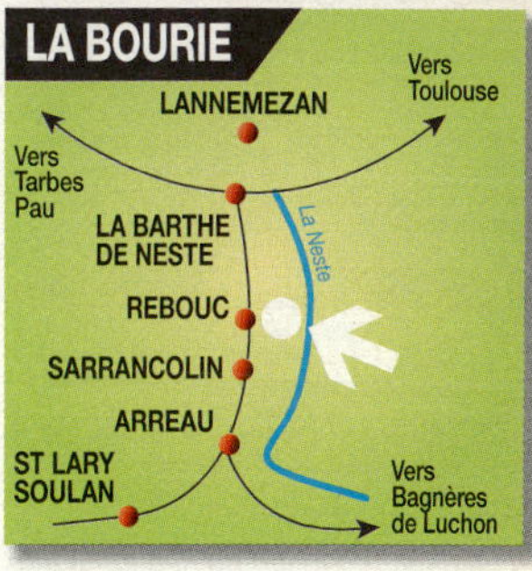

LA BOURIE ★★ Tourisme 100 E. dont 30 nus (86 Tourisme + 14 Loisirs), dont 14 GCC, 2 ha. CV. Locations : 10 , 18 , 2 . Accès direct à la rivière. ; ; . Accueil groupes. Ouv : 1.1 / 31.12. Rebouc. Entre Lannemezan et Arreau sur la RD 929. ☎ 05 62 98 73 19 / 06 25 89 32 90 (H.S.). Fax : 05 62 98 73 44. E-mail : labourie65@aol.com, Web : www.camping-labourie.com. Prix 2007. Empl. Tourisme : 3,50 € ( ) : 3,20 € ; - de 12 ans 2 € ; 3,40 à 5,20 € (4 à 10 A) ; Animaux 0,80 €.

LANNE

12-D3 9 km S.-O. Tarbes. 335 m. 324 hab. ✉ 65380

LA BERGERIE ★★★ Tourisme 100 E. (72 Tourisme + 28 Loisirs), dont 4 CC - 24 GCC, 3 ha. CV Sanitaire chauffé. Locations : 9 . Accès direct à la rivière. Etang à 100 m. . 79, rue des Chênes. 150 m RN 21, sur RD 16. ☎ 05 62 45 40 05. Fax : 05 62 45 40 05. E-mail : camping-la-bergerie@orange.fr, Web : www.camping-la-bergerie.com.

LAU BALAGNAS

12-D3 1 km S.-E. Argelès-Gazost. 480 m. 610 hab. ✉ 65400

CAMP DU LAVEDAN ★★★ Tourisme 137 E., dont 95 CC - 42 GCC, 1,6 ha. snack, CV. Locations : , 6 . couverte . Rivière à 1 km. ; à 1 km : . 44, route des Vallées. ☎ 05 62 97 18 84 / 06 07 80 22 73 (Portable) / 05 62 97 28 72 (H.S.). Fax : 05 62 97 20 68. E-mail : michel.dubie@wanadoo.fr, Web : www.lavedan.com.

FFCC : réduction loc. de 5 % hors saison + HC.

ESPACE PYRENEES LOISIRS ★★★ Loisirs 35 E., dont 35 GCC. 1, chemin Artigue Menigue. ☎ 05 62 97 95 41.

LES FRENES ★★★ Tourisme 165 E., dont 30 CC - 30 GCC, 1,9 ha. CV Sanitaire chauffé. Locations : 6 , . Lac et rivière à 1 km. à 1 km : , . 40 m RN 21, dans l'agglomération. ☎ 05 62 97 25 12. Fax : 05 62 97 01 41. Réduction H.S.

G.C.U. LES PEUPLIERS Réservé aux adhérents. Adhésion possible sur place pour les sociétaires MAIF et FILIA MAIF.

LA PRAIRIE ★★ Tourisme 60 E. 1 ha. CV. Accès direct à la rivière. ☎ 05 62 97 11 87. Fax : 05 62 97 11 87.

M. ESQUERRE Jean-Louis, aire naturelle La Chapelle CV. A 800 m : Piscine plein air . Route de Saint-Savin. ☎ 05 62 97 56 06 / 06 31 34 64 94.

LOUDENVILLE

12-E4 60 km S.-E. Bagnères-de-Bigorre. 973 m. 189 hab. Station verte de vacances et village de neige ✉ 65510

CAMP MUNICIPAL PENE BLANCHE ★★ Tourisme 120 E. dont 85 nus 2,5 ha. CV Sanitaire chauffé. Locations : 19. Lac à 200 m. Rivière à 30 m. à 200 m. Accueil groupes. Ouv : 1.1 / 2.11 & 6.12 / 31.12. Rés. obligatoire en été. A64 Bayonne-Toulouse sortie 16 Direction Arreau, puis Bagnères de Luchon puis Loudenville ☎ 05 62 99 68 85 / 06 71 58 45 41 (H.S.). Fax : 05 62 99 98 20. E-mail : info@peneblanche.com, Web : www.peneblanche.com. Prix 2008. Fft jour : Empl. Tourisme (2) : 21,50 € (5 A)) ; Sup : 5,50 € - de 2/7 ans 4,30 € ; Animaux 1,90 €. Réduction H.S.

LOURDES

12 km N.-E. Argelès-Gazost. 422 m. 17619 hab. ✉ 65100

LE SARSAN ★★★ Tourisme 67 E. 1,8 ha. CV. Locations : 6. Rivière à 1 km.Etang et lac à 5 km. à 1,5 km ; à 6 km. Accueil groupes. Ouv : 20.5 / 30.9. Avenue Jean Moulin. Par Tarbes à l'entrée de Lourdes 1ère rue à gauche et 1 km après le camping. ☎ 05 62 94 43 09. Fax : 05 62 94 43 09. E-mail : camping-sarsan@wanadoo.fr, Web : www.lourdes-camping-com.

PLEIN SOLEIL ★★★ Tourisme 34 E. (18 Tourisme + 16 Loisirs), dont 16 GCC, 1 ha. CV Sanitaire chauffé. Locations : 7. Lac à 4 km. à 1,5 km ; à 4 km ; à 7 km. Quartier du Monge, 150 m RN 21. ☎ 05 62 94 40 93. Fax : 05 62 94 51 20. E-mail : camping.plein.soleil@wanadoo.fr, Web : www.camping-plein-soleil.com.

CAMP DU LOUP ★★ Tourisme 60 E. 1,5 ha. pain, CV. Rivière à 300 m. Lac à 3 km. à 300 m ; à 2 km. Accueil groupes. Ouv : 1.4 / 15.10. Route de la Forêt. Près des Sanctuaires. RD 13 dir. Pau Betharram. ☎ 05 62 94 23 60. Fax : 05 62 94 23 60. Prix 2008. Empl. Tourisme : 3 € ; 4 € ; - de 7 ans 2 € ; 2,50 € (6 A) ; 1 € ; Animaux 1 €.

LA FORET ★★ Tourisme 133 E., dont 8 GCC, 2,5 ha. CV. Locations : 12, 4. Rivière à 300 m. Lac à 2 km. Route de la Forêt, RD 13 par Pau dir. Betharam. ☎ 05 62 94 04 38 / / 05 62 45 04 57 (H.S.). Fax : 05 62 42 14 86.

LA POSTE ★★ Tourisme 10 E. dont 10 nus 0,1 ha. Locations : chambres. Rivière à 500 m. Lac à 1,5 km. à 200 m. Ouv : Pâques / 15.10. 26, rue de Langelle, 150 m RN 21, centre ville. ☎ 05 62 94 40 35. Prix 2008. Fft jour : Empl. Tourisme (2) : 10 € ; Sup : 3 € - de 7 ans 2 € ; 2,50 à 4,80 € (3 à 6 A) ; 1,30 € ; Animaux 2 €.

L'ARROUACH ★★ 67 E. 2,5 ha. CV. Lac à 800 m. Rivière à 1 km. Accueil groupes. Ouv : 15.3 / 31.12. 9, rue des Trois Archanges, quartier Biscaye. 200 m RD 940 ou RD 937. ☎ 05 62 42 11 43 / 05 62 94 25 75 (H.S.). Fax : 05 62 42 05 27. E-mail : camping.arrouach@wanadoo.fr, Web : www.camping-arrouach.com. Prix 2008. Empl. Tourisme : 4,50 € () : 3,80 € ; 1,90 € ; 2,50 à 3,50 €.

LE DOMEC ★★ Tourisme 100 E. 2 ha. CV. Locations : Rivière à 2 km.Lac à 4 km. à 1,5 km ; à 1 km. Accueil groupes. Route de Julos, Boulevard du Centenaire, 100 m RN 21. ☎ 05 62 94 08 79. Fax : 05 62 94 08 79. Réduction H.S.

LE PRAT ★★ Tourisme 100 E. 1,5 ha. 22, avenue Antoine Béguère, (RN 640). ☎ 05 62 94 01 53.

LE VIEUX BERGER ★★ Tourisme 60 E. 1,5 ha. Boulevard du Centenaire et route de Julos. ☎ 05 62 94 60 57.

MOULIN DU MONGE ★★ Tourisme 67 E., dont 5 GCC, 1 ha. + sèche-linge, CV Sanitaire chauffé. Locations : 10, 1 maison. couverte chauffée. Lac et rivière à 5 km. à 5 km. Ouv : 1.4 / 10.10. Avenue Jean Moulin, quartier de Monge, 50 m RN 21. ☎ 05 62 94 28 15. Fax : 05 62 42 20 54. E-mail : camping.moulin.monge@wanadoo.fr, Web : www.camping-lourdes.com. Prix 2007.Prix 2008. Empl. Tourisme : 4,80 € () : 4,80 € ; - de 7 ans 3 € ; 2 à 4 € (2 à 6 A).

FFCC : partenaire + réduction emp. de 5 % en saison et hors saison + carte FFCC assurance annulation + Stop accueil Camping-car du 01/04 au 20/06 et du 08/09 au 25/09/2008, accès jusqu'à 19h.

THEIL ★★ Tourisme 39 E. 5 ha. Locations : Lac et rivière à 3 km. 250 m RN 640, à 3 km du centre ville. ☎ 05 62 94 24 59.

LE RUISSEAU BLANC ★ Tourisme 110 E. dont 88 nus, 2 ha. + sèche-linge, CV. Locations : 4, 1. Route de Bagnères Anclades, 400 m RD 937. ☎ 05 62 42 94 83.

LES DEUX PICS DU JER ★ Tourisme 55 E. 1 ha. CV. Lac et rivière à 2 km. à 1 km ; à 2 km. Accueil groupes. Boulevard d'Espagne, 1 km du centre. ☎ 05 62 94 20 94 / 06 77 49 86 97 (H.S.).

LOURES BAROUSSE

12-E3 50 km E. Bagnères-de-Bigorre. 445 m. 586 hab. ✉ 65370

CAMP MUNICIPAL ★ Tourisme 87 E. 1,5 ha. Locations : Accès direct à la rivière. Lac à 500 m. Sortie autoroute Montréjeau. ☎ 05 62 99 29 29 / 06 87 56 19 32.

LUBRET ST LUC

12-D3 24 km N.-E. Tarbes. 310 m. 98 hab. ✉ 65220

CAMP MUNICIPAL ★ 13 E. 1 ha. Locations : Etang à 300 m. Rivière à 800 m. ☎ 05 62 35 52 94.

LUZ ST SAUVEUR

12-D4 20 km S.-E. Argelès-Gazost. 711 m. 1159 hab. ✉ 65120

LES CASCADES ★★ Tourisme 77 E. (45 Tourisme + 32 Loisirs), dont 25 GCC, 2 ha. CV. Locations : 15, 9. RN 21. Jaccuzi, hamman. ☎ 05 62 92 85 85 / 05 62 92 82 15 / 05 62 92 82 15 (H.S.). Fax : 05 62 92 96 95.

SAINT BAZERQUE ★★ 100 E. dont 28 nus. Rivière à 200 m. Accueil groupes. Ouv : 15.6 / 30.9. Sia. ☎ 05 62 92 49 93. Prix 2007. Empl. Tourisme : 3,40 € ; 3,40 € ; 1,70 € ; 3 € (3 A) ; Animaux 0,90 €.

TOY ★★ Tourisme 100 E. 1,5 ha. Sanitaire chauffé. Accès direct à la rivière. Accueil groupes. Ouv : 6.12 / 13.4 & 8.5 / 26.9. Rés. obligatoire en été. 17, Place du 8 Mai. Au centre de Luz à côté de l'office du tourisme. ☎ 05 62 92 86 85. Prix 2007. Empl. Tourisme : 3,80 € () : 3,80 € ; - de 7 ans 2,80 € ; 2 à 4 € (2 à 4 A) ; Animaux 1 €.

Voir aussi ESQUIEZE-SERE / ESTERRE / SASSIS / SALIGOS

MADIRAN

12-D2 38 km N. Tarbes 128 m. 603 hab. ✉ 65700

CAMP MUNICIPAL LE MADIRAN ★★ Tourisme 10 E. 1 ha. CV. à 10 km. Accueil groupes. Ouv : 15.6 / 30.8 - 30.9 / 15.10. Impasse des Jardins. ☎ 05 62 31 92 83 / 06 33 03 29 44 (H.S.). E-mail : irmali@orange.fr, Web : http:/:monsite.orange.fr/madiran. Prix 2008. Empl. Tourisme : 5 € () : 3 € ; 2 € ; 2,50 €. Réduction H.S.

FFCC : partenaire + réduction emp. de 5 % en saison et 10 % hors saison.

MAUBOURGUET

28 km N. Tarbes. 180 m. 2573 hab. Station verte de vacances et village de neige ✉ 65700

CAMP MUNICIPAL DE L'ECHEZ ★★ Tourisme 50 E. 0,7 ha. Rivière à 300 m. à 500 m. Rue Jean Clos Pucheu. De Tarbes prendre route de Bordeaux puis fléchage. 200 m RN 135. ☎ 05 62 96 37 44 / / 06 25 01 21 43 (H.S.). Fax : 05 62 96 37 44. E-mail : thy.petite@wanadoo.fr. Prix 2007. Fft jour : Empl. Tourisme (2) : 10 € ; Sup : 2,50 € - de 12 ans 2 € ; 3 € (10 A) ; Animaux 1,50 €. Réduction H.S.

MOMERES

12-D3 6 km S. Tarbes. 400 m. 517 hab. ✉ 65360

LE MOULIN,aire naturelle Chemin Beyrède. Bord de rivière. Randonnées pédestres en montagne. ☎ 05 62 45 94 34 / 06 88 35 29 45.

MONLEON MAGNOAC

12-E3 56 km E. Tarbes. 395 m. 510 hab. ✉ 65670

CAMP MUNICIPAL ★★ Tourisme 11 E. ☎ 05 62 99 40 08. Fax : 05 62 99 40 08.

ORINCLES

12-D3 14 km S. Tarbes 342 m. 252 hab. ✉ 65380

M. DHOM Georges,aire naturelle Le Cerf Volant CV. Ouv : 15.5. 7, Cami de la Géline. Entre Lourdes et Bagnères-de-Bigorre, RD 937. ☎ 05 62 42 99 32. Fax : 05 62 42 99 32. Prix 2008. () : 1,70 € ; 1,20 € ; 3 € ; 1,20 € ; 2,40 € ; - de 7 ans 1,20 € ; 2,30 € (15 A).

OUZOUS

12-D3 5 km N. Argelès-Gazost. 550 m. 128 hab. ✉ 65400

M. CAPDEVILLE Bernard,aire naturelle La Ferme du Plantier CV. A 2 km : Piscine plein air. Ouv : 1.6 / 30.9. ☎ 05 62 97 58 01. Prix 2008. () : 3 € ; 2 € ; 4,50 € ; 2,50 € ; 2,50 € ; - de 7 ans 1,50 € ; 2,50 à 3,50 € (3 à 6 A) ; Animaux 1,50 €.

PAILHAC

12-E4 745 m. 21 hab. ✉ 65240

AIRE NATURELLE Gentils. ☎ 05 62 98 64 38.

PAREAC

12-D3 19 km N.-E. Argelès-Gazost 500 m. 85 hab. ✉ 65100

SO DE CASSIA ★★ Tourisme 15 E. 0,27 ha. ☎ 05 62 45 60 24 / 05 62 42 11 00.

PEYROUSE

12-D3 18 km N. Argelès-Gazost. 340 m. 227 hab. ✉ 65270

LE PRAT DOU REY ★★ Tourisme 167 E. 3,5 ha. , snack/pizzéria, CV. Locations : 2 , 4 , 12 , , Bambis. . Rivière à 100 m. Lac à 5 km. à 600 m : . Accueil groupes. Ouv : 8.3 / 18.10. Route de Pau, 31, route de Pau, 150 m RN 637, 400 m du village. ☎ 05 62 41 81 54 / 06 25 41 19 27 (H.S.). Fax : 05 62 41 89 76. E-mail : lepratdourey@orange.fr, Web : www.camping-lepratdourey.com. Prix 2008. Empl. Tourisme : 7,30 € ; 4,15 € ; - de 7 ans 2,10 € ; Animaux 0,95 €. Réduction H.S.

FFCC : partenaire + réduction emp. de 5 % en saison et 10 % hors saison + carte FFCC assurance annulation + réduction loc. de 5 % hors saison.

PIERREFITTE NESTALAS

12-D4 5 km S.-E. Argelès-Gazost. 463 m. 1620 hab. ✉ 65260

LARBEY ★★★ Loisirs 55 E., dont 7 CC - 23 GCC. Route de Cauterets. ☎ 05 62 92 74 61. Fax : 05 62 92 70 28.

POUEYFERRE

17 km N. Argelès-Gazost. 450 m. 664 hab. ✉ 65100

RELAIS OCEAN PYRENEES ★★★ Tourisme 58 E. 1,2 ha. Sanitaire chauffé. Locations : . . Lac à 1 km. à 1 km : . Ouv : 1.6 / 15.9. D 940. Pau-Lourdes par Soumoulou ou RN 21 par Tarbes. ☎ 05 62 94 57 22 / 05 62 94 95 23 (H.S.). Fax : 05 62 94 57 22. Web : www.Camping-Relais-Ocean-Pyrenees.com. Prix 2007. Empl. Tourisme : 4 € () : 4 € ; - de 7 ans 2 € ; 2,50 à 4,20 € (4 à 10 A) ; Animaux 10 €. Fft Ccar : 20 € (2).

POUZAC

12-D3 2 km N.-O. Bagnères-de-Bigorre. 325 m. 1031 hab. ✉ 65200

LE BIGOURDAN ★★★ Tourisme 48 E. dont 40 nus, 1 ha. , + sèche-linge, CV Sanitaire chauffé. Locations : , . . Rivière à 300 m. à 300 m : . Accueil groupes. Ouv : 29.3 / 20.10. 50 m CD 935. A 2 km du centre ville. ☎ 05 62 95 13 57. Web : www.camping-bigourdan.com. Prix 2007. Empl. Tourisme : 3,90 € () : 3,90 € ; - de 7 ans 2,60 € ; 2,80 à 4,50 € (3 à 6 A) ; Animaux 1 €.

LE PIED DU BEDAT ★ Tourisme 50 E. 1 ha. CV. Locations : , . Accès direct à la rivière. . Ouv : 1.5 / 1.10. Pouzac est le dernier village en venant de Tarbes, avant Bagnères de Bigorre. Le camping se situe route d'Astugue. ☎ 05 62 95 47 22 / 05 62 95 38 99 (H.S.). Prix 2007. Empl. Tourisme : 3 € ; 1,90 € ; - de 7 ans 1,30 € ; 1,80 à 2,30 € (2 à 4 A) ; 1 € (jeton) ; Animaux 0,30 €.

PRECHAC

12-D3 5 km S.-E. Argelès-Gazost. 480 m. 198 hab. ✉ 65400

HAUTACAM ★★ Tourisme 26 E. 1 ha. CV. . Ouv : 1.1 / 31.12. Sur RD 13, à 3,5 km RN 21. ☎ 05 62 97 10 33. Prix 2007. Empl. Tourisme : 2,60 € ; 2,60 € ; - de 7 ans 1,30 € ; 2 à 4,30 € (2 à 6 A) ; Animaux 1 €.

RABASTENS DE BIGORRE

12-D2 19 km N.-E. Tarbes. 216 m. 1299 hab. ✉ 65140

CAMP MUNICIPAL LA GALOTTE ★★ Tourisme 33 E. ☎ 05 62 96 60 22.

ST LARY SOULAN

12-D4 47 km S.-E. Bagnères-de-Bigorre. 815 m. 921 hab. ✉ 65170

CAMP MUNICIPAL ★★★★ Tourisme 76 E. 1 ha. CV Sanitaire chauffé. Rivière à 300 m. Etang à 4 km. . Ouv : 30.11 / 30.9. 300 m RN 129. ☎ 05 62 39 41 58 / 05 62 40 87 85 (H.S.). Fax : 05 62 40 01 40. E-mail : camping.stlary@wanadoo.fr, Web : www.saintlary-vacances.com. Prix 2008. Empl. Tourisme : 5 € () : 5 € ; - de 12 ans 2 € ; 4 à 6 € (4 à 8 A).

D'AUTUN ★ Tourisme 100 E., dont 20 GCC, 3 ha. CV. Locations : . . Accès direct aux bords du lac. Rivière à 3 km. à 2 km : , . Accueil groupes. Ouv : 15.5. 11 rte d'Autun. D 929. ☎ 05 62 39 40 31.

ST LAURENT DE NESTE

12-E3 35 km E. Bagnères de Bigorre. 470 m. 1070 hab. ✉ 65150

LA NESTE ★★ Tourisme 50 E. 1,2 ha. , ap. 22 h. Locations : , . Accès direct aux bords du lac et à la rivière. ; ; . D 938. RN 117. ☎ 05 62 39 73 38 / 05 62 99 01 49 (Domicile).

FFCC : partenaire - terrain assuré par la FFCC.

ST PE DE BIGORRE

12-D3 19 km N.-N.-O. Argelès-Gazost. 335 m. 1897 hab. ✉ 65270

LES RIVES DU GAVE ★★ Tourisme 20 E. 0,3 ha. , , volley/pétanque, CV. Rivière à 10 m. Lac à 4,5 km. ; à 1,5 km : . Accueil groupes. Hameau de Rieulhès. RD 937. 2, route du Bois de Lourdes. ☎ 05 62 41 80 29. E-mail : RIEULHES@aol.com, Web : blogs.aol.fr/rieulhes/CampingLesrivesdugave.

LA GROTTE AUX FEES ★ Tourisme 60 E. 1,5 ha. , pain, . Rivière à 200 m. ; à 1,8 km : . Ferme Bataillé, par RD 937. ☎ 05 62 41 81 63. Fax : 05 62 41 81 63.

LE BAROU,camping à la Ferme ☎ 05 62 41 80 81.

SALIGOS

12-D4 16 km S.-E. Argelès-Gazost. 650 m. 82 hab. ✉ 65120

SO DE PROUS ★★★ Tourisme 80 E., dont 10 CC - 21 GCC, 2 ha. , été, CV Sanitaire chauffé. Locations : 12 . chauffée . Rivière à 100 m. . Accueil groupes. Ouv : 20.12 / 7.11. Sur RN 21, lieu-dit Larisc. Salle de loisirs, salle de séchage. ☎ 05 62 92 82 41. Fax : 05 62 92 34 10. E-mail : jj.poulou@wanadoo.fr, Web : www.sodeprous.com. Prix 2007. Empl. Tourisme : 4 € ; 4 € ; - de 7 ans 2 € ; 2 à 6 € (2 à 6 A) ; Animaux 1 €. Réduction H.S.

LE NERE ★★ Tourisme 67 E. (57 Tourisme + 10 Loisirs) 1,2 ha. . couverte . Rivière à 100 m. ☎ 05 62 92 81 30. Fax : 05 62 92 81 30. Web : membres.lycos.fr/campinglenere.

SARLABOUS

12-D3 18 km E. Bagnères de Bigorre. 350 m. 96 hab. ✉ 65130

AIRE NATURELLE LE MOULIN DES BARONNIES , pétanque, , CV. A 8 km: Piscine plein air . A 10 km : . Ouv : 1.5 / 30.10. Par RD 14, à 2 km de la commune. Exposition artisanale. Produits locaux. Randonnées pédestres, sentiers balisés. ☎ 05 62 39 05 14. Fax : 05 62 40 93 00. E-mail : maison.baronnies@wanadoo.fr, Web : www.moulindesbaronnies.com. Prix 2007. 2,50 € ; 1 € ; 3 € ; 2,20 € ; 2 € ; - de 12 ans 1,50 € ; 2,30 € ; 0,30 €.

FFCC : partenaire - terrain assuré par la FFCC .

SARRANCOLIN

12-E4 36 km S.-E. Bagnères-de-Bigorre. 630 m. 772 hab. ✉ 65410

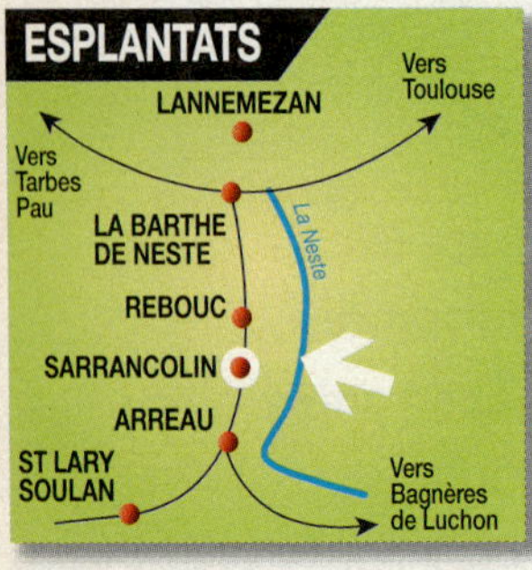

CAMP D'ESPLANTATS ★★ Tourisme 56 E. dont 30 nus, 2 ha. CV Sanitaire chauffé. Locations : 3, 2. Accès direct à la rivière. Accueil groupes. Ouv : 1.1 / 31.12. Rés. obligatoire en été. RD 929 à Sarrancolin. ☎ 05 62 98 79 20. Fax : 05 62 98 79 20. E-mail : camping.desplantats@wanadoo.fr, Web : perso.wanadoo.fr/camping.desplantats. Prix 2008. Fft jour : Empl. Tourisme (2) : 10,40 € ; Sup : 3,10 € 2,20 € ; 2,40 € ; Animaux 1,50 €.

SASSIS

12-D4 15 km S.-E. Argelès-Gazost. 700 m. 54 hab. ✉ 65120

LE HOUNTA ★★★ Tourisme 125 E., dont 36 GCC, 1,5 ha. CV Sanitaire chauffé. Locations : 1, 10. Rivière à 100 m.; à 5 km :. Ouv : Vac. Noël / 15.10. Rés. obligatoire en été. A 30 km de Lourdes en dir. de Luz-St-Sauveur. ☎ 05 62 92 95 90. Fax : 05 62 92 92 51. E-mail : le-hounta@wanadoo.fr, Web : www.campinglehounta.com. Prix 2007. Fft jour : Empl. Tourisme (2) : 10,60 € ; Sup : 3,50 € - de 6 ans 2,30 € ; 1,80 à 9 € (2 à 10 A) ; Animaux 1 €. Réduction H.S.

FFCC : partenaire + réduction emp. de 5 % en saison et 10 % hors saison + carte FFCC assurance annulation + réduction loc. de 10 % hors saison.

SAZOS

12-D4 17 km S.-E. Argelès-Gazost. 830 m. 147 hab. ✉ 65120

LE PYRENEVASION ★★★ Loisirs 75 E. (10 Tourisme + 65 Loisirs), dont 70 GCC - 10 HLL, 2 ha. CV Sanitaire chauffé. Locations : 4, 8. chauffée mini. Accueil groupes. Ouv : 1.1 / 31.12. Route de Luz Andider. Accès par Luz St-Sauveur D 12 dir. Sazos ou Luz-Ardiden. ☎ 05 62 92 91 54. Fax : 05 62 92 98 34. E-mail : camping-pyrenevasion@wanadoo.fr, Web : www.campingpyrenevasion.com. Prix 2007. Fft jour : Empl. Tourisme (2) : 20,50 € ((3 A)) ; Sup : 5 € - de 7 ans 3 € ; Animaux 2 €. Réduction H.S.

FFCC : partenaire + réduction emp. de 5 % hors saison + carte FFCC assurance annulation + Stop accueil Camping-car du 01/01 au 05/07 et du 25/08 au 31/12/2008, accès jusqu'à 21h + réduction loc. de 5 % hors saison.

TIBIRAN JAUNAC

12-E3 35 km E. Bagnères-de-Bigorre. 456 m. 390 hab. ✉ 65660

LE RURAL ★ Loisirs 51 E. (21 Tourisme + 30 Loisirs), dont 10 CC - 10 HLL, 5 ha. Locations :. Rivière à 50 m. Etang et lac à 500 m.; à 100 m :. Ouv : mars / octobre. RN 117 Toulouse/Tarbes sortie 17 autoroute à Montrejeau puis route Mazères 2 km et suivre panneaux. Gardiennage à l'année. ☎ 05 61 88 34 50 / 05 61 88 31 89.

FFCC : partenaire - terrain assuré par la FFCC.

TREBONS

12-D3 4 km N.-O. Bagnères-de-Bigorre. 475 m. 721 hab. ✉ 65200

PARC DES OISEAUX ★★ Tourisme 67 E., dont 5 GCC, 2,8 ha. + sèche-linge, CV. Locations :. Rivière à 800 m.; à 3 km :. Accueil groupes. Ouv : 1.3 / 30.11. RD 26, à 1 km RN 135. ☎ 05 62 95 30 26. Prix 2007. Fft jour : Empl. Tourisme (2) : 12,50 € ; Sup : 3 € - de 7 ans 1,50 € ; 3 à 5 € (3 à 10 A) ; Animaux 1,50 €. Fft Ccar : 8 € (2). Réduction H.S.

FFCC : partenaire + réduction emp. de 5 % en saison et 10 % hors saison + Stop accueil Camping-car du 01/03 au 30/11/2008, accès permanent.

VIELLE AURE

12-D4 56 km S.-E. Bagnères-de-Bigorre. 850 m. 208 hab. ✉ 65170

LE LUSTOU ★★★ Tourisme 64 E., dont 44 GCC, 2,8 ha. CV Sanitaire chauffé. Locations : 6. Ouv : 1.12 / 10.10. Agos. ☎ 05 62 39 40 64. Fax : 05 62 39 40 72. E-mail : camping.lustou@libertysurf.fr, Web : www.lustou.com. Prix 2008. Empl. Tourisme : 4,40 € ; 4,20 € ; - de 8 ans 2,30 € ; 2,30 à 3,50 € (2 à 4 A) ; Animaux 1,70 €.

VIGNEC

12-D4 57 km S.-E. Bagnères-de-Bigorre. 800 m. 130 hab. ✉ 65170

ARTIGUETTE ST JACQUES ★★ Tourisme 68 E. (34 Tourisme + 34 Loisirs), dont 34 CC - 34 GCC. Sanitaire chauffé. Ouv : 1.1 / 31.12. ☎ 05 62 39 52 24. Fax : 05 62 39 52 24. E-mail : francoisecarrore@wanadoo.fr, Web : www.camping-artiguette.free.fr.

66 PYRENEES-ORIENTALES

Carte 13

ALENYA

13-D4 11 km S.-E. Perpignan. 7 m. 1213 hab. ✉ 66200

CAP SUD ★★★ Tourisme 80 E, dont 38 nus, dont 13 GCC, 1,50 ha. CV. Locations : 13, 5. Rivière à 300 m. Bord de mer et étang à 3 km.Lac à 5 km. à 3 km :; à 5 km :. Ouv : 1.4 / 31.10. Rés. obligatoire en été. Avenue de la Mer. ☎ 04 68 22 17 26. E-mail : campi ng.capsud@free.fr, Web : camping.capsud.free.fr. Prix 2008. Fft jour : Empl. Tourisme (2) : 19 € ; Sup : 5 € - de 10 ans 3 € ; 3,50 € ; Animaux 2 €. Réduction H.S.

DOMAINE DU MAS BLANC ★★ Tourisme 16 E. CV. Locations :, Chambres (prix par pers. en P.C.). Lac à 3 km.; Réservé aux adhérents d'une Mutuelle. ☎ 04 68 37 66 66 / 0 825 700 777 (Réserv.) (H.S.). Fax : 04 68 37 67 06. E-mail : reservations@mvacances.com, Web : www.mvacances.com.

Mme GARNIER Mvriam, camping à la ferme Mas Las Planes. A 5 km:. Route de Saleilles. ☎ 06 83 51 51 13 / 06 11 55 68 35. E-mail : masbazan@wanadoo.fr, Web : www.masbazan.fr.st.

AMELIE LES BAINS PALALDA

9 km S.-O. Céret. 240 m. 3779 hab. Station verte de vacances et village de neige ✉ 66110

CAMP MUNICIPAL ★★ Tourisme 83 E. 1 ha. Sanitaire chauffé. Rivière à 1 km. à 50 m :; à 1 km :. Ouv : 1.2 / 1.12. Avenue Beausoleil, (RN 115), à l'entrée de la ville. ☎ 04 68 39 22 37 / 04 68 39 00 34 (H.S.). Prix 2007. Empl. Tourisme : 3,45 € ; 3,20 € ; - de 4/7 ans 1,60 € ; Animaux 1 €. Réduction H.S.

CENTRE NATURISTE LA BALMA Voir MONTBOLO

ANGOUSTRINE VILLENEUVE ESCALDES

65 km S.-O. Prades. 1380 m. 746 hab. ✉ 66760

CAMP MUNICIPAL SOL Y NEU ★★ Tourisme 112 E. Locations :. Rivière à 800 m. ☎ 04 68 04 66 83. Fax : 04 68 04 64 89.

ARGELES SUR MER

13-D5 26 km E. Céret. 20 m. 5753 hab. ✉ 66700

BOIS DE VALMARIE ★★★★ Tourisme 181 E., dont 181 GCC, 7 ha. snack, CV. Locations : 100. chauffée . Bord de mer à 50 m.; à 50 m : ; à 300 m : . Ouv : 18.4 / 27.9. Au Racou. A 9 sortie Perpignan Sud, dir. Argeles/Mer sortie n° 13 Le Racou. ☎ 04 68 81 09 92 / 04 68 81 04 61 (H.S.). Fax : 04 68 95 80 58. E-mail : contact@camping-lasirene.fr, Web : www.camping-lasirene.fr. Prix 2008. Fft jour : Empl. Tourisme (3) : 40 € ; Sup : 9 € - de 5 ans 6 € ; 3 €.

LA SIRENE ★★★★ Tourisme 741 E., dont 514 GCC - 20 HLL, 15 ha. snack, à gaz, la nuit, CV. Locations : 20, 420, cottages. Bord de mer à 900 m.; à 900 m : ; à 1 km : . Ouv : 18.4 / 27.9. Rés. obligatoire en été. Route de Taxo, RN 114. Avant Argelès, prendre sortie n°10 dir. Taxo d'Avall. Plage Nord. ☎ 04 68 81 04 61. Fax : 04 68 81 69 74. E-mail : contact@camping-lasirene.fr, Web : www.camping-lasirene.fr. Prix 2008. Fft jour : Empl. Tourisme (3) : 40 € ; Sup : 9 € - de 5 ans 6 € ; 3 € (6 A).

L'ARBRE BLANC ★★★★ Tourisme 164 E., dont 164 GCC, 3 ha. snack, uniquement au gaz, CV. Locations : 81. Bord de mer à 2 km. ; à 2 km : ; à 6 km : . Ouv : 1.5 / 15.9. Chemin de Taxo à la Mer. Sortie Perpignan sud dir. Argelès voie rapide et sortie Taxo n° 10. ☎ 04 68 81 26 49. Fax : 04 68 81 55 29. E-mail : arbreblanc@wanadoo.fr, Web : campingarbreblanc.com.

LE BOIS FLEURI ★★★★ Tourisme 225 E., dont 82 HLL, 12 ha. CV. Locations : 198, 52, 100. ; . Route de Sorède, à 2 km RN 114. ☎ 04 68 81 70 00. Fax : 04 68 81 66 12.

LE DAUPHIN ★★★★ Tourisme 242 E., dont 242 GCC, 8,5 ha. CV. Locations : 50. Bord de mer et rivière à 1,5 km. ; à 1,5 km : ; à 2 km : . Ouv : 17.5 / 20.9. Route de Taxo la Mer, RN 114. Point internet ☎ 04 68 81 17 54. Fax : 04 68 95 02 60. E-mail : info@campingledauphin.com, Web : www.campingledauphin.com. Prix 2008. Fft jour : Empl. Tourisme (2) : 25,90 € (E. CC E. GCC) ; Sup : 6,30 € - de 5 ans 4,30 € ; 4,10 € (10 A) ; Animaux 3,50 €. Réduction H.S.

LE NEPTUNE ★★★★ Tourisme 215 E., dont 50 GCC, 4,25 ha. à gaz, . Locations : . Bord de mer à 400 m. Rivière à 1,5 km. ; à 350 m : , ; à 400 m : . Prendre zone Pujol et ensuite Plage Nord sortie n° 10. ☎ 04 68 81 02 98 / 0810 122 813 (H.S.). Fax : 04 68 81 00 41. E-mail : neptune@village-center.com, Web : www.village-center.com/neptune. Réduction H.S.

LE SOLEIL ★★★★ Tourisme 844 E., dont 145 GCC, 17 ha. CV Camping tourisme et handicap. Locations : 70. Accès direct à la mer et à la rivière. ; ; ; ; . Ouv : 17.5 / 20.9. 300 m de la route du Littoral. ☎ 04 68 81 14 48 / 04 68 95 94 62 (H.S.). Fax : 04 68 81 44 34. E-mail : camping.le soleil@wanadoo.fr, Web : campmed.com. Prix 2008. Empl. Tourisme : 12,90 € ; 8,60 € ; 3,40 € (6 A). Réduction H.S.

LES GALETS ★★★★ Tourisme 233 E. dont 25 nus, , dont 213 GCC, 5 ha. saison, à gaz, 24/8, CV. Locations : 30, 130. chauffée. Bord de mer à 1,5 km.Rivière à 3 km. à 1,5 km : ; à 5 km : . Accueil groupes hors saison. hors saison. Ouv : 22.3 / 30.9. Rés. obligatoire en été. Route de Taxo à la mer. Sortie RN 114 n° 10 Taxo d'Avall puis route de Taxo à la mer. ☎ 04 68 81 08 12. Fax : 04 68 81 68 76. E-mail : lesgalets@campinglesgalets.fr, Web : www.campmed.com. Prix 2008. Fft jour : Empl. Tourisme (2) : 35 € ( ) ; Sup : 7,50 € - de 5 ans 3,50 € ; Animaux 4 €. Fft Ccar : 10 € (2). Réduction H.S.

FFCC : Stop accueil Camping-car du 22/03 au 28/06 et du 30/08 au 30/09/2008, accès jusqu'à 21h.

L'ETOILE D'OR

L'ETOILE D'OR ★★★★ Tourisme 428 E., dont 2 CC - 359 GCC, 8,5 ha. gaz/électrique, CV. Locations : 150, Cottages. Rivière à 2 km.Bord de mer à 2,5 km.Etang à 5 km. ; à 2,5 km : piscine, ; à 3 km : . Ouv : 15.5 / 15.9. Route de Taxo à la mer, 800 m RN 114. De Perpignan, après Elne sortie 10 dir. Taxo-plage Nord. ☎ 04 68 81 04 34. Fax : 04 68 81 57 05. E-mail : info@aletoiledor.com, Web : www.aletoiledor.com. Prix 2008. Fft jour : Empl. Tourisme (2) : 33 € ( ) ; Sup : 9 € - de 2/6 ans 4 € ; Animaux 3 € (chien). Réduction H.S.

L'HIPPOCAMPE ★★★★ Tourisme 171 E., dont 17 GCC, 4 ha. à gaz, ap. 23 h, CV. Locations : 50 . Bord de mer à 900 m. ; à 900 m : ; à 1 km : . Ouv : 18.4 / 28.9. Rés. obligatoire en été. Route Taxo d'Avall. Les Honors. A 9 sortie Perpignan Sud dir. Argeles/Mer sortie 10 Taxo plage Nord. ☎ 04 68 81 10 10 / 04 68 81 04 61 (H.S.). Fax : 04 68 81 40 97. E-mail : contact@camping-lasirene.fr, Web : www.camping-lasirene.fr. Prix 2008. Fft jour : Empl. Tourisme (3) : 40 € ( ) ; Sup : 9 € - de 5 ans 6 € ; 3 €.

BEAUSEJOUR ★★★ Tourisme 207 E., dont 68 CC - 169 GCC, 3 ha. CV. Locations : 100, 25 . chauffée . Bord de mer à 300 m. ; à 300 m : . Accueil groupes. Avenue du Tech, RN 618 et RN 114. ☎ 04 68 81 10 63. Fax : 04 68 95 75 08. E-mail : hpabeausej@aol.com, Web : www.camping-lebeausejour.com. Réduction H.S.

CAMP BOUIX ★★★ Tourisme 70 E. 1 ha. Locations : 4, 5 . Bord de mer à 100 m. à 100 m : . Avenue du Général de Gaulle. RN 618. ☎ 04 68 81 11 75 / 04 68 81 28 44 / 04 68 81 28 44 (H.S.). Fax : 04 68 95 71 80.

LE ROUSSILLONNAIS

CAMP MUNICIPAL ROUSSILLONNAIS ★★★ Tourisme 731 E., dont 79 CC - 79 GCC, 10 ha. collectif, CV. Locations : 16, 10, 17 . Accès direct à la mer. ; ; ; . Ouv : mi-avril / 29.9. Boulevard de la mer, par RN 114 sortie 10. Secteur plage Nord. ☎ 04 68 81 10 42. Fax : 04 68 95 96 11. E-mail : camping.rouss@infonie.fr, Web : www.leroussillonnais.com. Prix 2007. Fft jour : Empl. Tourisme (2) : 21 € ( ) ; Sup : 5,10 € - de 3 ans 1,80 € ; 3,60 € (6 A) ; Animaux 1,50 €. Réduction H.S.

La Méditerranée
d'avril à septembre
www.campmed.com

CAMPING LES GALETS ★★★★
Route de Taxo à la Mer • 66700 Argelès sur Mer
✆ 04 68 81 08 12 • Fax : 04 68 81 68 76
e-mail : lesgalets@campinglesgalets.fr
Ouvert du 22/03/2008 au 30/09/2008
A 1500 m de la mer, espace aquatique 450 m2 d'eau chauffée (26° minimum). Jacuzzi, lagon, pataugeoire, rivière à courant. Massage, esthétique, coiffure, bar-restaurant.
Location de chalet / M-Home
Prix indicatif semaine :
Mars/Avril/Mai/Juin/Septembre : 150 € à 399 €
Juillet/Août : 350 € à 882 €

CAMPING LES MARSOUINS ★★★
Route de la Retirada 66702 Argelès sur Mer Cedex
✆ 04 68 81 14 81 • Fax : 04 68 95 93 58
e-mail : marsouins@campmed.com
A 800 m de la mer. Piscine chauffée. Grands emplacements, bar, restaurant, discothèque.
Location de mobil-homes
(draps et couvertures inclus)
Prix indicatif semaine :
Avril, Mai et Juin : 182 € à 497 €
Juillet/Août : 469 € à 868 €
Septembre : 182 € à 357 €
Promo hors-saison 4 jours / 3 nuits : 105 €

CAMPING CALA GOGO ★★★★
Avenue Armand Lanoux - Les Capellans
Plage de la Lagune - 66750 Saint Cyprien
✆ 04 68 95 90 11 • Fax : 04 68 95 92 82
e-mail : calagogo@campmed.com
Sur la plage. Accès direct à la mer. 2 tennis. Bar de plage. Discothèque. Restaurant, tabac-presse.
Location de mobil-homes
Prix indicatif semaine :
Mai /Juin/Septembre : 252 € à 483 €
Juillet/Août : 420 € à 644 €

CAMPING LE SOLEIL ★★★★
Route du littoral - 66702 Argelès sur Mer Cedex
✆ 04 68 95 94 62 • Fax 04 68 95 92 81
e-mail : lesoleil@campmed.com
Sur la plage, accès direct à la mer. Ombragé. Plan d'eau 1500 m². Tennis. Fitness. Discothèque. Restaurant, tabac-presse.
Location de mobil-homes
Prix indicatif semaine :
Mai /Juin/Septembre : 252 € à 483 €
Juillet/Août : 420 € à 644 €

Vacances familiales en mobil-homes et chalets haut de gamme
Club enfants, animations, club de plongée, ...

Argelès sur Mer, Saint Cyprien, des stations à vivre

COMANGES ★★★ Tourisme 90 E. dont 75 nus, dont 1 GCC, 1,15 ha. CV. Locations : 17. Bord de mer à 200 m. ; à 200 m : . Accueil groupes. Ouv : 1.4 / 30.9. Rés. obligatoire en été. Avenue du Général de Gaulle. Autoroute sortie Perpignan-Sud dir. Argelès-sur-Mer puis au village suivre centre plage. ☎ 04 68 81 15 62. Fax : 04 68 95 87 74. Web : www.campingcomanges.com. Prix 2007. Fft jour : Empl. Tourisme (2) : 23 € () ; Sup : 6,20 € 3,80 € ; Animaux 3 €. Réduction H.S.

FFCC : partenaire + réduction emp. de 5 % hors saison + Stop accueil Camping-car du 29/03 au 05/07 et du 28/08 au 04/10/2008, accès juqu'à 20h + réduction loc. de 5 % hors saison.

DEL MAR ★★★ Tourisme 273 E., dont 273 GCC, 4,5 ha. CV. Locations : 5, 170. 3 courts. Bord de mer à 500 m. Rivière à 1 km. à 500 m : . Route du Littoral. Plage Nord. Route de Saint-Cyprien. ☎ 04 68 81 10 38. Fax : 04 68 81 63 84. Web : www.camping-delmar.com.

EQUINOXE ★★★ Tourisme 204 E., dont 13 CC - 114 GCC, 1,5 ha. Locations : 40, 10. Accès direct à la mer. ; à 500 m : . ☎ 04 68 81 00 21. Fax : 04 68 81 58 11. E-mail : equinoxe.vacances@wanadoo.fr.

LA CHAPELLE ★★★ Tourisme 365 E. dont 265 nus 4,5 ha. CV. Locations : 37, . Bord de mer à 200 m. ; à 150 m : , ; à 2 km : . Ouv : 26.4 / 20.9. Place de l'Europe. Prendre plage Nord, avenue du Tech. Plein centre. Face Office du tourisme. ☎ 04 68 81 28 14. Fax : 04 68 95 83 82. E-mail : campinglachapelle@free.fr, Web : www.camping-la-chapelle.com. Prix 2008. Fft jour : Empl. Tourisme (2) : 26 € () ; - de 5 ans 6 € ; 6 € (6 A) ; Animaux 4 €. Réduction H.S.

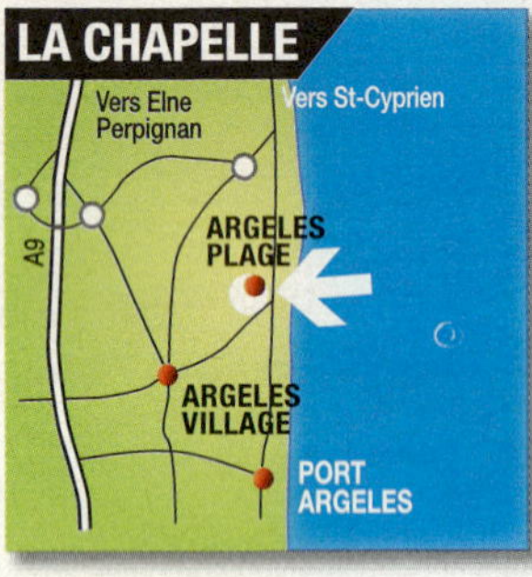

LA COSTE ROUGE ★★★ Tourisme 145 E., dont 86 GCC, 3,7 ha. CV. Locations : 2, 50. Bord de mer à 1 km.Rivière à 5 km. ; à 1 km : . Ouv : 1.6 / 30.9. RN 114 sortie n°13. ☎ 04 68 81 08 94. Fax : 04 68 95 94 17. E-mail : info@lacosterouge.com, Web : www.lacosterouge.com. Prix 2008. Fft jour : Empl. Tourisme (2) : 23,50 € Sup : 4,80 € - de 4 ans 3,20 € ; 3,90 à 4,80 € (6 à 10 A) ; Animaux 2,30 €. Réduction H.S.

LA MARENDE ★★★ Tourisme 208 E., dont 45 GCC, 2,6 ha. CV. Locations : 49. Bord de mer à 200 m. ; à 200 m : . Ouv : 26.4 / 27.9. Route du Littoral. ☎ 04 68 81 12 09. Fax : 04 68 81 88 52. E-mail : info@marende.com, Web : www.marende.com. Prix 2008. Fft jour : Empl. Tourisme (2) : 28 € () ; Sup : 5,50 € - de 5 ans 3 €.

LA MARINADE ★★★ Loisirs 93 E. 1 ha. Locations : . Bord de mer à 800 m. Chemin de la Salanque. ☎ 04 68 81 03 88. Fax : 04 68 81 03 88.

LA MASSANE ★★★ Tourisme 184 E., dont 15 CC - 10 GCC, 2,73 ha. CV. Locations : 12. chauffée. Bord de mer à 1 km. à 1 km : . Ouv : 15.3 / 15.10. Sortie n°10. Quartier Pujol. Avenue Molière. ☎ 04 68 81 06 85. Fax : 04 68 81 59 18. E-mail : camping.massane@infonie.fr, Web : www.camping-massane.com. Prix 2008. Fft jour : Empl. Tourisme (2) : 25 € () ; Sup : 5 € 2 € ; Animaux 2 €. Réduction H.S.

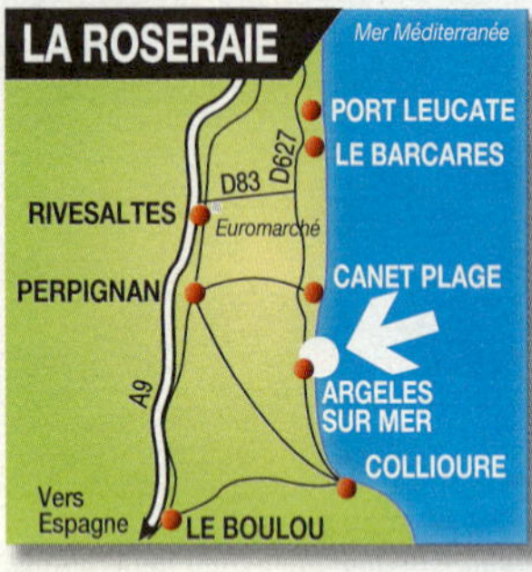

LA ROSERAIE ★★★ Tourisme 221 E. dont 85 nus, dont 88 GCC, 5,6 ha. CV. Locations : 30, 70. chauffée. Rivière à 1 km.Bord de mer à 4 km. à 2 km : ; à 4 km : . Accueil groupes. Ouv : 1.4 / 14.10. Sur RN 114 sortie 10. Prendre Taxo à la mer, à Taxo d'Avall Château prendre à gauche. ☎ 04 68 81 17 03. Fax : 04 68 81 41 81. E-mail : info@camping-la-roseraie.fr, Web : www.camping-la-roseraie.fr. Prix 2007. Fft jour : Empl. Tourisme (2) : 25 € () ; Sup : 5,50 € - de 3/7 ans 3,30 € ; 4 € ; Animaux 3,50 €. Réduction H.S.

LA SARDANE ★★★ Tourisme 490 E., dont 205 GCC, 6,9 ha. CV. Locations : 8, 40. . Accès direct à la rivière. Bord de mer à 200 m. à 200 m : . RD 118, RN 114. ☎ 04 68 81 10 82 / 06 03 58 60 05 (H.S.). Fax : 04 68 95 82 18. Web : www.lasardane.com.

LAS PAGANES ★★★ Tourisme 118 E., dont 68 GCC. CV. Locations : 20, . . Bord de mer à 700 m. Rivière à 1 km.Lac à 5 km. a 700 m : ; à 800 m : , , . ☎ 04 68 81 24 21 / 06 19 76 43 65. Fax : 04 68 54 06 71. E-mail : bernard.xeridat@wanadoo.fr, Web : perso.wanadoo.fr/camping-sol-y-mar.

LE FRONT DE MER ★★★ Tourisme 588 E. dont 275 nus, , dont 321 GCC, 7 ha. CV. Locations : 113 . couverte chauffée . Bord de mer à 150 m. ; ; à 200 m : . Accueil groupes. Ouv : 1.4 / 30.9. N 114, déviation et sortie 12 Port Argelès/Valmy. A 200 m du port, centre ville et plage. ☎ 04 68 81 08 70. Fax : 04 68 81 87 21. E-mail : front.de.mer@cegetel.net, Web : www.camping-front-mer.com. Prix 2008. Fft jour : Empl. Tourisme (2) : 33,35 € ( ) ; Sup : 5,80 €Animaux 3,30 €. Réduction H.S.

LE LITTORAL ★★★ Tourisme 292 E. dont 40 nus, , dont 258 GCC, 5 ha. , snack saison, , saison, collectif, , saison, saison, CV. Locations : 90 . chauffée . Accès direct à la rivière. Bord de mer à 800 m. ; à 500 m : ; à 800 m : . Accueil groupes hors saison. hors saison. Ouv : 30.3 / 29.9. A 9 sortie Perpignan Sud puis Argelès-sur-Mer. Par RN 114 sortie n° 10 dir. Taxo d'Avall, plage Nord, les Agulles dir. St-Cyprien. ☎ 04 68 81 17 74. Fax : 04 68 95 94 89. E-mail : infos@camping-le-littoral.fr, Web : www.camping-le-littoral.fr. Prix 2008. Empl. Tourisme : 19 € ; 8,50 € ; - de 4/10 ans 6 € ; 6 € (15 A) ; Animaux 5 €.

LE PUJOL ★★★ Tourisme 312 E., dont 194 GCC, 6,3 ha. à gaz, CV. Locations : 11 . . Bord de mer et rivière à 1 km. à 1 km : , , . Route de la Plage. Zone Pujol, Lieu-dit Le Château, RN 114. ☎ 04 68 81 00 25. Fax : 04 68 81 21 21. Web : www.campingdepujol.com. Réduction H.S.

LE ROMARIN ★★★ Tourisme 142 E., dont 13 GCC, 2,5 ha. CV. Locations : 10, 10, 6. . Rivière à 2 km.Bord de mer à 4 km. à 4 km : , , , , . Ouv : 15.5 / 30.9. Route de Sorède. RN 114. Dans Argelès-ville, prendre route de Sorède. D 2. ☎ 04 68 81 02 63 / 04 34 54 07 50 (H.S.). Fax : 04 68 81 57 43. E-mail : contact@camping-romarin.com, Web : www.camping-romarin.com. Prix 2008. Fft jour : Empl. Tourisme (2) : 28 € ( ) ; Sup : 4,40 € 3,50 €.

LE STADE ★★★ Tourisme 185 E., dont 1 GCC, 1,42 ha. CV. Locations : 6, . Bord de mer à 800 m. à 800 m : . Route Nouvelle de la Plage. Avenue du 8 Mai. ☎ 04 68 81 04 40. Fax : 04 68 95 84 55. E-mail : info@campingdustade.com.

LES ACACIAS ★★★ Tourisme 85 E. 1,33 ha. , pain, . Locations : . Bord de mer à 200 m. à 200 m : , ; à 5 km : . Route de la Mer. Avenue du Général de Gaulle. ☎ 04 68 81 27 88. Fax : 04 68 81 27 88. E-mail : c.les.acacias@tiscali.fr, Web : www.campingacacias-argeles.com.

LES CEDRES ★★★ Tourisme 170 E., dont 11 GCC, 2 ha. CV. Locations : 2, 2, . Rivière à 1 km.Bord de mer à 1,5 km.Etang et lac à 3 km. à 1,5 km : , ; à 1 km : . Ouv : 1.6 / 30.9. Route de Taxo, plage Nord. Echangeur de Taxo sortie n°10. ☎ 04 68 81 03 82 / 04 68 81 02 25 (H.S.) (H.S.). Fax : 04 68 81 02 25. Prix 2008. Fft jour : Empl. Tourisme (2) : 18,50 € ( ) ; 3,90 €.

LES JARDINS CATALANS ★★★ Tourisme 169 E., dont 169 GCC, 4,46 ha. CV. Locations : 169 . . Bord de mer à 1 km. à 1 km : . Ouv : 1.6 / 30.9. Route de Taxo d'Avall. Sur Nationale 114 (Elne Argelès). ☎ 04 68 81 11 68. Fax : 04 68 95 75 82. E-mail : info@camping-jardinscatalans.fr, Web : www.camping-jardinscatalans.fr.

LES MARSOUINS ★★★ Tourisme 587 E., dont 587 CC, 10,52 ha. CV. Locations : 160. chauffée. Bord de mer à 800 m. à 800 m : ; à 1 km : ; à 5 km : . Ouv : 12.4 / 20.9. Sortie Argelès N° 10, dir. Pujol, puis dir. plage Nord. Chemin de la retirada. ☎ 04 68 81 14 81. Fax : 04 68 95 93 58. E-mail : marsouin@campmed.com, Web : www.campmed.com. Prix 2008. Fft jour : Empl. Tourisme (2) : 30 € ((5 A)) ; Sup : 6 €E. CC 31,50 € (Fft 2 pers.) ; E. GCC 31,50 € (Fft 2 pers.) ; Animaux 2 €. Réduction H.S.

LES OMBRAGES ★★★ Tourisme 269 E. dont 257 nus, dont 6 GCC - 4 HLL, 2,5 ha. CV. Locations : 2, 10. Rivière à 200 m. Bord de mer à 300 m. à 300 m : ; à 800 m : ; à 1,5 km : . Ouv : 1.6 / 30.9. Avenue du Général de Gaulle. Centre Plage, RN 114. Traverser le camping Les Peupliers. ☎ 04 68 81 29 83. Fax : 04 68 95 81 87. E-mail : les-ombrages@freesurf.fr, Web : www.les-ombrages.com. Prix 2007. Fft jour : Empl. Tourisme (2) : 21 € () ; Sup : 5,30 € - de 5 ans 2,60 € ; 3 € (10 A) ; Animaux 3 €. Réduction H.S.

LES PEUPLIERS ★★★ Tourisme 100 E. 1 ha. Locations : . Accès direct à la rivière. Bord de mer à 300 m. ; à 300 m : . Avenue du Général de Gaulle. Gare SNCF à 2 km. ☎ 04 68 81 17 91.

LES PINGOUINS ★★★ Tourisme 195 E. sauf basse saison CV. Locations : , 109. chauffée. Bord de mer à 900 m. ; ; à 900 m : . Accueil adultes. Réservé aux mutualistes et membres honoraires, et comités d'entreprise. ☎ 04 68 81 01 40 / 0 825 12 45 45 (Réserv.) (H.S.). Fax : 04 75 55 09 08. E-mail : pingouins@vacanciel.com, Web : www.vacanciel.com.

LES PINS ★★★ Tourisme 326 E. 3,5 ha. CV. Locations : 21, 12. Bord de mer à 200 m. Rivière à 2 km. à 200 m : , ; à 2 km : . Avenue du Tech. A 200 m de l'OMT. ☎ 04 68 81 10 46. Fax : 04 68 81 35 06. E-mail : camping@les-pins.com, Web : www.les-pins.com. Prix 2007. Fft jour : Empl. Tourisme : 26 € () ; Sup : 5,30 € - de 3 ans 3,60 € ; Animaux 3,30 € (chien).

PARIS ROUSSILLON ★★★ Tourisme 200 E., dont 21 GCC, 3,53 ha. à gaz, , au bar, la nuit, CV. Locations : 12, 6, Chambres. Bord de mer à 1,5 km. à 1,5 km : . Ouv : 24.5 / 15.9. Autoroute sortie Perpignan Sud, RN 114 dir. d'Argelès, sortie 10 dir. Pujol. Route du Tamariguer, quartier Pujol. ☎ 04 68 81 19 71. Fax : 04 68 81 68 77. E-mail : contact@parisroussillon.com, Web : www.parisroussillon.com. Prix 2008. Fft jour : Empl. Tourisme (2) : 27,50 € () ; Sup : 4,80 € - de 4 ans 3,40 € ; Animaux 3 €. Réduction H.S.

SOLEIL SUD ★★★ Tourisme 246 E., dont 124 GCC, 2,5 ha. ap. 23 h, CV. Locations : 135, 60. Bord de mer à 2,5 km. ; à 2,5 km : ; à 2 km : . Chemin de Néguebous. RN 114. ☎ 04 68 95 27 27. Fax : 04 68 95 27 28. E-mail : contact@soleilsud.com, Web : www.soleilsud.com.
FFCC : partenaire + réduction emp. de 5 % en saison et hors saison + réduction loc. de 5 % en saison et hors saison.

TAXO LES PINS ★★★ Loisirs 498 E., dont 445 GCC, 7 ha. gaz/électrique, CV. Locations : 2, , 220, . 2. Rivière à 2 km. Bord de mer à 3 km. Lac à 5 km. à 3 km : , , . Taxo d'Avall. A 9 sortie Perpignan sur RN 114 sortie Taxo, Taxo d'Avall, Taxo-les-Pins. ☎ 04 68 81 06 05. Fax : 04 68 81 06 40. E-mail : contact@taxo-les-pins.com, Web : www.taxo-les-pins.com.

AL SOL ★★ Tourisme 160 E. 2,1 ha. CV. Locations : 23, 20. Rivière à 1 km. Bord de mer à 4 km. Ouv : 1.6 / 15.9. Route de Taxo d'Amont. Par D 914 sortie n° 10. ☎ 04 68 81 04 13 / 06 74 67 05 62 (H.S.). Fax : 04 68 81 12 97. E-mail : alsol.camping@orange.fr, Web : www.alsolcamping.com. Prix 2008. Fft jour : Empl. Tourisme (2) : 20,90 € () ; Sup : 5,50 € - de 5 ans 3,30 € ; 3,20 € (5 A) ; Animaux 2,50 €. Réduction H.S.

DOMAINE DES MIMOSAS ★★ Tourisme 35 E. dont 27 nus CV. Locations : 2, , 8, , Villa (TV fournie). Bord de mer à 2 km. ; ; . Argelès sortie n° 12 Château-Valmy. ☎ 04 68 81 06 93. Fax : 04 68 81 28 00. E-mail : contact@domaine.des.mimosas.com, Web : www.domaine-des-mimosas.com. Réduction H.S.

Pour partir tranquille, soyez bien assurés. Consultez la FFCC.

EL RANCHO ★★ Tourisme 150 E. 4,27 ha. CV. Locations : 10, 4. Accès direct à la rivière. ; . Mas Torent, route de Sorède. ☎ 04 68 81 04 88. Fax : 04 68 81 04 88.

EUROPE ★★ Tourisme 91 E., dont 5 GCC, 1 ha. CV. Locations : 11. Rivière à 100 m. Bord de mer à 300 m. ; à 300 m : . Ouv : 22.3 / 27.9. Centre plage. ☎ 04 68 81 08 10 / / 06 18 93 76 68 (H.S.). Fax : 04 68 95 71 84. E-mail : camping.europe@wanadoo.fr, Web : www.camping-europe.net. Prix 2008. Fft jour : Empl. Tourisme (2) : 19,25 € () ; Sup : 4,65 € - de 2 ans 2,70 € ; 4 € ; Animaux 2 €. Réduction H.S.

LA PINEDE ENCHANTEE ★★ Tourisme 134 E., dont 134 GCC. Locations : , , , . Route de Taxo d'Amont. ☎ 04 68 81 02 96 / 04 68 90 27 00 (Sogerel). Fax : 04 68 81 02 99. E-mail : sogerel@wanadoo.fr, Web : www.sogerel.com.

LA PLAGE ★★ Tourisme 117 E. 2 ha. Accès direct à la rivière. Bord de mer à 500 m. à 150 m : . Sur RN 618. ☎ 04 68 81 12 17.

LE CANIGOU ★★ Tourisme 110 E., dont 4 GCC - 14 HLL, 1,56 ha. CV. Locations : 16. Bord de mer à 4,5 km. à 4,5 km : , . RN 114 sortie n° 10 Taxo d'Amont. ☎ 04 68 81 02 55. Fax : 04 68 81 02 55.

LE CARREFOUR ★★ Tourisme 53 E. 0,8 ha. Bord de mer à 200 m. ; à 200 m : . Lieu-dit La Plage, RN 114 et 618. ☎ 04 68 81 31 42.
FFCC : partenaire + carte FFCC assurance annulation.

LE CATALAN ★★ Tourisme 110 E. dont 79 nus 1,5 ha. CV. Locations : 26. Bord de mer à 150 m. à 150 m : ; à 500 m : . Avenue du Général de Gaulle. Les animaux ne sont pas acceptés dans les locations. ☎ 04 68 81 12 26. Fax : 04 68 95 97 85. E-mail : campcat@wanadoo.fr, Web : pro.wanadoo.fr/catalan/. Prix 2007. Fft jour : Empl. Tourisme (2) : 18,90 € () ; Sup : 4,70 € - de 3 ans 2,35 € ; 3,05 à 4,60 € (4 à 8 A) ; Animaux 2 €. Réduction H.S.

FFCC : partenaire + réduction emp. de 5 % hors saison + carte FFCC assurance annulation.

LE CLOS DU THYM ★★ Tourisme 176 E. 2,5 ha. buvette, collectif, CV. Locations : 22, 12. Bord de mer à 2,5 km. ; à 2,5 km : . Accueil groupes. Ouv : 1.3 / 31.12. Chemin de Neguebous. Zone de Pujols. ☎ 04 68 81 24 23. Fax : 04 68 81 24 23. E-mail : la_jouncarole.camping@libertysurf.fr, Web : www.campings-argeles.com/jouncarole. Réduction H.S.

LE FLAMENCO ★★ Tourisme 106 E., dont 60 GCC, 2,6 ha. CV. Locations : , 50, 12. Rivière à 1 km.Bord de mer à 3 km.Etang et lac à 5 km. ; à 3 km : . La Gavarre, Taxo d'Avall, N 119, à 3 km du centre ville. ☎ 04 68 81 33 16. Fax : 04 68 81 33 16.

Toute l'année, les Clubs organisent des rassemblements, des rencontres ou des voyages. Consultez la liste des Clubs en fin de guide.

LE REVE DES ILES ★★ Tourisme 35 E., dont 21 GCC, 2,67 ha. à gaz, CV. Locations : . Bord de mer à 1 km. ; . Route de Taxo à la Mer. ☎ 04 68 81 04 86. E-mail : camping.reve-des-iles@wanadoo.fr, Web : www.reve-des-iles.com.

LE TEXAS ★★ Tourisme 144 E. dont 45 nus, , dont 57 GCC, 2 ha. collectif, visiteurs, CV. Locations : 50, 5. Rivière à 2 km.Bord de mer à 4 km. à 4 km : . Ouv : 5.6 / 30.9. Taxo d'Avall. Sortie n° 10 sur D 114. Rue Raymond Udalgar. ☎ 04 68 81 00 17. Fax : 04 68 81 88 50. E-mail : letexas@wanadoo.fr, Web : www.camping-letexas.fr.st. Prix 2007. Fft jour : Empl. Tourisme (2) : 15,80 € () ; Sup : 5,70 € - de 5 ans 2,90 € ; 3,30 à 4,30 € (3 à 5 A) ; Animaux 0,40 €. Réduction H.S.

FFCC : partenaire + réduction emp. de 5 % en saison et hors saison + réduction loc. de 5 % en saison et hors saison.

LES ABRICOTIERS ★★ Tourisme 133 E. 9,3 ha. CV. Locations : 23, 8, 10. Appartient au C.I.E ex Ugine. ☎ 04 68 81 04 76 / 04 79 37 00 50 / 0 825 700 777 (Réserv.) (H.S.). Fax : 04 68 81 63 46. E-mail : reservations@mvacances.com, Web : www.mvacances.com.

ARLES SUR TECH

13-C5 11 km O.-S.-O. Céret. 650 m. 2921 hab. ✉ 66150

LE VALLESPIR ★★★ Tourisme 141 E. dont 106 nus, dont 36 GCC, 2,5 ha. juillet/août, snack juillet/août, juillet/août, CV. Locations : 33. Rivière à 150 m. ; . Ouv : 1.4 / 31.10. ☎ 04 68 39 90 00. Fax : 04 68 39 90 09. Web : www.campingvallespir.com. Prix 2008. Fft jour : Empl. Tourisme (2) : 17,60 € () ; Sup : 5,50 € - de 2/7 ans 2,70 € ; 3,10 à 4,60 € (6 à 10 A) ; Animaux 2,20 €.

LE RIUFERRER ★★ Tourisme 163 E. dont 132 nus, , dont 146 CC - 14 GCC, 3 ha. collectif, CV Sanitaire chauffé. Locations : 2, 9. Accès direct à la rivière. ; . Accueil groupes. Ouv : 1.2 / 1.11. Lieu-dit Mas d'En Ploume, RN 115 et 500 m à l'Ouest du village. ☎ 04 68 39 11 06. Fax : 04 68 39 12 09. E-mail : campingriuferrer@libertysurf.fr, Web : www.campingduriuferrer.fr. Prix 2007. Empl. Tourisme : 4 € () : 5 € ; 3,70 € ; 2,50 à 2,80 € (4 à 6 A) ; Animaux 1 €. Réduction H.S.

LE VENTOUS ★★ Tourisme 63 E., dont 8 CC, 0,5 ha. Rés. naturiste. Locations : . ; . ☎ 04 68 39 10 93.

BANYULS SUR MER

13-D5 40 km E. Céret. 4 m. 4250 hab. ✉ 66650

CAMP MUNICIPAL LA PINEDE ★★ 227 E. 4 ha. snack, aire spécifique, pétanque, CV. Locations : 3. Bord de mer à 1 km. à 1,5 km : ; à 1,3 km : ; à 1 km : . Accueil groupes. Ouv : fin mars / 6.11. De Banyuls par RN 114 prendre à droite après la place centrale de Banyuls, à 1 km se trouve le camping municipal face au supermarché Champion. ☎ 04 68 88 32 13 (Mairie). Fax : 04 68 88 32 48. E-mail : camping.banyuls@wanadoo.fr. Prix 2007. 4,70 € ; 1,30 € ; 6 € ; 4 € ; 3,40 € ; 2 à 3 €. Réduction H.S.

LES BAMBOUS ★★ Tourisme 31 E. dont 4 nus 0,6 ha. en location, CV. Locations : 19, . Bord de mer à 600 m. à 600 m : . RN 114. Sortie Perpignan-Sud/Le Boulou dir. Argelès-sur-mer, puis Banyuls par Collioure, Port-Vendres. Traversée de la station, dir. supermarché Champion puis à 200 m à droite et 1ère à gauche. ☎ 04 68 88 35 66 / 06 76 94 50 06. E-mail : info@campinglesbambous.com, Web : www.campinglesbambous.com. Prix 2007. Fft jour : Empl. Tourisme (2) : 30 € () ; Sup : 5 € 4 €. Réduction H.S.

LE BARCARES

13-D4 12 km N.-E. Perpignan. 2221 hab. ✉ 66420

LE PRE CATALAN

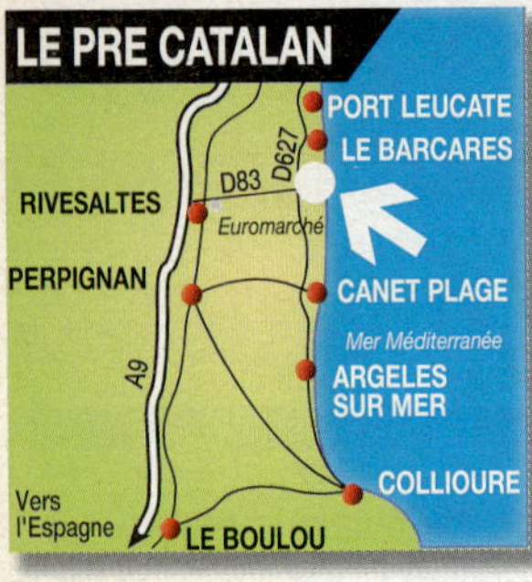

LE PRE CATALAN ★★★★ Tourisme 250 E. dont 90 nus, dont 140 CC - 110 GCC, 4,50 ha. à gaz, juillet/août, CV. Locations : 80, 10. chauffée. Bord de mer à 900 m. à 900 m : . Ouv : 30.4 / 20.9. A 9 sortie 40 Port-Leucate dir. Le Barcarès D 83 sortie 9 dir. Canet D 81. A gauche sous le pont dir. Barcarès Village D 90, 500 m à gauche. ☎ 04 68 86 12 60. Fax : 04 68 86 40 17. E-mail : info@precatalan.com, Web : www.precatalan.com. Prix 2008. Fft jour : Empl. Tourisme (2) : 32 € ; Sup : 6 € 4 € ; Animaux 3 €. Réduction H.S.

SOL VACANCES ET LOISIRS ★★★★ Tourisme 176 E. dont 19 nus, dont 36 CC - 108 GCC, 3 ha. CV. Locations : . Rivière à 200 m. Bord de mer à 650 m. Etang à 1,5 km. à 200 m : ; à 650 m : ; à 2 km : . Ouv : 5.4 / 1.11. Route St-Laurent. A 9 dir. Perpignan sortie 40, D 627 dir. Barcarès, D 83 (4 voies) sortie 9 dir. Canet/Saint-Laurent puis 1ère à droite dir. Barcarès. Après le rond-point passer sous le pont. ☎ 04 68 86 15 50. Fax : 04 68 86 40 90. E-mail : infos@lesoleilbleu.fr, Web : www.lesoleilbleu.com. Prix 2008. Fft jour : Empl. Tourisme (6) : 43 € ; Sup : 4 €Animaux 3 €. Réduction H.S.

LA CROIX DU SUD

LA CROIX DU SUD ★★★ Tourisme 200 E. 3 ha. visiteur, CV. Locations : 22, 75. Rivière à 200 m. Bord de mer à 650 m. Etang à 2 km. ; à 650 m : ; à 1 km : . Ouv : 5.4 / 27.9. Sortie n° 10 Barcarès village. Route de Saint Laurent. ☎ 04 68 86 16 61. Fax : 04 68 86 20 03. E-mail : camplacroixdusud@wanadoo.fr, Web : www.lacroixdusud.fr. Prix 2008. Fft jour : Empl. Tourisme (2) : 32,50 € () ; Sup : 9 € - de 2/4 ans 6 € ; 4,50 à 5,50 € (6 à 10 A) ; Animaux 6,50 €. Réduction H.S.

FFCC : partenaire - terrain assuré par la FFCC.

LA PRESQU'ILE ★★★ Tourisme 163 E., dont 30 GCC, 3 ha. à gaz, CV. Locations : 20, 5, 83, 9, . Accès direct à l'étang et aux bords du lac. Bord de mer à 900 m. Rivière à 2 km. ; à 800 m : . Ouv : 5.4 / 30.9. Autoroute sortie 40 (Leucate). Voie rapide sortie 11 (la Presqu'île). ☎ 04 68 86 12 80. Fax : 04 68 86 25 09. E-mail : contact@lapresquile.com, Web : www.lapresquile.com. Prix 2008. Fft jour : Empl. Tourisme (2) : 32 € () ; Sup : 6 € - de 4/13 ans 4,50 €. Réduction H.S.

LA PRESQU'ÎLE

LA SALANQUE ★★★ Tourisme 107 E. CV. Locations : 107, 2. ; à 3 km : . Accueil groupes. ☎ 04 68 86 14 86. Fax : 04 68 86 47 98.

LAS BOUSIGUES ★★★ Tourisme 190 E. dont 3 nus, dont 43 CC - 96 GCC - 7 HLL, 2 ha. à gaz, CV. Locations : 7, 80, 4. chauffée. Bord de mer à 900 m. Rivière à 1,5 km.Etang à 2 km. ; à 900 m : ; à 1 km : ; à 2 km : . Accueil groupes. Ouv : 29.3 / 28.9. Rés. obligatoire en été. Accès par A 9, sortie Leucate, RD 83 sortie n° 10 Barcarès village. ☎ 04 68 86 16 19. Fax : 04 68 86 28 44. E-mail : lasbousigues@wanadoo.fr, Web : www.camping-barcares.com. Prix 2008. Fft jour : Empl. Tourisme (2) : 34 € ((10 A)) ; Sup : 7 € - de 10 ans 4 € ; E. GCC 43 € (Fft avec sanitaire individuel) ; Animaux 4 €. Réduction H.S.

LE CALIFORNIA ★★★ Tourisme 256 E. dont 100 nus (210 Tourisme + 46 Loisirs), dont 123 GCC - 40 HLL, 5 ha. gaz/électrique, CV. Locations : 20, 18, 50, . Bord de mer à 900 m. Etang à 4 km. ; à 1 km : ; à 2 km : . Route de Saint-Laurent. ☎ 04 68 86 16 08. Fax : 04 68 86 18 20. E-mail : camping-california@wanadoo.fr, Web : www.camping-california.fr. Réduction H.S.

FLORIDE EMBOUCHURE

LE FLORIDE ET L'EMBOUCHURE ★★★ Tourisme 632 E. (532 Tourisme + 100 Loisirs), dont 10 CC - 209 GCC - 24 HLL, 10 ha. , la nuit, CV. Locations : 29, 83, , Bunga home. chauffée . Accès direct à la mer et à la rivière. Etang et lac à 4 km. ; ; ; ; à 100 m : . Ouv : 1.4 / 30.9. Route de St-Laurent. A 9 sortie Perpignan nord, D 83 sortie 9, D 81 vers Canet sortie D 90 puis le Barcarès village sud. ☎ 04 68 86 11 75. Fax : 04 68 86 07 50. E-mail : campingfloride@aol.com, Web : www.floride.fr. Prix 2008. Fft jour : Empl. Tourisme (2) : 36 € () ; Sup : 6,20 € - de 1/4 ans 3,60 € ; Animaux 4,50 €.

LES TAMARIS ★★★ Tourisme 434 E. 5 ha. CV. Locations : 35, 125. . Rivière à 500 m. Bord de mer à 1 km.Etang à 2,5 km. ; à 1,5 km : , , . Ouv : 31.3 / 29.9. Rés. obligatoire en été. ☎ 04 68 86 08 18. Fax : 04 68 86 23 09. E-mail : tamaris@altranet.fr, Web : www.tamaris.com. Prix 2007. Fft jour : Empl. Tourisme (2) : 22 € (E. CC) ; Sup : 6 € - de 10 ans 3,50 € ; Animaux 3,50 €.

L'EUROPE ★★★ Tourisme 339 E., dont 339 GCC, 6 ha. CV. Locations : 16, 10, 28, Maisonnettes. 3 cours. Bord de mer et rivière à 500 m. Etang à 1,5 km. ; à 500 m : , . Route de St-Laurent. Sortie A 9 Perpignan N. Le Barcarès D 83. Canet/Toreilles RD 81, RD 90. Camping à droite. Gardiennage caravanes. ☎ 04 68 86 15 36. Fax : 04 68 86 47 88. E-mail : reception@europe-camping.com, Web : europe-camping.com. Prix 2007. Fft jour : Empl. Tourisme (2) : 39 € () ; Sup : 7,50 € - de 5 ans 5,30 € ; Animaux 6,50 €.

L'OASIS ★★★ Tourisme 496 E., dont 202 GCC, 10 ha. , gaz/électrique, CV. Locations : 12, 164. . Rivière à 400 m. Bord de mer à 1 km.Etang à 2 km. ; ; à 400 m : ; à 1 km : . Ouv : 14.6 / 13.9. Rés. obligatoire en été. Route de St-Laurent. A 9 Perpignan Nord dir. Le Barcarès, D 83 sortie 9 dir. Canet, D 81 Barcarès village à gauche. ☎ 04 68 86 12 43. Fax : 04 68 86 46 83. E-mail : camping.loasis@wanadoo.fr, Web : www.camping-oasis.com. Prix 2008. Fft jour : Empl. Tourisme (2) : 29 € () ; Sup : 6,50 € - de 4/10 ans 4,60 € ; Animaux 4 €.

BAHIA CLUB ★★ Tourisme 210 E., snack, aire spécifique, CV. Locations : 2. Bord de mer et rivière à 1,5 km.Etang à 2 km.; ; ; ; . Accueil groupes. Chemin de Hourtou. Sortie A 9 Leucate, Nationale dir. Le Barcarès sortie n° 10, et suivre Bahia Club. ☎ 04 68 80 90 16 / 04 68 52 74 08. Fax : 04 68 28 24 76. Réduction H.S.

LE SABLE D'OR ★★ Tourisme 185 E., dont 185 GCC, 4 ha. CV. Locations : 15. Bord de mer à 500 m.; à 400 m : ; à 500 m : . Ouv : 1.4 / 31.10. Rés. obligatoire en été. Avenue de la Pinède. A 9 sortie 40 voie rapide sortie gd plage. Le Lido, à 500 m du Lydia. ☎ 04 68 86 18 41 / 04 66 27 40 58 / 06 03 83 44 03 (H.S.). Fax : 04 66 74 37 30. E-mail : gerard.rigon@wanadoo.fr, Web : www.camping-sabledor.com. Prix 2008. Fft jour : Empl. Tourisme (2) : 20 € ; Sup : 5 € - de 5 ans 3 € ; 2,30 € (6/7 A) ; Animaux 1,60 €.

FFCC : partenaire - terrain assuré par la FFCC.

CAMP C.C.A.S. ★ Tourisme 135 E.

LE BOULOU

13-C5 9 km N.-E. Céret. 90 m. 4292 hab. ✉ 66160

LE MAS LLINAS ★★★ Tourisme 100 E., dont 20 GCC, 4 ha. pain du 1.7 / 25.8, gaz/électrique, CV Sanitaire chauffé. Locations : 1, 3, 16. Rivière à 2 km.Etang à 5 km. à 2 km : ; à 3 km : . Accueil groupes. Ouv : 1.3 / 30.11. RN 9, sortie A 9. Avec l'ouverture du Centre équestre possibilité de recevoir les cavaliers en location et les chevaux en pension complète. ☎ 04 68 83 25 46. E-mail : info@camping-mas-llinas.com, Web : www.camping-mas-llinas.com. Prix 2008. Fft jour : Empl. Tourisme (2) : 17,80 € (E. GCC) ; Sup : 6,20 € - de 10 ans 2,70 € ; 3,60 à 4,60 € (5 à 10 A) ; Animaux 2 €. Réduction H.S.

FFCC : Stop accueil Camping-car du 01/03 au 30/06 et du 01/09 au 30/11/2008, accès jusqu'à 21h.

LES OLIVIERS ★★ Tourisme 77 E. 1,4 ha. CV. Locations : , . Rivière à 700 m. Etang à 900 m. à 500 m : . Sur RN 618, sortie le Boulou, route d'Argelès sur Mer. ☎ 04 68 83 12 86. Fax : 04 68 83 12 86. E-mail : campinglesoliviers@wanadoo.fr. Prix 2007. Fft jour : Empl. Tourisme (2) : 13,50 € ; Sup : 3,50 € - de 7 ans 2,40 € ; 2,80 € (6 A) ; Animaux 1 €. Fft Ccar : 15,50 € (2).

L'OLIVETTE ★★ Tourisme 194 E., dont 3 GCC, 2,71 ha. CV. Locations : 6, 40. Accès direct à la rivière. Lac à 2,5 km. . Ouv : 15.3 / 31.10. Les Thermes du Boulou. Route du Perthus. ☎ 04 68 83 48 08. Fax : 04 68 87 46 00. E-mail : camping.olivette@wanadoo.fr, Web : www.camping-olivette.fr. Prix 2008. Fft jour : Empl. Tourisme (2) : 14 € Sup : 3,20 € - de 10 ans 2,80 € ; 2,50 € (6 A).

BOURG MADAME

13-B5 57 km S.-O. Prades. 1130 m. 1346 hab. Station verte de vacances et village de neige ✉ 66760

LE SEGRE ★★★ 60 E. 0,9 ha. Locations : , . Accès direct à la rivière. à 500 m : , . 8, avenue du Puymorens. Sur RN 20, à 50 m du village. ☎ 04 68 04 65 87. Fax : 04 68 04 91 82. E-mail : camping.lesegre@free.fr.

MAS PIQUES ★★★ 103 E. 1,5 ha. CV Sanitaire chauffé. Locations : 8, 8. Rivière à 100 m. Etang à 3 km. ; ; à 1 km : ; à 6 km : . Accueil groupes. Ouv : 1.1 / 31.12. RN 20. ☎ 04 68 04 62 11 / / 06 12 33 12 58 (H.S.). Fax : 04 68 04 68 32. E-mail : campiques@wanadoo.fr, Web : www.campingmaspiques.fr. Prix 2007. Fft jour : Empl. Tourisme (2) : 12,50 € ; Sup : 3,90 € - de 6 ans 2,90 € ; 3 à 6 € (3 à 6 A) ; Animaux 1,30 €.

CAMELAS

13-C4 15 km S. Perpignan. 350 m. 308 hab. ✉ 66300

LE PONT D'ESPAGNE ★★ Tourisme 68 E. 1 ha. . Locations : 5, 20, . Accès direct à la rivière. Lac à 3 km. ; . RD 612 sortie Thuir dir. de Millas. Chien de défense interdit. ☎ 04 68 57 10 57. Fax : 04 68 57 40 14.

CANET EN ROUSSILLON

13-D4 10 km E. Perpignan. 6 m. 5130 hab. ✉ 66140

LE BRASILIA ★★★★ Tourisme 826 E. dont 526 nus, , dont 48 CC - 115 GCC - 62 HLL, 12 ha. gaz/électrique, ap. 24 h, CV. Locations : 47, 90, chauffée. Accès direct à la mer et à la rivière. Etang à 3 km. ; ; ; .Accueil adultes. Ouv : 26.4 / 27.9. Lieu-dit La Crouste. Par A 9 sortie 41 Perpignan nord/Rivesaltes, dir. Le Barcarès/Canet par D 83 sur 10 km, puis dir. Canet par D 181 sur 6 km. Arrivée à Canet, faire le tour complet du premier grand rond-point et suivre dir. Sainte-Marie, puis suivre fléchage camping sur la droite. ☎ 04 68 80 23 82. Fax : 04 68 73 32 97. E-mail : camping-le-brasilia@wanadoo.fr, Web : www.brasilia.fr. Prix 2008. Fft jour : Empl. Tourisme (2) : 44 € ((6 A)) Réduction H.S.

MA PRAIRIE ★★★★ Tourisme 260 E., dont 10 CC - 46 GCC, 4,5 ha. à gaz, CV. Locations : 24, chauffée. Etang à 500 m. Rivière à 2 km.Bord de mer à 3 km. ; à 3 km : , , , . Route St-Nazaire à Canet Village. A 9 sortie 41 Perpignan centre, D 83/D 81 jusqu'à Canet en Roussillon. Au rond-point dir. Perpignan D 617 sur 300 m, sortie 5 D 11 en passant sous le pont dir. St-Nazaire. Au rond-point le camping est à droite. ☎ 04 68 73 26 17 / 02 28 11 40 36 (Réserv.) (H.S.). Fax : 04 68 73 28 82. E-mail : ma.prairie@wanadoo.fr, Web : www.maprairie.com. Prix 2007. Fft jour : Empl. Tourisme (2) : 30 € ; Sup : 7 € - de 10 ans 6 € ; 5 € (10 A) ; Animaux 2,80 €. Réduction H.S.

FFCC : partenaire - terrain assuré par la FFCC + réduction loc. de 5 % hors saison + HC.

LE MIAMI ★★★ Tourisme 53 E., dont 24 CC, 0,7 ha. gaz/électrique, CV. Locations : 8. Bord de mer à 150 m. Etang à 3 km. ; à 100 m : ; à 150 m : , . 3, rue Jouy d'Arnaud. A 9 sortie n° 41 dir. le Port. ☎ 04 68 80 37 71.

LES FONTAINES ★★★ Tourisme 160 E. dont 36 nus, dont 124 GCC, 5,5 ha. pétanque, CV. Camping clef verte. Locations : . Etang à 200 m. Rivière à 2 km.Bord de mer à 4 km. à 2 km : ; à 4 km : . Accueil groupes. Ouv : 1.5 / 30.9. Rés. obligatoire en été. A 9 sortie 41 Perpignan-Nord, D 83 sur 9 km dir. Canet, D 81 sur 10 km toujours dir. Canet, D 617 sur 1 km et sortie 5 dir. Saint-Nazaire puis D 11 sur 1,5 km, le camping se trouve sur la gauche. ☎ 04 68 80 22 57 / 06 77 90 14 91 (H.S.). Fax : 04 68 80 22 57. E-mail : campinglesfontaines@wanadoo.fr, Web : www.camping-les-fontaines.com. Prix 2008. Fft jour : Empl. Tourisme (2) : 26 € ; Sup : 6 € 3,50 € ; 3,50 € ; Animaux 3,50 €. Réduction H.S.

FFCC : partenaire + réduction emp. de 5 % en saison et 10 % hors saison.

LES PEUPLIERS ★★★ Tourisme 245 E., dont 100 GCC, 2,5 ha. CV. Locations : 9, 89. half-court. Bord de mer à 500 m. ; ; à 300 m : ; à 500 m : ; à 600 m : . Ouv : 1.6 / 20.9. Voie de la Crouste. Accès Nord du port de Canet. ZI Nord. ☎ 04 68 80 35 87. Fax : 04 68 73 38 75. E-mail : contact@camping-les-peupliers.fr, Web : www.camping-les-peupliers.fr. Prix 2007. Fft jour : Empl. Tourisme (2) : 30 € ; Sup : 6,90 € - de 4 ans 3,65 € ; 4,10 € (6 A) ; Animaux 3,65 €. Réduction H.S.

MAR ESTANG ★★★ Tourisme 600 E. dont 300 nus, , dont 274 GCC, 15 ha. collectif, CV. Locations : 150, 20. chauffée 1. Accès direct à l'étang. Bord de mer à 100 m. ; ; ; ; à 2 km : . Ouv : 26.4 / 14.9. Route de St Cyprien. A 10 sortie Perpignan-centre dir. Canet. ☎ 04 68 80 35 53. Fax : 04 68 73 32 94. E-mail : marestang@wanadoo.fr, Web : www.marestang.com. Prix 2008. Fft jour : Empl. Tourisme (2) : 32 € ; Sup : 12 € - de 5 ans 7 € ; 7 € (5 A) ; Animaux 7 €. Fft Ccar : 26 € (2). Réduction H.S.

CLOS ISABELLE ★★ Tourisme 44 E. 0,37 ha. CV. Locations : , . Bord de mer à 200 m. à 200 m : , .Accueil adultes. Rue des Cerisiers. ☎ 04 68 80 32 15. Fax : 04 68 80 32 15.

G.C.U. LES LAURIERS ROSES Réservé aux adhérents. Adhésion possible sur place pour les sociétaires MAIF et FILIA MAIF.

CAMPING CLUB
À 900 m des plages du Barcarès
Ouvert toute l'année
LES TAMARIS ★★★
NOUVEAUTÉS 2008
• Restaurant
• Bar
• Libre-service
• Confort
• Calme
• Espace
• Indépendance
PARC AQUATIQUE
Toboggan, lagon, pataugeoire
Inauguration Printemps 2008
• Sport
• Loisirs
• Animations pour adultes et enfants
Photo non contractuelle
VENTE DE MOBIL-HOMES neufs ou d'occasion
LOCATION À LA SEMAINE en juillet et août
• Tennis
• Basket
• Volley-ball
66420 LE BARCARÈS
Tél. 04 68 86 08 16 - Fax 04 68 86 23 09
www.tamaris.fr • camping-tamaris@orange.fr

le Brasilia
★★★★
Camping village
Votre presqu'île, votre secret
Le Brasilia a choisi comme port d'attache une belle et paisible plage située à la pointe de Canet-en-Roussillon. C'est là, entre la rivière et le port, au creux d'une profonde pinède aux senteurs méditerranéennes, que le Brasilia vous offre tous les petits secrets du bien-être et du bon vivre. Notre village est un jardin de nature où vous vous sentez loin de tout et tellement plus près de vos rêves de vacances.
Location de cottages et bungalows, piscine chauffée hors saison, salle de cardio-training, tennis, terrains multisports, animations, commerces, discothèque, bar restaurant, cabaret, clubs enfants... Tous nos commerces et services sont ouverts du premier au dernier jour.
Camping Village Le Brasilia
BP 204 - 66141 Canet-en-Roussillon Cedex - FRANCE
tel. 04 68 80 23 82 - fax 04 68 73 32 97
e-mail : camping-le-brasilia@wanadoo.fr
www.brasilia.fr
Leading Campings
CAMPING VILLAGES
yelloh!
VILLAGE

LE BOSQUET ★★ Tourisme 125 E. 2 ha. snack, gaz ou électrique, CV. Locations : 24, 1. Bord de mer à 400 m. ; à 400 m : Accueil groupes. Ouv : 26.5 / 30.9. Par Perpignan, RN 617, échangeur Canet Village, par Salses, RD 11 et route de la Crouste. ☎ 04 68 80 23 80 / 04 68 61 43 64 (H.S.). Fax : 04 68 80 69 53. E-mail : campinglebosquet@club-internet.fr, Web : www.campinglebosquet.com. Prix 2008. Fft jour : Empl. Tourisme (2) : 25 € ; Sup : 5 € - de 4 ans 2,50 € ; 3,50 € (5 A) ; Animaux 3 € (chien). Réduction H.S.

C.C.A.S. LA TET ★ Tourisme 218 E. Réservé C.C.A.S.

CARAMANY

13-C4 36 km N.-O. Perpignan. 280 m. 216 hab. ✉ 66720

CAMP MUNICIPAL ★★ Tourisme 24 E. 0,7 ha. CV. Lac à 500 m. à 2 km : Accueil groupes. ☎ 04 68 84 51 85 (Mairie). Fax : 04 68 84 54 77. E-mail : mairie.caramany@wanadoo.fr.

CASTEIL

13-C5 15 km S. Prades. 800 m. 52 hab. ✉ 66820

DOMAINE ST MARTIN ★★★ Tourisme 45 E., dont 10 GCC, 4 ha. gaz/électrique, CV Sanitaire chauffé. Locations : 1, 5, 1. Ouv : 1.4 / 31.10. Boulevard de la Cascade. ☎ 04 68 05 52 09. Fax : 04 68 05 52 09. E-mail : info@domainestmartin.com, Web : www.domainestmartin.com. Prix 2008. Fft jour : Empl. Tourisme (2) : 18 € ; Sup : 4,80 € - de 9 ans 3,50 € ; 3,50 € (10 A) ; Animaux 2 €. Réduction H.S.

FFCC : Stop accueil Camping-car du 01/04 au 13/06 et du 13/09 au 02/11/2008, accès jusqu'à 22h30.

CAUDIES DE FENOUILLEDES

13-C4 52 km N.-O. Perpignan. 347 m. 680 hab. ✉ 66220

CAMP MUNICIPAL ★ Tourisme 9 E. ☎ 04 68 59 92 25 (Mairie).

CELA - CASTEL FIZEL ★ Tourisme 48 E., dont 44 GCC - 10 HLL, 5 ha. CV. Locations : 10, 2, 6. chauffée. Rivière à 2 km. à 1,5 km : Accueil groupes. Ouv : 1.4 / 31.10. RD 117. ☎ 04 68 59 93 96 / 04 68 73 27 79 (H.S.). Fax : 04 68 35 38 26. E-mail : castel-fizel@orange.fr, Web : . Prix 2007. Fft jour : Empl. Tourisme (2) : 12 € ; Sup : 3 € - de 11 ans 2 € ; 3,50 € ; Animaux 1,50 €. Réduction H.S.

CERET

13-C5 30 km S.-O. Perpignan. 154 m. 5990 hab. ✉ 66400

CAMP MUNICIPAL LE BOSQUET DE NOGAREDE ★★ Tourisme 134 E. 2,5 ha. Rivière à 1 km.Lac à 3 km. Avenue d'Espagne. ☎ 04 68 87 26 72.

LES CERISIERS ★★ Tourisme 121 E. 2,5 ha. CV. Locations : 16. Rivière à 400 m. Etang à 2 km. ; Accueil groupes. Ouv : 1.2 / 31.12. Mas de la Toure, N 115 ou N 618. ☎ 04 68 87 00 08. Fax : 04 68 88 14 87. Prix 2007. Empl. Tourisme : 5 € ; 2,80 € ; - de 7 ans 2,50 € ; 3 € (4 A).

LE SAINT GEORGES ★ Tourisme 60 E., dont 60 GCC, 2 ha. Locations : Rivière à 1 km.Lac à 3 km. ; à 3 km : ☎ 04 68 87 03 73. Fax : 04 68 87 49 48.

FFCC : partenaire - terrain assuré par la FFCC.

LE SAINT MARTIN ★ Tourisme 60 E., dont 60 GCC. ☎ 04 68 39 77 40.

FFCC : partenaire - terrain assuré par la FFCC.

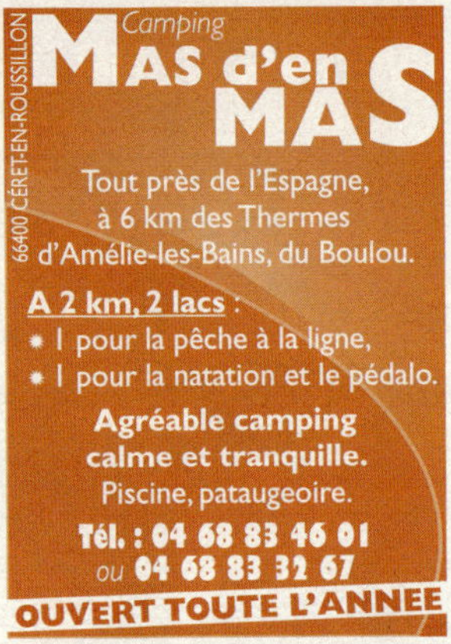

MAS D'EN MAS Non classé E. Lac et rivière à 2 km. ; à 2 km : Ouv : 1.1 / 31.12. Mas d'En Mas, allée château d'Aubiry. ☎ 04 68 83 46 01 / 04 68 83 32 67 (H.S.). Fax : 04 68 83 46 01. Prix 2008. Fft jour : Empl. Tourisme (2) : 17,97 € ; Sup : 4,69 € - de 3 ans 4,16 € ; 2,88 € (4 A).

COLLIOURE

13-D5 25 km E. Céret. 2741 hab. ✉ 66190

LA GIRELLE ★★ Tourisme 39 E. 1 ha. Locations : Accès direct à la mer. ; ; . 500 m RN 114. (pas de caravanes). ☎ 04 68 81 25 56. Fax : 04 68 81 87 02.

LES AMANDIERS ★★ Tourisme 85 E. dont 85 nus 1,4 ha. CV. Bord de mer à 150 m. ; ; à 150 m : Accueil adultes. RN 114, lieu-dit L'Ouille. Accès délicat aux grandes caravanes. ☎ 04 68 81 14 69. Fax : 04 68 81 09 95. E-mail : contact@camping-les-amandiers.com, Web : www.camping-les-amandiers.com. Réduction H.S.

LES CRIQUES DE PORTEILS ★★ Tourisme 248 E. 4,5 ha. 1 fois/semaine, CV. Locations : 34, 8. chauffée. Accès direct à la mer. Rivière à 5 km. ; ; Accueil adultes. Ouv : 5.4 / 28.9. RD 114 Corniche de Collioure. RD 114 sortie 13. ☎ 04 68 81 12 73. Fax : 04 68 95 85 76. Web : www.lescriques.com. Prix 2008. Fft jour : Empl. Tourisme (2) : 31 € ; Sup : 9 € - de 5 ans 6 € ; 5 € (5 A) ; Animaux 5 €. Fft Ccar : 26 € (2).

CORNEILLA DE CONFLENT

13-C5 8 km S.-O. Prades. 535 m. 397 hab. ✉ 66820

LES CLOSES ★★ Tourisme 90 E., dont 26 CC, 2,3 ha. CV. Locations : 10, 10. Rivière à 2 km. ; Ouv : 1.4 / 30.9. Route de Fillols. ☎ 04 68 96 52 29 / 04 68 05 66 48 (H.S.). Fax : 04 68 05 66 48. E-mail : serge-carrere@wanadoo.fr, Web : www.les-closes.fr. Prix 2008. Empl. Tourisme : 3,40 € ; 3,80 € ; - de 7 ans 2 € ; 2,80 € (10 A).

CORSAVY

13-C5 18 km O. Céret. 800 m. 245 hab. ✉ 66150

LE CORTSAVI ★★ Tourisme 50 E. dont 42 nus, dont 10 GCC, 1,2 ha. CV. Locations : 5, 4. Rivière à 2 km. Accueil groupes. Ouv : 1.4 / 31.10. Route de Batère. ☎ 04 68 87 89 24. Fax : 04 68 39 88 02. E-mail : info@camping-cortsavi.com, Web : www.camping-cortsavi.com. Prix 2007. Empl. Tourisme : 3,80 € ; 3,80 € ; - de 7 ans 2,40 € ; 2,50 à 3,10 € (2 à 6 A) ; Animaux 1,50 €.

EGAT

13-B5 36 km S.-O. Prades. 1800 m. 310 hab. ✉ 66120

LAS CLOTES ★★ Tourisme 80 E., dont 9 CC, 1 ha. CV. Locations : Accès direct à la rivière. ; Accueil groupes. Ouv : 1.1 / 31.12. Rue de Nalga. ☎ 04 68 30 26 90 / 04 68 30 22 66 (H.S.). Fax : 04 68 30 26 90. Prix 2007. Fft jour : Empl. Tourisme (2) : 12 € ; 2 € ; 3,50 à 5,70 € ; Animaux 1,50 €.

ELNE

13-D4 13 km S.-E. Perpignan. 25 m. 6202 hab. ✉ 66200

CAMP MUNICIPAL AL MOULY ★★★ Tourisme 285 E., dont 50 CC - 4 GCC, 7 ha. grill, CV. Locations : 3, 4. Rivière à 2 km.Bord de mer et étang à 5 km. à 5 km : Sortie autoroute Perpignan Sud, dir. Argelès. A l'entrée d'Elne dir. St Cyprien. ☎ 04 68 22 08 46 / 04 68 22 05 07 (Hiver) / 04 68 22 05 07 (H.S.). Fax : 04 68 37 95 05. E-mail : office.de.tourisme.elne@wanadoo.fr, Web : www.ot-elne.fr.

LE FLORIDA ★★★ Tourisme 153 E. dont 120 nus, 3 ha. CV. Locations : 20. Bord de mer à 3,5 km. à 4,2 km : ; à 5 km : Ouv : 5.4 / 8.11. Route de Latour Bas Elne. A9 Perpignan sud, dir. Argeles RN 114, sortie n°7 Latour Bas Elne, D11 Elne, D 40 Latour Bas Elne ☎ 04 68 37 80 88. Fax : 04 68 37 80 76. E-mail : info@campingleflorida.com, Web : www.campingleflorida.com. Prix 2008. Fft jour : Empl. Tourisme (2) : 26 € ; Sup : 6 € - de 10 ans 4 € ; 4 € (5 A) ; Animaux 2 €.

FFCC : Stop accueil Camping-car du 01/03 au 30/06 et du 01/09 au 30/11/2008, accès jusqu'à 18h.

CAMP MUNICIPAL LES PADRAGUETS ★★ Tourisme 86 E. 1 ha. Rivière à 500 m. Lac à 2 km.Bord de mer à 5 km. à 500 m : Route d'Argelès, lieu-dit Los Padraguets. ☎ 04 68 22 21 59.

ENVEITG

13-B5 50 km S.-O. Prades. 1200 m. 616 hab. ✉ 66760

LE ROBINSON ★★★ Tourisme 122 E., dont 72 GCC, 2,7 ha. CV Sanitaire chauffé. Locations. Rivière à 500 m. Lac à 4 km. à 1 km. Ouv : 1.1 / 31.12. Par RN 20 tunnel du Puymorens depuis Toulouse. RN 116 depuis Perpignan. Tunnel del Cadi depuis Barcelone. A 600 m de la gare internationale la Tour de Carol / Enveitg. ☎ 04 68 04 80 38. Fax : 04 68 04 80 38. Web : www.robinson-cerdagne.com. Prix 2008. Fft jour : Empl. Tourisme (2) : 17 € ; Sup : 5 € - de 7 ans 3 € ; 3 à 6 € (4 à 8 A) ; Animaux 1,50 €.

ERR

13-B5 49 km S.-O. Prades. 1335 m. 408 hab. ✉ 66800

LAS CLOSAS ★★★ Tourisme 114 E., dont 80 GCC - 6 HLL, 2 ha. ap. 22 h, CV Sanitaire chauffé. Locations : 10. Etang, lac et rivière à 200 m. RN 116, par RD 33. ☎ 04 68 04 71 42. Fax : 04 68 04 07 20. E-mail : camping.las.closas@wanadoo.fr, Web : www.camping-las-closas.com. Réduction H.S.

LE PUIGMAL ★★★ Tourisme 125 E. (100 Tourisme + 25 Loisirs), dont 40 GCC, 3,11 ha. CV Sanitaire chauffé. Locations : 8. Accès direct à la rivière. ; à 300 m. Ouv : 1.1 / 30.9 & 24.10 / 31.12. Route Forestière, RN 116. ☎ 04 68 04 71 83. Fax : 04 68 04 04 88. E-mail : contact@camping-le-puigmal.fr, Web : www.camping-le-puigmal.com. Prix 2008. Fft jour : Empl. Tourisme (2) : 12,50 € ; Sup : 4,10 € - de 7 ans 3,30 € ; 3,60 à 5,10 € (3 à 6 A) ; Animaux 1 €.

CAMP G.C.U. Réservé aux adhérents. Adhésion possible sur place pour les sociétaires MAIF et FILIA MAIF. Près du village.

ESCARO

13-B5 20 km S.-O. Prades. 900 m. 85 hab. ✉ 66360

LE P'TIT BONHEUR ★★ Tourisme 51 E. dont 37 nus, , dont 3 GCC, 5 ha. aire spécifique, le mercredi, CV. Locations : 5, 1, 5, 4, 3. Accès direct à la rivière. ; à 100 m. Accueil groupes. Ouv : 1.1 / 31.12. Allée des Gens Heureux. D 27. Depuis Perpignan dir. Andorre après Villefranche de Conflent à gauche vers Fuilla puis à Sahorre à droite vers Escaro. ☎ 04 68 97 08 53 / 06 14 89 63 06 (H.S.). Fax : 04 68 97 08 53. E-mail : mon.camping@free.fr, Web : http://mon.camping.free.fr. Prix 2008. Fft jour : Empl. Tourisme (2) : 11,50 € ; Sup : 3,50 € - de 7 ans 2,50 € ; 3,50 € (6 A) ; Animaux 1,10 €.

FFCC : partenaire + réduction emp. de 10 % hors saison + carte FFCC assurance annulation + Stop accueil Camping-car jusqu'au 15/11/2008, accès jusqu'à 22h + réduction loc. de 5 % hors saison.

ESPIRA DE CONFLENT

13-C4 11 km E. Prades. 347 m. 124 hab. ✉ 66320

LE CANIGOU ★★ Tourisme 115 E. 2,5 ha. CV. Locations. Accès direct à la rivière. Lac à 3 km. ☎ 04 68 05 85 40. Fax : 04 68 05 86 20. E-mail : canigou@yahoo.com, Web : www.travel.to/canigou.

ESTAVAR

13-B5 52 km S.-O. Prades. 1293 m. 281 hab. ✉ 66800

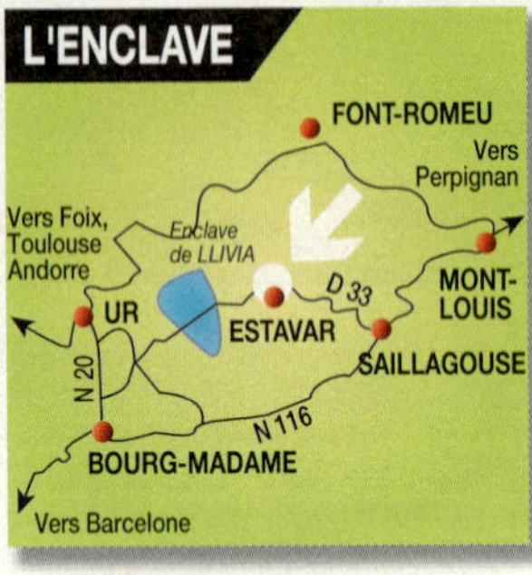

L'ENCLAVE ★★★ Tourisme 178 E. dont 145 nus, dont 150 CC - 28 GCC, 3,5 ha. CV Sanitaire chauffé. Locations : 17, 1, chauffée. Accès direct à la rivière. ; à 7 km. Accueil groupes. Ouv : 26.10 / 30.9. RD 33 et RN 116. ☎ 04 68 04 72 27. Fax : 04 68 04 07 15. E-mail : contact@camping-lenclave.com, Web : www.camping-lenclave.com. Prix 2008. Fft jour : Empl. Tourisme (2) : 22 € ; Sup : 5,30 € - de 7 ans 3,80 € ; 3,50 à 5 € (3 à 6 A) ; Animaux 1,52 €.

LES JARDINS D'ESTAVAR ★★★ Tourisme 25 E., dont 22 GCC, 2,9 ha. CV. Locations : 10, 10. Rivière à 20 m. Ouv : 1.1 / 31.12. 150 m RD 33 et 4 km RN 116. ☎ 04 68 04 85 35 / 06 33 81 29 67 (H.S.). Fax : 04 68 04 85 35. Web : www.lesjardins-destavar.com.

PARC RESIDENTIEL DE LOISIRS L'ESCAPADE P.R.L. 44 E., dont 44 HLL. CV. Locations : 44. Accès direct à la rivière. ; à 5 km. Accueil groupes. Ouv : 1.1 / 31.12. A 9 km de Font-Romeu. A 500 m de l'enclave espagnole "LLIVIA". ☎ 04 68 30 81 00. Fax : 04 68 30 81 10. E-mail : contact@lescapade.com, Web : www.lescapade.com.

FFCC : partenaire + carte FFCC assurance annulation.

Mme PALAU Marie-Thérèse A 1 km. A 5 km : Piscine plein air. Mas Palau. ☎ 04 68 04 72 75. E-mail : jeantheresep@yahoo.fr.

FILLOLS

13-C5 11 km S. Prades. 650 m. 163 hab. ✉ 66820

LES SAUTERELLES ★ Tourisme 75 E. 1,3 ha. buvette, collectif, CV. Rivière à 3 km. Ouv : 1.6 / 30.9. Depuis Prades, suivre le fléchage Abbaye de Saint-Michel de Cuxa et Massif du Canigou. ☎ 04 68 05 63 72. Fax : 04 68 05 63 72. Prix 2008. Fft jour : Empl. Tourisme (2) : 11 € ; Sup : 3 € - de 7 ans 3,50 € ; 3 € (5 A).

FFCC : partenaire - terrain assuré par la FFCC.

FONT ROMEU ODEILLO VIA

13-B5 50 km S.-O. Prades. 1800 m. 3136 hab. ✉ 66120

CAMP HUTTOPIA FONT ROMEU-LE MENHIR ★ Tourisme 245 E. dont 224 nus, 6 ha. aire spécifique, été, CV Sanitaire chauffé. Locations : chauffée. Accueil groupes. Ouv : 4.7 / 28.9. Route de Mont-Louis. RN 618. ☎ 04 68 30 09 32 / 04 37 64 22 34 (H.S.). Fax : 04 68 04 56 39. E-mail : font-romeu@huttopia.com, Web : www.huttopia.com. Prix 2007. Fft jour : Empl. Tourisme (2) : 14 € ; Sup : 4 € - de 7 ans 2,50 € ; 3,20 € (6 A) ; Animaux 1,50 €.

FFCC : partenaire + réduction emp. de 5 % en saison et hors saison + réduction loc. de 5 % en saison et hors saison.

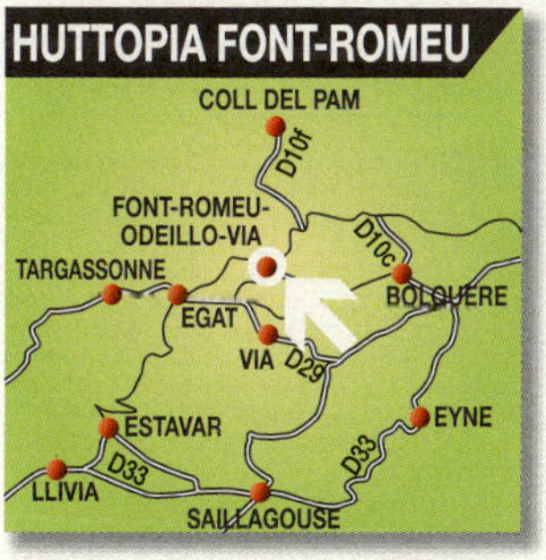

FONTPEDROUSE

13-B5 25 km S.-O. Prades. 1042 m. 108 hab. 66360

CAMP MUNICIPAL FRANCOIS ROUQUET ★★ Tourisme 35 E. 0,4 ha. Accès direct à la rivière. Bains aménagés d'eau sulfureuse à 3 km. ☎ 04 68 97 05 15 / 04 68 97 05 86. Fax : 04 68 97 12 06.

FORMIGUERES

13-B4 54 km O. Prades. 1500 m. 312 hab. 66210

LA DEVEZE ★★★ Tourisme 74 E. 3,6 ha. CV Sanitaire chauffé. Locations : , . Rivière à 10 m. Etang à 2 km.Lac à 4 km. ; ; ; . Accueil groupes. Route de la Devèze. Par Carcassonne/Limoux ou par Perpignan/Prades ou par Toulouse/Foix. ☎ 04 68 04 66 73 / 06 71 43 46 27 (H.S.). Fax : 04 68 30 94 05. E-mail : campingladeveze@wanadoo.fr, Web : campingladeveze.site.voila.fr.

FFCC : Stop accueil Camping-car du 01/01 au 30/06 et du 01/09 au 31/12/2008, accès jusqu'à 20h.

Les représentants départementaux de la FFCC sont bénévolement à votre disposition pour tous renseignements sur le camping. Retrouvez leurs coordonnées au début de chaque département.

FUILLA

13-C5 10 km S.-O. Prades. 550 m. 254 hab. 66820

LE ROTJA ★★★ Tourisme 100 E. dont 86 nus, dont 18 GCC, 1,8 ha. , gaz et électrique, , 1, CV. Locations : 5 , 1 . . Rivière à 300 m. à 300 m : . Ouv : 1.4 / 31.10. Rés. obligatoire en été. CD 6. ☎ 04 68 96 52 75. Fax : 04 68 96 52 75. E-mail : info@camping-lerotja.com, Web : www.lerotja.com. Prix 2008. Fft jour : Empl. Tourisme (2) : 20,50 € ( ) ; Animaux 2 €. Réduction H.S.

ILLE SUR TET

13-C4 19 km N.-E. Prades. 160 m. 5259 hab. 66130

CAMP MUNICIPAL ★★ Tourisme 61 E. 1,5 ha. . Locations : 10 , 61 . Rivière à 500 m. Rue Colonel Fabien. ☎ 04 68 84 72 40. Fax : 04 68 84 16 89. E-mail : mairie@ille-sur-tet.com, Web : www.ille-sur-tet.com. Réduction H.S.

LAROQUE DES ALBERES

13-D5 18 km N.-E. Céret. 100 m. 1126 hab. 66740

LES ALBERES ★★★ Tourisme 211 E., dont 27 GCC, 7 ha. CV. Locations : , 15 , 20 . . Rivière à 3 km. à 1 km : ; à 7 km : , . Ouv : 1.4 / 30.9. RD 2. ☎ 04 68 89 23 64. Fax : 04 68 89 14 30. E-mail : camping-des-alberes@wanadoo.fr, Web : www.camping-des-alberes.com. Prix 2008. Fft jour : Empl. Tourisme (2) : 23 € ( ) ; Sup : 6 € - de 7 ans 4 € ; 4 € (6 A) ; Animaux 3 €. Réduction H.S.

MAS MANYERES ★★★ Tourisme 100 E. dont 37 nus, , dont 36 GCC, 2 ha. CV. Locations : 50 , . . Rivière à 2 km. ; ; à 9 km : . Ouv : 1.4 / 30.9. RD 2 et 11. D 618. ☎ 04 68 89 33 11 / 06 81 28 66 61 (H.S.). Fax : 04 68 89 38 11. Prix 2007. Fft jour : Empl. Tourisme (2) : 29 € ( ) ; Sup : 7 € - de 7 ans 5 € ; Animaux 3 €. Réduction H.S.

CAMP MUNICIPAL LE VIVIER ★★ Tourisme 160 E. 3,97 ha. , éléctrique, CV. . Accès direct à la rivière. à 9 km : , . Accueil groupes. Ouv : 15.6 / 15.9. Rue du Stade. ☎ 04 68 89 00 93 / 04 68 95 49 97 (H.S.). Fax : 04 68 95 42 58. E-mail : ot.laroque.des.alberes@wanadoo.fr, Web : www.laroque-des-alberes.fr. Prix 2007. Fft jour : Empl. Tourisme (2) : 11,50 € ( ) ; Sup : 4 € - de 12 ans 2,10 € ; 2,50 € (6 A) ; Animaux 1,70 €.

LAS PLANES ★★ Tourisme 95 E. 2,5 ha. , à gaz, CV. . Rivière à 3 km. Ouv : 15.6 / 31.8. 117, avenue du Vallespir. RD 11. ☎ 04 68 89 21 36 / 04 68 95 43 76 (H.S.) / 06 24 49 06 46 (H.S.). Fax : 04 68 89 01 42. E-mail : info@lasplanes.com, Web : www.lasplanes.com. Prix 2007. Fft jour : Empl. Tourisme (2) : 19 € ( ) ; 3,50 € (6 A) ; Animaux 2,50 €.

M. GOUZIEN Yves CV. A 1 km: . A 4 km : Piscine plein air . A 10 km : . 97, avenue du Vallespir. Suivre à Laroque-des-Albères la dir. Domaine des Albères ou Mas Catalans. ☎ 04 68 89 31 00 / 06 12 28 37 62 / 06 12 28 37 62 (H.S.). Fax : 04 68 89 31 00.

FFCC : partenaire - terrain assuré par la FFCC .

LATOUR DE CAROL

13-B5 64 km S.-O. Prades. 1248 m. 436 hab. 66760

CAMP MUNICIPAL L'ORATOIRE ★★ Tourisme 55 E. dont 30 nus, , dont 2 GCC, 2 ha. CV. Locations : , . Rivière à 200 m. Lac à 5 km. . Ouv : 1.1 / 15.10 & 1.12 / 31.12. Entre Andorre et Espagne. Desservie RN 20 et le tunnel du Puymorens. Départ randonnées directement du camping. ☎ 04 68 04 83 70 / 06 16 34 58 10 (H.S.). Fax : 04 68 04 97 16. E-mail : campinglor atoire@wanadoo.fr. Prix 2008. Empl. Tourisme : 3,80 € ; 3,20 € ; - de 7 ans 2 € ; 2,90 à 4 € ; Animaux 1 €.

LATOUR DE FRANCE

13-C4 27 km N.-O. Perpignan. 85 m. 1078 hab. 66720

LA TOUREZE ★★ Tourisme 90 E. dont 87 nus 1,4 ha. CV. Locations : 5, 5. Rivière à 100 m. Lac à 3 km. Accueil groupes. Ouv : 15.3 / 18.10. Route d'Estagel. D 17. ☎ 04 68 29 16 10. Fax : 04 68 29 16 10. E-mail : campinglatoureze.monsite@wanadoo.fr. Prix 2008. Fft jour : Empl. Tourisme (2) : 13,20 € ; Sup : 3,90 € - de 7 ans 2,20 € ; 3,30 € ; Animaux 1,70 €. Fft Tente : 10,30 € (2).

LA LLAGONNE

13-B5 40 km S.-O. Prades. 1657 m. 140 hab. 66210

CAMP MUNICIPAL ★ Tourisme 162 E. Rivière à 200 m. Accueil groupes sur réservation en mairie. Ouv : 15.6 / 30.9. Pla de Barres. D 60 dir. Lac des Bouillouses. ☎ 04 68 04 26 04 / 04 68 04 21 18 (Mairie). Fax : 04 68 04 17 24. E-mail : mont-louis@wanadoo.fr. Prix 2007. Empl. Tourisme : 3,50 € ; 2,40 € ; - de 10 ans 1,30 € ; 3 € ; Animaux 1 €.

LLAURO

13-C5 22 km S.-O. Perpignan. 330 m. 236 hab. 66300

CAMP MUNICIPAL AL COMU ★★ Tourisme 30 E. dont 30 nus 1,5 ha. Ouv : 1.4 / 1.11. Route de Fourques. A 9 sortie 42, à Thuir suivre Le Boulou. A Llupia suivre Llauro D 615. ☎ 04 68 39 42 08 / 04 68 39 42 08 (H.S.). Fax : 04 68 39 46 27. E-mail : alcomu@wanadoo.fr, Web : http://alcomu.monsite.orange.fr. Prix 2007. Empl. Tourisme 3,20 € ; 1,75 € ; 3,80 € ; - de 7 ans 1,75 € ; 2,50 € (16 A). Réduction H.S.

MATEMALE

13-B5 38 km S.-O. Prades. 1500 m. 151 hab. 66210

LE LAC ★★★ Tourisme 110 E., dont 50 GCC, 4 ha. buvette, snack, CV Sanitaire chauffé. Lac à 200 m. Accueil adultes. Ouv : 1.1 / 31.12. Forêt de la Matte. ☎ 04 68 30 94 49. Fax : 04 68 04 35 16. Web : www.camping-lac-matemale.com. Prix 2007. Empl. Tourisme : 5 € ; 4 € ; - de 7 ans 2,60 € ; 2,60 à 4,20 € ; Animaux 1 €. Réduction H.S.

MAUREILLAS LAS ILLAS

13-C5 6 km E. Céret. 130 m. 1727 hab. 66480

LES BRUYERES ★★★ Tourisme 95 E. dont 79 nus (92 Tourisme + 3 Loisirs), dont 51 CC - 21 GCC, 4 ha. collectif, CV Sanitaire chauffé. Locations : 6, 4, 1. Lac et rivière à 2 km. Route de Céret. D 618. ☎ 04 68 83 26 64 / 06 07 72 23 13 (portable). Fax : 04 68 83 51 31. Web : www.campinglesbruyeres.com. Réduction H.S.

FFCC : partenaire + réduction emp. de 5 % en saison et hors saison.

LA CLAPERE ★★ Tourisme 200 E. 7,22 ha. CV Rés. naturiste. Locations : 8. Accès direct à la rivière. Route de Las Illas. A 9 sortie Le Boulou. ☎ 04 68 83 36 04. Fax : 04 68 83 34 44. Web : www.natuurlijk.com/clapere. Réduction H.S.

LES PINS LE CONGO ★★ Tourisme 68 E., dont 33 GCC, 1,7 ha. CV Sanitaire chauffé. Locations : 10. Accès direct à la rivière. Lac à 4 km. Sur RD 618. A 9 sortie le Boulou. ☎ 04 68 83 23 21. Fax : 04 68 87 45 64. E-mail : lespinslecongo@hotmail.fr, Web : www.campinglespinslecongo.com. Réduction H.S.

VAL ROMA PARK ★★ Tourisme 65 E. Accueil adultes. Ouv : 1.5 / Septembre. Thermes Boulou, D 900 ☎ 04 68 39 88 13 / 04 68 87 79 10 (H.S.). Fax : 04 68 39 88 13. Prix 2007. 12 € ; 2,50 € ; 3 € ; Animaux 1 €.

FFCC : partenaire + réduction emp. de 5 % en saison et hors saison + Stop accueil Camping-car du 01/05 au 30/06/2008, accès jusqu'à 20h.

CAMP MUNICIPAL LE TOURQU ★ Tourisme 47 E. 0,6 ha. CV. Rivière à 100 m. Lac à 4 km. ; à 3 km : Accueil groupes. A 9 sortie le Boulou. ☎ 04 68 83 23 19 / 04 68 87 52 52 (Mairie) (H.S.). Fax : 04 68 83 14 66.

MAURY

13-C4 32 km N.-O. Perpignan. 982 hab. 66460

CAMP MUNICIPAL LES OLIVIERS ★★ Tourisme 33 E. 0,45 ha. CD 117. ☎ 04 68 59 15 24 (Mairie).

MILLAS

13-C4 16 km O. Perpignan. 99 m. 2824 hab. 66170

LE CAPITOUL ★★★ Tourisme 75 E., dont 43 GCC, 2 ha. Rue du Capitoul. ☎ 04 68 57 25 90. Fax : 04 68 57 25 87.

MOLITG LES BAINS

13-C4 8 km N.-O. Prades. 610 m. 180 hab. 66500

CAMP MUNICIPAL ★ Tourisme 19 E. ☎ 04 68 05 02 12 (Mairie).

MONT LOUIS

36 km S.-O. Prades. 1600 m. 420 hab. 66210

CAMP MUNICIPAL Voir LA LLAGONNE

MONTBOLO

13-C5 12 km O. Céret. 576 m. 213 hab. 66110

CENTRE NATURISTE LA BALMA ★ Tourisme 50 E. 3 ha. Rés. naturiste. Etang et rivière à 300 m. Sortie Amélie les Bains, Palalda, km 12 en dir. de Taulis. ☎ 04 68 39 08 88. Fax : 04 68 39 00 55. E-mail : Mas.de.la.Balma@wanadoo.fr, Web : perso.wanadoo.fr/la-balma.

MONTESCOT

13-D4 11 km S. Perpignan 14 m. 1128 hab. 66200

LA MIGNANE,aire naturelle de camping Route de Bages. D 612. ☎ 04 68 21 00 97. Fax : 04 68 21 00 97. E-mail : info@campingaucalme.com, Web : www.campingaucalme.com.

MONTESQUIEU DES ALBERES

13-C5 15 km N.-E. Céret. 155 m. 510 hab. 66740

CAMP SANT-CRISTAU ★★ Tourisme 90 E. 0,9 ha. saison, saison, CV. Rivière à 1 km. ☎ 04 68 89 71 01. Fax : 04 68 89 71 01.

NEFIACH

13-C4 18 km O. Perpignan. 713 hab. 66170

LA GARENNE ★★ Tourisme 73 E. dont 55 nus 1,5 ha. buvette, snack, saison, à gaz, la nuit, CV Sanitaire chauffé. Locations : . Rivière à 1 km.Etang et lac à 2 km. Accueil groupes. Ouv : 1.1 / 31.12. RD 916 sortie Millas/Nefiach, puis 300 m à droite. ☎ 04 68 57 15 76. Fax : 04 68 57 37 42. E-mail : camping.lagarenne.nefiach@wanadoo.fr, Web : camping-lagarenne.com. Prix 2007. Fft jour : Empl. Tourisme (2) : 23 € ; Sup : 5 € - de 7 ans 3 €. Fft Ccar : 12 € (2).

FFCC : partenaire + réduction emp. de 5 % en saison et hors saison + carte FFCC assurance annulation + Stop accueil Camping-car toute l'année, accès jusqu'à 21h.

OSSEJA

13-B5 52 km S.-O. Prades. 1255 m. 1906 hab. Station verte de vacances et village de neige 66340

ESSI ELS PALLES ★★ Tourisme 45 E. dont 34 nus, , dont 22 GCC, 2 ha. CV. Locations : 40. chauffée . Lac à 800 m. à 800 m : Accueil groupes. Route de la Forêt. ☎ 04 68 04 78 50 / 04 68 04 53 40. Fax : 04 68 04 78 50. E-mail : mairie-osseja@wanadoo.fr.

PALAU DE CERDAGNE

13-B5 57 km S.-O. Prades. 1270 m. 285 hab. 66340

LAS ASPERAS ★★ Tourisme 75 E. 1,2 ha. CV Sanitaire chauffé. Locations : 10. Rivière à 100 m. Lac à 500 m. à 100 m : ; à 8 km : Accueil groupes. Ouv : 1.6 / 31.12. D 30 à partir de N 20 ou N 116. Au Sud du village de Palau de Cerdagne. Départ route forestière. ☎ 04 68 04 62 08 / 09 54 90 02 80 (H.S.). E-mail : las.asperas@tourhotel.com, Web : www.camping-pyrenees-cerdagne.com. Prix 2007. Fft jour : Empl. Tourisme (1) : 11 € ; Sup : 3 € - de 10 ans 1,50 € ; 3,50 à 6 € (3 à 10 A) ; Animaux 1 €.

PALAU DEL VIDRE

13-D5 22 km N.-E. Céret. 19 m. 1738 hab. 66690

LE HARAS ★★★ Tourisme 76 E., dont 16 CC - 6 GCC, 2,5 ha. CV. Locations : 14. Lac à 400 m. Rivière à 1 km. à 300 m : ; à 7 km : . Ouv : 20.3 / 20.10. Domaine Sant Galdric, sur D 11. ☎ 04 68 22 14 50. Fax : 04 68 37 98 93. E-mail : haras8@wanadoo.fr, Web : www.camping-le-haras.com. Prix 2008. Fft jour : Empl. Tourisme (2) : 24,50 € ; Sup : 5,20 € - de 7 ans 3,60 € ; 4 € (6 A) ; E. GCC 1,50 € (suplt.) ; Animaux 3,50 €. Réduction H.S.

FFCC : partenaire - terrain assuré par la FFCC + réduction loc. de 5 % hors saison + HC.

PERPIGNAN

13-C4 907 km S. Paris. 30 m. 113646 hab. 66000

ROUSSILLON CAMPING CATALAN ★★ Tourisme 110 E., dont 64 CC - 45 GCC, 2 ha. été, été, été, été, CV. Locations : 2, 16. . Ouv : 15.3 / 31.10. Route de Bompas. Polygone nord D 1. ☎ 04 68 63 16 92. Fax : 04 68 63 34 57. E-mail : www.camping.catalan@free.fr. Prix 2008. Fft jour : Empl. Tourisme (2) : 17,70 € () ; Sup : 5 € - de 13 ans 4,20 € ; 3,60 € (10 A) ; Animaux 2,60 €.

LA GARRIGOLE ★ Tourisme 22 E. 0,9 ha. 2, rue Maurice Levy. ☎ 04 68 54 66 10.

PORT BARCARES

15 km N.-E. Perpignan. 1 m. 2422 hab. 66420

LA PRESQU'ILE Voir LE BARCARES

PORTE PUYMORENS

13-B5 76 km O. Prades. 1610 m. 119 hab. 66760

CAMP MUNICIPAL LA RIVIERE ★★ Tourisme 60 E. 0,85 ha. au village, au village, au village, Sanitaire chauffé. Rivière à 10 m. Lac à 1 km.Etang à 2 km. Accueil groupes. Ouv : 1.1 / 31.12. RN 20 ou par le tunnel du Puymorens. ☎ 04 68 04 82 20. Fax : 04 68 04 94 57. E-mail : mairie.porte@wanadoo.fr. Prix 2008. Empl. Tourisme : 4 € () : 2 € ; - de 7 ans 1 € ; 4 € ; Animaux 0,50 €. Réduction H.S.

PRADES

13-C4 43 km S.-O. Perpignan. 357 m. 6395 hab. 66500

CAMP MUNICIPAL PLAINE ST MARTIN ★★ Tourisme 78 E., dont 24 CC - 18 GCC. CV. Locations : 18, . Etang à 100 m. Rivière à 500 m. Lac à 5 km. ☎ 04 68 96 29 83 / 04 68 05 41 00 (Mairie). Fax : 04 68 96 29 83. E-mail : prades.leconflent@wanadoo.fr, Web : www.leconflent.net/seml.

PRATS DE MOLLO LA PRESTE

13-C5 32 km S.-O. Céret. 735 m. 1146 hab. 66230

SAINT MARTIN ★★ Tourisme 72 E. dont 40 nus 1,2 ha., collectif, CV. Locations : , . Accès direct à la rivière. Accueil groupes. RN 115. ☎ 04 68 39 77 40 / 06 79 70 08 80 (H.S.). Fax : 04 68 39 77 40. E-mail : camping.st.martin@wanadoo.fr, Web : www.domainestmartin.com. Prix 2007. Empl. Tourisme : 6 € ; 5 € ; - de 5 ans 2 € ; 3,50 € (10 A) ; Animaux 2 €. Réduction H.S.

FFCC : partenaire - terrain assuré par la FFCC.

CAMP CAN NADAL ★ Tourisme 54 E. 0,8 ha. collectifs, . Locations : . Rivière à 200 m. Route de la Preste, lieu-dit La Clapère. ☎ 04 68 39 70 89 / / 06 79 70 08 80 (H.S.).

FFCC : partenaire - terrain assuré par la FFCC.

REYNES

13-C5 6 km S.-O. Céret. 380 m. 796 hab. ✉ 66400

HOLLYWOOD CAMPING ★★ Tourisme 110 E. 2 ha. CV. Locations : , 9 , , . Rivière à 3 km. à 1 km : . La Forge de Reynes. ☎ 04 68 39 08 61. Fax : 04 68 39 00 49.

LES POMMIERS ★ Tourisme 66 E. 2 ha. CV. Locations : 2 , 10 , . Rivière à 30 m. Etang et lac à 5 km. ; . Sur RN 115. Entre le pont et la forge de Reynes. ☎ 04 68 39 04 72.

RIA SIRACH

13-C5 2 km O. Prades. 400 m. 1068 hab. ✉ 66500

BELLEVUE ★★ Tourisme 94 E., dont 1 CC - 2 GCC, 2,2 ha. CV. Locations : , . Rivière à 500 m. à 600 m : ; à 2 km : . Accueil groupes. Ouv : 1.4 / 30.9. RD 26 A, par RN 116. ☎ 04 68 96 48 96 / 06 22 43 64 53 / 04 68 96 10 62 (H.S.). Fax : 04 68 96 10 62. E-mail : bellevue.camping@wanadoo.fr, Web : www.camping-bellevue-riasirach.com. Prix 2007. Empl. Tourisme : 3,60 € () : 3,15 € ; - de 7 ans 1,80 € ; Animaux 0,90 €.

FFCC : partenaire + réduction emp. de 5 % en saison et hors saison.

RIVESALTES

13-C4 9 km N. Perpignan. 29 m. 7454 hab. ✉ 66600

LE SOLEIL 2000 ★★★ Tourisme 60 E. Locations : . Rivière à 2 km. Ouv : 15.4 / 30.10. Prendre sortie autoroute Perpignan nord dir. Rivesaltes. ☎ 04 68 38 54 53 / / 04 68 38 53 54 (H.S.). Fax : 04 68 38 54 64. E-mail : rivesaltes@anas.asso.fr.

SAHORRE

13-C5 12 km S.-O. Prades. 675 m. 359 hab. ✉ 66360

FONTANELLE ★★ Tourisme 48 E. dont 34 nus 1,1 ha. CV. Locations : 4 , 4 , 3 , . Rivière à 500 m. ; . Accueil groupes. ☎ 04 68 05 55 06 / 06 15 03 72 41 / 06 15 03 72 41 (H.S.). E-mail : camping.lesfontanelles@wanadoo.fr.

SAILLAGOUSE

13-B5 45 km S.-O. Prades. 1300 m. 953 hab. ✉ 66800

ILISA ★★★ Loisirs 90 E. dont 5 nus, dont 64 CC. Sanitaire chauffé. Locations : , . Accueil groupes selon le nombre de pers.. 19, avenue du Roussillon. ☎ 04 68 04 75 08 / 06 73 48 87 15. Fax : 04 68 04 75 08. E-mail : camping.ilisa@free.fr, Web : www.ilisa.fr.

LE DOMAINE DE CERDAN ★★★ Tourisme 118 E., dont 55 GCC, 0,78 ha. CV Sanitaire chauffé. Locations : 12 . Rivière à 100 m. Route d'Estavaz. RN 116. ☎ 04 68 04 70 46. E-mail : lecerdan@lecerdan.com, Web : www.lecerdan.com. Prix 2007. Fft jour : Empl. Tourisme (2) : 12,20 € Sup : 3,75 € - de 10 ans 2,95 € ; 3 à 3,70 € (3 à 6 A) ; Animaux 1 €.

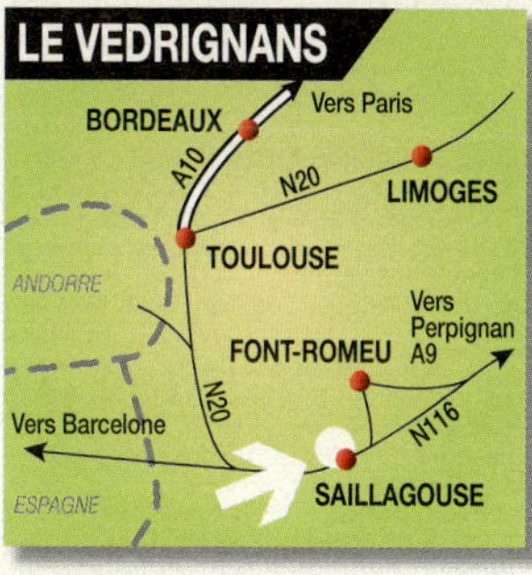

LE VEDRIGNANS P.R.L. 59 E. 2,61 ha. CV Sanitaire chauffé. Locations : , . Rivière à 100 m. à 100 m : ; à 2 km : , . Accueil groupes. Ouv : 1.1 / 31.12. 1 avenue Roussillon. Par RN 20 et RN 116. De Toulouse/Bourg-Madame/Saillagouse ou de Perpignan/Mont-Louis/Saillagouse. ☎ 04 68 04 04 79 / 06 07 68 96 99 (H.S.). Fax : 04 68 04 06 89. E-mail : levedrignans66@orange.fr, Web : www.levedrignans.com.

ST ANDRE

13-D5 22 km N.-E. Céret. 38 m. 1718 hab. ✉ 66690

LE SAINT ANDRE ★★ Tourisme 140 E. dont 102 nus, dont 3 CC - 10 GCC, 3,5 ha. CV. Locations : 11 , , . Rivière à 800 m. Bord de mer à 4,5 km. Ouv : 1.6 / 15.9. Rés. obligatoire en été. RN 114 sortie n° 9. ☎ 04 68 81 08 02. Fax : 04 68 81 08 02. E-mail : campingstandre@hotmail.fr, Web : www.campingstandre.fr. Prix 2008. Fft jour : Empl. Tourisme (2) : 17,20 € () ; Sup : 6 € - de 7 ans 3 € ; 3 à 6 € (6 à 10 A) ; Animaux 1,20 €. Réduction H.S.

LA RIBERETTE ★ Tourisme 54 E. 0,7 ha. CV. Locations : 10 , . Rivière à 3 km.Bord de mer à 5 km. ☎ 04 68 89 08 37.

ST CYPRIEN

13-D4 13 km S.-E. Perpignan. 4 m. 4405 hab. ✉ 66750

CALA-GOGO ★★★★ Tourisme 655 E. dont 404 nus, dont 100 GCC, 11,13 ha. CV Camping tourisme et handicap. Locations : 56 . Accès direct à la mer. Rivière à 1 km.Etang à 5 km. ; ; ; ; . Ouv : 10.5 / 20.9. Plage de la Lagune. Avenue Armand Lanoux. A 9 sortie Perpignan Sud/Argelès-sur-Mer/St-Cyprien/St-Cyprien plage les Capellans/Grand stade/Cala Gogo. ☎ 04 68 21 07 12 / 04 68 95 90 11 (H.S.). Fax : 04 68 21 02 19. E-mail : camping.calagogo@wanadoo.fr, Web : www.campmed.com. Prix 2008. Fft jour : Empl. Tourisme (1 1 - de 5 ans) : 12,60 € () ; Sup : 8,60 € 3,40 € (6 A) ; Animaux 3,70 €. Réduction H.S.

LE ROUSSILLON ★★★★ Tourisme 150 E., dont 70 GCC, 3 ha. , à gaz, CV. Locations : 6 , 30 . . Bord de mer à 1,2 km. ; . De Narbonne, A 9 sortie Perpignan Nord, N 114 jusqu'à Elne-St Cyprien sortie St Cyprien village dir. le port. ☎ 04 68 21 06 45 / 02 51 33 05 05. Fax : 02 51 33 94 04. E-mail : chadotel@wanadoo.fr, Web : www.camping-le-roussillon.com. Prix 2007. Fft jour : Empl. Tourisme (2 1 - de 2 ans) : 28,90 € () ; Sup : 5,80 € - de 13 ans 3,80 € ; Animaux 3 €. Réduction H.S.

CAMP MUNICIPAL BOSC D'ENROUG ★★★ Tourisme 654 E., dont 118 CC, 12 ha. CV. Locations : 30 . . Bord de mer et étang à 3 km. à 3 km : , , , , . Ouv : 1.6 / 30.9. Sur CVO 7. ☎ 04 68 21 23 50. Fax : 04 68 21 55 43. Web : www.camping-saint-cyprien.com. Prix 2007. Empl. Tourisme : 7 € ; 6,50 € ; - de 4/10 ans 3,50 € ; 3,50 € ; Animaux 2 €.

CAMP MUNICIPAL AL FOURTY ★★ Tourisme 648 E., dont 157 CC, 8,80 ha. CV. Locations : , . à 500 m : , , , ; à 2 km : . St-Cyprien Village, par CD 22 et CVO 7. ☎ 04 68 21 07 97 / 04 68 21 23 50. Fax : 04 68 21 90 11. E-mail : www.camping-saint-cyprien.com.

LAS MONGES ★★ Tourisme 157 E.

LES MURIERS ★★ Tourisme 92 E. 1,5 ha. . Bord de mer à 4 km.Rivière à 5 km. Rue Blaise Cendrars. Autoroute Perpignan nord. ☎ 04 68 21 11 20. E-mail : lesmuriers@aol.com.

ST GENIS DES FONTAINES

13-D5 18 km N.-E. Céret. 52 m. 1298 hab. ✉ 66740

LA PINEDE ★★ Tourisme 71 E., dont 4 GCC, 1 ha. , boulodrome, CV. Locations : 10 , 5 . . Rivière à 2 km.Lac à 3 km. à 2 km : , . Avenue des Albères. Route de Laroque. ☎ 04 68 89 75 29.

ST JEAN PLA DE CORTS

13-C5 6 km N.-E. Céret. 115 m. 1040 hab. ✉ 66400

CAMP DE LA VALLEE ★★★ Tourisme 100 E., dont 4 GCC, 6 ha. CV. Locations : 28. Rivière à 50 m. Etang à 800 m. Lac à 1 km. Route de Maureillas, RN 115. ☎ 04 68 83 23 20. Fax : 04 68 83 07 94. E-mail : campingdelavallee@yahoo.fr, Web : www.campingdelavallee.com.

LES CASTEILLETS ★★★ Tourisme 134 E. dont 76 nus, dont 4 CC - 26 GCC - 10 HLL, 5,88 ha. CV. Locations : 26, 9. Rivière à 300 m. Etang et lac à 2 km. ; à 3 km : . Ouv : 1.1 / 31.12. Rés. obligatoire en été. N 115. A 9 sortie Le Boulou. ☎ 04 68 83 26 83. Fax : 04 68 83 39 67. E-mail : jc@campinglescasteillets.com, Web : www.campinglescasteillets.com. Prix 2008. Fft jour : Empl. Tourisme (2) : 16,50 € ; Sup : 4,40 € - de 3/12 ans 3 € ; 3 €. Réduction H.S.

FFCC : partenaire + carte FFCC assurance annulation.

ST LAURENT DE CERDANS

13-C5 27 km S.-O. Céret. 675 m. 1607 hab. Station verte de vacances et village de neige ✉ 66260

CAMP MUNICIPAL VERTE RIVE ★★ Tourisme 74 E. dont 33 nus 0,8 ha. CV Sanitaire chauffé. Locations : 8. Accès direct à la rivière. Accueil groupes. Ouv : 1.6 / 30.10. Autoroute jusqu'au Boulou, dir. Ceret. ☎ 04 68 39 54 64 / 04 68 39 55 75 (H.S.). Fax : 04 68 39 59 59. E-mail : yves.rolland2@wanadoo.fr. Prix 2008. Empl. Tourisme : 2,29 € () : 0,91 € ; 3,21 € ; 2,29 € ; - de 7 ans 1,27 € ; 2,77 € (5 A).

LE CLOLS ★★ Tourisme 50 E. 1 ha. ☎ 04 68 39 51 68.

ST NAZAIRE

13-D4 10 km E. Perpignan. 6 m. 2048 hab. ✉ 66140

LES FLAMANTS ROSES ★★ Tourisme 160 E. dont 137 nus 2,7 ha. snack, aire spécifique, la nuit, CV Sanitaire chauffé. Locations : 15, 2. Etang à 400 m. Bord de mer à 4 km. en mer : ; à 3,5 km : . Avenue de Canet. Sortie Perpignan centre, dir. Canet en Roussillon sortie 5 vers St-Nazaire. ☎ 04 68 80 21 03. Fax : 04 68 80 94 90. E-mail : info@lesflamantsroses.com, Web : www.lesflamantsroses.com.

ST PAUL DE FENOUILLET

13-C4 45 km N.-O. Perpignan. 262 m. 2350 hab. ✉ 66220

CAMP DE L'AGLY ★★★ Tourisme 42 E. dont 40 nus 0,50 ha. collectif, CV Sanitaire chauffé. Locations : 2, 1. Rivière à 500 m. Ouv : 1.1 / 31.12. Au feu à St-Paul de Fenouillet dir. Ansignan. ☎ 04 68 59 09 09. Fax : 04 68 51 00 28. E-mail : contact@camping-agly.com, Web : www.camping-agly.com. Prix 2007. Empl. Tourisme : 5,50 € () ; 4,40 € ; - de 7 ans 2,85 € ; 3,90 € (16 A).

FFCC : partenaire - terrain assuré par la FFCC.

STE MARIE

13-D4 12 km E.-N.-E. Perpignan. 8 m. 1285 hab. ✉ 66470

LE PALAIS DE LA MER ★★★★ Tourisme 181 E., dont 38 GCC, 3,6 ha. gaz/électrique, CV. Locations : 36, 10. chauffée half-court. Accès direct à la mer. Ouv : 10.5 / 23.9. D 81. Sortie autoroute Perpignan Nord dir. Canet. ☎ 04 68 73 07 94. Fax : 04 68 73 57 83. E-mail : contact@palaisdelamer.com, Web : www.palaisdelamer.com. Prix 2008. Fft jour : Empl. Tourisme (2) : 33,50 € Sup : 7 € - de 7 ans 4 € ; 2 € (10 A) ; Animaux 4,75 €. Réduction H.S.

CAMP MUNICIPAL DE LA PLAGE ★★★ Tourisme 378 E. 4,5 ha. saison, CV. Locations : 10, 20. Bord de mer et rivière à 100 m. Etang à 300 m. ☎ 04 68 80 68 59. Fax : 04 68 73 14 70.

LA PERGOLA ★★★ Tourisme 185 E., dont 25 CC - 83 GCC, 2,5 ha. CV. Locations : 17. Bord de mer à 300 m. ; à 300 m : . Ouv : 1.6 / 30.9. 21, avenue Mistral. ☎ 04 68 73 03 07. Fax : 04 68 73 02 40. E-mail : camping-la-pergola@wanadoo.fr, Web : www.campinglapergola.com. Prix 2007. Fft jour : Empl. Tourisme (2) : 28,10 € () ; Sup : 6,70 € - de 4 ans 4,10 € ; Animaux 2 €. Réduction H.S.

LE LAMPARO ★★★ Tourisme 156 E., dont 33 GCC, 2,65 ha. électrique, CV Sanitaire chauffé. Locations : 3, 37, 5, 20. Bord de mer à 1,2 km. à 1,3 km : ; à 1,2 km : ; à 3 km : . Ouv : 1.3 / 1.11. Rés. obligatoire en été. Sortie Perpignan (Canet) prendre la D83 puis la D81. Se diriger vers Ste Marie village ☎ 04 68 73 83 87. Fax : 04 68 80 69 77. E-mail : info@campinglamparo.com, Web : www.campinglamparo.com. Prix 2007. Fft jour : Empl. Tourisme (2) : 27 € () ; Sup : 6 € - de 4 ans 2 € ; Animaux 4 €. Réduction H.S.

FFCC : partenaire + réduction emp. de 15 % hors saison + carte FFCC assurance annulation + Stop accueil Camping-car de mars au 30/06 et du 01/09 au 01/11/2008, accès jusqu'à 19h + réduction loc. de 15 % hors saison.

LE SAINTE MARIE ★★★ Tourisme 300 E. dont 150 nus, , dont 24 CC - 32 GCC, 5 ha. gaz ou collectif, CV. Locations : 12. Accès direct à la rivière. Bord de mer à 2 km.Etang à 4 km. ; à 1 km : ; à 3 km : . Accueil adultes. Ouv : Pâques / Toussaint. Canet dir. Sainte-Marie Village, à gauche du cimetière. Chemin des Clauses puis à 2 km. Plage sauvage à 1 km. ☎ 04 68 80 48 10. Fax : 04 68 73 42 22. E-mail : contact@campingsaintemarie66.com, Web : www.campingsaintemarie66.com. Prix 2008. Fft jour : Empl. Tourisme (2) : 21,70 € () ; Sup : 5,30 € - de 10 ans 3,50 € ; 4,10 € (5 A) ; Animaux 2,40 €. Réduction H.S.

FFCC : partenaire + réduction emp. de 5 % en saison et 10 % hors saison + réduction loc. de 5 % en saison et 10 % hors saison.

LE FLORIDA ★★ Tourisme 129 E., dont 4 GCC, 1,3 ha. à 400 m : .

LES TAMARINS ★ Tourisme 35 E. 0,3 ha. Bord de mer à 300 m. à 250 m : . Route de la Plage. ☎ 04 68 73 89 57.

PAS DEL FANG ★ Tourisme 149 E.

Mme PRIM Nicole,aire naturelle CV. A 200 m : . A 1,5 km: . A 3 km : Piscine plein air. Ouv : 25.6 / 6.9. Mas des Chardonnerets. Cabine pour personnes handicapées. ☎ 04 68 80 65 90 (H.S.) / 04 68 80 49 95 (H.S.).

SALSES LE CHATEAU

13-D4 15 km N. Perpignan. 12 m. 2098 hab. ✉ 66600

CAMP INTERNATIONAL DU ROUSSILLON ★★ Tourisme 94 E. dont 75 nus, , dont 36 CC - 20 GCC, 2 ha. CV. Locations : 9, 2. Accès direct à l'étang. Accueil groupes. Sur RN 9, à l'Ouest de la route à 1 km Nord de la ville. ☎ 04 68 38 60 72. Fax : 04 68 52 75 46. E-mail : camping-roussillon@wanadoo.fr, Web : www.camping-roussillon.com.

LE BOIS DE PINS ★ Tourisme 66 E. dont 43 nus, , dont 24 GCC, 1 ha. CV. Locations : 9. Etang et lac à 2 km. Accueil groupes. Ouv : 1.1 / 31.12. Route d'Opoul. Au village de Salses-le-Chateau, prendre la route d'Opoul, après le pont de l'autoroute, 1ère à droite à 2 km du village. ☎ 04 68 38 68 44. Fax : 04 68 38 68 44. E-mail : info@leboisdepins.com, Web : www.leboisdepins.com. Prix 2008. Fft jour : Empl. Tourisme (2) : 18 € () ; Sup : 6 € - de 12 ans 4,50 € ; 3 € (9 A). Réduction H.S.

FFCC : partenaire + réduction emp. de 5 % hors saison + réduction loc. de 5 % hors saison.

SERDINYA

13-B5 10 km S.-O. Perpignan. 530 m. 270 hab. ✉ 66360

MAS DE LASTOURG ★★ Tourisme 76 E. dont 53 nus, dont 69 CC, 1,5 ha. CV. Locations : . Accès direct à l'étang et à la rivière. Accueil groupes. Ouv : 1.4 / 30.11. RN 116. ☎ 04 68 05 35 25 / 06 14 85 99 10 (H.S.). Fax : 04 68 05 35 26. E-mail : maslastourg@aol.com, Web : www.camping-lastourg.com. Prix 2007. Fft jour : Empl. Tourisme (2) : 17,30 € () ; Sup : 5 € - de 7 ans 4 € ; 3 à 5 € (6 à 10 A) ; Animaux 1 €. Fft Ccar : 15,50 € (2). Réduction H.S.

FFCC : partenaire + réduction emp. de 5 % hors saison + Stop accueil Camping-car du 01/04 au 15/06 et du 01/09 au 30/11/2008, accès jusqu'à 19h + réduction loc. de 5 % hors saison.

SERRALONGUE

13-C5 28 km S.-O. Céret. 1000 m. 205 hab. ✉ 66230

VILLAGE CLUB NATURISTE ★ Tourisme 68 E., dont 34 GCC, 26 ha. Rés. naturiste. Locations : . ☎ 04 68 39 62 92.

FFCC : partenaire - terrain assuré par la FFCC.

SOREDE

13-D5 23 km N.-E. Céret. 65 m. 1896 hab. ✉ 66690

LES MICOCOULIERS ★★★ Tourisme 221 E., dont 1 CC - 8 GCC, 4 ha. CV. Locations : 2, 10, 2, 3. attenant. Accès direct à la rivière. ; à 7 km : . Sur RD 11. ☎ 04 68 89 20 27 / 04 68 89 29 45. Fax : 04 68 95 45 25.

LA COSCOLLEDA ★ Tourisme 60 E. 1,6 ha. snack, CV. Locations : 1, 8. Accès direct à la rivière. Etang et lac à 5 km. 27, rue de la Coscollade. ☎ 04 68 89 16 65 / / 06 73 56 91 73 (H.S.). Fax : 04 68 89 85 36. E-mail : camping-la-coscolleda@wanadoo.fr, Web : camping-lacoscolleda.com.

SOURNIA

13-C4 23 km N. Prades. 513 m. 339 hab. ✉ 66730

CAMP LA SOURCE ★★ Tourisme 47 E. dont 36 nus 0,8 ha. CV. Locations : . Lac et rivière à 300 m. Accueil groupes. Près de l'église. ☎ 04 68 96 08 13 / 06 24 31 33 36. Fax : 04 68 96 08 13. E-mail : lasource66@aol.com, Web : campinglasource.free.fr. Réduction H.S.

TARGASSONNE

13-B5 50 km S.-O. Prades. 1597 m. 93 hab. ✉ 66120

LA GRIOLE ★★ Tourisme 54 E., dont 32 GCC, 1 ha. ☎ 04 68 30 03 84. Fax : 04 68 30 17 65. E-mail : j.hebers@libertysurf.fr, Web : www.font-romeu.com/la-griole.

TAUTAVEL

13-C4 25 km N.-O. Perpignan. 654 hab. ✉ 66720

Entre Perpignan et l'Espagne

VOS VACANCES À

Accès : Train : gare internationale de Perpignan
Route : autoroute A9, sortie Perpignan-Nord Direction Canet-Barcarès

La station Balnéaire Sainte-Marie-la-Mer en Roussillon est une station balnéaire calme, familiale et conviviale où il est agréable de se retrouver en famille ou entre amis loin de l'anonymat de la foule.

Sainte-Marie-la-Mer est un lieu privilégié où même en pleine saison, l'espace de vos vacances reste libre de toutes contraintes. Sa plage de sable doré et fin s'étire du port à la Réserve Naturelle.
En toile de fond, le Canigou (2784 m) si cher aux Catalans, dévoile sa palette de couleurs inégalées.

Culture :
Vous pourrez visiter l'église Romane du XIIe siècle classée, découvrir des expositions de peinture, des manifestations folkloriques et assister à des concerts.
- La réserve africaine de Sigean
- Le Musée de la Préhistoire de Tautavel
- l'Abbaye de St-Martin-de-Canigou

Sports et loisirs :
Les sportifs profiteront des infrastructures : pétanques, tennis, tir à l'arc, volley, équitation. Vous parcourez les chemins, à pied, à cheval, ou en VTT ou exercerez des activités nautiques.

SAINTE-MARIE-LA-MER A TOUT POUR VOUS PLAIRE !

Sous le signe du soleil, la mer, la plage, la piscine, les campings 3 et 4 étoiles de Sainte-Marie se mettent en 5 pour vous proposer des vacances inoubliables en toute liberté. De l'emplacement simple à la location de caravanes, bungalows, mobil-homes, chalets, 5 formules pour savourer vos vacances en suivant vos envies. Les infrastructures de services et de loisirs sont à votre disposition pour le bonheur des petits et des grands. Confort, intimité, sécurité autant d'atouts qui garantissent des vacances en toute tranquillité.

CAMPING DE LA PLAGE

★★★

Accès direct plage : 100 m

*Au panthéon du Rugby à XV. Terrain de 6 ha aménagés, emplacements délimités de 100 m². **Accès direct à la mer**. Plage naturiste à proximité. Tennis, tir à l'arc, volley, ping-pong, piscine, salle de musculation, jeux divers, mini-club enfants (gratuit de 4 à 14 ans.) Animations. Soirées.*
Services du 15/06 au 15/09 : cave à vin, alimentation, plats cuisinés, laverie, bar, restaurant.
Location de chalets.
***Ouvert du 01/03 au 31/10**. Réservation conseillée.*
66470 Sainte-Marie-la-Mer
Tél. : 04 68 80 68 59 - Fax : 04 68 73 14 70
Internet : www.camping-municipal-de-la-plage.com
E-mail : contact@camping-municipal-de-la-plage.com

SAINTE-MARIE-LA-MER

LE PALAIS DE LA MER ★★★★

ACCÈS DIRECT À LA PLAGE.
Au cœur d'une zone naturelle, emplacements ombragés, délimités par des haies. Piscine chauffée de mai à septembre avec espace balnéo, salle de sport équipée, tennis, volley, ping-pong, mini-ferme, structures gonflables. Jeux et animations pour enfants et adultes style club. Bar, restaurant, plats à emporter, libre service, laverie.
Location de mobil-homes et bungalows.
66470 Sainte-Marie-la-Mer
Tél. : 04 68 73 07 94 - Fax : 04 68 73 57 83
E-mail : contact@palaisdelamer.com
Internet : www.palaisdelamer.com

LA PERGOLA ★★★

À 300 M DE LA PLAGE.
Ambiance familiale et conviviale, tout pour des vacances sympas ! Terrain calme et ombragé. Empl. équipés en eau et EDF. Bar, restaurant, plats à emporter, laverie. Piscine, pataugeoire, ping-pong, jeux électroniques et jeux enfants.
Location de mobil-homes.
Réservation conseillée. Chèque Vacances acceptés. Agrément VACAF. 66470 Sainte-Marie-la-Mer.
Tél. : 04 68 73 03 07 - Fax : 04 68 73 02 40
E-mail : camping-la-pergola@wanadoo.fr
Internet : www.campinglapergola.com

LE LAMPARO ★★★

Camping calme, ombragé et sous surveillance en saison.
PISCINE ET TENNIS GRATUITS.
Emplacements délimités et ombragés. Animations, soirées. Bar, restaurant, plats à emporter, dépôt de pain. Laverie automatique.
Location de chalets, caravanes, mobil-homes et bengali
Jacuzzi, salle de fitness et sauna.
Réservation conseillée. Route de la Plage. Ouvert toute l'année. 66470 Sainte-Marie-la-Mer
Tél. : 04 68 73 83 87 - Fax : 04 68 80 69 77
E-mail : info@campinglamparo.com
Internet : www.campinglamparo.com

LE SAINTE MARIE ★★★

Camping familial et calme doté d'emplacements délimités par des haies. Terrain très ombragé et fleuri avec piscine de 400 m² et plongeoir. Chèques Vacances acceptés. Activités diverses : volley, ping-pong, mini-golf, jeux enfants, animations, soirées disco... Epicerie, bar-restaurant, laverie et dépot de pain.
À 2 km de la mer et à 1 km d'une plage sauvage.
Location de Mobil-homes.
Ouvert du 01/04 au 31/10. Promotion HS
Chemin des Clauses - 66470 Sainte-Marie-la-Mer
Tél. : 04 68 80 48 10 - Fax : 04 68 73 42 22
Internet : www.campingsaintemarie66.com
E-mail : contact@campingsaintemarie66.com

LE PRIOURAT ★★ Tourisme 24 E. . Rivière à 500 m. Lac à 3 km. ; . ☎ 04 68 29 41 45. Fax : 04 68 29 41 45. E-mail : j.ponsaille@libertysurf.fr, Web : www.le-priourat.fr. Réduction H.S.

THUIR

13-C4 13 km S.-O. Perpignan. 6358 hab. ✉ 66300

LE PONT D'ESPAGNE Voir CAMELAS

TORREILLES

13-D4 9 km N.-E. Perpignan. 1492 hab. ✉ 66440

LE CALYPSO ★★★★ Tourisme 308 E., dont 43 CC - 150 GCC, 4 ha. , snack, CV. Locations : 35 , 65 , . chauffée . Bord de mer et rivière à 500 m. Etang à 3 km. ; à 500 m : , , . Accueil groupes. Sortie A 9 Leucate, prendre la nationale dir. Barcarès/Canet. Sortie Perpignan Centre dir. Barcarès/Canet. ☎ 04 68 28 09 47. Fax : 04 68 28 24 76. E-mail : camping.calypso@wanadoo.fr, Web : www.camping-calypso.com. Prix 2007. Fft jour : Empl. Tourisme (2) : 35 € ( ) ; Sup : 7,50 € - de 4/13 ans 5 € ; 3 € (10 A) ; Animaux 4 €.

LE TRIVOLY ★★★★ Tourisme 273 E., dont 73 GCC, 4 ha. , à gaz, CV. Locations : 2 , 45 . . Bord de mer à 700 m. ; ; . Route des Plages, D 8. ☎ 04 68 28 20 28 / 02 51 33 05 05. Fax : 04 68 28 16 48. E-mail : chadotel@wanadoo.fr, Web : www.camping-chadotel.fr. Prix 2007. Fft jour : Empl. Tourisme (2 1 - de 2 ans) : 28,90 € ( ) ; Sup : 5,80 € - de 13 ans 3,80 € ; Animaux 3 €. Réduction H.S.

LES TROPIQUES ★★★★ Tourisme 450 E. dont 90 nus, , dont 375 GCC - 60 HLL, 8 ha. , électrique ou à pierre de lave, juillet/août, CV. Camping clef verte. Locations : 250 , 10 . chauffée . Accès direct à la rivière. Bord de mer à 400 m. ; ; à 400 m : , . Accueil groupes. Ouv : 5.4 / 4.10. Rés. obligatoire en été. D 81. Bracelets loisirs obligatoire du 28.6 / 30.8 = 5 € / pers. + 6 ans ☎ 04 68 28 05 09. Fax : 04 68 28 48 90. E-mail : contact@campinglestropiques.com, Web : www.campinglestropiques.com. Prix 2008. Fft jour : Empl. Tourisme (2) : 37 € ( ) ; Sup : 8,90 € - de 13 ans 6,20 € ; Animaux 4 €. Réduction H.S.

FFCC : partenaire + réduction emp. de 15 % hors saison + Stop accueil Camping-car du 05/04 au 27/06 et du 01/09 au 04/10/2008, accès jusqu'à 22h + réduction loc. de 15 % hors saison.

MARISOL ★★★★ Tourisme 377 E. dont 120 nus, , dont 215 GCC, 8 ha. , collectif, CV. Locations : 12 , 100 , 4 , , Mobile homes 3 chambres / - 5 ans. chauffée . Accès direct à la mer. Rivière à 500 m. Etang et lac à 5 km. ; ; ; à 50 m : . Accueil groupes. Ouv : 26.4 / 27.9. RD 11. Sortie A 9 dir. Barcarès, dir. Torreilles plage. ☎ 04 68 28 04 07. Fax : 04 68 28 18 23. E-mail : marisol@camping-marisol.com, Web : www.camping-marisol.com. Prix 2008. Fft jour : Empl. Tourisme (2) : 44,50 € ( ) ; Sup : 8,40 € - de 4 ans 5,90 € ; Animaux 6,90 €. Réduction H.S.

FFCC : partenaire + carte FFCC assurance annulation + Frais de réservation offerts aux adhérents.

LA PALMERAIE ★★★ Tourisme 243 E. dont 120 nus, dont 40 GCC - 30 HLL. , à gaz, CV. Locations : , 30 , 57 , 16 . . Bord de mer à 600 m. Rivière à 1 km. Etang à 5 km. ; ; à 600 m : . Ouv : 26.4 / 21.9. Bld de la Plage. Sortie autoroute Perpignan Nord dir. Barcarès. ☎ 04 68 28 20 64. Fax : 04 68 59 67 41. E-mail : info@camping-la-palmeraie.com, Web : www.camping-la-palmeraie.com. Prix 2007. Empl. Tourisme : 12 € ; 8 € ; - de 3/7 ans 6 € ; 4 à 7 € (5 à 10 A) ; Animaux 5 €. Réduction H.S.

LES DUNES ★★★ Tourisme 615 E. dont 103 nus (315 Tourisme + 300 Loisirs), dont 615 GCC - 52 HLL, 15 ha. , à gaz, CV. Locations : 66 , . . Accès direct à la mer. ; ; ; à 100 m : . Accueil groupes. Ouv : 15.3 / 15.10. Rés. obligatoire en été. Sorties 40 ou 41, autoroute Perpignan Nord. RN 83 puis CD 81. ☎ 04 68 28 38 29. Fax : 04 68 28 32 57. E-mail : lesdunes@lesdunes.net, Web : www.lesdunes.net. Prix 2008. Fft jour : Empl. Tourisme (2) : 32,50 € ((16 A)) Fft Ccar : 8,50 € (2).

FFCC : Stop accueil Camping-car du 15/03 au 14/10/2008, accès jusqu'à 19h et 21h en juillet et août.

TROUILLAS

13-C4 12 km S.-O. Perpignan. 77 m. 1144 hab. ✉ 66300

CAMP MUNICIPAL ★★ Tourisme 25 E., dont 23 CC, 0,3 ha. ☎ 04 68 53 06 17 (Mairie).

UR

13-B5 55 km S.-O. Prades. 1210 m. 306 hab. ✉ 66760

LA GARE ★★ Tourisme 86 E. dont 69 nus, dont 23 CC, 1,4 ha. CV Sanitaire chauffé. Locations : 4 , 5 , 3 . Rivière à 500 m. . Ouv : 1.1 / 30.9 - 1.11 / 31.12. Sur RN 20 à 500 m du village d'Ur vers Bourg-Madame. ☎ 04 68 04 80 95 / 04 68 04 57 70 (H.S.). Web : www.camping-cerdagne.com. Prix 2008. Fft jour : Empl. Tourisme (2) : 10 € ( ) ; Sup : 3,20 € - de 7 ans 2,10 € ; 2,10 à 4 € (2 à 6 A) ; Animaux 1,10 €.

FFCC : partenaire - terrain assuré par la FFCC.

CAMP G.C.U. Réservé aux adhérents. Adhésion possible sur place pour les sociétaires MAIF et FILIA MAIF.

VERNET LES BAINS

13-C5 12 km S. Prades. 650 m. 1442 hab. Station verte de vacances et village de neige ✉ 66820

L'EAU VIVE ★★★ Tourisme 90 E., dont 27 CC - 63 GCC, 1,5 ha. , pain, CV. Locations : , , . Accès direct à la rivière. ; . Ouv : 1.4 / 31.10. Chemin de St Saturnin. RN 116 et D 116. ☎ 04 68 05 54 14. Fax : 04 68 05 78 14. E-mail : campingleauvive@orange.fr, Web : www.leau-vive.com. Prix 2007. Fft jour : Empl. Tourisme (2) : 25 € ((6 A)) ; Sup : 2,50 € Animaux 2,50 €.

FFCC : partenaire + carte FFCC assurance annulation.

DEL BOSC ★★ Tourisme 90 E. 3 ha. . Accès direct à la rivière. . 68, avenue Clémenceau. ☎ 04 68 05 54 54. Fax : 04 68 05 51 62. E-mail : contact@camping-del-bosc.com, Web : www.camping-del-bosc.com.

LES CERISIERS ★★ Tourisme 39 E. dont 14 nus, dont 1 HLL, 1,2 ha. , collectifs, CV Sanitaire chauffé. Locations : , , , . Rivière à 200 m. . Accueil groupes. Chemin de la Pena, RD 27. RN 116. Route de Sahorre. ☎ 04 68 05 60 38 / 06 17 85 34 03 / 0 825 300 200 (Réserv.) (H.S.). Fax : 04 68 05 60 38. E-mail : campinglescerisiers@wanadoo.fr, Web : camping-les-cerisiers-vernetlesbains.com. Prix 2007. Empl. Tourisme : 2,30 € ; 1,80 € ; 3,40 € ; - de 7 ans 1,70 € ; 2,50 € (10 A) ; 0,70 €. Fft Ccar : 8,50 € (2). Réduction H.S.

FFCC : partenaire - terrain assuré par la FFCC.

VILLEFRANCHE DE CONFLENT

6 km S.-O. Prades. 432 m. 261 hab. ✉ 66500

MAS DE LASTOURG Voir SERDINYA

VILLELONGUE DELS MONTS

13-C5 18 km N.-E. Céret. 200 m. 943 hab. ✉ 66740

LE SOLEIL D'OR ★★ Tourisme 44 E. 0,62 ha. CV. Locations : . Rivière à 3 km. Accueil groupes. Accès direct en sortant à Le Boulou par l'A 9. ☎ 04 68 55 56 62. Fax : 04 68 55 56 62. E-mail : alex.toure@laposte.net, Web : perso.wanadoo.fr/campinglesoleildor. Réduction H.S.

VILLENEUVE DE LA RAHO

13-D4 9 km S. Perpignan. 55 m. 1075 hab. ✉ 66180

LES RIVES DU LAC ★★ Tourisme 158 E., dont 158 CC, 2,5 ha. gaz/électrique, CV. Locations : 9, 7. Lac à 20 m. Chemin de la Serre. A 9 sortie Perpignan Sud dir. Porte d'Espagne Le Boulou. Tennis à 2 km. ☎ 04 68 55 83 51 / 04 68 55 91 05 (H.S.). Fax : 04 68 55 86 37. E-mail : camping.villeneuvera ho@wanadoo.fr. Prix 2007. Fft jour : Empl. Tourisme (2 + 1 - de 4 ans) : 13,60 € ; Sup : 3,10 € 3,10 € (6 A) ; Animaux 1,60 €. Réduction H.S.

VINCA

13-C4 10 km E.-N.-E. Prades. 1592 hab. ✉ 66320

CAMP MUNICIPAL DES ESCOUMES ★★ Tourisme 140 E. 3 ha. CV. Locations : 3, 12. Accès direct aux bords du lac. 400 m du centre ville. Gardiennage caravanes hors saison. ☎ 04 68 05 84 78. Fax : 04 68 05 94 69.

BAS-RHIN 67

Carte 4

Délégué FFCC : Gérard GOETZMANN, 15, rue du Périgord - 67380 LINGOLSHEIM

BARR

4-E4 20 km N. Selestat. 200 m. 4615 hab. ✉ 67140

LES REFLETS DU MONT STE ODILE ★★ Tourisme 70 E. (64 Tourisme + 6 Loisirs) 1 ha. CV. Accès direct à la rivière. Etang à 20 m. Accueil groupes. Route du Mont Sainte-Odile. 137, rue de la Vallée. ☎ 03 88 08 02 38 / 03 89 58 64 31. Fax : 03 89 58 64 31. E-mail : reflets@calixo.net, Web : www.les-reflets.com

SAINT MARTIN ★★ Tourisme 24 E. 0,36 ha. 1 km, 1 km, 1 km, CV. Accueil groupes. Rue de l'Ile. ☎ 03 88 08 00 45. Fax : 03 88 08 00 45. E-mail : NICOLAS.KIEFFER@tiscali.fr, Web : www.pays-de-barr.com/saint-martin. Prix 2007. Empl. Tourisme : 1,60 € ; 1,60 € ; 1,60 € ; 1,60 € ; 3,20 € ; - de 7 ans 1,60 € ; 3 € (6 A A).

M. BACHERT Jean-Louis 35, a route de Heiligenstein. ☎ 03 88 08 95 89. Fax : 03 88 08 43 06.

BASSEMBERG

4-E4 18 km N.-O. Sélestat-Erstein. 280 m. 234 hab. ✉ 67220

CAMPEOLE LE GIESSEN ★★★★ Tourisme 175 E. (121 Tourisme + 54 Loisirs), dont 54 GCC - 35 HLL, 4 ha. CV. Locations : 44, 11, 20. Route de Villé. De Sélestat D 424, de Strasbourg D 203. ☎ 03 88 58 98 14 / 01 44 52 47 52 (Campéole). Fax : 03 88 57 02 33. E-mail : cplgiessen@atciat.com, Web : www.campeole.com.

BELMONT

4-E4 30 km S.-O. Molsheim. 800 m. 125 hab. ✉ 67130

LE CHAMP DU FEU ★★ Tourisme 40 E. (21 Tourisme + 19 Loisirs) 1,95 ha. Locations : ☎ 03 88 97 30 52. FFCC : partenaire - terrain assuré par la FFCC.

BLAESHEIM

4-E4 15 km N. Erstein. 150 m. 934 hab. ✉ 67113

CAMP G.C.U. Réservé aux adhérents. Adhésion possible sur place pour les sociétaires MAIF et FILIA MAIF.

BOERSCH

4-E4 10 km S. Molsheim. 255 m. 1663 hab. ✉ 67530

C.C.A.S. WOLFSGRUBE ★★ Tourisme 95 E. Réservé C.C.A.S.

BOOFZHEIM

4-F4 13 km S. Sélestat-Erstein. 155 m. 1052 hab. ✉ 67860

LE RIED ★★ Tourisme 270 E. dont 100 nus (150 Tourisme + 120 Loisirs), dont 110 GCC, 8 ha. buvette, CV. Locations : 130, couverte chauffée. Accès direct à l'étang et aux bords du lac et à la rivière. Accueil groupes. Ouv : 1.4 / 30.9. Route de Rhinau. CD 5. ☎ 03 88 74 68 27. Fax : 03 88 74 62 89. E-mail : info@camping-ried.com, Web : www.camping-ried.com. Prix 2008. Fft jour : Empl. Tourisme (2) : 17,50 € ; 4 € (5 A).

BREITENBACH

4-E4 20 km N.-O. Sélestat. 350 m. 649 hab. ✉ 67220

M. HAAS Albert, aire naturelle A 6 km: Piscine plein air. Ferme Niedermatten, 1 km de la commune, à proximité de la ferme. Pré, rivière à 50 m. Auberge. Ecole de parapente sur place. ☎ 03 88 57 18 22 / 06 08 61 25 66. Fax : 03 88 57 18 22.

LA BROQUE

23 km S.-O. Molsheim. 315 m. 2896 hab. ✉ 67130

CAMP DE L'UNION TOURISTIQUE OUVRIERE DE STRASBOURG ★ Loisirs 25 E. Réservé excl. aux membres U.T.O.

DAMBACH

4-E3 35 km N.-E. Haguenau. 652 hab. ✉ 67110

AIRE NATURELLE MUNICIPALE DU HOHENFELS pétanque, ☎ 03 88 09 24 08 / 03 88 09 26 68. Fax : 03 88 09 21 81.

DAMBACH LA VILLE

4-E4 8 km N. Sélestat. 210 m. 1907 hab. ✉ 67650

CAMP MUNICIPAL ★★ Tourisme 120 E. 1,15 ha. pain, CV. à 5 km : Accueil groupes. Proximité de la RN 422. ☎ 03 88 92 48 60 (Camping) / 03 88 92 41 05 (Mairie H.S) (H.S.). Fax : 03 88 92 60 09. Web : www.pays-de-barr.com/dambach-la-ville.

DOSSENHEIM SUR ZINSEL

4-E3 8 km N. Saverne. 185 m. 1094 hab. Village de neige ✉ 67330

CAMPING-PLAGE LOISIRS ★★ Loisirs 150 E. (35 Tourisme + 115 Loisirs), dont 115 CC, 3 ha. CV. Rivière à 500 m. à 500 m : Accueil groupes. 24, route d'Ernolsheim. ☎ 03 88 70 01 64. Fax : 03 88 70 37 44. E-mail : camping_plage_loisirs@tiscali.fr, Web : www.francetouristique.com/cpl.

EBERSHEIM

4-E4 6 km N.-E. Sélestat-Erstein 165 m. 1675 hab. ✉ 67600

M. LOOS Roland, ferme Saint-Paul CV. RN 83. Ferme saint-Paul. Entre Sélestat et Ebersheim. ☎ 03 88 85 71 80. Fax : 03 88 85 71 05.

M. WEISS Adolphe CV. A 500 m : A 1,5 km: A 1 km : A 7 km : Piscine plein air. Ouv : 15.6 / 15.9. 10, rue du Buhl. ☎ 03 88 85 72 97. E-mail : elisabeth.trau@wanadoo.fr. Prix 2008. Fft jour : Empl. Tourisme (2) : 10 € ; Sup : 3,80 € - de 8 ans 1,50 €. FFCC : partenaire + Stop accueil Camping-car du 15/06 au 15/09/2008, accès jusqu'à 19h.

EPFIG

4-E4 12 km N. Sélestat-Erstein 200 m. 1753 hab. ✉ 67680

M. SPITZ André . A 5 km: . 61, rue Ste Marguerite. Epfig se situe entre Sélestat et Obernai. 03 88 85 54 51.

ERSTEIN

4-F4 21 km S. Strasbourg. 150 m. 8172 hab. 67150

CAMPING MUNICIPAL ★★ Loisirs 260 E. (60 Tourisme + 200 Loisirs), dont 200 GCC, 6 ha. CV. Etang et rivière à 150 m. ; ; à 200 m : . Ouv : 1.4 / 30.9. 2, rue de la Sucrerie. De Strasbourg prendre RN 83 sortie Erstein. 03 88 98 09 88. Fax : 03 88 98 92 92. Prix 2007. Fft jour : Empl. Tourisme : 1000 € / 6 mois () ; Sup : 3,40 € - de 7 ans 2,75 € ; 3,20 € (16 A).

ESCHWILLER

4-E3 30 km N.-O. Saveme. 178 hab. 67320

M. VAN VLIET & Mme VAN DOK,domaine Le Cheval Islandais . A 3 km: . 31, rue de l'Eglise. A 4 Metz/Strasbourg sortie n° 43 Sarre-Union dir. Phalsbourg/ Drulingen (N 61). Au 1er rond-point à droite vers Eywiller, tout droit 4 km, Eschwiller est indiqué dans le village maison bleue à gauche. 03 88 01 99 54 / 06 06 63 57 82 (H.S.). E-mail : domainelechevalislandais@hotmail.com, Web : www.geocities.com/droosus/.

GAMBSHEIM

4-F3 18 km N.-E. Strasbourg-Campagne. 130 m. 3948 hab. 67760

CAMP MUNICIPAL ★★ Loisirs 100 E. 2 ha. , buvette saison, . Accès direct à l'étang. ; ; . Frontalier avec l'Allemagne. Par A 35 sortie n° 51 Gambsheim. 03 88 96 42 59 / 03 88 59 79 59 (Mairie).

GERSTHEIM

4-F4 6 km S.-E. Erstein. 154 m. 3008 hab. 67150

AU CLAIR RUISSEAU ★★ Tourisme 70 E. dont 69 nus (44 Tourisme + 26 Loisirs) 1 ha. CV. Locations : 1 . Accès direct à l'étang et à la rivière. ; . Accueil groupes. Rue du Ried. 03 88 98 30 04 / 0049 171 314 43 12 (H.S.). Fax : 03 88 98 30 04. E-mail : info@clairruisseau.com, Web : www.clairruisseau.com.

GRENDELBRUCH

4-E4 20 km S.-O. Molsheim. 540 m. 972 hab. 67190

LES AMIS DE LA NATURE ★ Loisirs 25 E. (4 Tourisme + 21 Loisirs) . , visiteur. Muckenbach. Accès difficile aux grandes caravanes. 03 88 97 41 84.

GRESSWILLER

4-E4 5 km O. Molsheim. 200 m. 1185 hab. 67190

ALSACE CAMPING ★ Loisirs 70 E. (15 Tourisme + 55 Loisirs) 1,7 ha. , CV.. Accès direct à la rivière. Accueil groupes. Chemin du Camping, Lieu-dit Heiligenberg Gare, RD 704 et RN 392. 03 88 50 15 13.

HAGUENAU

4-F3 28 km N. Strasbourg. 150 m. 29715 hab. 67500

CAMP MUNICIPAL ★ Tourisme 70 E. , à la demande. . à 100 m : ; à 5 km : . Route de Strasbourg. 03 88 73 91 43 / 03 88 93 70 00 (H.S.). Fax : 03 88 93 69 89. E-mail : tourisme@ville-haguenau.fr, Web : www.ville-haguenau.fr.

HARSKIRCHEN

4-D3 40 km N.-O. Saverne. 240 m. 821 hab. 67260

L'ETANG ★★ Loisirs 111 E. (12 Tourisme + 99 Loisirs), dont 9 GCC, 3 ha. , CV. Locations : , . . Accès direct à l'étang. Rivière à 200 m. ; . Accueil groupes. Ouv : 1.1 / 31.12. Rue du Canal, D 23. Autoroute Paris/Strasbourg sortie Sarre-Union (5 km). 03 88 00 93 65 / 03 88 00 90 83 (Mairie) (H.S.). Fax : 03 88 00 96 13. E-mail : camping.harskirchen@wanadoo.fr. Prix 2007. () : 4,20 € ; 1,55 € ; 4,20 € ; 2,60 € ; 3,30 € ; - de 3 ans 2,10 € ; 2,60 à 3,20 € (10 A) ; Animaux 1,50 €.

HEILIGENBERG

4-E4 9 km O. Molsheim. 290 m. 508 hab. 67190

M. FINK Philippe,aire naturelle de camping des Deux Etangs . A 5 km: Piscine plein air . Ferme-Auberge, camping des Deux Etangs, 210, rue de la Gare, entre D 392 et N 420 (rond-point) à 2,5 km Sud-Ouest de la commune, à proximité de la ferme. Clairière herbeuse et ombragée, bord d'étang et de rivière. 03 88 50 00 51.

HINSBOURG

4-E3 25 km N.-O. Saverne. 350 m. 80 hab. Village de neige 67290

AIRE NATURELLE MUNICIPALE,Le Steinberg . A 5 km: . A 2 km du lac de Donnenbach-La Fosse. 03 88 01 52 49 / 03 88 01 56 51. Fax : 03 88 01 53 80.

LE HOHWALD

4-E4 25 km N.-O. Sélestat. 645 m. 407 hab. Station verte de vacances et village de neige 67140

CAMP MUNICIPAL ★★ Tourisme 100 E. (60 Tourisme + 40 Loisirs) 2 ha. CV Sanitaire chauffé.à 1 km : . Ouv : 1.1 / 31.12. Sur RD 425. Salle de loisirs. 03 88 08 30 90. Fax : 03 88 08 30 90.

CAMP MUNICIPAL LOUISENTHAL ★★ Loisirs 25 E. (5 Tourisme + 20 Loisirs) . .à 1 km : . Ouv : 1.1 / 31.12. RD 425 03 88 08 30 90. Fax : 03 88 08 30 90.

ISSENHAUSEN

4-E3 35 km N.-O. Strasbourg. 180 m. 85 hab. 67330

M. MICHEL Charles CV. A 2 km: . A 6 km : Piscine plein air . A 12 km : . Hans em Schnokeloch, RN 421, RD 7 et 659, à proximité de la ferme. Terrain plat herbeux, ombragé. Salle commune. Barbecue collectif. 4 gîtes ruraux. Vente de produits fermiers. Sanitaires à la ferme : 2 wc + 1 pour pers. handicapées. Bac à laver, vidoir + 2 éviers. 03 88 70 72 96. Fax : 03 88 70 72 96. E-mail : charlesmichel5@aol.com.

KESKASTEL

4-D3 42 km N.-O. Saverne. 215 m. 1300 hab. 67260

LES SAPINS ★★★ Loisirs 150 E. (50 Tourisme + 100 Loisirs), dont 83 GCC, 2 ha. CV. Locations : 8 , Mini-chalets. . Accès direct à l'étang. ; ; . RN 61 et D 338. 03 88 00 19 25. Fax : 03 88 00 34 66. Web : www.chalets-decouverte.com. Prix 2007. 3,85 € ; 3,85 € ; 4,30 € ; - de 7 ans 2 € ; 3,60 € (10 A).

LAUTERBOURG

4-F3 20 km S.-E. Wissembourg. 115 m. 2450 hab. 67630

CAMP MUNICIPAL DES MOUETTES ★★★ Tourisme 136 E. dont 74 nus (76 Tourisme + 60 Loisirs), dont 22 CC - 16 GCC. Sanitaire chauffé. Locations : . . Accès direct aux bords du lac. Rivière à 1,5 km. ; ; ; ; ; . Accueil groupes. Ouv : 1.4 / 30.10. CD 300 sortie 59. Suivre fléchage. 03 88 54 68 60 / 03 88 94 80 18 (Mairie) (H.S.). Fax : 03 88 54 68 60. E-mail : camping-lauterbourg@wanadoo.fr. Prix 2008. 5,40 € ; 3,50 € ; 5,60 € ; 3 € ; 3,70 € ; - de 6/12 ans 2,50 € ; 3,50 €. Réduction H.S.

LEMBACH

4-F3 15 km S.-O. Wissembourg. 190 m. 1681 hab. Village de neige 67510

CAMP ESSI DU FLECKENSTEIN ★★ Loisirs 250 E. (45 Tourisme + 205 Loisirs), dont 114 GCC, 2,3 ha. , saison, CV. Locations : , . Accès direct à l'étang. ; ; . Lieu-dit Tannenbrück, sur RD 925. 03 88 94 40 38 / 03 88 94 43 16 (H.S.). Fax : 03 88 94 20 04. E-mail : info@ot-lembach.com, Web : www.ot-lembach.com. Prix 2007. 2,20 € ; 2,50 € ; 3 € ; 2,20 € ; 2,30 € ; 1,20 € ; 3 € ; Animaux 1 €.

FFCC : partenaire - terrain assuré par la FFCC.

MARCKOLSHEIM

4-E5 12 km S.-E. Sélestat. 178 m. 3124 hab. 67390

CAMP DE M. DOLT MARTIN ★★ Tourisme 33 E. (22 Tourisme + 11 Loisirs) 1,4 ha. , W.E., W.E., .; ; . Pont du Rhin. ☎ 03 88 92 52 35 / 03 88 92 72 21.

MOLLKIRCH

4-E4 8 km O.-S.-O. Molsheim. 320 m. 451 hab. 67190

NEUHIESEL ★★ Loisirs 100 E. (35 Tourisme + 65 Loisirs) 2,5 ha. . Accès direct à la rivière. Etang à 5 km. à 5 km : . 39, route de Grendelbruch. ☎ 03 88 97 41 82.

FISCHHUTTE ★ Loisirs 50 E. (10 Tourisme + 40 Loisirs) 0,5 ha. . Locations : . Accès direct à la rivière. . Sur RD 704 et 204. Route de Grendelbruch. ☎ 03 88 97 42 03. Fax : 03 88 97 51 85. E-mail : fischhutte@wanadoo.fr.

MOLSHEIM

4-E4 23 km O. Strasbourg. 180 m. 6998 hab. 67120

CAMP MUNICIPAL ★★ Tourisme 100 E. 1,7 ha. CV. Locations : , . Accès direct à la rivière. . Ouv : 1.5 / 30.9. 300 m RN 422. ☎ 03 88 49 82 45 / 03 88 49 58 58 (H.S.). Fax : 03 88 49 58 59. Prix 2007. 4,70 € ; 4,70 € ; 3,30 € ; 3,30 € ; - de 7 ans 1,70 € ; 2,50 € ; Animaux 1,10 €.

MUNCHHAUSEN

4-F3 19 km S.-E. Wissembourg. 123 m. 651 hab. 67470

CAMP MUNICIPAL AU RHIN ET A LA SAUER ★★ Loisirs 98 E. (25 Tourisme + 73 Loisirs), dont 22 GCC, 1,5 ha. . Rivière à 500 m. ; . Accès par A 35, sortie Munchhausen. ☎ 03 88 86 11 80 / 03 88 86 51 81 (Mairie).

OBEN AM DAMM ★★ Loisirs 45 E. (8 Tourisme + 37 Loisirs) 0,6 ha. . Rivière à 500 m. ; . A 35, sortie Munchhausen. ☎ 03 88 86 11 80 / 03 88 86 51 81.

NATZWILLER

4-E4 25 km S.-O. Molsheim. 610 m. 658 hab. 67130

MME THORWARTH ★★ Tourisme 46 E. (24 Tourisme + 22 Loisirs), dont 1 HLL, 1,8 ha. CV Sanitaire chauffé Camping tourisme et handicap. Locations : 1 . . à 5 km : , . Ouv : 1.4 / 30.10. La Basse du Maçon, par RD 130. ☎ 03 88 97 81 69. Prix 2007. Fft jour : Empl. Tourisme (2 2 - de 10) : 19 € ( ) ; Sup : 3 € - de 10 ans 2 €. Réduction H.S.

FFCC : partenaire + réduction emp. de 10 % en saison et hors saison + réduction loc. de 10 % en saison et hors saison.

NIEDERBRONN LES BAINS

4-E3 22 km N.-O. Haguenau. 190 m. 4446 hab. 67110

HEIDENKOPF ★★ Tourisme 70 E. (40 Tourisme + 30 Loisirs) 1,54 ha. . Locations : , . Rivière à 2 km.Etang à 5 km. Route de la Lisière, RN 62, sortie Nord-Ouest à la Source Celtique. ☎ 03 88 09 08 46. Fax : 03 88 09 04 97. E-mail : heidenkopf@tiscali.fr.

OBERBRONN

4-E3 20 km N.-O. Haguenau. 260 m. 1442 hab. 67110

CAMP MUNICIPAL L'OASIS ★★★ Tourisme 150 E. (100 Tourisme + 50 Loisirs) 3 ha. , juillet/août, CV Sanitaire chauffé. Locations : 28 , Mini-chalets. chauffée . à 2 km : . Accueil groupes. Ouv : 13.3 / 12.11. CD 28. ☎ 03 88 09 71 96 / 03 88 09 04 04 (Mairie) (H.S.). Fax : 03 88 09 97 87. E-mail : oasis.oberbronn@laregie.fr, Web : www.reve a-vacances.fr et www.chalets-decouvertes.com. Prix 2007. Empl. Tourisme : 2,50 € ; 1,90 € ; 3,80 € ; - de 7 ans 2,30 € ; 3,90 € ; Animaux 1,90 €.

OBERHASLACH

4-E4 16 km O. Molsheim. 270 m. 1145 hab. Station verte de vacances et village de neige 67280

CAMP DU LUTTENBACH ★★ Loisirs 100 E. 1,3 ha. . Accès direct à la rivière. . Route du Nideck, RD 218. Par la voie express Molsheim/St-Dié. ☎ 03 88 50 90 62 / 03 88 60 69 05. E-mail : bernard-bacquet@wanadoo.fr.

OBERNAI

18 km O.-N.-O. Erstein 185 m. 9444 hab. 67210

CAMP MUNICIPAL LE VALLON DE L'EHN ★★★ Tourisme 150 E., dont 120 GCC, 3 ha. CV Sanitaire chauffé Camping tourisme et handicap. . à 150 m : ; à 1 km : . Accueil groupes. Ouv : 1.1 / 31.12. Rés. obligatoire en été. Rue de Berlin. Direction Ottrot/Mont-Ste-Odile à côté du VVF. ☎ 03 88 95 38 48. Fax : 03 88 48 31 47. E-mail : camping@obernai.fr, Web : www.obernai.fr - www.camping-alsace.com. Prix 2007. Empl. Tourisme : 4,70 € () ; 2,20 € ; 4 € ; - de 13 ans 1,90 € ; 3,70 € (16 A). Réduction H.S.

FFCC : partenaire + réduction emp. de 5 % en saison et 10 % hors saison.

ORSCHWILLER

4-E5 6 km S.-O. Sélestat. 240 m. 605 hab. 67600

Mme WALISZEK Cécile,aire naturelle . ☎ 03 88 92 21 35.

LA PETITE PIERRE

4-E3 22 km N. Saverne. 340 m. 675 hab. Village de neige 67290

CAMP DE M. KUSTER ★★ Loisirs 30 E. dont 10 nus (6 Tourisme + 24 Loisirs) . Locations : . Etang à 800 m. Accueil groupes. Lieu-dit Imsterfeld. ☎ 03 88 70 42 12. Fax : 03 88 70 42 12. E-mail : camping-imsterfeld@wanadoo.fr.

RHINAU

4-F4 16 km S. Erstein. 157 m. 2331 hab. ✉ 67860

FERME DES TUILERIES ★★★ Tourisme 150 E. (100 Tourisme + 50 Loisirs) 5 ha. , juillet/août buvette, juillet/août, , + sèche-linge, CV Sanitaire chauffé. Locations : 5 , 8 . 2 courts, . Accès direct aux bords du lac. ; ; . Ouv : 1.4 / 30.9. En arrivant de Colmar (A 35) sortie n° 14 (RN 83) puis sortie Benfeld-Rhinau. En arrivant de Strasbourg (A 35) sortie n° 7 Erstein-Fegersheim (RN 83) puis sortie Benfeld-Rhinau. ☎ 03 88 74 60 45 / 06 85 74 98 97 (H.S.). Fax : 03 88 74 85 35. E-mail : camping.fermetuileries@neuf.fr, Web : www.fermedestuileries.com. Prix 2008. Empl. Tourisme : 3,30 € () : 3,30 € ; - de 7 ans 1,50 € ; 2,50 à 3,20 € (4 à 6 A).

ROESCHWOOG

4-F3 24 km E. Haguenau. 119 m. 1539 hab. ✉ 67480

CAMP DU STAEDLY ★★★ Loisirs 150 E. (33 Tourisme + 117 Loisirs), dont 34 CC, 5 ha. . Accès direct à l'étang. ; ; . Rue de l'Etang. Par CD 300 ou N 63. ☎ 03 88 86 42 18. Fax : 03 88 86 42 18.

ROMANSWILLER

4-E4 18 km N.-O. Molsheim. 220 m. 1006 hab. ✉ 67310

CAMP MUNICIPAL ★★ Loisirs 50 E. (13 Tourisme + 37 Loisirs) 1 ha. . Accès direct à l'étang et à la rivière. . ☎ 03 88 87 45 54 / 03 88 87 05 57 (Mairie).

ROSHEIM

4-E4 6 km S.-S.-O. Molsheim. 190 m. 3766 hab. ✉ 67560

LE FACKENTHAL ★★ Loisirs 60 E. (12 Tourisme + 48 Loisirs) 0,98 ha. CV. Locations : . Rivière à 10 m. Etang à 2 km. . Ouv : 1.4 / 31.10. Route de Grendelbruch. Sur RD 204. De Rosheim en dir. de Grendelbruch. ☎ 03 88 97 45 20. E-mail : camping.fackenthal@yahoo.fr. Prix 2007. 3,50 € ; 4 € ; 3,50 € ; 2,50 € ; - de 10 ans 1 € ; 2,50 € (6 A) ; 0,80 €.

M. KLEIN Rémy,camping à la ferme . 26, avenue de la Gare, en face Lidel. ☎ 03 88 50 25 00 / 06 77 78 63 39.

Mme HERR Lucienne,aire naturelle Pré Vert , jeton. 5, route de Boersch. CD 35 route du vin dir. Le Mont Ste-Odile, sortie agglomération en venant dir. Strasbourg/Molsheim/Schirmeck. ☎ 03 88 50 21 10 / 06 33 98 89 37.

ROTHAU

4-E4 26 km S.-O. Molsheim. 340 m. 1596 hab. ✉ 67570

CAMP MUNICIPAL ★★ Tourisme 39 E. (30 Tourisme + 9 Loisirs) 0,86 ha. , , avec adaptateur, CV. Accès direct à la rivière. Accueil groupes. Rue Pierre Marchal, RN 420. ☎ 03 88 97 07 50. Fax : 03 88 47 45 41. E-mail : rothau-mairie@wanadoo.fr.

SAALES

4-E4 35 km S.-O. Molsheim. 560 m. 919 hab. ✉ 67420

CAMP MUNICIPAL ★★ Tourisme 35 E. (29 Tourisme + 6 Loisirs) 1 ha. . Accès direct à l'étang. . Lieu-dit Rové, CD 146. ☎ 03 88 97 70 26 (Mairie).

ST PIERRE

4-E4 14 km N. Sélestat-Erstein. 179 m. 368 hab. ✉ 67140

CAMP MUNICIPAL BEAU SEJOUR ★★ Tourisme 47 E. dont 47 nus 0,6 ha. CV Sanitaire chauffé. . Accès direct à la rivière. Accueil groupes. Ouv : 15.5 / 1.10. A 35 sortie n° 13 RD 1422 dir. Epfig. ☎ 03 88 08 52 24 / 03 88 08 90 79 (Mairie) (H.S.). Fax : 03 88 08 52 24. E-mail : camping-saintpierre@laposte.net, Web : www.pays-de-barr.com/beau-sejour/. Prix 2008. Fft jour : Empl. Tourisme (2) : 13 € ((6 A)) ; - de 13 ans 1,50 € ; Animaux 1,50 €.

ST PIERRE BOIS

4-E4 10 km N.-O. Sélestat. 260 m. 501 hab. ✉ 67220

M. MEYER Charles,aire naturelle CV. A 4 km: Piscine plein air . A 5 km : . A 10 km : . Ouv : 1.4 / 31.10. 58, rue Principale, 800 m de la commune, à proximité de la ferme. Pré herbeux. ☎ 03 88 85 67 26. E-mail : meyer.cha@wanadoo.fr, Web : http://st-gilles.alsacc24.net. Prix 2008. 4 € ; - de 14 ans 2 € ; 1,30 € ; 1 € ; Animaux 1 €.

SAVERNE

4-E3 39 km N.-O. Strasbourg. 200 m. 10484 hab. ✉ 67700

CAMP DE SAVERNE ★★★ Tourisme 145 E. dont 145 nus (105 Tourisme + 40 Loisirs) 2,5 ha. CV. Accueil groupes. Ouv : 1.4 / 30.9. Rue du Père Libermann. ☎ 03 88 91 35 65. Fax : 03 88 91 35 65. E-mail : , Web : . Prix 2007. Fft jour : Empl. Tourisme (2) : 10,7 € ( ) ; Sup : 3,20 € - de 7 ans 1,35 € ; 2,50 à 5 € (2 à 6 A) ; Animaux 1,25 € (chien). Empl. Loisirs : 589 €(fft la saison).

FFCC : partenaire - terrain assuré par la FFCC.

SCHERWILLER

4-E4 7 km N.-O. Sélestat. 185 m. 2382 hab. ✉ 67750

Mme PALMER Suzanne,aire naturelle CV. A 6 km: Piscine plein air. 11, rue Faviers, par RN 83 et RD 35, RN 59, A 35 sortie n° 17. Terrain plat. Sanitaires sur le terrain. Mi-ombragé. Centre Alsace. ☎ 03 88 92 94 57. Fax : 03 88 82 05 39. E-mail : campingpalmer@yahoo.fr.

SCHOENAU

4-F5 18 km E. Selestat. 170 m. 448 hab. ✉ 67390

SCHOENAU PLAGE ★★ Loisirs 180 E. (60 Tourisme + 120 Loisirs), dont 23 GCC, 6 ha. , friterie, , saison, .saison : ; ; ; ; . Sur RD 20. ☎ 03 88 85 22 85.

FFCC : partenaire - terrain assuré par la FFCC + réduction emp. de 10 % en saison et hors saison.

SELESTAT

4-E5 20 km N. Colmar. 170 m. 15482 hab. ✉ 67600

CAMP MUNICIPAL LES CIGOGNES ★★ Tourisme 50 E. 0,7 ha. , H.S., CV. Lac à 100 m. Rivière à 800 m. Accueil groupes. Ouv : 15.4 / 30.9. RN 424 et 83, dir. centre ville. ☎ 03 88 92 03 98 / 03 88 58 87 20 (O.T.) (H.S.). Fax : 03 88 92 88 63. E-mail : accueil@selestat-tourisme.com, Web : www.selestat-tourisme.com. Prix 2007. Fft jour : Empl. Tourisme (3) : 13,90 € ( ) ; Sup : 3,50 € - de 4/10 ans 2,80 € ; Animaux 1 €.

SELTZ

4-F3 25 km S.-E. Wissembourg. 115 m. 2637 hab. ✉ 67470

DIE GRUNE LES PEUPLIERS ★★ Loisirs 314 E. (42 Tourisme + 272 Loisirs), dont 68 CC, 5 ha. . Accès direct à l'étang. ; ; à 50 m : . RN 63. ☎ 03 88 86 52 37.

CAMP MUNICIPAL DU SALMENGRUND ★ Loisirs 70 E. (5 Tourisme + 65 Loisirs), dont 58 GCC. . Accès direct aux bords du lac. ; ; ; ; . ☎ 03 88 86 52 63.

STILL

4-E4 7 km O. Molsheim. 210 m. 1289 hab. ✉ 67190

CAMP MUNICIPAL MON REPOS ★★ Loisirs 182 E. (5 Tourisme + 177 Loisirs), dont 182 GCC, 4,5 ha. . Accueil groupes. Lieu-dit Schlei. ☎ 03 88 50 04 30 / 06 83 00 01 11. E-mail : campingdestill@wanadoo.fr.

STRASBOURG

447 km E. Paris 145 m. 252264 hab. ✉ 67000

LA MONTAGNE VERTE ★★ Tourisme 190 E. dont 190 nus, 3 ha. , rapide, , saison, , ap. 22 h 30, CV Sanitaire chauffé. Locations : . Accès direct à la rivière. . Accueil groupes. Ouv : 1.1 / 31.12. 2, rue Robert Forrer, par RN 4/D 392. A 34/A 35 sortie Montagne Verte, dir. Koenigshoffen/Creps. Ouvert pour le marché de Noël. ☎ 03 88 30 25 46 / 03 86 37 95 83 (H.S.). Fax : 03 88 30 25 46. E-mail : aquadis1@wanadoo.fr, Web : www.aquadis-loisirs.com. Prix 2008. Fft jour : Empl. Tourisme (2) : 18,80 € ( ) ; Sup : 4 € - de 10 ans 2 € ; Animaux 2 €.

FFCC : partenaire - terrain assuré par la FFCC.

SUNDHOUSE

4-E5 13 km E. Sélestat-Erstein. 1106 hab. ✉ 67920

CHALETS NATURE ★ Tourisme 15 E. (12 Tourisme + 3 Loisirs), dont 3 HLL.

THAL MARMOUTIER

4-E3 5 km S. Saverne. 220 m. 631 hab. ✉ 67440

AU PARADIS PERDU ★★ Tourisme 35 E. (25 Tourisme + 10 Loisirs) 0,8 ha. . Locations : chambre d'hôtes. Etang à 5 km. . Accueil groupes. 31, rue du Hirschberg. Accès facile pour les caravanes. ☎ 03 88 70 60 59.

WANGENBOURG ENGENTHAL

4-E4 30 km N.-O. Molsheim. 460 m. 1203 hab. Station verte de vacances et village de neige ✉ 67710

LES HUTTES ★★ Tourisme 94 E. (50 Tourisme + 44 Loisirs) 2 ha. CV. Locations : , . Accueil groupes. Route du Nideck, D 218. ☎ 03 88 87 34 14 / 03 88 87 32 44. Fax : 03 88 87 32 23. E-mail : camping.leshuttes@wanadoo.fr, Web : www.suisse-alsace.com.

FFCC : partenaire - terrain assuré par la FFCC.

WASSELONNE

4-E4 12 km N.-N.-O. Molshein. 220 m. 4862 hab. Station verte de vacances et village de neige ✉ 67310

CAMP MUNICIPAL ★★ Tourisme 100 E. (70 Tourisme + 30 Loisirs) 1 ha. CV. Locations : . couverte chauffée . . Accueil groupes. Ouv : 15.4 / 15.10. Route de Romanswiller, RD 224 et RN 4. ☎ 03 88 87 00 08 / 03 88 59 12 00 (H.S.). Fax : 03 88 87 00 08. E-mail : camping-wasselonne@wanadoo.fr. Prix 2007. Fft jour : Empl. Tourisme (1) : 7,7 € ( ) ; Sup : 3,60 € - de 11 ans 3 €.

FFCC : partenaire + réduction emp. de 5 % en saison et hors saison.

DOMAINE NATURISTE CENTRE GYMNIQUE D'ALSACE ★★ Loisirs 50 E. (4 Tourisme + 46 Loisirs) 5 ha. Rés. naturiste. . . 6, rue des Pommiers. ☎ 03 88 87 17 64.

WINGEN SUR MODER

4-E3 30 km N. Saverne. 220 m. 1550 hab. Station verte ✉ 67290

AIRE NATURELLE MUNICIPALE . A 1 km: . A 7 km : . A 10 km : Piscine plein air. Ouv : 1.5 / 30.9. Situé dans le Parc Naturel Régional des Vosges du Nord sur la D 919, à mi-chemin entre Strasbourg et Sarreguemines. ☎ 03 88 89 71 27 (Mairie) / 03 88 89 72 54 (Gérante) (H.S.). Fax : 03 88 89 86 99. E-mail : mairie@wingen-moder.com, Web : www.wingen-moder.com.

Cartes 4-8

Délégué FFCC : Jean-Jacques HAAG, 12, rue Coehorn - 68270 WITTENHEIM

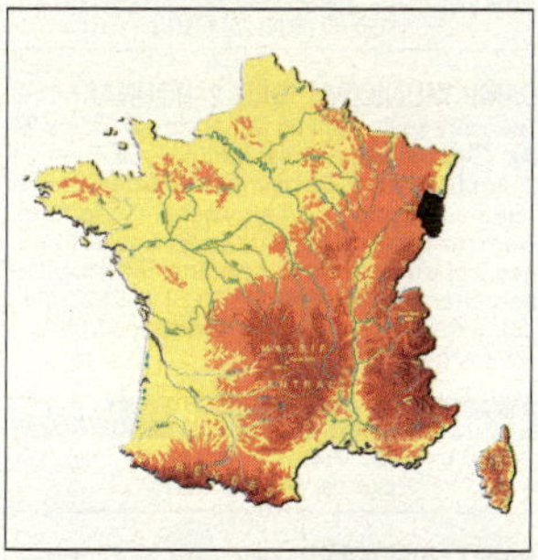

ALTKIRCH

8-E1 60 km S. Colmar. 310 m. 6129 hab. 68130

LES ACACIAS ★★★ Tourisme 49 E. (39 Tourisme + 10 Loisirs) 0,8 ha. saison, . RN 19, quartier Brittingen. ☎ 03 89 40 69 40.

AUBURE

4-E5 12 km O. Ribeauvillé. 800 m. 293 hab. Village de neige 68150

CAMP DE LA MENERE ★★ Tourisme 75 E. 1,8 ha. CV. Locations : . Accueil groupes. Ouv : 1.5 / 30.9. ☎ 03 89 73 92 99. Fax : 03 89 73 93 45. E-mail : aubure@cc-ribeauville.fr. Prix 2007. Empl. Tourisme : 3,15 € () : 3,70 € ; - de 10 ans 2,10 € ; 2,65 € (6 A) ; Animaux 0,50 €.

FFCC : partenaire + réduction emp. de 5 % en saison et hors saison.

BANTZENHEIM

8-E1 15 km N.-E Mulhouse 220 m. 1575 hab. 68490

BEHE ★ Tourisme 50 E. (30 Tourisme + 20 Loisirs), dont 50 GCC. ☎ 03 89 26 04 55.

BENDORF

8-E2 22 km S.-S.-E. Altkirch 640 m. 176 hab. 68480

LES HETRES ★★ Loisirs 100 E. (30 Tourisme + 70 Loisirs) 3,6 ha. partiel, . Locations : . ; à 5 km : . Lieu-dit Oberg, RD 41 par RN 432. ☎ 03 89 40 34 72 (Camping) / 03 89 06 10 52 (Siège). Fax : 03 89 40 34 72.

FFCC : partenaire + réduction emp. de 20 % en saison et hors saison.

BERGHEIM

4-E5 3 km E. Ribeauvillé. 215 m. 1774 hab. 68750

M. HAETTY Jean-Martin 800 m, Babyfoot, 1, CV. A 500 m : . A 3 km: Piscine plein air Piscine couverte. 4 A, rue des Romains. De Colmar RN 83, D 106, D 42. De Strasbourg A 35, D 42. Fermé en période de vendanges. ☎ 03 89 73 68 15 / 06 08 34 60 10 (Mme HAETTY) / 06 08 34 60 10 (H.S.). Fax : 03 89 73 68 15. E-mail : jean-martin.haetty@wanadoo.fr. Prix 2007. Fft jour : Empl. Tourisme : 7,80 € () ; Sup : 2,40 € 1,30 € ; 2 € (6 A).

FFCC : partenaire + réduction emp. de 5 % en saison et hors saison + Stop accueil Camping-car du 01/04 au 24/12/2008.

M. KIEFFER Michel, camping rural du Vignoble CV. A 3 km: Piscine plein air . Ouv : 1.4 / 30.9. 32 rue des Romains. ☎ 03 89 73 82 81 / 03 89 73 39 85 (H.S.). Fax : 03 89 73 82 81. E-mail : lesturcks@wanadoo.fr, Web : www.alsace-location-tourisme.com. Prix 2008. Empl. Tourisme : 3,50 € () : 1,60 € ; - de 8 ans 0,80 € ; 3 € ; Animaux 1 €.

FFCC : partenaire + Stop accueil Camping-car toute l'année, accès jusqu'à 21h.

M. MEYER André, aire naturelle du Tempelhof CV. 1, route de Thannenkirch. ☎ 03 89 73 65 59.

BIESHEIM

4-E5 16 km E. Colmar. 190 m. 1959 hab. 68600

CAMP INTERCOMMUNAL L'ILE DU RHIN ★★★★ Tourisme 251 E. dont 168 nus (186 Tourisme + 65 Loisirs), dont 14 HLL, 3 ha. saison, saison, saison, saison, saison, saison, + sèche-linge, CV Sanitaire chauffé Camping tourisme et handicap. Locations : 14 , 5 . Rivière à 100 m. ; à 200 m : ; à 4 km : . Accueil groupes. Ouv : début avril / début octobre. Zone touristique sur l'île du Rhin, RN 415 Colmar/Freiburg, au pont du canal à droite. ☎ 03 89 72 57 95. Fax : 03 89 72 14 21. E-mail : camping@paysdebrisach.fr, Web : www.campingiledurhin.com. Prix 2007. Fft jour : Empl. Tourisme (2) : 17,85 € ( ) ; Sup : 4,15 € - de 7 ans 2,10 €.

LE BONHOMME

4-E5 26 km S.-O. Ribeauvillé. 690 m. 612 hab. Village de neige 68650

MICHELE BURGARD-KEMPF CV. A 200 m : . A 10 km: Piscine chauffée Piscine plein air Piscine couverte . Ouv : mai / octobre. 10, chemin de la Petite Montagne. ☎ 03 89 47 57 50 / 06 68 67 92 06 (H.S.). E-mail : lesmyrtilles68@aol.com, Web : lesmyrtilles.ifrance.com. Prix 2008. () : 1 € ; 4 € ; - de 15 ans 2 € ; 2 €.

BURNHAUPT LE HAUT

8-E1 10 km S.-E. Thann. 300 m. 1296 hab. 68520

LES CASTORS ★★★ Tourisme 135 E. (75 Tourisme + 60 Loisirs) 2,5 ha. CV Sanitaire chauffé. Locations : 8 . Accès direct à l'étang et à la rivière. ; ; . 4, route de Guewenheim. RN 83 ou A 36 sortie n° 15 Pont d'Aspach. RD 466. ☎ 03 89 48 78 58. Fax : 03 89 62 74 66. E-mail : camping.les.castors@wanadoo.fr.

CERNAY

5 km E. Thann. 300 m. 10334 hab. 68700

LES ACACIAS ★★★ Tourisme 204 E. dont 191 nus (154 Tourisme + 50 Loisirs) 3,5 ha. , à gaz, CV. Locations : 4 , . Ouv : 1.4 / 1.10. Rue René Guibert, RN 83 et RN 66. Dir. centre ville Pont de la Thur, suivre complexe sportif. ☎ 03 89 75 56 97. Fax : 03 89 39 72 29. E-mail : lesacacias.cernay@ffcc.fr, Web : www.camping-france.com. Prix 2007. Fft jour : Empl. Tourisme (2) : 11,9 € ( ) ; Sup : 3,80 € - de 10 ans 1,95 € ; 3,40 € ; Animaux 1 €. Empl. Loisirs : 629 €(fft 6 mois).

FFCC : partenaire - terrain assuré par la FFCC.

COLMAR

442 km E.-S.-E. Paris. 197 m. 63764 hab. 68000

CAMP INTERCOMMUNAL DE L'ILL ★★★ Tourisme 200 E. 2 ha. , uniquement au gaz, CV Sanitaire chauffé. Accès direct à la rivière. ; à 200 m : . Accueil groupes. Ouv : 21.3 / 21.12. Route de Neuf Brisach, 100 m RN 415 à Horbourg. RN 83/RN 422/RN 417/RN 415 et A 35 sortie Colmar centre. ☎ 03 89 41 15 94 / 03 69 99 55 55 (H.S.). Fax : 03 89 41 15 94. E-mail : camping-ill@calixo.net. Prix 2007. Fft jour : Empl. Tourisme : 14,60 € ( ) ; - de 10 ans 2 €.

COURTAVON

8-E2 24 km S.-O. Altkirch. 450 m. 274 hab. 68480

CAMPING INTERCOMMUNAL DU PLAN D'EAU DE COURTAVON ★★★ Tourisme 70 E. (45 Tourisme + 25 Loisirs) 1 ha. , W.E., . Locations : . ; ; ; ; . Sur D 473. ☎ 03 89 08 12 50 / 03 89 40 82 69 / 03 89 40 82 69 (H.S.).

EGUISHEIM

4-E5 5 km S.-O. Colmar. 210 m. 1438 hab. 68420

CAMP DES 3 CHATEAUX ★★★ Tourisme 128 E. 1,8 ha. CV. Ouv : 1.4 / 30.9. 10, rue du Bassin, RN 83. ☎ 03 89 23 19 39. Fax : 03 89 24 10 19. E-mail : camping.eguisheim@wanadoo.fr, Web : www.eguisheim.camping.fr. Prix 2007. Fft jour : Empl. Tourisme (2) : 13 € ( ) ; Sup : 4 € - de 8 ans 2,50 € ; 3 à 4 €. Réduction H.S.

FRELAND

4-E5 12 km S.-O. Ribeauvillé. 430 m. 1100 hab. Village de neige 68240

CAMP MUNICIPAL LES VERTS BOIS ★★ Tourisme 43 E. , avec réservation, CV Sanitaire chauffé. Accès direct à la rivière. Etang à 3 km. . O ☎ 03 89 71 91 94. Fax : 03 89 47 57 25. E-mail : marcel.florence@wanadoo.fr, Web : camping-lesvertsbois.com.

GEISHOUSE

8-E1 15 km N. Thann. 730 m. 376 hab. 68690

AU RELAIS DU GRAND BALLON ★★★★ Loisirs 24 E. (10 Tourisme + 14 Loisirs), dont 6 HLL, 0,6 ha. CV Sanitaire chauffé Camping tourisme et handicap. Locations : 4, 1. à 10 km : . Ouv : 1.1 / 31.12. Rés. obligatoire en été et en hiver. 17, Grande Rue. ☎ 03 89 82 30 47. Fax : 03 89 82 30 47. E-mail : aurelaisgelishouse@wanadoo.fr, Web : www.aurelaisdugrandballon.com. Prix 2008. Fft jour : Empl. Tourisme (2) : 17,20 € ((10 A)) ; Sup : 3,90 € - de 7 ans 2,30 € ; Animaux 0,70 €. Fft Ccar : 17,50 € (2 (10 A)). Fft Tente : 13,40 € (2).

FFCC : partenaire + réduction emp. de 5 % en saison et hors saison + réduction loc. de 5 % en saison et hors saison.

GEISWASSER

4-F5 25 km S.-E. Colmar. 195 m. 174 hab. ✉ 68600

L'OREE DU BOIS ★ Tourisme 30 E. (20 Tourisme + 10 Loisirs) 1 ha. CV Sanitaire chauffé. Locations : . Accès direct à la rivière. Etang à 500 m. à 1 km : . 5, rue du Bouleau. RN 415 et D 52, RN 68 et RD 22, sortie de la commune. ☎ 03 89 72 80 13. Fax : 03 89 72 80 13. E-mail : valerie.schappler@wanadoo.fr, Web : perso.wanadoo.fr/camping-oree-du-bois/.

FFCC : partenaire - terrain assuré par la FFCC.

GUEWENHEIM

8-E1 8 km S. Thann. 335 m. 877 hab. ✉ 68116

CAMP DE LA DOLLER ★★★ Tourisme 40 E. dont 32 nus 0,8 ha. CV Sanitaire chauffé. Locations : 8. Etang et lac à 2 km. ; à 2 km : . Accueil groupes. Ouv : 1.4 / 31.10. Rés. obligatoire en été. 1, rue du Commandant Charpy, A 36 sortie Burnhaupt-Le-Haut, dir. Masevaux par RD 466. Dans Guewenheim prendre à droite dir. Thann. Accès au camping à la sortie du village après avoir franchi le pont de la Doller. ☎ 03 89 82 56 90. Fax : 03 89 82 82 31. E-mail : campeurs-doller@wanadoo.fr. Prix 2008. Empl. Tourisme : 3,40 € ; 3,95 € ; - de 7 ans 1,80 € ; 3,40 € (6 A) ; Animaux 0,90 € (chien).

FFCC : partenaire + réduction emp. de 10 % en saison et hors saison + Stop accueil Camping-car du 01/04 au 31/10/2008, accès jusqu'à 22h.

LA DOLLER-CAMPEURS D'ALSACE II ★★ Loisirs 90 E. 0,8 ha. CV Sanitaire chauffé. Locations : . Accueil groupes. Ouv : 1.4 / 31.10. 1, rue du Cdt Charpy. Camp Associatif réservé aux adhérents. ☎ 03 89 82 56 90. Fax : 03 89 82 82 31. E-mail : campeurs-doller@wanadoo.fr, Web : www.campingdoller.com.

GUNSBACH

4-E5 18 km S.-O. Colmar. 340 m. 702 hab. Village de neige ✉ 68140

BEAU RIVAGE ★★ Tourisme 120 E. (90 Tourisme + 30 Loisirs) 1,8 ha. saison, CV. Locations : . Accès direct à la rivière. 8, rue des Champs. RD 10. ☎ 03 89 77 44 62. Fax : 03 89 77 13 98. E-mail : beaurivage.camping@wanadoo.fr. Réduction H.S.

HEIMERSDORF

8-E1 9 km S.-O. Altkirch. 350 m. 477 hab. ✉ 68560

LES OEILLETS ★ Loisirs 29 E. (9 Tourisme + 20 Loisirs). CV. Rivière à 500 m. Etang à 1 km. . 8, rue des Oeillets. Par RN 432 et 463 et D 9 bis. ☎ 03 89 40 51 30. Fax : 03 89 40 51 30.

FFCC : partenaire - terrain assuré par la FFCC.

HEIMSBRUNN

8-E1 10 km S.-O. Mulhouse. 280 m. 983 hab. ✉ 68990

PARC LA CHAUMIERE ★★ Tourisme 60 E. 1 ha. 700 m, CV Sanitaire chauffé. Locations : 4, 12. Rivière à 100 m. Etang à 200 m. Lac à 4 km. à 4 km : 4 km, . Accueil groupes. 62, rue de Galfingue, sur RD 19, 700 m RN 466 A. Sortie autoroute Colmar dir. n° 15 Heimsbrunn. Sortie autoroute Mulhouse/Coteaux n° 16 A dir. RN 466 Morschwiller-le-Bas n° 1. ☎ 03 89 81 93 43 / 06 74 50 53 69 (H.S.). Fax : 03 89 81 93 43. E-mail : reception@camping-lachaumiere.com, Web : www.camping-lachaumiere.com. Prix 2007. Fft jour : Empl. Tourisme (2) : 12 € ( ) ; Sup : 3 € - de 7 ans 1,50 € ; Animaux 1 €.

FFCC : partenaire - terrain assuré par la FFCC.

HUNINGUE

8-F1 33 km S.-E. Mulhouse. 245 m. 6679 hab. ✉ 68330

AU PETIT PORT ★★ Tourisme 43 E. (22 Tourisme + 21 Loisirs) 0,7 ha. Locations : . Accès direct à la rivière. ; ; . 8-10, allée des Marronniers, 1 km de RN 66 et D 21 en bordure du Rhin. ☎ 03 89 69 05 25 / 03 89 70 01 71. Fax : 03 89 69 05 25.

ISSENHEIM

4-E5 2 km E. Guebwiller. 245 m. 2907 hab. Village de neige ✉ 68500

LE FLORIVAL ★★★ Tourisme 85 E. dont 73 nus, dont 10 HLL. CV Sanitaire chauffé Camping tourisme et handicap. Locations : 20. à 100 m : , . Accueil groupes. Ouv : 1.4 / 31.10. Route de Soultz. RN 83 direction Guebwiller. A 5 sortie Guebwiller. Piscine à 200 m. ☎ 03 89 74 20 47. Fax : 03 89 74 20 47. E-mail : contact@camping-leflorival.com, Web : www.camping-leflorival.com. Prix 2007. Fft jour : Empl. Tourisme (2) : 12 € ( ) ; Sup : 2,50 € - de 13 ans 2 € ; 2,50 € ; Animaux 1,50 €.

KAYSERSBERG

4-E5 8 km S.-O. Ribeauvillé. 250 m. 2712 hab. ✉ 68240

CAMP MUNICIPAL ★★★★ Tourisme 120 E., dont 96 CC, 1,6 ha. sauf basse saison, partiel, , saison, CV. Rue des Acacias, RN 415. ☎ 03 89 47 14 47 / 03 89 78 11 11 (Mairie) (H.S.). Fax : 03 89 47 14 47. E-mail : camping@ville-kaysersberg.fr, Web : www.kaysersber.com.

KRUTH

4-D5 18 km N.-O. Thann. 487 m. 1002 hab. ✉ 68820

LE SCHLOSSBERG ★★★ Tourisme 200 E. (160 Tourisme + 40 Loisirs), dont 6 HLL, 5,2 ha. CV Sanitaire chauffé. Locations : 6. Accès direct à la rivière. Lac à 300 m. à 500 m : , ; à 1 km : . Accueil groupes. Ouv : Pâques / 3.10. Rue du Bourbach. RN 66 (E 512) puis RD 13 bis. ☎ 03 89 82 26 76. Fax : 03 89 82 20 17. E-mail : contact@schlossberg.fr, Web : www.schlossberg.fr. Prix 2007. Empl. Tourisme : 3,80 € ; 4,10 € ; - de 10 ans 2,40 € ; 1,90 à 3 € (2 à 6 A).

LABAROCHE

4-E5 24 km S.-O. Ribeauvillé. 800 m. 1900 hab. Village de neige ✉ 68910

CAMP MUNICIPAL DES 2 HOHNACK ★★ Tourisme 66 E., dont 36 CC, 1,7 ha. + sèche linge, . Etang à 2 km.Rivière à 5 km. Giragoutte/Colmar/Turkheim/Trois Epis/Labaroche. Giragoutte, 2 km centre de la commune. St-Die des Vosges, col du Bonhomme, Lapoutroie/Orbey/Labaroche. ☎ 03 89 49 83 72 / 03 89 49 83 23 (Mairie). E-mail : sylvia.haffner@wanadoo.fr, Web : www.camping-labaroche.fr.

LAUTENBACH

4-E5 6 km N.-O. Guebwiller. 400 m. 1372 hab. Village de neige ✉ 68610

SAINT GANGOLPH ★★ Loisirs 80 E. (35 Tourisme + 45 Loisirs) 1,5 ha. CV. Dir. Markstein, à hauteur du panneau de dir. Schweighouse suivre dir. camping. ☎ 03 89 74 05 61. Prix 2007. 2,80 € ; 2,80 € ; 2,80 € ; 2,80 € ; - de 12 ans 1,50 € ; 2,80 à 3,20 € (4 à 6 A) ; 1 €.

LAUTENBACHZELL

4-E5 7 km N.-O. Guebwiller. 425 m. 861 hab. Village de neige ✉ 68610

CAMP DE LOISIRS MUNICIPAL ★★★ Tourisme 36 E., dont 8 CC. CV Sanitaire chauffé. Locations : Chambres. D 430. ☎ 03 89 74 01 80. Fax : 03 89 74 01 80. E-mail : camping-vertvallon.lautenbachzell@wanadoo.fr. Prix 2007. Fft jour : Empl. Tourisme (2) : 11,20 € ( ) ; Sup : 3 € 1,50 € ; 2 à 5 € (4 à 10 A) ; Animaux 1,50 €.

LIEPVRE

4-E5 20 km N.-N.-O. Ribeauvillé. 275 m. 1536 hab. Village de neige ✉ 68660

HAUT KOENIGSBOURG ★★★ Tourisme 65 E. (59 Tourisme + 6 Loisirs) 1 ha. CV Sanitaire chauffé. Locations : 6. à 2 km : .Accueil adultes. Ouv : 15.3 / 15.10. Route de la Vancelle. RN 59, route de la Vancelle. Accès rapide vers la route des vins et la route des crêtes. ☎ 03 89 58 43 20. Fax : 03 89 58 98 29. E-mail : camping.haut-koenigsbourg@wanadoo.fr, Web : www.valdangent.com/camping-ht-koenigsbourg.htm. Prix 2008. Fft jour : Empl. Tourisme (2) : 9,50 € ; Sup : 3,40 € - de 13 ans 1,80 € ; 2,50 à 3,50 € (4 à 8 A) ; Animaux 1,50 €.

LOGELBACH

4-E5 ✉ 68124

M. KEMPF Marc,camping ferme Benzen . A 3,5 km : . A 4 km : Piscine plein air . A 5 km : . Entre Wintzenheim et Ingersheim sur la Route du vin, à l'entrée de la Vallée de Munster. ☎ 03 89 27 40 38. Fax : 03 89 27 40 38.

LUCELLE

8-E2 30 km S. Altkirch. 640 m. 53 hab. ✉ 68480

LES BOULEAUX ★★ Loisirs 55 E. (9 Tourisme + 46 Loisirs) 1,5 ha. , pétanque. Lac à 5 km. Accueil groupes. Lieu-dit Nouvelle Ferme, près de Ferrette, RN 432. ☎ 03 89 40 85 33.

LUTTENBACH

4-E5 20 km O.-S.-O. Colmar. 420 m. 698 hab. Village de neige ✉ 68140

LES AMIS DE LA NATURE ★★★ Loisirs 428 E. dont 209 nus (209 Tourisme + 219 Loisirs), dont 219 CC, 6,5 ha. CV Sanitaire chauffé. Accès direct à la rivière. Etang à 2 km.Lac à 5 km. ; à 2 km : . Accueil groupes. Ouv : 6.2 / 30.11 & 18.12 / 7.1. RD 10, RD 417. ☎ 03 89 77 38 60. Fax : 03 89 77 25 72. E-mail : camping.an@wanadoo.fr. Prix 2007. Fft jour : Empl. Tourisme (2) : 9,6 € () ; Sup : 3,35 € - de 13 ans 1,90 € ; 3,10 € ; Animaux 1,40 €.

FFCC : partenaire + réduction emp. de 10 % en saison et hors saison.

MASEVAUX

4-E1 18 km S.-O. Thann. 405 m. 3328 hab. ✉ 68290

CAMP DE MASEVAUX ★★★ Tourisme 149 E. (110 Tourisme + 39 Loisirs) 3,5 ha. snack, CV Sanitaire chauffé. couverte chauffée. Accès direct à la rivière. Accueil groupes. Ouv : 15.2 / 31.12. 3, rue du Stade, RD 110 et RN 466. ☎ 03 89 82 42 29. Fax : 03 89 82 42 29. E-mail : camping-masevaux@tv-com.net, Web : www.camping-masevaux.com. Prix 2007. Empl. Tourisme : 3 € () : 3,50 € ; - de 2/12 ans 1,50 € ; 3 à 3,60 € (3 à 6 A) ; Animaux 0,80 €.

FFCC : Stop accueil Camping-car du 15/02 au 30/06 et du 01/09 au 31/12/2008, accès jusqu'à 20h.

METZERAL

4-E5 25 km O. Colmar. 484 m. 1041 hab. Village de neige ✉ 68380

AUBERGE ET CHALETS DE LA WORMSA P.R.L. 30 E. CV. Locations : 32, 7. Accès direct à la rivière. Lac à 3 km. Accueil groupes. ☎ 03 89 77 72 90 / 06 08 48 38 05 (H.S.). Fax : 03 89 77 69 32. E-mail : chalets-wormsa@wanadoo.fr, Web : www.chalets-de-la-wormsa.com.

MITTLACH

4-E5 28 km O. Colmar. 530 m. 307 hab. Village de neige ✉ 68380

CAMP MUNICIPAL ★★ Tourisme 150 E. (120 Tourisme + 30 Loisirs) 2,5 ha. CV. Accès direct à la rivière. Etang à 2 km. Accueil groupes. Langewasen. ☎ 03 89 77 63 77 (Camping) / 03 89 77 61 53 (Mairie). Fax : 03 89 77 74 36. E-mail : mairiemittlach@wanadoo.fr & camping@mittlach.net, Web : www.mittlach.net.

MOOSCH

8-E1 7 km N. Thann. 390 m. 1897 hab. ✉ 68690

LA MINE D'ARGENT ★★ Loisirs 83 E. (38 Tourisme + 45 Loisirs), dont 0 GCC, 2,5 ha + sèche-linge, CV. Locations : 4, 2. Accès direct à la rivière. Etang à 300 m. Accueil groupes. Ouv : 15.4 / 15.10. Rés. obligatoire en été. RN 66, rue de la Mine d'Argent. ☎ 03 89 82 30 66 / 03 89 82 30 66 (H.S.). E-mail : moosch@camping-la-mine-argent.com, Web : camping-la-mine-argent.com. Prix 2008. Empl. Tourisme : 3,60 € () : 3,60 € ; - de 13 ans 1,75 € ; 2,75 à 5,25 € (4 à 10 A) ; Animaux 0,60 €. Réduction H.S.

FFCC : partenaire + réduction emp. de 5 % en saison et hors saison.

MULHOUSE

8-E1 43 km S. Colmar 210 m. 113794 hab. ✉ 68100

L'ILL ★★★ Tourisme 210 E. 5 ha. CV Sanitaire chauffé. Camping clef verte Camping tourisme et handicap. Locations : 8, 5, 5 chauffée . Rivière à 50 m. Accueil groupes. Ouv : 1.4 / 31.10. N 422/N 83/N 66/A 35 et A 36, dir. Lyon/Belfort ou Allemagne/Strasbourg sortie Les Coteaux exclusivement puis suivre centre ville. ☎ 03 89 06 20 66. Fax : 03 89 61 18 34. E-mail : campingdelill@aol.com, Web : www.camping-de-lill.com.

MUNSTER

4-E5 15 km S.-O. Colmar. 380 m. 4740 hab. Village de neige ✉ 68140

LE PARC DE LA FECHT ★★★ Tourisme 260 E. dont 226 nus, dont 32 GCC, 4 ha. + sèche-linge, CV. Locations : 2, 20, 1. Rivière à 200 m. à 200 m : . Accueil groupes. Route de Gunsbach. De Colmar par RD 47 dir. Munster ou d'Epinal par RD 11 dir. Gérardmer puis D 8 et N 415 dir. Colmar-Sud. ☎ 03 89 77 31 08 / 0 810 122 183 (H.S.). Fax : 04 99 57 21 22. Web : www.village-center.com. Prix 2007. Fft jour : Empl. Tourisme (2) : 16 € () ; Sup : 4 € Animaux 3 €. Réduction H.S.

NEUF BRISACH

4-E5 20 km S.-E. Colmar. 200 m. 2205 hab. ✉ 68600

VAUBAN ★★ Tourisme 180 E. (100 Tourisme + 80 Loisirs) 3,4 ha. CV. Accueil groupes. Ouv : 1.4 / 1.10. RN 415, RN 68. ☎ 03 89 72 54 25 / 03 89 72 51 68 (Mairie) (H.S.). Fax : 03 89 72 54 25. Prix 2007. Empl. Tourisme : 3,50 € ; 3,50 € ; 3,10 € ; - de 13 ans 2,10 € ; 2,50 € ; 1 € (jeton).

OBERMORSCHWIHR

4-E5 8 km S.-O. Colmar. 260 m. 428 hab. ✉ 68420

FAMILLE GUETH CV. A 1 km: . A 2 km : . A 6 km : Piscine plein air . A 10 km : . Ouv : 1.4 / 31.10. Le Vignoble, 2, rue Principale, par RN 83 puis RD 1, à l'entrée de la commune, à proximité de la ferme. Flanc de colline, pré herbeux. ☎ 03 89 49 32 02. Fax : 03 89 49 32 02. Prix 2008. 1,60 € ; 1,60 € ; 1,60 € ; 1,60 € ; 2,30 € ; - de 7 ans 1,60 € ; 2,60 € (8 A) ; 1 € ; Animaux 2,10 €.

FFCC : partenaire - terrain assuré par la FFCC .

M. BANNWARTH Laurent CV. A 1 km: . A 7 km : Piscine plein air . A 8 km : . Ouv : 10.5 / 30.9. 9, route du Vin. Bannwarth Laurent. RN 83 et D 1. ☎ 03 89 49 30 87. Fax : 03 89 49 29 02. E-mail : laurent@bannwarth.fr, Web : bannwarth.fr. Prix 2007. 2 € ; 0,70 € ; 2 € ; 2 € ; 1,70 € ; 1,70 € ; 2 € (3 A) ; 1 € ; Animaux 0,50 €.

OBERSAASHEIM

4-E5 19 km S.-E. Colmar. 197 m. 653 hab. ✉ 68600

A L'AUBERGE ★ Loisirs 14 E. (6 Tourisme + 8 Loisirs) . CV. Locations : 7. à 5 km : . D 415, D 468, D 22. ☎ 03 89 72 60 20. Fax : 03 89 72 09 39.

ODEREN

4-E5 15 km N.-O. Thann. 460 m. 1340 hab. ✉ 68830

CAMP AEROTEC ★ Tourisme 42 E. . Locations : . Etang et rivière à 800 m. . Zone de Loisirs. N 66. RD 13 bis. Parapente et delta sur place. ☎ 03 89 82 10 79. Fax : 03 89 82 17 75.

ORBEY

4-E5 20 km S.-O. Ribeauvillé. 500 m. 3144 hab. Village de neige ✉ 68370

LES MORAINES ★★★ Tourisme 46 E. (27 Tourisme + 19 Loisirs) 1 ha. CV Sanitaire chauffé. Locations : . Accueil groupes. Ouv : 1.1 / 31.12. Rés. obligatoire en été. 236, route des Lacs. ☎ 03 89 71 25 19. E-mail : camp.moraines@wanadoo.fr, Web : www.camping-les-moraines.com. Prix 2007. Empl. Tourisme : 3,80 € ; 1,80 € ; 4,40 € ; - de 7 ans 2,80 € ; 4,20 à 5,20 € (3 à 6 A).

CAMP MUNICIPAL LEFEBURE ★★ Tourisme 73 E. dont 63 nus, 2 ha. CV. Locations : 4, 1, 2. Rivière à 1,5 km.Etang à 5 km. ; à 8 km : ; à 10 km : . Accueil groupes. Ouv : 1.5 / 30.9. Lieu-dit Camme, RD 48. ☎ 03 89 71 37 42 / 03 89 71 33 18 (H.S.). Fax : 03 89 71 37 42. E-mail : jmiclo@aol.com, Web : www.camping-orbey.com. Prix 2008. Fft jour : Empl. Tourisme (2) : 12,5 € (E. CC) ; Sup : 3 € - de 13 ans 1,80 € ; 2,50 à 3 € ; Animaux 1 €. Réduction H.S.

M. MICLO André,camping à la ferme Les Bouleaux CV. A 300 m : . A 10 km: . 314, Les Machielles, hameau de Pairis. Dans la vallée de Kaysersberg à Orbey en dir. des lacs. ☎ 03 89 71 22 73 / 06 71 41 07 06 (H.S.). Prix 2007. () : 2,20 € ; 1 € ; 2,20 € ; 2,20 € ; 2,20 € ; - de 10 ans 1,20 € ; 2 €.

M. Heinrich Robert,aire naturelle . A 200 m : . A 500 m : . A 1 km: . A 10 km : Piscine plein air. 323 Chèvremont, 1 km Est de la commune, à proximité de la ferme. Pré herbeux, à flanc de colline, lacs à 5 km. Ferme auberge. ☎ 03 89 71 23 51.

OSENBACH

4-E5 12 km N. Guebwiller. 380 m. 702 hab. Village de neige ✉ 68570

CAMP MUNICIPAL DU HEIDENBERG ★★★ Loisirs 200 E. (50 Tourisme + 150 Loisirs) 3 ha. . Rue du Stade, RD 18. ☎ 03 89 47 05 22.

PULVERSHEIM

8-E1 2006 hab. ✉ 68840

M. ENGEL Serge,aire naturelle 10, route de Cernay. ☎ 03 89 48 83 77.

RANSPACH

4-E5 12 km N.-O. Thann. 450 m. 844 hab. ✉ 68470

LES BOULEAUX ★★★★ Tourisme 100 E. (75 Tourisme + 25 Loisirs), dont 15 CC, 2,5 ha. snack, + sèche-linge, CV Sanitaire chauffé. Locations : 8, 5, 1. Rivière à 100 m. Etang à 1,5 km. ; à 2 km : . Accueil groupes. Ouv : 1.1 / 31.12. Rés. obligatoire en été. 8, rue des Bouleaux, RN 66. ☎ 03 89 82 64 70 / 06 07 29 85 76 (H.S.). Fax : 03 89 39 14 17. E-mail : contact@alsace-camping.com, Web : www.alsace-camping.com. Prix 2007. () : 3,90 € ; 3,90 € ; 3,90 € ; 4 € ; - de 10 ans 3 € ; 3,50 € (6 A) ; Animaux 1,50 €.

FFCC : partenaire + réduction emp. de 5 % hors saison + réduction loc. de 5 % hors saison.

REGUISHEIM

4-E5 12 km E. Guebwiller. 210 m. 1612 hab. ✉ 68890

CLUB DU SOLEIL MULHOUSE ★★ Loisirs 60 E. (25 Tourisme + 35 Loisirs) 5,5 ha. Rés. naturiste. . Eiblenweg, RN 422, en face entrée sud de Reguisheim. ☎ 03 89 81 77 35.

FFCC : partenaire - terrain assuré par la FFCC.

RIBEAUVILLE

4-E5 15 km N.-O. Colmar. 240 m. 4611 hab. Station verte de vacances et village de neige ✉ 68150

CAMP MUNICIPAL BASE PIERRE DE COUBERTIN ★★★★ Tourisme 226 E. 3 ha. saison, CV Sanitaire chauffé. Etang à 800 m. à 500 m : . Accueil groupes. Ouv : 15.3 / 15.11. Rue de Landau, CD 416, sortie Est de la commune. ☎ 03 89 73 66 71. Fax : 03 89 73 66 71. E-mail : camping.ribeauville@wanadoo.fr, Web : www.camping-alsace.com. Prix 2008. Empl. Tourisme : 4 € ; 3,80 € ; - de 6 ans 1,90 € ; 2,50 à 4 € (2 à 6 A) ; Animaux 1 €.

CAMP MUNICIPAL DES 3 CHATEAUX ★ Tourisme 64 E. 1,5 ha. CV. Accès direct à la rivière. Route de Sainte Marie aux Mines. ☎ 03 89 73 20 00 (Mairie). Fax : 03 89 73 37 18.

RIMBACH PRES MASEVAUX

8-D1 32 km O. Thann 580 m. 456 hab. Station verte ✉ 68290

Mme HAGENBACHE Marie-Claire CV. A 3 km: . A 4 km : . 27, rue d'Ermensbach. A 36 sortie Burnhaut/Masevaux, puis RN 83 et D 466. ☎ 03 89 82 00 13.

RIQUEWIHR

4-E5 5 km S. Ribeauvillé. 300 m. 1045 hab. ✉ 68340

CAMP INTERCOMMUNAL RIQUEWIHR ★★★★ Tourisme 161 E. 4 ha. saison, Sanitaire chauffé. Sur RD 1 bis, route des Vins d'Alsace. ☎ 03 89 47 90 08 / 03 89 47 90 15 (H.S.). Fax : 03 89 49 05 63. E-mail : camping.riquewihr@tiscali.fr.

ROMBACH LE FRANC

4-E4 25 km N. Ribeauvillé. 300 m. 720 hab. Village de neige ✉ 68660

CAMP MUNICIPAL LES BOULEAUX ★★ Tourisme 55 E. dont 38 nus 1,2 ha. CV. Locations : 5 . Accès direct à la rivière. Etang à 2 km. Accueil groupes. Ouv : 15.4 / 15.10. Route de la Hingrie. ☎ 03 89 58 41 56 (Camping) / 03 89 58 90 53 (Mairie). Fax : 03 89 58 93 21. E-mail : camping.rombach@calixo.net. Prix 2007. 1,65 € ; 1,65 € ; 2,80 € ; 0,85 € ; 2,35 € ; 1,35 € ; 1,35 à 1,80 €.

ROUFFACH

4-E5 9 km N.-E. Guebwiller. 205 m. 4939 hab. Village de neige ✉ 68250

CAMP MUNICIPAL ★★ Loisirs 30 E. 0,32 ha. CV Sanitaire chauffé. . Ouv : 1.5 / 30.9. Rue de la piscine. Sortie Rouffach Sud puis suivre piscine. ☎ 03 89 49 78 13 / 03 89 78 03 00 (H.S.). E-mail : campingmunicipal.rouffach@orange.fr. Prix 2007. Empl. Tourisme : 2 € ; 2 € ; - de 7 ans 1,50 € ; 2,50 € ; 1,50 € (jeton).

STE CROIX EN PLAINE

4-E5 8 km S. Colmar 196 m. 1933 hab. ✉ 68127

CLAIRVACANCES ★★★★ Tourisme 135 E. dont 126 nus, , dont 20 GCC, 3 ha. CV Sanitaire chauffé. Locations : 10 , . chauffée . Etang à 2 km. à 2 km : . Ouv : Pâques / 17.10. D 1. Route de Herrlisheim. A 35 sortie n° 27. ☎ 03 89 49 27 28. Fax : 03 89 49 31 37. E-mail : clairvacances@wanadoo.fr, Web : clairvacances.com. Prix 2007. Fft jour : Empl. Tourisme (2) : 20 € ( ) ; Sup : 7 € - de 8/12 ans 6 € ; 3 à 5 € (4 à 10 A). Réduction H.S.

STE MARIE AUX MINES

4-E5 18 km N.-O. Ribeauvillé. 375 m. 6700 hab. Village de neige ✉ 68160

LES REFLETS DU VAL D'ARGENT ★★★ Tourisme 60 E. (40 Tourisme + 20 Loisirs) 3 ha. saison, saison, la nuit, CV Sanitaire chauffé Camping tourisme et handicap. Locations : 7 , 1 , 8 . . Accès direct à la rivière. ; . Accueil groupes. 20, rue d'Untergrombach. RN 59. ☎ 03 89 58 64 83 / 03 89 58 64 31 (Privé) / 03 89 58 64 31 (H.S.). Fax : 03 89 58 64 31. E-mail : reflets@calixo.net, Web : www.les-reflets.com.

LE FENARUPT ★★ Loisirs 30 E. (15 Tourisme + 15 Loisirs), dont 6 CC, 2 ha. gratuit, pain,boisson, CV. Locations : 6 . . Axe Sélestat St Dié. ☎ 03 89 58 54 80.

SAUSHEIM

8-E1 6 km N.-E. Mulhouse. 230 m. 4737 hab. ✉ 68390

LE SAFARY ★★ Loisirs 50 E. (20 Tourisme + 30 Loisirs), dont 8 CC, 1 ha. . Locations : , . Accès direct à la rivière. . ☎ 03 89 61 99 29 / 03 89 61 99 29.

SEPPOIS LE BAS

8-E2 14 km S.-O. Altkirch. 385 m. 668 hab. ✉ 68580

LES LUPINS ★★★ Tourisme 173 E. dont 110 nus, dont 10 GCC - 10 HLL. snack, CV Sanitaire chauffé. Locations : 10 , . 2 courts. Rivière à 500 m. Etang à 3 km. à 500 m : . Accueil groupes. 1, rue de la Gare. ☎ 0 810 122 813. Fax : 03 99 57 21 22. E-mail : contact@village-center.com, Web : www.village-center.com. Prix 2007. Fft jour : Empl. Tourisme (2 1 - de 5 ans) : 18 € ( ) ; Sup : 4,50 €Animaux 3 €.

SONDERNACH

4-E5 27 km S.-O. Colmar. 1180 m. 590 hab. Village de neige ✉ 68380

M. SPENLE Jean-Martin . 72 rue du Buhl, Salzbach, par RD 10, à 12 km de la commune, à proximité de la ferme. Pré sur massif Vosgien. ☎ 03 89 77 65 71 / 03 89 77 63 66.

M. SPENLE Mathieu Rés. naturiste. F A au Grand Hêtre. ☎ 03 89 77 61 95 / 03 89 77 62 98.

SOULTZEREN

4-E5 23 km S.-O. Colmar. 543 m. 969 hab. Village de neige ✉ 68140

M. ROESS Daniel CV. A 9 km: Piscine plein air . A 10 km : . 4 Oberer Geisberg, par col du Wettstein, 3 km de la commune, à proximité de la ferme. Pré herbeux, clairière, bord de colline, rivière à 6 km. Belle vue sur la vallée de Munster. ☎ 03 89 77 13 72. Fax : 03 89 77 13 72. E-mail : chantal.roess@laposte.net.

TURCKHEIM

4-E5 6 km O. Colmar. 240 m. 3510 hab. ✉ 68230

CAMP MUNICIPAL LES CIGOGNES ★★★★ Tourisme 110 E. (105 Tourisme + 5 Loisirs) 1,5 ha. CV Sanitaire chauffé. Rivière à 10 m. Etang à 500 m. Accueil adultes. RD 10. ☎ 03 89 27 02 00. Web : www.turckheim-alsace.com.

FFCC : partenaire - terrain assuré par la FFCC.

URBES

8-D1 16 km N.-O. Thann. 450 m. 493 hab. ✉ 68121

CAMP MUNICIPAL BENELUX-BALE ★★ Tourisme 180 E. (130 Tourisme + 50 Loisirs) 3,8 ha. . Accès direct aux bords du lac et à la rivière. Etang à 2 km. à 800 m : ; à 5 km : . Rue de la Scierie, RN 66. ☎ 03 89 82 78 76 / 03 89 82 60 91 (Mairie). Fax : 03 89 82 16 61. E-mail : mairie.urbes@wanadoo.fr.

WATTWILLER

8-E1 8 km N.-E. Thann. 360 m. 1186 hab. ✉ 68700

LES SOURCES ★★★★ Tourisme 347 E. dont 173 nus (325 Tourisme + 22 Loisirs), dont 73 GCC - 73 HLL, 13 ha. à gaz, saison, CV. Locations : 22 , 92 . couverte chauffée . Accueil groupes. Ouv : 3.4 / 10.10. Route des crêtes. Accès sortie 4 voies Wattwiller en venant de Mulhouse ou Belfort. RN 83 sortie Wattwiller. Sortie Wattwiller en venant de Colmar. ☎ 03 89 75 44 94. Fax : 03 89 75 71 98. E-mail : camping.les.sources@wanadoo.fr, Web : www.camping-les-sources.com. Prix 2008. Fft jour : Empl. Tourisme (2) : 28,50 € ((5 A)) ; Sup : 7 € - de 2/7 ans 5 € ; Animaux 3 €. Réduction H.S.

FFCC : partenaire + réduction emp. de 5 % en saison et hors saison + réduction loc. de 10 % hors saison + HC.

WIHR AU VAL

4-E5 15 km O.-S.-O. Colmar. 300 m. 1051 hab. Village de neige ✉ 68230

LA ROUTE VERTE ★★ Tourisme 55 E. (51 Tourisme + 4 Loisirs) 0,9 ha. CV. Etang à 200 m. Rivière à 700 m. à 200 m : ; à 3 km : . Accueil groupes. Ouv : 29.4 / 30.9. 13, rue de la Gare, RD 10 et 417. ☎ 03 89 71 10 10 / 06 70 88 22 37 (H.S.). E-mail : info@camping-routeverte.com, Web : www.camping-routeverte.com. Prix 2008. Fft jour : Empl. Tourisme (2) : 9,45 € ( ) ; Sup : 2,70 € - de 10 ans 1,70 € ; 2,65 à 7,35 € (4 à 10 A) ; Animaux 1,30 €. Réduction H.S.

FFCC : partenaire + réduction emp. de 5 % en saison et hors saison + Stop accueil Camping-car du 28/04 au 31/06 et du 20/08 au 30/09/2008, accès jusqu'à 21h.

M. PANZER Justin,aire naturelle du Moulin . A 1 km: . A 5 km : Piscine plein air. 2, rue de la Gare, par RD 417 et RD 43, 500 m de la commune, à proximité de la ferme. Prairie, bord de ruisseau, rivière à 200 m. Location de caravanes. ☎ 03 89 71 06 26.

FFCC : partenaire - terrain assuré par la FFCC .

WILLER SUR THUR

8-E1 4 km N. Thann. 370 m. 2019 hab. ✉ 68760

LE LONG PRE ★★ Tourisme 40 E. (30 Tourisme + 10 Loisirs) 1 ha. . Locations : . Accès direct à la rivière. Etang à 500 m. à 500 m : . 41 rue du Vieil Armand. Dir. Grand Ballon. ☎ 03 89 82 32 96.

WUENHEIM

8-E1 5 km S. Guebwiller. 450 m. 756 hab. Village de neige ✉ 68500

LA SAPINIERE ★★ Loisirs 130 E. (16 Tourisme + 114 Loisirs) 1,5 ha. . Accès direct à la rivière. Ouv : 1.4 / 30.9. RD 5 par RN 83. ☎ 03 89 76 79 40. Prix 2007. Empl. Tourisme : 3,80 € ; 4 € ; - de 7 ans 2 € ; 4,50 € (10 A).

FFCC : partenaire + réduction emp. de 5 % en saison et hors saison + réduction loc. de 5 % en saison et hors saison.

Cartes 7-10-11

Déléguée FFCC : Monique BUCCINO, 29 A, rue de Montribloud - 69009 LYON 09

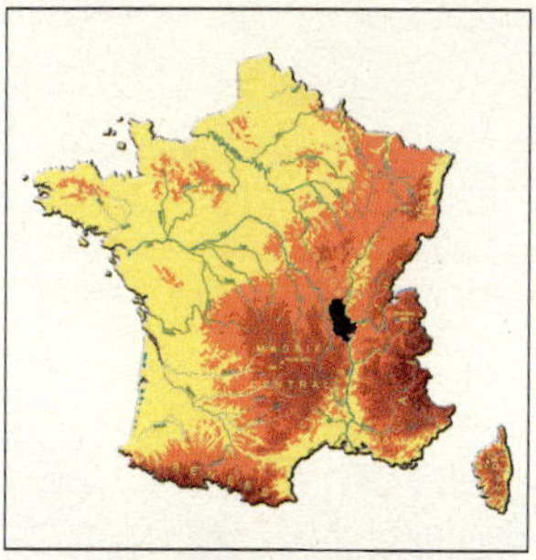

ANCY

10-F1 35 km S.-O. Villefranche. 460 m. 371 hab. 69490

Mme CHERMET Marie,aire naturelle village, village, truites, CV. A 10 km: . A 13 km : Piscine plein air. ☎ 04 74 05 84 48.

ANSE

11-A1 6 km S. Villefranche-sur-Saone. 180 m. 3745 hab. 69480

LES PORTES DU BEAUJOLAIS ★★★★ Tourisme 198 E. (154 Tourisme + 44 Loisirs), dont 90 GCC, 5 ha. saison, saison, saison, saison, CV. Locations : 31, 14, Tipis. Rivière à 50 m. Lac à 1,5 km.; ; à 2 km : . Accueil groupes. Chemin des Grandes Levées. Venant du Nord A 6 sortie Anse. Venant du Sud A 6 sortie Limonest direction Villefranche par N 6. ☎ 04 74 67 12 87. Fax : 04 74 09 90 97. E-mail : campingbeaujolais@wanadoo.fr, Web : www.camping-beaujolais.com. Prix 2007. Fft jour : Empl. Tourisme (2) : 18,70 € (E. CC) ; Sup : 4,80 € 3,10 € ; Animaux 0,20 €. Réduction H.S.

BESSENAY

10-F1 31 km O. Lyon. 400 m. 1617 hab. 69690

LE RIPAN ★ Loisirs 30 E. (5 Tourisme + 25 Loisirs) . Ouv : 01.4 / 31.10. Le Ripan, 2 km de la commune, à proximité de la ferme. Pré herbeux. ☎ 04 74 01 26 75.

SAINT CRY LA BREVENNE ★ Loisirs 110 E. (10 Tourisme + 100 Loisirs) 3 ha. CV. Locations : . Accès direct à la rivière. ; . Accueil groupes. RN 89. ☎ 04 74 70 83 20 / 04 74 70 82 19. Fax : 04 78 48 10 60. E-mail : sei367@aol.com.

M. PINET,aire naturelle . A 8 km: Piscine plein air . A 15 km : . La Combe. ☎ 04 74 70 80 53.

BLACE

10-F1 9 km N.-O. Villefranche-sur-Saône. 400 m. 1093 hab. 69460

M. & Mme BOSSAN,camping à la Ferme , vin, 01.05.99. A 4 km: . A 8 km : Piscine plein air . A 10 km : . Route de Salles - RD 20. Sur RN 6 à St-Georges de Reneins, prendre la D 20 en dir. de Blaceret, puis suivre la D 20 en dir. de Salles-Arbuissonnas puis 500 m à droite. ☎ 04 74 67 56 36. Fax : 04 74 60 55 23. E-mail : patrickbossan@wanadoo.fr, Web : www.bossan.tk.

LA CHAPELLE SUR COISE

10-F2 42 km S.-O. Lyon. 700 m. 294 hab. 69590

M. & Mme VERICEL , . A 2 km: . A 4 km : . A 5 km : Piscine plein air . Le Fresnay, 2 km de la commune, à proximité de la ferme. Bois, pré herbeux, rivière à 4 km. ☎ 04 78 48 45 88.

M. BESSON Antoine,camping à la ferme CV. A 1,5 km: . A 1 km : . A 2 km : . A 7 km : Piscine plein air . La Chavanne, par RD 11 et 614. 900 m de la commune, à proximité de la ferme. Pré herbeux, ombragé. ☎ 04 78 48 45 97.

CHAPONNAY

11-A2 20 km S. Lyon. 220 m. 3695 hab. 69970

M. VERNAY Aimé,aire naturelle . A 4 km: . A 10 km : Piscine plein air. Flassieu Le Bas. Rocade Est sortie n° 15 Marennes prendre D 149 dir. Heyrieux au rond-point de Mions prendre D 151 dir. Valencin. ☎ 04 78 96 00 35 / 04 37 23 50 94. E-mail : jp.bertran@tiscali.fr.

COLOMBIER SAUGNIEU

11-B1 20 km S.-E. Lyon 271 m. 1833 hab. 69124

Mme LEGOUET Louisette CV. 10, chemin du Lac. ☎ 04 78 32 81 72 / 06 64 84 14 23 (H.S.).

CONDRIEU

11-A2 44 km S. Lyon. 150 m. 3158 hab. 69420

BELLE RIVE ★★★ Loisirs 200 E. (80 Tourisme + 120 Loisirs), dont 30 CC, 5 ha. CV. Locations : 12. Accès direct à la rivière. Lac à 2 km. ; ; ; à 1 km : , . Accueil groupes. Lieu-dit La Plaine, RN 86. ☎ 04 74 59 51 08 / 04 74 59 81 37 (H.S.). Fax : 04 74 59 51 08.

L'ILE DES PECHEURS ★★★ Loisirs 47 E., dont 47 GCC. Chemin Plaine. ☎ 04 74 56 67 30.

CUBLIZE

10-F1 42 km O. Villefranche-sur-Saone. 465 m. 948 hab. 69550

LAC DES SAPINS ★★★★ Loisirs 174 E. (74 Tourisme + 100 Loisirs), dont 162 GCC - 10 HLL, 1 ha. CV. Locations : 22 , , . Accès direct aux bords du lac et à la rivière. ; ; ; ; ; . Accueil groupes. ☎ 04 74 89 52 83. Fax : 04 74 89 58 90.

CAMP MUNICIPAL ★★ Loisirs 27 E. (4 Tourisme + 23 Loisirs), dont 1 CC - 1 GCC, 0,5 ha. . Lac à 300 m. Rivière à 80 m. à 300 m : , , , , . Lieu-dit Chez Favre, à la gare, RN 504. ☎ 04 74 89 53 54 / 04 74 89 50 27. Fax : 04 74 89 50 65.

DARDILLY

8 km N.-O. Lyon. 350 m. 5111 hab. 69570

CAMPING INDIGO INTERNATIONAL DE LYON ★★★★ Tourisme 215 E. dont 180 nus (175 Tourisme + 40 Loisirs), dont 145 CC - 20 GCC - 8 HLL, 6 ha. CV Sanitaire chauffé. Locations : 5, 30. Ouv : 1.1 / 31.12. Avenue de la Porte de Lyon. A 6/A 7 sortie Limonest dir. complexe touristique. ☎ 04 78 35 64 55. Fax : 04 72 17 04 26. E-mail : lyon@camping-indigo.com, Web : www.camping-indigo.com. Prix 2007. Fft jour : Empl. Tourisme (2) : 17,64 € ; Sup : 3,72 € - de 2/7 ans 2,88 € ; 6 € (10 A) ; Animaux 2,40 €. Réduction H.S.

FFCC : partenaire + réduction emp. de 5 % en saison et hors saison + réduction loc. de 5 % en saison et hors saison.

FLEURIE

7-F5 20 km N. Villefranche-sur-Saone. 300 m. 1151 hab. ✉ 69820

CAMP MUNICIPAL LA GRAPPE FLEURIE ★★★★ Tourisme 89 E., dont 85 CC - 4 GCC - 4 HLL, 2,5 ha. saison, CV Sanitaire chauffé. Locations : 4. Accueil groupes. Ouv : 25.3 / 23.10. Les Déduits. Par A 7 sortie Mâcon-Sud puis RN 6 dir. Belleville ou sortie Belleville puis RN 6 dir. Mâcon. ☎ 04 74 69 80 07 / 04 74 04 10 44 (Mairie) (H.S.). Fax : 04 74 69 85 71. E-mail : camping@fleurie.org ou info@fleurie.org, Web : www.camping-beaujolais.fr. Prix 2008. Fft jour : Empl. Tourisme (2) : 16 € ; Sup : 5,70 € - de 5/10 ans 3,70 €. Fft Tente : 14 € (2).

GREZIEU LE MARCHE

10-F2 47 km S.-O. Lyon. 650 m. 728 hab. ✉ 69610

M. NESME Guy,Le Clémencon

LES HAIES

11-A2 35 km S.-O. Lyon. 380 m. 501 hab. ✉ 69420

M. BONNARD Lucien . A 100 m : . A 7 km: Piscine plein air . Au départ de Condrieu, D 59 au Rosay puis D 28, dir. de Longes puis D 161 Champagneux. ☎ 04 74 87 85 21. Fax : 04 74 87 84 43.

LES HALLES

10-F2 30 km S.-O. Lyon. 645 m. 189 hab. ✉ 69610

MM. CHAPUIS Jean-Pierre & Joseph,aire naturelle CV. A 4 km: Piscine plein air . A 5 km : . La Flachardière, 500 m Nord de la commune, à proximité de la ferme. Pré herbeux, bord de lac. Salle de réunion. ☎ 04 74 26 63 26 / 06 74 11 00 79. Fax : 04 74 26 65 21.

FFCC : partenaire - terrain assuré par la FFCC .

LAMURE SUR AZERGUES

10-F1 28 km N.-O. Villefranche. 383 m. 1065 hab. ✉ 69870

LE LYZERON ★★ Loisirs 84 E. (20 Tourisme + 64 Loisirs) 3 ha. CV. Accès direct à l'étang et à la rivière. Accueil groupes. Ouv : 1.5 / 31.10. Le Charbonnier. ☎ 04 74 03 13 12 / 06 83 69 13 45 (H.S.). Prix 2007. Empl. Tourisme : 3,60 € ; 3,60 € ; - de 7 ans 1,80 € ; 2,90 € (6 A) ; Animaux 1,50 €.

LONGESSAIGNE

10-F1 43 km N.-O. Lyon. 700 m. 444 hab. ✉ 69770

MICHEL CECILE CV. A 1 km: . A 5 km : Piscine chauffée . A 8 km : . La Grand'Maison. 50 km de Lyon, par RD 4, à 6 km de la commune. Pré herbeux. Monts du Lyonnais alt. 680 m. ☎ 04 74 70 22 73 / 06 30 34 17 32 (H.S.). E-mail : camping.lagrand maison@laposte.net. Prix 2007. Empl. Tourisme : 2,50 € () : 3 € ; 2,50 € ; 1,80 €.

FFCC : partenaire + réduction emp. de 10 % en saison + réduction loc. de 10 % en saison.

LYON 01

466 km S.-E. Paris. 173 m. 418476 hab. ✉ 69001

CAMPING INDIGO INTERNATIONAL DE LYON Voir DARDILLY

MEAUX LA MONTAGNE

10-F1 14 km N.-O. Villefranche sur Saone. 650 m. 153 hab. ✉ 69550

COMBE ET REPLAT ★ Loisirs 25 E. (5 Tourisme + 20 Loisirs), dont 3 GCC. Lac à 5 km. à 5 km : . Lieu-dit Boutouge. ☎ 04 74 89 60 95.

MEYZIEU

11-A1 12 km E. Lyon. 200 m. 26800 hab. ✉ 69330

LE GRAND LARGE ★★ Loisirs 200 E. (50 Tourisme + 150 Loisirs), dont 26 CC, 4 ha. CV Sanitaire chauffé. Accès direct aux bords du lac. Ouv : 1.1 / 31.12. Rue Victor Hugo, 1 km RD 55 par RN 517. Rocade Est, sortie Grand Large/Le Carreau sur avenue de Verdun au 5ème feu à gauche à 800 m. ☎ 04 78 31 42 16. Fax : 04 72 45 91 78. E-mail : camping.grand.large@wanadoo.fr. Prix 2007. Fft jour : Empl. Tourisme (2 1 - de 5) : 18,20 € () ; Sup : 3,50 €Animaux 2 €.

MORNANT

11-A2 25 km S.-O. Lyon. 370 m. 3463 hab. ✉ 69440

CAMP MUNICIPAL DE LA TRILLONNIERE ★★ Tourisme 59 E. (34 Tourisme + 25 Loisirs) 1,6 ha. Rivière à 100 m. Etang à 1 km.Lac à 3 km. ☎ 04 78 44 16 47 / 04 78 44 00 46 (Mairie). Fax : 04 78 44 91 70. E-mail : mairiemornant@wanadoo.fr, Web : www.ville-mornant.fr.

POLLIONNAY

10-F1 18 km O. Lyon. 650 m. 1088 hab. ✉ 69290

LE COL DE LA LUERE ★★ Tourisme 80 E. (49 Tourisme + 31 Loisirs), dont 26 GCC, 4 ha. CV Sanitaire chauffé. Locations : . à 6 km : Accueil groupes. Chemin de Roche Coucou. D 24. A 6 sortie Porte de Volvert (n° 32) ☎ 04 78 45 81 11. Fax : 04 78 45 89 47. E-mail : contact@camping-coldelaluere.com, Web : www.camping-coldelaluere.com.

POMEYS

10-F2 30 km N.-E. Montbrisson. 760 m. 786 hab. ✉ 69590

CAMP INTERCOMMUNAL HURONGUES ★★★★ Loisirs 114 E. (50 Tourisme + 64 Loisirs), dont 31 GCC, 3,6 ha. CV. Locations : 2 couverte chauffée . Lac à 150 m. Accueil groupes encadrés. encadrés. Ouv : 1.4 / 1.10. D 11 et 2 Sud de Lyon dir. St-Symphorien sur Coise, Chazelles-sur-Lyon. ☎ 04 78 48 44 29 / 04 78 44 37 57 (Mairie) (H.S.). Fax : 04 78 48 44 29. E-mail : camping.hurongues@wanadoo.fr. Prix 2007. Empl. Tourisme : 4 € ; 4 € ; - de 7 ans 2 € ; 4 € (8 A) ; Animaux 1,40 € (chien).

POULE LES ECHARMEAUX

7-F5 30 km N.-O. Villefranche-sur-Saone. 675 m. 795 hab. ✉ 69870

CAMP MUNICIPAL ★★ Tourisme 24 E. dont 2 nus (20 Tourisme + 4 Loisirs) 0,5 ha. Accès direct à l'étang. Accueil enfants. Ouv : 1.5 / 30.9. ☎ 06 89 90 33 64 / 04 74 03 64 48 (H.S.). Fax : 04 74 03 68 71. Prix 2008. Fft jour : Empl. Tourisme (2) : 10 € () ; Sup : 1,50 € - de 7 ans 1 €.

PROPIERES

7-F5 43 km O. Villefranche-sur-Saône. 670 m. 404 hab. ✉ 69790

CAMP MUNICIPAL ★★ Loisirs 13 E., dont 10 CC. 1, CV. Locations : 4 . Lac à 50 m. Accueil groupes. Ouv : 15.6 / 15.9. Lieu-dit Azole. ☎ 04 74 03 60 08 / 06 84 79 20 67. Prix 2007. () : 2 € ; 1 € ; 2,50 € ; 1,50 € ; 2 € ; - de 10 ans 1 €.

RONNO

10-F1 42 km O. Lyon. 900 m. 530 hab. ✉ 69550

POINT D'ACCUEIL JEUNES,aire naturelle . Terrain à disposition des colonies de vacances. ☎ 04 74 89 50 31 / 04 74 89 50 67.

ST CLEMENT LES PLACES

10-F1 52 km O. Lyon. 650 m. 426 hab. ✉ 69930

M. DECULTIEUX Bernard,camping à la ferme . A 4 km: . A 6 km : . Piscine plein air . A 7 km : . ☎ 04 74 26 37 35.

ST GENIS LAVAL

8 km S.-S.-O. Lyon. 270 m. 14695 hab. ✉ 69230

CAMP DES BAROLLES ★★ Loisirs 45 E. (15 Tourisme + 30 Loisirs), dont 45 GCC, 1,6 ha. CV Sanitaire chauffé. Locations : . Accueil groupes. Ouv : 1.1 / 30.11. 88, avenue Foch, A 7 sortie Pierre Bénite puis sur A 450 sortie 6 B. ☎ 04 78 56 05 56. Fax : 04 72 67 95 01. Prix 2007. Fft jour : Empl. Tourisme (2) : 11,5 € () ; Sup : 3,50 € - de 4/10 ans 2,50 € ; 3,30 à 7 € ; 1,30 € (8 mn) ; Animaux 2 €. Fft Tente : 7,5 € (2).

ST JACQUES DES ARRETS

7-F5 45 km N.-O. Villefranche-sur-Saone. 500 m. 147 hab. ✉ 69860

CAMP MUNICIPAL ★ Tourisme 6 E. 0,09 ha. CV. Rivière à 2 km.Etang à 5 km. à 2 km : . Ouv : 1.5 / 1.10. A 6 ou N 6 puis D 18 et D 23. ☎ 04 74 04 63 83 / 06 99 91 44 88 (H.S.). Fax : 04 74 04 67 71. E-mail : mairie.stjacques_da@numericable.com, Web : perso.wanadoo.fr/sihb. Prix 2008. Empl. Tourisme : 2 € ; 3 € ;

ST JEAN LA BUSSIERE

10-F1 48 km O. Villefranche-sur-Saone. 500 m. 843 hab. ✉ 69550

CAMP MUNICIPAL ★★ Tourisme 10 E. 0,75 ha. Lac à 3 km. à 3 km : . Chez Forest, RD 504 et RD 8. ☎ 04 74 64 07 18 (Mairie). Fax : 04 74 64 02 39.

ST MARTIN EN HAUT

10-F2 32 km S.-O. Lyon. 730 m. 2969 hab. Station verte de vacances et village de neige ✉ 69850

CAMP MUNICIPAL ★★ Loisirs 91 E. (29 Tourisme + 62 Loisirs), dont 39 GCC, 2,8 ha. Locations : . Etang à 3 km. RD 122, lieu-dit les Plaines. ☎ 04 78 48 62 16. Fax : 04 78 48 62 16.

M. GRANGE Henri . A 1 km: . A 3 km : . A 8 km : Piscine plein air. La Charmance, à 1,5 km de la commune. Pré herbeux, rivière à 3 km. ☎ 04 78 48 63 90.

M. VILLE René,aire naturelle. Le Bois, par RD 122, 4 km Nord de la commune, à proximité de la ferme. Terrain en lisière de bois. Location mensuelle et annuelle. ☎ 04 78 48 60 83.

ST ROMAIN DE POPEY
10-F1 29 km S.-O. Villefranche sur Saone. 450 m. 887 hab. ✉ 69490

M. & Mme BRETONNIER,aire naturelle, pétanque, CV. A 1 km: . A 2 km : . A 6 km : Piscine plein air . A 10 km : . Le Blanc, 1 km de la commune. Le Guerret, route de Savigny. Sur RN 7 à 3 km dir. village St Romain-de-Popey. A proximité de la ferme.Sur la D 33, dir. de Savigny, après le village. Visite des caves du Beaujolais. Terrain de camping aménagé en terrasse dans un verger de cerisiers. ☎ 04 74 05 80 48 / 06 73 46 31 56 (H.S.). E-mail : frederic.bretonnier@wanadoo.fr.

ST VINCENT DE REINS
7-F5 42 km N.-O. Villefranche-sur-Saone. 698 m. 757 hab. ✉ 69240

M. BILLET Jean,aire naturelle, pétanque, . A 3 km: . A 4 km : . A 5 km : . A 10 km : Piscine plein air. Ouv : 1.1 / 31.12. Col du Burdel, par RD 94, à 0 km Ouest de la commune, à proximité de la ferme. ☎ 04 74 64 07 78.

STE CATHERINE
10-F2 35 km S.-O. lyon. 700 m. 729 hab. ✉ 69440

CAMP MUNICIPAL LE CHATELARD ★★★ Loisirs 61 E. (5 Tourisme + 56 Loisirs) . CV. Etang et rivière à 1,5 km. . ☎ 04 78 81 80 60 / 04 78 81 80 10 (Mairie) (H.S.). Fax : 04 78 81 87 73. E-mail : mairie-ste-catherine@wanadoo.fr. Prix 2007. Empl. Tourisme : 2,35 € ; 2,05 € ; - de 7 ans 1 € ; 2,30 € (6 A) ; Animaux 0,50 €.

SOURCIEUX LES MINES
10-F1 22 km N.-O. Lyon. 400 m. 1156 hab. ✉ 69210

M. CARRET André,aire naturelle . A 500 m : . A 4 km: Piscine plein air . A 5 km : . ☎ 04 74 70 44 38.

THIZY
10-F1 52 km O.-N.-O. Villefranche-sur-Saone. 570 m. 3699 hab. ✉ 69240

CAMP MUNICIPAL ★ Tourisme 20 E. 0,5 ha. . Etang à 2 km.Lac à 5 km. ; à 5 km : . Chemin de la Livrée, quartier Sabatin, CD 504. ☎ 04 74 64 05 29. E-mail : mairie.thizy@wanadoo.fr.

THURINS
10-F2 22 km S.-O. Lyon. 432 m. 1792 hab. ✉ 69510

M. DELORME François . A 1 km: Piscine plein air . A 10 km : . Le Plat, RD 25, 600 m Nord-Ouest de la commune, à proximité de la ferme. Pré herbeux, rivière à 1 km. ☎ 04 78 48 90 61.

TRADES
7-F5 46 km N.-O. Villefranche-sur-Saône. 360 m. 120 hab. ✉ 69860

CAMP MUNICIPAL ★ Tourisme 15 E. CV Sanitaire chauffé. Locations : . Accès direct aux bords du lac et à la rivière. . Accueil groupes. ☎ 04 74 04 65 03 / 04 74 04 62 62 (H.S.). Fax : 04 74 04 60 43. E-mail : mairie@trades.mairies69.net.

TUPIN ET SEMONS
11-A2 40 km S. lyon. 450 m. 327 hab. ✉ 69420

DOMAINE DU GRAND BOIS ★ Loisirs 200 E. (40 Tourisme + 160 Loisirs), dont 11 HLL, 20 ha. CV Rés. naturiste. Locations : , , . Ouv : 15.4 / 15.10. RD 502. ☎ 04 74 87 88 48 / 04 74 87 04 29 (H.S.). Fax : 04 74 87 88 48. E-mail : domainedugrandbois@free.fr.

VILLEFRANCHE SUR SAONE
11-A1 32 km N.-N.-O. Lyon. 190 m. 29066 hab. ✉ 69400

CAMP MUNICIPAL LA PLAGE ★★★ Tourisme 128 E. (78 Tourisme + 50 Loisirs) 1,6 ha. . Lac à 100 m. Rivière à 50 m. ; ; ; . RN 6, (route de Riottier). ☎ 04 74 65 33 48. E-mail : campingvillefranche@voila.fr.

CAMP MUNICIPAL Tourisme Saisonnier 17 E. 2788, route de Riottier. ☎ 04 74 62 60 00 (Mairie).

YZERON
10-F2 28 km S.-O. Lyon. 750 m. 590 hab. ✉ 69510

LA MALICHAUDE ★★ Loisirs 30 E., dont 30 CC, 0,4 ha. . Locations : 3 , , . Etang, lac et rivière à 500 m. à 500 m : . Ouv : 1.1 / 31.12. Le Planil, par RD 122, RD 489. ☎ 04 78 81 00 15. E-mail : sandramarinier@orange.fr, Web : www.lamalichaude.com.

HAUTE-SAONE 70

Carte 8

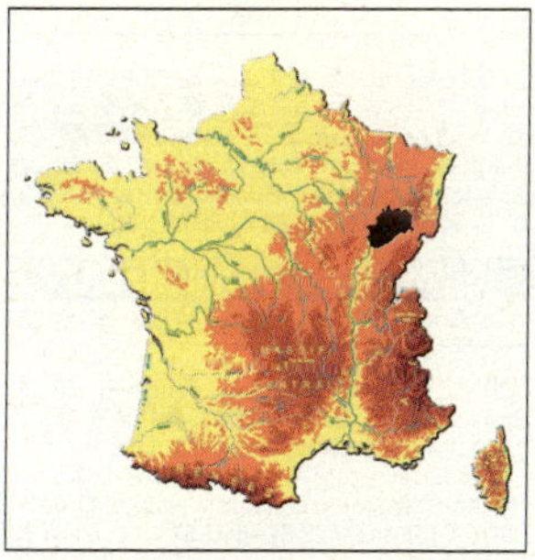

AUTREY LE VAY
8-D2 22 km S.-O. Lure. 273 m. 56 hab. ✉ 70110

CAMP MUNICIPAL ★★ Tourisme 20 E. (16 Tourisme + 4 Loisirs), dont 4 CC, 0,35 ha. . Locations : . Accès direct à la rivière. ; ; . Par D 9 de Vesoul. Par D 486 de Lure. Par D 50 de Baume-les-Dames. ☎ 03 84 63 43 14 / 06 71 01 54 33.

LES AYNANS
8-D1 9 km S.-O. Lure. 280 m. 314 hab. ✉ 70200

CAMP MUNICIPAL LE PATIS ★ Loisirs 50 E. (10 Tourisme + 40 Loisirs) 0,7 ha. . Accès direct à la rivière. ; . CD 122. ☎ 03 84 63 93 75. Fax : 03 84 63 97 68. E-mail : mairie-de-les-aynans@wanadoo.fr.

BAULAY
8-C1 28 km N.-O. Vesoul 220 m. 378 hab. ✉ 70160

M. JARDEL Jean-Pierre,camping La Tuilerie . A 1 km: . A 10 km : . 1, grande Rue. De Vesoul prendre la RN 19 en dir. de Langres. A Port-sur-Saône dir. Port d'Atelier puis Baulay. ☎ 03 84 68 71 03. Fax : 03 84 68 71 03.

BOULT
8-C2 32 km S.-O. Vesoul. 258 m. 336 hab. ✉ 70190

CAMP DE M. DEBIEF JACQUES ★ Tourisme 27 E. (22 Tourisme + 5 Loisirs) 1 ha. . . La Tuilerie. RN 57. ☎ 03 84 91 72 00.

CHAMPAGNEY
8-D1 17 km E. Lure. 390 m. 3290 hab. ✉ 70290

BASE DE PLEIN AIR CAMP DES BALLASTIERES ★ Tourisme 200 E. 10 ha. . Accès direct aux bords du lac et à la rivière. ; ; . Sur CD 4, RN 19. ☎ 03 84 23 11 22.

LA LOUVIERE ★ Loisirs 100 E. (15 Tourisme + 85 Loisirs) 1 ha. . Accès direct aux bords du lac. ; ; ; ; . Accueil groupes. Ouv : 15.4 / 15.9. Bassin de Champagney. ☎ 03 84 23 20 24 / 03 84 23 20 11 / 06 62 29 40 14 (H.S.). Fax : 03 84 23 20 11. E-mail : campinglalouviere@wanadoo.fr. Prix 2007. Empl. Tourisme : 0,70 € ; 0,70 € ; 0,70 € ; 2,60 € ; 0,70 € ; 1,80 € ; - de 7 ans 1 €.

CHAMPLITTE
8-B2 50 km O. Vesoul. 225 m. 2053 hab. ✉ 70600

CAMP MUNICIPAL ★ Tourisme 33 E. 1,5 ha. . Route de Leffond. ☎ 03 84 67 64 10 (Mairie).

CHENEVREY ET MOROGNE
8-C2 50 km S.-O. Vesoul 170 hab. ✉ 70150

M. BARTHOLOMOT Fabien,aire naturelle Les Jardins L'ilotte, pétanque, ; . L'Ilotte. ☎ 03 84 32 27 46 / 06 75 70 22 66 (H.R.). E-mail : amlapalus@free.fr.

CIREY
8-C2 30 km S. Vesoul. 225 m. 200 hab. ✉ 70190

CAMP MUNICIPAL LA VAIVRE ★ Loisirs 25 E. (1 Tourisme + 24 Loisirs) 0,8 ha. . Accès direct à la rivière. ; ; . ☎ 03 84 91 81 43.

CAMP MUNICIPAL LE PAQUILLOT ★ Loisirs 33 E. (1 Tourisme + 32 Loisirs) 1 ha. . Accès direct à la rivière. ; ; ; . ☎ 03 84 91 81 43.

CONFLANDEY
8-C1 19 km N.-O. Vesoul. 223 m. 402 hab. ✉ 70170

LE MOULIN ROUGE ★ Tourisme 15 E. . Rivière à 10 m. Etang à 1 km. ; ; ; . Accueil groupes. ☎ 03 84 78 10 27. Fax : 03 84 78 10 27.

CROMARY
8-C2 32 km S.-O. Vesoul. 236 m. 166 hab. ✉ 70190

LES PLATANES ★★ Loisirs 20 E. (4 Tourisme + 16 Loisirs) 0,33 ha. ping-pong, CV. Locations : 5 . Accès direct à la rivière. ; ; ; ; à 500 m : . Depuis Besançon dir. Devecey-Cromary. ☎ 03 84 91 88 99 / 03 84 91 88 99. Fax : 03 84 91 88 99.

L'ESPLANADE ★★ Tourisme 44 E. (24 Tourisme + 20 Loisirs), dont 4 GCC, 2 ha. Locations : . Accès direct à la rivière. ; ; ; . A 3 km de la RN 57 entre Besançon et Vesoul, sortie They/Cromary. ☎ 03 84 91 82 00. Fax : 03 84 91 82 00. E-mail : benttom@hotmail.com, Web : www.lesplanade.nl.

DAMPIERRE LES CONFLANS

8-C1 36 km N.-O. Lure. 310 m. 205 hab. ✉ 70800

Mme THEVENOT Claudine CV. A 10 km: . A 12 km : . A 15 km : Piscine plein air . D 145 à Conflans D 10. ☎ 03 84 49 82 34. Fax : 03 84 49 82 34. Web : www.ferme-renaudine.com.

FRESNE ST MAMES

8-C2 25 km O.-S.-O. Vesoul. 212 m. 475 hab. ✉ 70130

LES ACACIAS ★★★ Loisirs 12 E., dont 12 CC. Accès direct aux bords du lac. non surveillée : ; ; ; ; . Accès par RD 13. Echiquier géant, jeu de quilles, pétanque. ☎ 03 84 78 43 80. Fax : 03 84 78 43 09. E-mail : mairiefresne.st.mames@wanadoo.fr.

FRESSE

8-D1 18 km N.-E. Lure. 500 m. 686 hab. ✉ 70270

LA BROCHE ★★ Tourisme 50 E. (35 Tourisme + 15 Loisirs) 2 ha. CV. Locations : 7 1 . Accès direct à l'étang. Rivière à 200 m. ; ; à 5 km : . Accueil groupes. Ouv : 1.4 / 15.10. Route du Mont de Vanne. ☎ 03 84 63 31 40. Fax : 03 84 63 31 40. E-mail : contact@camping-broche.com, Web : www.camping-broche.com. Prix 2008. Empl. Tourisme : 1,50 € ; 1,50 € ; 1,50 € ; 1,50 € ; 3 € ; - de 7 ans 2 € ; 2 € ; Animaux 1 €.

FFCC : partenaire - terrain assuré par la FFCC + Stop accueil Camping-car du 15/04 au 15/10/2008, accès jusqu'à 21h30.

GENEVREUILLE

10 km O. de Lure 131 hab. ✉ 70240

Mme PIERREL Marguerite,camping de Château Gaillard partiel, CV. A 8 km: . A 10 km : Piscine plein air Piscine couverte . Ouv : mars / fin octobre. RN 19 entre Vesoul et Lure. ☎ 03 84 74 35 29. Fax : 03 84 74 35 29. Prix 2007. Empl. Tourisme : 3 € () ; 2,50 € ; - de 7 ans 2 € ; 2,50 €.

FFCC : partenaire + réduction emp. de 5 % hors saison + Stop accueil Camping-car du 01/03 au 30/11/2008.

GRAY

8-B2 58 km O.-S.-O. Vesoul. 200 m. 8313 hab. Station verte de vacances et village de neige ✉ 70100

CAMP MUNICIPAL LONGUE RIVE ★★★ Tourisme 120 E. dont 120 nus (80 Tourisme + 40 Loisirs), dont 20 CC - 5 HLL, 2,5 ha. CV. Accès direct à la rivière. ; à 200 m : , . Accueil groupes. Route de la Plage, D 67 et 70. ☎ 03 84 64 90 44 / 03 84 65 14 24 (H.S.) (H.S.). Fax : 03 84 65 46 26. E-mail : tourisme-gray@wanadoo.fr, Web : www.ville-gray.fr.

GY

8-C2 38 km S.-O. Vesoul 234 m. 986 hab. ✉ 70700

CAMP MUNICIPAL ★ Tourisme 22 E.

HURECOURT

8-C1 48 km N.-O. Lure 113 m. 73 hab. ✉ 70210

M. DIKS,aire naturelle La Jonquille . A 1 km: . A 5 km : . A 7 km : . A 10 km : Piscine plein air . Ouv : 1.4 / 1.10. ☎ 03 84 92 94 61 / 06 89 69 82 31 (H.S.). E-mail : herman.diks@wanadoo.fr. Prix 2007. Fft jour : Empl. Tourisme (2 2 - de 13 ans) : 15 € ( ) ; Sup : 3,10 € - de 13 ans 1,60 € ; 2,85 € (6 à 16 A) ; 0,80 €.

FFCC : partenaire + réduction emp. de 5 % hors saison + carte FFCC assurance annulation + Stop accueil Camping-car du 01/04 au 01/10/2008, accès jusqu'à 22h.

LURE

8-D1 28 km N.-E. Vesoul. 293 m. 10497 hab. ✉ 70200

CAMP INTERCOMMUNAL DE LURE ★★★ Tourisme 45 E. 1,02 ha. Locations : , , . Accès direct à la rivière. Etang à 200 m. . Accès par RN 19, dir. centre ville puis dir. l'Isle sur le Doubs. ☎ 03 84 30 43 40 / 03 84 89 00 30. Fax : 03 84 89 00 31. E-mail : magalie-sarre@pays-delure.fr.

LUXEUIL LES BAINS

8-D1 18 km N.-N.-O. Lure. 294 m. 8790 hab. ✉ 70300

LE DOMAINE DE CHATIGNY En cours classt ★★★★ dont 78 nus 1,3 ha. pain, + sèche-linge, CV Sanitaire chauffé. Locations : 15 , 5 . chauffée . Etang à 500 m. Lac à 1,5 km. Ouv : 29.3 / 8.11. 14, rue Grammont, par la rue Sainte Anne ☎ 03 84 93 97 97 / 03 84 40 06 41 (H.S.). Fax : 03 84 93 61 01. E-mail : camping.ot-luxeuil@wanadoo.fr, Web : www.camping.luxeuil.fr. Prix 2007. Fft jour : Empl. Tourisme (2) : 16,50 € ( ) ; Sup : 4 € - de 11 ans 2 € ; 3,50 € (10 A) ; Animaux 1,70 €.

MARNAY

8-C2 60 km S.-O. Vesoul. 216 m. 1175 hab. ✉ 70150

CAMP MUNICIPAL VERT LAGON ★★★ Tourisme 77 E. (65 Tourisme + 12 Loisirs) 1,4 ha. Locations : , . Accès direct aux bords du lac et à la rivière. ; ; . Sur RN 67. Route de Besançon. ☎ 03 84 31 71 41 / / 03 84 31 73 16 (H.S.). E-mail : sldmarnay@wanadoo.fr.

MELISEY

8-D1 10 km N.-E. Lure. 333 m. 1877 hab. Station verte de vacances et village de neige ✉ 70270

LA PIERRE ★★ Tourisme 50 E. (28 Tourisme + 22 Loisirs) 1,5 ha. collectif, CV. Locations : 4 . Rivière à 2,5 km. à 2,5 km : , , .Accueil adultes. Les Granges Baverey. ☎ 03 84 63 23 08 / 03 84 20 84 38 (H.S.). Fax : 03 84 20 87 19.

FFCC : partenaire - terrain assuré par la FFCC.

LA BERGEREINE ★ Tourisme 40 E. (30 Tourisme + 10 Loisirs) 1,11 ha. Locations : , . Rivière à 50 m. Etang à 800 m. ; ; . Ouv : 1.4 / 30.9. 17 bis Rte des Vosges. RD 486, 200 m Sud-Est de la commune. Accueil jeunes. Zone de loisirs à 500 m avec piscine, toboggan, mini-golf. ☎ 03 84 20 01 57 / 06 73 92 74 38. Fax : 03 84 20 01 57. E-mail : christine.munsch2@wanadoo.fr.

MIELLIN

8-D1 28 km N.-E. Lure. 650 m. 135 hab. ✉ 70440

CAMP MUNICIPAL ★ Tourisme 15 E. (13 Tourisme + 2 Loisirs), dont 5 CC - 1 GCC, 0,16 ha. aire spécifique, pétanque. Accès direct à la rivière. Sur l'axe routier Lure-le-Thillot. A Servance prendre le CD 133 sur 6 km. ☎ 03 84 63 81 34 / 03 84 20 45 36 (H.S.). Fax : 03 84 63 81 04. E-mail : mairie.miellin@wanadoo.fr.

MONTBOZON

8-C2 25 km S. Vesoul. 270 m. 580 hab. ✉ 70230

AIRE NATURELLE MUNICIPALE , CV. ☎ 03 84 92 36 55 / 03 84 92 32 27. Fax : 03 84 92 36 89.

ENTRE DEUX PONTS,aire naturelle . Entre les 2 Ponts. ☎ 03 84 92 33 77 (Régisseur).

PESMES

8-B2 62 km .S-O. Vesoul. 1013 hab. Station verte de vacances et village de neige ✉ 70140

LA COLOMBIERE ★★ Tourisme 70 E. 1 ha. CV. Locations : , . Accès direct à la rivière. ; . Ouv : 1.4 / 30.9. RN 475. ☎ 03 84 31 20 15 / 03 84 31 22 27 (H.S.). Fax : 03 84 31 20 54. E-mail : campingpesmes@wanadoo.fr. Prix 2007. Fft jour : Empl. Tourisme (2) : 7,80 € ( ) ; Sup : 3,20 € - de 2/10 ans 1,50 € ; 3,60 € (13 A) ; Animaux 1,60 €.

PORT SUR SAONE

8-C1 12 km N.-O. Vesoul. 260 m. 2650 hab. ✉ 70170

CAMP MUNICIPAL ★★ Tourisme 100 E. (90 Tourisme + 10 Loisirs) 3 ha. Locations : . Rivière à 100 m. ; ; ; à 100 m : . Au Parc de la Maladière, RD 6 et RN 19. ☎ 03 84 91 51 32 / 03 84 78 18 00 (Mairie) (H.S.). Fax : 03 84 78 18 09. E-mail : tourisme.portsursaone@wanadoo.fr.

PREIGNEY

8-C1 36 km N.-O. Vesoul. 307 m. 101 hab. ✉ 70120

LE LAC ★★ Tourisme 50 E. 0,9 ha. CV. Locations : . Lac à 150 m. ; à 150 m : , . RN 19 Paris-Bâle. Entre Vesoul et Langres. ☎ 03 84 68 55 37 / 03 84 68 54 68 / 03 28 59 30 67 (H.S.). Fax : 03 84 68 55 59. E-mail : waucquierchristi@aol.com, Web : pagesperso.aol.fr/waucquiercchristi/.

RENAUCOURT

8-C1 40 km N.-O. Vesoul 400 m. 105 hab. ✉ 70120

CAMP MUNICIPAL LA FONTAINE AUX FEES ★ Loisirs 23 E. Locations : , . Accès direct à l'étang et à la rivière. ; . RN 19 Langres-Belfort sortie Combeaufontaine. ☎ 03 84 92 09 14 / 03 84 92 06 14 / 03 84 92 04 85 (H.S.). Fax : 03 84 92 04 18.

RIOZ

8-C2 24 km S. Vesoul. 265 m. 889 hab. ✉ 70190

LE LAC ★★★ Tourisme 56 E. (50 Tourisme + 6 Loisirs) 3 ha. CV Sanitaire chauffé. . Lac à 200 m. ; . Accueil groupes. Ouv : 1.1 / 31.12. Rés. obligatoire en été. Rue de la Faïencerie, sur CD 5, RN 57. ☎ 03 84 91 91 59 / 03 84 91 84 84 (H.S.). Fax : 03 84 91 90 45. E-mail : mairiedrioz@wanadoo.fr. Prix 2007. Empl. Tourisme : 3,20 € ; 2 € ; 4 € ; 2,20 € ; 2,60 € ; - de 14 ans 1,30 € ; 2,40 à 2,40 € ; Animaux 1,50 €.

SCEY SUR SAONE ET ST ALBIN

8-C1 19 km O.-N.-O. Vesoul. 275 m. 1590 hab. ✉ 70360

LA SAONE JOLIE ★ Tourisme 34 E. (23 Tourisme + 11 Loisirs) 1 ha. , pétanque, CV. Locations : , chauffée . Accès direct à la rivière. ; ; ; . Accueil groupes. Rue du Bourg. RN 19. ☎ 03 84 68 85 07 / 03 84 68 86 99 (H.S.).

SOING CUBRY CHARENTENAY

8-C2 28 km O. Vesoul. 240 m. 434 hab. ✉ 70130

CAMP MUNICIPAL ★★ Tourisme 30 E. (25 Tourisme + 5 Loisirs) 0,7 ha. . Accès direct à la rivière. . La Louvière, à mi-chemin entre Vesoul et Gray D 13 dir. Fresne-St-Mamès, D 23 puis Soing. ☎ 03 84 78 45 17 (Saison) / 03 84 78 41 97. Fax : 03 84 78 43 42.

TRAVES

8-C1 17 km O. Vesoul 230 m. 397 hab. ✉ 70360

PARC RESIDENTIEL DE LOISIRS SAONE VALLEY P.R.L. 12 E. 5 ha. CV Sanitaire chauffé. Locations : 10 , , . Accès direct à l'étang et aux bords du lac et à la rivière. ; ; . Accueil groupes. Ouv : 1.1 / 31.12. Route de Bucey-les-Traves. A 5 sortie Langres de Paris ou par A 3 sortie Besançon. ☎ 03 84 92 72 70. Fax : 03 84 92 76 57. E-mail : contact@saonevalley.com, Web : www.saonevalley.com.

AIRE NATURELLE MUNICIPALE . A 5 km: Piscine plein air . La Prairie. ☎ 03 84 68 85 93 (Mairie). Fax : 03 84 68 85 93.

LE VAL ST ELOI

8-C1 15 km N.-E. Vesoul. 230 m. 117 hab. ✉ 70160

M. COLLARDEY Claude CV. A 5 km: . Le Chaumont RD 52, à 3 km Sud-Est de la commune, à proximité de la ferme. Pré ombragé, à flanc de colline. Artisanat sculptures sur bois et pierres à 4 km. Ferme auberge. ☎ 03 84 68 91 55. Prix 2007. Empl. Tourisme : 1,50 € ; 2 € ; 0,60 € ; 2 € ; 1 € ; 1,50 € ; - de 12 ans 0,75 € ; 0,50 € ; 0,50 €.

VANDELANS

8-C2 30 km S. Vesoul. 240 m. 75 hab. ✉ 70190

CAMP CHAMPENOIS ★ Loisirs 33 E. . Accès direct à l'étang et à la rivière. . A 36 sortie Besançon / Palente puis dir. Rougemont et suivre Rigney dir. Vandelans. ☎ 03 81 86 18 09.

VAUVILLERS

8-C1 45 km N.-O. Lure. 300 m. 725 hab. ✉ 70210

CAMP MUNICIPAL ★ Tourisme 11 E. . ☎ 03 84 92 82 88 (Mairie). Fax : 03 84 92 94 43.

VESOUL

362 km S.-E. Paris. 220 m. 20269 hab. ✉ 70000

CAMP INTERNATIONAL DU LAC ★★★ Tourisme 160 E. (155 Tourisme + 5 Loisirs), dont 6 HLL, 3 ha. CV Sanitaire chauffé. Locations : 18 , 6 , 6 . Lac et rivière à 50 m. ; ; . Accueil groupes. Avenue des Rives du Lac. ☎ 03 84 76 22 86. Fax : 03 84 75 74 93. E-mail : camping_dulac@yahoo.fr, Web : camping-vesoul.com.

FFCC : partenaire - terrain assuré par la FFCC.

VILLERSEXEL

8-D2 18 km S.-S.-O. Lure. 280 m. 1675 hab. ✉ 70110

LE CHAPEAU CHINOIS ★★★ Tourisme 83 E. dont 80 nus (73 Tourisme + 10 Loisirs), dont 16 CC - 2 HLL, 4 ha. CV. Locations : 2 , 6 . Accès direct à la rivière. Etang à 3 km. ; ; . Accueil groupes. Ouv : 1.4 / 30.9. Rés. obligatoire en été. Au croisement des axes routiers Vesoul/Montbéliard/Besançon/Lure. ☎ 03 84 63 40 60. Fax : 03 84 63 40 60. E-mail : villersexelcamp@aol.com. Prix 2007. Empl. Tourisme : 4 € ; 1,10 € ; 2 € ; 2 € ; 1,10 € ; 2,80 € ; - de 7 ans 1,20 € ; 2,40 € ; Animaux 2 €.

SAONE-ET-LOIRE 71

Cartes 7-8

Déléguée FFCC : Michèle LEGUE, 1 rue de la Source - 71640 ST JEAN DE VAUX

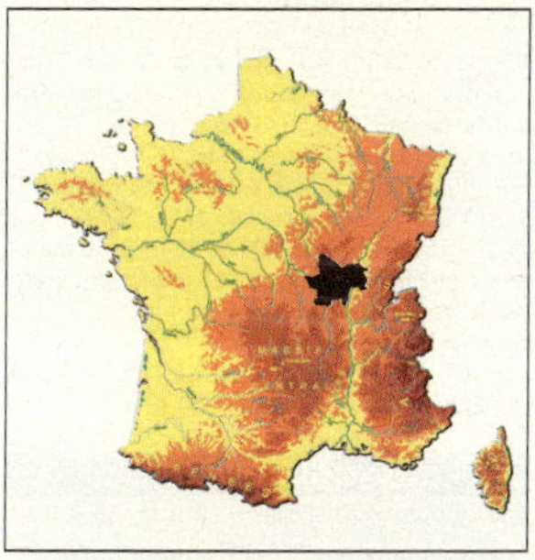

ANOST

7-E3 24 km N.-O. Autun. 454 m. 848 hab. Station verte de vacances et village de neige ✉ 71550

CAMP MUNICIPAL ★★★ Tourisme 45 E. 0,5 ha. . Locations : . Accès direct à l'étang. ; . A 6 sortie Avallon ou Châlon. RN 6 sortie Saulieu. ☎ 03 85 82 79 07. Fax : 03 85 82 75 75. E-mail : mairie@anost.com, Web : www.anost.com.

ARTAIX

7-E5 33 km S.-O. Charolles. 264 m. 416 hab. ✉ 71110

LA MOTTE AUX MERLES ★ Tourisme 25 E. 1 ha. CV. Locations : 2 , 1 , . Rivière à 4 km. à 4 km : ; à 6 km : . Accueil groupes. Ouv : 1.4 / 31.10. Sur la D 990, route de LAPALISSE après CHAMBILLY. ☎ 03 85 25 37 67. Prix 2008. Fft jour : Empl. Tourisme (2) : 9,60 € ( ) ; Sup : 2,90 € - de 8 ans 1,60 € ; 2,40 € ; Animaux 1 €.

AIRE NATURELLE MUNICIPALE . ☎ 03 85 25 01 31.

AUTUN

110 km N.-O. Macon. 305 m. 22156 hab. ✉ 71400

CAMP MUNICIPAL ★★★ Tourisme 101 E. 2 ha. saison, saison, saison, saison, CV. Locations : 2 , 3 , 2 . . Accès direct à la rivière. Lac à 2 km. ; ; . Accueil groupes. Ouv : 1.4 / 31.10. Lieu-dit Porte d'Arroux, D 980. ☎ 03 85 52 10 82. Fax : 03 85 52 88 56. E-mail : contact@camping-autun.com, Web : www.camping-autun.com. Prix 2007. Empl. Tourisme : 5,70 € ; 1,80 € ; 1,55 € ; 1,80 € ; 3,20 € ; - de 13 ans 1,65 € ; 2,95 € ; Animaux 1,30 €.

FFCC : partenaire + réduction emp. de 10 % en saison et hors saison + Stop accueil Camping-car du 01/04 au 31/05 et du 01/09 au 31/10/2008, accès jusqu'à 20h + réduction loc. de 10 % hors saison.

AZE

8-A5 17 km N.-O. Macon. 220 m. 649 hab. ✉ 71260

LES GROTTES ★★ Tourisme 100 E. 2 ha. . Etang à 1 km . Rizerolles, sur CD 15 et 82, A 6 sortie Tournus-Mâcon Nord, a 12 km RN 6. ☎ 03 85 33 32 23 / 03 85 33 36 48. Fax : 03 85 33 43 15. E-mail : grottes.aze@freesurf.fr.

FFCC : Stop accueil Camping-car du 01/04 au 30/06 et du 01/09 au 30/09/2008, accès jusqu'à 19h.

BAUGY

7-E5 27 km S.-O. Charolles. 255 m. 458 hab. ✉ 71110

LES ETANGS DU BRIONNAIS ★★★ Loisirs 15 E. 10 ha Sanitaire chauffé. Locations : . . Accès direct à l'étang et aux bords du lac. Rivière à 1,5 km. ; à 5 km : . D 982. Marcigny. Digoin/Roanne. Camping spécialisé dans la pêche de la carpe Trophée Nokill. ☎ 03 85 25 06 79. Fax : 03 85 25 21 49. E-mail : lesetangsdubrionnais@wanadoo.fr, Web : www.lesetangsdubrionnais.fr.

LES BORDES

8-A3 24 km N.-E. Châlon-sur-Saône. 173 m. 106 hab. ✉ 71350

CAMP MUNICIPAL ★ Loisirs 100 E. 1 ha. . Accès direct à la rivière. . ☎ 03 85 91 51 85 (Mairie). Fax : 03 85 91 51 85.

BOURBON LANCY

7-E4 54 km N.-O. Charolles. 240 m. 6507 hab. Station verte de vacances et village de neige ✉ 71140

LE SAINT PRIX ★★★ Tourisme 118 E. 1,4 ha. snack, CV Sanitaire chauffé Camping tourisme et handicap. Locations : . Accès direct à l'étang. Lac à 100 m. ; ; ; ; ; . Accueil groupes. Ouv : 1.4 / 31.10. Rue de Saint-Prix. A 6 sortie Mâcon N 79. A 75, A 71 sortie Moulin N 145. N 7 Nevert N 81. ☎ 03 85 89 20 98 / 03 86 37 95 83 (H.S.). Fax : 03 85 89 20 98. E-mail : aquadis1@wanadoo.fr, Web : www.aquadis-loisirs.com - www.camping-chalets-bourbon-lancy.com. Prix 2008. Fft jour : Empl. Tourisme (2) : 18 € ( ) ; Sup : 4,40 € - de 10 ans 3,40 € ; Animaux 3,10 €. Réduction H.S.

BRAGNY SUR SAONE

8-A3 25 km N.-E. Chalons-sur-Saône. 204 m. 425 hab. ✉ 71350

CAMP MUNICIPAL LES TROIS RIVIERES ★ Loisirs 100 E. dont 100 nus 2,5 ha. pétanque, CV. Rivière à 5 m. . A 6 sortie Chalon Sud puis RN 73. A 36 sortie Seurre-Côte d'Or puis RD 5. ☎ 03 85 91 50 26. Fax : 03 85 91 98 84. E-mail : 71.mairie.bragny@wanadoo.fr, Web : www.bourgogne.cybercommunes.com/71/bragnysursaone/.

BRIENNE

8-A4 18 km S.-O. Louhans. 195 m. 276 hab. ✉ 71290

AIRE NATURELLE MUNICIPALE . Garage mort sur l'emplacement retenu à l'année. ☎ 03 85 40 10 19 (Mairie) / 03 85 40 11 52. Fax : 03 85 40 10 19.

LA CELLE EN MORVAN

7-F3 12 km N.-O. Autun. 421 hab. ✉ 71400

LES DEUX RIVIERES ★★★ Tourisme 30 E. 0,5 ha. . Accès direct à la rivière. ; . Ouv : 15.6 / 15.9. Pré Bouché. ☎ 03 85 54 15 39. E-mail : commune.la.celle.en.morvan71@wanadoo.fr, Web : www.monclocher.com/lacelleenmorvan/.

FFCC : partenaire + réduction emp. de 5 % hors saison + Stop accueil Camping-car du 01/04 au 30/09/2008, accès jusqu'à 20h30.

CHAGNY

8-A3 17 km N.-N.-O. Chalon-sur-Saone. 215 m. 5604 hab. Station verte de vacances et village de neige ✉ 71150

LE PAQUIER FANE ★★★ Tourisme 85 E. 1,5 ha. CV. Locations : 10. Rivière à 100 m. Etang à 500 m. 150 m RN 74, 1 km RN 6, limite de l'agglomération. ☎ 03 85 87 21 42. Fax : 03 85 87 21 42. E-mail : paquierfane@aol .com, Web : site.voila.fr/Campingdupaquierfane.

CHALMOUX

7-E4 44 km N.-O. Charolles. 315 m. 829 hab. ✉ 71140

LA BAZELLE ★★ Tourisme 26 E. 1,7 ha. Rivière à 1 km.Etang à 3 km. D 42. ☎ 03 85 84 23 52.

CHAMPAGNAT

8-B4 22 km S.-E. Louhans 412 m. 508 hab. ✉ 71480

LE DOMAINE DE LOUVAREL ★★★ Tourisme 90 E., dont 32 GCC, 6,50 ha. CV. Locations : 6, 5. Accès direct à l'étang. Accueil groupes. Ouv : 1.4 / 30.10. Lieu-dit Louvarel. A 39 sortie n° 9 ou RN 83 à Cuiseaux dir. Dommartin pour les deux suivre balisage Base de Loisirs de Louvarel. 6 km ☎ 03 85 76 62 71. Web : www.domainedelouvarel.com. Prix 2008. Fft jour : Empl. Tourisme (2) : 16 € ; Sup : 4 € - de 7 ans 2 € ; 4 € (10 A) ; E. GCC 4 € ; Animaux 1 €.

FFCC : partenaire - terrain assuré par la FFCC + réduction emp. de 10 % en saison et hors saison.

CHANGE

7-F3 201 hab. ✉ 21340

M. BOULEY Jean-Claude CV. A 6 sortie Beaune ou Pouilly-en-Auxois dir. Arnay-le-Duc et Nolay sortie Beaune puis dir. Autun-Nolay. ☎ 03 85 91 10 89.

CHARETTE VARENNES

8-B3 37 km N. Louhans 191 m. 349 hab. ✉ 71270

AIRE NATURELLE MUNICIPALE LA JEANNETTE ☎ 03 85 76 23 58. Fax : 03 85 76 23 58.

CHARNAY LES CHALON

8-A3 30 km N.-E. Châlon-sur-Saône. 112 m. 181 hab. ✉ 71350

CAMP MUNICIPAL LE BARRAGE ★ Loisirs 100 E. 2 ha. Accès direct à la rivière. ☎ 03 85 49 15 34 (Mairie). Fax : 03 85 49 15 34.

CHAROLLES

7-F5 54 km O.-N.-O. Macon. 285 m. 3758 hab. Station verte de vacances et village de neige ✉ 71120

CAMP MUNICIPAL ★★★ Tourisme 60 E. dont 56 nus, dont 40 GCC, 0,6 ha. CV Sanitaire chauffé. Locations : chauffée . Accès direct à la rivière. Accueil groupes. Ouv : 1.4 / 5.10. Route de Viry, 300 m RN 79. ☎ 03 85 24 04 90. Fax : 03 85 24 04 90. E-mail : o.t.charolles@wanadoo.fr. Prix 2007. 2,50 € ; 1,50 € ; 3,50 € ; 2,50 € ; 2 € ; - de 7 ans 1 € ; 1,50 € ; Animaux 0,50 €.

FFCC : Stop accueil Camping-car du 01/04 au 30/09/2008, accès jusqu'à 22h.

CHASSIGNY SOUS DUN

7-F5 25 km S. Charolles. 380 m. 632 hab. ✉ 71170

M. ALLOIN Fernand A 500 m : A 3 km : A 7 km : Piscine plein air. Les Justices. Accès par la D 985, D 987, D 308. ☎ 03 85 28 11 07.

FFCC : partenaire - terrain assuré par la FFCC .

CHATEAURENAUD

8-B4 54 km N.-E. Mâcon 2725 hab. ✉ 71500

M. ANTIER,camping rural Pépinières Flash Vert. ☎ 03 85 75 11 02. Fax : 03 85 75 11 02.

CHAUFFAILLES

7-F5 33 km S. Charolles. 440 m. 4868 hab. Station verte de vacances et village de neige ✉ 71170

CAMP MUNICIPAL LES FEUILLES ★★★ Tourisme 75 E. 3 ha. pain/pizza, saison, CV. Locations : 16. Etang à 100 m. Rivière à 50 m. Accueil groupes. Ouv : 1.5 / 30.9. Le Chatillon, D 985. ☎ 03 85 26 48 12. Fax : 03 85 26 55 02. E-mail : campingchauffailles@orange.fr, Web : www.chalets-decouverte.com.

FFCC : partenaire + réduction emp. de 15 % en saison et hors saison.

LA CLAYETTE

7-F5 19 km S. Charolles. 385 m. 2712 hab. Station verte de vacances et village de neige ✉ 71800

CAMP MUNICIPAL LES BRUYERES ★★★ Tourisme 100 E. dont 80 nus, , dont 10 HLL, 2 ha. CV Sanitaire chauffé. Locations : 10. Lac à 100 m. ; à 100 m : . Accueil groupes. Ouv : 1.4 / 31.10. Sur RD 79, 100 m CD 987. ☎ 03 85 28 09 15 / 03 86 37 95 83 (H.S.). Fax : 03 86 37 95 83. E-mail : aquadis1@wanadoo.fr, Web : www.aquadis-loisirs.com. Prix 2008. Fft jour : Empl. Tourisme (2) : 14,80 € ; Sup : 3,70 € - de 10 ans 2,70 € ; Animaux 1,70 €.

CLESSE

6-D4 13 km N. Mâcon. 250 m. 627 hab. ✉ 71260

LE RAISIN D'OR ★★ Loisirs 68 E. 1,4 ha. CV. Locations : 2 chauffée. Rivière à 2 km. à 2 km : . Ouv : 1.1 / 31.12. Rés. obligatoire en été. Location longue durée. ☎ 03 85 33 13 99 / 06 15 31 71 89 (H.S.). Fax : 03 85 33 13 99. E-mail : campingleraisindor@wanadoo.fr, Web : www.leraisindor.fr.

CLUNY

7-F5 24 km N.-O. Macon. 250 m. 4734 hab. ✉ 71250

CAMP MUNICIPAL SAINT VITAL ★★★ Tourisme 174 E., dont 174 CC, 3 ha. saison, CV Sanitaire chauffé. Rivière à 1 km. Accueil groupes. Ouv : 1.5 / 30.9. Rue des Griottons, 300 m CD 980. ☎ 03 85 59 08 34. Fax : 03 85 59 08 34. E-mail : cluny-camping@wanadoo.fr & camping.st.vital@orange.fr. Prix 2007. Empl. Tourisme : 2,20 € ; 2,20 € ; 2,20 € ; 2,20 € ; 2,20 € ; 3,80 € ; - de 6 ans 2,10 € ; 2,80 € (6 A).

CORMATIN

7-F4 36 km N.-O. Mâcon. 218 m. 575 hab. ✉ 71460

LE HAMEAU DES CHAMPS ★★★ Tourisme 60 E., dont 18 GCC, 0,52 ha. snack, CV Sanitaire chauffé. Locations : 10. Etang et rivière à 100 m. Accueil groupes. Ouv : 21.3 / 30.9. Les champs. Voie verte (piste cyclable de 60 km) entre Charnay-les-Mâcon et Givry pour randonnées à vélos, pédestres ou à rollers. ☎ 03 85 50 76 71. Fax : 03 85 50 76 98. E-mail : camping.cormatin@wanadoo.fr, Web : www.le-hameau-des-champs.com. Prix 2008. Empl. Tourisme : 5,50 € ; 3,50 € ; - de 12 ans 2,10 € ; 3,20 € (13 A) ; Animaux 1 €. Réduction H.S.

FFCC : partenaire + réduction emp. de 5 % en saison et hors saison + réduction loc. de 5 % en saison et hors saison.

COUCHES

7-F3 25 km S.-E. Autun. 350 m. 1600 hab. ✉ 71490

CAMP MUNICIPAL LA GABRELLE ★★★ Tourisme 50 E. La Varenne. CD 978. ☎ 03 85 45 59 49 / 03 85 98 19 20 (Mairie). Fax : 03 85 98 19 29. E-mail : mairie.couches@wanadoo.fr.

CRECHES SUR SAONE

8-A5 8 km S.-O. Macon. 185 m. 2365 hab. ✉ 71680

CAMP MUNICIPAL ★★★ Tourisme 160 E. dont 160 nus (120 Tourisme + 40 Loisirs) 15 ha. CV Sanitaire chauffé. Accès direct aux bords du lac et à la rivière. Accueil groupes. Ouv : 15.5 / 15.9. Route du Port d'Arciat. Sortie A 6 Mâcon Sud. Sur CD 31 à 1,5 km RN 6. ☎ 03 85 37 11 83 / 03 85 37 48 32 (H.S.) (H.S.). Fax : 03 85 36 57 91. E-mail : camping-creches.sur.saone@wanadoo.fr, Web : membres.lycos.fr/campingduportdarciat. Prix 2007. Fft jour : Empl. Tourisme (1) : 7,15 € ; Sup : 3,60 € - de 7 ans 2 € ; 3,30 € (6 A) ; Animaux 1,30 €.

CUISERY

8-A4 20 km S.-O. Louhans. 215 m. 1500 hab. ✉ 71290

LES BORDS DE SEILLE ★★ Tourisme 33 E. 0,2 ha. Locations : 10. Accès direct à la rivière. Accueil groupes. Chemin du Port. Sortie A 6 Tournus (7 km), dir. Louhans. Halte nautique attenante au camping. Possibilité de louer une barge porte caravane et naviguer sur la rivière. ☎ 03 85 40 08 72 / 03 85 32 31 36 (H.S.). E-mail : camping.cuisery@wanadoo.fr, Web : perso.wanadoo.fr/camping.cuisery.

DIGOIN

7-E4 25 km O. Charolles. 235 m. 11341 hab. ✉ 71160

LA CHEVRETTE ★★★ Tourisme 100 E. dont 98 nus 1,3 ha. saison, CV Sanitaire chauffé. Locations : 2, 1, 3, 11, 4. Accès direct à la rivière. Accueil groupes. Ouv : 1.3 / 31.10. Route de la Chevrette. Route de Moulins sorties 23 et 24. wifi ☎ 03 85 53 11 49. Fax : 03 85 88 59 70. E-mail : lachevrette@wanadoo.fr, Web : www.lachevrette.com. Prix 2007. Fft jour : Empl. Tourisme (2) : 13,20 € ; Sup : 3,60 € - de 13 ans 2,20 € ; 3,20 € ; Animaux 1 €. Réduction H.S.

DOMPIERRE LES ORMES

7-F5 40 km O. Mâcon. 457 m. 870 hab. ✉ 71520

LE VILLAGE DES MEUNIERS ★★★★ Tourisme 113 E., dont 37 CC - 8 HLL, 2 ha. snack, saison, CV Camping tourisme et handicap. Locations : 12. chauffée. Lac à 1 km.Etang à 2 km. Accueil groupes. Ouv : 1.5 / 30.9. A 6 sortie Mâcon suivre E 62/RN 79, dir. Charolles/Paray-le-Monial/ Nevers/Moulins. ☎ 03 85 50 36 60. Fax : 03 85 50 36 61. E-mail : levillagedesmeuniers@wanadoo.fr, Web : www.villagedesmeuniers.com Prix 2008. Empl. Tourisme : 9,80 € : 8,25 € ; - de 13 ans 5 € ; 5 € ; Animaux 1,55 €. Réduction H.S.

FFCC : partenaire + réduction emp. de 10 % en saison et 15 % hors saison + carte FFCC assurance annulation + Stop accueil Camping-car du 01/05 au 05/07 et du 30/08 au 30/09/2008, accès jusqu'à 19h.

EPINAC

7-F3 20 km E.-N.-E. Autun. 290 m. 2637 hab. Station verte de vacances et village de neige ✉ 71360

CAMP MUNICIPAL LE PONT VERT ★★★ Tourisme 71 E. 3,8 ha. CV. Locations : 12. Accès direct à la rivière. Accueil groupes. Lieu-dit La Piscine, 300 m RD 43. 1 km D 973 Beaune/Autun. ☎ 03 85 82 00 26 / 03 85 82 10 12 (H.S.) / 03 85 82 10 12 (H.S.). Fax : 03 85 82 13 67. Web : www.chalets-decouverte.com.

ETANG SUR ARROUX

7-F3 17 km S.-O. Autun. 277 m. 1874 hab. Station verte de vacances et village de neige ✉ 71190

DES 2 RIVES ★★ Tourisme 100 E. 2,5 ha. CV Sanitaire chauffé. Locations : 2, 1, 12. Accès direct à la rivière. Accueil groupes. Ouv : 1.4 / 31.10. Rés. obligatoire en été. 26, route de Toulon (D 994), 300 m RD 61, 4 km RN 81. ☎ 03 85 82 39 73. E-mail : camping@des2rives.com, Web : www.des2rives.com. Prix 2007. Fft jour : Empl. Tourisme : 17,10 € ; Sup : 2,80 € - de 4/15 ans 1,80 € ; Animaux 1,80 €. Réduction H.S.

FFCC : partenaire + réduction emp. de 10 % hors saison + carte FFCC assurance annulation + réduction loc. de 5 % hors saison.

ETRIGNY

8-A4 27 km S. Chalon sur Saone. 483 m. 361 hab. ✉ 71240

M. GOUJON Pascal,aire naturelle CV. A 3 km: . A 5 km : . A 10 km : . Champlieu, 3 km Ouest de la commune. N 6 à Sennecey le Grand dir. St Gengoux le National par la D 67. A 900 m de la ferme. Pré herbeux. Ferme auberge, Vente de produits fermiers. ☎ 03 85 92 21 47 / 03 85 92 23 40 (H.S.). Fax : 03 85 92 22 13. E-mail : fam@aubergemalo.com, Web : www.aubergemalo.com.

GERGY

8-A3 14 km N.-E. Chalon-sur-Saône. 190 m. 1620 hab. ✉ 71590

LA SAONE ★★ Tourisme 32 E. Locations : . Accès direct à la rivière. Rue du Bac.A 5 km de la RN 73. ☎ 03 85 91 76 59 / 03 85 79 10 28.

LA MARE DE ROY ★ Tourisme 40 E. Bougerot. ☎ 03 85 91 75 45.

GIBLES

7-F5 16 km S. Charolles. 500 m. 680 hab. ✉ 71800

CHATEAU DE MONTROUANT ★★★ Tourisme 45 E. 1 ha. Locations : . poneys, half. Accès direct à l'étang. ☎ 03 85 84 51 13 (H.B.) / 03 85 84 51 13 / 03 85 84 54 30 (H.S.). Fax : 03 85 84 52 80.

GIGNY SUR SAONE

8-A4 19 km S.-E. Chalon-sur-Saône. 230 m. 393 hab. ✉ 71240

CHATEAU DE L'EPERVIERE ★★★★ Tourisme 160 E. dont 152 nus, 7 ha. hte saison, hte saison, Locations : 5, 7, 20. couverte chauffée. Accès direct à l'étang. Rivière à 600 m. Ouv : 1.4 / 30.9. 10 km de sortie A6 Tournus, 5 km D 933, 100 m CD 18, 7 km RN 6 (du Sud), sortie Châlon Sud A 6, RN 6 dir. Mâcon/ Tournus, à Sennecey le Grand prendre D 18 dir. Gigny sur Saône (du Nord). ☎ 03 85 94 16 90. Fax : 03 85 94 16 97. E-mail : domaine-de-lepperviere@wanadoo.fr, Web : www.domaine-eperviere.com. Prix 2007. Empl. Tourisme : 11,50 € : 7,70 € ; - de 6 ans 5,30 € ; 5,10 € (10 A) ; Animaux 3 €. Réduction H.S.

FFCC : réduction loc. de 5 % hors saison + HC.

GUEUGNON

7-E4 25 km N.-O. Charolles. 245 m. 10740 hab. ✉ 71130

CAMP MUNICIPAL DE CHAZEY ★★★ Tourisme 20 E. dont 20 nus 0,95 ha. sauf présentation du carnet de vaccination , sur, Guinguette, CV. Locations : 3 HLL. Accès direct aux bords du lac. Ouv : 15.6 / 31.8. Route de Digoin. A 50 m du CD 994. ☎ 03 85 85 23 11 / 03 85 85 80 98 (Mairie). Fax : 03 85 85 50 61. E-mail : officedetourisme@gueugnon.fr, Web : www.gueugnon.fr. Réduction H.S.

ISSY L EVEQUE

7-E4 40 km S. O. Autun. 325 m. 1062 hab. ✉ 71760

L'ETANG NEUF ★★★★ Tourisme 71 E. dont 64 nus, 2 ha. CV. Locations : 6, 2. Etang à 100 m. Ouv : 1.5 / 13.9. Par RD 42, RD 25. ☎ 03 85 24 96 05 / 0032/495 181609 (H.S.). E-mail : info@camping-etang-neuf.com, Web : www.camping-etang-neuf.com. Prix 2008. Fft jour : Empl. Tourisme (2) : 21 € () Réduction H.S.

FFCC : réduction loc. de 5 % hors saison + HC.

LAIVES

8-A4 20 km S. Châlons-sur-Saône 198 m. 687 hab. ✉ 71240

LA HERONNIERE ★★★ Tourisme 80 E. 0,8 ha. snack, CV. Locations : 2, 1. chauffée . Lac et rivière à 200 m. Ouv : 1.5 / 15.9. ☎ 03 85 44 98 85 / 03 85 44 89 67 (H.S.) (H.S.). Fax : 03 85 44 98 85. E-mail : camping.laives@wanadoo.fr, Web : www.camping-laheronniere.com. Prix 2008. Empl. Tourisme : 4,80 € : 2,80 € ; 4,80 € ; 4,40 € ; - de 7 ans 3 € ; 4,10 € (6 A) ; Animaux 1,50 €. Réduction H.S.

LAYS SUR LE DOUBS

8-B3 36 km N. Louhans. 192 hab. ✉ 71270

LES PECHEURS ★★ Loisirs 70 E. dont 63 nus (20 Tourisme + 50 Loisirs) 2,75 ha. gaz/électrique, CV. Locations : 4, 4. Accès direct à la rivière. Accueil groupes. D 203. N 73. A 31. A 39, A 6. ☎ 03 85 72 82 32 / 06 16 85 66 46 (H.S.). Fax : 03 85 72 82 32. E-mail : contact@campinglespecheurs.com, Web : www.campinglespecheurs.com.

LOUHANS

58 km N.-E. de Macon. 180 m. 6923 hab. ✉ 71500

CAMP MUNICIPAL ★★★ Tourisme 60 E. 0,5 ha. CV. Locations : . Accès direct à la rivière. Accueil groupes. Ouv : Pâques / 30.9. La Chapellerie, rue de Bram. Accès par la D 12, route de Romenay. A proximité de l'A 39 sorties Le Miroir et Beaurepaire-en-Bresse. ☎ 03 85 75 19 02 / 03 85 76 75 10 (H.S.). Fax : 03 85 76 75 11. E-mail : mairiedelouhanschateaurenaud@yahoo.fr. Prix 2007. Empl. Tourisme : 1,80 € ; 1,80 € ; 1,90 € ; - de 9 ans 0,80 € ; 3,70 €.

LUCENAY L EVEQUE

7-F3 16 km N.-O. Autun. 343 m. 470 hab. ✉ 71540

AIRE NATURELLE MUNICIPALE . Bibliothèque au bourg. ☎ 03 85 82 61.86. Fax : 03 85 82 61 44. E-mail : camping@bourgogne-morvan.com, Web : camping.bourgogne-morvan.com. Prix 2007. Empl. Tourisme : 4 € ; 3 € ; - de 10 ans 1,50 € ; Animaux 1,50 €.

LUGNY

8-A4 20 km N.-N.-O. Macon. 230 m. 879 hab. ✉ 71260

CAMP MUNICIPAL SAINT PIERRE ★★ Tourisme 20 E. 1,5 ha. 500 m RD 82, à 1,5 km RD 56. ☎ 03 85 33 21 96 (Mairie) / 03 85 33 20 25 (H.S.). Fax : 03 85 33 00 58.

MACON

400 km S.-E. Paris. 175 m. 39866 hab. ✉ 71870

CAMP MUNICIPAL ★★★★ Tourisme 266 E., dont 37 CC, 4 ha. Sanitaire chauffé. chauffée . Rivière à 500 m. à 500 m : ; à 1 km : . Rue des Varennes. Au bord de la N 6. ☎ 03 85 38 16 22 / 03 85 38 54 08 (H.S.). Fax : 03 85 39 39 18.

MARNAY

8-A4 15 km S.-E. Chalon-sur-Saône. 178 m. 426 hab. ✉ 71240

MINI CAMPING ★ Tourisme 12 E. dont 10 nus CV. Locations : . Rivière à 100 m. Lieu-dit Aux Tantes, route de Gigny. RN 6. A 6 Chalon Sud. ☎ 03 85 44 23 88 / 06 19 22 09 73.

MATOUR

7-F5 39 km O. Macon. 450 m. 1231 hab. Station verte de vacances et village de neige ✉ 71520

CAMP MUNICIPAL ★★★ Tourisme 77 E. 2,5 ha. snack, CV Camping tourisme et handicap. Locations : 10, 2. chauffée . Accès direct à l'étang et à la rivière. Accueil groupes. Ouv : 1.5 / 30.9. Le Paluet. D 987 et 211. A 6 sortie 26 Chalon sud ou sortie 27 Tournus ou A 39 sorties 8 ou 9 Lons/Louhans. Jacuzzi. ☎ 03 85 59 70 58 / 03 85 59 70 92 (H.S.). Fax : 03 85 59 74 54. E-mail : mairie.matour@wanadoo.fr, Web : www.matour.fr. Prix 2008. Empl. Tourisme : 5,40 € : 4,20 € ; - de 7 ans 2,10 € ; 2,80 €.

FFCC : partenaire + réduction emp. de 5 % en saison et 10 % hors saison + Stop accueil Camping-car du 01/05 au 15/06 et du 01/09 au 30/09/2008, accès jusqu'à 22h + réduction loc. de 5 % en saison et 10 % hors saison.

MERVANS

8 B1 20 km N Louhans. 197 m. 1301 hab. ✉ 71310

CAMP MUNICIPAL ★★ Tourisme 46 E. 0,82 ha. CV. Accès direct à la rivière, Etang à 10 m. RD 996 et 970 (itinéraire Bis Dijon-Lyon et sortie autoroute Beaune) et A 39 à Beaurepaire. ☎ 03 85 76 11 70 (Mairie) / 03 85 76 16 63. Fax : 03 85 76 16 93. E-mail : mairie-de-mervans@wanadoo.fr.

LE MIROIR

8-B4 14 km S.-E. Louhans. 520 hab. ✉ 71480

LES CROTENOTS ★ Tourisme 35 E. 0,8 ha. pain, . Etang à 700 m. ; à 10 km : . ☎ 03 85 76 71 78. E-mail : campingcrotenots@wanadoo.fr, Web : www.crotenots.com. Prix 2007. Empl. Tourisme : 3,50 € ; 3 € ; - de 10 ans 1,50 € ; 2,50 € (6 A) ; Animaux 0,50 €.

MONTCEAUX L ETOILE

7-E5 25 km S.-O. Charolles 270 m. 301 hab. ✉ 71110

M. MAILLET Michel,camping à la ferme . La Tour. ☎ 03 85 25 38 66.

PALINGES

7-F4 16 km N. Charolle. 270 m. 1728 hab. ✉ 71430

CAMP DU LAC ★★★ Tourisme 50 E. dont 44 nus, 1 ha. CV Sanitaire chauffé Camping tourisme et handicap. Locations : 7. Accès direct aux bords du lac. Rivière à 500 m. Le Fourneau. Situé entre Montceau-Les-Mines et Paray-Le-Monial au bord du canal du centre D 974 ou N 70 sortie Palinges. ☎ 03 85 88 14 49 / 06 06 88 14 49 (H.S.). Fax : 03 85 88 12 96. E-mail : camping.palinges@hotmail.fr, Web : home.planet.nl/~jeroenvs.

PARAY LE MONIAL

7-E5 13 km O. Charolles. 245 m. 11545 hab. ✉ 71600

CAMP DE MAMBRE ★★★ Tourisme 198 E., dont 15 GCC, 4 ha. CV. Locations : 20, 32. Rivière à 50 m. Route du Gué Léger. Entre Mâcon et Châlon-sur-Saône N 79. ☎ 03 85 88 89 20. Fax : 03 85 88 87 81. E-mail : camping.parc.le.mambre@wanadoo.fr.

RECLESNE

7-F3 11 km N. Autun. 350 m. 234 hab. ✉ 71540

M. LACOMME Lucien A 2 km: . A 12 km : Piscine plein air. Collonge, RD 980, à 1,5 km Nord de la commune, à proximité de la ferme. Pré, à flanc de colline, rivière à 2 km. Location de caravanes. ☎ 03 85 82 62 74.

LE ROUSSET

7-F4 25 km N.-E. Charolles. 432 m. 280 hab. ✉ 71220

L'ETANG DU ROUSSET ★★ Tourisme 20 E. 1,5 ha. Accès direct à l'étang. A proximité du CD 980 (Montceau-Cluny). ☎ 03 85 24 68 74. Fax : 03 85 24 68 00.

ST BOIL

7-F4 23 km S.-O. Chalon-sur-Saône. 228 m. 398 hab. ✉ 71940

MOULIN DE COLLONGE ★★★★ Tourisme 50 E., dont 3 HLL, 0,51 ha. pizzeria, CV. Locations : 3, 8. couverte. Accès direct à l'étang et aux bords du lac. Accueil groupes. Ouv : 1.3 / 30.9. Route des Vins. Beaune à Cluny. ☎ 03 85 44 00 40. E-mail : millofcollonge@wanadoo.fr, Web : www.moulindecollonge.com. Prix 2007. Empl. Tourisme : 8 € ; 5,50 € ; - de 7 ans 3,50 € ; 3,50 € (6 A).

FFCC : réduction loc. de 5 % hors saison + HC.

ST BONNET DE JOUX

7-F4 14 km N.-E. Charolles. 379 m. 951 hab. ✉ 71220

CAMP MUNICIPAL ★ Tourisme 21 E. 0,27 ha. Accès direct à l'étang. Route de Cluny. ☎ 03 85 24 73 87 (Mairie).

ST BONNET DE VIEILLE VIGNE

7-F4 11 km N. Charolles. 192 hab. ✉ 71430

Mme VAN TER MEIJ DE WIT, aire naturelle Champ Benoît. ☎ 03 85 70 27 73. E-mail : vantermeij.rm@wanadoo.fr, Web : perso.wanadoo.fr/camping.champbenoit/. Prix 2007. Empl. Tourisme : 4,60 € () ; 2,60 € ; - de 7 ans 1,80 € ; 2,50 € (4 A) ; Animaux 0,50 €.

ST GERMAIN DU BOIS

8-B4 15 km N.-N.-E. Louhans. 1952 hab. ✉ 71330

CAMP MUNICIPAL DE L'ETANG TITARD ★★ Tourisme 40 E. 1 ha. CV. Accès direct à l'étang. Accueil groupes. ☎ 03 85 72 06 15 / 03 85 72 01 47 (Mairie). Fax : 03 85 72 03 38.

ST IGNY DE ROCHE

7-F5 33 km S. Charolles. 420 m. 509 hab. ✉ 71170

M. VERMOREL René A 500 m : . A 3 km: . A 5 km : Piscine plein air. Les Pierres, 1 km Sud de la commune, à proximité de la ferme. Bois, pré herbeux. ☎ 03 85 26 33 73.

ST JEAN DE VAUX

7-F4 13 km O. Chalons-sur-saone. 360 m. 319 hab. ✉ 71640

13 km de Chalon-sur-Saône - RD 124 - Rue de la Piscine - 360 M

CAMPING MUNICIPAL *(71640)*

DE LA VALLEE DES VAUX ★★

Tél : 03 85 45 14 70 - Fax : 03 85 45 08 51

0,73 ha. 42 emplts. Ombragé. Electricité.

Douche comprise dans prix/personne. Parking. **Piscine et pataugeoire.** Jeux, buvette, restauration rapide, glace à rafraichir. Commerces à proximité. Equitation à proximité. Circuits pédestres et VTT. Caveaux de dégustation.

Email : STJEANDEVAUX.Mairie@wanadoo.fr

CAMP MUNICIPAL DE LA VALLEE DES VAUX ★★ Tourisme 42 E. 0,73 ha. snack, CV. Ouv : 1.5 / 1.10. Sur RD 124. Rue de la Piscine. ☎ 03 85 45 11 98 / 03 85 45 14 70 (H.S.) (H.S.). Fax : 03 85 45 08 51. E-mail : stjeandevaux.mairie@wanadoo.fr. Prix 2007. Empl. Tourisme : 2,50 € ; 1,50 € ; 2,50 € ; - de 12 ans 1,40 € ; 1,80 € ; Animaux 0,60 €.

ST LEGER SOUS BEUVRAY

7-E3 11 km S.-O. Autun. 435 m. 590 hab. ✉ 71990

LA BOUTINIERE ★★ Tourisme 36 E. CV Sanitaire chauffé. Locations : . Ouv : 15.3 / 15.11. Rés. obligatoire en été. De Autun suivre Moulins N 81, Après 15 km à droite D 61 Saint leger sous Beuvray. ☎ 03 85 82 48 86. Fax : 03 85 82 32 97. E-mail : camping@la-boutiere.com & info@la-boutiere.com, Web : www.la-boutiere.com. Réduction H.S.

FFCC : partenaire + réduction emp. de 10 % hors saison.

ST MARCEL

4006 hab. ✉ 71380

CAMP PONT DE BOURGOGNE ★★ Tourisme 93 E. 3 ha. CV Sanitaire chauffé. Locations : 10. Accès direct à la rivière. Accueil groupes. Ouv : 1.4 / 30.9. Rue Julien Leneveu. Sortie A 6 n° 26 Chalon sud, suivre Chalon s/Saône, ensuite St Marcel et indications par panneaux camping. Situé en bord de Saône à l'Est de la ville de Chalon s/Saône. ☎ 03 85 48 26 86 / 03 85 94 16 90 (H.S.). Fax : 02 85 48 50 63. E-mail : campingchalon71@wanadoo.fr, Web : www.camping-chalon.com. Prix 2008. Empl. Tourisme : 5,70 € ; 4,50 € ; - de 7 ans 3 € ; 4,20 € (6 A) ; Animaux 2,20 €.

ST NIZIER SUR ARROUX

7-F4 27 km S. Autun. 277 m. 134 hab. ✉ 71190

CAMP MUNICIPAL DE LA PLAGE ★★ Loisirs 90 E. dont 90 nus 0,6 ha. CV. Accès direct à la rivière. Accueil groupes. Ouv : 1.5 / 15.10. Rés. obligatoire en été. ☎ 03 85 54 29 55 / 06 78 53 05 97 / 03 85 54 28 25 (H.S.). Fax : 03 85 54 28 25. E-mail : mairie.stniziersurarroux@wanadoo.fr. Prix 2007. Empl. Tourisme : 1,25 € ; 1,25 € ; 1,25 € ; 1,25 € ; 1,25 € ; 1,25 € ; - de 7 ans 0,75 € ; 0,75 à 1,25 € ; 1 €.

ST POINT

7-F5 28 km O. Macon. 273 hab. ✉ 71630

CAMP INTERCOMMUNAL DU LAC ★★★ Tourisme 102 E., dont 17 CC - 40 GCC, 3 ha. CV Sanitaire chauffé. Locations : 11, 1, 1. Accès direct aux bords du lac. Sur la route Lamartine. 10 km de Cluny. ☎ 03 85 50 52 31 / 03 85 50 58 52 (Mairie). Fax : 03 85 50 51 92. E-mail : camping.stpoint@wanadoo.fr, Web : perso.wanadoo.fr/camping.stpoint.

M. FAUDON Daniel A 5 km: . A 15 km : Piscine plein air. Route du château Lamartine. Fontaine Verdine, RN 79 et RD 22, 5 km Sud-Ouest de la commune, à proximité de la ferme. Pré herbeux, au sommet d'une petite montagne, panorama sur le lac de St Point, lac à 5 km. Auberge. Possibilité de VTT, 4x4. ☎ 03 85 50 52 99.

ST PRIX

7-E3 21 km O. Autun. 450 m. 242 hab. ✉ 71990

Mme ARCELUS Camille CV. La Rivière. Accès par la D 179. 3 km Nord-Est de la commune, à proximité de la ferme. Pré herbeux, bord de ruisseau. 2 gîtes d'étape et 1 chalet 4/5 places. ☎ 03 85 82 50 85. Fax : 03 85 82 58 65. E-mail : carcelus@tiscali.fr.

ST ROMAIN DES ILES

218 hab. ✉ 71570

CAMP MUNICIPAL LE BEAUJOLAIS ★★ Tourisme 50 E. 2,5 ha. 2 km RN 6, 100 m RD 466 bis. ☎ 03 85 35 52 52 / 03 85 36 71 37 (Mairie).

ST VINCENT EN BRESSE

8-A4 14 km O. Louhans. 475 m. 365 hab. ✉ 71440

AIRE NATURELLE MUNICIPALE Les Liaurats. Sortie autoroute Chalon dir. St Germain-du-Plain, Baudrières et St-Vincent. ☎ 03 85 76 51 24 (Mairie) / 03 85 76 58 11 (Camping). Fax : 03 85 76 51 37.

STE CROIX

8-B4 7 km S. Louhans. 185 m. 591 hab. ✉ 71470

M. PERRIN René A 100 m : . A 7 km: Piscine plein air. Ouv : 1.3 / 1.11. Les Plattières. A 39, sortie Le Miroir. D 996 Bison Fûté dir. Valence/Bourg-en-Bresse. Les Plattières, à 1,5 km de la commune, à proximité de la ferme. Pré herbeux. Sentiers de randonnées pédestres et promenade en forêt. ☎ 03 85 74 81 42. Prix 2008. Empl. Tourisme : 1,50 € ; 1,50 € ; 8 € ; 1,50 € ; 2,50 € ; 2 € ; 3,50 €.

FFCC : partenaire + réduction emp. de 5 % hors saison + Stop accueil Camping-car du 01/03 au 01/11/2008, accès jusqu'à 22h.

SALORNAY SUR GUYE

7-F4 36 km N.-O. Macon. 705 hab. ✉ 71250

CAMP MUNICIPAL DE LA CLOCHETTE ★★ Tourisme 60 E. 1,2 ha. CV. Locations : 1. Accès direct à la rivière. Accueil groupes. Ouv : 24.5 / 7.9. 200 m RD 980 sur RD 14. Congélateur à disposition des campeurs. ☎ 03 85 59 90 11 / 03 85 59 42 74 (H.S.). Fax : 03 85 59 47 52. E-mail : mairie.salornay@wanadoo.fr. Prix 2008. Empl. Tourisme : 2 € ; 2 € ; - de 6 ans 1 € ; 2 à 3 € ; 1 €.

FFCC : partenaire + réduction emp. de 5 % en saison et hors saison.

SAVIGNY SUR GROSNE

7-F4 42 km N.-O. Maçon. 199 m. 193 hab. ✉ 71460

LE GUE ★★ Tourisme 66 E. 2 ha. Accès direct à la rivière.

SOMMANT

7-F3 14 km N. Autun. 300 m. 170 hab. ✉ 71540

M. DE BOER Eduard, aire naturelle Château de Valogne. ☎ 03 85 82 62 97. Fax : 03 85 82 62 01. E-mail : chateauvalogne@aol.com, Web : www.chateauvalogne.info.

LA TAGNIERE

7-F4 28 km S. Autun 282 m. 293 hab. ✉ 71190

M. & Mme MAASSEN, aire naturelle Le Paroy CV. A 10 km: Piscine plein air. ☎ 03 85 54 59 27. E-mail : karinethub@wanadoo.fr, Web : www.campinglеparoy.com. Réduction H.S.

THIL SUR ARROUX

7-E4 28 km S.-O. Autun. 300 m. 173 hab. ✉ 71190

MINI-CAMPING BOUSSAL A 3 km: . Ouv : 1.5 / 30.9. Boussal ☎ 03 85 54 27 95 / 06 72 63 00 10 (H.S.). E-mail : info@boussal.com, Web : www.boussal.com. Prix 2007. Fft jour : Empl. Tourisme (2) : 12 € ( ) ; Sup : 2 €

FFCC : partenaire - terrain assuré par la FFCC .

AIRE NATURELLE MUNICIPALE A 1 km. Ouv : 1.4 / 30.9. Planche à voile à 2 km (St-Didier). ☎ 03 85 54 26 21 / 03 85 54 27 33 (H.S.). Fax : 03 85 54 27 33. E-mail : thil-sur-arroux@wanadoo.fr. Prix 2007. 0,80 € ; 0,80 € ; 0,80 € ; 2,30 € ; - de 7 ans 1,10 € ; 1,60 €.

TORCY

7-F4 30 km S.-E. Autun. 4867 hab. ✉ 71210

CAMP MUNICIPAL LE LAC ★ Loisirs 40 E. 2 ha. CV. Lac à 50 m. Accueil groupes. Plage des Sapins. Sur la RN 6 ou A 6 Paris/Châlon-sur-Saône, ensuite voie express Châlon-sur-Saône/Autun. ☎ 03 85 55 09 62 / 06 62 70 96 79. Fax : 03 85 77 05 06. E-mail : mairie.torcy71@wanadoo.fr.

TOULON SUR ARROUX

7-F4 34 km N. Charolles. 265 m. 2028 hab. ✉ 71320

CAMP MUNICIPAL LE VAL D'ARROUX ★★ Tourisme 68 E. dont 68 nus (40 Tourisme + 28 Loisirs) 0,61 ha. CV. Accès direct à la rivière. Accueil groupes. RD 985 (route de Luzy) puis route d'Uxeau. ☎ 03 85 79 51 22 / 03 85 79 42 55 (Mairie) (H.S.). Fax : 03 85 79 62 17. E-mail : mairie-toulon@wanadoo.fr.

LE LAC DES ARROUETTES ★★ Tourisme 50 E. 3,2 ha. CV. Locations : 2 . Accès direct aux bords du lac et à la rivière. Ouv : 1.6 / 20.9. D 994, entre Toulon/Arroux et Gueugnon. ☎ 03 85 79 42 60 / 03 85 79 50 30 (H.S.). Prix 2007. Fft jour : Empl. Tourisme (2) : 9 € ( ) ; Sup : 2,50 € - de 7 ans 1,80 € ; 3,20 € (6 A) ; Animaux 0,80 €.

TOURNUS

8-A4 30 km N.-N.-E. Macon. 190 m. 7338 hab. ✉ 71700

CAMP MUNICIPAL EN BAGATELLE ★★★ Tourisme 90 E. 2,5 ha. boulangerie, collectif, CV. Rivière à 50 m. Accueil groupes. Ouv : 1.5 / 30.9. 1,5 km sortie n°27 de l'A 6 Tournus, 800 m de la RN 6. ☎ 03 85 51 16 58 / 06 08 92 64 77 (H.S.). E-mail : mairie@tournus.fr. Prix 2007. ( ) : 3 € ; 3 € ; 6,50 € ; 3 € ; 3 € ; - de 16 ans 1,50 € ; 2,70 €.

UCHIZY

8-A4 22 km N. Macon. 240 m. 645 hab. ✉ 71700

LE NATIONAL 6 ★★★ Tourisme 125 E., dont 125 CC, 6 ha. CV. Locations : 3 , 9 , 10 . Accès direct à la rivière. Accueil groupes. Ouv : 1.4 / 30.9. Le Port, 300 m RN 6. ☎ 03 85 40 53 90. E-mail : camping.uchizylen6@wanadoo.fr, Web : www.camping-lenational6.com. Prix 2007. Empl. Tourisme : 4,90 € ( ) : 4,40 € ; - de 7 ans 3,70 € ; 3,80 € (6 A) ; Animaux 1 €. Réduction H.S.

FFCC : partenaire + réduction emp. de 5 % en saison et 20 % hors saison + carte FFCC assurance annulation + Stop accueil Camping-car du 01/04 au 30/09/2008, accès de 12h à 12h + réduction loc. de 5 % en saison et 20 % hors saison.

VARENNES ST SAUVEUR

8-B4 18 km S. Louhans. 213 m. 1005 hab. ✉ 71480

M. GOYET Michel, aire naturelle La Ferme des Maziers CV. ☎ 03 85 74 67 14. E-mail : bgoyet@club-internet.fr, Web : www.lafermedesmazieres.com. Prix 2007. Empl. Tourisme : 1,80 € ( ) : 1,20 € ; 2 € ; 2 € (10 A).

VERDUN SUR LE DOUBS

8-A3 22 km N.-E. Chalon-sur-Saone. 180 m. 1139 hab. Station verte de vacances et village de neige ✉ 71350

CAMP MUNICIPAL ★★ Tourisme 150 E. 4 ha. chauffée . Accès direct à la rivière. La Plage. 22 km de Beaune D 970 et de Chalon s/Saône N 73. ☎ 03 85 91 55 50 / 03 85 91 52 52 (H.S.). Fax : 03 85 91 90 91. E-mail : mairie.verdunsurledoubs@wanadoo.fr. Prix 2007. Empl. Tourisme : 2,50 € ( ) : 1 € ; 3 € ; 2,30 € ; 2,30 € ; - de 7 ans 1,10 € ; 1,80 € (15 A) ; Animaux 0,80 €.

VOLESVRES

7-F4 13 km O. Charolles. 245 m. 400 hab. ✉ 71600

CAMP MUNICIPAL ★★ Tourisme 21 E. Rivière à 200 m. A 4 km de la RN 70 et de la RN 79. ☎ 03 85 81 42 33 / 03 85 81 06 37 (Mairie).

SARTHE 72

Cartes 2-6

Déléguée FFCC : Yolaine YARD, 27 rue Julien Duvivier - 72000 LE MANS

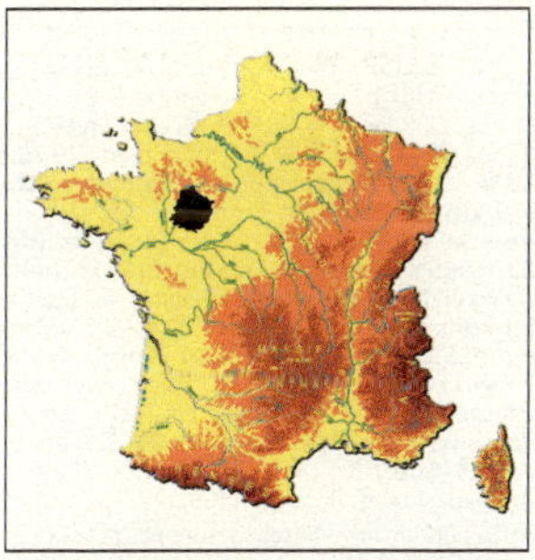

AUVERS LE HAMON

6-D1 34 km N.-O. La Flèche 1201 hab. ✉ 72300

LA GOUPILLIERE ★ Loisirs 10 E. 5 ha. Sanitaire chauffé. Rivière à 200 m. Ouv : 1.1 / 31.12. Visite de la ferme. ☎ 02 43 95 80 76 / 06 80 97 42 06 (H.S.). Fax : 02 43 95 80 76. Prix 2008. Fft jour : Empl. Tourisme (1) : 4 € ( ) ; Sup : 2,20 € - de 7 ans 1,50 € ; 3,70 à 6 € (8 à 13 A).

AVOISE

6-D1 25 km N.-O. La Flèche. 45 m. 426 hab. ✉ 72430

CAMP MUNICIPAL ★★ Tourisme 50 E. (45 Tourisme + 5 Loisirs) 1,8 ha. Accès direct à la rivière. ; à 8 km : . Accueil groupes. Ouv : 4.6 / 4.9. Sur D 57. Traversé par un ruisseau les Deux-Fonds. ☎ 02 43 92 76 12 / 02 43 95 00 05 (H.S.). Fax : 02 43 95 62 48. Prix 2007. Fft jour : Empl. Tourisme (2) : 8,10 € ( ) ; Sup : 2,05 € - de 4/10 ans 0,90 €.

BAZOUGES SUR LE LOIR

6-D1 7 km O. La Flèche. 30 m. 1313 hab. ✉ 72200

CAMP MUNICIPAL ★★ Tourisme 40 E. 0,85 ha. Locations : . Accès direct à la rivière. Sur RD 70, 250 m RN 23, lieu-dit le Vieux Pont. ☎ 02 43 45 03 91 / 02 43 45 32 20 (Mairie). Fax : 02 43 45 38 26.

BEAUMONT SUR DEME

6-E1 55 km S.-E. Le Mans. 70 m. 354 hab. Station verte ✉ 72340

CAMP MUNICIPAL ★ Tourisme 30 E. 1 ha. Accès direct à l'étang et à la rivière. Lac à 4 km. ☎ 02 43 44 43 17. Fax : 02 43 44 02 94. E-mail : mairie.beaumont-sur-deme@wanadoo.fr.

BEAUMONT SUR SARTHE

25 km S.-O. Mamers. 75 m. 1938 hab. Station verte de vacances et village de neige ✉ 72170

CAMP MUNICIPAL DU VAL DE SARTHE ★★★ Tourisme 70 E. (60 Tourisme + 10 Loisirs) 3 ha. visiteur, CV. Locations : . Accès direct à la rivière. Accueil groupes. RD 26, RN 138 et A 28 à 2 km (bretelle de Mareseché). ☎ 02 43 97 01 93 (Camping) / () / 02 43 97 00 21 (Mairie) (H.S.). Fax : 02 43 97 02 21. E-mail : beaumont.sur.sarthe@wanadoo.fr, Web : www.ville-beaumont-sur-sarthe.fr.

BESSE SUR BRAYE

6-F1 43 km S.-E. Le Mans. 70 m. 2919 hab. Station verte de vacances et village de neige ✉ 72310

CAMP MUNICIPAL LE VAL DE BRAYE ★★★ Tourisme 120 E. 2 ha. CV Sanitaire chauffé. Locations : 4 . couverte chauffée . Rivière à 10 m. Etang à 1,5 km. Accueil groupes. Ouv : 15.4 / 15.9. 25, rue du Val de Braye, RD 303. ☎ 02 43 35 31 13 / 02 43 63 09 70 (H.S.). Fax : 02 43 35 58 86. E-mail : mairie-bessesurbraye@wanadoo.fr ou camping.bessesurbraye@orange.fr, Web : www.besse-sur-braye.fr.st/. Prix 2007. Empl. Tourisme : 1,50 € ( ) : 1,50 € ; 1,50 € ; 2,50 € ; - de 10 ans 1 € ; 2 € (13 A).

BONNETABLE

2-E5 29 km S.-E. Mamers 107 m. 3899 hab. ✉ 72110

CAMP MUNICIPAL LA PRAIRIE ★★ Tourisme 25 E. Accès direct à l'étang et à la rivière. Rue de la Prairie. ☎ 02 43 29 43 77 / 02 43 29 30 20 (Mairie) / 06 80 21 55 79 (H.S.). Fax : 02 43 29 16 09.

BOULOIRE

6-E1 28 km E. Le Mans. 105 m. 1673 hab. ✉ 72440

CAMP MUNICIPAL ★★ Tourisme 30 E. 1 ha. Chemin des Ruelles, sur RN 157. ☎ 02 43 35 52 09 / 02 43 35 40 25 (Mairie).

BRULON

2-D5 38 km N.-O. La Flèche. 100 m. 1126 hab. ✉ 72350

LE SEPTENTRION ★★★ Tourisme 50 E. (40 Tourisme + 10 Loisirs) 2 ha. Locations : . Accès direct aux bords du lac et à la rivière. Sortie n° 1 sur A 81. ☎ 02 43 95 68 96. Fax : 02 43 92 60 36.

Domaine des Belmondières A 4 km: Les Belmondières, par RN 157 et CD 4, 4 km Nord-Ouest de la commune. A 2 km de l'autoroute A 81 le Mans-Riennes. Verger. A 4 km plan d'eau et centre de loisirs. Swin golf. Location de quad. ☎ 02 43 95 60 63. Fax : 02 43 92 09 22. E-mail : audomaine.belmondieres@wanadoo.fr, Web : www.audomainedesbelmondieres.com.

CHANTENAY VILLEDIEU

6-D1 30 km N.-O. La Flèche. 714 hab. ✉ 72430

CAMP MUNICIPAL ★★ Tourisme 34 E. 1,25 ha. Accès direct à l'étang. Les Vignais, route de Sablé. Bibliothèque. Piste VTT. Terrain de volley et de basket. ☎ 02 43 95 74 25 (Mairie). Fax : 02 43 92 11 63.

LA CHARTRE SUR LE LOIR

6-E1 47 km S.-E. Le Mans. 60 m. 1791 hab. ✉ 72340

CAMP DU VIEUX MOULIN ★★★ Tourisme 140 E. dont 100 nus 2,5 ha. CV. Locations : 4, 1, 5, 5, 25 chauffée. Accès direct à la rivière. Lac à 200 m. Etang à 5 km. à 5 km : Accueil groupes. Ouv : 1.4 / 30.9. Chemin des Bergivaux, 50 m RD 305. ☎ 02 43 44 41 18 / 06 20 30 07 92 / 02 43 44 24 06 (H.S.). Fax : 02 43 44 24 06. E-mail : camping@lachartre.com, Web : www.lachartre.com. Prix 2007. Fft jour : Empl. Tourisme (2) : 11 € ; Sup : 3 € - de 11 ans 2 € ; 4 à 5 € (5 à 10 A) ; E. GCC 18 € (Fft) ; Animaux 1 €. Réduction H.S.

FFCC : partenaire + réduction emp. de 5 % hors saison + carte FFCC assurance annulation + réduction loc. de 5 % hors saison.

CHERANCE

2-E5 19 KM S.-O. Mamers. 94 m. 362 hab. ✉ 72170

CAMP MUNICIPAL LES VERTES PRAIRIES ★★ Tourisme 34 E. dont 34 nus 1,5 ha. Boulangerie, CV Sanitaire chauffé. Accès direct à l'étang et à la rivière. Accueil adultes. 9, rue de la Gare. ☎ 02 43 33 12 90 / 02 43 97 14 16 (Mairie) (H.S.). Fax : 02 43 97 66 16. E-mail : campingcherance@orange.fr.

CONLIE

2-D5 22 km N.-O. Le Mans. 129 m. 1472 hab. ✉ 72240

CAMP MUNICIPAL DE LA GIRONDE ★★ Tourisme 32 E. 0,8 ha. Accès direct à l'étang. ☎ 02 43 20 81 07 / 02 43 20 50 35 (Mairie). Fax : 02 43 20 99 37.

CONNERRE

2-E5 25 km N.-E. Le Mans. 70 m. 2636 hab. ✉ 72160

CAMP MUNICIPAL LA PLAGE AUX CHAMPS ★★ Tourisme 100 E. Rue de la Gare. ☎ 02 43 89 13 64.

COURDEMANCHE

6-E1 35 km S.-E. Le Mans. 653 hab. ✉ 72150

CAMP MUNICIPAL DE L'ETANG SORT ★★ Tourisme 15 E. Accès direct à la rivière. ☎ 02 43 44 80 19 (Mairie) / 02 43 44 80 35. Fax : 02 43 79 25 56. E-mail : mairie.courdemanche@wanadoo.fr.

DANGEUL

2-E5 15 km S.-O. Mamers 92 m. 456 hab. ✉ 72260

M. LACROIX Bruno,camping à la ferme L'Orangerie. ☎ 02 43 33 66 15. Fax : 02 43 33 68 23.

DOLLON

2-E5 30 km E. Le Mans. 103 m. 1109 hab. ✉ 72390

CAMP MUNICIPAL ★★ Tourisme 35 E. (30 Tourisme + 5 Loisirs) 0,8 ha. Rue de la Piscine. ☎ 02 43 93 42 23. Fax : 02 43 71 53 88. E-mail : mairie.dollon@wanadoo.fr.

ECOMMOY

6-E1 21 km S.-E. Le Mans. 83 m. 4150 hab. Station verte de vacances et village de neige ✉ 72220

CAMP MUNICIPAL ★★ Tourisme 60 E. 1 ha. CV. en face. Etang à 5 km. Accueil groupes prendre contact avec le camping à l'avance. Ouv : 1.5 / 30.9. Les Vaugeons, 300 m RN 138, 150 m RD 30 et 32. A 28 à 2 km. ☎ 02 43 42 14 14 / 02 43 42 10 14 (Mairie) (H.S.). Fax : 02 43 42 62 80. E-mail : mairieecommoy@wanadoo.fr. Prix 2007. () : 1 € ; 6,70 € ; 2,30 € ; 6,70 € ; 2,90 € ; - de 11 ans 1,30 € ; 2,20 €.

LA FERTE BERNARD

2-E5 30 km S.-E. Mamers. 100 m. 10053 hab. ✉ 72400

CAMP MUNICIPAL LE VALMER ★★★ Tourisme 90 E., dont 12 CC, 1 ha. collectifs, CV. Locations : Lac à 500 m. Accueil groupes. Espace du Lac, RN 23. Dir. Le Mans. ☎ 02 43 71 70 03. Fax : 02 43 71 70 03. E-mail : camping@la-ferte-bernard.com. Réduction H.S.

LA FLECHE

42 km S.-O. Le Mans. 30 m. 16421 hab. ✉ 72200

CAMP MUNICIPAL LA ROUTE D'OR ★★★ Tourisme 260 E. dont 213 nus, dont 13 CC, 4,5 ha. CV Sanitaire chauffé. Locations : 15. Accès direct à la rivière. Lac à 1,5 km. à 1,5 km : Accueil groupes. Ouv : 1.3 / 31.10. Allée du Camping. 100 m RN 23. Bloc sanitaire pour handicapés. ☎ 02 43 94 55 90 / 02 43 48 53 53 (Mairie) (H.S.). Fax : 02 43 94 55 90. E-mail : camping@ville-lafleche.fr, Web : www.ville-lafleche.fr. Prix 2008. Fft jour : Empl. Tourisme (1) : 6,50 € () ; Sup : 2,25 € - de 10 ans 1,70 € ; 3,60 € (10 A).

FRESNAY SUR SARTHE

2-D5 24 km S.-O. Mamers. 80 m. 2692 hab. Station verte de vacances et village de neige ✉ 72130

CAMP MUNICIPAL LE SANS SOUCI ★★★ Tourisme 90 E. 2 ha. saison, Locations : chauffée Accès direct à la rivière. Avenue Victor Hugo CD 310 (Rue du Haut Ary). ☎ 02 43 97 32 87 / 02 43 97 23 75 / 02 43 97 23 75 (H.S.). Fax : 02 43 33 75 72. E-mail : camping-fresnay@wanadoo.fr.

LE GREZ

2-D5 33 km N.-O Le Mans. 262 m. 348 hab. ✉ 72140

LES TOURNESOLS ★★ Tourisme 75 E. dont 64 nus, 2 ha. snack, à gaz, 2, CV. Locations : 11. Etang et lac à 1,5 km. Rivière à 2 km. à 2 km : Accueil groupes. Ouv : 1.5 / 30.9. Route de Mayenne. Le Landereau. 1 km de Sillé-le-Guillaume et 2 km de Sillé-Plage. Sur D 304 dir. Bais-Mayenne. ☎ 02 43 20 12 69 / 06 98 04 74 29 (H.S.). E-mail : campinglestournesols@wanadoo.fr, Web : www.campinglestournesols.com. Prix 2008. Fft jour : Empl. Tourisme (2) : 18 € () ; Sup : 4 € - de 6 ans 2,50 €.

FFCC : partenaire - terrain assuré par la FFCC + réduction emp. de 5 % en saison et hors saison + réduction loc. de 5 % en saison et hors saison.

LA GUIERCHE

2-E5 13 km N. Le Mans. 57 m. 663 hab. ✉ 72380

LES PLATANES ★ Tourisme 25 E. 2 ha. Locations : Accès direct à l'étang. Rivière à 200 m. à 500 m : Les Boucheries. ☎ 02 43 27 36 29.

LAVARE

2-E5 36 km E. Le Mans. 122 m. 760 hab. ✉ 72390

CAMP MUNICIPAL LE LAC ★★ Tourisme 20 E. CV Sanitaire chauffé. Locations : Accès direct aux bords du lac. 2 : Accueil adultes. A 9 km de la RN 23 et en bordure de la RD 302. Accès par autoroute A 11, sortie la Ferté-Bernard. ☎ 02 43 71 96 44 / 06 87 62 73 21 (H.S.). Fax : 02 43 93 90 58. E-mail : greneche.jean-noel@wanadoo.fr.

LOUE

2-D5 30 km O. Le Mans. 80 m. 1915 hab. ✉ 72540

VILLAGE LOISIRS ★★★ Loisirs 26 E., dont 10 HLL, 0,5 ha. CV Sanitaire chauffé. Locations : 10, 6, 4 chauffée. Accès direct à la rivière. Etang à 400 m. Ouv : Mars / Novembre. Place H. Vincent, 150 m RD 21 par RN 157 à 2 km. ☎ 02 43 88 65 65 / 06 87 86 99 49 (H.S.). Fax : 02 43 88 59 46. E-mail : villagedhotes@orange.fr, Web : www.villageloisirs.com. Prix 2008. Empl. Tourisme : 4 € () : 4 € ; - de 12 ans 2 € ; 3 €.

LUCHE PRINGE

6-D1 14 km E. La Flèche. 35 m. 1433 hab. Station verte de vacances et village de neige ✉ 72800

CAMP MUNICIPAL LA CHABOTIERE ★★★ Tourisme 82 E. dont 65 nus, 2 ha. juin/sept., CV. Locations : 10, 10. Accès direct à la rivière. à 9 km : Accueil groupes hors saison. hors saison. Ouv : 1.4 / 15.10. Du Mans, RN 23 jusqu'à Clermont Ferrand Créans, puis D13 sur 7 km Les chiens de cat. 1 et 2 sont interdits ☎ 02 43 45 10 00 / 02 43 45 44 50 (Mairie) (H.S.). Fax : 02 43 45 10 00. E-mail : lachabotiere@ville-luche-pringe.fr, Web : www.ville-luche-pringe.fr. Prix 2008. Fft jour : Empl. Tourisme (2) : 11,65 € () (10 A)) ; Sup : 3,10 € - de 10 ans 1,60 € ; Animaux 1,50 €. Réduction H.S.

FFCC : partenaire - terrain assuré par la FFCC.

CAMP MUNICIPAL DES FONTENELLES ★★ Tourisme 60 E. 1 ha. à 500 m : Accueil groupes. Ouv : 1.4 / 30.9. Rue des Prés, 700 m RD 13 et 54. ☎ 02 43 45 97 22. Fax : 02 43 45 75 71. E-mail : mairie@ville-luche-pringe.fr, Web : ville-luche-pringe.fr. Réduction H.S.

FFCC : partenaire - terrain assuré par la FFCC + réduction emp. de 7 % en saison.

LE LUDE

6-E2 20 km E. La Flèche 50 m. 4495 hab. Station verte de vacances et village de neige ✉ 72800

CAMP MUNICIPAL AU BORD DU LOIR ★★★ Tourisme 133 E. 4,5 ha. Locations : Rivière à 200 m. Etang à 1 km. à 200 m : Route du Mans. CD 305. Sèche-linge. ☎ 02 43 94 67 70. Fax : 02 43 94 93 82.

MALICORNE SUR SARTHE

6-D1 16 km N. La Flèche. 40 m. 1773 hab. ✉ 72270

CAMP MUNICIPAL ★★★ Tourisme 80 E. dont 68 nus, 1 ha. CV. Locations : 4, 6. Accès direct à la rivière. Accueil groupes. Ouv : 1.4 / 31.10. RD 41, lieu-dit Port Sainte Marie, route de Noyen. ☎ 02 43 94 80 14. Fax : 02 43 94 57 26. E-mail : camping.malicorne@wanadoo.fr, Web : www.ville-malicorne.fr. Prix 2007. Empl. Tourisme : 2,70 € ; 1,30 € ; 2,50 € ; - de 10 ans 1,30 € ; 1,55 à 2,60 € ; Animaux 0,60 €. Réduction H.S.

MAMERS

2-E5 190 km S.-E. Paris. 45 km N.-N.-O. Le Mans. 130 m. 6747 hab. Station verte de vacances et village de neige ✉ 72600

CAMP MUNICIPAL DU SAOSNOIS ★★★ Tourisme 40 E. 1,5 ha. CV Sanitaire chauffé. Locations : Accès direct à l'étang. Accueil groupes. Ouv : 1.1 / 31.12. Lieu-dit La Grille. ☎ 02 43 97 68 30. Fax : 02 43 97 38 65. E-mail : camping.mamers@free.fr, Web : www.mairie-mamers.fr. Prix 2007. 2,50 € ; 1,70 € ; 3,50 € ; 1,70 € ; 2,20 € ; - de 6 ans 1,15 € ; 3 à 4,20 € ; E. CCC 6 € ; Animaux 0,50 €. Réduction H.S.

MANSIGNE

6-D1 16 km N.-E. La Flèche. 1250 hab. Station verte de vacances et village de neige ✉ 72510

CAMP MUNICIPAL DE LA PLAGE ★★★ Tourisme 175 E. dont 158 nus 2,5 ha. CV. Locations : 6, 9, chauffée. Etang et lac à 30 m. Accueil groupes. Sur RD 13, à 4 km RN 767. ☎ 02 43 46 14 17 / 02 43 46 10 33 (Mairie) / 02 43 46 10 33 (Mairie) (H.S.). Fax : 02 43 46 16 65. E-mail : campingmansigne@wanadoo.fr, Web : www.ville-mansigne.fr. Réduction H.S.

MARCON

6-E1 48 km S.-E. Le Mans. 50 m. 994 hab. Station verte de vacances et village de neige ✉ 72340

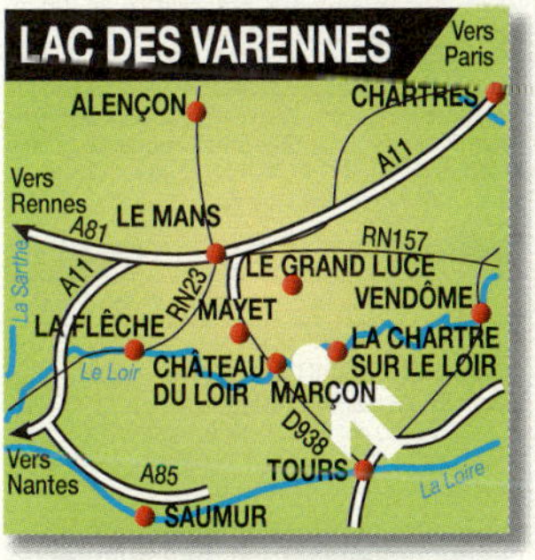

LE LAC DES VARENNES ★★★ Tourisme 250 E. dont 230 nus (230 Tourisme + 20 Loisirs) 7 ha. rapide, Epicerie, après 22h, CV Sanitaire chauffé. Locations : 6, 14. Accès direct aux bords du lac et à la rivière. à 100 m. Accueil groupes. Axe Le Mans-Tours. A Château du Loir dir. La Chartre sur le Loir. ☎ 02 43 44 13 72. Fax : 02 43 44 54 31. E-mail : info@lacdesvarennes.com, Web : www.lacdesvarennes.com. Prix 2007. Fft jour : Empl. Tourisme (2) : 14,50 € ; Sup : 4,20 € - de 10 ans 2 € ; Animaux 1,80 €. Empl. Loisirs : 980 €(fft la saison). Réduction H.S.

FFCC : Stop accueil Camping-car du 22/03 au 12/11/2008, accès jusqu'à 23h + 1 nuit gratuite pour 5 nuits payantes - Carte de fidélité disponible.

MARIGNE LAILLE

6-E1 26 km S.-E. Le Mans. 115 m. 1281 hab. ✉ 72220

CAMP MUNICIPAL LE CHESNAIE ★★ Tourisme 40 E. 1,2 ha. Locations : 50 m RD 96, à 2 km RN 138. Gîte d'étape pour 12 personnes. ☎ 02 43 42 12 12. Fax : 02 43 42 61 23. E-mail : mairie.marigne-laille@wanadoo.fr.

MAYET

6-E1 32 km N.-E. La Flèche. 2876 hab. Station verte de vacances et village de neige ✉ 72360

CAMP MUNICIPAL ★★ Tourisme 55 E. dont 55 nus, 2 ha. Accès direct aux bords du lac. Accueil groupes. Ouv : 6.4 / 14.9. Fort des Salles par CD 30 ou CD 13. ☎ 02 43 46 68 72 / 06 89 93 76 05 / 02 43 46 60 11 (Mairie) (H.S.). Fax : 02 43 46 07 61. Prix 2007. Empl. Tourisme : 6,59 € ; - de 10 ans 1,78 € ; 2,43 €.

MEZIERES SOUS LAVARDIN

2-D5 22 km N.-O. Le Mans. 291 hab. ✉ 72240

CARAVANING LES BRAUDIERES ★★ Loisirs 52 E. dont 10 nus 0,6 ha. CV Sanitaire chauffé. Locations : 3. Etang à 20 m. Accueil groupes. Ouv : 1.1 / 31.12. O ☎ 02 43 20 81 48. Fax : 02 43 20 81 48. E-mail : camping.braudieres@wanadoo.fr, Web : www.camping-braudieres.com. Prix 2008. Fft jour : Empl. Tourisme (2) : 10,50 € ; Sup : 3,50 € - de 7 ans 2,50 € ; 3 à 6 € (5 à 10 A) ; Animaux 1,50 €.

MONTBIZOT

2-E5 17 km N.-O. Le Mans. 56 m. 1160 hab. ✉ 72380

CAMP MUNICIPAL ★★ Tourisme 34 E. dont 40 nus 0,4 ha. CV. Locations : 10. Accès direct à la rivière. ☎ 02 43 27 60 44 / 02 43 27 62 16 (H.S.). Fax : 02 43 27 80 03. E-mail : mairie.montbizot@wanadoo.fr.

MONTFORT LE GESNOIS

2-E5 19 km N.-E. Le Mans. 64 m. 2657 hab. ✉ 72450

LES SITTELLES ★★★ Tourisme 16 E. Sanitaire chauffé. Ouv : 1.1 / 31.12. Parc des Sittelles. RD 20 ter. Sur la RN 23 (rte de Paris) à mi-chemin entre la Ferté Bernard et Le Mans. Piscine face au camping. ☎ 02 43 54 04 54. Fax : 02 43 54 04 50. E-mail : reservation@hotel-sittelles.com, Web : www.hotel-sittelles.com.

NEUVILLE SUR SARTHE

2-E5 9 km N. Le Mans. 1954 hab. ✉ 72190

LE VIEUX MOULIN ★★ Tourisme 100 E. (90 Tourisme + 10 Loisirs) 4,8 ha. Locations : 6. Rivière à 50 m. Ouv : 1.7 / 31.8. 1 km RD 47, 3 km RN 138. 5 km sortie autoroute Océane le Mans Nord dir. Alençon. A 11/A 81 et A 28 sortie 7. ☎ 02 43 25 31 82 / 02 43 25 31 82 (H.S.). Fax : 02 43 25 38 11. E-mail : info@lemanscamping.net, Web : www.lemanscamping.net.

FFCC : partenaire - terrain assuré par la FFCC.

PARCE SUR SARTHE

6-D1 20 km N.-O. La Flèche. 1432 hab. ✉ 72300

CAMP MUNICIPAL DU VERDURON ★ Tourisme 30 E. 1,6 ha. CV. Accès direct à la rivière. Ouv : 15.5 / 30.9. Sur RN 768. ☎ 02 43 95 39 21. Prix 2007. Fft jour : Empl. Tourisme (2) : 7 €.

PONTVALLAIN

6-E1 26 km N.-E. La Flèche. 51 m. 1205 hab. ✉ 72510

AIRE NATURELLE MUNICIPALE Route de Mayat. ☎ 02 43 46 30 47.

PRECIGNE

6-D1 22 km N.-O. La Flèche. 28 m. 2149 hab. Station verte de vacances et village de neige ✉ 72300

CAMP MUNICIPAL DES LICES ★★ Tourisme 50 E. 0,8 ha. à 3,5 km : Rue de la Piscine. ☎ 02 43 95 46 13.

PRUILLE L EGUILLE

6-E1 32 km S.-E. Le Mans. 140 m. 504 hab. ✉ 72150

AIRE NATURELLE MUNICIPALE DE BERCE ☎ 02 43 40 91 51 (Matin). Fax : 02 43 40 85 61. E-mail : mairiepruilleleguille@wanadoo.fr.

ROEZE SUR SARTHE

6-D1 18 km S.-O. Le Mans. 1866 hab. ✉ 72210

CAMP MUNICIPAL LA COHUE ★★ Tourisme 44 E. CV. Locations : 3. Accès direct à la rivière. Accueil groupes. Ouv : 1.6 / 15.9. Route de Parigné-Le-Polin. CD 251. ☎ 02 43 77 47 89 (Camping) / 02 43 77 26 22 (Mairie H.S) (H.S.). Fax : 02 43 77 42 51. E-mail : mairie-roeze@wanadoo.fr. Prix 2007. Empl. Tourisme : 3,40 € ; 1,70 € ; - de 10 ans 1 € ; 2 à 3,50 € (3 à 6 A).

RUILLE SUR LOIR

6-E1 43 km S.-E. Le Mans. 60 m. 1375 hab. ✉ 72340

CAMP MUNICIPAL ★★ Tourisme 30 E. 0,4 ha. Sanitaire chauffé. Accès direct à la rivière. Etang à 1 km. Lieu-dit Les Chaintres, 300 m CD 305 par la rue de l'Industrie ou la rue des Chardonnerets. ☎ 02 43 44 44 25 (Mairie). Fax : 02 43 44 29 63. E-mail : mairie-ruillesurloir@wanadoo.com.

SABLE SUR SARTHE

25 km N.-O. La Flèche. 30 m. 12721 hab. ✉ 72300

CAMP MUNICIPAL DE L'HIPPODROME ★★★ Tourisme 120 E. 3 ha. saison, CV. Locations : 4, 2. Accès direct à la rivière. Accueil groupes. Ouv : 27.3 / 5.10. Allée du Québec. Lieu-dit La Prairie du Château. Suivre panneaux hippodrome. ☎ 02 43 95 42 61. Fax : 02 43 92 74 82. E-mail : camping-sable@wanadoo.fr & camping@sablesursarthe.fr. Prix 2007. Fft jour : Empl. Tourisme (2) : 11,28 € ; Sup : 2,21 € - de 12 ans 1,16 €. Réduction H.S.

ST CALAIS

44 km E.-S.-E. Le Mans. 105 m. 4779 hab. Station verte de vacances et village de neige ✉ 72120

LE LAC ★★★ 75 E. 1,8 ha. CV. Locations : chauffée. Etang et lac à 50 m. Rue du Lac, par RN 157 et CD 1. ☎ 02 43 35 04 81 / 02 43 35 00 36 (H.S.).

ST DENIS D ORQUES

2-D5 37 km O. Le Mans. 125 m. 779 hab. ✉ 72350

CAMP MUNICIPAL DE LA CHARNIE ★ Tourisme 35 E. 1 ha. Lieu-dit Les Landes, CD 198. ☎ 02 43 88 43 14 (Mairie). Fax : 02 43 88 21 08.

ST GEORGES LE GAULTIER

2-D5 42 km S.-O. Mamers. 150 m. 674 hab. ✉ 72590

CAMP MUNICIPAL ★ Tourisme 30 E. Accès direct aux bords du lac et à la rivière. Lieu-dit Sainte Anne. ☎ 02 43 97 31 36.

ST LEONARD DES BOIS

2-D5 40 km E. Mamers. 210 m. 512 hab. Station verte de vacances et village de neige ✉ 72590

CAMP MUNICIPAL ★★ Tourisme 88 E. 2,2 ha. CV. Locations : . Accès direct à la rivière. Sur RD 146 et 112. ☎ 02 43 33 81 79 / 02 43 37 28 10 (H.S.). Fax : 02 43 33 91 40.

ST MARCEAU

2-D5 30 km S.-O. Mamers. 70 m. 394 hab. ✉ 72170

CAMP MUNICIPAL LE PRIEURE ★ Tourisme 15 E. dont 10 nus 0,5 ha. Rivière à 10 m. RN 138. A 28. ☎ 02 43 34 26 22 / 02 43 97 02 57 (Mairie) (H.S.). Fax : 02 43 34 47 63.

ST PAUL LE GAULTIER

2-D5 42 km O. Mamers. 265 m. 355 hab. ✉ 72590

CAMP MUNICIPAL ★★ Tourisme 30 E. (20 Tourisme + 10 Loisirs). Etang à 50 m. ☎ 02 43 33 58 55 / 02 43 97 27 55.

ST VINCENT DU LOROUER

6-E1 26 km S.-E. Le Mans. 80 m. 791 hab. ✉ 72150

AIRE NATURELLE MUNICIPALE A 5 km: . ☎ 02 43 44 84 04.

SAVIGNE SOUS LE LUDE

6-D2 15 km S.-E. La Flèche 65 m. 453 hab. ✉ 72800

Mme MOLENAAR & M. SCHREURS, aire naturelle Jaja ânes, . A 1,5 km: . A 9 km : Piscine chauffée Piscine plein air Piscine couverte . A 10 km : . Les Fontanelles. Paris/Le Mans/La Flèche dir. Le Lude. Prendre route Le Lude dir. Baugé D 305 avant Savigné sous Le Lude dir. Thorée Les Pins C 4. ☎ 02 43 94 17 07 / 06 19 99 36 67. E-mail : info@campingjaja.com, Web : www.campingjaja.com.

SILLE LE GUILLAUME

2-D5 32 km N.-O. Le Mans. 160 m. 3016 hab. Station verte de vacances et village de neige ✉ 72140

LES MOLIERES ★★★ Tourisme 120 E. 3,5 ha. électrique, CV. Accès direct aux bords du lac. . Accueil groupes. Ouv : 1.6 / 31.8. Du Mans accès par la D 304 puis à Sillé-le-Guillaume suivre Sillé-Plage. ☎ 02 43 20 16 12. E-mail : campingsilleplage@wanadoo.fr, Web : www.campingsilleplage.com. Prix 2008. Fft jour : Empl. Tourisme (2) : 9 € () ; Sup : 3,20 € - de 7 ans 2,20 € ; 2,50 à 3,30 € (10 à 13 A) ; Animaux 1,50 €.

FFCC : partenaire + carte FFCC assurance annulation.

LA FORET ★★ Tourisme 230 E. dont 84 nus, 4 ha. CV. Locations : 14 , 2 , . Accès direct aux bords du lac. . Accueil groupes. Ouv : 1.4 / 31.10. Du Mans accès par la D 304 puis à Sillé-le-Guillaume suivre Sillé-Plage. ☎ 02 43 20 11 04. E-mail : campingsilleplage@wanadoo.fr, Web : www.campingsilleplage.com. Prix 2007. Fft jour : Empl. Tourisme (2) : 9 € () ; Sup : 3,20 € - de 7 ans 2,20 € ; 2,50 € (10 A) ; Animaux 1,10 €. Fft Ccar : 8 € (2).

FFCC : partenaire + carte FFCC assurance annulation + Stop accueil Camping-car du 01/04 au 31/10/2008.

Mme LEFEVRE Thérèse CV. A 1,5 km: . La Groie, par RD 105, 1 km Nord de la commune, à proximité de la ferme. Prairie, lac de Sillé-Plage à 1,5 km avec barques, pédalos. Stage de voile. ☎ 02 43 20 11 91.

LES TOURNESOLS Voir LE GREZ

SILLE LE PHILIPPE

2-E5 18 km N.-E. Le Mans. 70 m. 735 hab. ✉ 72460

CHATEAU DE CHANTELOUP ★★★★ Tourisme 90 E. dont 90 nus, 20 ha. . Accès direct à l'étang. . Ouv : 31.5 / 31.8. RD 301. Sortie autoroute Le Mans centre-Tours n°23 puis dir. Savigné l'Evêque et Bonnétable. ☎ 02 43 27 51 07 / 02 43 89 66 47 (H.S.). Fax : 02 43 89 05 05. E-mail : chanteloup.souffront@wanadoo.fr, Web : www.chateau-de-chanteloup.com. Prix 2007. Empl. Tourisme : 12,50 € () ; 7,50 € ; - de 7 ans 3,70 € ; 3,70 € (8 A).

SPAY

6-D1 11 km S. Le Mans. 40 m. 2314 hab. ✉ 72700

CAMP MUNICIPAL LE HOUSSAY ★★ Tourisme 87 E. dont 81 nus . Locations : 5 , 6 , . Etang à 100 m. Rivière à 200 m. . Accueil groupes. Rocade sud Le-Mans sortie Spay/Jardin des Oiseaux. ☎ 02 43 21 16 58 / 02 43 21 16 33 (Mairie) (H.S.). Fax : 02 43 77 18 43. E-mail : camping-spay@wanadoo.fr, Web : www.ville-spay.fr. Prix 2007. Empl. Tourisme : 2,40 € ; 1,70 € ; 2,40 € ; - de 8 ans 0,90 € ; 2,40 € ; Animaux 0,30 € (chien).

LA SUZE SUR SARTHE

6-D1 18 km S.-O. Le Mans. 40 m. 3709 hab. ✉ 72210

CAMP MUNICIPAL ★★ Tourisme 137 E. dont 124 nus 1,5 ha. CV. Rivière à 6 m. . Accueil groupes. Ouv : 1.5 / 30.9. Lieu-dit Le Port, avenue de la Piscine. ☎ 02 43 77 32 74 / 02 43 77 30 49 (H.S.). Fax : 02 43 77 28 77. E-mail : mairie.la-suze-sur-sarthe@wanadoo.fr, Web : www.ville-lasuze.fr. Prix 2007. Fft jour : Empl. Tourisme (1) : 3,93 € () ; Sup : 1,74 € - de 4/10 ans 1,18 € ; 2,41 € (10 A) ; Animaux 0,51 €.

TENNIE

2-D5 26 km N.-O. Le Mans. 1000 hab. Village de neige ✉ 72240

CAMP MUNICIPAL LA VEGRE ★★★ Tourisme 80 E. dont 60 nus (47 Tourisme + 33 Loisirs), dont 33 GCC, 1 ha. + sèche-linge, CV. Locations : . 2 courts, . Accès direct à la rivière. Etang et lac à 100 m. . Accueil groupes. Ouv : 1.4 / 1.10. Rue Mme Andrée Le Grou. Sur D 45. ☎ 02 43 20 59 44. Fax : 02 43 20 30 49. E-mail : camping.tennie@wanadoo.fr, Web : //perso.wanadoo.fr/campingtennie. Prix 2007. Empl. Tourisme : 1,60 € ; 1,30 € ; 2 € ; - de 10 ans 1,25 € ; 3 € (6 A) ; Animaux 0,80 €.

THOREE LES PINS

6-D1 10 km E. La Flèche. 671 hab. ✉ 72800

CAMP MUNICIPAL ★★ Tourisme 32 E. 0,8 ha. CV. Accès direct à la rivière. Etang à 300 m. . ☎ 02 43 45 61 81 (Mairie). Fax : 02 43 45 69 72. E-mail : mairie-de-thoree-les-pins@wanadoo.fr.

TUFFE

2-E5 33 km S.-E. Mamers. 1287 hab. Station verte de vacances et village de neige ✉ 72160

CAMP DU LAC ★★★ Tourisme 150 E. dont 135 nus (100 Tourisme + 50 Loisirs) 5 ha. CV Sanitaire chauffé. Camping clef verte. Locations : 5, 10. Accès direct aux bords du lac et à la rivière. Accueil groupes. Ouv : 1.4 / 1.10. Sur RD 19 et 97. ☎ 02 43 93 88 34. Fax : 02 43 93 43 54. E-mail : camping.tuffe@wanadoo.fr, Web : www.camping.tuffe.fr. Réduction H.S.

FFCC : partenaire + réduction emp. de 10 % en saison et hors saison + Stop accueil Camping-car du 29/03 au 29/09/2008, accès jusqu'à 21h.

VAAS

6-E1 32 km E. La Flèche. 50 m. 1672 hab. Station verte de vacances et village de neige ✉ 72500

CAMP MUNICIPAL ★★ Tourisme 33 E. 0,6 ha. CV. Locations : . Accès direct à la rivière. Au Port Liberge, 500 m RD 30, à 200 m RD 305. ☎ 02 43 46 70 29 (Mairie). Fax : 02 43 46 17 75.

VIBRAYE

2-E5 40 km E. Le Mans. 2593 hab. Station verte de vacances et village de neige ✉ 72320

CAMP MUNICIPAL ★★ Tourisme 32 E. dont 30 nus 0,8 ha. CV. Locations : 2. chauffée. Rivière à 500 m. à 500 m : ; à 5 km : . Ouv : 1.5 / 30.9. Route de la Ferté Bernard. ☎ 02 43 93 78 62 / 02 43 93 60 27 (Mairie) (H.S.). Fax : 02 43 71 89 68. E-mail : mairie.vibraye@wanadoo.fr, Web : www.vibraye.fr. Prix 2007. 1,07 € ; 0,82 € ; 1,70 € ; 0,77 € ; 1,18 € ; - de 7 ans 0,56 € ; 2,05 €.

Pour tout savoir sur la FFCC : **www.ffcc.fr**

YVRE L EVEQUE

2-E5 7 km E. Le Mans. 65 m. 3306 hab. ✉ 72530

LE PONT ROMAIN ★★★★ Tourisme 70 E. 1 ha. dépannage, et 1 sèche linge, CV Sanitaire chauffé. Locations : 5, 5. Rivière à 50 m. à 200 m : ; à 5 km : . Lieu-dit la Châtaigneraie. ☎ 02 43 82 25 39. E-mail : info@lepontromain.com, Web : www.lepontromain.com. Prix 2008. Fft jour : Empl. Tourisme (2) : 16.20 € (E. CC) ; Sup : 3,80 € 2,50 € ; Animaux 1 € (chien).

SAVOIE 73

Carte 11

Délégué FFCC : Claude CORDIER, 805, rue du Pré de l'Ane - 73000 CHAMBERY - cordier.cc@wanadoo.fr

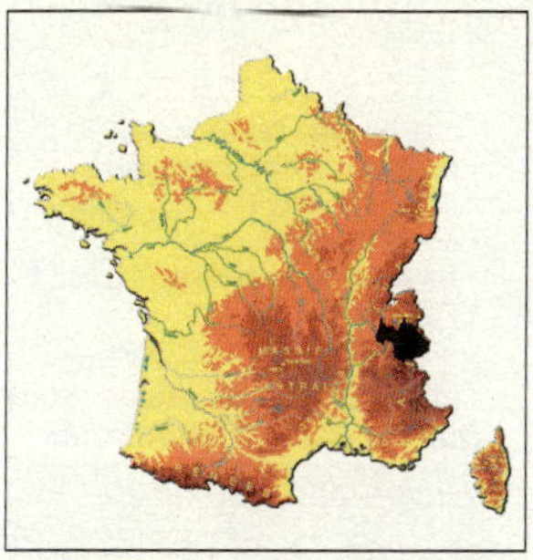

AIGUEBELETTE LE LAC

11-C2 14 km O. Chambéry. 417 m. 149 hab. ✉ 73610

CAMP G.C.U. Réservé aux adhérents. Adhésion possible sur place pour les sociétaires MAIF et FILIA MAIF. Bord du lac d'Aiguebelette (rive est) lieu-dit le Port.

AIGUEBLANCHE

25 km S.-E. Albertville. 460 m. 3093 hab. ✉ 73260

ELIANA ★★★ Tourisme 39 E. 0,5 ha. CV Sanitaire chauffé. Locations : . Rivière à 500 m. ; à 300 m : . Ouv : avril / octobre. Bellecombe. 195, avenue de Savoie. Voie express Albertville/Moutiers sortie 38. ☎ 04 79 24 23 87. E-mail : campingeliana@hotmail.com, Web : www.campingeliana.com. Prix 2008. Empl. Tourisme : 3,80 € ; 2,45 € ; - de 6 ans 0,90 € ; 3 à 3,70 € (6 à 10 A) ; Animaux 0,30 €.

LE MOREL ★★★ Tourisme 55 E. 1 ha. couverte . Bellecombe. Sorties voie express n°37 ou 38. ☎ 04 79 24 05 25. Fax : 04 79 24 45 37. E-mail : morel-loisirs@wanadoo.fr, Web : www.morel-loisirs.fr.

MARIE-FRANCE ★★★ Tourisme 30 E. CV Sanitaire chauffé. Rivière à 400 m. à 300 m : ; à 400 m : . Accueil groupes. Ouv : mars / octobre. Bellecombe. 453, avenue de Savoie. Voie express Albertville-Moutiers sortie 37. ☎ 04 79 24 22 21. Fax : 04 79 22 94 81. E-mail : info@camping-studios-savoie.com, Web : www.camping-studios-savoie.com. Prix 2007. Empl. Tourisme : 3,80 € ; 2,40 € ; 0,85 € ; 2 à 3 € ; Animaux 0,55 €.

LE CLOS FLEURI ★★ Tourisme 10 E. CV. Rivière à 800 m. à 400 m : . Ouv : mars / octobre. 453, avenue de Savoie. Sortie n° 37 par voie express entre Albertville et Moutiers. ☎ 04 79 24 22 21. Fax : 04 79 22 94 81. E-mail : info@camping-studios-savoie.com, Web : www.camping-studios-savoie.com. Prix 2007. Empl. Tourisme : 3,80 € ; 2,40 € ; - de 10 ans 0,85 € ; 2 à 3 € ; Animaux 0,55 €.

LES NEIGES ★ Tourisme 33 E. 1,38 ha. CV. Locations : , 9. Rivière à 50 m. 438, avenue de Savoie. Sortie n° 37 voie express entre Albertville et Aigueblanche. ☎ 04 79 24 23 90 / 06 20 24 46 13. Fax : 04 79 24 23 90.

FFCC : partenaire + carte FFCC assurance annulation + Stop accueil Camping-car toute l'année, accès jusqu'à 20h.

AILLON LE JEUNE

11-C2 23 km N.-E. Chambéry. 850 m. 250 hab. ✉ 73340

LES AILLONS ★★ Tourisme 40 E. 2 ha. Sanitaire chauffé. 2 km RD 59 et 206. ☎ 04 79 54 60 32. Fax : 04 79 54 62 88. Réduction H.S.

FFCC : partenaire - terrain assuré par la FFCC.

AIX LES BAINS

14 km N. Chambéry. 260 m. 23534 hab. ✉ 73100

INTERNATIONAL DU SIERROZ ★★★ Tourisme 280 E., dont 36 CC, 4,5 ha. H.S., . Rivière à 20 m. Lac à 50 m. à 50 m : ; à 100 m : ; à 300 m : ; à 800 m : . Bld Barrier, 200 m RN 201, au Pont de Sierroz, 3 km du centre ville. ☎ 04 79 61 21 43 / 04 79 88 68 00 (H.S.) / 04 79 88 68 00 (H.S.). Fax : 04 79 61 21 43. E-mail : campingsierroz@aixlesbains.com, Web : www.aixlesbains.com/campingsierroz.

LE PECHEUR ★★ Tourisme 41 E. 0,7 ha. CV. Locations : 5. Lac à 100 m. à 100 m : . Ouv : 1.2 / 31.12. 160, avenue du Petit Port. Accès RN 201 côté Aix Sud, 50 m à droite après Mac Donald's. ☎ 06 81 16 79 75 / 069 76 29 91 17 (H.S.). Fax : 04 79 54 77 77. E-mail : louis-paris@wanadoo.fr. Prix 2008. Fft jour : Empl. Tourisme (2) : 10,6 € () ; Sup : 2,60 € - de 10 ans 1,60 € ; 2,50 €. Réduction H.S.

FFCC : partenaire + réduction emp. de 5 % en saison et 10 % hors saison + réduction loc. de 10 % hors saison.

CAMP MUNICIPAL SAISONNIER LE SIERROZ Tourisme Saisonnier 20 E. 1 ha. H.S., . Rivière à 20 m. Lac à 50 m. à 50 m : ; à 100 m : ; à 300 m : ; à 800 m : . Boulevard Barrier, 200 m RN 201, au Pont de Sierroz. ☎ 04 79 61 21 43 / 04 79 88 68 00 (H.S.). Fax : 04 79 61 21 43. E-mail : campingsierroz@aixlesbains.com, Web : www.aixlesbains.com/campingsierroz.

ALBENS

11-C1 25 km N.-N.-E. Chambéry. 355 m. 2150 hab. ✉ 73410

BEAUSEJOUR ★ Tourisme 100 E. 1,9 ha. CV. Locations : , . Rivière à 500 m. Accueil groupes. Ouv : 1.6 / 20.9. La Rippe, RD 491. D'Albens dir. place de l'Eglise. ☎ 04 79 63 06 20 / 04 79 54 15 20 (H.S.). E-mail : martine.picon@club-internet.fr, Web : www.campingbeausejour-albens.com. Prix 2007. Empl. Tourisme : 2 € () ; 2 € ; 2 € ; 4 € ; 2 € ; 2,20 € ; - de 7 ans 1,70 € ; 3 €.

ALBERTVILLE

50 km N.-E. Chambéry. 340 m. 17537 hab. ✉ 73200

LA MALADIERE ★★ Tourisme 16 E. 0,3 ha. Sanitaire chauffé. Locations : . Rivière à 300 m. Etang à 2 km.Lac à 3 km. RD 990. Albertville sortie Est Conflans. ☎ 04 79 37 80 44 / 06 80 59 33 59. Fax : 04 79 37 80 44.

CAMP MUNICIPAL DES ADOUBES ★ Tourisme 134 E. 2,5 ha. Accès direct à la rivière. Lieu-dit Barbet, 150 m RN 90 et 200 m Nord de la commune. ☎ 04 79 32 06 62 / 04 79 32 04 22. Fax : 04 79 32 87 09. E-mail : sylvaine.bouchet@albertville.com, Web : www.albertville.com.

LES ALLUES

11-D2 30 km S.-E. Albertville. 1125 m. 1250 hab. ✉ 73550

LE MARTAGON ★★ Tourisme 15 E. Locations : . Village Le Raffort. ☎ 04 79 00 56 29. Fax : 04 79 00 44 92.

ATTIGNAT ONCIN

11-C2 32 km S.-O. Chambéry. 590 m. 397 hab. ✉ 73610

AU RENDEZ-VOUS DE LA NATURE, camping à la ferme . A 500 m : . A 3 km: . A 10 km : Piscine plein air. Le Rendez-Vous de la Nature, Les Chapelles, par RN 521, 3 km Nord de la commune, à proximité de la ferme. Pré, lac à 3 km. ☎ 04 79 44 12 25.

M. BALMAIN Raymond (1er terrain) . A 500 m : . A 2 km: . A 3 km : . A 4 km : . A 10 km : Piscine plein air. Le Signal, La Génaz, par RD 39, à 2 km Nord de la commune, à proximité de la ferme. Pré herbeux, lac à 2 km. Salle de réunion. ☎ 04 79 36 07 29.

M. BALMAIN Raymond (2ème terrain) . A 500 m : . A 2 km: . A 3 km : . A 4 km : . A 10 km : Piscine plein air. Le Signal, La Génaz, par RD 39, à 2 km Nord de la commune, à proximité de la ferme. Pré herbeux, lac à 2 km. Salle de réunion. ☎ 04 79 36 07 29.

M. MARTIN Christian (1er terrain) CV. A 3 km: . A 4 km : . A 10 km : Piscine plein air. Le Rendez-Vous de la Nature, Les Chapelles, par RN 521, 3 km Nord de la commune, à proximité de la ferme. Pré. Lac à 3 km. Location de 2 caravanes. ☎ 04 79 44 12 25.

AUSSOIS

11-D3 38 kms E.-S.-E. St Jean de Maurienne. 1500 m. 501 hab. ✉ 73500

CARAVANEIGE MUNICIPAL LA BUIDONNIERE ★★★ Tourisme 160 E. 2,5 ha. CV Sanitaire chauffé. chauffée . Accueil groupes. 250 m CD 215. ☎ 04 79 20 35 58 / 04 79 20 30 80 (O.T.). Fax : 04 79 20 35 58. E-mail : info@aussois.com, Web : www.aussois.com.

LA BUIDONNIERE 1 Tourisme Saisonnier 59 E. dont 159 nus, 2 ha. CV Sanitaire chauffé. Accueil groupes. A 43 ou A 41 de Genève/Lyon/Valence sortie Modane. D 215. ☎ 04 79 20 35 58. Fax : 04 79 20 35 58. E-mail : info@aussois.com, Web : www.aussois.com.

AYN

11-C2 23 km O. Chambéry 559 m. 288 hab. ✉ 73470

M. BELLEMIN Noël-Yves . A 5 km: . Vetonne. ☎ 04 79 28 99 82.

LA BATHIE

11-D2 8 km S.-E. Albertville. 360 m. 1806 hab. ✉ 73540

LE JOLI MONT ★★ Tourisme 65 E. 1 ha. CV. Locations : . Rivière à 1 km.Etang à 4 km. à 1 km : . 400 m RD 66 et 200 m RN 90. Sortie Albertville dir. Moutiers n° 33. ☎ 04 79 89 61 13 / 04 79 89 65 59 (H.S.). E-mail : camping.joli.mont@wanadoo.fr, Web : www.chez.com/jolimont.

LE TARIN ★★ Tourisme 43 E. 2 ha. Sanitaire chauffé. Rivière à 500 m. Etang à 4 km. . O ☎ 04 79 89 60 54.

BEAUFORT

19 km E.-N.-E. Albertville. 760 m. 1976 hab. Village de neige ✉ 73270

CAMP MUNICIPAL DOMELIN ★★ Tourisme 100 E. 2 ha. Sanitaire chauffé. Accès direct à la rivière. Etang à 1,5 km. ; . RD 925. 1,5 km du village. 1,5 km de la base de loisirs. ☎ 04 79 38 33 88 / 04 79 38 33 15 (H.S.). Fax : 04 79 38 35 17.

LES AMIS ★★ Tourisme 64 E. dont 60 nus, 1 ha. partiel, + sèche-linge, CV. Locations : 5 . Rivière à 3 m. Etang et lac à 1 km. . Accueil groupes. Ouv : 15.6 / 15.9. Lieu-dit l'Ami. RD 218. A 4 km d'Arêches et 9 km de Beaufort. Au pied du barrage de St-Guérin. ☎ 04 79 38 12 07 / 04 79 38 14 65 (H.S.). Fax : 04 79 38 12 07. E-mail : info@campinglesamis.com, Web : www.campinglesamis.com. Prix 2007. Fft jour : Empl. Tourisme (2) : 12,20 € ( ) ; Sup : 2,90 € - de 4/12 ans 1,60 € ; 2,20 € (12 A). Fft Ccar : 12,80 € (2). Fft Tente : 10,5 € (2).

LES SOURCES ★★ Tourisme 60 E., dont 3 HLL, 1 ha. . Le Fontanus. ☎ 04 79 38 31 77 / 04 79 38 33 81 / 04 79 38 33 81 (H.S.). Fax : 04 79 38 31 77. E-mail : campingdessources@libertysurf.fr, Web : www.roselend.com. Réduction H.S.

BELLECOMBE EN BAUGES

11-C1 42 km N.-E. Chambéry. 840 m. 350 hab. Station verte de vacances et village de neige ✉ 73340

Mme PRICAZ Sophie, aire naturelle CV. A 2 km: . A 7 km : . Les Framboisiers. D 911 et 912. ☎ 04 79 63 36 33 / 06 30 47 51 99. E-mail : camping-les-framboisiers@wanadoo.fr.

BELLENTRE

11-D2 25 km S.-E. Albertville. 743 m. 631 hab. ✉ 73210

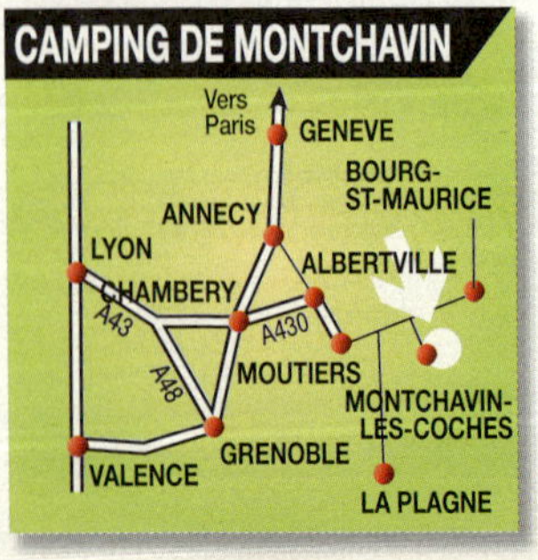

MONTCHAVIN ★★ Tourisme 90 E. (67 Tourisme + 23 Loisirs) 1 ha. CV Sanitaire chauffé. Rivière à 5 km. à 200 m : ; à 5 km : . Accueil groupes. Ouv : 1.1 / 30.9 & 1.11 / 31.12. RN 90 puis D 225. A Bellentre suivre dir. Montchavin/Les Coches. Patinoire et piscine du village gratuites en été pour les campeurs. ☎ 04 79 07 83 23. Fax : 04 79 07 80 18. E-mail : info@montchavin-lescoches.com, Web : www.montchavin-lescoches.com. Prix 2008. Fft jour : Empl. Tourisme (2) : 12,80 € ( ) ; Sup : 4,40 € - de 6 ans 2,55 € ; 3,80 à 7,60 € (4 à 10 A). Réduction H.S.

BELMONT TRAMONET

11-C2 35 km O. Chambéry. 280 m. 341 hab. ✉ 73330

LES 3 LACS ★★★★ Tourisme 100 E. dont 65 nus, 5 ha. CV. Locations : 29 , 5 . Accès direct à la rivière. Etang à 500 m. ; ; ; . Ouv : 1.5 / 21.9. Les Chaudannes, sur D 916. A 2 km de l'A 43 sortie 11 St-Génix-sur-Guiers. ☎ 04 76 37 04 03. Fax : 04 76 37 37 60. E-mail : info@les3lacs.com, Web : www.les3lacs.com. Prix 2007. Fft jour : Empl. Tourisme (2) : 25 € ( ) ; Sup : 6,50 € 5 € ; 3,50 à 4,50 € (6 à 10 A) ; Animaux 2,50 €.

FFCC : partenaire - terrain assuré par la FFCC + réduction emp. de 5 % en saison et 15 % hors saison + carte FFCC assurance annulation + réduction loc. de 10 % hors saison.

PARC RESIDENTIEL DE LOISIRS P.R.L. 15 E. 0,27 ha. Locations : , . Etang et rivière à 100 m. Ouv : 1.1 / 31.12. Le Gué d'Avaux. 12 km du Lac d'Aiguebelette. Sortie A 43 les Abrets et Belmont-Tramonet CD 916 A. Location exclusive de chalets, mobile-homes. Vente de chalets et ☎ 04 76 37 31 97. Fax : 04 76 37 36 19.

BESSANS

11-E2 65 km N.-E. Saint-Jean-de-Maurienne. 1742 m. 250 hab. ✉ 73480

L'ILLAZ ★★ Tourisme 100 E. Locations : , . Accès direct aux bords du lac et à la rivière. ; ; ; . ☎ 04 79 05 83 31.

LA BIOLLE

11-C1 22 km N. Chambéry. 380 m. 1074 hab. ✉ 73410

LE CLOS DES FOURCHES ★★ Tourisme 50 E. 1,3 ha. CV Sanitaire chauffé. Locations : 4. à 5 km : , . Ouv : 1.1 / 31.12. Sur RD 201, dir. A nnecy puis prendre RD 991 au sommet de la côte, dans le village Salle de loisirs. ☎ 06 81 16 79 75 / 06 76 29 91 17 (H.S.). E-mail : locations.louis-paris@wanadoo.fr, Web : perso.wanadoo.fr/campings-locations/Index.htm. Prix 2000. Empl. Tourisme : 3,10 € () : 1,80 € ; 4,90 € ; 2 € ; - de 10 ans 1,40 € ; 2,50 €. Réduction H.S.

FFCC : partenaire + réduction emp. de 5 % en saison et 10 % hors saison + réduction loc. de 10 % hors saison.

M. BERNARD Jean-Paul,aire naturelle Le Meyrieux CV. A 2 km: . A 3 km : . A 5 km : . A 6 km : . A 8 km : Piscine plein air . A 10 km : . Ouv : mai / octobre. 2267 route de la Chambotte, à 2,5 km de la commune. Possibilité de gardiennage. Visite de la ferme. Proche des Thermes d'Aix les Bains. ☎ 04 79 54 72 01. E-mail : jean-paul.bernard31@wanadoo.fr. Prix 2007. Fft jour : Empl. Tourisme (2) : 7,30 € ()

M. GOURY Gilbert,aire naturelle Sous la Colline(1er terrain) CV. A 2 km: . A 3 km : . A 8 km : . A 10 km : Piscine plein air. Vilette, 3 km de la commune. Pré herbeux. Ombragé. Salle commune. Delta plane à 6 km. Tarifs spéciaux hors saison. Pré herbeux. Ombragé. Salle commune . Delta plane à 6 km. Tarifs spéciaux hors saison. ☎ 04 79 54 76 79. Fax : 04 79 54 70 70. E-mail : souslacolline@wanadoo.fr.

M. PARIS Louis,aire naturelle de camping CV. A 300 m : . A 1 km: . A 5 km : . A 6 km : . Le Clos François. Accès par RN 201, à 400 m du bourg. Pré herbeux. Eau chaude sur bacs à vaisselle. Local pour pers. handicapés. ☎ 06 81 16 79 75 / 06 76 29 91 17 (H.S.). Fax : 04 79 54 77 77. E-mail : louis-paris@wanadoo.fr, Web : perso.wanadoo.fr/campings-locations/index.htm. Prix 2007. Fft jour : Empl. Tourisme (2) : 9 € Sup : 2 € - de 10 ans 1,50 € ; 2,50 € (5 A). Réduction H.S.

FFCC : partenaire + réduction emp. de 5 % hors saison + réduction loc. de 5 % hors saison.

M. ROSSET François,aire naturelle La Colombière CV. A 2 km: . A 7 km : . A 8 km : Piscine plein air . Longefan. 3 km Nord-Est de la commune dir. St-Germain La Chambotte. Terrain plat en bordure de montagne. VTT. ☎ 04 79 54 77 01 / 04 50 68 28 09. E-mail : untessor@aol.com.

BOURG ST MAURICE

10 km S.-E. Albertville. 820 m. 6712 hab. ✉ 73700

LE VERSOYEN ★★★ Tourisme 200 E. dont 180 nus 3,5 ha. , + salle séchage, CV Sanitaire chauffé. Locations : 12 , 2 . . Rivière à 200 m. ; à 100 m : . Accueil groupes. Ouv : 15.12 / 4.5 & 31.5 / 1.11. Rés. obligatoire en été. 300 m RN 90. ☎ 04 79 07 03 45. Fax : 04 79 07 25 41. E-mail : leversoyen@wanadoo.fr, Web : www.leversoyen.com. Prix 2008. Fft jour : Empl. Tourisme (2) : 15,12 € () ; Sup : 5,26 € - de 7/13 ans 5,11 € ; 4,60 à 5,20 € (4 à 10 A) ; Animaux 1 €. Fft Ccar : 14,02 € (2). Réduction H.S.

FFCC : partenaire - terrain assuré par la FFCC + réduction emp. de 10 % en saison et hors saison.

VALLEE HAUTE RENOUVEAU ★★★ Tourisme 40 E. 0,5 ha. , + salle séchage, . Rivière à 150 m. kayak : ; . Sur CD 220, 300 m RN 90, à 100 m de l'Isère au Pont des Raves. Sanitaires chauffés. ☎ 04 79 07 18 07.

LE BOURGET DU LAC

10 km N. Chambery. 260 m. 2570 hab. ✉ 73370

CAMP INTERNATIONAL DE L'ILE AUX CYGNES ★★★ Tourisme 267 E. dont 267 nus, , dont 20 CC, 4 ha. , + sèche-linge, CV. Locations : , , . Rivière à 10 m. Lac à 100 m. Etang à 500 m. ; ; ; ; ; . Accueil groupes. Ouv : 26.4 / 28.9. Rés. obligatoire en été. La Croix Verte, 400 m RN 504. Pistes cyclables en accès direct. ☎ 04 79 25 01 76 / 04 79 26 12 12 / 04 79 26 12 12 (Mairie) (H.S.). Fax : 04 79 25 32 94. E-mail : camping@bourgetdulac.com, Web : www.bourgetdulac.com. Prix 2008. Empl. Tourisme : 5 € ; 5 € ; 4,20 € ; - de 2/7 ans 2 € ; Animaux 1,60 €. Réduction H.S

BOZEL

11-D2 41 km S.-E. Albertville. 862 m. 1504 hab. ✉ 73350

LE CHEVELU ★★ Tourisme 200 E. dont 180 nus, 3 ha. , snack, , + sèche linge, CV. Accès direct à la rivière. Lac à 300 m. ; à 300 m : , , . Accueil groupes. Ouv : 15.6 / 15.9. Lieu-dit Chevelu. Sortie de Bozel, dir. Pralognan. ☎ 04 79 22 04 80 / 08 77 32 48 93 (H.S.). Fax : 04 79 22 02 03. E-mail : direction@camping-bozel.com, Web : www.camping-bozel.com. Prix 2008. Fft jour : Empl. Tourisme (1) : 8,50 € () ; Sup : 3 € - de 10 ans 2,50 € ; 3 à 4,50 € (6 à 10 A) ; Animaux 1 €.

FFCC : partenaire + réduction emp. de 10 % en saison + carte FFCC assurance annulation + Stop accueil Camping-car du 15/06 au 15/09/2008, accès jusqu'à 21h.

BRAMANS

11-E3 40 km E. Saint-Jean-de-Maurienne. 1230 m. 303 hab. ✉ 73500

CAMP MUNICIPAL LE VAL D'AMBIN ★★ Tourisme 160 E. 5 ha. CV Sanitaire chauffé. Locations : 10. Accès direct à l'étang. Rivière à 500 m. Accueil groupes. Ouv : 1.5 / 30.10. Plan de l'Eglise, 500 m RN 6. ☎ 04 79 05 03 05 / 06 16 51 90 91 / 04 79 05 22 88 (H.S.). Fax : 04 79 05 23 16. E-mail : campingdambin@aol.com, Web : www.camping-bramansvanoise.com. Prix 2008. : 3 € ; 1,60 € ; 3,90 € ; 3 € ; 2,80 € ; - de 7 ans 1,70 € ; 3,40 à 4,80 € (6 à 9 A) ; Animaux 1,60 €.

BRIDES LES BAINS

11-D2 33 km S.-E. Albertville 580 m. 583 hab. ✉ 73570

LA PIAT ★★ Tourisme 80 E. 2,5 ha. CV Sanitaire chauffé. Locations : 5, 2. Rivière à 500 m. à 7 km :. Ouv : 12.4 / 12.10. Situé au pied des 3 vallées, Chambéry/Moutiers/Brides-les-Bains. ☎ 04 79 55 22 74 / 06 15 92 81 95 (H.S.). Fax : 04 79 55 28 55. E-mail : campinglapiat@wanadoo.fr. Prix 2007. Empl. Tourisme : 3,80 € ; 3,10 € ; - de 12 ans 1,60 € ; 1,70 à 3,60 € (3 à 10 A) ; Animaux 0,80 € (chiens). Réduction H.S.

CHALLES LES EAUX

11-C2 6 km S.-E. Chambéry. 290 m. 2744 hab. ✉ 73190

CAMP MUNICIPAL LE SAVOY ★★★ Tourisme 110 E. dont 94 nus 2,2 ha. CV Sanitaire chauffé. Locations : 6, 1, 3. Accès direct aux bords du lac. ; . Ouv : 12.4 / 30.9. 50 m RN 6, à l'entrée de la commune. ☎ 04 79 72 97 31. Fax : 04 79 72 97 31. Prix 2007. 2,65 € ; 1,30 € ; 4,10 € ; 2,35 € ; 3,10 € ; - de 12 ans 1,30 € ; 2,35 à 5,05 € ; Animaux 0,90 €.

M. DUISIT Henri,aire naturelle A 500 m : . A 5 km: Piscine plein air. Rue Jean Moulin, Les Chassettes, 700 m de RN 6 (Chambéry/Montmélian), à 800 m de la commune. Pré, rivière à 300 m, lac St André à 3 km. Location exclusivement à la demande avec réservation. Acceptons passage nuitée. Ecrire à M. DUISIT Henri 91, rue Georges Clémenceau 73190 Challes-Les-Eaux. ☎ 04 79 72 81 48.

CHAMPAGNY EN VANOISE

11-D2 45 km S.-E. Albertville. 1500 m. 444 hab. ✉ 73350

CAMP MUNICIPAL LE CANADA ★★ Tourisme 120 E. 3 ha. CV. Accès direct à la rivière. Ouv : 15.6 / 15.9. RN 90 puis RD 915 (Moutiers/Pralognan) puis D 91. Accès délicat pour les caravanes (route en balcon). ☎ 04 79 55 03 41. Fax : 04 79 22 03 61. E-mail : champagny.mairie@wanadoo.fr. Prix 2007. Empl. Tourisme : 1,75 € ; 1,25 € ; 2,75 € ; - de 7 ans 1,55 € ; 4,55 €.

CHANAZ

11-C1 38 km N.-O. Chambéry. 232 m. 323 hab. ✉ 73310

CAMPING DES ILES

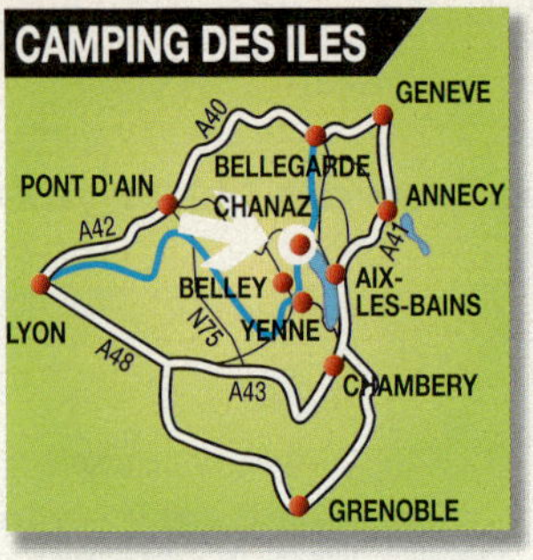

CAMP DES ILES ★★★ Loisirs 96 E. dont 27 nus, dont 5 HLL, 1 ha. CV. Locations : 10. Rivière à 10 m. Etang à 1 km.Lac à 3 km. ; à 3 km : . Accueil groupes. Ouv : 1.3 / 15.12. Rés. obligatoire en été. D 521. Par autoroute Lyon-Chambéry sortie à St-Genis/Guiers et Belley. ☎ 04 79 54 58 51. Fax : 04 79 54 58 51. Prix 2007. Empl. Tourisme : 4 € : 4 € ; 1,80 € ; 2,75 à 4,10 € ; Animaux 1,40 €.

LE CHATELARD

11-C1 40 km N.-E. Chambéry. 757 m. 559 hab. ✉ 73630

LES CYCLAMENS ★★★ Tourisme 34 E. 0,7 ha. visiteur, CV. Locations : 3. Rivière à 1 km.Etang et lac à 5 km. à 1 km : ; à 5 km : . Accueil groupes. Ouv : 15.5 / 15.9. Le Verney. Sortie autoroute Aix-les-Bains Nord (Massif des Bauges). Accès CD 911 Cusy/Lescheraines. ☎ 04 79 54 80 19 / 06 10 77 56 36 (H.S.). E-mail : info@camping-cyclamens.com, Web : www.camping-cyclamens.com. Prix 2007. Fft jour : Empl. Tourisme (2) : 11,30 € () ; Sup : 3,50 € - de 10 ans 2 € ; 2 € (2 A). Réduction H.S.

CHINDRIEUX

11-C1 25 km N.-N.-E. Chambéry. 285 m. 951 hab. ✉ 73310

LES PEUPLIERS ★★ Tourisme 64 E. dont 60 nus, dont 16 GCC, 1,5 ha. CV. Locations : 4. Lac à 200 m : ; à 1,7 km : . Accueil groupes. Ouv : 7.4 / 30.9. A 150 m de la RD 991. ☎ 04 79 54 52 36. Fax : 04 79 52 20 45. E-mail : contact@camping-lespeupliers.info, Web : www.camping-lespeupliers.info. Réduction H.S.

A LA BELLE ETOILE ★ Loisirs 40 E. 0,8 ha. Lac à 400 m. 100 m RD 56, à 500 m RN 514. ☎ 04 79 54 20 31.

CONJUX

11-C1 30 km N.-O. Chambéry. 250 m. 122 hab. ✉ 73310

CAMP MUNICIPAL DES BABELLES ★ Loisirs 30 E. 0,5 ha. Lac à 100 m. ; ; ; ☎ 04 79 54 25 40.

LA COTE D AIME

11-D2 25 km S.-E. Albertville 980 m. 538 hab. ✉ 73210

LE BIOLEY ★★ Tourisme 25 E., dont 3 HLL. CV. Locations : . chauffée . Ouv : 1.5 / 30.9. RN 90 sortie Aime puis D 86 direction Versant du Soleil, la Côte d'Aime. Situé au dessus du village après les hameaux des Bergeries. ☎ 04 79 09 78 89 / 06 14 50 25 06 (H.S.). Fax : 04 79 09 78 89. E-mail : info@le-bioley.com, Web : www.le-bioley.com. Prix 2007. Empl. Tourisme : 5,50 € () : 3,20 € ; - de 12 ans 2,60 € ; 2,50 à 4 € (6 à 10 A).

M. OLLINET Noël,camping Vert CV. A 1,5 km: . A 6 km : . Par A 43 puis N 90 Albertville/Moutiers/Aime/La Côte d'Aime. A partir d'Aime suivre fléchage camping vert. ☎ 04 79 55 68 40 / 06 08 84 18 37 (H.S.). Fax : 04 79 55 68 40. E-mail : camping.vert@free.fr, Web : camping.vert.free.fr.

DETRIER

11-C2 30 km S.-E. Chambéry. 350 m. 209 hab. ✉ 73110

LE LAC SAINT CLAIR ★★ Tourisme 65 E. dont 55 nus, dont 2 HLL, 1,8 ha. CV. Locations : 8. Etang et lac à 50 m. Accueil groupes. Chemin de la Plaine. Sur D 525 à 300 m RD 925. Pataugeoire. ☎ 04 79 25 73 55 / 04 79 25 50 32 (Mairie). Fax : 04 79 25 78 25. E-mail : larochettesavoie.mairie@wanadoo.fr, Web : la-rochette.com. Réduction H.S.

DOMESSIN

11-C2 30 km O. Chambéry 380 m. 1271 hab. ✉ 73330

LES CHANTS D'OISEAUX ★★ Tourisme 30 E. 0,65 ha. CV. Locations : . Rivière à 500 m. à 500 m : . Accueil groupes. Gubin. A 43 sortie n° 11 Belmont en venant de Lyon et de Chambéry. ☎ 04 76 37 24 20 / 04 76 37 23 36. Fax : 04 76 37 24 20. E-mail : leschantsdoiseaux@free.fr. Réduction H.S.

ENTREMONT LE VIEUX

11-C2 20 km S. Chambéry. 826 m. 430 hab. ✉ 73670

L'OURSON ★★★ Tourisme 40 E. 1 ha. CV Sanitaire chauffé. Locations : . Rivière à 50 m. ; herbeuse : ; . Accueil groupes. Ouv : 1.1 / 31.12. Chambéry/Col du Granier/Entremont le Vieux. Réfrigérateur et congélateur gratuit. ☎ 04 79 26 05 63 / 04 79 65 83 77 / 06 89 09 34 98 (H.S.). Fax : 04 79 65 83 77. E-mail : les.trolles@free.fr, Web : www.campingourson.com. Prix 2007. Empl. Tourisme : 2,70 € () : 3,20 € ; - de 4/14 ans 2,50 € ; 2,70 à 5,40 €.

FFCC : partenaire + réduction emp. de 7 % en saison et hors saison + carte FFCC assurance annulation.

FLUMET

11-D1 22 km N. Albertville. 1000 m. 727 hab. ✉ 73590

LE VIEUX MOULIN ★★ Tourisme 80 E. dont 80 nus 1,5 ha. CV Sanitaire chauffé. Accès direct à la rivière. Lac à 1,2 km. ; à 1 km : .Accueil adultes. Ouv : 1.1 / 31.12. Ski alpin à 200 m. ☎ 04 79 31 70 06 / 06 88 48 43 86 (H.S.). Fax : 04 79 31 70 06. E-mail : armrey@hotmail.fr. Prix 2008. Empl. Tourisme : 4,40 € () : 6,40 € ; 4,40 € ; - de 6 ans 3,40 € ; 5,05 à 6,95 € (3 à 6 A) ; Animaux 1,20 €.

FONTCOUVERTE LA TOUSSUIRE

9 km S.-O. St-Jean-Maurienne 1182 m. 603 hab. ✉ 73300

DU COL ★★★ Tourisme 40 E., dont 1 HLL, 0,8 ha. CV Sanitaire chauffé. Locations : 1, 2, 2, 1 HLL. chauffée . . Accueil groupes. La Toussuire. ☎ 04 79 83 00 80. Fax : 04 79 83 03 67. E-mail : campingducol@free.fr. Réduction H.S.

LA GIETTAZ

11-D1 28 km N. Albertville 1100 m. 506 hab. Station verte de vacances et village de neige ✉ 73590

M. PORRET Dominique,camping Le Mégevan CV. A 6 km: . Ouv : 1.6 / 30.9. Route des Chalets. Chemin de Pierres sur 2,5 km. Tente uniquement. ☎ 04 79 32 93 64 / 04 79 31 78 31 (H.S.). E-mail : domi.porret@infonie.fr, Web : www.lemegevan.com. Prix 2008. Fft Tente : 10 € (2).

GRESY SUR AIX

11-C1 18 km N. Chambéry. 350 m. 1934 hab. ✉ 73100

CAMP MUNICIPAL ★★ Tourisme 38 E. ☎ 04 79 88 28 21 / 04 79 34 80 50 (Mairie) (H.S.).

M. PICON Francis (1er terrain) . Ouv : 1.5 / 31.10. Pont de Combet, par RN 201, à proximité de la ferme. Flanc de colline. ☎ 04 79 54 78 12. Prix 2007. Empl. Tourisme : 2,60 € ; 1,50 € ; 2,50 € (6 A).

M. PICON Francis (2ème terrain) . Pont de Combet, par RN 201, à proximité de la ferme. Flanc de colline, bord de rivière, lac à 4 km. ☎ 04 79 54 78 12.

HAUTELUCE

11-D1 25 km N.-E. Albertville. 1150 m. 820 hab. Village de neige ✉ 73620

LE GRAND TETRAS ★★★ Tourisme 33 E. 3 ha. CV Sanitaire chauffé. Locations : . Etang et lac à 2 km. ; . Accueil groupes. D'Albertville dir. Beaufort/Hauteluce/Les Saisies ou en arrivant par Sallanches, Megève/N-D de Bellecombe/Les Saisies. A 1700 m d'altitude, face au Mont-Blanc situé sur les pistes. ☎ 04 79 38 95 17. Fax : 04 79 38 95 17. E-mail : legrandtetras@club-internet.fr.

LANDRY

11-D2 50 km E. Chambéry. 750 m. 356 hab. ✉ 73210

L'EDEN ★★★★ Tourisme 132 E. (127 Tourisme + 5 Loisirs) 2,7 ha. + salle séchage, CV Sanitaire chauffé. Locations : . chauffée . Accès direct à la rivière. ; à 3 km : . Accueil groupes sur réservation préalable obligatoire. Albertville RN 90, D 87 (6 km avant Bourg St-Maurice). ☎ 04 79 07 61 81. Fax : 04 79 07 61 81. E-mail : info@camping-eden.net, Web : www.camping-eden.net. Réduction H.S.

LES GUILLES ★★ Tourisme 27 E. 0,31 ha. CV. Accès direct à la rivière. ; à 500 m : . Accueil groupes. De Chambéry N 90 jusqu'à Bellentre ensuite tourner à droite direction Landry. ☎ 04 79 07 08 89. Fax : 04 79 07 08 89.

LANSLEBOURG MONT CENIS

11-E2 53 km E. Saint-Jean-de-Maurienne. 1399 m. 530 hab. ✉ 73480

CAMP MUNICIPAL LES BALMASSES ★★ Tourisme 82 E. (67 Tourisme + 15 Loisirs) 2,5 ha. CV. Accès direct à la rivière. ; à 3 km : . Accueil groupes. Ouv : 1.6 / 20.9. A 100 m de la RN 6. A l'entrée du bourg. ☎ 04 79 05 82 83 / 04 79 05 91 56 (H.S.). Fax : 04 79 05 91 56. E-mail : info@camping-les-balmasses.com, Web : www.camping-les-balmasses.com. Prix 2008. () : 6,40 € ; - de 3/10 ans 3,10 € ; 2,20 à 4,30 €.

LANSLEVILLARD

11-E2 56 km E. Saint-Jean-de-Maurienne. 1500 m. 371 hab. ✉ 73480

CAMP MUNICIPAL ★★★ Tourisme 100 E. 3 ha. CV Sanitaire chauffé. Locations : . Rivière à 100 m. . Accueil groupes. Sur CD 902. Salle de séchage. ☎ 04 79 05 90 52 / 06 86 11 66 86. Fax : 04 79 05 90 52.

LEPIN LE LAC

11-C2 17 km O. Chambéry. 380 m. 191 hab. ✉ 73610

LE CURTELET ★★ Tourisme 94 E. dont 92 nus (92 Tourisme + 2 Loisirs) 0,9 ha. CV. Accès direct aux bords du lac. ; ; ; ; . Ouv : 15.5 / 30.9. Près CD 921. A 43 Lyon-Chambéry. ☎ 04 79 44 11 22. Fax : 04 79 44 11 22. E-mail : lecurtelet@wanadoo.fr, Web : www.camping-le-curtelet.com. Prix 2008. Fft jour : Empl. Tourisme (2) : 12 € ( ) ; Sup : 3,90 € - de 7 ans 2,40 € ; 2,30 à 3 € (2 à 6 A) ; Animaux 1,40 €. Réduction H.S.

LE FERRAND ★★ Tourisme 185 E., dont 5 HLL, 3 ha. . Locations : , . Lac et rivière à 20 m. ; ; ; ; . Accueil groupes. Sur RN 521. ☎ 04 79 36 01 50.

LE MONT GRELE ★★ Loisirs 80 E. 1,8 ha. CV. Locations : , 4 , 1 , . . Lac à 5 m. ; ; ; . 50 m RD 525. ☎ 04 79 36 06 64. Fax : .

LES PEUPLIERS ★★ Tourisme 157 E., dont 2 HLL, 5 ha. . Locations : . Accès direct aux bords du lac. ; ; ; . 50 m RN 521. ☎ 04 79 36 00 48 / 04 79 44 02 48. Fax : 04 79 44 12 48.

LESCHERAINES

11-C1 27 km N.-E. Chambéry. 651 m. 440 hab. ✉ 73340

CAMP MUNICIPAL DE L'ILE ★★★ Tourisme 250 E. (210 Tourisme + 40 Loisirs), dont 83 GCC - 5 HLL, 5 ha. , pain, CV. Locations : 5 , 6 , 5 . Accès direct à l'étang et aux bords du lac. Rivière à 50 m. ; ; à 300 m : , , . Accueil groupes. Ouv : 19.4 / 28.9. D'Annecy, prendre Seynod dir. Aix-les-Bains puis dir. Massif des Bauges. ☎ 04 79 63 80 00 / 04 79 63 32 64 (H.S.). Fax : 04 79 63 38 78. E-mail : camping-lescheraines@wanadoo.fr, Web : www.iles-du-cheran.com. Prix 2007. Fft jour : Empl. Tourisme (2) : 12,50 € (E. CC) ; Sup : 3,60 € - de 7 ans 1,90 € ; 1,80 à 2,55 € (6 à 10 A) ; Animaux 1,40 €. Réduction H.S.

LES MARCHES

11-C2 11 km S.-E. Chambéry. 327 m. 1233 hab. ✉ 73800

LA FERME DU LAC ★★★ Tourisme 100 E. dont 61 nus 2,6 ha. CV. Locations : 1 , 8 , . Lac à 300 m. ; à 300 m : . Accueil groupes. encadrés. Ouv : 15.4 / 30.9. 400 m RN 90, dir. A 43 (Chambéry-Grenoble) sortie Les Marches. ☎ 04 79 28 13 48. Fax : 04 79 28 13 48. E-mail : campinglafermedulac@wanadoo.fr. Prix 2007. Empl. Tourisme : 4,60 € ; 4 € ; - de 10 ans 2 € ; 2,60 € (10 A) ; Animaux 1 €. Fft Ccar : 9,60 € (2). Réduction H.S.

FFCC : partenaire + réduction emp. de 5 % hors saison + carte FFCC assurance annulation + Stop accueil Camping-car du 15/04 au 30/09/2008, accès jusqu'à 23h.

MARTHOD

11-D1 7 km N. Albertville. 520 m. 1145 hab. ✉ 73400

LE LAC DE MARTHOD ★★ Tourisme 85 E. 0,77 ha. CV. . Etang à 30 m. . Accueil groupes. La Plaine. RN 212 et CD 103. ☎ 04 79 37 65 64 / 04 79 37 62 07 (H.S.). Fax : 04 79 37 63 09. E-mail : mairie.marthod@wanadoo.fr, Web : www.marthod.fr.

MODANE

11-D3 29 km E.-S.-E. St-Jean-de-Maurienne. 1065 m. 4877 hab. ✉ 73500

CAMP DES COMBES ★★ Tourisme 55 E. 3 ha. , snack, CV Sanitaire chauffé. Locations : 1 , 3 , . . Rivière à 1 km.Etang à 2 km. à 500 m : ; à 1 km : . Route de Bardonnèche, N 6. Dans Modane direction Valfréjus-Turin A 43. Refuge 8 places. ☎ 04 79 05 00 23 / 06 85 18 20 95. Fax : 04 79 05 00 23. E-mail : camping-modane@wanadoo.fr.

MONTCHAVIN

✉ 73210

MONTCHAVIN Voir BELLENTRE

MONTGIROD

11-D2 42 km S.-E. Albertville. 1150 m. 416 hab. ✉ 73210

LA PIAT Voir BRIDES LES BAINS

MONTVALEZAN

11-E2 20 km N.-E. Albertville. 1850 m. 503 hab. ✉ 73700

LA FORET ★★ Tourisme 67 E., dont 16 HLL. CV Sanitaire chauffé. Locations : 1 , 1 . chauffée . La Rosière. RN 90. ☎ 04 79 06 86 21. Fax : 04 79 40 16 25. E-mail : campinglaforet@free.fr, Web : www.campinglaforet.free.fr.

NANCES

11-C2 17 km N.-O. Chambéry. 450 m. 188 hab. ✉ 73470

L'AMBROISIERE ★★ Loisirs 187 E., dont 2 HLL, 3 ha. CV. Locations : 2 , , 12 . Accès direct aux bords du lac. ; ; ; ; . Sur CD 921 et A 43. Jacuzzi. Sauna. Mini snack. ☎ 04 79 36 04 76. Fax : 04 79 44 12 06. Web : www.campingambroisiere.com.

NOTRE DAME DU PRE

11-D2 27 km S.-E. Alberville. 1275 m. 355 hab. ✉ 73600

CAMP MUNICIPAL DU ROCHER DE GLAISY ★ Tourisme 25 E. CV. Accueil groupes. N'accepte pas les caravanes. ☎ 04 79 24 10 69 / 04 79 24 01 74. Fax : 04 79 24 54 82.

NOVALAISE

11-C2 18 km N.-O. Chambéry. 430 m. 1017 hab. ✉ 73470

LE GRAND VERNEY ★★★ Loisirs 114 E. (39 Tourisme + 75 Loisirs), dont 45 GCC, 2,5 ha. CV. Locations : 10 , 1 . chauffée . Lac à 800 m. à 800 m : , , . Le Neyret. ☎ 04 79 36 02 54. Fax : 04 79 36 06 60. E-mail : camping-le.grand.verney@wanadoo.fr.

FFCC : partenaire - terrain assuré par la FFCC.

LES CHAVANNES ★★★ Tourisme 160 E. (88 Tourisme + 72 Loisirs), dont 8 HLL, 3 ha. , pizza, CV. Locations : 8 , 2 , 1 . . Lac à 600 m. ; à 600 m : , . Le Neyret. Embarcadère. ☎ 04 79 36 06 38 / 06 12 63 96 78 / 06 12 63 96 78 (H.S.). Fax : 04 79 36 04 92. E-mail : damian_tissot.patrick@libertysurf.fr.

L'ARBAZ ★ Loisirs 66 E. . Accès direct aux bords du lac. ; ; .

LE PRE D'ARGENT ★ Loisirs 43 E. 1 ha. . Accès direct aux bords du lac. ; . A Bouvent. ☎ 04 79 36 02 11.

ORELLE

11-D3 20 km S.-E. Saint-Jean-de-Maurienne. 950 m. 351 hab. ✉ 73140

CAMP MUNICIPAL ★ Tourisme 33 E. ☎ 04 79 56 55 76 (Mairie).

PEISEY NANCROIX

11-D2 54 km S.-E. Albertville. 1350 m. 481 hab. 73210

LES LANCHETTES ★★★ Tourisme 90 E. 2,2 ha. pain, CV Sanitaire chauffé. Locations : 7. Accès direct à la rivière. Etang à 5 km. Autoroute jusqu'à Albertville puis N 90 et D 87. A l'entrée du Parc National de la Vanoise. ☎ 04 79 07 93 07. Fax : 04 79 07 88 33. E-mail : lanchettes @free.fr, Web : www.camping-lanchettes.com.

PRALOGNAN LA VANOISE

11-D2 55 km S.-E. Albertville. 1425 m. 634 hab. 73710

LE PARC ISERTAN ★★★ Tourisme 238 E., dont 3 HLL, 4,5 ha. CV Sanitaire chauffé. Locations : 3, 2. Rivière à 50 m. BP 19. Chalet refuge de 70 lits. Piscine à 50 m. Parc National de la Vanoise (randonnées, escalades). ☎ 04 79 08 75 24. Fax : 04 79 08 74 13. E-mail : isertan@pralo.com, Web : www.camping-isertan.com. Prix 2007. Fft jour : Empl. Tourisme (2) : 18 € Sup : 5,40 € - de 5/10 ans 3,50 € ; 3,50 à 5,50 € (2 à 10 A) ; Animaux 1 €.

CAMP MUNICIPAL LE CHAMOIS ★★ Tourisme 200 E. 3 ha. Accès direct à la rivière. ☎ 04 79 08 71 54. Fax : 04 79 08 78 77.

PRESLE

11-C2 35 km S.-E. Chambéry. 620 m. 284 hab. 73110

COMBE LEAT ★★ Tourisme 50 E. 1 ha. CV. Locations : 9. ☎ 04 79 25 54 02.

LES PLAGNES ★ Tourisme 30 E. Locations : ☎ 04 79 25 52 29.

QUEIGE

11-D1 9 km N.-E. Albertville. 600 m. 642 hab. Village de neige 73720

CAMP MUNICIPAL DES GLIERES ★ Tourisme 33 E. 0,15 ha. Accès direct à la rivière. A Albertville, dir. Beaufort/Donon. ☎ 04 79 38 02 97 / 04 79 38 00 91 (Mairie). Fax : 04 79 38 02 64.

LA ROCHETTE

3262 hab. 73110

LE LAC SAINT CLAIR Voir DETRIER

ROSIERE

73700

LA FORET Voir MONTVALEZAN

RUFFIEUX

11-C1 35 km N. Chambery. 296 m. 454 hab. 73310

CAMP DE SAUMONT ★★★ Tourisme 66 E. (56 Tourisme + 10 Loisirs) 3,8 ha. CV Sanitaire chauffé. Locations : 15, 4. 2. Rivière à 2 km.Lac à 5 km. ; canoë. Accueil groupes. Ouv : 1.5 / 30.9. A l'intersection CD 904 et 991. ☎ 04 79 54 26 26. Fax : 04 79 54 26 26. E-mail : camping-saumont @wanadoo.fr, Web : www.campingsaumont.com. Réduction H.S.

ST ALBAN DE MONTBEL

11-C2 40 km O. Chambéry. 400 m. 226 hab. 73610

BASE DE LOISIRS DU SOUGEY ★★★★ Tourisme 159 E. (113 Tourisme + 46 Loisirs), dont 14 HLL, 3 ha. CV. Locations : 8, 3. Lac à 300 m. ; à 300 m. Ouv : 1.5 / 15.9. Rés. obligatoire en été. A 43 (Lyon-Chambéry) sortie Lac d'Aiguebelette dir. St Alban de Montbel. ☎ 04 79 36 01 44. Fax : 04 79 44 19 01. E-mail : info@camping-sougey.com, Web : www.camping-sougey.com. Prix 2007. Fft jour : Empl. Tourisme (2) : 19,40 € (E. CC) ; Sup : 3,50 €Animaux 1,60 €. Réduction H.S.

LE BELLEVUE ★★ Tourisme 75 E. dont 75 nus (55 Tourisme + 20 Loisirs). 1.7 / 15.8, 1.7 / 15.8, CV. Accès direct aux bords du lac. ; Ouv : 1.4 / 31.10. A 43. Lac d'Aiguebelette. RD 921. Lac Rive Ouest. ☎ 04 79 36 01 48. Fax : 04 79 44 14 35. E-mail : camping.bellevue@wanadoo.fr, Web : www.bellevuecamping.com. Prix 2008. Fft jour : Empl. Tourisme (2 1) : 12,70 € (); Sup : 4,30 € - de 4/10 ans 2,15 € ; 3,30 à 4,80 € (6 à 10 A) ; Animaux 0,90 €.

L'ARBAZ ★ Loisirs 41 E. Lotissement Donzière. ☎ 04 79 36 04 10.

LES LODGES DU LAC ★ 20 E., dont 8 HLL. CV. Locations : 7. Accès direct à la rivière. Lac à 300 m. Accès par A 43 péage Aiguebelette le lac. ☎ 04 79 36 00 10 (H.S). Fax : 04 79 44 10 57.

ST BERON

11-C2 32 km S.-O. Chambéry 313 m. 1198 hab. 73520

M. JEANTET René,aire naturelle la Londagne CV. A 2 km: . A 5 km : . A 7 km : Piscine plein air. RN 6 Pont-de-Beauvoisin, Les Echelles. Autoroute Lyon-Chambéry sortie Nances dir. Pont-de-Beauvoisin. ☎ 04 76 31 13 70. Fax : 04 76 31 13 70.

ST COLOMBAN DES VILLARDS

11-D2 20 km N.-O. Saint-Jean-de-Maurienne. 1105 m. 204 hab. 73130

LA PERRIERE ★★ Tourisme 46 E. 2 ha. Sanitaire chauffé. Etang à 100 m. Route du Col du Glandon. 10 km de la A 43. Au départ de sentiers de randonnée et VTT. ☎ 04 79 56 50 26. Fax : 04 79 56 04 46. E-mail : camping.laperriere@wanadoo.fr, Web : www.caron-hebergements-et-loisirs.fr.

ST FRANC

11-C2 31 km S.-O. Chambéry. 700 m. 131 hab. 73360

M. & Mme CURTET CV. A 2 km: . A 6 km : Piscine plein air. A 7 km : . A 10 km : . Ouv : 1.4 / 31.10. L'Orée du Bois, Le Trépu, D 1006 et RD 39, à 1 km Sud de la commune, à proximité de la ferme. Pré, herbeux, bois. Dans le Parc Naturel Régional de Chartreuse. Sentier GR 9 à 4 km. ☎ 04 76 31 10 57. E-mail : campingcurtet@hotmail.fr, Web : persocite.francite.com/cecilecurt. Prix 2008. Fft jour : Empl. Tourisme (2) : 6,90 € () ; Sup : 2,10 € - de 7 ans 1,20 € ; 2,30 € (10 A) ; 1 € ; Animaux 0,50 €.

ST GENIX SUR GUIERS

11-C2 40 km O.-N.-O. Chambéry. 240 m. 1692 hab. 73240

CAMP LES BORDS DU GUIERS ★★ Tourisme 67 E. 2 ha. snack, CV. Locations : . Accès direct à la rivière. ; à 3 km : . Ouv : 28.4 / 28.9. Le Guiers, route de Pont de Beauvoisin. ☎ 04 76 31 71 40. Fax : 04 76 65 67 35. E-mail : info@lesbordsduguier.com, Web : www.lesbordsduguier.com. Prix 2008. Fft jour : Empl. Tourisme (2) : 20 € () ; Sup : 4,50 € - de 2/10 ans 3 € ; Animaux 1,50 €. Réduction H.S.

ST JEAN DE CHEVELU

11-C1 19 km N.-O. Chambéry. 325 m. 307 hab. 73170

LES LACS ★★ Tourisme 120 E. 1,6 ha. CV. Locations : 2, 4. Accès direct aux bords du lac. ; . La Courbe, sur RD 210. RN 504 après le tunnel du Chat. ☎ 04 79 36 72 21. Fax : 04 79 36 72 21. Web : camping-des-lacs@wanadoo.fr. Réduction H.S.

ST JEAN DE COUZ

11-C2 14 km S.-O. Chambéry. 630 m. 147 hab. 73160

LA BRUYERE ★★ Tourisme 60 E. (45 Tourisme + 15 Loisirs), dont 3 HLL, 0,9 ha. CV. Locations : 2. Rivière à 1 km. à 1 km : . Ouv : 20.4 / 10.10. Hameau Cote Barrier. Dir. A partir de Chambery dir. Les Echelles/Valence par RN 6. ☎ 04 79 65 79 11 / 04 79 65 74 27 (H.S.). Fax : 04 79 65 74 27. E-mail : camping-labruyere@orange.fr, Web : www.camping-labruyere.com. Prix 2007. Empl. Tourisme : 3 € ; 3,10 € ; - de 10 ans 2 € ; 2,90 à 4,50 € (6 à 10 A) ; Animaux 1 €. Réduction H.S.

FFCC : partenaire + réduction emp. de 5 % en saison et hors saison + carte FFCC assurance annulation + Stop accueil Camping-car du 20/04 au 07/10/2008 + réduction loc. de 5 % en saison et hors saison.

ST JEAN DE MAURIENNE

11-D2 72 km S.-E. Chambéry. 566 m. 10086 hab. 73300

CAMP MUNICIPAL LES GRANDS COLS ★★★★ Tourisme 65 E. dont 12 nus, 2 ha. snack, CV. Locations : 2, 6. à 2 km : . Accueil groupes. 422, avenue du Mont Cenis au pont d'Arvan, face à l'Espace Jeunes VIRAJ', sous les platanes. Par la A 43 et la RN 6, route de l'Italie axe Lyon/Turin sortie Saint-Jean-de-Maurienne. ☎ 04 79 64 28 02 / 06 64 09 77 48 (H.S.). Fax : 04 79 64 28 02. E-mail : info@campingdesgrandscols.com, Web : www.campingdesgrandscols.com.

ST MARTIN DE BELLEVILLE

11-D2 35 km S.-S.-E. Albertville. 1750 m. 1842 hab. 73440

G.C.U. DES MENUIRES Réservé aux adhérents. Adhésion possible sur place pour les sociétaires MAIF et FILIA MAIF. Dans la station.

ST MARTIN SUR LA CHAMBRE

11-D2 12 km N. St-Jean-de-Maurienne. 650 m. 420 hab. 73130

LE BOIS JOLI PARTIE BASSE ★★ Loisirs 64 E. CV. Locations : 4, 7, 14. Lac à 5 km. Accueil adultes. Ouv : 1.4 / 30.9. ☎ 04 79 56 21 28. Fax : 04 79 56 29 95. E-mail : camping-le-bois-joli@wanadoo.fr, Web : www.campingleboisjoli.com. Prix 2008. Fft jour : Empl. Tourisme (2) : 13 € () ; Sup : 3,40 € - de 7 ans 2,30 € ; 3,50 € (10 A) ; Animaux 1 €.

LE BOIS JOLI PARTIE HAUTE ★★ Tourisme 52 E. 4 ha. CV. Locations : 4, 7, 14, 2, 2. chauffée. Rivière à 2 km.Etang à 4 km. ; . RN 6 dir. Col de la Madeleine. A 43 sortie 26 La Chambre/Col de la Madeleine. Randonnées pédestres gratuites avec accompagnateur. ☎ 04 79 56 21 28. Fax : 04 79 56 21 28. E-mail : camping-le-bois-joli@wanadoo.fr, Web : www.campingleboisjoli.com.

LE PETIT NICE ★★ Tourisme 50 E. dont 20 nus, dont 5 HLL, 2 ha. CV Sanitaire chauffé. Locations : 3, 3, 6. chauffée . Accès direct à l'étang et à la rivière. Lac à 4 km. ; . Accueil groupes. Ouv : 1.1 / 31.12. Rés. obligatoire en été. Par autoroute depuis Chambéry sortie n° 25 puis dir. St-Jean-de-Maurienne puis La Chambre. Depuis Turin sortie La Chambre situé en bas du Col de la Madeleine. ☎ 04 79 56 37 72 / / 06 76 29 19 39 (H.S.). Fax : 04 79 56 37 72. E-mail : campinglepetitnice@yahoo.fr, Web : www.camping-petitnice.com. Prix 2008. Fft jour : Empl. Tourisme (2) : 12 € () ; - de 6/18 ans 3 € ; 3 € ; Animaux 0,50 €.

ST MICHEL DE MAURIENNE

12 km S.-E. Saint-Jean-de-Maurienne. 711 m. 3750 hab. 73140

LE MARINTAN ★★★ Tourisme 39 E., dont 8 HLL. 1 rue de la Provalière. ☎ 04 79 59 17 36. Fax : 04 79 59 17 86.

ST PAUL

11-C2 21 km N.-O. Chambéry 420 m. 453 hab. Station verte 73170

M. GAMES Joseph, aire naturelle Le Bol d'Air CV. A 500 m : . A 2 km: Piscine plein air . A 3 km : . A 5 km : . A 10 km : . Ouv : 1.1 / 31.12. Le Lutrin. RN 504. ☎ 04 79 36 81 59. Prix 2007. Empl. Tourisme : 3 € () : 3,90 € ; 2,80 € ; 2,50 € (4 A) ; Animaux 1,50 €.

FFCC : partenaire + réduction emp. de 5 % en saison + Stop accueil Camping-car 2008.

ST PIERRE D ALBIGNY

11-C2 28 km E. Chambéry. 420 m. 2850 hab. Station verte de vacances et village de neige ✉ 73250

LE LAC DE CAROUGE ★★★ Tourisme 80 E. dont 64 nus 1,6 ha. CV. Locations : , . Accès direct aux bords du lac. ; ; ; . Ouv : 1.5 / 15.9. Base de Loisirs. RN 6 ou A 43 Chambéry-Albertville. ☎ 04 79 28 58 16. Fax : 04 79 28 58 16. E-mail : campinglacdecarouge@orange.fr, Web : www.campinglacdecarouge.fr. Prix 2008. Fft jour : Empl. Tourisme (2) : 15 € ( ) ; Sup : 4 € - de 7 ans 3 € ; 3 € ; Animaux 1,50 €. Réduction H.S.

FFCC : partenaire + réduction emp. de 5 % en saison et 10 % hors saison + Stop accueil Camping-car du 25/04 au 15/09/2008, accès jusqu'à 20h + réduction loc. de 5 % en saison et 10 % hors saison.

M. PERRIER Claude, aire naturelle l'Arclusaz , jeton, CV. A 800 m : . A 1 km: Piscine chauffée Piscine plein air . A 5 km : . Ouv : 1.3 / 31.10. Cornet, par A43 sortie 23 Chateauneuf ou par RN 1006, dir. St Pierre d' Albigny. Parc des Bauges suivre St Pierre d' Albigny sur CD 911. Passer sous les pont et prendre la 1ere route à droite et suivre camping aire naturelle de L' Arclusaz/Gites de France ☎ 04 79 28 53 39 / 06 82 81 03 03 (H.S.). Fax : 04 79 68 75 10. E-mail : steph.perrier@wanadoo.fr, Web : camping.arclusaz.free.fr. Prix 2008. Fft jour : Empl. Tourisme (2) : 12,5 € ( ) ; 2,50 à 2,60 € (4 à 10 A) ; Animaux 1 €.

FFCC : partenaire + réduction emp. de 5 % en saison et 10 % hors saison + Stop accueil Camping-car du 01/03 au 31/10/2008, accès jusqu'à 20h + réduction loc. de 5 % en saison et 10 % hors saison.

ST PIERRE DE CURTILLE

11-C1 37 km N.-O. Chambéry. 435 m. 195 hab. ✉ 73310

CAMP MUNICIPAL BEL AIR ★★ Tourisme 40 E. . Lac à 3 km. à 3 km : . ☎ 04 79 54 25 48 (Mairie).

ST PIERRE D ENTREMONT

11-C2 24 km S.-O. Chambéry. 650 m. 295 hab. ✉ 73670

CAMP MUNICIPAL LE COZON ★★ Tourisme 33 E. 0,5 ha. . Rivière à 15 m. . Accueil groupes. Sur CD 512. ☎ 04 79 65 89 65 / 04 79 65 81 33 (Mairie). Fax : 04 79 65 81 33.

ST REMY DE MAURIENNE

11-D2 16 km N.-O. Saint Jean de Maurienne. 420 m. 817 hab. Station verte de vacances et village de neige ✉ 73000

LE LAC BLEU ★★ Tourisme 100 E. 3 ha. CV. Locations : 1 , 1 . Accès direct à l'étang et aux bords du lac et à la rivière. ; ; . Accueil groupes. A 43 sortie Epierre, sur RN 6 sortie St-Rémy de Maurienne. ☎ 04 79 83 16 59 / 06 64 23 50 83 (H.S.). Fax : 04 79 83 16 59. E-mail : contact@campinglelacbleu.com, Web : www.campinglelacbleu.com.

STE HELENE DU LAC

11-C2 17 km S.-E. Chambéry. 262 m. 411 hab. ✉ 73800

CAMPING L'ESCALE ★★ Tourisme 55 E. dont 46 nus 1,43 ha. , snack, , gaz/électrique, CV Sanitaire chauffé. Locations : 9 , . Lac et rivière à 5 km. à 5 km : , . Accueil groupes. Ouv : 15.2 / 15.10. Entre Montmélian et Pontcharra sur la D 923. ☎ 04 79 84 04 11 / 06 20 40 32 22 (H.S.). Fax : 04 79 84 04 11. Prix 2008. () : 2,73 € ; 1,73 €. Fft Ccar : 14 € (2). Fft Tente : 13 € (2 1).

FFCC : partenaire + réduction emp. de 5 % en saison et 10 % hors saison + réduction loc. de 5 % en saison et 10 % hors saison.

SAISIES

✉ 73620

LE GRAND TETRAS Voir HAUTELUCE

SEEZ

11-E2 57 km S.-E. Albertville. 900 m. 1300 hab. Station verte de vacances et village de neige ✉ 73700

CAMP MUNICIPAL LE RECLUS ★★ Tourisme 108 E. 1,8 ha. + salle séchage, CV Sanitaire chauffé. Locations : 1 , 2 , 2 , Yourtes. Rivière à 200 m. Etang à 1 km. à 300 m : . Accueil groupes. Ouv : 1.1 / 31.10 - 1.12 / 31.12. Rés. obligatoire en été. RN 90. D'Albertville, 2 km de Bourg-St-Maurice dir. Val d'Isère. A proximité Parc National de la Vanoise. Bibliothèque. ☎ 04 79 41 01 05 / 04 79 41 01 05 (H.S.). E-mail : contact@campinglereclus.com, Web : www.campinglereclus.com. Prix 2008. Fft jour : Empl. Tourisme (2) : 12,40 € ( ) ; Sup : 4 € - de 7/13 ans 3,50 € ; 4 à 4,70 € (4 à 10 A) ; Animaux 1 €.

FFCC : partenaire - terrain assuré par la FFCC.

SERRIERES EN CHAUTAGNE

11-C1 35 km N. Chambéry. 267 m. 515 hab. ✉ 73310

LE CLAIRET ★★ Tourisme 67 E. dont 39 nus 1,7 ha. , snack, la nuit, CV. Locations : 13 . Accès direct aux bords du lac. Rivière à 1 km. ; ; à 1 km : ; à 10 km : . Accueil groupes. Ouv : avril / octobre. Chautagne Loisirs. A 40 sortie n° 11 Eloise. ☎ 04 79 63 75 15. Fax : 04 79 63 75 15. E-mail : camping.clairet@wanadoo.fr, Web : www.camping-leclairet.com. Prix 2007. Fft jour : Empl. Tourisme (2) : 11 € ( ) ; Sup : 3,60 € - de 4/13 ans 2,30 € ; 2,80 € (10 à 16 A) ; E. CC 13,80 € (Fft) ; Animaux 1 €.

SOLLIERES SARDIERES

11-E2 44 km E. Saint-Jean-de-Maurienne. 1270 m. 142 hab. ✉ 73500

LE CHENANTIER ★★ Tourisme 60 E. 1,5 ha. , buvette, snack, CV. Etang à 50 m. Rivière à 500 m. Lac à 2 km. . Accueil groupes. Place de la Mairie. RN 6 Sollières/Envers. ☎ 04 79 20 52 34 / 06 63 84 19 16. E-mail : veillem@wanadoo.fr.

M. FAVRE Pierre, aire naturelle Le Laisser Aller CV. A 8 km: Piscine plein air . RN 6. ☎ 04 79 20 50 99.

TERMIGNON

11-E2 47 km E. Saint-Jean-de-Maurienne. 1295 m. 344 hab. ✉ 73500

CAMP MUNICIPAL LA FENNAZ ★★ Tourisme 83 E. dont 83 nus 0,83 ha. CV. Locations : , . Rivière à 100 m. Lac à 800 m. ; . Accueil groupes. Ouv : 30.6 / 31.8. RN 6, route d'Italie par le col du Mont-Cenis. Randonnées accompagnées. ☎ 04 79 20 51 41 / 06 84 79 69 48 (H.S.). Fax : 04 79 20 52 46. E-mail : info@campingtermignon.com, Web : www.campingtermignon.com. Prix 2007. 2,60 € ; 1,50 € ; 2,70 € ; 2,60 € ; 3 € ; - de 10 ans 1,80 € ; 2,10 à 7,20 € (2 à 10 A) ; Animaux 0,60 €.

CAMP MUNICIPAL LES MELEZES ★★ Tourisme 66 E. 0,6 ha. + sèche-linge, CV Sanitaire chauffé. Locations : 2 , 6 , 5 . . Accès direct à la rivière. Etang et lac à 800 m. ; . Accueil groupes. Ouv : 20.12 / 30.9. N 6. Route de l'Italie. Au coeur du parc national de la Vanoise. ☎ 04 79 20 51 41 / 06 86 57 56 00 / 06 84 79 69 48 (H.S.). Fax : 04 79 20 52 46. E-mail : info@campingtermignon.com, Web : www.campingtermignon.com. Prix 2007. 2,60 € ; 1,50 € ; 2,70 € ; 2,60 € ; 3 € ; 1,80 € ; 2,10 à 7,20 € (2 à 10 A) ; Animaux 0,60 €.

TIGNES

81 km S.-E. Albertville. 1750 m. 1486 hab. ✉ 73320

DE TIGNES LES BREVIERES ★★ Tourisme 107 E. 5 ha. CV. Locations : 3 . Rivière à 500 m. Lac à 1 km. ; à 8 km : . Accueil groupes. Route des Ruines. ☎ 04 79 06 45 86 / 06 67 78 91 70 (H.S.). E-mail : contact@camping-de-tignes.com, Web : www.camping-de-tignes-les-brevieres.com.

FFCC : partenaire - terrain assuré par la FFCC.

TREVIGNIN

11-C1 16 km N. Chambéry. 620 m. 342 hab. ✉ 73100

CAMP MARLICE ★★ Tourisme 51 E. 2 ha. . Locations : . 150 m RD 513, 6 km d'Aix-les-Bains. ☎ 04 79 61 44 74.

M. CASIEZ Rodolphe ☎ 04 79 61 44 74.

VAL D ISERE

11-E2 87 km S.-E. Albertville. 1850 m. 1637 hab. ✉ 73150

LES RICHARDES ★ Tourisme 75 E. dont 75 nus 0,9 ha. . Accès direct à la rivière. . Accueil groupes. Ouv : 15.6 / 15.9. Le Laisinant sur RN 202. ☎ 04 79 06 26 60. Fax : 04 79 06 26 60. E-mail : campinglesrichardes@free.fr, Web : campinglesrichardes.free.fr. Prix 2007. Empl. Tourisme : 1,60 € ; 1,50 € ; 3,10 € ; 3,20 € ; - de 7 ans 1,40 € ; 1,90 à 3,10 € (3 à 5 A) ; 1 € ; Animaux 0,50 €.

VALLOIRE

11-D3 29 km S.-E. Saint-Jean-de-Maurienne. 1430 m. 1012 hab. Station verte de vacances et village de neige ✉ 73450

SAINTE THECLE ★★★ Tourisme 81 E. 1,26 ha. CV Sanitaire chauffé. contigü. ; à 100 m : . Accueil groupes. Ouv : 16.12 / 20.4 & 1.6 / 30.9. Rés. obligatoire en été et en hiver. A 6 et A 43 jusqu'à St-Michel et CD 902 en dir. du Galibier. ☎ 04 79 83 30 11. Fax : 04 79 83 35 13. E-mail : camping-caravaneige@valloire.net. Prix 2007. Fft jour : Empl. Tourisme (2) : 17,65 € ( ) ; Sup : 6,60 € 4,44 € ; 5 € (8 A).

VENTHON

11-D1 3 km N.-E. Albertville. 510 m. 559 hab. ✉ 73200

LES MARMOTTES ★★ Tourisme 80 E. 1,3 ha. . Locations : . ☎ 04 79 32 57 40.

VILLAREMBERT

11-D3 14 km S.-O. Saint-Jean-de-Maurienne. 1292 m. 213 hab. ✉ 73300

CAMP MUNICIPAL LA TIGNY ★★ Tourisme 27 E. dont 26 nus 0,3 ha. . Accueil groupes. Autoroute A 43 dir. et sortie St Jean de Maurienne. Suivre Vallée de l'Arvan dir. Le Corbier, Villarembert. Traversée du village de Villarembert puis à gauche dir. Chamlong. ☎ 04 79 56 74 65 / 04 79 83 02 51 (H.S.). Fax : 04 79 83 03 64.

YENNE

11-C1 24 km N.-O. Chambéry. 230 m. 2359 hab. ✉ 73170

LE FLON ★★ Tourisme 66 E. 1,26 ha. CV. Locations : . Accès direct à la rivière. ; . Accueil groupes. 25 m RN 521. ☎ 04 79 36 82 70 / 04 79 36 90 76. Fax : 04 79 36 92 72. E-mail : ccyenne@wanadoo.fr.

74 HAUTE-SAVOIE

Cartes 8-11

Délégué FFCC : Alain FURLAN, 21, chemin de Pressy - 74300 CLUSES

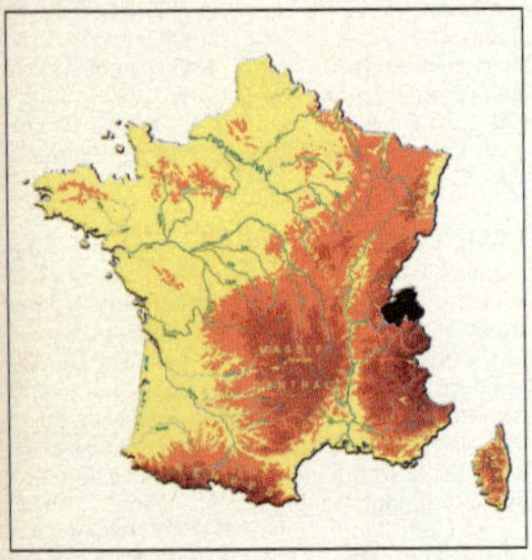

ABONDANCE

8-D5 30 km S.-E. Thonon-les-Bains. 930 m. 1240 hab. ✉ 74360

LE PRE ★★★ Tourisme 49 E. 0,6 ha. CV. Accès direct à la rivière. . Ouv : 15.6 / 15.9. ☎ 04 50 73 00 93. Fax : 04 50 73 00 93.

ALBY SUR CHERAN

11-C1 16 km S.-O. Annecy. 400 m. 1014 hab. ✉ 74540

M. MERCIER Adrien, aire naturelle . A 8 km: . A 13 km : Piscine plein air . Jouvenod, par RN 201 et RD 31, à 1,5 km Est de la commune, à proximité de la ferme. Pré, verger, herbeux, ombragé, rivière à 500 m. ☎ 04 50 68 15 75.

ALEX

11-D1 14 km E. Annecy. 595 m. 429 hab. ✉ 74290

LES FERRIERES ★★ Tourisme 200 E. 5 ha. CV. Rivière à 1,5 km.Lac à 4,5 km. Ouv : 1.6 / 30.9. D 909. Situé entre Annecy et Thônes. Sortie A 41 Annecy Nord, suivre voie des Aravis-Thônes par D 16. ☎ 04 50 02 87 09. Fax : 04 50 02 80 54. E-mail : campingfermedesferrieres@voila.fr, Web : www.camping-des-ferrieres.com. Prix 2008. Fft jour : Empl. Tourisme (2) : 11,50 € ( ) ; Sup : 2,40 € - de 7 ans 1,50 € ; 2,50 € (5 A) ; Animaux 0,80 €.

AMPHION LES BAINS

6 km E. Thonon-les-Bains 500 m. 4312 hab. ✉ 74500

LA PLAGE Voir PUBLIER

ANNECY

542 km S.-E. Paris. 450 m. 51593 hab. ✉ 74000

CAMP DU BELVEDERE ★★★ Tourisme 120 E., dont 80 GCC, 2,5 ha. . Locations : . Lac à 800 m. à 1 km : . Route de Semmoz, 450 m RN 508. ☎ 04 50 45 48 30.

ANNECY LE VIEUX

11-C1 3 km N.-E. Annecy. 500 m. 14355 hab. ✉ 74940

LE COLOVRY ★★ Tourisme 25 E. 0,6 ha. 43, rue Centrale, à Albigny. ☎ 04 50 23 13 29.

LE PRE D'AVRIL ★★ Tourisme 5 E., dont 5 GCC, 1,5 ha. , rapide, partiel, CV. Locations : . Lac à 700 m. Rivière à 5 km. à 700 m : ; à 1 km : ; à 5 km : . 24, rue du Printemps. 700 m D 909. ☎ 04 50 23 64 46. Fax : 04 50 66 28 78.

LE SAVOY ★★ Tourisme 30 E. 0,3 ha. à 150 m : . 36, rue Centrale, à Albigny. ☎ 04 50 23 62 92.

ANTHY SUR LEMAN

8-D5 5 km S.-O. Thonon-les-Bains. 390 m. 1121 hab. ✉ 74200

LE LAC ★★ Loisirs 23 E. (11 Tourisme + 12 Loisirs), dont 13 GCC, 0,14 ha. . Locations : . Lac à 250 m. ; ; à 250 m : . 1 km de la RN 5 entre Thonon-les-Bains (4 km) et Douvaine (10 km). ☎ 04 50 72 36 58. Fax : 04 50 72 36 58. Web : www.camping-du-lac-libertysurf.fr.

LA BALME DE SILLINGY

11-C1 10 km N.-O. Annecy. 482 m. 1996 hab. ✉ 74330

LA CAILLE ★★★ Tourisme 40 E. dont 30 nus, dont 10 GCC - 10 HLL, 1 ha. CV. Locations : 10 , Chambres. . Etang à 800 m. à 800 m : . Accueil groupes. Ouv : 1.5 / 30.9. 18, chemin de la Caille. Lompraz, par RN 508. ☎ 04 50 68 85 21. Fax : 04 50 68 74 56. E-mail : contact@aubergedelacaille.com, Web : www.domainedelacaille.com. Prix 2008. Fft jour : Empl. Tourisme (2) : 19 € ( ) ; Sup : 5,50 € - de 10 ans 4 € ; 3 à 5 € (4 à 12 A) ; Animaux 3,50 €. Réduction H.S.

Mme DECHOSAL, aire naturelle La Bergerie CV. A 800 m : . A 1 km: . A 2 km : . A 3 km : . Ouv : 1.7 / 31.8. 9, chemin de Champ Fleury. Lompraz, par RN 508, à 2,5 km Nord-Est de la commune, à proximité de la ferme. Pré plat herbeux. ☎ 04 50 68 73 05. Prix 2007. 3,10 € ; 1,50 € ; 3,10 € ; 2,50 € ; - de 5 ans 1,60 € ; 1 € ; Animaux 0,65 €.

Mme GOUILLON Micheline, aire naturelle de la Vieille Ferme CV. A 1 km: . A 3 km : . A 8 km : . A 12 km : Piscine plein air . A 13 km : . La Bonasse, RN 508, 3 km Nord-Ouest de la commune, à proximité de la ferme. Terrain herbeux, semi-ombragé, rivière à 3 km, plan d'eau à 2 km. ☎ 04 50 68 84 05.

LA BAUME

8-D5 18 km S.-E. Thonon-les-Bains. 732 m. 165 hab. ✉ 74430

CAMP MUNICIPAL DE LA BAUME ★★ Tourisme 25 E. dont 25 nus CV. Lac à 200 m. Rivière à 500 m. Accueil groupes. Ouv : 1.7 / 31.8. Sis entre Thonon et Morzine. ☎ 04 50 72 10 06 (Mairie) / 06 74 60 17 18 (H.S.). Fax : 04 50 72 10 85. Prix 2007. 1,80 € ; 0,50 € ; 2,30 € ; 1,50 € ; 3,10 € ; - de 7 ans 2,30 € ; 1,50 à 2,30 € (3 à 6 A) ; Animaux 0,80 €.

BOGEVE

8-D5 32 km S. Thonon-les-Bains. 927 m. 490 hab. ✉ 74250

M. BOUVIER André,aire naturelle CV. ☎ 04 50 36 60 88 / 04 50 36 60 57.

BONNEVILLE

8-D5 38 km N.-E. Annecy. 450 m. 9106 hab. Station verte de vacances et village de neige ✉ 74130

CAMP MUNICIPAL DU BOIS DES TOURS ★★ Tourisme 82 E. 1 ha. Rivière à 1 km. Rue des Bairiers. ☎ 04 50 97 04 31 / 04 50 25 22 14 (Mairie).

CENTRAL CAMPING ★ Tourisme 70 E. 1,2 ha. ap. 22 h. Etang et rivière à 1 km. à 1 km : ; à 2 km : . 4, rue du Chablais. 500 m RN 203. ☎ 04 50 25 77 01 / 04 50 97 03 57 (H.S.).

CHAMONIX MONT BLANC

57 km S.-E. Bonneville. 1050 m. 9255 hab. ✉ 74400

ILE DES BARRATS ★★★ Tourisme 56 E. 0,7 ha. CV. ☎ 04 50 53 51 44. Fax : 04 50 53 51 44. Prix 2007. () : 5,20 € ; 2,40 € ; 7,60 € ; 5,20 € ; 6,30 € ; - de 7 ans 4,80 € ; 3,30 à 4,30 € (5 à 10 A) ; Animaux 1 €.

LA MER DE GLACE ★★★ Tourisme 150 E. 1,8 ha. Sanitaire chauffé.à 1,8 km : ; à 1 km : . Accueil groupes. Ouv : 25.4 / 5.10. Les Praz, 500 m RN 506. ☎ 04 50 53 44 03. Fax : 04 50 53 60 83. E-mail : info@chamonix-camping.com, Web : www.chamonix-camping.com. Prix 2008. Empl. Tourisme : 7,20 € () : 6,50 € ; 2,80 à 3,70 € (3 à 10 A). Réduction H.S.
FFCC : partenaire - terrain assuré par la FFCC.

LES DEUX GLACIERS ★★★ Tourisme 120 E. (92 Tourisme + 28 Loisirs) 1,6 ha. saison, pain, CV Sanitaire chauffé. Locations : . à 500 m : . Accueil groupes. Lieu-dit Les Bossons, 80 route des Tissières. Salle de loisirs, salle de séchage. ☎ 04 50 53 15 84. Fax : 04 50 55 90 81. E-mail : glacier@clubinternet.fr.
FFCC : partenaire - terrain assuré par la FFCC.

LES MARMOTTES ★★★ Tourisme 100 E. 1,04 ha. CV. Locations : . Rivière à 200 m. Lac à 500 m. ; à 3 km : . Accueil groupes. Chemin des Doux. Les Bossons. ☎ 04 50 53 41 06 / / 04 50 53 61 24 (H.S.). Fax : 04 50 53 61 24. Web : www.camping-lesmarmottes.com.

G.C.U. LES BOSSONS Réservé aux adhérents. Adhésion possible sur place pour les sociétaires MAIF et FILIA MAIF. Près du télésiège des Bossons.

LE GLACIER D'ARGENTIERES ★★ Tourisme 80 E. 1 ha. partiel, ap. 22 h, CV. Accueil groupes. Ouv : 20.6 / 30.9. Les Chosalets. Par la RN 506 direction Martigny (Suisse). 7 km en amont de Chamonix. A l'entrée d'Argentière 200 m en retrait de la RN 506. Chemins de randonnées au départ du camp. VTT étape sur le Tour du Mont-Blanc GR.5. ☎ 04 50 54 17 36 / 04 50 54 03 73 (H.S.). Fax : 04 50 54 03 73. Web : www.campingchamonix.com. Prix 2008. Empl. Tourisme : 5,10 € () : 2,40 € ; 4,80 € ; - de 10 ans 3 € ; 2,50 à 4,90 € (2 à 10 A) ; Animaux 0,50 € (chien).

LES AROLLES ★★ Tourisme 29 E. 0,5 ha. CV. Ouv : 15.6 / 30.9. Chalet les Arolles le Cry. Près du centre ville et du téléphérique de l'Aiguille du Midi. ☎ 04 50 53 14 30. Fax : 04 50 53 14 30. E-mail : jeanluc.burnet@free.fr. Prix 2008. 4,40 € ; 4,40 € ; 3,20 € ; 5 € ; - de 7 ans 2,90 € ; 3,10 € (3 A).

LES CIMES ★★ Tourisme 70 E. 1 ha. CV. Locations : . Ouv : 1.6 / 30.9. 28, Route des Tissières. Aux Bossons, 200 m RN 506. ☎ 04 50 53 58 93. E-mail : infos@campinglescimesmontblanc.com, Web : www.campinglescimesmontblanc.com. Prix 2007. Empl. Tourisme : 3,80 € () : 5,20 € ; - de 7 ans 2,60 € ; 2,50 € (2/10 A).
FFCC : partenaire - terrain assuré par la FFCC.

LES ECUREUILS ★★ Tourisme 39 E. dont 34 nus, dont 4 GCC, 0,45 ha. CV Sanitaire chauffé. Locations : 3 , 1 , 8 , 4 . à 2 km : . Ouv : 1.4 / 30.9. Rés. obligatoire en été. Chemin des Doux. Les Bossons.150 m de la gare. 2 km du centre ville. Face au massif du Mont-Blanc. 800 m du rocher d'escalade des Gaillands. Départ de nombreuses r ☎ 04 50 53 83 11 / 06 99 48 29 53 (H.S.). Fax : 04 50 53 83 11. E-mail : contact@campingdesecureuils.fr, Web : www.campingdesecureuils.fr. Prix 2008. Empl. Tourisme : 3,70 € ; 4 € ; - de 10 ans 2,20 € ; 3 € (6 A). Réduction H.S.

LES MOLLIASSES ★★ Tourisme 164 E. 2,8 ha. juillet/août, CV. Rivière à 1 km. Accueil adultes. Ouv : 1.6 / 15.9. Chemin A Batioret, route Blanche. Près du centre ville et du téléphérique de l'Aiguille-du-Midi. ☎ 04 50 53 16 81 / 04 50 53 14 30 (H.S.). Fax : 04 50 53 14 30. E-mail : jeanluc.burnet@free.fr, Web : www.campingmolliasses.com. Prix 2008. () : 4,90 € ; 4,90 € ; 3,40 € ; 5,40 € ; - de 7 ans 3,30 € ; 3,10 à 3,50 € (3 à 10 A).

LES VERNEYS ★★ Tourisme 84 E. 0,95 ha. CV. Rivière à 300 m. Lac à 1 km. Accueil groupes. Lieu-dit Les Bossons. ☎ 04 50 53 15 84. E-mail : glaciers@clubinternet.fr.
FFCC : partenaire - terrain assuré par la FFCC.

MONT BLANC LES ROSIERES ★★ Tourisme 104 E. (102 Tourisme + 2 Loisirs), dont 12 GCC, 1,4 ha. saison, saison, + salle séchage, CV Sanitaire chauffé. Locations : 7 , , . ; à 800 m : , . Au Nord de Chamonix, au rond-point dir. parking Mont-Blanc centre ville puis sur la droite Les Praz continuez 1,2 km. ☎ 04 50 53 10 42 / 06 07 44 79 95. Fax : 04 50 53 29 55. E-mail : info@campinglesrosieres.com, Web : www.campinglesrosieres.com. Réduction H.S.
FFCC : partenaire - terrain assuré par la FFCC.

LE GRAND CHAMP ★ Tourisme 100 E. 1,7 ha. CV. Rivière à 1,2 km.Lac à 3,5 km. Accueil groupes. 167, chemin Glacier de Taconnaz, les Bossons. Quitter l'autoroute à la bifurcation les Bossons après Novotel. ☎ 04 50 53 04 83. Fax : 04 50 53 04 83. E-mail : campinggrandchamp@hotmail.com.
FFCC : partenaire - terrain assuré par la FFCC.

LES FAVRANDES ★ Tourisme 10 E. 1,04 ha. ☎ 04 50 53 04 68.

LES FRASSERANDS ★ Tourisme 50 E., dont 2 GCC, 1 ha. ☎ 04 50 54 00 29.

CHAMPANGES

8-D5 9 km S.-E. Thonon-les-Bains. 719 m. 587 hab. ✉ 74500

LA PRAIRIE ★★ Tourisme 61 E. (50 Tourisme + 11 Loisirs), dont 25 GCC, 1 ha. Sanitaire chauffé. Locations : 3 , 2 , 2 , . Lac à 5 km. Accès pour caravanes et grands camping-cars par D 32, port de Dranse et Marin. ☎ 04 50 81 06 23 / 04 50 73 40 68. Fax : 04 50 81 06 23.

CHATEL

8-D5 39 km S.-E. Thonon-les-Bains. 1185 m. 1024 hab. Station verte de vacances et village de neige ✉ 74390

L'OUSTALET ★★★★ Tourisme 100 E. dont 86 nus, , dont 10 GCC, 3 ha. CV Sanitaire chauffé. Locations : 1 , 8 . couverte chauffée . Accès direct à la rivière. Lac à 1,2 km. . Ouv : 23.6 / 1.9 & du 22.12 / 28.4. 1428, route des Freinets, 1 km RD 22. Salle de loisirs, salle de séchage. ☎ 04 50 73 21 97. Fax : 04 50 73 37 46. E-mail : oustalet@valdabondance.com, Web : www.oustalet.com. Prix 2007. Fft jour : Empl. Tourisme (2) : 27,70 € ((6 A)) ; Sup : 5,60 € Animaux 2,10 €.

CHENE EN SEMINE

11-C1 30 km S.-O. Saint-Julien-en-Genevois. 510 m. 198 hab. ✉ 74270

LA CROISEE ★ Tourisme 120 E., dont 60 GCC, 2,9 ha. chauffée . Croisement RN 508 et RD 214. 300 m sortie n°11 Eloise A 40. ☎ 04 50 77 93 52 / 04 50 77 90 06. Fax : 04 50 77 90 06.

CHENS SUR LEMAN

8-D5 20 km S.-O. Thonon-les-Bains. 420 m. 856 hab. ✉ 74140

CAMP MUNICIPAL LE LEMANIA ★★ Tourisme 62 E., dont 15 GCC, 2 ha. CV. Locations : 1 , 4 , , . . Lac à 200 m. à 200 m : , , , . Rue du Port. Direction Port de Tougues. Camping situé à 500 m du village. ☎ 04 50 94 22 43 / 04 76 80 74 71 (H.S.). Fax : 04 50 94 22 43.

LA CLUSAZ

11-D1 31 km E. Annecy. 1039 m. 1687 hab. ✉ 74220

LE PLAN DU FERNUY ★★★★ Tourisme 80 E. dont 61 nus (69 Tourisme + 11 Loisirs), dont 50 GCC, 0,95 ha. CV Sanitaire chauffé. Locations : 11, couverte chauffée . à 2 km : . Ouv : 17.6 / 3.9 + hiver : 23.12 / 29.4. A 2 km du centre de La Clusaz, route des Confins. Accès direct aux pistes de ski. ☎ 04 50 02 44 75. Fax : 04 50 32 67 02. E-mail : fernuy@franceloc.fr, Web : www.camping-franceloc.com. Prix 2007. Fft jour : Empl. Tourisme (2 1 - de 2 ans) : 23 € (E. CC E. GCC) ; Sup : 5,50 € 4 à 7,50 € (4 à 13 A) ; Animaux 2,20 €. Réduction H.S.

CLUSES

8-D5 15 km E.-S.-E. Bonneville. 485 m. 15906 hab. 74300

LA CORBAZ ★★ Tourisme 102 E. (72 Tourisme + 30 Loisirs), dont 17 GCC, 2 ha. + salle de séchage, CV Sanitaire chauffé. Locations : 4, 4, 2 . Rivière à 2 km.Lac à 5 km. à 2 km : . Accueil groupes. Ouv : 1.1 / 31.12. Rés. obligatoire en été et en hiver. 460 avenue des Glières. ☎ 04 50 98 44 03. Fax : 04 50 96 02 15. E-mail : www.camping.lacorbaz@wanadoo.fr, Web : www.camping-lacorbaz.com. Prix 2008. Fft jour : Empl. Tourisme (3) : 17,50 € Sup : 3,50 € - de 10 ans 2 € ; Animaux 1,50 €.

COMBLOUX

11-D1 37 km S.-E. Bonneville. 960 m. 1421 hab. 74920

Mme DUCREY Solange,aire naturelle CV. A 1,5 km: . A 1 km : . A 5 km : . A 6 km : Piscine plein air. 1389, route de Prairy. La Ferme du Mont-Blanc. Prairie, verger. ☎ 04 50 58 14 16. E-mail : solange.ducrey@wanadoo.fr, Web : airenaturelle.monsite.orange.fr.

CONTAMINE SARZIN

11-C1 20 km S.-O. St-Julien-en-Genevois. 541 m. 227 hab. 74270

LE CHAMALOUP ★★★★ Tourisme 60 E. dont 44 nus, dont 28 GCC - 16 HLL, 11,5 ha. , snack + pizzéria, CV. Locations : 16. chauffée . Accès direct à l'étang. Rivière à 20 m. ; ; . Sortie A 40 Eloise dir. Annecy/Frangy ou A 41 Annecy Nord/Bellegarde dir. Frangy. RN 508 entre Frangy et Annecy. ☎ 04 50 77 88 28 / 06 72 80 09 84. Fax : 04 50 77 99 79. E-mail : camping@chamaloup.com, Web : www.chamaloup.com. Prix 2007. Fft jour : Empl. Tourisme (2) : 18 € ( ) ; Sup : 5,50 € - de 12 ans 3,50 € ; 4 € (10 A) ; Animaux 2 €.

LES CONTAMINES MONTJOIE

11-D1 50 km S.-E. Bonneville. 1164 m. 1027 hab. 74170

LE PONTET ★★★ Tourisme 157 E. 1,9 ha. CV Sanitaire chauffé. . Accès direct à la rivière. Lac à 300 m. ; à 200 m : . Ouv : 10.12 / 24.9. A 1,5 km du centre village. ☎ 04 50 47 04 04. Fax : 04 50 47 18 10. E-mail : campingdupontet@wanadoo.fr, Web : www.campinglepontet.fr.. Prix 2007. Fft jour : Empl. Tourisme (2) : 14,60 € Sup : 4,30 € - de 10 ans 2,90 € ; 2,90 à 4,50 € (2 à 4 A). Réduction H.S.

CORDON

11-D1 33 km S.-E. Bonneville. 871 m. 701 hab. 74700

M. BOTTOLLIER DEPOIS Jean,aire naturelle CV. A 500 m : . A 1 km: . A 4 km : Piscine plein air . A 5 km : . Le Perron, à proximité de la ferme. ☎ 04 50 58 07 88.

Mme PUGNAT Germaine,aire naturelle CV. A 500 m : . A 1 km: . A 4 km : Piscine plein air . A 5 km : . Lou Terriolets. ☎ 04 50 58 07 35 / 04 50 58 16 96. Fax : 04 50 91 36 58.

CUSY

11-C1 22 km S. Annecy. 650 m. 817 hab. 74540

LE VERGER ★ Tourisme 30 E. (23 Tourisme + 7 Loisirs) 0,5 ha. CV. Locations : , . Rivière à 2 km. à 1 km : , . Ouv : 1.6 / 1.9. ☎ 04 50 52 52 01. Prix 2008. Fft jour : Empl. Tourisme (2) : 8,20 € ( ) ; - de 7 ans 1,30 € ; 2,30 €.

DEMI QUARTIER

11-D1 40 km S.-E. Bonneville. 1105 m. 811 hab. 74120

BORNAND ★★ Tourisme 69 E. dont 65 nus, dont 2 GCC, 0,8 ha. , + sèche-linge, CV. Locations : 4. Rivière à 300 m. Etang et lac à 2 km. à 300 m : ; à 2 km : ; à 3 km : . Ouv : 15.6 / 1.9. Rés. obligatoire en été et en hiver. 57, route du Grand Bois, 300 m RN 112. ☎ 04 50 93 00 86. Fax : 04 50 93 02 48. E-mail : camping.bornand@tiscali.fr, Web : www.camping-megeve.com. Prix 2008. Empl. Tourisme : 4,20 € ( ) : 3,70 € ; - de 10 ans 1,80 € ; 3,10 €.

M. & Mme MUFFAT-JEANDET,aire naturelle CV. A 500 m : . A 1 km: . A 2 km : Piscine plein air . A 10 km : . La Demi-Lune, 1331, route de Sallanches, à proximité de la ferme. ☎ 04 50 21 18 51 / / 06 71 35 74 31 (H.S.). Fax : 04 50 21 18 51.

FFCC : partenaire + réduction emp. de 5 % en saison et hors saison + Stop accueil Camping-car du 01/06 au 15/07 et du 20/08 au 30/09/2008, accès jusqu'à 21h30.

DOMANCY

11-D1 27 km S.-E. Bonneville. 600 m. 1210 hab. 74700

M. BIBOLLET Jean-Marie,aire naturelle CV. A 2 km: Piscine chauffée Piscine plein air . Ouv : 15.6 / 30.9. Par la N 205 face au Mont-Blanc sortie de Sallanches en dir. de Chamonix sur la droite. ☎ 04 50 58 34 76 / 06 14 65 90 47 (H.S.). Fax : 04 50 58 34 76. E-mail : jeanmariebibollet@club-internet.fr. Prix 2008. Empl. Tourisme : 3 € ; 4 € ; 2 € ; - de 10 ans 1 € ; 2 € ; 1 €. Réduction H.S.

MME BIBOLLET,aire naturelle CV. A 500 m : . A 3 km: Piscine plein air . Ouv : 1.7 / 31.8. Sur la N 205 après Sallanches dir. Chamonix. 1er camping à gauche. ☎ 04 50 58 44 58 / 06 08 11 61 02 / 06 12 30 51 09 (H.S.). E-mail : anclepigny@club-internet.fr. Prix 2008. Empl. Tourisme : 3,50 € ( ) : 2,50 € ; - de 10 ans 1,50 € ; 2,70 € (5 A) ; Animaux 1 €. Fft Ccar : 9,50 € (2).

DOUSSARD

11-D1 18 km S.-E. Annecy. 470 m. 1545 hab. 74210

INTERNATIONAL LE LAC BLEU ★★★★ Tourisme 220 E. dont 190 nus, dont 30 GCC, 3,2 ha. CV. Locations : 30 , chauffée . Accès direct aux bords du lac. ; ; ; ; . Ouv : 6.4 / 25.9. Autoroute Annecy sud dir. Albertville. ☎ 04 50 44 30 18 / 04 50 44 38 47 (H.S.). Fax : 04 50 44 84 35. E-mail : lac-bleu@nwc.fr, Web : www.camping-lac-bleu.com. Prix 2007. Fft jour : Empl. Tourisme (2) : 26,40 € ( ) ; Sup : 5,80 € 3,80 € (8 A) ; Animaux 4 €. Réduction H.S.

LA RAVOIRE ★★★★ Tourisme 122 E., dont 35 GCC, 1 ha. , rapide, CV. Locations : , chauffée . Lac à 800 m. ; . Ouv : 15.5 / 15.9. Route de la Ravoire. Sur la RN 508 Annecy Albertville, sortie à Bredannaz ou bout du lac. ☎ 04 50 44 37 80. Fax : 04 50 32 90 60. E-mail : info@camping-la-ravoire.fr, Web : www.camping-la-ravoire.fr. Prix 2008. Fft jour : Empl. Tourisme (2) : 29,70 € ((5 A)) ; Sup : 6,10 € - de 10/15 ans 4,10 € ; 2,30 à 3,40 € (10 à 15 A). Réduction H.S.

LA NUBLIERE ★★★ Tourisme 459 E. (409 Tourisme + 50 Loisirs), dont 150 GCC, 7 ha. , ap. 23 h, CV. Locations : , , 30 , 40 , . Accès direct aux bords du lac. ; ; ; ; . 100 m RN 508. ☎ 04 50 44 33 44. Fax : 04 50 44 31 78. E-mail : nubliere@wanadoo.fr, Web : www.campeoles.fr.

LA SERRAZ ★★★ Tourisme 197 E. 3 ha. , snack, CV. Locations : 30 . chauffée . Lac à 1,5 km. ; à 1,5 km : , , . A la Poste, RD 181, par RN 508 à 500 m. ☎ 04 50 44 30 68. Fax : 04 50 44 81 07. E-mail : info@campinglaserraz.com, Web : www.campinglaserraz.com.

LE SIMON DE VERTHIER ★★ Tourisme 26 E. 0,5 ha. CV. Rivière à 100 m. Lac à 1 km. à 2 km : , , , . Accès routier par RN 508 Annecy / Albertville. ☎ 04 50 44 36 57.

LE TAILLEFER ★★ Tourisme 32 E. 0,9 ha. , + sèche linge, CV. Locations : 4 . Lac à 1,5 km. à 1,5 km : , , , . Ouv : 1.5 / 30.9. Hameau Chaparon, rive O. Lac Annecy, carrefour Bredannaz, 1 km à droite. ☎ 04 50 44 30 30. Fax : 04 50 44 30 30. E-mail : info@campingletaillefer.com, Web : www.campingletaillefer.com. Prix 2007. Fft jour : Empl. Tourisme (2) : 14 € ( ) ; Sup : 3,20 € - de 10 ans 2,50 € ; 3,40 € (6 A) ; Animaux 1,50 €. Réduction H.S.

DUINGT

11-C1 12 km S.-E. Annecy. 453 m. 446 hab. 74410

CAMP MUNICIPAL LES CHAMPS FLEURIS ★★ Tourisme 115 E. dont 115 nus, , dont 4 GCC - 4 HLL, 1 ha. CV. Locations : , . Lac à 300 m. ; ; à 300 m : . Accueil groupes. Ouv : 26.4 / 14.9. Rés. obligatoire en été. 631 voie romaine. Les Perris.Depuis Annecy RN 508. Lac rive gauche/Duingt après Sévrier/St-Jorioz dir. Entrevernes, suivre fléchage du camping. ☎ 04 50 68 57 31 / 04 50 68 67 07 (Mairie) / 06 78 99 20 74 (H.S.). Fax : 04 50 77 03 17. E-mail : camping@duingt.fr, Web : www.camping-duingt.com. Prix 2008. Fft jour : Empl. Tourisme (2) : 14,20 € ( ) ; Sup : 4,40 € 2,30 à 4,95 € (3 à 10 A) ; Animaux 1,70 €. Réduction H.S.

LE FAMILIAL ★★ Tourisme 40 E. dont 37 nus, dont 3 GCC, 0,5 ha. . Locations : 3 . Lac à 800 m. à 800 m : , , , . Ouv : 1.4 / 20.10. 400, route de Magnonnet. ☎ 04 50 68 69 91. Fax : 04 50 68 69 91. E-mail : contact@annecy-camping-familial.com, Web : www.annecy-camping-familial.com. Prix 2008. Fft jour : Empl. Tourisme (2) : 12,40 € ( ) ; Sup : 2,70 € 2,90 à 3,10 € (5 à 6 A) ; Animaux 1,50 €. Réduction H.S.

ESSERT ROMAND

8-D5 29 km S.-E. Thonon-les-Bains 936 m. 419 hab. 74110

LES MARMOTTES ★★★ Tourisme 26 E., dont 20 GCC, 0,6 ha. CV. Locations : 2 , 2 , , Chambres. Rivière à 1 km.Lac à 3 km. . ☎ 04 50 75 74 44 / 06 12 95 00 48 / 06 12 95 00 48 (H.S.). Fax : 04 50 75 74 44. E-mail : camping.les.marmottes@wanadoo.fr, Web : perso.wanadoo.fr/camping.les.marmottes/.

EXCENEVEX

8-D5 13 km O. Thonon les Bains. 375 m. 461 hab. 74140

CAMPEOLE LA PINEDE ★★★ Tourisme 591 E. (364 Tourisme + 227 Loisirs), dont 216 GCC, 7 ha. CV Sanitaire chauffé. Locations : 1 , 34 , 77 , , . Accès direct aux bords du lac et à la rivière. ; ; ; . Accueil groupes. Les Crêtes, à 2 km RN 5. ☎ 04 50 72 85 05. Fax : 04 50 72 93 00. E-mail : cplpinede@atciat.com, Web : www.campeoles.fr. Réduction H.S.

LES COLS VERTS ★★★ Loisirs 44 E., dont 44 GCC, 0,8 ha. Sanitaire chauffé. Locations : . Lac à 300 m. ; ; ; . O ☎ 04 50 72 87 58 / 04 50 72 87 58.

BELLE VUE ★★ Tourisme 60 E. (36 Tourisme + 24 Loisirs), dont 50 GCC - 4 HLL, 0,9 ha. visiteurs, CV. Locations : 4, 7. Lac à 50 m.; à 800 m : Accueil groupes. Lieu-dit Grande Rive. Salle de jeux. ☎ 04 50 72 83 67. E-mail : camping.bellevue.e@wanadoo.fr, Web : www.camping-bellevue-excenevex.com. Réduction H.S.

LA POURVOIRIE DES ELLANDES ★ Tourisme 35 E., dont 34 GCC, 0,7 ha. Locations : 34. Route de Sciez ☎ 06 73 43 15 11. Fax : 04 50 70 38 07.

LE CHANT D'OISEAU ★ Tourisme 30 E. (21 Tourisme + 9 Loisirs) 0,3 ha. CD 25. ☎ 04 50 72 81 20.

LES GETS

8-D5 89 km N.-E. Bonneville. 1172 m. 990 hab. ✉ 74260

LA GRANGE AU FRENE ★★★ Tourisme 19 E. CV. Lac à 3 km. à 5 km : Ouv : 24.6 / 15.9. Route des Cornuts ☎ 04 50 79 70 64 / 04 50 75 80 60 (H.S.). Fax : 04 50 75 84 39.

LE GRAND BORNAND

11-D1 31 km E. Annecy. 935 m. 1695 hab. Station verte de vacances et village de neige ✉ 74450

LE CLOS DU PIN ★★★ Loisirs 61 E. (30 Tourisme + 31 Loisirs), dont 18 GCC, 0,6 ha. CV Sanitaire chauffé. Locations :. Rivière à 100 m. A 1 km du Grand Bornand. Entre Bonneville (A 40) et Albertville (A 431). ☎ 04 50 02 70 57 / / 04 50 02 27 61 (H.S.). Fax : 04 50 02 70 57. E-mail : contact@le-clos-du-pin.com, Web : www.le-clos-du-pin.com.

L'ESCALE ★★★ Tourisme 149 E. (119 Tourisme + 30 Loisirs), dont 88 GCC, 3,5 ha. saison, saison, + aire de pique-nique, + salle séchage, CV Sanitaire chauffé. Locations : 2, 3, Chambres. couverte chauffée. Rivière à 50 m. à 50 m :; à 200 m :. Accueil groupes hors vacances scolaires. Ouv : 7.12 / 20.4 & 22.5 / 21.9. Sur RN 504. Balnéothérapie. Aire de pique-nique avec barbecue. Salle de séchage pour les skis et chaussures. ☎ 04 50 02 20 69. Fax : 04 50 02 36 04. E-mail : contact@campinglescale.com, Web : www.campinglescale.com. Prix 2007. Fft jour : Empl. Tourisme (2) : 22 € ; Sup : 5,50 € 3,70 à 6,80 € (2 à 10 A) ; E. CC 25,80 € (Fft 2 pers.) ; Animaux 2,30 €.

GROISY

8-C5 14 km N. Annecy 740 m. 2190 hab. ✉ 74570

MOULIN DOLLAY ★★★★ Tourisme 30 E. dont 30 nus, 3 ha. pain, coche-linge, CV. Accès direct à la rivière. Accueil groupes. Ouv : 1.5 / 15.9. 206, rue du Moulin Dollay. A 500 m de la RN 203. ☎ 04 50 68 00 31. Fax : 04 50 68 00 31. E-mail : moulin.dollay@orange.fr, Web : www.moulin.dollay.fr. Prix 2007. Fft jour : Empl. Tourisme (2) : 16 € Sup : 4 € - de 7 ans 2 € ; 3 € (6 A). Réduction H.S.

FFCC : Stop accueil Camping-car du 01/04 au 01/11/2008, accès jusqu'à 22h.

LES HOUCHES

11-E1 7 km S.-O. Chamonix. 1010 m. 1766 hab. ✉ 74310

LA PLAINE SAINT JEAN ★★ Tourisme 195 E., dont 30 GCC, 5,5 ha. vidéo, 2, CV. Locations : 30. Accès direct à l'étang et aux bords du lac. Rivière à 50 m.; privée :. ☎ 04 50 47 21 87. Fax : 04 50 47 21 87.

BELLEVUE ★ Tourisme 40 E. dont 40 nus 0,65 ha. CV. Rivière à 1 km. Lac à 2 km. à 1,5 km : Accueil adultes. Ouv : 1.6 / 30.9. Lieu-dit Les Trabets, RD 213. ☎ 04 50 54 42 30. Prix 2007. 5 € ; 1,60 € ; 4 € ; 2,10 € ; 4,50 € ; - de 7 ans 2,20 € ; 2 € ; Animaux 1 €. Réduction H.S.

ASSOCIATION DES FOYERS DE JEUNESSE, aire naturelle ☎ 04 50 54 41 81.

LATHUILE

11-C1 18 km S.-E. Annecy. 455 m. 495 hab. ✉ 74210

LA FERME ★★★ Tourisme 200 E. dont 120 nus (194 Tourisme + 6 Loisirs), dont 86 GCC, 2,5 ha. CV. Locations : 80. chauffée. Lac et rivière à 1 km. à 1 km :. Lieu-dit Chaparon, sur RN 508. Depuis Annecy dir. Albertville. ☎ 04 50 44 33 10 / 06 80 72 68 74. Fax : 04 50 44 39 50. E-mail : info@campinglaferme.com, Web : www.campinglaferme.com. Réduction H.S.

LE POLE ★★★ Tourisme 42 E. Locations : 4, 3, 5. Lac à 300 m. à 300 m :. Bout du Lac. ☎ 04 50 44 32 13 / 04 50 44 32 65.

LES FONTAINES ★★★ Tourisme 170 E. (156 Tourisme + 14 Loisirs), dont 97 GCC, 2 ha. CV Sanitaire chauffé. Locations : 3, 35. chauffée. Lac à 1 km. 5 :. Ouv : 15.5 / 15.9. RN 508. ☎ 04 50 44 31 22 / () / 06 81 40 11 62 (portable) (H.S.). Fax : 04 50 44 87 80. E-mail : info@campinglesfontaines.com, Web : www.campinglesfontaines.com. Prix 2007. Fft jour : Empl. Tourisme (2) : 21,50 € ; Sup : 5 € - de 7 ans 4,20 € ; 3,70 €.

L'IDEAL ★★★ Tourisme 300 E. (277 Tourisme + 23 Loisirs), dont 96 GCC. 3,. Locations :, chauffée. Lac à 900 m.; à 1 km :. ☎ 04 50 44 32 97. Fax : 04 50 44 36 59.

LE VERGER FLEURI ★★ Tourisme 100 E., dont 10 GCC, 1,5 ha. CV. Locations : 8, 5. Lac à 1 km.; à 1 km :. Accueil groupes. A Annecy RN 508 et dir. Albertville RD 180 Lathuille. ☎ 04 50 44 31 82 / 04 50 44 31 82 (H.S.). E-mail : info@gite-camping-annecy.com, Web : www.gite-camping-annecy.com. Réduction H.S.

FFCC : partenaire - terrain assuré par la FFCC.

LUGRIN

8-D4 15 km E. Thonon-les-Bains. 1417 hab. ✉ 74500

LA VIEILLE EGLISE ★★★ Tourisme 97 E. (76 Tourisme + 21 Loisirs), dont 85 GCC, 1,3 ha. buvette, CV. Locations : 12, 2, 10. chauffée. Lac à 800 m. Rivière à 5 km. à 600 m :; à 800 m :. Accueil groupes. RN 5 puis RD 21, situé à Lugrin côté Evian à 3,5 km. ☎ 04 50 76 01 95. Fax : 04 50 76 13 12. E-mail : campingvieilleeglise@wanadoo.fr, Web : www.camping-vieille-eglise.com. Réduction H.S.

LE RYS ★★ Tourisme 100 E. (66 Tourisme + 34 Loisirs), dont 15 GCC, 1,5 ha. CV. Locations : 4, 2. Lac à 800 m. à 600 m :, à 5 km :. Accueil groupes. Ouv : 30.4 / 1.10. 100 m RD 21, à 1 km RN 5. 600 m de la commune. ☎ 04 50 76 05 75 / 06 27 49 15 35 (H.S.). Fax : 04 50 76 05 75. E-mail : jeanmichel.blanc@wanadoo.fr. Prix 2007. Fft jour : Empl. Tourisme (2) : 12 € ; Sup : 3 € - de 9 ans 2 € ; 2,50 à 3,50 €.

FFCC : partenaire + réduction emp. de 5 % en saison et hors saison.

LES MYOSOTIS ★★ Tourisme 58 E. (40 Tourisme + 18 Loisirs) 0,53 ha. CV. Locations : 1. Lac à 800 m. à 800 m :, à 6 km :. Ouv : 10.5 / 20.9. Lieu-dit Chez Busset, 600 m RN 5 sur RD 21. ☎ 04 50 76 07 59. Fax : 04 50 76 07 59. Prix 2007. Fft jour : Empl. Tourisme (2) : 12,50 € ; Sup : 2,70 € - de 6 ans 1,50 € ; 2 à 3,10 € (2 à 6 A) ; Animaux 0,70 €. Réduction H.S.

MARCELLAZ ALBANAIS

11-C1 12 km O. Annecy. 525 m. 839 hab. ✉ 74150

M. ANDRE Raymond, aire naturelle CV. A 2 km:. A 5 km : Piscine plein air. A 10 km :. Par la RD 16 entre Annecy et Rumilly. ☎ 04 50 69 70 36 / 06 74 38 97 13 (H.S.).

MARGENCEL

8-D5 6 km S.-O. Thonon-les-Bains. 430 m. 1182 hab. ✉ 74200

LE VILLAGE DE REDON ★★ Tourisme 59 E., dont 59 GCC. ☎ 04 50 72 63 91. Fax : 04 50 72 63 91.

MARLENS

11-D1 31 km S.-E. Annecy. 460 m. 609 hab. ✉ 74210

CHAMP TILLET ★★★ Tourisme 145 E. (123 Tourisme + 22 Loisirs), dont 18 GCC, 1,6 ha. CV Sanitaire chauffé. Locations :, 17, 4. Etang et rivière à 500 m.; à 4 km :. Accueil groupes. Ouv : 1.4 / 30.10. ☎ 04 50 44 33 74 / 04 50 44 56 59 (H.S.). E-mail : cchamptillet@caramail.com, Web : www.champtillet.com. Prix 2007. Fft jour : Empl. Tourisme (2) : 19 € ; Sup : 5,50 € - de 2/7 ans 3,50 € ; 3,40 € (6 A).

MASSONGY

8-D5 12 km S.-O. Thonon-les-Bains. 460 m. 650 hab. ✉ 74140

LE NANT DES MULES ★★ Loisirs 20 E. (9 Tourisme + 11 Loisirs). ☎ 04 50 94 03 86.

MEGEVE

11-D1 42 km S.-E. Bonneville. 1115 m. 5375 hab. ✉ 74120

GAI SEJOUR ★★ Tourisme 60 E. 1,3 ha. CV. Ouv : 20.5 / 15.9. 332, rte de Cassioz, 200 m RN 212. ☎ 04 50 21 22 58. Prix 2007. Fft jour : Empl. Tourisme (2) : 10,30 € ; Sup : 2,70 € - de 7 ans 1,80 € ; 2,20 € ; Animaux 0,80 €.

FFCC : partenaire - terrain assuré par la FFCC.

M. ALLARD Martial, aire naturelle CV. A 1 km:. A 4 km : Piscine plein air Piscine couverte. A 5 km :. Ouv : 15.6 / 15.9. 576, route de Cassioz, 4 km de la commune de Megève et 1 km de Praz sur Arly, à proximité de la ferme. Bord de ruisseau. ☎ 04 50 21 16 88. Fax : 04 50 21 16 88. Empl. Tourisme : 2,20 € ; 1,10 € ; - de 7 ans 0,60 € ; 2 € ; 1 € (jeton) ; Animaux 0,25 €.

Mme PATEAU Liliane, aire naturelle CV. A 100 m :. A 1 km:. A 4 km : Piscine plein air. Cassioz. ☎ 06 10 44 02 33 / 04 50 21 93 24 (H.S.).

Voir aussi DEMI-QUARTIER

MENTHON ST BERNARD

11-C1 8 km S.-E. Annecy. 480 m. 1178 hab. ✉ 74290

LE CLOS DON JEAN ★★ Tourisme 67 E. dont 60 nus 0,92 ha. Locations :. Lac à 900 m.; à 900 m :. 400 m RN 509 A. ☎ 04 50 60 18 66. Fax : 04 50 60 18 66. E-mail : donjean74@wanadoo.fr, Web : www.clos-don-jean.com. Réduction H.S.

LES TRAPPES ★ Tourisme 36 E. 0,4 ha. Lac à 500 m. Rivière à 5 km. à 500 m :; à 800 m :. Ouv : 24.6 / 3.9. 150 m de la RD 909 A. Bibliothèque. ☎ 04 50 60 22 04. Fax : 04 50 60 27 43. E-mail : trappescamping@aol.com. Prix 2008. () : 4,50 € ; 2,50 € ; 4,50 € ; 2,50 € ; 2,90 € ; - de 9 ans 1,90 € ; 2,50 € (2 A). Réduction H.S.

MESSERY

8-D5 19 km O. Thonon-les-Bains. 430 m. 844 hab. ✉ 74140

LE RELAIS DU LEMAN ★★★ Loisirs 138 E. (20 Tourisme + 118 Loisirs), dont 118 GCC, 3,5 ha. CV. Locations : 17, couverte. Lac à 800 m. à 700 m : ; à 800 m : ; à 1,2 km : . Accueil groupes basse saison. Ouv : 1.6 / 30.9. A 40 sortie Thonon/Evian. Les bords du lac. ☎ 04 50 94 71 11 / 06 79 70 27 01 (H.S.). Fax : 04 50 94 77 66. E-mail : info@relaisduleman.com, Web : www.relaisdulema n.com. Prix 2007. Fft jour : Empl. Tourisme (2) : 19,50 € () ; Sup : 6 € - de 10 ans 4 € ; 4 € (6 A) ; Animaux 3 € (chien).

MIEUSSY

8-D5 19 km N.-E. Bonneville. 2000 m. 1169 hab. ✉ 74440

LA RACHE ★ Tourisme 30 E. (25 Tourisme + 5 Loisirs) 1 ha. La Rache. Annemasse-Cluses ou autoroute Findrol après Annemasse. Parapente, rocher d'escalade. ☎ 04 50 43 01 82.

MONNETIER MORNEX

8-C5 17 km N.-E. Saint-Julien-en-Genevois. 1200 m. 1530 hab. ✉ 74560

CAMP DE L'OEUVRE DE LA VILLA EMMANUEL ★★ Tourisme 52 E. 1 ha. saison, . Accueil groupes. Réservé Association Oeuvre Evangélique. ☎ 04 50 36 50 54. Fax : 04 50 36 57 05. E-mail : info@villaemmanuel.com, Web : www.vill aemmanuel.com.

MONTAGNY LES LANCHES

11-C1 9 km S.-O. Annecy. 610 m. 260 hab. ✉ 74600

M. et Mme METRAL,aire naturelle 2, CV. A 500 m : . A 2 km: . A 5 km : Piscine plein air Piscine couverte. Ouv : 15.6 / 30.9. Le Pré Ombragé. ☎ 04 50 46 71 31. Fax : 04 50 57 20 04. Prix 2007. Empl. Tourisme : 3,50 € () ; 3 € ; - de 5 ans 1,50 € ; 2 € (10 A) ; Animaux 0,50 €.

M. LYONNAZ Christian,aire naturelle CV. A 500 m : . A 5 km: Piscine plein air Piscine couverte. A 10 km : . Ouv : 1.1 / 31.12. Sur la N 201. Dir. Chambéry ☎ 04 50 46 61 31. Fax : 04 50 46 61 31. E-mail : j.lyonnaz@wanadoo.fr, Web : www.lavidome.fr. Prix 2007. 4,80 € ; 4,80 € ; 4,80 € ; 3,40 € ; - de 7 ans 1,40 € ; 2,10 à 2,50 € (3 à 10 A) ; Animaux 0,80 €.

MONTRIOND

8-D5 30 km S.-E. Thonon-les-Bains. 940 m. 565 hab. ✉ 74110

LE PRE ★★ Tourisme 33 E. 0,4 ha. saison, bain en saison, saison, . Locations : , . Rivière à 300 m. Lac à 3 km. ☎ 04 50 79 24 76 / 04 50 79 07 11 (Domicile) / 04 50 79 07 11 (H.S.). Fax : 04 50 79 24 76.

MORZINE

34 km S.-E. Thonon-les-Bains. 1000 m. 2888 hab. ✉ 74110

LES MARMOTTES Voir ESSERT-ROMAND

MUSIEGES

8-C5 20 km S.-O. St-Julien-en-Jenevois. 430 m. 191 hab. ✉ 74270

LE CELESTIN ★ Loisirs 24 E., dont 24 GCC. . Locations : , , . Rivière à 100 m. Etang à 5 km. Les Bonnets. A 40 sortie 11 dir. Annecy traverser Frangy voie rapide au dernier rond-point à gauche. Camping à 20 m sur RN 508 Paris/Albertville. ☎ 04 50 44 77 89.

NEYDENS

8-C5 4 km S. Saint-Julien-en-Genevois. 580 m. 863 hab. ✉ 74160

LA COLOMBIERE ★★★★ Tourisme 104 E. dont 78 nus (81 Tourisme + 23 Loisirs), dont 67 GCC - 8 HLL, 2,5 ha. CV Sanitaire chauffé. Camping clef verte. Locations : 8, 2, 12, 2, Gîte d'étape (8places). couverte chauffée. Etang et rivière à 1,5 km. ; à 1,5 km : . Accueil groupes. Ouv : 20.3 / 12.11. Rés. obligatoire en été. A 40 sortie 13 St-Julien-en-Genevois, suivre RN 201 dir. Annecy, puis dir. Neydens. Connexion internet et Wifi ☎ 04 50 35 13 14. Fax : 04 50 35 13 40. E-mail : la.colombiere@wanadoo.fr, Web : www.camping-la-colombiere.com. Prix 2008. Fft jour : Empl. Tourisme (2) : 25,50 € () ; Sup : 6 € - de 2/13 ans 4,50 € ; 5 € (6 A) ; Animaux 2 €. Réduction H.S.

FFCC : partenaire + carte FFCC assurance annulation + Stop accueil Camping-car du 01/01 au 01/07 et du 31/08 au 31/12/2008, accès jusqu'à 22h + réduction loc. de 5 % hors saison + HC.

PASSY

11-D1 35 km S.-E. Bonneville. 695 m. 9229 hab. ✉ 74190

CAMP MUNICIPAL LES ILES ★★ Tourisme 263 E., dont 6 GCC, 4,5 ha. sauf petits chiens CV. Locations : 6. Lac à 100 m. ; ; ; . Accueil groupes. 245, chemin de la Cavettaz. A 40 Genève/Chamonix sortie Passy n° 21. ☎ 04 50 58 45 36 / 04 50 58 80 82 (O.T.). Fax : 04 50 78 43 27. Réduction H.S.

AIRE NATURELLE DE PLAINE JOUX CV. A 40 sortie Passy puis dir. Plateau d'Assy-Plaine Joux. ☎ 04 50 93 80 51. Fax : 04 50 93 87 25.

LE PETIT BORNAND LES GLIERES

12 km S. Bonneville. 732 m. 620 hab. ✉ 74130

CAMP MUNICIPAL LES MARRONNIERS ★★ Tourisme 46 E. 1,8 ha. + sèche-linge, CV. Rivière à 100 m. Ouv : 1.6 / 15.9. CD 12. ☎ 04 50 03 54 74 / 04 50 03 50 90 (H.S.). Fax : 04 50 03 50 90. E-mail : maptbo@mairie-petit-bornand.fr. Prix 2007. Empl. Tourisme : 1,70 € ; 1,70 € ; 1 € ; 1,70 € ; 1,70 € ; 2,40 € ; - de 12 ans 1,20 € ; 2,50 € ; 0,70 € ; Animaux 1 €.

LES PRAZ DE CHAMONIX

58 km S.-E. Bonneville. 58 m. 9701 hab. ✉ 74400

Voir CHAMONIX-MONT-BLANC

PRAZ SUR ARLY

11-D1 49 km S.-E. Bonneville. 1040 m. 767 hab. ✉ 74120

CHANTALOUETTE ★★ Tourisme 39 E. (33 Tourisme + 6 Loisirs), dont 1 GCC, 0,9 ha. CV Sanitaire chauffé. Locations : . Rivière à 200 m. Etang à 4 km.Lac à 5 km. Route du Val d'Arly. RN 212. Salle de séchage. ☎ 04 50 21 90 25. Fax : 04 50 21 90 25. E-mail : pierre.bessy@club-internet.fr.

LES PRES DE L'ARLY ★★ Loisirs 81 E. (27 Tourisme + 54 Loisirs), dont 15 GCC, 1 ha. 2, CV Sanitaire chauffé. Locations : , . Rivière à 100 m. Etang et lac à 5 km. ; à 100 m : ; à 3 km : . Accueil groupes. Ouv : 1.1 / 31.12. LesTrouvassières ☎ 04 50 21 93 24 / 06 10 44 02 33 (H.S.). Fax : 04 50 21 93 24. E-mail : camping.prearly@orange.fr. Réduction H.S.

FFCC : Stop accueil Camping-car du 01/04 au 01/12/2008, accès jusqu'à 19h.

PRESILLY

8-C5 7 km S. Saint-Julien-en-Genevois. 683 m. 474 hab. ✉ 74160

LE TERROIR ★★ Loisirs 40 E. (8 Tourisme + 32 Loisirs) 1 ha. CV. Locations : , . Etang à 4 km. ; à 10 km : . Accueil groupes. Ouv : 1.5 / 30.9. Le Terroir. RD 18, à 1 km de la commune. RN 201 Genève-Annecy, à 1,5 km. ☎ 04 50 04 42 07. E-mail : camping.le.terroir@wanadoo.fr, Web : camping-le-terroir.fr. Prix 2007. Empl. Tourisme : 3,10 € ; 3,50 € ; - de 13 ans 1,50 € ; 2,50 € (5 à 10 A). Réduction H.S.

FFCC : partenaire + réduction emp. de 10 % en saison et hors saison + Stop accueil Camping-car du 01/05 au 30/09/2008, accès jusqu'à 21h.

PUBLIER

8-D4 6 km E. Thonon-les-Bains. 372 m. 3738 hab. ✉ 74500

LA PLAGE ★★★★ Tourisme 42 E. 1,5 ha. collectifs, + sèche linge, CV Sanitaire chauffé. Locations : 2, 3, 2, 4 chambres. couverte chauffée. Lac à 200 m. Rivière à 2 km. ; ; à 200 m : ; à 3 km : . Accueil groupes. Ouv : 1.1 / 31.10 - 25.12 / 31.12. Rés. obligatoire en été. 304 rue de la Garenne. A Amphion, 250 m RN 5. Accès internet WIFI ☎ 04 50 70 00 46. Fax : 04 50 70 00 46. E-mail : info@camping-dela-plage.com, Web : www.camping-dela-plage.com. Prix 2007. Fft jour : Empl. Tourisme (2) : 22 € () E. CC E. GCC) ; Sup : 6,50 € - de 8 ans 3,20 € ; 2 à 4,20 € (2 à 6 A). Réduction H.S.

FFCC : partenaire + réduction emp. de 5 % en saison et 10 % hors saison.

CAMP MUNICIPAL BLANCHE NEIGE ★★ Tourisme 78 E. (66 Tourisme + 12 Loisirs) . Lieu-dit la Dranse,à Amphion.

LE GRAND PRE ★★ Tourisme 30 E. 0,4 ha. CV. Lac à 500 m. ; ; ; . 300 m RN 5. ☎ 04 50 70 00 45.

LES HUTTINS ★★ Tourisme 98 E. 1,5 ha. CV. Locations : , . Lac à 400 m. Rivière à 900 m. à 100 m : ; à 400 m : . Accueil groupes. Ouv : 1.5 / 30.9. 350 rue de la Plaine. A Amphion, 400 m RN 5. A 100 m du centre Sportif International. Cité de l'Eau. ☎ 04 50 70 03 09. Fax : 04 50 70 03 09. E-mail : campingleshuttins@club-internet.fr. Prix 2007. Fft jour : Empl. Tourisme (2) : 13,5 € () ; Sup : 3,85 € 2,50 € (3 A). Réduction H.S.

FFCC : partenaire + réduction emp. de 5 % en saison et 10 % hors saison + réduction loc. de 5 % hors saison.

RUMILLY

11-C1 19 km O.-S.-O. Annecy. 354 m. 9236 hab. ✉ 74150

LE MADRID ★★★ Tourisme 109 E. dont 10 nus, , dont 40 GCC, 3 ha. snack, CV Sanitaire chauffé. Locations : 23, 6 . Etang et rivière à 500 m. à 300 m : ; à 500 m : . Ouv : 1.4 / 31.10. Rés. obligatoire en été. Lieu-dit Madrid. A 4 km de la RN 201 et à 800 m de la RD 910. A 1 km Sud de la ville. ☎ 04 50 01 12 57. Fax : 04 50 01 29 49. E-mail : contact@camping-le-madrid.com, Web : www.camping-le-madrid.com. Prix 2008. Fft jour : Empl. Tourisme (2) : 15,50 € (E. CC) ; Sup : 3,50 € - de 7 ans 2 € ; 2,50 à 4 € (5 à 10 A). Réduction H.S.

FFCC : partenaire + réduction emp. de 5 % hors saison + carte FFCC assurance annulation + réduction loc. de 5 % hors saison.

ST EUSTACHE

11-C1 14 km S. Annecy. 728 m. 297 hab. ✉ 74410

M. COTTARD Maurice,aire naturelle . A 5 km: . A 8 km : . Ouv : 15.6 / 15.9. Le Combarut, par RD 10, à 1 km Nord-Est de la commune, à proximité de la ferme. Prairie, terrain plat herbeux. Accès facile à tous véhicules, sans risque. ☎ 04 50 32 00 20. Prix 2008. 3,60 € ; 2 € ; 12 € ; 3,60 € ; 2,80 € ; - de 7 ans 1,40 € ; 1,20 € (jeton).

FFCC : partenaire - terrain assuré par la FFCC .

Mme COTTARD Simono,aire naturelle , tobogan. A 500 m : . A 6 km : . A 12 km : Piscine plein air. Chef-Lieu, Le Verger, RD 10. Rivière à 500 m. ☎ 04 50 32 00 10.

FFCC : partenaire - terrain assuré par la FFCC .

ST FERREOL

11-D1 27 km S.-E. Annecy. 517 m. 646 hab. ✉ 74210

CAMP MUNICIPAL LES PINS ★★ Tourisme 114 E. 1,5 ha. , CV. Accès direct à la rivière. ; à 10 km : . Accueil groupes. Ouv : 15.6 / 15.9. ☎ 04 50 44 56 36 (Mairie). Fax : 04 50 44 49 76. E-mail : st-ferreol @wanadoo.fr. Prix 2007. Empl. Tourisme : 10,45 € ; 2,40 € ; 1,35 € ; 2,60 € ; Animaux 1,15 €.

ST GERVAIS LES BAINS

41 km S.-E. Bonneville 810 m. 4717 hab. ✉ 74170

LES DOMES DE MIAGE ★★★ Tourisme 150 E. 2 ha. CV Sanitaire chauffé. Camping clef verte. Locations : . à 1 km : ; à 8 km : . Ouv : 1.5 / 21.9. 197, Route des Contamines, sur RN 902. Centre sportif à 800 m. ☎ 04 50 93 45 96. Fax : 04 50 78 10 75. E-mail : info@camping-mont-blanc.com, Web : www.camping-mont-blanc.com. Prix 2007. Fft jour : Empl. Tourisme (2) : 20,50 € ( ) ; Sup : 4 € 3,50 € ; 2,90 à 3,90 € (3 à 10 A) ; Animaux 2 €.

ST JEAN D AULPS

8-D5 25 km S.-E. Thonon-les-Bains. 800 m. 1012 hab. ✉ 74430

LE SOLEREY ★★ Tourisme 31 E. (24 Tourisme + 7 Loisirs), dont 6 GCC, 0,6 ha. CV. Accès direct à la rivière. . Ouv : 1.1 / 31.12. D 902. ☎ 04 50 79 64 69. Fax : 04 50 79 64 69. E-mail : lesolerey@gmail.com. Prix 2007. Fft jour : Empl. Tourisme (2) : 15 € ( ) ; Sup : 4 € - de 11 ans 2 € ; 3 € ; 3 €.

FFCC : partenaire - terrain assuré par la FFCC + réduction emp. de 5 % en saison et 10 % hors saison.

ST JEAN DE SIXT

11-D1 29 km E. Annecy. 965 m. 696 hab. Station verte de vacances et village de neige ✉ 74450

CAMP DU CRET ★★ Tourisme 54 E. 1 ha. CV. Rivière à 800 m. à 3 km : . Accueil groupes. Ouv : 3.6 / 24.9. Annecy / Thônes / Bonneville ☎ 04 50 02 38 89 / 04 50 02 24 12 (Mairie) / 06 18 17 66 09 (H.S.). Fax : 04 50 02 39 90. Prix 2007. Fft jour : Empl. Tourisme (2) : 10 € 2 €.

FFCC : partenaire + réduction emp. de 5 % hors saison + Stop accueil Camping-car du 01/06 au 28/06 et du 30/08 au 26/09/2008, accès juqu'à 20h30.

ST JEOIRE

17 km N.-E. Bonneville. 585 m. 1959 hab. ✉ 74490

CHOUNAZ ★ Tourisme 36 E. (19 Tourisme + 17 Loisirs) 1 ha. CV. Rivière à 1 km. à 1 km : . Accueil groupes. Chounaz. Par route étroite de Chounaz en rampe sur 400 m. Déconseillé aux très grandes caravanes. ☎ 04 50 35 80 54 (Après 18 h). Fax : 04 50 35 92 33.

ST JORIOZ

11-C1 10 km S. Annecy. 465 m. 3348 hab. Station verte de vacances et village de neige ✉ 74410

EUROPA CAMPING ★★★ Tourisme 209 E., dont 100 GCC - 4 HLL, 3,2 ha. CV. Locations : 4, 40, . chauffée . Bord de mer et lac à 400 m. ; à 400 m : , ; à 500 m : ; à 700 m : . Ouv : 29.4 / 13.9. Rés. obligatoire en été. RN 508 dir. Annecy/ Albertville. Annecy-Sud dir. Albertville rive Ouest. ☎ 04 50 68 51 01. Fax : 04 50 68 55 20. E-mail : info@camping-europa.com, Web : www.camping-europa.com. Prix 2007. Fft jour : Empl. Tourisme (2) : 31,80 € ((6 A)) ; Sup : 5,90 € Animaux 3 €. Réduction H.S.

INTERNATIONAL LAC D'ANNECY ★★★ Tourisme 163 E., dont 46 GCC, 2 ha. snack, CV. Locations : 3, 18, 15 . chauffée . Lac à 600 m. ; à 1 km : , ; à 2 km : . Ouv : 15.5 / 15.9. RN 508 dir. Albertville. ☎ 04 50 68 67 93 / 04 50 09 01 22 (H.S.). Fax : 04 50 09 01 22. E-mail : contact@camping-loc-annecy.com, Web : www.camping-lac-annecy.com. Prix 2007. Fft jour : Empl. Tourisme (2) : 21 € ( ) ; Sup : 4 € 3,40 € (6 A) ; E. GCC 27 € (Fft 2 pers.) ; Animaux 2 €. Réduction H.S.

LE SOLITAIRE DU LAC ★★★ Tourisme 200 E., dont 13 GCC, 1,85 ha. CV. Locations : 1, 14, 10. Accès direct aux bords du lac. ; à 1 km : . Ouv : 15.4 / 15.9. ☎ 04 50 68 59 30 / 06 88 58 94 24 (H.S.). Fax : 04 50 68 59 30. E-mail : campinglesolitaire@wanadoo.fr, Web : www.campinglesolitaire.com. Prix 2007. Fft jour : Empl. Tourisme (2) : 16 € Sup : 4 € - de 7 ans 2 € ; 3,50 € (6 A) ; Animaux 2,20 €.

CAMP G.C.U. Réservé aux adhérents. Adhésion possible sur place pour les sociétaires MAIF et FILIA MAIF. Réservé aux adhérents. Adhésion possible sur place pour les sociétaires MAIF et FILIA MAIF.

LE CRETOUX ★★ Tourisme 79 E., dont 76 GCC, 4 ha. CV. Locations : 1, 5, 4, . Rivière à 400 m. Lac à 4 km. . 1059, Route d'Entredozon. RD 10 à 2,5 km de la commune. Salle de jeux. ☎ 04 50 68 61 94. Fax : 04 50 68 61 94. E-mail : info@campinglecretoux.com, Web : www.campinglecretoux.com. Réduction H.S.

L'UNIVERS DU LAC ★ Tourisme 42 E. 0,45 ha. à gaz, CV. Locations : . Lac à 50 m. à 50 m : , location au port. Accueil groupes. Ouv : 1.6 / 30.9. Sur l'axe Annecy/Albertville à 9 km d'Annecy par RN 508, au croisement de Savoie-Métal et de la piste cyclable, prendre côté lac la route de la Tuilerie (650 m) et à droite impasse de la Tuilerie (120 m). ☎ 04 50 68 98 25 / 04 50 57 68 68 / 04 50 68 62 62 (H.S.). Prix 2007. Fft jour : Empl. Tourisme (2) : 12,20 € () ; Sup : 3,40 € - de 7 ans 2,30 € ; 1,50 à 3,10 € (2 à 6 A) ; Animaux 2 €.

ST PAUL EN CHABLAIS

8-D4 12 km E. Thonon-les-Bains. 835 m. 1003 hab. ✉ 74500

Camp du Pré Bandaz CV. A 1 km : . A 3 km : . A 5 km : . A 6 km : . A 8 km : Piscine chauffée Piscine plein air . A 9 km : Piscine couverte . Ouv : 1.5 / 15.9. Accès par D 21, depuis Evian les Bains situé en Haute Savoie juste au-dessus du Lac Léman. ☎ 04 50 75 39 42. Fax : 04 50 75 39 42. E-mail : campingprebandaz@wanadoo.fr, Web : www.campingprebandaz.com. Prix 2008. Fft jour : Empl. Tourisme (2) : 10 € () ; Sup : 2,80 € - de 7 ans 2 € ; 3 € (6 A) ; 1 € ; Animaux 1 €.

FFCC : partenaire + réduction emp. de 5 % en saison et 10 % hors saison + Stop accueil Camping-car du 01/05 au 30/09/2008, accès jusqu'à 20h.

SALLANCHES

30 km S.-E. Bonneville. 540 m. 10509 hab. ✉ 74700

L'ECUREUIL ★★★ Tourisme 156 E. 5 ha. CV. Locations : 13, , . Accès direct aux bords du lac. ; . 490, route des Follieux. ☎ 04 50 58 43 67. Fax : 04 50 58 44 61. E-mail : contact@camping-ecureuil.com.

LE RELAIS DE VALLEE BLANCHE ★★ Tourisme 80 E. dont 72 nus 1,3 ha. CV Sanitaire chauffé. Locations : 9, ; à 1,5 km : , . 390, route de Passy. ☎ 04 50 58 59 59. Fax : 04 50 58 59 59.

MIROIR DU MONT BLANC ★★ Tourisme 120 E. 1,95 ha. + sèche linge, CV. . Accès direct aux bords du lac. ; ; à 20 m : , . Accueil groupes. Ouv : 1.6 / 30.9. 2 km RN 202. Sortie A 41 Sallanches dir. Passy et longer l'autoroute sur 2 km après avoir pris la dir. du lac de Passy. ☎ 04 50 58 14 28 / 04 50 58 12 04 (H.S.). Fax : 04 50 93 95 23. E-mail : beatrice.brosse2@wanadoo.fr. Prix 2008. () : 2,30 € ; 2,30 € ; 2,30 € ; 4,20 € ; - de 7 ans 2 € ; 2,50 €.

SAMOENS

8-D5 28 km E. Bonneville. 710 m. 1956 hab. Station verte de vacances et village de neige ✉ 74340

CAMP CARAVANEIGE LE GIFFRE ★★★ Tourisme 312 E. (294 Tourisme + 18 Loisirs), dont 40 GCC, 5 ha. , saison, CV Sanitaire chauffé. Locations : , . Rivière à 10 m. Lac à 15 m. ; à 200 m : ; à 300 m : . Accueil groupes. Ouv : 1.1 / 31.12. Vers le Pont du Giffre, 700 m RN 507. Piscine à 300 m. ☎ 04 50 34 41 92. Fax : 04 50 34 98 84. E-mail : camping.samoens@wanadoo.fr, Web : www.camping-samoens.com. Prix 2008. Fft jour : Empl. Tourisme (2) : 16 € () ; Sup : 3,50 € - de 12 ans 2,50 € ; 4,50 à 8,30 € ; Animaux 2 €.

FFCC : partenaire + réduction emp. de 5 % en saison et hors saison + Stop accueil Camping-car toute l'année, accès de midi à midi.

SCIEZ

8-D5 10 km S.-O. Thonon les Bains. 410 m. 2230 hab. ✉ 74140

LES MAISONS DU LAC ★★★★ Loisirs 57 E. 1,4 ha. . Locations : 5. Accès direct aux bords du lac. ; ; ; . 1 km RN 5, plage de Sciez. ☎ 04 50 72 62 48. Fax : 04 50 72 38 61.

LE CHATELET LOISIRS ★★★ Loisirs 148 E. (63 Tourisme + 85 Loisirs), dont 96 GCC, 1,93 ha. , 2, CV Sanitaire chauffé. Camping clef verte. Locations : 11. Lac à 300 m. à 200 m : , , , . Accueil groupes. Ouv : 1.4 / 20.10. RN 5 prendre port de Sciez. ☎ 04 50 72 52 60. Fax : 04 50 72 37 67. E-mail : info@camping-chatelet.com, Web : www.camping-chatelet.com. Prix 2007. Fft jour : Empl. Tourisme (2) : 15 € () ; Sup : 5,30 € - de 7 ans 2,70 € ; 3 à 4 € (4 à 6 A) ; Animaux 2,50 €.

LE GRAND FOC ★★★ Tourisme 69 E. (42 Tourisme + 27 Loisirs), dont 9 GCC, 1,4 ha. , pain, CV. Locations : , , chambres. Lac à 250 m. ; à 300 m : , à 400 m : , . 111, chemin du Chatelet. RN 5. ☎ 04 50 72 62 70. Fax : 04 50 72 62 70.

BRISE DU LEMAN ★★ Tourisme 130 E. (90 Tourisme + 40 Loisirs) 1,5 ha. CV. Lac à 50 m. Rivière à 1 km. à 50 m : , , ; à 500 m : . Ouv : 1.4 / 30.9. 700 m RN 5, au Port de Sciez. ☎ 04 50 72 59 10 (Eté) / 04 50 92 57 32 (H.S.).

G.C.U. DOMAINE DE COUDREE Réservé aux adhérents. Adhésion possible sur place pour les sociétaires MAIF et FILIA MAIF. Domaine de Coudrée.

LA RENOUILLERE ★★ Loisirs 160 E. dont 25 nus (37 Tourisme + 123 Loisirs), dont 60 GCC, 1,55 ha. CV. Locations : 6. Lac à 200 m. à 200 m : , , , . Accueil groupes. 655, chemin Hutins Vieux. RN 5 dir. Port de Sciez. ☎ 04 50 72 73 39. Fax : 04 50 72 73 39. Prix 2007. Fft jour : Empl. Tourisme (2) : 12 € () ; Sup : 5 € - de 3/7 ans 2,50 € ; 4 € (5 A) ; Animaux 1 €.

LE LEMAN ★ Loisirs 17 E. (6 Tourisme + 11 Loisirs) 0,3 ha. . Locations : 1, 2, 5. Lac à 800 m. ; à 800 m : , . Bonnatrait, par RN 5 ou RD 25. ☎ 04 50 72 72 51 / 04 50 72 71 28 / 04 50 72 71 28 (H.S.).

M. DEMOLIS Hubert, aire naturelle L'Orée des Bois CV. A 1,5 km : . A 2 km : . A 3 km : . A 5 km : . A 8 km : Piscine plein air. Ouv : 1.5 / 31.10. 18, place de Choisy. ☎ 04 50 72 78 31 / 06 09 43 96 03 (H.S.). Fax : 04 50 72 78 31. E-mail : demolis-hubert@wanadoo.fr, Web : www.demolis-camping-gites-sciez.fr.

FFCC : partenaire + réduction emp. de 5 % en saison et 10 % hors saison.

SEVRIER

11-C1 5 km S. Annecy. 455 m. 2160 hab. ✉ 74320

AU COEUR DU LAC ★★★ Tourisme 100 E. dont 90 nus, dont 15 CC, 1,7 ha. CV Sanitaire chauffé. Locations : 10, 3, 20. Accès direct aux bords du lac. ; ; ; ; . Accueil groupes. Ouv : 1.4 / 30.9. Rés. obligatoire en été. 3233, route d'Albertville. Près RN 508. Dir. Albertville. A 1 km à gauche après Sevrier chef lieu, et 300 m après Mac Donald. ☎ 04 50 52 46 45. Fax : 04 50 19 01 45. E-mail : info@aucoeurdulac.com, Web : www.campingaucoeurdulac.com. Prix 2007. Fft jour : Empl. Tourisme (2) : 19,50 € () ; Sup : 4 € - de 6 ans 2,90 € ; 3,20 € (4 A). Réduction H.S.

LE PANORAMIC ★★★ Tourisme 209 E. (208 Tourisme + 1 Loisirs), dont 34 GCC, 2,7 ha. à partir du 10.6, CV. Locations : 17, 16, , . Lac à 1,4 km. ; à 3 km : . Ouv : 26.4 / 30.9. Hameau de Allevard, 200 m RN 512, 800 m RN 508. ☎ 04 50 52 43 09. Fax : 04 50 52 73 09. E-mail : info@camping-le-panoramic.com, Web : www.camping-le-panoramic.com. Prix 2008. Fft jour : Empl. Tourisme (2) : 19,20 € () ; Sup : 3,80 € 2,50 € ; 3,20 à 4,20 € (4 A).

LES RIVES DU LAC ★★★ Tourisme 100 E. 1,4 ha., collectif, CV. Locations : . Accès direct aux bords du lac. ; ; ; . Accueil groupes. 331, Chemin des Communaux. En venant d'Annecy sortie Sevrier près du club d'aviron de la commune. Tournez à gauche après Supermarché Lidl et bowling. ☎ 04 50 52 40 14. Fax : 04 50 52 40 14. E-mail : lesrivesdulac.sevrier@ffcc.fr, Web : www.camp-in-france.com. Réduction H.S.

FFCC : partenaire - terrain assuré par la FFCC + carte FFCC assurance annulation + Stop accueil Camping-car du 01/04 au 30/09/2008, accès jusqu'à 22h + 1 nuit gratuite pour 5 nuits payantes - Carte de fidélité disponible.

L'ALOUA ★★ Tourisme 204 E. 2,3 ha. sauf petits ap. 22 h, CV. Locations : , , . Lac à 250 m. à 250 m : ; à 1 km : ; à 2 km : , . Accueil groupes du 20.06 / 20.07. Annecy dir. Albertville, à Sevrier lieu-dit Le Brouillet prendre le rond-point vers PAE route de Piron passer le restaurant puis dir. le lac. Gardiennage de nuit. ☎ 04 50 52 60 06 / 04 50 52 64 54 (H.S.). Fax : 04 50 52 64 54. E-mail : camping.aloua@wanadoo.fr.

LE VERGER ★ Tourisme 16 E. dont 16 nus 0,17 ha. CV. Locations : 1 . Lac à 200 m. ; à 50 m : , ; à 1 km : . Accueil groupes. Ouv : 1.5 / 30.10. 10, route de la Chapelle. Sur la RN 508 route d'Albertville. ☎ 04 50 52 41 33 / 06 79 21 05 06 (H.S.). Prix 2007. 4 € ; 2 € ; 4 € ; 4 € ; 4,30 € ; - de 7 ans 2,15 € ; 3 € ; 1 € ; Animaux 0,50 €.

SEYNOD

11-C1 3 km S.-O. Annecy. 580 m. 13175 hab. ✉ 74600

M. MILHOMME,aire naturelle CV. Balmont - 31, route de Chaux. 3 km en dir. d'Annecy, après la sortie autoroute de Rumilly. ☎ 04 50 46 71 21.

SEYSSEL

11-C1 35 km S.-O. Saint Julien en Genevois. 265 m. 1558 hab. ✉ 74910

LE NANT MATRAZ ★★ Tourisme 74 E. dont 64 nus 1,4 ha. , snack, , CV. Locations : 1 , 5 . Accès direct à la rivière. Etang à 3 km ; à 1 km : , . Accueil groupes. Ouv : 1.4 / 31.10. 15, Route de Genève. 40 km N.O.d'Annecy. A 40 sortie Eloise et D 992. ☎ 04 50 59 03 68 / 04 50 59 21 50 (H.S.). Fax : 04 50 59 03 68. Prix 2008. Fft jour : Empl. Tourisme (2) : 12 € ( ) Réduction H.S.

CAMP INTERNATIONAL Voir aussi SEYSSEL (01)

SEYTHENEX

11-D1 30 km S.-E. Annecy. 730 m. 392 hab. ✉ 74210

AIRE NATURELLE CV. A 5 km: , . Ouv : 15.6 / 7.9. Val de Tamié. D'Albertville ou d'Annecy, prendre Faverges/col Tamié puis les Combes. D N 12 ☎ 04 50 32 49 97. Fax : 04 50 32 49 97. E-mail : foyerfondt amie@orange.fr. Prix 2007. ( ) : 3,50 € ; 1,60 € ; 5 € ; 3,50 € ; 3,60 € ; - de 3/12 ans 1,80 € ; 2,80 €.

FFCC : partenaire + réduction emp. de 5 % en saison et 10 % hors saison.

M. BARRACHIN Léopold,aire naturelle , pain, CV. Faverges dir. Seythenex Col de Tamié. Location de caravane. ☎ 04 50 32 45 09.

TALLOIRES

11-D1 13 km S.-E. Annecy. 478 m. 931 hab. Station verte de vacances et village de neige ✉ 74290

LA CHAPELLE SAINT CLAUDE ★★★ Tourisme 125 E. (93 Tourisme + 32 Loisirs), dont 24 GCC, 2 ha. , snack, , CV Sanitaire chauffé. Locations : 12 , 6 . Accès direct aux bords du lac. Rivière à 10 m. ; ; privée : , ; . A Angon vers La Chapelle. Pataugeoire. ☎ 04 50 60 36 97 / 06 22 53 08 59 / 06 22 53 08 59 (H.S.). Fax : 04 50 60 97 05. E-mail : lesaintclaude@wanadoo.fr, Web : www.campinglachapellesaintclaude.com.

LE LANFONNET ★★ Tourisme 132 E. 1,9 ha. CV. Locations : 8 , 4 . Accès direct aux bords du lac. ; ; à 100 m : ; à 800 m : . Accueil groupes. Lieu-dit Angon. A 300 m de la Cascade d'Angon. ☎ 04 50 60 72 12 (Tél/fax) / 04 50 60 72 12 (H.S.). Fax : 04 50 60 72 12. E-mail : camping.le.lanfonnet@wanadoo.fr, Web : www.camping-lanfonnet.com. Réduction H.S.

L'HORIZON ★★ Tourisme 128 E. 1,7 ha. . Locations : . Lac à 1 km. à 1 km : , , , . Lieu-dit Les Granges, sur RD 909. ☎ 04 50 60 75 36 / 04 50 60 78 71. Fax : 04 50 64 88 57. E-mail : infos@camping-horizon.fr.

LE LAC ★ Tourisme 70 E. 1 ha. CV. Accès direct aux bords du lac. ; ; ; ; . Accueil groupes. Ouv : 1.6 / 30.9. A Angon. ☎ 04 50 60 73 16 / 04 50 60 71 08 (H.S.). Fax : 04 50 60 72 99. E-mail : camping@lelaccamping.com, Web : www.lelaccamping.com. Prix 2007. Fft jour : Empl. Tourisme (2) : 19 € - de 7 ans 2,50 € ; 4 € ; Animaux 1 €. Réduction H.S.

TANINGES

8-D5 18 km E.-N.-E. Bonneville. 640 m. 2756 hab. ✉ 74440

CAMP MUNICIPAL DES THEZIERES ★★ Tourisme 113 E. (88 Tourisme + 25 Loisirs) 1,84 ha. , saison, CV Sanitaire chauffé. Accès direct à la rivière. Lac à 200 m. . Accueil groupes selon le nombre. selon le nombre. 200 m RN 202. ☎ 04 50 34 25 59. Fax : 04 50 34 39 78. E-mail : camping.taninges@wanadoo.fr, Web : www.taninges.com. Prix 2007. Fft jour : Empl. Tourisme (2) : 7,80 € ( ) ; Sup : 2,35 € - de 10 ans 1,25 € ; 2,20 à 6,75 € (6 à 10 A) ; Animaux 1 €. Réduction H.S.

THONES

11-D1 20 km E. Annecy. 650 m. 4461 hab. Station verte de vacances et village de neige ✉ 74230

LE LACHAT ★★ Tourisme 69 E. dont 44 nus, 1 ha. CV. Locations : 4 , 2 . Accès direct à la rivière. . Accueil groupes. Ouv : 1.4 / 31.10. Lieu-dit La Cour. ☎ 04 50 02 96 65. Fax : 04 50 02 08 88. Prix 2007. Empl. Tourisme : 3,70 € ; 3,15 € ; 2,60 à 3,70 € ; Animaux 1,10 €.

LE TREJEUX ★★ Tourisme 101 E. dont 97 nus, dont 56 GCC, 1,4 ha. , friterie, CV. Locations : 1 , 5 , 4 , . Accès direct à la rivière. ; à 1,2 km : . Accueil groupes. Tronchine. Repas savoyards. ☎ 04 50 02 06 90 / 06 08 21 96 13 / 04 50 63 13 79 (H.S.). Fax : 04 50 02 06 90. Web : www.letrejeux.com. Réduction H.S.

FFCC : partenaire - terrain assuré par la FFCC.

THONON LES BAINS

576 km S.-E. Paris. 72 km S.-E. Annecy. 430 m. 28211 hab. ✉ 74200

CAMP C.C.A.S. ★★★ Tourisme 104 E. Réservé C.C.A.S.

SAINT DISDILLE ★★★ Tourisme 604 E. dont 400 nus (400 Tourisme + 204 Loisirs), dont 95 GCC, 12 ha. , juillet/août, CV. Locations : 3 , 70 , , . Rivière à 100 m. Lac à 200 m. ; à 200 m : , ; à 3 km : . Accueil groupes. Ouv : 1.4 / 30.9. Rés. obligatoire en été. 117, avenue de Saint-Disdille. Vongy. 2 km RN 5. Suivre parc de la Chataigneraie/Port Ripaille/Côte Evian. ☎ 04 50 71 14 11. Fax : 04 50 71 93 67. E-mail : camping@disdille.com, Web : www.disdille.com. Prix 2008. Fft jour : Empl. Tourisme (2) : 18 € ( ) ; Sup : 4 € - de 10 ans 2,50 € ; 3 à 4 € (6 à 10 A) ; Animaux 2 €. Réduction H.S.

FFCC : partenaire + réduction emp. de 5 % en saison et 10 % hors saison + Stop accueil Camping-car du 01/04 au 30/06 et du 01/09 au 30/09/2008, accès jusqu'à 19h30 + réduction loc. de 5 % hors saison.

LE LAC NOIR ★★ Tourisme 100 E., dont 64 GCC, 2 ha. . Accès direct à l'étang. Lac à 2,5 km. ; à 2 km : , , ; à 3 km : . 28, avenue de Senevulaz, RN 903. ☎ 04 50 26 07 28 / 04 50 71 12 46 (Hiver).

LE MORCY ★★ Loisirs 72 E. (35 Tourisme + 37 Loisirs), dont 35 GCC, 1 ha. CV. Locations : 4 , 2 . Rivière à 500 m. Lac à 800 m. à 800 m : , , , . 200 m RN 5. Thonon Ouest. ☎ 04 50 70 44 87 / 06 82 27 51 50. Fax : 04 50 70 44 87.

CAMP LE DISDILLOU ★ Loisirs 38 E. (15 Tourisme + 23 Loisirs) 0,8 ha. . Locations : , . ; à 150 m : , . 98, avenue de Saint-Disdille. ☎ 04 50 26 13 59. Fax : 04 50 26 13 59.

FFCC : partenaire - terrain assuré par la FFCC.

THORENS GLIERES

11-D1 18 km N.-E. Annecy. 674 m. 1783 hab. Station verte de vacances et village de neige ✉ 74570

CAMP NANTZIEL ★★ Tourisme 29 E. 0,4 ha. , partiel, . Rivière à 4 km. Accueil groupes. 135, route de Nantziel. 200 m RD 5 par RN 203 à 3 km ou à 4 km de Thorens Glières sur RD 5. ☎ 04 50 22 40 42.

LA TOUR

8-D5 15 km N. Bonneville. 620 m. 770 hab. ✉ 74250

CAMP MUNICIPAL L'OASIS ★★ Tourisme 52 E. (42 Tourisme + 10 Loisirs) 2 ha. . Accès direct aux bords du lac. Sanitaires chauffés. ☎ 04 50 35 67 78. Fax : 04 50 35 97 05.

VALLIERES

11-C1 18 km O. Annecy. 346 m. 921 hab. ✉ 74150

LES CHARMILLES ★★★ Tourisme 68 E., dont 23 GCC - 5 HLL, 2,4 ha. pain, CV. Locations : 23, 3. Rivière à 3 km.Etang à 4 km. à 2 km : Ouv : 1.4 / 30.10. Rés. obligatoire en été. Sur RN 510, 4 km Nord de Rumilly. ☎ 04 50 62 10 60 / 06 18 06 34 51 (H.S.). Fax : 04 50 62 19 45. E-mail : les.charmilles.camping@wanadoo.fr, Web : www.campinglescharmilles.com. Prix 2007. Fft jour : Empl. Tourisme (2) : 15 € ; Sup : 3,50 € - de 7 ans 2 € ; 3,50 € (6/8 A) ; Animaux 1,50 €. Fft Ccar : 9,50 € (2). Réduction H.S.

VALLORCINE

11-E1 75 km E. Bonneville. 1265 m. 303 hab. ✉ 74660

LES MONTETS ★★ Tourisme 75 E. 0,67 ha. table à langer, tentes, CV. Accès direct à la rivière. Accueil groupes du 1.06 / 25.07 & 22.08 / 15.09. Route de Chamonix à Vallorcine après le col des Montets au lieu-dit Le Buet. A 1 km de la commune. A 5 km de la frontière Suisse. ☎ 04 50 54 60 45 / 04 50 54 24 13 (H.S.). Fax : 04 50 54 60 45. E-mail : camping.des.montets@wanadoo.fr.

VERCHAIX

8-D5 18 km E. Bonneville. 740 m. 296 hab. ✉ 74440

CAMP MUNICIPAL LAC ET MONTAGNE ★★ Tourisme 107 E. (98 Tourisme + 9 Loisirs), dont 6 GCC, 0,98 ha. Locations : Accès direct aux bords du lac et à la rivière. Salle d'accueil chauffée. ☎ 04 50 90 10 12.

VEYRIER DU LAC

11-C1 6 km E.-S.-E. Annecy. 500 m. 1770 hab. ✉ 74290

CAMPING ATC DE LA PLAGE ★★ Tourisme 44 E. dont 35 nus, dont 3 GCC - 3 HLL, 0,7 ha. 1 jour/semaine, gaz/électrique, CV Sanitaire chauffé. Locations : Accès direct aux bords du lac. Rivière à 4 km. 1, Route de la Brune. Mitoyen de la plage municipale et du port de plaisance. ☎ 04 50 60 10 99 / 04 50 22 11 66 (H.S.). Fax : 04 50 60 10 99. Réduction H.S.

VINZIER

8-D5 13 km E. Thonon les Bains. 910 m. 471 hab. ✉ 74500

CAMP MUNICIPAL DE L'ESSERT ★ Tourisme 20 E. 0,3 ha. Rivière à 2 km. ☎ 04 50 76 61 19 (Mairie) / 04 50 73 68 65.

YVOIRE

8-D5 15 km O. Thonon-les-Bains. 300 m. 357 hab. ✉ 74140

CAMP C.C.A.S. ★★ Tourisme 45 E. (25 Tourisme + 20 Loisirs) . Réservé C.C.A.S.

MATHIEU LE LEMAN I ★★ Loisirs 100 E. (40 Tourisme + 60 Loisirs) 1,6 ha. CV. Locations : 1, 10. Lac à 200 m. à 2 km : Accueil groupes. Sur RD 25. ☎ 04 50 72 84 31. Fax : 04 50 72 96 33. Web : www.campingsmathieu.com. Réduction H.S.

MATHIEU LE LEMAN II ★★ Tourisme 45 E. (25 Tourisme + 20 Loisirs) 0,74 ha. CV. Lac à 200 m. à 2 km : Accueil groupes. Les Rossets, sur RD 25. ☎ 04 50 72 84 96. Fax : 04 50 72 96 33. Web : www.campingsmathieu.com. Réduction H.S.

75 PARIS

Carte 3

Délégué FFCC : Bernard HEILBRONN, 159, rue de Charenton - 75012 PARIS 12

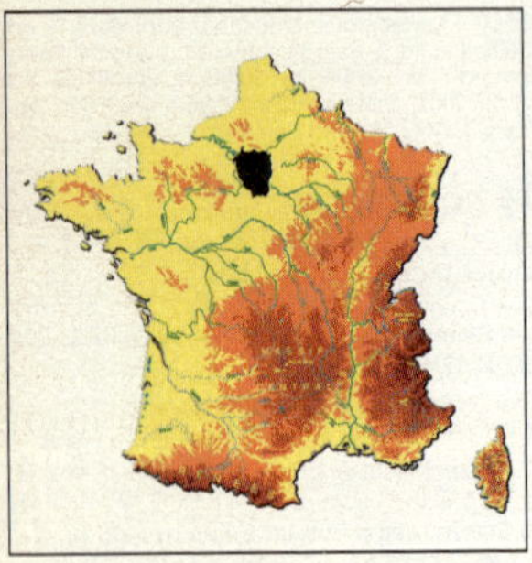

PARIS 16

2188918 hab. ✉ 75016

CAMPING BOIS DE BOULOGNE ★★★★ Tourisme 510 E., dont 278 GCC, 7 ha. snack, CV. Locations : 69. Accueil groupes. A l'Ouest de Paris, allée du Bord de l'Eau, près des Ponts de Puteaux et Suresnes. Stationnement (ou séjour) limité à 1 mois. Navette par le métro Porte Maillot payante. Bus n° 244. ☎ 01 45 24 30 00. Fax : 01 42 24 42 95. E-mail : camping-boulogne@stereau.fr, Web : www.campingparis.fr.

76 SEINE-MARITIME

Cartes 1-2

Délégué FFCC : Jacques LECERF, 6, rue Gabriel Péri - 76600 LE HAVRE

ANNEVILLE AMBOURVILLE

2-F2 54 km N.-E. Le Havre. 120 m. 832 hab. ✉ 76480

LES NATURISTES ROUENNAIS ★★ Loisirs 100 E. 5 ha. CV Sanitaire chauffé Rés. naturiste. Locations : chauffée. Etang à 500 m. Lac à 3 km. Ouv : 1.5 / 30.9. La Chenaie. 36, chemin d'Ambourville. ☎ 02 35 37 22 23. Fax : 02 35 37 98 92. E-mail : cnr.lachenaie@free.fr, Web : www.chez.com/cnr.
FFCC : partenaire - terrain assuré par la FFCC.

AUMALE

1-B4 53 km S.-E. Dieppe. 130 m. 3023 hab. Station verte de vacances et village de neige ✉ 76390

CAMP MUNICIPAL DU GRAND MAIL ★★ Tourisme 35 E. 0,4 ha. Etang et rivière à 500 m. à 500 m : Accueil groupes. Ouv : 21.3 / 30.9. 2, au Grand Mail, 500 m RN 29 et centre ville, tournez à la poste. ☎ 02 35 93 40 50. Fax : 02 35 93 86 79. E-mail : communeaumale@wanadoo.fr, Web : www.aumale.com. Prix 2008. Empl. Tourisme : 1,70 € ; 1,70 € ; 2,20 € ; 3,90 € ; 1,70 € ; 2,20 € ; - de 7 ans 1,70 € ; 2,20 € ; 1,70 € ; Animaux 1,20 €.

AVESNES EN BRAY

1-A5 68 km S.-E. Dieppe. 120 m. 205 hab. ✉ 76220

LA HAUTE HAYE ★ Tourisme 30 E. (20 Tourisme + 10 Loisirs) 0,5 ha. D 915, N 31. ☎ 02 35 90 03 71.

BAZINVAL
1-A4 35 km E. Dieppe. 88 m. 330 hab. ✉ 76340

CAMP MUNICIPAL LA FORET ★ Tourisme 19 E. 0,2 ha. Etang à 3 km. Rivière à 4 km. Accueil groupes. Chemin de l'Eglise ou rue de Saulx puis rue de la Forêt. ☎ 02 32 97 04 01 / 02 32 97 04 33 (H.S.). Fax : 02 32 97 04 01. Réduction H.S.

BEC DE MORTAGNE
2-E1 45 km N.-E. Le Havre 128 m. 576 hab. ✉ 76110

LA HETRAIE ★★ Loisirs 101 E. CV. Locations : 3, 2. Accès direct à l'étang. Rivière à 1 km. Accueil groupes. A proximité de l'A 29. ☎ 02 35 29 56 02 / 06 09 68 49 77 / 06 09 68 49 77 (H.S.). Fax : 02 35 28 41 92.

BELLENCOMBRE
1-A4 28 km S. Dieppe. 83 m. 650 hab. ✉ 76680

M. BAZIN Georges,aire naturelle ①. A 3 km: . A 5 km : . RD 97. ☎ 02 35 93 90 15.

BERNEVAL LE GRAND
1-A4 10 km N.-E. Dieppe. 105 m. 393 hab. ✉ 76370

CAMP MUNICIPAL LE VAL BOISE ★★ Tourisme 36 E. dont 30 nus (26 Tourisme + 10 Loisirs), dont 6 GCC, 0,9 ha. CV Sanitaire chauffé. Locations : . Bord de mer à 700 m. à 700 m : . Ouv : 1.4 / 1.11. Lieu-dit Petit Berneval, 400 m RD 52, à 3 km RD 925. ☎ 02 35 85 29 18 / 02 35 06 05 40 (Mairie) (H.S.). E-mail : camping-berneval@wanadoo.fr, Web : bernevallegrand.fr/camping. Prix 2007. Empl. Tourisme : 4 € ; 1,40 € ; 2 € ; 1 € ; 3,50 € (16 A) ; Animaux 0,80 €. Réduction H.S.

FFCC : partenaire + réduction emp. de 5 % en saison et hors saison + Stop accueil Camping-car du 01/04 au 01/11/2008, accès jusqu'à 19h30 + réduction loc. de 5 % en saison et hors saison.

BIVILLE SUR MER
1-A4 16 km N.-E. Dieppe. 100 m. 524 hab. ✉ 76630

LE CLOS SAVOYE ★★ Tourisme 65 E. (58 Tourisme + 7 Loisirs), dont 35 CC, 2 ha. CV. Accueil groupes. 250 m RN 25. ☎ 02 35 83 61 06.

FFCC : partenaire - terrain assuré par la FFCC.

BLANGY SUR BRESLE
1-A4 42 km E. Dieppe. 50 m. 3456 hab. ✉ 76340

CAMP MUNICIPAL LES ETANGS ★★ Tourisme 59 E. dont 58 nus 0,5 ha. Locations : . Rivière à 100 m. Etang à 50 m. ; à 2 km : . Ouv : 1.4 / 30.9. A 28. ☎ 02 35 94 55 65. Fax : 02 35 94 06 14. Prix 2007. Empl. Tourisme : 2 € ; 1,55 € ; 1,55 € ; 2,50 € ; - de 7 ans 1,55 € ; 1,45 à 2,50 € (5 à 10 A).

BLOSSEVILLE
2-F1 26 km O. Dieppe. 80 m. 251 hab. ✉ 76460

LES MOUTONS ★★ Loisirs 48 E. (10 Tourisme + 38 Loisirs) . Locations : . ☎ 02 35 97 06 19.

BORDEAUX ST CLAIR
2-E1 32 km N.-E. Le Havre. 71 m. 538 hab. ✉ 76790

M. LAMBERT,aire naturelle Hameau d'Epivent. ☎ 02 35 27 12 60.

LE BOURG DUN
2-F1 18 km S.-O. Dieppe. 17 m. 419 hab. ✉ 76740

LES GARENNES DE LA MER ★ Loisirs 93 E. (25 Tourisme + 68 Loisirs), dont 24 GCC, 1,5 ha. Locations : . Etang à 200 m. Bord de mer à 3 km. ; à 3 km : . D 925. ☎ 02 35 83 10 44. Fax : 02 35 83 10 44. E-mail : didpoulain@spray.fr.

BRACQUEMONT
1-A4 5 km N.-E. Dieppe 85 m. 821 hab. ✉ 76370

Mme PETITEVILLE,aire naturelle Horville Rue de Belleville.

CANY BARVILLE
2-E1 37 Km S.-O. Dieppe. 25 m. 3267 hab. ✉ 76450

CAMP MUNICIPAL ★★★ Tourisme 100 E. (75 Tourisme + 25 Loisirs) . CV. Lac à 1,5 km. Accueil groupes. Route de Barville, 400 m RN 25, sur RD 268, au stade. Base de loisirs du Lac de Caniel à 1,5 km avec plage, pédalos. ☎ 02 35 97 70 37. Fax : 02 35 97 72 32. E-mail : mairie-de-cany-barville@wanadoo.fr, Web : www.cany-barville.fr.

CAUDEBEC EN CAUX
2477 hab. Station verte de vacances et village de neige ✉ 76490

BARRE Y VA Voir VILLEQUIER

LA CHAPELLE SUR DUN
2-F1 19 km O.-S.-O. Dieppe 242 hab. ✉ 76740

M. JOURDAIN Olivier,camping à la ferme Le Relais de la Côte CV. A 2 km: . A 3 km : . A 10 km : Piscine chauffée Piscine couverte . Ouv : 1.1 / 31.12. 305, rue du Puits. ☎ 06 60 51 06 43. Fax: 02 35 57 04 30. E-mail : relaisdelacote@wanadoo.fr, Web : www.lerelaisdelacote.fr.

COLLEVILLE
2-E1 50 km N.-E. Le Havre 22 m. 671 hab. ✉ 76400

PARC RESIDENTIEL DE LOISIRS LES CALETES P.R.L. 5 E. dont 6 nus, , dont 5 HLL, 4 ha. CV Sanitaire chauffé. Locations : 14 . Accès direct à l'étang et à la rivière. Bord de mer à 5 km. ; à 6 km : . Accueil groupes. Ouv : 1.1 / 31.12. Base de Loisirs. RD 150. Stages initiation d'art en atelier. ☎ 02 35 27 11 85. Fax : 02 35 10 78 39. E-mail : info@normandie-gites.com, Web : www.normandie-gites.com.

CRIEL SUR MER
1-A4 22 km N.-E. Dieppe. 20 m. 2155 hab. ✉ 76910

CAMP MUNICIPAL ★★★ Tourisme 96 E. (78 Tourisme + 18 Loisirs), dont 18 GCC, 2,4 ha. + sèche-linge, CV Sanitaire chauffé. Camping clef verte. Bord de mer et rivière à 400 m. à 1,3 km : . Accueil groupes. Ouv : 1.1 / 31.12. Le Mont Joli Bois, sur RD 222 (rue de la Plage), à 1,5 km RN 25. ☎ 02 35 50 81 19 / 02 35 50 51 21 (H.S.). Fax : 02 35 50 22 37. E-mail : camping.criel@wanadoo.fr. Prix 2008. Empl. Tourisme : 2,10 € ; 2,70 € ; 2,80 € ; - de 6 ans 1,35 € ; Animaux 2 €. Réduction H.S.

FFCC : Stop accueil Camping-car toute l'année, accès jusqu'à 20h.

LES MOUETTES ★ Tourisme 80 E. (68 Tourisme + 12 Loisirs) 2 ha. CV. Locations : . Bord de mer et rivière à 100 m. ; ; à 50 m : . Accueil groupes. 1 km RD 222 et RN 25. ☎ 02 35 86 70 73. Fax : 02 35 50 64 94. E-mail : marchandlu@wanadoo.fr, Web : www.camping lesmouettes.com.

PARC VAL D'ALBION ★ Tourisme 40 E. 1 ha. Sanitaire chauffé. Bord de mer à 20 m. à 50 m : . Ouv : 1.6 / 15.9. Mesnil Val Plage. 1, rue de la Mer. D 126 par D 940 et 925. ☎ 02 35 86 21 42. Fax : 02 35 86 78 51. Prix 2007. 7,65 € ; - de 7 ans 4,50 € ; 0,60 € ; Animaux 3 €.

CRIQUETOT L ESNEVAL
2-E1 20 km N.-E. Le Havre. 122 m. 1684 hab. ✉ 76280

LE BEAU SOLEIL ★★ Loisirs 100 E. (30 Tourisme + 70 Loisirs) 2 ha. CV. Locations : 8 , 4 . Etang à 1 km. à 10 km : . Accueil groupes basse saison. basse saison. Ouv : 1.4 / 30.9. Sur D 79. ☎ 02 35 20 24 22. Fax : 02 35 20 82 09. E-mail : lebeausoleil@wanadoo.fr, Web : www.etretat.net. Prix 2008. Empl. Tourisme : 2,10 € ; 2,10 € ; 1,20 à 6 € (2 à 10 A) ; 1 € ; Animaux 0,30 €.

DEVILLE LES ROUEN
2-F2 4 km N.-O. Rouen. 11136 hab. ✉ 76250

CAMP MUNICIPAL ★★ Tourisme 66 E. 1,5 ha. CV. Accueil groupes. Rue Jules Ferry, 150 m RN 13 bis. ☎ 02 35 74 07 59 / 02 32 82 34 80. Fax : 02 35 76 35 21.

DIEPPE
57 km N.-E. Rouen. 10 m. 36486 hab. ✉ 76200

CAMP VITAMIN Voir Saint-Aubin-sur-Scie

ETRETAT
2-E1 27 km N. Le Havre. 10 m. 1577 hab. ✉ 76790

CAMP MUNICIPAL ★★★ Tourisme 95 E. dont 73 nus, 1 ha. + sèche-linge, CV Sanitaire chauffé. Bord de mer à 1 km. à 1 km : . Ouv : Pâques / 15.10. Rue Guy de Maupassant, 600 m RD 940. ☎ 02 35 27 07 67 / 02 35 27 01 23 (Mairie) (H.S.). Prix 2007. 3,60 € ; 3,60 € ; 3,10 € ; 3,10 € ; - de 10 ans 1,90 € ; 4,50 à 5,40 € (5 à 6 A).

EU
1-A4 32 km E. Dieppe. 17 m. 8712 hab. Station verte de vacances et village de neige ✉ 76260

CAMP MUNICIPAL DES FONTAINES ★★★ Tourisme 75 E. 1,5 ha. Accès direct à l'étang et à la rivière. Bord de mer à 3 km. Parc du Château. ☎ 02 35 86 20 04 / 02 35 86 44 00.

FECAMP
2-E1 40 km N.-E. Le Havre. 15 m. 21696 hab. ✉ 76400

CAMP DE RENEVILLE ★★ Tourisme 157 E. 5,4 ha. CV. Locations : 17 , 16 . Bord de mer à 100 m. ; ; à 100 m : ; à 1 km : . Accueil groupes. Ouv : 1.4 / 15.11. Chemin de Nesmond. 300 m D 40. ☎ 02 35 28 20 97. Fax : 02 35 29 09 09. E-mail : camping-de-reneville@tiscali.fr, Web : www.campingdereneville.com. Prix 2007. Fft jour : Empl. Tourisme (2) : 15,50 € ( ) ; Sup : 4,50 € - de 3/8 ans 2,25 €. Fft Tente : 13 € (2).

FORGES LES EAUX
1-A5 50 km S.-E. Dieppe. 160 m. 3355 hab. Station verte de vacances et village de neige ✉ 76440

CAMP MUNICIPAL LA MINIERE ★ Tourisme 68 E. 1,8 ha. 3, boulevard Nicolas Thiesse. ☎ 02 35 90 53 91.

GERVILLE
2-E1 38 km N.-E. Le Havre. 102 m. 250 hab. ✉ 76790

LA MARE SAUSSEUZE ★ Loisirs 17 E. 0,45 ha. A 10 km d'Etretat et 12 km de Fécamp. ☎ 02 35 29 30 29 / 02 35 28 90 94.

LES GRANDES VENTES
1-A4 20 km S.-E. Dieppe. 180 m. 1496 hab. ✉ 76950

L'ORIVAL ★★ Loisirs 50 E. dont 10 nus (10 Tourisme + 40 Loisirs) 3 ha. CV. Locations : , . Etang à 3 km. Ouv : 1.3 / 31.10. 885, rue d'Orival. Paris/Pontoise/Dieppe ou Paris/Rouen A 28 sortie Dieppe. Terrain multisport. ☎ 02 35 83 45 90. Fax : 02 35 83 45 90. E-mail : camping.orival@wanadoo.fr. Prix 2007. Fft jour : Empl. Tourisme (1) : 11,50 € ( ) ; Sup : 3 € - de 7 ans 2 € ; 3 € (4 A). Fft Ccar : 8 € (2).

GUEURES
2-F1 16 km S.-E. Rouen. 70 m. 535 hab. ✉ 76730

LA VALLEE ★★ Tourisme 50 E., dont 25 CC, 2 ha. CV. Locations : , . Accès direct à l'étang et aux bords du lac et à la rivière. Bord de mer à 5 km. ☎ 02 35 83 08 94. Fax : 02 35 83 84 45. E-mail : camping.de.la.vallee@wanadoo.fr, Web : www.camping-de-la-vallee.com.

HAUTOT SUR MER
2-F1 3 km S.-O. Dieppe. 75 m. 1984 hab. Station verte de vacances et village de neige ✉ 76550

LA SOURCE ★★★ Tourisme 120 E. (70 Tourisme + 50 Loisirs) 2,5 ha. CV. Locations : 8. chauffée. Accès direct à la rivière. Bord de mer à 3 km. ; ; ; à 3 km : . Ouv : 15.3 / 15.10. Petit Appeville. ☎ 02 35 84 27 04. Fax : 02 35 82 25 02. E-mail : info@camping-la-source.fr, Web : camping-la-source.fr. Prix 2007. 7 € ; 1 € ; 8 € ; 5 € ; 4,80 € ; - de 7 ans 3 € ; 2,50 € ; Animaux 1,50 €.

LE MARQUEVAL ★★ Loisirs 335 E. (95 Tourisme + 240 Loisirs), dont 112 GCC, 7 ha. CV Sanitaire chauffé. Locations : 10. chauffée. Accès direct à l'étang et à la rivière. Bord de mer à 1,3 km. ; à 1,3 km : , , . Accueil groupes. Ouv : 19.3 / 15.10. A Pourville, sur RD 153 et 800 m RN 25. ☎ 02 35 82 66 46. Fax : 02 35 40 10 36. E-mail : contact@campinglemarqueval.com. Prix 2007. Fft jour : Empl. Tourisme (2) : 20,80 € ( ) ; - de 7 ans 3,30 € ; Animaux 1 €. Fft Ccar : 18,80 € (2). Fft Tente : 17 € (2).

RELAIS MOTARDS ★ Tourisme 18 E. dont 18 nus 0,3 ha. CV. Locations : , . Bord de mer à 1 km. à 1 km : , . Rue de la Mer. Pourville. ☎ 02 35 83 92 49. E-mail : jean-luc.jue@wanadoo.fr, Web : www.relais-motard.com.

HERICOURT EN CAUX

2-F1 56 km N.-E. Le Havre. 681 hab. ✉ 76560

CAMP MUNICIPAL DE LA DURDENT ★★ Tourisme 30 E. 1 ha. . Accès direct à la rivière. . Accueil groupes. Sur CD 149. ☎ 02 35 96 38 08. Fax : 02 35 95 68 95. E-mail : contact@ot-caux-fleurdelin.fr, Web : www.ot-caux-fleurdelin.fr.

INCHEVILLE

1-A4 28 km N.-E. Dieppe. 20 m. 1673 hab. ✉ 76117

CAMP MUNICIPAL ★★★ Loisirs 190 E. (75 Tourisme + 115 Loisirs) 2 ha. . Accès direct à l'étang. . Rue Mozart. ☎ 02 35 50 30 17 / 02 35 50 30 43 (Mairie). Fax : 02 35 50 30 17.

JUMIEGES

2-F2 28 km O. Rouen. 1634 hab. Station verte de vacances et village de neige ✉ 76480

LA FORET ★★★★ Tourisme 111 E. dont 84 nus (100 Tourisme + 11 Loisirs), dont 10 HLL, 2,48 ha. CV Sanitaire chauffé. Locations : 5, 8, 6. chauffée . Rivière à 1 km.Lac à 2,5 km. à 2,5 km : , , , . Accueil groupes. - 10 ans. Ouv : 5.4 / 25.10. Rue Mainberte, 500 m RD 143. 10 km par A 13 Paris/Caen sortie Bourg-Achard. Bac de Jumièges ou Pont de Brotonne. 3 km D 982. 25 km par A 28 sortie Yvetot. ☎ 02 35 37 93 43. Fax : 02 35 37 76 48. E-mail : info@campinglaforet.com, Web : www.campinglaforet.com. Prix 2008. Fft jour : Empl. Tourisme (2) : 18,50 € ( ) ; Sup : 4,50 € - de 7 ans 1,90 € ; 4 € (10 A) ; E. GCC 26 € (Fft). Fft Ccar : 13 € (2). Réduction H.S.

FFCC : partenaire + réduction emp. de 5 % en saison et 10 % hors saison + carte FFCC assurance annulation + Stop accueil Camping-car du 05/04 au 28/06 et du 30/08 au 25/10/2008, accès jusqu'à 22h.

BASE DE PLEIN AIR ET DE LOISIRS DU PARC REGIONAL DE BROTONNE ★★ Tourisme 94 E. dont 94 nus 2,3 ha. . Locations : , . Accès direct aux bords du lac. Rivière à 2 km. ; ; ; ; . Accueil groupes. Ouv : 1.4 / 31.10. D 65. ☎ 02 35 37 31 72 / 02 35 37 93 84 (H.S.). Fax : 02 35 37 99 97. E-mail : jumieges@uepa.asso.fr. Prix 2007. Empl. Tourisme : 5,70 € ( ) : 2 € ; 3,70 € ; - de 4/13 ans 2 € ; 2 € (6 A) ; E. CC 8,70 € ; Animaux 1,40 €. Réduction H.S.

FFCC : partenaire + réduction emp. de 5 % en saison et 10 % hors saison + Stop accueil Camping-car du 15/04 au 27/06 et du 03/09 au 26/10/2008, accès juqu'à 21h15.

LE CONIHOUT ★ Loisirs 40 E. ☎ 02 35 37 95 12.

LES LOGES

2-E1 30 km N.-E. Le Havre. 100 m. 999 hab. ✉ 76790

L'AIGUILLE CREUSE ★★★ Tourisme 80 E. (61 Tourisme + 19 Loisirs), dont 19 GCC, 1,2 ha. dépôt de pain/Viennoiserie, CV. Locations : 4. gratuit. Bord de mer à 3 km. à 3 km : , ; à 5 km : . Accueil groupes. 24, résidence de l'Aiguille Creuse. D 940. ☎ 02 35 29 52 10. Fax : 02 35 10 86 64. E-mail : camping@aiguillecreuse.com, Web : www.campingaiguillecreuse.com. Prix 2007. Empl. Tourisme : 6,30 € ( ) : 4,40 € ; - de 10 ans 2,60 € ; 4,30 € (10 A) ; Animaux 2,50 €. Fft Ccar : 15 € (2). Réduction H.S.

LONDINIERES

1-A4 27 km S.-E. Dieppe. 78 m. 1166 hab. ✉ 76660

DOMAINE DE LONDINIERES P.R.L. 13 E., dont 13 HLL. CV. Locations : 13, . Accès direct à la rivière. Etang à 3 km. . 16, route de Neufchâtel. De Rouen A 28 dir. Boulogne, sortie Neufchâtel-en-Bray. De Cergy Pontoise par D 915 dir. Forges-les-Eaux et Neufchâtel. ☎ 02 35 94 45 34. Fax : 02 35 94 45 33. E-mail : armelle@domaine-londinieres.com, Web : www.villagevacances-londinieres.com.

LONGUEIL

2-F1 12 km S.-O. Dieppe. 20 m. 600 hab. ✉ 76860

Mme BOUCLON Jeanne,aire naturelle A 2 km: . ☎ 02 35 83 04 65.

LA MAILLERAYE SUR SEINE

2-F2 30 km O. Rouen. 6 m. 1694 hab. ✉ 76940

CAMP MUNICIPAL DU PARC ★ Tourisme 30 E. 1 ha. . Accueil groupes. Rue Victor Hugo, CD 65, 300 m CD 913. ☎ 02 35 37 12 04. Fax : 02 35 05 39 14. E-mail : mairie-sg.lamaillerayesurseine@wanadoo.fr.

MANNEVILLE ES PLAINS

2-F1 26 km O. Dieppe. 83 m. 171 hab. ✉ 76460

M. LEJEUNE Frédéric,aire naturelle le Bois . A 2 km: . A 3 km : Piscine plein air . Rue du Château. ☎ 02 35 97 23 59.

MARTIGNY

1-A4 8 km S.-E. Dieppe. 441 hab. ✉ 76880

CAMP MUNICIPAL DES DEUX RIVIERES ★★★ Tourisme 110 E. dont 110 nus (60 Tourisme + 50 Loisirs) 3 ha. CV. Locations : 6. Accès direct à l'étang et à la rivière. ; à 100 m : ; à 10 km : , . Accueil groupes. Ouv : 28.3 / 12.10. RN 27, D 154. ☎ 02 35 85 60 82 / 06 87 89 72 46 (Mairie) / 02 35 85 51 23 (H.S.). Fax : 02 35 85 95 16. E-mail : MARTIGNY.76@wanadoo.fr, Web : www.camping-2-rivieres.com. Prix 2007. Fft jour : Empl. Tourisme (3) : 15,50 € ( ) ; Sup : 2,95 €Animaux 1,30 €.

MARTIN EGLISE

1-A4 6 km S.-E. Dieppe 11 m. 1185 hab. ✉ 76370

LES PEUPLIERS ★ Loisirs 90 E., dont 90 GCC. Location longue durée. ☎ 02 35 83 86 83. Fax : 02 35 83 86 82.

LE MESNIL REAUME

1-A4 34 km E. Dieppe. 464 hab. ✉ 76260

LA BERQUERIE ★★★ Tourisme 66 E. (60 Tourisme + 6 Loisirs), dont 11 GCC, 1,5 ha. CV. Locations : , , . Etang et rivière à 5 km. Ouv : 15.3 / 15.10. RN 140. Proche des étangs de la vallée de la Bresle et accès sur forêt d'Eu, chemins de randonnées. ☎ 02 35 50 00 46. Fax : 02 32 90 90 34. E-mail : camping-laberquerie@wanadoo.fr, Web : www.camping-la-berquerie.com. Prix 2007. Fft jour : Empl. Tourisme (2) : 18 € ( ) E. CC E. GCC) ; Sup : 3 € - de 7 ans 2 €. Réduction H.S.

MESNIL VAL

✉ 76910

PARC VAL D'ALBION Voir CRIEL-SUR-MER

NEUFCHATEL EN BRAY

1-A4 35 km S.-E. Dieppe. 99 m. 5823 hab. Station verte de vacances et village de neige ✉ 76270

CAMP DE SAINTE CLAIRE ★★ Tourisme 100 E. (70 Tourisme + 30 Loisirs), dont 40 CC, 2 ha. ap. 22 h, CV. Locations : 1, 2, 2, . Accès direct à la rivière. Accueil adultes. Ouv : 1.4 / 31.10. 500 m RN 28 et 314, 200 m RD 1. ☎ 02 35 93 03 93. E-mail : fancelot@wanadoo.fr, Web : www.camping-sainte-claire.com. Prix 2008. Empl. Tourisme : 3,20 € ( ) : 3,20 € ; - de 10 ans 2 € ; 4 à 6 € (6 à 10 A).

FFCC : partenaire - terrain assuré par la FFCC + réduction emp. de 5 % en saison et 10 % hors saison.

NOLLEVAL

1-A5 70 km S.-E. Dieppe. 84 m. 347 hab. ✉ 76780

CAMP MUNICIPAL ★★ Loisirs 23 E. (10 Tourisme + 13 Loisirs) . . ☎ 02 35 90 83 26 / 02 35 90 83 47. Fax : 02 35 90 83 26.

NOTRE DAME DE GRAVENCHON

2-E2 40 km E. Le Havre. 35 m. 8963 hab. ✉ 76330

LA PRAIRIE ★ Loisirs 66 E. 1,65 ha. . Etang et rivière à 3 km. Ouv : 1.1 / 31.12. Rue Henri Dunant. Par RN 15 et CD 281. ☎ 02 35 38 72 47. Fax : 02 35 38 72 47.

OFFRANVILLE

2-F1 7 km S.-O. Dieppe. 80 m. 3134 hab. ✉ 76550

CAMP MUNICIPAL LE COLOMBIER ★★★ Loisirs 103 E. dont 38 nus (38 Tourisme + 65 Loisirs) 2,5 ha. CV. Locations : 5. Rivière à 3 km.Bord de mer à 5 km. Accueil groupes. Ouv : 1.4 / 15.10. ☎ 02 35 85 21 14. Fax : 02 35 04 52 67. Prix 2007. Empl. Tourisme : 4,10 € ; 2,60 € ; 2,60 € ; 3,70 € ; - de 7 ans 2,10 € ; 2,20 € (10 A).

OMONVILLE

2-F1 14 km S. Dieppe. 215 m. 345 hab. ✉ 76730

OMONVILLAGE,camping à la Ferme ☎ 02 35 83 70 75.

PETIVILLE

2-E2 42 km E. Le Havre. 15 m. 970 hab. ✉ 76330

LE SOLEIL D'OR ★ Loisirs 50 E. Locations : 10. 26, rue de l'Estuaire. Entre le Havre et Rouen. Rive droite de la Seine. ☎ 02 35 39 92 07.
FFCC : partenaire - terrain assuré par la FFCC.

POMMEREVAL

1-A4 28 km S.-E. Dieppe. 210 m. 243 hab. ✉ 76680

AIRE NATURELLE DE POMMEREVAL CV. A 28 sortie Les Hayons, dir. Dieppe. Bord de superbe forêt. ☎ 06 87 09 06 64 / 02 35 94 09 39. Fax : 02 35 84 76 39.

POURVILLE-SUR-MER

✉ 76550

LE MARQUEVAL Voir HAUTOT-SUR-MER

QUIBERVILLE

2-F1 14 km S.-O. Dieppe. 50 m. 827 hab. ✉ 76860

CAMP MUNICIPAL DE LA PLAGE ★★★ Tourisme 202 E. dont 202 nus, dont 10 GCC, 2,9 ha. boulangerie, CV. Accès direct à la mer. Rivière à 10 m. Etang à 500 m. Accueil groupes. Situé le long de la RD 75, entrée située sur la RD 127. ☎ 02 35 83 01 04. Fax : 02 35 85 10 25. E-mail : campingplage3@wanadoo.fr. Réduction H.S.

CAMP G.C.U. Réservé aux adhérents. Adhésion possible sur place pour les sociétaires MAIF et FILIA MAIF.

CAMP DES BAGUENAUDIERS ★ Loisirs 44 E., dont 30 GCC - 14 HLL, 4 ha. Locations : Accès direct à l'étang. Bord de mer à 500 m. Rivière à 1 km. ☎ 02 35 83 02 18.

LES VERGERS ★ Loisirs 24 E. Bord de mer à 1 km. ☎ 02 35 83 00 82.

ROUMARE

2-F2 14 km N.-O. Rouen. 150 m. 965 hab. ✉ 76480

LES NENUPHARS ★★ Tourisme 62 E. dont 60 nus (31 Tourisme + 31 Loisirs). CV Sanitaire chauffé. Locations : Accueil groupes. Ouv : 20.3 / 15.2. A 15 km du centre historique de Rouen, accès par voie rapide gratuite. ☎ 02 35 33 80 75. Fax : 02 35 33 80 75. E-mail : camping.les.nenuphars@wanadoo.fr, Web : http://camping-les-nenuphars.ifrance.com. Prix 2000. : 4 € ; 4 € ; 3 € ; 4 € ; - de 3/7 ans 2,50 € ; 2,50 à 3 € (6 à 10 A) ; Animaux 1 €.

ST ANTOINE LA FORET

2-E2 31 km E. Le Havre. 749 hab. ✉ 76170

HAMEAU DES FORGES ★ Loisirs 56 E. 1 ha. Locations : Ouv : 1.1 / 31.12. RN 81. ☎ 02 35 39 80 28 / 06 07 44 03 08 (H.S.). Prix 2007. Empl. Tourisme : 2,20 € ; 2,20 € ; - de 7 ans 1,50 € ; 3,10 € (5 A) ; 1,20 € (jeton).

ST AUBIN SUR MER

2-F1 20 km O. Dieppe. 280 hab. ✉ 76740

CAMP MUNICIPAL DU MESNIL ★★★★ Tourisme 117 E. (62 Tourisme + 55 Loisirs), dont 24 GCC, 1,45 ha. saison, saison, CV. Locations : Bord de mer à 500 m. à 400 m : Ouv : 1.4 / 31.10. ☎ 02 35 83 02 83. Prix 2007. Empl. Tourisme : 3,11 € ; 2,18 € ; 2,18 € ; 5,62 € ; - de 7 ans 3,39 € ; 3,81 € (10 A).

CAMP MUNICIPAL DE LA PLAGE ★ Loisirs 144 E. (27 Tourisme + 117 Loisirs), dont 13 CC - 117 GCC, 1,5 ha. CV. Bord de mer à 50 m. Ouv : 3.4 / 31.10. Rue de la Mer. CD 75. ☎ 02 35 04 03 55. Prix 2007. Empl. Tourisme : 2,01 € ; 1,12 € ; 1,42 € ; 2,81 € ; - de 7 ans 1,67 € ; 1,20 € (1 A) ; 0,70 €.

M. BLOQUET Jean-Pierre,aire naturelle CV. A 400 m : A 800 m : A 900 m : A 6 km : Ouv : 1.4 / 1.10. L'isolette. 400 m Sud de la commune. ☎ 02 35 83 00 03. Prix 2007. 15,40 € ; 12,40 € ; 14,40 € ; 4,10 € ; Animaux 1,30 €.
FFCC : partenaire - terrain assuré par la FFCC.

ST AUBIN SUR SCIE

2-F1 6 km S. Dieppe. 20 m. 1087 hab. ✉ 76550

CAMP VITAMIN ★★★ Loisirs 181 E. (44 Tourisme + 137 Loisirs), dont 63 GCC - 4 HLL, 5,5 ha. CV. Locations : 4, 2, 1. chauffée. Bord de mer à 2 km. à 2 km : Ouv : 1.4 / 15.10. Chemin des Vertus. RN 27, D 915. ☎ 02 35 82 11 11. Fax : 02 35 82 11 11. E-mail : camping-vitamin@wanadoo.fr, Web : www.camping.vitamin.com. Prix 2007. Fft jour : Empl. Tourisme (2) : 16 € () ; Sup : 4,50 € - de 8 ans 2 € ; Animaux 1,50 €.
FFCC : Stop accueil Camping-car du 01/04 au 30/06 et du 01/09 au 15/10/2008, accès jusqu'à 20h.

ST JOUIN BRUNEVAL

2-E1 18 km N. Le Havre. 120 m. 1227 hab. ✉ 76280

LE GRAND HAMEAU ★★★ Loisirs 71 E. (28 Tourisme + 43 Loisirs) 1,3 ha. frite, CV. Locations : 5. Bord de mer à 2,5 km. à 2 km : Accueil groupes. En bordure CD 111, CD 940. ☎ 02 35 55 88 41 / 06 23 64 79 59 (H.S.). Fax : 02 35 55 88 41. E-mail : richard.lecoq@mgnet.fr.

D'ANTIFER ★★ Loisirs 50 E. 1,5 ha. Bord de mer à 1,8 km. ☎ 02 35 30 74 31 / 02 35 20 20 63. Fax : 02 35 20 93 59.

LES OMBRAGES ★★ Loisirs 70 E. 1 ha. à 3 km : ☎ 02 35 20 67 96 / 02 35 20 75 45.

ST LEGER DU BOURG DENIS

1-A5 4 km E. Rouen. 2954 hab. ✉ 76160

L'AUBETTE ★★ Tourisme 56 E. (30 Tourisme + 26 Loisirs) 0,8 ha. Locations : Rivière à 100 m. Accueil groupes. Ouv : 1.1 / 31.12. 23, rue du Vert Buisson. Dir. Est de Rouen, route Darnetal/Beauvais. ☎ 02 35 08 47 69. Fax : 02 35 08 47 69. Prix 2007. Empl. Tourisme : 3,10 € ; 3 € ; - de 7 ans 1,50 € ; 5 € (10 A) ; 1,55 € ; E. CC 3,10 €.

ST LEONARD

2-E1 40 km N.-E. Le Havre. 90 m. 1750 hab. ✉ 76400

LES POMMIERS ★★ Loisirs 60 E. CV. Locations : 3. Bord de mer à 2 km. à 2 km : à 3 km : Accueil groupes. La Haute Folie. D 940. Entre Froberville et Les Loges. ☎ 02 35 27 69 96 / 06 13 27 28 64 (H.S.). Fax : 02 35 27 69 96.

ST MARTIN AUX BUNEAUX

2-E1 42 km O. Dieppe. 90 m. 680 hab. ✉ 76540

CAMP MUNICIPAL LES MOUETTES ★★ Loisirs 64 E. (14 Tourisme + 50 Loisirs) 1 ha. Locations : à 1,5 km : Près RD 68. ☎ 02 35 97 96 16.

M. & Mme VIARD,aire naturelle CV. A 2 km : A 3 km : A 5 km : A 10 km : Piscine plein air. Entre Venlettes Sur Mer et Les Petites Dalles. Triangle : Yvetot/St-Valéry en Caux/Fécamp. ☎ 02 35 97 54 77. Fax : 02 35 97 54 77.

ST MARTIN EN CAMPAGNE

1-A4 13 km N.-E. Dieppe. 120 m. 560 hab. ✉ 76370

DOMAINE LES GOELANDS ★★★★ Tourisme 154 E. (134 Tourisme + 20 Loisirs), dont 122 CC, 4,5 ha. saison, saison, CV Sanitaire chauffé. Locations : 10, 5. Bord de mer à 500 m. à 500 m : à 2 km : à 5 km : Ouv : 1.04 / 31.10. Rue des Grèbes. Saint-Martin plage. A 2 km de la RD 925. ☎ 02 35 83 82 90. Fax : 02 35 83 21 79. E-mail : g4sdomaine@wanadoo.fr, Web : www.lesdomaines.org. Prix 2007. Fft jour : Empl. Tourisme (4 1) : 24 € (E. CC) ; Sup : 3 € 3 € (16 A A) ; Animaux 1,50 €. Fft Tente : 15,50 € (2) . Réduction H.S.

ST PIERRE EN PORT

2-E1 56 km N.-E. Le Havre. 853 hab. ✉ 76540

LES FALAISES ★★ Loisirs 158 E. (60 Tourisme + 98 Loisirs), dont 25 GCC, 1 ha. CV. Locations : Bord de mer à 300 m. à 300 m : Ouv : 1.4 / 5.10. 130, rue du camping. Plaine de Nique Dalle, au bourg. ☎ 02 35 29 51 58. Prix 2008. Fft jour : Empl. Tourisme (2 1 - de 2) : 15 € () ; Sup : 4,50 € - de 8 ans 2,50 €. Empl. Loisirs : 1331 €(fft la saison).

FERME DES HETRES ★ Loisirs 53 E. Bord de mer à 800 m. Location longue durée. ☎ 02 35 27 42 47.

ST VALERY EN CAUX

2-F1 30 km O. Dieppe. 5248 hab. ✉ 76460

CAMP MUNICIPAL D'ETENNEMARE ★★★★ Tourisme 116 E. (71 Tourisme + 45 Loisirs), dont 116 GCC, 2 ha. saison, saison, saison, saison, CV Sanitaire chauffé. Locations : 10. Bord de mer à 1,5 km. à 800 m : à 1,5 km : Hameau d'Etennemare. ☎ 02 35 97 15 79. Fax : 02 35 97 15 79. E-mail : servicetourisme@ville-saint-valery-en-caux.fr.

CAMP MUNICIPAL FALAISE D'AMONT ★ Tourisme 52 E. 0,5 ha. CV Sanitaire chauffé. Bord de mer à 300 m. à 300 m. Accueil groupes. Ouv : 15.3 / 15.11. Rue Traversière. Route d'accès au terrain par CD 925 B. ☎ 02 35 97 05 07 / 02 35 97 00 22 (Mairie) (H.S.). Fax : 02 35 97 90 73. E-mail : servicetourisme@ville-saint-valery-en-caux.fr. Prix 2007. Fft jour : Empl. Tourisme (2) : 6,30 € ; Sup : 2,25 € - de 10 ans 1,15 € ; 2,25 €.

LES VERTS PRINTEMPS,aire naturelle

STE MARGUERITE SUR MER

2-F1 12 km O. Dieppe. 305 hab. ✉ 76119

M. LEFEBVRE Robert,aire naturelle

SASSETOT LE MAUCONDUIT

2-E1 53 km N.-E. Le Havre. 105 m. 950 hab. Station verte de vacances et village de neige ✉ 76540

LES 3 PLAGES ★★★ Tourisme 65 E. 2,5 ha. Locations : . Bord de mer à 3 km. Hameau le Hetre. RD 17 et RD 925. ☎ 02 35 27 40 11. Fax : 02 35 28 23 20.

L'OISEAU BLANC ★★ Tourisme 140 E. 2 ha. Locations : . Bord de mer à 2 km. à 2 km : . Ouv : 15.2 / 15.11. 2, route des Grandes Dalles. ☎ 02 35 27 48 89 / 02 35 27 42 24 (Mairie). Fax : 02 35 27 48 89.

SOTTEVILLE SUR MER

2-F1 22 km O. Dieppe. 40 m. 313 hab. ✉ 76740

LES POMMIERS ★ Loisirs 67 E. (3 Tourisme + 64 Loisirs), dont 14 GCC, 1 ha. CV. Locations : 3, 4. Bord de mer à 1,2 km. à 1 km : . RD 68 et 75. ☎ 02 35 97 62 12. Fax : 02 35 97 62 11. E-mail : odile.lagrange@free.fr.

LE TILLEUL

2-E1 24 km N.-E. Le Havre. 105 m. 525 hab. ✉ 76790

LES TILLEULS ★★ Tourisme 96 E. 1,5 ha. Locations : , 4, 2, 5. Bord de mer à 2 km. à 2,5 km : . à 3 km : . Hameau de Grosse Mare. Impasse Don-Fillastre. RD 790 sur CD 20. ☎ 02 35 27 11 61 / 02 35 48 53 36 (H.S.). Fax : 02 35 27 11 61.

TOUFFREVILLE SUR EU

1-A4 20 km N.-E. Dieppe. 29 m. 185 hab. ✉ 76910

CAMP MUNICIPAL ★★ Tourisme 45 E. partiel. CV. Rivière à 1 km.Bord de mer à 5 km. à 5 km : . à 10 km : . Ouv : Pâques / 30.9. Situé en bordure du chemin vert du petit Caux. ☎ 02 35 50 66 33 / 02 35 86 70 16 (H.S.). Fax : 02 35 83 80 42. E-mail : mairie.touffrevillesureu@wanadoo.fr. Prix 2007. Empl. Tourisme : 1,50 € () : 1 € ; 2 € ; - de 7 ans 1 € ; 3 €.

TOUSSAINT

2-E1 44 km N.-E. Le Havre. 109 m. 743 hab. ✉ 76400

CAMP MUNICIPAL DU CANADA ★★ Loisirs 100 E. 1,5 ha. CV Sanitaire chauffé. Locations : . Rivière à 1 km.Etang à 3 km.Bord de mer à 5 km. à 1 km : ; à 3 km : . à 5 km : . Accueil groupes. Ouv : 15.3 / 15.10. Par D 926. ☎ 02 35 29 78 34 / 02 35 27 56 77 (H.S.). Fax : 02 35 27 48 82. E-mail : mairie.toussaint@wanadoo.fr, Web : commune-de-toussaint.fr. Prix 2007. Empl. Tourisme : 2,05 € ; 1,15 € ; 2,45 € ; - de 7 ans 1,15 € ; 2,45 à 2,70 € (4 à 6 A) ; Animaux 0,40 €.

LE TREPORT

1-A4 28 km N.-E. Dieppe. 6555 hab. ✉ 76470

CAMP INTERNATIONAL DU GOLF ★★★★ Tourisme 160 E. (155 Tourisme + 5 Loisirs) 2,5 ha. CV. Bord de mer à 500 m. Rivière à 900 m. à 500 m : . à 900 m : . Ouv : 1.4 / 20.9. 102, Route de Dieppe. Sortie Tréport, D 940. ☎ 02 27 28 01 50. Fax : 02 27 28 01 51. Prix 2007. 7,50 € ; - de 7 ans 4,50 € ; 4,60 € ; Animaux 3 €. Réduction H.S.

CAMP MUNICIPAL LES BOUCANIERS ★★ Tourisme 340 E. (297 Tourisme + 43 Loisirs) 5,5 ha. saison, saison, saison, saison, saison, ap. 22 h, CV Sanitaire chauffé. Locations : 43. saison. Rivière à 200 m. Bord de mer à 2 km. à 200 m : ; à 2 km : . Ouv : Pâques / 30.9. Rés. obligatoire en été et en hiver. Rue Pierre Mendès France. ☎ 02 35 86 35 47. Fax : 02 35 86 55 82. E-mail : camping@ville-le-treport.fr, Web : www.ville-le-treport.fr. Prix 2007. Empl. Tourisme : 2,85 € () : 2,80 € ; 3,25 € ; 1,75 € ; 4,10 € (10 A).

M. CREVECOEUR,aire naturelle CV. A 1 km : . A 2 km : Piscine plein air. A 3 km : . Ouv : 15.4 / 15.10. De Dieppe au Tréport prendre rte de Mancheville. En arrivant de Eu/Le Tréport prendre dir. Dieppe puis 2ème route à gauche après le cimetière. ☎ 02 35 86 07 25. Prix 2008. Empl. Tourisme : 2,50 € () : 2,50 € ; 5 € ; 2,75 € ; - de 7 ans 1,60 € ; 4 €.

TROUVILLE

2-E2 42 km N.-E. Le Havre. 14 m. 537 hab. ✉ 76210

M. PARIS,aire naturelle Le Bocage Accès par la N 15. ☎ 02 35 31 60 17.

VEULES LES ROSES

2-F1 25 km O. Dieppe. 15 m. 686 hab. Station verte de vacances et village de neige ✉ 76980

CAMP MUNICIPAL DES MOUETTES ★★★ Tourisme 152 E. (92 Tourisme + 60 Loisirs) 2,5 ha. Bord de mer à 300 m. ; à 300 m : . Sur CD 68, RD 142 et CD 925. Borne WIFI. ☎ 02 35 97 61 98 / 02 35 97 64 11 (Mairie) (H.S.). Fax : 02 35 97 33 44. E-mail : camping-mouettes@veules-les-roses.fr, Web : www.veules-les-roses.fr. Prix 2007. Fft jour : Empl. Tourisme (2) : 16 € ; Sup : 4,20 € - de 10 ans 3 € ; 4,45 € ; Animaux 1,35 €.

VEULETTES SUR MER

2-E1 38 km O. Dieppe. 10 m. 404 hab. ✉ 76450

CAMP MUNICIPAL ★★ Tourisme 116 E. (91 Tourisme + 25 Loisirs) 1,8 ha. CV. Bord de mer à 300 m. Rivière à 500 m. à 200 m : ; à 300 m : . Rue de Greenock. Par CD 10. CD 271. ☎ 02 35 97 53 44. Fax : 02 35 57 39 03.

VILLEQUIER

2-E2 40 km N.-O. Rouen. 769 hab. ✉ 76490

BARRE Y VA ★★ Tourisme 75 E. (63 Tourisme + 12 Loisirs), dont 12 GCC, 1,8 ha. CV. Locations : 6, 13, . Accès direct à la rivière. à 200 m : ; à 2 km : . Accueil groupes. Ouv : 1.4 / 31.10. Rés. obligatoire en été. Route de Villequier. D 81. ☎ 02 35 96 26 38 (Gardien). Fax : 02 35 96 26 38. E-mail : campingbarreyva@orange.fr, Web : www.camping-barre-y-va.com/. Prix 2008. Fft jour : Empl. Tourisme (2) : 15,35 € () ; Sup : 4 € - de 7 ans 2,30 € ; 4 à 4,45 € (5 à 10 A) ; Animaux 2,15 €. Réduction H.S.

FFCC : partenaire + réduction emp. de 5 % en saison et 10 % hors saison + carte FFCC assurance annulation + réduction loc. de 5 % en saison et 10 % hors saison.

VITTEFLEUR

2-E1 35 km O. Dieppe. 761 hab. ✉ 76450

CAMP MUNICIPAL LES GRANDS PRES ★★★ Tourisme 100 E. (65 Tourisme + 35 Loisirs) 2,6 ha. ap. 22 h. Accès direct à la rivière. Lac à 3 km.Bord de mer à 4 km. ; à 3 km : . ☎ 02 35 97 53 82.

MAUPASSANT ★★ Loisirs 69 E. (3 Tourisme + 66 Loisirs), dont 69 GCC, 2 ha. Locations : . Rivière à 1,5 km.Bord de mer à 5 km. à 5 km : . Ouv : 1.1 / 31.12. 12, route de la Folie. Par D 925. ☎ 02 35 97 97 14. Fax : 02 35 97 97 14. E-mail : campingmaupassant@orange.fr, Web : www.camping-maupassant.com.

YPORT

2-E1 40 km N.-E. Le Havre. 1122 hab. ✉ 76111

LE RIVAGE ★★★ Tourisme 90 E. 3,6 ha. Bord de mer à 300 m. . Rue Hottières, sur RD 211. ☎ 02 35 27 33 78.

BOIS DES 40 ACRES ★★ Loisirs 110 E. dont 54 nus, 3 ha. CV Rés. naturiste. Bord de mer à 1 km. Ouv : 15.4 / 15.9. Terrain géré par le Club du Soleil de la Porte Océane. ☎ 02 35 41 79 75 / 02 35 27 30 64 (H.S.). Fax : 02 35 41 79 75. E-mail : accueil-rg@cspo-lehavre.org, Web : www.cspo-lehavre.org. Prix 2007. Empl. Tourisme : 5 € ; 3,80 € ; - de 6/14 ans 1,20 € ; 2,50 €.

FFCC : partenaire - terrain assuré par la FFCC + réduction emp. de 5 % hors saison.

CAMP MUNICIPAL LA CHENAIE ★★ Tourisme 70 E. 1,2 ha. Bord de mer à 1 km. à 1 km : . Rue Henri Simon, CD 104, à 800 m du centre. ☎ 02 35 27 33 56.

Délégué FFCC : Jean-Pierre Benetreau, 43 bis, rue du Puits Beau - 77310 ST FARGEAU PONTHIERRY

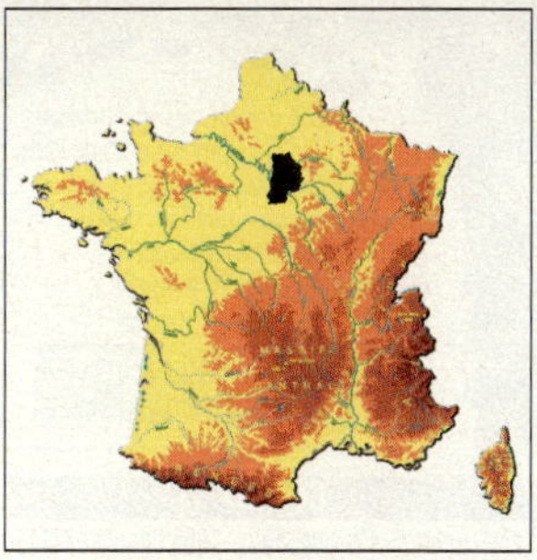

AMILLIS

3-D4 28 km N.-O. Provins. 117 m. 507 hab. ✉ 77120

LE MOULIN DE PISSELOUP ★ Loisirs 40 E. Lieu-dit de Bellevue. ☎ 01 64 04 64 80.

ANNET SUR MARNE

3-C3 14 km S.-O. Meaux. 1752 hab. ✉ 77410

L'ILE DEMOISELLE ★ 75 E. 7 ha. Locations : . Accès direct à la rivière. Lac à 200 m. à 2 m : ; à 200 m : , , . Pont d'Annet. Chemin du Port. A 200 m Base de Jablines. D 404. 30 km de Paris. Entre Meaux, Lagny et Disney (12 km). ☎ 01 60 26 03 07. E-mail : ile.demoiselle@wanadoo.fr, Web : www.chez.com/demoiselles.

BAGNEAUX SUR LOING

3-C5 40 km S. Melun. 115 m. 1439 hab. ✉ 77167

CAMP MUNICIPAL DE PIERRE LE SAULT
★★ Loisirs 160 E. dont 154 nus (20 Tourisme + 140 Loisirs), dont 43 GCC, 3 ha. Sanitaire chauffé. Locations : 4 . Accès direct à l'étang et à la rivière. ; . Ouv : 1.4 / 31.10. Chemin des Grèves. ☎ 01 64 29 24 44. E-mail : camping.bagneaux-sur-loing@orange.fr. Prix 2008. Empl. Tourisme : 2,20 € ; 2,60 € ; - de 12 ans 1,80 € ; 2 à 3,05 € (3 à 6 A).
FFCC : partenaire + réduction emp. de 10 % en saison et hors saison.

BAILLY ROMAINVILLIERS

3-C3 14 km S.-O. Meaux. 135 m. 375 hab. ✉ 77700

RANCH DAVY CROCKETT P.R.L. 595 E. 57 ha. CV. Locations : 498 , . couverte chauffée selon météo, . Accueil groupes. A 4 sortie n° 13, Ranch Davy Crockett suivre les flèches au rond-point. ☎ 0 825 30 60 30 / 01 60 30 60 30 (Réserv.). Fax : 01 60 45 69 33.

BETON BAZOCHES

3-D4 18 km N.-O. Provins. 538 hab. ✉ 77320

LES ACACIAS ★★ Loisirs 140 E. (10 Tourisme + 130 Loisirs), dont 38 GCC, 3 ha. CV. Locations : 4 , 2 . chauffée . Ouv : Février / Novembre. Les Ponceaux. Accès par RN 4. ☎ 01 64 01 01 93. Fax : 01 64 01 07 72. E-mail : campinglesacacias2@wanadoo.fr. Prix 2007. Empl. Tourisme : 3 € ; 3 € ; 2,50 € ; 4,50 € ; 2,50 € ; 3,50 € ; - de 16 ans 2 € ; 3,50 €.

BLANDY

3-C4 13 km N.-E. Melun. 118 m. 667 hab. ✉ 77115

PRE DE L'ETANG ★★ Loisirs 62 E. (10 Tourisme + 52 Loisirs), dont 10 GCC, 2 ha. CV Sanitaire chauffé. Locations : 15 . Accès direct à l'étang. à 10 km : , . Accueil groupes. Ouv : 15.2 / 15.12. A 5 sortie 16 Châtillon la Borde, camping à 2,5 km. ☎ 01 60 66 96 34. Fax : 01 60 66 96 34. Prix 2008. Fft jour : Empl. Tourisme (2) : 14,80 € (E. CC) ; Sup : 4,10 € - de 12 ans 2,80 € ; Animaux 1,25 € (chien).
FFCC : partenaire + réduction emp. de 5 % en saison et hors saison.

BOULANCOURT

3-C5 35 km S.-O. Melun. 218 hab. ✉ 77760

ILE DE BOULANCOURT
★★★ Loisirs 100 E. dont 94 nus (6 Tourisme + 94 Loisirs), dont 9 GCC, 5 ha. CV Sanitaire chauffé. Camping clef verte. Locations : 1 , 4 , 3 . Accès direct à la rivière. Etang à 100 m. ; à 3 km : ; à 5 km : , . Accueil groupes. Ouv : 1.1 / 31.12. De Paris A 6 (Sud) sortie 14 Ury/Malesherbes. A Malesherbes dir. Puiseaux/Boulancourt sur 4 km, tourner à droite dir. Boulancourt ou RN 20 Etampes/Malesherbes ou RN 152 puis RD 410 Orléans/Fontainebleau. ☎ 01 64 24 13 38. Fax : 01 64 24 10 43. E-mail : camping-ile-de-boulancourt@wanadoo.fr, Web : www.camping-iledeboulancourt.com. Prix 2007. Fft jour : Empl. Tourisme (2) : 14,80 € / jour ((3 A)) ; Sup : 4 € - de 12 ans 3 € ; Animaux 1 €. Fft Ccar : 14,80 €. Fft Tente : 12 € (2).
FFCC : Stop accueil Camping-car toute l'année, accès jusqu'à 20h.

CARAVANING DE LA PIERRE-LONGUE ★★
Loisirs 50 E., dont 3 GCC, 2 ha. CV Sanitaire chauffé. Locations : 2 , 5 . Etang à 150 m. Rivière à 50 m. ; ; . Ouv : 1.1 / 15.12. 27, rue de la Pierrelongue, 500 m RN 448. Paris A 6 Sud sortie Ury-Malesherbes dir. Malesherbes/Puiseaux, à droite à Roncevaux dir. Boulancourt. Location longue durée. ☎ 01 64 24 13 07 / 06 12 14 72 41 (H.S.). Fax : 01 64 24 12 60. Prix 2007. Fft jour : Empl. Tourisme (2) : 20 € ( ) Réduction H.S.
FFCC : partenaire + réduction emp. de 5 % en saison et 10 % hors saison + réduction loc. de 5 % en saison et 10 % hors saison.

BRAY SUR SEINE
3-D4 19 km S.-O. Provins. 60 m. 2117 hab. 77480

LA PEUPLERAIE ★ Loisirs 280 E. (20 Tourisme + 260 Loisirs) 7,3 ha. CV. Locations : 10, 4. Accès direct à la rivière. Accueil groupes. Rue des Pâtures. CD 411. ☎ 01 60 67 12 24 / 06 83 93 33 89 (H.S.). E-mail : camping.lapeupleraie@wanadoo.fr, Web : www.lapeupleraie.com.

LA BROSSE MONTCEAUX
3-D5 42 km S.-O. Provins. 399 hab. 77940

L'AMICALE DU PORT ★ Loisirs 41 E. (4 Tourisme + 37 Loisirs) 0,02 ha. Accès direct à la rivière. Etang à 2 km. RN 6, dir. Sens venant de Paris, dir. Montereau venant de Sens. Location longue durée. ☎ 01 64 32 54 04 / 06 71 83 56 55.
FFCC : partenaire - terrain assuré par la FFCC.

CHANGIS SUR MARNE
3-D3 12 km E. Meaux. 698 hab. 77660

LES ILETTES ★★ Tourisme 24 E. (15 Tourisme + 9 Loisirs) 0,36 ha. Rivière à 5 m. 3, chemin des Iles. A 4 sortie 18. Sur N 3, dir. St-Jean-les-Deux-Jumeaux. Au 1er feu suivre fléchage du camping à droite. ☎ 01 64 35 76 36 / 06 89 34 09 66.

CHARMENTRAY
3-C3 9 km O. Meaux 62 m. 236 hab. 77410

PORT TRIANON ★★ Loisirs 20 E. 0,6 ha. visiteurs, Sanitaire chauffé. Accès direct à la rivière. Ouv : 15.3 / 30.10. Depuis Paris, sortie Porte de Pantin par RN 3 puis 10 km avant Meaux. 8 km après Claye-Souilly. ☎ 01 60 01 93 57.
FFCC : partenaire + réduction emp. de 5 % en saison.

LE CHATELET EN BRIE
3-C4 11 km S.-E. Melun. 95 m. 3772 hab. 77820

PARC RESIDENTIEL DE LOISIRS LA MUSSINE P.R.L. 205 E., dont 205 HLL, 12 ha. ☎ 01 60 69 40 24.

CHENOISE
3-D4 11 km N.-O. Provins 155 m. 1108 hab. 77160

M. & Mme CACKAERT,camping la Mercy A 2 km: . A 3 km : . A 5 km : . Ouv : 1.4 / 15.10. Ferme de la Mercy, route de la Croix. RD 12. ☎ 01 64 00 93 10. Fax : 01 64 00 93 10. E-mail : fermedelamercy@wanadoo.fr. Prix 2008. Empl. Tourisme : 6,40 € ; 4,60 € ; - de 12 ans 3,60 € ; 4 € (10 A).

COURPALAY
3-C4 28 km N.-E. Melun. 110 m. 655 hab. 77540

LA VALLEE DES TAMARIS ★★ Loisirs 70 E. dont 10 nus, , dont 70 GCC, 3 ha. Sanitaire chauffé. Locations : 3, 1. Etang et rivière à 3 km. à 3 km : . Accueil groupes. Ouv : 15.2 / 15.12. 29 ter, rue des Petits Clozeaux. Grand Bréau. D 201 à 1 km de Courpalay. ☎ 01 64 42 07 26. Fax : 01 64 42 07 26. E-mail : lestamaris@hotmail.com, Web : tamaris.neuf.fr. Prix 2007. Fft jour : Empl. Tourisme (2 1 - de 7 ans) : 21 € ((16 A)) ; Sup : 6,50 €Animaux 1 €. Fft Tente : 17 € (2 1 - de 7 ans (16 A)). Réduction H.S.

CRECY LA CHAPELLE
3-C3 15 km S. Meaux. 2418 hab. 77580

LE SOLEIL DE CRECY En cours classt ★★★ Tourisme 100 E. 3 ha. Locations : 96, . Accès direct à la rivière. Route de Serbonne. ☎ 01 60 43 57 00. Fax : 01 60 43 57 01. Web : www.campinglesoleil.com.

CREVECOEUR EN BRIE
3-C4 30 km N.-E. Melun. 120 m. 266 hab. 77610

LES 4 VENTS ★★★ Tourisme 199 E. (120 Tourisme + 79 Loisirs) 9 ha. snack - 1.07/31.08, + séchoir, Sanitaire chauffé. Locations : . Ouv : 1.3 / 1.11. Rue de Beauregard, A 4 dir. Reims sortie 13 dir. D 231 Provins. ☎ 01 64 07 41 11. Fax : 01 64 07 45 07. E-mail : f.george@free.fr, Web : www.caravaning-4vents.fr. Prix 2008. Fft jour : Empl. Tourisme (2 1 - de 5) : 25 € Sup : 5 €Animaux 3 €.

DARVAULT
3-C5 32 km S. Melun. 615 hab. 77140

LA BARAUDE ★★ Loisirs 140 E. (4 Tourisme + 136 Loisirs), dont 134 GCC, 4 ha. Sur l'A 6, sortie Nemours. RN 375. ☎ 01 64 28 15 26. Fax : 01 64 45 06 60.

LA FERTE GAUCHER
3-D4 23 km N. Provins. 116 m. 3872 hab. 77320

CAMP MUNICIPAL JOEL TEINTURIER ★★★ Loisirs 199 E. (39 Tourisme + 160 Loisirs) 4 ha. Locations : . Accès direct à la rivière. Route de Saint-Martin-des-Champs. A 4 ensuite RN 34 puis la RD 14. ☎ 01 64 20 20 40.

LES GRANGES ★★ Loisirs 25 E., dont 25 GCC. Les Granges. ☎ 01 64 04 00 91.

LA FERTE SOUS JOUARRE
3-D3 19 km E. Meaux. 63 m. 7020 hab. 77260

LES BONDONS ★★★★ Loisirs 247 E. (5 Tourisme + 242 Loisirs), dont 227 GCC, 10 ha. Sanitaire chauffé. Accès direct à l'étang. Rivière à 1 km. à 1,5 km : . Ouv : 1.1 / 31.12. 47-49, rue des Bondons, RD 70, RN 3. ☎ 01 60 22 00 98 / 01 60 22 00 23 (H.S.). Fax : 01 60 22 97 01. E-mail : castel@chateaudesbondons.com. Prix 2007. Empl. Tourisme : 10 € () : 7 € ; - de 7 ans 5 €.

CAMP MUNICIPAL DES DEUX RIVIERES ★★ Tourisme 82 E. (57 Tourisme + 25 Loisirs) 0,8 ha. Locations : . Accès direct à la rivière. Accès par A 4 sortie La Ferté-sous-Jouarre par N 3 dir. Château-Thierry / Chalons-sur-Marne. ☎ 01 60 22 25 63 (Poste 140). Fax : 01 60 22 99 82. E-mail : info@la-ferte-sous-jouarre.fr.

FONTENAY TRESIGNY
3-C4 26 km N.-E. Melun. 130 m. 4518 hab. 77610

LA FERME DE MALASSISE ★ Loisirs 15 E. (3 Tourisme + 12 Loisirs), dont 12 CC. Ouv : 1.1 / 31.12. Par N 4 sortie Fontenay-Trésigny Z.I. puis dir. Chaumes-en-Brie par RD 402. ☎ 01 64 25 27 09. Fax : 01 64 42 66 67.

LA GENEVRAYE
3-C5 25 km S. Melun. 55 m. 507 hab. 77690

CARAVANING LE PARC DU GUE ★★ Loisirs 150 E., dont 65 GCC. CV Sanitaire chauffé. Locations : 5. Accès direct à l'étang. Rivière à 100 m. Accueil adultes. Ouv : 15.3 / 30.11. Route de Montigny. Location longue durée. ☎ 01 64 45 87 79. Fax : 01 64 78 31 46. E-mail : contact@camping-parcdugue.com, Web : www.camping-parcdugue.com. Prix 2007. Fft jour : Empl. Tourisme (2) : 16 € () ; Sup : 6,50 € - de 7 ans 4,10 € ; 3,50 € ; Animaux 3,50 €. Réduction H.S.

GOUAIX
3-D4 10 km S. Provins. 59 m. 1085 hab. 77114

LES PRES DE LA FONTAINE ★★★ Loisirs 440 E. (50 Tourisme + 390 Loisirs), dont 71 GCC, 20 ha. Accès direct à l'étang et aux bords du lac. 11, chemin de Bray Chaises. ☎ 01 64 01 86 08. Fax : 01 64 01 89 10.

LA GRANDE PAROISSE
3-C5 36 km S.-O. Provins 110 m. 2392 hab. 77130

LA GRANDE PAROISSE ★★ Tourisme 84 E. (59 Tourisme + 25 Loisirs) 5 ha. Locations : . Accès direct aux bords du lac. Rivière à 150 m. Accès par CD 39. A 15 km de Fontainebleau. En bord de Seine. ☎ 01 60 57 02 02. Fax : 01 60 57 02 02.

GRANDPUITS BAILLY CARROIS
3-C4 26 km N.-E. Melun. 120 m. 683 hab. 77720

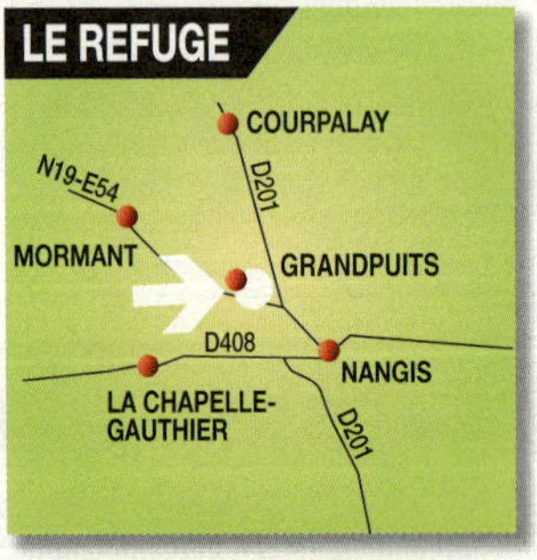

PARC RESIDENTIEL LE REFUGE ★★ Loisirs 84 E. (10 Tourisme + 74 Loisirs), dont 84 GCC, 2,27 ha. CV Sanitaire chauffé. Locations : 1, 7. à 1 km : . Ouv : 1.1 / 31.12. Rue de Montereau. N 19 Mormant/Nangis 50 km de Paris. ☎ 01 64 08 07 57. E-mail : parc-le-refuge@wanadoo.fr.
FFCC : partenaire - terrain assuré par la FFCC.

LES PRES MARTEAUX ★ Loisirs 12 E. (2 Tourisme + 10 Loisirs), dont 12 CC. Locations : . 5, Chemin de la Messe. N 19 Paris-Troyes. Ville la plus proche Nangis-Seine et Marne. ☎ 01 64 08 00 88.

GREZ SUR LOING

3-C5 23 km S. Melun. 60 m. 1045 hab. ✉ 77880

LES PRES ★★ Loisirs 133 E. (51 Tourisme + 82 Loisirs) 2 ha. CV Sanitaire chauffé Camping tourisme et handicap. Accès direct à l'étang et à la rivière. Accès par N 7 ou A 6 sortie Fontainebleau. ☎ 01 64 45 72 75. Fax : 01 64 45 72 75. E-mail : camping-grez@wanadoo.fr.

LA HOUSSAYE EN BRIE

3-C4 30 km N.-E. Melun. 118 m. 1038 hab. ✉ 77610

Mme GERARD Fernande,aire naturelle des Marnières A 500 m : . A 1 km: . A 5 km : Piscine plein air. 1373, route de Coulommiers. Lieu-dit les Marnières. Accès par la D 216. Caravaning à l'année uniquement. ☎ 01 64 07 40 03.

ISLES LES MELDEUSES

3-D3 13 km N.-E. Meaux. 407 hab. ✉ 77440

LE BAC ★ Loisirs 32 E. (1 Tourisme + 31 Loisirs)

LES PIECES MONET ★ Loisirs 20 E. 0,3 ha. Locations : . Accès direct à l'étang et aux bords du lac. Route de Mary sur Marne. ☎ 01 64 35 51 34.

ROBIN MARION ★ Loisirs 49 E.

JABLINES

3-C3 14 km S.-O. Meaux. 56 m. 260 hab. ✉ 77450

CAMPING INTERNATIONAL DE JABLINES ★★★ Tourisme 150 E. dont 142 nus (100 Tourisme + 50 Loisirs), dont 60 CC, 2,6 ha. CV Sanitaire chauffé. Locations : 8. Lac à 400 m. à 500 m : . Ouv : 31.3 / 28.10. A 1/A 3 puis A 104 dir. Marne-La-Vallée sortie Claye-Souilly, RN 3 sortie Base de Loisirs de Jablines. A 4/A 104 dir. Lille/Roissy Charles de Gaulle, sortie 8 (Meaux base de loisirs). ☎ 01 60 26 09 37. Fax : 01 60 26 43 33. E-mail : welcome@camping-jablines.com, Web : www.camping-jablines.com. Prix 2007. Fft jour : Empl. Tourisme (2) : 23 € ; Sup : 6 € - de 12 ans 4,50 € ; E. CC 25 € (Fft 2 pers.) ; Animaux 2 €. Réduction H.S.

LIVRY SUR SEINE

3-C4 4 km S. Melun. 75 m. 1613 hab. ✉ 77000

PARC RESIDENTIEL DE LOISIRS DU DOMAINE D'ARTEMIS P.R.L. 240 E., dont 160 HLL, 10 ha. chauffée 3 courts. Dir. Melun. D 39 entre Vaux-Penil et Chartrettes. Par A 6 ou N 6 puis D 116, par N 19 puis la 104 (francilienne) puis D 116. ☎ 01 64 71 04 05. Fax : 01 64 71 04 05.

LOUAN VILLEGRUIS FONTAINE

3-D4 17 km N.-E. Provins. 170 m. 423 hab. ✉ 77560

CAMPEOLE LA CERCLIERE ★★★ Loisirs 250 E. (50 Tourisme + 200 Loisirs), dont 50 GCC, 11 ha. CV Sanitaire chauffé. Locations : 4, 12, 10, . chauffée. Etang à 500 m. RD 131, RN 375. ☎ 01 64 00 80 14. Fax : 01 64 00 81 56. E-mail : cplcercliere@atciat.com.

MARY SUR MARNE

3-D3 16 km N.-E. Meaux. 62 m. 1059 hab. ✉ 77440

CAMP DE L'ILE ★ Loisirs 40 E., dont 40 GCC, 0,5 ha. CV Sanitaire chauffé. Locations : . Rivière à 100 m. . Accueil groupes. Avenue des Trois Valets. A 4 Meaux, D 405 dir. Soissons, D 401 dir. Mary-sur-Marne. ☎ 01 60 01 67 07. Fax : 01 60 01 67 07. E-mail : virdo77@aol.com, Web : www.camping-de-lile.com. Prix 2007. Fft jour : Empl. Tourisme (2 1 - de 5 ans) : 15 € () ; Sup : 3,80 €

MEAUX

3-C3 56 km N. Melun. 52 m. 45873 hab. ✉ 77100

MEAUX-TRILPORT ★★★ Loisirs 170 E. (30 Tourisme + 140 Loisirs), dont 74 GCC, 2 ha. sauf petits . Rivière à 50 m. Avenue de la Victoire. RN 3. ☎ 01 60 23 48 97. Fax : 01 60 23 43 80.

MELUN

46 km S.-E. Paris. 54 m. 36218 hab. ✉ 77000

LA BELLE ETOILE Voir LA ROCHETTE

MONTEREAU FAULT YONNE

3-C5 35 km S.-O. Provins. 53 m. 19557 hab. ✉ 77130

LE MARCASSIN ★ Tourisme 100 E. (60 Tourisme + 40 Loisirs) 3 ha. partiel, . Accès direct à l'étang et aux bords du lac et à la rivière. A 6, N 5 ou A 5, N 58. ☎ 01 60 96 36 05.

MONTEVRAIN

3-C3 16 km S.-O. Meaux. 125 m. 1794 hab. ✉ 77144

QUINCANGROGNE ★ Tourisme 140 E.

MONTIGNY SUR LOING

2042 hab. ✉ 77690

CARAVANING LE PARC DU GUE Voir LA GENEVRAYE

LE PLESSIS FEU AUSSOUX

3-D4 34 km N.-E. Melun. 112 m. 226 hab. ✉ 77540

CAMP DU CHATEAU DE CHAMBONNIERES ★★★ Tourisme 100 E. 5 ha. Locations : . Sur RD 231, RN 4. ☎ 01 64 04 15 85. Fax : 01 64 04 13 36.

POMMEUSE

3-D3 20 km S.-E. Meaux. 1523 hab. ✉ 77515

LE CHENE GRIS ★★★ Tourisme 169 E. dont 67 nus, , dont 169 GCC, 6 ha. hte saison, + sèche-linge, CV Sanitaire chauffé. Locations : 64, 25. couverte chauffée. Rivière à 500 m. Ouv : 31.3 / 27.10. 24, place de la Gare de Faremoutiers. A 4 Paris/Reims sortie 16. RN 34 Coulommiers sortie Pommeuse suivre signalisation Chêne Gris. ☎ 01 64 04 21 80. Fax : 01 64 20 05 89. E-mail : camplecheneg@free.fr, Web : www.lechenegris.fr. Réduction H.S.

PRECY SUR MARNE

3-C3 11 km S.-O. Meaux. 45 m. 406 hab. ✉ 77410

CARAVANING DU PARC ★★ Loisirs 44 E., dont 43 CC.

LE TAHITI ★ Loisirs 24 E.

PROVINS

48 km E. Melun. 91 m. 12682 hab. ✉ 77160

FONTAINE RIANTE ★ Tourisme 33 E. (28 Tourisme + 5 Loisirs) 3,5 ha. CV. Accueil groupes. 9, Av Mal De Lattre de Tassigny. RD 204, RN 19. ☎ 01 64 00 53 62 / 01 64 00 57 00 (H.S.). Fax : 01 64 00 57 55. E-mail : mjc.provins@wanadoo.fr, Web : mjc.provins.free.fr/camping.

FFCC : partenaire - terrain assuré par la FFCC.

REAU

3-C4 9 km N. Melun. 87 m. 509 hab. ✉ 77550

PARC DU PLESSIS PICARD P.R.L. 150 E., dont 150 HLL, 17 ha. . Locations : . Sur RN 6. ☎ 01 60 63 17 17.

LA ROCHETTE

3-C4 41 km S.-E. Paris. 54 m. 3096 hab. ✉ 77000

LA BELLE ETOILE ★★★ Tourisme 190 E. dont 170 nus (100 Tourisme + 90 Loisirs), dont 90 CC, 3,5 ha. snack, CV. Locations : 3, 8, 4, . chauffée. Ouv : 30.3 / 19.10. N 6 entre Melun et Fontainebleau, tourner au Buffalo-Grill de La Rochette et suivre la signalisation. ☎ 01 64 39 48 12. Fax : 01 64 37 25 55. E-mail : info@campinglabelleetoile.com, Web : www.campinglabelleetoile.com. Prix 2008. Empl. Tourisme : 6,30 € () ; 6,20 € ; - de 12 ans 4,50 € ; 3,30 € (6 A) ; Animaux 1,50 €. Réduction H.S.

FFCC : réduction loc. de 5 % hors saison + HC.

SAACY SUR MARNE

3-D3 28 km S. Meaux. 1187 hab. ✉ 77730

LES USAGES ★★ Loisirs 100 E. (20 Tourisme + 80 Loisirs) 1,5 ha. CV Sanitaire chauffé. Locations : . Rivière à 1 km.Etang à 2 km. ; à 1 km : . Route de Rebais. ☎ 01 60 23 75 81. Fax : 01 60 23 75 81. Web : campingsaacy.free.fr.

FFCC : partenaire - terrain assuré par la FFCC.

ST CYR SUR MORIN

3-D3 22 km E. Meaux. 62 m. 1209 hab. ✉ 77750

LE CHOISEL ★★★★ Loisirs 85 E., dont 7 CC - 43 GCC, 3,5 ha. CV Sanitaire chauffé. Locations : 1, 1, 1. Etang à 200 m. Rivière à 600 m. Courcelles-La-Roue. Ferté-sous-Jouarre D 204, dir. de St-Cyr-sur-Morin et ensuite 500 m à droite. ☎ 01 60 23 84 93. Fax : 01 60 24 81 74. E-mail : campingduchoisel@wanadoo.fr.

ST JEAN LES DEUX JUMEAUX

3-D3 11 km E. Meaux. 918 hab. ✉ 77660

BOIS DES GARENNES ★ Loisirs 25 E. (4 Tourisme + 21 Loisirs) 3 ha. Rés. naturiste. . En priorité Club Soleil Paris-Est. ☎ 01 64 35 72 67 / 01 60 03 14 78 (Siège). E-mail : csparisest@wanadoo.fr, Web : perso.wanadoo.fr/clubparisest.

ST MARTIN DES CHAMPS

3-D4 24 km N. Provins. 140 m. 382 hab. ✉ 77320

LE GUILLARD ★ Loisirs 40 E. 2,2 ha. CV. Locations : 40, . Accès direct à la rivière. Etang à 5 km. . Accueil groupes. 5, hameau de Guillard. Par RN 34. 800 m à gauche sortie la Ferté-Gaucher, dir. Sézanne. ☎ 01 64 20 20 19 / 01 64 20 20 19.

SAMOIS SUR SEINE

3-C4 12 km S. Melun. 120 m. 1575 hab. ✉ 77920

CAMP CLUB ATOUVERT LE PETIT BARBEAU ★★ Tourisme 115 E. 2,50 ha. CV Sanitaire chauffé. Lac à 4 km. ; à 4 km : . Accueil groupes. Le Petit Barbeau. Par autoroute du Sud sortie Fontainebleau. ☎ 01 64 24 87 79 / 04 67 36 35 42 (H.S.). Fax : 01 64 24 84 68. E-mail : a.tou.vert@wanadoo.fr, Web : www.atouvert.com. Prix 2007. Fft jour : Empl. Tourisme (2) : 7,15 € ( ) ; Sup : 3,10 € - de 11 ans 2,55 € ; 3,60 € (6 à 10 A).

SAMOREAU

3-C4 18 km S.-E. Melun. 55 m. 1626 hab. ✉ 77210

CAMP MUNICIPAL ★ Tourisme 54 E. (41 Tourisme + 13 Loisirs) 0,8 ha. Rivière à 10 m. Lac à 100 m. Etang à 200 m. CD 210. A 5, dir. Fontainebleau, à l'entrée de Samoreau, tourner à gauche au 1er feu. ☎ 01 64 23 72 25. Fax : 01 64 23 98 31.

SOUPPES SUR LOING

41 km S. Melun. 70 m. 4358 hab. ✉ 77460

CAMP MUNICIPAL LES BORDS DU LOING ★★★ Loisirs 183 E. (10 Tourisme + 173 Loisirs), dont 19 GCC, 5 ha. Camping clef verte. Locations : . Accès direct à l'étang et à la rivière. Lac à 50 m. ; à 50 m : ; à 200 m : ; à 400 m : . Chemin des Mariniers. ☎ 01 64 29 72 63.

TANCROU

3-D3 16 km N.-E. Meaux. 222 hab. ✉ 77440

LES PEUPLIERS ★ Loisirs 22 E. . Rivière à 3 m. ; ; ; . Chemin de Jaignes. ☎ 01 60 01 79 61. Fax : 01 60 61 73 19. E-mail : mairie-de-tancrou@wanadoo.fr. Prix 2007. Empl. Tourisme : 10 € ; 2 € ; - de 10 ans 1 € ; 2 € (3 jetons).

THORIGNY SUR MARNE

3-C3 18 km S.-O. Meaux. 45 m. 7670 hab. ✉ 77400

LES SALVATRES ★ Loisirs 83 E. 3,5 ha. . Locations : , . Lac à 100 m. 47, rue des Salvatres, sur RN 34. Location longue durée avec gardiennage de caravanes toute l'année. ☎ 01 64 30 81 10 / 01 43 63 56 44. Fax : 01 43 63 56 44.

TORCY

3-C3 28 km S.-O. Meaux. 100 m. 7460 hab. ✉ 77200

PARC DE LA COLLINE ★★ 271 E., dont 15 HLL, 8 ha. CV Sanitaire chauffé. Locations : 25 , 15 , 20 , 10 . . Rivière à 400 m. Lac à 900 m. ; ; ; . Accueil groupes. Ouv : 1.1 / 31.12. Route de Lagny. A 104 sortie n° 10. ☎ 01 60 05 42 32. Fax : 01 64 80 05 17. E-mail : camping.parc.de.la.colline@wanadoo.fr, Web : www.camping-de-la-colline.com. Prix 2008. Empl. Tourisme : 14,50 € ( ) : 7,10 € ; - de 7 ans 5,10 € ; Animaux 4,60 €.

TOUQUIN

3-D4 34 km N.-E. Melun. 117 m. 796 hab. ✉ 77131

LES ETANGS FLEURIS ★★★ Tourisme 156 E. (86 Tourisme + 70 Loisirs), dont 69 GCC, 5,5 ha. CV Sanitaire chauffé. chauffée . Accès direct à l'étang. A 4 et D 231, RN 4 et D 402. ☎ 01 64 04 16 36. Fax : 01 64 04 12 28. E-mail : contact@etangs-fleuris.com, Web : www.etangsfleuris.com. Prix 2007. Fft jour : Empl. Tourisme (2) : 18 € ( ) ; Sup : 9 € - de 10 ans 4 €.

TOURNAN EN BRIE

3-C4 26 km N.-N.-E. Melun. 4851 hab. ✉ 77220

FREDLAND ★★ Loisirs 166 E. (66 Tourisme + 100 Loisirs) 6 ha. CV Sanitaire chauffé. chauffée . Accès direct à l'étang. Ouv : 1.3 / 31.10. Rés. obligatoire en été. Parc de Combreux. Par RN 4, sortie dir. Liverdy. ☎ 01 64 07 96 44. Fax : 01 64 42 00 61. E-mail : fred.chauvineau@wanadoo.fr.

LA TRETOIRE

3-D3 39 km S.-E. Meaux. 180 m. 418 hab. ✉ 77510

CAMP DU RED STAR CLUB MONTREUIL-LOIS LES MARMOTTES ★ Loisirs 33 E. 1 ha. . Hameau de Launoy. Réservé Red Star Club et F.S.G.T. ☎ 01 64 04 55 31.

FFCC : partenaire - terrain assuré par la FFCC.

TRILPORT

3-C3 4 km E. Meaux. 60 m. 3334 hab. ✉ 77470

LE PONT ★ Loisirs 50 E. (10 Tourisme + 40 Loisirs) . Accès direct à la rivière. Etang et lac à 5 km. . Centre Trilport dir. Lizy-sur-Ourq/Germigny l'Evêque. ☎ 06 14 36 14 60.

USSY SUR MARNE

3-D3 15 km E. Meaux. 60 m. 603 hab. ✉ 77260

CAMP MUNICIPAL ★ Loisirs 30 E. (10 Tourisme + 20 Loisirs) 1 ha. . Accès direct à la rivière. . Lieu-dit les Patis. ☎ 01 60 22 13 17 (Mairie).

VARREDDES

3-C3 7 km N.-E. Meaux. 55 m. 1110 hab. ✉ 77910

VILLAGE PARISIEN ★★★★ Loisirs 224 E., dont 224 GCC, 6,8 ha. , snack, le week-end, , saison, , saison, CV Sanitaire chauffé. Locations : 10 , 20 . . Accès direct à la rivière. ; . Accueil groupes. Ouv : 15.1 / 15.12. Rés. obligatoire en été. La Grève, route de Congis, CD 121. ☎ 01 64 34 80 80. Fax : 01 60 22 89 84. E-mail : direction@villageparisien.com, Web : www.villageparisien.com. Prix 2007. Fft jour : Empl. Tourisme (2 1 - de 3) : 27 € ( ) ; Sup : 4 € 2 €. Réduction H.S.

VENEUX LES SABLONS

3-C5 23 km S.-E. Melun. 75 m. 4051 hab. ✉ 77250

LES COURTILLES DU LIDO ★★★ Tourisme 83 E., dont 83 GCC, 4 ha. , pizzeria, , pain/lait, CV. Locations : 11 , 2 . . Rivière à 500 m. ; à 500 m : . Chemin du Passeur. 1 km RN 6. A partir de Fontainebleau dir. Sens par RN 6 entrée Veneux-les-Sablons/Moret-sur-Loing. ☎ 01 60 70 46 05. Fax : 01 64 70 62 65. E-mail : lescourtilles-dulido@wanadoo.fr, Web : www.les-courtilles-du-lido.fr. Prix 2007. ( ) : 5,50 € ; 2,50 € ; 8 € ; 5 € ; 3,75 € ; - de 10 ans 3 € ; 3 € (10 A) ; Animaux 1,50 €.

VERDELOT

3-D3 37 km E. Meaux. 115 m. 526 hab. ✉ 77510

CARAVANING DE LA FEE ★★★ Loisirs 100 E. (20 Tourisme + 80 Loisirs), dont 100 GCC, 4 ha. Sanitaire chauffé. Locations : 1 , 1 . . Accès direct à l'étang et à la rivière. ; à 500 m : ; à 2 km : . Ouv : 15.3 / 14.11. O ☎ 01 64 04 80 19. Fax : 01 64 04 81 84. E-mail : caravaninglafee@wanadoo.fr, Web : www.caravaning-de-la-fee.com. Prix 2008. Empl. Tourisme : 7,50 € ; 7,50 € ; - de 7 ans 4,50 € ; 3 €.

VILLEMER

3-C5 46 km S.-E. Melun. 568 hab. ✉ 77250

CARAVANING DES GROUETTES ★ Loisirs 99 E. 3 ha. . 25, rue de la Mairie. Gardiennage et location de terrains à l'année. ☎ 01 64 24 92 16 / 01 64 24 93 51 (H.S.).

VILLEVAUDE

3-C3 20 km O.-S.-O. Meaux. 132 m. 1119 hab. ✉ 77410

CAMPING CLUB LE PARC DE PARIS ★★★ Tourisme 330 E. (168 Tourisme + 162 Loisirs), dont 5 CC - 11 GCC, 10 ha. saison, saison, CV Sanitaire chauffé. Locations : 70 , 81 . couverte chauffée . Accès direct à l'étang. Lac et rivière à 5 km. ; à 5 km : . Accueil groupes. Ouv : 1.1 / 31.12. A Montjay la Tour 2 km A 104. Accès par : A 1 puis A 104 sortie n°6 B ou A 4 puis A 104 sortie n°8. ☎ 01 60 26 20 79. Fax : 01 60 27 02 75. E-mail : camping.leparc@club-internet.fr, Web : www.campingleparc.fr. Prix 2008. Fft jour : Empl. Tourisme (2) : 26 € ( ) ; Sup : 7 € - de 7 ans 5 € ; 3 € ; Animaux 5 €.

FFCC : partenaire + réduction emp. de 15 % en saison et 20 % hors saison + réduction loc. de 10 % en saison et 15 % hors saison.

Délégué FFCC : Alexis POUPARD, 32, rue du Pont Taraut - 78610 LE PERRAY EN YVELINES

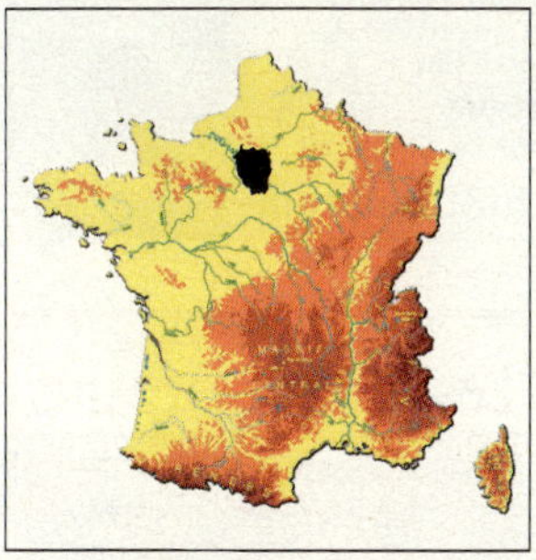

BOINVILLIERS

3-A3 9 km S. Mantes-la-Jolie. 130 m. 195 hab. 78200

CARAVANING LE CLOS GOUGET ★★★★ Loisirs 140 E., dont 100 GCC, 6 ha. chauffée . Ouv : 1.1 / 31.12. A 13 sortie n°11. D 983 dir. Houdan jusqu'à Vert (5 km), puis à droite, suivre les flèches. ☎ 01 34 76 31 75. Fax : 01 34 76 30 16. E-mail : le.clos.Gouget@wanadoo.fr, Web : www.leclosgouget.com. Prix 2007. Fft jour : Empl. Tourisme (2) : 16 € Sup : 5 € - de 7 ans 3,50 €.

LES BREVIAIRES

3-B4 10 km N. Rambouillet. 190 m. 621 hab. 78610

CARAVANING DES BREVIAIRES ★★ Loisirs 340 E., dont 340 GCC, 6 ha. . à 1 km : ; à 2 km : , . Lieu-dit Les Petites Yvelines, 500 m RD 191, sur CD 61, à 3 km RN 10. Réservé caravanes, emplacements en cession (copropriété). ☎ 01 34 84 98 48.

CONDE SUR VESGRE

3-A4 35 km S. Mantes-la-Jolie. 110 m. 525 hab. 78113

CARAVANING PARC DE LA MARE AUX BICHES ★★ Loisirs 120 E. (20 Tourisme + 100 Loisirs) 5 ha. , partiel, , visiteur, Sanitaire chauffé. Locations : , . Etang à 5 km. à 2 km : ; à 4 km : , ; à 6 km : . Accueil groupes. Sur RD 147, RN 183. ☎ 01 34 87 05 42 / / 06 25 37 40 47 (H.S.). Fax : 01 34 87 05 42.

EPONE

3-B3 9 km S.-E. Mantes-la-Jolie. 5247 hab. 78680

CAMPING CANADA

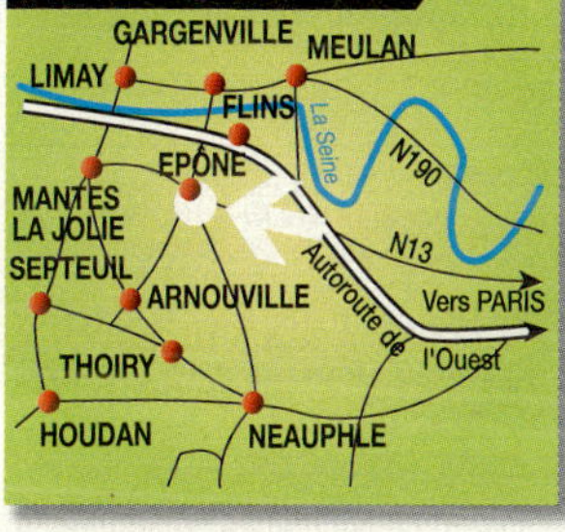

CANADA ★★ Loisirs 230 E. (80 Tourisme + 150 Loisirs) 6 ha. , saison, Sanitaire chauffé. Locations : 7 , 18 . . Etang et rivière à 5 km. à 10 km : . Ouv : 1.1 / 31.12. Route de Septeuil. A 13 sortie n° 10 dir. Septeuil. ☎ 01 30 42 61 76. Fax : 01 30 42 68 62. E-mail : camping-canada@wanadoo.fr, Web : www.campingcanada.fr. Prix 2008 3,50 € ; 3 € ; 6 € ; 3,50 € ; 3,20 € ; - de 7 ans 2,30 € ; 2,60 à 3,20 € ; 1,20 €.

FFCC : partenaire + réduction emp. de 5 % en saison et hors saison.

FRENEUSE

3-A3 12 km N.-O. Mantes-la-Jolie. 15 m. 3354 hab. 78840

LE CRIQUET ★ Loisirs 192 E. 5 ha. Sanitaire chauffé. Rivière à 500 m. Accueil groupes. RD 37. ☎ 01 30 93 07 95. Fax : 01 30 93 07 95.

GARANCIERES

3-B3 26 km N.-N.-O. Rambouillet. 125 m. 1392 hab. 78890

CARAVANING CLUB DU SAUT DU LOUP ★★★★ Loisirs 150 E. 10 ha. CV. Locations : . chauffée . Ouv : 1.1 / 31.12. Lieu-dit Chateau du Breuil. Contrats annuels ou mensuels uniquement. Location longue durée. ☎ 01 34 86 42 66 / 01 34 86 41 02 (H.S.). Fax : 01 34 86 58 62. E-mail : info@hameaudusautduloup.com, Web : hameaudusautduloup.com.

LIMETZ VILLEZ

3-A3 17 km N.-O. Mantes-la-Jolie. 1158 hab. 78270

CARAVANING LE PRIEURE ★ Loisirs 33 E. 0,88 ha. visiteur. Rivière à 100 m. ; . Le Prieuré. ☎ 01 34 78 57 85.

MAISONS LAFFITTE

3-B3 22 km N. Versailles. 22892 hab. 78600

CARAVANING INTERNATIONAL DE MAISONS LAFFITTE ★★★★ Tourisme 351 E., dont 100 GCC, 6,5 ha. , CV Sanitaire chauffé. Locations : 57. Accès direct à la rivière. ; à 2 km : . Accueil groupes. Ouv : 16.3 / 31.10. 1, rue Johnson, dans l'île de la commune. Porte Maillot (Paris), dir. la Défense, sortie Bezons, puis dir. Poissy/Sartrouville. ☎ 01 39 12 21 91. Fax : 01 39 12 70 50. E-mail : ci.mlaffitte@wanadoo.fr, Web : www.campint.com. Prix 2007. Fft jour : Empl. Tourisme (2) : 26 € ; Sup : 6 € - de 4/8 ans 3 € ; 3 € ; Animaux 2,50 €. Réduction H.S.

FFCC : partenaire - terrain assuré par la FFCC.

MONTIGNY LE BRETONNEUX

8 km O. Versailles. 170 m. 13524 hab. ✉ 78180

LE PARC ETANG DE ST QUENTIN EN YVELINES ★★ Tourisme 500 E. 7 ha. CV. Locations : , 45. Accès direct à l'étang. à 500 m : ; à 800 m : ; à 4 km : . Angle Nord-Est de l'Etang de St-Quentin, A 13 (branche Sud) RN 10. ☎ 01 30 58 56 20. Fax : 01 34 60 07 14. Web : www.paris-camping.net.

MOUSSEAUX SUR SEINE

3-A3 14 km N.-O. Mantes-la-Jolie. 415 hab. ✉ 78270

CARAVANING LOISIRS DES GROUX ★★★ Loisirs 130 E., dont 130 CC, 3,5 ha. CV. Locations : , . Accès direct à la rivière. Lac à 500 m. à 500 m : , , . Accueil groupes. A 13. ☎ 01 34 79 33 86. E-mail : infos@loisirsdesgroux.com, Web : www.loisirsdesgroux.com.

RAMBOUILLET

3-B4 52 km S.-O. Paris. 32 km S.-O. Versailles. 160 m. 22487 hab. ✉ 78120

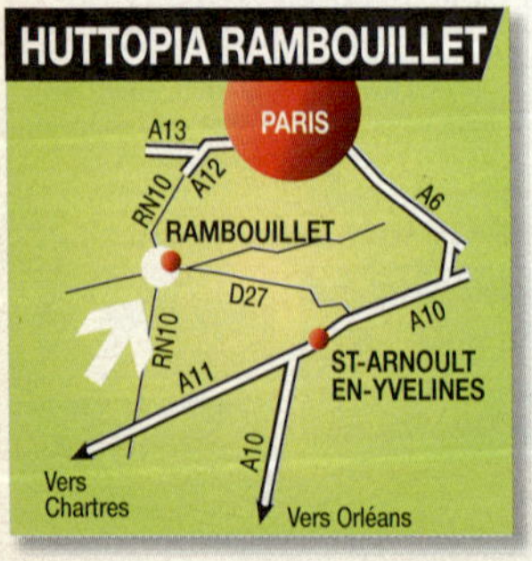

HUTTOPIA RAMBOUILLET En cours reclassement 220 E. dont 190 nus 4,70 ha. 29.06 / 2.09, 29.06 / 2.09, saison, , aire spécifique, , été, été, CV Sanitaire chauffé. Locations : 10 , 10 , Roulottes. Etang à 10 m. ; à 2 km : . Accueil groupes. Ouv : 28.3 / 2.11. Rue du Château d'eau. RN 10, à 3 km du centre ville. ☎ 01 30 41 07 34 / 0 820 22 67 37 / 04 37 64 22 34 (H.S.). Fax : 01 30 41 00 17. E-mail : rambouillet@huttopia.com, Web : www.huttopia.com. Prix 2007. Fft jour : Empl. Tourisme (2) : 22 € ; Sup : 6 € - de 2/7 ans 3,80 € ; 4,20 à 6,20 € (6 à 10 A) ; Animaux 3,50 €.

FFCC : partenaire + réduction emp. de 5 % en saison et hors saison + réduction loc. de 5 % en saison et hors saison.

ST ARNOULT EN YVELINES

3-B4 14 km S.-E. Rambouillet. 130 m. 4448 hab. ✉ 78730

LA PETITE SOURCE En cours reclassement 240 E. 3,5 ha. half. ; à 1 km : . Sur RN 188. A 10 sortie Dourdan. ☎ 01 30 41 21 41. Fax : 01 30 41 21 41.

ST ILLIERS LA VILLE

3-A3 14 km O. Mantes-la-Jolie. 125 m. 191 hab. ✉ 78980

DOMAINE D'INCHELIN ★★★★ Tourisme 150 E. Sanitaire chauffé. Locations : 30 . chauffée . ; à 10 km : . Accueil adultes. Hameau d'Inchelin. ☎ 01 34 76 10 11. Fax : 01 34 76 13 66. E-mail : rlgcontact@free.fr, Web : rlgcontact.free.fr.

ST QUENTIN EN YVELINES

✉ 78730

LE PARC ETANG DE ST QUENTIN EN YVELINES Voir MONTIGNY-LE-BRETONNEUX

TRIEL SUR SEINE

3-B3 25 km N.-N.-O. Versailles. 20 m. 7906 hab. ✉ 78510

L'ILE DU ROI ★★ Loisirs 130 E. (60 Tourisme + 70 Loisirs) 2,5 ha. Sanitaire chauffé. Accès direct à la rivière. . Autoroute de l'Ouest sortie Poissy, dir. Triel-sur-Seine rive gauche. A 13 sortie n° 7. A 14 sortie Orgeval. ☎ 01 39 75 87 88. Fax : 01 39 75 93 31. E-mail : david@camping-iledu roi.com, Web : www.camping-iledu roi.com.

LES QUATRE ARPENTS ★ Loisirs 97 E. (47 Tourisme + 50 Loisirs) 2,5 ha. Sanitaire chauffé. Locations : 12 . Etang et lac à 2 km. ; à 2 km : , ; à 3 km : . Ouv : 1.1 / 31.12. Chemin de Halage de Medan. A 13. 30 km de Paris, sortie Poissy-Triel, rive gauche. ☎ 01 39 75 91 11 / 06 07 62 35 14 (H.S.). Fax : 01 39 75 47 29. E-mail : camping4arpents@wanadoo.fr. Prix 2007. Empl. Tourisme : 4 € ; 3 € ; 5 € ; 4 € ; 3 € ; - de 7 ans 2 € ; 4 € (5 A) ; 2 € ; Animaux 2 €. Réduction H.S.

FFCC : partenaire + réduction emp. de 5 % en saison et hors saison + carte FFCC assurance annulation.

VAUX SUR SEINE

3-B3 20 km E. Mantes-la-Jolie. 3115 hab. ✉ 78740

LE RADAR En cours reclassement 150 E. 2,9 ha. Chemin du Moulin à Vent.

VERNEUIL SUR SEINE

3-B3 22 km N.-O. Versailles. 25 m. 11255 hab. ✉ 78480

LE VAL DE SEINE ★★★ Tourisme 87 E., dont 19 CC - 14 GCC, 0,32 ha. Sanitaire chauffé. Locations : 2 . . Accès direct à l'étang et à la rivière. ; ; ; ; . Accueil groupes. Ouv : mars / octobre. A 13 sortie 8 Les Mureaux. Entrée de la base de loisirs gratuite pour les campeurs. ☎ 01 39 71 88 34 / 01 39 28 16 20 (H.S.). Fax : 01 39 71 18 60. E-mail : contact@valdeseine78.com, Web : www.valdeseine78.com. Prix 2008. Empl. Tourisme : 4,80 € ; 1,60 € ; 5,30 € ; 4,20 € ; 3,75 € ; 4,25 € ; Animaux 2 €. Réduction H.S.

LES CHESNETS ★★ Loisirs 40 E. (15 Tourisme + 25 Loisirs). Etang à 3 km. à 1,5 km : ; à 3 km : . 8, chemin des Pérons. Route de Vernouillet. ☎ 01 39 71 99 60 / 06 62 86 48 42 (H.S.). Fax : 01 39 71 99 60. E-mail : sarl-leschesnets@wanadoo.fr.
FFCC : partenaire - terrain assuré par la FFCC.

POINT D'ACCUEIL JEUNES

VERSAILLES

3-B3 15 km O.-S.-O. Paris. 135 m. 95240 hab. ✉ 78000

HUTTOPIA VERSAILLES En cours reclassement 156 E. dont 145 nus, 4 ha. 29.06 / 2.09, été, été, aire spécifique, CV Sanitaire chauffé. Locations : 10, 10, Roulottes. chauffée. Accueil groupes. Ouv : 28.3 / 2.11. Devant le château, prendre l'avenue de Paris, suivre panneaux après 2 km. ☎ 01 39 51 23 61 / 0 820 22 67 37 (Réserv.) / 04 37 64 22 34 (H.S.). Fax : 01 39 53 68 29. E-mail : versailles@huttopia.com, Web : www.huttopia.com. Prix 2007. Fft jour : Empl. Tourisme (2) : 29,70 € ( ) ; Sup : 7,90 € - de 7 ans 4 € ; 4,20 à 6,20 € (6 à 10 A) ; Animaux 3,50 €. Réduction H.S.
FFCC : partenaire + réduction emp. de 5 % en saison et hors saison + réduction loc. de 5 % en saison et hors saison.

POINT D'ACCUEIL JEUNES A 3 km: Piscine plein air Piscine couverte . A 5 km : . Ouv : 15.6. N 10 route de St-Cyr, allée des Matelots. Par A 13 sortie Vaucresson et par A 86 Versailles-Château. ☎ 01 39 49 57 85 / 01 39 49 57 85 (H.S.). Fax : 01 30 21 05 40. E-mail : VERSAILLESASSOCIATIONS@wanadoo.fr, Web : www.versaillesassociations.asso.fr. Prix 2008. Empl. Tourisme : 6,30 € ; Réduction H.S.
FFCC : partenaire + réduction emp. de 5 % hors saison + Stop accueil Camping-car du 15/06 au 15/09/2008, accès jusqu'à 21h + réduction loc. de 5 % hors saison.

DEUX-SEVRES 79

Carte 6

Déléguée FFCC : Jacqueline DEBORDE, 36, cité Paul Verlaine - 79000 NIORT

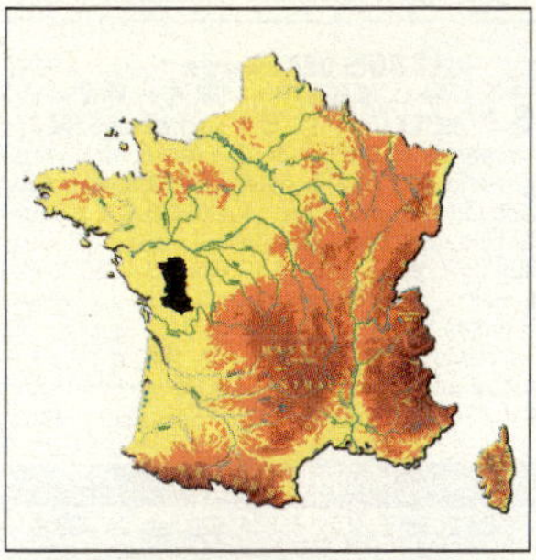

L ABSIE

6-C4 27 km O. Parthenay. 259 m. 1343 hab. ✉ 79240

Mme TERRIER Josette,aire naturelle l'Absie . Route de Niort. ☎ 06 21 07 99 14 / 05 49 69 18 56.

ADILLY

6-D4 8 km N.-O. Parthenay. 296 hab. ✉ 79200

LE CHATEAU DE LA CLAIRIERE ★★ Tourisme 20 E. La Clairière. ☎ 05 49 95 19 59. Fax : 05 49 70 02 95.

AIRVAULT

6-D4 24 km N.-N.-E. Parthenay. 120 m. 3847 hab. Station verte de vacances et village de neige ✉ 79600

LA COURTE VALLEE ★★★ Tourisme 41 E. 3 ha. snacks, . Locations : 4 . Rivière à 300 m. à 300 m : . Lieu-dit Courte Vallée. ☎ 05 49 64 70 65. Fax : 05 49 64 70 65. E-mail : info@caravaningfrance.com, Web : www.caravaning.com. Réduction H.S.

CAMP MUNICIPAL ★ Tourisme 50 E. 1 ha. . Accès direct à la rivière. . Accueil groupes. Pont de Vernay. ☎ 05 49 64 70 13 (Mairie). Fax : 05 49 70 80 76. Réduction H.S.

ARCAIS

6-C5 24 km O. Niort. 524 hab. ✉ 79210

CAMP MUNICIPAL ★★ Tourisme 30 E. 1,2 ha. . Accès direct à l'étang. . Route de Damvix. ☎ 05 49 35 37 12 (Mairie).

ARGENTON LES VALLEES

6-C3 18 km N.-E. Bressuire. 115 m. 1126 hab. Station verte de vacances et village de neige ✉ 79150

CAMP MUNICIPAL DU LAC ★★ Tourisme 70 E. dont 48 nus 0,7 ha. baignoire, + sèche-linge, CV. Locations : 6, 3 . Lac à 100 m. à 200 m : . Accueil groupes. Ouv : 1.4 / 30.9. Rue de la Sablière. ☎ 05 49 65 95 08 / 05 49 65 70 22 (H.S.). Fax : 05 49 65 70 84. E-mail : mairie-argenton-chateau@wanadoo.fr, Web : www.campingargentonvallees.perso.st. Prix 2007. Empl. Tourisme : 1,80 € ( ) : 1,60 € ; 1,95 € ; - de 7 ans 1,10 € ; 2,25 €. Fft Ccar : 5 € (2).

ARGENTON L EGLISE

6-D3 28 km N.-E. Bressuire. 60 m. 1473 hab. ✉ 79290

CAMP MUNICIPAL DES PLANCHES ★★ Tourisme 40 E. . Accès direct à la rivière. . ☎ 05 49 67 02 14 (Mairie).

AZAY SUR THOUET

6-D4 9 km O. Parthenay. 170 m. 1008 hab. ✉ 79130

CAMP MUNICIPAL LES PEUPLIERS ★★ Tourisme 25 E. dont 15 nus 0,5 ha. CV. Locations : 1 . Accès direct à la rivière. Etang à 200 m. . Accueil groupes 10 pers. maximum. ☎ 05 49 95 37 13 (Mairie). Fax : 05 49 95 36 14. E-mail : mairie-azaysurthouet@cc-parthenay.fr. Prix 2007. Empl. Tourisme : 3,50 € ; 0,85 € ; 2,70 €.

LE BEUGNON

6-C4 35 km N.-O. Niort. 239 m. 401 hab. ✉ 79130

AIRE NATURELLE MUNICIPALE . A 4 km: . A 8 km : Piscine plein air . A 12 km : . D 128 et D 132. ☎ 05 49 63 74 31 (Après-midi) / 05 49 63 50 98.

BRESSUIRE

65 km N. Niort. 165 m. 19502 hab. ✉ 79300

PUYROND ★★ Tourisme 27 E. 1 ha. . Locations : . Etang, lac et rivière à 100 m. . Ouv : 1.4 / 31.10. Cornet. Suivre route de Fontenay Le Comte. au dessous du Pont et 100 m à droite. ☎ (33) 685/603726 / (33) 549 72 43 22 (H.S.). E-mail : info@puyrondcamping.com, Web : www.puyrondcamping.com. Prix 2007. Fft jour : Empl. Tourisme (2) : 16,50 € ( )

BRIOUX SUR BOUTONNE

6-D5 30 km S.-E. Niort. 70 m. 1616 hab. ✉ 79170

CAMP MUNICIPAL ★ Tourisme 30 E. 0,8 ha. . Accès direct à la rivière. . Rue des Merlonges. ☎ 05 49 07 50 46. Fax : 05 49 07 27 27.

CELLES SUR BELLE

6-D5 21 km S.-E. Niort. 120 m. 3314 hab. Station verte de vacances et village de neige ✉ 79370

CAMP MUNICIPAL En cours reclassement 40 E. 1,2 ha. chauffée . Rivière à 200 m. Lac à 4 km. Parc de la Boissière, RD 103, RD 948. A 10 Sortie 22. ☎ 05 49 79 80 17 (Mairie). Fax : 05 49 32 95 10. E-mail : mairie-cellessurbelle@wanadoo.fr.

CHEF BOUTONNE

6-D5 41 km S.-E. Niort. 90 m. 2568 hab. ✉ 79110

CAMPING LE MOULIN ★★ Tourisme 33 E. 1 ha. CV Sanitaire chauffé. Locations : 11 . Accès direct à la rivière. Etang à 700 m. ; . Route de Niort. A 100 m de la D 740 dir. Brioux-sur-Boutonne. ☎ 05 49 29 73 46 / 05 49 29 77 38. Fax : 05 49 29 73 46. E-mail : campingchef@infonie.fr, Web : www.campingchef.com.

PARC RESIDENTIEL DE LOISIRS LES CHALETS DE L'HERONNIERE P.R.L. 21 E. 23 ha. CV. Locations : 20, 25 . couverte chauffée . Accès direct à l'étang. . Accueil groupes. avec encadrement. La Chagnée. ☎ 05 49 29 57 01. Fax : 05 49 29 57 00. E-mail : , Web : www.herroniere.com.

AIRE NATURELLE MUNICIPALE , proche, . Petit Pré de la Foire. ☎ 05 49 29 80 04 (3). Fax : 05 49 29 68 79.

CHERVEUX

6-D5 14 km N.-E. Niort. 80 m. 1085 hab. ✉ 79410

CAMP DU PLAN D'EAU DE SAINT CHRISTOPHE ★★ Tourisme 50 E. 1 ha. Locations : 4. Accès direct à l'étang. Ouv : 1.1 / 31.12. Par RN 11 et RD 743. A 10 sortie La Créche à 10 km. Sortie Niort Nord sur A 83 (4 km). ☎ 05 49 05 21 38 (Camping) / 05 49 75 01 77 (Mairie) (H.S.). Fax : 05 49 75 86 60. E-mail : plandeau.cherveux@orange.fr, Web : www.chalets-decouverte.com. Prix 2007. Fft jour : Empl. Tourisme (2) : 9 € Sup : 3 € - de 7 ans 1,50 € ; 3,50 € ; Animaux 1,50 €.

LA COUDRE

6-C3 12 km N. Bressuire 130 m. 190 hab. ✉ 79150

M. & Mme GIRAULT,camping Ferme Equestre CV. Ouv : 1.5 / 1.11. Le Grand Saule. RD 150. D 748 entre Bressuire et Argenton-Les Vallées à gauche D 28 puis RD 150. ☎ 05 49 80 21 61 / 06 08 48 82 94 (H.S.). Fax : 05 49 65 93 48. E-mail : grandsaule@wanadoo.fr. Prix 2007. Empl. Tourisme : 2,20 € ; 2,20 € ; 2,20 € ; 2,20 € ; 2,20 € ; 2,50 €.

COULON

6-C5 10 km O. Niort. 15 m. 1662 hab. Station verte de vacances et village de neige ✉ 79510

LA VENISE VERTE ★★★ Tourisme 140 E. dont 100 nus 2,3 ha. juillet/août, juillet/août, CV. Camping clef verte. Locations : 15, 15. Rivière à 20 m. Accueil adultes. Ouv : 1.4 / 31.10. Rés. obligatoire en été. 178, route des Bords de Sèvres. Sur RD 123, sortie Coulon, dir. Irleau. ☎ 05 49 35 90 36. Fax : 05 49 35 84 69. E-mail : accueil@camping-laveniseverte.fr, Web : www.camping-laveniseverte.fr. Prix 2007. Fft jour : Empl. Tourisme (2) : 22 € (E. GCC) ; Sup : 5,50 € - de 5 ans 2 € ; Animaux 2 €.

FFCC : Stop accueil Camping-car du 01/04 au 14/07 et du 25/08 au 31/10/2008, accès jusqu'à 20h.

CAMP MUNICIPAL LA NIQUIERE ★★ Tourisme 40 E. 1 ha. Locations : . Rivière à 200 m. Ouv : 1.4 / 30.9. Sur RD 1. ☎ 05 49 35 81 19 / 05 49 35 90 26 (Mairie) (H.S.). Fax : 05 49 35 82 75. E-mail : tourisme.coulon79@orange.fr. Prix 2007. Empl. Tourisme : 1,30 € ; 1,20 € ; 2,50 € ; 1,95 € ; - de 7 ans 1 € ; 2,80 €.

COULONGES SUR L AUTIZE

6-C4 22 km N.-N.-O. Niort. 83 m. 2029 hab. ✉ 79160

CAMP DU PARC ★★ Tourisme 30 E. 0,3 ha. Locations : . Rivière à 4 km. ; à 4 km : . Rue du Calvaire. ☎ 05 49 06 10 72.

FENIOUX

32 km N.-O. Niort. 200 m. 830 hab. ✉ 79160

LE BAMBOU ★ Tourisme 10 E. Locations : , 10. Accès direct à l'étang. Rivière à 200 m. Ouv : mai / octobre. 5 route de la Butauderie. ☎ 05 49 05 40 98. E-mail : campinglebambou@voila.fr, Web : campinglebambou.free.fr. Prix 2007. Empl. Tourisme : 4,50 € ; 2,50 € ; - de 14 ans 1,50 € ; 2,80 € (10 A) ; Animaux 1 €. Fft Ccar : 6,50 € (2).

GOURGE

6-D4 12 km N.-E. Partenay 135 m. 915 hab. ✉ 79200

Mme ROBIN Anne,camping à la ferme Saint-Michel CV. Ouv : 1.1 / 31.10. La Barre. ☎ 05 49 69 86 77. Fax : 05 49 69 86 77. E-mail : robinje@district-parthenay.fr, Web : lafermesaintmichel.com. Réduction H.S.

LEZAY

6-D5 40 km E.-S. Niort. 125 m. 2146 hab. ✉ 79120

CAMP MUNICIPAL LE PARC ★★ Tourisme 100 E. 0,5 ha. CV. chauffée. Accès direct à l'étang et à la rivière. Accueil groupes. Ouv : 15.6 / 15.9. RD 45. ☎ 05 49 27 80 00 (Mairie). Fax : 05 49 27 80 09. Prix 2007. Empl. Tourisme : 1,33 € ; 1,33 € ; 0,84 € ; 1,33 € ; 1,33 € ; 1,48 € ; - de 7 ans 0,84 € ; 2,25 €.

MAGNE

6-C5 7 km O. Niort. 10 m. 2131 hab. ✉ 79460

CAMP MUNICIPAL LE VERGNE ★★ Tourisme 50 E. 1,8 ha. CV. Rivière à 50 m. Accueil enfants. Ouv : 23.6 / 2.9. Lieu-dit Le Vergne du Magné, Avenue du Marais Poitevin sur CD 9. ☎ 05 49 35 71 81 / 05 49 35 71 80 (H.S.). E-mail : mairie@ville-magne.fr, Web : www.ville-magne.fr. Prix 2007. 1,60 € ; 1,30 € ; 4,35 € ; 1,30 € ; 2,95 € ; - de 7 ans 1,65 € ; 2,95 €.

FFCC : Stop accueil Camping-car du 28/06 au 31/08/2008, accès jusqu'à 20h.

MARIGNY

6-C5 17 km S. Niort. 96 m. 697 hab. ✉ 79360

TERRENEUVE ★★ Tourisme 25 E. pétanque. Locations : . A 10 sortie Niort-sud. ☎ 05 49 26 05 22. Fax : 05 49 26 11 60. E-mail : ccplainedecourance@wanadoo.fr, Web : www.cc-plainedecourance.fr.

MASSAIS

6-D3 27 km N.-E. Bressuire 92 m. 565 hab. ✉ 79150

M. BOIDRON Alain,aire naturelle 4, CV. A 500 m : . A 1 km : . A 6 km : . A 8 km : Piscine plein air. Le Moulin Bernard. D 759 entre Argenton-Château et Thouars. ☎ 05 49 96 84 64. Fax : 05 49 96 07 61.

MAUZE SUR LE MIGNON

6-C5 23 km S.-O. Niort. 32 m. 2409 hab. Station verte de vacances et village de neige ✉ 79210

CAMP MUNICIPAL LE GUE DE LA RIVIERE ★★ Tourisme 75 E. 1,4 ha. CV. Ouv : juin / septembre. ☎ 05 49 26 30 35 (Mairie). Fax : 05 49 26 71 13. Web : www.ville-mauze-mignon.fr. Prix 2007. Empl. Tourisme : 0,85 € ; 0,70 € ; 2,20 € ; - de 7 ans 1,10 € ; 1,60 à 3,20 € (2 à 10 A).

MELLE

6-D5 28 km S.-E. Niort. 120 m. 4575 hab. Station verte de vacances et village de neige ✉ 79500

CAMP MUNICIPAL LA FONTAINE DE VILLIERS ★★ Tourisme 25 E. 0,25 ha. Rivière à 500 m. ; à 500 m : . Accueil groupes. Ouv : 15.4 / 30.9. Route de Villiers. ☎ 05 49 29 18 04 (Camping) / 05 49 29 15 10 (O.T.) (H.S.). Fax : 05 49 27 01 51. Web : www.ville-melle.fr. Prix 2007. Empl. Tourisme : 1,80 € ; 1,15 € ; 2,45 € ; 1,25 € ; 2,45 à 3,90 € (3 à 10 A).

MENIGOUTE

6-D4 25 km S.-E. Parthenay. 165 m. 933 hab. ✉ 79340

AIRE NATURELLE BOIS POUVREAU Route de Coutières. ☎ 05 49 69 00 17.

MESSE

215 hab. ✉ 79120

Mme EMERY Tracey, camping à la ferme La Grande Vigne ☎ 05 49 29 39 93.

MONCOUTANT

6-C4 35 km N.-O. Parthenay 180 m. 3102 hab. Station verte de vacances et village de neige ✉ 79320

LA SABLIERE ★★★ Tourisme 70 E. 2,6 ha. CV Sanitaire chauffé. Locations : chauffée. Etang à 10 m. Lac et rivière à 50 m. Accueil groupes. Sur le site Pescalis Nature et Pêche. ☎ 05 49 74 28 06. E-mail : camping@campinglasabliere.com, Web : www.campinglasabliere.com.

FFCC : partenaire + réduction emp. de 5 % en saison et 10 % hors saison + carte FFCC assurance annulation + Stop accueil Camping-car du 01/04 au 31/10/2008, accès jusqu'à 20h + réduction loc. de 5 % en saison et 10 % hors saison.

LA MOTHE ST HERAY

6-D5 26 km E. Niort. 1849 hab. ✉ 79800

CAMP MUNICIPAL DU FOUILLOUX ★★ Tourisme 60 E. 1,3 ha. Rivière à 100 m. RD 737. ☎ 05 49 05 01 41 / 05 49 76 38 30 (H.S.). Fax : 05 49 05 13 58. E-mail : mairielamothe@mellecom.fr.

PAMPROUX

6-D5 35 km E. Niort. 130 m. 1736 hab. ✉ 79800

CAMP MUNICIPAL ★★ Tourisme 30 E. 0,75 ha. RN 11 - A 10. ☎ 05 49 76 30 04 (Mairie). Fax : 05 49 76 39 82.

PARTHENAY

6-D4 41 km N.-E. Niort. 175 m. 11666 hab. ✉ 79200

LE BOIS VERT ★★★★ Tourisme 90 E. dont 76 nus 2,7 ha. + sèche-linge, CV. Locations : 10, 4. Accès direct aux bords du lac et à la rivière. ; à 500 m : . Accueil groupes. Ouv : 1.4 / 30.9. 14, rue de Boisseau, 1 km du centre ville dir. la Roche sur Yon. ☎ 05 49 64 78 43. Fax : 05 49 95 96 68. E-mail : boisvert@cvtloisirs.fr, Web : www.camping-boisvert.com. Prix 2008. Fft jour : Empl. Tourisme (2) : 19 € ( ) ; - de 10 ans 2,50 € ; 3,50 €. Réduction H.S.

FFCC : réduction loc. de 5 % hors saison + HC.

PRAILLES

6-D5 21 km E. Niort. 150 m. 520 hab. ✉ 79370

CAMP MUNICIPAL LE LAMBON ★★ Tourisme 50 E. 1 ha. CV. Locations : 7. Accès direct aux bords du lac et à la rivière. Accueil groupes. Ouv : 1.6 / 30.9. RD 948, RD 103. Autoroute A 10 sortie 11. ☎ 05 49 32 85 11. Fax : 05 49 32 94 92. E-mail : lambon.vacances@wanadoo.fr, Web : www.lelambon.com. Prix 2007. Fft jour : Empl. Tourisme (2) : 10 € ( ) ; Sup : 4,50 € - de 3/7 ans 2 € ; 2 € ; Animaux 1 €.

PUIHARDY

6-C4 28 km N.-O. Niort. 150 m. 55 hab. ✉ 79160

CAMP MUNICIPAL DU SAUMOR,aire naturelle ☎ 05 49 75 24 96 / 05 49 75 24 21 (H.S.).

LE RETAIL

6-C4 22 KM S.-O. Parthenay. 251 m. 356 hab. 79130

L'UNION TOURISTIQUE. Les Amis de la Nature. Section de Niort La Martinière de Le Retail. ☎ 05 49 24 91 64 / 05 49 08 00 43.

ST ANDRE SUR SEVRE

6-C4 18 km S.-O. Bressuire. 151 m. 742 hab. 79380

CAMP DE MME PRUD'HOMME ★ Tourisme 25 E. Locations : 7, 10. Etang à 800 m. à 800 m : . ☎ 05 49 80 87 95. Fax : 05 49 80 17 05.

ST AUBIN LE CLOUD

6-D4 9 km O. Parthenay. 180 m. 2011 hab. 79450

LA CHAGNEE ★★ Tourisme 7 E. dont 10 nus, 2 ha. 1 fois/semaine, CV. Locations : 3, 3. Accès direct à l'étang. Rivière à 2 km. ; à 10 km : . Accueil groupes. Ouv : 1.4 / 31.10. La Chagnée. A mi-chemin entre Saint-Aubin le Cloud et Azay sur Thouet sur la RD 139. ☎ 05 49 95 31 44 / 06 71 10 09 66 (H.S.). E-mail : gerard.baudoin3@wanadoo.fr, Web : www.cc-parthenay.fr/la-chagnee/. Prix 2008. Empl. Tourisme : 4,50 € () : 3 € ; - de 7 ans 1,80 € ; 3,60 €.

FFCC : partenaire + réduction emp. de 5 % hors saison + Stop accueil Camping-car toute l'année, accès jusqu'à 22h + réduction loc. de 5 % hors saison.

MONTPLAISIR,aire naturelle municipale Rue du Lac. ☎ 05 49 95 35 08 (Mairie).

ST HILAIRE LA PALUD

6-C5 22 km S.-O. Niort. 3 m. 1422 hab. Station verte de vacances et village de neige 79210

LE LIDON SUR MIGNON ★★★ Tourisme 140 E. dont 132 nus, 2 ha. CV. Locations : 3, 8, 5, 4, . Accès direct à la rivière. ; . RD 3. ☎ 05 49 35 33 64 / 05 49 35 32 63 / 05 49 35 32 63 (H.S.). Fax : 05 49 35 32 63. E-mail : info@le-lidon.com, Web : www.le-lidon.com.

ST JOUIN DE MARNES

6-D3 34 km N.-E. Parthenay. 698 hab. 79600

M. PANNEAU Pierre,camping à la ferme du Clos aux Pères. 18, rue des Gentils-Lieux. ☎ 05 49 67 44 50. Web : www.clos-aux-peres.fr.st.

ST MAIXENT L ECOLE

6-D5 22,5 km N.-E. Niort. 74 m. 9358 hab. 79400

CAMP MUNICIPAL DU PANIER FLEURI ★★★ Tourisme 100 E. 1,5 ha. chauffée . ; . RN 11. ☎ 05 49 05 53 21.

ST MAURICE LA FOUGEREUSE

6-C3 26 km N. Bressuire 150 m. 650 hab. 79150

LA RAUDIERE ★ Tourisme 35 E., dont 25 CC - 10 HLL. Locations : 12, , , . Etang à 3 km. ; . ☎ 05 49 80 29 35 / 05 49 80 29 74. Fax : 05 49 80 29 35. E-mail : ttooth@compuserve.com.

ST VARENT

6-D3 20 km N.-E. Bressuire. 2535 hab. 79330

CAMP MUNICIPAL LA GRANDE VERSENNE ★★ Tourisme 33 E. 0,5 ha. table de bain et à langer, . Rivière à 500 m. à 500 m : . ☎ 06 79 72 32 54 / 05 49 67 62 11 (Mairie) (H.S.). Fax : 05 49 67 67 87. E-mail : villestvarent@wanadoo.fr.

SANSAIS

6-C5 10 km O. Niort. 15 m. 566 hab. 79270

CAMP ILOT DU CHAIL ★★ Tourisme 100 E. 5 ha. partiel, CV. Locations : , 4, 3, , , . Accès direct à la rivière. ; . Sur RD 1, RN 11. ☎ 05 49 35 00 33. Fax : 05 49 35 00 31.

SAUZE VAUSSAIS

6-D5 52 km S.-E. Niort. 116 m. 1738 hab. 79190

CAMP MUNICIPAL ★ Tourisme 40 E. 0,6 ha. CV. Locations : . . Etang à 2,5 km. à 2 km : . Accueil groupes. Puits d'Anche, route de Chef Boutonne. ☎ 05 49 07 60 53 (Mairie). Fax : 05 49 07 78 49. E-mail : mairie-sauze@marcireau.fr, Web : www.mairie-sauze-vaussais.fr.

SECONDIGNY

6-C4 14 km S.-O. Parthenay. 200 m. 2153 hab. Station verte de vacances et village de neige 79130

CAMP MUNICIPAL DES EFFRES ★★★ Tourisme 90 E. 1,8 ha. + sèche-linge, CV. Locations : . . Accès direct à l'étang. Lac à 50 m. ; ; . Accueil groupes. Moulin des Effres, RD 748, sortie Sud de la ville. ☎ 05 49 63 70 15 (Mairie) / 05 49 95 61 97. Fax : 05 49 63 55 48. E-mail : secondigny@mairie-secondigny.fr.

THOUARS

6-D3 28 km N.-E. Bressuire. 100 m. 11913 hab. Station verte 79100

CAMP MUNICIPAL ★★ Tourisme 44 E. 0,7 ha. Accès direct à la rivière. . Le Clos Imbert, grande côte de Crevant, RN 138. Accès difficile pour les grandes caravanes. ☎ 05 49 68 22 80. Fax : 05 49 68 16 09. E-mail : aurelie.rouvreau@ville-thouars.fr, Web : www.ville-thouars.fr.

VASLES

6-D4 20 km S.-E. Parthenay. 172 m. 1693 hab. 79340

Mme AUDOUIN Nicole CV. A 7 km: . A 9 km : Piscine plein air . Domaine de Bois l'Abbesse. A 10 sortie 31. D 524. ☎ 05 49 69 03 46.

VERRUYES

6-D4 16 km S. Parthenay. 185 m. 992 hab. 79310

LA FRAGNEE ★★★ Tourisme 65 E. dont 40 nus, 1 ha. CV. Locations : 13, 3. Etang à 50 m. ; ; à 100 m : . Accueil groupes. Ouv : 15.4 / 15.10. D 743 Niort/Parthenay. ☎ 05 49 63 21 37. Fax : 05 49 63 21 37. E-mail : contact@campinglafragnee.com, Web : www.campinglafragnee.com. Prix 2007. Empl. Tourisme : 3,30 € ; 1,90 € ; 2,90 € ; - de 7 ans 1,80 € ; 2,90 € (6 A) ; Animaux 1,40 €. Réduction H.S.

M. FAUCHER Jean-Jacques,camping à la ferme CV. A 1 km: . L'Aujardière, 2 km de la commune, à proximité de la ferme. Pré herbeux, clairière, bord de ruisseau, plan d'eau à 1 km. Repas à la ferme. Randonnées. ☎ 05 49 63 25 85.

FFCC : partenaire - terrain assuré par la FFCC .

LE VERT

6-C5 33 km S. Niort. 143 hab. 79170

CAMP MUNICIPAL ★ Tourisme 20 E. 0,26 ha. Accès direct à la rivière. ; . Accueil groupes. Ouv : 1.6 / 15.9. ☎ 05 49 76 74 45 (Mairie). Fax : 05 49 76 74 45. E-mail : mairie-le-vert@wanadoo.fr. Prix 2007. Empl. Tourisme : 1 € () : 1,50 € ; 1,30 à 2,90 € (4 à 10 A).

VOUHE

6-D4 12 km S. Parthenay 223 m. 357 hab. 79310

PARC FORESTIER CV. A 6 km: . Les Chervellières. De Niort suivre dir. Vouhé à droite en sortant du bourg de Mazières-en-Gâtine, tourner à droite après l'église de Vouhé. De Poitiers, tourner à gauche à La Ferrière (D 22) dir. Saurais, Beaulieu et Vouhé. Prendre à gauche avant l'église. ☎ 05 49 70 66 89. Fax : 05 49 70 66 89. E-mail : croisejl@cc-parthenay.fr. Prix 2007. Empl. Tourisme : 3 € () : 3 € ; 3 € ; 3 € ; 3 € (6 A) ; Animaux 3 €.

Déléguée FFCC : Renée BENOIT, 1, ruelle Lucien Menteur - 80360 COMBLES

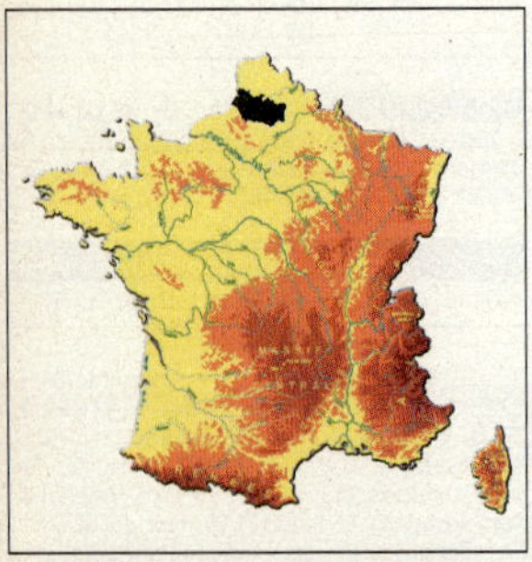

AILLY SUR NOYE

1-C4 23 km N.-O. Montdidier. 2596 hab. 80250

CAMP MUNICIPAL DU VAL DE NOYE ★★ Tourisme 76 E. 1 ha. Locations : . Accès direct aux bords du lac. Par RD 193, RD 7. ☎ 03 22 41 02 11 / 03 22 41 71 71 / 03 22 41 71 71 (H.S.). Fax : 03 22 41 27 71. E-mail : ailly.noye@dyadel.net, Web : www.ailly.surnoye.com.

ALBERT

1-C4 24 km N.-O. Péronne. 70 m. 11482 hab. 80300

CAMP MUNICIPAL DU VELODROME ★★ Tourisme 75 E. 0,93 ha. Rue Henry Dunant, RN 29. ☎ 03 22 75 22 53.

AMIENS

1-B4 134 km N. Paris. 35 m. 136358 hab. 80000

PARC DES CYGNES ★★★★ Tourisme 145 E. 3,2 ha. snack, Sanitaire chauffé. Locations : . Accès direct à l'étang. Rivière à 300 m. Accueil groupes. 111, rue de Montières. Rocade d'Amiens sortie 40 Amiens/Longpré, au 1er carrefour suivre la signalisation sortie 20 A 16 puis dir. Amiens sortie 40 Amiens/Longpré. ☎ 03 22 43 29 28. Fax : 03 22 43 29 28. E-mail : camping.amiens@wanadoo.fr, Web : www.parcdescygnes.com. Réduction H.S.

ARREST

1-A3 18 km O. Abbeville. 54 m. 856 hab. 80820

M. CHEVALIER Michel A 3 km : . A 4 km : . A 5 km : . A 7 km : . A 10 km : . 6, rue de Drancourt, à proximité de la ferme. Pré herbeux. ☎ 03 22 26 88 65.

AULT

1-A4 32 km O. Abbeville. 90 m. 2058 hab. 80460

CAMP MUNICIPAL ★ Loisirs 90 E. 3 ha. Locations : . Bord de mer à 500 m. Etang et rivière à 2 km. La Cavée Verte. Rue d'Eu. ☎ 03 22 60 48 77 / 06 27 41 71 40. Fax : 03 22 60 36 49.

CAMP MUNICIPAL LA CHAPELLE D'ONIVAL Non classé Loisirs 90 E. dont 34 nus CV. à 1 km : . Accueil groupes. Ouv : Pâques / 15.11. Rés. obligatoire en été. ☎ 03 22 60 42 15. Prix 2007. Empl. Tourisme : 3,50 € () : 1,80 € ; 2,50 € ; - de 10 ans 1,50 € ; 6,30 € (10 A).

AUTHIEULE

30 km N. Amiens. 300 hab. 80600

AU BORD DE L'AUTHIE ★ 50 E. friterie, Locations : . Etang et rivière à 200 m. à 200 m : ; à 3 km : .Accueil adultes. Ouv : 1.4 / 31.10. ☎ 03 22 32 56 13. E-mail : auborddelauthie@orange.fr. Prix 2007. Empl. Tourisme : 3 € () : 2 € ; 3 € ; - de 7 ans 2 € ; 3,50 € (6 A) ; Animaux 1 €.

AUTHUILLE

1-C4 27 km N.-O. Péronne. 146 hab. 80300

BELLEVUE ★★ Loisirs 96 E. 2,3 ha. Etang et rivière à 500 m. ☎ 03 22 74 59 29. Fax : 03 22 74 05 14.

AU BORD D'EAU ★ Loisirs 40 E. CV. Accès direct à l'étang et à la rivière. Location longue durée. ☎ 03 22 75 20 42 / 06 72 39 03 63.

AYENCOURT LE MONCHEL

1-C5 3 km S. Montdidier. 67 m. 158 hab. 80500

DOMAINE D'AYENCOURT ★★ Loisirs 100 E. 6 ha. CV Sanitaire chauffé. Locations : . Accès direct à l'étang et aux bords du lac et à la rivière. 788, rue du Château. Au faubourg de Montdidier. ☎ 03 22 78 06 87. Fax : 03 22 78 06 87. E-mail : domaine.ayencourt@wanadoo.fr, Web : www.domaine.ayencourt.com.

BEAUCOURT SUR L ANCRE

1-C4 28 km N.-O. Péronne. 77 m. 105 hab. 80300

LE PETIT MARAIS ★ Loisirs 10 E.

BERTANGLES

1-B4 10 km N. Amiens. 60 m. 646 hab. 80260

LE CHATEAU ★★ Tourisme 33 E. 0,7 ha. Accueil groupes. Ouv : 25.4 / 8.9. Rue du Château. Sur RN 25 et RD 97. ☎ 03 60 65 68 36. E-mail : camping@chateaubertangles.com, Web : chateaubertangles.com. Prix 2008. 3,50 € ; 2,40 € ; 5,90 € ; 3,50 € ; 3,45 € ; - de 7 ans 1,70 € ; 2,80 € (5 A).

FFCC : partenaire - terrain assuré par la FFCC + réduction emp. de 5 % en saison et hors saison.

BETHENCOURT SUR SOMME

1-C4 18 km S. Péronne. 58 m. 120 hab. 80190

DOMAINE DE LA CANARDIERE ★ Loisirs 50 E. 3 ha. Locations : . Accès direct à l'étang et à la rivière. ☎ 03 22 88 24 96 / 03 27 90 62 62. Fax : 03 22 88 28 68.

BOUTTENCOURT

1-A4 25 km S.-O. Abbeville. 928 hab. 80220

DOMAINE DE SERY ★★ Tourisme 99 E. Accès direct à la rivière. Réservé aux membres du comité d'oeuvres sociales du personnel des services communaux de la ville d'Amiens. ☎ 02 35 93 53 12.

BOUVAINCOURT SUR BRESLE

1-A4 30 km S.-O. Abbeville. 569 hab. 80220

CAMP MUNICIPAL ★★ Loisirs 85 E. 4,85 ha. Accès direct à l'étang. Location longue durée. ☎ 03 22 30 86 87 (Mairie). Fax : 03 22 30 86 87.

BRAY SUR SOMME

1-C4 19 km O. Péronne. 1255 hab. 80340

CAMP MUNICIPAL LE PORT ★★ Loisirs 60 E., dont 60 GCC, 1 ha. Accès direct à l'étang et à la rivière. ☎ 03 22 76 00 05 (Mairie).

LE VERGER ★ Loisirs 35 E. 21, rue Gambetta. ☎ 03 22 76 00 77.

LES MARAIS DU LEVANT ★ Loisirs 100 E. 1 ha. Locations : . Accès direct à l'étang et à la rivière. RD 1, RN 329. ☎ 03 22 76 00 90 / 03 22 76 01 26.

CAPPY

1-C4 16 km O. Péronne. 517 hab. 80340

CAMP MUNICIPAL LES CHARNILLES ★★ Loisirs 60 E. Les Près Bana. ☎ 03 22 76 14 50 / 03 22 76 02 13 (Mairie).

LA BUISSONNIERE ★ Loisirs 30 E., dont 1 HLL. Accès direct à la rivière. Etang à 1 km. Ouv : 1.5 / 1.10. ☎ 03 22 76 09 10. Prix 2008. 4 € ; 1 € ; 5 € ; 4 € ; 3 € ; - de 4 ans 1,50 € ; 1,50 à 3 € (3 à 6 A) ; 1 € ; Animaux 0,30 €.

CAYEUX SUR MER

1-A3 31 km N.-O. Abbeville. 2761 hab. 80410

CAMP LE BOIS DE PINS ★★★ Loisirs 163 E. 4 ha. CV. Bord de mer à 500 m. Etang à 2 km. ; à 500 m : ; à 2 km : . Ouv : 1.4 / 1.11. Rue Guillaume Le Conquérant ☎ 03 22 26 71 04. Fax : 03 22 26 60 81. E-mail : campingleboisdepins@orange.fr. Prix 2007. Fft jour : Empl. Tourisme (3) : 22 € () ; Sup : 3,90 € - de 12 ans 1,70 € ; Animaux 1,50 €.

LES GALETS DE LA MOLLIERE ★★★ Loisirs 198 E. 5 ha. snack, juillet/août la journée, CV. Locations : 20 . chauffée . Bord de mer à 300 m. Etang à 500 m. à 300 m : ; à 500 m : . Ouv : 1.4 / 1.11. Sur RD 225 E. ☎ 03 22 26 61 85. Fax : 03 22 26 65 68. E-mail : camping.lesgalets@wanadoo.fr, Web : www.campinglesgaletsdelamolliere.com. Prix 2008. Fft jour : Empl. Tourisme (3 1 - de 1) : 28,50 € () ; Sup : 7 €Animaux 3 €.

CAMP AEROSPATIALE ★★ Loisirs 50 E. 0,7 ha. Bord de mer à 300 m. Rue du camp des Anglais. Réservé Comité Entreprise SNIAS. ☎ 03 22 27 68 98.

LE VOYEUL ★★ Tourisme 100 E. 1,4 ha. Bord de mer à 400 m. Etang à 1,5 km. à 400 m : . Route des Canadiens. Par l'A 16 sortie Abbeville Nord. ☎ 03 22 26 60 84. Fax : 03 22 26 60 84. E-mail : voyeul@fr.europost.org.

LA VIEILLE EGLISE ★ Loisirs 350 E. 6 ha. CV. Locations : 30 . Bord de mer à 700 m. à 1,5 km : . Accueil groupes. Ouv : 15.3 / 15.11. 1, Route des Canadiens. ☎ 03 22 26 63 23. Fax : 03 22 26 52 07. Prix 2007. Fft jour : Empl. Tourisme (2) : 12,60 € () ; Sup : 4,10 € - de 7 ans 2,05 € ; 5,80 € ; Animaux 1,20 €.

CERISY

1-C4 25 km O. Péronne. 337 hab. 80800

LES CHATS ★★ Loisirs 80 E. ☎ 03 22 76 62 22.

LES MERISIERS ★★ Loisirs 116 E., dont 106 CC, 1,94 ha. CV. Locations : 2 , 5 . Etang et rivière à 500 m. Accueil groupes. 1, impasse du Presbytère (derrière l'église St-Georges). ☎ 03 22 76 61 18. Fax : 03 22 76 61 18.

CHIPILLY

1-C4 30 km O. Péronne. 110 hab. ✉ 80800

AU GROS BUISSON ★★ Loisirs 60 E. Locations : 2. Etang à 500 m. Rivière à 800 m. à 500 m : ; à 10 km : . Accueil groupes. Ouv : 25.3 / 15.10. 9, rue du Marais. A 1. N 29 Amiens/St-Quentin. Villes proches : Albert/Amiens/Péronne. ☎ 03 22 74 63 32 / 06 21 35 03 34 (H.S.). Fax : 03 22 85 40 43. E-mail : gros.buisson@caramail.com, Web : http://gros.buisson.free.fr.

LE PONT ROUGE ET LES VIGNES ★★ Loisirs 88 E., dont 33 CC - 50 GCC, 2 ha. Locations : . Rivière à 800 m. Etang à 950 m. 16, rue du Marais. A 1 Paris/Lille sortie 13 Péronne dir. Amiens sur RN 29 puis environ 12 km. Après La Raperie, Les serres du bois du Sart prendre à droite en haut de la côte dir. Morcourt puis Chipilly. ☎ 03 22 76 60 28 / 06 74 82 85 42. Fax : 03 22 76 47 12. E-mail : mc.lestrez@free.fr, Web : www.pontrouge-vignes.com.

LES CERISIERS ★ Loisirs 21 E.

CLERY SUR SOMME

1-C4 5 km N.-O. Péronne. 45 m. 528 hab. ✉ 80200

LA TORTILLE ★ Loisirs 86 E. 2 ha. CV. Accès direct à l'étang. Accueil groupes. Lieu-dit Orgibet. A 1 Paris/Lille sortie 13-1 Maurepas. Situé à 4 km de la sortie d'autoroute en dir. de Péronne. ☎ 03 22 83 17 59 / 03 22 84 10 45 (H.S.). Fax : 03 22 83 04 14. E-mail : jsg-bred@wanadoo.fr.

COCQUEREL

1-B4 11 km S.-E. Abbeville. 114 hab. ✉ 80510

LES OSERAIES ★ Loisirs 39 E. 0,9 ha. Locations : . Rivière à 5 m. Etang à 1 km. ; ; . ☎ 03 22 31 97 27.

COMBLES

1-C4 12 km N.-O. Péronne. 99 m. 667 hab. ✉ 80360

LE SUMMAC ★ Loisirs 52 E. 1,2 ha. Location longue durée. ☎ 03 22 85 03 13 / 06 15 24 69 67.

CORBIE

1-C4 16 km E. Amiens. 35 m. 6282 hab. ✉ 80800

CAMP MUNICIPAL ★★ Loisirs 149 E. 2 ha. CV. Accès direct à l'étang et à la rivière. Accueil groupes. Au Rempart des Poissonniers, RD 1. ☎ 03 22 48 23 35 (Camping) / 03 22 96 43 00 (Mairie). Fax : 03 22 96 43 23.

LE VIEUX MOULIN ★ Loisirs 40 E.

LE CROTOY

1-A3 25 km N.-O. Abbeville. 6 m. 2351 hab. ✉ 80550

LA BAIE DE SOMME ★★★ Loisirs 122 E. 2,55 ha. hte saison, CV Sanitaire chauffé. Camping clef verte. Locations : 2, 13. couverte chauffée . Rivière à 100 m. Bord de mer à 1 km.Etang à 3 km. ; à 100 m : ; à 1 km : . Accès direct Port de Plaisance. 2ème route à gauche après le rond-point. Au pied du château d'eau, accès piétonnier direct port. ☎ 03 22 27 80 61. Fax : 03 22 27 17 07. E-mail : info@campingbaiedesomme.com, Web : www.campingbaiedesomme.com. Prix 2007. Fft jour : Empl. Tourisme (2) : 25 € () ; Sup : 7 € - de 5 ans 3 € ; Animaux 1 €.

FFCC : partenaire + carte FFCC assurance annulation.

LE RIDIN ★★★ Loisirs 162 E. dont 46 nus, 4 ha. CV Sanitaire chauffé. Camping clef verte. Locations : 20. chauffée . Lac à 1,5 km.Bord de mer à 2 km. à 1 km : ; à 2 km : .Accueil adultes. Ouv : 21.3 / 9.11. A 16 sortie 24, dir. Le Crotoy. Se situe entre Le Crotoy (1 km) et Rue (4 km) sur la droite. ☎ 03 22 27 03 22. E-mail : contact@campingleridin.com, Web : www.campingleridin.com. Prix 2008. Fft jour : Empl. Tourisme (2) : 24 € ((4 A)) ; Sup : 5,20 € - de 7 ans 4,20 € ; Animaux 1,50 €. Réduction H.S.

FFCC : partenaire + réduction emp. de 5 % hors saison + réduction loc. de 5 % hors saison + HC.

LES AUBEPINES ★★★ Loisirs 196 E. dont 68 nus 3,5 ha. Sanitaire chauffé. Camping clef verte. Locations : 19, 8. chauffée . Bord de mer à 1 km.Etang à 2 km. à 1 km : ; à 3 km : ; à 10 km : . Accueil groupes. Ouv : 21.3 / 9.11. A 16 sortie 23 ou A 28 sortie 1 ou RN 1 à Abbeville suivre dir. Le Crotoy. D 40 puis D 940, au Crotoy au 1er rond-point tout droit (suivre panneaux). 2ème rond-point à droite puis 1ère à gauche. ☎ 03 22 27 01 34. E-mail : contact@camping-lesaubepines.com, Web : www.camping-lesaubepines.com. Prix 2008. Fft jour : Empl. Tourisme (2) : 29 € ((10 A)) Réduction H.S.

FFCC : partenaire + réduction emp. de 5 % en saison et hors saison.

LES TROIS SABLIERES ★★★ Loisirs 97 E. 2 ha. brasserie, CV. Camping clef verte. Locations : 2, 10. . Bord de mer à 300 m. Rivière à 500 m. Etang à 2 km. ; ; ; . Ouv : 1.4 / 8.11. Rés. obligatoire en été. Lieu-dit St-Firmin les Crotoy. Suivre dir. plage de la Maye. ☎ 03 22 27 01 33. Fax : 03 22 27 10 06. E-mail : contact@camping-les-trois-sablieres.com, Web : www.camping-les-trois-sablieres.com. Prix 2007. Fft jour : Empl. Tourisme (2) : 22 € () ; Sup : 5 € - de 7 ans 3 € ; 3,30 à 4,10 € (3 à 6 A) ; Animaux 1,80 €. Fft Ccar : 10 € (2). Réduction H.S.

FFCC : partenaire + carte FFCC assurance annulation + Stop accueil Camping-car du 01/04 au 30/06 et du 01/09 au 08/11/2008, accès de 18h à 10h.

TARTERON ★★★ Loisirs 250 E. 4 ha. juillet/août, juillet/août, juillet/août, CV. Locations : 8. chauffée . Bord de mer à 1,5 km. à 1,5 km : .Accueil enfants. Ouv : 1.4 / 31.10. ☎ 03 22 27 06 75. Fax : 03 22 27 02 49. E-mail : contact@letarteron.fr, Web : www.letarteron.fr. Prix 2007. Empl. Tourisme : 5,90 € ; 6 € ; 5 € ; 3,40 €.

CAMP G.C.U. Réservé aux adhérents. Adhésion possible sur place pour les sociétaires MAIF et FILIA MAIF.

CAMP MUNICIPAL LES DUNES ★★ Loisirs 200 E. Bord de mer à 50 m. Etang à 500 m. RD 43. ☎ 03 22 27 83 01.

LA COTE PICARDE ★★ Loisirs 53 E. 0,75 ha. CV. Rivière à 150 m. Bord de mer à 800 m. Etang à 4 km. à 1,5 km : . Route de Rue. A l'entrée du Crotoy. Location longue durée. ☎ 03 22 27 80 31 / 06 71 27 43 21 (H.S.). Fax : 03 22 27 17 07. Réduction H.S.

LA FERME DE MAYOCQ ★★ Loisirs 58 E. CV. Camping clef verte. Locations : . Bord de mer à 1 km. Ouv : 1.4 / 1.11. Rés. obligatoire en été. A 16 sortie 24. ☎ 03 22 27 09 99 / 06 07 90 17 84 (H.S.). E-mail : contact@la-ferme-de-mayocq.com, Web : www.la-ferme-de-mayocq.com. Prix 2007. Fft jour : Empl. Tourisme (2) : 18 € () ; Sup : 4 € - de 7 ans 3 € ; 6 à 7 € (6 à 10 A) ; Animaux 1 €.

FFCC : partenaire + réduction emp. de 5 % hors saison + réduction loc. de 10 % hors saison.

LA PRAIRIE ★★ Loisirs 173 E. dont 12 nus 2,32 ha. CV. Bord de mer à 400 m. Etang à 2 km.Lac à 4 km. à 300 m : ; à 400 m : ; ; à 1 km : . Ouv : 1.4 / 30.9. Rés. obligatoire en été. Route de Mayocq. A 16 et A 28. ☎ 03 22 27 02 65. Fax : 03 22 27 02 65. Web : www.camping-laprairie.fr. Prix 2007. () : 3,60 € ; 1,80 € ; 3,60 € ; 3,70 € ; - de 7 ans 2 € ; 3,60 à 7,20 € (3 à 6 A) ; E. GCC 4,60 €.

LE PRE FLEURI ★ Loisirs 45 E. dont 8 nus 0,8 ha. CV. Locations : 1. Bord de mer à 300 m. Rivière à 500 m. Etang à 1 km. ; ; ; ; . Ouv : 1.4 / 30.9. 30, rue Desgardins, RN 338. ☎ 03 22 27 87 26. Prix 2007. Empl. Tourisme : 5,80 € () : 2,20 € ; 4,70 € ; - de 7 ans 3,20 € ; 4,50 €.

LES MARGUERITES ★ Loisirs 33 E. dont 13 nus 0,8 ha. CV. Accès direct aux bords du lac. Bord de mer à 1 km. à 1 km : ; à 2 km : ; ; à 3 km : . Ouv : 1.4 / 30.9. Saint Firmin, RD 4. ☎ 03 22 27 85 44. Fax : 03 22 27 85 44. Prix 2008. Empl. Tourisme : 3 € ; 1,75 € ; 3 € ; - de 7 ans 2,25 € ; 2,25 à 4,50 € (3 à 6 A) ; 1 € ; Animaux 1 €.

CURLU

1-C4 12 km O. Péronne. 118 hab. ✉ 80360

LES LAURIERS ★★ Loisirs 65 E. 1,45 ha. . Accès direct à l'étang. . 20, rue de la Place. A 1 sortie 13-1. ☎ 03 22 84 16 02. Fax : 03 22 83 04 72.

LES ROSIERS ★ Loisirs 50 E. Locations : . Accès direct à l'étang. . 11 rue de Maurepas. ☎ 03 22 84 16 16.

DOMINOIS

1-B3 29 km N. Abbeville. 183 hab. ✉ 80120

CAMP MUNICIPAL LE MARAIS ★ Loisirs 100 E. Accès direct à l'étang et à la rivière. ☎ 03 22 29 92 82 / 06 12 31 23 03 (H.S.).

DOMPIERRE SUR AUTHIE

1-B3 28 km N. Abbeville. 526 hab. ✉ 80150

LE COTEAU ★ Loisirs 28 E. 8, route de Ponches. ☎ 03 22 23 59 26.

LE HAMEL ★ Loisirs 14 E.

LES ETANGS ★ Loisirs 80 E. 1 ha. saison, CV. Locations : 1, 2. Accès direct à l'étang. Rivière à 200 m. . Accueil groupes. Ouv : avril / 30.9. 4, rue du Molinel. ☎ 03 22 23 50 90 / 03 21 54 45 12 (H.S.). E-mail : mcoffin@wanadoo.fr. Prix 2007. Fft jour : Empl. Tourisme (2) : 12 € () ; Sup : 3 € - de 7 ans 2 € ; 3 € ; 1 € ; Animaux 1 €.

ESTREBOEUF

1-A3 18 km O. Abbeville. 236 hab. ✉ 80230

DOMAINE CHATEAU DRANCOURT ★★★★ Tourisme 356 E. dont 192 nus, 6 ha. Sanitaire chauffé. Locations : 30, . couverte chauffée . Etang à 300 m. Rivière à 3 km. ; à 3 km : . Accueil groupes. Ouv : 1.4 / 2.11. Rés. obligatoire en été. Accès par Saint Valéry sur Somme à 2 km. ☎ 03 22 26 93 45. Fax : 03 22 26 85 87. E-mail : chateau.drancourt@wanadoo.fr, Web : www.chateau-drancourt.com. Prix 2008. Fft jour : Empl. Tourisme (2) : 34 € () ; Sup : 7 € - de 5 ans 5 €. Réduction H.S.

CAMP DU PLEIN AIR ★★ Loisirs 99 E. 2,14 ha. CV. Rivière à 500 m. Etang à 600 m. Bord de mer à 4 km. ; à 3 km : ; à 4 km : . Ouv : 1.4 / 10.10. 402, route de Gamaches, 3 km de Saint-Valéry-sur-Somme, par RD 48. ☎ 03 22 60 86 27 / 06 12 77 24 77 / 06 83 31 71 87 (H.S.). Prix 2007. Empl. Tourisme : 5,50 € ; 1 € ; 2 € ; - de 6 ans 1,50 € ; 2,40 € ; 1 €.

FAVIERES

1-A3 23 km N.-O. Abbeville. 403 hab. ✉ 80120

LA RANDONNIERE ★★ Tourisme 100 E. 2,5 ha. saison, pétanque, CV. Rivière à 1 km. à 1 km : ; à 6 km : . Ouv : 1.4 / 30.9. Situé sur la D 940 d'Abbeville dir. Favières. De Rue dir. Favières prendre la D 940. A 16 sortie 24 Marquenterre dir. Ponthoile puis Favières/Le Hamelet. ☎ 03 22 27 00 27. Fax : 03 22 27 00 27. E-mail : philippe.fagard@wanadoo.fr. Prix 2007. Empl. Tourisme : 5,70 € ; 3,70 € ; - de 7 ans 2,50 € ; 3,90 € (6 A). Fft Ccar : 18 € (2).

PARC RESIDENTIEL DE LOISIRS LES PRAIRIES DE LA MER P.R.L. 166 E. 6 ha. CV. Camping clef verte. Locations : , , . couverte chauffée . Accès direct à l'étang et à la rivière. Bord de mer à 4 km. ; à 4 km : , . Ouv : 1.1 / 31.12. Rés. obligatoire en été. A 16 sortie 24. Location longue durée. ☎ 03 22 27 01 90. Fax : 03 22 27 21 49. E-mail : les-prairies-de-la-mer@wanadoo.fr, Web : les-prairies-de-la-mer.com.

FEUILLERES

1-C4 9 km O. Péronne. 50 m. 158 hab. ✉ 80200

L'OSERAIE ★★★ Loisirs 63 E. dont 63 nus, 1 ha. dépôt pain/gaz, + sèche linge, CV. Locations : 3 . Etang à 100 m. à 100 m : . Ouv : 1.4 / 31.10. A 1 Paris/Lille sortie 13-1 Maurepas/Feuillères, dir. camping du château. ☎ 03 22 83 17 59 / 03 22 84 10 45 (H.S.). Fax : 03 22 83 04 14. E-mail : jsg-bred@wanadoo.fr, Web : www.camping-chateau-oseraie.com. Prix 2008. Fft jour : Empl. Tourisme (2) : 13,30 € ( ) ; Sup : 3,60 € - de 7 ans 2 € ; 2,90 € (6 A) ; 1,10 € ; Animaux 1,10 €. Réduction H.S.

LE CHATEAU ★★ Loisirs 55 E. dont 54 nus dépôt pain/gaz, + sèche linge, CV. Etang à 100 m. à 100 m : . Ouv : 1.4 / 31.10. A 1 Paris-Lille sortie 13-1 Maurepas/Feuillères et dir. camping du Château. ☎ 03 22 83 17 59 / 03 22 84 10 45 (H.S.). Fax : 03 22 83 04 14. E-mail : jsg-bred@wanadoo.fr, Web : www.camping-chateau-oseraie.com. Prix 2008. Fft jour : Empl. Tourisme (2) : 12,40 € ( ) ; Sup : 3,30 € - de 7 ans 1,80 € ; 2,90 € (6 A) ; 1,10 € ; Animaux 1,10 €. Réduction H.S.

FOREST MONTIERS

1-B3 18 km N. Abbeville. 347 hab. ✉ 80120

CHATEAU GAILLARD ★★★ Loisirs 45 E. 2 ha. CV. Locations : 2 , 3 . chauffée . A 16 sortie 24. ☎ 03 22 23 97 33 / 06 11 63 51 95. Fax : 03 22 23 97 33.

LA VERTE PRAIRIE ★★★ Loisirs 50 E. dont 4 nus 2,3 ha. CV. Locations : . Rivière à 3 km. Etang à 4 km. Accueil groupes. A 16. CD 235. ☎ 03 22 28 32 89. Fax : 03 22 28 32 89. Prix 2007. Fft jour : Empl. Tourisme (2) : 15 € (E. GCC) ; Sup : 4 € - de 7 ans 2 € ; 4 € (6 A) ; 1 €. Réduction H.S.

M. & Mme MANIER, aire naturelle A 3 km : . A 4 km : . A 8 km : . A 10 km : . Piscine chauffée Piscine plein air Piscine couverte. Ouv : 1.4 / 30.9. ☎ 03 22 28 32 33. Fax : 03 22 28 34 97. E-mail : fermedelamottelettemanier@wanadoo.fr, Web : www.la-mottelette.com. Prix 2007. Fft jour : Empl. Tourisme (2) : 18 € ( ) ; Sup : 4,50 € - de 7 ans 2 € ; Animaux 0,50 €.

FFCC : partenaire + réduction emp. de 5 % en saison et hors saison + Stop accueil Camping-car du 01/04 au 30/06 et du 01/09 au 30/09/2008.

FORT MAHON PLAGE

1-A3 31 km N.-O. Abbeville. 5 m. 962 hab. ✉ 80790

LE ROBINSON ★★★★ Loisirs 222 E. 2,9 ha. snack, CV. Camping clef verte. Bord de mer et rivière à 1,5 km. , à 800 m : , ; à 1,5 km : ; à 1 km : . A 16 sortie n°24 et 25 Fort-Mahon. Rue Robinson. Location longue durée. ☎ 03 21 81 29 92 / () 03 22 23 40 95 (Eté) (H.S.). Fax : 03 21 81 54 99. E-mail : authietourisme@wanadoo.fr, Web : www.authietourisme.com.

LE ROYON ★★★★ Loisirs 300 E., dont 100 GCC, 8 ha. snack (juillet/août), juillet/août, CV. Locations : , 54 , , Cottages. couverte chauffée . Rivière à 1 km. Etang à 2 km. Bord de mer à 2,5 km. Lac à 5 km. à 1 km : ; à 2 km : , , , . Ouv : 10.3 / 1.11. Rés. obligatoire en été. A 16 Paris-Calais sortie n° 24 Forest-Monstier. ☎ 03 22 23 40 30. E-mail : info@campinglerroyon.com, Web : www.campingleroyon.com. Prix 2007. Fft jour : Empl. Tourisme (3 1 - de 1 ans) : 28 € ( ) ; Sup : 7 € Animaux 2,50 €. Réduction H.S.

FFCC : partenaire + réduction emp. de 5 % en saison et 10 % hors saison + carte FFCC assurance annulation.

LE VERT GAZON ★★★ Loisirs 103 E. 2 ha. + sèche-linge, CV. Locations : 15 , . chauffée . Bord de mer et lac à 1,5 km. Etang à 5 km. à 1,5 km : , , , , . Accueil enfants. Ouv : 1.4 / 15.10. Lieu-dit Le Royon, sur RD 102. ☎ 03 22 23 37 69 / 06 14 64 71 39 (H.S.). Web : www.camping-levertgazon.com. Prix 2008. Fft jour : Empl. Tourisme (4) : 29 € (E. CC) Réduction H.S.

FFCC : partenaire + réduction emp. de 5 % en saison et hors saison + carte FFCC assurance annulation + réduction loc. de 5 % hors saison.

A LA BELLE ETOILE ★★ Tourisme 85 E. 2 ha. Locations : . Bord de mer et rivière à 2,5 km. Etang à 5 km. ; à 500 m : , ; à 1,5 km : . ☎ 03 22 23 45 55 / 06 17 53 47 70. Fax : 03 22 23 53 75.

ECH BOSQUE ★★ Loisirs 74 E. . Bord de mer à 3 km. ☎ 03 22 27 74 22.

LE MANOIR ★★ Tourisme 239 E. 3 ha. , à emporter, . Etang à 1 km. Bord de mer à 1,3 km. à 1,3 km : , , ; à 1 km : . Accueil enfants. Ouv : 28.4 / 9.9. Rond-point des Sapins, RD 102 E. ☎ 03 22 23 40 98. Prix 2007. Fft jour : Empl. Tourisme (3) : 23 € ( ) ; Sup : 5,50 € 6 à 7 € (4 à 6 A) ; 1 € ; Animaux 3 €. Réduction H.S.

L'EDEN 2000 ★★ Loisirs 76 E., dont 76 GCC, 1 ha. . ; à 2 km : . Rue de l'Yser. ☎ 03 22 27 71 32 / 03 22 23 40 92 (H.S.).

FFCC : partenaire - terrain assuré par la FFCC.

CAMP SOLEIL ★ Loisirs 77 E. 1 ha. . Locations : . Rivière à 3 km. ; ; . 179 rue de Berck, RN 40. ☎ 03 22 23 58 79.

LE CLOS DU REVE ★ Tourisme 50 E. 0,5 ha. . ; ; ; . Rue de Quend. ☎ 03 22 27 74 94.

FRIAUCOURT

1-A4 30 km O. Abbeville. 761 hab. ✉ 80940

CAMP MUNICIPAL AU CHAMP DES OISEAUX ★★ Tourisme 90 E. 1 ha. CV. Locations : 9 . Bord de mer à 2 km. ☎ 03 22 30 71 39.

FRISE

1-C4 11 km O. Péronne. 131 hab. ✉ 80340

CARAVANING DOMAINE DE LA GRENOUILLERE ★★ Loisirs 100 E. 3 ha. . Accès direct aux bords du lac et à la rivière. Etang à 100 m. . ☎ 03 22 84 15 91. Fax : 03 27 86 26 74.

FFCC : partenaire - terrain assuré par la FFCC.

LA POINTE ★★ Tourisme 50 E. dont 50 nus, dont 50 GCC, 1,13 ha. CV. Etang à 200 m. Rivière à 800 m. ; à 5 km : . Ouv : 1.3 / 15.11. Accueil : 7, rue Mony, terrain situé chemain du Marais. A 1 et A 2 sortie n° 13-1. Prendre dir. Albert par D 938 puis Fouillères par D 146 puis D 471. ☎ 03 22 83 24 81 / 06 71 36 27 07 (H.S.). Fax : 03 22 83 24 81. Prix 2007. Fft jour : Empl. Tourisme (2) : 6,50 € ( ) ; Sup : 2,25 € - de 10 ans 2 € ; 3 € (6 A) ; 1 € ; Animaux 1 €. Fft Ccar : 7 € (2). Réduction H.S.

FFCC : partenaire + réduction emp. de 5 % en saison et hors saison.

LE PRE VERT ★★ Loisirs 50 E. 0,8 ha. . Locations : , . Accès direct à l'étang. Lac et rivière à 500 m. à 500 m : . A 1 sortie Albert. ☎ 03 22 84 02 90. Fax : 03 22 84 02 90.

M. LENGLET Roger, camping du Saule en Fer . Ouv : 1.4 / 15.10. 21, rue Mony. 400 m de la commune. Terrain herbeux, bord d'étang. ☎ 03 22 44 75 51 / 03 22 84 22 34 (H.S.).

Mme FOURNIER Thérèse CV. A 500 m : . A 9 km : . A 10 km : Piscine plein air. Domaine des Bouleaux. A1 sortie Albert (13-1) à 5 km. Pré herbeux, bord de rivière. ☎ 03 22 84 02 90. Fax : 03 22 84 02 90.

GAMACHES

1-A4 26 km S.-O. Abbeville. 35 m. 3314 hab. ✉ 80220

CAMP MUNICIPAL LES MARGUERITES ★★ Tourisme 199 E., dont 25 GCC - 12 HLL, 1,5 ha. CV. Locations : 12 , , . . Accès direct à l'étang. Rivière à 500 m. ; ; ; . Au stade, RN 15 bis. ☎ 03 22 26 13 53.

LE HAMEL

1-C4 21 km E. Amiens. 33 m. 451 hab. ✉ 80800

LA FERME DE BOUZENCOURT ★★★ Loisirs 185 E. (37 Tourisme + 148 Loisirs) 15 ha. CV. Locations : 3 , . Accès direct à l'étang et à la rivière. ; ; . Accueil groupes. Ouv : 15.3 / 15.11. Hameau Bouzencourt. A 29 sortie 52 dir. Villers-Bretonneux ou par N 29 dir. St-Quentin puis au rond-point tourner à gauche, le camping est signalé. Suivre le fléchage "Ferme de Bouzencourt". ☎ 03 22 96 97 76. Fax : 03 22 96 34 10. E-mail : maes.bernard@wanadoo.fr, Web : www.camping-bouzencourt.fr. Prix 2007. Fft jour : Empl. Tourisme (2) : 13 € ( ) ; Sup : 3 € - de 5 ans 2 € ; 3 € ; 1 € ; Animaux 1 €.

FFCC : Stop accueil Camping-car du 01/04 au 30/10/2008, accès jusqu'à 20h.

HEM HARDINVAL

1-B3 40 km N. Amiens. 246 hab. ✉ 80600

LES PRES MARCOTTE ★★ Loisirs 150 E., dont 30 GCC, 2 ha. . Accès direct à l'étang. . Route d'Auxi le Château. ☎ 03 22 77 41 48 / 03 22 77 09 74.

HEM MONACU

1-C4 8 km N.-O. Péronne. 52 m. 81 hab. ✉ 80360

CAMP DE M. DEROUBAIX ★★ Loisirs 11 E.

CAMP MUNICIPAL ★★ Loisirs 63 E., dont 45 CC - 18 GCC. . Locations : . Accès direct à l'étang et à la rivière. . Location longue durée. ☎ 03 22 84 51 26.

CAMP DU FOCANARD ★ Loisirs 10 E. . Locations : . Accès direct à la rivière. Etang à 100 m. . Ouv : 1.3 / 31.11. 28, rue de Monacu. Sortie A 1 sortie 13. Location longue durée. ☎ 03 22 84 25 14 / 06 13 16 35 44 (H.S.). E-mail : jean-pierre.dhinaut@tele2.fr.

FFCC : réduction loc. de 5 % en saison et hors saison.

LANCHERES

1-A3 24 km O. Abbeville. 795 hab. ✉ 80230

CAMP MUNICIPAL LES PRAIRIES ★★ Tourisme 180 E. 2,1 ha. . Locations : . Accès direct à l'étang. . ☎ 03 22 60 71 87.

LA FERME DE LA LEU ★ Loisirs 59 E.

LOEUILLY

1-B4 17 km S.-O. Amiens. 53 m. 831 hab. ✉ 80160

CAMP MUNICIPAL LES PRES DE L'ABBAYE ★★ Loisirs 88 E. 1,6 ha. CV. Locations : . Accès direct à l'étang et à la rivière. ; ; . Ouv : 1.3 / 31.10. ☎ 03 22 38 13 88 / 03 22 38 15 90 (Mairie) (H.S.). Fax : 03 22 38 09 69.

LONG

1-B4 14 km S.-E. Abbeville. 110 m. 574 hab. ✉ 80510

CAMP MUNICIPAL LA PEUPLERAIE ★★ Loisirs 110 E. 2 ha. Locations : , . Accès direct à l'étang et à la rivière. ; . Accueil groupes. Ouv : 15.3 / 15.11. ☎ 03 22 31 84 27 / 03 22 31 80 21 (H.S.). Fax : 03 22 31 82 39. E-mail : bacquet.lionel@free.fr, Web : www.long.fr. Prix 2007. Empl. Tourisme : 5 € () ; 2 € ; - do 7 ans 1 € ; 2 € (6 A).

LE GRAND PRE ★ Loisirs 60 E. 3 ha. visiteur. Locations : ; . Accès direct à l'étang et à la rivière. ; ; à 200 m : . ☎ 03 23 68 02 22 (H.S).

LONGPRE LES CORPS SAINTS

1-B4 18 km S.-E. Abbeville. 22 m. 1641 hab. ✉ 80510

CAMP MUNICIPAL LE VILLAGE ★★ Tourisme 50 E. Locations : . Rivière à 300 m. Etang à 500 m. ☎ 03 22 31 84 44 / 03 22 31 90 42.

LUCHEUX

1-C3 35 km N. Amiens. 89 m. 615 hab. ✉ 80600

CAMP MUNICIPAL LA FORET ★ Tourisme 82 E. 1,2 ha. ☎ 03 22 77 07 03 / 03 22 32 44 94.

MAREUIL CAUBERT

1-B4 5 km S. Abbeville. 12 m. 978 hab. ✉ 80132

CAMP MUNICIPAL LE MARAIS COMMUNAL ★★ Tourisme 100 E. 4 ha CV. Locations : . Accès direct à la rivière. Etang à 50 m. . Accueil groupes. Ouv : 1.4 / 30.9. Rue du Marais Talsac, RN 28. A 28 sortie Monts Caubert. ☎ 03 22 31 62 37 / 03 22 24 11 46 (H.S.). Fax : 03 22 31 34 28. E-mail : mairie.mareuilcaubert@wanadoo.fr.

MERICOURT SUR SOMME

1-C4 23 km O. Péronne. 153 hab. ✉ 80340

L'ESPERANCE ★ Loisirs 100 E. 1 ha. CV. Rivière à 200 m. . Location longue durée. ☎ 03 22 76 61 92 / 06 83 81 29 36.

MERS LES BAINS

1-A4 36 km O. Abbeville. 10 m. 3950 hab. ✉ 80350

CAMP MUNICIPAL DU ROMPVAL ★★ Tourisme 135 E. 3 ha. CV. Locations : 10 . Bord de mer à 1,5 km.Rivière à 3 km. à 1,5 km : , , , . Route de Blengues, CV N° 2. ☎ 02 35 86 25 40. Fax : 02 35 86 25 40.

LA FALAISE ★ Tourisme 100 E. 2 ha. . Locations : , . à 200 m : , , . Rue de l'Eglise. ☎ 03 22 86 22 14.

MIRAUMONT

1-C4 29 km N.-O. Péronne. 80 m. 675 hab. ✉ 80300

LA HERELLE ★ Loisirs 65 E. CV. . Accès direct à l'étang. . A 1 sortie Bapaume. Location longue durée. ☎ 03 22 74 84 83. Fax : 03 22 74 84 83.

MONTDIDIER

1-C5 36 km S.-E. Amiens. 97 m. 6282 hab. ✉ 80500

LE PRE FLEURI ★★★ Tourisme 24 E. 1 ha. CV. Locations : , , 3 , 5 . . Rivière à 500 m. Etang à 1,5 km. à 1,5 km : . 62, route d'Ailly, sortie Ouest de la commune dir. Breteuil-Beauvais. Fléchés dans la ville (suivre Equipement). ☎ 03 22 78 93 22 / 06 60 08 11 03.

MORCOURT

1-C4 25 km S.-O. Péronne. 42 m. 239 hab. ✉ 80340

BEAUVOIR **En cours de classement** Tourisme 48 E.

MOREUIL

1-C4 16 km N.-N.-O. Montdidier. 4203 hab. ✉ 80110

LA CASTELLIERE ★★ Tourisme 33 E. 2,5 ha. . Accès direct à l'étang et à la rivière. . 8, rue de Hailles. Amiens. ☎ 03 22 09 72 99.

MOYENNEVILLE

1-B4 8 km S.-O. Abbeville. 114 m. 557 hab. ✉ 80870

LE VAL DE TRIE ★★★ Tourisme 100 E. dont 85 nus 2,30 ha. CV Sanitaire chauffé. Camping clef verte. Locations : 2 , 2 , 11 . chauffée . Accès direct à l'étang et aux bords du lac et à la rivière. ; . Accueil groupes. Ouv : 2.3 / 15.10. Bouillancourt sous Miannay. A 1 km de la CD 925. A 4 km de la sortie n° 3 Moyenneville de l'A 28. ☎ 03 22 31 48 88. Fax : 03 22 31 35 33. E-mail : raphael@camping-levaldetrie.fr, Web : www.camping-levaldetrie.fr. Prix 2008. Fft jour : Empl. Tourisme (2) : 19,20 € ( ) ; Sup : 4,90 € - de 7 ans 2,90 € ; 4 € (6 A) ; E. GCC 3 € (suplt) ; Animaux 1,30 €. Réduction H.S.

NAMPONT ST MARTIN

1-B3 28 km N. Abbeville. 10 m. 270 hab. ✉ 80120

LA FERME DES AULNES ★★★★ Loisirs 120 E. 3,5 ha. CV Sanitaire chauffé. Camping clef verte. Locations : 16 , cottages. couverte chauffée . Rivière à 50 m. ; ; ; . Accueil groupes. Ouv : 26.3 / 1.11. Lieu-dit Fresne sur Authie. Quitter Nampont St-Martin sur RN 1. D 485 dir. golf. De Calais A 16 sortie 25 dir. Arras puis Abbeville. De Paris A 16 sortie 24 dir. Boulogne. ☎ 03 22 29 22 69 / 06 22 41 86 54 (H.S.) / 03 22 29 39 02 (H.S.). Fax : 03 22 29 39 43. E-mail : contact@fermedesaulnes.com, Web : www.fermedesaulnes.com.
FFCC : réduction loc. de 5 % hors saison + HC.

NOYELLES SUR MER

1-A3 14 km N.-O. Abbeville. 816 hab. ✉ 80860

AUX HAIES DE NOLETTE ★ Tourisme 45 E. 1 ha. . Locations : . Accès direct à l'étang. ☎ 03 22 23 24 08 / 03 22 91 64 56.

LE RIO ★ Loisirs 265 E. 5 ha. CV. Locations : 2 , 5 , . couverte chauffée . Accès direct à la rivière. Etang à 500 m. Bord de mer à 5 km. . Accueil groupes. Ouv : Pâques / 15.10. Rés. obligatoire en été. ☎ 03 22 23 28 38 / 06 08 10 95 55 (H.S.). Fax : 03 22 23 28 38. Prix 2007. Empl. Tourisme : 5 € ; 4,50 € ; - de 2/7 ans 2 € ; 3,50 € (6 A) ; Animaux 1,50 €.

PENDE

1-A3 24 km N.-O. Abbeville. 1043 hab. ✉ 80230

CAMP MUNICIPAL LE MARAIS COMMUNAL ★★★ Loisirs 110 E. 2 ha. CV. . Accès direct à l'étang et à la rivière. Bord de mer à 4 km. ; à 5 km : , . Accueil groupes. Ouv : Pâques / 11.11. ☎ 06 13 76 69 91 / 03 22 60 87 27 (H.S.). Fax : 03 22 60 86 87. E-mail : mairie-de-pende.@wanadoo.fr. Prix 2007. Empl. Tourisme : 8,50 € () ; 3,60 € ; - de 7 ans 1,90 €. Réduction H.S.

CAMP DE LA BAIE ★★ Loisirs 107 E., dont 40 GCC, 1,6 ha. CV. Locations : . Etang à 3 km.Bord de mer et rivière à 5 km. D 940. Hameau de Routhiauville. ☎ 03 22 60 72 72. Réduction H.S.

PERONNE

1-C4 51 km E. Amiens. 55 m. 9868 hab. ✉ 80200

PORT DE PLAISANCE ★★★ Tourisme 90 E. (78 Tourisme + 12 Loisirs), dont 4 HLL, 1,8 ha. Friterie, CV Sanitaire chauffé. Locations : chauffée. Rivière à 100 m. Accueil groupes. Route de Paris. Par RN 17. A 1 sortie Peronne ou Albert. ☎ 03 22 84 19 31 / 03 22 73 36 36 (H.S.). Fax : 03 22 73 36 37. E-mail : contact@camping-plaisance.com, Web : www.camping-plaisance.com. Prix 2007. Fft jour : Empl. Tourisme (3): 21 € ; Sup : 4,50 € 3,70 à 6,35 € (6 à 10 A).

CAMP MUNICIPAL DU BROCHET ★ Tourisme 33 E. 0,7 ha. Accès direct à l'étang. Accueil groupes. Rue Georges Clémenceau. Suivre l'itinéraire camping municipal du Brochet. ☎ 03 22 84 02 35 / 03 22 73 31 00. Fax : 03 22 73 31 01.

PICQUIGNY

1-B4 13 km N.-O. Amiens. 1381 hab. ✉ 80310

CAMP MUNICIPAL ★★ Tourisme 60 E. Accueil à la rivière. Etang à 300 m. ☎ 03 22 51 25 83 / 03 22 51 40 31 (Mairie). Fax : 03 22 51 30 98.

POIX DE PICARDIE

1-B4 28 km S.-O. Amiens. 110 m. 2325 hab. Station verte ✉ 80290

LE BOIS DES PECHEURS ★★★ Tourisme 135 E. 2,35 ha. + sèche-linge, CV. Rivière à 200 m. Etang à 3 km. à 3 km : . Accueil groupes. Ouv : 1.4 / 30.9. Route de Forges les Eaux. 300 m du centre ville. ☎ 03 22 90 11 71 (Camping) / 03 22 90 32 90 (Mairie) (H.S.). Fax : 03 22 90 32 91. E-mail : camping@ville-poix-de-picardie.fr, Web : www.ville-poix-de-picardie.fr. Prix 2007. Fft jour : Empl. Tourisme (2) : 12 € ( ) ; Sup : 2 € - de 10 ans 1 € ; 4 € (10 A) ; Animaux 1,50 €. Réduction H.S.

PONCHES ESTRUVAL

1-B3 28 km N. Abbeville. 20 m. 154 hab. ✉ 80150

CAMP C.C.A.S. ★★ Tourisme 55 E.

CAMP MUNICIPAL ★ Loisirs 83 E. 5 ha. Route de Tortefontaine. ☎ 03 22 29 52 06 (Mairie).

LE MARCASSIN ★ Loisirs 9 E. ☎ 03 22 23 90 98.

LE VIEUX MOULIN ★ Loisirs 130 E. 0,01 ha. Accès direct à la rivière. RD 136. ☎ 03 22 23 52 09 / 03 22 23 62 97 (H.S.).

PONT NOYELLES

1-C4 12 km N.-E. Amiens. 715 hab. ✉ 80115

CAMP MUNICIPAL LE MARAIS COMMUNAL ★★ Tourisme 100 E. 2,5 ha. CV. Accès direct à l'étang et à la rivière. Accueil groupes. ☎ 03 22 40 14 74 / 06 99 38 25 24. Fax : 03 22 40 19 85. E-mail : mairie.pont-noyelle@wanadoo.fr.

PONTHOILE

1-A3 17 km N.-O. Abbeville. 6 m. 509 hab. ✉ 80860

LA SAFRIERE ★★ Loisirs 125 E. dont 20 nus, 4 ha. CV. Camping clef verte. Locations : 3 . Accès direct à l'étang et à la rivière. Bord de mer à 4 km. Accueil adultes. Ouv : 1.4 / 30.10. A 16 sortie n° 24. ☎ 03 22 27 07 09. E-mail : camping-la-safriere@wanadoo.fr, Web : www.campinglasafriere.com. Prix 2008. Fft jour : Empl. Tourisme (2) : 12,50 € ( ) ; Sup : 3,50 € - de 7 ans 2 € ; 3,50 € (6 A). Fft Ccar : 8 € (2). Réduction H.S.

FFCC : partenaire + réduction emp. de 15 % hors saison + Stop accueil Camping-car du 01/04 au 30/10/2008, accès jusqu'à 21h + réduction loc. de 10 % hors saison.

PORT LE GRAND

1-B3 8 km N.-O. Abbeville. 272 hab. ✉ 80132

CHATEAU DES TILLEULS ★★ Tourisme 40 E. 4 ha. snack, CV. Locations : 3 , 2 , chauffée . Rivière à 1 km. à 1 km : . D 40 A. Dir. St-Valéry-sur-Somme le Crotoy. ☎ 03 22 24 07 75 / 03 22 24 23 80. Fax : 03 22 24 23 80.

PROYART

1-C4 21 km S.-O. Péronne. 85 m. 524 hab. ✉ 80121

CAMP MUNICIPAL LA VIOLETTE ★★ Loisirs 83 E., dont 43 GCC. Locations : . Etang à 500 m. ☎ 03 22 85 37 49 / 03 22 85 37 17. Fax : 03 22 85 37 17.

QUEND

1-A3 31 km N.-O. Abbeville. 1243 hab. ✉ 80120

LE BOIS DORMANT ★★★★ Loisirs 569 E. 12 ha. Locations : . Bord de mer à 800 m. à 1 km : . Avenue Vasseur. A 16 Nord/Pas-de-Calais. A 26 Champagne/Ardennes. A 1 Picardie. ☎ 03 22 23 22 44. Fax : 03 22 23 00 44.

FFCC : partenaire - terrain assuré par la FFCC.

CARAVANING DU DOMAINE DE DIANE ★★★ Loisirs 502 E. 25 ha. snack, CV. Locations : 5 , 10 , 15 , chauffée . Accès direct à l'étang. Bord de mer à 2 km. ; ; à 3 km : . Accueil groupes. Ouv : 15.3 / 15.11. Rés. obligatoire en été et en hiver. 2, avenue des Pins. A 16 sortie Rue dir. Quend-Plage Les Pins. ☎ 03 22 27 76 08. Fax : 03 22 23 44 74. E-mail : domainedediane@yahoo.fr, Web : www.domainediane.com.

DES 2 PLAGES ★★★ Loisirs 100 E., dont 9 CC - 20 GCC, 2 ha. CV. Locations : 3 , 1 , 7 , chauffée . Etang à 3 km.Bord de mer et rivière à 5 km. à 5 km : . Accueil groupes. Ouv : mars / novembre. D 32 fourche Quend-plage/Fort-Mahon. Rue des Maisonnettes. ☎ 03 22 23 48 96. Fax : 03 22 23 48 69. E-mail : camping@camping2plages.com, Web : www.camping2plages.com. Prix 2008. Fft jour : Empl. Tourisme (2) : 20 € ( ) ; Sup : 6 € - de 7 ans 4,50 € ; 4,30 à 4,90 € (4 à 6 A) ; Animaux 2,50 €. Réduction H.S.

FFCC : Stop accueil Camping-car du 01/04 au 31/06 et du 01/09 au 31/10/2008, accès jusqu'à 19h.

LA MOTTE ★★★ Loisirs 98 E. dont 5 nus 2,5 ha. CV. Locations : 1 , 9 , 10 , couverte chauffée . Bord de mer, étang et rivière à 4 km. à 4 km : . Accueil groupes. Ouv : 1.4 / 1.11. 46 route de Froise. A 16 sortie n°24 dir. Rue D 32. Quend D 940. Quend-Plage D 32, arrivé à Monchaux prendre la 2ème route à gauche D 204. ☎ 03 22 27 75 35. E-mail : camping.de.la.motte@wanadoo.fr, Web : www.campingdelamotte.org. Prix 2007. Fft jour : Empl. Tourisme (2 1 - de 2) : 22 € ( ) ; Sup : 5 € 5 € (6 A) ; Animaux 1,50 €.

FFCC : partenaire + réduction emp. de 5 % en saison et 10 % hors saison + Stop accueil Camping-car du 01/04 au 30/06 et du 01/09 au 31/10/2008, accès jusqu'à 19h30 + réduction loc. de 5 % en saison et 10 % hors saison.

LES ROSES ★★★ Loisirs 265 E. 9,2 ha. ambulant, CV. Camping clef verte. Locations : 10 , chauffée . Accès direct à l'étang. Bord de mer à 3 km. ; à 3 km : ; à 4 km : . 500 m RD 102, 500 m de la commune. ☎ 03 22 27 76 17. Fax : 03 22 23 93 06. E-mail : info@campingdesroses.com.

LES VERTES FEUILLES ★★★ Loisirs 106 E. snack, CV. Camping clef verte. Locations : 9 , 2 , couverte chauffée . Bord de mer à 3 km.Etang à 5 km. à 3 km : ; à 5 km : . Accueil groupes. Ouv : 21.3 / 9.11. 25, route de la Plage. Monchaux. A 16 sortie n°24 suivre D 32 dir. Quend-Plage. ☎ 03 22 23 55 12. Fax : 03 22 19 07 52. E-mail : contact@lesvertesfeuilles.com, Web : www.lesvertesfeuilles.com. Prix 2008. Fft jour : Empl. Tourisme (2) : 29,80 € ((10 A)) Réduction H.S.

FFCC : partenaire + réduction emp. de 8 % en saison et hors saison.

LA DUNE FLEURIE ★★ Loisirs 1060 E. 40 ha. saison, saison, saison, CV. Locations : 21 , 5 , . Etang à 100 m. Bord de mer à 1,8 km. ; à 2,5 km : ; à 3 km : . Sur RD 102, RN 40. ☎ 03 22 23 40 41. Fax : 03 22 23 35 81. E-mail : dunefleurie@nordnet.fr, Web : www.ladunefleurie.com.

LA FERMETTE ★★ Loisirs 118 E. Locations : . Bord de mer à 3 km. à 3 km : . Monchaux les Quend. Paris A 16. ☎ 03 22 27 75 03. Fax : 03 22 27 75 03.

LA PRAIRIE ★★ Loisirs 58 E. CV. Camping clef verte. Locations : 5 . Etang et rivière à 3 km.Bord de mer à 4 km. Accueil groupes. Ouv : 1.4. Route directe vers la mer sur axe principale. ☎ 03 22 27 22 02 / 06 23 02 65 44 (H.S.). Fax : 03 22 27 22 02. E-mail : contact@campinglaprairie.fr, Web : www.campinglaprairie.fr. Prix 2007. Fft jour : Empl. Tourisme (2) : 14 € ( ) ; Sup : 5 € 4 € ; 3 € ; Animaux 1,50 €.

LES GENETS ★★ Loisirs 128 E. 2 ha. CV. Locations : 3 , 2 , . Bord de mer à 2,5 km.Etang et rivière à 5 km. Hameau de Routhiauville, dir. Fort-Mahon Plage, à 2 km de l'Aquaclub. ☎ 03 22 27 48 40 / 03 22 29 92 04 (Hiver) / 03 22 29 92 04 (H.S.).

QUERRIEU

1-C4 11 km N.-E. Amiens. 40 m. 587 hab. ✉ 80115

CAMP MUNICIPAL LE MARAIS ★★ Loisirs 100 E. 4 ha. CV. Accès direct à l'étang et à la rivière. Accueil groupes. 300 m D 929. ☎ 03 22 40 12 63.

RIBEMONT SUR ANCRE

23 km N.-E. Amiens. 39 m. 603 hab. ✉ 80113

CAMP MUNICIPAL ★ Loisirs 30 E. Accès direct à l'étang et à la rivière. Chemin des Marais. ☎ 03 22 40 61 63 (Mairie).

LES 4 DERNIERS ★ Loisirs 35 E. CV. Locations : 1. Ouv : 1.4 / 31.10. ☎ 03 22 40 19 37.

RUE

1-A3 24 km N.-O. Abbeville. 10 m. 3340 hab. ✉ 80120

CAMP MUNICIPAL LES PEUPLIERS ★★ Loisirs 160 E. 2,3 ha. Accès direct à la rivière. en étang : . CD 940. ☎ 03 22 25 00 43 (Mairie).

LA GARENNE DE MONCOURT ★★ Loisirs 197 E. 2,5 ha. Accès direct à l'étang. ☎ 03 22 25 06 93 / 03 22 25 02 42.

LES GENETS ★★ Loisirs 25 E. 0,45 ha. Accès direct à l'étang. Rivière à 2 km.Bord de mer à 5 km. Hameau de Flandre. D 940, de Rue à Fort-Mahon prendre D 85. ☎ 03 22 25 07 67 / 03 27 87 33 13.

LES OISEAUX ★★ Loisirs 70 E. dont 15 nus, dont 70 GCC, 1,3 ha. CV Sanitaire chauffé. Camping clef verte. Rivière à 2 km.Etang à 3 km.Bord de mer et lac à 5 km. Ouv : 1.4 / 30.9. Sur la RD 940. Entre Rue et le Crotoy. ☎ 03 22 25 71 82. E-mail : contact@campingdesoiseaux.com, Web : www.campingdesoiseaux.com. Prix 2007. Fft jour : Empl. Tourisme (2) : 11,70 € E. CC E. GCC) ; Sup : 3,70 € - de 7 ans 2,40 € ; 3 € (6 A) ; Animaux 1,60 €.

SAILLY LAURETTE

1-C4 28 km O. Péronne. 25 m. 185 hab. ✉ 80800

LA RENARDIERE ★ Loisirs 70 E. Accès direct à l'étang et à la rivière. ☎ 03 22 76 60 19.

LA SOURCE ★ Loisirs 10 E. Locations : . Rivière à 200 m. Etang à 500 m. ☎ 03 21 76 10 88.

SAILLY LE SEC

1-C4 33 km O. Péronne. 60 m. 198 hab. ✉ 80800

LES PUITS TOURNANTS ★★★ Loisirs 59 E. saison, CV Sanitaire chauffé. Camping clef verte. Locations : 1, 2. chauffée. Accès direct à l'étang. Rivière à 100 m. Accueil groupes. Ouv : 1.4 / 31.10. ☎ 03 22 76 65 56. Fax : 03 22 76 65 56. E-mail : camping.puitstournants@wanadoo.fr, Web : camping-les-puits-tournants.com. Prix 2008. Fft jour : Empl. Tourisme (2) : 17 € ( ) ; Sup : 4,80 € - de 7 ans 4,20 € ; 2,80 € (4 A).

FFCC : partenaire + réduction emp. de 5 % en saison et 10 % hors saison.

ST BLIMONT

1-A3 25 km O. Abbeville. 1056 hab. ✉ 80960

CAMP MUNICIPAL LES AILLOTS ★★ Tourisme 70 E. 2,21 ha. Locations : . ☎ 03 22 30 62 55 / 03 22 30 24 08.

ST QUENTIN EN TOURMONT

1-A3 32 km N.-O. Abbeville. 296 hab. ✉ 80120

LA HAIE PENEE ★★★ Loisirs 199 E., dont 24 CC - 96 GCC, 9 ha. Locations : , , , chauffée. Accès direct à l'étang et à la rivière. Lac à 2 km. A 16 sortie n° 24. ☎ 03 22 25 73 44. Fax : 03 22 25 73 44.

LE CHAMP NEUF ★★★ Loisirs 157 E. 4 ha. friterie, pain, CV Sanitaire chauffé. Camping clef verte. Locations : 3, 9, 3, 6. Rivière à 1 km.Bord de mer à 2 km. à 6 km : . Accueil groupes. Ouv : 1.4. Rés. obligatoire en été. Lieu-dit le Bout des Crocs. RN 1. ☎ 03 22 25 07 94 / 03 22 25 86 24 (H.S.). Fax : 03 22 25 09 87. E-mail : contact@camping-lechampneuf.orange.fr, Web : www.camping-lechampneuf.com. Prix 2007. Empl. Tourisme : 3,50 € () ; 2,50 € ; 4,30 € ; - de 5 ans 2,60 € ; 3,40 à 3,80 € (5 à 6 A) ; Animaux 1 €. Réduction H.S.

FFCC : Stop accueil Camping-car du 01/04 au 11/11/2008, accès juqu'à 22h + réduction loc. de 10 % hors saison.

LE BOUT DES CROCS ★★ Loisirs 100 E. (40 Tourisme + 60 Loisirs) 1,4 ha. pain, CV. Locations : 6. Rivière à 2 km.Bord de mer à 4 km. ; à 5 km : . Ouv : 1.4 / 1.11. De Paris A 16 sortie 24 dir. Berck puis St-Quentin en Tourmont dir. Parc Ornithologique Domaine du Marquenterre. De Rouen A 28 sortie Le Crotoy/St-Valérie. ☎ 03 22 25 73 33 / 06 63 94 95 28 (H.S.). Fax : 03 22 25 73 33. E-mail : camping.mouillard@orange.fr, Web : www.campingdescrocs.com.

LES TULIPES ★★ Loisirs 67 E. 1,8 ha. Réservé au personnel de l'aérospatiale. ☎ 03 22 25 72 44.

L'ESPACE VERT ★★ Tourisme 172 E. 1,9 ha. à gaz, . Locations : . Rivière à 800 m. Bord de mer à 4 km. A 16 sortie 24 dir. Marquenterre. ☎ 03 22 25 74 27. Fax : 03 22 25 70 98.

ST VALERY SUR SOMME

1-A3 20 km N.-O. Abbeville. 40 m. 2942 hab. ✉ 80230

LE WALRIC ★★★★ Loisirs 263 E. 3 ha. snack, + sèche-linge, CV. Locations : 22, 10. chauffée. Bord de mer à 1 km. ; à 7 km : . Ouv : 1.4 / 31.10. Rés. obligatoire en été. Route d'Eu. ☎ 03 22 26 81 97. E-mail : info@campinglewalric.com, Web : www.campinglewalric.com. Prix 2008. Fft jour : Empl. Tourisme (3) : 28,50 € ((6 A)) ; Sup : 7 €Animaux 3 €.

LA CROIX L'ABBE ★★★ Loisirs 200 E. 3 ha. chauffée. Bord de mer à 500 m. à 500 m : ; à 2 km : . Place de la Croix l'Abbé. ☎ 03 22 60 81 46.

LE PICARDY ★★★ Tourisme 70 E. 1,6 ha. Rivière à 400 m. Bord de mer à 2 km. ; à 1 km : ; à 5 km : . 2 rue de Neuville, Pinchefalise, RN 40. ☎ 03 22 60 85 59 / 06 08 17 31 19. Fax : 03 22 60 48 44. E-mail : michel.boutin@free.fr.

LES ETANGS ★★ Tourisme 24 E.

LA SABLIERE ★ Loisirs 25 E.

VILLERS SUR AUTHIE

1-A3 28 km N.-O. Abbeville. 379 hab. ✉ 80120

LE VAL D'AUTHIE ★★★★ Loisirs 170 E. 7 ha. + sèche-linge, ap. 22 h 30, CV Sanitaire chauffé. Camping clef verte. Locations : 24. couverte chauffée. Etang et rivière à 2 km. ; à 1 km : ; à 10 km : . Accueil groupes. Ouv : 31.3 / 14.10. Rés. obligatoire en été. 20, route de Vercourt. A 16 sortie 24, RN 1 dir. Boulogne, tourner à Vron sur la gauche dir. Villers/Vercourt 4 km. ☎ 03 22 29 92 47. Fax : 03 22 29 93 30. E-mail : camping@valdauthie.fr, Web : www.valdauthie.fr. Prix 2008. Fft jour : Empl. Tourisme (3) : 24 € ( ) ; Sup : 6 € - de 7 ans 3 € ; 5 à 8 € (6 à 10 A) ; Animaux 1,50 €.

FFCC : réduction loc. de 5 % hors saison + HC.

LA PIERRE D'ORGE ★★ Loisirs 78 E. 3,5 ha. Locations : . Accès direct à l'étang. ☎ 03 22 23 43 48.

VIRONCHAUX

1-B3 25 km N. Abbeville. 452 hab. ✉ 80150

LES PEUPLIERS ★★ Tourisme 120 E. dont 37 nus 1,5 ha. CV. Camping clef verte. Locations : 4, 5. Rivière à 5 km. Ouv : 1.4 / 31.10. Rés. obligatoire en été. 221, rue du Cornet. A 16 sortie 24 et accessible par N 1, puis D 938 dir. Crécy-en-Ponthieu. ☎ 03 22 23 54 27. E-mail : les-peupliers2@orange.fr, Web : www.camping-les-peupliers2.com. Prix 2007. Fft jour : Empl. Tourisme (2) : 14,50 € ( ) ; Sup : 3,60 € - de 7 ans 2,60 € ; 3,50 € (6 A) ; 1 € (Jeton) ; Animaux 2 €. Réduction H.S.

VOYENNES

1-C4 22 km S. Péronne. 642 hab. ✉ 80400

LA SOURCE ★ Loisirs 48 E. Locations : . Accès direct à l'étang. ☎ 03 22 88 01 11.

VRAIGNES EN VERMANDOIS

1-D4 12 km S.-E. Péronne. 93 m. 150 hab. ✉ 80240

LES HORTENSIAS ★★ Tourisme 15 E. Sanitaire chauffé. Ouv : 1.1 / 31.12. 22, rue Basse. ☎ 03 22 85 64 68 / 06 84 92 14 85 (H.S.). Fax : 03 22 85 63 20. E-mail : campinghortensias@free.fr, Web : www.campinghortensias.com. Prix 2007. Fft jour : Empl. Tourisme (2) : 16 € ((8 A)) ; 1,10 € ; Animaux 1,10 €.

WOIGNARUE

1-A3 29 km O. Abbeville. 60 m. 735 hab. ✉ 80460

CAMP MUNICIPAL LE MARAIS D'ONIVAL ★★ Tourisme 243 E. 5 ha. Locations : . Bord de mer à 30 m. A Onival, sur RD 305 E. ☎ 03 22 60 40 08 / () / 03 22 30 74 53 (Mairie) (H.S.). Fax : 03 22 30 72 55.

Les représentants départementaux de la FFCC sont bénévolement à votre disposition pour tous renseignements sur le camping.
Retrouvez leurs coordonnées au début de chaque département.

Carte 13

Délégué FFCC : Pierre BLANC, 94, avenue de Rodez - 81400 CARMAUX

ALBAN

13-C1 28 km E. Albi. 615 m. 1068 hab. 81250

CAMP MUNICIPAL LA FRANQUEZE ★★ Tourisme 36 E. dont 33 nus 0,5 ha. CV. Locations : . Accueil groupes. RD 999 Albi/Millau. ☎ 05 63 55 91 87 (Cabine) / 05 63 55 82 09 (Mairie). Fax : 05 63 55 01 97. E-mail : mairie.alban@wanadoo.fr.

FFCC : partenaire + réduction emp. de 10 % en saison.

ALBI

676 km S. Paris. 170 m. 48341 hab. 81000

CAUSSELS ★★ Tourisme 100 E. 1,5 ha. CV. Locations : 2 . Allée du Causselo, RN 99 et RD 100. Rocade dir. Millau. ☎ 05 63 60 37 06 / 05 63 76 78 75 / 05 63 50 27 31 (H.S.). Fax : 05 63 60 37 06. Prix 2007. Fft jour : Empl. Tourisme (2) : 12 € ( ) ; Sup : 3,50 € - de 5 ans 1 € ; 3 à 4,80 € (4 à 10 A).

FFCC : partenaire - terrain assuré par la FFCC + réduction emp. de 10 % en saison et hors saison.

ALBINE

13-C2 30 km S.-E. Castres. 400 m. 593 hab. 81240

L'ESTAP ★★★ Tourisme 42 E. 2 ha. . Accès direct aux bords du lac. ; ; . Entre Béziers et Castres N 112. Route Mazamet et St-Pons D 621. Entre Sauveterre et St Amans-Soult D 88. ☎ 05 63 98 34 74. Fax : 05 63 98 34 74. E-mail : enquiries@campinglestap.com, Web : www.campinglestap.com.

AMBIALET

13-C1 22 km E. Albi. 200 m. 405 hab. 81430

LA MISE A L'EAU ★ Tourisme 44 E. 1,3 ha. CV. Locations : 4 . . Accès direct aux bords du lac et à la rivière. ; ; ; . Ouv : 1.4 / 15.10. Sur CVO. ☎ 05 63 79 58 29. Fax : 05 63 79 58 29. E-mail : nature.et.loisirs@wanadoo.fr, Web : perso.wanadoo.fr/camping.ambialet. Prix 2007. Empl. Tourisme : 6 € ; 2 € ; 2,50 € (10 A) ; Animaux 1 €.

ANGLES

13-C2 36 km E.-S.-E. Castres. 750 m. 650 hab. Station verte de vacances et village de neige 81260

CAMP C.C.A.S. ★★ Tourisme 79 E. Réservé C.C.A.S.

PARC RESIDENTIEL DE LOISIRS P.R.L. 10 E., dont 10 HLL. CV. Locations : 8 . Lac à 30 m. Rivière à 3 km. ; ; ; . Ouv : 1.1 / 31.12. Rés. obligatoire en été. Le Roussinas. ☎ 05 63 70 90 43 / 06 03 05 23 41 (H.S.). Fax : 05 63 70 90 43. E-mail : roussinas@free.fr, Web : www.roussinas.com.

ARFONS

13-B2 35 km S. Castres. 662 m. 177 hab. 81110

CAMP MUNICIPAL ★★ Tourisme 14 E. 0,14 ha. . Rivière à 500 m. Lac à 5 km. ; à 5 km : . ☎ 05 63 74 11 37. E-mail : mairiearfons@free.fr.

BELLESERRE

13-B2 22 km S.-O. Castres 220 m. 101 hab. 81540

PARC RESIDENTIEL DE LOISIRS DOMAINE DE MIRAVAL P.R.L. 8 E., dont 8 HLL. CV. Locations : , . . Accueil groupes. La Pêche. ☎ 05 63 73 13 61. E-mail : domaine-de-miraval@wanadoo.fr. Réduction H.S.

LE BEZ

13-C2 25 km E. Castres. 620 m. 612 hab. 81260

DOMAINE DE VIALAVERT-EN-SIDOBRE ★★ Tourisme 33 E. 2 ha. , saison, .à 4 km : . Castres par D 622. ☎ 06 12 54 57 28.

LE PLO ★★ Tourisme 55 E. dont 52 nus 2,5 ha. CV. Locations : , 10 . . Rivière à 500 m. . Accueil groupes. Ouv : 15.5 / 15.9. Castres, puis D 622, et Le Bez (D 30). Salle de réunion. ☎ 05 63 74 00 82. Fax : 05 63 74 00 82. E-mail : info@leplo.com, Web : www.leplo.com. Prix 2007. Fft jour : Empl. Tourisme (2) : 13 € ( ) ; Sup : 2,80 € 1,40 € ; 2,30 € (6 A) ; Animaux 1,40 €. Réduction H.S.

FFCC : partenaire + réduction emp. de 5 % en saison et hors saison + réduction loc. de 5 % en saison et hors saison.

BRASSAC

13-C2 29 km E. Castres. 490 m. 1671 hab. Station verte de vacances et village de neige 81260

CAMP MUNICIPAL LA LANDE ★★ Tourisme 50 E. dont 45 nus 0,9 ha. , au village, au village, CV. Locations : 1 10 . Accès direct à la rivière. . Accueil groupes. RD 622. En longeant l'Agoût vers le terrain de foot. ☎ 05 63 74 00 82. Fax : 05 63 74 00 82. E-mail : info@sidobretouristique.com, Web : www.sidobretouristique.com. Prix 2007. Fft jour : Empl. Tourisme (2) : 10,10 € ( ) ; Sup : 2 € - de 13 ans 1,40 € ; Animaux 1,40 €. Réduction H.S.

FFCC : partenaire + réduction emp. de 5 % en saison et hors saison + réduction loc. de 5 % en saison et hors saison.

BRENS

13-B1 17 km N.-O. Albi 111 m. 1426 hab. 81600

PARC RESIDENTIEL DE LOISIRS CHALETS DE FIOLLES P.R.L. 10 E., dont 10 HLL. CV. Locations : 10 , . ; ; . Ouv : 1.1 / 31.12. Rés. obligatoire en été. Route de Montans. D 87. ☎ 05 63 57 69 67. Fax : 05 63 57 65 22. E-mail : contact@chalets-de-fiolles.com, Web : www.chalets-de-fiolles.com.

BRIATEXTE

13-B2 31 km N.-O. Castres. 141 m. 1865 hab. 81390

M. BRU Jean . A 6 km: Piscine plein air. ☎ 05 63 42 04 01. Fax : 05 63 42 04 01.

LES CABANNES

13-B1 22 km N.-O. Albi. 180 m. 292 hab. 81170

LE GARISSOU ★★★ Tourisme 61 E., dont 3 HLL, 0,4 ha. , partiel, CV. Locations : 30 . chauffée . Rivière à 4 km.Etang à 5 km. ; ; à 5 km : . Accueil groupes. Ouv : 16.4 / 30.10. Accès depuis Paris : N 20 sortie Caussade ou A 71 sortie Rodez. ☎ 05 63 56 27 14. Fax : 05 63 56 26 95. E-mail : legarissou@wanadoo.fr.

FFCC : partenaire + réduction emp. de 5 % en saison et hors saison + Stop accueil Camping-car du 1/3 au 31/10/2008, accès jusqu'à 18 h sauf juillet-août 19 h 30 + réduction loc. de 5 % hors saison.

AIRE NATURELLE LE GARISSOU CV. ☎ 05 63 56 27 14 / 05 63 56 26 95. E-mail : legarissou@wanadoo.fr.

CAHUZAC SUR VERE

13-B1 22 km N.-O. Albi. 1056 hab. Station verte de vacances et village de neige 81140

CAMP MUNICIPAL ★★ Tourisme 42 E. 1 ha. . Rivière à 100 m. . Accueil groupes. ☎ 05 63 33 91 94 / 05 63 33 90 18 (Mairie). Fax : 05 63 33 94 03.

LES CAMMAZES

13-B2 36 km S. Castres. 610 m. 174 hab. 81540

LA RIGOLE ★★★ Tourisme 66 E. dont 37 nus, dont 4 HLL, 2,9 ha. CV. Locations : 9 , 5 . . Lac et rivière à 400 m. à 300 m : .Accueil adultes. Ouv : 15.4 / 15.10. Rés. obligatoire en été. A 61 sortie 21 puis D 624 & D 629. ☎ 05 63 73 28 99. Fax : 05 63 73 28 99. E-mail : mary@campingdlr.com, Web : www.campingdlr.com. Prix 2008. Fft jour : Empl. Tourisme (2) : 15,80 € ( ) ; Sup : 4,50 € - de 7 ans 2,70 € ; 3,20 à 4,70 € (4 à 8 A) ; Animaux 1 €. Fft Ccar : 8,50 € (2). Réduction H.S.

FFCC : Stop accueil Camping-car du 15/04 au 12/10/2008, accès jusqu'à 22h.

CASTELNAU DE MONTMIRAL

13-B1 31 km O. Albi. 286 m. 1215 hab. 81140

EX RIEUTORT LE CHENE VERT ★★★ Tourisme 59 E., dont 14 HLL, 1 ha. CV. Locations : 20 , 1 , 5 , . . Lac à 800 m. ; ; à 500 m : , . Accueil groupes juin /septembre. Ouv : 1.6 / 30.9. N 20, Caussade, D 964, D 664. ☎ 05 63 33 16 10. Fax : 05 63 33 20 80. E-mail : campingduchenevert@wanadoo.fr, Web : www.camping-du-chene-vert.com. Prix 2007. Empl. Tourisme : 4,80 € ; 3,90 € ; - de 4/7 ans 2,70 € ; 2,90 € (10 A). Réduction H.S.

CASTRES

13-B2 42 km S.-S.-E. Albi. 175 m. 46877 hab. 81100

CAMP MUNICIPAL DE GOURJADE ★★★ Tourisme 100 E. dont 10 nus 3,85 ha. CV. Locations : 4, 1, 6. Accès direct à la rivière. à 500 m : . Accueil groupes. Ouv : avril / septembre. Route de Roquecourbe. RD 89. ☎ 05 63 59 33 51 / 06 12 90 14 55 (H.S.). Fax : 05 63 59 33 51. E-mail : contact@campingdegourjade.com, Web : www.campingdegourjade.com. Prix 2008. Fft jour : Empl. Tourisme (2) : 14,50 € ; Sup : 4 € - de 10 ans 3 € ; Animaux 1 €. Fft Ccar : 11 € (2). Fft Tente : 12,50 € (2). Réduction H.S.

CESTAYROLS

13-B1 17 km N.-O. Albi. 230 m. 414 hab. ✉ 81150

CLUB DU SOLEIL DU TARN Rés. naturiste. Sur la D 17. ☎ 05 63 56 89 69. E-mail : benoitguidon@cegetel.net, Web : www.multimania.com/csalacouliche/.

FFCC : partenaire - terrain assuré par la FFCC .

CORDES SUR CIEL

13-B1 24 km N.-O. Albi. 300 m. 1044 hab. ✉ 81170

LE MOULIN DE JULIEN ★★★ Tourisme 130 E. dont 118 nus, dont 3 GCC - 12 HLL, 4,5 ha. 2 fois/sem., partiel, la journée, ap. 22 h, CV. Locations : 4, 2, 2, Cabanons. Accès direct à l'étang. Rivière à 2 km. Ouv : 1.5 / 30.9. Rés. obligatoire en été. D 600, D 922. ☎ 05 63 56 11 10 / 05 63 33 09 84 (H.S.). Fax : . E-mail : contact@campingmoulindejulien.com / tassellifaurie.eric@neuf.fr, Web : www.campingmoulindejulien.com. Prix 2007. Fft jour : Empl. Tourisme (2) : 19 € ; Sup : 6 € - de 7 ans 3 € ; 4 € (5 A). Réduction H.S.

Voir aussi LIVERS-CAZELLES

COURRIS

13-C1 25 km E. Albi. 195 m. 112 hab. ✉ 81340

AUX RIVES DU TARN ★★ Tourisme 33 E. dont 27 nus 1,3 ha. CV. Locations : , 4, 4. Accès direct à la rivière. ; à 1 km : . Accueil groupes. Ouv : 1.4 / 30.9. Les Bourdaries. ☎ 05 63 55 08 63 / 06 77 93 57 74 (H.S.). Fax : 05 63 55 08 63. E-mail : aux-rives-du-tarn@vacair.com, Web : www.vacair.com. Prix 2008. Empl. Tourisme : 7 € ; 2 € ; 2,50 à 3,50 € (6 à 10 A). Réduction H.S.

FFCC : partenaire - terrain assuré par la FFCC + réduction emp. de 10 % hors saison + réduction loc. de 10 % hors saison.

CUQ TOULZA

13-B2 32 km O. Castres. 205 m. 520 hab. ✉ 81470

M. BELLEGUEULE,aire naturelle . Par la N 126. ☎ 05 63 75 74 27.

CURVALLE

13-C1 35 km E. Albi. 220 m. 707 hab. ✉ 81250

CAMP MUNICIPAL DE VILLENEUVE SUR TARN ★★ Tourisme 16 E. 0,5 ha. à jetons. Accès direct à la rivière. Accueil groupes. RD 77, près des écoles de Villeneuve. ☎ 05 63 55 91 63 / 05 63 55 93 40. Fax : 05 63 55 93 42. Réduction H.S.

M. et Mme SABATIER . A 5 km : . A 12 km : . Accès difficile aux caravanes. ☎ 05 63 55 95 76.

DAMIATTE

13-B2 25 km N.-O. Castres. 733 hab. ✉ 81220

LE PLAN D'EAU ST CHARLES ★★★ Tourisme 82 E. dont 37 nus (77 Tourisme + 5 Loisirs), dont 5 HLL, 2 ha. CV. Locations : 13, 19, 4, 10. Accès direct à l'étang. . Accueil groupes. Ouv : 30.5 / 14.9. D 112 Lavaur/Castres, à St-Paul/Cap de Joux prendre D 84 dir. Graulhet ensuite suivre panneau le plan d'eau. ☎ 05 63 70 66 07. Fax : 05 63 70 52 14. E-mail : pierre.wosinski@tiscali.fr, Web : www.campingplandeau.com. Prix 2008. Fft jour : Empl. Tourisme (2) : 19,80 € ; Sup : 4,40 € - de 6 ans 2,50 € ; E. CC 1 € (Suplt) ; Animaux 2,20 €. Fft Ccar : 10 € (2). Réduction H.S.

FFCC : Stop accueil Camping-car du 29/03 au 28/09/2008, accès jusqu'à 20h.

DOURGNE

13-B2 18 km S.-E. Castres. 250 m. 1275 hab. ✉ 81110

CAMP MUNICIPAL TRAVERS DE SAINT-STAPIN ★ Tourisme 16 E. 0,25 ha. Accès direct aux bords du lac et à la rivière. ☎ 05 63 50 31 20 (Mairie). Fax : 05 63 50 15 13.

M. GAU Paul CV. Parisol Bas. Dans le Parc Naturel Régional du Haut-Languedoc. ☎ 05 63 50 30 56.

LE DOURN

13-C1 36 km N.-E. Albi. 505 m. 154 hab. ✉ 81340

LA BASTIDE En cours de réalisation 38 E. CV. Locations : . Accès direct à la rivière. Accueil groupes. La Bastide. ☎ 05 63 53 48 44. Fax : 05 63 53 48 45. Web : www.albignac.com.

FAUCH

13-B1 15 km S.-E. Albi. 350 m. 286 hab. ✉ 81120

M. COUTOULY André . A 5 km : . A 6 km : . A 10 km : Piscine plein air. Fauch village par les D 13 et D 41. Terrain ombragé, frigidaires.. Location de caravane. Possibilité accueil randonneurs-cyclistes sur demande. ☎ 05 63 55 54 12.

GAILLAC

13-B1 21 km O.-S.-O. Albi. 150 m. 10654 hab. ✉ 81600

DES SOURCES ★★★ Tourisme 53 E. dont 42 nus, dont 5 HLL, 1,8 ha. CV Camping tourisme et handicap. Locations : . Rivière à 200 m. Ouv : 1.4 / 30.10. 9, rue Guynemer, Lieu-dit Piquerouge. Au rond-point de la route de Montauban prendre centre ville. ☎ 05 63 57 18 30 / 06 81 27 87 85 (H.S.). Prix 2008. Fft jour : Empl. Tourisme (2) : 13 € (E. CC E. GCC) Réduction H.S.

GIROUSSENS

13-A2 50 km N.-O. Castres 1060 hab. ✉ 81500

M. GABEN Bernard,aire naturelle La Rigaudié CV. A 4 km : . A 7 km : Piscine couverte. A 10 km : . Ouv : 15.4 / 15.10. A 68 sortie n°7 Giroussens, D 631 vers Graulhet. De Lavaur prendre route de Gaillac, après 4 km au rond-point aller vers Giroussens, panneau à 1 km à droite. ☎ 05 63 41 67 20 / 06 12 58 78 24 (H.S.). E-mail : bernard.gaben@wanadoo.fr, Web : www.gite-prop.com/81/4025. Prix 2008. Fft jour : Empl. Tourisme (2) : 12,10 € Sup : 4,80 € 2,50 € (6 A).

FFCC : partenaire + réduction emp. de 10 % en saison et hors saison.

GRAULHET

13-B2 30 km N.-O. Castres. 165 m. 13649 hab. ✉ 81300

LE LAC DE NABEILLOU ★★ Tourisme 40 E. 1 ha. CV. Locations : 3, 8. Accès direct aux bords du lac. Accueil adultes. Ouv : 1.5 / 30.9. Route de Cabanes. D 43. ☎ 05 63 34 60 04. E-mail : camping@nabeillou.com. Prix 2007. Fft jour : Empl. Tourisme (2) : 12,60 € ; Sup : 3,45 € - de 6 ans 1,80 € ; 3,45 € ; Animaux 0,95 €. Fft Tente : 11 € (2). Réduction H.S.

FFCC : partenaire + réduction emp. de 5 % en saison et hors saison + réduction loc. de 5 % en saison et hors saison.

LABASTIDE ROUAIROUX

13-C2 40 km S.-E. Castres. 395 m. 2301 hab. ✉ 81270

CAMP MUNICIPAL ★★ Tourisme 21 E. 0,38 ha. CV. Rivière à 1 km. Accueil groupes. RN 112. ☎ 05 63 98 01 26 / 05 63 98 07 58. Fax : 05 63 98 01 99. E-mail : tourisme@labastide-rouairoux.com, Web : www.labastide-rouairoux.com.

LACAUNE

13-C2 47 km N.-E. Castres. 850 m. 3422 hab. Station verte de vacances et village de neige ✉ 81230

LE CLOT ★★ Tourisme 26 E. 1,5 ha. CV. Locations : 2. ; à 2 km : ; à 4 km : ; à 7 km : . Ouv : 15.2 / 31.12. 5 km Est de Lacaune dir. Les Vidals, puis prendre la route touristique du Pic de Montalet. Au pied du Pic (1259 m) dans les Monts de Lacaune au coeur du Parc Naturel Regional du Haut-Languedoc. ☎ 05 63 37 03 59 / 06 77 70 81 12 (H.S.). Fax : 05 63 37 03 59. E-mail : le-clot@tiscali.fr, Web : www.pageloisirs.com/le-clot. Prix 2008. Empl. Tourisme : 5,25 € () ; 2,20 € ; 4,95 € ; - de 7 ans 3 € ; 3 € ; Animaux 1,50 €.

Mme EPIPHANE Jacqueline,aire naturelle le Gourp . A 1 km : Piscine chauffée Piscine plein air Piscine couverte . A 5 km : . Ouv : 1.6 / 30.8. ☎ 05 63 37 01 94. Prix 2007. Empl. Tourisme : 3 € ; 4,50 € ; - de 7 ans 2,50 € ; 2,50 € ; Animaux 1,50 €.

LACAZE

13-C2 42 km N.-E. Castres 500 m. 432 hab. ✉ 81330

LE JARDIN ★★★ Tourisme 20 E. dont 13 nus, dont 20 GCC, 0,25 ha. CV. Locations : 5, 2. Rivière à 50 m. Accueil adultes. D 81 dir. Viane. Aire de retournement Le Pujot à 700 m en sortie de Lacaze pour faciliter l'accès au camping pour caravanes et camping-cars. ☎ 05 63 37 17 08. Fax : 05 63 37 17 08. E-mail : camping.lejardin@wanadoo.fr, Web : campinglejardin.com. Prix 2007. Empl. Tourisme : 2 € ; 1 € ; 3 € ; - de 7 ans 2 € ; 3 € (16 A).

LACROUZETTE

13-B2 16 km N.-E. Castres 450 m. 1955 hab. ✉ 81210

PARC RESIDENTIEL DE LOISIRS LA BESSIERE P.R.L. 20 E., dont 20 HLL. La Bessière. ☎ 05 63 50 68 46.

LAMONTELARIE

13-C2 47 km E. Castres. 830 m. 77 hab. ✉ 81260

LE ROUQUIE ★★ Tourisme 97 E. 3 ha. CV. Locations : 7, 6, 4, 4. Accès direct aux bords du lac. Sur RD 62. ☎ 05 63 70 98 06. Fax : 05 63 50 49 58. E-mail : contact@campingrouquie.fr, Web : www.campingrouquie.fr. Prix 2007. Empl. Tourisme : 3,40 € ; 3 € ; 3,90 € ; 2,40 €. Réduction H.S.

LARROQUE

13-A1 45 km N.-O. Albi. 150 m. 121 hab. ✉ 81140

CAMP MUNICIPAL LES PRADELLES ★★ Tourisme 10 E. Accès direct à la rivière. ☎ 05 63 33 11 75 / 05 63 33 15 64.

LIVERS CAZELLES

13-B1 17 km N.-O. Albi. 192 m. 216 hab. ✉ 81170

REDON ★★★ Tourisme 30 E. 4 ha. la nuit. Locations : 2. Etang à 1 km. Rivière à 4 km. ; à 5 km : D 107 (route de Virac). D 600 Cordes/Albi. ☎ 05 63 56 14 64. Fax : 05 63 56 14 64. E-mail : info@campredon.com, Web : www.campredon.com. Prix 2007. Fft jour : Empl. Tourisme : 17,50 € ; Sup : 6 € - de 7 ans 5 € ; 3,80 € (6 à 16 A) ; Animaux 1,25 €. Réduction H.S.

MARNAVES

13-B1 34 km N.-O. Albi. 152 m. 92 hab. ✉ 81170

LISSART ★★★ Tourisme 33 E., dont 25 GCC - 3 HLL. , Rés. naturiste. ☎ 05 63 56 37 30 / 05 63 56 39 04.

MARZENS

13-B2 32 km O. Castres. 300 m. 198 hab. ✉ 81500

VAGRA YOGINI,aire naturelle Château d'en Clauzade. ☎ 05 63 58 17 22.

MAZAMET

18 km S.-E. Castres. 240 m. 13337 hab. ✉ 81200

CAMP MUNICIPAL DE LA LAUZE ★★★ Tourisme 65 E. dont 48 nus, dont 65 CC, 1,7 ha. CV Sanitaire chauffé. Locations : , 5 couverte chauffée. Rivière à 5 km. à 7 km : . Accueil groupes. Ouv : 1.6 / 30.9. En bordure de la RN 112 dir. Béziers. ☎ 05 63 61 24 69 / 06 23 69 70 82 (H.S.). Fax : 05 63 61 24 69. E-mail : camping.mazamet@imsnet.fr, Web : www.ville-mazamet.com/camping. Prix 2008. Fft jour : Empl. Tourisme (4) : 16 € E. CC) ; Sup : 3 € (à partir de la 5ème pers.) 2,50 à 3,50 € (6 à 10 A). Réduction H.S.

MILHARS

10-B5 39 km N.-O. Albi. 190 m. 341 hab. ✉ 81170

M. ASTOUL Serge A 1 km: . A 3 km : . A 10 km : Piscine plein air . A 12 km : . A 15 km : . Aux Landes, RD 34, à 2,5 km Nord de la commune, à proximité de la ferme. Pré, rivière à 300 m. Caravane à louer. Frigidaire. Feu de bois autorisé. ☎ 05 63 56 33 14.

MIRANDOL BOURGNOUNAC

10-B5 30 km N. Albi. 396 m. 1098 hab. ✉ 81190

LES CLOTS ★★★ Tourisme 59 E. dont 47 nus, , dont 14 CC, 4 ha. CV. Locations : 1, 7, 3. Accès direct à la rivière. Ouv : 1.5 / 1.10. RD 905. Emplacements privés dans la forêt. ☎ 05 63 76 92 78. Fax : 05 63 76 92 78. E-mail : campclots@wanadoo.fr, Web : www.campinglesclots.info. Prix 2008. Fft jour : Empl. Tourisme (3) : 22 € ; Sup : 4,60 € - de 7 ans 2,80 € ; 2,80 € (6 A) ; Animaux 1 €. Réduction H.S.

MONESTIES

13-B1 21 km N.-N.-O. Albi. 209 m. 1304 hab. ✉ 81640

LE NEGRE NUEX ★ Tourisme 22 E. Accès direct à la rivière. Ouv : 15.6 / 15.9. RN 88 ou A 68. ☎ 05 63 76 19 17 (O.T.). Fax : 05 63 76 19 86. Prix 2007. Empl. Tourisme : 2 € ; 3,50 € ; 1,50 € ; 2,60 €.

MONTDRAGON

13-B2 24 km N.-O. Castres. 190 m. 386 hab. ✉ 81440

M. GUIRAUD ☎ 05 63 42 00 45.

MONTELS

13-B1 24 km O. Albi. 248 m. 77 hab. ✉ 81140

Mme MAUREL Monique A 3 km: Piscine plein air . A 4 km : . A 6 km : . Les Bouscaillous. De Gaillac prendre Castelnau, à 8 km prendre à droite Montels. A 1 km de la commune. A proximité de la ferme. Prairie mi-ombragée, rivière à 3 km. ☎ 05 63 33 18 85.

MONTIRAT

10-B5 36 km N. Albi. 400 m. 336 hab. ✉ 81190

LA PRADE ★★★ Tourisme 41 E. dont 35 nus, , dont 41 GCC, 4 ha. CV. Locations : 2, 4. Accès direct à la rivière. Ouv : 1.4 / 1.10. Lieu dit La Garde-Viaur. D 922 ou D 9-D 53. ☎ 05 63 76 95 68. Fax : 05 63 76 95 68. E-mail : campinglaprade@wanadoo.fr, Web : www.camping-la-prade.com. Prix 2008. Fft jour : Empl. Tourisme (2) : 18 € (6 A)) ; Sup : 3,50 € - de 5 ans 3 € ; Animaux 2,50 €. Fft Ccar : 14,80 € (2). Fft Tente : 14,80 € (2). Réduction H.S.

MONTREDON LABESSONNIE

13-B2 22 km N.-E. Castres. 540 m. 2167 hab. ✉ 81360

CAMP MUNICIPAL L'OURTAL ★★ Tourisme 29 E. 0,6 ha. Lac à 2 km. ; à 2 km : . Sur RD 89. Parc des Sports. ☎ 05 63 75 14 18 (Mairie). Fax : 05 63 75 18 11.

MURAT SUR VEBRE

13-C2 75 km E.-N.-E. Castres. 842 m. 938 hab. Station verte de vacances et village de neige ✉ 81320

CAMP MUNICIPAL DES ADRETS ★ Tourisme 13 E. Rivière à 1 km.Lac à 5 km. Ouv : 15.6 / 30.9. ☎ 05 63 37 41 16. Fax : 05 63 37 16 52. E-mail : mairie.murat81@wanadoo.fr. Prix 2007. Empl. Tourisme : 2 € ; 1,50 € ; 2 €.

NAGES

13-C2 58 km E. Castres. 837 m. 330 hab. Station verte de vacances et village de neige ✉ 81320

CAMP INDIGO RIEU-MONTAGNE ★★★★ Tourisme 171 E. dont 109 nus, , dont 17 HLL, 9 ha. CV Sanitaire chauffé. Locations : 13, 46, 9. chauffée. Lac à 50 m. à 50 m : . Ouv : 14.6 / 14.9. Lac de Laouzas. Par la D 62 via Lacaune ou via La Salvetat. ☎ 05 63 37 24 71 / 04 37 64 22 34 (H.S.). Fax : 05 63 37 15 42. E-mail : rieumontagne@camping-indigo.com, Web : www.camping-indigo.com. Prix 2007. Fft jour : Empl. Tourisme (2) : 21,70 € ; Sup : 5,50 € - de 7 ans 3,50 € ; 4 à 6 € (6 à 10 A) ; Animaux 3,30 €. Réduction H.S.

FFCC : partenaire + réduction emp. de 5 % en saison et hors saison + réduction loc. de 5 % en saison et hors saison.

AZUREVA ★ Tourisme 36 E. Le Laouzas. ☎ 05 63 37 40 67. Fax : 05 63 37 49 76.

PARC RESIDENTIEL DE LOISIRS LES RIVES DU LAC DU LAOUZAS P.R.L. 17 E., dont 17 HLL. été. Locations : 17, 10, 20. Accès direct à la rivière. Accueil groupes. ☎ 05 63 37 45 76 / 06 30 34 03 44 (H.S.). E-mail : vacances@lesrivesdulac.com, Web : www.lesrivesdulac.com.

M. CAUQUIL Gilbert CV. A 50 m : . A 4 km: . Ouv : 1.4 / 15.10. Hameau de Villelongue. 6 km Sud-Ouest de Nages. D'Albi par D 699/D 607/D 622/D 162A. Villelongue intersection D 162A avec D 162C. ☎ 05 63 37 28 55. Prix 2007. : 4,20 € ; - de 7 ans 2,70 € ; 2,50 € (6 A). Réduction H.S.

LES RIVES DU LAC DU LAOUZAS,aire naturelle ☎ 05 63 37 45 76.

M. & Mme HOEKE,aire naturelle Domaine Lacanal A 2 km: . Lacanal. ☎ 05 63 37 25 10. E-mail : naturactive@lacanal.com, Web : www.lacanal.com.

PAMPELONNE

10-B5 30 km N.-N.-E. Albi. 428 m. 671 hab. ✉ 81190

CAMPING DE THURIES ★★ Tourisme 35 E. 1 ha. CV. Accès direct à la rivière. Etang à 1 km. Ouv : 15.6 / 1.9. Thuriès, sur RD 78. ☎ 05 63 76 44 01 / 05 63 76 92 78 (H.S.). Fax : 05 63 76 92 78. E-mail : campthuries@wanadoo.fr, Web : www.campinglesclots.info. Prix 2007. 5 € ; 5 € ; 5 € ; 4 € ; - de 8 ans 2,70 € ; 2,70 € (6 A) ; Animaux 1 €. Réduction H.S.

PARISOT

522 hab. ✉ 81310

PARC RESIDENTIEL DE LOISIRS CHALES DE ROMANCE P.R.L. 2 E., dont 2 HLL. Al Bosc Del Naî. Parisot.

PAULINET

13-C1 38 km S.-E. Albi. 654 m. 620 hab. ✉ 81250

AIRE NATURELLE MUNICIPALE CV. D 999 jusqu'à Alban puis D 86 et D 53 avant village de St-Jean-de-Jeannes. ☎ 05 63 55 82 65 / 05 63 55 81 65 (Mairie).

PENNE

13-A1 75 km N.-O. Albi. 114 m. 507 hab. ✉ 81140

M. MAFFRE Denis A 4 km: . A 10 km : Piscine plein air . Ouv : 1.5 / 15.10. Aurifeilles, 4 km de la commune, à proximité de la ferme. A Montauban prendre la D 115 St Antonin, ne pas monter au village de Penne 1 km après Penne route fléchée. Pré herbeux, semi-ombragé. Abri. ☎ 05 63 56 32 76. Prix 2008. Empl. Tourisme : 3,50 € ; - de 7 ans 2,30 € ; 2 € Réduction H.S.
FFCC : partenaire + réduction emp. de 5 % en saison et 10 % hors saison

FONTBONNE,aire naturelle Fontbonne. Entre Penne et Vaour par D 87. ☎ 05 63 33 10 85. Fax : 05 63 33 22 00. E-mail : fontbonne2@wanadoo.fr.

PEYROLE

13-B1 33 km S.-O. Albi. 340 m. 251 hab. ✉ 81310

M. BOULLENGER Jean A 4 km: Piscine plein air . A 8 km : . Brames Aigues. A 68 sortie 8 Toulouse-Albi ou route de Gaillac-Lavaur au carrefour de Brames Aigues. ☎ 05 63 57 07 56.

PUYCELCI

13-A1 40 km O. Albi. 260 m. 442 hab. ✉ 81140

CENTRE NATURISTE LE FISCALOU ★★ Tourisme 50 E. dont 50 nus, 13 ha. Rés. naturiste. Locations : . Accueil groupes. CD 1, route de Monclar. ☎ 05 63 30 45 95. Fax : 05 63 30 32 88. E-mail : fiscalou@wanadoo.fr, Web : www.fiscalou.com. Réduction H.S.

M. ROQUES Louis CV. A 3 km: . A 6 km : . A 18 km : Piscine plein air. Laval, 3 km Sud de la commune, à proximité de la ferme. Peupleraie, bord de rivière. Location à la semaine et à la journée. Plan d'eau à 6 km. Circuit des Bastides. Villages fortifiés. Forêt. GR 46 et 36. ☎ 05 63 33 11 07.

RABASTENS

13-A1 38 km S.-O. Albi. 117 m. 3834 hab. ✉ 81800

CAMP MUNICIPAL DES AUZERALS ★ Tourisme 44 E. dont 38 nus 0,44 ha. CV. Locations : . Lac à 100 m. . Accueil groupes. Route de Grazac. Par CD 12. ☎ 05 63 33 70 36 / 06 23 81 85 69 (H.S.). Fax : 05 63 33 64 05. E-mail : mairie.rabastens@libertysurf.fr. Réduction H.S.

REALMONT

13-B2 18 km S. Albi. 215 m. 2547 hab. Station verte ✉ 81120

CAMP MUNICIPAL DE LA BATISSE ★★ Tourisme 44 E., dont 18 GCC, 1,2 ha. Locations : . Accès direct à la rivière. . Vers Graulhet. ☎ 05 63 55 50 41. Fax : 05 63 79 05 36. E-mail : camping-realmont@wanadoo.fr.

RIVIERES

13-B1 15 km O. Albi. 140 m. 537 hab. ✉ 81600

LES POMMIERS D'AIGUELEZE ★★★ Tourisme 74 E. dont 24 nus, dont 19 HLL, 2,7 ha. CV. Locations : 11 , 1 , . Lac et rivière à 150 m. à 150 m : 50 m, . Accueil enfants. Au bord du Tarn entre Albi et Gaillac. ☎ 05 63 33 02 49 / 06 17 86 26 08 / 05 63 33 02 49 (H.S.). Fax : 05 63 33 02 49. E-mail : info@camping-lespommiers.com, Web : www.camping-lespommiers.com. Prix 2007. Fft jour : Empl. Tourisme : 13 € ; Sup : 3 € 2,20 € ; 3 € (8 A) ; Animaux 1,50 €.

LA PLAGE DU LAC ★ Tourisme 33 E. Locations : . Lac à 150 m. . Réservé aux groupes exclusivement. ☎ 05 63 41 50 50. Fax : 05 63 41 50 45.

PARC RESIDENTIEL DE LOISIRS LE DOMAINE DU CEDRE P.R.L. 47 E., dont 47 HLL. CV. Locations : 43 . Rivière à 300 m. . Accueil groupes. ☎ 05 63 81 55 60 / / 05 63 78 20 70 (H.S.). Fax : 05 63 45 05 49. E-mail : ballario@wanadoo.fr, Web : www.domaine-du-cedre.com.

PARC RESIDENTIEL DE LOISIRS LES CHALETS DU LAC P.R.L. 12 E., dont 12 HLL. Locations : . Accès direct aux bords du lac et à la rivière. . La Courtade Haute. ☎ 05 63 81 29 09 / 06 68 18 04 56. Fax : 05 63 81 29 09. E-mail : leschaletsdulac@wanadoo.fr, Web : www.leschaletsdulac.com.

ROQUECOURBE

13-B2 10 km N.-E. Castres. 210 m. 2213 hab. ✉ 81210

LE SILOE ★★ Tourisme 37 E. 0,7 ha. Accès direct à la rivière. . Ouv : 15.5 / 15.9. La Metarie Neuve. Par Castres, suivre Roquecourbe ☎ 05 63 73 05 44. E-mail : campinglesiloe@hotmail.com, Web : www.campinglesiloe.com. Prix 2008. Fft jour : Empl. Tourisme (2) : 14 € ( ) ; Sup : 3,25 € - de 10 ans 1,75 € ; 2,50 €. Réduction H.S.

FFCC : partenaire + réduction emp. de 5 % en saison et 10 % hors saison + carte FFCC assurance annulation.

ST AMANS SOULT

13-C2 28 km S.-E. Castres. 270 m. 1696 hab. ✉ 81240

CAMP VALLEE DU THORE ★★ Tourisme 35 E. 1 ha. 2, . Locations : . Rivière à 100 m. . La Lamberthe, en ville, RN 112. ☎ 05 63 97 05 43. Fax : 05 63 98 87 31. E-mail : camping.valleethore@wanadoo.fr.

ST CHRISTOPHE

10-B5 36 km N.-O. Albi. 400 m. 133 hab. ✉ 81190

M. VAN ENGELEN, aire naturelle La Motardié ☎ 05 63 76 98 89.

ST CIRGUE

28 km E. Albi. 422 m. 254 hab. ✉ 81340

M. DELPOUX Jean,camping du Pont d'Ambialet CV. A 300 m : . A 1 km: . A 4 km : . A 8 km : . A 10 km : . La Moulinquié, par RD 77, à 3 km Sud-Est de la commune et à 300 m du village d'Ambialet. Pré herbeux, ombragé, à flanc de colline. Stage d'artisanat à 10 km. ☎ 05 63 56 43 53 / 05 63 55 39 57 (H.S.). E-mail : gites.delpoux@tiscali.fr. Prix 2007. ( ) : 4,80 € ; - de 7 ans 3,60 € ; 2 € (6 A).

ST LIEUX LAFENASSE

13-B2 22 km S.-E. Albi. 231 m. 348 hab. ✉ 81120

M. LEPERS CHRISTOPHE A 800 m : . A 3 km: . A 5 km : Piscine plein air . ☎ 05 63 55 69 62.

ST PIERRE DE TRIVISY

13-C2 32 km N.-E. Castres. 620 m. 680 hab. Station verte de vacances et village de neige ✉ 81330

CAMP MUNICIPAL LA FORET ★★★ Tourisme 57 E. dont 50 nus, 2 ha. snack, CV. Locations : 14, 10. Lac à 500 m. ; . Ouv : 15.6 / 15.9. Rés. obligatoire en été. De Castres dir. Montredon/Labessonnié en passant par Roquecourbe puis prendre St-Pierre de Trivisy RD 89 et 57. D'Albi prendre Réalmont puis Montredon/Labessonnié et St-Pierre de Trivisy. RD 86, 63, 89 et 57. ☎ 05 63 50 48 69 (S.I.) / 05 63 73 07 06 (H.S.). Fax : 05 63 50 48 57. E-mail : tourisme@saint-pierre-de-trivisy.net, Web : www.saint-pierre-de-trivisy.net. Prix 2008. Fft jour : Empl. Tourisme (2 2 - de 15 ans) : 17,50 € (6 A)) ; Sup : 3,50 € - de 6/15 ans 2,50 €.

PARC RESIDENTIEL DE LOISIRS MUNICIPAL P.R.L. 15 E. snack, saison, CV. Locations : saison, saison. ; saison : . Ouv : 1.1 / 31.12. De Castres dir. Montredon/Labessonnié en passant par Roquecourbe puis prendre St-Pierre de Trivisy RD 89 et 57. D'Albi prendre Réalmont puis Montredon/Labessonnié et St-Pierre de Trivisy. RD 86, 63, 89 et 57. ☎ 05 63 50 48 69 / 05 63 50 42 17 (H.S.). Fax : 05 63 74 58 85. E-mail : tourisme@saint-pierre-de-trivisy.net, Web : www.saint-pierre-de-trivisy.net.

AIRE NATURELLE MUNICIPALE saison, saison, CV. D'Albi prendre D 81 puis D 57. De Castres prendre D 89 puis D 59. De Toulouse prendre A 68 puis RN 88, D 81 et D 57. Se situe en continuité du village, à proximité de la forêt. ☎ 05 63 50 48 69. Fax : 05 63 50 48 57. E-mail : otstpierretrivisy@free.fr, Web : www.pageloisirs.com/ot-stpierretrivisy.

STE GEMME

6-C5 23 km N. Albi. 344 m. 772 hab. ✉ 81190

Mme SALINIER Jacqueline, aire naturelle CV Camping tourisme et handicap. A 300 m : . A 1 km: . A 3 km : . A 4 km : Piscine couverte . A 5 km : Piscine chauffée Piscine plein air . A 7 km : . Ouv : 1.1 / 31.12. Les Farguettes. Accès direct par la RN 88 dans le village Les Farguettes, suivre panneaux oranges et blancs entre Carmaux-Tanus et Albi-Carmaux-Rodez à la sortie du village.Les Farguettes la maison se trouve sur le côté gauche (signalisation). ☎ 05 63 76 66 90 / 06 22 75 54 13 (H.S.). Fax : 05 63 76 66 90. E-mail : salinier.jacqueline@orange.fr, Web : www.gite-farguettes.com. Prix 2008. () : 4,50 € ; - de 5 ans 2 € ; 2,50 € (16 A).

SALLES

13-B1 21 km N.-O. Albi. 192 m. 207 hab. ✉ 81640

M. BLANC Francis . Caillol. Sur la D 91. ☎ 05 63 76 15 46. Fax : 05 63 76 15 46. Prix 2007. 5 € ; 3 €.

SALVAGNAC

13-A1 40 km O. Albi. 234 m. 817 hab. ✉ 81630

AIRE NATURELLE MUNICIPALE LAC DES TASCONI . Sourigous par la RD 999 de Montauban à Albi/Gaillac. ☎ 05 63 33 57 89. Fax : 05 63 40 59 64.

SAUVETERRE

13-C2 32 km S.-E. Castres. 301 m. 152 hab. ✉ 81240

Mme ALATERRE Marie-Françoise . ☎ 05 63 98 44 58.

SERVIES

13-B2 18 km N.-O. Castres. 149 m. 365 hab. ✉ 81220

SAINT-PIERRE DE ROUSIEUX ★★★ Tourisme 48 E. (47 Tourisme + 1 Loisirs), dont 35 CC - 10 HLL, 1 ha. CV. Locations : 4, 10. . à 3 km : ; à 10 km : . La Téoulière. Entre Castres et Lavaur, L'Albarède ou Servies. ☎ 05 63 50 04 43 / 05 63 50 00 90 (matin) (H.S.). Fax : 05 63 70 52 84. E-mail : contact@camping81.com, Web : camping81.com.

SOREZE

13-B2 27 km S.-O. Castres. 1834 hab. ✉ 81540

CAMP SAINT MARTIN ★★★ Tourisme 54 E. 1,5 ha. CV. Locations : 6. Lac à 5 km. à 5 km : . Accueil adultes. Ouv : 15.6 / 15.9. Les Vigaries. A 61 - Castelnaudary - D 624 - Revel/ Soreze. ☎ 05 63 50 20 19. Fax : 05 63 73 28 99. E-mail : campings.occitanie@orange.fr, Web : www.campingsaintmartin.com. Prix 2008. Fft jour : Empl. Tourisme (2) : 14,60 € () ; Sup : 4,50 € - de 7 ans 2,70 € ; 3,20 € (10 A) ; Animaux 1 €. Fft Ccar : 8,10 € (2). Réduction H.S.

FFCC : partenaire + réduction emp. de 5 % en saison et hors saison + Stop accueil Camping-car du 15/06 au 15/09/2008, accès jusqu'à 22h.

TEILLET

13-B1 25 km S.-E. Albi. 475 m. 615 hab. ✉ 81120

LE TEILLET ★★★ Tourisme 65 E. dont 48 nus (57 Tourisme + 8 Loisirs), dont 17 HLL, 2 ha. gaz/électrique, pétanque, CV. Locations : 17, 2, 3. Lac à 3 km. à 2 km : ; à 3 km : . Accueil adultes. Ouv : 1.4 / 31.10. D 81. ☎ 05 63 55 74 45. Fax : 05 63 55 75 65. E-mail : contact@campingdutarn.com, Web : www.campingdutarn.com. Prix 2007. Fft jour : Empl. Tourisme (2) : 18 € (6 A)) ; Sup : 4 € - de 7 ans 2 €. Réduction H.S.

FFCC : partenaire + réduction emp. de 5 % hors saison + carte FFCC assurance annulation + réduction loc. de 5 % hors saison.

M. FOURES Jérôme CV. A 800 m : . A 3 km: . La Cazelle, par D 81, à 2 km Sud de la commune, à proximité de la ferme. ☎ 05 63 55 70 50. E-mail : jerome_foures@hotmail.com.

TONNAC

13-B1 26 km N.-O. Albi. 320 m. 129 hab. ✉ 81170

M. MAFFRE Thierry CV. ☎ 05 63 56 31 51. Web : perso.orange.fr/camping-rivet.

TREBAS

13-C1 35 km E. Albi. 215 m. 328 hab. ✉ 81340

L'AMITIE ★★ Tourisme 60 E. dont 49 nus 0,8 ha. CV. Locations : 4, 2, 5, 5. Accès direct à la rivière. ; . Ouv : 1.5 / 15.9. Vallée du Tarn. 100 m RD 76 ☎ 05 63 55 84 07 (). Fax : 05 63 55 84 07. E-mail : amitie@trebas.net, Web : www.trebas.net. Prix 2007. Fft jour : Empl. Tourisme (2) : 12 € () ; Sup : 4 € 2,70 € ; 2,30 € (2 A). Réduction H.S.

FFCC : partenaire + carte FFCC assurance annulation + Stop accueil Camping-car du 30/04/2008 au 15/09/2008, accès jusqu'à 21h.

VABRE

13-C2 30 km N.-E. Castres. 370 m. 1062 hab. ✉ 81330

LA VALLEE DE ROUSSY ★★ Tourisme 47 E. 4 ha. . Locations : 2, 4. Accès direct à la rivière. ; . Accueil groupes. Ouv : 7.3 / 31.10. Route de Vabre. 6 km de Vabre. Entre Roquebrune et Vabre. ☎ 05 63 73 05 44. Fax : 05 63 73 05 44. E-mail : campinglavalleederoussy@hotmail.com, Web : www.campinglavalleederoussy.com. Prix 2008. Fft jour : Empl. Tourisme (2) : 14 € () ; Sup : 3,25 € Réduction H.S.

FFCC : partenaire + réduction emp. de 5 % en saison et 10 % hors saison + carte FFCC assurance annulation + réduction loc. de 5 % en saison et hors saison.

AIRE NATURELLE MUNICIPALE THERONDEL LES PINS RD 53. ☎ 05 63 74 40 60 (Mairie).

VALENCE D ALBIGEOIS

13-C1 27 km N.-E. Albi. 465 m. 1352 hab. ✉ 81340

AIRE NATURELLE MUNICIPALE . ☎ 05 63 53 41 00.

VERDALLE

13-B2 15 km S.-O. Castres 220 m. 701 hab. ✉ 81110

AIRE NATURELLE MUNICIPALE ☎ 05 63 50 32 48 (Mairie).

VIANE

13-C2 50 km N.-E. Castres. 530 m. 863 hab. ✉ 81530

CAMP MUNICIPAL DE LA RABAUDIE ★★ Tourisme 24 E. . Accès direct à l'étang et à la rivière. . RD 81 et 54. ☎ 05 63 37 50 34 (Mairie).

VIELMUR SUR AGOUT

13-B2 14 km O. Castres. 155 m. 849 hab. ✉ 81570

LE PESSAC ★★★ Tourisme 35 E., dont 1 HLL, 1 ha. CV. Locations : 1, 7, 3, Chambres d'hôtes (petit-déj. compris). Etang, lac et rivière à 300 m.; à 300 m : ; à 8 km : . Accueil groupes. Ouv : 1.1 / 31.12. 1 km RN 112, par RD 92. ☎ 05 63 74 30 24 / 06 86 84 09 40 (H.S.). Fax : 05 63 74 30 24. E-mail : info@camping-lepessac.com. Prix 2008. Fft jour : Empl. Tourisme (2) : 14,80 € () ; Sup : 3,20 € - de 7 ans 2,50 € ; Animaux 1 €. Réduction H.S.

VIEUX

13-B1 32 km N.-O. Albi. 209 hab. ✉ 81140

DOMAINE NATURISTE LA SESQUIERE ★★ Tourisme 76 E. 6,5 ha. CV Rés. naturiste. Locations : 2, 2. Accès direct à l'étang. Domaine de la Sesquière. ☎ 05 63 33 96 02. Fax : 05 63 33 96 02. E-mail : infos@sesquiere.com, Web : www.sesquiere.com.

M. BOUNES Georges CV. A 200 m : . A 1 km: . A 3 km : Piscine plein air . A 7 km : . A 10 km : . Ouv : 14.7 / 20.8. 50 m du village, à proximité de la ferme. Pré herbeux, bord de ruisseau. ☎ 05 63 33 92 21. Prix 2008. 4 € ; - de 7 ans 3 € ; 2 €.

FFCC : partenaire + réduction emp. de 15 % en saison.

VILLEFRANCHE D ALBIGEOIS

13-B1 16 km E.-S.-E. Albi. 420 m. 850 hab. ✉ 81430

M. CARRIERE Raymond Fabas, 5 km de Ambialet et de la commune. Site agréable de la Vallée du Tarn. A proximité de la ferme, bord de rivière et ruisseau. ☎ 05 63 55 35 27.

Mme ROUSTIT Germaine, 2, partiel, CV. A 6 km: . A 10 km : . A 12 km : . A 20 km : Piscine plein air . Cambieu. Albi direct. Millau D 999. Fléchage à partir de Villefranche d'Albigeois. GR 36 à 2 km. ☎ 05 63 55 31 14.

TARN-ET-GARONNE 82

Cartes 9-10-12-13

Délégué FFCC : Jean-Claude BLEY, 7, lotissement Saint-Guilheim - 82100 CASTELSARRASIN

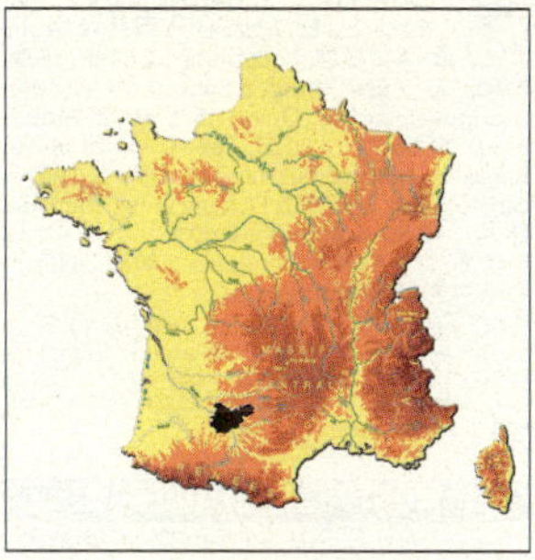

ALBIAS

13-A1 10 km N.-E. Montauban. 80 m. 2101 hab. ✉ 82350

LA FORGE ★★★ Tourisme 33 E. 2 ha. électrique, CV. Locations : 6. Accès direct à l'étang. Lac et rivière à 100 m. Accueil groupes. Les Gazous, 300 m RD 65 par RN 20. 10 km Nord de Montauban. ☎ 05 63 31 00 44 / 06 76 38 81 22. Fax : 05 63 31 00 44. Réduction H.S.

BEAUMONT DE LOMAGNE

12-F1 25 km S.-O. Castelsarrasin. 120 m. 3949 hab. Station verte de vacances et village de neige ✉ 82500

LE LOMAGNOL ★★★ Tourisme 100 E., dont 12 CC, 4 ha. snack, CV. Locations : 6, . Accès direct aux bords du lac. Rivière à 50 m. ; ; . Ouv : Pâques / 30.9. Avenue du Lac. Sauna, jacuzzi, pédalos. ☎ 05 63 26 12 00. Fax : 05 63 65 60 22. E-mail : villagedeloisirslelomagnol@wanadoo.fr, Web : www.info82.com/beaumont. Prix 2007. Fft jour : Empl. Tourisme (2) : 16 € () ; Sup : 3,50 € - de 10 ans 2,80 € ; Animaux 2 €. Réduction H.S.

BOURRET

12-F1 17 km S.-O. Montauban. 90 m. 570 hab. ✉ 82700

CAMP DES RAMIERS ★★ Tourisme 22 E. dont 21 nus (18 Tourisme + 4 Loisirs) 2 ha. CV. Locations : . Accès direct à la rivière. Accueil groupes. 20 m RN 128 et 100 m RD 26. ☎ 05 63 26 33 71 / 05 63 26 30 64 (H.S.) (H.S.). E-mail : campings@garonne-gascogne.com, Web : www.garonne-gascogne.com. Prix 2007. 3 € ; 2,50 € ; - de 12 ans 2 € ; 2,80 € (5 A) ; Animaux 1 €.

BRUNIQUEL

13-A1 28 km E. Montauban. 130 m. 446 hab. ✉ 82800

LE PAYSSEL ★★ Tourisme 33 E. 1,2 ha. CV. Locations : 7. Accès direct à la rivière. ; . Ouv : juin / 30.9. Rés. obligatoire en été. Sur RD 964, 500 m de l'Aveyron. ☎ 05 63 67 25 95. Fax : 05 63 67 25 95. E-mail : gugu2@wanadoo.fr. Prix 2008. 2,90 € ; 1,60 € ; 2,65 € ; 2,80 € ; - de 4/12 ans 1,60 € ; 2 €. Fft Ccar : 10,10 € (2). Réduction H.S.

CAMPSAS

12-F1 15 km S. Montauban. 145 m. 636 hab. ✉ 82370

LA TISARNE ★ Tourisme 20 E., dont 17 CC, 1 ha. CV Sanitaire chauffé. Locations : . Accès direct à l'étang. Rivière à 3 km. Accueil groupes. Ouv : 15.1 / 15.12. Rés. obligatoire en été. 451, chemin de La Tisarne, RN 20. ☎ 05 63 64 02 75. Fax : 05 63 30 14 37. E-mail : dwaeber@aol.com. Prix 2008. Fft jour : Empl. Tourisme (2) : 9 € () Fft Ccar : 5 € (2).

FFCC : Stop accueil Camping-car du 15/01 au 31/12/2008, accès jusqu'à 20h.

CASTELSARRASIN

21 km O. Montauban. 85 m. 12148 hab. ✉ 82100

TRESCASSES SUR GARONNE ★★ Tourisme 30 E. dont 22 nus, 1 ha. . Accès direct à la rivière. Lac à 500 m. . Route de Saint Aignan. ☎ 05 63 32 30 37 / 05 63 32 75 00 (Mairie). Fax : 05 63 32 75 34. E-mail : ml.artel@info82.com, Web : www.ville-castelsarrasin.fr.

CAUSSADE

10-A5 22 km N.-E. Montauban. 110 m. 6132 hab. ✉ 82300

CAMP MUNICIPAL DE LA PIBOULETTE ★★ Tourisme 100 E. 1,5 ha. CV Sanitaire chauffé. Locations : . Etang, lac et rivière à 100 m. . Accueil groupes. Ouv : 1.5 / 30.9. Au Stade, RD 17 et RN 20, A 20. ☎ 05 63 93 09 07 / 05 63 93 10 45 ((mairie)) (H.S.). Prix 2007. Empl. Tourisme : 1,50 € () : 3,55 € ; 2,15 € ; - de 7 ans 1,80 € ; 1,50 €.

CAYLUS

10-A5 44 km N.-E. Montauban. 235 m. 1520 hab. Station verte de vacances et village de neige ✉ 82160

LA BONNETTE ★★★ Tourisme 65 E. 1,4 ha. pain, . Locations : . Rivière à 10 m. Lac à 500 m. ; à 500 m : . Accueil groupes. Ouv : 1.4 / 31.10. 750 m du centre, D 97. ☎ 05 63 65 70 20 / 06 07 34 61 99 (H.S.). Fax : 05 63 65 70 20. E-mail : info@campingbonnette.com, Web : www.campingbonnette.com. Prix 2007. Fft jour : Empl. Tourisme (2) : 15 € () ; Sup : 4,50 € - de 12 ans 4 € ; 3,50 €.

CAYRIECH

10-A5 32 km N.-E. Montauban. 150 m. 200 hab. ✉ 82240

LE CLOS DE LA LERE ★★★ Tourisme 50 E. dont 39 nus 0,51 ha. CV Sanitaire chauffé. Locations : 6 , 4 , 1 . . Rivière à 100 m. ; . Accueil groupes. D 9. Route de Septfonds. RN 20, 8 km par Lapenche, RD 926 Villefranche/Caussade, 5 km par Septfonds. ☎ 05 63 31 20 41. E-mail : le-clos-de-la-lere@wanadoo.fr, Web : www.camping-leclosdelalere.com. Réduction H.S.

FFCC : partenaire + réduction emp. de 5 % en saison et hors saison + carte FFCC assurance annulation + Stop accueil Camping-car toute l'année, accès jusqu'à 22h.

GARGANVILLAR

12-F1 10 km S.-O. Castelsarrasin. 140 m. 462 hab. ✉ 82100

FERME DES ETANGS ★★ Tourisme 50 E. (40 Tourisme + 10 Loisirs) 2 ha. . Locations : 4 , 5 , . . Accès direct à l'étang. Lac à 200 m. ; . Par Castelsarrasin, prendre la D 12, St-Aignan puis Castelferrus. ☎ 05 63 94 88 60. Fax : 05 63 94 88 60. E-mail : ferme.des.etangs@free.fr, Web : www.midipyreneeencamping.nl.

GRISOLLES

12-F1 22 km S.-E. Montauban. 2619 hab. ✉ 82170

AQUITAINE CAMPING ★★★ Tourisme 40 E. (30 Tourisme + 10 Loisirs) 2 ha. . Locations : , 5 , . Rivière à 1 km. Lac à 5 km. ; à 1 km : . RN 20, route de Montauban. A 1 km de Grisolles et 700 m du carrefour 113. ☎ 05 63 67 33 22.

LAFRANCAISE

10-A5 17 km N.-O. Montauban. 190 m. 2630 hab. Station verte de vacances et village de neige ✉ 82130

CAMPING MUNICIPAL DU LAC ★★★ Tourisme 33 E. . Locations : . Accès direct aux bords du lac. ; à 100 m : . ☎ 05 63 65 89 69. E-mail : mairie-lafrancaise@info82.com.

LAGUEPIE

10-B5 65 km N.-E. Montauban. 160 m. 872 hab. Station verte de vacances et village de neige ✉ 82250

CAMP MUNICIPAL LES TILLEULS ★★ Tourisme 48 E. (42 Tourisme + 6 Loisirs), dont 4 GCC, 0,9 ha. CV. Locations : 4 , 5 , , . . Accès direct à la rivière. ; ; . ☎ 05 63 30 20 81 (Mairie) / 05 63 30 22 32 (H.S.). Fax : 05 63 30 20 55.

LAUZERTE

9-F5 30 km N. Castelsarrasin. 1697 hab. ✉ 82110

CAMPING MELVIN ★★ Tourisme 25 E. 1,5 ha. . Locations : 2 , 5 . . Accès direct à la rivière. ; . Au Parc des Sports. D 953. ☎ 05 63 94 75 60. Fax : 05 63 94 75 60.

LAVIT

12-F1 21 km S.-E. Castelsarrasin. 217 m. 1263 hab. ✉ 82120

CAMP MUNICIPAL ★★ Tourisme 33 E. . Locations : . Accès direct aux bords du lac. ; . Bertranon. Route d'Asques. ☎ 05 63 94 05 54 (Mairie). Fax : 05 63 94 11 10. E-mail : mairie-lavit.de.lomagne@info82.com, Web : www.cdg82.fr/lavit/index.htm.

MOISSAC

7 km N. Castelsarrasin. 11408 hab. ✉ 82200

CAMP L'ILE DE BIDOUNET ★★★ Tourisme 100 E. 1,5 ha. CV. Locations : 12 , . . Accès direct à la rivière. ; . Ouv : 1.4 / 30.9. Lieu-dit St-Benoit, 180 m RD 72 et 400 m RN 113, A 62 sortie Castelsarasin. ☎ 05 63 32 52 52 / 05 63 05 01 99 (H.S.). Fax : 05 63 32 52 52. E-mail : info@camping-moissac.com, Web : www.camping-moissac.fr. Prix 2008. Fft jour : Empl. Tourisme (2) : 14,90 € ( ) ; Sup : 4,70 € - de 3/7 ans 2,50 € ; 3 € (6 A) ; Animaux 1,50 €. Réduction H.S.

MOLIERES

10-A5 22 km N. Montauban. 176 m. 1320 hab. ✉ 82220

DOMAINE DE MERLANES ★★★★ Tourisme 48 E. Les Merlanes. ☎ 05 63 67 64 05. Fax : 05 63 24 28 96.

CAMP MUNICIPAL LE MALIVERT ★★★ Tourisme 32 E. dont 3 nus 0,5 ha. CV. Locations : 3 , , . . Accès direct aux bords du lac. ; ; . Accueil groupes. Ouv : juin / septembre. ☎ 05 63 67 76 37 / 05 63 67 70 15 (H.S.). Fax : 05 63 67 62 16. E-mail : molieres.82@wanadoo.fr. Prix 2007. Empl. Tourisme : 2,50 € ; 2,50 € ; - de 10 ans 1,50 € ; 2 €.

MONCLAR DE QUERCY

13-A1 21 km S.-E. Montauban. 203 m. 980 hab. Station verte de vacances et village de neige ✉ 82230

CAMP MUNICIPAL ★★★ Tourisme 45 E. 4 ha. CV. Locations : 3 , 2 , 6 , . . Accès direct aux bords du lac. ; ; ; . Accueil groupes. A 20, rocade Montauban sortie Monclar. ☎ 05 63 30 42 85 (Saison) / 05 63 30 40 29 / 05 63 30 40 29 (H.S.). Fax : 05 63 30 33 19.

MONTAIGU DE QUERCY

9-F5 42 km N. Castelsarrasin. 250 m. 1634 hab. Station verte de vacances et village de neige ✉ 82150

CAMP MUNICIPAL LES CHENES ★★★ Tourisme 95 E., dont 50 GCC. CV. Locations : 17 , . . Accès direct aux bords du lac. ; ; ; .Accueil enfants. Par l'autoroute des 2 mers, sorties Castelsarrasin (40 km) et Agen (43 km), ou RN 20 par Cahors (50 km). ☎ 05 63 94 32 21 / 05 63 94 48 50 (O.T.) (H.S.). Fax : 05 63 94 35 05. E-mail : montaigu.de.quercy@wanadoo.fr. Prix 2007. Fft jour : Empl. Tourisme (2) : 10,90 € Sup : 4,20 € - de 10 ans 2,20 € ; 2,50 € (4 A) ; Animaux 2,20 €.

MONTECH

12-F1 12 km S.-O. Montauban. 112 m. 2788 hab. ✉ 82700

CAMPEOLE LE CANAL ★★★★ Tourisme 293 E. 10 ha. CV. Locations : 21 , 15 , 5 . . Accès direct à l'étang. . Accueil groupes encadrés. Ouv : 1.5. Lieu-dit Mouscane. ☎ 05 63 27 00 51. Fax : 05 63 27 00 52. E-mail : cplcanal@atciat.com, Web : www.campeoles.fr. Prix 2007. Fft jour : Empl. Tourisme (2) : 19,80 € Sup : 6,40 € - de 6 ans 4,10 € ; 4 € (16 A) ; Animaux 2,80 €. Fft Ccar : 13 € (2). Réduction H.S.

FFCC : partenaire + réduction emp. de 10 % en saison et hors saison + Stop accueil Camping-car du 01/05 au 30/09/2008, accès jusqu'à 22h et hors saison 19h + réduction loc. de 10 % en saison et hors saison.

MONTPEZAT DE QUERCY

10-A5 34 km N.-N.-E. Montauban. 280 m. 1412 hab. Station verte de vacances et village de neige ✉ 82270

LE FAILLAL ★★ Tourisme 50 E. (40 Tourisme + 10 Loisirs), dont 20 CC, 3,5 ha. , collectif, CV. Locations : 3 . . . De Clermont-Ferrand A 89 puis A 20. De Paris A 10 puis E 09 et A 20. De Bordeaux A 62 et D 20. ☎ 05 63 02 07 08 / 0 825 801 440 (Réserv.) (H.S.). Fax : 05 63 02 07 08. Web : www.revea-vacances.fr. Prix 2007. Fft jour : Empl. Tourisme : 14.30 € () ; Sup : 3,60 € 1,60 € ; 3 € (4-6 A) ; Animaux 1,50 €. Réduction H.S.

MONTRICOUX

13-A1 24 km N.-E. Montauban. 125 m. 754 hab. ✉ 82800

LE CLOS LALANDE ★★★ Tourisme 60 E. (46 Tourisme + 14 Loisirs) 2 ha. CV Sanitaire chauffé. Locations : 6 , 5 . . Accès direct à la rivière. Lac à 5 km. .Accueil adultes. Ouv : 1.5 / 15.9. A 20 sortie 59 St-Antonin Noble Val/Caussade puis D 117 et D 964. ☎ 05 63 24 18 89. Fax : 05 63 24 18 89. E-mail : contact@camping-leclosla lande.com, Web : www.camping-leclosla lande.com. Prix 2007. Fft jour : Empl. Tourisme (2) : 12,70 € ( ) ; Sup : 3,80 € 3,30 € (6 A) ; Animaux 1,50 €. Réduction H.S.

LE FAUCON D'OR ★ Tourisme 50 E. (32 Tourisme + 18 Loisirs), dont 18 GCC, 4 ha. . Locations : , , . Accès direct à l'étang. . Accueil groupes. Salquier. De Paris sur l'A 20 sortie 59. Entrer dans Caussade et prendre D 958. ☎ 05 63 24 14 79. Fax : 05 63 24 14 79. E-mail : michel@faucondor.com, Web : www.faucondor.com.

NEGREPELISSE

13-A1 15 km N.-E. Montauban. 2871 hab. ✉ 82800

CAMP MUNICIPAL LE COLOMBIER ★★ Tourisme 53 E. dont 48 nus, , dont 10 CC, 1 ha. CV. Locations : . Rivière à 1,5 km.Etang à 5 km. à 800 m : . Accueil groupes. De Paris par A 20 ou N 20 prendre sortie Caussade, après Cahors et avant Montauban, puis dir. Bioule/Negrepelisse. Par A 20 ou N 20 sens Toulouse/Cahors/Paris, prendre sortie St-Etienne de Tulmont/Negrepelisse/St-Antonin. ☎ 05 63 64 20 34 / / 05 63 64 22 66 (H.S.). Fax : 05 63 64 26 24.
FFCC : partenaire + réduction emp. de 10 % en saison et hors saison.

PARISOT

10-B5 50 km N.-E. Montauban. 375 m. 560 hab. ✉ 82160

LE LAC ★★ Tourisme 66 E. 2 ha. CV. Locations : 5 , 10 . ; ; . 20 km de Villefranche de Rouergue. ☎ 05 63 65 70 65 / 05 63 65 71 03 / 06 84 09 23 29 (H.S.). Fax : 05 63 65 71 03. E-mail : moulinrecreatie.club-internet.fr, Web : www.parisot.info.

M. BREIL Michel . A 1,5 km: . A 5 km : . Le Moulin à Vent. RD 926 Villefranche-de-Rouergue - Montauban. 100 m de la commune, à proximité de la ferme. Pré herbeux, lac à 1,5 km. ☎ 05 63 65 71 00.
FFCC : partenaire - terrain assuré par la FFCC .

PUYGAILLARD DE QUERCY

13-A1 31 km E. Montauban. 130 m. 274 hab. ✉ 82800

FARGOGNE ★★ Tourisme 27 E. 3 ha. . Locations : 2 , 3 . à 6 km : , , . Accueil groupes. ☎ 05 63 30 95 61. Fax : 05 63 30 95 61. E-mail : info@fargogne.com, Web : www.fargogne.com. Prix 2007. Fft jour : Empl. Tourisme (2) : 20,50 € ( ) ; Sup : 5 € - de 9 ans 3 € ; Animaux 1,50 €. Réduction H.S.

ST ANTONIN NOBLE VAL

10-A5 48 km N.-E. Montauban. 130 m. 1869 hab. Station verte de vacances et village de neige ✉ 82140

LES TROIS CANTONS ★★★ Tourisme 99 E. dont 84 nus, 15 ha. basse saison, CV Sanitaire chauffé. Locations : 15 . couverte chauffée . à 7 km : , . Ouv : 15.4 / 30.9. Entre Septfonds et Caylus sur chemin vicinal reliant St-Antonin-Noble-Val à la RD 926. Ne pas prendre les D 5 ou D 19 dir. St-Antonin-Noble-Val mais rester sur la D 926 et suivre pancartes bleues. ☎ 05 63 31 98 57. Fax : 05 63 31 25 93. E-mail : info@3cantons.fr, Web : www.3cantons.fr. Prix 2008. Fft jour : Empl. Tourisme (2) : 21 € ( ) ; Sup : 6,40 € - de 9 ans 4,20 € ; 2,70 à 6,80 € ; Animaux 1,25 €. Réduction H.S.
FFCC : partenaire + carte FFCC assurance annulation.

CAMP DES GORGES DE L'AVEYRON ★★ Tourisme 80 E. (70 Tourisme + 10 Loisirs) 2,5 ha. CV. Locations : 10 , 4 , 4 . . Accès direct à la rivière. ; ; . Ouv : 15.4 / 15.9. 100 m RD 7 et D 115. ☎ 05 63 30 69 76. Fax : 05 63 30 67 61. E-mail : dominique.defoort@wanadoo.fr & info@camping-gorges-aveyron.com, Web : www.camping-gorges-aveyron.com. Prix 2007. Fft jour : Empl. Tourisme (2) : 20,50 € ((10 A)) ; Sup : 5 € - de 7 ans 2,50 € ; Animaux 2 €. Réduction H.S.

CAMP MUNICIPAL LE PONGET ★★ Tourisme 43 E. dont 43 nus, 2 ha. CV Sanitaire chauffé. Rivière à 1,5 km. ; ; à 1 km : . Accueil enfants sous conditions. Ouv : 2.5 / 30.9. Rés. obligatoire en été. RD 19 à 100 m. Dir. Caylus. ☎ 05 63 68 21 13. Fax : 05 63 68 21 13. E-mail : tourisme@saint-antonin-noble-val.com, Web : www.saint-antonin-noble-val.com. Prix 2007. Empl. Tourisme : 4,50 € ( ) ; 3,60 € ; - de 3/13 ans 1,60 € ; 2,50 à 3,70 € (3 à 6/16 A) ; Animaux 1,20 €.
FFCC : Stop accueil Camping-car du 02/05 au 30/09/2008, accès juqu'à 22h.

ST NICOLAS DE LA GRAVE

12-F1 11 km N.-O. Castelsarrasin. 1706 hab. ✉ 82210

LE PLAN D'EAU ★★ Tourisme 92 E. 1,5 ha. CV. Locations : , . Lac et rivière à 300 m. à 300 m : , . Accueil groupes. Ouv : 15.6 / 15.9. 1 km RN 113. ☎ 05 63 95 50 02 / 05 63 95 50 00 (H.S.) (H.S.). Fax : 05 63 95 50 01. E-mail : basedeloisirs.stnicolas@cg82.fr, Web : www.cg82.fr. Prix 2007. Fft jour : Empl. Tourisme (3) : 13,50 € ( ) ; Sup : 3,55 € 2,70 €. Réduction H.S.
FFCC : partenaire + réduction emp. de 5 % hors saison.

ST PROJET

10-A5 53 km N.-E. Montauban. 384 m. 262 hab. ✉ 82160

LE MEROU ★★ Tourisme 25 E. 5 ha. Rés. naturiste. Locations : , , , , . . ☎ 05 63 67 03 48. E-mail : campinglemerou@wanadoo.fr, Web : www.le-merou.com.

SEPTFONDS

10-A5 29 km N.-E. Montauban. 170 m. 1605 hab. ✉ 82240

LE BOIS REDON ★★★ Tourisme 30 E. 2 ha. , pétanque, . Locations : , , , Tipi. . Rivière à 1,5 km. à 2 km : . Accueil groupes. Ouv : 1.4 / 1.10. Bonnet. 1,5 km de la RD 926 Caussade/Villefranche de Rouergue. ☎ 06 33 87 49 31. E-mail : info@campingdeboisredon.com, Web : www.campingdeboisredon.com. Prix 2007. Empl. Tourisme : 5 € ; 4,50 € ; 3,50 € ; 3 € (10 A) ; Animaux 1,50 €. Réduction H.S.

TOUFFAILLES

9-F5 27 km N. Castelsarrasin. 260 m. 361 hab. ✉ 82190

CAMP MUNICIPAL ★ Tourisme 11 E. 0,35 ha. , . . Sur la D 41. Axe Moissac/Fumel. ☎ 05 63 94 48 91. Fax : 05 63 94 48 91.

VAISSAC

13-A1 22 km E. Montauban. 75 m. 599 hab. Station verte ✉ 82800

AICI SEM PLA ★ Tourisme 25 E., dont 5 GCC, 1,5 ha. CV. Locations : , , , , , . Accès direct à l'étang. Lac à 2 km.Rivière à 5 km. . . Accueil groupes. Ouv : 1.1 / 31.12. Labadio Revel. ☎ 05 63 30 98 01 / 06 85 27 14 49 (H.S.). Fax : 05 63 30 98 01. E-mail : bouteiller8@aol.com, Web : aicisempla.free.fr. Prix 2007. 7 € ; 2 € ; 3,50 € (10 A). Réduction H.S.
FFCC : partenaire + réduction emp. de 10 % en saison et 15 % hors saison + Stop accueil Camping-car du 01/04 au 31/10/2008, accès jusqu'à 22h l'été et 20h l'hiver + réduction loc. de 5 % en saison et 10 % hors saison.

VALEILLES

9-F5 38 km N.-O. Castelsarrasin. 110 m. 250 hab. ✉ 82150

DOMAINE NATURISTE LES MANOQUES ★★ Loisirs 60 E. (25 Tourisme + 35 Loisirs) 14 ha. Rés. naturiste. Locations : , , , . . Etang à 3 km. à 1 km : . D 656. Sur D 47 dir. Valeilles. ☎ 05 63 95 24 06 / 06 87 12 67 92. Fax : 05 53 49 20 78. E-mail : lesmanoques@free.fr, Web : www.lesmanoques.com.

VALENCE

25 km O. Castelsarrasin. 65 m. 4734 hab. ✉ 82400

VAL DE GARONNE ★★ Tourisme 33 E. 1,2 ha. . Lieu-dit Les Charretiers, CVO N° 4. ☎ 05 63 39 61 67. Fax : 05 63 39 59 19. E-mail : tourisme.valencedagen@wanadoo.fr.

VAREN

10-B5 60 km N.-E. Montauban. 160 m. 909 hab. ✉ 82330

PECH CONTAL ★★★ Tourisme 35 E. 2 ha. , snack-bar, CV. Locations : 6 , 8 . . Rivière à 1 km. ; . Accueil groupes. Arnac. Vallée de l'Aveyron. ☎ 05 63 65 48 34. Fax : 05 63 65 48 34. E-mail : campingpechcontal@wanadoo.fr, Web : campingpechcontal.com. Prix 2007. Fft jour : Empl. Tourisme (2) : 14,50 € ( ) ; Sup : 4,20 € - de 12 ans 2,50 € ; 3 € (10 A) ; Animaux 1,50 €.

Mme VIDAL Lucile . A 1,5 km: . A 10 km : Piscine plein air . Arnac, RD 115, RD 33. Pré tranquille et ombragé sur rivière. Dans les gorges de l'Aveyron. Randonnée canoë-kayak, VTT, spéléo, escalade et delta-plane. ☎ 05 63 65 40 63.

VARENNES

13-A1 20 km S.-E. Montauban 215 m. 409 hab. ✉ 82370

LE VERGER DE VARENNES ★ Tourisme 10 E., dont 3 CC. ☎ 05 63 30 41 29.

VAZERAC

10-A5 26 km N.-O. Montauban. 83 m. 700 hab. ✉ 82220

LATAPIE ★★★ Tourisme 50 E. 2,5 ha. . Accès direct aux bords du lac. . ☎ 05 63 67 70 92. E-mail : info@campinglatapie.com, Web : www.campinglatapie.com.

VERDUN SUR GARONNE

12-F1 21 km S.-O. Montauban. 110 m. 2511 hab. ✉ 82600

LE GRAND GRAVIER ★★ Tourisme 63 E. (43 Tourisme + 20 Loisirs) 2 ha. CV. Locations : . Accès direct à la rivière. ; . Accueil groupes. Ouv : 24.5 / 7.9. Chemin des Allées. A 14 km A 62. RN 113 à 3 km. RN 20 à 10 km. ☎ 05 63 64 32 44 / 05 63 26 30 64 (H.S.) (H.S.). E-mail : campings@garonne-gascogne.com, Web : www.garonne-gascogne.com. Prix 2007. 3 € ; 3,20 € ; - de 12 ans 2 € ; 2,80 € (6 A) ; Animaux 1 €.

83 VAR

Carte 14

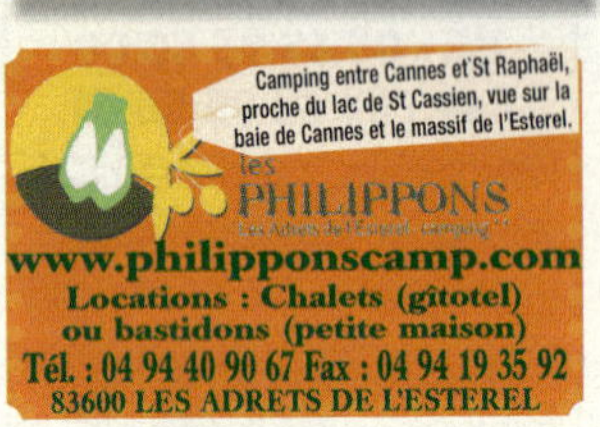

LES ADRETS DE L ESTEREL

14-E2 45 km E. Draguignan. 295 m. 689 hab. ✉ 83600

LES PHILIPPONS ★★ Tourisme 150 E. (138 Tourisme + 12 Loisirs), dont 5 HLL, 5,3 ha. , snack, CV. Locations : 3 , 2 . Lac à 5 km. à 5 km : . Ouv : 1.4 / 30.9. RD 237, 4 km RN 7. Sortie autoroute Les Adrets de l'Estérel. Sortie n° 39 ☎ 04 94 40 90 67 / 06 09 44 09 89 (H.S.). Fax : 04 94 19 35 92. E-mail : info@philipponscamp.com, Web : www.philipponscamp.com. Prix 2008. Fft jour : Empl. Tourisme (2) : 20,50 € ( ) ; Sup : 5,20 € - de 7 ans 3,70 € ; 3,80 à 5 € (6 à 10 A) ; Animaux 3,50 €. Réduction H.S.

FFCC : partenaire + réduction emp. de 10 % hors saison + carte FFCC assurance annulation.

G.C.U. PLANESTEL Réservé aux adhérents. Adhésion possible sur place pour les sociétaires MAIF et FILIA MAIF. Le Planestel.

AGAY

✉ 83530

Voir SAINT-RAPHAEL

AIGUINES

14-D1 46 km N.-O. Brignoles. 825 m. 135 hab. ✉ 83630

CAMP MUNICIPAL LE GALETAS ★★ Tourisme 350 E. 22 ha. . Locations : . Accès direct aux bords du lac. à 200 m : . ☎ 04 94 70 20 48. Fax : 04 94 70 20 48. E-mail : campingleg aletas@aol.com.

L'AIGLE ★★ Tourisme 80 E. dont 70 nus, dont 10 CC, 5,5 ha. , au village, collectif, . Rivière à 2 km. ; ; ; . Accueil groupes. Ouv : 1.4 / 30.9. Quartier St-Pierre. A 6 km de la RN 557, CD 619/CD 71 rive gauche du Verdon. ☎ 04 94 84 23 75. Fax : 04 94 84 23 75. Web : www.camping-aigle.fr. Prix 2007. Empl. Tourisme : 4 € ( ) : 4,20 € ; 4,20 € ; 3,80 € ; 4 € ; 2,30 € ; 2,60 à 4 € (2 à 6 A).

FFCC : partenaire - terrain assuré par la FFCC + Stop accueil Camping-car du 01/04 au 30/09/2008, accès jusqu'à 23h.

LES BASTIDES DU LAC ★★ Tourisme 33 E. ☎ 04 94 84 22 50. Fax : 03 20 00 17 81.

CHANTERAINE ★ Tourisme 130 E. (90 Tourisme + 40 Loisirs), dont 30 CC - 30 GCC, 4 ha. CV. Locations : 22 . chauffée . Lac à 500 m. ; ; ; ; . Accès camping par la RD 957. 2 km Les Salles/Verdon dir. Aups. ☎ 04 94 70 22 16 / 06 08 91 16 86 / 04 94 50 71 52 (H.S.). Fax : 04 94 50 71 53. E-mail : chanteraine@free.fr.

LES ARCS

14-D2 12 km S. Draguignan. 65 m. 3915 hab. ✉ 83460

L'EAU VIVE ★★★ Loisirs 142 E. (56 Tourisme + 86 Loisirs), dont 86 GCC, 2 ha. CV. Locations : 3 , 30 , . . Accès direct à la rivière. ; ; . Lieu-dit Le Pont d'Argens, 500 m RD 555 et RN 7. ☎ 04 94 47 40 66. Fax : 04 94 47 43 27.

M. LOPEZ Antoine . A 4 km: . A 7 km : Piscine plein air . A 20 km : . Le Préveire. RN 7. ☎ 04 94 45 15 59.

ARTIGNOSC SUR VERDON

14-D2 35 km N.-O. Draguignan. 515 m. 187 hab. ✉ 83630

CAMP MUNICIPAL L'EOUVIERE VERTE ★★ Tourisme 199 E. (129 Tourisme + 70 Loisirs), dont 30 CC - 30 GCC, 12 ha. . Locations : . Lac à 200 m. ; ; ; ; . Par RD 471 et 71. ☎ 04 94 80 71 06.

L'AVELANEDE ★★ Tourisme 100 E. 4 ha. CV. Locations : 5 . . Lac et rivière à 2 km. ; à 3 km : au lac, , . Croisement de les RD 71/471. ☎ 04 94 80 71 57. Fax : 04 94 80 74 99. E-mail : bonjour@camping-l-avelanede.com, Web : www.camping-l-avelanede.com. Réduction H.S.

AUPS

14-D2 30 km N.-O. Draguignan. 500 m. 1652 hab. ✉ 83630

INTERNATIONAL CAMPING ★★★ Tourisme 150 E. (116 Tourisme + 34 Loisirs) 4 ha. CV. Locations : 22. Ouv : 1.4 / 30.9. Route de Fox Amphoux. ☎ 04 94 70 06 80. Fax : 04 94 70 10 51. E-mail : info@internationalcamping-aups.com, Web : www.internationalcamping-aups.com. Prix 2007. Empl. Tourisme : 5,40 € ; 6,20 € ; - de 7 ans 3,10 € ; 4,90 € ; Animaux 1 €.

SAINT LAZARE ★★★ Tourisme 56 E., dont 12 GCC, 2 ha. Billard, CV. Locations : 10. Ouv : 1.4 / 30.9. 1124, route de Moissac. ☎ 04 94 70 12 86. Fax : 04 94 70 01 55. E-mail : campingstlazare@aol.com, Web : //pageperso.aol.fr/Campingstlazare. Prix 2007. Empl. Tourisme : 4,50 € ; 5,50 € ; - de 4/12 ans 3 € ; 4 € (10 A) ; Animaux 1 €. Réduction H.S.

FFCC : partenaire + réduction emp. de 5 % en saison et 10 % hors saison + carte FFCC assurance annulation + réduction loc. de 5 % hors saison.

LES PRES ★★ Tourisme 121 E. (80 Tourisme + 41 Loisirs), dont 24 GCC, 2 ha. CV Sanitaire chauffé. Locations : 2, . 181 Carraire n° 1, route de Tourtour. Garage caravanes. ☎ 04 94 70 00 93. Fax : 04 94 70 14 41. E-mail : lespres.camping@wanadoo.fr, Web : perso.wanadoo.fr/lespres.camping/.

FFCC : partenaire - terrain assuré par la FFCC.

BAGNOLS EN FORET

14-E2 20 km E. Draguignan. 300 m. 889 hab. ✉ 83600

LES CLOS ★ Tourisme 49 E. (41 Tourisme + 8 Loisirs), dont 10 CC - 2 GCC, 1 ha. CV Sanitaire chauffé. Locations : , , . couverte . Accueil groupes. Ouv : 1.3 / 15.10. Quartier les Clos, CD 4. Sortie village dir. la poste. ☎ 04 94 40 60 69 / 06 83 70 86 63 (H.S.). Fax : 04 94 40 69 91. E-mail : campinglesclos@wanadoo.fr, Web : www.camping-lesclos.com. Prix 2007. Empl. Tourisme : 4,80 € () : 10 € ; 4,80 € ; - de 3 ans 2,40 € ; 3,50 à 4,60 € (6 à 10 A).

FFCC : partenaire - terrain assuré par la FFCC.

BANDOL

14-C3 18 km O. Toulon. 40 m. 6713 hab. ✉ 83150

VALLONGUE ★★ Tourisme 70 E. 1 ha. CV. Locations : . Bord de mer à 2,5 km. à 2 km : . Ouv : Pâques / 30.9. 936, avenue deï Reganeü. Route de Saint-Cyr Sur Mer, 100 m RN 559. ☎ 04 94 29 49 55. Fax : 04 94 29 49 55. E-mail : camping.vallongue@wanadoo.fr, Web : www.campingvar.com. Prix 2007. Fft jour : Empl. Tourisme (2) : 18 € () ; Sup : 5 € - de 5 ans 2 € ; 4 à 5 € (6 à 10 A) ; Animaux 2 €. Fft Tente : 17 € (2).

FFCC : Stop accueil Camping-car du 01/04 au 30/06 et du 01/09 au 01/10/2008, accès jusqu'à 18h.

REVEST ★ Loisirs 13 E. (1 Tourisme + 12 Loisirs), dont 13 GCC.

BAUDUEN

14-D2 57 km N.-E. Brignoles. 500 m. 184 hab. ✉ 83630

LES VALLONS DE BAUDUEN ★★★ Tourisme 35 E. 0,9 ha. , saison, snack saison, saison, saison, saison + dépôt de pain, collectif, CV. Locations : 18, 1. Lac à 300 m. à 300 m : ; à 2 km : . Accueil groupes. Ouv : 1.4 / 15.10. Rés. obligatoire en été. RD 71 ☎ 04 94 70 09 13. Fax : 04 94 84 39 93. E-mail : lesvallons@free.fr, Web : www.campingauxvallons.fr. Prix 2008. Fft jour : Empl. Tourisme (2) . 24 € () ; Sup : 4 € 3 € ; 3 € ; Animaux 3 €. Réduction H.S.

CAMP MUNICIPAL NOTRE DAME ★★ Tourisme 100 E. 2,5 ha. CV. Lac à 400 m. ; ; . Accueil groupes. ☎ 04 94 70 08 67. Fax : 04 94 70 08 54.

LE CLOS DE BARBEY ★★ Loisirs 135 E. dont 20 nus, 5 ha. CV. Locations : 66. Lac à 800 m. ; ; ; ; . Ouv : 30.5 / 30.9. Route d'Aups. ☎ 04 94 70 08 56. Fax : 04 94 84 39 34. E-mail : closbarbey@aol.com, Web : www.closdebarbey.com. Prix 2008. Fft jour : Empl. Tourisme (2) : 27 € () ; Sup : 4 € 4 € (10 A) ; Animaux 4 €. Réduction H.S.

FFCC : partenaire + réduction emp. de 10 % hors saison + carte FFCC assurance annulation + réduction loc. de 5 % hors saison.

LE VIEUX CHENE ★★ Tourisme 95 E. dont 70 nus (87 Tourisme + 8 Loisirs) 1,5 ha. , saison, CV Sanitaire chauffé. Locations : 3, 13, 1. Lac à 300 m. à 300 m : , , ; à 3 km : . Ouv : 1.4 / 30.9. Route du Barrage. ☎ 04 94 70 09 08. Fax : 04 94 70 09 63. E-mail : info@campinglevieuxchene.com, Web : www.campinglevieuxchene.com. Prix 2007. Fft jour : Empl. Tourisme (2) : 13,90 € () ; Sup : 3 € - de 7 ans 2 € ; 3 € (10 A) ; Animaux 2 € (chien). Fft Ccar : 8 € (2). Réduction H.S.

FFCC : partenaire + carte FFCC assurance annulation + Stop accueil Camping-car du 01/04 au 08/07 et du 25/08 au 30/09/2008, accès juqu'à 21h.

LE CLUB HIPPIQUE ★ Tourisme 60 E. . Lac à 200 m. ; . ☎ 04 94 70 08 89. E-mail : fabiennenoto@aol.fr.

M. BAGARRE Léo,airc naturelle Le Cavalet . ☎ 04 94 70 08 45.

BELGENTIER

14-C3 22 km N.-N.-E. Toulon. 220 m. 984 hab. ✉ 83210

DOMAINE DE L'ESCRIDE ★★★ Tourisme 60 E. (54 Tourisme + 6 Loisirs), dont 3 GCC, 6 ha. CV Rés. naturiste. Locations : 2, 6, 1, 4, . . A 800 m avant Belgentier au Sud de la commune, tourner à gauche en venant de Toulon. ☎ 04 94 48 97 24 / 04 94 48 91 86. Fax : 04 94 48 96 56.

LES TOMASSES ★★★ Tourisme 91 E. (87 Tourisme + 4 Loisirs), dont 46 CC, 2,7 ha. CV. Locations : 14. Accès direct à la rivière. Ouv : 1.4 / 15.9. Rés. obligatoire en été. RN 554. ☎ 04 94 48 92 70. E-mail : camping.tomasses@wanadoo.fr. Prix 2007. Fft jour : Empl. Tourisme (2) : 16,50 € ; Sup : 4,20 € - de 8 ans 3,30 € ; 4 € (6 A) ; Animaux 2,20 € (chien). Réduction H.S.

BESSE SUR ISSOLE

14-D2 31 km S.-O. Draguignan. 260 m. 1040 hab. ✉ 83890

LE LAC ★★ Tourisme 63 E. 1,2 ha. Locations : . Accès direct aux bords du lac. Entre Brignoles et le Luc sur la RN 7. 100 m RD 13. ☎ 04 94 86 13 22. Fax : 04 94 69 74 14.

Mme BRUN Elise,camping à la Ferme A 500 m : . A 1 km : . Ouv : 15.3 / 2.11. Le Pré de Baume. D 15, 1 km Sud-Ouest de la commune sur la route de Besse-Ste Anastasie. ☎ 04 94 59 64 96 (Camping) / 04 94 69 70 32 (Domicile) (H.S.). Fax : 04 94 59 64 96. Prix 2007. Fft jour : Empl. Tourisme (2) : 10,50 € (4 A)) ; Sup : 2,10 € - de 7 ans 1,40 € ; 0,70 € ; Animaux 1,70 €.
FFCC : partenaire - terrain assuré par la FFCC .

BORMES LES MIMOSAS

14-D3 40 km E. Toulon. 150 m. 3841 hab. ✉ 83230

CAMP DU DOMAINE ★★★★ Tourisme 1200 E. dont 1100 nus, , dont 844 CC, 38 ha. sauf hors juillet/août. Locations : 70, 30. payant. Accès direct à la mer. à 10 km : . Accueil groupes. Ouv : 15.3 / 31.10. Rés. obligatoire en été. A la Favière, 3 km RN 559. ☎ 04 94 71 03 12. Fax : 04 94 15 18 67. E-mail : mail@campdudomaine.com, Web : www.campdudomaine.com. Prix 2008. Fft jour : Empl. Tourisme (2) : 37 € ; Sup : 8 € - de 7 ans 4 €. Fft Tente : 30,50 € (2). Réduction H.S.

CLAU MAR JO ★★★★ Tourisme 71 E. dont 27 nus (41 Tourisme + 30 Loisirs), dont 71 GCC, 1 ha. CV. Locations : 23. Bord de mer à 1,2 km. à 1,2 km : . Ouv : 15.3 / 4.11. 895, chemin de Benat. RN 559 direction Lavandou sortie de Bormes au rond-point dir. La Favière. ☎ 04 94 71 53 39. Fax : 04 94 24 38 73. E-mail : clau-mar-jo@wanadoo.fr, Web : www.camping-clau-mar-jo.fr. Prix 2007. Fft jour : Empl. Tourisme (3) : 26 € ((15 A)) ; Sup : 5,60 € - de 3 ans 4,60 € ; Animaux 4,60 €. Réduction H.S.

MANJASTRE ★★★ Tourisme 120 E., dont 15 CC, 3,5 ha. sauf H.S. snack, la nuit, Sanitaire chauffé. Locations : 5. à 6 km : . Sur RN 98. 150, chemin des Girolles. ☎ 04 94 71 03 28. Fax : 04 94 71 63 62. Prix 2007. Fft jour : Empl. Tourisme (3) : 22,90 € ; Sup : 5,40 € - de 5 ans 3,30 € ; 4 €.

C.C.A.S. PARC DE BORMES ★★ Loisirs 400 E. Réservé C.C.A.S.

CAMP DU GRAND BATAILLER ★★ Tourisme 117 E. 3 ha. Locations : , . Bord de mer à 900 m. ; à 900 m : . 1093, route du Cap Benat. ☎ 04 94 71 08 41. Fax : 04 94 71 08 41.

CAMP G.C.U. Réservé aux adhérents. Adhésion possible sur place pour les sociétaires MAIF et FILIA MAIF. A la Favière.

G.C.U LE BOUT DU MONDE Réservé aux adhérents. Adhésion possible sur place pour les sociétaires MAIF et FILIA MAIF. Près du village.

LA CELINETTE ★★ Tourisme 104 E. ap. 22 h, CV. Locations : 6, 6. Bord de mer à 700 m. à 600 m : . Lieu-dit La Favière. 30 impasse du Houx. A 1,5 km RN 559. ☎ 04 94 71 07 98. Fax : 04 94 71 07 98.

LA GRIOTTE ★★ Tourisme 65 E. dont 40 nus 0,7 ha. CV. Locations : 4, 17, 4. Bord de mer à 3 km.Etang et lac à 4 km. à 3 km : . à 4 km : . Ouv : 14.4 / 29.9. 2168, route de Cabasson. Par N 559 et CV 3. ☎ 04 94 15 20 72. Fax : 04 94 15 20 72. E-mail : info@campinglagriotte.com, Web : www.campinglagriotte.com. Prix 2007. Fft jour : Empl. Tourisme (2) : 21,95 € () ; Sup : 3,60 € - de 5 ans 2,05 €. Réduction H.S.

LES CYPRES ★★ Tourisme 75 E. 0,74 ha. Bord de mer à 500 m. à 500 m : . A la Favière, 2 km RN 559. ☎ 04 94 64 86 50.

PLAGE ET COLLINE ★ Tourisme 30 E.

LA CHEVRERIE Tourisme Saisonnier 50 E. 1 ha. 460, chemin du Content. ☎ 04 94 64 86 24.

PARC RESIDENTIEL DE LOISIRS LES MAURELS P.R.L. 337 E. Traverse Chêne Liège. ☎ 04 94 71 05 79. Fax : 04 94 15 01 13.

BRIGNOLES

14-D2 52 km N.-E. Toulon. 215 m. 10894 hab. ✉ 83170

CAMP MUNICIPAL ★★ Tourisme 67 E. 1 ha. CV. Locations : , . Rivière à 2 km. Accueil groupes. 768, Route de Nice, RN 7 (Fréjus-St Raphaël). ☎ 04 94 69 20 10. Fax : 04 94 69 20 10. E-mail : campingbrignoles@aol.com, Web : campingdebrignoles.ifrance.com. Réduction H.S.

Mme COGNE Brigitte,camping Lou Bancaou A 3 km: Piscine plein air . A 5 km : . A 10 km : . Route de Camps la Source. ☎ 04 94 80 87 61.

CABASSE

14-D2 40 km S.-O. Draguignan. 300 m. 786 hab. ✉ 83340

CAMP MUNICIPAL ★ Tourisme 50 E. . Route du Luc. ☎ 04 94 80 22 14 (Mairie). Fax : 04 94 80 24 88.

LA CADIERE D AZUR

14-C3 22 km N.-O. Toulon. 160 m. 2411 hab. ✉ 83740

LA MALISSONNE ★★★★ Loisirs 208 E., dont 208 GCC. CV. Locations : 20, 2, 50, Villas. chauffée. Bord de mer à 4 km. ; à 4 km : . Accueil groupes. Ouv : 1.3 / 15.11. Rés. obligatoire en été. A 50 sortie St-Cyr-sur-Mer puis D 66 dir. La Cadière d'Azur. ☎ 04 94 90 10 60. Fax : 04 94 90 14 11. E-mail : info@domainemalissonne.com, Web : www.domainemalissonne.com. Prix 2007. Fft jour : Empl. Tourisme (2) : 27,50 € ; Sup : 6,10 € - de 7 ans 4,50 € ; 4,60 € (10 A) ; Animaux 4,30 €. Réduction H.S.

LE CLOS SAINTE-THERESE ★★★ Tourisme 90 E. dont 60 nus 1,9 ha. électrique, CV Sanitaire chauffé. Locations : 14, 2, 7, Villas. chauffée . Bord de mer à 3 km. à 4 km : . Ouv : 1.4 / 30.9. Colle de Reyne, sur RN 559. Route de Bandol (en venant de St-Cyr-sur-Mer). ☎ 04 94 32 12 21. Fax : 04 94 32 29 62. E-mail : camping@clos-therese.com, Web : www.clos-therese.com. Prix 2007. Fft jour : Empl. Tourisme (2) : 21,50 € ; Sup : 5,40 € - de 7 ans 3,20 € ; 3,35 à 5 € ; Animaux 2,20 €. Réduction H.S.

CALLAS

14-D2 15 km N.-E. Draguignan. 400 m. 945 hab. ✉ 83830

DOMAINE HAUTE GARDUERE ★★ Tourisme 180 E. dont 100 nus, 8 ha. collectif, CV Rés. naturiste. Locations : 1, 14. Sur la RD 562 dir. de Grasse. ☎ 04 94 67 95 20. Fax : 04 94 67 95 20. E-mail : lahautegarduere@yahoo.fr, Web : www.membres-lycos.fr/lahautegarduere. Réduction H.S.
FFCC : partenaire - terrain assuré par la FFCC.

LES BLIMOUSES ★★ Tourisme 169 E. dont 50 nus 2,5 ha. saison, saison, électrique, CV Sanitaire chauffé. Locations : . Ouv : mars / décembre. Quartier des Blimousses. D 562 puis D 225 dir. Callas. ☎ 04 94 47 83 41. Fax : 04 94 76 77 76. E-mail : camping.les.blimouses@wanadoo.fr, Web : www.campinglesblimouses.com. Prix 2007. Fft jour : Empl. Tourisme (2) : 15 € ; Sup : 4 € - de 7 ans 2 € ; 3,50 € ; Animaux 3 €. Réduction H.S.

CALLIAN

14-E2 36 km N.-E. Draguignan. 300 m. 1449 hab. ✉ 83440

LES PRAIRIES ★★ Tourisme 58 E. (35 Tourisme + 23 Loisirs) 0,9 ha. Locations : . Lac à 2,5 km.Rivière à 5 km. à 2,5 km : . La Plaine. A 8 sortie les Adrets, D 562 dir. Fayence. Volley-ball. ☎ 04 94 76 48 36.

Mme SCAGLIA Paule A 2 km: . A 5 km : Piscine plein air . A 6 km : . A 8 km : . Les Terres Rouges, Plaine de Mireur. CD 37. ☎ 04 94 76 41 13.

M. SIMON Pierre,aire naturelle la Ferme du Pinet . A 5 km: . A 6 km : . A 8 km : . Ferme du Pinet. Accès A 8, sortie Les Adrets ou RN 7 par Les Adrets, soit RD 562 Grasse-Draguignan, 1,5 km Nord de la commune. Terrain ombragé à proximité de la ferme. Lac 550 hectares aménagé. Caravanes à louer. Salle de repassage, barbecue, nursery, local pour pers. handicapés. ☎ 04 94 76 40 13. Fax : 04 94 76 40 13. Web : www.campingdupinet.com.

LE CANNET DES MAURES

14-D2 27 km S.-O. Draguignan. 2570 hab. ✉ 83340

DOMAINE DE LA CIGALIERE ★★ Tourisme 65 E., dont 30 GCC, 3 ha. saison, saison, saison, saison, CV. Locations : 7, 1. Rivière à 5 km. Accueil groupes. Ouv : 1.4 / 31.10. Route de Thoronet. Sur la RD 17 à 4 km de l'échangeur A 8/A 57/RN 7 sortie Le Luc/Le Cannet. ☎ 04 94 73 81 06. Fax : 04 94 73 81 06. E-mail : campinglacigaliere@wanadoo.fr, Web : campings-var.com. Prix 2007. Fft jour : Empl. Tourisme (2) : 17 € ; Sup : 4 € - de 7 ans 3 € ; 3 € (10 A) ; Animaux 2 €. Réduction H.S.

FFCC : partenaire - terrain assuré par la FFCC + réduction emp. de 5 % en saison et 10 % hors saison.

CARCES

14-D2 30 km O. Draguignan. 140 m. 2090 hab. ✉ 83570

LES FOUGUIERES ★★ Tourisme 60 E. dont 35 nus 0,85 ha. , snack, ping-pong, CV. Locations : 5. Accès direct à la rivière. Lac à 4 km. ; à 5 km : . Accueil groupes. Ouv : 1.3 / 1.11. Bord de Caramy. ☎ 04 94 59 96 28 / 06 74 29 69 02 (H.S.). Fax : 04 94 59 96 28. E-mail : info@camping-les-fouguieres.com, Web : www.camping.les-fouguieres.com. Prix 2008. Fft jour : Empl. Tourisme (2) : 15,50 € ; Sup : 3 € - de 12 ans 2,50 € ; 2,30 à 3 € (4 à 12 A) ; Animaux 2 €. Réduction H.S.

CARQUEIRANNE

14-D3 13 km E. Toulon. 30 m. 6199 hab. ✉ 83320

LE BEAU VEZE ★★★★ Tourisme 150 E., dont 7 GCC, 4 ha. , à gaz, CV. Locations : 8, 6, 10. Bord de mer à 3 km. ; à 3 km : . Accueil groupes encadrés. Route de la Moutonne, à 2,5 km du centre ville. ☎ 04 94 57 65 30 / 04 91 37 02 18 (H.S.). Fax : 04 94 57 65 30. E-mail : info@camping-beauveze.com, Web : www.camping-beauveze.com.

LES PALMIERS ★★ Tourisme 63 E., dont 5 GCC - 12 HLL. CV. Locations : 12, 10. Bord de mer à 3 km. à 3 km : . Quartier des Plaines, sur RD 559 et à 50 m RD 76. ☎ 04 94 58 64 01. Fax : 04 94 58 77 11. Web : location-palmiers.com. Réduction H.S.

LE CASTELLET

14-C3 21 km N.-O. Toulon. 300 m. 2332 hab. Station verte de vacances et village de neige ✉ 83330

RESIDENCE CLUB D'ARBOIS ★★★ Tourisme 200 E. 30 ha. , collectif, CV. Locations : 20, 11, . 5541, Les Hauts du Camp, Le Beausset. RN 8. ☎ 04 94 90 70 51 / 06 60 50 70 51. Fax : 04 94 90 79 66. E-mail : JJH2000@hotmail.com, Web : www.clubarbois.com.

LE CASTILLON ★★ Loisirs 81 E., dont 25 CC - 36 GCC. , juillet/août, à gaz, . Quartier Sainte Anne. ☎ 04 94 32 60 33.

LES ARBOUSES ★★ Loisirs 150 E., dont 150 GCC. CV. Locations : 19, 10, 23. ☎ 04 94 58 56 56. Fax : 04 94 58 88 92. Web : www.campeoles.fr.

LES GRANDS PINS ★★ Tourisme 200 E. (105 Tourisme + 95 Loisirs), dont 8 HLL, 3,8 ha. CV. Locations : 12, 11, 9. Ouv : 1.1 / 31.12. Lieu-dit Le Camp. 3084, montée du vieux camp ☎ 04 94 90 71 44. Fax : 04 94 32 60 11. E-mail : grandpin@orange.fr, Web : www.grandpin.com. Prix 2008. Fft jour : Empl. Tourisme (2) : 16,50 € ; Sup : 3,90 € - de 10 ans 2,90 € ; 3,90 € (10 A) ; Animaux 2,80 €. Fft Tente : 15,50 € (2).

CAVALAIRE SUR MER

14-D3 60 km S. Draguignan. 150 m. 3912 hab. ✉ 83240

BONPORTEAU ★★★★ Tourisme 240 E., dont 27 GCC, 3 ha. CV Sanitaire chauffé. Locations : 58, 12. chauffée. Bord de mer à 200 m. à 150 m : ; à 200 m : . Accueil groupes. Ouv : 15.3 / 15.10. Sur RD 559. ☎ 04 94 64 03 24. Fax : 04 94 64 18 62. E-mail : contact@bonporteau.fr, Web : www.camping-bonporteau.com. Prix 2007. Fft jour : Empl. Tourisme (3) : 38 € ; Sup : 9 € 5 € (10 A) ; Animaux 4,50 €. Réduction H.S.

G.C.U. ★★★★ Tourisme 235 E. 4,5 ha. , saison, CV. Bord de mer à 800 m. à 800 m : . ☎ 01 43 87 17 05. E-mail : camping.roux@wanadoo.fr, Web : www.provence-campings.com/sttropez/roux. Réduction H.S.

LA BAIE ★★★★ Tourisme 440 E. (400 Tourisme + 40 Loisirs), dont 120 GCC, 7 ha. gaz et électrique, Sanitaire chauffé. Locations : 25, 100. chauffée. Bord de mer à 300 m. à 400 m : . Accueil groupes. Ouv : 15.3 / 15.11. Rés. obligatoire en été. Boulevard Pasteur, 150 m RN 559, centre de la commune. ☎ 04 94 64 08 15. Fax : 04 94 64 66 10. E-mail : campbaie@club-internet.fr, Web : www.camping-baie.com. Prix 2007. Fft jour : Empl. Tourisme (3) : 41,80 € ; Sup : 10,70 € - de 10 ans 5,90 € ; 4,90 € (10 A) ; Animaux 4,20 € (chien). Réduction H.S.

LA PINEDE ★★★★ Tourisme 165 E. 2 ha. CV. Bord de mer à 500 m. à 500 m : . Accueil groupes. Route des Mannes, par RN 559 à 150 m. ☎ 04 94 64 11 14. Fax : 04 94 64 19 25. Web : www.le-camping-la-pinede.com. Réduction H.S.

CROS DE MOUTON ★★★ Tourisme 199 E. 4,5 ha. CV. Locations : 37, 29. chauffée. Bord de mer à 1,5 km. à 1,5 km : . Ouv : 15.3 / 9.11. Rés. obligatoire en été. WIFI ☎ 04 94 64 10 87. Fax : 04 94 64 63 12. E-mail : campingcrosdemouton@wanadoo.fr, Web : www.crosdemouton.com. Prix 2008. Empl. Tourisme : 7,90 € ; 7,90 € ; - de 7 ans 4,30 € ; 4,50 € (10 A) ; Animaux 2 €.

FFCC : réduction loc. de 5 % hors saison + HC.

LA TREILLE ★★ Tourisme 200 E. 1,7 ha. sauf hors saison , snack, . Locations : . Bord de mer à 400 m. ; à 400 m : . Autoroute sortie Le Muy, dir. Ste-Maxime, ensuite prendre RN 559 dir. Cavalaire. ☎ 04 94 64 31 81. Fax : 04 94 15 40 64. E-mail : campingdelatreille@wanadoo.fr, Web : www.campingdelatreille.com.

COGOLIN

14-D3 49 km S. Draguignan. 6 m. 5647 hab. ✉ 83310

L'ARGENTIERE ★★★ Tourisme 238 E., dont 90 GCC, 4 ha. CV. Locations : 20, 40, . Rivière à 4 km. Bord de mer à 5 km.; à 5 km :, ; à 10 km : . Ouv : 1.4 / 30.9. CD 48, route de Collobrières. Eviter de traverser Cogolin. Accès facile depuis D 14 Ste-Maxime vers Grimaud. ☎ 04 94 54 63 63. Fax : 04 94 54 06 15. E-mail : camping-largentiere@wanadoo.fr, Web : www.camping-caravaning-largentiere.com. Prix 2008. Fft jour : Empl. Tourisme (2) : 28 € (); 2 à 6 € ; Animaux 4 €. Réduction H.S.

FFCC : partenaire - terrain assuré par la FFCC + carte FFCC assurance annulation.

YOTEL DE COGOLIN En cours reclassement 320 E. 6,7 ha. CV. Locations : 156, , Chambres (prix/pers. en P.C). Bord de mer à 400 m.; ; à 400 m : . Ouv : 8.5 / 23.9. Sur RN 98. Carrefour de la Foux ☎ 04 94 56 20 44. Fax : 04 94 56 07 45. E-mail : cogolin@touristravacances.com, Web : www.touristravacances.com.

Mme FONTANINI Pauline, camping Les Caramagnols CV. A 3 km: . A 5 km : . A 6 km : Piscine plein air . A 8 km : . A 10 km : . RN 98. ☎ 04 94 54 40 06. Fax : 04 94 54 40 06. E-mail : accueil@lescaramagnols.com, Web : www.lescaramagnols.com.

COLLOBRIERES

14-D3 40 km N.-E. Toulon. 130 m. 1498 hab. ✉ 83610

CAMP MUNICIPAL DE SAINT ROCH En cours reclassement 40 E. 1,5 ha. 300 m RD 14. Point accueil jeunes. ☎ 04 94 48 07 01 (Mairie).

COMPS SUR ARTUBY

14-D2 31 km N. Draguignan. 900 m. 271 hab. ✉ 83840

CAMP MUNICIPAL DU PONTET ★★ Tourisme 100 E. 2,5 ha. Rivière à 1,5 km. à 1,5 km : , . ☎ 04 94 76 91 40.

G.C.U. LE PIGEONNIER Réservé aux adhérents. Adhésion possible sur place pour les sociétaires MAIF et FILIA MAIF. Prix 2008. Fft jour : Empl. Tourisme (2) : 13,50 € (); - de 9 ans 2,30 € ; 3 € ; Animaux 1 €.

CORRENS

14-D2 42 km O. Brignoles. 152 m. 522 hab. ✉ 83570

CAMP MUNICIPAL DU GRAND JARDIN ★ Tourisme 19 E. CV. Locations : , . Accès direct à la rivière. Accueil groupes. La Condamine. A 8 sortie Brignoles puis dir. Le Val (à 15 km de la sortie). ☎ 04 94 37 21 95 / 04 94 59 56 94. Fax : 04 94 37 21 99. E-mail : mairie-correns@wanadoo.fr, Web : www.correns.fr.

COTIGNAC

14-D2 37 km O. Brignoles. 230 m. 1628 hab. ✉ 83570

CAMP MUNICIPAL ★ Tourisme 40 E. . Locations : , , . ☎ 04 94 04 71 91 (Camping).

LA CRAU

14-D3 13 km E. Toulon. 40 m. 9183 hab. ✉ 83260

HOLIDAY GIAVIS ★★★★ Tourisme 250 E. 314, chemin Terrimas. La Moutonne. ☎ 04 94 38 87 43.

Toute l'année, les Clubs organisent des rassemblements, des rencontres ou des voyages. Consultez la liste des Clubs en fin de guide.

LE BOIS DE MONT REDON ★★★ Tourisme 166 E. 3 ha. 1, CV. Locations : 19, 25. Rivière à 1,5 km.Etang à 3 km. Accueil groupes si association et encadrés. Ouv : 15.6 / 15.9. 480, chemin du Mont-Redon, D 29 dir. Pierrefeu. 3 km RN 554. A Aix, A 8 ou N 7 prendre dir. Nice et sortir à Brignoles. Dir. Toulon, après la ville de Cuers, sortie 6. ☎ 04 94 66 73 34 / 04 94 66 74 08 (H.S.). Fax : 04 94 66 09 66. E-mail : mont.redon@wanadoo.fr, Web : www.mont-redon.com. Prix 2007. Fft jour : Empl. Tourisme (2) : 23,50 € ; Sup : 5,50 € - de 7 ans 3,30 € ; 4,50 à 5 € ; Animaux 3 €. Réduction H.S.

LE PINEDOU ★★ Loisirs 200 E. Locations : . ☎ 04 94 66 24 50. Fax : 04 94 66 24 50.

M. CHERON Dominique A 1 km: . A 5 km : Piscine plein air. Les Vannes. Chemin Long. N 98. ☎ 04 94 66 09 25.

MM. DESEINE-BETTENCOURT A 1 km: . A 2 km : . A 9 km : . Camping à la ferme "Les Arbousiers", La Petite Réserve, 502, chemin des Miquels. Route de Pierrefeu à la Crau (83). ☎ 06 24 40 20 38.

LA CROIX VALMER

14-D3 58 km S.-E. Draguignan. 100 m. 2064 hab. ✉ 83420

SELECTION CAMPING ★★★★ Tourisme 215 E. (205 Tourisme + 10 Loisirs), dont 25 GCC, 4 ha. sauf H.S. CV Sanitaire chauffé. Locations : 40, chauffée. Bord de mer à 400 m. ; à 400 m : . Accueil groupes. Ouv : 15.3 / 15.10. Rés. obligatoire en été. 150 m de la route Toulon-Nice. ☎ 04 94 55 10 30. Fax : 04 94 55 10 39. E-mail : camping-selection@wanadoo.fr, Web : www.selectioncamping.com. Prix 2008. Fft jour : Empl. Tourisme (3) : 32,50 € ; 5 €. Réduction H.S.
FFCC : réduction loc. de 5 % hors saison + HC.

G.C.U. LA RICARDE Réservé aux adhérents. Adhésion possible sur place pour les sociétaires MAIF et FILIA MAIF. La Ricarde Ouest de La Croix Valmer. Rond-point de la plage du débarquement. Prix 2007. Empl. Tourisme : 7,28 € ; 3,39 € ; - de 0/18 ans 1,69 €.

LES CHENES ★★ 250 E. Locations : 26, Chambres (prix par pers. en P.C.). ☎ 04 94 55 12 25 / 0 825 700 777 (Réserv.) (H.S.). Fax : 04 94 55 12 26. E-mail : reservations@mvacances.com, Web : www.mvacances.com.

DRAGUIGNAN

14-D2 850 km S.-S.-E. Paris. 181 m. 28194 hab. ✉ 83300

LA FOUX ★★ Tourisme 230 E. 2 ha. CV. Locations : 30, 6. Accès direct à la rivière. Accueil groupes. RN 555, 2 km du centre ville. ☎ 04 94 68 18 27. Fax : 04 94 68 18 27. E-mail : camp.foux@wanadoo.fr.

Mme CASSIERE Isabelle,camping Le Château Rouge CV. Avenue du Pont d'Aups. ☎ 04 94 68 50 67 / 06 09 02 67 07. Fax : 04 94 68 50 67.

FAYENCE

14-E2 34 km N.-E. Draguignan. 350 m. 2652 hab. 83440

LOU CANTAIRE ★★★ Tourisme 110 E. (65 Tourisme + 45 Loisirs) 4,5 ha. saison, saison, . Locations : 10 , 4 . . Chantaïre, CD 562. ☎ 04 94 76 23 77. Fax : 04 94 84 78 11.

DOMAINE NATURISTE LA TUQUETTE ★★ Tourisme 46 E. 2 ha. Rés. naturiste. Locations : , , . . Etang, lac et rivière à 5 km. ; ; ; ; ; . D 562. Au km 64,2. ☎ 04 94 76 19 40 (M. BERARD) / 06 82 87 77 17. Fax : 04 94 76 23 95. E-mail : robert@tuquette.com, Web : www.tuquette.com.

AIRE NATURELLE . A 3 km: . A 6 km : Piscine plein air . A 8 km : . Trestaure. Par A 8 sortie Les Adrets, dir. Draguignan puis Fréjus/St-Paul puis Trestaure-sous-Bois. ☎ 04 94 76 15 56 / / 04 94 76 53 68 (H.S.). Fax : 04 94 76 15 56.

FLAYOSC

14-D2 7 km O. Draguignan. 307 m. 2397 hab. 83780

M. BORDIN Raphaël . A 500 m : . A 4 km: Piscine plein air . A 7 km : . A 10 km : . Le Pavillon, par RN 557. ☎ 04 94 70 44 86.

FREJUS

14-E2 28 km S.-E. Draguignan. 10 m. 32698 hab. 83600

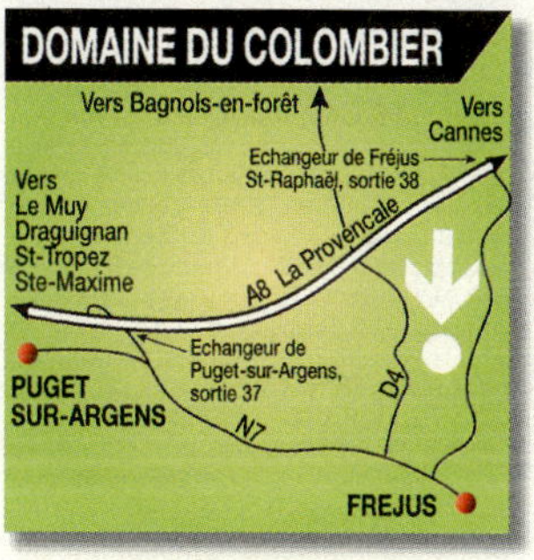

DOMAINE DU COLOMBIER ★★★★ Tourisme 470 E. dont 73 nus (311 Tourisme + 159 Loisirs), dont 103 CC - 159 GCC. , électrique, CV Sanitaire chauffé. Locations : 121 , . chauffée Half-court. Bord de mer à 4 km. ; ; à 4 km : , , . Ouv : 15.3 / 19.10. 1052, rue des Combattants d'Afrique du Nord, D4. Par A 8 sortie 38 venant de Marseille, rond-point à droite, prendre D 4 à gauche sur 2 km dir. Fréjus, le domaine est à gauche.. Esthéticienne sur place ☎ 04 94 51 52 38 / 04 94 51 56 01 (H.S.). Fax : 04 94 51 55 57. E-mail : info@clubcolombier.com, Web : www.clubcolombier.com. Prix 2008. Fft jour : Empl. Tourisme (3) : 49 € (E. CC E. GCC) ; Sup : 8 € - de 10 ans 6 € ; Animaux 4 €. Réduction H.S. FFCC : réduction loc. de 5 % hors saison + HC.

HOLIDAY GREEN ★★★★ Tourisme 690 E. dont 54 nus, 15 ha. CV. Camping clef verte. Locations : 213, ; couverte chauffée. ; ; à 7 km : . Accueil groupes basse saison. Ouv : 29.3 / 30.9. Rés. obligatoire en été. Route de Bagnols, quartier la Lègue, 7 km du centre ville. Par autoroute, sortie n° 38 Fréjus, puis 2 km dir. Bagnols. ☎ 04 94 19 88 30. Fax : 04 94 19 88 31. E-mail : info@holiday-green.com, Web : www.holiday-green.com. Prix 2008. Fft jour : Empl. Tourisme (2) : 47 € (E. CC E. GCC) ; Sup : 9 € - de 6 ans 6 € ; Animaux 5 €. Fft Tente : 37 € (2). Réduction H.S.

FFCC : partenaire + réduction emp. de 10 % en saison et 20 % hors saison + réduction loc. de 10 % en saison et 20 % hors saison.

LA BAUME ★★★★ Tourisme 780 E. dont 250 nus (467 Tourisme + 313 Loisirs) 17 ha. CV Sanitaire chauffé. Locations : 158, 111, couverte chauffée 4. Rivière à 4 km. Bord de mer à 5 km. 7 : ; à 5 km : , , , . Ouv : 15.3 / 27.9. Rés. obligatoire en été. A 8 sortie n° 38 Fréjus centre, route de Bagnols. Raquettes ping pong et tennis à louer sur place. ☎ 04 94 19 88 88. Fax : 04 94 19 83 50. E-mail : reception@labaume-lapalmeraie.com, Web : www.labaume-lapalmeraie.com. Prix 2008. Fft jour : Empl. Tourisme (2) : 41 € ((6 A) E. GCC) ; Sup : 12 € - de 7 ans 6,50 € ; Animaux 5 €. Fft Ccar : 41 € (2 (6 A)). Réduction H.S.

LA PIERRE VERTE ★★★★ Tourisme 440 E. (240 Tourisme + 200 Loisirs), dont 140 CC - 100 GCC, 10 ha. la nuit, CV. Locations : 100, 10, chauffée . ; à 8 km : , . Ouv : 5.4 / 29.9. Route de Bagnols en Forêt, CD 4. sortie d'autoroute 38 Fréjus dir. Bagnols-en-Forêt-Pin de La Legue. ☎ 04 94 40 88 30. Fax : 04 94 40 75 41. E-mail : info@campinglapierreverte.com, Web : www.campinglapierreverte.com. Prix 2007. Fft jour : Empl. Tourisme (2) : 28 € ( ) ; Sup : 7 € - de 6 ans 5 € ; 4 € (6 A) ; Animaux 3 €. Réduction H.S.

FFCC : partenaire + carte FFCC assurance annulation.

LE DATTIER ★★★★ Tourisme 181 E. (120 Tourisme + 61 Loisirs), dont 115 CC, 3 ha. CV. Locations : 20, . Bord de mer à 3 km. ; à 2 km : ; à 3 km : , . Route de Bagnols, CD 2. ☎ 04 94 40 88 93. Fax : 04 94 40 89 01. E-mail : camping.le.dattier@wanadoo.fr, Web : www.camping-le-dattier.com.

LES LAURIERS ROSES ★★★★ Tourisme 95 E. dont 85 nus , pain, à gaz, . Locations : 10, , chauffée . Etang à 200 m. Bord de mer et rivière à 3 km. à 200 m : ; à 3 km : , ; à 5 km : ; à 9 km : . A 8 Puget-sur-Argens sortie 37 suivre N 7 dir. St-Aygulf puis D 8 et D 7 à gauche. ☎ 04 94 81 24 46. Fax : 04 94 81 79 63. E-mail : camp.leslauriersroses@wanadoo.fr, Web : www.info-lauriersroses.com. Réduction H.S.

LES PINS PARASOLS ★★★★ Tourisme 189 E., dont 45 GCC, 4,5 ha. CV Sanitaire chauffé. Locations : 9. chauffée half. Bord de mer à 6 km. ; à 6 km : , , . Ouv : 5.4 / 27.9. Route de Bagnols. D 4 ☎ 04 94 40 88 43. Fax : 04 94 40 81 99. E-mail : lespinsparasols@wanadoo.fr, Web : www.lespinsparasols.com. Prix 2007. Fft jour : Empl. Tourisme (2) : 26,10 € (E. CC) ; Sup : 6,10 € - de 6 ans 3,70 € ; Animaux 2,70 €. Réduction H.S.

FFCC : partenaire + carte FFCC assurance annulation.

L'ETOILE D'ARGENS ★★★★ Tourisme 493 E. dont 250 nus, , dont 493 GCC, 11 ha. CV. Locations : , 80, , couverte chauffée . Accès direct à la mer et à la rivière. , ; à 3 km : . Accueil groupes. Ouv : 1.4 / 30.9. Rés. obligatoire en été. A Saint-Aygulf. A 8 sortie Puget-sur-Argens dir. Fréjus prendre D 8. Port privé sur l'Argens. Navette fluviale gratuite pour les plages du 15.06 / 15.09. ☎ 04 94 81 01 41. Fax : 04 94 81 21 45. E-mail : info@etoiledargens.com, Web : www.etoiledargens.com. Prix 2007. Fft jour : Empl. Tourisme (3) : 51 € ((10 A)) ; Sup : 8,50 € - de 7 ans 6,50 € ; Animaux 5 € (chien). Réduction H.S.

RESIDENCE DU CAMPEUR

RESIDENCE DU CAMPEUR ★★★★ Loisirs 450 E. (100 Tourisme + 350 Loisirs) 10 ha. CV. Locations : 103, chauffée. Accès direct à l'étang. Bord de mer à 2,5 km. à 2,5 km : . Ouv : 22.3 / 30.9. Lieu-dit Grands Châteaux de Villepey. RN 7 route de St-Aygulf à Roquebrune. ☎ 04 94 81 01 59. Fax : 04 94 81 01 64. E-mail : info@residence-campeur.com, Web : www.residence-campeur.com. Prix 2008. Fft jour : Empl. Tourisme (3) : 48,10 €

EUROCAMPING ★★★ Loisirs 362 E. (74 Tourisme + 288 Loisirs) . St-Aygulf. D 8. Route de Roquebrune. ☎ 04 94 81 25 25.

LA BARQUE ★★★ Tourisme 150 E. 3 ha. snack, Locations : , . Etang à 1,5 km.Bord de mer à 2,5 km. ; à 2,5 km : . Les Fougerettes. Sortie autoroute Fréjus dir. Ste Maxime-St Tropez. ☎ 04 94 81 31 86 (Saison) / 04 94 45 70 62 (H.S.). Fax : 01 48 58 05 09.

LE GRAND CALME ★★★ Loisirs 369 E. (100 Tourisme + 269 Loisirs), dont 369 GCC, 8 ha. CV. Locations : , 50 , . Etang à 200 m. Bord de mer à 1,5 km. ; à 1 km : . A Saint Aygulf, sur route de Roquebrune (RD 7). ☎ 04 94 81 21 81. Fax : 04 94 81 74 04. Web : www.camping-legrandcalme.com.

LE MALBOUSQUET ★★★ Tourisme 75 E., dont 10 GCC, 3 ha. snack, CV. Locations : 5 . Bord de mer à 5 km. à 4 km : ; à 5 km : . Ouv : 1.4 / 30.9. Quartier Malbousquet. Sur la N 7. ☎ 04 94 40 87 30. Fax : 04 94 40 87 30. E-mail : malbousquet@wanadoo.fr, Web : www.camping-malbousquet.com. Prix 2008. Fft jour : Empl. Tourisme (2) : 21 € ; Sup : 7,50 € - de 7 ans 4 € ; 5 à 6 € (6 à 10 A) ; Animaux 3 €.

MONTOUREY ★★★ Loisirs 197 E. dont 25 nus (67 Tourisme + 130 Loisirs) 5 ha. CV. Locations : 130 , . Bord de mer et rivière à 5 km. ; à 4 km : . Accueil groupes. Quartier Montourey. D'Aix-en-Provence autoroute sortie 38 Fréjus, rond-point du Bonfin, prendre à droite, au stop à gauche, rond-point des Caïs, tout droit, après le Colombier au rond-point à gauche. Sur RN 7 prendre à droite, arrivé à la butte prendre à gauche jusqu'au camping. ☎ 04 94 53 26 41. Fax : 04 94 53 26 75. E-mail : montourey@wanadoo.fr, Web : www.campingmontourey.com. Réduction H.S.

CAMP DE SAINT AYGULF PLAGE ★★ Tourisme 1100 E. 22 ha. CV. Locations : 18 , 400 . Bord de mer à 100 m. ; à 1 km : . Ouv : 29.4 / 16.9. 270, avenue Salvarelli. A St Aygulf. RD 7, à 50 m RN 98. ☎ 04 94 17 62 49 / 06 12 44 36 52 (H.S.). Fax : 04 94 81 03 16. E-mail : info@camping-cote-azur.com, Web : www.camping-cote-azur.com. Prix 2007. Fft jour : Empl. Tourisme (2) : 29,50 € ; Sup : 8 € - de 7 ans 4 € ; Animaux 3 € (petit).

SAINT AYGULF PLAGE

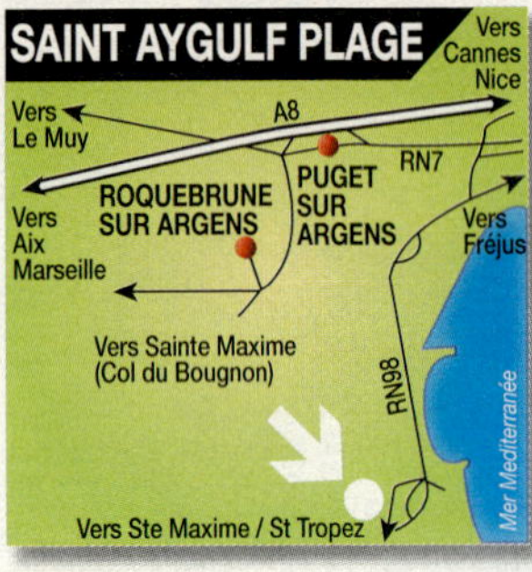

EUROPA ★★ Tourisme 36 E. 2 ha. Locations : , à 4 km : . La Tour de Mare, sur RN 7. ☎ 04 94 53 20 38.

LE MARC HILAIRE 1 ★★ Tourisme 100 E. 1,5 ha. Locations : 2 , 1 , 42 . ; à 3 km : . Ouv : avril / septembre. Allée des châteaux de Villepey, sur D7. ☎ 04 94 81 30 53.

LE PONT D'ARGENS ★★ Tourisme 500 E. dont 460 nus 6,4 ha. CV. Locations : 36 , 7 . chauffée . Accès direct à la rivière. Bord de mer à 500 m. ; . Sortie Le Puget dir. St-Maxime RN 98. ☎ 04 94 51 14 97. Fax : 04 94 51 29 44. Prix 2007. Fft jour : Empl. Tourisme (2) : 29 € ; Sup : 7,50 € - de 7 ans 5,50 € ; Animaux 2,50 €. Réduction H.S.

LE PROVENCAL ★★ Loisirs 233 E. Chemin Etangs Aygulf. ☎ 04 94 81 01 56.

LES ACACIAS ★★ Tourisme 85 E. (78 Tourisme + 7 Loisirs), dont 7 GCC, 1 ha. CV. Locations : 5 . . Bord de mer à 3 km. à 3 km : . 370, rue Henri Giraud. 300 m RN 7. ☎ 04 94 53 21 22.

SITE DE GORGE VENT ★★ Loisirs 230 E. (115 Tourisme + 115 Loisirs), dont 20 CC - 125 GCC, 4 ha. CV. Locations : 40, 20, 6. Bord de mer à 3 km. Quartier Bellevue, 1,5 km RN 7 et à 3 km sortie 38 dir. Fréjus centre-Bellevue, avenue du Général Norbert Riera (à côté du Lac Aurélien). ☎ 04 94 52 90 37. Fax : 04 94 44 41 24. E-mail : gorge.vent@wanadoo.fr, Web : www.frejus.com/gorge.vent. Prix 2007. Fft jour : Empl. Tourisme (2) : 23 € ; Sup : 6 € - de 13 ans 3,50 € ; 3,50 € (3 A) ; Animaux 3 €. Fft Tente : 13 € (2).

LE FREJUS En cours reclassement 290 E. 40 ha. snack, la nuit, CV. Locations : 100, 20, 8. Ouv : 15.1 / 20.12. Route de Bagnols. Sortie autoroute n° 38. ☎ 04 94 19 94 60. Fax : 04 94 19 94 69. E-mail : contact@lefrejus.com, Web : www.lefrejus.com.

CAMPING DE L'AUBERGE DE JEUNESSE boules, CV. A 4,6 km : A 1,4 km : Piscine plein air . A 4,6 km : . A 1,4 km : . A 1 km : . A 4 km : . A 6 km : . Accès par RN 7 puis chemin du Counillier. ☎ 04 94 53 18 75. Fax : 04 94 53 25 86.

Mme SIGAUT Rita La Palud. 573, Route de Bagnols. Sortie A 8 Puget-Argens ou Fréjus et RD 4. ☎ 04 94 51 32 21.

AIRE NATURELLE FELIX

M. MARCHERI Roger,aire naturelle CV. A 2 km: . Ouv : 15.5 / 30.9. Chemin des Etangs. ☎ 04 94 81 03 66. Web : rogermarches i@orange.fr. Réduction H.S.

FFCC : partenaire + réduction emp. de 5 % en saison et 10 % hors saison + réduction loc. de 5 % en saison et 10 % hors saison.

LA GARDE

14-C3 7 km E. Toulon. 85 m. 19846 hab. ✉ 83130

BEAU REGARD ★★ Tourisme 51 E., dont 3 CC, 0,7 ha. Locations : . Bord de mer à 300 m. à 300 m : . Lieu-dit Sainte Marguerite, 50 m RD 42. ☎ 04 94 20 56 35.

LA GARDE FREINET

14-D3 37 km S. Draguignan. 400 m. 1402 hab. Station verte de vacances et village de neige ✉ 83680

LE BERART ★★★ Loisirs 81 E., dont 33 CC - 48 GCC. Locations : . ☎ 04 94 43 21 23. Fax : 04 94 43 32 33.

GASSIN

14-E3 58 km S.-S.-E. Draguignan. 200 m. 2017 hab. ✉ 83580

LE GRAFFONNIER ★★★★ 100 E. ; ; Réservé Comité Entreprise Air-France.

PARC SAINT JAMES ★★★★ Loisirs 400 E. (120 Tourisme + 280 Loisirs), dont 240 GCC, 7 ha. CV. Locations : 40, 133, chauffée. Bord de mer à 3,5 km. ; à 3 km : , ; à 5 km : . Ouv : avril / septembre. A 8 sortie le Muy dir. St-Tropez dir. Croix-Valmer/Cavalaire à environ 1,5 km sur la gauche. ☎ 04 94 55 20 20. Fax : 04 94 56 34 77. E-mail : info@camping-parcsaintjames.com, Web : www.camping-parcsaintjames.com. Prix 2008. Fft jour : Empl. Tourisme (1) : 37 € () ; Sup : 5 € - de 4/10 ans 4 € ; Animaux 5 €.

LE MOULIN DE VERDAGNE ★★★ Tourisme 135 E. 6,3 ha. CV. Locations : 10 . Bord de mer à 5 km. Dir. Croix Valmer puis dir. du stade. ☎ 04 94 79 78 21. Fax : 04 94 54 22 65.

FFCC : partenaire - terrain assuré par la FFCC.

PARC RESIDENTIEL DE LOISIRS L'OASIS P.R.L. 130 E.

Mme DURBEC Bernadette A 1 km: . Jauffret. Route Croix Valmer 559, à proximité de la ferme. Bois, pré herbeux. Golfe de St-Tropez. ☎ 04 94 56 27 78. Fax : 04 94 56 27 78.

FFCC : partenaire - terrain assuré par la FFCC .

GINASSERVIS

14-C2 68 km N.-O. Brignoles. 350 m. 779 hab. ✉ 83560

CAMP MUNICIPAL ★★★ Tourisme 27 E. 0,3 ha. ☎ 04 98 05 21 41.

GRIMAUD

14-D3 48 km S. Draguignan. 100 m. 2911 hab. ✉ 83310

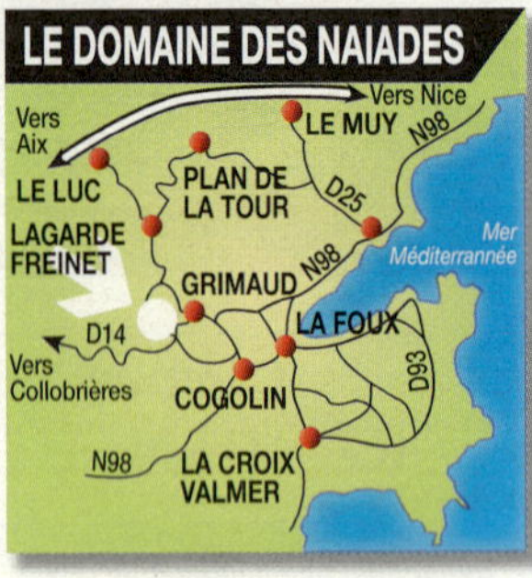

DOMAINE DES NAIADES ★★★★ Tourisme 406 E. 13 ha. CV Sanitaire chauffé. Locations : 193, chauffée . Bord de mer à 900 m. ; à 900 m : . Ouv : 5.4 / 1.11. A 8 jusqu'à Le Muy direction Ste-Maxime/St-Tropez par RN 98. Après Ste-Maxime, au 1er rond-point (5 km) tourner à droite dir. du Cros d'Entassi. Flèchage à partir du rond-point. ☎ 04 94 55 67 80. Fax : 04 94 55 67 81. E-mail : info@lesnaiades.com, Web : www.lesnaiades.com. Prix 2008. Fft jour : Empl. Tourisme (3) : 48 € ((10 A)) ; Sup : 8 € (haute saison)Animaux 5 €. Réduction H.S.

HOLIDAY MARINA ★★★ Tourisme 180 E. saison, . Locations : 60 . Accès direct à la rivière. Bord de mer à 900 m. ; à 900 m : . Ouv : 1.3 / 31.12. Sortie autoroute Cannet des Maures, dir. Saint-Tropez, rond-point La Foux RN 98, direction Ste-Maxime. Sortie autoroute Le Muy dir. Ste-Maxime puis St-Tropez sur la RN 98 à la hauteur de Port-Grimaud sur la droite. ☎ 04 94 56 08 43. Fax : 04 94 56 23 88. E-mail : info@holiday-marina.com, Web : www.holiday-marina.com. Prix 2008. Fft jour : Empl. Tourisme (2) : 49 € (E. CC E. GCC) Réduction H.S.

FFCC : partenaire + réduction emp. de 5 % en saison et 10 % hors saison + carte FFCC assurance annulation + Stop accueil Camping-car du 01/03 au 31/12/2008, accès jusqu'à 18h sauf juillet et août 22h + réduction loc. de 5 % en saison et 10 % hors saison.

LA PINEDE ★★★ Tourisme 206 E. (181 Tourisme + 25 Loisirs), dont 25 GCC, 3,9 ha. CV. Locations : 30. couverte. Bord de mer à 2 km. à 1,5 km : . Accueil groupes. Ouv : 1.4 / 10.10. Sur RD 14. ☎ 04 94 56 04 36. Fax : 04 94 56 30 86. E-mail : pinede-grimaud@wanadoo.fr, Web : www.campingpinede.net. Prix 2007. Fft jour : Empl. Tourisme (2) : 28 € () ; Sup : 5 € - de 7 ans 3 € ; 5 € (10 A) ; Animaux 2 €.

FFCC : partenaire + réduction emp. de 5 % en saison + Stop accueil Camping-car toute l'année, accès jusqu'à 18h + réduction loc. de 5 % en saison.

LA PLAGE ★★★ Tourisme 450 E. 10 ha. CV. Accès direct à la mer. Sur RN 98. ☎ 04 94 56 31 15. Fax : 04 94 56 49 61. E-mail : campingplagegrimaud@wanadoo.fr, Web : www.camping-de-la-plage.fr. Prix 2007. Fft jour : Empl. Tourisme (2) : 27 € () ; - de 6 ans 3,40 € ; 4,40 à 8,50 € (4 à 10 A) ; Animaux 1,80 €. Réduction H.S.

LES MURES ★★★ Tourisme 673 E. dont 612 nus, 7 ha. bal, CV. Locations : 57. Accès direct à la mer. Sur RN 98. ☎ 04 94 56 16 97. Fax : 04 94 56 37 91. E-mail : info@camping-des-mures.com, Web : www.camping-des-mures.com. Prix 2007. Fft jour : Empl. Tourisme (2) : 31 € () ; Sup : 7 € - de 5/13 ans 5 € ; Animaux 2 €. Fft Tente : 27 € (2).

LES PRAIRIES DE LA MER ★★★ Tourisme 1400 E. 20 ha. CV. Locations : , , 187 , , , , . Accès direct à la mer. ; à 7 km : . RN 98 quartier St Pons au carrefour giratoire. ☎ 04 94 79 09 09. Fax : 04 94 79 09 10. E-mail : prairies@riviera-villages.com, Web : www.riviera-villages.com.

CHARLEMAGNE ★★ Loisirs 100 E. dont 58 nus (50 Tourisme + 50 Loisirs) 1,5 ha. CV. Locations : 22, 12, 6. . Accès direct à la rivière. Bord de mer à 5 km. Accueil groupes. Ouv : 1.1 / 31.12. Rés. obligatoire en été. Sortie autoroute n°13 Rivière à sec l'été. ☎ 04 94 43 22 90. Fax : 04 94 43 37 13. E-mail : infos@camping-charlemagne.com. Prix 2008. Fft jour : Empl. Tourisme (2) : 22 € Sup : 7 € - de 10 ans 5 € ; 3 à 4 € (4 à 6 A) ; Animaux 5 €.

DOMAINE DU GOLFE DE ST TROPEZ ★ Loisirs 95 E. (40 Tourisme + 55 Loisirs). saison, CV. Locations : 30, . . Bord de mer à 2,5 km. Accueil groupes. ☎ 04 94 43 26 95. Fax : 04 94 43 21 06. E-mail : info@golfe-st-tropez.com, Web : golfe-st-tropez.com. Réduction H.S.

CARAVANING MARIN En cours reclassement E. Rés. excl. aux membres du Club Caravanier du Caravaning Marin.

M. CANNOVA Sauveur . A 50 m : . A 300 m : . A 3 km: . Ferme de Pierrascas. Chemin des Vignaux. ☎ 04 94 43 36 27 / 06 16 33 00 26. Fax : 04 94 43 36 27.

FFCC : partenaire - terrain assuré par la FFCC .

M. FERRERO Claude . A 300 m : . A 800 m : . A 1 km: Piscine plein air . A 2 km : . St Pons les Mures, à proximité de la ferme. Ombragé. Mer à 1 km. Glace à rafraîchir. Pain, croissants. ☎ 04 94 56 03 30.

FFCC : partenaire - terrain assuré par la FFCC .

M. REBOUL Jean-Paul . A 1,5 km: . A 1 km : . A 2 km : . A 3 km : . A 6 km : Piscine plein air. Domaine du Pré St-Michel. 1 km Sud Est de la commune, à proximité de la ferme. Petit bois entouré de vignes, mer à 3 km. Terrain très calme. ☎ 04 94 43 20 87.

M. LYONS Gérard,aire naturelle CV. A 2 km: . Hameau Les Cagnignons, par RD 14, à 5 km de la commune, à proximité de la ferme. Terrain herbeux. ☎ 04 94 56 34 51. Fax : 04 94 56 51 26. E-mail : lyons.cagnignons@wanadoo.fr.

Mme FERRARO Jeanine,aire naturelle . A 500 m : . A 2 km: . Les Cagnignons, CD 14, à 4 km de la commune, à proximité de la ferme. Ombragé en terrasse. ☎ 04 94 56 08 68.

FFCC : partenaire - terrain assuré par la FFCC .

HYERES

14-D3 18 km E. Toulon. 41739 hab. ✉ 83400

CLOS ROSE MARIE ★★★★ Loisirs 54 E. (20 Tourisme + 34 Loisirs), dont 20 CC - 34 GCC. CV. Locations : 10, 3. . Rivière à 400 m. Bord de mer à 800 m. ; à 800 m : . 1029, route Vieux Salins. ☎ 04 94 66 41 21 / 06 80 30 51 63. Fax : 04 94 66 40 41. E-mail : campingrebout@wanadoo.fr, Web : perso.wanadoo.fr/camping.rebout/.

FFCC : partenaire - terrain assuré par la FFCC.

LE CEINTURON III ★★★★ Tourisme 200 E., dont 26 GCC - 26 HLL, 2,5 ha. juillet/août, Sanitaire chauffé. Locations : 36. Rivière à 200 m. Bord de mer à 80 m. à 80 m : ; à 200 m : ; à 2 km : ; à 3 km : . Ouv : 16.3 / 30.9. A Ayguade-Ceinturon, 50 m RD 42. ☎ 04 94 66 32 65. Fax : 04 94 66 48 43. E-mail : ceinturon3@securmail.net, Web : www.provence-campings.com/azur/ceinturon 3.htm. Prix 2007. Fft jour : Empl. Tourisme (2) : 22,20 € ; Sup : 5,35 € - de 7 ans 2,90 € ; 3 à 4 € (6 à 10 A) ; Animaux 3,70 €.

CAMP INTERNATIONAL ★★★ Tourisme 161 E. dont 66 nus, dont 50 CC - 56 GCC - 40 HLL, 2,5 ha. CV. Locations : 100. chauffée. Bord de mer à 400 m. ; à 3 km : . Ecole sur place. Accueil groupes. Ouv : 1.4 / 7.11+ Noël. Rés. obligatoire en été et en hiver. 1737, route de la Madraque, lieu-dit La Réserve, à 1,5 km RD 97. ☎ 04 94 58 90 16. Fax : 04 94 58 90 50. E-mail : thierry.coulomb@wanadoo.fr, Web : www.international-giens.com. Prix 2007. Fft jour : Empl. Tourisme (2) : 24 €

CAMP OLBIA ★★★ Tourisme 100 E. (97 Tourisme + 3 Loisirs), dont 3 CC, 1,3 ha. Locations : . Bord de mer à 100 m. . Lieu-dit La Madrague, à Giens. ☎ 04 94 58 21 96.

CAMPEOLE EUROSURF ★★★ Tourisme 600 E. (472 Tourisme + 128 Loisirs) 6 ha. CV. Locations : 40, 49, 65. Bord de mer à 20 m. Plage de la Capte. ☎ 04 94 58 00 20. Fax : 04 94 58 03 18. E-mail : cpleurosurf@atciat.com, Web : www.campeoles.fr.

LA PRESQU'ILE DE GIENS ★★★ Tourisme 460 E. (358 Tourisme + 102 Loisirs), dont 156 GCC - 40 HLL, 5 ha. électrique, 2, CV Sanitaire chauffé. Locations : 56, 68. Bord de mer à 800 m. à 800 m : ; à 1 km : . Ouv : 22.3 / 5.10. 153, route de la Madrague. De Toulon par A 570 dir. Hyères puis dir. Giens-Les Iles par la D 97, camping à 10 km. ☎ 04 94 58 22 86. Fax : 04 94 58 11 63. E-mail : info@camping-giens.com, Web : www.camping-giens.com. Prix 2008. Fft jour : Empl. Tourisme (2 1 - de 5 ans) : 20,90 € ; Sup : 6,60 € 4,90 à 5,70 € (6 à 16 A) ; Animaux 2,80 €. Réduction H.S.

LE CLAIR DE LUNE ★★★ Tourisme 40 E. (28 Tourisme + 12 Loisirs), dont 7 CC, 0,8 ha. saison, CV Sanitaire chauffé. Locations : 23, 9, 10. Bord de mer à 300 m. à 300 m : ; à 1 km : ; à 2 km : . Accueil adultes. Ouv : 1.2 / 15.11. Rés. obligatoire en été. Route de la Madrague, presqu'île de Giens, au pied du village. N'ACCEPTE NI LES CAMPING-CARS NI LES CARAVANES. ☎ 04 94 58 20 19. Fax : 04 94 58 15 90. E-mail : contact@campingclairdelune.com, Web : www.campingclairdelune.com. Prix 2007. () ; 6 € ; - de 2/7 ans 3 € ; 2,50 €. Fft Tente : 21 € (2).

LE PORT POTHUAU ★★★ Tourisme 380 E. dont 80 nus, , dont 250 GCC, 6 ha. ap. 23 h, CV. Locations : 3, 60. Rivière à 100 m. Bord de mer à 1 km. à 100 m : ; à 1 km : . Accueil groupes. Ouv : 2.4 / 23.10. Rés. obligatoire en été. Les Salins d'Hyères, 4 km Est de Hyères, par N 98 et D 12. Vente et emplacements à l'année pour mobile-homes. ☎ 04 94 66 41 17. Fax : 04 94 66 33 09. E-mail : pothuau@free.fr, Web : www.campingportpothuau.com. Prix 2007. Fft jour : Empl. Tourisme (3) : 38 € ((6 A)) ; Sup : 5 € - de 7 ans 4 € ; Animaux 3 €. Réduction H.S.

LES PALMIERS ★★★ Tourisme 345 E. 5,5 ha. gaz/électrique, CV. Locations : 150. Bord de mer à 300 m. Rivière à 500 m. à 50 m : ; à 300 m : ; à 3 km : . A Ayguade-Ceinturon, 300 m RD 42. ☎ 04 94 66 39 66. Fax : 04 94 66 47 30. E-mail : contact@camping-les-palmiers.fr, Web : www.camping-les-palmiers.fr.

LES PINS MARITIMES ★★★ Tourisme 700 E., dont 122 GCC, 37 ha. Locations : , 40. Bord de mer à 200 m. à 200 m : . Domaine du Ceinturon. ☎ 04 94 66 34 07. Fax : 04 94 66 33 57. E-mail : reception@lespinsmaritimes.fr, Web : www.lespinsmaritimes.fr.

SAINT PIERRE DES HORTS ★★★ Tourisme 140 E. 1,8 ha. pain, à gaz, CV. Locations : 2, 8, 3, 6. Bord de mer à 400 m. à 400 m : ; à 500 m : ; à 4 km : . 2503, chemin de la Font des Horts. A 200 m RN 559. ☎ 04 94 57 65 31 / 04 94 38 93 38. Fax : 04 94 38 93 38.

VERT GAPEAU ★★★ Tourisme 260 E. (180 Tourisme + 80 Loisirs) 5 ha. Locations : 21. Accès direct à la rivière. Etang à 1 km. ; à 6 km : . RD 12. Vallée de Sauvebonne. ☎ 04 94 65 68 55. Fax : 04 94 65 68 55. Web : vertgapeau.com.

CAMP BERNARD ★★ Tourisme 100 E. Bord de mer à 50 m. ☎ 04 94 66 30 54. Fax : 04 94 66 48 30.

LE CAPRICORNE ★★ Tourisme 115 E. (92 Tourisme + 23 Loisirs), dont 8 CC, 1,85 ha. CV. Locations : 10, 10. Rivière à 500 m. Bord de mer à 1,5 km. ; à 500 m : ; à 1,5 km : . Ouv : 1.4 / 30.9. Route des Vieux Salins, par la D 12 et RN 98. De Toulon par A 570 ensuite sortir de Hyères par voie rapide N 98 direction est Hyères Le Lavandou bretelle Les Salins D 12. ☎ 04 94 66 40 94. Fax : 04 94 66 46 88. E-mail : capricorne1@libertysurf.fr, Web : www.sitevoila.fr/capricorne. Prix 2008. Fft jour : Empl. Tourisme (2) : 16 € ; Sup : 4 € - de 7 ans 2,50 € ; Animaux 2,45 €. Fft Ccar : 22 € (2 (6 A)).

LE MEDITERRANEE ★★ Tourisme 128 E. (65 Tourisme + 63 Loisirs) 1,3 ha. CV. Locations : 42, 1. Bord de mer à 100 m. Accueil groupes. Ouv : Pâques / 30.9. Quartier du Pousset. Près RN 97, presqu'île de Giens. ☎ 04 94 58 21 06. Fax : 04 94 58 96 73. E-mail : accueil@campinglemed.fr, Web : www.campinglemed.fr. Prix 2007. Fft jour : Empl. Tourisme (3) : 24,50 € ; Sup : 4,50 € - de 7 ans 2,35 € ; Animaux 2,27 €. Réduction H.S.
FFCC : partenaire + réduction emp. de 5 % hors saison + carte FFCC assurance annulation + réduction loc. de 5 % hors saison.

LE PARC ★★ Tourisme 199 E. CV. Camping clef verte. Locations : 40. Bord de mer à 80 m. Ouv : 15.6 / 9.11. 28, rue des Langoustiers. A Ayguade-Ceinturon 80 m RD 42 dir. aéroport. Front de mer entre le port et l'Ayguade. ☎ 04 94 66 31 77. Fax : 04 94 66 44 02. E-mail : parcetplage@aol.com ou contact@parc-plage.com.

L'ILE D'OR ★★ Tourisme 150 E. (120 Tourisme + 30 Loisirs) 1,6 ha. CV. Locations : 20. Bord de mer à 400 m. Etang à 1 km. à 400 m : ; à 800 m : ; à 1 km : . Accueil groupes. Ouv : 30.5 / 10.9. Lieu-dit Le Pousset, 400 m RD 97. ☎ 04 94 58 20 55 / 04 94 58 90 16 (H.S.). Fax : 04 94 58 90 50. E-mail : thierry.coulomb@wanadoo.fr, Web : www.camping-iles-d-or.com. Prix 2007. Fft jour : Empl. Tourisme (2) : 24 €

COLOMBERO ★ Tourisme 17 E. Route Ayguade. Ile du Levant. ☎ 04 94 05 90 29.

DOMAINE NATURISTE LA PINEDE ★ Tourisme 16 E. 0,15 ha. collectif, Rés. naturiste. Locations : 8, 1. Bord de mer à 500 m. ; à 800 m : , au port. Ile du Levant. Port du Lavandou. Accepte seulement les tentes sans véhicule. ☎ 04 94 05 92 81. E-mail : dorichert@wanadoo.fr, Web : campingdulevant.free.fr.

L'OASIS ★ Loisirs 240 E., dont 160 CC - 80 GCC. 130, chemin Traversier du Plan. L'Ayguade. ☎ 04 94 66 34 85. Fax : 04 94 66 44 70.

LA BERGERIE En cours reclassement E. 0,73 ha. snack, Sanitaire chauffé. Locations : 8. Bord de mer à 100 m. à 100 m : ; à 200 m : . 4231, route de Giens. ☎ 04 94 58 91 75. Fax : 04 94 58 14 28.

M. DARRE Lucien, camping Les Loubes A 5 km: . Les Loubes. D 276, à 3 km Ouest de la ville. Terrain légèrement pentu, ombragé. Rivière à 6 km. Emplacements délimités de 140 m2. ☎ 04 94 57 47 74.

M. ESTEVE André, camping Les Peupliers CV. A 500 m : . A 800 m : . A 1,5 km: . Le Palyvestre. 1210, avenue de l'Aéroport. ☎ 04 94 57 40 33 (H.R.) / / 04 94 38 95 94 (H.S.). Fax : 04 94 57 40 33.

M. RIBERO Giovanni, Mare e Sole A 800 m : . A 1,5 km: . 1655, chemin du Palyvestre. N 559. ☎ 04 94 38 58 36 / 04 94 57 55 21. Fax : 04 94 57 55 21. E-mail : mail@mareesole.com, Web : www.mareesole.com.

M. SANTOLIA José A 200 m : . A 4 km: . 810, chemin du Roubaud. Quartier Les Nartettes, parc Olbius Riquier. ☎ 04 94 57 25 00. E-mail : campingriquier@free.fr.

Mme PROSPER Anne-Marie en face, CV. A 1 km: . A 2 km : . A 3 km : Piscine plein air. L'Oustau de l'Acampado, 1464, avenue Alfred Décugis, chemin communal 15, à 3,5 km de la commune, à proximité de la ferme. Vergers herbeux, ombragés. Location de caravanes. ☎ 04 94 57 37 19.

camping caravaning
CAMPING
Camping La Presqu'île de Giens ★★★
Côte d'Azur
Camping Qualité
Une situation exceptionnelle, en plein cœur de la Méditerranée, entre deux plages de sable fin, sur la Presqu'île de Giens. Un camping de qualité, très ombragé, avec bar, restaurant, supermarché, boulangerie, aire de jeux, club enfants…
Une animation variée et soignée en saison : cinéma, kayak de mer, plongée sous-marine, gym-tonic, randonnées pédestres, spectacles divers, soirées…
LOCATION de MOBILHOMES et CHALETS à partir de 225€ la semaine
Documentation gratuite sur demande
Nouveauté.
Ouverture d'une résidence de vacances*** en bord de mer face aux Iles d'Hyères. Location d'appartements climatisés grand confort de 3 à 7 personnes
www.residence-lagabiniere.com
Gîtotel
Chèque-Vacances
Pour 2 semaines de location, la 3e offerte
Du 22/03 au 28/06 et du 30/08 au 05/10
20 à 50% de réduction en hors-saison
153, route de la Madrague - Giens - 83400 HYÈRES
Tél. 04 94 58 22 86 - Fax. 04 94 58 11 63
www.camping-giens.com - E.mail : info@camping-giens.com

CAMPING ★★★
Les Pins Maritimes
Au milieu d'une forêt de pins, à 200 m des plages, lieu idyllique pour les planches à voile, bain, pêche, ski nautique, yachting et tous les sports de la mer, un climat idéal vous attendent à Hyères.
LES PINS MARITIMES
1633, avenue de la Marine
83400 Hyères-les-Palmiers
Tél. 04.94.66.34.07 - Fax 04.94.66.33.57
E-mail : reception@lespinsmaritimes.fr
http://www.lespinsmaritimes.fr
✔ VENTE de MOBILE-HOMES neufs.
✔ LOCATION d'EMPLACEMENTS (de 100 à 200 m) viabilisés pour l'installation de votre mobile-home.
RESERVATIONS et doc. gratuite sur simple demande
Le camping est pourvu en WI-FI

M. HONORE Robert,aire naturelle Belle de Mai CV. A 5 km: . Ouv : 15.6 / 15.9. 2285, route de Loubes. Autoroute Toulon/Hyères sortie n° 8 La Resence, dir. Le Pradet/La Moutonne. ☎ 04 94 38 46 65. Fax : 04 94 38 46 65. E-mail : camping.belle.de.mai@hotmail.fr, Web : kettymiguola.free.fr/campingbelledemai/. Prix 2007. Fft jour : Empl. Tourisme (2) : 19,08 € ; Sup : 4,50 € - de 8 ans 2,25 € ; Animaux 1,50 €.

Mme BERNA Elise,aire naturelle Les Joseph CV. A 150 m : . Ouv : 15.6. 2642, Chemin St-Lazare. ☎ 04 94 66 45 22 / 04 94 66 42 23 (H.S.). Fax : 04 94 66 42 23. Prix 2008. Empl. Tourisme : 4,50 € ; 4,50 € ; 4,50 € ; - de 7 ans 3,90 € ; 3,60 à 3,70 € (6 à 10 A).

FFCC : partenaire + réduction emp. de 5 % en saison et 15 % hors saison + carte FFCC assurance annulation + réduction loc. de 5 % en saison et 15 % hors saison.

ISSAMBRES

22 km S.-E. Draguignan 13 m. 11349 hab. ✉ 83380

Voir ROQUEBRUNE-SUR-ARGENS

LE LAVANDOU

14-D3 43 km E. Toulon. 4275 hab. ✉ 83980

CARAVANING SAINT CLAIR ★★★ Tourisme 54 E. 1,2 ha. CV Sanitaire chauffé. Bord de mer à 100 m. ; ; ; à 100 m : . RN 559, 2 km après Le Lavandou dir. St-Tropez par le bord de mer. Réservé exclusivement aux caravanes et camping-cars. ☎ 04 94 01 30 20. Fax : 04 94 71 43 64. Réduction H.S.

LE PRAMOUSQUIER ★★★ Tourisme 180 E. 3 ha. CV. Locations : 10 . Bord de mer à 500 m. à 500 m : , , . 50 m RN 559. ☎ 04 94 05 83 95. Fax : 04 94 05 75 04.

BEAU SEJOUR ★★ Tourisme 135 E. 0,9 ha. Bord de mer à 1 km. ☎ 04 94 71 25 30.

C.C.A.S. LES MIMOSAS ★★ Tourisme 187 E.

CAMP DU CREDIT LYONNAIS ★★ Loisirs 52 E.

LEI SUVES ★★ Tourisme 40 E., dont 24 CC. Quartier Blavet. ☎ 04 94 45 43 95.

LES CITRONNIERS ★★ Tourisme 22 E. 0,25 ha. Locations : . Bord de mer à 900 m. à 800 m : , , , . Lieu-dit La Grande Bastide, RN 559. Sur route de la Favière-Benat. ☎ 04 94 64 96 15. E-mail : lescitronniers@aol.com.

L'HUBAC DU BLEU ★★ Tourisme 45 E. (25 Tourisme + 20 Loisirs). CV. Locations : . Bord de mer à 1,5 km. Ouv : Pâques / 30.9. Lieu-dit Cavalière. ☎ 04 94 05 86 07 / 06 23 42 55 55 (H.S.). Fax : 04 94 05 86 07.

SAINT PONS ★★ Tourisme 140 E. (125 Tourisme + 15 Loisirs), dont 16 CC, 1,7 ha. Locations : 22 . Bord de mer à 800 m. à 800 m : , , . Avenue du Maréchal Juin. ☎ 04 94 71 03 93. Fax : 04 94 71 03 93. E-mail : campingstpons@wanadoo.fr.

M. GHIDUCI Marcel A 300 m : . Saint Clair, RN 559, à 1 km Sud-Est de la commune. Terrain herbeux. ☎ 04 94 71 29 76.

Mme BUSCHIAZZO Marie,camping La Cascade . A 400 m : . A 450 m : . A 2 km: . Ouv : juin / septembre. 305, chemin de la Cascade St-Clair. N 559. ☎ 04 94 38 95 94.

Mme GIRAUD Gisèle . A 800 m : . La Grande Bastide. ☎ 04 94 71 05 99 / 04 94 71 26 05. Fax : 04 94 71 26 05.

LA LONDE LES MAURES

14-D3 25 km E. Toulon. 5448 hab. ✉ 83250

LA FORGE ★★★ Tourisme 30 E., dont 10 CC - 20 GCC, 1,2 ha. CV. Locations : 3 , 12 , 3 , . à 3 km : , . Route des Jassons.D 88. ☎ 04 94 66 82 65.

LA PASCALINETTE ★★★ Tourisme 269 E., dont 16 CC - 16 GCC, 4 ha. CV. Locations : 14 , 12 . Bord de mer à 3 km. à 3 km : , , . Accueil groupes. Ouv : 1.6 / 15.9. Près RN 98. ☎ 04 94 66 82 72 / 04 94 87 46 62 (H.S.). Fax : 04 94 87 55 76. E-mail : camping.lapascalinette@orange.fr. Prix 2007. Fft jour : Empl. Tourisme (2) : 17,50 € ; Sup : 3,30 € - de 13 ans 2,20 € ; 3,90 € (6 A). Réduction H.S.

FFCC : partenaire - terrain assuré par la FFCC.

LE PANSARD ★★★ Tourisme 400 E., dont 7 GCC, 6,5 ha. la nuit. Locations : 100 , . Accès direct à la mer. ; ; ; . Accueil groupes. Ouv : 1.4 / 30.9. 2,5 km Sud RN 98. ☎ 04 94 66 83 22. Fax : 04 94 66 56 12. E-mail : pansardcamping@aol.com, Web : www.provence-campings.com/azur/pansard/. Prix 2007. Fft jour : Empl. Tourisme (3) : 28 € ; Sup : 7 € - de 7 ans 4 € ; 4,50 €.

LE VAL ROSE ★★★ Loisirs 165 E. (45 Tourisme + 120 Loisirs), dont 120 GCC, 2,48 ha., snack, , pain, . Locations : 80 , chauffée . Bord de mer et étang à 5 km. à 5 km : , . Accueil groupes. Sur RD 559, à 4 km de la commune. Borne WIFI. ☎ 04 94 66 81 36. Fax : 04 94 66 52 67. E-mail : info@parcvalrose.com, Web : www.camping-valrose.com. Réduction H.S.

LES MOULIERES ★★★ Tourisme 250 E. dont 250 nus, 3 ha. CV. . Bord de mer à 800 m. ; ; à 800 m : , . 2 km RN 98. ☎ 04 94 01 53 21. Fax : 04 94 01 53 22. E-mail : camping.les.moulieres@wanadoo.fr, Web : www.provence-campings.com/azur/moulieres. Prix 2007. Fft jour : Empl. Tourisme (2) : 24 € / Sup : 5,50 € - de 7 ans 4 € ; 5 € (6 A) ; Animaux 3 €.

MIRAMAR CAMPING ★★★ Tourisme 241 E. 3 ha. ap. 23 h, CV. Bord de mer à 200 m. à 200 m : , , , ; à 10 km : . 1026, boulevard Louis Bernard, à 2 km au Sud de la voie rapide direction les plages. Camp uniquement pour familles ou couples. ☎ 04 94 66 80 58. Fax : 04 94 66 80 98. E-mail : camping.miramar.lalonde@wanadoo.fr, Web : www.provence-campings.com/azur/miramar. Réduction H.S.

LA BRULADE ★★ Tourisme 74 E. (68 Tourisme + 6 Loisirs), dont 6 GCC. , snack, CV. Locations : 6 , 10 , . Bord de mer à 1,5 km. ; ; ; ; . Domaine de la Brulade. Au centre ville dir. du port et des plages. ☎ 04 94 66 86 28. Fax : 04 94 66 86 28.

LA PABOURETTE ★★ Tourisme 75 E. 1 ha. buvette, snack, . Etang et lac à 2 km.Bord de mer à 4 km. à 2 km : ; à 3 km : , ; à 4 km : . Sur RN 98. Ancienne rte dir. Lavandou/Bormes. Ne jamais emprunter l'autoroute. Traverser obligatoirement le village de la Londe-Les-Maures puis suivre dir. du Jardin des Oiseaux et à 800 m à droite. ☎ 04 94 66 80 92.

Mme CHRETIENNE Monique . A 3 km: . Le Paluel. N 98. ☎ 04 94 66 81 90.

LE LUC

14-D2 28 km S.-O. Draguignan. 6068 hab. ✉ 83340

LES BRUYERES ★★ Tourisme 50 E. 5 ha. visiteur, CV. Locations : 7 , 5 , . Etang à 2 km. . Route de la base de loisirs. ☎ 04 94 73 47 07. Fax : 04 94 60 99 26.

LA MARTRE

14-D1 50 km N.-E. Draguignan. 997 m. 133 hab. ✉ 83840

CAMP MUNICIPAL DE FONT-VIEILLE ★ Tourisme 7 E. . Accès direct à la rivière. ; . Quartier Les Greyttes. ☎ 04 94 60 47 90. Fax : 04 94 60 47 94. Prix 2007. Empl. Tourisme : 8 € ;

FFCC : Stop accueil Camping-car du 01/04 au 30/09/2008, accès jusqu'à 20h.

MEOUNES LES MONTRIEUX

14-C3 28 km N. Toulon. 276 m. 928 hab. ✉ 83136

AUX TONNEAUX ★★ Loisirs 50 E. (17 Tourisme + 33 Loisirs) 2,5 ha. . Locations : , 14 . . Accès direct à la rivière. ; . Lieu-dit Les Ferrages, 300 m RN 554, sortie du village. ☎ 04 94 33 98 34.

FFCC : partenaire - terrain assuré par la FFCC.

LE GAVAUDAN BLUE GARDEN En cours reclassement 33 E. 6 ha. CV. Locations : 8 , 10 . . Accès direct à la rivière. ; . RN 554. A 100 m de la RD 554. Possibilité de 1/2 pension. ☎ 04 94 48 95 34. Fax : 04 94 48 97 61. Web : www.chateau-gavaudan.com. Prix 2007. Fft jour : Empl. Tourisme : 24 € ; Sup : 2 € - de 11 ans 1 €.

LA MOLE

14-D3 51 km S. Draguignan. 344 hab. ✉ 83310

PACHACAID ★★★★ Tourisme 301 E., dont 301 GCC. CV. Locations : 400 , . Route du Canadel. Sortie autoroute Le Luc vers St-Tropez. A la sortie de Grimaud dir. Cogolin puis La Mole. A l'entrée de La Mole, à l'aérodrome prendre la route du Canadel. ☎ 04 94 55 70 80. Fax : 04 94 49 59 26. E-mail : pacha@pachacaid.com, Web : www.pachacaid.com.

MONTAUROUX

14-E2 40 km E.-N.-E. Draguignan. 365 m. 1997 hab. ✉ 83440

CAMP DE LOISIRS DU LAC ★★★ Loisirs 197 E. (67 Tourisme + 130 Loisirs), dont 197 GCC, 5,5 ha. , hte saison, CV. Locations : 10 . . Lac à 1,5 km. à 1,5 km : , . Ouv : 1.1 / 31.12. Domaine de la Chesnaie. Le Plan Oriental. CD 562. ☎ 04 94 76 46 26. Fax : 04 94 47 66 16. E-mail : contact@campingdulac.fr, Web : www.campingdulac.fr. Prix 2007. Fft jour : Empl. Tourisme : 18 € () ; Sup : 7,50 € - de 7 ans 5,50 € ; 2,50 à 3 € (6 à 10 A) ; Animaux 3 €.

FFCC : partenaire + carte FFCC assurance annulation.

LES FLORALIES ★★★ Tourisme 62 E. 1 ha. CV. Locations : 4 , 10 . . Lac à 3 km.Rivière à 5 km. à 2 km : , , . Accueil groupes. Ouv : 1.4 / 30.9. Sur RD 37, à 1 km RN 562. A 8 sortie les Adrets de l'Estérel. ☎ 04 94 76 44 03 / 06 15 39 40 96 (H.S.). Fax : 04 94 76 44 03. E-mail : cfloralie@wanadoo.fr.

FFCC : partenaire - terrain assuré par la FFCC.

LES CHAUMETTES ★★ Tourisme 120 E. . ☎ 04 94 76 43 27.

MONTMEYAN

14-C2 45 km N. Brignoles 299 hab. ✉ 83670

CHATEAU DE L'EOUVIERE ★★★★ Tourisme 81 E. . . A 6 sortie Saint-Maximin puis dir. Barjols. Activités sportives : canoë-kayak, aquagym, volley... ☎ 04 94 80 75 54. Fax : 04 94 80 75 54. E-mail : contact@leouviere.com, Web : www.leouviere.com.

RAIOLA LOISIRS ★★ Tourisme 31 E. dont 16 nus, dont 14 GCC. , collectif ou individuel au gaz, CV Sanitaire chauffé. Locations : 10 , 5 . . à 6 km : , . Les Ferrayons. Sur la route de Quinson. ☎ 04 94 80 78 98 / . Fax : 04 94 80 78 98. E-mail : , Web : . Réduction H.S.

Toute l'année, les Clubs organisent des rassemblements, des rencontres ou des voyages. Consultez la liste des Clubs en fin de guide.

LE MUY

14-D2 13 km S.-E. Draguignan. 30 m. 5449 hab. ✉ 83490

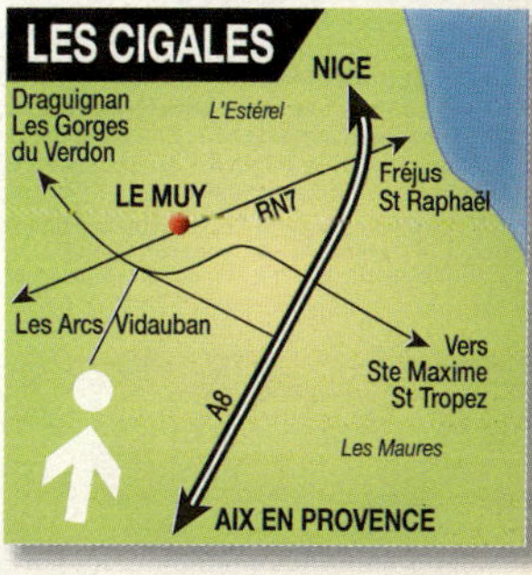

LES CIGALES ★★★★ Tourisme 180 E. (170 Tourisme + 10 Loisirs), dont 10 GCC - 11 HLL, 12,5 ha. CV. Camping clef verte. Locations : 29, 6. chauffée. Rivière à 3 km. à 3 km : . Ouv : 1.4 / 29.9. 721, chemin du Jas de la Paro. Sortie Le Muy A 8 puis à 200 m 1ère gauche ou RN 7 dir. A 8 puis 1ère à droite. Accès internet + WIFI gratuit ☎ 04 94 45 12 08. Fax : 04 94 45 92 80. E-mail : contact@les-cigales.com, Web : www.les-cigales.com. Prix 2008. Fft jour : Empl. Tourisme (2) : 29,50 € ; Sup : 8,50 € - de 3/11 ans 4,50 € ; 4,50 € (10 A). Réduction H.S.

LA NOGUIERE ★★★ Tourisme 349 E. dont 136 nus, 11 ha. CV Sanitaire chauffé. Locations : 46. Accès direct à l'étang. Rivière à 200 m. ; à 200 m : . Accueil groupes. 200 m RN 7. ☎ 04 94 45 13 78. Fax : 04 94 45 92 95. E-mail : info@rcn-domainedelanoguiere.fr, Web : www.rcn-campings.fr. Réduction H.S.

LE SELLIG ★★★ Loisirs 81 E. (35 Tourisme + 46 Loisirs), dont 25 GCC, 1,5 ha. CV. Locations : 3, 6. Rivière à 2 km.Lac à 5 km. Ouv : 1.3 / 15.10. Rés. obligatoire en été. Sur RN 7, quartier Barnafé. ☎ 04 94 45 11 71. Fax : 04 94 81 83 27. E-mail : camping.sellig@wanadoo.fr, Web : www.campingsellig.com. Prix 2008. Empl. Tourisme : 12 € () ; 7 € ; - de 7 ans 4,50 € ; Animaux 4 €. Fft Ccar : 10 € (2).

FFCC : partenaire + carte FFCC assurance annulation + Stop accueil Camping-car du 01/03 au 15/10/2008, accès jusqu'à 18h et 23h en juillet et août.

LA PRAIRIE ★★ Tourisme 150 E. (140 Tourisme + 10 Loisirs) 4 ha. CV. Locations : 20. Rivière à 3 km.Lac à 4 km. Domaine de Repentance. A 8 sortie Le Muy dir. Draguignan. ☎ 04 94 45 10 04. Fax : 04 94 45 10 04. E-mail : campinglaprairie@wanadoo.fr. Réduction H.S.

PARC RESIDENTIEL DE LOISIRS LES CANEBIERES En cours reclassement E. ☎ 04 94 45 07 46.

NANS LES PINS

14-C2 30 km O. Brignoles. 430 m. 1349 hab. ✉ 83860

VILLAGE CLUB LA SAINTE BAUME ★★★★ Tourisme 160 E. dont 60 nus, , dont 8 HLL, 5 ha. gaz/électrique, CV. Locations : 12, 104, 10. chauffée. Ouv : 1.4 / 30.9. Rés. obligatoire en été et en hiver. A 8 sortie n° 34 (Ste Maximin la Ste Baume) tout droit dir. St Zacharie sur 8 km. Entrer dans Nans les Pins. Passer le Golf au feu tricolore tourner à gauche. ☎ 04 94 78 92 68. Fax : 04 94 78 67 37. E-mail : ste-baume@wanadoo.fr, Web : www.saintebaume.com. Prix 2008. Fft jour : Empl. Tourisme (2) : 33 € () ; Sup : 8 € - de 3/10 ans 6 € ; Animaux 5 €. Réduction H.S.

FFCC : réduction loc. de 5 % hors saison + HC.

PIERREFEU DU VAR

14-D3 25 km N.-E. Toulon. 150 m. 4233 hab. ✉ 83390

LE DEFFENDS ★★ Tourisme 150 E. (125 Tourisme + 25 Loisirs) 6 ha. CV. Locations : 14, 5, 6, 7. à 300 m : . 109, route de Collobrières, RD 14. Brignoles/Hyères par Pierrefeu du Var. ☎ 04 94 28 20 62 / 06 86 00 21 85 (H.S.). Fax : 04 94 48 26 75. Web : www.campingdeffends.com. Prix 2007. Empl. Tourisme : 4,60 € ; 1,90 € ; 4 € ; 3,55 € ; Animaux 2 €.

LE PRADET

14-C3 9 km S.-E. Toulon. 7965 hab. ✉ 83220

LE PIN DE GALLE ★★★ Tourisme 54 E. dont 24 nus, dont 3 HLL, 0,8 ha. CV. Locations : 12, 4. Bord de mer à 150 m. ; ; à 150 m : . Quartier San Peyre. D 559. ☎ 04 94 08 45 79 / 06 03 38 71 92. Fax : 04 94 08 45 79. E-mail : michel.scioreto@libertysurf.fr, Web : www.camping-pin-de-galle.fr.st. Réduction H.S.

MAUVALLON II CAP GARONNE ★★★ Tourisme 40 E. (33 Tourisme + 7 Loisirs), dont 10 CC, 0,9 ha. CV. Locations : 10, 6. Bord de mer à 500 m. à 500 m : . La Garonne. Par RN 559 et CD 86. ☎ 04 94 08 24 04. Fax : 04 94 08 24 04. E-mail : camping.mauvallon@wanadoo.fr, Web : www.capgaronne.com.

DOMAINE DE LA BAYETTE ★★ Tourisme 180 E. Locations : , 131. Bord de mer à 2,5 km. ☎ 04 94 75 81 10. Fax : 04 94 21 78 30.

LA FIGUIERE ★★ Loisirs 49 E.

L'ARTAUDOIS ★★ Tourisme 200 E. 2 ha. Locations : , . Bord de mer à 900 m. à 1 km : . Chemin de l'Artaude, RN 559. ☎ 04 94 21 72 61.

L'HERMITAGE ★★ Tourisme 60 E. (55 Tourisme + 5 Loisirs) 1 ha. CV. Locations : 25, 4, 6. Bord de mer à 400 m. à 400 m : . ; à 800 m : . Ouv : 1.4 / 30.9. Rés. obligatoire en été. 296, avenue Raimu. Plage des Bonnettes. ☎ 04 94 21 78 19. Fax : 04 94 21 78 19. E-mail : contact@camping-hermitage.com, Web : www.camping-hermitage.com. Prix 2007. Fft jour : Empl. Tourisme (2) : 23 € () ; Sup : 5 € 3,50 € ; Animaux 3 €. Fft Ccar : 27 € (2). Réduction H.S.

LOU PANTAI ★★ Tourisme 75 E. (65 Tourisme + 10 Loisirs) 0,9 ha. CV. Locations : 4, 6, 6, 4, 4. Bord de mer à 3 km. à 3 km : . Les Clapiers, D 559. ☎ 04 94 75 10 77 / 06 68 74 42 46 (H.S.). Fax : 04 94 21 00 32. E-mail : campingloupantai@wanadoo.fr, Web : www.campingloupantai.com. Prix 2007. Fft jour : Empl. Tourisme (2) : 17,50 € () ; Sup : 4,70 € - de 2/7 ans 3 € ; 3 à 4,40 € (3 à 10 A) ; Animaux 2 €. Réduction H.S.

MAUVALLON I ★★ Tourisme 90 E., dont 12 CC, 1 ha. . Bord de mer à 500 m. à 500 m : . Lieu-dit La Garonne, chemin de la Gavaresse, 100 m RD 86. ☎ 04 94 21 31 73. Fax : 04 94 21 31 73.

C.C.A.S. LES OURSINIERES ★ Tourisme 106 E. Réservé C.C.A.S.

PUGET SUR ARGENS

14-E2 23 km S.-E. Draguignan. 12 m. 4535 hab. ✉ 83480

LA BASTIANE ★★★★ Tourisme 180 E. (150 Tourisme + 30 Loisirs), dont 41 GCC, 3,5 ha. CV Sanitaire chauffé. Camping clef verte. Locations : 6, 20, 44, 24, 10. chauffée. Rivière à 2 km.Etang à 3 km.Bord de mer à 8 km. à 2 km : ; à 8 km : . Accueil groupes. Ouv : 22.3 / 18.10. A 8, quartier la Bastiane. Accès plus aisé en prenant la route qui part de la RN 7 à l'angle du stade. ☎ 04 94 55 55 94. Fax : 04 94 55 55 93. E-mail : info@labastiane.com, Web : www.labastiane.com. Prix 2008. Fft jour : Empl. Tourisme (2) : 37,34 € () ; Sup : 7,20 € - de 3/13 ans 4,20 € ; Animaux 4 €. Réduction H.S.

Village Club ★★★★
la Sainte Baume
ste-baume@wanadoo.fr
www.saintebaume.com
Nans les Pins
NANS LES PINS - 83860
Tél : 04 94 78 92 68 - Fax : 04 94 78 67 37
la Sainte Baume
Les Vacances couleur Provence

PARC SAINT-JAMES
★★★★
HOTELLERIE DE PLEIN AIR - CAMPING - CARAVANING
PISCINE CHAUFFÉE
PUGET SUR ARGENS - OASIS
Entre les Maures et l'Estérel, tout près de Fréjus et Saint Raphaël, Oasis Village Club marie nature et détente sur 42 hectares de pins et de chênes. Parc Saint-James vous invite à profiter de vacances pleines de vie.
Location de villas, mobil-home. De mars à septembre
GASSIN
Dans un parc de 31 hectares surplombant le Golfe de Saint-Tropez, juste au dessous de Gassin. A 2 km de la plage des Marines de Cogolin, un hâvre de verdure et de fraîcheur.
Parc Saint-James OASIS
Route de la Bouverie - 83 480 Puget-sur-Argens
Tél. : 04 94 45 44 64 - Fax : 04 94 45 44 99
Parc Saint-James GASSIN
Route de Bourrian - 83580 Gassin
Tél. : 04 94 55 20 20 - Fax : 04 94 56 34 77
DEMANDEZ NOTRE BROCHURE.TÉL 01 47 95 53 63 / 62
Web : www.camping-parcsaintjames.com - Email : info@camping-parcsaintjames.com

LES AUBREDES ★★★ Tourisme 200 E. (140 Tourisme + 60 Loisirs), dont 10 CC - 10 GCC, 3,8 ha. CV. Locations : 22. Bord de mer à 5 km. à 5 km : piscine, RN 7. Sortie autoroute Puget-sur-Argens n° 37 dir. Fréjus. ☎ 04 94 45 51 46. Fax : 04 94 45 28 92. E-mail : campingaubredes@wanadoo.fr, Web : www.campingaubredes.com. Prix 2007. Fft jour : Empl. Tourisme (2) : 22,50 € / () ; Sup : 5,30 € - de 2/7 ans 3,80 € ; 4,30 € (8 A) ; E. GCC 3 € (suplt) ; Animaux 1,80 €. Réduction H.S.

LES HAUTES VERNEDES ★★ Tourisme 200 E. (110 Tourisme + 90 Loisirs), dont 62 CC - 28 GCC, 3 ha. CV Sanitaire chauffé. Locations : 20. RN 7. ☎ 04 94 44 58 58. Fax : 04 94 44 58 59. E-mail : courrier.magali@tiscali.fr, Web : www.direct.fr/vernedes.htm.

PARC SAINT JAMES OASIS P.R.L. 450 E. CV. Locations : 85, 195, Villas. Ouv : 1.1 / 30.12. Sortie autoroute Puget sur Argens. N 7 dir. Le Muy, puis à 2,5 km à droite route de la Bouverie, à 1,2 km sur la droite. ☎ 04 98 11 85 60. Fax : 04 98 11 85 79. E-mail : info@campi ng-parcsaintjames.com, Web : www.camping-parcsaintjames.com.

M. FLEURQUIN Luc,Domaine de l'Enghien du Loup A 2 km: Domaine de l'Enghien du Loup, RN 7, à 1 km Nord-Est de la commune. Pinèdes à flanc de colline, pêche en rivière privée. Location de caravanes meublées pour 4 à 6 pers. Possibilité de location d'emplacements à l'année. ☎ 04 94 45 53 97.
FFCC : partenaire - terrain assuré par la FFCC .

RAMATUELLE

14-E3 63 km S. Draguignan. 150 m. 1255 hab. ✉ 83350

LA CIGALE ★★★★ Tourisme 75 E., dont 4 CC - 16 GCC - 25 HLL, 1,5 ha. CV. Locations : 24, 8, 3. Bord de mer à 800 m. à 800 m : à 2 km : Route de l'Escalet. ☎ 04 94 79 22 53. Fax : 04 94 79 12 05. E-mail : info@camping-lacigale.fr, Web : www.camping-lacigale.fr.

LA CROIX DU SUD ★★★★ Tourisme 120 E. (81 Tourisme + 39 Loisirs), dont 6 GCC, 2 ha. CV. Locations : 8, 10, 20. Bord de mer à 1,7 km. à 1,7 km : à 2 km : Lieu-dit Loumède, RD 93. ☎ 04 94 55 51 23. Fax : 04 94 79 89 21. E-mail : cplcroixdu sud@atciat.com, Web : www.campeole.com.

LES TOURNELS ★★★★ Tourisme 975 E., dont 330 GCC, 20 ha. saison, CV Sanitaire chauffé. Locations : 110, 130, couverte chauffée. Bord de mer à 1,5 km. à 1,5 km : Route de Camarat. ☎ 04 94 55 90 90. Fax : 04 94 55 90 99. E-mail : info@tournels.com, Web : www.tournels.com. Prix 2007. Fft jour : Empl. Tourisme (2) : 40 € (E. CC) ; Sup : 8 € - de 7 ans 4 € ; E. GCC 44 € (Fft 2 pers.) ; Animaux 4 €. Réduction H.S.

KON TIKI ★★★ Tourisme 700 E. 9 ha. CV. Locations : 160. Accès direct à la mer. à 8 km : Plage de Pampelonne. Route des Plages 4,5 km après la sortie de St Tropez. ☎ 04 94 55 96 96. Fax : 04 94 55 96 95. E-mail : kontiki@campazur.com, Web : www.campazur.com.

LA ROUILLERE ★★★ Loisirs 100 E. (40 Tourisme + 60 Loisirs), dont 37 GCC - 8 HLL, 2 ha. Locations : 6, 10, 1. Bord de mer à 4 km. ☎ 04 94 79 28 67 / 04 94 79 21 42 / 04 94 79 21 42 (H.S.). Fax : 04 94 79 28 77.

LA TOISON D'OR ★★★ Tourisme 500 E. 5 ha. CV. Locations : 102. Accès direct à la mer. Plage de Pampelonne. Route des Plages 3,5 km après la sortie de St Tropez. ☎ 04 94 79 83 54. Fax : 04 94 79 85 70. E-mail : toison@campazur.com, Web : www.campazur.com.

C.I.E. DELLE ★★ Tourisme 231 E. Bord de mer à 1,5 km. Réservé aux Comités d'Entreprises. ☎ 03 84 36 25 55.

M. BERNARD Jérémy A 150 m : A 300 m : A 500 m : A 3 km: Ouv : 1.4 / 31.10. La Vigneraie - Chemin des moulins. 5 km de la commune, à proximité de la ferme. Pré. ☎ 04 94 97 17 03 / 04 89 78 02 95 (H.S.). Fax : 04 94 97 53 45. E-mail : ericbernard964@aol.com. Prix 2008. Empl. Tourisme : 7,50 € () : 5,50 € ; - de 7 ans 3,50 € ; 4,50 € ; Animaux 2 €.
FFCC : partenaire - terrain assuré par la FFCC + Stop accueil Camping-car du 01/04 au 30/06 et du 01/09 au 15/10/2008, accès jusqu'à 22h.

M. CEZANNE Louis A 300 m : Les Tours du Pinet, route de Tahiti, à proximité de la ferme. Accès par St-Tropez. Terrain boisé. ☎ 04 94 97 07 18.

M. COCOREL Guy A 1,7 km: A 3 km : La Grangue, RD 93, à 2,5 km de la commune, à proximité de St Tropez à 7 km. ☎ 04 94 79 81 42. Fax : 04 94 79 90 19.

M. GIRAUD Gustave A 2 km: Le Plan, RD 93, à 3 km Est de la commune, à proximité de la ferme. Pré ombragé. ☎ 04 94 79 93 97. Fax : 04 94 79 88 27.

M. MOURET Robert A 3 km: Piscine plein air Quartier des Marres. ☎ 04 94 97 35 32.
FFCC : partenaire - terrain assuré par la FFCC .

Mme LAMON Florence,Les Eucalyptus A 100 m : Ouv : 31.5 / 14.9. Pampelonne. Chemin des Moulins. A 8-E 80 vers Nice sortie péage Le Muy. D 25 dir. Ste-Maxime/St-Tropez. RN 98 carrefour La Foux. D 98A jusqu'à St-Tropez. D 93 Les Plages sur 3 km, chemin des Moulins sur 700 m. ☎ 04 94 97 16 74. Fax : 04 94 97 38 77. Web : www.leseucalyptus.com. Prix 2008. Fft jour : Empl. Tourisme (2) : 28,10 € ((6 A)) ; Sup : 7 € - de 2/6 ans 3,50 € ; 0,50 € ; Animaux 2,50 €. Fft Ccar : 30,10 € (2 (6 A)). Fft Tente : 26,60 € (2 (6 A)).

Mme REVEL Monique A 200 m : "La Ferme", route de Tahiti. Pré, clairière. ☎ 04 94 97 21 38.

Mmes TROIN-LANZADA,aire naturelle

REGUSSE

14-D2 34 km N.-O. Draguignan. 575 m. 482 hab. ✉ 83630

LES LACS DU VERDON ★★★★ Tourisme 300 E. (275 Tourisme + 25 Loisirs) 12 ha. + snack, location possible, CV. Locations : 151, au club : Ouv : 26.4 / 27.9. Rés. obligatoire en été. A 8 sortie St-Maximin dir. Régusse via Barjols, Tavernes et Montmeyar. A Régusse dir. St-Jean. ☎ 04 94 70 17 95 / 0 820 201 207 (H.S.). Fax : 04 94 70 51 79. E-mail : info@homair.com, Web : www.homair.com. Prix 2007. Fft jour : Empl. Tourisme (2) : 27 € () ; Sup : 7,50 € - de 3/7 ans 6 € ; 4 € (10 A) ; Animaux 3 €.

RIANS

14-C2 78 km O. Draguignan. 475 m. 1723 hab. ✉ 83560

CAMP MUNICIPAL ★★ Tourisme 37 E. 0,6 ha. Accueil groupes. Quartier de la Garde, RD 3. ☎ 04 94 80 52 67. Fax : 04 94 80 57 38.

ROCBARON

14-D3 32 km N.- E. Brignoles. 370 m. 1774 hab. ✉ 83136

LOU GARAGAI En cours de réalisation 82 E. 1,6 ha. Locations : Domaine de la Verrerie. Accès via D 43 ou D 554 puis D 12 dir. Rocbaron. ☎ 06 82 85 97 91. Fax : 06 86 49 96 00. E-mail : lougaragai @wanadoo.fr.

LA ROQUE ESCLAPON

14-E1 40 km N.-E. Draguignan. 960 m. 136 hab. ✉ 83840

CAMP MUNICIPAL NOTRE DAME ★★ Tourisme 50 E. 2,5 ha. à gaz, Sanitaire chauffé. Locations : De Nice prendre N 85. De Toulon prendre l'autoroute Toulon/Le Muy puis Draguignan. Camp de Canjuers/Comps/Artuby. ☎ 04 94 50 40 50 / 04 94 76 83 18. Fax : 04 94 50 40 51.

ROQUEBRUNE SUR ARGENS

14-E2 23 km S.-E. Draguignan. 40 m. 6316 hab. ✉ 83520

AU PARADIS DES CAMPEURS ★★★★ Tourisme 175 E., dont 139 GCC, 2,7 ha. CV. Locations : 8, Accès direct à la mer. à 50 m : à 6 km : La Gaillarde Plage. Entre Saint-Aygulf et les Issambres. RN 98. ☎ 04 94 96 93 55. Fax : 04 94 49 62 99. Web : www.paradisdescampeurs.com.

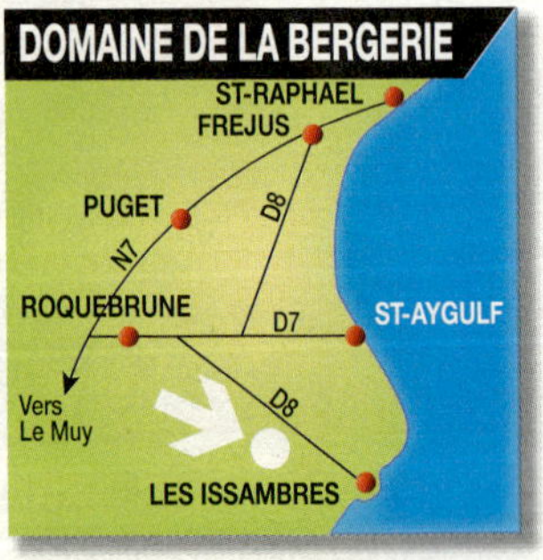

DOMAINE DE LA BERGERIE ★★★★ Loisirs 700 E. dont 200 nus (200 Tourisme + 500 Loisirs), dont 580 GCC, 4 ha. à gaz, CV. Locations : 300, 20, Cottages. couverte chauffée. Accès direct à l'étang. à 7 km : Ouv : 25.4 / 30.9. Rés. obligatoire en été. Route du Col du Bougnon CD 8. Quartier du Fournel, CD 7. ☎ 04 98 11 45 45. Fax : 04 98 11 45 46. E-mail : info@domai nelabergerie.com, Web : www.domainelaber gerie.com. Prix 2008. Fft jour : Empl. Tourisme (2) : 40 € ((6 A) E. CC) ; Sup : 9 € - de 7 ans 6,50 € ; Animaux 3 € (petits). Réduction H.S.

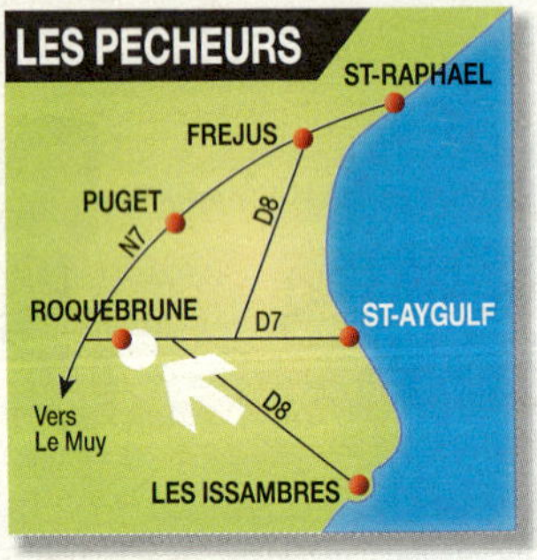

LEI SUVES ★★★★ Tourisme 310 E. (160 Tourisme + 150 Loisirs), dont 150 GCC, 7,4 ha. à gaz, CV. Locations : 20, 3. chauffée. Lac et rivière à 4 km. ; à 3 km : . Ouv : 1.4 / 15.10. Quartier du Blavet. ☎ 04 94 45 43 95. Fax : 04 94 81 63 13. E-mail : camping.lei.suves@wanadoo.fr, Web : www.lei-suves.com. Prix 2008. Fft jour : Empl. Tourisme (3) : 37 € () ; Sup : 7,50 € - de 7 ans 5,50 € ; 4,50 € (6 A) ; Animaux 3,10 €. Réduction H.S.

LES PECHEURS ★★★★ Tourisme 120 E. dont 120 nus, 4 ha. CV Sanitaire chauffé. Locations : 28 , . chauffée. Accès direct à la rivière. Lac à 100 m. ; ; à 200 m : . Ouv : 1.4 / 30.9. A 8 sortie 36 puis suivre dir. Le Muy par N 7 jusqu'à Roquebrune puis D 7, sur la gauche à 800 m. ☎ 04 94 45 71 25. Fax : 04 94 81 65 13. E-mail : info@camping-les-pecheurs.com, Web : www.camping-les-pecheurs.com. Prix 2008. Fft jour : Empl. Tourisme (2) : 34,50 € () ; Sup : 6,70 € - de 10 ans 5,50 € ; 4,50 à 5,50 € (6 à 10 A) ; Animaux 3,10 €. Réduction H.S.

FFCC : partenaire - terrain assuré par la FFCC + réduction emp. de 10 % hors saison + carte FFCC assurance annulation + réduction loc. de 5 % hors saison + HC.

C.C.D.F. DOMAINE J.J. BOUSQUET ★★★ 150 E. 2 ha. CV. Locations : 7 , . . Avenue de la Bouverie. Sortie autoroute Puget s/Argens dir. N 7 Le Muy 2 km au rond-point à droite. ☎ 04 94 45 42 51. Fax : 04 94 81 61 06.

FFCC : partenaire - terrain assuré par la FFCC + réduction emp. de 5 % en saison et hors saison.

LE MOULIN DES ISCLES ★★★ Tourisme 90 E., dont 75 CC - 5 GCC, 1 ha. CV. Locations : 4 , 4 , meublés. . Accès direct à la rivière. Etang et lac à 2 km. ; ; ; à 9 km : . Ouv : 1.4 / 30.9. N 7 puis D 7 sortie du village de Roquebrune à gauche, au début de la piste cyclable. ☎ 04 94 45 70 74. Fax : 04 94 45 46 09. E-mail : moulin.iscles@wanadoo.fr, Web : www.campingdesiscles.com. Prix 2008. Fft jour : Empl. Tourisme (3) : 19,80 € () ; Sup : 3,20 € - de 10 ans 2,20 € ; 2,70 € ; Animaux 1,30 € (chien).

LE VAUDOIS ★★★ Tourisme 110 E. (100 Tourisme + 10 Loisirs), dont 10 GCC, 3 ha. CV. Locations : . . Rivière à 1 km.Bord de mer à 4 km. à 500 m : ; à 4 km : . Ouv : 1.5 / 30.9. CD 7. Route de Saint-Aygulf. ☎ 04 94 81 37 70 / 04 94 45 75 76 (H.S.). Fax : 04 94 81 37 70. E-mail : camping.vaudois@wanadoo.fr. Prix 2007. Fft jour : Empl. Tourisme (2) : 25,88 € () ; Sup : 5,24 € - de 7 ans 3,50 € ; Animaux 1,50 €. Réduction H.S.

FFCC : partenaire - terrain assuré par la FFCC.

CAMP ALSTHOM ★★ 333 E. Réservé Usines Alsthom.

LE BLAVET ★★ Loisirs 32 E., dont 32 GCC, 1,5 ha. . Locations : , , . . putoroute sortie Puget, RN 7, dir. Aix. ☎ 04 94 45 41 59.

LE PARPAILLON ★★ Loisirs 40 E. (15 Tourisme + 25 Loisirs) . . Locations : , . Lac et rivière à 1,5 km. à 1,5 km : . ☎ 04 94 45 44 00.

M. FASSIAUX Jean-Marcel CV. A 300 m : . A 1 km: . A 2 km : . A 6 km : . RD 7 sortie Roquebrune-sur-Argens, route de St-Aygulf, 20 m après la station TOTAL. ☎ 04 94 45 74 70. Fax : 04 94 45 36 31.

M. MICHEL Claude CV. A 2 km: . A 5 km : . A 6 km : . A 10 km : . Ouv : Pâques / octobre. Quartier Les Blavets, Chemin Biest par RN 7. Camping situé sur exploitation viticole. ☎ 04 94 45 41 59 (Soir). Fax : 04 94 45 41 59. E-mail : fred.michel@club-internet.fr. Prix 2008. Fft jour : Empl. Tourisme (2) : 13,90 € () ; Sup : 4,60 € - de 7 ans 2,30 € ; 3,40 à 4 € (3 à 5 A) ; Animaux 2,10 €.

M. SCIARAFFA Robert , boules. A 500 m : . A 1 km: . A 2 km : . A 4 km : . Quartier du Fournel. CD 8. ☎ 04 94 82 90 78.

Mme BLANC Yvonne,Camping la Roquette , , , proche, CV. Quartier les Basses Roques. N 7, CD 25. ☎ 04 94 45 78 61. Fax : 04 94 45 78 61.

ST CYR SUR MER

14-C3 25 km N.-O. Toulon. 25 m. 5747 hab. ✉ 83270

Quartier du Blavet
83520 Roquebrune sur Argens
Tél : 04 94 45 43 95
Fax : 04 94 81 63 13
www.leï-suves.com
Leï Suves ****
Camping Club - Caravaning
Piscine chauffée
Au coeur d'une forêt de chênes lièges, Leï Suves est idéalement situé pour découvrir les plages de sable fin de la Riviera, non loin de Saint-Tropez, Sainte-Maxime, Saint-Raphaël et Cannes.
ESE COMMUNICATION : 04 94 67 06 00
PROVENCE

Entre Fréjus et Saint-Tropez dans un domaine boisé de 60 ha., à seulement 10 minutes du bord de mer...
DOMAINE DE LA BERGERIE ****
• Espace aquatique toboggans et Jacuzzi
• Hamman • Centre de Fitness • 5 tennis
• Spectacles • Animations • Club enfants
LOCATION DE COTTAGES
du 15/02 au 15/11
HORS JUILLET et AOUT :
Promos quinzaine et plus
Forfaits week-end
OUVERTURE :
Camping : 25 avril au 30 septembre
Piscines : 1er avril 30 septembre
DOMAINE DE LA BERGERIE
Rte du Col du Bougnon
83520 Roquebrune sur Argens
✆ 04 98 11 45 45 • Fax 04 98 11 45 46
www.domainelabergerie.com

LES BAUMELLES ★★★ Tourisme 600 E. (470 Tourisme + 130 Loisirs) 8 ha. Locations : . Bord de mer à 30 m. à 50 m : ; à 1 km : . RN 559, aux Lecques. Accès direct sortie d'autoroute. ☎ 04 94 26 21 27. Fax : 04 94 88 76 13. E-mail : baumelleslοisirs@aol.com, Web : www.campinglesbaumelles.com.

LE PORT D'ALON ★★ Tourisme 33 E. dont 33 nus (20 Tourisme + 13 Loisirs) 0,55 ha. boisson à emporter, CV. Bord de mer à 400 m. à 400 m : ; à 3 km : ; à 4 km : . Ouv : Pâques / 30.9. RN 559. ☎ 04 94 26 56 46 / 04 94 88 73 79 (H.S.). E-mail : d.mariani@wanadoo.fr. Prix 2007. 6,30 € ; 6,30 € ; 6,30 € ; 3,80 € ; - de 3/7 ans 2,50 € ; 3 à 4 €. Réduction H.S.

Voir aussi LA CADIERE-D'AZUR

ST JULIEN

14-C2 47 km N.-O. Draguignan. 580 m. 825 hab. ✉ 83560

CAMP MUNICIPAL ★★ Tourisme 50 E. 1,5 ha. Accès direct aux bords du lac. ; ; ; . A Saint Pierre, sur RD 69. ☎ 04 94 80 04 78 (Mairie).

LA CHENAIE ★★ Tourisme 65 E. 0,8 ha. à 5 km : ; Saint Pierre, sur RD 69. ☎ 04 94 80 02 55.

ST MANDRIER SUR MER

14-C3 15 km S. Toulon. 90 m. 7126 hab. ✉ 83430

CAMPING LA PRESQU'ILE ★★★ Tourisme 140 E. (102 Tourisme + 38 Loisirs) 2,5 ha. CV. Locations : 140 . Bord de mer à 500 m. ; à 200 m : ; à 300 m : . Ouv : 26.3 / 2.10. Dir. Saint-Mandrier, plage des Sablettes, secteur Pin Rolland. ☎ 04 94 30 74 70 / 04 42 20 47 25 (Homair Vac) (H.S.). Fax : 04 94 30 70 14. E-mail : info@homair.com, Web : www.homair.com.

FFCC : partenaire - terrain assuré par la FFCC.

CAMP MUNICIPAL ★ Tourisme 50 E. 0,83 ha. Bord de mer à 300 m. à 200 m : . CD 18. ☎ 04 94 11 51 60 (Mairie). Fax : 04 94 63 52 74.

ST MAXIMIN LA STE BAUME

14-C2 20 km O. Brignoles. 318 m. 552 hab. ✉ 83470

LE PROVENCAL ★★★ Tourisme 100 E. (85 Tourisme + 15 Loisirs) 4 ha. saison, CV. Locations : 15 . . Accès par RN 560 et D 64 (route de Mazaugues) RN 7. ☎ 04 94 78 16 97. Fax : 04 94 78 00 22. E-mail : camping.provencal@wanadoo.fr. Réduction H.S.

ST PAUL EN FORET

14-E2 30 km E. Draguignan. 320 m. 578 hab. ✉ 83440

LE PARC ★★★★ Tourisme 100 E. dont 40 nus, 3 ha. sauf petits électrique, CV Sanitaire chauffé. Locations : 25 . Lac à 5 km. ; à 10 km : . Accueil groupes. Quartier Testaur, RD 7, RN 562. Sortie A 8 n° 39 Les Adrets/Fayence. ☎ 04 94 76 15 35. Fax : 04 94 84 71 84. E-mail : campingleparc@wanadoo.fr, Web : www.campingleparc.com. Prix 2007. Fft jour : Empl. Tourisme (2) : 20,50 € () Fft Tente : 18,50 € (2). Réduction H.S.

Mlle MARTEL Cécile . A 3 km : . A 5 km : . A 6 km : Piscine plein air . A 8 km : . A 26 km : . Trestaure. Sortie A 8 Les Adrets, dir. Draguignan puis dir. Fréjus/St-Paul puis Trestaure. Sous-bois. Centre de vol à voile à 6 km. ☎ 04 94 76 53 68. Fax : 04 94 76 15 56.

ST RAPHAEL

M13-M13 9 km S.-E. Draguignan. 24310 hab. ✉ 83700

AZUR RIVAGE ★★★★ Tourisme 66 E. (60 Tourisme + 6 Loisirs), dont 6 GCC. collectif, CV. Locations : 25 . Bord de mer à 30 m. ; ; ; . Accueil groupes. Entre Cannes à 26 km et St-Raphaël à 16 km. ☎ 04 94 44 83 12. Fax : 04 94 44 84 39. Web : www.camping-azur-rivage.com. Réduction H.S.

DOUCE QUIETUDE ★★★★ Tourisme 400 E. (210 Tourisme + 190 Loisirs), dont 3 HLL, 10 ha. à gaz, la nuit, CV Sanitaire chauffé. Camping clef verte. Locations : 6 , 200 , chauffée . Bord de mer à 4,5 km. ; à 4,5 km : ; à 5 km : . Ouv : 1.4 / 14.10. 3435, boulevard Jacques Baudino. Sortie A 38 dir. Saint-Raphaël/Valescure. ☎ 04 94 44 30 00. Fax : 04 94 44 30 30. E-mail : info@douce-quietude.com, Web : www.douce-quietude.com. Prix 2008. Fft jour : Empl. Tourisme (2) : 49,50 € ((10 A)) ; Sup : 9,50 € - de 3/12 ans 7,50 € ; Animaux 4 €.

FFCC : réduction loc. de 5 % hors saison + HC.

ESTEREL CARAVANING ★★★★ Tourisme 495 E. (255 Tourisme + 240 Loisirs), dont 495 GCC, 15 ha. Sanitaire chauffé. Locations : 250 , chauffée . Bord de mer et rivière à 3 km.Etang et lac à 5 km. ; à 3 km : . Accueil groupes. Ouv : 1.4 / 6.10. Avenue des Golfs. A Agay. A 8 sortie n° 38 dir. Agay par Valescure. ☎ 04 94 82 03 28. Fax : 04 94 82 87 37. E-mail : contact@esterel-caravaning.fr, Web : www.esterel-caravaning.fr. Prix 2007. Empl. Tourisme (2) : 322 € / semaine ()

FFCC : partenaire - terrain assuré par la FFCC + réduction loc. de 5 % hors saison + HC.

LA VALLEE DU PARADIS ★★★★ Tourisme 213 E. (206 Tourisme + 7 Loisirs), dont 6 HLL, 3 ha. CV. Locations : 141 . Accès direct à la rivière. Bord de mer à 500 m. ; à 400 m : ; à 500 m : . Ouv : 15.3 / 15.10. Avenue du Gratadis, à Agay et RN 98. Autoroute sortie n° 38 Saint-Raphaël. ☎ 04 94 82 16 00. Fax : 04 94 82 72 21. E-mail : vallee-du-paradis@wanadoo.fr, Web : www.camping-vallee-du-paradis.fr. Prix 2008. Fft jour : Empl. Tourisme (4) : 56 € () ; Sup : 9,10 € 5,20 € ; 5 € ; Animaux 5,20 €.

LES RIVES DE L'AGAY ★★★★ Tourisme 96 E. 1,45 ha. CV. Locations : 38 . Accès direct à la rivière. Bord de mer à 400 m. ; ; à 400 m : . RN 98, chemin du Gratadis, à Agay. ☎ 04 94 82 02 74. Fax : 04 94 82 74 14.

AGAY SOLEIL ★★★ Tourisme 53 E. dont 46 nus 0,9 ha. sauf H.S. pain, Sanitaire chauffé. Locations : 2, 5. Accès direct à la mer. Rivière à 2 km.Lac à 4 km. ; ; à 10 km : . Ouv : 15.3 / 5.11. Sur D 559, à Agay. Dir. de Cannes. Centre Commercial à 200 m. ☎ 04 94 82 00 79. Fax : 04 94 82 88 70. E-mail : camping-agay-soleil@wanadoo.fr, Web : www.agay-soleil.com. Prix 2007. Fft jour : Empl. Tourisme (3) : 27,90 € () ; Sup : 5,60 € - de 5 ans 3,10 € ; 3,30 € (6 A). Réduction H.S.

C.C.A.S. DRAMONT ★★★ Tourisme 50 E. Réservé C.C.A.S.

C.C.A.S. SANTA-LUCIA ★★★ Loisirs 80 E. Réservé C.C.A.S.

CAMPEOLE LE DRAMONT ★★★ Tourisme 400 E. dont 184 nus, dont 116 GCC, 6,5 ha. CV. Locations : 57, 55, 65. Accès direct à la mer. ; ; ; . Ouv : 17.3 / 13.10. Rés. obligatoire en été. Sur RN 98. ☎ 04 94 82 07 68. Fax : 04 94 82 75 30. Prix 2008. Fft jour : Empl. Tourisme (2) : 38,90 € () ; Sup : 9,30 € - de 2/6 ans 4,70 € ; 4 € ; Animaux 3,90 €. Réduction H.S.

LE MAS DU RASTEL ★★★ Tourisme 78 E. (46 Tourisme + 32 Loisirs), dont 32 GCC, 1 ha. CV. Locations : 15. chauffée . Rivière à 150 m. Bord de mer à 1,5 km. ; à 200 m : ; à 1,5 km : . Ouv : 1.4 / 30.9. Rés. obligatoire en été. 1496, route du Gratadis. Route de Valescure à Agay. A Agay prendre le rond-point en dir. des golfs puis 1,5 km à droite. ☎ 04 94 44 85 84 / 06 07 69 50 07 (H.S.). Fax : 04 94 44 87 43. E-mail : rastel-camping@wanadoo.fr, Web : www.camping-lemasdurastel.fr. Prix 2007. Fft jour : Empl. Tourisme (3) : 26 € () ; Sup : 6 € - de 3 ans 4 € ; 4 € ; Animaux 2 €.

LE VIADUC ★★★ Tourisme 69 E. Bord de mer à 100 m. à 100 m : , , . Boulevard des Lucioles. RN 98 dir. Cannes, 17 km de Saint-Raphaël, 100 m au-dessus du viaduc SNCF. ☎ 04 94 44 82 31. Fax : 04 94 44 82 31. E-mail : campingduviaduc@tiscali.fr, Web : campingduviaduc.com.

ROYAL CAMPING ★★★ Tourisme 45 E. 0,38 ha. CV. Locations : 7. Accès direct à la mer. ; . A Agay, RN 98. ☎ 04 94 82 00 20. Fax : 04 94 82 00 20.

L'ILE D'OR ★★ Loisirs 350 E. (106 Tourisme + 244 Loisirs), dont 200 GCC, 6 ha. Bord de mer à 50 m. à 50 m : , , . Accueil groupes. Ouv : 20.3 / 20.11. Sur RN 98, à Boulouris. ☎ 04 94 95 52 13. Fax : 04 94 95 52 13. Prix 2008. Fft jour : Empl. Tourisme (2) : 26,4 € () ; Sup : 5,70 € - de 7 ans 2,75 € ; 3,50 € (3 à 10 A) ; Animaux 3,80 €. Réduction H.S.

L'ELEPHANT ★ Tourisme 100 E. (95 Tourisme + 5 Loisirs). Bord de mer à 1 km. Réservé Comités d'Entreprises. ☎ 04 94 95 25 58. Fax : 04 94 95 25 58.

ST ZACHARIE

14-C2 68 km N.-O. Toulon. 283 m. 2206 hab. ✉ 83640

LA GANTESSE ★★ Loisirs 27 E. dont 3 nus (13 Tourisme + 14 Loisirs) 1,3 ha. + séchoir. Locations : 3, 1. Rivière à 2 km. Accueil groupes. Ouv : 1.4 / 30.9. Rés. obligatoire en été. Par zone artisanale à St-Zacharie. RN 560. ☎ 04 42 72 91 38. Fax : 04 42 72 91 38. Prix 2008. Empl. Tourisme : 3,50 € ; 1,50 € ; 4 € ; - de 7 ans 2 € ; 3 € (6 A) ; Animaux 1 €.

FFCC : partenaire - terrain assuré par la FFCC + réduction emp. de 5 % en saison + carte FFCC assurance annulation + Stop accueil Camping-car toute l'année, accès jusqu'à 22h + réduction loc. de 5 % en saison.

SAINT-AYGULF

✉ 83520

Voir FREJUS / ROQUEBRUNE-SUR-ARGENS

STE ANASTASIE SUR ISSOLE

14-D2 13 km N.-E. Brignoles. 270 m. 1207 hab. ✉ 83136

LA VIDARESSE ★★★ Tourisme 100 E. 1,8 ha. CV Sanitaire chauffé. Locations : 8, 9, . couverte chauffée . Rivière à 200 m. ; à 200 m : . D 15. ☎ 04 94 72 21 75. Fax : 04 98 05 01 21. E-mail : lavidaresse@wanadoo.fr, Web : www.campinglavidaresse.com.

STE MAXIME

14-E3 37 km S.-E. Draguignan. 15 m. 7364 hab. ✉ 83120

LA BEAUMETTE ★★ Tourisme 75 E. CV. Locations : 8. . Accès direct à la rivière. Bord de mer à 2,5 km. ; à 400 m : ; à 2,5 km : ; à 2 km : ; à 4 km : . Quartier de la Beaumette. CD 25. ☎ 04 94 96 14 35 / 04 94 96 10 92 (H.S.). Fax : 04 94 96 35 38. E-mail : camping@labeaumette.com, Web : www.labeaumette.com. Réduction H.S.

LES CIGALONS ★★ Tourisme 46 E. 0,55 ha. CV. Locations : 6, 6. Bord de mer à 50 m. ; ; à 50 m : . Quartier de la Nartelle, RN 98. ☎ 04 94 96 05 51. Fax : 04 94 96 79 62. E-mail : campingcigalon@wanadoo.fr, Web : www.campingcigalon.com. Réduction H.S.

M. ROSSO Claude . A 1 km : Piscine plein air . A 2 km : . A 4 km : . A 5 km : . 61, Les Virgiles, RD 25, à 1 km de la mer. Pinède herbeuse, calme au milieu des vignobles. ☎ 04 94 96 19 79. E-mail : rosso3@wanadoo.fr, Web : www.campingdesvirgiles.com.

FFCC : partenaire + réduction emp. de 5 % en saison.

LES SALLES SUR VERDON

14-D1 70 km N.-E. Brignoles. 450 m. 131 hab. ✉ 83630

LES PINS ★★★★ Tourisme 104 E., dont 35 CC - 20 GCC, 2 ha. collectif, CV. Camping clef verte. Locations : 6. Lac à 100 m. ; ; ; ; . Ouv : 1.4 / 20.10. Rés. obligatoire en été. Nord-Ouest Draguignan D 557 puis D 957. Sud-Est Manosque D 6, puis D 952 et D 957. ☎ 04 98 10 23 80. Fax : 04 94 84 23 27. E-mail : camping.les.pins@wanadoo.fr, Web : www.campinglespins.com. Prix 2007. 11 € ; 8,80 € ; 5,60 € ; 5,20 € ; - de 1/8 ans 2,60 € ; Animaux 1,80 €. Réduction H.S.

FFCC : partenaire + réduction emp. de 5 % en saison et hors saison.

LA SOURCE ★★★ Tourisme 89 E. dont 89 nus, , dont 15 CC, 2 ha. snack, collectif, CV. Camping clef verte. Locations : 8. Lac à 100 m. Ouv : 1.4 / 10.10. D 957 par Aups au Sud ou D 952 par Moustiers au Nord. ☎ 04 94 70 20 40. Fax : 04 94 70 20 74. Web : . Prix 2007. Empl. Tourisme : 11,60 € ; 4,90 € ; - de 8 ans 2,50 € ; 3,50 € ; Animaux 2 €. Réduction H.S.

CAMP MUNICIPAL LES RUISSES ★★ Tourisme 299 E. (269 Tourisme + 30 Loisirs) 3,27 ha. saison, saison, saison, saison, saison, ap. 22 h. Lac à 200 m. ; à 200 m : . D 957. ☎ 04 98 10 28 15 / 04 98 10 28 16. Fax : 04 94 70 21 70.

SALERNES

14-D2 23 km O. Draguignan. 300 m. 2933 hab. ✉ 83690

CAMP MUNICIPAL LES ARNAUDS ★★★★ Tourisme 52 E., dont 52 GCC, 0,8 ha. + sèche-linge, CV. Camping clef verte. Locations : 4. Accès direct à la rivière. ; kayak : . Ouv : 2.5 / 30.9. Sortie du village, route de Marseille. Consignes frigo. ☎ 04 94 67 51 95. Fax : 04 94 70 75 57. E-mail : lesarnauds@ville-salernes.fr, Web : www.ville-salernes.fr. Prix 2008. Empl. Tourisme : 10 € () : 6,50 € ; - de 12 ans 3,50 € ; Animaux 1,90 €.
FFCC : partenaire + carte FFCC assurance annulation + Stop accueil Camping-car du 02/05 au 30/06 et du 01/09 au 30/09/2008.

SANARY SUR MER

14-C3 12 km O. Toulon. 11689 hab. ✉ 83110

CAMPASUN MAS DE PIERREDON

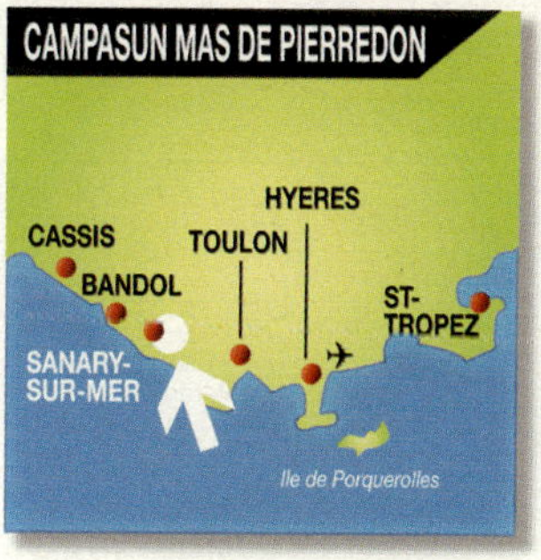

CAMPASUN MAS DE PIERREDON ★★★★ Tourisme 180 E. dont 70 nus, 4 ha. saison, CV Sanitaire chauffé. Locations : 36, 12, 12. chauffée. Bord de mer à 3 km. ; à 3 km : . Accueil groupes sur demande spécifique. 652, chemin Raoul Coletta. A 50 sortie Bandol, prendre dir. jardin exotique. Après le garage Mercedes prendre la 1ère route à droite pendant 5 km. Au stop tourner à droite, le camping se trouve sur votre gauche. ☎ 04 94 74 25 02 / 04 94 74 53 16 (H.S.). Fax : 04 94 74 61 42. E-mail : pierredon@campasun.com, Web : www.campasun.com. Prix 2007. Fft jour : Empl. Tourisme : 35 € () ; Sup : 7 € - de 7 ans 6 € ; Animaux 4 €. Réduction H.S.(2)
FFCC : partenaire + réduction emp. de 10 % hors saison + réduction loc. de 10 % hors saison.

CAMPASUN MOGADOR

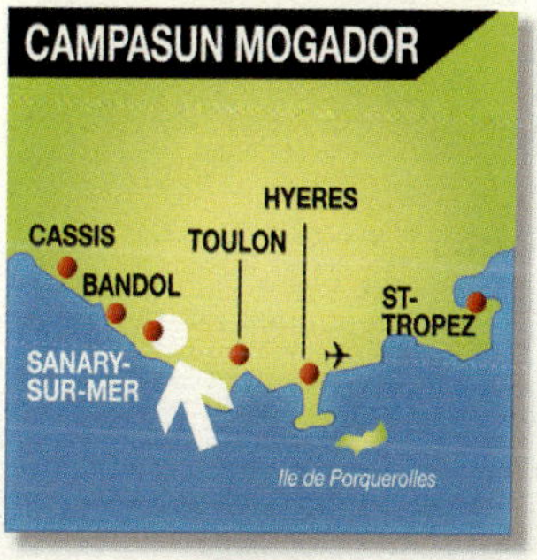

CAMPASUN PARC MOGADOR ★★★ Tourisme 200 E. dont 100 nus (150 Tourisme + 50 Loisirs) 2,7 ha. sauf hors juillet/août CV Sanitaire chauffé. Locations : 6, 65. chauffée. Bord de mer à 800 m. ; à 1 km : ; à 10 km : . Accueil adultes. 167, chemin de Beaucours. 3 km péage autoroute Bandol. Dir. de Sanary. Le chemin de Beaucours se trouve après la baie de Bandol sur la droite. ☎ 04 94 74 53 16 / 04 94 74 25 02. Fax : 04 94 74 10 58. E-mail : mogador@campasun.com, Web : www.campasun.com. Prix 2007. Fft jour : Empl. Tourisme (2) : 35 € () ; Sup : 7 € - de 7 ans 6 €. Réduction H.S.
FFCC : réduction loc. de 5 % hors saison + HC.

LES GIRELLES ★★★ Tourisme 170 E. 1,7 ha. + sèche-linge, CV. Locations : . Accès direct à la mer. Ouv : Pâques / 24.9. Rés. obligatoire en été. Chemin de Beaucours. Sortie autoroute Bandol. Gare SNCF Bandol. ☎ 04 94 74 13 18 (H.B.). Fax : 04 94 74 60 04. Web : www.lesgirelles.com. Prix 2007. Fft jour : Empl. Tourisme (2) : 23,90 € () ; Sup : 6,30 € - de 5 ans 4,60 € ; 3,80 à 5,50 € (4 à 6 A) ; Animaux 4 €. Réduction H.S.

LE LANCON ★★ 16 E. Association Chrétienne de Vacances. Association Chrétienne de Vacances.

PECHINEY ★ Loisirs 166 E. (45 Tourisme + 121 Loisirs), dont 39 GCC. Locations : . Bord de mer à 600 m.

C.C.A.S. LA GORGUETTE **Non classé** 100 E. Réservé C.C.A.S.

SEILLANS

14-E2 80 km E. Toulon. 366 m. 1609 hab. ✉ 83440

M. CHRISTINE Lucienne,aire naturelle CV. A 2 km: . A 4 km : Piscine plein air . A 5 km : . A 15 km : . Quartier des Selves. Camping Le Rouquier. A 8 sortie Le Muy dir. Draguignan ensuite dir. Grasse par la 562 à 28 km à gauche dir. Seillans, panneau aire naturelle à 3 km. Ombragé. Ouverture sur demande hors saison et vacances scolaires d'hiver. ☎ 04 94 76 86 71.

LA SEYNE SUR MER

6 km O. Toulon. 10 m. 58146 hab. ✉ 83500

LES PINS ★★★★ Tourisme 77 E. 0,6 ha. . Bord de mer à 100 m. à 100 m : . Boulevard du Bord de Mer, RN 559 et CV 7. Interdit au camping-car. ☎ 04 94 94 06 89.

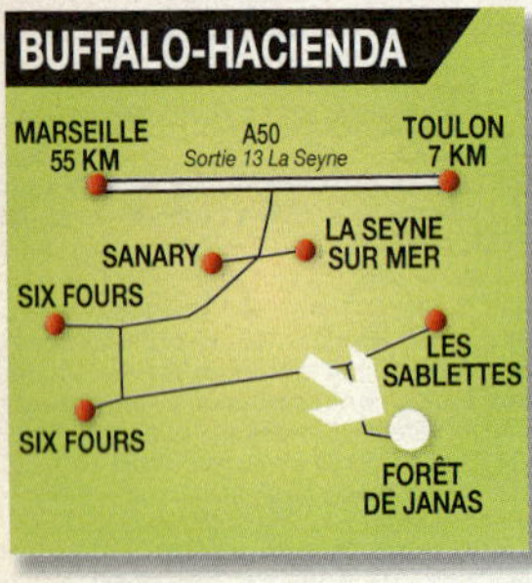

BUFFALO HACIENDA ★★★ Tourisme 150 E. (130 Tourisme + 20 Loisirs) 4 ha. CV Sanitaire chauffé. Locations : 25 , 5 . Bord de mer à 2 km. ; à 2,5 km : . Ouv : 1.1 / 31.12. Foret de Janas. Route de Six-Fours aux Sablettes. ☎ 04 94 74 72 08. Fax : 04 94 34 41 97. E-mail : infos@campingbuffalo.com, Web : www.campingbuffalo.com. Prix 2008. Fft jour : Empl. Tourisme (3) : 20,50 € ( ) ; Sup : 4,60 € ; 3,50 € ; 3 € (6 A) ; Animaux 2,50 €. Fft Tente : 16 € (2). Réduction H.S.

LES FONTANETTES ★★★ Tourisme 66 E. (56 Tourisme + 10 Loisirs), dont 20 GCC, 1,6 ha. CV. Locations : 7 , 13 , 10 . Bord de mer à 3 km. à 3 km : . Ouv : 1.1 / 31.12. Rés. obligatoire en été. Route de Sanary, quartier Léry. A 52 sortie n° 13. ☎ 04 94 94 75 07. Fax : 04 94 30 62 11. E-mail : camping.les.fontanettes@wanadoo.fr, Web : www.camping-fontanette.com. Prix 2007. Fft jour : Empl. Tourisme (3) : 18,50 € ( ) ; Sup : 4 € - de 7 ans 3 € ; 3,50 € (6 A) ; Animaux 2,50 €.

LES MIMOSAS ★★★ Tourisme 75 E. dont 60 nus 1,08 ha. saison, saison, saison, CV. Locations : 6 , 3 . Etang à 2 km.Bord de mer à 3 km. à 500 m : ; à 2 km : ; à 3 km : . Ouv : 1.1 / 31.12. Avenue Marcel Paul, CD 63. A 50 sortie n° 13 dir. la Seyne centre puis Sanary/Bandol. ☎ 04 94 94 73 15. Fax : 04 94 87 36 13. E-mail : camping-des-mimosas@wanadoo.fr, Web : www.camping-mimosas.com. Prix 2007. Fft jour : Empl. Tourisme (3) : 15 € ( ) Réduction H.S.

FFCC : partenaire + carte FFCC assurance annulation.

CAMP G.C.U. Réservé aux adhérents. Adhésion possible sur place pour les sociétaires MAIF et FILIA MAIF.

CAMP MUNICIPAL DE JANAS ★★ Tourisme 150 E. 5,2 ha. ap. 22 h. Bord de mer à 3 km. ; à 3 km : . Foret de Janas, RD 16, RN 559. ☎ 04 94 34 30 11. Fax : 04 94 34 30 11.

SILLANS LA CASCADE

14-D2 28 km N. Brignoles. 385 m. 409 hab. ✉ 83690

LE RELAIS DE LA BRESQUE ★★★ Tourisme 120 E. dont 23 nus, 3 ha. , CV Sanitaire chauffé. Locations : 2 , 6 , 1 , 5 . Rivière à 1,5 km. ; à 1,5 km : . Accueil groupes. 15, rue de la Piscine. Route d'Aups (route du Verdon). ☎ 04 94 04 64 89. Fax : 04 94 77 19 54. E-mail : info@lerelaisdelabresque.com, Web : www.lerelaisdelabresque.com. Réduction H.S.

FFCC : partenaire + réduction emp. de 5 % en saison et hors saison.

SIX FOURS LES PLAGES

14-C3 9 km S.-O. Toulon. 235 m. 25577 hab. ✉ 83140

C.C.A.S. LE RAYOLET ★★★ Tourisme 127 E. 2,4 ha. . Route du Plan de la Mer, RD 16. Réservé C.C.A.S. ☎ 04 94 25 62 35.

LA PINEDE ★★★ Tourisme 200 E. 3 ha. , snack, . Locations : . Bord de mer à 800 m. ; ; ; ; . ☎ 04 94 34 06 39 / 04 94 74 96 80. Fax : 04 94 74 99 94.

MER ET MONTAGNE ★★★ Tourisme 143 E., dont 87 GCC, 3 ha. , été, été, , pétanque, CV. Locations : 34 , 32 , 32 . couverte chauffée . Bord de mer à 4 km. à 4 km : . Réservé en priorité au personnel Crédit Agricole. ☎ 04 94 34 34 32 / 04 94 34 90 50. Fax : 04 94 34 51 36. E-mail : neigeetsoleilsixfours@wanadoo.fr, Web : www.neigeetsoleil.org.

ORLY D'AZUR ★★★ Tourisme 100 E. (52 Tourisme + 48 Loisirs), dont 86 GCC, 1,8 ha. CV. Locations : 6 , 20 , 2 , 6 . chauffée. Bord de mer à 2 km. à 2,5 km : ; à 2 km : . Accueil groupes. Ouv : 1.3 / 03.11. Chemin de Pépiole, RN 559. ☎ 04 94 25 59 41 / 06 27 25 49 83 (H.S.). Fax : 04 94 25 88 62. E-mail : camping.orly@wanadoo.fr, Web : camping-orly.com. Prix 2007. Fft jour : Empl. Tourisme (3) : 22 € Sup : 5 € 4 € ; Animaux 3 €.

SAINT JEAN ★★★ Tourisme 220 E. (195 Tourisme + 25 Loisirs), dont 20 CC - 10 GCC - 10 HLL, 2 ha. , snack, CV. Locations : 10 , 9 . . Bord de mer à 3 km. à 500 m : ; à 3 km : . Avenue de la Collégiale, RD 63 et RN 559. ☎ 04 94 87 51 51. Fax : 04 94 06 28 23. E-mail : info@campingstjean.com, Web : www.campingstjean.com. Réduction H.S.

LES PLAYES ★★ Tourisme 100 E. dont 62 nus (90 Tourisme + 10 Loisirs), dont 5 CC - 2 GCC, 1,5 ha. , snack, CV. Locations : 33 , 5 , 6 . chauffée . Bord de mer à 1,5 km. à 1,5 km : . Ouv : 1.1 / 31.12. Rés. obligatoire en été. Rue Grand, CD 63. Les chiens ne sont pas autorisés en tente. Gardiennage de caravanes hors saison. ☎ 04 94 25 57 57 / 06 72 09 62 79 (H.S.). Fax : 04 94 07 19 90. E-mail : camplayes@wanadoo.fr, Web : www.camplayes.com. Prix 2008. Fft jour : Empl. Tourisme (3 1 - de 3) : 24 € ( ) ; Sup : 5 € 4 à 5 € (6 à 10 A) ; Animaux 3 €. Réduction H.S.

FFCC : partenaire + réduction emp. de 5 % hors saison + Stop accueil Camping-car du 15/11/07 au 15/03/08 et du 15/11 au 31/12/2008, accès jusqu'à 21h.

C.C.A.S. LES CHARMETTES En cours reclassement E. . Réservé C.C.A.S.

M. MERCHEYER-SCHELL,Au Jardin de la Ferme CV. Le Brusc. 688, chemin des Faïsses. ☎ 04 94 34 01 07. Fax : 04 94 34 09 37. E-mail : info@au-jardin-de-la-ferme.com, Web : www.au-jardin-de-la-ferme.com.

SOLLIES PONT

14-D3 15 km N.-O. Toulon. 72 m. 5536 hab. ✉ 83210

M. & Mme CAMBRAY CV. A 2 km: . Ouv : 1.4 / 30.9. Le Petit Réal. 1095, chemin de Sauvebonne. Le Cros de Castel, RD 58, à 2,5 km Sud-Est de la commune, à proximité de la ferme. ☎ 04 94 28 94 80 / 06 88 48 63 09 (H.S.). E-mail : mireille.cambray@wanadoo.fr, Web : www.chez.com/cambray. Prix 2007. Empl. Tourisme : 3,50 € ; 3,40 € ; - de 7 ans 1,80 € ; 1,80 à 2,30 € (2 à 3 A).

FFCC : partenaire - terrain assuré par la FFCC .

M. RIVAL Claude , 2. A 200 m : . A 1 km: . A 2 km : Piscine plein air . A 15 km : . Les Amandiers, La Joncquière, RD 58, à 2 km de la commune, à proximité de la ferme. Champ. ☎ 04 94 28 90 81. Fax : 04 94 28 90 81.

TANNERON

14-E2 50 km E. Draguignan. 380 m. 808 hab. ✉ 83440

M. BOSI Bruna,camping Chez Bruna , CV. A 1 km: . A 3 km : . A 5 km : . Ouv : 1.1 / 31.12. Quartier Font de Gras n°172. D 38. A 8 Mandelieu, dir. Tanneron. Au panneau Tanneron (entrée village) prendre à droite, 1ère maison à gauche. ☎ 04 93 60 65 90 / 06 88 37 38 30 (H.S.). Fax : 04 93 60 64 88. Prix 2007. 4,50 € ; 2,50 € ; 5 € ; 4,50 € ; 3 € ; - de 10 ans 2 € ; 3 € ; 1 € ; Animaux 1 €.

FFCC : partenaire + Stop accueil Camping-car du 01/01 au 31/05 et du 01/10 au 31/12/2008, accès jusqu'à 19h.

TARADEAU

14-D2 16 km S. Draguignan. 68 m. 774 hab. ✉ 83460

CAMP DE LA VALLEE DE TARADEAU ★★★ Tourisme 90 E. dont 20 nus, 1 ha. hte saison, hte saison, hte saison, dépôt de pain / journaux, électrique, hte saison, hte saison, CV Sanitaire chauffé. Locations : 10, 4, 4, 3, 11. Accès direct à la rivière. ; à 2 km : . Accueil groupes. Ouv : 1.1 / 31.12. Chemin La Musardière. DP 73. Venant de Vidauban face à la mairie direction Taradeau, DP 73 1,5 km sur la droite. Venant des Arcs dir. Taradeau sortie DP 73 1,5 km sur la gauche. ☎ 04 94 73 09 14 / 06 22 66 30 31 (H.S.). Fax : 04 94 73 09 14. E-mail : campingdetaradeau@hotmail.com, Web : www.campingdetaradeau.com. Prix 2008. : 14 € ; 14 € ; 12 € ; 2,80 € ; - de 7 ans 2,50 € ; 2,50 à 6,50 € (2 à 10 A) ; E. CC 18 € ; Animaux 2,50 €. Réduction H.S.

FFCC : partenaire + carte FFCC assurance annulation + Stop accueil Camping-car du 01/01 au 30/06 et du 01/09 au 31/12/2008, accès jusqu'à 22h et 23h en juillet et août + réduction loc. de 5 % hors saison.

TOURRETTES

14-E2 34 km N.-E. Draguignan. 334 m. 1084 hab. ✉ 83440

G.C.U. LA NOUVELLE ARCADIE Réservé aux adhérents. Adhésion possible sur place pour les sociétaires MAIF et FILIA MAIF. R

LE GRILLON ★★ Tourisme 180 E. 2,2 ha. Locations : 20, 10, 12 chambres. Accès direct à l'étang. Lac et rivière à 5 km. à 5 km : . Quartier Terrassonnes, accès par RD 562, entre Grasse et Draguignan. Location de parcelle à l'année. ☎ 04 94 76 09 36 / 06 70 01 91 46. Fax : 04 94 76 09 30.

Mme GRIGIONI Marthe . A 6 km: . A 7 km : . A 10 km : . Quartier les Colles. Ombragé. Location de 3 caravanes 4 places avec auvent. ☎ 04 94 76 11 06.

FFCC : partenaire - terrain assuré par la FFCC .

LA VALETTE DU VAR

14-C3 5 km E. Toulon. 18432 hab. ✉ 83160

SIGURD ★★ Tourisme 25 E. (13 Tourisme + 12 Loisirs) 0,7 ha. Autoroute de Nice sortie La Valette Sud. Avenue de l'Université. N 98. ☎ 04 94 21 50 36 / 04 94 21 65 87.

M. ASTESIANO CV. A 4 km: . La Lézardière, avenue 1er D.F.L., La Coupiane, 300 m Sud de la commune. Pinède à flanc de colline, chênes, oliviers. Salle de réunion. ☎ 04 94 75 06 62.

LA VERDIERE

14-C2 44 km N.-O. Brignoles. 475 m. 526 hab. ✉ 83560

CAMP DE LA VERDIERE ★ Tourisme 31 E. 2 ha. CV. ; ; ; . Accueil groupes. D 554. Route de Manosque. ☎ 04 94 78 30 60. Fax : 04 94 78 30 61. E-mail : campingdelaverdiere@wanadoo.fr. Réduction H.S.

VIDAUBAN

14-D2 17 km S. Draguignan. 3811 hab. ✉ 83550

LES OMBRAGES ★★★ Loisirs 112 E. (30 Tourisme + 82 Loisirs), dont 77 GCC, 3,6 ha. CV. Locations : 12, 8, . Hameau de Ramatuelle. Sortie autoroute Le Luc/Le Cannet dir. Vidauban. A 5 km à droite sur N 7. ☎ 04 94 73 06 95. Fax : 04 94 99 40 12. Web : www.ombrage.free.fr.

VILLECROZE

14-D2 23 km N.-O. Draguignan. 350 m. 867 hab. ✉ 83690

LE RUOU ★★★ Tourisme 100 E. 4,2 ha. collectif, CV Sanitaire chauffé. Camping clef verte. Locations : 19, 39, 26, . chauffée . Etang et rivière à 5 km. ; à 5 km : . Accueil groupes. Ouv : 1.4 / 30.10. Rés. obligatoire en été. Sur la RD 560 à 200 m du carrefour de la RD 560 et de la RD 557. ☎ 04 94 70 67 70. Fax : 04 94 70 64 65. E-mail : info@leruou.com, Web : www.leruou.com. Prix 2008. Fft jour : Empl. Tourisme (2) : 25,20 € () ; Sup : 5,90 € - de 2/7 ans 4,70 € ; 3,60 à 5,50 € (6 à 10 A) ; Animaux 2,70 €. Fft Ccar : 20 € (2). Réduction H.S.

FFCC : partenaire + réduction emp. de 5 % en saison et 10 % hors saison + carte FFCC assurance annulation + réduction loc. de 5 % hors saison.

LES CADENIERES ★★★ Tourisme 81 E. (61 Tourisme + 20 Loisirs), dont 13 CC - 57 GCC, 3 ha. CV. Locations : 10, 16, 7. 2. Rivière à 4 km. à 5 km : . Ouv : 1.4 / 30.9. Les Hubacs, sur RD 560. Ne pas aller dir. village Villecroze. ☎ 04 94 67 59 66. Fax : 04 94 67 58 35. E-mail : info@camping-lescadenieres.com, Web : www.camping-lescadenieres.com. Prix 2007. Empl. Tourisme : 15 € ; 18 € ; 5 € ; - de 2/7 ans 3 € ; Animaux 3 €. Réduction H.S.

Toute l'année, les Clubs organisent des rassemblements, des rencontres ou des voyages. Consultez la liste des Clubs en fin de guide.

VINON SUR VERDON

14-C2 56 km N.-O. Draguignan. 285 m. 2196 hab. ✉ 83560

CAMP MUNICIPAL DU VERDON ★★ Tourisme 50 E. 1 ha. Locations : . Rivière à 30 m. ; ; . Rue Saint André, sur RN 552 et 554. ☎ 04 92 78 81 51.

Cartes 11-14

Délégué FFCC : Antoine CRISA, "Orchidées 3", 1, rue Georges Seurat - 84130 LE PONTET

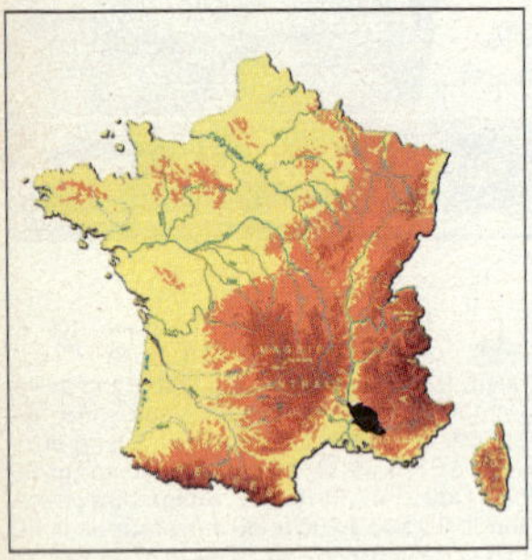

APT

14-B1 53 km E. Avignon. 220 m. 11560 hab. 84400

LE LUBERON ★★★ Tourisme 110 E. 4 ha., snack saison, frites, pain, à gaz, saison, CV Sanitaire chauffé. Locations : 12, 11, 5. chauffée . Etang à 3 km. à 3 km : , .Accueil adultes. Ouv : 1.4 / 30.9. Rés. obligatoire en été. Route de Saignon, 200 m D 48, à 2 km du centre ville. Sortie Digne. ☎ 04 90 04 85 40. Fax : 04 90 74 12 19. E-mail : leluberon@wanadoo.fr, Web : www.camping-le-luberon.com. Prix 2007. Fft jour : Empl. Tourisme (2) : 20,15 € () ; Sup : 6,10 € - de 7 ans 4,60 € ; 4,50 € (6 A) ; Animaux 2 €.

FFCC : partenaire - terrain assuré par la FFCC.

LA CLE DES CHAMPS ★★ Tourisme 27 E. dont 21 nus, 1 ha. , collectif, CV. Locations : 5, 1. . à 4 km : . Ouv : 1.4 / 30.9. Quartier des Puits. ☎ 04 90 74 41 41. E-mail : la-clef-des-champs2@wanadoo.fr, Web : www.camping-luberon.com. Prix 2008. Empl. Tourisme : 5,70 € ; 2 € ; 8,50 € ; 3,50 € ; - de 2/7 ans 2,50 € ; 4 € (10 A) ; Animaux 1,50 €.

LES CEDRES ★★ Tourisme 75 E. dont 72 nus 1,8 ha. , partiel, CV Sanitaire chauffé. Locations : 3. Accès direct à la rivière. Lac à 2,5 km. à 400 m : ; à 2 km : . Accueil groupes. Ouv : 15.2 / 15.11. 63, impasse de la Fantaisie. Avenue de Viton. 200 m RN 100 dans la commune. D 22. Réfrigérateur en libre service accès gratuit. ☎ 04 90 74 14 61. Fax : 04 90 74 14 61. E-mail : lucie.bouillet@yahoo.fr, Web : www.francecamping.fr. Prix 2007. () : 4 € ; 2 € ; 5 € ; 1,80 € ; 2,50 € ; - de 7 ans 1,30 € ; 3,50 € ; Animaux 1 €.

AUBIGNAN

14-B1 5 km N. Carpentras. 56 m. 2230 hab. 84810

LE BREGOUX ★★ Tourisme 170 E. dont 166 nus 3,4 ha. CV Sanitaire chauffé. Camping clef verte. Locations : . Etang à 100 m. . Accueil groupes. Ouv : 1.3 / 31.10. Chemin du Vas. n° 410 ☎ 04 90 62 62 50 / 04 90 67 10 13 (H.S.). Fax : 04 90 62 65 21. E-mail : camping-lebregoux@wanadoo.fr, Web : www.camping-lebregoux.fr. Prix 2007. Empl. Tourisme : 3,05 € () : 3,15 € ; - de 10 ans 1,70 € ; 3 € ; Animaux 1,50 €. Réduction H.S.

AVIGNON

14-A1 688 km S.-E. Paris. 25 m. 91474 hab. 84000

LE PONT D'AVIGNON ★★★★ Tourisme 300 E. 8 ha. . Locations : . Accès direct à la rivière. . Accueil groupes. Sur l'île de la Barthelasse en face du Pont d'Avignon. ☎ 04 90 80 63 50. Fax : 04 90 85 22 12. E-mail : info@camping-avignon.com, Web : www.camping-avignon.com. Réduction H.S.

BAGATELLE ★★★ Tourisme 238 E. dont 227 nus, dont 20 CC, 2,29 ha. CV Sanitaire chauffé. Locations : . Accès direct à la rivière. Etang à 4 km. . Accueil groupes. Ouv : 1.1 / 31.12. Accès par pont Daladier, île Barthelasse à 500 m du centre ville. Internet Wifi ☎ 04 90 86 30 39 / 04 90 85 78 45 (H.S.). Fax : 04 90 27 16 23. E-mail : campi ng.bagatelle@wanadoo.fr, Web : campingbagat elle.com. Prix 2007. Fft jour : Empl. Tourisme (2) : 21,90 € () ; Sup : 3,80 € - de 3/11 ans 3,40 € ; 2,60 € ; Animaux 2,20 €. Fft Tente : 18,10 € (2). Réduction H.S.

FFCC : partenaire + réduction emp. de 5 % en saison et 10 % hors saison + carte FFCC assurance annulation + Stop accueil Camping-car du 01/01 au 30/06 et du 15/08 au 31/12/2008, accès jusqu'à 22h.

LES DEUX RHONE ★★ Tourisme 100 E. 1,5 ha. CV. Locations : . Rivière à 200 m. ; ; à 1,5 km : . Accueil groupes. Ouv : 1.1 / 31.12. Chemin de Bellegarde. CD 228. Avignon centre, par le pont Daladier, Ile de la Barthelasse. Accès WIFI gratuit. ☎ 04 90 85 49 70. Fax : 04 90 85 91 75. E-mail : contact@camping2rhone.com, Web : www.camping2rhone.com. Prix 2007. Fft jour : Empl. Tourisme (2) : 14,36 € () ; Sup : 3,53 € - de 4/12 ans 2 € ; 3 € ; Animaux 1,50 €. Fft Tente : 13,66 € (2).

PARC DES LIBERTES ★★ Tourisme 195 E. 2,8 ha. . Accès direct aux bords du lac. ; ; . ☎ 04 90 85 17 73.

CAMPEOLE ILE DES PAPES Voir aussi VILLENEUVE-LES-AVIGNON (30)

BEAUMES DE VENISE

11-B5 7 km N. Carpentras. 100 m. 1721 hab. Station verte de vacances et village de neige 84190

CAMP MUNICIPAL ★★ Tourisme 65 E. 1 ha. . Rivière à 100 m. . Sur RD 90 route de Lafare. ☎ 04 90 62 95 07 / 04 90 62 94 34 (Mairie H.S) / 04 90 62 94 34 (Mairie) (H.S.).

BEAUMONT DE PERTUIS

14-C2 46 km S.-E. Apt. 524 m. 658 hab. 84120

M. ARNIAUD,aire naturelle . ☎ 04 90 08 04 85.

BEAUMONT DU VENTOUX

11-B5 20 km N.-E. Carpentras. 425 m. 240 hab. 84340

LE MONT SEREIN ★★ Tourisme 60 E. dont 10 nus, dont 2 HLL. + salle séchage, CV. Locations : 2, 2, 1. Ouv : 15.4 / 15.9. ☎ 04 90 60 49 16 / 04 90 65 23 10 (H.S.). Fax : 04 90 65 23 10. E-mail : info@ventoux.fr, Web : www.ventoux.fr. Prix 2008. Empl. Tourisme : 5,20 € ; 4,80 € ; 4,50 € ; - de 10 ans 3,50 € ; 3,50 €.

BEDOIN

11-B5 13 km N.-E. Carpentras. 300 m. 1842 hab. Station verte de vacances et village de neige 84410

DOMAINE NATURISTE DE BELEZY ★★★★ Tourisme 320 E. dont 248 nus, 11 ha. collectif, CV Sanitaire chauffé Rés. naturiste. Camping clef verte. Locations : 73, 28, 10, 26 Maisonnettes. chauffée. à 10 km : . Ouv : 15.3 / 5.10. A 7 sortie Avignon ou Orange, Carpentras, Bédoin par D 974. WIFI dans le domaine ☎ 04 90 65 60 18. Fax : 04 90 65 94 45. E-mail : info@belezy.com, Web : www.belezy.com. Prix 2008. Fft jour : Empl. Tourisme (2) : 36,50 € () ; - de 8 ans 8,80 € ; 4,50 € (12 A). Réduction H.S.

CAMP MUNICIPAL DE LA PINEDE ★★ Tourisme 121 E. dont 121 nus, 7 ha. saison, snack saison, saison, CV Sanitaire chauffé. Locations : . Lac à 5 km. . Accueil groupes. Ouv : 15.3 / 31.10. Chemin de la Sablière. ☎ 04 90 65 61 03. Fax : 04 90 65 95 22. E-mail : la-pinede.camping-municipal@wanadoo.fr, Web : www.camping-municipal-la-pinede.new.fr. Prix 2007. Fft jour : Empl. Tourisme (2) : 12 € () ; Sup : 3,40 € - de 2/11 ans 2,30 € ; 2,80 € ; Animaux 1 €. Réduction H.S.

LA GARENNE ★★ Tourisme 80 E. dont 72 nus, 6 ha. CV. Locations : . Etang et lac à 4 km. ; . Accueil groupes. Ouv : 1.4 / 31.10. Sortie Avignon ou Orange dir. Carpentras puis Bedoin/Mont-Ventoux. ☎ 04 90 65 63 05. Fax : 04 90 65 63 05. E-mail : camping.la.garenne.bedoin@wanadoo.fr. Prix 2007. Empl. Tourisme : 3,50 € () ; 3,50 € ; - de 12 ans 2,50 € ; 2,50 € (10 A) ; Animaux 1 €. Fft Ccar : 10,50 € (2). Réduction H.S.

FFCC : partenaire + réduction emp. de 5 % en saison et 10 % hors saison + Stop accueil Camping-car toute l'année, accès jusqu'à 21h + réduction loc. de 5 % en saison et 10 % hors saison.

MENEQUE ★★ Tourisme 100 E. 2,4 ha. CV. Locations : 2, 5. . Accès direct à la rivière . 500 m RN 974. Ranch. ☎ 04 90 65 93 50. Fax : 04 90 12 83 61. E-mail : lemeneque@aol.com, Web : www.lemeneque.eu.

PASTORY ★★ Tourisme 100 E. dont 70 nus 1,5 ha. CV. Locations : 4, 2. Etang, lac et rivière à 5 km. à 5 km : . Accueil groupes. Ouv : 1.4 / 30.9. Rés. obligatoire en été. Route de Malaucène. D 19. ☎ 04 90 12 85 83. Fax : 04 90 12 85 83. E-mail : lapastory@tele2.fr. Prix 2008. Empl. Tourisme : 2 € ; 2 € ; 2 € ; 4,70 € ; 2 € ; 2,50 € ; - de 7 ans 1,50 € ; 2,20 à 3,20 € (6 à 10 A) ; 0,80 € ; Animaux 0,80 €.

M. DELOR,aire naturelle . La Bernarde. Route de Malaucène. ☎ 04 90 65 68 89.

BLAUVAC

14-B1 14 km S.-E. Carpentras. 420 m. 228 hab. 84570

CAMP MUNICIPAL ★ Tourisme 12 E. 0,24 ha. CV.à 6 km : . Ouv : 15.3 / 15.10. Le Portail, au Village. ☎ 04 90 61 81 41 (Mairie) / 06 85 81 78 62 (H.S.). Fax : 04 90 61 81 41. Prix 2007. Empl. Tourisme : 4 € ; 2 € ; - de 7 ans 1 € ; 2 €.

BOLLENE

11-A5 47 km N. Avignon. 55 m. 12690 hab. 84500

LE BARRY ★★★★ Tourisme 120 E. (119 Tourisme + 1 Loisirs), dont 13 GCC - 7 HLL, 3 ha. à gaz, CV Sanitaire chauffé. Locations : 10, 2, 8. . Rivière à 2,5 km.Lac à 3 km. à 3 km : . Accueil groupes. Saint-Pierre. A 7 sortie Bollène puis D 26 dir. Pierrelatte sur 2,5 km. Suivre fléchage Site Troglodytique. ☎ 04 90 30 13 20. Fax : 04 90 40 48 64. E-mail : lebarry@avignon.pacwan.net, Web : www.campinglebarry.com. Réduction H.S.

CAMP MUNICIPAL DU LEZ ★★ Tourisme 48 E. 1,25 ha. . Accès direct à la rivière. Lac à 5 km. ; à 6 km : . Sortie autoroute Bollène, dir. centre ville après le pont du Lez à gauche, place du 18 juin suivre fléchage ☎ 04 90 30 16 86. Fax : 04 90 30 16 86.

LA SIMIOUNE ★★ Tourisme 80 E. 1,5 ha. CV. Locations : , . . Rivière à 2,5 km. . Accueil groupes. Ouv : 1.1 / 31.12. Quartier Guffiage. A 7 au rond-point à la sortie, 3ème à droite dir. Carpentras, ensuite à gauche au 3ème croisement. ☎ 04 90 30 44 62. Fax : 04 90 30 44 77. E-mail : la-simioune@wanadoo.com & rolandstump@yahoo.com, Web : www.la-simioune.fr. Prix 2007. Fft jour : Empl. Tourisme (2) : 12,50 € () ; Sup : 3,50 € - de 7 ans 2 € ; Animaux 2 €.

BONNIEUX

14-B1 12 km S.-O. Apt. 420 m. 1385 hab. 84480

CAMP MUNICIPAL DU VALLON ★ Tourisme 80 E. 1,5 ha. , pain, . Locations : , , . Route de Menerbes, à 800 m du village. ☎ 04 90 75 86 14. Fax : 04 90 75 86 14.

CABRIERES D AIGUES

14-B1 32 km S.-E. Apt. 375 m. 429 hab. 84240

LA BONDE ★★ Tourisme 150 E., dont 150 CC, 0,66 ha. CV. Locations : 1, 8, 3. . Accès direct à l'étang. ; ; ; . Accueil groupes. 300 m RD 27. ☎ 04 90 77 63 64 / 04 90 77 77 15 (H.S.) / 04 90 77 77 15 (H.S.). Fax : 04 90 07 73 04. E-mail : campingdelabonde@wanadoo.fr, Web : www.destination-luberon.com/la-bonde.

LES CHENES VERTS ★ Tourisme 53 E. 1 ha. CV. Locations : , . Etang à 200 m. à 200 m : , , . Accueil groupes. A l'intersection du CD 27 et de la D 9. ☎ 04 90 77 62 05 / 04 90 77 62 68 (Domicile) (H.S.). Fax : 04 90 77 71 22. E-mail : giaichecayves@aol.com.

CADENET

14-B2 22 km S. Apt. 234 m. 2640 hab. 84160

VAL DE DURANCE ★★★★ Tourisme 232 E. dont 87 nus (133 Tourisme + 99 Loisirs) 2,8 ha. , saison, saison, saison, saison, CV. Locations : 130, 18. . Accès direct aux bords du lac. Rivière à 500 m. ; ; à 100 m : . Ouv : 29.3 / 28.9. Par A7 sortie Cavaillon et suivre Cadenet par D 973. ☎ 04 90 68 37 75 / 0 820 201 207 (H.S.). Fax : 04 90 68 16 34. E-mail : info@homair.com, Web : www.homair.com. Prix 2007. Empl. Tourisme : 14 € ; 8 € ; - de 10 ans 5,50 € ; 5 € ; Animaux 5 €.

CAROMB

11-B5 8 km N. Carpentras. 185 m. 2266 hab. 84330

CAMP LE BOUQUIER ★★ Tourisme 35 E. dont 50 nus, 1 ha. CV Sanitaire chauffé. Locations : 4. . Lac à 2 km. à 2 km : , . Ouv : 15.3 / 12.10. Sur D 13. ☎ 04 90 62 30 13. Fax : 04 90 62 30 13. E-mail : lebouquier@wanadoo.fr, Web : www.lebouquier.com. Prix 2008. Fft jour : Empl. Tourisme (2) : 15 € () ; Sup : 3,50 € - de 6/12 ans 2,20 € ; Animaux 1,60 €.

CARPENTRAS

14-B1 23 km N.-E. Avignon. 95 m. 25886 hab. 84200

LOU COMTADOU ★★★ Tourisme 99 E. dont 89 nus 2,5 ha. gaz/électrique, CV Sanitaire chauffé. Locations : 3, 3. Lac à 5 km. ; à 5 km : ; à 10 km : . Accueil groupes. 881, avenue Pierre de Coubertin. Au centre ville, dir. St-Didier puis complexe sportif. A 7 sortie Orange Sud dir. Carpentras. ☎ 04 90 67 03 16 / 06 09 36 67 56. Fax : 04 90 46 01 81. E-mail : info@campingloucomtadou.com, Web : www.campingloucomtadou.com. Réduction H.S.

CASTELLET

14-B1 13 km S.-E. Apt. 510 m. 72 hab. 84400

LES BARDONS ★★ Tourisme 58 E. 1,5 ha. buvette, . Locations : . Rivière à 3,5 km. Sur RD 48. ☎ 04 90 75 20 87 / 04 90 75 24 72 (H.S.).

CAVAILLON

14-B1 30 km O. Apt. 75 m. 20830 hab. 84300

CAMP DE LA DURANCE ★★★ Tourisme 150 E. 4,5 ha. CV. Locations : 10, 6, . Rivière à 20 m. Etang à 5 km. 495, Avenue Boscodomini, à 1,1 km A 7, 800 m RN 538. Sortie autoroute Cavaillon. ☎ 04 90 71 11 78. Fax : 04 90 71 98 77. E-mail : camping.cavaillon@wanadoo.fr, Web : www.guideweb.com/provence/camping/de-la-durance.

CHATEAUNEUF DE GADAGNE

14-A1 12 km S.-E. Avignon. 50 m. 2021 hab. 84470

CAMPING FONTISSON ★★ Tourisme 50 E. dont 29 nus 1,6 ha. , collectif, CV. Locations : 2, 2, 11, 3. Ouv : 1.4 / 15.10. Rés. obligatoire en été. 1125, route d'Avignon. Quartier Fontisson. RN 100. A 7 sortie Avignon-Nord, dir. Vedène/St-Saturnin-les-Avignon/Châteauneuf de Gadagne. A 7 sortie Avignon-Sud, dir. Caumont/Châteauneuf de Gadagne. ☎ 04 90 22 59 77. Fax : 04 90 22 59 77. E-mail : info@campingfontisson.com, Web : www.campingfontisson.com. Prix 2007. Fft jour : Empl. Tourisme (2) : 18 € (E. GCC) ; Sup : 5 € - de 7 ans 3,30 € ; 4 € (10 A) ; Animaux 2 €. Réduction H.S.

FFCC : partenaire + réduction emp. de 5 % hors saison + réduction loc. de 5 % hors saison.

CHATEAUNEUF DU PAPE

16 km N. Avignon. 120 m. 2060 hab. 84230

CAMP MUNICIPAL ISLON SAINT LUC ★★ Tourisme 91 E. 3,5 ha. . Locations : . Accès direct à la rivière. . Chemin des Grandes Serres. 10 km Sud d'Orange. Possibilité de croisières sur le Rhône, départ en navette au camping. ☎ 04 32 40 90 49. Fax : 04 90 31 35 49. Réduction H.S.

CHEVAL BLANC

14-B1 30 km O. Apt. 2372 hab. 84460

LES GENETS ★★★ Tourisme 115 E. 7 ha. , saison, saison, , saison, CV. Locations : . Etang à 100 m. Rivière à 200 m. ; . Route de Pertuis. Par A7 sortie Cavaillon suivre la D 973 dir. Pertuis. Le camping se trouve à droite, 4 km après le quartier Canebière de Cheval Blanc. ☎ 04 90 78 36 87 / 04 42 20 47 25 (Homair Vac) / 04 42 59 14 32 (H.S.). Fax : 04 32 50 19 85. E-mail : info@homair-vacances.fr, Web : www.homair-vacances.fr.

COURTHEZON

11-A5 18 km N.-E. Avignon. 30 m. 4556 hab. 84350

LES SOURCES ★★★★ Loisirs 58 E. dont 22 nus CV. Locations : 6, 30, 6. . Chemin Louise Michel. ☎ 04 90 70 67 73 / 04 90 30 09 65 (H.S.). Fax : 04 90 70 67 73. E-mail : campinglessources@wanadoo.fr, Web : www.domainelessources.com. Prix 2007. Fft jour : Empl. Tourisme (2) : 20 € ( ) ; Sup : 5,50 € 3 € (16 A).

CRESTET

11-B5 25 km N. Carpentras. 320 m. 326 hab. 84110

LE VOCONCE ★★★ Tourisme 123 E. dont 100 nus, , dont 20 GCC, 2 ha. CV. Locations : 7, 6, 4. Accès direct à la rivière. ; ; . Accueil groupes. Ouv : Pâques / 30.9. D 938 au Sud-Est de Vaison la Romaine. Route de Malaucène et D 151. Dir. St-Marcelin les Vaison. ☎ 04 90 36 28 10 / 04 90 36 20 35 (H.S.). Fax : 04 90 36 20 35. E-mail : contact@camping-voconce.com, Web : www.camping-voconce.com. Prix 2007. Empl. Tourisme : 4,20 € ; 4,20 € ; - de 7 ans 3 € ; 4 € (10 A) ; Animaux 3 €. Réduction H.S.

CRILLON LE BRAVE

11-B5 12 km N.-E. Carpentras. 300 m. 265 hab. 84410

BELLE-VUE ★ Tourisme 40 E. . Locations : . Etang, lac et rivière à 3 km. Quartier Les conils. Sortie Avignon-Nord puis suivre RD 974 dir. Bedain. ☎ 04 90 62 42 29. Fax : 04 90 62 34 55.

CUCURON

14-B1 27 km S.-E. Apt. 375 m. 1409 hab. 84160

LE MOULIN A VENT ★★ Tourisme 75 E., dont 5 GCC, 2 ha. CV Sanitaire chauffé. Locations : 2, 3, 2, 4. Etang à 5 km. à 6 km : ; à 10 km : . Ouv : 15.3 / 6.10. Rés. obligatoire en été. Chemin de Gastoule. Par le chemin de Saint-Martin à 2 km du village de Cucuron par D 182 direct Villelaure. ☎ 04 90 77 25 77. Fax : 04 90 77 28 12. E-mail : biessier@yahoo.fr, Web : www.avignon-et-provence.com/campings/moulin-vent. Prix 2008. Fft jour : Empl. Tourisme (2) : 13 € ( ) ; Sup : 4 € - de 3/7 ans 2,50 € ; 2,50 à 4 € (4 à 10 A) ; Animaux 2,50 €. Réduction H.S.

LOU BADAREU ★★ Tourisme 34 E. 3 ha. , collectif, CV. Locations : . Etang et lac à 4 km. Rivière à 5 km. ; à 4 km : . La Rasparine, 100 m D 27. ☎ 04 90 77 21 46. Fax : 04 90 77 21 46. Web : www.loubadareu.com.

Mme BARRET Simone, aire naturelle de camping Le Pi Route Arsouis. ☎ 04 90 77 20 99.

ENTRECHAUX

11-B5 25 km N.-E. Carpentras. 285 m. 724 hab. 84340

LE BON CROUZET ★ Tourisme 45 E. 0,7 ha. couverte . Accès direct à la rivière. ; . Ouv : 1.4 / 30.10. Sortie Vaison la Romaine dir. Malaucène après 1 km dir. St-Marcelin à gauche après 1,5 km prendre à droite dir. Faucon pendant 4 km. ☎ 04 90 46 01 62. Fax : 04 90 46 01 62. Web : http://du.bon.crouzet.free.fr. Prix 2007. Empl. Tourisme : 4,50 € ; 4,50 € ; - de 10 ans 3 € ; 2,50 à 4 € (5 à 10 A) ; Animaux 1 €.

LE PUYSEBY ★ Tourisme 18 E. dont 15 nus . Locations : 3. Rivière à 20 m. ; . Ouv : 1.4. Rés. obligatoire en été. A 4 km de Vaison-la-Romaine, route de Saint-Marcellin par D 205. ☎ 04 90 46 03 78 / 06 12 09 24 25 (H.S.). Fax : 04 90 46 03 78. E-mail : camping-le-puyseby@orange.fr. Prix 2008. Fft jour : Empl. Tourisme (2) : 11,80 € ( ) ; Sup : 4 € - de 7 ans 2 € ; 3 € (10 A) ; Animaux 1 €. Réduction H.S.

FFCC : partenaire - terrain assuré par la FFCC + réduction emp. de 5 % en saison et 15 % hors saison + réduction loc. de 10 % en saison et 15 % hors saison.

LES TROIS RIVIERES ★ Tourisme 95 E. 6 ha. début juin, début juin, saison, CV Sanitaire chauffé. Locations : , 7. Accès direct aux bords du lac et à la rivière. ; ; . D 13, sortie d'Entrechaux vers Buis les Barronies. Route de Faucon. ☎ 04 90 46 01 72 (Répondeur). Fax : 04 90 46 00 75. E-mail : doc@camping-3rivieres.com, Web : www.camping-les3rivieres.com.

FAUCON

11-B5 34 km N. Carpentras. 380 m. 287 hab. 84110

CAMP DE L'AYGUETTE ★★★ Tourisme 99 E. dont 99 nus, 3 ha. , hte saison, hte saison, , hte saison, gaz/électrique, , hte saison, ap. 23 h, CV Sanitaire chauffé. chauffée . Rivière à 5 km. à 5 km : , . Ouv : 1.4 / 30.9. Sur D 86. Depuis Vaison la Romaine dir. Nyons, St-Romain en Viennois. Depuis Nyons, dir. Vaison-la-Romaine, puis Mirabel-aux-Baronnies/ Puyméras. Hot spot wifi à la réception. ☎ 04 90 46 40 35 / 06 18 47 33 42 (H.S.). Fax : 04 90 46 46 17. E-mail : info@ayguette.com, Web : www.ayguette.com. Prix 2008. Fft jour : Empl. Tourisme (2) : 21 € ( ) ; Sup : 5,30 € - de 13 ans 3,30 € ; 2,50 € (10 A) ; Animaux 1,70 € (Chien). Réduction H.S.

FFCC : partenaire + réduction emp. de 5 % en saison et 10 % hors saison + carte FFCC assurance annulation.

FLASSAN

11-B5 19 km N.-E. Carpentras. 437 m. 295 hab. 84410

CAMP MUNICIPAL ★★ Tourisme 21 E. dont 21 nus . Accueil groupes. Ouv : 1.6 / 31.8. RD 19. ☎ 04 90 61 81 22 (Mairie). Fax : 04 90 61 94 46. Prix 2007. Empl. Tourisme : 4 € ; 2,60 € ; - de 10 ans 1,60 € ; 2,20 €.

FONTAINE DE VAUCLUSE

14-B1 30 km E. Avignon. 80 m. 606 hab. 84800

LES PRES ★★ Tourisme 42 E. 0,6 ha. , buvette, . Accès direct à la rivière. ; ; . Accueil groupes. Ouv : 1.3 / 31.10. RD 24. ☎ 04 90 20 32 38 / 04 90 20 69 54 (H.S.). Fax : 04 90 20 32 38. Prix 2007. ( ) ; 3,50 € ; 2,50 € ; 3,50 € ; 3,50 € ; - de 7 ans 2,50 € ; 3,50 €. Fft Ccar : 14 € (2).

GORDES

14-B1 31 km O.-N.-O. Apt. 373 m. 1607 hab. 84220

LES SOURCES ★★ Tourisme 100 E. (75 Tourisme + 25 Loisirs), dont 15 HLL, 3,5 ha. juin/juillet/août, CV Sanitaire chauffé. Locations : 14, 20, 16, 20. Accueil groupes. Route de Murs. Sortie Avignon-Sud, dir. Apt puis Gordes. ☎ 04 90 72 12 48. Fax : 04 90 72 09 43. E-mail : campingdessources@wanadoo.fr, Web : www.campingdessources.com. Prix 2007. : 6,30 € ; 2,20 € ; 5,20 € ; - de 8 ans 3,60 € ; 4,10 € (6 A) ; Animaux 3 €. Réduction H.S.

JONQUIERES

11-A5 22 km N. Avignon. 3351 hab. ✉ 84150

CAMP MUNICIPAL LES PEUPLIERS ★★ Tourisme 78 E. 1,2 ha. CV. Rivière à 1 km.Etang à 2 km. Accueil groupes. Autoroute sortie Orange. ☎ 04 90 70 67 09. Fax : 04 90 70 59 01.

LAGNES

14-B1 28 km S.-E. Avignon. 250 m. 1115 hab. ✉ 84800

LA COUTELIERE ★★★ Tourisme 103 E. 1,3 ha. CV Sanitaire chauffé. Locations : 2, 6, 2. Accès direct à la rivière. Etang à 5 km. Ouv : 23.3 / 30.9. Quartier la Coutelière. Sortie autoroute Avignon Sud, dir. Apt/Isle sur la Sorgue, RD 24 Fontaine de Vaucluse. ☎ 04 90 20 33 97. Fax : 04 90 20 27 22. E-mail : couteliere@wanadoo.fr, Web : www.camping-lacouteliere.com. Prix 2007. Fft jour : Empl. Tourisme (2) : 15,30 € ; Sup : 5,10 € - de 7 ans 3,10 € ; 4 € (10 A) ; Animaux 3,10 €. Réduction H.S.

FFCC : partenaire + réduction emp. de 5 % hors saison + carte FFCC assurance annulation + Stop accueil Camping-car du 20/03 au 30/09/2008 + réduction loc. de 5 % hors saison.

M. FLORENT Dominique,aire naturelle CV. A 1 km : . A 2 km : . A 3 km : Piscine plein air . A 4 km : . Au pied du Luberon et des Monts du Vaucluse. ☎ 04 90 20 20 02.

L ISLE SUR LA SORGUE

14-B1 22 km E. Avignon. 60 m. 13205 hab. ✉ 84800

LA SORGUETTE ★★★ Tourisme 164 E. (150 Tourisme + 14 Loisirs), dont 8 CC - 6 HLL, 2,5 ha. saison, saison, saison, saison, saison, CV. Camping clef verte. Locations : 8, 22, Yourte + Tipi. Accès direct à la rivière. Accueil groupes. Ouv : 15.3 / 15.10. Route d'Apt. Sortie autoroute Avignon-Sud. Isle-sur-Sorgue puis dir.Apt. ☎ 04 90 38 05 71. Fax : 04 90 20 84 61. E-mail : sorguette@wanadoo.fr, Web : www.camping-sorguette.com. Prix 2007. Fft jour : Empl. Tourisme (2) : 19,80 € ; Sup : 7 € - de 12 ans 3,50 € ; 4,30 € (4 A) ; Animaux 2,80 €. Fft Ccar : 10 € (2). Réduction H.S.

FFCC : partenaire + réduction emp. de 5 % hors saison + Stop accueil Camping-car du 15/03 au 12/07 et du 23/08 au 15/10/2008, accès jusqu'à 22h30.

M. VERNIER Jérôme, camping à la ferme CV. A 300 m : . 871, route de Lagnes. ☎ 04 90 38 13 95. Fax : 04 90 38 13 95.

LORIOL DU COMTAT

14-B1 5 km N.-O. Carpentras. 1426 hab. ✉ 84870

LA ROUBINE ★★★ Tourisme 116 E. 2,5 ha. . Etang à 2 km. Route Carpentras-Orange. D 950. ☎ 04 90 65 72 87. E-mail : camping.roubine@wanadoo.fr, Web : www.camping-la-roubine.com.

LOURMARIN

14-B2 19 km S. Apt. 220 m. 858 hab. ✉ 84160

LES HAUTES PRAIRIES ★★★ Tourisme 158 E. 2,7 ha. CV. Locations : 16, 4, 2. Rivière à 5 km. ; à 4 km : . Route de Vaugines. ☎ 04 90 68 02 89. Fax : 04 90 68 23 93. Web : www.hauteprairie.com.

FFCC : partenaire - terrain assuré par la FFCC.

MALAUCENE

11-B5 15 km N. Carpentras. 365 m. 2096 hab. ✉ 84340

LE BOSQUIT ★★ Tourisme 48 E. . A Vaison-la-Romaine, dir. Mont-Ventoux/Carpentras. A Malaucene, route de Suzette. ☎ 04 90 65 29 09 / 04 90 65 24 89. Fax : 04 90 65 12 52.

AIRE NATURELLE MUNICIPALE CV. A 50 m : . A 1 km: . Ouv : 1.4 / 30.10. Le Groseau - Route du Mont-Ventoux ☎ 04 90 46 16 38 / 04 90 65 16 32 (H.S.). E-mail : lespiedsenlair@wanadoo.fr, Web : www.lespiedsenlair.com. Prix 2007. Fft jour : Empl. Tourisme (2) : 8 € ; Sup : 3 € - de 18 ans 2 € ; 2 €.

FFCC : partenaire - terrain assuré par la FFCC .

M. LETILLEUL Jean-Michel,aire naturelle CV. A 500 m : . A 2 km: . A 3 km : . A 4 km : Piscine plein air. Ouv : 1.4 / 30.10. La Saousse. D 938 et D 13. ☎ 04 90 65 14 02. Prix 2008. Empl. Tourisme : 3,50 € () : 4,50 € ; - de 7 ans 2,50 € ; 2,50 € (5 A). Réduction H.S.

MALEMORT DU COMTAT

14-B1 10 km S.-E. Carpentras. 210 m. 814 hab. ✉ 84570

FONT NEUVE ★★★ Tourisme 54 E. dont 50 nus 1,05 ha. saison, CV. Locations : 4. ☎ 04 90 69 90 00 / 04 90 69 74 86 (Domicile) / 04 76 51 73 30 (H.S.). Fax : 04 90 69 91 77. E-mail : camping.font-neuve@libertysurf.fr. Réduction H.S.

CAMP MUNICIPAL ★★ Tourisme 12 E. 0,35 ha. Le Village, route de Carpentras. ☎ 04 90 69 71 11 (Mairie).

MAUBEC

14-B1 25 km O. Apt. 105 m. 973 hab. ✉ 84660

LES ROYERES DU PRIEURE ★★ Tourisme 75 E. 2 ha. CV Sanitaire chauffé. Locations : 3, à 7 km : . Ouv : 1.4 / 15.10. Fax : 04 90 76 50 34. Fax : 04 32 52 91 57. E-mail : camping.maubec.provence@wanadoo.fr, Web : www.campingmaubec-luberon.com. Prix 2007. 1,30 € , 1,30 € ; 5 € ; 1,30 € ; 2,50 € ; 0,60 € ; 3 à 4 € ; Animaux 1 €.

MAZAN

14-B1 7 km E. Carpentras. 197 m. 3729 hab. ✉ 84380

LE VENTOUX ★★★ Tourisme 49 E. 0,95 ha. Locations : 9. Etang et lac à 4 km. Ouv : 1.3 / 15.11. Rés. obligatoire en été. Chemin la Combe. A Carpentras dir. de Bedoin, RD 974, 5 km puis RD 70 à 200 m. ☎ 04 90 69 70 94 / 06 80 84 01 65 (H.S.). Fax : 04 90 69 70 94. E-mail : camping.leventoux@orange.fr, Web : www.camping-le-ventoux.com. Prix 2007. Fft jour : Empl. Tourisme (2) : 11,50 € ; - de 7 ans 1,70 € ; 2,20 € (6 A) ; Animaux 1,50 €.

FFCC : partenaire + réduction emp. de 5 % hors saison + réduction loc. de 5 % hors saison.

MERINDOL

14-B2 38 km S.-O. Apt. 168 m. 1444 hab. ✉ 84360

M. GARDIOL Serge,aire naturelle . A 3 km: . Autoroute, sortir à Cavaillon suivre dir. Pertuis Cheval-Blanc. ☎ 04 90 72 81 02. Fax : 04 90 72 81 02.

MONDRAGON

11-A5 43 km N.-O. Avignon. 2916 hab. 84430

LA PINEDE EN PROVENCE ★★ Tourisme 134 E. 2 ha. collectif, CV Sanitaire chauffé. Locations : . à 2 km : . Accueil groupes. Ouv : 1.1 / 31.12. Les Massanes. RD 26. A 7 sortie 19 Bollen, au rond-point tourner à droite puis au feu rouge à gauche, puis tout droit. ☎ 04 90 40 82 98. Fax : 04 90 40 82 98. E-mail : contact@camping-pinede-provence.com, Web : www.camping-pinede-provence.com. Prix 2007. Fft jour : Empl. Tourisme (2) : 11,50 € ( ) ; - de 7 ans 2 € ; 3,50 € ; Animaux 1 €.

FFCC : partenaire + réduction emp. de 5 % en saison et hors saison + Stop accueil Camping-car du 15/02 au 03/07 et du 22/08 au 15/11/2008, accès jusqu'à 22h.

MONTEUX

14-B1 4 km S.-O. Carpentras. 42 m. 7552 hab. 84170

CAMP MUNICIPAL DE BELLERIVE ★★ Tourisme 52 E. dont 51 nus 0,5 ha. Ouv : 1.4 / 31.10. bouteilles d'eau potable glacée gracieusement à disposition sur place. ☎ 04 90 66 81 88 / 04 90 66 97 52 (O.T) (H.S.). E-mail : camping.bellerive@orange.fr. Prix 2007. Empl. Tourisme : 3 € ( ) : 3 € ; - de 7 ans 1,50 € ; 2 € ; Animaux 1 €.

MORMOIRON

14-B1 13 km E. Carpentras. 280 m. 1070 hab. 84570

CAMP DE L'AUZON ★★ Tourisme 50 E. 1 ha. enfants : ; ; . Sur RN 942. ☎ 04 90 61 80 42. Fax : 04 90 61 80 42.

MORNAS

11-A5 39 km N. Avignon. 40 m. 1737 hab. 84550

BEAUREGARD ★★★ Loisirs 251 E. 15 ha. ap. 22h30, CV Sanitaire chauffé. Locations : 14 , 87 , , , Maisonnettes. chauffée 2 courts. Etang à 3 km. ; 2 : à 2 km : . Ouv : 25.3 / 4.11. Rés. obligatoire en été. A 7 sortie Bollène puis N 7 dir. Orange. Route d'Uchaux. ☎ 04 90 37 02 08. Fax : 04 90 37 07 23. E-mail : beauregard@wanadoo.fr, Web : www.camping-beauregard.com. Prix 2007. Fft jour : Empl. Tourisme (2) : 24 € ( ) ; Sup : 7 € - de 7 ans 4,20 € ; 4,70 € ; Animaux 4,30 €.

MURS

14-B1 50 km E. Avignon. 500 m. 334 hab. 84220

CAMP MUNICIPAL LES CHALOTTES ★★ Tourisme 50 E. dont 50 nus, 3 ha. CV. Accueil groupes. Ouv : Vac. Printemps / 15.9. ☎ 04 90 72 60 84 / 04 90 72 60 00 (Mairie) (H.S.). Fax : 04 90 72 61 73. Prix 2008. Empl. Tourisme : 4 € ; 3 € ; - de 5/10 ans 1 € ; 2 € (6 A).

OPPEDE

14-B1 22 km S.-O. Apt. 300 m. 910 hab. 84580

M. GUIRAUD Jean-Pierre . A 1 km : . A 6 km : . A 10 km : Piscine plein air . Les Boudougnes. Quartier Les Chênes. Lieu-dit Petit Coustellet, dir. Menerbes. Accès par la D 3. ☎ 04 90 76 96 10. Fax : 04 90 76 96 10.

ORANGE

11-A5 27 km N. Avignon. 50 m. 27502 hab. 84100

LE JONQUIER ★★★ Tourisme 100 E. 2 ha. snack, CV. Locations : 8 , 2 . Rivière à 500 m. Accueil adultes. Ouv : 15.3 / 30.9. Rue Alexis Carrel, par RN 7 ☎ 04 90 34 49 48. Fax : 04 90 51 16 97. E-mail : info@campinglejonquier.com, Web : www.campinglejonquier.com. Prix 2008. Fft jour : Empl. Tourisme (2) : 24 € ( ) ; Sup : 5 € 5 € ; 3 à 4 € (3 à 6 A) ; Animaux 4,50 €.

PERNES LES FONTAINES

14-B1 6 km S. Carpentras. 82 m. 6961 hab. 84210

CAMP MUNICIPAL DE COUCOURELLE ★★ Tourisme 36 E. CV. 3 courts. Etang à 2,5 km. à 2,5 km : ; à 1,5 km : . Accueil groupes. Ouv : 1.4 / 30.9. Avenue René Char. Par la D 28 route de Saint-Didier sortie Est de Pernes. ☎ 04 90 66 45 55 / 04 90 61 45 00 (Mairie) (H.S.). Fax : 04 90 61 32 46. E-mail : camping@villa-pernes-les-fontaines.fr, Web : www.villa-pernes-les-fontaines.fr. Prix 2007. Empl. Tourisme : 3,20 € ; 3,20 € ; 3,20 € ; 3,20 € ; 3,50 € ; - de 7 ans 1,80 € ; 2,80 € ; Animaux 0,50 €.

LES FONTAINES ★ Tourisme 91 E. 2,14 ha. CV. Locations : . Etang à 2 km. Accueil groupes. 125, chemin de la Chapelette. Route de la Sudre. ☎ 04 90 46 82 55. Fax : 04 90 46 82 55. E-mail : camping.fontaines@wanadoo.fr, Web : www.campingfontaines.com. Réduction H.S.

PERTUIS

14-B2 30 km S.-E. Apt. 195 m. 12430 hab. 84120

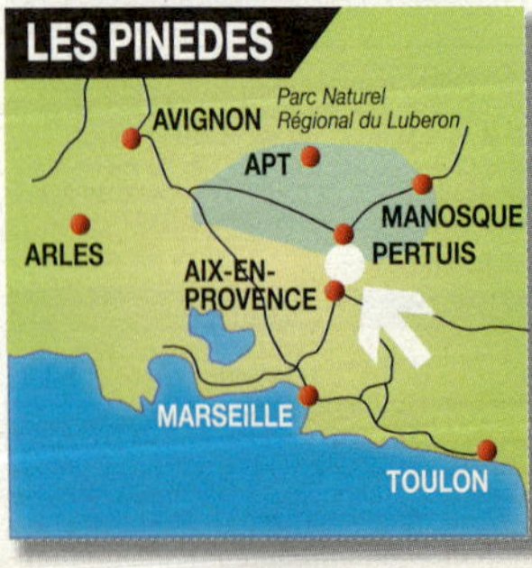

CAMP MUNICIPAL LES PINEDES ★★★ Tourisme 200 E. (164 Tourisme + 36 Loisirs), dont 150 CC, 5 ha. saison, saison, saison, saison, hte saison, CV. Locations : 6 , 6 , Cottage. à 3 km : ; à 8 km : . Accueil groupes. Ouv : 15.3 / 15.10. Quartier Saint-Sépulcre. 1 km RN 573. Suivre dir. Manosque. ☎ 04 90 79 10 98. Fax : 04 90 09 03 99. E-mail : campinglespinedes@free.fr, Web : www.campinglespinedes.com. Prix 2008. ( ) : 3 € ; 2,20 € ; 4,50 € ; 2,50 € ; 3,60 € ; - de 15 ans 2,60 € ; 2 à 3,50 € ; Animaux 2 €. Réduction H.S.

FFCC : partenaire + réduction emp. de 20 % en saison et hors saison + carte FFCC assurance annulation.

Mme COLA ANNE,camping à la Ferme . A 1,5 km: Piscine plein air . A 7 km : . Route de la Bonde. 546, chemin St-Colomé. ☎ 04 90 09 66 81.

LE PONTET

14-A1 3 km E. Avignon. 45 m. 13137 hab. 84130

LE GRAND BOIS ★★★ Tourisme 134 E., dont 24 CC, 1,5 ha. CV. Locations : . . Ouv : 1.5 / 15.9. 14, chemin vicinal le Grand Bois. ☎ 04 90 31 37 44. Fax : 04 90 31 46 53. Prix 2008. Empl. Tourisme : 8 € ; 8 € ; 1,50 € ; 8 € ; 8 € ; 4 € ; 2 € ; 2,50 € ; Animaux 1,50 €. Réduction H.S.

ROBION

14-B1 25 km O. Apt. 96 m. 3200 hab. 84440

M. PESSEGUIER Vincent , proche, CV. Ouv : 1.4 / 30.9. Les Cerisiers. Chemin de la Tour de Sabran. D 22. ☎ 04 90 20 24 25 / 06 88 39 08 59 (H.S.). Fax : 04 90 20 24 25. Prix 2007. Fft jour : Empl. Tourisme (2) : 18,50 € ( ) ; Sup : 6 € - de 7/18 ans 5 € ; 2,50 à 3 € (4 à 10 A) ; Animaux 1 €. Fft Ccar : 10 € (2).

ROUSSILLON

14-B1 11 km N.-O. Apt. 345 m. 1313 hab. 84220

L'ARC EN CIEL ★★ Tourisme 70 E. dont 70 nus, 5 ha. , saison, saison, , saison, CV. Locations : . Etang à 5 km. . Accueil groupes. Route de Goult, 3 km RN 100. ☎ 04 90 05 73 96.

RUSTREL

14-B1 10 km N.-E. Apt. 420 m. 540 hab. 84400

LE COLORADO ★★ Tourisme 70 E. dont 20 nus, 6 ha. CV. Locations : , 2 , 6 . Etang à 2 km. ; . Accueil groupes. Quartier Notre Dame des Anges. D 22. ☎ 04 90 04 90 37 / 04 90 04 94 54 (H.S.). Fax : 04 90 04 90 37. Réduction H.S.

ST CHRISTOL

14-B1 55 km E. Carpentras. 855 m. 1832 hab. 84390

CAMP MUNICIPAL LE SEUIL ★ Tourisme 17 E. . Route d'Apt. ☎ 04 90 75 01 05. Fax : 04 90 75 05 10.

Camping municipal ★★★

Les Pinèdes

84120 Pertuis

Tél. : 04 90 79 10 98 - Fax : 04 90 09 03 99

ouvert du 15/03 au 15/10

Prix attractifs
Location mobil-homes et chalets
Forfaits couple et famille

Aire de jeux pour enfants - Terrain de beach-volley et de basket - Tennis à proximité

Piscine à 100 m : 3 bassins, pataugeoire, plongeoirs

Laverie, espace bébé confort, sanitaires handicapé

Animations

Apéritif de bienvenue, marché nocturne des produits du terroir, Club enfants, ludothèque pour les enfants et les adultes, concours de pétanque, tournoi de beach-volley, loto, sorties Canoé et Quad, stage de trampoline sur le site.

Spectacles divers en soirées : concerts, magie, cirque, contes ...

Tous les jours, vous êtes notre hôte PRIVILÉGIÉ...

campinglespinedes@free.fr / www.campinglespinedes.com

ST MARTIN DE CASTILLON

14-B1 11 km E. Apt. 486 m. 528 hab. 84750

Mme ROSSI Madeleine,aire naturelle A 1 km: . A 12 km : . Les Joncquiers, RN 100 et RD 48, 3 km Ouest de la commune, vue panoramique sur Luberon. Pré herbeux avec beaux ombrages. Rivière à 1 km. Location de cabanons. Restaurant à 1 km. ☎ 04 90 75 20 11. E-mail : madeleine.rossi @wanadoo.fr, Web : www.lesjoncquiers.com. FFCC : partenaire - terrain assuré par la FFCC .

ST ROMAIN EN VIENNOIS

11-B5 30 km N. Carpentras. 644 hab. 84110

LE SOLEIL DE PROVENCE ★★★★ Tourisme 153 E. dont 139 nus 4,5 ha. CV Sanitaire chauffé. Locations : 14 . chauffée . ; à 5 km : ; à 10 km : . Ouv : 15.3 / 31.10. Route de Nyons. A 7 sortie Bollène dir. Nyons à 4 km de Vaison-la-Romaine. ☎ 04 90 46 46 00. Fax : 04 90 46 40 37. E-mail : info@camping-soleil-de-provence.fr, Web : www.camping-soleil-de-provence.fr. Prix 2007. Empl. Tourisme : 5 € ; 4 € ; 5,50 € ; - de 7 ans 3 € ; 3,50 €. Réduction H.S.

ST SATURNIN LES APT

14-B1 8 km N. Apt. 410 m. 1741 hab. 84490

LES CHENES BLANCS

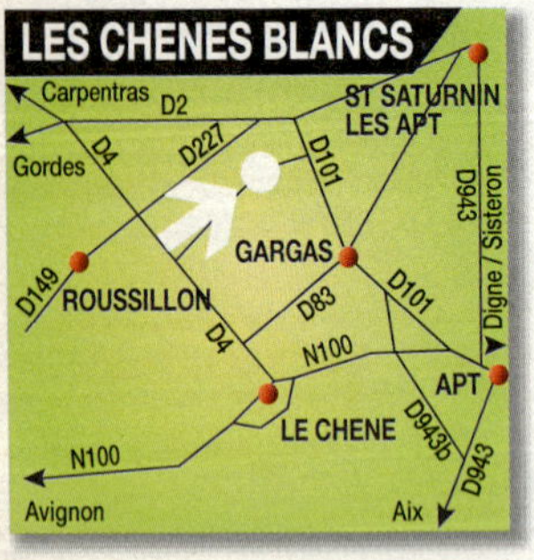

LES CHENES BLANCS ★★★ Tourisme 190 E. dont 170 nus, 3 ha. snack, CV. Locations : 10 , 10 . Lac à 4 km. ; à 4 km : . Accueil groupes. Ouv : 15.3 / 31.10. Rés. obligatoire en été. Route de Gargas, route D 101. ☎ 04 90 74 09 20. Fax : 04 90 74 26 98. E-mail : robert@les-chenes-blancs.com, Web : www.les-chenes-blancs.com. Prix 2008. Empl. Tourisme : 6 € ; 5,40 € ; - de 7 ans 3,80 € ; 5,40 € (6 A). Réduction H.S.

CAMP G.C.U. Réservé aux adhérents. Adhésion possible sur place pour les sociétaires MAIF et FILIA MAIF.

SARRIANS

14-A1 8 km N.-O. Carpentras. 5030 hab. 84260

LA STE CROIX ★★ Tourisme 40 E. 1 ha. CV. Locations : 5 , 9 . Etang à 1 km.Rivière à 5 km. ; . ☎ 04 90 65 43 72 / 06 72 78 15 80. Fax : 04 90 65 43 72.

SAULT

11-B5 45 km E.-N.-E. Carpentras. 850 m. 1231 hab. Station verte de vacances et village de neige 84390

CAMP MUNICIPAL DU DEFENDS ★★ Tourisme 100 E. 9 ha. CV. Accueil groupes. Ouv : 7.4 / 30.9. Route de Saint Trinit, quartier du Defends. ☎ 04 90 64 07 18 / 04 90 64 02 30 (Mairie) (H.S.). Fax : 04 90 64 07 18. E-mail : campingsault@wanadoo.fr. Prix 2007. Empl. Tourisme : 2,95 € ; 3,40 € ; - de 13 ans 1,70 € ; 2,40 €.

SORGUES

14-A1 10 km N.-E. Avignon. 120 m. 17126 hab. 84700

LA MONTAGNE ★★ Tourisme 50 E. 1,5 ha. CV. Locations : 4 , 8 , . Rivière à 3 km. . Ouv : 1.1 / 31.12. Rés. obligatoire en été. 944, chemin de la Montagne. Sortie Avignon-Nord dir. Carpentras/Sorgues ou sortie Orange Sud dir. Avignon. ☎ 04 90 83 36 66. Fax : 04 90 39 82 94. E-mail : camping.lamontagne@wanadoo.fr, Web : www.campinglamontagne.com. Prix 2007. Empl. Tourisme : 17 € () : 4,50 € ; - de 7 ans 2,50 € ; 4,50 € (6 A) ; Animaux 2,50 €. Réduction H.S.

LE THOR

14-B1 22 km E. Avignon. 53 m. 5025 hab. 84250

LE JANTOU ★★★ Tourisme 160 E. (117 Tourisme + 43 Loisirs), dont 12 CC - 43 GCC, 6 ha. pain, juillet/août, CV. Locations : 60 . . Accès direct à la rivière. ; ; à 7 km : . Ouv : 1.4 / 30.9. 535, Chemin des Coudelières. Quartier du Bourdis, par C 1. Sortie Avignon-nord, Carpentras quitter pour Vedene, St-Saturnin-les-Avignons, Châteauneuf de Gadagne. Sur N 100 à 3 km Isle/Sorgue. Borne internet. Cabines téléphoniques. ☎ 04 90 33 90 07. Fax : 04 90 33 79 84. E-mail : jantou@france-loc.fr, Web : www.lejantou.com. Prix 2007. Fft jour : Empl. Tourisme : 22 € () ; Sup : 6,50 € - de 2/12 ans 4 € ; 3 à 4,70 € (3 à 10 A) ; Animaux 4,30 €. Réduction H.S.

LA TOUR D AIGUES

14-C2 42 km S.-E. Apt. 2479 hab. 84240

CAMP MUNICIPAL ★★ Tourisme 100 E. 0,8 ha. Etang à 5 km. Le Chateau, rue Georges Rouard, 200 m RD 956. ☎ 04 90 07 41 08 (Mairie) / 06 25 35 26 44.

VACQUEYRAS

11-B5 11 km N. Carpentras. 883 hab. 84190

CAMP MUNICIPAL LES QUEIRADES ★★ Tourisme 40 E. 0,95 ha. ☎ 04 90 65 84 24 (Mairie) / 04 90 12 39 02. Fax : 04 90 65 83 28. E-mail : tourisme.vacqueyras@wanadoo.fr, Web : www.vacqueyras.tm.fr.

VAISON LA ROMAINE

11-B5 22 km N. Carpentras. 220 m. 5864 hab. 84110

LE THEATRE ROMAIN ★★★★ Tourisme 75 E. dont 69 nus, dont 55 CC, 1,25 ha. CV Sanitaire chauffé. Locations : 6 . . Rivière à 1 km. Ouv : 15.3 / 5.11. Quartier des Arts, chemin du Brusquet. A 500 m du centre ville. Suivre Avenue des Choralies (Rocade Nord) jusqu'au rond-point au Théâtre Romain. ☎ 04 90 28 78 66. Fax : 04 90 28 78 76. E-mail : info@camping-theatre.com, Web : www.camping-theatre.com. Prix 2008. () : 8 € ; 8 € ; 8 € ; 6 € ; - de 7 ans 4,80 € ; 2,80 à 4 € (5 à 10 A) ; Animaux 2 €. Réduction H.S.

CARPE DIEM ★★★ Tourisme 232 E. dont 109 nus, dont 14 HLL, 6,5 ha. snack, gaz ou électrique, saison, CV. Locations : 14 , , 79 , 6 . couverte chauffée . Rivière à 500 m. ; à 500 m : ; à 5 km : . Accueil groupes. Ouv : 7.1 / 23.12. Rés. obligatoire en été. Croisement route de St-Marcellin. Depuis Vaison dir. Carpentras par D 938 puis D 151 dir. Saint-Marcellin. Ensuite tourner à gauche. ☎ 04 90 36 02 02. Fax : 04 90 36 36 90. E-mail : contact@camping-carpe-diem.com, Web : www.campings-franceloc.fr. Prix 2007. Fft jour : Empl. Tourisme (2) : 29 € () ; Sup : 4,60 € - de 10 ans 2,50 € ; 3,70 à 4,70 € (6 à 10 A) ; Animaux 4,30 €. Réduction H.S.

M. BRUN Pierre,aire naturelle CV. La Cambuse. Route de Villedieu. RD 94. ☎ 04 90 36 14 53. Fax : 04 90 36 14 53.

CAMP DE L'AYGUETTE Voir aussi FAUCON

VALREAS

11-B5 62 km N. Avignon. 275 m. 8796 hab. Station verte de vacances et village de neige 84600

LA CORONNE ★★ Tourisme 86 E. 1,5 ha. visiteur, CV. Locations : 2 , 3 , 2 . . Lac à 1 km. . Route du Pègue. ☎ 04 90 35 03 78. Fax : 04 90 35 26 73.

VEDENE

14-A1 9 km N.-E. Avignon. 70 m. 5892 hab. 84270

FLORY ★★★ Tourisme 136 E. dont 97 nus, 5 ha. hte saison, , hte saison, CV. Locations : 22 , 4 . . Ouv : 15.3 / 30.9. Route d'Entraigues, 300 m RD 942, sortie Avignon Nord, autoroute du soleil 3 km. ☎ 04 90 31 00 51. Fax : 04 90 23 46 19. E-mail : campingflory@wanadoo.fr, Web : www.campingflory.com. Prix 2008. Fft jour : Empl. Tourisme (2) : 19 € () ; Sup : 5,50 € - de 7 ans 3,40 € ; 4 € (10 A) ; Animaux 2,50 €.

FFCC : partenaire - terrain assuré par la FFCC + réduction emp. de 10 % hors saison + Stop accueil Camping-car du 15/03 au 30/06 et du 01/09 au 30/09/2008, accès jusqu'à 20h.

VILLARS

14-B1 8 km N. Apt. 300 m. 540 hab. 84400

LA LAURENE ★★★★ Tourisme 11 E. Locations : . . Lac à 5 km. 04 90 75 44 58.

VILLELAURE

14-B2 32 km S. Apt. 1471 hab. 84530

L'AIR DU TEMPS CV. A 2 km: . A 5 km : . A 7 km : . A 8 km : Piscine couverte. Ouv : 1.1 / 31.12. Route d'Ansouis. Les Vergers du Bois. Autoroute Cavaillon dir. Pertuis Sud Luberon. Sur la route des 3 châteaux du Sud Luberon. 04 90 09 84 95. Fax : 04 90 09 12 41. E-mail : air-du-temps@wanadoo.fr, Web : www.airdutemps-provence.com & www.oustaouduluberon.com. Prix 2008. Fft jour : Empl. Tourisme (2) : 13 € () Réduction H.S.

FFCC : partenaire + réduction emp. de 5 % en saison et 10 % hors saison + carte FFCC assurance annulation + Stop accueil Camping-car toute l'année, accès jusqu'à 19h + réduction loc. de 10 % hors saison.

VILLES SUR AUZON

14-B1 17 km E. Carpentras. 295 m. 767 hab. 84570

LES VERGUETTES ★★★★ Tourisme 78 E. 2 ha. CV Sanitaire chauffé. Locations : 8 . . Lac à 5 km. à 300 m : ; à 3 km : . Accueil groupes. Route de Carpentras. Borne internet. 04 90 61 88 18. Fax : 04 90 61 97 87. E-mail : info@provence-camping.com, Web : www.provence-camping.com. Réduction H.S.

FFCC : partenaire - terrain assuré par la FFCC.

CAMP MUNICIPAL ★★ Tourisme 64 E. 1,7 ha. . Route de la Nesque. 04 90 61 82 05 / 06 10 48 91 15.

Toute l'année, les Clubs organisent des rassemblements, des rencontres ou des voyages. Consultez la liste des Clubs en fin de guide.

VIOLES

11-A5 30 km N. Avignon. 98 m. 1360 hab. 84150

DOMAINE DES FAVARDS ★★ Tourisme 49 E. 1,75 ha. . Locations : 1 , 1 , . . . Accueil groupes. Ouv : 26.4 / 1.10. Route d'Orange. Du Nord A 7 sortie Bollène, dir. Carpentras jusqu'à Violès centre dir. Orange, camping situé sur la gauche. Du Sud A 7 sortie Orange Sud, dir. Carpentras et Vaison puis Violès. 04 90 70 90 93 / 04 90 70 94 64 (H.S.). Fax : 04 90 70 97 28. E-mail : favards@free.fr, Web : www.favards.com. Prix 2007. Empl. Tourisme : 4 € ; 5 € ; - de 7 ans 2,50 € ; 3 € (10 A) ; Animaux 1 €. Réduction H.S.

VISAN

11-A5 52 km N. Avignon. 226 m. 1289 hab. 84820

L'HEREIN ★★★ Tourisme 75 E. dont 69 nus, , dont 12 CC - 8 GCC, 3 ha. , électrique/gaz, CV Sanitaire chauffé. Locations : 3 , 2 . . Accès direct à la rivière. Ouv : 15.3 / 15.10. Rés. obligatoire en été. Route de Bouchet. Autoroute sortie Bollène dir. Visan. 04 90 41 95 99. Fax : 04 90 41 91 72. E-mail : accueil@camping-visan.com, Web : www.camping-visan.com. Prix 2008. Fft jour : Empl. Tourisme (2) : 15 € () ; Sup : 3,50 € - de 10 ans 2 € ; 3,10 à 3,60 € (6 à 10 A) ; Animaux 1,90 €. Réduction H.S.

VENDEE 85

Carte 6

Délégué FFCC : Yves BILLY, 6, rue Frères Montgolfières - 85180 CHATEAU D OLONNE - yves.billy@wanadoo.fr

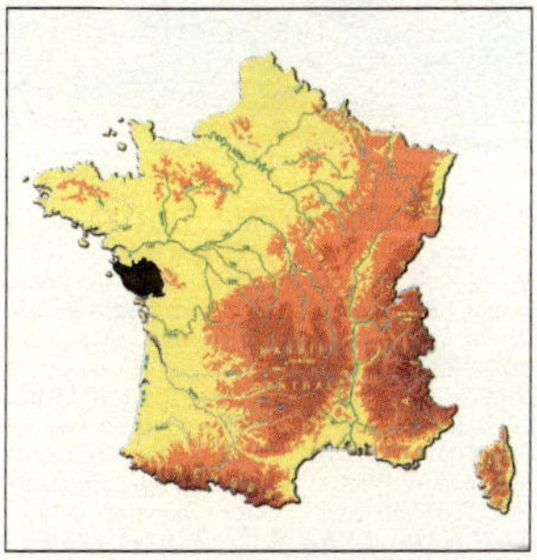

ILE DE NOIRMOUTIER

BARBATRE

6-A5 65 km N.-O. Les Sables d'Olonnes. 5 m. 1091 hab. 85630

CAMPING DU MIDI ★★★ Tourisme 630 E. dont 480 nus, , dont 206 GCC, 11 ha. , saison, saison, saison, saison, gaz/électrique, , saison, saison, CV. Locations : 150 , . chauffée . Accès direct à la mer. ; ; ; ; à 8 km : . Accueil groupes. Ouv : 31.3 / 16.9. Fief du Moulin, CD 948. 02 51 39 63 74. Fax : 02 51 39 58 63. E-mail : camping.du.midi@wanadoo.fr, Web : www.camping-du-midi.com. Prix 2007. Fft jour : Empl. Tourisme (3) : 29,90 € () ; Sup : 5,90 € - de 7 ans 2,90 € ; Animaux 2,90 €. Réduction H.S.

LES ONCHERES ★★★ Tourisme 560 E., dont 72 GCC, 10 ha. saison, saison, saison, saison, saison, saison, chauffée. Accès direct à la mer. ; ; ; à 100 m : . RN 148, CD 38. ☎ 02 51 39 81 31. Fax : 02 51 39 73 65. E-mail : camping@les-oncheres.com, Web : www.les-oncheres.com.
FFCC : partenaire - terrain assuré par la FFCC.

L EPINE

6-A5 60 km N.-O. Les Sables d'Olonne. 5 m. 1664 hab. ✉ 85740

CAMP MUNICIPAL LA BOSSE ★★ Tourisme 550 E. 9 ha. Bord de mer à 100 m. ; ; ; ; . ☎ 02 51 39 01 07.

Mme REGARD Dany,camping l'Oasis 14, rue de Lattre de Tassigny. ☎ 02 51 39 96 76.
FFCC : partenaire - terrain assuré par la FFCC .

LA GUERINIERE

6-A5 65 km N.-O. Les Sables d'OLonne. 6 m. 1305 hab. ✉ 85680

LA SOURDERIE ★★★ Tourisme 306 E., dont 70 GCC, 5,5 ha. CV. Locations : 50. Bord de mer à 15 m. ; ; ; ; . Ouv : 1.4 / 15.10. La Sourderie, CD 948. ☎ 02 51 39 51 38. Fax : 02 51 39 57 97. E-mail : contact@campingsourderie.com, Web : www.campingsourderie.com. Prix 2007. Fft jour : Empl. Tourisme (2) : 23,50 € () ; Sup : 5,50 € - de 7 ans 4,10 € ; Animaux 3,80 €.

LE CARAVAN'ILE ★★★ Tourisme 385 E. (204 Tourisme + 181 Loisirs), dont 185 GCC, 10 ha. CV. Locations : 80. couverte chauffée. Accès direct à la mer. ; ; ; ; ; . Ouv : 1.3 / 15.11. Rue de la Tresson. BP 4. 4ème rond-point après le pont. ☎ 02 51 39 50 29. Fax : 02 51 35 86 85. E-mail : contact@caravanile.com, Web : www.caravanile.com. Prix 2007. Fft jour : Empl. Tourisme (2) : 22 € ((5 A)) ; Sup : 4,60 € - de 7 ans 3 € ; Animaux 2,90 €.

NOIRMOUTIER EN L ILE

6-A5 70 km N.-O. Les Sables d'Olonne. 10 m. 4758 hab. ✉ 85330

LES ROUSSIERES ★★★ Tourisme 290 E. (244 Tourisme + 46 Loisirs), dont 63 GCC, 5,42 ha. CV. Locations : 29. Bord de mer à 250 m. à 250 m : ; ; ; ; à 2 km : . Ouv : 1.4 / 30.9. Route du Vieil. ☎ 02 51 39 13 01. Fax : 02 51 39 63 00. E-mail : roussieres@geotour.com, Web : www.campingdesroussieres.com. Prix 2008. Fft jour : Empl. Tourisme (2) : 19 € () ; - de 7 ans 2,80 € ; 3 € (10 A) ; Animaux 2,05 €. Réduction H.S.

CAMP INDIGO NOIRMOUTIER LA VENDETTE ★★ Tourisme 600 E. dont 500 nus, 12 ha. CV. Locations : 30. Accès direct à la mer. ; ; ; ; . Accueil groupes. Ouv : 28.3 / 28.9. 23, allée des Sableaux. Bois de la Chaize. Par RN 748. ☎ 02 51 39 06 24 / 0 820 22 67 37 / 04 37 64 22 34 (Réserv.) (H.S.). Fax : 02 51 35 97 63. E-mail : noirmoutier@camping-indigo.com, Web : www.camping-indigo.com. Prix 2007. Fft jour : Empl. Tourisme (2) : 17,30 € () ; Sup : 4,20 € - de 7 ans 2,10 € ; 3,30 à 4,50 € (6 à 10 A) ; Animaux 2,60 €. Réduction H.S.
FFCC : partenaire + réduction emp. de 5 % en saison et hors saison + réduction loc. de 5 % en saison et hors saison.

CAMP MUNICIPAL CLAIR MATIN ★★ Tourisme 205 E. CV. Locations : . Bord de mer à 150 m. ; ; ; à 100 m : . Accueil groupes 30 enfants maxi. Lieu-dit Les Sableaux, RN 148 et CV 14. ☎ 02 51 39 05 56. Fax : 02 51 39 74 36.

LA POINTE DE L'HERBAUDIERE ★★ Tourisme 221 E. 3 ha. , gaz/électrique, . Accès direct à la mer. ; ; ; ; . RN 148. ☎ 02 51 39 16 70. Fax : 02 51 39 74 15.

LA CLERE ★ Tourisme 30 E. 0,32 ha. CV. Bord de mer à 100 m. ; ; ; ; à 2 km : . 47, allée de la Claire. A partir de Noirmoutier en l'ile, suivre La Clère ou La Claire (même lieu-dit). ☎ 02 51 39 21 44. Fax : 02 51 39 49 99. Réduction H.S.

R.A.T.P. LES SABLEAUX ★ Tourisme 220 E. Réservé R.A.T.P.

L'ILE D'YEU

CAMP MUNICIPAL MARAIS DE LA GUERCHE ★★ 239 E. dont 140 nus 1,3 ha. CV. Locations : . . Bord de mer à 50 m. ; à 50 m : , . Accueil groupes. Ouv : 1.1 / 31.12. Rés. obligatoire en été. Lieu-dit Ker Chalon, RD 22 A. 1,5 km de la gare maritime. ☎ 02 51 58 34 20 / 06 60 70 35 56 (H.S.). Fax : 02 51 58 34 20. Web : www.ile-yeu.fr. Prix 2007. () : 6,40 € ; 3,50 € ; 4,20 € ; 3,10 € ; - de 3/10 ans 1,50 € ; 2 € ; Animaux 1,50 €. Réduction H.S.

CONTINENT

L AIGUILLON SUR MER

6-B5 49 km O. Fontenay-le-Comte. 5 m. 2152 hab. ✉ 85460

LE BEL AIR ★★★★ Tourisme 362 E. (227 Tourisme + 135 Loisirs), dont 292 GCC, 7 ha. , à gaz, CV. Locations : 59 , , 93 , 18 , , . couverte chauffée . Etang à 800 m. Bord de mer à 1,8 km. ; ; ; à 1,8 km : ; à 1 km : . Ouv : Pâques / fin septembre. Route de Grues. 500 m RD 44, à 1 km RN 748. ☎ 02 51 56 44 05. Fax : 02 51 97 15 58. E-mail : camping.belair@wanadoo.fr, Web : www.camping-belair.com.

FFCC : partenaire + carte FFCC assurance annulation.

CAMP MUNICIPAL DU LOTISSEMENT DE LA BAIE ★★★ Tourisme 192 E., dont 45 GCC, 2,7 ha. . Locations : , . Lac à 600 m. Bord de mer à 1,8 km. ; ; à 600 m : ; ; à 1,8 km : . Boulevard du Communal, sur CD 746. ☎ 02 51 56 40 70. Fax : 02 51 97 11 57.

L AIGUILLON SUR VIE

6-A4 20 km N. Les Sables d'Olonnes. 6 m. 1483 hab. ✉ 85220

LE PARC DE LA GREVE ★★★ Loisirs 90 E. dont 35 nus (20 Tourisme + 70 Loisirs), dont 90 GCC, 2,4 ha. , saison, saison, saison, , gaz/électrique, CV. Locations : 3 , 30 , 2 . chauffée . Accès direct à l'étang. Lac et rivière à 3 km. ; ; à 4 km : ; à 6 km : . Accueil groupes. Ouv : 1.4 / 20.9. Rés. obligatoire en été. 5, rue des Sables, sur RD 32. ☎ 02 51 22 86 23. Fax : 02 51 22 85 90. E-mail : parcdelagreve@wanadoo.fr, Web : www.leparcdelagreve.com. Prix 2008. Fft jour : Empl. Tourisme (2) : 16 € ( ) ; Sup : 4 € - de 7 ans 3 € ; 3 € (10 A) ; Animaux 2,50 €. Réduction H.S.

AIZENAY

6-A4 16 km N.-O. La Roche-sur-Yon. 62 m. 5157 hab. ✉ 85190

LA FORET ★★★ Tourisme 95 E. dont 83 nus, , dont 4 GCC, 2 ha. CV. Camping clef verte. Locations : 11 , 2 , 10 . chauffée . Etang à 200 m. Lac à 4 km. à 500 m : . Accueil groupes. Ouv : Pâques / 30.9. Route de la Roche, CD 948. ☎ 02 51 34 78 12. Fax : 02 51 34 78 12. E-mail : rougier.francoise@wanadoo.fr, Web : camping-laforet.com. Prix 2007. Fft jour : Empl. Tourisme (2) : 15,50 € ( ) ; Sup : 3 € - de 10 ans 2 € ; 2,60 € (6 A) ; Animaux 1,20 €.

FFCC : partenaire + carte FFCC assurance annulation + Stop accueil Camping-car du 22/03 au 30/06 et du 31/08 au 01/10/2008, accès jusqu'à 22h.

CAMP PRE DE LA FONTAINE CV. A 3 km: . A 6 km : . A 25 km : . La Dubière. La Roche-sur-Yon dir. Aizenay par la D 948. ☎ 02 57 94 71 65. Fax : 02 57 94 71 65. Web : www.campingpredelafontaine.com.

ANGLES

6-B4 34 km S.-E. Les Sables d'Olonne. 9 m. 1153 hab. ✉ 85750

L'ATLANTIQUE ★★★★ Tourisme 363 E., dont 313 GCC, 0,68 ha. , collectifs, , juillet/août, juillet/août, CV. Locations : 30 , 96 , 35 , 4 , . couverte . Rivière à 2 km.Bord de mer à 5 km. ; à 5 km : , , , . Accueil groupes. Ouv : 6.4 / 28.9. Rés. obligatoire en été. 5 bis, rue du Chemin de Fer. D 747 puis D 46 Angles Centre. navettes gratuites aux plages en juillet/août. ☎ 02 51 27 03 19. Fax : 02 51 27 69 72. E-mail : contact@camping-atlantique.com, Web : www.camping-atlantique.com. Prix 2008. Fft jour : Empl. Tourisme (2) : 24,70 € ( ) ; Sup : 6,70 € - de 4 ans 3,60 € ; 2,60 à 4,10 € (3 à 10 A) ; Animaux 2,60 €. Réduction H.S.

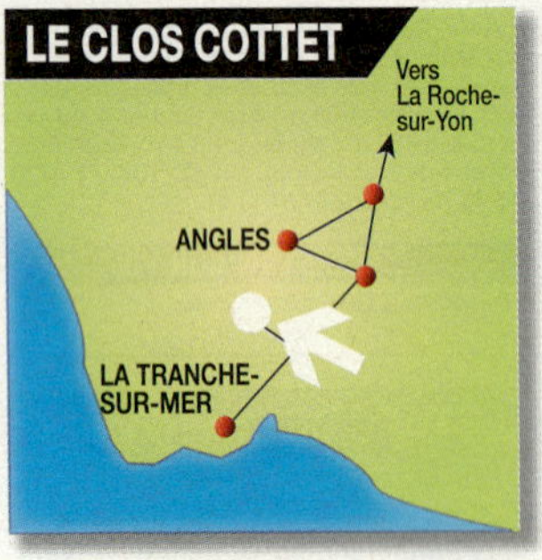

LE CLOS COTTET ★★★★ Tourisme 196 E. (188 Tourisme + 8 Loisirs), dont 74 GCC, 4,5 ha. , juillet/août, juillet/août, , juillet/août, juillet/août, CV. Locations : 9 , 86 , 5 . couverte chauffée . Accès direct à l'étang. Bord de mer à 5 km. ; ; à 5 km : , , . Ouv : 5.4 / 20.9. Suivre toujours la D 747 direction La Tranche-sur-Mer. ☎ 02 51 28 90 72. Fax : 02 51 28 90 50. E-mail : contact@camping-des-clos-cottet.com, Web : www.camping-closcottet.com. Prix 2007. Fft jour : Empl. Tourisme (2) : 26 € ( ) ; Sup : 5 € - de 4 ans 3 € ; Animaux 3 €.

Toute l'année, les Clubs organisent des rassemblements, des rencontres ou des voyages. Consultez la liste des Clubs en fin de guide.

MONCALM ★★★★ Tourisme 140 E. dont 6 nus (110 Tourisme + 30 Loisirs), dont 80 GCC. , baignoires, , juillet/août, juillet/août, juillet/août, , juillet/août, , juillet/août, juillet/août, CV. Locations : 45 , 83 , 28 , 4 , . couverte chauffée . Rivière à 2 km.Bord de mer à 5 km. ; à 200 m : ; à 5 km : , , . Ouv : 5.4 / 27.9. D 747. ☎ 02 51 97 55 50 / 02 51 56 08 78 (H.S.). Fax : 02 51 28 91 09. E-mail : camping-apv@wanadoo.fr, Web : www.camping-apv.com. Prix 2008. Fft jour : Empl. Tourisme (2) : 24,70 € ( ) ; Sup : 6,70 € - de 4 ans 3,60 € ; 2,60 à 4,10 € (3 à 10 A) ; Animaux 2,60 €. Réduction H.S.

LE PORT DE MORICQ ★★★ Tourisme 88 E., dont 88 GCC, 5 ha. , snack, CV. Locations : 6 , 50 , 10 , . couverte chauffée . Accès direct à la rivière. . Route de Grues. Luçon direction les Sables d'Olonnes sur 20 km ensuite dir. Angles et Moricq. ☎ 02 51 28 95 21. Fax : 02 51 28 98 69. E-mail : infos@camping-poet-moricq.com, Web : www.camping-port-de-moricq.com.

APREMONT

6-A4 32 km N. Les Sables D'Olonnes. 1131 hab. 85220

LES PRAIRIES DU LAC ★★★ Tourisme 200 E. (170 Tourisme + 30 Loisirs), dont 30 GCC, 6 ha. snack, ap. 22h30, CV. Locations : 15. chauffée. Lac et rivière à 2 km. à 2 km : Route de Mache, RD 40, RN 148. ☎ 02 51 55 70 58. Fax : 02 51 55 76 04. E-mail : infos@les-prairies-du-lac.com, Web : www.camping-les-prairies-du-lac.com.
FFCC : partenaire - terrain assuré par la FFCC.

LES CHARMES ★★ Tourisme 55 E. dont 36 nus (50 Tourisme + 5 Loisirs), dont 18 GCC, 1,6 ha. CV. Locations : 5, 4, 7, 6. chauffée . Etang à 2 km.Lac et rivière à 3 km. ; à 3 km : .Accueil adultes hte saison. Ouv : 1.4 / 30.9. Les Lilas. Route de la Roussière. Base de loisirs à 3 km. ☎ 02 51 54 48 08 / 06 86 03 96 93 (H.S.). Fax : 02 51 54 48 08. E-mail : contact@campinglescharmes.com, Web : www.campinglescharmes.com. Prix 2008. Fft jour : Empl. Tourisme (2) : 15,50 € (E. CC) ; Sup : 4,60 € - de 10 ans 3,50 € ; 2,80 à 3,40 € ; Animaux 2,60 €.

AIRE NATURELLE MUNICIPALE A 2 km: . A 5 km : Piscine plein air. Gourgeau, par CD 4, à 1,5 km Ouest de la commune. Pré, bord de rivière. ☎ 02 51 55 71 16 / 02 51 55 23 85.

AVRILLE

6-B4 24 km E. Les Sables d'Olonne. 50 m. 940 hab. 85440

DOMAINE LES FORGES ★★★ Tourisme 126 E., dont 74 GCC, 8 ha. CV. Locations : 17, 15. chauffée. Accès direct aux bords du lac. Etang à 300 m. Sur la D 749. ☎ 02 51 22 38 85 / 06 86 65 04 30. Fax : 02 51 22 38 85. E-mail : contact@domaine-des-forges.net, Web : www.domaine-des-forges.net.

LES MANCELLIERES ★★★ Tourisme 130 E. 2,6 ha. snack, 2, après 23 h, CV. Locations : 4, 40, 13, 5. chauffée . Bord de mer à 5 km. ; à 5 km : ; à 10 km : . Accueil groupes. Route de Longeville sur mer, Sur la D 105. ☎ 02 51 90 35 97. Fax : 02 51 90 39 31. E-mail : camping.mancellieres@wanadoo.fr, Web : www.lesmancellieres.com. Prix 2008. Fft jour : Empl. Tourisme (2) : 17 € ( ) ; Sup : 3,90 € 3,40 € ; 3,90 € (6 A) ; Animaux 2 €. Réduction H.S.

LE BEAUCHENE ★★ Tourisme 160 E., dont 20 CC, 2,5 ha. buvette, ap. 23 h, CV. Locations : 24, 6. chauffée . Accès direct à l'étang. . Accueil groupes. Ouv : 1.5 / 8.9. Avenue du Maréchal de Lattre de Tassigny. ☎ 02 51 22 30 49. E-mail : campinglebeauchene@club-internet.fr, Web : www.lebeauchene.com. Prix 2007. Fft jour : Empl. Tourisme (2) : 13,40 € ( ) ; Sup : 3 € - de 7 ans 2,75 € ; 3 € ; Animaux 3 €. Réduction H.S.

LA BARRE DE MONTS

6-A3 65 km N.-O. Les Sables-d'Olonne. 1701 hab. 85550

CAMPEOLE LA GRANDE COTE ★★★ Tourisme 810 E., dont 25 GCC, 22 ha., snack, à gaz ou élec., CV. Locations : 90, 60, 90. Accès direct à la mer. Lieu-dit Fromentine, 1 km RD 38. De Nantes ou La-Roche-sur-Yon, dir. Noirmoutier et à la Barre de Mont, suivre les panneaux La Grande Côte. ☎ 02 51 68 51 89. Fax : 02 51 49 25 57. Web : www.campeoles.fr.

LE GRAND CORSEAU ★★★ Tourisme 440 E. (290 Tourisme + 150 Loisirs) 8 ha. H.S., CV Sanitaire chauffé. Locations : 53, 10, 20. chauffée . Bord de mer à 400 m. à 500 m : . Accueil groupes. Ouv : 1.3 / 30.11. Lieu-dit Fromentine. En arrivant à La Barre de Monts dir. Plage de la Grande Côte. ☎ 02 51 68 52 87. Fax : 02 51 49 72 46. E-mail : reception@camping-grand-corseau.asso.fr, Web : www.camping-grand-corseau.asso.fr. Prix 2007. Empl. Tourisme : 2,20 € ; 2,20 € ; 4,08 € ; - de 10 ans 2,04 € ; 2,39 à 3,69 € (3 à 6 A). Réduction H.S.

LE MARAIS NEUF ★★★ Tourisme 100 E. dont 30 nus (70 Tourisme + 30 Loisirs), dont 6 GCC - 4 HLL, 1,5 ha. CV Camping tourisme et handicap. Locations : 8, 50, 20. chauffée . Rivière à 1 km.Bord de mer à 2 km. ; à 1,5 km : . Chemin de la Senserie. ☎ 02 51 49 05 02 / 06 85 07 00 47 (Portable) / 02 51 49 74 38 (H.S.). Fax : 02 51 68 87 33.

LA CORSIVE ★★ Tourisme 140 E. 2,3 ha. CV. Locations : 15. Bord de mer à 1 km. ; à 1 km : . 800 m route de la Grande Côte, face à la route de Fromentine. ☎ 02 51 68 50 06 / 06 81 86 21 52. Fax : 02 51 68 50 06. E-mail : campingdelacorsive@club-internet.fr, Web : www.campingdelacorsive.com.

LA DAROTTE ★★ Tourisme 297 E., dont 31 GCC, 2,68 ha. CV. Locations : , 12, . chauffée . Bord de mer à 1,2 km. ; ; . ☎ 02 51 68 53 72. Fax : 02 51 68 53 72. E-mail : laurencear tus@aol.com.

LE MARAIS ★ Tourisme 85 E., dont 5 GCC, 1,3 ha. CV. Locations : 2, 3. Rivière à 300 m. Bord de mer à 2,5 km. à 300 m : ; à 1,5 km : ; à 2 km : . ☎ 02 51 68 53 12. Fax : 02 51 49 71 47.

M. VERONNEAU Félicien,aire naturelle CV. A 2,5 km: . A 2 km : . Les Gats. ☎ 02 51 68 56 02.

BAZOGES EN PAREDS

6-C4 32 km N. Fontenay Le Comte. 84 m. 1097 hab. ✉ 85390

AIRE NATURELLE DE ROCHEREAU

LE BERNARD

6-B4 28 km E.-S.-E. Les Sables d'Olonnes. 25 m. 574 hab. ✉ 85560

CAMP MUNICIPAL LE CALME ★★ Tourisme 93 E. 1,57 ha. CV.à 4 km : . Accueil groupes. Lieu-dit Le Pin Perdu. ☎ 02 51 33 30 69 / 02 51 33 25 71. Fax : 02 51 33 21 72. E-mail : maire.lebernard@wanadoo.fr.

BESSAY

6-B4 30 km S.-E. La Roche-sur-Yon. 324 hab. ✉ 85320

CAMP MUNICIPAL ★ Tourisme 13 E. Accès direct à la rivière. ☎ 02 51 27 53 82. Fax : 02 51 27 53 82.

BOIS DE CENE

6-A0 55 km N. Les Sables d'Olonnes. 22 m. 1251 hab. ✉ 85710

LE BOIS JOLI ★★ Tourisme 130 E., dont 44 GCC - 20 HLL, 3,13 ha. CV. Locations : 20, 6, 4. Accès direct à l'étang. ; . Ouv : 1.4 / 30.9. 2, rue de Châteauneuf. CD 28. ☎ 02 51 68 20 05. Fax : 02 51 68 46 40. E-mail : contact@camping-leboisjoli.com, Web : www.camping-leboisjoli.com. Prix 2007. Fft jour : Empl. Tourisme (2) : 14,10 € () ; Sup : 3,90 € - de 7 ans 2,50 € ; 2,80 € (6 A) ; Animaux 3,50 €. Réduction H.S.
FFCC : partenaire + carte FFCC assurance annulation.

LA BOISSIERE DE MONTAIGU

6-B3 48 km N.-E. La-Roche-sur-Yon. 84 m. 1501 hab. Village de neige ✉ 85600

DOMAINE DE L'EDEN ★★★ Tourisme 100 E. dont 60 nus, , dont 100 CC, 15 ha. dès 23 h, CV. Camping clef verte. Locations : 5, 28, . chauffée . Accès direct à l'étang. Rivière à 1 km.Lac à 3 km. . Accueil groupes. Ouv : 1.1 / 31.12. RN 137. ☎ 02 51 41 62 32 / 0 825 801 440 (Réserv.) (H.S.). Fax : 02 51 41 56 07. E-mail : contact@domaine-eden .fr, Web : www.domaine-eden.fr et www.revea -vacances.fr. Prix 2008. Fft jour : Empl. Tourisme (2) : 18,50 € ((10 A)) ; Sup : 4,20 € - de 7 ans 2,20 € ; Animaux 2 €. Fft Tente : 15,50 € (2). Réduction H.S.

BOUIN

6-A3 58 km N. Les Sables d'Olonnes. 6 m. 2292 hab. ✉ 85230

AIRE NATURELLE DE POIROC CV. Route de Beauvoir. RD 758 Nantes-Noirmoutier. ☎ 02 51 49 74 14 / 02 51 68 12 03. Fax : 02 51 68 60 00.

BOURNEZEAU

6-B4 21 km E. La Roche-sur-Yon. 2210 hab. ✉ 85480

LES HUMEAUX ★★ Tourisme 15 E. Etang à 1,5 km.Lac à 3 km. . Ouv : 1.6 / 15.9. Rue de la Gare. A 83 Nantes-Niort sortie Chantonnay-Bournezeau. Depuis le bourg D 7 vers St-Martin-de-Noyes. ☎ 02 51 40 01 31 / 02 51 40 71 29 (Mairie) (H.S.). Fax : 02 51 40 79 30. E-mail : mairie@bournezeau.fr, Web : www.bournezeau.fr.

BREM SUR MER

6-A4 14 km N.-N.-O. Les Sables d'Olonne. 15 m. 1425 hab. ✉ 85470

LE CHAPONNET ★★★★ Loisirs 331 E. dont 75 nus (120 Tourisme + 211 Loisirs), dont 211 GCC. à gaz, au bar, saison, saison, CV Sanitaire chauffé. Locations : 10, 10, 30. couverte chauffée . Rivière à 500 m. Bord de mer à 1,3 km.Etang à 5 km. ; à 800 m : ; à 1,5 km : ; à 2 km : . RD 38. ☎ 02 51 90 55 56. Fax : 02 51 90 91 67. E-mail : campingchaponnet@wanadoo.fr, Web : www.le-chaponnet.com. Prix 2007. Fft jour : Empl. Tourisme (3) : 33,90 € () ; Sup : 5,50 € - de 5 ans 3,70 € ; Animaux 3 €.

LE BRANDAIS ★★★ Tourisme 175 E. dont 52 nus (90 Tourisme + 85 Loisirs), dont 85 GCC, 2,1 ha. gaz/électrique, CV. Locations : 90. chauffée . Bord de mer et rivière à 800 m. ; à 800 m : ; à 1 km : . Ouv : 1.5 / 30.9. CD 38, RN 160. ☎ 02 51 90 55 87. Fax : 02 51 20 12 74. E-mail : camping.le brandais@wanadoo.fr, Web : www.campingl ebrandais.com. Prix 2007. Fft jour : Empl. Tourisme (2) : 18,50 € () ; Sup : 4,50 € - de 7 ans 3,50 € ; 4 € (10 A) ; Animaux 2 €. Réduction H.S.

L'OCEAN ★★★ Loisirs 357 E. dont 87 nus (143 Tourisme + 214 Loisirs), dont 300 GCC. gaz et collectif, en saison, en saison, CV. Locations : 64, . couverte chauffée . Bord de mer à 600 m. Rivière à 800 m. ; ; ; à 600 m : ; à 2 km : . Ouv : 1.4 / 15.10. Rés. obligatoire en été. A partir de la Roche sur Yon prendre N 160 dir. Les Sables d'Olonne sortir à La Mothe Achard. Depuis La Mothe Achard prendre dir. Vairé/Brem sur Mer, D 54. A Brem sur Mer sortir du village dir. Brétignolles sur Mer. Camping indiqué à gauche. ☎ 02 51 90 59 16. Fax : 02 51 90 14 21. E-mail : contact@campingdelocean.fr, Web : www.campingdelocean.fr. Prix 2007. Fft jour : Empl. Tourisme (2) : 22 € () ; Sup : 4,50 € - de 7 ans 3 € ; Animaux 1,50 €. Fft Tente : 19 € (2). Réduction H.S.

LE LITTORAL ★★ Tourisme 336 E. (279 Tourisme + 57 Loisirs), dont 57 GCC, 1,8 ha. CV. Locations : 6, 6. Bord de mer à 800 m. Rivière à 980 m. Lac à 5 km. ; ; ; . ☎ 02 51 90 92 76. Fax : 02 51 90 91 56. E-mail : littoralbrem@wanadoo.fr, Web : www.campingdulittoral.fr.

BRETIGNOLLES SUR MER

6-A4 16 km N. Les Sables d'Olonnes. 50 m. 2029 hab. ✉ 85470

LA MOTINE ★★★★ Loisirs 103 E. dont 66 nus (44 Tourisme + 59 Loisirs), dont 23 CC - 59 GCC, 1,8 ha. CV. Locations : 13. couverte chauffée . Bord de mer à 600 m. Etang et lac à 3 km.Rivière à 4 km. ; à 600 m : . Ouv : 1.4 / 30.9. Rés. obligatoire en été. 4, rue des Morinières. CD 38 dir. plage de la Parée. ☎ 02 51 90 04 42. Fax : 02 51 33 80 52. E-mail : campi nglamotine@wanadoo.fr, Web : www.lamotine .com. Prix 2007. Fft jour : Empl. Tourisme (2) : 26 € () ; Sup : 5,50 € - de 5 ans 3,50 € ; Animaux 3 €. Fft Ccar : 28,50 € (2).

LA TREVILLERE ★★★★ Tourisme 203 E. (190 Tourisme + 13 Loisirs), dont 84 GCC, 3 ha. la nuit, CV. Camping clef verte. Locations : 6, 20. chauffée . Bord de mer à 2 km. ; . Ouv : 7.4 / 23.9. 1, rue de la Trévillière. CD 38. ☎ 02 51 90 09 65 / 02 51 33 05 05. Fax : 02 51 33 94 04. E-mail : chadotel@w anadoo.fr, Web : www.chadotel.com. Prix 2007. Fft jour : Empl. Tourisme (2 1 - de 2 ans) : 27,90 € () ; Sup : 5,80 € - de 13 ans 3,80 € ; Animaux 3 €. Réduction H.S.

LES DUNES ★★★★ Loisirs 760 E. dont 100 nus, , dont 760 GCC, 12 ha. saison, CV. Locations : 100, . couverte chauffée . Bord de mer à 100 m. ; ; ; ; à 2 km : . Ouv : Pâques / Toussaint. D 38. ☎ 02 51 90 55 32. Fax : 02 51 90 54 85. E-mail : campingles dunes@freesurf.fr, Web : www.campinglesdu nes.com. Prix 2007. Fft jour : Empl. Tourisme (2) : 35 € () ; Sup : 7 € - de 10 ans 4 € ; Animaux 4 €. Réduction H.S.

LES VAGUES ★★★★ Loisirs 256 E. dont 50 nus (50 Tourisme + 206 Loisirs), dont 206 GCC, 4,5 ha. CV. Locations : 2, 40, 10. couverte chauffée. Bord de mer à 900 m. Rivière à 1 km.Etang et lac à 5 km.; à 200 m :; à 900 m :; à 1 km :. Ouv : 1.4 / 30.9. D 38. Entre St-Gilles-Croix-de-Vie et les Sables d'Olonne. ☎ 02 51 90 19 48 / 02 40 02 46 10 (H.S.). Fax : 02 40 02 49 88. E-mail : lesvagues@free.fr, Web : www.campinglesvagues.fr. Prix 2007. Fft jour : Empl. Tourisme (2) : 24 € (); Sup : 6,50 € - de 5 ans 3,50 € ; 4 € ; Animaux 2,50 €. Réduction H.S.

FFCC : partenaire + réduction emp. de 5 % en saison et hors saison.

Adhérez au Club de votre choix et vous serez membre de la Fédération Française de Camping et de Caravaning.

L'EDEN ★★★ Loisirs 73 E. (27 Tourisme + 46 Loisirs), dont 46 GCC, 2,5 ha. CV. Locations : 25. Bord de mer à 700 m. Avenue de la Plage, RN 38. A 350 m du centre ville. ☎ 02 51 90 16 43. Fax : 02 51 33 86 75. Web : www.edenbretignolles.com.

LES MARSOUINS ★★★ Loisirs 261 E. (93 Tourisme + 168 Loisirs), dont 168 GCC, 4 ha. CV. Locations : 6. couverte chauffée . Bord de mer à 800 m. Lac à 2 km.Rivière à 4 km.; à 800 m :,. Ouv : 1.4 / 15.10. 15, rue du Prégneau. 100 m D 38. 10 km St-Gilles-Croix-de-Vie. ☎ 02 51 90 14 57. Fax : 02 51 33 86 71. E-mail : marsouins85@wanadoo.fr. Prix 2008. Fft jour : Empl. Tourisme (2) : 19,50 € (); Sup : 5 € - de 7 ans 3 € ; 6 € (10 A).

AMITIE ET NATURE ★★ Loisirs 286 E. (22 Tourisme + 264 Loisirs), dont 22 GCC, 4 ha. à gaz, CV. Locations :. chauffée. Bord de mer à 600 m. Lac à 2 km.Rivière à 3 km.;;. Adhésion obligatoire. ☎ 02 51 90 50 04. Fax : 02 51 20 13 28. E-mail : amitie.nature@wanadoo.fr, Web : www.escort.fr/camping/.

AU BON ACCUEIL ★★ Tourisme 146 E., dont 14 GCC, 1,7 ha. CV. Locations : 12. chauffée . Bord de mer à 900 m. Rivière à 4,5 km.Lac à 5 km.;; à 900 m :. Route de Saint-Gilles, RD 38. ☎ 02 51 90 15 92. Fax : 02 51 90 15 92.

LE MARINA ★★ Tourisme 131 E., dont 32 GCC, 2,7 ha. CV. Locations : 10,. chauffée . Bord de mer à 1 km.;; à 1 km :. ☎ 02 51 33 83 17. Fax : 02 51 33 83 17.

LES GATINELLES ★★ Tourisme 52 E., dont 8 CC. Locations :,. Bord de mer à 800 m. à 800 m :; à 1 km :. 17, avenue de Verdun. ☎ 04 70 20 04 40 / 02 51 90 15 80. Fax : 04 70 34 95 95. E-mail : adpep03@wanadoo.fr.

LA BRUFFIERE

6-B3 48 km N.-E. La Roche-sur-Yon. 2986 hab. ✉ 85530

M. ROGER Noël,camping vert Au Fil de l'Eau CV. A 3 km:. A 6 km :. A 10 km : Piscine plein air. La Guignardière, par RN 755, à 3,5 km Nord de la commune. Havre de paix dans un site bucolique, boisé. Rivière à 30 m. Vastes emplacements. Location mobile-homes 4/6 pers. Randonnée. Canoë-kayak. ☎ 02 51 48 93 92 / 06 12 40 93 06. E-mail : contact@aufildeleau85.com, Web : www.aufildeleau85.com.

CHAILLE LES MARAIS

6-B5 23 km S.-O. Fontenay-le-Comte. 1494 hab. ✉ 85450

CAMP MUNICIPAL ★★★ Tourisme 45 E. dont 45 nus 0,45 ha. CV. Locations : 5,. chauffée. Rivière à 10 m. Etang à 4 km.. Accueil groupes. Ouv : 15.6 / 8.9. L'Ile Cariot. Par RD 137 entrée à 200 m. ☎ 02 51 56 75 27 / 02 51 56 78 74 (H.S.). Fax : 02 51 56 75 27. E-mail : campingchaille@aol.com, Web : www.campingchaille.com & www.chalets-decouverte.com. Prix 2008. Empl. Tourisme : 2,20 € ; 1,80 € ; 3,80 € ; - de 7 ans 2,20 € ; 2,50 € ; Animaux 1,50 €.

CHAILLE SOUS LES ORMEAUX

6-B4 15 km S. La Roche sur Yon. 60 m. 990 hab. ✉ 85310

M. ARRIVE Emmanuel,aire naturelle CV. A 5 km:. A 10 km :. Ouv : 15.4 / 15.10. Le Logis de l'Aubonnière. D 101 Nord, D 19 et 12 Sud. ☎ 02 51 34 99 90 / 06 64 12 38 62 (H.S.). Fax : 02 51 34 99 90. E-mail : infos@aubonniere.com, Web : www.aubonniere.com. Prix 2007. Empl. Tourisme : 2 € ; 1,50 € ; 2,80 € ; - de 7 ans 1,60 € ; 2,50 € ; Animaux 1 €. Réduction H.S.

FFCC : partenaire + réduction emp. de 5 % en saison et 10 % hors saison + carte FFCC assurance annulation + réduction loc. de 5 % en saison et 10 % hors saison.

LA CHAIZE GIRAUD

6-A4 20 km N. Les Sables d'Olonnes. 527 hab. ✉ 85220

LES ALOUETTES ★★★ Loisirs 140 E. (69 Tourisme + 71 Loisirs), dont 71 GCC, 2,7 ha. CV. Locations : 16, 14,. chauffée . Rivière à 1 km.Bord de mer, étang et lac à 4,5 km.; à 4,5 km :,; à 1 km :; à 5 km :. Ouv : 1.4 / 31.10. Sur RD 12. Route de St Gilles Croix de Vie. ☎ 02 51 22 96 21 / 06 68 70 33 33 (H.S.). Fax : 02 51 33 76 54. E-mail : contact@lesalouettes.com, Web : www.lesalouettes.com. Prix 2008. Fft jour : Empl. Tourisme (2) : 23 € ((6 A)); Sup : 4,80 € - de 5 ans 3,50 € ; Animaux 2,20 €.

CHALLANS

6-A3 42 km N. Les Sables d'Olonne. 13060 hab. ✉ 85300

LE RAGIS ★★ Loisirs 194 E. (30 Tourisme + 164 Loisirs), dont 164 GCC, 4 ha. CV. Locations : 12, 14, 6. chauffée. Etang à 200 m.;;. Accueil groupes. Ouv : 15.1 / 15.12. De Challans, prendre la RD 32 dir. Les Sables d'Olonne. Le camping se trouve à 2 km de Challans. Route à droite en haut d'une petite montée et c'est à 800 m. ☎ 02 51 68 08 49. Fax : 02 51 68 08 49. E-mail : leragis@free.fr, Web : www.camping-leragis.com. Prix 2007. Fft jour : Empl. Tourisme (2) : 18 € (); Sup : 6 € - de 5 ans 4 € ; 2 € ; Animaux 2 €. Réduction H.S.

M. BOURMAUD Thierry,camping vert pétanque. A 800 m : Piscine plein air. A 15 km: 39, route de St-Gilles-sur-Vie - Soullans. 1 km de la commune, à proximité de la ferme. Terrain herbeux. ☎ 02 51 49 83 36 / 06 08 89 54 62. Fax : 02 51 49 83 36. E-mail : bourmaudthierry@wanadoo.fr.

CHAMBRETAUD

6-C3 48 km N.-E. La Roche-sur-Yon. 218 m. 1310 hab. ✉ 85500

AU BOIS DU CE ★★★ Tourisme 76 E. (65 Tourisme + 11 Loisirs), dont 34 GCC, 4 ha. CV Sanitaire chauffé. Camping clef verte. Locations : 13 chauffée . à 5 km : Accueil groupes. Ouv : 1.1 / 31.12 (sauf février). Rés. obligatoire en été. Route du Puy du Fou. A 87 sortie n° 28. ☎ 02 51 91 54 32. E-mail : contact@camping-auboisduce.com, Web : www.camping-auboisduce.com. Prix 2008. Fft jour : Empl. Tourisme (2) : 16,95 € ; Sup : 4,35 € 3,65 € (16 A).

FFCC : partenaire + réduction emp. de 5 % en saison et hors saison + réduction loc. de 5 % en saison et hors saison.

LE CHAMP ST PERE

6-B4 36 km E. Les Sables d'Olonnes. 40 m. 1376 hab. ✉ 85540

CAMP MUNICIPAL ★★ Tourisme 76 E. 1 ha. Locations : Accès direct à la rivière. Etang à 100 m. Lac à 4 km. A la Nanté, près RD 12 et 19. ☎ 02 51 40 91 78 / 02 51 40 93 24. Fax : 02 51 40 92 06.

CHAMPAGNE LES MARAIS

6-B5 36 km S.-O. Fontenay-le-Comte. 1188 hab. ✉ 85450

CAMP MUNICIPAL ★★ Tourisme 70 E. 0,6 ha. Rivière à 1 km. 1 ter, rue Pierre Mendès France. ☎ 02 51 56 61 10 (Mairie). Fax : 02 51 56 50 19.

CHANTONNAY

6-B4 32 km E. La Roche-sur-Yon. 66 m. 7479 hab. ✉ 85110

LES ASPHODELES ★★ Tourisme 35 E. 1 ha. Lac à 50 m. Lieu-dit Le Moulin Neuf, RN 137. A 83 sortie Chantonnay. ☎ 02 51 94 30 27. Fax : 02 51 94 57 76.

LA CHAPELLE ACHARD

6-A4 16 km N.-E. Les Sables-d'Olonne. 807 hab. ✉ 85150

M. CHATELIER Guy,aire naturelle la Bergerie CV. A 5 km: Ouv : 15.4 / 15.10. Lieu-dit L'Yvonnière. ☎ 02 51 05 67 05 / 06 67 79 83 89 (H.S.). E-mail : camping.labergerie@wanadoo.fr, Web : //perso.wanadoo.fr/la.bergerie. Prix 2007. : 5,15 € ; - de 7 ans 2,10 € ; 2,40 €.

LA CHAPELLE HERMIER

6-A4 24 km N. Les Sables d'Olonnes. 621 hab. ✉ 85220

LE PIN PARASOL ★★★★ Loisirs 369 E. dont 289 nus (111 Tourisme + 258 Loisirs), dont 258 GCC - 10 HLL, 9 ha. CV. Locations : 20, 53, 8, couverte chauffée. Lac à 50 m. Rivière à 5 km. Ouv : 27.4 / 25.9. RD 42 puis chemin communal 106. ☎ 02 51 34 64 72. Fax : 02 51 34 64 62. E-mail : campingpinparasol@free.fr, Web : campingpinparasol.free.fr. Prix 2007. Fft jour : Empl. Tourisme (2) : 25,50 € ; Sup : 6 € - de 10 ans 3,20 € ; 3,50 à 4 € (6 à 10 A) ; E. GCC 2,50 € (suplt) ; Animaux 4 €. Réduction H.S.

CAMP MUNICIPAL ★ Tourisme 33 E. 0,7 ha. 2 courts. Lac et rivière à 2 km. à 1 km : à 2 km : Rue du Stade. RESERVE UNIQUEMENT AUX TENTES. ☎ 02 51 34 61 66 (Mairie). Fax : 02 51 34 64 24.

CHATEAU D OLONNE

6-A4 4 km E. Les Sables-d'Olonne. 8953 hab. ✉ 85180

BEL AIR ★★★★ Loisirs 305 E. (72 Tourisme + 233 Loisirs), dont 233 GCC, 5 ha. le soir, CV. Locations : 8, 50, chauffée . Bord de mer à 500 m. à 400 m : à 2,5 km : Ouv : 1.1 / 31.12. Route de la Corniche, D 949 sur CD 32 A. ☎ 02 51 22 09 67. Fax : 02 51 22 16 47. E-mail : camping.lebelair@wanadoo.fr, Web : www.campingdubelair.com. Prix 2007. Fft jour : Empl. Tourisme (2) : 29 € ; Sup : 4,50 € - de 7 ans 3,50 € ; Animaux 3 €.

LE PUITS ROCHAIS ★★★★ Tourisme 220 E. (130 Tourisme + 90 Loisirs), dont 130 CC - 90 GCC, 2,22 ha. snack, CV. Locations : 40, 8. Bord de mer et lac à 2 km. 25, rue de Bourdigal - 85180 Le Château d'Olonne. ☎ 02 51 21 09 69. Fax : 02 51 23 62 20.

LE PETIT PARIS ★★★ Tourisme 154 E. dont 65 nus (104 Tourisme + 50 Loisirs), dont 65 GCC, 3 ha. CV. Locations : 2, 10, 5, 3 chauffée . Bord de mer à 1 km.Lac à 3,5 km. à 3,5 km : à 3 km : Accueil groupes selon périodes. selon périodes. Ouv : 8.4 / 30.9. 41, rue du Petit Versailles. ☎ 02 51 22 04 44. Fax : 02 51 33 17 04. E-mail : contact@campingpetitparis.com, Web : www.campingpetitparis.com. Prix 2008. Fft jour : Empl. Tourisme (2) : 22 € (6 A)) ; Sup : 4 € - de 7 ans 2,50 € ; Animaux 2,50 €. Réduction H.S.

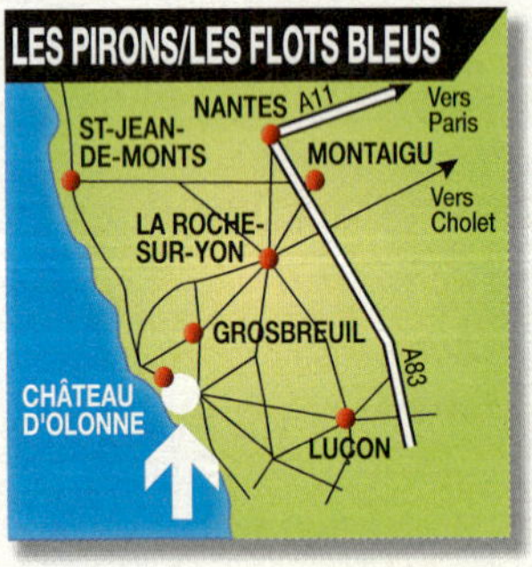

LES PIRONS ★★★ Tourisme 472 E. (262 Tourisme + 210 Loisirs), dont 198 GCC - 80 HLL, 7 ha. hte saison, hte saison, hte saison, hte saison, hte saison, hte saison, CV. Locations : 6, 2, 150, couverte chauffée. Bord de mer à 300 m. à 400 m : à 1,6 km : Accueil groupes. A la Pironnière. Rue des Marchais. Nationale Talmont/La Rochelle. ☎ 02 51 95 26 75. Fax : 02 51 23 93 17. E-mail : contact@camping-les-pirons.com, Web : www.camping-les-pirons.com. Prix 2007. Fft jour : Empl. Tourisme (3) : 25 € ; Sup : 4 € 2 €. Réduction H.S.

LA BAIE DE CAYOLA ★★ Tourisme 287 E. 2,5 ha. électrique, CV. Locations : 6. Bord de mer à 200 m. à 2,5 km : 17, promenade de Cayola. ☎ 02 51 22 00 09. Fax : 02 51 22 28 65. E-mail : info@domaine-cayola.com, Web : www.domaine-cayola.com.

LES FOSSES ROUGES ★★ Tourisme 255 E., dont 10 GCC, 3 ha. CV. Locations : 8, 5, couverte chauffée. Bord de mer à 800 m. Lac à 2 km. à 1,5 km : à 1 km : Accueil groupes. 8, rue des Fosses Rouges. Au Nord de la Pironnière, RD 949. ☎ 02 51 95 17 95. Fax : 02 51 32 54 21. E-mail : info@camping-lesfossesrouges.com, Web : www.camping-lesfossesrouges.com. Réduction H.S.

COEX

6-A4 28 km N. Les Sables-d'Olonne. 2239 hab. ✉ 85220

LE VILLAGE DE FLORINE ★★★ Tourisme 72 E. dont 40 nus (42 Tourisme + 30 Loisirs), dont 30 GCC, 2 ha. snack, CV. Locations : 1, 10, 2, H.L.L. chauffée . Etang et lac à 3 km.Rivière à 5 km. à 3 km : Accueil groupes. RD 40 puis chemin communal. ☎ 02 51 60 19 51 / 06 11 71 35 15 (H.S.). E-mail : pascal.s13@orange.fr, Web : www.villagedeflorine.com.

LA FERME DU LATOIS ★★ Tourisme 56 E. dont 175 nus, , dont 10 GCC, 13 ha. CV. Locations : 2, 22. Lac à 1,5 km. à 1 km : 1 km. La Ferme du Latois. 1,5 km de Coëx sur D 40 dir. Brétignolles. ☎ 02 51 54 67 30. Fax : 02 51 60 02 14. E-mail : info@rcn-lafermedulatois.fr, Web : www.rcn-campings.fr. Prix 2007. Fft jour : Empl. Tourisme (4) : 47.50 € Réduction H.S.

COMMEQUIERS

6-A4 10 km E. St Gilles Croix de Vie. 20 m. 1862 hab. ✉ 85220

LA VIE ★★ Tourisme 73 E. dont 46 nus, , dont 55 GCC, 3 ha. CV. Locations : 4, 11, 3. Accès direct à l'étang. Rivière à 1 km. à 10 km : Accueil groupes. Ouv : 1.4 / 31.10. Rés. obligatoire en été. Le Motteau. CD 82, route de Coex. ☎ 02 51 54 90 04. Fax : 02 51 54 36 63. E-mail : campinglavie@fr.st / contact@campinglavie.com. Prix 2007. Fft jour : Empl. Tourisme (2) : 20 € Réduction H.S.

LE TREFLE A 4 FEUILLES,aire naturelle CV. A 2 km: A 5 km : A 10 km : Ouv : 15.4 / 30.9. La Jouère. Route de Coëx. Nantes-Challans-Commequiers D 82 dir. Coëx. ☎ 02 51 54 87 54 / 02 51 54 87 54 (H.S.). E-mail : letrefle@free.fr, Web : www.trefle-a4feuilles.com. Prix 2008. Fft jour : Tourisme : 3,50 € : 2,10 € ; 4,60 € ; - de 10 ans 3,50 € ; 3 € (6/12 A) ; Animaux 3 €. Réduction H.S.

DAMVIX

6-C5 22 km N. Fontenay-le-Comte. 4 m. 695 hab. ✉ 85420

LES CONCHES ★★ Tourisme 79 E. dont 79 nus, 1 ha. CV. Locations : Accès direct à la rivière. Accueil groupes. Ouv : 1.5 / 30.9. 50 m RD 104. A 83. ☎ 02 51 87 17 06. Fax : 02 51 87 17 06. E-mail : didier.vezin@wanadoo.fr, Web : www.campingdesconches.free.fr. Prix 2008. Fft jour : Empl. Tourisme (2) : 10,50 € ; Sup : 3,10 € - de 7 ans 2 € ; 3 € (6 A) ; Animaux 1 €. Fft Ccar : 9 € (2).

FFCC : partenaire + réduction emp. de 5 % en saison et hors saison + Stop accueil Camping-car du 01/05 au 30/09/2008, accès jusqu'à 22h.

LES EPESSES

6-C3 40 km N.-E. La Roche-sur-Yon. 220 m. 1960 hab. ✉ 85590

LA BRETECHE ★★★ Tourisme 164 E. dont 108 nus, , dont 164 GCC, 5 ha. CV. Camping clef verte Camping tourisme et handicap. Locations : 24 . chauffée . Accès direct à l'étang. Rivière à 2 km. ; à 6 km : . Accueil groupes. Suivre toujours l'itinéraire Puy du Fou puis entrer dans la commune des Epesses et suivre la dir. de Cholet. Camping situé à droite de la sortie des Epesses. ☎ 02 51 57 33 34. Fax : 02 51 57 41 98. E-mail : contact@camping-la-breteche.com, Web : www.camping-la-breteche.com. Prix 2007. Fft jour : Empl. Tourisme (2) : 15,30 € () ; Sup : 3,80 € - de 10 ans 2,25 € ; 2,75 € (10 A) ; Animaux 1,75 €. Réduction H.S.

FFCC : partenaire + réduction emp. de 5 % en saison et 10 % hors saison.

LES ESSARTS

6-B4 20 km N.-E. La Roche-sur-Yon. 100 m. ✉ 85140

CAMP MUNICIPAL DU PATIS ★★ Tourisme 91 E. dont 38 nus (62 Tourisme + 29 Loisirs), dont 29 GCC, 1,2 ha. , sauf électrique, CV Sanitaire chauffé. Locations : , , . Etang à 3 km. Accueil groupes. Rue de la Piscine, lieu-dit La Croix Rouge, RN 160. Sortie autoroute sur RN 160, 2 km. ☎ 02 51 62 95 83 (Camping) / 06 87 05 08 12. Fax : 02 51 62 81 24. E-mail : camping.lepatis@wanadoo.fr, Web : www.campinglepatis.com. Réduction H.S.

LA FAUTE SUR MER

6-B5 50 km S.-E. Les Sables-d'Olonne. 700 hab. ✉ 85460

LES VIOLETTES ★★★★ Tourisme 110 E. (85 Tourisme + 25 Loisirs), dont 80 GCC, 2 ha. , à gaz, CV. Locations : , 20 , . . Bord de mer à 300 m. ; à 300 m : , , ; à 2 km : . Route de la Tranche, D 47. ☎ 02 51 27 19 97 / 02 51 27 19 97 (H.S.). Fax : 02 51 22 17 93. E-mail : camping.les.violettes.vendee@wanadoo.fr.

LA SIESTA ★★★ Tourisme 133 E., dont 117 GCC. CV. Locations : 5 , 29 . . Accès direct à la mer et à la rivière. ; ; ; ; ; . Sur RD 46. ☎ 02 51 27 16 75 / 02 51 56 55 59 (H.S.). Fax : 02 51 29 40 98. E-mail : nath.binet@wanadoo.fr, Web : www.camping-la-siesta.com. Prix 2007. Fft jour : Empl. Tourisme (2) : 28 € () ; Sup : 5 € - de 4 ans 3 € ; 4,50 € (10 A).

L'ANSE DE VIRLY ★★★ Tourisme 68 E., dont 34 GCC. C.E.-R.A.T.P. ☎ 02 51 56 40 88.

LE PAVILLON BLEU ★★★ Loisirs 49 E. dont 9 nus (22 Tourisme + 27 Loisirs), dont 27 GCC, 0,8 ha. , baignoires, , juillet/août, , juillet/août, CV. Locations : 13 , 21 , 12 , Maisonnettes. . Rivière à 300 m. Bord de mer à 500 m. ; à 500 m : , ; à 3 km : . Ouv : 26.4 / 13.9. De Niort suivre Nantes/Fontenay-le-Comte/Luçon/Triaize/Aiguillon-sur-Mer puis route de la Tranche-sur-Mer. De Nantes sortie La Roche-sur-Yon puis Moutiers-Les-Mauxfaits puis Angles, dir. La Tranche-sur-Mer puis La Faute-sur-Mer. ☎ 02 51 27 15 01 / 02 51 56 08 78 (H.S.). Fax : 02 51 56 31 50. E-mail : camping-apv@wanadoo.fr, Web : www.camping-apv.com. Prix 2008. Fft jour : Empl. Tourisme (2) : 19,60 € () ; Sup : 5,20 € - de 4 ans 3,60 € ; 2,60 à 4,10 € (3 à 10 A) ; Animaux 2,60 €. Réduction H.S.

LES FLOTS BLEUS ★★★ Tourisme 124 E., dont 22 HLL, 1,5 ha. CV. Locations : 20 , . couverte chauffée . Bord de mer à 200 m. Rivière à 400 m. ; ; à 150 m : . Avenue des Chardons. ☎ 02 51 27 11 11 / 02 51 95 26 75 / 02 51 95 26 75 (H.S.). Fax : 02 51 29 40 76.

CAMP MUNICIPAL LA COTE DE LUMIERE ★★ 274 E. 8,5 ha. CV. . Bord de mer et rivière à 600 m. ; à 600 m : , , . Ouv : 1.4 / 15.10. Place du Dr Pacaud, RD 46. ☎ 02 51 97 06 16. Fax : 02 51 27 12 21. Prix 2007. Fft jour : Empl. Tourisme (3) : 16,75 € () ; Sup : 4,10 € - de 7 ans 2,70 € ; 3,85 € Fft Ccar : 13,15 € (2). Réduction H.S.

LA PINEDE ★★ Tourisme 77 E., dont 4 CC, 1 ha. CV. Locations : 2 , 15 , 7 . chauffée . Bord de mer à 300 m. ; ; à 300 m : . 100, route de la Pointe d'Arcay. ☎ 02 51 56 40 62 / 06 08 86 21 16. Fax : 02 51 97 17 40.

LE GRAND R ★★ Tourisme 172 E., dont 30 CC, 2 ha. CV. Locations : 16 . chauffée . Accès direct à la rivière. Bord de mer à 500 m. ; ; à 500 m : . Route de la Tranche. ☎ 02 51 56 42 87 / 06 81 08 12 63 (H.S.). Fax : 02 51 56 42 87. E-mail : grand-r@wanadoo.fr, Web : www.campinggrandr.com. Réduction H.S.

LES TULIPES ★★ Tourisme 40 E., dont 3 CC - 5 GCC, 0,4 ha. CV. Locations : 20 , 4 . chauffée . Bord de mer à 300 m. Rivière à 500 m. ; ; ; à 300 m : . Rés. obligatoire en été. Route de la Tranche, sur CD 46. ☎ 02 51 56 41 37. E-mail : campingtulipes@wanadoo.fr, Web : www.campingtulipes.com.

CAMP FAUTAIS ★ Tourisme 56 E. 1 ha. CV. Locations : 10 . Bord de mer et rivière à 300 m. Lac à 500 m. ; ; ; ; ; . 18, route de la Tranche. ☎ 02 51 56 41 96. Fax : 02 51 56 41 96.

LE FENOUILLER

6-A4 32 km N.-N.-O. Les Sables d'Olonne. 10 m. 2279 hab. ✉ 85800

DOMAINE LE PAS OPTON ★★★★ Tourisme 237 E., dont 237 GCC, 4,5 ha. snack, ap.22h30, CV. Locations : 130, 70. Accès direct à la rivière. Etang à 3 km.Bord de mer à 5 km. Sur RN 754. Gros chiens interdits. ☎ 02 51 55 11 98. Fax : 02 51 55 44 94. E-mail : info@springharvestholidays.com, Web : www.springharvestholidays.com.

LE CHATELIER ★★★ Loisirs 198 E., dont 198 GCC, 2,5 ha. à gaz, + sèche linge, CV. Locations : 2 chauffée . Rivière à 1 km.Bord de mer et lac à 2,5 km. Ouv : Pâques / 15.10. Sortie St-Gilles Croix de Vie. D 754 route de Nantes - Le Fenouiller. ☎ 02 28 10 50 75. Fax : 02 28 10 50 75. Prix 2007. Fft jour : Empl. Tourisme (2) : 20 € ( )

BELLEVUE ★★ Loisirs 108 E. (54 Tourisme + 54 Loisirs), dont 54 GCC, 1,4 ha. 3 fois/sem., CV. Locations : 20, 6 chauffée . Rivière à 500 m. Bord de mer à 4 km. à 2,2 km : ; à 1 km : ; à 4 km : . Ouv : 1.5 / 30.9. Rés. obligatoire en été. 7, Rue du Centre. A St-Gilles-Croix-de-Vie dir. Nantes, 2 km de St-Gilles à l'entrée de Fenouiller sur la gauche. ☎ 02 51 55 11 35. Fax : 02 28 10 59 55. E-mail : contact@bellevue-camping.com, Web : www.bellevue-camping.com. Prix 2008. Fft jour : Empl. Tourisme (2) : 19,50 € ((6 A)) ; Sup : 4,10 € - de 7 ans 3,40 € ; Animaux 2,40 €.

AIRE NATURELLE CV. A 1,5 km: . A 1 km : . A 2 km : . A 3 km : Piscine plein air . Ouv : 1.4 / 30.9. Rue du Petit Beauregard. Accès par la D 754. ☎ 02 51 55 07 98. Prix 2007. Fft jour : Empl. Tourisme (2) : 12,50 € ( ) ; Sup : 3 € 3 € (6 A).

M. GANDEMER Jean-Louis,aire naturelle CV. A 1,5 km: . A 1 km : . A 2 km : . A 3 km : Piscine plein air . Ouv : 1.4 / 30.9. Le Petit Beauregard. 26, rue du Petit Beauregard. Accès par la D 754. ☎ 02 51 55 07 98. Prix 2007. Fft jour : Empl. Tourisme (2) : 12,50 € ( ) ; Sup : 3 € 3 € (6 A).

LA FERRIERE

6-B4 10 km N.-E. La Roche-sur-Yon. 100 m. 3765 hab. ✉ 85280

LA MAISON NEUVE ★★ Tourisme 25 E., dont 4 GCC. CV. Locations : 3, 1. La Maison Neuve. ☎ 02 51 98 47 94. Fax : 02 51 98 47 94. E-mail : mariehelene.tanguy@wanadoo.fr.

FONTENAY LE COMTE

6-C4 56 km S.-E. La Roche sur Yon. 24 m. 16650 hab. ✉ 85200

PILORGE ★★ Tourisme 15 E. 1,5 ha. sauf petits . Locations : . Accès direct à la rivière. ☎ 02 51 53 41 41 (Mairie) / 06 08 25 69 12.

FOUSSAIS PAYRE

6-C4 12 km N.-E. Fontenay-le-Comte. 115 m. 1230 hab. ✉ 85240

CAMP MUNICIPAL ★★ Tourisme 26 E. 0,55 ha. 2 courts. Rivière à 3 km.Lac à 5 km. Les Alleneaux. ☎ 02 51 51 40 01 / 02 51 51 41 23. Fax : 02 51 51 45 24.

LA GARNACHE

6-A3 50 km N. Les Sables d'Olonne. 3152 hab. ✉ 85710

M. BROCHARD Jean-Louis,aire naturelle CV. A 1,5 km: . A 3 km : . A 4 km : Piscine plein air. Le Touzelet. D 95 dir. Challans. ☎ 02 51 68 09 79.

LE GIROUARD

6-A4 19 km N.-E. Les Sables d'Olonne 489 hab. ✉ 85150

L'EUGENIE ★ Tourisme 25 E., dont 12 GCC, 1 ha. Locations : . Etang à 200 m. Ouv : 1.6 / 15.9. La Garlière. ☎ 02 51 05 66 20 / 06 82 77 33 16 (H.S.). Prix 2008. Fft jour : Empl. Tourisme (2) : 12 € - de 12 ans 2 € ; 2,50 € ; Animaux 1 €.

GIVRAND

6-A4 25 km N.-N.-O. Les Sables d'Olonne. 40 m. 708 hab. ✉ 85800

DOMAINE DE BEAULIEU ★★★★ Tourisme 310 E., dont 90 GCC, 4 ha. crêperie, la nuit, CV. Locations : 10, 43 chauffée . Bord de mer à 1 km. ; à 1 km : . Les Temples. Par CD 38. ☎ 02 51 55 59 46 / 02 51 33 05 05 (H.S.). Fax : 02 51 33 94 04. E-mail : chadotel@wanadoo.fr, Web : www.chadotel.com. Prix 2007. Fft jour : Empl. Tourisme (2 1 - de 2 ans) : 27,90 € ( ) ; Sup : 5,80 € - de 13 ans 3,80 € ; Animaux 3 €. Réduction H.S.

EUROPA ★★★★ Loisirs 255 E. (100 Tourisme + 155 Loisirs), dont 155 GCC, 1,72 ha. CV. Locations : 13 couverte chauffée . Etang et rivière à 3 km.Bord de mer à 3,5 km. à 3 km : ; à 4 km : . ☎ 02 51 55 32 68 / 06 15 37 73 23 (H.S.). Fax : 02 51 55 80 10. E-mail : mayer@club-internet.fr, Web : www.europacamp.com.

LES DAUPHINS BLEUS ★★★★ Tourisme 314 E. (236 Tourisme + 78 Loisirs), dont 239 GCC, 5 ha. sauf électrique, CV. Locations : 25, 200, 10, 6, couverte chauffée . Bord de mer à 2 km. ; à 2 km : . Accueil adultes. Ouv : 31.3 / 29.9. Rés. obligatoire en été. 16, rue du Rocher. 3 km de St-Gilles-Croix-de-Vie dir. les Sables d'Olonne sur la D 38. ☎ 02 51 55 59 34. Fax : 02 51 54 31 21. E-mail : dauphins-bleus@franceloc.fr, Web : www.campings-franceloc.fr. Prix 2007. Fft jour : Empl. Tourisme (2) : 21 € ( ) ; Sup : 6 € - de 7 ans 4,50 € ; 3,70 € (6 A) ; Animaux 4,30 €.

DOMAINE DE LA MICHELIERE ★★★ Loisirs 108 E. (23 Tourisme + 85 Loisirs), dont 85 GCC. La Michelière ☎ 02 51 26 89 73.

LA MOUETTE ★★ Tourisme 75 E. 1,6 ha. CV. Locations : 2, 2, 3, . Rivière à 3 km.Lac à 4 km.Bord de mer à 5 km. Lieu-dit La Nouette, sur CD 6. Route de St Gilles Croix de Vie-La Roche sur Yon. ☎ 02 51 55 24 94 / 02 51 07 37 37 / 02 51 07 37 37 (H.S.). Fax : 02 51 26 98 41. E-mail : mouette85@free.fr.

LE JAUNAY ★★ Tourisme 70 E. 2 ha. CV. Locations : 2 chauffée . Accès direct à la rivière. Bord de mer à 1,2 km. Accueil groupes. Ouv : 1.4 / 30.9. Route des Sables d'Olonne. ☎ 02 51 55 14 77. E-mail : buro@campingdujaunay.com, Web : www.campingdujaunay.com. Réduction H.S.

Mme BROCHARD Lucienne A 500 m : . A 4,5 km: Piscine plein air . A 2 km : . A 3 km : . Petit Bois, RD 6, à 2,5 km de la commune, à proximité de la ferme. Pré herbeux, rivière à 4,5 km. Salle de réunion avec cheminée. Réservation recommandée juillet-août. ☎ 02 51 55 91 78.

LE GIVRE

6-B4 28 km E. Les Sables-d'Olonne. 50 m. 1348 hab. ✉ 85540

M. MARTINEAU Didier,aire naturelle partiel, CV. A 3 km: . A 5 km : . A 10 km : Piscine chauffée Piscine plein air Piscine couverte . Ouv : 15.4 / 15.10. La Grisse. Venant du CD 949 (Luçon) ou du CD 747 (La Roche-sur-Yon), prendre dir. La Tranche-sur-Mer (CD 747), à gauche 1 km après le carrefour du CD 949 et CD 747. ☎ 02 51 30 83 03 / 06 64 15 43 32 (H.S.). E-mail : lagrisse@wanadoo.fr, Web : www.campinglagrisse.com. Prix 2008. Empl. Tourisme : 4 € ; 6 € ; - de 7/14 ans 3,50 € ; 3 € (5 A) ; Animaux 2 €.

GRAND LANDES

6-A3 44 km N. Les Sables d'Olonne. 375 hab. ✉ 85670

LES BLES D OR ★★ Tourisme 40 E. Locations : . Etang à 500 m. ☎ 02 51 98 51 86. Fax : 02 51 98 53 24.

GROSBREUIL

6-A4 13 km E. Les-Sables-d'Olonne. 84 m. 1033 hab. ✉ 85440

LA VERTONNE ★★★ Tourisme 84 E. dont 40 nus , dont 10 CC - 18 GCC, 2 ha. CV. Locations : 10 . à 10 km : . Accueil groupes. Ouv : 15.4 / 15.9. A Grosbreuil, dir. La Roche-sur-Yon, prendre route du Poiroux. ☎ 02 51 22 65 74. Fax : 02 51 22 65 74. E-mail : lavertonne.camping@wanadoo.fr, Web : www.campinglavertonne.com. Prix 2008. Fft jour : Empl. Tourisme (2) : 17 € ( ) ; Sup : 4,50 € - de 7 ans 3,40 € ; 3 € (10 A) ; Animaux 1,40 €. Réduction H.S.
FFCC : partenaire + réduction emp. de 10 % en saison et hors saison.

GRUES

6-B5 43 km O. Fontenay-le-Comte. 709 hab. ✉ 85580

LE PRE DES SABLES ★★★ Loisirs 125 E., dont 72 GCC, 1,6 ha. Locations : 10, chauffée . Lac à 500 m. Bord de mer à 1,5 km. ; ; . A 10, A 83 sortie Ste-Hermine suivre dir. l'Aiguillon-sur-Mer. ☎ 02 51 27 13 88 / 06 87 48 88 52 / 06 87 48 88 52 (H.S.). Fax : 02 51 97 11 65.

CAMP MUNICIPAL ★★ Tourisme 87 E. 0,87 ha. Locations : . Rivière à 3 km. ☎ 02 51 27 26 05 / 02 51 27 23 56 (Mairie).

LA CLEROCA Tourisme Saisonnier 60 E. 1,5 ha. la nuit, CV. Locations : 5 . Lac à 1,5 km.Bord de mer à 3 km. à 3 km : . La Cleroca. Point-phone. ☎ 02 51 27 19 92. Fax : 02 51 97 09 84.

LA GUYONNIERE

6-B3 42 km N.-E. La Roche-sur-Yon. 1628 hab. Village de neige ✉ 85600

CAMP DU DISTRICT MONTAIGU LAC DE LA CHAUSSELIERE ★★ Tourisme 47 E. (30 Tourisme + 17 Loisirs) 1 ha. Accès direct à l'étang et aux bords du lac. Sur CD 23, RN 137. Autoroute Nantes-Niort. ☎ 02 51 41 50 32. Fax : 02 51 41 50 32.

L ILE D ELLE

6-C5 22 km S.-O. Fontenay-le-Comte. 1358 hab. ✉ 85770

LE PETIT BOOTH ★★ Tourisme 30 E. dont 20 nus (20 Tourisme + 10 Loisirs) 0,8 ha. gaz/électrique, CV. Locations : 4, 6, 8. Accès direct à la rivière. Etang à 2 km. Accueil groupes. Ouv : 1.3 / 30.11. 79, bis rue Nationale. ☎ 02 51 52 00 67. Fax : 02 51 50 42 53. Web : www.campinglepetitbooth.com. Prix 2007. Fft jour : Empl. Tourisme (2) : 13,50 € () ; Sup : 2,70 € 1,60 € ; Animaux 0,70 €.

L ILE D OLONNE

6-A4 8 km N. Les Sables-d'Olonne. 1167 hab. ✉ 85340

L'ILE AUX OISEAUX ★★★ Loisirs 160 E. dont 36 nus, dont 160 GCC. 4 fois / sem., gaz/électrique, CV. Locations : 2, 40. couverte chauffée. Rivière à 2 km. Bord de mer à 5 km. à 5 km : Ouv : 1.4 / 31.10. Rés. obligatoire en été. Rue du Pré Neuf. ☎ 02 51 90 89 96. Fax : 02 51 32 33 07. E-mail : camping-ile-aux-oiseaux@wanadoo.fr, Web : www.ile-aux-oiseaux.fr. Prix 2008. Fft jour : Empl. Tourisme (2) : 20 € () ; Sup : 3,50 € - de 7 ans 2,50 € ; 3,50 € (10 A) ; Animaux 3 €. Réduction H.S.

JARD SUR MER

6-A4 20 km S.-E. Les Sables d'Olonne. 1613 hab. ✉ 85520

LA POMME DE PIN ★★★★ Tourisme 150 E., dont 80 CC - 70 GCC, 2 ha. gaz, CV. Locations : 6, 25, 8, chauffée. Bord de mer à 200 m. ; à 200 m : Rue Vincent Auriol, RD 21. ☎ 02 51 33 43 85. Fax : 02 51 20 31 69. E-mail : info@pommedepin.net, Web : www.camping-chadotel.fr.

LE CURTYS ★★★★ Tourisme 360 E. (240 Tourisme + 120 Loisirs), dont 238 GCC. la nuit, CV. Locations : 20, 200, 12, 4, couverte chauffée. Bord de mer à 1,5 km. ; à 1 km : Ouv : 5.4 / 20.9. Rue de la Perpoise. ☎ 02 51 33 06 55 / 02 51 33 63 42 (H.S.). Fax : 02 51 33 91 31. E-mail : info@palmiers-ocean.fr, Web : www.palmiers-ocean.fr.

LES ECUREUILS ★★★★ Tourisme 261 E., dont 261 GCC, 4 ha. CV. Locations : 10, 64, couverte chauffée. Bord de mer à 400 m. à 400 m : Accueil groupes. Ouv : 5.4 / 27.9. Route des Goffineaux. ☎ 02 51 33 42 74. Fax : 02 51 33 91 14. E-mail : camping-ecureuils@wanadoo.fr, Web : www.camping-ecureuils.com. Prix 2008. Empl. Tourisme : 16 € () ; 6,90 € ; - de 10 ans 4,60 €. Réduction H.S.

FFCC : partenaire + réduction emp. de 30 % hors saison + réduction loc. de 15 % hors saison.

L'OCEANO D'OR ★★★★ Tourisme 431 E., dont 140 GCC, 7,9 ha. CV. Locations : 3, 60, 3. chauffée. Bord de mer à 1 km. ; à 1 km : Rue Georges Clémenceau. ☎ 02 51 33 65 08 / 02 51 33 05 05. Fax : 02 51 33 94 04. Web : www.camping-chadotel.fr. Réduction H.S.

CAMP G.C.U. Réservé aux adhérents. Adhésion possible sur place pour les sociétaires MAIF et FILIA MAIF.

CAMP LE BOSQUET ★★ Tourisme 62 E. 1 ha. CV. Locations : 4, 10, 4. Bord de mer à 200 m. Etang à 1 km.Rivière à 2 km. ; à 50 m : . Rue de l'Océan. A La Roche-sur-Yon dir. La Tranche-sur-Mer D 747. A Moutiers Les Mauxfaits dir. Avrillé puis Jard-sur-Mer. ☎ 02 51 33 56 57 / 02 51 33 06 72 (H.S.). Fax : 02 51 33 03 69. E-mail : campings.parfums.ete @wanadoo.fr, Web : www.campings-parfums -ete.com. Prix 2007. Fft jour : Empl. Tourisme (2) : 16 € ( ) ; Sup : 4,50 € - de 5 ans 3,50 € ; Animaux 1,70 €.

LA VENTOUSE ★★ Tourisme 200 E. 5 ha. CV. Locations : 12. Bord de mer à 300 m. Etang à 2 km. ; à 250 m : ; à 300 m : . Rue Pierre Curie. A La Roche-sur-Yon dir. La Tranche-sur-Mer D 747. A Moutiers Les Mauxfaits dir. Avrillé puis Jard-sur-Mer. ☎ 02 51 33 58 65 / 02 51 33 06 72 (H.S.). Fax : 02 51 33 03 69. E-mail : campi ngs.parfums.ete@wanadoo.fr, Web : www. campings-parfums-ete.com. Prix 2007. Fft jour : Empl. Tourisme (2) : 16 € ( ) ; Sup : 4,50 € - de 5 ans 3,50 € ; Animaux 1,70 €.

LANDEVIEILLE

6-A4 18 km N. Les Sables d'Olonnes. 20 m. 630 hab. ✉ 85220

CLUB L'OREE DE L'OCEAN ★★★ Loisirs 202 E. (72 Tourisme + 130 Loisirs), dont 130 GCC, 2,9 ha. CV. Locations : 10, 65, 25. chauffée . Etang à 300 m. Rivière à 2 km.Lac à 3 km.Bord de mer à 5 km. ; à 2 km : ; à 5 km : . Rue Capitaine de Mazenod. RD 32 et RD 12. ☎ 02 51 22 96 36 / 02 51 22 11 89 (H.S.). Fax : 02 51 22 96 36. E-mail : infos@camp ing-oreedelocean.com, Web : www.camping-oreedelocean.com.

L'EVASION ★★★ Loisirs 232 E. (63 Tourisme + 169 Loisirs), dont 169 GCC, 6 ha. CV. Locations : 6, 80. couverte chauffée . Accès direct à l'étang. Lac et rivière à 3 km.Bord de mer à 5 km. ; à 3 km : ; à 5 km : . Ouv : 1.4 / 15.10. Route des Sables. Nantes, Machecoul, Challans, Landevieille. D 32. ☎ 02 51 22 90 14 / 06 60 80 06 23 (H.S.). Fax : 02 51 22 90 14. E-mail : conta ct@camping-levasion.fr, Web : www.camping-levasion.fr. Prix 2008. Fft jour : Empl. Tourisme (2) : 20 € (E. CC) ; Sup : 4 € - de 2/8 ans 3 € ; 4 € (10 A) ; Animaux 3 €. Réduction H.S.

LE LAC ★★ Loisirs 128 E., dont 58 CC - 70 GCC, 4 ha. : 2, 9, + sèche-linge, CV. Locations : chauffée . Accès direct aux bords du lac. Accueil groupes. La Servantière. Par D 12 entre St-Julien-des-Landes et Landevieille. ☎ 02 51 22 91 61. Fax : 02 51 22 90 41. E-mail : maurice.petit2@wanadoo.fr, Web : www.camping-du-lac-du-jaunay.com. Prix 2007. Fft jour : Empl. Tourisme (2) : 19 € ( ) ; Sup : 4,50 € - de 7 ans 3,15 € ; 3,15 € (6 A) ; Animaux 2,50 €. Réduction H.S.

PONG En cours classt ★★★★ Tourisme 236 E. dont 177 nus (234 Tourisme + 2 Loisirs), dont 212 GCC, 4,8 ha. CV. Locations : 5, 40, 10. chauffée . Lac à 2,5 km.Bord de mer à 5 km. ; à 2,5 km : ; à 5 km : . Ouv : 1.4 / 15.9. Rue du stade. D 12 / D 32. Dir. La Chaize-Giraud / Brétignolles sur Mer. ☎ 02 51 22 92 63. Fax : 02 51 22 99 25. E-mail : info@lepong.com, Web : www.lepong.com. Prix 2008. Fft jour : Empl. Tourisme (2) : 20 € ( ) ; Sup : 4,90 € - de 5 ans 3,70 € ; 3 à 4 € (4 à 6 A) ; Animaux 2,50 €.

LE LANGON

6-C4 13 km O. Fontenay. 946 hab. ✉ 85370

LES BARITAUDIERES ★★ Tourisme 25 E. dont 10 nus 0,2 ha. Locations : . Etang à 20 m. Ouv : 1.1 / 31.12. Par D 949 Fontenay-le-Comte / Luçon, CD 30 à gauche. A 83 sortie Fontenay-le-Comte. ☎ 08 77 03 29 24 / 06 65 16 38 55 (H.S.). Fax : 02 51 51 69 34. E-mail : lesbaritaudieres@wan adoo.fr, Web : www.lesbaritaudieres.com.

LONGEVILLE SUR MER

6-B4 28 km S.-E. Les Sables d'Olonne. 35 m. 1750 hab. ✉ 85560

LE CLOS DES PINS ★★★★ Tourisme 95 E. dont 36 nus, dont 38 GCC, 1,6 ha. , à gaz, CV. Locations : 9, 40, 8. chauffée . Bord de mer à 200 m. ; à 250 m : . Accueil groupes. Ouv : 1.4 / 30.9. Lieu-dit Les Conches, RD 105. ☎ 02 51 90 31 69. Fax : 02 51 90 30 68. E-mail : info@campingclosdesp ins.com, Web : www.campingclosdespins.com. Prix 2007. Fft jour : Empl. Tourisme (2) : 24 € ( ) ; Sup : 6 € - de 5 ans 3 € ; 3 € (6 A) ; Animaux 3 €. Réduction H.S.

LE ZAGARELLA ★★★★ Loisirs 299 E. (112 Tourisme + 187 Loisirs), dont 299 GCC, 6 ha. , à gaz, CV. Locations : 7, 60, couverte chauffée . Bord de mer à 900 m. Rivière à 3 km. . Ouv : 9.4 / 30.9. RD 105. ☎ 02 51 33 30 60. Fax : 02 51 33 37 09. E-mail : camping.zagarella@wanadoo.fr, Web : www.campingzagarella.com. Prix 2007. Fft jour : Empl. Tourisme (2) : 28 € ( ) ; Sup : 6 € - de 7 ans 4 € ; Animaux 4,30 €. Réduction H.S.

LES BRUNELLES ★★★★ Loisirs 602 E. dont 150 nus 12,4 ha. après 23 h, CV. Locations : 250, Maisonnettes. couverte chauffée . Bord de mer à 700 m. Rivière à 2 km. ; à 700 m : . Accueil groupes. Ouv : 5.4 / 27.9. Rés. obligatoire en été. Le Bouil. Entre Longeville-sur-Mer et Jard-sur-Mer. ☎ 02 51 33 50 75. Fax : 02 51 33 98 21. E-mail : campi ng@les-brunelles.com, Web : www.camp-atl antique.com. Prix 2007. Fft jour : Empl. Tourisme (2) : 26 € ( ) ; Sup : 5 € - de 5 ans 3 € ; Animaux 3 €. Réduction H.S.

FFCC : partenaire + réduction emp. de 5 % en saison et hors saison + réduction loc. de 5 % hors saison + HC.

LES DUNES ★★★★ Tourisme 289 E. (179 Tourisme + 110 Loisirs), dont 289 GCC, 3,8 ha. snack, , à gaz, CV. Locations : 80, Villas (3 chambres). couverte chauffée . Bord de mer à 600 m. Etang à 1 km. ; à 600 m : ; à 3 km : . Ouv : 5.4 / 13.9. Lieu-dit Les Conches, RD 21 et 105. 5 km de la commune. ☎ 02 51 33 32 93. Fax : 02 51 90 38 61. E-mail : contact@camping-lesdunes.com, Web : www.camping-lesdunes.com. Prix 2007. Fft jour : Empl. Tourisme (2) : 28 € (E. CC) ; Sup : 5,50 € - de 5 ans 3,50 € ; Animaux 3 €.

LA MICHENOTIERE ★★★ Loisirs 120 E. (40 Tourisme + 80 Loisirs), dont 80 GCC, 3 ha. CV. Locations : 10, 30, 5, . chauffée . Accès direct à la rivière. Etang à 3 km.Bord de mer à 4 km. . ☎ 02 51 33 38 85. Fax : 02 51 33 28 09. Web : www.camping-la-michenoti ere.fr.

LE SOUS BOIS ★★★ Tourisme 120 E., dont 64 GCC. CV. Locations : , . Bord de mer à 600 m. ; ; . ☎ 02 51 33 32 73 / 02 51 33 36 90. Fax : 02 51 33 32 73.

LA FORESTIERE ★★ Tourisme 30 E. dont 22 nus (25 Tourisme + 5 Loisirs) . CV. Bord de mer à 1,2 km.Etang à 2 km.Rivière à 3 km.Lac à 5 km. Ouv : 1.6 / 3.9. ☎ 02 51 33 30 90 / 06 81 38 73 06 (H.S.). Fax : 02 51 33 30 90. Prix 2007. 3,75 € ; - de 7 ans 3,40 € ; 3,70 € ; Animaux 1,70 €. Fft Tente : 12,50 € (2).

LA FRETILLE ★★ Tourisme 74 E. (70 Tourisme + 4 Loisirs), dont 20 GCC. CV. Locations : 3, 3, 14, . chauffée . Bord de mer à 700 m. à 4,5 m : ; à 700 m : ; à 1,5 km : . Ouv : juin / septembre. CD 105. Route de la Tranche. ☎ 02 51 33 21 66 / 06 09 31 56 67 (H.S.). Fax : 02 51 96 18 11. E-mail : campi nglafretille@wanadoo.fr, Web : www.lafretille.c om. Prix 2007. Fft jour : Empl. Tourisme (2) : 19 € ((6 A)) ; Sup : 5 € - de 7 ans 4 €. Réduction H.S.

LE BOUIL ★★ Tourisme 121 E., dont 32 GCC.

LE PETIT ROCHER ★★ Tourisme 202 E. dont 102 nus (102 Tourisme + 100 Loisirs), dont 100 GCC, 4,3 ha. CV. Locations : 27, 27. Bord de mer à 150 m. à 150 m : . Ouv : 3.5 / 20.9. Rés. obligatoire en été. 1250 avenue du Dr Mathevet. RD 105. ☎ 02 51 90 31 57. Fax : 02 51 96 17 93. E-mail : rocher85@f ree.fr, Web : www.camp-atlantique.com. Prix 2007. Fft jour : Empl. Tourisme (2) : 20 € ( ) ; Sup : 4 € - de 5 ans 2 € ; Animaux 3 €. Réduction H.S.

FFCC : partenaire + réduction emp. de 5 % en saison et hors saison.

LE TROUSPOIL ★★ Tourisme 40 E. CV. Locations : 18, 5. . Route d'Angles. ☎ 02 51 97 51 50. Fax : 02 51 97 51 50.

LES AULNETTES ★★ Tourisme 22 E.

LES ECUREUILS ★★ Tourisme 15 E. , collectif, . Locations : . Bord de mer à 1,5 km. Par A 11 Paris/Le Mans - Angers/ Nantes. Par A 10 Bordeaux/Saintes. ☎ 02 51 33 28 12. Fax : 02 51 33 28 12.

LES RAMIERS ★★ Tourisme 80 E., dont 7 GCC, 1,5 ha. snack, CV. Locations : 6. Bord de mer à 1,5 km. ☎ 02 51 33 32 21 (Eté) / 02 51 33 33 81 (Hiver) / 02 51 33 33 81 (H.S.).

LUCON

6-B4 28 km O. Fontenay-le-Comte. 13 m. 9500 hab. ✉ 85400

LES GUIFETTES ★★★ Tourisme 90 E. dont 50 nus, collectif, juillet/août, CV. Locations : 36, 11, 16, couverte chauffée. Accès direct aux bords du lac. Accueil groupes. Ouv : 1.4 / 30.10. Lieu-dit les Guifettes. Accès A 83 sortie Ste-Hermine/Luçon puis N 137. ☎ 02 51 56 17 16 / 02 51 56 08 78 (Réserv.) (H.S.). Fax : 02 51 56 31 90. E-mail : lesguifettes@camping-cpv.com, Web : www.domainedesguifettes.com. Prix 2008. Fft jour : Empl. Tourisme (2) : 18 € ; Sup : 5,20 € - de 4 ans 3,60 € ; 2,60 à 4,10 € (3 à 10 A) ; Animaux 2,60 €. Réduction H.S.

Mme MANDIN Aanès,aire naturelle La Clé des Champs CV. A 2 km: Piscine chauffée Piscine plein air Piscine couverte. A 3 km : . A 6 km : . Ouv : 1.4 / 1.10. La Papotière. D 929. ☎ 02 51 56 29 06 / 06 74 87 97 59 (H.S.). Fax : 02 51 56 31 52. E-mail : lacledeschamps85@wanadoo.fr, Web : www.camping-lucon.com ou www.camping-lucon.fr. Prix 2008. Empl. Tourisme : 3 € ; 4,50 € ; - de 14 ans 3 € ; 2,50 € (10 A) ; Animaux 1 €.

FFCC : partenaire + réduction emp. de 10 % hors saison + carte FFCC assurance annulation + Stop accueil Camping-car du 01/03 au 01/07 et du 20/08 au 01/11/2008, accès jusqu'à 21h + réduction loc. de 10 % hors saison.

LES LUCS SUR BOULOGNE

6-B3 21 km N. La Roche-sur-Yon. 80 m. 2342 hab. ✉ 85170

VAL DE BOULOGNE ★★ Tourisme 19 E. 0,72 ha. Accès direct à l'étang. Rivière à 300 m. RD 18 à 300 m du centre. ☎ 02 51 46 59 00 / 02 51 31 21 29. Fax : 02 51 46 51 20.

MACHE

6-A4 36 km N. Les Sables d'Olonne 50 m. 899 hab. ✉ 85190

LA RESIDENCE DU LAC ★★★ Loisirs 58 E. (18 Tourisme + 40 Loisirs), dont 58 GCC, 2,4 ha. CV. Locations : 17, 7. Accès direct à la rivière. Lac à 25 m. Le Moulin Haut. Chemin du Village Vacances. ☎ 02 51 55 20 30 / 06 60 69 69 68. Fax : 02 51 55 20 30. E-mail : laresidencedulac@libertysurf.fr, Web : www.residence-du-lac.com. Réduction H.S.

FFCC : Stop accueil Camping-car du 01/05 au 30/10/2008, rl + réduction loc. de 5% % en saison et hors saison.

VAL DE VIE ★★★ Tourisme 52 E. dont 52 nus 2,2 ha. CV. Locations : chauffée. Lac à 300 m. à 300 m : ; à 4 km : . Accueil groupes. Rue du Stade. 4 km Nord d'Aizenay par D 948. A gauche D 40 de Maché. ☎ 02 51 60 21 02. Fax : 02 51 60 21 02. E-mail : campingvaldevie@aol.com. Prix 2007. Fft jour : Empl. Tourisme (2) : 18 € ; Sup : 4,25 € - de 9 ans 3,20 € ; 2,90 à 3,50 € (4 à 10 A) ; Animaux 2 €. Réduction H.S.

MAILLE

6-C5 48 km S. Fontenay le Comte. 4 m. 748 hab. ✉ 85420

CAMP MUNICIPAL LA PETITE CABANE ★ Tourisme 44 E. CV. Accès direct à la rivière. ☎ 02 51 87 07 52 (). Fax : 02 51 87 07 52. E-mail : contact@lesasterides.com.

MAILLEZAIS

6-C5 12 km S.-E. Fontenay le Comte. 939 hab. ✉ 85420

CAMP MUNICIPAL DE L'AUTIZE ★★★ Tourisme 40 E., dont 9 GCC, 1 ha. Locations : . Rivière à 500 m. Route de Maillé. ☎ 02 51 00 70 79 / 02 51 00 70 25. Fax : 02 51 87 29 63. E-mail : mairie-maillezais@wanadoo.fr.

MAREUIL SUR LAY DISSAIS

6-B4 22 km S.-E. La Roche sur Yon. 23 m. 2103 hab. ✉ 85320

CAMP MUNICIPAL LA PREE MAREUIL ★★ Tourisme 41 E. dont 41 nus 0,7 ha. CV. Accès direct à la rivière. Lac à 4 km. ; à 100 m : . La Prée. ☎ 02 51 97 27 26 / 02 51 30 51 05 (H.S.). Fax : 02 51 97 32 85. Web : www.mareuiltourisme.com.

MARTINET

24 km N.-E. Les Sables d'Olonne. 45 m. 527 hab. ✉ 85150

LES OUCHES DU JAUNAY ★★★ Tourisme 16 E., dont 16 GCC. CV. Locations : 15, 10. Accès direct à l'étang et à la rivière. Lac à 5 km. Rés. obligatoire en été et en hiver. La Roche sur Yon, prendre dir. Aizenay/St Gilles Croix de Vie, rouler 6km & tourner à gauche, puis 4 km & tourner à droite. Arrivée à Martinet tourner 1ère route à droite. ☎ 02 51 34 68 85. Fax : 02 51 34 63 23. E-mail : chaletsloisirs.martinet@wanadoo.fr, Web : www.ouches85.com.

LE MAZEAU

6-C5 20 km S.-E. Fontenay le Comte. 8 m. 504 hab. ✉ 85420

LE RELAIS DU PECHEUR ★★★ Tourisme 52 E. 1,08 ha. CV. Locations : . Accès direct à l'étang et à la rivière. Ouv : 1.4 / 15.10. ☎ 02 51 52 91 14 (Mairie) / 02 51 52 93 23 (H.S.). Fax : 02 51 52 97 58. Prix 2007. Empl. Tourisme : 2,80 € ; 2,50 € ; - de 7 ans 1,20 € ; 2 €.

MERVENT

6-C4 10 km N. Fontenay-le-Comte. 100 m. 890 hab. Station verte de vacances et village de neige ✉ 85200

LA JOLETIERE ★★★★ Tourisme 73 E., dont 73 GCC, 1,38 ha. CV. Locations : 4, 1, 1, 5. chauffée. Lac et rivière à 500 m. ; à 500 m : ; à 3 km : . Accueil groupes. Ouv : Pâques / Toussaint. RD 99, RN 138. ☎ 02 51 00 26 87 / 06 14 23 71 31 (H.S.). Fax : 02 51 00 27 55. E-mail : camping.la.joletiere@wanadoo.fr, Web : www.campinglajoletiere.fr.st. Prix 2007. 5 € ; 5 € ; 5 € ; 4,20 € ; - de 7 ans 3 €.

LE CHENE TORD ★★★ Tourisme 80 E. (70 Tourisme + 10 Loisirs) 4 ha. CV. Locations : 5, 1. Rivière à 100 m. Lac à 1 km. à 150 m : ; à 900 m : . Accueil groupes. Route du Chêne Tord. RD 99. ☎ 02 51 00 20 63 / 06 09 64 24 23 (H.S.). Fax : 02 51 00 27 94. E-mail : mervent.aventure@tele2.fr, Web : vacances-en-vendee.com/chenetord/. Réduction H.S.

CAMP LA JAMONIERE ★★ Tourisme 38 E. dont 27 nus (22 Tourisme + 16 Loisirs), dont 16 GCC, 1,3 ha. CV. Locations : 2, 9. Accès direct à l'étang. Lac et rivière à 2,5 km. ; à 2,5 km : . Accueil groupes. 129, route de la Bironnière. D 65 entre Les Oullères et la Croix Méraud. ☎ 02 51 00 26 29 / 02 51 00 00 87. Fax : 02 51 00 08 36. Web : jamoniere85.free.fr.

M. BERNARD Guy,aire naturelle CV. A 500 m : . A 800 m : . A 1 km : . A 8 km : Piscine plein air. La Grande Perrure. Accès par la D 65. ☎ 02 51 00 25 07. Prix 2007. Empl. Tourisme : 3 € : 3 € ; 3 € ; 3 € ; - de 7 ans 1,60 € ; 2 € (5 A).

MESNARD LA BAROTIERE

6-B3 36 km N.-E. La-Roche-sur-Yon. 88 m. 815 hab. ✉ 85500

LAC DE LA TRICHERIE ★★★ Tourisme 52 E. dont 36 nus pain, CV. Locations : 8, 1, 8, 7, 10. Accès direct aux bords du lac. Accueil groupes. Ouv : 1.1 / 31.12. RN 160. RN 137. ☎ 02 51 66 04 31. Fax : 02 51 66 04 31. E-mail : contact@campinglatricherie.com, Web : www.campinglatricherie.com. Prix 2008. Fft jour : Empl. Tourisme (2) : 14,50 € ; Sup : 3,30 € - de 7 ans 2,10 € ; 2,80 € ; Animaux 1,20 €.

LA MOTHE ACHARD

6-A4 17 km N.-E. Les Sables d'Olonne. 52 m. 2022 hab. ✉ 85150

LE PAVILLON ★★★ Tourisme 114 E. dont 51 nus (62 Tourisme + 52 Loisirs), dont 57 GCC, 3 ha. CV. Locations : 6, 6, chauffée. Accès direct à l'étang. en étang. Ouv : Pâques / 30.9. ☎ 02 51 05 63 46. Fax : 02 51 09 45 58. E-mail : campinglepavillon@club-internet.fr, Web : www.camping-le-pavillon.com. Prix 2007. Fft jour : Empl. Tourisme (2) : 19,50 € ; Sup : 4,50 € - de 7 ans 2,80 € ; Animaux 2 €.

MOUCHAMPS

6-B4 32 km N.-E. La Roche sur Yon. 100 m. 2293 hab. ✉ 85640

CAMP MUNICIPAL LE HAMEAU DU PETIT LAY ★★★ Tourisme 39 E. dont 24 nus, dont 15 GCC, 0,25 ha. sur réservation, CV. Camping clef verte. Locations : 15. Accès direct à la rivière. à 6 km. Accueil groupes. Ouv : 15.6 / 15.9. Chauvin. Route de Saint Prouant. ☎ 02 51 66 25 72 / 02 51 66 26 08 (H.S.). Fax : 02 51 66 25 72. E-mail : wbm85640@mouchamps.com, Web : www.chalets-decouverte.com. Prix 2008. Fft jour : Empl. Tourisme (2) : 10,50 € ; Sup : 3 € - de 8 ans 1,70 €. Réduction H.S.

MOUILLERON EN PAREDS

6-C4 25 km N. Fontenay-le-comte. 1169 hab. ✉ 85390

CAMP MUNICIPAL LA PREE DU PAVE ★★ Tourisme 25 E. dont 25 nus 0,71 ha. Rivière à 4 km. Accueil groupes. ☎ 02 51 00 30 34 (Mairie). Fax : 02 51 87 51 54. E-mail : mairie-mouilleron-en-pareds@wanadoo.fr.

MOUILLERON LE CAPTIF

6-B4 6 km N.-O. La Roche-sur-Yon. 81 m. 3238 hab. ✉ 85000

L'AMBOIS ★★ Loisirs 49 E. dont 20 nus (18 Tourisme + 31 Loisirs), dont 31 GCC, 1,5 ha. gaz/électrique, CV Sanitaire chauffé. Locations : 4, 28, 6. Etang à 100 m. Rivière à 50 m. Lac à 4 km. Ouv : 1.1 / 31.12. Rés. obligatoire en été. Ambois. Dir. Noirmoutier, 1ère sortie à droite à 600 m Le Vigneau. Piste cyclabe à 100 m. ☎ 02 51 37 29 15. Fax : 02 51 37 29 15. Web : camping.ambois.cite.voila.fr. Prix 2007. Empl. Tourisme : 2,90 € ; 3,40 € ; - de 10 ans 2,40 € ; 2,90 € ; Animaux 1 €.

MOUTIERS LES MAUXFAITS

6-B4 28 km E. Les Sables d'Olonne. 50 m. 1316 hab. ✉ 85540

CAMP MUNICIPAL DU BOIS DU BOUQUET ★★ Tourisme 70 E. 2 ha. Sur RN 747, au bois du Bouquet. ☎ 02 51 98 96 41 / 02 51 98 90 33 (H.S.). Fax : 02 51 31 42 67.

DOMAINE DE LA BILLARDIERE ★★ Loisirs 56 E., dont 56 GCC. CV. Locations : 1, 4. chauffée. Accès direct à l'étang. Ouv : 1.1 / 31.12. Route de Champ St-Père. Location longue durée. ☎ 02 51 98 90 35 / 02 51 98 95 73 (H.S.). Fax : 02 51 31 50 72. E-mail : domaine.labillardiere@wanadoo.fr, Web : www.domaine-labillardiere.fr.

MOUTIERS SUR LE LAY

6-B4 28 km S.-E. La Roche sur Yon. 649 hab. ✉ 85320

AIRE NATURELLE MUNICIPALE A 500 m : Pallias. ☎ 02 51 27 50 70. Fax : 02 51 27 56 48. E-mail : mairie.moutierssurlay@wanadoo.fr.

NALLIERS

6-B4 19 km O. Fontenay-le-Comte. 6 m. 1750 hab. ✉ 85370

CAMP MUNICIPAL LE VIEUX CHENE ★★ Tourisme 23 E. 1 ha. CV. Accueil groupes. Ouv : 15.5 / 15.9. A 10 Niort, dir. Fontenay-Le-Comte D 949. ☎ 02 51 30 91 98 / 02 51 30 90 71 (H.S.). Fax : 02 51 30 94 06. E-mail : nalliers-mairie@wanadoo.fr. Prix 2007. Empl. Tourisme : 2,50 € : 1,50 € ; 2,50 € ; - de 7 ans 1,50 € ; 3 € (4 à 13 A).

NESMY

6-B4 10 km S. La Roche-sur-Yon. 67 m. 1790 hab. ✉ 85310

LA VENISE DU BOCAGE ★★ Tourisme 49 E. dont 31 nus (35 Tourisme + 14 Loisirs) 1,4 ha. collectif, CV. Locations : 2, 10, 6. Accès direct à l'étang. Rivière à 4 km. à 4 km. Ouv : 1.4. Rés. obligatoire en été. Le Chaillot. Sur CD 36 entre Aubigny et Nesmy. A la Roche sur Yon, dir. de la Tranche sur Mer (route à 4 voies, sortie Aubigny/Nesmy). ☎ 02 51 98 01 20 / 06 30 74 42 40 (H.S.). Fax : 02 51 98 01 20. E-mail : contact@la-venise-du-bocage.com, Web : www.la-venise-du-bocage.com. Prix 2007. Empl. Tourisme : 3,60 € : 1,50 € ; 3,50 € ; - de 7 ans 1,95 € ; 2,80 à 3,70 € (6 à 10 A) ; Animaux 1,50 €. Réduction H.S.

LE MOULIN DE RAMBOURG ★★ Loisirs 25 E. dont 13 nus, dont 14 GCC, 0,5 ha. snack, CV Sanitaire chauffé. Locations : 11, 1, 2, 10. Rivière à 50 m. piscine hors sol : ; à 10 km : Accueil enfants. Ouv : 1.1 / 31.12. Sortie La Roche/Yon sur D 746 (Luçon-La Rochelle), prendre Nesmy à droite. Après le golf, 3e route à gauche et suivre Moulin de Rambourg. ☎ 02 51 07 63 83. Fax : 02 51 07 68 52. E-mail : campinglemoulinderambourg@hotmail.fr, Web : www.campinglemoulinderambourg.com. Prix 2007. Empl. Tourisme : 2,80 € ; 1,30 € ; 3 € ; - de 7 ans 1,70 € ; 2,50 € ; Animaux 1 €. Réduction H.S.

FFCC : partenaire + réduction emp. de 5 % en saison et 10 % hors saison + carte FFCC assurance annulation.

NIEUL LE DOLENT

6-B4 23 km N.-E. Les Sables d'Olonne. 20 m. 1601 hab. ✉ 85430

M. BOURON Patrick, aire naturelle CV. A 10 km : Ouv : 15.6 / 15.9. Les Sorinières, à proximité de la ferme. A Nieul le Dolent dir. Les Sables-d'Olonne. Pré herbeux, ombragé. ☎ 02 51 07 91 58 / 06 85 20 88 73 (H.S.). Fax : 02 51 07 94 78. E-mail : bouronp2@wanadoo.fr. Prix 2007. 6 € ; - de 12 ans 3 € ; 3 € (10 A).

NOTRE DAME DE MONTS

6-A3 55 km N.-O. Les Sables d'Olonne. 630 m. 1325 hab. ✉ 85690

LE GRAND JARDIN ★★★★ Loisirs 156 E. (6 Tourisme + 150 Loisirs), dont 150 GCC, 4 ha. partiel, + sèche-linge, CV. Locations : 25, 18. couverte chauffée. Accès direct à la rivière. Bord de mer à 900 m. à 900 m : ; à 1 km : . Ouv : 1.4 / 31.10. Sur RD 38. ☎ 02 28 11 21 75 / 06 83 39 74 33 (H.S.). Fax : 02 51 59 56 66. E-mail : contact@legrandjardin.com, Web : www.legrandjardin.net. Prix 2007. Fft jour : Empl. Tourisme (2) : 24 € ; Sup : 4,50 € - de 5 ans 2,50 € ; 3,50 € ; Animaux 2,50 €.

FFCC : partenaire + carte FFCC assurance annulation.

LES ALIZES ★★★★ Loisirs 150 E., dont 150 GCC, 2 ha. snack, gaz/électrique, CV. Locations : 15. chauffée. Bord de mer à 900 m. Rivière à 1 km. à 900 m : ; à 2,5 km : ; à 1 km : . Accueil groupes. 52, route de la Rive. ☎ 02 28 11 28 50. Fax : 02 28 11 27 78. E-mail : contact@campinglesalizes.com, Web : www.campinglesalizes.com. Réduction H.S.

LE BOIS SORET ★★★ Loisirs 105 E., dont 105 GCC, 2 ha. saison, saison, . chauffée. Bord de mer à 1 km. à 500 m : ; à 1 km : ; à 2 km : . ☎ 02 51 58 84 01. Fax : 02 51 59 70 16.

LE CLOS DU BOURG ★★★ Loisirs 123 E. dont 50 nus (15 Tourisme + 108 Loisirs), dont 108 GCC, 2,7 ha. à emporter, CV. Locations : 4, 8. chauffée. Bord de mer à 900 m. à 900 m : ; à 1 km : . Ouv : 1.4 / 31.10. 12, rue du Perrier. ☎ 02 51 59 07 47. Fax : 02 51 59 15 99. E-mail : info@campingclosdubourg.com, Web : www.campingclosdubourg.com. Prix 2007. Fft jour : Empl. Tourisme (2) : 18,80 € (10 A)) ; Sup : 4,40 € - de 6 ans 2,60 € ; Animaux 2 €. Réduction H.S.

LE LAGON BLEU ★★★ Tourisme 184 E., dont 184 GCC, 2,5 ha. CV. Locations : 5, 7. Rivière à 200 m. Bord de mer à 950 m. ; . 39, route du Fief-Haut. ☎ 02 51 58 85 29. Fax : 02 28 11 22 51.

BEAUSEJOUR ★★ Tourisme 110 E. 1,25 ha. CV. Locations : 8. Bord de mer à 1,5 km. ; à 1,5 km : ; à 1 km : . Sur RN 38. Hivernage caravanes. ☎ 02 51 58 83 88.

CAMP MUNICIPAL DE L'ORGATTE ★★ Tourisme 368 E. dont 368 nus 4,5 ha. CV. Bord de mer à 300 m. à 300 m : ; à 400 m : . Accueil groupes. Lieu-dit l'Orgatte. ☎ 02 51 58 84 31. Fax : 02 28 11 29 82. Réduction H.S.

LA DAVIERE ★★ Tourisme 100 E. (74 Tourisme + 26 Loisirs), dont 26 GCC, 0,96 ha. ap. 22 h, CV. Locations : 2. Bord de mer et rivière à 1 km. à 500 m : ; à 1 km : ; à 2 km : . Ouv : 15.6 / 15.9. ☎ 02 51 58 85 96 / 02 51 58 82 33 (H.S.).

LA GUILLOTIERE ★★ Tourisme 261 E. (161 Tourisme + 100 Loisirs), dont 100 GCC, 2 ha. CV. Locations : 20, . Bord de mer à 1 km. ; . 42, route de la Barre de Monts. ☎ 02 51 58 83 32. Fax : 02 28 11 22 81. E-mail : pontreau@camping-la-guillotiere.fr, Web : www.camping-la-guillotiere.fr.

LA PAREE CHALONS ★★ Tourisme 50 E. dont 48 nus, 1 ha. CV. Locations : , maisons. Bord de mer à 300 m. ; . ☎ 02 51 58 83 30.

LA RIVE ★★ Tourisme 61 E. (41 Tourisme + 20 Loisirs). CV. Locations : 30, 12. Rivière à 100 m. Bord de mer à 2 km. Accueil groupes. 2 km du bourg. ☎ 02 51 59 32 50 / 06 85 07 00 47 / 06 85 07 00 47 (portable) (H.S.). Fax : 02 51 68 87 33. Réduction H.S.

LE CLOS DU BOURG 1 ★★ Tourisme 35 E. 0,7 ha. à emporter, CV. Locations : . Bord de mer à 900 m. à 900 m : 14, rue du Perrier. 200 m du centre ville. ☎ 02 51 59 07 47. Fax : 02 51 59 15 99. E-mail : leclosdubourg@wanadoo.fr, Web : www.les-campings.com/clos-du-bourg. Réduction H.S.

LE PONT D'YEU ★★ Tourisme 89 E., dont 89 GCC, 1,29 ha. buvette, partiel, à gaz, Pétanque, CV. Locations : 20, 4, chauffée. Bord de mer à 500 m. Rivière à 1 km. à 500 m : Route de Saint Jean de Monts, RD 38. ☎ 02 51 58 83 76. Fax : 02 28 11 20 19. Web : www.camping-pontdyeu.com. Prix 2007. Fft jour : Empl. Tourisme (2) : 16,60 € ; Sup : 4,50 € - de 5 ans 3 € ; 3 € (6 A) ; Animaux 2,20 €. Fft Ccar : 10 € (2). Réduction H.S.

LES PINS ★★ Tourisme 225 E. 2,25 ha. CV. Locations : 3, 7, chauffée. Bord de mer à 800 m. à 800 m : Ouv : 1.6 / 15.9. 21, rue de la Braie. ☎ 02 51 58 83 75. E-mail : camping.des.pins@free.fr, Web : www.camping.des.pins.free.fr. Prix 2007. Fft jour : Empl. Tourisme (2) : 21 € ((6 A)) ; Sup : 4,50 € - de 6 ans 2,80 € ; Animaux 2,10 €.

LE BOIS COLLIN ★ Loisirs 55 E. dont 16 nus (20 Tourisme + 35 Loisirs), dont 35 GCC, 0,3 ha. CV. Bord de mer à 1 km. à 1,2 km : ; à 2 km : Ouv : 15.6 / 15.9. Rés. obligatoire en été. 1 km du centre ville, sur la rte de La Barre (rte du pont de Noirmoutier). Entrée du camping 26, rue de la Creusière. Sentiers pédestres et circuits VTT à proximité. ☎ 02 51 58 46 97. Prix 2007. Fft jour : Empl. Tourisme (2) : 13,50 € ; Sup : 3,60 € - de 5 ans 1,80 € ; Animaux 1,40 €.

NOTRE DAME DE RIEZ

6-A4 34 km N. Les Sables-d'Olonne. 922 hab. ✉ 85270

LA FONTECLOSE ★★★ Loisirs 85 E. dont 50 nus (35 Tourisme + 50 Loisirs), dont 50 GCC, 1,8 ha. CV. Locations : 16, 4, chauffée. Etang à 100 m. Rivière à 2 km.Lac à 4 km. Ouv : 1.6 / 30.9. RD 33. D 32. ☎ 02 51 55 22 22. Fax : 02 51 55 91 88. E-mail : la.fonteclose@wanadoo.fr, Web : www.camping-fonteclose.com. Prix 2007. Fft jour : Empl. Tourisme (2) : 15 € ; Sup : 5 € - de 7 ans 2,50 € ; 3 € (6 A) ; Animaux 2 €.

FFCC : partenaire - terrain assuré par la FFCC.

DOMAINE DES RENARDIERES ★★ Tourisme 143 E. dont 83 nus (120 Tourisme + 23 Loisirs), dont 23 GCC, 3 ha. à gaz, CV. Camping clef verte. Locations : 25, 20. Rivière à 500 m. Lac à 4 km. à 500 m : ; à 7 km : ; à 10 km : Ouv : 1.5 / 3.9. Les Garateries, sur CV 3. ☎ 02 51 55 14 17 / 06 20 98 37 46 (H.S.). E-mail : raffin.caroline@9buisness.fr, Web : www.camping-renardieres.com. Prix 2008. Fft jour : Empl. Tourisme (2) : 17 € ; Sup : 4 € - de 4 ans 2,50 € ; 3 € (6 A) ; Animaux 3 €. Réduction H.S.

LE SABLEAU ★★ Tourisme 30 E. dont 18 nus, dont 2 GCC. CV. Locations : 5, 3, 3, chauffée. Rivière à 400 m. à 400 m : ; à 7 km : Ouv : 1.4 / 31.10. Rés. obligatoire en été. 185 route des Garateries. ☎ 02 51 60 01 20. E-mail : campinglesableau@orange.fr, Web : www.camping-le-sableau.fr. Prix 2008. Fft jour : Empl. Tourisme (2) : 13,10 € ; Sup : 3,55 € - de 7 ans 2,75 € ; 3,40 € (10 A) ; Animaux 2,35 €. Réduction H.S.

FFCC : partenaire + carte FFCC assurance annulation.

OLONNE SUR MER

6-A4 4 km N. Les Sables d'Olonne. 10 m. 7868 hab. ✉ 85340

BOIS SOLEIL ★★★★ Loisirs 199 E. dont 60 nus, dont 199 GCC, 4,5 ha. gaz, CV Sanitaire chauffé. Locations : 3, 50, couverte chauffée. Bord de mer à 2,5 km. ; 3 ; à 2 km : Ouv : 5.4 / 28.9. RD 80. ☎ 02 51 33 11 97. Fax : 02 51 33 14 85. E-mail : camping.boissoleil@wanadoo.fr, Web : www.campingboisoleil.com. Prix 2007. Fft jour : Empl. Tourisme (2) : 25 € Sup : 4,50 € - de 7 ans 3 € ; 3,50 € (6 A) ; Animaux 2,60 €.

DOMAINE DE L'OREE ★★★★ Tourisme 296 E. dont 40 nus, dont 220 CC - 76 GCC, 5,52 ha. dans le bar, juillet -août, CV. Locations : 16, 142, chauffée. Bord de mer à 1,5 km. ; à 1,5 km : 1,5 km, ; à 1 km : ; à 5 km : 5 km. Accueil groupes. Sur RD 80. ☎ 02 51 33 10 59. Fax : 02 51 33 15 16. E-mail : loree@free.fr, Web : www.l-oree.com. Prix 2007. Fft jour : Empl. Tourisme : 25.00 € ; Sup : 5,50 € 3,50 € ; Animaux 3,50 €. Réduction H.S.

LA LOUBINE ★★★★ Tourisme 386 E. (285 Tourisme + 101 Loisirs), dont 295 GCC, 5,5 ha. CV. Locations : 10, 40, couverte chauffée. Bord de mer à 1,8 km. 5 : ; à 1,8 km : ; à 5 km : . Ouv : 5.4 / 24.9. 1, route de la Mer. ☎ 02 51 33 12 92. Fax : 02 51 33 12 71. E-mail : camping.la.loubine@wanadoo.fr, Web : www.la-loubine.fr. Prix 2008. Fft jour : Empl. Tourisme (2) : 27 € ( ) ; Sup : 5 € - de 6 ans 2,95 € ; 3,65 € (6 A).

LE TRIANON ★★★★ Tourisme 546 E. (276 Tourisme + 270 Loisirs), dont 467 GCC, 12 ha. CV Sanitaire chauffé. Locations : 40, 100, 10, Cottages. chauffée. Accès direct à l'étang. Bord de mer et rivière à 5 km. ; ; à 5 km : . Ouv : 22.3 / 27.9. CD 80 et RN 160. 95, rue Maréchal Joffre. Location longue durée. ☎ 02 51 23 61 61. Fax : 02 51 90 77 70. E-mail : campingletrianon@free.fr & campingletrianon@wanadoo.fr, Web : www.camping-le-trianon.com. Prix 2008. Fft jour : Empl. Tourisme (3) : 44,70 € ( ) ; Sup : 6,25 € - de 1/7 ans 4,20 € ; Animaux 4,20 €.

LA GACHERE ★★★ Tourisme 200 E., dont 30 GCC, 4 ha. saison, ap.22h30, CV. Locations : 23, 10. chauffée. Rivière à 200 m. Bord de mer à 1 km. à 200 m : ; à 1 km : ; à 2 km : ; à 3 km : . Accueil groupes. Ouv : 22.3 / 29.9. Les Granges. Sortie Nord Forêt d'Olonne dir. La Gachère. ☎ 02 51 22 65 82. Fax : 02 51 33 52 28. E-mail : campinglagachere85@wanadoo.fr, Web : camping-gachere.com. Prix 2008. Fft jour : Empl. Tourisme (2) : 20,40 € ( ) ; Sup : 5,10 € - de 10 ans 3,20 € ; 3,50 € ; Animaux 1,40 €. Réduction H.S.

MOULIN DE LA SALLE ★★★ Loisirs 229 E., dont 198 GCC, 4,5 ha. CV. Locations : 30, 150. couverte chauffée. Rivière à 2 km. Bord de mer à 3 km. ; à 1,5 km : ; à 3 km : . Rue du Moulin de la Salle. La Salle. N 160. D 122. ☎ 02 51 95 99 10. Fax : 02 51 96 96 13. E-mail : moulindelasalle@wanadoo.fr, Web : moulindelasalle.com.

NID D'ETE ★★★ Tourisme 119 E. (111 Tourisme + 8 Loisirs), dont 40 GCC, 1,5 ha. la nuit. Locations : 18, couverte chauffée. Rivière à 1 km. Bord de mer à 3 km. ; à 1 km : ; à 3 km : . Ouv : 5.4 / 27.9. Lieu-dit La Salle. 2, rue de la Vigne Verte. D 80. Gardiennage et hivernage de caravanes. ☎ 02 51 95 34 38 / 06 80 68 68 88 (H.S.). Fax : 02 51 95 34 64. E-mail : info@leniddete.com, Web : www.leniddete.com. Prix 2008. Fft jour : Empl. Tourisme (2) : 22,50 € ( ) ; Sup : 4,30 € - de 7 ans 3,50 € ; 3 € ; Animaux 2,50 €. Réduction H.S.

FFCC : partenaire + réduction emp. de 5 % en saison et hors saison + réduction loc. de 5 % hors saison.

DE SAUVETERRE ★★ Tourisme 170 E., dont 10 CC, 1,7 ha., location possible, CV. Locations : 17, chauffée. Bord de mer à 1,5 km. ; à 1,5 km : ; à 4 km : ; à 5 km : . Ouv : 1.4 / 30.9. 3, rue des Amis de la Nature. Sur RD 80, RN 160. ☎ 02 51 33 10 58. Fax : 02 51 21 33 97. E-mail : info@campingsauveterre.com, Web : www.campingsauveterre.com. Prix 2007. Fft jour : Empl. Tourisme (2) : 16,70 € ( ) ; Sup : 4,50 € - de 7 ans 2,70 € ; 2,10 €. Réduction H.S.

LES ORMEAUX ★★ Tourisme 250 E. 2,25 ha. Locations : ; ; ; ; . RD 80. ☎ 02 51 95 65 98.

U.S.J.A. CARQUEFOU ★ Tourisme 38 E. 1,5 ha. CV. Rivière à 700 m. Bord de mer à 900 m. ; . ☎ 02 51 85 01 45.

PALLUAU

6-A3 40 km N.-N.-E. Les Sables-d'Olonne. 25 m. 665 hab. 85670

AIRE DU VERGER ★★ Tourisme 10 E. Locations : 10, 10 huttes. Etang à 700 m. 6, rue de Lattre de Tassigny. ☎ 04 73 34 18 48. Fax : 04 73 34 75 99. Web : www.chalets-decouverte.com.

LE PERRIER

6-A3 40 km N.-O. Les Sables d'Olonne. 10 m. 1260 hab. 85300

DOMAINE LE JARDIN DU MARAIS ★★★ Tourisme 94 E. dont 18 nus (70 Tourisme + 24 Loisirs), dont 94 GCC, 3 ha., juillet/août, juillet/août, CV. Locations : 5, 26, 6, 3, . couverte chauffée . Accès direct à l'étang et à la rivière. ; ; à 7,5 km : . Accueil groupes. Ouv : 1.5 / 25.9. Rés. obligatoire en été. 208, route de Saint-Gilles. 02 51 68 09 17. Fax : 02 51 49 18 23. E-mail : info@lejardindumarais.eu, Web : www.lejardindumarais.eu. Prix 2008. Fft jour : Empl. Tourisme (2) : 22 € () ; Sup : 6,50 € - de 7 ans 4,50 € ; 4,50 € (10 A) ; E. CC 26,50 € (Fft) ; E. GCC 29 € (Fft) ; Animaux 3 €. Réduction H.S.

FFCC : partenaire + réduction emp. de 5 % hors saison + carte FFCC assurance annulation + Stop accueil Camping-car du 01/04 au 30/06 et du 01/09 au 30/09/2008, accès jusqu'à 22h + réduction loc. de 5 % hors saison.

CAMP DE LA MAISON BLANCHE ★★ Tourisme 200 E. dont 158 nus (170 Tourisme + 30 Loisirs), dont 2 GCC, 2,5 ha. CV. Locations : 8, 7, . chauffée . Rivière à 100 m. Bord de mer à 1 km. ; ; à 7 km : , , . Ouv : 15.6 / 15.9. RD 59, RD 753. 02 51 49 39 23. E-mail : campingmaisonblanche@yahoo.fr. Prix 2008. Fft jour : Empl. Tourisme (3) : 14,65 € () ; Sup : 3,60 € - de 7 ans 2,50 € ; 3,30 € (6 A) ; Animaux 1,30 €.

FFCC : partenaire + réduction emp. de 5 % en saison et hors saison + carte FFCC assurance annulation.

LA LOIRE FLEURIE ★ Loisirs 8 E., dont 8 GCC. La Loire Porchère. 02 51 68 27 74.

M. BILLON Gérard,aire naturelle . 131, route de N.D. de Monts. La Charrault-Haute, à 1,5 km de la commune, à proximité de la ferme. Pré herbeux semi-ombragé. 02 51 68 32 52 / 06 18 66 85 70.

M. MOREL Francis,aire naturelle Les Chagnelles CV. A 1 km: . A 2 km : . A 6 km : Piscine plein air . A 8 km : . Ouv : 1.5 / 1.9. 109, chemin du Porteau. 02 51 68 35 13.

Mme BIDONDO Béatrice,aire naturelle . A 7 km: Piscine plein air . A 8 km : . La Loire Porchère, RN 753, à 1,9 km Nord de la commune, à proximité de la ferme. 2 Prés herbeux. 02 51 68 27 74.

LA POMMERAIE SUR SEVRE

6-C3 48 km N. Fontenay le Comte. 148 m. 937 hab. 85700

CAMP MUNICIPAL LES ILOTS ★★ Tourisme 33 E. dont 33 nus 0,61 ha. CV. . Rivière à 100 m. . Accueil groupes. Ouv : 15.5 / 15.9. Rue des Ponts. 06 30 37 87 29. Fax : 02 51 92 82 43. E-mail : mairie-de-pommeraie-sur-sevre@wanadoo.fr. Prix 2007. Fft jour : Empl. Tourisme (2) : 8,70 € () ; Sup : 3,40 € - de 7 ans 2,20 €. Fft Ccar : 9,20 € (2). Fft Tente : 7,70 € (2).

POUZAUGES

6-C4 40 km N. Fontenay le Comte. 280 m. 5792 hab. 85700

CAMP DU LAC ★★ Tourisme 50 E. 0,37 ha. . Lac à 20 m. ; ; ; ; . 39, route Val Rétif. L'Espérance. 02 51 91 37 55. E-mail : geffardchristelle@infonie.fr, Web : www.campingpouzauges.com.

PUYRAVAULT

6-B5 27 km S.-O. Fontenay-le-Comte. 5 m. 389 hab. 85450

M. GOINEAU Hubert,aire naturelle CV. A 5 km: . A 10 km : . Merval. Dir. La Rochelle par le pont du Brault. 02 51 28 60 84. Fax : 02 51 28 60 84.

ROSNAY

6-B4 20 km S.-E. La Roche sur Yon. 452 hab. 85320

CAMP MUNICIPAL ★ Tourisme 16 E. . . Rivière à 800 m. . 02 51 30 54 06.

LES SABLES D'OLONNE

6-A4 464 km S.-O. Paris. 5 m. 16657 hab. 85100

LA DUNE DES SABLES ★★★★ Loisirs 290 E. (100 Tourisme + 190 Loisirs), dont 100 GCC, 5,7 ha. , à gaz, CV. Locations : 38 . chauffée . Bord de mer à 100 m. ; ; ; à 100 m : . La Paracou. 02 51 32 31 21 / 02 51 33 05 05. Fax : 02 51 33 94 04. E-mail : chadotel@wanadoo.fr, Web : www.chadotel.com. Prix 2007. Fft jour : Empl. Tourisme (2 1 - de 2 ans) : 28,90 € () ; Sup : 5,80 € - de 13 ans 3,80 € ; Animaux 3 €. Réduction H.S.

LES ROSES ★★★★ Tourisme 200 E. (160 Tourisme + 40 Loisirs), dont 40 GCC, 3,3 ha. CV. Locations : 10, , 20 . chauffée . Bord de mer à 500 m. ; à 300 m : , , , . Rue des Roses, RN 149. 02 51 95 10 42 / 02 51 33 05 05. Fax : 02 51 33 94 04. E-mail : chadotel@wanadoo.fr, Web : www.chadotel.com. Prix 2007. Fft jour : Empl. Tourisme (2 1 - de 2 ans) : 28,90 € () ; Sup : 5,80 € - de 13 ans 3,80 € ; Animaux 3 €. Réduction H.S.

ST AVAUGOURD DES LANDES

6-B4 30 km E. Les Sables d'Olonne. 496 hab. 85540

L'ETANG ★ Tourisme 25 E. . Accès direct à l'étang. ; . 02 51 98 95 66.

M. FORT Michel,aire naturelle CV. A 2 km: . A 3 km : . A 4 km : Piscine plein air . A 10 km : . Ouv : 15.6 / 15.9. Bel Air, à proximité de la ferme. Pré herbeux ombragé. 02 51 98 94 96.

ST BENOIST SUR MER

6-B4 34 km E. Les Sables d'Olonne. 314 hab. 85540

CAMP MUNICIPAL LE MARAIS ★ Tourisme 30 E. , volley, CV. Rivière à 100 m. à 100 m : . Par CD 46. 02 51 30 84 56 / 06 78 75 68 04. Fax : 02 51 30 88 78. E-mail : mairie-saint-benoist-sur-mer@wanadoo.fr.

ST CHRISTOPHE DU LIGNERON

6-A3 48 km N. Les Sables d'Olonne. 50 m. 1390 hab. 85670

M. TAVET Gérard CV. A 3 km: . A 4 km : . A 5 km : Piscine plein air . Ouv : 15.6 / 15.9. La Marière. 02 51 35 28 67. Prix 2007. Fft jour : Empl. Tourisme (4) : 12 € () ; 2,50 €.

Mme BOISLEVE Dany,aire naturelle de Bellevue , étang, CV. 02 51 93 30 66 / 06 31 36 95 84 (H.S.). E-mail : campingdebellevue@orange.fr, Web : campingdebellevue.monsite.orange.fr/.

ST CYR EN TALMONDAIS

6-B4 35 km E. Les Sables d'Olonne. 35 m. 277 hab. 85540

CAMP MUNICIPAL L'ARDILLER ★ Tourisme 20 E. CV. Rivière à 2 km.Etang à 5 km. 02 51 30 82 82. Fax : 02 51 30 88 29. E-mail : mairiestcyrentalmondais@wanadoo.fr.

ST DENIS DU PAYRE

6-B4 42 km O. Fontenay-le-Comte. 388 hab. 85580

LA FRAIGNAYE ★★ Tourisme 60 E. (59 Tourisme + 1 Loisirs), dont 14 GCC, 1 ha. , rapide, , épicerie, , pétanque, CV. Locations : 3, 4, 8, . Accueil groupes. Rue du Beau Laurier. Réserve naturelle des oiseaux. 02 51 27 21 36. Fax : 02 51 27 21 36. E-mail : camping.fraignaye@wanadoo.fr, Web : www.camping-fraignaye.com. Réduction H.S.

ST ETIENNE DU BOIS

6-A3 44 km N.-E. Les Sables-d'Olonne. 1495 hab. 85670

CAMP MUNICIPAL DE LA PETITE BOULOGNE ★★★ Tourisme 40 E. (39 Tourisme + 1 Loisirs), dont 40 GCC, 1,81 ha. CV. Locations : 1, 3 . . Etang et rivière à 50 m. . Ouv : 1.4 / 30.9. 12, rue du Stade. Chemin du Petit Pont. Allée de la Petite Boulogne. A 25 km de la RN 160 et à 2 km de la RD 978. 02 51 34 54 51 / 02 51 34 52 11 (Mairie) (H.S.). Fax : 02 51 34 54 10. E-mail : la.petite.boulogne@wanadoo.fr. Prix 2007. Fft jour : Empl. Tourisme (2) : 12,50 € () ; Sup : 3,15 € - de 7 ans 2,10 € ; 2,70 € ; Animaux 2,10 €.

ST FLORENT DES BOIS

6-B4 13 km S.-E. La Roche-sur-Yon 42 m. 2230 hab. 85310

Mme ROUX Marie-Alice CV. A 2 km: . A 10 km : Piscine plein air. Ouv : 1.4 / 31.10. Le Plessis Tesselin. D 746. ☎ 02 51 31 91 12. E-mail : roux.marie.alice@wanadoo.fr, Web : perso.wanadoo.fr/marie.alice.roux/chambredhote. Prix 2007. Fft jour : Empl. Tourisme (2) : 10 € ; Sup : 3 € - de 10 ans 1,50 €.

ST GERMAIN DE PRINCAY

6-B4 30 km E. La Roche-sur-Yon. 1202 hab. 85110

M. GOURMAUD Rémy CV. A 4 km: . A 8 km : . A 9 km : Piscine plein air. Ouv : 1.1 / 31.12. Chassais l'Abbaye. Route D 960 B. ☎ 02 51 40 47 81. Réduction H.S.

FFCC : partenaire + réduction emp. de 5 % hors saison + Stop accueil Camping-car toute l'année 2008 + réduction loc. de 5 % hors saison.

ST GERVAIS

6-A3 55 km N. Les Sables d'Olonne. 7 m. 1446 hab. 85230

CAMP MUNICIPAL ★★ Tourisme 43 E. 1 ha. CV. Etang et lac à 100 m. Rivière à 2 km. Accueil groupes. RD 948. ☎ 02 51 68 73 14 (Mairie) / 06 12 16 32 54 (H.S.). Fax : 02 51 68 48 11. E-mail : .

LA FRESNERIE ★★ Loisirs 148 E. (48 Tourisme + 100 Loisirs), dont 100 GCC, 1,54 ha. licence 2, CV. Locations : 4 , 6 . Accès direct à l'étang. ; à 4 km : . ☎ 02 51 68 78 10. Fax : 02 28 10 64 53. E-mail : contact@lafresnerie.com, Web : www.lafresnerie.com.

M. LEACH David,aire naturelle Le Fief Angibaud , 1 km, CV. Le Fief Angibaud. D 59 dir. Bouin. ☎ 02 51 68 43 08. E-mail : davidleach1522@wanadoo.fr.

ST GILLES CROIX DE VIE

6-A4 28 km N.-N.-O. Les Sables d'Olonne. 5 m. 6339 hab. 85800

BAHAMAS BEACH ★★★★ Tourisme 225 E. (215 Tourisme + 10 Loisirs), dont 105 CC - 120 GCC, 3,5 ha. , à gaz, CV. Locations : 5 , 25 . couverte chauffée . Bord de mer à 600 m. ; ; à 600 m : . 168, route de St Gilles Croix de Vie. ☎ 02 51 54 69 16 / 02 51 33 05 05. Fax : 02 51 33 94 04. E-mail : chadotel@wanadoo.fr, Web : www.chadotel.com. Prix 2007. Fft jour : Empl. Tourisme (2 1 - de 2 ans) : 28,90 € ; Sup : 5,80 € - de 13 ans 3,80 € ; Animaux 3 €. Réduction H.S.

LES CYPRES ★★★ Tourisme 280 E. dont 200 nus, dont 20 GCC, 3,6 ha. CV. Locations : 40 , . couverte chauffée . Rivière à 100 m. Bord de mer à 600 m. Etang à 5 km. ; ; à 700 m : . 41, route du Pont Jaunay, 200 m RD 38. ☎ 02 51 55 38 98. Fax : 02 51 54 98 94. E-mail : camping@free.fr.

LE PETIT PAVILLON ★★ Loisirs 185 E., dont 4 GCC, 2 ha. CV. Locations : 10 . . Rivière à 300 m. Bord de mer à 900 m. Etang à 2 km.Lac à 5 km. à 100 m : ; à 900 m : ; à 2 km : . Sur RD 38. ☎ 02 51 55 14 63. Fax : 02 51 54 94 13.

LES MARINES DE SAINT GILLES P.R.L. 58 E. 2,96 ha. CV. Locations : 10 , . Rivière à 400 m. Bord de mer à 700 m. 2, rue du Pont Jaunay. ☎ 02 51 54 05 26 / 02 51 54 33 87 / 02 51 54 33 87 (H.S.). Fax : 02 51 55 33 97. Web : www.sunmarina.com.

ST HILAIRE DE RIEZ

6-A4 28 km N.-O. Les Sables d'Olonne. 5030 hab. 85270

CHATEAU VIEUX ★★★★ Loisirs 357 E. (100 Tourisme + 257 Loisirs), dont 57 CC - 300 GCC, 5 ha. CV. Locations : 10 , 90 . couverte . Bord de mer à 2 km. ; 2 : ; à 2 km : . 50, rue du Chateau-Vieux. RD 38. A 800 m de la ville. ☎ 02 51 54 35 88. Fax : 02 51 60 05 34. E-mail : info@sunmarina.com, Web : www.sunmarina.com. Prix 2007. Fft jour : Empl. Tourisme (3) : 31 € ; Sup : 9 € - de 5 ans 6 € ; Animaux 3 €.

LA NINGLE ★★★★ Loisirs 155 E. dont 70 nus (30 Tourisme + 125 Loisirs), dont 125 GCC, 1,3 ha. CV. Locations : 20 . chauffée . Accès direct à l'étang. Bord de mer à 500 m. Rivière à 5 km. en étang : ; ; à 500 m : . Ouv : 15.5 / 11.9. Chemin des Roselières. D 123. ☎ 02 51 54 07 11 / 02 51 54 16 65 (H.S.). Fax : 02 51 54 99 39. Web : www.campinglaningle.com. Prix 2007. Fft jour : Empl. Tourisme (2) : 28,50 € ; Sup : 4,50 € - de 7 ans 2,80 € ; Animaux 1,90 €. Réduction H.S.

en Vendée
4 CAMPINGS ★★★★
2 PARCS HÔTELIERS RÉSIDENTIELS
Sun Marina
CHAINE de PARCS HOTELIERS de Plein Air
Les Genêts
Acapulco
Château Vieux
Les Chouans
pour vos vacances en famille
SUN MARINA
14, chemin de la Noivière - 85270 Saint Hilaire de Riez - Tél 02 51 54 33 87
Fax 02 51 55 33 97 - www.sunmarina.com - info@sunmarina.com
conception novéPRINT - 02 51 37 01 65

LA PLAGE ★★★★ Tourisme 347 E., dont 300 GCC, 5,76 ha. CV. Locations : 1, 20. couverte chauffée . Bord de mer à 300 m. Rivière à 5 km. ; à 300 m : . Ouv : 15.4 / 15.9. 106, avenue de la Pège, D 123. ☎ 02 51 55 33 93. Fax : 02 51 55 97 02. E-mail : campinglaplage@campingscollinet.com, Web : www.campingscollinet.com. Prix 2007. Fft jour : Empl. Tourisme (2) : 25,50 € () ; Sup : 5,10 € - de 5 ans 2,55 € ; Animaux 1,85 €. Réduction H.S.

LA PUERTA DEL SOL ★★★★ Loisirs 216 E. dont 89 nus, dont 216 GCC, 2,4 ha. snack, à gaz, électriques, CV. Locations : 12, 6, 42, 1. chauffée. Bord de mer et lac à 5 km. ; à 4 km : ; à 5 km : . Accueil groupes. Ouv : 1.4 / 30.9. 7, chemin des Hommeaux. Les Borderies. D 59. ☎ 02 51 49 10 10. Fax : 02 51 49 84 84. E-mail : info@campinglapuertadelsol.com, Web : www.campinglapuertadelsol.com. Prix 2008. Fft jour : Empl. Tourisme (2) : 29 € () ; Sup : 6,50 € 4,50 € ; Animaux 4 €.

LE BOIS TORDU ★★★★ Tourisme 110 E., dont 110 GCC, 2,2 ha. au bar, CV. Locations : 10. couverte chauffée . Bord de mer à 250 m. ; à 200 m : ; à 250 m : ; à 350 m : . Ouv : mai / 10.9. 84, avenue de la Pège, RD 38 et RN 754, sur D 123. ☎ 02 51 54 33 78. Fax : 02 51 54 08 29. E-mail : info@leclarys.com, Web : www.leboistordu.com. Prix 2007. Fft jour : Empl. Tourisme (3) : 33 € (E. CC E. GCC) Réduction H.S.

LE CLOS DES PINS ★★★★ Tourisme 230 E., dont 210 GCC, 4 ha. CV. Locations : 30. couverte chauffée . Bord de mer à 800 m. ; à 800 m : . Ouv : 15.5 / 15.9. Chemin des Roselières, D 123. ☎ 02 51 54 32 62 / 02 51 54 33 93 (H.S.). Fax : 02 51 55 97 02. E-mail : campingleclosdespins@campingscollinet.com, Web : www.campingscollinet.com. Prix 2007. Fft jour : Empl. Tourisme (3) : 30 € () ; Sup : 5,10 € - de 5 ans 2,55 € ; Animaux 1,70 €.

LES BICHES ★★★★ Loisirs 434 E. (108 Tourisme + 326 Loisirs), dont 434 GCC, 10 ha. CV. Locations : 6, 70. couverte chauffée. Etang à 2 km.Bord de mer à 4,5 km. ; à 4,5 km : ; à 2 km : . Ouv : 13.5 / 17.9. RD 38. ☎ 02 51 54 38 82. Fax : 02 51 54 30 74. E-mail : campingdesbiches@wanadoo.fr, Web : www.campingdesbiches.com. Prix 2008. Fft jour : Empl. Tourisme (3) : 44 € ((10 A)) ; Sup : 8 € - de 7 ans 5 € ; Animaux 3 €. Réduction H.S.

LES CHOUANS ★★★★ Loisirs 229 E. dont 20 nus (69 Tourisme + 160 Loisirs), dont 217 GCC, 3 ha. à gaz, CV. Locations : 10, 80. chauffée. Bord de mer à 1,8 km. ; à 1,3 km : . 108, avenue de la Faye, RD 38. ☎ 02 51 54 34 90. Fax : 02 51 54 05 92. E-mail : info@sunmarina.com, Web : www.sunmarina.com. Réduction H.S.

LES ECUREUILS ★★★★ Tourisme 230 E., dont 230 GCC, 4 ha. ap. 22 h, CV. Locations : 14, maisonnettes. couverte chauffée. Bord de mer à 300 m. ; à 300 m : ; à 5 km : . Ouv : 1.5 / 15.9. RD 123. ☎ 02 51 54 33 71. Fax : 02 51 55 69 08. E-mail : info@camping-aux-ecureuils.com. Prix 2007. Fft jour : Empl. Tourisme (2) : 34,35 € ((6 A) E. GCC) ; Sup : 5,95 € - de 5 ans 3,80 € ; Animaux 3,60 €. Réduction H.S.

SOL A GOGO ★★★★ Tourisme 196 E., dont 196 GCC, 3,5 ha. CV. Locations : 10. couverte chauffée . Accès direct à la mer. ; ; à 50 m : . Ouv : 15.5 / 8.9. 61, avenue de la Pège. RD 38 et RN 754 sur D 123. ☎ 02 51 54 29 00 / 02 51 54 33 78 (H.S.). Fax : 02 51 54 88 74. E-mail : info@solagogo.com, Web : www.solagogo.com. Prix 2007. Fft jour : Empl. Tourisme (3) : 33 € (E. CC E. GCC) Réduction H.S.

CAMP MUNICIPAL DE SION ★★★ Tourisme 176 E. (122 Tourisme + 54 Loisirs), dont 145 CC, 2 ha. collectif, CV. Locations : 6, 3. Accès direct à la mer. ; à 150 m : ; à 1 km : . Avenue de la Forêt. A Saint-Hilaire de Riez suivre dir. Sion-sur-L'Océan/Les Plages. ☎ 02 51 54 34 23. Fax : 02 51 60 07 84. E-mail : sion85@free.fr, Web : www.souslespins.com. Prix 2007. Fft jour : Empl. Tourisme (2) : 26,90 € () ; Sup : 5,30 € - de 7 ans 3 € ; E. CC 28,40 € (Fft 2 pers.) ; Animaux 2,70 €. Réduction H.S.

CAMP MUNICIPAL PLAGE DE RIEZ ★★★ Tourisme 602 E. (422 Tourisme + 180 Loisirs), dont 215 CC, 9 ha. collectifs, CV. Locations : 23, 15. Accès direct à la mer. ; ; à 1 km : . Avenue des Mimosas. Dir. Sion/L'Océan/Les Plages. ☎ 02 51 54 36 59. Fax : 02 51 54 99 00. E-mail : riez85@free.fr, Web : www.souslespins.com. Prix 2007. Fft jour : Empl. Tourisme (2) : 21,80 € () ; Sup : 4,90 € - de 7 ans 2,80 € ; 3,40 € (10 A) ; E. CC 25,20 € (Fft) ; Animaux 3,90 €. Réduction H.S.

DOMAINE DE LA SAPINIERE ★★★ Loisirs 172 E. (48 Tourisme + 124 Loisirs), dont 124 GCC, 3,9 ha. CV. Locations : 12, 3. chauffée. Lac à 2 km.Rivière à 3 km.Bord de mer à 4 km. ; ; ; ; . Chemin de Bellevue. ☎ 02 51 54 45 74 / 06 09 73 33 13 / 06 09 73 33 13 (H.S.). Fax : 02 51 54 01 92.

DOMAINE VILLA CAMPISTA ★★★ Loisirs 150 E., dont 37 GCC, 2,99 ha. pain, CV. Locations : 7, 26. chauffée. Accès direct à l'étang. ; ; à 7 km : . Ouv : 1.1 / 31.12. 298, route du Perrier. La Fradinière, RD 59. ☎ 02 51 68 33 71. Fax : 02 51 49 08 92. E-mail : serviceclients@villa-campista.com, Web : www.villa-campista.com.

LA CONGE ★★★ Tourisme 148 E. 2 ha. CV. Locations : 3, 15, 8. chauffée . Bord de mer à 800 m. à 800 m : . 10, avenue de la Pége. RD 38. ☎ 02 51 54 32 47.

LA PAREE DES JONCS ★★★ Tourisme 150 E. 1,8 ha. CV. Locations : 9. Bord de mer à 100 m. à 100 m : , , ; à 1 km : . 219, avenue de la forêt, à Sion, RD 6 A. ☎ 02 51 54 32 92. Fax : 02 51 54 47 85.

LA PAREE DU BOTH ★★★ Loisirs 96 E. dont 6 nus (4 Tourisme + 92 Loisirs), dont 90 GCC, 1,8 ha. snack, CV. Locations : 5, 30. chauffée . Bord de mer à 1 km.Rivière à 5 km. ; ; à 1 km : . Ouv : 1.4 / 15.10. ☎ 02 51 54 78 27. Fax : 02 51 55 53 60. E-mail : campingpareeduboth@wanadoo.fr, Web : www.campingpareeduboth.com. Prix 2007. () : 4 € ; - de 7 ans 2,50 € ; 3 € (10 A) ; Animaux 3 €. Fft Tente : 20 € (2).

LA PAREE PRENEAU ★★★ Tourisme 206 E., dont 131 GCC, 3,61 ha. en saison, saison, ap. 23 h, CV. Locations : 7, 20. couverte chauffée . Bord de mer à 1 km. à 1 km : , , . Ouv : 5.5 / 10.9. 23, avenue de la Parée Preneau, RD 38 et RN 754, sur VO 7. ☎ 02 51 54 33 84. Fax : 02 51 55 29 57. E-mail : campinglapareepreneau@wanadoo.fr, Web : www.campinglapareepreneau.com. Prix 2007. Fft jour : Empl. Tourisme (2) : 21,50 € ((6 A)) ; Sup : 4,60 € - de 5 ans 2,70 € ; Animaux 2,10 €. Réduction H.S.

LA PEGE ★★★ Tourisme 100 E. dont 90 nus, 1 ha. ap. 23 h, CV. Locations : , 10. chauffée . Bord de mer à 100 m. Rivière à 5 km. ; ; à 100 m : . Ouv : 15.6 / 8.9. 67, avenue de la Pège. ☎ 02 51 54 34 52. Fax : 02 51 55 29 57. E-mail : campinglapege@wanadoo.fr, Web : campinglapege.com. Prix 2007. Fft jour : Empl. Tourisme (2) : 22,50 € ((6 A)) ; Sup : 4,50 € - de 7 ans 3 € ; Animaux 2,20 €. Réduction H.S.

LA POMME DE PIN ★★★ Loisirs 277 E., dont 277 GCC, 4,5 ha. CV. Locations : . chauffée . Bord de mer à 200 m. ; ; . Avenue des Becs. RD 38 et 6 A. ☎ 02 51 58 21 26. Fax : 02 28 11 47 94. E-mail : info@campingpommedepin.fr, Web : www.campingpommedepin.fr. Prix 2007. Fft jour : Empl. Tourisme (2) : 23 € () ; Sup : 6 € - de 3 ans 4 € ; 4 € ; Animaux 3,50 €.

LA PRAIRIE ★★★ Tourisme 251 E., dont 90 CC, 4 ha. CV. Locations : 25 , 8 . couverte chauffée . Bord de mer à 400 m. ; ; à 400 m : . Ouv : 15.5 / 15.9. Chemin des Roselières. D 123. ☎ 02 51 54 08 56 / 02 51 54 33 93 (H.S.). Fax : 02 51 55 97 02. E-mail : campinglaprairie@campingscollinet.com, Web : www.campingscollinet.com. Prix 2007. Fft jour : Empl. Tourisme (3) : 30 € () ; Sup : 5,10 € - de 5 ans 2,55 € ; Animaux 1,70 €.

LA PREVOTE ★★★ Tourisme 50 E. (42 Tourisme + 8 Loisirs), dont 42 GCC, 1 ha. CV. Locations : 9 , 1 . chauffée . Bord de mer et rivière à 1,5 km.Etang et lac à 4 km. ; à 1,5 km : , , , . Accueil groupes. 62, avenue de la Faye. RD 6 A. ☎ 02 51 54 31 19 / 06 12 74 05 46. Fax : 02 51 54 31 19. E-mail : desircamp@wanadoo.fr, Web : www.laprevote.fr. Réduction H.S.

LE BOSQUET ★★★ Tourisme 115 E., dont 10 GCC, 1,7 ha. pizzeria, CV. Locations : 22 , . chauffée . Bord de mer à 200 m. Rivière à 5 km. ; ; à 200 m : , . 62, avenue de la Pège. ☎ 02 51 54 34 61. Fax : 02 51 54 22 73. E-mail : camping.le-bosquet@wanadoo.fr.

LE ROMARIN ★★★ Tourisme 97 E. dont 42 nus, dont 14 GCC, 1,5 ha. CV. Locations : 6 . chauffée . Bord de mer à 1 km. ; à 1 km : , ; à 3 km : . Ouv : avril / septembre. ☎ 02 51 54 43 82 / 02 51 55 84 33 (H.S.). Fax : 02 51 55 84 33. Web : www.leromarin.fr. Prix 2007. Fft jour : Empl. Tourisme (3) : 24,70 € ((10 A)) ; Sup : 4 € 2,70 € ; Animaux 2 €. Réduction H.S.

LES ALIZES ★★★ Loisirs 134 E. dont 9 nus, dont 134 GCC. snack, pétanque, CV. Locations : 80 . chauffée . Bord de mer à 800 m. ; ; à 800 m : . Ouv : 1.4 / 15.10. Les Becs. Chemin du Quart Matelot. Parc de loisirs à 200 m. ☎ 02 28 11 42 90. Fax : 02 51 55 53 60. E-mail : campingalizes@wanadoo.fr, Web : www.campingalizes.com. Prix 2007. () : 4 € ; - de 7 ans 2,50 € ; 3 € (10 A) ; Animaux 3 €. Fft Tente : 22 € (2).

LES MOUETTES ★★★ Loisirs 58 E., dont 58 GCC, 2,5 ha. . chauffée . Bord de mer à 300 m. ; ; à 300 m : . Lieu-dit Les Mouettes, 130, Avenue de la Pège. ☎ 02 51 54 33 68. Fax : 02 51 54 94 42.

RIEZ A LA VIE ★★★ Loisirs 238 E. dont 82 nus (83 Tourisme + 155 Loisirs), dont 238 GCC, 3,5 ha. CV. Locations : 29 , 45 , . chauffée . Bord de mer à 1 km. , à 1 km : , , ; à 3 km : . Ouv : 1.4 / 30.9. 9, avenue de la Parée Preneau, RD 38. ☎ 02 51 54 30 49. Fax : 02 51 55 86 58. E-mail : camping@riezalavie.com, Web : www.riezalavie.com. Prix 2008. Fft jour : Empl. Tourisme (2) : 22 € () ; Sup : 4 € - de 12 ans 2,50 € ; 3,90 € ; Animaux 2,90 €. Réduction H.S.

FFCC : partenaire + réduction emp. de 5 % en saison et 10 % hors saison + Stop accueil Camping-car du 01/04 au 30/09/2008, accès jusqu'à 18h.

BUETTE ★★ Tourisme 100 E. 4 ha. CV. Locations : , 6 , 4 , . Bord de mer à 3 km. Sur D 38 entre St-Gilles-Croix-de-Vie et Saint-Jean-de-Monts. ☎ 02 51 54 32 42.

CAMP MUNICIPAL DES DEMOISELLES ★★ Tourisme 581 E., dont 33 CC, 12 ha. , collectif, CV. Bord de mer à 300 m. à 300 m : , , ; à 1 km : . Accueil groupes. 100, avenue des Becs. Dir. Saint-Jean de Monts. ☎ 02 51 58 10 71. Fax : 02 51 60 07 84. E-mail : dem85@free.fr, Web : www.souslespins.com. Prix 2007. Fft jour : Empl. Tourisme (2) : 16,30 € () ; Sup : 4,20 € - de 7 ans 2,65 € ; 3,10 € (10 A) ; E. CC 20,35 € (Fft) ; Animaux 2,70 €.

CAP NATUR' ★★ Tourisme 110 E., dont 64 GCC. gaz/électrique, CV Sanitaire chauffé Rés. naturiste. Locations : , 17 , 15 . couverte chauffée . Bord de mer à 2 km. à 2 km : , ; à 4 km : ; à 5 km : , . 151, avenue de la Faye. ☎ 02 51 60 11 66. Fax : 02 51 60 17 48. E-mail : info@cap-natur.com, Web : www.cap-natur.com. Réduction H.S.

DOMAINE DES SALINS ★★ Tourisme 130 E. dont 30 nus CV. Locations : 10 , 46 . chauffée . Bord de mer à 800 m. ; à 800 m : , ; à 1,5 km : . Ouv : 1.4 / 30.9. Chemin du Quart Matelot. Nantes/Machecoul/Challans/St-Jean-de-Monts. ☎ 02 51 59 36 28. E-mail : contact@domainedessalins.com, Web : www.domainedessalins.com. Prix 2007. Fft jour : Empl. Tourisme (2) : 22,50 € (E. CC) ; Sup : 4,50 € - de 7 ans 3 € ; Animaux 2,40 €. Fft Tente : 19,50 € (2). Réduction H.S.

LA GRANDE DUNE ★★ Tourisme 25 E. CV. Locations : 20 . Bord de mer à 100 m. ; ; ; . ☎ 02 51 54 33 63. Fax : 02 51 54 92 14. Web : www.arepos.com.

LA MARZELLE ★★ Loisirs 76 E. 1,7 ha. CV. Locations : 30 , 10 . chauffée . Lac et rivière à 2 km.Etang à 2,5 km. à 2 km : ; à 4 km : ; à 6 km : . Sur RD 83. ☎ 02 51 54 32 59 / 02 51 54 20 81 (H.S.). Fax : 02 51 54 20 81.

LA PADRELLE ★★ Tourisme 90 E. 1,5 ha. CV. Locations : 6 . Bord de mer à 80 m. à 80 m : ; à 100 m : , . Accueil groupes. 1, rue Prévot la Corniche. ☎ 02 51 55 32 03 / 02 51 54 37 34 (H.S.). Web : .

LE GRAND TENANT ★★ Tourisme 81 E. . Locations : , , . Bord de mer à 1 km. ; ; ; ; . ☎ 03 84 22 62 65.

LE PISSOT ★★ Tourisme 94 E., dont 29 GCC, 3 ha. CV. Locations : 1 , 8 , 69 . . Bord de mer à 4 km. ; . CD 69. ☎ 02 51 55 55 76 / 06 72 52 50 39. Fax : 02 51 55 55 76.

LE RIVAGE ★★ Tourisme 72 E. 1,17 ha. . Bord de mer à 4 km. à 4 km : , . Le Jauneau. D 9. ☎ 02 51 54 43 27.

LES BUSSOLERIES ★★ Tourisme 57 E. 0,9 ha. pain, CV. Locations : . Bord de mer à 400 m. Rivière à 2 km. ; ; à 400 m : ; à 5 km : . Accueil groupes en juin. en juin. Ouv : 1.5 / 30.9. 19, rue de l'Ermitage. RD 6 A. ☎ 02 51 55 22 12. Web : www.campinglesbussoleries.fr. Prix 2008. Fft jour : Empl. Tourisme (2) : 13,50 € ( ) ; Sup : 6 € - de 7 ans 3,50 € ; 3 € (10 A) ; Animaux 2 €. Réduction H.S.

LES OMBRAGES ★★ Loisirs 157 E., dont 157 GCC, 2,7 ha. CV. Locations : 20 , 1 . chauffée . Bord de mer à 800 m. à 800 m : . Ouv : Pâques / 30.9. Avenue des Becs. ☎ 02 51 58 91 14. Prix 2007. Fft jour : Empl. Tourisme (3) : 22 € Sup : 3 € - de 5 ans 1,22 € ; 2,40 €.

LES PETITES ROSELIERES ★★ Tourisme 59 E. 0,75 ha. CV. Locations : , 16 . Bord de mer à 900 m. ; à 900 m : . Sur VO 7, CD 38 et RN 754. ☎ 02 51 54 30 02 / 02 51 93 29 80 / 02 51 93 29 80 (H.S.). Fax : 02 51 93 29 80.

LES POIRIERES ★★ Tourisme 65 E. 1 ha. CV. Locations : 1 , 7 , . Rivière à 2 km.Bord de mer à 2,5 km. à 2,5 km : , , ; à 2 km : ; à 3 km : . Accueil groupes. 30, rue des Pins. ☎ 02 51 54 34 73.

LES SALINES ★★ Tourisme 140 E. 3,5 ha. CV. Locations : 4 , 2 . chauffée . Bord de mer à 600 m. à 600 m : . Avenue des Becs. ☎ 02 51 58 11 95. Fax : 02 28 11 00 61. E-mail : campinglessalines@free.fr. Réduction H.S.

LES VALLEES ★★ Loisirs 53 E. (8 Tourisme + 45 Loisirs), dont 45 GCC, 1 ha. CV. Locations : 14 , 5 . chauffée . Accès direct aux bords du lac. Rivière à 500 m. ; . Ouv : 1.4 / 15.10. Rés. obligatoire en été. 4 km Nord-Est de la ville. ☎ 02 51 54 42 08. Fax : 02 51 60 05 45. Prix 2007. Fft jour : Empl. Tourisme (2) : 15 € ( ) ; Sup : 3,50 € - de 7 ans 2,50 € ; Animaux 1,20 €.

VILLAGE DE LA MER ★★ Tourisme 185 E., dont 185 GCC, 3 ha. . Bord de mer à 300 m. La Pège, sur CD 123, RD 38. ☎ 02 51 54 30 68. Fax : 02 51 54 30 68. Web : .

PARC RESIDENTIEL DE LOISIRS L'ETANG DE BESSE P.R.L. 184 E. 8 ha. avril/mi-septembre, juillet/août, CV. Locations : , , . couverte chauffée . Accès direct à l'étang. Bord de mer à 1,5 km. ; ; à 1,5 km : . Ouv : 1.4 / 1.11. 2, avenue de la Parée Preneau. Lieu-dit la Cour de Baisse, à 2 km entre la D 123 et la D 38. ☎ 0 825 562 562 (Réserv.) / 02 28 10 87 90 (H.S.). Fax : 02 51 90 94 33.

M. NAUD Gaston,aire naturelle CV. A 500 m : Piscine plein air. A 1 km: . A 4 km : . A 5 km : . A 6 km : . Ouv : 1.4 / 30.9. La Petite Martinière, 4 km Nord-Est de la ville. ☎ 02 51 54 42 08. Fax : 02 51 60 05 45. Prix 2007. Empl. Tourisme : 1,50 € ; 1,50 € ; 1 € ; 1,50 € ; 2,70 € ; 1,50 € ; 2,50 € ; Animaux 0,70 €.

ST HILAIRE LA FORET

6-B4 22 km E. Les Sables d'Olonne. 289 hab. ✉ 85440

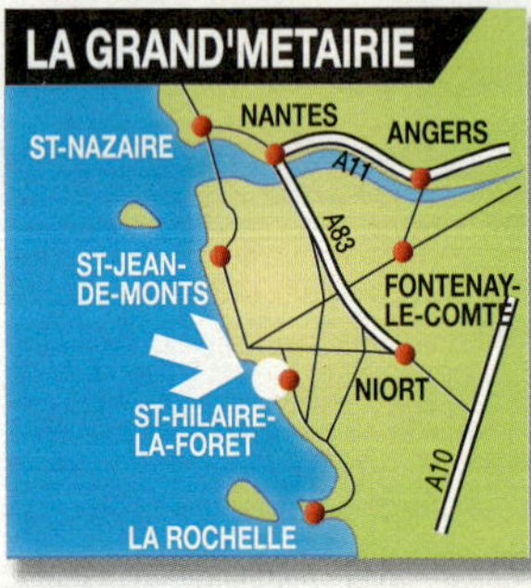

LA GRAND'METAIRIE ★★★★ Tourisme 172 E., dont 172 GCC - 30 HLL, 3,8 ha. CV. Locations : 25 , 71 , 25 , . couverte chauffée . Etang à 2 km.Bord de mer à 4 km. ; à 2 km : ; à 3 km : , . Accueil groupes. A 87 sortie La Roche S/Yon D 747 dir. la Tranche S/Mer/Moutiers-les-Maux-faits D 19 dir. Avrillé/St-Hilaire-la-Forêt. ☎ 02 51 33 32 38. Fax : 02 51 33 25 69. E-mail : grand-metairie@wanadoo.fr, Web : www.la-grand-metairie.com. Prix 2007. Fft jour : Empl. Tourisme (2) : 27 € (E. GCC) ; Sup : 8 € - de 6 ans 4 € ; Animaux 3 €. Réduction H.S.

LES BATARDIERES ★★★ Tourisme 75 E. 1 ha. . Bord de mer et lac à 5 km. à 5 km : . ☎ 02 51 33 33 85. Prix 2007. Fft jour : Empl. Tourisme (2) : 20 € Sup : 3,50 € 3,50 € (6 A) ; Animaux 1,50 €.

ST JEAN DE MONTS

6-A3 46 km N.-O. Les-Sables-d'Olonne. 5540 hab. ✉ 85160

ACAPULCO ★★★★ Loisirs 405 E. (185 Tourisme + 220 Loisirs), dont 405 GCC, 5 ha. CV. Locations : 10 , 90 . chauffée . Bord de mer à 600 m. ; 5 : ; à 600 m : . Avenue des Epines. Dir. St Gilles D 38. Plage des Mouettes. ☎ 02 51 59 20 64 / 02 51 54 33 87 (H.S.). Fax : 02 51 59 53 12. E-mail : info@sunmarina.com, Web : www.sunmarina.com. Réduction H.S.

AUX COEURS VENDEENS ★★★★ Tourisme 115 E. dont 60 nus (96 Tourisme + 19 Loisirs), dont 42 CC - 19 GCC, 1,5 ha. CV. Locations : 4 , 45 . chauffée . Bord de mer à 700 m. à 700 m : , , . Sur RD 38. ☎ 02 51 58 84 91. Fax : 02 28 11 20 75. E-mail : info@coeursvendeens.com, Web : www.coeursvendeens.com. Prix 2007. Fft jour : Empl. Tourisme (2) : 25,50 € ( ) ; Sup : 4,80 € - de 5 ans 3,20 € ; 3,30 € (10 A) ; E. CC 28,80 € (Fft) ; E. GCC 28,80 € (Fft) ; Animaux 2,90 €. Réduction H.S.

LA BUZELIERE ★★★★ Tourisme 127 E., dont 127 GCC, 1,3 ha. CV. Locations : 5. chauffée. Bord de mer à 1 km. ; ; ; à 800 m : , . Accueil groupes. Ouv : 1.5 / 30.9. Rés. obligatoire en été. Sur RD 38, RN 753. ☎ 02 51 58 64 80. Fax : 02 28 11 03 61. E-mail : buzeliere@aol.com, Web : www.buzeliere.com. Prix 2007. Empl. Tourisme : 18 € () : 3,20 € ; - de 7 ans 2,20 € ; Animaux 1,50 €. Réduction H.S.

LA FORET ★★★★ Tourisme 63 E., dont 63 GCC - 2 HLL, 1 ha. , poulet/frites, , partiel, à gaz, , , saison, CV. Locations : 11, , . chauffée . Bord de mer à 500 m. ; à 500 m : , , . Accueil groupes. Ouv : 1.4 / 30.9. Chemin de la Rive. RD 38 dir. Notre Dame de Monts. ☎ 02 51 58 84 63. Fax : 02 51 58 84 63. E-mail : camping-la-foret@wanadoo.fr, Web : www.hpa-laforet.com. Prix 2008. Fft jour : Empl. Tourisme (2) : 26,50 € (E. CC E. GCC) ; Sup : 5 € - de 7 ans 3,50 € ; 3,80 € (6 A) ; Animaux 2,50 €. Réduction H.S.

FFCC : partenaire + réduction emp. de 15 % hors saison + carte FFCC assurance annulation + Stop accueil Camping-car du 10/05 au 10/07 et du 25/08 au 20/09/2008, accès jusqu'à 21h + réduction loc. de 10 % hors saison.

LA YOLE ★★★★ Tourisme 278 E. dont 100 nus, , dont 169 GCC, 5 ha. , à gaz, , , saison, CV. Locations : 55. couverte chauffée. Bord de mer à 2 km. ; ; à 2 km : , . Ouv : 5.4 / 26.9. Rés. obligatoire en été. Chemin des Bosses Orouet, RD 38. ☎ 02 51 58 67 17. Fax : 02 51 59 05 35. E-mail : contact@la-yole.com, Web : www.la-yole.com. Prix 2007. Fft jour : Empl. Tourisme (2) : 29 € () ; Sup : 6 € - de 9 ans 4,50 € ; Animaux 5 €. Fft Tente : 24,20 € (2).

FFCC : réduction loc. de 5 % hors saison + HC.

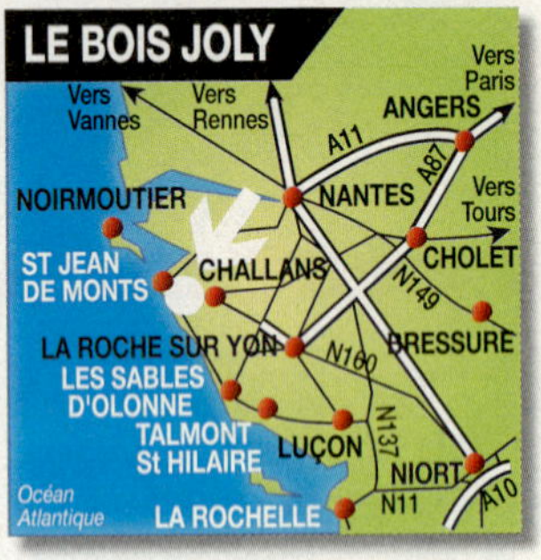

L'ABRI DES PINS ★★★★ Tourisme 218 E. dont 29 nus, , dont 140 GCC - 10 HLL, 3 ha. CV. Locations : 23, 37, . chauffée. Bord de mer à 800 m. ; ; ; à 700 m : . Ouv : 14.6 / 14.9. Route de Notre Dame de Monts. CD 38. ☎ 02 51 58 83 86. Fax : 02 51 59 30 47. E-mail : contact@abridespins.com, Web : www.abridespins.com. Prix 2008. Fft jour : Empl. Tourisme (3) : 34,40 € ( ) ; Sup : 6,20 € - de 5 ans 4,20 € ; E. GCC 3,50 € (suplt.). Réduction H.S.

LE BOIS DORMANT ★★★★ Loisirs 519 E. (164 Tourisme + 355 Loisirs), dont 54 CC - 465 GCC, 5,5 ha. , à gaz, CV. Locations : , . chauffée. Bord de mer à 3 km. ; à 3 km : , . 168, rue des Sables. D 38. Location longue durée. ☎ 02 51 58 01 30 / 02 51 58 62 62. Fax : 02 51 58 29 97. E-mail : reservations@leboisdormant.fr, Web : www.siblu/leboisdormant.fr.

LE BOIS JOLY ★★★★ Tourisme 385 E. dont 195 nus (271 Tourisme + 114 Loisirs), dont 339 GCC - 10 HLL, 8,2 ha. , après 23 h la nuit, CV Sanitaire chauffé. Locations : 18, 35. couverte chauffée . Accès direct à la rivière. Bord de mer à 1,5 km. ; ; ; à 1 km : , . Ouv : 5.4 / 28.9. 1er camping à droite sur D 38, dir. Notre Dame de Monts. ☎ 02 51 59 11 63. Fax : 02 51 59 11 06. E-mail : boisjoly@compuserve.com, Web : www.camping-leboisjoly.com. Prix 2008. Fft jour : Empl. Tourisme (2) : 29 € ((10 A) E. CC E. GCC) ; Sup : 5 € - de 1/7 ans 2,50 € ; Animaux 3 €. Réduction H.S.

LE BOIS MASSON ★★★★ Tourisme 500 E. (295 Tourisme + 205 Loisirs), dont 205 GCC. , à gaz, CV. Locations : 79. couverte chauffée. Bord de mer à 2,5 km. ; à 3 km : , . 149, rue des Sables. D 38. Location longue durée. ☎ 02 51 58 62 62. Fax : 02 51 58 29 97. E-mail : reservations@leboismasson.fr, Web : www.siblu/leboismasson.fr. Prix 2007. Fft jour : Empl. Tourisme (2) : 70 € ( ) ; Sup : 8 € - de 12 ans 4 €. Réduction H.S.

LE CALIFORNIA ★★★★ Loisirs 213 E., dont 213 GCC, 4,2 ha. , à gaz, CV. Locations : 20, 20, 40. chauffée . Bord de mer à 3 km. ; ; .Accueil adultes hors saison. Ouv : 1.3 / 15.11. Rés. obligatoire en été. Chemin de la Parée Verte. ☎ 02 51 58 17 51 / 06 07 43 45 04 (H.S.). Fax : 02 51 58 12 28. Web : www.le-california.com. Prix 2007. Fft jour : Empl. Tourisme (3) : 30,40 € ( ) ; Sup : 7,20 € - de 7 ans 6,30 € ; Animaux 3 €.

LE CLARYS PLAGE ★★★★ Tourisme 439 E. dont 30 nus (399 Tourisme + 40 Loisirs), dont 439 GCC, 8,5 ha. CV. Locations : 20. couverte chauffée. Bord de mer à 350 m. ; 10 : ; à 350 m : , , . Ouv : 15.5 / 10.9. D 123, route de la Pège, plage des Mouettes ou D 38 dir. Les Sables d'Olonne. ☎ 02 51 58 10 24. Fax : 02 51 59 51 96. E-mail : info@leclarys.com, Web : www.leclarys.com. Prix 2007. Fft jour : Empl. Tourisme (3) : 32,50 € (E. GCC) ; Sup : 6,50 € - de 5 ans 5,50 € ; Animaux 2 €. Réduction H.S.

LE TROPICANA ★★★★ Loisirs 335 E., dont 335 GCC, 7,35 ha. , à gaz, CV Sanitaire chauffé. Locations : 50. chauffée. Bord de mer à 800 m. ; ; ; ; ; . Ouv : 1.1 / 31.12. Rés. obligatoire en été. Chemin des Bosses Orouet. ☎ 02 51 58 62 98 / 06 07 43 45 04 (H.S.). Fax : 02 51 58 06 36. E-mail : tropicana.camp@worldonline.fr, Web : www.le-tropicana.com / location-mobilehome.fr. Prix 2007. Fft jour : Empl. Tourisme (3) : 30,40 € () ; Sup : 7,20 € - de 7 ans 6,30 € ; Animaux 3 €.

LE ZAGARELLA ★★★★ Tourisme 205 E., dont 205 GCC, 3,8 ha. CV. Locations : 15, 20, 40. couverte chauffée. Bord de mer à 3 km. ; à 3,5 km : ; à 4 km : . Accueil groupes. Route des Sables. RD 38. ☎ 02 51 58 19 82. Fax : 02 51 59 35 28. E-mail : zagarella@wanadoo.fr, Web : www.zagarella.fr. Prix 2007. () : 5 € ; Animaux 3,20 €. Fft Tente : 32 € (3). Réduction H.S.

LES AMIAUX ★★★★ Tourisme 543 E. dont 269 nus, , dont 543 GCC, 16 ha. CV. Locations : 16, . couverte chauffée. Bord de mer à 700 m. ; ; ; à 700 m : . Ouv : 15.5 / 30.9. D 38 de St Jean de Monts vers Noirmoutier par le pont. ☎ 02 51 58 22 22. Fax : 02 51 58 26 09. E-mail : accueil@amiaux.fr, Web : www.amiaux.fr. Prix 2008. Empl. Tourisme : 25 € () ; 3,80 € ; - de 7 ans 2,50 € ; Animaux 2,50 €. Réduction H.S.

LES AVENTURIERS DE LA CALYPSO ★★★★ Tourisme 253 E. dont 19 nus, , dont 141 GCC, 5 ha. , baignoires, , juillet/août, , juillet/août, juillet/août, CV. Locations : 46, 87, 32. couverte chauffée. Bord de mer à 700 m. Rivière à 1 km. ; ; à 700 m : , . Ouv : 5.4 / 27.9. Route de Notre Dame-de-Monts Les Tonnelles. ☎ 02 51 59 79 66 / 02 51 56 08 78 (H.S.). Fax : 02 51 59 79 67. E-mail : camping-apv@wanadoo.fr, Web : www.camping-apv.com. Prix 2008. Fft jour : Empl. Tourisme (2) : 26,80 € () ; Sup : 7,70 € - de 4 ans 4,10 € ; 2,60 à 4,10 € (3 à 10 A) ; Animaux 2,60 €. Réduction H.S.

LES GENETS ★★★★ Tourisme 392 E. (292 Tourisme + 100 Loisirs), dont 352 GCC, 5 ha. CV. Locations : 10, 40. couverte chauffée. Bord de mer à 800 m. ; ; à 800 m : , . Avenue des Epines. Dir. St Gilles D 38. ☎ 02 51 58 93 94 / 02 51 54 33 87 (H.S.). Fax : 02 51 59 53 12. E-mail : info@sunmarina.com, Web : www.sunmarina.com. Prix 2007. Fft jour : Empl. Tourisme (3) : 31 € () ; Sup : 9 € - de 5 ans 6 € ; Animaux 3 €. Réduction H.S.

LES JARDINS DE L'ATLANTIQUE ★★★★ Loisirs 303 E. (91 Tourisme + 212 Loisirs), dont 195 GCC, 5 ha. CV. Locations : 60, Villas. chauffée. Bord de mer à 1 km. ; à 1 km : , . Accueil groupes. Ouv : 1.4 / 30.9. 100, rue de la Caillauderie. BP 422. Plage des Demoiselles. ☎ 02 51 58 05 74. Fax : 02 51 58 01 67. E-mail : info@campingjardinsatlantique.com, Web : www.campingjardinsatlantique.com. Prix 2008. Fft jour : Empl. Tourisme (2) : 17 € () ; Sup : 5,20 € - de 7 ans 4,10 € ; 4 € (6 A) ; Animaux 2 €. Réduction H.S.

LES PLACES DOREES ★★★★ Tourisme 288 E. (147 Tourisme + 141 Loisirs), dont 288 GCC, 5 ha. au bar, CV. Locations : 52, . chauffée. Bord de mer à 800 m. ; ; 2 : ; à 800 m : . Ouv : 14.6 / 31.8. Route Notre Dame des Monts. Noirmoutier CD 38. ☎ 02 51 59 02 93 / 02 51 58 83 86 (H.S.). Fax : 02 51 59 30 47. E-mail : contact@placesdorees.com, Web : www.placesdorees.com. Prix 2008. Fft jour : Empl. Tourisme (3) : 34,40 € (E. CC E. GCC) ; Sup : 6,20 € - de 5 ans 4,20 € ; Animaux 3,50 €. Réduction H.S.

CAMPEOLE DORNIER ★★★ Tourisme 500 E. (489 Tourisme + 11 Loisirs), dont 38 GCC, 25 ha. CV. Locations : , 37, , . chauffée. Bord de mer à 200 m. à 200 m : , , , . Accueil groupes. Ouv : 8.4 / 17.9. Route de La Tonnelle. Sur D 38. ☎ 02 51 58 81 16. Fax : 02 51 58 41 68. E-mail : cpldornier@atciat.com, Web : www.campeoles.fr. Prix 2008. Fft jour : Empl. Tourisme (2) : 21,30 € Réduction H.S.

LA PAREE DU JONC ★★★ Tourisme 178 E. dont 50 nus (128 Tourisme + 50 Loisirs), dont 170 GCC, 2,2 ha. , Baignoires, , juillet/août, juillet/août, juillet/août, juillet/août, CV. Locations : 18, 74, 25, 7, . chauffée. Bord de mer à 200 m. ; à 150 m : , ; à 200 m : . Chemin de la Parée du Jonc. ☎ 02 51 58 81 19 / 02 51 56 31 50 (H.S.). Fax : 02 28 11 25 79. E-mail : camping-apv@wanadoo.fr, Web : www.camping-apv.com. Réduction H.S.

LA PRAIRIE ★★★ Tourisme 109 E. (58 Tourisme + 51 Loisirs), dont 99 GCC, 2 ha. , snack, , sur une plate-forme, CV. Locations : 12, 40, 4. chauffée. Bord de mer à 800 m. Rivière à 2 km.Etang à 3 km. à 800 m : , ; à 900 m : ; à 2 km : ; à 5 km : . Ouv : 25.4 / 25.9. 146, rue du Moulin Cassé. Suivre Notre-Dame de Monts/l'Ile d'Yeu et sur la route de Notre-Dame de Monts D 38 à 2 km à gauche suivre fléchage. ☎ 02 51 58 16 04 / 02 51 54 46 15 (H.S.). Fax : 02 51 58 16 04. E-mail : campinglaprairie@free.fr, Web : www.campingprairie.com. Prix 2007. Fft jour : Empl. Tourisme (2) : 22,50 € () ; Sup : 4,70 € - de 7 ans 2,90 € ; 3 € (6 A) ; Animaux 2,70 €. Réduction H.S.

LE BOTH D'OROUET ★★★ Tourisme 206 E., dont 100 GCC, 2,5 ha. , la nuit, CV. Locations : 3, 20, 12, . . Bord de mer à 2,5 km. ; à 2,5 km : , . ☎ 02 51 58 60 37. Fax : 02 51 59 37 03. E-mail : leboth.d.orouet@netcourrier.com. Réduction H.S.

LE FIEF ★★★ Loisirs 40 E. (2 Tourisme + 38 Loisirs), dont 38 GCC, 1 ha. CV. Locations : 10. Bord de mer à 800 m. ; ; à 800 m : , . Ouv : mai / septembre. Rés. obligatoire en été. 168, rue du Moulin Cassé, par CD 38. ☎ 02 51 58 63 77. Prix 2008. Fft jour : Empl. Tourisme (2) : 13 € Sup : 4 € 2,50 € ; 2,50 €. Réduction H.S.

LE LOGIS ★★★ Tourisme 40 E. dont 13 nus, dont 14 GCC, 0,8 ha. , + sèche-linge, CV. Locations : 16. chauffée. Bord de mer à 4 km. D 38. Route de Saint Gilles Croix de Vie. ☎ 02 51 58 60 67. E-mail : camping-le-logis@tiscali.fr.

FFCC : partenaire + réduction emp. de 5 % hors saison + carte FFCC assurance annulation + réduction loc. de 5 % hors saison.

LE VIEUX RANCH ★★★ Tourisme 242 E. (122 Tourisme + 120 Loisirs), dont 110 GCC, 4,4 ha. CV. Locations : 8, 14. chauffée. Bord de mer à 200 m. ; ; ; à 200 m : . Ouv : 1.4 / 30.9. Rés. obligatoire en été. Lieu-dit Parée du Jonc. Dir. Notre-Dame-de-Monts. ☎ 02 51 58 86 58 / 06 08 46 28 36 (H.S.). Fax : 02 51 59 12 20. E-mail : levieuxranch@wanadoo.fr, Web : www.levieuxranch.com. Prix 2008. Fft jour : Empl. Tourisme (2) : 25,70 € ((6 A) E. GCC) ; Sup : 4,95 € - de 7 ans 3 €. Réduction H.S.

LES MOUETTES ★★★ Loisirs 86 E., dont 86 GCC. Lieu-dit Les Bosses. ☎ 02 51 54 33 68. Fax : 02 51 54 94 42.

LES PINS ★★★ Tourisme 128 E. 1,75 ha. . Locations : 14. . Bord de mer à 1,8 km. ; à 1,8 km : . 166 avenue Valentin, RD 38, RN 753. ☎ 02 51 58 17 42.

L'OCEAN ★★★ Loisirs 207 E. dont 150 nus (100 Tourisme + 107 Loisirs), dont 157 GCC, 4,8 ha. CV. Locations : 3, 40, 6. chauffée. Bord de mer à 1 km. à 1 km : , , . Rue de Notre-Dame de Monts. ☎ 02 51 58 03 88. Fax : 02 51 58 24 63. E-mail : campinglocean85@free.fr, Web : www.campinglocean.com. Prix 2007. Fft jour : Empl. Tourisme (2 2 - de 12) : 29 € () ; Sup : 4 € - de 7 ans 2,50 € ; Animaux 2,50 €. Réduction H.S.

PLEIN SUD ★★★ Tourisme 38 E. dont 36 nus 1,5 ha. , pain/viennoiserie, CV. Locations : 30, . chauffée. Bord de mer à 800 m. à 800 m : , , . Ouv : 1.6 / 15.9. Rés. obligatoire en été. 246, route de Notre Dame de Monts. D 38. ☎ 02 51 59 10 40. Fax : 02 51 58 92 29. E-mail : info@campingpleinsud.com, Web : www.campingpleinsud.com. Prix 2007. Fft jour : Empl. Tourisme (3) : 32 € (E. GCC) ; Sup : 5 € 3 € ; Animaux 2 €. Réduction H.S.

FFCC : partenaire + carte FFCC assurance annulation.

G.C.U. LE CHENAL Réservé aux adhérents. Adhésion possible sur place pour les sociétaires MAIF et FILIA MAIF. A l'est de la ville route du Chenal.

LA DAVIERE PLAGE BIS ★★ Tourisme 50 E. dont 30 nus, , dont 6 GCC, 1 ha. , collectifs, , la nuit, CV. Locations : 4, 2, 6, 3, 4, . chauffée. Bord de mer à 700 m. ; ; à 700 m : . Accueil groupes. Ouv : 1.5 / 30.9. Rés. obligatoire en été. D 38 direction Ile d'Yeu à 3 km. ☎ 02 51 58 27 99 / 02 51 68 16 88 (H.S.). Fax : 02 51 58 27 99. E-mail : daviereplage@wanadoo.fr, Web : www.daviereplage.com. Prix 2007. Fft jour : Empl. Tourisme (2) : 18,95 € () ; Sup : 4,95 € - de 7 ans 2,95 € ; 3,90 € (10 A) ; Animaux 3,15 €. Fft Ccar : 12 € (2). Réduction H.S.

LA MENARDIERE ★★ Tourisme 65 E. 8,5 ha. partiel, CV. Locations : 3, 8. Bord de mer à 700 m. à 700 m : , . Ouv : 1.5 / 30.9. Rés. obligatoire en été. ☎ 02 51 58 86 92. Fax : 02 51 58 86 92. E-mail : camping-menardiere@wanadoo.fr. Prix 2007. Fft jour : Empl. Tourisme (2) : 12,70 € / jour () ; Sup : 3,70 € 2 € ; Animaux 1,15 €.

LA ROUSSIERE ★★ Tourisme 100 E. 2 ha. CV. Locations : . chauffée. Bord de mer à 3 km. ; à 2 km : . 27, rue de la Roussière. ☎ 02 51 58 65 73. Fax : 02 51 59 01 32.

LE BOIS VERDON ★★ Tourisme 51 E. 1 ha. CV. Locations : 4, 2. Bord de mer, étang, lac et rivière à 1 km. ; à 1,5 km : ; à 1 km : . Ouv : 15.6 / 15.9. 62, rue du Moulin Cassé. ☎ 02 51 58 10 61 / 02 51 35 29 25 (H.S.). Fax : 02 51 35 29 25. Prix 2007. Fft jour : Empl. Tourisme (2) : 12 € () ; Sup : 3,20 € - de 5 ans 2,10 € ; 3,20 € (10 A) ; Animaux 1,60 €.

LE CHENAL ★★ Tourisme 60 E., dont 16 CC - 23 GCC. 78, avenue des Epines. ☎ 02 51 58 65 39 / 06 07 74 21 96.

LE CLOS D'OROUET ★★ Tourisme 75 E. dont 54 nus 1,3 ha. CV. Locations : 12, 10. chauffée. Bord de mer à 3,5 km. à 3,5 km : , ; à 4 km : . Route de St-Gilles Croix de Vie par la D 38. ☎ 02 51 59 51 01. Fax : 02 51 59 51 01.

LE PETIT BOIS ★★ Tourisme 63 E. dont 25 nus CV. Locations : 7, 7. . Bord de mer à 500 m. ; ; ; . 194, chemin de la Rive, Le Bois Martin. Route de Notre-Dame de Monts. Equitation à 1 km. ☎ 02 51 58 80 84 / 02 35 37 83 96 / 02 35 37 83 96 (H.S.). Fax : 02 51 58 80 84.

LE RIVAGE ★★ Tourisme 15 E., dont 15 GCC. gaz, CV. Locations : 6, Maison. Bord de mer à 150 m. Rivière à 1 km. à 150 m : , ; à 1 km : ; à 3 km : . Ouv : 1.4 / 31.10. Rés. obligatoire en été. Chemin de la Tonnelle. ☎ 02 51 58 11 38 / 02 28 11 05 68 / 06 83 05 11 67 (H.S.). E-mail : camping.le.rivage@wanadoo.fr, Web : www.campinglerivage.com. Réduction H.S.

LES CHAUMES ★★ Tourisme 44 E. dont 26 nus 0,46 ha. CV. Locations : 4. Bord de mer à 600 m. Rivière à 2 km.Etang à 3 km. ; à 600 m : . 86, chemin de la Rive. ☎ 02 51 58 85 11 / / 06 87 90 50 49 (H.S.). E-mail : camping.leschaumes@wanadoo.fr, Web : campinglescahumes.com.

LES DUNES ★★ Tourisme 10 E. Réservé Comité Entreprise CPAM du Puy de Dôme.

LES PEUPLIERS DE LA RIVE ★★ Tourisme 20 E., dont 20 GCC, 55 ha. CV. Locations : , . chauffée. Bord de mer à 900 m. Rivière à 2 km.Etang à 4 km. ; . 70, chemin de la Rive. ☎ 02 51 58 79 82. E-mail : contact@lespeupliersdelarive, Web : www.lespeupliersdelarive.com.

LES SIRENES ★★ Tourisme 500 E. 15 ha. Locations : , . Bord de mer à 400 m. ; ; à 400 m : . Avenue des Demoiselles, RD 38 et 16. St-Jean-de-Monts centre. ☎ 02 51 58 01 31. Fax : 02 51 59 03 67. E-mail : cplsirenes@atciat.com, Web : www.vendee-camping.info.

LES VERTS ★★ Tourisme 250 E. 1,5 ha. CV. Locations : 14, 16. . Bord de mer à 1,6 km. ☎ 02 51 58 47 63.

L'OREE DES BOIS ★★ Tourisme 40 E. 0,7 ha. CV Sanitaire chauffé. Locations : 3, 8. chauffée. Bord de mer à 400 m. à 400 m : . ☎ 02 51 58 45 82. Fax : 02 51 58 45 82. E-mail : camping.loreedubois@neuf.fr, Web : www.campingloreedubois.com. Réduction H.S.

LA BELLE ETOILE ★ Loisirs 100 E. (30 Tourisme + 70 Loisirs), dont 30 GCC, 3,71 ha. 304, route des Sables. La Mare. ☎ 02 51 58 16 83.

LA DAVIERE PLAGE ★ Tourisme 108 E. dont 50 nus, 3 ha. la nuit, CV. Locations : 4, 30, 1, 10. chauffée. Bord de mer à 700 m. Rivière à 1 km. ; ; à 700 m : . Accueil groupes. Ouv : 1.6 / 30.9. Rés. obligatoire en été. Route de Notre-Dame. D 38. ☎ 02 51 58 27 99 / 02 51 68 16 88 (H.S.). Fax : 02 51 58 27 99. E-mail : davierplage@wanadoo.fr, Web : www.daviereplage.com. Prix 2007. Fft jour : Empl. Tourisme (2) : 18,65 € () ; Sup : 4,95 € - de 7 ans 2,95 € ; Animaux 3,15 €. Fft Ccar : 12 € (2). Réduction H.S.

LA RENTE VERDON ★ Tourisme 27 E. 0,5 ha. RD 38. ☎ 02 51 58 60 79.

LE CORMIER ★ Tourisme 80 E. Locations : , . Etang à 1 km.Bord de mer à 1,5 km. ☎ 02 51 58 11 17.

LE MOULIN CASSE ★ Tourisme 12 E. Réservé Ass. Familiale et Rurale.

LES CHAMPIONNIERES ★ Tourisme 100 E. 1 ha. Locations : , . Bord de mer à 800 m. ; à 800 m : . 141, route de Notre Dame. Sur CD 38. ☎ 02 51 58 61 54.

M. BERNARD Michel,camping aux Dunes de l'Abbaye CV. A 4 km : , . A 5 km : . A 6 km : . A 7 km : . A 8 km : Piscine plein air . A 10 km : . 62, chemin de la Parée Verte, Orouët. Par St-Jean-de-Monts dir. St-Gilles-Croix-de-Vie route d'Orouët, 2ème route à gauche après la station-service, faire 1 km à droite au n° 62. ☎ 06 18 67 48 26. Fax : 02 51 58 64 26. E-mail : auxdunesdelabbaye@wanadoo.fr, Web : www.loc-vacances-vendee.com.

ST JULIEN DES LANDES

6-A4 17 km N. Les Sables d'Olonne. 65 m. 1013 hab. ✉ 85150

DOMAINE LA FORET ★★★★ Tourisme 148 E., dont 148 GCC, 5 ha. à gaz, . Locations : 5, 6. chauffée. Accès direct à l'étang. Lac à 3 km. ; ; ; . Ouv : 15.5 / 15.9. Route de Martinet. ☎ 02 51 46 62 11. Fax : 02 51 46 60 87. E-mail : camping@domainelaforet.com, Web : www.domainelaforet.com. Prix 2008. Fft jour : Empl. Tourisme (2) : 29 € () ; Sup : 6,30 € 3,10 € ; 4,20 € ; Animaux 2,70 €. Réduction H.S.

LA GARANGEOIRE ★★★★ Tourisme 370 E. dont 141 nus, , dont 230 GCC, 14 ha. CV. Locations : 17, 17. chauffée 2 courts, . Accès direct à l'étang. Rivière à 1 km.Lac à 2 km. ; . Accueil adultes. Ouv : 26.4 / 27.9. RD 21. ☎ 02 51 46 65 39. Fax : 02 51 46 69 85. E-mail : info@garangeoire.com, Web : www.camping-la-garangeoire.com. Prix 2008. Fft jour : Empl. Tourisme (2) : 35 € Sup : 7,60 € - de 10 ans 3,50 € ; E. GCC 37,50 € (Fft) ; Animaux 3,50 €. Réduction H.S.

FFCC : réduction loc. de 5 % hors saison + HC.

LA BRETONNIERE ★★★ Tourisme 150 E. dont 142 nus (85 Tourisme + 65 Loisirs), dont 65 GCC, 6,5 ha. snack, CV. Locations : 8, 4. couverte . Accès direct à l'étang. Lac et rivière à 3 km. . Accueil groupes. Ouv : 15.4 / 30.9. Rés. obligatoire en été. De Nantes dir. Bordeaux / La Roche-sur-Yon puis dir. Sables d'Olonne. A La Mothe-Achard dir. Brétignolles-sur-Mer. ☎ 02 51 46 62 44 / 06 14 18 26 42 (H.S.). Fax : 02 51 46 61 36. E-mail : camp.la-bretonniere@wanadoo.fr, Web : www.la-bretonniere.com. Prix 2007. Fft jour : Empl. Tourisme (2) : 21 € Sup : 4,50 € - de 10 ans 3 € ; 3,50 à 2,50 €.

FFCC : Stop accueil Camping-car du 01/05 au 15/10/2008, accès jusqu'à 18h.

LA GUYONNIERE ★★★ Tourisme 182 E. dont 198 nus (103 Tourisme + 79 Loisirs), dont 80 GCC, 12 ha. CV. Locations : 23, 45, . couverte chauffée . Lac et rivière à 400 m. ; ; ; ; à 10 km : . A 15 km des Sables d'Olonne. ☎ 02 51 46 62 59. Fax : 02 51 46 62 89. E-mail : info@laguyonniere.com, Web : www.laguyonniere.com.

ST LAURENT SUR SEVRE

6-C3 59 km N.-E. La Roche sur Yon. 4492 hab. ✉ 85290

LE ROUGE GORGE ★★★ Tourisme 93 E. dont 83 nus, dont 33 GCC, 2 ha. CV Sanitaire chauffé. Camping clef verte. Locations : 13, 2. Etang à 100 m. Rivière à 2 km. Accueil groupes. Ouv : 1.1 / 31.12. Rés. obligatoire en été. Les Gautres, route de la Verrie. RN 149 Poitiers/Nantes, puis suivre la Verrie. Par A 87 suivre Puy-du-Fou/Saint-Laurent-sur-Sèvre puis par D 111. ☎ 02 51 67 86 39. Fax : 02 51 67 86 39. E-mail : campinglerougegorge@wanadoo.fr, Web : perso.wanadoo.fr/campinglerougegorge/. Prix 2007. Fft jour : Empl. Tourisme (2) : 15,60 € ; Sup : 3,60 € - de 10 ans 1,90 € ; 2 à 3,50 € (4 à 8 A) ; Animaux 1,60 €. Réduction H.S.

FFCC : partenaire + carte FFCC assurance annulation.

M. BARRE Daniel proche, CV. Le Petit Bois Chabot. Par D 752 Cholet/Pouzauges. ☎ 02 51 67 82 82 / 06 87 34 62 41. Fax : 02 51 67 82 82.

ST MALO DU BOIS

6-C3 56 km N.-E. La Roche sur Yon. 1189 hab. ✉ 85590

CAMP MUNICIPAL LA VALLEE DE POUPET ★★★ Tourisme 115 E. (100 Tourisme + 15 Loisirs), dont 43 GCC, 2,75 ha. + sèche-linge, CV. Locations : chauffée . Accès direct à la rivière. Accueil groupes. Ouv : 15.5 / 15.9. ☎ 02 51 92 31 45 / 02 51 92 33 32 (H.S.). Fax : 02 51 92 38 65. E-mail : camping@valleedepoupet.com, Web : www.valleedepoupet.com. Prix 2007. Fft jour : Empl. Tourisme (2) : 14,50 € (E. GCC) ; Sup : 3,20 € - de 3/7 ans 1,70 € ; 2,60 € ; Animaux 1 €. Réduction H.S.

ST MARTIN LARS EN STE HERMINE

24 km N.-O. Fontenay-le-Comte. 520 hab. ✉ 85210

DOMAINE NATURISTE LE COLOMBIER ★★★ Tourisme 160 E. (100 Tourisme + 60 Loisirs), dont 60 GCC, 20 ha. CV Rés. naturiste. Camping clef verte. Locations : 10, 2. chauffée . Accès direct à l'étang. Ouv : 1.4 / 1.11. ☎ 02 51 27 83 84. Fax : 02 51 27 87 29. E-mail : lecolombier.nat@wanadoo.fr, Web : www.lecolombier-naturisme.com. Prix 2007. Fft jour : Empl. Tourisme (2) : 18 € Sup : 9 € - de 10 ans 3,50 € ; 3,50 € (6 A) ; Animaux 3,50 €.

FFCC : partenaire + réduction emp. de 5 % hors saison.

ST MATHURIN

6-A4 10 km N.-E. Les Sables-d'Olonne. 33 m. 1137 hab. ✉ 85150

M. VINCENT Pierre-Henri,aire naturelle CV. A 2 km: . A 5 km : . A 8 km : . Ouv : 15.4 / 30.9. Le Puy Babin. N 160. A St-Mathurin prendre Le Puy Babin. ☎ 02 51 22 74 11. Fax : 02 51 22 74 11. E-mail : puybabin@wanadoo.fr, Web : www.accueilpuybabin.fr ou www.camping-ferme.fr.

ST MICHEL EN L HERM

6-B5 43 km O. Fontenay-le-Comte. 10 m. 1993 hab. ✉ 85580

LA DIVE ★★★ Tourisme 147 E. (138 Tourisme + 9 Loisirs), dont 63 GCC, 2,5 ha. CV. Locations : 31, 6. chauffée . Etang à 2 km. Accueil groupes. Ouv : 3.4 / 30.9. 12, route de la Mer, CD 60. ☎ 02 51 30 26 94 / 06 74 68 23 20 (H.S.). Fax : 02 51 30 26 94. E-mail : camping-la-dive@wanadoo.fr, Web : www.camping-la-dive.com. Prix 2007. Fft jour : Empl. Tourisme (2) : 16 € ; Sup : 3,90 € - de 7 ans 3,20 € ; 3,20 € (6 A) ; Animaux 3 €. Réduction H.S.

LES MIZOTTES ★★★ Loisirs 132 E. (54 Tourisme + 78 Loisirs), dont 78 GCC, 2 ha. rapide, CV. Locations : 12, 10. Etang et rivière à 1 km. Accueil groupes. ☎ 02 51 30 23 63. Fax : 02 51 30 23 62. E-mail : accueil@campinglesmizottes.com, Web : www.campinglesmizottes.com.

M. & Mme ARDOUIN,camping à la ferme toboggan, CV. A 8 km: . Basse-Brenée. Sortie de l'autoroute à Ste-Hermine prendre Luçon dir. Aiguillon-sur-Mer. ☎ 02 51 30 24 09. Fax : 02 51 30 24 09. E-mail : michel.ardouin@free.fr.

ST MICHEL LE CLOUCQ

6-C4 5 km E. Fontenay-le-Comte. 78 m. 1233 hab. ✉ 85200

M. RAGUIN Pascal CV. La Maison Brûlée. D 745. à 2 km Sud-Ouest de la commune. Près de Fontenay-le-Comte sortie autoroute n° 8. Pré, petit bois, ruisseau. Sanitaires. Salle commune. Ferme auberge. ☎ 02 51 69 07 00 / 02 51 51 07 61. Fax : 02 51 50 08 80.

ST PAUL MONT PENIT

6-A4 44 km N. Les Sables-d'Olonne 50 m. 504 hab. ✉ 85670

L'EAU VIVE ★★ Tourisme 10 E. Sanitaire chauffé. Locations : 10, 4. Accès direct à l'étang. Rivière à 3 km. ; à 9 km : . Rue des Moulins. ☎ 04 73 19 11 11. Web : www.chalets-decouverte.com.

ST REVEREND

6-A4 28 km N. Les Sables-d'Olonne. 10 m. 805 hab. ✉ 85220

LE PONT ROUGE ★★★ Tourisme 73 E. dont 50 nus (41 Tourisme + 32 Loisirs), dont 32 GCC, 1,6 ha. snack, + sèche-linge, CV. Locations : 18, 1, 4. chauffée . Accès direct à la rivière. Etang à 2 km.Lac à 3 km. à 3 km : ; à 7 km : . Accueil groupes. Ouv : 1.4 / 31.10. Rue Georges Clémenceau. RD 6. A La Roche-sur-Yon, dir. St-Gilles/St-Hilaire. A Aizenay suivre Coex puis St-Révérend. Accès internet. ☎ 02 51 54 68 50. Fax : 02 51 54 61 67. E-mail : camping.pontrouge@wanadoo.fr, Web : www.camping-lepontrouge.com. Prix 2007. Fft jour : Empl. Tourisme (2) : 19,50 € ((6 A)) ; Sup : 4,50 € - de 8 ans 3 € ; Animaux 2,50 €. Réduction H.S.

FFCC : partenaire + réduction emp. de 5 % en saison et hors saison + réduction loc. de 5 % en saison et hors saison.

M. CHARRIER Robert,aire naturelle CV. A 4 km: . A 8 km : . Piscine plein air . Les Bazinières. RD 6 puis RD 32. ☎ 02 51 54 63 30.

ST URBAIN

6-A3 50 km N.-O. Les Sables-d'Olonne. 565 hab. ✉ 85230

CAMP MUNICIPAL LES ROUCHES ★★ Tourisme 25 E. 0,25 ha. ☎ 02 51 68 73 34 (Mairie). Fax : 02 51 68 87 73. E-mail : mairiesainturbain@free.fr.

ST VALERIEN

14 km N.-O. Fontenay-le-Comte. 50 m. 443 hab. ✉ 85570

LES RULIERES ★★★ Tourisme 23 E., dont 23 GCC. CV. Locations : 10. à 100 m : . ☎ 0 825 801 440 / 02 51 28 00 28 (H.S.). Web : www.revea-vacances.fr.

ST VINCENT SUR GRAON

6-B4 35 km E. Les Sables d'Olonne. 50 m. 1020 hab. ✉ 85540

CAMP MUNICIPAL LA FONTAINE ★★ Tourisme 35 E., dont 3 GCC, 3 ha. CV. Locations : 5, 3. Lac à 50 m. ; ; . Ouv : 15.6 / 15.9. D 747 dir. La Tranche-sur-Mer. ☎ 02 51 98 96 42 (Mairie) / 02 51 98 90 89 (H.S.). Fax : 02 51 98 99 14. Prix 2007. Empl. Tourisme : 1,20 € () : 3,20 € ; 1,20 € ; 3,20 € ; 1,20 € ; 1,50 € ; - de 7 ans 0,75 € ; 2 €. Réduction H.S.

ST VINCENT SUR JARD

6-A4 23 km S.-E. Les Sables-d'Olonne. 528 hab. ✉ 85520

LA BOLEE D'AIR ★★★★ Tourisme 280 E., dont 150 CC - 130 GCC, 5 ha. CV. Locations : 12, 40. couverte chauffée . Bord de mer à 800 m. ; à 800 m : . Le Bouil. Route de Longeville. ☎ 02 51 90 36 05 / 02 51 33 05 05. Fax : 02 51 33 94 04. Web : www.chadotel.com. Réduction H.S.

LA MOUETTE CENDREE ★★★ Tourisme 73 E., dont 14 GCC, 1,2 ha. CV. Locations : 18, 5. Bord de mer à 2 km. ; à 1,5 km : ; à 2 km : . CD 19. ☎ 02 51 33 59 04. Fax : 02 51 20 31 39. E-mail : camping.mc@free.fr, Web : www.mouettecendree.com. Réduction H.S.

CAMP DU PIED GIRARD ★★ Tourisme 150 E. 1,9 ha. CV. Bord de mer à 800 m. à 800 m : . Rue de la Foret, RD 21. ☎ 02 51 33 65 11 / . Fax : 02 51 33 65 11. E-mail : camping.pg@wanadoo.fr. Réduction H.S.

M. FERRET André,camping l'R Pur . A 1 km: . A 3 km : . A 5 km : . Ouv : 1.4 / 1.10. Par D 19 A, à 2 km de la commune. Pré plat herbeux. ☎ 02 51 33 94 32 / 06 15 21 55 17 (H.S.). Fax : 02 51 33 94 32. Prix 2008. Fft jour : Empl. Tourisme (2) : 12 € () ; Sup : 3,50 € 3 € ; Animaux 1,50 €.

FFCC : partenaire - terrain assuré par la FFCC + réduction emp. de 10 % hors saison.

STE CECILE

6-B4 28 km E. La Roche-sur-Yon. 1296 hab. ✉ 85110

CAMP MUNICIPAL LA RIVIERE ★★ Tourisme 30 E., dont 10 GCC, 0,6 ha. CV. Locations : 10. Accès direct à la rivière. Ouv : 25.4 / 30.9. 25, rue du Stade. Accès RN 137. Près de Chantonnay. A 83 péage Les Essarts sortie n° 5. ☎ 02 51 40 24 07 (Mairie) / 06 86 67 39 51 (H.S.). Fax : 02 51 40 25 59. Web : www.chalets-decouverte.com.

STE CHRISTINE

6-C5 19 km S.-E. Fontenay-le-Comte. 44 m. 3224 hab. ✉ 85490

M. MENARD Pascal,camping à la ferme l'Ecurie du Marais CV. Ste-Christine. De Niort RN 148 dir. Benet et prendre la RD 25 ou RD 68E vers Ste-Christine. ☎ 02 51 52 98 38 / 06 80 68 38 78. Fax : 02 51 52 98 38. E-mail : accueil@ecuriedumarais.com, Web : www.ecuriedumarais.com.

STE HERMINE

6-B4 22 km N.-O. Fontenay le Comte. 40 m. 2340 hab. Station verte de vacances et village de neige ✉ 85210

CAMP MUNICIPAL LA SMAGNE ★★ Tourisme 62 E. 0,7 ha. . Accès direct à la rivière. Lieu-dit Le Magny, sur RN 137. ☎ 02 51 27 35 54.

STE PEXINE

6-B4 28 km S.-E. La Roche-sur-Yon. 30 m. 275 hab. ✉ 85320

CAMP MUNICIPAL ★★ Tourisme 22 E. 1,5 ha. . Accès direct à la rivière. Accueil groupes. ☎ 02 51 27 50 00. Fax : 02 51 27 56 46.

STE RADEGONDE DES NOYERS

6-B5 27 km S.-O. Fontenay-le-Comte 5 m. 662 hab. ✉ 85450

M. LAMBERT Jean-Guy CV. Ouv : 15.4 / 30.10. La Corpejolière. N 137, 1,7 km à gauche après Moreilles en dir. de Chaillé-les-Marais. ☎ 02 51 56 07 01 / 06 13 95 80 00 (H.S.). Prix 2008. Empl. Tourisme : 2,50 € ; 3 € ; - de 10 ans 1,60 € ; 2 à 2,50 € ; Animaux 1,60 €.

SALLERTAINE

6-A3 48 km N. Les Sables d'Olonne. 5 m. 2329 hab. ✉ 85300

CAMP MUNICIPAL DE BEL AIR ★★ Tourisme 69 E. 0,7 ha. ☎ 02 51 35 51 81. Fax : 02 51 49 39 69.

LES P'TITES MAISONS DANS LA PRAIRIES ★★ Tourisme 25 E., dont 25 GCC. 110 route de Beauvoir

SOULLANS

6-A3 40 km N.-N.-O. Les Sables d'Olonnes. 10 m. 2629 hab. ✉ 85300

CAMP MUNICIPAL LE MOULIN NEUF ★★ Tourisme 80 E. 1,2 ha. CV. Rue Saint-Christophe. ☎ 02 51 68 00 24 (Mairie). Fax : 02 51 68 88 66. E-mail : camping-soullans@wanadoo.fr.

TALMONT ST HILAIRE

6-A4 10 km S.-E. Les Sables d'Olonne. 65 m. 3913 hab. ✉ 85440

LE LITTORAL ★★★★ Loisirs 484 E. dont 44 nus, dont 484 GCC, 8,5 ha. gaz ou électrique, CV. Locations : 5, 215. couverte chauffée. Bord de mer à 80 m. ; ; à 1 km : ; à 3 km : . Accueil adultes. Ouv : 10.4 / 14.9. Rés. obligatoire en été. Route du Porteau. Le Porteau. A 9 km de la commune. Navette gratuite pour la plage. ☎ 02 51 22 04 04. Fax : 02 51 22 05 37. E-mail : info@campinglelittoral.com, Web : www.campinglelittoral.com. Prix 2007. Fft jour : Empl. Tourisme (2) : 34 € ( ) ; Sup : 7 € - de 12 ans 4 € ; Animaux 4 €. Réduction H.S.

LOYADA ★★★★ Tourisme 224 E. dont 70 nus (149 Tourisme + 75 Loisirs), dont 223 GCC. gaz, Locations : , , 10 . couverte . ; à 3,5 km : , . Ouv : 1.4 / 30.9. Avenue de l'Atlantique. 111 rue de la Source. ☎ 02 51 21 28 10. Fax : 02 51 20 37 58. E-mail : contact@camping loyada.fr, Web : www.camping-loyada.fr. Prix 2008. Fft jour : Empl. Tourisme (2) : 25 € ((10 A)) ; Sup : 4,50 € - de 7 ans 3 € ; Animaux 2,50 €.

LE PARADIS ★★★ Tourisme 145 E. (120 Tourisme + 25 Loisirs), dont 48 GCC, 2 ha. CV. Locations : 7, 15, 4, . couverte chauffée . Accès direct à l'étang. Bord de mer à 4 km. ; , . Rue de la Source. RD 949 (Sables d'Olonne-Talmont), puis route D 4 à 1 km. Route de Port Bourgenay. ☎ 02 51 22 22 36 / 06 22 76 13 70. Fax : 02 51 22 22 36. E-mail : info@camping-leparadis85.com, Web : www.camping-leparadis85.com. Réduction H.S.

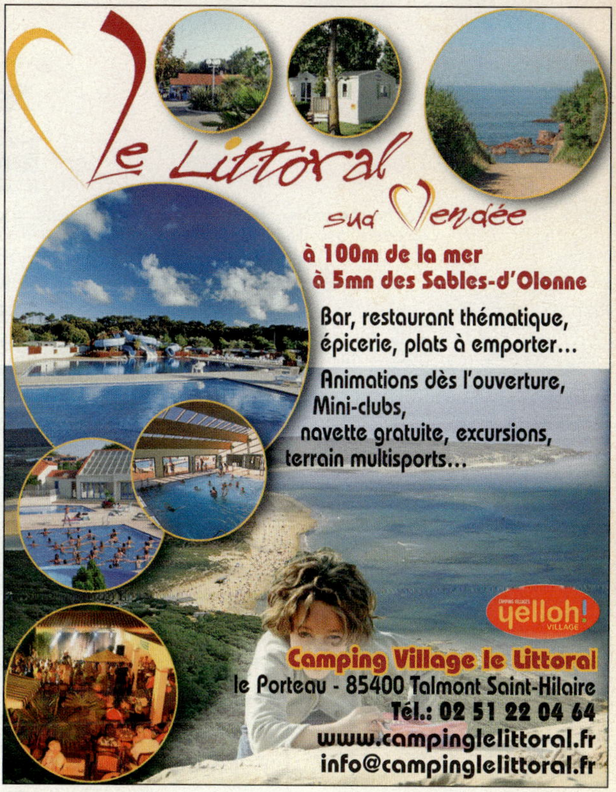

LES DINOSAURES ★★★ Loisirs 127 E. (47 Tourisme + 80 Loisirs), dont 127 GCC, 2,15 ha. 4, . Locations : 6, 27, 34, . chauffée poney-club. Bord de mer à 900 m. ; à 800 m : , . Lieu-dit Le Veillon, sur RD 4 A. ☎ 02 51 22 20 10 / 02 51 22 29 09. Fax : 02 51 22 29 09.

SUN OCEAN ★★★ Tourisme 121 E. dont 94 nus (116 Tourisme + 5 Loisirs), dont 74 CC - 15 GCC, 2,22 ha. au bar, CV. Locations : 2, 17, 3, 7. chauffée . Bord de mer à 5 km. ; ; à 5 km : . Accueil adultes. Ouv : début avril / mi-octobre. 538, avenue des Sables d'Olonnes. Sortie Talmont-Saint-Hilaire dir. Les Sables d'Olonne, à droite. ☎ 02 51 90 61 24. Fax : 02 51 90 61 24. E-mail : camping.sunocean@wanadoo.fr, Web : camping-sunocean.fr. Prix 2008. Fft jour : Empl. Tourisme (2) : 19,50 € (E. CC) ; Sup : 4,50 € - de 7 ans 3 € ; 3,50 € (10 A) ; Animaux 2,50 €. Réduction H.S.

LE BOUC ETOU ★★ Tourisme 90 E. (67 Tourisme + 23 Loisirs) 1 ha. 300 m, , 1 km, CV. Locations : 19, 3, . Bord de mer à 900 m. à 1 km : 1 km, , . Avenue des Taconettes. Le Veillon, route de la Plage. ☎ 02 51 22 20 38. Fax : 02 51 22 20 38. E-mail : boucetou85@hotmail.com, Web : www.campingleboucetou.com. Prix 2007. Fft jour : Empl. Tourisme 14.9 € ( ) ; Sup : 3,20 € 2,20 € ; 2,90 € (4 A) ; Animaux 2,20 €. Réduction H.S.

LES DUNES ★★ Tourisme 76 E. (48 Tourisme + 28 Loisirs) 1 ha. , partiel, , partiel, CV. Locations : 4, 10. Bord de mer et rivière à 300 m. Etang et lac à 5 km. ; ; ; à 300 m : . Le Port. Suivre Hôtel des Parcs. ☎ 02 51 90 63 04 / 06 80 44 58 00 / 03 21 59 96 11 (H.S.). Fax : 03 21 59 96 11. Réduction H.S.

SAINT HUBERT ★★ Tourisme 66 E. dont 47 nus, , dont 31 GCC, 1 ha. CV. Locations : 19. Bord de mer à 300 m. Etang et lac à 800 m. Rivière à 5 km. à 300 m : , ; à 500 m : ; à 1,5 km : . Ouv : 1.4 / 30.9. 759, avenue de la Plage. Le Veillon-Plage, RD 949 et RD 4. Sortie Talmont-St-Hilaire, dir. Bourgenay puis la plage du Veillon. ☎ 02 51 22 22 30 / 09 50 28 42 89 (Réserv.) (H.S.). Fax : 09 55 28 42 89. E-mail : campingsthubert@free.fr, Web : www.campingsthubert.com. Prix 2007. Fft jour : Empl. Tourisme (3) : 15,20 € ( ) ; Sup : 2,80 € - de 7 ans 1,90 € ; 2,80 € ; Animaux 1,10 €. Réduction H.S.

LE FRADIN ★ Tourisme 80 E. 1,07 ha. Locations : , . Accès direct à l'étang. Bord de mer à 2 km. ; . A proximité de l'hippodrome des Sables-d'Olonne. ☎ 02 51 22 09 76 / 02 31 15 51 56. Fax : 02 31 15 51 50.

LES OYATS ★ Tourisme 11 E., dont 7 CC. 283, avenue Notre Dame.

L'ESPERANCE ★ Tourisme 100 E. 2 ha. Bord de mer à 200 m. Bourgenay. ☎ 02 51 22 22 32.

PARC RESIDENTIEL DE LOISIRS LES COTTAGES ST MARTIN P.R.L. 89 E. 5 ha. juillet/août, CV. Locations : , , Maisonnettes. couverte chauffée . Bord de mer à 300 m. ; ; à 2,5 km : . Ouv : 1.1 / 31.12. Le Porteau - Baie de Cayola. A 7 km par la route côtière. ☎ 0 825 562 562 (Réserv.) / 02 51 21 90 00 (H.S.). Fax : 02 51 90 94 33.

VERT-OCEAN P.R.L. 121 E. 5 ha. CV Sanitaire chauffé. Locations : 16, 15. couverte chauffée. Etang à 100 m. Bord de mer à 2 km. ; ; à 2 km : ; à 4 km : ; à 5 km : . La Maison Neuve de la Guilétrie. 2001, rue du Porteau, entre l'hippodrome des sables et l'océan par RD 949. ☎ 02 51 21 27 27 / 06 81 34 63 57 (H.S.). Fax : 02 51 21 20 30. E-mail : prl.vert.ocean@wanadoo.fr, Web : www.vertocean.fr. Réduction H.S.

FFCC : réduction loc. de 5 % en saison et 10 % hors saison.

LA TARDIERE

6-C4 24 km N. Fontenay le Conte. 1276 hab. ✉ 85120

MONTIFAUT VILLAGE ★★★ Tourisme 35 E. 0,7 ha. CV. Locations : 10, , 1, . . Accès direct à l'étang et aux bords du lac et à la rivière. ; ; ; . L'Etruyère. RD 949 bis. ☎ 02 51 87 40 63. Fax : 02 51 52 69 32.

THIRE

6-B4 20 km N.-O. Fontenay-le-Comte. 50 m. 452 hab. ✉ 85210

AIRE NATURELLE DU SIVU DU CHU CHELLION CV. A 4 km: Piscine plein air . A 10 km : . Du Chu Chellion. ☎ 02 51 27 63 63 / 02 51 27 65 65. E-mail : mairie-de-thire@wanadoo.fr.

TIFFAUGES

6-B3 50 km N.-E. La Roche sur Yon. 75 m. 1188 hab. ✉ 85130

Mme TEXIER Christine,aire naturelle La Vallée CV. Vatican. Sur la D 753. Entre Cholet et Montaigu, dir. St-Jean-de-Monts. ☎ 02 51 65 75 65. Fax : 02 51 65 75 65. E-mail : camplavallee@free.fr, Web : www.camplavallee.free.fr.

LA TRANCHE SUR MER

6-B5 40 km S.-E. Les Sables-d'Olonne. 2125 hab. ✉ 85360

BEL ★★★★ Tourisme 200 E., dont 200 GCC, 3,4 ha. . chauffée . Lac à 150 m. Bord de mer à 200 m. à 150 m : , , , . Ouv : 24.5 / 6.9. Rue du Bottereau, 400 m du centre ville. A 150 m du supermarché SUPER U. ☎ 02 51 30 47 39. Fax : 02 51 27 72 81. E-mail : campbel@wanadoo.fr. Prix 2008. Fft jour : Empl. Tourisme (2) : 22 € () ; Sup : 6 € 4 € ; 4 € (10 A) ; E. GCC 26 € (Fft 2 pers.).

BELLEVUE DES MARAIS ★★★★ Tourisme 50 E., dont 50 GCC. CV. Locations : 5, 30, . chauffée. Bord de mer à 400 m. ; ; . ☎ 02 51 56 46 43 / 02 51 27 37 80 (H.S.). Fax : 02 51 28 84 09. E-mail : vagues.oceanes@wanadoo.fr.

LA BAIE D'AUNIS ★★★★ Tourisme 155 E. (135 Tourisme + 20 Loisirs), dont 20 CC - 17 GCC, 1,8 ha. sauf sauf juillet/août pour les chiens , pain, , saison, CV Sanitaire chauffé. Locations : 9, 10. chauffée . Bord de mer à 50 m. à 50 m : , , , . Ouv : 1.5 / 14.9. RD 46, RD 105, sur RD 747 Ouest, entrée Est du bourg dir. centre ville. ☎ 02 51 27 47 36. Fax : 02 51 27 44 54. E-mail : info@camping-baiedaunis.com, Web : www.camping-baiedaunis.com. Prix 2008. Fft jour : Empl. Tourisme (2) : 29,60 € () ; Sup : 6,10 € - de 5 ans 3,40 € ; Animaux 2,20 € (chien). Réduction H.S.

LE COTTAGE FLEURI ★★★★ Loisirs 232 E. (112 Tourisme + 120 Loisirs), dont 97 CC - 120 GCC, 5 ha. CV. Locations : , , . couverte chauffée . Accès direct à l'étang. Bord de mer à 500 m. ; ; à 500 m : , , . Accueil groupes. Ouv : 1.4 / 14.10. Rés. obligatoire en été. La Grière Plage, RD 46. ☎ 02 51 30 34 57. Fax : 02 51 27 74 77. E-mail : lecottagefleuri@wanadoo.fr, Web : www.camping-lecottagefleuri.com. Prix 2007. Fft jour : Empl. Tourisme (2) : 28 € ((6 A)) ; Sup : 9 € - de 6 ans 7 € ; Animaux 3 €. Réduction H.S.

LE JARD ★★★★ Tourisme 350 E., dont 130 CC - 220 GCC, 6 ha. CV. Locations : 40. couverte chauffée . Bord de mer à 700 m. ; à 700 m : . Ouv : 24.5 / 15.9. Rés. obligatoire en été. 123, bd Mal de Lattre de Tassigny. ☎ 02 51 27 43 79. Fax : 02 51 27 42 92. E-mail : info@camping-du-jard.fr. Prix 2007. Fft jour : Empl. Tourisme (2) : 29,80 € () ; 5,30 € ; 3,90 €. Réduction H.S.

LE SABLE D'OR ★★★★ Tourisme 197 E. (147 Tourisme + 50 Loisirs), dont 50 GCC, 4,3 ha. CV. Locations : 7, 30, maison individuelle F4. . Accès direct à la rivière. Bord de mer à 1,8 km. ; ; ; ; . ☎ 02 51 27 46 74 / 02 38 56 29 06 (H.S.) / 02 38 56 29 06 (H.S.). Fax : 02 51 30 17 14.

LES BLANCS CHENES ★★★★ Tourisme 370 E., dont 290 GCC, 7 ha. CV. Locations : 40, 15, 10. couverte chauffée . Bord de mer à 1,8 km. ; ; à 1,8 km : . Route de la Roche sur Yon. D 747. ☎ 02 51 30 41 70 / 02 51 27 37 80. Fax : 02 51 28 84 09. E-mail : vagues.oceanes@wanadoo.fr, Web : www.camping-vagues-oceanes.com. Réduction H.S.

LES PREVEILS ★★★★ Loisirs 180 E. (66 Tourisme + 114 Loisirs), dont 34 CC - 145 GCC, 1,6 ha. CV. Locations : 10, , , . 2 courts. Bord de mer à 200 m. ; ; ; à 200 m : . La Grière, avenue St Anne. ☎ 02 51 30 30 52 / 05 49 24 20 88 (H.S.). Fax : 02 51 27 70 04. E-mail : les.preveils@cegetel.net, Web : www.lespreveils.asso.fr.

LES ALMADIES ★★★ Loisirs 392 E. (121 Tourisme + 271 Loisirs), dont 271 GCC, 11 ha. , collectif, CV. Locations : 4, 116, . couverte chauffée . Rivière à 10 m. Bord de mer à 3 km. ; à 3 km : . Ouv : 6.4. La Charrière des Bandes. Route de la Roche-sur-Yon par D 747. ☎ 02 51 30 36 94. Fax : 02 51 30 37 04. E-mail : info@lesalmadies.com, Web : www.lesalmadies.com. Prix 2008. Fft jour : Empl. Tourisme (2) : 25,30 € () ; Sup : 5,60 € - de 6 ans 2,95 € ; 3,65 €.

LES JONQUILLES ★★★ Tourisme 344 E., dont 209 GCC, 5,23 ha. CV. Locations : 100. couverte chauffée . Bord de mer à 800 m. ; à 800 m : ; à 3 km : . Ouv : 1.4 / 30.9. La Grière. ☎ 02 51 30 47 37. Fax : 02 51 27 70 00. E-mail : lesjonquilles2@wanadoo.fr, Web : www.campinglesjonquilles.com.

LES ROUILLERES ★★★ Loisirs 297 E., dont 297 GCC, 5 ha. Locations : . chauffée . Bord de mer à 200 m. ; ; ; . ☎ 02 51 30 31 78. Fax : 02 51 30 31 78. E-mail : campinglesrouilleres@wanadoo.fr, Web : www.campinglesrouilleres.com.

C.C.A.S LES JARDS ★★ Tourisme 225 E. 6 ha. Réservé C.C.A.S.

CAMP LA GRANDE VALLEE ★★ Tourisme 56 E. (49 Tourisme + 7 Loisirs). buvette, snack, CV. Locations : , 3 , . Bord de mer à 400 m. Rivière à 1 km. à 400 m : , , ; à 1 km : ; à 3 km : . Ouv : 1.4 / 30.9. 145, boulevard De Lattre de Tassigny. ☎ 02 51 30 12 82. Fax : 02 51 30 12 82. E-mail : campinglagrandevallee@orange.fr, Web : www.campinglagrandevallee.com. Prix 2007. Fft jour : Empl. Tourisme (2) : 17 € ((4 A)) ; Sup : 5,30 € - de 7 ans 2,10 € ; Animaux 2,10 €. Réduction H.S.

CAMP MUNICIPAL LE VIEUX MOULIN ★★ Tourisme 208 E. 4 ha. CV. Locations : , , 12 , 6 , . Bord de mer à 350 m. ; à 350 m : . Accueil groupes. Avenue Maurice Samson, au Vieux Moulin près de la gendarmerie. ☎ 02 51 27 48 47. Fax : 02 51 27 48 47. Réduction H.S.

G.C.U. LA POINTE DU ROCHER Réservé aux adhérents. Adhésion possible sur place pour les sociétaires MAIF et FILIA MAIF. Allée Ste Anne la Grière.

LA BELLE HENRIETTE ★★ Loisirs 206 E. dont 60 nus (16 Tourisme + 190 Loisirs), dont 190 GCC, 3,5 ha. , snack, , collectifs, CV. Locations : 16 . chauffée . Bord de mer et rivière à 400 m. ; ; à 400 m : . Ouv : 15.6 / 15.9. 163, boulevard De Lattre de Tassigny.Sur RD 46. ☎ 02 51 30 33 51. Fax : 02 51 27 77 39. E-mail : campingbellehenriette@wanadoo.fr, Web : www.campingbellehenriette.com. Prix 2007. Fft jour : Empl. Tourisme (2) : 23 € ( ) ; Sup : 5 € - de 5 ans 3,50 € ; 3 € (10 A) ; Animaux 3,10 €. Réduction H.S.

LA CORBA ★★ Tourisme 148 E. 2 ha. . Bord de mer à 300 m. à 200 m : . Route de la Roche sur Yon, RD 747. ☎ 02 51 30 34 55.

LA GRIERE 2 ★★ Tourisme 63 E.

LE GRAND PRE ★★ Tourisme 172 E. 3 ha. , snack, CV. Locations : 16 . couverte chauffée . Bord de mer à 1,5 km. ; à 1,8 km : ; à 1,5 km : , . Ouv : 1.4 / 30.9. Rés. obligatoire en été. ☎ 02 51 30 35 75. Fax : 02 51 27 73 87. E-mail : contact@camping-grand-pre.com, Web : www.camping-grand-pre.com. Prix 2007. Fft jour : Empl. Tourisme (2) : 14,70 € ( ) ; Sup . 3,28 € - de 7 ans 2,05 € ; 3,10 € ; Animaux 1,30 €. Réduction H.S.

LE PACIFIC ★★ Tourisme 20 E. dont 13 nus 0,9 ha. CV. Locations : 6 , 1 . Bord de mer à 1,2 km. à 1,5 km : . Accueil groupes hors saison. Ouv : 1.4 / 15.10. ☎ 02 51 30 07 38. Web : www.campingpacific.com. Prix 2007. Empl. Tourisme : 2,40 € ; 1,30 € ; 2 € ; - de 7 ans 1,10 € ; 1,80 € ; 1,25 € ; Animaux 1 €.

LE PARC DE L'ETANG ★★ Loisirs 75 E., dont 75 GCC, 2,4 ha. CV. Locations : 4 , , 80 , . couverte chauffée . Accès direct à l'étang. Bord de mer à 500 m. ; à 500 m : , , . Accueil groupes. ☎ 02 51 30 34 57. Fax : 02 51 27 74 77. E-mail : lecottagefleuri@wanadoo.fr, Web : www.camping-lecottagefleuri.com.

LES PRISES ★★ Tourisme 110 E., dont 110 GCC, 3 ha. CV. Locations : , 250 . . Accès direct à la rivière. Bord de mer à 300 m. ; à 300 m : . Sur RD 46, à 4 km de la commune et 2 km de la Faute-sur-Mer. Uniquement location de mobile-homes et chalets. ☎ 02 51 97 10 03 / 06 03 44 56 22 / 06 03 44 56 22 (H.S.). Fax : 02 51 29 40 99. E-mail : info@campinglesprises.com, Web : www.campinglesprises.com.

LES PRISES II ★★ Tourisme 122 E., dont 116 GCC. Locations : , . . Accès direct à la mer. ☎ 02 51 97 10 03 / 06 03 44 56 22. Fax : 02 51 29 40 99. E-mail : info@campinglesprises.com, Web : www.campinglesprises.com.

L'ESCALE DU PERTUIS ★★ Loisirs 368 E., dont 360 GCC, 6 ha. CV. Locations : 368 . couverte chauffée . Bord de mer à 100 m. ; ; ; ; ; . RD 46. ☎ 02 51 30 38 96. Fax : 02 51 27 71 48. E-mail : perthuis@wanadoo.fr, Web : www.lescale-du-perthuis.com.

SAINTE ANNE ★★ Tourisme 82 E. (64 Tourisme + 18 Loisirs), dont 82 GCC, 1,6 ha. sauf hors saison , snack, sauf charbon de bois, CV. Locations : 53 . chauffée . Accès direct à la mer. ; ; ; à 15 m : . ☎ 02 51 30 46 82 / 02 51 40 95 69 (H.S.). Fax : 02 51 30 46 82. E-mail : campingsainte-anne@wanadoo.fr, Web : www.campingsainte-anne.com. Réduction H.S.

LA GRIERE 1 ★ Tourisme 54 E.

LE VILLAJA ★ Tourisme 36 E. Rue Longeville. ☎ 02 51 30 37 60.

TRIAIZE

6-B5 30 km O. Fontenay-le-Comte. 981 hab. ✉ 85580

CAMP MUNICIPAL ★★ Tourisme 70 E., dont 8 GCC, 0,75 ha. CV. Locations : 6 . . Accès direct à l'étang. . Rue du Stade. ☎ 02 51 56 12 76 / () / 02 51 56 11 53 (H.S.). Fax : 02 51 56 38 21. E-mail : mairie.triaize@wanadoo.fr.

VAIRE

6-A4 12 km N. Les Sables d'Olonne. 63 m. 900 hab. ✉ 85150

LE ROC ★★★ Loisirs 100 E. dont 35 nus (45 Tourisme + 55 Loisirs), dont 65 GCC, 2,5 ha. électrique, CV Sanitaire chauffé. Locations : 4 , 30 , . couverte chauffée . Etang à 500 m. Lac à 3 km.Bord de mer à 5 km. . Accueil groupes. Ouv : 1.1 / 31.12. Rés. obligatoire en été. A Vaire prendre la D 54 route de Brem-sur-Mer. ☎ 02 51 33 71 89 / 06 61 99 01 59 (H.S.). Fax : 02 51 33 76 54. E-mail : contact@campingleroc.com, Web : www.campingleroc.com. Prix 2008. Fft jour : Empl. Tourisme (2) : 23 € ( ) ; Sup : 4,80 € - de 5 ans 3,50 € ; Animaux 2,20 €. Réduction H.S.

LES LOGERIES ★★★ Tourisme 66 E. dont 31 nus (53 Tourisme + 13 Loisirs), dont 16 GCC. CV. Locations : 5, 10, 6. chauffée. Rivière à 2 km.Lac à 4 km.Bord de mer à 6 km. à 5 km : ; à 6 km : . Ouv : 29.3 / 28.9. Rés. obligatoire en été. 16, rue Louis Fruchard. A 87 ou A 83 puis N 160 puis suivre dir. Les Sables d'olonne. ☎ 02 51 33 75 69 / 06 80 33 13 78 (H.S.). Fax : 02 51 33 75 69. E-mail : info@camping-logeries.com, Web : www.camping-logeries.com. Prix 2008. Fft jour : Empl. Tourisme (2) : 20 € ((10 A) E. CC) ; Sup : 4 € - de 12 ans 3 € ; Animaux 2 €. Réduction H.S.

VENDRENNES

6-B3 30 km N.-E. La Roche-sur-Yon 90 m. 989 hab. ✉ 85250

CAMP DE LA MOTTE ★★ Tourisme 40 E. dont 15 nus (37 Tourisme + 3 Loisirs), dont 40 GCC. sauf été, concours de pétanque, CV Sanitaire chauffé. Locations : , 6. chauffée . Accès direct à l'étang. Accueil groupes. Ouv : 1.1 / 31.12. La Motte A83 sortie Les Essarts / A87 sortie Les Herbiers ☎ 02 51 63 59 67 / 06 20 34 59 76 (H.S.). Fax : 02 51 63 59 45. E-mail : contact@campingdelamotte.fr. Prix 2007. Fft jour : Empl. Tourisme (2) : 15,50 € () ; Sup : 3,50 € - de 3/9 ans 2,30 € ; 3,50 € ; Animaux 2 €.

VIX

6-C5 13 km S. Fontenay-le-Comte. 1746 hab. ✉ 85770

LA RIVIERE ★★ Tourisme 25 E. 1 ha. sans alcool, gaz ou électrique, CV. Locations : 1, 2. Rivière à 50 m. ; . Accueil groupes. Ouv : 1.4 / 30.9. Drapelle. Route Nationale La Rochelle/Fontenay Le Comte. Vix à 12 km de Marans. ☎ 02 51 00 65 96 / 02 51 52 00 67 (H.S.). Fax : 02 51 50 42 53. Prix 2007. Fft jour : Empl. Tourisme (2) : 11 € ()

VOUILLE LES MARAIS

6-C5 20 km S.-O. Fontenay le Comte. 460 hab. ✉ 85450

M. & Mme BERJONNEAU,camping à la ferme CV. A 1 km: . A 5 km : . Ouv : 1.1 / 31.12. Le Pont Grenouilles. ☎ 02 51 52 53 96.

86 VIENNE

Carte 6

Déléguée FFCC : Marie-Jeanne BOURROUNET, 29, l'Orbras - 86180 BUXEROLLES

AVAILLES LIMOUZINE

6-E5 40 km S.-O. Montmorillon. 120 m. 1441 hab. ✉ 86460

CAMP LE PARC ★★ Tourisme 100 E. 4,2 ha. CV. Locations : 5, , . Accès direct à la rivière. ; ; . Accueil groupes. Sur CD 34. ☎ 05 49 48 51 22 / 05 49 48 50 16 (H.S.). Fax : 05 49 48 66 76.

AVANTON

6-E4 13 km N. Poitiers. 111 m. 1195 hab. ✉ 86170

CAMP DU FUTUR ★★★ Tourisme 68 E. dont 14 nus, 3 ha. CV. Locations : 14. . Rivière à 3 km. Ouv : 1.4 / 30.9. 9, rue des Bois. Sur la D 757. A 10 sortie Futuroscope dir. Avanton. ☎ 05 49 54 09 67. Fax : 05 49 54 09 59. E-mail : contact@camping-du-futur.com, Web : www.camping-du-futur.com. Prix 2007. Fft jour : Empl. Tourisme : 18,40 € () ; Sup : 3,50 € - de 3/12 ans 2,50 € ; 3 € (10 A) ; Animaux 1,50 €.

AYRON

6-D4 25 km N.-O. Poitiers. 139 m. 822 hab. ✉ 86190

CAMP VIP PECHE ★★ Tourisme 50 E. 1,35 ha. Locations : 5, 15. . Accès direct à l'étang et aux bords du lac et à la rivière. Accueil groupes. Ouv : 1.4 / 30.9. Plan d'Eau d'Ayron, RN 149 Poitiers-Nantes. ☎ 05 49 50 85 23 / 06 11 89 18 38 (H.S.). Fax : 05 49 50 85 23. E-mail : , Web : vip-peche.fr. Prix 2007. Fft jour : Empl. Tourisme (2) : 9 € () ; Sup : 4,50 € - de 10 ans 1 € ; 3 € (10 A).

BONNES

6-E4 22 km E. Poitiers. 90 m. 1213 hab. ✉ 86300

CAMP MUNICIPAL ★★★ 65 E. 0,63 ha. , + sèche-linge, CV. Locations : , 2, 8, 4. chauffée 2. Accès direct à la rivière. Etang à 800 m. Lac à 2 km. suivant saison : ; ; ; . Accueil groupes. Ouv : 15.5 / 15.9. Rue de la Varenne. A 5 km de la RN 151 et à 1 km de la RD 749. ☎ 05 49 56 44 34 / 05 49 56 40 17 (Mairie) (H.S.). Fax : 05 49 56 48 51. E-mail : bonnes@cg86.fr & camping_bonnes@hotmail.com. Prix 2007. Empl. Tourisme : 2,20 € ; 1,15 € ; 2,20 € ; 2,85 € ; - de 10 ans 1,30 € ; 2,50 € ; Animaux 1,15 €.

BONNEUIL MATOURS

6-E4 16 km S. Chatellerault. 57 m. 1521 hab. ✉ 86210

CAMP DE CREMAULT ★★ 65 E. 2 ha. pain, CV. Locations : , . Accès direct à la rivière. ; ; ; . RN 749. ☎ 05 49 85 20 47. Fax : 05 49 85 20 47.

BOURESSE

6-E5 24 km S.-O. Montmorillon 122 m. 714 hab. ✉ 86410

CAMP MUNICIPAL ★ Tourisme 15 E. ☎ 05 49 42 73 10.

CELLE LEVESCAULT

6-D5 27 km S.-O. Poitiers. 140 m. 1035 hab. ✉ 86600

CAMP MUNICIPAL ★ 30 E. 0,4 ha. Locations : . . Accès direct à la rivière. ; ; . RN 742, RN 10 et 11. ☎ 05 49 43 52 56 (Mairie). Fax : 05 49 43 78 79.

CHALANDRAY

6-D4 30 km N.-O. Poitiers 150 m. 716 hab. ✉ 86190

LE BOIS DE SAINT-HILAIRE ★ Tourisme 38 E. 12 ha. Locations : , . couverte . Rivière à 1 km.Etang et lac à 5 km. à 1 km : . Accueil groupes. Ouv : 1.5 / 30.9. Rés. obligatoire en été. Route de la Gare. A 750 m de la RN 149. ☎ 05 49 60 20 84 / 44 01773 873068 (H.S.) (H.S.). Fax : 05 49 60 20 84. E-mail : accueil@camping-st-hilaire.com, Web : www.camping-st-hilaire.com. Prix 2008. Empl. Tourisme : 9,50 € () ; 2,85 € ; - de 12 ans 1,95 € ; 3,10 € (10 A). Réduction H.S.

CHAPELLE VIVIERS

6-E4 16 km N.-O. Montmorillon 165 m. 409 hab. ✉ 86300

CAMP DU MOUCHET ★ Tourisme 39 E. ☎ 05 49 54 49 25.

CHARROUX

6-E5 47 km S.-O. Montmorillon. 165 m. 1645 hab. ✉ 86250

M. HELIAS Yvon poneys. A 800 m : . A 7 km: Piscine plein air . Jussié. Accès par la RN 10 (16 km) et RD 148 (5 km) et RD 103. ☎ 05 49 87 63 18. Fax : 05 49 87 63 18.

CHASSENEUIL DU POITOU

6-E4 9 km N.-E. Poitiers. 77 m. 3067 hab. Station verte de vacances et village de neige ✉ 86360

PARC DES ECLUZELLES ★★ Tourisme 26 E. Locations : , . . Etang et rivière à 700 m. ; à 700 m : . Ouv : 1.4 / 30.9. A 10 sortie Poitiers Nord ou Futuroscope. ☎ 05 49 52 77 19. Fax : 05 49 52 52 23. E-mail : mr.le.maire@mairie-chasseneuildupoitou.fr, Web : www.ville-chasseneuil-du-poitou.fr.

CHATEAU GARNIER

6-E5 38 km S.-O. Montmorillon 155 m. 712 hab. ✉ 86350

AIRE NATURELLE MUNICIPALE . A 10 km: . Ouv : 1.5 / 1.10. Camping du plan d'eau. Sentiers de randonnée. ☎ 05 49 87 80 11 / 05 49 87 74 50 (H.S.). Fax : 05 49 87 82 86. Prix 2007. Empl. Tourisme : 1,25 € ; 1,25 € ; - de 10 ans 0,60 € ; 1,50 €.

FFCC : partenaire - terrain assuré par la FFCC .

CHATEAU LARCHER

6-E5 20 km S. Poitiers. 95 m. 600 hab. ✉ 86370

CAMP MUNICIPAL ★★ Tourisme 14 E. ☎ 05 49 43 40 56.

LES BOIS DE LA PARDIERE ★★ 45 E. dont 20 nus, 2 ha. CV Rés. naturiste. Locations : . . Rivière à 2 km. Bois de la Pardière. Route d'Aslonnes. ☎ 05 49 43 56 02. E-mail : cs.poitiers@wanadoo.fr. Web : assoc.wanadoo.fr/club.soleil.poitiers.

CHATELLERAULT

6-E4 33 km N. Poitiers. 60 m. 36870 hab. ✉ 86100

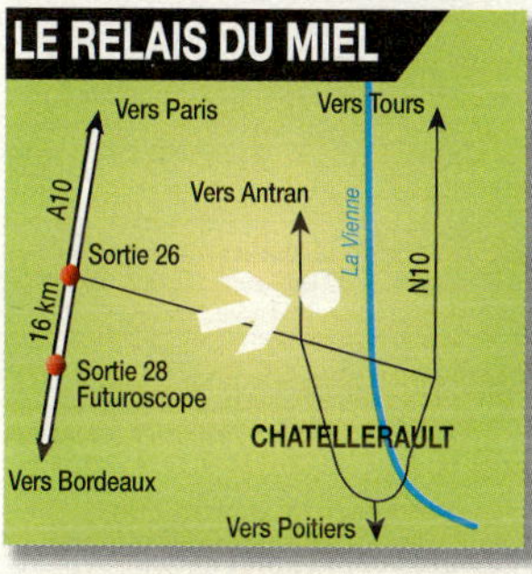

LE RELAIS DU MIEL ★★★★ Tourisme 80 E. dont 78 nus, , dont 20 GCC, 4 ha. CV. Locations : 1 , 1 , , 6 . . Accès direct à la rivière. . Ouv : 12.5 / 3.9. Route d'Antran, lieu dit Valette. A 10 sortie n° 26 Chatellerault nord. ☎ 05 49 02 06 27. E-mail : camping@lerelaisdumiel.com, Web : www.lerelaisdumiel.com. Prix 2007. Fft jour : Empl. Tourisme (2) : 25 € ( ) ; Sup : 4 €Animaux 5 €.

FFCC : partenaire - terrain assuré par la FFCC + réduction emp. de 5 % en saison et hors saison + réduction loc. de 5 % en saison et hors saison.

CAMP MUNICIPAL ★★ 63 E. 0,25 ha. CV. Locations : , . Accès direct à la rivière. ; . A Chillou-d'Auzon, RN 749. ☎ 05 49 21 94 02. Fax : 05 49 23 28 85.

CHAUVIGNY

6-E4 24 km N.-O. Montmorillon. 70 m. 6684 hab. ✉ 86300

CAMP MUNICIPAL DE LA FONTAINE ★★★ 90 E., dont 90 CC, 1 ha. CV. Locations : 6 . couverte chauffée . Rivière à 600 m. à 800 m : . Accueil groupes. Rue de la Fontaine, RN 151. ☎ 05 49 46 31 94. Fax : 05 49 46 40 60. Web : www.chauvigny.cg86.fr.

CIVAUX

6-E5 18 km N.-O. Montmorillon 108 m. 683 hab. ✉ 86320

CAMP MUNICIPAL ★ Tourisme 40 E. ☎ 05 49 48 45 08.

CIVRAY

6-E5 52 km S.-O. Montmorillon. 140 m. 3232 hab. Station verte de vacances et village de neige ✉ 86400

CAMP MUNICIPAL DES AULNES ★★ 60 E. 1 ha. , juillet/août le week end, CV Sanitaire chauffé. Locations : 8 , 4 , , . . Accès direct à la rivière. ; ; . Accueil groupes. Ouv : Pâques / 30.10. RD 948. ☎ 05 49 87 17 24 / 06 32 95 00 77 (H.S.). Fax : 05 49 87 17 24. E-mail : campingaulnes@yahoo.fr, Web : www.camping-les-aulnes.com. Prix 2008. Empl. Tourisme : 3 € ( ) : 2,50 € ; - de 7 ans 1,50 € ; 3 € (6 A) ; Animaux 1 €.

FFCC : Stop accueil Camping-car du 01/04 au 30/10/2008, accès jusqu'à 21h.

COUHE

6-D5 35 km S. Poitiers. 200 m. 2004 hab. ✉ 86700

LES PEUPLIERS ★★★★ Tourisme 140 E., dont 32 GCC - 20 HLL, 4 ha. CV. Locations : 17 , 14 . chauffée . Accès direct à l'étang et à la rivière. ; ; à 10 km : .Accueil adultes. Ouv : 2.5 / 30.9. Sur RN 10. ☎ 05 49 59 21 16. Fax : 05 49 37 92 09. E-mail : info@lespeupliers.fr, Web : www.lespeupliers.fr. Prix 2008. Fft jour : Empl. Tourisme (1) : 16,50 € ( ) ; Sup : 7 € - de 10 ans 4 € ; 4 € (5/10 A) ; E. GCC 6,50 € (suplt). Fft Ccar : 13 € (2). Réduction H.S.

FFCC : partenaire + réduction emp. de 30 % hors saison.

DANGE ST ROMAIN

6-E3 14 km N.-N.-E. Chatellerault. 61 m. 2877 hab. ✉ 86220

CAMP MUNICIPAL ★★ 15 E. . Accès direct à la rivière. Etang à 1 km. à 1 km : . Rue St-Romain. CD 1. ☎ 05 49 86 40 01. Fax : 05 49 86 47 14.

DISSAY

6-E4 15 km N.-E. Poitiers. 65 m. 2466 hab. Station verte de vacances et village de neige ✉ 86130

CAMP MUNICIPAL ★★ 100 E. dont 80 nus 0,6 ha. CV. . Rivière à 100 m. Lac à 5 km. à 100 m : ; à 5 km : , , . Accueil groupes. Mi-chemin entre Poitiers/Chatellerault RN 10. ☎ 05 49 62 84 29 / 05 49 52 34 56 (Mairie) (H.S.). Fax : 05 49 62 58 72.

PARC RESIDENTIEL DE LOISIRS LES MARAIS DE MONTIGNY P.R.L. 11 E., dont 11 HLL.

GOUEX

6-E5 19 km S.-O. Montmorillon. 555 hab. ✉ 86320

CAMP MUNICIPAL DU MOULIN BEAU ★ 30 E. 1 ha. . Locations : . ; . RD 25, RN 727. ☎ 05 49 48 46 14. Fax : 05 48 84 50 01.

GUESNES

6-D3 30 km N.-O. Chatellerault. 65 m. 275 hab. ✉ 86420

CAMP MUNICIPAL ★★ Tourisme 20 E. 0,5 ha. . Locations : . . Accès direct à l'étang. . ☎ 05 49 22 84 91 / 05 49 22 81 89. Fax : 05 49 22 80 63.

INGRANDES

6-E3 6 km N. E. Chatellerault. 50 m. 1774 hab. ✉ 86220

LE PETIT TRIANON ★★★★ Tourisme 95 E. 6,78 ha. CV Sanitaire chauffé. Locations : 3 , 1 , 1 . chauffée . Etang et rivière à 3 km. à 3 km : . Ouv : 20.5 / 20.9. A Saint Ustre, axe Paris-Bordeaux par N 10. ☎ 05 49 02 61 47. Fax : 05 49 02 68 81. E-mail : chateau@petit-trianon.fr, Web : www.petit-trianon.fr. Prix 2008. 4,20 € ; 4 € ; 4,20 € ; 7 € ; - de 7 ans 3,50 € ; 4,20 à 4,60 € (6 à 10 A) ; E. GCC 3 € (suplt) ; Animaux 2,10 €.

FFCC : partenaire + réduction emp. de 5 % en saison et 20 % hors saison.

L ISLE JOURDAIN

6-E5 31 km S.-O. Montmorillon. 135 m. 1355 hab. Village de neige ✉ 86150

CAMP MUNICIPAL DU LAC DE CHARDES ★★ 36 E. 1 ha. . Locations : . Rivière à 200 m. ; ; ; à 150 m : . RD 11. ☎ 05 49 48 72 46. Fax : 05 49 48 84 19. E-mail : isle-jourdain.mairie@wanadoo.fr.

JAUNAY CLAN

12 km N.-E. Poitiers. 95 m. 4630 hab. ✉ 86130

AMANDIERS ★★★ Tourisme 70 E., dont 41 GCC. CV. Locations : . 6, rue du Grand Tillet. A 10 sortie 28 dir. Neuville. ☎ 05 49 62 80 40. Fax : 05 49 62 86 68. Web : www.residenceles amandiers.com.

LA CROIX DU SUD ★★ Tourisme 135 E., dont 57 GCC - 24 HLL, 3,5 ha. CV. Locations : 8, 16. Accueil groupes. Route de Neuville. N 10 et A 10 sortie 28, dir. Neuville par D 20 et puis D 62. ☎ 05 49 88 09 31 / 05 49 62 58 14. Fax : 05 49 62 57 20. E-mail : camping@la-croix-du-sud.fr, Web : www.la-croix-du-sud.fr. Réduction H.S.

LATILLE

6-D4 26 km N.-O. Poitiers. 70 m. 1239 hab. ✉ 86190

M. GIRARD François, aire naturelle CV. A 1 km : . A 4 km : . A 7 km : . A 9 km : Piscine plein air. La Raudière. ☎ 05 49 54 81 36. Fax : 05 49 51 38 60.

LIGUGE

6-E4 8 km S. Poitiers. 90 m. 2704 hab. ✉ 86240

CAMP MUNICIPAL ★★★ 35 E. 1,5 ha. CV. Etang à 100 m. Rivière à 200 m. Accueil groupes. Avenue de la Plage. ☎ 05 49 55 29 50. Fax : 05 49 55 38 45. E-mail : liguge@cg86.fr, Web : www.liguge-cg86.fr.

LOUDUN

6-D3 40 km N.-O. Chatellerault. 88 m. 8448 hab. ✉ 86200

CAMP MUNICIPAL BEAUSOLEIL ★★★ Tourisme 34 E. 1 ha. CV. Accès direct à l'étang. Ouv : 15.5 / 31.8. Chemin de l'Etang. Par la N 147 et D 759. ☎ 05 49 98 14 22 / 05 49 98 15 38 (S.I.) (H.S.). Fax : 05 49 98 12 88. Prix 2008. : 3,95 € ; 3,95 € ; 3,95 € ; 3,15 € ; - de 12 ans 1,60 € ; 2,95 €.

LUSIGNAN

6-D5 24 km S.-O. Poitiers. 135 m. 2855 hab. Station verte de vacances et village de neige ✉ 86600

CAMP MUNICIPAL DE VAUCHIRON ★★ 100 E. dont 100 nus, 4 ha. snack, partiel, CV. Locations : . Accès direct à la rivière. Accueil groupes. RN 11. ☎ 05 49 43 30 08 / 05 49 43 31 48 (Mairie). Fax : 05 49 43 61 19. E-mail : lusignan@cg86.fr.

LUSSAC LES CHATEAUX

6-E5 12 km O. Montmorillon. 123 m. 2224 hab. ✉ 86320

CAMP MUNICIPAL ★★ Tourisme 68 E. Sanitaire chauffé. Rivière à 200 m. Accès par la RN 147. ☎ 05 49 48 03 32. Fax : 05 49 48 03 32.

LE PORT ★ Tourisme 20 E. 1 ha. Locations : . Rivière à 100 m. Etang à 50 m. D 749. RN 147. ☎ 05 49 48 42 03 / 05 49 84 93 50.

MIREBEAU

6-D4 2379 hab. ✉ 86110

AIRE NATURELLE DE LA CCM DE SAINT-MARTIN CV. A 3 km : . Par RN 147 et CD 15, dir. Thurageau. ☎ 05 49 50 60 42 / 05 49 50 56 72 (H.S.). Fax : . E-mail : ot-mirebeau86@wanadoo.fr & camping.saintmartin@wanadoo.fr, Web : futurotimirebeau86.com. Prix 2007. : 8 € ; 2 € ; 7 € ; 7 € ; 2 € ; 3 € (6 A).

MONCONTOUR

6-D3 42 km N.-O. Chatellerault. 110 m. 1036 hab. ✉ 86330

EXO ★★★★ Tourisme 110 E. 5 ha. CV. Locations : 10, 10, . Accès direct aux bords du lac et à la rivière. Ouv : 29.6 / 30.9. ☎ 05 49 98 93 67. Fax : 05 49 98 89 31. E-mail : moncontour86@exoloisirs.com, Web : www.exoloisirs.com. Prix 2007. Empl. Tourisme : 8 € ; 5 € ; - de 6/15 ans 3 € ; 3 €.

MONTMORILLON

6-F5 48 km S.-E. Poitiers. 7541 hab. ✉ 86500

CAMP MUNICIPAL DE L'ALLOCHON ★★★ 80 E. 0,9 ha. CV Camping tourisme et handicap. Rivière à 50 m. ; à 300 m : . Ouv : 1.3 / 31.10. Avenue Tribot. ☎ 05 49 91 02 33. Fax : 05 49 91 58 26. E-mail : mairie@ville-montmorillon.fr. Prix 2007. Empl. Tourisme : 0,73 € : 0,73 € ; 1,25 € ; - de 7 ans 0,63 € ; 1,65 à 2,80 € (6 à 10 A) ; Animaux 0,23 €.

MOUSSAC

6-E5 28 km S.-O. Montmorillon. 98 m. 582 hab. Village de neige ✉ 86150

CAMP MUNICIPAL ★★ 30 E. dont 36 nus, 2 ha. CV. Accès direct à la rivière. Accueil groupes. Sur RD 6. ☎ 05 49 48 75 58 (Mairie) / 05 49 48 75 58 (H.S.). Fax : 05 49 48 10 26. Web : monsite.wanadoo.fr/camping.moussac/. Prix 2007. Empl. Tourisme : 0,90 € ; 0,90 € ; 2 € ; 1,50 € ; 0,75 € ; 1,70 €.

NEUVILLE DE POITOU

6-E4 16 km N.-O. Poitiers. 128 m. 1840 hab. ✉ 86170

CAMP MUNICIPAL ★★ Tourisme 30 E. Accès RN 147 entre Poitiers et Loudun. ☎ 05 49 51 20 44. Fax : 05 49 54 85 09. E-mail : neuville-de-poitou@cg86.fr, Web : www.neuville-de-poitou.com.

LES ORMES

6-E3 18 km N. Chatellerault. 50 m. 1473 hab. ✉ 86220

CAMP MUNICIPAL ★★ 100 E. 1,2 ha. Accès direct à la rivière. 8, rue de Buxières. ☎ 05 49 85 61 30 (Mairie). Fax : 05 49 85 66 17.

POITIERS

6-E4 340 km S.-O. Paris. 75 m. 82884 hab. ✉ 86000

CAMP MUNICIPAL DU PORTEAU ★★ Tourisme 36 E. 0,55 ha. Rue du Porteau, RN 10. au nord de la commune. ☎ 05 49 41 44 88.

QUEAUX

6-E5 24 km S.-O. Montmorillon. 710 hab. ✉ 86150

CAMP MUNICIPAL DU RENARD ★★ 50 E. dont 50 nus, 1 ha. buvette, passage cuisson le matin, CV. Locations : . Accès direct à la rivière. Accueil groupes. Ouv : 15.6 / 30.9. RD 25. ☎ 05 49 48 48 32 / 05 49 48 48 08 (Mairie) (H.S.). Fax : 05 49 48 30 70. E-mail : contact@queaux.fr, Web : www.queaux.fr. Prix 2007. Empl. Tourisme : 1,50 € : 1 € ; 1,50 € ; 0,80 € ; 2,50 € (12 A).

LA ROCHE POSAY

6-F4 22 km E.-S.-E. Chatellerault. 75 m. 1404 hab. ✉ 86270

LE RIVEAU ★★★ 200 E. 5,5 ha. gaz/électrique, + sèche-linge, ap. 22 h, CV Sanitaire chauffé. Locations : 20, 5, 3, 6. chauffée . Accès direct à la rivière. ; à 2 km : . Accueil groupes encadrés. encadrés. Ouv : 29.3 / 19.10. Route de Lésigny. Axe Chatellerault/Chateauroux sortie Chatellerault Nord sur A 10. ☎ 05 49 86 21 23. Fax : 05 49 86 21 23. E-mail : info@camping-le-riveau.com, Web : www.camping-le-riveau.com. Prix 2008. Fft jour : Empl. Tourisme (2) : 18,40 € ((16 A) E. CC) ; Sup : 4,70 € - de 10 ans 2,60 € ; Animaux 1 €. Réduction H.S.

CAMP G.C.U. Réservé aux adhérents. Adhésion possible sur place pour les sociétaires MAIF et FILIA MAIF.

Mme GIRAULT Brigitte,aire naturelle CV. A 200 m : . A 300 m : . A 400 m : . A 800 m : . A 1,2 km : . A 2 km : . Ouv : 25.3 / 31.10. Lieu-dit Renoir, route de Leigné-les-Bois D 15. ☎ 05 49 86 19 19. Fax : 05 49 86 19 19. Prix 2008. Fft jour : Empl. Tourisme (1) : 4,10 € ( ) ; Sup : 3 € - de 9 ans 1,40 € ; 2,50 € (6 A).

FFCC : partenaire + Stop accueil Camping-car du 15/03 au 25/10/2008, accès jusqu'à 19h.

Mme PARE Marie-Noëlle,aire naturelle ☎ 05 49 86 27 18.

ST CYR

6-E4 20 km N.-E. Poitiers. 150 m. 604 hab. ✉ 86130

CAMP DU LAC DE SAINT-CYR ★★★★ Tourisme 198 E. dont 179 nus, dont 198 GCC, 5 ha. CV. Camping clef verte. Locations : 13, 3, Yourtes. Accès direct aux bords du lac. ; ; . Accueil groupes. Ouv : 1.4 / 30.9. D 82. RN 10 entre Poitiers et Chatellerault. ☎ 05 49 62 57 22. Fax : 05 49 52 28 58. E-mail : contact@lacdesaintcyr.com, Web : www.lacdesaintcyr.com. Prix 2008. Fft jour : Empl. Tourisme : 25,50 € ((10 A)) ; Sup : 5,50 € - de 2/7 ans 3,80 € ; Animaux 1,50 €. Réduction H.S.

ST GEORGES LES BAILLARGEAUX

11 km N.-N.-E. Poitiers. 102 m. 2447 hab. ✉ 86130

LE FUTURISTE ★★★ Tourisme 112 E., dont 60 GCC - 4 HLL, 0,9 ha. CV Sanitaire chauffé. Locations : 6, 4. chauffée . Accès direct à l'étang. Rivière à 500 m. . Ouv : 1.1 / 31.12. A 10 sortie 28 Futuroscope. Dir. St-Georges. ☎ 05 49 52 47 52. Fax : 05 49 37 23 33. E-mail : camping-le-futuriste@wanadoo.fr, Web : www.camping-le-futuriste.fr. Prix 2008. Fft jour : Empl. Tourisme (3) : 20,60 € ( ) ; Sup : 2,80 € 3,70 € (6 A) ; Animaux 1,90 €. Réduction H.S.

FFCC : réduction loc. de 5 % hors saison + HC.

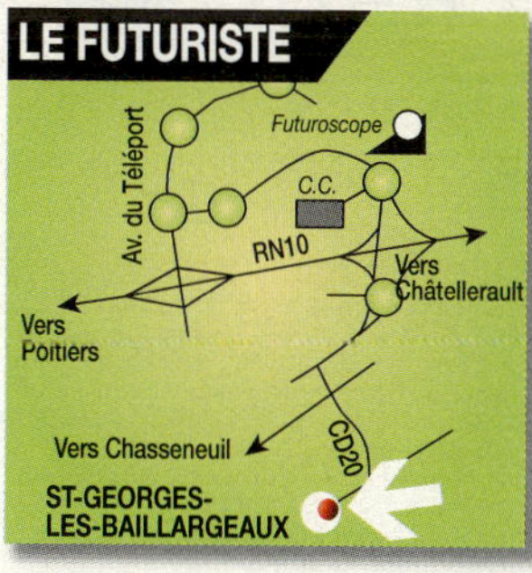

ST JEAN DE SAUVES

6-D4 35 km O. Chatellerault. 82 m. 1487 hab. ✉ 86330

AIRE NATURELLE MUNICIPALE . A 500 m : . A 10 km: . RN 147 à 5 km. Terrain herbeux. ☎ 05 49 50 80 92.

ST PIERRE DE MAILLE

6-F4 32 km N. Montmorillon. 76 m. 1011 hab. ✉ 86260

CAMP MUNICIPAL ★★ 93 E. 1 ha. CV. Locations : , . Accès direct à la rivière. ; rivière non surveillée : ; ; à 3 km : surveillée. Accueil groupes. Ouv : 15.4 / 15.10. Route de Vicq-sur-Gartempe. ☎ 05 49 48 60 19 (Mairie). Fax : 05 49 48 43 85. E-mail : saint-pierre-de-maille@cg86.fr. Prix 2007. Empl. Tourisme . 3 €, 2,25 € ; - de 7 ans 1,20 € ; 2,05 €.

FFCC : partenaire - terrain assuré par la FFCC + réduction emp. de 5 % en saison et hors saison.

ST SAUVEUR

6-E4 6 km E. Chatellerault. 144 m. 874 hab. ✉ 86100

PARC DE LOISIRS LES PETITES MINAUDIERES ★★★ Tourisme 60 E., dont 10 HLL, 2 ha. , rapide, CV. Locations : , , 10. Accès direct à l'étang et aux bords du lac. ; ; . Accueil groupes. Sur RD 725 route de la Roche Posay. ☎ 05 49 23 04 21 / 05 49 23 39 42 (H.S.). Fax : 05 49 23 39 42. Web : www.camping-minaudieres.com. Réduction H.S.

ST SAVIN

6-F4 18 km N.-E. Montmorillon. 1058 hab. Station verte de vacances et village de neige ✉ 86310

CAMP MUNICIPAL DU MOULIN ★★ 50 E. 1 ha. CV. Accès direct à la rivière. . Accueil groupes. 10, rue du 8 Mai 1945. ☎ 05 49 48 18 02. Fax : 05 49 48 28 56. E-mail : saint-savin@ag86.fr. Prix 2007. 1,55 € ; 1,30 € ; 1,75 € ; 1,10 € ; 1,75 € ; - de 7 ans 0,98 € ; 2,35 à 4,65 €.

ST SECONDIN

6-E5 40 km O. Montmorillon. 130 m. 565 hab. ✉ 86350

CAMP MUNICIPAL ★★ 20 E. 0,6 ha. . Locations : . ; ; . Le Serbon. ☎ 05 49 59 51 18 (Mairie).

SANXAY

6-D4 32 km S.-O. Poitiers. 120 m. 701 hab. ✉ 86600

PONT DES BERGERS ★★ 30 E. 0,6 ha. CV. Locations : . . Accès direct à la rivière. ; . Accueil groupes. 11, rue Pont des Bergers. Entre Futuroscope et Marais Poitevin par la D 62. ☎ 05 49 53 06 49 / 05 49 53 51 20 (H.S.). Fax : 05 49 89 01 47. E-mail : sanxay@cg86.fr.

SAVIGNY SOUS FAYE

6-E3 25 km N.-O. Chatellerault. 282 hab. ✉ 86140

CAMP MUNICIPAL LES IRIS ★★ Tourisme 20 E. 0,61 ha. . Accès direct à l'étang. . ☎ 05 49 90 70 59.

SOMMIERES DU CLAIN

42 km S.-O. Montmorillon. 729 hab. ✉ 86160

CAMP MUNICIPAL DES AULNES ★★ Tourisme 22 E. Camping tourisme et handicap. Locations : , . Accès direct à la rivière. ; . Ouv : 1.6 / 15.9. Bord du Clain. ☎ 05 49 87 70 14 / 05 49 87 72 41 (Mairie) (H.S.). Fax : 05 49 87 73 39. E-mail : contact@sommieres-vienne.com, Web : www.sommieres-vienne.com. Prix 2007. Empl. Tourisme : 2 € ; 0,50 € ; 1,50 € ; - de 10 ans 0,50 € ; 2 €.

LA TRIMOUILLE

6-F4 15 km E. Montmorillon. 143 m. 1245 hab. ✉ 86290

CAMP MUNICIPAL ★ 25 E. 1,8 ha. . Accès direct à la rivière. . RD 12 et RN 727. ☎ 05 49 91 60 14 (Mairie).

LES TROIS MOUTIERS

6-D3 48 km N.-O. Châtellerault. 48 m. 847 hab. ✉ 86120

AIRE NATURELLE MUNICIPALE . Par la RN 147. ☎ 05 49 22 37 38 / 05 49 22 53 53.

USSON DU POITOU

6-E5 36 km S.-O. Montmorillon. 123 m. 1439 hab. ✉ 86350

LAZY DUCK En cours classt ★★★★ Tourisme 21 E. ☎ 05 49 58 04 42.

VALDIVIENNE

6-E4 26 km N.-O. Montmorillon. 90 m. 1957 hab. ✉ 86300

CAMP DE LA DAME BLANCHE ★ 24 E. 0,25 ha. . Accès direct à la rivière. Etang à 300 m. ; à 300 m : , . Morthemer. ☎ 05 49 56 37 38.

VEZIERES

6-D3 56 km N.-O. Châtellerault. 75 m. 390 hab. ✉ 86120

AIRE NATURELLE MUNICIPALE ☎ 05 49 98 74 71.

VIVONNE

6-E5 19 km S.-O. Poitiers. 95 m. 3050 hab. Station verte de vacances et village de neige ✉ 86370

CAMP MUNICIPAL ★★ 100 E. 6 ha. 300 m, 30 m, CV. Accès direct à la rivière. à 600 m : Accueil groupes. Chemin de Praire, RN 742 et RN 10. ☎ 05 49 43 25 95 / 05 49 43 41 05 (Mairie) / 05 49 43 41 05 (Mairie) (H.S.). Fax : 05 49 43 34 87. E-mail : vivonne@cg86.fr.

VOUILLE

6-D4 18 km N.-O. Poitiers. 80 m. 2499 hab. Station verte de vacances et village de neige ✉ 86190

CAMP MUNICIPAL ★★ 36 E. 0,6 ha. Chemin de la Piscine, RD 7. ☎ 05 49 51 90 10 (Ap. 18 h) / 05 49 54 20 30 (Mairie).

VOUNEUIL SUR VIENNE

6-E4 12 km S. Chatellerault. 82 m. 1458 hab. ✉ 86210

LES CHALETS DE MOULIERES ★★★ Tourisme 29 E. CV. Locations : 24 . chauffée . Accès direct à la rivière. ; à 5 km : . Rue des Ardentes. A 10 sortie Chatellerault Sud puis RN 10 dir. Poitiers. A Naintré prendre la N 23. ☎ 05 49 85 84 40 / 05 49 38 37 48 / 01 43 58 95 66 (Réserv.) (H.S.). Fax : 05 49 85 84 69. E-mail : vacances@laligue.org, Web : www.chaletsdemouliere.com.

87 HAUTE-VIENNE

Cartes 6-9-10

Déléguée FFCC : Catherine AMALVY, 11, rue de Pompidou - 87270 COUZEIX - cathyamalvy@aol.com

AIXE SUR VIENNE

9-F1 12 km O.-S.-O. Limoges. 200 m. 5650 hab. Station verte de vacances et village de neige ✉ 87700

CAMP MUNICIPAL LES GREVES ★★ Tourisme 100 E. dont 71 nus, 3 ha. CV. Locations : 2 . Accès direct à la rivière. Accueil groupes. Ouv : 1.6 / 30.9. Avenue des Grèves. Rue Jean-Claude Papon. Limoges dir. Aixe-sur-Vienne, RN 21. Caravanes et tous véhicules double-essieu non acceptés. ☎ 05 55 70 12 98 / 05 55 70 77 00 (Mairie) (H.S.). Fax : 05 55 70 43 00. E-mail : camping@mairie-aixesurvienne.fr, Web : www.mairie-aixesurvienne.fr. Prix 2007. Fft jour : Empl. Tourisme (2) : 11 € Sup : 4 € - de 10 ans 2 € ; 2,30 € (10 A).

AMBAZAC

10-A1 20 km N.-E. Limoges. 380 m. 4658 hab. ✉ 87240

CAMP MUNICIPAL DE JONAS ★ Tourisme 70 E. 0,7 ha. ☎ 05 55 56 60 25.

BEAUMONT DU LAC

10-B1 61 km E. Limoges. 650 m. 149 hab. Village de neige ✉ 87120

DOMAINE DE PIERREFITTE ★★★ Tourisme 45 E. dont 45 nus 1,5 ha. CV Sanitaire chauffé. Locations : 8 , 10 , . couverte chauffée . Accès direct aux bords du lac. ; . Accueil groupes. Ouv : 16.6 / 15.9. Rés. obligatoire en été. Lac de Vassivière. A 4 km du bourg, Beaumont du Lac ☎ 05 55 69 15 88 / 0 820 825 352 (H.S.). Fax : 04 73 77 05 05. E-mail : resa@ceveo.com, Web : www.ceveo.com. Réduction H.S.

BELLAC

6-F5 40 km N.-O. Limoges. 245 m. 5465 hab. Station verte de vacances et village de neige ✉ 87300

CAMP MUNICIPAL LES ROCHETTES ★★ Tourisme 100 E. 1,2 ha. Sanitaire chauffé. Accueil groupes. Ouv : 1.1 / 31.12. O ☎ 05 55 68 13 27. E-mail : camping.bellac@wanadoo.fr, Web : www.camping-limousin.com. Prix 2007. Fft jour : Empl. Tourisme (2) : 10 € - de 6 ans 1,50 € ; 2,50 €. Réduction H.S.

BERSAC SUR RIVALIER

7-A5 40 km N.-E. Limoges 731 hab. ✉ 87370

Mme ORANGE Dominique,camping à la ferme . A 3 km: . A 12 km : . Maillofargueix. A 20 sortie n° 25 puis D 220 dir. Bersac/D 28 au Nord de Limoges. A 6 km de la sortie se trouve le camping, entrée à droite drapeau jaune. ☎ 05 55 71 03 14 / 06 86 50 26 78. Fax : 05 55 71 03 14. E-mail : orangd@wanadoo.fr.

BESSINES SUR GARTEMPE

10-A1 30 km E. Bellac. 344 m. 3011 hab. ✉ 87250

ETANG DE SAGNAT ★★★ Tourisme 50 E. Locations : . Accès direct à l'étang. ; ; . ☎ 05 55 76 17 69 / 05 55 76 05 09 (Mairie).

BONNAC LA COTE

10-A1 14 km N. Limoges. 360 m. 805 hab. ✉ 87270

CASTEL CAMPING DU CHATEAU DE LEYCHOISIER ★★★★ Tourisme 80 E., dont 10 CC, 3 ha. CV. Locations : Cottages. . Accès direct aux bords du lac. Etang à 100 m. ; ; . Accueil groupes. Domaine de Leychoisier. Parc du Château, A 20 sortie 27, RN 20. 12 km au nord de Limogespar A 20 sortie 27 Borme la Côte. ☎ 05 55 39 93 43. Fax : 05 55 39 93 43. E-mail : contact@leychoisier.com, Web : www.leychoisier.com. Prix 2007. Fft jour : Empl. Tourisme (2) : 27 € (E. CC) ; Sup : 7 € - de 7 ans 4,80 € ; Animaux 0,80 €.

BUJALEUF

10-A1 36 km E. Limoges. 375 m. 1079 hab. Station verte de vacances et village de neige ✉ 87460

CAMP MUNICIPAL DU LAC ★★ Tourisme 110 E. dont 110 nus 3,5 ha. , pain, CV Sanitaire chauffé. Locations : 4 , 4 . Lac à 50 m. ; ; ; . Accueil groupes. Ouv : 15.5 / 30.9. Lieu-dit Sainte Hélène, sur RD 14 et 16. ☎ 05 55 69 54 54 (OTSI). Fax : 05 55 69 54 54. E-mail : tourisme@bujaleuf.fr, Web : www.bujaleuf.fr. Prix 2008. Fft jour : Empl. Tourisme (2) : 8 € ( ) ; Sup : 2 € - de 7 ans 1,50 € ; 2 €. Réduction H.S.

BUSSIERE BOFFY

6-F5 22 km S.-O. Bellac. 250 m. 321 hab. ✉ 87330

AIRE NATURELLE MUNICIPALE . Accès route D 951. ☎ 05 55 68 34 64. Fax : 05 55 68 34 64.

BUSSIERE GALANT

9-F2 28 km S.-O. Limoges. 419 m. 1545 hab. ✉ 87230

CAMP MUNICIPAL LES RIBIERES ★★ Tourisme 25 E. Sanitaire chauffé. . Accès direct aux bords du lac. ; ; . RN 21 à 4 km (axe N.S.). D 901 à 1 km (axe O.E.). ☎ 05 55 78 86 47 / 05 55 78 80 26. Fax : 05 55 78 16 75.

CAMP NATURISTE DE BOS REDON ★ Tourisme 33 E. 33 ha. , collectif, CV Rés. naturiste. Locations : 1 . à 6 km : . Ouv : 1.7 / 30.8. Suivre les panneaux CSL-FFN mis à 5 km à la ronde. ☎ 05 55 78 82 02. E-mail : ffn-cslimoges@ifrance.com, Web : www.cslimoges.net. Prix 2007. Empl. Tourisme : 4 € ( ) : 5 € ; - de 5/15 ans 2 € ; 2 €.

FFCC : partenaire + réduction emp. de 5 % en saison.

BUSSIERE POITEVINE

6-F5 19 km N.-O. Bellac. 1120 hab. ✉ 87320

CAMP MUNICIPAL LA CROIX DE L'HOZANNE ★ Tourisme 40 E. 1,06 ha. CV Sanitaire chauffé. Locations : . Etang à 2 km.Rivière à 3 km. ; . ☎ 05 55 60 08 17 (Camping) / 05 55 68 40 83 (Mairie) (H.S.). Fax : 05 55 68 40 72.

LE CHALARD

9-F2 42 km S. Limoges. 235 hab. ✉ 87500

LES VIGERES ★★ Tourisme 45 E. dont 32 nus 2,75 ha. gratuit, CV. Locations : 4 . Accès direct à l'étang. Rivière à 1 km.Lac à 5 km. ; à 4 km : . Accueil groupes. Ouv : 1.1 / 31.12. Rés. obligatoire en été. Lieu-dit les Vigères. A 20 km de la RN 21 sur la RD 901, axe Limoges/Périgueux entre St Yrieix/La Perche et Chalus. ☎ 05 55 09 37 22. Fax : 05 55 09 93 39. E-mail : lesvigeres@aol.com, Web : www.lesvigeres.com. Prix 2008. Empl. Tourisme : 5 € : 4 € ; - de 12 ans 2 € ; 3 à 4 € (3 à 10 A). Réduction H.S.

FFCC : partenaire + réduction emp. de 5 % en saison et 10 % hors saison + réduction loc. de 5 % en saison et hors saison.

CHAMPAGNAC LA RIVIERE

17 km S. Rochechouart. 334 m. 663 hab. ✉ 87150

M. BANKS Robert, aire naturelle Parc du Verger Le Poteau - La Halte ☎ 05 55 01 22 83.

CHATEAUNEUF LA FORET

10-A2 35 km S.-E. Limoges. 450 m. 1986 hab. ✉ 87130

LE CHEYENNE ★★ Tourisme 65 E. dont 45 nus 1,5 ha. CV Sanitaire chauffé. Locations : 1 , 5 . Lac à 100 m. ; . Accueil groupes. Route du Stade. Avenue Michel Sinibaldi CD 979. A 20 Limoges sortie 35 Feytiat/Eymouthiers/Chateauneuf-la-Forêt. ☎ 05 65 69 63 69 (OTSI) / 05 55 69 39 29 (H.S.). Fax : 05 55 69 63 69. E-mail : otsi.chateauneuflaforet@wanadoo.fr, Web : www.chateauneuf-la-foret.com. Réduction H.S.

FFCC : Stop accueil Camping-car de mars à décembre 2008.

M. VAN DER VLIST JAAP, aire naturelle Bellegarde Les Fleurs . A 4 km: Château Bellegarde les Fleurs. Route de Serre. ☎ 05 55 69 77 67. E-mail : info@bellegarde.info, Web : www.bellegarde.info.

CHATEAUPONSAC

10-A1 21 km E. Bellac. 300 m. 2653 hab. Station verte de vacances et village de neige ✉ 87290

CAMP MUNICIPAL LA GARTEMPE ★★★ Tourisme 43 E., dont 3 HLL, 0,5 ha. CV. Locations : 3 , , 2 . Rivière à 100 m. à 50 m : . Accueil groupes. Ouv : 1.1 / 31.12. D 711 dir. Roussac-Nantiat. ☎ 05 55 76 55 33 (Réserv.). Fax : 05 55 76 98 05. E-mail : chateauponsac.tourisme@wanadoo.fr, Web : www.holidayschateauponsac.com. Prix 2008. Fft jour : Empl. Tourisme (2) : 15 € () ; Sup : 3,50 € - de 7 ans 2 € ; 3 € (6 A) ; Animaux 1 €. Réduction H.S.

LE CHATENET EN DOGNON

10-A1 24 km N.-E. Limoges. 420 m. 437 hab. ✉ 87400

M. BOGAARD, aire naturelle Les Griffons . A 3 km: . A 5 km : Piscine plein air. Contereix. ☎ 05 55 57 11 12. Fax : 05 55 57 11 12. E-mail : Janvdbogaard@wanadoo.nl.

CHEISSOUX

10-A1 37 km E. Limoges. 450 m. 260 hab. ✉ 87460

LOUS SUAIS ★ Tourisme 40 E. Rés. naturiste. Locations : , . Accès direct aux bords du lac. ; ; ; . ☎ 05 55 69 56 94. Fax : 05 55 69 56 94. E-mail : lous.suais@worldonline.nl, Web : www.loussuais.com.

CIEUX

9-F1 18 km S. Bellac. 330 m. 1054 hab. ✉ 87520

AIRE NATURELLE MUNICIPALE . Situé dans les Monts de Blond. Nombreuses randonnées pédestres et curiosité du circuit des Mégalithes. ☎ 05 55 03 88 76. Fax : 05 55 03 88 76. E-mail : mairie.cieux@wanadoo.fr.

COGNAC LA FORET

9-F1 16 km E. Rochechouart. 355 m. 893 hab. ✉ 87310

LES ALOUETTES ★★ Tourisme 100 E., dont 14 GCC, 2 ha. CV. Locations : 2 , 3 . Etang à 700 m. à 700 m : plan d'eau, , ; à 10 km : . Ouv : 1.4 / 30.9. Route des Alouettes. Sur D 10 d'Aixe-sur-Vienne à Rochechouart. ☎ 05 55 03 26 93. E-mail : info@camping-des-alouettes.com, Web : www.camping-des-alouettes.com. Prix 2007. Fft jour : Empl. Tourisme (2) : 11,60 € () ; Sup : 3,30 € 2,20 € ; 2 € (5 A) ; Animaux 1 € (chien). Réduction H.S.

FFCC : partenaire - terrain assuré par la FFCC + réduction emp. de 5 % en saison et hors saison + réduction loc. de 5 % hors saison.

COMPREIGNAC

10-A1 25 km S.-E. Bellac. 410 m. 1130 hab. ✉ 87140

CAMP MUNICIPAL DE MONTIMBERT ★★ Tourisme 46 E. 0,9 ha. CV Sanitaire chauffé. Lac à 1 km. à 1 km : , , , . Accueil groupes. Ouv : 1.6 / 15.9. D 60. ☎ 05 55 71 04 49 / 05 55 71 00 23 (Mairie) (H.S.). Fax : 05 55 71 20 05. Prix 2007. Empl. Tourisme : 1,20 € ; 1,20 € ; 1,80 € ; - de 7 ans 0,90 € ; 2,50 €. Réduction H.S.

COUSSAC BONNEVAL

10-A2 42 km S. Limoges. 343 m. 1605 hab. ✉ 87500

CAMP MUNICIPAL LES ALLEES ★ Tourisme 26 E. . ☎ 05 55 75 20 29. Fax : 05 55 75 12 94.

LA CROISILLE SUR BRIANCE

10-A2 42 km S.-E. Limoges. 450 m. 817 hab. ✉ 87130

AIRE NATURELLE MUNICIPALE , proche, . ☎ 05 55 71 70 55 (Mairie) / 05 55 71 74 37 (H.S.). Fax : 05 55 71 86 17.

CROMAC

6-F5 40 km N.-E. Bellac. 230 m. 411 hab. ✉ 87160

LE LAC DE MONDON ★★★ Tourisme 99 E., dont 7 HLL, 2 ha. CV. Locations : Mini-chalets. . Accès direct aux bords du lac. Rivière à 20 m. ; ; . Accueil groupes. Par A 20 sortie n°21 ou 22. ☎ 05 55 76 93 34 / 05 55 76 83 99 / 06 07 41 75 03 (H.S.). Fax : 05 55 76 96 17. E-mail : tourisme-bramebenaize@wanadoo.fr, Web : www.chalets-decouverte.com. Prix 2007. Fft jour : Empl. Tourisme (2) : 12 € () ; Sup : 4 € - de 7 ans 2 € ; 3 € (10 A) ; Animaux 1 €. Fft Tente : 8 € (2).

DOMPIERRE LES EGLISES

6-F5 25 km N.-E. Bellac. 350 m. 501 hab. ✉ 87190

AIRE NATURELLE MUNICIPALE . A 22 km: Piscine plein air. Le Dompierre. ☎ 05 55 68 53 78. Fax : 05 55 68 54 13.

LE DORAT

6-F5 12 km N. Bellac. 220 m. 2421 hab. ✉ 87210

CAMP MUNICIPAL ★ Tourisme 20 E. 1 ha. . Rivière à 3 km. Ouv : 1.5 / 30.9. Route de la Planche des Dames. ☎ 05 55 60 72 20 (Mairie) / 05 55 60 76 81 (OTSI) / 05 55 60 72 20 (H.S.). Fax : 05 55 68 27 87. Prix 2007. Empl. Tourisme : 1,30 € ; 0,85 € ; 1,30 € ; 0,70 € ; 2,40 €.

DROUX

6-F5 11 km N.-E. Bellac. 238 m. 493 hab. ✉ 87190

AIRE NATURELLE MUNICIPALE ☎ 05 55 68 51 81.

EYMOUTIERS

10-A2 45 km S.-E. Limoges. 420 m. 2635 hab. Station verte de vacances et village de neige ✉ 87120

CAMP MUNICIPAL ★★ Tourisme 40 E. 1 ha. . Rivière à 500 m. à 1 km : . A Saint Pierre Château, D 940. ☎ 05 55 69 27 81. Fax : 05 55 69 14 24. E-mail : OT.eymoutiers@wanadoo.fr.

DOMAINE NATURISTE DES MONTS DE BUSSY ★★ Tourisme 20 E. dont 8 nus, 3 ha. CV Rés. naturiste. Locations : 12 . chauffée . Rivière à 800 m. ; . Bussy Varache. Fléché à partir d'Eymoutiers sur la D 979. ☎ 05 55 69 68 20. Fax: 05 55 69 68 20. E-mail : montsdebussy@wanadoo.fr, Web : www.montsdebussy.net. Prix 2007. Fft jour : Empl. Tourisme (2) : 20 € () ; Sup : 5 € - de 4/10 ans 3,50 € ; 3 € (10 A) ; Animaux 3 €.

FFCC : partenaire + réduction emp. de 5 % en saison et hors saison + réduction loc. de 5 % en saison et hors saison.

FLAVIGNAC

9-F2 25 km S.-O. Limoges. 340 m. 963 hab. 87230

CAMP MUNICIPAL SAINT FORTUNAT ★ Tourisme 30 E. dont 30 nus, dont 4 HLL. 4 km, 300 m, CV Sanitaire chauffé. Locations : 4. Accès direct à la rivière. Lac à 50 m. Accueil groupes. Par RN 21 et CD 59 ou par CD 20 à partir d'Aixe-sur-Vienne. ☎ 05 55 39 11 14 (MAIRIE) / 06 81 98 62 16 (CAMPING) / 05 55 39 11 14 (MAIRIE) (H.S.). Fax : 05 55 36 09 05. E-mail : mairie-flavignac@wanadoo.fr. Prix 2007. Fft jour : Empl. Tourisme (1) : 7,00 € () ; Sup : 2,20 € 2,80 € (10 A).

LADIGNAC LE LONG

9-F2 36 km S. Limoges. 360 m. 1245 hab. 87500

CAMP MUNICIPAL BEL AIR ★★★ Tourisme 100 E., dont 30 CC - 2 HLL, 1 ha. CV. Locations : 5. Accès direct à l'étang et aux bords du lac et à la rivière. ; ; ; ; . Accueil groupes. Ouv : 1.5 / 31.10. Sur Bel Air. A Limoges autoroute sortie 36. De Limoges par RD 704 direction Nexon ou RN 21 jusqu'à Châlus via Aixe-Vienne, puis D 901. ☎ 05 55 09 39 82 / 05 55 09 30 02 (Mairie) (H.S.). Fax : 05 55 09 39 80. E-mail : camping-ladignac@wanadoo.fr, Web : www.ladignac.com. Prix 2007. Fft jour : Empl. Tourisme (2) : 10,40 € () ; Sup : 2,65 € - de 6 ans 1,75 € ; 2,65 € (6 A).

Mme THREADGOLD,camping Fil d'Or . A 2,5 km: . A 3 km : . A 10 km : . Ouv : 1.4 / 30.9 & octobre / mars sur rendez-vous. Moulin de la Ribière. Situé sur la D 11 vers Jumilhac. ☎ 05 55 09 33 10. E-mail : campingfildor@yahoo.fr, Web : www.home.tiscali.nl/campingfildor. Prix 2008. Fft jour : Empl. Tourisme (2) : 11 € () ; Sup : 2,50 € - de 13 ans 1,80 € ; 2,60 € ; Animaux 1 €. Réduction H.S.

LAURIERE

10-A1 38 km N.-E. Limoges. 430 m. 693 hab. 87370

CAMP INTERCOMMUNAL DU LAC ★★ Tourisme 166 E., dont 6 HLL, 3,6 ha. CV. Locations : 5, huttes. Accès direct à l'étang et aux bords du lac. ; ; . RD 63. ☎ 05 55 71 42 62 / 05 55 71 46 46. Fax : 05 55 71 26 29. Web : www.chalets-decouverte.com.

LIMOGES

9-F1 375 km S.-S.-O. Paris. 295 m. 144082 hab. 87000

CAMP MUNICIPAL D'UZURAT ★★★ Tourisme 170 E. dont 160 nus, dont 9 GCC, 2,5 ha. CV Sanitaire chauffé. Locations : 3. chauffée. Accès direct à la rivière. Lac à 2,5 km. Accueil groupes. 40, avenue Uzurat. ☎ 05 55 38 49 43. Fax : 05 55 38 49 43. E-mail : campinglimoges@wanadoo.fr, Web : www.campinglimoges.fr.

LUSSAC LES EGLISES

6-F5 30 km N. Bellac. 211 m. 699 hab. 87360

LES FORGES ★★ Tourisme 10 E. 0,5 ha. Accès direct à l'étang. Rivière à 1 km. . Ouv : 1.4 / 30.9. Sur D 912 à 300 m du centre bourg. A 20 km de l'A 20 et à 5 km de l'itinéraire Bis Paris/Toulouse. ☎ 05 55 68 22 53.

MAGNAC BOURG

10-A2 27 km S.-E. Limoges. 440 m. 860 hab. 87380

CAMP MUNICIPAL LES ECUREUILS ★★ Tourisme 30 E. dont 30 nus, 1 ha. CV.à 2 km : . Accueil groupes. Ouv : 1.4 / 30.9. VO 4 et RN 20. ☎ 05 55 00 80 28 (Mairie). Fax : 05 55 00 49 09. E-mail : mairie.magnac-bourg@wanadoo.fr. Prix 2007. Empl. Tourisme : 3,50 € ; 3,50 € ; - de 7 ans 1,50 € ; 3 € (16 A).

FFCC : partenaire - terrain assuré par la FFCC.

MAGNAC LAVAL

6-F5 17 km N.-E. Bellac. 246 m. 2512 hab. 87190

CAMP MUNICIPAL LE STADE ★★ Tourisme 20 E. . Locations : . ☎ 05 55 68 52 54.

M. MULLER Etienne,camping la Ferme du Logis CV. Le Logis de la Thibarderie. A 20 sortie n° 23 puis prendre dir. Bellac et suivre fléchage. ☎ 05 55 68 57 23 / 06 87 32 13 90 (H.S.). Fax : 05 55 68 52 80. E-mail : etiennemuller@aol.com, Web : www.resa-france.com. Réduction H.S.

MARVAL

9-E2 30 km S. Rochechouart. 330 m. 683 hab. 87440

LE GRAND LAC ★★★ Tourisme 136 E. dont 40 nus, , dont 87 GCC, 2 HLL, 6 ha. , juillet/août, juillet/août, charbon de bois, CV. Locations : 27, 5, 48, 4, chauffée. Accès direct aux bords du lac. Rivière à 5 km. gratuite sans permis : ; . Accueil groupes. Ouv : 1.5 / 30.9. Accès St-Mathieu/Milhaguet/Le Grand Lac. A 20 sortie Limoges, N 21 direction Périgueux, D 699 Gorre/Cussac/St-Mathieu/Milhaguet. ☎ 05 55 78 73 85. Fax : 05 55 78 74 85. E-mail : legrandlac@wanadoo.fr, Web : www.legrandlac.com. Prix 2008. Fft jour : Empl. Tourisme (2) : 17,80 € () ; Sup : 4,60 € - de 7 ans 3,50 € ; 4 à 4,10 € (10 A) ; Animaux 2 €.

MEUZAC

10-A2 43 km S.-E. Limoges. 400 m. 834 hab. 87380

CAMP MUNICIPAL DU LAC ★★ Tourisme 60 E. 1 ha. . Etang à 50 m. ; à 200 m : ; . RD 7 bis, A 20 sortie 42. ☎ 05 55 09 97 12 (Mairie). Fax : 05 55 09 95 49. E-mail : mairie.meuzac@wanadoo.fr.

MORTEROLLES SUR SEMME

6-F5 30 km E. Bellac. 344 m. 418 hab. 87250

CAMP MUNICIPAL ★★ Tourisme 33 E. dont 33 nus 0,8 ha. , face au camping, face au camping, CV Sanitaire chauffé.à 500 m : ; à 4 km : ; ; . Ouv : 1.1 / 31.12. Sur RD 220. A 20 de Paris sortie n° 24 Bessines, sortie 23-1 Bessines-Gare Morterolles/Semme. ☎ 05 55 76 05 09 (Mairie) / 05 55 76 09 28 (H.S.). Fax : 05 55 76 68 45. E-mail : ot.bessines@wanadoo.fr. Prix 2007. Fft jour : Empl. Tourisme (2) : 6,80 € () ; - de 7 ans 1,60 € ; 2,10 €.

NANTIAT

9-F1 17 km S.-E. Bellac. 345 m. 1468 hab. 87140

CAMP MUNICIPAL LES HACHES ★★ Tourisme 33 E. 0,75 ha. CV. . RN 147. ☎ 05 55 53 42 43 (Mairie). Fax : 05 55 53 56 28.

NEDDE

10-B2 56 km E. Limoges. 510 m. 665 hab. Village de neige 87120

CAMP MUNICIPAL ★★ Tourisme 85 E. 3,5 ha. . Sur CD 992. ☎ 05 55 69 98 09 (Mairie) / 05 55 69 98 89. Fax : 05 55 69 95 09. E-mail : mairie.nedde@wanadoo.fr.

NEXON

9-F2 20 km S. Limoges. 356 m. 2379 hab. 87800

CAMPING DE LA LANDE ★★ Tourisme 53 E., dont 9 HLL, 1,6 ha. 1 km, 1 km, 1 km, CV Sanitaire chauffé. Locations : 6, , Mini-chalets. Etang à 30 m. surveillée (jui : ; avril/mai & sept./mi-nov. : . Accueil groupes. moins 20%. RN 704. ☎ 05 55 58 35 44 (CAMPING) / 05 55 58 10 19 (Mairie) / 05 55 58 10 19 (H.S.). Fax : 05 55 58 33 50. E-mail : mairie.nexom@wanadoo.fr, Web : www.chalets-decouverte.com. Prix 2008. Fft jour : Empl. Tourisme (2) : 7,50 € () ; Sup : 3,20 € 1,60 € ; 2,10 € (10 A A). Réduction H.S.

PEYRAT LE CHATEAU

10-A1 50 km E. Limoges. 420 m. 1520 hab. Station verte de vacances et village de neige 87470

BOIS DE LA FRANCHISE ★★ Tourisme 33 E. Réservé Comité Entreprise Saviem.

CAMP MUNICIPAL LE CHASSAGNOU ★★ Tourisme 65 E. . Accès direct aux bords du lac. ; ; à 100 m : ; . ☎ 05 55 69 44 79.

CAMP MUNICIPAL LES PEYRADES ★★ Tourisme 145 E. 2 ha. CV. Locations : 5. Accès direct aux bords du lac. ; ; ; ; . Auphelle, CD 13, CD 940. ☎ 05 55 69 41 32 / 05 55 69 40 23 (Mairie) / 05 55 69 48 75 (H.S.). Fax : 05 55 69 24.

CAMP MUNICIPAL LES PEYRADES II ★ Loisirs 24 E. ☎ 05 55 69 40 23.

CAMP MUNICIPAL LES SAGNES ★ Tourisme 66 E. 2,5 ha. . Accès direct aux bords du lac. ; ; ; à 200 m : . CD 13. ☎ 05 55 69 41 33.

CAMP MUNICIPAL MOULIN DE L'EAU ★ Tourisme 65 E. CV. Accès direct à la rivière. Etang à 1,5 km. ; ; à 1 km : ; .Accueil adultes. Ouv : 31.3 / 11.11. CD 940. ☎ 05 55 69 41 01 / 05 55 69 48 75 (H.S.). E-mail : peyrat-tourisme@wanadoo.fr. Prix 2007. Fft jour : Empl. Tourisme (2) : 5,65 € () ; Sup : 2 € - de 2/7 ans 1 € ; 2,40 €.

CLUB NAUTIQUE DE VASSIVIERES ★ Loisirs 65 E. Auphelle. ☎ 05 55 69 40 96.

AIRE NATURELLE MUNICIPALE

PIERRE BUFFIERE

10-A2 20 km S.-E. Limoges. 300 m. 1156 hab. 87260

CAMP INTERCOMMUNAL CHABANAS ★★★ Tourisme 60 E. (40 Tourisme + 20 Loisirs), dont 20 GCC, 2 ha. CV. Rivière à 2 km. . Chabanas. A 20 sortie 40. ☎ 05 55 00 96 43 / 05 55 00 60 07 (H.S.). Fax : 05 55 00 96 43. Réduction H.S.

RAZES

10-A1 32 km S.-E. Bellac. 436 m. 881 hab. 87640

SITE DE SANTROP ★★★ Tourisme 152 E. 3,5 ha. CV. Locations : 6, 4, . Accès direct aux bords du lac. ; ; ; ; ; . A 20 sortie n° 25 Razès. ☎ 05 55 71 08 08 / 05 55 71 04 40 (H.S.). Fax : 05 55 71 23 93. E-mail : lacsaintpardoux@wanadoo.fr, Web : www.lac-saint-pardoux.com. Prix 2007. Fft jour : Empl. Tourisme (2) : 16,40 € () ; Sup : 4,10 € - de 6 ans 3,10 € ; 3,70 € ; Animaux 1,10 €.

ROCHECHOUART

9-F1 42 km O. Limoges. 265 m. 4053 hab. Station verte de vacances et village de neige 87600

CAMP MUNICIPAL ★★ Tourisme 80 E. 1,13 ha. CV. Locations : 6. Lac à 100 m. Rivière à 300 m. ; . ☎ 05 55 03 65 96. Web : www.chalets-decouverte.com.

SAILLAT SUR VIENNE

9-F1 6 km N. Rochechouart. 1112 hab. 87720

CAMP MUNICIPAL ★ Loisirs 36 E., dont 36 GCC. Réservé aux usines. ☎ 05 55 03 41 82 (Mairie).

ST AMAND MAGNAZEIX

6-F5 30 km N.-E. Bellac. 430 m. 705 hab. 87290

CAMP MUNICIPAL ★★ Tourisme 24 E. Accès direct à l'étang. A 20, RN 145. ☎ 05 55 76 00 87. Fax : 05 55 76 10 94.

Mme COUSTY Yvonne . A 3 km: . A 7 km : . A 10 km : Piscine plein air . Les Pommiers, Chatenet, RN 20 et 145, RD 63 bis, 3 km Nord-Ouest de la commune, à proximité de la ferme. Terrain herbeux, ombragé. Abri de 40 m2. Gardiennage de caravane. ☎ 05 55 76 04 15.

ST BRICE SUR VIENNE

9-F1 12 km N.-E. Rochechouart. 176 m. 545 hab. 87200

CAMP MUNICIPAL CHAMBERY ★★ Tourisme 10 E. CV Sanitaire chauffé. Accès direct à l'étang. Rivière à 1 km. Accueil groupes. O ☎ 05 55 02 18 13. Fax : 05 55 02 93 36. E-mail : mairiest-brice@wanadoo.fr.

ST GERMAIN LES BELLES

10-A2 34 km S.-E. Limoges. 731 m. 1271 hab. 87380

CAMP MUNICIPAL MONTREAL ★★ Tourisme 60 E. 0,6 ha. CV. Lac à 100 m. Rivière à 2 km. Accueil groupes. RN 20. A 20 sortie 42, D 7 bis. ☎ 05 55 71 86 20 / 05 55 71 80 09 (H.S.) (H.S.). Fax : 05 55 71 82 25.

ST HILAIRE LES PLACES

9-F2 20 km S. Limoges. 360 m. 790 hab. 87800

CAMP MUNICIPAL DU LAC ★★★ Tourisme 83 E. 2,5 ha. + sèche-linge, CV Sanitaire chauffé. Locations : 6 . Accès direct aux bords du lac. Accueil groupes. Lac Plaisance. 30 km Sud Limoges sortie sur A 20 n°36. ☎ 05 55 58 12 14 / 05 55 58 12 08 (Mairie) (H.S.). Fax : 05 55 58 35 98. E-mail : mairie-saint.hilaire@wanadoo.fr, Web : sthilaire-lesplaces.com. Prix 2007. Fft jour : Empl. Tourisme (2) : 10 € () ; Sup : 3,80 € - de 7 ans 2,50 € ; 2,50 €. Réduction H.S.

ST JUNIEN

9-F1 11 km N.-E. Rochechouart. 170 m. 11194 hab. Station verte de vacances et village de neige 87200

CAMP MUNICIPAL DE LA GLANE ★★ Tourisme 100 E. 1,8 ha. jeton, CV. Locations : 6 . Rivière à 200 m. à 200 m : . à 9 km : . Accueil groupes. Ouv : 15.5 / 15.9. Avenue Corot, au stade. ☎ 05 55 02 34 86 / 06 74 09 85 88 (H.S.). Fax : 05 55 02 42 88. E-mail : sports@mairie-saint-junien.fr, Web : www.mairie-saint-junien.fr. Prix 2007. Fft jour : Empl. Tourisme (2) : 6,75 € () ; Sup : 3,60 € - de 10 ans 2,05 € ; 3,30 €. Fft Tente : 5,10 € (2).

ST LAURENT LES EGLISES

10-A1 28 km N.-E. Limoges. 400 m. 631 hab. 87340

CAMP MUNICIPAL DU PONT DU DOGNON ★★★ Tourisme 90 E. (73 Tourisme + 17 Loisirs), dont 17 HLL, 0,9 ha. CV Sanitaire chauffé. Locations : 15 , 3 , 4 . Accès direct à la rivière. Par RD 5. A 20 sortie 26 Ambazac. ☎ 05 55 56 57 25 / 05 55 56 56 13 (Mairie) / 05 55 56 56 13 (H.S.). Fax : 05 55 56 55 17. Web : www.chalets-decouverte.com.

ST LAURENT SUR GORRE

9-F1 13 km S.E. Rochechouart. 370 m. 1547 hab. 87310

AIRE NATURELLE MUNICIPALE CV. A 1,5 km: . A 2 km : . A 3 km : . A 5 km : . A 10 km : . Ouv : 1.1 / 31.12. Les Chênes. Marchés fermiers les jeudis. ☎ 05 55 00 00 21. Fax : 05 55 48 21 27. E-mail : mairie.stlaurent-gorre@wanadoo.fr, Web : www.saint-laurent-sur-gorre.fr. 6 € ; 2 € ;

ST LEONARD DE NOBLAT

10-A1 22 km E. Limoges. 330 m. 5318 hab. 87400

CAMPING DE BEAUFORT ★★★ Tourisme 98 E. dont 87 nus, 2 ha. CV Sanitaire chauffé. Locations : 2 , 10 . Accès direct à la rivière. Sur RD 39 A. RN 141. ☎ 05 55 56 02 79. E-mail : info@campingdebeaufort.com, Web : www.campingdebeaufort.com. Prix 2007. Fft jour ; Empl. Tourisme : 13.00 € () ; 3 € (15 A A) ; Animaux 1,50 €.

ST MARTIN TERRESSUS

10-A1 19 km N.-E. Limoges. 300 m. 445 hab. 87400

CAMP MUNICIPAL LE SOLEIL LEVANT ★★ Tourisme 36 E. 0,36 ha. Sanitaire chauffé. Accès direct à l'étang. Ouv : 15.6 / 15.9. A 18 km de la RN 20 et à 300 m de la RD 56. ☎ 05 55 39 83 78 / 05 55 39 74 12 (H.S.). Fax : 05 55 39 64 30. Prix 2008. 2 € ; 1 € ; 2,50 € ; 1,40 € ; 2,70 € ; - de 12 ans 1 € ; 2 €.

ST MATHIEU

9-E2 17 km S.-O. Rochechouart. 360 m. 1364 hab. 87440

LE LAC ★★★ Tourisme 53 E., dont 49 CC, 1 ha. CV. Locations : . Accès direct aux bords du lac. Les Champs. ☎ 05 55 00 30 26 (Mairie). Fax : 05 55 48 80 62.

ST PARDOUX

10-A1 25 km S.-E. Bellac. 370 m. 466 hab. 87250

FREAUDOUR ★★★★ Tourisme 200 E. dont 180 nus, dont 44 GCC - 10 HLL, 3,5 ha. CV. Locations : 10 , 19 . Accès direct aux bords du lac. Accueil groupes hors saison. A 20 sortie 25, Razès-lac de St Pardoux. ☎ 05 55 76 57 22 / 05 55 71 04 40 (H.S.). Fax : 05 55 71 23 93. Web : www.lac-saint-pardoux.com. Prix 2007. Fft jour : Empl. Tourisme (2) : 17,90 € () ; Sup : 4,60 € - de 6 ans 3,50 € ; 3,80 € ; E. GCC 4,10 € (suplt) ; Animaux 1,20 €. Réduction H.S.

ST SYLVESTRE

10-A1 20 km N. Limoges. 500 m. 660 hab. 87240

LES ROUSSILLES ★★ Tourisme 65 E., dont 5 HLL, 4 ha. CV. Locations . 2 , 3 . Etang ot lac à 5 km. RN 20. Dir. Paris/Limoges sortie 25. Dir. Limoges/Paris sortie 26 dir. Razes. ☎ 05 55 71 32 54 / 00 31 255514864 (Hiver). Fax : 05 55 71 32 54.

ST YRIEIX LA PERCHE

10-A2 41 km S.-O. Limoges. 370 m. 8037 hab. 87500

CAMP MUNICIPAL ★★ Tourisme 100 E. 4 ha. CV. Locations : . Accès direct aux bords du lac. Accueil groupes. Arfeuille, par RN 704. ☎ 05 55 75 08 75. E-mail : camping@saint-yrieix.fr. Prix 2007. Empl. Tourisme : 4,80 € ; 13 € ; 3,60 € ; - de 10 ans 2,10 €.

SUSSAC

10-A2 45 km S.-E. Limoges. 540 m. 471 hab. 87130

CAMP MUNICIPAL BEAUSEJOUR ★★ Tourisme 33 E. dont 33 nus, 1 ha. buvette, CV. Accès direct aux bords du lac. à 100 m : . Accueil groupes. Ouv : juin / septembre. CD 39 ou CD 43. ☎ 05 55 69 62 41 (Mairie). Fax : 05 55 69 36 80. E-mail : mairiesussac@wanadoo.fr. Prix 2007. Empl. Tourisme : 1,70 € ; 1,60 € ; 1,60 € ; 1,70 € ; 2,30 €.

LES SAULES ★ Tourisme 30 E. dont 29 nus 1,5 ha. Rés. naturiste. Locations : 1 . Accès direct à l'étang. Rivière à 1 km. ☎ 05 55 69 64 36 / 0031/206825077 (H.S.). E-mail : janjansen@lessaules.com, Web : www.lessaules.com. Prix 2008. Fft jour : Empl. Tourisme (2) : 16.60 € () ; Sup : 5,30 € 3,60 € ; 3,50 € (6 A A).

Cartes 4-8

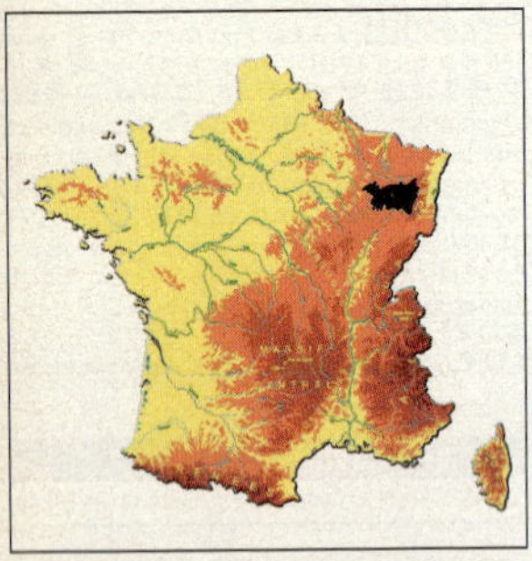

ANOULD

4-D5 12 km S. St-Dié. 455 m. 2885 hab. 88650

LES ACACIAS ★★★ Tourisme 50 E. dont 50 nus, dont 8 HLL, 2,5 ha. + sèche-linge, CV Sanitaire chauffé. Locations : 11, 2, 6. Rivière à 500 m. ; à 500 m : . Ouv : 5.12 / 5.10. 191, rue Léonard de Vinci. RN 415, 150 m à droite après le rond-point. dir. Colmar ☎ 03 29 57 11 06. Fax : 03 29 57 11 06. E-mail : contact@acaciascamp.com, Web : www.acaciascamp.com. Prix 2008. Empl. Tourisme : 3,60 € ; 1,80 € ; 1,80 € ; 1,80 € ; 3,60 € ; - de 7 ans 2 € ; 2,60 à 3,50 € (3 à 6 A) ; Animaux 1 €. Fft Ccar : 10 € (2). Réduction H.S.

FFCC : partenaire - terrain assuré par la FFCC + réduction emp. de 5 % hors saison + Stop accueil Camping-car du 01/01 au 05/10 et du 05/12 au 31/12/2008, accès jusqu'à 22h.

LES ACACIAS NATURE Tourisme Saisonnier 34 E. 1,5 ha. , dépôt gaz, CV. Rivière à 1,5 km. Ouv : juillet / août. Rue Jeanne d'Arc. RN 415 St-Dié/Colmar à droite à 150 m après le rond-point. 800 m après le caravaneige Les Acacias. ☎ 03 29 57 11 06. Fax : 03 29 57 11 06. E-mail : contact@acaciascamp.com, Web : www.acaciascamp.com. Prix 2008. 1,80 € ; 1,80 € ; 1,80 € ; 3,60 € ; - de 7 ans 2 € ; 3 € (6 A) ; Animaux 1 €. Fft Ccar : 10 € (2).

FFCC : partenaire - terrain assuré par la FFCC.

BAINS LES BAINS

4-C5 30 km S.-E. Epinal. 325 m. 1792 hab. Village de neige 88240

LES PINS ★ Tourisme 44 E. 0,75 ha. . Locations : . Rivière à 2 km. Etang à 5 km. à 2 km : . Rue des Creuses, RN 64. ☎ 03 29 36 32 18 / 03 29 36 20 49 / 03 29 36 32 18 (H.S.).

BAN DE SAPT

4-D4 11 km N. Saint-Dié. 550 m. 370 hab. 88210

CAMP DES 7 HAMEAUX . A 2 km: . A 4 km : . A 10 km : Piscine plein air. Ouv : 1.4 / 31.10. 1 La Fontenelle. Par la RD 49. ☎ 03 29 58 95 75. E-mail : camping7hameaux@wanadoo.fr, Web : camping7hameaux.monsite.orange.fr. Prix 2008. Empl. Tourisme : 2 € ; 2 € ; 1,50 € ; 2 € ; 2 € ; 1,50 € ; 2 € ; 1 € (jeton).

BARBEY SEROUX

4-D5 25 km S.-O. Saint-Dié. 600 m. 115 hab. 88640

M. MOERS Ton,aire naturelle . Ouv : début juin / début septembre. Le Champ de Roches. D 31 entre Granges et Corcieux. ☎ 03 29 51 44 95 / 03 29 50 44 95 (H.S.). E-mail : champderoches@12move.nl, Web : home.12move.nl/~champderoches. Prix 2008. Empl. Tourisme : 4 € ; 6 € ; 3 € ; - de 10 ans 2,50 € ; 3 € (6 A) ; 0,50 € ; Animaux 1 €.

LA BRESSE

4-D5 56 km S.-E. Epinal. 900 m. 5370 hab. Station verte de vacances et village de neige 88250

BELLE HUTTE ★★★★ Tourisme 125 E. (85 Tourisme + 40 Loisirs), dont 9 HLL, 3,18 ha. CV Sanitaire chauffé. Camping clef verte. Locations : . chauffée. Accès direct à la rivière. Lac à 1,5 km. ; à 1,5 km : . Ouv : 1.1 / 31.12. 1 bis Vouille de Belle Hutte. ☎ 03 29 25 49 75. E-mail : camping-belle-hutte@wanadoo.fr, Web : www.camping-belle-hutte.com. Prix 2008. Fft jour : Empl. Tourisme (2) : 18,50 € ( ) ; Sup : 5,50 € - de 7 ans 2,75 € ; 1,30 à 5,10 € (2 à 10 A) ; Animaux 1,50 €.

FFCC : partenaire - terrain assuré par la FFCC + carte FFCC assurance annulation.

LE HAUT DES BLUCHES ★★★ Tourisme 154 E., dont 24 GCC, 4 ha. CV Sanitaire chauffé. Locations : 1. Accès direct à la rivière. Lac à 2 km. . Accueil groupes. Ouv : 1.1 / 31.12 (sauf début nov. / mi-déc).. D 34 de la Bresse à la Schlucht. 4 km du centre ville à droite, route d'accès traversant la Moselotte. Animations musicales acoustiques + concours quilles (musiques traditionnelles) ☎ 03 29 25 64 80. Fax : 03 29 25 78 03. E-mail : hautdesbluches@labresse.fr, Web : www.domainehautdesbluches.labresse.fr. Prix 2008. Fft jour : Empl. Tourisme (2) : 12,40 € ( ) ; Sup : 2,60 € - de 12 ans 0,95 € ; 1,60 à 4,80 € (4 à 13 A). Réduction H.S.

FFCC : Stop accueil Camping-car du 01/01 au 02/11 et du 19/12 au 31/12/2008, accès jusqu'à 19h.

BRUYERES

4-D5 27 km E.-N.-E. Epinal. 493 m. 3834 hab. 88600

LA CROIX SAPIN ★★ Tourisme 40 E. CV. Locations : 2, 3. Lac à 200 m. Etang à 300 m. . Rue de Vielsalm. Chemin La Croix Sapin. ☎ 03 29 50 55 08 / 06 80 87 19 52 / 06 30 28 08 08 (H.S.). Fax : 03 29 52 40 53.

BULGNEVILLE

4-C5 21 km S.-E. Neufchâteau. 347 m. 1281 hab. 88140

PORTE DES VOSGES ★★ Tourisme 100 E. 1,6 ha. . Etang à 1,4 km. à 4 km : . Rue de Suriauville. Lacs de Contrexeville. ☎ 03 29 09 12 00. Fax : 03 29 09 15 71.

BUSSANG

8-D1 42 km S.-E. Epinal. 625 m. 1920 hab. 88540

DOMAINE DE CHAMPE ★★★ Tourisme 110 E. (105 Tourisme + 5 Loisirs), dont 5 HLL, 3,5 ha. CV. Locations : 8, 1, . Accès direct à la rivière. Etang à 1 km. ; ; . Les Champs navés. A 400 m du village. ☎ 03 29 61 61 51 / 06 08 64 38 98. Fax : 03 29 61 56 90. E-mail : gehinmi@wanadoo.fr, Web : www.domaine-de-champe.com.

CELLES SUR PLAINE

4-D4 27 km N. Saint-Dié. 320 m. 1030 hab. 88110

LES LACS ★★★ Tourisme 145 E., dont 10 HLL, 3 ha. , snack, CV Sanitaire chauffé. Locations : 10, , . chauffée . Accès direct à la rivière. Lac à 400 m. ; ; ; ; . 6, place de la Gare. A 50 m de la commune. D 392 à Raon l'Etape dir. Celles sur Plaine. ☎ 03 29 41 28 00. Fax : 03 29 41 18 69. E-mail : camping@sma-lacs-pierre-percee.fr, Web : www.sma-lacs-pierre-percee.fr.

LA CHAPELLE DEVANT BRUYERES

25 km S.-O. Saint-Die. 500 m. 613 hab. 88600

LES PINASSES ★★★★ Tourisme 139 E., dont 32 CC - 3 GCC, 3 ha. CV. Locations : 3, 5, 4, 1, maisons meublées. chauffée . Accès direct à l'étang. ; . RD 60, RN 423. ☎ 03 29 58 51 10. Fax : 03 29 58 54 21. E-mail : pinasses@dial.oleane.com, Web : www.camping-les-pinasses.com. Prix 2007. Fft jour : Empl. Tourisme (2) : 17,80 € Sup : 4,90 € - de 7 ans 2,50 € ; 3,50 à 4,50 € (4 à 6 A) ; Animaux 1,30 €. Réduction H.S.

CHARMES

25 km N.-E. Epinal. 290 m. 5457 hab. 88130

CAMP MUNICIPAL LES ILES ★★ Tourisme 67 E. 4 ha. , snack, CV. . Accès direct à la rivière. ; . Accueil groupes. Chemin de l'Ecluse N° 20. RN 57. ☎ 03 29 38 87 71 / 03 29 38 97 81 (H.S.). Fax : 03 29 38 87 71. E-mail : andre.michel@tiscali.fr, Web : www.camping-les-iles.chez.tiscali.fr.

CHATEL SUR MOSELLE

4-C5 18 km N.-N.-O. Epinal. 298 m. 2045 hab. 88330

Mme PERRIN Thérèse . A 5 km: . A 10 km : Piscine plein air. . A 20 km : . Entre Moriville et Zincourt. Accès par la D 32. Route de Hadigny. ☎ 03 29 67 94 56.

CHAUMOUSEY

4-C5 10 km O. Epinal. 357 m. 590 hab. 88390

AMIS DE LA NATURE ★ Tourisme 60 E. 0,9 ha. CV. Locations : . Accès direct aux bords du lac. ; ; ; .Accueil adultes. 1007, chemin d'Ambafosse. ☎ 03 29 82 51 12. Fax : 03 29 82 51 12. Prix 2007. Empl. Tourisme : 2 € ; 2 € ; 1,50 € ; 2 € ; 2 € ; 2 € ; - de 2/14 ans 1,50 € ; 1,55 € ; 1,10 €.

CONTREXEVILLE

4-C5 23 km S.-O. Neufchateau. 350 m. 4582 hab. Station verte de vacances et village de neige ✉ 88140

CAMP MUNICIPAL ★★★ Tourisme 80 E. 1,5 ha. . Lac à 2 km. ; . Accueil groupes. Ouv : 1.4 / 15.10. Au Tir aux Pigeons, RD 13. Tarif préférentiel pour campeurs détenteurs ou du F.N.S. ou carte d'invalidité (0,50 €). ☎ 03 29 08 15 06 / 03 29 08 09 35 (Mairie) (H.S.). Fax : 03 29 08 58 07. Web : www.ville-contrexeville.fr. Empl. Tourisme : 2,50 € ; 2 € ; - de 4/7 ans 1 € ; 2,50 €.

CORCIEUX

4-D5 19 km S.-S.-O. Saint-Dié. 550 m. 1880 hab. Station verte de vacances et village de neige ✉ 88430

DOMAINE DES BANS ★★★★ Tourisme 650 E., dont 650 GCC. snack, Sanitaire chauffé. Locations : , , , couverte chauffée . Accès direct à l'étang. ; ; . Pataugeoire. ☎ 03 29 51 64 67 / 03 29 51 64 66. Fax : 03 29 51 04 00. E-mail : les-bans@domaine-des-bans.com, Web : www.yellohvillage-domaine-des-bans.com.

LE CLOS DE LA CHAUME ★★★ Tourisme 90 E. 3 ha. CV. Camping clef verte. Locations : 3 , 3 , 15 , 2 . . Accès direct à la rivière. à 300 m : ; à 1,2 km : . Accueil groupes. Ouv : 21.4 / 20.9. 21, rue d'Alsace. A l'entrée du village. Axe St-Dié-Gérardmer. Location d'emplacement à l'année. ☎ 03 29 50 76 76 / 06 85 19 62 55 / 06 78 99 82 58 (H.S.). Fax : 03 29 50 76 76. E-mail : info@camping-closdelachaume.com, Web : www.camping-closdelachaume.com. Prix 2008. Fft jour : Empl. Tourisme (2) : 13,90 € (E. CC) ; Sup : 4,30 € - de 2/7 ans 2,80 € ; 3,60 € (6 A) ; Animaux 1,30 €. Fft Ccar : 13 € (2). Réduction H.S.

FFCC : partenaire - terrain assuré par la FFCC + Stop accueil Camping-car du 21/04 au 30/06 et du 15/08 au 20/09/2008, accès juqu'à 22h.

AU MICA ★★ Tourisme 65 E. (58 Tourisme + 7 Loisirs) 2 ha. pétanque, . Locations : 6 , , . Accès direct à la rivière. Etang à 20 m. à 20 m : . 8, route de Gérardmer, à 900 m du village. ☎ 03 29 50 70 07. Fax : 03 29 50 70 07. E-mail : info@camping-aumica.com, Web : www.campingaumica.com.

LA BERQUAINNE ★★ Tourisme 61 E. (60 Tourisme + 1 Loisirs), dont 1 HLL, 2 ha. . Locations : , . . Etang à 4 km. Ruxurieux. ☎ 03 29 50 64 69. Fax : 03 29 50 69 06.

LA TOUR ★★ Tourisme 34 E. , specialités, CV Sanitaire chauffé. Locations : 8 , 2 , , chambres. chauffée . à 200 m : ; à 1.5 km : . Ouv : 1.01 / 31.12. RD 60. ☎ 03 29 50 75 19. Fax : 03 29 50 75 19. E-mail : webmaster@campingdelatour.com, Web : www.campingdelatour.com. Prix 2007. Fft jour : Empl. Tourisme : 15.40 € ( ) ; Sup : 3,30 € 1,90 € ; 1,50 € (10 A). Réduction H.S.

M. LEJAL Claude . A 500 m : . A 4 km: Piscine plein air . Ouv : 1.6 / 30.9. Les Collieures, à 4 km de la commune, à proximité de la ferme. Bois, pré herbeux. ☎ 03 29 50 69 38. Prix 2007. ( ) : 1,30 € ; 2 € ; 1,30 € ; 1,60 € ; - de 7 ans 0,80 € ; 1,90 €.

FFCC : partenaire - terrain assuré par la FFCC + réduction emp. de 10 % hors saison.

CORNIMONT

4-D5 50 km S.-E. Epinal. 530 m. 4574 hab. Station verte de vacances et village de neige ✉ 88310

LES TETES ★★ Tourisme 60 E. (55 Tourisme + 5 Loisirs) 2 ha. CV Sanitaire chauffé. chauffée . Accès direct à l'étang et à la rivière. ; ; à 6 km : . Accueil groupes. Ouv : 1.1 / 31.12. Lieu-dit La Sermande, RD 43, RN 486. ☎ 03 29 24 05 63 / 06 70 45 66 48 (H.S.). Prix 2007. ( ) : 2,70 € ; 2,30 € ; 4,60 € ; 2,30 € ; 3,30 € ; - de 7 ans 2,70 € ; 1,60 à 6,90 € (2 à 10 A) ; Animaux 1,10 €. Réduction H.S.

DARNEY

4-C5 31 km S.-O. Epinal. 297 m. 1877 hab. ✉ 88260

VAL DES ROCHOTTES ★ Tourisme 30 E. 0,8 ha. , avec accord, CV. . Accès direct à la rivière. . Accueil groupes. Par D 164 et D 460. ☎ 03 29 09 33 45. Fax : 03 29 09 33 27. E-mail : mairie.darney@wanadoo.fr.

DOMREMY LA PUCELLE

4-B4 11 km N. Neufchateau. 270 m. 205 hab. ✉ 88630

CAMP MUNICIPAL ★ Tourisme 30 E. 0,7 ha. . Accès direct à la rivière. ☎ 03 29 06 90 70.

EPINAL

366 km E.-S.-E. Paris. 340 m. 40954 hab. ✉ 88000

PARC DU CHATEAU ★★★ Tourisme 78 E. (68 Tourisme + 10 Loisirs), dont 6 CC, 2 ha. CV. Locations : . . Rivière à 5 km. ; à 8 km : , , . Accueil groupes. Ouv : 1.4 / 30.9. 37, chemin Petit Chaperon Rouge. Du contournement périphérique d'Epinal, prendre sortie Razimont n°C3 puis 1 km. D'Epinal centre, prendre Parc du Château. ☎ 03 29 34 43 65 / 03 29 82 49 41 (H.S.). Fax : 03 29 64 28 03. E-mail : parcduchateau@orange.fr, Web : www.parcduchateau.com. Prix 2008. Fft jour : Empl. Tourisme (2 1 - de 2 ans) : 16 € ( ) ; Sup : 6 € - de 2/7 ans 3 € ; 5 à 6 € (6 à 10 A) ; Animaux 2 €. Réduction H.S.

FONTENOY LE CHATEAU

4-C5 37 km S.-O. Epinal. 257 m. 850 hab. Village de neige ✉ 88240

LE FONTENOY ★★ Tourisme 69 E. 1,2 ha. CV Sanitaire chauffé. Locations : 10 , . . Rivière à 2 km. ; à 2 km : . Accueil groupes. Ouv : 15.4 / 30.9. Route de la Vierge. D 434. ☎ 03 29 36 34 74 / 06 84 48 51 48 (H.S.). E-mail : marliesfontenoy@hotmail.com, Web : www.campingfontenoy.com. Prix 2007. ( ) : 3 € ; 2,25 € ; 4,85 € ; 3 € ; 2,80 € ; - de 7 ans 1,40 € ; 2 € (4 A) ; Animaux 0,60 €. Réduction H.S.

FFCC : partenaire + réduction emp. de 10 % hors saison + réduction loc. de 10 % hors saison.

FRAIZE

4-D5 16 km S. Saint-Die. 530 m. 3357 hab. ✉ 88230

CLAIREGOUTTE ★ Tourisme 25 E. 0,5 ha. CV. Locations : , , . Rivière à 50 m. . Accueil groupes. Ouv : 1.7 / 15.9. Lieu-dit Clairegoutte. ☎ 03 29 50 35 27 / 06 83 61 11 45 (H.S.). ( ) : 3 € ; 1,50 € ; 2,80 € ; - de 7 ans 2 € ; 2,60 € (5 A).

FRESSE SUR MOSELLE

4-D5 52 km S.-E. Epinal. 500 m. 2472 hab. ✉ 88160

CAMP MUNICIPAL BON ACCUEIL ★★ Tourisme 50 E. 0,6 ha. . Rivière à 100 m. Etang à 2 km. Au village, rue de Lorraine. ☎ 03 29 25 08 98 / 03 29 25 02 17. Fax : 03 29 25 31 79.

GEMAINGOUTTE

4-E5 12 km S.-E. St-Dié. 420 m. 124 hab. ✉ 88520

CAMP MUNICIPAL LE VIOLU ★★ Tourisme 48 E. 1 ha. CV. Locations : 2. Accès direct à la rivière. Accueil groupes. Ouv : 1.4 / 31.10. Pré Battant. N 59. ☎ 03 29 57 70 70 (Mairie). Fax : 03 29 51 72 60. E-mail : mairie.gemaingoutte@wanadoo.fr. Prix 2007. Empl. Tourisme : 1,80 € ; 1,70 € ; 2 € ; 2,50 € ; - de 7 ans 1,40 € ; 2,20 €.

GERARDMER

4-D5 30 km S.-O. Saint-Die. 670 m. 9645 hab. ✉ 88400

LES SAPINS ★★★ Tourisme 70 E. (67 Tourisme + 3 Loisirs) 1,3 ha. snack, partiel, CV. Locations : . Lac à 200 m. Rivière à 5 km. ; à 200 m : , ; à 2 km : . Accueil groupes 15 pers. maxi. 15 pers. maxi. Ouv : 1.4 / 10.10. 18 chemin de Sapois. CD 69. Par RD 417 ou 486. Possibilité connection internet Haut Débit (zone hot spot). ☎ 03 29 63 15 01 / 06 37 35 36 20 (H.S.). Fax : 03 29 63 15 01. E-mail : campinglessapins@wanadoo.fr & les.sapins@camping.gerardmer.com, Web : www.camping-gerardmer.com. Prix 2008. Fft jour : Empl. Tourisme (2) : 13 € () ; Sup : 3,90 € - de 7 ans 2 € ; 3 à 5,50 € (4 à 10 A) ; Animaux 1 € (chien). Réduction H.S.

RAMBERCHAMP ★★★ Tourisme 250 E., dont 10 CC - 1 GCC, 3 ha. snack, saison, saison, CV. Locations : 1, 16. Accès direct aux bords du lac. ; Accueil groupes. Ouv : 15.4 / 15.9. D 69 chemin du Tour du Lac. RN 417 et 486. ☎ 03 29 63 03 82. Fax : 03 29 63 26 09. E-mail : boespflug.helene@wanadoo.fr, Web : www.camping-de-ramberchamp.com. Prix 2008. Fft jour : Empl. Tourisme (2) : 16 € () ; Sup : 5 € - de 4/7 ans 3 € ; 3,50 € (4 A) ; Animaux 1 €.

LE PRE VERT ★★ Tourisme 125 E. (119 Tourisme + 6 Loisirs) 1,5 ha. saison, partiel. Lac à 100 m. Rivière à 3 km. à 100 m : , , , ; à 2,5 km : . Accueil groupes. 176, chemin du Tour du Lac. Route du Tour du Lac par CD 69. ☎ 03 29 63 20 47.

LES GRANGES BAS ★★ Tourisme 100 E. dont 65 nus, 2 ha., sommaire, CV Sanitaire chauffé. Locations : 18. Lac à 3 km. à 2 km : ; à 3 km : , , ; à 4 km : . Accueil groupes. Ouv : 1.1 / 31.12. Le Beillard. Par RD 417 puis au Costet Beillard 1ère à droite. ☎ 03 29 63 12 03. Fax : 03 29 63 12 03. E-mail : camping.les-grangesbas@wanadoo.fr. Prix 2007. Fft jour : Empl. Tourisme (2) : 12 € () ; Sup : 3,70 € - de 10 ans 2,20 € ; 3,60 à 4,60 € ; Animaux 0,76 €.

FFCC : partenaire - terrain assuré par la FFCC + réduction emp. de 5 % hors saison.

LES MYRTILLES ★ Tourisme 50 E. (48 Tourisme + 2 Loisirs) 1,3 ha. pain, CV. Locations : 2, 2. Accès direct à la rivière. Lac à 3,5 km. ; à 3,5 km : 3,5 km, 3,5 km, , . Accueil groupes. 102, chemin des Bas Rupts. Gérardmer dir. La Bresse. ☎ 03 29 63 21 38 / 03 29 63 05 33. E-mail : campinglesmyrtilles@wanadoo.fr, Web : http://perso.orange.fr/lesmyrtilles/. Prix 2007. Fft jour : Empl. Tourisme : 8.40 € Sup : 2,50 € 1,20 € ; 2,60 € (3A A).

FFCC : partenaire + réduction emp. de 10 % en saison et hors saison.

M. PASTOUREL Raymond . A 1 km: . A 3 km : Piscine plein air . A 4 km : . 12, chemin de la Basse Poussière. Les Bas Rupts, 3 km Sud de la commune, à proximité de la ferme. Pré. ☎ 03 29 63 11 64.

GERBEPAL

4-D5 18 km S. Saint-Dié. 630 m. 483 hab. ✉ 88430

LES TREXONS ★★ Tourisme 31 E. 2 ha. CV. Locations : , , , 6. Accès direct à l'étang. Lac à 5 km. ; . Accueil groupes. Ouv : 1.5 / 30.9. 36, les Trexons. Accès par la N 415 et la D 8. ☎ 03 29 50 74 92. Fax : 0031/402839865. E-mail : h.hardeman@onsnet.nu, Web : www.camping-lestrexons.com. Prix 2008. () : 4,50 € ; 9 € ; 4,50 € ; 4 € ; - de 7 ans 2,50 € ; 3,50 € ; E. GCC 6,50 €.

FFCC : partenaire - terrain assuré par la FFCC.

GRANDRUPT DE BAINS

4-C5 31 km S.-O. Epinal 442 m. 81 hab. ✉ 88240

M. EBBEN Marinus,camping à la ferme Entre les Sources . 17, rue l'Autre Bout. ☎ 03 29 30 97 38. Fax : 03 29 30 97 38. E-mail : entre.les.sources.@free.fr.

GRANGES SUR VOLOGNE

4-D5 29 km S.-O. Saint-Die. 500 m. 2758 hab. ✉ 88640

GINA PARK ★★★ Tourisme 89 E. (58 Tourisme + 31 Loisirs), dont 35 CC - 23 GCC - 12 HLL, 2 ha. CV Sanitaire chauffé. Locations : 5, 6, , . Etang à 150 m. Rivière à 200 m. ; ; . Accueil groupes. Gina Park. Entre Bruyères et Gerardmer sur la D 423. ☎ 03 29 51 41 95. Fax : 03 29 57 59 52. Web : www.gina-park.com.

LA STENIOLE ★★★ Tourisme 70 E. dont 66 nus, 4 ha. , partiel, CV. Locations : 4, 1. Accès direct à l'étang. ; ; ; . Ouv : 1.5 / 31.10. Le Haut Rain. Accès par Granges sur Vologne conseillé. Web café, wifi. ☎ 03 29 51 43 75. E-mail : steniole@wanadoo.fr, Web : www.steniole.fr. Prix 2008. Empl. Tourisme : 4 € ; 3 € ; - de 10 ans 2 € ; 3 à 4 € (4 à 10 A) ; Animaux 1 €.

LE CHATEAU ★★★ Tourisme 41 E. dont 35 nus, 2 ha. CV. Locations : 4. . Etang et rivière à 1 km. Ouv : 15.6 / 15.9. Les Chappes. ☎ 03 29 57 50 83. E-mail : camping-du-chateau@wanadoo.fr. Prix 2007. Empl. Tourisme : 3,40 € () : 3,50 € ; - de 10 ans 1,90 € ; 2,40 €.

GADEMONT PLAGE ★★ Tourisme 63 E. 8 ha. Sanitaire chauffé. Locations : , , , , . Accès direct aux bords du lac. ; . 1,5 km RN 423. ☎ 03 29 51 44 60 / 0031 651050075. E-mail : deleeuw697@aol.com.

LES PEUPLIERS ★★ Tourisme 30 E. 1,5 ha. . 12, rue du Pré Dixi. A 200 m de la RD 423. ☎ 03 29 57 51 04 / 03 29 51 43 36. Fax : 03 29 57 51 04.

HENNEZEL

4-C5 38 km S.-O. Epinal. 380 m. 451 hab. ✉ 88260

L'ECOLONIE,aire naturelle . A 8 km: Piscine plein air . Repas végétariens. ☎ 03 29 07 00 27. Fax : 03 29 07 00 94. E-mail : ecolonie@aol.com.

HERPELMONT

4-D5 19 km S.-S.-O. Gérardmer. 400 m. 280 hab. ✉ 88600

DOMAINE DES MESSIRES ★★★★ Tourisme 100 E., dont 10 GCC, 3 ha. . Locations : 12, . Accès direct aux bords du lac. ; ; ; . Accueil groupes. Ouv : 26.4 / 14.9. RD 60. ☎ 03 29 58 56 29 / 0031 321331456 (H.S.). Fax : 03 29 51 62 86. E-mail : mail@domainedesmessires.com, Web : www.domainedesmessires.com. Prix 2008. Empl. Tourisme : 12,50 € () : 6 € ; - de 6 ans 3 €. Réduction H.S.

LIEZEY

4-D5 38 km S.-O. Saint-Die. 750 m. 245 hab. ✉ 88400

M. CAVALLI Richard CV. Ouv : 15.3 / 31.10. La Houbette, la Racine, par RN 417 puis RD 30 et 31. A 4 km de la commune. Terrain calme, clairière à flanc de coteau. Stage artisanal. ☎ 03 29 24 56 39 / 06 84 68 42 72 (H.S.). Empl. Tourisme : 3,20 € ; 2,80 € ; - de 7 ans 1,70 € ; 3 € ; Animaux 0,70 €.

FFCC : partenaire - terrain assuré par la FFCC.

LE MENIL

4-C5 54 km S.-E. Epinal. 527 m. 1067 hab. ✉ 88160

L'OREE DU BOIS ★★★ Tourisme 42 E. (36 Tourisme + 6 Loisirs) 1 ha. CV Sanitaire chauffé. Locations : 3, , 3, . . Rivière à 300 m. Etang et lac à 3 km. 51 bis, Grande Rue, route de Gérardmer. ☎ 03 29 25 04 88 / 06 84 31 12 69. Fax : 03 29 25 04 88. E-mail : dominique.colle@wanadoo.fr, Web : www.loree-du-bois.com.

MONTHUREUX SUR SAONE

4-C5 48 km S.-O. Epinal. 353 m. 1111 hab. ✉ 88410

Mme ROZETTE Colette,ferme du Bignore CV. A 3 km: . Par Contrexéville sortie autoroute Bulgnéville. ☎ 03 29 09 93 17. E-mail : bignore@wanadoo.fr. Prix 2007. Fft jour : Empl. Tourisme (2) : 10 € Sup : 5 € - de 9 ans 3 € ; 2 €.

MOYENMOUTIER

4-D4 12 km N.-O. Saint-Die. 320 m. 3498 hab. ✉ 88420

VOSGINA ★★ Tourisme 50 E. (28 Tourisme + 22 Loisirs) 4,8 ha. Sanitaire chauffé. Rivière à 2 km. à 2 km : . 1, Rue de la Cheville. Entre Raon-l'Etape et Moyenmoutier/St Blaise. RN 59 sortie Moyenmoutier. Location longue durée. ☎ 03 29 41 47 63. Fax : 03 29 41 47 63. E-mail : camping-vosgina @wanadoo.fr, Web : www.vosges-camping.com.

NEUFCHATEAU

4-B4 293 km E.-S.-E. Paris. 73 km N.-O. Epinal. 290 m. 9086 hab. ✉ 88300

CAMP INTERCOMMUNAL ★★ Tourisme 50 E., dont 28 CC, 0,4 ha. Rivière à 200 m. Ouv : 15.4 / 30.9. Place Raymond Pitet, RN 74 et 65. ☎ 03 29 84 19 03 / 03 29 94 99 25 (H.S.). Fax : 03 29 06 19 59. E-mail : contact@neufchateau-tourisme.com & n.merlu@paysdeneufchateau.com, Web : www.neufchateau-tourisme.com. Prix 2007. Empl. Tourisme : 2,50 € ; 2,50 € ; 2,50 € ; 2,50 € ; 2,50 € ; 2,50 € ; - de 7 ans 1,50 € ; 3 €.

LA NEUVEVILLE SOUS CHATENOIS

4-C5 18 km S.-E. Neufchâteau. 335 m. 374 hab. ✉ 88170

L'ARC EN CIEL ★★ Tourisme 35 E., dont 35 CC. Sanitaire chauffé. Rivière à 1 km. à 1 km : . Ouv : 1.6 / 15.9. ☎ 03 69 61 81 40 / 06 67 42 86 36 (H.S.). Fax : 08 21 46 76 28. E-mail : info@larcenciel.eu, Web : www.larcenciel.eu. Prix 2007. Fft jour : Empl. Tourisme (2 2 - de 2 ans) : 13 € ( ) ; Sup : 3 € - de 10 ans 2,50 € ; 3 € (10 A). Réduction H.S.

PLEUVEZAIN

4-C4 25 km E. Neufchâteau 365 m. 94 hab. ✉ 88170

CAMP DU HAUT-SAINTOIS ★★ Tourisme 30 E., dont 4 CC, 0,8 ha. Chemin du Chepantoux. A 31 sortie Chatenois (15 km), sortie Colombey les Belles (25 km). ☎ 03 29 06 40 37 / 03 29 06 44 88. Fax : 03 29 06 46 60.

PLOMBIERES LES BAINS

4-D5 28 km S. Epinal. 456 m. 2298 hab. Village de neige ✉ 88370

L'HERMITAGE ★★★ Tourisme 61 E. dont 48 nus 1,4 ha. CV Sanitaire chauffé. Locations : 4, 3. à 1,5 km : . Ouv : 1.4 / 15.10. RN 57, RD 20 ☎ 03 29 30 01 87. E-mail : camping.lo@wanadoo.fr, Web : www.hermitage-camping.com. Prix 2008. Empl. Tourisme : 4,90 € ; 4,50 € ; - de 2/7 ans 3 € ; 3,20 à 4 € (4 à 6 A) ; Animaux 1,60 €. Réduction H.S.
FFCC : partenaire + réduction emp. de 5 % en saison et hors saison + réduction loc. de 5 % hors saison + HC.

CAMP DU FRAITEUX ★★ Tourisme 35 E. dont 32 nus 0,8 ha. CV Sanitaire chauffé. Locations : , . Etang à 300 m. Rivière à 4 km. à 4 km : , , . Accueil groupes. Ouv : 1.4 / 30.10. Ruaux. 81, rue du Camping. ☎ 03 29 66 00 71. Fax : 03 29 30 06 64. E-mail : campingdufraiteux@tiscali.fr, Web : campingdufraiteux.chez.tiscali.fr. Prix 2008. Empl. Tourisme : 4 € ; 3,30 € ; - de 4/7 ans 2,15 € ; 3,30 €. Réduction H.S.
FFCC : partenaire + réduction emp. de 10 % en saison et hors saison.

M. CORNU Emile . A 3,5 km: . A 1 km : . A 3 km : . A 10 km : Piscine plein air. Le Sirieux, RD 20, à 3,5 km Ouest de la commune, à proximité de la ferme. Terrain herbeux, ombragé, pêche en rivière. Ferme auberge à 1 km. ☎ 03 29 66 01 25 / 03 29 30 03 25.

RAMBERVILLERS

4-D4 28 km N.-E. Epinal. 287 m. 6795 hab. ✉ 88700

CAMP MUNICIPAL ★ Tourisme 35 E. 0,5 ha. CV. couverte chauffée . Rivière à 500 m. . Ouv : 15.5 / 15.9. Au stade Lucien Nicolas, rue Charles Gratia. ☎ 03 29 65 11 84 (Stade) / 03 29 65 12 07 (H.S.). E-mail : camping.rambervillers@wanadoo.fr. Prix 2007. Empl. Tourisme : 1,50 € ; 1,20 € ; 1,50 € ; - de 7 ans 0,70 € ; 2,40 €.

RAMONCHAMP

8-D1 47 km S.-E. Epinal. 470 m. 2096 hab. ✉ 88160

LE CLOS MARTIN ★★ Tourisme 40 E. (34 Tourisme + 6 Loisirs) 1,8 ha. CV. Accès direct à la rivière. Etang à 5 km. . Ouv : 1.4 / 15.9. 5, rue du Clos Martin, lieu-dit Le Centre. Dir. Remiremont/Mulhouse. Sur la N 66, camping à 300 m. ☎ 03 29 25 05 38. Prix 2007. 2 € ; 1,30 € ; 2,80 € ; 1,50 € ; 2 € ; 0,90 € ; 2 € ; 1,25 € ; Animaux 0,50 €.
FFCC : partenaire - terrain assuré par la FFCC.

RAON L ETAPE

4-D4 16 km N.-N.-O. Saint-Die. 291 m. 7720 hab. Station verte de vacances et village de neige ✉ 88110

LA TROUCHE ★★ Tourisme 50 E. (35 Tourisme + 15 Loisirs) . CV. Locations : 5 . Rivière à 300 m. Lac à 5 km. . RN 59 et RD 392 A. ☎ 03 29 41 42 40. Fax : 03 29 41 42 40.

REHAUPAL

4-D5 41 km S.-O. Saint-Die. 510 m. 179 hab. ✉ 88640

LE BARBA ★★ Tourisme 50 E. dont 38 nus, 2 ha. CV. Camping clef verte. Locations : 2, 2, 6. Accès direct à la rivière. . Accueil groupes. Ouv : 1.5 / 30.9. Epinal par D 11 dir. Gérardmer puis D 11d/D 30, à Faucompierre avant Tendon ou sur la D 417 entre Remiremont/Gérardmer D 30 à gauche après le Tholy. ☎ 03 29 66 35 57 / 03 29 66 21 17 (H.S.). E-mail : camping.barba@wanadoo.fr & info@campingdubarba.com, Web : www.campingdubarba.com. Prix 2007. Empl. Tourisme : 4,20 € ( ) : 2,90 € ; - de 7 ans 1,90 € ; 2,50 à 3,50 € ; Animaux 1 €.
FFCC : partenaire + réduction emp. de 5 % en saison et hors saison + carte FFCC assurance annulation.

RENAUVOID

4-C5 7 km S.-O. Epinal. 400 m. 90 hab. ✉ 88390

AIRE NATURELLE ASCPA , proche, CV. Le Potet. Par la D 460 à l'entrée de Sanchey suivre la rive Est puis la rive Sud-Ouest. ☎ 03 29 82 44 67 / 03 88 44 28 63. E-mail : guy.haber@laposte.net, Web : google.ascpa.bouzey.

M. DUC Jean-Claude,aire naturelle CV. A 2 km: Piscine plein air . Route de Bouzey. Accès par la RN 460. ☎ 03 29 82 22 82 / 03 29 32 79 70.

RUPT SUR MOSELLE

4-D5 40 km S.-E. Epinal. 414 m. 3570 hab. ✉ 88360

LE PONT DE MAXONCHAMP ★★ Tourisme 33 E. (28 Tourisme + 5 Loisirs) 1 ha. pain, CV. Locations : 1, 1, 6, 1, . Accès direct à la rivière. . Accueil groupes. Ouv : 1.4 / 1.10. RN 66 et RD 35. ☎ 03 29 24 30 65 / 06 74 73 95 22 (H.S.). E-mail : M. LEDUC Olivier. Prix 2008. 2,50 € ; - de 7 ans 1,50 € ; 2,50 € ; 1 € ; Animaux 0,50 €.

ST DIE DES VOSGES

4-D5 386 km E. Paris. 50 km E.-N.-E. Epinal. 345 m. 24816 hab. ✉ 88100

VANNE DE PIERRE ★★★★ Tourisme 118 E., dont 48 CC, 2,5 ha. CV Sanitaire chauffé. Locations : , , . Accès direct à la rivière. . Accueil groupes. Ouv : 1.1 / 31.12. RD 82 A, RN 59. ☎ 03 29 56 23 56. Fax : 03 29 52 89 24. E-mail : vannedepierre@wanadoo.fr, Web : vannedepierre.com. Prix 2008. Fft jour : Empl. Tourisme (2) : 22 € ( ) ; Sup : 7 € - de 4/10 ans 5 € ; 5 à 6 € (6 à 10 A) ; Animaux 3 €. Réduction H.S.
FFCC : réduction loc. de 5 % hors saison + HC.

ST MAURICE SUR MOSELLE

8-D1 56 km S.-E. Epinal. 550 m. 1774 hab. ✉ 88560

LES DEUX BALLONS ★★★ Tourisme 180 E. (161 Tourisme + 19 Loisirs), dont 20 CC - 28 GCC, 4 ha. CV Sanitaire chauffé. Locations : 5. Rivière à 100 m. Etang à 500 m. Ouv : 10.4 / 15.9. 17, rue du Stade, sur la RN 66. ☎ 03 29 25 17 14. E-mail : stan@camping-deux-ballons.fr, Web : www.camping-deux-ballons.fr. Prix 2008. Fft jour : Empl. Tourisme (2) : 20,30 € ; Sup : 5,10 € - de 7 ans 3,80 € ; 4,15 à 5,20 € (4 à 15 A) ; Animaux 3,20 € (chien).

ST NABORD

4-D5 24 km S.-E. Epinal. 411 m. 3805 hab. 88200

M. MATHIEU Jean-Claude,camp Sainte-Anne A 2 km: Piscine plein air. Ouv : 1.4 / 1.11. Fallière. RN 57. ☎ 03 29 62 20 98.

SANCHEY

4-C5 8 km O. Epinal. 360 m. 502 hab. 88390

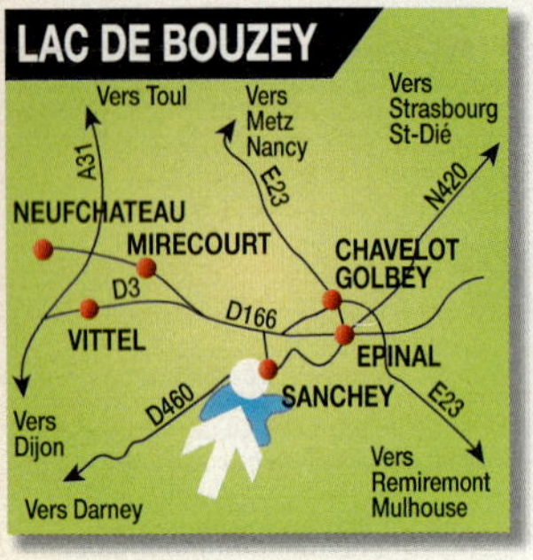

LAC DE BOUZEY ★★★★ Tourisme 160 E. (140 Tourisme + 20 Loisirs), dont 38 CC - 30 GCC, 3,5 ha. CV Sanitaire chauffé. Locations : 1, 21, Cottages. chauffée. Accès direct aux bords du lac. Accueil groupes. Ouv : 1.1 / 31.12. A 8 km d'Epinal, dir. Darney. RN 57 sortie Chavelot, D 166 jusqu'à Uxegney puis D 41 dir. Lac de Bouzey et D 460 dir. Darney. A 200 m à gauche. ☎ 03 29 82 49 41. Fax : 03 29 64 28 03. E-mail : lacdebouzey@orange.fr, Web : www.lacdebouzey.com. Prix 2008. Fft jour : Empl. Tourisme (2) : 26 € ; Sup : 9 € - de 10 ans 6 € ; 5 à 6 € (6 à 10 A) ; Animaux 3 €. Réduction H.S.

FFCC : réduction loc. de 5 % hors saison + HC.

SAULXURES SUR MOSELOTTE

4-D5 50 km S.-E. Epinal. 465 m. 3603 hab. Station verte de vacances et village de neige 88290

LE LAC DE LA MOSELOTTE ★★★ Tourisme 85 E. dont 75 nus, dont 20 CC, 1,5 ha. juillet/août, CV Sanitaire chauffé. Locations : 20, 4, 5, Mini-chalets. Accès direct à l'étang et aux bords du lac. Rivière à 300 m. Accueil groupes. Ouv : 1.1 / 31.12. Par Epinal dir. Remiremont puis dir. La Bresse/Gérardmer, au Syndicat dir. Cornimont/Saulxures. ☎ 03 29 24 56 56. Fax : 03 29 24 58 31. E-mail : lac-moselotte@ville-saulxures-mtte.fr, Web : www.ville-saulxures-mtte.fr. Prix 2007. Empl. Tourisme : 5 € ; 5 € ; - de 10 ans 3 € ; 5 € (10 A) ; Animaux 1 €. Réduction H.S.

AIRE NATURELLE MUNICIPALE DES BRUCHES RD 43. ☎ 03 29 24 61 18.

SENONES

4-D4 21 km N.-N.-O. Saint-Die. 345 m. 3506 hab. 88210

CAMP MUNICIPAL JEAN JAURES ★★ Tourisme 30 E. 0,57 ha. Plateau St-Maurice. ☎ 03 29 57 94 47.

THEY SOUS MONTFORT

4-C5 24 km S.-E. Neufchateau. 365 m. 188 hab. 88800

LES HIEROTTES ★★ Tourisme 35 E. 1 ha. partiel. Locations : . Etang à 50 m. ; à 3 km : . Accueil groupes. Ouv : 1.4 / 30.10. ☎ 03 29 08 42 42. E-mail : contact@leshierottes.com, Web : www.leshierottes.com. Prix 2007. () : 2,50 € ; 2,50 € ; 4,50 € ; 2,50 € ; 3 € ; - de 7 ans 2,50 € ; 3 € (16 A).

AIRE NATURELLE LES MIRABELLES ☎ 03 29 08 29 56. E-mail : lesmirabelles@chello.nl, Web : www.lesmirabelles.chez.tiscali.fr.

LE THILLOT

8-D1 48 km S.-E. Epinal. 496 m. 4867 hab. 88160

CAMP MUNICIPAL DE L'ETANG DU CLOS DE CHAUME ★★ Tourisme 67 E. dont 56 nus (57 Tourisme + 10 Loisirs) 1 ha. CV Sanitaire chauffé. Accès direct à l'étang. Rivière à 1 km. Accueil groupes. Ouv : 1.1 / 31.12. RN 66. ☎ 03 29 25 10 30 / 06 30 23 50 05 (H.S.). Fax : 03 29 25 25 87. E-mail : campingmunicipal@ville-lethillot88.fr, Web : www.ville-lethillot88.fr. Prix 2007. Empl. Tourisme : 3,20 € () : 1,15 € ; - de 7 ans 0,75 € ; 1,55 €.

LE THOLY

4-D5 30 km S.-E. Epinal. 600 m. 1583 hab. 88530

LE NOIR RUPT ★★★★ Tourisme 70 E., dont 35 CC, 3 ha. CV. Locations : 12. chauffée. Etang à 300 m. Rivière à 2 km. à 2 km : . Ouv : 15.4 / 15.10. RN 417. ☎ 03 29 61 81 27. Fax : 03 29 61 83 05. E-mail : info@jpvacances.com, Web : www.jpvacances.com. Prix 2008. Empl. Tourisme : 8,90 € () : 5,50 € ; - de 7 ans 3,20 € ; 3 à 5 € (2 à 6 A) ; Animaux 1,50 €. Réduction H.S.

FFCC : partenaire + carte FFCC assurance annulation.

VAGNEY

4-D5 30 km S.-E. Epinal. 900 m. 3522 hab. Village de neige 88120

CAMP MUNICIPAL DU METTEY ★★ Tourisme 100 E. 1,5 ha. CV. Etang, lac et rivière à 1 km. à 2 km : . Accueil groupes. Ouv : 1.6 / 15.9. CD 43, CD 23 ☎ 03 29 24 81 35 / 03 29 62 16 86 (H.S.). Fax : 03 29 61 82 36. E-mail : ccvbr@wanadoo.fr, Web : www.ot-vagney.fr. Prix 2007. Fft jour : Empl. Tourisme (2) : 8,60 € () ; - de 7 ans 1,60 € ; 1,68 €.

LE VAL D AJOL

4-D5 44 km S. Epinal. 368 m. 5293 hab. Village de neige 88340

CAMP MUNICIPAL ★★ Tourisme 50 E., dont 12 GCC, 1 ha. La RD 23 traverse le Val d'Ajol elle rejoint Remiremont elle retrouve la RN 57 et la RD 20 rejoint Plombières. ☎ 03 29 30 63 33.

VECOUX

4-D5 25 km S.-E. Epinal. 500 m. 879 hab. 88200

M. & Mme MICLO CV. A 7 km: . A 10 km : Piscine plein air. 81, Reherrey, par RN 66, à 3 km Est de la commune. Attenant à la ferme, production laitière biologique, viande de veau de lait, ferme pédagogique. Pré herbeux, mi-ombragé. ☎ 03 29 61 06 25. Fax : 03 29 61 03 95.

VITTEL

4-C5 26 km S.-E. Neufchateau. 335 m. 6440 hab. 88800

CAMP DE VITTEL ★★ Tourisme 132 E. dont 126 nus 1,9 ha. CV Sanitaire chauffé. Locations : 6, . Etang à 5 km. Accueil groupes. Ouv : 1.4 / 31.10. Rue Claude Bassot. BP 138. ☎ 03 29 08 02 71 / 03 86 37 95 83 (H.S.). Fax : 03 86 37 95 83. E-mail : aquadis1@wanadoo.fr, Web : www.aquadis-loisirs.com. Prix 2008. Fft jour : Empl. Tourisme (2) : 18 € () ; Sup : 4,40 € - de 10 ans 3,30 € ; Animaux 3,10 €.

XONRUPT LONGEMER

4-D5 30 km S. Saint-Die. 1100 m. 1350 hab. 88400

VERTE VALLEE ★★★ Loisirs 147 E. (62 Tourisme + 85 Loisirs), dont 5 GCC, 3 ha. + nurserie, partiel, + salle séchage, CV Sanitaire chauffé. Locations : 3, 12. chauffée. Accès direct à la rivière. Lac à 300 m. ; à 300 m : . Retournemer, RN 417. ☎ 03 29 63 21 77. Fax : 03 29 63 21 77.

A L'EAU VIVE ★★ Tourisme 58 E. dont 32 nus, 1 ha. CV Sanitaire chauffé. Locations : 2, 2, 2. Accès direct à la rivière. Lac à 500 m. ; à 500 m : . Ouv : 1.1 / 31.12. Au bas de la montée vers Schucht, par RD 417. ☎ 03 29 63 07 37 / 06 80 15 83 77 (H.S.). Fax : 03 29 63 07 37. E-mail : campingeauvive@wanadoo.fr, Web : monsite.wanadoo.fr/camping.eau.vive. Prix 2008. Fft jour : Empl. Tourisme (2) : 12,20 € () ; Sup : 3,70 € - de 7 ans 2,70 € ; 3,70 à 5,30 € (2 à 6 A) ; Animaux 1 €.

BELLE RIVE ★★ Tourisme 100 E. 1,5 ha. CV. Accès direct aux bords du lac. Ouv : 15.5 / 15.9. Envers du Lac, VO 12, RD 67. ☎ 03 29 63 31 12. Prix 2007. Empl. Tourisme : 3,60 € ; 2,80 € ; - de 7 ans 1,50 € ; 1,20 à 2,40 € (1 à 3 A) ; 0,70 € ; Animaux 0,80 €. Réduction H.S.

FFCC : partenaire - terrain assuré par la FFCC.

BELLEVUE ★★ Tourisme 37 E. (30 Tourisme + 7 Loisirs) 0,5 ha. pain, CV. Locations : . Accès direct aux bords du lac. Rivière à 1 km. ; à 7 km : . Ouv : 15.4 / 15.10. 2404 route du Lac, RD 67 et RN 417. ☎ 03 29 63 13 30 / 06 81 44 81 04 (H.S.). Fax : 03 29 63 04 17. E-mail : contact@lachaumiere-location.com, Web : www.lachaumiere-location.com. Prix 2007. () : 3,80 € ; 3,80 € ; 3,80 € ; 3 € ; - de 7 ans 1,50 € ; 2,60 à 4,10 € (3 à 6 A) ; Animaux 1,10 €.

CAMP DU LAC ★★ Tourisme 80 E. 1,5 ha. CV Sanitaire chauffé. Locations : . Accès direct aux bords du lac et à la rivière. Ouv : 20.4 / 2.10. O ☎ 03 29 57 52 91 / 03 29 41 57 12 (H.S.). Fax : 03 29 57 51 31. E-mail : agnes.albiser@wanadoo.fr, Web : www.campinglaclongemer.fr. Prix 2008. Fft jour : Empl. Tourisme (2) : 10,10 € () ; Sup : 2,70 € - de 2/7 ans 1 € ; 2,80 à 4 € (6 à 10 A) ; Animaux 1 €. Fft Ccar : 8,50 € (2). Fft Tente : 9,90 € (2).

CAMP MUNICIPAL DU DOMAINE DE LONGEMER ★★ Tourisme 504 E. (424 Tourisme + 80 Loisirs). CV. Locations : 6. Accès direct à la rivière. Lac à 100 m. RN 417. ☎ 03 29 63 07 30. Fax : 03 29 63 27 10. E-mail : camping.dudomaine@wanadoo.fr.

LA CHAUMIERE ★★ Loisirs 44 E. dont 10 nus (11 Tourisme + 33 Loisirs), dont 2 CC, 0,5 ha. pain/viennoiserie, CV Sanitaire chauffé. Locations : 3, 4, 6. Accès direct aux bords du lac. Rivière à 1 km. ; à 7 km : . Accueil groupes. Ouv : 1.1 / 31.12. 2404, route du Lac, RD 67 et RN 417. ☎ 03 29 63 13 30 / 06 81 44 81 04 (H.S.). Fax : 03 29 63 04 17. E-mail : contact@lachaumiere-location.com, Web : www.lachaumiere-location.com. Prix 2007. Empl. Tourisme : 3,80 € ; 3 € ; - de 7 ans 1,50 € ; 2,55 à 4,10 € (3 à 6 A) ; Animaux 1,10 €.

LA VOLOGNE ★★ Tourisme 100 E. dont 97 nus 2,5 ha. CV. Locations : 3. Accès direct à la rivière. Lac à 700 m. ; à 700 m : , , . Accueil groupes. Ouv : 1.5 / 30.9. Route de Retournemer. RN 417 puis RD 67 dir. Lac Retournemer. ☎ 03 29 60 87 23 / 03 29 55 20 62 (H.S.) (H.S.). Fax : 03 29 60 87 23. E-mail : camping@lavologne.com, Web : www.lavologne.com. Prix 2007. 2 € ; 1,50 € ; 3,50 € ; 2 € ; 3,10 € ; - de 7 ans 1,55 € ; 2,40 à 3,60 € (2 à 6 A) ; Animaux 1 €. Réduction H.S.

FFCC : partenaire + réduction emp. de 5 % en saison et 10 % hors saison + réduction loc. de 5 % hors saison.

LES JONQUILLES ★★ Tourisme 267 E. 3 ha. CV. Locations : . Accès direct aux bords du lac. ; ; ; . Ouv : 15.4 / 10.10. A Longemer, RD 67 A et RD 417. ☎ 03 29 63 34 01. Fax : 03 29 60 09 28. Prix 2008. Fft jour : Empl. Tourisme (2) : 12 € () ; - de 7 ans 1,50 € ; 3 à 4,50 € (6 à 10 A) ; Animaux 1,10 €. Réduction H.S.

FFCC : partenaire + réduction emp. de 5 % en saison et hors saison + réduction loc. de 5 % en saison et hors saison.

LA GRANGE MAUSELAINE ★ Tourisme 60 E. dont 60 nus, 3 ha. CV. Lac à 200 m. Rivière à 50 m. à 200 m : , , , . Accueil groupes. Terrain en bordure de la D 67, route de Retournemer. ☎ 03 29 63 07 15. E-mail : lagrangemauselaine@neuf.fr, Web : www.la-grange-mauselaine.com.

LES SORBIERS ★ Loisirs 15 E. 117, route de la Broche du pont.

L'OREE DU BOIS ★ Tourisme 40 E. 1 ha. Locations : . Rivière à 50 m. Lac à 60 m. ; ; ; ; . Depuis la N 417, route du Tour du Lac de Longemer. ☎ 03 29 63 30 94. Fax : 03 29 63 30 94. E-mail : fabrice.mathieu@freesbee.fr.

M. LALEVEE René,camping rural Le Broulant . A 1 km: . A 5 km : Piscine plein air . 403, route des Pergis. A 100 m de la RD 417 Chaumont-Colmar. ☎ 03 29 63 36 00.

YONNE 89

Cartes 3-7

Délégué FFCC : Xavier ROUSSEAU, 29 Grande Rue - 89240 SANTIGNY

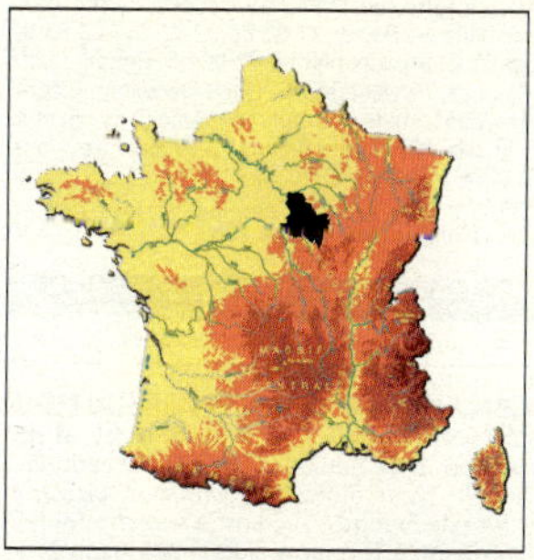

ACCOLAY

7-E2 22 km S.-E. Auxerre. 125 m. 384 hab. ✉ 89460

CAMP MUNICIPAL LE MOULIN JACQUOT ★★ Tourisme 50 E. 0,6 ha. . Locations : . Accès direct à la rivière. ; ; ; . RD 39, RN 6. ☎ 03 86 81 56 48 / 03 86 81 56 87 (Mairie). Fax : 03 86 81 56 87. E-mail : mairie.accolay@wanadoo.fr.

ANCY LE FRANC

7-F1 37 km N.-E. Avallon. 195 m. 1188 hab. ✉ 89160

CAMP MUNICIPAL ★ Tourisme 30 E. 0,5 ha. . Locations : . . Rivière à 400 m. ; . ☎ 03 86 75 13 21. Fax : 03 86 75 19 51.

ANDRYES

7-D2 40 km S. Auxerre. 162 m. 391 hab. ✉ 89480

AU BOIS JOLI ★★★ Tourisme 100 E. dont 95 nus, , dont 20 GCC, 5 ha. CV Sanitaire chauffé. Locations : 4 , 1 , . Etang et rivière à 2 km. à 2 km : ; à 9 km : . Ouv : 1.4 / 31.10. Auxerre sur N 151 puis à Coulanges/Yonne. 1er feu à droite et continuer tout droit. 4 km jusqu'a Andryes suivre les panneaux "camping". ☎ 03 86 81 70 48. Fax : 03 86 81 70 48. E-mail : info@campingauboisjoli.com, Web : www.campingauboisjoli.com. Prix 2007. Empl. Tourisme : 5,30 € () : 3,25 € ; 2,20 € ; 4,25 € ; 3,20 € ; 3,80 € ; - de 8 ans 2,80 € ; 3 € ; Animaux 2 €. Réduction H.S.

ARCY SUR CURE

7-E2 32 km S.-E. Auxerre. 105 m. 527 hab. ✉ 89270

CAMP MUNICIPAL DE L'ISLE ST JEAN ★★ Tourisme 50 E. 1 ha. CV. Accès direct à la rivière. ; ; . Accueil groupes. Ouv : 1.5 / 15.9. A l'Ile Saint-Jean, RN 6. ☎ 03 86 81 98 08 / 03 86 81 91 69 (Mairie) (H.S.). Fax : 03 86 81 91 69. E-mail : maire.arcy-sur-cure@wanadoo.fr. Prix 2007. 2 € ; 1,50 € ; 5 € ; 1,50 € ; 2 € ; - de 7 ans 1 € ; 2,30 € (6 A) ; Animaux 1 €.

ASQUINS

7-E2 16 km O. Avallon. 150 m. 299 hab. ✉ 89450

LE PATIS ★ Tourisme 33 E. 1 ha. , aire spécifique, CV Sanitaire chauffé. Accès direct à la rivière. ; . Accueil groupes. Ouv : 15.6 / 15.9. ☎ 03 86 33 20 14 (En semaine). Fax : 03 86 33 20 07. E-mail : mairie.asquins@wanadoo.fr, Web : www.asquins.fr.st. Prix 2007. 2 € ; 2 € ; 3 € ; 2 € ; 2 € ; - de 7 ans 1 € ; 3 €.

AUXERRE

170 km S.-E. Paris. 105 m. 41164 hab. ✉ 89000

CAMP MUNICIPAL ★★★ Tourisme 180 E. 3,5 ha. CV Sanitaire chauffé. Rivière à 300 m. à 300 m : . Accueil groupes. Ouv : 15.4 / 30.9. 8, rue de Vaux, RN 6 et 77. Les caravanes de plus de 5 m sont interdites. ☎ 03 86 52 11 15 / 03 86 72 43 85 (H.S.). Fax : 03 86 51 17 54. E-mail : camping.mairie@auxerre.com, Web : www.auxerre.com. Prix 2008. Empl. Tourisme : 2,70 € ; 3,05 € ; 2,10 € ; 2,50 €.

AVALLON

7-E2 52 km S.-E. Auxerre. 255 m. 9186 hab. ✉ 89200

CAMP MUNICIPAL SOUS ROCHES ★★ Tourisme 100 E. dont 100 nus 1,35 ha. CV. Accès direct à la rivière. ; ; à 10 km : . Accueil groupes. Ouv : 1.4 / 15.10. Sur RD 427, CD 944, RN 6. ☎ 03 86 34 10 39. Fax : 03 86 34 10 39. E-mail : campingsousroche@ville-avallon.fr. Prix 2007. Empl. Tourisme : 2 € () : 2 € ; 4 € ; 3 € ; - de 7 ans 1,50 € ; 3 € (6 A).

M. COIGNOT Jean-Paul,aire naturelle CV. A 1,5 km: . A 3,5 km : . A 3 km : Piscine chauffée Piscine couverte . Ouv : 1.4 / 30.9. A Avallon suivre la dir. Vallée du Cousin. Les Châtelaines, par CD 127, à 3,5 km Sud-Ouest de la commune, à proximité de la ferme. Pré herbeux. Ferme-Auberge. ☎ 03 86 34 16 37 / 03 86 34 55 95 (H.S.). Fax : 03 86 34 55 95. Prix 2007. Empl. Tourisme : 2 € : 1 € ; 2,30 € ; - de 7 ans 1,15 € ; 2,50 €.
FFCC : partenaire - terrain assuré par la FFCC + Stop accueil Camping-car toute l'année, accès jusqu'à 21h30.

BLENEAU

7-C1 56 km S.-O. Auxerre. 170 m. 1697 hab. Station verte de vacances et village de neige ✉ 89220

CAMP MUNICIPAL LA PEPINIERE ★★ Loisirs 50 E. 1,3 ha. Accueil groupes. Route de Champcevrais, sur CD 64. ☎ 03 86 74 93 73 / 03 86 74 91 61 (Mairie). Fax : 03 86 74 86 74. E-mail : mairiedebleneau@wanadoo.fr, Web : www.bleneau.fr.
FFCC : partenaire - terrain assuré par la FFCC.

BONNARD

7-D1 13 km N. Auxerre. 86 m. 859 hab. ✉ 89400

CAMP MUNICIPAL ★★ Tourisme 27 E. 1 ha. Locations : . Accès direct à la rivière. Lieu-dit Le Patis. RN 6. ☎ 03 86 73 26 25 / 03 86 73 25 55 (Mairie) (H.S.). Prix 2007. : 1,50 € ; 1,50 € ; 1,50 € ; 2 € ; - de 7 ans 1 € ; 2 €.

BRIENON SUR ARMANCON

3-E5 22 km N. Auxerre. 100 m. 3166 hab. ✉ 89210

L'ILE SAINT-MARTIN ★★ Tourisme 40 E. 1 ha. Locations : . Rivière à 100 m. ; ; Lieu-dit Les Graviers, sur RD 84, D 943. Caravanes double essieux non autorisées. ☎ 03 86 43 00 67 / 03 86 56 09 40 (Mairie) (H.S.). Fax : 03 86 43 04 59. E-mail : campingbrienon@wanadoo.fr, Web : mairiebrienon@wanadoo.fr.

CEZY

3-D5 32 km N. Auxerre. 81 m. 895 hab. ✉ 89410

L'ILE DE L'ENTONNOIR ★ Tourisme 59 E. 1 ha. CV. Locations : . Rivière à 100 m. ; ; Accueil groupes. Route de St-Aubin. RN 6 Paris-Lyon. A 6 sortie Joigny. ☎ 03 86 63 17 87 / 03 86 63 08 47 (H.S.). Fax : 03 86 63 17 87. E-mail : info@camping-cezy.com, Web : www.camping-cezy.com.

CHABLIS

7-E1 20 km E. Auxerre. 145 m. 2414 hab. ✉ 89800

CAMP MUNICIPAL LE SEREIN ★★ Tourisme 50 E. Route des Sept Miraux. ☎ 03 86 42 44 39.

CHAMPIGNELLES

7-D1 44 km O. Auxerre. 180 m. 1160 hab. ✉ 89350

LE PETIT VILLARS ★★ Tourisme 53 E. 1,5 ha. CV. Locations : . Accès direct à l'étang et à la rivière. ; Ouv : 1.4 / 5.11. Rés. obligatoire en été. D 14. 1ère rte à gauche en sortant de Champignelles. ☎ 03 86 45 10 40. Fax : 03 86 45 18 69. E-mail : sylviepetitvillars@wanadoo.fr, Web : www.camping-petit-villars.com. Prix 2007. Fft jour : Empl. Tourisme (2) : 11,70 € ( ) ; Sup : 3,60 € - de 7 ans 2,50 € ; 3,10 à 4,20 €. Réduction H.S.
FFCC : partenaire + réduction emp. de 5 % en saison et hors saison + Stop accueil Camping-car du 01/04 au 31/10/2008, accès jusqu'à 20h.

M. GILET Guillaume CV. A 3 km: . A 10 km : Piscine plein air . Les Maisons Blanches, RD 41 et RD 7. Route de Chatillon Coligny, 3 km après Champignelles sur la droite. 3 km Ouest de la commune, à proximité de la ferme. Terrain herbeux, ombragé. Ferme auberge à 200 m. Gîtes ruraux et gîte d'étape. ☎ 03 86 45 17 96. Fax : 03 86 45 16 80. E-mail : ggilet@france.com.

CHARNY

7-D1 40 km N.-O. Auxerre. 130 m. 1620 hab. ✉ 89120

CAMP DES PLATANES ★★★ Tourisme 59 E. 1 ha. sur commande, CV Sanitaire chauffé. Camping clef verte. Locations : , 6 , Cottages. chauffée . Rivière à 150 m. Etang à 300 m. à 150 m : Accueil groupes. Ouv : 15.03 / 31.10. 41, route de la Mothe, RD 950, 500 m Nord de l'agglomération. A 6 sortie n° 18. ☎ 03 86 91 83 60. Fax : 03 86 91 83 60. E-mail : campingdesplatanes@wanadoo.fr, Web : www.campingdesplatanes.com. Prix 2007. Fft jour : Empl. Tourisme (2) : 16 € ( ) ; Sup : 3,50 € - de 4/11 ans 2,50 € ; E. GCC 19 € (Fft 2 pers.) ; Animaux 1,50 €. Réduction H.S.
FFCC : partenaire + réduction emp. de 5 % en saison et 10 % hors saison + carte FFCC assurance annulation + Stop accueil Camping-car du 15/03 au 30/06 et du 25/08 au 30/10/2008, accès jusqu'à 20h.

CHATEL CENSOIR

7-E2 28 km O. Avallon. 677 hab. Station verte de vacances et village de neige ✉ 89660

CAMP MUNICIPAL ★ Tourisme 100 E. 1 ha. volley. Accès direct à la rivière. ; ; Petit Port. ☎ 03 86 81 01 98 (Mairie) / 03 86 81 06 35. Fax : 03 86 81 08 05.

CHENY

7-D1 18 km N. Auxerre. 2523 hab. ✉ 89400

AIRE NATURELLE MUNICIPALE ☎ 03 86 80 16 88.

COULANGES SUR YONNE

7-D2 33 km S. Auxerre. 150 m. 597 hab. ✉ 89480

CAMP MUNICIPAL DES BERGES DE L'YONNE ★★ Tourisme 150 E. 2 ha. , CV. Locations : . Rivière à 30 m. ; Ouv : 1.5 / 15.9. N 151 dir. Nevers. Interdit aux caravanes double essieux. ☎ 03 86 81 76 87.

COURGENAY

3-D5 28 km N.-E. Sens. 130 m. 408 hab. ✉ 89190

CAMP MUNICIPAL ★ Tourisme 100 E. 1 ha. . RN 60 Sens-Troyes en bordure CD 79. CD 84. A 5 sortie Vulaines 7 km. ☎ 03 86 86 82 07. Fax : 03 86 86 80 85.

L ISLE SUR SEREIN

7-E2 14 km N.-E. Avallon. 196 m. 524 hab. ✉ 89440

CAMP MUNICIPAL LE PARC DU CHATEAU ★★ Tourisme 42 E. 1,5 ha. Sanitaire chauffé. . Rivière à 50 m. Accueil groupes. O ☎ 03 86 33 93 50 / 03 86 33 80 74 (Mairie).

JOIGNY

3-D5 26 km N.-N.-O. Auxerre. 80 m. 10488 hab. ✉ 89300

CAMP MUNICIPAL ★★ Tourisme 50 E. dont 50 nus 1,5 ha. saison, CV Camping tourisme et handicap. . Accès direct à la rivière. Etang à 500 m. Accueil groupes. Ouv : 1.4 / 31.10. RN 6. A 6 sortie n° 18 dir. Joigny par D 943 et D 959 puis dir. centre ville et Sens. ☎ 03 86 62 07 55 / 03 86 92 48 00 (H.S.). Fax : 03 86 62 08 03. E-mail : villedejoigny3@wanadoo.fr, Web : www.joigny.com. Prix 2007. Fft jour : Empl. Tourisme (2) : 5,11 € ( ) ; Sup : 2,07 € - de 7 ans 1,03 € ; 2,07 € (10 A).
FFCC : Stop accueil Camping-car du 01/03 au 31/10/2008, accès jusqu'à 22h.

LEZINNES

7-E1 36 km N.-E. Avallon. 170 m. 816 hab. ✉ 89160

CAMP MUNICIPAL LA GRAVIERE DU MOULIN ★★ Tourisme 32 E. pétanque, CV Sanitaire chauffé. Locations : . Accès direct à la rivière. ; ; 7, route de Frangey. A 6 sortie Auxerre Sud, D 965 jusqu'à Tonnerre, puis D 905 jusqu'à Lézinnes. Centre de Loisirs pour les enfants l'été (à partir de 4 ans). ☎ 03 86 75 68 67 / 03 86 75 60 50 (Mairie) (H.S.). Fax : 03 86 75 68 67. E-mail : gravieremoulin.lezinnes@wanadoo.fr, Web : www.cc-ancylefranc.net. Prix 2007. 1,30 € ; 0,90 € ; 2,20 € ; 1,30 € ; 1,60 € ; - de 10 ans 0,90 € ; 2,30 €.

LIGNY LE CHATEL

7-E1 21 km N.-E. Auxerre. 118 m. 1020 hab. ✉ 89144

CAMP MUNICIPAL DE LA NOUE MARROU ★★★ Tourisme 42 E. 2 ha. . Rivière à 20 m. ; ; Accueil groupes. Ouv : 1.4 / 30.9. RN 77. ☎ 03 86 47 41 20 (Mairie) / 03 86 47 56 99 (H.S.). Prix 2007. Empl. Tourisme : 5,50 € ; 2,50 € ; - de 3/10 ans 1,25 € ; 3 €.

MAILLY LE CHATEAU

7-E2 28 km S. Auxerre. 180 m. 501 hab. 89660

CAMP MUNICIPAL LE PRE DU ROI ★★ Tourisme 100 E. 3 ha. Locations : . Accès direct à la rivière. Au Pertuis des Bouchets, par RD 39. ☎ 03 86 81 44 85 / 03 86 81 40 37 (Mairie). Fax : 03 86 81 40 37.

MERRY SUR YONNE

7-E2 32 km S. Auxerre. 128 m. 227 hab. 89660

CAMP MUNICIPAL ESCALE ★★ Tourisme 50 E. 0,5 ha. Locations : 7. 2. Rivière à 300 m. Accueil groupes. ☎ 03 86 81 01 60 / 03 86 81 06 07 (H.S.). Fax : 03 86 81 06 14.

MIGENNES

7-D1 22 km N. Auxerre. 90 m. 8151 hab. 89400

LES CONFLUENTS ★★★ Tourisme 63 E. 1,5 ha. buvette, rapide, CV Sanitaire chauffé. Locations : 2, 8. chauffée. Rivière à 300 m. Etang à 800 m. Accueil groupes. sauf juillet/août. Ouv : 1.4 / 2.11. Allée Léo Lagrange, RN 443, RN 6. A 6 Paris/Auxerre sortie Auxerre Nord ou Joigny puis suivre Migennes. ☎ 03 86 80 94 55. Fax : 03 86 80 94 55. E-mail : planethome2003@yahoo.fr, Web : www.les-confluents.com. Prix 2008. Empl. Tourisme : 4,46 € ; 2,28 € ; 3,35 € ; - de 7 ans 1,77 € ; 2,95 à 4,18 € (6 à 10 A) ; E. GCC 5,58 €. Réduction H.S.

FFCC : partenaire - terrain assuré par la FFCC.

MOLINONS

3-D5 22 km E. Sens. 103 m. 338 hab. 89190

AIRE NATURELLE MUNICIPALE A 500 m : . A 800 m : . A 6 km: Piscine plein air . A 10 km : . Les Six Gerbes. ☎ 03 86 86 75 09. Prix 2007. () : 1 € ; 1 € ; 1 € ; 1 € ; 1 € ; - de 7 ans 0,50 € ; 2 €.

PONT SUR YONNE

12 km N.-O. Sens. 70 m. 2933 hab. 89140

CAMP MUNICIPAL L'ILE D'AMOUR En cours reclassement 158 E. Route de Bray sur Seine ☎ 03 86 67 03 62.

ROGNY LES SEPT ECLUSES

7-C1 60 km O. Auxerre. 60 m. 740 hab. 89220

CAMP MUNICIPAL LES LANCIERES ★ Tourisme 45 E. dont 40 nus 0,8 ha. sauf tatoués et vaccinés CV. Locations : 2. Accès direct à la rivière. Etang à 2 km. Accueil groupes. Ouv : 1.5 / 30.9. Lieu-dit Les Lancières. RD 90, RN 7. ☎ 03 86 74 57 50 / 06 74 43 43 04 (Florence S) / 03 86 74 51 78 (H.S.). Fax : 03 86 74 56 91. E-mail : rogny-les-7-ecluses@wanadoo.fr, Web : www.rogny-les-7-ecluses.fr. Prix 2007. 1,20 € ; 0,80 € ; 2,10 € (6 A).

FFCC : Stop accueil Camping-car de pâques au 31/10/2008, accès jusqu'à 20h.

ST FARGEAU

7-D2 44 km S.-O. Auxerre. 195 m. 1912 hab. 89170

CAMP MUNICIPAL LA CALANQUE ★★★ Tourisme 230 E. dont 225 nus, 5 ha. CV Sanitaire chauffé. Locations : 3. Accès direct à l'étang. Lac à 30 m. Accueil groupes. Ouv : mi-avril / fin septembre. Rés. obligatoire en été. Dir. St-Sauveur-en-Puisaye. ☎ 03 86 74 04 55. Fax : 03 86 74 04 55. Prix 2007. Fft jour : Empl. Tourisme (2) : 8,40 € () ; Sup : 2,35 € - de 7 ans 1,35 € ; 2,05 à 2,65 € (6 à 10 A). Fft Ccar : 9,90 € (2).

ST FLORENTIN

3-E5 30 km N.-E. Auxerre. 170 m. 6757 hab. 89600

L'ARMANCON ★★★ Tourisme 164 E. dont 100 nus, 3 ha. Locations : . Accès direct à l'étang et à la rivière. Accueil enfants. Ouv : 15.04 / 15.10. RN 77. ☎ 03 86 35 08 13 / 03 86 35 11 86 / 03 86 35 11 86 (H.S.). Fax : 03 86 35 11 86. E-mail : ot.saint-florentin@wanadoo.fr. Réduction H.S.

ST JULIEN DU SAULT

3-D5 21 km S. Sens-sur-Yonne. 82 m. 2110 hab. 89330

LES ILES ★ Tourisme 50 E. Route Villevallier. ☎ 03 86 63 22 58.

ST MORE

7-E2 17 km N.-O. Avallon. 135 m. 137 hab. 89270

CAMP MUNICIPAL ★★ Tourisme 32 E. 0,6 ha. Locations : , . Accès direct à la rivière. Accueil groupes. RN 6. A 6 sortie Auxerre Sud ou Nitry ou Avallon. ☎ 03 86 33 45 03 / 03 86 32 42 95. Fax : 03 86 32 42 95. E-mail : loisi-yonne@libertysurf.fr, Web : www.loisi-yonne.com.

ST PERE

7-E2 35 km S. Avallon. 150 m. 356 hab. 89450

CAMP MUNICIPAL ★ Tourisme 60 E. 1 ha. CV. Locations : 2, 1. Accès direct à la rivière. non surveillée : . Accueil groupes. Ouv : Pâques / 30.9. Route d'Uzy. ☎ 03 86 33 26 62 / 03 86 33 26 62 (H.S) (Mairie) / 03 86 33 36 58 (H.S.). Fax : 03 86 33 34 56. E-mail : mairie-saint-pere@wanadoo.fr, Web : www.saintpere.fr. Prix 2007. Empl. Tourisme : 1,50 € () : 1,50 € ; 1,50 € ; 2,50 € ; 1,50 € ; 1,80 € ; - de 7 ans 0,80 € ; 2 €.

ST SAUVEUR EN PUISAYE

7-D2 40 km S.-O. Auxerre. 310 m. 1149 hab. 89520

PARC DES JOUMIERS ★★★ Loisirs 100 E., dont 100 GCC, 7 ha. CV Sanitaire chauffé Camping tourisme et handicap. Locations : 3, 9, Chambres (prix par jour & TV fournie). Accès direct à l'étang. Lac à 1,5 km. Accueil groupes. Ouv : 28.3 / 4.11. A 6 sortie Joigny-Toucy/D 955-Mézilles/D 965. Parc des Joumiers sur D 7, 600 m avant St Sauveur. ☎ 03 86 45 66 28 / 03 86 45 46 28 (H.S.). Fax : 03 86 45 60 27. E-mail : campingmoteljoumiers@wanadoo.fr, Web : www.camping-motel-joumiers.com. Prix 2007. Empl. Tourisme : 2,75 € ; 2,75 € ; 2,75 € ; 3,60 € ; - de 7 ans 1,80 € ; 2,80 à 3,80 € (5 à 10 A) ; E. GCC 2,75 € ; Animaux 1,75 €. Fft Ccar : 14 € (2).

FFCC : partenaire + réduction emp. de 5 % en saison et hors saison + Stop accueil Camping-car du 01/04 au 30/06 et du 25/08 au 30/10/2008 + réduction loc. de 5 % en saison et hors saison.

SAINTS

7-D2 36 km S.-O. Auxerre. 274 m. 585 hab. 89520

CAMP MUNICIPAL LA COURTILLERIE ★ Tourisme 13 E. 1 ha. Etang à 1,5 km. enfants : . Accueil groupes. Ouv : 15.5 / 30.8. ☎ 03 86 45 55 72 (Mairie). Fax : 03 86 45 61 66. E-mail : mairiesaints@club-internet.fr. Prix 2007. Empl. Tourisme : 1,33 € ; 1 € ; 1 € ; - de 7 ans 0,55 € ; 2,21 €.

Mme MORIN Huguette,aire naturelle A 2 km: . A 3 km : . A 5 km : . A 8 km : . Ouv : 1.3 / 31.10. Au Relax Vert. Les Bourgoins n° 18 à Toucy vers St-Sauveur prendre la D 955 et D 211. Garage mort annuel. ☎ 03 86 45 53 83 (Répondeur) / 06 76 24 02 20 (H.S.). Fax : 03 86 45 59 33. Web : www.i-n-t-e-r.net/105-890071-01.htm. Prix 2007. 2 € ; 1,40 € ; 2 € ; 1,90 € ; 1,50 € ; - de 7 ans 0,80 € ; 2,60 € (6 A) ; 1,80 € ; Animaux 0,80 €.

FFCC : partenaire - terrain assuré par la FFCC.

SENS

57 km N. Auxerre. 27501 hab. 89100

CAMP MUNICIPAL ENTRE DEUX VANNES ★★ Tourisme 80 E. 0,79 ha. CV. Rivière à 500 m. à 2 km : . Accueil groupes. Ouv : 15.5 / 15.9. Avenue de Senigallia, sortie sud de Sens. ☎ 03 86 65 64 71 / 03 86 65 37 42 (H.S.). Fax : 03 86 95 39 41. E-mail : espacesverts@mairie-sens.fr. Prix 2007. Empl. Tourisme : 5,40 € () ; 4,30 € ; 2,60 € ; - de 7 ans 1,40 € ; 1,50 €.

SERGINES

3-D5 18 km N. Sens. 114 m. 802 hab. 89140

CAMP MUNICIPAL LES CHAMPS BLANCS ★★★ Tourisme 60 E. 1,38 ha. Sanitaire chauffé. Locations : , , . Etang et rivière à 4 km. 14, rue du Général de Gaulle. A 5 sortie entre 18 et 19. RD 976/D 23/D 222. ☎ 03 86 66 30 80. Fax : 03 86 66 30 80.

TONNERRE

7-E1 45 km N. Avallon. 144 m. 6181 hab. 89700

CAMP MUNICIPAL DE LA CASCADE ★★ Tourisme 115 E. dont 108 nus 1,2 ha. Sanitaire chauffé Camping tourisme et handicap. Locations : , , . Accès direct à la rivière. Ouv : 1.4 / 2.11. Avenue Aristide Briand. ☎ 03 86 55 15 44 / 03 86 55 22 55 (Mairie) (H.S.). Fax : 03 86 55 30 64. E-mail : ot.tonnerre@wanadoo.fr, Web : www.tonnerre.fr. Prix 2007. () : 3,30 € ; 1,10 € ; 3,30 € ; 2,10 € ; 2,90 € ; - de 7 ans 1,50 € ; 2,50 à 3,50 € (6 à 10 A).

TOUCY

7-D1 23 km S.-O. Auxerre. 205 m. 2865 hab. 89130

CAMP DE TOUCY ★★ Tourisme 58 E. dont 56 nus 0,55 ha. CV. Locations : 2. Rivière à 10 m. Etang à 20 m. à 10 m : ; à 50 m : . Accueil groupes. Ouv : 1.4 / 15.10. Rés. obligatoire en été. Sur RD 3. D 965. ☎ 03 86 44 13 84 / 03 86 44 20 77 (H.S.). E-mail : campingdetoucy@wanadoo.fr. Prix 2007. Fft jour : Empl. Tourisme (2) : 7,20 € () ; Sup : 2,40 € - de 7 ans 1,20 € ; 3 €

VERGIGNY

24 km N. E. Auxerre. 101 m. 1121 hab. 89600

M. PERROT Laurent,aire naturelle Moulin à Vent et la Vierge étang, . Bas Rebourseaux. ☎ 01 42 37 21 41 / 01 46 60 21 15.

VERMENTON

7-E1 24 km S.-E. Auxerre. 120 m. 1166 hab. 89270

CAMP MUNICIPAL LES COULLEMIERES ★★★ Tourisme 50 E. 1,5 ha. ap. 22 h, CV Sanitaire chauffé. Locations : 4, 1, . Rivière à 20 m. ; à 20 m : . Ouv : 1.4 / 30.9. Rés. obligatoire en été. RN 6. Caravanes à 2 essieux interdites. ☎ 03 86 81 53 02 / 03 86 81 50 01 (Mairie). Fax : 03 86 81 63 95. E-mail : mairie.vermenton@free.fr & camping.vermenton@orange.fr, Web : www.camping-vermenton.com. Prix 2007. 3 € ; 1,50 € ; 4,50 € ; 3 € ; 3 € ; - de 10 ans 1,50 € ; 2,50 € (6 A) ; Animaux 1 €.

VEZELAY

7-E2 19 km O.-S.-O. Avallon. 300 m. 582 hab. 89450

L'ERMITAGE ★ Tourisme 36 E. 1 ha. CV. Rivière à 3 km. à 2 km : . Accueil groupes. Ouv : 1.4 / 31.10. Route de l'Etang. ☎ 03 86 33 24 18. Fax : 03 86 33 24 18. Prix 2008. Fft jour : Empl. Tourisme (2) : 7,50 € ( ) ; Sup : 3 € - de 7 ans 1,50 € ; 2,50 € (4 à 6 A). Fft Ccar : 10 € (2). Fft Tente : 8 € (2).

FFCC : partenaire + réduction emp. de 10 % en saison et hors saison + Stop accueil Camping-car du 01/04 au 31/10/2008, accès entre 17h30 et 19h.

VILLENEUVE LES GENETS

7-D1 45 km S.-O. Auxerre. 192 m. 242 hab. ✉ 89350

LE BOIS GUILLAUME ★★★★ Tourisme 80 E. dont 27 nus (40 Tourisme + 40 Loisirs), dont 80 GCC - 20 HLL, 5 ha. CV Sanitaire chauffé. Locations : 7 , 4 , 3 , chauffée . Rivière à 1 km.Etang à 3,5 km. ; . Accueil groupes. Ouv : 1.1 / 31.12. RD 7. ☎ 03 86 45 45 41. Fax : 03 86 45 49 20. E-mail : camping@bois-guillaume.com, Web : www.bois-guillaume.com. Prix 2008. Empl. Tourisme : 2,80 € ; 2,70 € ; 2,70 € ; 3,80 € ; - de 7 ans 1,90 € ; 2,80 à 3,60 € (5 à 10 A) ; E. CC 2,80 € ; E. GCC 2,80 € ; Animaux 1,30 €.

FFCC : partenaire + réduction emp. de 5 % en saison et hors saison.

VILLENEUVE SUR YONNE

3-D5 13 km S. Sens. 75 m. 4980 hab. ✉ 89500

LE SAUCIL ★★ Loisirs 46 E. dont 42 nus 1,2 ha. Buvette, snack, CV. Locations : 3 , 1 . Rivière à 20 m. Etang à 2 km. ; ; ; à 20 m : . Accueil groupes. Ouv : 27.3 / 15.10. Rue du Saucil, RN 6. A 6, sortie Courtenay / Sens / Auxerre ☎ 03 86 87 00 69. Réduction H.S.

FFCC : partenaire + réduction emp. de 5 % en saison et hors saison + carte FFCC assurance annulation + Stop accueil Camping-car du 27/03 au 14/10/2008, accès jusqu'à 21h + réduction loc. de 5 % en saison et hors saison.

VINCELLES

7-E1 14 km S.-E. Auxerre. 110 m. 807 hab. ✉ 89290

LES CERISELLES ★★★★ Tourisme 84 E. dont 67 nus, dont 24 GCC, 0,84 ha. location possible, + sèche-linge, CV Sanitaire chauffé Camping tourisme et handicap. Locations : 2 , 15 . initiation. Rivière à 50 m. Etang à 2 km. en rivière : ; ; . Accueil groupes sous réserve. sous réserve. Ouv : 1.4 / 30.9. Route de Vincelottes. Au bord du canal du Nivernais, vignobles d'Irancy et de Coulanges-la-Vineuse. Sortie A 6 Auxerre Sud puis Avallon (RN 6). ☎ 03 86 42 50 47 / 03 86 42 39 39 (H.S.). Fax : 03 86 42 39 39. E-mail : camping@cc-payscoulangeois.fr, Web : www.campingcериselles.com. Prix 2007. Fft jour : Empl. Tourisme : 15 € (E. CC E. GCC) ; Sup : 3 € - de 10 ans 1,50 €.

FFCC : partenaire + réduction emp. de 5 % en saison et hors saison + réduction loc. de 5 % en saison et hors saison.

90 TERRITOIRE DE BELFORT

Carte 8

Délégué FFCC : Robert HOUDELOT, 23, impasse Gaston Grelat - 90100 DELLE

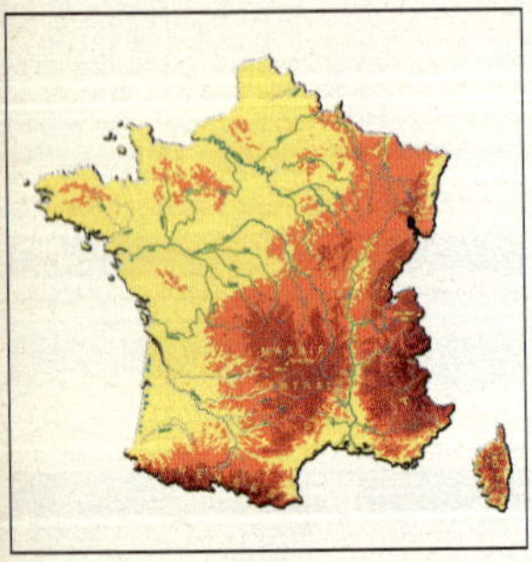

BELFORT

8-D1 424 km S.-E. Paris. 260 m. 52739 hab. ✉ 90000

L'ETANG DES FORGES ★★★ Tourisme 90 E. dont 90 nus 3,7 ha. CV Camping tourisme et handicap. Locations : 9 , 6 , . Etang à 50 m. Lac à 5 km. ; à 100 m : ; à 5 km : , . Accueil groupes. Ouv : 7.4 / 30.9. Rue Béthouart. A 36 Besançon/Mulhouse, sortie 13 Belfort Les Glacis du château. ☎ 03 84 22 54 92. Fax : 03 84 22 76 55. E-mail : contact@camping-belfort.com, Web : www.camping-belfort.com. Prix 2008. Fft jour : Empl. Tourisme (2) : 14,50 € ( ) ; Sup : 3 € 3,50 € ; Animaux 1,50 €. Réduction H.S.

FFCC : partenaire + réduction emp. de 10 % hors saison + carte FFCC assurance annulation + réduction loc. de 10 % hors saison.

GIROMAGNY

8-D1 13 km N.-N.-O. Belfort. 460 m. 3694 hab. ✉ 90200

LE PARADIS DES LOUPS ★★ Tourisme 50 E. dont 44 nus 0,7 ha. aire spécifique, CV. Locations : 4 . au village, . Accès direct à la rivière. ; à 2 km : , , . Accueil groupes. Ouv : 1.1 / 31.12. Rés. obligatoire en été. Rue Maginot, centre de la commune. ☎ 03 84 29 05 11. Prix 2008. 3,60 € ; 2 € ; 5,60 € ; 2,80 € ; 2,40 € ; - de 7 ans 1,05 € ; 2,75 à 4,50 € ; Animaux 1 €. Réduction H.S.

FFCC : réduction loc. de 10 % hors saison.

JONCHEREY

8-E2 21 km S.-E. Belfort. 387 m. 1300 hab. ✉ 90100

CAMP MUNICIPAL DU PASSE LOUP ★★ Tourisme 133 E. (71 Tourisme + 62 Loisirs) 2,4 ha. . Locations : 4 , . au village. Etang à 500 m. ; à 1 km : . Rue des Chênes. A 36 sortie Sevenans ensuite RN 19 dir. Delle. ☎ 03 84 56 32 63 / / 03 84 36 01 46 (H.S.). Fax : 03 84 56 27 66. Web : www.joncherey.fr.

LACHAPELLE SOUS ROUGEMONT

8-E1 15 km N.-E. Belfort. 373 m. 405 hab. ✉ 90360

CAMP MUNICIPAL LA SEIGNEURIE ★★★ Tourisme 120 E. (80 Tourisme + 40 Loisirs) 3 ha. CV Sanitaire chauffé. Locations : 2 . Lac à 50 m. . . Accueil groupes. Ouv : 1.4 / 30.10. Par l'A 36 sortie Lagrange/Fontaine. Par la RN 83 entre Mulhouse et Belfort. ☎ 03 84 23 00 13 / 03 84 27 60 68 (H.S.). Fax : 03 84 23 05 04. E-mail : mairielachapelle-rougemont@wanadoo.fr, Web : campingdelaseigneurie.com. Prix 2008. Empl. Tourisme : 3,60 € ( ) : 3 € ; 4,20 € ; 3,60 € ; - de 14 ans 2 € ; 3,20 € (6 A) ; Animaux 1,25 €. Réduction H.S.

Carte 3

Délégué FFCC : Yves ALLAIN, 16 bis, rue du Muguet - 91390 MORSANG SUR ORGE

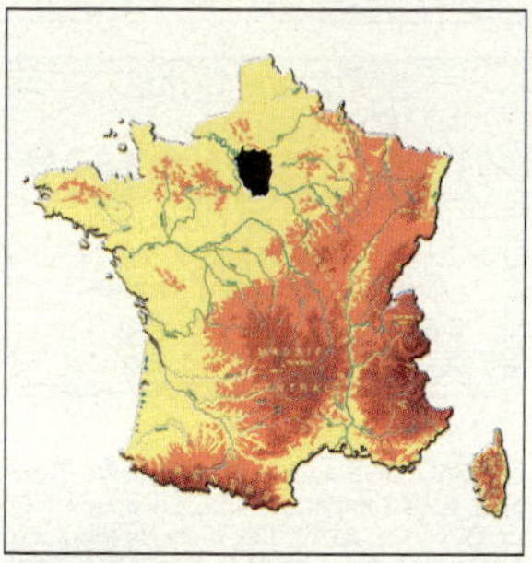

BALLANCOURT SUR ESSONNE

3-C4 15 km S.-O. Evry. 5549 hab. 91610

CAMP MUNICIPAL LES ETANGS SAINT-BLAISE ★ Loisirs 60 E. Rue des Saussaies. 01 64 57 78 24 / 01 64 57 60 71 (Mairie) (H.S.).

BOISSY LE CUTTE

3-B4 25 km S.-O. Corbeil-Essonnes. 75 m. 812 hab. 91590

C.C.D.F. LA BOULINIERE ★ Loisirs 125 E. (25 Tourisme + 100 Loisirs) 3,5 ha. CV. Locations : 1. Etang à 5 km. à 5 km : . Ouv : 1.1 / 31.12. Lieu-dit La Boulinière, RN 191. 01 64 57 65 23. Fax : 01 64 57 65 23. E-mail : secretariat@campingclub.asso.fr, Web : www.campingclub.asso.fr. Prix 2007. Fft jour : Empl. Tourisme (2) : 13,29 € () ; Sup : 2,58 € - de 2/7 ans 1,29 € ; Animaux 2,06 €. Fft Tente : 10,71 € (2).

FFCC : partenaire - terrain assuré par la FFCC + réduction emp. de 5 % en saison et hors saison.

BOISSY SOUS ST YON

3-B4 15 km N. Etampes 85 m. 3309 hab. 91790

LA FERME DES TOURELLES ★ Loisirs 40 E. . 22, rue Courtanesse. RN 20. 01 60 82 07 47. Fax : 01 64 91 35 28. E-mail : leduc tourelles@wanadoo.fr.

BRIIS SOUS FORGES

3-B4 16 km S.-O. Palaiseau. 1850 hab. 91640

LE MOULIN DE BECHEREAU ★ Loisirs 9 E. . Chemin Béchereau. 01 64 90 70 27.

BUNO BONNEVAUX

3-C5 30 km S. Corbeil. 126 m. 263 hab. 91720

LE BOIS CLOS ★ Loisirs 60 E. 1,1 ha. saison. ; à 1 km : . Réservé Association Aéronautique du Val d'Essonne.

COURDIMANCHE SUR ESSONNE

3-C4 22 km S. Evry. 143 m. 233 hab. 91720

L'ETANG DE BELESBAT ★★ Loisirs 59 E. dont 2 nus (5 Tourisme + 54 Loisirs) 1,2 ha., Sanitaire chauffé. Locations : 2, 5, 6, . Accès direct à l'étang et à la rivière. . Accueil groupes. A 6 sortie n° 11 Auvernaux ou N 20 sortie Etampes. Terrain de golf contigü. 01 64 99 39 52 / / 06 14 25 88 52 (H.S.). Fax : 01 64 99 39 52. E-mail : campingbelesbat@tele2.fr, Web : www.camping-belesbat.com. Prix 2007. 4,80 € ; 2,80 € ; 4,80 € ; - de 10 ans 2,40 € ; 3 € (10 A) ; Animaux 1,80 €.

D HUISON LONGUEVILLE

3-B4 17 km E. Etampes. 857 hab. 91590

LES BOIS DE VALENCE ★ Loisirs 100 E. 7 ha. CV Rés. naturiste. Locations : 3. chauffée . à 3 km : . Ouv : 1.1 / 31.12 (week-end uniquement) + juillet/août). Chemin de Monlimon. A 6 sortie Villabé dir. Mennecy/La Ferté-Alais puis D 145. Réservé aux sociétaires du Club Naturiste. Ouvert toute l'année uniquement le week-end. 06 85 31 55 92 / 01 60 86 02 48 (H.S.). E-mail : csessonne@csessonne.com, Web : www.csessonne.com. Prix 2007. () : 8,50 € ; 4,50 € ; 3 € (6 A).

FFCC : partenaire + réduction emp. de 5 % en saison et hors saison.

DOURDAN

3-B4 14 km N.-O. Etampes. 110 m. 8057 hab. 91410

LES PETITS PRES ★★★ Loisirs 150 E. dont 150 nus (40 Tourisme + 110 Loisirs) 2 ha. Sanitaire chauffé. Accueil groupes. Ouv : 1.4 / 30.9 + W.E. et vac. scolaires sauf Noël et Février. 11, rue Pierre Mendès France. Sortie autoroute dir. Dourdan. 01 64 59 64 83 / 01 60 81 14 17 (H.S.). Fax : 01 60 81 14 29. E-mail : loisirs.dourdan@wanadoo.fr. Prix 2007. Empl. Tourisme : 2,60 € () : 2 € ; 4,60 € ; 3,50 € ; - de 10 ans 2,20 € ; 3,10 € (du 1/4 au 30/9 A).

DRAVEIL

3-C4 7 km N. Evry. 54 m. 26801 hab. 91210

L'ORME DES MAZIERES ★ Tourisme 40 E. 6, rue Port aux Dames. 06 87 26 79 38.

FFCC : partenaire - terrain assuré par la FFCC.

ETAMPES

3-B4 55 km S. Evry. 19491 hab. 91150

CARAVANING DU VAUVERT Voir ORMOY

ETRECHY

3-B4 7 km N. Etampes. 5600 hab. 91580

CARAVANING LES HESPERIDES ★★ Loisirs 75 E. (7 Tourisme + 68 Loisirs) 3,5 ha. CV Rés. naturiste. Locations : . Rivière à 3 km. Chemin des Vaugibourgs, RN 20. 01 60 80 32 49. E-mail : les.hesperides@free.fr, Web : les-hesperides.free.fr. Réduction H.S.

FFCC : partenaire + réduction emp. de 5 % en saison et hors saison.

LA FERTE ALAIS

3-B4 21 km S.-O. Corbeil-Essonnes. 65 m. 2002 hab. 91590

LA SABLIERE ★★ Loisirs 88 E. (20 Tourisme + 68 Loisirs) 6 ha. . Lieu-dit La Sablière. 01 64 57 70 50.

ITTEVILLE

3-B4 17 km S.-O. Corbeil-Essonnes. 65 m. 3546 hab. ✉ 91760

LE VAL D'ESSONNE ★ Loisirs 200 E. (10 Tourisme + 190 Loisirs) 8,5 ha. Sanitaire chauffé. Locations : Etang, lac et rivière à 5 m. Ouv : 1.4 / 31.10. A Aubin, RN 191 et 449, sortie Evry autoroute sud. ☎ 06 87 47 84 53. Prix 2007. Fft jour : Empl. Tourisme (2): 10 € ; Sup : 3 € - de 2/10 ans 1,50 € ; 4 €.

MILLY LA FORET

3-C4 24 km S. Evry. 66 m. 3795 hab. ✉ 91490

LA MUSARDIERE ★★★ Loisirs 200 E. (40 Tourisme + 160 Loisirs) 8 ha. Sanitaire chauffé. Locations : 9 , 1 . chauffée . à 4 km : . Ouv : 15.2 / 1.12. Route des Grandes Vallées. D 948. D 837. A 6. D 16. ☎ 01 64 98 91 91. Fax : 01 64 98 91 91. E-mail : lamusardiere@infonie.fr. Prix 2007. ( ) : 5,70 € ; 3,30 € ; 9 € ; 3,30 € ; 6 € ; - de 10 ans 3,40 €. Empl. Loisirs : 1400 €(fft saison).

MONDEVILLE

3-C4 18 km S.-O. Corbeil-Essonnes. 140 m. 443 hab. ✉ 91590

CARAVANING LA ROCHE AUX DAMES ★ Loisirs 190 E. (10 Tourisme + 180 Loisirs) 4 ha. RD 153 par autoroute du Sud. ☎ 01 64 98 31 44.

MONNERVILLE

3-B5 12 km S.-O. Etampes. 143 m. 375 hab. ✉ 91930

LE BOIS DE LA JUSTICE ★★★ Loisirs 150 E. (30 Tourisme + 120 Loisirs) 5,5 ha. CV Sanitaire chauffé. Locations : 4 . chauffée . Accueil groupes. Ouv : 1.2 / 30.11. RN 20, accès par Monnerville. ☎ 01 64 95 05 34. Fax : 01 64 95 17 31. E-mail : Piequet.fredo@orange.fr, Web : www.camping-boislajustice.com & perso.orange.fr/campingboislajustice/. Prix 2007. ( ) : 5 € ; 2,50 € ; 7,50 € ; 5 € ; 6 € ; - de 2/10 ans 3 € ; 2,50 € ; Animaux 1 €.

MORSANG SUR SEINE

3-C4 7 km S. Corbeil. 75 m. 287 hab. ✉ 91250

CARAVANING LES CANARDIERES ★★ Tourisme 90 E. (70 Tourisme + 20 Loisirs) . Accès direct à l'étang et à la rivière. Chemin des Iles. ☎ 01 60 75 67 16.

LA POMMERAIE ★ Loisirs 42 E. 1,7 ha. Réservé Sociétaire.

LES ILES ★ Loisirs 22 E. 23, chemin des Iles. ☎ 01 60 75 38 00.

OLLAINVILLE

3-B4 15 km S. Palaiseau. 80 m. 3502 hab. ✉ 91290

PRAIRIE DU MOULIN NEUF ★★ Loisirs 154 E. (4 Tourisme + 150 Loisirs) . Locations : . Accès direct à l'étang et à la rivière. ☎ 01 64 90 02 86.

ORMOY LA RIVIERE

3-B4 5 km S. Etampes. 800 hab. ✉ 91150

CARAVANING DU VAUVERT ★★★★ Loisirs 288 E. (30 Tourisme + 258 Loisirs), dont 288 GCC, 8 ha. Sanitaire chauffé. Accès direct à la rivière. Lac à 2 km. ; à 2 km : . Ouv : 15.1 / 14.12. Route de Saclas. Entre Ormoy et Etampes, à 2 km de la base de loisirs et 1 km du centre hospitalier. ☎ 01 64 94 21 39. Fax : 01 69 92 72 59. Prix 2007. Empl. Tourisme : 5 € ; 4,50 € ; - de 10 ans 3 € ; 3 €.
FFCC : partenaire + réduction emp. de 5 % en saison et hors saison.

ST CHERON

3-B4 12 km N. Etampes. 3550 hab. ✉ 91530

HELIOMONDE ★★★ Tourisme 138 E. (90 Tourisme + 48 Loisirs), dont 48 GCC, 1,5 ha. CV Rés. naturiste. Camping clef verte Camping tourisme et handicap. Locations : , 8 , 9 , . chauffée . Ouv : 7.3 / 12.11. La Petite Beauce. Parc forestier de 45 hectares. ☎ 01 64 56 61 37. Fax : 01 64 56 51 30. E-mail : helio@heliomonde.fr. Réduction H.S.

LE PARC DES ROCHES ★★★ Loisirs 380 E. dont 380 nus (49 Tourisme + 331 Loisirs) 15 ha. Sanitaire chauffé. Locations : 56 . chauffée . Etang à 5 km. à 3 km : .Accueil adultes. La Petite Beauce, RD 132. ☎ 01 64 56 65 50. Fax : 01 64 56 54 50. E-mail : contact@parcdesroches.com, Web : www.parcdesroches.com. Prix 2007. ( ) : 5 € ; 2,60 € ; 7,60 € ; 5 € ; 6,60 € ; - de 10 ans 3,80 € ; 2,60 € (5 A) ; Animaux 1,70 €.

ST MAURICE MONTCOURONNE

3-B4 13 km N. Etampes. 70 m. 917 hab. ✉ 91530

PARC RESIDENTIEL LA FONTAINE ★★★ Loisirs 78 E., dont 2 HLL, 2,17 ha. CV Sanitaire chauffé. Locations : , 12 , . . Accès direct à la rivière. à 1 km : . Ouv : 1.1 / 31.12. Rés. obligatoire en été et en hiver. D 131. Route du Marais. Région Arpajon-Orsay. A 1 km Château du Marais et à 2 km Château de Courson/Monteloup. Location longue durée. ☎ 01 64 58 92 72 (Tél & fax). Fax : 01 64 58 99 70. Web : www.fontaine.fr.

SAINTRY SUR SEINE

3-C4 4 km S. Evry. 33 m. 3785 hab. ✉ 91250

LES SABLONS ★ Loisirs 31 E. , sur pied, Sanitaire chauffé. Locations : . . Ouv : 1.1 / 31.12. 130, route de Morsang. A 6/N 104 à 5 km. ☎ 01 60 75 15 30 / 06 84 49 59 84 (H.S.).

LE VAL ST GERMAIN

3-B4 15 km N.-O. Etampes. 57 m. 683 hab. ✉ 91530

M. TRIADOU Gérard,camping des Bruyères . A 1 km: . Ouv : 1.1 / 30.11. Le Marais. D 132. Chemin des Bruyères. ☎ 01 64 58 92 72. Fax : 01 64 58 99 70.
FFCC : partenaire - terrain assuré par la FFCC .

VILLIERS SUR ORGE

3-B4 18 km O. Corbeil-Essonnes. 60 m. 3298 hab. ✉ 91700

LE BEAUVILLAGE ★★★ Loisirs 100 E. 2,5 ha. CV Sanitaire chauffé. Locations : 3 , 11 , 5 . Accès direct à la rivière. Etang à 3 km. ; à 2 km : . Accueil groupes. Ouv : 1.1 / 31.12. Rés. obligatoire en été et en hiver. 1, voie des Prés. A 6, sortie Savigny-sur-Orge, puis D 25. RN 20, sortie Villiers-sur-Orge puis D 35. ☎ 01 60 16 17 86. Fax : 01 60 16 31 46. E-mail : lebeau-village@wanadoo.fr, Web : www.beau-village.com. Prix 2007. ( ) : 3,50 € ; 2 € ; 5,50 € ; 3,50 € ; 4,50 € ; - de 7 ans 2,25 € ; 3,50 € (10 A) ; Animaux 2 €.

SEINE-SAINT-DENIS 93

Carte 3

Délégué FFCC : Georges Decobecq, 26, rue des Deux Frères - 93700 DRANCY - decobecq.georges@wanadoo.fr

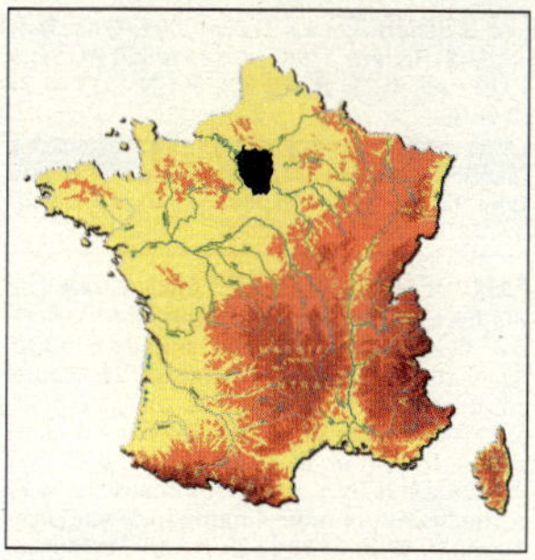

NEUILLY SUR MARNE

3-C3 6 km S. Le Raincy. 95 m. 31195 hab. 93330

CAMP MUNICIPAL ★★ Tourisme 280 E. 2,8 ha. CV. Accès direct à la rivière. Accueil groupes. Ouv : 1.4 / 30.9. Rés. obligatoire en été. Lieu-dit La Haute Ile, RN 370, RN 34. ☎ 01 43 08 21 21. Fax : 01 43 08 22 03. E-mail : campingmunicipal.nsm@wanadoo.fr. Prix 2007. 6,85 € ; 2,10 € ; 10,05 € ; 3,60 € ; 3,55 € ; - de 2/12 ans 1,65 € ; Animaux 2,60 €.

VAL-DE-MARNE 94

Carte 3

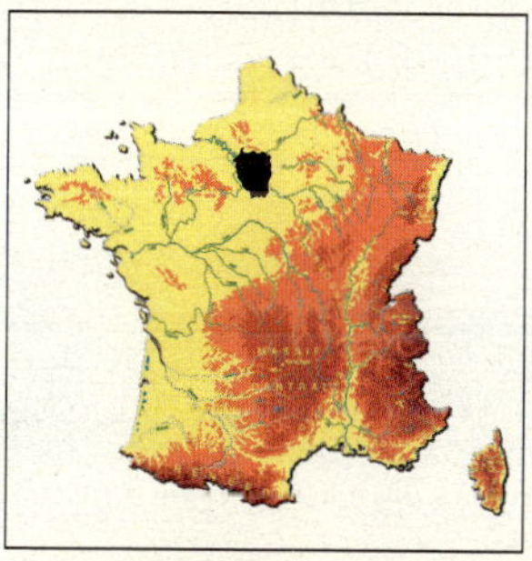

CHAMPIGNY SUR MARNE

14 km E.-S.-E. Centre Paris. 55 m. 76260 hab. 94500

CAMP PARIS EST LE TREMBLAY ★★★ Tourisme 400 E., dont 32 CC - 12 GCC - 285 HLL, 8 ha. CV Sanitaire chauffé. Locations : 50, 27. Accueil groupes. Ouv : 1.1 / 31.12. Pointe N-O. de la commune, boulevard des Alliés. Depuis Paris A 4 sortie Joinville-le-Pont, de la province A 4 sortie Nogent. ☎ 01 43 97 43 97. Fax : 01 48 89 07 94. E-mail : champigny@campingparis.fr, Web : www.campingparis.fr. Prix 2007. Fft jour : Empl. Tourisme (2) : 29,90 € () ; Sup : 6 € - de 7 ans 3,50 € ; Animaux 2,60 €. Réduction H.S.

95 VAL-D'OISE

Carte 3

Délégué FFCC : Michel HUBERT, 68, avenue de la République - 95550 BESSANCOURT - michel.hubert95@orange.fr

ASNIERES SUR OISE

3-B3 23 km N.-E. Pontoise. 55 m. 2186 hab. 95270

LE GRAND CLOS ★★★ Loisirs 171 E., dont 30 GCC, 3 ha. à 1 km : ; à 5 km : . Avenue de Royaumont, RN 309. Location longue durée. ☎ 01 30 35 40 43. Fax : 01 34 68 08 89.

DOMAINE LES PRINCES ★★ Loisirs 131 E. dont 16 nus 1,6 ha. CV Sanitaire chauffé. Locations : 10 , 8 . Rivière à 100 m. à 1,5 km : . Ouv : 8.3 / 26.11. Route des Princes, D 909. ☎ 01 30 35 40 92. Fax : 01 30 35 40 92. E-mail : camping-lesprinces@clubinternet.fr. Prix 2007. Fft jour : Empl. Tourisme (1) : 9,50 € ( ) ; Sup : 3,50 € 2,50 € ; 3,50 € ; 1,50 € ; Animaux 2,50 €. Réduction H.S.

FFCC : partenaire - terrain assuré par la FFCC.

AUVERS SUR OISE

7 km N.-E. Pontoise. 5722 hab. 95430

CAMP G.C.U. Réservé aux adhérents. Adhésion possible sur place pour les sociétaires MAIF et FILIA MAIF. Bord de l'Oise. 1,5 km à l'ouest d'Auvers. Ouvert aux non-adhérents du 15.06 au 15.09. Prix 2007. Empl. Tourisme : 7,28 € ; 3,53 € ; - de 10 ans 1,78 €.

GRISY LES PLATRES

3-B3 10 km N. Pontoise. 158 m. 443 hab. 95810

LE MAUROIS ★★★ Loisirs 170 E. (20 Tourisme + 150 Loisirs) . Locations : 10 . ☎ 01 48 40 25 91.

L ISLE ADAM

3-B3 13 km N.-E. Pontoise. 9479 hab. 95290

LES 3 SOURCES ★★ Loisirs 100 E. 2 ha. Rivière à 200 m. Lac à 800 m. ; à 1 km : , , . RD 322 et RN 1. ☎ 01 34 69 08 80.

NESLES LA VALLEE

3-B3 12 km N.-E. Pontoise. 100 m. 1302 hab. 95690

PARC DE SEJOUR DE L'ETANG ★★★★ Loisirs 135 E. (15 Tourisme + 120 Loisirs) 4 ha. Sanitaire chauffé. Accès direct à l'étang. à 3 km : , .Accueil adultes. Ouv : 1.3 / 31.10. Rés. obligatoire en été. Chemin des Bellevues, RD 64. A 15 sortie 10 D 927 et D 79. A 1 sortie Cergy-Pontoise puis N 1 dir. Adam/Beauvais. A 16 sortie l'Isle Adam dir. Champagne sur Oise/ Parmain. ☎ 01 34 70 62 89. E-mail : brehinier1 @hotmail.com, Web : www.campingparcset.com. Prix 2008. Empl. Tourisme : 4,50 € ; 4,50 € ; - de 7 ans 3 € ; 3,15 à 4,10 € (3 à 9 A).

VAL DE NESLES ★★ Loisirs 220 E. (40 Tourisme + 180 Loisirs) 7 ha. .à 4 km : , ; à 5 km : . Chemin de Chambly, RD 64. A 15 sortie 10. RN 10 par l'Isle Adam. ☎ 01 34 70 63 24.

FFCC : partenaire - terrain assuré par la FFCC.

VALLANGOUJARD

3-B3 12 km N. Pontoise 44 m. 507 hab. 95810

CAMP MUNICIPAL ★ Loisirs 50 E. ☎ 01 34 66 21 66.

DOM-TOM

STE ANNE

54 km S.-E. Le Marin. 3000 hab. 97227

VIVRE ET CAMPER A STE ANNE Non classé 150 E. 6 ha. CV. Locations : 2 , 60 , , , . Bord de mer à 20 m. ; ; ; ; . Lieu-dit la Pointe Marin. ☎ 05 96 76 72 79. Fax : 05 96 76 97 82. E-mail : camping.vesa@wanadoo.fr.

INDEX LISTES

Photos : J.-A. Somville

LE CAMPING PRATIQUE

LES **ASSOCIATIONS** FFCC — PAGE 716
LA CHAÎNE DES **CAMPINGS ASSOCIATIFS** — PAGE 719
STOP ACCUEIL **CAMPING-CARS** — PAGE 720
LES ADHÉRENTS **CAMPING-QUALITÉ** — PAGE 725

LE CAMPING ET LE NATURISME

FÉDÉRATION FRANÇAISE DE **NATURISME** — PAGE 732
ORGANISATION NATURISTE EUROPÉENNE — PAGE 733

LE CAMPING ET LA NEIGE

LE **CARAVANEIGE** — PAGE 734

LE CAMPING ET L'ENVIRONNEMENT

LA **CLEF VERTE** — PAGE 737

LE CAMPING ET LE HANDICAP

TOURISME ET **HANDICAP** — PAGE 738

POUR UNE HALTE PRATIQUE

LE **STATIONNEMENT** DANS LES VILLES — PAGE 739

LA RÉGLEMENTATION

LES TERRAINS **AMÉNAGÉS** — PAGE 746
ACCÈS POUR LES **HANDICAPÉS** — PAGE 750
LE **RÉGLEMENT** INTÉRIEUR — PAGE 750
LES **PARCS RÉSIDENTIELS DE LOISIRS** — PAGE 752
LES **AIRES** NATURELLES — PAGE 754
LES TERRAINS **RURAUX** — PAGE 754

LISTE DES ASSOCIATIONS AFFILIÉES A LA FFCC

Les Associations Nationales ont des représentants régionaux et départementaux dont les coordonnées peuvent être fournies par le siège de l'Association sur simple demande. Certains Clubs Régionaux ont également des antennes départementales.

ASSOCIATIONS CAMPEURS, CARAVANIERS, CAMPING-CARISTES	■
ASSOCIATIONS CULTURELLES OU SPORTIVES AYANT UNE SECTION CAMPING-CARAVANING	▪
ASSOCIATIONS NATURISTES	○
ASSOCIATIONS PROFESSIONNELLES	⚷
DEPARTEMENT	75

ASSOCIATIONS NATIONALES

▪ **ASSOCIATION TOURISTIQUE DES CHEMINOTS**
9, rue du Château-Landon, 75010 PARIS, 01.55.26.93.70. www.atc-routesdumonde.com — 75

■ **AUTO-CARAVANING ET CAMPING-CAR CLUB DE FRANCE**
Domaine de Bernezac, BP 70413, 17420 SAINT-PALAIS-SUR-MER, 05.46.02.39.96 — 17

■ **CAMPING CLUB DE FRANCE**
5 bis, rue Maurice-Rouvier, 75014 PARIS, 01.58.14.01.23. www.campingclub.asso.fr — 75

▪ **COMITE DES LOISIRS LA POSTE FRANCE TELECOM**
Mme Mallory Le Sech, 25, rue Didot, 75014 PARIS, 01.45.39.16.68 — ⚷ 75

▪ **FEDERATION FRANCAISE DES AUTOMOBILE-CLUBS**
76, av. Marceau, 75008 PARIS, 01.56.89.20.70. www.automobileclub.org — 75

▪ **FEDERATION UNIE DES AUBERGES DE JEUNESSE**
M. de Simone, 27. rue Pajol, 75018 PARIS, 01.44.89.87.14. www.fuaj.org — 75

■ **TOURING CAMPING-CARISTE CARAVANING FRANCE**
BP 63, 75462 PARIS Cedex 10. 29A, rue Montribloud, 69009 LYON, 04.78.25.91.85.
http://www.pagesperso.aol.fr/tccfnational/index.htm — 75

▪ **UNION TOURISTIQUE LES AMIS DE LA NATURE**
197, rue Championnet, 75018 PARIS, 01.46.27.53.56. www.utan.asso.fr — 75

■ **AUTOCARAVANING FRANCE**
7, impasse de Kerguelen, 85000 LA ROCHE-SUR-YON, 02.51.37.67.77.
www.autocaravaning-france.com — 85

▪ **BIVOUAC**
M. Daniel Gaborit, 6, rue Beauséjour, 44460 SAINT-JEAN-DE-BOISEAU, 02.40.65.82.40.
www.cccbivouac.fr — 44

■ **CAMPING CLUB INTERNATIONAL DE FRANCE**
16 bis, av. du Muguet, 91390 MORSANG-SUR-ORGE, 01.69.04.30.16. y-allain@orange.fr — 91

■ **COMPAGNONS CAMPEURS DE FRANCE (Les)**
BP 204, chemin des Vaugibourgs, 91580 ETRECHY, 01.60.80.32.49 — ○ 91

▪ **ASSOCIATION NATIONALE DE COORDINATIONS DES ASSOCIATIONS DE VILLAGES DE VACANCES DES COMITES D'ENTREPRISES ET AUTRES COLLECTIVITES (A.N.C.A.V.)**
263, rue de Paris, Case 560, 93515 MONTREUIL Cedex, 01.48.18.81.79. www.ancavtt.asso.fr — 93

▪ **FEDERATION FRANCAISE DE NATURISME**
5, rue Régnault, 93500 PANTIN, 0892.69.32.82. www.ffn-naturisme.com — ○ 93

▪ **FEDERATION SPORTIVE ET GYMNIQUE DU TRAVAIL**
14/16, rue de Scandicci, 93508 PANTIN Cedex, 01.49.42.23.29.
http://213.161.194.21/ox-002-007/index2.htm — 93

▪ **COMITE D'ACTION ET D'ENTRAIDE SOCIALES DU C.N.R.S.**
2, allée Georges-Meliès, 94306 VINCENNES Cedex, 01.49.57.50.00 — ⚷ 94

▪ **FEDERATION FRANCAISE DE CYCLOTOURISME**
12, rue Louis-Bertrand, 94200 IVRY-SUR-SEINE, 01.56.20.88.88. www.ffct.org — 94

■ **CLUB CARAVANING CAMPING-CAR FRANCE**
M. Hubert Michel, 68, avenue de la République, 95150 BESSANCOURT, 01.39.60.69.55
www.clubcaravaning.com — 95

ASSOCIATIONS D'ILE-DE-FRANCE

▪ **CLUB DU SOLEIL FRANCE**
18, rue Victor-Massé, 75009 PARIS, 01.42.81.50.55 — ○ 75

▪ **CAMPING-CAR CLUB D'ILE-DE-FRANCE**
M. Jean-Jacques Michel,84, rue de Ponthierry, 77310 BOISSISE-LE-ROI, 01.60.68.16.77,
Secrétariat : Mme Monique Maillard, 01.64.25.86.20.www.ccc-iledefrance.com — 77

■ **CLUB CLIP-CAR EVASION**
4, chemin du Pont-Philippe, 77850 HERICY, 01.60.74.29.30. www.clip.car.free.fr — 77

▪ **AMICALE SPORTIVE TOURISTIQUE DE PARIS-MANTES**
Mme Jacqueline Michel, 21, rue Désiré-Vienot, 93170 BAGNOLET, 01.43.60.45.15 — ⚷ 93

▪ **C.E. AEROPORT DE PARIS - SECTION "NORD"**
M. Michel Coel, 19, rue des Mésanges, 59320 SEQUEDIN, 03.20.38.30.74 — ⚷ 59

ASSOCIATIONS DES AUTRES REGIONS

▪ **SOCIETE NAUTIQUE LAONNOISE**
M. J.-C. Buquet, Camping du Lac, 02000 MONAMPTEUIL, 03.23.21.60.73 — 02

▪ **CERCLE DES NAGEURS**
Comité d'Etablissement Aluminium Péchiney, CNPG, M. J. Armani,
Boulevard Victor-Hugo, 13120 GARDANNE, 04.42.65.23.00 — ⚷ 13

■ **ERIBA CLUB SUD-EST (ex-Spiriba)**
M. Michel Germanangue, 13, impasse du Mas de Gidde, 13500 LA COURONNE,
04.42.49.61.09 — 13

■ **TOURING PROVENCE MEDITERRANEE**
M. Lindeboom, 11, place du Général-de-Gaulle, 13001 MARSEILLE, 04.91.33.40.99.
www.tpm13.com.free.fr — 13

■ **ATLANTIQUE CAMPING-CAR CLUB**
M. Roland Caillaud, 30, chemin de Barbaran, 17220 SAINT-VIVIEN, 09.61.00.91.72. — 17

▪ **CLUB OMNISPORT ROCHELAIS**
18, rue du Val-de-Rance, 17140 LAGORD, 05.46.34.34.60 — 17

▪ **CE DE M.B.D.A.**
Virginie Tromeur, 7, avenue d'Issoudun, 18020 BOURGES Cedex, 02.48.55.53.53 — ⚷ 18

■ **LIMOUSIN CAMPING-CAR CLUB**
Mairie de Donzenac, BP 6, 19270 DONZENAC, 05.55.85.71.72 — 19

NATURISTES CORREZIENS (NATCO)
Puy Bousquet, 19500 COLLONGES-LA ROUGE, 05.55.25.48.43 — ○ 19

SCHNEIDER ELECTRIC - Section camping
M. Alain Mazelier, rue Lavoisier, 21600 LONGVIC, 03.80.70.86.00 **21**

CAMPING-CAR CLUB NORMANDIE-BRETAGNE
M. Pardailhe Galabrun François, 22490 PLESLIN, 02.96.27.18.93 **22**

LES MIGRATEURS
Les Ilots Saint-Val, RD 983, Le Haut-Bourray 28130 VILLIERS-LE-MORHIER, 02.37.35.73.52 **28**

ASSOCIATION SPORTIVE DES P.T.T. DE CHATEAUROUX
1, rue de la Vallée-aux-Prêtres, 36000 CHATEAUROUX, 02.54.60.34.60 **36**

CAMPING CARAVANING CLUB DE L'INDRE
Maison des associations, 34, espace Mendès France, 36000 CHATEAUROUX. **36**

AMICALE SPORTS ET LOISIRS MICHELIN
Mme Fouque, 37510 BALLAN-MIRE, 02.47.53.44.13 **37**

CAMPING CARAVANING DE TOURAINE
Centre Municipal des Sports Robert-Grenon, Salle n° 14, 37000 TOURS **37**

CLUB DU SOLEIL DE TOURAINE
BP 1653, 37016 TOURS Cedex 01 **37**

TOURAINE CAMPING CLUB
72, av. Georges-Pompidou, 37540 SAINT-CYR-SUR-LOIRE, 02.47.41.39.90 **37**

CONSORTIUM EUROPEEN DU LOISIR
Route de Grenade, RN 124, 40280 BRETAGNE-DE-MARSAN, 05.58.71.18.51 **40**

CLUB DU SOLEIL SAINT-ETIENNE
Mairie de Saint-Genest-Lerpt, 42530 SAINT-GENEST-LERPT, 04.77.90.22.46. www.larobertanne.free.fr **42**

SPORTS D'HIVER FOREZIENS
M. Philippe Simand, 18, rue Basse-des-Rives, 42100 SAINT-ETIENNE, 04.77.47.23.85 **42**

ASSOCIATION SPORTIVE DES P.T.T. DE NANTES
42, rue Appert, BP 78758, 44100 NANTES Cedex 4, 02.51.84.91.50. http://nantes.asptt.com **44**

CAMPING-CAR CLUB BRETAGNE PAYS DE LOIRE
M. Huchet Jacky, 21 bis, rue Auguste-Brizeux, 44000 NANTES, 02.40.20.33.72 **44**

CAMPING-CAR CLUB DE L'OUEST
37, route du Verger, 44119 TREILLIERES, 06.84.77.54.04. http://ccco.asso.free.fr **44**

ERIBA CLUB SUD OUEST
7, allée de Cambillou, 47480 PONT-DE-CASSE, 05.53.66.76.40 **47**

PLEIN AIR CHOLETAIS
M. Jack Belsoeur, 5, rue Pasteur, 49280 LA TESSOUALE, 02.41.56.35.48 **49**

COMITE D'ENTRAIDE SOCIALE DES P.T.T. DE MAINE-ET-LOIRE
BP 941, 49009 ANGERS Cedex 01, 02.41.79.00.15 **49**

ASSOCIATION DES PERSONNELS SPORTIFS DES ADMINISTRATIONS PUBLIQUES DE LA MARNE ET DE LA HAUTE-MARNE (APSAP 51-52)
Presqu'île de Larzicourt, 51290 LARZICOURT, 03.26.72.62.85 **51**

CAMPING CARAVANING CLUB LORRAIN
M. B. Henry 13, rue Pavillon Champ, 57070 METZ, 03.87.37.09.17 **57**

ASSOCIATION SPORTIVE DES P.T.T. DE LILLE - METROPOLE
Mme Christine Lebecq, 37, rue de Wazemmes, 59000 LILLE, 03.20.85.27.72. www.aspttlille.com **59**

AUTOMOBILE CLUB DU NORD DE LA FRANCE
21, avenue Léon-Blum, BP 40016, 59370 MONS-EN-BARŒUL, 03.20.28.40.40 **59**

CAMPING CLUB LOMMOIS
M. Gérard Pollet, 101, rue P de Girard, 59160 LOMME, 03.20.09.65.14 **59**

SOCIETE D'ENTRAIDE DU PERSONNEL MUNICIPAL DE LA VILLE DE DUNKERQUE
Mairie de Dunkerque, Place C.-Valentin, 59140 DUNKERQUE, 03.28.26.27.68 **59**

ASSOCIATION SPORTIVE DE L'ATELIER INDUSTRIEL DE L'AERONAUTIQUE
Section camping, 161, av. du Brézet, 63028 CLERMONT-FERRAND Cedex 2, 04.73.42.42.42. **63**

ASSOCIATION SPORTIVE DE LA BANQUE DE FRANCE DE CLERMONT-FERRAND
10, bd Duclaux, BP 100, 63403 CHAMALIERES Cedex, 04.73.17.41.61 **63**

ERIBA CLUB CENTRE AUVERGNE
5, rue de la Crouzille, 63000 CLERMONT-FERRAND, 04.73.26.38.31 **63**

SKI CAMPING YACHTING MICHELIN
10, rue d'Ormesson, 63000 CLERMONT-FERRAND, 04.73.32.62.86 **63**

ALSACE CAMPING
Chemin du Camping, LD Heiligenberg Gare, 67190 GRESSWILLER, 03.90.29.62.57 **67**

CLUB VOSGIEN
16, rue Sainte-Hélène, 67000 STRASBOURG, 03.88.32.57.96 **67**

GROUPEMENT DES AUTOMOBILES CLUB DE L'EST
5, av. de la Paix, 67000 STRASBOURG, 03.88.36.04.34 **67**

CAMPEURS D'ALSACE, DE FRANCHE-COMTÉ ET DE LORRAINE
M. Jean-Marc Dudt, 23, rue d'Illzach, 68270 WITTENHEIM, 03.89.53.00.92 **68**

CAMPING CARAVANING CLUB D'ALSACE
Mme Buch, 2, rue des Champs, 68350 BRUNSTATT, 03.89.06.10.52 **68**

CAMPING CARAVANING CLUB DE MULHOUSE
M. Serge Sorribas, 8, rue d'Avignon, 68200 MULHOUSE, 03.89.60.34.74 **68**

RALLY CAMPING CLUB D'ALSACE
M. Denis Foltz, 5, rue des Tilleuls, 68520 BURNHAUPT-LE-BAS, 03.89.48.95.73. www.clubrcca.free.fr **68**

ASSOCIATION PARITAIRE D'ACTION SOCIALE DU BATIMENT ET DES TRAVAUX PUBLICS DU DEPARTEMENT RHONE (A.P.A.S.)
23, av. Condorcet, 69626 VILLEURBANNE Cedex, 04.72.44.16.05 **69**

C.M.C.A.S. DE LYON
Commission Plein Air, 30, rue Bellecombe, 69006 LYON, 04.78.71.45.46 **69**

AUTOMOBILE CLUB DE L'OUEST
Service Tourisme, Circuit des 24 H, 72019 LE MANS Cedex 2, 02.43.40.24.24. Fax 02.43.40.24.15 **72**

ERIBA CLUB ILE-DE-FRANCE
44, rue Robert-Ancel, 76700 HARFLEUR, 02.35.45.70.55 **76**

CLUB DU SOLEIL DE LA PORTE OCEANE
M. Gilles, 49, rue d'Estimauville, 76600 LE HAVRE, 02.35.41.79.75 **76**

LOISIRS COOPERATIFS HAVRAIS
20, passage Henri-Changeur, 76600 LE HAVRE, 02.35.45.17.80 **76**

CLUB DES NATURISTES ROUENNAIS
Camping Naturiste La Chenaie, 306, chemin d'Ambourville, 76480 ANNEVILLE-AMBOURVILLE, 02.35.37.22.23. Fax 02.35.37.98.92 **76**

UNION SPORTIVE FECAMPOISE CAMPING CARAVANING
M. André Brière 2, square Rollan, 76400 FECAMP, 02.35.28.17.83 **76**

CAMPING CLUB DES DEUX-SEVRES - Hôtel de la vie associative
12, rue Joseph-Cugnot, 79000 NIORT, 05.49.25.58.51 **79**

CAMPING CARAVANING CLUB DU LANGUEDOC
Chemin du Camping, Caussels, 81000 ALBI, 05.63.60.37.06 **81**

CASTRES CAMPING CLUB
Mme Isabelle Houseaux, 14, rue des Fleurs, 81100 CASTRES, 05.63.35.43.07 **81**

TOURING CLUB DU VAR
M. Mentor, 71, avenue Augusthe-Berthon, 83000 TOULON, 04.94.22.49.37 **83**

CAMPING-CAR CLUB SUD
M. Antoine Crisa, 1, rue Eugène-Seurat, "Orchidées 3", 84130 LE PONTET, 04.90.31.20.55 **84**

OCEAN CAMPING-CAR CLUB
M. Bernard Brusetti, BP 97, 85003 LA ROCHE-SUR-YON, 02.51.37.75.83 **85**

CAMPING CARAVANING CLUB CHATELLERAUDAIS
43, rue Toulouse-Lautrec, 86100 CHATELLERAULT, 05.49.93.13.27 **86**

CAMPING CARAVANING DE LA VALLEE
M. Jean Guy Biard, La Garenne, ZI Saint-Ustre, 86220 INGRANDES, 05.49.21.34.90 **86**

AUTOCARAVANING CLUB LIMOUSIN
M. Alain Maury, 20, allée des Chênes, 87220 BOISSEUIL, 05.55.06.32.90 **87**

CLUB CAMPING CARAVANING AMITIE ACTIVITES AVENTURE
13, rue des Coopérateurs, 87000 LIMOGES, 05.55.79.11.98 **87**

Le Lac des Varennes - Marcon (72)

LA CHAÎNE DES CAMPINGS ASSOCIATIFS

OUVERTS A TOUS, ces campings sont gérés soit par la F.F.C.C., soit par les Clubs Affiliés à la F.F.C.C. Nous vous indiquons la page où vous retrouverez le camping. Les tarifs proposés sont généralement plus bas que ceux du marché et ces terrains accordent une réduction supplémentaire sur la redevance principale aux adhérents F.F.C.C.

Sur tous les terrains gérés par la Fédération et signalés par le logo Camp'in France, 1 nuit gratuite est offerte pour 5 nuits payantes sur un ou plusieurs de ces terrains. Carte de fidélité fournie aux adhérents sur simple demande. Des offres de Forfaits Découverte sont également proposées.

AQUITAINE

Camping CCDF de Mayan ★
à VENDAYS-MONTALIVET (33930) *Page 335*

ALSACE

Camping CCC ALSACE des Hêtres ★★
à BENDORF (68480) *Page 565*

Camping CCC MULHOUSE La Mine d'Argent ★★
à MOOSCH (68690) *Page 567*

Camping Les Amis de la Nature ★★★
à LUTTENBACH (68140) *Page 567*

Camping La Doller-Les Campeurs d'Alsace ★★★
à GUEWENHEIM (68116) *Page 566*

Camping La Sapinière-Les Campeurs d'Alsace ★★
à WUENHEIM (68500) *Page 568*

BRETAGNE

Camping CCDF Les Ajoncs ★★
à PLOEMEUR (56270) *Page 482*

Camping A3CF Le Kerfalher ★★★
à PENESTIN (56760) *Page 481*

CENTRE

Camping FFCC La Fritillaire ★★★
à SAVIGNY EN VERON (37420) *Page 372*

Camping le Lac des Varennes ★★★
à MARCON (72340) *Page 579*

FRANCHE-COMTÉ

Camping FFCC La Plage ★★★
à BESANÇON (25000) *Page 263*

Camping Le Larmont ★★★
à PONTARLIER (25300) *Page 264*

LANGUEDOC-ROUSSILLON

Camping FFCC la Petite Motte ★★
à LA GRANDE-MOTTE (34280) *Page 343*

LIMOUSIN

Camping NAT.CO Le Puy Bousquet ★★
à COLLONGES LA ROUGE (19500) *Page 217*

LORRAINE

CCDF Les Bouleaux ★★
à VILSBERG (57370) *Page 490*

MIDI-PYRÉNÉES

Camping Caussels ★★ Camping Caravaning du Languedoc à ALBI (81000) *Page 616*

NORMANDIE

Camping Rural CCDF Jean Bazin
à ST DENIS DE MERE (14110) *Page 173*

PICARDIE

Camping S.N.LAONNOISE Le Lac ★★★
à MONAMPTEUIL (02000) *Page 90*

Camping CCDF de l'Ancien Moulin ★★★
à ACY EN MILTIEN (60620) *Page 498*

POITOU-CHARENTES

Camping A3CF Marcel Taburiaux ★★★
à ST PALAIS SUR MER (17420) *Page 209*

Camping CCDF La Gautrelle ★★
à ST GEORGES D'OLERON (17190) *Page 191*

PROVENCE ALPES COTE D'AZUR

Camping FFCC Les Ubacs ★
à MANOSQUE (04100) *Page 98*

Camping CCDF Domaine J.J. Bousquet ★★★
à ROQUEBRUNE SUR ARGENS (83520) *Page 648*

RÉGION PARISIENNE

Camping CCDF La Boulinière ★
à BOISSY LE CUTTE (91590) *Page 711*

Camping Naturiste C.C.F. Les Hespérides ★★
à ETRECHY (91580) *Page 711*

RHÔNE-ALPES

Camping FFCC Les Rives du Lac ★★★
à SEVRIER (74320) *Page 595*

STOP ACCUEIL
CAMPING-CARS

Vous retrouverez les terrains de camping dont la liste figure ci-dessous dans les départements concernés avec la mention FFCC : Partenaire : STOP ACCUEIL CAMPING-CAR et le logo .
Ces terrains se sont engagés à vous accueillir aux conditions suivantes :
Pour une seule nuit en formule étape avec une arrivée après 18 h. et un départ avant 12 h tout compris deux personnes et un véhicule (hors électricité et taxe de séjour) :
Jusqu'à ★★ ⩽ 8 €; ★★★ ⩽ 10 €; ★★★★ ⩽ 13 €.
Ils possèdent les caractéristiques suivantes :
EMPLACEMENT : facilement accessible pour un camping-car, parfaitement plat, sol stabilisé et dur. AMENAGEMENT SPECIAL:
- vidoir pour WC chimique , vidoir eaux usées pour camping-car, robinet eau propre accessible avec le véhicule (pour la plupart).
Attention : vérifiez bien les périodes de validité de l'offre.

01 AIN

ARTEMARE *LE VAUGRAIS* ★★ Du 01/01 au 31/05 et du 01/09 au 31/12/2008 jusqu'à 20H

DORTAN *LE LAC DE COISELET* ★ Du 01/06 au 30/09/2008

VILLARS LES DOMBES *LE LARGE* ★★ Du 01/01 au 30/06 et du 01/09 au 31/12/2008 jusqu'à 22H30

02 AISNE

SUZY *LES ETANGS DU MOULIN* ★★ Du 15/04 au 15/10/2008 jusqu'à 18H

03 ALLIER

ABREST *LA CROIX ST MARTIN* ★★★ Du 02/04 au 05/07 et du 23/08 au 31/10/2008 jusqu'à 22H

BELLERIVE SUR ALLIER *LES ACACIAS* ★★★★ Du 01/04 au 25/06 et du 01/09 au 15/10/2008 jusqu'à 21H

BELLERIVE SUR ALLIER *LE BEAU RIVAGE* ★★★★ Du 23/03 au 19/10/2008 jusqu'à 22H

GANNAT *CAMP MUNICIPAL LE MONT LIBRE* ★★★ Du 01/04 au 31/10/2008

LALIZOLLE *PARC RESIDENTIEL DE LOISIRS MUNICIPAL* PRL Toute l'année 2008 à toute heure

SAINT BONNET TRONCAIS *CAMP DU SYNDICAT MIXTE CHAMP FOSSE* ★★★ Du 01/04 au 31/10/2008 jusqu'à 20H ou 22H

SAINT PRIX *CAMPING COMMUNAUTAIRE DE LA PALISSE* ★★★ Du 01/04 au 30/09/2008 jusqu'à 20H

04 ALPES-DE-HAUTE-PROVENCE

CASTELLANE *NOTRE DAME* ★★★ Du 01/04 au 28/06 et du 23/08 au 15/10/2008 jusqu'à 19H

CASTELLANE *LES LAVANDES* ★★ Du 01/04 au 30/06 et du 01/09 au 15/10/2008 jusqu'à 20H

COLMARS *Mme PALMIERI Andrée, aire naturelle Les Pommiers* RURAL Du 15/04 au 01/10/2008 jusqu'à 20H

GREOUX LES BAINS *CHATEAU LAVAL* ★★★ Du 05/04 au 15/06 et du 15/09 au 15/10/2008 jusqu'à 17H

MANOSQUE *LES UBACS* ★ Du 01/04 au 30/09/2008 jusqu'à 22H

MOUSTIERS SAINTE MARIE *LE SAINT JEAN* ★★★ Du 01/04 au 10/07 et du 20/08 au 28/10/2008 jusqu'à 22H

SAINTE CROIX DE VERDON *M. REGIBAUD, aire naturelle Les Roux* RURAL Du 01/07 au 30/08/2008 jusqu'à 21H

SEYNE *LA BLANCHE* ★★ Toute l'année 2008 jusqu'à 21H

05 HAUTES-ALPES

ARGENTIERE LA BESSEE (L') *CAMP MUNICIPAL LES ECRINS* ★★★ Du 25/06 au 31/08/2008 jusqu'à 20H30

FAURIE (LA) *LA GARRIGUE* ★★★ Toute l'année 2008

ROCHE DE RAME (LA) *LE VERGER* ★★★ Du 01/05 au 31/10/2008 jusqu'à 21H

SAINT LEGER LES MELEZES *LA PAUSE* ★★★ Toute l'année 2008 jusqu'à 22H

06 ALPES-MARITIMES

COLLE SUR LOUP (LA) *LES PINEDES* ★★★ Du 15/03 au 30/04 et du 15/09 au 30/09/2008 jusqu'à 20H

07 ARDECHE

ANDANCE *LE CHATELET* ★★★ Du 01/04 au 31/10/2008

AUBENAS *LE DOMAINE DU ROCHER DE JASTRE* ★★ Du 01/04 au 30/06 et du 01/09 au 31/10/2008 jusqu'à 22H

BERRIAS ET CASTELJAU *LES ACTINIDIAS* ★★ Du 15/03 au 31/06 et du 31/08 au 07/09/2008 jusqu'à 21H30

JAUJAC *LE CHASSELOUVE* ★★ DU 01/05 au 30/09/2008 jusqu'à 20H30

LAMASTRE *LE RETOURTOUR* ★★★ Du 12/04 au 05/07 et du 26/08 au 28/09/2008

LAVILLEDIEU *LES RIVES D'AUZON* ★★ Du 01/04 au 01/07 et du 24/08 au 30/09/2008 jusqu'à 22H

MEYRAS *LA PLAGE* ★★★★ Du 01/04 au 13/05 et du 16/09 au 28/10 jusqu'à 19H30

MEYRAS *LE VENTADOUR* ★★★ Du 31/03 au 14/06 et du 24/08 au 05/10/2008 jusqu'à 21H

PRADONS *LES COUDOULETS* ★★★ Du 26/04 au 28/06 et du 01/09 au 15/09/2008 jusqu'à 21H

RIBES *LES CRUSES* ★★★ Du 05/04 au 05/07 et du 24/08 au 21/09/2008 jusqu'à 19H

ROCHEMAURE *L'ILE BLANC* ★★★ Toute l'année 2008 jusqu'à 22H

ROSIERES *LES OLIVIERS* ★★ Du 01/04 au 10/07 et du 25/08 au 30/09/2008 de 18H30 à 9H30

ROSIERES *LE SAUT DU LOUP* ★ Du 01/04 au 30/09/2008 jusqu'à 11H

RUOMS *LA CHAPOULIERE* ★★★ Du 15/03 au 12/07 et du 16/08 au 15/10/2008 jusqu'à 21H

RUOMS *LES PAILLOTES* ★★★★ Du 22/03 au 27/09/2008 jusqu'à 21H

SAINT ALBAN AURIOLLES *LE MAS DU SARTRE* ★★★ Du 01/04 au 30/09/2008 jusqu'à 22H

SAINT JEAN LE CENTENIER *LES ARCHES* ★★★ Du 01/05 au 30/06 et du 01/09 au 30/09/2008 jusqu'à 20H

SAINT LAGER BRESSAC *LES CIVELLES D'OZON* ★★ Du 01/04 au 30/06 et du 01/09 au 30/10/2008 jusqu'à 20H

SAINT MARTIN D'ARDECHE *LE PONTET* ★★★ Du 02/04 au 30/09/2008 jusqu'à 21H

SAINT MAURICE D'ARDECHE *DOMAINE DU CROS D'AUZON* ★★★★ Du 05/04 au 15/09/2008 jusqu'à 19H30

SAMPZON *LE CHASSEZAC* ★★ Du 01/04 au 05/07 et du 25/08 au 30/09/2008 jusqu'à 20H

THUEYTS *LE BELOS* ★★★ Du 12/04 au 04/07 et du 30/08 au 15/09/2008 jusqu'à 21H

TOURNON SUR RHONE *LES ACACIAS* ★★★ Du 01/04 au 03/07 et du 27/08 au 30/09/2008 jusqu'à 21H

TOURNON SUR RHONE *LE MANOIR* ★★★ Du 01/04 au 30/09/2008 jusqu'à 21H

TOURNON SUR RHONE *CAMP DE TOURNON HPA* ★★★ Du 01/11/2007 au 01/03/2008 et du 01/11/2008 au 01/03/2009 jusqu'à 21H30

UCEL *DOMAINE DE GIL* ★★★★ Du 15/04 au 30/06 et du 01/09 au 21/09/2008 jusqu'à 21H30

VALLON PONT D'ARC *L'ESQUIRAS* ★★★ DU 01/04 au 30/08/2008 jusqu'à 19H

09 ARIEGE

BASTIDE DE SEROU (LA) *L'ARIZE* ★★★★ Du 07/03 au 30/06 et du 17/08 au 12/11/2008 jusqu'à 20H

SAINT GIRONS *PARC DE PALETES* ★★★ Du 01/01 au 30/06 et du 01/09 au 31/12/2008 jusqu'à 21H

SAVIGNAC LES ORMEAUX *LE FOURNIL* ★★ Toute l'année 2008 jusqu'à 20H

VARILHES *DU CHATEAU* ★★ Toute l'année 2008 Permanent

10 AUBE

SAINT REMY SOUS BARBUISE *LA BARBUISE* ★ Toute l'année 2008

11 AUDE

BIZANET *FIGUROTTA* ★ Toute l'année 2008

LAGRASSE *CAMP MUNICIPAL* ★ Du 15/03 au 15/10/2008 jusqu'à 22H

PUIVERT *CAMP DE PUIVERT* ★★ Du 05/04 au 30/06 et du 01/09 au 30/09/2008 jusqu'à 20H

QUILLAN *CAMP MUNICIPAL LA SAPINETTE* ★★★ Du 01/04 au 30/06 et du 01/09 au 31/10/2008 jusqu'à 19H

12 AVEYRON

ARVIEU *LE REVE DU PECHEUR* PRL Du 01/07 au 31/08/2008 jusqu'à 20H

CRESSE (LA) *LE PAPILLON* ★★★ Du 01/05 au 23/06 et du 25/08 au 28/09/2008 jusqu'à 21H

MILLAU *LE MILLAU PLAGE* ★★★★ Du 01/04 au 28/06 et du 30/08 au 30/09/2008 jusqu'à 18H

MILLAU *LES RIVAGES* ★★★★ Du 01/04 au 30/06 et du 01/09 au 15/10/2008 jusqu'à 21H

NANT *LES DEUX VALLEES* ★★★ Du 01/04 au 30/06 et du 01/09 au 31/10/2008 jusqu'à 21H

NANT *LE VIALARET* ★★★ Du 01/04 au 30/09/2008 jusqu'à 21H

NAUCELLE *CAMP DU LAC* ★★★ Du 01/04 au 27/06 et du 01/09 au 24/10/2008 jusqu'à 21H

PONT DE SALARS *LES TERRASSES DU LAC* ★★★★ Du 01/04 au 30/09/2008 jusqu'à 22H

SAINT GENIEZ D'OLT *MARMOTEL* ★★★★ Du 10/05 au 30/06 et du 01/09 au 14/09/2008 jusqu'à 17H

SALLES CURAN *BEAU RIVAGE* ★★★★ Du 01/05 au 30/09/2008

SEVERAC LE CHATEAU *LES CALQUIERES* ★★★ Du 01/04 au 30/06 et du 01/09 au 15/10/2008 jusqu'à 22H

VILLEFRANCHE DE ROUERGUE *LE ROUERGUE* ★★★ Du 01/04 au 30/06 et du 01/09 au 30/09/2008 jusqu'à 23H

13 BOUCHES-DU-RHONE

GRAVESON *LES MICOCOULIERS* ★★★ Du 15/03 au 30/04 et du 01/09 au 15/10/2008 jusqu'à 22H30

MALLEMORT *LE DURANCE ET LUBERON* ★★★★ Du 01/04 au 01/07 et du 01/09 au 15/10/2008 jusqu'à 22H

PUYLOUBIER *CAMP MUNICIPAL CEZANNE* ★★ Du 01/04 au 06/11/2008 jusqu'à 20H

SAINT CHAMAS *LE CANET PLAGE* ★★★ Du 01/01 au 31/06 et du 01/09 au 01/12/2008 jusqu'à 21H

SAINT ETIENNE DU GRES *CAMP MUNICIPAL* ★★ Toute l'année 2008 jusqu'à 20H

14 CALVADOS

BERNIERES SUR MER *LE HAVRE DE BERNIERES* ★★★★ Du 01/04 au 10/07 et du 18/08 au 31/10/2008 jusqu'à 19H30

CLECY *LES ROCHERS DES PARCS* ★★★ Du 01/04 au 30/09/2008 jusqu'à 21H

EQUEMAUVILLE *LA BRIQUERIE* ★★★★ Du 01/04 au 30/06 et du 01/09 au 30/09/2008 jusqu'à 20H

THURY HARCOURT *LE TRASPY* ★★★★ Toute l'année 2008 jusqu'à 22H

15 CANTAL

SAINT JUST *CAMP MUNICIPAL* ★★★ Du 22/03 au 30/09/2008 jusqu'à 22H

16 CHARENTE

ORIOLLES *M. PORCHERON André* RURAL De Pâques à la Toussaint

PRESSIGNAC *CAMP DES LACS* ★★★★ Du 28/06 au 30/08/2008 jusqu'à 20H

17 CHARENTE-MARITIME

ARS EN RE *CAMP ESSI* ★★★ Du 01/04 au 28/06 et du 23/08 au 31/10/2008 jusqu'à 20H

ARS EN RE *LE CORMORAN* ★★★★ Du 05/04 au 28/06 et du 30/08 au 27/09/2008 jusqu'à 19H

ARS EN RE *LE SOLEIL* ★★★ Du 15/03 au 21/06 et du 23/08 au 15/11/2008

BALLON *LES GARENNES, aire naturelle* RURAL Du 15/06 au 05/07 et du 22/08 au 15/09/2008 jusqu'à 22H

BOIS PLAGE EN RE (LE) *INTERLUDE* ★★★★ Du 05/04 au 28/06 et du 23/08 au 28/09/2008 jusqu'à 19H

BREE LES BAINS (LA) *LE BREUIL* ★★ Du 01/04 au 07/07 et du 20/08 au 15/10/2008 jusqu'à 19H30

BREUILLET *A LA BELLE ETOILE* ★★ Du 04/04 au 05/07 et du 18/08 au 28/09/2008 jusqu'à 19H

CHATEAU D'OLERON (LE) *LES REMPARTS* ★★ Du 01/03 au 15/06 et du 15/09 au 31/10/2008 juqu'à 18H30

CHATEAU D'OLERON (LE) *AU PIGEONNIER* ★★★ Du 23/03 au 20/11/2008 jusqu'à 21H

CHEVANCEAUX *CAMP MUNICIPAL BELLE VUE* ★★ Du 01/04 au 31/10/2008 jusqu'à 20H

COUARDE SUR MER (LA) *LA TOUR DES PRISES* ★★★ Du 01/04 au 07/07 et du 26/08 au 30/09/2008

COUARDE SUR MER (LA) *CAMP MUNICIPAL LE REMONDEAU* ★★★ Du 15/03 au 30/06 et du 01/09 au 07/11/2008 jusqu'à 18H

DOLUS D'OLERON *LES CHENES VERTS* ★★ Du 01/04 au 15/06 et du 01/09 au 30/09/2008 jusqu'à 18H30

FOUILLOUX (LE) *LA MOTTE, aire naturelle de camping* RURAL Du 01/03 au 30/10/2008 jusqu'à 22H

GRAND VILLAGE PLAGE (LE) *CAMP MUNICIPAL DES PINS* ★★ Du 01/04 au 15/11/2008 jusqu'à 20H

MARENNES *AU BON AIR* ★★ Du 01/04 au 30/06 et du 01/09 au 30/09/2008 jusqu'à 22H

MATHES (LES) *LA PALOMBIERE* ★★ Du 01/04 au 30/06 et du 01/09 au 31/10/2008 jusqu'à 20H

PUILBOREAU *LE BEAULIEU* ★★★★ Du 01/01 au 20/06 et du 07/07 au 18/08/2008 jusqu'à 20H

SAINT CLEMENT DES BALEINES *LA PLAGE* ★★★★ Du 05/04 au 28/06 et du 30/08 au 01/11/2008 jusqu'à 19H

SAINT FORT SUR GIRONDE *LE PORT MAUBERT* ★★ Du 01/04 au 31/10/2008 jusqu'à 22H30

SAINT GEORGES D'OLERON *LES COQUETTES* ★★ Du 01/03 au 30/11/2008 jusqu'à 19H

SAINT GERMAIN DE LUSIGNAN *Mme SABOURAUX Marie-Agnès* RURAL Toute l'année 2008 jusqu'à 20H

SAINT PALAIS SUR MER *LE PUITS DE L'AUTURE* ★★★★ Du 01/04 au 30/09/2008 jusqu'à 22H30

SAINT PALAIS SUR MER *PARC ACCCF MARCEL TABURIAUX* ★★★ Du 15/03 au 15/10/2008 jusqu'à 21H

SAINT PIERRE D'OLERON *CAMP MUNICIPAL LA FAUCHE PRERE* ★★ Du 21/03 au 06/10/2008 jusqu'à 22H

SAINT SIMON DE BORDES *LES CASTORS* ★★★★ Du 20/03 au 10/11/2008 jusqu'à 22H

YVES *M. NADEAU Dominique* RURAL Du 01/04 au 10/07 et du 25/08 au 30/09/2008 jusqu'à 22H

19 CORREZE

BEAULIEU SUR DORDOGNE *LES ILES* ★★★ Du 05/04 au 05/07 et du 18/08 au 15/10/2008 jusqu'à 21H

CONDAT SUR GANAVEIX *MOULIN DE LA GENESTE* ★ Du 01/05 au 15/09/2008 jusqu'à 20H

CORREZE *AU BOIS DE CALAIS* ★★★ Toute l'année 2008 jusqu'à 20H

MONCEAUX SUR DORDOGNE *L'EUROPE* ★★★ Du 01/04 au 15/06 et du 01/09 au 31/10/2008 jusqu'à 22H

MONCEAUX SUR DORDOGNE *AU SOLEIL D'OC* ★★★ Du 29/03 au 11/07 et du 16/08 au 16/11/2008 jusqu'à 21H30

NEUVIC *CAMP MUNICIPAL DU LAC* ★★★ Du 01/03 au 30/06 et du 01/09 au 30/11/2008 jusqu'à 20H30

NOAILLES *M. DELMAS Gabriel* RURAL Toute l'année 2008 jusqu'à 20H

20 CORSE

LOZZI *AIRE NATURELLE ACQUAVIVA* RURAL D'avril au 30/06 et du 01/09 au 20/10/2008 jusqu'à 20H

LUMIO *MONTE-ORTO* ★★ Du 01/05 au 30/09/2008 jusqu'à 21H

MOLTIFAO *E CANICCE, aire naturelle* RURAL Toute l'année 2008 jusqu'à 22H

VICO *LE SAGONE* ★★★ Du 01/05 au 07/07 et du 25/08 au 30/09/2008 jusqu'à 19H

21 COTE-D'OR

PONT ET MASSENE *LAC DE PONT* ★★★ Du 30/04 au 05/07 et du 24/08 au 30/09/2008 jusqu'à 22H

POUILLY EN AUXOIS *LE VERT AUXOIS* ★★ Du 15/04 au 15/10/2007 jusqu'à 20H

22 COTES-D'ARMOR

CAUREL *CAMP NAUTIC INTERNATIONAL BEAU RIVAGE CAUREL* ★★★★ Du 15/05 au 10/07 et du 01/09 au 25/09/2008 jusqu'à 22H

ERQUY *LES ROCHES* ★★★ Du 01/04 au 02/11/2008 jusqu'à 21H

HILLION *BELLEVUE* ★★ Du 01/04 au 30/06 et du 01/09 au 30/09/2008 jusqu'à 20H

LANTIC *LES ETANGS* ★★ Du 01/04 au 04/07 et du 01/09 au 30/09/2008 jusqu'à 20H

MERDRIGNAC *VAL DE LANDROUET* ★★ Du 01/06 au 15/09/2008 jusqu'à 19H

PLOUGRESCANT *LE VARLEN* ★★★ Du 15/03 au 14/06 et du 15/09 au 15/11/2008 jusqu'à 19H30

SAINT ALBAN *CAMP DU DOMAINE DES JONQUILLES* ★★ Du 15/06 au 15/09/2008 jusqu'à 20H

23 CREUSE

BOUSSAC BOURG *CREUSE NATURE* ★★★ Du 19/04 au 01/07 et du 01/09 au 31/10/2008 jusqu'à 22H

24 DORDOGNE

BADEFOLS SUR DORDOGNE *LES BO BAINS* ★★★★ Du 04/04 au 27/06 et du 31/08 au 27/09/2008 jusqu'à 20H

BEAURONNE *Mme LAFORET Jacqueline* RURAL Du 01/07 au 11/11/2008

BUGUE (LE) *CAMP LES 3 CAUPAIN* ★★★ Du 01/04 au 07/07 et du 25/08 au 30/10/2008 jusqu'à 21H

CARLUX *LES OMBRAGES* ★★ Du 01/04 au 30/06 et du 01/09 au 31/10/2008 jusqu'à 20H30

DOMME *LE BOSQUET* ★★ Du 01/04 au 28/06 et du 30/08 au 27/09/2008 jusqu'à 20H

FONROQUE *LE TUQUET DU MAINE* ★ Du 15/04 au 15/10/2008 jusqu'à 19H30

LIMEUIL *PERDIGAT* ★★ Du 01/03 au 13/07 et du 17/08 au 15/11/2008 jusqu'à 22H30

MONPLAISANT *LA LENOTTE* ★★ Du 01/04 au 31/10/2008 jusqu'à 22H30

NONTRON *CAMP DE NONTRON* ★★ Toute l'année 2008 jusqu'à 20H

PAUNAT *LA PENETIE* ★ Du 01/06 au 01/10/2008 jusqu'à 20H

PROISSANS *LES TERRASSES DU PERIGORD* ★★★ Du 01/05 au 30/06 et du 01/09 au 16/09/2008 jusqu'à 20H

ROUFFIGNAC-ST-CERNIN *LA FERME OFFRERIE* ★★ Toute l'année 2008 sauf Juillet-Août

SAINT ANDRE D'ALLAS *LES CHARMES* ★★★ De Pâques au 30/06 et du 01/09 au 15/10/2008 jusqu'à 19H30

SAINT FELIX DE REILLAC MORTEMAR *ROC DE LAVANDRE* ★ Du 01/04 au 30/06 et du 01/09 au 30/10/2008 jusqu'à 20H

SAINT SAUD LACOUSSIERE *M. MARTIAL Paul* RURAL Du 01/04 au 31/12/2008 jusqu'à 22H

SALIGNAC EYVIGNES *LE TEMPS DE VIVRE* ★★★ Du 12/04 au 05/07 et du 23/08 au 18/10/2008 jusqu'à 22H

THIVIERS *CAMP MUNICIPAL LE REPAIRE* ★★★ Du 01/05 au 30/09/2008 jusqu'à 22H

TOCANE SAINT APRE *CAMP MUNICIPAL LE PRE SEC* ★★★ Du 01/05 au 30/09/2008 jusqu'à 22H

VEZAC *M. MONTESTIER Dominique* RURAL Du 01/03 au 15/11/2008 jusqu'à 23H

VIEUX MAREUIL *ETANG BLEU* ★★ Du 01/04 au 30/06 et du 25/08 au 19/10/2008 jusqu'à 21H

VILLEFRANCHE DU PERIGORD *LA BASTIDE* ★★★ Du 01/04 au 30/06 et du 01/09 au 05/11/2008 jusqu'à 20H

VITRAC *SOLEIL PLAGE* ★★★★ Du 11/04 au 30/06 et du 30/08 au 28/09/2008 jusqu'à 22H

25 DOUBS

BESANÇON *LA PLAGE* ★★★ Du 01/04 au 30/09/2008 jusqu'à 22H

MALBUISSON *LES FUVETTES* ★★★ Du 01/04 au 10/07 et du 20/08 au 30/09/2008 jusqu'à 22H

PONTARLIER *LE LARMONT* ★★★ Toute l'année 2008 jusqu'à 22H

26 DROME

BOURDEAUX *LE BOIS DU CHATELAS* ★★★★ Du 01/04 au 10/07 et du 20/08 au 28/09/2008 jusqu'à 19H30 et 22H en haute saison

BUIS LES BARONNIES *LA FONTAINE D'HANNIBAL* ★★★ Du 01/03 au 05/07 et du 06/09 au 15/11/2008 jusqu'à 19H

CHABEUIL *M. MERLE Alain* RURAL Toute l'année 2008 jusqu'à 20H l'hiver

CHATILLON EN DIOIS *LE LAC BLEU* ★★★ Du 01/04 au 30/09/2008 jusqu'à 20H

DIE *LE RIOU-MERLE* ★★ Du 01/04 au 05/07 et du 23/08 au 15/10/2008 jusqu'à 22H

GRANE *LES QUATRE SAISONS* ★★★★ jusqu'à 19H

PENNE SUR L'OUVEZE (LA) *LA GAUTIERE* ★★★ Du 01/04 au 30/09/2008 jusqu'à 20H

ROCHE SUR GRANE (LA) *LA MAGERIE, aire naturelle* RURAL Toute l'année 2008 jusqu'à 22H

SAINT DONAT SUR L'HERBASSE *DOMAINE DES ULEZES* ★★★★ Du 01/04 au 30/06 et du 01/09 au 31/10/2008 jusqu'à 22H

SAINT DONAT SUR L'HERBASSE *LAC DE CHAMPOS* ★★★ Du 26/04 au 12/07 et du 23/08 au 14/09/2008

SAINT NAZAIRE EN ROYANS *CAMP MUNICIPAL* ★★★ Du 01/05 au 30/09/2008 de 7H à 22H

SEDERON *CAMP MUNICIPAL LES BIAUX* ★★ Du 01/03 au 30/04 et du 01/09 au 30/10/2008 jusqu'à 20H30

27 EURE

ANDELYS (LES) *L'ILE DES TROIS ROIS* ★★★ Du 15/03 au 30/06 et du 01/09 au 15/11/2008 jusqu'à 19H

MARCILLY SUR EURE *DOMAINE DE MARCILLY* ★★★★ Toute l'année 2008 jusqu'à 20H

PONT AUDEMER *LES ETANGS* ★★★ Du 15/03 au 15/11/2008 jusqu'à 20H et 18H en hiver

28 EURE-ET-LOIR

BONNEVAL *BOIS DE CHIEVRE* ★★★ Du 01/04 au 31/10/2008 jusqu'à 22H

29 FINISTERE

CLOHARS CARNOET *LES GRANDS SABLES* ★★ Du 05/04 au 04/07 et du 24/08 au 14/09/2008 jusqu'à 22H

DINEAULT *TY PROVOST* ★★★ Du 01/06 au 15/09/2008 permanent

LANDEDA *CAMP MUNICIPAL PEN ENEZ* ★ Du 01/04 au 30/06 et du 01/09 au 30/09/2008 jusqu'à 23H

LOGONNA DAOULAS *LE ROZ* ★★ Du 01/04 au 31/10/2008

NEVEZ *LES DEUX FONTAINES* ★★★★ Du 08/05 au 13/09/2008 jusqu'à 20H

PLOMODIERN *LA PLAGE DE PORS AR VAG* ★★ Du 01/04 au 31/10/2008 jusqu'à 21H30

PLOUARZEL *LANNIOUARN* ★★★ Du 01/01 au 01/07 et du 01/09 au 31/12/2008 jusqu'à 20H

PLOUGUERNEAU *LA GREVE BLANCHE* ★★ Du 07/05 au 30/06 et du 01/09 au 12/10/2008 jusqu'à 20H

POULLAN SUR MER *LE PIL-KOAD* ★★★★ Du 26/04 au 30/06 et du 01/09 au 30/09/2008 jusqu'à 21H

30 GARD

AIMARGUES *BELLEVUE* ★★★ Du 01/01 au 30/06 et du 01/09 au 31/12/2008 jusqu'à 20H

ALLEGRE LES FUMADES *AIRE NATURELLE DE CAMPING LE LAVOIR D'ARLINDE* RURAL Du 15/04 au 15/10/2008 jusqu'à 21H

ANDUZE *LE PRADAL* ★★★ Du 22/03 au 12/07 et du 23/08 au 30/09/2008 jusqu'à 21H

BAGNOLS SUR CEZE *LA COQUILLE* ★★★ De Pâques au 30/06 et du 01/09 au 15/09/2008 jusqu'à 20H

BOISSET ET GAUJAC *M. BOISSET Alain, aire naturelle* RURAL Du 01/01 au 30/06 et du 20/08 au 31/12/2008 jusqu'à 23H

MIALET *CAMP MUNICIPAL LA ROUQUETTE* ★★ Du 15/05 au 15/09/2008 jusqu'à 18H

MOLIERES CAVAILLAC *LA TESSONNE* ★★ Du 01/06 au 15/09/2008 jusqu'à 22H

SAINT AMBROIX *LA TOUR* ★★ Du 01/04 au 15/10/2008 jusqu'à 21H

SAINT JEAN DU GARD *LES SOURCES* ★★★ Du 01/04 au 15/06 et du 21/08 au 30/09/2008 jusqu'à 14H

SAINT QUENTIN LA POTERIE *LE MOULIN NEUF* ★★★ Du 01/04 au 30/06 et du 01/09 au 22/09/2008 jusqu'à 22H

SAUMANE *LE VERDIER* ★★ Du 21/03 au 02/11/2008 jusqu'à 20H

VALLABREGUES *LOU VINCEN* ★★★ Du 01/04 au 30/06 et du 01/09 au 30/10/2008 jusqu'à 22H

31 HAUTE-GARONNE

AVIGNONET LAURAGAIS *AIRE NATURELLE MUNICIPALE* RURAL Du 01/04 au 30/09/2008 jusqu'à 22H

CAMBIAC *LA FERME DU TUILLIE* ★★★ Du 01/04 au 30/10/2008 jusqu'à 20H

32 GERS

CASTELNAU D'AUZAN *CAMP MUNICIPAL LE COUCUT* ★★ Du 15/06 au 15/09/2008 jusqu'à 22H

CASTERA VERDUZAN *LA PLAGE DE VERDUZAN* ★★★ De Pâques au 15/10/2008 jusqu'à 20H

ESTANG *LES LACS DE COURTES* ★★★ De Pâques à la fin septembre 2008

LELIN LAPUJOLLE *LE LAHOUNT* ★★★ Toute l'année 2008 jusqu'à 22H

MARCIAC *LE LAC* ★★★ Du 15/03 au 26/07 et du 23/08 au 31/10/2008 jusqu'à 22H30

MONTREAL *ROSE D'ARMAGNAC* ★ Du 01/04 au 31/10/2008

PLAISANCE *L'ARROS* ★★★ Du 01/04 au 08/07 et du 20/08 au 31/08/2008 jusqu'à 22H

SAINT CRICQ *LE LAC DE THOUX* ★★★ Du 01/04 au 27/06 et du 01/09 au 31/10/2008 jusqu'à 20H

33 GIRONDE

ABZAC *LE PARADIS* en cours Du 01/03 au 30/10/2008 jusqu'à 20H

ARCACHON *CAMPING CLUB D'ARCACHON* ★★★ Du 01/01 au 11/11 et du 12/12 au 31/12/2008 jusqu'à 22H

ARES *PASTEUR VACANCES* ★★★ Toute l'année 2008

EGLISOTTES ET CHALAURES (LES) *L'EAU VIVE* ★★ Du 01/04 au 30/09/2008 jusqu'à 21H

HOURTIN *LES OURMES* ★★★ Du 01/05 au 15/09/2008 jusqu'à 23H

LACANAU *TALARIS VACANCES* ★★★★ Du 05/04 au 30/06 et du 30/08 au 20/09/2008 jusqu'à 19H

LACANAU *LES GRANDS PINS* ★★★★ Du 26/04 au 21/06 et du 06/09 au 20/09/2008 jusqu'à 23H

LANTON *LE COQ HARDI* ★★★ Du 01/04 au 30/06 et du 31/08 au 30/09/2008 jusqu'à 18H

LANTON *LE ROUMINGUE* ★★★ Du 15/03 au 15/11/2008 jusqu'à 19H hors saisons et 00H en saison

NAUJAC SUR MER *LE RANCH* ★ Du 01/03 au 20/11/2008 jusqu'à 20H

PAUILLAC *CAMP MUNICIPAL LES GABARREYS* ★★★★ Du 21/03 au 28/06/2008 jusqu'à 19H30

SAINT LAURENT MEDOC *LE PARADIS* ★★★ DU 01/04 au 30/06/2008 jusqu'à 20H

TEICH (LE) *KER HELEN* ★★★ Toute l'année 2008 jusqu'à 19H

34 HERAULT

AGDE *LA PEPINIERE* ★★ Du 01/04 au 30/06 et du 01/09 au 30/09/2008 jusqu'à 21H

AGDE *MER ET SOLEIL* ★★★ Du 04/04 au 14/07 et du 02/09 au 10/10/2008 hors saison jusqu'à 22H

GRANDE MOTTE (LA) *LA PETITE MOTTE* ★★ Du 01/04 au 30/09/2008 jusqu'à 23H

LANSARGUES *LE FOU DU ROI* ★★ Du 15/03 au 30/06 et du 23/08 au 15/10/2008 jusqu'à 20H

SAINT PONS DE THOMIERES *LES CERISIERS DU JAUR* ★★★ Du 01/01 au 05/07 et du 23/08 au 31/12/2008 jusqu'à 22H

SALVETAT SUR AGOUT (LA) *CAMP LES BOULDOUIRES* ★★★ Toute l'année 2008

VIAS *LES FLOTS BLEUS* ★★★ de début avril au 30/06 et du 25/08 à la fin septembre 2008 jusqu'à 21H

35 ILLE-ET-VILAINE

CHAPELLE AUX FILTZMEENS (LA) *LE DOMAINE DU LOGIS* ★★★★ Du 01/04 au 27/06 et du 30/08 au 31/10/2008 jusqu'à 19H

CHAUVIGNE *LA MAISON NEUVE* en cours Tte l'année 2008 jusqu'à 20H

CUGUEN *M. & Mme YBERT, camping Le Bois Coudrais* RURAL Du 01/05 au 01/07 et du 30/08 au 30/09/2008 de 15H à 21H

DOL DE BRETAGNE *LES TENDIERES* ★★ Toute l'année 2008

IFFENDIC *DOMAINE DE TREMELIN* ★★ Du 01/05 au 30/09/2008 jusqu'à 22H

37 INDRE-ET-LOIR

CHEMILLE SUR INDROIS *CAMP LES COTEAUX DU LAC* ★★★★ Du 05/04 au 10/07 et du 22/08 au 30/09/2008

SAINTE CATHERINE DE FIERBOIS *PARC DE FIERBOIS* ★★★★ Du 28/04 au 05/07 et du 23/08 au 12/09/2008 jusqu'à 20H

SAVIGNY EN VERON *LA FRITILLAIRE* ★★★ Du 01/04 au 30/09/2008 jusqu'à 22H

38 ISERE

ALLEVARD *CLAIR MATIN* ★★★ Du 01/05 au 20/06 et du 20/08 au 15/10/2008 jusqu'à 20H

AUTRANS *AU JOYEUX REVEIL* ★★★★ Du 01/12 au 31/03 et du 01/05 au 30/09/2008 Arrivée jusqu'à 19H/ emplacement jusqu'à 22H

BALME LES GROTTES (LA) *DOMAINE BEAUSEJOUR* ★★★ Toute l'année 2008 jusqu'à 19H

BOURG D'OISANS (LE) *LE CHATEAU* ★★★★ Du 13/05 au 28/06 et du 17/08 au 14/09/2008 jusqu'à 19H

BOURG D'OISANS (LE) *LE VERNIS* ★★★ Du 20/05 au 01/07 et du 20/08 au 15/09/2008 jusqu'à 20H

MEAUDRE *LES EYMES* ★★★ Du 01/05 au 30/10 et du 15/12 au 01/03/2009 jusqu'à 22H

SAINT MAURICE L'EXIL *LA COLOMBIERE* ★★ Du 01/04 au 10/07 et du 20/08 au 31/10/2008 jusqu'à 20H

SAINT THEOFFREY *SER-SIRANT* ★★★ Toute l'année (sauf période de fort enneigement) 24H/24

SALLE EN BEAUMONT (LA) *LE CHAMP LONG* ★★★ Du 01/04 au 15/10/2008 jusqu'à 21H

TREFFORT *HERBELON* ★★★ Du 01/04 au 29/06 et du 30/08 au 15/10/2008 jusqu'à 21H

VIZILLE *LE BOIS DE CORNAGE* ★★★ Du 30/04 au 01/10/2008 jusqu'à 22H

39 JURA

CHAMPAGNE SUR LOUE *CAMP MUNICIPAL LA LOUVE* ★★ Du 01/04 au 30/09/2008 jusqu'à 20H

ECRILLE *LA FAZ* ★ Du 01/05 au 15/10/2008 jusqu'à 22H

LONS LE SAUNIER *LA MARJORIE* ★★★★ Du 01/04 au 30/06 et du 01/09 au 15/10/2008 jusqu'à 22H

NENON *LES MARRONNIERS* ★★★★ Du 01/04 au 31/10/2008 jusqu'à 20H

SAINT LAURENT EN GRANDVAUX *CAMP MUNICIPAL LE CHAMP DE MARS* ★★ Du 01/04 au 30/06 et du 01/09 au 30/09/2008 jusqu'à 20H

40 LANDES

BIAS *M. MAIA Christian* RURAL Du 01/05 au 31/10/2008

CASTETS *CAMP MUNICIPAL LE GALAN* ★★★ Du 01/02 au 07/06 et du 06/09 au 30/11/2008 jusqu'à 20H

DAX *LE BASCAT* ★★★ Du 08/03 au 09/11/2008 jusqu' à 20H

HERM *M. FABAS Vincent, aire naturelle* RURAL Du 01/04 au 15/11/2008 jusqu'à 21H

LABENNE *LES PINS BLEUS* ★★ De Pâques au 28/06 et du 07/09 à la Toussaint 2008 jusqu'à 20H30

LESPERON *CARAVANING PARC DE COUCHOY* ★★★ Du 01/06 au 16/06 et du 25/08 au 15/09/2008 jusqu'à 21H

LOUER *L'ETANG DE LAUBANERE* ★★ Du 01/04 au 30/06 et du 01/09 au 30/10/2008 jusqu'à 20H

MIMIZAN *L'ESTIVAL* en cours ★★ Du 01/04 au 30/07 et du 20/08 au 30/09/2008 jusqu'à 18H

MOLIETS ET MAA *LES CIGALES* ★★★ Du 01/04 au 30/09/2008 jusqu'à 20 H sauf du 13/07 au 23/08 jusqu'à 23H

SABRES *LE DOMAINE DE PEYRICAT* ★★★ Du 14/06 au 13/09/2008 jusqu'à 20H

SAINT GEOURS DE MAREMNE *LES PLATANES* ★★ Du 01/09/07 au 30/06 et du 01/09 au 30/06/2009 jsuqu'à 21H

SAINT JULIEN EN BORN *Mme CAULE Monique, aire naturelle Les Cigales* RURAL Du 15/06 au 06/09/2008 jusqu'à 22H

SAINT JUSTIN *LE PIN* ★★★ Du 01/03 au 30/06 et du 01/09 au 30/11/2008 jusuqu'à 22H

SAINT PAUL LES DAX *LES PINS DU SOLEIL* ★★★★ Du 29/03 au 08/11/2008 jusqu'à 20H

SAINT SEVER *LES RIVES DE L'ADOUR* ★★ Du 01/04 au 30/06 et du 01/09 au 31/10/2008 jusqu'à 20H

SAINT VINCENT DE PAUL *LES JARDINS DE L'ADOUR* ★★★ Toute l'année 2008 jusqu'à 22H30

SAUBION *LA POMME DE PIN* ★★★ Du 01/04 au 27/06 et du 30/08 au 30/09/2008 jusqu'à 19H

SEIGNOSSE *LES CHEVREUILS* ★★★★ Du 01/06 au 14/07 et du 28/09 au 16/09/2008 jusqu'à 20H

SEYRESSE *CAMP GASCON LE LUY* ★★★ Du 01/03 au 24/11/2008 jusqu'à 20 H

VIELLE SAINT GIRONS *LE COL VERT* ★★★★ Du 08/04 au 28/06 et du 23/08 au 21/09/2008 jusqu'à 20H

YZOSSE *M. SUBERCHICOT Marcel, aire naturelle* RURAL Du 01/04 au 31/10/2008 jusqu'à 20H

YZOSSE *M. DAILHAT, aire naturelle* RURAL Du 15/03 au 30/10/2008 jusqu'à 20H

41 LOIR-ET-CHER

CHEVERNY *LES SAULES* ★★★★ Du 28/03 au 13/07 et du 11/08 au 30/09/2008 jusqu'à 22H30

MAREUIL SUR CHER *CAMP MUNICIPAL* ★★★ Du 05/04 au 30/06 et du 22/08 au 30/09/2008 jusqu'à 20H

MESLAND *PARC DU VAL DE LOIRE* ★★★★ Du 05/04 au 05/07 et du 25/08 au 27/09/2008 jusqu'à 19H

ROMORANTIN LANTHENAY *DE TOURNEFEUILLE* ★★★★ Toute l'année 2008 jusqu'à 21H

SAINT ROMAIN SUR CHER *M. CLAUDEL Alain, aire naturelle* RURAL Toute l'année 2008 juqu'à 20H

42 LOIRE

SAINT PIERRE DE BOEUF *LA LONE* ★★★ Du 01/04 au 31/11/2008 jusqu'à 22H

43 HAUTE-LOIRE

SAUGUES *CAMP MUNICIPAL* ★★★★ Du 15/04 au 15/10/2008 jusqu'à 20H et 18H30 hors saison

YSSINGEAUX *CAMP MUNICIPAL DE CHOUMOUROUX* ★★★ Du 01/05 au 30/09/2008

44 LOIRE-ATLANTIQUE

ASSERAC *LE MOULIN DE L'ECLIS* ★★★ Du 21/03 au 05/07 et du 31/08 au 12/11/2008 jusqu'à 22H (arrivée 19H)

BLAIN *CAMP MUNICIPAL LE CHATEAU* ★★ Du 01/05 au 30/09/2008 de 8H à 22H

MOUTIERS EN RETZ (LES) *LES BRILLAS* ★★★ Du 01/04 au 31/10/2007 jusqu'à 21H

NANTES *LE PETIT PORT* ★★★★ Du 01/06 au 30/09/2008 jusqu'à 23H

PLAINE SUR MER (LA) *LA TABARDIERE* ★★★★ Du 15/04 au 30/06 et du 01/09 au 30/09/2008 jusqu'à 21H

PORNIC *LES BLEUETS* ★★ Du 01/04 au 30/09/2008 jusqu'à 22H

SAINT BREVIN LES PINS *LE PAS DU GU* ★ Du 15/06 au 15/09/2008 juqu'à 22H

SAINT BREVIN LES PINS *LE FIEF* ★★★★ Du 22/03 au 05/10/2008 jusqu'à 22H

SAINT JULIEN DE CONCELLES *LE CHENE* ★★ Du 01/05 au 30/09/2008 jusqu'à 20H

45 LOIRET

CHAMBON LA FORET *DOMAINE DE LA RIVE DU BOIS* ★★★ Du 01/01 au 31/05 et du 31/08 au 30/12/2008 jusqu' à 21H

POILLY LEZ GIEN *LES BOIS DU BARDELET* ★★★★ Du 01/04 au 30/09/2008 jusqu'à 23H

46 LOT

BEDUER *CAMP DE PECH IBERT* ★★ Du 01/04 au 30/10/2008 jusqu'à 20H

CONCORES *LE MOULIN DES DONNES* ★★★ Du 01/04 au 15/10/2008 jusqu'à 22H30

CONDAT *LES CHENES CLAIRS* ★ Du 01/05 au 31/10/2008

CRAYSSAC *LES REFLETS DU QUERCY* ★★★★ Du 05/04 au 28/09/2008 jusqu'à 21H

FIGEAC *LES RIVES DU CELE* ★★★ Du 05/04 au 28/06 et du 30/08 au 27/09/2008 jusqu'à 18H

GIRAC *LES CHALETS SUR LA DORDOGNE* ★★★ Du 01/05 au 05/07 et du 23/08 au 30/09/2008 jusqu'à 23H (arrivée avant 20H)

LARNAGOL *CAMP DU RUISSEAU DE TREIL* ★★★★ Du 17/05 au 13/09/2008 jusqu'à 22H

PAYRAC *LES PINS* ★★★★ Du 05/04 au 28/06 et du 30/08 au 14/09/2008 de 18h jusqu'à 21H

ROCAMADOUR *LE ROC* ★★★ Du 01/04 au 14/07 et du 20/08 au 01/11/2008 jusqu'à 23H

SAINT CIRQ LAPOPIE *LA TRUFFIERE* ★★★ Du 01/04 au 30/06 et du 20/08 au 30/09/2008 jusqu'à 20H

SAINT PIERRE LAFEUILLE *QUERCY VACANCES* ★★★★ DU 01/04 au 05/07 et du 23/08 au 31/10/2008 jusqu'à 21H

SAINT SOZY *LES BORGNES* ★★ Du 01/05 au 30/06 et du 01/09 au 30/09/2008 jusqu'à 22H

SENIERGUES *DOMAINE DE LA FAURIE* ★★★ Du 05/04 au 28/06 et du 25/08 au 27/09/2008 jusqu'à 20H

THEGRA *LE VENTOULOU* ★★★★ Du 04/04 au 04/07 et du 18/08 au 28/09/2008 jusqu'à 21H

TOUZAC *LE CLOS BOUYSSAC* ★★★ Du 01/04 au 30/06 et du 01/09 au 31/10/2008 jusqu'à 20H

VERS *LA CHENERAIE* ★★★ Du 01/04 au 30/06 et du 01/09 au 30/09/2008 jusqu'à 20H

47 LOT-ET-GARONNE

CASTILLONNES *M. HUGUET Guy, aire naturelle* RURAL Du 01/04 au 30/09/2008 jusqu'à 21H

COURBIAC *LE POUCHOU* ★★★ Du 01/01 au 01/07 et du 01/09 au 31/12/2008 jusqu'à 21H

DEVILLAC *FONTAINE DU ROC* ★★ Du 01/04 au 06/07 et du 24/08 au 01/10/2008 jusqu'à 20H

FUMEL *DE CONDAT LES CATALPAS* ★★ Du 01/01 au 01/07 et du 01/09 au 31/12/2008 jusqu'à 20H

FUMEL *DOMAINE DE GUILLALMES* PRL Du 01/05 au 31/10/2008 jusqu'à 23H

NERAC *Mme FAGALDE Sylvie, aire naturelle Les Contes d'Alb* RURAL Du 01/04 au 31/10/2008 jusqu'à 20H

RIVES *CHATEAU DE FONRIVES* ★★★★ d'Avril au 30/06 et du 26/08 au 30/10/2008 jusqu'à 19H30

SERIGNAC PEBOUDOU *LA VALLEE DE GARDELEAU* ★★★ Du 01/04 au 30/06 et du 01/09 au 31/10/2008 jusqu'à 20H

48 LOZERE

CANOURGUE (LA) *LE VAL D'URUGNE* ★★★ Du 01/04 au 30/06 et du 01/09 au 15/10/2008 jusqu'à 21H

FLORAC *LE PONT DU TARN* ★★ Du 01/04 au 30/06 et du 01/09 au 30/09/2008 jusqu'à 20H

ISPAGNAC *CAMP MUNICIPAL LE PRE MORJAL* ★★★ Du 01/04 au 30/06 et du 01/09 au 31/10/2008 jusqu'à 20H

QUEZAC *LA ROCHETTE, aire naturelle* RURAL Du 15/04 au15/10 sauf juillet et août

VEBRON *LA MOLIERE* ★★ Du 15/06 au 15/09/2008

49 MAINE-ET-LOIRE

BRISSAC QUINCE *L'ETANG* ★★★★ Toute l'année 2008 24H/24

CHEMILLE *COULVEE* ★★★ Du 01/05 au 15/09/2008 jusqu'à 21H

COUTURES *PARC DE MONTSABERT* ★★★★ Du 12/04 au 05/07 et du 24/08 au 14/09/2008 jusqu'à 19H et 19h30 en haute saison

VILLEBERNIER *CAMP MUNICIPAL* ★★ Du 11/07 au 25/08/2008 jusqu'à 20H

50 MANCHE

COUTANCES *CAMP MUNICIPAL LES VIGNETTES* ★★ Toute l'année 2008 jusqu'à 23H

RAVENOVILLE *LE CORMORAN* ★★★★ Du 01/04 au 05/07 et du 30/08 au 28/09/2008 jusqu'à 20H

TORIGNI SUR VIRE *LE LAC DES CHARMILLES* ★★★ Du 22/03 au 04/07 et du 24/08 au 02/11/2008 jusqu'à 18h

VILLEDIEU LES POELES *DES CHEVALIERS* ★★★ Du 22/03 au 04/07 et du 24/08 au 02/11/2008 jusqu'à 18H

51 MARNE

LARZICOURT *LA FORET* ★★★ Du 01/04 au 07/07 et du 24/08 au 30/09/2007 jusqu'à 19H

MAROLLES *M. BONNOT Jean-Pierre, camping à la ferme* RURAL Toute l'année 2008 jusqu'à 22H

54 MEURTHE-ET-MOSELLE

MAGNIERES *AU PRE FLEURY* ★★ Du 01/04 au 15/10/2008 de 18H à 21H

55 MEUSE

BAR LE DUC *CAMPING DU CHATEAU* ★ Du 15/05 au 30/09/2008

CHARNY SUR MEUSE *CAMP MUNICIPAL SOUS LE MOULIN* ★★ Du 01/05 au 30/09/2008 jusqu'à 21H

CHATILLON SOUS LES COTES *M. TROMPETTE Guy* RURAL Toute l'année 2008 jusqu'à 22H

SAINT MIHIEL *BASE DE PLEIN AIR* ★★ Du 15/04 au 15/10/2008 jusqu'à 21H

56 MORBIHAN

AMBON *LE GREARN* ★★★ d'Avril à Novembre 2008 jusqu'à 20H

ARRADON *PENBOCH* ★★★★ Du 05/04 au 05/07 et du 31/08 au 20/09/2008 jusqu'à 20H

ARZAL *KERNEJEUNE* ★★ Du 01/04 au 30/06 et du 15/08 au 01/10/2008 jusqu'à 21H

ARZON *CAMP MUNICIPAL LE TINDIO* ★★★ Du 01/04 au 05/11/2008 jusqu'à 19H

BADEN *MANE GUERNEHUE* ★★★★ Du 05/04 au 05/07 et du 30/08 au 30/09/2008 jusqu'à 20H

BONO (LE) *LE PARC-LANN* ★★ Du 12/04 au 30/09/2008 jusqu'à 22H sauf juillet et août 22H30

CONCORET *CAMP MUNICIPAL DU VAL AUX FEES* ★★ Du 01/04 au 01/10/2008 jusqu'à 22H

LARMOR BADEN *LE DIBEN* ★★ Du 01/05 au 30/06 et du 01/09 au 30/09/2008 juqu'à 21H

PENESTIN *DOMAINE D'INLY* ★★★★ Du 08/04 au 28/06 et du 01/09 au 21/09/2008 jusqu'à 18H

PENESTIN *LE CENIC* ★★★ Du 14/04 au 30/06 et du 29/08 au 13/09/2008 jusqu'à 20H

PENESTIN *CAMP ACCCF LE KERFALHER* ★★★ Du 15/03 au 15/10/2008 jusqu'à 21H

PLOEMEL *LE ST LAURENT* ★★★ Du 01/01 au 30/06 et du 01/09 au 31/12/2008

PONT SCORFF *ENTRE TERRE ET MER* ★★★ Du 01/03 au 30/06 et du 01/09 au 30/11/2008 jusqu'à 19H30

PONT SCORFF *TY NENEZ* ★★ Toute l'année 2008 jusqu'à 21H

SAINT MALO DE BEIGNON *D'ALETH* ★★ Du 01/04 au 30/09/2008 jusqu'à 22H

SAINT PHILIBERT *CAMP LES PALMIERS* ★★★ Toute l'année 2008

SARZEAU *LA FERME DE LANN HOEDIC* ★★★ Du 01/04 au 15/07 et du 20/08 au 31/10/2008 jusqu'à 21H

SARZEAU *LES GENETS* ★★★ Du 01/04 au 31/10/2008 sauf en juillet et août

THEIX *LE RHUYS* ★★★ Du 01/04 au 15/10/2008 jusqu'à 22H

TRINITE SUR MER (LA) *LA PLAGE* ★★★★ Du 30/04 au 12/07 et du 25/08 au 14/09/2008 jusqu'à 22H

VANNES *CAMP MUNICIPAL DE CONLEAU* ★★★ Du 01/03 au 30/10/2008 jusqu'à 20H

58 NIEVRE

MONTSAUCHE LES SETTONS *LES MESANGES* ★★★ Du 01/05 au 07/07 et du 24/08 au 15/09/2008 jusqu'à 22H

59 NORD

BERMERIES *LE CAMBRINUS* ★★ Pendant la période Estival

CAMBRAI *CAMP MUNICIPAL LES TROIS CLOCHERS* ★★★ Du 15/04 au 15/10/2008 jusqu'à 21H30

60 OISE

SONGEONS *M. WARIN Michel, aire naturelle les Mésanges* RURAL Du 01/04 au 01/11/2008

61 ORNE

ARGENTAN *M. HUET DES AUNAY Michel, aire naturelle* RURAL Toute l'année 2008

PUTANGES PONT ECREPIN *CAMP MUNICIPAL LE VAL D'ORNE* ★★ De Pâques à fin septembre 2008 jusqu'à 18/19H

SAINT FRAIMBAULT *CAMP MUNICIPAL DES CHAUVIERES* ★★ Toute l'année 2008

SEES ESSI *LE CLOS NORMAND* ★★★ Du 01/05 au 30/09/2008 jusqu'à 20H

62 PAS-DE-CALAIS

ANVIN *LES PRES DE LA TERNOISE* ★★ Du 01/04 au 30/09/2008 jusqu'à 21H

FLEURBAIX *LES PEUPLIERS* ★ Du 15/04 au 15/10/2008 jusqu'à 22H

LICQUES *LES POMMIERS DES TROIS PAYS* ★★★ Du 01/04 au 31/10/2008 jusqu'à 22H

WACQUINGHEN *L'ESCALE* ★★★ Du 01/04 au 01/11/2008 jusqu'à 20H

63 PUY-DE-DOME

AMBERT *LES TROIS CHENES* ★★★ Du 08/05 au 30/09/2008 jusqu'à 20H

ARLANC *CAMP MUNICIPAL LE METZ* ★★ Du 01/05 au 30/09/2008

AUBUSSON D'AUVERGNE *LES QUATRE VENTS* ★ Du 15/03 au 15/11/2008 jusqu'à 20H

CHAMBON SUR LAC *LE PRE BAS* ★★★★ Du 01/05 au 30/06 et du 01/09 au 30/09/2008 jusqu'à 21H

SAINT NECTAIRE *LA CLE DES CHAMPS* ★★★ Du 01/04 au 14/07 et du 15/08 au 01/10/2008 jusqu'à 22H

SAINT NECTAIRE *LA VALLEE VERTE* ★★★ Du 15/04 au 15/09/2008 jusqu'à 21H

SAINT OURS *BEL AIR* ★★★ Du 05/01 au 01/05 et du 04/10 au 31/12/2008 jusqu'à 20H

SINGLES *LE MOULIN DE SERRE* ★★★ Du 12/04 au 06/07 et du 24/08 au 14/09/2008 jusqu'à 21H

TAUVES *LES AURANDEIX* ★★★ Du 01/04 au 28/06 et du 23/08 au 31/12/2008 jusqu'à 22H

TOUR D'AUVERGNE (LA) *LA VALLEE* ★★ Du 13/04 au 14/07/2008 jusqu'à 22H

64 PYRENEES-ATLANTIQUES

BUZY *M. DUNAN Pascal, aire naturelle* RURAL Du 01/01 au 30/06 et du 01/09 au 31/12/2008 jusqu'à 21H

ESPELETTE *BIPER GORRI* ★★★ Du 01/04 au 04/11/2008 jusqu'à 19H30

GERE BELESTEN *CAMP MUNICIPAL DE MONPLAISIR* ★★ Toute l'année 2008 jusqu'à 20H

IHOLDY *IHOLDI* ★★ Du 15/04 au 15/11/2008 jusqu'à 21H

LARUNS *LES GAVES* ★★★ Du 01/01 au 30/06 et du 01/09 au 31/12/2008 jusqu'à 22H

OUSSE *LES SAPINS* ★★★ Toute l'année 2008

SAINTE ENGRACE *IBARRA* ★★ Du 01/04 au 30/10/2008 jusqu'à 20H

ST JEAN DE LUZ *TAMARIS PLAGE* ★★★★ Du 01/04 au 05/11/2008 jusqu'à 19 H

URT *ETCHE ZAHAR* ★★★ Du 20/03 au 03/11/2008 jusqu'à 22H (accueil 20H)

65 HAUTES-PYRENEES

AYZAC OST *M. HOURCASTAGNOU Jean, camping Bellevue* RURAL Du 01/06 au 30/09/2008 jusqu'à 21H

BAGNERES DE BIGORRE *LE MONLOO* ★★★ Du 01/01 au 15/07 et du 15/08 au 31/12/2008 jusqu'à 22H

GER *Mme PIQUE PIERRETTE, aire naturelle* RURAL Du 15/05 au 30/06 et du 20/08 au 15/02/2009 jusqu'à 21H

LOURDES *MOULIN DU MONGE* ★★ Du 01/04 au 20/06 et du 08/09 au 25/09/2008 jusqu'à 19H

SAZOS *LE PYRENEVASION* ★★★ Du 01/01 au 05/07 et du 25/08 au 31/12/2008 jusqu'à 21H

TREBONS *PARC DES OISEAUX* ★★ Du 01/03 au 30/11/2008 permanent

66 PYRENEES-ORIENTALES

ARGELES SUR MER *LES GALETS* ★★★★ Du 22/03 au 28/06 et du 30/08 au 30/09/2008 jusqu'à 21H

ARGELES SUR MER *COMANGES* ★★★ Du 29/03 au 05/07 et du 28/08 au 04/10/2008 juqu'à 20H

BOULOU (LE) *LE MAS LLINAS* ★★★ Du 01/03 au 30/06 et du 01/09 au 30/11/2008 jusqu'à 21H

CASTEIL *DOMAINE ST MARTIN* ★★★ Du 01/04 au 13/06 et du 13/09 au 02/11/2008 jusqu'à 22H30

ELNE *LE FLORIDA* ★★★ Du 01/03 au 30/06 et du 01/09 au 30/11/2008 jusqu'à 18H

ESCARO *LE P'TIT BONHEUR* ★★ Jusqu'au 15/11/2008 jusqu'à 22H

FORMIGUERES *LA DEVEZE* ★★★ Du 01/01 au 30/06 et du 01/09 au 31/12/2008 jusqu'à 20H

MAUREILLAS LAS ILLAS *VAL ROMA PARK* ★★ Du 01/05 au 30/06/2008 jusqu'à 20H

NEFIACH *LA GARENNE* ★★ Toute l'année 2008 jusqu'à 21H

SAINTE MARIE *LE LAMPARO* ★★★ De mars au 30/06 et du 01/09 au 01/11/2008 jusqu'à 19H

SERDINYA *MAS DE LASTOURG* ★★ Du 01/04 au 15/06 et du 01/09 au 30/11/2008 jusqu'à 19H

TORREILLES *LES TROPIQUES* ★★★★ Du 05/04 au 27/06 et du 01/09 au 04/10/2008 jusqu'à 22H

TORREILLES *LES DUNES* ★★★ Du 15/03 au 14/10/2008 jusqu'à 19H et 21H en juillet et août

67 BAS-RHIN

EBERSHEIM *M. WEISS Adolphe* RURAL Du 15/06 au 15/09/2008 jusqu'à 19H

68 HAUT-RHIN

BERGHEIM *M. HAETTY Jean-Martin* RURAL Du 01/04 au 24/12/2008

BERGHEIM *M. KIEFFER Michel* RURAL Toute l'année 2008 jusqu'à 21H

GUEWENHEIM *LA DOLLER-CAMPEURS D'ALSACE* ★★★ Du 01/04 au 31/10/2008 jusqu'à 22H

MASEVAUX *CAMP DE MASEVAUX* ★★★ Du 15/02 au 30/06 et du 01/09 au 31/12/2008 jusqu'à 20H

WIHR AU VAL *LA ROUTE VERTE* ★★ Du 28/04 au 31/06 et du 20/08 au 30/09/2008 jusqu'à 21H

70 SAONE-ET-LOIRE

FRESSE *LA BROCHE* ★★ Du 15/04 au 15/10/2008 jusqu'à 21H30

GENEVREUILLE *Mme PIERREL Marguerite* RURAL Du 01/03 au 30/11/2008

HURECOURT *M. DICKS, aire naturelle La Jonquille* RURAL Du 01/04 au 01/10/2008 jusqu'à 22H

71 HAUTE-SAONE

AUTUN *CAMP MUNICIPAL* ★★★ Du 01/04 au 31/05 et du 01/09 au 31/10/2008 jusqu'à 20H

AZE *LES GROTTES* ★★ Du 01/04 au 30/06 et du 01/09 au 30/09/2008 jusqu'à 19H

CELLE EN MORVAN (LA) *LES DEUX RIVIERES* ★★★ Du 01/04 au 30/09/2008 jusqu'à 20H30

CHAROLLES *CAMP MUNICIPAL* ★★★ Du 01/04 au 30/09/2008 jusqu'à 22H

DOMPIERRE LES ORMES *LE VILLAGE DES MEUNIERS* ★★★★ Du 01/05 au 05/07 et du 30/08 au 30/09/2008 jusqu'à 19H

MATOUR *CAMP MUNICIPAL* ★★★ Du 01/05 au 15/06 et du 01/09 au 30/09/2008 jusqu'à 22H

SAINTE CROIX *M. PERRIN René* RURAL Du 01/03 au 01/11/2008 jusqu'à 22H

UCHIZY *LE NATIONAL 6* ★★★ Du 01/04 au 30/09/2008 de 12H à 12H

72 SARTHE

MARCON *LE LAC DES VARENNES* ★★★ Du 22/03 au 12/11/2008 jusqu'à 23H

SILLE LE GUILLAUME *LA FORET* ★★ Du 01/04 au 31/10/2008

TUFFE *CAMP DU LAC* ★★★ Du 29/03 au 29/09/2008 jusqu'à 21H

73 SAVOIE

AIGUEBLANCHE *LES NEIGES* ★ Toute l'année 2008 jusqu'à 20H

BOZEL *CAMP MUNICIPAL LE CHEVELU* ★★ Du 15/06 au 15/09/2008 jusqu'à 21H

MARCHES (LES) *LA FERME DU LAC* ★★★ Du 15/04 au 30/09/2008 jusqu'à 23H

SAINT JEAN DE COUZ *LA BRUYERE* ★★ Du 20/04 au 07/10/2008

SAINT PAUL *M. GAMES Joseph, aire naturelle* RURAL Toute l'année

SAINT PIERRE D'ALBIGNY *M. PERRIER Claude, aire naturelle* RURAL Du 01/03 au 31/10/2008 jusqu'à 20H

SAINT PIERRE D'ALBIGNY *LE LAC DE CAROUGE* ★★★ Du 25/04 au 15/09/2008 jusqu'à 20H

74 HAUTE-SAVOIE

DEMI QUARTIER *M. & Mme MUFFAT-JEANDET, aire naturelle* RURAL Du 01/06 au 15/07 et du 20/08 au 30/09/2008 jusqu'à 21H30

GROISY *MOULIN DOLLAY* ★★★★ Du 01/04 au 01/11/2008 jusqu'à 22H

NEYDENS *LA COLOMBIERE* ★★★★ Du 01/01 au 01/07 et du 31/08 au 31/12/2008 jusqu'à 22H

PRAZ SUR ARLY *LES PRES DE L'ARLY* ★★ Du 01/04 au 01/12/2008 jusqu'à 19H

PRESILLY *LE TERROIR* ★★ Du 01/05 au 30/09/2008 jusqu'à 21H

SAINT JEAN DE SIXT *CAMP DU CRET* ★★ Du 01/06 au 28/06 et du 30/08 au 26/09/2008 juqu'à 20H30

SAINT PAUL EN CHABLAIS *CAMPING DU PRE BANDAZ* RURAL Du 01/05 au 30/09/2008 jusqu'à 20H

SAMOENS *CAMPING CARAVANEIGE LE GIFFRE* ★★★ Toute l'année 2008 de midi à midi

SEVRIER *LES RIVES DU LAC* ★★★ Du 01/04 au 30/09/2008 jusqu'à 22H

THONON LES BAINS *SAINT DISDILLE* ★★★ Du 01/04 au 30/06 et du 01/09 au 30/09/2008 jusqu'à 19H30

76 SEINE-MARITIME

BERNEVAL LE GRAND *CAMP MUNICIPAL LE VAL BOISE* ★★ Du 01/04 au 01/11/2008 jusqu'à 19H30

CRIEL SUR MER *CAMP MUNICIPAL* ★★★ Toute l'année 2008 jusqu'à 20H

JUMIEGES *LA FORET* ★★★★ Du 05/04 au 28/06 et du 30/08 au 25/10/2008 jusqu'à 22H

JUMIEGES *BASE DE PLEIN AIR UCPA* ★★ Du 15/04 au 27/06 et du 03/09 au 26/10/2008 juqu'à 21H15

SAINT AUBIN SUR SCIE *CAMP VITAMIN* ★★★ Du 01/04 au 30/06 et du 01/09 au 15/10/2008 jusqu'à 20H

77 SEINE-ET-MARNE

BOULANCOURT *ILE DE BOULANCOURT* ★★★ Toute l'année 2008 jusqu'à 20H

78 YVELINES

VERSAILLES *POINT D'ACCUEIL JEUNES* RURAL Du 15/06 au 15/09/2008 jusqu'à 21H

79 DEUX-SEVRES

COULON *LA VENISE VERTE* ★★★ Du 01/04 au 14/07 et du 25/08 au 31/10/2008 jusqu'à 20H

MAGNE *CAMP MUNICIPAL LE VERGNE* ★★ Du 28/06 au 31/08/2008 jusqu'à 20H

MONCOUTANT *LA SABLIERE* ★★★ Du 01/04 au 31/10/2008 jusqu'à 20H

SAINT AUBIN LE CLOUD *LA CHAGNEE* ★★ Toute l'année 2008 jusqu'à 22H

80 SOMME

CROTOY (LE) *LES TROIS SABLIERES* ★★★ Du 01/04 au 30/06 et du 01/09 au 08/11/2008 de 18H à 10H

FOREST MONTIERS *M. & Mme MANIER, aire naturelle* RURAL Du 01/04 au 30/06 et du 01/09 au 30/09/2008

HAMEL (LE) *LA FERME DE BOUZENCOURT* ★★★ Du 01/04 au 30/10/2008 jusqu'à 20H

PONTHOILE *LA SAFRIERE* ★★ Du 01/04 au 30/10/2008 jusqu'à 21H

QUEND *LA MOTTE* ★★★ Du 01/04 au 30/06 et du 01/09 au 31/10/2008 jusqu'à 19H30

QUEND *DES 2 PLAGES* ★★★ Du 01/04 au 31/06 et du 01/09 au 31/10/2008 jusqu'à 19H

SAINT QUENTIN EN TOURMONT *LE CHAMP NEUF* ★★★ Du 01/04 au 11/11/2008 juqu'à 22H

81 TARN

CABANNES (LES) *LE GARISSOU* ★★★ Du 01/03 au 31/10/2008 jusqu'à 18H sauf juillet & août 19H30

CAMMAZES (LES) *LA RIGOLE* ★★★ Du 15/04 au 12/10/2008 jusqu'à 22H

DAMIATTE *LE PLAN D'EAU ST CHARLES* ★★★ Du 29/03 au 28/09/2008 jusqu'à 20H

SOREZE *CAMP SAINT MARTIN* ★★★ Du 15/06 au 15/09/2008 jusqu'à 22H

TREBAS *L'AMITIE* ★★ Du 30/04/2008 au 15/09/2008 jusqu'à 21H

82 TARN-ET-GARONNE

CAMPSAS *LA TISARNE* ★ Du 15/01 au 31/12/2008 jusqu'à 20H

CAYRIECH *LE CLOS DE LA LERE* ★★★ Toute l'année 2008 jusqu'à 22H

MONTECH CAMPEOLE *LE CANAL* ★★★★ Du 01/05 au 30/09/2008 jusqu'à 22H et hors saison 19H

SAINT ANTONIN NOBLE VAL *CAMPING MUNICIPAL DE PONGET* ★★ Du 02/05 au 30/09/2008 juqu'à 22H

VAISSAC *AICI SEM PLA* ★ Du 01/04 au 31/10/2008 jusqu'à 22H l'été et 20H l'hiver

83 VAR

AIGUINES *L'AIGLE* ★★ Du 01/04 au 30/09/2008 jusqu'à 23H

BANDOL *VALLONGUE* ★★ Du 01/04 au 30/06 et du 01/09 au 01/10/2008 jusqu'à 18H

BAUDUEN *LE VIEUX CHENE* ★★ Du 01/04 au 08/07 et du 25/08 au 30/09/2008 juqu'à 21H

GRIMAUD *HOLIDAY MARINA* ★★★ Du 01/03 au 31/12/2008 jsuqu'à 18H sauf Juillet et Août 22H

GRIMAUD *LA PINEDE* ★★★ Toute l'année 2008 jusqu'à 18H

MARTRE (LA) *CAMP MUNICIPAL DE FONTVIEILLE* ★ Du 01/04 au 30/09/2008 juqsu'à 20H

MUY (LE) *LE SELLIG* ★★★ Du 01/03 au 15/10/2008 jusqu'à 18H et 23H en Juillet et Août

RAMATUELLE *M. BERNARD Jérémy* RURAL Du 01/04 au 30/06 et du 01/09 au 15/10/2008 jusqu'à 22H

SAINT ZACHARIE *LA GANTESSE* ★★ Toute l'année 2008 jusqu'à 22H

SALERNES *CAMP MUNICIPAL LES ARNAUDS* ★★★★ Du 02/05 au 30/06 et du 01/09 au 30/09/2008

SIX FOURS LES PLAGES *LES PLAYES* ★★ Du 15/11/07 au 15/03/08 et du 15/11 au 31/12/2008 juSQU40 21H

TANNERON *M. BOSI Bruna, camping Chez Bruna* RURAL Du 01/01 au 31/05 et du 01/10 au 31/12/2008 jusqu'à19H

TARADEAU *CAMP DE LA VALLEE DE TARADEAU* ★★★ Du 01/01 au 30/06 et du 01/09 au 31/12/2008 jusqu'à 22H et 23H en Juillet et Août

84 VAUCLUSE

AVIGNON *BAGATELLE* ★★★ Du 01/01 au 30/06 et du 15/08 au 31/12/2008 jusqu'à 22H

BEDOIN *LA GARENNE* ★★ Toute l'année 2008 jusqu'à 21H

ISLE SUR LA SORGUE (L') *LA SORGUETTE* ★★★ Du 15/03 au 12/07 et du 23/08 au 15/10/2008 jusqu'à 22H30

LAGNES *LA COUTELIERE* ★★★ Du 20/03 au 30/09/2008

MONDRAGON *LA PINEDE EN PROVENCE* ★★ Du 15/02 au 03/07 et du 22/08 au 15/11/2008 jusqu'à 22H

VEDENE *FLORY* ★★★ Du 15/03 au 30/06 et du 01/09 au 30/09/2008 jusqu'à 20H

VILLELAURE *M. VINCENS Michel, camping L'Air du Temps* RURAL Toute l'année 2008 jusqu'à 19H

85 VENDEE

AIZENAY *LA FORET* ★★★ Du 22/03 au 30/06 et du 31/08 au 01/10/2008 jusqu'à 22H

DAMVIX *LES CONCHES* ★★ Du 01/05 au 30/09/2008 jusqu'à 22H

LUÇON *Mme MANDIN Agnès, aire naturelle* RURAL Du 01/03 au 01/07 et du 20/08 au 01/11/2008 jusqu'à 21H

MACHE *LA RESIDENCE DU LAC* ★★★ Du 01/05 au 30/10/2008 jusqu'à 20H

PERRIER (LE) *DOMAINE LE JARDIN DU MARAIS* ★★★ Du 01/04 au 30/06 et du 01/09 au 30/09/2008 jusqu'à 22H

SAINT GERMAIN DE PRINCAY *M. GOURMAUD Rémy* RURAL Toute l'année 2008

SAINT HILAIRE DE RIEZ *RIEZ A LA VIE* ★★★ Du 01/04 au 30/09/2008 jusqu'à 18H

SAINT JEAN DE MONTS *LA FORET* ★★★★ Du 10/05 au 10/07 et du 25/08 au 20/09/2008 jusqu'à 21H

SAINT JULIEN DES LANDES *LA BRETONNIERE* ★★★ Du 01/05 au 15/10/2008 jusqu'à 18H

86 VIENNE

CIVRAY *CAMP MUNICIPAL DES AULNES* ★★ Du 01/04 au 30/10/2008 jusqu'à 21H

ROCHE POSAY (LA) *Mme GIRAULT Brigitte, aire naturelle* RURAL Du 15/03 au 25/10/2008 jusqu'à 19H

87 HAUTE-VIENNE

CHATEAUNEUF LA FORET *LE CHEYENNE* ★★ De 03 à 12/2008

88 VOSGES

ANOULD *LES ACACIAS* ★★★ Du 01/01 au 05/10 et du 05/12 au 31/12/2008 jusqu'à 22H

BRESSE (LA) *LE HAUT DES BLUCHES* ★★★ Du 01/01 au 02/11 et du 19/12 au 31/12/2008 jusqu'à 19H

CORCIEUX *LE CLOS DE LA CHAUME* ★★★ Du 21/04 au 30/06 et du 15/08 au 20/09/2008 juqu'à 22H

89 YONNE

AVALLON *M. COIGNOT J.-Paul, aire naturelle* RURAL Toute l'année 2008 jusqu'à 21H30

CHAMPIGNELLES *LE PETIT VILLARS* ★★ Du 01/04 au 31/10/2008 jusqu'à 20H

CHARNY *CAMP DES PLATANES* ★★★ Du 15/03 au 30/06 et du 25/08 au 30/10/2008 jusqu'à 20H

JOIGNY *CAMP MUNICIPAL* ★★ Du 01/03 au 31/10/2008 jusqu'à 22H

ROGNY LES SEPT ECLUSES *CAMP MUNICIPAL* ★ De Pâques au 31/10/2008 jusqu'à 20H

SAINT SAUVEUR EN PUISAYE *PARC DES JOUMIERS* ★★★ Du 01/04 au 30/06 et du 25/08 au 30/10/2008

VEZELAY *L'ERMITAGE* ★ Du 01/04 au 31/10/2008 entre 17H30 et 19H

VILLENEUVE SUR YONNE *LE SAUCIL* ★★ Du 27/03 au 14/10/2008 jusqu'à 21H

Le Pré Lombard - Tarascon (09)

CAMPING QUALITÉ

Tous ces terrains se soumettent à une charte d'engagement présise (voir pages 18 et 23). Retrouvez les dans la présentation détaillée classés par département.

01 AIN

MASSIGNIEU DE RIVES
CAMPING DU LAC DU LIT DU ROI

MATAFELON-GRANGES
CAMPING LES GORGES DE L'OIGNIN

MURS ET GELIGNIEUX
CAMPING ILE DE LA COMTESSE

02 AISNE

BERNY-RIVIÈRE
CAMPING LA CROIX DU VIEUX PONT

PRESLES ET BOVES
CAMPING LE DOMAINE DE LA NATURE

03 ALLIER

ABREST
CAMPING LA CROIX ST MARTIN

BELLERIVE SUR ALLIER
CAMPING LES ACACIAS AU BORD DU LAC

BRUGHEAS
CAMPING LA ROSERAIE

GANNAT
CAMPING LE MONT LIBRE

04 ALPES-DE HAUTE-PROVENCE

CASTELLANE
CAMP DES GORGES DU VERDON
CAMP DU VERDON
CAMPING CHASTEUIL PROVENCE
CAMPING INTERNATIONAL
CAMPING LA COLLE
CAMPING LA FERME
CAMPING LES LAVANDES

ESPARRON-DE-VERDON
CAMPING LE SOLEIL

GRÉOUX-LES-BAINS
CAMPING LA PINÈDE
CAMPING LE VERSEAU
CAMPING VERDON PARC

MÉOLANS-REVEL
CAMPING LE RIOCLAR
DOMAINE LOISIRS DE L'UBAYE

MOUSTIERS STE MARIE
CAMPING ST CLAIR

NIOZELLES
CAMPING DU MOULIN DE VENTRE

RIEZ
CAMPING ROSE DE PROVENCE

ST MAIME
CAMPING LA RIVIÈRE

SEYNE LES ALPES
CAMPING LES PRAIRIES

VALENSOLE
CAMPING OXYGÈNE
DOMAINE NATURISTE DU PETIT ARLANE

VILLARS COLMARS
CAMPING LE HAUT VERDON

VOLONNE
CAMPING L'HIPPOCAMPE

05 HAUTES-ALPES

ANCELLE
CAMPING LES AUCHES

BARATIER
CAMPING LE VERGER
CAMPING LES AIRELLES
CAMPING LES DEUX BOIS

BARRET SUR MÉOUGE
CAMPING LES GORGES DE LA MÉOUGE

BRIANÇON
CAMPING DES 5 VALLÉES

CEILLAC
CAMPING LES MÉLÈZES

EMBRUN
CAMPING LA VIEILLE FERME

GAP
CAMPING ALPES DAUPHINE

GUILLESTRE
CAMPING ST JAMES LES PINS

ROSANS
CAMPING NATURISTE TAMIER

ROUSSET
CAMPING LA VISTE

ST JEAN ST NICOLAS
CAMPING LE DIAMANT

06 ALPES-MARITIMES

ANTIBES
CAMPING CARAVANING LE ROSSIGNOL

AURIBEAU-SUR-SIAGNE
CAMPING CARAVANING PARC DES MONGES

BRIANÇONNET
LE HAUT CHANDELALAR

CAGNES-SUR-MER
CAMPING VILLAGE CLUB GREEN PARK
CAMPING LA RIVIERE
LE TODOS

CONTES
CAMPING LA FERME DE RIOLA

GRASSE
CAMPING LA PAOUTE

LA COLLE-SUR-LOUP
CAMPING CARAVANING LES PINÈDES
LE VALLON ROUGE

LE BAR-SUR-LOUP
CAMPING LES GORGES DU LOUP

LE CANNET
RANCH CAMPING

MANDELIEU LA NAPOULE
CAMPING CARAVANING LES CIGALES
CAMPING LES PRUNIERS

OPIO
CAMPING L'ORÉE D'AZUR

PÉGOMAS
CAMPING LES MIMOSAS

PUGET THÉNIERS
CAMPING L'ORIGAN

ST MARTIN VÉSUBIE
CAMPING A LA FERME ST JOSEPH

TOURRETTES SUR LOUP
CAMPING CARAVANING LA CAMASSADE
CAMPING LES RIVES DU LOUP

VENCE
CAMPING CARAVANING
DOMAINE DE LA BERGERIE

VILLENEUVE-LOUBET
CAMPING L'HIPPODROME
CAMPING PARC DES MAURETTES

VILLEVEUVE LOUBET PLAGE
CAMPING CARAVANING LA VIEILLE FERME

07 ARDECHE

BALAZUC
CAMPING LE CHAMADOU

ECLASSAN
CAMPING L'OASIS

FELINES
CAMPING DU BAS LARIN

JOANNAS
LE ROUBREAU

LAGORCE
CAMPING DOMAINE DE CHAUSSY

LARGENTIÈRE
CAMPING LES RANCHISSES

LARNAS
CAMPING DOMAINE D'IMBOURS

LAURAC EN VIVARAIS
CAMPING ST AMAND

LES OLLIERES SUR EYRIEUX
CAMPING DOMAINE DES PLANTAS

LES VANS
DOMAINE DES CHÊNES

MEYRAS
CAMPING DE LA PLAGE
CAMPING LE BARUTEL

PRADONS
CAMPING LES COUDOULETS

PRIVAS
ARDÈCHE CAMPING

RUOMS
CAMPING LE PETIT BOIS
CAMPING LES PAILLOTES
CAMPING RANC DAVAINE
YELLOH ! VILLAGE LA PLAINE

ST-SAUVEUR DE MONTAGUT
L'ARDÈCHOIS CAMPING

ST-DIDIER SOUS AUBENAS
CAMPING LE CHANTALOU

ST-MARTIN D'ARDÈCHE
CAMPING LE PONTET

ST-PRIVAT
CAMPING LE PLAN D'EAU

ST-REMEZE
CAMPING DOMAINE DE BRIANGE

SALAVAS
CAMPING LE CHAUVIEUX

SAMPZON
CAMPING LE RIVIERA

TOURNON SUR RHÔNE
CAMPING LE MANOIR
CAMPING LES ACACIAS

UCEL
CAMPING DOMAINE DE GIL

VALLON PONT D'ARC
CAMPING BEAU RIVAGE
CAMPING LA ROUBINE
CAMPING L'ARDÈCHOIS
MONDIAL CAMPING

VION
CAMPING ISERAND

VOGÜÉ
DOMAINE DU CROS D'AUZON

09 ARIEGE

AIGUES VIVES
CAMPING LA SERRE

ASTON
CAMPING LE PAS DE L'OURS

DURFORT
CAMPING LE BOURDIEU

FOIX
CAMPING DU LAC

LA BASTIDE DE SÉROU
CAMPING L'ARIZE

LAVELANET
CAMPING LE PRÉ CATHARE

MAZÈRES
CAMPING MUNICIPAL LA PLAGE

MERCUS
CAMPING DU LAC

MONTGAILHARD
CAMPING LA ROUCATEILLE

ORLU
CAMPING MUNICIPAL LES IOULES

OUST
COMPLEXE LES 4 SAISONS

PAMIERS
CAMPING L'APAMÉE

RIEUX DE PELLEPORT
CAMPING LES MIJEANNES

ST GIRONS
CAMPING PARC D'AUDINAC LES BAINS

TARASCON SUR ARIÈGE
CAMPING LE PRÉ LOMBARD

VICDESSOS
CAMPING LA BEXANELLE

10 AUBE

ST HILAIRE SOUS ROMILLY
CAMPING LA NOUE DES ROIS

11 AUDE

BELFLOU
CAMPING LE CATHARE

FLEURY D'AUDE
CAMPING CHM LA GRANDE COSSE

LEZIGNAN CORBIÈRES
CAMPING LA PINÈDE

MONTCLAR
DOMAINE D'ARNAUTEILLE

NARBONNE
CAMPING LA NAUTIQUE
CAMPING LES MIMOSAS

PREIXAN
CAMPING AIR HÔTEL GRAND SUD

ROQUEFEUIL
CAMPING LA MARE AUX FÉES

TRÈBES
CAMPING A L'OMBRE DES MICOCOULIERS

VERDUN EN LAURAGAIS
CAMPING LE BOUT DU MONDE

VILLEGLY EN MINERVOIS
CAMPING LE MOULIN DE STE ANNE

VILLEMOUSTAUSSOU
CAMPING DAS PINHIERS

12 AVEYRON

ENTRAYGUES SUR TRUYÈRE
CAMPING LE VAL DE SAURES

ESPALION
CAMPING LE ROC DE L'ARCHE

MILLAU
CAMPING DU VIADUC

MONTPEYROUX
CAMPING LA ROMIGUIÈRE

MOSTUEJOULS
CAMPING ST PAL

NANT
CAMPING LE ROC QUI PARLE
CAMPING VAL DE CANTOBRE

NAUCELLE
CAMPING DU LAC DE BONNEFON

PONT DE SALARS
CAMPING LES TERRASSES DU LAC

RIVIÈRE SUR TARN
CAMPING DE PEYRELADE
CAMPING LES PEUPLIERS

ST GENIEZ D'OLT
CAMPING MARMOTEL

ST-AMANS DES CÔTS
VILLAGE CENTER LES TOURS

SALLES-CURAN
CAMPING BEAU-RIVAGE PARELOUP
CAMPING LES GENETS
CAMPING PARC DE CHARROUZECH

SEVERAC L'EGLISE
CAMPING LA GRANGE DE MONTEILLAC

THÉRONDELS
CAMPING LA SOURCE

13 BOUCHES-DU-RHONE

BEAURECUEIL
CAMPING STE VICTOIRE

CASSIS
CAMPING LES CIGALES

CEYRESTE
CAMPING DE CEYRESTE

CHATEAURENARD
CAMPING LA ROQUETTE

EYGALIÈRES
CAMPING LES OLIVIERS

LA CIOTAT
CAMPING SANTA GUSTA

LA ROQUE D'ANTHERON
CAMPING DOMAINE DES ISCLES
CAMPING SILVACANE EN PROVENCE

LAMBESC
PROVENCE CAMPING

LE PUY STE RÉPARADE
ESPACE NATURISTE MESSIDOR

LES STES MARIES DE LA MER
CAMPING LE CLOS DU RHÔNE

MARTIGUES
CAMPING LA SOURCE
CAMPING LE MAS
CAMPING LES MOUETTES
CAMPING LES TAMARIS
CAMPING MARIUS

PEYNIER
CAMPING LE DEVANÇON

ST CHAMAS EN PROVENCE
CAMPING LE CANET PLAGE

ST MITRE LES REMPARTS
CAMPING FÉLIX LA BASTIDE
CAMPING NEPTUNE

ST REMY DE PROVENCE
CAMPING MAS DE NICOLAS
CAMPING PEGOMAS
CAMPING MONPLAISIR

SALON DE PROVENCE
CAMPING NOSTRADAMUS

TARASCON
CAMPING ST GABRIEL

14 CALVADOS

BLONVILLE SUR MER
VILLAGE CLUB

COLLEVILLE SUR MER
CAMPING LE ROBINSON

DIVES SUR MER
CAMPING DU GOLF

ETREHAM
CAMPING REINE MATHILDE

HOULGATE
CAMPING LA VALLÉE

ISIGNY SUR MER
CAMPING LE FANAL

LE BRÉVÉDENT
CASTEL CAMPING LE BRÉVÉDENT

LUC SUR MER
CAMPING LA CAPRICIEUSE

MARTRAGNY
CAMPING CHÂTEAU DE MARTRAGNY

MERVILLE-FRANCEVILLE
CAMPING LES PEUPLIERS

MOYAUX
CAMPING LE COLOMBIER

PORT EN BESSIN
CAMPING PORT'LAND

ST AUBIN SUR MER
CAMPING DE LA CÔTE DE NACRE

ST MARTIN DES BESACES
CAMPING LE PUITS

SURAIN
CAMPING LA ROSERAIE

TRÉVIÈRES
CAMPING SOUS LES POMMIERS

15 CANTAL

MAURIAC
CAMPING VAL ST JEAN

NEUVÉGLISE
CAMPING LE BELVÉDÈRE

PERS
CAMPING DU VIADUC

VIC SUR CÈRE
CAMPING LA POMMERAIE

16 CHARENTE

COGNAC
CAMPING COMMUNAUTAIRE DE COGNAC

MONTBRON
CASTEL CAMPING
LES GORGES DU CHAMBON

17 CHARENTE-MARITIME

ANGOULINS SUR MER
CAMPING LES CHIRATS- LA PLATÈRE

ARS EN RÉ
CAMPING CAMP DU SOLEIL
CAMPING ESSI
CAMPING LE CORMORAN

AYTRÉ
CAMPING DE LA PLAGE
CAMPING LES CHALETS DE LA PLAGE
CAMPING LES SABLES

CHATELAILLON-PLAGE
CAMPING LE VILLAGE
CORSAIRE DES 2 PLAGES
CAMPING PORT-PUNAY

DOLUS D'OLÉRON
CAMPING L'OCÉAN
CAMPING OSTREA
CAMPING OSTRÉA VACANCES

JONZAC
CAMPING LES CASTORS

LA COUARDE SUR MER
CAMPING LA TOUR DES PRISES
CAMPING L'OCÉAN

LA FLOTTE EN RÉ
CAMPING LA GRAINETIÈRE
CAMPING LES PEUPLIERS
CAMPING L'ILE BLANCHE

LA TREMBLADE
CAMPING ACTIV' LOISIRS LES PINS

LE BOIS PLAGE EN RÉ
CAMPING ANTIOCHE
CAMPING INTERLUDE
CAMPING LES VARENNES

LE CHÂTEAU D'OLÉRON
CAMPING AIROTEL OLÉRON
CAMPING AU PIGEONNIER
CAMPING FIEF MELIN
CAMPING LA BRANDE

LES MATHES
CAMPING LA PINÈDE
CAMPING L'ORÉE DU BOIS

LES PORTES EN RÉ
CAMPING LA PROVIDENCE

L'HOUMEAU
CAMPING AU PETIT PORT DE L'HOUMEAU

MEDIS
CAMPING LES CHÊNES
CAMPING LE BOIS ROLAND

PONT L'ABBÉ D'ARNOULT
CAMPING PARC DE LA GARENNE

PORT DES BARQUES
CAMPING MUNICIPAL LA GARENNE

PUILBOREAU
CAMPING LE BEAULIEU

ROCHEFORT
CAMPING MUNICIPAL LE RAYONNEMENT

RONCE LES BAINS
CAMPING LA PIGNADE

ROYAN
CAMPING LE ROYAN

ST AUGUSTIN SUR MER
CAMPING LE LOGIS DU BREUIL

ST CLÉMENT DES BALEINES
CAMPING LA PLAGE
CAMPING LES BALEINES

ST FORT SUR GIRONDE
CAMPING PORT MAUBERT

ST GEORGES DE DIDONNE
CAMPING PARC HOTEL BOIS-SOLEIL

ST GEORGES D'OLÉRON
CAMPING CLUB VEREBLEU
CAMPING LA BOULINIÈRE
CAMPING LA CAMPIÈRE
CAMPING LES GROS-JONCS
CAMPING SIGNOL
CAMPING VILLAGE CLUB MER ET SOLEIL

ST JUST LUZAC
CAMPING SÉQUOIA PARC

ST MARTIN DE RÉ
CAMPING MUNICIPAL ST MARTIN

ST PALAIS SUR MER
CAMPING LE PUITS DE L'AUTURE
CAMPING LES PINS

ST PIERRE D'OLÉRON
CAMPING LES CUPRESSUS
VILLAGE LA VIEILLE PERROTINE
CAES DU CNRS

ST SAVINIEN
CAMPING L'ILE AUX LOISIRS

ST TROJAN LES BAINS
CAMPING LA COMBINETTE

VAUX SUR MER
CAMPING LE NAUZAN PLAGE

19 CORREZE

ARGENTAT
CAMPING AU SOLEIL D'OC
CAMPING LE GIBANEL
CAMPING LE VAURETTE

AUBAZINE
CAMPING VILLAGE AREPOS-LE COIROUX

BEAULIEU SUR DORDOGNE
CAMPING LES ILES

BEYNAT
CENTRE TOURISTIQUE DE MIEL

EYBURIE
CAMPING NATURISTE AIMÉE PORCHER

EYGURANDE
CAMPING L'ABEILLE
LAGUENNE
CAMPING LE PRÉ DU MOULIN
LUBERSAC
CAMPING MUNICIPAL DE LA VÉZÉNIE
NEUVIC
CAMPING LE MIALARET
CAMPING MUNICIPAL DU LAC
VEIX
CAMPING LE FAYARD

20 CORSE

ALERIA
CAMPING MARINA D'ALERIA
CAMPING RIVA BELLA
BIGUGLIA
CAMPING SAN DAMIANO
CALVI
CAMPING LES CASTORS
GHISONACCIA
CAMPING ARINELLA BIANCA
CAMPING MARINA D'ERBA ROSSA
OLMETO
CAMPING COLOMBA
PORTICCIO
CAMPING U PRUNELLI
PORTO VECCHIO
CAMPING ARUTOLI
PITRERA VILLAGE
PORTO-OTA
CAMPING LES OLIVIERS
SAGONE
SAGONE CAMPING U MINTASTRETU
STE LUCIE DE PORTO VECCHIO
CAMPING SANTA LUCIA

21 COTE-D'OR

ARNAY LE DUC
CAMPING DE L'ETANG DE FOUCHÉ
AUXONNE
L'ARQUEBUSE
CHÂTILLON SUR SEINE
CAMPING MUNICIPAL LOUIS RIGOLY
MEURSAULT
CAMPING LA GRAPPE D'OR
MONTBARD
CAMPING MUNICIPAL MONTBARD
SANTENAY
CAMPING DES SOURCES
VANDENESSE EN AUXOIS
LE LAC DE PANTHIER

22 COTES-D'ARMOR

CAUREL
CAMPING NAUTIC INTERNATIONAL
ERQUY
CAMPING BELLEVUE
CAMPING DE LA PLAGE DE ST PABU
CAMPING DES PINS
CAMPING LES HAUTES GRÉES
CAMPING LES ROCHES
JUGON LES LACS
CAMPING AU BOCAGE DU LAC
LANDRELLEC-PLEUMEUR BODOU
CAMPING DU PORT
LANNION
CAMPING LES DEUX RIVES
CAMPING LES PLAGES DE BEG LEGUER
PAIMPOL
CAMPING MUNICIPAL DE CRUCKIN
PAIMPOL-LANLOUP
CAMPING LE NEPTUNE
PENVENAN
CAMPING LES HAUTS DE PORT BLANC
PLEUBIAN
CAMPING PORT LA CHAINE
PLOUHA
CAMPING DOMAINE DE KERAVEL
CAMPING LE VARQUEZ
PORDIC
CAMPING LES MADIÈRES
ST CAST LE GUILDO
CAMPING CHÂTEAU DE GALINÉE
CAMPING DES MIELLES
LES CAMPINGS VERT-BLEU
CAMPING DU CHATELET
TREBEURDEN
CAMPING ARMOR LOISIRS
TREDREZ-LOQUEMEAU
CAMPING LES CAPUCINES

23 CREUSE

BOUSSAC BOURG
CAMPING CREUSE NATURE
CAMPING DU CHÂTEAU DE POINSOUZE

24 DORDOGNE

BELVÈS
CAMPING LES NAUVES
BIRON
CAMPING LE MOULINAL
CARLUX
CAMPING LA CHÂTAIGNERAIE
CARSAC AILLAC
CAMPING AQUA VIVA
CHAMPS ROMAIN
CASTEL CAMPING CHÂTEAU LE VERDOYER
GAUGEAC
CAMPING LE MOULIN DE DAVID
GROLEJAC
CAMPING LES GRANGES
LE BUGUE
CAMPING LA LINOTTE
LE BUISSON DE CADOUIN
CAMPING DOMAINE DE FROMENGAL
MONTIGNAC-LASCAUX
CAMPING LE MOULIN DU BLEUFOND
ST ANDRÉ D'ALLAS
CAMPING LE MOULIN DU ROCH
ST CRÉPIN ET CARLUCET
CAMPING LES PENEYRALS
ST LÉON SUR VÉZÈRE
CAMPING LE PARADIS
ST VINCENT DE COSSE
CAMPING LE TIRADOU
STE NATHALÈNE
CAMPING LA PALOMBIÈRE
SALIGNAC EYVIGNES
CAMPING LE TEMPS DE VIVRE
SARLAT
CAMPING LES ACACIAS
TURSAC
CAMPING VÉZÈRE PÉRIGORD

25 DOUBS

BONNAL
CAMPING LE VAL DE BONNAL

26 DROME

ANNEYRON
CAMPING LA CHATAIGNERAIE
BENIVAY
CAMPING L'ECLUSE
BOURDEAUX
CAMPING LES BOIS DU CHATELAS
BUIS LES BARONNIES
CAMPING FONTAINE D'ANNIBAL
CAMPING LES EPHELIDES
CHABEUIL
CAMPING LE GRAND LIERNE
CHATILLON EN DIOIS
CAMPING DU LAC BLEU
CREST
CAMPING LES CLORINTHES
DIE
CAMPING LA PINÈDE
DIEULEFIT
CAMPING LA SOURCE DU JABRON
LE POET-CELLARD
CAMPING LE COUSPEAU
LE POËT-LAVAL
CAMPING LORETTE
MENGLON
CAMPING L'HIRONDELLE
MIRABEL ET BLACONS
GERVANNE CAMPING
PIERRELONGUE
CAMPING LES CASTORS
ST MARTIN EN VERCORS
CAMPING LA PORTE ST-MARTIN
TULETTE
CAMPING LES RIVES DE L'AYGUES
VERCHENY
CAMPING LES ACACIAS
VINSOBRES
CAMPING DOMAINE LE SAGITTAIRE

27 EURE

FIQUEFLEUR-EQUAINVILLE
CAMPING LA CATINIÈRE
LES ANDELYS
CAMPING ILE DES TROIS ROIS
MARCILLY
CAMPING DOMAINE DE MARCILLY
PONT AUDEMER
CAMPING RISLE-SEINE LES ETANGS
ST GEORGES DU VIÈVRE
CAMPING DU VIÈVRE

29 FINISTERE

BENODET
SUNÊLIA LA POINTE ST GILLES
CAMARET SUR MER
CAMPING LE GRAND LARGE
CLOHARS CARNOËT
CAMPING DE KERANQUERNAT
CAMPING DE KERGARIOU
CAMPING DU KEROU
CAMPING LES EMBRUNS
CAMPING LOCOUARN
CONCARNEAU
CAMPING DES SABLES BLANCS
CROZON
CAMPING GWEL KAER
DOUARNENEZ
CAMPING DE KERLEYOU
FOUESNANT
CAMPING DE LA PISCINE
CAMPING DE LA PLAGE DE CLEUT-ROUZ
CAMPING DE LA ROCHE PERCÉE
CAMPING LE KERVASTARD
SUNÊLIA L'ATLANTIQUE
LA FORET-FOUESNANT
CAMPING LES SAULES
CAMPING DE KERLEVEN
CAMPING DOMAINE DE ST LAURENT
CAMPING KERANTEREC
CAMPING KERSIOUAL
CAMPING LES FALAISES
LANDEDA
CAMPING DES ABERS
LANDUDEC
CAMPING DOMAINE DE BEL AIR
LESCONIL
CAMPING DE KERALOUET
CAMPING DES DUNES
LOCTUDY
CAMPING LES HORTENSIAS
MILIZAC
CAMPING LE VILLAGE LOISIRS
NEVEZ
CAMPING DES CHAUMIÈRES
CAMPING LES 2 FONTAINES
PENMARC'H
CAMPING LE GRAND BLEU
PLOMEUR
AIRE NATURELLE DE CAMPING KERALUIC
PLOMODIERN
CAMPING DE L'IROISE
PLONEVEZ PORZAY
CAMPING DOMAINE DE KERVEL
PLOUEZOC'H
CAMPING DE LA BAIE DE TERENEZ
PLOUGASTEL DAOULAS
CAMPING ST JEAN
PLOUGUERNEAU
CAMPING LE VOUGOT
POULDREUZIC
CAMPING LES PEUPLIERS
POULLAN SUR MER
CAMPING LE PIL KOAD
QUIMPER
CAMPING L'ORANGERIE DE LANNIRON
ST NIC
CAMPING KERYS
ST POL DE LÉON
CAMPING AR KLEGUER
CAMPING DE TROLOGOT
TELGRUC SUR MER
CAMPING LE PANORAMIC
TRÉGUNC
CAMPING DOMAINE DE PENDRUC
CAMPING LA POMMERAIE

30 GARD

ALLEGRE LES FUMADES
CAMPING CHÂTEAU DE BOISSON
CENDRAS
CAMPING LA CROIX CLÉMENTINE
CRESPIAN
CAMPING LE MAS DE REILHE
JUNAS
CAMPING L'OLIVIER
LE GRAU DU ROI
CAMPING LE BOUCANET
SOMMIERES
CAMPING DOMAINE DE MASSEREAU
THOIRAS
CAMPING CÉVENNES PROVENCE
VALLABREGUES
CAMPING LOU VINCEN

31 HAUTE-GARONNE

LUCHON
CAMPING CARAVANING PRADELONGUE
CAMPING LES MYRTILLES
MARTRES-TOLOSANE
CAMPING LE MOULIN
PALAMINY CAZÈRES
CAMPING MUNICIPAL LE PLANTAUREL
PUYSSEGUR
CAMPING NAMASTÉ
VAUDREUILLE
CAMPING EN SALVAN

32 GERS

BARBOTAN
CAMPING DU LAC DE L'UBY
CASTÉRA-VERDUZAN
CAMPING LA PLAGE DE VERDUZAN
COLOGNE DU GERS
CAMPING LE LAC DE THOUX ST CRICQ

ESTANG
CAMPING LES LACS DE COURTES
GONDRIN
CAMPING LE PARDAILLAN
LA ROMIEU
CAMPING LE CAMP DE FLORENCE
LECTOURE
CAMPING LE LAC DES 3 VALLÉES
MARCIAC
CAMPING DU LAC
MARSAN
CAMPING ARAMIS
MIRANDE
CAMPING MUNICIPAL DE L'ILE DU PONT
PLAISANCE DU GERS
CAMPING L'ARROS
ROQUELAURE
CAMPING LE TALOUCH

33 GIRONDE

ANDERNOS LES BAINS
CAMPING FONTAINE VIEILLE
ARCACHON
CAMPING CLUB D'ARCACHON
ARÈS
CAMPING LA CANADIENNE
HOURTIN
AIROTEL CAMPING DE LA CÔTE D'ARGENT
CAMPING LA ROTONDE : LE VILLAGE WESTERN
CAMPING LES OURMES
LA TESTE DE BUCH
CAMPING PANORAMA
LACANAU
CAMPING LE TEDEY
LANTON
CAMPING LE COQ HARDI
LE TEICH
CAMPING KER-HELEN
LE VERDON SUR MER
SUNÊLIA LA POINTE DU MÉDOC
PAUILLAC
CAMPING MUNICIPAL LES GABARREYS
PYLA SUR MER
CAMPING DE LA FORÊT
CAMPING LE PETIT NICE
SOULAC SUR MER
CAMPING LES LACS

34 HERAULT

CLAPIERS
CAMPING LE PLEIN AIR DES CHÊNES
FRONTIGNAN
CAMPING LES TAMARIS
LAURENS
CAMPING L'OLIVERAIE
MARSEILLAN PLAGE
CAMPING BEAUREGARD EST
SÈTE
CAMPING LE CASTELLAS
VENDRES PLAGE
CAMPING LES VAGUES
VIAS
CAMPING CALIFORNIE PLAGE
CAMPING DOMAINE DE LA DRAGONNIÈRE
CAMPING LES ONDINES
CAMPING MÉDITERRANÉE PLAGE
VIAS PLAGE
CAMPING LE MAS DE LA PLAGE
VIC LA GARDIOLE
CAMPING L'EUROPE - VILLAGE CENTER

35 ILLE-ET-VILAINE

CANCALE
CAMPING LE BOIS PASTEL
CAMPING LES GENÊTS
CHERRUEIX
CAMPING LE TENZOR DE LA BAIE
DOL DE BRETAGNE
DOMAINE DES ORMES
LA CHAPELLE AUX FILTZMEENS
CAMPING DOMAINE DU LOGIS
MARTIGNÉ FERCHAUD
CAMPING MUNICIPAL DU BOIS FEUILLET
ROZ SUR COUESNON
CAMPING LES COUESNONS
ST BRIAC SUR MER
CAMPING EMERAUDE
ST JOUAN DES GUÉRETS
CAMPING LE P'TIT BOIS
ST MALO
CAMPING DE LA VILLE HUCHET
TINTENIAC
CAMPING LES PEUPLIERS

37 INDRE-ET-LOIRE

BALLAN-MIRÉ
CAMPING LA MIGNARDIÈRE
CHEMILLÉ S/INDROIS
CAMPING LES COTEAUX DU LAC
LOCHES
CAMPING LA CITADELLE
STE CATHERINE DE FIERBOIS
CAMPING PARC DE FIERBOIS
SAVIGNY EN VÉRON
CAMPING LA FRITILLAIRE
SONZAY
CAMPING L'ARADA PARC
TROGUES
CAMPING LA ROLANDIÈRE

38 ISERE

ALLEVARD
CAMPING CLAIR MATIN
IDÉAL CAMPING
AUTRANS
CAMPING AU JOYEUX REVEIL
CAMPING CARAVANEIGE LE VERCORS
BEAUREPAIRE
CAMPING INTERCOMMUNAL DE BEAUREPAIRE
BOUGÉ-CHAMBALUD
CAMPING LE TEMPS LIBRE
BOURG D'OISANS
CAMPING A LA RENCONTRE DU SOLEIL
CAMPING CARAVANING BELLEDONNE
CAMPING LA CASCADE
CAMPING LA PISCINE
CAMPING LE CHÂTEAU
CAMPING LE COLPORTEUR
CHARAVINES
CAMPING LES PLATANES
FARAMANS
CAMPING LES EYDOCHES
GRESSE EN VERCORS
CAMPING LES 4 SAISONS
LA FERRIÈRE
CAMPING NEIGE ET NATURE
LA SALLE EN BEAUMONT
LE CHAMP LONG
LES ABRETS
CAMPING LE COIN TRANQUILLE
MAYRES SAVEL
CAMPING DE SAVEL
MEAUDRE
CAMPING CARAVANEIGE LES BUISSONNETS
MENS
CAMPING DU PRÉ ROLLAND
MEYRIEU LES ETANGS
CAMPING DE LA BASE DE LOISIRS DU MOULIN
MONTFERRAT
CAMPING INTERNATIONAL DU LAC
PALADRU
CAMPING LE CALATRIN
ROYBON
CAMPING ROYBON
ST LAURENT EN BEAUMONT
CAMPING BELVÉDÈRE DE L'OBIOU
ST PIERRE DE CHARTREUSE
CAMPING DE MARTINIÈRE
ST PRIM
CAMPING LE BOIS DES SOURCES
ST THEOFFREY
CAMPING LES MOUETTES
CAMPING SER SIRANT
THEYS
CAMPING LES 7 LAUX
TREFFORT
CAMPING D'HERBELON
VENOSC
CAMPING LE CHAMP DU MOULIN
VERNIOZ
CAMPING HÔTEL DE PLEIN AIR LE BONTEMPS
VILLARD DE LANS
CAMPING L'OURSIÈRE
VIZILLE
LE BOIS DE CORNAGE

39 JURA

CLAIRVAUX LES LACS
CAMPING EN FAYOLAN ASSOCIATION RELAI SOLEIL
DOLE
CAMPING DU PASQUIER
LONS LE SAUNIER
CAMPING LA MARJORIE
MARIGNY
CAMPING LA PERGOLA
MESNOIS
CAMPING BEAUREGARD
OUNANS
CAMPING DU VAL D'AMOUR
ST LAURENT EN GRANDVAUX
CAMPING LE CHAMP DE MARS

40 LANDES

AZUR
CAMPING LA PAILLOTTE
BISCARROSSE
CAMPING BIMBO
CAMPING DU DOMAINE DE LA RIVE
DAX
CAMPING LES CHÊNES
LABENNE
CAMPING LA MER
LABENNE-OCÉAN
CAMPING LA CÔTE D'ARGENT
LIT ET MIXE
CAMPING LES VIGNES
CAMPING L'UNIVERS
MESSANGES
CAMPING LA CÔTE
CAMPING LES ACACIAS
CAMPING LOU PIGNADA
MIMIZAN
CAMPING CLUB MARINA-LANDES
ONDRES
CAMPING BLUE OCÉAN
CAMPING DU LAC ONDRES
ST MARTIN DE SEIGNANX
CAMPING LOU P'TIT POUN
ST PAUL LES DAX
CAMPING LES PINS DU SOLEIL
SANGUINET
CAMPING LES GRANDS PINS
SEIGNOSSE
CAMPING LES CHEVREUILS
VIELLE ST GIRONS
SUNÊLIA LE COL VERT

41 LOIR-ET-CHER

CANDÉ SUR BEUVRON
LA GRANDE TORTUE
CHEVERNY
CAMPING LES SAULES
MESLAND
LE PARC DU VAL DE LOIRE
MUIDES SUR LOIRE
CAMPING CHÂTEAU DES MARAIS
ONZAIN
DOMAINE DE DUGNY
PIERREFITTE SUR SAULDRE
YELLOH! VILLAGE SOLOGNE PARC DES ALICOURTS
SUÈVRES
CAMPING CHÂTEAU DE LA GRENOUILLÈRE

42 LOIRE

PELUSSIN
CAMPING BEL' EPOQUE DU PILAT

43 HAUTE-LOIRE

CHAMPAGNAC LE VIEUX
CAMPING LA CHANTERELLE
LANGEAC
CAMPING DES GORGES DE L'ALLIER
ST DIDIER EN VELAY
CAMPING LA FRESSANGE
STE SIGOLÈNE
CAMPING LE VAUBARLET
VOREY
CAMPING LES MOULETTES

44 LOIRE-ATLANTIQUE

ASSÉRAC
CAMPING LE MOULIN DE L'ECLIS
LA BAULE
CAMPING L'EDEN
CAMPING LES AJONCS D'OR
LA BERNERIE EN RETZ
CAMPING LES ECUREUILS
LA PLAINE SUR MER
CAMPING LA TABARDIÈRE
CAMPING LE RANCH
LE CROISIC
CAMPING L'OCÉAN
LES MOUTIERS EN RETZ
CAMPING LES BRILLAS
MESQUER-QUIMIAC
CAMPING AU SOIR D'ÉTÉ
CAMPING LE WELCOME
PIRIAC SUR MER
CAMPING ARMOR HÉOL
CAMPING LE PARC DU GUIBEL
PONTCHÂTEAU
CASTEL CAMPING LE DEFFAY
PORNIC
CAMPING LA BOUTINARDIÈRE
CAMPING LA CHÊNAIE
CAMPING LA MADRAGUE
CAMPING LE PATISSEAU
CAMPING LE PORT CHÉRI
PORNICHET
CAMPING BEL AIR
PRÉFAILLES
CAMPING ELÉOVIC
ST BRÉVIN LES PINS
CAMPING DE MINDIN
CAMPING LE FIEF
STE LUCE SUR LOIRE
CAMPING LA BELLE RIVIÈRE

45 LOIRET

NIBELLE
CAMPING PARC DE NIBELLE

POILLY LEZ GIEN
CAMPING DE GIEN
DOMAINE LES BOIS DU BARDELET

ST PÈRE SUR LOIRE
CAMPING HORTUS LE JARDIN DE SULLY

46 LOT

CAHORS
CAMPING RIVIÈRE DE CABESSUT

CASSAGNES
CAMPING LE CARBET

CREYSSE
CAMPING DU PORT

FIGEAC
CAMPING LES RIVES DU CÉLÉ

GIRAC
CAMPING LES CHALETS SUR LA DORDOGNE

GOURDON
DOMAINE LE QUERCY

LACAVE
CAMPING LA RIVIÈRE

LOUBRESSAC
CAMPING LA GARRIGUE

LOUPIAC
CAMPING LES HIRONDELLES

MAYRAC
CAMPING LE PIC

MIERS
CAMPING LE PIGEONNIER

PADIRAC
CAMPING LES CHÊNES

PAYRAC
CAMPING LES PINS

PINSAC
CAMPING VERTE RIVE

ROCAMADOUR
CAMPING LES CIGALES

ST CIRQ LAPOPIE
CAMPING DE LA PLAGE
CAMPING LA TRUFFIÈRE

SENIERGUES
CAMPING DOMAINE DE LA FAURIE

SOUILLAC
DOMAINE DE LA PAILLE BASSE

THÉGRA
CAMPING LE VENTOULOU

VAYRAC
CAMPING LES GRANGES

48 LOZERE

MEYRUEIS
CAMPING LE CAPELAN
CAMPING LE CHAMP D'AYRES

49 MAINE-ET-LOIRE

ANGERS
CAMPING DU LAC DE MAINE

BRISSAC
CAMPING DE L'ETANG

CHOLET
CAMPING LE RIBOU

COUTURES
CAMPING PARC DE MONTSABERT

DURTAL
CAMPING L'INTERNATIONAL

MONTSOREAU
CAMPING L'ISLE VERTE

SAUMUR
CAMPING L'ILE D'OFFARD

ST HILAIRE ST FLORENT
CAMPING CHANTEPIE

VARENNES SUR LOIRE
CAMPING L'ETANG DE LA BRÈCHE

50 MANCHE

AGON-COUTAINVILLE
CAMPING LES MOUETTES

BRÉVILLE SUR MER
CAMPING LA ROUTE BLANCHE

COURTILS
CAMPING ST MICHEL

DONVILLE LES BAINS
CAMPING L'ERMITAGE

LA HAYE DU PUITS
CAMPING L'ETANG DES HAIZES

LE ROZEL
CAMPING LE RANCH

LES PIEUX
CAMPING LE GRAND LARGE

MAUPERTUS SUR MER
CAMPING ANSE DU BRICK

PONTORSON
CAMPING HALIOTIS

RAVENOVILLE-PLAGE
CAMPING LE CORMORAN

ST JEAN DE LA RIVIÈRE
CAMPING LES VIKINGS

ST PAIR SUR MER
CASTEL LEZ-EAUX

ST VAAST LA HOUGUE
CAMPING LA GALLOUETTE

STE MARIE DU MONT
CAMPING UTAH BEACH

52 HAUTE-MARNE

PEIGNEY
CAMPING LE LAC DE LA LIEZ

THONNANCE LES MOULINS
CAMPING LA FORGE STE-MARIE

54 MEURTHE-ET-MOSELLE

VILLEY LE SEC
CAMPING VILLEY LE SEC

55 MEUSE

VERDUN
CAMPING LES BREUILS

56 MORBIHAN

AMBON
CAMPING D'ARVOR
CAMPING LE GREARN

ARRADON
CAMPING DE L'ALLÉE
CAMPING DE PENBOCH

ARZAL
CAMPING DE KERNÉJEUNE

BADEN
CAMPING MANÉ GUERNEHUÉ

CARNAC
CAMPING DE KERABUS
CAMPING DU LAC
CAMPING LA GRANDE MÉTAIRIE
CAMPING LE MOUSTOIR
CAMPING LE ROSNUAL
CAMPING LES DRUIDES
CAMPING MOULIN DE KERMAUX

CRAC'H
CAMPING LE FORT ESPAGNOL

ERDEVEN
CAMPING LES SEPT SAINTS
CAMPING L'IDÉAL

GUIDEL
CAMPING LES JARDINS DE KERGAL

LA ROCHE BERNARD
CAMPING MUNICIPAL LE PATIS

LA TRINITÉ SUR MER
CAMPING DE KERVILOR
CAMPING LA BAIE
CAMPING PARK PLIJADUR

LE PALAIS
CAMPING DE BORDENÉO

LOCMARIAQUER
CAMPING DE LANN BRICK

NOYAL-MUZILLAC
CAMPING MOULIN DE CADILLAC

PÉNESTIN
CAMPING DES ILES
CAMPING LE CENIC
CAMPING LES PINS

PLOEMEUR
CAMPING DE LA POINTE DU TALUD
CAMPING PEN PALUD

PLOUHARNEL
CAMPING DE LOPERHET

PLOUHINEC
CAMPING LE MOTENO

QUIBERON
CAMPING BEAUSÉJOUR
CAMPING DO MI SI LA MI
CAMPING LE BOIS D'AMOUR
CAMPING LES JONCS DU ROC'H

ST GILDAS DE RHUYS
CAMPING DU MENHIR

SARZEAU
CAMPING LA FERME DE LANN HOEDIC
CAMPING LES GENETS

TAUPONT
CAMPING LA VALLÉE DU NINIAN

VANNES MEUCON
CAMPING DU HARAS

57 MOSELLE

BAERENTHAL
CAMPING DE RAMSTEIN PLAGE

DABO
CAMPING DU ROCHER

MORHANGE
CAMPING DE LA MUTCHE

ST-AVOLD
CAMPING LE FELSBERG

STURZELBRONN
CAMPING MUHLENBACH

VOLSTROFF
CAMPING CENTRE DE LOISIRS ET CULTURE

58 NIEVRE

LUZY
CHÂTEAU DE CHIGY
DOMAINE DE LA GAGÈRE

OUROUX EN MORVAN
LES GENÊTS

ST LÉGER DE FOUGERET
CAMPING ETANG DE LA FOUGERAIE

ST PEREUSE EN MORVAN
MANOIR DE BEZOLLE

59 NORD

BUYSSCHEURE
CAMPING LA CHAUMIÈRE

60 OISE

CARLEPONT
CAMPING LES ARAUCARIAS

61 ORNE

ARGENTAN
CAMPING MUNICIPAL DE LA NOË

BAGNOLES DE L'ORNE
CAMPING DE LA VÉE

FLERS
CAMPING PAYS DE FLERS

LONGNY AU PERCHE
MONACO PARC

SÉES
LE CLOS NORMAND

62 PAS-DE-CALAIS

AUTINGUES
CAMPING ST LOUIS

BOIRY NOTRE DAME
CAMPING LA PAILLE HAUTE

BOUBERS-SUR-CANCHE
CAMPING LE PETIT ST-JEAN

CONCHIL LE TEMPLE
CAMPING LE VILLAGE DE LA VACHE VERTE

CUCQ-STELLA-PLAGE
CAMPING POMME DE PIN

EPERLECQUES
CAMPING CHÂTEAU DU GANDSPETTE

FRÉVENT
CAMPING VAL DU TERNOIS

GUINES
CAMPING LA BIEN ASSISE

LICQUES
CAMPING POMMIERS DES TROIS PAYS

MERLIMONT
CAMPING ST HUBERT

RANG DU FLIERS
CAMPING CARAVANING L'ORÉE DU BOIS
CAMPING LES TOURTERELLES

63 PUY-DE-DOME

AMBERT
CAMPING LES TROIS CHÊNES

BESSE ET ST ANASTAISE
CAMPING BOIS DE GRAVIÈRE

CEYRAT
CAMPING MUNICIPAL LE CHANSET

CHAMBON SUR LAC
CAMPING DE SERRETTE
CAMPING DU PRÉ BAS

LE MONT-DORE
DOMAINE DE LA GRANDE CASCADE

LES PRADEAUX
CAMPING LE CHÂTEAU DE GRANGEFORT

MURAT-LE-QUAIRE
CAMPING LE PANORAMIQUE

MUROL
CAMPING DOMAINE DU MARAIS
CAMPING LA RIBEYRE
CAMPING LE REPOS DU BALADIN

NÉBOUZAT
CAMPING LES DÔMES

ORCET
CAMPING LE CLOS AUROY

ORLÉAT
CAMPING DE PONT ASTIER

ROYAT
CAMPING INDIGO L'OCLÈDE

ST BONNET-PRES-ORCIVAL
CAMPING DE LA HAUTE SIOULE

ST GERMAIN L'HERM
CAMPING ST ELOY

ST NECTAIRE
CAMPING LA CLÉ DES CHAMPS
CAMPING LA VALLÉE VERTE
CAMPING LE VIGINET

ST PIERRE COLAMINE
CAMPING L'OMBRAGE

SINGLES
CAMPING LE MOULIN DE SERRE

TAUVES
CAMPING LES AURENDEIX

VOLVIC
CAMPING VOLVIC PIERRES ET SOURCES

64 PYRENEES-ATLANTIQUES

ANGLET
CAMPING DE BIARRITZ-PARME

ARAMITS
CAMPING BARETOUS-PYRÉNÉES

ASCAIN
CAMPING ZÉLAIA
ASCARAT
CAMPING NARBAITZ
BIDART
CAMPING LE RUISSEAU DES PYRÉNÉES
CAMPING UR-ONÉA
SUNÊLIA BERRUA
HENDAYE
CAMPING AMETZA
LARUNS
CAMPING DES GAVES
ST JEAN DE LUZ
AIROTEL ITSAS MENDY
CAMPING TAMARIS PLAGE
ST PÉE SUR NIVELLE
CAMPING GOYETCHEA
URRUGNE
CAMPING DU COL D'IBARDIN
CAMPING SUHIBERRY

65 HAUTES-PYRENEES

AGOS-VIDALOS
CAMPING LA CHATAIGNERAIE
CAMPING SOLEIL DU PIBESTE
DOMAINE DE LA TOUR
ARCIZANS-AVANT
CAMPING DU LAC
CAMPING LES CHÂTAIGNIERS
ARGELES GAZOST
SUNÊLIA LES TROIS VALLÉES
ARIES ESPENAN
CAMPING NATURISTE L'EGLANTIÈRE
ARRAS EN LAVEDAN
CAMPING L'IDÉAL
AUCUN
CAMPING AZUN-NATURE
AYZAC OST
CAMPING LA BERGERIE
BAGNÈRES DE BIGORRE
CAMPING LE MONLÔO
BARÈGES
CAMPING LA RIBÈRE
BOURISP
CAMPING LE RIOUMAJOU
CAMPAN
CAMPING L'ORÉE DES MONTS
CAUTERETS
CAMPING LE CABALIROS
ESTAING
CAMPING PYRÉNÉES NATURA
LANNE
CAMPING LA BERGERIE
LAU BALAGNAS
CAMPING DU LAVEDAN
LOUDENVIELLE
CAMPING PENE BLANCHE
LOURDES
CAMPING LE MOULIN DU MONGE
CAMPING PLEIN SOLEIL
LUZ ST SAUVEUR
CAMPING CARAVANING LE HOUNTA
CAMPING INTERNATIONAL
CAMPING PYRÉNÉVASION
PIERREFITTE-NESTALAS
CAMPING LARBEY
VIELLE AURE
CAMPING LE LUSTOU

66 PYRENEES-ORIENTALES

ARGELÈS SUR MER
CAMPING LES GALETS
CAMPING LA MARENDE
CAMPING LE NEPTUNE
CAMPING LES CRIQUES DE PORTEILS
CANET EN ROUSSILLON
CAMPING MA PRAIRIE
LAROQUE DES ALBÈRES
CAMPINGS LES ALBÈRES
LE BARCARES
CAMPING LA PRESQU'ILE
CAMPING LAS BOUSIGUES
CAMPING LE SOLEIL BLEU
STE MARIE LA MER
CAMPING LA PERGOLA
TORREILLES PLAGE
CAMPING LA PALMERAIE
CAMPING LE TRIVOLY
CAMPING LES TROPIQUES

67 BAS-RHIN

DOSSENHEIM SUR ZINSEL
CAMPING PLAGE LOISIRS
GERSTHEIM
CAMPING AU CLAIR RUISSEAU
OBERBRONN
CAMPING L'OASIS
OBERNAI
CAMPING LE VALLON DE L'EHN
ST PIERRE
CAMPING MUNICIPAL BEAU SÉJOUR
SÉLESTAT
CAMPING LES CIGOGNES
WASSELONNE
CAMPING MUNICIPAL

69 RHONE

ANSE
CAMPING LES PORTES DU BEAUJOLAIS
CUBLIZE
CAMPING LE LAC DES SAPINS

70 HAUTE-SAONE

RIOZ
CAMPING DU LAC
VESOUL
CAMPING INTERNATIONAL DU LAC
VILLERSEXEL
CAMPING LE CHAPEAU CHINOIS

71 SAONE-ET-LOIRE

CHAMPAGNAT
LE DOMAINE DE LOUVAREL
CORMATIN
CAMPING LE HAMEAU DES CHAMPS
CRÈCHES SUR SAÔNE
CAMPING DU PORT D'ARCIAT
DOMPIERRE LES ORMES
CAMPING LE VILLAGE DES MEUNIERS
GIGNY SUR SAÔNE
DOMAINE DU CHÂTEAU DE L'EPERVIÈRE
ISSY L'EVEQUE
L'ETANG NEUF
LAIVES
CAMPING LA HÉRONNIÈRE
MÂCON
CAMPING CARAVANING
MATOUR
CAMPING LE PALUET
ST BOIL
MOULIN DE COLLONGE

72 SARTHE

LUCHÉ-PRINGÉ
CAMPING LA CHABOTIÈRE
MANSIGNÉ
CAMPING LA PLAGE
MARCON
CAMPING DU LAC DES VARENNES
SABLE-SUR-SARTHE
CAMPING DE L'HIPPODROME
SAVIGNÉ L'EVÊQUE
CASTEL CAMPING DE CHANTELOUP
TUFFÉ
CAMPING DU LAC

73 SAVOIE

AIX-LES-BAINS
CAMPING INTERNATIONAL DU SIERROZ
BELMONT TRAMONET
CAMPING LES TROIS LACS
BOURG ST MAURICE/LES ARCS
CAMPING LE VERSOYEN
PEISEY NANCROIX
CAMPING LES LANCHETTES
PRALOGNAN LA VANOISE
CAMPING LE PARC ISERTAN
RUFFIEUX
CAMPING SAUMONT
ST ALBAN DE MONTBEL
CAMPING LE SOUGEY

74 HAUTE-SAVOIE

AMPHION LES BAINS
CAMPING DE LA PLAGE
CHATEL
CAMPING L'OUSTALET
DOUSSARD
LA SERRAZ
FRANGY
CAMPING LE CHAMALOUP
LA CLUSAZ
CAMPING LE PLAN DU FERNUY
LE GRAND BORNAND
CAMPING L'ESCALE
LUGRIN
CAMPING VIEILLE EGLISE
RUMILLY
CAMPING LE MADRID
ST GERVAIS LES BAINS
CAMPING LES DÔMES DE MIAGE
ST JORIOZ
CAMPING EUROPA
CAMPING INTER. DU LAC D'ANNECY
ST JULIEN EN GENEVOIX
CAMPING LA COLOMBIÈRE
VALLIÈRES
CAMPING LES CHARMILLES

76 SEINE-MARITIME

CRIEL SUR MER
CAMPING MONT JOLIBOIS (MUNICIPAL)
JUMIÈGES
CAMPING DE LA FORÊT DE JUMIÈGES
LES LOGES
CAMPING L'AIGUILLE CREUSE

77 SEINE-ET-MARNE

BOULANCOURT
CAMPING ILE DE BOULANCOURT

79 DEUX-SEVRES

ARGENTON LES VALLÉES
CAMPING MUNICIPAL D'HAUTIBUS
COULON
CAMPING LA VENISE VERTE
PARTHENAY
CAMPING DU BOIS VERT
VERRUYES
CAMPING LA FRAGNÉE

80 SOMME

AMIENS
CAMPING PARC DES CYGNES
BOISMONT
CAMPING LE PICARDY
FAVIÈRES
CAMPING LES PRAIRIES DE LA MER
FEUILLÈRES
CAMPING DE L'OSERAIE
FORT MAHON
CAMPING LE ROBINSON
CAMPING LE ROYON
LE CROTOY
CAMPING CARAVANING LES AUBÉPINES
CAMPING DE LA BAIE DE SOMME
CAMPING LA FERME DE MAYOCQ
CAMPING LE RIDIN
CAMPING LE TARTERON
CAMPING LES TROIS SABLIÈRES
LE HAMEL
CAMPING LA FERME DE BOUZENCOURT
MOYENNEVILLE
CAMPING LE VAL DE TRIE
NAMPONT ST MARTIN
CAMPING LA FERME DES AULNES
PÉRONNE
CAMPING DU PORT DE PLAISANCE
QUEND
CAMPING DE LA MOTTE
QUEND PLAGE
CAMPING DES ROSES
QUEND PLAGE LES PINS
CAMPING LES VERTES FEUILLES
CAMPING DOMAINE DE DIANE
ST-QUENTIN-EN-TOURMONT
CAMPING LE CHAMP NEUF
CAMPING LES CROCS
ST-VALERY-SUR-SOMME
CAMPING DOMAINE DE DRANCOURT
CAMPING LE WALRIC
VILLERS SUR AUTHIE
CAMPING LE VAL D'AUTHIE

81 TARN

MAZAMET
CAMPING DE LA LAUZE
MONTIRAT
CAMPING LA PRADE
NAGES
CAMPING INDIGO RIEUMONTAGNÉ
VIELMUR SUR AGOUT
CAMPING LE PESSAC

82 TARN-ET-GARONNE

CAYRIECH
CAMPING LE CLOS DE LA LÈRE
MOISSAC
CAMPING DE L'ILE DU BIDOUNET
MONTRICOUX
CAMPING LE CLOS LALANDE
ST ANTONIN NOBLE VAL
CAMPING LES 3 CANTONS

83 VAR

AGAY
ESTEREL CARAVANING
AIGUINES
CAMPING CHANTERAINE
BAUDUEN
CAMPING LE VIEUX CHÊNE
BORMES LES MIMOSAS
CAMP DU DOMAINE
CAMPING DE LA GRIOTTE
CARQUEIRANNE
CAMPING BEAU VEZÉ
CAVALAIRE SUR MER
CAMPING BONPORTEAU
CAMPING CROS DE MOUTON
CAMPING DE LA BAIE
COGOLIN
CAMPING DE L'ARGENTIÈRE

FRÉJUS
CAMPING CLUB HOLIDAY GREEN
CAMPING DE LA BAUME
CAMPING DOMAINE DU COLOMBIER
CAMPING LA PIERRE VERTE
CAMPING LE FRÉJUS
CAMPING LES PINS PARASOLS
CAMPING L'ETOILE D'ARGENS

GRIMAUD
CAMPING DE LA PLAGE
CAMPING DES MURES
CAMPING DOMAINE DU GOLFE DE ST TROPEZ
DOMAINE DES NAÏADES

HYÈRES
CAMPING BERNARD
CAMPING PARC ET PLAGE
CAMPING VERT GAPEAU
CAMPING PORT POTHUAU

HYÈRES GIENS
CAMPING INTERNATIONAL
CAMPING LA PRESQU'ÎLE DE GIENS

HYÈRES LES PALMIERS
CAMPING LE CEINTURON 3

LA CADIÈRE D'AZUR
CAMPING DOMAINE DE LA MALISSONNE

LA CROIX VALMER
SÉLECTION CAMPING

LA LONDE LES MAURES
CAMPING CARAVANING LE PANSARD
CAMPING LA PASCALINETTE

LA SEYNE SUR MER
CAMPING LES FONTANETTES

LE BEAUSSET
RÉSIDENCE CLUB D'ARBOIS

LE LAVANDOU
CAMPING ST PONS
PARC CAMPING PRAMOUSQUIER

LE MUY
CAMPING LES CIGALES
CAMPING SELLIG

LES ADRETS-DE-L'ESTÉREL
CAMPING LES PHILIPPONS

LES SALLES SUR VERDON
CAMPING LA SOURCE
CAMPING LES PINS

NANS LES PINS
CAMPING LA STE BAUME

PORT GRIMAUD
CAMPING LES PRAIRIES DE LA MER

PUGET SUR ARGENS
CAMPING LA BASTIANE

RAMATUELLE
YELLOH! VILLAGE LES TOURNELS

ROQUEBRUNE SUR ARGENS
CAMPING DE VAUDOIS
CAMPING LEÏ SUVES
CAMPING LES PÊCHEURS
CAMPING MOULIN DES ISCLES

ST AYGULF
CAMPING LE GRAND CALME
CAMPING MARC HILAIRE
RÉSIDENCE DU CAMPEUR

ST CYR SUR MER
CAMPING DU CLOS STE THÉRÈSE

ST-MANDRIER
HOMAIR CAMPING LA PRESQU'ÎLE

ST PAUL EN FORÊT
CAMPING LE PARC

ST RAPHAËL
CAMPING DOUCE QUIÉTUDE

STE ANASTASIE SUR ISSOLE
CAMPING LA VIDARESSE

SALERNES
CAMPING MUNICIPAL LES ARNAUDS

SANARY SUR MER
CAMPING CAMPASUN LE MAS DE PIERREDON
CAMPING CAMPASUN PARC MOGADOR

SILLANS LA CASCADE
LE RELAIS DE LA BRESQUE

SIX FOURS LES PLAGES
CAMPING LES PLAYES
CAMPING ORLY D'AZUR

VILLECROZE LES GROTTES
CAMPING CLUB LE RUOU

84 VAUCLUSE

APT
CAMPING LE LUBERON

AUBIGNAN
CAMPING LE BREGOUX

AVIGNON
CAMPING DU PONT D'AVIGNON

BEDOIN
CAMPING BÉLÉZY PROVENCE

CADENET
CAMPING VAL DE DURANCE

CAROMB
CAMPING LE BOUQUIER

CHEVAL BLANC
CAMPING LES GENÊTS

CUCURON
CAMPING LE MOULIN À VENT

FAUCON
CAMPING DE L'AYGUETTE

GORDES
CAMPING DES SOURCES

LE THOR
DOMAINE LE JANTOU

L'ISLE SUR LA SORGUE
AIROTEL LA SORGUETTE

MALEMORT DU COMTAT
CAMPING FONT NEUVE

ORANGE
CAMPING LE JONQUIER

PERTUIS
CAMPING MUNICIPAL LES PINÈDES

ST MARCELLIN LES VAISON
CAMPING LE VOCONCE

ST ROMAIN EN VIENNOIS
CAMPING LE SOLEIL DE PROVENCE

ST SATURNIN LES APT
CAMPING LES CHÊNES BLANCS

VAISON LA ROMAINE
CAMPING CARPE DIEM
CAMPING DU THÉÂTRE ROMAIN

VEDENE
CAMPING LE FLORY

VILLES SUR AUZON
CAMPING LES VERGUETTES

85 VENDEE

ANGLES
CAMPING LE CLOS COTTET
CAMPING MONCALM

APREMONT
CAMPING LES CHARMES

CHÂTEAU D'OLONNE
CAMPING LE PETIT PARIS

JARD SUR MER
CAMPING L'OCÉANO D'OR
CAMPINS LES ECUREUILS

LA CHAPELLE HERMIER
CAMPING LE PIN PARASOL

LA GUÉRINIÈRE
CAMPING LE CARAVAN'ILE

LA TRANCHE SUR MER
CAMPING LE JARD
CAMPING LES JONQUILLES

LANDEVIEILLE
CAMPING PONG

LES EPESSES
CAMPING LA BRETÈCHE

LES SABLES D'OLONNE
CAMPING LA DUNE DES SABLES
CAMPING LES ROSES

LONGEVILLE SUR MER
CAMPING LES BRUNELLES

OLONNE SUR MER
CAMPING DE LA LOUBINE
CAMPING LE NID D'ÉTÉ

ST HILAIRE DE RIEZ
CAMPING CAP NATUR'
CAMPING LA NINGLE
CAMPING LA PARÉE PRENEAU
CAMPING LES CHOUANS
CAMPING LES ECUREUILS

ST JEAN DE MONTS
CAMPING AUX COEURS VENDÉENS
CAMPING BOTH D'OROUET
CAMPING LE BOIS JOLY
CAMPING PLEIN SUD
CAMPING ZAGARELLA

ST JULIEN DES LANDES
CAMPING LA BRETONNIÈRE
CASTEL CAMPING LA GARANGEOIRE
VILLAGE DE LA GUYONNIERE

ST MARTIN LARS
CAMPING LE COLOMBIER

ST MICHEL EN L'HERM
CAMPING LES MIZOTTES

TALMONT ST HILAIRE
CAMPING ST HUBERT

86 VIENNE

COUHÉ
CAMPING LES PEUPLIERS

INGRANDES SUR VIENNE
CASTEL CAMPING LE PETIT TRIANON DE ST USTRE

ST CYR
CAMPING LE LAC DE ST CYR

ST GEORGES LES BAILLARGEAUX
CAMPING LE FUTURISTE

87 HAUTE-VIENNE

BONNAC LA CÔTE
CAMPING CASTEL DU CHÂTEAU DE LEYCHOISIER

88 VOSGES

ANOULD
CAMPING CARAVANEIGE LES ACACIAS

BUSSANG
CAMPING DOMAINE DE CHAMPÉ

CELLES SUR PLAINE
CAMPING DES LACS

CONTREXÉVILLE
CAMPING LE TIR AUX PIGEONS

CORCIEUX
CAMPING DOMAINE DES BANS
CAMPING LE CLOS DE LA CHAUME

GERARDMER
CAMPING LES GRANGES BAS

GRANGES SUR VOLOGNE
CAMPING LA STENIOLE

LA BRESSE
CAMPING DE BELLE HUTTE
CAMPING LE HAUT DES BLUCHES

LA CHAPELLE DEVANT BRUYÈRES
CAMPING LES PINASSES

LE THOLY
CAMPING DE NOIRRUPT

REHAUPAL
CAMPING DU BARBA

ST DIÉ DES VOSGES
CAMPING VANNE DE PIERRE

SANCHEY
CAMPING CLUB DU LAC DE BOUZEY

SAULXURES SUR MOSELOTTE
CAMPING DU LAC DE LA MOSELOTTE

XONRUPT-LONGEMER
CAMPING DU DOMAINE DE LONGEMER
CAMPING LA VOLOGNE

89 YONNE

CHARNY
CAMPING DES PLATANES

MIGENNES
CAMPING LES CONFLUENTS

TONNERRE
MUNICIPAL LA CASCADE

VERMENTON
CAMPING LES COULLEMIÈRES

VINCELLES
LES CERISELLES

90 TERRITOIRE-DE-BELFORT

BELFORT
CAMPING L'ETANG DES FORGES

Le Kérabus - Carnac (56)

LA FÉDÉRATION FRANÇAISE DE NATURISME

....pour un Naturisme respectueux et porteur de bien-être.

LA FEDERATION FRANCAISE de NATURISME

POUR TOUS RENSEIGNEMENTS

FEDERATION FRANÇAISE DE NATURISME
5, rue Régnault,
93500 Pantin

POUR VOUS INFORMER, VOUS ECOUTER, VOUS REPONDRE :
son nouveau site
www.ffn-naturisme.com
son puissant serveur vocal interactif 08 92 69 32 82
et son secrétariat.
son guide répertoire des clubs, centres de vacances partenaires et plages.
sa revue "FFN nouvelles" parvenant gratuitement chaque trimestre à votre domicile (si vous le souhaitez).

POUR UN NATURISME PRESENT, VISIBLE RESPECTUEUX, ET PROTEGE
sur des lieux de vie naturiste français : clubs, centres de vacances, plages, lieu de repos, de détente et de sports.

POUR PERMETTRE AUX JEUNES
de prendre la place qui leur revient dans la construction de l'avenir du naturisme.

POUR SOUTENIR LA CREATION DE NOUVEAUX CLUBS
autour de centre d'intérêt comme la défense de l'environnement, le handicap, la création artistique, les loisirs ou les sports,....

LA FFN EST OFFICIELLEMENT RECONNUE, PAR LES ADMINISTRATIONS FRANCAISES,
ELLE EST MEMBRE DE LA FEDERATION NATURISTE INTERNATIONALE
regroupant 31 fédérations.

Par l'acquisition de la licence vous permettez à la FFN de réaliser tout ce qui précède.
Par ailleurs d'autres avantages sont liés à cette licence
Consultez notre site et notre serveur.

Dans ce guide, les terrains ayant une spécificité naturiste sont repérés par la mention ***"Rés. naturisme"***

Organisation Naturiste Européenne

L'O.N.E représente, informe et défend les intérêts et les droits des naturistes.
Elle mobilise des moyens et dialogue avec les responsables associatifs, professionnels, pouvoirs publics, notamment autour de trois axes : **l'accueil, la sécurité, l'information**.

De l'information et des services pour des séjours heureux.
Carte O.N.E « Avantage »

L'Accueil :
Découvrir le naturisme et le pratiquer nécessitent de la part des responsables des sites de séjours, une véritable culture de l'accueil. Dans cet esprit, l'O.N.E développe une véritable stratégie de formation et d'information auprès de tous les professionnels, afin que vous soit assuré un accueil chaleureux, très personnalisé et bien documenté qui vous permette de profiter pleinement de votre séjour en ayant accès immédiatement à tout ce qui caractérise le site choisi.

La Sécurité :
La sécurité morale et la sécurité technique sont des engagements essentiels de la part des responsables du lieu de séjour.

La sécurité morale : Par une sélection et une formation rigoureuse de tous les intervenants avec de vrais spécialistes pour les enfants et les adolescents.
Vous bénéficiez également d'un accès et d'une consultation à notre service juridique.
La sécurité technique : Par le respect absolu de la réglementation en vigueur à tous les endroits du site. Surveillance et réels moyens d'intervention dans les endroits impératifs (plages, piscines) ; encadrement de certaines activités.

L'Information : elle est essentielle.
Elle régit les droits et devoirs de chacun. Pour cela, elle doit être claire, sans ambiguïté, y compris pour la communication publicitaire, pour permettre à chaque personne de pouvoir choisir ses lieux de voyages et de séjours en totale connaissance des conditions d'accueil et des équipements disponibles : prix, accessibilité, disponibilité, activités, équipements spécifiques pour les enfants, les adolescents, les personnes handicapées.
Sur tous ces points, nous nous engageons dans la qualité de l'information. L'acquisition de votre Carte «Avantage» O.N.E vous fait bénéficier d'un abonnement de un an au magazine Nat'Info, n°1 de la Presse Naturiste, qui publie des guides couplés au magazine - Guide Spécial Vacances, Guide des Clubs, Guide des Plages. Et ce n'est pas tout ! Une information privilégiée pour vous, détenteurs de la Carte O.N.E « Avantage », sur www.onenaturism.com et par tout autre moyen, chaque fois que nécessaire.

\+ + + + +

Posséder sa carte O.N.E «Avantage» c'est satisfaire à chacune de ces situations :

- Vous avez besoin d'information pour adhérer, pour choisir un Club, un Centre de Vacances, un trajet : vous souhaitez savoir s'il correspond à vos attentes.

L'O.N.E met à votre disposition, notamment à travers le Magazine Nat'Info, une information de qualité très bien documentée ainsi qu'un accès privilégié au site www.onenaturism.com pour profiter également des offres promotionnelles spécialement réservées aux adhérents.

- Vous avez besoin d'informations complémentaires, vous rencontrez une difficulté.

Une permanence téléphonique est à votre écoute. Un service juridique gratuit vous conseille sur la protection de vos droits.

- Vous avez besoin d'une assistance ponctuelle.

Notre service de médiation courtois interviendra pour vous, grâce à sa permanence téléphonique au +33 (0)820 22 43 23 et/ou par e-mail sur notre service www.onenaturism.com.

- Vous avez besoin d'une réservation de dernière minute ou bien de profiter immédiatement d'une offre promotionnelle.

Vous bénéficiez d'un accès privilégié - permanence téléphonique et site - pour réaliser, par le siège de l'O.N.E, votre réservation.

- Vous êtes un naturiste exigeant.

Vos idées, vos remarques sont les bienvenues. Il vous est possible de participer à nos cercles de concertation et de décisions.

\+ + + + +

Organisation Naturiste Européenne
23 rue Nollet - 75017 PARIS - France
Association enregistrée à la Préfecture de Paris sous le n° 00161411

Tél. +33 (0)820 22 43 23
n° indigo : 0,09 € TTC la minute
e-mail : contact@onenaturism.com
Internet : www.onenaturism.com

o.n.e.

LE CARAVANING DE NEIGE

Retrouvez tous ces terrains dans la présentation détaillée classée par département. Dans la majorité des cas, ces campings sont situés à proximité des pistes de ski. Un contact avec la station choisie permettra de connaître l'enneigement et les activités proposées. Bon ski !

ALPES

04 ALPES-DE-HAUTE-PROVENCE

BARCELONNETTE -1140m.
TAMPICO ★★ Tourisme
BEAUVEZER -1150m.
LES RELARGUIERS ★★ Tourisme
MONTCLAR -1300m.
L'ETOILE DES NEIGES ★★★ Tourisme
SEYNE -1260m.
LA BLANCHE ★★ Loisirs

05 HAUTES-ALPES

ABRIES -1547m.
QUEYRAS CARAVANEIGE ★★ Tourisme
ANCELLE -1350m.
LES AUCHES ★★★ Loisirs
LES TAILLAS ★★ Loisirs
BARATIER -853m.
LE VERGER ★★★ Tourisme
CHORGES -865m.
LE SERRE DU LAC ★★ Loisirs
GAP -745m.
LE NAPOLEON ★★ Loisirs
GUILLESTRE -1000m.
LE VILLARD ★★★★ Tourisme
SAINT JAMES LES PINS ★★★ Tourisme
LA FAURIE -840m.
LA GARRIGUE ★★★ Tourisme
LA MOTTE EN CHAMPSAUR -1095m.
LE SERRE ★★ Loisirs
LE MONETIER LES BAINS -1495m.
LES DEUX GLACIERS ★★ Tourisme
MANTEYER -1040m.
AU BLANC MANTEAU Tourisme
MONTGENEVRE -1860m.
CAMP MUNICIPAL DU BOIS DES ALBERTS ★★ Tourisme
NEFFES -730m.
LES GRAVIERES ★ Loisirs
ORCIERES -1439m.
BASE DE LOISIRS ★★ Tourisme
REALLON -1410m.
CAMP MUNICIPAL ★★ Tourisme
ST ETIENNE EN DEVOLUY -1263m.
CAMP MUNICIPAL ★★ Tourisme
ST JEAN ST NICOLAS -1130m.
LES 6 STATIONS ★★ Tourisme
ST LEGER LES MELEZES -1260m.
LA PAUSE ★★★ Loisirs
VAL DES PRES -1370m.
LES GENTIANES ★★ Tourisme
VALLOUISE -1150m.
LES CHAMBONNETTES ★★ Tourisme

06 ALPES-MARITIMES

ISOLA -873m.
LE LAC DES NEIGES ★★★ Tourisme
ROQUEBILLIERE -504m.
LES TEMPLIERS ★★ Tourisme
ST ETIENNE DE TINEE -1142m.
LE CUBERSEL ★ Tourisme
ST MARTIN VESUBIE -960m.
LES CHAMPOUNS ★★ Tourisme
VALDEBLORE -1500m.
CARAVANING MUNICIPAL ★★ Loisirs

26 DROME

AOUSTE SUR SYE -215m.
LA PIERRE A FEU ★★ Loisirs
BOURG DE PEAGE -135m.
CAMP MUNICIPAL LA PARISIERE ★★ Tourisme
GRANE -177m.
LES QUATRE SAISONS ★★★★ Tourisme
LA CHAPELLE EN VERCORS -945m.
CAMP MUNICIPAL LES BRUYERES ★★ Tourisme
LUS LA CROIX HAUTE -1050m.
LA CONDAMINE ★★ Tourisme
PUY ST MARTIN -202m.
CAMP MUNICIPAL CHAMPS DE MARS ★ Tourisme

38 ISERE

ALLEMOND -750m.
CAMP MUNICIPAL ★★★ Tourisme
LE GRAND CALME ★★★ Tourisme
ALLEVARD -520m.
CARAVANEIGE DU COLLET ★★ Tourisme
AUTRANS -1040m.
AU JOYEUX REVEIL ★★★★ Tourisme
LE VERCORS ★★★ Tourisme
CHAMROUSSE -1650m.
CARAVANEIGE CHAMROUSSE ★★ Tourisme
GRESSE EN VERCORS -1205m.
LES 4 SAISONS ★★★ Tourisme
LA FERRIERE -910m.
G.C.U. LE CURTILLARD ★★ Tourisme
LANS EN VERCORS -1020m.
BOIS SIGU ★★★ Tourisme
LE BOURG D OISANS -720m.
LA CASCADE ★★★★ Tourisme
LA PISCINE ★★★★ Tourisme
LE VERNIS ★★★ Tourisme
LE FRENEY D OISANS -927m.
LE TRAVERSANT ★★★ Tourisme
MEAUDRE -1012m.
LES BUISSONNETS ★★★ Tourisme
LES EYMES ★★★ Tourisme
SEYSSINS -303m.
CARAVANING LES 3 PUCELLES ★★ Loisirs
ST MAXIMIN -380m.
LES PETITS CHEVALIERS ★★ Tourisme
ST ROMAIN DE JALIONAS -202m.
A LA FERME DES EPINETTES ★ Tourisme
VENOSC -1000m.
LE CHAMP DU MOULIN ★★★ Tourisme
VILLARD DE LANS -1050m.
L'OURSIERE ★★★ Tourisme

73 SAVOIE

AILLON LE JEUNE -850m.
LES AILLONS ★★ Tourisme
AIX LES BAINS -260m.
LE PECHEUR ★★ Tourisme
ALBERTVILLE -340m.
LA MALADIERE ★★ Tourisme
AUSSOIS -1500m.
LA BUIDONNIERE 1
CARAVANEIGE MUNICIPAL LA BUIDONNIERE ★★★ Tourisme
BELLENTRE -743m.
MONTCHAVIN ★★ Tourisme
BOURG ST MAURICE -820m.
LE VERSOYEN ★★★ Tourisme
VALLEE HAUTE RENOUVEAU ★★★ Tourisme
ENTREMONT LE VIEUX -826m.
L'OURSON ★★★ Tourisme
FLUMET -1000m.
LE VIEUX MOULIN ★★ Tourisme

FONTCOUVERTE LA TOUSSUIRE -1182m.
DU COL ★★★ Tourisme
HAUTELUCE -1150m.
LE GRAND TETRAS ★★★ Tourisme
LA BATHIE -360m.
LE TARIN ★★ Tourisme
LA BIOLLE -380m.
LE CLOS DES FOURCHES ★★ Tourisme
LANDRY -750m.
L'EDEN ★★★★ Tourisme
LANSLEVILLARD -1500m.
CAMP MUNICIPAL ★★★ Tourisme
LES ALLUES -1125m.
LE MARTAGON ★★ Tourisme
MONTVALEZAN -1850m.
LA FORET ★★ Tourisme
PEISEY NANCROIX -1350m.
LES LANCHETTES ★★★ Tourisme
PRALOGNAN LA VANOISE -1425m.
LE PARC ISERTAN ★★★ Tourisme
SEEZ -900m.
CAMP MUNICIPAL LE RECLUS ★★ Tourisme
ST MARTIN DE BELLEVILLE -1750m.
G.C.U. DES MENUIRES ★ Tourisme
ST MARTIN SUR LA CHAMBRE -650m.
LE PETIT NICE ★★ Tourisme
TERMIGNON -1295m.
CAMP MUNICIPAL LES MELEZES ★★ Tourisme
VALLOIRE -1430m.
SAINTE THECLE ★★★ Tourisme

74 HAUTE-SAVOIE

ANNECY -450m.
CAMP DU BELVEDERE ★★★ Tourisme
CHAMONIX MONT BLANC -1050m.
LES DEUX GLACIERS ★★★ Tourisme
MONT BLANC LES ROSIERES ★★ Tourisme
CHAMPANGES -719m.
LA PRAIRIE ★★ Tourisme
CHATEL -1185m.
L'OUSTALET ★★★★ Tourisme
CLUSES -485m.
LA CORBAZ ★★ Tourisme
ESSERT ROMAND -936m.
LES MARMOTTES ★★★ Tourisme
LA CLUSAZ -1039m.
LE PLAN DU FERNUY ★★★★ Tourisme
LE GRAND BORNAND -935m.
LE CLOS DU PIN ★★★ Loisirs
L'ESCALE ★★★ Tourisme
LES CONTAMINES MONTJOIE -1164m.
LE PONTET ★★★ Tourisme
MONTRIOND -940m.
LE PRE ★★ Tourisme
PRAZ SUR ARLY -1040m.
CHANTALOUETTE ★★ Tourisme
LES PRES DE L'ARLY ★★ Loisirs
PUBLIER -372m.
LA PLAGE ★★★★ Tourisme
SALLANCHES -540m.
LE RELAIS DE VALLEE BLANCHE ★★ Tourisme
SAMOENS -710m.
CAMP CARAVANEIGE LE GIFFRE ★★★ Tourisme
ST JEAN D AULPS -800m.
LE SOLEREY ★★ Tourisme
TANINGES -640m.
CAMP MUNICIPAL DES THEZIERES ★★ Tourisme
VERCHAIX -740m.
CAMP MUNICIPAL LAC ET MONTAGNE ★★ Tourisme

84 VAUCLUSE

BEAUMONT DU VENTOUX -425m.
LE MONT SEREIN ★★ Tourisme
MORNAS -40m.
BEAUREGARD ★★★ Loisirs

CORSE

2A CORSE SUD

CARBUCCIA -510m.
ADUMBRATU ★★ Tourisme

JURA

01 AIN

ARTEMARE -258m.
LE VAUGRAIS ★★ Tourisme
CHAMPDOR -830m.
CAMP MUNICIPAL LE VIEUX MOULIN ★★ Tourisme
HAUTEVILLE LOMPNES -900m.
CAMP MUNICIPAL LES ABERREAUX ★★ Loisirs
SONGIEU -715m.
CAMP MUNICIPAL DE SONGIEU ★★ Tourisme

25 DOUBS

LE RUSSEY -875m.
CAMP MUNICIPAL LES SORBIERS ★★ Tourisme
LES HOPITAUX NEUFS -1000m.
CAMP MUNICIPAL LE MIROIR ★★★ Tourisme
MAICHE -777m.
SAINT MICHEL ★★★ Tourisme
MONCEY -235m.
LA VALLEE ★★ Tourisme
MOUTHE -937m.
CAMP DE LA SOURCE DU DOUBS ★★ Loisirs
PONTARLIER -837m.
LE LARMONT ★★★ Tourisme

39 JURA

LONGCHAUMOIS -900m.
LE BAPTAILLARD ★★ Tourisme
PONT DU NAVOY -480m.
LE BIVOUAC ★ Tourisme
PREMANON -1120m.
G.C.U. DU CREUX NOIR ★★ Tourisme
LES TROIS OISEAUX ★ Tourisme
ST LAURENT EN GRANDVAUX -900m.
CAMP MUNICIPAL LE CHAMPS DE MARS ★★ Tourisme

70 HAUTE-SAONE

CHAMPAGNEY -390m.
BASE DE PLEIN AIR CAMP DES BALLASTIERES ★ Tourisme

MASSIF CENTRAL

03 ALLIER

CHATEL DE NEUVRE -237m.
LA COURTINE ★★ Tourisme
ST NICOLAS DES BIEFS -1000m.
AUBERGE LES MYRTILLES ★★★ Tourisme

07 ARDECHE

LAURAC EN VIVARAIS -182m.
SAINT-AMAND ★★ Tourisme

15 CANTAL

LE CLAUX -1030m.
CAMP MUNICIPAL ★ Tourisme
MURAT -914m.
CAMP MUNICIPAL DE STALAPOS ★★ Tourisme

42 LOIRE

BOURG ARGENTAL -540m.
PARC RESIDENTIEL DE LOISIRS MUNICIPAL L'ASTREE

48 LOZERE

LAUBERT -1200m.
CAMP MUNICIPAL LA PONTIERE ★★ Tourisme

63 PUY-DE-DOME

BESSE ET ST ANASTAISE -1050m.
BOIS DE GRAVIERE ★★ Loisirs
CEYRAT -566m.
CAMP MUNICIPAL LE CHANSET ★★★ Loisirs
LA BOURBOULE -850m.
LE POUTIE ★★ Tourisme
LES CLARINES ★★★ Tourisme
LE MONT DORE -1050m.
CAMP MUNICIPAL DES CROUZETS ★★ Tourisme
MURAT LE QUAIRE -1050m.
LE POUTIE ★★ Tourisme
ORCET -400m.
LE CLOS AUROY ★★★ Tourisme
ST PIERRE COLAMINE -800m.
L'OMBRAGE ★★ Tourisme

PYRENEES

09 ARIEGE

ALBIES -560m.
CAMP MUNICIPAL LA COUME ★★ Tourisme
ALLIAT -560m.
LES GROTTES ★★★ Tourisme
AULUS LES BAINS -750m.
LE COULEDOUS ★★★
AUZAT -737m.
CAMP MUNICIPAL ★★ Tourisme
CAPOULET ET JUNAC -590m.
LA PRAIRIE ★★★ Tourisme
COS -480m.
CAMP MUNICIPAL ★★ Tourisme
FOIX -380m.
LE LAC ★★★ Tourisme
LE PLA -1075m.
CAMP MUNICIPAL LA PRADAILLE ★★★ Tourisme
LUZENAC -608m.
LE CASTELLA ★★★
MERENS LES VALS -1050m.
CAMP MUNICIPAL VILLE DE BAU ★★★ Tourisme
MONTFERRIER -680m.
LE FOUNT DE SICRE ★★
ORLU -875m.
CAMP MUNICIPAL D'ORLU ★★★ Tourisme
OUST -501m.
LES 4 SAISONS ★★★ Tourisme
SAVERDUN -235m.
DOMAINE DE PAULIAC ★★★ Tourisme
SAVIGNAC LES ORMEAUX -680m.
LE FOURNIL ★★ Tourisme
LE MALAZEOU ★★★ Tourisme
SEIX -511m.
LE HAUT SALAT ★★★ Tourisme
SORGEAT -1048m.
CAMP MUNICIPAL ★★ Tourisme
SURBA -450m.
LE SEDOUR ★★★ Tourisme
TARASCON SUR ARIEGE -474m.
LE PRE LOMBARD ★★★★ Tourisme
USTOU -746m.
CAMP MUNICIPAL ★★
LE MONTAGNOU ★★★ Tourisme
VARILHES -330m.
DU CHATEAU ★★
VICDESSOS -705m.
LA BEXANELLE ★★★

11 AUDE

CAMPAGNE SUR AUDE -251m.
PETIT PARADIS ★ Tourisme
CAMURAC -1200m.
LES SAPINS ★★ Tourisme
ROQUEFORT DE SAULT -1000m.
MADRES PYRENEES ★ Tourisme

31 HAUTE-GARONNE

GARIN -1100m.
LES FRENES ★★ Tourisme
MONTAUBAN DE LUCHON -635m.
LA LANETTE ★★ Tourisme
MONTREJEAU -460m.
MIDI-PYRENEES ★★ Tourisme
MOUSTAJON -609m.
LES MYRTILLES ★★★ Tourisme
SALLES ET PRATVIEL -610m.
LE PYRENEEN ★★ Tourisme
ST BEAT -500m.
CAMP MUNICIPAL CLEF DE FRANCE
CAMP TEI LA GARONNETTE
ST BERTRAND DE COMMINGES -468m.
ES PIBOUS ★★★ Tourisme

64 PYRENEES-ATLANTIQUES

ARAMITS -280m.
BARETOUS-PYRENEES ★★★ Tourisme
AREN -120m.
PYRENEES PASSION ★★★ Tourisme
BEOST -530m.
CAMP MUNICIPAL ★★ Loisirs

EAUX BONNES -750m.
LE PLATEAU DE LEY ★★ Tourisme
FEAS -246m.
LE VIEUX MOULIN ★★ Tourisme
GERE BELESTEN -465m.
CAMP MUNICIPAL DE MONPLAISIR ★★ Loisirs
LAAS -236m.
SAINT-JACQUES ★★★ Tourisme
LARUNS -530m.
AYGUEBERRE ★★ Tourisme
LES GAVES ★★★ Loisirs
PONT DE LAUGUERE ★★ Loisirs
LOUVIE JUZON -420m.
LE REY ★★★ Tourisme

65 HAUTES-PYRENEES

ADERVIELLE POUCHERGUES -948m.
LE LUSTOU ★ Tourisme
AGOS VIDALOS -415m.
LA CHATAIGNERAIE ★★★ Tourisme
SOLEIL DU PIBESTE ★★★ Tourisme
ARAGNOUET -1120m.
CAMP MUNICIPAL DU PONT DE MOUDANG ★★ Tourisme
ARREAU -700m.
CAMP INTERNATIONAL ★★ Loisirs
CAMP MUNICIPAL ★ Tourisme
ARRENS MARSOUS -725m.
LA HECHE ★★ Tourisme
LE MOULIAN ★★
ARTIGUES CAMPAN -1200m.
CARAVANEIGE MUNICIPAL DE BAGNERES ★★ Loisirs
AVAJAN -913m.
CAMP MUNICIPAL LE HOURGADE ★★ Loisirs
BAGNERES DE BIGORRE -542m.
BELLEVUE DES PALOMIERES ★★★ Loisirs
LE MONLOO ★★★ Tourisme
LES PALOMIERES ★★ Loisirs
BAREGES -1240m.
LA RIBERE ★★ Tourisme
BEAUDEAN -650m.
L'ARRIOU ★★
BOO SILHEN -406m.
LE DETH POTZ ★★
BOURISP -810m.
LA MOUSQUERE ★★★ Tourisme
LE RIOUMAJOU ★★★★ Tourisme
BUN -830m.
LE BOSQUET ★★ Tourisme
CAMPAN -960m.
LE LAYRIS ★★ Tourisme
LES BULANETTES ★ Loisirs
LES FRENES ★★ Tourisme
LES RIVES DE L'ADOUR ★★
L'OREE DES MONTS ★★★
CAUTERETS -1000m.
LES GLERES ★★ Tourisme
ESQUIEZE SERE -700m.
AIROTEL PYRENEES ★★★★ Tourisme
CAMP INTERNATIONAL ★★★ Tourisme
M. RIVIERE-ACCORNERO,aire naturelle
ESTAING -1000m.
LE VIEUX MOULIN ★★ Loisirs
ESTERRE -760m.
LE BASTAN ★★ Tourisme
LE BERGONS ★★ Tourisme
GAVARNIE -1370m.
LE PAIN DE SUCRE ★★
GEDRE -1000m.
LE RELAIS D'ESPAGNE ★★
GERDE -570m.
LA POMMERAIE ★★ Tourisme
L'ADOUR ★★ Tourisme
GOUAUX -945m.
LE RUISSEAU ★★ Tourisme
GUCHAN -735m.
LA NESTE ★★ Tourisme
GUCHEN -772m.
LE LAVEDAN ★★ Tourisme
HECHES -610m.
LA BOURIE ★★ Tourisme
LAU BALAGNAS -480m.
CAMP DU LAVEDAN ★★★ Tourisme
LES FRENES ★★★ Tourisme
LOUDENVIELLE -973m.
CAMP MUNICIPAL PENE BLANCHE ★★ Tourisme
LOURDES -422m.
L'ARROUACH ★★
LOURES BAROUSSE -445m.
CAMP MUNICIPAL ★ Tourisme
LUZ ST SAUVEUR -711m.
LES CASCADES ★★ Tourisme
TOY ★★ Tourisme
PRECHAC -480m.
HAUTACAM ★★ Tourisme
SALIGOS -650m.
SO DE PROUS ★★★ Tourisme
SARRANCOLIN -630m.
CAMP D'ESPLANTATS ★★ Tourisme
SASSIS -700m.
LE HOUNTA ★★★ Tourisme
SAZOS -830m.
LE PYRENEVASION ★★★ Loisirs
ST LARY SOULAN -815m.
CAMP MUNICIPAL ★★★★ Tourisme
D'AUTUN ★ Tourisme
VIELLE AURE -850m.
LE LUSTOU ★★★ Tourisme
VIGNEC -800m.
ARTIGUETTE ST JACQUES ★★ Tourisme

66 PYRENEES-ORIENTALES

ANGOUSTRINE VILLENEUVE ESCALDES -1380m.
CAMP MUNICIPAL SOL Y NEU ★★ Tourisme
BOURG MADAME -1130m.
LE SEGRE ★★★
MAS PIQUES ★★★
EGAT -1800m.
LAS CLOTES ★★ Tourisme
ENVEITG -1200m.
LE ROBINSON ★★★ Tourisme
ERR -1335m.
LAS CLOSAS ★★★ Tourisme
LE PUIGMAL ★★★ Tourisme
ESTAVAR -1293m.
L'ENCLAVE ★★★ Tourisme
FORMIGUERES -1500m.
LA DEVEZE ★★★ Tourisme
LATOUR DE CAROL -1248m.
CAMP MUNICIPAL L'ORATOIRE ★★ Tourisme
MATEMALE -1500m.
LE LAC ★★★ Tourisme
OSSEJA -1255m.
ESSI ELS PALLES ★★ Tourisme
PORTE PUYMORENS -1610m.
CAMP MUNICIPAL LA RIVIERE ★★ Tourisme
SAILLAGOUSE -1300m.
ILISA ★★★ Loisirs
LE DOMAINE DE CERDAN ★★★ Tourisme
LE VEDRIGNANS
TARGASSONNE -1597m.
LA GRIOLE ★★ Tourisme
UR -1210m.
LA GARE ★★ Tourisme

VOSGES

67 BAS-RHIN

BELMONT -800m.
LE CHAMP DU FEU ★★ Tourisme
LE HOHWALD -645m.
CAMP MUNICIPAL ★★ Tourisme
NIEDERBRONN LES BAINS -190m.
HEIDENKOPF ★★ Tourisme
OBERNAI -185m.
CAMP MUNICIPAL LE VALLON DE L'EHN ★★★ Tourisme

68 HAUT-RHIN

BURNHAUPT LE HAUT -300m.
LES CASTORS ★★★ Tourisme
GEISHOUSE -730m.
AU RELAIS DU GRAND BALLON ★★★★ Loisirs
HEIMSBRUNN -280m.
PARC LA CHAUMIERE ★★ Tourisme
LUTTENBACH -420m.
LES AMIS DE LA NATURE ★★★ Loisirs
ORBEY -500m.
LES MORAINES ★★★ Tourisme
RANSPACH -450m.
LES BOULEAUX ★★★★ Tourisme
STE MARIE AUX MINES -375m.
LES REFLETS DU VAL D'ARGENT ★★★ Tourisme

88 VOSGES

ANOULD -455m.
LES ACACIAS ★★★ Tourisme
BUSSANG -625m.
DOMAINE DE CHAMPE ★★★ Tourisme
CORCIEUX -550m.
LA TOUR ★★ Tourisme
CORNIMONT -530m.
LES TETES ★★ Tourisme
GERARDMER -670m.
LES GRANGES BAS ★★ Tourisme
LES MYRTILLES ★ Tourisme
GRANGES SUR VOLOGNE -500m.
GADEMONT PLAGE ★★ Tourisme
GINA PARK ★★★ Tourisme
LA BRESSE -900m.
BELLE HUTTE ★★★★ Tourisme
LE HAUT DES BLUCHES ★★★ Tourisme
LE MENIL -527m.
L'OREE DU BOIS ★★★ Tourisme
SANCHEY -360m.
LAC DE BOUZEY ★★★★ Tourisme
ST DIE DES VOSGES -345m.
VANNE DE PIERRE ★★★★ Tourisme
XONRUPT LONGEMER -1100m.
A L'EAU VIVE ★★ Tourisme
CAMP MUNICIPAL DU DOMAINE DE LONGEMER ★★ Tourisme
LA CHAUMIERE ★★ Loisirs
VERTE VALLEE ★★★ Loisirs

90 TERRITOIRE DE BELFORT

GIROMAGNY -460m.
LE PARADIS DES LOUPS ★★ Tourisme

LA CLEF VERTE

Créé en 1994 au Danemark pour les hôtels, le label de gestion environnementale La Clef Verte a été adapté par l'office français de la Fondation pour l'Education à l'Environnement en Europe en 1998 pour les campings en partenariat avec la Fédération Française du Naturisme.

POUR PLUS D'INFORMATIONS :

Si vous souhaitez connaître la liste des centres labellisés, la liste complète des critères, ou encore des précisions sur les procédures d'attribution, n'hésitez pas à nous contacter ou à consulter le site internet : **www.laclefverte.org**

La Clef Verte
Fondation pour l'Education à l'Environnement en Europe
36, rue Amelot, 75011 Paris
tél : 01 45 49 40 50
fax : 01 45 49 27 69
email : contact@laclefverte.org

Depuis 2005, La Clef Verte s'est étendue aux hôtels et, à partir de cette année, elle s'ouvre également aux gîtes et chambres d'hôtes.
En 2007, 233 établissements dont 199 centres d'hébergement de plein air ont été labellisés.

Critères d'attribution :
Le label La Clef Verte est attribué sur la base de critères concernant :
La qualité de vie sur le site : paysages, espaces verts, densité d'occupation...
La gestion environnementale générale : utilisation de produits et méthodes écologiques pour l'entretien du centre
La gestion de l'eau : économies d'eau, assainissement
La gestion de l'énergie : économies d'énergie, utilisation d'énergie renouvelables...
La gestion des déchets : réduction des volumes de déchets, tri sélectif...
L'éducation à l'environnement : auprès des clients et des employés du camping.

LES PARTENAIRES ET MEMBRES DU JURY DE LA CLEF VERTE

- La Fédération Nationale de l'Hôtellerie de Plein Air
- La Fédération Française de Camping-Caravaning
- Le Ministère de l'Ecologie et du Développement Durable
- La société O'Hara
- Le Comité de Liaison des Energies Renouvelables
- Eco-Emballages
- Ecoperl
- L'Officiel des Terrains
- L'Union des Métiers et des Industries de l'Hôtellerie
- La Fédération nationale des Offices de Tourisme et Syndicats d'Initiatives
- ODIT - France

Dans ce guide, retrouvez les terrains adhérant avec la mention ***"camping clef verte"***

LE LABEL TOURISME & HANDICAP

Label national depuis 2001

Dans ce guide, les terrains labellisés portent la mention "Camping Tourisme et Handicap". L'objectif de ce label est d'apporter une information fiable, homogène et objective sur l'accessibilité des sites et équipements touristiques pour tous les types de handicaps.

Les critères retenus pour la labellisation ont pour objectif d'identifier les équipements où les touristes handicapés peuvent utiliser les prestations à disposition, le plus en autonomie possible et ce pour chaque type de handicap. L'association **Tourisme et Handicap** attribue le label et remet une charte d'engagement du labellisé, contrat d'obligations garantissant l'accueil et la préservation de l'accessibilité permanente du site.

Se rendre dans un établissement labellisé c'est avoir l'assurance de pouvoir profiter de ses vacances dans les meilleures conditions possibles. L'accueil sera lui aussi au rendez-vous car les prestataires labellisés ont fait le choix de rendre leur structure accessible. Pour suivre l'évolution du nombre de labellisés, rendez-vous sur www.franceguide.com rubrique Tourisme et Handicap.

Adresse	Nom de la structure	Moteur	Visuel	Auditif	Mental
03 BRUGHEAS	Camping la Roseraie	●			
06 CAGNES SUR MER	Camping Green Park			●	
07 PLATS	Camping Simondon				●
07 ST MAURICE D'ARDECHE	Camping le Cros d'Auzon				●
07 TOURNON SUR RHONE	Camping de Tournon	●	●	●	●
11 GRUISSAN	Camping LVL Les Ayguades	●		●	●
11 NARBONNE	Camping La Nautique	●	●	●	
15 POLMINHAC	Camping Municipal du Val de Cère	●	●		
16 MANSLE	Camping Municipal Le Champion	●			
16 PRESSIGNAC	Camping les 3 Lacs	●			●
17 ARS EN RE	Camping Le Cormoran			●	
17 FOURAS	Camping Domaine des Charmilles			●	
17 L HOUMEAU	Camping Au Petit Port de l'Houmeau	●		●	●
17 ST AUGUSTIN	Camping Le logis du Breuil			●	
18 BELLEVILLE SUR LOIRE	Camping Municipal Les Coutures			●	●
18 BOURGES	Camping Municipal			●	●
18 LA GUERCHE SUR L AUBOIS	Camping municipal Robinson			●	
	Chalet au Camping Robinson			●	
18 ST MARTIN D AUXIGNY	Camping Municipal de la Salle	●			●
18 VILLENEUVE SUR CHER	Camping Intercom. La Noue de l'Anse			●	
21 CHATILLON SUR SEINE	Camping Louis Rigoly	●			
21 NOLAY	Camping Labruyère	●			●
24 MENESPLET	Campgîte	●	●	●	●
28 FONTAINE SIMON	Camping Municipal de Fontaine Simon	●			●
28 VERT EN DROUAIS	Camping Les Etangs de Marsalin	●		●	
30 ALLEGRE LES FUMADES	Camping Château de Boisson			●	●
30 BOISSET ET GAUJAC	Camping Domaine de Gaujac	●	●	●	●
30 REMOULINS	Camping la Sousta	●		●	●
30 ST JEAN DE CEYRARGUES	Camping Les Vistes	●		●	●
30 ST JEAN DU GARD	Camping des Sources	●	●	●	●
30 ST QUENTIN LA POTERIE	Camping Le Moulin Neuf	●		●	●
30 VALLERAUGUE	Camping La Corconne			●	●
33 CARCANS MAUBUISSON	Camping de Maubuisson	●			
33 LE TEICH	Camping Ker Helen (piscine non accessible)	●			
34 LE CAP D AGDE	Camping La Mer	●			
35 SAINT-BRIAC-SUR-MER	Camping Emeraude	●	●	●	●
41 CHEVERNY	Camping les Saules	●		●	
41 MAREUIL SUR CHER	Camping du Port			●	
41 MENNETOU SUR CHER	Camping Val Rose		●	●	●
41 ONZAIN	Camping de Dugny	●		●	
	Camping municipal d'Onzain	●	●	●	●
41 SALBRIS	Camping de Sologne	●		●	
41 SEILLAC	Camping de Prunay	●		●	
43 BLESLE	Camping Municipal La Bessière	●			

Adresse	Nom de la structure	Moteur	Visuel	Auditif	Mental
44 MONTBERT	Camping rural Les Relais des Garennes	●		●	●
45 BEAULIEU SUR LOIRE	Camping de Beaulieu sur Loire			●	●
45 CHUELLES	Camping de Chuelles				●
45 ISDES	Camping les Prés Bas			●	
45 ST BENOIT SUR LOIRE	Camping du Port			●	●
45 ST JEAN DE LA RUELLE	Camping G. Marchand	●	●	●	●
45 TIGY	Camping le Petit Forcelles				●
45 VIEILLES MAISONS SUR JOUDRY	Camping de l'Etang des Bois			●	●
45 VITRY AUX LOGES	Camping de l'Etang de la Vallée			●	●
52 VILLEGUSIEN LE LAC	Camping du Lac	●	●	●	●
56 PONT-SCORFF	Camping Entre Mer et Terre			●	●
57 BAERENTHAL	Camping Ramstein			●	●
57 BURTONCOURT	Camping La Croix du Bois Sacker	●		●	●
59 ARLEUX	Camping Municipal d'Arleux	●			
62 LICQUES	Camping Pommier des 3 pays	●			●
64 HENDAYE	Camping ESKUALDUNA	●	●	●	●
64 URT	Camping Etche Zahar	●	●	●	●
66 ARGELES SUR MER	Camping Le Soleil	●	●	●	●
66 SAINT CYPRIEN	Camping Le Cala Gogo	●	●	●	●
67 NATZWILLER	Camping La Basse du Maçon	●			
67 OBERNAI	Camping Municipal le Vallon de l'Ehn	●	●	●	●
68 BIESHEIM	Camping Ile du Rhin	●			
68 GEISHOUSE	Camping Relais du Grand Ballon				●
68 ISSENHEIM	Camping le Florival	●			
68 MULHOUSE	Camping de l'Ill	●			
68 STE MARIE AUX MINES	Camping les Reflets du Val d'Argent				●
71 BOURBON LANCY	Camping St Prix	●		●	
71 DOMPIERRE LES ORMES	Village des Meuniers (Camping)	●		●	●
71 DOMPIERRE LES ORMES	Village des Meuniers (Chalets)	●	●	●	●
71 MATOUR	Camping Municipal	●		●	●
	Camping Municipal - H.L.L (Châlet)	●			●
77 GRETZ SUR LOING	Camping Les Prés	●	●	●	
81 GAILLAC	Camping Les Sources Gaillac	●			●
85 LES EPESSES	Camping La Breteche	●			●
86 MONTMORILLON	Camping de l'Allochon		●	●	●
86 SOMMIERES DU CLAIN	Camping les Aulnes	●			●
89 SAINT SAUVEUR	Camping Les Joumiers	●			
89 TONNERRE	Camping Municipal de la Cascade	●			
89 VINCELLES	Camping Les Cériselles	●			
90 BELFORT	Camping l'Etang des Forges				●
91 SAINT CHERON	Héliomonde			●	

LE STATIONNEMENT DANS LES VILLES

A la demande de la Fédération Française de Camping et de Caravaning, de nombreuses cités accueillantes acceptent de faciliter le stationnement des caravanes et des camping-cars pour une durée limitée mais suffisante pour effectuer des achats ou visiter la ville.

01 AIN

GEX Parking pl. du Jura gratuit (avec disque de stationnement) limité de 9 à 19H, illimité de 19H à 9H.

NANTUA Esplanade du lac. Accès par bordure RD 1084. 150 E. Aire de pique-nique au bord du lac. 20 E. Stationnement prolongé interdit. Tarif pour un stationnement d'une nuit : 4 €. (Tarif 2007). Borne de services, à proximité aire de pique-nique, gratuite. Taxe de séjour : 0,20 €/personne en 2007. Possibilité d'accueil des CC aux mêmes conditions, sur une aire aménagée du terrain de camping municipal.

PONT DE VEYLE Parking sablé, rue de la Poste, Point d'eau, Proximité Office de Tourisme, Commerces, Parc.

ST ETIENNE DU BOIS Parking salle des fêtes, RN 83, au Nord du village, + Parking Centre Commercial, RN 83, au Nord du village, face salle des fêtes + pl. de l'Eglise, pl. du Cimetière (sauf en cas d'office religieux), places voitures disponibles, éclairage nocturne, point d'eau + wc vers l'église, commerces et services à proximité.

VILLARS-LES-DOMBES pl. Jean St-Cyr, parkings av. des Nations, en face des terrains de tennis (24 H maximum selon AM). pl. de la résistance.

02 AISNE

SOISSONS Halte fluviale, centre ville. Bornes services camping-car, au bord de l'Aisne (renseignements auprès de l'office municipal de tourisme : 03.23.53.17.37).

VILLIERS COTTERETS Parking Château François 1er, pl. A. Briand, 3 E. Accès par la RN 2, prendre la sortie vivières et direction centre-ville.

03 ALLIER

BOURBON L'ARCHAMBAULT Parking Jean Bignon. Limité à 24H. 5 E.

GANNAT pl. St-James 5 E. Accès route de Clermont. Champs de Foire, rue des Frères Degand. 15 E. Accès déviation poids lourds. Pour camping-car : terrain municipal Le Mont Libre. La borne service est gratuite pour les camping-cars qui séjournent sur le terrain.

LAPALISSE Borne multi services type Eurorelais. pl. Jean Moulin. Fourniture eau potable 100 l et électricité vidange eaux usées WC portables et WC fixés, poubelles. En centre-ville, suivre direction services techniques. Borne à jetons 3,50 € l'unité. Tous les jours.

LE DONJON pl. du Champ de Foire.

LE MONTET Plan de Foire, 12 E. Accès RD945

TRONGET pl. de l'Eglise ou pl. de la Salle Municipale Robert Déternes (rue du stade)

04 ALPES-DE-HAUTE-PROVENCE

ANNOT Aire de service de Pré-Martin, 20 E., accès Route de Colle-basse, durée illimitée, vidange eaux usées et WC, eau potable. Destinée uniquement aux camping-cars.

CASTELLANE Tous parkings (hormis pl. Sauvaire, pl. de l'Eglise et parking de la piscine) de 8H à 18H. Pour la nuit : parking de la Boudousque (150m du centre ville) 45 E. réservés camping-cars = 5 € avec services gratuits : point d'eau et vidange. Accès sortie de Castellane, Route de Grasse, Sous le Roc.

GREOUX LES BAINS Parking de la Salle de l'Etoile, av. Pierre Brossolette, 15 E.

SISTERON Parking de la porte Dauphiné, 25 E. Accès sortie Sisteron (Nord) après le tunnel (borne Flot Bleu).

ST ANDRE LES ALPES Parking des Ferrailles, Grande Rue, équipé d'une borne multi services, est autorisé 24H sur 24H. 40 E. Accès : au parking à partir du giratoire GamVert. Signalisation fléchée à l'entrée du village, côté Digne-les-Bains et côté Nice. Sur tous les autres parkings le stationnement n'est autorisé que de 7H à 22H. Le stationnement des camping-cars est interdit de nuit en bordure du Lac de Castillon.

STE CROIX DE VERDON Fond de l'allée Elie Giraud. 27 E. Accès obligatoire par la descente menant au bord du lac et interdit dans le village. Tarif 2007 : 6 €. Du 01/04 au 15/10 par camping-car et par nuit, limité à 2 nuits consécutives.

05 HAUTES-ALPES

ASPRES SUR BUECH av. de la Gare (sauf le dernier WE de juillet) avec point d'eau et WC, accès depuis la RD1075, centre village, et pl. des Aires (WC en été), accès depuis la route de Valence, entrée du village.

BRIANÇON Parking 24 heures, deux bornes aire de service. Accès suivre parc des sports.

CHORGES pl. Champ de Foire, 30 E.

GAP Parking Dumont, av. Commandant Dumont. Venant du Col Bayard, l'entrée du parking se situant sur la gauche, il faut aller tourner au rond point suivant afin de revenir sur l'axe montant en direction du Col Bayard pour tourner à droite sans danger.

ORCIERES Parking de 25 E. avec point d'eau, WC, évacuation des eaux usées, électricité : payant (renseignements à l'Office de Tourisme : 04.92.55.89.89). Accès direction Orcières, prendre Grenoble en venant de Gap puis à Orcières direction Merlette. Signalisation spécifique sur la station. Accès uniquement camping car, caravanes interdites en raison de l'altitude.

SAVINES LE LAC Route du Sauze, av. du Faubourg, 28 E., accès dans le village prendre direction Barcelonette. Point de vidange et eau potable. Stationnement limité à 24H.

ST JEAN ST NICOLAS Parking avec aire de vidange, derrière la Poste. Accès signalé : après la traversée de Pont du Fossé sur la RD944 (à droite).

06 ALPES-MARITIMES

CAGNES SUR MER Sur la voierie communale, hors le bord de mer et le centre historique Médiéval (Haut de Cagnes).

MANDELIEU LA NAPOULE Stationnement y est autorisé sur toute la commune de 8 H à 22 H mais réglementé de 22 H à 8 H par AM n°552 du 26/07/02, sur les points suivants : bord de mer, RN98, RN7, Bd des Ecureuils, Av. des Anciens Combattants, Av. de la Mer et parc de stationnement.

07 ARDECHE

LE CHEYLARD Zone commerciale de la Palisse, parking de la Guinguette (centre-ville). Accès centre-ville. Panneaux indicateurs. Inondable par fortes crues (rivière : La Dorne).

LES VANS Parking Vivans, 5 campings-cars maxi. Accès par la D901 en venant d'Alès ou depuis la D104a, en provenance d'Aubenas. Signalisation = Cinéma Vivans.

PRIVAS Parking du Tram, situé à 150 m du centre-ville équipé d'une borne camping-car avec point d'eau potable et de vidange.

ST AGREVE Borne pl. des Cévennes-Infos pl. du Marché. Eau potable, életricité, évacuation eaux usées, jetons à l'Office de tourisme 2 €/jeton. Borne centre-ville.

TOURNON SUR RHONE Parking quai Farconnet, 2 E. Centre-ville Accès RN 86.

VALLON PONT D'ARC Tout près du centre ville, 27 E. aménagés, vidange toutes eaux, remplissage de réserve d'eau, poubelles. Accès déviation Sud Est, fléchage à l'entrée de Vallon. Campings cars uniquement, 2 nuits maxi.

VALS LES BAINS Parking de la Volane, 20 E., accès par le boulevard de Vernier, Pont de la Mairie, rampe d'accès parking de la Volane. Stationnement autorisé pour 48H maxi.

VIVIERS Aire pour camping-car : Port de Viviers Bois du port, 12 E. Accès chemin de l'Ile (à droite après le pont du Rhône), eau, edf, ombragé, lavage (machine à laver le linge).

08 ARDENNES

CHARLEVILLE MEZIERE Aire camping-cars, Rue des Paquis, port fluvial, 8 E. Suivre panneaux camping l'aire est située juste à côté.

GRANDPRE pl. René Bouré du 1er Octobre au 31 Mars.

09 ARIEGE

LAVELANET Parking du Foirail, pl. du 19 Mars 1962, pl. de la République et pl. Aristide Briand.

LE MAS D'AZIL pl. du fond de la Ville. 10 E. Accès par RN 119 en venant de Toulouse Pamiers, St Girons ou de Foix.

PAMIERS Parking Stade Balunou, chemin de Bourges, 4 E. Accès autoroute A66, sortie 3 pamiers nord, N20, rond-point 1ère sortie Pamiers D624, av. de Toulouse. Stationnment limité à 24H, proximité du parc nautique.

SAINT CROIX VOLVESTRE Stationnement pour la nuit et la journée, près du stade municipal (route de Cazeus) avec une borne pour vidange et remplissage en eau potable gratuite.

SEIX Pl. de l'Allée 4 E. sur la contre-voie desservant La Poste.

10 AUBE

ARCIS SUR AUBE Pl. du Château, 100 E. VL.

BRIENNE LE CHATEAU Pl. de la Gare, 5 petits empl. et 5 grands. Accès prendre la Gare SNCF.

11 AUDE

CARCASSONNE 80 E., au pied de la cité médiévale, avec aire de remplissage et de vidange, wc. Tarif forfaitaire 10 €/24H. Accès par rocade ou ville, direction Cité.

FLEURY D'AUDE Aire de camping-cars 80 E. signalés et parking gratuit de 9 H à 17 H pour les camping-cars uniquement. Bornes fermés de novembre à fin mars.

GRUISSAN A l'entrée de la station, les parkings du nouveau port sont accessibles aux camping-cars (attention aux gabarits trop grands). Le stationnement au village devant le Palais des Congrès est interdit. Le stationnement de nuit et de longue durée est réglementé se renseigner auprès de la Police Municipale et de la Mairie (04.68.75.21.35).

LEUCATE Aire de stationnement (aménagement eau et vidange) pour camping-car à Leucate-Plage, 150 E. Accès CD627 direction Leucate Plage.

LEZIGNAN CORBIERES Square Marcellin Albert, 25 E. Centre ville, à proximité hôtel de ville et jardin Victor Hugo.

LIMOUX Esplanade François Mitterrand près de la borne Cathare. 3 E.

NARBONNE Parking de la Narbonnette, av. Maître Hubert Marly (à côté de la F.F. Rugby), 38 E., tarif 2007 : 7 €/jour. Accès autoroute A9, sortie péage Est. Pour Narbonne Plage, Aire de camping-cars Créneau Naturel, route de Gruissan (RD332 - Face à Aquajet), 100 E. Accès autoroute A9, sortie Est direction Les plages, tarif 2007 : 7 €/jour.

NARBONNE-PLAGE Parking du Créneau Naturel. Aire d'accueil pour camping-cars, surveillée la journée, avec vidange et sanitaires = prix 2006 : 7 €/nuit (24 H.). Accès Autoroute A9 sortie Narbonne Est et direction Les Plages (fléchage) situé face à l'Aquajet à 1 Km de l'entrée de la station.

PORT LA NOUVELLE Aire de stationnement des camping-cars avec borne, vidange, alimentation au chemin des vignes 80 E. Station de ravitaillement (alimentation+vidange) devant le camping municipal du Golfe = 2 €.

QUILLAN pl. de la Gare, Bd Charles de Gaulle, 10 E. Accès D117, face à la Maison du Tourisme. Point service (eau potable, vidange des eaux usées) 2 €/la prestation. Achat des jetons à la Maison du Tourisme et aux cafés le terminus et de la gare.

12 AVEYRON

CAPDENAC GARE Aucune interdiction de stationner sur la commune (réglementation du Code de la route).

DECAZEVILLE pl. de la Vitarelle (5+5 E.) Accès RD 840 et pl. Decazes seulement pour les camping-cars avec WC à proximité (10 E.) accès par centre-ville

ESTAING Chaussée du Moulin d'Olt (impasse peu adaptée aux camping-cars) et pl. du Foirail, 20 E.

LAGUIOLE Aucune interdiction sur la commune. Accès Pl. du Nouveau Foirail en saison (juillet et août) ou Pl. de l'Ancien Foirail (Pl. du taureau) toute l'année. Aire de vidange à l'extérieur du camping municipal (suivre direction Aubrac, à droite en sortant du village, suivre direction du camping).

NANT Allée Chaude, Allée Jeanne d'Arc et Parking de la Piscine. Les camping-cars sont autorisés a y passer une nuit. Facile d'accès, tout près des commerces.

NAUCELLE pl. du Ségala, 4 E. Accès : bd Eugène Viala. Aire de services gratuite (vidange, point d'eau).

RIVIERE SUR TARN Parking de la Vierge 3 E. situé à 100m de l'Office de Tourisme. Stationnement possible entre le 15/09 et le 15/06 pour faire des achats ou visiter.

SAINT GENIEZ D'OLT Parking av. de la Gare. 10 E.

SALLES CURAN VILLEFRANQUETTE Aire de stationnement de Villefranquette (anse du lac de Pareloup), 40 E., Rte des Vernhes. A proximité du bourg de Salles-Curan.

VILLEFRANCHE DE ROUERGUE Parking des Ruelles. 3 E. (Bd de Gaulle). Quai du Temple (au bord de l'Aveyron) 2 E. Possibilité de s'arrêter pour la nuit. Aire de services (eau, égout) à côté du camping municipal du Rouergue Le Teulel.

13 BOUCHES-DU-RHONE

LA CIOTAT Le stationnement des autocaravanes et caravanes est autorisé à l'intérieur de l'agglomération sur toutes les voies publiques, à l'exception des voies de bord de mer : av. Wilson, av. F.-Roosevelt, bd Beaurivage, av. de St Jean, av. des Vieux Moulins et av. Bellon, et ce pour une durée maximum de 24H. Interdit sur tous les parcs de stationnement publics.

LA ROQUE D'ANTHERON Parkings publics, de la poste et de la Fenière.

MARTIGUES Port de Carro. De Martigues suivre direction Couronne Carro. Aire de vidange + eau sur place. Tarif = 6 € par jour. Ouvert toute l'année. Carte d'abonnement de 5 entrées = 20 €.

SALIN DE GIRAUD Rue de la Bouvino. 30 E. Accès : En arrivant à Salin de Giraud prendre le bd de la gare et la rue de Bouvino. L'aire est fermée du 1er au 15/04, signalisation partout dans le village.

ST MARTIN DE CRAU Sur la pl. François Mitterrand à proximité des WC publics. Existence d'un point d'eau.

ST REMY DE PROVENCE Les camping-cars peuvent stationner quelques heures sur les parkings de la ville.

14 CALVADOS

BAYEUX pl. Gauquelin-Despallières avec borne de nettoyage et de vidange.

HONFLEUR Terre plein de la jetée de l'Est, 80 E. Accès cours Jean de Vienne, Pont Villey. Aire de stationnement gardée de 14H à 21H et de 7H à 14H.

MERVILLE FRANCEVILLE PLAGE Halte uniquement camping-cars Bel Wattier, 6 E.

PONT L'EVEQUE pl. Foch, sauf lundi matin. Accès RD 675. 30 E. non équipés.

15 CANTAL

AURILLAC En bordure du Cours d'Angoulême et à proximité des commerces, 10 E. Bornes distributrices en eau et électricité (3,5 €). Jetons en vente à l'Office de Tourisme, au Restaurant le pont rouge et à l'épicerie Vival.

CHAUDES AIGUES Parking Beauredon avec borne, direction St Chély d'Apcher.

MURAT pl. du Foirail (5 E.), pl. du 19 Mars 1962 (3 E. borne), Rue d'Olonne sur Mer (10 E.), Stade J. Jambon (5 E.).

PLEAUX Parc des Auzerals et pl. d'Empeyssine.

VIC SUR CERE Aire avec borne de 10 E. Près du camping, après l'écomarché.

16 CHARENTE

AIGRE Aire de camping-car Les Charmilles, rue des Charrieres

MANSLE Camping le Champion. Borne relais CC à l'extérieur mais pas d'empl. spécifiques réservés, empl. simples.

MERIGNAC Le Mas de la rante, 10 E. près de l'échangeur à Bourras RN141, voir panneaux de signalisation.

RUFFEC pl. de l'Eglise, 10 E. Accès par la rue de l'Abreuvoir, suivre la signalétique Eglise ST André. Parking ombragé à deux pas du centre ville.

17 CHARENTE-MARITIME

AULNAY Aire de camping-car, route de Saint Mandé, parking de Charles de Gaulle, 10 E. Accès par centre-ville.

CHATELAILLON PLAGE Parkings du port et du terrain de boules 10+10 E. Limités à 24H.

FOURAS pl. Jean Moulin (Av. Ph. Jannet, 12 E.), av. du Cadoret (entrée du Fungolf, 8 E.) et Parking Blanc (Av. du 11/11, 20 E.). Accès en suivant fléchage. Stationnement prolongé payant : 6 € par tranche de 24H.

LA ROCHELLE Parkings avec plates formes de services (vidange et eau) : de l'Esplanade, Relais Jean Moulin et les parkings de l'Hôpital et Notre-Dame.

LA TREMBLADE Aire de stationnement pour camping-cars, rue de la Résinerie (fléchage), 5 € la nuit.

LE CHATEAU D'OLERON La journée, parking Bd Thiers. Jour et nuit, parking du Stade avec 26 E. Interdit toute l'année de stationner jour et nuit au Port et à la Citadelle.

LES MATHES Le stationnement nocturne (de 22H à 6H) des camping-cars est interdit sur tout le territoire communal en dehors de l'aire de stationnement payante du Corsaire (88 E.) située av. de l'Atlantique à La Palmyre (6 €/24H/carte bleue). Hors saison, les camping-cars peuvent également stationner sur le parking du Boulevard de la plage (6€/24H) interdit Juillet et août, nuit et jour car réservé aux voitures. Aire de service, av. de l'Atlantique = eau 4 €, électricité 2 €, vidange gratuite (carte bleue et jetons). Aire de service, rue Henri Erable aux Mathe le stationnement nocturney est interdit = eau 4 € et vidange gratuite (carte bleue et jetons). Les jetons sont en vente à la Mairie des Mathes et l'Office du Tourisme de La Palmyre. Pour tous renseignements s'adresser à l'office de tourisme 05.46.22.41.07.

MARENNES Pl. Brassens (borne sanitaire) utilisation du parking public. Parking du Ctre Leclerc avec borne sanitaire.

MESCHERS SUR GIRONDE Aire payante (6 € les 24H - horodateur) située vers le port, 10 E. accès par la route des salines.

NEUVICQ MONTGUYON pl. de la Salle des Fêtes, 3 E.

ROCHEFORT Aire de stationnement de la Vieille Forme, port de plaisance (en face le port à sec, derrière la Poudrière), 12 E. Suivre Port de plaisance, à 100 m de l'aire de service.

SAINTES Borne de puisage : parking Geoffroy Martel, gratuit et sans limitation de temps. A compter de mars 2008, déplacement de la borne sur le parking du camping, rue de Courbiac, avec monneyeur et limité à 1 nuit.

SAUJON Création d'une aire de services artisanale ainsi que 10 E. de stationnement Route des Ecluses = Port de Ribérou. Parking La Lande, 3 E. Accès direction piscine. Parking Jean Jaurès, 3 E. près de la gendarmerie. Ces E. sont réservés aux camping-cars.

ST DENIS D'OLERON De 7H à 23H : Parking du Moulin Neuf et Parking Fel dans le bourg (peu de places le matin, très libre l'après-midi). Parking sur site touristique du phare de Chassiron (très vaste parking de délestage). Stationnement interdit sur site touristique de Chassiron et sur les parkings urbains de 23H à 7H.

ST PALAIS SUR MER Parkings publics gratuits et ouverts à tous véhicules, la plupart sont accessibles aux véhicules de plus de 2,5 m de hauteur.

18 CHER

BELLEVILLE SUR LOIRE Parking de l'Office de Tourisme, accès route de Beaulieu, Route de Sancerre + parking de la Maison de Loire, accès route de La Loire CD82.

CULAN pl. du Champ de Foire : aire de service municipale près de office du tourisme (sanitaires et douches), (eau, électricité, vidange : 1,50 €).

NERONDES pl. de l'église. Accès par la rue du Lavoir, par la RD 976. Aire de pique-nique, plan d'eau, tennis, parcours de santé. Tous commerces + médecins + pharmacien. Office de Tourisme en mairie. Aire de vidange.

SAINT AMAND MONTROND Aire de service pour camping cars et Camping Municipal : Quai Lutin par av Mal Foch ou rue Benjamin Constant (N 144). 2 E. suivre Montluçon N144.

SANCERRE Remparts des Dames. 10 E.

19 CORREZE

MARCILLAC LA CROISILLE Parking du Puy Nachet (Route du Puy Nachet ou Promenade du Lac). Borne Euro Relais gratuite.

TREIGNAC Parking pl. des Pénitents (durée limitée pour faire les achats ou visiter la ville). Parking des rivières : aire pour camping-car (en bordure de la Vézère).

UZERCHE Village étape pl. de la Petite Gare. 20 E. gratuits, vidange et prise d'eau potable. Accès par av. du Général de Gaulle, pont Turgot et Rue Paul Langevin.

VIGEOIS pl. du Champ de Foire. Autoroute A20, sortie 45, puis RD 3, centre bourg.

21 COTE-D'OR

BEAUNE Parking Charles de Gaulle (500 m. du centre-ville), aire de service pour camping-cars 6 E. 24H/24 avec automate distributeur de jetons par CB. Borne vidange, eaux grises, distribution eau potable et borne électrique.

CHATILLON SUR SEINE Parking de l'ancien hôpital ou parking du Cours l'Abbé, gratuit. Accès par la rue de la Libération.

LAIGNES Terrain aménagé pour camping-cars. Borne : eau, électricité vidanges gratuites entre 2 bras de la rivière (limité 24H).

NOLAY pl. de la Mairie, de 3 à 5 E, toute l'année. A 250 m, borne de vidange avec jetons de 2 E. Remplissage eau potable et branchement électrique maxi. 25 Amp.

NUITS SAINT GEORGES Champ de foire, rue de Cussigny, 10 E. Accès RD974 et av. de Chamberland.

POUILLY EN AUXOIS La journée, jusqu'à 19H : parking du champ de foire. De 19H à 6H obligatoirement sur l'aire de service près du camping.

22 COTES-D'ARMOR

ERQUY Aire d'accueil municipale pour les camping-cars située av. de Caroual-Caroual Plage. 60 E. Horodateur installé du 15/03 au 15/11 : 4 € pour 24H de stationnement. Ticket à apposer derrière le pare brise des véhicules. Borne eau/électricité sur aire à 2 €, vidange gratuite. Accès CD786, route de Pléneuf Val André.

GUINGAMP pl. du Vally, sauf vendredi matin en raison du marché hebdomadaire et en cas d'accueil de cirques. Depuis novembre 2007, aire de vidange et d'approvisionnement en eau potable - gratuit - mais innaccessible le vendredi matin.

PAIMPOL Aires fléchées aux entrées de la ville, au Champ de foire équipée d'une borne et équipée d'une station de lavage (15 E.) et à 50 m Aire Rue Pierre Loti (20 E.).

PERROS GUIREC Parking de la France libre, 5 E. gratuits, stationnement limité à 48 H. Stationnement permanent interdit sur le front de mer. Stationnement interdit de 19H à 9H sur l'ensemble de la commune sauf sur le parking de la France Libre.

PLOUARET Rue du Général de Gaulle, 3 E. Accès CD n°11 (Plouaret-RN12).

PLOUBALAY Parking près du rond point de la gare. 5 E. Accès par rond point Lancieux.

ST CAST LE GUILDO Pour une nuit maximum : Pointe de St Cast 18 E. (au dessus du port) et Pointe du Bay 26 E. (vue sur mer). Borne vidange, eau, électricité : Rue de la Bataille (près de la piscine).

23 CREUSE

BOURGANEUF Places de l'Etang et du Champ de Foire 6 E. non délimités. Aire de service et de stationnement pour camping-cars (eau potable et vidange eaux usées) située pl. du champ de foire (limitée à 48H et interdit du mardi 21H au mercredi 13H).

LA SOUTERRAINE pl. Amédée Lefaure (face au Lycée Raymond Loewy, 3-4 E.

MARSAC Accès CD42 et entrée Stade terrain possèdant une aire de vidange avec point d'eau pour camping-cars. Parkings : pl. H. Montenant, Centre Commercial.

24 DORDOGNE

BERGERAC Quai Albert Garrigat : Aire de service pour camping cars avec fourniture d'eau potable et vidange de toutes eaux usées. Accès gratuit et ouvert toute l'année, située en ville, en bordure de la rivière Dordogne, proche de la RN 21. A proximité : 5 E. stationnement réservé pour 24H, gratuit.

CADOUIN 2e parking, route de Molières, 5 E. Réservés aux camping-cars.

LALINDE Pl. de la Gare, Av. du Gal Leclerc, 8 E. camping-cars uniquement. Accès par le Bourg de Lalinde depuis Sarlat ou Bergerac. Aire gratuite.

LE BUISSON DE CADOUIN pl. de la Liberté, sauf vendredi de 7H à 15H (mais pas de borne).

MONTIGNAC 12 E. aire équipée, stade de Bleufond, à proximité du centre-ville et des commerces.

NONTRON pl. du champ de Foire, pl. paul Bert. Parking équipé pour les camping-cars, parking privé Super U.

PERIGUEUX Quai de l'Isle 25 E. camping-cars. Une aire de service est signalée à proximité, Rue de l'Ancienne Préfecture. Aire utilisable de mai à novembre.

RIBERAC pl. Pradeau : sous l'alignement d'arbres longeant le jardin public. 4 E. Accès : centre ville, parking gratuit. Stationnement interdit tous les vendredi entre 0 H et 15 H. (Marché). Aire de service sur le parking desservant le Camping Municipal en bordure de Dronne. (accès gratuit hors période d'ouverture du camping du 1er juin au 15 septembre) 4 E. Sortie Nord de Ribérac par CD 708, direction Angoulême. Panneaux aux entrées de ville en provenance de Périgueux (CD710), de Bordeaux (CD 708), et de Bergerac (CD 709), suivre Angoulême. Dispose d'un équipement pour vidange des sanitaires, point d'eau, poubelles, ordures ménagères et tri sélectif. Accès gratuit limité à 48H.

SARLAT pl. Flandres/Dunkerque, av. du Gal de Gaulle. Environ 30 E. Stationnement temporaire uniquement. Emplacement payant, 2 H gratuite pour vidange. Aire de services à disposition. Accès entrée Nord de la Vieille Ville.

THENON pl. de la Mairie. 3 ou 4 E.

VILLEFRANCHE DU PERIGORD Près du Plan d'eau, une zone avec un point d'eau et des WC.

25 DOUBS

BESANÇON Parking gratuit de Chamars, bd de Gaulle et parkings payants de la ville. Aire d'accueil au camping FFCC de la Plage à Chalezeule Besançon.

MONTBELIARD Champ de Foire, parking vers capitainerie. Bornes eau, électricité, accessible 24H/24, le jeton = 1,60 €.

MORTEAU Parking du champ de foire (sauf premier mardi de chaque mois et semaine du 14 juillet). 30 E Parking de la rue du collège. 30 E.

ORNANS Parking du Parc Gervais, Parking de la Corvée, à 150 mètres du centre ville.

PONTARLIER Stationnement autorisé sur tous les parkings de la ville (48H maximum) sauf période hivernale où la circulation et le stationnement sont interdits sur les parkings en zone bleue de 22 H à 7H pour le déneigement.

26 DROME

CHATILLON EN DIOIS Champ de foire, 15 E. Accès arrivée de Die, direction village médiéval, mairie, temple, église.

CREST Aire située Pl. du Champ de Mars, à 5 mn. (à pieds) du centre-ville historique. Point bleu (vidange, électricité et prise d'eau) 3,41 €/ 24H paiement espèces ou chèque (placier).

DIE Parking de Meyrosse, limité pour achats et visites. Présence d'une borne de vidange et d'eau potable accessible à l'entrée du camping municipal (jetons à l'Office du Tourisme). Aire de stationnement à la nuit, journée, pendant la période d'ouverture du camping municipal.

NYONS Promenade de la Digue, à côté parc de loisirs aquatiques Nyonsoleïado. L'aire de stationnement et de services est limitée à 48H. de stationnement et réservée aux campings cars. Ouverte toute l'année. Tarifs : 4 €/24H. et 7 €/48H paiement par carte bancaire uniquement.

ROMANS SUR ISERE Parking quai Chanoine J.-Chevalier, 100 E. non spécifique, accès côte des Masses, Fg de Clérieux.

27 EURE

BERNAY pl. Lobrot, Parking face à la Sécurité Sociale. Rue Guillaume de la Tremblaye. Boulevard Dubus.

LES ANDELYS Stationnement autorisé sauf sur les bords de Seine du petit Andely.

PONT AUDEMER Gare SNCF,- Derrière le théâtre selon les horaires autorisés, Le long des quais de la Risle et Rue des Déportés, 30 à 50 E. Accès gare SNCF : D139, pour les autres sites RN675/D810. Aire de stationnement pour CC à Campigny (27500) par la D29.

28 EURE-ET-LOIR

CLOYES SUR LE LOIR Aire pour camping-cars (vidanges eaux usées et WC chimique-eau potable-électricité) 2 €, proche des commerces. Sortie sud de Cloyes, direction Vendôme.

DREUX 18 parkings ouverts à tous ainsi que dans les rues.

29 FINISTERE

CAMARET SUR MER Rue de la Gare (près du supermarché), gratuit, 10 E., avec borne service (2 €). Aire camping-cars 70E. 4 € du 01/04 au 31/10, ensuite gratuite, avec une borne service à 2 €.

CARANTEC Le jour : Sur tous les stationnements publics, sauf Rue et pl. du Port. La nuit : autorisés uniquement : Kerrot = aire de service équipée et payante (2 €/jeton en vente dans différents lieux dont l'Office de Tourisme = 02 98 67 00 43), limitée à 48H, Pen Al Lann : à droite, après les tennis, aire de pique-nique, Au Kelenn : entre la base nautique et la salle polyvalente, Au Clouët : Pace à la plage et la rade, Au Roch Glaz : face à la carrière et devant la rade de Morlaix

LANDERNEAU Aire de service parking du Mille Club, rue du Calvaire, 8 E. Borne type Euro-relais avec monnayeur 2 €.

LANDIVISIAU Parking près du rond-point Bad Sooden Allendorf, 10 E., accès par RN12 (voie express) sortie Landivisiau Ouest puis suivre la signalisation. Borne artisanale, stationnement nocturne gratuit, aire communale.

MORLAIX Aire de service signalée, rue de Brest

NEVEZ Huit lieux : 7 sites de stationnement : plages de Dourveil, cale de Raguenes, plage de Tahiti, plage de Rospico, plage de St Nicolas, Parkings de Kerascoet et de la Mairie ainsi qu'une aire de service au Stade (borne eau, électricité, tarifs 2 €) = 74 E.

PLOUDALMEZEAU 3 E. faciles d'accès, proximité commerces, au centre bourg + parking des grandes surfaces en périphérie.

PONT L'ABBE pl. de la Madeleine. E. libres. Centre ville direction Centre Culturel Le Triskell. Plus une borne CC à environ 200 m prés de la caserne des pompiers. Emplacement situé quasiment au centre ville.

QUIMPERLE Sortie Quimperlé centre : pl. du Bel Air et pl. St Michel. Sortie Quimperlé Est : pl. du Barzaz Breizh, pl. Anciennes Fonderies Rivière et Aire de service gratuite, Rue du Viaduc. Sortie Quimperlé Kervidannou : ZA Com. Leclerc.

ROSCOFF Aires de Sainte Barbe (50 E.) accès route du Carferry et du Laber (20 E.) accès route du Laber, direction Perharidy. Panneaux de signalisation et de bienvenue. Sur les deux aires borne eau potable et vidange eaux usées. Stationnement des camping-cars interdit en agglomération de 21H à 9H.

ROSPORDEN pl. du 8 mai, 10 E.

TAULE pl. jean coat-Penzé, 2 E. Accès sur l'axe Morlaix St-Pol, prendre la sortie Taulé-Penzé.

TREGUNC Steir-Greic'h et Pouldohan (5 E.), Kerlaeron (6 E.), don-Kersidan (8 E.) + parking Beaujean et parking Quentel avec aire de serive communale avec borne euro Relais, 3 € paiement par carte exclusivement Quentel situé au centre ville, à 4 km de la mer et porz au Halen (10 E.) situé sur la route de Pouldohan.

30 GARD

REMOULINS Parking du Pont, sur la RN 86. 20 à 30 E. aucun aménagement spécifique, pas de sanitaire, ni eau. Aire d'accueil camping-cars aménagée borne vidange eaux usées et remplissage eau propre + électricité = 3,90 € située av. du Pont du Gard.

31 HAUTE-GARONNE

ASPET Le Pré Commun. Direction centre ville, avant la quincaillerie, tourner à droite, continuer tout droit pendant 300m.

32 GERS

MAUVEZIN pl. de la libération. pl. Foirail. Abords du lac. Rue Tourneuve.

MIRANDE av. d'Etigny et av. Batardeau (près de la borne camping-cars).

RISCLE pl. du Foirail, pl. des Arènes et Allée du camping (Point d'eau et wc à côté de chacun) et allée de 19 mars 1962 (vers tennis) WC et eau.

33 GIRONDE

ARCACHON Aire Boulevard Mestrezot, 15 E. Accès à l'entrée d'Arcachon, prendre direction Port de Pêche.

CASTILLON LA BATAILLE Proximité tous commerces rue Jean Monet. 8 E. Durée limitée à une demie-journée

LACANAU Deux aires de services pour camping-cars uniquement : Huga, 50 E. Et Montchic, 35 E.suivre la signalisation.

LE VERDON SUR MER Aire de stationnement nocturne: Allée des Baïnes 30 E. Accès : CD 1215 ou CD 1E4. Ouvert toute l'année. Services payants. Stationnement gratuit. Parking des cirques. Plage de la Chambrette.

SAINT CIERS SUR GIRONDE pl. René Cassin. Accès par la rue G Picotin ou la rue du Docteur Tragan.

SAINT SAVIN Parking du Centre Culturel, 2 E. Accès Rue Jacques Vergeron.

SAINT EMILION Aire de stationnement au camping de la Barbanne, Route de Montagne.

34 HERAULT

BEZIERS Pl. du 14 juillet et parking nouvelle poste (av. G. Clémenceau. En sortant de l'autoroute, direction centre-ville.

LA GRANDE MOTTE Toute l'année, une aire de stationnement payante est réservée aux camping-cars située Allée du Montas, dans le quartier des campings.

LODEVE Parc municipal, 25 à 30 E. Accès suivre parking du Parc après avoir suivi parking du Centre.

MONTPELLIER Parking Europa (hauteur maxi 2m50), 10 E. accès sortie n°29 de A9 accès par rue Poséidon ou rue de l'Acropole.

SAINT CHINIAN Allée Gaubert et rue de la Promenade. Accès par RD 612.

VIAS Vias-village : parking Gambetta, accès entrée sur le Bd Gambetta (périphérique village). Vias-Plage : parking de l'Office de Tourisme, accès entrée de Vias-plage, av. de la Méditerranée (à droite). La durée du stationnement est strictement limitée.

35 ILLE-ET-VILAINE

BAIN DE BRETAGNE Empl. avec borne près du camping : eaux usées, eau potable et électricité avec jeton à prendre au camping. Stat. facile : av. Guillotin de Corson (près piscine).

CANCALE Une aire de stationnement avec borne européenne existe sur le parking du supermarché Super U à La Bretonnière. La ville Ballet : Aire de stationnement récente : 110 E. (eau+vidange+électricité). Accès route panoramique de la Corniche, prendre à gauche pour la Ville Ballet et à droite au stop, L'aire est à 50 m sur la droite. Accès piétonnier direct au Port de la Houle.

COMBOURG En centre-ville et Ch. de l'Etang. Borne à jetons.

DOL DE BRETAGNE Pl. J.-Hamelin (près du Crédit Agricole, face à la poste), 20 E. Accès par le Bd Dominiac. Borne (eau potable, eaux useées, électricité) 2 € pour une utilisation.

GUIPRY Parking Rue de la Chapelle, 10 E. Direction Messac, quai des Bateliers, prendre Rue de la Chapelle. Regard de vidange, Sanitaires (douches + toilettes).

MESSAC Port de plaisance. Accès à partir de la Mairie par la Rue des Grées.

SAINT MALO Toute la commune, sauf les abords de l'intra muros, avec parking privilégié, rue Paul Féval, lors des grands événements et Juillet/Août avec liaisons gratuites par bus à l'intra muros. Aire de service camping-cars Rue Paul Féval, proche du parking.

TINTENIAC Parking de la Cour Frémur, Nombreuses places très larges. Accès rue de la Libération ou rue de la Cour Frémur, derrière le Syndicat d'Initiative. Eviter le mercredi matin (jour du marché, à proximité).

VITRE Aire de services gratuite, route d'Argentré du Plessis, dans l'enceinte du camping municipal. 02 99 74 43 53 - www.mairie-vitre.com

36 INDRE

ARGENTON SUR CREUSE Champ de Foire. 5 E. Aire de service adaptée à tous les véhicules : évacuation eaux usées, vidange eaux noires et alimentation eau propre.

BUZANÇAIS Allée de la Tête Noire, places avec des bandes blanches, le long de l'Indre. Accès par la Rue Grande suivre la direction camping de la Tête Noire.

EGUZON CHANTOME Parkings pl. de la Côtelette, pl. de la République, Rue Jean Jaurès, Foyer résidence.

LE BLANC pl. du Parc des expositions, 5 E. pour CC et 2 pour caravanes. Accès par RN951. Mise en service Avril 2008.

VALENÇAY Pl. du champ de foire, 10 E. Accès Rue Nationale.

VATAN pl. de la République.

37 INDRE-ET-LOIRE

BLERE Parking av. de l'Europe (face à la piscine et au camping) Stationnement limité à 4H.

SAINTE MAURE DE TOURAINE Espace Ronsard, 20 E. camping-cars uniquement. Accès av. Gl de Gaulle (RD 910), Rue de Loches ou Rue Dr Patry. Signalisation Aire de repos.

TOURS Parc Relais du Lac. Accès : av. de Grammont.

VOUVRAY Le Bec de Cisse, 4 E. proxi. du camping municipal.

38 ISERE

BOURGOIN JALLIEU Parking de l'espace Diéderichs, accès pl. de la République et facile.

ROUISSILLON Pour une nuit, Pl. de la République, sauf la nuit du samedi au dimanche (point d'eau et toilettes publiques).

ST MARCELLIN Parking du Champ de Mars, 5 E. et à 50 m aire de service (vidange et remplissage eaux). Accès depuis la RD 1092, rond point de l'Europe, Cours vallier, Bd Miondel.

VIZILLE pl. Henri Barbusse, sauf mardi matin (marché).

39 JURA

CHAMPAGNOLE A proximité du camping. 6 E. Borne de ravitaillement : eau, électricité, vidange : 3,50 €. Stationnement limité à une nuit Payant du 1er juin au 15 septembre (5 €).

CLAIRVAUX LES LACS Aire de camping-cars avec borne flot bleu, 6 E. route de Lons. Accès par RN 78. Ne pas vidanger dans la grille eaux pluviales située à proximité.

SAINT CLAUDE pl. du 9 avril 1944 (parking payant), pl. St-Hubert, direction Genève (parking gratuit) et une aire de service pour camping-car gratuite, pour vidange eaux usées et approvisionnement eau potable avec borne Euro Relais (avenue de la Libération) direction Oyonnax A404.

40 LANDES

AIRE SUR L'ADOUR Parc municipal, 12 E. gratuits, accès par la Rue Henri Labeyrie. Borne pour vidange uniquement pour les camping-cars.

CAPBRETON Aire de camping-cars au parking de la plage des Oceanides, 120 E. 3,5 x 8 mètres avec borne EDF par emplacement, Accès centre ville suivre le V.V.F. quartier Les Vignes. Navette gratuite centre-ville+port en juillet et août. . Tarif 2007/jour : basse saison 5,50 € - haute saison 7,50 € limité à 48 H (2 nuitées),

DAX Parking du Pont des Arènes 6 E gratuits, suivre le fléchage Arènes. Durée limitée à 72H. Points de vidange en eaux usées + desserte eau potable gratuits.

GRENADE SUR L'ADOUR Pl. du 19 mars 1962. Empl. prévu pour remplissage et vid. eaux usées. Station. limité à 24 H.

MIMIZAN Aire de l'hélistation Plage Sud = 85 E. ouvert à l'année + Aire du camping municipal Plage Nord. 32 E. en saison, direction Mimizan Plage Itinéraire fléché + Aire camping municipal du Lac 30 E. en saison direction du Lac Mimizan Bourg itinéraire fléché.

MONT DE MARSAN Stationnement nocturne autorisé et gratuit pendant 12H. Accès Etang du rond, av. de Sabres, 2 E. camping-cars. Parfois pl. des Arènes.

SEIGNOSSE Sur tous les parkings de 8H à 22H. La nuit, sur l'aire de camping-cars.

41 LOIR-ET-CHER

MENNETOU SUR CHER pl. du 11 novembre. Borne de service 2 € (eau électricité vidange).

MONTOIRE SUR LE LOIR pl. des Patis, toute l'année, 2 nuits maxi, 25 E. gratuits + borne gratuite, située à la sortie de la ville, direction Le Mans.

MONTRICHARD Parc Plage de Montrichard. Direction Loches, traverser le Cher puis Parc Plage.

ONZAIN Parking du gymnase et du Belvédère gratuits. Possibilité de vid. sur le camping municipal du 01/05 au 31/08.

ROMORANTIN LANTHENAY Parking contigu au camping Tournefeuille, 20 E. Accès D724 à suivre en quittant l'A71 Salbris.

SALBRIS Parking La Vallée, rue de l'Abreuvoir (rue en sens unique), 3 E. Accès par RN20, boulevard de la République.

42 LOIRE

BELMONT DE LA LOIRE Pl. de l'Eglise 2 E. vidange gratuits.

CHARLIEU Cité Médiévale accueil toute l'année, pl. d'Eningen (eau + wc) face à la gendarmerie,

NERONDE 4 E. au Plan d'eau Route de Bussières.

NOIRETABLE Aire d'accueil CC lieu-dit La Roche, 6 E. Prendre la direction du camping municipal.

ROANNE Port de Roanne, quai Fourcault, 10 E. équipés avec une borne eau + 2 bornes électricité. Stationnement gratuit, services payants. Suivre Roanne-Port. Centre ville à proximité.

SAINT BONNET LE CHATEAU Bd Urbain (ancien quai de la Gare), 50 E. Aire de service gratuite avec uniquement fourniture d'eau et vidange, de Pâques à La Toussaint.

SAINT ETIENNE Hyper centre : 1er étage, parking Chavanelle, 15 E. (résa : 04.77.34.04.18) accès suivre centre ville puis parking. Plage St Victor sur Loire, borne de branchement.

43 HAUTE-LOIRE

AIGUILHE Parking Rocade d'Aiguilhe à proximité du rocher St Michel, environ 20 E.

AUZON Parking Salle polyvalente 20 E., pl. de la Barreyre 10 E., pl. du Millénaire 25 E. et pl. du Chambon 10 E. Le stationnement y est autorisé de 8 H. à 20 H.

BRIOUDE Parking des remparts. 10 E. Accès RN 102. Direction Brioude Centre. pl. de la Résistance. 5 E. Proximité Maison du Saumon et de la Rivière. Vente des jetons à l'Office de tourisme, pl. Lafayette.

COUBON Parking du ré du Four, possibilité de vidange pour CC = 2€ mais interdiction d'installer chaises, tables…

LE MONASTIER SUR GAZELLE Espl. Stevenson (près église St Jean). Aire de service. Stationnement limité à 24H. 4 E.

LE VERNET pl. de l'Etang, 8 E. Par la D48 et D590 suivre : Site nordique de la Durance.

MONTFAUCON EN VELAY Parkings sans aménagement particulier : à la gare, accès par l'avenue des Grands Fossés et pl. du Ruisseau, accès par l'avenuee des Cévennes

SAUGUES pl. du Breuil, prendre la rue en face des Pompiers (aire de service gratuite). Une autre se trouve au camping municipal à 2 € et selon des horaires.

SOLIGNAC SUR LOIRE pl. de la Mairie 5 E., sauf pendant la période d'ouverture du camping du 15/06 au 15/09.

YSSINGEAUX Stationnement pour une durée limitée sur 2 parkings : pl. Ribeyre du Chambon (Chaussand) et parking Autreuil.

44 LOIRE-ATLANTIQUE

ANCENIS Parking Barrière St Pierre, face à la Halte Nautique, 3 E., Accès entrée de ville, par la N923, côté Angers.

BLAIN Aire de camping-car, 10 E. stationnement gratuit 48H. pl. Jollan de Clerville, centre-ville.

CLISSON Près du camping municipal du Moulin, Aire de service pour camping-car, 4 à 5 E. Située à proximité du centre et des commerces. Accès entrée de ville, Route de Nantes.

DERVAL Parking privé au 48 rue de Chateaubriant, 1 E. s'adresser au Super U

LE GAVRE Devant parking de l'Etang 6 E. Parking du Camping de la Forêt 2 E.

SAINT NAZAIRE Les Jaunais St Marc sur Mer (à 8 Km du centre de St Nazaire), à la sortie de St Nazaire prendre direction St Marc sur Mer puis Pornichet par route côtière. Borne Flot bleu

SAINT NICOLAS DE REDON Parking de la Digue, av J. Burel. 10 E. De Redon, en direction de Nantes Saint-Nazaire, RD 164.

VALLET Parking du Musée du Vignoble Nantais, Le Pallet 3 E. limités à 24H, accès gratuit, vidange gratuite, Eau = 1€ (jetons en vente chez les commerçants du Pallet). Accès RD 149 à la sortie de la commune Le Pallet, en direction de Clisson

45 LOIRET

BEAUGENCY Quai Dunois, 15 E. Accès RN152 et av. de Chambord.

BRIARE LE CANAL Port du commerce. Quai de Mazoyer. 5 E.

CHATEAUNEUF SUR LOIRE Parking Maurice Genevoix (face espace Florian). 6 E. pour camping cars, accès : direction Chateauneuf centre. (L'espace Florian est signalé).

GIEN 79, quai de Nice (près de la piscine municipale), route de Briare, 8 E. (+12VL) 48 heures. Evacuation eaux usées, borne avec électricité, tables pique-nique. Jeton/2 € en vente à la piscine.

MONTARGIS Rue du Grand Clos, 6 E.

ORLEANS Parking de l'Ile Charlemagne, empl. non délimités (parking voiture existant). Accès suivre jalonnement Ile Charlemagne (Sud Loire). Aire de service mise en sce fin 2007.

46 LOT

CAHORS Aire camping-car municipale au Parc-Relais St Georges gratuit. Libre service hors gel, eau potable et vidange eaux usées, vidanges WC portables et non portables, 3 E.

FIGEAC pl. du Foirail, bd Col.-Teulie. Présence d'une station de vidange pour camping-car (flot bleu). 2 € les 10 mn. Suivre Parking du Foirail.

GOURDON pl. de Foirail, 10 E.

LACAPELLE MARIVAL pl. de Laroque, 15E..

PUY L'EVEQUE Camping-cars : aire aménagée pl. du Dr Savournin, 10 E., près de la Gendarmerie, accès rue Henry Dunant, face à la Mairie. Parking et services gratuits : eau, vidanges, WC fixes, illimité. Fête du village, 2e dimanche d'août, alors parking déplacé pl. Georges Henry, proche des commerces.

ROCAMADOUR Interdiction de séjourner sur les stationnements de 23 H à 7 h. Les terrains de camping ont prévu des aménagements spécifiques au CC à des prix raisonnables.

47 LOT-ET-GARONNE

CANCON pl. Palisse ou pl. du Foirail, ouvert toute l'année et accès gratuit. Signalisation par panneaux camping-car/vidange. Accès sur RN21, prendre RD124 direction Monflanquin puis proche de la Mairie.

CASTELJALOUX Impasse de la Forêt 4 E. gratuits. + une aire de vidange uniquement pour camping-car. Accès route de St Michel de Castelnau, Impasse de la Forêt.

DURAS Aire de camping-cars, 4 E.

MARMANDE pl. du Moulin, 2 E. Accès carrefour de Lertang, Bd Cœur de Lion, pl. du Marché. Service : vidange et eau.

PENNE D'AGENAIS La Cale, pl. du 19 Mars 1962 et pl. du 8 Mai 1945. Au Bourg : Parking de Carlane et Parking de Ferracap.

48 LOZERE

CHATEAUNEUF DE RANDON pl. du Village. 3 E. Accès par RN88 depuis l'Habitarelle. Tous commerces, services publics et médicaux sur place. Pour la nuit, camping avec station de vidange, en bas du village.

FLORAC Parking de Châtemale, 50 E. limités à 2 jours, avec aire de service. Accès par la route du Causse.

ISPAGNAC Le pavillon, 6 E. prix du jeton : 3,80 € pour la borne

MARVEJOLS Esplanade Nord suivre panneau Salle Polyvalente et parking Pré de Suzon, suivre panneau à partir de la pl. du Soubeyran.

NASBINALS pl. du Foirail 10 E. Parking rte de St Urcize 10 E.

SAINT CHELY D'APCHER pl. du 8 mai 1945 (dit parking du Péchaud) avec borne CC distribution d'eau et électricité par jetons. Accès Bd Guérin d'Apcher.

SAINTE ENIMIE Parking de la Gravière, interdit de 22 H à 8H. Accès sortie rte de Florac, aménag. le long de la RD907b. Parking inondable, gratuit. Borne de remplissage et de vidange à l'extérieur du camping Couderc le long de la RD907b.

49 MAINE-ET-LOIRE

BEAUPREAU pl. du 11 Novembre. Empl. non matérialisées, tous les jours sauf le lundi, jour de marché. Accès centre ville.

BOUCHEMAINE Aire pour CC au 25 rue Chevrière, 32 E. Accès direction La Pointe/Savernière, à 100 m du bourg de Bouchemaine. Stationnement gratuit du 01/10 au 31/04 avec aire de service (vidange+eau = 0,50 € les 50 litres). Stationnement payant du 01/05 au 30/09, 7,50 €/la nuitée.

CHALONNES SUR LOIRE av. de la gare, à proximité du plan d'eau, 20 E.

CHATEAUNEUF SUR SARTHE Aire municipale à proximité du camping, 6 E. Services : vid. Eaux usées, WC, point d'eau. Stationnement payant du 01/05 au 30/09.

MONTFAUCON-MONTIGNE pl. de la Motte stationnement limité à 24 h.

MONTREUIL-BELLAY Aire de stationnement gratuite, au bord de la rivière Thouet, de 19 H à 10 H le lendemain. Borne de service accessible pour un forfait de 2€. Accès rond point, route de Thouars. Tous les autres parkings de la ville sont disponibles tout le temps.

SAUMUR A l'entrée du Bd de Verden, 1 E. À côté de la borne de vidange (eau, électricité gratuite). Accès centre-ville

VIVY pl. de l'Eglise. 10 à 15 E. RN 147 et A 85 Angers/Tours (accès à 3 km).

50 MANCHE

AVRANCHES Aire de camping-cars (point d'eau+vidange), parking arrière du Centre Culturel, bld Léon Jozeau-Marigné. Stationnement toléré : pl. Carnot Parking Valhubert.

CARENTAN Pas de stationnement CC en centre ville. Borne CC au camping Le Haut Dick (sans obligation de rester). Halte CC village Blactot, Mme HAUBOIS 06 22 56 11 79.

CHERBOURG OCTEVILLE Places et Parking autorisant les manœuvres. Pas d'aménagement particulier.

COUTANCES pl. Duhamel et pl. de la Croute, 20 E. Accès facile centre-ville.

LA HAYE DU PUITS pl. du Champ de Foire. 10 E. Point d'eau potable gratuit et vidange eaux usées.

MORTAIN pl. du château, 8 E. Accès par RD977 puis RD133. Arrêté Municipal (stationnement autorisé maximum 48H).

SAINT HILAIRE DU HARCOUET Places de l'Eglise, Saint-Blaise et Delaporte, 300-350 E. pour tous véhicules. Situés en centre-ville, près des commerces. Accès par la RD976, puis centre-ville.

SAINT-LO Aire CC, Quai Joseph Leclerc Hardy, 7 E. Suivre Gare SNCF. Borne Euro-Relais, emplacement et vidange gratuits, eau et électricité 2 € (monnaie).

ST PAIR SUR MER pl. des Loisirs, 23 E. accès de Granville par la RD911 et route de la côte. Horodateur avec pièces permettant le stationnement et prestations (5 € pour 48 H).

51 MARNE

EPERNAY Arrêt : Camping Municipal, Allées de Cumières : Vidange et remplissage gratuits. Nuitées payantes aux tarifs municipaux. Ouvert Mai à Septembre inclus. Accès : sortie d'Epernay, Route de Reims, Stade Paul Chandon. 2e arrêt : rue Dom Pérignon, route de Sézanne, proximité piscine-Palais des fêtes : renseignements à l'office de tourisme.

REIMS Carrefour chaussée Bocquaine, Allée Polonceau, dans le parc du C I S de la comédie et du centre Saint Exupéry. 9 E. 1 aire de service pour vidange wc chimiques et eaux usées. + 1 robinet d'eau potable. Accès : A4 sortie Reims Centre, suivre les panneaux Stade de Reims, La Comédie. Stationnement limité à 48H.

SAINTE MENEHOULD pl. du Gal Leclerc, 5 E. maxi stationnement ponctuel autorisé.

SEZANNE pl. du Champ Benoist. 10 E.

SUIPPES pl. de l'Hôtel de Ville. Aménagements sanitaires prévus courant 2008.

52 HAUTE-MARNE

BOURBONNE LES BAINS Parking du Mini Golf. 10 E. de stationnement. Aire de Breuil 10 E. de stationnement vidange et recharge en eau.

CHAUMONT Relais Nautique de la Maladière, 3 bornes équipées en électricité et en eau, accueil de 12 camping-cars possible. Accès RN74. Ouvert du 01/04 au 31/10.

JUZENNECOURT pl. de la Mairie borne camping-car 4 E. Commerces à proximité. Accès RN 19 et CD 44.

SAINT DIZIER Rue de Belle Forêt sur Marne (le long du Jard), 20 E. Accès rue Paul Bert, carrefour Henri Mellin ou av. de la République, rue de la Commune de Paris.

53 MAYENNE

BAIS Parking situé Rue du Château (route d'Hambers) derrière le Syndicat d'Initiative.

CHAILLAND Parking zone commerciale de Bel-Air, 4 E. Accès fléché.

CHATEAU GONTIER Les quais en bordure de Mayenne. 12 E. Aire de services municipale : eau, vidange, wc chimiques, toilettes. Stationnement limité à une nuit. Stationnement des camping-cars interdit sur la cale quai d'Alsace de 10H à 17H. En dehors de ces horaires, les camping-cars doivent stationner sur les empl. délimités sur le quai d'Alsace.

LAVAL Parking Halte Fluviale pour CC seulement (rive droite, près du viaduc). 6 E. à proximité immédiate : douches-sanitaires-laverie. Accès centre ville rive droite vers Changé.

54 MEURTHE-MOSELLE

BACCARAT pl. du Gal-Leclerc, 15 E. réservés aux camping-cars (vidange, eau propre, stationnement 24 H.). Ouvert toute l'année sauf du 1er au 20 octobre (fête foraine) et marché le vendredi matin.

LONGUYON Parking Salvador Allende, devant l'office de tourisme à proximité du centre ville. 5 E. Stationnement caravanes et camping-cars sur le côté gauche de l'office de tourisme, proximité centre ville. 2 E. camping-cars avec borne à eau et électricité.

LUNEVILLE Allée des Chartreuses, 7 E. dont 3 pour vidange. Accès Lunéville Château puis suivre camping, en bord de rivière : la Vezouze.

TOUL Site de l'ex-caserne Dedon, en bordure de l'av. du Col.-Péchat, proche du commissariat, surplombant le canal de la Marne au Rhin. Accès très facile à proximité d'une entrée de ville, entouré par les remparts Vauban. 9 E. disponible, équipement en eau, électricité et vidange.

55 MEUSE

BAR LE DUC Aire de stationnement et Aire de services (borne), 8 E. Accès signalés.

CLERMONT EN ARGONNE Centre social d'Argonne, route de Lochères, 15 E. uniquement pour camping-cars. RD 603. Entrée de Les Solettes (sens Verdun-Ste Menehould) prendre à droite direction Centre Social. Aire de service et aire de stationnement dissociées. Ouvert toute l'année en libre service, forfait 5 €/nuit.

GONDRECOURT LE CHATEAU Parc municipal de la Carrière et en ville haute à proximité de la tour, 5 E. en ville basse (le long de la rivière) et haute

MONTMEDY pl. R. Poincaré. Environ 20 E. Accès RN 43.

56 MORBIHAN

AURAY Station eau et vidange devant le pôle multi accueil du centre Athena, rue Henri Dunant, stationnement libre en respectant la signalisation routière 3 E.

BAUD Route de Pont-Augan, 5 E. à proximité de l'aire (vidange eaux usées et robinet eau potable).

CAMORS Grande pl. publique avec sanitaires et eau proche des commerces : pl. du Palmier. Accès RD 768, Baud-Pluvigner.

CAMPENEAC Aire de stationnement située rue de l'étang, près du plan d'eau. Aire de services située à 150 m de l'aire de stationnement, rue de la Fontaine près de la Mairie (recharge en eau potable, 2 € le jeton. Vidanges, dépôt des ordures ménagères et WC publics).

GRANDCHAMP Parking du restaurant scolaire, rue de la Madeleine. Accès : rte de Locmaria direction restaurant scolaire.

GUENIN Parkings publics, bourg de Guenin. CD 197.

LE FAOUET Parking de la salle des Fêtes (rue des Ecoles) 5 E. Accès : rue de St Fiacre, rue des Ecoles. Panneaux de signalisation situés aux entrées de la ville.

MONTERREIN Parking de la Mairie 3 E. Pas de point d'eau, ni sanitaire et pour une nuit.

MONTERTELOT Aire de stationnement en centre-bourg, sur le quai de l'Oust (au bord du Canal de Nantes à Brest). Aire de services (recharge en eau potable, en électricité, vidange eaux usées et des WC, dépôt des ordures ménagères et WC publics).

PENESTIN Il existe plusieurs endroits de stationnement gratuit la journée et payant la nuit et limité à 48H.

PLOERMEL Aire de stationnement et de service, rue Mystringue près de la Poste centre-ville

PLOUHINEC Aire de stationnement pour camping-cars Kérabun signalée, 45 E. délimités et 16 avec électricité. Accès axe Lorient-vannes sortie Pont-Louis à Glaray. Ouvert toute l'année du 01/10 au 01/03 tarif réduit pour 4 ou 7 jours.

QUIBERON Rue de Port Kerné 55E avec borne eau et électricité. Stationnement autorisé : 3 jours maximum et payant du 1er avril au 31 octobre 5 €.

SARZEAU 5 bornes de vidange, eau et électricité gratuites, Des empl. pour le stationnement payant : 5 €/24H et limité à 48H sur le même stationnement.

57 MOSELLE

PUTTELANGE AUX LACS Parking pl. du Marché.

58 NIEVRE

CHATEAU CHINON pl. Jean Sallonnyer, 4 E. accès bd de la République, rue Jean Sallonnyer

CLAMECY pl. des Abattoirs 6 E., 1 borne confort. Aire ombragée équipée (tables, bancs et poubelles).

COSNE COURS SUR LOIRE Stationnement autorisé pl. de la Pêcherie (bord de Loire)

DECIZE Esplanade des halles, 10 E. maxi, accès suivre fléchage Borne Flot Bleu, proximité centre-ville.

PREMERY Stationnement libre sur la pl. du Champ de Foire (sans équipement).

SAINT PIERRE LE MOUTIER 5 à 10 E. Privilégiés, Rue de la chaussée de l'Etang. Accès par la pl. Jeanne d'Arc en venant de Moulins et par la pl. de la République en venant de Nevers.

VARZY Parking salle polyvalente (partie basse).

59 NORD

BRAY DUNES Voies et places interdites au stationnement des camping-cars et caravanes : Bd G.-Pompidou, av. de l'Eglise, av. de la Liberté, pl. J. Rubben (derrière l'OT parking, autobus interdit uniquement en juillet et août), parking de la base de voile, rue des goélands et toutes les rues dont il est fait mention d'une interdiction de stationner. Tous les autres stationnements leur sont ouverts.

HONDSCHOOTE Parking près du Moulin de la Victoire, impasse Spinnewyn, 10 E. Borne camping-cars à proximité du Parking Rue de Berques, 2 €/le jeton.

LE QUESNOY Chemin de Ghissignies, 15 E.

LEFFRINCKOUCKE Stationnement autorisé uniquement pour les CC Bd Jean-Baptiste Trystam, à proximité plage.

VALENCIENNES Stationnement des caravanes en bordures de voies publiques autorisé 2 jours et 4 jours de juin à septembre, en dehors des zones de stationnement payant.

61 ORNE

ARGENTAN Parkings : Rue de la République, Rue Albert Giroux, pl. Docteur Couinaud et pl. du Marché. Borne camping cars : rue de La Noé près du camping municipal.

BELLEME Champ de Foire (face gendarmerie). 5 E. Accès par CD955 938.

DOMFRONT pl. du Panorama

ECOUCHE Parking M. Laudais : 10 E. Parking de la Salle des Fêtes : 10 E.

VIMOUTIERS Borne service gratuite, sauf pendant le we de Pâques et 3e we d'octobre. 10 E.

62 PAS-DE-CALAIS

ARQUES Parking des trois étangs Arc en Ciel (en saison) 2 € la nuitée et Parking du camping (en hiver) gratuit. Accès suivre indication camping et borne camping-car.

BOULOGNE SUR MER Boulevard Mariette et Quai Gambetta (uniquement pour camping-cars) autorisé 48 H maxi.

CALAIS Stationnement autorisé sur l'ensemble de la commune excepté à proximité de l'aire de camping-cars à savoir : Digue G. Berthe, parking Est de la digue G. Berthe, Fort Risban, quai de la Colonne, quai Delpierre, Bassin du Paradis, parking du port de plaisance.

EQUIHEN PLAGE Aire d'accueil : eau-électricité possibilité de vidanger les eaux usées, située rue du Beurre Fondu.

63 PUY-DE-DOME

AIGUEPERSE Champ de Foire 15 E. Accès : Grande Rue, rue de la Porte aux Bœufs. Panneaux indicateurs. Non accessible du 19 au 27/08/2008, fête patronale.

AYDAT Aire aménagée à l'emplacement de l'ancien camping derrière le terrain de foot, pl. de l'Eglise, 39 E. accès par le N89 ou l'A75 sortie 5 panneau direction le Lac puis direction du Bourg d'Aydat (6 € services et la nuit, renouvelable, longueur maxi 8,20 m). Ouvert de mi-mars à mi-novembre.

CLERMONT FERRAND Au pied du Tramway qui dessert la ville, une aire aménagée de 8 E., accès par la rue Fontaine de la Rate (carrefour des Pistes) entrée Nord de la ville près des sorties autoroutes Nord-Ouest et Est.

LE CHEIX SUR MORGE 6 E. de stationnement autorisé, Route de Cheix avec une vidange.

MUROL Parking de l'Office de Tourisme (hors juillet et août) et parking rue Guy de Maupassant, 50 E. Borne de vidange et d'eau Rue du Tartaret.

RIOM 4 E. autorisés, Rte d'Ennezat avec une vidange.

64 PYRENEES-ATLANTIQUES

BAYONNE Le stationnement est limité à 4h dans les zones à horodateur et limité à 48h sur le reste de la commune, sauf aux endroits où il est interdit par une signalisation verticale.

BIARRITZ Aire de la Milady av. de la Milady. 70 E. Accès : direct en provenance de St Jean de Luz. Du centre ville direction St Jean de Luz. Panneaux indiquant l'aire et son accès.

LESCAR Parking au pied des remparts, accès au niveau du ch. de Bénéharnum. Aire de vidange le long de l'av. du Vert Galant.

PAU pl. de Verdun, près du centre ville et du quartier du Château, 1 500 places gratuites pour halte de courte durée.

SALIES DE BEARN pl. du Bignot, 5 E. Accès par l'avenue des Pyrénées et le boulevard Lachabotte.

SAUVETERRE DE BEARN Parking du Judo, Route de Sabres, 10 E.avec station de service (eau-vidange).

65 HAUTES-PYRENEES

CAUTERETS pl. de la Patinoire (stationnement obligatoire sur cette pl. de 19H à 9H). 80 E. Accès direct depuis RD, accès indirect gare routière. Panneau de signalisation à l'entrée de la commune et sur l'aire. Zone aménagée et payante 8 € par 24H. (Bornes électriques 3 amp., eau potable, aire de vidange, containers). Le nombre de CC est limité à 50 du 15/12 au 15/03.

TARBES Aire de camping-car ouvert 24H/24 (gardée et éclairée), point d'eau et point de vidange, 4bis, av. de la Libération (05.62.38.30.00).

TRIE SUR BAISE pl. des Carmes, pl. de l'Eglise (en attente de réalisation 1er semestre 2008), 6 à 10 E. Accès Toulouse-tarbes (par Trié) R632.

67 BAS-RHIN

ERSTEIN pl. des Fêtes et pl. de l'Eglise situées au cœur de la cité pour les achats et visites.

HAGUENAU Parcs gratuits : Quai des pêcheurs et rue de la Vieille Ile. (Près du ctre et zone piétonne) et Rue du Moulin Neuf.

HEILIGENSTEIN Lieu-dit Lindel. Parking près du stade, sur le CD entre Barr et Ottrott. 4 à 5 E. limité pour 48H.

INGWILLER Parking derrière l'Eglise en centre-ville, accès par la Rue du Fossé.

LA PETITE PIERRE Parking du Frasey. Office du tourisme. Vieille ville. 8 E. Le stationnement nocturne est conseillé sur les campings alentours.

MITTELBERGHEIM Parking du Zotzenberg 10 E.

MOLSHEIM Pas d'emplacement spécifique pour camping-car, voir parkings au centre-ville aux mêmes conditions que tout autre véhicule.

NIEDERBRONN LES BAINS pl. de la Gare et Parking Impasse de la Fontaine. Accès RN 62. Sortie Nord.

OBERNAI Sur aire gravillonnée exclusivement réservée au stationnement des autocaravanes, signalée par panneaux.

SAVERNE Tous les parkings publics pour une nuit. Interdit devant le camping. Seul est autorisé le parking du Château, 10 E. (pour un séjour de courte durée). Accès centre-ville quai du Château en direction du parking des bosquets.

68 HAUT-RHIN

AUBURE pl. de la Mairie 2 à 3 E. pour camping-cars. Borne de vidange des eaux dans camping.

BOURBACH LE HAUT Parking situé au centre du village, près de l'école maternelle 5 E. Accès par la RD 14bis (route Joffre) de Bitschwiller ou de Masevaux ou par la RD 37 de Bourbach-Le-Bas. Panneaux indiquant Borne Flot Bleu aux entrées du village.

COLMAR Seul le stationnement est autorisé de 7H à 20H dans le périmètre des rues et av. Poincaré-Clémenceau-Fribourg-Alsace-Cavalerie-5e D.B-Statnislas et République.

FRELAND pl. de Bretagne. Accès rue de la Combe.

GUEBWILLER Parking de l'Avenue Foch, 12 E. accès par RD 430, RD 3bis, RD 5bis, muni d'un point bleu.

LABAROCHE Parking du Musée des Métiers du Bois et du Patrimoine. Aucun emplacement réservé aux caravaniers mais possibilité et autorisation de parking. Accès via Trois Epis ou Orbey.

LE BONHOMME Parking de la Salle Polyvalente. 20 E. pour 1 jour maximum.

MUNSTER Parking Salle des Fêtes, à côté de l'Office de tourisme (centre-ville), 15 E. accès entrée parking rue Haedrich.

NEUF BRISACH Porte de Bâle, devant le camping, 10 E.

RIBEAUVILLE Parking réservé aux camping-cars, Route de Guémar, en face de l'Espace Culturel.

SAINT AMARIN pl. des Diables Bleus. 10 E. Accès rue Charles de Gaulle, au feu tricolore à gauche en venant de Thann et à droite en venant d'Epinal.

SAINTE MARIE AUX MINES La Porte d'Alsace, située à l'entrée de la ville (500 m avant l'entrée du Tunnel) possibilité de stationnement

SOULTZMATT Aire d'accueil la Vallée Noble. Accès RN 83 sortie Westhalten/Soultzmatt/Vallée Noble. Bornes techniques (électricité, eau) possibilité vidange + écoulement toilettes. Aire de jeux.

THANN pl. du Bungert. Vidange liquide, prise d'eau. Sauf samedi matin. 10 E. Accès rue du 7 août. Fléchage parking du Bungert. Services gratuits.

70 HAUTE-SAONE

LUXEUIL LES BAINS Borne, pl. de l'Etang de la Poche, retirer les jetons à l'Office de Tourisme de Luxeuil ou à la Maison de la Presse rue Victor Genoux. Une seconde borne a été mise en pl. devant l'entrée du camping du Châtigny.

MELISEY pl. du Champ de Foire. 5 E. Accès : Route de Ronchamp. Durée limitée pour marcher ou achats en ville.

71 SAONE-ET-LOIRE

AUTUN Parking du plan d'eau du Vallon, à proximité de la base de loisirs, à 10 min. à pieds du centre-ville et des commerces. Accès RN 80 direction Chalon/Le Creusot. Aire de service camping-car (vidange des eaux usées, eau potable, éclairage). Stationnement et service gratuits.

BOURBON LANCY Parking Base de Loisirs, rue des Eurimants près du plan d'eau 5/6 E. Une borne et aire de service sont dispo à proximité (eau, assainissement, électricité).

CHALON SUR SAONE promenade Sainte Marie 2 espaces pour vidange et approvisionnement en eau mais nombreux stationnements à proximité, direction centre-ville, les quais, Maison des Vins et du cœur historique.

CHAROLLES pl. de l'ancien Champ de Foire, direction centre-ville. Stationnement limité à une ½ journée.

CHAUFFAILLES Aire gratuite Le Tour du Bois, 6 E. Direction la piscine municipale.

DIGOIN Parking du Puit à l'entér Ouest de Diguoin, 60 E. Accès RD 979 bis, depuis Moulins et RD 979, rue de la grève. Borne Euro relais (eau, électricité et vidange).

LOUHANS-CHATEAURENAUD Centre ville. 5 E. pl. de la Libération direction Chalon sur Saône. pl. du Breuil. Direction Tournus. pl. de la Charité. Direction Bourg-en-Bresse. pl. de la Maternelle. Accès par A 39, sortie Beaurepaire (nord) ou sortie le Miroir (sud) ou par A 6, sortie Tournus. Stationnement difficile le lundi matin (marché) dans toute la ville. Aire de service située au Port de Louhans avec 10 E. pour camping-cars, avec borne vidange-remplissage : accès gratuit.

72 SARTHE

BEAUMONT SUR SARTHE pl. Dufour et pl. des Halles Accès par RD 338 (Le Mans/Alençon) et A 28 bretelle de Mareschè.

BESSE SUR BRAYE pl. Henri IV. Accès : D 303, au carrefour à feux multicolores, puis 1re à gauche. Grand parking sans marquage particulier au sol.

LA FLECHE pl. de la Libération, sauf mercredi. 10 E. Parking des Rives du Loir (promenade Foch). Stationnement 3 h maximum. Accès par RN 23. Parking rue Pape Carpantier. 70 E. Parking boulevard d'Alger.

MAMERS Complexe de la base de loisirs des plans d'eau 5 €. Accès : Rocade axe Alençon/Nogent Le Rotrou, suivre le fléchage camping du Sadnois. Borne euro relais sur le parking Super U et aire sécurisée de stationnement des camping-cars, rue de la piscine, code d'accès à obtenir au camping municipal ou à l'office de tourisme.

SABLE SUR SARTHE Parking de la Marbrerie et parking du château, accès centre-ville par la déviation.

SILLE LE GUILLAUME pl. de la Gare. Accès : Centre ville. Station pour lavage et électricité (100 l d'eau + 1 h d'électricité). Borne Eurorelais : 1 jeton, 2 €.

73 SAVOIE

BEAUFORT pl. Roger Frison-Roche, 20 E. Maxi sauf mercredi matin. Accès centre de Beaufort.

CHAMBERY Parking du gymnase Delphine et Jonathan, une aire technique camping-cars est installée et gratuite. Accès av. Marius Berroir.

SAINT JEAN DE MAURIENNE pl. du Champ de Foire (sous l'Hyper Géant). 10 E. Accès : en arrivant de Lyon/Chambéry, 1er carrefour à gauche, sinon suivre itinéraire hypermarché géant. Borne Flot Bleu à disposition, stationnement gratuit limité à 2 jours.

SAINT MICHEL DE MAURIENNE 4 E. en bordure de RN6. Accès libre pour l'aire de service payante située dans le camping Le Maritan.

UGINE Une borne Flot Bleu, pl. du 8 mai 1945, rue A.- Borrel.

74 HAUTE-SAVOIE

ANNECY Parking colmyr-aire de service, 10 E. Accès Rue des Marquisats. Stationnement autorisé 24H. Gratuité des services de vidange et mise à disposition d'eau potable.

CHAMONIX MONT BLANC Parking du Grépon 600 E. Accès: Rte Blanche, RN 205. Signalisation P Aiguille du Midi. Au pied du téléphérique de l'Aiguille du Midi. 5 mn à pieds du centre ville. Parking payant, franchise 30 mn. Aire de service gratuite (WC-eau propre-vidange). Navette centre-ville gratuite.

DOUVAINE Sur la pl. derrière la Mairie. 10 E. Camping cars seulement, interdit aux caravanes. Accès : par la RN 206.

LA ROCHE SUR FORON Parking du Canada, au bord de la rivière Le Foron, 100 m du centre ville, 4 E. Accès centre ville : Bénite Fontaine, St Laurent. Borne de vidange signalé et uniquement accessible aux camping-cars.

SAINT GERVAIS LES BAINS Parking de la Patinoire. Environ 20 E. Accès par l'avenue du Mont d'Arbois. Borne de vidange avec électricité, eau chaude et froide.

SALLANCHES Parkings de la ville, même réglementation que pour véhicule normal. Durée limitée pour faire achats ou visite ville. Pas d'aire de stationnement prévue.

TANINGES Parking public de la gare, 10 E. Proche d'un ser marché et du centre du bourg. Accès par RD907

76 SEINE-MARITIME

DIEPPE Aire d'accueil et de service payante vue sur le port. Tarif pour 24H=7 €, aménagée avec borne eau, vidange : quai de la Marne, quartier du Pollet, 50 E. accès suivre Car-ferry

ETRETAT pl. de la Gare, 15 E. et aire pour camping-cars Rue G. de Maupassant, 33 E. pour 24H = 5 € et borne multi-fonctions = 2 €. Circulation et stationnement interdit en ville.

FECAMP Chaussée Levasseur, équipé d'une borne euro junior 10 E., quai Sadi Carnot, parking uniquement 5 E. Signalisation parking de la gare. Jetons disponibles à l'Office Intercommunal de Tourisme

MONTVILLE (ville fleurie 4 fleurs) Aire communale d'accueil pour camping-cars. Espace loisirs à proximité de la piscine. 6 E. Fléchage espace loisirs. (Musée des Sapeurs Pompiers de France est à proximité). Jetons 3 €, vendus en mairie, au Musée et à l'Héxagone, www.mairie-montville.fr

NEUFCHATEL-EN-BRAY Parkings réalisés par le Département le long de l'Avenue Verte et parking du commerce, de la gare, du cinéma, du plan d'eau. Empl. rue des Abreuvoirs, parking du Val Bourg.

ROUEN Quais bas rive gauche. Nombreux empl. non équipés et limités à 48H. Pendant l'Armada 2008, empl. parking Zénith Grand-Quevilly.

77 SEINE-ET-MARNE

MEAUX Parking le long des remparts, Bd Jean Rose (payant en journée), situé à côté de l'Office de Tourisme et de la Cathédrale. Parking de la Base Nautique (gratuit), situé à côté du nouveau Pont, accès en longeant la Marne, en centre-ville en direction de Châlons. Ces lieux ne sont pas des aires de service. Stationnement gratuit durant tout le mois d'août.

PROVINS Parking Office du Tourisme. Accès ville haute cité médiévale. Aire de service pour camping car.

78 YVELINES

RAMBOUILLET Tous les parkings publics pour une courte durée (achats, visites).

79 DEUX-SEVRES

MAULEON Aire de Service de camping cars, stationnement gratuit limité à 48 H. 3 E. avec eau, vidanges des eaux usées, wc et poubelles. Proximité centre-ville avec tous commerces. Située Rue de la Bachelette, près de la piscine. Signalée à l'entrée de l'agglomération.

MELLE Parkings : du Jardin, de la rue des Champs, du Haut de l'Eglise St Hilaire 3 E. Accès : centre ville, suivre signalisation P puis logo P. Aire de service face à l'entrée du camping, accès libre : vidange et eau potable.

PARTHENAY Stationnement autorisé sur la pl. du Drapeau et la pl. du 11 Novembre. Pas d'empl. spéciaux camping-cars mais places toujours disponibles. Parkings indiqués et situés en centre ville.

80 SOMME

AMIENS Stationnement recommandé pendant la journée : Parking port d'Amont payant, parking Faidherbe gratuit, Bd de Beauvillé gratuit (hors empl. réservés aux bus) autorisé la nuit mais il est conseillé le parking à l'entrée du camping municipal Le Parc des Cygnes ouvert d'avril à mi-octobre avec une aire multiservices.

DOULLENS pl. Saint Martin, 4 E. Aire de vidange eaux usées, point d'eau. Signalisation RN 25. Proximité centre-ville et monuments.

FORT MAHON PLAGE Parking de la Dune. Panneaux directionnels. Payant des vacances de Pâques aux vacances de la Toussaint incluses.

PERONNE Parking Bd des Anglais, face au monument aux morts, 6 E., accès du centre-ville 300 m, direction Flamicourt. Panneaux de signalisation spécifique camping-car

81 TARN

ALBI Parking de la Cathédrale. 9 E.(gratuit pour 48H) Sanistation (vidange et eau) gratuit : pl. Paul Perret, av. Albert Thomas. Direction : Carmaux/Rodez.

BRASSAC pl. Belfortès. 5 E. Accès par RD 622.

CARMAUX pl. Gambetta (sauf vendredi). pl. de la mairie (sauf vendredi). pl. Jean Jaurès (sauf vendredi). pl. Sainte Cécile toute la semaine.

CASTRES Domaine de Gourjade, parking public, accès route de Roquecourbe, RD89, panneau aire de service. AM limitant le stationnement à 1 nuit de 19H à 9H en juillet et août et de 17H à 10H hors juillet et août.

GAILLAC Rives Thomas, 4 E.

LACAUNE-LES-BAINS Parking de la Balme, 10 à 15 E. accès par la rue Edouard Barbey et rue de la Balme.

82 TARN-ET-GARONNE

BEAUMONT DE LOMAGNE Parking du Bd G.-Brassens. Accès du centre ville, passer la voie férrée et à droite au rond-point.

CAUSSADE Parking de l'espace Aimé Bonnaïs, 16 à 18 E., accès Boulevard Edouard Henriot. pl. des Mûriers, 10 E.

CAYLUS Aire communale Accès par A20 et/ou RN20 jusqu'à Caussade puis RD 926 direction Villefranche de Rouergue. Aire avec parking : base de loisirs plan d'eau, face la Maison du Patrimoine. 10 E. eau, wc, vidange : gratuit.

MOISSAC Allées de Sancert, 5 x 2 places, fourniture électricité (payant). Accès suivre les indications Berges du Tarn.

MONTAUBAN Aire d'accueil privée avec équipement complet, rte de Corbarieu Tel. 05.63.63.29.23 Renseignements à l'office de tourisme 05.63.63.60.60 et www.montauban-tourisme.com

SAINT ANTONIN NOBLE VAL Parking dit de la Piscine, 10 E., accès av. Adrien Constans, dispositif de vidange + point d'eau gratuit. Parking dit Caveillé, 30 E, accès route des Fours à Chaux avec dispositif de vidange gratuit. Le parking de la piscine est déconseillé le samedi soir à cause du marché tout proche le dimanche matin (bruit !).

83 VAR

CAVALAIRE SUR MER Stationnement autorisé vers la zone d'animation du port, en journée pour l'accès au commerce. Dans certaines rue , il est interdit de stationner du 01/04 au 31/10 voir panneaux.

FREJUS Rue des Batteries, 15 à 20 E. si stationnement en EPI (à partir des locaux des sapeurs pompiers) de l'entrée de la rue qui est en sens unique + 2 ou 3 E. après la machine Flot Bleu. Accès direction Police Municipale

GRIMAUD Borne Euro-Relais pour deux branchements accueil simultané et momentané de 10 véhicules, situé à St Pons les mûres, RD 559 (ex RN98). Accepte cartes bancaires françaises et étrangères.

LE MUY Pour camping cars (10 E.) uniquement : Parking du Roucas (en agglomération). Parking dépourvu de point d'eau. Accès : RDN7 en provenance de Draguignan et du péage du Muy, RDN7 plus bd périphérique en provenance de Fréjus St Raphaël. Parking signalé aux entrées Est et Ouest. En période estivale, contacter l'Office du Tourisme : parking utilisé pour certaines manifestations.

LES ARCS Parking Cellier des Archers (située devant la cave coopérative), 40 E. vidange et approvisionnement en eau possible. Accès N7-D555.

ROQUEBRUNE SUR ARGENS Aire de camping-cars chez Marcel 30 E. Plage La gaillarde, RN98 (entre St Aygulf et Sainte Maxime).

SAINT MAXIMIN LA SAINTE BAUME Parking du Pré de Foire. Accès direct RN 7. Accès par A 8 sortie St Maximin direction Aix en Provence par RN 7. Parking ombragé en centre-ville.

SAINTE MAXIME Aire d'accueil et de vidange, borne eau potable. Stationnement payant, tarif 2007 : 5 €/nuit, 40 E. Accès rond-point de Nenebourg, rte du Plan de la Tour (RD25).

TAVERNES Parking route de Barjols.

84 VAUCLUSE

AVIGNON Pour caravanes stationnement et camping-cars autorisé sur terre plein extérieur des remparts. Parking gratuit de l'île Plot gratuit, surveillé, gardé avec navette gratuite toutes les 10 mn. Tour des remparts gratuit, sauf Porte St Dominique à Porte du Rhône payant. Stationnement payant au Parking Crillonnes, à côté de la gare TGV.

BOLLENE pl. du 18 Juin, centre ville. Accès : sortie Bollène A7, av. Jean Giono.

CARPENTRAS 4 E. au parking Fenouil en bas de la Porte d'Orange, légère déclivité, vidéosurveillance Panneau indiqué aux carrefours : Bd de la Pyramide, Bd Gambetta. A proximité de Aire de vidange - gratuite Bd de La Pyramide (eaux usées, wc portables et non portables, eau.).

ORANGE Parking gratuit Sully (centre ville).

SAULT Dans le village, stationnement diurne autorisé entre 7H et 23H. A proximité du village, stationnement diurne et nocturne autorisé sur P3 doté d'une borne de services (eau et vidange). Stationnement interdit en nocturne de 23H à 7H sur l'Aire de pique-nique du Defends.

VAISON LA ROMAINE Aire de stationnement du Colombier réservée aux CC, 35 E. payants (tarif 2007 : 5 €/jour/emplacement. vidange des eaux usées et vannes). Accès par le rond-point de la Cave Coopérative ou par le rond-point du théâtre antique, suivre la signalisation spécifique.

85 VENDEE

CHALLANS Dans toute la ville. Aire de vidange (sauf la dernière semaine d'août et les trois premières de sptembre) et parkings au 26 Bd Viaud Grand Marais,

CHANTONNAY Parking de la salle des Congèrs, 10 E. (près du parc G. Clémenceau) près d'une annexe d'un lycée, 100 E.

FONTENAY LE COMTE Parking de l'avenue du Gal de Gaulle (face à la gendarmerie), à deux pas du centre-ville et au cœur de la Plaine des sports de 35 ha, au bord de la rivière vendée, 10 E. accès route de La Rochelle, av. Du Pt Mitterrand, av. Marceau et Av. du Gal de gaulle

LA ROCHE SUR YON Chemin des Amoureux, 20 E. Prendre la rue François René, rue Georges Pompidou, Bd d'Italie , chemin des Amoureux.

L'AIGUILLON SUR MER Parking école de voile (30 E.) et aire de camping de la Pointe (50 E.) payant 5 € la nuitée.

LES SABLES D'OLONNE Parkings : Audubon, du Cours Dupont, partie est et du Centre de Marée.

MONTAIGU Parking Louis-Marie Baudouin (accès Sud par la rue du Pont-Jarlet, accès Nord par la rue G. Clémenceau, en contrebas de la pl. de la Mairie et à proximité des remparts) peut accueillir pour quelques heures les camping-cars.

MORTAGNE SUR SEVRE Stationnement pour une nuit : Parking proche de l'Office du Tourisme, 10 E. Parking de la Fabrique, 6 E. Le Laurier vert 6 E. Gazeau 6 E.

NOIRMOUTIER EN L'ILE Parkings signalés : Florent Caillaud (200 E.) et Ganachaud (30 E.)

NOTRE DAME DE MONTS Aire de la Clairière (40 E.) et Aire du Général de Gaulle (30 E.). Stationnement réglementé du 1/04 au 30/09. 5 € la nuit à partir de 20 H et libre la journée.

OLONNE SUR MER 20 E. Au Fief des Grisses, 43 rue des Amis de la Nature (02 51 33 13 21).

POUZAUGES Rue du Pré de Foire, Aire communale de 20 E. et stationnement autorisé 48h, ouvert toute l'année, forfait services : gratuit (eau-vidange eaux usées, wc chimiques) parking gratuit. Accès : Rocade Est-proximité gendarmerie. OT 02 51 91 82 46

ST JEAN DE MONTS Aire de service, limitée à 48 H, stationnement payant 5 €/24H, service 2€ borne flot bleu. Aire entourée de pins et l'océan est à 1 Km 28 E. Rue de la Parée Jésus, direction du golf.

86 VIENNE

CHASSENEUIL DU POITOU Pas de réglementation particulière pour caravanes et camping cars excepté les zones bleues et les parkings à durée limitée.

CIVRAY pl. du 14 Juillet, pl. du Petit Paradis.

LOUDUN pl. Porte St Nicolas, 2 E. accès Bd du 11 novembre. A proximité des commerces.

MONTMORILLON pl. de la Victoire, 10 E. accès par cité de l'Ecrit et des Métiers du Livre.

POITIERS Stationnement autorisé : Bd du Pont Joubert, Bd de Lattre de Tassigny, Bd Chasseigne, Bd Bajon, Bd du Grand Cerf , Rue de Maillachon, Promenade des Cours et devant le Parc du Triangle d'Or et devant le parc des Près Mignons. Aire de service pour camping-Car, Rue des Mille Bosses, près du terrain de camping.

ST SAVIN pl. de la Libération, 3H max. pour achats et visites.

87 HAUTE-VIENNE

BELLAC Stationnement autorisé. Borne à disposition des camping-cars au camping municipal : tarif 2007 : 3,30€. En centre-ville : pl. du 138e R.I. (champ de foire). Stationnement interdit aux camping-cars parking Génébrias (face à l'Hôtel de Ville).

SAINT JUNIEN Champ de Foire (10 à 15 E, sauf 3e samedi du mois). Accès par route de Limoges.

SAINT YRIEIX LA PERCHE Aire de stationnement Poumier, D901 direction Coussac-Bonneval, aire privée et trois aires de service, parking JP. Fabrègue, camping Plan d'eau, D6, bascuke publique, Glandon.

88 VOSGES

CONTREXEVILLE Aire communale : ZA La Chaille, route de Neufchâteau. Places disponibles et temporaires, vidange et fourniture d'eau potable sur place. Accès : direction Neufchâteau, tourner direction Leclerc puis vers magasin Insolite. Parcours de santé et lac à proximité.

DARNEY Champ de Foire.

GERARDMER Parking payant, horodateur 3 € la nuit : aire de la Prairie = centre ville et aire de la Mauselaine = pistes de ski. Borne Flot Bleu rue Carnot

LA BRESSE Parking rue des Proyes 20 E. Accès : La Bresse centre, Pont de la Clairie et rue des Proyes. Aire de service, 7 route de Niachamp, fléchage à partir du rond point de Niachamp.

89 YONNE

BLENEAU Uniquement pour les camping-cars, parking des jardins d'eau. Accès en centre bourg, direction Gien-Briare.

JOIGNY Parc du Chapeau. 6 E. Prendre direction Port de Plaisance ou Hôtel Restaurant Le Rive Gauche. Le stationnement s'effectue le long de la clôture du parc sur le trottoir et sous la partie ombragée le long de l'Yonne.

MIGENNES pl. de la République sauf jeudi matin. 4 E. Accès par la rue Pierre et Marie Curie.

PONT SUR YONNE Nouveau parking de 10 E. À côté du camping. Accès route de Bray sur seine, RD 976.

90 TERRITOIRE-DE-BELFORT

BELFORT Mêmes droits que tous véhicules, sur toute la commune sauf les parcs à ouvrage dont la hauteur est limitée à 1m80.

DELLE pl. du Champ de Foire, 20 E. pour 48 H de stationnement uniquement (pas d'eau, ni électricité).

GIROMAGNY pl. de Gaulle, 10 E. accès centre-ville.

LA RÉGLEMENTATION DU CAMPING

Les Jardins de Kergal

I. LA LIBERTÉ DE CAMPER SOUS CERTAINES CONDITIONS

Le camping est considéré comme une activité d'intérêt général (décret du 7 février 1959 modifié). Garantie par la loi, la liberté de pratique du camping s'exerce cependant dans le cadre de dispositions réglementaires qui prévoient des zones non autorisées et certaines possibilités d'interdictions.

Il est interdit de camper :

– sur les voies et places publiques
– à moins de 200 m des points d'eau captée pour la consommation
– dans un site classé, inscrit ou protégé
– à moins de 500 m d'un monument historique classé ou inscrit
– dans les réserves naturelles
– dans les zones interdites par arrêté municipal.

Les maires n'ont cependant pas le droit d'interdire le camping sur la totalité de leur commune, et une signalisation doit être apposée sur les voies d'accès aux lieux interdits.

Pour camper sur un terrain privé, il est nécessaire de se mettre d'accord sur la durée et les conditions du séjour avec le propriétaire. Dans les forêts domaniales, une autorisation de l'Office national des forêts est obligatoire.

La FFCC édite un document comportant l'ensemble des textes officiels concernant :

– le camping et le stationnement des caravanes
– les terrains de camping et de caravaning
– les parcs résidentiels de loisirs et l'implantation des habitations légères de loisirs.

II. LES TERRAINS

La création, l'aménagement et le classement en plusieurs catégories sont prévus par la loi.

L'ensemble des terrains que vous trouvez en France est classé de 1 à 4 étoiles avec la mention "Tourisme" ou "Loisirs".

Ce classement est attribué par chaque préfecture de département après avis de la Commission départementale d'action touristique (dont la FFCC fait partie), et correspond à des normes quantitatives.

Que signifient les mentions ?

La mention "Tourisme" définit les terrains où plus de la moitié des emplacements est destinée "à la location à la nuitée, à la semaine ou au mois pour une clientèle de passage". A noter que sous cette dénomination officielle "Tourisme" sont comptés :

- les emplacements nus destinés à recevoir les campeurs, caravaniers et camping-caristes possédant leur propre matériel;
- les emplacements dotés par les gestionnaires de terrains d'hébergements locatifs divers (tentes, caravanes, résidences mobiles de loisirs, habitations légères de loisirs)

La mention "Loisirs" définit les terrains dont plus de la moitié des emplacements est destinée "à une occupation généralement supérieure au mois par une clientèle qui n'y élit pas domicilié".

Certains emplacements peuvent être dénommés par les mentions :– "Confort Caravanes" parce qu'ils sont équipés en électricité et en eau ainsi que d'une évacuation des eaux ménagères

– ou "Grand Confort Caravanes" lorsqu'ils sont équipés d'une évacuation de toutes les eaux usées (eaux ménagères et wc).

La mention "HLL" précédée d'un chiffre indique le nombre d'habitations légères de loisirs installées ou pouvant être installées sur le terrain. Ces bungalows ou chalets sont, en général, compris dans le nombre d'emplacements dont dispose le camping.

Cette année encore, vous trouverez quelques terrains où figurent les anciens modes de classement appelés à disparaître ou "en cours de reclassement". Il s'agit de campings classés de 1 à 4 étoiles sans aucune mention.

A ces terrains classés de 1 à 4 étoiles, s'ajoutent les terrains saisonniers et les parcs résidentiels de loisirs. Si vous souhaitez connaître précisément les normes prises en compte dans le classement, le règlement type à respecter, reportez-vous aux pages suivantes.

Pour les informations concernant les aires naturelles de camping et le camping rural, voir le chapitre "Réglementation du camping rural".

III. TERRAINS AMÉNAGÉS DE 1 À 4 ÉTOILES

- ARRÊTÉ DU 11 JANVIER 1993 -

DESIGNATION	★	★★	★★★	★★★★
A. - CARACTERISTIQUES GENERALES				
Terrain ayant vocation à être implanté dans les espaces à dominante naturelle et le cas échéant dans les espaces urbains ou d'urbanisation future	x	x	x	x
1. Densité d'occupation :				
a) Pourcentage minimum de la superficie utilisable affectée aux dessertes intérieures, services communs, espaces libres, jeux	10	10	15	20
b) Superficie moyenne minimale d'un emplacement (en mètres carrés) (1)	90	90	95	100
c) Superficie minimale d'un emplacement	70	70	80	80
d) Superficie maximale occupée par les installations sur l'emplacement (en %) (2)	30	30	30	30
2. Délimitation des emplacements :				
a) Délimitation sommaire	x			
b) Obligation de marquer les limites et de numéroter les emplacements		x	x	x
3. Alimentation en eau destinée à la consommation :				
a) Quantité d'eau minimale par emplacement et par jour (en litres)	200	200	250	250
4. Assainissement :				
Raccordement des équipements sanitaires communs au réseau public ou à un système d'épuration conforme à la réglementation	x	x	x	x
5. Ordures ménagères :				
a) Poubelles munies d'un dispositif de fermeture d'une capacité minimale de 75 litres avec sacs d'une contenance équivalente, conformes à un modèle agréé (3)	12	12	12	12
b) Ramassage quotidien des déchets ménagers ; sinon stockage dans une installation réservée à ce seul effet	x	x	x	x
6. Voirie :				
a) Raccordement à une voie publique et voies intérieures carrossables par tous les temps pendant la durée d'ouverture du terrain	x	x	x	x
— sol stabilisé propre à éviter poussière et boue		x	x	
— voies avec fondation et couche de surface				x
b) Place de parking à l'entrée			x	x
c) Aire de stationnement pour autocaravanes située à l'entrée du terrain de camping (de préférence sur le parking visiteur):	facultatif	facultatif	facultatif	facultatif
1. Nombre maximal de places de stationnement pour autocaravanes en % du nombre d'emplacements autorisés. Au-delà de 10%, une modification de l'arrêté de classement est nécessaire.	10% maximum	10% maximum	10% maximum	10% maximum
2. Surface moyenne minimale par place de stationnement sur sol stabilisé	35 m²	35 m²	35 m²	35 m²
3. Places de stationnement équipées en eau, électricité et raccordement au réseau public ou à un système d'épuration, ou présence d'une aire de service comportant les mêmes équipements				
7. Eclairage :				
a) Eclairage des parties communes et des postes de sécurité		x	x	x
b) Eclairage nocturne des voies intérieures			x	x
8. Sécurité :				
a) Clôture naturelle ou artificielle	x	x	x	x
b) Gardiennage de jour (4)		x		
c) Gardiennage permanent (4)			x	x
9. Abris de jardin :				
— autorisés uniquement sur les emplacements loisirs dans les limites fixées par les règles d'urbanisme et les règlements intérieurs des terrains	x	x	x	x

DESIGNATION	★	★★	★★★	★★★★
B. EQUIPEMENTS COMMUNS				
1. Installations en matériaux de qualité :	x	x	x	x
avec sol carrelé ou revêtu d'un matériau équivalent			x	x
2. Bureau d'accueil (5)	conseillé	x	x	x
3. Lieu de rencontre et d'animation				x
4. Salle de réunion et d'utilisation commune				x
5. Terrains de jeux :	x	x	x	x
a) Aire de jeux pour enfants	x	x	x	x
b) Terrains équipés			x	x
C. EQUIPEMENTS SANITAIRES				
Fixes en matériaux de qualité, nettoyés et entretenus en permanence (6)	x	x	x	x
avec sol carrelé ou revêtu d'un matériau équivalent et pour les murs revêtement de carreaux de faïence ou d'un matériau équivalent			x	x
I. Pour un nombre d'emplacements non desservis en eau et assainissement de :	100	100	90	80
1. Lavabos avec glace et tablette (7) (8) :	12			
a) Appareils individualisés (7)		12	10	
b) En cabine			6	
c) En cabine avec eau chaude				16
2. Douches:				
a) Froides en cabine individuelle	3			
b) Chaudes en cabine individuelle avec séparation d'un coin déshabillage		6	9	12
3. Wc à chasse d'eau :	9	9	9	9
4. Urinoirs à effet d'eau (9) (10) :	3	3	3	3
5. Wc pour enfants (11) :				1
6. Bacs à laver (12) (13) :	x	x	x	x
a) la vaisselle	6	7	8	
— avec eau chaude				8
b) le linge	3	3	5	
— avec eau chaude (machines à laver conseillées dans une buanderie équipée)				5
c) Robinets de puisage d'eau chaude à proximité des points de lavage		conseillé	3 (14)	
7. Vidoirs pour eaux ménagères :			1	1
8. Equipement électrique (12) (13) : (intensité minimale 2 ampères en conformité avec les règles UTE et la norme NF (15-100 en vigueur à la date de son installation). Pourcentage d'emplacements à équiper			10	30
9. Prises de courant :				
a) Pour rasoirs		8	8	8
b) Pour autres petits appareils électriques (chauffe-biberons, séchoirs, etc.)		1	1	1
10. Points d'eau aménagés répartis sur le terrain :	3	3	4	4
II. Pour un nombre d'emplacements "Confort" et "Grand Confort" destinés à accueillir tout type de matériel de :	100	100	90	80
1. Lavabos avec glace et tablette (7) (8) :				
a) Nombre de robinets par appareil collectif	4			
b) Appareils individualisés (7)		4	3	
c) En cabine			2	
d) En cabine avec eau chaude				5
2. Douches :				
a) Froides en cabine individuelle	2			
b) Chaudes en cabine individuelle avec séparation d'un coin déshabillage		2	3	4

DESIGNATION	★	★★	★★★	★★★★
3. Wc à chasse d'eau :				
— "Confort"	9	9	9	9
— "Grand confort"	3	3	3	3
4. Urinoirs :	3	3	3	3
— "Confort" (9) (10)	3	3	3	3
— "Grand confort"	1	1	1	1
5. Wc pour enfants (11) :				1
6. Bacs à laver (13) :				
a) la vaisselle	3	3	3	
— avec eau chaude				3
b) le linge	3	3	3	
— avec eau chaude (machines à laver conseillées dans une buanderie équipée)				3
c) Robinets de puisage d'eau chaude à proximité des points de lavage		conseillé	2 (14)	
7. Vidoirs pour eaux ménagères :			1	1
8. Prises de courant :				
a) Pour rasoirs		3	3	3
b) Pour autres petits appareils électriques (chauffe-biberons, séchoirs, etc.)		1	1	1
10. Points d'eau répartis sur le terrain :	3	3	4	4
II. Pour un nombre d'emplacements "Confort" et "Grand Confort" destinés à l'accueil exclusif d'hébergements équipés pour se raccorder à tous les branchements (caravanes, résidences mobiles, HLL) jusqu'à :	100	100	90	80
et par tranche supplémentaire de	100	100	90	80
1. Lavabos avec glace et tablette :	1			
a) Appareils individualisés		1		
b) En cabine			1	
d) En cabine avec eau chaude				1
2. Douches :				
a) Froides	1			
b) Chaudes en cabine avec séparation d'un coin déshabillage		1	1	1
3. Wc à chasse d'eau :				
— "Confort"	9	9	9	9
— "Grand confort"	1	1	1	1
4. Urinoirs :	3	3	3	3
— "Confort" (9) (10)	3	3	3	3
— "Grand confort"	1	1	1	1
5. Wc pour enfants (11) :				1
— "Confort"				1
D. DISPOSITIONS DIVERSES				
1. Espaces verts, arbres et plantations :				
a) Compte tenu de la végétation existante, aménagement paysager avec plantations d'arbres ou d'arbustes adapté à l'environnement, à l'intérieur du terrain et en périphérie si nécessaire, pour une bonne insertion dans le paysage	x	x	x	x
b) Décoration florale			x	x
c) Séparation des emplacements par des plantations			x (15)	x (15)
2. Trousse de secours :	x	x	x	x
3. Téléphone :				
— un poste téléphonique sur place ou à proximité immédiate	x	x	x	x
— une cabine sur place pour un nombre d'emplacements non desservis par le téléphone de			180	160
4. Possibilité de dépôt de valeur au bureau (4) :			x	x
5. Commerce d'alimentation sur place ou à proximité immédiate du terrain (4) :			x	x
6. Service de boissons en haute saison (4) :			x	x
7. Langues étrangères parlées à l'accueil (deux dont l'Anglais) (4) :			x	x
8. Conformité avec les prescriptions de sécurité et de protection contre l'incendie :	x	x	x	x

NORMES TECHNIQUES D'ACCESSIBILITÉ AUX PERSONNES HANDICAPÉES (CRÉATION, EXTENSION, NOUVEAUX AMÉNAGEMENTS)

DESIGNATION	★	★★	★★★	★★★★
1. Accessibilité aux personnes à mobilité réduite en application du décrét n° 78-109 du 1er février 1978, des équipements et services du terrain :	x	x	x	x
2. En cas d'accessibilité difficile de la totalité des emplacements du fait notamment de la topographie du terrain :	x	x	x	x
Nombre minimum d'emplacements accessibles : un par tranche ou fraction de 50	x	x	x	x
3. Nombre d'équipements sanitaires adaptés (11) (16) (17) : (en fonction du nombre d'emplacements) :	x	x	x	x
a) un wc par tranche ou fraction de	200	200	200	200
b) un lavabo par tranche ou fraction de	200	200	180	
— avec eau chaude				160
c) une douche par tranche ou fraction de				
— froide	450			
— chaude avec séparation d'un coin déshabillage		300	270	240
d) un bac à laver	x	x	x	
— avec eau chaude				x

III BIS. LES CAMPS DE TOURISME SAISONNIERS

La réglementation prévoit la possibilité de créer des terrains de camping dénommés "camps de tourisme saisonniers" dont les caractéristiques principales sont les suivantes :

- superficie maximale du terrain : 1 hectare et demi ;
- nombre maximum d'emplacements par hectare : 80 ;
- nombre maximum d'emplacements par terrain : 120 ;
- équipements réduits (équivalents approximativement à ceux exigés pour les terrains de tourisme classés une étoile) ;
- le maintien de tente et de caravane est interdit en dehors de la période d'exploitation (art. R443-8-1).

IV. RÈGLEMENT INTÉRIEUR TYPE

I - CONDITIONS GENERALES

1) Conditions d'admission :

Pour être admis à pénétrer, à s'installer, et séjourner sur un terrain de camping, il faut y avoir été autorisé par le gestionnaire ou son représentant. Il a pour obligation de veiller à la bonne tenue et au bon ordre du terrain de camping ainsi qu'au respect de l'application du présent règlement intérieur.

Le fait de séjourner sur le terrain de camping implique l'acceptation des dispositions du présent règlement et l'engagement de s'y conformer.

2) Formalités de police :

Toute personne devant séjourner au moins une nuit dans le terrain de camping doit au préalable présenter au gestionnaire ou à son représentant ses pièces d'identité et remplir les formalités exigées par la police.

Les mineurs non accompagnés de leurs parents ne seront admis qu'avec une autorisation écrite de ceux-ci.

3) Installation :

La tente ou la caravane et le matériel y afférent doivent être installés à l'emplacement indiqué, conformément aux directives données par le gestionnaire ou son représentant.

4) Bureau d'accueil :

Ouvert de à (1)

On trouvera au bureau d'accueil tous les renseignements sur les services du terrain de camping, les informations sur les possibilités de ravitaillement, les installations sportives, les richesses touristiques des environs et diverses adresses qui peuvent s'avérer utiles.

Un livre de réclamations ou une boîte spéciale destinée à recevoir les réclamations est tenu à la disposition des usagers. Les réclamations ne seront prises en considération que si elles sont signées, datées, aussi précises que possible et se rapportant à des faits relativement récents.

5) Redevances :

Les redevances sont payées au bureau d'accueil. Leur montant fait l'objet d'un affichage à l'entrée du terrain de camping et au bureau d'accueil. Elles sont dues selon le nombre de nuits passées sur le terrain.

Les usagers du terrain de camping sont invités à prévenir le bureau d'accueil de leur départ dès la veille de celui-ci.

Les campeurs ayant l'intention de partir avant l'heure d'ouverture du bureau d'accueil doivent effectuer la veille le paiement de leurs redevances.

(1) permet de déterminer le nombre d'emplacements autorisés :

$$\frac{\text{surface totale du terrain - pourcentage réservé aux dessertes, etc.}}{\text{surface moyenne}} = \text{nombre d'emplacements autorisés}$$

(2) La petite tente basse pour enfants venant en complément de la caravane familiale n'est pas comptée dans la superficie occupée par les installations.

(3) Un autre système de précollecte des déchets ménagers peut être autorisé par le préfet.

(4) Pour les terrains où tous les emplacements sont "Loisirs", le gardiennage est simplement conseillé.

(5) En catégorie deux étoiles, le bureau d'accueil peut être constitué par une installation mobile.

(6) "fixes" ne signifie pas forcément avec fondations.

(7) 30% des lavabos requis peuvent être installés dans une cabine de douche.

(8) Au-delà de 75% du nombre requis, deux lavabos peuvent être remplacés par une douche supplémentaire avec robinet de puisage.

(9) Deux urinoirs peuvent être remplacés par un wc.

(10) Urinoirs (deux par tranche supplémentaire).

(11) Ces équipements sanitaires viennent en déduction du nombre général d'équipements sanitaires prévu au C du tableau.

(12) Par tranche supplémentaire, le nombre de bacs à laver la vaisselle est de 4 ,5, 6, 6 ; le nombre de bacs à laver le linge de 2, 2, 4, 4.

(13) Une machine remplace deux bacs à laver la vaisselle. Une machine remplace deux bacs à laver le linge.

(14) Sauf s'il y a le nombre équivalent de bacs équipés en eau chaude.

(15) Les plantations peuvent ne séparer que des ilots d'emplacements.

(16) Les emplacements, au-delà de 500, peuvent n'être desservis que par un nombre d'équipements inférieur d'un tiers à ce qui est prescrit.

(17) Lorsque les normes n'imposent qu'un seul ensemble d'appareils, ceux-ci peuvent être regroupés en cabine.

Le Nice - Roquebrune (34)

6) Bruit et silence

Les usagers du terrain de camping sont instamment priés d'éviter tous bruits et discussions qui pourraient gêner leurs voisins.

Les appareils sonores doivent être réglés en conséquence. Les fermetures de portières et de coffres doivent être aussi discrètes que possible.

Les chiens et autres animaux ne doivent jamais être laissés en liberté. Ils ne doivent pas être laissés au terrain de camping, même enfermés, en l'absence de leurs maîtres, qui en sont civilement responsables.

Le silence doit être total entre 22 heures et 7 heures.

7) Visiteurs :

Après avoir été autorisés par le gestionnaire ou son représentant, les visiteurs peuvent être admis dans le terrain de camping sous la responsabilité des campeurs qui les reçoivent.

Le campeur peut recevoir un ou des visiteurs à l'accueil. Si ces visiteurs sont admis à pénétrer dans le terrain de camping, le campeur qui les reçoit peut être tenu d'acquitter une redevance, dans la mesure où le visiteur a accès aux prestations et/ou installations du terrain de camping. Cette redevance fait l'objet d'un affichage à l'entrée du terrain de camping et au bureau d'accueil.

Les voitures des visiteurs sont interdites dans le terrain de camping.

8) Circulation et stationnement des véhicules :

A l'intérieur du camping, les véhicules doivent rouler à une vitesse limite de 10 km/heure.

La circulation est interdite entre 22 heures et 7 heures.

Ne peuvent circuler dans le camping que les véhicules qui appartiennent aux campeurs y séjournant. Le stationnement, strictement interdit sur les emplacements habituellement occupés par les abris de camping, ne doit pas, en outre, entraver la circulation ni empêcher l'installation de nouveaux arrivants.

9) Tenue et aspect des installations :

Chacun est tenu de s'abstenir de toute action qui pourrait nuire à la propreté, à l'hygiène et à l'aspect du terrain de camping.

Il est interdit de jeter des eaux usées sur le sol ou dans les caniveaux.

Les caravaniers doivent obligatoirement vider leurs eaux usées dans les installations prévues à cet effet.

Les ordures ménagères, les déchets de toute nature, les papiers doivent être déposés dans les poubelles.

Chacun est tenu de s'abstenir de toute action qui pourrait nuire à la propreté, à l'hygiène et à l'aspect du terrain du camping et de ses installations, notamment sanitaires.

Le lavage est strictement interdit en dehors des bacs prévus à cet usage. L'étendage du linge se fera, le cas échéant, au séchoir commun. Cependant, il est toléré jusqu'à 10 heures à proximité des abris, à la condition qu'il soit très discret et ne gêne pas les voisins. Il ne devra jamais être fait à partir des arbres.

Les plantations et les décorations florales doivent être respectées. Il est interdit au campeur de planter des clous dans les arbres, de couper des branches, de faire des plantations.

Il n'est pas permis non plus de délimiter l'emplacement d'une installation par des moyens personnels, ni de creuser le sol.

Toute dégradation commise à la végétation, aux clôtures, au terrain ou aux installations du terrain de camping sera à la charge de son auteur.

L'emplacement qui aura été utilisé durant le séjour devra être maintenu dans l'état dans lequel le campeur l'a trouvé à son entrée dans les lieux.

10) Sécurité :

a) Incendie : les feux ouverts (bois, charbon, etc.) sont rigoureusement interdits. Les réchauds doivent être maintenus en bon état de fonctionnement et ne pas être utilisés dans des conditions dangereuses.

En cas d'incendie, aviser immédiatement la direction. Les extincteurs sont utilisables en cas de nécessité.

Une trousse de secours de première urgence se trouve au bureau d'accueil.

b) Vol : la direction n'est responsable que des objets déposés au bureau et a une obligation générale de surveillance du terrain de camping. Le campeur garde la responsabilité de sa propre installation et doit signaler au responsable la présence de toute personne suspecte.

Bien que le gardiennage soit assuré, les usagers du terrain de camping sont invités à prendre les précautions habituelles pour la sauvegarde de leur matériel.

11) Jeux :

Aucun jeu violent ou gênant ne peut être organisé à proximité des installations. La salle de réunions ne peut être utilisée pour les jeux mouvementés.

Les enfants devront toujours être sous la surveillance de leurs parents.

12) Garage mort :

Il ne pourra être laissé de matériel non occupé sur le terrain qu'après accord de la direction et seulement à l'emplacement indiqué. Une redevance, dont le montant sera affiché au bureau, sera due pour le garage mort.

13) Affichage

Le présent règlement intérieur est affiché à l'entrée du terrain de camping et au bureau d'accueil. Il est remis au client à sa demande.

14) Infraction au règlement intérieur :

Dans le cas où un résident perturberait le séjour des autres usagers ou ne respecterait pas les dispositions du présent règlement intérieur, le gestionnaire ou son représentant pourra, oralement ou par écrit, s'il le juge nécessaire, mettre en demeure ce dernier de cesser les troubles.

En cas d'infraction grave ou répétée au règlement intérieur et après mise en demeure par le gestionnaire de s'y conformer, celui-ci pourra résilier le contrat.

En cas d'infraction pénale, le gestionnaire pourra faire appel aux forces de l'ordre.

(1) à préciser

II - CONDITIONS PARTICULIERES

NB : il appartient à l'exploitant de les définir.

V. LES REDEVANCES

Les tarifs qui figurent dans le Guide nous ont été communiqués par les gestionnaires.
Suivant l'année de de référence, il s'agit soit des tarifs pratiqués l'année précédente, soit de ceux prévus pour l'année en cours.
En application du régime de la liberté des prix, le montant de ces tarifs et leur mode de fixation (exemple : campeur + emplacement - forfait emplacement ou forfait campeur) sont librement fixés par les gestionnaires. Ils sont susceptibles d'être modifiés.
Les campeurs, les caravaniers et camping-caristes sont donc invités à se renseigner auprès de la direction du terrain où ils envisagent de séjourner.

AFFICHAGE DES PRIX :
Dans tous les terrains de camping, quel que soit leur classement, l'affichage des prix et la délivrance d'une facture sont obligatoires.
En effet, doivent être affichés de façon apparente :
la catégorie de classement du camping avec la mention "Tourisme" ou "Loisirs",
sa capacité totale et le nombre d'emplacements "Tourisme" ou "Loisirs" (pour les terrains reclassés en fonction de l'arrêté du 11/01/93)
le montant de toutes les redevances pouvant être perçues sur le terrain (principales et accessoires),
le règlement intérieur du camping (approuvé par la Préfecture du département).

Avant de vous installer, consultez le tableau d'affichage à l'entrée du terrain pour connaître les tarifs en vigueur à la date de votre séjour

AVERTISSEMENT
En fonction de leur classement, les terrains de camping doivent offrir au minimum aux usagers les équipements mentionnés au chapitre consacré aux terrains aménagés. Cependant nombre de terrains offrent, dans divers domaines, des prestations non prévues par les normes. Il s'agit alors de prestations supplémentaires facultatives qui ne peuvent être exigées. La rédaction du Guide s'est efforcée de vous apporter le maximum de précisions à ce sujet dans le texte consacré à chaque terrain de camping.

VI - PARCS RÉSIDENTIELS DE LOISIRS

Un parc résidentiel de loisirs est un terrain aménagé au sens de l'article R 444-3b du Code de l'Urbanisme pour l'accueil d'habitations légères de loisirs, et éventuellement de caravanes.

NORMES D'EQUIPEMENT MINIMA COMMUNES AUX PARCS RESIDENTIELS DE LOISIRS

DESIGNATION	Habitations légères de loisirs	Caravanes
A. - ORGANISATION GENERALE		
1. Densité à l'hectare :		
Superficie moyenne d'un emplacement (en mètres carrés)	200	100
Pourcentage minimum de la superficie affectée aux dessertes intérieures :		
— services communs	20	20
— espaces, libre-jeux	20	20
Nombre maximum d'emplacements sur le terrain restant disponibles	40	80
2. Alimentation en eau potable :		
a) Quantité d'eau minimale par emplacement et par jour (en litres)	200	200
b) Aires de points d'eau cimentées avec évacuation pour 100 emplacements	—	3
Branchements d'eau individuels (en pourcentage d'emplacements disposant d'un branchement)	100	80
3. Assainissement :		
Raccordement au réseau public ou création d'un système d'assainissement conforme à la réglementation en vigueur	x	x
Raccordement des emplacements au système d'assainissement (en pourcentage d'emplacements) :		
— évacuation des eaux ménagères	100	80
— évacuation des eaux vannes	100	
4. Voirie :		
a) Raccordement carrossable à une voie publique	x	x
b) Voies principales avec fondations et couche de surface	x	x
5. Equipement électrique :		
a) Eclairage des parties communes et balisages des voies principales	x	x
b) Branchement électrique (puissance 0,5 kW) en conformité aux règles U.T.E. (en pourcentage d'emplacements)	100	80

DESIGNATION	Habitations légères de loisirs	Caravanes
6. Sécurité :		
Clôture effective	x	x
Gardiennage permanent de jour et de nuit	x	x
Protection contre l'incendie et équipements de sécurité (à préciser pour chaque cas dans l'arrêté autorisant l'ouverture)	x	x
B. - EQUIPEMENTS COMMUNS		
1. Sanitaires communs couverts, fixes et en matériau de qualité		
Avec sol carrelé et pour les installations sanitaires, murs revêtus de carreaux de faïence ou matériaux d'un aspect similaire offrant des caractéristiques identiques	x	x
2. Pavillon d'administration avec téléphone :	x	x
3. Lieu de rencontre :	x	x
4. Salle de réunions :	x	x
5. Terrain de jeux :	x	x
C. - EQUIPEMENTS SANITAIRES (pour 100 emplacements).		
1. Lavabo avec glace et tablette en cabine :	2	9
2. Douches chaudes en cabine individuelle :	2	9
3. Wc à chasse d'eau :	2	9
4. Urinoirs à effet d'eau (*) :	2	9
5. Vidoirs de w.c. chimiques :	—	4
6. Récipients de collecte d'ordures ménagères en nombre suffisant et, si nécessaire, stockage dans un enclos réservé à ce seul effet :	x	x
D. - DISPOSITIONS DIVERSES		
1. Espaces verts et plantations :		
a) Respect du cadre de verdure et de la végétation existante	x	x
b) 10 % minimum de la surface totale du terrain où sont plantés des arbres ou des arbustes, adaptés à l'environnement, ou 40 arbres tiges au minimum à l'hectare, y compris la végétation existante	x	x

(*) Deux urinoirs peuvent être remplacés par un wc.

NORMES COMPLEMENTAIRES SPECIFIQUES AUX PARCS RESIDENTIELS DE LOISIRS EXPLOITES SOUS REGIME HOTELIER

DESIGNATION	Habitations légères de loisirs	Caravanes
Fréquentation maximale autorisée à l'hectare	200 personnes	300 personnes
A. - INSTALLATION (habitations légères ou caravanes)		
Garantie décennale ou de remplacement	x	
Nécessité de précautions techniques pour assurer conformément à la réglementation en vigueur, la qualité et la durabilité de l'habitation, l'hygiène et la sécurité	x	x
Interdiction d'ajouts aux caravanes et habitations légères de loisirs et de dépôts d'objets de quelque matériau que ce soit, tant sur les emplacements que sur les parties communes	x	x
B. - EQUIPEMENTS DES HABITATIONS LEGERES		
1. Surfaces habitables minimum (sanitaires et coins-cuisines non compris). :		
Application de l'article R 111-16 du Code de la construction de l'habitation	x	
2. Sanitaires individuels :		
Pourcentage d'habitations légères à pourvoir de		
— douches chaudes et lavabos avec eau chaude	100	
— wc.	100	
C. - DISPOSITIONS DIVERSES		
Armoire de premier secours	x	x
Possibilité de dépôt de valeurs au bureau	x	x
Possibilité de ravitaillement sur place ou à proximité du terrain	x	x
Service de boissons en haute saison	x	x
Ramassage quotidien des ordures ménagères	x	x

Photo : J.-A. Somville

RÉGLEMENTATION RURAUX

FFCC

Ce qu'il faut savoir :

- il s'agit de terrains autorisés à fonctionner par arrêté préfectoral.
- Ils sont identifiés en tant qu'aire naturelle de camping dans la liste des terrains par département.
- La superficie maximale du terrain est d'un hectare.
- Le nombre maximal d'emplacements par terrain, et à l'hectare, est de 25. Chaque emplacement bénéficie donc d'une superficie de 400 m2 environ.
- L'équipement d'une aire naturelle de camping est au minimum composé de points d'eau, de WC, de bacs à laver et de poubelles. Il est en général beaucoup plus confortable.

Arrêté du 11 novembre 1993 Normes des camps de tourisme Aires naturelles

CAMPS DE TOURISME AIRES NATURELLES

1. Caractéristiques générales :

– Terrain ayant vocation à être implanté dans les espaces naturels, notamment agricoles.
– Respect de la végétation existante et de l'environnement naturel.
– Une seule aire naturelle par unité foncière.
– Interdiction du garage de caravanes.

2. Densité d'occupation :

– Superficie maximale de l'aire naturelle : un hectare.
– Nombre maximum d'emplacements à l'hectare : 25.
– Nombre maximum d'emplacements par terrain : 25.
– Obligation de marquer chaque emplacement par un jalon, distance minimale entre deux jalons : 20 mètres.

3. Equipements communs :

Abris des installations sanitaires dans les bâtiments existants ou aménagés spécialement à cet effet, dissimulés aux vues, de préférence par un écran végétal. Ces abris peuvent être déplaçables et simplement installés pour la période d'ouverture de l'aire naturelle.

4. Equipements sanitaires (1) :

– Nettoyés et entretenus en permanence pendant la durée d'ouverture du terrain.
– Pour 25 installations :
points d'eau potable : 3.
WC à chasse d'eau : 3 ou 2 WC et 1 vidoir.
Bacs à laver : 2.
Poubelles de 75 litres minimum (avec couvercle) d'un modèle agréé, avec sacs de contenance équivalente.
– Un autre système de précollecte des déchets ménagers peut être autorisé par le préfet.
– Ramassage quotidien des déchets ménagers, sinon stockage dans un enclos réservé à cet effet.
– Si la configuration du terrain permet l'accessibilité aux personnes handicapées, un des points d'eau, des WC et des bacs à laver doit être adapté.
– Conformité avec les prescriptions de sécurité et de protection contre l'incendie.

(1) équipements complémentaires conseillés : trois lavabos, une douche avec eau chaude.

Ce qu'il faut savoir :

- ces terrains peuvent fonctionner sans autorisation préfectorale;
- la capacité d'accueil est, en général, de 6 abris de camping ou de 20 campeurs. Leur équipement varie du très simple au confortable.
- Tous ces terrains, qu'ils soient gérés par des agriculteurs ou d'autres ruraux, doivent faire l'objet d'une déclaration à la mairie (d'où leur nom de terrains "déclarés"). Cette déclaration mentionne les dispositions prises pour l'entretien du terrain. Les municipalités peuvent évidemment créer elles-mêmes des terrains de ce genre.

TERRAINS DÉCLARÉS

communément appelés "Terrains ruraux et à la ferme"

Capacité :

La surface totale des terrains "déclarés" étant souvent fort importante par rapport au nombre réduit de campeurs pouvant être accueillis, chaque installation dispose, le plus souvent, d'une superficie importante.

Equipement :

Aucun équipement précis n'est imposé par la réglementation à ces terrains. Il est couramment admis qu'un point d'eau et un wc doivent, au minimum, être à la disposition des campeurs à une distance raisonnable. Cependant, bon nombre de ces terrains offrent aux usagers des équipements beaucoup plus complets, et parfois même très confortables.